消防法施行令別表第１（第１条の２―第３条、第３条の３、第４条、第４条の２の２―第４条の３、第６条、第９条―第14条、第19条、第21条―第29条の３、第31条、第34条、第34条の２、第34条の４―第36条関係）

(一)	イ　劇場、映画館、演芸場又は観覧場 ロ　公会堂又は集会場
(二)	イ　キャバレー、カフェー、ナイトクラブその他これらに類するもの ロ　遊技場又はダンスホール ハ　風俗営業等の規制及び業務の適正化等に関する法律（昭和23年法律第122号）第２条第５項に規定する性風俗関連特殊営業を営む店舗（ニ並びに(一)項イ、(四)項、(五)項イ及び(九)項イに掲げる防火対象物の用途に供されているものを除く。）その他これに類するものとして総務省令で定めるもの ニ　カラオケボックスその他遊興のための設備又は物品を個室（これに類する施設を含む。）において客に利用させる役務を提供する業務を営む店舗で総務省令で定めるもの
(三)	イ　待合、料理店その他これらに類するもの ロ　飲食店
(四)	百貨店、マーケットその他の物品販売業を営む店舗又は展示場
(五)	イ　旅館、ホテル、宿泊所その他これらに類するもの ロ　寄宿舎、下宿又は共同住宅
(六)	イ　次に掲げる防火対象物 (1)　次のいずれにも該当する病院（火災発生時の延焼を抑制するための消火活動を適切に実施することができる体制を有するものとして総務省令で定めるものを除く。） (i)　診療科名中に特定診療科名（内科、整形外科、リハビリテーション科その他の総務省令で定める診療科名をいう。(2)(i)において同じ。）を有すること。 (ii)　医療法（昭和23年法律第205号）第７条第２項第４号に規定する療養病床又は同項第５号に規定する一般病床を有すること。 (2)　次のいずれにも該当する診療所 (i)　診療科名中に特定診療科名を有すること。 (ii)　４人以上の患者を入院させるための施設を有すること。 (3)　病院（(1)に掲げるものを除く。）、[illegible]せるための施設を有[illegible])に掲げるものを除[illegible]施設を有する助産 (4)　患者を入院させるための施設を有しない診療所又は入所施設を有しない助産所 ロ　次に掲げる防火対象物 (1)　老人短期入所施設、養護老人ホーム、特別養護老人ホーム、軽費老人ホーム（介護保険法（平成９年法律第123号）第７条第１項に規定する要介護状態区分が避難が困難な状態を示すものとして総務省令で定める区分に該当する者（以下「避難が困難な要介護者」という。）を主として入居させるものに限る。）、有料老人ホーム（避難が困難な要介護者を主として入居させるものに限る。）、介護老人保健施設、老人福祉法（昭和38年法律第133号）第５条の２第４項に規定する老人短期入所事業を行う施設、同条第５項に規定する小規模多機能型居宅介護事業を行う施設（避難が困難な要介護者を主として宿泊させるものに限る。）、同条第６項に規定する認知症対応型老人共同生活援助事業を行う施設その他これらに類するものとして総務省令で定めるもの (2)　救護施設 (3)　乳児院 (4)　障害児入所施設 (5)　障害者支援施設（障害者の日常生活及び社会生活を総合的に支援するための法律（平成17年法律第123号）第４条第１項に規定する障害者又は同条第２項に規定する障害児であつて、同条第４項に規定する障害支援区分が避難が困難な状態を示すものとして総務省令で定める区分に該当する者（以下「避難が困難な障害者等」という。）を主として入所させるものに限る。）又は同法第５条第８項に規定する短期入所若しくは同条第17項に規定する共同生活援助を行う施設（避難が困難な障害者等を主として入所させるものに限る。ハ(5)において「短期入所等施設」という。） ハ　次に掲げる防火対象物 (1)　老人デイサービスセンター、軽費老人ホーム（ロ(1)に掲げるものを除く。）、老人福祉センター、老人介護支援センター、有料老人ホーム（ロ(1)に掲げるものを除く。）、老人福祉法第５条の２第３項に規定する老人デイサービス事業を行う施設、同条第５項に規定する小規模多機能型居宅介護事業を行う施設（ロ(1)に掲げるものを除く。）その他これらに類するものとして総務省令で定めるもの (2)　更生施設 (3)　助産施設、保育所、幼保連携型認定こども園、児童養護施設、児童自立支援施設、児童家庭支援セ

消組 消防組織法

消防 消　防　法

消令 消防法施行令

消則 消防法施行規則

危令 危険物の規制に関する政令

危則 危険物の規制に関する規則

危告示 危険物の規制に関する技術上の基準の細目を定める告示

消防基本六法

消防法規研究会　編集

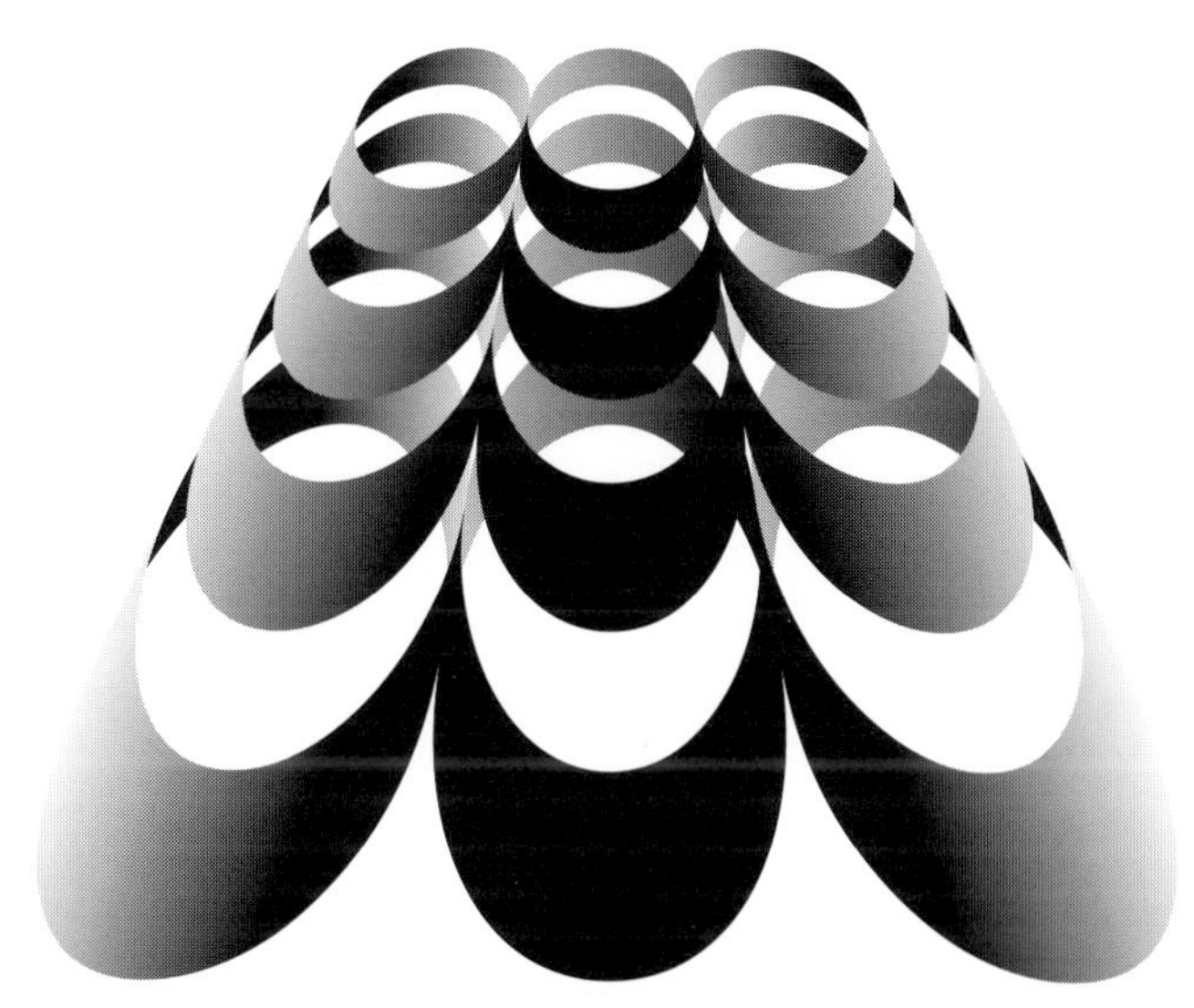

東京法令出版

凡例

【改正織込みの基準】

公布された改正法令は、施行期日のいかんにかかわらず、全て本文中に織り込むこととした。ただし、令和四年六月一七日法律第六八号による罰則の改正は、例外として本文に改正を織り込まず、附則の次に（参考）として改正文を掲載した。

【公布年月日及び改正年月日】

各法令の公布年月日及び法令番号は、各法令名の次に示し、改正があるものは、改正経過を明示した。特に基本法令については、各条文の改正沿革を明らかにするために、見出しの沿革及び本文の各条項に（い）（ろ）（は）…の記号及び各条ごとに改正注記を詳細に付し、一見して改正の経過が分かるようにした。なお、抄録の法令は最終沿革のみをあげた。

【条文見出し】

条文内容がすぐ分かるように基本法である「消防法」には条文見出しを〔　〕でつけ、制定時から法令自体に付されている（　）と区別した。

【項番号】

原文に項数が付されていない法令については検索の便宜上、②・③等の項番号を付し、制定時から法令自体に付されている2・3と区別した。

【解説・参照・罰則】

基本法令については**解説**・**参照**・**罰則**を各条文末尾に色刷りで示した。

解説

条文中、語句の解説等が必要な場合は、条文中の該当語句を太字とし、簡潔な解説を付した。

参照

条文中、他法令及び条項を参照する必要がある場合は、その法令・条項名を示した。

罰則

各条文に関する罰則規定については、その内容、罰金額、根拠条文を示した。

【法令名略語等】

解説・**参照**・**罰則**中の法令名略語等は、次のとおりである。

• 法令名略語

	略語	法令名
き	危令	危険物の規制に関する政令
	危則	危険物の規制に関する規則
	危告示	危険物の規制に関する技術上の基準の細目を定める告示
	危険物協会省令	危険物保安技術協会に関する省令
け	刑訴	刑事訴訟法
	憲	日本国憲法
	建基	建築基準法
	建基令	建築基準法施行令
こ	高圧	高圧ガス保安法
	国賠	国家賠償法
さ	災対	災害対策基本法
し	消組	消防組織法
	消防	消防法
	消令	消防法施行令
	消則	消防法施行規則
す	水防	水防法
た	対象火気設備等省令	対象火気設備等の位置、構造及び管理並びに対象火気器具等の取扱いに関する条例の制定に関する基準を定める省令
て	手数料令	地方公共団体の手数料の標準に関する政令
み	民	民法

• 略語例

消防四三①1＝消防法第四三条第一項第一号

消防基本六法　目次

消組

○消防組織法

（昭和二十二年十二月二十三日 法律第二百二十六号）

〔改正経過〕

昭和二三年　七月二四日　法律第一八七号（い）
昭和二四年　六月　四日　法律第一九三号（ろ）
昭和二五年　五月一六日　法律第一八四号（は）
昭和二六年　三月一三日　法律第　一八号（に）
昭和二七年　七月三一日　法律第二五八号（ほ）
昭和二九年　六月　八日　法律第一六三号（へ）
昭和三一年　五月二一日　法律第一〇七号（と）
昭和三四年　四月　一日　法律第　九八号（ち）
昭和三五年　六月三〇日　法律第一一三号（り）
昭和三六年　四月一〇日　法律第　六一号（ぬ）
昭和三七年　五月　八日　法律第一〇九号（る）
昭和三八年　四月一五日　法律第　八八号（を）
昭和三八年　四月一五日　法律第　八九号（わ）
昭和三九年　三月三〇日　法律第　一七号（か）
昭和四〇年　五月一四日　法律第　六五号（よ）
昭和四二年　七月二五日　法律第　八〇号（た）
昭和四三年　六月一〇日　法律第　九五号（れ）
昭和四七年　六月二三日　法律第　九四号（そ）
昭和四七年　六月二六日　法律第一〇五号（つ）
昭和五〇年一二月一七日　法律第　八四号（ね）
昭和五一年　五月二九日　法律第　三七号（な）
昭和五三年　六月一五日　法律第　七三号（ら）
昭和五七年　七月一六日　法律第　六六号（む）
昭和五八年一二月　二日　法律第　七八号（う）
昭和五八年一二月一〇日　法律第　八三号（ゐ）
昭和六〇年　六月二一日　法律第　六九号（の）
昭和六一年　四月一五日　法律第　二〇号（お）
昭和六二年　九月一六日　法律第　九三号（く）
昭和六三年　五月二四日　法律第　五五号（や）
平成　六年　六月二九日　法律第　四九号（ま）
平成　七年　四月二一日　法律第　六九号（け）
平成　七年一〇月二七日　法律第一二二号（ふ）
平成　八年　六月一九日　法律第　八八号（こ）
平成一一年　七月一六日　法律第　八七号（え）
平成一一年　七月一六日　法律第一〇二号（て）
平成一一年一二月一七日　法律第一五六号（あ）
平成一四年　七月二六日　法律第　九二号（さ）
平成一五年　六月一八日　法律第　八四号（き）
平成一六年　四月　二日　法律第　二七号（ゆ）
平成一六年　六月一八日　法律第一一二号（め）
平成一八年　六月一四日　法律第　六四号（み）
平成二〇年　五月二八日　法律第　四一号（し）
平成二一年　五月　一日　法律第　三四号（ゑ）
平成二三年　五月　二日　法律第　三七号（ひ）
平成二五年　六月一四日　法律第　四四号（も）
平成二五年一一月二九日　法律第　八七号（せ）
平成二五年一一月二九日　法律第　八八号（す）
平成二六年　五月三〇日　法律第　四二号（ん）

消防組織法をここに公布する。

消防組織法

目次

第一章　総則

（消防の任務）（み）

第一条　消防は、その施設及び人員を活用して、国民の生命、身体及び財産を火災から保護するとともに、水火災又は地震等の災害を防除し、及びこれらの災害による被害を軽減するほか、災害等による傷病者の搬送を適切に行うことを任務とする。（わ）（み）（ゑ）

本条…一部改正〔昭和三八年四月法律八九号（わ）〕、見出し…追加・本条…一部改正〔平成一八年六月法律六四号（み）〕、本条…一部改正〔平成二一年五月法律三四号（ゑ）〕

解説　【消防】消防の組織及び作用の総称である。

参照　【目的】消防一、災対一、水防一、警察法二①【災害】災対二1

第二章　国の行政機関（み）

章名…改正〔平成一八年六月法律六四号（み）〕

（消防庁）（み）

第二条　国家行政組織法（昭和二十三年法律第百二十号）第三条第二項の規定に基づいて、総務省の外局として消防庁を置く。（り）（て）

本条…一部改正〔昭和二七年七月法律二五八号（ほ）〕、全部改正〔昭和三五年六月法律一一三号（り）〕、一部改正〔平成一一年七月法律一〇二号（て）〕、見出し…追加〔平成一八年六月法律六四号（み）〕

参照　【総務省】総務省設置法三【外局】国家行政組織法三、総務省設置法三〇【消防庁】消組四

（消防庁長官）（み）

第三条　消防庁の長は、消防庁長官とする。（り）

一―三項…一部改正〔昭和二七年七月法律二五八号（ほ）・三四年四月九八号（ち）〕、本条…全部改正〔昭和三五年六月法律一一三号（り）〕、見出し…追加〔平成一八年六月法律六四号（み）〕

解説　【消防庁長官】この名称は、官名であるとともに職名である。

参照　【消防庁長官】国家行政組織法六・一〇・一二～一四、国家公務員法五五①、消組三七・四〇・四四

（消防庁の任務及び所掌事務）（み）

第四条　消防庁は、消防に関する制度の企画及び立案、消防に関し広域的に対応する必要のある事務その他の消防に関する事務を行うことにより、国民の生命、身体及び財産の保護を図ることを任務とする。（て）

2　消防庁は、前項の任務を達成するため、次に掲げる事務をつかさどる。（ほ）（り）（う）（て）（み）

一　消防制度及び消防準則の企画及び立案に関する事項（ほ）（た）（て）

二　消防に関する市街地の等級化に関する事項（都道府県の所掌に係るものを除く。）（た）

三　防火査察、防火管理その他火災予防の制度の企画及び立案に関する事項（わ）（れ）（て）（し）

四　火災の調査及び危険物に係る流出等の事故の原因の調査に関する事項（わ）（て）（し）

五　消防職員（消防吏員その他の職員をいう。以下同じ。）及び消防団員の教養訓練の基準に関する事項（ほ）（わ）（れ）（う）（て）

六　消防職員及び消防団員の教育訓練に関する事項（う）

七　消防統計及び消防情報に関する事項

八　消防の用に供する設備、機械器具及び資材の認定及び検定に関する事項（に）（う）（き）

九　消防に関する試験及び研究に関する事項(う)(て)

十　消防施設の強化拡充の指導及び助成に関する事項(ほ)(う)

十一　消防思想の普及宣伝に関する事項(う)

十二　危険物の判定の方法及び保安の確保に関する事項(や)(て)

十三　危険物取扱者及び消防設備士に関する事項(ち)(を)(う)(て)

十四　消防に必要な人員及び施設の基準に関する事項(ち)(う)(て)

十五　防災計画に基づく消防に関する計画（第二十九条において「消防計画」という。）の基準に関する事項(ち)(ぬ)(る)(う)(て)(み)

十六　人命の救助に係る活動の基準に関する事項(お)(て)(こ)(て)

十七　救急業務の基準に関する事項(わ)(た)(う)(て)

十八　消防団員等の公務災害補償等に関する事項(り)(わ)(か)(う)(て)

十九　消防に関する表彰及び報償に関する事項(ぬ)(を)(わ)(う)(ゐ)(て)

二十　消防の応援及び支援並びに緊急消防援助隊に関する事項(て)(き)

二十一　災害対策基本法（昭和三十六年法律第二百二十三号）、大規模地震対策特別措置法（昭和五十三年法律第七十三号）、原子力災害対策特別措置法（平成十一年法律第百五十六号）、南海トラフ地震に係る地震防災対策の推進に関する特別措置法（平成十四年法律第九十二号）、日本海溝・千島海溝周辺海溝型地震に係る地震防災対策の推進に関する特別措置法（平成十六年法律第二十七号）及び首都直下地震対策特別措置法（平成二十五年法律第八十八号）に基づく地方公共団体の事務に関する国と地方公共団体及び地方公共団体相互間の連絡に関する事項(わ)(ら)(う)(ゐ)(て)(あ)(さ)(ゆ)(せ)(す)

二十二　石油パイプライン事業の用に供する施設についての工事の計画及び検査その他保安に関する事項(つ)(う)(ゐ)(て)

二十三　石油コンビナート等災害防止法（昭和五十年法律第八十四号）第二条第二号に規定する石油コンビナート等特別防災区域に係る災害の発生及び拡大の防止並びに災害の復旧に関する事項(ね)(う)(ゐ)(て)

二十四　国際緊急援助隊の派遣に関する法律（昭和六十二年法律第九十三号）に基づく国際緊急援助活動に関する事項(く)(て)

二十五　武力攻撃事態等における国民の保護のための措置に関する法律（平成十六年法律第百十二号）に基づく住民の避難、安否情報、武力攻撃災害が発生した場合等の消防に関する指示等に関する事項並びに同法に基づく地方公共団体の事務に関する国と地方公共団体及び地方公共団体相互間の連絡調整に関する事項(め)

二十六　所掌事務に係る国際協力に関する事項(お)(く)(て)(め)

二十七　住民の自主的な防災組織が行う消防に関する事項(き)(め)

二十八　前各号に掲げるもののほか、法律（法律に基づく命令を含む。）に基づき消防庁に属させられた事項(ほ)(と)(ち)(ぬ)(を)(わ)(つ)(ね)(う)(ゐ)(お)(く)(て)(き)(め)

本条…一部改正〔昭和二六年三月法律一八号(に)・二七年七月二五八号(ほ)・三一年五月一〇七号(と)・三四年四月九八号(ち)・三五年六月一一三号(り)・三六年四月六一号(ぬ)・三七年五月一〇九号(る)・三八年四月八八号(を)・八九号(わ)・三九年三月一七号(か)・四〇年五月六五号(よ)・四二年七月八〇号(た)・四三年六月九五号(れ)・四七年六月一〇五号(つ)・五〇年一二月八四号(ね)・五一年五月三七号(な)・五三年六月七三号(ら)・五八年一二月七八号(う)・八三号(ゐ)・六一年四月二〇号(お)・六二年九月九三号(く)・六三年五月五五号(や)・平成八年六月八八号(こ)・一一年七月八七号(え)・一二月一五六号(あ)〕、一項…追加・旧一項…一部改正し二項に繰下〔平成一一年七月法律一〇二号(て)〕、二項…一部改正〔平成一四年七月法律九二号(さ)・一五年六月八四号(き)・一六年四月二七号(ゆ)・六月一一二号(め)〕、見出し…追加・二項…一部改正〔平成一八年六月法律六四号(み)〕、二項…一部改正〔平成二〇年五月法律四一号(し)・二五年一一月八七号(せ)・八八号(す)〕

参照 【行政機関の所掌事務】国家行政組織法四、総務省設置法四95【消防庁の組織・所掌事務・権限】総務省設置法三二【消防準則】消防団員等公務災害補償条例（例）、火災予防条例（例）等【市街地の等級化】消防に関する都市等級要綱【教養訓練の基準】消防学校の施設、人員及び運営の基準、消防学校の教育訓練の基準等【消防統計及び消防情報】消組四〇、火災報告取扱要領、救急事故等報告要領等【危険物取扱者及び消防設備士】危険物取扱者試験基準、消防設備士試験等の実施基準【市町村の消防に必要な人員及び施設の基準】消防力の整備指針、消防水利の基準【防災計画に基づく消防に関する計画の基準】市町村消防計画の基準【救急業務の基準】救急業務実施基準

（教育訓練機関）（み）

第五条　消防庁に、政令で定めるところにより、国及び都道府県の消防の事務に従事する職員又は市町村の消防職員及び消防団員に対し、幹部として必要な教育訓練を行い、あわせて消防学校又は消防職員及び消防団員の訓練機関の行う教育訓練の内容及び方法に関する技術的援助をつかさどる教育訓練機関を置くことができる。（う）

本条…追加〔昭和三四年四月法律九八号(ち)〕、一・二項…一部改正〔昭和三五年六月法律一一三号(り)〕、旧四条の四…繰下〔昭和三六年四月法律六一号(ぬ)〕、本条…全部改正〔昭和五八年一二月法律七八号(う)〕、見出し…追加〔平成一八年六月法律六四号(み)〕

参照 【消防庁】消組二【教育訓練】消組五二【消防学校】消組五一【教育訓練機関】総務省組織令一五二

第三章　地方公共団体の機関（み）

章名…改正〔平成一八年六月法律六四号(み)〕

（市町村の消防に関する責任）（み）

第六条　市町村は、当該市町村の区域における消防を十分に果たすべき責任を有する。（み）

見出し…追加・本条…一部改正〔平成一八年六月法律六四号(み)〕

参照 【市町村】地方自治法二【市町村の区域】地方自治法五、消組二六

（市町村の消防の管理）（み）

第七条　市町村の消防は、条例に従い、市町村長がこれを管理する。

見出し…追加〔平成一八年六月法律六四号(み)〕

参照 【条例】地方自治法一四【管理＝指揮監督】地方自治法一四八【管理】消組二七

（市町村の消防に要する費用）（み）

第八条　市町村の消防に要する費用は、当該市町村がこれを負担しなければならない。

見出し…追加〔平成一八年六月法律六四号(み)〕

参照 【費用】消組四九【負担】地方財政法九（経費の全額負担）

（消防機関）（み）

第九条　市町村は、その消防事務を処理するため、次に掲げる機関の全部又は一部を設けなければならない。（に）(れ)(み)

一　消防本部（に）

二　消防署（に）

三　消防団（に）

本条…全部改正〔昭和二六年三月法律一八号(に)〕、一部改正〔昭和四三年六月法律九五号(れ)〕、見出し…追加・本条…一部改正〔平成一八年六月法律六四号(み)〕

解説 【消防事務】市町村が消組第六条による消防の責任を果たすために処理する事務をいう。

【全部又は一部を設けなければならない】少なくとも消防本部又は消防署又は消防団のいずれかを設けなければならないということであって、消防

本部を設けずに消防署のみを単独で設置することは許されない。

参照　【機関＝消防機関】消組四四③・四七、災対五、水防二④【消防本部】消組一〇～一二【消防署】消組一〇・一一・一三【消防団】消組一八～二〇

（消防本部及び消防署）（み）

第一〇条　消防本部及び消防署の設置、位置及び名称並びに消防署の管轄区域は、条例で定める。（わ）（み）

2　消防本部の組織は市町村の規則で定め、消防署の組織は市町村長の承認を得て消防長が定める。（わ）（み）

二項…追加・旧二・三項…三・四項に繰下〔昭和二六年三月法律一八号（に）〕、二項…一部改正〔昭和二七年七月法律二五八号（ほ）・三五年六月一二三号（り）〕、本条…全部改正〔昭和三八年四月法律八九号（わ）〕、見出し…追加・二項…一部改正・旧一一条…繰上〔平成一八年六月法律六四号（み）〕

解説　【消防本部の名称】市町村長部局の名称を考慮して定められている。【管轄区域】国や地方公共団体の行政機関が、その権限を行使できる地域の範囲をいう。

参照　【消防本部及び消防署】消組九【消防長】消組一二・一五

（消防職員）（み）

第一一条　消防本部及び消防署に消防職員を置く。（わ）（う）（み）

2　消防職員の定員は、条例で定める。ただし、臨時又は非常勤の職については、この限りでない。（わ）（み）

本条…一部改正〔昭和二六年三月法律一八号（に）・三四年四月九八号（ち）〕、全部改正〔昭和三八年四月法律八九号（わ）〕、一項…一部改正〔昭和五八年一二月法律七八号（う）〕、見出し…追加・二項…一部改正・旧一二条…繰上〔平成一八年六月法律六四号（み）〕

解説　本条は、地方自治法第一七二条第一項及び第三項の特別規定である。この種の特別規定の例としては、警察法第五五条第一項、地方教育行政の組織及び運営に関する法律第一八条第一項等がある。

参照　【消防本部及び消防署】消組九・一〇【消防職員】地方公務員法三②・五二⑤

（消防長）（み）

第一二条　消防本部の長は、消防長とする。（わ）（み）

2　消防長は、消防本部の事務を統括し、消防職員を指揮監督する。（わ）（み）

本条…一部改正〔昭和二三年七月法律一八七号（い）〕、全部改正〔昭和三八年四月法律八九号（わ）〕、見出し…追加・二項…一部改正・旧一三条…繰上〔平成一八年六月法律六四号（み）〕

参照　【消防本部】消組九・一〇【消防長】消組一〇・一五

（消防署長）（み）

第一三条　消防署の長は、消防署長とする。（わ）（み）

2　消防署長は、消防長の指揮監督を受け、消防署の事務を統括し、所属の消防職員を指揮監督する。（わ）（み）

本条…全部改正〔昭和三八年四月法律八九号（わ）〕、見出し…追加・二項…一部改正・旧一四条…繰上〔平成一八年六月法律六四号（み）〕

参照　【消防署】消組九・一〇【消防署長】消組一五

（消防職員の職務）（み）

第一四条　消防職員は、上司の指揮監督を受け、消防事務に従事する。（わ）（み）

本条…追加〔昭和三八年四月法律八九号（わ）〕、見出し…追加・旧一四条の二…繰上〔平成一八年六月法律六四号（み）〕

参照【消防職員】消組一一～一三・一五～一七【上司の指揮監督】地方公務員法三二

（消防職員の任命）(み)

第一五条 消防長は、市町村長が任命し、消防長以外の消防職員は、市町村長の承認を得て消防長が任命する。(わ)(れ)(み)

2 消防長及び消防署長は、これらの職に必要な消防に関する知識及び経験を有する者の資格として市町村の条例で定める資格を有する者でなければならない。(れ)(み)(も)

3 市町村が前項の条例を定めるに当たつては、同項に規定する者の資格の基準として政令で定める基準を参酌するものとする。(も)

本条…追加〔昭和三八年四月法律八九号(わ)〕、一項…一部改正・二項…追加〔昭和四三年六月法律九五号(れ)〕、見出し…追加・二項…一部改正・旧一四条の三…繰下〔平成一八年六月法律六四号(み)〕、二項…一部改正・三項…追加〔平成二五年六月法律四四号(も)〕

参照【消防職員】消組一一～一四・一六・一七【市町村長】消組二七②【政令】市町村の消防長及び消防署長の資格の基準を定める政令

（消防職員の身分取扱い等）(み)

第一六条 消防職員に関する任用、給与、分限及び懲戒、服務その他身分取扱いに関しては、この法律に定めるものを除くほか、地方公務員法（昭和二十五年法律第二百六十一号）の定めるところによる。(わ)(み)

2 消防吏員の階級並びに訓練、礼式及び服制に関する事項は、消防庁の定める基準に従い、市町村の規則で定める。(わ)(み)

本条…追加〔昭和三八年四月法律八九号(わ)〕、見出し…追加・二項…一部改正・旧一四条の四…繰下〔平成一八年六月法律六四号(み)〕

参照【この法律に定めるもの】消組一二②（消防長の職務）・一四（消防職員の職務）・一五（消防職員の任命）・二七②（特別区消防長の任命権者）・五二（教育訓練の機会）【地方公務員法】地方公務員法一三～五六【消防庁の定める基準】消防吏員の階級の基準、消防訓練礼式の基準、消防操法の基準、消防救助操法の基準、消防吏員服制基準

（消防職員委員会）(み)

第一七条 次に掲げる事項に関して消防職員から提出された意見を審議させ、その結果に基づき消防長に対して意見を述べさせ、もつて消防事務の円滑な運営に資するため、消防本部に消防職員委員会を置く。(ふ)(み)

一 消防職員の給与、勤務時間その他の勤務条件及び厚生福利に関すること。(ふ)

二 消防職員の職務遂行上必要な被服及び装備品に関すること。(ふ)

三 消防の用に供する設備、機械器具その他の施設に関すること。(ふ)

2 消防職員委員会は、委員長及び委員をもつて組織する。(ふ)(み)

3 委員長は消防長に準ずる職のうち市町村の規則で定めるものにある消防職員のうちから消防長が指名する者をもつて充て、委員は消防職員（委員長として指名された消防職員及び消防長を除く。）のうちから消防長が指名する。(ふ)(み)

4 前三項に規定するもののほか、消防職員委員会の組織及び運営に関し必要な事項は、消防庁の定める基準に従い、市町村の規則で定める。(ふ)(み)

本条…追加〔平成七年一〇月法律一二二号(ふ)〕、見出し…追加・二―四項…一部改正・旧一四条の五…繰下〔平成一八年六月法律六四号(み)〕

参照【消防職員】消組一一～一六【消防本部】消組九・一〇【消防長】消組一二・一五【消防庁の定める基準】消防職員委員会の組織及び運営の基準

（消防団）(み)

第一八条　消防団の設置、名称及び区域は、条例で定める。(わ)(み)

2　消防団の組織は、市町村の規則で定める。(わ)(み)

3　消防本部を置く市町村においては、消防団は、消防長又は消防署長の所轄の下に行動するものとし、消防長又は消防署長の命令があるときは、その区域外においても行動することができる。(わ)(み)

一・二項…一部改正〔昭和二六年三月法律一八号(に)〕、二項…一部改正〔昭和二七年七月法律二五八号(ほ)・三五年六月一一三号(り)〕、本条…全部改正〔昭和三八年四月法律八九号(わ)〕、見出し…追加・二・三項…一部改正・旧一五条…繰下〔平成一八年六月法律六四号(み)〕

【解説】消防団と消防本部又は消防署の間には上下の関係はない。本条第三項は、消防団の行動と消防本部又は消防署との関係について最小限の調整を図ったものである。

【参照】【消防団】消組九3・一九・二〇【消防本部】消組九・一〇【消防長】消組一二・一五【消防署長】消組一三・一五

（消防団員）(み)

第一九条　消防団に消防団員を置く。(わ)(み)

2　消防団員の定員は、条例で定める。(わ)(み)

本条…追加〔昭和二三年七月法律一八七号(い)〕、三項…全部改正・四項…追加〔昭和二六年三月法律一八号(に)〕、四項…一部改正〔昭和二七年七月法律二五八号(ほ)・三五年六月一一三号(り)〕、本条…全部改正〔昭和三八年四月法律八九号(わ)〕、見出し…追加・二項…一部改正・旧一五条の二…繰下〔平成一八年六月法律六四号(み)〕

【解説】【消防団員】消防団員には消防団長が含まれる。

【参照】【消防団】消組九3・一八・二〇【消防団員】消組二〇～二五、地方公務員法三③5

（消防団長）(み)

第二〇条　消防団の長は、消防団長とする。(わ)(み)

2　消防団長は、消防団の事務を統括し、所属の消防団員を指揮監督する。(わ)(み)

本条…追加〔昭和二六年三月法律一八号(に)〕、三項…一部改正〔昭和三四年四月法律九八号(ち)〕、二項…追加・旧二—四項…三—五項に繰下〔昭和三六年四月法律六一号(ぬ)〕、本条…全部改正〔昭和三八年四月法律八九号(わ)〕、見出し…追加・二項…一部改正・旧一五条の三…繰下〔平成一八年六月法律六四号(み)〕

【参照】【消防団】消組九3・一八・一九【消防団長】消組二二【消防団の事務】消防二九・三〇、水防九・二一・二四～二八等【消防団員】消組一九・二一～二五

（消防団員の職務）(み)

第二一条　消防団員は、上司の指揮監督を受け、消防事務に従事する。(わ)(み)

本条…追加〔昭和三八年四月法律八九号(わ)〕、見出し…追加・旧一五条の四…繰下〔平成一八年六月法律六四号(み)〕

【解説】未設置市町村における常勤消防団員の立入検査権等については消防第四条・第三四条、常勤消防団員・未設置市町村における非常勤消防団員の立入検査・質問権については消防第四条の二にそれぞれ規定がある。

【参照】【消防団員】消組一九【消防事務＝消防団の事務】消組一・二〇②

（消防団員の任命）(み)

第二二条　消防団長は、消防団の推薦に基づき市町村長が任命し、消防団長以外の消防団員は、市町村長の承認を得て消防団長が任命する。(わ)(み)

本条…追加〔昭和三八年四月法律八九号(わ)〕、見出し…追加・旧一五条の五…繰下〔平成一八年六月法律六四号(み)〕

参照【消防団長】消組二〇【消防団】消組九3・一八～二〇【消防団員】消組一九～二一・二三～二五

（消防団員の身分取扱い等）(み)

第二三条　消防団員に関する任用、給与、分限及び懲戒、服務その他身分取扱いに関しては、この法律に定めるものを除くほか、常勤の消防団員については地方公務員法の定めるところにより、非常勤の消防団員については条例で定める。(わ)(み)

2　消防団員の階級並びに訓練、礼式及び服制に関する事項は、消防庁の定める基準に従い、市町村の規則で定める。(わ)(み)

本条…追加〔昭和三八年四月法律八九号(わ)〕、見出し…追加・二項…一部改正・旧一五条の六…繰下〔平成一八年六月法律六四号(み)〕

参照【消防団員】消組一九【この法律に定めるもの】消組二〇（消防団長）・二一（消防団員の職務）・二二（消防団員の任命）・二四（非常勤消防団員に対する公務災害補償）・二五（非常勤消防団員に対する退職報償金）・五二（教育訓練の機会）【常勤の消防団員】地方公務員法三②【地方公務員法の定めるところ】地方公務員法一三～五六【非常勤の消防団員】地方公務員法三③5【条例】○○市（町村）消防団員の定員、任免、給与、服務等に関する条例（例）【消防庁の定める基準】消防団員の階級の基準、消防訓練礼式の基準、消防操法の基準、消防団員服制基準

（非常勤消防団員に対する公務災害補償）(み)

第二四条　消防団員で非常勤のものが公務により死亡し、負傷し、若しくは疾病にかかり、又は公務による負傷若しくは疾病により死亡し、若しくは障害の状態となつた場合においては、市町村は、政令で定める基準に従い条例で定めるところにより、その消防団員又はその者の遺族がこれらの原因によつて受ける損害を補償しなければならない。(に)(と)(わ)(そ)(む)(み)

2　前項の場合においては、市町村は、当該消防団員で非常勤のもの又はその者の遺族の福祉に関して必要な事業を行うように努めなければならない。(そ)(の)(け)(み)

本条…追加〔昭和二六年三月法律一八号(に)〕、一部改正〔昭和三一年五月法律一〇七号(と)〕、旧一五条の四…繰下〔昭和三八年四月法律八九号(わ)〕、一項…一部改正・二項…追加〔昭和四七年六月法律九四号(そ)〕、一項…一部改正〔昭和五七年七月法律六六号(む)〕、二項…一部改正〔昭和六〇年六月法律六九号(の)・平成七年四月法律六九号(け)〕、見出し…追加・一・二項…一部改正・旧一五条の七…繰下〔平成一八年六月法律六四号(み)〕

参照【消防団員で非常勤のもの】地方公務員法三③5【公務】消組一【政令】非常勤消防団員等に係る損害補償の基準を定める政令【条例】○○市（町村）消防団員等公務災害補償条例（例）【補償】消防団員等公務災害補償等責任共済等に関する法律

（非常勤消防団員に対する退職報償金）(み)

第二五条　消防団員で非常勤のものが退職した場合においては、市町村は、条例で定めるところにより、その者（死亡による退職の場合には、その者の遺族）に退職報償金を支給しなければならない。(か)(み)

本条…追加〔昭和三九年三月法律一七号(か)〕、見出し…追加・旧一五条の八…繰下〔平成一八年六月法律六四号(み)〕

参照【消防団員で非常勤のもの】地方公務員法三③5【条例】地方自治法二〇四の二、○○市（町村）非常勤消防団員に係る退職報償金の支給に関する条例（例）【退職報償金】消防団員等公務災害補償等責任共済等に関する法律

（特別区の消防に関する責任）(み)

第二六条　特別区の存する区域においては、特別区が連合してその区域内における第六条に規定する責任を有する。(み)

見出し…追加・旧一六条…繰下〔平成一八年六月法律六四号(み)〕

参照【特別区】地方自治法一の三③・二八一

（特別区の消防の管理及び消防長の任命）（み）

第二七条　前条の特別区の消防は、都知事がこれを管理する。（み）

２　特別区の消防長は、都知事が任命する。（わ）（み）

二項…一部改正〔昭和二六年三月法律一八号（に）〕、全部改正〔昭和三八年四月法律八九号（わ）〕、見出し…追加・二項…一部改正・旧一七条…繰下〔平成一八年六月法律六四号（み）〕

参照【特別区の消防】消組七・二六・二八【特別区の消防長】消組一五①

（特別区の消防への準用）（み）

第二八条　前二条に規定するもののほか、特別区の存する区域における消防については、特別区の存する区域を一の市とみなして、市町村の消防に関する規定を準用する。（み）

見出し…追加・旧一八条…一部改正し繰下〔平成一八年六月法律六四号（み）〕

参照【市町村の消防に関する規定】消組六～二五・二九～五二・附則二

（都道府県の消防に関する所掌事務）（み）

第二九条　都道府県は、市町村の消防が十分に行われるよう消防に関する当該都道府県と市町村との連絡及び市町村相互間の連絡協調を図るほか、消防に関し、次に掲げる事務をつかさどる。（ほ）（わ）（お）（み）

一　消防職員及び消防団員の教養訓練に関する事項（ほ）

二　市町村相互間における消防職員の人事交流のあっせんに関する事項（わ）

三　消防統計及び消防情報に関する事項（ほ）（わ）

四　消防施設の強化拡充の指導及び助成に関する事項（ほ）

五　消防思想の普及宣伝に関する事項（ほ）

六　消防の用に供する設備、機械器具及び資材の性能試験に関する事項（ほ）

七　市町村の消防計画の作成の指導に関する事項（ち）（ぬ）

八　消防の応援及び緊急消防援助隊に関する事項（よ）（み）（し）

九　市町村の消防が行う人命の救助に係る活動の指導に関する事項（お）

十　傷病者の搬送及び傷病者の受入れの実施に関する基準に関する事項（ゑ）

十一　市町村の行う救急業務の指導に関する事項（よ）（お）（ゑ）

十二　消防に関する市街地の等級化に関する事項（消防庁長官が指定する市に係るものを除く。）（た）（お）（ゑ）

十三　前各号に掲げるもののほか、法律（法律に基づく命令を含む。）に基づきその権限に属する事項（ほ）（ち）（よ）（た）（お）（ゑ）

本条…追加〔昭和二七年七月法律二五八号（ほ）〕、一部改正〔昭和三四年四月法律九八号（ち）・三六年四月六一号（ぬ）・三八年四月八九号（わ）・四〇年五月六五号（よ）・四二年七月八〇号（た）・六二年四月二〇号（お）〕、見出し…追加・旧一八条の二…一部改正し繰下〔平成一八年六月法律六四号（み）〕、本条…一部改正〔平成二〇年五月法律四一号（し）・二一年五月三四号（ゑ）〕

参照【消防に関し、次に掲げる事務】消組四【消防庁長官の指定】消防組織法第二十九条第十二号に規定する消防庁長官が指定する市（平一八消防庁告示一三号）【法律】消防、災対等【権限に属する事項】消組三〇・三三・三八・四〇・四二②・四三・四四・五一、消防三五の三・三五の九、水防三の六・四・七・一一・一四・一六・二〇・二九・三〇・三三・三五・四七～四九、災対四・一六・四〇・四二・四六～五〇・五三・五五・七〇～七四の三・八二・八六の九～八六の一六・八六の一八、石油コンビナート等災害防止法等

（都道府県の航空消防隊）（み）

第三〇条　前条に規定するもののほか、都道府県は、その区域内の市町村の長の要請に応じ、航空機を用いて、当該市町村の消防を支援することができる。（き）（み）

2　都道府県知事及び市町村長は、前項の規定に基づく市町村の消防の支援に関して協定することができる。（き）（み）

3　都道府県知事は、第一項の規定に基づく市町村の消防の支援のため、都道府県の規則で定めるところにより、航空消防隊を設けるものとする。（き）（み）

本条…追加〔平成一五年六月法律八四号（き）〕、見出し…追加・一二・三項…一部改正・旧一八条の三…繰下〔平成一八年六月法律六四号（み）〕

参照【都道府県による市町村の消防支援】消防三〇の二、消令四四の二

第四章　市町村の消防の広域化（み）

本章…追加〔平成一八年六月法律六四号（み）〕

（市町村の消防の広域化）

第三一条　市町村の消防の広域化（二以上の市町村が消防事務（消防団の事務を除く。以下この条において同じ。）を共同して処理することとすること又は市町村が他の市町村に消防事務を委託することをいう。以下この章において同じ。）は、消防の体制の整備及び確立を図ることを旨として、行われなければならない。（み）

本条…追加〔平成一八年六月法律六四号（み）〕

（基本指針）

第三二条　消防庁長官は、自主的な市町村の消防の広域化を推進するとともに市町村の消防の広域化が行われた後の消防（以下「広域化後の消防」という。）の円滑な運営を確保するための基本的な指針（次項及び次条第一項において「基本指針」という。）を定めるものとする。（み）

2　基本指針においては、次に掲げる事項について定めるものとする。（み）

一　自主的な市町村の消防の広域化の推進に関する基本的な事項（み）

二　自主的な市町村の消防の広域化を推進する期間（み）

三　次条第二項第三号及び第四号に掲げる事項に関する基準（み）

四　広域化後の消防の円滑な運営の確保に関する基本的な事項（み）

五　市町村の防災に係る関係機関相互間の連携の確保に関する事項（み）

本条…追加〔平成一八年六月法律六四号（み）〕

参照【基本指針】市町村の消防の広域化に関する基本指針

（推進計画及び都道府県知事の関与等）

第三三条　都道府県は、基本指針に基づき、当該都道府県の区域内において自主的な市町村の消防の広域化を推進する必要があると認める場合には、その市町村を対象として、当該都道府県における自主的な市町村の消防の広域化の推進及び広域化後の消防の円滑な運営の確保に関する計画（以下この条において「推進計画」という。）を定めるよう努めなければならない。（み）（ひ）

2　推進計画においては、おおむね次に掲げる事項について定めるものとする。（み）（ひ）

一　自主的な市町村の消防の広域化の推進に関する基本的な事項（み）

二　市町村の消防の現況及び将来の見通し（み）

三　前号の現況及び将来の見通しを勘案して、推進する必要があると認める自主的な市町村の消防の広域化の対象となる市町村（以

下「広域化対象市町村」という。）の組合せ(み)

四　前号の組合せに基づく自主的な市町村の消防の広域化を推進するために必要な措置に関する事項(み)

五　広域化後の消防の円滑な運営の確保に関する基本的な事項(み)

六　市町村の防災に係る関係機関相互間の連携の確保に関する事項(み)

3　都道府県は、推進計画を定め、又はこれを変更しようとするときは、あらかじめ、関係市町村の意見を聴かなければならない。(み)

4　都道府県知事は、広域化対象市町村の全部又は一部から求めがあつたときは、市町村相互間における必要な調整を行うものとする。(み)

5　都道府県知事は、市町村に対し、自主的な市町村の消防の広域化を推進するため、この法律に定めるもののほか、情報の提供その他の必要な援助を行うものとする。(み)(も)

本条…追加〔平成一八年六月法律六四号(み)〕、一・二項…一部改正〔平成二三年五月法律三七号(ひ)〕、五項…削除・旧六項…五項に繰上〔平成二五年六月法律四四号(も)〕

（広域消防運営計画）

第三四条　広域化対象市町村は、市町村の消防の広域化を行おうとするときは、その協議により、広域化後の消防の円滑な運営を確保するための計画（以下この条及び次条第二項において「広域消防運営計画」という。）を作成するものとする。(み)

2　広域消防運営計画においては、おおむね次に掲げる事項について定めるものとする。(み)

一　広域化後の消防の円滑な運営を確保するための基本方針(み)

二　消防本部の位置及び名称(み)

三　市町村の防災に係る関係機関相互間の連携の確保に関する事項(み)

3　広域化対象市町村が、広域消防運営計画を作成するため、地方自治法（昭和二十二年法律第六十七号）第二百五十二条の二の二第一項の規定により協議会を設ける場合にあつては、当該協議会には、同法第二百五十二条の三第二項の規定にかかわらず、規約の定めるところにより、関係市町村の議会の議員又は学識経験を有する者を当該協議会の会長又は委員として加えることができる。(み)(ん)

本条…追加〔平成一八年六月法律六四号(み)〕、三項…改正〔平成二六年五月法律四二号(ん)〕

（国の援助等）

第三五条　国は、都道府県及び市町村に対し、自主的な市町村の消防の広域化を推進するため、この法律に定めるもののほか、情報の提供その他の必要な援助を行うものとする。(み)

2　広域化対象市町村が第三十三条第二項第三号の組合せに基づき市町村の消防の広域化を行つた場合において、当該広域化対象市町村が広域消防運営計画を達成するために行う事業に要する経費に充てるために起こす地方債については、法令の範囲内において、資金事情及び当該広域化対象市町村の財政状況が許す限り、特別の配慮をするものとする。(み)

本条…追加〔平成一八年六月法律六四号(み)〕

第五章　各機関相互間の関係等(み)

章名…追加〔平成一八年六月法律六四号(み)〕

（市町村の消防と消防庁長官等の管理との関係）(み)

第三六条　市町村の消防は、消防庁長官又は都道府県知事の運営管理又は行政管理に服することはない。(ほ)(り)(み)

本条…一部改正〔昭和二七年七月法律二五八号(ほ)・三五年六月一一三号

(り)〕、見出し…追加・旧一九条…繰下〔平成一八年六月法律六四号(み)〕

解説 本条の特例として消組第四三条（非常事態における都道府県知事の指示）・第四四条（非常事態における消防庁長官等の措置要求等）の規定がある。

参照 【市町村の消防】消組六～八【消防庁長官】消組三・三七・四〇・四四【都道府県知事】消組三八・四三

（**消防庁長官の助言、勧告及び指導**）(み)

第三七条 消防庁長官は、必要に応じ、消防に関する事項について都道府県又は市町村に対して助言を与え、勧告し、又は指導を行うことができる。(に)(ほ)(り)(わ)(み)

本条…全部改正〔昭和二六年三月法律一八号(に)〕、一部改正〔昭和二七年七月法律二五八号(ほ)・三五年六月一一三号(り)・三八年四月八九号(わ)〕、見出し…追加・旧二〇条…一部改正し繰下〔平成一八年六月法律六四号(み)〕

解説 【消防に関する事項】消組第四条第二項各号に掲げる事務のほか消防に関する一切の事項
【勧告】消防力の整備指針、消防水利の基準、市町村消防計画の基準、救急業務実施基準、消防に関する都市等級要綱等がある。
【指導】法令解釈及び運用に関する疑義回答、情報の提供等がある。

参照 【消防庁長官】消組三・四〇・四四

（**都道府県知事の勧告、指導及び助言**）(み)

第三八条 都道府県知事は、必要に応じ、消防に関する事項について市町村に対して勧告し、指導し、又は助言を与えることができる。この場合における勧告、指導及び助言は、消防庁長官の行う勧告、指導及び助言の趣旨に沿うものでなければならない。(ほ)(り)(み)

本条…追加〔昭和二七年七月法律二五八号(ほ)〕、一部改正〔昭和三五年六月法律一一三号(り)〕、見出し…追加・旧二〇条の二…一部改正し繰下〔平成一八年六月法律六四号(み)〕

解説 【消防に関する事項】消組第二九条各号に掲げる事務のほか、消防に関する一切の事項

参照 【消防庁長官の助言等】消組三七

（**市町村の消防の相互の応援**）(み)

第三九条 市町村は、必要に応じ、消防に関し相互に応援するように努めなければならない。(わ)(み)

2 市町村長は、消防の相互の応援に関して協定することができる。(わ)(み)

一項…追加・旧一項…二項に繰下〔昭和三八年四月法律八九号(わ)〕、見出し…追加・二項…一部改正・旧二一条…繰下〔平成一八年六月法律六四号(み)〕

参照 【応援】消組四②20・二九8・四七【協定】消防組織法第二十一条〔現行＝三九条〕に基く市町村の相互応援協定（準則）

（**消防庁長官に対する消防統計等の報告**）(み)

第四〇条 消防庁長官は、都道府県又は市町村に対し、消防庁長官の定める形式及び方法により消防統計及び消防情報に関する報告をすることを求めることができる。(ゐ)(み)

本条…一部改正〔昭和二七年七月法律二五八号(ほ)・三五年六月一一三号(り)〕、全部改正〔昭和五八年一二月法律八三号(ゐ)〕、見出し…追加・旧二二条…繰下〔平成一八年六月法律六四号(み)〕

参照 【消防庁長官】消組三・三七・四四【消防統計】消組四②7・二九3（例）火災報告、火災月報、消防年報、救急月報、救急年報等【消防情報】消組四②7・二九3、災対五三（例）火災報告、火災詳報、救急詳報、救急年報、災害確定報告、災害年報等【報告の形式・方法】火災報告取扱要領、災害報告取扱要領、救急事故等報告要領、火災・災害等即報要領等

（**警察通信施設の使用**）(み)

第四一条 消防庁及び地方公共団体は、消防事務のために警察通信施設を使用することができる。(ほ)(り)(み)

本条…一部改正〔昭和二七年七月法律二五八号(ほ)・三五年六月一一三号(り)〕、見出し…追加・旧二三条…繰下〔平成一八年六月法律六四号(み)〕

参照 【通信施設等の使用】災対五七・七九、水防二七②

（**消防、警察及び関係機関の相互協力等**）(み)

第四二条 **消防及び警察**は、国民の生命、身体及び財産の保護のために相互に協力をしなければならない。(み)

2 消防庁、警察庁、都道府県警察、都道府県知事、市町村長及び水防法に規定する水防管理者は、相互間において、地震、台風、水火災等の非常事態の場合における災害の防御の措置に関しあらかじめ**協定**することができる。これらの災害に際して消防が警察を応援する場合は、運営管理は警察がこれを留保し、消防職員は、**警察権**を行使してはならない。これらの災害に際して警察が消防を応援する場合は、災害区域内の消防に関係のある警察の指揮は、消防が行う。(ろ)(に)(ほ)(へ)(り)(み)

二項…一部改正〔昭和二四年六月法律一九三号(ろ)・二六年三月一八号(に)・二七年七月二五八号(ほ)・二九年六月一六三号(へ)・三五年六月一一三号(り)〕、見出し…追加・二項…一部改正・旧二四条…繰下〔平成一八年六月法律六四号(み)〕

解説 【消防及び警察】消防及び警察の任務遂行に当たる組織又は構成員をいう。
【協定】消防組織法第四十二条第二項による協定について、緊急の事態に際して消防の行う警察に対する援助協力に関する件、緊急の事態における消防の警察に対する特別な援助協力について、海上保安庁の機関と消防機関との業務協定の締結に関する覚書等がある。
【警察権】警察官の有する職権をいう。

参照 【国民の生命及び財産の保護】消組一、警察法二①【協力】消防二三の二②・二八②・③・三五②・三五の四②・三五の一〇①、水防二一②【水防管理者】水防二③【地震、台風、水火災等】消組一（水火災又は地震等）

（**非常事態における都道府県知事の指示**）(み)

第四三条 都道府県知事は、地震、台風、水火災等の非常事態の場合において、緊急の必要があるときは、市町村長、市町村の消防長又は水防法に規定する水防管理者に対して、前条第二項の規定による協定の実施その他**災害の防御の措置**に関し、必要な**指示**をすることができる。この場合における指示は、消防庁長官の行う勧告、指導及び助言の趣旨に沿うものでなければならない。(ほ)(り)(み)

本条…追加〔昭和二七年七月法律二五八号(ほ)〕、一部改正〔昭和三五年六月法律一一三号(り)〕、見出し…追加・旧二四条の二…一部改正し繰下〔平成一八年六月法律六四号(み)〕

解説 【災害の防御の措置】災害の防御の実施方法、他市町村への消防隊員の出動、災害用資器材の輸送その他の応援をいう。
【指示】都道府県知事の指示権は、消組第三六条の例外である。

参照 【水防管理者】水防二③【指示】災対七二①、水防三〇等【消防庁長官の助言等】消組三七

（**非常事態における消防庁長官等の措置要求等**）(み)

第四四条 消防庁長官は、地震、台風、水火災等の非常事態の場合において、これらの災害が発生した市町村（以下この条から第四十四条の三までにおいて「災害発生市町村」という。）の消防の応援又は支援（以下「消防の応援等」という。）に関し、当該災害発生市町村の属する都道府県の知事から要請があり、かつ、必要があると認めるときは、当該都道府県以外の都道府県の知事に対し、当該災害発生市町村の消防の応援等のため必要な措置をとることを求める

ことができる。(よ)(ふ)(き)(み)(し)

2　消防庁長官は、前項に規定する場合において、当該災害の規模等に照らし緊急を要し、同項の要請を待ついとまがないと認められるときは、同項の要請を待たないで、緊急に消防の応援等を必要とすると認められる災害発生市町村のため、当該災害発生市町村の属する都道府県以外の都道府県の知事に対し、当該必要な措置をとることを求めることができる。この場合において、消防庁長官は、当該災害発生市町村の属する都道府県の知事に対し、速やかにその旨を通知するものとする。(ふ)(き)(み)

3　都道府県知事は、前二項の規定による消防庁長官の求めに応じ当該必要な措置をとる場合において、必要があると認めるときは、その区域内の市町村の長に対し、消防機関（第九条に規定する機関をいう。以下同じ。）の職員の応援出動等の措置をとることを求めることができる。(よ)(ふ)(き)(み)

4　消防庁長官は、第一項又は第二項の場合において、人命の救助等のために特に緊急を要し、かつ、広域的に消防機関の職員の応援出動等の措置を的確かつ迅速にとる必要があると認められるときは、緊急に当該応援出動等の措置を必要とすると認められる災害発生市町村のため、当該災害発生市町村以外の市町村の長に対し、当該応援出動等の措置をとることを自ら求めることができる。この場合において、消防庁長官は、第一項の場合にあつては当該応援出動等の措置をとることを求めた市町村の属する都道府県の知事に対し、第二項の場合にあつては当該都道府県の知事及び当該災害発生市町村の属する都道府県の知事に対し、速やかにその旨を通知するものとする。(ふ)(み)

5　消防庁長官は、第一項、第二項又は前項に規定する場合において、大規模地震対策特別措置法第三条第一項に規定する地震防災対策強化地域に係る著しい地震災害その他の大規模な災害又は毒性物質の発散その他の政令で定める原因により生ずる特殊な災害に対処するために特別の必要があると認められるときは、当該特別の必要があると認められる災害発生市町村のため、当該災害発生市町村の属する都道府県以外の都道府県の知事又は当該都道府県内の市町村の長に対し、第四十五条第一項に規定する緊急消防援助隊（以下この条から第四十四条の三までにおいて「緊急消防援助隊」という。）の出動のため必要な措置をとることを指示することができる。この場合において、消防庁長官は、当該災害発生市町村の属する都道府県の知事及び当該出動のため必要な措置をとることを指示した市町村の属する都道府県の知事に対し、速やかにその旨を通知するものとする。(き)(み)(し)

6　都道府県知事は、前項の規定による消防庁長官の指示に基づき、その区域内の市町村の長に対し、緊急消防援助隊の出動の措置をとることを指示することができる。(き)(み)(し)

7　前各項の規定は、大規模地震対策特別措置法第二条第十三号の警戒宣言が発せられた場合に準用する。(ら)(ふ)(き)(み)

8　消防庁長官は、第一項、第二項若しくは第四項又は第五項の規定により、災害発生市町村のため、当該災害発生市町村以外の災害発生市町村において既に行動している緊急消防援助隊の出動のため必要な措置をとることを求め又は指示するときは、あらかじめ、当該緊急消防援助隊が行動している災害発生市町村（以下この項及び第四十四条の三第一項において「緊急消防援助隊行動市町村」という。）の長及び当該緊急消防援助隊行動市町村の属する都道府県の知事の意見を聴くものとする。ただし、当該災害の規模等に照らし緊急を要し、あらかじめ、意見を聴くいとまがないと認められるときは、この限りでない。(し)

本条…追加〔昭和四〇年五月法律六五号(よ)〕、三項…追加〔昭和五三年六月法律七三号(ら)〕、一項…一部改正・二・四項…追加・旧二・三項…

一部改正し三・五項に繰下〔平成七年一〇月法律一二二号(ふ)〕、一―三項…一部改正・五・六項…追加・旧五項…七項に繰下〔平成一五年六月法律八四号(き)〕、見出し…追加・二―七項…一部改正・旧二四条の三…繰下〔平成一八年六月法律六四号(み)〕、一・五・六項…一部改正・八項…追加〔平成二〇年五月法律四一号(し)〕

参照　【消防庁長官】消組三・三七・四〇　【政令で定める原因】緊急消防援助隊に関する政令一　【災害発生時等における措置要求等の例】災対六七・六八・七〇・七四〜七四の四・七七、水防二三・三〇・三一等

（消防応援活動調整本部）

第四四条の二　一の都道府県の区域内において災害発生市町村が二以上ある場合において、緊急消防援助隊が消防の応援等のため出動したときは、当該都道府県の知事は、消防応援活動調整本部（以下この条及び次条第二項において「調整本部」という。）を設置するものとする。(し)

2　調整本部は、次に掲げる事務をつかさどる。(し)

一　災害発生市町村の消防の応援等のため当該都道府県及び当該都道府県の区域内の市町村が実施する措置の総合調整に関すること。(し)

二　前号に掲げる事務を円滑に実施するための関係機関との連絡に関すること。(し)

3　調整本部の長は、消防応援活動調整本部長（以下この条において「調整本部長」という。）とし、都道府県知事をもつて充てる。(し)

4　調整本部長は、調整本部の事務を総括する。(し)

5　調整本部に本部員を置き、次に掲げる者をもつて充てる。(し)

一　当該都道府県の知事がその部内の職員のうちから任命する者(し)

二　当該都道府県の区域内の市町村の置く消防本部のうち都道府県知事が指定するものの長又はその指名する職員(し)

三　当該都道府県の区域内の災害発生市町村の長の指名する職員(し)

四　当該都道府県の区域内の災害発生市町村に出動した緊急消防援助隊の隊員のうちから都道府県知事が任命する者(し)

6　調整本部に副本部長を置き、前項の本部員のうちから、都道府県知事が指名する。(し)

7　副本部長は、調整本部長を助け、調整本部長に事故があるときは、その職務を代理する。(し)

8　調整本部長は、必要があると認めるときは、国の職員その他の者を調整本部の会議に出席させることができる。(し)

本条…追加〔平成二〇年五月法律四一号(し)〕

（都道府県知事の緊急消防援助隊に対する指示等）

第四四条の三　都道府県知事は、前条第一項に規定する場合において、緊急消防援助隊行動市町村以外の災害発生市町村の消防の応援等に関し緊急の必要があると認めるときは、当該緊急消防援助隊行動市町村以外の災害発生市町村のため、緊急消防援助隊行動市町村において行動している緊急消防援助隊に対し、出動することを指示することができる。(し)

2　都道府県知事は、前項の規定による指示をするときは、あらかじめ、調整本部の意見を聴くものとする。ただし、当該災害の規模等に照らし緊急を要し、あらかじめ、調整本部の意見を聴くいとまがないと認められるときは、この限りでない。(し)

3　都道府県知事は、第一項の規定による指示をした場合には、消防庁長官に対し、速やかにその旨を通知するものとする。(し)

4　前項の規定により通知を受けた消防庁長官は、当該緊急消防援助隊として活動する人員が都道府県に属する場合にあつては当該都道

府県の知事に対し、当該緊急消防援助隊として活動する人員が市町村に属する場合にあつては当該市町村の属する都道府県の知事を通じて当該市町村の長に対し、速やかにその旨を通知するものとする。（し）

本条…追加〔平成二〇年五月法律四一号(し)〕

（緊急消防援助隊）（み）

第四五条　緊急消防援助隊とは、第四十四条第一項、第二項若しくは第四項の規定による求めに応じ、又は同条第五項の規定による指示に基づき、消防の応援等を行うことを任務として、都道府県又は市町村に属する消防に関する人員及び施設により構成される部隊をいう。（き）（み）（し）

2　総務大臣は、緊急消防援助隊の出動に関する措置を的確かつ迅速に行うため、緊急消防援助隊の編成及び施設の整備等に係る基本的な事項に関する計画を策定し、公表するものとする。これを変更したときも、同様とする。（き）（み）

3　総務大臣は、前項の計画を策定し、又は変更しようとするときは、あらかじめ財務大臣と協議するものとする。（き）（み）

4　消防庁長官は、政令で定めるところにより、都道府県知事又は市町村長の申請に基づき、必要と認める人員及び施設を緊急消防援助隊として登録するものとする。（き）（み）

5　消防庁長官は、第二項の計画に照らして必要があると認めるときは、都道府県知事又は市町村長に対し、前項の登録について協力を求めることができる。（き）（み）

本条…追加〔昭和四〇年五月法律六五号(よ)〕、全部改正…〔平成一五年六月法律八四号(き)〕、見出し…追加・二―五項…一部改正・旧二四条の四…繰下〔平成一八年六月法律六四号(み)〕、一項…一部改正〔平成二〇年五月法律四一号(し)〕

参照　【政令】緊急消防援助隊に関する政令二～四

（情報通信システムの整備等）（み）

第四六条　消防庁長官は、緊急消防援助隊の出動その他消防の応援等に関する情報通信システムの整備及び運用のため必要な事項を定めるものとする。（き）（み）

本条…追加〔平成一五年六月法律八四号(き)〕、見出し…追加・旧二四条の五…繰下〔平成一八年六月法律六四号(み)〕

参照　【必要な事項】緊急消防援助隊の出動その他消防の応援等に関する情報通信システムのうち、消防救急デジタル無線通信システムに係るものの仕様を定める件

（消防機関の職員が応援のため出動した場合の指揮）（み）

第四七条　消防機関の職員がその属する市町村以外の市町村の消防の応援のため出動した場合においては、当該職員は、応援を受けた市町村の長の指揮の下に行動するものとする。（き）（み）

2　前項の規定は、緊急消防援助隊の隊員の属する市町村の長が、第四十四条第一項、第二項若しくは第四項の規定による求めに応じ、又は同条第五項の規定による指示に基づき、当該隊員の属する緊急消防援助隊に対し当該隊員の属する緊急消防援助隊が行動している市町村以外の市町村の消防の応援のため出動を命ずることを妨げるものではない。（し）

本条…追加〔平成一五年六月法律八四号(き)〕、見出し…追加・旧二四条の六…繰下〔平成一八年六月法律六四号(み)〕、二項…追加〔平成二〇年五月法律四一号(し)〕

参照　【消防機関】消組九【消防の応援】消組一八③・三九・四三・四四、災対六七・七二、水防二三等

（航空消防隊が支援のため出動した場合の連携）（み）

第四八条　都道府県の航空消防隊が市町村の消防機関の支援のため出動した場合においては、当該航空消防隊は、支援を受けた市町村の消防機関との相互に密接な連携の下に行動するものとする。（き）（み）

本条…追加〔平成一五年六月法律八四号(き)〕、見出し…追加・旧二四条の七…繰下〔平成一八年六月法律六四号(み)〕

（**国の負担及び補助**）（み）

第四九条　第四十四条第五項に基づく指示を受けて出動した緊急消防援助隊の活動（当該緊急消防援助隊が第四十四条の三第一項の規定による指示を受けて出動した場合の活動を含む。）により増加し、又は新たに必要となる消防に要する費用のうち当該緊急消防援助隊の隊員の特殊勤務手当及び時間外勤務手当その他の政令で定める経費は、政令で定めるところにより、国が負担する。（き）（み）（し）

2　緊急消防援助隊に係る第四十五条第二項の計画に基づいて整備される施設であつて政令で定めるものに要する経費は、政令で定めるところにより、予算の範囲内において、国が補助するものとする。（き）（み）

3　前項に定めるもののほか、市町村の消防に要する費用に対する補助金に関しては、法律でこれを定める。（き）（み）

一・二項…追加・旧一項…一部改正し三項に繰下〔平成一五年六月法律八四号(き)〕、見出し…追加・一―三項…一部改正・旧二五条…繰下〔平成一八年六月法律六四号(み)〕、一項…一部改正〔平成二〇年五月法律四一号(し)〕

解説　補助金に関する一般法としては、地方財政法（第一六条）、補助金等に係る予算の執行の適正化に関する法律がある。

参照　【政令で定める経費】緊急消防援助隊に関する政令五【政令で定める施設】緊急消防援助隊に関する政令六①【国が行う補助の割合】緊急消防援助隊に関する政令六②【市町村の消防に要する費用】消組

（**国有財産等の無償使用**）（み）

第五〇条　総務大臣又はその委任を受けた者は、緊急消防援助隊の活動に必要があるときは、国有財産法（昭和二十三年法律第七十三号）第十九条において準用する同法第二十二条及び財政法（昭和二十二年法律第三十四号）第九条第一項の規定にかかわらず、その所掌事務に支障を生じない限度において、その所管に属する消防用の国有財産（国有財産法第二条第一項に規定する国有財産をいう。）又は国有の物品を、当該緊急消防援助隊として活動する人員の属する都道府県又は市町村に対し、無償で使用させることができる。（き）（み）

本条…追加〔平成一五年六月法律八四号(き)〕、見出し…追加・旧二五条の二…繰下〔平成一八年六月法律六四号(み)〕

参照　【国有財産・物品の無償使用の取扱い】緊急消防援助隊として活動する人員の属する都道府県又は市町村に無償使用させる消防用の国有財産及び国有物品の取扱いに関する省令

（**消防学校等**）（み）

第五一条　都道府県は、財政上の事情その他特別の事情のある場合を除くほか、単独に又は共同して、消防職員及び消防団員の教育訓練を行うために消防学校を設置しなければならない。（ほ）（ち）（れ）（み）

2　地方自治法第二百五十二条の十九第一項の指定都市（以下「指定都市」という。）は、単独に又は都道府県と共同して、消防職員及び消防団員の教育訓練を行うために消防学校を設置することができる。（れ）（み）

3　前項の規定により消防学校を設置する指定都市以外の市及び町村は、消防職員及び消防団員の訓練を行うために訓練機関を設置する

ことができる。（れ）（み）

4　消防学校の教育訓練については、消防庁が定める基準を確保するように努めなければならない。（れ）（み）

本条…全部改正〔昭和二七年七月法律二五八号(ほ)〕、一部改正〔昭和三四年四月法律九八号(ち)〕、一項…一部改正・二―四項…追加〔昭和四三年六月法律九五号(れ)〕、見出し…追加・一―四項…一部改正・旧二六条…繰下〔平成一八年六月法律六四号(み)〕

参照【共同】地方自治法二五二の二の二（協議会方式）・二八四（一部事務組合方式）等【消防職員】消組一一【消防団員】消組一九【教育訓練】消組五・五二【消防学校】消防学校の施設、人員及び運営の基準、地方財政法九【消防庁が定める基準】消防学校の教育訓練の基準

（教育訓練の機会）（み）

第五二条　消防職員及び消防団員には、消防に関する知識及び技能の習得並びに向上のために、その者の職務に応じ、消防庁に置かれる教育訓練機関又は消防学校の行う教育訓練を受ける機会が与えられなければならない。（よ）（れ）（う）（み）

2　国及び地方公共団体は、住民の自主的な防災組織が行う消防に資する活動の促進のため、当該防災組織を構成する者に対し、消防に関する教育訓練を受ける機会を与えるために必要な措置を講ずるよう努めなければならない。（き）（み）

本条…追加〔昭和四〇年五月法律六五号(よ)〕、一部改正〔昭和四三年六月法律九五号(れ)・五八年一二月七八号(う)〕、二項…追加〔平成一五年六月法律八四号(き)〕、見出し…追加・二項…一部改正・旧二六条の二…繰下〔平成一八年六月法律六四号(み)〕

解説　教育訓練の機会を与えなければならない義務者は、任命権者（消組一五①・二二）である。

参照【消防職員】消組一一【消防団員】消組一九【消防学校】消組五一【教育訓練】消組五、地方公務員法三九①

附　則

（施行期日）（み）

第一条　この法律施行の期日は、その成立の日から九十日を超えない期間内において、各規定について、政令で、これを定める。（み）

〔昭和二三年三月政令五二号により、昭和二三・三・七から施行〕

見出し…追加・旧二七条…繰上〔平成一八年六月法律六四号(み)〕

（恩給法等の準用）（み）

第二条　この法律施行の際現に警視庁又は道府県警察部若しくは特設消防署に勤務する官吏が、引き続き都道府県の消防訓練機関の職員又は市町村の消防職員となつた場合（その官吏が引き続き恩給法（大正十二年法律第四十八号）第十九条に規定する公務員である国家消防庁、国家消防本部、国家地方警察、警察庁若しくは都道府県警察の職員、都道府県の消防訓練機関の職員又は市町村の消防職員として在職し、更に引き続き都道府県の消防訓練機関の職員又は市町村の消防職員となつた場合を含む。）には、これを同法第十九条に規定する公務員として勤続するものとみなし、当分の間、これに同法の規定を準用する。（は）（ほ）（へ）（み）

2　前項の都道府県の消防訓練機関の職員又は市町村の消防職員とは、都道府県又は市町村の職員で次に掲げるものをいう。（は）（み）

一　消防士長又は消防士である消防吏員（は）

二　消防司令補である消防吏員（は）

三　消防長又は前二号に掲げる者以外の消防吏員（は）

四　前三号に掲げる者以外の都道府県の消防訓練機関の職員又は市町村の消防職員（は）

3　警察法（昭和二十九年法律第百六十二号）による改正前の警察法（昭和二十二年法律第百九十六号）附則第七条第三項から第五項ま

での規定は、第一項の規定を適用する場合に準用する。この場合において、同条第四項中「現にこれに俸給を給する都」とあるのは「現にこれに俸給を給する都道府県」と、同条第五項中「都から俸給を受ける者」とあるのは「都道府県から俸給を受ける者」と、それぞれ読み替えるものとする。(は)(へ)(み)

一項…一部改正・二・三項…追加〔昭和二五年五月法律一八四号(は)〕、一項…一部改正〔昭和二七年七月法律二五八号(ほ)〕、一・三項…一部改正〔昭和二九年六月法律一六三号(へ)〕、見出し…追加・一―三項…一部改正・旧三一条…繰上〔平成一八年六月法律六四号(み)〕

附　則(い)〔昭和二三年七月二四日法律第一八七号〕

この法律は、公布の日から、これを施行する。

附　則(ろ)〔昭和二四年六月四日法律第一九三号抄〕

1　この法律は、公布の日から起算して六十日を経過した日から施行する。

附　則(は)〔昭和二五年五月一六日法律第一八四号抄〕

(施行期日)

1　この法律は、公布の日から施行する。〔以下略〕

附　則(に)〔昭和二六年三月一三日法律第一八号抄〕

1　この法律は、公布の日から施行する。但し、消防職員及び消防団員の任免、給与、服務その他の事項に関しては、地方公務員法中の各相当規定がそれぞれの市町村に適用されるまでの間は、当該市町村については、第十二条、第十五条、第十五条の二第三項及び第十七条第二項の改正規定にかかわらず、なお、従前の例による。

3　この法律施行の際現に公職選挙法の規定によりその期日を公示又は告示してある選挙に関しては、改正後の同法第八十九条の規定にかかわらず、なお、従前の例による。

附　則(ほ)〔昭和二七年七月三一日法律第二五八号抄〕

1　この法律は、昭和二十七年八月一日から施行する。

2　この法律施行の際、国家消防庁の職員である者は、別に辞令を発せられない場合においては、同一の勤務条件をもつて、国家消防本部の職員となるものとする。

附　則(へ)〔昭和二九年六月八日法律第一六三号抄〕

(施行期日)

1　この法律〔中略〕は、警察法(昭和二十九年法律第百六十二号。同法附則第一項但書に係る部分を除く。)の施行の日〔昭和二九年七月一日〕から施行する。

2　この法律の施行後一年間は、この法律による改正後の法律の規定中「都道府県公安委員会」とあるのは「都道府県公安委員会又は市公安委員会」と、「都道府県警察」とあるのは「都道府県警察又は市警察」と、「道府県警察本部長」とあるのは「道府県警察本部長又は市警察本部長」と読み替えるものとする。

附　則(と)〔昭和三一年五月二一日法律第一〇七号抄〕

(施行期日)

第一条　この法律は、公布の日から起算して六月をこえない範囲内で政令で定める日から施行する。〔以下略〕

〔昭和三一年一一月政令三三三号により、昭和三一・一一・二〇から施行〕

附　則(ち)〔昭和三四年四月一日法律第九八号〕

1　この法律は、公布の日から起算して三月をこえない範囲内において政令で定める日から施行する。

〔昭和三四年四月政令一三四号により、昭和三四・四・二〇から施行。ただし、一二条の改正規定は、昭和三四・六・一から施行〕

2　この法律施行の際、現に市町村の消防長の職にある者は、この法律による改正後の第十二条の規定により市町村の消防長に任免されたものとみなす。

附　則(り)〔昭和三五年六月三〇日法律第一一三号抄〕

(施行期日)

第一条 この法律は、昭和三十五年七月一日から施行する。

（経過規定）

第二条 この法律の施行の際現に総理府及び自治庁の附属機関である機関並びに国家消防本部に附置されている機関で自治省及び消防庁の相当の附属機関となるものの委員（予備委員を含む。以下この条において同じ。）である者は、それぞれ自治省及び消防庁の相当の附属機関の委員となるものとし、この法律の施行の際現に自治庁及び国家消防本部の職員である者は、別に辞令を発せられない限り、同一の勤務条件をもつて自治省の職員となるものとする。

第三条 この法律の施行の際現にこの法律による改正前のそれぞれの法律の規定により内閣総理大臣若しくは自治庁長官がし、又は国家消防本部においてした許可、認可その他これらに準ずる処分は、この法律による改正後のそれぞれの法律の相当規定に基づいて、自治大臣がし、又は消防庁においてした許可、認可その他これらに準ずる処分とみなす。

2 この法律の施行の際現にこの法律による改正前のそれぞれの法律の規定により内閣総理大臣若しくは自治庁長官又は国家消防本部に対してした許可、認可その他これらに準ずる処分の申請、届出その他の行為は、この法律による改正後のそれぞれの法律の相当規定に基づいて、自治大臣又は消防庁に対してした許可、認可その他これらに準ずる処分の申請、届出その他の行為とみなす。

附　則（ぬ）〔昭和三六年四月一〇日法律第六一号〕

この法律は、公布の日から施行する。ただし、第四条の次に一条を加える改正規定は、昭和三十六年七月一日から施行する。

附　則（る）〔昭和三七年五月八日法律第一〇九号抄〕

1 この法律は、災害対策基本法〔昭和三六年法律第二二三号〕の施行の日〔昭和三七年七月一〇日〕から施行する。〔以下略〕

附　則（を）〔昭和三八年四月一五日法律第八八号抄〕

（施行期日）

第一条 この法律は、公布の日から施行する。〔以下略〕

附　則（わ）〔昭和三八年四月一五日法律第八九号抄〕

1 この法律は、公布の日から施行する。

2 この法律の施行の際現に消防本部及び消防署のいずれも置いていない市町村又は消防本部若しくは消防署のいずれかを置いている市町村で、改正後の消防組織法（以下「新法」という。）第十条の規定により消防本部及び消防署を置かなければならないものは、同条の規定にかかわらず、この法律の施行の日から起算して四年をこえない範囲内において政令で定める日〔昭和四〇年三月三一日〕までの間は、消防本部及び消防署又は消防署若しくは消防本部を置かないことができる。

3 この法律の施行の際現に置かれている消防本部、消防署又は消防団は、新法第十一条第一項又は第十五条第一項の規定に基づく条例により置かれたものとみなし、当該消防本部、消防署又は消防団の位置、名称、管轄区域又は区域は、これらの規定に基づく条例により定められたものとみなす。

附　則（か）〔昭和三九年三月三〇日法律第一七号抄〕

（施行期日）

1 この法律は、昭和三十九年四月一日から施行する。

（経過措置）

2 改正後の消防組織法第十五条の八〔中略〕の規定は、昭和三十九年四月一日以後において退職した非常勤消防団員について適用する。

3 市町村は、この法律の施行後三月以内に、消防団員等公務災害補償等共済基金（以下「基金」という。）との間に、定款で定めるところにより、消防団員退職報償金支給責任共済契約を締結するものとし、当該契約の締結後一月以内に、基金に対して、新法第十一条の規定による掛金を支払わなければならない。

附　則（よ）〔昭和四〇年五月一四日法律第六五号抄〕

1　この法律は、公布の日から施行する。〔以下略〕

附　則（た）〔昭和四二年七月二五日法律第八〇号抄〕

（施行期日）

1　この法律は、公布の日から施行する。ただし、〔中略〕第二条中消防組織法第四条第一号及び第二号に係る改正規定並びに同法第十八条の二の改正規定は、昭和四十三年四月一日から施行する。

附　則（れ）〔昭和四三年六月一〇日法律第九五号抄〕

1　この法律は、公布の日から施行する。ただし、〔中略〕第二条中消防組織法第十四条の三の改正規定は、昭和四十四年四月一日から施行する。

3　消防組織法第十四条の三の改正規定の施行の際現に市町村の消防署長の職にある者は、第二条の規定による改正後の同法第十四条の三第二項に規定する消防署長の資格を有するものとみなす。

附　則（そ）〔昭和四七年六月二三日法律第九四号抄〕

1　この法律は、公布の日から施行する。〔以下略〕

附　則（つ）〔昭和四七年六月二六日法律第一〇五号抄〕

（施行期日）

第一条　この法律は、公布の日から起算して六月をこえない範囲内において政令で定める日から施行する。

〔昭和四七年一二月政令四三六号により、昭和四七・一二・二五から施行〕

附　則（ね）〔昭和五〇年一二月一七日法律第八四号抄〕

（施行期日等）

1　この法律は、公布の日から起算して六月を超えない範囲内において政令で定める日から施行する。

〔昭和五一年五月政令一二八号により、昭和五一・六・一から施行〕

附　則（な）〔昭和五一年五月二九日法律第三七号抄〕

（施行期日）

第一条　この法律は、公布の日から起算して三月を超えない範囲内において政令で定める日から施行する。〔以下略〕

〔昭和五一年八月政令二三〇号により、昭和五一・八・二八から施行〕

附　則（ら）〔昭和五三年六月一五日法律第七三号抄〕

（施行期日）

第一条　この法律は、公布の日から起算して六月を超えない範囲内において政令で定める日から施行する。

〔昭和五三年一二月政令三八四号により、昭和五三・一二・一四から施行〕

附　則（む）〔昭和五七年七月一六日法律第六六号〕

この法律は、昭和五十七年十月一日から施行する。

附　則（う）〔昭和五八年一二月二日法律第七八号〕

1　この法律（中略）は、昭和五十九年七月一日から施行する。

2　この法律の施行の日の前日において法律の規定により置かれている機関等で、この法律の施行の日以後は国家行政組織法又はこの法律による改正後の関係法律の規定に基づく政令（以下「関係政令」という。）の規定により置かれることとなるものに関し必要となる経過措置その他この法律の施行に伴う関係政令の制定又は改廃に関し必要となる経過措置は、政令で定めることができる。

附　則（ゐ）〔昭和五八年一二月一〇日法律第八三号抄〕

（施行期日）

第一条　この法律は、公布の日から施行する。ただし、次の各号に掲げる規定は、それぞれ当該各号に定める日〔公布の日から起算して一年を超えない範囲内において政令で定める日〕から施行する。

〔以下略〕

〔昭和五九年九月政令二七五号により、昭和五九・一二・一から施行〕

附　則（の）〔昭和六〇年六月二一日法律第六九号抄〕

（施行期日）

1　この法律は、昭和六十年十月一日から施行する。

附　則（お）〔昭和六一年四月一五日法律第二〇号抄〕

（施行期日）

第一条　この法律は、昭和六十二年一月一日から施行する。ただし、第二条（消防組織法第四条第十八号の次に一号を加える改正規定を除く。）〔中略〕は、公布の日から施行する。

附　則（く）〔昭和六二年九月一六日法律第九三号抄〕

（施行期日）

第一条　この法律は、公布の日から施行する。

附　則（や）〔昭和六三年五月二四日法律第五五号抄〕

（施行期日）

第一条　この法律は、公布の日から施行する。〔以下略〕

附　則（ま）〔平成六年六月二九日法律第四九号抄〕

（施行期日）

1　この法律中、〔中略〕第二章の規定は地方自治法の一部を改正する法律〔平成六年法律第四八号〕中地方自治法第三編第三章の改正規定の施行の日〔平成七年六月一五日〕から施行する。

附　則（け）〔平成七年四月二一日法律第六九号抄〕

（施行期日）

第一条　この法律は、〔中略〕当該各号に定める日〔平成七年八月一日〕から施行する。〔以下略〕

附　則（ふ）〔平成七年一〇月二七日法律第一二一号〕

この法律は、公布の日から施行する。ただし、第十四条の四の次に一条を加える改正規定は、公布の日から起算して一年を超えない範囲内において政令で定める日から施行する。

〔平成八年七月政令二〇七号により、平成八・一〇・一から施行〕

附　則（こ）〔平成八年六月一九日法律第八八号抄〕

（施行期日）

第一条　この法律は、平成九年四月一日から施行する。〔以下略〕

附　則（え）〔平成一一年七月一六日法律第八七号抄〕

（施行期日）

第一条　この法律は、平成十二年四月一日から施行する。〔以下略〕

附　則（て）〔平成一一年七月一六日法律第一〇二号抄〕

（施行期日）

第一条　この法律は、内閣法の一部を改正する法律（平成十一年法律第八十八号）の施行の日〔平成一三年一月六日〕から施行する。ただし、次の各号に掲げる規定は、当該各号に定める日から施行する。

一　〔略〕

二　附則〔中略〕第三十条の規定　公布の日

（別に定める経過措置）

第三〇条　第二条から前条までに規定するもののほか、この法律の施行に伴い必要となる経過措置は、別に法律で定める。

附　則（あ）〔平成一一年一二月一七日法律第一五六号抄〕

（施行期日）

第一条　この法律は、公布の日から起算して六月を超えない範囲内において政令で定める日から施行する。〔以下略〕

〔平成一二年四月政令一九四号により、平成一二・六・一六から施行〕

附　則（さ）〔平成一四年七月二六日法律第九二号抄〕

（施行期日）

第一条　この法律は、公布の日から起算して一年を超えない範囲内において政令で定める日から施行する。

〔平成一五年七月政令三二三号により、平成一五・七・二五から施行〕

附　則（き）〔平成一五年六月一八日法律第八四号抄〕

（施行期日）

第一条　この法律は、公布の日から起算して三月を超えない範囲内において政令で定める日から施行する。ただし、次の各号に掲げる規定は、当該各号に定める日から施行する。

〔平成一五年八月政令三七七号により、平成一五・九・一から施行〕

一　第一条中消防組織法第三章中第十八条の二の次に一条を加える改正規定、同法第二十四条の三の改正規定、同法第二十四条の四の次に三条を加える改正規定（同法第二十四条の七に関する部分に限る。）、同法第二十五条の改正規定及び同法第二十五条の次に一条を加える改正規定〔中略〕平成十六年四月一日

二　〔略〕

（経過措置の政令への委任）

第四条　前二条に定めるもののほか、この法律の施行に関し必要な経過措置（罰則に関する経過措置を含む。）は、政令で定める。

附　則（ゆ）〔平成一六年四月二日法律第二七号抄〕

（施行期日）

第一条　この法律は、公布の日から起算して一年六月を超えない範囲内において政令で定める日から施行する。

〔平成一七年八月政令二八一号により、平成一七・九・一から施行〕

附　則（め）〔平成一六年六月一八日法律第一一二号抄〕

（施行期日）

第一条　この法律は、公布の日から起算して三月を超えない範囲内において政令で定める日から施行する。

〔平成一六年九月政令二七四号により、平成一六・九・一七から施行〕

附　則（み）〔平成一八年六月一四日法律第六四号抄〕

（施行期日）

第一条　この法律は、公布の日から施行する。

（経過措置）

第二条　この法律の施行の際現にこの法律による改正後の消防組織法（以下「新法」という。）第十六条第二項に規定する消防庁の定める基準に適合する消防長の階級を定めている新法第三十三条第二項第三号に規定する広域化対象市町村が同号の組合せに基づき新法第三十一条に規定する市町村の消防の広域化（以下この条において「広域化」という。）を行った場合においては、当該広域化が行われた後の消防事務を処理する市町村は、新法第十六条第二項の規定にかかわらず、当該市町村の規則で、当該広域化が行われた日の前日に消防長であった者が当該市町村の消防吏員でなくなる日までの間、当該消防長であった者が従前用いていた階級を用いることができる旨の特例を定めることができる。

附　則（し）〔平成二〇年五月二八日法律第四一号抄〕

（施行期日）

第一条　この法律は、公布の日から起算して三月を超えない範囲内において政令で定める日から施行する。

〔平成二〇年八月政令二五五号により、平成二〇・八・二七から施行〕

附　則（ゑ）〔平成二一年五月一日法律第三四号抄〕

（施行期日）

第一条　この法律は、公布の日から起算して六月を超えない範囲内において政令で定める日から施行する。

〔平成二一年八月政令二〇五号により、平成二一・一〇・三〇から施行〕

附　則（ひ）〔平成二三年五月二日法律第三七号抄〕

（施行期日）

第一条　この法律は、公布の日から施行する。〔以下略〕

附　則（も）〔平成二五年六月一四日法律第四四号抄〕

（施行期日）

第一条　この法律は、公布の日から施行する。ただし、次の各号に掲げる規定は、当該各号に定める日から施行する。

一　〔略〕

二　〔前略〕第七条（消防組織法第十五条の改正規定に限る。）〔中

略〕並びに次条〔中略〕の規定　平成二十六年四月一日
三〔略〕

（消防組織法の一部改正に伴う経過措置）
第二条　第七条の規定（消防組織法第十五条の改正規定に限る。以下この条において同じ。）の施行の日から起算して一年を超えない期間内において、第七条の規定による改正後の消防組織法第十五条第二項に規定する市町村の条例が制定施行されるまでの間は、消防長及び消防署長の資格については、なお従前の例による。

（政令への委任）
第十一条　この附則に規定するもののほか、この法律の施行に関し必要な経過措置（罰則に関する経過措置を含む。）は、政令で定める。

附　則（せ）〔平成二五年一一月二九日法律第八七号抄〕

（施行期日）
第一条　この法律は、公布の日から起算して一年を超えない範囲内において政令で定める日から施行する。
〔平成二五年一二月政令三五九号により、平成二五・一二・二七から施行〕

（調整規定）
第四条　この法律の施行の日が平成二十六年四月一日前となる場合における地方税法（昭和二十五年法律第二百二十六号）附則第十五条第六項の規定の適用については、同項中「東南海・南海地震に係る地震防災対策の推進に関する特別措置法」とあるのは、「東南海・南海地震に係る地震防災対策の推進に関する特別措置法の一部を改正する法律（平成二十五年法律第八十七号）による改正前の東南海・南海地震に係る地震防災対策の推進に関する特別措置法」とする。

附　則（す）〔平成二五年一一月二九日法律第八八号抄〕

（施行期日）
第一条　この法律は、公布の日から起算して二月を超えない範囲内において政令で定める日から施行する。ただし、附則第五条の規定は、公布の日から施行する。
〔平成二五年一二月政令三六一号より、平成二五・一二・二七から施行〕

（政令への委任）
第五条　この法律の施行に関し必要な経過措置は、政令で定める。

附　則（ん）〔平成二六年五月三〇日法律第四二号抄〕

（施行期日）
第一条　この法律〔中略〕は、当該各号に定める日から施行する。
一　〔前略〕附則〔中略〕第十四条〔中略〕の規定　公布の日から起算して六月を超えない範囲内において政令で定める日
〔平成二六年一〇月政令三四四号により、平成二六・一一・一から施行〕
二・三〔略〕

○緊急消防援助隊に関する政令

（平成十五年八月二十九日政令第三百七十九号）

〔改正経過〕平成一六年　一月三〇日　政令第　八号
平成一八年　六月一四日　政令第二一四号

緊急消防援助隊に関する政令をここに公布する。

緊急消防援助隊に関する政令

内閣は、消防組織法（昭和二十二年法律第二百二十六号）第二十四条の四〔現行＝四五条〕第四項の規定に基づき、及び同項の規定を実施するため、この政令を制定する。

（特殊災害の原因）

第一条　消防組織法（以下「法」という。）第四十四条第五項の政令で定める原因は、毒性物質（化学兵器の禁止及び特定物質の規制等に関する法律（平成七年法律第六十五号）第二条第一項に規定する毒性物質をいう。）若しくはこれと同等の毒性を有する物質の発散、生物剤（細菌兵器（生物兵器）及び毒素兵器の開発、生産及び貯蔵の禁止並びに廃棄に関する条約等の実施に関する法律（昭和五十七年法律第六十一号）第二条第一項に規定する生物剤をいう。）若しくは毒素（同条第二項に規定する毒素をいう。）の発散、放射性物質若しくは放射線の異常な水準の放出又はこれらの発散若しくは放出のおそれがある事故とする。

本条…追加〔平成一六年一月政令八号〕、一部改正〔平成一八年六月政令二一四号〕

（登録の審査）

第二条　消防庁長官は、法第四十五条第四項の規定による登録に当たっては、同項の申請に係る人員及び施設が同条第二項の計画に適合するかどうかを審査するものとする。

旧一条…一部改正し繰下〔平成一六年一月政令八号〕、本条…一部改正〔平成一八年六月政令二一四号〕

（登録の通知）

第三条　消防庁長官は、法第四十五条第四項の規定による登録をしたときはその旨及びその登録の内容を、同項の規定による登録をしないこととしたときはその旨を、遅滞なく、同項の申請をした都道府県知事又は市町村長に通知するものとする。

2　消防庁長官は、前項の規定により登録をした旨及びその登録の内容を市町村長に通知したときは、遅滞なく、当該登録の内容を当該市町村の属する都道府県の知事に通知するものとする。

旧二条…繰下〔平成一六年一月政令八号〕、一項…一部改正〔平成一八年六月政令二一四号〕

（登録の公表）

第四条　消防庁長官は、毎年少なくとも一回、法第四十五条第四項の規定による登録の状況を公表するものとする。

旧三条…繰下〔平成一六年一月政令八号〕、本条…一部改正〔平成一八年六月政令二一四号〕

（活動に要する経費の国庫負担）

第五条　法第四十九条第一項の政令で定める経費は、次に掲げる経費とし、国がその全部を負担する。

一　緊急消防援助隊の隊員の特殊勤務手当、時間外勤務手当、管理職員特別勤務手当、夜間勤務手当、休日勤務手当及び旅費

二　緊急消防援助隊の活動のために使用した当該緊急消防援助隊の

施設に係る修繕料及び役務費並びに当該活動のために使用したことにより当該施設が滅失した場合における当該滅失した施設に代わるべきものの購入費

三　前二号に掲げるもののほか、緊急消防援助隊の活動のために要した燃料費、消耗品費、賃借料その他の物件費

本条…追加〔平成一六年一月政令八号〕、一部改正〔平成一八年六月政令二二四号〕

（施設整備に係る国庫補助）

第六条　法第四十九条第二項の政令で定める施設は、次に掲げる施設とする。

一　消防ポンプ自動車、救助工作車、救急自動車その他の消防用自動車

二　航空機及び消防艇

三　救助用資機材、救急用資機材その他の消防用資機材

四　消防救急デジタル無線設備（消防活動に係るデジタル信号による通信を行うための無線設備をいう。）その他の消防に関する情報通信を行うための施設

2　法第四十九条第二項の規定により国が行う補助の割合は、前項に掲げる施設の種類及び規格ごとに総務大臣が定める基準額の二分の一とする。

本条…追加〔平成一六年一月政令八号〕、一・二項…一部改正〔平成一八年六月政令二二四号〕

附　則

この政令は、消防組織法及び消防法の一部を改正する法律（平成十五年法律第八十四号）の施行の日（平成十五年九月一日）から施行する。

附　則〔平成一六年一月三〇日政令第八号〕

この政令は、平成十六年四月一日から施行する。

附　則〔平成一八年六月一四日政令第二二四号〕

この政令は、公布の日から施行する。

○消防力の整備指針

（平成十二年一月二十日消防庁告示第一号）

〔改正経過〕
平成一七年　六月一三日　消防庁告示第　九号
平成二〇年　三月一四日　消防庁告示第　二号
平成二六年一〇月三一日　消防庁告示第二八号
平成二九年　二月　八日　消防庁告示第　四号
平成三一年　三月二九日　消防庁告示第　四号

消防力の基準（昭和三十六年消防庁告示第二号）の全部を改正する。

消防力の整備指針

市町村においては、消防を取り巻く社会経済情勢の変化を踏まえ、今後とも、住民の生命、身体及び財産を守る責務を全うするため、消防力の充実強化を着実に図っていく必要がある。

このためには、各種の災害に的確に対応できるよう警防戦術及び資機材の高度化等の警防体制の充実強化を図るとともに、建築物の大規模化・複雑化等に伴う予防業務の高度化・専門化に対応するための予防体制の充実強化、高齢社会の進展等に伴う救急出動の増加や救急業務の高度化に対応するための救急体制の充実強化、複雑・多様化する災害における人命救助を的確に実施するための救助体制の充実強化、武力攻撃事態等における国民の保護のための措置の実施体制の充実強化等を、職員の安全管理を徹底しつつ推進していく必要がある。

さらに、地震や風水害等の大規模な自然災害等への備えを強化するため、緊急消防援助隊をはじめとする広域的な消防体制の充実を図ることが求められている。

以下の指針は、こうした事情を踏まえて、市町村が目標とすべき消防力の整備水準を示すものであり、市町村においては、その保有する消防力の水準を総点検した上で、この指針に定める施設及び人員を目標として、地域の実情に即した適切な消防体制を整備することが求められるものである。

第一章　総則

（趣旨）

第一条　この指針は、市町村が火災の予防、警戒及び鎮圧、救急業務、人命の救助、災害応急対策その他の消防に関する事務を確実に遂行し、当該市町村の区域における消防の責任を十分に果たすために必要な施設及び人員について定めるものとする。

2　市町村は、この指針に定める施設及び人員を目標として、必要な施設及び人員を整備するものとする。

（定義）

第二条　この指針において、次の各号に掲げる用語の意義は、それぞれ当該各号に定めるところによる。

一　市街地　建築物の密集した地域のうち、平均建ぺい率（街区（幅員四メートル以上の道路、河川、公園等で囲まれた宅地のうち最小の一団地をいう。以下同じ。）における建築物の建築面積の合計のその街区の面積に対する割合をいう。以下同じ。）がおおむね十パーセント以上の街区の連続した区域又は二以上の準市街地が相互に近接している区域であって、その区域内の人口が一万以上のものをいう。

二　準市街地　建築物の密集した地域のうち、平均建ぺい率がおおむね十パーセント以上の街区の連続した区域であって、その区域内の人口が千以上一万未満のものをいう。

三　署所　消防署又はその出張所をいう。

四　動力消防ポンプ　消防ポンプ自動車、手引動力ポンプ又は小型動力ポンプをいう。
五　警防要員　火災の警戒及び鎮圧並びに災害の発生時における人命の救助その他の被害の防御に従事する消防吏員をいう。
六　予防要員　火災の予防に従事する消防職員をいう。
七　消防隊　消防法（昭和二十三年法律第百八十六号）第二条第八項に規定する消防隊のうち、救助隊及び指揮隊以外のものをいう。
八　救助隊　救助隊の編成、装備及び配置の基準を定める省令（昭和六十一年自治省令第二十二号。以下「救助省令」という。）第一条に規定する救助隊をいう。
九　指揮隊　災害現場において指揮活動を行う消防吏員の一隊をいう。
十　救急隊　消防法第二条第九項に規定する救急業務を行う消防法施行令（昭和三十六年政令第三十七号）第四十四条第五項に規定する消防吏員（以下「救急隊員」という。）の一隊又は救急隊員及び同条第六項に規定する消防職員（第二十八条において「准救急隊員」という。）の一隊をいう。
十一　消防の連携・協力　市町村の消防の広域化に関する基本指針（平成十八年消防庁告示第三十三号）に規定する消防の連携・協力をいう。

（基本理念）
第三条　市町村は、住民の消防需要に的確に対応するため、次の各号に掲げる事項に配慮しつつ、消防力を整備するものとする。
一　消防職員がその業務を的確に実施するために必要な職務能力を有するとともに、相互に連携した活動を行うことができるようにすること等により、総合的な消防力の向上を図ること。
二　災害の複雑・多様化に対応した警防体制、防火対象物の大規模・複雑化、危険物の多様化等に対応した高度かつ専門的な予防体制及び救急需要の増加等に対応した救急体制その他の適切な消防体制の整備を図ること。
三　災害対応における地域の防災力を高めるため、消防団の充実強化、災害情報の伝達等に必要な資機材の整備等を図るとともに、消防機関、市町村の防災部局、自主防災組織等が相互に連携を深めること。
四　大規模な災害や武力攻撃事態等に対応するため、他の市町村、都道府県及び関係機関と広域的な協力体制を確保するとともに、住民の避難誘導等を的確に実施すること。

第二章　施設に係る指針

（署所の数）
第四条　市街地には、署所を設置するものとし、その数は、別表第一（積雪寒冷の度の甚だしい地域（以下「積雪寒冷地」という。）にあっては、別表第二。以下この条において同じ。）に掲げる市街地の区域内の人口について別表第一に定める署所の数を基準として、地域における地勢、道路事情、建築物の構造等の特性（以下「地域特性」という。）を勘案した数とする。
2　前項の規定にかかわらず、市街地のうちその区域内の人口が三十万を超えるもの（以下「大市街地」という。）に設置する署所の数は、当該大市街地を人口三十万単位の地域に分割し、当該分割に係る地域を一の市街地とみなして、当該地域の人口についてそれぞれ別表第一に定める署所の数を合算して得た数を基準として、地域特性を勘案した数とする。この場合において、同表中「市街地の区域内の人口」とあるのは「分割に係る地域の人口」と読み替えるものとする。

3　市街地に該当しない地域には、地域の実情に応じて当該地域に署所を設置することができる。

（動力消防ポンプの数）

第五条　市街地には、動力消防ポンプを配置するものとし、その数は、別表第三（積雪寒冷地にあっては、別表第四。以下この条において同じ。）に掲げる市街地の区域内の人口について別表第三に定める消防本部又は署所及び消防団の管理する動力消防ポンプの数を基準として、地域特性を勘案した数とする。

2　前項の規定にかかわらず、大市街地に配置する動力消防ポンプの数は、当該大市街地を人口三十万単位の地域に分割し、当該分割に係る地域を一の市街地とみなして、当該地域の人口についてそれぞれ別表第三に定める消防本部又は署所及び消防団の管理する動力消防ポンプの数を合算して得た数を基準として、地域特性を勘案した数とする。この場合において、同表中「市街地の区域内の人口」とあるのは「分割に係る地域の人口」と読み替えるものとし、分割に係る地域の人口が七万未満の場合には、当該地域に配置する動力消防ポンプの数は、別表第五に掲げる分割に係る地域の人口について、同表の定めるとおりとする。

3　準市街地に配置する動力消防ポンプの数は、別表第六に掲げる準市街地の区域内の人口について同表に定める動力消防ポンプの数を基準として、地域特性を勘案した数とする。

4　前項の規定による動力消防ポンプの数は、動力消防ポンプについてそれぞれ次に掲げる口数を基礎として算出する。

消防ポンプ自動車　二口
手引動力ポンプ　一口
小型動力ポンプ　一口

5　市街地及び準市街地に該当しない地域には、地域の実情に応じて、必要な数の動力消防ポンプを配置するものとする。

6　第一項から第三項まで及び前項の規定による動力消防ポンプは、消防本部若しくは署所又は消防団が管理するものとする。

（旅館等の割合の大きい市街地及び準市街地の特例）

第六条　市街地又は準市街地の区域内における消防法施行令別表第一（以下「令別表」という。）に定める㈤項イの防火対象物の数の当該市街地又は準市街地の区域内の人口に対する割合が、他の市街地又は準市街地の区域内における割合に比して著しく大きいときは、第四条及び第五条の規定の適用については、当該市街地又は準市街地の区域内の人口に、次の算式により算出された人口を加えた数を当該市街地又は準市街地の区域内の人口とみなす。

$$P = \frac{a - 0.64p}{31}$$

この算式において、P、p及びaは、それぞれ次の数値を表すものとする。

P　加算する人口（小数点一位以下は、切り捨てる。）
p　当該市街地又は準市街地の区域内の人口
a　当該市街地又は準市街地の区域内における令別表に定める㈤項イの防火対象物の延べ面積の合計の数値（一平方メートル未満は、切り捨てる。）

（はしご自動車）

第七条　高さ十五メートル以上の建築物（以下「中高層建築物」という。）の火災の鎮圧等のため、一の消防署の管轄区域に中高層建築物の数がおおむね十棟以上、又は令別表中㈠項、㈣項、㈤項イ及び㈥項イ等に掲げる防火対象物のうち中高層建築物の数がおおむね五棟以上ある場合には、はしご自動車（屈折はしご自動車を含む。以下同じ。）一台以上を当該消防署又はその出張所に配置するものとする。ただし、当該消防署の管轄区域が次の各号のいずれにも該当し、かつ、延焼防止のための消防活動に支障のない場合には、この限りでない。

一　当該消防署の管轄区域に存する中高層建築物が百二十棟未満であること。

二　当該消防署の管轄区域に存する中高層建築物における火災等において、当該消防署とその管轄区域が隣接する消防署又はその出張所に配置されたはしご自動車が出動から現場での活動の開始まで三十分未満で完了することができること。

２　前項の場合において、消防の連携・協力により、二以上の消防本部が共同していずれかの消防本部の消防署又はその出張所にはしご自動車を一台配置したときは、当該消防署又はその出張所を除いたそれぞれの消防署又はその出張所（当該消防署の管轄区域に存する中高層建築物が百二十棟未満であって、当該建築物における火災等において、当該はしご自動車が出動から現場での活動の開始まで三十分未満で完了することができる消防署又はその出張所であって、延焼防止のための消防活動に支障のない場合に限る。）についても一台配置したものとみなす。

３　前二項の場合において、はしご自動車と同等の機能を有する大型高所放水車を一台配置したときは、はしご自動車についても一台配置したものとみなす。

４　前三項の規定によるはしご自動車及び大型高所放水車は、署所が管理するものとする。

（化学消防車）

第八条　危険物の規制に関する政令（昭和三十四年政令第三百六号）第六条第一項に規定する製造所等（以下「危険物の製造所等」という。）及び核原料物質、核燃料物質及び原子炉の規制に関する法律（昭和三十二年法律第百六十六号。以下「核原料物質等規制法」という。）第二条第四項に規定する原子炉を設置している事業所等（以下「原子炉設置事業所等」という。）の火災の鎮圧のため、化学消防車（大型化学消防車及び大型化学高所放水車を含む。以下同じ。）を配置するものとし、その数は、次の各号に掲げる数を合算して得た数を基準として、市町村に存する危険物の製造所等及び原子炉設置事業所等の数、規模、種類等を勘案した数とする。

一　消防法別表第一に定める第四類の危険物を貯蔵し、又は取り扱う製造所、屋内貯蔵所、屋外タンク貯蔵所、屋外貯蔵所及び一般取扱所（以下「第四類危険物の五対象施設」という。）の施設ごとの数に、別表第七に定める第四類危険物の五対象施設ごとの補正係数をそれぞれ乗じて得た数の合計（以下「補正後施設合計数」という。）に応じ次に掲げる台数

イ　補正後施設合計数が五十以上五百未満の場合　一台

ロ　補正後施設合計数が五百以上千未満の場合　二台

ハ　補正後施設合計数が千以上の場合　二台に千を超える補正後施設合計数おおむね千ごとに一台を加算した台数

二　第四類危険物の五対象施設のうち危険物の規制に関する規則（昭和三十四年総理府令第五十五号）第四十七条の四に該当するもの以外のものにおいて貯蔵し、又は取り扱う第四類危険物の貯蔵最大数量及び取扱最大数量を合算して得た数量（以下「第四類危険物の最大貯蔵・取扱量」という。）に応じ、次に掲げる台数（ただし、第四類危険物の最大貯蔵・取扱量が指定数量（消防法第九条の四第一項に規定する指定数量をいう。以下同じ。）の六万倍未満の場合において、同一事業所の屋外タンク貯蔵所で第四類の危険物を貯蔵する最大数量が千キロリットルを超えるときには一台）

イ　第四類危険物の最大貯蔵・取扱量が指定数量の六万倍以上二百四十万倍未満の場合　一台

ロ　第四類危険物の最大貯蔵・取扱量が指定数量の二百四十万倍以上四百八十万倍未満の場合　二台

ハ　第四類危険物の最大貯蔵・取扱量が指定数量の四百八十万倍以上の場合　三台

三　核原料物質等規制法第二条第五項に規定する発電用原子炉を設置している工場若しくは事業所又は同条第十項に規定する再処理を行う設備若しくは附属施設を設置している工場若しくは事業所の数が一以上の場合　一台

2　前項第一号の規定にかかわらず、同号に掲げる化学消防車の台数から同号中「第四類危険物の五対象施設」を「第四類危険物の五対象施設（指定数量の倍数が十以上のものに限る。）」と読み替えた場合における同号に掲げる台数を減じて得た台数については、化学消防車に代えて消防ポンプ自動車に泡を放出することができる装置を備えたものを配置することができる。

3　第一項の規定による化学消防車及び前項の規定による消防ポンプ自動車に泡を放出することができる装置を備えたものは、消防本部又は署所が管理するものとする。

（大型化学消防車等）

第九条　市町村の区域内に、石油コンビナート等災害防止法施行令（昭和五十一年政令第百二十九号。以下「石災法施行令」という。）第八条第一項に規定する屋外貯蔵タンクを設置している石油コンビナート等災害防止法（昭和五十年法律第八十四号。以下「石災法」という。）第二条第六号に規定する特定事業所（以下「特定事業所」という。）がある場合には、大型化学消防車、大型高所放水車及び泡原液搬送車をそれぞれ一台配置するものとする。ただし、他の市町村からこれらの応援出動を受けることができる場合等には、この限りでない。

2　市町村の区域内に、石災法施行令第八条第一項の規定により大型化学消防車、大型高所放水車及び泡原液搬送車をそれぞれ二台以上備え付けなければならない特定事業所（特定事業所に石災法施行令第八条第二項に規定する送泡設備付きタンクがある場合には、当該特定事業所の当該送泡設備付きタンクに送泡設備がないものとみなしたときに同条第一項の規定により備え付けるべきそれぞれの台数を、当該特定事業所に備え付けなければならないそれぞれの台数とみなす。）があり、かつ、当該市町村が次の各号のいずれにも該当する場合には、前項の規定にかかわらず大型化学消防車、大型高所放水車及び泡原液搬送車をそれぞれ二台配置するものとする。

一　当該市町村の区域内にある石油コンビナート等特別防災区域（石災法第二条第二号に規定する石油コンビナート等特別防災区域をいう。以下同じ。）に係る石油の最大貯蔵・取扱量が四百万キロリットル以上であること。

二　当該市町村の区域内にある石油コンビナート等特別防災区域を管轄する消防署が二以上あり、かつ、当該消防署のうち、二以上の消防署の管轄区域に、それぞれ常圧蒸留装置の処理能力が一日当たり一万五千八百九十八キロリットル以上である特定事業所が一以上あること。

3　前二項の場合において、大型化学高所放水車を一台配置したときは、大型化学消防車及び大型高所放水車をそれぞれ一台配置したものとみなし、大型高所放水車と同等の機能を有するはしご自動車を一台配置したときは、大型高所放水車についても一台配置したものとみなす。

4　前三項の規定による大型化学消防車、大型高所放水車、大型化学高所放水車、はしご自動車及び泡原液搬送車は、消防本部又は署所が管理するものとする。

（化学消防車の消防ポンプ自動車への換算）

第一〇条　前二条の規定により化学消防車を配置する場合には、地域の実情に応じて、化学消防車を消防ポンプ自動車とみなして、第五条第一項から第三項まで又は第五項の規定による消防ポンプ自動車の数を減ずることができる。

（泡消火薬剤）

第一一条　市町村の区域内の第四類危険物の五対象施設の数、第四類危険物の最大貯蔵・取扱量、原子炉設置事業所等の数、特定事業所の数並びに石災法施行令第八条に規定する屋外貯蔵タンクの型、直径及びそのタンクに貯蔵する石油の種類等を勘案し、必要な量の泡消火薬剤を備蓄するものとする。

（消防艇）

第一二条　水域に接した地域の火災の鎮圧等のため、消防艇を配置するものとし、その数は次の各号に掲げる数を合算して得た数を基準として、地域特性を勘案した数とする。

一　水域に接した市街地で消防艇の接岸できる水路（消防ポンプ自動車による火災の鎮圧が可能な市街地に係るものを除く。）の延長が三キロメートルを超え五キロメートル以下の場合に一隻、五キロメートルを超える場合には、おおむね五キロメートルごとに一隻

二　市町村の区域内に港湾法（昭和二十五年法律第二百十八号）第二条第二項に規定する国際戦略港湾、国際拠点港湾及び重要港湾がある場合には、当該港湾における火災の鎮圧等に、必要と認められる隻数

2　前項の規定による消防艇は、消防本部又は署所が管理するものとする。

（救急自動車）

第一三条　消防本部又は署所に配置する救急自動車の数は、人口十万以下の市町村にあってはおおむね人口二万ごとに一台を基準とし、人口十万を超える市町村にあっては五台に人口十万を超える人口についておおむね人口五万ごとに一台を加算した台数を基準として、当該市町村の昼間人口、高齢化の状況、救急業務に係る出動の状況等を勘案した数とする。

2　前項の規定による救急自動車は、消防本部又は署所が管理するものとする。

（救助工作車）

第一四条　消防本部又は署所に、救助省令第三条に規定する救助隊の配置基準数（同条第二項による増減を行った場合には、当該増減後の配置基準数とする。次項において同じ。）と同数の救助工作車を配置するものとする。

2　前項の規定にかかわらず、救助隊の配置基準数から救助省令第四条に規定する数（同条第二項による増減を行った場合には、当該増減後の数とする。）を控除した数については、救助工作車に代えて、同様の救助器具積載能力を有する消防用自動車等（第十七条第三項に規定する消防用自動車等をいう。次項において同じ。）のうち救助工作車以外のものを充て、前項の規定により配置するものとされる救助工作車の台数から減ずることができる。

3　第一項の規定による救助工作車及び前項の規定により救助工作車に代えて充てる消防用自動車等は、消防本部又は署所が管理するものとする。

（指揮車）

第一五条　災害現場において指揮活動を行うため、指揮車を配置するものとし、その数は市町村における消防署の数と同数を基準として、地域特性を勘案した数とする。

2　前項の規定による指揮車は、消防本部又は署所が管理するものとする。

（特殊車等）

第一六条　第五条、第七条から第九条まで及び前四条の規定による消防のための出動に使用する自動車等のほか、火災の鎮圧、災害の防除等のため、広報車、資器材搬送車、水槽車、排煙・高発泡車、支

援車、人員輸送車、遠距離大量送水車、航空機その他の特殊な機能を有する車両等（以下「特殊車等」という。）を地域の実情に応じて配置するものとする。

2　前項の規定による特殊車等は、消防本部又は署所が管理するものとする。

（非常用消防用自動車等）

第一七条　第五条の規定による消防ポンプ自動車（以下「稼働中の消防ポンプ自動車」という。）に加え、水火災等の発生時に始業の時刻から終業の時刻の間にある警防要員以外の者を動員して対処する必要のある場合（以下「非常時の場合」という。）又は稼働中の消防ポンプ自動車が故障した場合等に使用するため、人口三十万以下の市町村にあっては稼働中の消防ポンプ自動車八台ごとに一台を基準とし、人口三十万を超える市町村にあっては稼働中の消防ポンプ自動車四台ごとに一台を基準として、地域の実情に応じて予備の消防ポンプ自動車（以下「非常用消防ポンプ自動車」という。）を配置するものとする。

2　第十三条の規定による救急自動車（以下「稼働中の救急自動車」という。）に加え、多数の傷病者が発生した場合又は稼働中の救急自動車が故障した場合等に使用するため、人口三十万以下の市町村にあっては稼働中の救急自動車六台ごとに一台を基準とし、人口三十万を超える市町村にあっては稼働中の救急自動車四台ごとに一台を基準として、地域の実情に応じて予備の救急自動車（以下「非常用救急自動車」という。）を配置するものとする。

3　非常時の場合又は消防用自動車等（消防ポンプ自動車、はしご自動車、化学消防車、大型高所放水車、泡原液搬送車、救急自動車、救助工作車、指揮車、消防艇及び特殊車等をいう。以下同じ。）のうち消防ポンプ自動車及び救急自動車以外のものが故障した場合等に使用するため、地域の実情に応じて予備の消防用自動車等を配置するものとする。

4　第一項の規定による非常用消防ポンプ自動車、第二項の規定による非常用救急自動車及び前項の規定による非常時の場合等に使用するための消防用自動車等（以下「非常用消防用自動車等」という。）は、消防本部又は署所が管理するものとする。

（ＮＢＣ災害対応資機材）

第一八条　消防本部又は署所に、当該市町村の人口規模、国際空港等及び原子力施設等の立地その他の地域の実情に応じて、放射性物質、生物剤及び化学剤による災害に対応するための資機材（以下「ＮＢＣ災害対応資機材」という。）を配置するものとする。

2　前項の規定によるＮＢＣ災害対応資機材は、消防本部又は署所が管理するものとする。

（同報系の防災行政無線設備）

第一九条　市町村に、災害時において住民に対する迅速かつ的確な災害情報の伝達を行うため、同報系の防災行政無線設備を設置するものとする。

（消防指令システム等）

第二〇条　消防本部の管轄区域に、通信指令管制業務を円滑に行うため、消防指令システムを設置するものとする。

2　前項の場合において、消防の連携・協力により、二以上の消防本部が共同していずれかの消防本部の管轄区域に消防指令システムを設置したときは、それぞれの消防本部の管轄区域に設置したものとみなす。

3　消防本部及び署所に、相互の連絡のため、消防専用電話装置を設置するものとする。

（通信装置）

第二一条　消防本部及び消防団に、相互の連絡のため、必要な通信装置を設置するものとする。

2　消防団に、分団との連絡のため、必要な通信装置を設置するものとする。

（**消防救急無線設備**）

第二二条　消防本部と消防用自動車等の間の連絡及び消防用自動車等の相互の連絡のため、消防本部及び消防用自動車等に、消防救急無線設備を設置するものとする。

（**消防本部及び署所の耐震化等**）

第二三条　消防本部及び署所の庁舎は、地震災害及び風水害時等において災害応急対策の拠点としての機能を適切に発揮するため、十分な耐震性を有し、かつ、浸水による被害に耐え得るよう整備するものとする。

2　消防本部及び署所に、地震災害及び風水害時等において災害応急対策の拠点としての機能を適切に発揮するため、非常用電源設備等を設置するものとする。

3　消防本部は、大規模な地震災害及び風水害時等において、消防本部又は署所の庁舎が被災により災害応急対策の拠点としての機能を維持することが困難となった場合に備え、他の署所、公共施設等を活用して当該機能を確保する計画をあらかじめ策定するものとする。

（**都道府県の防災資機材の備蓄等**）

第二四条　都道府県は、林野火災、石油コンビナート災害等の広域的な災害又は大規模な災害の拡大を防止するため、防災上必要な資機材及び施設を地域の実情に応じて備蓄し、又は整備するとともに、市町村の求めに応じてこれらを貸与し、又は使用させること等により、市町村の消防力を補完するものとする。

第三章　人員に係る指針

（**消防長の責務**）

第二五条　消防長は、消防に関する知識及び技能の修得のための訓練を受けるとともに、広範で高い識見等を有することにより、その統括する消防本部の有する消防力を十分に発揮させるよう努めるものとする。

（**消防職員の職務能力**）

第二六条　消防職員は、第三条各号に掲げる事項を実施することができるよう、訓練を受けること等を通じ、次の各号に掲げる区分に応じ、当該各号に定める能力を備え、その専門性を高めるとともに、複数の業務の経験を経て、それらの知識及び技術を有することにより、職務能力を総合的に高めるよう努めるものとする。

一　警防要員　水火災又は地震等の災害の防御等に関する知識及び技術を有し、災害現場における警防活動等を的確に行うことができる能力

二　予防要員　防火査察（火災の調査を含む。）及び防火管理、危険物、消防用設備等その他の火災の予防に関する知識及び技術を有し、火災の予防に関する業務等を的確に行うことができる能力

三　救急隊の隊員　救急医学に関する知識並びに傷病者の観察、応急処置等に関する知識及び技術を有し、傷病者の搬送等の活動を的確に行うことができる能力

四　救助隊の隊員　救助資機材等の取扱い及び各種災害における救助方法等に関する知識及び技術を有し、人命救助等の活動を的確に行うことができる能力

（**消防隊の隊員**）

第二七条　消防ポンプ自動車（市街地に該当しない地域に設置した署

所に配置するものを除く。）に搭乗する消防隊の隊員の数は、消防ポンプ自動車一台につき五人とする。ただし、当該消防隊が消防活動上必要な隊員相互間の情報を伝達するための資機材を有し、かつ、当該車両にホースを延長する作業の負担を軽減するための資機材又は装置を備えている場合にあっては、当該消防隊の隊員の数を四人とすることができ、二の消防隊が連携して火災の鎮圧等を行うことにより、それぞれの消防隊が別々に火災の鎮圧等を行う場合と同等又はそれ以上の効果が得られる場合にあっては、いずれか一方の消防隊の隊員の数を四人とすることができる。

2　手引動力ポンプ又は小型動力ポンプを操作する消防隊の隊員の数は、それぞれ一台につき四人とする。

3　はしご自動車（市街地に該当しない地域に設置した署所に配置するものを除く。）に搭乗する消防隊の隊員の数は、はしご自動車一台につき五人とする。ただし、当該車両にはしご操作時の障害監視を軽減するための自動停止装置を有し、かつ、他の消防隊又は救助隊との連携活動が事前に計画されている場合にあっては、当該消防隊の隊員の数を四人とすることができる。

4　化学消防車（市街地に該当しない地域に設置した署所に配置するものを除く。）に搭乗する消防隊の隊員の数は、化学消防車一台につき五人とする。ただし、当該消防隊が消防活動上必要な隊員相互間の情報を伝達するための資機材を有し、かつ、当該車両にホースを延長する作業の負担を軽減するための資機材又は装置を備えている場合にあっては、当該消防隊の隊員の数を四人とすることができる。

5　消防用自動車等のうち第一項、第三項及び前項に規定するもの以外のもの（救急自動車、航空機のうち救急業務に用いる航空機（以下「救急用航空機」という。）、救助工作車及び指揮車を除く。）に搭乗する消防隊の隊員の数は、それぞれの機能を十分に発揮できると認められる数とする。

6　第一項及び第二項の規定による消防隊の隊員のうち、一人は、消防本部及び署所にあっては消防士長以上の階級にある者とし、消防団にあっては班長以上の階級にある者とするものとする。

7　第三項及び第四項の規定による消防隊の隊員のうち、一人は、消防士長以上の階級にある者とするものとする。

（救急隊の隊員）

第二八条　消防法施行令第四十四条第一項に規定する救急隊の救急自動車に搭乗する救急隊員の数は、救急自動車一台につき三人とする。ただし、傷病者を一の医療機関から他の医療機関へ搬送する場合であって、これらの医療機関に勤務する医師、看護師、准看護師又は救急救命士が救急自動車に同乗しているときは、救急自動車一台につき二人とすることができる。

2　消防法施行令第四十四条第二項に規定する救急隊の救急自動車に搭乗する隊員の数は、救急隊員二人及び准救急隊員一人とする。

3　救急業務の対象となる事案が特に多い地域においては、地域の実情に応じて前二項の規定による救急自動車に搭乗する救急隊の隊員の代替要員を確保するものとする。

4　救急用航空機に搭乗する救急隊員の数は、救急用航空機一機につき二人とする。

5　第一項及び第二項の規定による救急自動車に搭乗する救急隊員のうち、一人は、消防士長以上の階級にある者とするものとする。

6　第一項及び第二項の規定による救急自動車並びに第四項の規定による救急用航空機に搭乗する救急隊の隊員のうち、一人以上は、救急救命士とするものとする。

（救助隊の隊員等）

第二九条　救助工作車に搭乗する救助隊の隊員の数は、救助工作車一台につき五人とする。

2　前項の規定による救助工作車に搭乗する救助隊の隊員のうち、一人は、消防士長以上の階級にある者とするものとする。

3　人命救助を必要とする災害又は事故が多発する地域においては、消防団に地域の実情に応じて必要と認められる数の救助のための要員を配置することができる。

（指揮隊の隊員）

第三〇条　指揮車に搭乗する指揮隊の隊員の数は、指揮車一台につき三人以上とする。ただし、災害が発生した場合に多数の人命が危険にさらされ、又は消防活動上の困難が発生するおそれが大きい百貨店、地下街、大規模な危険物の製造所等その他の特殊な施設等が管轄区域に存する消防署に配置する指揮車に搭乗する指揮隊の隊員の数は、指揮車一台につき四人以上とする。

2　前項の規定による指揮車に搭乗する指揮隊の隊員のうち、一人は、消防司令以上の階級にある者とする。

（通信員）

第三一条　消防本部及び消防署に、常時、通信員を配置するものとする。

2　消防本部に配置する通信員の総数は、人口三十万以下の市町村にあってはおおむね人口十万ごとに五人を基準とし、人口三十万を超える市町村にあっては十五人に人口三十万を超える人口についておおむね人口十万ごとに三人を加えた人数を基準として、通信指令体制、通信施設の機能及び緊急通報の受信件数等を勘案した数とする。

3　消防本部に配置する通信員のうち、同時に通信指令管制業務に従事する職員の数は、二人以上とする。ただし、緊急の場合その他やむを得ない場合に限り、当該通信員の数を一時的に減ずることができる。

（消防本部及び署所の予防要員）

第三二条　消防本部及び署所における予防要員の数は、次の各号に掲げる数を合算して得た数を基準として、市町村の人口、市町村の区域の面積、少量危険物の施設の数及び種類等、市町村における消防法第七条に基づく消防長又は消防署長の同意の件数、消防用設備等の設置に係る届出の件数、石油コンビナート等特別防災区域の有無並びに火災予防に関する事務執行体制を勘案した数とする。

一　市町村に存する特定防火対象物（消防法第十七条の二の五第二項第四号に規定する特定防火対象物をいう。以下同じ。）の数に七百三十分の十二を乗じて得た数

二　市町村に存する特定防火対象物以外の防火対象物の数に二千四百分の二を乗じて得た数

三　市町村に存する一戸建ての住宅の数に二万二千分の三を乗じて得た数

四　市町村に設置されている別表第八に掲げる危険物の製造所等の区分に応じた危険物の製造所等の数に、同表に定める補正係数をそれぞれ乗じて得た数の合計を百五十で除して得た数

2　前項の場合において、同項第一号、第二号及び第四号に掲げる数を合算して得た数に相当する予防要員の数は、二人以上とする。

3　消防本部及び消防署において、火災の予防に関する業務等を的確に行うため、火災の予防を担当する係又は係に相当する組織には、当該消防本部及び消防署の管轄区域に存する防火対象物、危険物の製造所等の種類、規模等を勘案し、火災の予防に関する高度な知識及び技術を有するものとして消防庁長官が定める資格を有する予防技術資格者を一人以上配置するものとする。

（兼務の基準）

第三三条　消防ポンプ自動車、はしご自動車又は化学消防車及び救急自動車を配置した消防本部又は署所の管轄区域において、当該救急自動車の出動中に火災が発生する頻度がおおむね二年に一回以下であり、当該救急自動車が出動中であっても当該消防本部又は署所ごとに消防ポンプ自動車、はしご自動車又は化学消防車の速やかな出

動に必要な消防隊の隊員を確保でき、かつ、当該救急自動車に搭乗する専任の救急隊の隊員を配置することが困難である場合には、当該消防ポンプ自動車、はしご自動車又は化学消防車に搭乗する消防隊の隊員は、救急自動車に搭乗する救急隊員と兼ねることができる。

2 消防ポンプ自動車（第十条の規定により消防ポンプ自動車とみなされる化学消防車を含む。以下この項において同じ。）及び救急自動車を配置した都市部の署所の管轄区域において当該救急自動車の出動中に火災が発生した場合において、当該署所とその管轄区域が隣接する消防署又はその出張所（以下この項において「隣接署所」という。）に配置された消防ポンプ自動車の出動によって延焼防止のための消防活動を支障なく行うことができ、当該署所の消防ポンプ自動車及び救急自動車の出動状況等を隣接署所において常時把握することができる体制を有し、かつ、当該救急自動車に搭乗する専任の救急隊の隊員を配置することが困難である場合には、当該消防ポンプ自動車に搭乗する消防隊の隊員は、救急自動車に搭乗する救急隊員と兼ねることができる。

3 前条第一項の規定にかかわらず、同項第二号に掲げる数に二分の一を乗じて得た数と同項第三号に掲げる数とを合算して得た数を超えない範囲内の数の予防要員については、予防業務の執行に支障のない範囲に限り、必要な数の警防要員をもって充てることができる。ただし、第一号に掲げる数から第二号に掲げる数を除いて得た数に相当する予防要員の数が二人に満たない場合は、この限りでない。

一 前条第一項第一号、第二号及び第四号に掲げる数を合算して得た数

二 前条第一項第二号に掲げる数の二分の一を超えない範囲内の数に相当すると認められる警防要員をもって充てることとされる予防要員の数

4 前項の場合において、次の各号に掲げる業務を行うに当たっては、当該各号に定める要件を満たす警防要員をもって充てなければならない。

一 消防法第十七条に基づき消防用設備等（消火器具を除く。）の設置が義務づけられている共同住宅に対する立入検査業務 前条第三項に規定する予防技術資格者であること。

二 前号に掲げるもの以外の共同住宅に対する立入検査業務 消防学校の教育訓練の基準（平成十五年消防庁告示第三号）第五条第二項第三号に規定する予防査察科を修了した者又は同等以上の知識及び技術を有すると認められる者であること。

三 共同住宅又は一戸建て住宅に対する防火指導業務 当該業務の執行に必要な知識及び技術を有すると認められる者であること。

（消防本部及び署所の消防職員の総数）

第三四条 消防本部及び署所における消防職員の総数は、次の各号に掲げる数を合算して得た数を基準として、勤務の体制、業務の執行体制、年次休暇及び教育訓練の日数等を勘案した数とする。

一 消防本部及び署所の管理する消防用自動車等のうち非常用消防用自動車等以外のものを常時運用するために必要な消防隊、救急隊、救助隊及び指揮隊の隊員の数（ただし、消防隊の隊員については、火災の鎮圧等に支障のない範囲内で、消防用自動車等のうち複数のものについて、一の消防隊が搭乗することを、消防本部の規模及び消防用自動車等の保有状況等を勘案して消防庁長官が定めるところによりあらかじめ定めている場合にあっては、当該複数のものそれぞれを常時運用するとした場合に、それぞれについて必要となる消防隊の隊員の数のうち最大のものとする。）

二 第三十一条に規定する通信員の数

三 第三十二条第一項に規定する予防要員の数

四　消防本部及び署所の総務事務等（消防の相互応援に関する業務を含む。）の執行のために必要な消防職員の数

2　前項の規定により消防職員の総数を計算する場合においては、前条第一項及び第二項の規定により消防ポンプ自動車、はしご自動車又は化学消防車に搭乗する消防隊の隊員が救急自動車に搭乗する救急隊員と兼ねる場合にあっては、前項第一号中「ただし」とあるのは「ただし、救急隊員を兼ねる消防隊の隊員については、当該消防隊の隊員が搭乗する消防ポンプ自動車、はしご自動車又は化学消防車を常時運用するために必要な消防隊の隊員の数とし」と、前条第三項の規定により予防要員について警防要員をもって充てる場合にあっては、前項第三号中「予防要員の数」とあるのは「予防要員の数から警防要員をもって充てる数を除いた数」と読み替えるものとする。

（消防団の設置）

第三五条　消防団は、地域防災力の中核として将来にわたり欠くことのできない代替性のない存在として、一市町村に一団を置くものとする。ただし、市町村の合併等消防団の沿革その他の特段の事情がある場合は、一市町村に二団以上置くことができる。

（消防団の業務及び人員の総数）

第三六条　消防団は、次の各号に掲げる業務を行うものとし、その総数は、当該業務を円滑に遂行するために、地域の実情に応じて必要な数とする。

一　火災の鎮圧に関する業務
二　火災の予防及び警戒に関する業務
三　救助に関する業務
四　地震、風水害等の災害の予防、警戒及び防除並びに災害時における住民の避難誘導等に関する業務
五　武力攻撃事態等における警報の伝達、住民の避難誘導等国民の保護のための措置に関する業務
六　地域住民（自主防災組織等を含む。）等に対する指導、協力、支援及び啓発に関する業務
七　消防団の庶務の処理等の業務
八　前各号に掲げるもののほか、地域の実情に応じて、特に必要とされる業務

（副団長等）

第三七条　消防団に、指揮活動を行うため、副団長、分団長、副分団長、部長及び班長を配置することができる。

附　則

この告示は、公布の日から施行する。

附　則〔平成一七年六月一三日消防庁告示第九号〕

この告示は、公布の日から施行する。ただし、第二十六条に二項を加える改正規定（第三項に係る部分に限る。）は平成十八年四月一日から、第九条の改正規定（「消防法第九条の三」を「法第九条の四第一項」に改める部分に限る。）は同年六月一日から施行する。

附　則〔平成二〇年三月一四日消防庁告示第二号〕

この告示は、公布の日から施行する。

附　則〔平成二六年一〇月三一日消防庁告示第二八号抄〕

（施行期日）

第一条　この告示は、公布の日から施行する。

附　則〔平成二九年二月八日消防庁告示第四号〕

この告示は、平成二十九年四月一日から施行する。

附　則〔平成三一年三月二九日消防庁告示第四号〕

この告示は、平成三十一年四月一日から施行する。

別表第一（第四条第一項関係）

市街地の区域内の人口（万人）	署所の数
一	一
二	一
三	一
四	二
五	二
六	二
七	三
八	三
九	三
一〇	三
一一	四
一二	四
一三	四
一四	四
一五	五
一六	五
一七	五
一八	五
一九	六
二〇	六
二一	六
二二	六
二三	七
二四	七
二五	七
二六	八
二七	八
二八	八
二九	八
三〇	九

備考
市街地の区域内の人口については、当該人口の一万未満の端数を四捨五入して得る数による。

別表第二（第四条第一項関係）

市街地の区域内の人口（万人）	署所の数
一	一
二	一
三	一
四	二
五	二
六	二

七	三
八	三
九	三
一〇	四
一一	四
一二	四
一三	五
一四	五
一五	五
一六	五
一七	六
一八	六
一九	六
二〇	七
二一	七
二二	七
二三	八
二四	八
二五	八
二六	九
二七	九
二八	九
二九	一〇
三〇	一〇

備考

市街地の区域内の人口については、当該人口の一万未満の端数を四捨五入して得る数による。

別表第三（第五条第一項関係）

市街地の区域内の人口（万人）	消防本部又は署所の管理する動力消防ポンプの数	消防団の管理する動力消防ポンプの数
一	消防ポンプ自動車二台	消防ポンプ自動車三台 手引動力ポンプ又は小型動力ポンプ一口
二	消防ポンプ自動車二台	消防ポンプ自動車三台 手引動力ポンプ又は小型動力ポンプ二口
三	消防ポンプ自動車三台	消防ポンプ自動車二台 手引動力ポンプ又は小型動力ポンプ三口
四	消防ポンプ自動車四台	消防ポンプ自動車一台 手引動力ポンプ又は小型動力ポンプ四口
五	消防ポンプ自動車四台	消防ポンプ自動車一台 手引動力ポンプ又は小型動力ポンプ五口

六	消防ポンプ自動車五台	消防ポンプ自動車一台 手引動力ポンプ又は小型動力ポンプ六口
七	消防ポンプ自動車六台	動力消防ポンプ七口
八	消防ポンプ自動車六台	動力消防ポンプ七口
九	消防ポンプ自動車六台	動力消防ポンプ七口
一〇	消防ポンプ自動車六台	動力消防ポンプ八口
一一	消防ポンプ自動車七台	動力消防ポンプ九口
一二	消防ポンプ自動車七台	動力消防ポンプ一〇口
一三	消防ポンプ自動車七台	動力消防ポンプ一〇口
一四	消防ポンプ自動車七台	動力消防ポンプ一一口
一五	消防ポンプ自動車八台	動力消防ポンプ一一口
一六	消防ポンプ自動車八台	動力消防ポンプ一二口
一七	消防ポンプ自動車八台	動力消防ポンプ一二口
一八	消防ポンプ自動車八台	動力消防ポンプ一三口
一九	消防ポンプ自動車九台	動力消防ポンプ一四口
二〇	消防ポンプ自動車九台	動力消防ポンプ一五口
二一	消防ポンプ自動車一〇台	動力消防ポンプ一五口
二二	消防ポンプ自動車一〇台	動力消防ポンプ一六口
二三	消防ポンプ自動車一〇台	動力消防ポンプ一七口
二四	消防ポンプ自動車一一台	動力消防ポンプ一七口
二五	消防ポンプ自動車一一台	動力消防ポンプ一八口
二六	消防ポンプ自動車一二台	動力消防ポンプ一九口
二七	消防ポンプ自動車一二台	動力消防ポンプ二〇口
二八	消防ポンプ自動車一三台	動力消防ポンプ二〇口
二九	消防ポンプ自動車一三台	動力消防ポンプ二一口
三〇	消防ポンプ自動車一四台	動力消防ポンプ二一口

備考

一　市街地の区域内の人口については、当該人口の一万未満の端数を四捨五入して得る数による。

二　市街地の区域内の人口が七万以上の場合において消防団の管理する動力消防ポンプの数は、当該動力消防ポンプの数について第五条第四項の規定に準じて算出した口数が、本表中に規定する消防団の管理する動力消防ポンプの口数を満たす数とする。

別表第四（第五条第一項関係）

市街地の区域内の人口（万人）	消防本部又は署所の管理する動力消防ポンプの数	消防団の管理する動力消防ポンプの数
一	消防ポンプ自動車二台	消防ポンプ自動車三台 手引動力ポンプ又は小型動力ポンプ二口
二	消防ポンプ自動車二台	消防ポンプ自動車三台 手引動力ポンプ又は小型動力ポンプ三口
三	消防ポンプ自動車三台	消防ポンプ自動車二台 手引動力ポンプ又は小型動力ポンプ四口
四	消防ポンプ自動車四台	消防ポンプ自動車一台 手引動力ポンプ又は小型動力ポンプ五口
五	消防ポンプ自動車四台	消防ポンプ自動車一台 手引動力ポンプ又は小型動力ポンプ六口
六	消防ポンプ自動車五台	消防ポンプ自動車一台 手引動力ポンプ又は小型動力ポンプ七口
七	消防ポンプ自動車六台	動力消防ポンプ八口
八	消防ポンプ自動車六台	動力消防ポンプ八口
九	消防ポンプ自動車六台	動力消防ポンプ九口
一〇	消防ポンプ自動車七台	動力消防ポンプ九口
一一	消防ポンプ自動車七台	動力消防ポンプ一〇口
一二	消防ポンプ自動車七台	動力消防ポンプ一一口
一三	消防ポンプ自動車八台	動力消防ポンプ一二口
一四	消防ポンプ自動車八台	動力消防ポンプ一二口
一五	消防ポンプ自動車八台	動力消防ポンプ一三口
一六	消防ポンプ自動車九台	動力消防ポンプ一三口
一七	消防ポンプ自動車九台	動力消防ポンプ一四口
一八	消防ポンプ自動車一〇台	動力消防ポンプ一五口
一九	消防ポンプ自動車一〇台	動力消防ポンプ一六口
二〇	消防ポンプ自動車一一台	動力消防ポンプ一七口
二一	消防ポンプ自動車一一台	動力消防ポンプ一八口
二二	消防ポンプ自動車一二台	動力消防ポンプ一八口
二三	消防ポンプ自動車一二台	動力消防ポンプ一九口
二四	消防ポンプ自動車一三台	動力消防ポンプ二〇口

二五	消防ポンプ自動車一三台	動力消防ポンプ二一口
二六	消防ポンプ自動車一四台	動力消防ポンプ二二口
二七	消防ポンプ自動車一四台	動力消防ポンプ二三口
二八	消防ポンプ自動車一五台	動力消防ポンプ二三口
二九	消防ポンプ自動車一五台	動力消防ポンプ二四口
三○	消防ポンプ自動車一六台	動力消防ポンプ二五口

備考

一　市街地の区域内の人口については、当該人口の一万未満の端数を四捨五入して得る数による。

二　市街地の区域内の人口が七万以上の場合において消防団の管理する動力消防ポンプの数は、当該動力消防ポンプの数について第五条第四項の規定に準じて算出した口数が、本表中に規定する消防団の管理する動力消防ポンプの口数を満たす数とする。

別表第五（第五条第二項関係）

分割に係る地域の人口（万人）	消防本部又は署所の管理する動力消防ポンプの数	消防団の管理する動力消防ポンプの数
一	消防ポンプ自動車一台	動力消防ポンプ一口
二	消防ポンプ自動車一台	動力消防ポンプ二口
三	消防ポンプ自動車二台	動力消防ポンプ三口
四	消防ポンプ自動車三台	動力消防ポンプ四口
五	消防ポンプ自動車三台	動力消防ポンプ五口
六	消防ポンプ自動車四台	動力消防ポンプ六口

備考

一　分割に係る地域の人口については、当該人口の一万未満の端数を四捨五入して得る数による。

二　消防団の管理する動力消防ポンプの数は、当該動力消防ポンプの数について第五条第四項の規定に準じて算出した口数が、本表中に規定する消防団の管理する動力消防ポンプの口数を満たす数とする。

別表第六（第五条第三項関係）

準市街地の区域内の人口（人）	準市街地に配置する動力消防ポンプの数
一、○○○以上三、○○○未満	動力消防ポンプ四口
三、○○○以上五、○○○未満	動力消防ポンプ六口
五、○○○以上一○、○○○未満	動力消防ポンプ八口

備考

準市街地に配置する動力消防ポンプの数は、当該動力消防ポンプの数について第五条第四項の規定に準じて算出した口数が、本表中に規定する準市街地に配置する動力消防ポンプの口数を満たす数とする。

別表第七（第八条第一項第一号関係）

第四類危険物の五対象施設	補正係数
製造所	五・〇
屋内貯蔵所	〇・一
屋外タンク貯蔵所	一・〇
屋外貯蔵所	〇・一
一般取扱所	一・五

別表第八（第三十二条第一項第四号関係）

危険物の製造所等の区分	補正係数
予防規程を定めなければならない製造所等（給油取扱所を除く。）	一・八
製造所、屋内貯蔵所、屋外タンク貯蔵所、屋外貯蔵所及び一般取扱所（予防規程を定めなければならない製造所等を除く。）	一・〇
地下タンク貯蔵所及び給油取扱所	〇・九
屋内タンク貯蔵所、簡易タンク貯蔵所、移動タンク貯蔵所及び販売取扱所	〇・七

○消防職員委員会の組織及び運営の基準

（平成八年七月五日 消防庁告示第五号）

〔改正経過〕 平成一七年　五月　九日　消防庁告示第　六号
平成一八年　六月一四日　消防庁告示第三一号
平成三〇年　九月　六日　消防庁告示第一七号

消防組織法（昭和二十二年法律第二百二十六号）第十四条の五〔現行＝一七条〕第四項の規定に基づき、消防職員委員会の組織及び運営の基準を次のように定める。

消防職員委員会の組織及び運営の基準

（目的）

第一条　この基準は、消防職員委員会（以下「委員会」という。）の組織及び運営に関し必要な事項を定めることを目的とする。

（委員長）

第二条　委員長は、委員会の会務を総理し、会議を主宰するものとする。

2　委員長の任期は、一年とするものとする。ただし、委員長に欠員を生じたとき新たに指名された委員長の任期は、前任者の残任期間とするものとする。

3　委員長は、これを再任することができるものとする。

（委員の定数）

第三条　委員の定数は、消防本部及び消防署の組織を区分し、当該組織の区分（以下「組織区分」という。）ごとに定めるものとし、標準的な規模の消防本部及び消防署の組織（管内の人口が十万人、消防本部、消防署一、出張所二により構成されるものをいう。）においては、消防本部、消防署及び出張所のそれぞれを組織区分として定め、委員の定数は各組織区分ごとに二人とし、委員の総定数は八人とすることを基本とするものとする。

2　前項に規定する委員の総定数は、消防本部及び消防署の組織の規模等の実情に応じ増減するものとする。この場合において、委員の総定数は原則として二十人を超えないものとする。

（委員の指名）

第四条　消防長は、組織区分ごとに当該組織区分に所属する消防職員のうちから委員を指名するものとする。この場合において、組織区分ごとに指名する委員の半数については、当該組織区分に所属する消防職員の推薦に基づき指名するものとする。

2　委員である消防職員が委員として指名された組織区分に所属しなくなった場合においては、当該消防職員は委員でなくなるものとする。

（委員の任期）

第五条　委員の任期は、一年とするものとする。ただし、委員に欠員を生じたとき新たに指名された委員の任期は、前任者の残任期間とするものとする。

2　委員は、これを再任することができるものとする。ただし、任期が引き続き二期を超えることとなる場合は、この限りでない。

3　小規模な消防本部等において、委員である消防職員が担当している職務との関連において、委員会の適切な運営のために当該消防職員が委員として引き続き二期を超えて在任することが特に必要であると消防長が認める場合には、前項ただし書の規定は適用しないことができるものとする。

（意見取りまとめ者）

第五条の二　消防長は、消防職員から提出された意見を取りまとめて委員会に提出する者（以下「意見取りまとめ者」という。）を消防職員の推薦に基づき指名するものとする。ただし、意見取りまとめ者は、委員を兼任できないものとする。

2　意見取りまとめ者の定数は、第三条第一項の規定による標準的な規模の消防本部及び消防署の組織において四人とすることを基本とするものとする。

3　前項に規定する意見取りまとめ者の定数は、消防本部及び消防署の組織の規模等の実情に応じ増減するものとする。この場合において、意見取りまとめ者の定数は二人以上とし、原則として十人を超えないものとする。

4　意見取りまとめ者の任期は、二年とするものとする。ただし、意見取りまとめ者に欠員を生じたとき新たに指名された意見取りまとめ者の任期は、前任者の残任期間とするものとする。

5　意見取りまとめ者は、これを再任することができるものとする。ただし、任期が引き続き二期を超えることとなる場合は、この限りでない。

（**消防職員の意見の提出**）

第六条　消防職員は、消防組織法第十七条第一項各号に掲げる事項に関して、別記様式により意見取りまとめ者を経由して委員会に意見を提出することができるものとする。ただし、消防職員が意見取りまとめ者を経由することに支障があると考える場合においては、直接委員会に意見を提出することができるものとする。

2　意見取りまとめ者は、取りまとめた意見を委員会に提出する際に、委員会に対し当該意見に関する補足説明を行い、又は委員会制度の目的の達成に資するよう当該制度の運用に関し意見を述べることができるものとする。

（**委員会の会議及び議事等**）

第七条　委員会の会議は、毎年度の前半に一回開催することを常例とするとともに、必要に応じ、開催するものとする。

2　委員会の会議は、委員長が招集するものとする。この場合において、当該会議に係る前条第一項の意見の提出のための期間を十分に確保するとともに、消防職員全員に対し、あらかじめ、当該期間並びに会議の日時及び場所を周知するものとする。

3　前項の場合において、委員に対し、会議を開く日の二週間前までに、会議の日時、場所及び審議時間並びに審議の対象となる消防職員から提出された意見の概要を、意見を提出した消防職員及び意見取りまとめ者に対し、会議を開く日までに当該意見を審議の対象とするか否かの取扱い（審議対象としない場合にあっては、その理由を含む。）をそれぞれ通知するものとする。

4　委員会は、消防長が定める期日までに提出された消防職員の意見について審議するものとする。

5　委員会の会議は、委員の総定数の三分の二以上の者が出席しなければ開くことができず、その議事は、出席委員の過半数で決し、可否同数のときは、委員長の決するところによるものとする。

6　委員長は、委員会の議事を整理し、秩序を保持するため必要な措置をとることができるものとする。

（**委員会の意見**）

第八条　委員会は、審議の結果を消防長の定める区分に分類し、消防職員から提出された意見と併せて消防長に提出するものとする。

（**委員会の審議の結果等の周知**）

第八条の二　委員会は、意見を提出した消防職員及び意見取りまとめ者に対し、当該意見の委員会での審議の結果及び当該結果に至った理由を通知するとともに、消防職員全員に対し、委員会の消防長に対する意見を含めた審議の概要を周知するものとする。

（**運営上の留意事項**）

第八条の三　消防長及び委員長は、委員会が、消防職員間の意思疎通を図るとともに、消防事務の運営に消防職員の意見を反映しやすくすることにより、消防職員の士気を高め、もって消防事務の円滑な運営に資することを旨としていることに鑑み、消防職員が意見を提出しやすい環境づくり並びに委員会の公正性及び透明性の確保に努めなければならない。

（庶務）

第九条　委員会の庶務は、消防本部の総務関係の事務を所掌する部課において処理するものとする。

（雑則）

第一〇条　この基準に定めるもののほか、委員会の運営に関し必要な事項は、消防長が定めるものとする。

附　則

1　この告示は、平成八年十月一日から施行する。

2　平成八年度において消防長が指名した委員の任期は、第五条第一項本文の規定にかかわらず、一年に満たない期間とすることができるものとする。

附　則〔平成一七年五月九日消防庁告示第六号〕

1　この告示は、平成十七年八月一日から施行する。

2　平成十七年度において消防長が指名した意見取りまとめ者の任期は、第五条の二第四項本文の規定にかかわらず、二年に満たない期間とすることができるものとする。

附　則〔平成一八年六月一四日消防庁告示第三一号〕

この告示は、公布の日から施行する。

附　則〔平成三〇年九月六日消防庁告示第一七号〕

1　この告示は、平成三十一年四月一日から施行する。

2　この告示の施行の際、現に委員長である者の任期は、この告示による改正後の第二条第二項の規定にかかわらず、この告示の施行の日から起算して一年を超えない範囲において消防長の定める日までの期間とする。

別記様式

意　見　書

提出者所属名		意見提出日　年　月　日	※2 整理番号
提出者職氏名		※1 意見取りまとめ者受付　年　月　日	
※1 意見取りまとめ者氏名		※2 受　付　年　月　日	
（意見取りまとめ者を経由する場合）意見取りまとめ者から委員会の庶務を担当する部課への提出において希望する提出者職氏名の取扱い　記名・匿名			

消防職員委員会の組織及び運営の基準第六条の規定により、意見を提出します。	
件　名	
区　分	1 消防職員の勤務条件及び厚生福利 2 消防職員の職務遂行上必要な被服及び装備品 3 消防の用に供する設備、機械器具その他の施設
現　状	
意見の内容	

※１欄は意見取りまとめ者が記入し、※２欄は空欄とすること。
必要な資料があれば添付すること。

○市（町・村）消防本部消防職員委員会に関する規則（例）

（平成三十年九月六日消防消第二百四十三号消防庁消防・救急課長）

（目的）

第一条　この規則は、消防組織法（昭和二十二年法律第二百二十六号。以下「法」という。）第十七条第三項の規定に基づき消防長に準ずる職について及び法第十七条第四項の規定に基づき消防職員委員会（以下「委員会」という。）の組織及び運営に関し必要な事項について定めることを目的とする。

（消防長に準ずる職）

第二条　法第十七条第三項の規則で定める消防長に準ずる職は、○○とする。

（委員長）

第三条　委員長は、委員会の会務を総理し、会議を主宰する。

２　委員長の任期は、一年とするものとする。ただし、委員長に欠員を生じたとき新たに指名された委員長の任期は、前任者の残任期間とするものとする。

３　委員長は、これを再任することができるものとする。

（委員の定数）

第四条　委員の定数は、次の各号に掲げる組織の区分（以下「組織区分」という。）ごとに、それぞれ当該各号に定めるとおりとし、委員の総定数は○人とする。

一　○○　○人

二　○○　○人

三　○○　○人

四　○○　○人

（委員の指名）

第五条　消防長は、組織区分ごとに当該組織区分に所属する消防職員のうちから委員を指名する。この場合において、組織区分ごとに指名する委員の半数については、当該組織区分に所属する消防職員の推薦に基づき指名するものとする。

２　委員である消防職員が委員として指名された組織区分に所属しなくなった場合においては、当該消防職員は委員でなくなるものとする。

（委員の任期）

第六条　委員の任期は、一年とする。ただし、委員に欠員を生じたときは新たに指名された委員の任期は、前任者の残任期間とする。

２　委員は、これを再任することができる。ただし、任期が引き続き二期を超えることとなる場合は、この限りでない。

〔３　委員である消防職員が担当している職務との関連において、委員会の適切な運営のために当該消防職員が委員として引き続き二期を超えて在任することが特に必要であると消防長が認める場合には、前項ただし書の規定は適用しない。〕

（意見取りまとめ者）

第七条　消防長は、消防職員から提出された意見を取りまとめて委員会に提出する者（以下「意見取りまとめ者」という。）を消防職員の推薦に基づき指名するものとする。ただし、意見取りまとめ者は、委員を兼任できないものとする。

２　意見取りまとめ者の定数は、○人とするものとする。

３　意見取りまとめ者の任期は、二年とするものとする。ただし、意見取りまとめ者に欠員を生じたとき新たに指名された意見取りまとめ者の任期は、前任者の残任期間とするものとする。

4　意見取りまとめ者は、これを再任することができるものとする。ただし、任期が引き続き二期を超えることとなる場合は、この限りでない。

（消防職員の意見の提出）

第八条　消防職員は、法第十七条第一項各号に掲げる事項に関して、別記様式により意見取りまとめ者を経由して委員会に意見を提出することができるものとする。ただし、消防職員が意見取りまとめ者を経由することに支障があると考える場合においては、直接委員会に意見を提出することができるものとする。

2　意見取りまとめ者は、取りまとめた意見を委員会に提出する際に、委員会に対し当該意見に関する補足説明を行い、又は委員会制度の目的の達成に資するよう当該制度の運用に関し意見を述べることができるものとする。

（委員会の会議及び議事等）

第九条　委員会の会議は、毎年度の前半に一回開催することを常例とするとともに、必要に応じ、開催するものとする。

2　委員会の会議は、委員長が招集するものとする。この場合において、当該会議に係る前条第一項の意見の提出のための期間を十分に確保するとともに、消防職員全員に対し、あらかじめ、当該期間並びに会議の日時及び場所を周知するものとする。

3　前項の場合において、委員に対し、会議を開く日の二週間前までに、会議の日時、場所及び審議時間並びに審議の対象となる消防職員から提出された意見の概要を、意見を提出した消防職員及び意見取りまとめ者に対し、会議を開く日までに当該意見を審議の対象とするか否かの取扱い（審議対象としない場合にあっては、その理由を含む。）をそれぞれ通知するものとする。

4　委員会は、消防長が定める期日までに提出された消防職員の意見について審議するものとする。

5　委員会の会議は、委員の総定数の三分の二以上の者が出席しなければ開くことができず、その議事は、出席委員の過半数で決し、可否同数のときは、委員長の決するところによるものとする。

6　委員長は、委員会の議事を整理し、秩序を保持するため必要な措置をとることができるものとする。

（委員会の意見）

第一〇条　委員会は、審議の結果を消防長の定める区分に分類し、消防職員から提出された意見と併せて消防長に提出するものとする。

（委員会の審議の結果等の周知）

第一一条　委員会は、意見を提出した消防職員及び意見取りまとめ者に対し、当該意見の委員会での審議の結果及び当該結果に至った理由を通知するとともに、消防職員全員に対し、委員会の消防長に対する意見を含めた審議の概要を周知するものとする。

（運営上の留意事項）

第一二条　消防長及び委員長は、委員会が、消防職員間の意思疎通を図るとともに、消防事務の運営に消防職員の意見を反映しやすくすることにより、消防職員の士気を高め、もって消防事務の円滑な運営に資することを旨としていることに鑑み、消防職員が意見を提出しやすい環境づくり並びに委員会の公正性及び透明性の確保に努めなければならない。

（庶務）

第一三条　委員会の庶務は、○○において処理する。

（雑則）

第一四条　この規則に定めるもののほか、委員会の運営に関し必要な事項は、消防長が定める。

附　則

1　この規則は、平成三十一年四月一日から施行する。

2　この規則の施行の際、現に委員長である者の任期は、第三条第二項の規定にかかわらず、この規則の施行の日から起算して一年を超えない範囲において消防長の定める日までの期間とする。

別記様式

意　　見　　書

提出者所属名	意見提出日　　年　月　日	※2 整理番号
提出者職氏名	※1 意見取りまとめ者受付　　年　月　日	
※1 意見取りまとめ者氏名	※2 受　付　　年　月　日	
（意見取りまとめ者を経由する場合）意見取りまとめ者から委員会の庶務を担当する部課への提出において希望する提出者職氏名の取扱い 記名　・　匿名		

○○市（町・村）消防本部消防職員委員会に関する規則第八条の規定により、意見を提出します。	
件　　名	
区　　分	1　消防職員の勤務条件及び厚生福利 2　消防職員の職務遂行上必要な被服及び装備品 3　消防の用に供する設備、機械器具その他の施設
現　　状	
意見の内容	

※１欄は意見取りまとめ者が記入し、※２欄は空欄とすること。
必要な資料があれば添付すること。

○非常勤消防団員等に係る損害補償の基準を定める政令

（昭和三十一年十一月八日政令第三百三十五号）

〔改正経過〕

昭和三二年　八月　八日　政令第二五五号
昭和三五年一二月二六日　政令第三〇九号
昭和三七年　三月二六日　政令第　六六号
昭和三八年　六月一九日　政令第二〇六号
昭和三九年　三月三〇日　政令第　四九号
昭和四〇年　三月二五日　政令第　四五号
昭和四一年　四月　四日　政令第一〇八号
昭和四一年　七月一五日　政令第二五一号
昭和四二年　九月　七日　政令第二八二号
昭和四三年　六月　六日　政令第一五一号
昭和四四年　四月一七日　政令第　九五号
昭和四五年　四月一七日　政令第　六四号
昭和四六年　六月　三日　政令第一七三号
昭和四七年　七月　六日　政令第二七六号
昭和四八年　四月二四日　政令第一〇四号
昭和四九年　六月二一日　政令第二一五号
昭和四九年　六月二二日　政令第二一七号
昭和四九年一一月二一日　政令第三六五号
昭和五〇年　四月三〇日　政令第一三九号
昭和五〇年　七月　四日　政令第二〇七号
昭和五一年　五月一〇日　政令第一〇〇号
昭和五一年　八月二〇日　政令第二二五号
昭和五二年　三月三一日　政令第　四四号
昭和五二年　四月三〇日　政令第一二六号
昭和五三年　四月　五日　政令第一〇六号
昭和五三年一二月一二日　政令第三八五号
昭和五四年　四月　四日　政令第　八八号
昭和五五年　四月　五日　政令第　六七号
昭和五五年一二月　八日　政令第三二一号
昭和五六年　四月　三日　政令第一〇一号
昭和五六年一〇月三〇日　政令第三一二号
昭和五七年　四月　六日　政令第　九八号
昭和五七年　九月二五日　政令第二六六号
昭和五八年　三月三一日　政令第　五四号
昭和五九年　四月一一日　政令第　八五号
昭和六〇年　四月　六日　政令第　九六号
昭和六〇年　九月三〇日　政令第二七五号
昭和六一年　三月三一日　政令第　七四号
昭和六二年　五月二一日　政令第一五六号
昭和六三年　三月三一日　政令第　六六号
平成　元年　五月二六日　政令第一二四号
平成　二年　六月　八日　政令第一三九号
平成　三年　四月一二日　政令第一二六号
平成　四年　四月一〇日　政令第一二七号
平成　五年　四月　一日　政令第一一七号
平成　六年　六月二四日　政令第一七三号
平成　六年　九月　二日　政令第二八二号
平成　六年一一月二八日　政令第三七三号
平成　七年　三月二七日　政令第　八九号
平成　七年　七月二一日　政令第二九九号
平成　八年　三月二九日　政令第　七〇号
平成　八年　五月一一日　政令第一三四号
平成　九年　三月二八日　政令第　八四号
平成　九年　四月　一日　政令第一四二号
平成　九年一二月一〇日　政令第三五五号
平成一〇年　四月　九日　政令第一四三号
平成一一年　四月　一日　政令第一三八号
平成一二年　三月三一日　政令第一五九号
平成一二年　六月　七日　政令第三〇四号
平成一三年　三月三〇日　政令第一一九号
平成一四年　三月一三日　政令第　四三号
平成一五年　三月二八日　政令第　九六号
平成一六年　三月二六日　政令第　七一号
平成一七年　三月一八日　政令第　四七号
平成一七年　六月　一日　政令第一九五号
平成一八年　三月二七日　政令第　六五号
平成一八年　五月　八日　政令第一九三号
平成一八年　六月一四日　政令第二一四号

平成一八年　九月二六日　政令第三一五号
平成一八年　九月二六日　政令第三二〇号
平成一九年　三月三〇日　政令第　八〇号
平成二〇年　三月二六日　政令第　六八号
平成二一年　八月一四日　政令第二〇六号
平成二二年　六月　二日　政令第一四四号
平成二三年　五月二〇日　政令第一四三号
平成二三年　九月二二日　政令第二九六号
平成二四年　二月　三日　政令第　二六号
平成二五年　一月一八日　政令第　五号
平成二五年一一月二七日　政令第三一九号
平成二六年　九月二五日　政令第三一三号
平成二七年　九月三〇日　政令第三四六号
平成二八年　二月二四日　政令第　四六号
平成二九年　三月二九日　政令第　五七号
平成三〇年　二月　七日　政令第　二九号
令和　二年　三月二七日　政令第　六九号
令和　六年　二月　九日　政令第　二八号

非常勤消防団員等に係る損害補償の基準を定める政令をここに公布する。

非常勤消防団員等に係る損害補償の基準を定める政令

内閣は、消防組織法（昭和二十二年法律第二百二十六号）第十五条の四〔現行＝二四条第一項〕及び消防法（昭和二十三年法律第百八十六号）第三十六条の二〔現行＝三六条の三〕の規定に基き、この政令を制定する。

（損害補償の種類）

第一条　消防組織法第二十四条第一項の規定による非常勤消防団員に係る損害補償及び消防法第三十六条の三の規定による消防作業に従事した者又は救急業務に協力した者に係る損害補償並びに水防法第六条の二第一項の規定による非常勤の水防団長又は水防団員（以下「非常勤水防団員」という。）に係る損害補償及び同法第四十五条の規定による水防に従事した者に係る損害補償の種類は、次に掲げるものとする。

一　療養補償
二　休業補償
三　傷病補償年金
四　障害補償
　イ　障害補償年金
　ロ　障害補償一時金
五　介護補償
六　遺族補償
　イ　遺族補償年金
　ロ　遺族補償一時金
七　葬祭補償

本条…一部改正〔昭和三二年八月政令二五五号・三五年一二月三〇九号・三八年六月二〇六号・三九年三月四九号・四一年四月一〇八号・四七年七月二七六号・五二年三月四四号・五三年一二月三八五号・平成八年三月七〇号・一七年六月一九五号・一八年六月二二四号〕

（補償基礎額）

第二条　前条に規定する損害補償（以下「損害補償」という。）は、療養補償及び介護補償を除き、補償基礎額を基礎として行うものとする。

2　前項の補償基礎額は、次に定めるところによるものとする。

一　非常勤消防団員又は非常勤水防団員が公務により死亡し、負傷し、若しくは疾病にかかり、又は公務による負傷若しくは疾病により死亡し、若しくは障害の状態となつた場合には、死亡若しくは負傷の原因である事故が発生した日又は診断により死亡の原因である疾病の発生が確定した日若しくは診断により疾病の発生が確定した日（以下「事故発生日」という。）において当該非常勤消防団員又は非常勤水防団員が属していた階級及び当該階級に任命された日からの勤務年数に応じて別表に定める額とする。

二　消防法第二十五条第一項若しくは第二項（これらの規定を同法

第三十六条第八項において準用する場合を含む。）若しくは第二十九条第五項（同法第三十条の二及び第三十六条第八項において準用する場合を含む。）の規定により消防作業に従事した者（以下「消防作業従事者」という。）、同法第三十五条の十第一項の規定により救急業務に協力した者（以下「救急業務協力者」という。）又は水防法第二十四条の規定により水防に従事した者（以下「水防従事者」という。）が消防作業若しくは水防（以下「消防作業等」という。）に従事し、若しくは救急業務に協力したことにより死亡し、負傷し、若しくは疾病にかかり、又は消防作業等に従事し、若しくは救急業務に協力したことによる負傷若しくは疾病により死亡し、若しくは障害の状態となつた場合には、九千百円とする。ただし、その額が、その者の通常得ている収入の日額に比して公正を欠くと認められるときは、一万四千二百円を超えない範囲内においてこれを増額した額とすることができる。

3　次の各号のいずれかに該当する者で、非常勤消防団員若しくは非常勤水防団員又は消防作業従事者、救急業務協力者若しくは水防従事者（以下「非常勤消防団員等」という。）の事故発生日において、他に生計のみちがなく主として非常勤消防団員等の扶養を受けていたものを扶養親族とし、扶養親族のある非常勤消防団員等については、前項の規定による金額に、第一号又は第三号から第六号までのいずれかに該当する扶養親族については一人につき二百十七円を、第二号に該当する扶養親族については一人につき三百三十三円を、それぞれ加算して得た額をもつて補償基礎額とするものとする。

一　配偶者（婚姻の届出をしないが、事実上婚姻関係と同様の事情にある者を含む。）

二　二十二歳に達する日以後の最初の三月三十一日までの間にある子

三　二十二歳に達する日以後の最初の三月三十一日までの間にある孫

四　六十歳以上の父母及び祖父母

五　二十二歳に達する日以後の最初の三月三十一日までの間にある弟妹

六　重度心身障害者

4　扶養親族たる子のうちに十五歳に達する日後の最初の四月一日から二十二歳に達する日以後の最初の三月三十一日までの間（以下この項において「特定期間」という。）にある子がいる非常勤消防団員等については、前項の規定にかかわらず、百六十七円に特定期間にある当該扶養親族たる子の数を乗じて得た額を同項の規定による額に加算した額をもつて補償基礎額とするものとする。

二・三項…一部改正〔昭和三二年八月政令二五五号〕、二項…一部改正〔昭和三八年六月政令二〇六号〕、二・三項…一部改正〔昭和三九年三月政令四九号〕、一・三項…一部改正〔昭和四一年四月政令一〇八号〕、二・三項…一部改正〔昭和四二年九月政令二八二号〕、二項…一部改正〔昭和四四年四月政令九五号〕、三項…一部改正〔昭和四五年四月政令六四号〕、二項…一部改正〔昭和四六年六月政令一七三号〕、三項…一部改正〔昭和四七年七月法律第七六号〕、二・三項…一部改正〔昭和四八年四月政令一〇四号・四九年六月二一五号・五〇年四月一三九号・五一年五月一〇〇号・五二年四月一二六号・五三年四月一〇六号・五四年四月八八号・五五年四月六七号・五六年四月一〇一号・五七年四月九八号・九月二六六号・五九年四月八五号・六〇年四月九六号・六一年三月七四号・六二年五月一五六号〕、二項…一部改正〔昭和六三年三月政令六六号〕、二・三項…一部改正〔平成元年五月政令一二四号〕、二項…一部改正〔平成二年六月政令一三九号・三年四月一二六号〕、二・三項…一部改正〔平成四年四月政令一二七号・五年四月一一七号〕、二・三項…一部改正・四項…追加〔平成六年六月政令一七三号〕、二項…一部改正〔平成六年一一月政令三七三号〕、二・四項…一部改正〔平成七年三月政令八九号〕、一項…一部改正〔平成八年三月政令七〇号〕、二・四項…一部改正〔平成八年五月政令一三四号・九年四月一四二号〕、二―四項…一部改正〔平成一〇年四月政令一四三号〕、二・四項…一部改正〔平成一一年四月政令一三八号〕、二項…一部改正〔平成一二年三月政令一五九号〕、三項…一部改正〔平成一三年三月政令一一九号〕、二・三項…一部改正〔平成一五年三月政令九六号・

一六年三月七一号〕、二項…一部改正〔平成一七年六月政令一九五号〕、二・三項…一部改正〔平成一八年三月政令六五号〕、二項…一部改正〔平成一八年九月政令三二五号〕、三項…一部改正〔平成一九年三月政令八〇号・二〇年三月六八号〕、二項…一部改正〔平成二一年八月政令二〇六号〕、二―四項…一部改正〔平成二九年三月政令五七号〕、三項…一部改正〔平成三〇年二月政令二九号〕、二―三項…一部改正〔令和二年三月政令六九号〕、二項…一部改正〔令和六年二月政令二八号〕

（**療養補償**）

第三条　非常勤消防団員等が公務により、又は消防作業等に従事し、若しくは救急業務に協力したことにより、負傷し、又は疾病にかかつた場合においては、療養補償として、必要な療養を行い、又は必要な療養の費用を支給する。

本条…一部改正〔昭和三二年八月政令二五五号・三九年三月四九号・平成一八年九月三二五号〕

（**療養及び療養費の支給**）

第四条　前条の規定による療養の範囲は、次に掲げるものであつて、療養上相当と認められるものとする。

一　診察
二　薬剤又は治療材料の支給
三　処置、手術その他の治療
四　居宅における療養上の管理及びその療養に伴う世話その他の看護
五　病院又は診療所への入院及びその療養に伴う世話その他の看護
六　移送

２　市町村若しくは都道府県又は水害予防組合は、その経営する医療機関若しくは薬局又は市町村長、都道府県知事若しくは水害予防組合の管理者がその同意を得てあらかじめ指定する医療機関若しくは薬局において、前項第一号から第五号までに掲げる療養（同項第四号又は第五号に掲げる療養にあつては、これらの医療機関の従業者以外の者が提供する世話その他の看護を除く。）を行うものとする。

３　市町村若しくは都道府県又は水害予防組合は、前項の医療機関若しくは薬局において療養を行うことが困難であると市町村長、都道府県知事若しくは水害予防組合の管理者が認めたとき、非常勤消防団員等が同項の医療機関若しくは薬局以外の医師、歯科医師、薬剤師その他の療養機関から診療若しくは手当を受けた場合において緊急その他やむを得ない事情があると市町村長、都道府県知事若しくは水害予防組合の管理者が認めたとき、又は非常勤消防団員等が第一項第四号から第六号までに掲げる療養（同項第四号又は第五号に掲げる療養にあつては、前項の医療機関の従業者以外の者が提供する世話その他の看護に限る。）を受けた場合において市町村長、都道府県知事若しくは水害予防組合の管理者が必要と認めたときは、その必要な療養の費用を当該非常勤消防団員等に支払うものとする。

二・三項…一部改正〔昭和三二年八月政令二五五号・四二年九月二八二号〕、三項…一部改正〔昭和四六年六月政令一七三号〕、一―三項…一部改正〔平成六年九月政令二八二号〕

（**休業補償**）

第五条　非常勤消防団員等が公務により、又は消防作業等に従事し、若しくは救急業務に協力したことにより、負傷し、又は疾病にかかり、療養のため勤務その他の業務に従事することができない場合において、給与その他の業務上の収入を得ることができないときは、休業補償として、その収入を得ることができない期間につき、補償基礎額の百分の六十に相当する金額を支給する。ただし、次に掲げる場合（総務省令で定める場合に限る。）には、その拘禁され、又は収容されている期間については、行わない。

一　刑事施設、労役場その他これらに準ずる施設に拘禁されている場合

二　少年院その他これに準ずる施設に収容されている場合

本条…一部改正〔昭和三二年八月政令二五五号・三九年三月四九号・六二年五月一五六号・平成一二年六月三〇四号・一八年五月一九三号・九月三一五号〕

（傷病補償年金）

第五条の二　非常勤消防団員等が公務により、又は消防作業等に従事し、若しくは救急業務に協力したことにより、負傷し、又は疾病にかかり、当該負傷又は疾病に係る療養の開始後一年六箇月を経過した日において次の各号のいずれにも該当する場合又は同日後次の各号のいずれにも該当することとなつた場合には、その状態が継続している期間、傷病補償年金を支給する。

一　当該負傷又は疾病が治つていないこと。

二　当該負傷又は疾病による障害の程度が、次条第二項に規定する第一級から第三級までの各障害等級に相当するものとして総務省令で定める第一級、第二級又は第三級の傷病等級に該当すること。

2　傷病補償年金の額は、当該負傷又は疾病による障害の程度が次の各号に掲げる傷病等級（前項第二号の傷病等級をいう。以下同じ。）のいずれに該当するかに応じ、一年につき補償基礎額に当該各号に定める倍数を乗じて得た額とする。

一　第一級　三百十三倍

二　第二級　二百七十七倍

三　第三級　二百四十五倍

3　傷病補償年金を受ける者には、休業補償は、行わない。

4　傷病補償年金を受ける者の当該障害の程度に変更があつたため、新たに他の傷病等級に該当するに至つた場合には、新たに該当するに至つた傷病等級に応ずる傷病補償年金を支給するものとし、その後は、従前の傷病補償年金は、支給しない。

本条…追加〔昭和五二年三月政令四四号〕、一・三項…一部改正〔昭和五七年九月政令二六六号〕、一項…全部改正・二項…追加・旧二項…三項に繰下・旧三項…一部改正し四項に繰下〔平成一八年九月政令三一五号〕

（障害補償）

第六条　非常勤消防団員等が公務により、又は消防作業等に従事し、若しくは救急業務に協力したことにより、負傷し、又は疾病にかかり、治つたときに次項に規定する障害等級に該当する程度の障害が存する場合においては、障害補償として、同項に規定する第一級から第七級までの障害等級に該当する障害があるときには、当該障害が存する期間、障害補償年金を毎年支給し、同項に規定する第八級から第十四級までの障害等級に該当する障害があるときには、障害補償一時金を支給する。

2　障害等級は、その障害の程度に応じて重度のものから順に、第一級から第十四級までに区分するものとする。この場合において、各障害等級に該当する障害は、総務省令で定める。

3　障害補償年金の額は、一年につき、次の各号に掲げる障害等級（前項に規定する障害等級をいう。以下同じ。）に応じ、補償基礎額に当該各号に定める倍数を乗じて得た額とする。

一　第一級　三百十三倍

二　第二級　二百七十七倍

三　第三級　二百四十五倍

四　第四級　二百十三倍

五　第五級　百八十四倍

六　第六級　百五十六倍

七　第七級　百三十一倍

4　障害補償一時金の額は、次の各号に掲げる障害等級に応じ、補償基礎額に当該各号に定める倍数を乗じて得た額とする。

一　第八級　五百三倍

二　第九級　三百九十一倍
三　第十級　三百二倍
四　第十一級　二百二十三倍
五　第十二級　百五十六倍
六　第十三級　百一倍
七　第十四級　五十六倍

5　障害等級に該当する程度の障害が二以上ある場合の障害等級は、重い障害に応ずる障害等級によるものとする。

6　次に掲げる場合の障害等級は、次の各号のうち非常勤消防団員等に最も有利なものによるものとする。

一　第十三級以上に該当する障害が二以上ある場合には、前項の規定による障害等級の一級上位の障害等級
二　第八級以上に該当する障害が二以上ある場合には、前項の規定による障害等級の二級上位の障害等級
三　第五級以上に該当する障害が二以上ある場合には、前項の規定による障害等級の三級上位の障害等級

7　前項の規定による障害補償の金額は、それぞれの障害に応ずる障害等級による障害補償の金額を合算した金額を超えてはならない。ただし、同項の規定による障害等級が第七級以上になる場合は、この限りでない。

8　既に障害のある非常勤消防団員等が公務又は消防作業等に従事し、若しくは救急業務に協力したことによる負傷又は疾病によつて、同一部位についての障害の程度を加重した場合には、その者の加重後の障害等級に応ずる障害補償の金額から、次の各号に掲げる場合の区分に応じてそれぞれ当該各号に定める金額（加重後の障害が第十一条の二に規定する公務上の災害に係るものである場合には、当該金額と当該金額に加重前の障害の程度に応じ同条に規定する率を乗じて得た金額との合計額）を差し引いた金額をもつて障害補償の金額とするものとする。

一　その者の加重前の障害等級が第七級以上である場合　その者の加重前の障害等級に応ずる障害補償年金の額
二　その者の加重前の障害等級が第八級以下であり、かつ、加重後の障害等級が第七級以上である場合　その者の加重前の障害等級に応ずる障害補償一時金の額を二十五で除して得た金額
三　その者の加重後の障害等級が第八級以下である場合　その者の加重前の障害等級に応ずる障害補償一時金の額

9　障害補償年金を受ける者の当該障害の程度に変更があつたため、新たに他の障害等級に該当するに至つた場合においては、新たに該当するに至つた障害等級に応ずる障害補償を行うものとし、その後は、従前の障害補償年金は、支給しないものとする。

一・五項…一部改正〔昭和三二年八月政令二五五号〕、一・四・五項…一部改正・六項…追加〔昭和三五年一二月政令三〇九号〕、一・五項…一部改正・七項…追加〔昭和三九年三月政令四九号〕、一・三―六項…一部改正・七項…削除〔昭和四一年四月政令一〇八号〕、五項…一部改正〔昭和四八年四月政令一〇四号〕、四項…一部改正・五項…追加・旧五・六項…一部改正し六・七項に繰下〔昭和五一年八月政令二二五号〕、一・二・五・七項…一部改正〔昭和五二年三月政令四四号〕、一―七項…一部改正〔昭和五七年九月政令二六六号〕、一項…全部改正・二―四項…追加・旧二項―四・六・七項…一部改正し五―七・八・九項に繰下・五項…削除〔平成一八年九月政令三一五号〕

（介護補償）

第六条の二　傷病補償年金又は障害補償年金を受ける権利を有する非常勤消防団員等が、当該傷病補償年金又は障害補償年金を支給すべき事由となつた障害であつて総務省令で定める程度のものにより、常時又は随時介護を要する状態にあり、かつ、常時又は随時介護を受けている場合においては、介護補償として、当該介護を受けている期間、常時又は随時介護を受ける場合に通常要する費用を考慮して総務大臣が定める金額を支給する。ただし、次に掲げる場合に

は、その入院し、又は入所している期間については、介護補償は、行わない。

一　病院又は診療所に入院している場合

二　障害者の日常生活及び社会生活を総合的に支援するための法律（平成十七年法律第百二十三号）第五条第十一項に規定する障害者支援施設（次号において「障害者支援施設」という。）に入所している場合（同条第七項に規定する生活介護（次号において「生活介護」という。）を受けている場合に限る。）

三　障害者支援施設（生活介護を行うものに限る。）に準ずる施設として総務大臣が定めるものに入所している場合

2　介護補償は、月を単位として支給するものとする。

本条…追加〔平成八年三月政令七〇号〕、二項…一部改正〔平成九年四月政令一四二号・一〇年四月一四三号・一一年四月一三八号・一二年三月一五九号〕、一項…一部改正〔平成一二年六月政令三〇四号〕、二項…一部改正〔平成一五年三月政令九六号・一六年三月七一号・一八年三月六五号〕、一項…一部改正・二項…全部改正〔平成一八年九月政令三二一五号〕、一項…一部改正〔平成一八年九月政令三二〇号・二三年九月二九六号・二四年二月二六号・二五年一月五号・一一月三一九号〕

（遺族補償）

第七条　非常勤消防団員等が公務により、又は消防作業等に従事し、若しくは救急業務に協力したことにより、死亡した場合においては、遺族補償として、当該非常勤消防団員等の遺族に対して、遺族補償年金又は遺族補償一時金を支給する。

本条…一部改正〔昭和三二年八月政令二五五号・三九年三月四九号・四一年四月一〇八号・平成一八年九月三二一五号〕

（遺族補償年金）

第八条　遺族補償年金を受けることができる遺族は、非常勤消防団員等の配偶者（婚姻の届出をしていないが、非常勤消防団員等の死亡の当時事実上婚姻関係と同様の事情にあつた者を含む。以下同じ。）、子、父母、孫、祖父母及び兄弟姉妹であつて、非常勤消防団員等の死亡の当時その収入によつて生計を維持していたものとする。ただし、妻（婚姻の届出をしていないが、事実上婚姻関係と同様の事情にあつた者を含む。次条において同じ。）以外の者にあつては、非常勤消防団員等の死亡の当時次に掲げる要件に該当した場合に限るものとする。

一　夫（婚姻の届出をしていないが、事実上婚姻関係と同様の事情にあつた者を含む。以下同じ。）、父母及び祖父母については、六十歳以上であること。

二　子又は孫については、十八歳に達する日以後の最初の三月三十一日までの間にあること。

三　兄弟姉妹については、十八歳に達する日以後の最初の三月三十一日までの間にあること又は六十歳以上であること。

四　前三号の要件に該当しない夫、子、父母、孫、祖父母又は兄弟姉妹については、総務省令で定める障害の状態（次条、第八条の三及び第九条の三において「特定障害状態」という。）にあること。

2　非常勤消防団員等の死亡の当時胎児であつた子が出生したときは、前項の規定の適用については、将来に向かつて、その子は、非常勤消防団員等の死亡の当時その収入によつて生計を維持していた子とみなす。

3　遺族補償年金を受けることができる遺族の順位は、配偶者、子、父母、孫、祖父母及び兄弟姉妹の順序とし、父母については、養父母を先にし、実父母を後にする。

三項…一部改正〔昭和三二年八月政令二五五号・三九年三月四九号〕、本条…全部改正〔昭和四一年四月政令一〇八号〕、一項…一部改正〔昭和四二年九月政令二八二号・四六年六月一七三号・五一年五月一〇〇号・八月二二五号・五二年三月四四号・五七年九月二六六号・六〇年九月二七五号・平成八年三月七〇号・一八年九月三二一五号〕

第八条の二　遺族補償年金の額は、次の各号に掲げる人数（遺族補償年金を受ける権利を有する遺族及びその者と生計を同じくしている遺族補償年金を受けることができる遺族の人数をいう。）の区分に応じ、一年につき当該各号に定める額とする。

一　一人　補償基礎額に百五十三を乗じて得た額（五十五歳以上の妻又は特定障害状態にある妻である場合には、補償基礎額に百七十五を乗じて得た額）

二　二人　補償基礎額に二百一を乗じて得た額

三　三人　補償基礎額に二百二十三を乗じて得た額

四　四人以上　補償基礎額に二百四十五を乗じて得た額

２　遺族補償年金を受ける権利を有する者が二人以上あるときは、遺族補償年金の額は、前項の規定にかかわらず、同項に規定する額をその人数で除して得た額とする。

３　遺族補償年金の額の算定の基礎となる遺族の数に増減を生じたときは、その増減を生じた月の翌月から、遺族補償年金の額を改定するものとする。

４　遺族補償年金を受ける権利を有する妻にその者と生計を同じくしている他の遺族で遺族補償年金を受けることができるものがない場合において、その妻が次の各号のいずれかに該当するに至つたときは、その該当するに至つた月の翌月から遺族補償年金の額を改定する。

一　五十五歳に達したとき（特定障害状態にあるときを除く。）。

二　特定障害状態になり、又はその事情がなくなつたとき（五十五歳以上であるときを除く。）。

本条…追加〔昭和四一年四月政令一〇八号〕、一項…全部改正・四項…追加〔昭和四六年六月政令一七三号〕、一項…一部改正〔昭和四九年一一月政令三六五号〕、一項…全部改正・四項…一部改正〔昭和五五年一二月政令三二一号〕、一・四項…一部改正〔昭和五七年九月政令二六六号〕、一項…一部改正〔平成七年七月政令二九九号〕、一・四項…一部改正〔平成一八年九月政令三一五号〕

第八条の三　遺族補償年金を受ける権利を有する遺族が次の各号のいずれかに該当するに至つたときは、その権利は、消滅する。この場合において、同順位者がなくて後順位者があるときは、次順位者に遺族補償年金を支給するものとする。

一　死亡したとき。

二　婚姻（届出をしていないが、事実上婚姻関係と同様の事情にある場合を含む。）をしたとき。

三　直系血族又は直系姻族以外の者の養子（届出をしていないが、事実上養子縁組関係と同様の事情にある者を含む。）となつたとき。

四　離縁によつて、死亡した非常勤消防団員等との親族関係が終了したとき。

五　子、孫又は兄弟姉妹については、十八歳に達した日以後の最初の三月三十一日が終了したとき（非常勤消防団員等の死亡の時から引き続き特定障害状態にあるときを除く。）。

六　特定障害状態にある夫、子、父母、孫、祖父母又は兄弟姉妹については、その事情がなくなつたとき（夫、父母又は祖父母については、非常勤消防団員等の死亡の当時六十歳以上であつたとき、子又は孫については、十八歳に達する日以後の最初の三月三十一日までの間にあるとき、兄弟姉妹については、十八歳に達する日以後の最初の三月三十一日までの間にあるか又は非常勤消防団員等の死亡の当時六十歳以上であつたときを除く。）。

２　遺族補償年金を受けることができる遺族が前項各号のいずれかに該当するに至つたときは、その者は、遺族補償年金を受けることができる遺族でなくなるものとする。

本条…追加〔昭和四一年四月政令一〇八号〕、一項…一部改正〔昭和四二年九月政令二八二号・五一年五月一〇〇号・五七年九月二六六号・六〇年

九月二七五号〕、一・二項…一部改正〔平成八年三月政令三〇号〕、一項…一部改正〔平成一八年九月政令三二五号〕

第八条の四　遺族補償年金を受ける権利を有する者の所在が一年以上明らかでない場合には、当該遺族補償年金は、同順位者があるときは同順位者の、同順位者がないときは次順位者の申請によつて、その所在が明らかでない間、その支給を停止するものとする。この場合において、同順位者がないときは、その間、次順位者を先順位者とする。

2　前項の規定により遺族補償年金の支給を停止された遺族は、いつでも、その支給の停止の解除を申請することができる。

3　第八条の二第三項の規定は、第一項の規定によりその停止が解除された場合について準用する。この場合において、同条第三項中「増減を生じた月」とあるのは、「支給が停止され、又はその停止が解除された月」と読み替えるものとする。

本条…追加〔昭和四一年四月政令一〇八号〕、二項…追加・旧二項…一部改正し三項に繰下〔昭和四二年九月政令二八二号〕

（遺族補償一時金）

第九条　遺族補償一時金を受けることができる遺族は、非常勤消防団員等の死亡の当時において次の各号の一に該当する者とする。

一　配偶者

二　非常勤消防団員等の収入によつて生計を維持していた子、父母、孫、祖父母及び兄弟姉妹

三　前二号に掲げる者以外の者で主として非常勤消防団員等の収入によつて生計を維持していたもの

四　第二号に該当しない子、父母、孫、祖父母及び兄弟姉妹

2　遺族補償一時金を受けることができる遺族の順位は、前項各号の順序とし、同項第二号及び第四号に掲げる者のうちにあつては、それぞれ当該各号に掲げる順序とし、父母については、養父母を先にし、実父母を後にする。

3　非常勤消防団員等が遺言又はその者の属する任命権者に対する予告で、第一項第三号及び第四号に掲げる者のうち特に指定した者があるときは、その者は、同項第三号及び第四号に掲げる他の者に優先して遺族補償一時金を受けるものとする。

本条…全部改正〔昭和四一年四月政令一〇八号〕、三項…追加〔昭和四二年九月政令二八二号〕

第九条の二　遺族補償一時金は、次に掲げる場合に支給する。

一　非常勤消防団員等の死亡の当時遺族補償年金を受けることができる遺族がないとき。

二　遺族補償年金を受ける権利を有する者の権利が消滅した場合において、他に当該遺族補償年金を受けることができる遺族がなく、かつ、当該非常勤消防団員等の死亡に関し既に支給された遺族補償年金の額の合計額が前号の場合に支給される遺族補償一時金の額に満たないとき。

本条…追加〔昭和四一年四月政令一〇八号〕、一項…一部改正・二項…削除〔昭和四二年九月政令二八二号〕

第九条の三　遺族補償一時金の額は、補償基礎額に、次の各号に掲げる者の区分に応じ、当該各号に定める倍数を乗じて得た額とする。ただし、前条第二号の場合にあつては、その額から既に支給された遺族補償年金の額の合計額を控除した額とする。

一　第九条第一項第三号に該当する者（次号に掲げる者を除く。）　四百倍

二　第九条第一項第三号に該当する者のうち、非常勤消防団員等の死亡の当時十八歳未満若しくは五十五歳以上の三親等内の親族又

は特定障害状態にある三親等内の親族　七百倍

三　第九条第一項第一号、第二号又は第四号に該当する者　千倍

2　第八条の二第二項の規定は、遺族補償一時金の額について準用する。

本条…追加〔昭和四二年九月政令二八二号〕、全部改正〔昭和五一年五月政令一〇〇号〕、一項…一部改正〔昭和五七年九月政令二六六号・平成一八年九月三一五号〕

（**遺族からの排除**）

第一〇条　非常勤消防団員等を故意に死亡させた者は、遺族補償を受けることができる遺族としない。

2　非常勤消防団員等の死亡前に、当該非常勤消防団員等の死亡によつて遺族補償年金を受けることができる先順位又は同順位の遺族となるべき者を故意に死亡させた者は、遺族補償年金を受けることができる遺族としない。

3　非常勤消防団員等の死亡前又は遺族補償年金を受けることができる遺族の当該遺族補償年金を受ける権利の消滅前に、当該非常勤消防団員等の死亡又は当該権利の消滅によつて遺族補償一時金を受けることができる先順位又は同順位の遺族となるべき者を故意に死亡させた者は、遺族補償一時金を受けることができる遺族としない。

4　遺族補償年金を受けることができる遺族を故意に死亡させた者は、遺族補償一時金を受けることができる遺族としない。非常勤消防団員等の死亡前に、当該非常勤消防団員等の死亡によって遺族補償年金を受けることができる遺族となるべき者を故意に死亡させた者も、同様とする。

5　遺族補償年金を受けることができる遺族が、遺族補償年金を受けることができる先順位又は同順位の他の遺族を故意に死亡させたときは、その者は、遺族補償年金を受けることができる遺族でなくなる。この場合において、その者が遺族補償年金を受ける権利を有する者であるときは、その権利は、消滅するものとする。

6　第八条の三第一項後段の規定は、前項後段の場合について準用する。

本条…追加〔昭和四一年四月政令一〇八号〕、三項…追加・旧三―五項…一項ずつ繰下〔昭和四四年四月政令九五号〕

（**葬祭補償**）

第一一条　非常勤消防団員等が公務により、又は消防作業等に従事し、若しくは救急業務に協力したことにより、死亡した場合においては、葬祭を行う者に対して、葬祭補償として三十一万五千円に補償基礎額の三十倍に相当する金額を加えた金額を支給する。

本条…一部改正〔昭和三二年八月政令二五五号・三九年三月四九号〕、旧一〇条…繰下〔昭和四一年四月政令一〇八号〕、本条…一部改正〔昭和四九年一一月政令三六五号・五〇年四月一三九号・五二年四月一二六号・五四年四月八八号・五六年四月一〇一号・五八年三月五四号・六一年三月七四号・六三年三月六六号・平成二年六月一三九号・四年四月一二七号・六年六月一七三号・八年五月一三四号・一〇年四月一四三号・一二年三月一五九号・一八年九月三一五号〕

（**特殊公務に従事する非常勤消防団員及び非常勤水防団員の特例**）

第一一条の二　非常勤消防団員又は非常勤水防団員がその生命又は身体に対する高度の危険が予測される状況の下において、火災の鎮圧又は暴風、豪雨、洪水、高潮、地震、津波その他の異常な自然現象若しくは火災、爆発その他これらに類する異常な事態の発生時における人命の救助その他の被害の防御に従事し、そのため公務上の災害を受けた場合における当該災害に係る傷病補償年金、障害補償又は遺族補償については、第五条の二第二項、第六条第三項若しくは第四項又は第八条の二第一項の額は、それぞれ当該額に百分の五十（傷病補償年金のうち、第一級の傷病等級に該当する障害に係るものにあつては百分の四十、第二級の傷病等級に該当する障害に係る

ものにあつては百分の四十五、障害補償のうち、第一級の障害等級に該当する障害に係るものにあつては百分の四十、第二級の障害等級に該当する障害に係るものにあつては百分の四十五）を乗じて得た額を加算した額とし、第九条の三第一項の額は、同項本文に規定する額に百分の五十を乗じて得た額を加算した額（第九条の二第二号の場合にあつては、その額から既に支給された遺族補償年金の額の合計額を控除した額）とする。

本条…追加〔昭和四七年四月政令一七六号〕、一部改正〔昭和五一年五月政令一〇〇号・五二年三月四四号・五七年九月二六六号・平成一八年九月三一五号〕

（損害補償の制限）

第一二条　非常勤消防団員等が、故意の犯罪行為若しくは重大な過失により、又は正当な理由がなくて療養に関する指示に従わないことにより、公務、消防作業等若しくは救急業務に係る負傷、疾病、障害若しくは死亡若しくはこれらの原因となつた事故を生じさせ、又は公務、消防作業等若しくは救急業務に係る負傷、疾病若しくは障害の程度を増進させ、若しくはその回復を妨げたときは、市町村若しくは都道府県又は水害予防組合は、損害補償の全部又は一部を行なわないことができるものとする。

二項…追加・旧二項…一部改正し三項に繰下〔昭和三二年八月政令二五五号〕、一・三項…一部改正〔昭和三五年一二月政令三〇九号〕、本条…全部改正〔昭和四一年四月政令一〇八号〕、一部改正〔昭和四二年九月政令二八二号・五七年九月二六六号〕

（年金たる損害補償の額の端数処理）

第一二条の二　傷病補償年金、障害補償年金又は遺族補償年金（以下「年金たる損害補償」という。）の額に五十円未満の端数があるときは、これを切り捨て、五十円以上百円未満の端数があるときは、これを百円に切り上げるものとする。

本条…追加〔昭和五六年四月政令一〇一号〕

（年金たる損害補償の支給期間等）

第一三条　年金たる損害補償の支給は、支給すべき事由が生じた月の翌月から始め、支給を受ける権利が消滅した月で終わるものとする。

2　年金たる損害補償は、その支給を停止すべき事由が生じたときは、その事由が生じた月の翌月からその事由が消滅した月までの間は、支給しないものとする。

3　年金たる損害補償は、毎年二月、四月、六月、八月、十月及び十二月の六期に、それぞれその前月分までを支給するものとする。ただし、支給を受ける権利が消滅した場合におけるその期の年金たる損害補償は、支給期月でない月であつても、支給するものとする。

本条…一部改正〔昭和三二年八月政令二五五号・三五年一二月三〇九号・三九年三月四九号〕、全部改正〔昭和四一年四月政令一〇八号〕、三項…一部改正〔昭和四八年四月政令一〇四号〕、一項…一部改正〔昭和五二年三月政令四四号〕、三項…一部改正〔昭和五五年四月政令一六七号〕、一項…一部改正〔昭和五六年四月政令一〇一号〕、三項…一部改正〔平成八年三月政令七〇号〕

（死亡の推定）

第一四条　行方不明となつた非常勤消防団員等の生死が三箇月間わからない場合又は当該非常勤消防団員等の死亡が三箇月以内に明らかとなり、かつ、その死亡の時期がわからない場合には、遺族補償及び葬祭補償の支給に関する規定の適用については、当該非常勤消防団員等が行方不明となつた日に、当該非常勤消防団員等は、死亡したものと推定する。

本条…追加〔昭和四一年四月政令一〇八号〕

（未支給の損害補償）

第一五条　損害補償を受ける権利を有する者が死亡した場合におい

て、その者に支給すべき損害補償でまだ支給しなかつたものがあるときは、その者の配偶者、子、父母、孫、祖父母又は兄弟姉妹であつて、その者の死亡の当時その者と生計を同じくしていたもの（遺族補償年金については、当該遺族補償年金を受けることができる他の遺族）に、これを支給するものとする。

2　前項の規定による損害補償を受けるべき者の順位は、同項に規定する順序（遺族補償年金については、第八条第三項に規定する順序）とする。

3　第一項の規定による損害補償を受けるべき同順位者が二人以上あるときは、その全額をその一人に支給することができるものとし、この場合において、その一人にした支給は、全員に対してしたものとみなす。

本条…追加〔昭和四一年四月政令一〇八号〕

（**年金たる損害補償等の支給額の調整**）

第一六条　年金たる損害補償の支給を停止すべき事由が生じたにもかかわらず、その停止すべき期間の分として年金たる損害補償が支給されたときは、その支給された年金たる損害補償は、その後に支給されるべき年金たる損害補償の内払とみなすことができるものとする。年金たる損害補償を減額して改定すべき事由が生じたにもかかわらず、その事由が生じた月の翌月以後の分として減額しない額の年金たる損害補償が支給された場合における当該年金たる損害補償の当該減額すべきであつた部分についても、同様とする。

2　公務、消防作業等又は救急業務に係る同一の負傷又は疾病（次項において「同一の傷病」という。）に関し、傷病補償年金を受ける権利を有する者が休業補償又は障害補償を受ける権利を有することとなり、かつ、当該傷病補償年金を受ける権利が消滅した場合において、その消滅した月の翌月以後の分として傷病補償年金が支払われたときは、その支払われた傷病補償年金は、当該休業補償又は障害補償の内払とみなす。

3　同一の傷病に関し、休業補償を受けている者が傷病補償年金又は障害補償を受ける権利を有することとなり、かつ、当該休業補償を行わないこととなつた場合において、その後も休業補償が支払われたときは、その支払われた休業補償は、当該傷病補償年金又は障害補償の内払とみなす。

本条…追加〔昭和四一年四月政令一〇八号〕、見出し…改正・二・三項追加〔昭和五二年三月政令四四号〕

第一六条の二　年金たる損害補償を受ける権利を有する者が死亡したためその支給を受ける権利が消滅したにもかかわらず、その死亡の日の属する月の翌月以後の分として当該年金たる損害補償の過誤払が行われた場合において、当該過誤払による返還金に係る債権（以下この条において「返還金債権」という。）に係る債務の弁済をすべき者に支払うべき次に掲げる損害補償があるときは、市町村若しくは都道府県又は水害予防組合は、当該損害補償の支払金の金額を当該過誤払による返還金債権の金額に充当することができるものとする。

一　年金たる損害補償を受ける権利を有する者の死亡に係る遺族補償年金、遺族補償一時金又は葬祭補償

二　過誤払による返還金債権に係る遺族補償年金と同順位で支給されるべき遺族補償年金

本条…追加〔昭和五六年四月政令一〇一号〕

（**補償を受ける権利**）

第一七条　非常勤消防団員又は非常勤水防団員がその身分を失つた場合においても、損害補償を受ける権利は、変更されることはないものとする。

本条…一部改正〔昭和三二年八月政令二五五号〕、旧一四条…繰下〔昭和四一年四月政令一〇八号〕

（**補償の免責及び求償権**）

第一八条　市町村若しくは都道府県又は水害予防組合は、損害補償を受けるべき者が他の法令（条例を含む。）の定めるところによる療養その他の給付又は補償を受けた場合においては、同一の事由については、その受けた療養その他の給付又は補償の限度において、損害補償の責を免かれるものとする。

2　市町村若しくは都道府県又は水害予防組合は、損害補償の原因である災害が第三者の行為によつて生じた場合において、損害補償を受けるべき者が当該第三者から同一の事由について損害補償を受けたときは、その価額の限度において、損害補償の責を免かれるものとする。

3　市町村若しくは都道府県又は水害予防組合は、損害補償の原因である災害が第三者の行為によつて生じた場合において、損害補償を行つたときは、その価額の限度において、損害補償を受けた者が当該第三者に対して有する損害賠償の請求権を取得するものとする。

一―三項…一部改正〔昭和三二年八月政令二五五号〕、旧一五条…繰下〔昭和四一年四月政令一〇八号〕、一―三項…一部改正〔昭和四二年九月政令二八二号〕

（**非常勤水防団員で非常勤消防団員である者に対する損害補償**）

第一九条　非常勤水防団員に対する水防法第六条の二の規定による損害補償は、当該非常勤水防団員が非常勤消防団員である場合にあつては、その者が所属する消防団が置かれている市町村が行うものとする。

本条…追加〔昭和三二年八月政令二五五号〕、旧一六条…繰下〔昭和四一年四月政令一〇八号〕

附　則

（**施行期日**）

第一条　この政令は、消防団員等公務災害補償責任共済基金法（昭和三十一年法律第百七号）施行の日（昭和三十一年十一月二十日）から施行する。

見出し…追加・旧附則…一条に改正〔昭和五一年五月政令一〇〇号〕

（**障害補償年金差額一時金**）

第一条の二　当分の間、障害補償年金を受ける権利を有する者が死亡した場合において、その者に支給された当該障害補償年金及び当該障害補償年金に係る障害補償年金前払一時金の額の合計額が、次の表の上欄に掲げる当該障害補償年金に係る障害等級に応じ、それぞれ同表の下欄に掲げる額（当該障害補償年金について第十一条の二の規定が適用された場合にあつては、同表の上欄に掲げる障害等級に応じ、同表の下欄に掲げる額に同条に規定する率を乗じて得た額を加算した額）に満たないときは、その者の遺族に対し、損害補償として、その差額に相当する額の障害補償年金差額一時金を支給するものとする。

障害等級	額
第一級	補償基礎額に一、三四〇を乗じて得た額
第二級	補償基礎額に一、一九〇を乗じて得た額
第三級	補償基礎額に一、〇五〇を乗じて得た額
第四級	補償基礎額に九二〇を乗じて得た額
第五級	補償基礎額に七九〇を乗じて得た額
第六級	補償基礎額に六七〇を乗じて得た額
第七級	補償基礎額に五六〇を乗じて得た額

2　障害補償年金を受ける権利を有する者のうち、第六条第八項の規定の適用を受ける者が死亡した場合において、その者に支給された

当該障害補償年金及び当該障害補償年金に係る障害補償年金前払一時金の額の合計額が、次の各号に掲げる場合の区分に応じ、当該各号に定める額に満たないときは、前項の規定にかかわらず、その差額に相当する額を障害補償年金差額一時金として支給するものとする。

一　その者の加重前の障害等級が第七級以上である場合　その者の加重後の障害等級に応じそれぞれ前項の表の下欄に掲げる額（加重後の障害が第十一条の二に規定する公務上の災害に係るものである場合には、同表の上欄に掲げる障害等級に応じ、同表の下欄に掲げる額に同条に規定する率を乗じて得た額を加算した額）から、加重前の障害等級に応じそれぞれ同表の下欄に掲げる額（加重後の障害が同条に規定する公務上の災害に係るものである場合には、加重前の障害等級に応じ、同表の下欄に掲げる額に同条に規定する率を乗じて得た額を加算した額）を差し引いた額

二　その者の加重前の障害等級が第八級以下である場合　その者の加重後の障害等級に応じそれぞれ前項の表の下欄に掲げる額（加重後の障害が第十一条の二に規定する公務上の災害に係るものである場合には、同表の上欄に掲げる障害等級に応じ、同表の下欄に掲げる額に同条に規定する率を乗じて得た額を加算した額）に当該障害補償年金に係る第六条第八項の規定による金額を当該障害補償年金に係る加重後の障害等級に応ずる同条第一項の規定による金額（加重後の障害が第十一条の二に規定する公務上の災害に係るものである場合には、加重後の障害等級に応じ、同項の規定による金額に同条に規定する率を乗じて得た金額を加算した金額）で除して得た数を乗じて得た額

3　障害補償年金差額一時金を受けることができる遺族は、次に掲げる者とする。この場合において、障害補償年金差額一時金を受けることができる遺族の順位は、次の各号の順序とし、当該各号に掲げる者のうちにあつては、それぞれ当該各号に掲げる順序とし、父母については、養父母を先にし、実父母を後にする。

一　障害補償年金を受ける権利を有する者の死亡の当時その者と生計を同じくしていた配偶者、子、父母、孫、祖父母及び兄弟姉妹

二　前号に該当しない配偶者、子、父母、孫、祖父母及び兄弟姉妹

4　第八条の二第二項の規定は障害補償年金差額一時金の額について、第九条第三項、第十条第一項及び第二項並びに第十四条の規定は障害補償年金差額一時金の支給について準用する。この場合において、第八条の二第二項中「遺族補償年金」とあるのは「障害補償年金差額一時金」と、「前項」とあるのは「附則第一条の二第一項」と、第九条第三項中「第一項第三号及び第四号」とあるのは「附則第一条の二第三項第二号」と、「同項第三号及び第四号」とあるのは「同号」と、「遺族補償一時金」とあるのは「障害補償年金差額一時金」と、第十条第一項中「遺族補償」とあり、同条第二項中「遺族補償年金」とあり、及び第十四条中「遺族補償及び葬祭補償」とあるのは「障害補償年金差額一時金」と読み替えるものとする。

5　障害補償年金差額一時金が支給される場合における第十五条及び第十六条の二の規定の適用については、第十五条第一項中「遺族補償年金については、当該遺族補償年金」とあるのは「遺族補償年金又は障害補償年金差額一時金については、それぞれ、当該遺族補償年金又は当該障害補償年金差額一時金」と、同条第二項中「遺族補償年金については、第八条第三項」とあるのは「遺族補償年金については第八条第三項、障害補償年金差額一時金については附則第一条の二第三項後段」と、第十六条の二第一号中「又は葬祭補償」とあるのは「、葬祭補償又は障害補償年金差額一時金」とする。

本条…追加〔昭和五六年一〇月政令三一二号〕、一項…一部改正〔昭和五七年九月政令二六六号〕、一・二項…一部改正〔平成一八年九月政令三一

五号〕

（障害補償年金前払一時金）

第一条の三　当分の間、障害補償年金を受ける権利を有する者が申し出たときは、損害補償として、障害補償年金前払一時金を支給するものとする。

2　前項の申出は、障害補償年金の最初の支給に先立つて行わなければならない。ただし、既に障害補償年金の支給を受けた場合においても、当該障害補償年金を支給すべき事由が生じた日の翌日から起算して一年を経過する日までの間は、当該申出を行うことができる。

3　第一項の申出は、同一の事由につき二回以上行うことはできないものとする。

4　障害補償年金前払一時金の額は、前条第一項の表の上欄に掲げる当該障害補償年金前払一時金に係る障害補償年金に係る障害等級に応じ、それぞれ同表の下欄に掲げる額（当該障害補償年金について第六条第八項の規定が適用された場合にあつては、加重前の障害等級に応じ前条第二項各号に定める額（加重後の障害が第十一条の二に規定する公務上の災害に係るものである場合には、同条に規定する率を乗じて得た額を加算しないものとした場合における同項各号に定める額とする。）。以下この項において「障害補償年金前払一時金の限度額」という。）又は障害補償年金前払一時金の限度額の範囲内で補償基礎額の千二百倍、千倍、八百倍、六百倍、四百倍若しくは二百倍のいずれかに相当する額のうちから当該障害補償年金を受ける権利を有する者が選択した額とする。ただし、第一項の申出が第二項ただし書の規定によるものである場合には、当該障害補償年金に係る障害等級に応じ、それぞれ障害補償年金前払一時金の限度額から当該申出が行われた日の属する月までの期間に係る当該障害補償年金の額の合計額を差し引いた額を超えない範囲内で、補償基礎額の千二百倍、千倍、八百倍、六百倍、四百倍又は二百倍に相当する額のうちから当該障害補償年金を受ける権利を有する者が選択した額とする。

5　障害補償年金前払一時金が支給される場合には、当該障害補償年金前払一時金に係る障害補償年金は、当該障害補償年金を支給すべき事由が生じた日の属する月の翌月（第一項の申出が第二項ただし書の規定によるものである場合には、当該申出が行われた日の属する月の翌月）から、次に掲げる額の合計額が当該障害補償年金前払一時金の額に達するまでの間、その支給を停止するものとする。

一　当該障害補償年金前払一時金が支給された月後の最初の障害補償年金の支給期月から一年を経過する月以前の各月（第一項の申出が第二項ただし書の規定によるものである場合には、当該申出が行われた日の属する月の翌月以後の月に限る。）に支給されるべき障害補償年金の額

二　当該障害補償年金前払一時金が支給された月後の最初の障害補償年金の支給期月から一年を経過する月後の各月に支給されるべき障害補償年金の額を、事故発生日における法定利率に当該支給期月以後の経過年数（当該年数に一年未満の端数があるときは、これを切り捨てた年数）を乗じて得た数に一を加えた数で除して得た額

6　前項の規定による障害補償年金の支給の停止が終了する月に係る障害補償年金の額は、当該終了する月が、同項に規定する支給期月から起算して一年以内の場合にあつては当該障害補償年金前払一時金の額から同項の規定により各月に支給されるべき当該障害補償年金の額の全額につき支給が停止される期間に係る同項の規定による合計額（以下この項において「全額停止期間に係る合計額」という。）を差し引いた額を、当該支給期月から起算して一年を超える

場合にあつては当該障害補償年金前払一時金の額から全額停止期間に係る合計額を差し引いた額に事故発生日における法定利率に当該終了する月の前項に規定する経過年数を乗じて得た数に一を加えた数を乗じて得た額を、それぞれ当該終了する月に支給されるべき当該障害補償年金の額から差し引いた額とする。

本条…追加〔昭和五六年一〇月政令三二二号〕、四項…一部改正〔昭和五七年九月政令二六六号〕、五項…全部改正・六項…追加〔昭和六〇年九月政令二七五号〕、四項…一部改正〔平成一八年九月政令三一五号〕、五・六項…一部改正〔令和二年三月政令六九号〕

（遺族補償年金前払一時金）

第二条　当分の間、遺族補償年金を受ける権利を有する遺族が申し出たときは、損害補償として、遺族補償年金前払一時金を支給するものとする。

2　前項の申出は、遺族補償年金の最初の支給に先立つて行わなければならない。ただし、既に遺族補償年金の支給を受けた場合においても、当該遺族補償年金を支給すべき事由が生じた日の翌日から起算して一年を経過する日までの間は、当該申出を行うことができる。

3　第一項の申出は、同一の事由につき二回以上行うことはできないものとする。

4　遺族補償年金前払一時金の額は、補償基礎額の千倍、八百倍、六百倍、四百倍又は二百倍に相当する額のうちから遺族補償年金を受ける権利を有する遺族が選択した額とする。ただし、第一項の申出が第二項ただし書の規定によるものである場合には、補償基礎額の千倍に相当する額から当該申出が行われた日の属する月までの期間に係る遺族補償年金の額の合計額を差し引いた額を超えない範囲内で、補償基礎額の八百倍、六百倍、四百倍又は二百倍に相当する額のうちから遺族補償年金を受ける権利を有する遺族が選択した額とする。

5　遺族補償年金を受ける権利を有する遺族が二人以上ある場合には、第一項の申出及び前項の選択は、これらの遺族がそのうち一人を代表者に選任し、その代表者が行うものとする。

6　遺族補償年金前払一時金を受ける権利を有する遺族が二人以上あるときは、遺族補償年金前払一時金の額は、第四項の規定にかかわらず、同項に規定する額をその人数で除して得た額とする。

7　遺族補償年金前払一時金が支給される場合には、当該遺族補償年金前払一時金の支給の原因たる非常勤消防団員等の死亡に係る遺族補償年金は、当該遺族補償年金を支給すべき事由が生じた日の属する月（次条第二項の規定に基づき遺族補償年金を受けることができることとされた遺族であつて当該遺族補償年金を受ける権利を有することとなつたもの（以下この項において「特例遺族補償年金受給権者」という。）が第一項の申出を行つた場合にあつては、その者が当該遺族補償年金に係る非常勤消防団員等の死亡の時期に応じ次条第二項の表の下欄に掲げる年齢（以下この項において「支給停止解除年齢」という。）に達する月）の翌月（第一項の申出が第二項ただし書の規定によるものである場合には、当該申出が行われた日の属する月の翌月）から、次に掲げる額の合計額が当該遺族補償年金前払一時金の額に達するまでの間、その支給を停止するものとする。

一　当該遺族補償年金前払一時金が支給された月後の最初の遺族補償年金の支給期月（特例遺族補償年金受給権者が支給停止解除年齢に達する前に第一項の申出を行つた場合にあつては、当該特例遺族補償年金受給権者について次条第四項本文の規定の適用がないものとした場合における当該遺族補償年金前払一時金が支給された月後の最初の当該遺族補償年金の支給期月に当たる月。以下この項及び次項において同じ。）から一年を経過する月以前の各月（第一項の申出が第二項ただし書の規定によるものである場合には、当該申出が行われた日の属する月の翌月以後の月に限る。）

に支給されるべき遺族補償年金の額

二　当該遺族補償年金前払一時金が支給された月後の最初の遺族補償年金の支給期月から一年を経過する月後の各月に支給されるべき遺族補償年金の額を、事故発生日における法定利率に当該支給期月以後の経過年数（当該年数に一年未満の端数があるときは、これを切り捨てた年数）を乗じて得た数に一を加えた数で除して得た額

8　前項の規定による遺族補償年金の支給の停止が終了する月に係る遺族補償年金の額は、当該終了する月が、同項に規定する支給期月から起算して一年以内の場合にあつては当該遺族補償年金前払一時金の額から同項の規定により各月に支給されるべき当該遺族補償年金の額の全額につき支給が停止される期間に係る同項の規定による合計額（以下この項において「全額停止期間に係る合計額」という。）を差し引いた額を、当該支給期月から起算して一年を超える場合にあつては当該遺族補償年金前払一時金の額から全額停止期間に係る合計額を差し引いた額に事故発生日における法定利率に当該終了する月の前項に規定する経過年数を乗じて得た数に一を加えた数を乗じて得た額を、それぞれ当該終了する月に支給されるべき当該遺族補償年金の額から差し引いた額とする。

9　遺族補償年金前払一時金が支給される場合における第九条の二、第九条の三又は第十五条の規定の適用については、第九条の二第二号及び第九条の三第一項中「遺族補償年金の額」とあるのは「遺族補償年金及び遺族補償年金前払一時金の額」と、第十五条第一項中「遺族補償年金については」とあるのは「遺族補償年金又は遺族補償年金前払一時金については、それぞれ、当該遺族補償年金又は当該遺族補償年金前払一時金に係る遺族補償年金」と、同条第二項中「遺族補償年金」とあるのは「遺族補償年金又は遺族補償年金前払一時金」とする。

本条…追加〔昭和五一年五月政令一〇〇号〕、全部改正〔昭和五六年一〇月政令三一二号〕、六項…全部改正・七・八項…追加・旧七項…九項に繰下〔昭和六〇年九月政令二七五号〕、七・八項…一部改正〔令和二年三月政令六九号〕

（遺族補償年金の受給資格年齢の特例等）

第二条の二　次の表の上欄に掲げる期間に死亡した非常勤消防団員等の遺族に対する第八条及び第八条の三の規定の適用については、同表の上欄に掲げる期間の区分に応じ、第八条第一項第一号及び第三号並びに第八条の三第一項第六号中「六十歳」とあるのは、それぞれ同表の下欄に掲げる字句とする。

期間	字句
昭和六十年十月一日から昭和六十一年九月三十日まで	五十五歳
昭和六十一年十月一日から昭和六十二年九月三十日まで	五十六歳
昭和六十二年十月一日から昭和六十三年九月三十日まで	五十七歳
昭和六十三年十月一日から平成元年九月三十日まで	五十八歳
平成元年十月一日から平成二年九月三十日まで	五十九歳

2　次の表の上欄に掲げる期間に公務により、又は消防作業等に従事し、若しくは救急業務に協力したことにより、死亡した非常勤消防団員等の夫、父母、祖父母及び兄弟姉妹であつて、当該非常勤消防団員等の死亡の当時、その収入によつて生計を維持し、かつ、同表の中欄に掲げる年齢であつたもの（第八条第一項第四号に規定する者であつて第八条の三第一項第六号に該当するに至らないものを除く。）は、第八条第一項（前項において読み替えられる場合を含む。）の規定にかかわらず、遺族補償年金を受けることができる遺族とする。この場合において、第八条の二第一項中「遺族補償年金を受けることができる遺族」とあるのは「遺族補償年金を受けるこ

とができる遺族（附則第二条の二第二項の規定に基づき遺族補償年金を受けることができることとされた遺族であつて、当該遺族補償年金に係る非常勤消防団員等の死亡の時期に応じ、同項の表の下欄に掲げる年齢に達しないものを除く。）」と、第八条の三第二項中「前項各号のいずれか」とあるのは「前項第一号から第四号までのいずれか」とする。

昭和六十一年十月一日から昭和六十二年九月三十日まで	五十五歳	五十六歳
昭和六十二年十月一日から昭和六十三年九月三十日まで	五十五歳以上五十七歳未満	五十七歳
昭和六十三年十月一日から平成元年九月三十日まで	五十五歳以上五十八歳未満	五十八歳
平成元年十月一日から平成二年九月三十日まで	五十五歳以上五十九歳未満	五十九歳
平成二年十月一日から当分の間	五十五歳以上六十歳未満	六十歳

3　前項に規定する遺族の遺族補償年金を受けるべき順位は、第八条第一項（第一項において読み替えられる場合を含む。）に規定する遺族の次の順位とし、前項に規定する遺族のうちにあつては、夫、父母、祖父母及び兄弟姉妹の順序とし、父母については、養父母を先にし、実父母を後にする。

4　第二項に規定する遺族に支給すべき遺族補償年金は、その者が同項の表の下欄に掲げる年齢に達する月までの間は、その支給を停止するものとする。ただし、前条第一項から第八項までの規定の適用を妨げるものではない。

5　第二項に規定する遺族に対する第十五条の規定の適用については、同条第二項中「第八条第三項」とあるのは、「附則第二条の二第三項」とする。

本条…追加〔昭和六〇年九月政令二七五号〕、一・二項…一部改正〔平成元年五月政令一二四号〕、二項…一部改正〔平成八年三月政令七〇号〕

（他の法律による給付との調整）

第三条　年金たる損害補償を受ける権利を有する者が、当該年金たる損害補償の事由となつた障害又は死亡について次の表の上欄に掲げる年金たる損害補償の種類に応じ同表の中欄に掲げる法律による年金たる給付の支給を受ける場合には、当分の間、この政令の規定にかかわらず、この政令の規定（第十二条の二を除く。）による年金たる損害補償の額に、同表の上欄に掲げる当該年金たる損害補償の種類に応じ同表の下欄に掲げる率を乗じて得た額（その額が当該年金たる損害補償の額から当該年金たる損害補償の事由となつた障害又は死亡について支給される同表の中欄に掲げる当該法律による年金たる給付の額の合計額を控除した残額を下回る場合には、当該残額）を支給するものとし、その額に五十円未満の端数があるときは、これを切り捨て、五十円以上百円未満の端数があるときは、これを百円に切り上げるものとする。

一　傷病補償年金（第十一条の二に規定する公務上の災害に係るものを除く。）	厚生年金保険法（昭和二十九年法律第百十五号）による障害厚生年金又は被用者年金制度の一元化等を図るための厚生年金保険法等の一部を改正する法律（平成二十四年法律第六十三号。以下この表及び次項の表において「平成二十四年一元化法」という。）附則第四十一条第一項の規定による障害共済年金若しくは平成二十四年一元化法附	〇・七三

	則第六十五条第一項の規定による障害共済年金（以下「障害厚生年金等」という。）及び国民年金法（昭和三十四年法律第百四十一号）による障害基礎年金（同法第三十条の四の規定による障害基礎年金を除く。以下この表、次項の表及び第五項の表において「障害基礎年金」という。）	
二　傷病補償年金（第十一条の二に規定する公務上の災害に係るものに限る。）	障害厚生年金等及び障害基礎年金	○・八二（第一級又は第二級の傷病等級に該当する障害に係る傷病補償年金にあつては、○・八二）
三　障害補償年金（第十一条の二に規定する公務上の災害に係るものを除く。）	障害厚生年金等及び障害基礎年金	○・七三
四　障害補償年金（第十一条の二に規定する公務上の災害に係るものに限る。）	障害厚生年金等及び障害基礎年金	○・八二（第一級又は第二級の障害等級に該当する障害に係る障害補償年金にあつては、○・八二）
五　遺族補償年金（第十一条の二に規定する公務上の災害に係るものを除く。）	厚生年金保険法による遺族厚生年金又は平成二十四年一元化法附則第四十一条第一項の規定による遺族共済年金若しくは平成二十四年一元化法附則第六十五条第一項の規定による遺族共済年金（以下この表及び次項の表において「遺族厚生年金等」という。）及び国民年金法による遺族基礎年金（国民年金法等の一部を改正する法律（昭和六十年法律第三十四号。以下「国民年金等改正法」という。）附則第二十八条第一項の規定による遺族基礎年金を除く。以下この表及び次項の表において「遺族基礎年金」という。）	○・八○
六　遺族補償年金（第十一条の二に規定する公	遺族厚生年金等及び遺族基礎年金	○・八七

務上の災害に係るものに限る。）

2　年金たる損害補償を受ける権利を有する者が、当該年金たる損害補償の事由となつた障害又は死亡について次の表の上欄に掲げる年金たる損害補償の種類に応じ同表の中欄に掲げる法律による年金たる給付の支給を受ける場合（前項に規定する場合を除く。）には、当分の間、この政令の規定にかかわらず、この政令の規定（第十二条の二を除く。）による年金たる損害補償の額に、同表の上欄に掲げる当該年金たる損害補償の種類に応じ同表の中欄に掲げる当該法律による年金たる給付ごとに同表の下欄に掲げる率を乗じて得た額（その額が当該年金たる損害補償の額から当該年金たる損害補償の事由となつた障害又は死亡について支給される同表の中欄に掲げる当該法律による年金たる給付の額を控除した残額を下回る場合には、当該残額）を支給するものとし、その額に五十円未満の端数があるときは、これを切り捨て、五十円以上百円未満の端数があるときは、これを百円に切り上げるものとする。

一　傷病補償年金（第十一条の二に規定する公務上の災害に係るものを除く。）	一　障害厚生年金等	○・八八
	二　障害基礎年金（当該損害補償の事由となつた障害について平成二十四年一元化法附則第三十七条第一項に規定する給付のうち障害共済年金、平成二十四年一元化法附則第六十一条第一項に規定する給付のうち障害共済年金、平成二十四年一元化法附則第七十九条に規定する給付のうち障害共済年金又は厚生年金保険制度及び農林漁業団体職員共済組合制度の統合を図るための農林漁業団体職員共済組合法等を廃止する等の法律（平成十三年法律第百一号）附則第二条第一項第二号に規定する旧農林共済法（以下この表において「旧農林共済法」という。）による障害共済年金（以下この表及び第五項の表において「平成二十四年一元化法改正前国共済法等による障害共済年金」という。）が支給される場合を除く。）	○・八八
二　傷病補償年金（第十一条の二に規定する公務上の災害に係るものに限る。）	一　障害厚生年金等	○・九二（第一級の傷病等級に該当する障害に係る傷病補償年金にあつては、○・九一）
	二　障害基礎年金（当該損害補償の事由となつた障害について平成二十四年一元化法改正前国共済法等による障害共済年金が支給される場合を除く。）	○・九二（第一級の傷病等級に該当する障害

		に係る傷病補償年金にあっては、〇・九一）
三　障害補償年金（第十一条の二に規定する公務上の災害に係るものを除く。）	一　障害厚生年金等	〇・八三
	二　障害基礎年金（当該損害補償の事由となつた障害について平成二十四年一元化法改正前国共済法等による障害共済年金が支給される場合を除く。）	〇・八八
四　障害補償年金（第十一条の二に規定する公務上の災害に係るものに限る。）	一　障害厚生年金等	〇・八九（第一級又は第二級の障害等級に該当する障害に係る障害補償年金にあっては、〇・八八）
	二　障害基礎年金（当該損害補償の事由となつた障害について平成二十四年一元化法改正前国共済法等による障害共済年金が支給される場合を除く。）	〇・九二（第一級の障害等級に該当する障害

		に係る障害補償年金にあっては、〇・九一）
五　遺族補償年金（第十一条の二に規定する公務上の災害に係るものを除く。）	一　遺族厚生年金等	〇・八四
	二　遺族基礎年金（当該損害補償の事由となつた死亡について平成二十四年一元化法附則第三十七条第一項に規定する給付のうち遺族共済年金、平成二十四年一元化法附則第六十一条第一項に規定する給付のうち遺族共済年金、平成二十四年一元化法附則第七十九条に規定する給付のうち遺族共済年金又は旧農林共済法による遺族共済年金（以下この表において「平成二十四年一元化法改正前国共済法等による遺族共済年金」という。）が支給される場合を除く。）又は国民年金法による寡婦年金	〇・八八
六　遺族補償年金（第十一条の二に規定する公務上の災害に係るものに限る。）	一　遺族厚生年金等	〇・八九
	二　遺族基礎年金（当該損害補償の事由となつた死亡について平成二十四年一元化法改正前国共済法等による遺族共済年金が支給される場合を除く。）又は国民年金法による寡婦年金	〇・九二

3　年金たる損害補償を受ける権利を有する者が、当該年金たる損害補償の事由となつた障害又は死亡について次の表の上欄に掲げる年金たる損害補償の種類に応じ同表の中欄に掲げる法律による年金たる給付の支給を受ける場合には、当分の間、この政令の規定にかかわらず、この政令の規定（第十二条の二を除く。）による年金たる損害補償の額に、同表の上欄に掲げる当該年金たる損害補償の種類に応じ同表の中欄に掲げる当該法律による年金たる給付ごとに同表の下欄に掲げる率（当該法律による年金たる給付の数が二である場合にあつては、当該法律による年金たる給付ごとに同表の下欄に掲げる率を合計して得た率から一を控除した率）を乗じて得た額（その額が当該年金たる損害補償の額から当該年金たる損害補償の事由となつた障害又は死亡について支給される同表の中欄に掲げる当該法律による年金たる給付の額（当該法律による年金たる給付の数が二である場合にあつては、その合計額）を控除した残額を下回る場合には、当該残額）を支給するものとし、その額に五十円未満の端数があるときは、これを切り捨て、五十円以上百円未満の端数があるときは、これを百円に切り上げるものとする。

一　傷病補償年金（第十一条の二に規定する公務上の災害に係るものを除く。）	一　国民年金等改正法附則第八十七条第一項に規定する年金たる保険給付のうち障害年金（以下この表及び第六項の表において「旧船員保険法による障害年金」という。）	○・七五
	二　国民年金等改正法附則第七十八条第一項に規定する年金たる保険給付のうち障害年金（以下この表及び第六項の表において「旧厚生年金保険法による障害年金」という。）	○・七五
	三　国民年金等改正法附則第三十二条第一項に規定する年金たる給付のうち障害年金（以下この表及び第六項の表において「旧国民年金法による障害年金」という。）	○・八九
二　傷病補償年金（第十一条の二に規定する公務上の災害に係るものに限る。）	一　旧船員保険法による障害年金	○・八三（第一級の傷病等級に該当する障害に係る傷病補償年金にあつては、○・八二）
	二　旧厚生年金保険法による障害年金	○・八三（第一級の傷病等級に該当する障害に係る傷病補償年金にあつては、○・八二）
	三　旧国民年金法による障害年金	○・九三（第一級

		又は第二級の傷病等級に該当する障害に係る傷病補償年金にあつては、〇・九二）
三　障害補償年金（第十一条の二に規定する公務上の災害に係るものを除く。）	一　旧船員保険法による障害年金	〇・七四
	二　旧厚生年金保険法による障害年金	〇・七四
	三　旧国民年金法による障害年金	〇・八九
四　障害補償年金（第十一条の二に規定する公務上の災害に係るものに限る。）	一　旧船員保険法による障害年金	〇・八三（第一級の障害等級に該当する障害に係る障害補償年金にあつては〇・八一、第二級の障害等級に

		該当する障害に係る障害補償年金にあつては〇・八二）
	二　旧厚生年金保険法による障害年金	〇・八三（第一級の障害等級に該当する障害に係る障害補償年金にあつては〇・八一、第二級の障害等級に該当する障害に係る障害補償年金にあつては〇・八二）
	三　旧国民年金法による障害年金	〇・九三（第一級又は第二級の障害

		等級に該当する障害に係る障害補償年金にあつては、〇・九二
五　遺族補償年金（第十一条の二に規定する公務上の災害に係るものを除く。）	一　国民年金等改正法附則第八十七条第一項に規定する年金たる保険給付のうち遺族年金	〇・八〇
	二　国民年金等改正法附則第七十八条第一項に規定する年金たる保険給付のうち遺族年金	〇・八〇
	三　国民年金等改正法附則第三十二条第一項に規定する年金たる給付のうち母子年金、準母子年金、遺児年金又は寡婦年金	〇・九〇
六　遺族補償年金（第十一条の二に規定する公務上の災害に係るものに限る。）	一　国民年金等改正法附則第八十七条第一項に規定する年金たる保険給付のうち遺族年金	〇・八七
	二　国民年金等改正法附則第七十八条第一項に規定する年金たる保険給付のうち遺族年金	〇・八七
	三　国民年金等改正法附則第三十二条第一項に規定する年金たる給付のうち母子年金、準母子年金、遺児年金又は寡婦年金	〇・九三

4　年金たる損害補償を受ける権利を有する者が、当該年金たる損害補償の事由となつた障害又は死亡について次の各号に掲げる法律による年金たる給付の支給を受ける場合には、当分の間、この政令の規定にかかわらず、この政令の規定による年金たる損害補償の額から当該各号に掲げる法律による年金たる給付の額を控除した残額を支給するものとする。

一　国民年金法第三十条の四の規定による障害基礎年金

二　国民年金等改正法附則第二十八条第一項の規定による遺族基礎年金

5　休業補償を受ける権利を有する者が、同一の事由について次の表の上欄に掲げる法律による年金たる給付の支給を受ける場合には、当分の間、第五条の規定にかかわらず、同条の規定による休業補償の額に、同表の上欄に掲げる当該法律による年金たる給付の種類に応じ同表の下欄に掲げる率を乗じて得た額（その額が当該休業補償の額から同一の事由について支給される当該法律による年金たる給付の額（当該法律による年金たる給付の数が二である場合にあつては、その合計額）を三百六十五で除して得た額を控除した残額を下回る場合には、当該残額）を支給するものとする。

障害厚生年金等及び障害基礎年金	〇・七三
障害厚生年金等（当該損害補償の事由となつた障害について障害基礎年金が支給される場合を除く。）	〇・八八
障害基礎年金（当該損害補償の事由となつた障害について障害厚生年金等又は平成二十四年一元化法改正前国共済法等による障害共済年金が支給される場合を除く。）	〇・八八

6　休業補償を受ける権利を有する者が、同一の事由について次の表の上欄に掲げる法律による年金たる給付の支給を受ける場合には、

当分の間、第五条の規定にかかわらず、同条の規定による休業補償の額に、同表の上欄に掲げる当該法律による年金たる給付の種類に応じ同表の下欄に掲げる率を乗じて得た額（その額が当該休業補償の額から同一の事由について支給される当該法律による年金たる給付の額を三百六十五で除して得た額を控除した残額を下回る場合には、当該残額）を支給するものとする。

旧船員保険法による障害年金	〇・七五
旧厚生年金保険法による障害年金	〇・七五
旧国民年金法による障害年金	〇・八九

7　児童扶養手当法（昭和三十六年法律第二百三十八号）の規定による児童扶養手当又は特別児童扶養手当等の支給に関する法律（昭和三十九年法律第百三十四号）の規定による特別児童扶養手当、障害児福祉手当若しくは国民年金等改正法附則第九十七条第一項の規定により支給する福祉手当が支給されている場合において、これらの手当の支給を受ける者又はこれらの手当の支給の対象となる児童（これらの手当の支給を受ける者を除く。）に係る年金たる損害補償を、次の各号に掲げる場合の区分に応じ、当該各号に掲げる給付とみなしたならば、これらの手当の全部又は一部が支給されないこととなるときは、当分の間、この政令の規定による年金たる損害補償の各月分の額から総務省令で定める場合の区分に応じ総務省令で定める額を控除した残額を当該各月分の額として支給するものとする。

一　当該年金たる損害補償が非常勤消防団員又は非常勤水防団員に係るものである場合　児童扶養手当法第十三条の二第一項第一号から第三号まで若しくは第二項第一号に定める給付又は特別児童扶養手当等の支給に関する法律第三条第三項第二号若しくは第十七条第一号（国民年金等改正法附則第九十七条第二項において準用する場合を含む。）に定める給付

二　当該年金たる損害補償が消防作業従事者、救急業務協力者又は水防従事者に係るものである場合　児童扶養手当法第十三条の二第一項第四号又は第二項第二号に定める給付

本条…追加〔昭和五一年五月政令一〇〇号〕、一項…全部改正・二・三項…追加・旧二項…一部改正し四項に繰下〔昭和五二年三月政令四四号〕、一・二項…一部改正〔昭和五七年九月政令二六六号〕、一項…一部改正〔昭和六〇年九月政令二七五号〕、一・二項…追加・旧一・二項…一部改正し三・四項に繰下・五項…追加・旧三・四項…一部改正し六・七項に繰下〔昭和六一年三月政令七四号〕、一―三項・六項…一部改正〔昭和六三年三月政令六六号〕、二項…一部改正〔平成九年三月政令八四号・一二月三五五号〕、七項…一部改正〔平成一二年六月政令三〇四号〕、二項…一部改正〔平成一四年三月政令四三号〕、七項…一部改正〔平成二二年六月政令一四四号・二六年九月三一三号〕、一―四・六項…一部改正・五項…全部改正〔平成二七年九月政令三四六号〕、二・五項…一部改正〔平成二八年二月政令四六号〕

（葬祭補償の額に関する暫定措置）

第四条　当分の間、第十一条の規定による金額が補償基礎額の六十倍に相当する額に満たないときは、同条の規定にかかわらず、当該六十倍に相当する額を葬祭補償の額とする。

本条…追加〔昭和五一年五月政令一〇〇号〕

（東日本大震災に係る死亡の推定の特例）

第五条　平成二十三年三月十一日に発生した東北地方太平洋沖地震による災害により行方不明となつた者の生死が三箇月間分からない場合又はその者の死亡が三箇月以内に明らかとなり、かつ、その死亡の時期が分からない場合には、第十四条（附則第一条の二第四項において読み替えて準用する場合を含む。）の規定の適用がある場合を除き、死亡に係る給付の支給に関する規定の適用については、同日に、その者は、死亡したものと推定する。

本条…追加〔平成二三年五月政令一四三号〕

附　則　〔平成一七年三月一八日政令第四七号〕

（施行期日等）

第一条　この政令は、公布の日から施行し、この政令による改正後の非常勤消防団員等に係る損害補償の基準を定める政令（以下「新令」という。）の規定は、平成十六年七月一日から適用する。

（経過措置）

第二条　新令第二条第三項に規定する非常勤消防団員等（以下「非常勤消防団員等」という。）が公務により、若しくは消防作業若しくは水防（以下「消防作業等」という。）に従事し、若しくは救急業務に協力したことにより、負傷し、若しくは疾病にかかり、平成十六年六月三十日以前に治ったとき、又は同日以前に障害補償年金を受ける者の当該障害の程度に変更があったときにおけるこの政令による改正前の非常勤消防団員等に係る損害補償の基準を定める政令（以下「旧令」という。）第六条第一項又は第七項の規定による障害補償については、なお従前の例による。

2　非常勤消防団員等が公務により、若しくは消防作業等に従事し、若しくは救急業務に協力したことにより、負傷し、若しくは疾病にかかり、平成十六年七月一日からこの政令の施行の日の属する月の末日までの間に治ったとき、又は当該期間において障害補償年金を受ける者の当該障害の程度に変更があったときにおける新令第六条第一項又は第七項の規定による障害補償に係る新令別表第三の規定の適用については、同表第七級の項第六号中「の母指」とあるのは「の母指及び示指、母指若しくは示指」と、同表第八級の項第三号中「以外」とあるのは「及び示指以外」と、同項第四号中「の母指」とあるのは「の母指及び示指、母指若しくは示指」と、同表第九級の項第一三号中「以外」とあるのは「及び示指以外」と、同表第一〇級の項第七号中「母指又は」とあるのは「示指を失つたもの又は一手の母指若しくは」と、同表第一一級の項第八号中「示指、中指又は環指を失つたもの」とあるのは「中指若しくは環指を失つたもの又は一手の示指の用を廃したもの」と、同表第一二級の項第一〇号中「示指、中指」とあるのは「中指」と、同表第一三級の項第七号中「母指」とあるのは「母指若しくは示指」と、「もの」とあるのは「もの又は一手の示指の遠位指節間関節を屈伸することができなくなつたもの」と、同表第一四級の項第六号及び第七号中「母指」とあるのは「母指及び示指」とする。

3　旧令第六条第一項又は第七項の規定に基づいて障害補償年金又は障害補償一時金を支給された者で前項の規定により読み替えて適用される新令（以下この条において「読替え後の新令」という。）第六条第一項又は第七項の規定による障害補償年金又は障害補償一時金を受けることとなるもの（次項に規定する者を除く。）に対する同条第一項又は第七項の規定の適用については、旧令第六条第一項又は第七項の規定に基づいて支給された障害補償年金又は障害補償一時金は、それぞれ読替え後の新令第六条第一項又は第七項の規定による障害補償年金又は障害補償一時金の内払とみなす。

4　旧令第六条第一項又は第七項の規定に基づいて障害補償一時金を支給された者で読替え後の新令第六条第一項又は第七項の規定による障害補償年金を受けることとなるものに対する同条第一項又は第七項の規定の適用については、旧令第六条第一項又は第七項の規定に基づいて支給された障害補償一時金は、読替え後の新令第六条第一項又は第七項の規定による障害補償年金の内払とみなす。

第三条　非常勤消防団員等が平成十六年六月三十日以前に公務により、又は消防作業等に従事し、若しくは救急業務に協力したことにより、死亡した場合における旧令第七条の規定による遺族補償については、なお従前の例による。

2　非常勤消防団員等が平成十六年七月一日からこの政令の施行の日の属する月の末日までの間に公務により、若しくは消防作業等に従事し、若しくは救急業務に協力したことにより、死亡した場合、又は当該期間において新令第八条第一項第四号の夫、子、父母、孫、祖父母若しくは兄弟姉妹若しくは新令第八条の二第四項の妻の当該障害の程度に変更があったときにおける新令第七条の規定による遺族補償に係る新令別表第三の規定の適用については、同表第七級の項第六号中「の母指」とあるのは、「の母指及び示指、母指若しくは示指」とする。

3　旧令第七条の規定に基づいて遺族補償年金又は遺族補償一時金を支給された者で前項の規定により読み替えて適用される新令（以下この条において「読替え後の新令」という。）第七条の規定による遺族補償年金又は遺族補償一時金を受けることとなるもの（次項に規定する者を除く。）に対する同条の規定の適用については、旧令第七条の規定に基づいて支給された遺族補償年金又は遺族補償一時金は、それぞれ読替え後の新令第七条の規定による遺族補償年金又は遺族補償一時金の内払とみなす。

4　旧令第七条の規定に基づいて遺族補償一時金を支給された者で読替え後の新令第七条の規定による遺族補償年金を受けることとなるものに対する同条の規定の適用については、旧令第七条の規定に基づいて支給された遺族補償一時金は、読替え後の新令第七条の規定による遺族補償年金の内払とみなす。

附　則（平成一七年六月一日政令第一九五号）

この政令は、水防法及び土砂災害警戒区域等における土砂災害防止対策の推進に関する法律の一部を改正する法律の施行の日（平成十七年七月一日）から施行する。

附　則（平成一八年三月二七日政令第六五号）

1　この政令は、平成十八年四月一日から施行する。

2　改正後の第二条第二項及び第三項、第六条の二第二項並びに別表第一の規定は、この政令の施行の日以後に支給すべき事由の生じた損害補償（傷病補償年金、障害補償年金及び遺族補償年金を除く。以下この項において同じ。）並びに平成十八年四月分以後の月分の傷病補償年金、障害補償年金及び遺族補償年金について適用し、同日前に支給すべき事由の生じた損害補償並びに平成十八年三月分以前の月分の傷病補償年金、障害補償年金及び遺族補償年金については、なお従前の例による。

附　則（平成一八年五月八日政令第一九三号）

この政令は、刑事施設及び受刑者の処遇等に関する法律の施行の日（平成十八年五月二十四日）から施行する。

附　則（平成一八年六月一四日政令第二一四号）

この政令は、公布の日から施行する。

附　則（平成一八年九月二六日政令第三一五号）

（施行期日）

第一条　この政令は、公布の日から施行する。

（経過措置）

第二条　改正後の規定は、平成十八年四月一日から適用し、同日前に支給すべき事由が生じた傷病補償年金、障害補償、介護補償及び遺族補償については、当該規定にかかわらず、なお従前の例による。

附　則（平成一八年九月二六日政令第三二〇号）

この政令は、障害者自立支援法の一部の施行の日（平成十八年十月一日）から施行する。

附　則（平成一九年三月三〇日政令第八〇号）

1　この政令は、平成十九年四月一日から施行する。

2　改正後の第二条第三項の規定は、この政令の施行の日以後に支給すべき事由の生じた損害補償（傷病補償年金、障害補償年金及び遺族補償年金を除く。以下この項において同じ。）並びに平成十九年四月分以後の月分の傷病補償年金、障害補償年金及び遺族補償年金について適用し、同日前に支給すべき事由の生じた損害補償並びに同年三月分以前の月分の傷病補償年金、障害補償年金及び遺族補償年金については、なお従前の例による。

附　則（平成二〇年三月二六日政令第六八号）

1　この政令は、平成二十年四月一日から施行する。

2　改正後の第二条第三項の規定は、この政令の施行の日以後に支給すべき事由の生じた損害補償（傷病補償年金、障害補償年金及び遺族補償年金を除く。以下この項において同じ。）並びに平成二十年四月分以後の月分の傷病補償年金、障害補償年金及び遺族補償年金について適用し、同日前に支給すべき事由の生じた損害補償並びに同年三月分以前の月分の傷病補償年金、障害補償年金及び遺族補償年金については、なお従前の例による。

附　則〔平成二一年八月一四日政令第二〇六号〕

この政令は、消防法の一部を改正する法律の施行の日（平成二十一年十月三十日）から施行する。

附　則〔平成二二年六月二日政令第一四四号〕

この政令は、平成二十二年八月一日から施行する。

附　則〔平成二三年五月二〇日政令第一四三号〕

この政令は、公布の日から施行する。

附　則〔平成二三年九月二二日政令第二九六号〕

この政令は、平成二十三年十月一日から施行する。

附　則〔平成二四年二月三日政令第二六号抄〕

（施行期日）

第一条　この政令は、平成二十四年四月一日から施行する。〔以下略〕

附　則〔平成二五年一月一八日政令第五号〕

この政令は、平成二十五年四月一日から施行する。

附　則〔平成二五年一一月二七日政令第三一九号抄〕

（施行期日）

1　この政令は、平成二十六年四月一日から施行する。

附　則〔平成二六年九月二五日政令第三一三号抄〕

（施行期日）

1　この政令は、平成二十六年十月一日から施行する。ただし、第三条、第六条から第十条まで、第十四条及び第十六条の規定は、同年十二月一日から施行する。

附　則〔平成二七年九月三〇日政令第三四六号抄〕

（施行期日）

1　この政令は、平成二十七年十月一日から施行する。

附　則〔平成二八年二月二四日政令第四六号〕

（施行期日）

1　この政令は、平成二十八年四月一日から施行する。

（経過措置）

2　この政令による改正後の非常勤消防団員等に係る損害補償の基準を定める政令附則第三条第二項及び第五項の規定は、この政令の施行の日以後に支給すべき事由の生じた非常勤消防団員等に係る損害補償の基準を定める政令第一条第三号に規定する傷病補償年金（以下この項において「傷病補償年金」という。）及び同条第二号に規定する休業補償（以下この項において「休業補償」という。）並びに同日前に支給すべき事由の生じた同日以後の期間に係る傷病補償年金について適用し、同日前に支給すべき事由の生じた同日前の期間に係る傷病補償年金及び同日前に支給すべき事由の生じた休業補償については、なお従前の例による。

附　則〔平成二九年三月二九日政令第五七号抄〕

（施行期日）

1　この政令は、平成二十九年四月一日から施行する。

（経過措置）

2　この政令による改正後の非常勤消防団員等に係る損害補償の基準を定める政令第二条第三項の規定は、この政令の施行の日以後に支給すべき事由の生じた非常勤消防団員等に係る損害補償の基準を定める政令第二条第一項に規定する損害補償（以下この項において「損害補償」という。）並びに同日前に支給すべき事由の生じた同日以後の期間に係る同令第一条第三号に規定する傷病補償年金、同条第四号イに規定する障害補償年金及び同条第六号イに規定する遺族補償年金（以下この項において「傷病補償年金等」という。）について適用し、同日前に支給すべき事由の生じた損害補償（傷病補償年金等を除く。）及び同日前に支給すべき事由の生じた同日前の期間に係る傷病補償年金等については、なお従前の例による。

附　則〔平成三〇年二月七日政令第二九号〕

（施行期日）

1　この政令は、平成三十年四月一日から施行する。

（経過措置）

2　この政令による改正後の非常勤消防団員等に係る損害補償の基準を定める政令第二条第三項の規定は、この政令の施行の日以後に支給すべき事由の生じた非常勤消防団員等に係る損害補償の基準を定める政令第二条第一項に規定する損害補償（以下この項において「損害補償」という。）並びに同日前に支給すべき事由の生じた同日以後の期間に係る同令第一条第三号に規定する傷病補償年金、同条第四号イに規定する障害補償年金及び同条第六号イに規定する遺族補償年金（以下この項において「傷病補償年金等」という。）について適用し、同日前に支給すべき事由の生じた損害補償（傷病補償年金等を除く。）及び同日前に支給すべき事由の生じた同日前の期間に係る傷病補償年金等については、なお従前の例による。

附　則〔令和二年三月二七日政令第六九号〕

（施行期日）

1　この政令は、令和二年四月一日から施行する。

（経過措置）

2　この政令による改正後の非常勤消防団員等に係る損害補償の基準を定める政令第二条第二項及び別表の規定は、この政令の施行の日以後に支給すべき事由の生じた非常勤消防団員等に係る損害補償の基準を定める政令第二条第一項に規定する損害補償（以下この項において「損害補償」という。）並びに同日前に支給すべき事由の生じた同日以後の期間に係る同令第一条第三号に規定する傷病補償年金、同条第四号イに規定する障害補償年金及び同条第六号イに規定する遺族補償年金（以下この項において「傷病補償年金等」という。）について適用し、同日前に支給すべき事由の生じた損害補償（傷病補償年金等を除く。）及び同日前に支給すべき事由の生じた同日前の期間に係る傷病補償年金等については、なお従前の例による。

附　則〔令和六年二月九日政令第二八号〕

（施行期日）

1　この政令は、令和六年四月一日から施行する。

（経過措置）

2　この政令による改正後の非常勤消防団員等に係る損害補償の基準を定める政令第二条第二項及び別表の規定は、この政令の施行の日以後に支給すべき事由の生じた非常勤消防団員等に係る損害補償の基準を定める政令第二条第一項に規定する損害補償（以下「損害補償」という。）並びに同日前に支給すべき事由の生じた同日以後の期間に係る同令第一条第三号に規定する傷病補償年金、同条第四号イに規定する障害補償年金及び同条第六号イに規定する遺族補償年金（以下「傷病補償年金等」という。）について適用し、同日前に支給すべき事由の生じた損害補償（傷病補償年金等を除く。）及び同日前に支給すべき事由の生じた同日前の期間に係る傷病補償年金等については、なお従前の例による。

別表　補償基礎額表（第二条関係）

階級	勤務年数		
	十年未満	十年以上二十年未満	二十年以上
団長及び副団長	一二、五〇〇円	一三、三五〇円	一四、二〇〇円

分団長及び副分団長	一〇、八〇〇	一一、六五〇	一二、五〇〇
部長、班長及び団員	九、一〇〇	九、九五〇	一〇、八〇〇

備考

一　事故発生日に、当該事故又は疾病が発生したことにより特に上位の階級に任命された非常勤消防団員又は非常勤水防団員の階級は、当該事故又は疾病が発生した日の前日においてその者が属していた階級によるものとする。

二　一の階級における勤務年数を算定する場合においては、当該階級に任命された日以後の期間と当該階級に任命された日前における当該階級と同一の階級又は当該階級より上位の階級に属していた期間とを合算するものとする。

本表…一部改正〔昭和三二年八月政令二五五号・三七年三月六六号・三八年六月二〇六号・四〇年三月四五号・四一年四月一〇八号・四二年八月二八二号・四四年四月九五号・四五年四月六四号・四六年六月一七三号・四七年六月二七六号・四八年四月一〇四号・四九年六月二一五号・一一月三六五号・五〇年四月一三九号・五一年五月一〇〇号・五二年四月一二六号・五三年四月一〇六号・五四年四月八八号・五五年四月六七号・五六年四月一〇一号・五七年四月九八号・五八年四月八五号・六〇年四月九六号・六一年三月七四号・六二年五月一五六号・六三年三月六六号・平成元年五月一二四号・二年六月一三九号・三年四月一二六号・四年四月一二七号・五年四月一一七号・六年六月一七三号・七年三月八九号・八年五月一三四号・九年四月一四二号・一〇年四月一四三号・一一年四月一三八号・一二年三月一五九号・一五年三月九六号・一六年三月七一号・一八年三月六五号〕、旧別表第一…別表に改正〔平成一八年九月政令三一五号〕、本表…一部改正〔令和二年三月政令六九号・六年二月二八号〕

○消防団を中核とした地域防災力の充実強化に関する法律

（平成二十五年十二月十三日法律第百十号）

消防団を中核とした地域防災力の充実強化に関する法律をここに公布する。

消防団を中核とした地域防災力の充実強化に関する法律

目次

第一章　総則

（目的）

第一条　この法律は、我が国において、近年、東日本大震災という未曽有の大災害をはじめ、地震、局地的な豪雨等による災害が各地で頻発し、住民の生命、身体及び財産の災害からの保護における地域防災力の重要性が増大している一方、少子高齢化の進展、被用者の増加、地方公共団体の区域を越えて通勤等を行う住民の増加等の社会経済情勢の変化により地域における防災活動の担い手を十分に確保することが困難となっていることに鑑み、地域防災力の充実強化に関し、基本理念を定め、並びに国及び地方公共団体の責務等を明らかにするとともに、地域防災力の充実強化に関する計画の策定その他地域防災力の充実強化に関する施策の基本となる事項を定めることにより、住民の積極的な参加の下に、消防団を中核とした地域防災力の充実強化を図り、もって住民の安全の確保に資することを目的とする。

（定義）

第二条　この法律において、「地域防災力」とは、住民一人一人が自ら行う防災活動、自主防災組織（災害対策基本法（昭和三十六年法律第二百二十三号）第二条の二第二号に規定する自主防災組織をいう。以下同じ。）、消防団、水防団その他の地域における多様な主体が行う防災活動並びに地方公共団体、国及びその他の公共機関が行う防災活動の適切な役割分担及び相互の連携協力によって確保される地域における総合的な防災の体制及びその能力をいう。

（基本理念）

第三条　地域防災力の充実強化は、住民、自主防災組織、消防団、水防団、地方公共団体、国等の多様な主体が適切に役割分担をしながら相互に連携協力して取り組むことが重要であるとの基本的認識の下に、地域に密着し、災害が発生した場合に地域で即時に対応することができる消防機関である消防団がその中核的な役割を果たすことを踏まえ、消防団の強化を図るとともに、住民の防災に関する意識を高め、自発的な防災活動への参加を促進すること、自主防災組織等の活動を活性化すること等により、地域における防災体制の強化を図ることを旨として、行われなければならない。

（国及び地方公共団体の責務）

第四条　国及び地方公共団体は、前条の基本理念にのっとり、地域防災力の充実強化を図る責務を有する。

２　国及び地方公共団体は、その施策が、直接的なものであると間接的なものであるとを問わず、地域防災力の充実強化に寄与することとなるよう、意を用いなければならない。

３　国及び地方公共団体は、地域防災力の充実強化に関する施策を効果的に実施するため必要な調査研究、情報の提供その他の措置を講ずるものとする。

（住民の役割）

第五条　住民は、第三条の基本理念にのっとり、できる限り、居住地、勤務地等の地域における防災活動への積極的な参加に努めるものとする。

（関係者相互の連携及び協力）

第六条　住民、自主防災組織、市町村の区域内の公共的団体その他の防災に関する組織、消防団、水防団、地方公共団体、国等は、地域防災力の充実強化に関する施策が円滑に実施されるよう、相互に連携を図りながら協力しなければならない。

第二章　地域防災力の充実強化に関する計画

第七条　市町村は、災害対策基本法第四十二条第一項に規定する市町村地域防災計画において、当該市町村の地域に係る地域防災力の充実強化に関する事項を定め、その実施に努めるものとする。

２　市町村は、地区防災計画（災害対策基本法第四十二条第三項に規定する地区防災計画をいう。次項において同じ。）を定めた地区について、地区居住者等（同条第三項に規定する地区居住者等をいう。次項において同じ。）の参加の下、地域防災力を充実強化するための具体的な事業に関する計画を定めるものとする。

３　地区防災計画が定められた地区の地区居住者等は、市町村に対し、当該地区の実情を踏まえて前項に規定する事業に関する計画の内容の決定又は変更をすることを提案することができる。

第三章　基本的施策

第一節　消防団の強化等

（消防団の強化）

第八条　国及び地方公共団体は、全ての市町村に置かれるようになった消防団が将来にわたり地域防災力の中核として欠くことのできない代替性のない存在であることに鑑み、消防団の抜本的な強化を図るため、必要な措置を講ずるものとする。

（消防団への加入の促進）

第九条　国及び地方公共団体は、消防団への積極的な加入が促進されるよう、自らの地域は自ら守るという意識の啓発を図るために必要な措置を講ずるものとする。

（公務員の消防団員との兼職に関する特例）

第一〇条　一般職の国家公務員又は一般職の地方公務員から報酬を得て非常勤の消防団員と兼職することを認めるよう求められた場合には、任命権者（法令に基づき国家公務員法（昭和二十二年法律第百二十号）第百四条の許可又は地方公務員法（昭和二十五年法律第二百六十一号）第三十八条第一項の許可の権限を有する者をいう。第三項において同じ。）は、職務の遂行に著しい支障があるときを除き、これを認めなければならない。

２　前項の規定により消防団員との兼職が認められた場合には、国家公務員法第百四条の許可又は地方公務員法第三十八条第一項の許可を要しない。

3　国及び地方公共団体は、第一項の求め又は同項の規定により認められた消防団員との兼職に係る職務に専念する義務の免除に関し、消防団の活動の充実強化を図る観点からその任命権者等（任命権者及び職務に専念する義務の免除に関する権限を有する者をいう。）により柔軟かつ弾力的な取扱いがなされるよう、必要な措置を講ずるものとする。

（**事業者の協力**）

第一一条　事業者は、その従業員の消防団への加入及び消防団員としての活動が円滑に行われるよう、できる限り配慮するものとする。

2　事業者は、その従業員が消防団員としての活動を行うために休暇を取得したことその他消防団員であること又はあったことを理由として、当該従業員に対して解雇その他不利益な取扱いをしてはならない。

3　国及び地方公共団体は、事業者に対して、その従業員の消防団への加入及び消防団員としての活動に対する理解の増進に資するよう、財政上又は税制上の措置その他必要な措置を講ずるよう努めるものとする。

（**大学等の協力**）

第一二条　国及び地方公共団体は、大学等の学生が消防団の活動への理解を深めるとともに、消防団員として円滑に活動できるよう、大学等に対し、適切な修学上の配慮その他の自主的な取組を促すものとする。

（**消防団員の処遇の改善**）

第一三条　国及び地方公共団体は、消防団員の処遇の改善を図るため、出動、訓練その他の活動の実態に応じた適切な報酬及び費用弁償の支給がなされるよう、必要な措置を講ずるものとする。

（**消防団の装備の改善等**）

第一四条　国及び地方公共団体は、消防団の活動の充実強化を図るため、消防団の装備の改善及び消防の相互の応援の充実が図られるよう、必要な措置を講ずるものとする。

（**消防団の装備の改善に係る財政上の措置**）

第一五条　国及び都道府県は、市町村が行う消防団の装備の改善に対し、必要な財政上の措置を講ずるよう努めるものとする。

（**消防団員の教育訓練の改善及び標準化等**）

第一六条　国及び地方公共団体は、消防団員の教育訓練の改善及び標準化を図るため、教育訓練の基準の策定、訓練施設の確保、教育訓練を受ける機会の充実、指導者の確保、消防団員の安全の確保及び能力の向上等に資する資格制度の確立その他必要な措置を講ずるものとする。

2　市町村は、所定の教育訓練の課程を修了した消防団員に対する資格制度の円滑な実施及び当該資格を取得した消防団員の適切な処遇の確保に努めるものとする。

第二節　地域における防災体制の強化

（**市町村による防災体制の強化**）

第一七条　市町村は、地域における防災体制の強化のため、防災に関する指導者の確保、養成及び資質の向上、必要な資材又は機材の確保等に努めるものとする。

（**自主防災組織等の教育訓練における消防団の役割**）

第一八条　市町村は、消防団が自主防災組織及び女性防火クラブ（女性により構成される家庭から生ずる火災の発生の予防その他の地域における防災活動を推進する組織をいう。）、少年消防クラブ（少年が防火及び防災について学習するための組織をいう。）、市町村の区域内の公共的団体その他の防災に関する組織（以下「女性防火クラブ等」という。）の教育訓練において指導的な役割を担うよう必要な措置を講ずるよう努めるものとする。

（自主防災組織等に対する援助）

第一九条　国及び地方公共団体は、自主防災組織及び女性防火クラブ等に対し、教育訓練を受ける機会の充実、標準的な教育訓練の課程の作成、教育訓練に関する情報の提供その他必要な援助を行うものとする。

（市町村に対する援助）

第二〇条　国及び都道府県は、市町村が行う自主防災組織及び女性防火クラブ等の育成発展を図るための取組を支援するため必要な援助を行うものとする。

（防災に関する学習の振興）

第二一条　国及び地方公共団体は、住民が、幼児期からその発達段階に応じ、あらゆる機会を通じて防災についての理解と関心を深めることができるよう、消防機関等の参加を得ながら、学校教育及び社会教育における防災に関する学習の振興のために必要な措置を講ずるものとする。

附　則

この法律は、公布の日から施行する。ただし、次の各号に掲げる規定は、当該各号に定める日から施行する。

一　第七条第二項及び第三項の規定　災害対策基本法等の一部を改正する法律（平成二十五年法律第五十四号）附則第一条第二号に掲げる規定の施行の日

二　第十条の規定　公布の日から起算して六月を経過した日

○消防法

〔改正経過〕

（昭和二十三年七月二十四日法律第百八十六号）

昭和二四年　六月　四日　法律第一九三号(い)
昭和二五年　五月一七日　法律第一八六号(ろ)
昭和二五年　五月二四日　法律第二〇一号(は)
昭和二七年　七月三一日　法律第二五八号(に)
昭和二七年　八月　一日　法律第二九三号(ほ)
昭和二九年　六月　八日　法律第一六三号(へ)
昭和三一年　五月二一日　法律第一〇七号(と)
昭和三一年　六月一一日　法律第一四一号(ち)
昭和三四年　四月　一日　法律第　八六号(り)
昭和三四年　四月二四日　法律第一五六号(ぬ)
昭和三五年　六月三〇日　法律第一一三号(る)
昭和三五年　七月　二日　法律第一一七号(を)
昭和三六年　六月一七日　法律第一四五号(わ)
昭和三七年　五月一六日　法律第一四〇号(か)
昭和三七年　九月一五日　法律第一六一号(よ)
昭和三八年　四月一五日　法律第　八八号(た)
昭和三八年　四月一五日　法律第　九〇号(れ)
昭和四〇年　五月一四日　法律第　六五号(そ)
昭和四二年　七月二五日　法律第　八〇号(つ)
昭和四三年　六月一〇日　法律第　九五号(ね)
昭和四五年　六月　一日　法律第一一一号(な)
昭和四六年　六月　一日　法律第　九七号(ら)
昭和四六年　六月　二日　法律第　九八号(む)
昭和四六年一二月三一日　法律第一三〇号(う)
昭和四七年　六月二三日　法律第　九四号(ゐ)
昭和四九年　六月　一日　法律第　六四号(の)
昭和五〇年一二月一七日　法律第　八四号(お)
昭和五一年　五月二九日　法律第　三七号(く)
昭和五三年　六月一五日　法律第　七三号(や)
昭和五七年　七月一六日　法律第　六六号(ま)
昭和五七年　七月二三日　法律第　六九号(け)
昭和五八年　五月二〇日　法律第　四四号(ふ)
昭和五八年一二月一〇日　法律第　八三号(こ)
昭和六〇年一二月二四日　法律第一〇二号(え)
昭和六一年　四月一五日　法律第　二〇号(て)
昭和六一年一二月二六日　法律第一〇九号(あ)
昭和六三年　五月二四日　法律第　五五号(さ)
平成　五年一一月一二日　法律第　八九号(き)
平成　六年　六月二三日　法律第　三七号(ゆ)
平成一〇年　六月一二日　法律第一〇〇号(め)
平成一〇年　六月一二日　法律第一〇一号(み)
平成一一年　七月一六日　法律第　八七号(し)
平成一一年一二月二二日　法律第一六〇号(ゑ)
平成一一年一二月二二日　法律第一六三号(ひ)
平成一三年　七月　四日　法律第　九八号(も)
平成一四年　四月二六日　法律第　三〇号(せ)
平成一五年　六月一八日　法律第　八四号(す)
平成一六年　六月　二日　法律第　六五号(ん)
平成一六年　六月　九日　法律第　八四号(イ)
平成一七年　三月三一日　法律第　二一号(ロ)
平成一七年　七月二六日　法律第　八七号(ハ)
平成一八年　三月三一日　法律第　二二号(ニ)
平成一八年　六月　二日　法律第　五〇号(ホ)
平成一八年　六月　七日　法律第　五三号(ヘ)
平成一八年　六月一四日　法律第　六四号(ト)
平成一九年　六月二二日　法律第　九三号(チ)
平成二〇年　五月二八日　法律第　四一号(リ)
平成二一年　五月　一日　法律第　三四号(ヌ)
平成二三年　六月二四日　法律第　七四号(ル)
平成二四年　六月二七日　法律第　三八号(ヲ)
平成二五年　六月一四日　法律第　四四号(ワ)
平成二六年　六月　四日　法律第　五四号(カ)
平成二六年　六月一三日　法律第　六九号(ヨ)
平成二七年　九月一一日　法律第　六六号(タ)
平成二九年　五月三一日　法律第　四一号(レ)
平成三〇年　五月三〇日　法律第　三三号(ソ)
平成三〇年　六月二七日　法律第　六七号(ツ)
令和　三年　五月一九日　法律第　三六号(ネ)

令和 四年 六月一七日 法律第 六八号(ナ)
令和 四年 六月一七日 法律第 六九号(ラ)
令和 五年 六月一六日 法律第 五八号(ム)

注　令和四年六月一七日法律第六八号による罰則の改正は、令和七年六月一日から施行のため、附則の次に〔参考〕として改正文を掲載いたしました。

消防法をここに公布する。

消防法目次

消防法

第一章　総則

〔目的〕

第一条　この法律は、火災を予防し、警戒し及び鎮圧し、国民の生命、身体及び財産を火災から保護するとともに、火災又は地震等の災害による被害を軽減するほか、災害等による傷病者の搬送を適切に行い、もつて安寧秩序を保持し、社会公共の福祉の増進に資することを目的とする。(い)(ヌ)

本条…一部改正〔昭和二四年六月法律一九三号(い)・平成二一年五月三四号(ヌ)〕

解説【火災】人の意図に反して発生し若しくは拡大し、又は放火により発生して消火の必要がある燃焼現象であって、これを消火するために消火施設又はこれと同程度の効果のあるものの利用を必要とするもの、又は人の意図に反して発生し若しくは拡大した爆発現象をいう。

参照【任務・責務】消組一【公共の福祉】憲一二・一三・二二①・二五②・二九②

〔用語の定義〕

第二条　この法律の用語は左の例による。

② 防火対象物とは、山林又は舟車、船きよ若しくはふ頭に繋留された船舶、建築物その他の工作物若しくはこれらに属する物をいう。

③ 消防対象物とは、山林又は舟車、船きよ若しくはふ頭に繋留された船舶、建築物その他の工作物又は物件をいう。

④ 関係者とは、防火対象物又は消防対象物の所有者、管理者又は占有者をいう。

⑤ 関係のある場所とは、防火対象物又は消防対象物のある場所をいう。

⑥ 舟車とは、船舶安全法第二条第一項の規定を適用しない船舶、端舟、はしけ、被曳船その他の舟及び車両をいう。

⑦ 危険物とは、別表第一の品名欄に掲げる物品で、同表に定める区分に応じ同表の性質欄に掲げる性状を有するものをいう。(さ)(す)

⑧ 消防隊とは、消防器具を装備した消防吏員若しくは**消防団員**の一隊又は消防組織法（昭和二十二年法律第二百二十六号）第三十条第三項の規定による都道府県の航空消防隊をいう。(す)(ト)

⑨ 救急業務とは、災害により生じた事故若しくは屋外若しくは公衆の出入する場所において生じた事故（以下この項において「災害による事故等」という。）又は**政令で定める場合における災害による事故等**に準ずる事故その他の事由で政令で定めるものによる傷病者のうち、**医療機関**その他の場所へ緊急に搬送する必要があるものを、救急隊によつて、**医療機関**（厚生労働省令で定める医療機関をいう。第七章の二において同じ。）**その他の場所**に搬送すること（傷病者が医師の管理下に置かれるまでの間において、緊急やむを得ないものとして、応急の手当を行うことを含む。）をいう。(た)(て)(ゑ)(ヌ)

九項…追加〔昭和三八年四月法律八八号(た)〕、一部改正〔昭和六一年四月法律二〇号(て)〕、七項…全部改正〔昭和六三年五月法律五五号(さ)〕、九項…一部改正〔平成一一年一二月法律一六〇号(ゑ)〕、七・八項…一部改正〔平成一五年六月法律八四号(す)〕、八項…一部改正〔平成一八年六月法律六四号(ト)〕、九項…一部改正〔平成二一年五月法律三四号(ヌ)〕

解説 【消防対象物】山林、舟車、船きよ、ふ頭に繋留された船舶、建築物その他の工作物と無関係な物件も含む点が防火対象物との差異である。

【所有者】目的物の使用、収益、及び処分をなすことができる全面的な支配権を有する者をいう。

【管理者】「管理」とは私法上、財産、物等の性質を変更しない範囲内において、その利用又は改良を目的とする行為を意味する。

【占有者】事実上ある物を支配し、又は支配の可能性を有する者をいう。不法占拠者も含まれる。

【消防団員】消防団長も含まれる。

【政令で定める場合における災害による事故等】屋内において生じた事故による傷病者又は生命に危険を及ぼし、著しく悪化するおそれがある症状を示す疾病者を医療機関等に迅速に搬送するための適当な手段がない場合の事故等をいう。

【医療機関】一定の医師、施設、設備を有する病院又は診療所であって、都道府県知事への救急業務へ協力する旨の申出があり、審査の後告示されたもの。

【その他の場所】集団救急事故等の場合、一時的に多数の傷病者に応急措置を行うことのできる学校等をいう。

参照 【建築物】建基二1【危険物】消防別表一、危令一・一の二、危則一の二〜一の四【消防吏員】消組一一・一四・一六【消防団員】消組一九・二二・二三【救急業務】消令四二・四四【政令で定めるもの】消令四二【救急隊】消防三五の一二、消令四四（救急隊の編成及び装備の基準）【厚生労働省令】救急病院等を定める省令（昭三九厚生省令八号）

罰則 ＊【傷病者に係る虚偽の通報をした者】罰金三〇万円以下・拘留（消防四四20）【公訴時効】三年（刑訴五五・二五〇・二五三）

第二章　火災の予防

〔屋外における火災の予防又は消防活動の障害除去のための措置命令等〕

第三条　**消防長**（消防本部を置かない市町村においては、市町村長。第六章及び第三十五条の三の二を除き、以下同じ。）、**消防署長**その他の消防吏員は、**屋外**において火災の予防に危険であると認める行為者又は火災の予防に危険であると認める物件若しくは消火、避難その他の消防の活動に支障になると認める物件の所有者、管理者若しくは占有者で**権原を有する者**に対して、次に掲げる必要な措置を

とるべきことを命ずることができる。（そ）（せ）
一　火遊び、喫煙、たき火、火を使用する設備若しくは器具（物件に限る。）又はその使用に際し火災の発生のおそれのある設備若しくは器具（物件に限る。）の使用その他これらに類する行為の禁止、停止若しくは制限又はこれらの行為を行う場合の消火準備（そ）（せ）（す）
二　残火、取灰又は火粉の始末
三　危険物又は放置され、若しくはみだりに存置された燃焼のおそれのある物件の除去その他の処理（そ）
四　放置され、又はみだりに存置された物件（前号の物件を除く。）の整理又は除去（そ）

②　消防長又は消防署長は、火災の予防に危険であると認める物件又は消火、避難その他の消防の活動に支障になると認める物件の所有者、管理者又は占有者で権原を有するものを確知することができないため、これらの者に対し、前項の規定による必要な措置をとるべきことを命ずることができないときは、それらの者の負担において、当該消防職員（消防本部を置かない市町村においては、消防団員。第四項（第五条第二項及び第五条の三第五項において準用する場合を含む。）及び第五条の三第二項において同じ。）に、当該物件について前項第三号又は第四号に掲げる措置をとらせることができる。この場合において、物件を除去させたときは、消防長又は消防署長は、当該物件を保管しなければならない。（そ）（せ）

③　災害対策基本法（昭和三十六年法律第二百二十三号）第六十四条第三項から第六項までの規定は、前項の規定により消防長又は消防署長が物件を保管した場合について準用する。この場合において、これらの規定中「市町村長」とあるのは「消防長又は消防署長」と、「工作物等」とあるのは「物件」と、「統轄する」とあるのは「属する」と読み替えるものとする。（そ）

④　消防長又は消防署長は、第一項の規定により必要な措置を命じた場合において、その措置を命ぜられた者がその措置を履行しないとき、履行しても十分でないとき、又はその措置の履行について期限が付されている場合にあつては履行しても当該期限までに完了する見込みがないときは、行政代執行法（昭和二十三年法律第四十三号）の定めるところに従い、当該消防職員又は第三者にその措置をとらせることができる。（せ）

一項…一部改正・二・三項…追加〔昭和四〇年五月法律六五号(そ)〕、一・二項…一部改正・四項…追加〔平成一四年四月法律三〇号(せ)〕、一項…一部改正〔平成一五年六月法律八四号(す)〕

解説　【消防長】消防本部の長をいう。
【消防署長】消防署の長をいう。
【屋外】建築物の外部のことであり、敷地内、敷地外を問わない。
【権原を有する者】法律上、命令の内容を正当に履行できる者をいう。
【禁止】火遊び、喫煙、たき火等を止めることをいう。
【制限】喫煙やたき火等を行う場所や時間、方法等を制約することをいう。
【消防職員】消防本部及び消防署に置かれた消防吏員その他の職員をいう。

参照　【消防長】消組一二【消防本部】消組九【消防署長】消組一三【消防吏員】消組一一【危険物】消防二⑦・別表一、危令一【消防職員】消組一一【消防団員】消組一九【保管手続】消令五〇

罰則　＊【命令に従わなかつた者】罰金三〇万円以下・拘留（消防四四1）、両罰（消防四五3）【公訴時効】三年（刑訴五五・二五〇・二五三）

〔**資料提出命令、報告の徴収及び消防職員の立入検査**〕
第四条　消防長又は消防署長は、火災予防のために必要があるときは、関係者に対して**資料の提出**を命じ、若しくは**報告**を求め、又は当該消防職員（消防本部を置かない市町村においては、当該市町村

の消防事務に従事する職員又は常勤の消防団員。第五条の三第二項を除き、以下同じ。）にあらゆる仕事場、工場若しくは公衆の出入する場所その他の関係のある場所に立ち入つて、消防対象物の位置、構造、設備及び管理の状況を検査させ、若しくは**関係のある者**に質問させることができる。ただし、**個人の住居**は、関係者の承諾を得た場合又は火災発生のおそれが著しく大であるため、特に緊急の必要がある場合でなければ、立ち入らせてはならない。（ろ）（た）（そ）（ね）（す）

② 消防職員は、前項の規定により関係のある場所に立ち入る場合においては、市町村長の定める証票を携帯し、関係のある者の請求があるときは、これを示さなければならない。（ろ）（せ）

③ 消防職員は、第一項の規定により関係のある場所に立ち入る場合においては、関係者の業務をみだりに妨害してはならない。（ろ）（せ）

④ 消防職員は、第一項の規定により関係のある場所に立ち入つて検査又は質問を行つた場合に知り得た関係者の秘密をみだりに他に漏らしてはならない。（ろ）（た）（せ）

一・二項…一部改正・三項…追加・旧三―五項…四―六項に繰下〔昭和二五年五月法律一八六号(ろ)〕、一―三・六項…一部改正〔昭和四〇年五月法律六五号(そ)・四三年六月九五号(ね)〕、二・三項…削除・旧四・五項…一部改正し二・三項に繰上・旧六項…四項に繰上〔平成一四年四月法律三〇号(せ)〕、一項…一部改正〔平成一五年六月法律八四号(す)〕

解説 【資料の提出を命じ】一般に資料提出命令と言っているものであり、火災予防上必要な書類や図面を提出するよう口頭又は文書により命令するものである。

【報告を求め】一般に報告徴収と言っているものであり火災予防上必要な事項について文書等を作成し提出するよう要求するものである。

【関係のある者】関係者はもとより、その従業員等も含まれる。

【個人の住居】共同住宅の居室もこれに含まれる。

参照 【消防長】消組一二【消防署長】消組一三【関係者】消防二④【消防職員】消組一一【関係のある場所】消防二⑤【消防対象物】消防二③【個人の住居】憲三五①

罰則 ＊【資料の提出拒否等又は立入検査の拒否等を行つた者】罰金三〇万円以下・拘留（消防四四２）【公訴時効】三年（刑訴五五・二五〇・二五三）

※質問の拒否等に対しては、その理由のいかんを問わず黙秘権（憲法第三八条）保護の立場から罰則を設けていないが、他の行政法規には質問の拒否等に対し罰則を設けている例が少なくない。

（例）高圧ガス保安法第八三条第七号、火薬類取締法第六一条第五号など。

※証票の不提示を理由に立入検査の拒否等があった場合には、正当な理由があるものとして犯罪を構成しない。

〔消防団員の立入検査〕

第四条の二 消防長又は消防署長は、火災予防のため特に必要があるときは、消防対象物及び期日又は期間を指定して、当該管轄区域内の消防団員（消防本部を置かない市町村においては、非常勤の消防団員に限る。）に前条第一項の立入及び検査又は質問をさせることができる。（ろ）（た）（そ）（ね）

② 前条第一項ただし書及び第二項から第四項までの規定は、前項の場合にこれを準用する。（ろ）（せ）

本条…追加〔昭和二五年五月法律一八六号(ろ)〕、一項…一部改正〔昭和三八年四月法律八八号(た)・四〇年五月六五号(そ)・四三年六月九五号(ね)〕、二項…一部改正〔平成一四年四月法律三〇号(せ)〕

〔防火対象物の火災予防措置命令〕

第五条 消防長又は消防署長は、防火対象物の位置、構造、設備又は管理の状況について、火災の予防に危険であると認める場合、消火、避難その他の消防の活動に支障になると認める場合、火災が発生したならば人命に危険であると認める場合その他**火災の予防上必**

要があると認める場合には、権原を有する関係者（特に緊急の必要があると認める場合においては、関係者及び工事の請負人又は現場管理者）に対し、当該防火対象物の改修、移転、除去、工事の停止又は中止その他の必要な措置をなすべきことを命ずることができる。ただし、建築物その他の工作物で、それが他の法令により建築、増築、改築又は移築の許可又は認可を受け、その後事情の変更していないものについては、この限りでない。（そ）（せ）

② 第三条第四項の規定は、前項の規定により必要な措置を命じた場合について準用する。（せ）

③ 消防長又は消防署長は、第一項の規定による命令をした場合においては、標識の設置その他総務省令で定める方法により、その旨を公示しなければならない。（せ）

④ 前項の標識は、第一項の規定による命令に係る防火対象物又は当該防火対象物のある場所に設置することができる。この場合においては、同項の規定による命令に係る防火対象物又は当該防火対象物のある場所の所有者、管理者又は占有者は、当該標識の設置を拒み、又は妨げてはならない。（せ）

本条…一部改正〔昭和四〇年五月法律六五号（そ）〕一項…一部改正・二―四項…追加〔平成一四年四月法律三〇号（せ）〕

解説【火災の予防上必要があると認める場合】客観的、具体的な火災発生危険、延焼拡大危険、人命危険があると認める場合をいう。

【権原を有する関係者】法律上、正当に命令の内容を履行できる所有者、管理者、占有者をいう。

参照【防火対象物】消防二②【総務省令】消則一（措置命令等を発した場合における公示の方法）

罰則＊【命令に違反した者】懲役二年以下・罰金二〇〇万円以下（消防三九の三の二①）、懲役・罰金の併科（消防三九の三の二②）、両罰・罰金一億円以下（消防四五1）【公訴時効】三年（刑訴五五・二五〇・

〔防火対象物の使用の禁止、停止又は制限の命令〕

第五条の二 消防長又は消防署長は、防火対象物の位置、構造、設備又は管理の状況について次のいずれかに該当する場合には、権原を有する関係者に対し、当該防火対象物の使用の禁止、停止又は制限を命ずることができる。（せ）

一 前条第一項、次条第一項、第八条第三項若しくは第四項、第八条の二第五項若しくは第六項、第八条の二の五第三項又は第十七条の四第一項若しくは第二項の規定により必要な措置が命ぜられたにもかかわらず、その措置が履行されず、履行されても十分でなく、又はその措置の履行について期限が付されている場合にあつては履行されても当該期限までに完了する見込みがないため、引き続き、火災の予防に危険であると認める場合、消火、避難その他の消防の活動に支障になると認める場合又は火災が発生したならば人命に危険であると認める場合（せ）（す）（チ）（ヲ）

二 前条第一項、次条第一項、第八条第三項若しくは第四項、第八条の二第五項若しくは第六項、第八条の二の五第三項又は第十七条の四第一項若しくは第二項の規定による命令によつては、火災の予防の危険、消火、避難その他の消防の活動の支障又は火災が発生した場合における人命の危険を除去することができないと認める場合（せ）（す）（チ）（ヲ）

② 前条第三項及び第四項の規定は、前項の規定による命令について準用する。（せ）

本条…追加〔平成一四年四月法律三〇号（せ）〕、一項…一部改正〔平成一五年六月法律八四号（す）・一九年六月九三号（チ）・二四年六月三八号（ヲ）〕

罰則＊【命令に違反した者】懲役三年以下・罰金三〇〇万円以下（消防三九の二の二①）、懲役・罰金の併科（消防三九の二の二②）、両罰・罰

金一億円以下（消防四五1）【公訴時効】三年（刑訴五五・二五〇・二五三）

〔消防吏員による防火対象物における火災の予防又は消防活動の障害除去のための措置命令〕

第五条の三　消防長、消防署長その他の消防吏員は、防火対象物において火災の予防に危険であると認める行為者又は火災の予防に危険であると認める物件若しくは消火、避難その他の消防の活動に支障になると認める物件の所有者、管理者若しくは占有者で権原を有する者（特に緊急の必要があると認める場合においては、当該物件の所有者、管理者若しくは占有者又は当該防火対象物の関係者。次項において同じ。）に対して、第三条第一項各号に掲げる必要な措置をとるべきことを命ずることができる。（せ）

② 消防長又は消防署長は、火災の予防に危険であると認める物件又は消火、避難その他の消防の活動に支障になると認める物件の所有者、管理者又は占有者で権原を有するものを確知することができないため、これらの者に対し、前項の規定による必要な措置をとるべきことを命ずることができないときは、それらの者の負担において、当該消防職員に、当該物件について第三条第一項第三号又は第四号に掲げる措置をとらせることができる。この場合においては、相当の期限を定めて、その措置を行うべき旨及びその期限までにその措置を行わないときは、当該消防職員がその措置を行うべき旨をあらかじめ公告しなければならない。ただし、緊急の必要があると認めるときはこの限りでない。（せ）

③ 消防長又は消防署長は、前項の規定による措置をとつた場合において、物件を除去させたときは、当該物件を保管しなければならない。（せ）

④ 災害対策基本法第六十四条第三項から第六項までの規定は、前項の規定により消防長又は消防署長が物件を保管した場合について準用する。この場合において、これらの規定中「市町村長」とあるのは「消防長又は消防署長」と、「工作物等」とあるのは「物件」と、「統轄する」とあるのは「属する」と読み替えるものとする。（せ）

⑤ 第三条第四項の規定は第一項の規定により必要な措置を命じた場合について、第五条第三項及び第四項の規定は第一項の規定による命令について、それぞれ準用する。（せ）

本条…追加〔平成一四年四月法律三〇号(せ)〕

罰則 ＊【命令に違反した者】懲役一年以下・罰金一〇〇万円以下（消防四一①1）、懲役・罰金の併科（消防四一②）、両罰（消防四五3）【公訴時効】三年（刑訴五五・二五〇・二五三）

〔審査請求期間〕

第五条の四　第五条第一項、第五条の二第一項又は前条第一項の規定による命令についての審査請求に関する行政不服審査法（平成二十六年法律第六十八号）第十八条第一項本文の期間は、当該命令を受けた日の翌日から起算して三十日とする。（よ）(せ)(ヨ)

本条…追加〔昭和三七年九月法律一六一号(よ)〕、旧五条の二…一部改正し繰下〔平成一四年四月法律三〇号(せ)〕、本条…一部改正〔平成二六年六月法律六九号(ヨ)〕

解説 【命令を受けた日】処分者が命令を発した日ではなく、命令が受命者の所へ到達した日をいう。

参照 【審査請求期間】行政不服審査法一八…通常は三月

〔訴の提起及び損失補償〕

第六条　第五条第一項、第五条の二第一項又は第五条の三第一項の規定による命令又はその命令についての審査請求に対する裁決の取消しの訴えは、その**命令又は裁決を受けた日から**三十日を経過したときは、提起することができない。ただし、正当な理由があるときは、この限りでない。(か)(せ)(イ)(ヨ)

② 第五条第一項又は第五条の二第一項の規定による命令を取り消す旨の判決があつた場合においては、当該命令によつて生じた損失に対しては、時価によりこれを補償するものとする。(か)(せ)(イ)

③ 第五条第一項又は第五条の二第一項に規定する防火対象物の位置、構造、設備又は管理の状況がこの法律若しくはこの法律に基づく命令又はその他の法令に違反していないときは、前項の規定にかかわらず、それぞれ第五条第一項又は第五条の二第一項の規定による命令によつて生じた損失に対しては、時価によりこれを補償するものとする。(そ)(せ)(イ)

④ 前二項の規定による補償に要する費用は、当該市町村の負担とする。(イ)

一・二項…全部改正・三項…一部改正〔昭和三七年五月法律一四〇号(か)〕、四項…一部改正〔昭和四〇年五月法律六五号(そ)〕、一・三・四項…一部改正〔平成一四年四月法律三〇号(せ)〕、一項…一部改正・二項…削除・旧三―五項…二―四項に繰上〔平成一六年六月法律八四号(イ)〕、一項…一部改正〔平成二六年六月法律六九号(ヨ)〕

解説 【**命令又は裁決を受けた日から**】命令又は裁決を受けたのが、その日の午前零時である場合を除き、その翌日から起算する。

参照 【**補償**】憲一七・二九③、国賠一① 【**補償に要する費用**】消組八

〔建築許可等についての消防長又は消防署長の同意〕

第七条 建築物の新築、増築、改築、移転、修繕、模様替、用途の変更若しくは使用について許可、認可若しくは確認をする**権限を有する行政庁**若しくはその委任を受けた者又は建築基準法（昭和二十五年法律第二百一号）第六条の二第一項（同法第八十七条第一項において準用する場合を含む。以下この項において同じ。）の規定による確認を行う指定確認検査機関（同法第七十七条の二十一第一項に規定する指定確認検査機関をいう。以下この条において同じ。）は、当該許可、認可若しくは確認又は同法第六条の二第一項の規定による確認に係る建築物の工事施工地又は所在地を管轄する**消防長又は消防署長の同意**を得なければ、当該許可、認可若しくは確認又は同項の規定による確認をすることができない。ただし、確認（同項の規定による確認を含む。）に係る建築物が都市計画法（昭和四十三年法律第百号）第八条第一項第五号に掲げる防火地域及び準防火地域以外の区域内における住宅（長屋、共同住宅その他政令で定める住宅を除く。）である場合又は建築主事若しくは建築副主事が建築基準法第八十七条の四において準用する同法第六条第一項の規定による確認をする場合においては、この限りでない。(は)(ふ)(め)(し)(ッ)(ム)

② 消防長又は消防署長は、前項の規定によつて同意を求められた場合において、当該建築物の計画が**法律又はこれに基づく命令若しくは条例の規定**（建築基準法第六条第四項又は第六条の二第一項（同法第八十七条第一項の規定によりこれらの規定を準用する場合を含む。）の規定により建築主事若しくは建築副主事又は指定確認検査機関が同法第六条の四第一項第一号若しくは第二号に掲げる建築物の建築、大規模の修繕（同法第二条第十四号の大規模の修繕をいう。）、大規模の模様替（同法第二条第十五号の大規模の模様替をいう。）若しくは用途の変更又は同項第三号に掲げる建築物の建築について確認する場合において同意を求められたときは、同項の規定により読み替えて適用される同法第六条第一項の政令で定める建築基準法令の規定を除く。）で建築物の防火に関するものに違反しないものであるときは、**同法第六条第一項第三号**に係る場合にあつては、**同意**を求められた日から三日以内に、その他の場合にあつては、同意を求められた日から七日以内に同意を与えて、その旨を当

該行政庁若しくはその委任を受けた者又は指定確認検査機関に通知しなければならない。この場合において、消防長又は消防署長は、同意することができない事由があると認めるときは、これらの期限内に、その事由を当該行政庁若しくはその委任を受けた者又は指定確認検査機関に通知しなければならない。（は）（ぬ）（ふ）（め）（カ）（ラ）（ム）

③　建築基準法第六十八条の二十第一項（同法第六十八条の二十二第二項において準用する場合を含む。）の規定は、消防長又は消防署長が第一項の規定によつて同意を求められた場合に行う審査について準用する。（め）（カ）

本条…全部改正〔昭和二五年五月法律二〇一号（は）〕、二項…一部改正〔昭和三四年四月法律一五六号（ぬ）〕、一・二項…一部改正〔昭和五八年五月法律四四号（ふ）〕、一・二項…一部改正・三項…追加〔平成一〇年六月法律一〇〇号（め）〕、一項…一部改正〔平成一一年七月法律八七号（し）〕、二・三項…一部改正〔平成二六年六月法律五四号（カ）〕、一項…一部改正〔平成三〇年六月法律六七号（ツ）〕、二項…一部改正〔令和四年六月法律六九号（ラ）〕、一・二項…一部改正〔令和五年六月法律五八号（ム）〕

解説　**【権限を有する行政庁】**確認を行う建築主事及び許可を行う特定行政庁（建築主事を置く市町村の区域については当該市町村の長、その他の市町村の区域については都道府県知事。指定都市又は特別区にあっては、その長又は都道府県知事）をいう。

【消防長又は消防署長の同意】防火地域、準防火地域以外の区域内に建てられる一定の要件を満たす一戸建ての住宅又は建築基準法施行令第一四六条で指定する建築設備については消防長等の同意を不要とし、消防長等に通知（建築基準法第九十三条第四項）すれば足りる。

【法律又はこれに基づく命令若しくは条例の規定】消防法や同施行令、同施行規則、火災予防条例に限らず建築物の防火に関するものが定められるものがすべて該当する。

【建築基準法第六条第一項第三号】都市計画区域等の一般建築物

【建築同意】同意なしになされた建築主事又は指定確認検査機関の確認は無効である。

参照　**【政令で定める住宅】**消令一　**【三日以内、七日以内】**民一四〇～一四二

〔**防火管理者**〕

第八条　学校、病院、工場、事業場、興行場、百貨店（これに準ずるものとして政令で定める**大規模な小売店舗**を含む。以下同じ。）、**複合用途防火対象物**（防火対象物で政令で定める二以上の用途に供されるものをいう。以下同じ。）その他多数の者が出入し、勤務し、又は居住する防火対象物で政令で定めるものの**管理について権原を有する者**は、政令で定める資格を有する者のうちから**防火管理者**を定め、政令で定めるところにより、当該**防火対象物**について**消防計画**の作成、当該消防計画に基づく消火、通報及び避難の訓練の実施、消防の用に供する設備、消防用水又は消火活動上必要な施設の点検及び整備、火気の使用又は取扱いに関する監督、避難又は防火上必要な構造及び設備の維持管理並びに収容人員の管理その他防火管理上必要な業務を行わせなければならない。（を）（ね）（の）（ヲ）

②　前項の権原を有する者は、同項の規定により防火管理者を定めたときは、遅滞なくその旨を所轄消防長又は消防署長に届け出なければならない。これを解任したときも、同様とする。（を）（ら）

③　消防長又は消防署長は、第一項の防火管理者が定められていないと認める場合には、同項の権原を有する者に対し、同項の規定により防火管理者を定めるべきことを命ずることができる。（ら）

④　消防長又は消防署長は、第一項の規定により同項の防火対象物について同項の防火管理者の行うべき防火管理上必要な業務が法令の規定又は同項の消防計画に従つて行われていないと認める場合には、同項の権原を有する者に対し、当該業務が当該法令の規定又は当該消防計画に従つて行われるように必要な措置を講ずべきことを命ずることができる。（の）

⑤　第五条第三項及び第四項の規定は、前二項の規定による命令について準用する。（せ）

本条…一部改正〔昭和二五年五月法律一八六号（ろ）〕、全部改正〔昭和三

五年七月法律一一七号(を)〕、一項…一部改正〔昭和四三年六月法律九五号(ね)〕、二項…一部改正・三項…追加〔昭和四六年六月法律九七号(ら)〕、一項…一部改正・四項…追加〔昭和四九年六月法律六四号(の)〕、五項…追加〔平成一四年四月法律三〇号(せ)〕、一項…一部改正〔平成二四年六月法律三八号(ヲ)〕

解説

【大規模な小売店舗】延べ面積が千平方メートル以上の小売店舗で百貨店以外のものをいう。

【複合用途防火対象物】防火対象物が二以上の用途に供されており、かつ、その用途のいずれかが消令別表第一㈠項から(十五)項に供されている、当該防火対象物をいう。

【管理について権原を有する者】防火対象物について、正当な管理権を有する者のことであり、建物の所有者や賃借人がこれに該当する。

【防火管理者】防火に関する講習会の課程を修了した者等一定の資格を有し、かつ、防火対象物において防火上必要な業務を適切に遂行できる地位を有する者で、管理権原者から防火上の管理を行う者として選任された者をいう。

【防火管理者を定めなければならない防火対象物】

【甲種防火対象物】

①消令別表第一㈥項ロ、(十六)項イ及び十六の二項の防火対象物（同表(十六)項イ及び十六の二項は、㈥項ロの用途が存するもの）で、収容人員が十人以上のもの

②消令別表第一㈠項から㈣項まで、㈤項イ、㈥項イ、ハ及びニ、㈨項イ、(十六)項イ並びに十六の二項の防火対象物（(十六)項イ及び十六の二項の用途部分を除く。）で、収容人員が三十人以上かつ延面積三百平方メートル以上のもの

③消令別表第一㈤項ロ、㈦項、㈧項、㈨項ロ、㈩項から(十五)項まで、(十六)項ロ及び(十七)項の防火対象物で、収容人員が五十人以上かつ延面積五百平方メートル以上のもの

④新築工事中の建築物で、収容人員が五十人以上のもの（外壁及び床又は屋根を有する部分がイ、ロ、ハの規模以上で電気工事等の工事中のもの（イ　地階を除く階数が十一以上で延面積一万平方メートル以上　ロ　延面積五万平方メートル以上　ハ　地階の床面積合計五千平方メートル以上））

⑤建造中の旅客船で、収容人員が五十人以上で、かつ、甲板数が十一以上の進水後であってぎ装中のもの

【乙種防火対象物】

①消令別表第一㈠項から㈣項まで、㈤項イ、㈥項イ、ハ及びニ、㈨項イ、(十六)項イ並びに十六の二項の防火対象物（(十六)項イ及び十六の二項の用途部分を除く。）で、収容人員が三十人以上かつ延面積三百平方メートル未満のもの

②消令別表第一㈤項ロ、㈦項、㈧項、㈨項ロ、㈩項から(十五)項まで、(十六)項ロ及び(十七)項の防火対象物で、収容人員が五十人以上かつ延面積五百平方メートル未満のもの。特例＝消令三条二項

【消防計画】防火上必要な事項を定めた計画書であり、防火管理者は当該計画を作成するとともに、本計画に基づいて防火管理業務を遂行するものである。計画に定める事項は消則第三条に定められている。

参照　【政令で定める大規模な小売店舗】消令一の二①【政令で定める二以上の用途に供されるもの】消令一の二②【防火対象物で政令で定めるもの】消令一の二③・二、消則一の二【収容人員の算定方法】消則一の三【政令で定める資格】消令三、消則二【防火管理者の責務】消令三の二【消防計画】消則三【消防用設備等又は特殊消防用設備等の点検】消防一七の三の三、消則三一の六①・②・⑤【消防用設備等又は特殊消防用設備等の点検結果の報告】消則三一の六③【防火管理者の選・解任の届出】消則三の二

罰則　＊【届出を怠った者】罰金三〇万円以下・拘留（消防四四8）【公訴時効】届出があるまで進行しない。

＊【第三項の命令に違反した者】懲役六月以下・罰金五〇万円以下（消防四二①1）、懲役・罰金の併科（消防四二②）、両罰（消防四五3）【公訴時効】三年（刑訴五五・二五〇・二五三）

＊【第四項の命令に違反した者】懲役一年以下・罰金一〇〇万円以下（消防四一①2）、懲役・罰金の併科（消防四一②）、両罰（消防四五3）【公訴時効】三年（刑訴五五・二五〇・二五三）

〔統括防火管理者〕

第八条の二　高層建築物（高さ三十一メートルを超える建築物をいう。第八条の三第一項において同じ。）その他政令で定める防火対象物で、その管理について権原が分かれているもの又は地下街（地

下の工作物内に設けられた店舗、事務所その他これらに類する施設で、連続して地下道に面して設けられたものと当該地下道とを合わせたものをいう。以下同じ。）でその管理について権原が分かれているもののうち消防長若しくは消防署長が指定するものの管理について権原を有する者は、政令で定める資格を有する者のうちからこれらの防火対象物の全体について防火管理上必要な業務を統括する防火管理者（以下この条において「**統括防火管理者**」という。）を協議して定め、政令で定めるところにより、当該防火対象物の全体についての消防計画の作成、当該消防計画に基づく消火、通報及び避難の訓練の実施、当該防火対象物の廊下、階段、避難口その他の避難上必要な施設の管理その他当該防火対象物の全体についての防火管理上必要な業務を行わせなければならない。（ね）（の）（ゑ）（せ）（ヲ）

② 統括防火管理者は、前項の規定により同項の防火対象物の全体についての防火管理上必要な業務を行う場合において必要があると認めるときは、同項の権原を有する者が前条第一項の規定によりその権原に属する当該防火対象物の部分ごとに定めた同項の防火管理者に対し、当該業務の実施のために必要な措置を講ずることを指示することができる。（ヲ）

③ 前条第一項の規定により前項に規定する防火管理者が作成する消防計画は、第一項の規定により統括防火管理者が作成する防火対象物の全体についての消防計画に適合するものでなければならない。（ヲ）

④ 第一項の権原を有する者は、同項の規定により統括防火管理者を定めたときは、遅滞なく、その旨を所轄消防長又は消防署長に届け出なければならない。これを解任したときも、同様とする。（ね）（ゑ）（ヲ）

⑤ 消防長又は消防署長は、第一項の防火対象物について統括防火管理者が定められていないと認める場合には、同項の権原を有する者に対し、同項の規定により統括防火管理者を定めるべきことを命ずることができる。（ら）（ゑ）（ヲ）

⑥ 消防長又は消防署長は、第一項の規定により同項の防火対象物の全体について統括防火管理者の行うべき防火管理上必要な業務が法令の規定又は同項の消防計画に従つて行われていないと認める場合には、同項の権原を有する者に対し、当該業務が当該法令の規定又は同項の消防計画に従つて行われるように必要な措置を講ずべきことを命ずることができる。（ヲ）

⑦ 第五条第三項及び第四項の規定は、前二項の規定による命令について準用する。（せ）（ヲ）

本条…追加〔昭和四三年六月法律九五号(ね)〕、三項…追加〔昭和四六年六月法律九七号(ら)〕、一項…一部改正〔昭和四九年六月法律六四号(の)〕、一—三項…一部改正〔平成一一年一二月法律一六〇号(ゑ)〕、一項…一部改正・四項…追加〔平成一四年四月法律三〇号(せ)〕、一項…一部改正・二・三・六項…追加・旧二—四項…一部改正し四・五・七項に繰下〔平成二四年六月法律三八号(ヲ)〕

解説 **【統括防火管理者】** 建物全体の防火管理業務を統括する者

【統括防火管理者を定めなければならない防火対象物】

①消令別表第一(六)項ロ及び(十六)項イに掲げる防火対象物（(十六)項イは、(六)項ロの用途部分に限る。）のうち、三階以上（地階を除く。）で、かつ、収容人員が十人以上のもの

②消令別表第一(一)項から(四)項まで、(五)項イ、(六)項イ、ハ及びニ、(九)項イ並びに(十六)項イに掲げる防火対象物（(十六)項イは、(六)項ロの用途部分を除く。）のうち、三階以上（地階を除く。）で、かつ、収容人員が三十人以上のもの

③消令別表第一(十六)項ロに掲げる防火対象物のうち、五階以上（地階を除く。）で、かつ、収容人員が五十人以上のもの

④消令別表第一(十六の三)項に掲げる防火対象物

参照 **【政令で定める防火対象物】** 消令三の三 **【政令で定める資格】** 消令四、消則三の三 **【統

括防火管理者の選・解任の届出】消則四の二

〔**防火対象物の点検及び報告**〕

第八条の二の二　第八条第一項の防火対象物のうち火災の予防上必要があるものとして政令で定めるものの管理について権原を有する者は、総務省令で定めるところにより、定期に、防火対象物における火災の予防に関する専門的知識を有する者で総務省令で定める資格を有するもの（次項、次条第一項及び第三十六条第四項において「防火対象物点検資格者」という。）に、当該防火対象物における防火管理上必要な業務、消防の用に供する設備、消防用水又は消火活動上必要な施設の設置及び維持その他火災の予防上必要な事項（次項、次条第一項及び第三十六条第四項において「点検対象事項」という。）がこの法律又はこの法律に基づく命令に規定する事項に関し総務省令で定める基準（次項、次条第一項及び第三十六条第四項において「点検基準」という。）に適合しているかどうかを点検させ、その結果を消防長又は消防署長に報告しなければならない。ただし、第十七条の三の三の規定による点検及び報告の対象となる事項については、この限りでない。（せ）（チ）（ヲ）

②　前項の規定による点検（その管理について権原が分かれている防火対象物にあつては、当該防火対象物全体（次条第一項の規定による認定を受けた部分を除く。）についての前項の規定による点検）の結果、防火対象物点検資格者により点検対象事項が点検基準に適合していると認められた防火対象物には、総務省令で定めるところにより、点検を行つた日その他総務省令で定める事項を記載した表示を付することができる。（せ）

③　何人も、防火対象物に、前項に規定する場合を除くほか同項の表示を付してはならず、又は同項の表示と紛らわしい表示を付してはならない。（せ）

④　消防長又は消防署長は、防火対象物で第二項の規定によらないで同項の表示が付されているもの又は同項の表示と紛らわしい表示が付されているものについて、当該防火対象物の関係者で権原を有する者に対し、当該表示を除去し、又はこれに消印を付するべきことを命ずることができる。（せ）

⑤　第一項の規定は、次条第一項の認定を受けた防火対象物については、適用しない。（せ）

本条…追加〔平成一四年四月法律三〇号(せ)〕、一項…一部改正〔平成一九年六月法律九三号(チ)・二四年六月三八号(ヲ)〕

参照　【政令で定める防火対象物】消令四の二の二【総務省令で定める点検】消則四の二の四①【総務省令で定める資格】消則四の二の四④【総務省令で定める基準】消則四の二の六【総務省令で定める表示】消則四の二の七①・②【総務省令で定める事項】消則四の二の七③

罰則　＊【報告せず、又は虚偽の報告をした者】罰金三〇万円以下・拘留（消防四四11）、両罰（消防四五3）【公訴時効】三年（刑訴五五・二五〇・二五三）

＊【第三項の規定に違反した者】罰金三〇万円以下・拘留（消防四四3）、両罰（消防四五3）【公訴時効】三年（刑訴五五・二五〇・二五三）

＊【第四項の命令に違反した者】罰金三〇万円以下・拘留（消防四四17）【公訴時効】三年（刑訴五五・二五〇・二五三）

〔**防火対象物の点検及び報告の特例**〕

第八条の二の三　消防長又は消防署長は、前条第一項の防火対象物であつて次の要件を満たしているものを、当該防火対象物の管理について権原を有する者の申請により、同項の規定の適用につき特例を設けるべき防火対象物として認定することができる。（せ）

一　申請者が当該防火対象物の管理を開始した時から三年が経過していること。（せ）

二　当該防火対象物について、次のいずれにも該当しないこと。(せ)
イ　過去三年以内において第五条第一項、第五条の二第一項、第五条の三第一項、第八条第三項若しくは第四項、第八条の二の五第三項又は第十七条の四第一項若しくは第二項の規定による命令（当該防火対象物の位置、構造、設備又は管理の状況がこの法律若しくはこの法律に基づく命令又はその他の法令に違反している場合に限る。）がされたことがあり、又はされるべき事由が現にあること。(せ)(す)(チ)
ロ　過去三年以内において第六項の規定による取消しを受けたことがあり、又は受けるべき事由が現にあること。(せ)
ハ　過去三年以内において前条第一項の規定にかかわらず同項の規定による点検若しくは報告がされなかつたことがあり、又は同項の報告について虚偽の報告がされたことがあること。(せ)
ニ　過去三年以内において前条第一項の規定による点検の結果、防火対象物点検資格者により点検対象事項が点検基準に適合していないと認められたことがあること。(せ)
三　前号に定めるもののほか、当該防火対象物について、この法律又はこの法律に基づく命令の遵守の状況が優良なものとして総務省令で定める基準に適合するものであると認められること。(せ)
② 申請者は、総務省令で定めるところにより、申請書に前項の規定による認定を受けようとする防火対象物の所在地その他総務省令で定める事項を記載した書類を添えて、消防長又は消防署長に申請し、検査を受けなければならない。(せ)
③ 消防長又は消防署長は、第一項の規定による認定をしたとき、又は認定をしないことを決定したときは、総務省令で定めるところにより、その旨を申請者に通知しなければならない。(せ)
④ 第一項の規定による認定を受けた防火対象物について、次のいずれかに該当することとなつたときは、当該認定は、その効力を失う。(せ)
一　当該認定を受けてから三年が経過したとき（当該認定を受けてから三年が経過する前に当該防火対象物について第二項の規定による申請がされている場合にあつては、前項の規定による通知があつたとき。）。(せ)
二　当該防火対象物の管理について権原を有する者に変更があつたとき。(せ)
⑤ 第一項の規定による認定を受けた防火対象物について、当該防火対象物の管理について権原を有する者に変更があつたときは、当該変更前の権原を有する者は、総務省令で定めるところにより、その旨を消防長又は消防署長に届け出なければならない。(せ)
⑥ 消防長又は消防署長は、第一項の規定による認定を受けた防火対象物について、次のいずれかに該当するときは、当該認定を取り消さなければならない。(せ)
一　偽りその他不正な手段により当該認定を受けたことが判明したとき。(せ)
二　第五条第一項、第五条の二第一項、第五条の三第一項、第八条第三項若しくは第四項、第八条の二の五第三項又は第十七条の四第一項若しくは第二項の規定による命令（当該防火対象物の位置、構造、設備又は管理の状況がこの法律若しくはこの法律に基づく命令又はその他の法令に違反している場合に限る。）がされたとき。(せ)(す)(チ)
三　第一項第三号に該当しなくなつたとき。(せ)
⑦ 第一項の規定による認定を受けた防火対象物（当該防火対象物の管理について権原が分かれているものにあつては、当該防火対象物全体が同項の規定による認定を受けたものに限る。）には、総務省令で定めるところにより、同項の規定による認定を受けた日その他

総務省令で定める事項を記載した表示を付することができる。（せ）

⑧　前条第三項及び第四項の規定は、前項の表示について準用する。（せ）

本条…追加〔平成一四年四月法律三〇号（せ）〕、一・六項…一部改正〔平成一五年六月法律八四号（す）・一九年六月九三号（チ）〕

参照【総務省令で定める基準】消則四の二の八①【総務省令で定める申請】消則四の二の八②【第二項の総務省令で定める事項】消則四の二の八③・④【総務省令で定める通知】消則四の二の八⑤・⑥【総務省令で定める届出】消則四の二の八⑦【総務省令で定める表示】消則四の二の九①【第七項の総務省令で定める事項】消則四の二の九②

罰則＊【第五項の届出を怠つた者】過料五万円以下（消防四六の五）
＊【第八項の規定に違反した者】罰金三〇万円以下・拘留（消防四四3）、両罰（消防四五3）【公訴時効】三年（刑訴五五・二五〇・二五三）
＊【第八項の命令に違反した者】罰金三〇万円以下・拘留（消防四四17）【公訴時効】三年（刑訴五五・二五〇・二五三）

〔避難上必要な施設等の管理〕

第八条の二の四　学校、病院、工場、事業場、興行場、百貨店、旅館、飲食店、地下街、複合用途防火対象物その他の防火対象物で政令で定めるものの管理について権原を有する者は、当該防火対象物の廊下、階段、避難口その他の避難上必要な施設について避難の支障になる物件が放置され、又はみだりに存置されないように管理し、かつ、防火戸についてその閉鎖の支障になる物件が放置され、又はみだりに存置されないように管理しなければならない。（せ）

本条…追加〔平成一四年四月法律三〇号（せ）〕

参照【政令で定めるもの】消令四の二の三

〔自衛消防組織〕

第八条の二の五　第八条第一項の防火対象物のうち多数の者が出入するものであり、かつ、大規模なものとして政令で定めるものの管理について権原を有する者は、政令で定めるところにより、当該防火対象物に自衛消防組織を置かなければならない。（チ）

②　前項の権原を有する者は、同項の規定により自衛消防組織を置いたときは、遅滞なく自衛消防組織の要員の現況その他総務省令で定める事項を所轄消防長又は消防署長に届け出なければならない。当該事項を変更したときも、同様とする。（チ）

③　消防長又は消防署長は、第一項の自衛消防組織が置かれていないと認める場合には、同項の権原を有する者に対し、同項の規定により自衛消防組織を置くべきことを命ずることができる。（チ）

④　第五条第三項及び第四項の規定は、前項の規定による命令について準用する。（チ）

本条…追加〔平成一九年六月法律九三号（チ）〕

参照【設置を要する防火対象物】消令四の二の四【置かなければならない者】消令四の二の五【消防計画における業務の定め】消令四の二の六【業務】消令四の二の七【要員の基準】消令四の二の八【設置の届出】消則四の二の一五

〔防炎対象物品の防炎性能〕

第八条の三　高層建築物若しくは地下街又は劇場、キャバレー、旅館、病院その他の政令で定める**防火対象物**において使用する**防炎対象物品**（どん帳、カーテン、展示用合板その他これらに類する物品で政令で定めるものをいう。以下この条において同じ。）は、政令で定める基準以上の**防炎性能**を有するものでなければならない。（ね）（ゐ）（ソ）

②　防炎対象物品又はその材料で前項の防炎性能を有するもの（第四項において「防炎物品」という。）には、総務省令で定めるところ

により、前項の防炎性能を有するものである旨の表示を付することができる。(ゐ)(ゑ)(ソ)

③　何人も、防炎対象物品又はその材料に、前項の規定により表示を付する場合及び産業標準化法（昭和二十四年法律第百八十五号）その他政令で定める法律の規定により防炎対象物品又はその材料の防炎性能に関する表示で総務省令で定めるもの（次項及び第五項において「指定表示」という。）を付する場合を除くほか、前項の表示又はこれと紛らわしい表示を付してはならない。(ゐ)(ゑ)(ソ)

④　防炎対象物品又はその材料は、第二項の表示又は指定表示が付されているものでなければ、防炎物品として販売し、又は販売のために陳列してはならない。(ゐ)(ソ)

⑤　第一項の防火対象物の関係者は、当該防火対象物において使用する防炎対象物品について、当該防炎対象物品若しくはその材料に同項の防炎性能を与えるための処理をさせ、又は第二項の表示若しくは指定表示が付されている生地その他の材料からカーテンその他の防炎対象物品を作製させたときは、総務省令で定めるところにより、その旨を明らかにしておかなければならない。(ゐ)(ゑ)(ソ)

本条…追加〔昭和四三年六月法律九五号(ね)〕、一項…一部改正・二―五項…追加〔昭和四七年六月法律九四号(ゐ)〕、二・三・五項…一部改正〔平成一一年一二月法律一六〇号(ゑ)〕、一―五項…一部改正〔平成三〇年五月法律三三号(ソ)〕

解説【**防炎性能を有する防炎対象物品を使用しなければならない防火対象物**】①高層建築物　②地下街　③消令別表第一に掲げる㈠項から㈣項、㈤項イ、㈥項、㈨項イ、(十二)項ロ、(十六の三)項　④(十六)項のうち前③の用途に供される部分　⑤工事中の建築物その他の工作物【**防炎対象物品**】カーテン、布製ブラインド、暗幕、じゅうたん等、展示用合板、どん帳その他舞台において使用する幕及び舞台において使用する大道具用の合板並びに工事用シートをいう。【**防炎性能**】炎に接しても燃え難い一定の性能

参照【政令で定める防火対象物】消令四の三①・②、消則四の三①【政令で定める物品】消令四の三③、消則四の三②【政令で定める防炎性能の基準】消令四の三④・⑤、消則四の三③～⑦【第二項の総務省令で定めるところ】消則四の四①～⑦【政令で定める法律】消令四の四【第三項の総務省令で定めるもの】消則四の四⑧【第五項の総務省令で定めるところ】消則四の四⑨

罰則＊【第三項の規定に違反した者】罰金三〇万円以下・拘留（消防四四3）、両罰（消防四五3）【公訴時効】三年（刑訴五五・二五〇・二五三）

〔**火を使用する設備、器具等に対する規制**〕

第九条　かまど、風呂場その他火を使用する設備又はその使用に際し、火災の発生のおそれのある設備の位置、構造及び管理、こんろ、こたつその他火を使用する器具又はその使用に際し、火災の発生のおそれのある器具の取扱いその他火の使用に関し火災の予防のために必要な事項は、政令で定める基準に従い市町村条例でこれを定める。(も)

本条…一部改正〔平成一三年七月法律九八号(も)〕

参照【政令で定める基準】消令五～五の五【火を使用する設備】火災予防条例（例）三～九の二【火災の発生のおそれのある設備】火災予防条例（例）一〇～一七の三【火を使用する器具】火災予防条例（例）一八～二一【火災の発生のおそれのある器具】火災予防条例（例）二二・二二の二【火の使用に関する制限等】火災予防条例（例）二三～二八【火災に関する警報の発令中における火の使用の制限】火災予防条例（例）二九【火を使用する設備等の設置の届出】火災予防条例（例）四四

〔**住宅用防災機器**〕

第九条の二　住宅の用途に供される防火対象物（その一部が住宅の用途以外の用途に供される防火対象物にあつては、住宅の用途以外の用途に供される部分を除く。以下この条において「住宅」という。）

の関係者は、次項の規定による住宅用防災機器（住宅における火災の予防に資する機械器具又は設備であつて政令で定めるものをいう。以下この条において同じ。）の設置及び維持に関する基準に従つて、住宅用防災機器を設置し、及び維持しなければならない。（ん）

② 住宅用防災機器の設置及び維持に関する基準その他住宅における火災の予防のために必要な事項は、政令で定める基準に従い市町村条例で定める。（ん）

本条…追加〔平成一六年六月法律六五号（ん）〕

参照【住宅用防災機器】消令五の六～五の九【住宅用防災機器の設置及び維持に関する基準等】火災予防条例（例）二九の二～二九の七

〔圧縮アセチレンガス等の貯蔵・取扱いの届出〕

第九条の三　圧縮アセチレンガス、液化石油ガスその他の火災予防又は消火活動に重大な支障を生ずるおそれのある物質で政令で定めるものを貯蔵し、又は取り扱う者は、あらかじめ、その旨を所轄消防長又は消防署長に届け出なければならない。ただし、船舶、自動車、航空機、鉄道又は軌道により貯蔵し、又は取り扱う場合その他政令で定める場合は、この限りでない。（つ）（ん）

② 前項の規定は、同項の貯蔵又は取扱いを廃止する場合について準用する。（つ）

本条…追加〔昭和四二年七月法律八〇号（つ）〕、旧九条の二…繰下〔平成一六年六月法律六五号（ん）〕

解説【圧縮アセチレンガス】珪藻土等が充てんされた容器に溶媒としてのアセトンが充たされ、このアセトンにアセチレンを圧縮溶解して充てんした溶解アセチレンをいう。

参照【政令で定める物質】危令一の一〇①【毒物】危令別表一【劇物】危令別表二【届出】危則一の五【政令で定める場合】危令一の一〇②

罰則＊【届出を怠つた者】罰金三〇万円以下・拘留（消防四四８）【公訴時効】届出があるまで進行しない。

〔指定数量未満の危険物等の貯蔵・取扱いの基準等〕

第九条の四　危険物についてその危険性を勘案して政令で定める数量（以下「指定数量」という。）未満の危険物及びわら製品、木毛その他の物品で火災が発生した場合にその拡大が速やかであり、又は消火の活動が著しく困難となるものとして政令で定めるもの（以下「指定可燃物」という。）その他指定可燃物に類する物品の貯蔵及び取扱いの技術上の基準は、**市町村条例**でこれを定める。（を）（そ）（つ）（て）（さ）（ん）

② 指定数量未満の危険物及び指定可燃物その他指定可燃物に類する物品を貯蔵し、又は取り扱う場所の位置、構造及び設備の技術上の基準（第十七条第一項の消防用設備等の技術上の基準を除く。）は、市町村条例で定める。（ん）

本条…追加〔昭和三五年七月法律一一七号（を）〕、一部改正〔昭和四〇年五月法律六五号（そ）〕、旧九条の二…繰下〔昭和四二年七月法律八〇号（つ）〕、本条…一部改正〔昭和六一年四月法律二〇号（て）・六三年五月五五号（さ）〕、二項…追加・旧九条の三…繰下〔平成一六年六月法律六五号（ん）〕

解説【市町村条例】本条に基づく委任条例違反には、消防第四六条により三〇万円以下の罰則を設けることができる。

参照【政令で定める危険物の指定数量】危令一の一一・別表三【指定可燃物】危令一の一二・別表四【指定数量未満の危険物の貯蔵及び取扱いの技術上の基準等】火災予防条例（例）三〇～三二【指定可燃物等の貯蔵及び取扱いの技術上の基準等】火災予防条例（例）三三～三四の二・別表八【基準の特例】火災予防条例（例）三四の三【指定数量未満の危険物等の貯蔵及び取扱いの届出等】火災予防条例（例）四六【タンクの水張検査等】火災予防条例（例）四七

第三章　危険物

（危険物の貯蔵・取扱いの制限等）

第一〇条　指定数量以上の危険物は、**貯蔵所**（車両に固定されたタンクにおいて危険物を貯蔵し、又は取り扱う貯蔵所（以下「移動タンク貯蔵所」という。）を含む。以下同じ。）以外の場所でこれを貯蔵し、又は**製造所**、貯蔵所及び**取扱所**以外の場所でこれを取り扱つてはならない。ただし、所轄消防長又は消防署長の**承認**を受けて指定数量以上の危険物を、**十日以内**の期間、仮に貯蔵し、又は取り扱う場合は、この限りでない。（ろ）（を）（そ）（て）

② 別表第一に掲げる品名（第十一条の四第一項において単に「品名」という。）又は指定数量を異にする二以上の危険物を同一の場所で貯蔵し、又は取り扱う場合において、当該貯蔵又は取扱いに係るそれぞれの危険物の数量を当該危険物の指定数量で除し、その商の和が一以上となるときは、当該場所は、指定数量以上の危険物を貯蔵し、又は取り扱つているものとみなす。（そ）（さ）（す）

③ 製造所、貯蔵所又は取扱所においてする危険物の貯蔵又は取扱は、政令で定める**技術上の基準**に従つてこれをしなければならない。（り）

④ 製造所、貯蔵所及び取扱所の**位置**、**構造及び設備の技術上の基準**は、政令でこれを定める。（ろ）（り）

〔一・四項…一部改正〔昭和二五年五月法律一八六号（ろ）〕、三項…全部改正・四項…一部改正〔昭和三四年四月法律八六号（り）〕、一項…一部改正〔昭和三五年七月法律一一七号（を）〕、一項…一部改正・二項…全部改正〔昭和四〇年五月法律六五号（そ）〕、一項…一部改正〔昭和六一年四月法律二〇号（て）〕、二項…一部改正〔昭和六三年五月法律五五号（さ）・平成一五年六月八四号（す）〕〕

解説【貯蔵所】消防第一一条第二項により許可を受けた「屋内貯蔵所」「屋外タンク貯蔵所」「屋内タンク貯蔵所」「地下タンク貯蔵所」「簡易タンク貯蔵所」「移動タンク貯蔵所」「屋外貯蔵所」をいう。

【製造所】消防第一一条第二項により許可を受けた危険物を製造する場所をいい、建築物その他の工作物、空地、附属設備が含まれる。

【取扱所】消防第一一条第二項により許可を受けた「給油取扱所」「販売取扱所」「移送取扱所」「一般取扱所」をいい、一般に取扱数量は一日に取り扱う数量を合算したものをとらえる。

【承認】仮貯蔵、仮取扱いに係る「承認」の意義は、一般的な禁止行為を特定の場合に解除する行政行為、すなわち「許可」と同義である。

【十日以内】同一場所で行う同一行為を十日ごとに繰り返して承認することはできない。

【貯蔵・取扱いの基準】製造所等における危険物の貯蔵又は取扱いに係る基準は本条第三項によりすべて危令に委任されており、これに違反した場合は本条第三項違反となる。

【位置・構造・設備の基準】製造所等の位置、構造、設備の基準は本条第四項によりすべて危令に委任されている。なおこれらの基準に合うように維持されていない場合は消防第一二条第一項違反となる。

参照【指定数量】消防九の四、危令一の一一・別表三【危険物】消防二⑦・別表一【貯蔵所】危令二【取扱所】危令三【仮貯蔵又は仮取扱いの承認の申請】危則一の六【十日以内】民一四〇～一四二【仮貯蔵等の承認手数料】手数料令一五【指定数量未満の危険物に対する規制】消防九の四【適用除外】消防一六の九【貯蔵取扱いの基準】危令二四～二七、危則三八の四～四〇の一四【貯蔵、取扱基準適合命令】消防一一の五【危険物保安監督者及び危険物取扱者の責務】危令三一【製造所の基準】危令九、危則一〇～一三の一〇【貯蔵所の基準】危令一〇～一六、危則一四～二四の一三【取扱所の基準】危令一七～一九、危則二五～二八の六六【消火設備、警報設備及び避難設備の基準】危令二〇～二二、危則二九～三八の三【基準の特例】危令二三【基準維持義務】消防一二①【基準適合命令】消防一二②

罰則＊【第一項の規定に違反した者】懲役一年以下・罰金一〇〇万円以下（消防四一①３）、懲役・罰金の併科（消防四一②）、両罰・罰金三千万円以下（消防四五２）【公訴時効】貯蔵取扱いがなくなるまで進行しない（継続犯）。

*【第三項の規定に違反した者】懲役三月以下・罰金三〇万円以下（消防四三①1）、懲役・罰金の併科（消防四三②）、両罰（消防四五3）【公訴時効】三年（刑訴五五・二五〇・二五三）。ただし、許可品名外の貯蔵取扱い又は許可数量以上の貯蔵取扱いなどの継続犯については、違反がなくなるまで進行しない。

〔製造所等の設置、変更等〕

第一一条　製造所、貯蔵所又は取扱所を設置しようとする者は、政令で定めるところにより、製造所、貯蔵所又は取扱所ごとに、次の各号に掲げる製造所、貯蔵所又は取扱所の区分に応じ、当該各号に定める者の**許可**を受けなければならない。製造所、貯蔵所又は取扱所の位置、構造又は設備を**変更**しようとする者も、同様とする。(の)

一　消防本部及び消防署を置く市町村（次号及び第三号において「消防本部等所在市町村」という。）の区域に設置される製造所、貯蔵所又は取扱所（配管によつて危険物の移送の取扱いを行うもので政令で定めるもの（以下「移送取扱所」という。）を除く。）　当該市町村長(の)

二　消防本部等所在市町村以外の市町村の区域に設置される製造所、貯蔵所又は取扱所（移送取扱所を除く。）　当該区域を管轄する都道府県知事(の)

三　一の消防本部等所在市町村の区域のみに設置される移送取扱所　当該市町村長(の)

四　前号の移送取扱所以外の移送取扱所　当該移送取扱所が設置される区域を管轄する都道府県知事（二以上の都道府県の区域にわたつて設置されるものについては、総務大臣）(の)(ゑ)

②　前項各号に掲げる製造所、貯蔵所又は取扱所の区分に応じ当該各号に定める市町村長、都道府県知事又は総務大臣（以下この章及び次章において「市町村長等」という。）は、同項の規定による許可の申請があつた場合において、その製造所、貯蔵所又は取扱所の位置、構造及び設備が前条第四項の技術上の基準に適合し、かつ、当該製造所、貯蔵所又は取扱所においてする危険物の貯蔵又は取扱いが**公共の安全の維持又は災害の発生の防止に支障を及ぼすおそれがないものであるとき**は、許可を与えなければならない。(り)(の)(お)(て)(ゑ)

③　総務大臣は、移送取扱所について第一項第四号の規定による許可をしようとするときは、その旨を関係都道府県知事に通知しなければならない。この場合においては、関係都道府県知事は、当該許可に関し、総務大臣に対し、意見を申し出ることができる。(の)(ゑ)

④　関係市町村長は、移送取扱所についての第一項第四号の規定による許可に関し、当該都道府県知事又は総務大臣に対し、意見を申し出ることができる。(の)(ゑ)

⑤　第一項の規定による許可を受けた者は、製造所、貯蔵所若しくは取扱所を設置したとき又は製造所、貯蔵所若しくは取扱所の位置、構造若しくは設備を変更したときは、当該製造所、貯蔵所又は取扱所につき市町村長等が行う**完成検査**を受け、これらが前条第四項の技術上の基準に適合していると認められた後でなければ、これを使用してはならない。ただし、製造所、貯蔵所又は取扱所の位置、構造又は設備を変更する場合において、当該製造所、貯蔵所又は取扱所のうち当該変更の工事に係る部分以外の部分の全部又は一部について市町村長等の承認を受けたときは、完成検査を受ける前においても、**仮に**、**当該承認**を受けた部分を使用することができる。(り)(ら)(の)

⑥　製造所、貯蔵所又は取扱所の**譲渡又は引渡**があつたときは、譲受人又は引渡を受けた者は、第一項の規定による許可を受けた者の地位を承継する。この場合において、同項の規定による許可を受けた者の地位を承継した者は、遅滞なくその旨を市町村長等に届け出な

ければならない。(り)(の)

⑦　市町村長等は、政令で定める製造所、貯蔵所又は取扱所について第一項の規定による許可（同項後段の規定による許可で総務省令で定める軽易な事項に係るものを除く。）をしたときは、政令で定めるところにより、その旨を国家公安委員会若しくは都道府県公安委員会又は海上保安庁長官に通報しなければならない。(の)(ゑ)

本条…一部改正〔昭和二五年五月法律一八六号(ろ)〕、全部改正〔昭和三四年四月法律八六号(り)〕、三項…一部改正〔昭和四六年六月法律九七号(ら)〕、一項…全部改正・二項…一部改正・三・四・七項…追加・旧三・四項…五・六項に繰下〔昭和四九年六月法律六四号(の)〕、二項…一部改正〔昭和五〇年一二月法律八四号(お)・六一年四月二〇号(て)〕、一―四・七項…一部改正〔平成一一年一二月法律一六〇号(ゑ)〕

解説

【許可】本条における許可は消防法令上の禁止の解除である。したがって、他法令による制約まで解除することではない。なお、許可を与えるか否かの判断に裁量が入る余地はないものである（羈束行為）。

【変更】主に位置、構造、設備を人為的に変えることである。なお、許可を得ないで変更すると使用停止命令の対象となる。また、「軽微な変更」については許可を要しないものがある。

【公共の安全の維持又は災害の発生の防止に支障を及ぼすおそれがないものであるとき】現在においては予想できないような、超高温、超高圧等で危険物を取り扱う場合を考慮して昭和五一年に加えられたものであり、これにより羈束行為としての性格が変わるものではない。

【完成検査】市町村長等が設置又は変更に係る製造所等の位置、構造、設備について、前条第四項に適合しているかどうかを検査すること。

【仮使用承認】製造所等の一部を変更する場合、変更する部分以外の場所を一定の要件の基に完成検査を受ける前でも使用して良いと、市町村長が承認することである。

【承認】許可と同義

【譲渡】贈与、売買等の債権契約によつて所有権を移転すること。

【引渡】賃貸借、相続等の法律行為により又は事実上の行為によりその物の支配が移転すること。

参照

【政令で定めるところ】危令六・七（設置、変更の許可申請手続）、危則四・五・五の三・九（申請書の様式等）、消防一六の四、危令四〇、手数料令一六〜一九（許可申請の手数料）【政令で定めるもの】危令七の二【製造所等の使用停止命令】消防一二の二①【完成検査】危令八（手続）〜八の二の二（タンクの水張検査等）【使用停止命令】消防一二の二②【承認】危則五の二（仮使用承認申請）【届出】危則七（譲渡引渡しの届出書の様式等）【政令】危令七の三（許可等の通報を必要とする製造所等の指定）【総務省令】危則七の二（許可の通報を必要としない軽易な事項）【政令で定めるところ】危令七の四（市町村長から都道府県公安委員会等への許可等の通報）

罰則

＊【第一項の規定に違反して製造所等を設置し又は変更した者】懲役六月以下・罰金五〇万円以下（消防四二①2）、懲役・罰金の併科（消防四二②）、両罰（消防四五3）【公訴時効】許可を得るまで進行しない（継続犯）。

＊【第五項の規定に違反した者】懲役六月以下・罰金五〇万円以下（消防四二①3）、懲役・罰金の併科（消防四二②）、両罰（消防四五3）【公訴時効】使用されている限り進行しない（継続犯）。

＊【第六項の規定による届出を怠つた者】罰金三〇万円以下・拘留（消防四四8）【公訴時効】届出があるまで進行しない。

〔製造所等の完成検査前検査〕

第一一条の二　政令で定める製造所、貯蔵所若しくは取扱所の設置又はその位置、構造若しくは設備の変更について前条第一項の規定による許可を受けた者は、当該許可に係る工事で政令で定めるものについては、同条第五項の完成検査を受ける前において、政令で定める工事の工程ごとに、当該製造所、貯蔵所又は取扱所に係る構造及び設備に関する事項で政令で定めるもの（以下この条及び次条において「特定事項」という。）が第十条第四項の技術上の基準に適合

しているかどうかについて、市町村長等が行う**検査**を受けなければならない。（く）（し）

② 前項に規定する者は、同項の検査において特定事項が第十条第四項の技術上の基準に適合していると認められた後でなければ、当該特定事項に係る製造所、貯蔵所若しくは取扱所の設置又はその位置、構造若しくは設備の変更の工事について、前条第五項の完成検査を受けることができない。（く）

③ 第一項に規定する者は、同項の検査において第十条第四項の技術上の基準に適合していると認められた特定事項に係る製造所、貯蔵所若しくは取扱所の設置又はその位置、構造若しくは設備の変更の工事につき、前条第五項の完成検査を受けるときは、当該特定事項については、同項の完成検査を受けることを要しない。（く）

本条…追加〔昭和五一年五月法律三七号（く）〕、一項…一部改正〔平成一一年七月法律八七号（し）〕

解説 【**完成検査前検査**】完成検査の前の工事中に行う、タンクの基礎、地盤、溶接部検査、水張検査、水圧試験をいう。

参照 【政令で定める製造所等】危令八の二①【政令で定める工事】危令八の二②【政令で定める工事の工程】危令八の二③【手数料】手数料令二〇

〔**危険物保安技術協会**〕

第一一条の三 市町村長等は、次の各号に掲げる場合には、当該各号に掲げる事項を危険物保安技術協会（第十四条の三第三項において「協会」という。）に委託することができる。（く）

一 第十一条第二項の場合において、同条第一項の規定による許可の申請に係る貯蔵所が政令で定める**屋外タンク貯蔵所**（屋外にあるタンクにおいて危険物を貯蔵し、又は取り扱う貯蔵所をいう。以下同じ。）であるとき。 当該屋外タンク貯蔵所に係る構造及び設備に関する事項で政令で定めるものが第十条第四項の技術上の基準に適合するかどうかの審査（く）

二 前条第一項の場合において、同項の貯蔵所が政令で定める屋外タンク貯蔵所であるとき。 当該屋外タンク貯蔵所に係る特定事項のうち政令で定めるものが第十条第四項の技術上の基準に適合するかどうかの審査（く）

本条…追加〔昭和五一年五月法律三七号（く）〕

解説 【**屋外タンク貯蔵所**】本条でいう屋外タンク貯蔵所には、危令第二条にいう屋外タンク貯蔵所だけでなく、屋外にある地下タンク貯蔵所、簡易タンク貯蔵所、移動タンクも含まれるので注意を要する。

参照 【危険物保安技術協会】消防一六の一〇～一六の四九【委託】危令八の二の三①・③【政令で定める屋外タンク貯蔵所】危令八の二の三②・④【政令で定めるもの】危令八の二の三

〔**貯蔵又は取り扱う危険物の品名、数量又は指定数量の倍数変更の届出**〕

第一一条の四 製造所、貯蔵所又は取扱所の位置、構造又は設備を変更しないで、当該製造所、貯蔵所又は取扱所において貯蔵し、又は取り扱う**危険物の品名**、**数量**又は**指定数量の倍数**（当該製造所、貯蔵所又は取扱所において貯蔵し、又は取り扱う危険物の数量を当該危険物の指定数量で除して得た値（品名又は指定数量を異にする二以上の危険物を貯蔵し、又は取り扱う場合には、当該貯蔵又は取扱いに係るそれぞれの危険物の数量を当該危険物の指定数量で除して得た値の和）をいう。）を変更しようとする者は、変更しようとする日の**十日前**までに、その旨を市町村長等に届け出なければならない。（そ）（く）（さ）

② 前項の場合において、別表第一の品名欄に掲げる物品のうち同表第一類の項第十一号、第二類の項第八号、第三類の項第十二号、第

五類の項第十一号又は第六類の項第五号の危険物は、当該物品に含有されている当該品名欄の物品が異なるときは、それぞれ異なる品名の危険物とみなす。(さ)(も)(す)

③　第十一条第七項の規定は、同項に規定する製造所、貯蔵所又は取扱所につき第一項の届出があつた場合について準用する。(の)(く)(さ)

本条…追加〔昭和四〇年五月法律六五号(そ)〕、二項…追加〔昭和四九年六月法律六四号(の)〕、二項…一部改正・旧一一条の二…繰下〔昭和五一年五月法律三七号(く)〕、一項…一部改正・二項…追加・旧二項…一部改正し三項に繰下〔昭和六三年五月法律五五号(さ)〕、二項…一部改正〔平成一三年七月法律九八号(も)・一五年六月八四号(す)〕

解説【危険物の品名】消防別表第一に掲げられた危険物の品名をいう。

【品名、数量の変更の届出】本条の届出は品名、数量を変更しても、位置、構造、設備を何ら変更することなく消防第一〇条第四項の基準を満足する場合についての届出義務について規定したものである。

【十日前】変更予定日と届出日との間に十日以上の期間があること。

参照【届出】危則七の三（届出書の様式等）、危令二四1（届出外品名、数量の危険物の貯蔵、取扱いの禁止）

罰則＊【届出を怠つた者】罰金三〇万円以下・拘留（消防四四8）【公訴時効】届出があるまで進行しない（継続犯）。

〔危険物の貯蔵取扱基準適合命令〕

第一一条の五　市町村長等は、製造所、貯蔵所（移動タンク貯蔵所を除く。）又は取扱所においてする危険物の貯蔵又は取扱いが第十条第三項の規定に違反していると認めるときは、当該製造所、貯蔵所又は取扱所の所有者、管理者又は占有者に対し、同項の技術上の基準に従つて危険物を貯蔵し、又は取り扱うべきことを命ずることができる。(そ)(く)(て)

②　市町村長（消防本部及び消防署を置く市町村以外の市町村の区域においては、当該区域を管轄する都道府県知事とする。次項及び第四項において同じ。）は、その管轄する区域にある移動タンク貯蔵所について、前項の規定の例により、第十条第三項の技術上の基準に従つて危険物を貯蔵し、又は取り扱うべきことを命ずることができる。(て)(せ)

③　市町村長は、前項の規定による命令をしたときは、当該命令に係る移動タンク貯蔵所につき第十一条第一項の規定による許可をした市町村長等に対し、総務省令で定めるところにより、速やかに、その旨を通知しなければならない。(て)(ゑ)

④　市町村長等又は市町村長は、それぞれ第一項又は第二項の規定による命令をした場合においては、標識の設置その他総務省令で定める方法により、その旨を公示しなければならない。(せ)

⑤　前項の標識は、第一項又は第二項の規定による命令に係る製造所、貯蔵所又は取扱所に設置することができる。この場合においては、第一項又は第二項の規定による命令に係る製造所、貯蔵所又は取扱所の所有者、管理者又は占有者は、当該標識の設置を拒み、又は妨げてはならない。(せ)

本条…追加〔昭和四〇年五月法律六五号(そ)〕、旧一一条の三…繰下〔昭和五一年五月法律三七号(く)〕、一項…一部改正、二・三項…追加〔昭和六一年四月法律二〇号(て)〕、三項…一部改正〔平成一一年一二月法律一六〇号(ゑ)〕、二項…一部改正・四・五項…追加〔平成一四年四月法律三〇号(せ)〕

解説【貯蔵取扱基準適合命令】本条の命令に違反した場合は消防第一二条の二により、使用停止命令の対象となる。

参照【総務省令で定めるところ】危則七の四（通知事項）【総務省令で定める方法】危則七の五（公示の方法）

〔製造所等の維持、管理〕

第一二条　製造所、貯蔵所又は取扱所の所有者、管理者又は占有者は、製造所、貯蔵所又は取扱所の位置、構造及び設備が第十条第四項の技術上の基準に適合するように維持しなければならない。(り)

② 市町村長等は、製造所、貯蔵所又は取扱所の位置、構造及び設備が第十条第四項の技術上の基準に適合していないと認めるときは、製造所、貯蔵所又は取扱所の所有者、管理者又は占有者で権原を有する者に対し、同項の技術上の基準に適合するように、これらを修理し、改造し、又は移転すべきことを命ずることができる。(り)(そ)(く)

③ 前条第四項及び第五項の規定は、前項の規定による命令について準用する。(せ)

一・二項…一部改正〔昭和二五年五月法律一八六号(ろ)〕、本条…全部改正〔昭和三四年四月法律八六号(り)〕、二項…一部改正〔昭和四〇年五月法律六五号(そ)・五一年五月法律三七号(く)〕、三項…追加〔平成一四年四月法律三〇号(せ)〕

解説【位置、構造、設備の基準維持義務】許可と同一の状態で維持することを義務付けたものではない。すなわち経年変化により変更は生じていても消防第一〇条第四項の基準に適合していれば良いものである。

【基準維持命令】無許可で変更したことにより、本条第一項違反を構成した場合は、消防第一二条の二に基づく使用停止命令、本条第二項に基づく改修命令のいずれも可能である。

【権原を有する者】法律上正当に命令の内容を履行できる者をいう。

参照【第十条第四項の技術上の基準】危令九～二三

〔製造所等の許可の取消し等〕

第一二条の二　市町村長等は、製造所、貯蔵所又は取扱所の所有者、管理者又は占有者が次の各号の一に該当するときは、当該製造所、貯蔵所又は取扱所について、第十一条第一項の許可を取り消し、又は期間を定めてその使用の停止を命ずることができる。(り)(く)(さ)

一 第十一条第一項後段の規定による許可を受けないで、製造所、貯蔵所又は取扱所の位置、構造又は設備を変更したとき。(り)(さ)

二 第十一条第五項の規定に違反して、製造所、貯蔵所又は取扱所を使用したとき。(り)(ら)(の)

三 前条第二項の規定による命令に違反したとき。(り)(そ)(お)(さ)

四 第十四条の三第一項又は第二項の規定に違反したとき。(の)(く)(さ)

五 第十四条の三の二の規定に違反したとき。(お)(さ)

② 市町村長等は、製造所、貯蔵所又は取扱所の所有者、管理者又は占有者が次の各号の一に該当するときは、当該製造所、貯蔵所又は取扱所について、期間を定めてその使用の停止を命ずることができる。(さ)

一 第十一条の五第一項又は第二項の規定による命令に違反したとき。(さ)

二 第十二条の七第一項の規定に違反したとき。(さ)

三 第十三条第一項の規定に違反したとき。(さ)

四 第十三条の二十四第一項の規定による命令に違反したとき。

③ 第十一条の五第四項及び第五項の規定は、前二項の規定による命令について準用する。(さ)(せ)

本条…追加〔昭和三四年四月法律八六号(り)〕、一部改正〔昭和四〇年五月法律六五号(そ)・四六年六月九七号(ら)・四九年六月六四号(の)・五〇年一二月八四号(お)・五一年五月三七号(く)・六一年四月二〇号(て)〕、一項…一部改正・二・三項…追加〔昭和六三年五月法律五五号(さ)〕、三項…削除〔平成五年一一月法律八九号(き)〕、二項…一部改正・三項…追加〔平成一四年四月法律三〇号(せ)〕

解説【使用停止命令】危険物保安統括管理者が選任されていない場合の本命令の対象は当該事業所内のすべての製造所等である。

罰則＊【命令に違反した者】懲役六月以下・罰金五〇万円以下（消防四二①4）、懲役・罰金の併科（消防四二②）、両罰（消防四五3）【公訴時効】三年（刑訴五五・二五〇・二五三）

〔製造所等の緊急使用停止命令等〕

第一二条の三　市町村長等は、公共の安全の維持又は災害の発生の防止のため緊急の必要があると認めるときは、製造所、貯蔵所又は取扱所の所有者、管理者又は占有者に対し、当該製造所、貯蔵所若しくは取扱所の使用を一時停止すべきことを命じ、又はその使用を制限することができる。（の）

②　第十一条の五第四項及び第五項の規定は、前項の規定による命令について準用する。（せ）

本条…追加〔昭和四九年六月法律六四号(の)〕、二項…追加〔平成一四年四月法律三〇号(せ)〕

解説【緊急時の使用停止命令】危険となった原因が製造所等にあると否とにかかわらず製造所等が危険となった場合に発せられるものである。
【使用を制限することができる】使用の制限を命じることができるという意味である。

罰則＊【命令又は処分に違反した者】懲役六月以下・罰金五〇万円以下（消防四二①5）、懲役・罰金の併科（消防四二②）、両罰（消防四五3）【公訴時効】三年（刑訴五五・二五〇・二五三）

〔関係市町村長の要請等〕

第一二条の四　関係市町村長は、第十一条第一項第四号の規定による都道府県知事又は総務大臣（以下この条において「知事等」という。）の許可に係る移送取扱所の設置若しくは維持又は当該移送取扱所における危険物の取扱いに関し災害が発生するおそれがあると認めるときは、当該知事等に対し、必要な措置を講ずべきことを要請することができる。（の）(ゑ)

②　知事等は、前項の要請があつたときは、必要な調査を行い、その結果必要があると認めるときは、第十一条の五第一項、第十二条第二項又は前条第一項の規定による措置その他必要な措置を講じなければならない。（の）(く)(て)(せ)

③　知事等は、前項の措置を講じたときは、速やかに、その旨を関係市町村長に通知しなければならない。（の）

本条…追加〔昭和四九年六月法律六四号(の)〕、二項…一部改正〔昭和五一年五月法律三七号(く)・六一年四月二〇号(て)〕、一項…一部改正〔平成一一年一二月法律一六〇号(ゑ)〕、二項…一部改正〔平成一四年四月法律三〇号(せ)〕

解説【関係市町村長】移送取扱所が設置される区域を管轄する市町村長である。

〔応急措置に関する市町村長との協議〕

第一二条の五　政令で定める移送取扱所の所有者、管理者又は占有者は、当該取扱所について危険物の流出その他の事故が発生し、危険な状態となつた場合において講ずべき応急の措置について、あらかじめ、関係市町村長と協議しておかなければならない。（の）

本条…追加〔昭和四九年六月法律六四号(の)〕

解説【協議すべき応急措置の内容】(ア)関係者の連絡先、方法、事項　(イ)応急資機材の配置場所　(ウ)流出危険物の措置方法　(エ)附近住民への広報事項

参照【政令】危令八の三（市町村長との協議を要する移送取扱所の指定）

〔製造所等の廃止の届出〕

第一二条の六　製造所、貯蔵所又は取扱所の所有者、管理者又は占有

者は、当該製造所、貯蔵所又は取扱所の用途を**廃止**したときは、遅滞なくその旨を市町村長等に届け出なければならない。（り）（の）

本条…追加〔昭和三四年四月法律八六号（り）〕、旧一二条の三…繰下〔昭和四九年六月法律六四号（の）〕

解説【廃止】将来に向かって製造所等の機能を完全に停止することをいう。廃止届の受理によって当該施設は許可施設でなくなるものである。

参照【届出】危則八（届出書の様式等）

罰則＊【届出を怠つた者】罰金三〇万円以下・拘留（消防四四8）【公訴時効】届出があるまで進行しない。

〔危険物の保安に関する業務を統括管理する者〕

第一二条の七　同一事業所において政令で定める製造所、貯蔵所又は取扱所を所有し、管理し、又は占有する者で、政令で定める数量以上の危険物を貯蔵し、又は取り扱うものは、政令で定めるところにより、危険物保安統括管理者を定め、当該事業所における危険物の保安に関する業務を統括管理させなければならない。（お）（さ）

②　製造所、貯蔵所又は取扱所を所有し、管理し、又は占有する者は、前項の規定により危険物保安統括管理者を定めたときは、遅滞なくその旨を市町村長等に届け出なければならない。これを解任したときも、同様とする。（お）（さ）

本条…追加〔昭和五〇年一二月法律八四号（お）〕、一・二項…一部改正〔昭和六三年五月法律五五号（さ）〕

解説【保安統括管理者を定めなければならない事業所】危令第三〇条の三に定める指定施設において、取り扱う第四類の危険物の取扱最大数量の総和が三千倍以上（移送取扱所にあつては指定数量以上）となる事業所である。

【資格】特に必要ない。

参照【政令で定める製造所、貯蔵所又は取扱所】危令三〇の三①【政令で定める数量】危令三〇の三②【政令の定め】危令三〇の三③【届出】危則四七の六

罰則＊【届出を怠つた者】罰金三〇万円以下・拘留（消防四四8）【公訴時効】届出があるまで進行しない（継続犯）。

〔危険物の保安を監督する者〕

第一三条　政令で定める製造所、貯蔵所又は取扱所の所有者、管理者又は占有者は、甲種危険物取扱者（甲種危険物取扱者免状の交付を受けている者をいう。以下同じ。）又は乙種危険物取扱者（乙種危険物取扱者免状の交付を受けている者をいう。以下同じ。）で、六月以上危険物取扱いの実務経験を有するもののうちから危険物保安監督者を定め、総務省令で定めるところにより、その者が取り扱うことができる危険物の取扱作業に関して保安の監督をさせなければならない。（り）（そ）（ら）（さ）（ゑ）

②　製造所、貯蔵所又は取扱所の所有者、管理者又は占有者は、前項の規定により危険物保安監督者を定めたときは、遅滞なくその旨を市町村長等に届け出なければならない。これを解任したときも、同様とする。（り）（ら）（さ）

③　製造所、貯蔵所及び取扱所においては、危険物取扱者（危険物取扱者免状の交付を受けている者をいう。以下同じ。）以外の者は、甲種危険物取扱者又は乙種危険物取扱者が**立ち会わなければ**、危険物を取り扱つてはならない。（ろ）（り）（ら）

一・三項…一部改正〔昭和二五年五月法律一八六号（ろ）〕、一・二項…全部改正・三項…一部改正〔昭和三四年四月法律八六号（り）〕、一項…一部改正〔昭和四〇年五月法律六五号（そ）〕、一・二項…一部改正〔昭和四六年六月法律九七号（ら）〕、一—三項…一部改正〔昭和六三年五月法律五五号（さ）〕、一項…一部改正〔平成一一年一二月法律一六〇号（ゑ）〕

解説【保安監督者を定めなければならない製造所等】危令第三一条の二に定められた製造所等である。選任しなかったり又は選任しても業務を行わせなかった場合は使用停止命令の対象となる。

【資格】甲種又は乙種危険物取扱者でなければならず、丙種危険物取扱者を選任することはできない。

【責務】危則第四八条に定められた業務を行う。

【危険物取扱者の立ち会い】本項でいう危険物取扱者は当該製造所等に勤務する危険物取扱者に限られる。

参照【政令】危令三一の二（危険物保安監督者を定めなければならない製造所等）【危険物取扱者免状】消防一三の二【総務省令】危令三一（危険物保安監督者及び危険物取扱者の責務）・危則四八（危険物保安監督者の業務）・四八の二（実務経験）【その者が取り扱うことができる危険物】危則四九【届出】危則四八の三（届出書の様式）

罰則＊【危険物保安監督者を定めないで事業を行った者】懲役六月以下・罰金五〇万円以下（消防四二①6）、懲役・罰金の併科（消防四二②）、両罰（消防四五3）【公訴時効】選任があるまで進行しない（継続犯）。
＊【届出を怠った者】罰金三〇万円以下・拘留（消防四四8）【公訴時効】届出があるまで進行しない（継続犯）。
＊【第三項の規定に違反した者】懲役六月以下・罰金五〇万円以下（消防四二①7）、懲役・罰金の併科（消防四二②）【公訴時効】三年（刑訴五五・二五〇・二五三）

〔危険物取扱者免状〕

第一三条の二　危険物取扱者免状の種類は、甲種危険物取扱者免状、乙種危険物取扱者免状及び丙種危険物取扱者免状とする。(ら)

② 危険物取扱者が取り扱うことができる危険物及び甲種危険物取扱者又は乙種危険物取扱者がその取扱作業に関して立ち会うことができる危険物の種類は、前項に規定する危険物取扱者免状の種類に応じて総務省令で定める。(ら)(ゑ)

③ 危険物取扱者免状は、危険物取扱者試験に合格した者に対し、都道府県知事が交付する。(り)(ら)(こ)

④ 都道府県知事は、左の各号の一に該当する者に対しては、危険物取扱者免状の交付を行わないことができる。(り)(ら)

一　次項の規定により危険物取扱者免状の返納を命ぜられ、その日から起算して一年を経過しない者(り)(ら)

二　この法律又はこの法律に基く命令の規定に違反して罰金以上の刑に処せられた者で、その執行を終り、又は執行を受けることがなくなつた日から起算して二年を経過しないもの(り)

⑤ 危険物取扱者がこの法律又はこの法律に基づく命令の規定に違反しているときは、危険物取扱者免状を交付した都道府県知事は、当該危険物取扱者免状の返納を命ずることができる。(り)(ら)(し)

⑥ 都道府県知事は、その管轄する区域において、他の都道府県知事から危険物取扱者免状の交付を受けている危険物取扱者がこの法律又はこの法律に基づく命令の規定に違反していると認めるときは、その旨を当該他の都道府県知事に通知しなければならない。(し)

⑦ 前各項に規定するもののほか、危険物取扱者免状の書換、再交付その他危険物取扱者免状に関し必要な事項は、政令で定める。(り)(ら)(し)

本条…追加〔昭和三四年四月法律八六号(り)〕、一・二項…全部改正・三—六項…一部改正〔昭和四六年六月法律九七号(ら)〕、三項…一部改正〔昭和五八年一二月法律八三号(こ)〕、五項…一部改正・六項…追加・旧六項…一部改正し七項に繰下〔平成一一年七月法律八七号(し)〕、二項…一部改正〔平成一一年一二月法律一六〇号(ゑ)〕

解説【取り扱うことができる危険物の種類】甲種——すべての危険物。乙種——免状に記載されている種類の危険物。丙種——第四類の危険物のうちガソリン、灯油、軽油、第三石油類（重油、潤滑油及び引火点一三〇度以上のものに限る。）、第四石油類、動植物油類
【この法律に基く命令】消防法の委任に基づく命令をいう。例えば消防第一〇条第三項の委任により危令第二四条や消防第一三条第一項の委任を受けた危則第四八条がこれに該当する。しかし、委任命令

に当たらない危令第三一条や条例はこれに当たらない。

参照【総務省令】危則四九（取扱い等をすることができる危険物の種類）【政令】免状の交付申請（危令三三、危則五〇）、免状の記載事項（危令三三、危則五一）、免状の書換え（危令三四、危則五二）、免状の再交付（危令三五、危則五三）、手数料（手数料令二一）

罰則＊【命令に違反した者】罰金三〇万円以下・拘留（消防四四9）【公訴時効】三年（刑訴五五・二五〇・二五三）

〔危険物取扱者試験〕

第一三条の三　危険物取扱者試験は、危険物の取扱作業の保安に関して必要な知識及び技能について行う。(り)(ら)

② 危険物取扱者試験の種類は、甲種危険物取扱者試験、乙種危険物取扱者試験及び丙種危険物取扱者試験とする。(ら)

③ 危険物取扱者試験は、前項に規定する危険物取扱者試験の種類ごとに、毎年一回以上、都道府県知事が行なう。(ら)

④ 次の各号のいずれかに該当する者でなければ、甲種危険物取扱者試験を受けることができない。(り)(ら)(さ)(ゆ)(レ)

一　学校教育法（昭和二十二年法律第二十六号）による大学又は高等専門学校において化学に関する学科又は課程を修めて卒業した者（当該学科又は課程を修めて同法による専門職大学の前期課程を修了した者を含む。）その他その者に準ずるものとして総務省令で定める者(り)(わ)(ら)(さ)(ゆ)(ゑ)(す)(レ)

二　乙種危険物取扱者免状の交付を受けた後二年以上危険物取扱いの**実務経験**を有する者(り)(ら)(レ)

⑤ 前各項に規定するもののほか、危険物取扱者試験の試験科目、受験手続その他試験の実施細目は、総務省令で定める。(り)(ら)(さ)(ゆ)(ゑ)

本条…追加〔昭和三四年四月法律八六号(り)〕、三項…一部改正〔昭和三六年六月法律一四五号(わ)〕、一項…一部改正・二項…全部改正・三項…追加・旧三―五項…一部改正し四―六項に繰下〔昭和四六年六月法律九七号(ら)〕、四項…一部改正・五項…削除・旧六項…五項に繰上〔昭和六三年五月法律五五号(さ)〕、四・五項…一部改正〔平成六年六月法律三七号(ゆ)・一一年一二月一六〇号(ゑ)〕、四項…一部改正〔平成一五年六月法律八四号(す)・二九年五月四一号(レ)〕

解説【実務経験】製造所等においての危険物の取扱いに係る経験をいう。すなわち少危施設での経験はこれに当たらない（危則四八の二）。

参照【総務省令で定める者】危則五三の三（受験資格）【総務省令】危則五四（試験の方法）・五五（試験科目）・五五の二（合格基準）・五六（試験の公示）・五七（受験手続）・五八（合格の通知及び公示）【手数料】手数料令二一

〔危険物取扱者試験委員〕

第一三条の四　都道府県は、危険物取扱者試験の問題の作成、採点その他の事務を行わせるため、条例で、危険物取扱者試験委員を置くことができる。(ら)(け)(こ)

② 前項の危険物取扱者試験委員の組織、任期その他危険物取扱者試験委員に関し必要な事項は、当該都道府県の条例で定める。(ら)

本条…追加〔昭和四六年六月法律九七号(ら)〕、一項…一部改正〔昭和五七年七月法律六九号(け)・五八年一二月八三号(こ)〕

〔危険物取扱者試験事務の委任〕

第一三条の五　都道府県知事は、総務大臣の指定する者に、危険物取扱者試験の実施に関する事務（以下この章において「危険物取扱者試験事務」という。）を行わせることができる。(こ)(ゑ)

② 前項の規定による指定は、危険物取扱者試験事務を行おうとする者の申請により行う。(こ)

③ 都道府県知事は、第一項の規定により総務大臣の指定する者に危険物取扱者試験事務を行わせるときは、危険物取扱者試験事務を行

わないものとする。(こ)(ゑ)

本条…追加〔昭和五八年一二月法律八三号(こ)〕、一・三項…一部改正〔平成一一年一二月法律一六〇号(ゑ)〕

参照【申請】危則五八の二（指定試験機関の指定の申請）

〔指定の要件〕

第一三条の六　総務大臣は、前条第二項の規定による申請が次の要件を満たしていると認めるときでなければ、同条第一項の規定による指定をしてはならない。(こ)(ゑ)

一　職員、設備、危険物取扱者試験事務の実施の方法その他の事項についての危険物取扱者試験事務の実施に関する計画が危険物取扱者試験事務の適正かつ確実な実施のために適切なものであること。(こ)

二　前号の危険物取扱者試験事務の実施に関する計画の適正かつ確実な実施に必要な経理的及び技術的な基礎を有するものであること。(こ)

三　申請者が、危険物取扱者試験事務以外の業務を行つている場合には、その業務を行うことによつて危険物取扱者試験事務が不公正になるおそれがないこと。(こ)

②　総務大臣は、前条第二項の規定による申請をした者が、次のいずれかに該当するときは、同条第一項の規定による指定をしてはならない。(こ)(ゑ)

一　一般社団法人又は一般財団法人以外の者であること。(こ)(ホ)

二　この法律に違反して、刑に処せられ、その執行を終わり、又は執行を受けることがなくなつた日から起算して二年を経過しない者であること。(こ)

三　第十三条の十八第一項又は第二項の規定により指定を取り消され、その取消しの日から起算して二年を経過しない者であること。(こ)

四　その役員のうちに、次のいずれかに該当する者があること。(こ)

イ　第二号に該当する者(こ)

ロ　第十三条の九第二項の規定による命令により解任され、その解任の日から起算して二年を経過しない者(こ)

本条…追加〔昭和五八年一二月法律八三号(こ)〕、一・二項…一部改正〔平成一一年一二月法律一六〇号(ゑ)〕、二項…一部改正〔平成一八年六月法律五〇号(ホ)〕

〔指定の公示等〕

第一三条の七　総務大臣は、第十三条の五第一項の規定による指定をしたときは、当該指定を受けた者の名称及び主たる事務所の所在地並びに当該指定をした日を公示しなければならない。(こ)(ゑ)

②　第十三条の五第一項の規定による指定を受けた者（以下この章において「指定試験機関」という。）は、その名称又は主たる事務所の所在地を変更しようとするときは、変更しようとする日の二週間前までに、その旨を総務大臣に届け出なければならない。(こ)(ゑ)

③　総務大臣は、前項の規定による届出があつたときは、その旨を公示しなければならない。(こ)(ゑ)

本条…追加〔昭和五八年一二月法律八三号(こ)〕、一—三項…一部改正〔平成一一年一二月法律一六〇号(ゑ)〕

参照【変更】危則五八の三（指定試験機関の名称等の変更の届出）

〔委任の公示等〕

第一三条の八　第十三条の五第一項の規定により指定試験機関にその危険物取扱者試験事務を行わせることとした都道府県知事（以下「委任都道府県知事」という。）は、当該指定試験機関の名称、主たる事務所の所在地及び当該危険物取扱者試験事務を取り扱う事務所の所在地並びに当該指定試験機関に危険物取扱者試験事務を行わせることとした日を公示しなければならない。(こ)(ゑ)(ワ)

② 指定試験機関は、その名称、主たる事務所の所在地又は危険物取扱者試験事務を取り扱う事務所の所在地を変更しようとするときは、委任都道府県知事（危険物取扱者試験事務を取り扱う事務所の所在地については、関係委任都道府県知事）に、変更しようとする日の二週間前までに、その旨を届け出なければならない。(こ)

③ 委任都道府県知事は、前項の規定による届出があつたときは、その旨を公示しなければならない。(こ)

本条…追加〔昭和五八年一二月法律八三号(こ)〕、一項…一部改正〔平成一一年一二月法律一六〇号(ゑ)・二五年六月四四号(ワ)〕

参照【変更】危則五八の三（指定試験機関の名称等の変更の届出）

〔役員の選任及び解任〕

第一三条の九　指定試験機関の役員の選任及び解任は、総務大臣の認可を受けなければ、その効力を生じない。(こ)(ゑ)

② 総務大臣は、指定試験機関の役員が、この法律（この法律に基づく命令又は処分を含む。）若しくは第十三条の十二第一項の試験事務規程に違反する行為をしたとき、又は危険物取扱者試験事務に関し著しく不適当な行為をしたときは、指定試験機関に対し、その役員を解任すべきことを命ずることができる。(こ)(ゑ)

本条…追加〔昭和五八年一二月法律八三号(こ)〕、一・二項…一部改正〔平成一一年一二月法律一六〇号(ゑ)〕

参照【役員】危則五八の四（役員の選任又は解任の認可の申請）

〔指定試験機関の危険物取扱者試験委員〕

第一三条の一〇　指定試験機関は、総務省令で定める要件を備える者のうちから危険物取扱者試験委員を選任し、試験の問題の作成及び採点を行わせなければならない。(こ)(ゑ)

② 指定試験機関は、前項の危険物取扱者試験委員を選任し、又は解任したときは、遅滞なくその旨を総務大臣に届け出なければならない。(こ)(ゑ)

③ 前条第二項の規定は、第一項の危険物取扱者試験委員の解任について準用する。(こ)

本条…追加〔昭和五八年一二月法律八三号(こ)〕、一・二項…一部改正〔平成一一年一二月法律一六〇号(ゑ)〕

参照【総務省令】危則五八の五（試験委員の要件）【選解任】危則五八の六（試験委員の選任又は解任の届出）

〔守秘義務等〕

第一三条の一一　指定試験機関の役員若しくは職員（前条第一項の危険物取扱者試験委員を含む。次項において同じ。）又はこれらの職にあつた者は、危険物取扱者試験事務に関して知り得た秘密を漏らしてはならない。(こ)

② 危険物取扱者試験事務に従事する指定試験機関の役員及び職員は、刑法（明治四十年法律第四十五号）その他の罰則の適用については、法令により公務に従事する職員とみなす。(こ)

本条…追加〔昭和五八年一二月法律八三号(こ)〕

罰則＊【危険物取扱者試験事務に関して知り得た秘密を漏らした者】懲役一年以下・罰金一〇〇万円以下（消防四二の二）【公訴時効】三年（刑訴五五・二五〇・二五三）

〔試験事務規程〕

第一三条の一二　指定試験機関は、総務省令で定める危険物取扱者試験事務の実施に関する事項について試験事務規程を定め、総務大臣

の認可を受けなければならない。これを変更しようとするときも、同様とする。(こ)(ゑ)

② 指定試験機関は、前項後段の規定により試験事務規程を変更しようとするときは、委任都道府県知事の意見を聴かなければならない。(こ)

③ 総務大臣は、第一項の規定により認可をした試験事務規程が危険物取扱者試験事務の適正かつ確実な実施上不適当となつたと認めるときは、指定試験機関に対し、これを変更すべきことを命ずることができる。(こ)(ゑ)

本条…追加〔昭和五八年一二月法律八三号(こ)〕、一・三項…一部改正〔平成一一年一二月法律一六〇号(ゑ)〕

参照 【総務省令】危則五八の七(試験事務規程の記載事項)【認可の申請】危則五八の八(試験事務規程の認可の申請)

〔事業計画、収支予算〕

第一三条の一三 指定試験機関は、毎事業年度、事業計画及び収支予算を作成し、当該事業年度の開始前に(第十三条の五第一項の規定による指定を受けた日の属する事業年度にあつては、その指定を受けた後遅滞なく)、総務大臣の認可を受けなければならない。これを変更しようとするときも、同様とする。(こ)(ゑ)

② 指定試験機関は、事業計画及び収支予算を作成し、又は変更しようとするときは、委任都道府県知事の意見を聴かなければならない。(こ)

③ 指定試験機関は、毎事業年度、事業報告書及び収支決算書を作成し、当該事業年度の終了後三月以内に、総務大臣及び委任都道府県知事に提出しなければならない。(こ)(ゑ)

本条…追加〔昭和五八年一二月法律八三号(こ)〕、一・三項…一部改正〔平成一一年一二月法律一六〇号(ゑ)〕

参照 【事業計画及び収支予算】危則五八の九(事業計画及び収支予算の認可の申請)

〔帳簿の備付・保存〕

第一三条の一四 指定試験機関は、総務省令で定めるところにより、危険物取扱者試験事務に関する事項で総務省令で定めるものを記載した帳簿を備え、保存しなければならない。(こ)(ゑ)

本条…追加〔昭和五八年一二月法律八三号(こ)〕、一部改正〔平成一一年一二月法律一六〇号(ゑ)〕

参照 【帳簿】危則五八の一〇(帳簿)

罰則 ＊【帳簿を備え、保存しなかつた役員又は職員】罰金三〇万円以下(消防四三の二1)【公訴時効】三年(刑訴五五・二五〇・二五三)

〔監督命令等〕

第一三条の一五 総務大臣は、危険物取扱者試験事務の適正な実施を確保するため必要があると認めるときは、指定試験機関に対し、危険物取扱者試験事務に関し監督上必要な命令をすることができる。(こ)(ゑ)

② 委任都道府県知事は、その行わせることとした危険物取扱者試験事務の適正な実施を確保するため必要があると認めるときは、指定試験機関に対し、当該危険物取扱者試験事務の適正な実施のために必要な措置をとるべきことを指示することができる。(こ)

本条…追加〔昭和五八年一二月法律八三号(こ)〕、一項…一部改正〔平成一一年一二月法律一六〇号(ゑ)〕

〔報告の徴収、立入検査〕

第一三条の一六 総務大臣は、危険物取扱者試験事務の適正な実施を確保するため必要があると認めるときは、指定試験機関に対し、危険物取扱者試験事務の状況に関し必要な報告を求め、又はその職員に、指定試験機関の事務所に立ち入り、危険物取扱者試験事務の状況若しくは設備、帳簿、書類その他の物件を検査させることができる。(こ)(ゑ)

② 委任都道府県知事は、その行わせることとした危険物取扱者試験事務の適正な実施を確保するため必要があると認めるときは、指定試験機関に対し、当該危険物取扱者試験事務の状況に関し必要な報告を求め、又はその職員に、当該危険物取扱者試験事務を取り扱う指定試験機関の事務所に立ち入り、当該危険物取扱者試験事務の状況若しくは設備、帳簿、書類その他の物件を検査させることができる。(こ)

③ 前二項の規定により立入検査をする職員は、その身分を示す証明書を携帯し、関係人の請求があつたときは、これを提示しなければならない。(こ)

④ 第一項又は第二項の規定による立入検査の権限は、犯罪捜査のために認められたものと解釈してはならない。(こ)

本条…追加〔昭和五八年一二月法律八三号(こ)〕、一項…一部改正〔平成一一年一二月法律一六〇号(ゑ)〕

罰則 ＊【報告又は立入検査の拒否等をした役員又は職員】罰金三〇万円以下（消防四三の二②）【公訴時効】三年（刑訴五五・二五〇・二五三）

〔指定試験機関の試験事務の休廃止〕

第一三条の一七　指定試験機関は、総務大臣の許可を受けなければ、危険物取扱者試験事務の全部又は一部を休止し、又は廃止してはならない。(こ)(ゑ)

② 総務大臣は、指定試験機関の危険物取扱者試験事務の全部又は一部の休止又は廃止により危険物取扱者試験事務の適正かつ確実な実施が損なわれるおそれがないと認めるときでなければ、前項の規定による許可をしてはならない。(こ)(ゑ)

③ 総務大臣は、第一項の規定による許可をしようとするときは、関係委任都道府県知事の意見を聴かなければならない。(こ)(ゑ)

④ 総務大臣は、第一項の規定による許可をしたときは、その旨を、関係委任都道府県知事に通知するとともに、公示しなければならない。(こ)(ゑ)

本条…追加〔昭和五八年一二月法律八三号(こ)〕、一―四項…一部改正〔平成一一年一二月法律一六〇号(ゑ)〕

参照 【休廃止】危則五八の一二（試験事務の休止又は廃止の許可の申請）

罰則 ＊【許可を受けないで、危険物取扱者試験の実施に関する事務の全部を廃止した役員又は職員】罰金三〇万円以下（消防四三の二③）【公訴時効】三年（刑訴五五・二五〇・二五三）

〔指定の取消、停止〕

第一三条の一八　総務大臣は、指定試験機関が第十三条の六第二項各号（第三号を除く。）のいずれかに該当するに至つたときは、その指定を取り消さなければならない。(こ)(ゑ)

② 総務大臣は、指定試験機関が次のいずれかに該当するときは、その指定を取り消し、又は期間を定めて危険物取扱者試験事務の全部若しくは一部の停止を命ずることができる。(こ)(ゑ)

一　第十三条の六第一項各号の要件を満たさなくなつたと認められるとき。(こ)

二　第十三条の十第一項、第十三条の十三第一項若しくは第三項、第十三条の十四又は前条第一項の規定に違反したとき。(こ)

三　第十三条の九第二項（第十三条の十第三項において準用する場合を含む。）、第十三条の十二第三項又は第十三条の十五第一項の規定による命令に違反したとき。(こ)

四　第十三条の十二第一項の規定により認可を受けた試験事務規程

によらないで危険物取扱者試験事務を行つたとき。(こ)

五　不正な手段により第十三条の五第一項の規定による指定を受けたとき。(こ)

③　総務大臣は、前二項の規定により指定を取り消し、又は前項の規定により危険物取扱者試験事務の全部若しくは一部の停止を命じたときは、その旨を、関係委任都道府県知事に通知するとともに、公示しなければならない。(こ)(き)(ゑ)

本条…追加〔昭和五八年一二月法律八三号(こ)〕、三項…削除・旧四項…一部改正し三項に繰上〔平成五年一一月法律八九号(き)〕、一—三項…一部改正〔平成一一年一二月法律一六〇号(ゑ)〕

罰則 ＊【危険物取扱者試験の実施に関する事務の停止の命令に違反した役員又は職員】懲役一年以下・罰金一〇〇万円以下（消防四一の三）【公訴時効】三年（刑訴五五・二五〇・二五三）

〔指定の取消等に伴う通知等〕

第一三条の一九　委任都道府県知事は、指定試験機関に危険物取扱者試験事務を行わせないこととするときは、その三月前までに、その旨を指定試験機関に通知しなければならない。(こ)

②　委任都道府県知事は、指定試験機関に危険物取扱者試験事務を行わせないこととしたときは、その旨を公示しなければならない。(こ)(ゑ)(ワ)

本条…追加〔昭和五八年一二月法律八三号(こ)〕、二項…一部改正〔平成一一年一二月法律一六〇号(ゑ)・二五年六月四四号(ワ)〕

〔委任都道府県知事による試験事務の実施〕

第一三条の二〇　委任都道府県知事は、指定試験機関が第十三条の十七第一項の規定により危険物取扱者試験事務の全部若しくは一部を休止したとき、総務大臣が第十三条の十八第二項の規定により指定試験機関に対し危険物取扱者試験事務の全部若しくは一部の停止を命じたとき、又は指定試験機関が天災その他の事由により危険物取扱者試験事務の全部若しくは一部を実施することが困難となつた場合において総務大臣が必要があると認めるときは、第十三条の五第三項の規定にかかわらず、当該危険物取扱者試験事務の全部又は一部を行うものとする。(こ)(ゑ)

②　総務大臣は、委任都道府県知事が前項の規定により危険物取扱者試験事務を行うこととなるとき、又は委任都道府県知事が同項の規定により危険物取扱者試験事務を行うこととなる事由がなくなつたときは、速やかにその旨を当該委任都道府県知事に通知しなければならない。(こ)(ゑ)

③　委任都道府県知事は、前項の規定による通知を受けたときは、その旨を公示しなければならない。(こ)

本条…追加〔昭和五八年一二月法律八三号(こ)〕、一・二項…一部改正〔平成一一年一二月法律一六〇号(ゑ)〕

〔委任都道府県知事への事務の引継ぎ〕

第一三条の二一　前条第一項の規定により委任都道府県知事が危険物取扱者試験事務を行うこととなつた場合、総務大臣が第十三条の十七第一項の規定により委任都道府県知事が危険物取扱者試験事務の廃止を許可し、若しくは第十三条の十八第一項若しくは第二項の規定により指定を取り消した場合又は委任都道府県知事が指定試験機関に危険物取扱者試験事務を行わせないこととした場合における危険物取扱者試験事務の引継ぎその他の必要な事項は、総務省令で定める。(こ)(ゑ)

本条…追加〔昭和五八年一二月法律八三号(こ)〕、一部改正〔平成一一年一二月法律一六〇号(ゑ)〕

参照 【総務省令】危則五八の一三（試験事務の引継ぎ等）

〔処分等に係る審査請求〕

第一三条の二二　指定試験機関が行う危険物取扱者試験事務に係る処分又はその不作為については、総務大臣に対し、審査請求をすることができる。この場合において、総務大臣は、行政不服審査法第二十五条第二項及び第三項、第四十六条第一項及び第二項、第四十七条並びに第四十九条第三項の規定の適用については、指定試験機関の上級行政庁とみなす。（こ）（ゑ）（ヨ）

本条…追加〔昭和五八年一二月法律八三号（こ）〕、一部改正〔平成一一年一二月法律一六〇号（ゑ）・二六年六月六九号（ヨ）〕

〔**危険物取扱者講習**〕

第一三条の二三　製造所、貯蔵所又は取扱所において危険物の取扱作業に従事する危険物取扱者は、総務省令で定めるところにより、都道府県知事（総務大臣が指定する市町村長その他の機関を含む。）が行なう危険物の取扱作業の保安に関する講習を受けなければならない。（ら）（こ）（ゑ）

本条…追加〔昭和四六年六月法律九七号（ら）〕、旧一三条の五…繰下〔昭和五八年一二月法律八三号（こ）〕、本条…一部改正〔平成一一年一二月法律一六〇号（ゑ）〕

参照　【総務省令】危則五八の一四（講習）【手数料】手数料令二一

〔**危険物保安統括管理者又は危険物保安監督者の解任**〕

第一三条の二四　市町村長等は、危険物保安統括管理者若しくは危険物保安監督者がこの法律若しくはこの法律に基づく命令の規定に違反したとき、又はこれらの者にその業務を行わせることが公共の安全の維持若しくは災害の発生の防止に支障を及ぼすおそれがあると認めるときは、第十二条の七第一項又は第十三条第一項に規定する製造所、貯蔵所又は取扱所の所有者、管理者又は占有者に対し、危険物保安統括管理者又は危険物保安監督者の解任を命ずることができる。（さ）

② 第十一条の五第四項及び第五項の規定は、前項の規定による命令について準用する。（せ）

本条…追加〔昭和六三年五月法律五五号（さ）〕、二項…追加〔平成一四年四月法律三〇号（せ）〕

〔**危険物施設保安員**〕

第一四条　政令で定める製造所、貯蔵所又は取扱所の所有者、管理者又は占有者は、危険物施設保安員を定め、総務省令で定めるところにより、当該製造所、貯蔵所又は取扱所の構造及び設備に係る保安のための業務を行わせなければならない。（そ）（ゑ）

一・二項…一部改正・三・四項…追加〔昭和三四年四月法律八六号（り）〕、二項…削除・三・四項…一部改正し二・三項に繰上〔昭和三八年四月法律八八号（た）〕、本条…全部改正〔昭和四〇年五月法律六五号（そ）〕、一部改正〔平成一一年一二月法律一六〇号（ゑ）〕

参照　【政令】危令三六（危険物施設保安員を定めなければならない製造所等の指定）、危則六〇（危険物施設保安員等の設置対象から除かれる製造所、移送取扱所又は一般取扱所）【総務省令】危則五九（危険物施設保安員の業務）

〔**予防規程**〕

第一四条の二　政令で定める製造所、貯蔵所又は取扱所の所有者、管理者又は占有者は、当該製造所、貯蔵所又は取扱所の火災を予防するため、総務省令で定める事項について予防規程を定め、市町村長等の認可を受けなければならない。これを変更するときも、同様とする。（そ）（の）（ゑ）

② 市町村長等は、予防規程が、第十条第三項の技術上の基準に適合していないときその他火災の予防のために適当でないと認めるときは、前項の認可をしてはならない。（そ）

③ 市町村長等は、火災の予防のため必要があるときは、予防規程の変更を命ずることができる。（そ）

④ 第一項に規定する製造所、貯蔵所又は取扱所の所有者、管理者又

は占有者及びその従業者は、予防規程を守らなければならない。（さ）

⑤　第十一条の五第四項及び第五項の規定は、第三項の規定による命令について準用する。（せ）

本条…追加〔昭和四〇年五月法律六五号(そ)〕、一項…一部改正〔昭和四九年六月法律六四号(の)〕、四項…追加〔昭和六三年五月法律五五号(さ)〕、一項…一部改正〔平成一一年一二月法律一六〇号(ゑ)〕、五項…追加〔平成一四年四月法律三〇号(せ)〕

解説【予防規程の作成要領】同一事業所内に複数の予防規程作成施設が存する場合は個々の施設ごとに作成するのでなく、事業所単位に該当するすべての施設を網羅した予防規程とすることが望ましい。

参照【政令】危令三七（予防規程を定めなければならない製造所等の指定）【総務省令】危則六〇の二（予防規程に定めなければならない事項）【認可】危則六二（予防規程の認可の申請）

罰則＊【第一項の規定に違反して危険物を貯蔵又は取扱つた者】懲役六月以下・罰金五〇万円以下（消防四二①8）、懲役・罰金の併科（消防四二②）、両罰（消防四五3）【公訴時効】認可を受けるまで進行しない（継続犯）。

＊【命令に違反した者】懲役六月以下・罰金五〇万円以下（消防四二①8）、懲役・罰金の併科（消防四二②）、両罰（消防四五3）【公訴時効】三年（刑訴五五・二五〇・二五三）

〔**保安検査及びその審査の委託**〕

第一四条の三　政令で定める屋外タンク貯蔵所又は移送取扱所の所有者、管理者又は占有者は、政令で定める時期ごとに、当該屋外タンク貯蔵所又は移送取扱所に係る構造及び設備に関する事項で政令で定めるものが第十条第四項の技術上の基準に従つて維持されているかどうかについて、市町村長等が行う**保安に関する検査**を受けなければならない。（く）

②　政令で定める屋外タンク貯蔵所の所有者、管理者又は占有者は、当該屋外タンク貯蔵所について、**不等沈下**その他の政令で定める事由が生じた場合には、当該屋外タンク貯蔵所に係る構造及び設備に関する事項で政令で定めるものが第十条第四項の技術上の基準に従つて維持されているかどうかについて、市町村長等が行う**保安に関する検査**を受けなければならない。（く）

③　第一項（屋外タンク貯蔵所に係る部分に限る。）又は前項の場合には、市町村長等は、これらの規定に規定する屋外タンク貯蔵所に係る構造及び設備に関する事項で政令で定めるものが第十条第四項の技術上の基準に従つて維持されているかどうかの審査を協会に委託することができる。（く）

本条…追加〔昭和四九年六月法律六四号(の)〕、全部改正〔昭和五一年五月法律三七号(く)〕

解説【保安検査】本条第一項に係るものを一般に「定期保安検査」といい、第二項に係るものを「臨時保安検査」といっている。なお、これらの点検の指導指針は消防庁から示されている。

【不等沈下】各部所等の沈下の度合が異なるものをいい、応力が集中する箇所が生じるため亀裂、破損の危険が生じる。

参照【政令】危令八の四（保安に関する検査）、危則六二の二（保安に関する検査を受けなければならない時期の特例事由）・六二の二の二（保安のための措置）・六二の二の三（保安のための措置を講じている場合の市町村長等が定める期間等）・六二の二の四（特殊の方法）・六二の二の五・六二の二の六（液体危険物タンクの底部の板の厚さの一年当たりの腐食による減少量の算出方法等）・六二の二の七（特殊液体危険物タンク）・六二の二の八（保安に関する検査を受けなければならない特殊液体危険物タンクの部分）・六二の二の九（保安に関する検査を受けなければならない事由）・六二の三（保安に関する検査の申請書等の様式）【手数料】消防一六の四、危令四〇、手数料令二二

罰則＊【検査を拒み、妨げ又は忌避した者】罰金三〇万円以下・拘留（消防

四四４）【公訴時効】三年（刑訴五五・二五〇・二五三）

〔製造所等の定期点検等〕

第一四条の三の二　政令で定める製造所、貯蔵所又は取扱所の所有者、管理者又は占有者は、これらの製造所、貯蔵所又は取扱所について、総務省令で定めるところにより、定期に点検し、その点検記録を作成し、これを保存しなければならない。(お)(ゑ)

本条…追加〔昭和五〇年一二月法律八四号(お)〕、一部改正〔平成一一年一二月法律一六〇号(ゑ)〕

解説【定期点検】消防用設備等の点検と異なり報告義務を要しないものである。なお、点検内容は製造所等の区分ごとに消防庁から指針として示されている。

参照【政令】危令八の五（定期に点検を実施しなければならないもの）【総務省令】危則九の二（定期点検をしなければならない製造所等から除外されるもの）・六二の四（点検の時期・内容）・六二の六（点検実施者）・六二の七（点検記録事項）・六二の八（点検記録の保存期間）

罰則＊【点検記録を作成せず、虚偽の点検記録を作成し、又は点検記録を保存しなかつた者】罰金三〇万円以下・拘留（消防四四５）【公訴時効】三年（刑訴五五・二五〇・二五三）

〔自衛消防組織の設置〕

第一四条の四　同一事業所において政令で定める製造所、貯蔵所又は取扱所を所有し、管理し、又は占有する者で政令で定める数量以上の危険物を貯蔵し、又は取り扱うものは、政令で定めるところにより、当該事業所に自衛消防組織を置かなければならない。(そ)(の)

本条…追加〔昭和四〇年五月法律六五号(そ)〕、旧一四条の三…繰下〔昭和四九年六月法律六四号(の)〕

参照【政令】危令三八①（自衛消防組織を置かなければならない事業所）【政令で定める数量】危令三八②【政令で定めるところ】危令三八の二（自衛消防組織の編成）、危則六四（移送取扱所を有する事業所の自衛消防組織の編成）・六四の二（自衛消防組織の編成の特例）・六五（化学消防自動車の基準）

〔映写室の構造及び設備の基準〕

第一五条　常時映画を上映する建築物その他の工作物に設けられた映写室で緩燃性でない映画を映写するものは、政令で定める技術上の基準に従い、構造及び設備を具備しなければならない。(り)(た)

一項…一部改正・二項…追加・旧二項…一部改正し三項に繰下〔昭和三四年四月法律八六号(り)〕、一項…一部改正・二項…削除・旧三項…一部改正し二項に繰上〔昭和三八年四月法律八八号(た)〕、二項…削除〔昭和四五年六月法律一一一号(な)〕

参照【政令】危令三九（映写室の基準）、危則六六（映写室の標識及び掲示板）・六七（映写室の消火設備）

罰則＊【規定に違反した者】懲役一年以下・罰金一〇〇万円以下（消防四一①４）、懲役・罰金の併科（消防四一②）、両罰（消防四五３）【公訴時効】三年（刑訴五五・二五〇・二五三）

〔危険物の運搬基準〕

第一六条　危険物の運搬は、その容器、積載方法及び運搬方法について政令で定める技術上の基準に従つてこれをしなければならない。(り)

本条…全部改正〔昭和三四年四月法律八六号(り)〕

解説【危険物の運搬】危険物をある位置から異なる位置へ動かすことをいい、その手段や量のいかんを問わないものである。なお、移動タンク貯蔵所によるものは「運搬」には該当せず、「移送」として規制する。

参照【政令で定める基準】危令二八、危則四一～四三の二（運搬容器）、危令二九、危則四三の三～四六の二（積載方法）、危令三〇、危則四七～四七の三（運搬方法）

罰則＊【規定に違反した者】懲役三月以下・罰金三〇万円以下（消防四三①2）、懲役・罰金の併科（消防四三②）、両罰（消防四五3）【公訴時効】三年（刑訴五五・二五〇・二五三）

〔**危険物の移送**〕

第一六条の二　移動タンク貯蔵所による**危険物の移送**は、当該危険物を取り扱うことができる**危険物取扱者を乗車**させてこれをしなければならない。(ら)(て)

②　前項の危険物取扱者は、移動タンク貯蔵所による危険物の移送に関し政令で定める基準を遵守し、かつ、当該危険物の保安の確保について細心の注意を払わなければならない。(ら)

③　危険物取扱者は、第一項の規定により危険物の移送をする移動タンク貯蔵所に乗車しているときは、危険物取扱者免状を携帯していなければならない。(ら)

本条…追加〔昭和三四年四月法律八六号(り)〕、一・二項…一部改正〔昭和四〇年五月法律六五号(そ)〕、本条…全部改正〔昭和四六年六月法律九七号(ら)〕、一項…一部改正〔昭和六一年四月法律二〇号(て)〕

解説【**危険物の移送**】休憩等のために停車中のものも、移送中としてとらえられる。

【**危険物取扱者の乗車義務**】空の移動タンク貯蔵所を運行する時には必要ない。また運転手が危険物取扱者であれば別の取扱者が同乗する必要はない。

参照【政令で定める基準】危令三〇の二（移送基準）、危則六章（運搬及び移送の基準）

罰則＊【第一項の規定に違反した者】懲役三月以下・罰金三〇万円以下（消防四三①3）、懲役・罰金の併科（消防四三②）、両罰（消防四五3）【公訴時効】三年（刑訴五五・二五〇・二五三）

＊【第三項の規定に違反した者】罰金三〇万円以下・拘留（消防四四6）【公訴時効】三年（刑訴五五・二五〇・二五三）

※免状の不携帯は、過失による場合でも処罰の対象となる。

〔**製造所等についての応急措置及びその通報並びに措置命令**〕

第一六条の三　製造所、貯蔵所又は取扱所の所有者、管理者又は占有者は、当該製造所、貯蔵所又は取扱所について、危険物の流出その他の事故が発生したときは、直ちに、引き続く危険物の流出及び拡散の防止、流出した危険物の除去その他災害の発生の防止のための**応急の措置**を講じなければならない。(の)(お)

②　前項の事態を発見した者は、直ちに、その旨を消防署、市町村長の指定した場所、警察署又は海上警備救難機関に**通報**しなければならない。(の)

③　市町村長等は、製造所、貯蔵所（移動タンク貯蔵所を除く。）又は取扱所の所有者、管理者又は占有者が第一項の応急の措置を講じていないと認めるときは、これらの者に対し、同項の応急の措置を講ずべきことを命ずることができる。(お)(て)

④　市町村長（消防本部及び消防署を置く市町村以外の市町村の区域においては、当該区域を管轄する都道府県知事とする。次項及び第六項において準用する第十一条の五第四項において同じ。）は、その管轄する区域にある移動タンク貯蔵所について、前項の規定の例により、第一項の応急の措置を講ずべきことを命ずることができる。(て)(せ)

⑤　市町村長等又は市町村長は、それぞれ第三項又は前項の規定により応急の措置を命じた場合において、その措置を命ぜられた者がその措置を履行しないとき、履行しても十分でないとき、又はその措置の履行について期限が付されている場合にあつては履行しても当該期限までに完了する見込みがないときは、行政代執行法の定める

ところに従い、当該消防事務に従事する職員又は第三者にその措置をとらせることができる。(せ)

⑥　第十一条の五第四項及び第五項の規定は、第三項又は第四項の規定による命令について準用する。(せ)

本条…追加〔昭和四九年六月法律六四号(の)〕、一項…一部改正、三項…追加〔昭和五〇年一二月法律八四号(お)〕、三項…一部改正、四項…追加〔昭和六一年四月法律二〇号(て)〕、四項…一部改正・五・六項…追加〔平成一四年四月法律三〇号(せ)〕

解説【応急措置】災害の拡大等を防止するための最善の措置をいう。
【通報義務者】事故を発見した者であり、事業所の関係者等に限らないものである。

罰則＊【虚偽の通報をした者】罰金三〇万円以下・拘留（消防四四10）【公訴時効】三年（刑訴五五・二五〇・二五三）
＊【命令に違反した者】懲役六月以下・罰金五〇万円以下（消防四二①9）、懲役・罰金の併科（消防四二②）、両罰（消防四五3）【公訴時効】三年（刑訴五五・二五〇・二五三）

〔危険物流出等の事故原因調査〕

第一六条の三の二　市町村長等は、製造所、貯蔵所又は取扱所において発生した危険物の流出その他の事故（火災を除く。以下この条において同じ。）であつて火災が発生するおそれのあつたものについて、当該事故の原因を調査することができる。(リ)

②　市町村長等は、前項の調査のため必要があるときは、当該事故が発生した製造所、貯蔵所若しくは取扱所その他当該事故の発生と密接な関係を有すると認められる場所の所有者、管理者若しくは占有者に対して必要な資料の提出を命じ、若しくは報告を求め、又は当該消防事務に従事する職員に、これらの場所に立ち入り、所在する危険物の状況若しくは当該製造所、貯蔵所若しくは取扱所その他の当該事故に関係のある工作物若しくは物件を検査させ、若しくは関係のある者に質問させることができる。(リ)

③　第四条第一項ただし書及び第二項から第四項までの規定は、前項の場合について準用する。(リ)

④　消防庁長官は、第一項の規定により調査をする市町村長等（総務大臣を除く。）から求めがあつた場合には、同項の調査をすることができる。この場合においては、前二項の規定を準用する。(リ)

本条…追加〔平成二〇年五月法律四一号(リ)〕

参照【事故原因調査証】平成二〇年八月二〇日消防庁告示第九号【立入検査証】平成二〇年八月二〇日総務省告示第四五一号

罰則＊【資料の提出拒否等又は立入検査の拒否等を行つた者】罰金三〇万円以下・拘留（消防四四2）【公訴時効】三年（刑訴五五・二五〇・二五三）

〔手数料〕

第一六条の四　総務大臣が行う移送取扱所の設置若しくは変更の許可、完成検査（第十一条第五項ただし書の承認を含む。）又は保安に関する検査を受けようとする者は、政令で定めるところにより、実費を勘案して政令で定める額の手数料を、国に納めなければならない。(し)(ゑ)

②　第十三条の二十三の規定により総務大臣が指定する機関で市町村長以外のもの（以下この条において「指定講習機関」という。）が行う危険物の取扱作業の保安に関する講習を受けようとする者は、政令で定めるところにより、実費を勘案して政令で定める額の手数料を当該指定講習機関に納めなければならない。(し)(ゑ)

③　前項の規定により指定講習機関に納められた手数料は、当該指定講習機関の収入とする。(こ)(し)

④　都道府県は、地方自治法（昭和二十二年法律第六十七号）第二百二十七条の規定に基づき危険物取扱者試験に係る手数料を徴収する

場合においては、第十三条の五第一項の規定により指定試験機関が行う危険物取扱者試験を受けようとする者に、条例で定めるところにより、当該手数料を当該指定試験機関へ納めさせ、その収入とすることができる。(し)

本条…追加〔昭和三四年四月法律八六号(り)〕、一部改正〔昭和四〇年五月法律六五号(そ)・四六年六月九七号(ら)〕、旧一六条の三…一部改正し繰下〔昭和四九年六月法律六四号(の)〕、本条…一部改正〔昭和五一年五月法律三七号(く)〕、一項…一部改正・二項…追加〔昭和五八年一二月法律八三号(こ)〕、一項…全部改正・二・四項…追加・旧二項…一部改正し三項に繰下〔平成一一年七月法律八七号(し)〕、一・二項…一部改正〔平成一一年一二月法律一六〇号(ゑ)〕

参照　【政令】危令四〇（手数料）

〔**質問、検査等**〕

第一六条の五　市町村長等は、第十六条の三の二第一項及び第二項に定めるもののほか、危険物の貯蔵又は取扱いに伴う火災の防止のため必要があると認めるときは、指定数量以上の危険物を貯蔵し、若しくは取り扱つていると認められるすべての場所（以下この項において「貯蔵所等」という。）の所有者、管理者若しくは占有者に対して資料の提出を命じ、若しくは報告を求め、又は当該消防事務に従事する職員に、貯蔵所等に立ち入り、これらの場所の位置、構造若しくは設備及び危険物の貯蔵若しくは取扱いについて検査させ、関係のある者に質問させ、若しくは試験のため必要な最少限度の数量に限り危険物若しくは危険物であることの疑いのある物を収去させることができる。(り)(そ)(の)(リ)

② 消防吏員又は警察官は、危険物の移送に伴う火災の防止のため特に必要があると認める場合には、走行中の移動タンク貯蔵所を停止させ、当該移動タンク貯蔵所に乗車している危険物取扱者に対し、危険物取扱者免状の提示を求めることができる。この場合においては、消防吏員及び警察官がその職務を行なうに際しては、互いに密接な連絡をとるものとする。(ら)

③ **第四条第二項から第四項までの規定**は、前二項の場合にこれを準用する。(り)(ら)(せ)

本条…追加〔昭和三四年四月法律八六号(り)〕、一項…一部改正〔昭和四〇年五月法律六五号(そ)〕、二項…追加・旧二項…一部改正し三項に繰下〔昭和四六年六月法律九七号(ら)〕、旧一六条の四…繰下〔昭和四九年六月法律六四号(の)〕、三項…一部改正〔平成一四年四月法律三〇号(せ)〕、一項…一部改正〔平成二〇年五月法律四一号(リ)〕

解説　【立入検査を行うことができる場所】製造所等はもちろんのこと、指定数量以上の危険物を貯蔵し、又は取り扱っていると認められるすべての場所である。

【収去】試験又は検査の用に供するため、必要最少限度のものを強制的に取り去ることをいう。

【第四条第二項から第四項までの規定】証票の提示、業務妨害の禁止、秘密を守る義務

参照　【収去】憲二九　【立入検査証】平成二〇年八月二〇日総務省告示第四五一号

罰則　*【資料の提出拒否等又は立入検査の拒否等を行った者】罰金三〇万円以下・拘留（消防四四2）【公訴時効】三年（刑訴五五・二五〇・二五三）

*【停止に従わず、又は提示の要求を拒んだ者】罰金三〇万円以下・拘留（消防四四7）【公訴時効】三年（刑訴五五・二五〇・二五三）

〔**無許可貯蔵等の危険物に対する措置命令**〕

第一六条の六　市町村長等は、第十条第一項ただし書の承認又は第十一条第一項前段の規定による許可を受けないで指定数量以上の危険物を貯蔵し、又は取り扱つている者に対して、当該貯蔵又は取扱いに係る危険物の除去その他危険物による災害防止のための**必要な措置**をとるべきことを命ずることができる。(そ)(の)

② 第十一条の五第四項及び第五項の規定は前項の規定による命令について、第十六条の三第五項の規定は前項の規定による必要な措置を命じた場合について、それぞれ準用する。(せ)

本条…追加〔昭和四〇年五月法律六五号(そ)〕、旧一六条の五…繰下〔昭和四九年六月法律六四号(の)〕、二項…追加〔平成一四年四月法律三〇号(せ)〕

解説【必要な措置】現実の危険性を排除するためにとり得る「施設の撤去」「取扱いの制限又は禁止」等の措置をいう。なお、本命令違反に対しては行政代執行法による代執行を行うことができる。

〔行政庁の変更と行政処分等の効力〕

第一六条の七　消防本部若しくは消防署の設置若しくは廃止又は市町村の廃置分合若しくは境界変更があつたことにより、新たに消防本部及び消防署が置かれることとなつた市町村若しくは消防本部及び消防署が置かれないこととなつた市町村の区域又は当該廃置分合若しくは境界変更に係る市町村の区域に係る第十一条、第十一条の二、第十一条の四、第十一条の五第一項及び第二項、第十二条第二項、第十二条の二から第十二条の四まで、第十二条の六、第十二条の七第二項、第十三条第二項、第十四条の二第一項及び第三項、第十四条の三、第十六条の三第三項及び第四項並びに前条の規定による権限を有する行政庁に変更があつた場合における変更前の行政庁がした許可その他の処分又は受理した届出の効力その他この章の規定の適用に係る特例については、政令で定める。(り)(た)(そ)(の)(く)(て)

本条…追加〔昭和三四年四月法律八六号(り)〕、一部改正〔昭和三八年四月法律八八号(た)〕、旧一六条の五…一部改正し繰下〔昭和四〇年五月法律六五号(そ)〕、旧一六条の六…一部改正し繰下〔昭和四九年六月法律六四号(の)〕、本条…一部改正〔昭和五一年五月法律三七号(く)・六一年四月二〇号(て)〕

参照【当該行政庁に変更があつた場合】危則七一（行政庁の変更に伴う事務引継）【政令】危令四一の二（行政庁の変更に伴う特例）

〔地方公共団体が処理する事務〕

第一六条の八　この章に規定する総務大臣の権限に属する事務の一部は、政令で定めるところにより、都道府県知事又は市町村長が行うこととすることができる。(し)(ゑ)

本条…追加〔昭和四九年六月法律六四号(の)〕、全部改正〔平成一一年七月法律八七号(し)〕、一部改正〔平成一一年一二月法律一六〇号(ゑ)〕

参照【政令】未制定

〔緊急時における総務大臣の指示〕

第一六条の八の二　総務大臣は、公共の安全の維持又は災害の発生の防止のため緊急の必要があると認めるときは、政令で定めるところにより、都道府県知事又は市町村長に対し、この章又は前条の規定に基づく政令の規定により都道府県知事又は市町村長が行うこととされる事務のうち政令で定めるものの処理について指示することができる。(し)(ゑ)

本条…追加〔平成一一年七月法律八七号(し)〕、一部改正〔平成一一年一二月法律一六〇号(ゑ)〕

参照【政令】危令三九の二（緊急時の指示の手続）・三九の三（緊急時の指示の対象となる事務）

〔適用除外〕

第一六条の九　この章の規定は、航空機、船舶、鉄道又は軌道による危険物の貯蔵、取扱い又は運搬には、これを適用しない。(り)(そ)(の)(く)

本条…追加〔昭和三四年四月法律八六号(り)〕、旧一六条の六…繰下〔昭和四〇年五月法律六五号(そ)〕、旧一六条の七…繰下〔昭和四九年六月法

律六四号(の)〕、本条…一部改正〔昭和五一年五月法律三七号(く)〕

解説【適用除外】適用が除外されるのは、航空機、船舶、鉄道、軌道の内部における、危険物の貯蔵や取扱いであって航空機や船舶等へ給油等を行う場合についてまで適用を除外するものではない。

第三章の二　危険物保安技術協会(く)

本章…追加〔昭和五一年五月法律三七号(く)〕

第一節　総則(く)

本節…追加〔昭和五一年五月法律三七号(く)〕

〔危険物保安技術協会の目的〕

第一六条の一〇　危険物保安技術協会は、第十一条の三又は第十四条の三第三項の規定による市町村長等の委託に基づく屋外タンク貯蔵所に係る審査を行い、あわせて危険物又は指定可燃物（以下この章において「危険物等」という。）の貯蔵、取扱い又は運搬（航空機、船舶、鉄道又は軌道によるものを除く。以下この章において同じ。）の安全に関する試験、調査及び技術援助等を行い、もつて危険物等の貯蔵、取扱い又は運搬に関する保安の確保を図ることを目的とする。(く)(て)(さ)

本条…追加〔昭和五一年五月法律三七号(く)〕、一部改正〔昭和六一年四月法律二〇号(て)・六三年五月五五号(さ)〕

解説【危険物保安技術協会】総務大臣の認可を受けた認可法人である。

参照【許可に係る審査】消防一一の三1【完成検査前検査に係る審査】消防一一の三2【保安に関する検査に係る審査】消防一四の三③

〔協会の組織〕

第一六条の一一　危険物保安技術協会（以下この章において「協会」という。）は、法人とする。(く)

本条…追加〔昭和五一年五月法律三七号(く)〕

〔設立の制限〕

第一六条の一二　協会は、一を限り、設立されるものとする。(く)

本条…追加〔昭和五一年五月法律三七号(く)〕

〔名称の使用義務及び使用制限〕

第一六条の一三　協会は、その名称中に危険物保安技術協会という文字を用いなければならない。(く)

② 協会でない者は、その名称中に危険物保安技術協会という文字を用いてはならない。(く)

本条…追加〔昭和五一年五月法律三七号(く)〕

罰則＊【第二項の規定に違反した者】過料一〇万円以下（消防四六の四）

〔登記〕

第一六条の一四　協会は、政令で定めるところにより、登記しなければならない。(く)

② 前項の規定により登記しなければならない事項は、登記の後でなければ、これをもつて第三者に対抗することができない。(く)

本条…追加〔昭和五一年五月法律三七号(く)〕

参照【政令】独立行政法人等登記令（昭三九政令二八号）

罰則＊【登記を怠つたとき】過料二〇万円以下（消防四六の二2）

〔一般社団・財団法人法の規定の準用〕

第一六条の一五　一般社団法人及び一般財団法人に関する法律（平成十八年法律第四十八号）第四条及び第七十八条の規定は、協会につ

いて準用する。(く)(こ)(ホ)

本条…追加〔昭和五一年五月法律三七号(く)〕、一部改正〔昭和五八年一二月法律八三号(こ)・平成一八年六月五〇号(ホ)〕

参照【一般社団・財団法人法四条】住所【一般社団・財団法人法七八条】代表者の行為についての損害賠償責任

第二節　設立(く)

本節…追加〔昭和五一年五月法律三七号(く)〕

〔設立の要件〕

第一六条の一六　協会を設立するには、都道府県知事の全国的連合組織の推薦する都道府県知事、市長の全国的連合組織の推薦する市長、町村長の全国的連合組織の推薦する町村長及び危険物等の貯蔵、取扱い又は運搬に関する保安について学識経験を有する者十五人以上が発起人となることを必要とする。(く)(て)

本条…追加〔昭和五一年五月法律三七号(く)〕、一部改正〔昭和六一年四月法律二〇号(て)〕

〔設立の認可申請〕

第一六条の一七　発起人は、定款及び事業計画書を総務大臣に提出して、設立の認可を申請しなければならない。(く)(ゑ)

② 協会の設立当初の役員は、定款で定めなければならない。(て)

③ 第一項の事業計画書に記載すべき事項は、総務省令で定める。(く)(て)(ゑ)

本条…追加〔昭和五一年五月法律三七号(く)〕、二項…追加・旧二項…一部改正し三項に繰下〔昭和六一年四月法律二〇号(て)〕、一・三項…一部改正〔平成一一年一二月法律一六〇号(ゑ)〕

参照【認可の申請】危険物協会省令一（申請書の記載事項）【総務省令】危険物協会省令二

〔設立の認可〕

第一六条の一八　総務大臣は、設立の認可をしようとするときは、前条第一項の規定による認可の申請が次の各号に適合するかどうかを審査して、これをしなければならない。(く)(ゑ)

一　設立の手続並びに定款及び事業計画書の内容が法令の規定に適合するものであること。(く)

二　定款又は事業計画書に虚偽の記載がないこと。(く)

三　職員、業務の方法その他の事項についての業務の実施に関する計画が適正なものであり、かつ、その計画を確実に遂行するに足りる経理的及び技術的な基礎を有すると認められること。(く)

四　前号に定めるもののほか、事業の運営が健全に行われ、危険物等の貯蔵、取扱い又は運搬に関する保安の確保に資することが確実であると認められること。(く)(て)

本条…追加〔昭和五一年五月法律三七号(く)〕、一部改正〔昭和六一年四月法律二〇号(て)・平成一一年一二月一六〇号(ゑ)〕

第一六条の一九　削除(て)〔昭和六一年四月法律二〇号(て)〕

〔事務の引継〕

第一六条の二〇　第十六条の十八の規定による設立の認可があつたときは、発起人は、遅滞なく、その事務を理事長となるべき者に引き継がなければならない。(く)(て)

本条…追加〔昭和五一年五月法律三七号(く)〕、一部改正〔昭和六一年四月法律二〇号(て)〕

〔設立登記〕

第一六条の二一　理事長となるべき者は、前条の規定による事務の引継ぎを受けたときは、遅滞なく、政令で定めるところにより、設立の登記をしなければならない。(く)

②　協会は、設立の登記をすることによつて成立する。㈠
本条…追加〔昭和五一年五月法律三七号㈠〕

参照　【政令】独立行政法人等登記令（昭三九政令二八号）

第三節　管理㈠

本節…追加〔昭和五一年五月法律三七号㈠〕

〔定款〕

第一六条の二二　協会の定款には、次の事項を記載しなければならない。㈠

一　目的㈠

二　名称㈠

三　事務所の所在地㈠

四　役員の定数、任期、選任の方法その他の役員に関する事項㈠㈢

五　評議員会に関する事項㈢

六　業務及びその執行に関する事項㈠㈢

七　財務及び会計に関する事項㈠㈢

八　定款の変更に関する事項㈠㈢

九　公告の方法㈠㈢

②　協会の定款の変更は、総務大臣の認可を受けなければ、その効力を生じない。㈠㈤

本条…追加〔昭和五一年五月法律三七号㈠〕、一項…一部改正〔昭和六一年四月法律二〇号㈢〕、二項…一部改正〔平成一一年一二月法律一六〇号㈤〕

参照　【総務大臣の認可】危険物協会省令三（設立認可申請書の記載事項）

罰則　＊【認可を受けなかつたとき】過料二〇万円以下（消防四六の二1）

〔役員〕

第一六条の二三　協会に、役員として、理事長、理事及び監事を置く。㈢

本条…追加〔昭和五一年五月法律三七号㈠〕、全部改正〔昭和六一年四月法律二〇号㈢〕

〔役員の職務〕

第一六条の二四　理事長は、協会を代表し、その業務を総理する。㈠

②　理事は、定款で定めるところにより、理事長を補佐して協会の業務を掌理し、理事長に事故があるときはその職務を代理し、理事長が欠員のときはその職務を行う。㈠

③　監事は、協会の業務を監査する。㈠

④　監事は、監査の結果に基づき、必要があると認めるときは、理事長又は総務大臣に意見を提出することができる。㈠㈤

本条…追加〔昭和五一年五月法律三七号㈠〕、四項…一部改正〔平成一一年一二月法律一六〇号㈤〕

〔役員の選任及び解任の効力〕

第一六条の二五　役員の選任及び解任は、総務大臣の認可を受けなければ、その効力を生じない。㈢㈤

本条…追加〔昭和五一年五月法律三七号㈠〕、全部改正〔昭和六一年四月法律二〇号㈢〕、一部改正〔平成一一年一二月法律一六〇号㈤〕

参照　【総務大臣の認可】危険物協会省令四（任命認可申請書の記載事項）

罰則　＊【認可を受けなかつたとき】過料二〇万円以下（消防四六の二1）

〔役員の欠格事項〕

第一六条の二六　次の各号の一に該当する者は、役員となることがで

きない。(く)(て)

一　政府又は地方公共団体の職員（非常勤の者を除く。）(く)

二　製造所、貯蔵所若しくは取扱所の所有者、管理者若しくは占有者若しくは製造所、貯蔵所若しくは取扱所の工事の請負を業とする者又はこれらの者が法人であるときはその役員（いかなる名称によるかを問わず、これと同等以上の職権又は支配力を有する者を含む。）(く)

三　前号に掲げる事業者の団体の役員（いかなる名称によるかを問わず、これと同等以上の職権又は支配力を有する者を含む。）(く)

本条…追加〔昭和五一年五月法律三七号(く)〕、旧一六条の二七…繰上〔昭和六一年四月法律二〇号(て)〕

〔役員の解任〕

第一六条の二七　協会は、役員が前条各号の一に該当するに至つたときは、その役員を解任しなければならない。(て)

本条…追加〔昭和六一年四月法律二〇号(て)〕

〔役員の解任命令〕

第一六条の二八　総務大臣は、役員が、この法律（この法律に基づく命令又は処分を含む。）、定款、業務方法書若しくは第十六条の三十七第一項に規定する審査事務規程に違反する行為をしたとき、又は協会の業務に関し著しく不適当な行為をしたときは、協会に対し、期間を指定して、その役員を解任すべきことを命ずることができる。(て)(ゑ)

②　総務大臣は、役員が第十六条の二十六各号の一に該当するに至つた場合において協会がその役員を解任しないとき、又は協会が前項の規定による命令に従わなかつたときは、当該役員を解任することができる。(て)(ゑ)

本条…追加〔昭和五一年五月法律三七号(く)〕、全部改正〔昭和六一年四月法律二〇号(て)〕、三項…削除〔平成五年一一月法律八九号(き)〕、一・二項…一部改正〔平成一一年一二月法律一六〇号(ゑ)〕

〔営利団体からの隔離等〕

第一六条の二九　役員は、営利を目的とする団体の役員となり、又は自ら営利事業に従事してはならない。ただし、総務大臣の承認を受けたときは、この限りでない。(く)(ゑ)

本条…追加〔昭和五一年五月法律三七号(く)〕、一部改正〔平成一一年一二月法律一六〇号(ゑ)〕

参照　【総務大臣の承認】危険物協会省令六（承認申請書の記載事項）

罰則　＊【承認を受けなかつたとき】過料二〇万円以下（消防四六の二1）

〔理事長の代表権の制限〕

第一六条の三〇　協会と理事長との利益が相反する事項については、理事長は、代表権を有しない。この場合には、監事が協会を代表する。(く)

本条…追加〔昭和五一年五月法律三七号(く)〕

〔評議員会〕

第一六条の三〇の二　協会に、その運営に関する重要事項を審議する機関として、評議員会を置く。(て)

②　評議員会は、評議員十人以内で組織する。(て)

③　評議員は、都道府県知事の全国的連合組織の推薦する者、市長の全国的連合組織の推薦する者、町村長の全国的連合組織の推薦する者及び危険物等の貯蔵、取扱い又は運搬に関する保安について学識経験を有する者のうちから、総務大臣の認可を受けて、理事長が任命する。(て)(ゑ)

本条…追加〔昭和六一年四月法律二〇号(て)〕、三項…一部改正〔平成一一年一二月法律一六〇号(ゑ)〕

〔職員の任命〕

第一六条の三一　協会の職員は、理事長が任命する。(く)

本条…追加〔昭和五一年五月法律三七号(く)〕

〔役職員の守秘義務等〕

第一六条の三二　協会の役員若しくは職員又はこれらの職にあつた者は、その職務に関して知り得た秘密を漏らし、又は盗用してはならない。(く)

本条…追加〔昭和五一年五月法律三七号(く)〕

罰則＊【規定に違反した者】懲役一年以下・罰金一〇〇万円以下（消防四一の四）【公訴時効】三年（刑訴五五・二五〇・二五三）

〔罰則が適用される役職員の身分〕

第一六条の三三　協会の役員及び職員は、刑法その他の罰則の適用については、法令により公務に従事する職員とみなす。(く)(こ)

本条…追加〔昭和五一年五月法律三七号(く)〕、一部改正〔昭和五八年一二月法律八三号(こ)〕

第四節　業務(く)

本節…追加〔昭和五一年五月法律三七号(く)〕

〔業務〕

第一六条の三四　協会は、第十六条の十の目的を達成するため、次の業務を行う。(く)

一　第十一条の三又は第十四条の三第三項の規定による市町村長等の委託に基づく屋外タンク貯蔵所に係る審査を行うこと。(く)

二　危険物等の貯蔵、取扱い又は運搬の安全に関する試験、調査、技術援助並びに情報の収集及び提供を行うこと。(く)(て)

三　危険物等の貯蔵、取扱い又は運搬の安全に関する教育を行うこと。(く)(て)

四　前三号に掲げる業務に附帯する業務を行うこと。(く)

五　前各号に掲げるもののほか、第十六条の十の目的を達成するために必要な業務を行うこと。(く)

②　協会は、前項第五号に掲げる業務を行おうとするときは、総務大臣の認可を受けなければならない。(く)(ゑ)

③　協会は、第一項の業務を行うほか、当該業務の円滑な遂行に支障のない範囲において、総務大臣の認可を受けて、危険物等の貯蔵、取扱い又は運搬の安全に関する業務を行うために有する機械設備又は技術を活用して行う審査、試験等の業務その他協会が行うことが適切であると認められる業務を行うことができる。(て)(ゑ)

本条…追加〔昭和五一年五月法律三七号(く)〕、一項…一部改正・三項…追加〔昭和六一年四月法律二〇号(て)〕、二・三項…一部改正〔平成一一年一二月法律一六〇号(ゑ)〕

参照【許可に係る審査】消防一一の三1【完成検査前検査に係る審査】消防一一の三2【保安に関する検査に係る審査】消防一四の三③【総務大臣の認可】危険物協会省令七（認可申請書の様式）

罰則＊【業務以外の業務を行つたとき】過料二〇万円以下（消防四六の二3）

〔業務方法書〕

第一六条の三五　協会は、業務の開始前に、業務方法書を作成し、総務大臣の認可を受けなければならない。これを変更しようとするときも、同様とする。(く)(ゑ)

②　前項の業務方法書に記載すべき事項は、総務省令で定める。(く)

(ゑ)

本条…追加〔昭和五一年五月法律三七号(く)〕、一・二項…一部改正〔平成一一年一二月法律一六〇号(ゑ)〕

参照【業務方法書の変更認可】危険物協会省令九【総務省令】危険物協会省令八

罰則＊【認可を受けなかつたとき】過料二〇万円以下（消防四六の二1）

〔審査委託の契約〕

第一六条の三六　協会は、市町村長等から第十一条の三又は第十四条の三第三項の規定による屋外タンク貯蔵所に係る審査の委託に係る契約の申込みがあつたときは、正当な理由がなければ、これを拒んではならない。(く)

② 協会は、前項の契約が成立したときは、遅滞なく、当該契約に係る同項の審査を行わなければならない。(く)

本条…追加〔昭和五一年五月法律三七号(く)〕

参照【許可に係る審査】消防一一の三1【完成検査前検査に係る審査】消防一一の三2【保安に関する検査に係る審査】消防一四の三③

〔審査事務規程〕

第一六条の三七　協会は、第十六条の三十四第一項第一号に掲げる業務（以下「審査事務」という。）の開始前に、審査事務の実施に関する規程（以下「審査事務規程」という。）を定め、総務大臣の認可を受けなければならない。これを変更しようとするときも、同様とする。(く)(ゑ)

② 総務大臣は、前項の認可をした審査事務規程が、審査事務の適正かつ確実な実施上不適当となつたと認めるときは、協会に対し、その審査事務規程を変更すべきことを命ずることができる。(く)(ゑ)

③ 審査事務規程で定めるべき事項は、総務省令で定める。(く)(ゑ)

本条…追加〔昭和五一年五月法律三七号(く)〕、一―三項…一部改正〔平成一一年一二月法律一六〇号(ゑ)〕

参照【審査事務規程の変更認可】危険物協会省令一一【総務省令】危険物協会省令一〇

罰則＊【認可を受けなかつたとき】過料二〇万円以下（消防四六の二1）

〔検査員〕

第一六条の三八　協会は、審査事務を行うときは、政令で定める資格を有する者に実施させなければならない。(く)

② 審査事務を実施する者（以下「検査員」という。）は、誠実にその職務を行わなければならない。(く)

③ 総務大臣は、検査員がこの法律若しくはこの法律に基づく命令若しくは審査事務規程に違反したとき、又はその者にその職務を行わせることが審査事務の適正な実施に支障を及ぼすおそれがあると認めるときは、協会に対し、検査員の解任を命ずることができる。(く)(ゑ)

本条…追加〔昭和五一年五月法律三七号(く)〕、三項…一部改正〔平成一一年一二月法律一六〇号(ゑ)〕

参照【政令】危令四一の三（危険物保安技術協会の検査員の資格）

〔協会の業務に対する人的・技術的援助〕

第一六条の三九　国及び地方公共団体は、協会の業務の円滑な運営が図られるように、適当と認める人的及び技術的援助について必要な配慮を加えるものとする。(く)

本条…追加〔昭和五一年五月法律三七号(く)〕

第五節　財務及び会計(く)

本節…追加〔昭和五一年五月法律三七号(く)〕

〔事業年度〕

第一六条の四〇　協会の事業年度は、毎年四月一日に始まり、翌年三月三十一日に終わる。(く)

本条…追加〔昭和五一年五月法律三七号(く)〕

〔予算、事業計画の作成・変更の認可〕

第一六条の四一　協会は、毎事業年度、予算及び事業計画を作成し、当該事業年度の開始前に、総務大臣の認可を受けなければならない。これを変更しようとするときも、同様とする。(く)(て)(ゑ)

本条…追加〔昭和五一年五月法律三七号(く)〕、一部改正〔昭和六一年四月法律二〇号(て)・平成一一年一二月一六〇号(ゑ)〕

罰則＊【認可を受けなかつたとき】過料二〇万円以下（消防四六の二1）

〔財務諸表の提出等〕

第一六条の四二　協会は、毎事業年度、財産目録、貸借対照表及び損益計算書（次項において「財務諸表」という。）を作成し、当該事業年度の終了後三月以内に総務大臣に提出しなければならない。(く)(て)(ゑ)

②　協会は、前項の規定により財務諸表を総務大臣に提出するときは、これに当該事業年度の事業報告書及び予算の区分に従い作成した決算報告書並びに財務諸表及び決算報告書に関する監事の意見書を添付しなければならない。(く)(ゑ)

本条…追加〔昭和五一年五月法律三七号(く)〕、一項…一部改正〔昭和六一年四月法律二〇号(て)〕、一・二項…一部改正〔平成一一年一二月法律一六〇号(ゑ)〕

第一六条の四三から第一六条の四五まで　削除(て)〔昭和六一年四月法律二〇号(て)〕

〔総務省令への委任〕

第一六条の四六　この法律に規定するもののほか、協会の財務及び会計に関し必要な事項は、総務省令で定める。(く)(ゑ)

本条…追加〔昭和五一年五月法律三七号(く)〕、一部改正〔平成一一年一二月法律一六〇号(ゑ)〕

参照【総務省令】危険物保安技術協会の財務及び会計に関する省令（昭五一自治省令三一号）

第六節　監督(く)

本節…追加〔昭和五一年五月法律三七号(く)〕

〔業務監督命令〕

第一六条の四七　総務大臣は、この章の規定を施行するため必要があると認めるときは、協会に対し、その業務に関し監督上必要な命令をすることができる。(く)(ゑ)

本条…追加〔昭和五一年五月法律三七号(く)〕、一部改正〔平成一一年一二月法律一六〇号(ゑ)〕

罰則＊【命令に違反したとき】過料二〇万円以下（消防四六の二4）

〔報告の徴収、立入検査〕

第一六条の四八　総務大臣は、この章の規定を施行するため必要があると認めるときは、協会に対しその業務に関し報告をさせ、又はその職員に協会の事務所その他の事業所に立ち入り、業務の状況若しくは帳簿、書類その他の必要な物件を検査させることができる。(く)(ゑ)

② 前項の規定により立入検査をする職員は、その身分を示す証明書を携帯し、関係のある者に提示しなければならない。（く）

③ 第一項の規定による立入検査の権限は、犯罪捜査のために認められたものと解釈してはならない。（く）

本条…追加〔昭和五一年五月法律三七号（く）〕、一項…一部改正〔平成一一年一二月法律一六〇号（ゑ）〕

罰則＊【報告又は立入検査の拒否等があつた場合】罰金三〇万円以下（消防四三の三）【公訴時効】三年（刑訴五五・二五〇・二五三）

第七節　解散（く）

本節…追加〔昭和五一年五月法律三七号（く）〕

〔協会の解散〕

第一六条の四九　協会の解散については、別に法律で定める。（く）

本条…追加〔昭和五一年五月法律三七号（く）〕

第四章　消防の設備等（そ）

章名…改正〔昭和四〇年五月法律六五号（そ）〕

〔消防用設備等の設置・維持と特殊消防用設備等の適用除外〕

第一七条　学校、病院、工場、事業場、興行場、百貨店、旅館、飲食店、地下街、複合用途防火対象物その他の防火対象物で政令で定めるものの関係者は、政令で定める消防の用に供する設備、消防用水及び消火活動上必要な施設（以下「消防用設備等」という。）について消火、避難その他の消防の活動のために必要とされる性能を有するように、政令で定める技術上の基準に従つて、設置し、及び維持しなければならない。（を）（の）（す）

② 市町村は、その地方の気候又は風土の特殊性により、前項の消防用設備等の技術上の基準に関する政令又はこれに基づく命令の規定のみによつては防火の目的を充分に達し難いと認めるときは、条例で、同項の消防用設備等の技術上の基準に関して、当該政令又はこれに基づく命令の規定と異なる規定を設けることができる。（を）

③ 第一項の防火対象物の関係者が、同項の政令若しくはこれに基づく命令又は前項の規定に基づく条例で定める技術上の基準に従つて設置し、及び維持しなければならない消防用設備等に代えて、特殊の消防用設備等その他の設備等（以下「特殊消防用設備等」という。）であつて、当該消防用設備等と同等以上の性能を有し、かつ、当該関係者が総務省令で定めるところにより作成する特殊消防用設備等の設置及び維持に関する計画（以下「設備等設置維持計画」という。）に従つて設置し、及び維持するものとして、総務大臣の認定を受けたものを用いる場合には、当該消防用設備等（それに代えて当該認定を受けた特殊消防用設備等が用いられるものに限る。）については、前二項の規定は、適用しない。（す）

本条…全部改正〔昭和三五年七月法律一一七号（を）〕、一項…一部改正〔昭和四九年六月法律六四号（の）〕、一項…一部改正・三項…追加〔平成一五年六月法律八四号（す）〕

解説　本条第一項は防火対象物の関係者が対象物の用途に応じた消防用設備等を設置し、維持しなければならない作為義務について定めたものである。すなわち、当該設備の未設置、一部未設置はもとより、設置されていても技術上の基準に合っていなければすべて本条違反となる。

【条例】市町村条例によって附加された技術上の基準に適合していない場合も本条第一項違反となる。

【消防用設備等】消令第七条に定める消火設備、警報設備、避難設備、消防用水、消火活動上必要な施設をいう。

【消防用設備等の設置単位】昭和五〇年三月五日消防安第二六号参照

参照　【政令で定める防火対象物】消令六・別表一　【政令で定める技術上の基準】通則（消令八〜九の二）、消火器具に関する基準（消令一〇・

消則六～一二）、屋内消火栓設備に関する基準（消令一一・消則一一の二・一二）、スプリンクラー設備に関する基準（消令一二・消則一二の二～一五）、水噴霧消火設備等を設置すべき防火対象物（消令一三）、水噴霧消火設備に関する基準（消令一四・消則一六・一七）、泡消火設備に関する基準（消令一五・消則一八）、不活性ガス消火設備に関する基準（消令一六・消則一九・一九の二）、ハロゲン化物消火設備に関する基準（消令一七・消則二〇）、粉末消火設備に関する基準（消令一八・消則二一）、屋外消火栓設備に関する基準（消令一九・消則二二）、動力消防ポンプ設備に関する基準（消令二〇）、自動火災報知設備に関する基準（消令二一・消則二三～二四の二）、ガス漏れ火災警報設備に関する基準（消令二一の二・消則二四の二の二～二四の二の四）、漏電火災警報器に関する基準（消令二二・消則二四の三）、消防機関へ通報する火災報知設備に関する基準（消令二三・消則二五）、非常警報器具又は非常警報設備に関する基準（消令二四・消則二五の二）、避難器具に関する基準（消令二五・消則二六・二七）、誘導灯及び誘導標識に関する基準（消令二六・消則二八～二八の三）、消防用水に関する基準（消令二七）、排煙設備に関する基準（消令二八・消則二九・三〇）、連結散水設備に関する基準（消令二八の二・消則三〇の二～三〇の三）、連結送水管に関する基準（消令二九・消則三〇の四・三一）、非常コンセント設備に関する基準（消令二九の二・消則三一の二）、無線通信補助設備に関する基準（消令二九の三・消則三一の二の二）、必要とされる防火安全性能を有する消防の用に供する設備等に関する基準（消令二九の四）、基準の特例（消令三一・三二・消則三二の二・三二の三）、消防用設備等の規格（消令三〇）、適用が除外されない消防用設備等（消令三四）、消防用設備等又は特殊消防用設備等の届出及び検査（消則三一の三）、設備等設置維持計画（消則三一の三の二）、消防用設備等又は特殊消防用設備等の点検及び報告（消則三一の六）

〔**性能評価**〕

第一七条の二　前条第三項の認定を受けようとする者は、あらかじめ、日本消防検定協会（以下この章において「協会」という。）又は法人であつて総務大臣の登録を受けたものが行う性能評価（設備等設置維持計画に従つて設置し、及び維持する場合における特殊消防用設備等の性能に関する評価をいう。以下この条及び第十七条の二の四において同じ。）を受けなければならない。（す）

② 性能評価を受けようとする者は、総務省令で定めるところにより、申請書に設備等設置維持計画その他総務省令で定める書類を添えて、協会又は前項の規定による登録を受けた法人に申請しなければならない。（す）

③ 協会又は第一項の規定による登録を受けた法人は、前項の申請があつたときは、総務省令で定めるところにより、当該申請に係る性能評価を行い、その性能評価の結果（次条第一項及び第二項において「評価結果」という。）を前項の申請をした者に通知しなければならない。（す）

本条…追加〔平成一五年六月法律八四号(す)〕

参照　【性能評価の方法】消則三一の二の三【総務省令】消則三四の二の二（特殊消防用設備等の性能評価の申請）

〔**特殊消防用設備等の認定の申請**〕

第一七条の二の二　前条第三項（第十七条の二の四第三項において準用する場合を含む。）の評価結果の通知を受けた者が第十七条第三項の認定を受けようとするときは、総務省令で定めるところにより、申請書に設備等設置維持計画及び当該評価結果を記載した書面を添えて、総務大臣に申請しなければならない。（す）

② 総務大臣は、前項の申請があつたときは、同項の設備等設置維持計画及び評価結果を記載した書面により、当該申請に係る設備等設置維持計画に従つて設置し、及び維持する場合における特殊消防用設備等が第十七条第一項の政令若しくはこれに基づく命令又は同条第二項の規定に基づく条例で定める技術上の基準に従つて設置し、及び維持しなければならない消防用設備等と同等以上の性能を有しているかどうかを審査し、当該性能を有していると認められるとき

は、同条第三項の規定による認定をしなければならない。（す）

③　総務大臣は、前項の規定により認定をしようとするときは、その旨を関係消防長又は関係消防署長に通知しなければならない。この場合において、関係消防長又は関係消防署長は、当該認定に関し、総務大臣に対し、意見を申し出ることができる。（す）

本条…追加〔平成一五年六月法律八四号（す）〕

参照　【総務省令】消則三四の二の三（総務大臣の認定等の申請）

〔認定の失効〕

第一七条の二の三　総務大臣は、第十七条第三項の規定による認定を受けた特殊消防用設備等について、次の各号のいずれかに該当するときは、当該認定の効力を失わせることができる。（す）

一　偽りその他不正な手段により当該認定又は次項の承認を受けたことが判明したとき。（す）

二　設備等設置維持計画に従つて設置され、又は維持されていないと認めるとき。（す）

②　第十七条第三項の規定による認定を受けた者は、当該認定に係る特殊消防用設備等又は設備等設置維持計画を変更しようとするときは、総務大臣の承認を受けなければならない。ただし、総務省令で定める軽微な変更については、この限りでない。（す）

③　前二条の規定は、前項の規定により総務大臣が承認する場合について準用する。（す）

④　第十七条第三項の規定による認定を受けた者は、第二項ただし書の総務省令で定める軽微な変更をしたときは、総務省令で定めるところにより、その旨を消防長又は消防署長に届け出なければならない。（す）

本条…追加〔平成一五年六月法律八四号（す）〕

罰則＊【第四項の届出を怠つた者】過料五万円以下（消防四六の五）

〔総務大臣の性能評価〕

第一七条の二の四　総務大臣は、協会又は第十七条の二第一項の規定による登録を受けた法人が、性能評価を行う機能の全部又は一部を喪失したことにより、当該性能評価に関する業務を行うことが困難となつた場合において、特別の必要があると認めるときは、第十七条第三項の認定を受けようとする者の申請に基づき当該性能評価を行うことができる。（す）

②　総務大臣は、前項の規定により性能評価の全部又は一部を自ら行う場合は、あらかじめ、当該性能評価を行う期間を公示しなければならない。（す）

③　第十七条の二第二項及び第三項の規定は、第一項の規定により総務大臣が性能評価を行う場合について準用する。（す）

④　第一項の規定により総務大臣の行う性能評価を受けようとする者は、実費を勘案して政令で定める額の手数料を国に納付しなければならない。（す）

本条…追加〔平成一五年六月法律八四号（す）〕

参照　【政令】消令三三の二（手数料）

〔適用除外〕

第一七条の二の五　第十七条第一項の消防用設備等の技術上の基準に関する政令若しくはこれに基づく命令又は同条第二項の規定に基づく条例の規定の施行又は適用の際、現に存する同条第一項の防火対象物における消防用設備等（消火器、避難器具その他政令で定めるものを除く。以下この条及び次条において同じ。）又は現に新築、増築、改築、移転、修繕若しくは模様替えの工事中の同条同項の防火対象物に係る消防用設備等がこれらの規定に適合しないときは、当該消防用設備等については、当該規定は、適用しない。この場合においては、当該消防用設備等の技術上の基準に関する従前の規定を適用する。（を）（す）

② 前項の規定は、消防用設備等で次の各号のいずれかに該当するものについては、適用しない。（を）（の）（す）

一　第十七条第一項の消防用設備等の技術上の基準に関する政令若しくはこれに基づく命令又は同条第二項の規定に基づく条例を改正する法令による改正（当該政令若しくは命令又は条例を廃止すると同時に新たにこれに相当する政令若しくは命令又は条例を制定することを含む。）後の当該政令若しくは命令又は条例の規定の適用の際、当該規定に相当する従前の規定に適合していないことにより同条第一項の規定に違反している同条同項の防火対象物における消防用設備等（を）（す）

二　工事の着手が第十七条第一項の消防用設備等の技術上の基準に関する政令若しくはこれに基づく命令又は同条第二項の規定に基づく条例の規定の施行又は適用の後である政令で定める増築、改築又は大規模の修繕若しくは模様替えに係る同条第一項の防火対象物における消防用設備等（を）（す）

三　第十七条第一項の消防用設備等の技術上の基準に関する政令若しくはこれに基づく命令又は同条第二項の規定に基づく条例の規定に適合するに至つた同条第一項の防火対象物における消防用設備等（を）（す）

四　前三号に掲げるもののほか、第十七条第一項の消防用設備等の技術上の基準に関する政令若しくはこれに基づく命令又は同条第二項の規定に基づく条例の規定の施行又は適用の際、現に存する百貨店、旅館、病院、地下街、複合用途防火対象物（政令で定めるものに限る。）その他同条第一項の防火対象物で多数の者が出入するものとして政令で定めるもの（以下「**特定防火対象物**」という。）における消防用設備等又は現に新築、増築、改築、移転、修繕若しくは模様替えの工事中の特定防火対象物に係る消防用設備等（の）（す）

本条…追加〔昭和三五年七月法律一一七号（を）〕、二項…一部改正〔昭和四九年六月法律六四号（の）〕、一・二項…一部改正・旧一七条の二…繰下〔平成一五年六月法律八四号（す）〕

解説　本条第一項は消令第三四条に定める消防用設備等を除き既存の防火対象物に対しての不遡及の原則を定めたものである。
本条第二項は、第一項の不遡及の原則を適用することができない場合について定めたものである。
【**特定防火対象物**】　消令別表第一㈠項から㈣項、㈤項イ、㈥項、㈨項イ、⒃項イ、⒃の二項、⒃の三項

参照　【政令で定めるもの】　消令三四（適用が除外されない消防用設備等）【政令で定める増・改築】消令三四の二【政令で定める大規模の修繕・模様替え】消令三四の三【複合用途防火対象物（政令で定めるものに限る。）】消令三四の四①【多数の者が出入するものとして政令で定めるもの】　消令三四の四②

〔**用途変更の場合の特例**〕

第一七条の三　前条に規定する場合のほか、第十七条第一項の防火対象物の用途が変更されたことにより、当該用途が変更された後の当該防火対象物における消防用設備等がこれに係る同条同項の消防用設備等の技術上の基準に関する政令若しくはこれに基づく命令又は同条第二項の規定に基づく条例の規定に適合しないこととなるときは、当該消防用設備等については、当該規定は、適用しない。この場合においては、当該用途が変更される前の当該防火対象物における消防用設備等の技術上の基準に関する規定を適用する。（を）

② 前項の規定は、消防用設備等で次の各号の一に該当するものについては、適用しない。（を）（の）

一　第十七条第一項の防火対象物の用途が変更された際、当該用途が変更される前の当該防火対象物における消防用設備等に係る同条同項の消防用設備等の技術上の基準に関する政令若しくはこれに基づく命令又は同条第二項の規定に基づく条例の規定に適合していないことにより同条第一項の規定に違反している当該防火対象物における消防用設備等(を)

二　工事の着手が第十七条第一項の防火対象物の用途の変更の後である政令で定める増築、改築又は大規模の修繕若しくは模様替えに係る当該防火対象物における消防用設備等(を)

三　第十七条第一項の消防用設備等の技術上の基準に関する政令若しくはこれに基づく命令又は同条第二項の規定に基づく条例の規定に適合するに至つた同条第一項の防火対象物における消防用設備等(を)

四　前三号に掲げるもののほか、第十七条第一項の防火対象物の用途が変更され、その変更後の用途が特定防火対象物の用途である場合における当該特定防火対象物における消防用設備等(の)

本条…追加〔昭和三五年七月法律一一七号(を)〕、二項…一部改正〔昭和四九年六月法律六四号(の)〕

解説　本条第一項は、防火対象物の用途が変更されたことにより、従来の設備では技術上の基準に適合しなくなった場合でも、変更前の設備のままで良い旨を定めたものである。

本条第二項は、第一項の規定を適用できず、変更後の用途に適合した消防用設備等を技術上の基準に従って設置し、維持しなければならない場合について定めたものである。

参照　【政令で定める増・改築】消令三四の二【政令で定める大規模の修繕・模様替え】消令三四の三

〔消防用設備等又は特殊消防用設備等の検査〕

第一七条の三の二　第十七条第一項の防火対象物のうち特定防火対象物その他の政令で定めるものの関係者は、同項の政令若しくはこれに基づく命令若しくは同条第二項の規定に基づく条例で定める技術上の基準（第十七条の二の五第一項前段又は前条第一項前段に規定する場合には、それぞれ第十七条の二の五第一項後段又は前条第一項後段の規定により適用されることとなる技術上の基準とする。以下「設備等技術基準」という。）又は設備等設置維持計画に従つて設置しなければならない消防用設備等又は特殊消防用設備等（政令で定めるものを除く。）を設置したときは、総務省令で定めるところにより、その旨を消防長又は消防署長に届け出て、検査を受けなければならない。(の)(ゑ)(す)

本条…追加〔昭和四九年六月法律六四号(の)〕、一部改正〔平成一一年一二月法律一六〇号(ゑ)・一五年六月八四号(す)〕

解説　【消防用設備等の検査】新設の場合に限らず、増設や改修したような場合も単なる修繕に止まる場合を除き、本検査を要する。

【検査を受けなくともよい設備】消防用設備等のうち、簡易消火用具及び非常警報器具

参照　【その他の政令で定めるもの】消令三五①【政令で定める消防用設備等又は特殊消防用設備等】消令三五②【総務省令】消則三一の三

罰則　*【検査の拒否等又は届出を怠つた者】罰金三〇万円以下・拘留（消防四四4・8）【公訴時効】三年（刑訴五五・二五〇・二五三）ただし、届出義務違反については、届出があるまで進行しない（継続犯）。

〔消防用設備等又は特殊消防用設備等の点検及び報告〕

第一七条の三の三　第十七条第一項の防火対象物（政令で定めるものを除く。）の関係者は、当該防火対象物における消防用設備等又は特殊消防用設備等（第八条の二の二第一項の防火対象物にあつては、消防用設備等又は特殊消防用設備等の機能）について、総務省

令で定めるところにより、定期に、当該防火対象物のうち政令で定めるものにあつては消防設備士免状の交付を受けている者又は総務省令で定める資格を有する者に点検させ、その他のものにあつては自ら点検し、その結果を消防長又は消防署長に報告しなければならない。(の)(ゑ)(せ)(す)

本条…追加〔昭和四九年六月法律六四号(の)〕、一部改正〔平成一一年一二月法律一六〇号(ゑ)・一四年四月三〇号(せ)・一五年六月八四号(す)〕

解説【点検を実施しなければならない防火対象物】消防第一七条の規定に基づき、消防用設備等の設置が義務付けられている消令別表第一(二十)項以外のすべての対象物である。

【資格を有する者】消防設備点検資格者免状の交付を受けた者である。

【報告】特定防火対象物は一年に一回、非特定防火対象物は三年に一回である。

参照【政令で定めるもの】消令三六①【総務省令】消則三一の六【防火対象物のうち政令で定めるもの】消令三六②

罰則＊【報告をせず、又は虚偽の報告をした者】罰金三〇万円以下・拘留（消防四四11）、両罰（消防四五3）【公訴時効】三年（刑訴五五・二五〇・二五三）

〔消防用設備等又は特殊消防用設備等の設置維持命令〕

第一七条の四　消防長又は消防署長は、第十七条第一項の防火対象物における消防用設備等が設備等技術基準に従つて設置され、又は維持されていないと認めるときは、当該防火対象物の関係者で権原を有するものに対し、当該設備等技術基準に従つてこれを設置すべきこと、又はその維持のため必要な措置をなすべきことを命ずることができる。(を)(の)

②　消防長又は消防署長は、第十七条第一項の防火対象物における同条第三項の規定による認定を受けた特殊消防用設備等が設備等設置維持計画に従つて設置され、又は維持されていないと認めるときは、当該防火対象物の関係者で権原を有するものに対し、当該設備等設置維持計画に従つてこれを設置すべきこと、又はその維持のため必要な措置をなすべきことを命ずることができる。(す)

③　第五条第三項及び第四項の規定は、前二項の規定による命令について準用する。(せ)(す)

本条…追加〔昭和三五年七月法律一一七号(を)〕、一部改正〔昭和四九年六月法律六四号(の)〕、二項…追加〔平成一四年四月法律三〇号(せ)〕、二項…追加・旧二項…一部改正し三項に繰下〔平成一五年六月法律八四号(す)〕

解説【消防用設備等の設置、維持命令】本条による命令は、消防第一七条第一項に係る消防用設備等の全部又は一部が設置されていない場合、又は設置されていてもそれぞれの技術上の基準に適合していない場合に発せられるものである。なお、本条の命令違反に対しては代執行も可能である。

【関係者で権原を有するもの】防火対象物の所有者、管理者、占有者で命令の内容を法律上正当に履行できる者

罰則＊【命令に違反して消防用設備等又は特殊消防用設備等を設置しなかつた者】懲役一年以下・罰金一〇〇万円以下（消防四一①5）、懲役・罰金の併科（消防四一②）、両罰・罰金三千万円以下（消防四五2）【公訴時効】三年（刑訴五五・二五〇・二五三）

＊【命令に違反して消防用設備等又は特殊消防用設備等の維持のために必要な措置をしなかつた者】罰金三〇万円以下・拘留（消防四四12）、両罰（消防四五3）【公訴時効】三年（刑訴五五・二五〇・二五三）

〔消防設備士〕

第一七条の五　消防設備士免状の交付を受けていない者は、次に掲げる消防用設備等又は特殊消防用設備等の工事（設置に係るものに限る。）又は整備のうち、政令で定めるものを行つてはならない。(す)

一　第十条第四項の技術上の基準又は設備等技術基準に従つて設置

しなければならない消防用設備等(す)

二　設備等設置維持計画に従つて設置しなければならない特殊消防用設備等(す)

本条…追加〔昭和四〇年五月法律六五号(そ)〕、一部改正〔昭和四九年六月法律六四号(の)〕、全部改正〔平成一五年六月法律八四号(す)〕

解説 【消防設備士でなければ行つてはならない工事又は整備に係る消防用設備等】製造所等又は防火対象物において義務設置となるものである。なお、整備のうち軽微なものはこの対象とならず、また工事、整備の種類は消令第三六条の二に定められている。

参照 【政令で定めるもの】消令三六の二（消防設備士でなければ行つてはならない工事又は整備）

※（消防設備士でなくても行うことができる整備の範囲）消令三六の二②かっこ書き、消則三三の二の二

罰則 ＊【違反した者】懲役六月以下・罰金五〇万円以下（消防四二①10）、懲役・罰金の併科（消防四二②）【公訴時効】三年（刑訴五五・二五〇・二五三）

〔消防設備士の免状の種類〕

第一七条の六　消防設備士免状の種類は、甲種消防設備士免状及び乙種消防設備士免状とする。(そ)

②　甲種消防設備士免状の交付を受けている者（以下「甲種消防設備士」という。）が行うことができる工事又は整備の種類及び乙種消防設備士免状の交付を受けている者（以下「乙種消防設備士」という。）が行うことができる整備の種類は、これらの消防設備士免状の種類に応じて総務省令で定める。(そ)(ゑ)

本条…追加〔昭和四〇年五月法律六五号(そ)〕、二項…一部改正〔平成一一年一二月法律一六〇号(ゑ)〕

参照 【甲種消防設備士が行うことができる工事又は整備の種類】消則三三の三①・②【乙種消防設備士が行うことができる整備の種類】消則三三の三③・④

〔消防設備士の免状の交付資格〕

第一七条の七　消防設備士免状は、消防設備士試験に合格した者に対し、都道府県知事が交付する。(そ)(こ)

②　第十三条の二第四項から第七項までの規定は、消防設備士免状について準用する。(そ)(し)

本条…追加〔昭和四〇年五月法律六五号(そ)〕、一項…一部改正〔昭和五八年一二月法律八三号(こ)〕、二項…一部改正〔平成一一年七月法律八七号(し)〕

参照 【合格の通知及び公示】消則三三の一四【免状の交付の申請】消令三六の三【免状の交付の申請書の様式等】消則三三の四【免状の交付手数料】手数料令二三【免状の記載事項】消令三六の四【免状の様式】消則三三の五【返納命令の通知】消則三三の五の二【違反行為の通知】消則三三の五の三【免状の書換えの申請】消令三六の五、消則三三の六【免状の再交付】消令三六の六、消則三三の七【第十三条の二第四項】免状の不交付【同条第五項】免状の返納命令【同条第六項】違反の通知【同条第七項】免状の書換・再交付

罰則 ＊【命令に違反した者】罰金三〇万円以下・拘留（消防四四9）【公訴時効】三年（刑訴五五・二五〇・二五三）

〔消防設備士試験〕

第一七条の八　消防設備士試験は、消防用設備等又は特殊消防用設備等（以下この章において「工事整備対象設備等」という。）の設置及び維持に関して必要な知識及び技能について行う。(そ)(す)

②　消防設備士試験の種類は、甲種消防設備士試験及び乙種消防設備士試験とする。(そ)

③　消防設備士試験は、前項に規定する消防設備士試験の種類ごとに、毎年一回以上、都道府県知事が行う。(こ)

④ 次の各号のいずれかに該当する者でなければ、甲種消防設備士試験を受けることができない。(そ)(こ)(ゆ)

一 学校教育法による大学、高等専門学校、高等学校又は中等教育学校において機械、電気、工業化学、土木又は建築に関する学科又は課程を修めて卒業した者（当該学科又は課程を修めて同法による専門職大学の前期課程を修了した者を含む。）(そ)(ゆ)(み)(す)(レ)

二 乙種消防設備士免状の交付を受けた後二年以上工事整備対象設備等の整備（第十七条の五の規定に基づく政令で定めるものに限る。）の経験を有する者(そ)(す)

三 前二号に掲げる者に準ずるものとして総務省令で定める者(そ)(ゆ)(ゑ)

⑤ 前各項に定めるもののほか、消防設備士試験の試験科目、受験手続その他試験の実施細目は、総務省令で定める。(そ)(こ)(ゆ)(ゑ)

本条…追加〔昭和四〇年五月法律六五号(そ)〕、三項…追加・旧三項…四項に繰下・旧四項…一部改正し五項に繰下〔昭和五八年一二月法律八三号(こ)〕、四・五項…一部改正〔平成六年六月法律三七号(ゆ)〕、四項…一部改正〔平成一〇年六月法律一〇一号(み)〕、四・五項…一部改正〔平成一一年一二月法律一六〇号(ゑ)〕、一・四項…一部改正〔平成一五年六月法律八四号(す)〕、四項…一部改正〔平成二九年五月法律四一号(レ)〕

参照【総務省令で定める者】消則三三の八（受験資格）【総務省令】消則三三の九（試験の方法）・三三の一〇（筆記試験の科目）・三三の一一（試験の免除）・三三の一一の二（合格基準）・三三の一二（試験の公示）・三三の一三（受験手続）・三三の一四（合格の通知及び公示）【手数料】手数料令二三

〔消防設備士試験事務の委任〕

第一七条の九 都道府県知事は、総務大臣の指定する者に、消防設備士試験の実施に関する事務を行わせることができる。(こ)(ゑ)

② 前項の規定による指定は、消防設備士試験の実施に関する事務を行おうとする者の申請により行う。(こ)

③ 都道府県知事は、第一項の規定により総務大臣の指定する者に消防設備士試験の実施に関する事務を行わせるときは、消防設備士試験の実施に関する事務を行わないものとする。(こ)(ゑ)

④ 第十三条の六の規定は第一項の規定による指定について、第十三条の七、第十三条の九から第十三条の十八まで及び第十三条の二十二の規定は同項の規定による指定を受けた者について、第十三条の八、第十三条の十九及び第十三条の二十の規定は同項の規定により総務大臣の指定する者にその消防設備士試験の実施に関する事務を行わせることとした都道府県知事について、第十三条の二十一の規定は消防設備士試験の実施に関する事務の引継ぎその他の必要な事項について、準用する。この場合において、これらの規定中「危険物取扱者試験事務」とあるのは「消防設備士試験の実施に関する事務」と、第十三条の六中「前条第二項」とあるのは「第十七条の九第二項」と、第十三条の七第一項及び第二項並びに第十三条の八第一項中「第十三条の五第一項」とあるのは「第十七条の九第一項」と、第十三条の十及び第十三条の十一第一項中「危険物取扱者試験委員」とあるのは「消防設備士試験委員」と、第十三条の十三第一項及び第十三条の十八第二項第五号中「第十三条の五第一項」とあるのは「第十七条の九第一項」と、第十三条の二十第一項中「第十三条の五第三項」とあるのは「第十七条の九第三項」と読み替えるものとする。(こ)(ゑ)

本条…追加〔昭和五八年一二月法律八三号(こ)〕、一・三・四項…一部改正〔平成一一年一二月法律一六〇号(ゑ)〕

参照【申請】消則三三の一五（指定試験機関の指定の申請）【準用規定】消則三三の一六（危険物の規制に関する規則の規定の準用）

罰則＊【消防設備士試験の実施に関する事務に関して知り得た秘密を漏らした者】懲役一年以下・罰金一〇〇万円以下（消防四一の二）【公訴時効】三年（刑訴五五・二五〇・二五三）

＊【消防設備士試験の実施に関する事務の停止の命令に違反した役員又は職員】懲役一年以下・罰金一〇〇万円以下（消防四一の三）【公訴時効】三年（刑訴五五・二五〇・二五三）

＊【帳簿を備え、保存しなかつた役員又は職員】罰金三〇万円以下（消防四三の二1）【公訴時効】三年（刑訴五五・二五〇・二五三）

＊【報告又は立入検査の拒否等をした役員又は職員】罰金三〇万円以下（消防四三の二2）【公訴時効】三年（刑訴五五・二五〇・二五三）

＊【許可を受けないで、消防設備士試験の実施に関する事務の全部を廃止した役員又は職員】罰金三〇万円以下（消防四三の二3）【公訴時効】三年（刑訴五五・二五〇・二五三）

〔消防設備士講習〕

第一七条の一〇　消防設備士は、総務省令で定めるところにより、都道府県知事（総務大臣が指定する市町村長その他の機関を含む。）が行う工事整備対象設備等の工事又は整備に関する講習を受けなければならない。(の)(こ)(あ)(ゑ)(す)

本条…追加〔昭和四九年六月法律六四号(の)〕、旧一七条の八の二…繰下〔昭和五八年一二月法律八三号(こ)〕、本条…一部改正〔昭和六一年一二月法律一〇九号(あ)・平成一一年一二月一六〇号(ゑ)・一五年六月八四号(す)〕

解説【受講義務者】消防設備士免状の交付を受けている者すべてである。なお、未受講の場合は免状返納命令の対象となる。

【受講時期】交付を受けた日以後における最初の四月一日から二年以内、その後は講習を受けた日以後における最初の四月一日から五年以内ごとである。

参照【総務省令】消則三三の一七（講習を受講しなければならない時期）

【手数料】手数料令二三

※（免状の返納命令の対象となる）消防一七の七②、消防一三の二⑤

〔手数料〕

第一七条の一一　前条の規定により総務大臣が指定する機関で市町村長以外のもの（以下この条において「指定講習機関」という。）が行う工事整備対象設備等の工事又は整備に関する講習を受けようとする者は、政令で定めるところにより、実費を勘案して政令で定める額の手数料を当該指定講習機関に納めなければならない。(ゑ)(す)

②　前項の規定により指定講習機関に納められた手数料は、当該指定講習機関の収入とする。(こ)(あ)(し)

③　都道府県は、地方自治法第二百二十七条の規定に基づき消防設備士試験に係る手数料を徴収する場合においては、第十七条の九第一項の規定による指定を受けた者（以下この項において「指定試験機関」という。）が行う消防設備士試験を受けようとする者に、条例で定めるところにより、当該手数料を当該指定試験機関へ納めさせ、その収入とすることができる。(し)

本条…追加〔昭和四〇年五月法律六五号(そ)〕、一部改正〔昭和四九年六月法律六四号(の)〕、一項…一部改正・二項…追加・旧一七条の九…繰下〔昭和五八年一二月法律八三号(こ)〕、一・二項…一部改正〔昭和六一年一二月法律一〇九号(あ)〕、一項…全部改正・二項…一部改正・三項…追加〔平成一一年七月法律八七号(し)〕、一項…一部改正〔平成一一年一二月法律一六〇号(ゑ)・一五年六月八四号(す)〕

参照【政令】消令三六の八（手数料）

〔消防設備士の責務〕

第一七条の一二　消防設備士は、その業務を誠実に行い、工事整備対象設備等の質の向上に努めなければならない。(そ)(こ)(す)

本条…追加〔昭和四〇年五月法律六五号(そ)〕、旧一七条の一〇…繰下〔昭和五八年一二月法律八三号(こ)〕、本条…一部改正〔平成一五年六月法律八四号(す)〕

解説【その業務】消防設備士でなければ行ってはならない工事、整備をいう。本条に違反して、不適切な工事、整備等を行った場合は免状返納命令の対象となる。

〔消防設備士の免状の携帯義務〕

第一七条の一三　消防設備士は、その業務に従事するときは、消防設備士免状を携帯していなければならない。(そ)(こ)

本条…追加〔昭和四〇年五月法律六五号(そ)〕、旧一七条の一一…繰下〔昭和五八年一二月法律八三号(こ)〕

解説【その業務】前条解説と同じ。なお本条に違反した場合は免状返納命令の対象となる。

参照【消防設備士免状】消則三三の五

〔工事着手の届出〕

第一七条の一四　甲種消防設備士は、第十七条の五の規定に基づく政令で定める工事をしようとするときは、その工事に着手しようとする日の十日前までに、総務省令で定めるところにより、工事整備対象設備等の種類、工事の場所その他必要な事項を消防長又は消防署長に届け出なければならない。(そ)(こ)(ゑ)(す)

本条…追加〔昭和四〇年五月法律六五号(そ)〕、旧一七条の一二…繰下〔昭和五八年一二月法律八三号(こ)〕、本条…一部改正〔平成一一年一二月法律一六〇号(ゑ)・一五年六月八四号(す)〕

解説【着工届を要する工事】消令第三六条の二第一項に定められた消防用設備等の設置に係る工事である。本条に違反した場合は免状返納命令の対象となる。

参照【政令で定める工事】消令三六の二①（消防設備士でなければ行ってはならない工事）【総務省令】消則三三の一八（工事整備対象設備等の着工届）

罰則*【届出を怠った者】罰金三〇万円以下・拘留（消防四四8）【公訴時効】三年（刑訴五五・二五〇・二五三）

〔消防用施設の濫用禁止等〕

第一八条　何人も、みだりに火災報知機、消火栓、消防の用に供する貯水施設又は消防の用に供する望楼若しくは警鐘台を使用し、損壊し、撤去し、又はその正当な使用を妨げてはならない。

②　何人も、みだりに総務省令で定める消防信号又はこれに類似する信号を使用してはならない。(ゑ)

二項…一部改正〔平成一一年一二月法律一六〇号(ゑ)〕

解説【火災報知機】消防機関へ通報する火災報知設備のほか、自動火災報知設備も含まれる。

参照【総務省令】消則三四・別表一の三（消防信号の種類及び信号の方法）

罰則*【みだりに望楼又は警鐘台を損壊し、又は撤去した者】懲役七年以下（消防三八）【公訴時効】五年（刑訴五五・二五〇・二五三）

*【みだりに火災報知機等を損壊し、又は撤去した者】懲役五年以下（消防三九）【公訴時効】五年（刑訴五五・二五〇・二五三）

*【みだりに火災報知機等又は望楼を使用し、又はその正当な使用を妨げた者】罰金三〇万円以下・拘留（消防四四13）【公訴時効】三年（刑訴五五・二五〇・二五三）

*【第二項の規定に違反した者】罰金三〇万円以下・拘留（消防四四14）【公訴時効】三年（刑訴五五・二五〇・二五三）

第一九条　削除(た)〔昭和三八年四月法律八八号(た)〕

〔消防水利の基準及び水利施設の設置等の義務〕

第二〇条　消防に必要な水利の基準は、消防庁がこれを勧告する。(に)(る)

②　消防に必要な水利施設は、当該市町村がこれを設置し、維持し及び管理するものとする。但し、水道については、当該水道の管理者が、これを設置し、維持し及び管理するものとする。

一項…一部改正〔昭和二七年七月法律二五八号(に)・三五年六月一一三号(る)〕

解説【消防に必要な水利の基準】昭和三九年一二月一〇日消防庁告示第七号によって消防水利の種類、位置、構造、機能、能力、管理等について定められている。なお、標識については昭和四五年八月一九日消防防第四四二号により指針が示されている。

【消防に必要な水利施設】公共施設たる水道、消火栓、貯水池、貯水槽等をいう。

参照【当該市町村】消組六

〔指定消防水利〕

第二一条　消防長又は消防署長は、池、泉水、井戸、水そうその他消防の用に供し得る水利についてその所有者、管理者又は占有者の承諾を得て、これを消防水利に指定して、常時使用可能の状態に置くことができる。

②　消防長又は消防署長は、前項の規定により指定をした消防水利には、総務省令で定めるところにより、標識を掲げなければならない。(そ)(ゑ)

③　第一項の水利を変更し、撤去し、又は使用不能の状態に置こうとする者は、予め所轄消防長又は消防署長に届け出なければならない。(そ)

二項…追加・旧二項…一部改正し三項に繰下〔昭和四〇年五月法律六五号(そ)〕、二項…一部改正〔平成一一年一二月法律一六〇号(ゑ)〕

解説【消防の用に供し得る水利】自然水利、人工水利のいかんを問わず、私有の池、井戸、泉水等で消防の用に供することができ、かつ、公共的なものとなし得ることができるものをいう。

参照【総務省令】消則三四の二・別表一の四

罰則＊【届出をせず消防水利を使用不能の状態に置いた者】罰金三〇万円以下・拘留（消防四四15）【公訴時効】三年（刑訴五五・二五〇・二五三）

第四章の二　消防の用に供する機械器具等の検定等(た)(え)

本章…追加〔昭和三八年四月法律八八号(た)〕、章名…改正〔昭和六〇年一二月法律一〇二号(え)〕

第一節　検定対象機械器具等の検定(た)(え)

本節…追加〔昭和三八年四月法律八八号(た)〕、節名…改正〔昭和六〇年一二月法律一〇二号(え)〕

〔検定〕

第二一条の二　消防の用に供する機械器具若しくは設備、消火薬剤又は防火塗料、防火液その他の防火薬品（以下「消防の用に供する機械器具等」という。）のうち、一定の形状、構造、材質、成分及び性能（以下「形状等」という。）を有しないときは火災の予防若しくは警戒、消火又は人命の救助等のために重大な支障を生ずるおそれのあるものであり、かつ、その使用状況からみて当該形状等を有することについてあらかじめ検査を受ける必要があると認められるものであつて、政令で定めるもの（以下「検定対象機械器具等」という。）については、この節に定めるところにより検定をするものとする。(た)(え)

②　この節において「型式承認」とは、検定対象機械器具等の型式に係る形状等が総務省令で定める検定対象機械器具等に係る技術上の規格に適合している旨の承認をいう。(た)(え)(ゑ)

③　この節において「型式適合検定」とは、検定対象機械器具等の形状等が型式承認を受けた検定対象機械器具等の型式に係る形状等に適合しているかどうかについて総務省令で定める方法により行う検定をいう。（た）（え）（ヲ）

④　検定対象機械器具等は、第二十一条の九第一項（第二十一条の十一第三項において準用する場合を含む。以下この項において同じ。）の規定による表示が付されているものでなければ、販売し、又は販売の目的で陳列してはならず、また、検定対象機械器具等のうち消防の用に供する機械器具又は設備は、第二十一条の九第一項の規定による表示が付されているものでなければ、その設置、変更又は修理の請負に係る工事に使用してはならない。（た）（え）（ひ）（ニ）

本条…追加〔昭和三八年四月法律八八号（た）〕、一―四項…一部改正〔昭和六〇年一二月法律一〇二号（え）〕、二項…一部改正〔平成一一年一二月法律一六〇号（ゑ）〕、四項…一部改正〔平成一一年一二月法律一六三号（ひ）・一八年三月二二号（ニ）〕、三項…一部改正〔平成二四年六月法律三八号（ヲ）〕

解説　【検定対象機械器具等】消令第三七条で定められた機械器具等（輸出されるもの、船舶安全法、航空法の規定に基づく検査等に合格したものは除かれる。）

【検定】ある製品の型状、構造、材質及び性質等について一定の技術上の規格に基づいた試験を行い、その規格に適合しているか否かを判定すること。

参照　【政令】消令三七（検定対象機械器具等の範囲）【検定】消則四章の二（消防の用に供する機械器具等の検定等）、消防二一の三・二一の一七（検定機関）【技術上の規格】消火器の技術上の規格を定める省令（昭三九自治省令二七号）、消火器用消火薬剤の技術上の規格を定める省令（昭三九自治省令二八号）、泡消火薬剤の技術上の規格を定める省令（昭五〇自治省令二六号）、閉鎖型スプリンクラーヘッドの技術上の規格を定める省令（昭四〇自治省令二号）、流水検知装置の技術上の規格を定める省令（昭五八自治省令二号）、一斉開放弁の技術上の規格を定める省令（昭五〇自治省令一九号）、火災報知設備の感知器及び発信機に係る技術上の規格を定める省令（昭五六自治省令一七号）、中継器に係る技術上の規格を定める省令（昭五六自治省令一八号）、受信機に係る技術上の規格を定める省令（昭五六自治省令一九号）、金属製避難はしごの技術上の規格を定める省令（昭四〇自治省令三号）、緩降機の技術上の規格を定める省令（平六自治省令二号）、住宅用防災警報器及び住宅用防災報知設備に係る技術上の規格を定める省令（平一七総務省令一一号）【消火設備及び警報設備の規格】危令二一【型式適合検定】消防二一の九、消則四〇（型式適合検定合格の表示）消則別表三【総務省令】消則三四の五（型式適合検査の方法）・三四の六（立会い方式による型式適合検定の方法）・三四の七（データ審査方式による型式適合検定の方法）

罰則　*【第四項の規定に違反した者】懲役一年以下・罰金一〇〇万円以下（消防四一①６）、両罰（消防四五３）【公訴時効】三年（刑訴五五・二五〇・二五三）

〔型式承認〕

第二一条の三　型式承認を受けようとする者は、あらかじめ、日本消防検定協会（以下この節において「協会」という。）又は法人であつて総務大臣の登録を受けたものが行う検定対象機械器具等についての試験を受けなければならない。（た）（え）（て）（ゑ）（す）

②　前項の試験を受けようとする者は、総務省令で定めるところにより、申請書に総務省令で定める検定対象機械器具等の見本及び書類を添えて、協会又は同項の規定による登録を受けた法人に申請しなければならない。（た）（え）（て）（ゑ）（す）

③　協会又は第一項の規定による登録を受けた法人は、前項の申請があつたときは、総務省令で定めるところにより、前条第二項に規定する技術上の規格に基づき、当該申請に係る検定対象機械器具等についての試験を行い、その試験結果に意見を付してこれを前項の申請をした者に通知しなければならない。（た）（え）（て）（ゑ）（す）

本条…追加〔昭和三八年四月法律八八号（た）〕、一―三項…一部改正〔昭和六〇年一二月法律一〇二号(え)〕、一—四項…一部改正〔昭和六一年四月法律二〇号(て)〕、一—三項…一部改正〔平成一一年一二月法律一六〇号(ゑ)〕、一—三項…一部改正・四項…削除〔平成一五年六月法律八四号(す)〕

参照 【総務省令】消則三五①（試験の申請書）・三五③・④（見本及び書類）【総務省令】消則三六（試験の方法）

〔型式承認の申請〕

第二一条の四 前条第三項（第二十一条の十一第三項において準用する場合を含む。）の試験結果の通知を受けた者が型式承認を受けようとするときは、総務省令で定めるところにより、申請書に当該試験結果及び意見を記載した書面を添えて、総務大臣に申請しなければならない。(た)(ゑ)(ひ)(ニ)

② 総務大臣は、前項の申請があつたときは、同項の試験結果及び意見を記載した書面により、当該申請に係る検定対象機械器具等の型式に係る形状等が第二十一条の二第二項に規定する技術上の規格に適合しているかどうかを審査し、当該形状等が同項に規定する技術上の規格に適合しているときは、当該型式について型式承認をしなければならない。(た)(え)(ゑ)

③ 総務大臣は、前項の規定により型式承認をしたときは、その旨を第一項の申請をした者に通知するとともに、公示しなければならない。(て)(ゑ)

本条…追加〔昭和三八年四月法律八八号(た)〕、二項…一部改正〔昭和六〇年一二月法律一〇二号(て)〕、一—三項…一部改正〔平成一一年一二月法律一六〇号(ゑ)〕、一項…一部改正〔平成一一年一二月法律一六三号(ひ)・一八年三月二二号(ニ)〕

解説 【型式承認】型式承認は、学問上の確認行為であり、技術上の規格に適合している場合は必ず承認しなければならない、いわゆる羈束行為であるからこれに付款を付することはできないものである。

【公示】官報に登載して行われる。

参照 【総務省令】消則三七（型式承認の申請書）【型式承認後の氏名等の変更の届出】消則三八【型式承認後の型式適合検定の申請】消防二一の七【国土交通大臣への通知】消則四二

〔技術上の規格の変更に係る型式承認の失効〕

第二一条の五 総務大臣は、第二十一条の二第二項に規定する技術上の規格が変更され、既に型式承認を受けた検定対象機械器具等の型式に係る形状等が当該変更後の同項に規定する技術上の規格に適合しないと認めるときは、当該型式承認の効力を失わせ、又は一定の期間が経過した後に当該型式承認の効力が失われることとするものとする。(た)(え)(て)(ゑ)

② 総務大臣は、前項の規定により、型式承認の効力を失わせたとき、又は一定の期間が経過した後に型式承認の効力が失われることとしたときは、その旨を公示するとともに、当該型式承認を受けた者に通知しなければならない。(た)(て)(ゑ)

③ 第一項の規定による処分は、前項の規定による公示によりその効力を生ずる。(た)

本条…追加〔昭和三八年四月法律八八号(た)〕、一項…一部改正〔昭和六〇年一二月法律一〇二号(え)〕、一・二項…一部改正〔昭和六一年四月法律二〇号(て)・平成一一年一二月一六〇号(ゑ)〕

解説 【型式承認の効力を失わせ】型式承認の失効処分であり、学問上の撤回である。したがってこれ以後は当該型式承認を受けた型式の型式適合検定は受けられなくなり、また、すでに行われた型式適合検定の合格の効力も失われる。

【公示】官報による。

参照 【型式適合検定合格の効力の失効】消防二一の一〇

（不正手段等による型式承認の失効）

第二一条の六　総務大臣は、型式承認を受けた者が次の各号のいずれかに該当するときは、当該型式承認の効力を失わせることができる。(た)(ゑ)

一　**不正の手段**により当該型式承認を受けたとき。(た)

二　正当な理由がなく、当該型式承認を受けた検定対象機械器具等に係る型式適合検定の申請を、当該型式承認をした旨の通知を受けた日から二年以内にしないとき、又は引き続き二年以上しないとき。(た)(え)(ヲ)

② 前条第二項の規定は前項の規定により型式承認の効力を失わせたときについて、同条第三項の規定は前項の規定による処分の効力の発生について準用する。(た)

本条…追加〔昭和三八年四月法律八八号(た)〕、一項…一部改正〔昭和六〇年一二月法律一〇二号(え)・平成一一年一二月一六〇号(ゑ)・二四年六月三八号(ヲ)〕

解説　本条は前条の場合の外に型式承認の効力を失わしめる場合について定めたものである。

【不正の手段】　脅迫、贈賄、申請書への偽りの事実の記載等

参照　【型式適合検定合格の効力の失効】　消防二一の一〇

（型式適合検定の申請手続）

第二一条の七　第二十一条の四第二項の規定により型式承認を受けた者が当該型式承認に係る検定対象機械器具等に係る型式適合検定を受けようとするときは、総務省令で定めるところにより、協会又は第二十一条の三第一項の規定による登録を受けた法人のうち当該型式承認に係る検定対象機械器具等についての試験を行つたものに申請しなければならない。(た)(え)(て)(ゑ)(す)(ヲ)

本条…追加〔昭和三八年四月法律八八号(た)〕、一部改正〔昭和六〇年一二月法律一〇二号(え)・六一年四月二〇号(て)・平成一一年一二月一六〇号(ゑ)・一五年六月八四号(す)・二四年六月三八号(ヲ)〕

解説　【申請者】　型式承認を受けた者に限られる。

【申請書】　消則別記様式第七号による申請書正副二通による。ただし、申請が電磁的方法により行われる場合は、この限りでない（消則第三九条）。

参照　【総務省令】　消則三九（型式適合検定の申請書）

（型式適合検定の合格等）

第二一条の八　協会又は第二十一条の三第一項の規定による登録を受けた法人は、前条の申請があつたときは、当該申請に係る検定対象機械器具等について**型式適合検定**を行い、当該申請に係る検定対象機械器具等の形状等が第二十一条の四第二項の規定により型式承認を受けた検定対象機械器具等の型式に係る形状等に適合しているときは、当該申請に係る検定対象機械器具等を、**型式適合検定**に合格したものとしなければならない。(た)(え)(て)(す)(ヲ)

② 協会又は第二十一条の三第一項の規定による登録を受けた法人は、不正の手段によつて前項の型式適合検定に合格した検定対象機械器具等の合格の決定を取り消すことができる。(ヲ)

③ 前項の規定により合格の決定を取り消したときは、協会又は第二十一条の三第一項の規定による登録を受けた法人は、遅滞なく、その旨を、理由を付して総務大臣に届け出るとともに、公示し、かつ、当該合格の決定を取り消された検定対象機械器具等に係る型式適合検定を受けた者に通知しなければならない。(ヲ)

本条…追加〔昭和三八年四月法律八八号(た)〕、一項…一部改正〔昭和六〇年一二月法律一〇二号(え)〕、一・二項…一部改正〔昭和六一年四月法律二〇号(て)〕、一項…一部改正・二項…削除〔平成一五年六月法律八四号(す)〕、一項…一部改正・二・三項…追加〔平成二四年六月法律三八号(ヲ)〕

解説【型式適合検定】申請に係る検定対象機械器具等の形状、構造、材質、成分及び性能等が型式承認を受けたものと同一であるか否かについて試験を行い判定することであり、裁量の入る余地はない。

〔合格の表示等〕

第二一条の九　協会又は第二十一条の三第一項の規定による登録を受けた法人は、前条第一項の規定により型式適合検定に合格した検定対象機械器具等に、総務省令で定めるところにより、当該検定対象機械器具等の型式は第二十一条の四第二項の規定により型式承認を受けたものであり、かつ、当該検定対象機械器具等は前条第一項の規定により型式適合検定に合格したものである旨の表示を付さなければならない。(た)(え)(て)(ゑ)(す)(ヲ)

② 何人も、消防の用に供する機械器具等に、前項に規定する場合を除くほか同項の表示を付してはならず、又は同項の表示と紛らわしい表示を付してはならない。(た)(え)

本条…追加〔昭和三八年四月法律八八号(た)〕、一・二項…一部改正〔昭和六〇年一二月法律一〇二号(え)〕、一項…一部改正〔昭和六一年四月法律二〇号(て)・平成一一年一二月一六〇号(ゑ)・一五年六月八四号(す)・二四年六月三八号(ヲ)〕

解説【型式適合検定合格の表示】消則別表第三に定められた様式により行われる（消則第四〇条）。この表示を付することにより初めて販売や工事に使用することができるものである（消防第二一条の二第四項）。

参照【総務省令】消則四〇（合格の表示）・別表三

罰則＊【第二項の規定に違反した者】懲役一年以下・罰金一〇〇万円以下（消防四一①６）、両罰（消防四五３）【公訴時効】三年（刑訴五五・二五〇・二五三）

〔型式承認の失効の効果〕

第二一条の一〇　型式承認の効力が第二十一条の五第一項の規定による型式承認の効力を失わせる処分、同項に規定する期間の経過又は第二十一条の六第一項の規定による処分により失われたときは、当該型式承認に係る検定対象機械器具等に係る協会又は第二十一条の三第一項の規定による登録を受けた法人の既に行つた型式適合検定の合格の効力は、失われるものとする。(た)(え)(て)(す)(ヲ)

本条…追加〔昭和三八年四月法律八八号(た)〕、一部改正〔昭和六〇年一二月法律一〇二号(え)・六一年四月二〇号(て)・平成一五年六月八四号(す)・二四年六月三八号(ヲ)〕

解説【同項〔第二一条の五第一項〕に規定する期間の経過】技術上の規格の変更に伴い失効したもので一定の猶予期間が置かれた時の、この猶予期間が過ぎたものをいう。

〔総務大臣の検定〕

第二一条の一一　総務大臣は、協会又は第二十一条の三第一項の規定による登録を受けた法人が、検定対象機械器具等についての試験又は型式適合検定を行う機能の全部又は一部を喪失したことにより、当該試験又は型式適合検定に関する業務を行うことが困難となつた場合において、特別の必要があると認めるときは、型式承認を受けようとする者の申請に基づき検定対象機械器具等についての試験を行い、又は型式承認を受けた者で型式適合検定を受けようとするものの申請に基づき検定対象機械器具等の型式適合検定を行うことができる。(た)(え)(ゑ)(ひ)(す)(ニ)(ヲ)

② 総務大臣は、前項の規定により試験又は型式適合検定を行う場合は、あらかじめ、当該試験又は型式適合検定を行う検定対象機械器具等の種類及び当該試験又は型式適合検定を行う期間を公示しなければならない。(ニ)(ヲ)

③ 第二十一条の三第二項及び第三項の規定は第一項の規定により総務大臣が試験を行う場合に、第二十一条の七、第二十一条の八及び

第二十一条の九の規定は同項の規定により総務大臣が検定対象機械器具等の型式適合検定を行う場合に、前条の規定は同項の規定により総務大臣が行つた型式適合検定の合格の効力について準用する。（た）（え）（ゑ）（ひ）（す）（ニ）（ヲ）

④　協会は、第二項の規定により公示された期間中は、同項の規定により公示された種類の検定対象機械器具等については、試験を行い、又は型式適合検定をすることができない。（た）（え）（ひ）（ニ）（ヲ）

本条…追加〔昭和三八年四月法律八八号（た）〕、一—四項…一部改正〔昭和六〇年一二月法律一〇二号（え）〕、一—三項…一部改正〔平成一一年一二月法律一六〇号（ゑ）〕、一—三項…一部改正・四項…追加・旧四項…五項に繰下〔平成一一年一二月法律一六三号（ひ）〕、一・三・四項…一部改正〔平成一五年六月法律八四号（す）〕、一・三項…一部改正・二項…全部改正・四項…削除・旧五項…四項に繰上〔平成一八年三月法律二二号（ニ）〕、一—四項…一部改正〔平成二四年六月法律三八号（ヲ）〕

罰則＊【第三項の規定に違反した者】懲役一年以下・罰金一〇〇万円以下（消防四一①6）、両罰（消防四五3）【公訴時効】三年（刑訴五五・二五〇・二五三）

〔**表示の除去又は消印**〕

第二一条の一二　総務大臣は、第二十一条の九第一項（前条第三項において準用する場合を含む。以下この条において同じ。）の規定による表示が付されている検定対象機械器具等で第二十一条の八第二項（前条第三項において準用する場合を含む。）の規定によりその型式適合検定の合格の決定が取り消されたもの若しくは第二十一条の十（前条第三項において準用する場合を含む。）の規定によりその型式適合検定の合格の効力が失われたもの又は消防の用に供する機械器具等で第二十一条の九第一項の規定によらないで同項の表示が付されているもの若しくは同項の表示と紛らわしい表示が付されているもののうち、消防の用に供する機械器具等の販売を業とする者又は消防の用に供する機械器具若しくは設備の設置、変更若しくは修理の請負に係る工事を業とする者（以下「販売業者等」という。）の事務所、事業所又は倉庫にあるものについて、その職員に当該表示を除去させ、又はこれに消印を付させることができる。（た）（え）（ゑ）（ひ）（ニ）（ヲ）

本条…追加〔昭和三八年四月法律八八号（た）〕、一部改正〔昭和六〇年一二月法律一〇二号（え）・平成一一年一二月一六〇号（ゑ）・一六三号（ひ）・一八年三月二二号（ニ）・二四年六月三八号（ヲ）〕

〔**検定不合格消防用機械器具等流通時の回収等命令**〕

第二一条の一三　総務大臣は、次の各号に掲げる事由により火災の予防若しくは警戒、消火又は人命の救助等のために重大な支障が生ずるおそれがあると認める場合において、当該重大な支障の発生を防止するため特に必要があると認めるときは、当該各号に規定する販売業者等に対し、当該検定対象機械器具等の回収を図ることその他当該検定対象機械器具等が一定の形状等を有しないことによる火災の予防若しくは警戒、消火又は人命の救助等に対する重大な支障の発生を防止するために必要な措置をとるべきことを命ずることができる。（ヲ）

一　販売業者等が第二十一条の二第四項の規定に違反して、検定対象機械器具等を販売し、又は検定対象機械器具等のうち消防の用に供する機械器具若しくは設備を設置、変更若しくは修理の請負に係る工事に使用したこと。（ヲ）

二　販売業者等が販売した検定対象機械器具等又は販売業者等が設置、変更若しくは修理の請負に係る工事に使用した検定対象機械器具等のうち消防の用に供する機械器具若しくは設備について、型式適合検定の合格の決定が第二十一条の八第二項（第二十一条の十一第三項において準用する場合を含む。）の規定により取り消されたこと。（ヲ）

本条…追加〔平成二四年六月法律三八号（ヲ）〕

罰則 *【命令に違反した者】懲役一年以下・罰金一〇〇万円以下（消防四一①7）、両罰（消防四五1）【公訴時効】三年（刑訴五五・二五〇・二五三）

〔報告の徴収、検査、質問〕

第二一条の一四　総務大臣は、前二条に規定する権限を行使するために必要な限度において、販売業者等に対してその業務に関し報告をさせ、又はその職員に販売業者等の事務所、事業所若しくは倉庫に立ち入り、消防の用に供する機械器具等、帳簿、書類その他の物件を検査させ、若しくは関係のある者に質問させることができる。(た)(ゑ)(ヲ)

②　前項の職員は、同項の規定により立ち入る場合においては、その身分を示す証明書を関係のある者に提示しなければならない。(た)

③　第一項の規定による立入検査の権限は、犯罪捜査のために認められたものと解釈してはならない。(え)

本条…追加〔昭和三八年四月法律八八号(た)〕、一項…一部改正〔平成一一年一二月法律一六〇号(ゑ)〕、三項…追加〔昭和六〇年一二月法律一〇二号(え)〕、一項…一部改正・旧二一条の一三…繰下〔平成二四年六月法律三八号(ヲ)〕

罰則 *【報告、検査の拒否等】罰金三〇万円以下・拘留（消防四四16）【公訴時効】三年（刑訴五五・二五〇・二五三）

〔手数料〕

第二一条の一五　第二十一条の十一第一項の規定により総務大臣の行う試験又は型式適合検定を受けようとする者は、政令で定めるところにより、実費を勘案して政令で定める額の手数料を納付しなければならない。(た)(て)(ゑ)(ひ)(す)(ニ)(ヲ)

②　前項の手数料は、総務大臣の行う試験又は型式適合検定に係るものについては国庫の収入とする。(た)(て)(ゑ)(ひ)(す)(ニ)(ヲ)

本条…追加〔昭和三八年四月法律八八号(た)〕、一・二項…一部改正〔昭和六一年四月法律二〇号(て)・平成一一年一二月一六〇号(ゑ)・一六三号(ひ)・一五年六月八四号(す)・一八年三月二二号(ニ)・二四年六月三八号(ヲ)〕

参照【政令】消令四〇（検定対象機械器具等についての試験及び型式適合検定の手数料）

〔審査請求〕

第二一条の一六　協会又は第二十一条の三第一項の規定による登録を受けた法人の行う型式適合検定に関する処分又はその不作為については、総務大臣に対し、審査請求をすることができる。この場合において、総務大臣は、行政不服審査法第二十五条第二項及び第三項、第四十六条第一項及び第二項、第四十七条並びに第四十九条第三項の規定の適用については、協会又は第二十一条の三第一項の規定による登録を受けた法人の上級行政庁とみなす。(た)(そ)(て)(ゑ)(ひ)(す)(ニ)(ヲ)(ヨ)

本条…追加〔昭和三八年四月法律八八号(た)〕、一部改正〔昭和四〇年五月法律六五号(そ)・六一年四月二〇号(て)・平成一一年一二月一六〇号(ゑ)・一六三号(ひ)・一五年六月八四号(す)・一八年三月二二号(ニ)・二四年六月三八号(ヲ)・二六年六月六九号(ヨ)〕

第二節　自主表示対象機械器具等の表示等(え)

本節…追加〔昭和六〇年一二月法律一〇二号(え)〕

〔自主表示対象機械器具等の制限〕

第二一条の一六の二　検定対象機械器具等以外の消防の用に供する機械器具等のうち、一定の形状等を有しないときは火災の予防若しくは警戒、消火又は人命の救助等のために重大な支障を生ずるおそれのあるものであつて、政令で定めるもの（以下「自主表示対象機械器具等」という。）は、次条第一項の規定による表示が付されているものでなければ、販売し、又は販売の目的で陳列してはならず、また、自主表示対象機械器具等のうち消防の用に供する機械器具又は設備は、同項の規定による表示が付されているものでなければ、その設置、変更又は修理の請負に係る工事に使用してはならない。（え）

本条…追加〔昭和六〇年一二月法律一〇二号（え）〕

参照　【政令】消令四一（自主表示対象機械器具等の範囲）

罰則＊【規定に違反した者】懲役一年以下・罰金一〇〇万円以下（消防四一①6）、両罰（消防四五3）【公訴時効】三年（刑訴五五・二五〇・二五三）

（技術上の規格に適合する旨の表示等）

第二一条の一六の三　自主表示対象機械器具等の製造又は輸入を業とする者は、自主表示対象機械器具等について、その形状等が総務省令で定める自主表示対象機械器具等に係る技術上の規格に適合しているかどうかについて総務省令で定める方法により検査を行い、その形状等が当該技術上の規格に適合する場合には、総務省令で定めるところにより、当該技術上の規格に適合するものである旨の表示を付することができる。（え）（ゑ）（ヲ）

② 何人も、消防の用に供する機械器具等に、前項に規定する場合を除くほか同項の表示を付してはならず、又は同項の表示と紛らわしい表示を付してはならない。（え）

③ 自主表示対象機械器具等の製造又は輸入を業とする者は、総務省令で定めるところにより、第一項の自主表示対象機械器具等の検査に係る記録を作成し、これを保存しなければならない。（ヲ）

本条…追加〔昭和六〇年一二月法律一〇二号（え）〕、一項…一部改正〔平成一一年一二月法律一六〇号（ゑ）〕、一項…一部改正・三項…追加〔平成二四年六月法律三八号（ヲ）〕

参照　前の【総務省令】動力消防ポンプの技術上の規格を定める省令（昭六一自治省令二四号）、消防用ホースの技術上の規格を定める省令（平二五総務省令二二号）、消防用吸管の技術上の規格を定める省令（昭六一自治省令二五号）、消防用ホースに使用する差込式又はねじ式の結合金具及び消防用吸管に使用するねじ式の結合金具の技術上の規格を定める省令（平二五総務省令二三号）、エアゾール式簡易消火具の技術上の規格を定める省令（平二五総務省令二六号）、漏電火災警報器に係る技術上の規格を定める省令（平二五総務省令二四号）後の【総務省令】消則四四（検査の方法等）

罰則＊【第二項の規定に違反した者】懲役一年以下・罰金一〇〇万円以下（消防四一①6）、両罰（消防四五3）【公訴時効】三年（刑訴五五・二五〇・二五三）

＊【検査に係る記録を作成せず、若しくは虚偽の記録を作成し、又は記録を保存しなかつた者】罰金三〇万円以下（消防四三の四）、両罰（消防四五3）【公訴時効】三年（刑訴五五・二五〇・二五三）

（総務大臣への届出の義務）

第二一条の一六の四　自主表示対象機械器具等の製造又は輸入を業とする者は、当該自主表示対象機械器具等に前条第一項の表示を付そうとするときは、あらかじめ、総務省令で定めるところにより、次に掲げる事項を総務大臣に届け出なければならない。（え）（ゑ）

一 氏名又は名称及び住所並びに法人にあつては、その代表者の氏名（え）

二 当該自主表示対象機械器具等の種類その他の総務省令で定める事項（え）（ゑ）

② 前項の規定による届出を行つた者は、同項各号に掲げる事項に変更があつたとき、又は自主表示対象機械器具等の製造若しくは輸入の事業を廃止したときは、遅滞なく、その旨を、総務省令で定めるところにより、総務大臣に届け出なければならない。（え）（ゑ）

本条…追加〔昭和六〇年一二月法律一〇二号（え）〕、一・二項…一部改正〔平成一一年一二月法律一六〇号（ゑ）〕

参照 【総務省令】消則四四の二（自主表示対象機械器具等の製造業者等の届出）

罰則＊【第一・二項の届出を怠った者】過料五万円以下（消防四六の五）

〔表示の除去等〕

第二一条の一六の五 総務大臣は、消防の用に供する機械器具等で第二十一条の十六の三第一項の規定によらないで同項の表示が付されているもの又は同項の表示と紛らわしい表示が付されているもののうち、販売業者等の事務所、事業所又は倉庫にあるものについて、当該販売業者等に対し、当該表示を除去し、又はこれに消印を付するべきことを命ずることができる。（え）（ゑ）

本条…追加〔昭和六〇年一二月法律一〇二号（え）〕、一部改正〔平成一一年一二月法律一六〇号（ゑ）〕

罰則＊【命令に違反した者】罰金三〇万円以下・拘留（消防四四17）【公訴時効】三年（刑訴五五・二五〇・二五三）

〔規格不適合自主表示対象機械器具等流通時の回収等命令〕

第二一条の一六の六 総務大臣は、販売業者等が第二十一条の十六の二の規定に違反して、自主表示対象機械器具等を販売し、又は自主表示対象機械器具等のうち消防の用に供する機械器具若しくは設備を設置、変更若しくは修理の請負に係る工事に使用したことにより火災の予防若しくは警戒、消火又は人命の救助等のために重大な支障が生ずるおそれがあると認める場合において、当該重大な支障の発生を防止するため特に必要があると認めるときは、当該販売業者等に対し、当該自主表示対象機械器具等の回収を図ることその他当該自主表示対象機械器具等が一定の形状等を有しないことによる火災の予防若しくは警戒、消火又は人命の救助等に対する重大な支障の発生を防止するために必要な措置をとるべきことを命ずることができる。（ヲ）

本条…追加〔平成二四年六月法律三八号（ヲ）〕

罰則＊【命令に違反した者】懲役一年以下・罰金一〇〇万円以下（消防四一①7）、両罰（消防四五1）【公訴時効】三年（刑訴五五・二五〇・二五三）

〔報告の徴収、立入検査、質問〕

第二一条の一六の七 総務大臣は、前二条に規定する権限を行使するために必要な限度において、販売業者等に対してその業務に関し報告をさせ、又はその職員に販売業者等の事務所、事業所若しくは倉庫に立ち入り、消防の用に供する機械器具等、帳簿、書類その他の物件を検査させ、若しくは関係のある者に質問させることができる。（え）（ゑ）（ヲ）

② 前項の職員は、同項の規定により立ち入る場合においては、その身分を示す証明書を関係のある者に提示しなければならない。（え）

③ 第一項の規定による立入検査の権限は、犯罪捜査のために認められたものと解釈してはならない。（え）

本条…追加〔昭和六〇年一二月法律一〇二号（え）〕、一項…一部改正〔平成一一年一二月法律一六〇号（ゑ）〕、一項…一部改正・旧二一条の一六の六…繰下〔平成二四年六月法律三八号（ヲ）〕

罰則＊【報告、検査の拒否等】罰金三〇万円以下・拘留（消防四四16）【公訴時効】三年（刑訴五五・二五〇・二五三）

第四章の三　日本消防検定協会等(す)

章名…追加〔平成一五年六月法律八四号(す)〕

第一節　日本消防検定協会(た)(え)(す)

本節…追加〔昭和三八年四月法律八八号(た)〕、旧二節…繰下〔昭和六〇年一二月法律一〇二号(え)〕、旧四章の二第三節…繰下〔平成一五年六月法律八四号(す)〕

第一款　総則(た)

本款…追加〔昭和三八年四月法律八八号(た)〕

〔日本消防検定協会の目的〕

第二一条の一七　日本消防検定協会は、検定対象機械器具等についての試験及び型式適合検定（第二十一条の二第三項に規定する型式適合検定をいう。以下同じ。）、特殊消防用設備等の性能に関する評価並びに消防の用に供する機械器具等に関する研究、調査及び試験等を行い、もつて火災その他の災害による被害の軽減に資することを目的とする。(た)(え)(て)(す)(ヲ)

本条…追加〔昭和三八年四月法律八八号(た)〕、一部改正〔昭和六〇年一二月法律一〇二号(え)・六一年四月二〇号(て)・平成一五年六月八四号(す)・二四年六月三八号(ヲ)〕

〔協会の組織〕

第二一条の一八　日本消防検定協会（以下この節において「協会」という。）は、法人とする。(た)(く)

本条…追加〔昭和三八年四月法律八八号(た)〕、一部改正〔昭和五一年五月法律三七号(く)〕

〔事務所〕

第二一条の一九　協会は、主たる事務所を東京都に置く。(た)

②　協会は、必要な地に従たる事務所を置くことができる。(た)(て)

本条…追加〔昭和三八年四月法律八八号(た)〕、二項…一部改正〔昭和六一年四月法律二〇号(て)〕

解説　【主たる事務所】東京都調布市深大寺東町四―三五―一六
【従たる事務所】「大阪支所」大阪市北区曽根崎二―一二―七
「虎ノ門事務所」東京都港区東新橋一―一―一九

〔定款〕

第二一条の二〇　協会の定款には、次の事項を記載しなければならない。(て)

一　目的(て)
二　名称(て)
三　事務所の所在地(て)
四　役員の定数、任期、選任の方法その他の役員に関する事項(て)
五　評議員会に関する事項(て)
六　業務及びその執行に関する事項(て)
七　財務及び会計に関する事項(て)
八　定款の変更に関する事項(て)
九　公告の方法(て)

②　協会の定款の作成又は変更は、総務大臣の認可を受けなければ、その効力を生じない。(て)(ゑ)

本条…追加〔昭和三八年四月法律八八号(た)〕、全部改正〔昭和六一年四月法律二〇号(て)〕、二項…一部改正〔平成一一年一二月法律一六〇号(ゑ)〕

罰則 *【認可を受けなかつたとき】過料二〇万円以下（消防四六の二1）

〔登記〕

第二一条の二一　協会は、政令で定めるところにより、登記しなけれ

ばならない。(た)

② 前項の規定により登記しなければならない事項は、登記の後でなければ、これをもつて第三者に対抗することができない。(た)

本条…追加〔昭和三八年四月法律八八号(た)〕

参照 【政令】独立行政法人等登記令（昭三九政令二八号）

罰則 *【登記を怠つたとき】過料二〇万円以下（消防四六の二2）

〔名称の独占〕

第二一条の二二 協会でない者は、日本消防検定協会という名称を用いてはならない。(た)

本条…追加〔昭和三八年四月法律八八号(た)〕

罰則 *【規定に違反した者】過料一〇万円以下（消防四六の四）

〔一般社団・財団法人法の規定の準用〕

第二一条の二三 一般社団法人及び一般財団法人に関する法律第四条及び第七十八条の規定は、協会について準用する。(た)(く)(ホ)

本条…追加〔昭和三八年四月法律八八号(た)〕、一部改正〔昭和五一年五月法律三七号(く)・平成一八年六月五〇号(ホ)〕

第二款　役員等(た)

本款…追加〔昭和三八年四月法律八八号(た)〕

〔役員〕

第二一条の二四 協会に、役員として、理事長、理事及び監事を置く。(た)(て)

本条…追加〔昭和三八年四月法律八八号(た)〕、全部改正〔昭和六一年四月法律二〇号(て)〕

〔役員の業務〕

第二一条の二五 理事長は、協会を代表し、その業務を総理する。(た)

② 理事は、理事長の定めるところにより、理事長を補佐して協会の業務を掌理し、理事長に事故があるときはその職務を代理し、理事長が欠員のときはその職務を行なう。(た)

③ 監事は、協会の業務を監査する。(た)

④ 監事は、監査の結果に基づき、必要があると認めるときは、理事長又は総務大臣に意見を提出することができる。(く)(ゑ)

本条…追加〔昭和三八年四月法律八八号(た)〕、四項…追加〔昭和五一年五月法律三七号(く)〕、一部改正〔平成一一年一二月法律一六〇号(ゑ)〕

〔役員の選任及び解任の効力〕

第二一条の二六 役員の選任及び解任は、総務大臣の認可を受けなければ、その効力を生じない。(て)(ゑ)

本条…追加〔昭和三八年四月法律八八号(た)〕、全部改正〔昭和六一年四月法律二〇号(て)〕、一部改正〔平成一一年一二月法律一六〇号(ゑ)〕

〔役員の欠格事項〕

第二一条の二七 次の各号の一に該当する者は、役員となることができない。(た)(て)

一 政府又は地方公共団体の職員（非常勤の者を除く。）(た)(く)

二 販売業者等又はこれらの者が法人であるときはその役員（いかなる名称によるかを問わず、これと同等以上の職権又は支配力を有する者を含む。）(た)(く)

三 販売業者等の団体の役員（いかなる名称によるかを問わず、これと同等以上の職権又は支配力を有する者を含む。）(た)(く)

本条…追加〔昭和三八年四月法律八八号(た)〕、一部改正〔昭和五一年五月法律三七号(く)〕、旧二一条の二八…繰上〔昭和六一年四月法律二〇号

（て）

〔役員の解任〕

第二一条の二八　協会は、役員が前条各号の一に該当するに至つたときは、その役員を解任しなければならない。（て）

本条…追加〔昭和六一年四月法律二〇号（て）〕

〔役員の解任命令〕

第二一条の二九　総務大臣は、役員が、この法律（この法律に基づく命令又は処分を含む。）、定款若しくは業務方法書に違反する行為をしたとき、又は協会の業務に関し著しく不適当な行為をしたときは、協会に対し、期間を指定して、その役員を解任すべきことを命ずることができる。（て）（ゑ）

② 総務大臣は、役員が第二十一条の二十七各号の一に該当するに至つた場合において協会がその役員を解任しないとき、又は協会が前項の規定による命令に従わなかつたときは、当該役員を解任することができる。（て）（ゑ）

本条…追加〔昭和三八年四月法律八八号（た）〕、全部改正〔昭和六一年四月法律二〇号（て）〕、三項…削除〔平成五年一一月法律八九号（き）〕、一・二項…一部改正〔平成一一年一二月法律一六〇号（ゑ）〕

〔営利団体からの隔離等〕

第二一条の三〇　役員は、営利を目的とする団体の役員となり、又は自ら営利事業に従事してはならない。ただし、非常勤の役員にあつては、総務大臣の承認を受けたときは、この限りでない。（た）（ゑ）

本条…追加〔昭和三八年四月法律八八号（た）〕、一部改正〔平成一一年一二月法律一六〇号（ゑ）〕

罰則 ＊【承認を受けなかつたとき】過料二〇万円以下（消防四六の二1）

〔理事長の代表権の制限〕

第二一条の三一　協会と理事長との利益が相反する事項については、理事長は、代表権を有しない。この場合には、監事が協会を代表する。（た）

本条…追加〔昭和三八年四月法律八八号（た）〕

〔代理人の選任〕

第二一条の三二　理事長は、理事又は協会の職員のうちから、協会の従たる事務所の業務に関し一切の裁判上又は裁判外の行為をする権限を有する代理人を選任することができる。（た）

本条…追加〔昭和三八年四月法律八八号（た）〕

〔評議員会〕

第二一条の三二の二　協会に、その運営に関する重要事項を審議する機関として、評議員会を置く。（て）

② 評議員会は、評議員十人以内で組織する。（て）

③ 評議員は、協会の業務の適正な運営に必要な学識経験を有する者のうちから、総務大臣の認可を受けて、理事長が任命する。（て）（ゑ）

本条…追加〔昭和六一年四月法律二〇号（て）〕、三項…一部改正〔平成一一年一二月法律一六〇号（ゑ）〕

〔職員の任命〕

第二一条の三三　協会の職員は、理事長が任命する。（た）

本条…追加〔昭和三八年四月法律八八号（た）〕

〔守秘義務等〕

第二一条の三四　協会の役員若しくは職員又はこれらの職にあつた者は、その職務に関して知り得た秘密をもらし、又は盗用してはなら

ない。(た)

本条…追加〔昭和三八年四月法律八八号(た)〕

罰則 *【規定に違反した者】懲役一年以下・罰金一〇〇万円以下（消防四一の四）【公訴時効】三年（刑訴五五・二五〇・二五三）

〔罰則が適用される役職員の身分〕

第二一条の三五　協会の役員及び職員は、刑法その他の罰則の適用については、法令により公務に従事する職員とみなす。(た)(く)

本条…追加〔昭和三八年四月法律八八号(た)〕、一部改正〔昭和五一年五月法律三七号(く)〕

第三款　業務(た)

本款…追加〔昭和三八年四月法律八八号(た)〕

〔業務〕

第二一条の三六　協会は、第二十一条の十七の目的を達成するため、次の業務を行う。(た)(え)

一　第二十一条の三の規定により検定対象機械器具等についての試験を行うこと。(た)(え)

二　第二十一条の八第一項の規定により型式適合検定を行うこと。(た)(え)(ヲ)

三　第十七条の二第一項の規定により特殊消防用設備等の性能に関する評価を行うこと。(す)

四　検定対象機械器具等に関する技術的な事項について総務大臣に意見を申し出ること。(て)(ゑ)(す)

五　消防の用に供する機械器具等に関する研究、調査及び試験を行うこと。(た)(え)(て)(す)

六　依頼に応じ、消防の用に供する機械器具等に関する評価を行うこと。(た)(え)(て)(す)(ヲ)

七　前各号に掲げる業務に附帯する業務を行うこと。(た)(え)(て)

八　前各号に掲げるもののほか、第二十一条の十七の目的を達成するために必要な業務を行うこと。(て)

② 協会は、前項第八号に掲げる業務を行おうとするときは、総務大臣の認可を受けなければならない。(て)(ゑ)

③ 協会は、第一項の業務を行うほか、当該業務の円滑な遂行に支障のない範囲において、総務大臣の認可を受けて、同項の業務を行うために有する機械設備又は技術を活用して行う研究、調査、試験等の業務その他協会が行うことが適切であると認められる業務を行うことができる。(す)

本条…追加〔昭和三八年四月法律八八号(た)〕、一部改正〔昭和六〇年一二月法律一〇二号(え)〕、一項…一部改正・二項…追加〔昭和六一年四月法律二〇号(て)〕、一・二項…一部改正〔平成一一年一二月法律一六〇号(ゑ)〕、一項…一部改正・三項…追加〔平成一五年六月法律八四号(す)〕、一項…一部改正〔平成二四年六月法律三八号(ヲ)〕

罰則 *【業務以外の業務を行ったとき】過料二〇万円以下（消防四六の二3）

〔業務方法書〕

第二一条の三七　協会は、業務の開始の際、業務方法書を作成し、総務大臣の認可を受けなければならない。これを変更しようとするときも、同様とする。(た)(ゑ)

② 前項の業務方法書に記載すべき事項は、総務省令で定める。(た)(ゑ)

本条…追加〔昭和三八年四月法律八八号(た)〕、一・二項…一部改正〔平成一一年一二月法律一六〇号(ゑ)〕

参照【総務省令】日本消防検定協会の業務方法書に記載すべき事項を定める省令（昭三八自治省令二七号）

罰則 ＊【認可を受けなかつたとき】過料二〇万円以下（消防四六の二1）

本款…追加〔昭和三八年四月法律八八号(た)〕

第四款　財務及び会計(た)

〔事業年度〕

第二一条の三八　協会の事業年度は、毎年四月一日に始まり、翌年三月三十一日に終わる。(た)

本条…追加〔昭和三八年四月法律八八号(た)〕

〔予算、事業計画の作成・変更の認可〕

第二一条の三九　協会は、毎事業年度、予算及び事業計画を作成し、当該事業年度の開始前に、総務大臣の認可を受けなければならない。これを変更しようとするときも、同様とする。(た)(く)(て)(ゑ)

本条…追加〔昭和三八年四月法律八八号(た)〕、一部改正〔昭和五一年五月法律三七号(く)・六一年四月二〇号(て)・平成一一年一二月一六〇号(ゑ)〕

〔財務諸表の提出等〕

第二一条の四〇　協会は、毎事業年度、財産目録、貸借対照表及び損益計算書（次項において「財務諸表」という。）を作成し、当該事業年度の終了後三月以内に総務大臣に提出しなければならない。(た)(て)(ゑ)(す)

② 協会は、前項の規定により財務諸表を総務大臣に提出するときは、これに当該事業年度の事業報告書及び予算の区分に従い作成した決算報告書を添え、並びに財務諸表及び決算報告書に関する監事の意見をつけなければならない。(た)(ゑ)

本条…追加〔昭和三八年四月法律八八号(た)〕、一項…一部改正〔昭和六一年四月法律二〇号(て)〕、一・二項…一部改正〔平成一一年一二月法律一六〇号(ゑ)〕、一項…一部改正〔平成一五年六月法律八四号(す)〕

〔総務省令への委任〕

第二一条の四一　この法律に規定するもののほか、協会の財務及び会計に関し必要な事項は、総務省令で定める。(た)(て)(ゑ)

本条…追加〔昭和三八年四月法律八八号(た)〕、旧二一条の四七…繰上〔昭和六一年四月法律二〇号(て)〕、本条…一部改正〔平成一一年一二月法律一六〇号(ゑ)〕

参照 【総務省令】日本消防検定協会の財務及び会計に関する省令（昭三八自治省令二八号）

第五款　監督(た)

本款…追加〔昭和三八年四月法律八八号(た)〕

〔総務大臣の業務監督命令〕

第二一条の四二　協会は、総務大臣が監督する。(た)(て)(ゑ)

② 総務大臣は、この章の規定を施行するため必要があると認めるときは、協会に対して、その業務に関し監督上必要な命令をすることができる。(た)(て)(ゑ)

本条…追加〔昭和三八年四月法律八八号(た)〕、旧二一条の四八…繰上〔昭和六一年四月法律二〇号(て)〕、一・二項…一部改正〔平成一一年一二月法律一六〇号(ゑ)〕

罰則 ＊【命令に違反したとき】過料二〇万円以下（消防四六の二4）

〔報告の徴収、立入検査〕

第二一条の四三　総務大臣は、この章の規定を施行するため必要があると認めるときは、協会に対してその業務に関し報告をさせ、又はその職員に協会の事務所その他の事業所に立ち入り、業務の状況若しくは帳簿、書類その他の必要な物件を検査させることができる。

（た）（て）（ゑ）

② 前項の規定により立入検査をする職員は、その身分を示す証明書を携帯し、関係のある者に提示しなければならない。（く）

③ 第一項の規定による立入検査の権限は、犯罪捜査のために認められたものと解釈してはならない。（く）

本条…追加〔昭和三八年四月法律八八号（た）〕、二項…全部改正・三項…追加〔昭和五一年五月法律三七号（く）〕、旧二一条の四九…繰上〔昭和六一年四月法律二〇号（て）〕、一項…一部改正〔平成一一年一二月法律一六〇号（ゑ）〕

罰則 ＊【報告、立入検査の拒否等があつた場合】罰金三〇万円以下（消防四三の三）【公訴時効】三年（刑訴五五・二五〇・二五三）

第六款　雑則（た）

本款…追加〔昭和三八年四月法律八八号（た）〕

〔協会の解散〕

第二十一条の四十四　協会の解散については、別に法律で定める。（た）（て）

本条…追加〔昭和三八年四月法律八八号（た）〕、旧二一条の五〇…繰上〔昭和六一年四月法律二〇号（て）〕

第二節　登録検定機関（て）（す）

本節…追加〔昭和六一年四月法律二〇号（て）〕、節名…改正・旧四章の二第四節…繰下〔平成一五年六月法律八四号（す）〕

〔登録〕

第二十一条の四十五　第十七条の二第一項又は第二十一条の三第一項の規定による登録（以下この節において単に「登録」という。）は、次に掲げる業務の区分ごとに、特殊消防用設備等の性能に関する評価並びに検定対象機械器具等についての試験及び型式適合検定（以下この節において「検定等」という。）を行おうとする法人の申請により行う。（て）（す）（ヲ）

一 特殊消防用設備等の性能に関する評価を行う業務（す）

二 消火に係る検定対象機械器具等についての試験及び型式適合検定を行う業務（す）（ヲ）

三 火災の感知及び警報に係る検定対象機械器具等（前号に掲げるものを除く。）についての試験及び型式適合検定を行う業務（す）（ヲ）

四 人命の救助に係る検定対象機械器具等その他の検定対象機械器具等（前二号に掲げるものを除く。）についての試験及び型式適合検定を行う業務（す）（ヲ）

本条…追加〔昭和六一年四月法律二〇号（て）〕、一項…一部改正・二項…追加〔平成一五年六月法律八四号（す）〕、二項…削除〔平成一七年三月法律二一号（ロ）〕、本条…一部改正〔平成二四年六月法律三八号（ヲ）〕

参照 【申請】消則四四の四（登録検定機関の登録の申請）

〔登録の基準〕

第二十一条の四十六　総務大臣は、前条の規定により登録を申請した者（以下この項において「登録申請者」という。）が次の要件を満たしているときは、登録をしなければならない。この場合において、登録に関して必要な手続は、総務省令で定める。（て）（ゑ）（す）（ロ）

一 別表第二の上欄に掲げる業務の区分に応じ、それぞれ同表の下欄に掲げる条件に適合する者を有していること。（す）

二 別表第三の上欄に掲げる業務の区分に応じ、それぞれ同表の下欄に掲げる機械器具その他の設備を用いて当該業務を行うものであること。（す）（ヲ）

三 登録申請者が、第十七条の二第一項の規定により性能評価を受けなければならないこととされる特殊消防用設備等又は第二十一条の三第一項の規定により試験を受けなければならないこととされる検定対象機械器具等を設計し、製造し、加工し、又は販売し、若しくは販売の目的で陳列する事業者（以下この号及び第二十一条の五十二第三項において「事業者」という。）に支配されているものとして次のいずれかに該当するものでないこと。(す)

イ　登録申請者が株式会社である場合にあつては、事業者がその親法人（会社法（平成十七年法律第八十六号）第八百七十九条第一項に規定する親法人をいう。）であること。(す)(ハ)

ロ　登録申請者の役員（持分会社（会社法第五百七十五条第一項に規定する持分会社をいう。）にあつては、業務を執行する社員）に占める事業者の役員又は職員（過去二年間に当該事業者の役員又は職員であつた者を含む。）の割合が二分の一を超えていること。(す)(ハ)

ハ　登録申請者の代表権を有する役員が、事業者の役員又は職員（過去二年間に当該事業者の役員又は職員であつた者を含む。）であること。(す)

四　検定等の業務を適正に行うために必要なものとして、次に掲げる基準に適合するものであること。(す)

イ　検定等の業務を行う部門に前条各号に掲げる業務の区分ごとにそれぞれ専任の管理者を置くこと。(す)(ロ)

ロ　検定等の業務の管理及び精度の確保に関する文書が作成されていること。(す)

ハ　ロに掲げる文書に記載されたところに従い検定等の業務の管理及び精度の確保を行う専任の部門を置くこと。(す)

② 総務大臣は、前条の規定による申請をした法人が次の各号のいずれかに該当するときは、登録をしてはならない。(て)(ゑ)(す)

一　その法人又はその業務を行う役員がこの法律又はこの法律に基づく命令に違反して、刑に処せられ、その執行を終わり、又は執行を受けることがなくなつた日から起算して二年を経過しない法人であること。(て)(す)

二　第二十一条の五十七第一項又は第二項の規定により登録を取り消され、その取消しの日から起算して二年を経過しない法人であること。(て)(す)

三　第二十一条の五十七第一項又は第二項の規定による登録の取消しの日前三十日以内にその取消しに係る法人の業務を行う役員であつた者でその取消しの日から二年を経過しないものがその業務を行う役員となつている法人であること。(す)

③ 登録は、登録検定機関登録簿に次に掲げる事項を記載してするものとする。(す)

一　登録年月日及び登録番号(す)

二　登録を受けた法人の名称、代表者の氏名及び主たる事務所の所在地(す)

三　登録を受けた業務の区分(す)

四　検定等を行う事務所の所在地(す)

本条…追加〔昭和六一年四月法律二〇号(て)〕、一・二項…一部改正〔平成一一年一二月法律一六〇号(ゑ)〕、一項…一部改正〔平成一四年四月法律三〇号(せ)〕、一・二項…一部改正・三項…追加〔平成一五年六月法律八四号(す)〕、一項…一部改正〔平成一七年三月法律二一号(ロ)・七月八七号(ハ)・二四年六月三八号(ヲ)〕

〔登録の更新〕

第二一条の四七　登録は、三年を下らない政令で定める期間ごとにその更新を受けなければ、その期間の経過によつて、その効力を失う。(す)

② 登録の更新を受けようとする法人は、政令で定めるところにより、実費を勘案して政令で定める額の手数料を、国に納付しなけれ

ばならない。(ロ)

③　前二条の規定は、第一項の登録の更新について準用する。(す)(ロ)

本条…追加〔平成一五年六月法律八四号(す)〕、二項…追加・旧二項…一部改正し三項に繰下〔平成一七年三月法律二一号(ロ)〕

参照【期間】消令四一の三（登録検定機関の登録の有効期間）【政令】消令四一の二（登録検定機関の登録の更新の手数料）

〔公示〕

第二一条の四八　総務大臣は、登録をしたときは、第二十一条の四十六第三項各号に掲げる事項を公示しなければならない。(て)(ゑ)(す)

②　登録を受けた法人（以下「登録検定機関」という。）は、第二十一条の四十六第三項第二号及び第四号に掲げる事項を変更しようとするときは、変更しようとする日の二週間前までに、その旨を総務大臣に届け出なければならない。(て)(ゑ)(す)

③　総務大臣は、前項の規定による届出があつたときは、その旨を公示しなければならない。(て)(ゑ)

本条…追加〔昭和六一年四月法律二〇号(て)〕、一—三項…一部改正〔平成一一年一二月法律一六〇号(ゑ)〕、一・二項…一部改正・旧二一条の四七…繰下〔平成一五年六月法律八四号(す)〕

参照【届出】消則四四の六（登録検定機関の名称等の変更の届出）

〔検定〕

第二一条の四九　登録検定機関は、検定等を行うべきことを求められたときは、正当な理由がある場合を除き、遅滞なく、検定等を行わなければならない。(て)(す)

②　登録検定機関は、公正に、かつ、総務省令で定める技術上の基準に適合する方法により検定等を行わなければならない。(す)

本条…追加〔昭和六一年四月法律二〇号(て)〕、一項…一部改正、二項…追加・旧二一条の四八…繰下〔平成一五年六月法律八四号(す)〕

参照【総務省令で定める技術上の基準】消則四四の七（検定等の方法）

〔役職員の守秘義務等〕

第二一条の五〇　登録検定機関の役員若しくは職員又はこれらの職にあつた者は、その職務に関して知り得た秘密を漏らし、又は盗用してはならない。(て)(す)

②　検定等の業務に従事する登録検定機関の役員及び職員は、刑法その他の罰則の適用については、法令により公務に従事する職員とみなす。(て)(す)

本条…追加〔昭和六一年四月法律二〇号(て)〕、一・二項…一部改正〔平成一五年六月法律八四号(す)〕

罰則＊【規定に違反した者】懲役一年以下・罰金一〇〇万円以下（消防四一の五）【公訴時効】三年（刑訴五五・二五〇・二五三）

〔業務規程〕

第二一条の五一　登録検定機関は、検定等の実施方法、検定等に関する料金その他の総務省令で定める検定等の業務の実施に関する事項について業務規程を定め、総務大臣の認可を受けなければならない。これを変更しようとするときも、同様とする。(て)(ゑ)(す)

②　総務大臣は、前項の規定により認可をした業務規程が検定等の業務の適正かつ確実な実施上不適当となつたと認めるときは、登録検定機関に対し、これを変更すべきことを命ずることができる。(て)(ゑ)(す)

本条…追加〔昭和六一年四月法律二〇号(て)〕、一・二項…一部改正〔平成一一年一二月法律一六〇号(ゑ)、一五年六月八四号(す)〕

参照【総務省令】消則四四の八（業務規程の記載事項）・四四の九（業務規程の認可の申請）

〔事業計画、収支予算の作成・変更の認可〕

第二一条の五二　登録検定機関は、毎事業年度、事業計画及び収支予算を作成し、当該事業年度の開始前に（登録を受けた日の属する事業年度にあつては、その登録を受けた後遅滞なく）、総務大臣の認可を受けなければならない。これを変更しようとするときも、同様とする。(て)(ゑ)(す)

② 登録検定機関は、毎事業年度経過後三月以内に、その事業年度の財産目録、貸借対照表及び損益計算書又は収支計算書並びに事業報告書（その作成に代えて電磁的記録（電子的方式、磁気的方式その他の人の知覚によつては認識することができない方式で作られる記録であつて、電子計算機による情報処理の用に供されるものをいう。以下この条において同じ。）の作成がされている場合における当該電磁的記録を含む。次項及び第四十六条の三において「財務諸表等」という。）を作成し、総務大臣に提出するとともに、五年間事務所に備えて置かなければならない。(す)(八)

③ 事業者その他の利害関係人は、登録検定機関の業務時間内は、いつでも、次に掲げる請求をすることができる。ただし、第二号又は第四号の請求をするには、登録検定機関の定めた費用を支払わなければならない。(す)

一　財務諸表等が書面をもつて作成されているときは、当該書面の閲覧又は謄写の請求(す)

二　前号の書面の謄本又は抄本の請求(す)

三　財務諸表等が電磁的記録をもつて作成されているときは、当該電磁的記録に記録された事項を総務省令で定める方法により表示したものの閲覧又は謄写の請求(す)

四　前号の電磁的記録に記録された事項を電磁的方法であつて総務省令で定めるものにより提供することの請求又は当該事項を記載した書面の交付の請求(す)

本条…追加〔昭和六一年四月法律二〇号(て)〕、一・二項…一部改正〔平成一一年一二月法律一六〇号(ゑ)〕、一項…一部改正・二項…全部改正・三項…追加〔平成一五年六月法律八四号(す)〕、二項…一部改正〔平成一七年七月法律八七号(八)〕

参照【総務大臣の認可】消則四四の一〇（事業計画及び収支予算の認可の申請）【総務省令で定める方法】消則四四の一〇の二（電磁的方法）

罰則＊【規定に違反した者】過料二〇万円以下（消防四六の三）

〔帳簿の備付・保存〕

第二一条の五三　登録検定機関は、総務省令で定めるところにより、検定等の業務に関する事項で総務省令で定めるものを記載した帳簿を備え、保存しなければならない。(て)(ゑ)(す)

本条…追加〔昭和六一年四月法律二〇号(て)〕、一部改正〔平成一一年一二月法律一六〇号(ゑ)・一五年六月八四号(す)〕

参照【総務省令で定める事項】消則四四の一一（帳簿）

罰則＊【規定に違反したとき】罰金三〇万円以下（消防四三の五1）【公訴時効】三年（刑訴五五・二五〇・二五三）

〔措置命令〕

第二一条の五四　総務大臣は、登録検定機関が第二十一条の四十六第一項各号のいずれかに適合しなくなつたと認めるときは、当該登録検定機関に対し、これらの規定に適合するため必要な措置をとるべきことを命ずることができる。(す)

② 総務大臣は、登録検定機関が第二十一条の四十九の規定に違反し

ていると認めるときは、当該登録検定機関に対し、検定等を行うべきこと又は当該検定等の方法その他の業務の方法の改善に関し必要な措置をとるべきことを命ずることができる。(す)

本条…追加〔昭和六一年四月法律二〇号(て)〕、一部改正〔平成一一年一二月法律一六〇号(ゑ)〕、全部改正〔平成一五年六月法律八四号(す)〕

〔報告の徴収、立入検査〕

第二一条の五五　総務大臣は、検定等の業務の適正な実施を確保するため必要があると認めるときは、登録検定機関に対し、検定等の業務に関し必要な報告を求め、又はその職員に、登録検定機関の事務所に立ち入り、検定等の業務の状況若しくは設備、帳簿、書類その他の必要な物件を検査させることができる。(て)(ゑ)(す)

② 前項の規定により立入検査をする職員は、その身分を示す証明書を携帯し、関係のある者に提示しなければならない。(て)

③ 第一項の規定による立入検査の権限は、犯罪捜査のために認められたものと解釈してはならない。(て)

本条…追加〔昭和六一年四月法律二〇号(て)〕、一項…一部改正〔平成一一年一二月法律一六〇号(ゑ)・一五年六月八四号(す)〕

罰則 ＊【報告・立入検査の拒否等があった場合】罰金三〇万円以下（消防四三の五２）【公訴時効】三年（刑訴五五・二五〇・二五三）

〔業務の休止又は廃止〕

第二一条の五六　登録検定機関は、総務大臣の許可を受けなければ、検定等の業務の全部又は一部を休止し、又は廃止してはならない。(て)(ゑ)(す)

② 総務大臣は、前項の許可をしたときは、その旨を公示しなければならない。(て)(ゑ)

本条…追加〔昭和六一年四月法律二〇号(て)〕、一・二項…一部改正〔平成一一年一二月法律一六〇号(ゑ)〕、一項…一部改正〔平成一五年六月法律八四号(す)〕

参照【総務大臣の許可】消則四四の一二（検定等の業務の休止又は廃止の許可の申請）

罰則 ＊【規定に違反したとき】罰金三〇万円以下（消防四三の五３）【公訴時効】三年（刑訴五五・二五〇・二五三）

〔登録の取消し、業務の停止〕

第二一条の五七　総務大臣は、登録検定機関が第二十一条の四十六第二項第一号又は第三号に該当するに至つたときは、その登録を取り消さなければならない。(て)(ゑ)(す)

② 総務大臣は、登録検定機関が次の各号のいずれかに該当するときは、その登録を取り消し、又は期間を定めて検定等の業務の全部若しくは一部の停止を命ずることができる。(て)(ゑ)(す)

一 第十七条の二から第十七条の二の四まで、前章第一節又はこの節の規定に違反したとき。(て)(す)

二 第二十一条の四十六第一項各号の要件を満たさなくなつたと認められるとき。(て)

三 第二十一条の五十一第二項又は第二十一条の五十四の規定による命令に違反したとき。(て)(す)

四 第二十一条の五十一第一項の規定により認可を受けた業務規程によらないで検定等の業務を行つたとき。(て)

五 正当な理由がないのに第二十一条の五十二第三項各号の規定による請求を拒んだとき。(す)

六 不正な手段により登録を受けたとき。(て)(す)

③ 総務大臣は、前二項の規定により登録を取り消し、又は前項の規定により検定等の業務の全部若しくは一部の停止を命じたときは、その旨を公示しなければならない。(て)(き)(ゑ)(す)

本条…追加〔昭和六一年四月法律二〇号(て)〕、三項…削除・旧四項…一部改正し三項に繰上〔平成五年一一月法律八九号(き)〕、一―三項…一部改正〔平成一一年一二月法律一六〇号(ゑ)・一五年六月八四号(す)〕

罰則＊【業務の停止命令に違反した法人の役員又は職員】懲役一年以下・罰金一〇〇万円以下（消防四一の六）【公訴時効】三年（刑訴五五・二五〇・二五三）

第五章　火災の警戒

〔気象状況の通報及び警報の発令〕

第二二条　気象庁長官、管区気象台長、沖縄気象台長、地方気象台長又は測候所長は、気象の状況が火災の予防上危険であると認めるときは、その状況を直ちにその地を管轄する都道府県知事に通報しなければならない。(ち)(う)

② 都道府県知事は、前項の通報を受けたときは、直ちにこれを市町村長に通報しなければならない。

③ 市町村長は、前項の通報を受けたとき又は気象の状況が火災の予防上危険であると認めるときは、**火災に関する警報を発する**ことができる。(ろ)

④ 前項の規定による警報が発せられたときは、警報が解除されるまでの間、その市町村の区域内に在る者は、**市町村条例で定める火の使用の制限**に従わなければならない。

三項…一部改正〔昭和二五年五月法律一八六号(ろ)〕、一項…一部改正〔昭和三一年六月法律一四一号(ち)・四六年一二月一三〇号(う)〕

解説【火災の警報を発する】火災警報発令の条件は、地域的に異なるが、次のような基準が、通知として出されている〔「消防信号の取り扱いについて」昭和二四年国消管発第一三六号〕。①実効湿度が六〇パーセント以下であって、最低湿度が四〇パーセントを下り、最大風速が七メートルを超える見込みのとき。②平均風速一〇メートル以上の風が一時間以上連続して吹く見込みのとき。なお、現在の東京都の条件は、次のとおり〔「東京消防庁消防信号等に関する規程」昭和三八年東京消防庁告示第二号〕（①実効湿度が五〇%以下であって、最小湿度が二五%以下になる見込みのとき　②平均風速一三m以上の風が吹く見込みのとき　③実効湿度が六〇%以下であって、最小湿度が三〇%以下となり、平均風速一〇m以上の風が吹く見込みのとき）。

【市町村条例で定める火の使用制限】条例(例)で、①山林、原野への火入れの禁止　②煙火の消費禁止　③屋外での火遊び、たき火の禁止　④屋外における危険物付近での喫煙禁止　⑤山林、原野等指定区域内での喫煙禁止　⑥残火等の処理　⑦屋内における裸火使用時の窓の閉鎖等について定めている。

参照【火災に関する警報】消則三四、別表一の三【火の使用の制限】火災予防条例(例)二九

罰則＊【火の使用制限に違反した者】罰金三〇万円以下・拘留（消防四四18）【公訴時効】三年（刑訴五五・二五〇・二五三）

〔たき火、喫煙の制限〕

第二三条　市町村長は、**火災の警戒上特に必要がある**と認めるときは、期間を限つて、一定区域内におけるたき火又は喫煙の制限をすることができる。

解説【火災の警戒上特に必要がある場合】一定の区域が特に火災発生危険、延焼拡大危険、火災に伴う人命危険が大きいと予想される状態にある場合をいう。

罰則＊【制限に違反した者】罰金三〇万円以下・拘留（消防四四18）【公訴時効】三年（刑訴五五・二五〇・二五三）

〔火災警戒区域の設定〕

第二三条の二　ガス、火薬又は危険物の漏えい、飛散、流出等の事故が発生した場合において、当該事故により火災が発生するおそれが

著しく大であり、かつ、火災が発生したならば人命又は財産に著しい被害を与えるおそれがあると認められるときは、消防長又は消防署長は、**火災警戒区域**を設定して、その区域内における火気の使用を禁止し、又は総務省令で定める者以外の者に対してその区域からの退去を命じ、若しくはその区域への出入を禁止し、若しくは制限することができる。（ね）（ゑ）

② 前項の場合において、消防長若しくは消防署長又はこれらの者から委任を受けて同項の職権を行なう消防吏員若しくは消防団員が現場にいないとき又は消防長若しくは消防署長から要求があつたときは、警察署長は、同項の職権を行なうことができる。この場合において、警察署長が当該職権を行なつたときは、警察署長は、直ちにその旨を消防長又は消防署長に通知しなければならない。（ね）

本条…追加〔昭和四三年六月法律九五号（ね）〕、一項…一部改正〔平成一一年一二月法律一六〇号（ゑ）〕

解説【**火災警戒区域**】火災の発生防止及び人命又は財産に対する危険を未然に防止するため、火気の使用や一定の者以外の者の退去、出入等の禁止を行う必要のある区域をいう。当該区域の設定は現場の状況や風向き等を十分に考慮しロープ等により明示して行う。

参照【**総務省令で定める者**】消則四五（火災警戒区域出入者）

罰則＊【**火気の使用禁止、退去命令又は出入の禁止等に従わなかつた者**】罰金三〇万円以下・拘留（消防四四19）【**公訴時効**】三年（刑訴五五・二五〇・二五三）

第六章　消火の活動

〔**火災発見の通報**〕

第二四条　火災を発見した者は、遅滞なくこれを消防署又は市町村長の指定した場所に通報しなければならない。

② すべての人は、前項の通報が最も迅速に到達するように協力しなければならない。

解説【**火災を発見した者**】火災を発見したすべての者が該当する。

参照【**発見者の通報義務等**】災対五四

罰則＊【**虚偽の通報をした者**】罰金三〇万円以下・拘留（消防四四20）【**公訴時効**】三年（刑訴五五・二五〇・二五三）

〔**応急消火義務等**〕

第二五条　火災が発生したときは、当該消防対象物の関係者その他総務省令で定める者は、**消防隊が火災の現場に到着するまで消火若しくは延焼の防止又は人命の救助を行わなければならない**。（ゑ）

② 前項の場合においては、火災の現場附近に在る者は、前項に掲げる者の行う消火若しくは延焼の防止又は人命の救助に協力しなければならない。

③ 火災の現場においては、消防吏員又は消防団員は、当該消防対象物の関係者その他総務省令で定める者に対して、当該消防対象物の構造、救助を要する者の存否その他消火若しくは延焼の防止又は人命の救助のため必要な事項につき**情報の提供を求めることができる**。（ね）（ゑ）

三項…追加〔昭和四三年六月法律九五号（ね）〕、一・三項…一部改正〔平成一一年一二月法律一六〇号（ゑ）〕

解説【**消防隊が到着するまでの間、消火若しくは延焼の防止又は人命の救助を行わなければならない者**】①火災を発生させた者 ②火災の発生に直接関係がある者 ③火災が発生した消防対象物の居住者又は勤務者である。これらの者を「応急消火義務者」としている。

【**情報の提供を求めることができる者**】応急消火義務者及び延焼のお

それのある対象物の関係者、居住者、勤務者である。
本条第二項の協力義務者が「協力」することによって死亡し、負傷し、疾病にかかり又は障害となった場合は損失補償を受けることができる。

参照【総務省令で定める者】消則四六（応急消火義務者）【消防隊】消防二⑧【協力者の災害補償】消防三六の三【総務省令で定める者】消則四七（情報の提供を求めることができる者）

罰則＊【消火、延焼の防止又は人命救助に従事する者の行為を妨害した者】懲役二年以下・罰金一〇〇万円以下（消防四〇①3）、懲役・罰金の併科（消防四〇②）ただし、消火妨害罪（刑法一一四）を構成する場合は併科ができない。【公訴時効】三年（刑訴五五・二五〇・二五三）

＊【情報の提供をせず、又は虚偽の情報を提供した者】懲役六月以下・罰金五〇万円以下（消防四一①11）、懲役・罰金の併科（消防四一②）、両罰（消防四五3）【公訴時効】三年（刑訴五五・二五〇・二五三）

〔消防車の優先通行等〕

第二六条　消防車が火災の現場に赴くときは、車馬及び歩行者はこれに道路を譲らなければならない。(れ)(そ)

②　消防車の優先通行については、道路交通法（昭和三十五年法律第百五号）第四十条、第四十一条の二第一項及び第二項並びに第七十五条の六第二項の定めるところによる。(れ)(む)

③　消防車は、火災の現場に出動するとき及び訓練のため特に必要がある場合において一般に公告したときに限り、サイレンを用いることができる。(ろ)(れ)

④　消防車は、消防署等に引き返す途中その他の場合には、鐘又は警笛を用い、一般交通規則に従わなければならない。(ろ)(れ)

二項…全部改正・三項…追加〔昭和二五年五月法律一八六号(ろ)〕、一項…一部改正・二項…追加・旧二・三項…三・四項に繰下〔昭和三八年四月法律九〇号(れ)〕、一項…一部改正〔昭和四〇年五月法律六五号(そ)〕、二項…一部改正〔昭和四六年六月法律九八号(む)〕

解説【消防車】道路交通法でいう「緊急自動車」に限らず、消防の用に供されるあらゆる車両をいう。

罰則＊【消防車の通過を故意に妨害した者】懲役二年・罰金一〇〇万円以下（消防四〇①1）、懲役・罰金の併科（消防四〇②）【公訴時効】三年（刑訴五五・二五〇・二五三）

〔消防隊の緊急通行権〕

第二七条　消防隊は、火災の現場に到着するために緊急の必要があるときは、一般交通の用に供しない通路若しくは公共の用に供しない空地及び水面を通行することができる。

解説【消防隊】消防器具を装備した消防吏員又は消防団員の一隊
【一般交通の用に供しない通路】車両等の交通禁止通路又は私用通路等
【公共の用に供しない空地】個人の所有地でたまたま空地となっているもの

〔消防警戒区域の設定等〕

第二八条　火災の現場においては、消防吏員又は消防団員は、消防警戒区域を設定して、総務省令で定める者以外の者に対してその区域からの退去を命じ、又はその区域への出入を禁止し若しくは制限することができる。(ゑ)

②　消防吏員又は消防団員が火災の現場にいないとき又は消防吏員又は消防団員の要求があつたときは、警察官は、前項に規定する消防吏員又は消防団員の職権を行うことができる。(へ)

③　火災現場の上席消防員の指揮により消防警戒区域を設定する場合には、現場に在る警察官は、これに援助を与える義務がある。(へ)

二・三項…一部改正〔昭和二九年六月法律一六三号(へ)〕、一項…一部改正〔平成一一年一二月法律一六〇号(ゑ)〕

解説【消防警戒区域】消防活動、火災調査等を十分に行うため一定の者以外の者の立入等を禁止又は制限する必要のある区域をいう。なお、当該区域の設定はロープ等により明示することをいう。
【上席消防員】火災現場において当該火災に対する消防責任を有する者のうち、最上位の消防吏員をいう。

参照【総務省令で定める者】消則四八（消防警戒区域出入者）【市町村長の警戒区域設定権等】災対六三

罰則＊【退去命令又は出入の禁止等に従わなかつた者】罰金三〇万円以下・拘留（消防四四21）【公訴時効】三年（刑訴五五・二五〇・二五三）
※暴行又は脅迫の手段をもって退去命令等に従わなかった場合は、公務執行妨害罪（刑法九五条）が成立する。

〔消火活動中の緊急措置等〕

第二九条　消防吏員又は消防団員は、消火若しくは延焼の防止又は人命の救助のために必要があるときは、**火災が発生せんとし**、又は発生した消防対象物及びこれらのものの在る土地を使用し、**処分**し又はその使用を制限することができる。(ろ)

② 消防長若しくは消防署長又は消防本部を置かない市町村においては消防団の長は、火勢、気象の状況その他周囲の事情から合理的に判断して延焼防止のためやむを得ないと認めるときは、延焼の虞がある消防対象物及びこれらのものの在る土地を使用し、処分し又はその使用を制限することができる。(ろ)

③ 消防長若しくは消防署長又は消防本部を置かない市町村においては消防団の長は、消火若しくは延焼の防止又は人命の救助のために**緊急の必要**があるときは、前二項に規定する消防対象物及び土地以外の消防対象物及び土地を使用し、処分し又はその使用を制限することができる。この場合においては、そのために損害を受けた者からその損失の補償の要求があるときは、時価により、その損失を補償するものとする。(ろ)

④ 前項の規定による補償に要する費用は、当該市町村の負担とする。(ろ)

⑤ 消防吏員又は消防団員は緊急の必要があるときは、火災の現場附近に在る者を消火若しくは延焼の防止又は人命の救助その他の消防作業に従事させることができる。(ろ)

一項…一部改正・二項…追加・旧二項…一部改正し三項に繰下・旧三・四項…四・五項に繰下〔昭和二五年五月法律一八六号(ろ)〕

解説【火災が発生せんとし】未だ火災にはなっていないが、放置すれば火災となる状態
【処分】当該対象物の破壊も含まれる。
【緊急の必要】速やかに当該措置をとる必要があり、しかも、当該措置以外に方途がない場合をいう。

参照【損失の補償】憲二九③【補償に要する費用】消防六【消防作業従事者の災害補償】消防三六の三

罰則＊【消火、延焼の防止又は人命の救助に従事する者に対し、その行為を妨害した者】懲役二年以下・罰金一〇〇万円以下（消防四〇①3）、懲役・罰金の併科（消防四〇②）【公訴時効】三年（刑訴五五・二五〇・二五三）

〔緊急水利〕

第三〇条　火災の現場に対する給水を維持するために**緊急の必要**があるときは、消防長若しくは消防署長又は消防本部を置かない市町村においては消防団の長は、水利を使用し又は用水路の水門、樋門若しくは水道の制水弁の開閉を行うことができる。(ろ)

② 消防長若しくは消防署長又は消防本部を置かない市町村において

は消防団の長は、火災の際の水利の使用及び管理について当該水利の所有者、管理者又は占有者と予め協定することができる。（ろ）

一・二項…一部改正〔昭和二五年五月法律一八六号(ろ)〕

解説　【緊急の必要】前条と同義

〔準用及び読み替え規定〕

第三〇条の二　第二十五条第三項、第二十八条第一項及び第二項並びに第二十九条第一項及び第五項の規定は、消防組織法第三十条第一項の規定により都道府県が市町村の消防を支援する場合について準用する。この場合において、これらの規定中「消防吏員又は消防団員」とあるのは、「消防吏員若しくは消防団員又は航空消防隊に属する都道府県の職員」と読み替えるものとする。（す）（ト）

本条…追加〔平成一五年六月法律八四号(す)〕、一部改正〔平成一八年六月法律六四号(ト)〕

罰則＊【情報の提供をせず、又は虚偽の情報を提供した者】懲役六月以下・罰金五〇万円以下（消防四二①11）、懲役・罰金の併科（消防四二②）、両罰（消防四五3）【公訴時効】三年（刑訴五五・二五〇・二五三）

＊【退去命令又は出入の禁止等に従わなかつた者】罰金三〇万円以下・拘留（消防四四21）【公訴時効】三年（刑訴五五・二五〇・二五三）

＊【消火、延焼の防止又は人命の救助に従事する者に対し、その行為を妨害した者】懲役二年以下・罰金一〇〇万円以下（消防四〇①3）、懲役・罰金の併科（消防四〇②）【公訴時効】三年（刑訴五五・二五〇・二五三）

第七章　火災の調査

〔火災の原因等の調査〕

第三一条　消防長又は消防署長は、消火活動をなすとともに火災の原因並びに火災及び消火のために受けた損害の調査に着手しなければならない。（ろ）

旧三一条…繰上〔昭和二五年五月法律一八六号(ろ)〕

解説　【消火活動をなすとともに】消火活動と並行して原因及び損害の調査に着手しなければならない。

【火災の原因】出火原因の他に延焼拡大原因も含まれる。

【火災及び消火のために受けた損害】焼跡の整理費や復旧費、休業による損害等は含まれない。

〔関係のある者に対する質問等、官公署に対する通報の要求〕

第三二条　消防長又は消防署長は、前条の規定により調査をするため必要があるときは、関係のある者に対して質問し、又は火災の原因である疑いがあると認められる製品を製造し若しくは輸入した者に対して必要な資料の提出を命じ若しくは報告を求めることができる。（ろ）（ヲ）

②　消防長又は消防署長は、前条の調査について、関係のある官公署に対し必要な事項の通報を求めることができる。（ろ）

本条…追加〔昭和二五年五月法律一八六号(ろ)〕、一項…一部改正〔平成二四年六月法律三八号(ヲ)〕

解説　【関係のある者】関係者に限らず、およそ火災の原因又は損害について参考となる情報を提供してくれると思われるあらゆる者を指す。

【質問】質問に対し、偽りの申立てがあっても、法的措置はない。なお消防第三四条に基づく報告等の提出を求めた場合、提出された報告等が偽りであった場合は消防第四四条第二号により処罰の対象となる。

罰則＊【資料の提出又は報告を求められて、資料の提出をせず、虚偽の資料を提出し、報告をせず、又は虚偽の報告をした者】罰金三〇万円以下・拘留（消防四四22）、両罰（消防四五3）【公訴時効】三年（刑訴五五・二五〇・二五三）

〔火災による被害財産の調査〕
第三三条　消防長又は消防署長及び関係保険会社の認めた代理者は、火災の原因及び損害の程度を決定するために火災により破損され又は破壊された財産を調査することができる。

解説　【関係保険会社】当該火災に係る損害を補てんする責任がある保険会社
【代理者】当該保険会社の職員に限られるものではない。

罰則＊【被害状況の調査を拒んだ者】罰金三〇万円以下・拘留（消防四四23）【公訴時効】三年（刑訴五五・二五〇・二五三）

〔資料提出命令、報告の徴収及び消防職員の立入検査〕
第三四条　消防長又は消防署長は、前条の規定により調査をするために必要があるときは、関係者に対して必要な資料の提出を命じ、若しくは報告を求め、又は当該消防職員に関係のある場所に立ち入つて、火災により破損され又は破壊された財産の状況を検査させることができる。(た)(そ)

② 第四条第一項ただし書及び第二項から第四項までの規定は、前項の場合にこれを準用する。(ろ)(せ)

二項…一部改正〔昭和二五年五月法律一八六号(ろ)〕、一項…一部改正〔昭和三八年四月法律八八号(た)・四〇年五月六五号(そ)〕、二項…一部改正〔平成一四年四月法律三〇号(せ)〕

解説　【必要な資料】例えば出火原因の判定に必要な「設備器具」「燃え残り」等が該当する。
【報告】出火原因等の判定に必要な「発見時の状況、出火当時の状況」等に関する報告

罰則＊【資料の提出拒否等又は立入検査の拒否等を行つた者】罰金三〇万円以下・拘留（消防四四2）【公訴時効】三年（刑訴五五・二五〇・二五三）

〔放火又は失火の疑いある場合の火災原因の調査及び犯罪捜査協力〕
第三五条　放火又は失火の疑いのあるときは、その火災の原因の調査の主たる責任及び権限は、消防長又は消防署長にあるものとする。(ろ)

② 消防長又は消防署長は、放火又は失火の犯罪があると認めるときは、直ちにこれを所轄警察署に通報するとともに必要な証拠を集めてその保全につとめ、消防庁において放火又は失火の犯罪捜査の協力の勧告を行うときは、これに従わなければならない。(ろ)(に)(る)

本条…一部改正〔昭和二四年六月法律一九三号(い)〕、全部改正〔昭和二五年五月法律一八六号(ろ)〕、二項…一部改正〔昭和二七年七月法律二五八号(に)・三五年六月一一三号(る)〕

〔被疑者に対する質問、証拠物の調査〕
第三五条の二　消防長又は消防署長は、警察官が放火又は失火の犯罪の被疑者を逮捕し又は証拠物を押収したときは、事件が検察官に送致されるまでは、前条第一項の調査をするため、その被疑者に対し質問をし又はその証拠物につき調査をすることができる。(ろ)(へ)

② 前項の質問又は調査は、警察官の捜査に支障を来すこととなつてはならない。(ろ)(へ)

本条…追加〔昭和二五年五月法律一八六号(ろ)〕、一・二項…一部改正〔昭和二九年六月法律一六三号(へ)〕

〔都道府県知事の火災原因の調査〕
第三五条の三　消防本部を置かない市町村の区域にあつては、当該区域を管轄する都道府県知事は、当該市町村長から求めがあつた場合及び特に必要があると認めた場合に限り、第三十一条又は第三十三条の規定による火災の原因の調査をすることができる。(た)

② 第三十二条及び第三十四条から前条までの規定は、前項の場合に

ついて準用する。この場合において、第三十四条第一項中「当該消防職員」とあるのは「当該都道府県の消防事務に従事する職員」と、第三十五条第一項中「消防長又は消防署長」とあるのは「市町村長のほか、都道府県知事」と読み替えるものとする。(た)(そ)

本条…追加〔昭和三八年四月法律八八号(た)〕、二項…一部改正〔昭和四〇年五月法律六五号(そ)〕

解説 都道府県知事が行うことができる火災の調査は消防本部を置かない市町村における「火災の原因調査」だけである。

【前項の場合について準用する】 都道府県知事が火災の原因調査を行う場合には消防第三二条及び第三四条から第三五条の二までの規定を準用するという意味である。

罰則 ＊**【資料の提出拒否等又は立入検査の拒否等を行った者】** 罰金三〇万円以下・拘留（消防四四2）**【公訴時効】** 三年（刑訴五五・二五〇・二五三）

＊**【資料の提出又は報告を求められて、資料の提出をせず、虚偽の資料を提出し、報告をせず、又は虚偽の報告をした者】** 罰金三〇万円以下・拘留（消防四四22）、両罰（消防四五3）**【公訴時効】** 三年（刑訴五五・二五〇・二五三）

〔消防庁長官の火災原因の調査〕

第三五条の三の二 消防庁長官は、消防長又は前条第一項の規定に基づき火災の原因の調査をする都道府県知事から求めがあつた場合及び特に必要があると認めた場合に限り、第三十一条又は第三十三条の規定による火災の原因の調査をすることができる。(そ)(す)

② 第三十二条、第三十四条、第三十五条第一項及び第二項（勧告に係る部分を除く。）並びに第三十五条の二の規定は、前項の場合について準用する。この場合において、第三十四条第一項中「当該消防職員」とあるのは「消防庁の職員」と、第三十五条第一項中「消防長又は消防署長」とあるのは「消防本部を置く市町村の区域にあつては、消防長又は消防署長のほか、消防庁長官に、当該区域以外の区域であつて第三十五条の三第一項の規定により都道府県知事が火災の原因の調査を行う場合にあつては、市町村長及び都道府県知事のほか、消防庁長官に、当該区域以外の区域であつて同項の規定にかかわらず都道府県知事が火災の原因の調査を行わない場合にあつては、市町村長のほか、消防庁長官」と読み替えるものとする。(そ)(す)

本条…追加〔昭和四〇年五月法律六五号(そ)〕、一・二項…一部改正〔平成一五年六月法律八四号(す)〕

解説 **【消防長】** 本条でいう消防長は消防第三条第一項かっこ書により消防本部を置かない市町村における、市町村長への読み替え規定がないので注意を要する。

参照 **【消防庁長官】** 消組三 **【火災原因調査証】** 平成二〇年八月二〇日消防庁告示第九号

罰則 ＊**【資料の提出拒否等又は立入検査の拒否等を行った者】** 罰金三〇万円以下・拘留（消防四四2）**【公訴時効】** 三年（刑訴五五・二五〇・二五三）

＊**【資料の提出又は報告を求められて、資料の提出をせず、虚偽の資料を提出し、報告をせず、又は虚偽の報告をした者】** 罰金三〇万円以下・拘留（消防四四22）、両罰（消防四五3）**【公訴時効】** 三年（刑訴五五・二五〇・二五三）

〔犯罪捜査等との関係及び消防と警察との相互の協力〕

第三五条の四 本章の規定は、警察官が犯罪（放火及び失火の犯罪を含む。）を捜査し、被疑者（放火及び失火の犯罪の被疑者を含む。）を逮捕する責任を免れしめない。(ろ)(へ)(た)

② 放火及び失火絶滅の共同目的のために消防吏員及び警察官は、互に協力しなければならない。(ろ)(へ)

本条…追加〔昭和二五年五月法律一八六号(ろ)〕、一・二項…一部改正

〔昭和二九年六月法律一六三号(へ)〕、旧三五条の三…繰下〔昭和三八年四月法律八八号(た)〕

参照【協力】消組四二

第七章の二　救急業務(た)

本章…追加〔昭和三八年四月法律八八号(た)〕

（救急搬送に関する実施基準）

第三五条の五　都道府県は、消防機関による救急業務としての傷病者（第二条第九項に規定する傷病者をいう。以下この章において同じ。）の搬送（以下この章において「傷病者の搬送」という。）及び医療機関による当該傷病者の受入れ（以下この章において「傷病者の受入れ」という。）の迅速かつ適切な実施を図るため、傷病者の搬送及び傷病者の受入れの実施に関する基準（以下この章において「実施基準」という。）を定めなければならない。(ヌ)

② 実施基準においては、都道府県の区域又は医療を提供する体制の状況を考慮して都道府県の区域を分けて定める区域ごとに、次に掲げる事項を定めるものとする。(ヌ)

一　傷病者の心身等の状況（以下この項において「傷病者の状況」という。）に応じた適切な医療の提供が行われることを確保するために医療機関を分類する基準(ヌ)

二　前号に掲げる基準に基づき分類された医療機関の区分及び当該区分に該当する医療機関の名称(ヌ)

三　消防機関が傷病者の状況を確認するための基準(ヌ)

四　消防機関が傷病者の搬送を行おうとする医療機関を選定するための基準(ヌ)

五　消防機関が傷病者の搬送を行おうとする医療機関に対し傷病者の状況を伝達するための基準(ヌ)

六　前二号に掲げるもののほか、傷病者の受入れに関する消防機関と医療機関との間の合意を形成するための基準その他傷病者の受入れを行う医療機関の確保に資する事項(ヌ)

七　前各号に掲げるもののほか、傷病者の搬送及び傷病者の受入れの実施に関し都道府県が必要と認める事項(ヌ)

③ 実施基準は、医学的知見に基づき、かつ、医療法（昭和二十三年法律第二百五号）第三十条の四第一項に規定する医療計画との調和が保たれるように定められなければならない。(ヌ)

④ 都道府県は、実施基準を定めるときは、あらかじめ、第三十五条の八第一項に規定する協議会の意見を聴かなければならない。(ヌ)

⑤ 都道府県は、実施基準を定めたときは、遅滞なく、その内容を公表しなければならない。(ヌ)

⑥ 前三項の規定は、実施基準の変更について準用する。(ヌ)

本条…全部改正〔平成二一年五月法律三四号(ヌ)〕

（国の責務）

第三五条の六　総務大臣及び厚生労働大臣は、都道府県に対し、実施基準の策定又は変更に関し、必要な情報の提供、助言その他の援助を行うものとする。(ヌ)

本条…追加〔平成二一年五月法律三四号(ヌ)〕

（実施基準の遵守等）

第三五条の七　消防機関は、傷病者の搬送に当たつては、実施基準を遵守しなければならない。(ヌ)

② 医療機関は、傷病者の受入れに当たつては、実施基準を尊重するよう努めるものとする。(ヌ)

本条…追加〔平成二一年五月法律三四号(ヌ)〕

〔協議会の設置〕

第三五条の八　都道府県は、実施基準に関する協議並びに実施基準に基づく傷病者の搬送及び傷病者の受入れの実施に係る連絡調整を行うための協議会（以下この条において「協議会」という。）を組織するものとする。（ヌ）

②　協議会は、次に掲げる者をもつて構成する。（ヌ）

一　消防機関の職員（ヌ）

二　医療機関の管理者又はその指定する医師（ヌ）

三　診療に関する学識経験者の団体の推薦する者（ヌ）

四　都道府県の職員（ヌ）

五　学識経験者その他の都道府県が必要と認める者（ヌ）

③　協議会は、必要があると認めるときは、関係行政機関に対し、資料の提供、意見の表明、説明その他の協力を求めることができる。（ヌ）

④　協議会は、都道府県知事に対し、実施基準並びに傷病者の搬送及び傷病者の受入れの実施に関し必要な事項について意見を述べることができる。（ヌ）

本条…追加〔平成二一年五月法律三四号（ヌ）〕

〔都道府県の救急業務等〕

第三五条の九　都道府県知事は、救急業務を行つていない市町村の区域に係る道路の区間で交通事故の発生が頻繁であると認められるものについて当該交通事故により必要とされる救急業務を、関係市町村の意見を聴いて、救急業務を行つている他の市町村に実施するよう要請することができる。この場合において、その要請を受けた市町村は、当該要請に係る救急業務を行うことができる。（つ）（ヌ）

②　都道府県は、救急業務を行つていない市町村の区域に係る高速自動車国道又は一般国道のうち交通事故により必要とされる救急業務が特に必要な区間として**政令で定める区間**（前項の要請により救急業務が行われている道路の区間を除く。）について、当該救急業務を行つていない市町村の意見を聴いて、当該救急業務を行うものとする。この場合において、当該救急業務に従事する職員は、地方公務員法（昭和二十五年法律第二百六十一号）の適用については、消防職員とする。（つ）（へ）（ヌ）

本条…追加〔昭和四二年七月法律八〇号（つ）〕、二項…一部改正〔平成一八年六月法律五三号（へ）〕、旧一・二項…一部改正・旧三五条の六…繰下〔平成二一年五月法律三四号（ヌ）〕

参照　【政令で定める区間】未制定

〔協力要請等〕

第三五条の一〇　救急隊員は、緊急の必要があるときは、傷病者の発生した現場付近に在る者に対し、**救急業務に協力**することを求めることができる。（た）（つ）（て）（ヌ）

②　救急隊員は、救急業務の実施に際しては、常に警察官と密接な連絡をとるものとする。（た）

本条…追加〔昭和三八年四月法律八八号（た）〕、旧三五条の六…繰下〔昭和四二年七月法律八〇号（つ）〕、一項…一部改正〔昭和六一年四月法律二〇号（て）〕、一項…一部改正・旧三五条の七…繰下〔平成二一年五月法律三四号（ヌ）〕

解説　【救急業務に協力】協力者の死亡、負傷等は災害補償の対象（消防第三六条の三）

参照　【救急業務協力者の災害補償】消防三六の三

〔準用〕

第三五条の一一　**第二十七条の規定**は、救急隊について準用する。この場合において、同条中「火災の現場に到着する」とあるのは、

「救急業務を実施する」と読み替えるものとする。(た)(つ)(ヌ)

② 消防組織法第三十九条の規定は、第三十五条の九第二項の規定により都道府県が救急業務を行う場合について準用する。この場合において、同法第三十九条中「市町村」とあるのは「市町村及び都道府県」と、「消防」とあるのは「救急業務」と、「市町村長」とあるのは「市町村長及び都道府県知事」と読み替えるものとする。(つ)(す)(ト)(ヌ)

解説【第二十七条の規定】緊急通行権
【消防組織法第三十九条の規定】市町村間の相互応援協定

本条…追加〔昭和三八年四月法律八八号(た)〕、二項…追加・旧三五条の七…繰下〔昭和四二年七月法律八〇号(つ)〕、二項…一部改正〔平成一五年六月法律八四号(す)・一八年六月六四号(ト)〕、一・二項…一部改正・旧三五条の八…繰下〔平成二一年五月法律三四号(ヌ)〕

〔政令への委任〕

第三五条の一二　この章に規定するもののほか、救急隊の編成及び装備の基準その他救急業務の処理に関し必要な事項は、政令で定める。(た)(つ)(ヌ)

本条…追加〔昭和三八年四月法律八八号(た)〕、旧三五条の八…繰下〔昭和四二年七月法律八〇号(つ)〕、旧三五条の九…繰下〔平成二一年五月法律三四号(ヌ)〕

解説 本条は救急業務に関する事項について消防法で定めた事項以外のことを政令に委任する旨を定めたもの。

参照【政令】消令四四（救急隊の編成及び装備の基準）

第八章　雑則

〔関係官公署への照会等〕

第三五条の一三　総務大臣、都道府県知事、市町村長、消防長又は消防署長は、法律に特別の定めがあるものを除くほか、この法律の規定に基づく事務に関し、関係のある官公署に対し、照会し、又は協力を求めることができる。(せ)(ヌ)

本条…追加〔平成一四年四月法律三〇号(せ)〕、旧三五条の一〇…繰下〔平成二一年五月法律三四号(ヌ)〕

〔防災管理者等〕

第三六条　第八条から第八条の二の三までの規定は、火災以外の災害で政令で定めるものによる被害の軽減のため特に必要がある建築物その他の工作物として政令で定めるものについて準用する。この場合において、次の表の上欄に掲げる規定中同表の中欄に掲げる字句は、それぞれ同表の下欄に掲げる字句に読み替えるものとする。(チ)(ヲ)

第八条第一項	政令で定める資格	火災その他の災害の被害の軽減に関する知識を有する者で政令で定める資格
	防火管理者	防災管理者
	消火、通報及び避難の訓練の実施、消防の用に供する設備、消防用水又は消火活動上必要な施設の点検及び整備、火気の使用又は取扱いに関する監督、避難又は防火上必要な構造及び設備の維持管理並びに収容人員の管理その他防火管理上	避難の訓練の実施その他防災管理上
第八条第二項及び第三項	防火管理者	防災管理者

第八条第四項	防火管理者	防災管理者
	防火管理上	防災管理上
第八条の二第一項	政令で定める資格	火災その他の災害の被害の軽減に関する知識を有する者で政令で定める資格
	防火管理上	防災管理上
	防火管理者（	防災管理者（
	統括防火管理者	統括防災管理者
	消火、通報及び避難の訓練の実施	避難の訓練の実施
第八条の二第二項	統括防火管理者	統括防災管理者
	防火管理上	防災管理上
	防火管理者に	防災管理者に
第八条の二第三項	規定する防火管理者	規定する防災管理者
	統括防火管理者	統括防災管理者
第八条の二第四項及び第五項	統括防火管理者	統括防災管理者
第八条の二第六項	統括防火管理者	統括防災管理者
	防火管理上	防災管理上
第八条の二の二第一項	火災の予防に	火災以外の災害で政令で定めるものによる被害の軽減に
	防火対象物点検資格者	防災管理点検資格者
	防火管理上	防災管理上
	、消防の用に供する設備、消防用水又は消火活動上必要な施設の設置及び維持その他火災の予防上	その他火災以外の災害で政令で定めるものによる被害の軽減のために
第八条の二の二第二項	防火対象物点検資格者	防災管理点検資格者
第八条の二の三第一項第二号イ	又は第十七条の四第一項若しくは第二項	、第十七条の四第一項若しくは第二項又は第三十六条第一項において準用する第八条第三項若しくは第四項
第八条の二の三第一項第二号ニ	防火対象物点検資格者	防災管理点検資格者
第八条の二の三第六項第二号	又は第十七条の四第一項若しくは第二項	、第十七条の四第一項若しくは第二項又は第三十六条第一項において準用する第八条第三項若しくは第四項

② 前項の建築物その他の工作物のうち第八条第一項の防火対象物であるものにあつては、当該建築物その他の工作物の管理について権原を有する者は、同項の規定にかかわらず、前項において読み替えて準用する同条第一項の防災管理者に、第八条第一項の防火管理者の行うべき防火管理上必要な業務を行わせなければならない。（チ）（ヲ）

③ 第一項の建築物その他の工作物のうち第八条の二第一項の防火対象物であるものにあつては、当該建築物その他の工作物の管理について権原を有する者は、同項の規定にかかわらず、第一項において読み替えて準用する同条第一項の統括防災管理者に、第八条の二第一項の統括防火管理者の行うべき当該防火対象物の全体についての防火管理上必要な業務を行わせなければならない。（ヲ）

④　第一項の建築物その他の工作物のうち第八条の二の二第一項の防火対象物であるものにあつては、同条第二項及び第一項において準用する同条第二項の規定にかかわらず、同条第一項の規定による点検と併せて第一項において準用する同条第一項の規定による点検（その管理について権原が分かれている建築物その他の工作物にあつては、当該建築物その他の工作物全体（第八条の二の三第一項又は第一項において準用する同条第一項の規定による認定を受けた部分を除く。）についての第八条の二の二第一項の規定による点検と併せて第一項において準用する同条第一項の規定による点検）が行われ、その結果、防火対象物点検資格者及び防災管理点検資格者により点検対象事項がいずれの点検基準にも適合していると認められた場合に限り、総務省令で定めるところにより、点検を行つた日その他総務省令で定める事項を記載した表示を付することができる。（チ）（ヲ）

⑤　第一項の建築物その他の工作物のうち第八条の二の二第一項の防火対象物であるものにあつては、第八条の二の三第七項及び第一項において準用する同条第七項の規定にかかわらず、同条第一項の規定による認定と併せて第一項において準用する同条第一項の規定による認定を受けた場合（当該建築物その他の工作物の管理について権原が分かれているものにあつては、当該建築物その他の工作物全体が同項の規定による認定と併せて第一項において準用する同条第一項の規定による認定を受けた場合に限る。）に限り、総務省令で定めるところにより、当該認定を受けた日その他総務省令で定める事項を記載した表示を付することができる。（チ）（ヲ）

⑥　第八条の二の二第三項及び第四項の規定は、前二項の表示について準用する。（チ）（ヲ）

⑦　第一項の建築物その他の工作物に第八条の二の五第一項の自衛消防組織が置かれている場合には、当該自衛消防組織は、火災その他の災害の被害の軽減のために必要な業務を行うものとする。（チ）（ヲ）

⑧　第十八条第二項、第二十二条及び第二十四条から第二十九条まで並びに第三十条の二において準用する第二十五条第三項、第二十八条第一項及び第二項並びに第二十九条第一項及び第五項の規定は、水災を除く他の災害について準用する。（い）（す）（チ）（ヲ）

本条…一部改正〔昭和二四年六月法律一九三号（い）・平成一五年六月八四号（す）〕、一—六項…追加・旧一項…一部改正し七項に繰下〔平成一九年六月法律九三号（チ）〕、一・二項…一部改正・三項…追加・旧三—七項…四—八項に繰下〔平成二四年六月法律三八号（ヲ）〕

参照　【防災管理を要する災害】消令四五【防災管理を要する建築物その他の工作物】消令四六【防災管理者の資格】消令四七【防災管理者の責務】消令四八【統括防災管理者の資格】消令四八の二【統括防災管理者の責務】消令四八の三【火災以外の災害時における自衛消防組織の業務等】消令四九【防災管理者の選任又は解任の届出】消則五一の九【統括防災管理者の選任又は解任の届出】消則五一の一一の三【防災管理点検及び報告】消則五一の一二【防災管理点検に関する講習に係る登録講習機関】消則五一の一三【防災管理点検の点検基準】消則五一の一四【防災管理点検の表示】消則五一の一五【防災管理点検の特例】消則五一の一六【防災管理点検の特例認定の表示】消則五一の一七【防火対象物点検及び防災管理点検の特例認定の表示】消則五一の一八【防火対象物点検及び防災管理点検の特例認定及び防災管理点検の特例認定の表示】消則五一の一九【規定】消防一八②（消防信号）・二二（火災警報）・二四～二九並びに三〇の二（六章消火の活動のうち、三〇条（水利使用）を除いたもの）

罰則　＊【防災管理者選任・解任届出を怠つた者】罰金三〇万円以下・拘留（消防四四8）【公訴時効】届出があるまで進行しない。
＊【防災管理者選任命令に違反した者】懲役六月以下・罰金五〇万円以下（消防四二①1）、懲役・罰金の併科（消防四二②）、両罰（消防四五3）【公訴時効】三年（刑訴五五・二五〇・二五三）
＊【防災管理業務適正執行命令に違反した者】懲役一年以下・罰金一〇〇万円以下（消防四一①2）、懲役・罰金の併科（消防四一②）、両

罰（消防四五3）【公訴時効】三年（刑訴五五・二五〇・二五三）

＊【報告せず、又は虚偽の報告をした者】罰金三〇万円以下・拘留（消防四四11）、両罰（消防四五3）【公訴時効】三年（刑訴五五・二五〇・二五三）

＊【第一・六項の規定に違反した者】罰金三〇万円以下・拘留（消防四四3）、両罰（消防四五3）【公訴時効】三年（刑訴五五・二五〇・二五三）

＊【第一・六項の命令に違反した者】罰金三〇万円以下・拘留（消防四四17）【公訴時効】三年（刑訴五五・二五〇・二五三）

＊【管理権原者変更届出を怠った者】過料五万円以下（消防四六の五）

＊【消火、延焼の防止又は人命救助に従事する者の行為を妨害した者】懲役二年以下・罰金一〇〇万円以下（消防四〇①3）、懲役・罰金の併科（消防四〇②）【公訴時効】三年（刑訴五五・二五〇・二五三）

＊【情報の提供をせず、又は虚偽の情報を提供した者】懲役六月以下・罰金五〇万円以下（消防四一①11）、懲役・罰金の併科（消防四一②）、両罰（消防四五3）【公訴時効】三年（刑訴五五・二五〇・二五三）

＊【虚偽の通報をした者】罰金三〇万円以下・拘留（消防四四20）【公訴時効】三年（刑訴五五・二五〇・二五三）

＊【退去命令又は出入の禁止等に従わなかつた者】罰金三〇万円以下・拘留（消防四四21）【公訴時効】三年（刑訴五五・二五〇・二五三）

〔救助隊の配置〕

第三六条の二 市町村は、人口その他の条件を考慮して総務省令で定める基準に従い、この法律の規定による人命の救助を行うため必要な特別の救助器具を装備した消防隊を配置するものとする。（て）（ゑ）

本条…追加〔昭和六一年四月法律二〇号(て)〕、一部改正〔平成一一年一二月法律一六〇号(ゑ)〕

参照【総務省令で定める基準】救助隊の編成、装備及び配置の基準を定める省令（昭六一自治省令二二号）

〔準用規定〕

第三六条の二の二 第二十七条及び第三十条の規定は、大規模地震対策特別措置法（昭和五十三年法律第七十三号）第二条第十三号の警戒宣言が発せられた場合に準用する。この場合において、第二十七条中「火災の現場」とあるのは「大規模地震対策特別措置法第二条第三号の地震予知情報に係る地震が発生したならば人命又は財産に被害（水災による被害を除く。）が生ずるおそれが著しく大であると認められる場所」と、第三十条第一項中「火災の現場」とあるのは「大規模地震対策特別措置法第二条第三号の地震予知情報に係る地震が発生したならば火災が発生するおそれが著しく大であると認められる場所」と読み替えるものとする。（や）（て）

本条…追加〔昭和五三年六月法律七三号(や)〕、旧三六条の二…繰下〔昭和六一年四月法律二〇号(て)〕

〔災害補償〕

第三六条の三 第二十五条第二項（第三十六条第八項において準用する場合を含む。）又は第二十九条第五項（第三十条の二及び第三十六条第八項において準用する場合を含む。）の規定により、消火若しくは延焼の防止若しくは人命の救助その他の消防作業に従事した者又は第三十五条の十第一項の規定により市町村が行う救急業務に協力した者が、そのため死亡し、負傷し、若しくは疾病にかかり又は障害の状態となつた場合においては、市町村は、政令で定める基準に従い条例の定めるところにより、その者又はその者の遺族がこれらの原因によつて受ける損害を補償しなければならない。（ほ）（と）（た）（つ）（ゐ）（や）（ま）（す）（チ）（ヌ）（ヲ）

② 消防対象物が構造上区分された数個の部分で独立して住居、店舗、事務所又は倉庫その他建物としての用途に供することができるもの（以下この条において「専有部分」という。）がある建築物その他の工作物であり、かつ、専有部分において火災が発生した場合

であつて、第二十五条第一項の規定により、消火若しくは延焼の防止又は人命の救助に従事した者のうち、次に掲げる者以外の者が、そのため死亡し、負傷し、若しくは疾病にかかり又は障害の状態となつたときも、前項と同様とする。（ゆ）

一　火災が発生した専有部分の各部分の所有者、管理者、占有者その他の総務省令で定める者（ゆ）（ゑ）

二　火災が発生した専有部分の各部分及び当該各部分以外の部分を、一の者が、総務省令で定めるところにより、住居、店舗、事務所又は倉庫その他建物としての用途に一体として供している場合には、これらの用途に一体として供されている専有部分の各部分の所有者、管理者、占有者その他の総務省令で定める者（前号に掲げる者を除く。）（ゆ）（ゑ）

③　第一項の規定は、都道府県が行う救急業務に協力した者について準用する。（つ）（ゆ）

本条…追加〔昭和二七年八月法律二九三号（ほ）〕、一部改正〔昭和三一年五月法律一〇七号（と）・三八年四月八八号（た）〕、一項…一部改正・二項…追加〔昭和四二年七月法律八〇号（つ）〕、一項…一部改正〔昭和四七年六月法律九四号（ゐ）〕、旧三六条の二…繰下〔昭和五三年六月法律七三号（や）〕、一項…一部改正〔昭和五七年七月法律六六号（ま）〕、二項…追加・旧二項…一部改正し三項に繰下〔平成六年六月法律三七号（ゆ）〕、二項…一部改正〔平成一一年一二月法律一六〇号（ゑ）〕、一項…一部改正〔平成一五年六月法律八四号（す）・一九年六月九三号（チ）・二一年五月三四号（ヌ）・二四年六月三八号（ヲ）〕

参照　【政令で定める基準】非常勤消防団員等に係る損害補償の基準を定める政令（昭三一政令三三五号）【総務省令】消則五二（損害補償の対象とならない者等）

〔経過措置〕

第三十六条の四　この法律の規定に基づき政令又は総務省令を制定し、又は改廃する場合においては、それぞれ、政令又は総務省令で、その制定又は改廃に伴い合理的に必要と判断される範囲内において、所要の経過措置（罰則に関する経過措置を含む。）を定めることができる。（え）（ゑ）

本条…追加〔昭和六〇年一二月法律一〇二号（え）〕、一部改正〔平成一一年一二月法律一六〇号（ゑ）〕

〔特別区の特例〕

第三十七条　特別区の存する区域においては、この法律中市町村、市町村長又は市町村条例とあるのは、夫々これを都、都知事又は都条例と読み替えるものとする。

参照　【特別区の存する区域の消防】消組二六〜二八

第九章　罰則

〔罰則〕

第三十八条　第十八条第一項の規定に違反して、みだりに消防の用に供する望楼又は警鐘台を損壊し、又は撤去した者は、これを七年以下の懲役に処する。

第三十九条　第十八条第一項の規定に違反して、みだりに火災報知機、消火栓又は消防の用に供する貯水施設を損壊し、又は撤去した者は、これを五年以下の懲役に処する。

第三十九条の二　製造所、貯蔵所又は取扱所から危険物を漏出させ、流出させ、放出させ、又は飛散させて火災の危険を生じさせた者は、三年以下の懲役又は三百万円以下の罰金に処する。ただし、公共の危険が生じなかつたときは、これを罰しない。（お）（ゆ）（せ）

② 前項の罪を犯し、よつて人を死傷させた者は、七年以下の懲役又は五百万円以下の罰金に処する。(お)(ゆ)

本条…追加〔昭和五〇年一二月法律八四号(お)〕、一・二項…一部改正〔平成六年六月法律三七号(ゆ)〕、一項…一部改正〔平成一四年四月法律三〇号(せ)〕

第三九条の二の二　第五条の二第一項の規定による命令に違反した者は、三年以下の懲役又は三百万円以下の罰金に処する。(せ)

② 前項の罪を犯した者に対しては、情状により懲役及び罰金を併科することができる。(せ)

本条…追加〔平成一四年四月法律三〇号(せ)〕

第三九条の三　業務上必要な注意を怠り、製造所、貯蔵所又は取扱所から危険物を漏出させ、流出させ、放出させ、又は飛散させて火災の危険を生じさせた者は、二年以下の懲役若しくは禁錮又は二百万円以下の罰金に処する。ただし、公共の危険が生じなかつたときは、これを罰しない。(お)(ゆ)(せ)

② 前項の罪を犯し、よつて人を死傷させた者は、五年以下の懲役若しくは禁錮又は三百万円以下の罰金に処する。(お)(ゆ)(せ)

本条…追加〔昭和五〇年一二月法律八四号(お)〕、一・二項…一部改正〔平成六年六月法律三七号(ゆ)・一四年四月三〇号(せ)〕

第三九条の三の二　第五条第一項の規定による命令に違反した者は、二年以下の懲役又は二百万円以下の罰金に処する。(せ)

② 前項の罪を犯した者に対しては、情状により懲役及び罰金を併科することができる。(せ)

本条…追加〔平成一四年四月法律三〇号(せ)〕

第四〇条　次のいずれかに該当する者は、二年以下の懲役又は百万円以下の罰金に処する。(そ)(の)(お)(ゆ)(チ)

一　第二十六条第一項の規定による消防車の通過を故意に妨害した者(ろ)

二　消防団員が消火活動又は水災を除く他の災害の警戒防御及び救護に従事するに当たり、その行為を妨害した者(い)(ろ)(ゆ)(チ)

三　第二十五条(第三十六条第八項において準用する場合を含む。)又は第二十九条第五項(第三十条の二及び第三十六条第八項において準用する場合を含む。)の規定により消火若しくは延焼の防止又は人命の救助に従事する者に対し、その行為を妨害した者(ろ)(す)(チ)(ヲ)

② 前項の罪を犯した者に対しては、情状により懲役及び罰金を併科することができる。ただし、刑法に正条がある場合にはこれを適用しない。(ろ)(チ)

③ 第一項の罪を犯し、よつて人を死傷に至らしめた者は、この法律又は刑法により、重きに従つて処断する。(ろ)(チ)

一項…一部改正〔昭和二四年六月法律一九三号(い)〕、一―三項…一部改正〔昭和二五年五月法律一八六号(ろ)〕、一項…一部改正〔昭和四〇年五月法律六五号(そ)・四九年六月六四号(の)・五〇年一二月八四号(お)・平成六年六月三七号(ゆ)・一五年六月八四号(す)〕、一―三項…一部改正〔平成一九年六月法律九三号(チ)〕、一項…一部改正〔平成二四年六月法律三八号(ヲ)〕

第四一条　次のいずれかに該当する者は、一年以下の懲役又は百万円以下の罰金に処する。(そ)(の)(く)(ゆ)(せ)(チ)

一　第五条の三第一項の規定による命令に違反した者(ろ)(せ)

二　第八条第四項(第三十六条第一項において準用する場合を含む。)の規定による命令に違反した者(せ)(チ)

三　第十条第一項の規定に違反した者(ろ)(そ)(チ)

四　第十五条の規定に違反した者(ろ)(り)(な)(チ)

五〇　第十七条の四第一項又は第二項の規定による命令に違反して消防用設備等又は特殊消防用設備等を設置しなかつた者(せ)(す)(チ)

六　第二十一条の二第四項、第二十一条の九第二項（第二十一条の十一第三項において準用する場合を含む。）、第二十一条の十六の二又は第二十一条の十六の三第二項の規定に違反した者(ヲ)

七　第二十一条の十三又は第二十一条の十六の六の規定による命令に違反した者(ヲ)

② 前項の罪を犯した者に対しては、情状により懲役及び罰金を併科することができる。(ろ)

一・二項…一部改正〔昭和二五年五月法律一八六号(ろ)〕、一項…一部改正〔昭和三四年四月法律八六号(り)・四〇年五月法律六五号(そ)・四五年六月一一一号(な)・四九年六月六四号(の)・五一年五月三七号(く)・平成六年六月三七号(ゆ)・一四年四月三〇号(せ)・一五年六月八四号(す)・一九年六月九三号(チ)・二四年六月三八号(ヲ)〕

第四一条の二　第十三条の十一第一項（第十七条の九第四項において準用する場合を含む。）の規定に違反した者は、一年以下の懲役又は百万円以下の罰金に処する。(こ)(ゆ)(せ)

本条…追加〔昭和五八年一二月法律八三号(こ)〕、一部改正〔平成六年六月法律三七号(ゆ)・一四年四月三〇号(せ)〕

第四一条の三　第十三条の十八第二項（第十七条の九第四項において準用する場合を含む。）の規定による危険物取扱者試験又は消防設備士試験の実施に関する事務の停止の命令に違反したときは、その違反行為をした第十三条の五第一項又は第十七条の九第一項の規定による指定を受けた者の役員又は職員は、一年以下の懲役又は百万円以下の罰金に処する。(こ)(ゆ)(せ)

本条…追加〔昭和五八年一二月法律八三号(こ)〕、一部改正〔平成六年六月法律三七号(ゆ)・一四年四月三〇号(せ)〕

第四一条の四　第十六条の三十二又は第二十一条の三十四の規定に違反した者は、一年以下の懲役又は百万円以下の罰金に処する。(た)(そ)(の)(く)(こ)(ゆ)(せ)

本条…追加〔昭和三八年四月法律八八号(た)〕、一部改正〔昭和四〇年五月法律六五号(そ)・四九年六月六四号(の)・五一年五月三七号(く)〕、旧四一条の二…繰下〔昭和五八年一二月法律八三号(こ)〕、本条…一部改正〔平成六年六月法律三七号(ゆ)・一四年四月三〇号(せ)〕

第四一条の五　第二十一条の五十第一項の規定に違反した者は、一年以下の懲役又は百万円以下の罰金に処する。(て)(ゆ)(せ)

本条…追加〔昭和六一年四月法律二〇号(て)〕、一部改正〔平成六年六月法律三七号(ゆ)・一四年四月三〇号(せ)〕

第四一条の六　第二十一条の五十七第二項の規定による特殊消防用設備等の性能に関する評価並びに検定対象機械器具等についての試験及び型式適合検定の業務の停止の命令に違反したときは、その違反行為をした第十七条の二第一項又は第二十一条の三第一項の規定による登録を受けた法人の役員又は職員は、一年以下の懲役又は百万円以下の罰金に処する。(て)(ゆ)(せ)(す)(ヲ)

本条…追加〔昭和六一年四月法律二〇号(て)〕、一部改正〔平成六年六月法律三七号(ゆ)・一四年四月三〇号(せ)・一五年六月八四号(す)・二四年六月三八号(ヲ)〕

第四二条　次のいずれかに該当する者は、六月以下の懲役又は五十万円以下の罰金に処する。(を)(そ)(の)(く)(ゆ)(せ)

一　第八条第三項（第三十六条第一項において準用する場合を含む。）の規定による命令に違反した者(の)(せ)(チ)

二　第十一条第一項の規定に違反した者(く)(チ)

三　第十一条第五項の規定に違反した者(り)(の)(チ)

四　第十二条の二第一項又は第二項の規定による命令に違反した者

(り)(さ)(チ)

五　第十二条の三第一項の規定による命令又は処分に違反した者(の)(せ)(チ)

六　第十三条第一項の規定に違反して危険物保安監督者を定めないで事業を行つた者(ろ)(り)(ら)(さ)(チ)

七　第十三条第三項の規定に違反した者(ろ)(チ)

八　第十四条の二第一項の規定に違反して危険物を貯蔵し、若しくは取り扱つた者又は同条第三項の規定による命令に違反した者(そ)(の)(チ)

九　第十六条の三第三項又は第四項の規定による命令に違反した者(お)(て)(チ)

十　第十七条の五の規定に違反した者(そ)(せ)(チ)

十一　第二十五条第三項（第三十条の二及び第三十六条第八項において準用する場合を含む。）の規定による情報の提供を求められて、正当な理由がなく情報の提供をせず、又は虚偽の情報を提供した者(ん)(チ)(ヲ)

②　前項の罪を犯した者に対しては、情状により懲役及び罰金を併科することができる。(ろ)

一・二項…一部改正〔昭和二五年五月法律一八六号(ろ)〕、一項…一部改正〔昭和三四年四月法律八六号(り)・三五年七月一一七号(を)・三八年四月八八号(た)・四〇年五月六五号(そ)・四六年六月九七号(ら)・四九年六月六四号(の)・五〇年一二月八四号(お)・五一年五月三七号(く)・六一年四月二〇号(て)・六三年五月五五号(さ)・平成六年六月三七号(ゆ)・一四年四月三〇号(せ)・一六年六月六五号(ん)・一九年六月九三号(チ)・二四年六月三八号(ヲ)〕

第四三条　次のいずれかに該当する者は、三月以下の懲役又は三十万円以下の罰金に処する。(を)(そ)(の)(く)(ゆ)(せ)

一　第十条第三項の規定に違反した者(を)(せ)

二　第十六条の規定に違反した者(を)(せ)

三　第十六条の二第一項の規定に違反した者(ら)(せ)

②　前項の罪を犯した者に対しては、情状により懲役及び罰金を併科することができる。(り)

本条…全部改正〔昭和三四年四月法律八六号(り)〕、一項…全部改正〔昭和三五年七月法律一一七号(を)〕、一部改正〔昭和四〇年五月法律六五号(そ)・四六年六月九七号(ら)・四九年六月六四号(の)・五一年五月三七号(く)・平成六年六月三七号(ゆ)・一四年四月三〇号(せ)〕

第四三条の二　次のいずれかに該当するときは、その違反行為をした第十三条の五第一項又は第十七条の九第一項の規定による指定を受けた者の役員又は職員は、三十万円以下の罰金に処する。(こ)(ゆ)(せ)

一　第十三条の十四（第十七条の九第四項において準用する場合を含む。）の規定に違反して帳簿を備えず、帳簿に記載せず、若しくは帳簿に虚偽の記載をし、又は帳簿を保存しなかつたとき。(こ)

二　第十三条の十六第一項又は第二項（第十七条の九第四項において準用する場合を含む。）の規定による報告を求められて、報告をせず、若しくは虚偽の報告をし、又はこれらの規定による立入り若しくは検査を拒み、妨げ、若しくは忌避したとき。(こ)

三　第十三条の十七第一項（第十七条の九第四項において準用する場合を含む。）の規定による許可を受けないで、危険物取扱者試験又は消防設備士試験の実施に関する事務の全部を廃止したとき。(こ)

本条…追加〔昭和五八年一二月法律八三号(こ)〕、一部改正〔平成六年六月法律三七号(ゆ)・一四年四月三〇号(せ)〕

第四三条の三　第十六条の四十八第一項若しくは第二十一条の四十三

第一項の規定による報告を求められて、報告をせず、若しくは虚偽の報告をし、又はこれらの規定による立入り若しくは検査を拒み、妨げ、若しくは忌避した場合には、その違反行為をした危険物保安技術協会又は日本消防検定協会の役員又は職員は、三十万円以下の罰金に処する。(て)(ゆ)(せ)

本条…追加〔昭和六一年四月法律二〇号(て)〕、一部改正〔平成六年六月法律三七号(ゆ)・一四年四月三〇号(せ)〕

第四三条の四　第二十一条の十六の三第三項の規定に違反して検査に係る記録を作成せず、若しくは虚偽の記録を作成し、又は記録を保存しなかつた者は、三十万円以下の罰金に処する。(た)(の)(く)(こ)(え)(て)(ゆ)(せ)(ヲ)

本条…追加〔昭和三八年四月法律八八号(た)〕、一部改正〔昭和四九年六月法律六四号(の)・五一年五月三七号(く)〕、旧四三条の二…繰下〔昭和五八年一二月法律八三号(こ)〕、本条…一部改正〔昭和六〇年一二月法律一〇二号(え)〕、旧四三条の三…繰下〔昭和六一年四月法律二〇号(て)〕、本条…一部改正〔平成六年六月法律三七号(ゆ)・一四年四月三〇号(せ)・二四年六月三八号(ヲ)〕

第四三条の五　次の各号のいずれかに該当するときは、その違反行為をした第十七条の二第一項又は第二十一条の三第一項の規定による登録を受けた法人の役員又は職員は、三十万円以下の罰金に処する。(て)(ゆ)(せ)(す)

一　第二十一条の五十三の規定に違反して帳簿を備えず、帳簿に記載せず、若しくは帳簿に虚偽の記載をし、又は帳簿を保存しなかつたとき。(て)

二　第二十一条の五十五第一項の規定による報告を求められて、報告をせず、若しくは虚偽の報告をし、又は同項の規定による立入り若しくは検査を拒み、妨げ、若しくは忌避したとき。(て)

三　第二十一条の五十六第一項の規定による許可を受けないで、特殊消防用設備等の性能に関する評価並びに検定対象機械器具等についての試験及び型式適合検定の業務の全部を廃止したとき。(て)(す)(ヲ)

本条…追加〔昭和六一年四月法律二〇号(て)〕、一部改正〔平成六年六月法律三七号(ゆ)・一四年四月三〇号(せ)・一五年六月八四号(す)・二四年六月三八号(ヲ)〕

第四四条　次のいずれかに該当する者は、三十万円以下の罰金又は拘留に処する。(そ)(の)(く)(ゆ)(せ)

一　第三条第一項の規定による命令に従わなかつた者(そ)

二　第四条第一項、第十六条の三の二第二項（同条第四項において準用する場合を含む。）、第十六条の五第一項若しくは第三十四条第一項（第三十五条の三第二項及び第三十五条の三の二第二項において準用する場合を含む。）の規定による資料の提出若しくは報告を求められて、資料の提出をせず、虚偽の資料を提出し、報告をせず、若しくは虚偽の報告をし、又はこれらの規定による立入り、検査若しくは収去を拒み、妨げ、若しくは忌避した者(そ)(ら)(の)(ひ)(こ)(リ)(ヲ)

三　第八条の二の二第三項（第八条の二の三第八項（第三十六条第一項において準用する場合を含む。）並びに第三十六条第一項及び第六項において準用する場合を含む。）又は第八条の三第三項の規定に違反した者(ゐ)(え)(ひ)(せ)(こ)(チ)(ヲ)

四　第十四条の三第一項若しくは第二項又は第十七条の三の二の規定による検査を拒み、妨げ、又は忌避した者(の)(く)(チ)

五　第十四条の三の二の規定による点検記録を作成せず、虚偽の点検記録を作成し、又は点検記録を保存しなかつた者(お)(チ)

六　第十六条の二第三項の規定に違反した者(ら)(ゐ)(チ)

七　第十六条の五第二項の規定による消防吏員又は警察官の停止に従わず、又は提示の要求を拒んだ者(ら)(ゐ)(の)(チ)

八　第八条第二項（第三十六条第一項において準用する場合を含む。）、第九条の三第一項（同条第二項において準用する場合を含む。）、第十一条第六項、第十一条の四第一項、第十二条の六、第十二条の七第二項、第十三条第二項、第十七条の三の二又は第十七条の十四の規定による届出を怠つた者(り)(を)(た)(そ)(な)(ら)(ゐ)(の)(お)(く)(こ)(さ)(ん)(チ)

九　第十三条の二第五項（第十七条の七第二項において準用する場合を含む。）の規定による命令に違反した者(り)(そ)(ら)(ゐ)(チ)

十　正当な理由がなく消防署、第十六条の三第二項の規定により市町村長の指定した場所、警察署又は海上警備救難機関に同条第一項の事態の発生について虚偽の通報をした者(の)(チ)

十一　第八条の二の二第一項（第三十六条第一項において準用する場合を含む。）又は第十七条の三の三の規定による報告をせず、又は虚偽の報告をした者(の)(せ)(チ)

十二　第十七条の四第一項又は第二項の規定による命令に違反して消防用設備等又は特殊消防用設備等の維持のため必要な措置をしなかつた者(を)(ら)(ゐ)(せ)(す)(チ)

十三　第十八条第一項の規定に違反し、みだりに火災報知機、消火栓、消防の用に供する貯水施設又は消防の用に供する望楼若しくは警鐘台を使用し、又はその正当な使用を妨げた者(り)(を)(ら)(ゐ)(チ)

十四　第十八条第二項の規定に違反した者(り)(を)(ら)(ゐ)(チ)

十五　第二十一条第三項の規定による届出をしないで消防水利を使用不能の状態に置いた者(り)(を)(そ)(ら)(ゐ)(チ)

十六　第二十一条の十四第一項又は第二十一条の十六の七第一項の規定による報告を求められて、報告をせず、若しくは虚偽の報告をし、又はこれらの規定による立入り若しくは検査を拒み、妨げ、若しくは忌避した者(た)(ら)(ゐ)(え)(て)(チ)(ヲ)

十七　第八条の二の三第四項（第八条の二の三第八項（第三十六条第一項において準用する場合を含む。）並びに第三十六条第一項及び第六項において準用する場合を含む。）及び第二十一条の十六の五の規定による命令に違反した者(え)(せ)(チ)(ヲ)

十八　第二十二条第四項又は第二十三条の規定による制限に違反した者(を)(た)(ら)(ゐ)(チ)

十九　第二十三条の二の規定による火気の使用の禁止、退去の命令又は出入の禁止若しくは制限に従わなかつた者(ね)(ら)(ゐ)(チ)

二十　正当な理由がなく消防署又は第二十四条（第三十六条第八項において準用する場合を含む。）の規定による市町村長の指定した場所に火災発生の虚偽の通報又は第二条第九項の傷病者に係る虚偽の通報をした者(り)(を)(た)(そ)(ね)(ら)(ゐ)(チ)(ヲ)

二十一　第二十八条第一項又は第二項（第三十条の二及び第三十六条第八項において準用する場合を含む。）の規定による退去の命令又は出入の禁止若しくは制限に従わなかつた者(り)(を)(た)(そ)(ね)(ら)(ゐ)(す)(チ)(ヲ)

二十二　第三十二条第一項（第三十五条の三第二項及び第三十五条の三の二第二項において準用する場合を含む。）の規定による資料の提出又は報告を求められて、資料の提出をせず、虚偽の資料を提出し、報告をせず、又は虚偽の報告をした者(ヲ)

二十三　第三十三条の規定による火災後の被害状況の調査を拒んだ者(り)(を)(た)(ね)(ら)(ゐ)(チ)(ヲ)

本条…一部改正〔昭和三四年四月法律八六号(り)・三五年七月一一七号(を)・三八年四月八八号(た)・四〇年五月六五号(そ)・四三年六月九五号(ね)・四五年六月一一一号(な)・四六年六月九七号(ら)・四七年六月九四号(ゐ)・四九年六月六四号(の)・五〇年一二月八四号(お)・五一年五月三七号(く)・五八年一二月八三号(こ)・六〇年一二月一〇二号(え)・六一年

四月二〇号(て)・六三年五月五五号(さ)・平成六年六月三七号(ゆ)・一一年一二月一六三号(ひ)・一四年四月三〇号(せ)・一五年六月八四号(す)・一六年六月六五号(ん)・一八年三月二二号(ニ)・一九年六月九三号(チ)・二〇年五月四一号(リ)・二四年六月三八号(ヲ)〕

〔両罰規定〕

第四五条　法人の代表者又は法人若しくは人の代理人、使用人その他の従業者が、その法人又は人の業務に関し、次の各号に掲げる規定の違反行為をしたときは、行為者を罰するほか、その法人に対して当該各号に定める罰金刑を、その人に対して各本条の罰金刑を科する。(せ)

一　第三十九条の二の二第一項、第三十九条の三の二第一項又は第四十一条第一項第七号　一億円以下の罰金刑(せ)(ヲ)

二　第四十一条第一項第三号又は第五号　三千万円以下の罰金刑(せ)(チ)

三　第三十九条の二第一項若しくは第二項、第三十九条の三第一項若しくは第二項、第四十一条第一項（同項第三号、第五号及び第七号を除く。）、第四十二条第一項（同項第七号及び第十号を除く。）、第四十三条第一項、第四十三条の四又は前条第一号、第三号、第十一号、第十二号若しくは第二十二号　各本条の罰金刑(せ)(チ)(ヲ)

本条…全部改正〔昭和二五年五月法律一八六号(ろ)〕、一部改正〔昭和三四年四月法律八六号(り)・三五年七月一一七号(を)・三八年四月八八号(た)・四〇年五月六五号(そ)・四五年六月一一一号(な)〕、全部改正〔昭和四六年六月法律九七号(ら)〕、一部改正〔昭和四七年六月法律九四号(ゐ)・五〇年一二月八四号(お)・五八年一二月八三号(こ)・六一年四月二〇号(て)〕、全部改正〔平成一四年四月法律三〇号(せ)〕、一部改正〔平成一九年六月法律九三号(チ)・二四年六月三八号(ヲ)〕

〔条例の罰則規定の設定〕

第四六条　第九条の四の規定に基づく条例には、これに違反した者に対し、三十万円以下の罰金に処する旨の規定を設けることができる。(を)(そ)(つ)(の)(く)(ゆ)(せ)(ん)

本条…全部改正〔昭和三五年七月法律一一七号(を)〕、一部改正〔昭和四〇年五月法律六五号(そ)・四二年七月八〇号(つ)・四九年六月六四号(の)・五一年五月三七号(く)・平成六年六月三七号(ゆ)・一四年四月三〇号(せ)・一六年六月六五号(ん)〕

第四六条の二　次の各号の一に該当する場合には、その違反行為をした危険物保安技術協会又は日本消防検定協会の役員又は職員は、二十万円以下の過料に処する。(た)(く)(て)(ゆ)

一　この法律により総務大臣の認可又は承認を受けなければならない場合において、その認可又は承認を受けなかつたとき。(た)(ゑ)

二　第十六条の十四第一項又は第二十一条の二十一第一項の政令の規定に違反して登記することを怠つたとき。(た)(く)

三　第十六条の三十四第一項及び第三項又は第二十一条の三十六第一項及び第三項に規定する業務以外の業務を行つたとき。(た)(く)(て)(す)

四　第十六条の四十七又は第二十一条の四十二第二項の規定による総務大臣の命令に違反したとき。(た)(く)(て)(ゑ)

本条…追加〔昭和三八年四月法律八八号(た)〕、一部改正〔昭和五一年五月法律三七号(く)・六一年四月二〇号(て)・平成六年六月三七号(ゆ)・一一年一二月一六〇号(ゑ)・一五年六月八四号(す)〕

第四六条の三　第二十一条の五十二第二項の規定に違反して財務諸表等を備えて置かず、財務諸表等に記載すべき事項を記載せず、若しくは虚偽の記載をし、又は正当な理由がないのに同条第三項各号の規定による請求を拒んだ者は、二十万円以下の過料に処する。(す)

本条…追加〔平成一五年六月法律八四号(す)〕

第四六条の四　第十六条の十三第二項又は第二十一条の二十二の規定に違反した者は、十万円以下の過料に処する。(ゆ)(ひ)(す)(ニ)

本条…追加〔昭和三八年四月法律八八号(た)〕、一部改正〔昭和五一年五月法律三七号(く)〕、全部改正〔昭和六〇年一二月法律一〇二号(え)〕、一部改正〔昭和六一年四月法律二〇号(て)〕、全部改正〔平成六年六月法律三七号(ゆ)〕、旧四六条の三…繰下〔平成一一年一二月法律一六〇号(ひ)〕、旧四六条の四…繰下〔平成一五年六月法律八四号(す)〕、旧四六条の五…繰上〔平成一八年三月法律二二号(ニ)〕

第四六条の五　第八条の二の三第五項（第三十六条第一項において準用する場合を含む。）、第十七条の二の三第四項又は第二十一条の十六の四第一項若しくは第二項の規定による届出を怠つた者は、五万円以下の過料に処する。(ゆ)(ひ)(せ)(す)(ニ)(チ)

本条…追加〔平成六年六月法律三七号(ゆ)〕、旧四六条の四…繰下〔平成一一年一二月法律一六〇号(ひ)〕、本条…一部改正〔平成一四年四月法律三〇号(せ)〕、旧四六条の五…一部改正し繰下〔平成一五年六月法律八四号(す)〕、旧四六条の六…繰上〔平成一八年三月法律二二号(ニ)〕、本条…一部改正〔平成一九年六月法律九三号(チ)〕

附　則

第四七条　この法律は、昭和二十三年八月一日から、これを施行する。

第四八条　この法律により許可を受け、又は届出をなさなければならない事項で、この法律施行前に警視庁令又は都道府県令により許可又は認可を受け、又は届出をなし、その後事情の変更しないものについては、これをこの法律により当該許可又は認可を受け、又は当該届出をなしたものとみなす。

第四九条　消防法及び消防組織法の一部を改正する法律（昭和六十一年法律第二十号）の施行後においては、日本消防検定協会については、総務省設置法（平成十一年法律第九十一号）第四条第一項第八号の規定並びに同項第十二号及び第十四号の規定（同項第十二号ニに掲げる業務に関する事務に係る部分を除く。）は、適用しない。(て)(ゑ)(タ)(ネ)

本条…追加〔昭和六一年四月法律二〇号(て)〕、一部改正〔平成一一年一二月法律一六〇号(ゑ)・一七年九月六六号(タ)・令和三年五月三六号(ネ)〕

附　則(い)〔昭和二四年六月四日法律第一九三号抄〕

1　この法律は、公布の日から起算して六十日を経過した日から施行する。

附　則(ろ)〔昭和二五年五月一七日法律第一八六号〕

1　この法律は、公布の日から施行する。

附　則(は)〔昭和二五年五月二四日法律第二〇一号抄〕

2　この法律施行前にした行為に対する罰則の適用については、なお従前の例による。

(施行期日)

1　この法律は、公布の日から起算して三月をこえ六月をこえない期間内において政令で定める日から施行する。

〔昭和二五年一〇月政令三一九号により、昭和二五・一一・二三から施行〕

附　則(に)〔昭和二七年七月三一日法律第二五八号抄〕

1　この法律は、昭和二十七年八月一日から施行する。

附　則(ほ)〔昭和二七年八月一日法律第二九三号〕

この法律は、公布の日から起算して三月を経過した日から施行する。

附　則(へ)〔昭和二九年六月八日法律第一六三号抄〕

(施行期日)

1　この法律〔中略〕は、警察法（昭和二十九年法律第百六十二号。

同法附則第一項但書に係る部分を除く。）の施行の日〔昭和二九年七月一日〕から施行する。

附　則（と）〔昭和三一年五月二一日法律第一〇七号抄〕

（施行期日）

第一条　この法律は、公布の日から起算して六月をこえない範囲内で政令で定める日から施行する。〔以下略〕

〔昭和三一年一一月政令三三三号により、昭和三一・一一・二〇から施行〕

附　則（ち）〔昭和三一年六月一一日法律第一四一号抄〕

1　この法律は、昭和三十一年七月一日から施行する。

附　則（り）〔昭和三四年四月一日法律第八六号抄〕

1　この法律は、公布の日から起算して六月をこえない範囲内で政令で定める日から施行する。

〔昭和三四年九月政令三〇五号により、昭和三四・九・三〇から施行〕

2　この法律の施行の際、この法律による改正前の第三章の規定に基く市町村条例によりなされている許可の申請、届出その他の手続又は同章の規定に基く市町村条例によりなされた許可その他の処分は、それぞれこの法律による改正後の相当規定に基いてなされた手続又は処分とみなす。

3　この法律の施行の際、この法律による改正前の第三章の規定に基く市町村条例が制定されていない市町村の区域において設置されている製造所、貯蔵所又は取扱所については、この法律の施行の日から起算して三月間は、この法律による改正後の第十条第一項から第三項までの規定、第十一条第一項から第三項までの規定及び第十二条第一項の規定は、適用しない。この場合において、製造所、貯蔵所又は取扱所の所有者、管理者又は占有者が、命令で定めるところにより、その期間内に市町村長等に届け出たときは、その者は、この法律による改正後の第十一条第一項及び第三項の規定により、当該製造所、貯蔵所又は取扱所について設置の許可及び完成検査を受けて使用しているものとみなす。

4　この法律の施行の際、現にこの法律による改正前の第十三条第二項又は第十四条第一項の規定に基き市町村条例で定める取扱主任者又は映写技術者の資格を有する者は、この法律による改正後の第十三条の二第三項又は第十四条第三項の規定にかかわらず、昭和三十六年三月三十一日までの間は、この法律により危険物取扱主任者免状又は映写技術者免状の交付を受けた者とみなす。

5　前項の取扱主任者又は映写技術者が、昭和三十六年三月三十一日までの間において都道府県知事の指定する講習を修了したときは、その者は、この法律による改正後の第十三条の二第三項又は第十四条第三項に規定する試験に合格した者とみなされ、それぞれ危険物取扱主任者免状又は映写技術者免状の交付を受けることができる。

6　この法律の施行の際、この法律による改正前の第三章の規定に基く市町村条例が制定されていない市町村の区域において、現に製造所、貯蔵所又は取扱所に係る危険物の取扱作業に関して保安の監督をしている者又は映写室の映写機を操作している者は、この法律による改正後の第十三条の二第三項又は第十四条第三項の規定にかかわらず、この法律の施行の日から起算して一年間は、当該市町村の区域に限つて、この法律により危険物取扱主任者免状又は映写技術者免状の交付を受けた者とみなす。ただし、この法律の施行の日から起算して三月以内に市町村長等に届け出なかつたときは、この限りでない。

7　この法律の施行前にした行為に対する罰則の適用については、なお従前の例による。

附　則（ぬ）〔昭和三四年四月二四日法律第一五六号抄〕

（施行期日）

1　この法律は、公布の日から起算して八月をこえない範囲内において各規定につき政令で定める日から施行する。〔以下略〕

〔昭和三四年一二月政令三四三号により、昭和三四・一二・二三から施行〕

附　則（る）〔昭和三五年六月三〇日法律第一一三号抄〕

（施行期日）

第一条　この法律は、昭和三十五年七月一日から施行する。

第三条　この法律の施行の際現にこの法律による改正前のそれぞれの法律の規定により内閣総理大臣若しくは自治庁長官がし、又は国家消防本部においてした許可、認可その他これらに準ずる処分は、この法律による改正後のそれぞれの法律の相当規定に基づいて、自治大臣がし、又は消防庁においてした許可、認可その他これらに準ずる処分とみなす。

2　この法律の施行の際現にこの法律による改正前のそれぞれの法律の規定により内閣総理大臣若しくは自治庁長官又は国家消防本部に対してした許可、認可その他これらに準ずる処分の申請、届出その他の行為は、この法律による改正後のそれぞれの法律の相当規定に基づいて、自治大臣又は消防庁に対してした許可、認可その他これらに準ずる処分の申請、届出その他の行為とみなす。

第四条　この法律の施行前にした行為に対する罰則の適用については、なお従前の例による。

附　則（を）〔昭和三五年七月二日法律第一一七号〕

1　この法律は、公布の日から起算して九月をこえない範囲内において政令で定める日から施行する。

〔昭和三六年三月政令三六号により、昭和三六・四・一から施行〕

2　この法律による改正後の消防法（以下「新法」という。）第八条第一項の政令で定める防火対象物の管理について権原を有する者は、この法律の施行の日から起算して一年間は、同条同項の規定にかかわらず、同条同項の政令で定める資格を有しない者のうちから防火管理者を定めることができる。

3　この法律の施行の際、現に存する新法第十七条第一項の防火対象物における消防用設備等又は現に新築、増築、改築、移転、修繕若しくは模様替えの工事中である同条同項の防火対象物に係る消防用設備等で同法第十七条の二第一項の消火器、避難器具その他政令で定めるものについては、この法律の施行の日から起算して二年間は、当該防火対象物の関係者が命令で定めるところにより消防長（消防長を置かない市町村においては市町村長）又は消防署長に届け出た場合に限り、同法第十七条第一項の消防用設備等の技術上の基準に関する政令若しくはこれに基づく命令又は同条第二項の規定に基づく条例の規定のうち当該消防用設備等に係る部分は、適用しない。この場合において、当該消防用設備等の技術上の基準については、なお従前の例による。

附　則（わ）〔昭和三六年六月一七日法律第一四五号〕

この法律は、学校教育法の一部を改正する法律（昭和三十六年法律第百四十四号）の施行の日〔昭和三六年六月一七日〕から施行する。

〔以下略〕

附　則（か）〔昭和三七年五月一六日法律第一四〇号抄〕

1　この法律は、昭和三十七年十月一日から施行する。

2　この法律による改正後の規定は、この附則に特別の定めがある場合を除き、この法律の施行前に生じた事項にも適用する。ただし、この法律による改正前の規定によつて生じた効力を妨げない。

3　この法律の施行の際現に係属している訴訟については、当該訴訟を提起することができない旨を定めるこの法律による改正後の規定にかかわらず、なお従前の例による。

4　この法律の施行の際現に係属している訴訟の管轄については、当該管轄を専属管轄とする旨のこの法律による改正後の規定にかかわらず、なお従前の例による。

5　この法律の施行の際現にこの法律による改正前の規定による出訴期間が進行している処分又は裁決に関する訴訟の出訴期間について

は、なお従前の例による。ただし、この法律による改正後の規定による出訴期間がこの法律による改正前の規定による出訴期間より短い場合に限る。

6 この法律の施行前にされた処分又は裁決に関する当事者訴訟で、この法律による改正により出訴期間が定められることとなつたものについての出訴期間は、この法律の施行の日から起算する。

7 この法律の施行の際現に係属している処分又は裁決の取消しの訴えについては、当該法律関係の当事者の一方を被告とする旨のこの法律による改正後の規定にかかわらず、なお従前の例による。ただし、裁判所は、原告の申立てにより、決定をもつて、当該訴訟を当事者訴訟に変更することを許すことができる。

8 前項ただし書の場合には、行政事件訴訟法第十八条後段及び第二十一条第二項から第五項までの規定を準用する。

附　則(よ)〔昭和三七年九月一五日法律第一六一号抄〕

1 この法律は、昭和三十七年十月一日から施行する。

2 この法律による改正後の規定は、この附則に特別の定めがある場合を除き、この法律の施行前にされた行政庁の処分、この法律の施行前にされた申請に係る行政庁の不作為その他この法律の施行前に生じた事項についても適用する。ただし、この法律による改正前の規定によつて生じた効力を妨げない。

3 この法律の施行前に提起された訴願、審査の請求、異議の申立てその他の不服申立て(以下「訴願等」という。)については、この法律の施行後も、なお従前の例による。この法律の施行前にされた訴願等の裁決、決定その他の処分(以下「裁決等」という。)又はこの法律の施行前に提起された訴願等につきこの法律の施行後にされる裁決等にさらに不服がある場合の訴願等についても、同様とする。

4 前項に規定する訴願等で、この法律の施行後は行政不服審査法による不服申立てをすることができることとなる処分に係るものは、同法以外の法律の適用については、行政不服審査法による不服申立てとみなす。

5 第三項の規定によりこの法律の施行後にされる審査の請求、異議の申立てその他の不服申立ての裁決等については、行政不服審査法による不服申立てをすることができない。

6 この法律の施行前にされた行政庁の処分で、この法律による改正前の規定により訴願等をすることができるものとされ、かつ、その提起期間が定められていなかつたものについて、行政不服審査法による不服申立てをすることができる期間は、この法律の施行の日から起算する。

8 この法律の施行前にした行為に対する罰則の適用については、なお従前の例による。

9 前八項に定めるもののほか、この法律の施行に関して必要な経過措置は、政令で定める。

10 この法律及び行政事件訴訟法の施行に伴う関係法律の整理等に関する法律(昭和三十七年法律第百四十号)に同一の法律についての改正規定がある場合においては、当該法律は、この法律によつてまず改正され、次いで行政事件訴訟法の施行に伴う関係法律の整理等に関する法律によつて改正されるものとする。

附　則(た)〔昭和三八年四月一五日法律第八八号抄〕

(施行期日)

第一条 この法律は、公布の日から施行する。ただし、第十九条の改正規定及び第四章の次に一章を加える改正規定中第二十一条の二から第二十一条の十六までに関する部分並びに附則第十九条の規定中自治省設置法(昭和二十七年法律第二百六十一号)第二十六条の表に関する部分(附則第十九条において「第十九条等の改正規定」という。)は昭和三十九年一月一日から、第二十一条に一項を加える改正規定、第七章の次に一章を加える改正規定並びに附則第十二条及び附則第十三条の規定はこの法律の公布の日から起算して一年をこえない範囲内において政令で定める日から施行する。

〔昭和三八年一二月政令三七九号により、昭和三九・四・一〇から施行〕

（協会の設立）

第二条　自治大臣は、日本消防検定協会（以下「協会」という。）の理事長又は監事となるべき者を指名する。

2　前項の規定により指名された理事長又は監事となるべき者は、協会の成立の時において、この法律の規定により、それぞれ理事長又は監事に任命されたものとする。

第三条　自治大臣は、設立委員を命じて、協会の設立に関する事務を処理させる。

2　設立委員は、設立の準備を完了したときは、遅滞なく、政府に対し、出資金の払込みの請求をしなければならない。

3　設立委員は、出資金の払込みがあつた日において、その事務を前条第一項の規定により指名された理事長となるべき者に引き継がなければならない。

第四条　附則第二条第一項の規定により指名された理事長となるべき者は、前条第三項の規定による事務の引継ぎを受けたときは、遅滞なく、政令で定めるところにより、設立の登記をしなければならない。

第五条　協会は、設立の登記をすることによつて成立する。

（土地等をその目的とする出資）

第六条　政府は、この法律（附則第一条本文に係る部分をいう。以下同じ。）の施行の際現に国が消防の用に供する機械器具等の検定の用に供している土地又は建物その他の土地の定着物（以下「土地等」という。）で協会の業務に必要があると認められるものを出資の目的として協会に出資することができる。

2　前項の規定により出資する土地等の価額は、出資の日現在における時価を基準として評価委員が評価した価額とする。

3　前項の評価委員その他同項の規定による評価に関し必要な事項は、政令で定める。

（経過規定）

第七条　第十九条等の改正規定の施行の際、改正前の消防法（以下「旧法」という。）第十九条第一項の規定により勧告されている規格は、改正後の消防法（以下「新法」という。）第二十一条の二第二項に規定する技術上の規格とみなす。

2　第十九条等の改正規定の施行の際、旧法第十九条及びこれに基づく命令の規定によりなされている処分又は申請その他の手続は、それぞれ新法の相当規定に基づいてなされた処分又は申請その他の手続とみなす。

第八条　この法律の施行の際現に日本消防検定協会という名称を使用している者については、新法第二十一条の二十二の規定は、この法律の施行後六月間は、適用しない。

第九条　協会の最初の事業年度は、新法第二十一条の三十八の規定にかかわらず、その成立の日に始まり、昭和三十九年三月三十一日に終わるものとする。

第一〇条　協会の最初の事業年度の事業計画、予算及び資金計画については、新法第二十一条の三十九中「当該事業年度の開始前に」とあるのは、「協会の成立後遅滞なく」とする。

第一一条　この法律の施行前にした行為に対する罰則の適用については、なお従前の例による。

附　則（れ）〔昭和三八年四月一五日法律第九〇号抄〕

1　この法律は、公布の日から起算して三月をこえない範囲内において政令で定める日から施行する。

〔昭和三八年六月政令二〇四号により、昭和三八・七・一四から施行〕

3 この法律の施行前にした行為に対する罰則の適用については、なお従前の例による。

附 則(そ)〔昭和四〇年五月一四日法律第六五号〕

1 この法律は、公布の日から施行する。ただし、第一条中消防法第十条第一項ただし書及び第十三条第一項の改正規定、同法第十四条の次に二条を加える改正規定、同法第十六条の三の改正規定(危険物を仮に貯蔵し、又は取り扱う場合の承認に関する部分に限る。)及び同法第二十一条の改正規定並びに第二条の規定は昭和四十年十月一日から、第一条中消防法第十七条の四の次に八条を加える改正規定(第十七条の六から第十七条の九までに関する部分を除く。以下同じ。)は昭和四十一年十月一日から施行する。

2 第一条中消防法第十条第一項ただし書の改正規定の施行の際、現に第一条による改正前の消防法第十条第一項ただし書の指定を受けている者は、当該指定を受けた日から起算して十日間(当該改正規定の施行の日前に経過した期間を除く。)に限り、この法律による改正後の消防法(以下「新法」という。)第十条第一項ただし書の承認を受けた者とみなす。

3 この法律の施行の日の翌日から起算して十日以内の期間における新法第十一条の二の規定の適用については、同条中「変更しようとする日の十日前までに」とあるのは、「あらかじめ」と読み替えるものとする。

4 第一条中消防法第十七条の四の次に八条を加える改正規定の施行の日の翌日から起算して十日以内の期間における新法第十七条の十二の規定の適用については、同条中「その工事に着手しようとする日の十日前までに」とあるのは、「あらかじめ」と読み替えるものとする。

5 この法律の施行前にした行為に対する罰則の適用については、なお従前の例による。

附 則(つ)〔昭和四二年七月二五日法律第八〇号抄〕

(施行期日)

1 この法律は、公布の日から施行する。ただし、第一条中消防法第九条の二を第九条の三とし、第九条の次に一条を加える改正規定及び同法第四十六条の改正規定〔中略〕は、昭和四十三年四月一日から施行する。

(経過規定)

2 この法律の施行の際、現に改正後の第九条の二第一項に規定する物質を貯蔵し、又は取り扱つている者に対する同項の規定の適用については、同項中「あらかじめ」とあるのは、「昭和四十三年四月一日から三十日以内に」とする。

附 則(ね)〔昭和四三年六月一〇日法律第九五号抄〕

改正 昭和四七年六月法律第九四号(ゐ)

1 この法律は、公布の日から施行する。ただし、第一条中消防法第八条の次に二条を加える改正規定〔中略〕は、昭和四十四年四月一日から施行する。

2 第一条の規定による改正後の消防法第八条の三の規定は、同条に係る改正規定の施行の際現に使用する同条の物品については、昭和四十八年六月三十日までの間、適用しない。(ゐ)

二項…一部改正〔昭和四七年六月法律九四号(ゐ)〕

附 則(な)〔昭和四五年六月一日法律第一一一号抄〕

(施行期日)

1 この法律は、公布の日から施行する。〔以下略〕

附 則(ら)〔昭和四六年六月一日法律第九七号抄〕

(施行期日)

1 この法律は、公布の日から施行する。ただし、別表の改正規定は昭和四十七年一月一日から、第十六条の二及び第十六条の四の改正規定、第四十三条第一項の改正規定（同項第一号に係る部分を除く。）並びに第四十四条の改正規定は同年十月一日から施行する。

（経過措置）

2　この法律の施行の日（別表の改正規定にあつては、当該改正規定の施行の日。以下「施行日」という。）前に改正前の消防法（以下「旧法」という。）の規定に基づいてされている許可の申請、届出その他の手続又は旧法の規定に基づいてされた許可その他の処分は、別段の定めがあるものを除き、改正後の消防法（以下「新法」という。）の相当規定に基づいてされた手続又は処分とみなす。

3　昭和四十七年一月一日において現に設置されている製造所、貯蔵所又は取扱所で、新たに新法第十一条第一項の規定による許可を受けなければならないこととなるものについては、同項の規定は、同年十二月三十一日までの間、適用しない。

4　昭和四十七年一月一日において現に旧法第十一条の規定により許可を受けて設置されている製造所、貯蔵所又は取扱所で、その位置、構造及び設備が新法第十条第四項の技術上の基準に適合しないものについては、同年十二月三十一日までの間、同項の規定にかかわらず、なお従前の例による。

5　この法律の施行の際現に旧法第十三条の二第三項の規定により甲種危険物取扱主任者免状又は乙種危険物取扱主任者免状の交付を受けている者は、それぞれ新法第十三条の二第三項の規定により甲種危険物取扱者免状又は乙種危険物取扱者免状の交付を受けている者とみなす。

6　この法律の施行の際現に旧法第十三条の三第二項に規定する甲種危険物取扱主任者試験又は乙種危険物取扱主任者試験に合格している者は、それぞれ新法第十三条の三第二項に規定する甲種危険物取扱者試験又は乙種危険物取扱者試験に合格した者とみなす。

7　都道府県知事は、新法第十三条の三第二項に規定する丙種危険物取扱者試験を、施行日から昭和四十七年九月三十日までの間において、少なくとも二回以上行なうように努めなければならない。

8　施行日前にした行為に対する罰則の適用については、なお従前の例による。

附　則（む）〔昭和四六年六月二日法律第九八号抄〕

（施行期日）

第一条　この法律は、公布の日から起算して六月をこえない範囲内において政令で定める日から施行する。〔以下略〕

〔昭和四六年一一月政令三四七号により、昭和四六・一二・一から施行〕

附　則（う）〔昭和四六年一二月三一日法律第一三〇号抄〕

（施行期日）

1　この法律は、琉球諸島及び大東諸島に関する日本国とアメリカ合衆国との間の協定（昭和四七年条約第二号）の効力発生の日（昭和四七年五月一五日）から施行する。

附　則（ゐ）〔昭和四七年六月二三日法律第九四号抄〕

1　この法律は、公布の日から施行する。ただし、第一条中消防法第八条の三の改正規定（同条第二項及び第三項の規定として加える部分に限る。）並びに第四十四条及び第四十五条の改正規定は昭和四十七年十月一日から、同法第八条の三の改正規定（同条第四項及び第五項の規定として加える部分に限る。）は昭和四十九年一月一日から施行する。

附　則（の）〔昭和四九年六月一日法律第六四号〕

1　この法律は、公布の日から施行する。ただし、次の各号に掲げる規定は、当該各号に掲げる日から施行する。

一　第八条に一項を加える改正規定、第十七条第一項の改正規定、第十七条の五の改正規定（「（他人の求めに応じ、報酬を得て行なわれるものに限る。）」を削る部分に限る。）、第十七条の八の次に一条を加える改正規定及び第十七条の九の改正規定　昭和四十九

年七月一日

二　第十七条の三の次に二条を加える改正規定　昭和五十年四月一日

三　第十七条の二第二項及び第十七条の三第二項の改正規定中百貨店、地下街及び複合用途防火対象物に係る消防用設備等に係る部分　昭和五十二年四月一日

四　第十七条の二第二項及び第十七条の三第二項の改正規定中前号に規定する防火対象物以外の防火対象物に係る消防用設備等に係る部分　昭和五十四年四月一日

2　改正前の消防法（以下「旧法」という。）の規定により、配管によつて危険物の移送の取扱いを行う取扱所のうち改正後の消防法（以下「新法」という。）第十一条第一項第四号に掲げる移送取扱所に該当するものについて市町村長がした許可その他の処分又は受理した届出は、新法の相当規定に基づいて都道府県知事又は自治大臣がした許可その他の処分又は受理した届出とみなす。

3　旧法第十四条の二第一項の規定による認可を受けた予防規程は、新法第十四条の二第一項の規定による認可を受けた予防規程とみなす。

4　昭和五十二年四月一日（新法第十七条の二第二項第四号に規定する特定防火対象物（以下この項において「特定防火対象物」という。）で百貨店、地下街及び複合用途防火対象物以外のものにあつては、昭和五十四年四月一日。以下「一部施行日」という。）において現に存する特定防火対象物又は現に新築、増築、改築、移転、修繕若しくは模様替えの工事中の特定防火対象物に係る消防用設備等で、一部施行日の前日において旧法第十七条の二第一項又は第十七条の三第一項の規定の適用を受けていたものについては、一部施行日以後、新法第十七条の二第一項又は第十七条の三第一項の規定は、適用しない。

5　この法律の施行の日から昭和五十年三月三十一日までの間に限り、新法第十七条の四及び第十七条の五の規定の適用については、これらの規定中「設備等技術基準」とあるのは、「第十七条第一項の政令若しくはこれに基づく命令又は同条第二項の規定に基づく条例で定める技術上の基準（第十七条の二第一項前段又は第十七条の三第一項前段に規定する場合にあつては、それぞれ第十七条の二第一項後段又は第十七条の三第一項後段の規定により適用されることとなる技術上の基準とする。）」とする。

6　国及び地方公共団体は、附則第四項の規定により、一部施行日以後新法第十七条の二第一項又は第十七条の三第一項の規定の適用を受けないこととなる消防用設備等に係る防火対象物の関係者が新法第十七条の規定による技術上の基準に適合させるために行う当該消防用設備等の設置に係る工事又は整備について、必要な資金のあつせん、技術的な助言その他の措置を講ずるよう努めるものとする。

7　この法律の施行前にした行為に対する罰則の適用については、なお従前の例による。

附　則（お）〔昭和五〇年一二月一七日法律第八四号抄〕

（施行期日等）

1　この法律は、公布の日から起算して六月を超えない範囲内において政令で定める日から施行する。

〔昭和五一年五月政令一二八号により、昭和五一・六・一六から施行〕

附　則（く）〔昭和五一年五月二九日法律第三七号抄〕

（施行期日）

第一条　この法律は、公布の日から起算して三月を超えない範囲内において政令で定める日から施行する。ただし、第十一条の二から第十一条の五までに係る改正規定、第十二条の二、第十二条の四第二項、第十四条の三、第十六条の四、第十六条の七並びに第四十四条第三号の二及び第六号の改正規定並びに次条及び附則第三条の規定

は、公布の日から起算して九月を超えない範囲内において政令で定める日から施行する。

〔昭和五一年八月政令二三〇号により、昭和五一・八・二八から施行。ただし書の規定は、昭和五二年二月政令九号により、昭和五二・二・一五から施行〕

（経過措置）

第二条　この法律による改正後の消防法（以下「新法」という。）第十一条の二及び第十一条の三の規定は、前条ただし書に定める日（以下「一部施行日」という。）以後に、新法第十一条第一項の規定による許可の申請があつた製造所、貯蔵所若しくは取扱所の設置又はその位置、構造若しくは設備の変更について適用する。

第三条　新法第十六条の七の規定は、一部施行日以後に、消防本部若しくは消防署の設置若しくは廃止又は市町村の廃置分合若しくは境界変更があつた場合について適用し、一部施行日前に、消防本部若しくは消防署の設置若しくは廃止又は市町村の廃置分合若しくは境界変更があつた場合については、なお従前の例による。

第四条　この法律の施行の際現にその名称中に危険物保安技術協会という文字を用いている者については、新法第十六条の十三第二項の規定は、この法律の施行後六月間は、適用しない。

第五条　危険物保安技術協会（以下「協会」という。）の最初の事業年度は、新法第十六条の四十の規定にかかわらず、その成立の日に始まり、翌年三月三十一日に終わるものとする。

2　協会の最初の事業年度の予算、事業計画及び資金計画については、新法第十六条の四十一中「当該事業年度の開始前に」とあるのは、「協会の成立後遅滞なく」とする。

（罰則に関する経過措置）

第一二条　この法律の施行前にした行為及びこの法律の施行後に消防法第十一条第一項又は石油コンビナート等災害防止法第五条第一項若しくは第七条第一項の規定に違反してされたこれらの規定に規定する設置、新設又は変更で当該設置、新設又は変更のための工事がこの法律の施行前に開始されたものに対する罰則の適用については、なお従前の例による。

附　則（や）〔昭和五三年六月一五日法律第七三号抄〕

（施行期日）

第一条　この法律は、公布の日から起算して六月を超えない範囲内において政令で定める日から施行する。

〔昭和五三年一二月政令三八四号により、昭和五三・一二・一四から施行〕

附　則（ま）〔昭和五七年七月一六日法律第六六号〕

この法律は、昭和五十七年十月一日から施行する。

附　則（け）〔昭和五七年七月二三日法律第六九号抄〕

（施行期日等）

1　この法律〔中略〕は、それぞれ当該各号に定める日〔公布の日から起算して六月を経過した日〕から施行する。〔以下略〕

（経過措置）

9　この法律〔附則第一項第四号及び第五号に掲げる規定については、当該各規定〕の施行前にした行為〔中略〕に対する罰則の適用については、なお従前の例による。

附　則（ふ）〔昭和五八年五月二〇日法律第四四号抄〕

（施行期日）

1　この法律は、公布の日から起算して一年を超えない範囲内において政令で定める日から施行する。

〔昭和五八年一一月政令二三九号により、昭和五九・四・一から施行〕

附　則（こ）〔昭和五八年一二月一〇日法律第八三号抄〕

（施行期日）

第一条　この法律〔中略〕は、それぞれ当該各号に定める日〔公布の日から起算して一年を超えない範囲内において政令で定める日〕か

ら施行する。〔以下略〕

〔昭和五九年九月政令二七五号により、昭和五九・一二・一から施行〕

附　則（え）〔昭和六〇年一二月二四日法律第一〇二号抄〕

（施行期日）

第一条　この法律〔中略〕は、それぞれ当該各号に定める日〔公布の日から起算して一年を超えない範囲内において政令で定める日〕から施行する。〔以下略〕

〔昭和六一年八月政令二七三号により、昭和六一・一二・一から施行〕

（罰則に関する経過措置）

第八条　この法律（附則第一条各号に掲げる規定については、当該各規定）の施行前にした行為〔中略〕に対する罰則の適用については、なお従前の例による。

附　則（て）〔昭和六一年四月一五日法律第二〇号抄〕

（施行期日）

第一条　この法律は、昭和六十二年一月一日から施行する。ただし、第二条（消防組織法第四条第十八号の次に一号を加える改正規定を除く。）並びに次条及び附則第四条の規定は、公布の日から施行する。

（危険物保安技術協会に関する経過措置）

第二条　この法律の公布の日に現に存する危険物保安技術協会は、この法律の施行の日（以下「施行日」という。）までに、その定款を第一条の規定による改正後の消防法（以下「新法」という。）第十六条の二十二第一項の規定に適合するように変更し、自治大臣の認可を受けるものとする。この場合において、その認可の効力は、施行日から生ずるものとする。

第三条　この法律の施行の際現に在職する危険物保安技術協会の理事長、理事又は監事は、それぞれ新法第十六条の二十五の規定によりその選任について自治大臣の認可を受けた理事長、理事又は監事とみなす。

2　前項の規定によりその選任について自治大臣の認可を受けたものとみなされる危険物保安技術協会の役員の任期は、第一条の規定による改正前の消防法（以下「旧法」という。）第十六条の二十六第一項の規定により任期が終了すべき日に終了するものとする。

（日本消防検定協会に関する経過措置）

第四条　日本消防検定協会は、施行日までに、新法第二十一条の二十第一項に規定する定款を作成し、自治大臣の認可を受けるものとする。この場合において、その認可の効力は、施行日から生ずるものとする。

第五条　日本消防検定協会は、旧法第二十一条の二十に規定する資本金に相当する金額を、昭和六十二年三月三十一日までに、国庫に納付しなければならない。

第六条　この法律の施行の際現に在職する日本消防検定協会の理事長、理事又は監事は、それぞれ新法第二十一条の二十六の規定によりその選任について自治大臣の認可を受けた理事長、理事又は監事とみなす。

2　前項の規定によりその選任について自治大臣の認可を受けたものとみなされる日本消防検定協会の役員の任期は、旧法第二十一条の二十七第一項の規定により任期が終了すべき日に終了するものとする。

（罰則に関する経過措置）

第七条　この法律の施行前にした行為に対する罰則の適用については、なお従前の例による。

附　則（あ）〔昭和六一年一二月二六日法律第一〇九号抄〕

（施行期日）

第一条　この法律は、公布の日から施行する。〔以下略〕

附　則（さ）〔昭和六三年五月二四日法律第五五号抄〕

（施行期日）

第一条　この法律は、公布の日から施行する。ただし、第十三条の三の改正規定は昭和六十四年〔平成元年〕四月一日から、第二条第七項、第九条の三、第十条第二項、第十一条の四、第十六条の十及び別表の改正規定並びに附則第三条から第七条までの規定は公布の日から起算して二年を超えない範囲内において政令で定める日（以下「一部施行日」という。）から施行する。

〔昭和六三年一二月政令三五七号により、平成二・五・二三から施行〕

（経過措置）

第二条　この法律の施行の日（第十三条の三の改正規定にあつては昭和六十四年〔平成元年〕四月一日、第二条第七項、第十条第二項、第十一条の四及び別表の改正規定にあつては一部施行日）前に改正前の消防法（以下「旧法」という。）の規定に基づいてされている許可の申請、届出その他の手続又は旧法の規定に基づいてされた許可その他の処分は、別段の定めがあるものを除き、改正後の消防法（以下「新法」という。）の相当規定に基づいてされた手続又は処分とみなす。

第三条　一部施行日において現に設置されている製造所、貯蔵所若しくは取扱所又は現に旧法第十一条第一項の規定により許可を受けて設置されている製造所、貯蔵所若しくは取扱所で、新たに新法第十一条第一項の規定による許可を受けなければならないこととなるものについては、一部施行日から起算して一年間は、同項の規定による許可を受けることを要しない。

第四条　一部施行日において現に旧法第十一条第一項の規定により許可を受けて設置されている製造所、貯蔵所又は取扱所で、その位置、構造及び設備が新法第十条第四項の技術上の基準に適合しないものに係る同項の技術上の基準については、同項の規定にかかわらず、一部施行日から起算して一年以内において新たに新法第十一条第一項の規定による許可を受けるまでの間、なお従前の例による。

第五条　一部施行日の前日において現に旧法第十一条第一項の規定により許可を受けて設置されている製造所、貯蔵所又は取扱所で、新法第十一条第一項の規定による許可を受けることを要しないこととなるものの所有者、管理者又は占有者は、一部施行日から起算して三月以内にその旨を新法第十一条第二項に規定する市町村長等（以下「市町村長等」という。）に届け出なければならない。ただし、次項に規定する届出をする場合は、この限りでない。

2　前項の所有者、管理者又は占有者で、当該製造所、貯蔵所又は取扱所の位置、構造又は設備を変更しないで、引き続き新法第九条の三に規定する指定数量以上の危険物を貯蔵し、又は取り扱おうとするものは、一部施行日から起算して三月以内にその旨を市町村長等に届け出なければならない。

3　前項の場合において、旧法第十一条第一項の規定による許可は、新法第十一条第一項の規定による許可とみなす。

第六条　一部施行日において現に旧法第十一条第一項の規定により許可を受けて設置されている製造所、貯蔵所又は取扱所で、新法第十一条の四に規定する指定数量の倍数が旧法第十一条第一項の規定による許可又は旧法第十一条の四の規定による届出に係る指定数量の倍数（当該製造所、貯蔵所又は取扱所において貯蔵し、又は取り扱う危険物の数量を当該危険物の指定数量で除して得た値（旧法別表に掲げる品名を異にする二以上の危険物を貯蔵し、又は取り扱う場合には、当該貯蔵又は取扱いに係るそれぞれの危険物の数量を当該危険物の指定数量で除して得た値の和）をいう。）を超えることとなるものの所有者、管理者又は占有者は、一部施行日から起算して三月以内にその旨を市町村長等に届け出なければならない。

第七条　一部施行日において現に旧法第十三条の二第三項の規定により乙種危険物取扱者免状の交付を受けている者で、新法第十三条の二第二項の規定によりその者が取り扱うことができる危険物以外の危険物（以下この項において「対象外危険物」という。）を一部施行日の前日において当該乙種危険物取扱者免状に基づき取り扱い、又は当該危険物の取扱作業に関して立ち会い、若しくは保安の監督をしているものは、一部施行日から起算して二年を経過する日までの間に限り、新法第十三条第一項及び第三項、第十三条の二第二項並びに第十六条の二第一項の規定にかかわらず、当該対象外危険物（次項において「取扱危険物」という。）を取り扱い、又は当該危険物の取扱作業に関して立ち会い、若しくは保安の監督をすることができる。

2　前項の危険物取扱者が、一部施行日から起算して二年を経過する日までの間において都道府県知事（当該都道府県知事が旧法第十三条の五第一項の規定により危険物取扱者試験事務を旧法第十三条の七第二項に規定する指定試験機関（以下この条において「指定試験機関」という。）に行わせている場合にあつては、当該指定試験機関。以下同じ。）の指定する講習（以下この条において「指定講習」という。）を修了したときは、その者は、新法第十三条の三第三項に規定する試験に合格した者とみなされ、取扱危険物を取り扱うことのできる乙種危険物取扱者免状の交付を受けることができる。

3　新法第十三条の十二第一項、第十三条の十五から第十三条の十七まで、第十三条の十八第二項第四号、同条第三項及び第四項、第十三条の二十から第十三条の二十二まで並びに第十六条の四の規定は、指定試験機関の指定講習の実施に関する事務について準用する。

4　都道府県知事は、指定講習を、一部施行日から起算して二年を経過する日までの間において、少なくとも二回以上（指定試験機関にあつては、都道府県の区域ごとに少なくとも二回以上）行うように努めなければならない。

第八条　附則第二条から前条までに定めるもののほか、この法律の施行に関し必要な経過措置は、政令で定める。

（罰則に関する経過措置）

第九条　この法律の施行前にした行為及びこの法律の附則においてなお従前の例によることとされる場合におけるこの法律の施行後にした行為に対する罰則の適用については、なお従前の例による。

附　則(き)　〔平成五年一一月一二日法律第八九号抄〕

（施行期日）

第一条　この法律は、行政手続法（平成五年法律第八十八号）の施行の日〔平成六年一〇月一日〕から施行する。

（諮問等がされた不利益処分に関する経過措置）

第二条　この法律の施行前に法令に基づき審議会その他の合議制の機関に対し行政手続法第十三条に規定する聴聞又は弁明の機会の付与の手続その他の意見陳述のための手続に相当する手続を執るべきことの諮問その他の求めがされた場合においては、当該諮問その他の求めに係る不利益処分の手続に関しては、この法律による改正後の関係法律の規定にかかわらず、なお従前の例による。

（罰則に関する経過措置）

第一三条　この法律の施行前にした行為に対する罰則の適用については、なお従前の例による。

（聴聞に関する規定の整理に伴う経過措置）

第一四条　この法律の施行前に法律の規定により行われた聴聞、聴問若しくは聴聞会（不利益処分に係るものを除く。）又はこれらのための手続は、この法律による改正後の関係法律の相当規定により行われたものとみなす。

（政令への委任）

第一五条　附則第二条から前条までに定めるもののほか、この法律の施行に関して必要な経過措置は、政令で定める。

附　則(ゆ)〔平成六年六月二二日法律第三七号抄〕

改正　平成一一年一二月法律第一六〇号(ゑ)

(施行期日)

第一条　この法律は、公布の日から起算して一年を超えない範囲内において政令で定める日から施行する。ただし、次の各号に掲げる規定は、当該各号に定める日から施行する。

〔平成六年一一月政令三七二号により、平成七・一・一から施行〕

一　第三十九条の二から第四十四条まで及び第四十六条から第四十六条の三までの改正規定並びに本則中第四十六条の三の次に一条を加える改正規定並びに附則第三条の規定　公布の日から起算して二十日を経過した日

二　第十三条の三及び第十七条の八の改正規定並びに次条の規定　平成七年四月一日

(経過措置)

第二条　平成七年四月一日前に、改正前の消防法(以下この条において「旧法」という。)第十三条の三第四項第一号の規定に基づいて都道府県知事が認定した者(都道府県知事が旧法第十三条の五第一項の規定に基づき自治大臣の指定する者に危険物取扱者試験の実施に関する事務を行わせている場合にあつては、当該自治大臣の指定する者が認定した者)は当該認定に係る試験については中央省庁等改革関係法施行法(平成十一年法律第百六十号)による改正後の消防法(以下この条において「新法」という。)第十三条の三第四項第一号の総務省令で定める者と、旧法第十七条の八第四項第三号の規定に基づいて都道府県知事が認定した者(都道府県知事が旧法第十七条の九第一項の規定に基づき自治大臣の指定する者に消防設備士試験の実施に関する事務を行わせている場合にあつては、当該自治大臣の指定する者が認定した者)は当該認定に係る試験については新法第十七条の八第四項第三号に掲げる者とそれぞれみなす。(ゑ)

本条…一部改正〔平成一一年一二月法律一六〇号(ゑ)〕

(罰則に関する経過措置)

第三条　附則第一条第一号に掲げる規定の施行前にした行為に対する罰則の適用については、なお従前の例による。

附　則(め)〔平成一〇年六月一二日法律第一〇〇号抄〕

改正　平成一一年七月法律第八七号(し)

(施行期日)

第一条　この法律は、公布の日から起算して二年を超えない範囲内において政令で定める日から施行する。ただし〔中略〕次条から附則第六条まで、第八条から第十一条まで、第十二条〔中略〕の規定は公布の日から起算して一年を超えない範囲内において政令で定める日から施行する。(し)

本条…一部改正〔平成一一年七月法律八七号(し)〕

〔平成一二年四月政令二一〇号により、平成一二・六・一から施行。ただし書の規定は、平成一一年一月政令四号により、平成一一・五・一から施行〕

附　則(み)〔平成一〇年六月一二日法律第一〇一号抄〕

(施行期日)

第一条　この法律は、平成十一年四月一日から施行する。〔以下略〕

附　則(し)〔平成一一年七月一六日法律第八七号抄〕

(施行期日)

第一条　この法律は、平成十二年四月一日から施行する。ただし、次の各号に掲げる規定は、当該各号に定める日から施行する。

一　〔前略〕附則〔中略〕第百六十条、第百六十三条、第百六十四条並びに第二百二条の規定　公布の日

二〜六　〔略〕

（国等の事務）

第一五九条 この法律による改正前のそれぞれの法律に規定するもののほか、この法律の施行前において、地方公共団体の機関が法律又はこれに基づく政令により管理し又は執行する国、他の地方公共団体その他公共団体の事務（附則第百六十一条において「国等の事務」という。）は、この法律の施行後は、地方公共団体が法律又はこれに基づく政令により当該地方公共団体の事務として処理するものとする。

（処分、申請等に関する経過措置）

第一六〇条 この法律（附則第一条各号に掲げる規定については、当該各規定。以下この条及び附則第百六十三条において同じ。）の施行前に改正前のそれぞれの法律の規定によりされた許可等の処分その他の行為（以下この条において「処分等の行為」という。）又はこの法律の施行の際現に改正前のそれぞれの法律の規定によりされている許可等の申請その他の行為（以下この条において「申請等の行為」という。）で、この法律の施行の日においてこれらの行為に係る行政事務を行うべき者が異なることとなるものは、附則第二条から前条までの規定又は改正後のそれぞれの法律（これに基づく命令を含む。）の経過措置に関する規定に定めるものを除き、この法律の施行の日以後における改正後のそれぞれの法律の適用については、改正後のそれぞれの法律の相当規定によりされた処分等の行為又は申請等の行為とみなす。

2 この法律の施行前に改正前のそれぞれの法律の規定により国又は地方公共団体の機関に対し報告、届出、提出その他の手続をしなければならない事項で、この法律の施行の日前にその手続がされていないものについては、この法律及びこれに基づく政令に別段の定めがあるもののほか、これを、改正後のそれぞれの法律の相当規定により国又は地方公共団体の相当の機関に対して報告、届出、提出その他の手続をしなければならない事項についてその手続がされていないものとみなして、この法律による改正後のそれぞれの法律の規定を適用する。

（不服申立てに関する経過措置）

第一六一条 施行日前にされた国等の事務に係る処分であって、当該処分をした行政庁（以下この条において「処分庁」という。）に施行日前に行政不服審査法に規定する上級行政庁（以下この条において「上級行政庁」という。）があったものについての同法による不服申立てについては、施行日以後においても、当該処分庁に引き続き上級行政庁があるものとみなして、行政不服審査法の規定を適用する。この場合において、当該処分庁の上級行政庁とみなされる行政庁は、施行日前に当該処分庁の上級行政庁であった行政庁とする。

2 前項の場合において、上級行政庁とみなされる行政庁が地方公共団体の機関であるときは、当該機関が行政不服審査法の規定により処理することとされる事務は、新地方自治法第二条第九項第一号に規定する第一号法定受託事務とする。

（手数料に関する経過措置）

第一六二条 施行日前においてこの法律による改正前のそれぞれの法律（これに基づく命令を含む。）の規定により納付すべきであった手数料については、この法律及びこれに基づく政令に別段の定めがあるもののほか、なお従前の例による。

（罰則に関する経過措置）

第一六三条 この法律の施行前にした行為に対する罰則の適用については、なお従前の例による。

（その他の経過措置の政令への委任）

第一六四条 この附則に規定するもののほか、この法律の施行に伴い必要な経過措置（罰則に関する経過措置を含む。）は、政令で定める。

2　〔略〕

附　則（抄）〔平成一一年一二月二二日法律第一六〇号抄〕

（施行期日）

第一条　この法律〔中略〕は、平成十三年一月六日から施行する。ただし、次の各号に掲げる規定は、当該各号に定める日から施行する。

一　〔前略〕第千三百四十四条の規定　公布の日

二　〔略〕

中央省庁等改革関係法施行法〔抄〕

（平成十一年十二月二十二日法律第百六十号）

第一六章　経過措置等

（処分、申請等に関する経過措置）

第一三〇一条　中央省庁等改革関係法及びこの法律（以下「改革関係法等」と総称する。）の施行前に法令の規定により従前の国の機関がした免許、許可、認可、承認、指定その他の処分又は通知その他の行為は、法令に別段の定めがあるもののほか、改革関係法等の施行後は、改革関係法等の施行後の法令の相当規定に基づいて、相当の国の機関がした免許、許可、認可、承認、指定その他の処分又は通知その他の行為とみなす。

2　改革関係法等の施行の際現に法令の規定により従前の国の機関に対してされている申請、届出その他の行為は、法令に別段の定めがあるもののほか、改革関係法等の施行後は、改革関係法等の施行後の法令の相当規定に基づいて、相当の国の機関に対してされた申請、届出その他の行為とみなす。

3　改革関係法等の施行前に法令の規定により従前の国の機関に対し報告、届出、提出その他の手続をしなければならないとされている事項で、改革関係法等の施行の日前にその手続がされていないものについては、法令に別段の定めがあるもののほか、改革関係法等の施行後は、これを、改革関係法等の施行後の法令の相当規定により相当の国の機関に対して報告、届出、提出その他の手続をしなければならないとされた事項についてその手続がされていないものとみなして、改革関係法等の施行後の法令の規定を適用する。

（従前の例による処分等に関する経過措置）

第一三〇二条　なお従前の例によることとする法令の規定により、従前の国の機関がすべき免許、許可、認可、承認、指定その他の処分若しくは通知その他の行為又は従前の国の機関に対してすべき申請、届出その他の行為については、法令に別段の定めがあるもののほか、改革関係法等の施行後は、改革関係法等の施行後の法令の規定に基づくその任務及び所掌事務の区分に応じ、それぞれ、相当の国の機関がすべきものとし、又は相当の国の機関に対してすべきものとする。

（罰則に関する経過措置）

第一三〇三条　改革関係法等の施行前にした行為に対する罰則の適用については、なお従前の例による。

（守秘義務に関する経過措置）

第一三〇七条　1～3　〔略〕

4　改革関係法等の施行後は、改革関係法等の施行前の消防法第三十五条の三の二第二項において準用する同法第三十四条第二項において準用する同法第四条第六項に規定する従前の消防庁の職員に係る検査又は質問を行った場合に知り得た関係者の秘密は、改革関係法等の施行後の同項に規定する消防庁の職員に係る検査又は質問を行った場合に知り得た関係者の秘密とみなして、同項の規定を適用する。

5　〔略〕

（政令への委任）

第一三四四条 第七十一条から第七十六条まで及び第千三百一条から前条まで並びに中央省庁等改革関係法に定めるもののほか、改革関係法等の施行に関し必要な経過措置（罰則に関する経過措置を含む。）は、政令で定める。

附　則（ひ）〔平成一一年一二月二二日法律第一六三号抄〕

（施行期日）

第一条 この法律は、平成十三年一月六日〔中略〕から起算して六月を超えない範囲内において政令で定める日から施行する。

〔平成一二年六月政令三三三号により、平成一三・四・一から施行〕

附　則（も）〔平成一三年七月四日法律第九八号〕

（施行期日）

第一条 この法律は、公布の日から起算して六月を超えない範囲内において政令で定める日から施行する。ただし、次の各号に掲げる規定は、当該各号に定める日から施行する。

〔平成一三年九月政令二九九号により、平成一三・一二・一から施行〕

一　別表備考第十六号及び第十七号の改正規定並びに附則第五条の規定　公布の日から起算して一年を超えない範囲内において政令で定める日

〔平成一三年九月政令二九九号により、平成一四・六・一から施行〕

二　第九条の改正規定　公布の日から起算して一年六月を超えない範囲内において政令で定める日

〔平成一三年一二月政令三八四号により、平成一五・一・一から施行〕

（経過措置）

第二条 この法律（前条各号に掲げる規定については、当該各規定。以下この条及び附則第七条において同じ。）の施行前に改正前の消防法（以下「旧法」という。）の規定によりされた許可その他の処分又はこの法律の施行の際現に旧法の規定によりされている許可の申請、届出その他の手続は、別段の定めがあるものを除き、改正後の消防法（以下「新法」という。）の相当規定によりされた処分又は手続とみなす。

第三条 この法律の施行の日（以下「施行日」という。）において現に設置されている製造所、貯蔵所若しくは取扱所又は現に旧法第十一条第一項の規定により許可を受けて設置されている製造所、貯蔵所若しくは取扱所で、新たに新法第十一条第一項の規定による許可を受けなければならないこととなるものについては、施行日から起算して六月間は、同項の規定による許可を受けることを要しない。

第四条 施行日において現に旧法第十一条第一項の規定により許可を受けて設置されている製造所、貯蔵所又は取扱所で、その位置、構造及び設備が新法第十条第四項の技術上の基準に適合しないものに係る同項の技術上の基準については、同項の規定にかかわらず、施行日から起算して六月以内において新たに新法第十一条第一項の規定による許可を受けるまでの間、なお従前の例による。

第五条 附則第一条第一号に掲げる規定の施行の日（以下この条において「一部施行日」という。）の前日において現に旧法第十一条第一項の規定により許可を受けて設置されている製造所、貯蔵所又は取扱所で、新法第十一条第一項の規定による許可を受けることを要しないこととなるものの所有者、管理者又は占有者は、一部施行日から起算して三月以内にその旨を同条第二項に規定する市町村長等（以下「市町村長等」という。）に届け出なければならない。ただし、次項の規定による届出をする場合は、この限りでない。

2　前項の所有者、管理者又は占有者で、当該製造所、貯蔵所又は取扱所の位置、構造又は設備を変更しないで、引き続き新法第九条の三に規定する指定数量以上の危険物を貯蔵し、又は取り扱おうとするものは、一部施行日から起算して三月以内にその旨を市町村長等に届け出なければならない。

3　前項の規定による届出があった場合において、旧法第十一条第一項の規定による許可は、新法第十一条第一項の規定による許可とみなす。

第六条　施行日において現に旧法第十一条第一項の規定により許可を受けて設置されている製造所、貯蔵所又は取扱所で、新法第十一条の四に規定する指定数量の倍数が旧法第十一条第一項の規定による許可又は旧法第十一条の四の規定による届出に係る同条に規定する指定数量の倍数を超えることとなるものの所有者、管理者又は占有者は、施行日から起算して三月以内にその旨を市町村長等に届け出なければならない。

（罰則に関する経過措置）

第七条　この法律の施行前にした行為及びこの附則の規定によりなお従前の例によることとされる場合におけるこの法律の施行後にした行為に対する罰則の適用については、なお従前の例による。

（その他の経過措置の政令への委任）

第八条　附則第二条から前条までに定めるもののほか、この法律の施行に関し必要な経過措置（罰則に関する経過措置を含む。）は、政令で定める。

附　則（せ）〔平成一四年四月二六日法律第三〇号〕

改正　平成一五年六月法律第八四号（す）

（施行期日）

第一条　この法律は、公布の日から起算して六月を超えない範囲内において政令で定める日から施行する。ただし、第八条の二の次に三条を加える改正規定（第八条の二の四に関する部分を除く。）、第十七条の三の三の改正規定、第四十四条第三号及び第七号の三の改正規定、第四十五条の改正規定（第四十四条第三号及び第七号の三に関する部分に限る。）並びに第四十六条の五の改正規定は、公布の日から起算して一年六月を超えない範囲内において政令で定める日から施行する。

〔平成一四年八月政令二七三号により、平成一四・一〇・二五から施行。ただし書の規定は、平成一五・一〇・一から施行〕

（経過措置）

第二条　この法律の施行前にされた改正前の消防法第五条の規定による命令については、なお従前の例による。

第三条　附則第一条ただし書に規定する規定の施行の日から起算して三年を経過するまでの間は、改正後の消防法第八条の二の三第一項第二号の規定の適用については、同号中「又は第十七条の四第一項若しくは第二項」とあるのは、「若しくは第十七条の四第一項若しくは第二項又は消防法の一部を改正する法律（平成十四年法律第三十号）による改正前の消防法第五条、第八条第三項若しくは第十七条の四」とする。（す）

本条…一部改正〔平成一五年六月法律八四号（す）〕

（罰則に関する経過措置）

第四条　この法律（附則第一条ただし書に規定する規定については、当該規定）の施行前にした行為及びこの附則の規定によりなお従前の例によることとされる場合におけるこの法律の施行後にした行為に対する罰則の適用については、なお従前の例による。

（その他の経過措置の政令への委任）

第五条　前三条に定めるもののほか、この法律の施行に関し必要な経過措置（罰則に関する経過措置を含む。）は、政令で定める。

附　則（す）〔平成一五年六月一八日法律第八四号抄〕

（施行期日）

第一条　この法律は、公布の日から起算して三月を超えない範囲内において政令で定める日から施行する。ただし、次の各号に掲げる規定は、当該各号に定める日から施行する。

〔平成一五年八月政令三七号により、平成一五・九・一から施行〕

一 〔前略〕第二条中消防法第二条第八項の改正規定、同法第三十条の次に一条を加える改正規定並びに同法第三十五条の八、第三十六条、第三十六条の三、第四十条及び第四十四条第十六号の改正規定〔中略〕 平成十六年四月一日

二 第二条中消防法目次の改正規定、同法第二条第七項、第五条の二、第八条の二の三、第十条、第十一条の四、第十三条の三、第十七条及び第十七条の二の改正規定、同条を同法第十七条の二の五とし、同法第十七条の次に四条を加える改正規定、同法第十七条の三の二から第十七条の五まで、第十七条の八、第十七条の十から第十七条の十二まで、第十七条の十四、第二十一条の三、第二十一条の七から第二十一条の十一まで、第二十一条の十五及び第二十一条の十六の改正規定、同法第二十一条の十六の六の次に章名を付する改正規定、同法第二十一条の十七、第二十一条の三十六及び第二十一条の四十の改正規定、同法第四章の二第三節を同法第四章の三第一節とする改正規定、同法第四章の二第四節の節名の改正規定、同法第二十一条の四十五及び第二十一条の四十六の改正規定、同法第二十一条の四十九を削る改正規定、同法第二十一条の四十八の改正規定、同条を同法第二十一条の四十九とする改正規定、同法第二十一条の四十七の改正規定、同条を同法第二十一条の四十八とし、同法第二十一条の四十六の次に一条を加える改正規定、同法第二十一条の五十から第二十一条の五十七まで、同法第四章の二第四節を同法第四章の三第二節とする改正規定、同法第四十一条、第四十一条の六、第四十三条の五、第四十四条第八号、第四十六条の二及び第四十六条の五の改正規定、同条を同法第四十六条の六とし、同法第四十六条の四を同法第四十六条の五とし、同法第四十六条の三を同法第四十六条の四とし、同法第四十六条の二の次に一条を加える改正規定、同法別表を同法別表第一とし、同表の次に二表を加える改正規定並びに附則第六条から第八条までの規定 公布の日から起算して一年を超えない範囲内において政令で定める日

〔平成一六年二月政令一八号により、平成一六・六・一から施行〕

（経過措置）

第二条 第二条の規定による改正後の消防法（以下「新法」という。）第十七条の二第一項又は第二十一条の三第一項の登録を受けようとする法人は、この法律の施行前においても、その申請を行うことができる。新法第二十一条の五十一第一項の規定による業務規程の認可の申請についても、同様とする。

（罰則に関する経過措置）

第三条 この法律（附則第一条各号に掲げる規定については、当該規定）の施行前にした行為に対する罰則の適用については、なお従前の例による。

（経過措置の政令への委任）

第四条 前二条に定めるもののほか、この法律の施行に関し必要な経過措置（罰則に関する経過措置を含む。）は、政令で定める。

附　則（ん）〔平成一六年六月二日法律第六五号〕

（施行期日）

第一条 この法律は、公布の日から起算して六月を超えない範囲内において政令で定める日から施行する。ただし、次の各号に掲げる規定は、当該各号に定める日から施行する。

〔平成一六年一〇月政令三〇六号により、平成一六・一二・一から施行〕

一 第一条中消防法第九条の三に一項を加える改正規定〔中略〕 公布の日から起算して一年六月を超えない範囲内において政令で定める日

〔平成一七年一一月政令三五二号により、平成一七・一二・一から施行〕

二 第一条中消防法第九条の三を同法第九条の四とし、同法第九条の二を同法第九条の三とし、同法第九条の次に一条を加える改正

規定、同法第四十四条及び第四十六条の改正規定並びに次条の規定　公布の日から起算して二年を超えない範囲内において政令で定める日

〔平成一六年一〇月政令三二四号により、平成一八・六・一から施行〕

（住宅用防災機器に関する経過措置）

第二条　前条第二号に掲げる規定の施行の際、現に存する改正後の消防法第九条の二第一項に規定する住宅（以下この条において「住宅」という。）における同項に規定する住宅用防災機器（以下この条において「住宅用防災機器」という。）又は現に新築、増築、改築、移転、修繕若しくは模様替えの工事中の住宅に係る住宅用防災機器が同条第二項の規定による住宅用防災機器の設置及び維持に関する基準に適合しないときは、当該住宅用防災機器については、市町村（特別区の存する区域においては、都）の条例で定める日までの間、同条第一項の規定は、適用しない。

（罰則に関する経過措置）

第三条　この法律（附則第一条各号に掲げる規定については、当該規定）の施行前にした行為に対する罰則の適用については、なお従前の例による。

（経過措置の政令への委任）

第四条　前二条に定めるもののほか、この法律の施行に関し必要な経過措置（罰則に関する経過措置を含む。）は、政令で定める。

附　則（イ）〔平成一六年六月九日法律第八四号抄〕

（施行期日）

第一条　この法律は、公布の日から起算して一年を超えない範囲内において政令で定める日から施行する。〔以下略〕

〔平成一六年一〇月政令三二一号により、平成一七・四・一から施行〕

附　則（ロ）〔平成一七年三月三一日法律第二一号抄〕

（施行期日）

第一条　この法律は、平成十七年四月一日から施行する。〔以下略〕

（その他の経過措置の政令への委任）

第八九条　この附則に規定するもののほか、この法律の施行に関し必要な経過措置は、政令で定める。

附　則（ハ）〔平成一七年七月二六日法律第八七号〕

この法律は、会社法〔平成一七年法律第八六号〕の施行の日〔平成一八年五月一日〕から施行する。〔以下略〕

会社法の施行に伴う関係法律の整備等に関する法律〔抄〕

（平成十七年七月二十六日 法律第八十七号）

（罰則に関する経過措置）

第五二七条　施行日前にした行為及びこの法律の規定によりなお従前の例によることとされる場合における施行日以後にした行為に対する罰則の適用については、なお従前の例による。

（政令への委任）

第五二八条　この法律に定めるもののほか、この法律の規定による法律の廃止又は改正に伴い必要な経過措置は、政令で定める。

附　則（ニ）〔平成一八年三月三一日法律第二二号抄〕

（施行期日）

1　この法律は、平成十八年四月一日から施行する。

附　則（ホ）〔平成一八年六月二日法律第五〇号〕

改正　平成二三年六月法律第七四号（ル）

この法律は、一般社団・財団法人法〔平成一八年法律第四八号〕の施行の日〔平成二〇年一二月一日〕から施行する。〔以下略〕（ル）

見出し・項番号…削除〔平成二三年六月法律七四号（ル）〕

一般社団法人及び一般財団法人に関する法律及び公益社団法人及び公益財団法人の認定等に関する法律の施行に伴う関係法律の整備等に関する法律〔抄〕

〔平成十八年六月二日
法律第五十号〕

（罰則に関する経過措置）

第四五七条　施行日前にした行為及びこの法律の規定によりなお従前の例によることとされる場合における施行日以後にした行為に対する罰則の適用については、なお従前の例による。

（政令への委任）

第四五八条　この法律に定めるもののほか、この法律の規定による法律の廃止又は改正に伴い必要な経過措置は、政令で定める。

附　則（へ）〔平成一八年六月七日法律第五三号抄〕

（施行期日）

第一条　この法律は、平成十九年四月一日から施行する。〔以下略〕

附　則（ト）〔平成一八年六月一四日法律第六四号抄〕

（施行期日）

第一条　この法律は、公布の日から施行する。

附　則（チ）〔平成一九年六月二二日法律第九三号抄〕

（施行期日）

第一条　この法律は、公布の日から起算して二年を超えない範囲内において政令で定める日から施行する。

〔平成二〇年九月政令三〇〇号により、平成二一・六・一から施行〕

（経過措置の政令への委任）

第二条　この法律の施行に関し必要な経過措置は、政令で定める。

（検討）

第三条　政府は、この法律の施行後五年を経過した場合において、この法律の施行の状況について検討を加え、必要があると認めるときは、その結果に基づいて所要の措置を講ずるものとする。

附　則（リ）〔平成二〇年五月二八日法律第四一号抄〕

（施行期日）

第一条　この法律は、公布の日から起算して三月を超えない範囲内において政令で定める日から施行する。

〔平成二〇年八月政令二五五号により、平成二〇・八・二七から施行〕

（施行前にされた命令等に関する経過措置）

第二条　この法律の施行前にされた第一条の規定による改正前の消防法第十六条の五第一項の規定による資料の提出の命令、報告の徴収、立入検査及び物の収去については、なお従前の例による。

（罰則に関する経過措置）

第三条　この法律の施行前にした行為及び前条の規定によりなお従前の例によることとされる場合におけるこの法律の施行後にした行為に対する罰則の適用については、なお従前の例による。

（検討）

第四条　政府は、この法律の施行後五年を経過した場合において、第一条の規定による改正後の規定の施行の状況について検討を加え、必要があると認めるときは、その結果に基づいて所要の措置を講ずるものとする。

附　則（ヌ）〔平成二一年五月一日法律第三四号抄〕

（施行期日）

第一条　この法律は、公布の日から起算して六月を超えない範囲内において政令で定める日から施行する。

〔平成二一年八月政令二〇五号により、平成二一・一〇・三〇から施行〕

附　則（ル）〔平成二三年六月二四日法律第七四号抄〕

（施行期日）

第一条　この法律は、公布の日から起算して二十日を経過した日から施行する。〔以下略〕

附　則（ヲ）〔平成二四年六月二七日法律第三八号〕

（施行期日）

第一条　この法律は、平成二十五年四月一日から施行する。ただし、次の各号に掲げる規定は、当該各号に定める日から施行する。

一　附則第五条及び第七条の規定　公布の日

二　第五条の三第一項各号、第八条第一項、第八条の二、第八条の二の二第一項、第三十六条、第三十六条の三第一項、第四十条第一項第三号及び第四十二条第一項第十一号の改正規定、第四十四条第三号の改正規定（「第五項」を「第六項」に改める部分に限る。）並びに同条第十七号、第二十号及び第二十一号の改正規定　平成二十六年四月一日

（統括防火管理者の選任に係る届出に関する経過措置）

第二条　この法律による改正前の消防法（次条において「旧法」という。）第八条の二第一項に規定する防火対象物の管理について権原を有する者は、前条第二号に掲げる規定の施行の日（次項において「一部施行日」という。）前においても、この法律による改正後の消防法（以下「新法」という。）第八条の二第一項の規定の例により同項に規定する統括防火管理者を定め、同条第四項の規定の例によりその旨を所轄消防長又は消防署長に届け出ることができる。

2　一部施行日前に前項の規定によりされた届出は、一部施行日において新法第八条の二第四項の規定によりされた届出とみなす。

3　前二項の規定は、新法第三十六条第一項において読み替えて準用する新法第八条の二第一項の統括防災管理者について準用する。

（型式適合検定に関する経過措置）

第三条　この法律の施行の日（以下「施行日」という。）前に旧法第二十一条の八（旧法第二十一条の十一第三項において準用する場合を含む。）の規定により個別検定に合格した検定対象機械器具等は、新法第二十一条の八第一項（新法第二十一条の十一第三項において準用する場合を含む。）の規定により型式適合検定に合格した検定対象機械器具等とみなす。

2　この法律の施行の際現にされている旧法第二十一条の七（旧法第二十一条の十一第三項において準用する場合を含む。）の規定による個別検定の申請は、新法第二十一条の七（新法第二十一条の十一第三項において準用する場合を含む。）の規定による型式適合検定の申請とみなす。

（自主表示対象機械器具等の検査に関する経過措置）

第四条　新法第二十一条の十六の三第一項及び第三項の規定は、平成二十五年五月一日以後に自主表示対象機械器具等（新法第二十一条の十六の二に規定する自主表示対象機械器具等をいう。以下この条において同じ。）に係る技術上の規格に適合するものである旨の表示を付する自主表示対象機械器具等について適用し、同日前に自主表示対象機械器具等に係る技術上の規格に適合するものである旨の表示を付する自主表示対象機械器具等については、なお従前の例による。

（登録検定機関の申請に関する経過措置）

第五条　新法第二十一条の三第一項の登録を受けようとする法人で新法第二十一条の四十六第一項の要件を満たしているものは、施行日前においても、その申請を行うことができる。新法第二十一条の五十一第一項の規定による業務規程の認可の申請についても、同様とする。

（罰則に関する経過措置）

第六条　この法律（附則第一条第二号に掲げる規定については、当該規定。以下この条において同じ。）の施行前にした行為及び附則第四条の規定によりなお従前の例によることとされる場合におけるこの法律の施行後にした行為に対する罰則の適用については、なお従前の例による。

（政令への委任）
第七条　附則第二条から前条までに定めるもののほか、この法律の施行に関し必要な経過措置（罰則に関する経過措置を含む。）は、政令で定める。

（検討）
第八条　政府は、この法律の施行後五年を経過した場合において、この法律による改正後の規定の施行の状況について検討を加え、必要があると認めるときは、その結果に基づいて所要の措置を講ずるものとする。

附　則（ワ）〔平成二五年六月一四日法律第四四号抄〕

（施行期日）
第一条　この法律は、公布の日から施行する。〔以下略〕

（罰則に関する経過措置）
第一〇条　この法律（附則第一条各号に掲げる規定にあっては、当該規定）の施行前にした行為に対する罰則の適用については、なお従前の例による。

（政令への委任）
第一一条　この附則に規定するもののほか、この法律の施行に関し必要な経過措置（罰則に関する経過措置を含む。）は、政令で定める。

附　則（カ）〔平成二六年六月四日法律第五四号抄〕

（施行期日）
第一条　この法律は、公布の日から起算して一年を超えない範囲内において政令で定める日から施行する。〔以下略〕

〔平成二七年一月政令一〇号により、平成二七・六・一から施行〕

附　則（ヨ）〔平成二六年六月一三日法律第六九号抄〕

（施行期日）
第一条　この法律は、行政不服審査法（平成二十六年法律第六十八号）の施行の日〔平成二八年四月一日〕から施行する。

（経過措置の原則）
第五条　行政庁の処分その他の行為又は不作為についての不服申立てであってこの法律の施行前にされた行政庁の処分その他の行為又はこの法律の施行前にされた申請に係る行政庁の不作為に係るものについては、この附則に特別の定めがある場合を除き、なお従前の例による。

（訴訟に関する経過措置）
第六条　この法律による改正前の法律の規定により不服申立てに対する行政庁の裁決、決定その他の行為を経た後でなければ訴えを提起できないこととされる事項であって、当該不服申立てを提起しないでこの法律の施行前にこれを提起すべき期間を経過したもの（当該不服申立てが他の不服申立てに対する行政庁の裁決、決定その他の行為を経た後でなければ提起できないとされる場合にあっては、当該他の不服申立てを提起しないでこの法律の施行前にこれを提起すべき期間を経過したものを含む。）の訴えの提起については、なお従前の例による。

2　この法律の規定による改正前の法律の規定（前条の規定によりなお従前の例によることとされる場合を含む。）により異議申立てが提起された処分その他の行為であって、この法律の規定による改正後の法律の規定により審査請求に対する裁決を経た後でなければ取消しの訴えを提起することができないこととされるものの取消しの訴えの提起については、なお従前の例による。

3　不服申立てに対する行政庁の裁決、決定その他の行為の取消しの訴えであって、この法律の施行前に提起されたものについては、なお従前の例による。

（罰則に関する経過措置）
第九条　この法律の施行前にした行為並びに附則第五条及び前二条の規定によりなお従前の例によることとされる場合におけるこの法律

の施行後にした行為に対する罰則の適用については、なお従前の例による。

（その他の経過措置の政令への委任）

第一〇条 附則第五条から前条までに定めるもののほか、この法律の施行に関し必要な経過措置（罰則に関する経過措置を含む。）は、政令で定める。

附 則（タ）〔平成二七年九月一一日法律第六六号抄〕

（施行期日）

第一条 この法律は、平成二十八年四月一日から施行する。〔以下略〕

附 則（レ）〔平成二九年五月三一日法律第四一号抄〕

（施行期日）

第一条 この法律は、平成三十一年四月一日から施行する。ただし、次条及び附則第四十八条の規定は、公布の日から施行する。

（政令への委任）

第四八条 この附則に規定するもののほか、この法律の施行に関し必要な経過措置は、政令で定める。

附 則（ソ）〔平成三〇年五月三〇日法律第三三号抄〕

（施行期日）

第一条 この法律は、公布の日から起算して一年六月を超えない範囲内において政令で定める日から施行する。〔以下略〕

〔平成三〇年九月政令二五七号により、平成三一・七・一から施行〕

附 則（ツ）〔平成三〇年六月二七日法律第六七号抄〕

（施行期日）

第一条 この法律は、公布の日から起算して一年を超えない範囲内において政令で定める日から施行する。〔以下略〕

〔令和元年六月政令二九号により、令和元・六・二五から施行〕

附 則（ネ）〔令和三年五月一九日法律第三六号抄〕

（施行期日）

第一条 この法律は、令和三年九月一日から施行する。ただし、附則第六十条の規定は、公布の日から施行する。

（処分等に関する経過措置）

第五七条 この法律の施行前にこの法律による改正前のそれぞれの法律（これに基づく命令を含む。以下この条及び次条において「旧法令」という。）の規定により従前の国の機関がした認定等の処分その他の行為は、法令に別段の定めがあるもののほか、この法律の施行後は、この法律による改正後のそれぞれの法律（これに基づく命令を含む。以下この条及び次条において「新法令」という。）の相当規定により相当の国の機関がした認定等の処分その他の行為とみなす。

2 この法律の施行の際現に旧法令の規定により従前の国の機関に対してされている申請、届出その他の行為は、法令に別段の定めがあるもののほか、この法律の施行後は、新法令の相当規定により相当の国の機関に対してされた申請、届出その他の行為とみなす。

3 この法律の施行前に旧法令の規定により従前の国の機関に対して申請、届出その他の手続をしなければならない事項で、この法律の施行の日前に従前の国の機関に対してその手続がされていないものについては、法令に別段の定めがあるもののほか、この法律の施行後は、これを、新法令の相当規定により相当の国の機関に対してその手続がされていないものとみなして、新法令の規定を適用する。

（罰則の適用に関する経過措置）

第五九条 この法律の施行前にした行為に対する罰則の適用については、なお従前の例による。

（政令への委任）

第六〇条 附則第十五条、第十六条、第五十一条及び前三条に定めるもののほか、この法律の施行に関し必要な経過措置（罰則に関する経過措置を含む。）は、政令で定める。

（検討）
第六一条　政府は、この法律の施行後十年を経過した場合において、この法律の施行の状況及びデジタル社会の形成の状況を勘案し、デジタル庁の在り方について検討を加え、必要があると認めるときは、その結果に基づいて必要な措置を講ずるものとする。

附　則（ナ）〔令和四年六月一七日法律第六八号抄〕

（施行期日）
1　この法律は、刑法等一部改正法〔令和四年法律第六十七号〕施行日〔令和七年六月一日〕から施行する。ただし、次の各号に掲げる規定は、当該各号に定める日から施行する。
一　第五百九条の規定　公布の日
二　〔略〕

刑法等の一部を改正する法律の施行に伴う関係法律の整理等に関する法律〔抄〕

（令和四年六月十七日法律第六十八号）

（罰則の適用等に関する経過措置）
第四四一条　刑法等の一部を改正する法律（令和四年法律第六十七号。以下「刑法等一部改正法」という。）及びこの法律（以下「刑法等一部改正法等」という。）の施行前にした行為の処罰については、次章に別段の定めがあるもののほか、なお従前の例による。
2　刑法等一部改正法等の施行後にした行為に対して、他の法律の規定によりなお従前の例によることとされ、なお効力を有することとされ又は改正前若しくは廃止前の法律の規定の例によることとされる罰則を適用する場合において、当該罰則に定める刑（刑法施行法第十九条第一項の規定又は第八十二条の規定による改正後の沖縄の復帰に伴う特別措置に関する法律第二十五条第四項の規定の適用後のものを含む。）に刑法等一部改正法第二条の規定による改正前の刑法（明治四十年法律第四十五号。以下この項において「旧刑法」という。）第十二条に規定する懲役（以下「懲役」という。）、旧刑法第十三条に規定する禁錮（以下「禁錮」という。）又は旧刑法第十六条に規定する拘留（以下「旧拘留」という。）が含まれるときは、当該刑のうち無期の懲役又は禁錮はそれぞれ無期拘禁刑と、有期の懲役又は禁錮はそれぞれその刑と長期及び短期（刑法施行法第二十条の規定の適用後のものを含む。）を同じくする有期拘禁刑と、旧拘留は長期及び短期（刑法施行法第二十条の規定の適用後のものを含む。）を同じくする拘留とする。

（裁判の効力とその執行に関する経過措置）
第四四二条　懲役、禁錮及び旧拘留の確定裁判の効力並びにその執行については、次章に別段の定めがあるもののほか、なお従前の例による。

（人の資格に関する経過措置）
第四四三条　懲役、禁錮又は旧拘留に処せられた者に係る人の資格に関する法令の規定の適用については、無期の懲役又は禁錮に処せられた者はそれぞれ無期拘禁刑に処せられた者と、有期の懲役又は禁錮に処せられた者はそれぞれ刑期を同じくする有期拘禁刑に処せられた者と、旧拘留に処せられた者は拘留に処せられた者とみなす。
2　拘禁刑又は拘留に処せられた者に係る他の法律の規定によりなお従前の例によることとされ、なお効力を有することとされ又は改正前若しくは廃止前の法律の規定の例によることとされる人の資格に関する法令の規定の適用については、無期拘禁刑に処せられた者は無期禁錮に処せられた者と、有期拘禁刑に処せられた者は刑期を同じくする有期禁錮に処せられた者と、拘留に処せられた者は刑期を同じくする旧拘留に処せられた者とみなす。

（経過措置の政令への委任）
第五〇九条　この編に定めるもののほか、刑法等一部改正法等の施行に伴い必要な経過措置は、政令で定める。

附　則（ラ）〔令和四年六月一七日法律第六九号抄〕

（施行期日）

第一条　この法律は、公布の日から起算して三年を超えない範囲内において政令で定める日から施行する。〔以下略〕

附　則（ム）〔令和五年六月一六日法律第五八号抄〕

（施行期日）

第一条　この法律〔中略〕は、当該各号に定める日から施行する。

一・二　〔略〕

三　〔前略〕附則〔中略〕第八条〔中略〕の規定　公布の日から起算して一年を超えない範囲内において政令で定める日

〔令和五年九月政令二九二号により、令和六・四・一から施行〕

（参考）

○刑法等の一部を改正する法律の施行に伴う関係法律の整理等に関する法律（抄）（令和四年六月十七日法律第六十八号）

（消防法の一部改正）

第一五一条　消防法（昭和二十三年法律第百八十六号）の一部を次のように改正する。

第三十八条から第三十九条の二の二までの規定中「懲役」を「拘禁刑」に改める。

第三十九条の三中「懲役若しくは禁錮」を「拘禁刑」に改める。

第三十九条の三の二、第四十条第一項及び第二項並びに第四十一条から第四十三条までの規定中「懲役」を「拘禁刑」に改める。

附　則

（施行期日）

1　この法律は、刑法等一部改正法〔令和四年法律第六十七号〕施行日〔令和七年六月一日〕から施行する。〔以下略〕

別表第一（第二条、第十条、第十一条の四関係）（さ）（も）（す）

類別	性質	品名
第一類	酸化性固体	一　塩素酸塩類 二　過塩素酸塩類 三　無機過酸化物 四　亜塩素酸塩類 五　臭素酸塩類 六　硝酸塩類 七　よう素酸塩類 八　過マンガン酸塩類 九　重クロム酸塩類 十　その他のもので政令で定めるもの 十一　前各号に掲げるもののいずれかを含有するもの
第二類	可燃性固体	一　硫化りん 二　赤りん 三　硫黄 四　鉄粉 五　金属粉 六　マグネシウム 七　その他のもので政令で定めるもの 八　前各号に掲げるもののいずれかを含有するもの 九　引火性固体
第三類	自然発火性物質及び禁水性物質	一　カリウム 二　ナトリウム 三　アルキルアルミニウム 四　アルキルリチウム 五　黄りん 六　アルカリ金属（カリウム及びナトリウムを除く。）及びアルカリ土類金属 七　有機金属化合物（アルキルアルミニウム及びアルキルリチウムを除く。） 八　金属の水素化物 九　金属のりん化物 十　カルシウム又はアルミニウムの炭化物 十一　その他のもので政令で定めるもの 十二　前各号に掲げるもののいずれかを含有するもの

類別	性質	品名
第四類	引火性液体	一 特殊引火物 二 第一石油類 三 アルコール類 四 第二石油類 五 第三石油類 六 第四石油類 七 動植物油類
第五類	自己反応性物質	一 有機過酸化物 二 硝酸エステル類 三 ニトロ化合物 四 ニトロソ化合物 五 アゾ化合物 六 ジアゾ化合物 七 ヒドラジンの誘導体 八 ヒドロキシルアミン 九 ヒドロキシルアミン塩類 十 その他のもので政令で定めるもの 十一 前各号に掲げるもののいずれかを含有するもの
第六類	酸化性液体	一 過塩素酸 二 過酸化水素 三 硝酸 四 その他のもので政令で定めるもの 五 前各号に掲げるもののいずれかを含有するもの

備考

一 酸化性固体とは、固体（液体（一気圧において、温度二〇度で液状であるもの又は温度二〇度を超え四〇度以下の間において液状となるものをいう。以下同じ。）又は気体（一気圧において、温度二〇度で気体状であるものをいう。）以外のものをいう。以下同じ。）であつて、酸化力の潜在的な危険性を判断するための政令で定める試験において政令で定める性状を示すもの又は衝撃に対する敏感性を判断するための政令で定める試験において政令で定める性状を示すものであることをいう。

二 可燃性固体とは、固体であつて、火炎による着火の危険性を判断するための政令で定める試験において政令で定める性状を示すもの又は引火の危険性を判断するための政令で定める試験において引火性を示すものであることをいう。

三 鉄粉とは、鉄の粉をいい、粒度等を勘案して総務省令で定めるものを除く。（ゑ）

四 硫化りん、赤りん、硫黄及び鉄粉は、備考第二号に規定する性状を示すものとみなす。

五 金属粉とは、アルカリ金属、アルカリ土類金属、鉄及びマグネシウム以外の金属の粉をいい、粒度等を勘案して総務省令で定めるものを除く。（ゑ）

六 マグネシウム及び第二類の項第八号の物品のうちマグネシウムを含有するものにあつては、形状等を勘案して総務省令で定めるものを除く。（ゑ）

七 引火性固体とは、固形アルコールその他一気圧において引火点が四〇度未満のものをいう。

八 自然発火性物質及び禁水性物質とは、固体又は液体であつて、空気中での発火の危険性を判断するための政令で定める試験において政令で定める性状を示すもの又は水と接触して発火し、若しくは可燃性ガスを発生する危険性を判断するための政令で定める試験において政令で定める性状を示すものであることをいう。

九 カリウム、ナトリウム、アルキルアルミニウム、アルキルリチウム及び黄りんは、前号に規定する性状を示すものとみなす。

十 引火性液体とは、液体（第三石油類、第四石油類及び動植物油類にあつては、一気圧において、温度二〇度で液状であるものに限る。）であつて、引火の危険性を判断するための政令で定める試験において引火性を示すものであることをいう。

十一　特殊引火物とは、ジエチルエーテル、二硫化炭素その他一気圧において、発火点が一〇〇度以下のもの又は引火点が零下二〇度以下で沸点が四〇度以下のものをいう。

十二　第一石油類とは、アセトン、ガソリンその他一気圧において引火点が二一度未満のものをいう。

十三　アルコール類とは、一分子を構成する炭素の原子の数が一個から三個までの飽和一価アルコール（変性アルコールを含む。）をいい、組成等を勘案して総務省令で定めるものを除く。（ゑ）

十四　第二石油類とは、灯油、軽油その他一気圧において引火点が二一度以上七〇度未満のものをいい、塗料類その他の物品であつて、組成等を勘案して総務省令で定めるものを除く。（ゑ）

十五　第三石油類とは、重油、クレオソート油その他一気圧において引火点が七〇度以上二〇〇度未満のものをいい、塗料類その他の物品であつて、組成を勘案して総務省令で定めるものを除く。（ゑ）（も）

十六　第四石油類とは、ギヤー油、シリンダー油その他一気圧において引火点が二〇〇度以上二五〇度未満のものをいい、塗料類その他の物品であつて、組成を勘案して総務省令で定めるものを除く。（ゑ）（も）

十七　動植物油類とは、動物の脂肉等又は植物の種子若しくは果肉から抽出したものであつて、一気圧において引火点が二五〇度未満のものをいい、総務省令で定めるところにより貯蔵保管されているものを除く。（ゑ）（も）

十八　自己反応性物質とは、固体又は液体であつて、爆発の危険性を判断するための政令で定める試験において政令で定める性状を示すもの又は加熱分解の激しさを判断するための政令で定める試験において政令で定める性状を示すものであることをいう。

十九　第五類の項第十一号の物品にあつては、有機過酸化物を含有するもののうち不活性の固体を含有するもので、総務省令で定めるものを除く。（ゑ）（も）

二十　酸化性液体とは、液体であつて、酸化力の潜在的な危険性を判断するための政令で定める試験において政令で定める性状を示すものであることをいう。

二十一　この表の性質欄に掲げる性状の二以上を有する物品の属する品名は、総務省令で定める。（ゑ）

本表…全部改正〔昭和二五年五月法律一八六号(ろ)〕、一部改正〔昭和三四年四月法律八六号(り)・四六年六月九七号(ら)〕、全部改正〔昭和六三年五月法律五五号(さ)〕、一部改正〔平成一一年一二月法律一六〇号(ゑ)・一三年七月九八号(も)〕、旧別表…別表一に改正〔平成一五年六月法律八四号(す)〕

参照　【危険物の品名】危令一の二【試験及び性状】第一類＝危令一の三、第二類＝危令一の四、第三類＝危令一の五、第四類＝危令一の六、第五類＝危令一の七、第六類＝危令一の八【試験及び性状に関する事項の委任】危令一の九【液状の定義】危則六九の二【総務省令】危則一の三（品名から除外されるもの）、危則一の四（複数性状物品の属する品名）

別表第二（第二十一条の四十六関係）(す)(ロ)(レ)

第二十一条の四十五第一号の業務	一　学校教育法による大学若しくは高等専門学校において機械工学、電気工学若しくは工業化学に関する学科若しくは課程を修めて卒業した者（当該学科又は課程を修めて同法による専門職大学の前期課程を修了した者を含む。）又はこれと同等以上の学力を有する者 二　消防設備士の資格を有する者 三　建築士法（昭和二十五年法律第二百二号）第二条第二項に規定する一級建築士の資格を有する者 四　火災予防に係る審査又は検査に三年以上の実務経験を有する者
第二十一条の四十五第二号から第四号までの業務	学校教育法による大学若しくは高等専門学校において機械工学、電気工学若しくは工業化学に関する学科若しくは課程を修めて卒業した者（当該学科又は課程を修めて同法による専門職大学の前期課程を修了した者を含む。）又はこれと同等以上の学力を有する者

本表…追加〔平成一五年六月法律八四号(す)〕、一部改正〔平成一七年三月法律二一号(ロ)・二九年五月四一号(レ)〕

別表第三（第二十一条の四十六関係）(す)(ロ)

第二十一条の四十五第一号の業務	一　木材クリブ乾燥設備 二　熱分布測定装置 三　煙濃度分布測定装置 四　気流分布測定装置 五　一酸化炭素濃度分布測定装置 六　ロードセル 七　排煙浄化設備
第二十一条の四十五第二号の業務	一　木材クリブ乾燥設備 二　閉鎖型スプリンクラーヘッド感度試験装置 三　散水分布測定装置 四　耐圧試験機 五　高圧大容量試験ポンプ 六　泡消火薬剤発泡装置 七　ガスクロマトグラフ 八　耐候性試験機 九　排煙浄化設備
第二十一条の四十五第三号の業務	一　感知器感度試験装置 二　スペクトルアナライザ 三　繰返し試験機 四　周囲温度試験機 五　衝撃電圧試験機 六　振動試験機 七　衝撃試験機 八　腐食試験機 九　湿度試験機 十　粉じん試験機
第二十一条の四十五第四号の業務	一　引張り強度試験装置 二　圧縮強度試験装置 三　塩水噴霧試験機

本表…追加〔平成一五年六月法律八四号(す)〕、一部改正〔平成一七年三月法律二一号(ロ)〕

○消防法施行令

（昭和三十六年三月二十五日 政令第三十七号）

〔改正経過〕

昭和三六年一二月二六日　政令第四二七号（い）
昭和三七年一二月　四日　政令第四四三号（ろ）
昭和三八年一二月一九日　政令第三八〇号（は）
昭和三九年　七月　一日　政令第二二三号（に）
昭和三九年一二月二八日　政令第三八〇号（ほ）
昭和四一年　四月二二日　政令第一二七号（へ）
昭和四一年一〇月　四日　政令第三四二号（と）
昭和四一年一二月一五日　政令第三七九号（ち）
昭和四二年　五月一二日　政令第　六八号（り）
昭和四三年　三月三〇日　政令第　四七号（ぬ）
昭和四三年一一月一五日　政令第三一七号（る）
昭和四四年　一月二三日　政令第　　八号（を）
昭和四四年　三月一〇日　政令第　一八号（わ）
昭和四四年　四月一七日　政令第　九七号（か）
昭和四五年　三月二四日　政令第　二〇号（よ）
昭和四五年　四月一七日　政令第　六三号（た）
昭和四五年一二月　二日　政令第三三三号（れ）
昭和四五年一二月二六日　政令第三四八号（そ）
昭和四六年　六月　一日　政令第一六九号（つ）
昭和四七年　一月一一日　政令第　　五号（ね）
昭和四七年　四月二八日　政令第一一七号（な）
昭和四七年一二月　一日　政令第四一一号（ら）
昭和四九年　六月　一日　政令第一八八号（む）
昭和四九年　七月　一日　政令第二五二号（う）
昭和五〇年　七月　八日　政令第二一五号（ゐ）
昭和五〇年　九月三〇日　政令第二九三号（の）
昭和五〇年一二月　二日　政令第三四五号（お）
昭和五〇年一二月二七日　政令第三八一号（く）
昭和五一年一一月三〇日　政令第三〇一号（や）
昭和五二年　二月　一日　政令第　一〇号（ま）
昭和五三年一一月　一日　政令第三六三号（け）
昭和五四年　九月二六日　政令第二六〇号（ふ）
昭和五六年　一月二三日　政令第　　六号（こ）
昭和五九年　二月二一日　政令第　一五号（え）
昭和五九年　五月一八日　政令第一四八号（て）
昭和五九年　九月二一日　政令第二七六号（あ）
昭和五九年一一月三〇日　政令第三三五号（さ）
昭和六一年　二月二八日　政令第　一七号（き）
昭和六一年　八月　五日　政令第二七四号（ゆ）
昭和六一年一二月　九日　政令第三六九号（め）
昭和六二年一〇月　二日　政令第三四三号（み）
昭和六三年　一月　四日　政令第　　二号（し）
昭和六三年　四月　八日　政令第　八九号（ゑ）
昭和六三年一二月二七日　政令第三五八号（ひ）
平成　元年　三月三一日　政令第　八三号（も）
平成　二年　五月二三日　政令第一一九号（せ）
平成　二年　六月一九日　政令第一七〇号（す）
平成　三年　五月一五日　政令第一六〇号（ん）
平成　四年　一月二九日　政令第　　九号（イ）
平成　五年　一月二二日　政令第　　四号（ロ）
平成　五年　五月一二日　政令第一七〇号（ハ）
平成　七年　九月一三日　政令第三三一号（ニ）
平成　八年　二月一六日　政令第　二〇号（ホ）
平成　九年　三月二四日　政令第　五六号（ヘ）
平成　九年　九月二五日　政令第二九一号（ト）
平成一〇年　三月二五日　政令第　五〇号（チ）
平成一〇年一〇月三〇日　政令第三五一号（リ）
平成一〇年一一月二六日　政令第三七二号（ヌ）
平成一一年　一月一三日　政令第　　五号（ル）
平成一一年　三月一七日　政令第　四二号（ヲ）
平成一一年　九月　三日　政令第二六二号（ワ）
平成一一年一〇月一四日　政令第三二四号（カ）
平成一二年　四月二六日　政令第二一一号（ヨ）
平成一二年　六月　七日　政令第三〇四号（タ）
平成一二年　六月　七日　政令第三三三号（レ）
平成一三年　一月二四日　政令第　一〇号（ソ）
平成一三年一二月　五日　政令第三八五号（ツ）
平成一四年　八月　二日　政令第二七四号（ネ）

平成一五年　八月二九日　政令第三七八号(ナ)
平成一六年　二月　六日　政令第　一九号(ラ)
平成一六年　三月二六日　政令第　七三号(ム)
平成一六年　七月　九日　政令第二二五号(ウ)
平成一六年一〇月二七日　政令第三二五号(ヰ)
平成一七年　二月一八日　政令第　二二号(ノ)
平成一七年　三月三一日　政令第一〇一号(オ)
平成一八年　三月三一日　政令第一五九号(ク)
平成一八年　六月一四日　政令第二一四号(ヤ)
平成一八年　九月二六日　政令第三二〇号(マ)
平成一九年　三月一六日　政令第　四九号(ケ)
平成一九年　三月二二日　政令第　五五号(フ)
平成一九年　六月一三日　政令第一七九号(コ)
平成二〇年　七月　二日　政令第二一五号(エ)
平成二〇年　九月二四日　政令第三〇一号(テ)
平成二三年　九月二二日　政令第二九六号(ア)
平成二四年　二月　三日　政令第　二六号(サ)
平成二四年一〇月一九日　政令第二六二号(キ)
平成二五年　一月一八日　政令第　五号(ユ)
平成二五年　三月二七日　政令第　八八号(メ)
平成二五年一一月二七日　政令第三一九号(ミ)
平成二五年一二月二七日　政令第三六八号(シ)
平成二六年　九月　三日　政令第三〇〇号(ヱ)
平成二六年一〇月一六日　政令第三三三号(ヒ)
平成二六年一一月一二日　政令第三五七号(モ)
平成二七年　三月　六日　政令第　六八号(セ)
平成二七年一二月一六日　政令第四二一号(ス)
平成二八年一二月一六日　政令第三七九号(ン)
平成二九年　三月二九日　政令第　六三号(い)
平成二九年　九月　一日　政令第二三二号(ろ)
平成三〇年　一月一七日　政令第　三号(は)
平成三〇年　三月二二日　政令第　五四号(に)
平成三〇年　三月二八日　政令第　六九号(ほ)
令和　元年一二月一三日　政令第一八三号(へ)
令和　三年　三月三一日　政令第一三七号(と)
令和　四年　三月三〇日　政令第一二九号(ち)
令和　四年　三月三一日　政令第一三四号(り)
令和　四年　九月一四日　政令第三〇五号(ぬ)
令和　六年　一月一七日　政令第　七号(る)

消防法施行令をここに公布する。

消防法施行令

内閣は、消防法（昭和二十三年法律第百八十六号）第八条第一項、第九条の二〔現行＝九条の四〕、第十七条第一項、第十七条の二〔現行＝一七条の二の五〕、第十七条の三第二項及び第十九条〔現行＝削除〕第三項の規定に基づき、並びに同法を実施するため、この政令を制定する。

目次

第一章　火災の予防(へ)

章名…改正〔昭和四一年四月政令一二七号(へ)〕

（消防長等の同意を要する住宅）

第一条　消防法（以下「法」という。）第七条第一項ただし書の政令で定める住宅は、一戸建ての住宅で住宅の用途以外の用途に供する部分の床面積の合計が延べ面積の二分の一以上であるもの又は五十平方メートルを超えるものとする。(ル)

本条…追加〔昭和五九年二月政令一五号(え)〕、全部改正〔平成一一年一月政令五号(ル)〕

（防火管理者を定めなければならない防火対象物等）(コ)

第一条の二　法第八条第一項の政令で定める大規模な小売店舗は、延べ面積が千平方メートル以上の小売店舗で百貨店以外のものとする。(む)(え)

2　法第八条第一項の政令で定める二以上の用途は、異なる二以上の用途のうちに別表第一㈠項から（十五）項までに掲げる防火対象物の用途のいずれかに該当する用途が含まれている場合における当該二以上の用途とする。この場合において、当該異なる二以上の用途のうちに、一の用途で、当該一の用途に供される防火対象物の部分がその管理についての権原、利用形態その他の状況により他の用途に供される防火対象物の部分の従属的な部分を構成すると認められるものがあるときは、当該一の用途は、当該他の用途に含まれるものとする。(む)(う)

3　法第八条第一項の政令で定める防火対象物は、次に掲げる防火対象物とする。(ラ)

一　別表第一に掲げる防火対象物（同表（十六の三）項及び（十八）項から（二十）項までに掲げるものを除く。次条において同じ。）のうち、次に掲げるもの(コ)

イ　別表第一㈥項ロ、（十六）項イ及び（十六の二）項に掲げる防火対象物（同表（十六）項イ及び（十六の二）項に掲げる防火対象物にあつては、同表㈥項ロに掲げる防火対象物の用途に供される部分が存するものに限る。）で、当該防火対象物に出入し、勤務し、又は居住する者の数（以下「収容人員」という。）が十人以上のもの(コ)

ロ　別表第一㈠項から㈣項まで、㈤項イ、㈥項イ、ハ及びニ、㈨項イ、（十六）項イ並びに（十六の二）項に掲げる防火対象物（同表（十六）項イ及び（十六の二）項に掲げる防火対象物にあつては、同表㈥項ロに掲げる防火対象物の用途に供される部分が存するものを除

く。）で、収容人員が三十人以上のもの(コ)

ハ　別表第一(五)項ロ、(七)項、(八)項、(九)項ロ、(十)項から(十五)項まで、(十六)項ロ及び(十七)項に掲げる防火対象物で、収容人員が五十人以上のもの(コ)

二　新築の工事中の次に掲げる建築物で、収容人員が五十人以上のもののうち、総務省令で定めるもの(ラ)

イ　地階を除く階数が十一以上で、かつ、延べ面積が一万平方メートル以上である建築物(ラ)

ロ　延べ面積が五万平方メートル以上である建築物(ラ)

ハ　地階の床面積の合計が五千平方メートル以上である建築物(ラ)

三　建造中の旅客船（船舶安全法（昭和八年法律第十一号）第八条に規定する旅客船をいう。）で、収容人員が五十人以上で、かつ、甲板数が十一以上のもののうち、総務省令で定めるもの(ラ)

4　収容人員の算定方法は、総務省令で定める。(む)(タ)

一項…一部改正〔昭和四一年四月政令一一七号(へ)・四四年三月一八号(わ)・四七年一二月四一一号(ら)〕、一・二項…追加・旧一項…一部改正し三項に繰下・旧二項…四項に繰下〔昭和四九年六月政令一八八号(む)〕、二・三項…一部改正〔昭和四九年七月政令二五二号(う)〕、三項…一部改正〔昭和五六年一月政令六号(こ)〕、一項…一部改正・旧一条…繰下〔昭和五九年二月政令一五号(え)〕、四項…一部改正〔平成一二年六月政令三〇四号(タ)〕、三項…全部改正〔平成一六年二月政令一九号(ラ)〕、見出し…改正・三項…一部改正〔平成一九年六月政令一七九号(コ)〕

解説 **【二以上の用途】** 消令別表第一の同一の項であっても、イ・ロの細項目が異なる場合は含まれる。

【従属的な部分】 昭和五〇年四月一五日消防予第四一号・消防安第四一号により、機能従属、みなし従属、一般住宅との併用等の扱いについて示されている。

【収容人員】 消則第一条の三で各用途ごとに定められている。

参照 **【工事中の防火対象物】** 消則一の二 **【収容人員の算定方法】** 消則一の

三

（同一敷地内における二以上の防火対象物）

第二条　同一敷地内に管理について権原を有する者が同一の者である別表第一に掲げる防火対象物が二以上あるときは、それらの防火対象物は、法第八条第一項の規定の適用については、**一の防火対象物とみなす**。(へ)

本条…一部改正〔昭和四一年四月政令一一七号(へ)〕

解説 **【一の防火対象物とみなす】** 棟ごとにみるのではなく、各棟が接続されている状態を想定して、消防第八条第一項の適用を考える。

（防火管理者の資格）

第三条　法第八条第一項の政令で定める資格を有する者は、次の各号に掲げる防火対象物の区分に応じ、当該各号に定める者で、当該防火対象物において**防火管理上必要な業務を適切に遂行することができる管理的又は監督的な地位にあるもの**とする。(ら)(め)

一　第一条の二第三項各号に掲げる防火対象物（同項第一号ロ及びハに掲げる防火対象物にあつては、次号に掲げるものを除く。）（以下この条において「甲種防火対象物」という。）　次のいずれかに該当する者(め)(コ)

イ　都道府県知事、消防本部及び消防署を置く市町村の消防長又は法人であつて総務省令で定めるところにより**総務大臣の登録を受けたもの**が行う甲種防火対象物の防火管理に関する講習（第四項において「甲種防火管理講習」という。）の課程を修了した者(め)(タ)(ラ)

ロ　学校教育法（昭和二十二年法律第二十六号）による大学又は高等専門学校において総務大臣の指定する防災に関する学科又は課程を修めて卒業した者（当該学科又は課程を修めて同法に

による専門職大学の前期課程を修了した者を含む。）で、一年以上防火管理の実務経験を有するもの(め)(タ)(テ)㋪
ハ　市町村の消防職員で、管理的又は監督的な職に一年以上あつた者(め)
ニ　イからハまでに掲げる者に準ずる者で、総務省令で定めるところにより、防火管理者として必要な学識経験を有すると認められるもの(め)(タ)
二　第一条の二第三項第一号ロ及びハに掲げる防火対象物で、延べ面積が、別表第一(一)項から(四)項まで、(五)項イ、(六)項イ、ハ及びニ、(九)項イ、(十六)項イ並びに(十六の二)項に掲げる防火対象物にあつては三百平方メートル未満、その他の防火対象物にあつては五百平方メートル未満のもの（以下この号において「乙種防火対象物」という。）　次のいずれかに該当する者(め)(コ)
イ　都道府県知事、消防本部及び消防署を置く市町村の消防長又は法人であつて総務省令で定めるところにより総務大臣の登録を受けたものが行う乙種防火対象物の防火管理に関する講習（第四項において「乙種防火管理講習」という。）の課程を修了した者(め)(タ)(ラ)
ロ　前号イからニまでに掲げる者(め)
2　共同住宅その他総務省令で定める防火対象物で、管理的又は監督的な地位にある者のいずれもが遠隔の地に勤務していることその他の事由により防火管理上必要な業務を適切に遂行することができないと消防長（消防本部を置かない市町村においては、市町村長。以下同じ。）又は消防署長が認めるものの管理について権原を有する者が、当該防火対象物に係る防火管理者を定める場合における前項の規定の適用については、同項中「防火管理上必要な業務を適切に遂行することができる管理的又は監督的な地位にあるもの」とあるのは、「防火管理上必要な業務を適切に遂行するために必要な権限及び知識を有するものとして総務省令で定める要件を満たすもの」とする。(ラ)(キ)
3　甲種防火対象物でその管理について権原が分かれているものの管理について権原を有する者がその権原に属する防火対象物の部分で総務省令で定めるものに係る防火管理者を定める場合における第一項（前項の規定により読み替えて適用する場合を含む。）の規定の適用については、法第八条第一項の政令で定める資格を有する者は、第一項第一号に掲げる者のほか、同項第二号イに掲げる者とすることができる。(め)(タ)(ラ)
4　甲種防火管理講習及び乙種防火管理講習の実施に関し必要な事項は、総務省令で定める。(め)(タ)(ラ)

本条…一部改正〔昭和三六年一二月政令四二七号(い)・四七年一二月四一一号(ら)〕、一項…一部改正・二・三項…追加〔昭和六一年一二月政令三六九号(め)〕、一―三項…一部改正〔平成一一年六月政令三〇四号(タ)〕、四項に繰下〔平成一六年二月政令一九号(ラ)〕、一項…一部改正し三項に繰下・旧三項…九年六月政令一七九号(コ)・二〇年九月三〇一号(テ)〕、二項…一部改正〔平成二四年一〇月政令二六二号(キ)〕、一項…一部改正〔平成二九年九月政令二三二号㋪〕

解説　【防火管理上必要な業務】消防第八条第一項に定められた業務
【管理的又は監督的な地位にある者】防火管理業務を自己の責任において適切に遂行できる地位にある者
【総務大臣の登録を受けたもの】一般財団法人日本防火・防災協会
【管理的又は監督的な職】消防士長以上又は技術吏員で係長以上

参照　【防火管理に関する講習に係る登録講習機関】消則一の四【学識経験を有すると認められる者】消則二【必要な業務を適切に遂行することができない場合】消則二の二【総務省令で定めるもの】消則二の二の二【講習】消則二の三

（防火管理者の責務）
第三条の二　防火管理者は、総務省令で定めるところにより、当該防火対象物についての防火管理に係る消防計画を作成し、所轄消防長

又は消防署長に届け出なければならない。(キ)

2　防火管理者は、前項の消防計画に基づいて、当該防火対象物について消火、通報及び避難の訓練の実施、消防の用に供する設備、消防用水又は消火活動上必要な施設の点検及び整備、火気の使用又は取扱いに関する監督、避難又は防火上必要な構造及び設備の維持管理並びに収容人員の管理その他防火管理上必要な業務を行わなければならない。(キ)

3　防火管理者は、防火管理上必要な業務を行うときは、必要に応じて当該防火対象物の管理について権原を有する者の指示を求め、誠実にその職務を遂行しなければならない。(ら)(や)(キ)

4　防火管理者は、消防の用に供する設備、消防用水若しくは消火活動上必要な**施設の点検及び整備**又は火気の使用若しくは取扱いに関する監督を行うときは、火元責任者その他の防火管理の業務に従事する者に対し、必要な指示を与えなければならない。(や)(キ)

三項…追加〔昭和四一年一二月政令三七九号(ち)〕、一・三項…一部改正〔昭和四七年一二月政令四一一号(ら)〕、一・二項…一部改正〔昭和五一年一一月政令三〇一号(や)〕、三項…一部改正〔平成一二年六月政令三〇四号(タ)・二〇年九月三〇一号(テ)〕、一・二項…追加・旧一・二項…三・四項に繰下・旧三項…削除・旧四条…繰上〔平成二四年一〇月政令二六二号(キ)〕

解説【点検・整備を行う施設】義務設置、自主設置のいかんを問わない。

参照【防火管理に係る消防計画】消則三

（統括防火管理者を定めなければならない防火対象物）(キ)

第三条の三　法第八条の二第一項の政令で定める防火対象物は、次に掲げる防火対象物とする。(こ)(キ)

一　別表第一(六)項ロ及び(十六)項イに掲げる防火対象物（同表(十六)項イに掲げる防火対象物にあつては、同表(六)項ロに掲げる防火対象物の用途に供される部分が存するものに限る。）のうち、地階を除く階数が三以上で、かつ、収容人員が十人以上のもの(コ)

二　別表第一(一)項から(四)項まで、(五)項イ、(六)項イ、ハ及びニ、(九)項イ並びに(十六)項イに掲げる防火対象物（同表(十六)項イに掲げる防火対象物にあつては、同表(六)項ロに掲げる防火対象物の用途に供される部分が存するものを除く。）のうち、地階を除く階数が三以上で、かつ、収容人員が三十人以上のもの(め)(コ)

三　別表第一(十六)項ロに掲げる防火対象物のうち、地階を除く階数が五以上で、かつ、収容人員が五十人以上のもの(め)(コ)

四　別表第一(十六の三)項に掲げる防火対象物(こ)(め)(コ)

本条…追加〔昭和四四年三月政令一八号(わ)〕、一部改正〔昭和四七年一二月政令四一一号(ら)〕、全部改正〔昭和五六年一月政令六号(こ)〕、一部改正〔昭和六一年一二月政令三六九号(め)・平成一九年六月一七九号(コ)〕、見出し…改正・旧四条の二…繰上〔平成二四年一〇月政令二六二号(キ)〕

（**統括防火管理者の資格**）

第四条　法第八条の二第一項の政令で定める資格を有する者は、次の各号に掲げる防火対象物の区分に応じ、当該各号に定める者で、当該防火対象物の全体についての防火管理上必要な業務を適切に遂行するために必要な権限及び知識を有するものとして総務省令で定める要件を満たすものとする。(キ)

一　次に掲げる防火対象物　第三条第一項第一号に定める者(キ)

イ　法第八条の二第一項に規定する高層建築物（次号イに掲げるものを除く。）(キ)

ロ　前条各号に掲げる防火対象物（次号ロ、ハ及びニに掲げるものを除く。）(キ)

ハ　法第八条の二第一項に規定する地下街（次号ホに掲げるものを除く。）(キ)

二　次に掲げる防火対象物　第三条第一項第二号に定める者（キ）
イ　法第八条の二第一項に規定する高層建築物で、次に掲げるもの（キ）
(1)　別表第一㈠項から㈣項まで、㈤項イ、㈥項イ、ハ及びニ、㈨項イ並びに⒃項イに掲げる防火対象物（同表⒃項イに掲げる防火対象物にあつては、同表㈥項ロに掲げる防火対象物の用途に供される部分が存するものを除く。）で、延べ面積が三百平方メートル未満のもの（キ）
(2)　別表第一㈤項ロ、㈦項、㈧項、㈨項ロ、㈩項から⒂項まで、⒃項ロ及び⒄項に掲げる防火対象物で、延べ面積が五百平方メートル未満のもの（キ）
ロ　前条第二号に掲げる防火対象物で、延べ面積が三百平方メートル未満のもの（キ）
ハ　前条第三号に掲げる防火対象物で、延べ面積が五百平方メートル未満のもの（キ）
ニ　前条第四号に掲げる防火対象物（別表第一㈥項ロに掲げる防火対象物の用途に供される部分が存するものを除く。）で、延べ面積が三百平方メートル未満のもの（キ）
ホ　法第八条の二第一項に規定する地下街（別表第一㈥項ロに掲げる防火対象物の用途に供される部分が存するものを除く。）で、延べ面積が三百平方メートル未満のもの（キ）

本条…追加〔平成二四年一〇月政令二六二号（キ）〕

参照　【総務省令で定める要件】消則三の三

（統括防火管理者の責務）

第四条の二　統括防火管理者は、総務省令で定めるところにより、当該防火対象物の全体についての防火管理に係る消防計画を作成し、所轄消防長又は消防署長に届け出なければならない。（キ）

2　統括防火管理者は、前項の消防計画に基づいて、消火、通報及び避難の訓練の実施、当該防火対象物の廊下、階段、避難口その他の避難上必要な施設の管理その他当該防火対象物の全体についての防火管理上必要な業務を行わなければならない。（キ）

3　統括防火管理者は、防火対象物の全体についての防火管理上必要な業務を行うときは、必要に応じて当該防火対象物の管理について権原を有する者の指示を求め、誠実にその職務を遂行しなければならない。（キ）

本条…追加〔平成二四年一〇月政令二六二号（キ）〕

参照　【防火対象物の全体についての防火管理に係る消防計画】消則四

（火災の予防上必要な事項等について点検を要する防火対象物）

第四条の二の二　法第八条の二の二第一項の政令で定める防火対象物は、別表第一㈠項から㈣項まで、㈤項イ、㈥項、㈨項イ、⒃項イ及び⒃の二項に掲げる防火対象物であつて、次に掲げるものとする。（ネ）

一　収容人員が三百人以上のもの（ネ）

二　前号に掲げるもののほか、別表第一㈠項から㈣項まで、㈤項イ、㈥項又は㈨項イに掲げる防火対象物の用途に供される部分が避難階（建築基準法施行令（昭和二十五年政令第三百三十八号）第十三条第一号に規定する避難階をいう。以下同じ。）以外の階（一階及び二階を除くものとし、総務省令で定める避難上有効な開口部を有しない壁で区画されている部分が存する場合にあつては、その区画された部分とする。以下この号、第二十一条第一項第七号、第三十五条第一項第四号及び第三十六条第二項第三号において「避難階以外の階」という。）に存する防火対象物で、当該避難階以外の階から避難階又は地上に直通する階段（建築基準法施行令第二十六条に規定する傾斜路を含む。以下同じ。）が二（当該階段が屋外に設けられ、又は総務省令で定める避難上有効な構造を有する場合にあつては、一）以上設けられていないもの(ネ)(ケ)(コ)(エ)

本条…追加〔平成一四年八月政令二七四号(ネ)〕、一部改正〔平成一九年三月政令四九号(ケ)・六月一七九号(コ)・二〇年七月二一五号(エ)〕

参照 【避難上有効な開口部】消則四の二の二【避難上有効な構造】消則四の二の三

（避難上必要な施設等の管理を要する防火対象物）

第四条の二の三 法第八条の二の四の政令で定める防火対象物は、別表第一に掲げる防火対象物（同表(十八)項から(二十)項までに掲げるものを除く。）とする。(ネ)

本条…追加〔平成一四年八月政令二七四号(ネ)〕

（自衛消防組織の設置を要する防火対象物）

第四条の二の四 法第八条の二の五第一項の政令で定める防火対象物は、法第八条第一項の防火対象物のうち、次に掲げるものとする。(テ)

一 別表第一㈠項から㈣項まで、㈤項イ、㈥項から(十二)項まで、(十三)項イ、(十五)項及び(十七)項に掲げる防火対象物（以下「自衛消防組織設置防火対象物」という。）で、次のいずれかに該当するもの(テ)

イ 地階を除く階数が十一以上の防火対象物で、延べ面積が一万平方メートル以上のもの(テ)

ロ 地階を除く階数が五以上十以下の防火対象物で、延べ面積が二万平方メートル以上のもの(テ)

ハ 地階を除く階数が四以下の防火対象物で、延べ面積が五万平方メートル以上のもの(テ)

二 別表第一(十六)項に掲げる防火対象物（自衛消防組織設置防火対象物の用途に供される部分が存するものに限る。）で、次のいずれかに該当するもの(テ)

イ 地階を除く階数が十一以上の防火対象物で、次に掲げるもの(テ)

(1) 自衛消防組織設置防火対象物の用途に供される部分の全部又は一部が十一階以上の階に存する防火対象物で、当該部分の床面積の合計が一万平方メートル以上のもの(テ)

(2) 自衛消防組織設置防火対象物の用途に供される部分の全部が十階以下の階に存し、かつ、当該部分の全部又は一部が五階以上十階以下の階に存する防火対象物で、当該部分の床面積の合計が二万平方メートル以上のもの(テ)

(3) 自衛消防組織設置防火対象物の用途に供される部分の全部が四階以下の階に存する防火対象物で、当該部分の床面積の合計が五万平方メートル以上のもの(テ)

ロ 地階を除く階数が五以上十以下の防火対象物で、次に掲げるもの(テ)

(1) 自衛消防組織設置防火対象物の用途に供される部分の全部又は一部が五階以上の階に存する防火対象物で、当該部分の床面積の合計が二万平方メートル以上のもの(テ)

(2) 自衛消防組織設置防火対象物の用途に供される部分の全部が四階以下の階に存する防火対象物で、当該部分の床面積の合計が五万平方メートル以上のもの(テ)

ハ 地階を除く階数が四以下の防火対象物で、自衛消防組織設置防火対象物の用途に供される部分の床面積の合計が五万平方メートル以上のもの(テ)

三 別表第一(十六の二)項に掲げる防火対象物で、延べ面積が千平方

メートル以上のもの（テ）

本条…追加〔平成二〇年九月政令三〇一号（テ）〕

（自衛消防組織を置かなければならない者）

第四条の二の五　法第八条の二の五第一項の自衛消防組織（以下「自衛消防組織」という。）は、前条の防火対象物につき、その管理について権原を有する者（同条第二号に掲げる防火対象物にあつては、自衛消防組織設置防火対象物の用途に供される部分の管理についての権原を有する者に限る。）が置くものとする。（テ）

2　前項の場合において、当該権原を有する者が複数あるときは、共同して自衛消防組織を置くものとする。（テ）

本条…追加〔平成二〇年九月政令三〇一号（テ）〕

（消防計画における自衛消防組織の業務の定め）

第四条の二の六　前条第一項の権原を有する者は、その者が定めた防火管理者に、総務省令で定めるところにより、防火管理に係る消防計画において、自衛消防組織の業務に関する事項を定めさせなければならない。（テ）

本条…追加〔平成二〇年九月政令三〇一号（テ）〕

参照　【業務に関し定める事項】消則四の二の一〇

（自衛消防組織の業務）

第四条の二の七　自衛消防組織は、前条の自衛消防組織の業務に関する事項の定めに従い、火災の初期の段階における消火活動、消防機関への通報、在館者が避難する際の誘導その他の火災の被害の軽減のために必要な業務を行うものとする。（テ）

本条…追加〔平成二〇年九月政令三〇一号（テ）〕

（自衛消防組織の要員の基準）

第四条の二の八　自衛消防組織には、統括管理者及び総務省令で定める自衛消防組織の業務ごとに総務省令で定める員数以上の自衛消防要員を置かなければならない。（テ）

2　統括管理者は、自衛消防組織を統括する。（テ）

3　統括管理者は、次の各号のいずれかに掲げる者をもつて充てなければならない。（テ）

一　都道府県知事、消防本部及び消防署を置く市町村の消防長又は法人であつて総務省令で定めるところにより総務大臣の登録を受けたものが行う自衛消防組織の業務に関する講習の課程を修了した者（テ）

二　前号に掲げる者に準ずる者で、総務省令で定めるところにより、統括管理者として必要な学識経験を有すると認められるもの（テ）

4　前項第一号に規定する講習の実施に関し必要な事項は、総務省令で定める。（テ）

本条…追加〔平成二〇年九月政令三〇一号（テ）〕

参照　【要員の員数等】消則四の二の一一【登録講習機関】消則四の二の一二【統括管理者の資格を有する者】消則四の二の一三【講習】消則四の二の一四

（防炎防火対象物の指定等）

第四条の三　法第八条の三第一項の政令で定める防火対象物は、別表第一㈠項から㈣項まで、㈤項イ、㈥項、㈨項イ、(十二)項ロ及び(十六の三)項に掲げる防火対象物（次項において「防炎防火対象物」という。）並びに工事中の建築物その他の工作物（総務省令で定めるものを除く。）とする。（わ）（ね）（ら）（こ）（タ）

2　別表第一㈥項に掲げる防火対象物の部分で前項の防炎防火対象物

の用途のいずれかに該当する用途に供されるものは、同項の規定の適用については、当該用途に供される一の防炎防火対象物とみなす。(わ)

3　法第八条の三第一項の政令で定める物品は、カーテン、布製のブラインド、暗幕、じゆうたん等（じゆうたん、毛せんその他の床敷物で総務省令で定めるものをいう。次項において同じ。）、展示用の合板、どん帳その他舞台において使用する幕及び舞台において使用する大道具用の合板並びに工事用シートとする。(わ)(ね)(ら)(け)(ゆ)(タ)

4　法第八条の三第一項の政令で定める防炎性能の基準は、炎を接した場合に溶融する性状の物品（じゆうたん等を除く。）にあつては次の各号、じゆうたん等にあつては第一号及び第四号、その他の物品にあつては第一号から第三号までに定めるところによる。(わ)(ら)(け)(さ)

一　物品の残炎時間（着炎後バーナーを取り去つてから炎を上げて燃える状態がやむまでの経過時間をいう。）が、二十秒を超えない範囲内において総務省令で定める時間以内であること。(わ)(ね)(け)(さ)(タ)

二　物品の残じん時間（着炎後バーナーを取り去つてから炎を上げずに燃える状態がやむまでの経過時間をいう。）が、三十秒を超えない範囲内において総務省令で定める時間以内であること。(わ)(ね)(け)(さ)(タ)

三　物品の炭化面積（着炎後燃える状態がやむまでの時間内において炭化する面積をいう。）が、五十平方センチメートルを超えない範囲内において総務省令で定める面積以下であること。(わ)(ね)(け)(さ)(タ)

四　物品の炭化長（着炎後燃える状態がやむまでの時間内において炭化する長さをいう。）の最大値が、二十センチメートルを超えない範囲内において総務省令で定める長さ以下であること。(ね)(け)(さ)(タ)

五　物品の接炎回数（溶融し尽くすまでに必要な炎を接する回数をいう。）が、三回以上の回数で総務省令で定める回数以上であること。(わ)(ね)(さ)(タ)

5　前項に規定する防炎性能の測定に関する技術上の基準は、総務省令で定める。(わ)(タ)

本条…追加〔昭和四四年三月政令一八号(わ)〕、一・三・四項…一部改正〔昭和四七年一月政令五号(ね)・一二月四一一号(ら)〕、三・四項…一部改正〔昭和五三年一一月政令三六三号(け)〕、一項…一部改正〔昭和五六年一月政令六号(こ)〕、四項…一部改正〔昭和六一年八月政令二七四号(さ)〕、三項…一部改正〔昭和五九年一一月政令三三五号(ゆ)〕、一・三―五項…一部改正〔平成一二年六月政令三〇四号(タ)〕

参照　【防炎物品を用いなくともよい工事中の建築物その他の工作物】消則第四の三①【じゆうたん等】消則四の三②【防炎物品ごとの残炎時間等】消則四の三③【防炎性能の測定に関する技術上の基準】消則四の三④～⑦

第四条の四　法第八条の三第三項の政令で定める法律は、日本農林規格等に関する法律（昭和二十五年法律第百七十五号）及び家庭用品品質表示法（昭和三十七年法律第百四号）とする。(ら)(セ)㊩

本条…追加〔昭和四七年一二月政令四一一号(ら)〕、一部改正〔平成二七年三月政令六八号(セ)・三〇年一月三号㊩〕

（対象火気設備等の位置、構造及び管理に関する条例の基準）

第五条　火を使用する設備又はその使用に際し、火災の発生のおそれのある設備であつて総務省令で定めるもの（以下この条及び第五条の四において「対象火気設備等」という。）の位置、構造及び管理に関し火災の予防のために必要な事項に係る法第九条の規定に基づく条例の制定に関する基準（以下この条から第五条の五までにおいて「条例制定基準」という。）は、次のとおりとする。(ツ)(ヰ)

一　対象火気設備等は、防火上支障がないものとして総務省令で定める場合を除くほか、建築物その他の土地に定着する工作物（次条第一項第一号において「建築物等」という。）及び可燃物までの間に、対象火気設備等の種類ごとに総務省令で定める火災予防上安全な距離を保つ位置に設けること。(ツ)

二　対象火気設備等は、可燃物が落下し、又は接触するおそれがなく、かつ、可燃性の蒸気若しくは可燃性のガスが発生し、又は滞留するおそれのない位置に設けること。(ツ)

三　対象火気設備等を屋内に設ける場合にあつては、防火上支障がないものとして総務省令で定める場合を除くほか、総務省令で定める不燃性の床等の上に設けること。(ツ)

四　総務省令で定める消費熱量以上の対象火気設備等を屋内に設ける場合にあつては、防火上支障がないものとして総務省令で定める場合を除くほか、外部への延焼を防止するための措置が講じられた室に設けること。(ツ)

五　対象火気設備等は、その種類ごとに総務省令で定めるところにより、その使用に際し、火災の発生のおそれのある部分について、不燃材料で造る等防火上有効な措置が講じられた構造とすること。(ツ)

六　対象火気設備等は、その種類ごとに総務省令で定めるところにより、その周囲において火災が発生するおそれが少ないよう防火上有効な措置が講じられた構造とすること。(ツ)

七　対象火気設備等は、その種類ごとに総務省令で定めるところにより、振動又は衝撃により、容易に転倒し、落下し、破損し、又はき裂を生じず、かつ、その配線、配管等の接続部が容易に緩まない構造とすること。(ツ)

八　対象火気設備等の燃料タンク及び配管は、総務省令で定めるところにより、燃料の漏れを防止し、かつ、異物を除去する措置が講じられた構造とすること。(ツ)

九　対象火気設備等は、その種類ごとに総務省令で定めるところにより、その風道、燃料タンク等について、ほこり、雨水その他当該対象火気設備等の機能に支障を及ぼすおそれのあるものが入らないようにするための措置が講じられた構造とすること。(ツ)

十　対象火気設備等には、その種類ごとに総務省令で定めるところにより、その内部の温度又は蒸気圧が過度に上昇した場合その他当該対象火気設備等の使用に際し異常が生じた場合において安全を確保するために必要な装置を設けること。(ツ)

十一　対象火気設備等については、必要な点検及び整備を行い、その周囲の整理及び清掃に努める等適切な管理を行うこと。(ツ)

2　前項に規定するもののほか、対象火気設備等の位置、構造及び管理に関し火災の予防のために必要な事項に係る条例制定基準については、対象火気設備等の種類ごとに総務省令で定める。(ツ)

3　火を使用する設備以外の対象火気設備等であつて、その機能、構造等により第一項に定める条例制定基準によることが適当でないと認められるものについては、当該条例制定基準に関して、当該対象火気設備等の種類ごとに総務省令で特例を定めることができる。(ツ)

本条…全部改正〔平成一三年一二月政令三八五号(ツ)〕、一項…一部改正〔平成一六年一〇月政令三二五号(ヰ)〕

参照　【対象火気設備等の種類】対象火気設備等省令三【火災予防上安全な距離を保つことを要しない場合】対象火気設備等省令四【火災予防上安全な距離】対象火気設備等省令五【屋内において総務省令で定める不燃性の床等の上に設けることを要しない場合】対象火気設備等省令六【不燃性の床等】対象火気設備等省令七【消費熱量】対象火気設備等省令八【延焼防止の措置を要しない場合】対象火気設備

等省令九【火災の発生のおそれのある部分に係る防火上有効な構造】対象火気設備等省令一〇【周囲に火災が発生するおそれが少ない構造】対象火気設備等省令一一【振動又は衝撃に対する構造】対象火気設備等省令一二【燃料タンク及び配管の構造】対象火気設備等省令一三【風道、燃料タンク等の構造】対象火気設備等省令一四【安全を確保する装置等】対象火気設備等省令一五【その他の基準】対象火気設備等省令一六【基準の特例】対象火気設備等省令一七

（対象火気器具等の取扱いに関する条例の基準）

第五条の二　火を使用する器具又はその使用に際し、火災の発生のおそれのある器具であつて総務省令で定めるもの（以下この条及び第五条の四において「対象火気器具等」という。）の取扱いに関し火災の予防のために必要な事項に係る条例制定基準は、次のとおりとする。（ツ）

一　対象火気器具等は、防火上支障がないものとして総務省令で定める場合を除くほか、建築物等及び可燃物との間に、対象火気器具等の種類、使用燃料等ごとに総務省令で定める火災予防上安全な距離を保つこと。（ツ）

二　対象火気器具等は、振動又は衝撃により、容易に可燃物が落下し、又は接触するおそれがなく、かつ、可燃性の蒸気又は可燃性のガスが滞留するおそれのない場所で使用すること。（ツ）

三　対象火気器具等は、振動又は衝撃により、容易に転倒し、又は落下するおそれのない状態で使用すること。（ツ）

四　対象火気器具等を屋内で使用する場合にあつては、総務省令で定める不燃性の床、台等の上で使用すること。（ツ）

五　対象火気器具等については、その周囲の整理及び清掃に努める等適切な管理を行うこと。（ツ）

六　対象火気器具等を、祭礼、縁日、花火大会、展示会その他の多数の者の集合する催しに際して使用する場合にあつては、消火器の準備をした上で使用すること。（シ）

2　前項に規定するもののほか、対象火気器具等の取扱いに関し火災の予防のために必要な事項に係る条例制定基準については、対象火気器具等の種類、使用燃料等ごとに総務省令で定める。（ツ）

3　火を使用する器具以外の対象火気器具等であつて、その機能、構造等により第一項に定める条例制定基準によることが適当でないと認められるものについては、当該条例制定基準に関して、当該対象火気器具等の種類、使用燃料等ごとに総務省令で特例を定めることができる。（ツ）

本条…追加〔平成一三年一二月政令三八五号（ツ）〕、一項…一部改正〔平成二五年一二月政令三六八号（シ）〕

参照　【対象火気器具等の種類】対象火気設備等省令一八【火災予防上安全な距離を保つことを要しない場合】対象火気設備等省令一九【火災予防上安全な距離】対象火気設備等省令二〇【不燃性の床、台等】対象火気設備等省令二一

（その他の火災の予防のために必要な事項に関する条例の基準）

第五条の三　前二条又はこれらの規定に基づく総務省令に定める条例制定基準に従つて定められるもののほか、法第九条に基づく条例の規定は、火災の予防に貢献する合理的なものであることが明らかなものでなければならないものとする。（ツ）

本条…追加〔平成一三年一二月政令三八五号（ツ）〕

（対象火気設備等に係る条例の規定の適用除外に関する条例の基準）（ヰ）

第五条の四　法第九条の規定に基づく条例には、対象火気設備等又は対象火気器具等について、消防長又は消防署長が、予想しない特殊の設備又は器具を用いることにより第五条若しくは第五条の二又は

これらの規定に基づく総務省令に定める条例制定基準に従つて定められた条例の規定による場合と同等以上の安全性を確保することができると認めるとき、その他当該対象火気設備等の位置、構造及び管理又は当該対象火気器具等の取扱い並びに周囲の状況から判断して、火災予防上支障がないと認めるときにおける当該条例の規定の適用の除外に関する規定を定めるものとする。（ツ）（ラ）

本条…追加〔平成一三年一二月政令三八五号（ツ）〕、一部改正〔平成一六年二月政令一九号（ラ）〕、見出し…改正〔平成一六年一〇月政令三二五号（ヰ）〕

（基準の特例に関する条例の基準）

第五条の五　市町村は、法第九条の規定に基づく条例を定める場合において、その地方の気候又は風土の特殊性により、第五条若しくは第五条の二又はこれらの規定に基づく総務省令に定める条例制定基準に従つて定められた条例の規定によつては火災の予防の目的を充分に達し難いと認めるときは、当該条例制定基準に従わないことができる。（ツ）

本条…追加〔平成一三年一二月政令三八五号（ツ）〕

（住宅用防災機器）

第五条の六　法第九条の二第一項の住宅用防災機器として政令で定める機械器具又は設備は、次に掲げるもののいずれかであつて、その形状、構造、材質及び性能が総務省令で定める技術上の規格に適合するものとする。（ヰ）

一　住宅用防災警報器（住宅（法第九条の二第一項に規定する住宅をいう。以下この章において同じ。）における火災の発生を未然に又は早期に感知し、及び報知する警報器をいう。次条及び第三十七条第七号において同じ。）（ヰ）（メ）

二　住宅用防災報知設備（住宅における火災の発生を未然に又は早期に感知し、及び報知する火災報知設備（その部分であつて、法第二十一条の二第一項の検定対象機械器具等で第三十七条第四号から第六号までに掲げるものに該当するものについては、これらの検定対象機械器具等について定められた法第二十一条の二第二項の技術上の規格に適合するものに限る。）をいう。次条において同じ。）（ヰ）（メ）

本条…追加〔平成一六年一〇月政令三二五号（ヰ）〕、一部改正〔平成二五年三月政令八八号（メ）〕

参照　【住宅用防災警報器及び住宅用防災報知設備に係る技術上の規格を定める省令】平成一七年一月二五日総務省令第一一号

（住宅用防災機器の設置及び維持に関する条例の基準）

第五条の七　住宅用防災機器の設置及び維持に関し住宅における火災の予防のために必要な事項に係る法第九条の二第二項の規定に基づく条例の制定に関する基準は、次のとおりとする。（ヰ）

一　住宅用防災警報器又は住宅用防災報知設備の感知器は、次に掲げる住宅の部分（ロ又はハに掲げる住宅の部分にあつては、総務省令で定める他の住宅との共用部分を除く。）に設置すること。（ヰ）

イ　就寝の用に供する居室（建築基準法（昭和二十五年法律第二百一号）第二条第四号に規定する居室をいう。ハにおいて同じ。）（ヰ）

ロ　イに掲げる住宅の部分が存する階（避難階を除く。）から直下階に通ずる階段（屋外に設けられたものを除く。）（ヰ）

ハ　イ又はロに掲げるもののほか、居室が存する階において火災の発生を未然に又は早期に、かつ、有効に感知することが住宅における火災予防上特に必要であると認められる住宅の部分と

して総務省令で定める部分（ヰ）

二　住宅用防災警報器又は住宅用防災報知設備の感知器は、天井又は壁の屋内に面する部分（天井のない場合にあつては、屋根又は壁の屋内に面する部分）に、火災の発生を未然に又は早期に、かつ、有効に感知することができるように設置すること。（ヰ）

三　前二号の規定にかかわらず、第一号に掲げる住宅の部分にスプリンクラー設備（総務省令で定める閉鎖型スプリンクラーヘッドを備えているものに限る。）又は自動火災報知設備を、それぞれ第十二条又は第二十一条に定める技術上の基準に従い設置したときその他の当該設備と同等以上の性能を有する設備を設置した場合において総務省令で定めるときは、当該設備の有効範囲内の住宅の部分について住宅用防災警報器又は住宅用防災報知設備を設置しないことができること。（ヰ）

2　前項に規定するもののほか、住宅用防災機器の設置方法の細目及び点検の方法その他の住宅用防災機器の設置及び維持に関し住宅における火災の予防のために必要な事項に係る法第九条の二第二項の規定に基づく条例の制定に関する基準については、総務省令で定める。（ヰ）

本条…追加〔平成一六年一〇月政令三二五号（ヰ）〕

参照　【住宅用防災機器の設置及び維持に関する条例の制定に関する基準を定める省令】平成一六年一一月二六日総務省令第一三八号

（住宅用防災機器に係る条例の規定の適用除外に関する条例の基準）

第五条の八　法第九条の二第二項の規定に基づく条例には、住宅用防災機器について、消防長又は消防署長が、住宅の位置、構造又は設備の状況から判断して、住宅における火災の発生又は延焼のおそれが著しく少なく、かつ、住宅における火災による被害を最少限度に止めることができると認めるときにおける当該条例の規定の適用除外に関する規定を定めるものとする。（ヰ）

本条…追加〔平成一六年一〇月政令三二五号（ヰ）〕

（準用）

第五条の九　第五条の三及び第五条の五の規定は、法第九条の二第二項の規定に基づく条例の制定に関する基準について準用する。この場合において、第五条の三中「前二条又はこれら」とあるのは「第五条の七第一項又は同条第二項」と、「条例制定基準」とあるのは「法第九条の二第二項の規定に基づく条例の制定に関する基準」と、「火災」とあるのは「住宅における火災」と、第五条の五中「第五条若しくは第五条の二又はこれら」とあるのは「第五条の七第一項又は同条第二項」と、「定める条例制定基準」とあるのは「定める法第九条の二第二項の規定に基づく条例の制定に関する基準」と、「火災」とあるのは「住宅における火災」と、「当該条例制定基準」とあるのは「当該基準」と読み替えるものとする。（ヰ）

本条…追加〔平成一六年一〇月政令三二五号（ヰ）〕

第二章　消防用設備等（ヘ）

旧三章…繰上〔昭和四一年四月政令一一七号（ヘ）〕

第一節　防火対象物の指定

（防火対象物の指定）

第六条　法第十七条第一項の政令で定める防火対象物は、別表第一に掲げる防火対象物とする。

解説　【法第十七条第一項の政令で定める防火対象物】消防用設備等を設置し、維持しなければならない対象物

第二節　種類

（消防用設備等の種類）

第七条　法第十七条第一項の政令で定める消防の用に供する設備は、消火設備、警報設備及び避難設備とする。

2　前項の消火設備は、水その他消火剤を使用して消火を行う機械器具又は設備であつて、次に掲げるものとする。(う)(こ)

一　消火器及び次に掲げる簡易消火用具

イ　水バケツ

ロ　水槽

ハ　乾燥砂

ニ　膨張ひる石又は膨張真珠岩(ね)

二　屋内消火栓設備

三　スプリンクラー設備

四　水噴霧消火設備

五　泡消火設備

六　不活性ガス消火設備(う)(ソ)

七　ハロゲン化物消火設備(う)

八　粉末消火設備

九　屋外消火栓設備

十　動力消防ポンプ設備

3　第一項の警報設備は、火災の発生を報知する機械器具又は設備であつて、次に掲げるものとする。(こ)

一　自動火災報知設備

一の二　ガス漏れ火災警報設備（液化石油ガスの保安の確保及び取引の適正化に関する法律（昭和四十二年法律第百四十九号）第二条第三項に規定する液化石油ガス販売事業によりその販売がされる液化石油ガスの漏れを検知するためのものを除く。以下同じ。）(こ)(ひ)(エ)

二　漏電火災警報器(ね)

三　消防機関へ通報する火災報知設備

四　警鐘、携帯用拡声器、手動式サイレンその他の非常警報器具及び次に掲げる非常警報設備(わ)

イ　非常ベル(わ)

ロ　自動式サイレン(わ)

ハ　放送設備(わ)

4　第一項の避難設備は、火災が発生した場合において避難するために用いる機械器具又は設備であつて、次に掲げるものとする。(こ)

一　すべり台、避難はしご、救助袋、緩降機、避難橋その他の避難器具

二　誘導灯及び誘導標識

5　法第十七条第一項の政令で定める消防用水は、防火水槽又はこれに代わる貯水池その他の用水とする。

6　法第十七条第一項の政令で定める消火活動上必要な施設は、排煙設備、連結散水設備、連結送水管、非常コンセント設備及び無線通信補助設備とする。(に)(ね)(う)

7　第一項及び前二項に規定するもののほか、第二十九条の四第一項に規定する必要とされる防火安全性能を有する消防の用に供する設備等は、法第十七条第一項に規定する政令で定める消防の用に供する設備、消防用水及び消火活動上必要な施設とする。(ラ)

六項…一部改正〔昭和三九年七月政令二二三号(に)〕、三項…一部改正〔昭和四四年三月政令一八号(わ)〕、二・三・六項…一部改正〔昭和四七年一月政令五号(ね)〕、二・六項…一部改正〔昭和四九年七月政令二五二号(う)〕、二—四項…一部改正〔昭和五六年一月政令六号(こ)〕、三項…一部改正〔昭和六三年一二月政令三五八号(ひ)〕、二項…一部改正〔平成一三年一月政令一〇号(ソ)〕、七項…追加〔平成一六年二月政令一九号(ラ)〕、三項…一部改正〔平成二〇年七月政令二一五号(エ)〕

解説　**【膨張ひる石】**　バーミキュライト

【膨張真珠岩】　パーライト

第三節　設置及び維持の技術上の基準

第一款　通則

第八条　防火対象物が次に掲げる当該防火対象物の部分で区画されているときは、その区画された部分は、この節の規定の適用については、それぞれ別の防火対象物とみなす。（る）

一　**開口部**のない**耐火構造**（建築基準法第二条第七号に規定する耐火構造をいう。以下同じ。）の床又は壁（る）

二　床、壁その他の建築物の部分又は建築基準法第二条第九号の二ロに規定する防火設備（防火戸その他の総務省令で定めるものに限る。）のうち、防火上有効な措置として総務省令で定める措置が講じられたもの（前号に掲げるものを除く。）（る）

本条…一部改正〔昭和五九年二月政令一五号(え)・平成一一年一月五号(ル)・一六年一〇月三二五号(ヰ)〕、全部改正〔令和六年一月政令七号（る）〕

解説　【防火対象物】構造の別は問わない。

【開口部】採光、換気、通風、出入等のために設けられた出入口、窓、配管等。なお、必要不可欠な配管であって、当該区画を貫通する配管及び当該貫通部について、開口部のない耐火構造の床又は壁による区画と同等とみなすことができる場合は、当該区画の貫通が認められる。

【耐火構造】鉄筋コンクリート造、れんが造等の構造で建基令第一〇七条の耐火性能を有するもの

第九条　別表第一(十六)項に掲げる防火対象物の部分で、同表各項（(十六)項から(二十)項までを除く。）の防火対象物の用途のいずれかに該当する用途に供されるものは、この節（第十二条第一項第三号及び第十号から第十二号まで、第二十一条第一項第三号、第七号、第十号及び第十四号、第二十一条の二第一項第五号、第二十二条第一項第六号及び第七号、第二十四条第二項第二号並びに第三項第二号及び第三号、第二十五条第一項第五号並びに第二十六条を除く。）の規定の適用については、当該用途に供される一の防火対象物とみなす。

本条…一部改正〔昭和四四年三月政令一八号(わ)・四七年一月五号(ね)・一二月四一一号(ら)・四九年七月二五二号(う)・五〇年七月二一五号(ゐ)・五三年一一月三六三号(け)・五六年一月六号(こ)・平成三年五月一六〇号(ん)・一四年八月二七四号(ネ)・一九年六月一七九号(コ)・二〇年七月二一五号(エ)〕

解説　本条は消防用設備等の一棟一設置単位の例外であり、(十六)項の部分で㈠項から(十五)項までのいずれかの用途に供されるものは、その管理者や階に関係なく、同一用途に供される部分を一の防火対象物とみなして技術上の基準を適用するものである。

【本条の適用を受ける消防用設備等】スプリンクラー、自火報、ガス漏れ火災警報設備、漏電火災警報器、非常警報設備、避難器具、誘導灯のうち特定のもの以外の消防用設備等である。

第九条の二　別表第一㈠項から㈣項まで、㈤項イ、㈥項、㈨項イ又は(十六)項イに掲げる防火対象物の地階で、同表(十六の二)項に掲げる防火対象物と一体を成すものとして消防長又は消防署長が指定したものは、第十二条第一項第六号、第二十一条第一項第三号（同表(十六の二)項に係る部分に限る。）、第二十一条の二第一項第一号及び第二十四条第三項第一号（同表(十六の二)項に係る部分に限る。）の規定の適用については、同表(十六の二)項に掲げる防火対象物の部分であるものとみなす。(う)(こ)(ラ)(コ)

本条…追加〔昭和四九年七月政令二五二号(う)〕、一部改正〔昭和五六年一月政令六号(こ)・平成一六年二月一九号(ラ)・一九年六月一七九号(コ)〕

解説　本条も消防用設備等の一棟一設置単位の例外であり、特定用途の地階と地下街とが一体となっている場合においては、当該地階のスプリンクラー、自火報、ガス漏れ火災警報設備及び非常警報設備の基準について、当該地階を地下街の一部とみなして適用する。

第二款　消火設備に関する基準

（消火器具に関する基準）

第一〇条　消火器又は簡易消火用具（以下「消火器具」という。）は、次に掲げる防火対象物又はその部分に設置するものとする。(こ)

一　次に掲げる防火対象物(ほ)

イ　別表第一(一)項イ、(二)項、(六)項イ(1)から(3)まで及びロ、(十六の二)項から(十七)項まで並びに(二十)項に掲げる防火対象物(ほ)

ロ　別表第一(三)項に掲げる防火対象物で、火を使用する設備又は器具（防火上有効な措置として総務省令で定める措置が講じられたものを除く。）を設けたもの(ほ)

二　次に掲げる防火対象物で、延べ面積が百五十平方メートル以上のもの(ほ)

イ　別表第一(一)項ロ、(四)項、(五)項、(六)項イ(4)、ハ及びニ、(九)項並びに(十二)項から(十四)項までに掲げる防火対象物(ほ)

ロ　別表第一(三)項に掲げる防火対象物（前号ロに掲げるものを除く。）(ほ)

三　別表第一(七)項、(八)項、(十)項、(十一)項及び(十五)項に掲げる防火対象物で、延べ面積が三百平方メートル以上のもの

四　前三号に掲げるもののほか、別表第一に掲げる建築物その他の工作物で、少量危険物（法第二条第七項に規定する危険物（別表第二において「危険物」という。）のうち、危険物の規制に関する政令（昭和三十四年政令第三百六号）第一条の十一に規定する指定数量の五分の一以上で当該指定数量未満のものをいう。）又は指定可燃物（同令別表第四の品名欄に掲げる物品で、同表の数量欄に定める数量以上のものをいう。以下同じ。）を貯蔵し、又は取り扱うもの(ひ)(ほ)

五　前各号に掲げる防火対象物以外の別表第一に掲げる建築物の地階（地下建築物にあつては、その各階をいう。以下同じ。）、無窓階（建築物の地上階のうち、総務省令で定める避難上又は消火活動上有効な開口部を有しない階をいう。以下同じ。）又は三階以上の階で、床面積が五十平方メートル以上のもの(う)(タ)

2　前項に規定するもののほか、消火器具の設置及び維持に関する技術上の基準は、次のとおりとする。

一　前項各号に掲げる防火対象物又はその部分には、防火対象物の用途、構造若しくは規模又は消火器具の種類若しくは性能に応じ、総務省令で定めるところにより、別表第二においてその消火に適応するものとされる消火器具を設置すること。ただし、二酸化炭素又はハロゲン化物（総務省令で定めるものを除く。）を放射する消火器は、別表第一(十六の二)項及び(十六の三)項に掲げる防火対象物並びに総務省令で定める地階、無窓階その他の場所に設置してはならない。(う)(こ)(ひ)(タ)

二　消火器具は、通行又は避難に支障がなく、かつ、使用に際して容易に持ち出すことができる箇所に設置すること。

3　第一項各号に掲げる防火対象物又はその部分に屋内消火栓設備、スプリンクラー設備、水噴霧消火設備、泡消火設備、不活性ガス消火設備、ハロゲン化物消火設備又は粉末消火設備を次条、第十二条、第十三条、第十四条、第十五条、第十六条、第十七条若しくは第十八条に定める技術上の基準に従い、又は当該技術上の基準の例により設置したときは、同項の規定にかかわらず、総務省令で定めるところにより、消火器具の設置個数を減少することができる。(う)(タ)(ソ)(ほ)

一—三項…一部改正〔昭和四九年七月政令二五二号(う)〕、一・二項…一部改正〔昭和五六年一月政令六号(こ)・六三年一二月三五八号(ひ)〕、一—三項…一部改正〔平成一二年六月政令三〇四号(タ)〕、三項…一部改正〔平成一三年一月政令一〇号(ソ)〕、一項…一部改正〔平成一九年六月政令一七九号(コ)・二六年一〇月三三三号(ヒ)〕、一・三項…一部改正〔平成三〇年三月政令六九号(ほ)〕

参照　【防火上有効な措置】消則五の二　【無窓階】消則五の三　【大型消火器

以外の消火器具の設置基準】消則六【大型消火器の設置基準】消則七【消火器具の設置個数の減少】消則八【基準の細目】消則九【車両に係る消火器具に関する基準】消則一〇【地下街等に設置可能なハロン消火器等】消則一一

（屋内消火栓設備に関する基準）（み）

第一一条　屋内消火栓設備は、次に掲げる防火対象物又はその部分に設置するものとする。（こ）（み）

一　別表第一㈠項に掲げる防火対象物で、延べ面積が五百平方メートル以上のもの

二　別表第一㈡項から㈩項まで、(十二)項及び(十四)項に掲げる防火対象物で、延べ面積が七百平方メートル以上のもの

三　別表第一(十一)項及び(十五)項に掲げる防火対象物で、延べ面積が千平方メートル以上のもの

四　別表第一(十六の二)項に掲げる防火対象物で、延べ面積が百五十平方メートル以上のもの（う）

五　前各号に掲げるもののほか、別表第一に掲げる建築物その他の工作物で、指定可燃物（可燃性液体類に係るものを除く。）を危険物の規制に関する政令別表第四で定める数量の七百五十倍以上貯蔵し、又は取り扱うもの（う）（ひ）

六　前各号に掲げる防火対象物以外の別表第一㈠項から(十二)項まで、(十四)項及び(十五)項に掲げる防火対象物の地階、無窓階又は四階以上の階で、床面積が、同表㈠項に掲げる防火対象物にあつては百平方メートル以上、同表㈡項から㈩項まで、(十二)項及び(十四)項に掲げる防火対象物にあつては百五十平方メートル以上、同表(十一)項及び(十五)項に掲げる防火対象物にあつては二百平方メートル以上のもの（う）（こ）

2　前項の規定の適用については、同項各号（第五号を除く。）に掲げる防火対象物又はその部分の延べ面積又は床面積の数値は、**特定主要構造部**（建築基準法第二条第九号の二イに規定する特定主要構造部をいう。以下同じ。）を耐火構造とし、かつ、壁及び天井（天井のない場合にあつては、屋根。以下この項において同じ。）の室内に面する部分（回り縁、窓台その他これらに類する部分を除く。）の仕上げを**難燃材料**（建築基準法施行令第一条第六号に規定する難燃材料をいう。以下この項において同じ。）でした防火対象物にあつては当該数値の三倍の数値（次条第一項第一号に掲げる防火対象物について前項第二号の規定を適用する場合にあつては、当該三倍の数値又は千平方メートルに同条第二項第三号の二の総務省令で定める部分の床面積の合計を加えた数値のうち、いずれか小さい数値）とし、特定主要構造部を耐火構造としたその他の防火対象物又は建築基準法第二条第九号の三イ若しくはロのいずれかに該当し、かつ、壁及び天井の室内に面する部分の仕上げを難燃材料でした防火対象物にあつては当該数値の二倍の数値（次条第一項第一号に掲げる防火対象物について前項第二号の規定を適用する場合にあつては、当該二倍の数値又は千平方メートルに同条第二項第三号の二の総務省令で定める部分の床面積の合計を加えた数値のうち、いずれか小さい数値）とする。（わ）（う）（み）（ヨ）（タ）（ネ）（コ）（ヒ）（る）

3　前二項に規定するもののほか、屋内消火栓設備の設置及び維持に関する技術上の基準は、次の各号に掲げる防火対象物又はその部分の区分に応じ、当該各号に定めるとおりとする。（み）

一　第一項第二号及び第六号に掲げる防火対象物又はその部分（別表第一(十二)項イ又は(十四)項に掲げる防火対象物に係るものに限る。）並びに第一項第五号に掲げる防火対象物又はその部分　次に掲げる基準（み）

イ　屋内消火栓は、防火対象物の階ごとに、その階の各部分から一のホース接続口までの**水平距離**が二十五メートル以下となるように設けること。（み）

ロ　屋内消火栓設備の消防用ホースの長さは、当該屋内消火栓設備のホース接続口からの水平距離が二十五メートルの範囲内の当該階の各部分に有効に放水することができる長さとすること。（メ）

ハ　水源は、その水量が屋内消火栓の設置個数が最も多い階にお

ける当該設置個数（当該設置個数が二を超えるときは、二とする。）に二・六立方メートルを乗じて得た量以上の量となるように設けること。（み）（メ）

ニ　屋内消火栓設備は、いずれの階においても、当該階のすべての屋内消火栓（設置個数が二を超えるときは、二個の屋内消火栓とする。）を同時に使用した場合に、それぞれのノズルの先端において、放水圧力が〇・一七メガパスカル以上で、かつ、放水量が百三十リットル毎分以上の性能のものとすること。（み）（へ）（メ）

ホ　水源に連結する加圧送水装置は、点検に便利で、かつ、火災等の災害による被害を受けるおそれが少ない箇所に設けること。（み）（メ）

ヘ　屋内消火栓設備には、非常電源を附置すること。（み）（メ）

二　第一項各号に掲げる防火対象物又はその部分で、前号に掲げる防火対象物又はその部分以外のもの　同号又は次のイ若しくはロに掲げる基準（み）（メ）

イ　次に掲げる基準（メ）

(1)　屋内消火栓は、防火対象物の階ごとに、その階の各部分から一のホース接続口までの水平距離が十五メートル以下となるように設けること。（メ）

(2)　屋内消火栓設備の消防用ホースの長さは、当該屋内消火栓設備のホース接続口からの水平距離が十五メートルの範囲内の当該階の各部分に有効に放水することができる長さとすること。（メ）

(3)　屋内消火栓設備の消防用ホースの構造は、一人で操作することができるものとして総務省令で定める基準に適合するものとすること。（メ）

(4)　水源は、その水量が屋内消火栓の設置個数が最も多い階における当該設置個数（当該設置個数が二を超えるときは、二とする。）に一・二立方メートルを乗じて得た量以上の量となるように設けること。（メ）

---

(5)　屋内消火栓設備は、いずれの階においても、当該階の全ての屋内消火栓（設置個数が二を超えるときは、二個の屋内消火栓とする。）を同時に使用した場合に、それぞれのノズルの先端において、放水圧力が〇・二五メガパスカル以上で、かつ、放水量が六十リットル毎分以上の性能のものとすること。（メ）

(6)　水源に連結する加圧送水装置は、点検に便利で、かつ、火災等の災害による被害を受けるおそれが少ない箇所に設けること。（メ）

(7)　屋内消火栓設備には、非常電源を附置すること。（メ）

ロ　次に掲げる基準（メ）

(1)　屋内消火栓は、防火対象物の階ごとに、その階の各部分から一のホース接続口までの水平距離が二十五メートル以下となるように設けること。（メ）

(2)　屋内消火栓設備の消防用ホースの長さは、当該屋内消火栓設備のホース接続口からの水平距離が二十五メートルの範囲内の当該階の各部分に有効に放水することができる長さとすること。（メ）

(3)　屋内消火栓設備の消防用ホースの構造は、一人で操作することができるものとして総務省令で定める基準に適合するものとすること。（メ）

(4)　水源は、その水量が屋内消火栓の設置個数が最も多い階における当該設置個数（当該設置個数が二を超えるときは、二とする。）に一・六立方メートルを乗じて得た量以上の量となるように設けること。（メ）

(5)　屋内消火栓設備は、いずれの階においても、当該階の全ての屋内消火栓（設置個数が二を超えるときは、二個の屋内消火栓とする。）を同時に使用した場合に、それぞれのノズルの先端において、放水圧力が〇・一七メガパスカル以上で、かつ、放水量が八十リットル毎分以上の性能のものとすること。（メ）

(6) 水源に連結する加圧送水装置は、点検に便利で、かつ、火災等の災害による被害を受けるおそれが少ない箇所に設けること。(メ)

(7) 屋内消火栓設備には、非常電源を附置すること。(メ)

4 第一項各号に掲げる防火対象物又はその部分にスプリンクラー設備、水噴霧消火設備、泡消火設備、不活性ガス消火設備、ハロゲン化物消火設備、粉末消火設備、屋外消火栓設備又は動力消防ポンプ設備を次条、第十三条、第十四条、第十五条、第十六条、第十七条、第十八条、第十九条若しくは第二十条に定める技術上の基準に従い、又は当該技術上の基準の例により設置したときは、同項の規定にかかわらず、当該設備の有効範囲内の部分（屋外消火栓設備及び動力消防ポンプ設備にあつては、一階及び二階の部分に限る。）について屋内消火栓設備を設置しないことができる。(う)(み)(ソ)

三項…一部改正〔昭和三八年一二月政令三八〇号(は)・三九年七月二二三号(に)〕、二項…一部改正〔昭和四四年三月政令一八号(わ)〕、三項…一部改正〔昭和四七年一月政令五号(ね)〕、一―四項…一部改正〔昭和四九年七月政令二五二号(う)〕、三項…一部改正〔昭和五三年一一月政令三六三号(け)〕、一項…一部改正〔昭和五六年一月政令六号(こ)〕、見出し…改正・一・二・四項…一部改正・三項…全部改正〔昭和六二年一〇月政令三四三号(み)〕、一項…一部改正〔昭和六三年一二月政令三五八号(ひ)〕、三項…一部改正〔平成九年三月政令五六号(へ)〕、二項…一部改正〔平成一二年四月政令二一一号(ヨ)・六月三〇四号(タ)〕、四項…一部改正〔平成一三年一月政令一〇号(ソ)、二項…一部改正〔平成一四年八月政令二七四号(ネ)・一九年六月一七九号(コ)〕、三項…一部改正〔平成二五年三月政令八八号(メ)〕、二項…一部改正〔平成二六年一〇月政令三三三号(ヒ)・令和六年一月七号㋹〕

解説 **【特定主要構造部】** 主要構造部のうち、防火上及び避難上支障がないものとして①②のいずれにも該当する部分以外の部分

① 当該部分が、床、壁又は防火戸、ドレンチャーその他火炎を遮る設備（当該部分において通常の火災が発生した場合に建築物の他の部分又は周囲への延焼を有効に防止できるものとして、国土交通大臣が定めた構造方法を用いるもの又は国土交通大臣の認定を受けたものに限る。）で区画されたものであること。

② 当該部分が避難の用に供する廊下その他の通路の一部となっている場合にあっては、通常の火災時において、建築物に存する者の全てが当該通路を経由しないで地上までの避難を終了することができるものであること。

【難燃材料】 難燃合板、難燃繊維板、難燃プラスチック板等

【水平距離】 平面図上で壁等の障害物の存在を一切考慮せずに直線的に測定した最短距離をいう。

参照 【一人で操作することができる屋内消火栓設備の基準】消則一一の二
【基準の細目】消則一二

（スプリンクラー設備に関する基準）

第一二条 スプリンクラー設備は、次に掲げる防火対象物又はその部分に設置するものとする。(こ)

一 次に掲げる防火対象物（第三号及び第四号に掲げるものを除く。）で、火災発生時の延焼を抑制する機能を備える構造として総務省令で定める構造を有するもの以外のもの(コ)(シ)

イ 別表第一(六)項イ(1)及び(2)に掲げる防火対象物(ヒ)

ロ 別表第一(六)項ロ(1)及び(3)に掲げる防火対象物(シ)(ヒ)

ハ 別表第一(六)項ロ(2)、(4)及び(5)に掲げる防火対象物（介助がなければ避難できない者として総務省令で定める者を主として入所させるもの以外のものにあつては、延べ面積が二百七十五平方メートル以上のものに限る。）(シ)(ヒ)

二 別表第一(一)項に掲げる防火対象物（次号及び第四号に掲げるものを除く。）で、舞台部（舞台並びにこれに接続して設けられた大道具室及び小道具室をいう。以下同じ。）の床面積が、当該舞台が、地階、無窓階又は四階以上の階にあるものにあつては三百平方メートル以上、その他の階にあるものにあつては五百平方メートル以上のもの(ら)(う)(コ)

三 別表第一(一)項から(四)項まで、(五)項イ、(六)項、(九)項イ及び(十六)項イに掲げる防火対象物で、地階を除く階数が十一以上のもの（総務

省令で定める部分を除く。）(う)(タ)(コ)

四　別表第一㈠項から㈣項まで、㈤項イ、㈥項及び㈨項イに掲げる防火対象物（前号に掲げるものを除く。）のうち、平屋建以外の防火対象物で、総務省令で定める部分以外の部分の床面積の合計が、同表㈣項及び㈥項イ⑴から⑶までに掲げる防火対象物にあつては三千平方メートル以上、その他の防火対象物にあつては六千平方メートル以上のもの(す)(タ)(コ)(ヒ)

五　別表第一(十四)項に掲げる防火対象物のうち、天井（天井のない場合にあつては、屋根の下面。次項において同じ。）の高さが十メートルを超え、かつ、延べ面積が七百平方メートル以上のラック式倉庫（棚又はこれに類するものを設け、昇降機により収納物の搬送を行う装置を備えた倉庫をいう。）(ね)(う)(み)(ホ)(コ)

六　別表第一(十六の二)項に掲げる防火対象物で、延べ面積が千平方メートル以上のもの(う)(コ)

七　別表第一(十六の三)項に掲げる防火対象物のうち、延べ面積が千平方メートル以上で、かつ、同表㈠項から㈣項まで、㈤項イ、㈥項又は㈨項イに掲げる防火対象物の用途に供される部分の床面積の合計が五百平方メートル以上のもの(こ)(コ)

八　前各号に掲げるもののほか、別表第一に掲げる建築物その他の工作物で、指定可燃物（可燃性液体類に係るものを除く。）を危険物の規制に関する政令別表第四で定める数量の千倍以上貯蔵し、又は取り扱うもの(ね)(う)(ひ)(コ)

九　別表第一(十六の二)項に掲げる防火対象物（第六号に掲げるものを除く。）の部分のうち、同表㈥項イ⑴若しくは⑵又はロに掲げる防火対象物の用途に供されるもの（火災発生時の延焼を抑制する機能を備える構造として総務省令で定める構造を有するものを除く。）(コ)(ヒ)

十　別表第一(十六)項イに掲げる防火対象物（第三号に掲げるものを除く。）で、同表㈠項から㈣項まで、㈤項イ、㈥項又は㈨項イに掲げる防火対象物の用途に供される部分（総務省令で定める部分を除く。）の床面積の合計が三千平方メートル以上のものの階のうち、当該部分が存する階(ら)(う)(タ)(コ)

十一　前各号に掲げる防火対象物又はその部分以外の別表第一に掲げる防火対象物の地階、無窓階又は四階以上十階以下の階（総務省令で定める部分を除く。）で、次に掲げるもの(ら)(う)(タ)(コ)

イ　別表第一㈠項、㈢項、㈤項イ、㈥項及び㈨項イに掲げる防火対象物の階で、その床面積が、地階又は無窓階にあつては千平方メートル以上、四階以上十階以下の階にあつては千五百平方メートル以上のもの(ら)

ロ　別表第一㈡項及び㈣項に掲げる防火対象物の階で、その床面積が千平方メートル以上のもの(ら)

ハ　別表第一(十六)項イに掲げる防火対象物の階のうち、同表㈠項から㈣項まで、㈤項イ、㈥項又は㈨項イに掲げる防火対象物の用途に供される部分が存する階で、当該部分の床面積が、地階又は無窓階にあつては千平方メートル以上、四階以上十階以下の階にあつては千五百平方メートル（同表㈡項又は㈣項に掲げる防火対象物の用途に供される部分が存する階にあつては、千平方メートル）以上のもの(ら)

十二　前各号に掲げる防火対象物又はその部分以外の別表第一に掲げる防火対象物の十一階以上の階（総務省令で定める部分を除く。）(ら)(う)(タ)(コ)

2　前項に規定するもののほか、スプリンクラー設備の設置及び維持に関する技術上の基準は、次のとおりとする。

一　スプリンクラーヘッドは、前項第二号に掲げる防火対象物にあつては舞台部に、同項第八号に掲げる防火対象物にあつては指定可燃物（可燃性液体類に係るものを除く。）を貯蔵し、又は取り扱う部分に、同項第一号、第三号、第四号、第六号、第七号及び第九号から第十二号までに掲げる防火対象物にあつては総務省令

で定める部分に、それぞれ設けること。(に)(ね)(ら)(う)(こ)(み)(ひ)(タ)(コ)

二　スプリンクラーヘッドは、次に定めるところにより、設けること。(ホ)

イ　前項各号（第一号、第五号から第七号まで及び第九号を除く。）に掲げる防火対象物又はその部分（ロに規定する部分を除くほか、別表第一㈤項若しくは㈥項に掲げる防火対象物又は同表(十六)項に掲げる防火対象物の同表㈤項若しくは㈥項に掲げる防火対象物の用途に供される部分であつて、総務省令で定める種別のスプリンクラーヘッドが総務省令で定めるところにより設けられている部分がある場合には、当該スプリンクラーヘッドが設けられている部分を除く。）においては、前号に掲げる部分の天井又は小屋裏に、当該天井又は小屋裏の各部分から一のスプリンクラーヘッドまでの水平距離が、次の表の上欄に掲げる防火対象物又はその部分ごとに、同表の下欄に定める距離となるように、総務省令で定める種別のスプリンクラーヘッドを設けること。(ホ)(ヲ)(タ)(コ)

防火対象物又はその部分		距離
第一項第二号から第四号まで及び第十号から第十二号までに掲げる防火対象物又はその部分（別表第一㈠項に掲げる防火対象物の舞台部に限る。）		一・七メートル以下
第一項第八号に掲げる防火対象物		一・七メートル（火災を早期に感知し、かつ、広範囲に散水することができるスプリンクラーヘッドとして総務省令で定めるスプリンクラーヘッド（以下この表において「高感度型ヘッド」という。）にあつては、当該スプリンクラーヘッドの性能に応じ総務省令で定める距離）以下
第一項第三号、第四号及び第十号から第十二号までに掲げる防火対象物又はその部分（別表第一㈠項に掲げる防火対象物の舞台部を除く。）	耐火建築物（建築基準法第二条第九号の二に規定する耐火建築物をいう。以下同じ。）以外の建築物	二・一メートル（高感度型ヘッドにあつては、当該スプリンクラーヘッドの性能に応じ総務省令で定める距離）以下
	耐火建築物	二・三メートル（高感度型ヘッドにあつては、当該スプリンクラーヘッドの性能に応じ総務省令で定める距離）以下

ロ　前項第三号、第四号、第八号及び第十号から第十二号までに掲げる防火対象物又はその部分（別表第一㈠項に掲げる防火対象物の舞台部を除く。）のうち、可燃物が大量に存し消火が困難と認められる部分として総務省令で定めるものであつて床面から天井までの高さが六メートルを超える部分及びその他の部分であつて床面から天井までの高さが十メートルを超える部分においては、総務省令で定める種別のスプリンクラーヘッドを、総務省令で定めるところにより、設けること。(ホ)(タ)(コ)

ハ　前項第一号、第五号から第七号まで及び第九号に掲げる防火対象物においては、総務省令で定める種別のスプリンクラー

ヘッドを、総務省令で定めるところにより、設けること。(ホ)(タ)(コ)

三　前号に掲げるもののほか、開口部（防火対象物の十階以下の部分にある開口部にあつては、延焼のおそれのある部分（建築基準法第二条第六号に規定する延焼のおそれのある部分をいう。）にあるものに限る。）には、その上枠に、当該上枠の長さ二・五メートル以下ごとに一のスプリンクラーヘッドを設けること。ただし、防火対象物の十階以下の部分にある開口部で建築基準法第二条第九号の二ロに規定する防火設備（防火戸その他の総務省令で定めるものに限る。）が設けられているものについては、この限りでない。(に)(け)(み)(ヨ)(タ)

三の二　特定施設水道連結型スプリンクラー設備（スプリンクラー設備のうち、その水源として、水道の用に供する水管を当該スプリンクラー設備に連結したものであつて、次号に規定する水量を貯留するための施設を有しないものをいう。以下この項において同じ。）は、前項第一号及び第九号に掲げる防火対象物又はその部分のうち、防火上有効な措置が講じられた構造を有するものとして総務省令で定める部分以外の部分の床面積の合計が千平方メートル未満のものに限り、設置することができること。(ヒ)

四　スプリンクラー設備（特定施設水道連結型スプリンクラー設備を除く。）には、その水源として、防火対象物の用途、構造若しくは規模又はスプリンクラーヘッドの種別に応じ総務省令で定めるところにより算出した量以上の量となる水量を貯留するための施設を設けること。(コ)(ヒ)

五　スプリンクラー設備は、防火対象物の用途、構造若しくは規模又はスプリンクラーヘッドの種別に応じ総務省令で定めるところにより放水することができる性能のものとすること。(ね)(け)(み)(ホ)(タ)(ヒ)

六　スプリンクラー設備（総務省令で定める特定施設水道連結型スプリンクラー設備を除く。）には、点検に便利で、かつ、火災等の災害による被害を受けるおそれが少ない箇所に、水源に連結する加圧送水装置を設けること。(コ)(ヒ)

七　スプリンクラー設備には、非常電源を附置し、かつ、消防ポンプ自動車が容易に接近することができる位置に双口形の送水口を附置すること。ただし、特定施設水道連結型スプリンクラー設備については、この限りでない。(に)(ね)(う)(コ)

八　スプリンクラー設備には、総務省令で定めるところにより、補助散水栓を設けることができること。(み)(タ)

3　第一項各号に掲げる防火対象物又はその部分に水噴霧消火設備、泡消火設備、不活性ガス消火設備、ハロゲン化物消火設備又は粉末消火設備を次条、第十四条、第十五条、第十六条、第十七条若しくは第十八条に定める技術上の基準に従い、又は当該技術上の基準の例により設置したときは、同項の規定にかかわらず、当該設備の有効範囲内の部分についてスプリンクラー設備を設置しないことができる。(う)(み)(ソ)

4　前条第二項の規定は、第一項第五号に掲げる防火対象物について準用する。(ね)(う)(メ)

一・二項…一部改正〔昭和三九年七月政令二二三号(に)〕、一項…一部改正〔昭和四五年一二月政令三三三号(れ)〕、一・二項…一部改正・四項…追加〔昭和四七年一月政令五号(ね)〕、一・二項…一部改正〔昭和四七年一二月政令四一一号(ら)〕、一―四項…一部改正〔昭和四九年七月政令二五二号(う)〕、二項…一部改正〔昭和五三年一一月政令三六三号(け)〕、一・二項…一部改正〔昭和五六年一月政令六号(こ)〕、一―三項…一部改正〔昭和六二年一〇月政令三四三号(み)〕、一・二項…一部改正〔昭和六三年一二月政令三五八号(ひ)〕、一項…一部改正〔平成二年六月政令一七〇号(す)〕、一・二項…一部改正〔平成八年二月政令二〇号(ホ)〕、二項…一部改正〔平成一一年三月政令四二号(ヲ)・一二年四月二一一号(ヨ)〕、一・二項…一部改正〔平成一二年六月政令三〇四号(タ)〕、三項…一部改正〔平成一三年一月政令一〇号(ソ)〕、一・二項…一部改正〔平成一九年六月政令一七九号(コ)〕、四項…一部改正〔平成二五年三月政令八八号(メ)〕、一項…一部改正〔平成二五年一二月政令三六八号(シ)〕、一・二項

…一部改正〔平成二六年一〇月政令三三三号(ヒ)〕

参照 【スプリンクラー設備を設置することを要しない構造】消則一二の二 【介助がなければ避難できない者】消則一二の三 【スプリンクラー設備を設置することを要しない階の部分等】消則一三 【標準型ヘッド等】消則一三の二 【小区画型ヘッド等】消則一三の三 【高天井の部分に設けるスプリンクラーヘッド等】消則一三の四 【ラック式倉庫等に設けるスプリンクラーヘッド等】消則一三の五 【防火上有効な措置が講じられた構造を有する部分】消則一三の五の二 【スプリンクラー設備の水源の水量等】消則一三の六 【基準の細目】消則一四 【開口部に設置する防火設備】消則一五

（水噴霧消火設備等を設置すべき防火対象物）

第一三条 次の表の上欄に掲げる防火対象物又はその部分には、水噴霧消火設備、泡消火設備、不活性ガス消火設備、ハロゲン化物消火設備又は粉末消火設備のうち、それぞれ当該下欄に掲げるもののいずれかを設置するものとする。(う)(こ)(ひ)(せ)(タ)(ソ)(ウ)

防火対象物又はその部分		消火設備
別表第一(十三)項ロに掲げる防火対象物		泡消火設備又は粉末消火設備
別表第一に掲げる防火対象物の屋上部分で、回転翼航空機又は垂直離着陸航空機の発着の用に供されるもの		泡消火設備又は粉末消火設備
別表第一に掲げる防火対象物の道路（車両の交通の用に供されるものであつて総務省令で定めるものに限る。以下同じ。）の用に供される部分で、床面積が、屋上部分にあつては六百平方メートル以上、それ以外の部分にあつては四百平方メートル以上のもの		水噴霧消火設備、泡消火設備、不活性ガス消火設備又は粉末消火設備
別表第一に掲げる防火対象物の自動車の修理又は整備の用に供される部分で、床面積が、地階又は二階以上の階にあつては二百平方メートル以上、一階にあつては五百平方メートル以上のもの		泡消火設備、不活性ガス消火設備、ハロゲン化物消火設備又は粉末消火設備
別表第一に掲げる防火対象物の駐車の用に供される部分で、次に掲げるもの 一　当該部分の存する階（屋上部分を含み、駐車するすべての車両が同時に屋外に出ることができる構造の階を除く。）における当該部分の床面積が、地階又は二階以上の階にあつては二百平方メートル以上、一階にあつては五百平方メートル以上、屋上部分にあつては三百平方メートル以上のもの 二　昇降機等の機械装置により車両を駐車させる構造のもので、車両の収容台数が十以上のもの		水噴霧消火設備、泡消火設備、不活性ガス消火設備、ハロゲン化物消火設備又は粉末消火設備
別表第一に掲げる防火対象物の発電機、変圧器**その他これらに類する電気設備**が設置されている部分で、床面積が二百平方メートル以上のもの		不活性ガス消火設備、ハロゲン化物消火設備又は粉末消火設備
別表第一に掲げる防火対象物の鍛造場、ボイラー室、乾燥室**その他多量の火気を使用する部分**で、床面積が二百平方メートル以上のもの		不活性ガス消火設備、ハロゲン化物消火設備又は粉末消火設備
別表第一に掲げる防火対象物の通信機器室で、床面積が五百平方メートル以上のもの		不活性ガス消火設備、ハロゲン化物消火設備又は粉末消火設備
別表第一に掲げる建築物その他の工作物で、指定可燃物を危険物の	危険物政令別表第四に掲げる綿花類、木毛及びかんなくず、ぼろ及	水噴霧消火設備、泡消火設備又は全域放出方

規制に関する政令別表第四（以下この項において「危険物政令別表第四」という。）で定める数量の千倍以上貯蔵し、又は取り扱うもの	び紙くず（動植物油がしみ込んでいる布又は紙及びこれらの製品を除く。）、糸類、わら類、再生資源燃料又は合成樹脂類（不燃性又は難燃性でないゴム製品、ゴム半製品、原料ゴム及びゴムくずに限る。）に係るもの	式の不活性ガス消火設備
	危険物政令別表第四に掲げるぼろ及び紙くず（動植物油がしみ込んでいる布又は紙及びこれらの製品に限る。）又は石炭・木炭類に係るもの	水噴霧消火設備又は泡消火設備
	危険物政令別表第四に掲げる可燃性固体類、可燃性液体類又は合成樹脂類（不燃性又は難燃性でないゴム製品、ゴム半製品、原料ゴム及びゴムくずを除く。）に係るもの	水噴霧消火設備、泡消火設備、不活性ガス消火設備、ハロゲン化物消火設備又は粉末消火設備
	危険物政令別表第四に掲げる木材加工品及び木くずに係るもの	水噴霧消火設備、泡消火設備、全域放出方式の不活性ガス消火設備又は全域放出方式のハロゲン化物消火設備

2　前項の表に掲げる指定可燃物（可燃性液体類に係るものを除く。）を貯蔵し、又は取り扱う建築物その他の工作物にスプリンクラー設備を前条に定める技術上の基準に従い、又は当該技術上の基準の例により設置したときは、同項の規定にかかわらず、当該設備の有効範囲内の部分について、それぞれ同表の下欄に掲げる消火設備を設置しないことができる。（ひ）

一項…一部改正〔昭和四九年七月政令二五二号(う)・五六年一月六号(こ)〕、一・二項…一部改正〔昭和六三年一二月政令三五八号(ひ)〕、一項…一部改正〔平成二年五月政令一一九号(せ)・一一年六月三〇四号(タ)・一三年一月一〇号(ソ)・一六年七月二二五号(ウ)〕

解説　**【その他これらに類する電気設備】**リアクトル、電圧調整器、油入開閉器、油入コンデンサー、油入しゃ断器、計器用変成器等
【その他多量の火気を使用する部分】最大消費熱量が三五〇キロワット以上のもの

参照　**【総務省令で定める道路】**消則三一の八

（水噴霧消火設備に関する基準）

第一四条　前条に規定するもののほか、水噴霧消火設備の設置及び維持に関する技術上の基準は、次のとおりとする。

一　噴霧ヘッドは、防護対象物（当該消火設備によつて消火すべき対象物をいう。以下同じ。）の形状、構造、性質、数量又は取扱いの方法に応じ、標準放射量（前条第一項の消火設備のそれぞれのヘッドについて総務省令で定める水噴霧、泡、不活性ガス消火剤、ハロゲン化物消火剤又は粉末消火剤の放射量をいう。以下同じ。）で当該防護対象物の火災を有効に消火することができるように、総務省令で定めるところにより、必要な個数を適当な位置に設けること。（は）（う）（タ）（ソ）

二　別表第一に掲げる防火対象物の道路の用に供される部分又は駐車の用に供される部分に設置するときは、総務省令で定めるところにより、有効な排水設備を設けること。（う）（せ）（タ）

三　高圧の電気機器がある場所においては、当該電気機器と噴霧ヘッド及び配管との間に電気絶縁を保つための必要な空間を保つこと。

四　水源は、総務省令で定めるところにより、その水量が防護対象物の火災を有効に消火することができる量以上の量となるように設けること。(タ)

五　水源に連結する加圧送水装置は、点検に便利で、かつ、火災の際の延焼のおそれ及び衝撃による損傷のおそれが少ない箇所に設けること。ただし、保護のための有効な措置を講じたときは、この限りでない。(う)

六　水噴霧消火設備には、非常電源を附置すること。(う)

本条…一部改正〔昭和三八年一二月政令三八〇号(は)・四九年七月二五二号(う)・平成二年五月一一九号(せ)・一二年六月三〇四号(タ)・一三年一月一〇号(ソ)〕

参照【標準放射量】消則三二【指定可燃物に係る水噴霧消火設備の基準】消則一六【防火対象物の道路の用に供される部分又は駐車の用に供される部分に設置する水噴霧消火設備の基準】消則一七

（泡消火設備に関する基準）

第一五条　第十三条に規定するもののほか、泡消火設備の設置及び維持に関する技術上の基準は、次のとおりとする。(メ)

一　**固定式**の泡消火設備の泡放出口は、防護対象物の形状、構造、性質、数量又は取扱いの方法に応じ、標準放射量で当該防護対象物の火災を有効に消火することができるように、総務省令で定めるところにより、必要な個数を適当な位置に設けること。(う)(タ)(メ)

二　**移動式**の泡消火設備のホース接続口は、すべての防護対象物について、当該防護対象物の各部分から一のホース接続口までの水平距離が十五メートル以下となるように設けること。(メ)

三　移動式の泡消火設備の消防用ホースの長さは、当該泡消火設備のホース接続口からの水平距離が十五メートルの範囲内の当該防護対象物の各部分に有効に放射することができる長さとすること。(メ)

四　移動式の泡消火設備の泡放射用器具を格納する箱は、ホース接続口から三メートル以内の距離に設けること。(メ)

五　水源の水量又は泡消火薬剤の貯蔵量は、総務省令で定めるところにより、防護対象物の火災を有効に消火することができる量以上の量となるようにすること。(ゐ)(タ)(メ)

六　泡消火薬剤の貯蔵場所及び加圧送液装置は、点検に便利で、火災の際の延焼のおそれ及び衝撃による損傷のおそれが少なく、かつ、薬剤が変質するおそれが少ない箇所に設けること。ただし、保護のための有効な措置を講じたときは、この限りでない。(う)(ゐ)(メ)

七　泡消火設備には、非常電源を附置すること。(う)(メ)

本条…一部改正〔昭和四九年七月政令二五二号(う)・五〇年七月二一五号(ゐ)・平成一二年六月三〇四号(タ)・二五年三月八八号(メ)〕

解説【固定式】泡放出口、配管、混合装置、感知装置、加圧装置、貯蔵槽等が固定されている。
【移動式】泡ヘッド、固定泡放出部が泡ノズル、ホース接続口で構成されている。

参照【基準の細部】消則一八【泡消火薬剤の技術上の規格を定める省令】昭和五〇年一二月九日自治省令第二六号

（不活性ガス消火設備に関する基準）(う)(ソ)

第一六条　第十三条に規定するもののほか、不活性ガス消火設備の設置及び維持に関する技術上の基準は、次のとおりとする。(う)(ソ)

一　**全域放出方式**の不活性ガス消火設備の噴射ヘッドは、不燃材料（建築基準法第二条第九号に規定する不燃材料をいう。以下この号において同じ。）で造つた壁、柱、床又は天井（天井のない場合にあつては、はり又は屋根）により区画され、かつ、開口部に自動閉鎖装置（建築基準法第二条第九号の二ロに規定する防火設備（防火戸その他の総務省令で定めるものに限る。）又は不燃材料で造つた戸で不活性ガス消火剤が放射される直前に開口部を自動的に閉鎖する装置をいう。）が設けられている部分に、当該部分の容積及び当該部分にある防護対象物の性質に応じ、標準放射量で当該防護対象物の火災を有効に消火することができるように、総務省令で定めるところにより、必要な個数を適当な位置に設けること。ただし、当該部分から外部に漏れる量以上の量の不活性ガス消火剤を有効に追加して放出することができる設備であるときは、当該開口部の自動閉鎖装置を設けないことができる。（う）（ヨ）（タ）（ソ）

二　**局所放出方式**の不活性ガス消火設備の噴射ヘッドは、防護対象物の形状、構造、性質、数量又は取扱いの方法に応じ、防護対象物に不活性ガス消火剤を直接放射することによつて標準放射量で当該防護対象物の火災を有効に消火することができるように、総務省令で定めるところにより、必要な個数を適当な位置に設けること。（う）（ヨ）（タ）（ソ）

三　**移動式**の不活性ガス消火設備のホース接続口は、すべての防護対象物について、当該防護対象物の各部分から一のホース接続口までの水平距離が十五メートル以下となるように設けること。（う）（ソ）

四　移動式の不活性ガス消火設備のホースの長さは、当該不活性ガス消火設備のホース接続口からの水平距離が十五メートルの範囲内の当該防護対象物の各部分に有効に放射することができる長さとすること。（メ）

五　不活性ガス消火剤容器に貯蔵する不活性ガス消火剤の量は、総務省令で定めるところにより、防護対象物の火災を有効に消火することができる量以上の量となるようにすること。（う）（タ）（ソ）（メ）

六　不活性ガス消火剤容器は、点検に便利で、火災の際の延焼のおそれ及び衝撃による損傷のおそれが少なく、かつ、温度の変化が少ない箇所に設けること。ただし、保護のための有効な措置を講じたときは、この限りでない。（う）（ソ）（メ）

七　全域放出方式又は局所放出方式の不活性ガス消火設備には、非常電源を附置すること。（う）（ソ）（メ）

見出し…改正・本条…一部改正〔昭和四九年七月政令二五二号（う）〕、本条…一部改正〔平成一二年四月政令二一一号（ヨ）・六月三〇四号（タ）〕、見出し…改正・本条…一部改正〔平成一三年一月政令一〇号（ソ）〕、本条…一部改正〔平成二五年三月政令八八号（メ）〕

解説　**【全域放出方式】**火災の発生した室の開口部を原則として閉鎖し、不活性ガスを放出することにより、部屋全体の酸素濃度を低下させて燃焼を停止させるもの

【局所放出方式】不活性ガスを防護対象に直接放射して消火するもの

【移動式】不活性ガス充てん容器に接続されたホース等を人が操作し、直接燃焼実体に不活性ガスを放射して消火するもの

参照　**【基準の細部】**消則一九・一九の二　**【標準放射量】**消則二一

（ハロゲン化物消火設備に関する基準）（う）

第一七条　第十三条に規定するもののほか、ハロゲン化物消火設備の設置及び維持に関する技術上の基準は、次のとおりとする。（う）

一　**全域放出方式又は局所放出方式**のハロゲン化物消火設備の噴射ヘッドの設置は、前条第一号又は第二号に掲げる全域放出方式又は局所放出方式の不活性ガス消火設備の噴射ヘッドの設置の例によるものであること。（う）（ソ）

二　**移動式**のハロゲン化物消火設備のホース接続口は、すべての防護対象物について、当該防護対象物の各部分から一のホース接続

口までの水平距離が二十メートル以下となるように設けること。(う)

三　移動式のハロゲン化物消火設備のホースの長さは、当該ハロゲン化物消火設備のホース接続口からの水平距離が二十メートルの範囲内の当該防護対象物の各部分に有効に放射することができる長さとすること。(メ)

四　ハロゲン化物消火剤容器に貯蔵するハロゲン化物消火剤の量は、総務省令で定めるところにより、防護対象物の火災を有効に消火することができる量以上の量となるようにすること。(う)(タ)(メ)

五　ハロゲン化物消火剤容器及び加圧用容器は、点検に便利で、火災の際の延焼のおそれ及び衝撃による損傷のおそれが少なく、かつ、温度の変化が少ない箇所に設けること。ただし、保護のための有効な措置を講じたときは、この限りでない。(う)(メ)

六　全域放出方式又は局所放出方式のハロゲン化物消火設備には、非常電源を附置すること。(う)(メ)

見出し…改正・本条…一部改正〔昭和四九年七月政令二五二号(う)〕、本条…一部改正〔平成一二年六月政令三〇四号(タ)・一三年一月一〇号(ソ)・二五年三月八八号(メ)〕

解説【全域放出方式、局所放出方式、移動式】不活性ガス消火設備と同様である。

参照【基準の細部】消則二〇

（粉末消火設備に関する基準）

第一八条　第十三条に規定するもののほか、粉末消火設備の設置及び維持に関する技術上の基準は、次のとおりとする。

一　**全域放出方式又は局所放出方式**の粉末消火設備の噴射ヘッドの設置は、第十六条第一号又は第二号に掲げる全域放出方式又は局所放出方式の不活性ガス消火設備の噴射ヘッドの設置の例によるものであること。(う)(ソ)

二　**移動式**の粉末消火設備のホース接続口は、すべての防護対象物について、当該防護対象物の各部分から一のホース接続口までの水平距離が十五メートル以下となるように設けること。

三　移動式の粉末消火設備のホースの長さは、当該粉末消火設備のホース接続口からの水平距離が十五メートルの範囲内の当該防護対象物の各部分に有効に放射することができる長さとすること。(メ)

四　粉末消火剤容器に貯蔵する粉末消火剤の量は、総務省令で定めるところにより、防護対象物の火災を有効に消火することができる量以上の量となるようにすること。(う)(タ)(メ)

五　粉末消火剤容器及び加圧用ガス容器は、点検に便利で、火災の際の延焼のおそれ及び衝撃による損傷のおそれが少なく、かつ、温度の変化が少ない箇所に設けること。ただし、保護のための有効な措置を講じたときは、この限りでない。(う)(メ)

六　全域放出方式又は局所放出方式の粉末消火設備には、非常電源を附置すること。(う)(メ)

本条…一部改正〔昭和四九年七月政令二五二号(う)・平成一二年六月三〇四号(タ)・一三年一月一〇号(ソ)・二五年三月八八号(メ)〕

解説【全域放出方式、局所放出方式、移動式】不活性ガス消火設備と同様である。

参照【基準の細部】消則二一

（屋外消火栓設備に関する基準）(せ)

第一九条　屋外消火栓設備は、別表第一㈠項から㈤項まで、㈦項及び㈥項に掲げる建築物で、床面積（地階を除く階数が一であるものにあつては一階の床面積を、地階を除く階数が二以上であるものにあつては一階及び二階の部分の床面積の合計をいう。第二十七条において同じ。）が、耐火建築物にあつては九千平方メートル以上、準耐火建築物（建築基準法第二条第九号の三に規定する準耐火建築物をいう。以下同じ。）にあつては六千平方メートル以上、その他の建築物にあつては三千平方メートル以上のものについて設置するものとする。(う)(け)(こ)(ハ)

2　同一敷地内にある二以上の別表第一(一)項から(十五)項まで、(十七)項及び(十八)項に掲げる建築物（耐火建築物及び準耐火建築物を除く。）で、当該建築物相互の一階の外壁間の中心線からの水平距離が、一階にあつては三メートル以下、二階にあつては五メートル以下である部分を有するものは、前項の規定の適用については、一の建築物とみなす。(こ)(ハ)

3　前二項に規定するもののほか、屋外消火栓設備の設置及び維持に関する技術上の基準は、次のとおりとする。(せ)

一　屋外消火栓は、建築物の各部分から一のホース接続口までの水平距離が四十メートル以下となるように設けること。(せ)

二　屋外消火栓設備の消防用ホースの長さは、当該屋外消火栓設備のホース接続口からの水平距離が四十メートルの範囲内の当該建築物の各部分に有効に放水することができる長さとすること。(メ)

三　水源は、その水量が屋外消火栓の設置個数（当該設置個数が二を超えるときは、二とする。）に七立方メートルを乗じて得た量以上の量となるように設けること。(ね)(け)(せ)(メ)

四　屋外消火栓設備は、すべての屋外消火栓（設置個数が二を超えるときは、二個の屋外消火栓とする。）を同時に使用した場合に、それぞれのノズルの先端において、放水圧力が〇・二五メガパスカル以上で、かつ、放水量が三百五十リットル毎分以上の性能のものとすること。(ね)(け)(せ)(ヘ)(メ)

五　屋外消火栓及び屋外消火栓設備の放水用器具を格納する箱は、避難の際通路となる場所等屋外消火栓設備の操作が著しく阻害されるおそれのある箇所に設けないこと。(ね)(せ)(メ)

六　屋外消火栓設備には、非常電源を附置すること。(せ)(メ)

4　第一項の建築物にスプリンクラー設備、水噴霧消火設備、泡消火設備、不活性ガス消火設備、ハロゲン化物消火設備、粉末消火設備又は動力消防ポンプ設備を第十二条、第十三条、第十四条、第十五条、第十六条、第十七条、前条若しくは次条に定める技術上の基準に従い、又は当該技術上の基準の例により設置したときは、同項の規定にかかわらず、当該設備の有効範囲内の部分について屋外消火栓設備を設置しないことができる。(う)(ソ)(メ)

三項…一部改正〔昭和四七年一月政令五号(ね)〕、一・四項…一部改正〔昭和四九年七月政令二五二号(う)〕、一・三項…一部改正〔昭和五三年一一月政令三六三号(け)〕、一・二項…一部改正〔昭和五六年一月政令六号(こ)〕、見出し…改正・三項…一部改正〔平成二年五月政令一一九号(せ)〕、一・二項…一部改正〔平成五年五月政令一七〇号(ハ)〕、三項…一部改正〔平成九年三月政令五六号(ヘ)〕、四項…一部改正〔平成一三年一月政令一〇号(ソ)〕、三・四項…一部改正〔平成二五年三月政令八八号(メ)〕

参照　【基準の細目】消則二二

（動力消防ポンプ設備に関する基準）

第二〇条　動力消防ポンプ設備は、次の各号に掲げる防火対象物又はその部分について設置するものとする。

一　第十一条第一項各号（第四号を除く。）に掲げる防火対象物又はその部分(う)

二　前条第一項の建築物

2　第十一条第二項の規定は前項第一号に掲げる防火対象物又はその

部分について、前条第二項の規定は前項第二号に掲げる建築物について準用する。(ね)

3　動力消防ポンプ設備は、法第二十一条の十六の三第一項の技術上の規格として定められた放水量（次項において「規格放水量」という。）が第一項第一号に掲げる防火対象物又はその部分に設置するものにあつては〇・二立方メートル毎分以上、同項第二号に掲げる建築物に設置するものにあつては〇・四立方メートル毎分以上であるものとする。(ね)(ゆ)

4　前三項に規定するもののほか、動力消防ポンプ設備の設置及び維持に関する技術上の基準は、次のとおりとする。

一　動力消防ポンプ設備の水源は、防火対象物の各部分から一の水源までの水平距離が、当該動力消防ポンプの規格放水量が〇・五立方メートル毎分以上のものにあつては百メートル以下、〇・四立方メートル毎分以上〇・五立方メートル毎分未満のものにあつては四十メートル以下、〇・四立方メートル毎分未満のものにあつては二十五メートル以下となるように設けること。

二　動力消防ポンプ設備の消防用ホースの長さは、当該動力消防ポンプ設備の水源からの水平距離が当該動力消防ポンプの規格放水量が〇・五立方メートル毎分以上のものにあつては百メートル、〇・四立方メートル毎分以上〇・五立方メートル毎分未満のものにあつては四十メートル、〇・四立方メートル毎分未満のものにあつては二十五メートルの範囲内の当該防火対象物の各部分に有効に放水することができる長さとすること。(メ)

三　水源は、その水量が当該動力消防ポンプを使用した場合に規格放水量で二十分間放水することができる量（その量が二十立方メートル以上となることとなる場合にあつては、二十立方メートル）以上の量となるように設けること。(メ)

四　動力消防ポンプは、消防ポンプ自動車又は自動車によつて牽(けん)引されるものにあつては水源からの歩行距離が千メートル以内の場所に、その他のものにあつては水源の直近の場所に常置すること。(メ)

5　第一項各号に掲げる防火対象物又はその部分に次の各号に掲げる消火設備をそれぞれ当該各号に定めるところにより設置したときは、同項の規定にかかわらず、当該設備の有効範囲内の部分について動力消防ポンプ設備を設置しないことができる。

一　第一項各号に掲げる防火対象物又はその部分に屋外消火栓設備を前条に定める技術上の基準に従い、又は当該技術上の基準の例により設置したとき。(メ)

二　第一項第一号に掲げる防火対象物の一階又は二階に屋内消火栓設備、スプリンクラー設備、水噴霧消火設備、泡消火設備、不活性ガス消火設備、ハロゲン化物消火設備又は粉末消火設備を第十一条、第十二条、第十三条、第十四条、第十五条、第十六条、第十七条若しくは第十八条に定める技術上の基準に従い、又は当該技術上の基準の例により設置したとき。(う)(ソ)(メ)

三　第一項第二号に掲げる建築物の一階又は二階にスプリンクラー設備、水噴霧消火設備、泡消火設備、不活性ガス消火設備、ハロゲン化物消火設備又は粉末消火設備を第十二条、第十三条、第十四条、第十五条、第十六条、第十七条若しくは第十八条に定める技術上の基準に従い、又は当該技術上の基準の例により設置したとき。(う)(ソ)(メ)

二・三項…全部改正〔昭和四七年一月政令五号(ね)〕、一・五項…一部改正〔昭和四九年七月政令二五二号(う)〕、三項…一部改正〔昭和六一年八月政令二七四号(ゆ)〕、五項…一部改正〔平成一三年一月政令一〇号(ソ)〕、四・五項…一部改正〔平成二五年三月政令八八号(メ)〕

解説　**【動力消防ポンプの技術上の規格】**　昭和六一年一〇月一五日自治省令第二四号により、消防ポンプ自動車、可搬消防ポンプに区分しその基準が定められている。

第三款　警報設備に関する基準

（自動火災報知設備に関する基準）

第二一条　自動火災報知設備は、次に掲げる防火対象物又はその部分に設置するものとする。（け）

一　次に掲げる防火対象物（シ）

イ　別表第一㈡項ニ、㈤項イ、㈥項イ⑴から⑶まで及びロ、(十三)項ロ並びに(十七)項に掲げる防火対象物（シ）（ヒ）

ロ　別表第一㈥項ハに掲げる防火対象物（利用者を入居させ、又は宿泊させるものに限る。）（シ）（ヒ）

二　別表第一㈨項イに掲げる防火対象物で、延べ面積が二百平方メートル以上のもの（ね）（ら）

三　次に掲げる防火対象物で、延べ面積が三百平方メートル以上のもの（シ）

イ　別表第一㈠項、㈡項イからハまで、㈢項、㈣項、㈥項イ⑷及びニ、(十六)項イ並びに(十六の二)項に掲げる防火対象物（シ）（ヒ）

ロ　別表第一㈥項ハに掲げる防火対象物（利用者を入居させ、又は宿泊させるものを除く。）（シ）（ヒ）

四　別表第一㈤項ロ、㈦項、㈧項、㈨項ロ、㈩項、(十二)項、(十三)項イ及び(十四)項に掲げる防火対象物で、延べ面積が五百平方メートル以上のもの（わ）（ね）（ら）

五　別表第一(十六の三)項に掲げる防火対象物のうち、延べ面積が五百平方メートル以上で、かつ、同表㈠項から㈣項まで、㈤項イ、㈥項又は㈨項イに掲げる防火対象物の用途に供される部分の床面積の合計が三百平方メートル以上のもの（け）（こ）（ネ）

六　別表第一(十一)項及び(十五)項に掲げる防火対象物で、延べ面積が千平方メートル以上のもの（ら）（け）

七　前各号に掲げる防火対象物以外の別表第一に掲げる防火対象物のうち、同表㈠項から㈣項まで、㈤項イ、㈥項又は㈨項イに掲げる防火対象物の用途に供される部分が避難階以外の階に存する防火対象物で、当該避難階以外の階から避難階又は地上に直通する階段が二（当該階段が屋外に設けられ、又は総務省令で定める避難上有効な構造を有する場合にあつては、一）以上設けられていないもの（ネ）（エ）

八　前各号に掲げる防火対象物以外の別表第一に掲げる建築物その他の工作物で、指定可燃物を危険物の規制に関する政令別表第四で定める数量の五百倍以上貯蔵し、又は取り扱うもの（ね）（ら）（け）（ひ）（エ）

九　別表第一(十六の二)項に掲げる防火対象物（第三号及び前二号に掲げるものを除く。）の部分で、次に掲げる防火対象物の用途に供されるもの（シ）

イ　別表第一㈡項ニ、㈤項イ並びに㈥項イ⑴から⑶まで及びロに掲げる防火対象物（シ）（ヒ）

ロ　別表第一㈥項ハに掲げる防火対象物（利用者を入居させ、又は宿泊させるものに限る。）（シ）（ヒ）

十　別表第一㈡項イからハまで、㈢項及び(十六)項イに掲げる防火対象物（第三号、第七号及び第八号に掲げるものを除く。）の地階又は無窓階（同表(十六)項イに掲げる防火対象物の地階又は無窓階にあつては、同表㈡項又は㈢項に掲げる防火対象物の用途に供される部分が存するものに限る。）で、床面積が百平方メートル（同表(十六)項イに掲げる防火対象物の地階又は無窓階にあつては、当該用途に供される部分の床面積の合計が百平方メートル）以上のもの（け）（エ）

十一　前各号に掲げるもののほか、別表第一に掲げる建築物の地階、無窓階又は三階以上の階で、床面積が三百平方メートル以上

のもの(ら)(け)(エ)

十二　前各号に掲げるもののほか、別表第一に掲げる防火対象物の道路の用に供される部分で、床面積が、屋上部分にあつては六百平方メートル以上、それ以外の部分にあつては四百平方メートル以上のもの(せ)(エ)

十三　前各号に掲げるもののほか、別表第一に掲げる防火対象物の地階又は二階以上の階のうち、駐車の用に供する部分の存する階（駐車するすべての車両が同時に屋外に出ることができる構造の階を除く。）で、当該部分の床面積が二百平方メートル以上のもの(う)(け)(せ)(エ)

十四　前各号に掲げるもののほか、別表第一に掲げる防火対象物の十一階以上の階(ら)(せ)(エ)

十五　前各号に掲げるもののほか、別表第一に掲げる防火対象物の通信機器室で床面積が五百平方メートル以上のもの(け)(せ)(エ)

2　前項に規定するもののほか、自動火災報知設備の設置及び維持に関する技術上の基準は、次のとおりとする。(わ)

一　自動火災報知設備の警戒区域（火災の発生した区域を他の区域と区別して識別することができる最小単位の区域をいう。次号において同じ。）は、防火対象物の二以上の階にわたらないものとすること。ただし、総務省令で定める場合は、この限りでない。(ち)(け)(せ)(タ)

二　一の警戒区域の面積は、六百平方メートル以下とし、その一辺の長さは、五十メートル以下（別表第三に定める光電式分離型感知器を設置する場合にあつては、百メートル以下）とすること。ただし、当該防火対象物の主要な出入口からその内部を見通すことができる場合にあつては、その面積を千平方メートル以下とすることができる。(け)(あ)(ひ)

三　自動火災報知設備の感知器は、総務省令で定めるところにより、天井又は壁の屋内に面する部分及び天井裏の部分（天井のない場合にあつては、屋根又は壁の屋内に面する部分）に、有効に火災の発生を感知することができるように設けること。ただし、特定主要構造部を耐火構造とした建築物にあつては、天井裏の部分に設けないことができる。(せ)(タ)(る)

四　自動火災報知設備には、非常電源を附置すること。(わ)

3　第一項各号に掲げる防火対象物又はその部分（総務省令で定めるものを除く。）にスプリンクラー設備、水噴霧消火設備又は泡（あわ）消火設備（いずれも総務省令で定める閉鎖型スプリンクラーヘッドを備えているものに限る。）を第十二条、第十三条、第十四条若しくは第十五条に定める技術上の基準に従い、又は当該技術上の基準の例により設置したときは、同項の規定にかかわらず、当該設備の有効範囲内の部分について自動火災報知設備を設置しないことができる。(わ)(タ)

三項…一部改正〔昭和四一年一二月政令三七九号(ち)〕、一項…一部改正・二項…削除・旧三・四項…一部改正し二・三項に繰上〔昭和四四年三月政令一八号(わ)〕、一項…一部改正〔昭和四五年一二月政令三三三号(れ)・四七年一月五号(ね)・一二月四一一号(ら)・四九年七月二五二号(う)〕、一・二項…一部改正〔昭和五三年一一月政令三六三号(け)〕、一項…一部改正〔昭和五六年一月政令六号(こ)〕、二項…一部改正〔昭和五九年九月政令二七六号(あ)〕、一・二項…一部改正〔昭和六三年一二月政令三五八号(ひ)・平成二年五月一一九号(せ)〕、二・三項…一部改正〔平成一二年六月政令三〇四号(タ)〕、一項…一部改正〔平成一四年八月政令二七四号(ネ)・一九年六月一七九号(コ)・二〇年七月二一五号(エ)・二五年一二月三六八号(シ)・二六年一〇月三三三号(ヒ)〕、二項…一部改正〔令和六年一月政令七号(る)〕

参照　【避難上有効な構造】消則四の二の三【無窓階】消則五の三【警戒区域が二以上の階にわたって良い場合】消則二三①【総務省令で定めるもの】消則二三②【総務省令で定めるスプリンクラーヘッド】消則二三③【感知器の設置等】消則二三④～⑧【中継器】消則二三⑨【基準の細目】消則二四【維持基準】消則二四の二

（ガス漏れ火災警報設備に関する基準）

第二一条の二　ガス漏れ火災警報設備は、次に掲げる防火対象物又はその部分（総務省令で定めるものを除く。）に設置するものとする。(こ)(タ)

一　別表第一(十六の二)項に掲げる防火対象物で、延べ面積が千平方メートル以上のもの(こ)

二　別表第一(十六の三)項に掲げる防火対象物のうち、延べ面積が千平方メートル以上で、かつ、同表㈠項から㈣項まで、㈤項イ、㈥項又は㈨項イに掲げる防火対象物の用途に供される部分の床面積の合計が五百平方メートル以上のもの(こ)

三　前二号に掲げる防火対象物以外の別表第一に掲げる建築物その他の工作物（収容人員が総務省令で定める数に満たないものを除く。）で、その内部に、温泉の採取のための設備で総務省令で定めるもの（温泉法（昭和二十三年法律第百二十五号）第十四条の五第一項の確認を受けた者が当該確認に係る温泉の採取の場所において温泉を採取するための設備を除く。）が設置されているもの(エ)

四　別表第一㈠項から㈣項まで、㈤項イ、㈥項及び㈨項イに掲げる防火対象物（前号に掲げるものを除く。）の地階で、床面積の合計が千平方メートル以上のもの(こ)(エ)

五　別表第一(十六)項イに掲げる防火対象物（第三号に掲げるものを除く。）の地階のうち、床面積の合計が千平方メートル以上で、かつ、同表㈠項から㈣項まで、㈤項イ、㈥項又は㈨項イに掲げる防火対象物の用途に供される部分の床面積の合計が五百平方メートル以上のもの(こ)(エ)

2　前項に規定するもののほか、ガス漏れ火災警報設備の設置及び維持に関する技術上の基準は、次のとおりとする。(こ)

一　ガス漏れ火災警報設備の警戒区域（ガス漏れの発生した区域を他の区域と区別して識別することができる最小単位の区域をいう。次号において同じ。）は、防火対象物の二以上の階にわたらないものとすること。ただし、総務省令で定める場合は、この限りでない。(こ)(せ)(タ)

二　一の警戒区域の面積は、六百平方メートル以下とすること。ただし、総務省令で定める場合は、この限りでない。(こ)(タ)

三　ガス漏れ火災警報設備のガス漏れ検知器は、総務省令で定めるところにより、有効にガス漏れを検知することができるように設けること。(こ)(タ)

四　ガス漏れ火災警報設備には、非常電源を附置すること。(こ)

本条…追加〔昭和五六年一月政令六号(こ)〕、二項…一部改正〔平成二年五月政令一一九号(せ)〕、一・二項…一部改正〔平成一二年六月政令三〇四号(タ)〕、一項…一部改正〔平成二〇年七月政令二一五号(エ)〕

参照　【ガス漏れ火災警報設備の設置を要しない防火対象物等】消則二四の二の二①（二重否定に注意）【収容人員】消則二四の二の二②【温泉の採取のための設備】消則二四の二の二③【警戒区域が二の階にわたって良い場合】消則二四の二の二④【警戒区域が六百平方メートルを超えて良い場合】消則二四の二の二⑤【基準の細目】消則二四の二の三【維持基準】消則二四の二の四【ガス漏れ検知器並びに液化石油ガスを検知対象とするガス漏れ火災警報設備に使用する中継器及び受信機の基準】昭和五六年六月二〇日消防庁告示第二号

（漏電火災警報器に関する基準）(ね)

第二二条　漏電火災警報器は、次に掲げる防火対象物で、間柱若しくは下地を準不燃材料（建築基準法施行令第一条第五号に規定する準不燃材料をいう。以下この項において同じ。）以外の材料で造つた鉄網入りの壁、根太若しくは下地を準不燃材料以外の材料で造つた鉄網入りの床又は天井野縁若しくは下地を準不燃材料以外の材料で造つた鉄網入りの天井を有するものに設置するものとする。(は)(わ)(ね)(う)(ヨ)

一　別表第一㈦項に掲げる建築物(は)
二　別表第一㈤項及び㈨項に掲げる建築物で、延べ面積が百五十平方メートル以上のもの(は)
三　別表第一㈠項から㈣項まで、㈥項、(十二)項及び(十六の二)項に掲げる防火対象物で、延べ面積が三百平方メートル以上のもの(は)(う)
四　別表第一㈦項、㈧項、㈩項及び(十一)項に掲げる建築物で、延べ面積が五百平方メートル以上のもの(は)
五　別表第一(十四)項及び(十五)項に掲げる建築物で、延べ面積が千平方メートル以上のもの(は)
六　別表第一(十六)項イに掲げる防火対象物のうち、延べ面積が五百平方メートル以上で、かつ、同表㈠項から㈣項まで、㈤項イ、㈥項又は㈨項イに掲げる防火対象物の用途に供される部分の床面積の合計が三百平方メートル以上のもの(ら)
七　前各号に掲げるもののほか、別表第一㈠項から㈥項まで、(十五)項及び(十六)項に掲げる建築物で、当該建築物における契約電流容量(同一建築物で契約種別の異なる電気が供給されているものにあつては、そのうちの最大契約電流容量)が五十アンペアを超えるもの(わ)(ら)(う)

2　前項の漏電火災警報器は、建築物の屋内電気配線に係る火災を有効に感知することができるように設置するものとする。(ね)(ホ)

一項…全部改正〔昭和三八年一二月政令三八〇号(は)〕、一部改正〔昭和四四年三月政令一八号(わ)〕、見出し…改正・一・二項…一部改正〔昭和四七年一月政令五号(ね)〕、一項…一部改正〔昭和四七年一二月政令四一一号(ら)・四九年七月二五二号(う)〕、二項…一部改正〔平成八年二月政令二〇号(ほ)〕、一項…一部改正〔平成一二年四月政令二一一号(ヨ)〕

解説
【間柱】壁下地材を取り付ける為の柱と柱の間に建てる小柱
【根太】床板を受ける横木
【野縁】天井下地を張るために組む角材
【契約電流容量】電気事業者と防火対象物関係者との間で契約した電流

参照　【漏電火災警報器に係る技術上の規格を定める省令】平成二五年三月二七日総務省令第二四号　【基準の細目】消則二四の三

（消防機関へ通報する火災報知設備に関する基準）

第二三条　消防機関へ通報する火災報知設備は、次に掲げる防火対象物に設置するものとする。ただし、消防機関から著しく離れた場所その他総務省令で定める場所にある防火対象物にあつては、この限りでない。(こ)(タ)
一　別表第一㈥項イ⑴から⑶まで及びロ、(十六の二)項並びに(十六の三)項に掲げる防火対象物(う)(こ)(コ)(ヒ)
二　別表第一㈠項、㈡項、㈣項、㈤項イ、㈥項イ⑷、ハ及びニ、(十二)項並びに(十七)項に掲げる防火対象物で、延べ面積が五百平方メートル以上のもの(う)(コ)(ヒ)
三　別表第一㈢項、㈤項ロ、㈦項から(十一)項まで及び(十三)項から(十五)項までに掲げる防火対象物で、延べ面積が千平方メートル以上のもの(う)

2　前項の火災報知設備は、当該火災報知設備の種別に応じ総務省令で定めるところにより、設置するものとする。(わ)(そ)(う)(ホ)(タ)

3　第一項各号に掲げる防火対象物（同項第一号に掲げる防火対象物で別表第一㈥項イ⑴から⑶まで及びロに掲げるもの並びに第一項第二号に掲げる防火対象物で同表㈤項イ並びに㈥項イ⑷及びハに掲げるものを除く。）に消防機関へ常時通報することができる電話を設置したときは、第一項の規定にかかわらず、同項の火災報知設備を設置しないことができる。(わ)(ホ)(コ)(ヒ)

二項…削除・旧三項…一部改正し二項に繰上・旧四項…三項に繰上〔昭和四四年三月政令一八号(わ)〕、二項…一部改正〔昭和四五年一二月政令三四八号(そ)〕、一・二項…一部改正〔昭和四九年七月政令二五二号(う)〕、一項…一部改正〔昭和五六年一月政令六号(こ)〕、二・三項…一部改正〔平成八年二月政令二〇号(ホ)〕、一・二項…一部改正〔平成一二年六月政令三〇四号(タ)〕、一・三項…一部改正〔平成一九年六月政令一七九号(コ)・二六年一〇月三三三号(ヒ)〕

参照 【基準の細部】消則二五【火災報知設備の感知器及び発信機に係る技術上の規格を定める省令】昭和五六年六月二〇日自治省令第一七号【受信機に係る技術上の規格を定める省令】昭和五六年六月二〇日自治省令第一九号

（非常警報器具又は非常警報設備に関する基準）

第二四条 非常警報器具は、別表第一㈣項、㈥項ロ、ハ及びニ、㈨項ロ並びに(十二)項に掲げる防火対象物で収容人員が二十人以上五十人未満のもの（次項に掲げるものを除く。）に設置するものとする。ただし、これらの防火対象物に自動火災報知設備又は非常警報設備が第二十一条若しくは第四項に定める技術上の基準に従い、又は当該技術上の基準の例により設置されているときは、当該設備の有効範囲内の部分については、この限りでない。(わ)(ね)(コ)

2 非常ベル、自動式サイレン又は放送設備は、次に掲げる防火対象物（次項の適用を受けるものを除く。）に設置するものとする。ただし、これらの防火対象物に自動火災報知設備が第二十一条に定める技術上の基準に従い、又は当該技術上の基準の例により設置されているときは、当該設備の有効範囲内の部分については、この限りでない。(わ)(ね)

一 別表第一㈤項イ、㈥項イ及び㈨項イに掲げる防火対象物で、収容人員が二十人以上のもの(ね)

二 前号に掲げる防火対象物以外の別表第一㈠項から㈦項までに掲げる防火対象物で、収容人員が五十人以上のもの又は地階及び無窓階の収容人員が二十人以上のもの(ね)

3 非常ベル及び放送設備又は自動式サイレン及び放送設備は、次に掲げる防火対象物に設置するものとする。(わ)

一 別表第一(十六の二)項及び(十六の三)項に掲げる防火対象物(う)(こ)

二 別表第一に掲げる防火対象物（前号に掲げるものを除く。）で、地階を除く階数が十一以上のもの又は地階の階数が三以上のもの(う)

三 別表第一(十六)項イに掲げる防火対象物で、収容人員が五百人以上のもの(ら)(う)

四 前二号に掲げるもののほか、別表第一㈠項から㈣項まで、㈤項イ、㈥項及び㈨項イに掲げる防火対象物で収容人員が三百人以上のもの又は同表㈤項ロ、㈦項及び㈧項に掲げる防火対象物で収容人員が八百人以上のもの(わ)(ら)(う)

4 前三項に規定するもののほか、非常警報器具又は非常警報設備の設置及び維持に関する技術上の基準は、次のとおりとする。(わ)

一 非常警報器具又は非常警報設備は、当該防火対象物の全区域に火災の発生を有効に、かつ、すみやかに報知することができるように設けること。

二 非常警報器具又は非常警報設備の起動装置は、多数の者の目にふれやすく、かつ、火災に際しすみやかに操作することができる箇所に設けること。

三 非常警報設備には、非常電源を附置すること。(わ)

5 第三項各号に掲げる防火対象物のうち自動火災報知設備又は総務省令で定める放送設備が第二十一条若しくは前項に定める技術上の基準に従い、又は当該技術上の基準の例により設置されているものについては、第三項の規定にかかわらず、当該設備の有効範囲内の

部分について非常ベル又は自動式サイレンを設置しないことができる。(わ)(タ)

〔一項…全部改正・二・三・五項…追加・旧二項…一部改正し四項に繰下〔昭和四四年三月政令一八号(わ)〕、一・二項…一部改正〔昭和四七年一月政令五号(ね)〕、三項…一部改正〔昭和四七年一二月政令四一一号(ら)・四九年七月二五二号(う)・五六年一月六号(こ)〕、五項…一部改正〔平成一二年六月政令三〇四号(タ)〕、一項…一部改正〔平成一九年六月政令一七九号(コ)〕〕

解説 【非常警報器具】警鐘、手動式サイレン、携帯用拡声器等

【非常警報設備】①非常ベル　②自動式サイレン　③放送設備をいう。構造及び性能については、昭和四八年消防庁告示第六号で示されている。

参照 【収容人員】消則一の三　【無窓階】消則五の三　【基準の細部】消則二五の二

第四款　避難設備に関する基準

（避難器具に関する基準）

第二五条　避難器具は、次に掲げる防火対象物の階（避難階及び十一階以上の階を除く。）に設置するものとする。(へ)(を)(れ)(け)(さ)(ネ)

一　別表第一㈥項に掲げる防火対象物の二階以上の階又は地階で、収容人員が二十人（下階に同表㈠項から㈣項まで、㈨項、(十二)項イ、(十三)項イ、(十四)項又は(十五)項に掲げる防火対象物が存するものにあつては、十人）以上のもの(ち)

二　別表第一㈤項に掲げる防火対象物の二階以上の階又は地階で、収容人員が三十人（下階に同表㈠項から㈣項まで、㈨項、(十二)項イ、(十三)項イ、(十四)項又は(十五)項に掲げる防火対象物が存するものにあつては、十人）以上のもの(ち)

三　別表第一㈠項から㈣項まで及び㈦項から(十一)項までに掲げる防火対象物の二階以上の階（特定主要構造部を耐火構造とした建築物の二階を除く。）又は地階で、収容人員が五十人以上のもの(ち)(る)

四　別表第一(十二)項及び(十五)項に掲げる防火対象物の三階以上の階又は地階で、収容人員が、三階以上の無窓階又は地階にあつては百人以上、その他の階にあつては百五十人以上のもの(ち)

五　前各号に掲げるもののほか、別表第一に掲げる防火対象物の三階（同表㈡項及び㈢項に掲げる防火対象物並びに同表(十六)項イに掲げる防火対象物で二階に同表㈡項又は㈢項に掲げる防火対象物の用途に供される部分が存するものにあつては、二階）以上の階のうち、当該階（当該階に総務省令で定める避難上有効な開口部を有しない壁で区画されている部分が存する場合にあつては、その区画された部分）から避難階又は地上に直通する階段が二以上設けられていない階で、収容人員が十人以上のもの(ら)(け)(ネ)

2　前項に規定するもののほか、避難器具の設置及び維持に関する技術上の基準は、次のとおりとする。

一　前項各号に掲げる階には、次の表において同項各号の防火対象物の区分に従いそれぞれの階に適応するものとされる避難器具のいずれかを、同項第一号、第二号及び第五号に掲げる階にあつては、収容人員が百人以下のときは一個以上、百人を超えるときは一個に百人までを増すごとに一個を加えた個数以上、同項第三号に掲げる階にあつては、収容人員が二百人以下のときは一個以上、二百人を超えるときは一個に二百人までを増すごとに一個を加えた個数以上、同項第四号に掲げる階にあつては、収容人員が三百人以下のときは一個以上、三百人を超えるときは一個に三百人までを増すごとに一個を加えた個数以上設置すること。ただし、当該防火対象物の位置、構造又は設備の状況により避難上支障がないと認められるときは、総務省令で定めるところにより、

その設置個数を減少し、又は避難器具を設置しないことができる。（ち）（ら）（け）（さ）（タ）

防火対象物＼階	地階	二階	三階	四階又は五階	六階以上の階
前項第一号の防火対象物	避難はしご 避難用タラップ	滑り台 避難はしご 救助袋 緩降機 避難橋 避難用タラップ	滑り台 救助袋 緩降機 避難橋	滑り台 救助袋 緩降機 避難橋	滑り台 救助袋 避難橋
前項第二号及び第三号の防火対象物	避難はしご 避難用タラップ	滑り台 避難はしご 救助袋 緩降機 避難橋 滑り棒 避難ロープ 避難用タラップ	滑り台 避難はしご 救助袋 緩降機 避難橋 避難用タラップ	滑り台 避難はしご 救助袋 緩降機 避難橋	滑り台 避難はしご 救助袋 緩降機 避難橋
前項第四号の防火対象物	避難はしご 避難用タラップ		滑り台 避難はしご 救助袋 緩降機 避難橋 避難用タラップ	滑り台 避難はしご 救助袋 緩降機 避難橋	滑り台 避難はしご 救助袋 緩降機 避難橋
前項第五号の防火対象物		滑り台 避難はしご 救助袋 緩降機 避難橋 滑り棒 避難ロープ 避難用タラップ	滑り台 避難はしご 救助袋 緩降機 避難橋 避難用タラップ	滑り台 避難はしご 救助袋 緩降機 避難橋	滑り台 避難はしご 救助袋 緩降機 避難橋

二　避難器具は、避難に際して容易に接近することができ、階段、避難口その他の避難施設から適当な距離にあり、かつ、当該器具を使用するについて安全な構造を有する開口部に設置すること。

三　避難器具は、前号の開口部に常時取り付けておくか、又は必要に応じて速やかに当該開口部に取り付けることができるような状態にしておくこと。（け）

〔一項…一部改正〔昭和四一年四月政令一一七号(へ)〕、一・二項…一部改正〔昭和四一年一二月政令三七九号(ち)〕、一項…一部改正〔昭和四四年一月政令八号(を)・四五年一二月政令三三三号(れ)〕、一・二項…一部改正〔昭和四七年一二月政令四一一号(ら)・五三年一二月政令三六三号(け)・五九年一一月三三五号(さ)〕、二項…一部改正〔平成一二年六月政令三〇四号(タ)〕、一項…一部改正〔平成一四年八月政令二七四号(ネ)・令和六年一月七号(る)〕〕

解説　【避難階】直接地上に通ずる出入口のある階

参照　【収容人員】消則一の三【避難上有効な開口部】消則四の二の二【避難器具の設置個数の減免】消則二六【基準の細目】消則二七【無窓階】消則五の三【金属製避難はしごの技術上の規格を定める省令】昭和四〇年一月一二日自治省令第三号【避難器具の基準】昭和五三年三月一三日消防庁告示第一号【緩降機の技術上の規格を定める省令】平成六年一月一七日自治省令第二号

（誘導灯及び誘導標識に関する基準）

第二六条　誘導灯及び誘導標識は、次の各号に掲げる区分に従い、当該各号に定める防火対象物又はその部分に設置するものとする。た

だし、避難が容易であると認められるもので総務省令で定めるものについては、この限りでない。(に)(わ)(タ)

一　**避難口誘導灯**　別表第一㈠項から㈣項まで、㈤項イ、㈥項、㈨項、(十六)項イ、(十六の二)項及び(十六の三)項に掲げる防火対象物並びに同表㈤項ロ、㈦項、㈧項、㈩項から(十五)項まで及び(十六)項ロに掲げる防火対象物の地階、無窓階及び十一階以上の部分(に)(わ)(ら)(う)(こ)

二　**通路誘導灯**　別表第一㈠項から㈣項まで、㈤項イ、㈥項、㈨項、(十六)項イ、(十六の二)項及び(十六の三)項に掲げる防火対象物並びに同表㈤項ロ、㈦項、㈧項、㈩項から(十五)項まで及び(十六)項ロに掲げる防火対象物の地階、無窓階及び十一階以上の部分(に)(わ)(ら)(う)(こ)

三　**客席誘導灯**　別表第一㈠項に掲げる防火対象物並びに同表(十六)項イ及び(十六の二)項に掲げる防火対象物の部分で、同表㈠項に掲げる防火対象物の用途に供されるもの(ら)(う)

四　**誘導標識**　別表第一㈠項から(十六)項までに掲げる防火対象物(わ)(ら)

2　前項に規定するもののほか、誘導灯及び誘導標識の設置及び維持に関する技術上の基準は、次のとおりとする。

一　避難口誘導灯は、避難口である旨を表示した緑色の灯火とし、防火対象物又はその部分の避難口に、避難上有効なものとなるように設けること。(に)(ヲ)

二　通路誘導灯は、避難の方向を明示した緑色の灯火とし、防火対象物又はその部分の廊下、階段、通路その他避難上の設備がある場所に、避難上有効なものとなるように設けること。ただし、階段に設けるものにあつては、避難上有効なものとなるように設けることを要しない。(に)(ヲ)

三　客席誘導灯は、客席に、総務省令で定めるところにより計つた客席の照度が〇・二ルクス以上となるように設けること。(タ)

四　誘導灯には、非常電源を附置すること。(に)(わ)

五　誘導標識は、避難口である旨又は避難の方向を明示した緑色の標識とし、多数の者の目に触れやすい箇所に、避難上有効なものとなるように設けること。(に)(ら)(ヲ)

3　第一項第四号に掲げる防火対象物又はその部分に避難口誘導灯又は通路誘導灯を前項に定める技術上の基準に従い、又は当該技術上の基準の例により設置したときは、第一項の規定にかかわらず、これらの誘導灯の有効範囲内の部分について誘導標識を設置しないことができる。(わ)(ら)

〔一・二項…一部改正〔昭和三九年七月政令二二三号(に)〕、一・二項…一部改正・三項…追加〔昭和四四年三月政令一八号(わ)〕、一―三項…一部改正〔昭和四七年一二月政令四一一号(ら)〕、一項…一部改正〔昭和四九年七月政令二五二号(う)・五六年一月六号(こ)〕二項…一部改正〔平成一一年三月政令第四二号(ヲ)〕、一・二項…一部改正〔平成一二年六月政令三〇四号(タ)〕〕

解説　【避難口誘導灯】有効に避難できる出入口等である旨を表示した緑色の灯火

【通路誘導灯】火災時に安全に避難できるよう、一定の照度を与え、また避難の方向を明示した緑色の灯火等。「室内通路誘導灯」「廊下通路誘導灯」「階段通路誘導灯」がある。

【客席誘導灯】客席の床面に避難上有効な照度を与えるため客席の通路に設ける灯火

【誘導標識】避難の方向又は避難口を表示した標識板

参照　【客席誘導灯の照度の測定方法】消則二八【設置を要しない防火対象物】消則二八の二【基準の細目】消則二八の三【誘導灯及び誘導標識の基準】平成一一年三月一七日消防庁告示第二号

第五款　消防用水に関する基準

（消防用水に関する基準）

第二七条　消防用水は、次に掲げる建築物について設置するものとする。(に)(こ)

一　別表第一(一)項から(十五)項まで、(十七)項及び(十八)項に掲げる建築物で、その敷地の面積が二万平方メートル以上あり、かつ、その床面積が、耐火建築物にあつては一万五千平方メートル以上、準耐火建築物にあつては一万平方メートル以上、その他の建築物にあつては五千平方メートル以上のもの（次号に掲げる建築物を除く。）(に)(う)(こ)(ハ)

二　別表第一に掲げる建築物で、その高さが三十一メートルを超え、かつ、その延べ面積（地階に係るものを除く。以下この条において同じ。）が二万五千平方メートル以上のもの(に)(こ)

2　同一敷地内に別表第一(一)項から(十五)項まで、(十七)項及び(十八)項に掲げる建築物（高さが三十一メートルを超え、かつ、延べ面積が二万五千平方メートル以上の建築物を除く。以下この項において同じ。）が二以上ある場合において、これらの建築物が、当該建築物相互の一階の外壁間の中心線からの水平距離が、一階にあつては三メートル以下、二階にあつては五メートル以下である部分を有するものであり、かつ、これらの建築物の床面積を、耐火建築物にあつては一万五千平方メートル、準耐火建築物にあつては一万平方メートル、その他の建築物にあつては五千平方メートルでそれぞれ除した商の和が一以上となるものであるときは、これらの建築物は、前項の規定の適用については、一の建築物とみなす。(に)(こ)(ハ)

3　前二項に規定するもののほか、消防用水の設置及び維持に関する技術上の基準は、次のとおりとする。

一　消防用水は、その有効水量（地盤面下に設けられている消防用水にあつては、その設けられている地盤面の高さから四・五メートル以内の部分の水量をいう。以下この条において同じ。）の合計が、第一項第一号に掲げる建築物にあつてはその床面積を、同項第二号に掲げる建築物にあつてはその延べ面積を建築物の区分に従い次の表に定める面積で除した商（一未満のはしたの数は切り上げるものとする。）を二十立方メートルに乗じた量以上の量となるように設けること。この場合において、当該消防用水が流水を利用するものであるときは、〇・八立方メートル毎分の流量を二十立方メートルの水量に換算するものとする。(に)(ハ)

建築物の区分		面積
第一項第一号に掲げる建築物	耐火建築物	七千五百平方メートル
	準耐火建築物	五千平方メートル
	その他の建築物	二千五百平方メートル
第一項第二号に掲げる建築物		一万二千五百平方メートル

二　消防用水は、建築物の各部分から一の消防用水までの水平距離が百メートル以下となるように設けるとともに、一個の消防用水の有効水量は、二十立方メートル未満（流水の場合は、〇・八立方メートル毎分未満）のものであつてはならないものとすること。

三　消防用水の吸管を投入する部分の水深は、当該消防用水について、所要水量のすべてを有効に吸い上げることができる深さであるものとすること。

四　消防用水は、消防ポンプ自動車が二メートル以内に接近することができるように設けること。

五　防火水槽には、適当の大きさの吸管投入孔を設けること。(ハ)

一項…全部改正・一・二・三項…一部改正〔昭和三九年七月政令二二三号

（に）〕、一項…一部改正〔昭和四九年七月政令二五二号（う）〕、一・二項…一部改正〔平成五年五月政令一七〇号（ハ）〕

解説　【吸管】動力消防ポンプの吸水口に接続して用いる吸水導管
【吸管投入孔】六〇センチメートル四方以上。直径六〇センチメートル以上

第六款　消火活動上必要な施設に関する基準

（**排煙設備に関する基準**）

第二八条　排煙設備は、次に掲げる防火対象物又はその部分に設置するものとする。（う）

一　別表第一（十六の二）項に掲げる防火対象物で、延べ面積が千平方メートル以上のもの（う）

二　別表第一㈠項に掲げる防火対象物の舞台部で、床面積が五百平方メートル以上のもの（う）（ヲ）

三　別表第一㈡項、㈣項、㈩項及び㈫項に掲げる防火対象物の地階又は無窓階で、床面積が千平方メートル以上のもの（う）

２　前項に規定するもののほか、排煙設備の設置及び維持に関する技術上の基準は、次のとおりとする。

一　排煙設備は、前項各号に掲げる防火対象物又はその部分の用途、構造又は規模に応じ、火災が発生した場合に生ずる煙を有効に排除することができるものであること。（う）

二　排煙設備には、手動起動装置又は火災の発生を感知した場合に作動する自動起動装置を設けること。（ヲ）

三　排煙設備の排煙口、風道その他煙に接する部分は、煙の熱及び成分によりその機能に支障を生ずるおそれのない材料で造ること。（ヲ）

四　排煙設備には、非常電源を附置すること。

３　第一項各号に掲げる防火対象物又はその部分のうち、排煙上有効な窓等の開口部が設けられている部分その他の消火活動上支障がないものとして総務省令で定める部分には、同項の規定にかかわらず、排煙設備を設置しないことができる。（う）（ヲ）（タ）

一—三項…一部改正〔昭和四九年七月政令二五二号（う）・平成一一年三月四二号（ヲ）〕、三項…一部改正〔平成一二年六月政令三〇四号（タ）〕

参照　【無窓階】消則五の三　【排煙設備の設置を要しない部分】消則二九
【基準の細目】消則三〇

（**連結散水設備に関する基準**）

第二八条の二　連結散水設備は、別表第一㈠項から㈯項まで、（十六の二）項及び㈦項に掲げる防火対象物で、地階の床面積の合計（同表（十六の二）項に掲げる防火対象物にあつては、延べ面積）が七百平方メートル以上のものに設置するものとする。（ね）（う）（こ）

２　前項に規定するもののほか、連結散水設備の設置及び維持の技術上の基準は、次のとおりとする。（ね）

一　散水ヘッドは、前項の防火対象物の地階の部分のうち総務省令で定める部分の天井又は天井裏に、総務省令で定めるところにより設けること。（ね）（タ）

二　送水口は、消防ポンプ自動車が容易に接近できる位置に設けること。（ね）

３　第一項の防火対象物に送水口を附置したスプリンクラー設備、水噴霧消火設備、泡消火設備、不活性ガス消火設備、ハロゲン化物消火設備又は粉末消火設備を第十二条、第十三条、第十四条、第十五条、第十六条、第十七条若しくは第十八条の技術上の基準に従い、又は当該技術上の基準の例により設置したときは、同項の規定にかかわらず、当該設備の有効範囲内の部分について連結散水設備を設

置しないことができる。（ね）（う）（ソ）

4　第一項の防火対象物に連結送水管を次条の技術上の基準に従い、又は当該技術上の基準の例により設置したときは、消火活動上支障がないものとして総務省令で定める防火対象物の部分には、同項の規定にかかわらず、連結散水設備を設置しないことができる。（ヲ）（タ）

本条…追加〔昭和四七年一月政令五号（ね）〕、一・三項…一部改正〔昭和四九年七月政令二五二号（う）〕、一項…一部改正〔昭和五六年一月政令六号（こ）〕、四項…追加〔平成一一年三月政令四二号（ヲ）〕、二・四項…一部改正〔平成一二年六月政令三〇四号（タ）〕、三項…一部改正〔平成一三年一月政令一〇号（ソ）〕

参照　【連結散水設備の散水ヘッドを設ける部分】消則三〇の二【設置を要しない部分】消則三〇の二の二【基準の細目】消則三〇の三

（連結送水管に関する基準）

第二九条　連結送水管は、次の各号に掲げる防火対象物に設置するものとする。

一　別表第一に掲げる建築物で、地階を除く階数が七以上のもの

二　前号に掲げるもののほか、地階を除く階数が五以上の別表第一に掲げる建築物で、延べ面積が六千平方メートル以上のもの

三　別表第一(十六の二)項に掲げる防火対象物で、延べ面積が千平方メートル以上のもの（う）

四　別表第一(十八)項に掲げる防火対象物（う）

五　前各号に掲げるもののほか、別表第一に掲げる防火対象物で、道路の用に供される部分を有するもの（せ）

2　前項に規定するもののほか、連結送水管の設置及び維持に関する技術上の基準は、次のとおりとする。

一　放水口は、次に掲げる防火対象物又はその階若しくはその部分ごとに、当該防火対象物又はその階若しくはその部分のいずれの場所からも一の放水口までの水平距離がそれぞれに定める距離以下となるように、かつ、階段室、非常用エレベーターの乗降ロビーその他これらに類する場所で消防隊が有効に消火活動を行うことができる位置に設けること。（う）（せ）

イ　前項第一号及び第二号に掲げる建築物の三階以上の階　五十メートル（う）

ロ　前項第三号に掲げる防火対象物の地階　五十メートル（う）

ハ　前項第四号に掲げる防火対象物　二十五メートル（う）

ニ　前項第五号に掲げる防火対象物の道路の用に供される部分　二十五メートル（せ）

二　主管の内径は、百ミリメートル以上とすること。ただし、総務省令で定める場合は、この限りでない。（ヲ）（タ）

三　送水口は、双口形とし、消防ポンプ自動車が容易に接近することができる位置に設けること。

四　地階を除く階数が十一以上の建築物に設置する連結送水管については、次のイからハまでに定めるところによること。（に）

イ　当該建築物の十一階以上の部分に設ける放水口は、双口形とすること。（に）

ロ　総務省令で定めるところにより、非常電源を附置した加圧送水装置を設けること。（に）（せ）（タ）

ハ　総務省令で定めるところにより、放水用器具を格納した箱をイに規定する放水口に附置すること。ただし、放水用器具の搬送が容易である建築物として総務省令で定めるものについては、この限りでない。（に）（ヲ）（タ）

二項…一部改正〔昭和三九年七月政令二二三号（に）・四五年一二月三四八号（そ）〕、一・二項…一部改正〔昭和四九年七月政令二五二号（う）・平成二年五月一一九号（せ）〕、二項…一部改正〔平成一一年三月政令四二号（ヲ）・一二年六月三〇四号（タ）〕

参照【連結送水管の主管の内径の特例等】消則三〇の四【基準の細目】消則三一

（非常コンセント設備に関する基準）

第二九条の二　非常コンセント設備は、次に掲げる防火対象物に設置するものとする。（う）

一　別表第一に掲げる建築物で、地階を除く階数が十一以上のもの（う）

二　別表第一(十六の二)項に掲げる防火対象物で、延べ面積が千平方メートル以上のもの（う）

2　前項に規定するもののほか、非常コンセント設備の設置及び維持に関する技術上の基準は、次のとおりとする。（に）

一　非常コンセントは、次に掲げる防火対象物の階ごとに、その階の各部分から一の非常コンセントまでの水平距離がそれぞれに定める距離以下となるように、かつ、階段室、非常用エレベーターの乗降ロビーその他これらに類する場所で消防隊が有効に消火活動を行うことができる位置に設けること。（う）

イ　前項第一号に掲げる建築物の十一階以上の階　五十メートル（う）

ロ　前項第二号に掲げる防火対象物の地階　五十メートル（う）

二　非常コンセント設備は、単相交流百ボルトで十五アンペア以上の電気を供給できるものとすること。（に）（め）

三　非常コンセント設備には、非常電源を附置すること。（に）

本条…追加〔昭和三九年七月政令二二三号(に)〕、二項…一部改正〔昭和四五年一二月政令三四八号(そ)〕、一項…全部改正・二項…一部改正〔昭和四九年七月政令二五二号(う)〕、二項…一部改正〔昭和六一年一二月政令三六九号(め)〕

参照【基準の細目】消則三一の二

（無線通信補助設備に関する基準）

第二九条の三　無線通信補助設備は、別表第一(十六の二)項に掲げる防火対象物で、延べ面積が千平方メートル以上のものに設置するものとする。（う）

2　前項に規定するもののほか、無線通信補助設備の設置及び維持に関する基準は、次のとおりとする。（う）

一　無線通信補助設備は、点検に便利で、かつ、火災等の災害による被害を受けるおそれが少ないように設けること。（う）

二　無線通信補助設備は、前項に規定する防火対象物における消防隊相互の無線連絡が容易に行われるように設けること。（う）

本条…追加〔昭和四九年七月政令二五二号(う)〕

参照【基準の細目】消則三一の二の二

第七款　必要とされる防火安全性能を有する消防の用に供する設備等に関する基準（ラ）

本款…追加〔平成一六年二月政令一九号(ラ)〕

（必要とされる防火安全性能を有する消防の用に供する設備等に関する基準）

第二九条の四　法第十七条第一項の関係者は、この節の第二款から前款までの規定により設置し、及び維持しなければならない同項に規定する消防用設備等（以下この条において「通常用いられる消防用設備等」という。）に代えて、総務省令で定めるところにより消防長又は消防署長が、その防火安全性能（火災の拡大を初期に抑制する性能、火災時に安全に避難することを支援する性能又は消防隊による活動を支援する性能をいう。以下この条及び第三十六条第二項第四号において同じ。）が当該通常用いられる消防用設備等の防火安全性能と同等以上であると認める消防の用に供する設備、消防用水又は消火活動上必要な施設（以下この条、第三十四条第八号及び第三十六条の二において「必要とされる防火安全性能を有する消防の用に供する設備等」という。）を用いることができる。（ラ）（エ）ぬ

2　前項の場合においては、同項の関係者は、必要とされる防火安全性能を有する消防の用に供する設備等について、通常用いられる消防用設備等と同等以上の防火安全性能を有するように設置し、及び維持しなければならない。（ラ）

3　通常用いられる消防用設備等（それに代えて必要とされる防火安全性能を有する消防の用に供する設備等が用いられるものに限る。）については、この節の第二款から前款までの規定は、適用しない。（ラ）

本条…追加〔平成一六年二月政令一九号(ラ)〕、一項…一部改正〔平成二〇年七月政令二一五号(エ)・令和四年九月三〇五号ぬ〕

参照　【必要とされる防火安全性能を有する消防の用に供する設備等に関する省令】平成一六年五月三一日総務省令第九二号【特定共同住宅等における必要とされる防火安全性能を有する消防の用に供する設備等に関する省令】平成一七年三月二五日総務省令第四〇号【特定小規模施設における必要とされる防火安全性能を有する消防の用に供する設備等に関する省令】平成二〇年一二月二六日総務省令第一五六号【排煙設備に代えて用いることができる必要とされる防火安全性能を有する消防の用に供する設備等に関する省令】平成二一年九月一五日総務省令第八八号【複合型居住施設における必要とされる防火安全性能を有する消防の用に供する設備等に関する省令】平成二二年二月五日総務省令第七号【特定駐車場における必要とされる防火安全性能を有する消防の用に供する設備等に関する省令】平成二六年三月二七日総務省令第二三号

第八款　雑則(ラ)

旧七款…繰下〔平成一六年二月政令一九号(ラ)〕

（消防用設備等の規格）

第三〇条　法第十七条第一項の消防用設備等（以下「消防用設備等」という。）又はその部分である法第二十一条の二第一項の検定対象機械器具等若しくは法第二十一条の十六の二の自主表示対象機械器具等（以下この条において「消防用機械器具等」という。）で第三十七条各号又は第四十一条各号に掲げるものに該当するものは、これらの消防用機械器具等について定められた法第二十一条の二第二項又は法第二十一条の十六の三第一項の技術上の規格に適合するものでなければならない。（や）（ゆ）（タ）

2　前項の規定にかかわらず、法第二十一条の二第二項又は法第二十一条の十六の三第一項の規定に基づく技術上の規格に関する総務省令の規定の施行又は適用の際、現に存する防火対象物における消防用機械器具等（法第十七条の二の五第一項の規定の適用を受ける消防用設備等に係るものを除く。）又は現に新築、増築、改築、移転、修繕若しくは模様替えの工事中の防火対象物に係る消防用機械器具等（法第十七条の二の五第一項の規定の適用を受ける消防用設備等に係るものを除く。）のうち第三十七条各号又は第四十一条各号に掲げるものに該当するもので当該技術上の規格に関する総務省令の規定に適合しないものに係る技術上の基準については、総務省令で、一定の期間を限つて、前項の特例を定めることができる。当該技術上の規格に関する総務省令の規定の施行又は適用の日から当該規定による技術上の規格に適合する消防用機械器具等を供用することができる日として総務大臣が定める日の前日までの間において新築、増築、改築、移転、修繕又は模様替えの工事が開始された防火対象物に係る消防用機械器具等のうち第三十七条各号又は第四十

一条各号に掲げるものに該当するもので当該技術上の規格に関する総務省令の規定に適合しないものについても、同様とする。(や)(ゆ)(タ)(ラ)

本条…全部改正〔昭和三八年一二月政令三八〇号(は)〕、一部改正〔昭和三九年一二月政令三八〇号(ほ)・四五年三月二〇号(よ)・五〇年七月二一五号(ゐ)〕、全部改正〔昭和五一年一一月政令三〇一号(や)〕、一・二項…一部改正〔昭和六一年八月政令二七四号(ゆ)・平成一二年六月三〇四号(タ)〕、二項…一部改正〔平成一六年二月政令一九号(ラ)〕

解説 【本条二項に基づく特例を定める省令】①平成二二年一二月二二日総務省令第一二二号　②平成二五年三月二七日総務省令第二七号
【総務大臣が定める日】①平成二二年一二月二二日総務省告示第四四〇号　②平成二五年三月二七日総務省告示第一三三号

（基準の特例）

第三一条　別表第一(十三)項イに掲げる防火対象物で、総務省令で定めるものについては、この節の第二款に定める基準に関して、総務省令で特例を定めることができる。(タ)

2　次に掲げる防火対象物又はその部分については、この節に定める基準に関して、総務省令で特例を定めることができる。(せ)(タ)(り)

一　別表第一(十五)項に掲げる防火対象物で、総務省令で定めるもの(り)

二　別表第一に掲げる防火対象物の道路の用に供される部分で、総務省令で定めるもの(り)

二項…追加〔平成二年五月政令一一九号(せ)〕、一・二項…一部改正〔平成一二年六月政令三〇四号(タ)〕、二項…一部改正〔令和四年三月政令一三四号(り)〕

参照 【総務省令で定める特例】消則三二の二（危険工室）、三二の三（畜舎等）、三三（道路の用に供される部分）

第三二条　この節の規定は、消防用設備等について、消防長又は消防署長が、防火対象物の位置、構造又は設備の状況から判断して、この節の規定による消防用設備等の基準によらなくとも、火災の発生又は延焼のおそれが著しく少なく、かつ、火災等の災害による被害を最少限度に止めることができると認めるときにおいては、適用しない。(へ)(ラ)

本条…一部改正〔昭和四一年四月政令一一七号(へ)・平成一六年二月一九号(ラ)〕

（総務省令への委任）(タ)

第三三条　この節に定めるもののほか、消防用設備等の設置方法の細目及び設置の標示並びに点検の方法その他消防用設備等の設置及び維持に関し必要な事項は、総務省令で定める。(タ)

見出し…改正・本条…一部改正〔平成一二年六月政令三〇四号(タ)〕

参照 【総務省令】消則第二章

（総務大臣の行う性能評価の手数料）

第三三条の二　法第十七条の二の四第四項の規定により納付すべき手数料の額は、五十五万七千百円とする。(ラ)

本条…追加〔平成一六年二月政令一九号(ラ)〕

第四節　適用が除外されない消防用設備等及び増築等の範囲

（適用が除外されない消防用設備等）

第三四条　法第十七条の二の五第一項の政令で定める消防用設備等は、次の各号に掲げる消防用設備等とする。(ラ)

一　簡易消火用具

二　不活性ガス消火設備（全域放出方式のもので総務省令で定める不活性ガス消火剤を放射するものに限る。）（不活性ガス消火設備の設置及び維持に関する技術上の基準であつて総務省令で定めるものの適用を受ける部分に限る。）(ぬ)

三　自動火災報知設備（別表第一(一)項から(四)項まで、(五)項イ、(六)項、(九)項イ、(十六)項イ及び十六の二項から(十七)項までに掲げる防火対

象物に設けるものに限る。）(ち)(わ)(ら)(エ)(ぬ)

四　ガス漏れ火災警報設備（別表第一(一)項から(四)項まで、(五)項イ、(六)項、(九)項イ、(十六)項イ、(十六の二)項及び(十六の三)項に掲げる防火対象物並びにこれらの防火対象物以外の防火対象物で第二十一条の二第一項第三号に掲げるものに設けるものに限る。）(エ)(ぬ)

五　漏電火災警報器(は)(ち)(ね)(エ)(ぬ)

六　非常警報器具及び非常警報設備(は)(ち)(エ)(ぬ)

七　誘導灯及び誘導標識(は)(ち)(エ)(ぬ)

八　必要とされる防火安全性能を有する消防の用に供する設備等であつて、消火器、避難器具及び前各号に掲げる消防用設備等に類するものとして消防庁長官が定めるもの(ラ)(エ)(ぬ)

本条…一部改正〔昭和三八年一二月政令三八〇号(は)・四一年一二月三七九号(ち)・四四年三月一八号(わ)・四七年一月五号(ね)・一二月四一一号(ら)・平成一六年二月一九号(ラ)・二〇年七月二一五号(エ)・令和四年九月三〇五号(ぬ)〕

参照　【適用が除外されない不活性ガス消火設備】消則三三の二

（増築及び改築の範囲）

第三四条の二　法第十七条の二の五第二項第二号及び第十七条の三第二項第二号の政令で定める増築及び改築は、防火対象物の増築又は改築で、次の各号に掲げるものとする。(う)(ラ)

一　工事の着手が基準時以後である増築又は改築に係る当該防火対象物の部分の床面積の合計が千平方メートル以上となることとなるもの

二　前号に掲げるもののほか、工事の着手が基準時以後である増築又は改築に係る当該防火対象物の部分の床面積の合計が、基準時における当該防火対象物の延べ面積の二分の一以上となることとなるもの

2　前項の基準時とは、法第十七条の二の五第一項前段又は法第十七条の三第一項前段の規定により第八条から第三十三条までの規定若しくはこれらに基づく総務省令又は法第十七条第二項の規定に基づく条例の規定の適用を受けない別表第一に掲げる防火対象物における消防用設備等について、それらの規定（それらの規定が改正された場合にあつては、改正前の規定を含むものとする。）が適用されない期間の始期をいう。(タ)(ラ)

旧三五条…繰上〔昭和四九年七月政令二五二号(う)〕、二項…一部改正〔平成一二年六月政令三〇四号(タ)〕、一・二項…一部改正〔平成一六年二月政令一九号(ラ)〕

解説　【増築と改築が同時になされた場合】それぞれを合算する。

（大規模の修繕及び模様替えの範囲）

第三四条の三　法第十七条の二の五第二項第二号及び第十七条の三第二項第二号の政令で定める大規模の修繕及び模様替えは、当該防火対象物の**主要構造部**（建築基準法第二条第五号に規定する主要構造部をいう。）である壁について行う過半の修繕又は模様替えとする。(う)(タ)(ラ)(る)

旧三六条…繰上〔昭和四九年七月政令二五二号(う)〕、本条…一部改正〔平成一六年二月政令一九号(ラ)・令和六年一月七号(る)〕

解説　【修繕】建築物の全部又は一部の除去等を伴わない程度の主要構造部の原状回復的工事

【模様替え】建築物の全部又は一部の除去、増加等を伴わない範囲で主要構造部を変更する工事

本条は前条と異なり基準時の概念が規定されていない。

【主要構造部】壁、柱、床、はり、屋根又は階段をいい、建築物の構造上重要でない間仕切壁、間柱、附け柱、揚げ床、最下階の床、廻り舞台の床、小ばり、ひさし、局部的な小階段、屋外階段等は除かれる。

（適用が除外されない防火対象物の範囲）

第三四条の四　法第十七条の二の五第二項第四号の政令で定める複合用途防火対象物は、別表第一(十六)項イに掲げる防火対象物とする。(う)(ラ)

2　法第十七条の二の五第二項第四号の多数の者が出入するものとして政令で定める防火対象物は、別表第一(一)項から(四)項まで、(五)項イ、(六)項、(九)項イ及び(十六の三)項に掲げる防火対象物のうち、百貨店、旅館及び病院以外のものとする。（う）（こ）（ラ）

本条…追加〔昭和四九年七月政令二五二号（う）〕、二項…一部改正〔昭和五六年一月政令六号（こ）〕、一・二項…一部改正〔平成一六年二月政令一九号（ラ）〕

第五節　消防用設備等の検査及び点検（う）

本節…追加〔昭和四九年七月政令二五二号（う）〕

（消防機関の検査を受けなければならない防火対象物等）

第三五条　法第十七条の三の二の政令で定める防火対象物は、次に掲げる防火対象物とする。（う）

一　次に掲げる防火対象物（シ）

イ　別表第一(二)項ニ、(五)項イ並びに(六)項イ(1)から(3)まで及びロに掲げる防火対象物（シ）（ヒ）

ロ　別表第一(六)項ハに掲げる防火対象物（利用者を入居させ、又は宿泊させるものに限る。）（シ）（ヒ）

ハ　別表第一(十六)項イ、(十六の二)項及び(十六の三)項に掲げる防火対象物（イ又はロに掲げる防火対象物の用途に供される部分が存するものに限る。）（シ）

二　別表第一(一)項、(二)項イからハまで、(三)項、(四)項、(六)項イ(4)、ハ及びニ、(九)項イ、(十六)項イ、(十六の二)項並びに(十六の三)項に掲げる防火対象物（前号ロ及びハに掲げるものを除く。）で、延べ面積が三百平方メートル以上のもの（う）（こ）（コ）（シ）（ヒ）

三　別表第一(五)項ロ、(七)項、(八)項、(九)項ロ、(十)項から(十五)項まで、(十六)項ロ、(十七)項及び(十八)項に掲げる防火対象物で、延べ面積が三百平方メートル以上のもののうち、消防長又は消防署長が火災予防上必要があると認めて指定するもの（う）（ラ）（コ）

四　前三号に掲げるもののほか、別表第一(一)項から(四)項まで、(五)項イ、(六)項又は(九)項イに掲げる防火対象物の用途に供される部分が避難階以外の階に存する防火対象物で、当該避難階以外の階から避難階又は地上に直通する階段が二（当該階段が屋外に設けられ、又は総務省令で定める避難上有効な構造を有する場合にあつては、一）以上設けられていないもの（ネ）（コ）

2　法第十七条の三の二の政令で定める消防用設備等又は法第十七条第三項に規定する特殊消防用設備等（以下「特殊消防用設備等」という。）は、簡易消火用具及び非常警報器具とする。（う）（ラ）

本条…追加〔昭和四九年七月政令二五二号（う）〕、一項…一部改正〔昭和五六年一月政令六号（こ）・平成一四年八月二七四号（ネ）〕、一・二項…一部改正〔平成一六年二月政令一九号（ラ）〕、一項…一部改正〔平成一九年六月政令一七九号（コ）・二五年一二月三六八号（シ）・二六年一〇月三三三号（ヒ）〕

参照　【消防用設備等設置届及び検査】消則三一の三【避難上有効な構造】消則四の二の三

（消防用設備等又は特殊消防用設備等について点検を要しない防火対象物等）（ラ）

第三六条　法第十七条の三の三の消防用設備等又は特殊消防用設備等について点検を要しない防火対象物は、別表第一(二十)項に掲げる防火対象物とする。（う）（ラ）

2　法第十七条の三の三の消防用設備等又は特殊消防用設備等について消防設備士免状の交付を受けている者又は総務省令で定める資格を有する者（第四号において「消防設備士等」という。）に点検をさせなければならない防火対象物は、次に掲げる防火対象物とする。（う）（タ）（ネ）（ラ）(ぬ)

一　別表第一(一)項から(四)項まで、(五)項イ、(六)項、(九)項イ、(十六)項イ、(十六の二)項及び(十六の三)項に掲げる防火対象物で、延べ面積が千平方メートル以上のもの（う）（こ）

二　別表第一(五)項ロ、(七)項、(八)項、(九)項ロ、(十)項から(十五)項まで、(十六)項ロ、(十七)項及び(十八)項に掲げる防火対象物で、延べ面積が千平方

メートル以上のもののうち、消防長又は消防署長が火災予防上必要があると認めて指定するもの(う)

三　前二号に掲げるもののほか、別表第一㈠項から㈣項まで、㈤項イ、㈥項又は㈨項イに掲げる防火対象物の用途に供される部分が避難階以外の階に存する防火対象物で、当該避難階以外の階から避難階又は地上に直通する階段が二（当該階段が屋外に設けられ、又は総務省令で定める避難上有効な構造を有する場合にあつては、一）以上設けられていないもの(ネ)

四　前三号に掲げるもののほか、消防用設備等又は特殊消防用設備等の防火安全性能を確保するために、消防設備士等による点検が特に必要であるものとして総務省令で定める防火対象物(ぬ)

本条…追加〔昭和四九年七月政令二五二号(う)〕、二項…一部改正〔昭和五六年一月政令六号(こ)・平成一二年六月三〇四号(タ)・一四年八月二七四号(ネ)〕、見出し…改正・一・二項…一部改正〔平成一六年二月政令一九号(ラ)〕、二項…一部改正〔令和四年九月政令三〇五号(ぬ)〕

参照【点検時期及び報告等】消則三一の六【避難上有効な構造】消則四の二の三【消防設備士等による点検が特に必要である防火対象物】消則三一の六の二

第三章　消防設備士(へ)

本章…追加〔昭和四一年四月政令一一七号(へ)〕

（消防設備士でなければ行つてはならない工事又は整備）(う)

第三六条の二　法第十七条の五の政令で定める消防用設備等又は特殊消防用設備等の設置に係る工事は、次に掲げる消防用設備等（第一号から第三号まで及び第八号に掲げる消防用設備等については電源、水源及び配管の部分を除き、第四号から第七号まで及び第九号から第十号までに掲げる消防用設備等については電源の部分を除く。）又は必要とされる防火安全性能を有する消防の用に供する設備等若しくは特殊消防用設備等（これらのうち、次に掲げる消防用設備等に類するものとして消防庁長官が定めるものに限り、電源、水源及び配管の部分を除く。次項において同じ。）の設置に係る工事とする。(へ)(と)(こ)(ラ)

一　屋内消火栓設備(と)
二　スプリンクラー設備(へ)(と)
三　水噴霧消火設備(へ)(と)
四　泡消火設備(へ)(と)
五　不活性ガス消火設備(へ)(と)(う)(ソ)
六　ハロゲン化物消火設備(へ)(と)(う)
七　粉末消火設備(へ)(と)
八　屋外消火栓設備(と)
九　自動火災報知設備(へ)(と)
九の二　ガス漏れ火災警報設備(こ)
十　消防機関へ通報する火災報知設備(へ)(と)
十一　金属製避難はしご（固定式のものに限る。）(へ)(と)
十二　救助袋(へ)(と)
十三　緩降機(へ)(と)

2　法第十七条の五の政令で定める消防用設備等又は特殊消防用設備等の整備は、次に掲げる消防用設備等又は必要とされる防火安全性能を有する消防の用に供する設備等若しくは特殊消防用設備等の整備（屋内消火栓設備の表示灯の交換その他総務省令で定める軽微な整備を除く。）とする。(へ)(う)(タ)(ラ)

一　前項各号に掲げる消防用設備等（同項第一号から第三号まで及び第八号に掲げる消防用設備等については電源、水源及び配管の部分を除き、同項第四号から第七号まで及び第九号から第十号までに掲げる消防用設備等については電源の部分を除く。）(へ)(と)(こ)
二　消火器(へ)
三　漏電火災警報器(へ)(ね)

本条…追加〔昭和四一年四月政令一一七号(へ)〕、一・二項…一部改正

〔昭和四一年一〇月政令三四二号(と)〕、二項…一部改正〔昭和四七年一月政令五号(ね)〕、見出し…改正・一・二項…一部改正〔昭和四九年七月政令二五二号(う)〕、一・二項…一部改正〔昭和五六年一月政令六号(こ)〕、二項…一部改正〔平成一二年六月政令三〇四号(タ)〕、一項…一部改正〔平成一三年一月政令一〇号(ソ)〕、一・二項…一部改正〔平成一六年二月政令一九号(ラ)〕

参照　【消防設備士でなくても行える整備の範囲】屋内（外）消火栓のホース、ノズル等の交換等（消則第三三の二の二）【消防法施行令第三十六条の二第一項各号及び第二項各号に掲げる消防用設備等に類するものを定める件】平成一六年五月三一日消防庁告示第一四号

（免状の交付の申請）

第三十六条の三　法第十七条の七第一項の消防設備士免状（以下この章において「免状」という。）の交付を受けようとする者は、申請書に総務省令で定める書類を添えて、当該免状に係る消防設備士試験を行つた都道府県知事（法第十七条の十一第三項に規定する指定試験機関が行つた消防設備士試験を受けた者にあつては、当該消防設備士試験の実施に関する事務を当該指定試験機関に行わせることとした都道府県知事）に提出しなければならない。(へ)(あ)(カ)(タ)

本条…追加〔昭和四一年四月政令一一七号(へ)〕、一部改正〔昭和五九年九月政令二七六号(あ)・平成一一年一〇月三二四号(カ)・一二年六月三〇四号(タ)〕

参照　【免状の交付申請書の様式等】消則三三の四、別記様式一の二の四

（免状の記載事項）

第三十六条の四　免状には、次に掲げる事項を記載するものとする。(へ)

一　免状の交付年月日及び交付番号(へ)
二　氏名及び生年月日(へ)
三　本籍地の属する都道府県(あ)
四　免状の種類(へ)(う)(ひ)
五　その他総務省令で定める事項(へ)(タ)

本条…追加〔昭和四一年四月政令一一七号(へ)〕、一部改正〔昭和四九年七月政令二五二号(う)・五九年九月二七六号(あ)・六三年一二月三五八号(ひ)・平成一二年六月三〇四号(タ)〕

参照　【免状の様式】消則三三の五、別記様式一の三【その他総務省令で定める事項】消則三三の五

（免状の書換え）

第三十六条の五　免状の交付を受けている者は、免状の記載事項に変更を生じたときは、遅滞なく、当該免状に総務省令で定める書類を添えて、当該免状を交付した都道府県知事又は居住地若しくは勤務地を管轄する都道府県知事にその書換えを申請しなければならない。(へ)(カ)(タ)

本条…追加〔昭和四一年四月政令一一七号(へ)〕、一部改正〔平成一一年一〇月政令三二四号(カ)・一二年六月三〇四号(タ)〕

参照　【免状の書換え申請書の様式等】消則三三の六【手数料】手数料令二三

（免状の再交付）

第三十六条の六　免状の交付を受けている者は、免状を亡失し、滅失し、汚損し、又は破損した場合には、総務省令で定めるところにより、当該免状の交付又は書換えをした都道府県知事にその再交付を申請することができる。(へ)(タ)

2　免状を亡失してその再交付を受けた者は、亡失した免状を発見した場合には、これを十日以内に免状の再交付をした都道府県知事に提出しなければならない。(へ)

本条…追加〔昭和四一年四月政令一一七号(へ)〕、一項…一部改正〔平成

一二年六月政令三〇四号(タ)〕

参照 【免状の再交付申請書の様式等】消則三三の七、別記様式一の四 【手数料】手数料令二三

(総務省令への委任)(タ)

第三十六条の七 第三十六条の三から前条までに定めるもののほか、免状の交付、返納、書換え及び再交付に関し必要な事項は、総務省令で定める。(カ)(タ)

本条…追加〔昭和四二年四月政令一二七号(ヘ)〕、一部改正〔昭和四九年七月政令二五二号(う)・五二年一一月三〇一号(や)・五九年五月一四八号(て)〕、一項…一部改正・二項…追加〔昭和五九年九月政令二七六号(あ)〕、一項…一部改正〔昭和六三年一二月政令三五八号(ひ)・平成五年一月四号(ロ)〕、本条…全部改正〔平成一一年一〇月政令三二四号(カ)〕、見出し…改正・本条…一部改正〔平成一二年六月政令三〇四号(タ)〕

参照 【必要事項】消則三三の四の二、三三の四の三、三三の五の二、三三の五の三、三三の六の二、三三の七の二

(指定講習機関による工事整備対象設備等の工事又は整備に関する講習の手数料)(ラ)

第三十六条の八 法第十七条の十一第一項の規定により納付すべき手数料の額は、七千円とする。(カ)

本条…追加〔平成一一年一〇月政令三二四号(カ)〕、見出し…改正〔平成一六年二月政令一九号(ラ)〕

第四章 消防の用に供する機械器具等の検定等(ゆ)

章名…改正〔昭和六一年八月政令二七四号(ゆ)〕

(検定対象機械器具等の範囲)(ゆ)

第三十七条 法第二十一条の二第一項の政令で定める消防の用に供する機械器具等は、次に掲げるもの(法第十七条第三項の規定による認定を受けた特殊消防用設備等の部分であるもの、輸出されるもの(輸出されるものであることについて、総務省令で定めるところにより、総務大臣の承認を受けたものに限る。)又は船舶安全法若しくは航空法(昭和二十七年法律第二百三十一号)の規定に基づく検査若しくは試験に合格したものを除く。)とする。(は)(こ)(ゆ)(タ)(ラ)

一 消火器(は)

二 消火器用消火薬剤(二酸化炭素を除く。)(は)(う)(や)

三 泡消火薬剤(総務省令で定めるものを除く。別表第三において同じ。)(う)(お)(ゆ)(ひ)(タ)

四 火災報知設備の感知器(火災によつて生ずる熱、煙又は炎を利用して自動的に火災の発生を感知するものに限る。)又は発信機(は)(わ)(よ)(こ)(せ)(メ)

五 火災報知設備又はガス漏れ火災警報設備(総務省令で定めるものを除く。以下次号までにおいて同じ。)に使用する中継器(火災報知設備及びガス漏れ火災警報設備の中継器を含む。別表第三において「中継器」という。)(こ)(ひ)(タ)(メ)

六 火災報知設備又はガス漏れ火災警報設備に使用する受信機(火災報知設備及びガス漏れ火災警報設備の受信機を含む。別表第三において「受信機」という。)(こ)(ひ)(メ)

七 住宅用防災警報器(メ)

八 閉鎖型スプリンクラーヘッド(ゆ)(メ)

九 スプリンクラー設備、水噴霧消火設備又は泡消火設備(次号において「スプリンクラー設備等」という。)に使用する流水検知装置(別表第三において「流水検知装置」という。)(ゐ)(ゆ)(ひ)(メ)

十 スプリンクラー設備等に使用する一斉開放弁(配管との接続部の内径が三百ミリメートルを超えるものを除く。別表第三におい

て「一斉開放弁」という。(ゐ)(ひ)(メ)

十一　金属製避難はしご(ほ)(よ)(ゐ)(メ)

十二　緩降機(ほ)(よ)(ゐ)(メ)

本条…全部改正〔昭和三八年一二月政令三八〇号(は)〕、一部改正〔昭和三九年一二月政令三八〇号(ほ)・四四年三月一八号(わ)・四五年三月二〇号(よ)・四七年一月五号(ね)・四九年七月二五二号(う)・五〇年七月二一五号(ゐ)・一二月三四五号(お)・五一年一月三〇一号(や)・五六年一月六号(こ)〕、見出し…改正・本条…一部改正〔昭和六一年八月政令二七四号(ゆ)〕、本条…一部改正〔昭和六三年一二月政令三五八号(ひ)・平成二年五月一一九号(せ)・一二年六月三〇四号(タ)・一六年二月一九号(ラ)・二五年三月八八号(メ)〕

参照　【総務大臣の承認】消則四一【総務省令で定める泡消火薬剤】水溶性液体用泡消火薬剤（消則三四の三）【総務省令で定めるガス漏れ火災警報設備】消則三四の四

第三八条及び第三九条　削除(ラ)〔平成一六年二月政令一九号(ラ)〕

（検定対象機械器具等についての試験及び型式適合検定の手数料）(ゆ)(キ)

第四〇条　法第二十一条の十五第一項の規定により納付すべき手数料の額は、別表第三のとおりとする。ただし、次の各号に掲げる試験及び型式適合検定の手数料の額は、当該試験又は型式適合検定の実施に必要な経費の額を下らない範囲内において総務大臣が定める額とする。(は)(ゆ)(ひ)(せ)(カ)(タ)(キ)

一　型式承認を受けている型式と重要でない部分が異なる型式を有する検定対象機械器具等についての試験(せ)

二　新たな技術開発に係る検定対象機械器具等で、総務省令で定めるところにより総務大臣が定める技術上の規格の特例によることとしたものについての試験及び型式適合検定(せ)(タ)(キ)

2　法第二十一条の十一第一項の規定による試験を受けようとする者（外国において本邦に輸出される検定対象機械器具等の製造又は販売の事業を行う者に限る。）が、当該試験の申請書に、当該申請に係る検定対象機械器具等の形状、構造、材質、成分及び性能（次項において「形状等」という。）について、法第二十一条の二第二項の技術上の規格に基づき、総務省令で定めるところにより総務大臣が指定する者（外国に住所を有する者に限る。）が行つた検査結果を記載した書類で総務大臣が適当と認めるものを添付した場合には、前項の規定にかかわらず、当該試験を受けようとする者の納付すべき手数料の額は、別表第三に定める額（前項ただし書に該当する場合にあつては、同項ただし書の規定により総務大臣が定める額）に五分の一を乗じて得た額とする。(あ)(ゆ)(ひ)(せ)(タ)(レ)(ラ)(ク)

3　法第二十一条の十一第一項の規定による型式適合検定を受けようとする者（外国において本邦に輸出される検定対象機械器具等の製造又は販売の事業を行う者に限る。）が、当該型式適合検定の申請書に、総務省令で定めるところにより総務大臣が指定する者（外国に住所を有する者に限る。）の行つた当該申請に係る検定対象機械器具等の形状等と法第二十一条の四第二項の規定により型式承認を受けた検定対象機械器具等の型式に係る形状等との同一性を判定し得る検査結果を記載した書類で総務大臣が適当と認めるものを添付した場合には、第一項の規定にかかわらず、当該型式適合検定を受けようとする者の納付すべき手数料の額は、別表第三に定める額（同項第二号に該当する場合にあつては、同項ただし書の規定により総務大臣が定める額）に三分の一を乗じて得た額（その額に一円未満の端数があるときは、これを切り捨てた額とする。）とする。(あ)(ゆ)(ひ)(せ)(タ)(レ)(ラ)(ク)(キ)

4　既に納付した手数料は、検定対象機械器具等についての試験又は型式適合検定に着手していない場合のほか、返還しない。(は)(あ)(ゆ)(キ)

本条…追加〔昭和三八年一二月政令三八〇号(は)〕、二・三項…追加・旧二項…一部改正し四項に繰下〔昭和五九年九月政令二七六号(あ)〕、見出し…改正・一—四項…一部改正〔昭和六一年八月政令二七四号(ゆ)〕、一—三項…一部改正〔昭和六三年一二月政令三五八号(ひ)・平成二年五月一一九号(せ)〕、旧四一条…繰上〔平成一一年一〇月政令三二四号(カ)〕、一—三項…一部改正〔平成一二年六月政令三〇四号(タ)〕、二・三項…一部改正〔平成一五年六月政令二三三号(レ)・一六年二月一九号(ラ)・一八年三月一五九号(ク)〕、見出し…改正・一・三・四項…一部改正〔平成二四年一〇月政令二六二号(キ)〕

参照【外国検査機関の指定】消則四三【消火器用消火薬剤等の型式適合検定の手数料の額等を定める件】昭和五〇年一二月一九日自治省告示第二五一号

（自主表示対象機械器具等の範囲）

第四一条 法第二十一条の十六の二の政令で定める消防の用に供する機械器具等は、次に掲げるもの（法第十七条第三項の規定による認定を受けた特殊消防用設備等の部分であるもの、輸出されるもの（輸出されるものであることについて、総務省令で定めるところにより、総務大臣の承認を受けたものに限る。）又は船舶安全法若しくは航空法の規定に基づく検査若しくは試験に合格したものを除く。）とする。(ゆ)(カ)(タ)(ラ)

一 動力消防ポンプ(ゆ)
二 消防用ホース(メ)
三 消防用吸管(ゆ)(メ)
四 消防用ホースに使用する差込式又はねじ式の結合金具及び消防用吸管に使用するねじ式の結合金具(メ)
五 エアゾール式簡易消火具(メ)
六 漏電火災警報器(メ)

本条…追加〔昭和六一年八月政令二七四号(ゆ)〕、旧四一条の二…繰上〔平成一一年一〇月政令三二四号(カ)〕、本条…一部改正〔平成一二年六月政令三〇四号(タ)・一六年二月一九号(ラ)・二五年三月八八号(メ)〕

参照【総務大臣の承認】消則四四の三

第四章の二 登録検定機関(ラ)

本章…追加〔平成一六年二月政令一九号(ラ)〕

（登録検定機関の登録の更新の手数料）(オ)

第四一条の二 法第二十一条の四十七第二項の規定により納付すべき手数料の額は、六万四千七百円（情報通信技術を活用した行政の推進等に関する法律（平成十四年法律第百五十一号）第六条第一項の規定により同項に規定する電子情報処理組織を使用して法第二十一条の四十七第一項の登録の更新を申請する場合にあつては、六万四千六百円）とする。(ラ)(ム)(オ)(ヘ)

本条…追加〔平成一六年二月政令一九号(ラ)〕、一・二項…一部改正〔平成一六年三月政令七三号(ム)〕、見出し…改正・一項…削除・旧二項…一部改正し本条に繰上〔平成一七年三月政令一〇一号(オ)〕、本条…一部改正〔令和元年一二月政令一八三号(ヘ)〕

（登録検定機関の登録の有効期間）

第四一条の三 法第二十一条の四十七第一項の政令で定める期間は、三年とする。(ラ)

本条…追加〔平成一六年二月政令一九号(ラ)〕

第五章 救急業務(は)

本章…追加〔昭和三八年一二月政令三八〇号(は)〕

（災害による事故等に準ずる事故その他の事由の範囲等）(ゆ)

第四二条 法第二条第九項の災害による事故等に準ずる事故その他の事由で政令で定めるものは、屋内において生じた事故又は生命に危険を及ぼし、若しくは著しく悪化するおそれがあると認められる症状を示す疾病とし、同項の政令で定める場合は、当該事故その他の

事由による傷病者を医療機関その他の場所に迅速に搬送するための適当な手段がない場合とする。(は)(ゆ)

本条…追加〔昭和三八年一二月政令三八〇号(は)〕、見出し・本条…一部改正〔昭和六一年八月政令二七四号(ゆ)〕

第四三条　削除(ナ)〔平成一五年八月政令三七八号(ナ)〕

(救急隊の編成及び装備の基準)(ラ)

第四四条　救急隊(次条第一項に定めるものを除く。次項において同じ。)は、**救急自動車**一台及び救急隊員三人以上をもつて、又は航空機一機及び救急隊員二人以上をもつて編成しなければならない。ただし、救急業務の実施に支障がないものとして総務省令で定める場合には、救急自動車一台及び救急隊員二人をもつて編成することができる。(は)(チ)(ラ)(ノ)(ン)

2　消防署又は消防庁長官が定める消防署の組織の管轄区域の全部が次の各号のいずれかに該当する場合において、市町村が当該管轄区域内において発生する法第二条第九項に規定する傷病者に係る救急業務の適切な実施を図るための措置として総務省令で定める事項を記載した計画(以下この項及び次項において「実施計画」という。)を定めたときは、実施計画に基づき当該救急業務を実施する救急隊は、前項本文の規定にかかわらず、救急自動車一台並びに救急隊員二人以上及び准救急隊員一人以上をもつて編成することができる。(ン)

一　離島振興法(昭和二十八年法律第七十二号)第二条第一項に規定する離島振興対策実施地域(ン)

二　奄美群島振興開発特別措置法(昭和二十九年法律第百八十九号)第一条に規定する奄美群島の区域(ン)

三　小笠原諸島振興開発特別措置法(昭和四十四年法律第七十九号)第四条第一項に規定する小笠原諸島の区域(ン)

四　沖縄振興特別措置法(平成十四年法律第十四号)第三条第三号に規定する離島の区域(ン)㊦

五　過疎地域の持続的発展の支援に関する特別措置法(令和三年法律第十九号)第二条第一項に規定する過疎地域㊦

3　市町村は、実施計画を定め、又は変更したときは、遅滞なく、その内容を公表しなければならない。(ン)

4　第一項及び第二項の救急自動車並びに第一項の航空機には、傷病者の搬送(法第三十五条の五第一項に規定する傷病者の搬送をいう。次条第二項において同じ。)に適した**設備**を設けるとともに、救急業務を実施するために必要な器具及び材料を備え付けなければならない。(は)(チ)(ラ)(ン)

5　第一項及び第二項の救急隊員は、次の各号のいずれかに該当する消防吏員をもつて充てなければならない。(け)(ン)

一　救急業務に関する講習で総務省令で定めるものの課程を修了した者(け)(タ)

二　救急業務に関し前号に掲げる者と同等以上の学識経験を有する者として総務省令で定める者(け)(タ)

6　第二項の准救急隊員は、次の各号のいずれかに該当する消防職員(消防吏員を除き、常勤の職員及び地方公務員法(昭和二十五年法律第二百六十一号)第二十二条の四第一項に規定する短時間勤務の職を占める職員に限る。)をもつて充てなければならない。(ン)㊠

一　救急業務に関する基礎的な講習で総務省令で定めるものの課程を修了した者(ン)

二　救急業務に関し前号に掲げる者と同等以上の学識経験を有する者として総務省令で定める者(ン)

本条…追加〔昭和三八年一二月政令三八〇号(は)〕、三項…追加〔昭和五三年一一月政令三六三号(け)〕、四〔一〕・二項…一部改正〔平成一〇年三月政令五〇号(チ)〕、三項…一部改正〔平成一二年六月政令三〇四号(タ)〕、見出し…改正、一・二項…一部改正〔平成一六年二月政令一九号(ラ)〕、一項…一部改正〔平成一七年二月政令二二号(ノ)〕、一項…一部改正・二・三・六項…追加・旧二・三項…一部改正し四・五項に繰下〔平成二八年一二月政令三七九号(ン)〕、六項…一部改正〔令和四年三月政令一一九号(ち)〕

解説 【救急自動車】救急業務を行う自動車であり緊急自動車〔道路運送車両の保安基準第四九条〕の要件を備えているもの
【救急業務実施基準】昭和三九年三月三日自消甲教発第六号

参照 【救急隊の編成の基準の特例】消則五〇【消防署の組織の管轄区域を定める件】平成二九年二月八日消防庁告示第一号【実施計画の記載事項】消則五〇の二【救急業務に関する講習】消則五一【救急業務に関する講習の課程を修了した者と同等以上の学識経験を有する者】消則五一の二【救急業務に関する基礎的な講習】消則五一の二の二【救急業務に関する基礎的な講習の課程を修了した者と同等以上の学識経験を有する者】消則五一の二の三

第四四条の二 消防組織法(昭和二十二年法律第二百二十六号)第三十条第一項の規定に基づき、都道府県がその区域内の市町村の長の要請に応じ、航空機を用いて、当該市町村の消防を支援する場合の救急隊は、航空機一機及び救急隊員二人以上をもつて編成しなければならない。(ラ)(ヤ)

2 前項の航空機には、傷病者の搬送に適した設備を設けるとともに、救急業務を実施するために必要な器具及び材料を備え付けなければならない。(ラ)(ン)

3 第一項の救急隊員は、次の各号のいずれかに該当する都道府県の職員をもつて充てなければならない。(ラ)(ン)

一 救急業務に関する講習で総務省令で定めるものの課程を修了した者(ラ)

二 救急業務に関し前号に掲げる者と同等以上の学識経験を有する者として総務省令で定める者(ラ)

本条…追加〔平成一六年二月政令一九号(ラ)〕、一項…一部改正〔平成一八年六月政令二一四号(ヤ)〕、二・三項…一部改正〔平成二八年一二月政令三七九号(ン)〕

参照 【救急業務に関する講習】消則五一【救急業務に関する講習の課程を修了した者と同等以上の学識経験を有する者】消則五一の二

第六章 雑則(ヘ)

本章…追加〔昭和四一年四月政令一一七号(ヘ)〕

(防災管理を要する災害)

第四五条 法第三十六条第一項の火災以外の災害で政令で定めるもの及び同項において読み替えて準用する法第八条の二の二第一項の火災以外の災害で政令で定めるものは、次に掲げる災害とする。(テ)

一 地震(テ)

二 毒性物質の発散その他の総務省令で定める原因により生ずる特殊な災害(テ)

本条…追加〔平成二〇年九月政令三〇一号(テ)〕

参照 【総務省令で定める原因】消則五一の三

(防災管理を要する建築物その他の工作物)

第四六条 法第三十六条第一項の政令で定める建築物その他の工作物は、第四条の二の四の防火対象物とする。(テ)

本条…追加〔平成二〇年九月政令三〇一号(テ)〕

(防災管理者の資格)

第四七条 法第三十六条第一項において読み替えて準用する法第八条第一項の政令で定める資格を有する者は、次の各号のいずれかに掲げる者で、前条の防火対象物(以下「防災管理対象物」という。)

において防災管理上必要な業務を適切に遂行することができる管理的又は監督的な地位にあるもの（総務省令で定める防災管理対象物にあつては、防災管理上必要な業務を適切に遂行するために必要な権限及び知識を有するものとして総務省令で定める要件を満たすもの）とする。(テ)(キ)

一　第三条第一項第一号イ又はロに掲げる者で、都道府県知事、消防本部及び消防署を置く市町村の消防長又は法人であつて総務省令で定めるところにより総務大臣の登録を受けたものが行う防災管理対象物の防災管理に関する講習の課程を修了したもの(テ)

二　第三条第一項第一号ロに掲げる者で、一年以上防災管理の実務経験を有するもの(テ)

三　市町村の消防職員で、管理的又は監督的な職に一年以上あつた者(テ)

四　前三号に掲げる者に準ずる者で、総務省令で定めるところにより、防災管理者として必要な学識経験を有すると認められるもの(テ)

2　前項第一号に規定する講習の実施に関し必要な事項は、総務省令で定める。(テ)

本条…追加〔平成二〇年九月政令三〇一号(テ)〕、一項…一部改正〔平成二四年一〇月政令二六二号(キ)〕

参照　【登録講習機関】消則五一の四【学識経験を有すると認められる者】消則五一の五【必要な業務を適切に遂行することができない場合】消則五一の六【講習】消則五一の七

（防災管理者の責務）

第四八条　防災管理者は、総務省令で定めるところにより、当該防災管理対象物についての防災管理に係る消防計画を作成し、所轄消防長又は消防署長に届け出なければならない。(キ)

2　防災管理者は、前項の消防計画に基づいて、当該防災管理対象物について避難の訓練の実施その他防災管理上必要な業務を行わなければならない。(キ)

3　防災管理者は、防災管理対象物の管理について権原を有する者の指示を求め、誠実にその職務を遂行しなければならない。(テ)(キ)

本条…追加〔平成二〇年九月政令三〇一号(テ)〕、一・二項…追加・旧一項…三項に繰下・旧二項…削除〔平成二四年一〇月政令二六二号(キ)〕

参照　【防災管理に係る消防計画】消則五一の八

（統括防災管理者の資格）

第四八条の二　法第三十六条第一項において読み替えて準用する法第八条の二第一項の政令で定める資格を有する者は、第四十七条第一項各号のいずれかに掲げる者で、当該防災管理対象物の全体についての防災管理上必要な業務を適切に遂行するために必要な権限及び知識を有するものとして総務省令で定める要件を満たすものとする。(キ)

本条…追加〔平成二四年一〇月政令二六二号(キ)〕

参照　【統括防災管理者の資格を有する者であるための要件】消則五一の一一

（統括防災管理者の責務）

第四八条の三　統括防災管理者は、総務省令で定めるところにより、当該防災管理対象物の全体についての防災管理に係る消防計画を作成し、所轄消防長又は消防署長に届け出なければならない。(キ)

2　統括防災管理者は、前項の消防計画に基づいて、避難の訓練の実施、当該防災管理対象物の廊下、階段、避難口その他の避難上必要な施設の管理その他当該防災管理対象物の全体についての防災管理

上必要な業務を行わなければならない。（キ）

3　統括防災管理者は、防災管理対象物の全体についての防災管理上必要な業務を行うときは、必要に応じて当該防災管理対象物の管理について権原を有する者の指示を求め、誠実にその職務を遂行しなければならない。（キ）

本条…追加〔平成二四年一〇月政令二六二号(キ)〕

参照【建築物その他の工作物の全体についての防災管理に係る消防計画】消則五一の一一の二

（火災以外の災害時における自衛消防組織の業務等）

第四九条　自衛消防組織に法第三十六条第七項の規定の適用がある場合における第四条の二の六及び第四条の二の七の規定の適用については、第四条の二の六中「防火管理者」とあるのは「防災管理者」と、「において、」とあるのは「において火災に対応するための自衛消防組織の業務に関する事項を、防災管理に係る消防計画において火災以外の災害に対応するための」と、第四条の二の七中「火災の被害」とあるのは「火災その他の災害の被害」とする。（テ）（キ）

本条…追加〔平成二〇年九月政令三〇一号(テ)〕、一部改正〔平成二四年一〇月政令二六二号(キ)〕

参照【業務に関し定める事項】消則五一の一〇

（災害対策基本法施行令の準用）

第五〇条　災害対策基本法施行令（昭和三十七年政令第二百八十八号）第二十五条から第二十七条までの規定は、法第三条第三項及び第五条の三第四項において準用する災害対策基本法（昭和三十六年法律第二百二十三号）第六十四条第三項の規定に基づく公示及び同条第四項の規定に基づく売却について準用する。この場合において、これらの規定中「工作物等」とあるのは「物件」と、「市町村長」とあるのは「消防長（消防本部を置かない市町村においては、市町村長）又は消防署長」と、「市町村の事務所」とあるのは「消防本部（消防本部を置かない市町村においては、当該市町村の事務所）又は消防署」と読み替えるものとする。（ヘ）（こ）（ネ）（テ）

本条…追加〔昭和四一年四月政令一一七号(ヘ)〕、一部改正〔昭和五六年一月政令六号(こ)・平成一四年八月二七四号(ネ)〕、旧四五条…繰下〔平成二〇年九月政令三〇一号(テ)〕

附　則

1　この政令は、消防法の一部を改正する法律（昭和三十五年法律第百十七号）の施行の日（昭和三十六年四月一日）から施行する。

2　消防用機械器具等検定手数料令（昭和二十七年政令第百六十号。以下「旧令」という。）は、廃止する。

3　この政令の施行の際現に旧令に規定する予備検定に合格している消防用機械器具等は、この政令に規定する型式承認を受けた消防用機械器具等とみなす。

4　沖縄県の区域内に所在する防火対象物の消防用設備等の設置及び維持の技術上の基準については、沖縄の復帰に伴う特別措置に関する法律（昭和四十六年法律第百二十九号。次項において「沖縄特別措置法」という。）の施行の日から昭和四十八年三月三十一日までの間は、第二章第三節の規定にかかわらず、同節の規定に相当する沖縄法令の規定の例による。（な）

5　昭和四十八年四月一日において現に存する防火対象物又は現に新築、増築、改築、移転、修繕若しくは模様替えの工事中である防火対象物で沖縄県の区域内に所在するものの消防用設備等のうち、第二章第三節の規定に適合しないものに係る技術上の基準については、沖縄特別措置法の施行の日から昭和五十年三月三十一日までの間は、同節の規定にかかわらず、同節の規定に相当する沖縄法令の規定の例による。（な）

四・五項…追加〔昭和四七年四月政令一一七号(な)〕

附　則(い)〔昭和三六年一二月二六日政令第四二七号〕

この政令は、公布の日から施行する。

附　則(ろ)〔昭和三七年一二月四日政令第四四三号〕

この政令は、公布の日から施行する。

附　則(は)〔昭和三八年一二月一九日政令第三八〇号抄〕

(施行期日)

1　この政令は、昭和三十九年一月一日から施行する。ただし、第二十二条第一項及び第三十四条の改正規定は昭和四十二年一月一日から、第四章の次に一章を加える改正規定は昭和三十九年四月十日から施行する。

附　則(に)〔昭和三九年七月一日政令第二二三号〕

この政令は、公布の日から施行する。ただし、第二十六条の改正規定は、公布の日から起算して一年を経過した日から施行する。

附　則(ほ)〔昭和三九年一二月二八日政令第三八〇号〕

この政令は、昭和四十年六月一日から施行する。ただし、第二条〔中略〕の規定は、同年七月一日から施行する。

附　則(へ)〔昭和四一年四月二二日政令第一一七号抄〕

1　この政令は、公布の日から施行する。ただし、第四章の前に一章を加える改正規定中第三十六条の二に関する部分は、昭和四十一年十月一日から施行する。

附　則(と)〔昭和四一年一〇月四日政令第三四二号〕

この政令は、昭和四十二年十月一日から施行する。

附　則(ち)〔昭和四一年一二月一五日政令第三七九号〕

この政令中第四条、第二十一条及び別表第四の改正規定は公布の日から、第二十五条及び第三十四条の改正規定は昭和四十四年十月一日から施行する。

附　則(り)〔昭和四二年五月一二日政令第六八号〕

この政令は、昭和四十二年九月一日から施行する。

附　則(ぬ)〔昭和四三年三月三〇日政令第四七号〕

この政令は、昭和四十三年四月一日から施行する。ただし、第四十三条の改正規定は、同年九月一日から施行する。

附　則(る)〔昭和四三年一一月一五日政令第三一七号〕

この政令は、公布の日から施行する。

附　則(を)〔昭和四四年一月二三日政令第八号抄〕

1　この政令は、昭和四十四年五月一日から施行する。

附　則(わ)〔昭和四四年三月一〇日政令第一八号〕

1　この政令は、昭和四十四年四月一日から施行する。ただし、第三十七条及び別表第五の改正規定は同年十月一日から、第三十四条の改正規定は昭和四十六年四月一日から施行する。

2　昭和四十四年三月三十一日に現に存する防火対象物又は現に新築、増築、改築、移転若しくは模様替えの工事中の防火対象物に係る自動火災報知設備、電気火災警報器、非常警報設備及び誘導灯については、昭和四十五年九月三十日までの間、当該防火対象物の関係者が自治省令で定めるところにより消防長（消防本部を置かない市町村においては、市町村長）又は消防署長に届け出た場合に限り、改正後の消防法施行令第二十一条、第二十二条、第二十四条及び第二十六条の規定にかかわらず、なお従前の例による。

3　別表第五の改正規定の施行の際、消防法第二十一条の五第一項ただし書の規定により期間を限つて効力を認められた型式承認に係る火災報知設備の発信機又は受信機の個別検定の手数料については、なお従前の例による。

附　則(か)〔昭和四四年四月一七日政令第九七号〕

この政令は、昭和四十四年九月一日から施行する。

附　則(よ)〔昭和四五年三月二四日政令第二〇号抄〕

1　この政令は、昭和四十六年一月一日から施行する。

附　則（た）〔昭和四五年四月一七日政令第六三号〕

この政令は、昭和四十五年十月一日から施行する。

附　則（れ）〔昭和四五年一二月二日政令第三三三号抄〕

（施行期日）

1　この政令は、建築基準法の一部を改正する法律（昭和四十五年法律第百九号。以下「改正法」という。）の施行の日（昭和四十六年一月一日）から施行する。

附　則（そ）〔昭和四五年一二月二六日政令第三四八号〕

この政令は、昭和四十六年一月一日から施行する。

附　則（つ）〔昭和四六年六月一日政令第一六九号〕

この政令は、公布の日から施行する。

附　則（ね）〔昭和四七年一月二二日政令第五号〕

1　この政令は、昭和四十八年一月一日から施行する。ただし、第七条第二項及び第三項、第十一条、第十九条、第二十二条、第三十四条、第三十六条の二、第三十七条、別表第四並びに別表第五の改正規定は、公布の日から施行する。

2　昭和四十八年一月一日において現に存する防火対象物又は現に新築、増築、改築、移転若しくは模様替えの工事中の防火対象物における消火器、簡易消火用具、自動火災報知設備、漏電火災警報器、非常警報設備、避難器具及び誘導灯に係る技術上の基準については、同年六月三十日までの間、改正後の消防法施行令（以下「新令」という。）第十条、第二十一条、第二十二条及び第二十四条から第二十六条までの規定にかかわらず、なお従前の例による。

3　昭和四十八年一月一日において現に使用する布製のブラインド、展示用の合板又は繊維板及び舞台において使用する大道具用の合板又は繊維板については、新令第四条の三の規定は、昭和四十九年十二月三十一日までの間、適用しない。

附　則（な）〔昭和四七年四月二八日政令第一一七号〕

この政令は、沖縄の復帰に伴う特別措置に関する法律（昭和四十六年法律第百二十九号）の施行の日（昭和四十七年五月十五日）から施行する。

附　則（ら）〔昭和四七年一二月一日政令第四一一号〕

1　この政令は、昭和四十八年六月一日から施行する。ただし、第四条、第四条の三及び第四条の四の改正規定並びに同条を第四条の五とし、同条の前に一条を加える改正規定は公布の日から、第三十四条の改正規定は昭和五十年十二月一日から施行する。

2　昭和四十八年六月一日において現に存する防火対象物又は現に新築、増築、改築、移転若しくは模様替えの工事中の防火対象物における自動火災報知設備、漏電火災警報器、非常警報設備及び避難器具に係る技術上の基準については、昭和四十九年五月三十一日までの間、改正後の消防法施行令第二十一条第一項、第二十二条第一項、第二十四条第三項及び第二十五条の規定にかかわらず、なお従前の例による。

附　則（む）〔昭和四九年六月一日政令第一八八号抄〕

（施行期日）

1　この政令は、公布の日から施行する。

附　則（う）〔昭和四九年七月一日政令第二五二号〕

1　この政令は、昭和五十年一月一日から施行する。ただし、次の各号に掲げる規定は、当該各号に掲げる日から施行する。

一　第三十六条の二第二項、第三十六条の四及び第三十六条の七の改正規定　公布の日

二　目次の改正規定（第二章第四節及び第五節に係る部分に限る。）、第三十五条を第三十四条の二とし、第三十六条を第三十四条の三とする改正規定、第二章に一節を加える改正規定及び第四十三条の改正規定　昭和五十年四月一日

三　第三十七条第一号の次に一号を加える改正規定及び別表第五の

改正規定（泡消火薬剤に係る部分に限る。）　昭和五十一年一月一日

四　第二章第四節中第三十四条の三の次に一条を加える改正規定（第三十四条の四第一項に係る部分に限る。）　昭和五十二年四月一日

五　第二章第四節中第三十四条の三の次に一条を加える改正規定（第三十四条の四第二項に係る部分に限る。）　昭和五十四年四月一日

2　昭和五十年一月一日において現に存する防火対象物又は現に新築、増築、改築、移転若しくは模様替えの工事中の防火対象物における消火器、自動火災報知設備、漏電火災警報器、非常警報設備及び誘導灯に係る技術上の基準については、同年十二月三十一日までの間、改正後の消防法施行令（以下「新令」という。）第十条、第二十一条、第二十二条、第二十四条及び第二十六条の規定にかかわらず、なお従前の例による。

3　昭和五十年四月一日から昭和五十二年三月三十一日までの間に限り、新令目次中「第三十四条の四」とあるのは、「第三十四条の三」とする。

附　則（ゐ）〔昭和五〇年七月八日政令第二一五号抄〕

1　この政令は、昭和五十年十二月一日から施行する。

2　この政令の施行の際、現に存する防火対象物又は現に新築、増築、改築、移転若しくは模様替えの工事中の防火対象物におけるこの政令による改正後の消防法施行令第三十七条第十号又は第十一号に規定する流水検知装置又は一斉開放弁（附則第四項において「流水検知装置又は一斉開放弁」という。）のうち、同令第三十条に定める技術上の基準に適合しないものに係る技術上の基準については、同条の規定にかかわらず、なお従前の例による。

4　この政令の施行の際、現に消防法第十一条の規定により許可を受けている製造所、貯蔵所又は取扱所における流水検知装置又は一斉開放弁のうち、前項の規定による改正後の危険物の規制に関する政令第二十二条に定める技術上の基準に適合しないものに係る技術上の基準については、同条の規定にかかわらず、なお従前の例による。

附　則（の）〔昭和五〇年九月三〇日政令第二九三号〕

この政令は、昭和五十年十月一日から施行する。

附　則（お）〔昭和五〇年一二月二日政令第三四五号〕

この政令は、昭和五十一年一月一日から施行する。

附　則（く）〔昭和五〇年一二月二七日政令第三八一号〕

この政令は、学校教育法の一部を改正する法律の施行の日（昭和五十一年一月十一日）から施行する。

附　則（や）〔昭和五一年一一月三〇日政令第三〇一号〕

改正　平成一二年六月政令第三〇四号（タ）

1　この政令は、昭和五十二年一月一日から施行する。ただし、第四条第二項及び第三十条の改正規定は同年三月一日から、第四十条の改正規定は同年四月一日から施行する。

2　昭和五十二年三月一日において、現に存する防火対象物における消防用機械器具等（改正後の消防法施行令第三十条第一項の消防用機械器具等をいうものとし、消防法第十七条の二第一項の規定の適用を受ける消防用設備等に係るものを除く。以下同じ。）又は現に新築、増築、改築、移転、修繕若しくは模様替えの工事中の防火対象物に係る消防用機械器具等のうち同令第三十七条各号に掲げるものに該当するもので当該消防用機械器具等について定められた同法第二十一条の二第二項の技術上の規格に適合しないもののうち総務省令で定めるものに係る技術上の基準については、改正後の消防法施行令第三十条の規定にかかわらず、総務省令で、一定の期間を限つて、同条の特例を定めることができる。（タ）

二項…一部改正〔平成一二年六月政令三〇四号(タ)〕

解説【消防用機械器具等及び消火設備等の技術上の基準に関する特例を定める省令】昭和五二年二月一八日自治省令第三号

附　則(ま)〔昭和五二年二月一日政令第一〇号抄〕

1　この政令は、〔中略〕公布の日から施行する。

附　則(け)〔昭和五三年一一月一日政令第三六三号〕

1　この政令中第四条の三第三項及び第四項（第三号及び第四号を除く。）の改正規定並びに次項の規定は昭和五十四年七月一日から、第九条、第二十一条第一項並びに第二十五条第一項第五号及び第二項第一号の表の改正規定並びに附則第三項の規定は同年四月一日から、第四十四条に一項を加える改正規定は昭和五十七年四月一日から、その他の規定は公布の日から施行する。

2　昭和五十四年七月一日において現に防火対象物において使用するじゆうたん等（改正後の消防法施行令（以下「新令」という。）第四条の三第三項に規定するじゆうたん等をいう。）については、同項及び同条第四項の規定は、当該防火対象物において引き続き使用される場合に限り、昭和五十六年六月三十日（当該防火対象物の関係者（消防法第二条第四項に規定する関係者をいう。）が同日までに自治省令で定めるところにより消防長（消防本部を置かない市町村にあつては、市町村長）又は消防署長に届け出た場合には、昭和五十九年六月三十日）までの間、適用しない。

3　昭和五十四年四月一日において現に存する防火対象物又は現に新築、増築、改築、移転若しくは模様替えの工事中の防火対象物における自動火災報知設備及び避難器具に係る技術上の基準については昭和五十七年三月三十一日までの間、新令第二十一条第一項並びに第二十五条第一項及び第二項の規定にかかわらず、なお従前の例による。

附　則(ふ)〔昭和五四年九月二六日政令第二六〇号〕

この政令は、昭和五十五年四月一日から施行する。

附　則(こ)〔昭和五六年一月二三日政令第六号抄〕

1　この政令は、昭和五十六年七月一日から施行する。

2　この政令施行の際、現に改正後の消防法施行令（以下「新令」という。）別表第一(十六の三)項に掲げる防火対象物において使用されている消防法第八条の三第一項に規定する防炎対象物品については、新令第四条の三第一項の規定は、当該防火対象物において引き続き使用される場合に限り、昭和五十九年六月三十日までの間、適用しない。

3　この政令施行の際、現に存する新令別表第一(十六の三)項に掲げる防火対象物又は現に新築、増築、改築、移転、修繕若しくは模様替えの工事中の同項に掲げる防火対象物については、新令第十二条、第二十一条及び第二十四条の規定は、昭和五十八年十二月三十一日までの間、適用しない。

4　この政令施行の際、現に存する防火対象物又は現に新築、増築、改築、移転、修繕若しくは模様替えの工事中の防火対象物については、新令第二十一条の二第一項第一号及び第二号の規定は昭和五十六年十二月三十一日までの間、新令第二十一条の二第一項第三号及び第四号の規定は昭和五十九年六月三十日までの間、適用しない。

附　則(え)〔昭和五九年二月二一日政令第一五号抄〕

1　この政令は、昭和五十九年四月一日から施行する。

附　則(て)〔昭和五九年五月一八日政令第一四八号〕

1　この政令は、昭和五十九年五月二十五日から施行する。

2　この政令の施行前に実施の公示がされた消防法第十七条の七第一項の消防設備士試験又は同法第十七条の八の二の規定による講習を受けようとする者が納付すべき手数料については、なお従前の例による。

附　則（あ）〔昭和五九年九月二一日政令第二七六号〕

この政令は、昭和五十九年十二月一日から施行する。ただし、第二条中消防法施行令第二十一条第二項第二号及び別表第五の改正規定は同年十月一日から、第二条中同令第四十一条の改正規定は昭和六十年四月一日から施行する。

附　則（さ）〔昭和五九年一一月三〇日政令第三三五号〕

この政令は、公布の日から施行する。

附　則（き）〔昭和六一年二月二八日政令第一七号抄〕

1　この政令は、許可、認可等民間活動に係る規制の整理及び合理化に関する法律第十二条の規定の施行の日（昭和六十一年三月一日）から施行する。

附　則（ゆ）〔昭和六一年八月五日政令第二七四号抄〕

（施行期日）

1　この政令は、許可、認可等民間活動に係る規制の整理及び合理化に関する法律（昭和六十年法律第百二号）第二十六条の規定の施行の日（昭和六十一年十二月一日）から施行する。ただし、第四条の三第三項の改正規定及び附則第四項の規定は公布の日から、第四十二条の改正規定は昭和六十二年一月一日から施行する。

（経過措置）

2　この政令の施行の際現に許可、認可等民間活動に係る規制の整理及び合理化に関する法律第二十六条の規定による改正前の消防法（以下「旧法」という。）第二十一条の三第三項又は旧法第二十一条の十一第一項の規定による試験を申請し、かつ、旧法第二十一条の三第三項（旧法第二十一条の十一第三項において準用する場合を含む。）の規定によりその試験結果が通知されていない動力消防ポンプ又は消防用吸管の当該試験に係る手数料で既に納付されたものは、返還するものとする。

3　この政令の施行の際現に旧法第二十一条の九第一項の規定により動力消防ポンプ又は消防用吸管に付されている表示は、許可、認可等民間活動に係る規制の整理及び合理化に関する法律第二十六条の規定による改正後の消防法（以下「新法」という。）第二十一条の十六の三第一項の規定による表示とみなす。この場合においては、新法第二十一条の九第二項の規定は、適用しない。

4　第四条の三第三項の改正規定の施行前にした行為に対する罰則の適用については、なお従前の例による。

附　則（め）〔昭和六一年一二月九日政令第三六九号〕

（施行期日）

1　この政令は、昭和六十二年四月一日から施行する。ただし、第二十九条の二の改正規定及び附則第三項の規定は、公布の日から施行する。

（経過措置）

2　この政令による改正前の消防法施行令第三条第一号に規定する防火管理に関する講習会の課程を修了した者は、この政令による改正後の消防法施行令第三条第一項第一号イに規定する甲種防火対象物の防火管理に関する講習の課程を修了した者とみなす。

3　第二十九条の二の改正規定の施行前にした行為に対する罰則の適用については、なお従前の例による。

附　則（み）〔昭和六二年一〇月二日政令第三四三号〕

改正　平成二年六月政令第一七〇号（す）

（施行期日）

1　この政令は、昭和六十三年四月一日から施行する。

（経過措置）

2　この政令の施行の際、現に存する防火対象物（改正後の消防法施行令（以下「新令」という。）第十二条第一項第三号に規定する病院及び同号の自治省令で定める防火対象物に限る。以下同じ。）又は現に新築、増築、改築、移転、修繕若しくは模様替えの工事中の防火対象物における屋内消火栓設備、スプリンクラー設備及び動力消防ポンプ設備のうち、新令第十一条第二項（新令第二十条第二項において準用する場合を含む。）及び第十二条第二項第三号の規定に適合しないものに係る技術上の基準については、これらの規定にかかわらず、平成八年三月三十一日までの間、なお従前の例による。（す）

3　この政令の施行前にした行為に対する罰則の適用については、なお従前の例による。

二項…一部改正〔平成二年六月政令一七〇号（す）〕

附　則（し）〔昭和六三年一月四日政令第二号〕

この政令は、昭和六十三年一月二十日から施行する。

附　則（ゑ）〔昭和六三年四月八日政令第八九号抄〕

（施行期日）

1　この政令は、精神衛生法等の一部を改正する法律の施行の日（昭和六十三年七月一日）から施行する。

（消防法施行令の一部改正に伴う経過措置）

3　この政令の施行の際現に精神障害者社会復帰施設（改正前の消防法施行令第四条の三第一項に規定する防炎防火対象物であるものを除く。）において使用されている消防法（昭和二十三年法律第百八十六号）第八条の三第一項に規定する防炎対象物品については、改正後の消防法施行令第四条の三第一項の規定は、当該精神障害者社会復帰施設において引き続き使用される場合に限り、昭和六十六年〔平成三年〕四月一日までの間、適用しない。

4　この政令の施行の際、現に存する精神障害者社会復帰施設又は現に新築、増築、改築、移転、修繕若しくは模様替えの工事中の精神障害者社会復帰施設における自動火災報知設備、非常警報器具、非常警報設備及び避難器具に係る技術上の基準については、昭和六十六年〔平成三年〕四月一日までの間、改正後の消防法施行令第二十一条、第二十四条及び第二十五条の規定にかかわらず、なお従前の例による。

附　則（ひ）〔昭和六三年一二月二七日政令第三五八号抄〕

改正　平成一二年六月政令第三〇四号（タ）

（施行期日）

第一条　この政令は、消防法の一部を改正する法律（昭和六十三年法律第五十五号。以下「六十三年改正法」という。）附則第一条ただし書に規定する一部施行日（昭和六十五年〔平成二年〕五月二十三日）から施行する。ただし、次の各号に掲げる規定は、当該各号に定める日から施行する。

一　〔前略〕附則第十八条及び附則第十九条の規定〔中略〕公布の日

二　〔略〕

三　〔前略〕第二条中消防法施行令第三十六条の四第四号の改正規定及び同令第三十六条の七第一項の表の改正規定　昭和六十四年〔平成元年〕四月一日

（消防法施行令に関する経過措置）

第一七条　この政令の施行の際、現に存する防火対象物若しくはその部分又は現に新築、増築、改築、移転、修繕若しくは模様替えの工事中の防火対象物若しくはその部分のうち、施行日の前日において六十三年改正法による改正前の消防法第十一条第一項の規定により許可を受けている製造所、貯蔵所又は取扱所で、六十三年改正法による改正後の消防法第十一条第一項の規定による許可を受けることを要しないこととなるものに係るものについては、第二条の規定による改正後の消防法施行令第十条、第二十二条及び第二十四条から第二十六条までの規定は昭和六十六年〔平成三年〕五月二十二日までの間、同令第十一条から第十三条まで、第十九条から第二十一条の二まで、第二十三条及び第二十七条から第二十九条の三までの規定は昭和六十七年〔平成四年〕五月二十二日までの間、適用しない。

2　この政令の施行の際、現に存する防火対象物若しくはその部分又は現に新築、増築、改築、移転、修繕若しくは模様替えの工事中の防火対象物若しくはその部分のうち、少量危険物（第二条の規定による改正後の消防法施行令第十条第一項第四号の少量危険物をいう。）又は指定可燃物を貯蔵し、又は取り扱うこととなるもの（前項に定めるものを除く。）における消火器及び簡易消火用具に係る技術上の基準については、昭和六十六年〔平成三年〕五月二十二日までの間、第二条の規定による改正後の消防法施行令第十条第一項第四号の規定にかかわらず、なお従前の例による。

3　この政令の施行の際、現に存する防火対象物若しくはその部分又は現に新築、増築、改築、移転、修繕若しくは模様替えの工事中の防火対象物若しくはその部分のうち、指定可燃物を貯蔵し、又は取り扱うこととなるもの（第一項に定めるものを除く。）における屋内消火栓設備、スプリンクラー設備、水噴霧消火設備、泡消火設備、二酸化炭素消火設備、ハロゲン化物消火設備、粉末消火設備及び自動火災報知設備に係る技術上の基準については、昭和六十七年〔平成四年〕五月二十二日までの間、第二条の規定による改正後の消防法施行令第十一条第一項第五号、第十二条第一項第六号、第十三条第一項及び第二十一条第一項第七号の規定にかかわらず、なお従前の例による。

（総務省令への委任）（タ）

第一八条　附則第二条から前条までに定めるもののほか、製造所等の位置、構造及び設備に係る技術上の基準その他危険物の貯蔵、取扱い又は運搬に関し必要な経過措置は、総務省令で定める。（タ）

本条…一部改正〔平成一二年六月政令三〇四号(タ)〕

（罰則に関する経過措置）

第一九条　この政令の施行前にした行為及びこの政令の附則においてなお従前の例によることとされる場合におけるこの政令の施行後にした行為に対する罰則の適用については、なお従前の例による。

附　則（も）〔平成元年三月三一日政令第八三号〕

この政令は、平成元年四月一日から施行する。

附　則（せ）〔平成二年五月二二日政令第一一九号〕

（施行期日）

1　この政令は、平成二年六月一日から施行する。ただし、第三十七条第七号の改正規定は、平成三年六月一日から施行する。

（経過措置）

2　この政令の施行の際、現に存する防火対象物又は現に新築、増築、改築、移転、修繕若しくは模様替えの工事中の防火対象物における屋外消火栓設備及び連結送水管のうち、改正後の第十九条第三項第五号及び第二十九条第二項第四号ロの規定に適合しないものに係る技術上の基準については、これらの規定にかかわらず、平成四年五月三十一日までの間は、なお従前の例による。

3　この政令の施行前にした行為及び前項の規定によりなお従前の例によることとされる場合におけるこの政令の施行後にした行為に対する罰則の適用については、なお従前の例による。

附　則（す）〔平成二年六月一九日政令第一七〇号抄〕

（施行期日）

1　この政令は、平成二年十二月一日から施行する。ただし、別表第二の改正規定は、公布の日から施行する。

（経過措置）

2　この政令の施行の際、現に存する消防法施行令別表第一㈣項に掲げる防火対象物又は現に新築、増築、改築、移転、修繕若しくは模様替えの工事中の同項に掲げる防火対象物におけるスプリンクラー設備に係る技術上の基準については、改正後の同令第十二条第一項第三号の規定にかかわらず、平成六年十一月三十日までの間は、なお従前の例による。

附　則(ん)〔平成三年五月一五日政令第一六〇号〕

この政令は、平成三年六月一日から施行する。ただし、第九条の改正規定は、公布の日から施行する。

附　則(イ)〔平成四年一月二九日政令第九号〕

この政令は、平成四年三月一日から施行する。

附　則(ロ)〔平成五年一月二二日政令第四号〕

1　この政令は、平成五年二月一日から施行する。

2　この政令の施行前に実施の公示がされた消防法第十七条の十の規定による講習を受けようとする者が納付すべき手数料については、なお従前の例による。

附　則(ハ)〔平成五年五月一二日政令第一七〇号抄〕

(**施行期日**)

第一条　この政令は、都市計画法及び建築基準法の一部を改正する法律(以下「改正法」という。)の施行の日(平成五年六月二十五日)から施行する。

附　則(ニ)〔平成七年九月一三日政令第三三一号〕

この政令は、平成七年十月一日から施行する。

附　則(ホ)〔平成八年二月一六日政令第二〇号〕

(**施行期日**)

1　この政令は、公布の日から施行する。ただし、第二十三条第二項及び第三項の改正規定並びに次項の規定は、平成八年四月一日から施行する。

(**経過措置**)

2　平成八年四月一日において現に存する防火対象物(改正後の消防法施行令(以下「新令」という。)第二十三条第一項第二号に掲げる防火対象物で、新令別表第一(五)項イ並びに(六)項イ及びロに掲げる防火対象物に限る。以下同じ。)又は現に新築、増築、改築、移転、修繕若しくは模様替えの工事中の防火対象物における同条第三項に規定する消防機関へ常時通報することができる電話を設置したときの同条第一項に規定する火災報知設備の設置については、平成十年三月三十一日までの間は、なお従前の例による。

3　この政令の施行前にした行為に対する罰則の適用については、なお従前の例による。

附　則(ヘ)〔平成九年三月二四日政令第五六号〕

(**施行期日**)

1　この政令は、平成九年四月一日から施行する。ただし、第十一条及び第十九条の改正規定は、平成十一年十月一日から施行する。

(**経過措置**)

2　平成十一年十月一日において現に存する防火対象物若しくはその部分又は現に新築、増築、改築、移転、修繕若しくは模様替えの工事中の防火対象物若しくはその部分における屋内消火栓設備及び屋外消火栓設備に係る技術上の基準については、改正後の第十一条第三項第一号及び第二号並びに第十九条第三項第三号の規定にかかわらず、なお従前の例による。

附　則(ト)〔平成九年九月二五日政令第二九一号抄〕

(**施行期日**)

第一条　この政令は、平成十年四月一日から施行する。

附　則(チ)〔平成一〇年三月二五日政令第五〇号〕

この政令は、公布の日から施行する。

附　則(リ)〔平成一〇年一〇月三〇日政令第三五一号抄〕

(**施行期日**)

1　この政令は、平成十一年四月一日から施行する。

附　則(ヌ)〔平成一〇年一一月二六日政令第三七二号〕

この政令は、平成十一年四月一日から施行する。

附　則（ル）〔平成一一年一月一三日政令第五号〕

この政令は、建築基準法の一部を改正する法律の一部の施行の日（平成十一年五月一日）から施行する。

附　則（ヲ）〔平成一一年三月一七日政令第四二号〕

この政令は、平成十一年四月一日から施行する。ただし、第二十八条の改正規定は、平成十一年十月一日から施行する。

附　則（ワ）〔平成一一年九月三日政令第二六二号〕

この政令は、平成十二年四月一日から施行する。

介護保険法及び介護保険法施行法の施行に伴う関係政令の整備等に関する政令〔抄〕（平成十一年九月三日政令第二百六十二号）

（消防法施行令の一部改正に伴う罰則に関する経過措置）

第四三条　前条の規定の施行前にした行為に対する罰則の適用については、なお従前の例による。

附　則（カ）〔平成一一年一〇月一四日政令第三二四号抄〕

（施行期日）

第一条　この政令は、平成十二年四月一日から施行する。〔以下略〕

附　則（ヨ）〔平成一二年四月二六日政令第二一一号抄〕

（施行期日）

第一条　この政令は、建築基準法の一部を改正する法律（平成十年法律第百号）の施行の日（平成十二年六月一日）から施行する。

附　則（タ）〔平成一二年六月七日政令第三〇四号抄〕

1　この政令は、内閣法の一部を改正する法律（平成十一年法律第八十八号）の施行の日（平成十三年一月六日）から施行する。〔以下略〕

附　則（レ）〔平成一二年六月七日政令第三三三号抄〕

（施行期日）

1　この政令〔中略〕は、平成十三年四月一日から施行する。

附　則（ソ）〔平成一三年一月二四日政令第一〇号〕

この政令は、平成十三年四月一日から施行する。

附　則（ツ）〔平成一三年一二月五日政令第三八五号〕

（施行期日）

1　この政令は、消防法の一部を改正する法律附則第一条第二号に掲げる規定の施行の日（平成十五年一月一日）から施行する。ただし、次項の規定は、公布の日から施行する。

（経過措置）

2　市町村は、この政令が施行された場合において改正後の消防法施行令第五条から第五条の五まで又はこれらの規定に基づく総務省令に定める基準に適合しないこととなる条例の規定を当該基準に従って改正するときは、条例で、その改正に伴い合理的に必要と判断される範囲内において、所要の経過措置を定めることができる。

附　則（ネ）〔平成一四年八月二日政令第二七四号抄〕

（施行期日）

第一条　この政令は、消防法の一部を改正する法律（平成十四年法律第三十号。以下「改正法」という。）の施行の日（平成十四年十月二十五日）から施行する。ただし、次の各号に掲げる規定は、当該各号に定める日から施行する。

一　〔略〕

二　次条第一項及び第二項の規定　平成十五年一月一日

三　第四条の二の次に二条を加える改正規定（第四条の二の二に関する部分に限る。）、第九条、第十一条第二項、第二十一条第一項及び第二十五条第一項の改正規定、第三十五条第一項に一号を加える改正規定、第三十六条第二項及び別表第一の改正規定並びに次条第三項から第六項までの規定　改正法附則第一条ただし書に規定する規定の施行の日（平成十五年十月一日）

（経過措置）

第二条　改正法による改正後の消防法（以下「新法」という。）第八条の二の三第二項に規定する申請者は、改正法附則第一条ただし書に規定する規定の施行の日前においても、新法第八条の二の三第一項及び第二項の規定の例により、新法第八条の二の二第一項の防火対象物について、新法第八条の二の三第一項の認定を受けることができる。この場合において、当該認定の効力は、同日から生ずるものとする。

2　消防長（消防本部を置かない市町村においては、市町村長）又は消防署長は、前項の規定による認定をしたとき、又は認定をしないことを決定したときは、新法第八条の二の三第三項の規定の例により、その旨を前項の申請者に通知しなければならない。

3　前条第三号に掲げる規定の施行の際、現に存する防火対象物（改正後の消防法施行令（以下「新令」という。）別表第一(二)項ハ又は(五)項イに掲げる防火対象物の用途に供される部分（改正前の消防法施行令別表第一(五)項イに掲げる防火対象物の用途に供される部分であるものを除く。）が存するものに限る。以下この項から第五項までにおいて同じ。）において使用されている新法第八条の三第一項に規定する防炎対象物品については、新令第四条の三第一項の規定は、当該防火対象物において引き続き使用される場合に限り、平成十七年十月一日までの間は、適用しない。

4　前条第三号に掲げる規定の施行の際、現に存する防火対象物又は現に新築、増築、改築、移転、修繕若しくは模様替えの工事中の防火対象物における消火器、簡易消火用具、漏電火災警報器及び誘導灯に係る技術上の基準については、新令第十条、第二十二条及び第二十六条の規定にかかわらず、平成十六年十月一日までの間は、なお従前の例による。

5　前条第三号に掲げる規定の施行の際、現に存する防火対象物又は現に新築、増築、改築、移転、修繕若しくは模様替えの工事中の防火対象物における屋内消火栓設備、スプリンクラー設備、屋外消火栓設備、自動火災報知設備、ガス漏れ火災警報設備、消防機関へ通報する火災報知設備、非常警報設備、避難器具、消防用水、排煙設備及び連結散水設備に係る技術上の基準については、新令第十一条、第十二条、第十九条、第二十一条、第二十一条の二、第二十三条から第二十五条まで及び第二十七条から第二十八条の二までの規定にかかわらず、平成十七年十月一日までの間は、なお従前の例による。

6　前条第三号に掲げる規定の施行の際、現に存する防火対象物（第三項に規定する防火対象物を除く。以下この項において同じ。）又は現に新築、増築、改築、移転、修繕若しくは模様替えの工事中の防火対象物における自動火災報知設備及び避難器具に係る技術上の基準については、新令第二十一条及び第二十五条の規定にかかわらず、平成十七年十月一日までの間は、なお従前の例による。

附　則（ナ）〔平成一五年八月二九日政令第三七八号〕

この政令は、消防組織法及び消防法の一部を改正する法律の施行の日（平成十五年九月一日）から施行する。

附　則（ラ）〔平成一六年二月六日政令第一九号抄〕

（施行期日）

第一条　この政令は、消防組織法及び消防法の一部を改正する法律（平成十五年法律第八十四号）附則第一条第二号に掲げる規定の施行の日（平成十六年六月一日）から施行する。ただし、次の各号に掲げる規定は、当該各号に定める日から施行する。

一　第四十四条の改正規定及び同条の次に一条を加える改正規定〔中略〕平成十六年四月一日

二　第一条の二第三項の改正規定〔中略〕　平成十六年八月一日

三　別表第一の備考の改正規定及び次条第二項の規定　平成十七年四月一日

（経過措置）

第二条　改正前の消防法施行令（以下この項において「旧令」という。）第三十二条の規定により、消防長（消防本部を置かない市町村においては、市町村長）又は消防署長が予想しない特殊の消防用設備等（消防法第十七条第一項に規定する消防用設備等をいう。以下この条において同じ。）その他の設備を用いることにより旧令第二章第三節の規定による消防用設備等の基準による場合と同等以上の効力があると認めた場合における当該消防用設備等については、なお従前の例による。

2　前条第三号に掲げる規定の施行の際、現に存する改正後の消防法施行令（以下この項において「新令」という。）別表第一㈦項に掲げる防火対象物又は現に新築、増築、改築、移転、修繕若しくは模様替えの工事中の同項に掲げる防火対象物における屋内消火栓設備、スプリンクラー設備、屋外消火栓設備、消防機関へ通報する火災報知設備、非常警報設備、避難器具及び誘導灯に係る技術上の基準については、新令第十一条、第十二条、第十九条及び第二十三条から第二十六条までの規定にかかわらず、平成十九年四月一日までの間は、なお従前の例による。

附　則(ム)〔平成一六年三月二六日政令第七三号〕

この政令〔中略〕は消防組織法及び消防法の一部を改正する法律（平成十五年法律第八十四号）附則第一条第二号に掲げる規定の施行の日（平成十六年六月一日）〔中略〕から施行する。

附　則(ウ)〔平成一六年七月九日政令第二二五号抄〕

（施行期日）

第一条　この政令は、平成十七年十二月一日から施行する。

（消防法施行令の一部改正に伴う経過措置）

第二条　この政令の施行の際、現に存する防火対象物若しくはその部分又は現に新築、増築、改築、移転、修繕若しくは模様替えの工事中の防火対象物若しくはその部分のうち、指定可燃物を貯蔵し、又は取り扱うこととなるものにおける屋内消火栓設備、スプリンクラー設備、水噴霧消火設備、泡消火設備、不活性ガス消火設備及び自動火災報知設備に係る技術上の基準については、第二条の規定による改正後の消防法施行令第十一条から第十三条まで及び第二十一条の規定にかかわらず、平成十九年十一月三十日までの間は、なお従前の例による。

附　則(ヰ)〔平成一六年一〇月二七日政令第三二五号〕

この政令は、消防法及び石油コンビナート等災害防止法の一部を改正する法律附則第一条第二号に掲げる規定の施行の日（平成十八年六月一日）から施行する。

附　則(ノ)〔平成一七年二月一八日政令第二二号〕

この政令は、平成十七年四月一日から施行する。

附　則(オ)〔平成一七年三月三一日政令第一〇一号抄〕

（施行期日）

第一条　この政令は、平成十七年四月一日から施行する。〔以下略〕

附　則(ク)〔平成一八年三月三一日政令第一五九号〕

この政令は、平成十八年四月一日から施行する。

附　則(ヤ)〔平成一八年六月一四日政令第二一四号〕

この政令は、公布の日から施行する。

附　則(マ)〔平成一八年九月二六日政令第三二〇号〕

この政令は、障害者自立支援法の一部の施行の日（平成十八年十月一日）から施行する。

障害者自立支援法の一部の施行に伴う関係政令の整備に関する政令〔抄〕（平成十八年九月二十六日政令第三百二十号）

改正　平成一九年六月政令第一七九号(コ)

（消防法施行令の一部改正に伴う経過措置）

第一九条　平成二十一年四月一日から障害者自立支援法附則第一条第三号に掲げる規定の施行の日（平成二四年四月一日）の前日までの間は、消防法施行令の一部を改正する政令（平成十九年政令第百七十九号）による改正後の消防法施行令別表第一㈥項ロ中「又は障害者自立支援法」とあるのは「、障害者自立支援法」と、「という。）」とあるのは「という。）又は同法附則第四十一条第一項若しくは第五十八条第一項の規定によりなお従前の例により運営をすることができることとされた同法附則第四十一条第一項に規定する身体障害者更生援護施設（主として身体障害の程度が重い者を入所させるものとして総務省令で定めるものに限る。）若しくは同法附則第五十八条第一項に規定する知的障害者援護施設（通所施設を除く。）」と、同項ハ中「又は障害者自立支援法」とあるのは「、障害者自立支援法」と、「短期入所等施設を除く。）」とあるのは「短期入所等施設を除く。）又は同法附則第四十一条第一項、第四十八条若しくは第五十八条第一項の規定によりなお従前の例により運営をすることができることとされた同法附則第四十一条第一項に規定する身体障害者更生援護施設（主として身体障害の程度が重い者を入所させるものとして総務省令で定めるものを除く。）、同法附則第四十八条に規定する精神障害者社会復帰施設若しくは同法附則第五十八条第一項に規定する知的障害者援護施設（通所施設に限る。）」とする。（コ）

本条…全部改正〔平成一九年六月政令一七九号（コ）〕

附　則（ケ）〔平成一九年三月一六日政令第四九号抄〕

（施行期日）

第一条　この政令は、建築物の安全性の確保を図るための建築基準法等の一部を改正する法律（以下「改正法」という。）の施行の日（平成十九年六月二十日）から施行する。〔以下略〕

附　則（フ）〔平成一九年三月二二日政令第五五号抄〕

（施行期日）

第一条　この政令は、平成十九年四月一日から施行する。

（罰則の適用に関する経過措置）

第三条　この政令の施行前にした行為に対する罰則の適用については、なお従前の例による。

附　則（コ）〔平成一九年六月一三日政令第一七九号抄〕

（施行期日）

第一条　この政令は、平成二十一年四月一日から施行する。

（経過措置）

第二条　この政令の施行の際、現に存する防火対象物又は現に新築、増築、改築、移転、修繕若しくは模様替えの工事中の防火対象物における消火器及び簡易消火用具に係る技術上の基準については、改正後の第十条の規定にかかわらず、平成二十二年四月一日までの間は、なお従前の例による。

2　この政令の施行の際、現に存する防火対象物又は現に新築、増築、改築、移転、修繕若しくは模様替えの工事中の防火対象物における屋内消火栓設備、スプリンクラー設備、自動火災報知設備及び消防機関へ通報する火災報知設備に係る技術上の基準については、改正後の第十一条、第十二条、第二十一条及び第二十三条の規定にかかわらず、平成二十四年三月三十一日までの間は、なお従前の例による。

附　則（エ）〔平成二〇年七月二日政令第二一五号抄〕

（施行期日）

第一条　この政令は、平成二十年十月一日から施行する。

（経過措置）

第二条　この政令の施行の際、現に存する防火対象物又は現に新築、増築、改築、移転、修繕若しくは模様替えの工事中の防火対象物における消防機関へ通報する火災報知設備に係る技術上の基準については、平成二十一年九月三十日までの間は、なお従前の例による。

2　この政令の施行の際、現に存する防火対象物又は現に新築、増築、改築、移転、修繕若しくは模様替えの工事中の防火対象物における自動火災報知設備及びガス漏れ火災警報設備に係る技術上の基準については、平成二十二年三月三十一日までの間は、なお従前の例による。

3　この政令の施行の際、現に存する防火対象物又は現に新築、増築、改築、移転、修繕若しくは模様替えの工事中の防火対象物におけるスプリンクラー設備及び排煙設備に係る技術上の基準については、平成二十二年九月三十日までの間は、なお従前の例による。

附　則(テ)〔平成二〇年九月二四日政令第三〇一号〕

（施行期日）

第一条　この政令は、消防法の一部を改正する法律（平成十九年法律第九十三号。以下「改正法」という。）の施行の日（平成二十一年六月一日。以下「施行日」という。）から施行する。

（経過措置）

第二条　改正法の施行の際現に存するこの政令による改正後の消防法施行令（以下「新令」という。）第四十七条第一項に規定する防災管理対象物については、改正法による改正後の消防法（以下「新法」という。）第三十六条第一項において準用する新法第八条の二の三第一項の規定及び新法第三十六条第四項の規定は、施行日から起算して三年を経過する日までの間は、適用しない。

2　改正法の施行の際、現に存する新令第四十七条第一項に規定する防災管理対象物のうち、新法第八条の二の二第二項の規定により同項の表示が付されているものについては、新法第三十六条第三項の規定は、施行日以後同条第一項において準用する新法第八条の二の二第一項の規定による最初の点検の結果が判明した日又は同項の規定により当該点検を行わせなければならない期日が経過した日のいずれか早い日までの間は、適用しない。

第三条　施行日前にその課程を修了した講習であって、新令第四条の二の八第三項第一号又は第四十七条第一項第一号に規定する講習に相当するものとして消防庁長官が定めるものは、それぞれ新令第四条の二の八第三項第一号又は第四十七条第一項第一号に規定する講習とみなす。

附　則(ア)〔平成二三年九月二二日政令第二九六号〕

この政令は、平成二十三年十月一日から施行する。

附　則(サ)〔平成二四年二月三日政令第二六号抄〕

（施行期日）

第一条　この政令は、平成二十四年四月一日から施行する。〔以下略〕

附　則(キ)〔平成二四年一〇月一九日政令第二六二号抄〕

（施行期日）

1　この政令は、平成二十六年四月一日から施行する。ただし、第四十条及び別表第三の改正規定〔中略〕は、平成二十五年四月一日から施行する。

附　則(ユ)〔平成二五年一月一八日政令第五号〕

この政令は、平成二十五年四月一日から施行する。

附　則(メ)〔平成二五年三月二七日政令第八八号抄〕

改正　平成二五年一二月政令第三六八号(シ)、二六年一〇月第三三三号(ヒ)

（施行期日）

第一条　この政令は、平成二十六年四月一日から施行する。ただし、次の各号に掲げる規定は、当該各号に定める日から施行する。

一　第十二条第四項の改正規定　公布の日

二　第十一条第三項、第十五条から第十八条まで、第十九条第三項及び第二十条第四項の改正規定並びに附則第六条の規定　平成二十五年十月一日

三　別表第一㈥項ロ及びハの改正規定並びに附則第五条の規定　平

成二十七年四月一日

（消防用ホース、結合金具及び漏電火災警報器に関する経過措置）

第二条　この政令の施行前に消防法（以下「法」という。）第二十一条の九第一項の規定による表示が付され、又は法第二十一条の二第四項の規定に違反して販売され、販売の目的で陳列され、若しくはその設置、変更若しくは修理の請負に係る工事に使用された消防用ホース、結合金具（消防用ホースに使用する差込式又はねじ式の結合金具及び消防用吸管に使用するねじ式の結合金具をいう。次項において同じ。）又は漏電火災警報器については、この政令による改正後の消防法施行令（附則第五条において「新令」という。）第三十七条及び第四十一条の規定にかかわらず、法第二十一条の二第一項の検定対象機械器具等とみなして、法第四章の二第一節の規定（これらの規定に係る罰則を含む。）を適用する。

2　この政令の施行の際現に法第二十一条の十一第一項の規定による試験を申請し、かつ、同条第二項において準用する法第二十一条の三第三項の規定によりその試験結果が通知されていない消防用ホース、結合金具又は漏電火災警報器の当該試験に係る手数料で既に納付されたものは、返還するものとする。

（住宅用防災警報器に関する経過措置）

第三条　住宅用防災警報器については、平成三十一年三月三十一日までの間は、法第二十一条の二第一項の規定にかかわらず、法第四章の二第一節の規定による検定を受けることを要しないものとし、同条第四項の規定は、適用しない。

（エアゾール式簡易消火具に関する経過措置）

第四条　エアゾール式簡易消火具については、平成二十九年三月三十一日までの間は、法第二十一条の十六の二の規定は、適用しない。

（防火対象物の用途の改正に伴う経過措置）

第五条　附則第一条第三号に掲げる規定の施行の際、現に存する新令別表第一㈥項ロ及びハ、(十六)項イ並びに(十六の三)項に掲げる防火対象物（同表(十六)項イ及び(十六の三)項に掲げる防火対象物にあっては、同表㈥項ロ又はハに掲げる防火対象物の用途に供される部分が存するものに限る。以下この項において同じ。）並びに現に新築、増築、改築、移転、修繕又は模様替えの工事中の同表㈥項ロ及びハ、(十六)項イ並びに(十六の三)項に掲げる防火対象物における消火器、簡易消火用具、漏電火災警報器及び誘導灯に係る技術上の基準については、新令第十条第一項第一号、第四号及び第五号、第二十二条第一項第六号及び第七号並びに第二十六条第一項第一号及び第二号の規定にかかわらず、平成二十八年三月三十一日までの間は、なお従前の例による。（シ）（ヒ）

2　附則第一条第三号に掲げる規定の施行の際、現に存する新令別表第一㈥項ロ及びハ並びに(十六)項イに掲げる防火対象物（同表㈥項ハに掲げる防火対象物にあっては保育所を除き、同表(十六)項イに掲げる防火対象物にあっては同表㈥項ロに掲げる防火対象物又は同項ハに掲げる防火対象物（保育所を除く。）の用途に供される部分に限る。以下この項において同じ。）並びに現に新築、増築、改築、移転、修繕又は模様替えの工事中の同表㈥項ロ及びハ並びに(十六)項イに掲げる防火対象物における消火器、簡易消火用具及び漏電火災警報器に係る技術上の基準については、新令第十条第一項第二号及び第二十二条第一項第三号の規定にかかわらず、平成二十八年三月三十一日までの間は、なお従前の例による。（ヒ）

3　附則第一条第三号に掲げる規定の施行の際、現に存する新令別表第一㈥項ロ及びハ、(十六)項イ並びに(十六の二)項に掲げる防火対象物（同表㈥項ハに掲げる防火対象物にあっては保育所を除き、同表(十六)項イ及び(十六の二)項に掲げる防火対象物にあっては同表㈥項ロに掲げる防火対象物又は同項ハに掲げる防火対象物（保育所を除く。）の用途に供される部分に限る。以下この項において同じ。）並びに現に新築、増築、改築、移転、修繕又は模様替えの工事中の同表㈥項ロ及びハ、(十六)項イ並びに十六の二項に掲げる防火対象物における屋内消火栓設備、スプリンクラー設備、屋外消火栓設備、動力消防ポンプ設備、自動火災報知設備、ガス漏れ火災警報設備、消防機関へ通報する火災報知設備、非常警報設備、避難器具、消防用水及び連結散水設備に係る技術上の基準については、新令第十一条第一項第二号及び第六号並びに第二項（新令第二十条第二項において準用する場合を含む。）、第十二条第一項第一号、第四号及び第九号並びに第二項第二号、第十九条第一項、第二十条第一項第一号（新令第十一条第一項第二号及び第六号に係る部分に限る。）及び第二号並びに第三項、第二十一条第一項第一号及び第九号、第二十一条の二第一項第四号、第二十三条第一項第一号（同表㈥項ロに掲げる防火対象物に係る部分に限る。）及び第二号、第二十四条第三項第四号、第二十五条第一項第一号、第二十七条第一項第一号並びに第二十八条の二第一項の規定にかかわらず、平成三十年三月三十一日までの間は、なお従前の例による。（シ）（ヒ）

4　附則第一条第三号に掲げる規定の施行の際、現に存する新令別表第一㈥項ロ及びハ、(十六)項イ並びに十六の三項に掲げる防火対象物（同表(十六)項イ及び十六の三項に掲げる防火対象物にあっては、同表㈥項ロ又はハに掲げる防火対象物の用途に供される部分が存するものに限る。以下この項において同じ。）並びに現に新築、増築、改築、移転、修繕又は模様替えの工事中の同表㈥項ロ及びハ、(十六)項イ並びに十六の三項に掲げる防火対象物における屋内消火栓設備、スプリンクラー設備、水噴霧消火設備、泡消火設備、不活性ガス消火設備、ハロゲン化物消火設備、粉末消火設備、動力消防ポンプ設備、自動火災報知設備、ガス漏れ火災警報設備、消防機関へ通報する火災報知設備、非常警報設備及び避難器具に係る技術上の基準については、新令第十一条第一項第五号、第十二条第一項第三号、第七号、第八号、第十号及び第十一号、第十三条第一項、第二十条第一項第一号（新令第十一条第一項第五号に係る部分に限る。）、第二十一条第一項第三号、第五号、第七号、第八号、第十号、第十一号、第十三号及び第十五号、第二十一条の二第一項第二号、第三号及び第五号、第二十三条第一項第一号（同表十六の三項に掲げる防火対象物に係る部分に限る。）、第二十四条第二項第二号及び第三項第一号から第三号まで並びに第二十五条第一項第五号及び第二項第一号の規定にかかわらず、平成三十年三月三十一日までの間は、なお従前の例による。（ヒ）

一・二項…一部改正〔平成二五年一二月政令三六八号（シ）〕、一項…一部改正・二・四項…追加・旧二項…一部改正し三項に繰下〔平成二六年一〇月政令三三三号（ヒ）〕

（罰則に関する経過措置）

第六条　この政令（附則第一条第二号に掲げる規定については、当該規定）の施行前にした行為に対する罰則の適用については、なお従前の例による。

附　則（ミ）〔平成二五年一一月二七日政令第三一九号抄〕

（施行期日）

1　この政令は、平成二十六年四月一日から施行する。

附　則（シ）〔平成二五年一二月二七日政令第三六八号抄〕

改正　平成二六年一〇月政令第三三三号（ヒ）

（施行期日）

第一条　この政令は、平成二十七年四月一日から施行する。ただし、第五条の二第一項の改正規定並びに次条及び附則第四条の規定は、公布の日から施行する。

（経過措置）

第二条　前条ただし書に規定する改正規定の施行の際現に効力を有する消防法第九条の市町村条例が前条ただし書に規定する改正規定による改正後の消防法施行令第五条の二第一項に規定する条例制定基

準（以下「新基準」という。）に適合しないこととなる場合における同法第九条の市町村条例に係る基準については、平成二十六年八月一日以前において新基準に従い当該条例の改正が行われるまでの間に限り、なお従前の例による。

第三条　この政令の施行の際、現に存するこの政令による改正後の消防法施行令（以下「新令」という。）別表第一㈥項ロ及び（十六）項イに掲げる防火対象物（同表（十六）項イに掲げる防火対象物にあっては、同表㈥項ロに掲げる防火対象物の用途に供される部分に限る。以下この項において同じ。）並びに現に新築、増築、改築、移転、修繕又は模様替えの工事中の同表㈥項ロ及び（十六）項イに掲げる防火対象物におけるスプリンクラー設備に係る技術上の基準については、新令第十二条第一項第一号の規定にかかわらず、平成三十年三月三十一日までの間は、なお従前の例による。（ヒ）

2　この政令の施行の際、現に存する新令別表第一㈤項イ、㈥項イ及びハ、（十六）項イ並びに（十六の二）項に掲げる防火対象物（同表（十六）項イ及び（十六の二）項に掲げる防火対象物にあっては、同表㈤項イ又は㈥項イ若しくはハに掲げる防火対象物の用途に供される部分に限る。以下この項において同じ。）並びに現に新築、増築、改築、移転、修繕又は模様替えの工事中の同表㈤項イ、㈥項イ及びハ、（十六）項イ並びに（十六の二）項に掲げる防火対象物における自動火災報知設備に係る技術上の基準については、新令第二十一条第一項第一号及び第九号の規定にかかわらず、平成三十年三月三十一日までの間は、なお従前の例による。（ヒ）

一・二項…一部改正〔平成二六年一〇月政令三三三号（ヒ）〕

附　則（ヱ）〔平成二六年九月三日政令第三〇〇号抄〕

改正　平成二六年一〇月政令第三三三号（ヒ）

（施行期日）

第一条　この政令は、子ども・子育て支援法の施行の日〔平成二七年四月一日〕から施行する。〔以下略〕

（消防法施行令の一部改正に伴う経過措置）

第四条　第五条の規定による改正後の消防法施行令別表第一㈥項ハ(3)に掲げる幼保連携型認定こども園（就学前の子どもに関する教育、保育等の総合的な提供の推進に関する法律の一部を改正する法律附則第三条第二項に規定するみなし幼保連携型認定こども園に限る。以下この項において同じ。）及び同表（十六）項イに掲げる防火対象物（同表㈥項ハ(3)に掲げる幼保連携型認定こども園の用途に供される部分に限る。）における屋内消火栓設備、スプリンクラー設備、屋外消火栓設備、動力消防ポンプ設備、ガス漏れ火災警報設備、漏電火災警報器、消防機関へ通報する火災報知設備、非常警報設備、避難器具、消防用水及び連結散水設備に係る技術上の基準については、同令第十一条第一項第二号及び第六号、第十二条第一項第四号、第十九条第一項、第二十条第一項第一号（同令第十一条第一項第二号及び第六号に係る部分に限る。）及び第二号並びに第三項、第二十一条の二第一項第四号、第二十二条第一項第三号、第二十三条第一項第二号、第二十四条第三項第四号、第二十五条第一項第一号、第二十七条第一項第一号並びに第二十八条の二第一項の規定にかかわらず、施行日から起算して三年を経過する日までの間は、なお従前の例による。（ヒ）

本条…一部改正〔平成二六年一〇月政令三三三号（ヒ）〕

附　則（ヒ）〔平成二六年一〇月一六日政令第三三三号抄〕

改正　令和元年一二月政令第一八三号（ヘ）

（施行期日）

第一条　この政令は、平成二十八年四月一日から施行する。ただし、次の各号に掲げる規定は、当該各号に定める日から施行する。

一　附則第四条から第六条までの規定　公布の日

二　第十一条第二項及び第十二条第二項の改正規定並びに附則第三

一条の規定　平成二十七年三月一日

（経過措置）

第二条　この政令の施行の際、現に存するこの政令による改正後の消防法施行令（以下「新令」という。）別表第一㈥項イ⑴から⑶まで、(十六)項イ及び(十六の二)項に掲げる防火対象物（同表(十六)項イに掲げる防火対象物にあっては同表㈥項イ⑴から⑶までのいずれかに掲げる防火対象物の用途に供される部分に限り、同表(十六の二)項に掲げる防火対象物にあっては同表㈥項イ⑴又は⑵に掲げる防火対象物の用途に供される部分に限る。以下この項において同じ。）並びに現に新築、増築、改築、移転、修繕又は模様替えの工事中の同表㈥項イ⑴から⑶まで、(十六)項イ及び(十六の二)項に掲げる防火対象物における屋内消火栓設備、スプリンクラー設備及び動力消防ポンプ設備のうち、新令第十一条第二項（新令第二十条第二項において準用する場合を含む。以下この項において同じ。）並びに第十二条第一項第一号、第四号及び第九号の規定に適合しないもの（以下この項において「特定基準不適合設備」という。）に係る技術上の基準については、これらの規定にかかわらず、令和七年六月三十日（同日前に特定基準不適合設備が新令第十一条第二項並びに第十二条第一項第一号、第四号及び第九号の規定に適合することとなった場合にあっては、当該適合することとなった日）までの間は、なお従前の例による。(へ)

2　この政令の施行の際、現に存する新令別表第一㈥項イ⑴から⑶まで及び(十六)項イに掲げる防火対象物（同項イに掲げる防火対象物にあっては、同表㈥項イ⑴から⑶までのいずれかに掲げる防火対象物の用途に供される部分に限る。以下この項において同じ。）並びに現に新築、増築、改築、移転、修繕又は模様替えの工事中の同表㈥項イ⑴から⑶まで及び(十六)項イに掲げる防火対象物における消防機関へ通報する火災報知設備に係る技術上の基準については、新令第二十三条第一項第一号の規定にかかわらず、平成三十一年三月三十一日までの間は、なお従前の例による。

第三条　附則第一条第二号に掲げる改正規定の施行前にした行為に対する罰則の適用については、なお従前の例による。

一項…一部改正〔令和元年一二月政令一八三号(へ)〕

附　則（モ）〔平成二六年一一月一二日政令第三五七号抄〕

（施行期日）

第一条　この政令は、平成二十七年一月一日から施行する。ただし、附則第十二条及び第十四条の規定は、公布の日から施行する。

附　則（セ）〔平成二七年三月六日政令第六八号抄〕

（施行期日）

第一条　この政令は、法の施行の日（平成二十七年四月一日）から施行する。

附　則（ス）〔平成二七年一二月一六日政令第四二一号〕

この政令は、平成二十八年四月一日から施行する。

附　則（ン）〔平成二八年一二月一六日政令第三七九号抄〕

（施行期日）

1　この政令は、平成二十九年四月一日から施行する。

附　則(い)〔平成二九年三月二九日政令第六三号抄〕

（施行期日）

第一条　この政令は、平成二十九年四月一日から施行する。

附　則(ろ)〔平成二九年九月一日政令第二三二号抄〕

（施行期日）

1　この政令は、平成三十一年四月一日から施行する。

附　則(は)〔平成三〇年一月一七日政令第三号抄〕

（施行期日）

第一条　この政令は、農林物資の規格化等に関する法律及び独立行政法人農林水産消費安全技術センター法の一部を改正する法律（次条

第一項において「改正法」という。）の施行の日（平成三十年四月一日）から施行する。〔以下略〕

附　則㋥〔平成三〇年三月二二日政令第五四号〕

この政令は、平成三十年四月一日から施行する。

附　則㋭〔平成三〇年三月二八日政令第六九号〕

この政令は、平成三十一年十月一日から施行する。

附　則㋬〔令和元年一二月一三日政令第一八三号抄〕

（施行期日）

第一条　この政令は、情報通信技術の活用による行政手続等に係る関係者の利便性の向上並びに行政運営の簡素化及び効率化を図るための行政手続等における情報通信の技術の利用に関する法律等の一部を改正する法律（次条において「改正法」という。）の施行の日（令和元年十二月十六日）から施行する。

附　則㋣〔令和三年三月三一日政令第一三七号抄〕

（施行期日）

第一条　この政令は、令和三年四月一日から施行する。

附　則㋠〔令和四年三月三〇日政令第一二九号抄〕

（施行期日）

1　この政令は、令和五年四月一日から施行する。

附　則㋷〔令和四年三月三一日政令第一三四号〕

この政令は、令和四年四月一日から施行する。

附　則㋦〔令和四年九月一四日政令第三〇五号〕

この政令は、令和五年四月一日から施行する。

附　則㋸〔令和六年一月一七日政令第七号〕

この政令は、脱炭素社会の実現に資するための建築物のエネルギー消費性能の向上に関する法律等の一部を改正する法律（令和四年法律第六十九号）附則第一条第四号に掲げる規定の施行の日（令和六年四月一日）から施行する。

別表第一　（第一条の二―第三条、第三条の三、第四条、第四条の二の二―第四条の三、第六条、第九条―第十四条、第十九条、第二十一条―第二十九条の三、第三十一条、第三十四条、第三十四条の二、第三十四条の四―第三十六条関係）(へ)(ね)(ら)(む)(う)(ゐ)(の)(く)(こ)(え)(さ)(め)(し)(ゑ)(ト)(リ)(ヌ)(ワ)(タ)(ネ)(ラ)(マ)(フ)(コ)(エ)(ア)(サ)(キ)(ユ)(ミ)(メ)(ヱ)(ヒ)(モ)(ス)(い)(に)

項	防火対象物
㈠	イ　劇場、映画館、演芸場又は観覧場 ロ　公会堂又は集会場
㈡	イ　キャバレー、カフェー、ナイトクラブその他これらに類するもの ロ　遊技場又はダンスホール ハ　風俗営業等の規制及び業務の適正化等に関する法律（昭和二十三年法律第百二十二号）第二条第五項に規定する性風俗関連特殊営業を営む店舗（ニ並びに㈠項イ、㈣項、㈤項イ及び㈨項イに掲げる防火対象物の用途に供されているものを除く。）その他これに類するものとして総務省令で定めるもの ニ　カラオケボックスその他遊興のための設備又は物品を個室（これに類する施設を含む。）において客に利用させる役務を提供する業務を営む店舗で総務省令で定めるもの
㈢	イ　待合、料理店その他これらに類するもの ロ　飲食店
㈣	百貨店、マーケットその他の物品販売業を営む店舗又は展示場
㈤	イ　旅館、ホテル、宿泊所その他これらに類するもの ロ　寄宿舎、下宿又は共同住宅

イ　次に掲げる防火対象物
(1)　次のいずれにも該当する病院（火災発生時の延焼を抑制するための消火活動を適切に実施することができる体制を有するものとして総務省令で定めるものを除く。）
(i)　診療科名中に特定診療科名（内科、整形外科、リハビリテーション科その他の総務省令で定める診療科名をいう。(2)(i)において同じ。）を有すること。
(ii)　医療法（昭和二十三年法律第二百五号）第七条第二項第四号に規定する療養病床又は同項第五号に規定する一般病床を有すること。
(2)　次のいずれにも該当する診療所
(i)　診療科名中に特定診療科名を有すること。
(ii)　四人以上の患者を入院させるための施設を有すること。
(3)　病院（(1)に掲げるものを除く。）、患者を入院させるための施設を有する診療所（(2)に掲げるものを除く。）又は入所施設を有する助産所
(4)　患者を入院させるための施設を有しない診療所又は入所施設を有しない助産所
ロ　次に掲げる防火対象物
(1)　老人短期入所施設、養護老人ホーム、特別養護老人ホーム、軽費老人ホーム（介護保険法（平成九年法律第百二十三号）第七条第一項に規定する要介護状態区分が避難が困難な状態を示すものとして総務省令で定める区分に該当する者（以下「避難が困難な要介護者」という。）を主として入居させるものに限る。）、有料老人ホーム（避難が困難な要介護者を主として入居させるものに限る。）、介護老人保健施設、老人福祉法（昭和三十八年法律第百三十三号）第五条の二第四項に規定する老人短期入所事業を行う施設、同条第五項に規定する小規模多機能型

項	防火対象物
㈥	居宅介護事業を行う施設（避難が困難な要介護者を主として宿泊させるものに限る。）、同条第六項に規定する認知症対応型老人共同生活援助事業を行う施設その他これらに類するものとして総務省令で定めるもの (2) 救護施設 (3) 乳児院 (4) 障害児入所施設 (5) 障害者支援施設（障害者の日常生活及び社会生活を総合的に支援するための法律（平成十七年法律第百二十三号）第四条第一項に規定する障害者又は同条第二項に規定する障害児であつて、同条第四項に規定する障害支援区分が避難が困難な状態を示すものとして総務省令で定める区分に該当する者（以下「避難が困難な障害者等」という。）を主として入所させるものに限る。）又は同法第五条第八項に規定する短期入所若しくは同条第十七項に規定する共同生活援助を行う施設（避難が困難な障害者等を主として入所させるものに限る。ハ(5)において「短期入所等施設」という。） ハ 次に掲げる防火対象物 (1) 老人デイサービスセンター、軽費老人ホーム（ロ(1)に掲げるものを除く。）、老人福祉センター、老人介護支援センター、有料老人ホーム（ロ(1)に掲げるものを除く。）、老人福祉法第五条の二第三項に規定する老人デイサービス事業を行う施設、同条第五項に規定する小規模多機能型居宅介護事業を行う施設（ロ(1)に掲げるものを除く。）その他これらに類するものとして総務省令で定めるもの (2) 更生施設 (3) 助産施設、保育所、幼保連携型認定こども園、児童養護施設、児童自立支援施設、児童家庭支援センター、児童福祉法（昭和二十二年法律第百六十四号）第六条の三第七項に規定する一時預かり事業又は同条第九項に規定する家庭的保育事業を行う施設その他これらに類するものとして総務省令で定めるもの (4) 児童発達支援センター、児童心理治療施設又は児童福祉法第六条の二の二第二項に規定する児童発達支援若しくは同条第四項に規定する放課後等デイサービスを行う施設（児童発達支援センターを除く。） (5) 身体障害者福祉センター、障害者支援施設（ロ(5)に掲げるものを除く。）、地域活動支援センター、福祉ホーム又は障害者の日常生活及び社会生活を総合的に支援するための法律第五条第七項に規定する生活介護、同条第八項に規定する短期入所、同条第十二項に規定する自立訓練、同条第十三項に規定する就労移行支援、同条第十四項に規定する就労継続支援若しくは同条第十五項に規定する共同生活援助を行う施設（短期入所等施設を除く。） ニ 幼稚園又は特別支援学校
㈦	小学校、中学校、義務教育学校、高等学校、中等教育学校、高等専門学校、大学、専修学校、各種学校その他これらに類するもの
㈧	図書館、博物館、美術館その他これらに類するもの
㈨	イ 公衆浴場のうち、蒸気浴場、熱気浴場その他これらに類するもの ロ イに掲げる公衆浴場以外の公衆浴場
㈩	車両の停車場又は船舶若しくは航空機の発着場（旅客の乗降又は待合いの用に供する建築物に限る。）
(十一)	神社、寺院、教会その他これらに類するもの

(十二)	イ　工場又は作業場 ロ　映画スタジオ又はテレビスタジオ
(十三)	イ　自動車車庫又は駐車場 ロ　飛行機又は回転翼航空機の格納庫
(十四)	倉庫
(十五)	前各項に該当しない事業場
(十六)	イ　複合用途防火対象物のうち、その一部が(一)項から(四)項まで、(五)項イ、(六)項又は(九)項イに掲げる防火対象物の用途に供されているもの ロ　イに掲げる複合用途防火対象物以外の複合用途防火対象物
(十六の二)	地下街
(十六の三)	建築物の地階（(十六の二)項に掲げるものの各階を除く。）で連続して地下道に面して設けられたものと当該地下道とを合わせたもの（(一)項から(四)項まで、(五)項イ、(六)項又は(九)項イに掲げる防火対象物の用途に供される部分が存するものに限る。）
(十七)	文化財保護法（昭和二十五年法律第二百十四号）の規定によつて重要文化財、重要有形民俗文化財、史跡若しくは重要な文化財として指定され、又は旧重要美術品等の保存に関する法律（昭和八年法律第四十三号）の規定によつて重要美術品として認定された建造物
(十八)	延長五十メートル以上のアーケード
(十九)	市町村長の指定する山林
(二十)	総務省令で定める舟車

備考

一　二以上の用途に供される防火対象物で第一条の二第二項後段の規定の適用により複合用途防火対象物以外の防火対象物となるものの主たる用途が(一)項から(十五)項までの各項に掲げる防火対象物の用途であるときは、当該防火対象物は、当該各項に掲げる防火対象物とする。

二　(一)項から(十六)項までに掲げる用途に供される建築物が(十六の二)項に掲げる防火対象物内に存するときは、これらの建築物は、同項に掲げる防火対象物の部分とみなす。

三　(一)項から(十六)項までに掲げる用途に供される建築物又はその部分が(十六の三)項に掲げる防火対象物の部分に該当するものであるときは、これらの建築物又はその部分は、同項に掲げる防火対象物の部分であるほか、(一)項から(十六)項に掲げる防火対象物又はその部分でもあるものとみなす。

四　(一)項から(十六)項までに掲げる用途に供される建築物その他の工作物又はその部分が(十七)項に掲げる防火対象物に該当するものであるときは、これらの建築物その他の工作物又はその部分は、同項に掲げる防火対象物であるほか、(一)項から(十六)項までに掲げる防火対象物又はその部分でもあるものとみなす。

本表…一部改正〔昭和四一年四月政令一二七号(へ)・四七年一月五号(ね)・一二月四一一号(ら)・四九年六月一八八号(む)・七月二五二号(う)・五〇年七月二一五号(ゐ)・九月二九三号(の)・一二月三八一号(く)・五六年一月六号(こ)・五九年二月一五号(え)・一一月三三五号(さ)・六一年一二月三六九号(め)・六三年一月二号(し)・四月八九号(ゑ)・平成九年九月二九一号(ト)・一〇年一〇月三五一号(リ)・一一月三七二号(ヌ)・一一年九月二六二号(ワ)・一二年六月三〇四号(タ)・一四年八月二七四号(ネ)・一六年二月一九号(ラ)・一八年九月三二〇号(マ)・一九年三月五五号(フ)・六月一七九号(コ)・二〇年七月二一五号(エ)・二三年九月二九六号(ア)・二四年二月二六号(サ)・一〇月二六二号(キ)・二五年一月五号(ユ)・一一月三一九号(ミ)・三月八八号(メ)・二六年九月三〇〇号(ヱ)・一〇月三三三号(ヒ)・一一月三五七号(モ)・二七年一二月四二一号(ス)・二九年三月六三号(い)・三〇年三月五四号(に)〕

参照　【(二)項ハの総務省令で定めるもの】消則五①【(二)項ニの総務省令で定める店舗】消則五②【(六)項イの総務省令で定める病院・診療科名】消則五③・④【(六)項ロの総務省令で定める区分・もの】消則五⑤〜⑦【(六)項ハの総務省令で定めるもの】消則五⑧・⑨【総務省令で定める舟車】消則五⑩

別表第二　（第十条関係）(ひ)(す)

消火器具の区分		建築物その他の工作物	電気設備	危険物 第一類 アルカリ金属の過酸化物又はこれを含有するもの	危険物 第一類 その他の第一類の危険物	危険物 第二類 鉄粉、金属粉若しくはマグネシウム又はこれらのいずれかを含有するもの	危険物 第二類 引火性固体	危険物 第二類 その他の第二類の危険物	危険物 第三類 禁水性物品	危険物 第三類 その他の第三類の危険物	危険物 第四類	危険物 第五類	危険物 第六類	指定可燃物 可燃性固体類又は合成樹脂類（不燃性又は難燃性でないゴム製品、ゴム半製品、原料ゴム及びゴムくずを除く。）	指定可燃物 可燃性液体類	指定可燃物 その他の指定可燃物
棒状の水を放射する消火器		○			○		○	○		○		○	○	○		○
霧状の水を放射する消火器		○	○		○		○	○		○		○	○	○		○
棒状の強化液を放射する消火器		○			○		○	○		○		○	○	○		○
霧状の強化液を放射する消火器		○	○		○		○	○		○	○	○	○	○	○	○
泡を放射する消火器		○			○		○	○		○	○	○	○	○	○	○
二酸化炭素を放射する消火器			○				○				○			○	○	
ハロゲン化物を放射する消火器			○				○				○			○	○	
消火粉末を放射する消火器	りん酸塩類等を使用するもの	○	○		○		○	○			○		○	○	○	○
	炭酸水素塩類等を使用するもの		○	○		○	○		○		○			○	○	
	その他のもの			○		○			○							
水バケツ又は水槽		○			○		○	○		○		○	○	○		○
乾燥砂				○	○	○	○	○	○	○	○	○	○	○	○	
膨張ひる石又は膨張真珠岩				○	○	○	○	○	○	○	○	○	○	○	○	

備考

一　○印は、対象物の区分の欄に掲げるものに、当該各項に掲げる消火器具がそれぞれ適応するものであることを示す。

二　りん酸塩類等とは、りん酸塩類、硫酸塩類その他防炎性を有する薬剤をいう。

三　炭酸水素塩類等とは、炭酸水素塩類及び炭酸水素塩類と尿素との反応生成物をいう。

四　禁水性物品とは、危険物の規制に関する政令第十条第一項第十号に定める禁水性物品をいう。

本表…一部改正〔昭和五〇年七月政令二二五号(ゐ)・五三年一一月三六三号(け)〕、全部改正〔昭和六三年一二月政令三五八号(ひ)〕、一部改正〔平成二年六月政令一七〇号(す)〕

別表第三（第三十七条、第四十条関係）（お）（こ）（あ）（ゆ）（ひ）（も）（せ）（ん）（イ）（ロ）（ニ）（ヘ）（カ）（タ）（キ）（メ）

検定対象機械器具等の種別		試験の手数料の額	型式適合検定の手数料の額
消火器	大型	一件につき　一万五千百円	一個につき　五百円
	小型	一件につき　一万千円	一個につき　六十円
消火器用消火薬剤		一件につき　九千百円	一個につき三十円を超えない範囲内において総務大臣が定める額
泡消火薬剤		一件につき　三万四百円	一個につき百円を超えない範囲内において総務大臣が定める額
	差動式スポット型	一　自動試験機能又は遠隔試験機能（以下「自動試験機能等」という。）に対応する機能（以下「自動試験機能等対応機能」という。）を有しないもの 一件につき　二万三千百円（多信号機能を有するものにあつては、二万三千百円に一信号増すごとに七千円を加えた額） 二　自動試験機能等対応機能を有するもの 一件につき　自動試験機能等対応機能を有しないものについて算定した額に九千百円を加えた額	一　自動試験機能等対応機能を有しないもの 一個につき　四十円（多信号機能を有するものにあつては、四十円に一信号増すごとに二十円を加えた額） 二　自動試験機能等対応機能を有するもの 一個につき　自動試験機能等対応機能を有しないものについて算定した額に五円を加えた額
	差動式分布型	一　自動試験機能等対応機能を有しないもの 一件につき　二万三千二百円（多信号機能を有するものにあつては、二万三千二百円に一信号増すごとに七千円を加えた額） 二　自動試験機能等対応機能を有するもの 一件につき　自動試験機能等対応機能を有しないものについて算定した額に一万千八百円を加えた額	一　自動試験機能等対応機能を有しないもの 一個につき　百四十円（多信号機能を有するものにあつては、百四十円に一信号増すごとに五十円を加えた額） 二　自動試験機能等対応機能を有するもの 一個につき　自動試験機能等対応機能を有しないものについて算定した額に五円を加えた額
	定温式感知線型	一　自動試験機能等対応機能を有しないもの 一件につき　二万三千百円 二　自動試験機能等対応機能を有するもの 一件につき　三万千八百円	一　自動試験機能等対応機能を有しないもの 十メートルまでは八十円。十メートルを超えるときは、八十円に十メートル又は十メートルに満たない端数を増すごとに八十円を加えた額 二　自動試験機能等対応機能を有するもの

		自動試験機能等対応機能を有しないものについて算定した額に五円を加えた額
定温式スポット型	一　自動試験機能等対応機能を有しないもの 一件につき　二万三千百円（多信号機能を有するものにあつては、二万三千百円に一信号増すごとに七千円を加えた額） 二　自動試験機能等対応機能を有するもの 一件につき　自動試験機能等対応機能を有しないものについて算定した額に八千七百円を加えた額	一　自動試験機能等対応機能を有しないもの 一個につき　二十五円（多信号機能を有するものにあつては、二十五円に一信号増すごとに十円を加えた額） 二　自動試験機能等対応機能を有するもの 一個につき　自動試験機能等対応機能を有しないものについて算定した額に五円を加えた額
熱複合式スポット型	一　自動試験機能等対応機能を有しないもの 一件につき　三万百円 二　自動試験機能等対応機能を有するもの 一件につき　三万八千九百円	一　自動試験機能等対応機能を有しないもの 一個につき　七十円 二　自動試験機能等対応機能を有するもの 一個につき　七十五円
	一　自動試験機能等対応機能を有しないもの	一　自動試験機能等対応機能を有しないもの

火災報知設備　感知器

補償式スポット型	一件につき　二万三千百円 二　自動試験機能等対応機能を有するもの 一件につき　三万三百円	一個につき　六十円 二　自動試験機能等対応機能を有するもの 一個につき　六十五円
熱アナログ式スポット型	一　自動試験機能等対応機能を有しないもの 一件につき　五万八千三百円 二　自動試験機能等対応機能を有するもの 一件につき　六万七千円	一　自動試験機能等対応機能を有しないもの 一個につき　七十五円 二　自動試験機能等対応機能を有するもの 一個につき　八十円
イオン化式スポット型	一　自動試験機能等対応機能を有しないもの 一件につき　六万七百円（多信号機能を有するものにあつては、六万七百円に一信号増すごとに二万二百円を加えた額） 二　自動試験機能等対応機能を有するもの 一件につき　自動試験機能等対応機能を有しないものについて算定した額に二万三千七百円を加えた額	一　自動試験機能等対応機能を有しないもの 一個につき　百六十円（多信号機能を有するものにあつては、百六十円に一信号増すごとに四十円を加えた額） 二　自動試験機能等対応機能を有するもの 一個につき　自動試験機能等対応機能を有しないものについて算定した額に二十円を加えた額

光電式スポット型	一　自動試験機能等対応機能を有しないもの 一件につき　六万七百円（多信号機能を有するものにあつては、六万七百円に一信号増すごとに二万二百円を加えた額） 二　自動試験機能等対応機能を有するもの 一件につき　自動試験機能等対応機能を有しないものについて算定した額に二万三千七百円を加えた額	一　自動試験機能等対応機能を有しないもの 一個につき　百六十円（多信号機能を有するものにあつては、百六十円に一信号増すごとに四十円を加えた額） 二　自動試験機能等対応機能を有するもの 一個につき　自動試験機能等対応機能を有しないものについて算定した額に二十円を加えた額
光電式分離型	一　自動試験機能等対応機能を有しないもの 一件につき　六万七百円（多信号機能を有するものにあつては、六万七百円に一信号増すごとに二万二百円を加えた額） 二　自動試験機能等対応機能を有するもの 一件につき　自動試験機能等対応機能を有しないものについて算定した額に二万三千七百円を加えた額	一　自動試験機能等対応機能を有しないもの 一個につき　百六十円（多信号機能を有するものにあつては、百六十円に一信号増すごとに五十円を加えた額） 二　自動試験機能等対応機能を有するもの 一個につき　自動試験機能等対応機能を有しないものについて算定した額に二十円を加えた額
煙複合式スポット型	一　自動試験機能等対応機能を有しないもの 一件につき　八万六百円 二　自動試験機能等対応機能を有するもの 一件につき　十万四千三百円	一　自動試験機能等対応機能を有しないもの 一個につき　二百四十円 二　自動試験機能等対応機能を有するもの 一個につき　二百六十円
イオンアナログ式スポット型	一　自動試験機能等対応機能を有しないもの 一件につき　十万六千三百円 二　自動試験機能等対応機能を有するもの 一件につき　十三万円	一　自動試験機能等対応機能を有しないもの 一個につき　二百八十円 二　自動試験機能等対応機能を有するもの 一個につき　三百円
光電アナログ式スポット型	一　自動試験機能等対応機能を有しないもの 一件につき　十万六千二百円 二　自動試験機能等対応機能を有するもの 一件につき　十二万九千九百円	一　自動試験機能等対応機能を有しないもの 一個につき　二百八十円 二　自動試験機能等対応機能を有するもの 一個につき　三百円
	一　自動試験機能等対応機能を有しないもの	一　自動試験機能等対応機能を有しないもの

光電アナログ式分離型	一件につき　十万六千二百円 二　自動試験機能等対応機能を有するもの 一件につき　十二万九千九百円	一個につき　二百八十円 二　自動試験機能等対応機能を有するもの 一個につき　三百円
熱煙複合式スポット型	一　自動試験機能等対応機能を有しないもの 一件につき　八万二千八百円 二　自動試験機能等対応機能を有するもの 一件につき　十万六千五百円	一　自動試験機能等対応機能を有しないもの 一個につき　百九十円 二　自動試験機能等対応機能を有するもの 一個につき　二百十円
紫外線式スポット型	一　自動試験機能等対応機能を有しないもの 一件につき　八万千三百円 二　自動試験機能等対応機能を有するもの 一件につき　十万五千円	一　自動試験機能等対応機能を有しないもの 一個につき　二百五十円 二　自動試験機能等対応機能を有するもの 一個につき　二百七十円
赤外線式スポット型	一　自動試験機能等対応機能を有しないもの 一件につき　八万千三百円 二　自動試験機能等対応機能を有するもの 一件につき　十万五千円	一　自動試験機能等対応機能を有しないもの 一個につき　二百五十円 二　自動試験機能等対応機能を有するもの 一個につき　二百七十円

	紫外線赤外線併用式スポット型	一　自動試験機能等対応機能を有しないもの 一件につき　九万八千三百円 二　自動試験機能等対応機能を有するもの 一件につき　十二万二千円	一　自動試験機能等対応機能を有しないもの 一個につき　二百九十円 二　自動試験機能等対応機能を有するもの 一個につき　三百十円
	炎複合式スポット型	一　自動試験機能等対応機能を有しないもの 一件につき　十万六千二百円 二　自動試験機能等対応機能を有するもの 一件につき　十二万九千九百円	一　自動試験機能等対応機能を有しないもの 一個につき　三百二十円 二　自動試験機能等対応機能を有するもの 一個につき　三百四十円
発信機	P型一級	一件につき　一万二千二百円	一個につき　六十円
	P型二級	一件につき　六千百円	一個につき　四十円
	T型	一件につき　一万二千二百円	一個につき　六十円
	M型	一件につき　四万六千円	一個につき　四百円
		一　自動試験機能等を有しないもの 一件につき　二万三千三百円（蓄積式の	一　自動試験機能等を有しないもの 一個につき　百二十円（蓄積式のもの

中継器	もの（アナログ式の機能を有するものを除く。以下この項において同じ。）にあつては三万四百円、アナログ式のもの（蓄積式の機能を有するものを除く。以下この項において同じ。）にあつては三万五千五百円、蓄積式及びアナログ式の機能を有するものにあつては四万二千四百円） 二　自動試験機能等を有するもの　一件につき　自動試験機能等を有しないものについての額に一万四百円を加えた額	（二以上の回線を有するものを除く。）にあつては百三十円、アナログ式のもの（二以上の回線を有するものを除く。）にあつては百四十円、蓄積式及びアナログ式の機能を有するもの（二以上の回線を有するものを除く。）にあつては百五十円、二以上の回線を有するものにあつては百二十円（蓄積式のものにあつては百三十円、アナログ式のものにあつては百四十円、蓄積式及びアナログ式の機能を有するものにあつては百五十円）に一回線増すごとに四十円（蓄積式のもの、アナログ式のもの又は蓄積式及びアナログ式の機能を有するものにあつては、五十円）を加えた額） 二　自動試験機能等を有するもの　一個につき　二以上の回線を有しないものにあつては自動試験機能等を有しないものについての額に二十円を加えた額、二以上の回線を有するものにあつては自動試験機能等を有しないものについて算定した額に二十円を加え一回線増すごとに十円を加えた額
P型一級	一　自動試験機能等を有しないもの　一件につき　二万七千五百円（二信号式の機能を有するもの（蓄積式のものを除く。以下同じ。）又は蓄積式のもの（二信号式の機能を有するものを除く。以下同じ。）にあつては三万七千七百円、二信号式及び蓄積式の機能を有するものにあつては四万五千八百円） 二　自動試験機能等を有するもの　一件につき　自動試験機能等を有しないものについての額に、自動試験機能を有するものにあつて	一　自動試験機能等を有しないもの　一回線につき　八十円（二信号式のもの又は蓄積式のものにあつては百十円、二信号式及び蓄積式の機能を有するものにあつては百四十円） 二　自動試験機能等を有するもの　一回線につき　自動試験機能等を有しないものについての額に、自動試験機能を有するものにあつては十円、遠隔試験機能を有するものにあつては五円を加えた額

		は二万五千六百円、遠隔試験機能を有するものにあつては一万六千六百円を加えた額	
受信機	P型二級	一 自動試験機能等を有しないもの 一件につき 一万八千三百円（二信号式のもの又は蓄積式のものにあつては二万六千四百円、二信号式及び蓄積式の機能を有するものにあつては三万二千五百円） 二 自動試験機能等を有するもの 一件につき 自動試験機能等を有しないものについての額に、自動試験機能を有するものにあつては二万五千七百円、遠隔試験機能を有するものにあつては一万六千六百円を加えた額	一 自動試験機能等を有しないもの 一個につき 三百円（二信号式のもの又は蓄積式のものにあつては四百円、二信号式及び蓄積式の機能を有するものにあつては五百円） 二 自動試験機能等を有するもの 一個につき 自動試験機能等を有しないものについての額に、自動試験機能を有するものにあつては六十円、遠隔試験機能を有するものにあつては四十円を加えた額
	P型三級	一 自動試験機能等を有しないもの 一件につき 一万四千百円（蓄積式のものにあつては、一万七千二百円） 二 自動試験機能等を有するもの 一件につき 自動試験機能等を有しないものについての額に、自動試験機能を有するものにあつては二万五千七百円、遠隔試験機能を有するものにあつては一万六千六百円を加えた額	一 自動試験機能等を有しないもの 一個につき 二百円（蓄積式のものにあつては、二百八十円） 二 自動試験機能等を有するもの 一個につき 自動試験機能等を有しないものについての額に、自動試験機能を有するものにあつては六十円、遠隔試験機能を有するものにあつては四十円を加えた額
	M型	一件につき 六万八百円	一個につき 七千五百円
	R型	一 自動試験機能等を有しないもの 一件につき 六万八百円（二信号式のもの又は蓄積式のもの（アナログ式の機能を有するものを除く。以下同じ。）にあつては六万八千八百円、アナログ式のもの（蓄積式の機能を有するものを除く。以下同じ。）又は二信号式及び蓄積式の機能を有するものにあつては七万四千九百円、蓄積式及びアナログ式の機能	一 自動試験機能等を有しないもの 一個につき 七千五百円（二信号式のもの又は蓄積式のものにあつては八千円、アナログ式のもの又は二信号式及び蓄積式の機能を有するものにあつては八千五百円、蓄積式及びアナログ式の機能を有するものにあつては八千九百円） 二 自動試験機能等を有するもの 一個につき 自動試験機能等を有しない

	を有するものにあつては八万二千六百円） 二　自動試験機能等を有するもの　一件につき　自動試験機能等を有しないものについての額に、自動試験機能を有するものにあつては一万七千五百円、遠隔試験機能を有するものにあつては一万千三百円を加えた額	ものについての額に、自動試験機能を有するものにあつては六百六十円、遠隔試験機能を有するものにあつては四百四十円を加えた額
G型	一件につき　六万八百円	一回線につき　百二十円
GP型一級	一　自動試験機能等を有しないもの　一件につき　六万八百円（二信号式のもの又は蓄積式のものにあつては六万八千八百円、二信号式及び蓄積式の機能を有するものにあつては七万四千九百円） 二　自動試験機能等を有するもの　一件につき　自動試験機能等を有しないものについての額に、自動試験機能を	一　自動試験機能等を有しないもの　一回線につき　百二十円（二信号式のもの又は蓄積式のものにあつては百四十円、二信号式及び蓄積式の機能を有するものにあつては百六十円） 二　自動試験機能等を有するもの　一回線につき　自動試験機能等を有しないものについての額に、自動試験機能を

	有するものにあつては三万八百円、遠隔試験機能を有するものにあつては一万九千九百円を加えた額	有するものにあつては十円、遠隔試験機能を有するものにあつては五円を加えた額
GP型二級	一　自動試験機能等を有しないもの　一件につき　四万七百円（二信号式のもの又は蓄積式のものにあつては四万七千八百円、二信号式及び蓄積式の機能を有するものにあつては五万三千九百円） 二　自動試験機能等を有するもの　一件につき　自動試験機能等を有しないものについての額に、自動試験機能を有するものにあつては二万六千円、遠隔試験機能を有するものにあつては一万六千八百円を加えた額	一　自動試験機能等を有しないもの　一個につき　四百円（二信号式のもの又は蓄積式のものにあつては五百円、二信号式及び蓄積式の機能を有するものにあつては六百円） 二　自動試験機能等を有するもの　一個につき　自動試験機能等を有しないものについての額に、自動試験機能を有するものにあつては六十円、遠隔試験機能を有するものにあつては四十円を加えた額
	一　自動試験機能等を有しないもの　一件につき　三万四百円（蓄積式のものにあつては、三万五千五百円） 二　自動試験機能等を	一　自動試験機能等を有しないもの　一個につき　三百円（蓄積式のものにあつては、四百円） 二　自動試験機能等を有するもの

	GP型三級	有するもの 一件につき 自動試験機能等を有しないものについての額に、自動試験機能を有するものにあつては二万六千円、遠隔試験機能を有するものにあつては一万六千八百円を加えた額	一個につき 自動試験機能等を有しないものについての額に、自動試験機能を有するものにあつては六十円、遠隔試験機能を有するものにあつては四十円を加えた額
	GR型	一 自動試験機能等を有しないもの 一件につき 九万千円（二信号式のもの又は蓄積式のものにあつては十万千百円、アナログ式のもの又は二信号式及び蓄積式の機能を有するものにあつては十万九千二百円、蓄積式及びアナログ式の機能を有するものにあつては十一万九千二百円） 二 自動試験機能等を有するもの 一件につき 自動試験機能等を有しないものについての額に、自動試験機能を有するものにあつては二万四千三百円、遠隔試験機能を有するものにあつては一万五千八百円を加えた額	一 自動試験機能等を有しないもの 一個につき 一万円（二信号式のもの又は蓄積式のものにあつては一万千五百円、アナログ式のもの又は二信号式及び蓄積式の機能を有するものにあつては一万三千円、蓄積式及びアナログ式の機能を有するものにあつては一万四千七百円） 二 自動試験機能等を有するもの 一個につき 自動試験機能等を有しないものについての額に、自動試験機能を有するものにあつては五百九十円、遠隔試験機能を有するものにあつては三百九十円を加えた額
住宅用防災警報器		一件につき 十六万六千三百円	一個につき 五十円
閉鎖型スプリンクラーヘッド		一件につき 八万七千円	一個につき 三十五円
流水検知装置		一件につき 五万六百円	一個につき 五百円
一斉開放弁		一件につき 五万六百円	一個につき 五百円
金属製避難はしご	固定はしご	一件につき 二万三百円	一個につき 四百円
	立てかけはしご	一件につき 二万四百円	一個につき 二百円
	つり下げはしご	一件につき 二万四百円	一個につき 二百円
緩降機		一件につき 二万四千二百円	一個につき 六百円

備考 検定対象機械器具等の種別の欄中消火器、火災報知設備、受信機及び金属製避難はしごの細分として定める用語並びに試験の手数料の額の欄及び型式適合検定の手数料の額の欄中多信号機能、自動試験機能、遠隔試験機能、蓄積式、アナログ式及び二信号式の用語の意義については、総務大臣が定めるところによる。

本表…一部改正〔昭和三七年一二月政令四四三号（ろ）〕、全部改正〔昭和三八年一二月政令三八〇号（は）〕、一部改正〔昭和三九年一二月政令三八〇号（ほ）・四四年三月一八号（わ）・四五年三月二〇号（よ）・四七年一月五号（ね）・四九年七月二五二号（う）・五〇年七月二一五号（ゐ）〕、全部改正〔昭和五〇年一二月政令三四五号（お）〕、一部改正〔昭和五六年一月政令六号（こ）・五九年九月二七六号（あ）・六一年八月二七四号（ゆ）〕、旧別表第五…繰上〔昭和六三年一二月政令三五八号（ひ）〕、本表…一部改正〔平成元年三月政令八三号（も）・二年五月一一九号（せ）・三年五月一六〇号（ん）・四年一月九号（イ）・五年一月四号（ロ）・七年九月三三一号（ニ）・九年三月五六号（ヘ）・一一年一〇月三二四号（カ）・一二年六月三〇四号（タ）・二四年一〇月二六二号（キ）・二五年三月八八号（メ）〕

○消防法施行規則

（昭和三十六年四月一日 自治省令第六号）

〔改正経過〕

昭和三七年一二月二一日 自治省令第二五号(い)
昭和三八年一二月二八日 自治省令第三六号(ろ)
昭和三九年 七月 一日 自治省令第一六号(は)
昭和三九年 九月一七日 自治省令第二七号(に)
昭和四〇年 一月一二日 自治省令第 一号(ほ)
昭和四〇年 九月二七日 自治省令第二五号(へ)
昭和四一年 四月二二日 自治省令第 六号(と)
昭和四一年一〇月二四日 自治省令第二七号(ち)
昭和四二年一一月一四日 自治省令第三二号(り)
昭和四三年 三月三〇日 自治省令第 七号(ぬ)
昭和四三年 六月一二日 自治省令第一六号(る)
昭和四四年 三月二八日 自治省令第 三号(を)
昭和四五年 三月三一日 自治省令第 七号(わ)
昭和四五年一二月二六日 自治省令第二七号(か)
昭和四七年 八月二九日 自治省令第二〇号(よ)
昭和四八年 六月 一日 自治省令第一三号(た)
昭和四九年 七月 一日 自治省令第二七号(れ)
昭和四九年一二月 二日 自治省令第四〇号(そ)
昭和五〇年一一月一八日 自治省令第二二号(つ)
昭和五〇年一二月二二日 自治省令第二九号(ね)
昭和五一年 六月 七日 自治省令第一六号(な)
昭和五四年 三月二三日 自治省令第 五号(ら)
昭和五四年 九月一三日 自治省令第一九号(む)
昭和五六年 五月二八日 自治省令第一三号(う)
昭和五六年 六月二〇日 自治省令第一六号(ゐ)
昭和五六年一二月 一日 自治省令第二九号(の)
昭和五七年 一月二〇日 自治省令第 二号(お)
昭和五八年一〇月一七日 自治省令第二六号(く)
昭和五九年 九月二七日 自治省令第二四号(や)
昭和五九年一二月一五日 自治省令第三〇号(ま)
昭和六一年 八月 五日 自治省令第一七号(け)
昭和六一年一〇月一五日 自治省令第二三号(ふ)
昭和六一年一二月 九日 自治省令第二八号(こ)
昭和六一年一二月二五日 自治省令第三一号(え)
昭和六二年 一月二三日 自治省令第 一号(て)
昭和六二年 三月一八日 自治省令第 七号(あ)
昭和六二年一〇月二三日 自治省令第三〇号(さ)
昭和六三年 一月二〇日 自治省令第 二号(き)
平成 元年 二月二〇日 自治省令第 三号(ゆ)
平成 元年 六月 五日 自治省令第二五号(め)
平成 二年 五月三〇日 自治省令第一七号(み)
平成 二年 七月二七日 自治省令第二三号(し)
平成 二年一〇月三〇日 自治省令第二九号(ゑ)
平成 三年 五月二八日 自治省令第二〇号(ひ)
平成 四年 一月二九日 自治省令第 四号(も)
平成 五年 一月二九日 自治省令第 二号(せ)
平成 六年 一月 六日 自治省令第 一号(す)
平成 六年 一月一九日 自治省令第 四号(ん)
平成 六年一一月二八日 自治省令第四四号(イ)
平成 八年 二月一六日 自治省令第 二号(ロ)
平成 九年 三月三一日 自治省令第一九号(ハ)
平成一〇年 三月三〇日 自治省令第 九号(ニ)
平成一〇年 七月二四日 自治省令第三一号(ホ)
平成一〇年一二月一八日 自治省令第四六号(ヘ)
平成一一年 三月一七日 自治省令第 五号(ト)
平成一一年 九月二九日 自治省令第三四号(チ)
平成一二年 三月二四日 自治省令第一三号(リ)
平成一二年 五月三一日 自治省令第三六号(ヌ)
平成一二年 九月一四日 自治省令第四四号(ル)
平成一二年一一月一七日 自治省令第五〇号(ヲ)
平成一二年一一月二〇日 自治省令第五一号(ワ)
平成一三年 三月二九日 総務省令第四三号(カ)
平成一三年 四月二六日 総務省令第六八号(ヨ)
平成一四年 一月二五日 総務省令第 三号(タ)
平成一四年 二月二八日 総務省令第一九号(レ)
平成一四年一〇月 七日 総務省令第一〇五号(ソ)
平成一五年 六月一三日 総務省令第九〇号(ツ)
平成一五年 七月二四日 総務省令第一〇一号(ネ)

平成一六年　三月二六日　総務省令第　五四号(ナ)
平成一六年　五月三一日　総務省令第　九三号(ラ)
平成一六年　七月三〇日　総務省令第一一二号(ム)
平成一七年　二月一八日　総務省令第　一五号(ウ)
平成一七年　三月　七日　総務省令第　二〇号(ヰ)
平成一七年　三月二二日　総務省令第　三三号(ノ)
平成一七年　五月三一日　総務省令第　九六号(オ)
平成一七年　八月三一日　総務省令第一三六号(ク)
平成一八年　三月三一日　総務省令第　六四号(ヤ)
平成一八年　四月二七日　総務省令第　七七号(マ)
平成一八年　六月一四日　総務省令第　九六号(ケ)
平成一八年　九月二九日　総務省令第一一六号(フ)
平成一九年　六月一三日　総務省令第　六六号(コ)
平成一九年　六月一九日　総務省令第　六八号(エ)
平成二〇年　四月三〇日　総務省令第　五五号(テ)
平成二〇年　七月　二日　総務省令第　七八号(ア)
平成二〇年　九月二四日　総務省令第一〇五号(サ)
平成二〇年一二月二六日　総務省令第一五五号(キ)
平成二一年　九月三〇日　総務省令第　九三号(ユ)
平成二一年一一月　六日　総務省令第一〇六号(メ)
平成二二年　二月　五日　総務省令第　八号(ミ)
平成二二年　八月二六日　総務省令第　八五号(シ)
平成二二年一二月一四日　総務省令第一〇九号(ヱ)
平成二三年　六月一七日　総務省令第　五五号(ヒ)
平成二三年　九月二二日　総務省令第一三一号(モ)
平成二四年　三月二七日　総務省令第　一六号(セ)
平成二四年一〇月一九日　総務省令第　九一号(ス)
平成二五年　三月二七日　総務省令第　二一号(ン)
平成二五年　三月二七日　総務省令第　二二号(い)
平成二五年　三月二七日　総務省令第　二三号(ろ)
平成二五年　三月二七日　総務省令第　二八号(は)
平成二五年一二月二七日　総務省令第一二六号(に)
平成二五年一二月二七日　総務省令第一二八号(ほ)
平成二六年　三月二六日　総務省令第　一九号(へ)
平成二六年　三月二七日　総務省令第　二二号(と)
平成二六年一〇月一六日　総務省令第　八〇号(ち)
平成二七年　二月二七日　総務省令第　一〇号(り)
平成二七年　三月三一日　総務省令第　三五号(ぬ)
平成二七年　五月二九日　総務省令第　五三号(る)
平成二八年　二月二四日　総務省令第　一〇号(を)
平成二八年　五月二七日　総務省令第　六〇号(わ)
平成二九年　二月　八日　総務省令第　四号(か)
平成三〇年　三月二八日　総務省令第　一二号(よ)
平成三〇年　三月三〇日　総務省令第　一九号(た)
平成三〇年　六月　一日　総務省令第　三四号(れ)
平成三〇年一一月三〇日　総務省令第　六五号(そ)
令和　元年　五月　七日　総務省令第　三号(つ)
令和　元年　六月二八日　総務省令第　一九号(ね)
令和　元年一二月一三日　総務省令第　六三号(な)
令和　二年　四月　一日　総務省令第　三五号(ら)
令和　二年一二月二五日　総務省令第一二三号(む)
令和　四年　三月三一日　総務省令第　二八号(う)
令和　四年　九月一四日　総務省令第　六二号(ゐ)
令和　五年　二月二一日　総務省令第　八号(の)
令和　五年　三月三一日　総務省令第　二八号(お)
令和　五年　五月三一日　総務省令第　四八号(く)
令和　六年　一月二六日　総務省令第　五号(や)

消防法及び消防法施行令の規定に基づき、並びに同法及び同令を実施するため、消防法施行規則を次のように定める。

消防法施行規則

目次

第一章　措置命令等を発した場合における公示の方法(ソ)

本章…追加〔平成一四年一〇月総令一〇五号(ソ)〕

（措置命令等を発した場合における公示の方法）

第一条　消防法（昭和二十三年法律第百八十六号。以下「法」という。）第五条第三項（法第五条の二第二項、法第五条の三第五項、法第八条第五項（法第三十六条第一項において準用する場合を含む。）、法第八条の二第七項（法第三十六条第一項において準用する場合を含む。）、法第八条の二の五第四項又は法第十七条の四第三項において準用する場合を含む。）の規定により総務省令で定める方法は、公報への掲載その他市町村長が定める方法とする。(ソ)(サ)(ス)

本条…追加〔平成一四年一〇月総令一〇五号(ソ)〕、一部改正〔平成二〇年九月総令一〇五号(サ)・二四年一〇月九一号(ス)〕

第一章の二　防火管理者等(る)(ソ)

章名…改正〔昭和四三年六月自令一六号(る)〕、旧一章…繰下〔平成一四年一〇月総令一〇五号(ソ)〕

（工事中の防火対象物における防火管理）

第一条の二　消防法施行令（昭和三十六年政令第三十七号。以下「令」という。）第一条の二第三項第二号の総務省令で定める建築物は、外壁及び床又は屋根を有する部分が同号イ、ロ又はハに定める規模以上である建築物であつて電気工事等の工事中のものとする。(ナ)

2　令第一条の二第三項第三号の総務省令で定める旅客船は、進水後

の旅客船（船舶安全法（昭和八年法律第十一号）第八条に規定する旅客船をいう。）であつてぎ装中のものとする。（ナ）

本条…追加〔平成一六年三月総令五四号（ナ）〕

（収容人員の算定方法）

第一条の三　令第一条の二第四項の総務省令で定める収容人員の算定方法は、次の表の上欄に掲げる防火対象物の区分に応じ、それぞれ当該下欄に定める方法とする。（と）（を）（よ）（た）（そ）（や）（へ）（ル）（レ）（ソ）（ナ）（ラ）（コ）（エ）（る）

防火対象物の区分		算定方法
令別表第一㈠項に掲げる防火対象物		次に掲げる数を合算して算定する。 一　従業者の数 二　客席の部分ごとに次のイからハまでによつて算定した数の合計数 イ　**固定式**のいす席を設ける部分については、当該部分にあるいす席の数に対応する数。この場合において、当該長いす式のいす席にあつては、当該いす席の正面幅を〇・四メートルで除して得た数（一未満のはしたの数は切り捨てるものとする。）とする。 ロ　**立見席**を設ける部分については、当該部分の床面積を〇・二平方メートルで除して得た数 ハ　その他の部分については、当該部分の床面積を〇・五平方メートルで除して得た数
令別表第一㈡項及び㈢項に掲げる防火対象物	遊技場	次に掲げる数を合算して算定する。 一　従業者の数 二　**遊技のための機械器具を使用して遊技を行うことができる者の数** 三　観覧、飲食又は休憩の用に供する固定式のいす席が設けられている場合は、当該いす席の数に対応する数。この場合において、当該長いす式のいす席にあつては、当該いす席の正面幅を〇・五メートルで除して得た数（一未満のはしたの数は切り捨てるものとする。）とする。
	その他のもの	次に掲げる数を合算して算定する。 一　従業者の数 二　客席の部分ごとに次のイ及びロによつて算定した数の合計数 イ　固定式のいす席を設ける部分については、当該部分にあるいす席の数に対応する数。この場合において、当該長いす式のいす席にあつては、当該いす席の正面幅を〇・五メートルで除して得た数（一未満のはしたの数は切り捨てるものとする。）とする。 ロ　その他の部分については、当該部分の床面積を三平方メートルで除して得た数
令別表第一㈣項に掲げる防火対象物		次に掲げる数を合算して算定する。 一　従業者の数 二　主として従業者以外の者の使用に供する部分について次のイ及びロによつて算定した数の合計数 イ　飲食又は休憩の用に供する部分については、当該部分の床面積を三平方メートルで除して得た数 ロ　その他の部分については、当該部分の床面積を四平方メートルで除して得た数
		次に掲げる数を合算して算定する。 一　従業者の数

令別表第一(五)項に掲げる防火対象物	イに掲げるもの	二　宿泊室ごとに次のイ及びロによつて算定した数の合計数 イ　洋式の宿泊室については、当該宿泊室にあるベッドの数に対応する数 ロ　和式の宿泊室については、当該宿泊室の床面積を六平方メートル（簡易宿所及び主として団体客を宿泊させるものにあつては、三平方メートル）で除して得た数 三　集会、飲食又は休憩の用に供する部分について次のイ及びロによつて算定した数の合計数 イ　固定式のいす席を設ける部分については、当該部分にあるいす席の数に対応する数。この場合において、長いす式のいす席にあつては、当該長いす席の正面幅を〇・五メートルで除して得た数（一未満のはしたの数は切り捨てるものとする。）とする。 ロ　その他の部分については、当該部分の床面積を三平方メートルで除して得た数
	ロに掲げるもの	居住者の数により算定する。
令別表第一(六)項に掲げる防火対象物	イに掲げるもの	次に掲げる数を合算して算定する。 一　医師、歯科医師、助産師、薬剤師、看護師その他の従業者の数 二　病室内にある病床の数 三　待合室の床面積の合計を三平方メートルで除して得た数
	ロ及びハに掲げるもの	従業者の数と、老人、乳児、幼児、身体障害者、知的障害者その他の要保護者の数とを合算して算定する。
	ニに掲げるもの	教職員の数と、幼児、児童又は生徒の数とを合算して算定する。

令別表第一(七)項に掲げる防火対象物	教職員の数と、児童、生徒又は学生の数とを合算して算定する。
令別表第一(八)項に掲げる防火対象物	従業者の数と、閲覧室、展示室、展覧室、会議室又は休憩室の床面積の合計を三平方メートルで除して得た数とを合算して算定する。
令別表第一(九)項に掲げる防火対象物	従業者の数と、浴場、脱衣場、マッサージ室及び休憩の用に供する部分の床面積の合計を三平方メートルで除して得た数とを合算して算定する。
令別表第一(十一)項に掲げる防火対象物	神職、僧侶、牧師その他従業者の数と、礼拝、集会又は休憩の用に供する部分の床面積の合計を三平方メートルで除して得た数とを合算して算定する。
令別表第一(十)項及び(十二)項から(十四)項までに掲げる防火対象物	従業者の数により算定する。
令別表第一(十五)項に掲げる防火対象物	従業者の数と、主として従業者以外の者の使用に供する部分の床面積を三平方メートルで除して得た数とを合算して算定する。
令別表第一(十七)項に掲げる防火対象物	床面積を五平方メートルで除して得た数により算定する。
令第一条の二第三項第二号に掲げる防火対象物であつて建築基準法（昭和二十五年法律第二百一号）第七条の六第一項第一号若しくは第二号又は第十八条第二十四項第一号若しくは第二号の規定による認定（以下この項及び第三条第一項において「仮使用認定」という。）を受けたもの	次に掲げる数を合算して算定する。 一　仮使用認定を受けた部分については、当該仮使用認定を受けた部分の用途をこの表の上欄に掲げる防火対象物の区分とみなして、同表の下欄に定める方法により算定した数 二　その他の部分については、従業者の数

令第一条の二第三項第二号に掲げる防火対象物（前項に掲げるものを除く。）及び同項第三号に掲げる防火対象物	従業者の数により算定する。

2　令別表第一㈥項及び(十六の二)項に掲げる防火対象物については、令第一条の二第四項の総務省令で定める収容人員の算定方法は、同表各項の用途と同一の用途に供されている当該防火対象物の部分をそれぞれ一の防火対象物とみなして前項の規定を適用した場合における収容人員を合算して算定する方法とする。(そ)(や)(へ)(ル)

一項…一部改正〔昭和四一年四月自令六号(と)・四四年三月三号(を)・四七年八月二〇号(よ)・四八年六月一三号(た)〕、一・二項…一部改正〔昭和四九年一二月自令四〇号(そ)・五九年九月二四号(や)・平成一〇年一二月四六号(へ)・一二年九月四四号(ル)〕、一項…一部改正〔平成一四年二月総令一九号(レ)〕、旧一条…繰下〔平成一四年一〇月総令一〇五号(ソ)〕、一項…一部改正・旧一条の二…繰下〔平成一六年三月総令五四号(ナ)〕、一項…一部改正〔平成一六年五月総令九三号(ラ)・一九年六月六六号(コ)・六八号(エ)・二七年五月五三号㊂〕

解説　【固定式のいす】常時同一の場所に置かれ容易に動かすことができないもの

【立見席】通路の延長部、出入口扉の回転部等は含まれない。

【遊技を行うことができる者の数】パチンコ―一台一人、玉突―一台二人、ボウリング―一レーン―四～五人

（防火管理に関する講習に係る登録講習機関）(サ)

第一条の四　令第三条第一項第一号イ又は第二号イの規定による総務大臣の登録（以下この条において単に「登録」という。）は、講習（同項第一号イに規定する甲種防火管理講習又は同項第二号イに規定する乙種防火管理講習をいう。以下この条において同じ。）を行おうとする法人の申請により行う。(ナ)

2　登録を受けようとする法人は、当該法人の名称、代表者の氏名及び主たる事務所の所在地並びに講習の業務を開始しようとする年月日を記載した申請書に次に掲げる書類を添付して、総務大臣に提出しなければならない。(ナ)

一　定款及び登記事項証明書(ナ)(キ)(ユ)

二　講習の業務に関する事項で次に掲げるものを記載した書類(ナ)

イ　講習の業務の実施の方法、講習の業務を取り扱う事務所の所在地その他実施体制に関する事項(ナ)

ロ　講師の氏名、職業及び略歴に関する事項(ナ)

ハ　講習の科目、時間数、実施日程、実施場所等の実施計画に関する事項(ナ)

ニ　その他講習の業務の実施に関し必要な事項(ナ)

三　現に行つている業務の概要を記載した書類(ナ)

四　第四項各号のいずれにも該当しないことを説明した書類(ナ)

3　総務大臣は、前項の規定により登録を申請した法人が次の要件を満たしているときは、登録をしなければならない。(ナ)

一　次のいずれかに該当する者が講習の業務を行い、その人数が講習の業務を行う事務所ごとに二名以上であること。(ナ)

イ　令第四条の二の二第一項第一号に掲げる防火対象物の防火管理者で、五年以上その実務経験を有する者(ナ)

ロ　都道府県の消防の事務に従事する職員又は市町村の消防職員で、火災予防に関する業務について二年以上の実務経験を有する者(ナ)

ハ　イ及びロに掲げる者と同等以上の知識及び経験を有する者(ナ)

二　講習の業務の公平を損なうおそれのある業務を行つていないこと。(ナ)

三　講習の業務を適正に行うために必要なものとして、次に掲げる基準に適合するものであること。（ナ）
イ　講習の業務を行う部門に管理者を置くこと。（ナ）
ロ　講習の業務の実施日程、実施場所の確保、講師の選任及び解任の要件、教材の作成、別記様式第一号による修了証の交付の方法その他の講習の業務の実施に関して適切な計画が作成されていること。（ナ）
ハ　全国の講習を受講しようとする者に対して、講習の業務を公正に行うことができる体制を有していること。（ナ）

4　総務大臣は、第一項の規定による申請をした法人が次の各号のいずれかに該当するときは、登録をしてはならない。（ナ）
一　その法人又はその業務を行う役員が法又は法に基づく命令に違反して、刑に処せられ、その執行を終わり、又は執行を受けることがなくなつた日から起算して二年を経過しない法人であること。（ナ）
二　第二十一項の規定により登録を取り消され、その取消しの日から起算して二年を経過しない法人であること。（ナ）
三　第二十一項の規定による登録の取消しの日前三十日以内にその取消しに係る法人の業務を行う役員であつた者でその取消しの日から二年を経過しないものがその業務を行う役員となつている法人であること。（ナ）

5　登録は、登録講習機関登録簿に次に掲げる事項を記載してするものとする。（ナ）
一　登録年月日及び登録番号（ナ）
二　登録を受けた法人の名称、代表者の氏名及び主たる事務所の所在地（ナ）
三　講習の業務を取り扱う事務所の所在地（ナ）

6　登録は、三年ごとにその更新を受けなければ、その期間の経過によつて、その効力を失う。（ナ）

7　第一項から第五項までの規定は、前項の登録の更新について準用する。（ナ）

8　登録を受けた法人（以下この条において「登録講習機関」という。）は、第五項第二号及び第三号に掲げる事項を変更しようとするときは、変更しようとする日の二週間前までに、その旨を総務大臣に届け出なければならない。（ナ）

9　登録講習機関は、毎年一回以上講習を行わなければならない。（ナ）

10　登録講習機関は、公正に、かつ、第二条の三に定める講習に係る基準に適合する方法により講習を行わなければならない。（ナ）

11　登録講習機関の役員若しくは職員又はこれらの職にあつた者は、その職務に関して知り得た秘密を漏らし、又は盗用してはならない。（ナ）

12　登録講習機関は、次に掲げる講習の業務の実施に関する事項について業務規程を定め、講習の業務の開始前に、総務大臣に届け出なければならない。これを変更しようとするときも同様とする。（ナ）
一　講習の業務を取り扱う日及び時間に関する事項（ナ）
二　講習の業務を取り扱う事務所及び当該事務所が担当する地域に関する事項（ナ）
三　講習の業務の実施の方法に関する事項（ナ）
四　講習の手数料の収納の方法に関する事項（ナ）
五　講習の業務に関する秘密の保持に関する事項（ナ）
六　講習の業務に関する帳簿及び書類の管理に関する事項（ナ）
七　第十五項第二号及び第四号の請求に係る費用に関する事項（ナ）
八　その他講習の業務の実施に関し必要な事項（ナ）

13　総務大臣は、前項の規定により届出をした業務規程が講習の業務の適正かつ確実な実施上不適当となつたと認めるときは、登録講習

機関に対し、これを変更すべきことを命ずることができる。（ナ）

14　登録講習機関は、毎事業年度経過後三月以内に、その事業年度の財産目録、貸借対照表及び損益計算書又は収支計算書並びに事業報告書（その作成に代えて電磁的記録（電子的方式、磁気的方式その他の人の知覚によつては認識することができない方式で作られる記録であつて、電子計算機による情報処理の用に供されるものをいう。以下この項、次項及び第四十四条の十の二第一項において同じ。）の作成がされている場合における当該電磁的記録を含む。次項において「財務諸表等」という。）を作成し、総務大臣に提出するとともに、五年間事務所に備えておかなければならない。（ナ）（マ）

15　講習を受講しようとする者その他の利害関係人は、登録講習機関の業務時間内は、いつでも、次に掲げる請求をすることができる。ただし、第二号又は第四号の請求をするには、登録講習機関の定めた費用を支払わなければならない。（ナ）

一　財務諸表等が書面をもつて作成されているときは、当該書面の閲覧又は謄写の請求（ナ）

二　前号の書面の謄本又は抄本の請求（ナ）

三　財務諸表等が電磁的記録をもつて作成されているときは、当該電磁的記録に記録された事項を紙面又は出力装置の映像面に表示する方法により表示したものの閲覧又は謄写の請求（ナ）

四　前号の電磁的記録に記録された事項を電磁的方法であつて次に掲げるいずれかのものにより提供することの請求又は当該事項を記載した書面の交付の請求（ナ）

イ　送信者の使用に係る電子計算機と受信者の使用に係る電子計算機とを電気通信回線で接続した電子情報処理組織を使用する方法であつて、当該電気通信回線を通じて情報が送信され、受信者の使用に係る電子計算機に備えられたファイルに当該情報が記録されるもの（ナ）

ロ　磁気ディスクその他これに準ずる方法により一定の情報を確実に記録しておくことができる物をもつて調製するファイルに情報を記録したものを交付する方法（ナ）

16　登録講習機関は、講習の業務に関する事項で次に掲げるものを記載した帳簿を備え、講習を行つた日からこれを六年間保存しなければならない。（ナ）

一　講習を行つた年月日（ナ）

二　講習の実施場所（ナ）

三　講習の受講者の氏名、住所及び生年月日（ナ）

四　別記様式第一号による修了証の交付の有無（ナ）

五　前号の修了証の交付年月日及び交付番号（ナ）

17　総務大臣は、登録講習機関が第三項各号のいずれかに適合しなくなつたと認めるときは、当該登録講習機関に対し、これらの規定に適合するため必要な措置をとるべきことを命ずることができる。（ナ）

18　総務大臣は、登録講習機関が第九項及び第十項の規定に違反していると認めるときは、当該登録講習機関に対し、講習を行うべきこと又は当該講習の方法その他の業務の方法の改善に関し必要な措置をとるべきことを命ずることができる。（ナ）

19　総務大臣は、講習の業務の適正な実施を確保するため必要があると認めるときは、登録講習機関に対し、講習の業務に関し必要な報告を求めることができる。（ナ）

20　登録講習機関は、講習の業務を休止し、又は廃止しようとするときは、あらかじめ、次に掲げる事項を記載した書面をもつて、その旨を総務大臣に届け出なければならない。（ナ）

一　休止又は廃止の理由（ナ）

二　休止又は廃止の時期（ナ）

三　休止にあつては、その期間(ナ)

21　総務大臣は、登録講習機関が次の各号のいずれかに該当するときは、その登録を取り消し、又は期間を定めて講習の業務の全部若しくは一部の停止を命ずることができる。(ナ)

一　第三項各号の要件を満たさなくなつたと認められるとき。(ナ)

二　第四項第一号又は第三号に該当するに至つたとき。(ナ)

三　第八項から第十二項まで、第十四項、第十六項又は第二十項の規定に違反したとき。(ナ)

四　第十二項の規定により届け出た業務規程によらないで講習の業務を行つたとき。(ナ)

五　第十三項、第十七項又は第十八項の規定による命令に違反したとき。(ナ)

六　正当な理由がないのに第十五項各号の規定による請求を拒んだとき。(ナ)

七　不正な手段により登録を受けたとき。(ナ)

22　総務大臣は、次に掲げる場合には、その旨を公示しなければならない。(ナ)

一　登録をしたとき。(ナ)

二　第八項の規定による届出があつたとき。(ナ)

三　第二十項の規定による届出があつたとき。(ナ)

四　前項の規定により登録を取り消し、又は講習の業務の停止を命じたとき。(ナ)

本条…追加〔平成一六年三月総令五四号(ナ)〕、二項…一部改正〔平成一七年三月総令二〇号(ヰ)〕、一四項…一部改正〔平成一八年四月総令七七号(マ)〕、見出し…改正〔平成二〇年九月総令一〇五号(サ)〕、二項…一部改正〔平成二一年九月総令九三号(ユ)〕

参照【講習に係る基準】平成一六年五月三一日消防庁告示第一七号・第一八号

（防火管理者として必要な学識経験を有すると認められる者）

第二条　令第三条第一項第一号ニに掲げる防火管理者として必要な学識経験を有すると認められる者は、次の各号のいずれかに該当する者とする。(て)

一　労働安全衛生法（昭和四十七年法律第五十七号）第十一条第一項に規定する安全管理者として選任された者(た)

一の二　第四条の二の四第四項に規定する防火対象物の点検に関し必要な知識及び技能を修得することができる講習の課程を修了し、免状の交付を受けている者(ヱ)

二　法第十三条第一項の規定により危険物保安監督者として選任された者で、甲種危険物取扱者免状の交付を受けているもの(よ)(ゆ)(ソ)

三　鉱山保安法（昭和二十四年法律第七十号）第二十二条第三項の規定により保安管理者として選任された者（同項後段の場合にあつては、同条第一項の規定により保安統括者として選任された者）(た)(ノ)(サ)

四　国若しくは都道府県の消防の事務に従事する職員で、一年以上管理的又は監督的な職にあつた者(ヲ)(ヤ)

五　警察官又はこれに準ずる警察職員で、三年以上管理的又は監督的な職にあつた者

六　建築主事又は一級建築士の資格を有する者で、一年以上防火管理の実務経験を有するもの

七　市町村の消防団員で、三年以上管理的又は監督的な職にあつた者(と)

八　前各号に掲げる者に準ずるものとして消防庁長官が定める者(イ)

本条…一部改正〔昭和四一年四月自令六号(と)・四七年八月二〇号(よ)・四八年六月一三号(た)・六二年一月一号(て)・平成元年二月三号(ゆ)・六

年一一月四四号(イ)・一二年一一月五〇号(ヲ)・一四年一〇月総令一〇五号(ソ)・一七年三月三三号(ノ)・一八年三月六四号(ヤ)・二〇年九月一〇五号(サ)・二二年一二月一〇九号(ヱ)〕

（防火管理上必要な業務を適切に遂行することができない場合における防火管理者の資格）

第二条の二　令第三条第二項の総務省令で定める防火対象物は、次の各号に掲げる防火対象物とする。(ナ)

一　複数の防火対象物の管理について権原を有する者が同一の者である場合における当該防火対象物(ナ)

二　その管理について権原が分かれている防火対象物であつて次に掲げる部分を有するもの(ナ)

イ　防火対象物の部分で令別表第一(六)項ロ、(十六)項イ又は(十六の二)項に掲げる防火対象物（同表(十六)項イ又は(十六の二)項に掲げる防火対象物にあつては、同表(六)項ロに掲げる防火対象物の用途に供される部分が存するものに限る。）の用途に供されるもののうち、当該防火対象物の部分を一の防火対象物とみなして第一条の三第一項及び第二項の規定を適用した場合における収容人員が十人未満のもの(コ)

ロ　防火対象物の部分で令別表第一(一)項から(四)項まで、(五)項イ、(六)項イ、ハ若しくはニ、(九)項イ、(十六)項イ又は(十六の二)項に掲げる防火対象物（同表(十六)項イ又は(十六の二)項に掲げる防火対象物にあつては、同表(六)項ロに掲げる防火対象物の用途に供される部分が存するものを除く。）の用途に供されるもののうち、当該防火対象物の部分を一の防火対象物とみなして第一条の三第一項及び第二項の規定を適用した場合における収容人員が三十人未満のもの(ナ)(コ)

ハ　防火対象物の部分で令別表第一(五)項ロ、(七)項、(八)項、(九)項ロ、(十)項から(十五)項まで、(十六)項ロ又は(十七)項に掲げる防火対象物の用途に供されるもののうち、当該防火対象物の部分を一の防火対象物とみなして第一条の三第一項及び第二項の規定を適用した場合における収容人員が五十人未満のもの(ナ)(コ)

三　特定資産（投資信託及び投資法人に関する法律（昭和二十六年法律第百九十八号）第二条第一項又は資産の流動化に関する法律（平成十年法律第百五号）第二条第一項に規定する特定資産をいう。）に該当する防火対象物又は不動産特定共同事業法（平成六年法律第七十七号）第二条第三項に規定する不動産特定共同事業契約をいう。）に係る不動産に該当する防火対象物(ナ)

2　令第三条第二項の総務省令で定める要件は、次の各号に掲げる要件とする。(ナ)

一　防火管理上必要な業務を行う防火対象物の管理について権原を有する者から、防火管理上必要な業務を適切に遂行するために必要な権限が付与されていること。(ス)

二　防火管理上必要な業務を行う防火対象物の管理について権原を有する者から、防火管理上必要な業務の内容を明らかにした文書を交付されており、かつ、当該内容について十分な知識を有していること。(ナ)(ス)

三　防火管理上必要な業務を行う防火対象物の管理について権原を有する者から、当該防火対象物の位置、構造及び設備の状況その他防火管理上必要な事項について説明を受けており、かつ、当該事項について十分な知識を有していること。(ナ)(ス)

本条…追加〔平成一六年三月総令五四号(ナ)〕、一項…一部改正〔平成一九年六月総令六六号(コ)〕、二項…一部改正〔平成二四年一〇月総令九一号(ス)〕

（乙種防火管理講習の課程を修了した者を防火管理者とすることができる防火対象物の部分）

第二条の二の二　令第三条第三項の総務省令で定める防火対象物の部分は、前条第一項第二号イからハまでに掲げるものとする。（て）（ル）（ナ）（コ）

本条…追加〔昭和六二年一月自令一号（て）〕、一部改正〔平成一二年九月自令四四号（ル）・一四年一〇月総令一〇五号（ソ）〕、旧二条の二…一部改正し繰下〔平成一六年三月総令五四号（ナ）〕、本条…一部改正〔平成一九年六月総令六六号（コ）〕

（防火管理に関する講習）

第二条の三　令第三条第一項第一号イに規定する甲種防火管理講習は、初めて受ける者に対して行う講習（以下この条において「甲種防火管理新規講習」という。）及び甲種防火管理新規講習後に令第四条の二の二第一項第一号の防火対象物の防火管理者（前条の防火対象物の部分に係る防火管理者を除く。）に対して消防庁長官が定めるところにより行う講習（以下この条及び第四条の二の四第二項第二号において「甲種防火管理再講習」という。）とする。（ツ）

２　甲種防火管理新規講習は、次の各号に掲げる事項に係る知識及び技能の修得を目的として行うものとし、その講習時間はおおむね十時間とする。（て）（ツ）（ヱ）

一　防火管理の意義及び制度に関すること。（ヱ）

二　火気の使用又は取扱いに関する監督に関すること。（て）

三　消防用設備等の点検及び整備並びに避難又は防火上必要な構造及び設備の維持管理に関すること。（て）

四　消火、通報及び避難の訓練その他防火管理上必要な訓練に関すること。（て）（サ）

五　防火管理上必要な教育に関すること。（て）（サ）

六　消防計画の作成に関すること。（て）

３　甲種防火管理再講習は、次の各号に掲げる事項に係る知識及び技能の修得を目的として行うものとし、その講習時間はおおむね二時間とする。（ツ）（ヱ）

一　おおむね過去五年間における防火管理に関する法令の改正の概要に関すること。（ツ）（ヱ）

二　火災事例等の研究に関すること。（ツ）（ヱ）

４　乙種防火管理講習は、第二項各号に掲げる事項に係る基礎的な知識及び技能の修得を目的として行うものとし、その講習時間はおおむね五時間とする。（て）（ツ）（ヱ）

５　都道府県知事、消防本部及び消防署を置く市町村の消防長又は令第三条第一項第一号イ若しくは第二号イの規定により総務大臣の登録を受けた法人は、甲種防火管理講習のうち甲種防火管理新規講習若しくは甲種防火管理再講習又は乙種防火管理講習を行った場合には、当該講習の課程を修了した者に対して、別記様式第一号による修了証を交付するものとする。（て）（ル）（ツ）（ナ）

６　前各項に定めるもののほか、甲種防火管理講習及び乙種防火管理講習の実施に関し必要な事項の細目は、消防庁長官が定める。（て）（ツ）

本条…追加〔昭和六二年一月自令一号（て）〕、三項…一部改正〔平成一二年九月自令四四号（ル）〕、一・三項…追加・旧一・二―四項…一部改正し二・四―六項に繰下〔平成一五年六月総令九〇号（ツ）〕、二項…一部改正〔平成二〇年九月総令一〇五号（サ）〕、二―四項…一部改正〔平成二二年一二月総令一〇九号（ヱ）〕

参照　【甲種防火管理再講習】平成一六年四月二七日消防庁告示第二号

（防火管理に係る消防計画）（サ）

第三条　防火管理者は、令第三条の二第一項の規定により、防火対象物の位置、構造及び設備の状況並びにその使用状況に応じ、次の各号に掲げる区分に従い、おおむね次の各号に掲げる事項について、当該防火対象物の管理について権原を有する者の指示を受けて防火管理に係る消防計画を作成し、別記様式第一号の二の届出書によりその旨を所轄消防長（消防本部を置かない市町村においては、市町村長。以下同じ。）又は消防署長に届け出なければならない。防火管理に係る消防計画を変更するときも、同様とする。(た)(む)(て)(ナ)(サ)(ス)

一　令第一条の二第三項第一号に掲げる防火対象物及び同項第二号に掲げる防火対象物（仮使用認定を受けたもの又はその部分に限る。）(ナ)㋸

イ　自衛消防の組織に関すること。(ナ)

ロ　防火対象物についての火災予防上の自主検査に関すること。(ナ)

ハ　消防用設備等又は法第十七条第三項に規定する特殊消防用設備等（以下「特殊消防用設備等」という。）の点検及び整備に関すること。(ナ)

ニ　避難通路、避難口、安全区画、防煙区画その他の避難施設の維持管理及びその案内に関すること。(ナ)

ホ　防火壁、内装その他の防火上の構造の維持管理に関すること。(ナ)

ヘ　定員の遵守その他収容人員の適正化に関すること。(ナ)

ト　防火管理上必要な教育に関すること。(ナ)(サ)

チ　消火、通報及び避難の訓練その他防火管理上必要な訓練の定期的な実施に関すること。(ナ)(サ)(ス)

リ　火災、地震その他の災害が発生した場合における消火活動、通報連絡及び避難誘導に関すること。(ナ)

ヌ　防火管理についての消防機関との連絡に関すること。(ナ)

ル　増築、改築、移転、修繕又は模様替えの工事中の防火対象物における防火管理者又はその補助者の立会いその他火気の使用又は取扱いの監督に関すること。(ナ)

ヲ　イからルまでに掲げるもののほか、防火対象物における防火管理に関し必要な事項(ナ)

二　令第一条の二第三項第二号に掲げる防火対象物（仮使用認定を受けたもの又はその部分を除く。）及び同項第三号に掲げる防火対象物(ナ)㋸

イ　消火器等の点検及び整備に関すること。(ナ)

ロ　避難経路の維持管理及びその案内に関すること。(ナ)

ハ　火気の使用又は取扱いの監督に関すること。(ナ)

ニ　工事中に使用する危険物等の管理に関すること。(ナ)

ホ　前号イ及びトからヌまでに掲げる事項(ナ)

ヘ　イからホまでに掲げるもののほか、防火対象物における防火管理に関し必要な事項(ナ)

2　防火管理上必要な業務の一部が当該防火対象物の関係者（所有者、管理者又は占有者をいう。以下同じ。）及び関係者に雇用されている者（当該防火対象物で勤務している者に限る。第四条第一項第二号、第二十八条の三第四項第二号ハ及び第二十九条第二号において同じ。）以外の者に委託されている防火対象物にあつては、当該防火対象物の防火管理者は、前項の消防計画に、当該防火管理上必要な業務（法第十七条の三の三の規定による消防用設備等又は特殊消防用設備等についての点検を除く。以下この項において同じ。）の受託者の氏名及び住所（法人にあつては、名称及び主たる事務所の所在地。第四条第一項第二号において同じ。）並びに当該受託者の行う防火管理上必要な業務の範囲及び方法を定めなければならない。(く)(ト)(チ)(ナ)(ス)

3　その管理について権原が分かれている防火対象物にあつては、当

該防火対象物の防火管理者は、第一項の消防計画に、当該防火対象物の当該権原の範囲を定めなければならない。(ソ)

4　大規模地震対策特別措置法（昭和五十三年法律第七十三号）第三条第一項の規定により地震防災対策強化地域として指定された地域（以下「強化地域」という。）に所在する令第一条の二第三項第一号に規定する防火対象物のうち、大規模地震対策特別措置法施行令（昭和五十三年政令第三百八十五号）第四条第一号、第二号、第十三号、第十四号及び第二十三号に規定する施設（同法第六条第一項に規定する者が管理するものを除く。）の防火管理者は、第一項の消防計画に次に掲げる事項を定めなければならない。(む)(く)(や)(ソ)(ナ)

一　大規模地震対策特別措置法第二条第十三号に規定する警戒宣言（以下「警戒宣言」という。）が発せられた場合における自衛消防の組織に関すること。(む)

二　大規模地震対策特別措置法第二条第三号に規定する地震予知情報及び警戒宣言の伝達に関すること。(む)

三　警戒宣言が発せられた場合における避難誘導に関すること。(む)

四　警戒宣言が発せられた場合における施設及び設備の点検及び整備その他地震による被害の発生の防止又は軽減を図るための応急対策に関すること。(む)

五　大規模な地震に係る防災訓練の実施に関すること。(む)

六　大規模な地震による被害の発生の防止又は軽減を図るために必要な教育及び広報に関すること。(む)

5　強化地域の指定の際現に当該地域に所在する前項の施設の防火管理者は、当該指定があつた日から六月以内に、第一項の消防計画に前項各号に掲げる事項を定めるものとする。(む)(く)(ソ)

6　南海トラフ地震に係る地震防災対策の推進に関する特別措置法（平成十四年法律第九十二号）第三条第一項の規定により南海トラフ地震防災対策推進地域として指定された地域（次項及び第四条第四項において「推進地域」という。）に所在する令第一条の二第三項第一号に規定する防火対象物のうち、南海トラフ地震に係る地震防災対策の推進に関する特別措置法施行令（平成十五年政令第三百二十四号）第三条第一号、第二号、第十三号、第十四号及び第二十四号に規定する施設（同法第五条第一項に規定する者が管理するものを除き、同法第二条第二項に規定する南海トラフ地震（以下「南海トラフ地震」という。）に伴い発生する津波に係る地震防災対策を講ずべき者として同法第四条第一項に規定する南海トラフ地震防災対策推進基本計画で定める者が管理するものに限る。）の防火管理者は、第一項の消防計画に次に掲げる事項を定めなければならない。(ネ)(ソ)(ナ)(ク)(ス)(ほ)

一　南海トラフ地震に伴い発生する津波からの円滑な避難の確保に関すること。(ネ)(ほ)

二　南海トラフ地震に係る防災訓練の実施に関すること。(ネ)(ほ)

三　南海トラフ地震による被害の発生の防止又は軽減を図るために必要な教育及び広報に関すること。(ネ)(ほ)

7　推進地域の指定の際現に当該地域に所在する前項の施設の防火管理者は、当該指定があつた日から六月以内に、第一項の消防計画に前項各号に掲げる事項を定めるものとする。(ネ)(ソ)

8　日本海溝・千島海溝周辺海溝型地震に係る地震防災対策の推進に関する特別措置法（平成十六年法律第二十七号）第三条第一項の規定により日本海溝・千島海溝周辺海溝型地震防災対策推進地域として指定された地域（次項及び第四条第六項において「推進地域」という。）に所在する令第一条の二第三項第一号に規定する防火対象物のうち、日本海溝・千島海溝周辺海溝型地震に係る地震防災対策の推進に関する特別措置法施行令（平成十七年政令第二百八十二号）第三条第一号、第二号、第十三号、第十四号及び第二十四号に規定する施設（同法第五条第一項に規定する者が管理するものを除き、同法第二条第一項に規定する日本海溝・千島海溝周辺海溝型地震（以下「日本海溝・千島海溝周辺海溝型地震」という。）に伴い発生する津波に係る地震防災対策を講ずべき者として同法第四条第一項に規定する日本海溝・千島海溝周辺海溝型地震防災対策推進基本計画で定める者が管理するものに限る。）の防火管理者は、第一項の消防計画に次に掲げる事項を定めなければならない。（ク）（ス）㋔

一　日本海溝・千島海溝周辺海溝型地震に伴い発生する津波からの円滑な避難の確保に関すること。（ク）

二　日本海溝・千島海溝周辺海溝型地震に係る防災訓練の実施に関すること。（ク）

三　日本海溝・千島海溝周辺海溝型地震による被害の発生の防止又は軽減を図るために必要な教育及び広報に関すること。（ク）

9　推進地域の指定の際現に当該地域に所在する前項の施設の防火管理者は、当該指定があつた日から六月以内に、第一項の消防計画に前項各号に掲げる事項を定めるものとする。（ク）

10　令別表第一㈠項から㈣項まで、㈤項イ、㈥項、㈨項イ、(十六)項イ又は十六の二項に掲げる防火対象物の防火管理者は、令第三条の二第二項の消火訓練及び避難訓練を年二回以上実施しなければならない。（た）（そ）（む）（く）（し）（イ）（ネ）（ソ）（ク）（サ）（ス）

11　前項の防火管理者は、同項の消火訓練及び避難訓練を実施する場合には、あらかじめ、その旨を消防機関に通報しなければならない。（た）（む）（く）（し）（イ）（ネ）（ソ）（ク）（サ）

本条…一部改正〔昭和四四年三月自令三号(を)〕、一項…一部改正・二・三項…追加〔昭和四八年六月自令一三号(た)〕、二項…一部改正〔昭和四九年一二月自令四〇号(そ)〕、一項…一部改正・二・三項…追加・旧二・三項…四・五項に繰下〔昭和五四年九月自令一九号(む)〕、二項…追加・旧二項…一部改正し三項に繰下・旧三—五項…四—六項に繰下〔昭和五八年一〇月自令二六号(く)〕、三項…一部改正〔昭和五九年九月自令二四号(や)〕、一項…一部改正〔昭和六二年一月自令一号(て)〕、五・六項…一部改正〔平成二年七月自令二三号(し)〕、五項…追加・旧五・六項…六・七項に繰下〔平成六年一一月自令四四号(イ)〕、五項…一部改正〔平成九年三月自令一九号(ハ)〕、二項…一部改正〔平成一一年三月自令五号(ト)〕、一・二項…一部改正〔平成一一年九月自令三四号(チ)〕、五・六項…追加・旧五—七項…七—九項に繰下〔平成一五年七月総令一〇一号(ネ)〕、三項…追加・旧三—九項…四—一〇項に繰下〔平成一四年一〇月総令一〇五号(ソ)〕、一・二・四・六・八項…一部改正〔平成一六年三月総令五四号(ナ)〕、八項…一部改正・八・九項…追加・旧八—一〇項…一〇項—一二項に繰下〔平成一六年七月総令一二二号(ム)〕、六項…一部改正〔平成一七年八月総令一三六号(ク)〕、見出し…改正・一項…一部改正・一〇項…削除・旧一一・一二項…一〇・一一項に繰上〔平成二〇年九月総令一〇五号(サ)〕、六項…一部改正〔平成二五年一二月総令一二八号㋭〕、一・二・六・八・一〇項…一部改正〔平成二四年一〇月総令九一号(ス)〕、一項…一部改正〔平成二七年五月総令五三号㋸〕、八項…一部改正〔令和五年三月総令二八号㋔〕

解説　【自衛消防の組織】出火時の初動態勢を円滑かつ適正に行うための各人の任務分担、役割等（指揮、通報、消火、避難誘導、救護、その他）

【火災予防上の自主検査】火災予防上必要な「建築物」「火気使用設備器具」「危険物施設」「電気設備」「消防用設備等」について自主的に計画し検査を行うもの

【以外の者に委託】警備業者、ビル管理業者等に委託

（防火管理者の選任又は解任の届出）

第三条の二　法第八条第二項の規定による防火管理者の選任又は解任の届出は、別記様式第一号の二の二による届出書によつてしなければならない。（た）（て）（ス）

2　前項の届出書には、選任の届出にあつては、防火管理者の**資格を証する書面**を添えなければならない。

一項…一部改正〔昭和四八年六月自令一三号(た)・六二年一月一号(て)〕、旧四条…繰上〔平成二四年一〇月総令九一号(ス)〕

解説　【資格を証する書面】防火管理者講習修了証等

（統括防火管理者の資格を有する者であるための要件）

第三条の三　令第四条の総務省令で定める要件は、次の各号に掲げる要件とする。（ス）

一　防火対象物の全体についての防火管理上必要な業務を行う防火対象物の管理について権原を有する者から、それぞれが有する権限のうち、当該防火対象物の全体についての防火管理上必要な業務を適切に遂行するために必要な権限が付与されていること。（ス）

二　防火対象物の全体についての防火管理上必要な業務を行う防火対象物の管理について権原を有する者から、当該防火対象物の全体についての防火管理上必要な業務の内容について説明を受けており、かつ、当該内容について十分な知識を有していること。（ス）

三　防火対象物の全体についての防火管理上必要な業務を行う防火対象物の管理について権原を有する者から、当該防火対象物の位置、構造及び設備の状況その他当該防火対象物の全体についての防火管理上必要な事項について説明を受けており、かつ、当該事項について十分な知識を有していること。（ス）

本条…追加〔平成二四年一〇月総令九一号(ス)〕

（防火対象物の全体についての防火管理に係る消防計画）（ス）

第四条　統括防火管理者は、令第四条の二第一項の規定により、防火対象物の位置、構造及び設備の状況並びにその使用状況に応じ、次の各号に掲げる事項について、当該防火対象物の全体についての防火管理に係る消防計画を作成し、当該防火対象物の管理について権原を有する者の確認を受けて、別記様式第一号の二の二の二の届出書によりその旨を所轄消防長又は消防署長に届け出なければならない。当該防火対象物の全体についての防火管理に係る消防計画を変更するときも、同様とする。（ス）

一　防火対象物の管理について権原を有する者の当該権原の範囲に関すること。（ス）

二　防火対象物の全体についての防火管理上必要な業務の一部が当該防火対象物の関係者及び関係者に雇用されている者（当該防火対象物の部分の関係者及び関係者に雇用されている者を含む。）以外の者に委託されている防火対象物にあつては、当該防火対象物の全体についての防火管理上必要な業務の受託者の氏名及び住所並びに当該受託者の行う防火対象物の全体についての防火管理上必要な業務の範囲及び方法に関すること。（ス）

三　防火対象物の全体についての消防計画に基づく消火、通報及び避難の訓練その他防火対象物の全体についての防火管理上必要な訓練の定期的な実施に関すること。（ス）

四　廊下、階段、避難口、安全区画、防煙区画その他の避難施設の維持管理及びその案内に関すること。（ス）

五　火災、地震その他の災害が発生した場合における消火活動、通報連絡及び避難誘導に関すること。（ス）

六　火災の際の消防隊に対する当該防火対象物の構造その他必要な情報の提供及び消防隊の誘導に関すること。（ス）

七　前各号に掲げるもののほか、防火対象物の全体についての防火管理に関し必要な事項（ス）

2　強化地域に所在する法第八条の二第一項に規定する防火対象物のうち、大規模地震対策特別措置法施行令第四条第一号、第二号、第十三号、第十四号及び第二十三号に規定する施設（大規模地震対策特別措置法第六条第一項に規定する者が管理するものを除く。）の統括防火管理者は、前項の防火対象物の全体についての消防計画に第三条第四項各号に掲げる事項を定めなければならない。（む）（く）（ツ）（ス）

3　第三条第五項の規定は、前項の場合について準用する。(む)(く)(ツ)

4　推進地域に所在する法第八条の二第一項に規定する防火対象物のうち、南海トラフ地震に係る地震防災対策の推進に関する特別措置法施行令第三条第一号、第二号、第十三号、第十四号及び第二十四号に規定する施設（南海トラフ地震に係る地震防災対策の推進に関する特別措置法第五条第一項に規定する者が管理するものを除き、南海トラフ地震に伴い発生する津波に係る地震防災対策を講ずべき者として同法第四条第一項に規定する南海トラフ地震防災対策推進基本計画で定める者が管理するものに限る。）の統括防火管理者は、第一項の防火対象物の全体についての消防計画に第三条第六項各号に掲げる事項を定めなければならない。(ネ)(ソ)(ス)(ほ)

5　第三条第七項の規定は、前項の場合について準用する。(ネ)(ソ)

6　推進地域に所在する法第八条の二第一項に規定する防火対象物のうち、日本海溝・千島海溝周辺海溝型地震に係る地震防災対策の推進に関する特別措置法施行令第三条第一号、第二号、第十三号、第十四号及び第二十四号に規定する施設（日本海溝・千島海溝周辺海溝型地震に係る地震防災対策の推進に関する特別措置法第五条第一項に規定する者が管理するものを除き、日本海溝・千島海溝周辺海溝型地震に伴い発生する津波に係る地震防災対策を講ずべき者として同法第四条第一項に規定する日本海溝・千島海溝周辺海溝型地震防災対策推進基本計画で定める者が管理するものに限る。）の統括防火管理者は、第一項の防火対象物の全体についての消防計画に第三条第八項各号に掲げる事項を定めなければならない。(ク)(ス)(お)

7　第三条第九項の規定は、前項の場合について準用する。(ク)

本条…追加〔昭和四四年三月自令三号(を)〕、一部改正〔昭和四八年六月自令一三号(た)〕、二・三項…追加〔昭和五四年九月自令一九号(む)〕、一部改正〔昭和五八年一〇月自令二六号(く)〕、一項…一部改正〔昭和六二年一月自令一号(て)・平成一一年九月三四号(チ)・一二年九月四四号(ル)〕、四・五項…追加〔平成一五年七月総令一〇一号(ネ)〕、一・四・五項…一部改正〔平成一四年一〇月総令一〇五号(ソ)〕、二・三項…一部改正〔平成一五年六月総令九〇号(ツ)〕、六・七項…追加〔平成一七年八月総令一三六号(ク)〕、一項…一部改正〔平成一八年九月総令一一六号(フ)・二〇年九月一〇五号(サ)〕、四項…一部改正〔平成二五年一二月総令一二八号(ほ)〕、見出し…改正・一項…全部改正・二・四・六項…一部改正・旧四条の二…繰上〔平成二四年一〇月総令九一号(ス)〕、六項…一部改正〔令和五年三月総令二八号(お)〕

（統括防火管理者の選任又は解任の届出）

第四条の二　法第八条の二第四項の規定による統括防火管理者の選任又は解任の届出は、別記様式第一号の二の二の二による届出書によつてしなければならない。(ス)

2　前項の届出書には、選任の届出にあつては、統括防火管理者の資格を証する書面を添えなければならない。(ス)

本条…追加〔平成二四年一〇月総令九一号(ス)〕

（避難上有効な開口部）

第四条の二の二　令第四条の二の二第二号及び令第二十五条第一項第五号の総務省令で定める避難上有効な開口部は、直径一メートル以上の円が内接することができる開口部又はその幅及び高さがそれぞれ七十五センチメートル以上及び一・二メートル以上の開口部とする。(ソ)

2　前項の開口部は、次の各号に適合するものでなければならない。(ソ)

一　床面から開口部の下端までの高さは、十五センチメートル以内であること。(ソ)

二　開口部は、格子その他の容易に避難することを妨げる構造を有しないものであること。(ソ)

三　開口部は、開口のため常時良好な状態に維持されているもので

あること。(ソ)

本条…追加〔平成一四年一〇月総令一〇五号(ソ)〕

（避難上有効な構造を有する場合）

第四条の二の三　令第四条の二の二第二号、令第二十一条第一項第七号、令第三十五条第一項第四号及び令第三十六条第二項第三号の総務省令で定める避難上有効な構造を有する場合は、建築基準法施行令（昭和二十五年政令第三百三十八号）第百二十三条及び第百二十四条に規定する避難階段（屋内に設けるもので消防庁長官が定める部分を有するものに限る。）又は特別避難階段である場合とする。(ソ)(コ)

本条…追加〔平成一四年一〇月総令一〇五号(ソ)〕、一部改正〔平成一九年六月総令六六号(コ)〕

参照【屋内避難階段等の部分】平成一四年一一月二八日消防庁告示第七号

（防火対象物の点検及び報告）

第四条の二の四　法第八条の二の二第一項の規定による点検は、一年に一回行うものとする。ただし、新型インフルエンザ等（新型インフルエンザ等対策特別措置法（平成二十四年法律第三十一号）第二条第一号に規定するものをいう。第三十一条の六第四項において同じ。）その他の消防庁長官が定める事由により、その期間ごとに法第八条の二の二第一項の規定による点検を行うことが困難であるときは、消防庁長官が当該事由を勘案して定める期間ごとに当該点検を行うものとする。(ソ)㋰

2　法第八条の二の二第一項の防火対象物の管理について権原を有する者は、前項の規定により点検を行った結果を防火管理維持台帳（次の各号に掲げるものを編冊したものをいう。）に記録するとともに、これを保存しなければならない。(ソ)㋤

一　第二条の三第五項の甲種防火管理再講習の修了証の写し(ツ)

一の二　第三条第一項、第三条の二第一項、第四条第一項、第四条の二第一項及び法第八条の二の五第二項の届出に係る書類の写し(ソ)(ツ)(サ)(ス)㋩

二　次項の報告書の写し(ソ)

三　第四条の二の八第二項の申請書の写し(ソ)

四　第四条の二の八第五項又は第六項の通知(ソ)(ツ)(オ)

五　第三十一条の三第一項の届出に係る書類の写し(ソ)

六　第三十一条の三第四項の検査済証(ソ)

七　第三十一条の六第三項の報告書の写し(ソ)

八　防火管理に係る消防計画に基づき実施される次のイからリまでに掲げる状況を記載した書類(ソ)(サ)

イ　防火対象物についての火災予防上の自主検査の状況(ソ)

ロ　消防用設備等又は特殊消防用設備等の点検及び整備の状況(ソ)(ナ)

ハ　避難施設の維持管理の状況(ソ)

ニ　防火上の構造の維持管理の状況(ソ)

ホ　定員の遵守その他収容人員の適正化の状況(ソ)

ヘ　防火管理上必要な教育の状況(ソ)(サ)

ト　消火、通報及び避難の訓練その他防火管理上必要な訓練の状況(ソ)(サ)

チ　増築、改築、移転、修繕又は模様替えの工事中の防火対象物における防火管理者又はその補助者の立会いその他火気の使用又は取扱いの監督の状況(ソ)

リ　大規模な地震に係る防災訓練並びに教育及び広報の状況（強化地域に所在する令第一条の二第三項第一号に規定する防火対象物のうち、大規模地震対策特別措置法施行令第四条第一号、第二号、第十三号、第十四号及び第二十三号に規定する施設（大規模地震対策特別措置法第六条第一項に規定する者が管理するものを除く。）に限る。）(ソ)(ナ)

九　消防用設備等又は特殊消防用設備等の工事、整備等の経過一覧表(ソ)(ナ)

十　前各号に掲げるもののほか、防火管理上必要な書類(ソ)

3　法第八条の二の二第一項の規定による点検の結果についての報告書の様式は、消防庁長官が定める。(ソ)

4　法第八条の二の二第一項に規定する防火対象物点検資格者（以下「防火対象物点検資格者」という。）は、次の各号のいずれかに該当する者で、防火対象物の点検に関し必要な知識及び技能を修得することができる講習であって、法人で総務大臣が登録するもの（以下この条及び次条において「登録講習機関」という。）の行うものの課程を修了し、当該登録講習機関が発行する防火対象物の点検に関し必要な知識及び技能を修得したことを証する書類（次項及び次条第二項において「免状」という。）の交付を受けている者とする。(ソ)(ナ)(サ)㊅

一　法第十七条の六に規定する消防設備士で、消防用設備等又は特殊消防用設備等の工事、整備又は点検について三年以上の実務の経験を有する者(ソ)(ナ)

二　第三十一条の六第七項に規定する消防設備点検資格者で、消防用設備等又は特殊消防用設備等の点検について三年以上の実務の経験を有する者(ソ)(ナ)(フ)㊉

三　法第八条第一項に規定する防火管理者で、三年以上その実務の経験を有する者(ソ)

四　令第三条第一項第一号イに規定する甲種防火管理講習又は同項第二号イに規定する乙種防火管理講習の課程を修了した者で、防火管理上必要な業務について五年以上の実務の経験を有するもの（前号に掲げる者を除く。）(フ)㊆

五　建築基準法第五条第一項に規定する建築基準適合判定資格者検定に合格した者で、建築主事又は確認検査員として二年以上の実務の経験を有するもの(ソ)(ナ)㊆

六　建築基準法施行規則（昭和二十五年建設省令第四十号）第六条の六の表の㈠項の㈹欄に規定する特定建築物調査員で、特定建築物の調査について五年以上の実務の経験を有する者(ソ)㊆

七　建築基準法施行規則第六条の六の表の㈡項の㈹欄に規定する建築設備検査員で、建築設備（昇降機を除く。）及び防火設備（同表の㈡項の㈺欄に規定する国土交通大臣が定めたものに限る。）の検査について五年以上の実務の経験を有する者(ソ)(オ)㊆

八　建築基準法施行規則第六条の六の表の㈢項の㈹欄に規定する防火設備検査員で、防火設備（前号の防火設備を除く。）の検査について五年以上の実務の経験を有する者㊆

九　建築士法（昭和二十五年法律第二百二号）第二条第二項に規定する一級建築士又は同条第三項に規定する二級建築士で、建築物の設計若しくは工事監理又は建築工事の指導監督について五年以上その実務の経験を有する者(ソ)㊆

十　建築士法施行規則（昭和二十五年建設省令第三十八号）第十七条の十八に規定する建築設備士で、五年以上その実務の経験を有する者(ソ)(オ)㊆

十一　市町村の消防職員で、火災予防に関する業務について一年以上の実務の経験を有する者(ソ)㊆

十二　市町村の消防職員で、五年以上その実務の経験を有する者（前号に掲げる者を除く。）(ソ)㊆

十三　市町村の消防団員で、八年以上その実務の経験を有する者(ソ)㊆

十四　建築基準法第二条第三十五号に規定する特定行政庁の職員で、建築行政に関する業務（防火に関するものに限る。）について五年以上の実務の経験を有する者(ソ)(ナ)(エ)㊆

十五　前各号に掲げる者と同等以上の知識及び技能を有すると消防庁長官が認める者(ソ)㊆

5　防火対象物点検資格者は、次の各号のいずれかに該当するときは、その資格を失うものとする。(ソ)

一　精神の機能の障害により防火対象物点検資格者の業務を適正に行うに当たって必要な認知、判断及び意思疎通を適切に行うことができなくなったことが判明したとき。(ソ)㊅

二　禁錮以上の刑に処せられたとき。(ソ)(な)
三　法に違反し、罰金の刑に処せられたとき。(ソ)
四　防火対象物の火災予防上必要な事項等の点検を適正に行っていないことが判明したとき。(ソ)(な)
五　資格、実務の経験等を偽ったことが判明したとき。(ソ)(な)
六　消防庁長官が定める期間ごとに登録講習機関の講習を修了し、当該登録講習機関が発行する免状の交付を受けなかったとき。(ソ)(な)

本条…追加〔平成一四年一〇月総令一〇五号(ソ)〕、二項…一部改正〔平成一五年六月総令九〇号(ツ)〕、一・二・四項…一部改正〔平成一六年三月総令五四号(ナ)・一七年五月九六号(オ)〕、四項…一部改正〔平成一八年九月総令一一六号(フ)・一九年六月六八号(エ)〕、一・二・四項…一部改正〔平成二〇年九月総令一〇五号(サ)〕、二項…一部改正〔平成二四年一〇月総令九一号(ス)・二五年三月二八号(は)〕、四項…一部改正〔平成二八年五月総令六〇号(わ)〕、一・二・四・五項…一部改正〔令和元年一二月総令六三号(な)〕、一・四項…一部改正〔令和二年一二月総令一二三号(む)〕

参照　【消防庁長官が定める事由及び期間】令和三年一月二二日消防庁告示第三号【点検の結果についての報告書の様式】平成一四年一一月二八日消防庁告示第八号【消防庁長官が定める期間】平成一四年一一月二八日消防庁告示第九号

（防火対象物の点検に関する講習に係る登録講習機関）(サ)

第四条の二の五　前条第四項の規定による総務大臣の登録は、同項の講習を行おうとする法人の申請により行う。(ナ)

2　第一条の四第二項から第七項までの規定は前項の申請について、同条第八項から第二十二項までの規定は前項の登録を受けた法人について準用する。この場合において、同条第三項第三号ロ中「別記様式第一号による修了証の交付の方法」とあるのは「免状の交付及び回収の方法」と、同条第十項中「第二条の三に定める講習に係る基準」とあるのは「消防庁長官が定める講習に係る基準」と、同条第十二項中「その他講習の業務の実施に関し必要な事項」とあるのは「防火対象物点検資格者がその資格を喪失した場合における必要な措置を行うための手続に関する事項その他講習の業務の実施に関し必要な事項」と、同条第十六項中「講習を行つた日からこれを六年間」とあるのは「免状を交付した日からこれを六年間」と、「別記様式第一号による修了証」とあるのは「免状」と、「前号の修了証」とあるのは「前号の免状」と読み替えるものとする。(ナ)

本条…追加〔平成一四年一〇月総令一〇五号(ソ)〕、全部改正〔平成一六年三月総令五四号(ナ)〕、見出し…改正〔平成二〇年九月総令一〇五号(サ)〕

（防火対象物の点検基準）

第四条の二の六　法第八条の二の二第一項の総務省令で定める基準は、次の各号に掲げるものとする。(ソ)
一　第三条第一項及び第三条の二第一項の届出がされていること。(ソ)(ス)
一の二　令第四条の二の四に規定する防火対象物にあつては、法第八条の二の五第二項の届出がされていること。(サ)
二　防火管理に係る消防計画に基づき、消防庁長官が定める事項が適切に行われていること。(ソ)(サ)
三　法第八条の二第一項に規定する高層建築物又は令第三条の三に規定する防火対象物でその管理について権原が分かれているもの又は法第八条の二第一項に規定する地下街でその管理について権原が分かれているもののうち消防長若しくは消防署長が指定するものにあつては、消防庁長官が定める事項が適切に行われていること。(ソ)(ナ)(ス)
四　法第八条の二の四に規定する避難上必要な施設及び防火戸について、適切に管理されていること。(ソ)
五　法第八条の二第一項に規定する高層建築物若しくは地下街又は令第四条の三第一項及び第二項の防火対象物において使用する防炎対象物品に、法第八条の三第二項、第三項及び第五項の規定に従つて、表示が付されていること。(ソ)(ツ)

六　圧縮アセチレンガス、液化石油ガスその他の火災予防又は消火活動に重大な支障を生ずるおそれのある物質で危険物の規制に関する政令（昭和三十四年政令第三百六号）第一条の十第一項に規定するものを貯蔵し、又は取り扱つている場合（法第九条の三第一項ただし書に規定する場合を除く。）には、その旨の届出がされていること。(ソ)(サ)

七　消防用設備等又は特殊消防用設備等が、消防庁長官の定めるところにより、法第十七条第一項及び第三項、法第十七条の二の五並びに法第十七条の三並びにこれらに基づく命令の規定に従つて設置されていること。(ソ)(ナ)

八　法第十七条の三の二の規定に基づき、届出を行い、検査を受けていること。(ソ)

九　前各号に定めるもののほか、法又は法に基づく命令に規定する事項に関し市町村長が定める基準を満たしていること。(ソ)

2　法第八条の二の二第一項の防火対象物であつて、次に掲げる防火対象物又はその部分については、前項の規定のうち、同項第一号から第三号までの規定以外の規定を適用しないものとする。(ソ)

一　令第二条の規定により一の防火対象物とみなされるそれぞれの防火対象物のうち、令別表第一㈠項から㈣項まで、㈤項イ、㈥項又は㈨項イに掲げる防火対象物の用途に供されている部分が存しないもの(ソ)

二　開口部のない耐火構造（建築基準法第二条第七号に規定する耐火構造をいう。以下同じ。）の床又は壁で区画されている場合において、その区画された部分が令別表第一㈠項から㈣項まで、㈤項イ、㈥項又は㈨項イに掲げる防火対象物の用途に供されていない場合における当該区画された部分(ソ)(コ)

三　特定共同住宅等における必要とされる防火安全性能を有する消防の用に供する設備等に関する省令（平成十七年総務省令第四十号）第二条第一号に規定する特定共同住宅等（これに類する防火対象物であつて、火災の発生又は延焼のおそれの少ないものとして消防長又は消防署長が認めるものを含む。）の次に掲げる部分以外の部分(む)

イ　令別表第一㈤項イ並びに㈥項ロ及びハに掲げる防火対象物の用途に供される部分(む)

ロ　イに掲げる部分から地上に通ずる主たる廊下、階段その他の通路(む)

本条…追加〔平成一四年一〇月総令一〇五号(ソ)〕、一項…一部改正〔平成一五年六月総令九〇号(ツ)・一六年三月五四号(ナ)〕、二項…一部改正〔平成一九年六月総令六六号(コ)〕、一項…一部改正〔平成二〇年九月総令一〇五号(サ)・二四年一〇月九一号(ス)〕、二項…一部改正〔令和二年一二月総令一二三号(む)〕

参照　【防火対象物の点検基準に係る事項等】平成一四年一一月二八日消防庁告示第一二号

（防火対象物点検の表示）

第四条の二の七　法第八条の二の二第二項の表示は、同条第一項の防火対象物が次の各号に掲げる要件を満たしていない場合は付することができない。(ツ)

一　第四条の二の四第一項の規定に従つて点検を行つていること。(ツ)

二　前条第一項に掲げる基準（同条第二項の規定が適用される場合にあつては、同条第一項第一号から第三号までに掲げる基準。次条において同じ。）に適合していること。(ツ)(サ)

2　法第八条の二の二第二項の表示は、別表第一に定める様式により行うものとし、防火対象物の見やすい箇所に付するものとする。(ソ)(ツ)

3　法第八条の二の二第二項の総務省令で定める事項は、次の各号に掲げるものとする。(ソ)(ツ)

一　点検を行つた日から起算して一年後の年月日(ソ)

二　法第八条の二の二第一項の権原を有する者の氏名(ソ)(ス)

三　点検を行つた防火対象物点検資格者の氏名その他消防庁長官が定める事項(ソ)

本条…追加〔平成一四年一〇月総令一〇五号(ソ)〕、一項…追加・旧一・二項…二・三項に繰下〔平成一五年六月総令九〇号(ツ)〕、一項…一部改正〔平成二〇年九月総令一〇五号(サ)〕、三項…一部改正〔平成二四年一〇月総令九一号(ス)〕

参照【防火対象物の点検済表示に記載する事項】平成一四年一一月二八日消防庁告示第一三号

（防火対象物点検の特例）

第四条の二の八　法第八条の二の三第一項第三号の総務省令で定める基準は、同条第二項に規定する消防長又は消防署長の検査において、次の各号に掲げる要件を満たしていることとする。(ソ)

一　第四条の二の六第一項に規定する基準に適合していること。(ソ)

二　前号に掲げるもののほか、消防用設備等又は特殊消防用設備等が設備等技術基準又は法第十七条第三項に規定する設備等設置維持計画に従つて設置され、又は維持されていること。(ソ)(ナ)

三　法第十七条の三の三の規定を遵守していること。(ソ)

四　前各号に掲げるもののほか、法又は法に基づく命令に規定する事項に関し市町村長が定める基準に適合していること。(ソ)

2　法第八条の二の三第二項の規定による申請は、別記様式第一号の二の二の三の申請書により行うものとする。(ソ)(ス)

3　法第八条の二の三第二項の総務省令で定める事項は、次の各号に掲げるものとする。(ソ)

一　防火対象物の管理を開始した日(ソ)

二　前号に掲げるもののほか、市町村長が定める事項(ソ)

4　前項第一号の事項については、当該事項を確認できる書類を添えなければならない。(ソ)

5　法第八条の二の三第三項の規定により認定することを決定した旨の通知には、当該認定が効力を生じる日を記載するものとする。(ソ)(ツ)

6　法第八条の二の三第三項の規定により認定をしないことを決定したときは、遅滞なく、その理由を示して、その旨を同条第二項の申請者に通知しなければならない。(ソ)(ツ)

7　法第八条の二の三第五項の規定による届出は、別記様式第一号の二の二の三により行うものとする。(ソ)(ツ)

本条…追加〔平成一四年一〇月総令一〇五号(ソ)〕、五項…一部改正・六項…削除・旧七項…一部改正し六項に繰上・旧八項…七項に繰上〔平成一五年六月総令九〇号(ツ)〕、一項…一部改正〔平成一六年三月総令五四号(ナ)〕、二項…一部改正〔平成二四年一〇月総令九一号(ス)〕

（防火対象物点検の特例認定の表示）

第四条の二の九　法第八条の二の三第七項の表示は、別表第一の二に定める様式により行うものとし、防火対象物の見やすい箇所に付するものとする。(ソ)

2　法第八条の二の三第七項の総務省令で定める事項は、次の各号に掲げるものとする。(ソ)

一　法第八条の二の三第四項第一号（括弧書を除く。）の規定により認定の効力が失われる日(ソ)

二　法第八条の二の三第一項の権原を有する者の氏名(ソ)(ス)

三　認定を行つた消防長又は消防署長の属する消防本部又は消防署の名称(ソ)

本条…追加〔平成一四年一〇月総令一〇五号(ソ)〕、二項…一部改正〔平成二四年一〇月総令九一号(ス)〕

（消防計画において自衛消防組織の業務に関し定める事項）

第四条の二の一〇　令第四条の二の四の防火対象物に係る防火管理者は、令第四条の二の六の規定により、自衛消防組織の業務に関し、おおむね次の各号に掲げる事項について、防火管理に係る消防計画に定めなければならない。(サ)

一　火災の初期の段階における消火活動、消防機関への通報、在館者が避難する際の誘導その他の火災の被害の軽減のために必要な業務として自衛消防組織が行う業務に係る活動要領に関すること。(サ)
二　自衛消防組織の要員に対する教育及び訓練に関すること。(サ)
三　その他自衛消防組織の業務に関し必要な事項(サ)

2　令第四条の二の五第二項の規定により、令第四条の二の四の防火対象物につき、その管理についての権原を有する者（同条第二号に掲げる防火対象物にあつては、自衛消防組織設置防火対象物（同条第一号に規定する自衛消防組織設置防火対象物をいう。以下同じ。）の用途に供される部分について権原を有する者に限る。）が共同して自衛消防組織を置く場合にあつては、当該防火対象物に係る防火管理者は、前項に掲げる事項に加えて、おおむね次の各号に掲げる事項について、防火管理に係る消防計画に定めなければならない。(サ)
一　自衛消防組織に関する協議会の設置及び運営に関すること。(サ)
二　自衛消防組織の統括管理者の選任に関すること。(サ)
三　自衛消防組織が業務を行う防火対象物の範囲に関すること。(サ)
四　その他自衛消防組織の運営に関し必要な事項(サ)

3　自衛消防組織にその業務を分掌する内部組織を編成する場合は、当該内部組織の業務の内容及び活動の範囲を明確に区分し、当該内部組織にその業務の実施に必要な要員を配置するとともに、当該内部組織を統括する者を置くものとする。(サ)

4　第一項第二号に掲げる自衛消防組織の要員に対する教育に関する事項のうち、統括管理者の直近下位の内部組織で次条各号に掲げる業務を分掌するものを統括する者に対するものについては、消防庁長官の定めるところによる。(サ)

本条…追加〔平成二〇年九月総令一〇五号(サ)〕

参照　【統括管理者の直近下位の内部組織で業務を分掌するものを統括する者に対するもの】平成二〇年九月二四日消防庁告示第一三号

（自衛消防組織の要員の員数等）

第四条の二の一一　自衛消防組織には、次の各号に定める業務について、それぞれおおむね二人以上の要員を置かなければならない。(サ)
一　火災の初期の段階における消火活動に関する業務(サ)
二　情報の収集及び伝達並びに消防用設備等その他の設備の監視に関する業務(サ)
三　在館者が避難する際の誘導に関する業務(サ)
四　在館者の救出及び救護に関する業務(サ)

本条…追加〔平成二〇年九月総令一〇五号(サ)〕

（自衛消防組織の業務に関する講習に係る登録講習機関）

第四条の二の一二　令第四条の二の八第三項第一号の規定による総務大臣の登録は、同号の講習を行おうとする法人の申請により行う。(サ)

2　第一条の四第二項から第七項までの規定は前項の申請について、同条第八項から第二十二項までの規定は前項の登録を受けた法人について準用する。この場合において、同条第三項第一号イ中「令第四条の二の二第一項第一号」とあるのは「令第四条の二の四」と、同号ロ中「火災予防」とあるのは「火災予防に関する業務について二年以上の実務経験及び防災管理」と、同項第三号ロ及び同条第十六項第四号中「別記様式第一号」とあるのは「別記様式第一号の二の二の三の二」と、同条第十項中「第二条の三に定める講習に係る基準」とあるのは「第四条の二の十四に定める講習に係る基準」と読み替えるものとする。(サ)

本条…追加〔平成二〇年九月総令一〇五号(サ)〕

（統括管理者の資格を有する者）

第四条の二の一三　令第四条の二の八第三項第二号に掲げる者は、次のいずれかに該当する者とする。(サ)

一　市町村の消防職員で、一年以上管理的又は監督的な職にあつた者(サ)

二　市町村の消防団員で、三年以上管理的又は監督的な職にあつた者(サ)

三　前二号に掲げる者に準ずるものとして消防庁長官が定める者(サ)

参照　本条…追加〔平成二〇年九月総令一〇五号(サ)〕

【前二号に掲げる者に準ずる者】平成二〇年九月二四日消防庁告示第一四号

（自衛消防組織の業務に関する講習）

第四条の二の一四　令第四条の二の八第三項第一号に規定する自衛消防組織の業務に関する講習は、初めて受ける者に対して行う講習（以下この条において「自衛消防業務新規講習」という。）及び自衛消防業務新規講習後に講習修了者に対して消防庁長官が定めるところにより行う講習（以下この条において「自衛消防業務再講習」という。）とする。(サ)

2　自衛消防業務新規講習は、次に掲げる事項に係る知識及び技能の修得を目的として行うものとし、その講習時間はおおむね十二時間とする。(サ)

一　防火管理及び防災管理に関する一般知識に関すること。(サ)

二　自衛消防組織並びにその統括管理者及び要員の役割と責任に関すること。(サ)

三　防災設備等に関する知識とその取扱い訓練に関すること。(サ)

四　自衛消防組織の統括管理者及び要員の災害時における対応に係る総合訓練に関すること。(サ)

3　自衛消防業務再講習は、次に掲げる事項に係る知識及び技能の修得を目的として行うものとし、その講習時間はおおむね四時間とする。(サ)(ヱ)

一　防火管理、防災管理及び消防用設備等に関する制度改正の概要に関すること。(サ)

二　災害事例の研究に関すること。(サ)

三　自衛消防組織の統括管理者及び要員の災害時における対応に係る総合訓練に関すること。(サ)

4　都道府県知事、消防本部及び消防署を置く市町村の消防長又は令第四条の二の八第三項第一号の規定により総務大臣の登録を受けた法人は、自衛消防業務新規講習又は自衛消防業務再講習を行つた場合には、当該講習の課程を修了した者に対して、別記様式第一号の二の二の三の二による修了証を交付するものとする。(サ)

5　前各項に定めるもののほか、自衛消防組織の業務に関する講習の実施に関し必要な事項の細目は、消防庁長官が定める。(サ)

本条…追加〔平成二〇年九月総令一〇五号(サ)〕、三項…一部改正〔平成二二年一二月総令一〇九号(ヱ)〕

参照　【自衛消防業務再講習】平成二〇年九月二四日消防庁告示第一五号

【自衛消防組織の業務に関する講習の実施細目】平成二〇年九月二四日消防庁告示第一六号

（自衛消防組織設置の届出）

第四条の二の一五　法第八条の二の五第二項の総務省令で定める事項は、次に掲げるものとする。(サ)

一　自衛消防組織設置防火対象物の管理について権原を有する者（令第四条の二の四第二号に掲げる防火対象物にあつては、自衛消防組織設置防火対象物の用途に供される部分の管理について権原を有する者）の氏名及び住所(サ)

二　自衛消防組織設置防火対象物の所在地、名称、用途、延べ面積（令第四条の二の四第二号に掲げる防火対象物にあつては、延べ

面積及び自衛消防組織設置防火対象物の用途に供される部分の床面積の合計）及び階数（地階を除く。）(サ)

三　その管理について権原が分かれている自衛消防組織設置防火対象物にあつては、当該自衛消防組織設置防火対象物の当該権原の範囲(サ)

四　自衛消防組織の内部組織の編成及び自衛消防要員の配置(サ)

五　統括管理者の氏名及び住所(サ)

六　自衛消防組織に備え付けられている資機材(サ)

2　法第八条の二の五第二項の規定による自衛消防組織の設置の届出は、別記様式第一号の二の二の三の三による届出書によつてしなければならない。(サ)

3　前項の届出書には、統括管理者の資格を証する書面を添えなければならない。(サ)

本条…追加〔平成二〇年九月総令一〇五号(サ)〕

（防炎性能の基準の数値等）

第四条の三　令第四条の三第一項の総務省令で定めるものは、次の各号に掲げるもの以外のものとする。(を)(ル)

一　建築物（都市計画区域外のもつぱら住居の用に供するもの及びこれに附属するものを除く。）(を)

二　プラットホームの上屋(を)(ニ)

三　貯蔵槽(を)

四　化学工業製品製造装置(を)

五　前二号に掲げるものに類する工作物(を)

2　令第四条の三第三項の総務省令で定めるもの（以下「じゆうたん等」という。）は、次の各号に掲げるものとする。(ら)(ル)

一　じゆうたん（織りカーペット（だん通を除く。）をいう。）(ら)(ニ)

二　毛せん（フェルトカーペットをいう。）(ら)(ニ)

三　タフテッドカーペット、ニッテッドカーペット、フックドラッグ、接着カーペット及びニードルパンチカーペット(ら)(ニ)

四　ござ(ら)

五　人工芝(ら)

六　合成樹脂製床シート(ら)

七　前各号に掲げるもののほか、床敷物のうち毛皮製床敷物、毛製だん通及びこれらに類するもの以外のもの(ら)

3　令第四条の三第四項各号の総務省令で定める数値は、次のとおりとする。(を)(ま)(ル)

一　令第四条の三第四項第一号の時間　薄手布（一平方メートル当たりの質量が四百五十グラム以下の布をいう。以下この項及び次項において同じ。）にあつては三秒、厚手布（薄手布以外の布をいう。以下この項及び次項において同じ。）にあつては五秒、じゆうたん等にあつては二十秒、展示用の合板及び舞台において使用する大道具用の合板（以下この項、次項及び第六項において「合板」と総称する。）にあつては十秒(を)(よ)(ら)(ま)(け)(チ)

二　令第四条の三第四項第二号の時間　薄手布にあつては五秒、厚手布にあつては二十秒、合板にあつては三十秒(を)(よ)(ま)(け)

三　令第四条の三第四項第三号の面積　薄手布にあつては三十平方センチメートル、厚手布にあつては四十平方センチメートル、合板にあつては五十平方センチメートル(を)(よ)(ま)(け)

四　令第四条の三第四項第四号の長さ　じゆうたん等にあつては十センチメートル、その他のものにあつては二十センチメートル(よ)(ら)(ま)

五　令第四条の三第四項第五号の回数　三回(を)(よ)(ま)

4　物品（じゆうたん等及び合板を除く。）の残炎時間、残じん時間、炭化面積及び炭化長に係る令第四条の三第五項の総務省令で定める技術上の基準は、次のとおりとする。(を)(よ)(ら)(け)(ル)

一　燃焼試験装置は、別図第一の燃焼試験箱、別図第二の試験体支持枠、別図第三の電気火花発生装置及び薄手布の試験にあつては別図第四のミクロバーナー、厚手布の試験にあつては別図第五の

メッケルバーナーであること。(を)(ま)

二 燃料は、日本産業規格（産業標準化法（昭和二十四年法律第百八十五号）第二十条第一項の日本産業規格をいう。以下同じ。）K二二四〇の液化石油ガス二種四号であること。(を)(よ)(ま)(ね)

三 試験体は、次に定めるところによること。(を)(ま)

イ 二平方メートル以上の布から無作為に切り取つた縦三十五センチメートル、横二十五センチメートルのものであること。(を)

ロ 工事用シートその他屋外で使用するものにあつては、ハの処理を施す前に温度五十度プラスマイナス二度の温水中に三十分間浸したものであること。(を)(ら)

ハ 温度五十度プラスマイナス二度の恒温乾燥器内に二十四時間放置した後、シリカゲル入りデシケーター中に二時間以上放置したものであること。ただし、熱による影響を受けるおそれのない試験体にあつては、温度百五度プラスマイナス二度の恒温乾燥器内に一時間放置した後、シリカゲル入りデシケーター中に二時間以上放置したものとすることができる。(を)(ら)

四 測定方法は、次に定めるところによること。(を)(よ)(ま)

イ 試験体は、試験体支持枠にゆるみなく固定すること。ただし、炎を接した場合に溶融する性状の物品の炭化長を測定する場合にあつては、試験体の支持枠の内側の縦二百五十ミリメートル、横百五十ミリメートルの長方形の部分に、試験体の縦二百六十三ミリメートル、横百五十八ミリメートルの長方形の部分が収納され、かつ、縦横それぞれ対応するように固定すること。(を)(よ)(ま)

ロ 炎の長さは、ミクロバーナーにあつては四十五ミリメートル、メッケルバーナーにあつては六十五ミリメートルとすること。(を)(ま)

ハ バーナーは、炎の先端が試験体の中央下部に接するように置くこと。(を)(ま)

ニ 炭化長は、試験体の炭化部分についての最大の長さとする。(よ)

ホ 三の試験体について、薄手布にあつては一分間、厚手布にあつては二分間加熱を行うこと。この場合において、加熱中に着炎する試験体については、別の二の試験体について、着炎してから薄手布にあつては三秒後、厚手布にあつては六秒後にバーナーを取り去ること。(を)(よ)(ら)

5 じゆうたん等の残炎時間及び炭化長に係る令第四条の三第五項の総務省令で定める技術上の基準は、次のとおりとする。(ら)(ル)

一 燃焼試験装置は、別図第一の燃焼試験箱、別図第二の三の試験体押さえ枠及びけい酸カルシウム板（日本産業規格A五四三〇のけい酸カルシウム板をいう。以下同じ。）、別図第三の電気火花発生装置並びに別図第六のエアーミックスバーナーであること。(ら)(ま)(ニ)(ク)(ね)

二 燃料は、日本産業規格K二二四〇の液化石油ガス二種四号であること。(ら)(ま)(ね)

三 試験体は、次に定めるところによること。(ら)(ま)

イ 一平方メートル以上のじゆうたん等から無作為に切り取つた縦四十センチメートル、横二十二センチメートルのものであること。(ら)

ロ 温度五十度プラスマイナス二度の恒温乾燥器内に二十四時間放置した後、シリカゲル入りデシケーター中に二時間以上放置したものであること。ただし、パイルを組成する繊維が毛百パーセントである試験体（パイルのないものにあつては、組成繊維が毛百パーセントであるもの）のうち熱による影響を受けるおそれのないものにあつては、温度百五度プラスマイナス二度の恒温乾燥器内に一時間放置した後、シリカゲル入りデシケーター中に二時間以上放置したものとすることができる。(ら)

四 測定方法は、次に定めるところによること。(ら)(ま)

イ　試験体は、けい酸カルシウム板に試験体押さえ枠で固定すること。(ら)(ま)(ク)

ロ　ガス圧力は、四キロパスカル、炎の長さは、二十四ミリメートルとすること。(ら)(ハ)

ハ　バーナーは、水平にしてその先端を試験体の表面から一ミリメートル離して置くこと。(ら)

ニ　六の試験体について、三十秒間加熱を行うこと。(ら)

6　合板の残炎時間、残じん時間及び炭化面積に係る令第四条の三第五項の総務省令で定める技術上の基準は、次のとおりとする。(よ)(ら)(け)(ル)

一　燃焼試験装置は、別図第一の燃焼試験箱、別図第二の二の試験体支持枠、別図第三の電気火花発生装置及び別図第五のメッケルバーナーであること。(よ)(ま)

二　燃料は、日本産業規格K二二四〇の液化石油ガス二種四号であること。(よ)(ま)(ね)

三　試験体は、次に定めるところによること。(よ)(ま)

イ　一・六平方メートル以上の合板から無作為に切り取つた縦二十九センチメートル、横十九センチメートルのものであること。(よ)(け)

ロ　温度四十度プラスマイナス五度の恒温乾燥器内に二十四時間放置した後、シリカゲル入りデシケーター中に二十四時間以上放置したものであること。(よ)(ら)

四　測定方法は、次に定めるところによること。(よ)(ま)

イ　試験体は、試験体支持枠に固定すること。(よ)(ま)

ロ　炎の長さは、六十五ミリメートルとすること。(よ)

ハ　バーナーは、炎の先端が試験体の中央下部に接するように置くこと。(よ)(ま)

ニ　三の試験体について、二分間加熱を行うこと。(よ)(ら)

7　物品の接炎回数に係る令第四条の三第五項の総務省令で定める技術上の基準は、次のとおりとする。(を)(よ)(ら)(ル)

一　燃焼試験装置は、別図第一の燃焼試験箱、別図第三の電気火花発生装置、別図第四のミクロバーナー及び別図第七の試験体支持コイルであること。(を)(ら)

二　試験体支持コイルは、日本産業規格G四三〇九に適合する直径〇・五ミリメートルの硬質ステンレス鋼線で内径十ミリメートル、線相互間隔二ミリメートル、長さ十五センチメートルのものであること。(を)(ね)

三　燃料は、日本産業規格K二二四〇の液化石油ガス二種四号であること。(を)(よ)(ま)(ね)

四　試験体は、次に定めるところによること。(を)(ま)

イ　第四項第三号イの規定に従つて切り取つた残余の布から無作為に切り取つた幅十センチメートル、質量一グラムのものであること。ただし、幅十センチメートル、長さ二十センチメートルで質量が一グラムに満たないものにあつては、当該幅及び長さを有するものとする。(を)(よ)(ゐ)(チ)

ロ　第四項第三号ロ及びハの規定の例により処理したものであること。(を)(よ)(ゐ)

五　試験方法は、次に定めるところによること。(を)(ま)

イ　試験体は、幅十センチメートルに丸め、試験体支持コイル内に入れること。(を)(ま)

ロ　炎の長さは、四十五ミリメートルとすること。(を)

ハ　バーナーは、炎の先端が試験体の下端に接するように固定し、試験体が溶融を停止するまで加熱すること。(を)

ニ　五の試験体について、その下端から九センチメートルのところまで溶融し尽くすまでハの加熱を繰り返すこと。(を)

本条…追加〔昭和四四年三月自令三号(を)〕、二・三項…一部改正・四項…追加・旧四項…一部改正し五項に繰下〔昭和四七年八月自令二〇号(よ)〕、二・五項…追加・旧二・三・四・五項…一部改正し三・四・六・七項に繰下〔昭和五四年三月自令五号(ら)〕、七項…一部改正〔昭和五六年六月自令一六号(ゐ)〕、三―七項…一部改正〔昭和五九年一二月自令三〇号(ま)〕、三・四・六項…一部改正〔昭和六一年八月自令一七号(け)〕、五項…一部改正〔平成九年三月自令一九号(ハ)〕、一・二・五項…一部改正〔平成一〇年三月自令九号(ニ)〕、三・七項…一部改正〔平成一一年九月自令三四号(チ)〕、一―七項…一部改正〔平成一二年九月自令四四号(ル)〕、五項…一部改正〔平成一七年八月総令一三六号(ク)〕、四―七項…一部改正〔令和元年六月総令一九号㋹〕

解説　**【貯蔵槽】**屋外タンク、高架水槽
【化学工業製品製造装置】化学プラント等の施設の一体
【類する工作物】煙突、広告塔

参照　**【都市計画区域】**都市計画法第四条第二項

（防炎表示等）

第四条の四　法第八条の三第二項の規定により防炎物品に付する防炎性能を有するものである旨の表示（以下この条及び次条において「防炎表示」という。）は、次の各号に定めるところにより付することができる。(た)(ワ)

一　防炎表示を付する者は、消防庁長官の登録を受けた者であること。(た)(ワ)

二　防炎表示は、別表第一の二の二に定める様式により行うこと。(た)(ソ)

三　防炎表示は、縫付、ちよう付、下げ札等の方法により、防炎物品ごとに、見やすい箇所に行なうこと。(た)

2　前項第一号の登録を受けようとする者は、別記様式第一号の二の二の四の申請書に第四項の基準に適合するものである旨を証する書類を添付して、消防庁長官に申請しなければならない。(た)(て)(ワ)(ソ)

3　消防庁長官は、第一項第一号の登録をしようとするときは、当該登録を受けようとする者の所在地を管轄する消防長にその旨を通知するものとする。この場合において、当該消防長は、当該登録について意見を述べることができる。(ワ)

4　第一項第一号の登録の基準は、消防庁長官が定める。(た)(ワ)

5　第一項第一号の登録を受けた者（次項及び次条第一項において「登録表示者」という。）は、第二項の申請書又は添付書類（次条第二項の申込みをしたことを証する書類を含む。）に記載した事項を変更しようとするときは、あらかじめ、その旨を消防庁長官に届け出なければならない。ただし、軽微な変更については、この限りでない。(た)(ワ)

6　消防庁長官は、登録表示者が次の各号の一に該当すると認めるときは、当該登録を取り消すことができる。(た)(ワ)

一　第四項の登録の基準に適合しなくなつたとき。(た)(ワ)

二　不正な手段により登録を受けたとき。(た)(ワ)

三　防炎表示を適正に行なつていないとき。(た)

7　消防庁長官は、第一項第一号の登録又は前項の規定による登録の取消しをしたときは、その旨を公示する。(ワ)

8　法第八条の三第三項の指定表示は、防炎性能を有する旨の表示で、同条第一項に規定する防炎性能の基準と同等以上の防炎性能を有する防炎対象物品又はその材料に付される表示として消防庁長官が指定したものとする。(た)(ワ)

9　法第八条の三第一項の防火対象物の関係者は、同条第五項に規定する防炎性能を与えるための処理又は防炎対象物品の作製を行なわせたときは、防炎物品ごとに、見やすい箇所に、次の各号に掲げる事項を明らかにし、又は当該防炎性能を与えるための処理をし、若しくは防炎対象物品を作製した者をして防炎表示を付させるようにしなければならない。(た)(ワ)

一　「防炎処理品」又は「防炎作製品」の文字(た)

二　処理をし、又は作製した者の氏名又は名称(た)

三　処理をし、又は作製した年月(た)

本条…追加〔昭和四八年六月自令一三号(た)〕、二項…一部改正〔昭和六二年一月自令一号(て)〕、一・二項…一部改正・三・七項…追加・旧三―五・六・七項…一部改正し四―六・八・九項に繰下〔平成一二年一一月自令五一号(ワ)〕、一・二項…一部改正〔平成一四年一〇月総令一〇五号(ソ)〕

参照 【登録の基準】平成一二年一二月一一日消防庁告示第九号【指定表示】平成二八年一二月二二日消防庁告示第二〇号

（防炎性能の確認）

第四条の五　登録表示者は、防炎対象物品又はその材料が防炎性能を有することについて、消防庁長官の登録を受けた法人（以下「登録確認機関」という。）による確認を受けた場合は、当該確認に係る防炎物品に付する防炎表示に当該登録確認機関の名称を記載するものとし、登録確認機関の確認を受けていない場合は、防炎物品に付する防炎表示に自らの名称及び防炎性能を有することについて自ら確認した旨を記載するものとする。ただし、防炎性能を有することについて登録確認機関による確認を受けた登録表示者が、当該確認に係る防炎物品に付する防炎表示に、当該登録確認機関の名称に代えて、自らの名称及び防炎性能を有することについて自ら確認した旨を記載することを妨げない。（ワ）（ヨ）（ナ）（ユ）

2　前条第一項第一号の登録を受けようとする者は、防炎物品に防炎表示を付そうとするときに登録確認機関の確認を受けることとしている場合には、同条第二項の添付書類のうち消防庁長官が定めるものに代えて、前項の確認を受ける旨の申込みを登録確認機関にしたことを証する書類を提出することができる。（ワ）（ナ）

本条…追加〔平成一二年一一月自令五一号（ワ）〕、一項…一部改正〔平成一三年四月総令六八号（ヨ）〕、一・二項…一部改正〔平成一六年三月総令五四号（ナ）〕、一項…一部改正〔平成二一年九月総令九三号（ユ）〕

参照 【添付書類】平成一二年一二月一一日消防庁告示第九号

（登録確認機関）（ナ）

第四条の六　前条第一項の規定による消防庁長官の登録（以下この条において単に「登録」という。）は、防炎対象物品又はその材料が防炎性能を有していることについての確認（以下この条において単に「確認」という。）を行おうとする法人の申請により行う。（ワ）（ヨ）（ナ）（ユ）

2　消防庁長官は、前項の規定により登録を申請した法人（以下この項において「登録申請者」という。）が次の要件を満たしているときは、登録をしなければならない。（ナ）（ユ）

一　次のいずれかに該当する者が確認の業務を実施し、その人数が確認の業務を行う事務所ごとに二名以上であること。（ナ）

イ　学校教育法（昭和二十二年法律第二十六号）による大学又は高等専門学校において工業化学又は応用化学に関する学科又は課程を修めて卒業した者（当該学科又は課程を修めて同法による専門職大学の前期課程を修了した者を含む。）であつて、防炎対象物品又はその材料が防炎性能を有していることについての確認に関する実務に通算して一年以上従事した経験を有するもの（ナ）㋞

ロ　イに掲げる者と同等以上の知識及び経験を有する者（ナ）

二　次に掲げる機械器具その他の設備を保有していること。（ナ）

イ　燃焼試験箱（ナ）
ロ　試験体支持枠（ナ）
ハ　試験体押さえ枠（ナ）
ニ　けい酸カルシウム板（ナ）（ク）
ホ　電気火花発生装置（ナ）
ヘ　ミクロバーナー（ナ）
ト　メッケルバーナー（ナ）
チ　エアーミックスバーナー（ナ）
リ　試験体支持コイル（ナ）
ヌ　デシケーター（ナ）
ル　恒温乾燥器（ナ）
ヲ　水洗い洗たく機（ナ）
ワ　ドライクリーニング機（ナ）
カ　脱水機（ナ）
ヨ　脱液機（ナ）

タ　乾燥機（ナ）

三　登録申請者が、法第八条の三第二項の規定により同項の表示を付することができることとされる防炎対象物品又はその材料を設計し、製造し、加工し、又は販売し、若しくは販売の目的で陳列する事業者（以下この号及び第四項において単に「事業者」という。）に支配されているものとして次のいずれかに該当するものでないこと。（ナ）

イ　登録申請者が株式会社である場合にあつては、事業者がその親法人（会社法（平成十七年法律第八十六号）第八百七十九条第一項に規定する親法人をいう。第三十一条の五第二項第三号イにおいて同じ。）であること。（ナ）（ラ）（マ）

ロ　登録申請者の役員（持分会社（会社法第五百七十五条第一項に規定する持分会社をいう。）にあつては、業務を執行する社員）に占める事業者の役員又は職員（過去二年間に当該事業者の役員又は職員であつた者を含む。）の割合が二分の一を超えていること。（ナ）（マ）

ハ　登録申請者の代表権を有する役員が、事業者の役員又は職員（過去二年間に当該事業者の役員又は職員であつた者を含む。）であること。（ナ）

四　確認の業務を適正に行うために必要なものとして、次に掲げる基準に適合するものであること。（ナ）

イ　確認の業務を行う部門に管理者を置くこと。（ナ）

ロ　確認の業務の管理及び精度の確保に関する文書が作成されていること。（ナ）

ハ　ロに掲げる文書に記載されたところに従い確認の業務の管理及び精度の確保を行う部門又は組織を置くこと。（ナ）

ニ　全国の確認を受けることを希望する者に対して、確認の業務を公正に行うことができる体制を有していること。（ナ）

3　登録確認機関は、確認の業務に関する事項で次に掲げるものを記載した帳簿を備え付け、確認を行つた日からこれを十年間保存しなければならない。（ナ）

一　確認の申し込みをした者の氏名及び住所（法人にあつては、名称及び主たる事務所の所在地）（ナ）

二　確認の申し込みを受けた年月日（ナ）

三　確認の申し込みをした者の第四条の四第一項第一号の消防庁長官の登録を受けた際の登録者番号（ナ）

四　防炎対象物品又はその材料の形状、構造、材質、成分及び性能の概要（ナ）

五　防炎対象物品又はその材料が防炎性能を有していることを検査した日（ナ）

六　前号の検査をした者の氏名（ナ）

七　確認の有無（確認をしない場合にあつては、その理由を含む。）（ナ）

八　確認の有無を通知した日（ナ）

4　第一条の四第二項及び第四項から第七項までの規定は第一項の申請について、第八項から第十五項まで及び第十七項から第二十二項までの規定は登録を受けた法人について準用する。この場合において、これらの規定中「総務大臣」とあるのは「消防庁長官」と、第一条の四第二項中「講師」とあるのは「確認の業務を行う者」と、「講習の科目、時間数、実施日程、実施場所等の実施計画」とあるのは「確認の業務に用いる機械器具その他の設備の概要」と、同項及び第五項中「主たる事務所の所在地」とあるのは「主たる事務所の所在地並びに確認を行おうとする防炎対象物品又はその材料」と、同条第七項中「第一項から第五項まで」とあるのは「第二項、第四項及び第五項並びに第四条の六第一項及び第二項」と、同条第九項中「毎年一回以上」とあるのは「確認を行うことを求められたときは、正当な理由がある場合を除き、遅滞なく、」と、同条第十項中「第二条の三に定める講習に係る基準」とあるのは「令第四条の三第四項及び第五項、第四条の三第三項から第七項までに定める基準並びに別表第一の二の二の消防庁長官が定める防炎性能に係る耐洗たく性能の基準」と、同条第十五項中「講習を受講しようとする者」とあるのは「事業者」と、同条第十七項及び第二十一項第一号中「第三項」とあるのは「第四条の六第二項」と、同条第二十一項第三号中「第十六項又は第二十項」とあるのは「第二十項又は第四条の六第三項」と読み替えるものとする。(ナ)(ラ)(ユ)

本条…追加〔平成一二年一一月自令五一号(ワ)〕、一・二・四―九項…一部改正〔平成一三年四月総令六八号(ヨ)〕、見出し…改正・一項…一部改正・二―四項…全部改正・五―九項…削除〔平成一六年三月総令五四号(ナ)〕、一・四項…一部改正〔平成一六年五月総令九三号(ラ)〕、二項…一部改正〔平成一七年八月総令一三六号(ク)・一八年四月七七号(マ)〕、一・二・四項…一部改正〔平成二一年九月総令九三号(ユ)〕、二項…一部改正〔平成三〇年一一月総令六五(そ)〕

第二章　消防用設備等又は特殊消防用設備等(ラ)

章名…改正〔平成一六年五月総令九三号(ラ)〕

第一節　防火対象物の用途の指定(ソ)

節名…改正〔平成一四年一〇月総令一〇五号(ソ)〕

（防火対象物の用途の指定）(ソ)

第五条　令別表第一㈡項ハの総務省令で定めるものは、次の各号に掲げるものとする。(ソ)

一　もつぱら、面識のない異性との一時の性的好奇心を満たすための交際を希望する者に対し、異性を紹介する営業を営む店舗で、その一方の者からの情報通信に関連する機器による交際の申込みを電気通信設備を用いて当該店舗内に立ち入らせた他の一方の者に取り次ぐことによつて営むもの（その一方が当該営業に従事する者である場合におけるものを含み、風俗営業等の規制及び業務の適正化等に関する法律（昭和二十三年法律第百二十二号。次号及び次項第二号において「風営法」という。）第二条第九項に規定する営業を営むものを除く。）(ソ)(わ)

二　個室を設け、当該個室において客の性的好奇心に応じてその客に接触する役務を提供する営業を営む店舗（風営法第二条第六項第二号に規定する営業を営むものを除く。）(ソ)

2　令別表第一㈡項ニの総務省令で定める店舗は、次に掲げるものとする。(ア)

一　個室（これに類する施設を含む。）において、インターネットを利用させ、又は漫画を閲覧させる役務を提供する業務を営む店舗(ア)

二　風営法第二条第九項に規定する店舗型電話異性紹介営業を営む店舗(ア)(わ)

三　風俗営業等の規制及び業務の適正化等に関する法律施行令（昭和五十九年政令第三百十九号）第二条第一号に規定する興行場（客の性的好奇心をそそるため衣服を脱いだ人の映像を見せる興行の用に供するものに限る。）(ア)

3　令別表第一㈥項イ(1)の総務省令で定める病院は、次のいずれにも該当する体制を有する病院とする。(ち)

一　勤務させる医師、看護師、事務職員その他の職員の数が、病床数が二十六床以下のときは二、二十六床を超えるときは二に十三床までを増すごとに一を加えた数を常時下回らない体制(ち)

二　勤務させる医師、看護師、事務職員その他の職員（宿直勤務を行わせる者を除く。）の数が、病床数が六十床以下のときは二、六十床を超えるときは二に六十床までを増すごとに二を加えた数を常時下回らない体制(ち)

4　令別表第一㈥項イ(1)(i)の総務省令で定める診療科名は、医療法施行令（昭和二十三年政令第三百二十六号）第三条の二に規定する診療科名のうち、次に掲げるもの以外のものとする。(ち)

一　肛門外科、乳腺外科、形成外科、美容外科、小児科、皮膚科、泌尿器科、産婦人科、眼科、耳鼻いんこう科、産科、婦人科(ち)

二　前号に掲げる診療科名と医療法施行令第三条の二第一項第一号

ハ⑴から⑷までに定める事項とを組み合わせた名称㋠

三　歯科㋠

四　歯科と医療法施行令第三条の二第一項第二号ロ⑴及び⑵に定める事項とを組み合わせた名称㋠

5　令別表第一㈥項ロ⑴の総務省令で定める区分は、要介護認定等に係る介護認定審査会による審査及び判定の基準等に関する省令（平成十一年厚生省令第五十八号）第一条第一項第三号から第五号までに掲げる区分とする。(ン)㋠

6　令別表第一㈥項ロ⑴の総務省令で定めるものは、次の各号に掲げるものとする。(ン)㋠

一　令別表第一㈥項ロ⑴に規定する避難が困難な要介護者（次号において「避難が困難な要介護者」という。）を主として入居させ、業として入浴、排せつ、食事等の介護、機能訓練又は看護若しくは療養上の管理その他の医療を提供する施設（同項イに掲げるものを除く。）(ン)

二　避難が困難な要介護者を主として宿泊させ、業として入浴、排せつ、食事等の介護、機能訓練又は看護若しくは療養上の管理その他の医療を提供する施設（同項イに掲げるものを除く。）(ン)

7　令別表第一㈥項ロ⑸の総務省令で定める区分は、障害支援区分に係る市町村審査会による審査及び判定の基準等に関する命令（平成二十六年厚生労働省令第五号）第一条第五号から第七号までに掲げる区分とする。(ン)㋣㋠㋔

8　令別表第一㈥項ハ⑴の総務省令で定めるものは、老人に対して、業として入浴、排せつ、食事等の介護、機能訓練又は看護若しくは療養上の管理その他の医療を提供する施設（同項イ及びロ⑴に掲げるものを除く。）とする。(ン)㋠

9　令別表第一㈥項ハ⑶の総務省令で定めるものは、業として乳児若しくは幼児を一時的に預かる施設又は業として乳児若しくは幼児に保育を提供する施設（同項ロに掲げるものを除く。）とする。(ン)㋠

10　令別表第一㈩項の総務省令で定める舟車は、法第二条第六項に規定する舟車のうち、次の各号に掲げる舟及び車両とする。(ル)(ソ)(ア)(ン)㋠

一　総トン数五トン以上の舟で、推進機関を有するもの

二　鉄道営業法（明治三十三年法律第六十五号）、軌道法（大正十年法律第七十六号）若しくは道路運送車両法（昭和二十六年法律第百八十五号）又はこれらに基づく命令の規定により消火器具を設置することとされる車両

本条…一部改正〔平成一二年九月自令四四号(ル)〕、見出し…改正・一項…追加・旧一項…二項に繰下〔平成一四年一〇月総令一〇五号(ソ)〕、二項…追加・旧二項…三項に繰下〔平成二〇年七月総令七八号(ア)〕、三―七項…追加・旧三項…八項に繰下〔平成二五年三月総令二一号(ン)〕、五項…一部改正〔平成二六年三月総令二二号㋣〕、三・四項…追加・旧三―八項…五―一〇項に繰下〔平成二六年一〇月総令八〇号㋠〕、一・二項…一部改正〔平成二八年五月総令六〇号㋻〕、七項…一部改正〔令和五年三月総令二八号㋔〕

第二節　設置及び維持の技術上の基準

第一款　消火設備に関する基準

（防火上有効な措置）

第五条の二　令第十条第一項第一号ロの防火上有効な措置として総務省令で定める措置は、調理油過熱防止装置、自動消火装置又はその他の危険な状態の発生を防止するとともに、発生時における被害を軽減する安全機能を有する装置を設けることをいうものとする。㋵

本条…追加〔平成三〇年三月総令一二号㋵〕

（避難上又は消火活動上有効な開口部を有しない階）

第五条の三　令第十条第一項第五号の総務省令で定める避難上又は消火活動上有効な開口部を有しない階は、十一階以上の階にあつては直径五十センチメートル以上の円が内接することができる開口部の

面積の合計が当該階の床面積の三十分の一を超える階（以下「普通階」という。）以外の階、十階以下の階にあつては直径一メートル以上の円が内接することができる開口部又はその幅及び高さがそれぞれ七十五センチメートル以上及び一・二メートル以上の開口部を二以上有する普通階以外の階とする。（そ）（ル）㋵

2　前項の開口部は、次の各号（十一階以上の階の開口部にあつては、第二号を除く。）に適合するものでなければならない。（そ）

一　床面から開口部の下端までの高さは、一・二メートル以内であること。（そ）

二　開口部は、道又は道に通ずる幅員一メートル以上の通路その他の空地に面したものであること。（そ）

三　開口部は、格子その他の内部から容易に避難することを妨げる構造を有しないものであり、かつ、外部から開放し、又は**容易に破壊する**ことにより進入できるものであること。（そ）

四　開口部は、開口のため常時良好な状態に維持されているものであること。（そ）

本条…追加〔昭和四九年一二月自令四〇号(そ)〕、一項…一部改正〔平成一二年九月自令四四号(ル)〕、旧五条の二…繰下〔平成三〇年三月総令一二号㋵〕

解説 **【容易に破壊する】** 普通ガラスでおおむね六・〇ミリメートル以下

（大型消火器以外の消火器具の設置）

第六条　令第十条第一項各号に掲げる防火対象物（第五条第十項第二号に掲げる車両を除く。以下この条から第八条までにおいて同じ。）又はその部分には、令別表第二において建築物その他の工作物の消火に適応するものとされる消火器具（大型消火器及び住宅用消火器を除く。以下大型消火器にあつてはこの条から第八条までに、住宅用消火器にあつてはこの条から第十条までにおいて同じ。）を、その能力単位の数値（消火器にあつては消火器の技術上の規格を定める省令（昭和三十九年自治省令第二十七号）第三条又は第四条に定める方法により測定した能力単位の数値、水バケツにあつては容量八リットル以上のもの三個を一単位として算定した消火能力を示す数値、水槽にあつては容量八リットル以上の消火専用バケツ三個以上を有する容量八十リットル以上のもの一個を一・五単位又は容量百九十リットル以上の消火専用バケツ六個以上を有する容量百九十リットル以上のもの一個を二・五単位として算定した消火能力を示す数値、乾燥砂にあつてはスコップを有する五十リットル以上のもの一塊を〇・五単位として算定した消火能力を示す数値、膨張ひる石又は膨張真珠岩にあつてはスコップを有する百六十リットル以上のもの一塊を一単位として算定した消火能力を示す数値をいう。以下同じ。）の合計数が、当該防火対象物又はその部分の延べ面積又は床面積を次の表に定める面積で除して得た数（第五条第十項第一号に掲げる舟にあつては、一）以上の数値となるように設けなければならない。（ろ）（に）（よ）（そ）（ゐ）（ゆ）（せ）（ア）（ン）㋠

防火対象物の区分	面積
令別表第一㈠項イ、㈡項、(十六の二)項、(十六の三)項及び(十七)項に掲げる防火対象物	五十平方メートル
令別表第一㈠項ロ、㈢項から㈥項まで、㈨項及び(十二)項から(十四)項までに掲げる防火対象物	百平方メートル
令別表第一㈦項、㈧項、㈩項、(十一)項及び(十五)項に掲げる防火対象物	二百平方メートル

2　前項の規定の適用については、同項の表中の面積の数値は、主要構造部を耐火構造とし、かつ、壁及び天井（天井のない場合にあつては、屋根）の室内に面する部分（回り縁、窓台その他これらに類する部分を除く。）の仕上げを難燃材料（建築基準法施行令第一条第六号に規定する難燃材料をいう。以下同じ。）でした防火対象物にあつては、当該数値の二倍の数値とする。（ヌ）（ソ）

3　第一項の防火対象物又はその部分のうち、少量危険物（危険物のうち、危険物の規制に関する政令第一条の十一に規定する指定数量の五分の一以上で当該指定数量未満のものをいう。以下同じ。）又は指定可燃物（同令別表第四の品名欄に掲げる物品で、同表の数量欄に定める数量以上のものをいう。以下同じ。）を貯蔵し、又は取り扱うものにあつては、前二項の規定によるほか、令別表第二において危険物又は指定可燃物の種類ごとにその消火に適応するものとされる消火器具を、その能力単位の数値の合計数が、当該防火対象物に貯蔵し、又は取り扱う少量危険物又は指定可燃物の数量を次の表に定める数量で除して得た数以上の数値となるように設けなければならない。(ゆ)(ソ)(よ)

区分	数量
少量危険物	危険物の規制に関する政令第一条の十一に規定する指定数量
指定可燃物	危険物の規制に関する政令第一条の十二に規定する数量の五十倍

4　第一項の防火対象物又はその部分に変圧器、配電盤その他これらに類する電気設備があるときは、前三項の規定によるほか、令別表第二において電気設備の消火に適応するものとされる消火器を、当該電気設備がある場所の床面積百平方メートル以下ごとに一個設けなければならない。(ゆ)

5　第一項の防火対象物又はその部分に鍛造場、ボイラー室、乾燥室その他多量の火気を使用する場所があるときは、前各項の規定によるほか、令別表第二において建築物その他の工作物の消火に適応するものとされる消火器具を、その能力単位の数値の合計数が、当該場所の床面積を二十五平方メートルで除して得た数以上の数値となるように設けなければならない。ただし、令第十条第一項第一号ロに掲げる防火対象物であつて、延べ面積が百五十平方メートル未満のもの（以下次項第二号において「小規模特定飲食店等」という。）にあつては、次の各号に掲げる防火対象物又はその部分を除き、この限りでない。(ゆ)(よ)

一　少量危険物又は指定可燃物を貯蔵し、又は取り扱う防火対象物(よ)

二　地階、無窓階又は三階以上の階であつて、床面積が五十平方メートル以上の階(よ)

6　前各項の規定により設ける消火器具は、次の各号に掲げる区分に応じ、当該各号に定める部分から、それぞれ一の消火器具に至る歩行距離が二十メートル以下となるように配置しなければならない。(ゆ)(よ)

一　第一項及び第五項に規定するもの（次号に掲げるものを除く。）　防火対象物の階ごとに、当該防火対象物の各部分(よ)

二　第一項に規定するもの（小規模特定飲食店等（前項第一号に掲げるものを除く。）に設置するものに限る。）　令第十条第一項第一号ロに掲げる火を使用する設備又は器具が設けられている階（小規模特定飲食店等に、前項第二号に掲げる階が存する場合は、当該階を含む。）ごとに、当該防火対象物の各部分(よ)

三　第三項に規定するもの　防火対象物の階ごとに、危険物又は指定可燃物を貯蔵し、又は取り扱う場所の各部分(よ)

四　第四項に規定するもの　防火対象物の階ごとに、電気設備のある場所の各部分(よ)

7　前各項の規定により設ける消火器具の能力単位の数値の合計数が二以上となる防火対象物又はその部分にあつては、簡易消火用具の能力単位の数値の合計数は、消火器の能力単位の数値の合計数の二分の一を超えることとなつてはならない。ただし、アルカリ金属の過酸化物、鉄粉、金属粉、マグネシウム若しくはこれらのいずれかを含有するもの又は禁水性物品に対して乾燥砂、膨張ひる石又は膨張真珠岩を設けるときは、この限りでない。(か)(よ)(ゆ)

一項…一部改正〔昭和三八年一二月自令三六号(ろ)・三九年九月二七号(に)〕、七項…一部改正〔昭和四五年一二月自令二七号(か)〕、一・七項…

一部改正〔昭和四七年八月自令二〇号(よ)〕、一項…一部改正〔昭和四九年一二月自令四〇号(そ)・五六年六月一六号(ゐ)〕、一・四―七項…一部改正・三項…全部改正〔平成元年二月自令三号(ゆ)〕、一項…一部改正〔平成五年一月自令二号(せ)〕、二項…一部改正〔平成一二年五月自令三六号(ヌ)〕、一・三項…一部改正〔平成一四年一〇月総令一〇五号(ソ)〕、一項…一部改正〔平成二〇年七月総令七八号(ア)・二五年三月二一号(ン)・二六年一〇月八〇号㋠〕、三・五項…一部改正・六項…全部改正〔平成三〇年三月総令一二号㋵〕

解説　**【歩行距離】**　実際人が歩いた場合の動線により測った距離

（**大型消火器の設置**）

第七条　令第十条第一項各号に掲げる防火対象物又はその部分で、指定可燃物を危険物の規制に関する政令別表第四で定める数量の五百倍以上貯蔵し、又は取り扱うものには、令別表第二において指定可燃物の種類ごとにその消火に適応するものとされる大型消火器を、防火対象物の階ごとに、指定可燃物を貯蔵し、又は取り扱う場所の各部分から一の大型消火器に至る歩行距離が三十メートル以下となるように設けなければならない。(ゆ)

2　令第十条第一項各号に掲げる防火対象物又はその部分に大型消火器を前項に定める技術上の基準に従い、又は当該技術上の基準の例により設置した場合において、当該大型消火器の対象物に対する適応性が前条の規定により設置すべき消火器具の適応性と同一であるときは、当該消火器具の能力単位の数値の合計数は、当該大型消火器の**有効範囲内の部分**について前条で定める能力単位の数値の合計数の二分の一までを減少した数値とすることができる。

一項…一部改正〔平成元年二月自令三号(ゆ)〕

解説　**【有効範囲内の部分】**　歩行距離内の部分

（**消火器具の設置個数の減少**）

第八条　令第十条第一項各号に掲げる防火対象物又はその部分に屋内消火栓設備又はスプリンクラー設備を令第十一条若しくは令第十二条に定める技術上の基準に従い、又は当該技術上の基準の例により設置した場合において、当該消火設備の対象物に対する適応性が第六条第一項、第二項、第三項、第四項又は第五項の規定により設置すべき消火器具の適応性と同一であるときは、当該消火器具の能力単位の数値の合計数は、当該消火設備の**有効範囲内の部分**について当該各項に定める能力単位の数値の合計数の三分の一までを減少した数値とすることができる。

2　令第十条第一項各号に掲げる防火対象物又はその部分に水噴霧消火設備、泡消火設備、不活性ガス消火設備、ハロゲン化物消火設備又は粉末消火設備を令第十三条、令第十四条、令第十五条、令第十六条、令第十七条若しくは令第十八条に定める技術上の基準に従い、又は当該技術上の基準の例により設置した場合において、当該消火設備の対象物に対する適応性が第六条第三項、第四項又は第五項の規定により設置すべき消火器具の適応性と同一であるときは、当該消火器具の能力単位の数値の合計数は、当該消火設備の有効範囲内の部分について当該各項に定める能力単位の数値の合計数の三分の一までを減少した数値とすることができる。

3　前二項の場合において、当該消火設備の対象物に対する適応性が前条第一項の規定により設置すべき大型消火器の適応性と同一であるときは、当該消火設備の有効範囲内の部分について当該大型消火器を設置しないことができる。(そ)(カ)

4　第一項及び第二項の規定は、消火器具で防火対象物の十一階以上の部分に設置するものには、適用しない。(は)

四項…追加〔昭和三九年七月自令一六号(は)〕、二項…一部改正〔昭和四九年一二月自令四〇号(そ)・平成一三年三月総令四三号(カ)〕

解説　**【有効範囲内の部分】**　水平距離の範囲内（内栓接続口から二五メートル等。スプリンクラーヘッドの設置を要しない部分は当該範囲に含まれない。）

（消火器具に関する基準の細目）

第九条　消火器具の設置及び維持に関する技術上の基準の細目は、次のとおりとする。

一　消火器具は、床面からの高さが**一・五メートル以下**の箇所に設けること。

二　消火器具は、水その他消火剤が凍結し、**変質し、又は噴出するおそれが少ない箇所**に設けること。ただし、保護のための有効な措置を講じたときは、この限りでない。

三　消火器には、地震による震動等による転倒を防止するための適当な措置を講じること。ただし、粉末消火器その他転倒により消火剤が漏出するおそれのない消火器にあつては、この限りでない。(つ)

四　消火器具を設置した箇所には、消火器にあつては「消火器」と、水バケツにあつては「消火バケツ」と、水槽（そう）にあつては「消火水槽」と、乾燥砂にあつては「消火砂」と、膨張ひる石又は膨張真珠岩にあつては「消火ひる石」と表示した**標識**を見やすい位置に設けること。(よ)(つ)

本条…一部改正〔昭和四七年八月自令二〇号(よ)・五〇年一一月二二号(つ)〕

[解説]【一・五メートル以下】消火器具の下端ではなく、全体が当該高さ以下の意

【変質し、又は噴出するおそれが少ない箇所】湿気の少ない所（粉末）、四〇度以下の所（二酸化炭素）

【標識】地―赤、文字―白、長辺二四センチメートル、短辺八センチメートル以上

（車両に係る消火器具に関する基準）

第一〇条　第五条第十項第二号に掲げる車両に係る消火器具の設置及び維持に関する技術上の基準は、それぞれ鉄道営業法、軌道法若しくは道路運送車両法又はこれらに基づく命令の定めるところによる。(ラ)(ア)(ン)㋠

本条…一部改正〔平成一六年五月総令九三号(ラ)・二〇年七月七八号(ア)・二五年三月二一号(ン)・二六年一〇月八〇号㋠〕

（地下街等に設置することができるハロゲン化物消火器等）

第一一条　令第十条第二項第一号ただし書の総務省令で定めるハロゲン化物は、ブロモトリフルオロメタンとする。(そ)(ル)

2　令第十条第二項第一号ただし書の総務省令で定める地階、無窓階その他の場所は、かつ、**換気について有効な開口部**の面積が床面積の三十分の一以下で、かつ、当該床面積が二十平方メートル以下の地階、無窓階又は**居室**（建築基準法第二条第四号に規定する居室をいう。以下同じ。）とする。(そ)(ル)(コ)

本条…一部改正〔昭和三九年七月自令一六号(は)〕、全部改正〔昭和四九年一二月自令四〇号(そ)〕、一・二項…一部改正〔平成一二年九月自令四四号(ル)〕、二項…一部改正〔平成一九年六月総令六六号(コ)〕

[解説]【換気について有効な開口部】床面から天井までの高さの二分の一以下の位置にある開口部

【居室】居住、執務、作業等の目的のために継続的に使用する室（建基第二条第四号）

（一人で操作することができる屋内消火栓設備の基準）

第一一条の二　令第十一条第三項第二号イ(3)及びロ(3)の総務省令で定める基準は、次のとおりとする。(ン)

一　消防用ホースの技術上の規格を定める省令（平成二十五年総務省令第二十二号）第二条第三号に規定する保形ホースであること。(ン)㋑

二　延長及び格納の操作が容易にできるものとして消防庁長官が定める基準に適合するように収納されていること。(ン)

本条…追加〔平成二五年三月総令二一号(ン)〕、一部改正〔平成二五年三月総令二二号㋑〕

[参照]【屋内消火栓等】平成二五年三月二七日消防庁告示第二号

（屋内消火栓設備に関する基準の細目）（さ）

第一二条 屋内消火栓設備（令第十一条第三項第二号イ又はロに掲げる技術上の基準に従い設置するものを除く。以下この項において同じ。）の設置及び維持に関する技術上の基準の細目は、次のとおりとする。（さ）（ン）

一 屋内消火栓の開閉弁は、床面からの高さが一・五メートル以下の位置又は天井に設けること。ただし、当該開閉弁を天井に設ける場合にあつては、当該開閉弁は自動式のものとすること。（ン）

一の二 屋内消火栓設備の屋内消火栓及び放水に必要な器具は、消防庁長官が定める基準に適合するものとすること。（ン）

二 加圧送水装置の始動を明示する表示灯は、赤色とし、屋内消火栓箱の内部又はその直近の箇所に設けること。ただし、次号ロ又はハ(イ)の規定により設けた赤色の灯火を点滅させることにより加圧送水装置の始動を表示できる場合は、表示灯を設けないことができる。（よ）（そ）（さ）（ン）

三 屋内消火栓設備の設置の標示は、次のイからハまでに定めるところによること。（さ）（ン）

イ 屋内消火栓箱には、その表面に「消火栓」と表示すること。（さ）

ロ 屋内消火栓箱の上部に、取付け面と十五度以上の角度となる方向に沿つて十メートル離れたところから容易に識別できる赤色の灯火を設けること。（そ）（さ）

ハ 屋内消火栓の開閉弁を天井に設ける場合にあつては、次の(イ)及び(ロ)に適合するものとすること。この場合において、ロの規定は適用しない。（ン）

(イ) 屋内消火栓箱の直近の箇所には、取付け位置から十メートル離れたところで、かつ、床面からの高さが一・五メートルの位置から容易に識別できる赤色の灯火を設けること。（ン）

(ロ) 消防用ホースを降下させるための装置の上部には、取付け面と十五度以上の角度となる方向に沿つて十メートル離れたところから容易に識別できる赤色の灯火を設けること。（ン）

三の二 水源の水位がポンプより低い位置にある加圧送水装置には、次のイからハまでに定めるところにより呼水装置を設けること。（そ）

イ 呼水装置には専用の呼水槽を設けること。（そ）（さ）

ロ 呼水槽の容量は、加圧送水装置を有効に作動できるものであること。（そ）（さ）

ハ 呼水槽には減水警報装置及び呼水槽へ水を自動的に補給するための装置が設けられていること。（そ）（さ）

四 屋内消火栓設備の非常電源は、非常電源専用受電設備、自家発電設備、蓄電池設備又は燃料電池設備（法第十七条の二の五第二項第四号に規定する特定防火対象物（以下「特定防火対象物」という。）で、延べ面積が千平方メートル以上のもの（第十三条第一項第二号に規定する小規模特定用途複合防火対象物を除く。）にあつては、自家発電設備、蓄電池設備又は燃料電池設備）によるものとし、次のイからホまでに定めるところによること。（そ）（さ）（ラ）（ノ）(り)

イ 非常電源専用受電設備は、次の(イ)から(ト)までに定めるところによること。（そ）（ゐ）

(イ) 点検に便利で、かつ、火災等の災害による被害を受けるおそれが少ない箇所に設けること。（そ）

(ロ) 他の電気回路の開閉器又は遮断器によつて遮断されないこと。（そ）（さ）

(ハ) 開閉器には屋内消火栓設備用である旨を表示すること。（そ）（さ）

(ニ) 高圧又は特別高圧で受電する非常電源専用受電設備にあつては、不燃材料（建築基準法第二条第九号に規定する不燃材料をいう。以下同じ。）で造られた壁、柱、床及び天井（天井のない場合にあつては、屋根）で区画され、かつ、窓及び出入口に防火戸（建築基準法第二条第九号の二ロに規定する防火設備であるものに限る。以下同じ。）を設けた専用の室に設けること。ただし、次の(1)又は(2)に該当する場合は、この限りでない。（そ）（ヌ）（ソ）

(1) 消防庁長官が定める基準に適合するキュービクル式非常電源専用受電設備で不燃材料で区画された変電設備室、発電設備室、機械室、ポンプ室その他これらに類する室又は屋外若しくは建築物の屋上に設ける場合（そ）（さ）

(2) 屋外又は主要構造部を耐火構造とした建築物の屋上に設ける場合において、隣接する建築物若しくは工作物（以下「建築物等」という。）から三メートル以上の距離を有するとき又は当該受電設備から三メートル未満の範囲の隣接する建築物等の部分が不燃材料で造られ、かつ、当該建築物等の開口部に防火戸が設けられているとき（そ）（ヌ）

(ホ) 低圧で受電する非常電源専用受電設備の配電盤又は分電盤は、消防庁長官が定める基準に適合する第一種配電盤又は第一種分電盤を用いること。ただし、次の(1)又は(2)に掲げる場所に設ける場合には、第一種配電盤又は第一種分電盤以外の配電盤又は分電盤を、次の(3)に掲げる場所に設ける場合には、消防庁長官が定める基準に適合する第二種配電盤又は第二種分電盤を用いることができる。（ゐ）

(1) 不燃材料で造られた壁、柱、床及び天井（天井のない場合にあつては、屋根）で区画され、かつ、窓及び出入口に防火戸を設けた専用の室（ゐ）（ヌ）

(2) 屋外又は主要構造部を耐火構造とした建築物の屋上（隣接する建築物等から三メートル以上の距離を有する場合又は当該受電設備から三メートル未満の範囲の隣接する建築物等の部分が不燃材料で造られ、かつ、当該建築物等の開口部に防火戸が設けられている場合に限る。）（ゐ）（ヌ）

(3) 不燃材料で区画された変電設備室、機械室（火災の発生のおそれのある設備又は機器が設置されているものを除く。）、ポンプ室その他これらに類する室（ゐ）

(ヘ) キュービクル式非常電源専用受電設備は、当該受電設備の前面に一メートル以上の幅の空地を有し、かつ、他のキュービクル式以外の自家発電設備若しくはキュービクル式以外の蓄電池設備又は建築物等（当該受電設備を屋外に設ける場合に限る。）から一メートル以上離れているものであること。（そ）（ゐ）（さ）

(ト) 非常電源専用受電設備（キュービクル式のものを除く。）は、操作面の前面に一メートル（操作面が相互に面する場合にあつては、一・二メートル）以上の幅の空地を有すること。（ゐ）

ロ 自家発電設備は、イ（(ホ)及び(ト)を除く。）の規定の例によるほか、次の(イ)から(ニ)までに定めるところによること。（そ）（ゐ）

(イ) 容量は、屋内消火栓設備を有効に三十分間以上作動できるものであること。（そ）（さ）

(ロ) 常用電源が停電したときは、自動的に常用電源から非常電源に切り替えられるものであること。（そ）

(ハ) キュービクル式以外の自家発電設備にあつては、次の(1)から(3)までに定めるところによること。（そ）（さ）

(1) 自家発電装置（発電機と原動機とを連結したものをいう。以下同じ。）の周囲には、〇・六メートル以上の幅の空地を有するものであること。（そ）（ゐ）

(2) 燃料タンクと原動機との間隔は、予熱する方式の原動機にあつては二メートル以上、その他の方式の原動機にあつては〇・六メートル以上とすること。ただし、燃料タンクと原動機との間に不燃材料で造つた防火上有効な遮へい物を設けた場合は、この限りでない。（そ）（ゐ）（さ）

(3) 運転制御装置、保護装置、励磁装置その他これらに類する装置を収納する操作盤（自家発電装置に組み込まれたものを除く。）は、鋼板製の箱に収納するとともに、当該箱

の前面に一メートル以上の幅の空地を有すること。(そ)(ゐ)

(ニ) 消防庁長官が定める基準に適合するものであること。(そ)

ハ　蓄電池設備は、イ（(ホ)及び(ト)を除く。）及びロ(イ)の規定の例によるほか、次の(イ)から(ニ)までに定めるところによること。(そ)(ゐ)(ノ)

(イ) 常用電源が停電したときは、自動的に常用電源から非常電源に切り替えられるものであること。(そ)(ノ)

(ロ) 直交変換装置を有しない蓄電池設備にあつては、常用電源が停電した後、常用電源が復旧したときは、自動的に非常電源から常用電源に切り替えられるものであること。(ノ)

(ハ) キュービクル式以外の蓄電池設備にあつては、次の(1)から(5)までに定めるところによること。(そ)(さ)(ノ)

(1) 蓄電池設備は、設置する室の壁から〇・一メートル以上離れているものであること。(そ)

(2) 蓄電池設備を同一の室に二以上設ける場合には、蓄電池設備の相互の間は、〇・六メートル（架台等を設けることによりそれらの高さが一・六メートルを超える場合にあつては、一・〇メートル）以上離れていること。(そ)

(3) 蓄電池設備は、水が浸入し、又は浸透するおそれのない場所に設けること。(そ)

(4) 蓄電池設備を設置する室には屋外に通ずる有効な換気設備を設けること。(そ)

(5) 充電装置と蓄電池とを同一の室に設ける場合は、充電装置を鋼製の箱に収納するとともに、当該箱の前面に一メートル以上の幅の空地を有すること。(そ)

(ニ) 消防庁長官が定める基準に適合するものであること。(そ)(ノ)

ニ　燃料電池設備は、イ（(ホ)及び(ト)を除く。）並びにロ(イ)及び(ロ)の規定の例によるほか、次の(イ)及び(ロ)に定めるところによること。(ノ)

(イ) キュービクル式のものであること。(ノ)

(ロ) 消防庁長官が定める基準に適合するものであること。(ノ)

ホ　配線は、電気工作物に係る法令の規定によるほか、他の回路による障害を受けることのないような措置を講じるとともに、次の(イ)から(ハ)までに定めるところによること。(そ)(ら)(ノ)

(イ) 六百ボルト二種ビニル絶縁電線又はこれと同等以上の耐熱性を有する電線を使用すること。(そ)(ら)

(ロ) 電線は、耐火構造とした主要構造部に埋設することその他これと同等以上の耐熱効果のある方法により保護すること。ただし、MIケーブル又は消防庁長官が定める基準に適合する電線を使用する場合は、この限りでない。(そ)

(ハ) 開閉器、過電流保護器その他の配線機器は、耐熱効果のある方法で保護すること。(ら)

五　操作回路又は第三号ロの灯火の回路の配線は、電気工作物に係る法令の規定によるほか、次のイ及びロに定めるところによること。(よ)

イ　六百ボルト二種ビニル絶縁電線又はこれと同等以上の耐熱性を有する電線を使用すること。(よ)(ゐ)

ロ　金属管工事、可とう電線管工事、金属ダクト工事又はケーブル工事（不燃性のダクトに布設するものに限る。）により設けること。ただし、消防庁長官が定める基準に適合する電線を使用する場合は、この限りでない。(よ)

六　配管は、次のイからリまでに定めるところによること。(よ)(そ)

イ　専用とすること。ただし、屋内消火栓設備の起動装置を操作することにより直ちに他の消火設備の用途に供する配管への送水を遮断することができる等当該屋内消火栓設備の性能に支障を生じない場合においては、この限りでない。(よ)(そ)(さ)(ン)

ロ　加圧送水装置の吐出側直近部分の配管には、逆止弁及び止水

弁を設けること。(よ)

ハ　ポンプを用いる加圧送水装置の吸水管は、次の(イ)から(ハ)までに定めるところによること。(そ)

(イ)　吸水管は、ポンプごとに専用とすること。(そ)

(ロ)　吸水管には、ろ過装置（フート弁に附属するものを含む。）を設けるとともに、水源の水位がポンプより低い位置にあるものにあつてはフート弁を、その他のものにあつては止水弁を設けること。(そ)

(ハ)　フート弁は、容易に点検を行うことができるものであること。(そ)

ニ　配管には、次の(イ)又は(ロ)に掲げるものを使用すること。(カ)

(イ)　日本産業規格G三四四二、G三四四八、G三四五二、G三四五四若しくはG三四五九に適合する管又はこれらと同等以上の強度、耐食性及び耐熱性を有する金属製の管(カ)(フ)(ね)

(ロ)　気密性、強度、耐食性、耐候性及び耐熱性を有するものとして消防庁長官が定める基準に適合する合成樹脂製の管(カ)

ホ　管継手は、次の(イ)又は(ロ)に定めるところによること。(カ)

(イ)　金属製の管又はバルブ類を接続するものの当該接続部分にあつては、金属製であつて、かつ、次の表の上欄に掲げる種類に従い、それぞれ同表の下欄に定める日本産業規格に適合し、又はこれと同等以上の強度、耐食性及び耐熱性を有するものとして消防庁長官が定める基準に適合するものとすること。(カ)(フ)(ユ)(ね)

種類		日本産業規格
フランジ継手	ねじ込み式継手	B二二二〇又はB二二三九
	溶接式継手	B二二二〇
フランジ継手以外の継手	ねじ込み式継手	B二三〇一、B二三〇二又はB二三〇八のうち材料にG三二一四（SUS F 三〇四又はSUS F 三一六に限る。）又はG五一二一（SCS一三又はSCS一四に限る。）を用いるもの
	溶接式鋼管用継手	B二三〇九、B二三一一、B二三一二又はB二三一三（G三四六八を材料とするものを除く。）

(ロ)　合成樹脂製の管を接続するものの当該接続部分にあつては、合成樹脂製であつて、かつ、気密性、強度、耐食性、耐候性及び耐熱性を有するものとして消防庁長官が定める基準に適合するものとすること。(カ)

ヘ　主配管のうち、立上り管は、管の呼びで五十ミリメートル以上のものとすること。(よ)

ト　バルブ類は、次の(イ)から(ハ)までに定めるところによること。(そ)(フ)

(イ)　材質は、日本産業規格G五一〇一、G五五〇一、G五五〇二、G五七〇五（黒心可鍛鋳鉄品に限る。）、H五一二〇若しくはH五一二一に適合するもの又はこれらと同等以上の強度、耐食性及び耐熱性を有するものとして消防庁長官が定める基準に適合するものであること。(そ)(ニ)(フ)(ね)

(ロ)　開閉弁、止水弁及び逆止弁にあつては、日本産業規格B二〇一一、B二〇三一若しくはB二〇五一に適合するもの又はこれらと同等以上の性能を有するものとして消防庁長官が定める基準に適合するものであること。(フ)(ね)

(ハ)　開閉弁又は止水弁にあつてはその開閉方向を、逆止弁にあつてはその流れ方向を表示したものであること。(そ)(フ)

チ　配管の管径は、水力計算により算出された配管の呼び径とすること。(そ)

リ　配管の耐圧力は、当該配管に給水する加圧送水装置の締切圧

力の一・五倍以上の水圧を加えた場合において当該水圧に耐えるものであること。（そ）

七　加圧送水装置は、次のイからチまでに定めるところによること。（そ）（ハ）

イ　高架水槽を用いる加圧送水装置は、次の(イ)及び(ロ)に定めるところによること。（そ）（さ）

(イ)　落差（水槽の下端からホース接続口までの垂直距離をいう。以下この号において同じ。）は、次の式により求めた値以上の値とすること。（そ）（さ）

$H=h_1+h_2+17m$

Hは、必要な落差（単位　メートル）

h_1は、消防用ホースの摩擦損失水頭（単位　メートル）

h_2は、配管の摩擦損失水頭（単位　メートル）

(ロ)　高架水槽には、水位計、排水管、溢水用排水管、補給水管及びマンホールを設けること。（そ）（さ）

ロ　圧力水槽を用いる加圧送水装置は、次の(イ)から(ハ)まで（加圧用ガス容器の作動により生ずる圧力によるものにあつては、(イ)及び(ハ)）に定めるところによること。（そ）（さ）（キ）

(イ)　圧力水槽の圧力は、次の式により求めた値以上の値とすること。（そ）（ら）（さ）

$P=p_1+p_2+p_3+0.17MPa$（ハ）

Pは、必要な圧力（単位　メガパスカル）（ハ）

p_1は、消防用ホースの摩擦損失水頭圧（単位　メガパスカル）（ハ）

p_2は、配管の摩擦損失水頭圧（単位　メガパスカル）（ハ）

p_3は、落差の換算水頭圧（単位　メガパスカル）（ハ）

(ロ)　圧力水槽の水量は、当該圧力水槽の体積の三分の二以下であること。（そ）（さ）

(ハ)　圧力水槽には、圧力計、水位計、排水管、補給水管、給気管及びマンホールを設けること。（そ）（ゐ）（さ）

ハ　ポンプを用いる加圧送水装置は、次の(イ)から(チ)までに定めるところによること。（そ）

(イ)　ポンプの吐出量は、屋内消火栓の設置個数が最も多い階における当該設置個数（設置個数が二を超えるときは、二とする。）に百五十リットル毎分を乗じて得た量以上の量とすること。（そ）（さ）

(ロ)　ポンプの全揚程は、次の式により求めた値以上の値とすること。（そ）

$H=h_1+h_2+h_3+17m$

Hは、ポンプの全揚程（単位　メートル）

h_1は、消防用ホースの摩擦損失水頭（単位　メートル）

h_2は、配管の摩擦損失水頭（単位　メートル）

h_3は、落差（単位　メートル）

(ハ)　ポンプの吐出量が定格吐出量の百五十パーセントである場合における全揚程は、定格全揚程の六十五パーセント以上のものであること。（そ）

(ニ)　ポンプは、専用とすること。ただし、他の消火設備と併用又は兼用する場合において、それぞれの消火設備の性能に支障を生じないものにあつては、この限りでない。（そ）

(ホ)　ポンプには、その吐出側に圧力計、吸込側に連成計を設けること。（そ）

(ヘ)　加圧送水装置には、定格負荷運転時のポンプの性能を試験するための配管設備を設けること。（そ）

(ト)　加圧送水装置には、締切運転時における水温上昇防止のための逃し配管を設けること。（そ）

(チ)　原動機は、電動機によるものとすること。（そ）

ニ　加圧送水装置の構造及び性能は、イからハまでに定めるもののほか、消防庁長官の定める基準に適合するものであること。（ハ）

ホ　加圧送水装置には、当該屋内消火栓設備のノズルの先端にお

ける放水圧力が〇・七メガパスカルを超えないための措置を講じること。(そ)(さ)(ハ)(ン)

ヘ　起動装置は、直接操作できるものであり、かつ、屋内消火栓箱の内部又はその直近の箇所に設けられた操作部（自動火災報知設備のP型発信機を含む。）から遠隔操作できるものであること。ただし、直接操作できるもののうち、開閉弁の開放、消防用ホースの延長操作等と連動して起動する方式のものであり、かつ、次の(イ)及び(ロ)に適合するものにあつては、この限りでない。(そ)(さ)(ハ)

(イ)　ノズルには、容易に開閉できる装置を設けること。(ハ)

(ロ)　消防用ホースは、前条各号の基準に適合するように設けること。(ハ)(ン)

ト　加圧送水装置は、直接操作によつてのみ停止されるものであること。(そ)(ハ)

チ　消防用ホース及び配管の摩擦損失計算は、消防庁長官が定める基準によること。(そ)(ハ)

八　高層の建築物、大規模な建築物その他の防火対象物のうち、次のイからハまでに掲げるものに設置される屋内消火栓設備には、当該設備の監視、操作等を行うことができ、かつ、消防庁長官が定める基準に適合する総合操作盤（消防用設備等又は特殊消防用設備等の監視、操作等を行うために必要な機能を有する設備をいう。以下同じ。）を、消防庁長官が定めるところにより、当該設備を設置している防火対象物の防災センター（総合操作盤その他これに類する設備により、防火対象物の消防用設備等又は特殊消防用設備等その他これらに類する防災のための設備を管理する場所をいう。以下同じ。）、中央管理室（建築基準法施行令第二十条の二第二号に規定する中央管理室をいう。）、守衛室その他これらに類する場所（常時人がいる場所に限る。以下「防災センター等」という。）に設けること。(ラ)(サ)

イ　令別表第一(一)項から(十五)項までに掲げる防火対象物で、次のいずれかに該当するもの(ラ)

(イ)　延べ面積が五万平方メートル以上の防火対象物(ラ)

(ロ)　地階を除く階数が十五以上で、かつ、延べ面積が三万平方メートル以上の防火対象物(ラ)

ロ　延べ面積が千平方メートル以上の地下街(ラ)

ハ　次に掲げる防火対象物（イ又はロに該当するものを除く。）のうち、消防長又は消防署長が火災予防上必要があると認めて指定するもの(ラ)

(イ)　地階を除く階数が十一以上で、かつ、延べ面積が一万平方メートル以上の防火対象物(ラ)

(ロ)　地階を除く階数が五以上で、かつ、延べ面積が二万平方メートル以上の特定防火対象物(ラ)

(ハ)　地階の床面積の合計が五千平方メートル以上の防火対象物(ラ)

九　貯水槽、加圧送水装置、非常電源、配管等（以下「貯水槽等」という。）には地震による震動等に耐えるための有効な措置を講じること。(そ)(さ)(ロ)

2　令第十一条第三項第二号イに規定する屋内消火栓設備の設置及び維持に関する技術上の基準の細目は、前項（第六号ヘ、第七号イ(イ)、ロ(イ)、ハ(イ)及び(ロ)並びにヘを除く。）の規定の例によるほか、次のとおりとする。(さ)(ハ)(ン)

一　ノズルには、容易に開閉できる装置を設けること。(さ)

二　主配管のうち、立上り管は、管の呼びで三十二ミリメートル以上のものとすること。(さ)(ン)

三　高架水槽を用いる加圧送水装置の落差（水槽の下端からホース接続口までの垂直距離をいう。以下この号において同じ。）は、次の式により求めた値以上の値とすること。(さ)(ン)

$$H = h_1 + h_2 + 25m$$

Hは、必要な落差（単位　メートル）

h_1は、消防用ホースの摩擦損失水頭（単位　メートル）

h_2は、配管の摩擦損失水頭（単位　メートル）

四　圧力水槽を用いる加圧送水装置の圧力水槽の圧力は、次の式に

より求めた値以上の値とすること。(さ)(ン)

$P = p_1 + p_2 + p_3 + 0.25MPa$（ハ）

Pは、必要な圧力（単位　メガパスカル）（ハ）

p_1は、消防用ホースの摩擦損失水頭圧（単位　メガパスカル）（ハ）

p_2は、配管の摩擦損失水頭圧（単位　メガパスカル）（ハ）

p_3は、落差の換算水頭圧（単位　メガパスカル）（ハ）

五　ポンプを用いる加圧送水装置は、次に定めるところによること。(さ)(ン)

イ　ポンプの吐出量は、屋内消火栓の設置個数が最も多い階における当該設置個数（設置個数が二を超えるときは、二とする。）に七十リットル毎分を乗じて得た量以上の量とすること。(さ)

ロ　ポンプの全揚程は、次の式により求めた値以上の値とすること。(さ)

$H = h_1 + h_2 + h_3 + 25m$

Hは、ポンプの全揚程（単位　メートル）

h_1は、消防用ホースの摩擦損失水頭（単位　メートル）

h_2は、配管の摩擦損失水頭（単位　メートル）

h_3は、落差（単位　メートル）

六　加圧送水装置は、直接操作により起動できるものであり、かつ、開閉弁の開放、消防用ホースの延長操作等と連動して、起動することができるものであること。(さ)(ン)

3　令第十一条第三項第二号ロに規定する屋内消火栓設備の設置及び維持に関する技術上の基準の細目は、第一項（第六号へ並びに第七号ハ(イ)及びへを除く。）及び前項（第二号から第五号までを除く。）の規定の例によるほか、次のとおりとする。(ン)

一　主配管のうち、立上り管は、管の呼びで四十ミリメートル以上のものとすること。(ン)

二　ポンプを用いる加圧送水装置のポンプの吐出量は、屋内消火栓の設置個数が最も多い階における当該設置個数（設置個数が二を超えるときは、二とする。）に九十リットル毎分を乗じて得た量以上の量とすること。(ン)

本条…一部改正〔昭和三九年七月自令一六号(は)・四四年三月三号(を)・四七年八月二〇号(よ)・四九年一二月四〇号(そ)・五四年三月五号(ら)・五六年六月一六号(ゐ)〕、見出し…改正・一項…一部改正・二項…追加〔昭和六二年一〇月自令三〇号(さ)〕、一項…一部改正〔平成八年二月自令二号(ロ)〕、一・二項…一部改正〔平成九年三月自令一九号(ハ)〕、一項…一部改正〔平成一〇年三月自令九号(ニ)・一二年五月三六号(ヌ)・一三年三月総令四三号(カ)・一四年一〇月一〇五号(ソ)・一六年五月九三号(ラ)・一七年三月三三号(ノ)・一八年九月一一六号(フ)・二〇年九月一〇五号(サ)・一二月一五五号(キ)・二一年九月九三号(ユ)〕、一・二項…一部改正・三項…追加〔平成二五年三月総令二一号(ン)〕、一項…一部改正〔平成二七年二月総令一〇号(り)・令和元年六月一九号(ね)〕

解説　【呼水装置】ポンプのケーシングの中へ常に水を供給する装置

参照　【屋内消火栓等】平成二五年三月二七日消防庁告示第二号【キュービクル式非常電源専用受電設備】昭和五〇年五月二八日消防庁告示第七号【配電盤及び分電盤】昭和五六年一二月二二日消防庁告示第一〇号【自家発電設備】昭和四八年二月一〇日消防庁告示第一号【蓄電池設備】昭和四八年二月一〇日消防庁告示第二号【燃料電池設備】平成一八年三月二九日消防庁告示第八号【耐火電線】平成九年一二月一八日消防庁告示第一〇号【耐熱電線】平成九年一二月一八日消防庁告示第一一号【金属製管継手及びバルブ類】平成二〇年一二月二六日消防庁告示第三一号【合成樹脂製の管及び管継手】平成一三年三月三〇日消防庁告示第一九号【加圧送水装置】平成九年六月三〇日消防庁告示第八号【配管の摩擦損失】平成二〇年一二月二六日消防庁告示第三二号【総合操作盤】平成一六年五月三一日消防庁告示第七号【総合操作盤の設置方法】平成一六年五月三一日消防庁告示第八号

（スプリンクラー設備を設置することを要しない構造）㋬

第一二条の二　令第十二条第一項第一号及び第九号の総務省令で定める構造は、次の各号に掲げる防火対象物又はその部分の区分に応じ、次の各号に定めるところにより、当該防火対象物又はその部分

に設置される区画を有するものとする。（コ）

一　令別表第一(六)項イ(1)及び(2)並びにロ、(十六)項イ並びに(十六の二)項に掲げる防火対象物（同表(十六)項イ及び(十六の二)項に掲げる防火対象物にあつては、同表(六)項イ(1)若しくは(2)又はロに掲げる防火対象物の用途に供される部分に限る。次号において同じ。）で、基準面積（令第十二条第二項第三号の二に規定する床面積の合計をいう。以下この項、第十三条第三項、第十三条の五第一項及び第十三条の六第一項において同じ。）が千平方メートル未満のもの次に定めるところにより設置される区画を有するものであること。（コ）(ち)

イ　当該防火対象物又はその部分の居室を準耐火構造（建築基準法第二条第七号の二に規定する準耐火構造をいう。以下同じ。）の壁及び床で区画したものであること。（コ）

ロ　壁及び天井（天井のない場合にあつては、屋根）の室内に面する部分（回り縁、窓台その他これらに類する部分を除く。）の仕上げを地上に通ずる主たる廊下その他の通路にあつては準不燃材料（建築基準法施行令第一条第五号に規定する準不燃材料をいう。以下同じ。）で、その他の部分にあつては難燃材料でしたものであること。ただし、居室（もつぱら当該施設の職員が使用することとされているものを除く。以下次項において「入居者等の利用に供する居室」という。）が避難階のみに存する防火対象物で、延べ面積が二百七十五平方メートル未満のもののうち、次項第二号の規定の例によるものにあつては、この限りでない。（コ）(へ)

ハ　区画する壁及び床の開口部の面積の合計が八平方メートル以下であり、かつ、一の開口部の面積が四平方メートル以下であること。（コ）

ニ　ハの開口部には、防火戸（廊下と階段とを区画する部分以外の開口部にあつては、防火シャッターを除く。）で、随時開くことができる自動閉鎖装置付きのもの又は次に定める構造のものを設けたものであること。（コ）

(イ)　随時閉鎖することができ、かつ、煙感知器（イオン化式スポット型感知器、光電式感知器及び煙複合式スポット型感知器をいう。以下同じ。）の作動と連動して閉鎖すること。（コ）

(ロ)　居室から地上に通ずる主たる廊下、階段その他の通路に設けるものにあつては、直接手で開くことができ、かつ、自動的に閉鎖する部分を有し、その部分の幅、高さ及び下端の床面からの高さが、それぞれ、七十五センチメートル以上、一・八メートル以上及び十五センチメートル以下であること。（コ）

ホ　区画された部分すべての床の面積が百平方メートル以下であり、かつ、区画された部分すべてが四以上の居室を含まないこと。（コ）

二　令別表第一(六)項イ(1)及び(2)並びにロ、(十六)項イ並びに(十六の二)項に掲げる防火対象物で、基準面積が千平方メートル以上のもの次に定めるところにより設置される区画を有するものであること。（コ）(ち)

イ　当該防火対象物又はその部分の居室を耐火構造の壁及び床で区画したものであること。（コ）

ロ　壁及び天井（天井のない場合にあつては、屋根）の室内に面する部分（回り縁、窓台その他これらに類する部分を除く。）の仕上げを地上に通ずる主たる廊下その他の通路にあつては準不燃材料で、その他の部分にあつては難燃材料でしたものであること。（コ）

ハ　区画する壁及び床の開口部の面積の合計が八平方メートル以下であり、かつ、一の開口部の面積が四平方メートル以下であること。（コ）

ニ　ハの開口部には、建築基準法施行令第百十二条第一項に規定する特定防火設備である防火戸（以下「特定防火設備である防火戸」という。）（廊下と階段とを区画する部分以外の開口部にあつては、防火シャッターを除く。）で、随時開くことができる自動閉鎖装置付きのもの若しくは次に定める構造のもの又は防火戸（防火シャッター以外のものであって、二以上の異なつた経路により避難することができる部分の出入口以外の開口部で、直接外気に開放されている廊下、階段その他の通路に面し、かつ、その面積の合計が四平方メートル以内のものに設けるものに限る。）を設けたものであること。（コ）㋹

(イ) 随時閉鎖することができ、かつ、煙感知器の作動と連動して閉鎖すること。（コ）

(ロ) 居室から地上に通ずる主たる廊下、階段その他の通路に設けるものにあつては、直接手で開くことができ、かつ、自動的に閉鎖する部分を有し、その部分の幅、高さ及び下端の床面からの高さが、それぞれ、七十五センチメートル以上、一・八メートル以上及び十五センチメートル以下であること。（コ）

ホ　区画された部分すべての床の面積が二百平方メートル以下であること。（コ）（ミ）

2　前項の規定にかかわらず、令別表第一㈥項イ⑴及び⑵並びにロに掲げる防火対象物のうち、入居者等の利用に供する居室が避難階のみに存するもので、延べ面積が百平方メートル未満のもの（前項第一号に定めるところにより設置される区画を有するものを除く。）においては、令第十二条第一項第一号の総務省令で定める構造は、次の各号のいずれかに定めるところによるものとする。㋬㋠

一　前項第一号ロ本文の規定の例によるもの。㋬

二　居室を壁、柱、床及び天井（天井のない場合にあつては、屋根）で区画し、出入口に戸（随時開くことができる自動閉鎖装置付きのものに限る。）を設けたもので、次のイからホまでに適合するもののうち、入居者、入所者又は宿泊者（この号において「入居者等」という。）の避難に要する時間として消防庁長官が定める方法により算定した時間が、火災発生時に確保すべき避難時間として消防庁長官が定める時間を超えないもの。㋬

イ　第二十三条第四項第一号ニに掲げる場所を除き、自動火災報知設備の感知器は、煙感知器であること。㋬

ロ　入居者等の利用に供する居室に、火災発生時に当該施設の関係者が屋内及び屋外から容易に開放することができる開口部を設けたものであること。㋬

ハ　ロの開口部は、道又は道に通ずる幅員一メートル以上の通路その他の空地に面したものであること。㋬

ニ　ロの開口部は、その幅、高さ及び下端の床面からの高さその他の形状が、入居者等が内部から容易に避難することを妨げるものでないものであること。㋬

ホ　入居者等の利用に供する居室から二以上の異なつた避難経路を確保していること。㋬

3　第一項の規定にかかわらず、令別表第一(十六)項イに掲げる防火対象物（同表㈤項ロ及び㈥項ロに掲げる防火対象物の用途以外の用途に供される部分が存しないものに限る。）の部分で同表㈥項ロに掲げる防火対象物の用途に供される部分のうち、延べ面積が二百七十五平方メートル未満のもの（第一項第一号に定めるところにより設置される区画を有するものを除く。以下この条において「特定住戸部分」という。）においては、令第十二条第一項第一号の総務省令で定める構造は、次の各号に定める区画を有するものとする。㋬㋠

一　特定住戸部分の各住戸を準耐火構造の壁及び床で区画したものであること。㋬

二　特定住戸部分の各住戸の主たる出入口が、直接外気に開放され、かつ、当該部分における火災時に生ずる煙を有効に排出することができる廊下に面していること。㋬

三　前号の主たる出入口は、第一項第一号ニの規定による構造を有するものであること。㋬

四　壁及び天井（天井のない場合にあつては、屋根）の室内に面する部分（回り縁、窓台その他これらに類する部分を除く。）の仕上げを第二号の廊下に通ずる通路にあつては準不燃材料で、その他の部分にあつては難燃材料でしたものであること。㋬

五　第二号の廊下に通ずる通路を消防庁長官が定めるところにより設けたものであること。㋬

六　居室及び通路に煙感知器を設けたものであること。㋬

七　特定住戸部分の各住戸の床の面積が百平方メートル以下であること。㋬

本条…追加〔平成一九年六月総令六六号(コ)〕、一部改正〔平成二二年二月総令八号(ミ)〕、見出し…改正・一項…一部改正・二・三項…追加〔平成二六年三月総令一九号㋬〕、一―三項…一部改正〔平成二六年一〇月総令八〇号㋠〕、一項…一部改正〔平成三〇年六月総令三四号㋹〕

参照【入居者等の避難に要する時間の算定方法等】平成二六年三月二八日消防庁告示第四号

（介助がなければ避難できない者）

第一二条の三　令第十二条第一項第一号ハの介助がなければ避難できない者として総務省令で定める者は、乳児、幼児並びに令別表第一㊅項ロ(2)、(4)及び(5)に規定する施設に入所する者（同表㊅項ロ(5)に規定する施設に入所する者にあつては、同表㊅項ロ(5)に規定する避難が困難な障害者等に限る。）のうち、次の各号のいずれかに該当する者とする。㋬㋠

一　認定調査項目（障害支援区分に係る市町村審査会による審査及び判定の基準等に関する命令別表第一に掲げる項目をいう。以下この条において同じ。）三の群「移乗」において、「支援が不要」又は「見守り等の支援が必要」に該当しない者㋬㋔

二　認定調査項目三の群「移動」において、「支援が不要」又は「見守り等の支援が必要」に該当しない者㋬

三　認定調査項目六の群「危険の認識」において、「支援が不要」又は「部分的な支援が必要」に該当しない者㋬

四　認定調査項目六の群「説明の理解」において、「理解できる」に該当しない者㋬

五　認定調査項目八の群「多動・行動停止」において、「支援が不要」に該当しない者㋬

六　認定調査項目八の群「不安定な行動」において、「支援が不要」に該当しない者㋬

本条…追加〔平成二六年三月総令一九号㋬〕、一部改正〔平成二六年一〇月総令八〇号㋠・令和五年三月総令二八号㋔〕

（スプリンクラー設備を設置することを要しない階の部分等）（㋩）（㋵）

第一三条　令第十二条第一項第三号の総務省令で定める部分は、次のいずれかに掲げる部分とする。㋷

一　令別表第一(十六)項イに掲げる防火対象物のうち、同表㊄項ロ並びに㊅項ロ及びハに掲げる防火対象物（同表㊅項ロ及びハに掲げる防火対象物にあつては、有料老人ホーム、福祉ホーム、老人福祉法（昭和三十八年法律第百三十三号）第五条の二第六項に規定する認知症対応型老人共同生活援助事業を行う施設又は障害者の日常生活及び社会生活を総合的に支援するための法律（平成十七年法律第百二十三号）第五条第十七項に規定する共同生活援助を行う施設に限る。以下この号及び次号、第二十八条の二第一項第四号及び第四号の二並びに同条第二項第三号及び第三号の二において同じ。）の用途以外の用途に供される部分が存せず、かつ、次に定めるところにより、十階以下の階に存する同表㊅項ロ及びハに掲げる防火対象物の用途に供される部分に設置される区画を有するものの十階以下の階（同表㊅項ロ及びハに掲げる防火対象物の用途に供される部分の床面積の合計が三千平方メートル以上の防火対象物にあつては、当該部分が存する階並びに同表㊅項ロ及びハに掲げる防火対象物の用途に供される部分が存する階で、当該部分の床面積が、地階又は無窓階にあつては千平方メートル以上、四階以上の階にあつては千五百平方メートル以上のものを除く。）㋷㋟㋹

イ　居室を、準耐火構造の壁及び床（三階以上の階に存する場合にあつては、耐火構造の壁及び床）で区画したものであること。㋷

ロ　壁及び天井（天井のない場合にあつては、屋根）の室内に面する部分（回り縁、窓台その他これらに類する部分を除く。）の仕上げを地上に通ずる主たる廊下その他の通路にあつては準不燃材料で、その他の部分にあつては難燃材料でしたものであること。㋷

ハ　区画する壁及び床の開口部の面積の合計が八平方メートル以下であり、かつ、一の開口部の面積が四平方メートル以下であること。㋷

ニ　ハの開口部には、防火戸（三階以上の階に存する開口部にあつては特定防火設備である防火戸に限り、廊下と階段とを区画する部分以外の部分の開口部にあつては防火シャッターを除く。）で、随時開くことができる自動閉鎖装置付きのもの若しくは次に定める構造のもの又は防火戸（防火シャッター以外のものであつて、二以上の異なつた経路により避難することができる部分の出入口以外の開口部で、直接外気に開放されている廊下、階段その他の通路に面し、かつ、その面積の合計が四平方メートル以内のものに設けるものに限る。）を設けたものであること。㋷㋹

(イ)　随時閉鎖することができ、かつ、煙感知器の作動と連動して閉鎖すること。㋷

(ロ)　居室から地上に通ずる主たる廊下、階段その他の通路に設けるものにあつては、直接手で開くことができ、かつ、自動的に閉鎖する部分を有し、その部分の幅、高さ及び下端の床面からの高さが、それぞれ、七十五センチメートル以上、一・八メートル以上及び十五センチメートル以下であること。㋷

ホ　区画された部分全ての床の面積が百平方メートル以下であること。㋷

一の二　令別表第一㈥項イに掲げる防火対象物のうち、同表㈤項イ及びロ並びに㈥項ロ及びハに掲げる防火対象物の用途以外の用途に供される部分が存せず、かつ、次に定めるところにより、十階以下の階に設置される区画を有するものの十階以下の階（同表㈤項イ並びに㈥項ロ及びハに掲げる防火対象物の用途に供される部分の床面積の合計が三千平方メートル以上の防火対象物にあつては、当該部分が存する階並びに同表㈤項イ並びに㈥項ロ及びハに掲げる防火対象物の用途に供される部分が存する階で、当該部分の床面積が、地階又は無窓階にあつては千平方メートル以上、四階以上の階にあつては千五百平方メートル以上のものを除く。）

㋹

イ　居室を耐火構造の壁及び床で区画したものであること。㋹

ロ　壁及び天井（天井のない場合にあつては、屋根）の室内に面する部分（回り縁、窓台その他これらに類する部分を除く。）の仕上げを地上に通ずる主たる廊下その他の通路にあつては準不燃材料で、その他の部分にあつては難燃材料でしたものであること。㋹

ハ　区画する壁及び床の開口部の面積の合計が八平方メートル以下であり、かつ、一の開口部の面積が四平方メートル以下であること。㋹

ニ　ハの開口部には、特定防火設備である防火戸（廊下と階段とを区画する部分以外の部分の開口部にあつては、防火シャッターを除く。）で、随時開くことができる自動閉鎖装置付きのもの若しくは次に定める構造のもの又は防火戸（防火シャッター以外のものであつて、二以上の異なつた経路により避難することができる部分の出入口以外の開口部で、直接外気に開放されている廊下、階段その他の通路に面し、かつ、その面積の合計が四平方メートル以内のものに設けるものに限る。）を設けたものであること。㋹

(イ)　随時閉鎖することができ、かつ、煙感知器の作動と連動して閉鎖すること。㋹

(ロ)　居室から地上に通ずる主たる廊下、階段その他の通路に設けるものにあつては、直接手で開くことができ、かつ、自動的に閉鎖する部分を有し、その部分の幅、高さ及び下端の床

面からの高さが、それぞれ、七十五センチメートル以上、一・八メートル以上及び十五センチメートル以下であること。㋹

ホ　令別表第一㈤項イ並びに㈥項ロ及びハに掲げる用途に供する各独立部分（構造上区分された数個の部分の各部分で独立して当該用途に供されることができるものをいう。）の床面積がいずれも百平方メートル以下であること。㋹

二　小規模特定用途複合防火対象物（令別表第一(十六)項イに掲げる防火対象物のうち、同表㈠項から㈣項まで、㈤項イ、㈥項又は㈨項イに掲げる防火対象物の用途に供される部分の床面積の合計が当該部分が存する防火対象物の延べ面積の十分の一以下であり、かつ、三百平方メートル未満であるものをいう。以下同じ。）の次に掲げる部分以外の部分で十階以下の階に存するもの㋷

イ　令別表第一㈥項イ⑴及び⑵に掲げる防火対象物の用途に供される部分㋷

ロ　令別表第一㈥項ロ⑴及び⑶に掲げる防火対象物の用途に供される部分㋷

ハ　令別表第一㈥項ロ⑵、⑷及び⑸に掲げる防火対象物の用途に供される部分（第十二条の三に規定する者を主として入所させるもの以外のものにあつては、床面積が二百七十五平方メートル以上のものに限る。）㋷

2　令第十二条第一項第三号、第四号及び第十号から第十二号までの総務省令で定める部分は、主要構造部を耐火構造とした防火対象物（令別表第一㈡項、㈣項及び㈤項ロに掲げる防火対象物並びに同表(十六)項に掲げる防火対象物で同表㈡項、㈣項又は㈤項ロに掲げる防火対象物の用途に供される部分が存するものを除く。）の階（地階及び無窓階を除く。）の部分で、次に掲げるものとする。(た)(そ)(や)(ロ)(ル)(コ)(ミ)

一　耐火構造の壁及び床で区画された部分で、次に該当するもの(た)(や)

イ　壁及び天井（天井のない場合にあつては、屋根）の室内に面する部分（回り縁、窓台その他これらに類する部分を除く。）の仕上げを地上に通ずる主たる廊下その他の通路にあつては準不燃材料で、その他の部分にあつては難燃材料でしたものであること。(た)(ヌ)(コ)

ロ　区画する壁及び床の開口部の面積の合計が八平方メートル以下であり、かつ、一の開口部の面積が四平方メートル以下であること。(た)

ハ　ロの開口部には、特定防火設備である防火戸（廊下と階段とを区画する部分以外の部分の開口部にあつては、防火シャッターを除く。）で、随時開くことができる自動閉鎖装置付のもの若しくは次に定める構造のもの又は防火戸（防火シャッター以外のものであつて、二以上の異なつた経路により避難することができる部分の出入口以外の開口部で、直接外気に開放されている廊下、階段その他の通路に面し、かつ、その面積の合計が四平方メートル以内のものに設けるものに限る。）を設けたものであること。(た)(や)(ヌ)(コ)㋹

(イ)　随時閉鎖することができ、かつ、煙感知器の作動と連動して閉鎖すること。(た)(や)(コ)

(ロ)　居室から地上に通ずる主たる廊下、階段その他の通路に設けるものにあつては、直接手で開くことができ、かつ、自動的に閉鎖する部分を有し、その部分の幅、高さ及び下端の床面からの高さが、それぞれ、七十五センチメートル以上、一・八メートル以上及び十五センチメートル以下であること。(た)

ニ　床面積が、防火対象物の十階以下の階にあつては二百平方メートル以下、十一階以上の階にあつては百平方メートル以下であること。(た)

二　耐火構造の壁及び床で区画された廊下で、前号イ及びハに該当するもの(た)

3　令第十二条第二項第一号の総務省令で定める部分は、次の各号に掲げる部分以外の部分とする。(よ)(ル)(コ)(ミ)

一　階段（令別表第一㈡項、㈣項及び⒃の2項に掲げる防火対象物並びに同表⒃項イに掲げる防火対象物のうち同表㈡項及び㈣項に掲げる防火対象物の用途に供される部分に設けられるものにあつては、建築基準法施行令第百二十三条に規定する避難階段又は特別避難階段（第二十六条において「避難階段又は特別避難階段」という。）に限る。）、浴室、便所その他これらに類する場所(よ)(そ)(ロ)
二　通信機器室、電子計算機器室、電子顕微鏡室その他これらに類する室(よ)(そ)
三　エレベーターの機械室、機械換気設備の機械室その他これらに類する室(よ)
四　発電機、変圧器その他これらに類する電気設備が設置されている場所(よ)
五　エレベーターの昇降路、リネンシュート、パイプダクトその他これらに類する部分(よ)(さ)
六　直接外気に開放されている廊下その他外部の気流が流通する場所(た)(そ)
七　手術室、分娩室、内視鏡検査室、人工血液透析室、麻酔室、重症患者集中治療看護室その他これらに類する室(そ)
八　レントゲン室等放射線源を使用し、貯蔵し、又は廃棄する室(そ)
九　令別表第一㈠項に掲げる防火対象物並びに同表⒃項イ及び⒃の3項に掲げる防火対象物のうち同表㈠項の用途に供される部分（固定式のいす席を設ける部分に限る。）でスプリンクラーヘッドの取付け面（スプリンクラーヘッドを取り付ける天井の室内に面する部分又は上階の床若しくは屋根の下面をいう。次条において同じ。）の高さが八メートル以上である場所(そ)(ゐ)(さ)
九の二　令別表第一㈥項イ⑴及び⑵並びにロに掲げる防火対象物並びに同表⒃項イ、⒃の2項及び⒃の3項に掲げる防火対象物のうち同表㈥項イ⑴若しくは⑵又はロの用途に供される部分（当該防火対象物又はその部分の基準面積が千平方メートル未満のものに限る。）の廊下（第六号に掲げるものを除く。）、収納設備（その床面積が二平方メートル未満であるものに限る。）、脱衣所その他これらに類する場所(コ)㋠
十　令別表第一⒃項イに掲げる防火対象物で同表⑽項に掲げる防火対象物の用途に供される部分のうち、乗降場並びにこれに通ずる階段及び通路(そ)
十の二　令別表第一⒃の3項に掲げる防火対象物の地下道で、通行の用に供される部分(ゐ)
十一　主要構造部を耐火構造とした令第十二条第一項第三号及び第十一号の防火対象物（令別表第一㈡項、㈣項及び⒃項イに掲げるものに限る。）、同条第一項第四号及び第十号の防火対象物並びに同項第十二号の防火対象物（令別表第一⒃項ロに掲げるものに限る。）の階（地階又は無窓階を除く。）の部分（令別表第一㈤項ロに掲げる防火対象物の用途に供される部分を除く。）で、前項第一号（令第十二条第一項第三号の防火対象物（令別表第一⒃項イに掲げるものに限る。）のうち、同表㈠項から㈥項まで又は㈨項イに掲げる防火対象物の用途に供される部分が存しない十階以下の階に適用する場合にあつては、前項第一号ニ中「二百平方メートル」とあるのは、「四百平方メートル」と読み替えるものとする。）又は第二号に該当するもの(そ)(さ)(ロ)(コ)
十二　主要構造部を耐火構造とした令別表第一⒃項イに掲げる防火対象物（地階を除く階数が十一以上のものを除く。）の階（地階及び無窓階を除く。）の同表㈦項、㈧項、㈨項ロ又は⑽項から⒂項までに掲げる防火対象物の用途に供される部分のうち、これらの用途に供される部分以外の部分と耐火構造の壁及び床で区画された部分で、次のイ及びロに該当するもの(た)(そ)(ロ)
イ　区画する壁及び床の開口部の面積の合計が八平方メートル以下であり、かつ、一の開口部の面積が四平方メートル以下であること。(た)
ロ　イの開口部には、前項第一号ハに定める特定防火設備である防火戸を設けたものであること。(た)(さ)(ヌ)(コ)

見出し…改正・本条…一部改正〔昭和三九年七月自令一六号(は)〕、見出し…改正・一項…一部改正・二項…追加〔昭和四七年八月自令二〇号(よ)〕、一項…全部改正・二項…一部改正〔昭和四八年六月自令一三号(た)〕、一・二項…一部改正〔昭和四九年一二月自令四〇号(そ)〕、二項…一部改正〔昭和五六年六月自令一六号(ゐ)〕、一項…一部改正〔昭和五九年九月自令二四号(や)〕、二項…追加・旧二項…一部改正し三項に繰下〔昭和六二年一〇月自令三〇号(さ)〕、二項…一部改正〔昭和六三年一月自令二号(き)・平成二年一〇月二九号(ゑ)〕、一・三項…一部改正〔平成八年二月自令二号(ロ)〕、二項…一部改正〔平成一〇年一二月自令四六号(ヘ)・一一年三月五号(ト)〕、一・三項…一部改正〔平成一二年五月自令三六号(ヌ)・九月四四号(ル)〕、二項…一部改正〔平成一六年五月総令九三号(ラ)・一八年九月一一六号(フ)・一九年六月六六号〔一条〕(コ)〕、一項…一部改正・二項…削除・旧三項…一部改正し二項に繰上〔平成一九年六月総令六六号〔二条〕(コ)〕、一項…追加・旧一・二項…二・三項に繰下〔平成二二年二月総令八号(ミ)〕、一項…一部改正〔平成二三年九月総令一三一号(モ)・二四年三月一六号(セ)・二五年三月二八号ⓗ・二六年三月二二号ⓣ〕、三項…一部改正〔平成二六年一〇月総令八〇号ⓒ〕、一項…全部改正〔平成二七年二月総令一〇号〔一条〕ⓡ〕、一部改正〔平成二七年二月総令一〇号〔二条〕ⓡ・三〇年三月一九号ⓣ〕、一・二項…一部改正〔平成三〇年六月総令三四号ⓡ〕

（標準型ヘッド等）

第一三条の二　令第十二条第二項第二号イの規定により、同号イの表の下欄に定める距離となるように設ける総務省令で定める種別のスプリンクラーヘッドは、同条第一項第二号から第四号まで及び第十号から第十二号までに掲げる防火対象物又はその部分（令別表第一㈠項に掲げる防火対象物の舞台部に限る。）に設けるものにあつては開放型スプリンクラーヘッドとし、同条第一項第八号に掲げる防火対象物又は同項第三号、第四号及び第十号から第十二号までに掲げる防火対象物若しくはその部分（令別表第一㈠項に掲げる防火対象物の舞台部を除く。）に設けるものにあつては閉鎖型スプリンクラーヘッドのうち標準型ヘッド（閉鎖型スプリンクラーヘッドの技術上の規格を定める省令（昭和四十年自治省令第二号）第二条第一号に規定する標準型ヘッド（同条第一号の二に規定する小区画型ヘッドを除く。）のうち、同令第十二条の感度の種別（次項、次条第一項及び第十三条の六第一項において「感度種別」という。）が一種であるもの又は同令第十四条第一項第一号の有効散水半径（次項、第三項及び第十三条の五第三項において「有効散水半径」という。）が二・三であるものに限る。以下この条、第十三条の五、第十三条の六及び第三十条の三において同じ。）とする。(ロ)(ハ)(ホ)(ト)(ル)(コ)ⓦ

2　令第十二条第二項第二号イの表の火災を早期に感知し、かつ、広範囲に散水することができるスプリンクラーヘッドとして総務省令で定めるものは、閉鎖型スプリンクラーヘッドのうち標準型ヘッドで感度種別が一種であり、かつ、有効散水半径が二・六以上であるもの（第十三条の五第二項において「高感度型ヘッド」という。）とする。(ロ)(ト)(ル)(ミ)

3　令第十二条第二項第二号イの表の総務省令で定める距離は、次の式により求めた値とする。(ト)(ヌ)(ル)(コ)

R＝Xr

Rは、スプリンクラーヘッドまでの水平距離（単位　メートル）

rは、スプリンクラーヘッドの有効散水半径

Xは、次の表の上欄に掲げる防火対象物又はその部分の区分に応じ、同表の下欄に掲げる値

防火対象物又はその部分		Xの値
令第十二条第一項第八号に掲げる防火対象物		〇・七五
令第十二条第一項第三号、第四号及び第十号から第十二号までに掲げる防火対象物又はその部分（令別表第一㈠項に掲げる防火対象物の舞台部を除く。）	耐火建築物（建築基準法第二条第九号の二に規定する耐火建築物をいう。以下同じ。）以外の建築物	〇・九
	耐火建築物	一

4　第一項及び第二項に規定するスプリンクラーヘッドの設置及び維持に関する技術上の基準の細目は、次のとおりとする。(ロ)(ト)

一　閉鎖型スプリンクラーヘッドのうち標準型ヘッドは、次に定め

るところによること。（ロ）

イ　スプリンクラーヘッドの取付け面から〇・四メートル以上突き出したはり等によつて区画された部分ごとに設けること。ただし、当該はり等の相互間の中心距離が一・八メートル以下である場合にあつては、この限りでない。（ロ）

ロ　給排気用ダクト、棚等（以下「ダクト等」という。）でその幅又は奥行が一・二メートルを超えるものがある場合には、当該ダクト等の下面にもスプリンクラーヘッドを設けること。（ロ）

ハ　スプリンクラーヘッドのデフレクターと当該ヘッドの取付け面との距離は、〇・三メートル以下であること。（ロ）

ニ　スプリンクラーヘッドは、当該ヘッドの軸心が当該ヘッドの取付け面に対して直角となるように設けること。（ロ）

ホ　スプリンクラーヘッドのデフレクターから下方〇・四五メートル（易燃性の可燃物を収納する部分に設けられるスプリンクラーヘッドにあつては、〇・九メートル）以内で、かつ、水平方向〇・三メートル以内には、何も設けられ、又は置かれていないこと。（ロ）

ヘ　開口部に設けるスプリンクラーヘッドは、当該開口部の上枠より〇・一五メートル以内の高さの壁面に設けること。（ロ）

ト　乾式又は予作動式の流水検知装置の二次側に設けるスプリンクラーヘッドは、デフレクターがスプリンクラーヘッドの取付け部より上方になるように取り付けて使用するスプリンクラーヘッドとすること。ただし、凍結するおそれのない場所に設ける場合は、この限りでない。（ロ）

二　開放型スプリンクラーヘッドは、舞台部の天井又は小屋裏で室内に面する部分及びすのこ又は渡りの下面の部分に前号ニ及びホの規定の例により設けること。ただし、すのこ又は渡りの上部の部分に可燃物が設けられていない場合は、当該天井又は小屋裏の室内に面する部分には、スプリンクラーヘッドを設けないことができる。（ロ）

本条…追加〔平成八年二月自令二号(ロ)〕、一項…一部改正〔平成九年三月自令一九号(ハ)・一〇年七月三一号(ホ)〕、一・二項…一部改正・三項…追加・旧三項…一部改正し四項に繰下〔平成一一年三月自令五号(ト)〕、三項…一部改正〔平成一二年五月自令三六号(ヌ)〕、一―三項…一部改正〔平成一二年九月自令四四号(ル)〕、一・三項…一部改正〔平成一九年六月総令六六号(コ)〕、二項…一部改正〔平成二二年二月総令八号(ミ)〕、一項…一部改正〔平成二八年五月総令六〇号㋻〕

（小区画型ヘッド等）

第一三条の三　前条に定めるもののほか、令第十二条第二項第二号イの表の上欄に掲げる防火対象物又はその部分のうち、令別表第一㈤項若しくは㈥項に掲げる防火対象物又は同表(十六)項に掲げる防火対象物の同表㈤項若しくは㈥項に掲げる防火対象物の用途に供される部分には、閉鎖型スプリンクラーヘッドのうち小区画型ヘッド（閉鎖型スプリンクラーヘッドの技術上の規格を定める省令第二条第一号の二の小区画型ヘッドのうち、感度種別が一種であるものに限る。第十三条の五、第十三条の六及び第十四条において同じ。）又は側壁型ヘッド（同令第二条第二号の側壁型ヘッドのうち、感度種別が一種であるものに限る。第十三条の六において同じ。）を設けることができる。（ロ）（コ）

2　前項に規定する小区画型ヘッドは、前条第四項第一号（イただし書及びトを除く。）の規定の例によるほか、次に定めるところにより、設けなければならない。（ロ）（ト）

一　スプリンクラーヘッドは、令第十二条第二項第二号イの表の上欄に掲げる防火対象物又はその部分のうち、令別表第一㈤項若しくは㈥項に掲げる防火対象物又は同表(十六)項に掲げる防火対象物の同表㈤項若しくは㈥項に掲げる防火対象物の用途に供される部分で、宿泊室、病室その他これらに類する部分（次項において「宿泊室等」という。）に設けること。（ロ）

二　スプリンクラーヘッドは、天井の室内に面する部分に設けること。（ロ）

三　スプリンクラーヘッドは、天井の各部分から一のスプリンクラーヘッドまでの水平距離が二・六メートル以下で、かつ、一のスプリンクラーヘッドにより防護される部分の面積が十三平方メートル以下となるように設けること。(ロ)

3　第一項に規定する側壁型ヘッドは、前条第四項第一号（イ及びハを除く。）の規定の例によるほか、次に定めるところにより、設けなければならない。(ロ)(ト)

一　スプリンクラーヘッドは、令第十二条第二項第二号イの表の上欄に掲げる防火対象物又はその部分のうち、令別表第一(五)項若しくは(六)項に掲げる防火対象物又は同表(十六)項に掲げる防火対象物の同表(五)項若しくは(六)項に掲げる防火対象物の用途に供される部分で、宿泊室等及び廊下、通路その他これらに類する部分に設けること。(ロ)

二　スプリンクラーヘッドは、防火対象物の壁の室内に面する部分に設けること。(ロ)

三　スプリンクラーヘッドは、床面の各部分が一のスプリンクラーヘッドにより防護される床面の部分（スプリンクラーヘッドを取り付ける面の水平方向の両側にそれぞれ一・八メートル以内、かつ、前方三・六メートル以内となる範囲を水平投影した床面の部分をいう。）に包含されるように設けること。(ロ)

四　スプリンクラーヘッドは、当該ヘッドを取り付ける面から〇・一五メートル以内となるように設けること。(ロ)

五　スプリンクラーヘッドのデフレクターは、天井面から〇・一五メートル以内となるように設けること。(ロ)

六　スプリンクラーヘッドのデフレクターから下方〇・四五メートル以内で、かつ、水平方向〇・四五メートル以内には、何も設けられ、又は置かれていないこと。(ロ)

本条…追加〔平成八年二月自令二号(ロ)〕、二・三項…一部改正〔平成一一年三月自令五号(ト)〕、一項…一部改正〔平成一九年六月総令六六号(コ)〕

（高天井の部分に設けるスプリンクラーヘッド等）

第一三条の四　令第十二条第二項第二号ロの総務省令で定める部分は、次に掲げる部分とする。(ロ)(ル)

一　指定可燃物を貯蔵し、又は取り扱う部分(ロ)

二　令別表第一(四)項に掲げる防火対象物又は同表(十六)項イに掲げる防火対象物の同表(四)項に掲げる防火対象物の用途に供されるもの（通路、階段その他これらに類する部分を除く。）(ロ)

2　令第十二条第二項第二号ロの総務省令で定める種別のスプリンクラーヘッドは、消防庁長官が定める性能を有する放水型スプリンクラーヘッドその他のスプリンクラーヘッド（第十三条の五から第十四条までにおいて「放水型ヘッド等」という。）とする。(ロ)(ル)

3　前項に規定する放水型ヘッド等は、次に定めるところにより、設けなければならない。(ロ)

一　スプリンクラーヘッドは、消防庁長官が定めるところにより、当該スプリンクラーヘッドの性能に応じて、高天井の部分の火災を有効に消火することができるように設けること。(ロ)

二　スプリンクラーヘッドは、放水区域の床面積一平方メートルにつき五リットル毎分（第一項第一号に掲げる部分に設けるものにあつては十リットル毎分）で計算した水量が放水されるように設けること。(ロ)

本条…追加〔平成八年二月自令二号(ロ)〕、一・二項…一部改正〔平成一二年九月自令四四号(ル)〕

参照　【放水型ヘッド等の基準】平成八年八月一九日消防庁告示第六号

（ラック式倉庫等に設けるスプリンクラーヘッド等）

第一三条の五　令第十二条第二項第二号ハの総務省令で定める種別の

スプリンクラーヘッドのうち同条第一項第一号及び第九号に掲げる防火対象物又はその部分に設けるものは、次の表の上欄に掲げる区分に応じ、同表の下欄に定める種別のスプリンクラーヘッドとする。（コ）ち

防火対象物の部分	種別
基準面積が千平方メートル未満の防火対象物又はその部分の床面から天井までの高さが三メートル未満の部分	閉鎖型スプリンクラーヘッドのうち小区画型ヘッド
基準面積が千平方メートル以上の防火対象物又はその部分の床面から天井までの高さが三メートル未満の部分	閉鎖型スプリンクラーヘッドのうち小区画型ヘッド又は標準型ヘッド
基準面積が千平方メートル未満の防火対象物又はその部分の床面から天井までの高さが三メートル以上十メートル以下の部分	閉鎖型スプリンクラーヘッドのうち小区画型ヘッド又は開放型スプリンクラーヘッド
基準面積が千平方メートル以上の防火対象物又はその部分の床面から天井までの高さが三メートル以上十メートル以下の部分	閉鎖型スプリンクラーヘッドのうち小区画型ヘッド若しくは標準型ヘッド又は開放型スプリンクラーヘッド
防火対象物又はその部分の床面から天井までの高さが十メートルを超える部分	放水型ヘッド等

2　令第十二条第一項第一号及び第九号に掲げる防火対象物又はその部分には、前項に規定するスプリンクラーヘッドのうち、小区画型ヘッドにあつては第十三条の三第二項（第一号を除く。）の例により、開放型スプリンクラーヘッドにあつては第一号に定めるところにより、標準型ヘッドにあつては第十三条の二第四項第一号の例によるほか第二号に定めるところにより、放水型ヘッド等にあつては前条第三項の例により、それぞれ設けなければならない。（コ）（ミ）

一　開放型スプリンクラーヘッドは、天井に、当該天井の各部分から一のスプリンクラーヘッドまでの水平距離が、一・七メートル以下となるように設けること。（ミ）

二　標準型ヘッドは、天井に、当該天井の各部分から一のスプリンクラーヘッドまでの水平距離が、耐火建築物以外の建築物にあつては二・一メートル（高感度型ヘッドにあつては、第十三条の二第三項の式により求めた距離）以下、耐火建築物にあつては二・三メートル（高感度型ヘッドにあつては、同項の式により求めた距離）以下となるように、それぞれ設けること。（ミ）

3　令第十二条第二項第二号ハの総務省令で定める種別のスプリンクラーヘッドのうち同条第一項第五号に掲げる防火対象物（次項及び第五項、第十三条の六第一項及び第二項並びに第十四条第一項において「ラック式倉庫」という。）に設けるものは、閉鎖型スプリンクラーヘッドのうち標準型ヘッド（有効散水半径が二・三であつて、閉鎖型スプリンクラーヘッドの技術上の規格を定める省令第三条第二項のヘッドの呼びが二十のものに限る。）とする。（ロ）（ホ）（ル）（コ）ち

4　前項に規定するラック式倉庫は、次項及び第十三条の六第一項第一号において、次の表の上欄に掲げる収納物等の種類に応じ、同表の下欄に定める等級に区分する。（ホ）（コ）ち

収納物等の種類		等級
収納物	収納容器、梱包材等	
危険物の規制に関する政令別表第四（以下この表において「危険物政令別表第四」という。）に定める数量の千倍（高熱量溶融性物品（指定可燃物のうち燃焼熱量が三十四キロジュール毎グラム以上であつて、炎を接した場合に溶融する性状の物品をいう。以下この表において同じ。）にあつては、三百倍）以上の指定可燃物	危険物政令別表第四に定める数量の十倍以上の高熱量溶融性物品	Ⅰ
	その他のもの	Ⅱ

危険物政令別表第四に定める数量の百倍（高熱量溶融性物品にあつては、三十倍）以上の指定可燃物	危険物政令別表第四に定める数量の十倍以上の高熱量溶融性物品	
	その他のもの	Ⅲ
その他のもの	危険物政令別表第四に定める数量の十倍以上の高熱量溶融性物品	Ⅲ
	その他のもの	Ⅳ

5　第三項に規定する標準型ヘッドは、次に定めるところにより、設けなければならない。（ロ）（ホ）（コ）

一　スプリンクラーヘッドは、棚又はこれに類するもの（以下この項において「ラック等」という。）を設けた部分にあつては、次に定めるところにより設けること。（ロ）（ホ）

イ　ラック等を設けた部分の各部分から一のスプリンクラーヘッドまでの水平距離が二・五メートル以下となるように設けること。（ホ）

ロ　次の表の上欄に掲げるラック式倉庫の等級に応じ、それぞれ同表の下欄に定める高さにつき一個以上設けること。（ホ）

等級	高さ
Ⅰ、Ⅱ及びⅢ	四メートル
Ⅳ	六メートル

ハ　イ及びロの規定によるほか、消防庁長官が定めるところにより、ラック式倉庫の等級及び水平遮へい板（ラック等を設けた部分の内部を水平方向に遮へいする板をいう。以下この項及び第十三条の六第一項において同じ。）の設置状況に応じて、火災を有効に消火できるように設けること。（ホ）㋠

二　スプリンクラーヘッドは、ラック等を設けた部分以外の部分にあつては、天井又は小屋裏に、当該天井又は小屋裏の各部分から一のスプリンクラーヘッドまでの水平距離が二・一メートル以下となるように設けること。ただし、次のイからハまでに掲げる部分は、スプリンクラーヘッドを設けないことができる。（ロ）（ホ）

イ　階段、浴室、便所その他これらに類する場所（ロ）

ロ　通信機器室、電子計算機器室その他これらに類する室（ロ）

ハ　発電機、変圧器その他これらに類する電気設備が設置されている場所（ロ）

三　ラック等を設けた部分に設けるスプリンクラーヘッドには、他のスプリンクラーヘッドから散水された水がかかるのを防止するための措置を講ずること。（ロ）（ホ）

四　ラック等を設けた部分には、次に定めるところにより水平遮へい板を設けること。ただし、ラック式倉庫の等級がⅢ又はⅣであり、かつ、消防庁長官が定めるところによりスプリンクラーヘッドが設けられている場合にあつては、この限りでない。（ホ）

イ　材質は、難燃材料とすること。（ホ）（ヌ）

ロ　ラック等との間に延焼防止上支障となるすき間を生じないように設けること。（ホ）

ハ　次の表の上欄に掲げるラック式倉庫の等級に応じ、それぞれ同表の下欄に定める高さごとに設けること。この場合において、天井又は小屋裏は、水平遮へい板とみなす。（ホ）

等級	高さ
Ⅰ	四メートル以内
Ⅱ及びⅢ	八メートル以内
Ⅳ	十二メートル以内

6　令第十二条第二項第二号ハの総務省令で定める種別のスプリンクラーヘッドのうち同条第一項第六号に掲げる防火対象物に設けるも

のは、店舗、事務所その他これらに類する施設であつて床面から天井までの高さが六メートルを超える部分及び地下道であつて床面から天井までの高さが十メートルを超える部分にあつては放水型ヘッド等とし、その他の部分にあつては閉鎖型スプリンクラーヘッドのうち標準型ヘッドとする。(ロ)(ホ)(ル)(コ)

7　令第十二条第一項第六号の防火対象物には、前項に規定するスプリンクラーヘッドのうち、標準型ヘッドにあつては次に定めるところにより、放水型ヘッド等にあつては前条第三項の規定の例により、設けなければならない。(ロ)(ホ)(コ)

一　スプリンクラーヘッドは、天井の室内に面する部分及び天井裏の部分に設けること。ただし、天井の室内に面する部分の仕上げを不燃材料でした部分又は天井裏の高さが〇・五メートル未満の部分にあつては、天井裏の部分に設けないことができる。(ロ)

二　スプリンクラーヘッドは、天井又は天井裏の各部分から一のスプリンクラーヘッドまでの水平距離が、次の表の上欄に掲げる区分に応じ、同表の下欄に定める距離となるように設けること。(ロ)(ト)㋠

防火対象物の部分	水平距離
厨房その他火気を使用する設備又は器具を設置する部分	一・七メートル（高感度型ヘッド（令第十二条第二項第二号イの表に規定する高感度型ヘッドをいう。以下この条及び第十三条の六において同じ。）にあつては、第十三条の二第三項の規定の例により算出した距離（同項中Xの値は、〇・七五とする。））以下
その他の部分	二・一メートル（高感度型ヘッドにあつては、第十三条の二第三項の規定の例により算出した距離（同項中Xの値は、〇・九とする。））以下

8　令第十二条第二項第二号ハの総務省令で定める種別のスプリンクラーヘッドのうち同条第一項第七号に掲げる防火対象物に設けるものは、床面から天井までの高さが六メートルを超える部分にあつては放水型ヘッド等とし、その他の部分にあつては閉鎖型スプリンクラーヘッドのうち標準型ヘッドとする。(ロ)(ホ)(ル)(コ)

9　令第十二条第一項第七号の防火対象物には、前項に規定するスプリンクラーヘッドのうち、標準型ヘッドにあつては次に定めるところにより、放水型ヘッド等にあつては前条第三項の規定の例により、設けなければならない。(ロ)(ホ)(コ)

一　スプリンクラーヘッドは、天井の室内に面する部分に設けること。(ロ)

二　スプリンクラーヘッドは、天井の各部分から一のスプリンクラーヘッドまでの水平距離が、次の表の上欄に掲げる区分に応じ、同表の下欄に定める距離となるように設けること。(ロ)(ト)

防火対象物の部分		水平距離
厨房その他火気を使用する設備又は器具を設置する部分		一・七メートル（高感度型ヘッドにあつては、第十三条の二第三項の規定の例により算出した距離（同項中Xの値は、〇・七五とする。））以下
その他の部分	主要構造部を耐火構造とした防火対象物以外のもの	二・一メートル（高感度型ヘッドにあつては、第十三条の二第三項の規定の例により算出した距離（同項中Xの値は、〇・九とする。））以下
	主要構造部を耐火構造としたもの	二・三メートル（高感度型ヘッドにあつては、第十三条の二第三項の規定の例により算出した距離（同項中Xの値は、一とする。））以下

本条…追加〔平成八年二月自令二号(ロ)〕、一項…一部改正・二項…追

加・旧二項…一部改正し三項に繰下・旧三―六項…四―七項に繰下〔平成一〇年七月自令三一号(ホ)〕、五・七項…一部改正〔平成一一年三月自令五号(ト)〕、三項…一部改正〔平成一二年五月自令三六号(ヌ)〕、一・四・六項…一部改正〔平成一二年九月自令四四号(ル)〕、一・二項…追加・旧一・三―七項…一部改正し三・五―九項に繰下・旧二項…四項に繰下〔平成一九年六月総令六六号(コ)〕、一項…一部改正〔平成二二年二月総令八号(ミ)〕、一・三―五・七項…一部改正〔平成二六年一〇月総令八〇号(ち)〕

参照　【ラック式倉庫のヘッドの基準】平成一〇年七月二四日消防庁告示第五号

（防火上有効な措置が講じられた構造を有する部分）

第一三条の五の二　令第十二条第二項第三号の二の総務省令で定める部分は、次のいずれにも該当する部分（当該部分の床面積の合計が当該部分が存する防火対象物の延べ面積に二分の一を乗じて得た値を超える場合にあつては、当該二分の一を乗じて得た値の面積に相当する部分に限る。）とする。(ち)

一　第十三条第三項第七号又は第八号に掲げる部分であること。(ち)

二　次のいずれかに該当する防火上の措置が講じられた部分であること。(ち)

イ　準耐火構造の壁及び床で区画され、かつ、開口部に防火戸（随時開くことができる自動閉鎖装置付きのもの又は随時閉鎖することができ、かつ、煙感知器の作動と連動して閉鎖するものに限る。）を設けた部分(ち)

ロ　不燃材料で造られた壁、柱、床及び天井（天井のない場合にあつては、屋根）で区画され、かつ、開口部に不燃材料で造られた戸（随時開くことができる自動閉鎖装置付きのものに限る。）を設けた部分であつて、当該部分に隣接する部分（第十三条第三項第六号に掲げる部分を除く。）の全てがスプリンクラー設備の有効範囲内に存するもの(ち)

三　床面積が千平方メートル以上の地階若しくは無窓階又は床面積が千五百平方メートル以上の四階以上十階以下の階に存する部分でないこと。(ち)

本条…追加〔平成二六年一〇月総令八〇号(ち)〕

（スプリンクラー設備の水源の水量等）

第一三条の六　令第十二条第二項第四号の水量は、防火対象物の用途、構造若しくは規模又はスプリンクラーヘッドの種別に応じ、次に定めるところにより、算出するものとする。(ロ)(ち)

一　閉鎖型スプリンクラーヘッドのうち標準型ヘッドを用いる場合は、次の表の上欄に掲げる防火対象物の区分に応じ、スプリンクラーヘッドの設置個数が同表の下欄に定める個数（乾式又は予作動式の流水検知装置が設けられているスプリンクラー設備にあつては、当該下欄に定める個数に一・五を乗じて得た個数。以下この号において同じ。）以上であるときにあつては当該同表の下欄に定める個数、スプリンクラーヘッドの設置個数が同表の下欄に定める個数に満たないときにあつては当該設置個数に、それぞれ一・六立方メートル（ラック式倉庫のうち、等級がⅢ又はⅣのものであつて第十三条の五第五項第四号の規定により水平遮へい板が設けられているものにあつては二・二八立方メートル、その他のものにあつては三・四二立方メートル）を乗じて得た量とすること。(ロ)(ホ)(コ)(ち)

防火対象物の区分		個数
令第十二条第一項第一号から第四号まで及び第九号から第十二号までに掲げる防火対象物	令別表第一(四)項に掲げる防火対象物及び同表(十六)項イに掲げる防火対象物のうち同表(四)項の用途に供される部分が存するもの（法第八条第一項に規定する百貨店であるものに限る。）	十五（高感度型ヘッドにあつては、十二）

その他のもの	地階を除く階数が十以下の防火対象物	十（高感度型ヘッドにあつては、八）
	地階を除く階数が十一以上の防火対象物	十五（高感度型ヘッドにあつては、十二）
ラック式倉庫	等級がⅠ、Ⅱ及びⅢのもの	三十（標準型ヘッドのうち感度種別が一種のものにあつては、二十四）
	等級がⅣのもの	二十（標準型ヘッドのうち感度種別が一種のものにあつては、十六）
令第十二条第一項第六号及び第七号の防火対象物		十五（高感度型ヘッドにあつては、十二）
令第十二条第一項第八号の指定可燃物を危険物の規制に関する政令別表第四に定める数量の千倍以上貯蔵し、又は取り扱うもの		二十（標準型ヘッドのうち感度種別が一種のものにあつては、十六）

二　閉鎖型スプリンクラーヘッドのうち小区画型ヘッドを用いる場合は、次の表の上欄に掲げる防火対象物の区分に応じ、スプリンクラーヘッドの設置個数が同表の下欄に定める個数以上であるときにあつては当該同表の個数、スプリンクラーヘッドの設置個数が同表の下欄に定める個数に満たないときにあつては当該設置個数に、それぞれ一立方メートルを乗じて得た量（令第十二条第二項第三号の二に規定する特定施設水道連結型スプリンクラー設備（以下「特定施設水道連結型スプリンクラー設備」という。）にあつては一・二立方メートル（壁及び天井（天井のない場合にあつては、屋根）の室内に面する部分（回り縁、窓台その他これらに類する部分を除く。）の仕上げを準不燃材料以外の材料でした場合にあつては当該同表の個数又は当該設置個数に〇・六立方メートルを乗じて得た数））とすること。（ロ）（コ）㋠

防火対象物の区分	個数
令第十二条第一項第一号及び第九号に掲げる防火対象物又はその部分で基準面積が千平方メートル未満のもの	四
地階を除く階数が十以下の防火対象物（令第十二条第一項第一号に掲げる防火対象物で基準面積が千平方メートル未満のものを除く。）	八
地階を除く階数が十一以上の防火対象物	十二

三　閉鎖型スプリンクラーヘッドのうち側壁型ヘッドを用いる場合は、次の表の上欄に掲げる防火対象物の区分に応じ、スプリンクラーヘッドの設置個数が同表の下欄に定める個数（乾式又は予作動式の流水検知装置が設けられているスプリンクラー設備にあつては、当該下欄に定める個数に一・五を乗じて得た個数。以下この号において同じ。）以上であるときにあつては当該同表の個数、スプリンクラーヘッドの設置個数が同表の下欄に定める個数に満たないときにあつては当該設置個数に、それぞれ一・六立方メートルを乗じて得た量とすること。（ロ）

防火対象物の区分	個数
地階を除く階数が十以下の防火対象物	八
地階を除く階数が十一以上の防火対象物	十二

四　開放型スプリンクラーヘッドを用いる場合は、次の表の上欄に掲げる防火対象物の区分に応じ、同表の下欄に定める個数に、それぞれ一・六立方メートルを乗じて得た数（特定施設水道連結型スプリンクラー設備にあつては一・二立方メートル（壁及び天井（天井のない場合にあつては、屋根）の室内に面する部分（回り縁、窓台その他これらに類する部分を除く。）の仕上げを準不燃

材料以外の材料でした場合にあつては当該同表の個数又は当該設置個数に〇・六立方メートルを乗じて得た数）とすること。(コ)

㋠

防火対象物の区分	個数
令第十二条第一項第一号及び第九号に掲げる防火対象物又はその部分で基準面積が千平方メートル未満のもの	四（スプリンクラーヘッドの設置個数が四に満たないときにあつては、当該設置個数）
令第十二条第一項第一号に掲げる防火対象物（基準面積が千平方メートル未満のものを除く。）のうち地階を除く階数が十以下のもの及び舞台部が十階以下の階に存する防火対象物	最大の放水区域に設置されるスプリンクラーヘッドの個数に一・六を乗じた数
舞台部が十一階以上の階に存する防火対象物	スプリンクラーヘッドの設置個数が最も多い階における当該設置個数

五　放水型ヘッド等を用いる場合は、当該ヘッドの性能に応じて、放水区域の火災を有効に消火することができる量として消防庁長官が定めるところにより算出して得た量とすること。(ロ)

2　令第十二条第二項第五号の規定により、スプリンクラー設備の性能は、次の各号に掲げる防火対象物の用途、構造若しくは規模又はスプリンクラーヘッドの種別に応じ、当該各号に定めるとおりとする。(ロ)㋠

一　閉鎖型スプリンクラーヘッドのうち標準型ヘッド　前項第一号に定めるところにより算出した個数のスプリンクラーヘッドを同時に使用した場合に、それぞれの先端において、放水圧力が〇・一メガパスカル以上で、かつ、放水量が八十リットル毎分（ラック式倉庫にあつては、百十四リットル毎分）以上で放水することができる性能(ロ)(ハ)(ホ)

二　閉鎖型スプリンクラーヘッドのうち小区画型ヘッド　前項第二号に定めるところにより算出した個数（特定施設水道連結型スプリンクラー設備にあつては、最大の放水区域に設置されるスプリンクラーヘッドの個数（当該個数が四以上の場合にあつては、四））のスプリンクラーヘッドを同時に使用した場合に、それぞれの先端において、放水圧力が〇・一メガパスカル（特定施設水道連結型スプリンクラー設備にあつては、〇・〇二メガパスカル（壁及び天井（天井のない場合にあつては、屋根）の室内に面する部分（回り縁、窓台その他これらに類する部分を除く。）の仕上げを準不燃材料以外の材料でした場合にあつては、〇・〇五メガパスカル））以上で、かつ、放水量が五十リットル毎分（特定施設水道連結型スプリンクラー設備にあつては、十五リットル毎分（壁及び天井（天井のない場合にあつては、屋根）の室内に面する部分（回り縁、窓台その他これらに類する部分を除く。）の仕上げを準不燃材料以外の材料でした場合にあつては、三十リットル毎分））以上で有効に放水することができる性能(ロ)(ハ)(コ)㋠

三　閉鎖型スプリンクラーヘッドのうち側壁型ヘッド　前項第三号に定めるところにより算出した個数のスプリンクラーヘッドを同時に使用した場合に、それぞれの先端において、放水圧力が〇・一メガパスカル以上で、かつ、放水量が八十リットル毎分以上で放水することができる性能(ロ)(ハ)(コ)

四　開放型スプリンクラーヘッド　最大の放水区域に設置されるスプリンクラーヘッドの個数（舞台部が防火対象物の十一階以上の階に存するときはスプリンクラーヘッドの設置個数が最も多い階における当該設置個数、特定施設水道連結型スプリンクラー設備にあつては最大の放水区域に設置されるスプリンクラーヘッドの個数（当該個数が四以上の場合にあつては、四））を同時に使用した場合に、それぞれの先端において、放水圧力が〇・一メガパスカル（特定施設水道連結型スプリンクラー設備にあつては、〇・〇二メガパスカル（壁及び天井（天井のない場合にあつては、屋根）の室内に面する部分（回り縁、窓台その他これらに類する部分を除く。）の仕上げを準不燃材料以外の材料でした場合にあつては、〇・〇五メガパスカル））以上で、かつ、放水量が八十リットル毎分（特定施設水道連結型スプリンクラー設備にあつては、十五リットル毎分（壁及び天井（天井のない場合にあつては、屋根）の室内に面する部分（回り縁、窓台その他これらに類する部分を除く。）の仕上げを準不燃材料以外の材料でした場合にあつては、三十リットル毎分））以上で有効に放水することができる性能(ロ)(ハ)(コ)㋠

五　放水型ヘッド等　当該スプリンクラーヘッドの性能に応じて、放水区域に有効に放水することができるものとして消防庁長官が定める性能(ロ)

3　令第十二条第二項第六号の総務省令で定める特定施設水道連結型スプリンクラー設備は、加圧送水装置を設けなくても前項第二号又は第四号に規定する性能を有する特定施設水道連結型スプリンクラー設備とする。㋠

4　令第十二条第二項第八号の規定により、補助散水栓をスプリンクラー設備に設ける場合にあつては、次に定めるところによらなければならない。(ロ)㋠

一　補助散水栓は、防火対象物の階ごとに、その階の各部分から一のホース接続口までの水平距離が十五メートル以下となるように設けること。ただし、スプリンクラーヘッドが設けられている部分に補助散水栓を設ける場合にあつては、この限りでない。(ロ)

二　補助散水栓が設置されるいずれの階においても、当該階のすべての補助散水栓（設置個数が二を超えるときは、二個（隣接する補助散水栓のホース接続口相互の水平距離が三十メートルを超える場合にあつては、一個）の補助散水栓とする。）を同時に使用する場合に、それぞれのノズルの先端において、放水圧力が〇・二五メガパスカル以上で、かつ、放水量が六十リットル毎分以上の性能のものとすること。(ロ)(ハ)

三　補助散水栓の設置の表示は、次のイからハまでに定めるところによること。(ロ)(ン)

イ　補助散水栓箱には、その表面に「消火用散水栓」と表示すること。(ロ)

ロ　補助散水栓の上部には、取付け面と十五度以上の角度となる方向に沿つて十メートル離れたところから容易に識別できる赤色の灯火を設けること。(ロ)

ハ　補助散水栓の開閉弁を天井に設ける場合にあつては、次の(イ)及び(ロ)に適合するものとすること。この場合において、ロの規定は適用しない。(ン)

(イ)　補助散水栓箱の直近の箇所には、取付け位置から十メートル離れたところで、かつ、床面からの高さが一・五メートルの位置から容易に識別できる赤色の灯火を設けること。(ン)

(ロ)　消防用ホースを降下させるための装置の上部には、取付け面と十五度以上の角度となる方向に沿つて十メートル離れたところから容易に識別できる赤色の灯火を設けること。(ン)

四　ノズルには、容易に開閉できる装置を設けること。(ロ)

五　補助散水栓の開閉弁は、床面からの高さが一・五メートル以下の位置又は天井に設けること。ただし、当該開閉弁を天井に設ける場合にあつては、当該開閉弁は自動式のものとすること。(ロ)(ン)

六　消防用ホースは、次のイ及びロに定めるところによること。㋥

イ　第十一条の二各号の基準に適合するように設けること。㋥

ロ　補助散水栓を設置する階における消防用ホースの長さは、補助散水栓のホース接続口からの水平距離が十五メートルの範囲内の当該階の各部分に有効に放水することができる長さとすること。ただし、スプリンクラーヘッドが設けられている部分に

補助散水栓を設ける場合にあつては、この限りでない。㋥

七　補助散水栓及び放水に必要な器具は、消防庁長官が定める基準に適合するものであること。(カ)(ン)

本条…追加〔平成八年二月自令二号(ロ)〕、二・三項…一部改正〔平成九年三月自令一九号(ハ)〕、一・二項…一部改正〔平成一〇年七月自令三一号(ホ)〕、三項…一部改正〔平成一三年三月総令四三号(カ)〕、一・二項…一部改正〔平成一九年六月総令六六号(コ)〕、三項…一部改正〔平成二五年三月総令二二号(ン)・一二月一二六号㋥〕、一・二項…一部改正・三項…追加・旧三項…四項に繰下〔平成二六年一〇月総令八〇号㋠〕

参照　【放水型ヘッド等】平成八年八月一九日消防庁告示第六号　【屋内消火栓等】平成二五年三月二七日消防庁告示第二号

（スプリンクラー設備に関する基準の細目）

第一四条　スプリンクラー設備（次項に定めるものを除く。）の設置及び維持に関する技術上の基準の細目は、次のとおりとする。(よ)(そ)(ゐ)(ロ)

一　**開放型**スプリンクラーヘッドを用いるスプリンクラー設備の一斉開放弁又は手動式開放弁は、次に定めるところによること。(そ)(や)(ロ)

イ　放水区域ごとに設けること。(そ)

ロ　一斉開放弁又は手動式開放弁にかかる圧力は、当該一斉開放弁又は手動式開放弁の最高使用圧力以下とすること。(つ)

ハ　一斉開放弁の起動操作部又は手動式開放弁は、開放型スプリンクラーヘッドの存する階で、火災のとき容易に接近することができ、かつ、床面からの高さが〇・八メートル以上一・五メートル以下の箇所に設けること。(そ)(つ)(コ)

ニ　一斉開放弁又は手動式開放弁の二次側配管（令第十二条第一項第二号に掲げる防火対象物又はその部分に設置するものに限る。）の部分には、当該放水区域に放水することなく当該弁の作動を試験するための装置を設けること。(そ)(つ)(コ)

ホ　手動式開放弁は、当該弁の開放操作に必要な力が百五十ニュートン以下のものであること。(そ)(ハ)

二　開放型スプリンクラーヘッドを用いるスプリンクラー設備の放水区域の数は、一の舞台部又は居室につき四以下とし、二以上の放水区域を設けるときは、火災を有効に消火できるように隣接する放水区域が相互に重複するようにすること。ただし、火災時に有効に放水することができるものにあつては、居室の放水区域の数を五以上とすることができる。(よ)(や)(ロ)(コ)

三　**制御弁**は、次に定めるところによること。(そ)(や)

イ　制御弁は、開放型スプリンクラーヘッドを用いるスプリンクラー設備（特定施設水道連結型スプリンクラー設備を除く。）にあつては放水区域ごとに、**閉鎖型**スプリンクラーヘッドを用いるスプリンクラー設備（特定施設水道連結型スプリンクラー設備を除く。）にあつては当該防火対象物の階（ラック式倉庫にあつては、配管の系統）ごとに床面からの高さが〇・八メートル以上一・五メートル以下の箇所に、特定施設水道連結型スプリンクラー設備にあつては防火対象物又はその部分ごとに、それぞれ設けること。(そ)(や)(ホ)(コ)

ロ　制御弁にはみだりに閉止できない措置が講じられていること。(そ)

ハ　制御弁にはその直近の見やすい箇所にスプリンクラー設備の制御弁である旨を表示した標識を設けること。(そ)

四　**自動警報装置**は、次に定めるところによること。ただし、特定施設水道連結型スプリンクラー設備にあつては自動警報装置を、自動火災報知設備により警報が発せられる場合は音響警報装置を、それぞれ設けないことができる。(よ)(そ)(つ)(や)(コ)

イ　スプリンクラーヘッドの開放又は補助散水栓の開閉弁の開放により警報を発するものとすること。(よ)(や)(さ)

ロ　発信部は、各階（ラック式倉庫にあつては、配管の系統）又は放水区域ごとに設けるものとし、当該発信部には、流水検知装置又は圧力検知装置を用いること。(よ)(つ)(ホ)

ハ　ロの流水検知装置又は圧力検知装置にかかる圧力は、当該流水検知装置又は圧力検知装置の最高使用圧力以下とすること。(つ)

ニ　受信部には、スプリンクラーヘッド又は火災感知用ヘッドが開放した階又は放水区域が覚知できる表示装置を防災センター等に設けること。ただし、第十二号において準用する第十二条第一項第八号の規定により総合操作盤が設けられている場合にあつては、この限りでない。(よ)(つ)(ゐ)(や)(ロ)(ラ)

ホ　一の防火対象物に二以上の受信部が設けられているときは、これらの受信部のある場所相互間で同時に通話することができる設備を設けること。(そ)(つ)

四の二　閉鎖型スプリンクラーヘッドのうち小区画型ヘッドを用いるスプリンクラー設備の流水検知装置は、湿式のものとすること。ただし、特定施設水道連結型スプリンクラー設備にあつては、流水検知装置を設けないことができる。(ロ)(コ)

四の三　ラック式倉庫に設けるスプリンクラー設備の流水検知装置は、予作動式以外のものとすること。(ホ)

四の四　流水検知装置の一次側には、圧力計を設けること。(や)(ロ)(ホ)

四の五　流水検知装置の二次側に圧力の設定を必要とするスプリンクラー設備にあつては、当該流水検知装置の圧力設定値よりも二次側の圧力が低下した場合に自動的に警報を発する装置を設けること。(や)(ロ)(ホ)

五　呼水装置は、第十二条第一項第三号の二の規定の例により設けること。ただし、特定施設水道連結型スプリンクラー設備にあつては、呼水装置を設けないことができる。(そ)(さ)(コ)

五の二　閉鎖型スプリンクラーヘッドを用いるスプリンクラー設備の配管の末端には、流水検知装置又は圧力検知装置の作動を試験するための弁（以下「末端試験弁」という。）を次に定めるところにより設けること。ただし、特定施設水道連結型スプリンクラー設備でその放水圧力及び放水量を測定することができるものにあつては、末端試験弁を設けないことができる。(そ)(や)(コ)

イ　末端試験弁は、流水検知装置又は圧力検知装置の設けられる配管の系統ごとに一個ずつ、放水圧力が最も低くなると予想される配管の部分に設けること。(そ)

ロ　末端試験弁の一次側には圧力計が、二次側にはスプリンクラーヘッドと同等の放水性能を有するオリフィス等の試験用放水口が取り付けられるものであること。(そ)(や)

ハ　末端試験弁にはその直近の見やすい箇所に末端試験弁である旨を表示した標識を設けること。(そ)

六　送水口は、次に定めるところによること。(そ)(や)

イ　専用とすること。(そ)

ロ　送水口の結合金具は、差込式又はねじ式のものとし、その構造は、差込式のものにあつては消防用ホースに使用する差込式又はねじ式の結合金具及び消防用吸管に使用するねじ式の結合金具の技術上の規格を定める省令（平成二十五年総務省令第二十三号）に規定する呼称六十五の差込式受け口に、ねじ式のものにあつては同令に規定する呼称六十五のしめ輪のめねじに適合するものであること。(そ)(ロ)㋢

ハ　送水口の結合金具は、地盤面からの高さが〇・五メートル以上一メートル以下で、かつ、送水に支障のない位置に設けること。(そ)

ニ　送水口は、当該スプリンクラー設備の加圧送水装置から流水検知装置若しくは圧力検知装置又は一斉開放弁若しくは手動式開放弁までの配管に、専用の配管をもつて接続すること。(そ)

ホ　送水口にはその直近の見やすい箇所にスプリンクラー用送水口である旨及びその送水圧力範囲を表示した標識を設けること。(そ)

ヘ　消防庁長官が定める基準に適合するものであること。(カ)

六の二　非常電源は、第十二条第一項第四号の規定の例により設けること。(そ)(さ)

七　閉鎖型スプリンクラーヘッドは、その取り付ける場所の正常時における最高周囲温度に応じて次の表で定める標示温度を有するものを設けること。(を)(や)

取り付ける場所の最高周囲温度	標示温度
三十九度未満	七十九度未満
三十九度以上六十四度未満	七十九度以上百二十一度未満
六十四度以上百六度未満	百二十一度以上百六十二度未満
百六度以上	百六十二度以上

八　起動装置は、次に定めるところによること。(よ)(や)

イ　自動式の起動装置は、次の(イ)又は(ロ)に定めるところによること。(よ)

(イ)　開放型スプリンクラーヘッドを用いるスプリンクラー設備にあつては、自動火災報知設備の感知器の作動又は火災感知用ヘッドの作動若しくは開放による圧力検知装置の作動と連動して加圧送水装置及び一斉開放弁（加圧送水装置を設けない特定施設水道連結型スプリンクラー設備にあつては、一斉開放弁）を起動することができるものとすること。ただし、自動火災報知設備の受信機若しくはスプリンクラー設備の表示装置が防災センター等に設けられ、又は第十二号の規定若しくは第二十四条第九号において準用する第十二条第一項第八号の規定により総合操作盤が設けられており、かつ、火災時に直ちに手動式の起動装置により加圧送水装置及び一斉開放弁を起動させることができる場合にあつては、この限りでない。(よ)(そ)(や)(ロ)(ハ)(ラ)(キ)

(ロ)　閉鎖型スプリンクラーヘッドを用いるスプリンクラー設備にあつては、自動火災報知設備の感知器の作動又は流水検知装置若しくは起動用水圧開閉装置の作動と連動して加圧送水装置を起動することができるものとすること。(よ)(や)(さ)(キ)

ロ　手動式の起動装置は、次に定めるところによること。(よ)(や)

(イ)　直接操作又は遠隔操作により、それぞれ加圧送水装置及び手動式開放弁又は加圧送水装置及び一斉開放弁（加圧送水装置を設けない特定施設水道連結型スプリンクラー設備にあつては、それぞれ手動式開放弁又は一斉開放弁）を起動することができるものとすること。(よ)(コ)

(ロ)　二以上の放水区域を有するスプリンクラー設備にあつては、放水区域を選択することができる構造とすること。(よ)

八の二　乾式又は予作動式の流水検知装置が設けられているスプリンクラー設備にあつては、スプリンクラーヘッドが開放した場合に一分以内に当該スプリンクラーヘッドから放水できるものとすること。(や)

九　操作回路の配線は、第十二条第一項第五号の規定に準じて設けること。(よ)(さ)

十　配管は、第十二条第一項第六号（特定施設水道連結型スプリンクラー設備にあつては、ニからトまでを除く。）の規定に準じて設けるほか、次に定めるところによること。(よ)(や)(さ)(コ)

イ　乾式又は予作動式の流水検知装置及び一斉開放弁の二次側配管のうち金属製のものには、亜鉛メッキ等による防食処理を施

すること。(や)(カ)

ロ　乾式又は予作動式の流水検知装置の二次側配管には、当該配管内の水を有効に排出できる措置を講ずること。(や)

ハ　特定施設水道連結型スプリンクラー設備に係る配管、管継手及びバルブ類にあつては、消防庁長官が定める基準に適合するものを使用すること。(コ)

十一　加圧送水装置は、第十二条第一項第七号イ(ロ)、ロ(ロ)及び(ハ)、ハ(ハ)から(チ)まで、ニ並びにトの規定の例によるほか、次に定めるところによること。ただし、前条第四項に規定する補助散水栓を設置する場合における加圧送水装置の落差、圧力水槽の圧力又はポンプの全揚程については、イ、ロ若しくはハ(ロ)により求められた値又は第十二条第二項第三号、第四号若しくは第五号ロの規定の例により求められた値のうちいずれか大きい方の値以上の値とすること。(そ)(や)(さ)(ロ)(ハ)(ン)(り)

イ　高架水槽を用いる加圧送水装置の落差（水槽の下端からスプリンクラーヘッドまでの垂直距離をいう。以下この号において同じ。）は、次の式により求めた値以上の値とすること。(そ)(や)

$H = h_1 + 10m$

Hは、必要な落差（単位　メートル）

h_1は、配管の摩擦損失水頭（単位　メートル）

ロ　圧力水槽を用いる加圧送水装置の圧力水槽の圧力は、次の式により求めた値以上の値とすること。(そ)(ら)(や)

$P = p_1 + p_2 + 0.1MPa$(ハ)

Pは、必要な圧力（単位　メガパスカル）(ハ)

p_1は、配管の摩擦損失水頭圧（単位　メガパスカル）(ハ)

p_2は、落差の換算水頭圧（単位　メガパスカル）(ハ)

ハ　ポンプを用いる加圧送水装置は、次に定めるところによること。(そ)(や)

(イ)　ポンプの吐出量は、前条第二項第一号から第四号までのスプリンクラーヘッドの個数に九十リットル毎分（閉鎖型スプリンクラーヘッドのうち小区画型ヘッドを用いる場合にあつては六十リットル毎分、ラック式倉庫に設けるものにあつては百三十リットル毎分）を乗じて得た量以上の量とすること。(ロ)(ホ)

(ロ)　ポンプの全揚程は、次の式により求めた値以上の値とすること。(そ)

$H = h_1 + h_2 + 10m$

Hは、ポンプの全揚程（単位　メートル）

h_1は、配管の摩擦損失水頭（単位　メートル）

h_2は、落差（単位　メートル）

(や)(ハ)

ニ　加圧送水装置にはスプリンクラーヘッドにおける放水圧力が一メガパスカルを超えないための措置を講じること。(そ)(ら)

ホ　配管の摩擦損失計算は、消防庁長官が定める基準によること。(そ)

十一の二　特定施設水道連結型スプリンクラー設備に設ける加圧送水装置は、第十二条第一項第七号イ(ロ)、ロ(ロ)及び(ハ)、ハ(ニ)から(ヘ)まで、ニ並びにトの規定の例によるほか、前号イからホまでの規定を準用する。この場合において、同号イ中「10m」とあるのは「2m（壁及び天井（天井のない場合にあつては、屋根）の室内に面する部分（回り縁、窓台その他これらに類する部分を除く。）の仕上げを準不燃材料以外の材料でした場合にあつては、5m）」と、同号ロ中「0.1MPa」とあるのは「0.02MPa（壁及び天井（天井のない場合にあつては、屋根）の室内に面する部分（回り縁、窓台その他これらに類する部分を除く。）の仕上げを準不燃材料以外の材料でした場合にあつては、0.05MPa）」と、同号ハ(イ)中

「閉鎖型スプリンクラーヘッド中のうち小区画型ヘッド」とあるのは「特定施設水道連結型スプリンクラー設備に閉鎖型スプリンクラーヘッドのうち小区画型ヘッド」と、「六十リットル毎分」とあるのは「二十リットル毎分（壁及び天井（天井のない場合にあつては、屋根）の室内に面する部分（回り縁、窓台その他これらに類する部分を除く。）の仕上げを準不燃材料以外の材料でした場合にあつては三十五リットル毎分）」と、同ハ(ロ)中「10m」とあるのは「2m（壁及び天井（天井のない場合にあつては、屋根）の室内に面する部分（回り縁、窓台その他これらに類する部分を除く。）の仕上げを準不燃材料以外の材料でした場合にあつては、5m）」と読み替えるものとする。（キ）㋠

十二　第十二条第一項第八号の規定は、スプリンクラー設備について準用する。（ラ）

十三　貯水槽等には第十二条第一項第九号に規定する措置を講ずること。（そ）（や）（さ）（ロ）

2　スプリンクラー設備（放水型ヘッド等を用いるものに限る。）の設置及び維持に関する技術上の基準の細目は、次のとおりとする。（ロ）

一　放水型ヘッド等は、火災の感知に連動して自動的に放水を開始するものであること。ただし、防災センター等において、火災の発生を確認し、かつ、直ちに当該設備を作動させ、放水を開始することができる場合にあつては、この限りでない。（ロ）

二　放水型ヘッド等が設けられている部分には、加圧送水装置の最大能力の水量を有効に排水できる大きさ及びこう配を有する排水設備が設けられていること。ただし、建築構造上、当該スプリンクラー設備及び他の消防用設備等又は特殊消防用設備等に支障を与えるおそれがなく、かつ、避難上及び消火活動上支障がないと認められる場合にあつては、この限りでない。（ロ）（ラ）

三　前二号に定めるもののほか、消防庁長官が定める設置及び維持に関し必要な事項に適合すること。（ロ）

本条…一部改正〔昭和三九年七月自令一六号(は)・四四年三月三号(を)・四五年一二月二七号(か)〕、一項…一部改正・二―四項…追加〔昭和四七年八月自令二〇号(よ)〕、一項…一部改正〔昭和四八年六月自令一三号(た)〕、一・二項…一部改正・三項…追加・旧三・四項…一部改正し四・五項に繰下〔昭和四九年一二月自令四〇号(そ)〕、一項…一部改正〔昭和五〇年一一月自令二二号(つ)・五四年三月五号(ら)〕、一項…一部改正・四項…追加・旧四項…一部改正し五項に繰下・旧五項…六項に繰下〔昭和五六年六月自令一六号(ゐ)〕、一・五項…一部改正〔昭和五九年九月自令二四号(や)〕、一―四・六項…一部改正・七項…追加〔昭和六二年一〇月自令三〇号(さ)〕、二・五項…一部改正〔平成元年二月自令三号(ゆ)〕、一項…一部改正・二項…全部改正・三―七項…削除〔平成八年二月自令二号(ロ)〕、一項…一部改正〔平成九年三月自令一九号(ハ)・一〇年七月三一号(ホ)・一三年三月総令四三号(カ)〕、一・二項…一部改正〔平成一六年五月総令九三号(ラ)〕、一項…一部改正〔平成一九年六月総令六六号(コ)・二〇年一二月一五五号(キ)・二五年三月二一号(ン)・二三号㋒・二六年一〇月八〇号㋠・二七年二月一〇号㋷〕

解説　【開放型】ヘッドが常時開放されているもの
【制御弁】消火が終了した時や点検の場合にヘッドへの送水を停止するための弁
【閉鎖型】ヘッドのガスケット部まで常時圧力水が来ており、火災等の熱により感熱部が溶融又は破壊されて、ガスケットがはずれ水が放出されるもの
【自動警報装置】スプリンクラー設備の配管に水が流れると、警報が鳴る装置

参照　【送水口】平成一三年六月二九日消防庁告示第三七号【特定施設水道連結型スプリンクラー設備に係る配管、管継手及びバルブ類】平成二〇年一二月二六日消防庁告示第二七号【配管の摩擦損失】平成二〇年一二月二六日消防庁告示第三二号【放水型ヘッド等の基準】平成八年八月一九日消防庁告示第六号

（開口部に設置する防火設備）（ヌ）

第一五条　令第十二条第二項第三号ただし書に規定する防火設備として総務省令で定めるものは、防火戸又はドレンチャー設備とする。（ヌ）（ル）

2　前項のドレンチャー設備は、次の各号に適合するものでなければならない。（ヌ）

一　ドレンチャーヘッドは、開口部の上枠に、当該上枠の長さ二・五メートル以下ごとに一個設けること。（ハ）

二　制御弁は、防火対象物の階ごとに、その階の床面からの高さが〇・八メートル以上一・五メートル以下の位置に設けること。

三　水源は、その水量がドレンチャーヘッドの設置個数（当該設置個数が五を超えるときは、五とする。）に〇・四立方メートルを乗じて得た量以上の量となるように設けること。（よ）（ハ）

四　ドレンチャー設備は、すべてのドレンチャーヘッド（当該設置個数が五を超えるときは、五個のドレンチャーヘッドとする。）を同時に使用した場合に、それぞれのヘッドの先端において、放水圧力が〇・一メガパスカル以上で、かつ、放水量が二十リットル毎分以上の性能のものとすること。（よ）（ら）（ハ）

五　水源に連結する加圧送水装置は、点検に便利で、かつ、火災等の災害による被害を受けるおそれが少ない箇所に設けること。（よ）

本条…一部改正〔昭和三八年一二月自令三六号（ろ）・四七年八月二〇号（よ）・五四年三月五号（ら）・平成九年三月一九号（ハ）〕、見出し…改正・一項…追加・旧一項…一部改正し二項に繰下〔平成一二年五月自令三六号（ヌ）〕、一項…一部改正〔平成一二年九月自令四四号（ル）〕

（水噴霧消火設備に関する基準）

第一六条　指定可燃物を貯蔵し、又は取り扱う防火対象物に設置する水噴霧消火設備の噴霧ヘッドの個数及び配置は、次の各号に定めるところによらなければならない。（そ）（ゆ）

一　防護対象物のすべての表面を当該ヘッドの有効防護空間（水噴霧消火設備、泡消火設備、ハロゲン化物消火設備又は粉末消火設備のそれぞれのヘッド（泡消火設備にあつては、泡放出口のうち泡ヘッド）から放射する水噴霧、泡、ハロゲン化物消火剤又は粉末消火剤によつて有効に消火することができる空間をいう。以下同じ。）内に包含するように設けること。（ろ）（そ）（ゆ）

二　防火対象物又はその部分の区分に応じ、床面積一平方メートルにつき次項で定める量の割合で計算した水量を標準放射量（令第十四条第一号の標準放射量をいう。以下同じ。）で放射することができるように設けること。（ろ）（そ）

2　前項の水噴霧消火設備の水源の水量は、床面積一平方メートルにつき十リットル毎分の割合で計算した量（当該防火対象物又はその部分の床面積が五十平方メートルを超える場合にあつては、当該床面積を五十平方メートルとして計算した量）で、二十分間放射することができる量以上の量としなければならない。（そ）（ハ）

3　第一項の水噴霧消火設備の設置及び維持に関する技術上の基準の細目は、次のとおりとする。（そ）

一　放射区域（一の一斉開放弁により同時に放射する区域をいう。）は、防護対象物が存する階ごとに設けること。（そ）

二　呼水装置又は非常電源は、第十二条第一項第三号の二又は第四号の規定の例により設けること。（そ）（や）（さ）

二の二　配管は、第十二条第一項第六号の規定に準じて設けるほか、一斉開放弁の二次側のうち金属製のものには亜鉛メッキ等による防食処理を施すこと。（や）（さ）（カ）

三　加圧送水装置は、第十二条第一項第七号イ(ロ)、ロ(ロ)及び(ハ)、ハ(ハ)から(チ)まで、ニ並びにトの規定の例により設けるほか、次に定めるところによること。（そ）（や）（さ）（ハ）

イ　高架水槽を用いる加圧送水装置の落差（水槽の下端から噴霧ヘッドまでの垂直距離をいう。以下この号において同じ。）は、次の式により求めた値以上の値とすること。（そ）（や）

$H = h_1 + h_2$

Hは、必要な落差（単位　メートル）

h_1は、第三十二条に規定する当該設備に設置された噴霧ヘッドの設計圧力換算水頭（単位　メートル）

h_2は、配管の摩擦損失水頭（単位　メートル）

ロ　圧力水槽を用いる加圧送水装置の圧力水槽の圧力は、次の式により求めた値以上の値とすること。（そ）（ら）（や）

$P = p_1 + p_2 + p_3$

Pは、必要な圧力（単位　メガパスカル）（ハ）

p_1は、第三十二条に規定する当該設備に設置された噴霧ヘッドの設計圧力（単位　メガパスカル）（ハ）

p_2は、配管の摩擦損失水頭圧（単位　メガパスカル）（ハ）

p_3は、落差の換算水頭圧（単位　メガパスカル）（ハ）

ハ　ポンプを用いる加圧送水装置は、次に定めるところによること。（そ）（や）

(イ)　ポンプの吐出量は、同時に放射するすべての噴霧ヘッドから第一項第二号に規定する量で放射することができる量以上の量とすること。（そ）（や）

(ロ)　ポンプの全揚程は、次の式により求めた値以上の値とすること。（そ）（や）

$H = h_1 + h_2 + h_3$

Hは、ポンプの全揚程（単位　メートル）

h_1は、第三十二条に規定する当該設備に設置された噴霧ヘッドの設計圧力換算水頭（単位　メートル）

h_2は、配管の摩擦損失水頭（単位　メートル）

h_3は、落差（単位　メートル）

ニ　加圧送水装置には、当該設備に設けられる噴霧ヘッドにおける放射圧力が当該噴霧ヘッドの性能範囲の上限値を超えないための措置を講じること。（そ）（や）

ホ　起動装置は、次に定めるところによること。（そ）（や）

(イ)　自動式の起動装置は、自動火災報知設備の感知器の作動、閉鎖型スプリンクラーヘッドの開放又は火災感知用ヘッドの作動若しくは開放と連動して加圧送水装置及び一斉開放弁を起動できるものであること。ただし、自動火災報知設備の受信機が防災センター等に設けられ、又は第六号若しくは第二十四条第九号において準用する第十二条第一項第八号の規定により総合操作盤が設けられており、かつ、火災時に直ちに手動式の起動装置により加圧送水装置及び一斉開放弁を起動させることができる場合にあつては、この限りでない。（そ）（や）（ロ）（ハ）（ラ）

(ロ)　手動式の起動装置には第十四条第一項第八号ロの規定の例によるほか、その直近の見やすい箇所に起動装置である旨を表示した標識を設けること。（そ）

ヘ　配管の摩擦損失計算は、消防庁長官が定める基準によること。（そ）

四　一斉開放弁又は制御弁は、第十四条第一項第一号又は第三号の規定の例により設けること。（そ）（ロ）

五　排水設備は、加圧送水装置の最大能力の水量を有効に排水できる大きさ及び勾配を有すること。（そ）

六　第十二条第一項第八号の規定は、水噴霧消火設備について準用する。（ラ）

七　貯水槽等には第十二条第一項第九号に規定する措置を講じること。（そ）（や）（さ）（ロ）

一項…一部改正〔昭和三八年一二月自令三六号(ろ)〕、三項…一部改正〔昭和四四年三月自令三号(を)〕、一項…一部改正・二・三項…全部改正〔昭和四九年一二月自令四〇号(そ)〕、三項…一部改正〔昭和五四年三月自令五号(ら)・五九年九月二四号(や)・六二年一〇月三〇号(さ)〕、一項…一部改正〔平成元年二月自令三号(ゆ)〕、三項…一部改正〔平成八年二月自令二号(ロ)〕、二・三項…一部改正〔平成九年三月自令一九号(ハ)〕、三項…一部改正〔平成一三年三月総令四三号(カ)・一六年五月九三号(ラ)〕

解説 **【有効防護空間】** 一つの噴霧ヘッドで有効に消火できる空間

参照 **【配管の摩擦損失】** 平成二〇年一二月二六日消防庁告示第三二号

第一七条　防火対象物の道路の用に供される部分又は駐車の用に供される部分に設置する水噴霧消火設備の噴霧ヘッドの個数及び配置は、次の各号に定めるところによらなければならない。(は)(そ)(み)

一　道路の幅員又は車両の駐車位置を考慮して防護対象物を噴霧ヘッドから放射する水噴霧により有効に包含し、かつ、車両の周囲の床面の火災を有効に消火することができるように設けること。(は)(み)

二　床面積一平方メートルにつき二十リットル毎分の水量を標準放射量で放射することができるように設けること。(は)(み)

2　加圧送水装置は、前条第三項第三号の規定によるほか、次の各号に定める水量のうちいずれか多い水量を送水できるものでなければならない。(は)(そ)

一　道路の用に供される部分を、道路の長さが十メートル以上となるように区分した場合における当該区分されたそれぞれの道路の部分の面積（以下「道路区画面積」という。）のうち最大となる部分に設けられたすべての噴霧ヘッドを同時に標準放射量で放射する場合の水量(み)

二　第五項第二号に定める区画境界堤で区画された部分の面積にこれと接する車路の部分の面積（車両が駐車する場所が車路をはさんで両側にある場合は、当該車路の中央線までの面積とする。）を加えたものの面積（以下次号において「区画面積」という。）のうち最大となるものに設けられたすべての噴霧ヘッドを同時に標準放射量で放射する場合の水量(は)(み)

三　隣接する二つの道路区画面積又は区画面積を合計した面積のうち最大となるものに設けられたすべての噴霧ヘッドを同時に標準放射量で放射する場合の水量(は)(み)

3　第一項の水噴霧消火設備の水源の水量は、次の各号に定める水量で、二十分間放射することができる量以上の量としなければならない。(み)

一　道路の用に供される部分にあつては、道路区画面積が最大となる部分における当該床面積一平方メートルにつき二十リットル毎分の量の割合で計算した量(み)

二　駐車の用に供される部分にあつては、当該防火対象物又はその部分の床面積（当該床面積が五十平方メートルを超える場合にあつては、五十平方メートルとする。）一平方メートルにつき二十リットル毎分の量の割合で計算した量(み)

4　道路の用に供される部分に設ける排水設備は、次の各号に定めるところにより設けなければならない。(み)

一　道路には、排水溝に向かつて有効に排水できる勾配をつけること。(み)

二　道路の中央又は路端には、排水溝を設けること。(み)

三　排水溝は、長さ四十メートル以内ごとに一個の集水管を設け、消火ピットに連結すること。(み)

四　消火ピットは、油分離装置付とし、火災危険の少ない場所に設けること。(み)

五　排水溝及び集水管は、加圧送水装置の最大能力の水量を有効に

排水できる大きさ及び勾配を有すること。（み）

5　駐車の用に供される部分に設ける排水設備は、次の各号に定めるところにより設けなければならない。（は）（み）

一　車両が駐車する場所の床面には、排水溝に向かつて百分の二以上の勾配をつけること。（は）

二　車両が駐車する場所には、車路に接する部分を除き、高さ十センチメートル以上の区画境界堤を設けること。（は）

三　消火ピットは、油分離装置付とし、火災危険の少ない場所に設けること。（は）（み）

四　車路の中央又は両側には、排水溝を設けること。（は）

五　排水溝は、長さ四十メートル以内ごとに一個の集水管を設け、消火ピットに連結すること。（は）（み）

六　排水溝及び集水管は、加圧送水装置の最大能力の水量を有効に排水できる大きさ及び勾配を有すること。（は）

6　前条第三項（第三号及び第九号を除く。）の規定は、第一項の水噴霧消火設備の設置及び維持に関する技術上の基準の細目について準用する。（は）（そ）（み）

本条…全部改正〔昭和三九年七月自令一六号（は）〕、一・二・五項…一部改正・三項…全部改正〔昭和四九年一二月自令四〇号（そ）〕、一・二項…一部改正・三項…全部改正・四項…追加・旧四項…一部改正し五項に繰下・旧五項…六項に繰下〔平成二年五月自令一七号（み）〕

（泡消火設備に関する基準）（や）

第一八条　固定式の泡消火設備の泡放出口は、次に定めるところによらなければならない。（そ）（や）

一　泡放出口は、次の表の上欄に掲げる膨張比（発生した泡の体積を泡を発生するに要する泡水溶液（泡消火薬剤と水との混合液をいう。以下この条において同じ。）の体積で除した値をいう。以下この条において同じ。）による泡の種別に応じ、同表下欄に掲げるものとすること。（そ）（や）

膨張比による泡の種別	泡放出口の種別
膨張比が二十以下の泡（以下この条において「低発泡」という。）	泡ヘッド
膨張比が八十以上千未満の泡（以下この条において「高発泡」という。）	高発泡用泡放出口

二　泡ヘッドは、令別表第一（十三）項ロに掲げる防火対象物又は防火対象物の屋上部分で、回転翼航空機若しくは垂直離着陸航空機の発着の用に供されるものにあつてはフォーム・ウォーター・スプリンクラーヘッドを、道路の用に供される部分、自動車の修理若しくは整備の用に供される部分又は駐車の用に供される部分にあつてはフォームヘッドを、指定可燃物を貯蔵し、又は取り扱う防火対象物又はその部分にあつてはフォーム・ウォーター・スプリンクラーヘッド又はフォームヘッドを、次に定めるところにより設けること。（そ）（や）（ゆ）（み）

イ　フォーム・ウォーター・スプリンクラーヘッドは、防火対象物又はその部分の天井又は小屋裏に床面積八平方メートルにつき一個以上のヘッドを防護対象物のすべての表面が当該ヘッドの有効防護空間内に包含できるように設けること。（そ）（や）

ロ　フォームヘッドは、防火対象物又はその部分の天井又は小屋裏に床面積九平方メートルにつき一個以上のヘッドを防護対象物のすべての表面が当該ヘッドの有効防護空間内に包含できるように設けること。（そ）（や）

ハ　フォームヘッドの放射量は、次の表の上欄及び中欄に掲げる防火対象物又はその部分の区分及び泡消火薬剤の種別に応じ、同表下欄に掲げる数量の割合で計算した量の泡水溶液を放射することができるように設けること。（そ）（や）（ゆ）（み）

防火対象物又はその部分	泡消火薬剤の種別	床面積一平方メートル当たりの放射量 リットル毎分
道路の用に供される部分、自動車の修理若しくは整備の用に供される部分又は駐車の用に供される部分	たん白泡消火薬剤	六・五
	合成界面活性剤泡消火薬剤	八・〇
	水成膜泡消火薬剤	三・七
指定可燃物を貯蔵し、又は取り扱う防火対象物又はその部分	たん白泡消火薬剤	六・五
	合成界面活性剤泡消火薬剤	六・五
	水成膜泡消火薬剤	六・五

三　高発泡用泡放出口は、次のイ又はロに定めるところにより設けること。（そ）（や）

イ　全域放出方式の高発泡用泡放出口は、令第十六条第一号の区画された部分（以下「防護区画」という。）で開口部に自動閉鎖装置（防火戸又は不燃材料で造つた戸で泡水溶液が放出される直前に開口部を自動的に閉鎖する装置をいう。）が設けられているものに設けるものとし、次に定めるところによること。ただし、当該防護区画から外部に漏れる量以上の量の泡水溶液を有効に追加して放出することができる設備であるときは、当該開口部の自動閉鎖装置を設けないことができる。（そ）（や）（ヌ）

(イ)　泡放出口（泡発生機を内蔵しないものにあつては当該泡発生機を含む。以下同じ。）の泡水溶液放出量は、次の表の上欄及び中欄に掲げる防火対象物又はその部分の区分及び泡放出口の膨張比による種別に応じ、当該防護区画の冠泡体積（当該床面から防護対象物の最高位より〇・五メートル高い位置までの体積をいう。以下同じ。）一立方メートルにつき、同表下欄に掲げる量の割合で計算した量の泡水溶液を放出できるように設けること。（そ）（や）（ゆ）

防火対象物又はその部分	泡放出口の膨張比による種別	毎分一立方メートル当たりの泡水溶液放出量 リットル
令別表第一(十三)項ロに掲げる防火対象物	膨張比が八十以上二百五十未満のもの（以下この条において「第一種」という。）	二・〇〇
	膨張比が二百五十以上五百未満のもの（以下この条において「第二種」という。）	〇・五〇
	膨張比が五百以上千未満のもの（以下この条において「第三種」という。）	〇・二九
自動車の修理若しくは整備の用に供される部分又は駐車の用に供される部分	第一種	一・一一
	第二種	〇・二八
	第三種	〇・一六
ぼろ及び紙くず（動植物油がしみ込んでいる布又は紙及びこれらの製品に限る。）、可燃性固体類又は可燃性液体類を貯蔵し、又は取り扱う防火対象物又はその部分	第一種	一・二五
	第二種	〇・三一
	第三種	〇・一八
指定可燃物（ぼろ及び紙くず（動植物油がしみ込んでいる布又は紙及びこれらの製品に限る。）、可燃性固体類又は可燃性液体類を除く。）を貯蔵し、又は取り扱う防火対象物又はその部分	第一種	一・二五

(ロ) 泡放出口は、一の防護区画の床面積五百平方メートルごとに一個以上を当該区画に泡を有効に放出できるように設けること。(そ)(や)

(ハ) 泡放出口は、防護対象物の最高位より上部の位置となる箇所に設けること。ただし、泡を押し上げる能力を有するものにあつては防護対象物に応じた高さとすることができる。(そ)(や)

ロ 局所放出方式の高発泡用泡放出口は、次に定めるところによること。(そ)(や)

(イ) 防護対象物が相互に隣接する場合で、かつ、延焼のおそれのある場合にあつては、当該延焼のおそれのある範囲内の防護対象物を一の防護対象物として設けること。(そ)

(ロ) 泡放出口の泡水溶液放出量は、次の表の上欄に掲げる防護対象物の区分に応じ、防護面積（当該防護対象物を外周線（防護対象物の最高位の高さの三倍の数値又は一メートルのうちいずれか大なる数値を、当該防護対象物の各部分からそれぞれ水平に延長した線をいう。）で包囲した部分の面積をいう。以下この条において同じ。）一平方メートルにつき、同表下欄に掲げる数値の割合で計算した量以上の量であること。(そ)(や)(ゆ)

防護対象物	防護面積一平方メートル当たりの放射量
指定可燃物	リットル毎分 三
その他のもの	二

2 水源の水量は、次の各号に定める量の泡水溶液を作るに必要な量以上となるようにしなければならない。(そ)(ゆ)

一 フォーム・ウォーター・スプリンクラーヘッドを用いるもので、令別表第一(十三)項ロに掲げる防火対象物又は防火対象物の屋上部分で回転翼航空機若しくは垂直離着陸航空機の発着の用に供されるものに設けられるものにあつては、床面積又は屋上部分の面積の三分の一以上の部分に設けられたすべての泡ヘッドを、指定可燃物を貯蔵し、又は取り扱う防火対象物又はその部分に設けられるものにあつては、床面積五十平方メートルの部分に設けられたすべての泡ヘッドを同時に開放した場合に第三十二条に規定する標準放射量で十分間放射することができる量(そ)(ゆ)

二 フォームヘッドを用いるもので、道路の用に供される部分に設けられるものにあつては、当該部分の床面積八十平方メートルの区域、駐車の用に供される部分に設けられるものにあつては、不燃材料で造られた壁又は天井面より〇・四メートル以上突き出したはり等により区画された部分の床面積が最大となる区域（当該天井部分に突き出したはり等のない場合にあつては床面積五十平方メートルの区域）、その他の防火対象物又はその部分に設けられるものにあつては、床面積が最大となる放射区域に設けられるすべてのヘッドを同時に開放した場合に前項第二号ハに定める放射量で十分間放射することができる量(そ)(ゆ)(み)

三 高発泡用泡放出口は、次のイ又はロに定めるところによること。(そ)(ゆ)

イ 全域放出方式のものは、泡水溶液量が床面積が最大となる防護区画の冠泡体積一立方メートルにつき、次の表の上欄に掲げる泡放出口の種別に応じ、同表の下欄に掲げる量の割合で計算した量（防護区画の開口部に自動閉鎖装置を設けない場合には当該防護区画から外部に漏れる量以上の量の泡水溶液を有効に追加して放出することができる量を追加した量）(そ)(ゆ)

泡放出口の種別	冠泡体積一立方メートル当たりの泡水溶液の量
	立方メートル
第一種	○・○四○
第二種	○・○一三
第三種	○・○○八

ロ　局所放出方式のものは、床面積が最大となる放出区域に前項第三号ロ(ロ)に定める泡水溶液放出量で二十分間放出することができる量(そ)(ゆ)

四　移動式の泡消火設備は、二個（ホース接続口が一個の場合は一個）のノズルを同時に使用した場合に、道路の用に供される部分、自動車の修理若しくは整備の用に供される部分又は駐車の用に供される部分に設けられるものにあつては泡水溶液がノズル一個当たり毎分百リットル、その他の防火対象物又はその部分に設けられるものにあつては泡水溶液がノズル一個当たり毎分二百リットルの放射量で十五分間放射することができる量(そ)(ゆ)(み)

五　前各号に掲げる泡水溶液の量のほか、配管内を満たすに要する泡水溶液の量(そ)(ゆ)

3　泡消火薬剤の貯蔵量は、前項に定める泡水溶液の量に、消火に有効な泡を生成するために適したそれぞれの泡消火薬剤の種別に応じ消防庁長官が定める希釈容量濃度を乗じて得た量以上の量となるようにしなければならない。(そ)(ゆ)

4　泡消火設備の設置及び維持に関する技術上の基準の細目は、次のとおりとする。(そ)(や)

一　火災のとき著しく煙が充満するおそれのある場所に設けるものは、固定式のものとすること。(そ)

一の二　道路の用に供される部分には、固定式の泡消火設備を設けること。ただし、屋上部分に設けられるものにあつては、この限りでない。(み)

二　防護対象物のうち床面からの高さが五メートルを超える場所に設ける高発泡用泡放出口を用いる泡消火設備は、全域放出方式のものとすること。(そ)(や)

三　移動式の泡消火設備に用いる泡消火薬剤は、低発泡のものに限ること。(そ)(や)

三の二　移動式の泡消火設備の消防用ホースは、消防庁長官の定める基準に適合するものであること。(ン)

四　移動式の泡消火設備の表示は、次に定めるところによること。(そ)(や)

イ　泡放射用器具を格納する箱にはその表面に「移動式泡消火設備」と表示すること。(そ)(や)

ロ　泡放射用器具を格納する箱の上部には赤色の灯火を設けること。(そ)(や)

五　フォームヘッドを用いる泡消火設備の一の放射区域の面積は、道路の用に供される部分にあつては八十平方メートル以上百六十平方メートル以下、その他の防火対象物又はその部分に設けられるものにあつては五十平方メートル以上百平方メートル以下とすること。(そ)(や)(み)

六　呼水装置は、第十二条第一項第三号の二の規定の例により設けること。(そ)(さ)

七　操作回路及び第四号ロの灯火の回路の配線は、第十二条第一項第五号の規定の例により設けること。(そ)(さ)

八　配管は、第十二条第一項第六号の規定に準じて設けるほか、一斉開放弁の二次側のうち金属製のものには亜鉛メッキ等による防食処理を施すこと。(そ)(や)(さ)(カ)

九　加圧送水装置は、第十二条第一項第七号イ(ロ)、ロ(ロ)及び(ハ)、ハ(ハ)から(チ)まで、ニ、ト並びにチの規定の例によるほか、次に定めるところによること。(そ)(や)(さ)(ハ)

イ　高架水槽を用いる加圧送水装置の落差（水槽の下端から泡放出口までの垂直距離をいう。以下この号において同じ。）は、次の式により求めた値以上の値とすること。(そ)(や)

$$H = h_1 + h_2 + h_3$$

Hは、必要な落差（単位　メートル）

h_1は、第三十二条に規定する当該設備に設置された固定式の泡放出口の設計圧力換算水頭若しくは移動式の泡消火設備のノズル放射圧力換算水頭（単位　メートル）

h_2は、配管の摩擦損失水頭（単位　メートル）

h_3は、移動式の泡消火設備の消防用ホースの摩擦損失水頭（単位　メートル）

ロ　圧力水槽を用いる加圧送水装置の圧力水槽の圧力は、次の式により求めた値以上の値とすること。(そ)(ら)(や)

$$P = p_1 + p_2 + p_3 + p_4$$

Pは、必要な圧力（単位　メガパスカル）(ハ)

p_1は、第三十二条に規定する当該設備に設置された固定式の泡放出口の設計圧力又は移動式の泡消火設備のノズル放射圧力（単位　メガパスカル）(ハ)

p_2は、配管の摩擦損失水頭圧（単位　メガパスカル）(ハ)

p_3は、落差の換算水頭圧（単位　メガパスカル）(ハ)

p_4は、移動式の泡消火設備の消防用ホースの摩擦損失水頭圧（単位　メガパスカル）(ハ)

ハ　ポンプを用いる加圧送水装置は、次に定めるところによること。(そ)(や)

(イ)　ポンプの吐出量は、固定式の泡放出口の設計圧力又はノズルの放射圧力の許容範囲で泡水溶液を放出し、又は放射することができる量とすること。(そ)(や)

(ロ)　ポンプの全揚程は、次の式により求めた値以上の値とすること。(そ)(や)

$$H = h_1 + h_2 + h_3 + h_4$$

Hは、ポンプの全揚程（単位　メートル）

h_1は、第三十二条に規定する当該設備に設置された固定式の泡放出口の設計圧力換算水頭又は移動式の泡消火設備のノズルの先端の放射圧力換算水頭（単位　メートル）

h_2は、配管の摩擦損失水頭（単位　メートル）

h_3は、落差（単位　メートル）

h_4は、移動式の泡消火設備の消防用ホースの摩擦損失水頭（単位　メートル）

ニ　加圧送水装置には、泡放出口の放出圧力又はノズルの先端の放射圧力が当該泡放出口又はノズルの性能範囲の上限値を超えないための措置を講じること。(そ)(や)

十　起動装置は、次に定めるところによること。(そ)(や)

イ　自動式の起動装置は、自動火災報知設備の感知器の作動、閉鎖型スプリンクラーヘッドの開放又は火災感知用ヘッドの作動若しくは開放と連動して、加圧送水装置、一斉開放弁及び泡消火薬剤混合装置を起動することができるものであること。ただし、自動火災報知設備の受信機が防災センター等に設けられ、又は第十五号若しくは第二十四条第九号において準用する第十二条第一項第八号の規定により総合操作盤が設けられており、かつ、火災時に直ちに手動式の起動装置により加圧送水装置、一斉開放弁及び泡消火薬剤混合装置を起動させることができる場合にあつては、この限りでない。(そ)(や)(ロ)(ハ)(ラ)

ロ　手動式の起動装置は、次に定めるところによること。(そ)

(や)

(イ)　直接操作又は遠隔操作により、加圧送水装置、手動式開放弁及び泡消火薬剤混合装置を起動することができるものであること。(そ)(や)

(ロ)　二以上の放射区域を有する泡消火設備を有するものは、放射区域を選択することができるものとすること。(そ)(や)

(ハ)　起動装置の操作部は、火災のとき容易に接近することができ、かつ、床面からの高さが〇・八メートル以上一・五メートル以下の箇所に設けること。(そ)

(ニ)　起動装置の操作部には有機ガラス等による有効な防護措置が施されていること。(そ)(や)

(ホ)　起動装置の操作部及びホース接続口には、その直近の見やすい箇所にそれぞれ起動装置の操作部及び接続口である旨を表示した標識を設けること。(そ)

十一　高発泡用泡放出口を用いる泡消火設備には泡の放出を停止するための装置を設けること。(そ)(や)

十二　自動警報装置は、第十四条第一項第四号の規定の例により設けること。(そ)

十三　非常電源は、第十二条第一項第四号の規定の例により設けること。(そ)(さ)

十四　泡放出口及び泡消火薬剤混合装置は、消防庁長官の定める基準に適合したものであること。(そ)(つ)(や)

十五　第十二条第一項第八号の規定は、泡消火設備について準用する。(ラ)

十六　貯水槽等は、第十二条第一項第九号に規定する措置を講じること。(そ)(や)(さ)(ロ)

二項…一部改正〔昭和三八年一二月自令三六号(ろ)〕、三項…一部改正〔昭和四四年三月自令三号(を)〕、本条…全部改正〔昭和四九年一二月自令四〇号(そ)〕、四項…一部改正〔昭和五〇年一一月自令二二号(つ)・五四年三月五号(ら)〕、見出し…改正・一・四項…一部改正〔昭和五九年九月自令二四号(や)〕、四項…一部改正〔昭和六二年一〇月自令三〇号(さ)〕、一―三項…一部改正〔平成元年二月自令三号(ゆ)〕、一・二・四項…一部改正〔平成二年五月自令一七号(み)〕、四項…一部改正〔平成八年二月自令二号(ロ)・九年三月一九号(ハ)〕、一項…一部改正〔平成一二年五月自令三六号(ヌ)〕、四項…一部改正〔平成一三年三月総令四三号(カ)・一六年五月九三号(ラ)・二五年三月二一号(ン)〕

解説　**【フォーム・ウォーター・スプリンクラーヘッド】**　空気泡を用いる泡消火設備に使用されるヘッドであり、開放型スプリンクラーヘッドと泡ヘッドとしての性能を有する。

【フォームヘッド】　空気泡又は化学泡を放射するもの。いずれも泡だけを放射する泡専用ヘッドである。

【泡放射用器具】　消防用ホース、泡ノズル、フォームタワー、ピックアップチューブ等

参照　**【屋内消火栓等】**　平成二五年三月二七日消防庁告示第二号

（不活性ガス消火設備に関する基準）(カ)

第一九条　令第十六条第一号の総務省令で定める防火設備は、防火戸とする。(ヌ)(ル)

2　全域放出方式の不活性ガス消火設備の噴射ヘッドは、次の各号に定めるところにより設けなければならない。(そ)(ゆ)(ヌ)(カ)

一　放射された消火剤が防護区画の全域に均一に、かつ、速やかに拡散することができるように設けること。(そ)

二　噴射ヘッドの放射圧力は、次のイ又はロに定めるところによること。(カ)

イ　二酸化炭素を放射する不活性ガス消火設備のうち、高圧式のもの（二酸化炭素が常温で容器に貯蔵されているものをいう。以下この条において同じ。）にあつては一・四メガパスカル以上、低圧式のもの（二酸化炭素が零下十八度以下の温度で容器

に貯蔵されているものをいう。以下この条において同じ。）にあつては〇・九メガパスカル以上であること。(カ)

ロ　窒素、窒素とアルゴンとの容量比が五十対五十の混合物（以下「ＩＧ―五五」という。）又は窒素とアルゴンと二酸化炭素との容量比が五十二対四十対八の混合物（以下「ＩＧ―五四一」という。）を放射する不活性ガス消火設備にあつては一・九メガパスカル以上であること。(カ)

三　消火剤の放射時間は、次のイ又はロに定めるところによること。(カ)

イ　二酸化炭素を放射するものにあつては、第四項第一号イに定める消火剤の量を、次の表の上欄に掲げる防火対象物又はその部分の区分に応じ、同表下欄に掲げる時間内に放射できるものであること。(カ)

防火対象物又はその部分	時間
通信機器室	三・五分
指定可燃物（可燃性固体類及び可燃性液体類を除く。）を貯蔵し、又は取り扱う防火対象物又はその部分	七分
その他の防火対象物又はその部分	一分

ロ　窒素、ＩＧ―五五又はＩＧ―五四一を放射するものにあつては、第四項第一号ロに定める消火剤の量の十分の九の量以上の量を、一分以内に放射できるものであること。(カ)

四　消防庁長官が定める基準に適合するものであること。(そ)

3　局所放出方式の不活性ガス消火設備の噴射ヘッドは、前項第二号イの規定の例によるほか、次の各号に定めるところにより設けなければならない。(そ)(み)(ヌ)(カ)

一　防護対象物のすべての表面がいずれかの噴射ヘッドの有効射程内にあるように設けること。(そ)(み)

二　消火剤の放射によつて可燃物が飛び散らない箇所に設けること。(そ)

三　次項第二号に定める消火剤の量を三十秒以内に放射できるものであること。(そ)

四　消防庁長官が定める基準に適合するものであること。(そ)

4　不活性ガス消火設備の貯蔵容器（以下この条において「貯蔵容器」という。）に貯蔵する消火剤の量は、次の各号に定めるところによらなければならない。(そ)(ヌ)(カ)

一　全域放出方式の不活性ガス消火設備にあつては、次のイ又はロに定めるところによること。(カ)(ゐ)

イ　二酸化炭素を放射するものにあつては、次の(イ)から(ハ)までに定めるところにより算出された量以上の量とすること。(カ)(ゐ)

(イ)　通信機器室又は指定可燃物（可燃性固体類及び可燃性液体類を除く。）を貯蔵し、若しくは取り扱う防火対象物又はその部分にあつては、次の表の上欄に掲げる防火対象物又はその部分の区分に応じ、当該防護区画の体積（不燃材料で造られ、固定された気密構造体が存する場合には、当該構造体の体積を減じた体積。以下この条、第二十条及び第二十一条において同じ。）一立方メートルにつき同表下欄に掲げる量の割合で計算した量(カ)(ム)(ゐ)

防火対象物又はその部分	防護区画の体積一立方メートル当たりの消火剤の量
通信機器室	キログラム 一・二
綿花類、木毛若しくはかんなくず、ぼろ若しくは紙くず（動植	

指定可燃物（可燃性固体類及び可燃性液体類を除く。）を貯蔵し、又は取り扱う防火対象物又はその部分	物油がしみ込んでいる布又は紙及びこれらの製品を除く。）、糸類、わら類、再生資源燃料又は合成樹脂類（不燃性又は難燃性でないゴム製品、ゴム半製品、原料ゴム及びゴムくずに限る。）（以下「綿花類等」という。）に係るもの	二・七
	木材加工品又は木くずに係るもの	二・〇
	合成樹脂類（不燃性又は難燃性でないゴム製品、ゴム半製品、原料ゴム及びゴムくずを除く。）に係るもの	〇・七五

(ロ) (イ)に掲げる防火対象物又はその部分以外のものにあつては、次の表の上欄に掲げる防護区画の体積に応じ、同表中欄に掲げる量の割合で計算した量。ただし、その量が同表下欄に掲げる量未満の量となる場合においては、当該下欄に掲げる量とする。（カ）

防護区画の体積	防護区画の体積一立方メートル当たりの消火剤の量	消火剤の総量の最低限度
五十立方メートル未満	キログラム 一・〇〇	
五十立方メートル以上百五十立方メートル未満	〇・九〇	キログラム 五十
百五十立方メートル以上千五百立方メートル未満	〇・八〇	百三十五
千五百立方メートル以上	〇・七五	千二百

(ハ) 防護区画の開口部に自動閉鎖装置を設けない場合にあつては、(イ)又は(ロ)により算出された量に、次の表の上欄に掲げる防火対象物又はその部分の区分に応じ、同表下欄に掲げる量の割合で計算した量を加算した量（カ）

防火対象物又はその部分			開口部の面積一平方メートル当たりの消火剤の量
通信機器室			キログラム 十
(イ)に掲げる防火対象物又はその部分	指定可燃物（可燃性固体類及び可燃性液体類を除く。）を貯蔵し、又は取り扱う防火対象物又はその部分	綿花類等に係るもの	二十
		木材加工品又は木くずに係るもの	十五
		合成樹脂類（不燃性又は難燃性でないゴム製品、ゴム半製品、原料ゴム及びゴムくずを除く。）に係るもの	五
(ロ)に掲げる防火対象物又はその部分			五

ロ　窒素、IG—五五又はIG—五四一を放射するものにあつては、次の表の上欄に掲げる消火剤の種別の区分に応じ、同表下欄に掲げる量の割合で計算した量とすること。（カ）

消火剤の種別	防護区画の体積一立方メートル当たりの消火剤の量
窒素	立方メートル（温度二十度で一気圧の状態に換算した体積）〇・五一六以上〇・七四〇以下
IG—五五	〇・四七七以上〇・五六二以下
IG—五四一	〇・四七二以上〇・五六二以下

二　局所放出方式の不活性ガス消火設備にあつては、次のイ又はロに定めるところにより算出された量に、高圧式のものにあつては

一・四を、低圧式のものにあっては一・一をそれぞれ乗じた量以上とすること。(そ)(カ)(ゐ)

イ　可燃性固体類又は可燃性液体類を上面を開放した容器に貯蔵する場合その他火災のときの燃焼面が一面に限定され、かつ、可燃物が飛散するおそれがない場合にあっては、防護対象物の表面積（当該防護対象物の一辺の長さが〇・六メートル以下の場合にあっては、当該辺の長さを〇・六メートルとして計算した面積。第二十条及び第二十一条において同じ。）一平方メートルにつき十三キログラムの割合で計算した量(そ)(ゆ)(ゐ)

ロ　イに掲げる場合以外の場合にあっては、次の式によって求められた量に防護空間（防護対象物のすべての部分から〇・六メートル離れた部分によって囲まれた空間の部分をいう。以下同じ。）の体積を乗じた量(そ)

$$Q = 8 - 6\frac{a}{A}$$

Qは、単位体積当りの消火剤の量（単位　キログラム毎立方メートル）

aは、防護対象物の周囲に実際に設けられた壁の面積の合計（単位　平方メートル）

Aは、防護空間の壁の面積（壁のない部分にあっては、壁があると仮定した場合における当該部分の面積）の合計（単位　平方メートル）

三　全域放出方式又は局所放出方式の不活性ガス消火設備において同一の防火対象物又はその部分に防護区画又は防護対象物が二以上存する場合には、それぞれの防護区画又は防護対象物について前二号の規定の例により計算した量のうち最大の量以上の量とすること。(そ)(カ)

四　移動式の不活性ガス消火設備にあっては、一のノズルにつき九十キログラム以上の量とすること。(そ)(カ)

5　全域放出方式又は局所放出方式の不活性ガス消火設備の設置及び維持に関する技術上の基準の細目は、次のとおりとする。(そ)(ヌ)(カ)

一　駐車の用に供される部分及び通信機器室であって常時人がいない部分には、全域放出方式の不活性ガス消火設備を設けること。(そ)(カ)

一の二　常時人がいない部分以外の部分には、全域放出方式又は局所放出方式の不活性ガス消火設備を設けてはならない。(み)(カ)

二　不活性ガス消火設備に使用する消火剤は、二酸化炭素（日本産業規格K一一〇六の二種又は三種に適合するものに限る。以下この号、第二号の三及び次項第一号において同じ。）、窒素（日本産業規格K一一〇七の二級に適合するものに限る。以下この号において同じ。）、窒素とアルゴン（日本産業規格K一一〇五の二級に適合するものに限る。以下この号において同じ。）との容量比が五十対五十の混合物又は窒素とアルゴンと二酸化炭素との容量比が五十二対四十対八の混合物とすること。(カ)(ね)

二の二　全域放出方式の不活性ガス消火設備に使用する消火剤は、次の表の上欄に掲げる当該消火設備を設置する防火対象物又はその部分の区分に応じ、同表下欄に掲げる消火剤とすること。(カ)

防火対象物又はその部分		消火剤の種別
鍛造場、ボイラー室、乾燥室その他多量の火気を使用する部分、ガスタービンを原動力とする発電機が設置されている部分又は指定可燃物を貯蔵し、若しくは取り扱う防火対象物若しくはその部分		二酸化炭素
	防護区画の面積が千平方メートル以上又は体積が三千立方	

その他の防火対象物又はその部分	メートル以上のもの	二酸化炭素、窒素、IG—五五又はIG—五四一
	その他のもの	

二の三　局所放出方式の不活性ガス消火設備に使用する消火剤は、二酸化炭素とすること。(カ)

三　防護区画の換気装置は、消火剤放射前に停止できる構造とすること。(そ)

四　全域放出方式の不活性ガス消火設備を設置した防火対象物又はその部分の開口部は、次のイ又はロに定めるところによること。(カ)

イ　二酸化炭素を放射するものにあつては、次の(イ)から(ハ)までに定めるところによること。(カ)

(イ)　階段室、非常用エレベーターの乗降ロビーその他これらに類する場所に面して設けてはならないこと。(カ)

(ロ)　床面からの高さが階高の三分の二以下の位置にある開口部で、放射した消火剤の流失により消火効果を減ずるおそれのあるもの又は保安上の危険があるものには、消火剤放射前に閉鎖できる自動閉鎖装置を設けること。(カ)

(ハ)　自動閉鎖装置を設けない開口部の面積の合計の数値は、前項第一号イ(イ)に掲げる防火対象物又はその部分にあつては囲壁面積（防護区画の壁、床及び天井又は屋根の面積の合計をいう。以下同じ。）の数値の一パーセント以下、前項第一号イ(ロ)に掲げる防火対象物又はその部分にあつては防護区画の体積の数値又は囲壁面積の数値のうちいずれか小さい方の数値の十パーセント以下であること。(カ)

ロ　窒素、IG—五五又はIG—五四一を放射するものにあつては、消火剤放射前に閉鎖できる自動閉鎖装置を設けること。(カ)

五　貯蔵容器への充てんは、次のイ又はロに定めるところによること。(カ)

イ　二酸化炭素を消火剤とする場合にあつては、貯蔵容器の充てん比（容器の内容積の数値と消火剤の重量の数値との比をいう。以下同じ。）が、高圧式のものにあつては一・五以上一・九以下、低圧式のものにあつては一・一以上一・四以下であること。(カ)

ロ　窒素、IG—五五又はIG—五四一を消火剤とする場合にあつては、貯蔵容器の充てん圧力が温度三十五度において三十・〇メガパスカル以下であること。(カ)

六　貯蔵容器は、次のイからハまでに定めるところにより設けること。(そ)

イ　防護区画以外の場所に設けること。(そ)

ロ　温度四十度以下で温度変化が少ない場所に設けること。(そ)

ハ　直射日光及び雨水のかかるおそれの少ない場所に設けること。(そ)

六の二　貯蔵容器には、消防庁長官が定める基準に適合する安全装置（容器弁に設けられたものを含む。第十三号ニ、第二十条第四項第四号イ及び第六号の二並びに第二十一条第四項第三号ハ及び第五号の二において同じ。）を設けること。(な)(ゐ)

六の三　貯蔵容器の見やすい箇所に、充てん消火剤量、消火剤の種類、製造年及び製造者名を表示すること。ただし、二酸化炭素を貯蔵する貯蔵容器にあつては、消火剤の種類を表示することを要しない。(カ)

七　配管は、次のイからニまでに定めるところによること。(そ)(お)(カ)

イ　専用とすること。(そ)

ロ　配管は、次の(イ)又は(ロ)に定めるところによること。（カ）

(イ)　二酸化炭素を放射する不活性ガス消火設備にあつては、次のとおりとすること。（カ）

(1)　鋼管を用いる配管は、日本産業規格G三四五四のSTPG三七〇のうち、高圧式のものにあつては呼び厚さでスケジュール八十以上のもの、低圧式のものにあつては呼び厚さでスケジュール四十以上のものに適合するもの又はこれらと同等以上の強度を有するもので、亜鉛メッキ等による防食処理を施したものを用いること。（カ）ね

(2)　銅管を用いる配管は、日本産業規格H三三〇〇のタフピッチ銅に適合するもの又はこれと同等以上の強度を有するもので、高圧式のものにあつては十六・五メガパスカル以上、低圧式のものにあつては三・七五メガパスカル以上の圧力に耐えるものを用いること。（カ）ね

(ロ)　窒素、IG—五五又はIG—五四一を放射する不活性ガス消火設備にあつては、次のとおりとすること。ただし、圧力調整装置の二次側配管にあつては、温度四十度における最高調整圧力に耐える強度を有する鋼管（亜鉛メッキ等による防食処理を施したものに限る。）又は銅管を用いることができる。（カ）

(1)　鋼管を用いる配管は、日本産業規格G三四五四のSTPG三七〇のうち、呼び厚さでスケジュール八十以上のものに適合するもの又はこれと同等以上の強度を有するもので、亜鉛メッキ等による防食処理を施したものを用いること。（カ）ね

(2)　銅管を用いる配管は、日本産業規格H三三〇〇のタフピッチ銅に適合するもの又はこれと同等以上の強度を有するもので、十六・五メガパスカル以上の圧力に耐えるものを用いること。（カ）ね

(3)　(1)及び(2)の規定にかかわらず、配管に選択弁又は開閉弁（以下「選択弁等」という。）を設ける場合にあつては、貯蔵容器から選択弁等までの部分には温度四十度における内部圧力に耐える強度を有する鋼管（亜鉛メッキ等による防食処理を施したものに限る。）又は銅管を用いること。（カ）

ハ　管継手は、次の(イ)又は(ロ)に定めるところによること。（カ）

(イ)　二酸化炭素を放射する不活性ガス消火設備のうち、高圧式のものにあつては十六・五メガパスカル以上、低圧式のものにあつては三・七五メガパスカル以上の圧力に耐えるもので、適切な防食処理を施したものを用いること。（カ）

(ロ)　窒素、IG—五五又はIG—五四一を放射する不活性ガス消火設備にあつては、ロ(ロ)の規定の例によること。（カ）

ニ　落差（配管の最も低い位置にある部分から最も高い位置にある部分までの垂直距離をいう。第二十条第四項第七号ホ及び第二十一条第四項第七号トにおいて同じ。）は、五十メートル以下であること。（お）（カ）ゐ

八　二酸化炭素を常温で貯蔵する容器又は窒素、IG—五五若しくはIG—五四一を貯蔵する容器には、消防庁長官が定める基準に適合する容器弁を設けること。（な）（カ）

九　二酸化炭素を零下十八度以下の温度で貯蔵する容器（以下「低圧式貯蔵容器」という。）は、次のイからニまでに定めるところによること。（そ）（カ）

イ　低圧式貯蔵容器には液面計及び圧力計を設けること。（そ）（な）

ロ　低圧式貯蔵容器には二・三メガパスカル以上の圧力及び一・九メガパスカル以下の圧力で作動する圧力警報装置を設けるこ

と。(そ)(な)(ら)(ハ)

ハ　低圧式貯蔵容器には、容器内部の温度を零下二十度以上零下十八度以下に保持することができる自動冷凍機を設けること。(お)

ニ　低圧式貯蔵容器には、消防庁長官が定める基準に適合する破壊板を設けること。(な)

十　低圧式貯蔵容器には、消防庁長官が定める基準に適合する放出弁を設けること。(な)

十一　選択弁は、次のイからニまでに定めるところによること。(そ)

イ　一の防火対象物又はその部分に防護区画又は防護対象物が二以上存する場合において貯蔵容器を共用するときは、防護区画又は防護対象物ごとに選択弁を設けること。(そ)

ロ　選択弁は、防護区画以外の場所に設けること。(そ)

ハ　選択弁には選択弁である旨及びいずれの防護区画又は防護対象物の選択弁であるかを表示すること。(そ)

ニ　選択弁は、消防庁長官が定める基準に適合するものであること。(そ)

十二　貯蔵容器から噴射ヘッドまでの間に選択弁等を設けるものには、貯蔵容器と選択弁等の間に、消防庁長官が定める基準に適合する安全装置又は破壊板を設けること。(そ)(な)(み)(カ)

十三　起動用ガス容器は、次のイからニまでに定めるところによること。(そ)㋹

イ　全域放出方式の不活性ガス消火設備（二酸化炭素を放射するものに限る。）には、起動用ガス容器を設けること。㋹

ロ　起動用ガス容器は、二十四・五メガパスカル以上の圧力に耐えるものであること。(そ)(な)(ら)(ハ)㋹

ハ　起動用ガス容器の内容積は、一リットル以上とし、当該容器に貯蔵する二酸化炭素の量は、〇・六キログラム以上で、かつ、充てん比は、一・五以上であること。(そ)(な)(み)㋹

ニ　起動用ガス容器には、消防庁長官が定める基準に適合する安全装置及び容器弁を設けること。(な)㋹

十四　起動装置は、次のイ又はロに定めるところによること。(カ)

イ　二酸化炭素を放射する不活性ガス消火設備にあっては、次の(イ)及び(ロ)に定めるところによること。(カ)㋹

(イ)　手動式とすること。ただし、常時人のいない防火対象物その他手動式によることが不適当な場所に設けるものにあっては、自動式とすることができる。㋹

(ロ)　全域放出方式のものには、消火剤の放射を停止する旨の信号を制御盤へ発信するための緊急停止装置を設けること。㋹

ロ　窒素、IG―五五又はIG―五四一を放射する不活性ガス消火設備にあっては、自動式とすること。(カ)

十五　手動式の起動装置は、次のイからチまでに定めるところによること。(そ)

イ　起動装置は、当該防護区画外で当該防護区画内を見とおすことができ、かつ、防護区画の出入口付近等操作をした者が容易に退避できる箇所に設けること。(そ)

ロ　起動装置は、一の防護区画又は防護対象物ごとに設けること。(そ)

ハ　起動装置の操作部は、床面からの高さが〇・八メートル以上一・五メートル以下の箇所に設けること。(そ)

ニ　起動装置にはその直近の見やすい箇所に不活性ガス消火設備の起動装置である旨及び消火剤の種類を表示すること。(そ)(カ)

ホ　起動装置の外面は、赤色とすること。(そ)

ヘ　電気を使用する起動装置には電源表示灯を設けること。(そ)

ト　起動装置の放出用スイッチ、引き栓等は、音響警報装置を起動する操作を行った後でなければ操作できないものとし、かつ、起動装置に有機ガラス等による有効な防護措置が施されていること。(そ)(み)

チ　起動装置又はその直近の箇所には、防護区画の名称、取扱い方法、保安上の注意事項等を表示すること。(そ)

十六　自動式の起動装置は、次のイからニまでに定めるところによること。(そ)(カ)

イ　起動装置は、次の(イ)及び(ロ)に定めるところによること。(そ)(ゐ)

(イ)　自動火災報知設備の感知器の作動と連動して起動するものであること。(ゐ)

(ロ)　全域放出方式の不活性ガス消火設備（二酸化炭素を放射するものに限る。）に設ける起動装置は、二以上の火災信号により起動するものであること。(ゐ)

ロ　起動装置には次の(イ)から(ハ)までに定めるところにより自動手動切替え装置を設けること。(そ)

(イ)　容易に操作できる箇所に設けること。(そ)

(ロ)　自動及び手動を表示する表示灯を設けること。(そ)

(ハ)　自動手動の切替えは、かぎ等によらなければ行えない構造とすること。(そ)

ハ　窒素、IG―五五又はIG―五四一を放射する不活性ガス消火設備にあつては、起動装置の放出用スイッチ、引き栓等の作動により直ちに貯蔵容器の容器弁又は放出弁を開放するものであること。(カ)

ニ　自動手動切替え装置又はその直近の箇所には取扱い方法を表示すること。(そ)(カ)

十七　音響警報装置は、次のイからニまでに定めるところによること。(そ)

イ　手動又は自動による起動装置の操作又は作動と連動して自動的に警報を発するものであり、かつ、消火剤放射前に遮断されないものであること。(そ)(み)

ロ　音響警報装置は、防護区画又は防護対象物にいるすべての者に消火剤が放射される旨を有効に報知できるように設けること。(そ)

ハ　全域放出方式の不活性ガス消火設備に設ける音響警報装置は、音声による警報装置とすること。ただし、常時人のいない防火対象物（二酸化炭素を放射する不活性ガス消火設備のうち、自動式の起動装置を設けたものを設置したものを除く。）にあつては、この限りでない。(そ)(ゐ)

ニ　音響警報装置は、消防庁長官が定める基準に適合するものであること。(そ)

十八　不活性ガス消火設備を設置した場所には、その放出された消火剤及び燃焼ガスを安全な場所に排出するための措置を講じること。(そ)(カ)

十九　全域放出方式の不活性ガス消火設備には、次のイ又はロに定めるところにより保安のための措置を講じること。(カ)(ゐ)

イ　二酸化炭素を放射するものにあつては、次の(イ)から(ホ)までに定めるところによること。(カ)(ゐ)

(イ)　起動装置の放出用スイッチ、引き栓等の作動から貯蔵容器の容器弁又は放出弁の開放までの時間が二十秒以上となる遅延装置を設けること。(カ)

(ロ)　手動起動装置には(イ)で定める時間内に消火剤が放出しないような措置を講じること。(カ)

(ハ)　集合管（集合管に選択弁を設ける場合にあつては、貯蔵容器と選択弁の間に限る。）又は操作管（起動用ガス容器と貯蔵容器の間に限る。）に消防庁長官が定める基準に適合する閉止弁を設けること。(ゐ)

(ニ)　防護区画の出入口等の見やすい箇所に消火剤が放出された旨を表示する表示灯を設けること。(カ)(ゐ)

(ホ)　二酸化炭素を貯蔵する貯蔵容器を設ける場所及び防護区画の出入口等の見やすい箇所に、次の(1)及び(2)に定める事項並びに日本産業規格A八三一二（二〇二一）の図A．1（一辺の長さが〇・三メートル以上のものに限る。）を表示した標

識を設けること。(ゐ)

(1) 二酸化炭素が人体に危害を及ぼすおそれがあること。(ゐ)

(2) 消火剤が放射された場合は、当該場所に立ち入ってはならないこと。ただし、消火剤が排出されたことを確認した場合は、この限りでない。(ゐ)

ロ　窒素、IG―五五又はIG―五四一を放射するものにあっては、イ(二)の規定の例によること。(カ)(ゐ)

十九の二　全域放出方式の不活性ガス消火設備（二酸化炭素を放射するものに限る。）を設置した防護区画と当該防護区画に隣接する部分（以下「防護区画に隣接する部分」という。）を区画する壁、柱、床又は天井（ロにおいて「壁等」という。）に開口部が存する場合にあつては、防護区画に隣接する部分は、次のイからハまでに定めるところにより保安のための措置を講じること。ただし、防護区画において放出された消火剤が開口部から防護区画に隣接する部分に流入するおそれがない場合又は保安上の危険性がない場合にあつては、この限りでない。(ハ)(カ)

イ　消火剤を安全な場所に排出するための措置を講じること。(ハ)

ロ　防護区画に隣接する部分の出入口等（防護区画と防護区画に隣接する部分を区画する壁等に存する出入口等を除く。）の見やすい箇所に防護区画内で消火剤が放出された旨を表示する表示灯を設けること。(ハ)

ハ　防護区画に隣接する部分には、消火剤が防護区画内に放射される旨を有効に報知することができる音響警報装置を第十七号の規定の例により設けること。(ハ)

十九の三　全域放出方式のものには、消防庁長官が定める基準に適合する当該設備等の起動、停止等の制御を行う制御盤を設けること。(カ)

二十　非常電源は、自家発電設備、蓄電池設備又は燃料電池設備によるものとし、その容量を当該設備を有効に一時間作動できる容量以上とするほか、第十二条第一項第四号ロからホまでの規定の例により設けること。(そ)(ら)(さ)(ノ)(ゐ)

二十一　操作回路、音響警報装置回路及び表示灯回路（第二十条及び第二十一条において「操作回路等」という。）の配線は、第十二条第一項第五号の規定の例により設けること。(そ)(さ)(ゐ)

二十二　消火剤放射時の圧力損失計算は、消防庁長官が定める基準によること。(そ)

二十二の二　全域放出方式の不活性ガス消火設備（窒素、IG―五五又はIG―五四一を放射するものに限る。）を設置した防護区画には、当該防護区画内の圧力上昇を防止するための措置を講じること。(カ)

二十三　第十二条第一項第八号の規定は、不活性ガス消火設備について準用する。(ラ)

二十四　貯蔵容器、配管及び非常電源には、第十二条第一項第九号に規定する措置を講じること。(そ)(さ)(ロ)

6　移動式の不活性ガス消火設備の設置及び維持に関する技術上の基準の細目は、前項第五号イ、第六号ロ及びハ、第六号の二、第六号の三（窒素、IG―五五及びIG―五四一に係る部分を除く。）、第七号（同号ロ(ロ)及びハ(ロ)を除く。）、第八号（窒素、IG―五五及びIG―五四一に係る部分を除く。）並びに第二十二号の規定の例によるほか、次のとおりとする。(そ)(な)(み)(ヌ)(カ)

一　移動式の不活性ガス消火設備に使用する消火剤は、二酸化炭素とすること。(カ)

一の二　ノズルは、温度二十度において一のノズルにつき毎分六十キログラム以上の消火剤を放射できるものであること。(そ)(カ)

二　貯蔵容器の容器弁又は放出弁は、ホースの設置場所において手動で開閉できるものであること。(そ)(な)

三　貯蔵容器は、ホースを設置する場所ごとに設けること。(そ)

四　貯蔵容器の直近の見やすい箇所に赤色の灯火及び移動式不活性ガス消火設備である旨及び消火剤の種類を表示した標識を設ける

こと。(そ)(カ)

五　火災のとき煙が著しく充満するおそれのある場所以外の場所に設置すること。(そ)

五の二　道路の用に供される部分に設置する場合にあつては、屋上部分に限り設置できること。(み)

六　ホース、ノズル、ノズル開閉弁及びホースリールは、消防庁長官が定める基準に適合するものであること。(そ)

二・三項…一部改正〔昭和三八年一二月自令三六号(ろ)〕、四項…一部改正〔昭和四四年三月自令三号(を)〕、本条…全部改正〔昭和四九年一二月自令四〇号(そ)〕、四・五項…一部改正〔昭和五一年六月自令一六号(な)〕、一・四項…一部改正〔昭和五四年三月自令五号(ら)〕、三項…一部改正〔昭和五六年六月自令一六号(ゐ)〕、四項…一部改正〔昭和五七年一月自令二号(お)・六二年一〇月三〇号(さ)〕、一・三項…一部改正〔平成元年二月自令三号(ゆ)〕、二・四・五項…一部改正〔平成二年五月自令一七号(み)〕、四項…一部改正〔平成八年二月自令二号(ロ)〕、一・四項…一部改正〔平成九年三月自令一九号(ハ)〕、一項…追加・旧一〜五項…二〜六項に繰下〔平成一一年五月白令三六号(ヌ)〕、一項…一部改正〔平成一二年九月自令四四号(ル)〕、見出し…改正・二—六項…一部改正〔平成一三年三月総令四三号(カ)〕、五項…一部改正〔平成一六年五月総令九三号(ラ)〕、四項…一部改正〔平成一六年七月総令一一二号(ム)〕、五項…一部改正〔平成一七年三月総令三三号(ノ)・令和元年六月一九号(ね)〕、四・五項…一部改正〔令和四年九月総令六二号(ゐ)〕

参照　【噴射ヘッドの基準】平成七年六月六日消防庁告示第七号【容器弁・安全装置・破壊板の基準】昭和五一年八月二六日消防庁告示第九号【放出弁の基準】平成七年一月一二日消防庁告示第一号【選択弁の基準】平成七年一月一二日消防庁告示第二号【音響警報装置の基準】平成七年一月一二日消防庁告示第三号【制御盤の基準】平成一三年六月二九日消防庁告示第三八号【ホース、ノズル、ノズル開閉弁、ホースリールの基準】昭和五一年二月二五日消防庁告示第二号【不活性ガス消火設備の閉止弁の基準】令和四年九月一四日消防庁告示第八号

第一九条の二　全域放出方式の不活性ガス消火設備（二酸化炭素を放射するものに限る。）の維持に関する技術上の基準は、前条に定めるもののほか、次のとおりとする。(ゐ)

一　閉止弁は、次のイ及びロに定めるところにより維持すること。(ゐ)

イ　工事、整備、点検その他の特別の事情により防護区画内に人が立ち入る場合は、閉止された状態であること。(ゐ)

ロ　イに掲げる場合以外の場合は、開放された状態であること。(ゐ)

二　自動手動切替え装置は、工事、整備、点検その他の特別の事情により防護区画内に人が立ち入る場合は、手動状態に維持すること。(ゐ)

三　消火剤が放射された場合は、防護区画内の消火剤が排出されるまでの間、当該防護区画内に人が立ち入らないように維持すること。(ゐ)

四　制御盤の付近に設備の構造並びに工事、整備及び点検時においてとるべき措置の具体的内容及び手順を定めた図書を備えておくこと。(ゐ)

本条…追加〔令和四年九月総令六二号(ゐ)〕

（ハロゲン化物消火設備に関する基準）

第二〇条　全域放出方式のハロゲン化物消火設備の噴射ヘッドは、第十九条第二項第一号の規定の例によるほか、次の各号に定めるところにより設けなければならない。(そ)(ハ)(カ)(ゐ)

一　ジブロモテトラフルオロエタン（以下この条及び第三十二条において「ハロン二四〇二」という。）又はドデカフルオロ—二—メチルペンタン—三—オン（以下この条及び第三十二条において「FK—五—一—一二」という。）を放出する噴射ヘッドは、当該消火剤を霧状に放射するものであること。(そ)(ハ)(シ)

二　噴射ヘッドの放射圧力は、次のイ又はロに定めるところによること。(カ)

イ　ハロン二四〇二を放射するハロゲン化物消火設備にあつては〇・一メガパスカル以上、ブロモクロロジフルオロメタン（以

下この条において「ハロン一二一一」という。）を放射するハロゲン化物消火設備にあつては〇・二メガパスカル以上、ブロモトリフルオロメタン（以下この条において「ハロン一三〇一」という。）を放射するハロゲン化物消火設備にあつては〇・九メガパスカル以上であること。(カ)

ロ　トリフルオロメタン（以下この条において「ＨＦＣ―二三」という。）を放射するハロゲン化物消火設備にあつては〇・九メガパスカル以上、ヘプタフルオロプロパン（以下この条において「ＨＦＣ―二二七ｅａ」という。）又はＦＫ―五―一―一二を放射するハロゲン化物消火設備にあつては〇・三メガパスカル以上であること。(カ)(シ)

三　消火剤の放射時間は、次のイ又はロに定めるところによること。(カ)

イ　ハロン二四〇二、ハロン一二一一又はハロン一三〇一を放射するものにあつては、第三項第一号イに定める消火剤の量を三十秒以内に放射できるものであること。(カ)

ロ　ＨＦＣ―二三、ＨＦＣ―二二七ｅａ又はＦＫ―五―一―一二を放射するものにあつては、第三項第一号ロに定める消火剤の量を十秒以内に放射できるものであること。(カ)(シ)

四　消防庁長官が定める基準に適合するものであること。(そ)

2　局所放出方式のハロゲン化物消火設備の噴射ヘッドは、第十九条第三項第一号及び第二号並びに前項第一号及び第二号イの規定の例によるほか、次の各号に定めるところにより設けなければならない。(そ)(ハ)(カ)(ゐ)

一　次項第二号に定める消火剤の量を三十秒以内に放射できるものであること。(そ)

二　消防庁長官が定める基準に適合するものであること。(そ)

3　ハロゲン化物消火設備の貯蔵容器又は貯蔵タンク（以下この条において「貯蔵容器等」という。）に貯蔵する消火剤の量は、次の各号に定めるところによらなければならない。(そ)

一　全域放出方式のハロゲン化物消火設備にあつては、次のイ又はロに定めるところによること。(カ)

イ　ハロン二四〇二、ハロン一二一一又はハロン一三〇一を放射するものにあつては、次の(イ)又は(ロ)に定めるところにより算出された量以上の量とすること。(カ)

(イ)　次の表の上欄に掲げる防火対象物又はその部分及び同表中欄に掲げる消火剤の種別の区分に応じ、同表下欄に掲げる量の割合で計算した量(カ)

防火対象物又はその部分		消火剤の種別	防護区画の体積一立方メートル当たりの消火剤の量
自動車の修理若しくは整備の用に供される部分、駐車の用に供される部分、発電機、変圧器その他これらに類する電気設備が設置されている部分、鍛造場、ボイラー室、乾燥室その他多量の火気を使用する部分又は通信機器室		ハロン一三〇一	キログラム 〇・三二
指定可燃物を貯蔵し、又は取り扱う防火対象物又はその部分	可燃性固体類又は可燃性液体類に係るもの	ハロン二四〇二	〇・四〇
		ハロン一二一一	〇・三六
		ハロン一三〇一	〇・三二
	木材加工品又は木くずに係るもの	ハロン一二一一	〇・六〇
		ハロン一三〇一	〇・五二
	合成樹脂類（不燃性又は難燃性でないゴム製品、ゴム半製品、原料ゴム及びゴムくずを除く。）に係るもの	ハロン一二一一	〇・三六
		ハロン一三〇一	〇・三二

(ロ)　防護区画の開口部に自動閉鎖装置を設けない場合にあつて

は、(イ)により算出された量に、次の表の上欄に掲げる防火対象物又はその部分及び同表中欄に掲げる消火剤の種別の区分に応じ、同表下欄に掲げる量の割合で計算した量を加算した量（カ）

防火対象物又はその部分		消火剤の種別	開口部の面積一平方メートル当たりの消火剤の量
自動車の修理若しくは整備の用に供される部分、駐車の用に供される部分、発電機、変圧器その他これらに類する電気設備が設置されている部分、鍛造場、ボイラー室、乾燥室その他多量の火気を使用する部分又は通信機器室		ハロン一三〇一	キログラム 二・四
指定可燃物を貯蔵し、又は取り扱う防火対象物又はその部分	可燃性固体類又は可燃性液体類に係るもの	ハロン二四〇二	三・〇
		ハロン一二一一	二・七
		ハロン一三〇一	二・四
	木材加工品又は木くずに係るもの	ハロン一二一一	四・五
		ハロン一三〇一	三・九
	合成樹脂類（不燃性又は難燃性でないゴム製品、ゴム半製品、原料ゴム及びゴムくずを除く。）に係るもの	ハロン一二一一	二・七
		ハロン一三〇一	二・四

ロ　HFC—二三、HFC—二二七ea又はFK—五—一—一二を放射するものにあつては、次の表の上欄に掲げる消火剤の種別の区分に応じ、同表下欄に掲げる量の割合で計算した量とすること。（カ）（シ）

消火剤の種別	防護区画の体積一立方メートル当たりの消火剤の量
HFC—二三	キログラム 〇・五二以上〇・八〇以下
HFC—二二七ea	〇・五五以上〇・七二以下
FK—五—一—一二	〇・八四以上一・四六以下

二　局所放出方式のハロゲン化物消火設備にあつては、次のイ又はロに定めるところにより算出された量にハロン二四〇二又はハロン一二一一にあつては一・一、ハロン一三〇一にあつては一・二五をそれぞれ乗じた量以上の量とすること。（そ）（お）

イ　可燃性固体類又は可燃性液体類を上面を開放した容器に貯蔵する場合その他火災のときの燃焼面が一面に限定され、かつ、可燃物が飛散するおそれがない場合にあつては、次の表の上欄に掲げる消火剤の種別に応じ、同表下欄に掲げる量の割合で計算した量（そ）（ゆ）

消火剤の種別	防護対象物の表面積一平方メートル当たりの消火剤の量
ハロン二四〇二	キログラム 八・八
ハロン一二一一	七・六
ハロン一三〇一	六・八

ロ　イに掲げる場合以外の場合にあつては、次の式によつて求められた量に防護空間の体積を乗じた量（そ）

$$Q = X - Y\frac{a}{A}$$

Qは、単位体積当りの消火剤の量（単位　キログラム毎立方メートル）

aは、防護対象物の周囲に実際に設けられた壁の面積の合計

（単位　平方メートル）

Aは、防護空間の壁の面積（壁のない部分にあつては、壁があると仮定した場合における当該部分の面積）の合計（単位　平方メートル）

X及びYは、次の表の上欄に掲げる消火剤の種別に応じ、それぞれ、同表の中欄及び下欄に掲げる値

消火剤の種別	Xの値	Yの値
ハロン二四〇二	五・二	三・九
ハロン一二一一	四・四	三・三
ハロン一三〇一	四・〇	三・〇

三　全域放出方式又は局所放出方式のハロゲン化物消火設備において、同一の防火対象物又はその部分に防護区画又は防護対象物が二以上存する場合には、それぞれの防護区画又は防護対象物について前二号の規定の例により計算した量のうち最大の量以上の量とすること。（そ）

四　移動式のハロゲン化物消火設備にあつては、一のノズルにつき次の表の上欄に掲げる消火剤の種別に応じ、同表下欄に掲げる量以上の量とすること。（そ）（お）

消火剤の種別	消火剤の量（キログラム）
ハロン二四〇二	五十
ハロン一二一一又はハロン一三〇一	四十五

4　全域放出方式又は局所放出方式のハロゲン化物消火設備の設置及び維持に関する技術上の基準の細目は、第十九条第五項第三号及び第十八号の規定の例によるほか、次のとおりとする。（そ）（ゐ）（カ）

㋹

一　駐車の用に供される部分、通信機器室及び指定可燃物（可燃性固体類及び可燃性液体類を除く。）を貯蔵し、又は取り扱う防火対象物又はその部分には、全域放出方式のハロゲン化物消火設備を設けること。（そ）（ゆ）

二　ハロゲン化物消火設備に使用する消火剤は、ハロン二四〇二、ハロン一二一一、ハロン一三〇一、HFC—二三、HFC—二二七ea又はFK—五—一—一二とすること。（そ）（カ）（シ）

二の二　全域放出方式のハロゲン化物消火設備に使用する消火剤は、次の表の上欄に掲げる当該消火設備を設置する防火対象物又はその部分の区分に応じ、同表下欄に掲げる消火剤とすること。（カ）（シ）

<table>
<tr><th colspan="2">防火対象物又はその部分</th><th>消火剤の種別</th></tr>
<tr><td colspan="2">鍛造場、ボイラー室、乾燥室その他多量の火気を使用する部分又はガスタービンを原動力とする発電機が設置されている部分</td><td rowspan="2">ハロン一三〇一</td></tr>
<tr><td rowspan="2">自動車の修理の用に供される部分、駐車の用に供される部分、発電機（ガスタービンを原動力とするものを除く。）、変圧器その他これらに類する電気設備が設置されている部分又は通信機器室</td><td>常時人のいない部分以外の部分又は防護区画の面積が千平方メートル以上若しくは体積が三千立方メートル以上のもの</td></tr>
<tr><td>その他のもの</td><td>ハロン一三〇一、HFC—二三、HFC—二二七ea又はFK—五—一—一二</td></tr>
<tr><td colspan="2">指定可燃物を貯蔵し、又は取り扱う防火対象物又はその部分</td><td>ハロン二四〇二、ハロン一二一一又はハロン一三〇一</td></tr>
</table>

二の三　局所放出方式のハロゲン化物消火設備に使用する消火剤は、ハロン二四〇二、ハロン一二一一又はハロン一三〇一とすること。（カ）

二の四　全域放出方式のハロゲン化物消火設備を設置した防火対象物又はその部分の開口部は、次のイ又はロに定めるところによること。（カ）

イ　ハロン二四〇二、ハロン一二一一又はハロン一三〇一を放射

するものにあつては、第十九条第五項第四号イ(ロ)及び(ハ)の規定の例によること。(カ)(ヰ)

ロ　ＨＦＣ—二二七ｅａ又はＦＫ—五—一—一二を放射するものにあつては、第十九条第五項第四号ロの規定の例によること。(カ)(シ)(ヰ)

三　貯蔵容器等の充てん比は、ハロン二四〇二のうち加圧式の貯蔵容器等に貯蔵するものにあつては〇・五一以上〇・六七以下、蓄圧式の貯蔵容器等に貯蔵するものにあつては〇・六七以上二・七五以下、ハロン一二一一にあつては〇・七以上一・四以下、ハロン一三〇一及びＨＦＣ—二二七ｅａにあつては〇・九以上一・六以下、ＨＦＣ—二三にあつては一・二以上一・五以下、ＦＫ—五—一—一二にあつては〇・七以上一・六以下であること。(そ)(お)(カ)(シ)

四　貯蔵容器等は、第十九条第五項第六号の規定の例によるほか、次のイからハまでに定めるところによる。(な)(カ)(ヰ)

イ　貯蔵容器等には、消防庁長官が定める基準に適合する安全装置を設けること。(な)

ロ　加圧式の貯蔵容器等には、消防庁長官が定める基準に適合する放出弁を設けること。(な)

ハ　その見やすい箇所に、充てん消火剤量、消火剤の種類、最高使用圧力（加圧式のものに限る。）、製造年及び製造者名を表示すること。(な)

五　蓄圧式の貯蔵容器等は、温度二十度において、ハロン一二一一を貯蔵するものにあつては一・一メガパスカル又は二・五メガパスカル、ハロン一三〇一、ＨＦＣ—二二七ｅａ又はＦＫ—五—一—一二を貯蔵するものにあつては二・五メガパスカル又は四・二メガパスカルとなるように窒素ガスで加圧したものであること。(そ)(ら)(ハ)(カ)(シ)

六　加圧用ガス容器は、窒素ガスが充てんされたものであること。(そ)

六の二　加圧用ガス容器には、消防庁長官が定める基準に適合する安全装置及び容器弁を設けること。(な)

七　配管は、次のイからホまでに定めるところによること。(そ)(お)

イ　専用とすること。(そ)

ロ　鋼管を用いる配管は、ハロン二四〇二に係るものにあつては日本産業規格Ｇ三四五二に、ハロン一二一一、ハロン一三〇一、ＨＦＣ—二二七ｅａ又はＦＫ—五—一—一二に係るものにあつては日本産業規格Ｇ三四五四のＳＴＰＧ三七〇のうち呼び厚さでスケジュール四十以上のものに、ＨＦＣ—二三に係るものにあつては日本産業規格Ｇ三四五四のＳＴＰＧ三七〇のうち呼び厚さでスケジュール八十以上のものに適合するもの又はこれらと同等以上の強度を有するもので、亜鉛メッキ等による防食処理を施したものを用いること。(そ)(ハ)(カ)(シ)(ね)

ハ　銅管を用いる配管は、日本産業規格Ｈ三三〇〇のタフピッチ銅に適合するもの又はこれと同等以上の強度及び耐食性を有するものを用いること。(そ)(ら)(ハ)(ね)

ニ　管継手及びバルブ類は、鋼管若しくは銅管又はこれらと同等以上の強度及び耐食性を有するものであること。(そ)

ホ　落差は、五十メートル以下であること。(お)

八　貯蔵容器（蓄圧式のものでその内圧力が一メガパスカル以上となるものに限る。）には、消防庁長官が定める基準に適合する容器弁を設けること。(な)(ら)(ハ)

九　加圧式のものには、二メガパスカル以下の圧力に調整できる圧力調整装置を設けること。(そ)(ら)(ハ)

十　選択弁は、第十九条第五項第十一号イからハまでの規定の例によるほか、消防庁長官が定める基準に適合するものであること。(そ)(カ)(ヰ)

十一　貯蔵容器等から噴射ヘッドまでの間に選択弁等を設けるものには、当該貯蔵容器等と選択弁等の間に、消防庁長官が定める基

準に適合する安全装置又は破壊板を設けること。(そ)(な)(ハ)

十二 起動用ガス容器は、第十九条第五項第十三号（同号イを除く。）の規定の例により設けること。(そ)(カ)(ゐ)

十二の二 起動装置は、次のイ又はロに定めるところによること。(カ)

イ ハロン二四〇二、ハロン一二一一又はハロン一三〇一を放射するものにあつては、第十九条第五項第十四号イ(イ)、第十五号及び第十六号（同号イ(ロ)及びハを除く。）の規定の例により設けること。(カ)(ゐ)

ロ HFC—二三、HFC—二二七ea又はFK—五—一—一二を放射するものにあつては、第十九条第五項第十四号ロ及び第十六号（同号イ(ロ)を除く。）の規定の例により設けること。(カ)(シ)(ゐ)

十三 音響警報装置は、第十九条第五項第十七号の規定の例により設けること。ただし、ハロン一三〇一を放射する全域放出方式のものにあつては、音声による警報装置としないことができる。(そ)(カ)(ゐ)

十四 全域放出方式のものには、次のイ又はロに定めるところにより保安のための措置を講じること。(カ)

イ ハロン二四〇二、ハロン一二一一又はハロン一三〇一を放射するものにあつては、次の(イ)から(ハ)までに定めるところによること。(カ)

(イ) 起動装置の放出用スイッチ、引き栓等の作動から貯蔵容器等の容器弁又は放出弁の開放までの時間が二十秒以上となる遅延装置を設けること。ただし、ハロン一三〇一を放射するものにあつては、遅延装置を設けないことができる。(カ)

(ロ) 手動起動装置には(イ)で定める時間内に消火剤が放出しないような措置を講じること。(カ)

(ハ) 防護区画の出入口等の見やすい箇所に消火剤が放出された旨を表示する表示灯を設けること。(カ)

ロ HFC—二三、HFC—二二七ea又はFK—五—一—一二を放射するものにあつては、イ(ハ)の規定の例によること。(カ)(シ)

十四の二 全域放出方式のものには、消防庁長官が定める基準に適合する当該設備等の起動、停止等の制御を行う制御盤を設けること。(カ)

十五 非常電源及び操作回路等の配線は、第十九条第五項第二十号及び第二十一号の規定の例により設けること。(そ)(カ)(ゐ)

十六 消火剤放射時の圧力損失計算は、消防庁長官が定める基準によること。(そ)

十六の二 全域放出方式のハロゲン化物消火設備（HFC—二三、HFC—二二七ea又はFK—五—一—一二を放射するものに限る。）を設置した防護区画には、当該防護区画内の圧力上昇を防止するための措置を講じること。(カ)(シ)

十六の三 全域放出方式のハロゲン化物消火設備（FK—五—一—一二を放射するものに限る。）を設置した防護区画には、放射された消火剤が有効に拡散することができるように、過度の温度低下を防止するための措置を講じること。(シ)

十七 第十二条第一項第八号の規定は、ハロゲン化物消火設備について準用する。(ラ)

十八 貯蔵容器等、加圧ガス容器、配管及び非常電源には、第十二条第一項第九号に規定する措置を講じること。(そ)(さ)(ロ)

5 移動式のハロゲン化物消火設備の設置及び維持に関する技術上の基準の細目は、第十九条第五項第六号ロ及びハ、同条第六項第二号から第五号まで並びに前項第三号（HFC—二三及びHFC—二二七eaに係る部分を除く。）、第四号イからハまで、第五号（HFC—二二七eaに係る部分を除く。）、第六号、第六号の二、第七号（HFC—二三及びHFC—二二七eaに係る部分を除く。）、第八号及び第十六号の規定の例によるほか、次のとおりとする。(そ)(な)(カ)(ゐ)

一　移動式のハロゲン化物消火設備に使用する消火剤は、ハロン二四〇二、ハロン一二一一又はハロン一三〇一とすること。（カ）

二　ノズルは、温度二十度において次の表の上欄に掲げる消火剤の種別に応じ、一のノズルにつき毎分同表下欄に掲げる量以上の消火剤を放射できるものであること。（そ）（カ）

消火剤の種別	消火剤の量
ハロン二四〇二	キログラム 四十五
ハロン一二一一	四十
ハロン一三〇一	三十五

三　ホース、ノズル、ノズル開閉弁及びホースリールは、消防庁長官が定める基準に適合するものであること。（そ）（カ）

三項…一部改正〔昭和三八年一二月自令三六号(ろ)〕、本条…全部改正〔昭和五一年六月自令一六号(な)〕、一・四項…一部改正〔昭和四九年一二月自令四〇号(そ)〕、四・五項…一部改正〔昭和五四年三月自令五号(ら)〕、三・四項…一部改正〔昭和五六年六月自令一六号(ゐ)〕、一・三・四項…一部改正〔昭和五七年一月自令二号(お)〕、四項…一部改正〔昭和六二年一〇月自令三〇号(さ)〕、三・四項…一部改正〔平成元年二月自令三号(ゆ)〕、四項…一部改正〔平成八年二月自令二号(ロ)〕、一・二・四項…一部改正〔平成九年三月自令一九号(ハ)〕、一―五項…一部改正〔平成一三年三月総令四三号(カ)〕、四項…一部改正〔平成一六年五月総令九三号(ラ)〕、一・三・四項…一部改正〔平成二二年八月総令八五号(シ)〕、四項…一部改正〔令和元年六月総令一九号㋹〕、一・二・四・五項…一部改正〔令和四年九月総令六二号㋼〕

参照　【噴射ヘッドの基準】平成七年六月六日消防庁告示第七号　【容器弁、安全装置、破壊板の基準】昭和五一年八月二六日消防庁告示第九号　【放出弁の基準】平成七年一月一二日消防庁告示第一号　【選択弁の基準】平成七年一月一二日消防庁告示第二号　【制御盤の基準】平成一三年六月二九日消防庁告示第三八号　【ホース、ノズル、ノズル開閉弁、ホースリールの基準】昭和五一年二月二五日消防庁告示第二号

（粉末消火設備に関する基準）

第二一条　全域放出方式の粉末消火設備の噴射ヘッドは、第十九条第二項第一号の規定の例によるほか、次の各号に定めるところにより設けなければならない。（そ）（み）（カ）

一　噴射ヘッドの放射圧力は、〇・一メガパスカル以上であること。（お）（み）（ハ）

二　第三項第一号に定める消火剤の量を三十秒以内に放射できるものであること。（そ）（お）

三　消防庁長官が定める基準に適合するものであること。（そ）（お）

2　局所放出方式の粉末消火設備の噴射ヘッドは、第十九条第三項第一号及び第二号の規定の例によるほか、次の各号に定めるところにより設けなければならない。（そ）（み）（カ）

一　次項第二号に定める消火剤の量を三十秒以内に放射できるものであること。（そ）

二　消防庁長官が定める基準に適合するものであること。（そ）

3　粉末消火剤の貯蔵容器又は貯蔵タンク（以下この条において「貯蔵容器等」という。）に貯蔵する消火剤の量は、次の各号に定めるところによらなければならない。（そ）

一　全域放出方式の粉末消火設備にあつては、次のイ又はロに定めるところにより算出された量以上の量とすること。（そ）

イ　次の表の上欄に掲げる消火剤の種別に応じ、同表下欄に掲げる量の割合で計算した量（そ）

消火剤の種別	防護区画の体積一立方メートル当りの消火剤の量
炭酸水素ナトリウムを主成分とするもの（以下この条において「第一種粉末」という。）	キログラム 〇・六〇
炭酸水素カリウムを主成分とするもの（以下この条において「第二種粉末」という。）又はりん酸塩類等を主成分とするもの（以下この条において「第三種粉末」という。）	〇・三六

炭酸水素カリウムと尿素との反応物（以下この条において「第四種粉末」という。）	○・二四

ロ　防護区画の開口部に自動閉鎖装置を設けない場合にあつては、イにより算出された量に、次の表の上欄に掲げる消火剤の種別に応じ、同表下欄に掲げる量の割合で計算した量を加算した量（そ）

消火剤の種別	開口部の面積一平方メートル当りの消火剤の量
第一種粉末	キログラム 四・五
第二種粉末又は第三種粉末	二・七
第四種粉末	一・八

二　局所放出方式の粉末消火設備にあつては、次のイ又はロに定めるところにより算出された量に一・一を乗じた量以上の量とすること。（そ）

イ　可燃性固体類又は可燃性液体類を上面を開放した容器に貯蔵する場合その他火災のときの燃焼面が一面に限定され、かつ、可燃物が飛散するおそれがない場合にあつては、次の表の上欄に掲げる消火剤の種別に応じ、同表下欄に掲げる量の割合で計算した量（そ）（ゐ）（ゆ）

消火剤の種別	防護対象物の表面積一平方メートル当りの消火剤の量
第一種粉末	キログラム 八・八
第二種粉末又は第三種粉末	五・二
第四種粉末	三・六

ロ　イに掲げる場合以外の場合にあつては、次の式によつて求められた量に防護空間の体積を乗じた量（通信機器室にあつては、当該乗じた量に○・七を乗じた量）（そ）

$$Q = X - Y\frac{a}{A}$$

Qは、単位体積当りの消火剤の量（単位　キログラム毎立方メートル）

aは、防護対象物の周囲に実際に設けられた壁の面積の合計（単位　平方メートル）

Aは、防護空間の壁の面積（壁のない部分にあつては、壁があると仮定した場合における当該部分の面積）の合計（単位　平方メートル）

X及びYは、次の表の上欄に掲げる消火剤の種別に応じ、同表中欄及び下欄に掲げる値

消火剤の種別	Xの値	Yの値
第一種粉末	五・二	三・九
第二種粉末又は第三種粉末	三・二	二・四
第四種粉末	二・〇	一・五

三　全域放出方式又は局所放出方式の粉末消火設備において、同一の防火対象物又はその部分に防護区画又は防護対象物が二以上存する場合には、それぞれの防護区画又は防護対象物について前二号の規定の例により計算した量のうち最大の量以上の量とすること。（そ）

四　移動式の粉末消火設備にあつては、一のノズルにつき次の表の上欄に掲げる消火剤の種別に応じ、同表下欄に掲げる量以上の量とすること。（そ）

消火剤の種別	消火剤の量
第一種粉末	キログラム 五十
第二種粉末又は第三種粉末	三十

第四種粉末	二十

4　全域放出方式又は局所放出方式の粉末消火設備の設置及び維持に関する技術上の基準の細目は、第十九条第五項第三号並びに第四号イ(ロ)及び(ハ)の規定の例によるほか、次のとおりとする。(そ)(カ)

一　粉末消火設備に使用する消火剤は、第一種粉末、第二種粉末、第三種粉末又は第四種粉末とすること。ただし、駐車の用に供される部分に設ける粉末消火設備に使用する消火剤は、第三種粉末とするものとする。(そ)

一の二　道路の用に供される部分には、全域放出方式又は局所放出方式の粉末消火設備を設けてはならない。(み)

二　貯蔵容器等の充てん比は、次の表の上欄に掲げる消火剤の種別に応じ、同表下欄に掲げる範囲内であること。(お)

消火剤の種別	充てん比の範囲
第一種粉末	〇・八五以上一・四五以下
第二種粉末又は第三種粉末	一・〇五以上一・七五以下
第四種粉末	一・五〇以上二・五〇以下

三　貯蔵容器等は、第十九条第五項第六号の規定の例によるほか、次のイからホまでに定めるところによること。(そ)(な)(お)(カ)

イ　貯蔵タンクは、日本産業規格B八二七〇に適合するもの又はこれと同等以上の強度及び耐食性を有するものを用いること。(そ)(ニ)(ね)

ロ　貯蔵容器等には、消防庁長官が定める基準に適合する安全装置を設けること。(な)(お)

ハ　貯蔵容器（蓄圧式のものでその内圧力が一メガパスカル以上となるものに限る。）には、消防庁長官が定める基準に適合する容器弁を設けること。(な)(ら)(お)(ハ)

ニ　加圧式の貯蔵容器等には、消防庁長官が定める基準に適合する放出弁を設けること。(な)(お)

ホ　その見やすい箇所に、充てん消火剤量、消火剤の種類、最高使用圧力（加圧式のものに限る。）、製造年月及び製造者名を表示すること。(そ)(な)(お)

四　貯蔵容器等には残留ガスを排出するための排出装置を、配管には残留消火剤を処理するためのクリーニング装置を設けること。(お)

五　加圧用ガス容器は、貯蔵容器等の直近に設置され、かつ、確実に接続されていること。(そ)

五の二　加圧用ガス容器には、消防庁長官が定める基準に適合する安全装置及び容器弁を設けること。(な)

六　加圧用又は蓄圧用ガスは、次のイからニまでに適合するものであること。(そ)

イ　加圧用又は蓄圧用ガスは、窒素ガス又は二酸化炭素とすること。(そ)

ロ　加圧用ガスに窒素ガスを用いるものにあつては、消火剤一キログラムにつき温度三十五度で一気圧の状態に換算した体積が四十リットル以上、二酸化炭素を用いるものにあつては、消火剤一キログラムにつき二十グラムにクリーニングに必要な量を加えた量以上の量であること。(そ)(み)(ハ)

ハ　蓄圧用ガスに窒素ガスを用いるものにあつては、消火剤一キログラムにつき温度三十五度で一気圧の状態に換算した体積が十リットルにクリーニングに必要な量を加えた量以上、二酸化炭素を用いるものにあつては消火剤一キログラムにつき二十グラムにクリーニングに必要な量を加えた量以上であること。(そ)(み)(ハ)

ニ　クリーニングに必要な量のガスは、別容器に貯蔵すること。(そ)

七　配管は、次のイからチまでに定めるところによること。(お)

イ　専用とすること。(そ)

ロ　鋼管を用いる配管は、日本産業規格G三四五二に適合し、亜鉛メッキ等による防食処理を施したもの又はこれと同等以上の強度及び耐食性を有するものを用いること。ただし、蓄圧式のもののうち温度二十度における圧力が二・五メガパスカルを超え四・二メガパスカル以下のものにあつては、日本産業規格G三四五四のSTPG三七〇のうち呼び厚さでスケジュール四十以上のものに適合し、亜鉛メッキ等による防食処理を施したもの又はこれと同等以上の強度及び耐食性を有するものを用いなければならない。(そ)(み)(ハ)(カ)㋹

ハ　銅管を用いる配管は、日本産業規格H三三〇〇のタフピッチ銅に適合するもの又はこれと同等以上の強度及び耐食性を有するものであり、調整圧力又は最高使用圧力の一・五倍以上の圧力に耐えるものであること。(そ)(ら)(み)㋹

ニ　管継手は、第十二条第一項第六号ホ(イ)の規定の例により設けること。(そ)(さ)(カ)

ホ　バルブ類は、次の(イ)から(ヘ)までに定めるところによること。(そ)(な)

(イ)　消火剤を放射した場合において、著しく消火剤と加圧用又は蓄圧用ガスが分離し、又は消火剤が残留するおそれのない構造であること。(そ)

(ロ)　接続する管の呼び径に等しい大きさの呼びのものであること。(そ)

(ハ)　材質は、日本産業規格H五一二〇、H五一二一若しくはG五五〇一に適合するもので防食処理を施したもの又はこれらと同等以上の強度、耐食性及び耐熱性を有するものであること。(そ)(な)(ニ)㋹

(ニ)　バルブ類は、開閉位置又は開閉方向を表示したものであること。(そ)

(ホ)　放出弁及び加圧用ガス容器弁の手動操作部は、火災のとき容易に接近でき、かつ、安全な箇所に設けること。(そ)(な)

(ヘ)　放出弁は、消防庁長官が定める基準に適合するものであること。(な)

へ　貯蔵容器等から配管の屈曲部までの距離は、管径の二十倍以上とすること。ただし、消火剤と加圧用又は蓄圧用ガスとが分離しないような措置を講じた場合は、この限りでない。(そ)

ト　落差は、五十メートル以下であること。(お)

チ　同時放射する噴射ヘッドの放射圧力が均一となるように設けること。(そ)(お)(み)

八　加圧式の粉末消火設備には、二・五メガパスカル以下の圧力に調整できる圧力調整器を設けること。(そ)(ら)(ハ)

九　加圧式の粉末消火設備には、次のイからハまでに定めるところにより定圧作動装置を設けること。(そ)

イ　起動装置の作動後貯蔵容器等の圧力が設定圧力になつたとき放出弁を開放させるものであること。(そ)(な)

ロ　定圧作動装置は、貯蔵容器等ごとに設けること。(そ)

ハ　定圧作動装置は、消防庁長官が定める基準に適合するものであること。(そ)

十　蓄圧式の粉末消火設備には、使用圧力の範囲を緑色で表示した指示圧力計を設けること。(そ)

十一　選択弁は、第十九条第五項第十一号イからハまでの規定の例によるほか、消防庁長官が定める基準に適合するものであること。(そ)(カ)

十二　貯蔵容器等から噴射ヘッドまでの間に選択弁等を設けるものには、当該貯蔵容器等と選択弁等の間に消防庁長官が定める基準に適合する安全装置又は破壊板を設けること。(な)(み)

十三　起動用ガス容器は、第十九条第五項第六号並びに第十三号ロ及びニの規定の例によるほか、次のイ及びロに定めるところによること。(そ)(な)(カ)㋹

イ　その内容積は、〇・二七リットル以上とし、当該容器に貯蔵するガスの量は、百四十五グラム以上であること。(そ)(み)

ロ　充てん比は、一・五以上であること。(そ)

十四　起動装置は、第十九条第五項第十四号(イ)、第十五号及び第十六号（同号イ(ロ)及び(ハ)を除く。）の規定の例によること。(そ)(カ)(ゐ)

十五　音響警報装置は、第十九条第五項第十七号の規定の例によること。(そ)(カ)

十六　全域放出方式のものには、第十九条第五項第十九号イ(イ)、(ロ)及び(ニ)に規定する保安のための措置を講じること。(そ)(カ)(ゐ)

十七　非常電源及び操作回路等の配線は、第十九条第五項第二十号及び第二十一号の規定の例によること。(そ)(カ)

十八　消火剤放射時の圧力損失計算は、消防庁長官が定める基準によること。(そ)

十九　第十二条第一項第八号の規定は、粉末消火設備について準用する。(ラ)

二十　貯蔵容器等、加圧ガス容器、配管及び非常電源には、第十二条第一項第九号に規定する措置を講じること。(そ)(さ)(ロ)

5　移動式の粉末消火設備の設置及び維持に関する技術上の基準の細目は、第十九条第六項第一号から第五号の二まで並びに前項第一号、第二号、第三号イからホまで、第四号から第七号まで及び第十号の規定の例によるほか、次のとおりとする。(そ)(な)(ふ)(み)(カ)

一　道路の用に供される部分に設ける粉末消火設備に使用する消火剤は、第三種粉末とすること。(み)

二　ノズルは、次の表の上欄に掲げる消火剤の種別に応じ、一のノズルにつき毎分同表下欄に掲げる量以上の消火剤を放射できるものであること。(そ)(み)

消火剤の種別	消火剤の量
第一種粉末	キログラム 四十五
第二種粉末又は第三種粉末	二十七
第四種粉末	十八

三　ホース、ノズル、ノズル開閉弁及びホースリールは、消防庁長官が定める基準に適合するものであること。(そ)(み)

三項…一部改正〔昭和三八年一二月自令三六号(ろ)〕、本条…全部改正〔昭和四九年一二月自令四〇号(そ)〕、四・五項…一部改正〔昭和五一年六月自令一六号(な)〕、四項…一部改正〔昭和五四年三月自令五号(ら)〕、三項…一部改正〔昭和五六年六月自令一六号(ゐ)〕、一・四項…一部改正〔昭和五七年一月自令二号(お)〕、五項…一部改正〔昭和六一年一〇月自令二三号(ふ)〕、四項…一部改正〔昭和六二年一〇月自令三〇号(さ)〕、三項…一部改正〔平成元年二月自令三号(ゆ)〕、一・二・四・五項…一部改正〔平成二年五月自令一七号(み)〕、四項…一部改正〔平成八年二月自令二号(ロ)〕、一・四項…一部改正〔平成九年三月自令一九号(ハ)〕、四項…一部改正〔平成一〇年三月自令九号(ニ)〕、一・二・四・五項…一部改正〔平成一三年三月総令四三号(カ)〕、四項…一部改正〔平成一六年五月総令九三号(ラ)・令和元年六月一九号(ね)・四年九月六二号(ゐ)〕

解説　**【定圧作動装置】**　機械式、圧力スイッチ式、タイマー式

参照　**【噴射ヘッドの基準】**平成七年六月六日消防庁告示第七号　**【容器弁・安全装置・破壊板の基準】**昭和五一年八月二六日消防庁告示第九号　**【放出弁の基準】**平成七年一月一二日消防庁告示第一号　**【定圧作動装置の基準】**平成七年一月一二日消防庁告示第四号　**【選択弁の基準】**平成七年一月一二日消防庁告示第二号　**【ホース、ノズル、ノズル開閉弁、ホースリールの基準】**昭和五一年二月二五日消防庁告示第二号

（屋外消火栓設備に関する基準の細目）

第二二条　屋外消火栓設備の設置及び維持に関する技術上の基準の細目は、次のとおりとする。(み)

一　屋外消火栓の開閉弁は、地盤面からの高さが一・五メートル以下の位置又は地盤面からの深さが〇・六メートル以内の位置に設けること。なお、地盤面下に設けられる屋外消火栓のホース接続口は、地盤面からの深さが〇・三メートル以内の位置に設けること。(み)

一の二　屋外消火栓設備の放水用器具は、消防庁長官の定める基準

に適合するものであること。(ン)

二　屋外消火栓設備の放水用器具を格納する箱（以下この条において「屋外消火栓箱」という。）は、屋外消火栓からの歩行距離が五メートル以内の箇所に設けること。ただし、屋外消火栓に面する建築物の外壁の見やすい箇所に設けるときは、この限りでない。(み)

三　加圧送水装置の始動を明示する表示灯は、赤色とし、屋外消火栓箱の内部又はその直近の箇所に設けること。(み)

四　屋外消火栓設備の設置の標示は、次のイ及びロに定めるところによること。(み)

イ　屋外消火栓箱には、その表面に「ホース格納箱」と表示すること。(み)

ロ　屋外消火栓には、その直近の見やすい箇所に「消火栓」と表示した標識を設けること。(み)

五　水源の水位がポンプより低い位置にある加圧送水装置には、第十二条第一項第三号の二の規定の例により呼水装置を設けること。(み)

六　非常電源は、第十二条第一項第四号の規定の例により設けること。(み)

七　操作回路の配線は、第十二条第一項第五号の規定に準じて設けること。ただし、地中配線を行う場合にあつては、この限りでない。(み)

八　配管は、第十二条第一項第六号の規定に準じて設けること。(み)

九　加圧送水装置は、点検に便利で、かつ、火災等の災害による被害を受けるおそれが少ない箇所に設けること。(み)

十　加圧送水装置は、第十二条第一項第七号イ(ロ)、ロ(ロ)及び(ハ)、ハ(ハ)から(チ)まで、ニ、ト並びにチの規定の例によるほか、次に定めるところによること。(み)(ハ)

イ　高架水槽を用いる加圧送水装置の落差（水槽の下端からホース接続口までの垂直距離をいう。以下この号において同じ。）は、次の式により求めた値以上の値とすること。(み)

$H = h_1 + h_2 + 25m$

Hは、必要な落差（単位　メートル）

h_1は、消防用ホースの摩擦損失水頭（単位　メートル）

h_2は、配管の摩擦損失水頭（単位　メートル）

ロ　圧力水槽を用いる加圧送水装置の圧力水槽の圧力は、次の式により求めた値以上の値とすること。(み)

$P = p_1 + p_2 + p_3 + 0.25MPa$ (ハ)(ヘ)

Pは、必要な圧力（単位　メガパスカル）(ハ)

p_1は、消防用ホースの摩擦損失水頭圧（単位　メガパスカル）(ハ)

p_2は、配管の摩擦損失水頭圧（単位　メガパスカル）(ハ)

p_3は、落差の換算水頭圧（単位　メガパスカル）(ハ)

ハ　ポンプを用いる加圧送水装置は、次に定めるところによること。(み)

(イ)　ポンプの吐出量は、屋外消火栓の設置個数（当該設置個数が二を超えるときは、二とする。）に四百リットル毎分を乗じて得た量以上の量とすること。(み)

(ロ)　ポンプの全揚程は、次の式により求めた値以上の値とすること。(み)

$H = h_1 + h_2 + h_3 + 25m$

Hは、ポンプの全揚程（単位　メートル）

h_1は、消防用ホースの摩擦損失水頭（単位　メートル）

h_2は、配管の摩擦損失水頭（単位　メートル）

h_3は、落差（単位　メートル）

ニ　加圧送水装置には、当該屋外消火栓設備のノズルの先端における放水圧力が〇・六メガパスカルを超えないための措置を講

じること。(み)(ハ)(ン)

ホ　起動装置は、直接操作できるものであり、かつ、屋外消火栓箱の内部又はその直近の箇所に設けられた操作部（自動火災報知設備のP型発信機を含む。）から遠隔操作できるものであること。(み)(ロ)

十一　第十二条第一項第八号の規定は、屋外消火栓設備について準用する。(ラ)

十二　貯水槽等には第十二条第一項第九号に規定する措置を講じること。(み)(ロ)

本条…一部改正〔昭和四七年八月自令二〇号(よ)・六二年一〇月三〇号(さ)〕、全部改正〔平成二年五月自令一七号(み)〕、一部改正〔平成八年二月自令二号(ロ)・九年三月一九号(ハ)・一六年五月総令九三号(ラ)・二五年三月二一号(ン)・二六年三月一九号㊇〕

参照　【屋外消火栓等】平成二五年三月二七日消防庁告示第二号

第二款　警報設備に関する基準

（自動火災報知設備の感知器等）(り)

第二十三条　令第二十一条第二項第一号ただし書の総務省令で定める場合は、自動火災報知設備の一の警戒区域の面積が五百平方メートル以下であり、かつ、当該警戒区域が防火対象物の二の階にわたる場合又は第五項（第一号及び第三号に限る。）の規定により煙感知器を設ける場合とする。(り)(を)(た)(ル)

2　令第二十一条第三項の総務省令で定めるものは、令別表第一㈠項から㈣項まで、㈤項イ、㈥項、㈨項イ、⒃項イ、十六の二項及び十六の三項に掲げる防火対象物又はその部分並びに第五項各号及び第六項第二号に掲げる場所とする。(を)(そ)(ゐ)(ル)

3　令第二十一条第三項の総務省令で定める閉鎖型スプリンクラーヘッドは、標示温度が七十五度以下で種別が一種のものとする。(を)(み)(ル)㋹

4　自動火災報知設備の感知器の設置は、次に定めるところによらなければならない。(り)(を)(や)

一　感知器は、次に掲げる部分以外の部分で、点検その他の維持管理ができる場所に設けること。(と)(を)(そ)(や)㋷

イ　感知器（炎感知器（火災により生ずる炎を利用して自動的に火災の発生を感知するものをいう。以下同じ。）を除く。以下この号（ホを除く。）において同じ。）の取付け面（感知器を取り付ける天井の室内に面する部分又は上階の床若しくは屋根の下面をいう。以下この条において同じ。）の高さが二十メートル以上である場所(を)(み)(ひ)

ロ　上屋その他外部の気流が流通する場所で、感知器によつては当該場所における火災の発生を有効に感知することができないもの(を)

ハ　天井裏で天井と上階の床との間の距離が〇・五メートル未満の場所(と)(を)

ニ　煙感知器及び熱煙複合式スポット型感知器にあつては、イからハまでに掲げる場所のほか、次に掲げる場所(を)(や)

(イ)　じんあい、微粉又は水蒸気が多量に滞留する場所(を)

(ロ)　腐食性ガスが発生するおそれのある場所(を)

(ハ)　厨房その他正常時において煙が滞留する場所(を)

(ニ)　著しく高温となる場所(を)

(ホ)　排気ガスが多量に滞留する場所(や)

(ヘ)　煙が多量に流入するおそれのある場所(や)

(ト)　結露が発生する場所(や)

(チ)　(イ)から(ト)までに掲げる場所のほか、感知器の機能に支障を及ぼすおそれのある場所(や)

ホ　炎感知器にあつては、ハに掲げる場所のほか、次に掲げる場所(ひ)

(イ)　ニ(ロ)から(ニ)まで、(ヘ)及び(ト)に掲げる場所(ひ)

(ロ)　水蒸気が多量に滞留する場所(ひ)

(ハ)　火を使用する設備で火炎が露出するものが設けられている場所(ひ)

(ニ)　(イ)から(ハ)までに掲げる場所のほか、感知器の機能に支障を及ぼすおそれのある場所(ひ)

ヘ　小規模特定用途複合防火対象物（令第二十一条第一項第八号に掲げる防火対象物を除く。）の部分（同項第五号及び第十一号から第十五号までに掲げる防火対象物の部分を除く。）のうち、次に掲げる防火対象物の用途に供される部分以外の部分で、令別表第一各項の防火対象物の用途以外の用途に供される部分及び同表各項（(十三)項ロ及び(十六)項から(二十)項までを除く。）の防火対象物の用途のいずれかに該当する用途に供される部分であつて当該用途に供される部分の床面積（その用途に供される部分の床面積が当該小規模特定用途複合防火対象物において最も大きいものである場合にあつては、当該用途に供される部分及び次に掲げる防火対象物の用途に供される部分の床面積の合計）が五百平方メートル未満（同表(十一)項及び(十五)項に掲げる防火対象物の用途に供される部分にあつては、千平方メートル未満）であるもの(り)

(イ)　令別表第一(二)項ニ、(五)項イ並びに(六)項イ(1)から(3)まで及びロに掲げる防火対象物(り)

(ロ)　令別表第一(六)項ハに掲げる防火対象物（利用者を入居させ、又は宿泊させるものに限る。）(り)

二　取付け面の高さに応じ、次の表で定める種別の感知器を設けること。(ほ)(を)(や)

取付け面の高さ	感知器の種別
四メートル未満	差動式スポット型、差動式分布型、補償式スポット型、定温式、イオン化式スポット型又は光電式スポット型
四メートル以上八メートル未満	差動式スポット型、差動式分布型、補償式スポット型、定温式特種若しくは一種、イオン化式スポット型一種若しくは二種又は光電式スポット型一種若しくは二種
八メートル以上十五メートル未満	差動式分布型、イオン化式スポット型一種若しくは二種又は光電式スポット型一種若しくは二種
十五メートル以上二十メートル未満	イオン化式スポット型一種又は光電式スポット型一種

(や)

三　差動式スポット型、定温式スポット型又は補償式スポット型その他の熱複合式スポット型の感知器は、次に定めるところによること。(ほ)(を)(や)

イ　感知器の下端は、取付け面の下方〇・三メートル以内の位置に設けること。(を)

ロ　感知器は、感知区域（それぞれ壁又は取付け面から〇・四メートル（差動式分布型感知器又は煙感知器を設ける場合にあつては〇・六メートル）以上突出したはり等によつて区画された部分をいう。以下同じ。）ごとに、感知器の種別及び取付け面の高さに応じて次の表で定める床面積（多信号感知器にあつては、その有する種別に応じて定める床面積のうち最も大きい床面積。第四号の三及び第七号において同じ。）につき一個以上の個数を、火災を有効に感知するように設けること。(を)

取付け面の高さ		感知器の種別						
		差動式スポット型		補償式スポット型		定温式スポット型		
		一種	二種	一種	二種	特種	一種	二種
四メートル未満	主要構造部を耐火構造とした防火対象物又はその部分	平方メートル九十	平方メートル七十	平方メートル九十	平方メートル七十	平方メートル七十	平方メートル六十	平方メートル二十
	その他の構造の防火対象物又はその部分	五十	四十	五十	四十	四十	三十	十五
四メートル以上八メートル未満	主要構造部を耐火構造とした防火対象物又はその部分	四十五	三十五	四十五	三十五	三十五	三十	
	その他の構造の防火対象物又はその部分	三十	二十五	三十	二十五	二十五	十五	

四　差動式分布型感知器（空気管式のもの）は、次に定めるところによること。（ほ）（を）（た）（や）

イ　感知器の露出部分は、感知区域ごとに二十メートル以上とすること。（を）

ロ　感知器は、取付け面の下方〇・三メートル以内の位置に設けること。

ハ　感知器は、感知区域の取付け面の各辺から一・五メートル以内の位置に設け、かつ、相対する感知器の相互間隔が、主要構造部を耐火構造とした防火対象物又はその部分にあつては九メートル以下、その他の構造の防火対象物又はその部分にあつては六メートル以下となるように設けること。ただし、感知区域の規模又は形状により有効に火災の発生を感知することができるときは、この限りでない。（を）

ニ　一の検出部に接続する空気管の長さは、百メートル以下とすること。（を）

ホ　感知器の検出部は、五度以上傾斜させないように設けること。（を）

四の二　差動式分布型感知器（熱電対式のもの）は、次に定めるところによること。（た）（や）

イ　感知器は、取付け面の下方〇・三メートル以内の位置に設けること。（た）

ロ　感知器は、感知区域ごとに、その床面積が、七十二平方メートル（主要構造部を耐火構造とした防火対象物にあつては、八十八平方メートル）以下の場合にあつては四個以上、七十二平方メートル（主要構造部を耐火構造とした防火対象物にあつては、八十八平方メートル）を超える場合にあつては四個に十八平方メートル（主要構造部を耐火構造とした防火対象物にあつては、二十二平方メートル）までを増すごとに一個を加えた個数以上の熱電対部を火災を有効に感知するように設けること。（た）（や）

ハ　一の検出部に接続する熱電対部の数は、二十以下とすること。（た）

ニ　感知器の検出部は、五度以上傾斜させないように設けること。(た)

四の三　差動式分布型感知器（熱半導体式のもの）は、次に定めるところによること。(た)(や)

イ　感知器の下端は、取付け面の下方〇・三メートル以内の位置に設けること。(た)

ロ　感知器は、感知区域ごとに、その床面積が、感知器の種別及び取付け面の高さに応じて次の表で定める床面積の二倍の床面積以下の場合にあつては二個（取付け面の高さが八メートル未満で、当該表で定める床面積以下の場合にあつては、一個）以上、当該表で定める床面積の二倍の床面積を超える場合にあつては二個に当該表で定める床面積までを増すごとに一個を加えた個数以上の感熱部を火災を有効に感知するように設けること。(た)(や)

取付け面の高さ		感知器の種別	
		一種	二種
八メートル未満	主要構造部を耐火構造とした防火対象物又はその部分	平方メートル 六十五	平方メートル 三十六
	その他の構造の防火対象物又はその部分	四十	二十三
八メートル以上十五メートル未満	主要構造部を耐火構造とした防火対象物又はその部分	五十	
	その他の構造の防火対象物又はその部分	三十	

ハ　一の検出器に接続する感熱部の数は、二以上十五以下とすること。(た)

ニ　感知器の検出部は、五度以上傾斜させないように設けること。(た)

五　定温式感知線型感知器は、次に定めるところによること。(ほ)(を)(や)

イ　感知器は、取付け面の下方〇・三メートル以内の位置に設けること。

ロ　感知器は、感知区域ごとに取付け面の各部分から感知器のいずれかの部分までの水平距離が、特種又は一種の感知器にあつては三メートル（主要構造部を耐火構造とした防火対象物又はその部分にあつては、四・五メートル）以下、二種の感知器にあつては一メートル（主要構造部を耐火構造とした防火対象物又はその部分にあつては、三メートル）以下となるように設けること。(ほ)(を)(ハ)

六　定温式感知器の性能を有する感知器は、正常時における最高周囲温度が、補償式スポット型感知器にあつては公称定温点より、その他の定温式感知器の性能を有する感知器にあつては公称作動温度（二以上の公称作動温度を有するものにあつては、最も低い公称作動温度）より二十度以上低い場所に設けること。(や)

七　煙感知器（光電式分離型感知器を除く。）は、次に定めるところによること。(を)(た)(や)

イ　天井が低い居室又は狭い居室にあつては入口付近に設けること。(を)(や)

ロ　天井付近に吸気口のある居室にあつては当該吸気口付近に設けること。(を)(や)

ハ　感知器の下端は、取付け面の下方〇・六メートル以内の位置に設けること。(を)

ニ　感知器は、壁又ははりから〇・六メートル以上離れた位置に設けること。(を)

ホ　感知器は、廊下、通路、階段及び傾斜路を除く感知区域ごとに、感知器の種別及び取付け面の高さに応じて次の表で定める床面積につき一個以上の個数を、火災を有効に感知するように設けること。(を)(か)(そ)

取付け面の高さ	感知器の種別	
	一種及び二種	三種
四メートル未満	平方メートル 百五十	平方メートル 五十
四メートル以上二十メートル未満	七十五	

へ　感知器は、廊下及び通路にあつては歩行距離三十メートル（三種の感知器にあつては二十メートル）につき一個以上の個数を、階段及び傾斜路にあつては垂直距離十五メートル（三種の感知器にあつては十メートル）につき一個以上（当該階段及び傾斜路のうち、令別表第一㈠項から㈣項まで、㈤項イ、㈥項又は㈨項イに掲げる防火対象物の用途に供される部分が令第四条の二の二第二号に規定する避難階以外の階に存する防火対象物で、当該避難階以外の階から避難階又は地上に直通する階段及び傾斜路の総数が二（当該階段及び傾斜路が屋外に設けられ、又は第四条の二の三に規定する避難上有効な構造を有する場合にあつては、一）以上設けられていないもの（小規模特定用途複合防火対象物を除く。以下「特定一階段等防火対象物」という。）に存するものにあつては、一種又は二種の感知器を垂直距離七・五メートルにつき一個以上）の個数を、火災を有効に感知するように設けること。(を)(そ)(ツ)㋷

七の二　熱煙複合式スポット型感知器は、第三号イ並びに前号イ、ロ、ニ及びへの規定（同号への規定については、廊下及び通路に係る部分に限る。）に準ずるほか、廊下、通路、階段及び傾斜路を除く感知区域ごとに、その有する種別及び取付け面の高さに応じて第三号ロ及び前号ホの表で定める床面積のうち最も大きい床面積につき一個以上の個数を、火災を有効に感知するように設けること。(や)

七の三　光電式分離型感知器は、次に定めるところによること。(や)

イ　感知器の受光面が日光を受けないように設けること。(や)

ロ　感知器の光軸（感知器の送光面の中心と受光面の中心とを結ぶ線をいう。以下同じ。）が並行する壁から〇・六メートル以上離れた位置となるように設けること。(や)

ハ　感知器の送光部及び受光部は、その背部の壁から一メートル以内の位置に設けること。(や)

ニ　感知器を設置する区域の天井等（天井の室内に面する部分又は上階の床若しくは屋根の下面をいう。以下同じ。）の高さが二十メートル以上の場所以外の場所に設けること。この場合において、当該天井等の高さが十五メートル以上の場所に設ける感知器にあつては、一種のものとする。(や)(ひ)

ホ　感知器の光軸の高さが天井等の高さの八十パーセント以上となるように設けること。(や)

へ　感知器の光軸の長さが当該感知器の公称監視距離の範囲内となるように設けること。(や)

ト　感知器は、壁によつて区画された区域ごとに、当該区域の各部分から一の光軸までの水平距離が七メートル以下となるように設けること。(や)

七の四　炎感知器（道路の用に供される部分に設けられるものを除く。）は、次に定めるところによること。(ひ)

イ　感知器は、天井等又は壁に設けること。(ひ)

ロ　感知器は、壁によつて区画された区域ごとに、当該区域の床面から高さ一・二メートルまでの空間（以下「監視空間」という。）の各部分から当該感知器までの距離が公称監視距離の範囲内となるように設けること。(ひ)

ハ　感知器は、障害物等により有効に火災の発生を感知できないことがないように設けること。(ひ)

ニ　感知器は、日光を受けない位置に設けること。ただし、感知障害が生じないように遮光板等を設けた場合にあつては、この

限りでない。(ひ)

七の五　道路の用に供される部分に設けられる炎感知器は、次に定めるところによること。(み)(ひ)

イ　感知器は、道路の側壁部又は路端の上方に設けること。(み)

ロ　感知器は、道路面（監視員通路が設けられている場合にあつては、当該通路面）からの高さが一・〇メートル以上一・五メートル以下の部分に設けること。(み)

ハ　感知器は、道路の各部分から当該感知器までの距離（以下「監視距離」という。）が公称監視距離の範囲内となるように設けること。ただし、設置個数が一となる場合にあつては、二個設けること。(み)(ひ)

ニ　感知器は、障害物等により有効に火災の発生を感知できないことがないように設けること。(ひ)

ホ　感知器は、日光を受けない位置に設けること。ただし、感知障害が生じないように遮光板等を設けた場合にあつては、この限りでない。(み)

七の六　連動型警報機能付感知器で、次のいずれかに該当するものは、特定小規模施設における必要とされる防火安全性能を有する消防の用に供する設備等に関する省令（平成二十年総務省令第百五十六号）第二条第二号に規定する特定小規模施設用自動火災報知設備以外の自動火災報知設備に用いることができない。(キ)

イ　火災信号を発信する端子以外から電力を供給されるもの（電源に電池を用いるものを除く。）で、電力の供給が停止した場合、その旨の信号を発信することができないもの(キ)

ロ　電源に電池を用いるもので、電池の電圧が感知器を有効に作動できる電圧の下限値となつたとき、その旨を受信機に自動的に発信することができないもの(キ)

ハ　火災報知設備の感知器及び発信機に係る技術上の規格を定める省令（昭和五十六年自治省令第十七号。ニにおいて「感知器等規格省令」という。）第二十一条の二の試験を行わなかつたもの（防水型のものを除く。）(キ)

ニ　感知器等規格省令第二十二条第一項各号の試験を行わなかつたもの(キ)

八　感知器は、差動式分布型及び光電式分離型のもの並びに炎感知器を除き、換気口等の空気吹出し口から一・五メートル以上離れた位置に設けること。(を)(や)(み)

九　スポット型の感知器（炎感知器を除く。）は、四十五度以上傾斜させないように設けること。(を)(や)(ひ)

5　令第二十一条第一項（第十二号を除く。）に掲げる防火対象物又はその部分のうち、第一号及び第三号に掲げる場所にあつては煙感知器を、第二号及び第三号の二に掲げる場所にあつては煙感知器又は熱煙複合式スポット型感知器を、第四号に掲げる場所にあつては煙感知器又は炎感知器を、第五号に掲げる場所にあつては炎感知器を、第六号に掲げる場所にあつては煙感知器、熱煙複合式スポット型感知器又は炎感知器を設けなければならない。(を)(や)(み)(ひ)(コ)(ユ)

一　階段及び傾斜路(を)

二　廊下及び通路（令別表第一㈠項から㈥項まで、㈨項、(十二)項、(十五)項、(十六)項イ、(十六の二)項及び(十六の三)項に掲げる防火対象物の部分に限る。）(を)(た)(そ)(ゐ)

三　エレベーターの昇降路、リネンシュート、パイプダクトその他これらに類するもの(を)(や)

三の二　遊興のための設備又は物品を客に利用させる役務の用に供する個室（これに類する施設を含む。）（令別表第一㈡項ニ、(十六)項イ、(十六の二)項及び(十六の三)項に掲げる防火対象物（同表(十六)項イ、(十六の二)項及び(十六の三)項に掲げる防火対象物にあつては、同表㈡項ニに掲げる防火対象物の用途に供される部分に限る。）の部分に限る。）(ユ)

四　感知器を設置する区域の天井等の高さが十五メートル以上二十メートル未満の場所(を)(ひ)

五　感知器を設置する区域の天井等の高さが二十メートル以上の場所(ひ)

六　前各号に掲げる場所以外の地階、無窓階及び十一階以上の部分（令別表第一㈠項から㈣項まで、㈤項イ、㈥項、㈨項イ、(十五)項、(十六)項イ、十六の二項及び十六の三項に掲げる防火対象物又はその部分に限る。）(を)(た)(そ)(ゐ)(ひ)

6　令第二十一条第一項（第十二号を除く。）に掲げる防火対象物又はその部分のうち次の各号に掲げる場所には、当該各号に定めるところにより感知器を設けなければならない。(を)(み)(コ)

一　前項第六号に規定する防火対象物又はその部分で第四項第一号ニ（(チ)を除く。）の規定により煙感知器又は熱煙複合式スポット型感知器を設置せず、かつ、同号ホ（(ニ)を除く。）の規定により炎感知器を設置しない場所　別表第一の二の三において、場所の区分に応じ、適応するものとされる種別を有する感知器(を)(や)(ひ)(ソ)

二　前項各号に掲げる場所以外の地階、無窓階又は十一階以上の階　差動式若しくは補償式の感知器のうち一種若しくは二種、定温式感知器のうち特種若しくは一種（公称作動温度七十五度以下のものに限る。）、イオン化式若しくは光電式の感知器のうち一種、二種若しくは三種若しくはこれらの種別を有する感知器又は炎感知器(を)(た)(そ)(や)(ひ)

三　前二号に掲げる場所以外の場所（廊下、便所その他これらに類する場所を除く。）　その使用場所に適応する感知器(を)

7　この条（第四項第六号を除く。）において、次の表の上欄に掲げる種別のアナログ式感知器（火災報知設備の感知器及び発信機に係る技術上の規格を定める省令（昭和五十六年自治省令第十七号）第二条第七号又は同条第十二号から第十四号までに規定するものをいう。以下同じ。）に関する基準については、それぞれ同表の中欄に掲げる設定表示温度等の範囲の区分に応じ、同表の下欄に掲げる種別の感知器の例によるものとする。(せ)

アナログ式感知器の種別	設定表示温度等の範囲		感知器の種別
熱アナログ式スポット型感知器	注意表示に係る設定表示温度	（正常時における最高周囲温度＋20）度以上（設定火災表示温度－10）度以下	定温式スポット型特種
	火災表示に係る設定表示温度	（正常時における最高周囲温度＋30）度以上（正常時における最高周囲温度＋50）度以下	
イオン化アナログ式スポット型感知器又は光電アナログ式スポット型感知器	注意表示に係る設定表示濃度	2.5パーセントを超え5.0パーセント以下	光電式スポット型一種
	火災表示に係る設定表示濃度	設定注意表示濃度を超え15パーセント以下	
	注意表示に係る設定表示濃度	5パーセントを超え10パーセント以下	光電式スポット型二種
	火災表示に係る設定表示濃度	設定注意表示濃度を超え22.5パーセント以下	
	注意表示に係る設定表示濃度	10パーセントを超え15パーセント以下	光電式スポット型三種
	火災表示に係る設定表示濃度	設定注意表示濃度を超え22.5パーセント以下	
光電アナログ式分離型感知器（L_1が四十五メートル未満のもの）	注意表示に係る設定表示濃度	0.3×L_2パーセントを超え$\frac{2}{3}$（0.8×L_1＋29）パーセント以下	光電式分離型一種
	火災表示に係る設定表示濃度	設定注意表示濃度を超え（L_1＋40）パーセント以下	

感知器	種別	区分	設定表示濃度
	光電式分離型二種	注意表示に係る設定表示濃度	$\frac{2}{3}$（0.8×L_1＋29）パーセントを超え$\frac{2}{3}$（L_1＋40）パーセント以下
		火災表示に係る設定表示濃度	設定注意表示濃度を超え（L_1＋40）パーセント以下
光電アナログ式分離型感知器（L_1が四十五メートル以上のもの）	光電式分離型一種	注意表示に係る設定表示濃度	0.3×L_2パーセントを超え43.3パーセント以下
		火災表示に係る設定表示濃度	設定注意表示濃度を超え85パーセント以下
	光電式分離型二種	注意表示に係る設定表示濃度	43.3パーセントを超え56.7パーセント以下
		火災表示に係る設定表示濃度	設定注意表示濃度を超え85パーセント以下

注　L_1は公称監視距離の最小値であり、L_2は公称監視距離の最大値である。

8　令第二十一条第一項第十二号に掲げる道路の用に供される部分には、その使用場所に適応する炎感知器を設けなければならない。（み）（せ）（コ）

9　自動火災報知設備の中継器の設置は、次の各号に定めるところによらなければならない。（を）（み）（せ）

一　受信機において、受信機から感知器に至る配線の導通を確認することができないものにあつては、回線ごとに導通を確認することができるように受信機と感知器との間に中継器を設けること。（ゐ）

二　中継器は、点検に便利で、かつ、防火上有効な措置を講じた箇所に設けること。（を）

本条…一部改正〔昭和四〇年一月自令一号(ほ)・四一年四月六号(と)〕、見出し…改正・一項…追加・旧一項…二項に繰下〔昭和四二年一一月自令三二号(り)〕、一項…一部改正・二・三・五—七項…追加・旧二項…一部改正し四項に繰下〔昭和四四年三月自令三号(を)〕、四項…一部改正〔昭和四五年一二月自令二七号(か)〕、一・四—五項…一部改正〔昭和四八年六月自令一三号(た)〕、二・四—六項…一部改正〔昭和四九年一二月自令四〇号(そ)〕、二・五・七項…一部改正〔昭和五六年六月自令一六号(ゐ)〕、四—六項…一部改正〔昭和五九年九月自令二四号(や)〕、三—六項…一部改正・七項…追加・旧七項…八項に繰下〔平成二年五月自令一七号(み)〕、四—六項…一部改正〔平成三年五月自令二〇号(ひ)〕、七項…追加・旧七・八項…八・九項に繰下〔平成五年一月自令二号(せ)〕、四項…一部改正〔平成九年三月自令一九号(ハ)〕、一—三項…一部改正〔平成一二年九月自令四四号(ル)〕、六項…一部改正〔平成一四年一〇月総令一〇五号(ソ)〕、四項…一部改正〔平成一五年六月総令九〇号(ツ)〕、五・六・八項…一部改正〔平成一九年六月総令六六号(コ)〕、四項…一部改正〔平成二〇年一二月総令一五五号(キ)〕、五項…一部改正〔平成二一年九月総令九三号(ユ)〕、四項…一部改正〔平成二七年二月総令一〇号㋷〕、三項…一部改正〔平成三〇年六月総令三四号㋹〕

解説　**【イオン化式感知器】**　火災によって生ずる煙による、検知部内のイオン電流の変化により火災を感知するもの。感度に応じて、一種、二種、三種に分けられる。

【光電式感知器】　検知部に入ってくる煙によって、光源ランプからの光がさえぎられることを利用して火災を感知するもの。イオン化式と同様に分類されている。

【差動式スポット型感知器】　一局所の周囲温度が一定の上昇率以上になった時、接点が閉じることにより火災感知するもの。感度に応じて第一種、第二種に分けられる。

【差動式分布型感知器】　広い範囲の周囲温度が一定の上昇率以上となった時、接点が閉じることにより火災を感知するもの。空気管式、熱電対式、半導体式があり、感度に応じて第一種、第二種、第三種に分けられる。

【補償式スポット型感知器】　差動式と定温式の性能を合わせ持った感知器であり、感度に応じて第一種、第二種に分けられる。

【定温式感知器】　一局所の周囲温度が一定温度以上になった時作動す

る感知器であり、感度に応じて特種、一種、二種に分けられる。

（自動火災報知設備に関する基準の細目）

第二四条　自動火災報知設備の設置及び維持に関する技術上の基準の細目は、次のとおりとする。

一　配線は、電気工作物に係る法令の規定によるほか、次に定めるところにより設けること。（と）（を）（や）

イ　感知器の信号回路は、容易に導通試験をすることができるように、送り配線にするとともに回路の末端に発信機、押しボタン又は終端器を設けること。ただし、配線が感知器若しくは発信機からはずれた場合又は配線に断線があつた場合に受信機が自動的に警報を発するものにあつては、この限りでない。（ゐ）（ハ）

ロ　電源回路と大地との間及び電源回路の配線相互の間の絶縁抵抗は、直流二百五十ボルトの絶縁抵抗計で計つた値が、電源回路の対地電圧が百五十ボルト以下の場合は〇・一メガオーム以上、電源回路の対地電圧が百五十ボルトを超える場合は〇・二メガオーム以上であり、感知器回路（電源回路を除く。）及び附属装置回路（電源回路を除く。）と大地との間並びにそれぞれの回路の配線相互の間の絶縁抵抗は、一の警戒区域ごとに直流二百五十ボルトの絶縁抵抗計で計つた値が〇・一メガオーム以上であること。（ゐ）（ハ）

ハ　次に掲げる回路方式を用いないこと。（ゐ）（や）

(イ)　接地電極に常時直流電流を流す回路方式（ゐ）

(ロ)　感知器、発信機又は中継器の回路と自動火災報知設備以外の設備の回路とが同一の配線を共用する回路方式（火災が発生した旨の信号の伝達に影響を及ぼさないものを除く。）（ゐ）

ニ　自動火災報知設備の配線に使用する電線とその他の電線とは同一の管、ダクト（絶縁効力のあるもので仕切つた場合においては、その仕切られた部分は別個のダクトとみなす。）若しくは線ぴ又はプルボックス等の中に設けないこと。ただし、六十ボルト以下の弱電流回路に使用する電線にあつては、この限りでない。（と）（そ）（や）

ホ　R型受信機及びGR型受信機に接続される固有の信号を有する感知器及び中継器から受信機までの配線については、第十二条第一項第五号の規定に準ずること。（せ）（ハ）

ヘ　感知器回路の配線について共通線を設ける場合の共通線は、一本につき七警戒区域以下とすること。ただし、R型受信機及びGR型受信機に接続される固有の信号を有する感知器又は中継器が接続される感知器回路にあつては、この限りでない。（と）（ゐ）（せ）（ハ）

ト　P型受信機及びGP型受信機の感知器回路の電路の抵抗は、五十オーム以下となるように設けること。（を）（ゐ）（せ）

チ　火災により一の階のスピーカー又はスピーカーの配線が短絡又は断線した場合にあつても、他の階への火災の報知に支障のないように設けること。（ハ）

一の二　火災が発生した旨の信号を無線により発信し、又は受信する感知器、中継器、受信機、地区音響装置又は発信機を設ける場合は、次に定めるところによること。（キ）

イ　感知器、中継器、受信機、地区音響装置又は発信機は、これらの間において確実に信号を発信し、又は受信することができる位置に設けること。（キ）

ロ　受信機において感知器、中継器、地区音響装置又は発信機（第三号イ及び第四号ニにおいて「感知器等」という。）から発信される信号を受信できることを確認するための措置を講じていること。（キ）

二　受信機は、次に定めるところにより設けること。(ほ)(を)(た)(そ)(ゐ)(や)

イ　受信機は、感知器、中継器又は発信機の作動と連動して、当該感知器、中継器又は発信機の作動した警戒区域を表示できるものであること。(そ)

ロ　受信機の操作スイッチは、床面からの高さが〇・八メートル（いすに座つて操作するものにあつては〇・六メートル）以上一・五メートル以下の箇所に設けること。(そ)(ゐ)(や)(ロ)

ハ　特定一階段等防火対象物及びこれ以外の防火対象物で令別表第一(二)項ニに掲げる防火対象物の用途に供される部分が存するものに設ける受信機で、地区音響装置の鳴動を停止するスイッチ（以下この号において「地区音響停止スイッチ」という。）を設けるものにあつては、当該地区音響停止スイッチが地区音響装置の鳴動を停止する状態（以下この号において「停止状態」という。）にある間に、受信機が火災信号を受信したときは、当該地区音響停止スイッチが一定時間以内に自動的に（地区音響装置が鳴動している間に停止状態にされた場合においては自動的に）地区音響装置を鳴動させる状態に移行するものであること。(ツ)(ユ)

ニ　受信機は、防災センター等に設けること。(ほ)(か)(よ)(そ)(ロ)(ツ)

ホ　主音響装置及び副音響装置の音圧及び音色は、次の(イ)及び(ロ)に定めるところによる。(ア)

(イ)　他の警報音又は騒音と明らかに区別して聞き取ることができること。(ア)

(ロ)　主音響装置及び副音響装置を、ダンスホール、カラオケボックスその他これらに類するもので、室内又は室外の音響が聞き取りにくい場所に設ける場合にあつては、当該場所において他の警報音又は騒音と明らかに区別して聞き取ることができるように措置されていること。(ア)

ヘ　P型一級受信機で接続することができる回線の数が一のもの、P型二級受信機、P型三級受信機、GP型一級受信機で接続することができる回線の数が一のもの、GP型二級受信機及びGP型三級受信機は、一の防火対象物（令第二十一条第一項第十号、第十一号及び第十三号に係る階にあつては、当該階）につき三台以上設けないこと。(を)(そ)(ら)(ゐ)(や)(み)(ロ)(ツ)(コ)

ト　一の防火対象物（令第二十一条第一項第十号、第十一号及び第十三号に係る階にあつては、当該階）に二以上の受信機が設けられているときは、これらの受信機のある場所相互間で同時に通話することができる設備を設けること。(た)(そ)(ら)(ゐ)(み)(ロ)(ツ)(コ)

チ　P型二級受信機及びGP型二級受信機で接続することができる回線の数が一のものは、令別表第一に掲げる防火対象物で延べ面積（令第二十一条第一項第十号、第十一号及び第十三号に係る階に設ける場合にあつては、当該階の床面積）が三百五十平方メートルを超えるものに設けないこと。(を)(た)(そ)(ら)(ゐ)(や)(み)(ロ)(ツ)(コ)

リ　P型三級受信機及びGP型三級受信機は、令別表第一に掲げる防火対象物で延べ面積（令第二十一条第一項第十号に係る階に設ける場合にあつては、当該階の床面積）が百五十平方メートルを超えるものに設けないこと。(や)(ロ)(ツ)(コ)

三　電源は、次に定めるところにより設けること。(ゐ)(や)

イ　電源は、蓄電池又は交流低圧屋内幹線から他の配線を分岐させずにとること。ただし、感知器等の電源に電池を用いる場合において、当該電池の電圧が感知器等を有効に作動できる電圧

の下限値となつた旨を受信機において確認するための措置が講じられているときは、この限りでない。(ゐ)(キ)

ロ　電源の開閉器には、自動火災報知設備用のものである旨を表示すること。(ゐ)

四　非常電源は、次に定めるところにより設けること。(ゐ)(や)

イ　延べ面積が千平方メートル以上の特定防火対象物に設ける自動火災報知設備の非常電源にあつては蓄電池設備（直交変換装置を有する蓄電池設備を除く。この号において同じ。）、その他の防火対象物に設ける自動火災報知設備の非常電源にあつては非常電源専用受電設備又は蓄電池設備によること。(ゐ)(ノ)

ロ　蓄電池設備は、第十二条第一項第四号イ(イ)から(ニ)まで及び(ヘ)、ハ(イ)から(ニ)まで並びにホの規定の例によることとし、その容量は、自動火災報知設備を有効に十分間作動することができる容量以上であること。(ゐ)(さ)(ノ)

ハ　非常電源専用受電設備は、第十二条第一項第四号イ及びホの規定の例によること。(ゐ)(ノ)

ニ　前号イただし書の場合において、電池の電圧が感知器等を有効に作動できる電圧の下限値となつた旨を受信機に百六十八時間以上発信した後、当該感知器等を十分間以上有効に作動することができるときは、当該電池を非常電源とすること。(キ)

五　地区音響装置（次号に掲げるものを除く。以下この号において同じ。）は、P型二級受信機で接続することができる回線の数が一のもの、P型三級受信機、GP型二級受信機で接続することができる回線の数が一のもの若しくはGP型三級受信機を当該受信機を用いる自動火災報知設備の警戒区域に設ける場合又は放送設備を第二十五条の二に定めるところにより設置した場合を除き、次に定めるところにより設けること。(を)(よ)(た)(や)(す)(ハ)(ア)

イ　音圧又は音色は、次の(イ)から(ハ)までに定めるところによること。(を)(ゐ)(ツ)(ユ)

(イ)　取り付けられた音響装置の中心から一メートル離れた位置で九十デシベル以上であること。(ツ)

(ロ)　地区音響装置を、ダンスホール、カラオケボックスその他これらに類するもので、室内又は室外の音響が聞き取りにくい場所に設ける場合にあつては、当該場所において他の警報音又は騒音と明らかに区別して聞き取ることができるように措置されていること。(ツ)(ア)

(ハ)　令別表第一(二)項ニ、(十六)項イ、(十六の二)項及び(十六の三)項に掲げる防火対象物（同表(十六)項イ、(十六の二)項及び(十六の三)項に掲げる防火対象物にあつては、同表(二)項ニに掲げる防火対象物の用途に供される部分に限る。次号イ(ハ)並びに第二十五条の二第二項第一号イ(ハ)及び第三号イ(ハ)において同じ。）のうち、遊興のためにヘッドホン、イヤホンその他これに類する物品を客に利用させる役務の用に供する個室（これに類する施設を含む。以下この号、次号イ(ハ)並びに第二十五条の二第二項第一号イ(ハ)及び第三号イ(ハ)において同じ。）があるものにあつては、当該役務を提供している間においても、当該個室において警報音を確実に聞き取ることができるように措置されていること。(ユ)

ロ　階段又は傾斜路に設ける場合を除き、感知器の作動と連動して作動するもので、当該設備を設置した防火対象物又はその部分（前条第四項第一号ヘに掲げる部分を除く。）の全区域に有効に報知できるように設けること。(を)(り)

ハ　地階を除く階数が五以上で延べ面積が三千平方メートルを超える防火対象物又はその部分にあつては、出火階が、二階以上の階の場合にあつては出火階及びその直上階、一階の場合にあつては出火階、その直上階及び地階、地階の場合にあつては出火階、その直上階及びその他の地階に限つて警報を発することができるものであること。この場合において、一定の時間が経過した場合又は新たな火災信号を受信した場合には、当該設備を設置した防火対象物又はその部分（前条第四項第一号へに掲げる部分を除く。）の全区域に自動的に警報を発するように措置されていること。(を)(た)(や)(ハ)(り)

ニ　各階ごとに、その階（前条第四項第一号へに掲げる部分を除く。）の各部分から一の地区音響装置までの水平距離が二十五メートル以下となるように設けること。(を)(り)

ホ　受信機から地区音響装置までの配線は、第十二条第一項第五号の規定に準じて設けること。ただし、ト及び次号ニの消防庁長官の定める基準により受信機と地区音響装置との間の信号を無線により発信し、又は受信する場合にあつては、この限りでない。(よ)(さ)(キ)

へ　地区音響装置は、一の防火対象物に二以上の受信機が設けられているときは、いずれの受信機からも鳴動させることができるものであること。(た)(ハ)(ニ)

ト　地区音響装置は、消防庁長官の定める基準に適合するものであること。(ハ)

五の二　地区音響装置（音声により警報を発するものに限る。以下この号において同じ。）は、前号（イ、ハ及びトを除く。）の規定の例によるほか、次に定めるところにより設けること。(ハ)(ア)

イ　音圧又は音色は、次の(イ)から(ハ)までに定めるところによること。(ハ)(ツ)(ユ)

(イ)　取り付けられた音響装置の中心から一メートル離れた位置で九十二デシベル以上であること。(ツ)

(ロ)　地区音響装置を、ダンスホール、カラオケボックスその他これらに類するもので、室内又は室外の音響が聞き取りにくい場所に設ける場合にあつては、当該場所において他の警報音又は騒音と明らかに区別して聞き取ることができるように措置されていること。(ツ)(ア)

(ハ)　令別表第一(二)項ニ、(十六)項イ、(十六の二)項及び(十六の三)項に掲げる防火対象物のうち、遊興のためにヘッドホン、イヤホンその他これに類する物品を客に利用させる役務の用に供する個室があるものにあつては、当該役務を提供している間においても、当該個室において警報音を確実に聞き取ることができるように措置されていること。(ユ)

ロ　地階を除く階数が五以上で延べ面積が三千平方メートルを超える防火対象物又はその部分にあつては、次の(イ)又は(ロ)に該当すること。(ハ)

(イ)　出火階が、二階以上の階の場合にあつては出火階及びその直上階、一階の場合にあつては出火階、その直上階及び地階、地階の場合にあつては出火階、その直上階及びその他の地階に限つて警報を発することができるものであること。この場合において、一定の時間が経過した場合又は新たな火災信号を受信した場合には、当該設備を設置した防火対象物又はその部分（前条第四項第一号へに掲げる部分を除く。）の全区域に自動的に警報を発するように措置されていること。(ハ)(り)

(ロ)　当該設備を設置した防火対象物又はその部分（前条第四項第一号へに掲げる部分を除く。）の全区域に火災が発生した場所を報知することができるものであること。(ハ)(り)

ハ　スピーカーに至る回路は、自動火災報知設備の信号回路における信号の伝達に影響を及ぼさないように設けるとともに、他の電気回路によつて誘導障害が生じないように設けること。(ハ)

ニ　地区音響装置は、消防庁長官の定める基準に適合するものであること。(ハ)

六　次に掲げる事態が生じたとき、受信機において、火災が発生した旨の表示をしないこと。(ゐ)(や)

イ　配線の一線に地絡が生じたとき。(ゐ)(や)
ロ　開閉器の開閉等により、回路の電圧又は電流に変化が生じたとき。(ゐ)(や)
ハ　振動又は衝撃を受けたとき。(ゐ)(や)
七　蓄積型の感知器又は蓄積式の中継器若しくは受信機を設ける場合は、一の警戒区域ごとに、次に定めるところによること。(や)
イ　感知器の公称蓄積時間並びに中継器及び受信機に設定された蓄積時間の最大時間の合計時間が六十秒を超えないこと。(や)
ロ　蓄積式の中継器又は受信機を設ける場合で煙感知器以外の感知器を設けるときは、中継器及び受信機に設定された蓄積時間の最大時間の合計時間が二十秒を超えないこと。(や)
八　一の警戒区域に蓄積型の感知器又は蓄積式中継器を設ける場合は、受信機は、当該警戒区域において二信号式の機能を有しないものであること。(や)
八の二　発信機は、P型二級受信機で接続することができる回線が一のもの、P型三級受信機、GP型二級受信機で接続することができる回線が一のもの若しくはGP型三級受信機に設ける場合又は非常警報設備を第二十五条の二第二項に定めるところにより設置した場合を除き、次に定めるところによること。(ハ)
イ　各階ごとに、その階（前条第四項第一号へに掲げる部分を除く。）の各部分から一の発信機までの歩行距離が五十メートル以下となるように設けること。(ハ)(り)
ロ　床面からの高さが〇・八メートル以上一・五メートル以下の箇所に設けること。(ハ)
ハ　発信機の直近の箇所に表示灯を設けること。(ハ)
ニ　表示灯は、赤色の灯火で、取付け面と十五度以上の角度となる方向に沿つて十メートル離れたところから点灯していることが容易に識別できるものであること。(ハ)
ホ　P型一級受信機、GP型一級受信機、R型受信機及びGR型受信機に接続するものはP型一級発信機とし、P型二級受信機及びGP型二級受信機に接続するものはP型二級発信機とすること。(ハ)
九　第十二条第一項第八号の規定は、自動火災報知設備について準用する。(ラ)

本条…一部改正〔昭和四〇年一月自令一号(ほ)・四一年四月六号(と)・四四年三月三号(を)・四五年三月七号(わ)・一二月二七号(か)・四七年八月二〇号(よ)・四八年六月一三号(た)・四九年一二月四〇号(そ)・五四年三月五号(ら)・五六年六月一六号(ゐ)・五九年九月二四号(や)・六二年一〇月三〇号(さ)・平成二年五月一七号(み)・五年一月二号(せ)・六年一月一号(す)・一一月四四号(イ)・八年二月二号(ロ)・九年三月一九号(ハ)・一〇年三月九号(ニ)・一五年六月総令九〇号(ツ)・一六年五月九三号(ラ)・一七年三月三三号(ノ)・一九年六月六六号(コ)・二〇年七月七八号(ア)・二一年一二月一五五号(キ)・二二年九月九三号(ユ)・二七年二月一〇号(り)〕

解説　【導通試験】感知器回路の断線の有無を調べる試験

参照　【地区音響装置の基準】平成九年六月三〇日消防庁告示第九号

第二四条の二　自動火災報知設備の維持に関する技術上の基準は、前条に定めるもののほか、次のとおりとする。(を)
一　受信機は、次のイからニまでに定めるところにより維持すること。(を)(そ)(ゐ)(ハ)(キ)
イ　受信機の付近に当該受信機の操作上支障となる障害物がないこと。(を)(そ)(ハ)(キ)
ロ　操作部の各スイッチが正常な位置にあること。(を)(キ)
ハ　受信機の付近に警戒区域一覧図を備えておくこと。ただし、前条第九号において準用する第十二条第一項第八号の規定により総合操作盤が設置されている場合は、この限りでない。(ゐ)(ハ)(ラ)(キ)
ニ　アナログ式中継器及びアナログ式受信機にあつては当該中継

器及び受信機の付近に表示温度等設定一覧図を備えておくこと。(せ)(キ)

二　感知器は、次のイ及びロに定めるところにより維持すること。(を)

イ　炎感知器以外の感知器にあつては感知区域、炎感知器にあつては監視空間又は監視距離が適正であること。(を)(ひ)

ロ　火災の感知を妨げるような措置がなされていないこと。(を)

三　発信機及び中継器は、その附近に当該機器の操作上支障となる障害物がないように維持すること。(を)

四　自動火災報知設備の常用電源、非常電源及び予備電源は、次に定めるところにより維持すること。(キ)

イ　常用電源が正常に供給されていること。(キ)

ロ　非常電源及び予備電源の電圧及び容量が適正であること。(キ)

五　アナログ式自動火災報知設備（感知器からの火災情報信号を中継器又は受信機により受信し、表示温度等を設定する機能を有する自動火災報知設備をいう。）にあつては、表示温度等を当該自動火災報知設備に係るアナログ式感知器の種別に応じ、第二十三条第七項の表の中欄に掲げる設定表示温度等の範囲内に維持すること。(せ)(キ)

六　火災が発生した旨の信号を無線により発信し、又は受信する感知器、中継器、受信機、地区音響装置又は発信機は、これらの間において確実に信号を発信し、又は受信することができるよう良好な状態に維持すること。(キ)

本条…追加〔昭和四四年三月自令三号(を)〕、一部改正〔昭和四九年一二月自令四〇号(そ)・五六年六月一六号(ゐ)・平成三年五月二〇号(ひ)・五年一月二号(せ)・九年三月一九号(ハ)・一六年五月総令九三号(ラ)・二〇年一二月総令一五五号(キ)〕

（ガス漏れ火災警報設備の設置を要しない防火対象物等）

第二四条の二の二　令第二十一条の二第一項の総務省令で定めるものは、同項に規定する防火対象物又はその部分のうち、次に掲げるもの以外のものとする。(ゐ)(ル)

一　**燃料用ガス**（液化石油ガスの保安の確保及び取引の適正化に関する法律（昭和四十二年法律第百四十九号）第二条第三項に規定する液化石油ガス販売事業によりその販売がされる液化石油ガスを除く。以下同じ。）**が使用されるもの**(ゐ)

二　その内部に、第三項に掲げる温泉の採取のための設備（温泉法（昭和二十三年法律第百二十五号）第十四条の五第一項の確認を受けた者が当該確認に係る温泉の採取の場所において温泉を採取するためのものを除く。）が設置されているもの(ア)

三　**可燃性ガスが自然発生するおそれがあるとして消防長又は消防署長が指定するもの**(ゐ)(ア)

2　令第二十一条の二第一項第三号の総務省令で定める数は、一人とする。(ア)

3　令第二十一条の二第一項第三号の総務省令で定める温泉の採取のための設備は、温泉法施行規則（昭和二十三年厚生省令第三十五号）第六条の三第三項第五号イに規定する温泉井戸、ガス分離設備及びガス排出口並びにこれらの間の配管（可燃性天然ガスが滞留するおそれのない場所に設けられるものを除く。）とする。(ア)

4　令第二十一条の二第二項第一号ただし書の総務省令で定める場合は、ガス漏れ火災警報設備の一の警戒区域の面積が五百平方メートル以下であり、かつ、当該警戒区域が防火対象物の二の階にわたる場合とする。(ゐ)(ル)(ア)

5　令第二十一条の二第二項第二号ただし書の総務省令で定める場合は、ガス漏れ火災警報設備の一の警戒区域の面積が千平方メートル以下であり、かつ、当該警戒区域内の次条第一項第四号ロに定める

警報装置を通路の中央から容易に見通すことができる場合とする。(ゐ)(ル)(ア)

本条…追加〔昭和五六年六月自令一六号(ゐ)〕、一―三項…一部改正〔平成一二年九月自令四四号(ル)〕、一項…一部改正・二・三項…追加・旧二・三項…四・五項に繰下〔平成二〇年七月総令七八号(ア)〕

解説 **【燃料用ガスが使用されるもの】**ガス燃焼機器が設置されているもの、及びガス燃焼機器を接続するだけで使用可能な状態にガス栓が設置されているもの

【可燃性ガスが自然発生するおそれがある場合】天然ガスやメタン発酵により発生した可燃性ガスが継続して発生するおそれのある防火対象物の部分で、爆発限界に達するおそれのある場合

（ガス漏れ火災警報設備に関する基準の細目）

第二四条の二の三　ガス漏れ火災警報設備の設置及び維持に関する技術上の基準の細目は、次のとおりとする。(ゐ)

一　**ガス漏れ検知器**（以下「検知器」という。）は、天井の室内に面する部分（天井がない場合にあつては、上階の床の下面。以下「天井面等」という。）又は壁面の点検に便利な場所に、次のイ又はロに定めるところによるほか、ガスの性状に応じて設けること。ただし、出入口の付近で外部の気流がひんぱんに流通する場所、換気口の空気の吹き出し口から一・五メートル以内の場所、ガス燃焼機器（以下「燃焼器」という。）の廃ガスに触れやすい場所その他ガス漏れの発生を有効に検知することができない場所に設けてはならない。(ゐ)

イ　検知対象ガスの空気に対する比重が一未満の場合には、次の(イ)から(ニ)までに定めるところによること。(ゐ)(ア)

(イ)　燃焼器（令第二十一条の二第一項第三号に掲げる防火対象物に存するものについては、消防庁長官が定めるものに限る。以下同じ。）又は貫通部（同項第一号、第二号、第四号若しくは第五号に掲げる防火対象物若しくはその部分又は同項第三号に掲げる防火対象物の部分で消防庁長官が定めるものに燃料用ガスを供給する導管が当該防火対象物又はその部分の外壁を貫通する場所をいう。以下同じ。）から水平距離で八メートル以内の位置に設けること。ただし、天井面等が〇・六メートル以上突出したはり等によつて区画されている場合は、当該はり等より燃焼器側又は貫通部側に設けること。(ゐ)(ア)

(ロ)　温泉の採取のための設備（前条第三項に規定するものをいう。以下同じ。）の周囲の長さ十メートルにつき一個以上当該温泉の採取のための設備の付近でガスを有効に検知できる場所（天井面等が〇・六メートル以上突出したはり等によつて区画されている場合は、当該はり等より温泉の採取のための設備側に限る。）に設けるとともに、ガスの濃度を指示するための装置を設けること。この場合において、当該装置は、防災センター等に設けること。(ア)

(ハ)　燃焼器若しくは温泉の採取のための設備（以下この号において「燃焼器等」という。）が使用され、又は貫通部が存する室の天井面等の付近に吸気口がある場合には、当該燃焼器等又は貫通部との間の天井面等が〇・六メートル以上突出したはり等によつて区画されていない吸気口のうち、燃焼器等又は貫通部から最も近いものの付近に設けること。(ゐ)(ア)

(ニ)　検知器の下端は、天井面等の下方〇・三メートル以内の位置に設けること。(ゐ)(ア)

ロ　検知対象ガスの空気に対する比重が一を超える場合には、次の(イ)から(ハ)までに定めるところによること。(ゐ)(ア)

(イ)　燃焼器又は貫通部から水平距離で四メートル以内の位置に設けること。(ゐ)

(ロ)　温泉の採取のための設備の周囲の長さ十メートルにつき一個以上当該温泉の採取のための設備の付近でガスを有効に検知できる場所に設けるとともに、ガスの濃度を指示するための装置を設けること。この場合において、当該装置は、防災センター等に設けること。(ア)

(ハ)　検知器の上端は、床面の上方〇・三メートル以内の位置に設けること。(ゐ)(ア)

二　**中継器**は、次のイ及びロに定めるところにより設けること。(ゐ)

イ　受信機において、受信機から検知器に至る配線の導通を確認することができないものにあつては、回線ごとに導通を確認することができるように受信機と検知器との間に中継器を設けること。ただし、受信機に接続することができる回線の数が五以下のものにあつては、この限りでない。(ゐ)

ロ　点検に便利で、かつ、防火上有効な措置を講じた箇所に設けること。(ゐ)

三　第一号イ(イ)又は同号ロ(イ)に定めるところにより検知器を設ける場合にあつては、受信機を次のイからヘまでに定めるところにより設けること。(ゐ)(ア)

イ　検知器又は中継器の作動と連動して検知器の作動した警戒区域を表示することができること。(ゐ)

ロ　貫通部に設ける検知器に係る警戒区域は、他の検知器に係る警戒区域と区別して表示することができること。(ゐ)

ハ　操作スイッチは、床面からの高さが〇・八メートル（いすに座つて操作するものにあつては〇・六メートル）以上一・五メートル以下の箇所に設けること。(ゐ)

ニ　主音響装置の音圧及び音色は、他の警報音又は騒音と明らかに区別して聞き取ることができること。(ゐ)

ホ　一の防火対象物に二以上の受信機を設けるときは、これらの受信機のある場所相互の間で同時に通話することができる設備を設けること。(ゐ)

ヘ　防災センター等に設けること。(ゐ)(ロ)

四　警報装置は、次のイからハまでに掲げる装置を次のイからハまでに定めるところにより設けること。(ゐ)

イ　音声によりガス漏れの発生を防火対象物の関係者及び利用者に警報する装置（以下「音声警報装置」という。）は、次の(イ)又は(ロ)に定めるところによること。(ア)

(イ)　令第二十一条の二第一項第一号、第二号、第四号若しくは第五号に掲げる防火対象物若しくはその部分又は同項第三号に掲げる防火対象物の部分で消防庁長官が定めるものに設けるものにあつては、次の(1)から(3)までに定めるところによること。ただし、第二十五条の二第二項第三号に定めるところにより設置した放送設備の有効範囲内の部分には、音声警報装置を設けないことができる。(ア)

(1)　音圧及び音色は、他の警報音又は騒音と明らかに区別して聞き取ることができること。(ア)

(2)　スピーカーは、各階ごとに、その階の各部分から一のスピーカーまでの水平距離が二十五メートル以下となるように設けること。(ア)

(3)　一の防火対象物に二以上の受信機を設けるときは、これらの受信機があるいずれの場所からも作動させることができること。(ア)

(ロ)　令第二十一条の二第一項第三号に掲げる防火対象物（(イ)の消防庁長官が定める部分（以下この号において「長官指定部分」という。）が存しないものに限る。）又は同号の防火対象物（長官指定部分が存するものに限る。）の部分（長官指定部分を除く。）に設けるものにあつては、次の⑴及び⑵に定めるところによること。ただし、常時人がいない場所又は第二十五条の二第二項第三号に定めるところにより設置した放送設備若しくは警報機能を有する検知器若しくは検知区域警報装置の有効範囲内の部分には、音声警報装置を設けないことができる。（ア）

⑴　音圧及び音色は、他の警報音又は騒音と明らかに区別して聞き取ることができること。（ア）

⑵　スピーカーは、各階ごとに、その階の各部分から一のスピーカーまでの水平距離が二十五メートル以下となるように設けること。（ア）

ロ　検知器の作動と連動し、表示灯によりガス漏れの発生を通路にいる防火対象物の関係者に警報する装置（以下「ガス漏れ表示灯」という。）は、次の(イ)及び(ロ)に定めるところによること。ただし、一の警戒区域が一の室からなる場合には、ガス漏れ表示灯を設けないことができる。（ゐ）（ア）

(イ)　検知器を設ける室が通路に面している場合には、当該通路に面する部分の出入口付近に設けること。（ゐ）

(ロ)　前方三メートル離れた地点で点灯していることを明確に識別することができるように設けること。（ゐ）

ハ　検知器の作動と連動し、音響によりガス漏れの発生を検知区域（一の検知器が有効にガス漏れを検知することができる区域をいう。以下同じ。）において防火対象物の関係者に警報する装置（以下「検知区域警報装置」という。）は、当該検知区域警報装置から一メートル離れた位置で音圧が七十デシベル以上となるものであること。ただし、警報機能を有する検知器を設置する場合並びに機械室その他常時人がいない場所及び貫通部には、検知区域警報装置を設けないことができる。（ゐ）（ア）

五　配線は、電気工作物に係る法令の規定によるほか、次のイからハまでに定めるところにより設けること。（ゐ）

イ　常時開路式の検知器の信号回路は、容易に導通試験をすることができるように、回路の末端に終端器を設けるとともに、一回線に一の検知器を接続する場合を除き、送り配線にすること。（ゐ）

ロ　電源回路と大地との間及び電源回路の配線相互の間の絶縁抵抗は、直流五百ボルトの絶縁抵抗計で計つた値が、電源回路の対地電圧が百五十ボルト以下の場合は〇・一メガオーム以上、電源回路の対地電圧が百五十ボルトを超える場合は〇・二メガオーム以上であり、検知器回路（電源回路を除く。）及び附属装置回路（電源回路を除く。）と大地との間並びにそれぞれの回路の配線相互の間の絶縁抵抗は、一の警戒区域ごとに直流五百ボルトの絶縁抵抗計で計つた値が〇・一メガオーム以上であること。（ゐ）（ハ）

ハ　次の(イ)及び(ロ)に掲げる回路方式を用いないこと。（ゐ）

(イ)　接地電極に常時直流電流を流す回路方式（ゐ）

(ロ)　検知器又は中継器の回路とガス漏れ火災警報設備以外の設備の回路とが同一の配線を共用する回路方式（ガス漏れが発生した旨の信号（以下「ガス漏れ信号」という。）の伝達に影響を及ぼさないものを除く。）（ゐ）

六　電源は、次のイ及びロに定めるところにより設けること。（ゐ）

イ　電源は、蓄電池又は交流低圧屋内幹線から他の配線を分岐させずにとること。（ゐ）

ロ　電源の開閉器には、ガス漏れ火災警報設備用のものである旨を表示すること。（ゐ）

七　非常電源は、次のイからニまでに定めるところにより設けること。（ゐ）（ノ）

イ　直交変換装置を有しない蓄電池設備によるものとし、その容量は、二回線を十分間有効に作動させ、同時にその他の回線を十分間監視状態にすることができる容量以上であること。ただし、二回線を一分間有効に作動させ、同時にその他の回線を一分間監視状態にすることができる容量以上の容量を有する予備電源又は直交変換装置を有しない蓄電池設備を設ける場合は、直交変換装置を有する蓄電池設備、自家発電設備又は燃料電池設備によることができる。(ゐ)(ノ)

ロ　蓄電池設備は、第十二条第一項第四号イ(イ)から(ニ)まで及び(ヘ)並びにハ(イ)から(ニ)までの規定の例によること。(ゐ)(さ)(ノ)

ハ　自家発電設備は、第十二条第一項第四号イの(イ)から(ニ)まで及び(ヘ)並びにロの(ロ)から(ニ)までの規定の例によること。(ゐ)(さ)

ニ　燃料電池設備は、第十二条第一項第四号イ(ホ)及び(ト)を除く。)、ロ(ロ)並びにニ(イ)及び(ロ)に定めるところによること。(ノ)

八　検知器の標準遅延時間（検知器がガス漏れ信号を発する濃度のガスを検知してから、ガス漏れ信号を発するまでの標準的な時間をいう。）及び受信機の標準遅延時間（受信機がガス漏れ信号を受信してから、ガス漏れが発生した旨の表示をするまでの標準的な時間をいう。）の合計が六十秒以内であること。(ゐ)

九　次のイからハまでに掲げる事態が生じたとき、受信機において、ガス漏れが発生した旨の表示をしないこと。(ゐ)

イ　配線の一線に地絡が生じたとき(ゐ)

ロ　開閉器の開閉等により、回路の電圧又は電流に変化が生じたとき(ゐ)

ハ　振動又は衝撃を受けたとき(ゐ)

十　第十二条第一項第八号の規定は、ガス漏れ火災警報設備について準用する。(ラ)

2　検知器並びに液化石油ガスを検知対象とするガス漏れ火災警報設備に使用する中継器及び受信機は、消防庁長官が定める基準に適合するものでなければならない。(ゐ)(ア)

本条…追加〔昭和五六年六月自令一六号(ゐ)〕、一項…一部改正〔昭和六二年一〇月自令三〇号(さ)・平成八年二月二号(ロ)・九年三月一九号(ハ)・一六年五月総令九三号(ラ)・一七年三月三三号(ノ)〕、一・二項…一部改正〔平成二〇年七月総令七八号(ア)〕

解説　**【ガス漏れ検知器】**　ガス漏れを検知し、中継器又は受信機に信号を発するもの

【中継器】　検知器から発せられた信号を受信し、これを受信機、排煙設備、警報装置等に発信するもの

参照　**【検知器並びに中継器及び受信機の基準】**　昭和五六年六月二〇日消防庁告示第二号

第二四条の二の四　ガス漏れ火災警報設備の維持に関する技術上の基準は、前条に定めるもののほか、次のとおりとする。(ゐ)

一　検知器は、その検知機能を妨げる措置を講ずることのないように維持すること。(ゐ)

二　中継器は、その付近に当該中継器の操作上支障となる障害物がないように維持すること。(ゐ)

三　受信機は、次のイからホまでに定めるところにより維持すること。(ゐ)

イ　常用電源が正常に供給されていること。(ゐ)

ロ　非常電源及び予備電源の電圧及び容量が適正であること。(ゐ)

ハ　操作部の各スイッチが正常な位置にあること。(ゐ)

ニ　受信機の付近に当該受信機の操作上支障となる障害物がないこと。(ゐ)

ホ　受信機の付近に警戒区域一覧図を備えておくこと。ただし、前条第一項第十号において準用する第十二条第一項第八号の規定により総合操作盤が設置されている場合は、この限りでない。(ゐ)(ハ)(ラ)

本条…追加〔昭和五六年六月自令一六号(ゐ)〕、一部改正〔平成九年三月自令一九号(ハ)・一六年五月総令九三号(ラ)〕

（漏電火災警報器に関する基準の細目）(よ)

第二四条の三　漏電火災警報器の設置及び維持に関する技術上の基準の細目は、次のとおりとする。(ほ)(を)(よ)(ン)

一　変流器は、**警戒電路の定格電流**以上の電流値（B種接地線に設けるものにあつては、当該接地線に流れることが予想される電流以上の電流値）を有するものを設けること。(そ)(ツ)

二　変流器は、建築物に電気を供給する屋外の電路（建築構造上屋外の電路に設けることが困難な場合にあつては、電路の引込口に近接した屋内の電路）又はB種接地線で、当該変流器の点検が容易な位置に堅固に取り付けること。(ほ)(を)(ツ)

三　音響装置は、次のイ及びロに定めるところにより設けること。(ほ)

イ　音響装置は、防災センター等に設けること。(ほ)(か)(た)(ゐ)(ロ)

ロ　音響装置の音圧及び音色は、他の警報音又は騒音と明らかに区別して聞き取ることができること。(ゐ)

四　**検出漏洩電流設定値**は、誤報が生じないように当該建築物の警戒電路の状態に応ずる適正な値とすること。(ほ)

五　可燃性蒸気、可燃性粉じん等が滞留するおそれのある場所に漏電火災警報器を設ける場合にあつては、その作動と連動して電流の遮断を行う装置をこれらの場所以外の安全な場所に設けること。(を)(よ)(ン)

本条…追加〔昭和四〇年一月自令一号(ほ)〕、一・二項…追加・旧一項…一部改正し三項に繰下・旧二四条の二…繰下〔昭和四四年三月自令三号(を)〕、三項…一部改正〔昭和四五年一二月自令二七号(か)〕、見出し…改正・一―三項…一部改正〔昭和四七年八月自令二〇号(よ)〕、三項…一部改正〔昭和四八年六月自令一三号(た)・四九年一二月四〇号(そ)・五六年六月一六号(ゐ)・平成八年二月二号(ロ)・一五年六月総令九〇号(ツ)〕、一・二項…削除・旧三項…一部改正し本条に改正〔平成二五年三月総令二一号(ン)〕

解説　**【警戒電路の定格電流】**当該建物の警戒電路において、すべての負荷を使用するときの最大負荷電流

【検出漏洩電流設定値】一定の漏洩電流が生じた場合に作動するように、設定した値。おおむね一〇〇ミリアンペアから四〇〇ミリアンペアが標準とされている。

（消防機関へ通報する火災報知設備に関する基準）

第二五条　令第二十三条第一項ただし書の総務省令で定める場所は、次に掲げる防火対象物の区分に応じ、当該各号に定める場所とする。(ル)(ち)

一　令別表第一(六)項イ(1)及び(2)、(十六)項イ、十六の二項並びに十六の三項に掲げる防火対象物（同表(十六)項イ、十六の二項及び十六の三項に掲げる防火対象物にあつては、同表(六)項イ(1)又は(2)に掲げる防火対象物の用途に供される部分が存するものに限る。）　消防機関が存する建築物内(ち)

二　前号に掲げる防火対象物以外の防火対象物　消防機関からの歩行距離が五百メートル以下である場所(ち)

2　令第二十三条第二項の規定による火災報知設備は、次の各号に掲げる種別に応じ、当該各号に定める場所に設置しなければならない。(ロ)(ハ)

一　一の押しボタンの操作等により消防機関に通報することができる装置（電話回線を使用するものに限る。以下この条において「火災通報装置」という。）　防災センター等(ロ)(を)

二　消防機関へ通報する火災報知設備（火災通報装置を除く。）の発信機　多数の者の目にふれやすく、かつ、火災に際しすみやかに操作することができる箇所及び防災センター等(ロ)

3　火災通報装置の設置及び維持に関する技術上の基準の細目は、次のとおりとする。(ロ)

一　火災通報装置は、消防庁長官が定める基準に適合するものであること。(ロ)

二　火災通報装置の機能に支障を生ずるおそれのない電話回線を使用すること。(を)

三　火災通報装置は、前号の電話回線のうち、当該電話回線を適切に使用することができ、かつ、他の機器等が行う通信の影響によ

り当該火災通報装置の機能に支障を生ずるおそれのない部分に接続すること。(ロ)(を)

四　電源は、次に定めるところにより設けること。(ニ)(を)

イ　電源は、蓄電池又は交流低圧屋内幹線から他の配線を分岐させずにとること。ただし、令別表第一(六)項イ(1)から(3)まで及びロに掲げる防火対象物で、延べ面積が五百平方メートル未満のものに設けられる火災通報装置の電源が、分電盤との間に開閉器が設けられていない配線からとられており、かつ、当該配線の接続部が、振動又は衝撃により容易に緩まないように措置されている場合は、この限りでない。(ニ)(キ)(ち)(を)

ロ　電源の開閉器及び配線の接続部（当該配線と火災通報装置との接続部を除く。）には、火災通報装置用のものである旨を表示すること。(ニ)(を)

五　令別表第一(六)項イ(1)及び(2)並びにロ、(十六)項イ、(十六の二)項並びに(十六の三)項に掲げる防火対象物（同表(十六)項イ、(十六の二)項及び(十六の三)項に掲げる防火対象物にあつては、同表(六)項イ(1)若しくは(2)又はロに掲げる防火対象物の用途に供される部分が存するものに限る。次項において同じ。）に設ける火災通報装置にあつては、自動火災報知設備の感知器の作動と連動して起動すること。ただし、自動火災報知設備の受信機及び火災通報装置が防災センター（常時人がいるものに限る。）に設置されるものにあつては、この限りでない。(に)(ち)(を)

4　消防機関へ通報する火災報知設備（火災通報装置を除く。）の設置及び維持に関する技術上の基準の細目は、次のとおりとする。(ロ)

一　配線は、第二十四条第一号に掲げる自動火災報知設備の配線の設置の例により設けること。(ほ)

二　発信機の押ボタンは、床面又は地盤面から〇・八メートル以上一・五メートル以下の位置に設け、かつ、見やすい箇所に標識を設けること。

三　次のイからニまでに掲げる事態が生じたとき、受信機において、火災が発生した旨の表示をしないこと。(ゐ)

イ　M型発信機以外の発信機又はM型受信機以外の受信機とM型発信機との間の配線の一線に断線又は地絡が生じたとき(ゐ)

ロ　信号回路以外の配線の二線に短絡が生じたとき(ゐ)

ハ　開閉器の開閉等により、回路の電圧又は電流に変化が生じたとき(ゐ)

ニ　振動又は衝撃を受けたとき(ゐ)

四　令別表第一(六)項イ(1)及び(2)並びにロ、(十六)項イ、(十六の二)項並びに(十六の三)項に掲げる防火対象物に設ける消防機関へ通報する火災報知設備（火災通報装置を除く。）にあつては、前項第五号の規定の例によること。(に)(ち)(を)

二項…一部改正〔昭和四〇年一月自令一号(ほ)・五六年六月一六号(ゐ)〕、旧二項…一部改正し四項に繰下・二・三項…追加〔平成八年二月自令二号(ロ)〕、二項…一部改正〔平成九年三月自令一九号(ハ)〕、三項…一部改正〔平成一〇年三月自令九号(ニ)〕、一項…一部改正〔平成一二年九月自令四四号(ル)〕、三項…一部改正〔平成二〇年一二月総令一五五号(キ)〕、三・四項…一部改正〔平成二五年一二月総令一二六号(に)〕、一・三・四項…一部改正〔平成二六年一〇月総令八〇号(ち)〕、二―四項…一部改正〔平成二八年二月総令一〇号(を)〕

参照　【火災通報装置の基準】平成八年二月一六日消防庁告示第一号

（非常警報設備に関する基準）

第二五条の二　令第二十四条第五項の総務省令で定める放送設備は、非常ベル又は自動式サイレンと同等以上の音響を発する装置を附加した放送設備とする。(を)(ル)

2　非常警報設備の設置及び維持に関する技術上の基準の細目は、次のとおりとする。(を)

一　非常ベル又は自動式サイレンの音響装置は、次のイからハまでに定めるところにより設けること。(を)

イ　音圧又は音色は、次の(イ)から(ハ)までに定めるところによるこ

と。(を)(ゐ)(ツ)(ユ)

(イ)　取り付けられた音響装置の中心から一メートル離れた位置で九十デシベル以上であること。(ツ)

(ロ)　非常ベル又は自動式サイレンの音響装置を、ダンスホール、カラオケボックスその他これらに類するもので、室内又は室外の音響が聞き取りにくい場所に設ける場合にあつては、当該場所において他の警報音又は騒音と明らかに区別して聞き取ることができるように措置されていること。(ツ)(ア)

(ハ)　令別表第一(二)項ニ、(十六)項イ、(十六の二)項及び(十六の三)項に掲げる防火対象物のうち、遊興のためにヘッドホン、イヤホンその他これに類する物品を客に利用させる役務の用に供する個室があるものにあつては、当該役務を提供している間においても、当該個室において警報音を確実に聞き取ることができるように措置されていること。(ユ)

ロ　地階を除く階数が五以上で延べ面積が三千平方メートルを超える防火対象物にあつては、出火階が、二階以上の階の場合にあつては出火階及びその直上階、一階の場合にあつては出火階、その直上階及び地階、地階の場合にあつては出火階、その直上階及びその他の地階に限つて警報を発することができるものであること。この場合において、一定の時間が経過した場合又は新たな火災信号を受信した場合には、当該設備を設置した防火対象物又はその部分の全区域に自動的に警報を発するように措置されていること。(を)(た)(ハ)

ハ　各階ごとに、その階の各部分から一の音響装置までの水平距離が二十五メートル以下となるように設けること。(を)

二　防火対象物の十一階以上の階、地下三階以下の階又は令別表第一(十六の二)項及び(十六の三)項に掲げる防火対象物に設ける放送設備の起動装置に、防災センター等と通話することができる装置を付置すること。ただし、起動装置を非常電話とする場合にあつては、この限りでない。(た)(そ)(ゐ)(カ)

二の二　非常警報設備の起動装置は、次のイからニまでに定めるところにより設けること。(を)(か)(た)

イ　各階ごとに、その階の各部分から一の起動装置までの歩行距離が五十メートル以下となるように設けること。(を)

ロ　床面からの高さが〇・八メートル以上一・五メートル以下の箇所に設けること。(を)

ハ　起動装置の直近の箇所に表示灯を設けること。(を)(ハ)

ニ　表示灯は、赤色の灯火で、取付け面と十五度以上の角度となる方向に沿つて十メートル離れた所から点灯していることが容易に識別できるものであること。(を)

三　放送設備は、次のイ及びロ又はハ並びにニからヲまでに定めるところにより設けること。(を)(よ)(た)(そ)(ハ)(ホ)

イ　スピーカーの音圧又は音色は、次の(イ)から(ハ)までに定めるところによる。(ア)(ユ)

(イ)　次の表の上欄に掲げる種類に応じ、取り付けられたスピーカーから一メートル離れた位置で同表下欄に掲げる大きさであること。(ア)

種類	音圧の大きさ
L級	九十二デシベル以上
M級	八十七デシベル以上九十二デシベル未満
S級	八十四デシベル以上八十七デシベル未満

(ロ)　スピーカーを、ダンスホール、カラオケボックスその他これらに類するもので、室内又は室外の音響が聞き取りにくい場所に設ける場合にあつては、当該場所において他の警報音又は騒音と明らかに区別して聞き取ることができるように措置されていること。(ア)

(ハ)　令別表第一(二)項ニ、(十六)項イ、(十六の二)項及び(十六の三)項に掲げる防火対象物のうち、遊興のためにヘッドホン、イヤホンその他これに類する物品を客に利用させる役務の用に供する個室があるものにあつては、当該役務を提供している間においても、当該個室において警報音を確実に聞き取ることができるように措置されていること。(ユ)

ロ　スピーカーの設置は、次に定めるところによること。(す)

(イ)　スピーカーは、階段又は傾斜路以外の場所に設置する場合、百平方メートルを超える放送区域（防火対象物の二以上の階にわたらず、かつ、床、壁又は戸（障子、ふすま等遮音性能の著しく低いものを除く。）で区画された部分をいう。以下(ロ)において同じ。）に設置するものにあつてはL級のもの、五十平方メートルを超え百平方メートル以下の放送区域に設置するものにあつてはL級又はM級のもの、五十平方メートル以下の放送区域に設置するものにあつてはL級、M級又はS級のものを設けること。(す)

(ロ)　スピーカーは、(イ)に規定する場所に設置する場合、放送区域ごとに、当該放送区域の各部分から一のスピーカーまでの水平距離が十メートル以下となるように設けること。ただし、居室及び居室から地上に通じる主たる廊下その他の通路にあつては六平方メートル以下、その他の部分にあつては三十平方メートル以下の放送区域については、当該放送区域の各部分から隣接する他の放送区域に設置されたスピーカーまでの水平距離が八メートル以下となるように設けられているときは、スピーカーを設けないことができるものとする。(す)

(ハ)　スピーカーは、階段又は傾斜路に設置する場合、垂直距離十五メートルにつきL級のものを一個以上設けること。(す)

ハ　スピーカーの音圧又は音色及び設置は、次に定めるところによること。(ホ)(ア)

(イ)　スピーカーは、階段又は傾斜路以外の場所に設置する場合、放送区域ごとに、次の式により求めた音圧レベルが当該放送区域の床面からの高さが一メートルの箇所において七十五デシベル以上となるように設けること。(ホ)

$$P = p + 10\log_{10}\left(\frac{Q}{4\pi r^2} + \frac{4(1-\alpha)}{S\alpha}\right)$$

Pは、音圧レベル（単位　デシベル）

pは、スピーカーの音響パワーレベル（単位　デシベル）

Qは、スピーカーの指向係数

rは、当該箇所からスピーカーまでの距離（単位　メートル）

αは、放送区域の平均吸音率

Sは、放送区域の壁、床及び天井又は屋根の面積の合計（単位　平方メートル）

(ロ)　スピーカーは、階段又は傾斜路以外の場所に設置する場合であつて、当該放送区域の残響時間が三秒以上になるときは、当該放送区域の床面からの高さが一メートルの箇所から一のスピーカーまでの距離が次の式により求めた値以下となるように設けること。(ホ)

$$r = \frac{3}{4}\sqrt{\frac{QS\alpha}{\pi(1-\alpha)}}$$

rは、当該箇所からスピーカーまでの距離（単位　メートル）

Qは、スピーカーの指向係数

Sは、放送区域の壁、床及び天井又は屋根の面積の合計（単位　平方メートル）

αは、放送区域の平均吸音率

(ハ)　スピーカーは、階段又は傾斜路に設置する場合、垂直距離十五メートルにつきL級のものを一個以上設けること。(ホ)

(ニ)　スピーカーを、ダンスホール、カラオケボックスその他これらに類するもので、室内又は室外の音響が聞き取りにくい場所に設ける場合にあつては、当該場所において他の警報音又は騒音と明らかに区別して聞き取ることができるように措置されていること。(ア)

ニ　音量調整器を設ける場合は、三線式配線とすること。(を)(ホ)

ホ　操作部及び遠隔操作器の操作スイッチは、床面からの高さが〇・八メートル（いすに座つて操作するものにあつては〇・六メートル）以上一・五メートル以下の箇所に設けること。(そ)(ゐ)(す)(ホ)

へ　操作部及び遠隔操作器は、起動装置又は自動火災報知設備の作動と連動して、当該起動装置又は自動火災報知設備の作動した階又は区域を表示できるものであること。(そ)(す)(ホ)

ト　増幅器、操作部及び遠隔操作器は点検に便利で、かつ、防火上有効な措置を講じた位置に設けること。(を)(よ)(そ)(ハ)(ホ)

チ　出火階が、二階以上の階の場合にあつては出火階及びその直上階、一階の場合にあつては出火階、その直上階及び地階、地階の場合にあつては出火階、その直上階及びその他の地階に限つて警報を発することができるものであること。この場合において、一定の時間が経過した場合又は新たな火災信号を受信した場合には、当該設備を設置した防火対象物又はその部分の全区域に自動的に警報を発するように措置されていること。(を)(た)(そ)(ハ)(ホ)

リ　他の設備と共用するものにあつては、火災の際非常警報以外の放送（地震動予報等に係る放送（気象業務法（昭和二十七年法律第百六十五号）第十三条の規定により気象庁が行う同法第二条第四項第二号に規定する地震動についての同条第六項に規定する予報及び同条第七項に規定する警報、気象業務法施行規則（昭和二十七年運輸省令第百一号）第十条の二第一号イに規定する予報資料若しくは同法第十七条第一項の許可を受けた者が行う地震動についての予報を受信し又はこれらに関する情報を入手した場合に行うものをいう。）であつて、これに要する時間が短時間であり、かつ、火災の発生を有効に報知することを妨げないものを除く。）を遮断できる機構を有するものであること。(を)(そ)(す)(ハ)(ホ)(ユ)

ヌ　他の電気回路によつて誘導障害が生じないように設けること。(を)(そ)(ハ)(ホ)

ル　操作部又は遠隔操作器のうち一のものは、防災センター等に設けること。ただし、第六号において準用する第十二条第一項第八号の規定により総合操作盤が設けられている場合にあつては、この限りでない。(よ)(そ)(ゐ)(す)(ロ)(ハ)(ホ)(ラ)

ヲ　一の防火対象物に二以上の操作部又は遠隔操作器が設けられているときは、これらの操作部又は遠隔操作器のある場所相互間で同時に通話することができる設備を設けており、かつ、いずれの操作部又は遠隔操作器からも当該防火対象物の全区域に火災を報知することができるものであること。(た)(そ)(す)(ハ)(ホ)

四　配線は、電気工作物に係る法令の規定によるほか、次のイからホまでに定めるところにより設けること。(を)(よ)(そ)

イ　電源回路と大地との間及び電源回路の配線相互の間の絶縁抵抗は、直流二百五十ボルトの絶縁抵抗計で計つた値が、電源回路の対地電圧が百五十ボルト以下の場合は〇・一メガオーム以上、電源回路の対地電圧が百五十ボルトを超える場合は〇・二メガオーム以上であること。(ゐ)(ハ)

ロ　配線に使用する電線とその他の電線とは同一の管、ダクト若しくは線ぴ又はプルボックス等の中に設けないこと。ただし、いずれも六十ボルト以下の弱電流回路に使用する電線であるときは、この限りでない。(を)(そ)

ハ　火災により一の階のスピーカー又はスピーカーの配線が短絡又は断線しても、他の階への火災の報知に支障がないように設けること。(を)(ハ)

ニ　操作部若しくは起動装置からスピーカー若しくは音響装置まで又は増幅器若しくは操作部から遠隔操作器までの配線は、第十二条第一項第五号の規定に準じて設けること。(よ)(そ)(さ)

ホ　非常警報設備の電源は第二十四条第三号の規定の例により設けること。(そ)

五　非常電源は、第二十四条第四号の規定に準じて設けること。(を)

六　第十二条第一項第八号の規定は、非常警報設備について準用する。(ラ)

3　非常警報設備は、前二項に定めるもののほか、消防庁長官が定める基準に適合するものでなければならない。(よ)

本条…追加〔昭和四四年三月自令三号(を)〕、二項…一部改正〔昭和四五年一二月自令二七号(か)〕、二項…一部改正・三項…追加〔昭和四七年八月自令二〇号(よ)〕、二項…一部改正〔昭和四八年六月自令一三号(た)・四九年一二月四〇号(そ)・五六年六月一六号(ゐ)・六二年一〇月三〇号(さ)・平成六年一月一号(す)・八年二月二号(ロ)・九年三月一九号(ハ)・一〇年七月三一号(ホ)〕、一項…一部改正〔平成一二年九月自令四四号(ル)〕、二項…一部改正〔平成一三年三月総令四三号(カ)・一五年六月九〇号(ツ)・一六年五月九三号(ラ)・二〇年七月七八号(ア)・二一年九月九三号(ユ)〕

参照　【非常警報設備の基準】昭和四八年二月一〇日消防庁告示第六号

第三款　避難設備に関する基準

（避難器具の設置個数の減免）

第二十六条　令第二十五条第一項各号に掲げる防火対象物の階が次に該当するときは、当該階に設置する避難器具の個数は、令第二十五条第二項第一号本文中「百人」を「二百人」に、「二百人」を「四百人」に、「三百人」を「六百人」に読み替えて算出して得た数以上とする。(り)(ま)

一　主要構造部を耐火構造としたものであること。(り)

二　避難階又は地上に通ずる直通階段（傾斜路を含む。以下「直通階段」という。）で、避難階段又は特別避難階段が二以上設けられていること。(り)(そ)

2　令第二十五条第一項各号に掲げる防火対象物の階に建築基準法施行令第百二十条、第百二十一条及び第百二十二条の規定により必要とされる直通階段で、建築基準法施行令第百二十三条及び第百二十四条に規定する避難階段（屋外に設けるもの及び屋内に設けるもので消防庁長官が定める部分を有するものに限る。）又は特別避難階段としたものが設けられている場合は、当該階に設置する避難器具の個数は、令第二十五条第二項第一号本文又は前項の規定により算出して得た数から当該避難階段又は特別避難階段の数を引いた数以上とすることができる。この場合において、当該引いた数が一に満たないときは、当該階に避難器具を設置しないことができる。(り)(た)(そ)(ま)

3　令第二十五条第一項各号に掲げる防火対象物で主要構造部を耐火構造としたものに次に該当する渡り廊下が設けられている場合は、当該渡り廊下が設けられている階に設置する避難器具の個数は、令第二十五条第二項第一号本文又は前二項の規定により算出して得た数から当該渡り廊下の数に二を乗じた数を引いた数以上とすることができる。この場合において、前項後段の規定を準用する。(り)(ま)

一　耐火構造又は鉄骨造であること。(り)

二　渡り廊下の両端の出入口に自動閉鎖装置付きの特定防火設備である防火戸（防火シャッターを除く。）が設けられていること。(り)(ま)(ヌ)

三　避難、通行及び運搬以外の用途に供しないこと。(り)

4　令第二十五条第一項各号に掲げる防火対象物で主要構造部を耐火構造としたものに避難橋を次に該当する屋上広場に設けた場合において、当該直下階から当該屋上広場に通じる避難階段又は特別避難階段が二以上設けられているときは、当該直下階に設置する避難器具具の個数は、令第二十五条第二項第一号本文又は前三項の規定により算出して得た数から当該避難橋の数に二を乗じた数を引いた数以上とすることができる。この場合において、第二項後段の規定を準用する。(そ)(ま)

一　避難橋が設置されている屋上広場の有効面積は、百平方メートル以上であること。(そ)

二　屋上広場に面する窓及び出入口に防火戸が設けられているもので、かつ、当該出入口から避難橋に至る経路は、避難上支障がないものであること。(そ)(ま)(ヌ)㋹

三　避難橋に至る経路に設けられている扉等は、避難のとき容易に開閉できるものであること。(そ)(ま)

5　令第二十五条第一項各号に掲げる防火対象物の階が次の各号のいずれかに該当するときには、当該階に避難器具を設置しないことができる。(り)(そ)

一　令別表第一㈠項から㈧項までに掲げる防火対象物にあつては次のイからへまでに、同表㈨項から㈩項までに掲げる防火対象物にあつては次のイ、ニ、ホ及びへに、同表㈪項及び㈬項に掲げる防火対象物にあつては次のイ、ホ及びへに該当すること。(り)

イ　主要構造部を耐火構造としたものであること。(り)

ロ　開口部に防火戸を設ける耐火構造の壁又は床で区画されていること。(り)(ヌ)㋹

ハ　ロの区画された部分の収容人員が、令第二十五条第一項各号の区分に応じ、それぞれ当該各号の収容人員の数値未満であること。(り)

ニ　壁及び天井（天井のない場合にあつては、屋根）の室内に面する部分（回り縁、窓台その他これらに類するものを除く。）の仕上げを準不燃材料でし、又はスプリンクラー設備が、当該階の主たる用途に供するすべての部分に、令第十二条に定める技術上の基準に従い、若しくは当該技術上の基準の例により設けられていること。(り)(ヌ)

ホ　直通階段を避難階段又は特別避難階段としたものであること。(り)

へ　バルコニーその他これに準ずるもの（以下「バルコニー等」という。）が避難上有効に設けられているか、又は二以上の直通階段が相互に隔つた位置に設けられ、かつ、当該階のあらゆる部分から二以上の異なつた経路によりこれらの直通階段のうちの二以上のものに到達しうるよう設けられていること。(り)

二　次のイ及びロに該当すること。(り)

イ　主要構造部を耐火構造としたものであること。(り)

ロ　居室の外気に面する部分にバルコニー等（令別表第一㈤項及び㈥項に掲げる防火対象物にあつては、バルコニーに限る。）が避難上有効に設けられており、かつ、当該バルコニー等から地上に通ずる階段その他の避難のための設備（令別表第一㈤項及び㈥項に掲げる防火対象物にあつては階段に限る。）若しくは器具が設けられ、又は他の建築物に通ずる設備若しくは器具が設けられていること。(り)(ら)

三　次のイからニまでに該当すること。(た)

イ　主要構造部を耐火構造としたものであること。(た)

ロ　居室又は住戸から直通階段に直接通じており、当該居室又は住戸の当該直通階段に面する開口部には特定防火設備である防火戸（防火シヤツターを除く。）で、随時開くことができる自動閉鎖装置付のもの又は次の(イ)及び(ロ)に定める構造のものを設けたものであること。(た)(ヌ)

(イ)　随時閉鎖することができ、かつ、煙感知器の作動と連動して閉鎖すること。(た)

(ロ)　直接手で開くことができ、かつ、自動的に閉鎖する部分を有し、その部分の幅、高さ及び下端の床面からの高さが、それぞれ、七十五センチメートル以上、一・八メートル以上及び十五センチメートル以下であること。(た)

ハ　直通階段が建築基準法施行令第百二十三条（第一項第六号、

第二項第二号及び第三項第十号を除く。）に定める構造のもの（同条第一項に定める構造のものにあつては、消防庁長官が定める部分を有するものに限る。）であること。(た)㋾

ニ　収容人員は、三十人未満であること。(た)

6　小規模特定用途複合防火対象物に存する令第二十五条第一項第一号及び第二号に掲げる防火対象物の階が次の各号（当該階が二階であり、かつ、二階に令別表第一㈡項及び㈢項に掲げる防火対象物の用途に供される部分が存しない場合にあつては、第一号及び第三号）に該当するときには、当該階に避難器具を設置しないことができる。㋷

一　下階に令別表第一㈠項から㈡項ハまで、㈢項、㈣項、㈨項、(十二)項イ、(十三)項イ、(十四)項及び(十五)項に掲げる防火対象物の用途に供される部分が存しないこと。㋷

二　当該階（当該階に第四条の二の二第一項の避難上有効な開口部を有しない壁で区画されている部分が存する場合にあつては、その区画された部分）から避難階又は地上に直通する階段が二以上設けられていること。㋷

三　収容人員は、令第二十五条第一項第一号に掲げる防火対象物の階にあつては二十人未満、同項第二号に掲げる防火対象物の階にあつては三十人未満であること。㋷

7　令第二十五条第一項第三号及び第四号に掲げる防火対象物の階（令別表第一㈠項及び㈣項に掲げる防火対象物の階を除く。）が、主要構造部を耐火構造とした建築物の次の各号に該当する屋上広場の直下階であり、かつ、当該階から当該屋上広場に通ずる避難階段又は特別避難階段が二以上設けられている場合には、当該階には避難器具を設置しないことができる。(り)(そ)㋷

一　屋上広場の面積が千五百平方メートル以上であること。(り)

二　屋上広場に面する窓及び出入口に、防火戸が設けられていること。(り)(ヌ)㋹

三　屋上広場から避難階又は地上に通ずる直通階段で建築基準法施行令第百二十三条に規定する避難階段（屋外に設けるもの及び屋内に設けるもので消防庁長官が定める部分を有するものに限る。）又は特別避難階段としたものその他避難のための設備又は器具が設けられていること。(り)(た)

本条…全部改正〔昭和四二年一一月自令三二号(り)〕、二・四・五項…一部改正〔昭和四八年六月自令一三号(た)〕、一・二項…一部改正・四項…追加・旧四・五項…五・六項に繰下〔昭和四九年一二月自令四〇号(そ)〕、五項…一部改正〔昭和五四年三月自令五号(ら)〕、一―四項…一部改正〔昭和五九年一二月自令三〇号(ま)〕、三―六項…一部改正〔平成一二年五月自令三六号(ヌ)〕、六項…追加・旧六項…七項に繰下〔平成二七年二月総令一〇号㋷〕、五項…一部改正〔平成二八年二月総令一〇号㋾〕、四・五・七項…一部改正〔平成三〇年六月総令三四号㋹〕

参照　【屋内避難階段等の部分】平成一四年一一月二八日消防庁告示第七号

（避難器具に関する基準の細目）

第二七条　避難器具の設置及び維持に関する技術上の基準の細目は、次のとおりとする。

一　避難器具のうち、特定一階段等防火対象物又はその部分に設けるものにあつては、次のイからハまでのいずれかに適合するものであること。(ツ)

イ　安全かつ容易に避難することができる構造のバルコニー等に設けるもの。(ツ)

ロ　常時、容易かつ確実に使用できる状態で設置されているもの。(ツ)

ハ　一動作（開口部を開口する動作及び保安装置を解除する動作を除く。）で、容易かつ確実に使用できるもの。(ツ)

二　避難器具（すべり棒、避難ロープ、避難橋及び避難用タラップを除く。）を設置する開口部は、相互に同一垂直線上にない位置にあること。ただし、避難上支障のないものについては、この限りでない。(そ)(ツ)

三　避難器具の設置の表示は、次のイからハまでに定めるところに

よること。(ツ)

イ　特定一階段等防火対象物における避難器具を設置し、又は格納する場所（以下この号において「避難器具設置等場所」という。）の出入口には、当該出入口の上部又はその直近に、避難器具設置等場所であることが容易に識別できるような措置を講じること。(ツ)

ロ　避難器具設置等場所には、見やすい箇所に避難器具である旨及びその使用方法を表示する標識を設けること。(ツ)(ラ)

ハ　特定一階段等防火対象物における避難器具設置等場所がある階のエレベーターホール又は階段室（附室が設けられている場合にあつては、当該附室）の出入口付近の見やすい箇所に避難器具設置等場所を明示した標識を設けること。(ツ)(ラ)

四　避難はしごのうち固定はしごは、次のイからホまでに定めるところにより設けること。(ツ)

イ　固定はしごは、防火対象物の柱、床、はりその他構造上堅固な部分又は堅固に補強された部分に取り付けること。(ツ)

ロ　固定はしごは、ボルト締め、埋込み、溶接その他の方法で堅固に取り付けること。(ツ)

ハ　固定はしごの横さんは、防火対象物から十センチメートル以上の距離を保有することとなるように設けること。(ツ)

ニ　固定はしごの降下口の大きさは、直径五十センチメートル以上の円が内接する大きさであること。(ツ)

ホ　四階以上の階に固定はしごを設けるときは、イからニまでによるほか、次の(イ)から(ハ)に定めるところによること。(ツ)

(イ)　固定はしごは、金属製であること。(ツ)

(ロ)　固定はしごは、安全かつ容易に避難することができる構造のバルコニー等に設けること。ただし、当該固定はしごを使用する際の落下を防止するための措置が講じられているものについては、この限りでない。(ツ)

(ハ)　固定はしごの降下口は、直下階の降下口と相互に同一垂直線上にない位置に設けること。ただし、避難上及び安全上支障のないものについては、この限りでない。(ツ)

五　避難はしごのうちつり下げはしごは、次のイからニまでに定めるところにより設けること。(ツ)

イ　つり下げはしごの取付け具は、防火対象物の柱、床、はりその他構造上堅固な部分又は堅固に補強された部分につり下げはしごを容易に取り付けることができるように設けること。ただし、堅固な窓台その他これに類するものに直接つり下げはしごをつり下げる場合にあつては、当該取付け具を設けることを要しない。(ツ)

ロ　イの取付け具（避難器具用ハッチを除く。）に用いる材料は、日本産業規格G三一〇一若しくはG三四四四に適合するもの又はこれらと同等以上の強度及び耐久性を有するものであり、かつ、耐食性を有しない材質のものにあつては、耐食加工を施したものであること。(ツ)(ね)

ハ　つり下げはしごの横さんは、使用の際、防火対象物から十センチメートル以上の距離を保有することとなるように設けること。(ツ)

ニ　四階以上の階につり下げはしごを設けるときは、イからハまでによるほか、次の(イ)から(ハ)までに定めるところによること。(ツ)

(イ)　つり下げはしごは、金属製であること。(ツ)

(ロ)　安全かつ容易に避難することができる構造のバルコニー等に設け、かつ、取付け具は避難器具用ハッチとすること。ただし、当該つり下げはしごを使用する際の落下を防止するための措置が講じられているものについては、この限りでない。(ツ)

(ハ)　つり下げはしごの降下口は、直下階の降下口と相互に同一垂直線上にない位置に設けること。ただし、避難上及び安全上支障のないものについては、この限りでない。(ツ)

六　緩降機は、次のイからハまでに定めるところにより設けること。(た)(そ)(ツ)

イ　緩降機は、降下の際、ロープが防火対象物と接触して損傷しないように設けること。(た)

ロ　緩降機のロープの長さは、取付位置から地盤面その他の降着面までの長さとすること。(た)(そ)

ハ　緩降機の取付け具は、次の(イ)から(ハ)までに定めるところによること。(た)

(イ)　取付け具は、防火対象物の柱、床、はりその他構造上堅固な部分又は堅固に補強された部分に緩降機を容易に取り付けることができるように設けること。(た)

(ロ)　取付け具は、ボルト締め、溶接その他の方法で堅固に取り付けること。(た)

(ハ)　取付け具に用いる材料は、日本産業規格G三一〇一若しくはG三四四四に適合するもの又はこれらと同等以上の強度及び耐久性を有するものであり、かつ、耐食性を有しない材質のものにあつては、耐食加工を施したものであること。(た)㋧

七　すべり台は、次のイからニまでに定めるところにより設けること。(た)(ツ)

イ　すべり台は、防火対象物の柱、床、はりその他構造上堅固な部分又は堅固に補強された部分に取り付けること。(た)

ロ　すべり台は、ボルト締め、埋込み、溶接その他の方法で堅固に取り付けること。(た)

ハ　避難上支障がなく、かつ、安全な降下速度を保つことができるように設けること。(た)

ニ　転落を防止するための適当な措置を講じたものであること。(た)

八　すべり棒及び避難ロープは、次のイからハまでに定めるところにより設けること。(そ)(ツ)

イ　すべり棒及び避難ロープの長さは、取付け位置から地盤面その他の降着面までの長さとすること。(そ)

ロ　すべり棒は、その上部及び下部を取付け具で固定できるものであること。(そ)

ハ　すべり棒及び避難ロープの取付け具は、第五号イ及びロの規定の例により設けること。(そ)(ク)

九　避難橋及び避難用タラップは、次のイ及びロに定めるところにより設けること。(そ)(ツ)

イ　避難橋及び避難用タラップは、防火対象物の柱、床、はりその他構造上堅固な部分又は堅固に補強された部分に取り付けること。(そ)

ロ　避難橋及び避難用タラップは、一端をボルト締め、溶接その他の方法で堅固に取り付けること。(そ)

十　救助袋は、次のイからニまでに定めるところにより設けること。(そ)(ツ)

イ　救助袋の長さは、避難上支障がなく、かつ、安全な降下速度を保つことができる長さであること。(そ)

ロ　救助袋は、防火対象物の柱、床、はりその他構造上堅固な部分又は堅固に補強された部分に取り付けること。(そ)

ハ　救助袋の取付け具は、ボルト締め、溶接その他の方法で堅固に取り付けること。(そ)

ニ　取付け具に用いる材料は、日本産業規格G三一〇一若しくはG三四四四に適合するもの又はこれらと同等以上の強度及び耐久性を有するものであり、かつ、耐食性を有しない材質のものにあつては、耐食加工を施したものであること。(そ)㋧

十一　避難器具（金属製避難はしご及び緩降機を除く。）は、消防庁長官が定める基準に適合するものであること。(そ)(ツ)

2　前項に規定するもののほか、避難器具の設置及び維持に関し必要な事項は、消防庁長官が定める。(ロ)

本条…一部改正〔昭和四八年六月自令一三号(た)・四九年一二月四〇号(そ)〕、二項…追加〔平成八年二月自令二号(ロ)〕、一項…一部改正〔平成

一五年六月総令九〇号(ツ)・一六年五月九三号(ラ)・一七年八月一三六号(ク)・令和元年六月一九号㋹

参照　【避難器具の基準】昭和五三年三月一三日消防庁告示第一号　【設置及び維持の基準の細目】平成八年四月一六日消防庁告示第二号

（客席誘導灯の照度の測定方法）

第二八条　令第二十六条第二項第三号の客席誘導灯の客席における照度は、客席内の通路の床面における水平面について計るものとする。

（誘導灯及び誘導標識を設置することを要しない防火対象物又はその部分）

第二八条の二　令第二十六条第一項ただし書の総務省令で定めるものは、避難口誘導灯については、次の各号に定める部分とする。(テ)

一　令別表第一(一)項から(十六)項までに掲げる防火対象物の階のうち、居室の各部分から主要な避難口（避難階（無窓階を除く。以下この号及び次項第一号において同じ。）にあつては次条第三項第一号イに掲げる避難口、避難階以外の階（地階及び無窓階を除く。以下この条において同じ。）にあつては同号ロに掲げる避難口をいう。以下この条において同じ。）を容易に見とおし、かつ、識別することができる階で、当該避難口に至る歩行距離が避難階にあつては二十メートル以下、避難階以外の階にあつては十メートル以下であるもの(テ)

二　前号に掲げるもののほか、令別表第一(一)項に掲げる防火対象物の避難階（床面積が五百平方メートル以下で、かつ、客席の床面積が百五十平方メートル以下のものに限る。第三項第二号において同じ。）で次のイからハまでに該当するもの(テ)

イ　客席避難口（客席に直接面する避難口をいう。以下この条において同じ。）を二以上有すること。(テ)

ロ　客席の各部分から客席避難口を容易に見とおし、かつ、識別することができ、客席の各部分から当該客席避難口に至る歩行距離が二十メートル以下であること。(テ)

ハ　すべての客席避難口に、火災時に当該客席避難口を識別することができるように照明装置（自動火災報知設備の感知器の作動と連動して点灯し、かつ、手動により点灯することができるもので、非常電源が附置されているものに限る。以下この条において同じ。）が設けられていること。(テ)

三　前二号に掲げるもののほか、令別表第一(一)項から(十六)項までに掲げる防火対象物の避難階にある居室で、次のイからハまでに該当するもの(ユ)

イ　次条第三項第一号イに掲げる避難口（主として当該居室に存する者が利用するものに限る。以下この号、次項第三号及び第三項第三号において同じ。）を有すること。(ユ)

ロ　室内の各部分から、次条第三項第一号イに掲げる避難口を容易に見とおし、かつ、識別することができ、室内の各部分から当該避難口に至る歩行距離が三十メートル以下であること。(ユ)

ハ　燐光等により光を発する誘導標識（以下この条及び次条において「蓄光式誘導標識」という。）が消防庁長官の定めるところにより設けられていること。(ユ)

四　前三号に掲げるもののほか、令別表第一(十六)項イに掲げる防火対象物のうち、同表(五)項ロ並びに(六)項ロ及びハに掲げる防火対象物の用途以外の用途に供される部分が存せず、かつ、次のイからホまでに定めるところにより、十階以下の階に存する同表(六)項ロ及びハに掲げる防火対象物の用途に供される部分に設置される区画を有するものの同表(六)項ロ及びハに掲げる防火対象物の用途に供される部分が存する階以外の階（地階、無窓階及び十一階以上の階を除く。）(ミ)㋹

イ　居室を、準耐火構造の壁及び床（三階以上の階に存する場合にあつては、耐火構造の壁及び床）で区画したものであること。(ミ)

ロ　壁及び天井（天井のない場合にあつては、屋根）の室内に面する部分（回り縁、窓台その他これらに類する部分を除く。）の仕上げを地上に通ずる主たる廊下その他の通路にあつては準不燃材料で、その他の部分にあつては難燃材料でしたものであること。㋯

ハ　区画する壁及び床の開口部の面積の合計が八平方メートル以下であり、かつ、一の開口部の面積が四平方メートル以下であること。㋯

ニ　ハの開口部には、防火戸（三階以上の階に存する場合にあつては、特定防火設備である防火戸）（廊下と階段とを区画する部分以外の部分の開口部にあつては、防火シャッターを除く。）で、随時開くことができる自動閉鎖装置付きのもの若しくは次に定める構造のもの又は防火戸（防火シャッター以外のものであつて、二以上の異なつた経路により避難することができる部分の出入口以外の開口部で、直接外気に開放されている廊下、階段その他の通路に面し、かつ、その面積の合計が四平方メートル以内のものに設けるものに限る。）を設けたものであること。㋯㋹

(イ)　随時閉鎖することができ、かつ、煙感知器の作動と連動して閉鎖すること。㋯

(ロ)　居室から地上に通ずる主たる廊下、階段その他の通路に設けるものにあつては、直接手で開くことができ、かつ、自動的に閉鎖する部分を有し、その部分の幅、高さ及び下端の床面からの高さが、それぞれ、七十五センチメートル以上、一・八メートル以上及び十五センチメートル以下であること。㋯

ホ　令別表第一㈥項ロ及びハに掲げる防火対象物の用途に供される部分の主たる出入口が、直接外気に開放され、かつ、当該部分における火災時に生ずる煙を有効に排出することができる廊下、階段その他の通路に面していること。㋯

四の二　前各号に掲げるもののほか、令別表第一㈩項イに掲げる防火対象物のうち、同表㈤項イ及びロ並びに㈥項ロ及びハに掲げる防火対象物の用途以外の用途に供される部分が存せず、かつ、次のイからホまでに定めるところにより、十階以下の階に設置される区画を有するものの同表㈤項イ並びに㈥項ロ及びハに掲げる防火対象物の用途に供される部分が存する階以外の階（地階、無窓階及び十一階以上の階を除く。）㋹

イ　居室を耐火構造の壁及び床で区画したものであること。㋹

ロ　壁及び天井（天井のない場合にあつては、屋根）の室内に面する部分（回り縁、窓台その他これらに類する部分を除く。）の仕上げを地上に通ずる主たる廊下その他の通路にあつては準不燃材料で、その他の部分にあつては難燃材料でしたものであること。㋹

ハ　区画する壁及び床の開口部の面積の合計が八平方メートル以下であり、かつ、一の開口部の面積が四平方メートル以下であること。㋹

ニ　ハの開口部には、特定防火設備である防火戸（廊下と階段とを区画する部分以外の部分の開口部にあつては、防火シャッターを除く。）で、随時開くことができる自動閉鎖装置付きのもの若しくは次に定める構造のもの又は防火戸（防火シャッター以外のものであつて、二以上の異なつた経路により避難することができる部分の出入口以外の開口部で、直接外気に開放されている廊下、階段その他の通路に面し、かつ、その面積の合計が四平方メートル以内のものに設けるものに限る。）を設けたものであること。㋹

(イ)　随時閉鎖することができ、かつ、煙感知器の作動と連動して閉鎖すること。㋹

(ロ)　居室から地上に通ずる主たる廊下、階段その他の通路に設けるものにあつては、直接手で開くことができ、かつ、自動的に閉鎖する部分を有し、その部分の幅、高さ及び下端の床

面からの高さが、それぞれ、七十五センチメートル以上、一・八メートル以上及び十五センチメートル以下であること。㋹

ホ　令別表第一㈤項イ並びに㈥項ロ及びハに掲げる防火対象物の用途に供される部分の主たる出入口が、直接外気に開放され、かつ、当該部分における火災時に生ずる煙を有効に排出することができる廊下、階段その他の通路に面していること。㋹

五　前各号に掲げるもののほか、小規模特定用途複合防火対象物（令別表第一㈠項から㈣項まで、㈤項イ、㈥項又は㈨項に掲げる防火対象物の用途以外の用途に供される部分が存しないものを除く。）の地階、無窓階及び十一階以上の部分以外の部分㋷

2　令第二十六条第一項ただし書の総務省令で定めるものは、通路誘導灯については、次の各号に定める部分とする。（ト）（ル）

一　令別表第一㈠項から(十六)項までに掲げる防火対象物の階のうち、居室の各部分から主要な避難口又はこれに設ける避難口誘導灯を容易に見とおし、かつ、識別することができる階で、当該避難口に至る歩行距離が避難階にあつては四十メートル以下、避難階以外の階にあつては三十メートル以下であるもの（ト）

二　前号に掲げるもののほか、令別表第一㈠項から(十六)項までに掲げる防火対象物の避難階にある居室で、次のイ及びロに該当するもの（ユ）

イ　次条第三項第一号イに掲げる避難口を有すること。（ユ）

ロ　室内の各部分から次条第三項第一号イに掲げる避難口又はこれに設ける避難口誘導灯若しくは蓄光式誘導標識を容易に見とおし、かつ、識別することができ、室内の各部分から当該避難口に至る歩行距離が三十メートル以下であること。（ユ）

三　前二号に掲げるもののほか、令別表第一(十六)項イに掲げる防火対象物のうち、同表㈤項ロ並びに㈥項ロ及びハに掲げる防火対象物の用途以外の用途に供される部分が存せず、かつ、次のイからホまでに定めるところにより、十階以下の階に存する同表㈥項ロ及びハに掲げる防火対象物の用途に供される部分に設置される区画を有するものの同表㈥項ロ及びハに掲げる防火対象物の用途に供される部分が存する階以外の階（地階、無窓階及び十一階以上の階を除く。）（ミ）㋹

イ　居室を、準耐火構造の壁及び床（三階以上の階に存する場合にあつては、耐火構造の壁及び床）で区画したものであること。（ミ）

ロ　壁及び天井（天井のない場合にあつては、屋根）の室内に面する部分（回り縁、窓台その他これらに類する部分を除く。）の仕上げを地上に通ずる主たる廊下その他の通路にあつては準不燃材料で、その他の部分にあつては難燃材料でしたものであること。（ミ）

ハ　区画する壁及び床の開口部の面積の合計が八平方メートル以下であり、かつ、一の開口部の面積が四平方メートル以下であること。（ミ）

ニ　ハの開口部には、防火戸（三階以上の階に存する場合にあつては、特定防火設備である防火戸）（廊下と階段とを区画する部分以外の部分の開口部にあつては、防火シャッターを除く。）で、随時開くことができる自動閉鎖装置付きのもの若しくは次に定める構造のもの又は防火戸（防火シャッター以外のものであつて、二以上の異なつた経路により避難することができる部分の出入口以外の開口部で、直接外気に開放されている廊下、階段その他の通路に面し、かつ、その面積の合計が四平方メートル以内のものに設けるものに限る。）を設けたものであること。（ミ）㋹

(イ)　随時閉鎖することができ、かつ、煙感知器の作動と連動して閉鎖すること。（ミ）

(ロ)　居室から地上に通ずる主たる廊下、階段その他の通路に設けるものにあつては、直接手で開くことができ、かつ、自動的に閉鎖する部分を有し、その部分の幅、高さ及び下端の床

面からの高さが、それぞれ、七十五センチメートル以上、一・八メートル以上及び十五センチメートル以下であること。(ミ)

ホ　令別表第一(六)項ロ及びハに掲げる防火対象物の用途に供される部分の主たる出入口が、直接外気に開放され、かつ、当該部分における火災時に生ずる煙を有効に排出することができる廊下、階段その他の通路に面していること。(ミ)

三の二　前各号に掲げるもののほか、令別表第一(十六)項イに掲げる防火対象物のうち、同表(五)項イ及びロ並びに(六)項ロ及びハに掲げる防火対象物の用途以外の用途に供される部分が存せず、かつ、次のイからホまでに定めるところにより、十階以下の階に設置される区画を有するものの同表(五)項イ並びに(六)項ロ及びハに掲げる防火対象物の用途に供される部分が存する階以外の階（地階、無窓階及び十一階以上の階を除く。）(れ)

イ　居室を耐火構造の壁及び床で区画したものであること。(れ)

ロ　壁及び天井（天井のない場合にあつては、屋根）の室内に面する部分（回り縁、窓台その他これらに類する部分を除く。）の仕上げを地上に通ずる主たる廊下その他の通路にあつては準不燃材料で、その他の部分にあつては難燃材料でしたものであること。(れ)

ハ　区画する壁及び床の開口部の面積の合計が八平方メートル以下であり、かつ、一の開口部の面積が四平方メートル以下であること。(れ)

ニ　ハの開口部には、特定防火設備である防火戸（廊下と階段とを区画する部分以外の部分の開口部にあつては、防火シャッターを除く。）で、随時開くことができる自動閉鎖装置付きのもの若しくは次に定める構造のもの又は防火戸（防火シャッター以外のものであつて、二以上の異なつた経路により避難することができる部分の出入口以外の開口部で、直接外気に開放されている廊下、階段その他の通路に面し、かつ、その面積の合計が四平方メートル以内のものに設けるものに限る。）を設けたものであること。(れ)

(イ)　随時閉鎖することができ、かつ、煙感知器の作動と連動して閉鎖すること。(れ)

(ロ)　居室から地上に通ずる主たる廊下、階段その他の通路に設けるものにあつては、直接手で開くことができ、かつ、自動的に閉鎖する部分を有し、その部分の幅、高さ及び下端の床面からの高さが、それぞれ、七十五センチメートル以上、一・八メートル以上及び十五センチメートル以下であること。(れ)

ホ　令別表第一(五)項イ並びに(六)項ロ及びハに掲げる防火対象物の用途に供される部分の主たる出入口が、直接外気に開放され、かつ、当該部分における火災時に生ずる煙を有効に排出することができる廊下、階段その他の通路に面していること。(れ)

四　前三号に掲げるもののほか、小規模特定用途複合防火対象物（令別表第一(一)項から(四)項まで、(五)項イ、(六)項又は(九)項に掲げる防火対象物の用途以外の用途に供される部分が存しないものを除く。）の地階、無窓階及び十一階以上の部分以外の部分(り)

五　令別表第一(一)項から(十六の三)項までに掲げる防火対象物の階段又は傾斜路のうち、建築基準法施行令第百二十六条の四に規定する非常用の照明装置（次条において「非常用の照明装置」という。）（消防庁長官が定める要件に該当する防火対象物の乗降場（地階にあるものに限る。）に通ずる階段及び傾斜路並びに直通階段に設けるもの（消防庁長官が定めるところにより蓄光式誘導標識が設けられている防火対象物又はその部分に設けられているものを除く。）にあつては、六十分間作動できる容量以上のものに限る。）が設けられているもの(ト)(ユ)(ミ)(ヒ)(り)

3　令第二十六条第一項ただし書の総務省令で定めるものは、誘導標識については、次の各号に定める部分とする。(テ)

一　令別表第一(一)項から(十六)項までに掲げる防火対象物の階のうち、

居室の各部分から主要な避難口を容易に見とおし、かつ、識別することができる階で、当該避難口に至る歩行距離が三十メートル以下であるもの（テ）

二　前号に掲げるもののほか、令別表第一㈠項に掲げる防火対象物の避難階で次のイからハまでに該当するもの（テ）

イ　客席避難口を二以上有すること。（テ）

ロ　客席の各部分から客席避難口を容易に見とおし、かつ、識別することができ、客席の各部分から当該客席避難口に至る歩行距離が三十メートル以下であること。（テ）

ハ　すべての客席避難口に、火災時に当該客席避難口を識別することができるように照明装置が設けられていること。（テ）

三　前二号に掲げるもののほか、令別表第一㈠項から㈥項までに掲げる防火対象物の避難階にある居室で、次のイ及びロに該当するもの（ユ）

イ　次条第三項第一号イに掲げる避難口を有すること。（ユ）

ロ　室内の各部分から次条第三項第一号イに掲げる避難口又はこれに設ける避難口誘導灯若しくは蓄光式誘導標識を容易に見とおし、かつ、識別することができ、室内の各部分から当該避難口に至る歩行距離が三十メートル以下であること。（ユ）

本条…追加〔昭和三九年七月自令一六号(は)〕、全部改正〔昭和四四年三月自令三号(を)〕、一・二項…一部改正〔昭和四八年六月自令一三号(た)〕、一項…一部改正〔昭和四九年一二月自令四〇号(そ)〕、本条…全部改正〔平成一一年三月自令五号(ト)〕、一―三項…一部改正〔平成一二年九月自令四四号(ル)〕、一・三項…全部改正〔平成二〇年四月総令五五号(テ)〕、一―三項…一部改正〔平成二一年九月総令九三号(ユ)〕、一・二項…一部改正〔平成二二年二月総令八号(ミ)〕、二項…一部改正〔平成二三年六月総令五五号(ヒ)〕、一・二項…一部改正〔平成二七年二月総令一〇号(り)・三〇年六月三四号(れ)〕

解説　【居室】居住、執務、作業等のために継続的に使用する室
【主要な避難口】①屋内から直接地上へ通じる出入口及びその附室の出入口　②直通階段、避難階段、特別避難階段、これらの階段の階段室及びその附室の出入口

参照　【誘導灯及び誘導標識の基準】平成一一年三月一七日消防庁告示第二号

（誘導灯及び誘導標識に関する基準の細目）

第二八条の三　避難口誘導灯及び通路誘導灯（階段又は傾斜路に設けるものを除く。次項及び第三項において同じ。）は、次の表の上欄に掲げる区分に応じ、同表の中欄に掲げる表示面の縦寸法及び同表の下欄に掲げる表示面の明るさ（常用電源により点灯しているときの表示面の平均輝度と表示面の面積の積をいう。第四項第二号及び第三号において同じ。）を有するものとしなければならない。（ト）

区分		表示面の縦寸法（メートル）	表示面の明るさ（カンデラ）
避難口誘導灯	A級	〇・四以上	五十以上
	B級	〇・二以上〇・四未満	十以上
	C級	〇・一以上〇・二未満	一・五以上
通路誘導灯	A級	〇・四以上	六十以上
	B級	〇・二以上〇・四未満	十三以上
	C級	〇・一以上〇・二未満	五以上

2　避難口誘導灯及び通路誘導灯の有効範囲は、当該誘導灯までの歩行距離が次の各号に定める距離のうちいずれかの距離以下となる範囲とする。ただし、当該誘導灯を容易に見とおすことができない場合又は識別することができない場合にあっては、当該誘導灯までの歩行距離が十メートル以下となる範囲とする。（ト）

一　次の表の上欄に掲げる区分に応じ、同表の下欄に掲げる距離（ト）

区分			距離（メートル）
避難口誘導灯	A級	避難の方向を示すシンボルのないもの	六十

	避難の方向を示すシンボルのあるもの	四十
B級	避難の方向を示すシンボルのないもの	三十
	避難の方向を示すシンボルのあるもの	二十
C級		十五
通路誘導灯	A級	二十
	B級	十五
	C級	十

二　次の式に定めるところにより算出した距離（下）

D＝kh

Dは、歩行距離（単位　メートル）

hは、避難口誘導灯又は通路誘導灯の表示面の縦寸法（単位　メートル）

kは、次の表の上欄に掲げる区分に応じ、それぞれ同表の下欄に掲げる値

区分		kの値
避難口誘導灯	避難の方向を示すシンボルのないもの	百五十
	避難の方向を示すシンボルのあるもの	百
通路誘導灯		五十

3　避難口誘導灯及び通路誘導灯は、各階ごとに、次の各号に定めるところにより、設置しなければならない。（下）

一　避難口誘導灯は、次のイからニまでに掲げる避難口の上部又はその直近の避難上有効な箇所に設けること。（下）

イ　屋内から直接地上へ通ずる出入口（附室が設けられている場合にあつては、当該附室の出入口）（下）

ロ　直通階段の出入口（附室が設けられている場合にあつては、当該附室の出入口）（下）

ハ　イ又はロに掲げる避難口に通ずる廊下又は通路に通ずる出入口（室内の各部分から容易に避難することができるものとして消防庁長官が定める居室の出入口を除く。）（下）

ニ　イ又はロに掲げる避難口に通ずる廊下又は通路に設ける防火戸で直接手で開くことができるもの（くぐり戸付きの防火シャッターを含む。）がある場所（自動火災報知設備の感知器の作動と連動して閉鎖する防火戸に誘導標識が設けられ、かつ、当該誘導標識を識別することができる照度が確保されるように非常用の照明装置が設けられている場合を除く。）（下）

二　通路誘導灯は、廊下又は通路のうち次のイからハまでに掲げる箇所に設けること。（下）

イ　曲り角（下）

ロ　前号イ及びロに掲げる避難口に設置される避難口誘導灯の有効範囲内の箇所（下）

ハ　イ及びロのほか、廊下又は通路の各部分（避難口誘導灯の有効範囲内の部分を除く。）を通路誘導灯の有効範囲内に包含するために必要な箇所（下）

4　誘導灯の設置及び維持に関する技術上の基準の細目は、次のとおりとする。（下）

一　避難口誘導灯及び通路誘導灯は、通行の障害とならないように設けること。（下）

二　避難口誘導灯及び通路誘導灯（階段又は傾斜路に設けるものを除く。）は、常時、第一項に掲げる明るさで点灯していること。ただし、当該防火対象物が無人である場合又は次のイからハまでに掲げる場所に設置する場合であつて、自動火災報知設備の感知器の作動と連動して点灯し、かつ、当該場所の利用形態に応じて点灯するように措置されているときは、この限りでない。（下）

イ　外光により避難口又は避難の方向が識別できる場所（ト）

ロ　利用形態により特に暗さが必要である場所（ト）

ハ　主として当該防火対象物の関係者及び関係者に雇用されている者の使用に供する場所（ト）

三　避難口誘導灯及び通路誘導灯（階段又は傾斜路に設けるものを除く。）を次のイ又はロに掲げる防火対象物又はその部分に設置する場合には、当該誘導灯の区分がA級又はB級のもの（避難口誘導灯にあつては表示面の明るさが二十以上のもの又は点滅機能を有するもの、通路誘導灯にあつては表示面の明るさが二十五以上のものに限る。）とすること。ただし、通路誘導灯を廊下に設置する場合であつて、当該誘導灯をその有効範囲内の各部分から容易に識別することができるときは、この限りでない。（ト）

イ　令別表第一㈩項、十六の二項又は十六の三項に掲げる防火対象物（ト）

ロ　令別表第一㈠項から㈣項まで若しくは㈨項イに掲げる防火対象物の階又は同表(十六)項イに掲げる防火対象物の階のうち、同表㈠項から㈣項まで若しくは㈨項イに掲げる防火対象物の用途に供される部分が存する階で、その床面積が千平方メートル以上のもの（ト）

三の二　令別表第一㈡項ニ、(十六)項イ、十六の二項及び十六の三項に掲げる防火対象物（同表(十六)項イ、十六の二項及び十六の三項に掲げる防火対象物にあつては、同表㈡項ニに掲げる防火対象物の用途に供する部分に限る。）に設ける通路誘導灯（階段及び傾斜路に設けるものを除く。）にあつては、床面又はその直近の避難上有効な箇所に設けること。ただし、消防庁長官が定めるところにより蓄光式誘導標識が設けられている場合にあつては、この限りでない。（ユ）

四　階段又は傾斜路に設ける通路誘導灯にあつては、踏面又は表面及び踊場の中心線の照度が一ルクス以上となるように設けること。（ト）

五　床面に設ける通路誘導灯は、荷重により破壊されない強度を有するものであること。（ト）

六　誘導灯に設ける点滅機能又は音声誘導機能は、次のイからハまでに定めるところによること。（ト）

イ　前項第一号イ又はロに掲げる避難口に設置する避難口誘導灯以外の誘導灯には設けてはならないこと。（ト）

ロ　自動火災報知設備の感知器の作動と連動して起動すること。（ト）

ハ　避難口から避難する方向に設けられている自動火災報知設備の感知器が作動したときは、当該避難口に設けられた誘導灯の点滅及び音声誘導が停止すること。（ト）

七　雨水のかかるおそれのある場所又は湿気の滞留するおそれのある場所に設ける誘導灯は、防水構造とすること。（ト）

八　誘導灯の周囲には、誘導灯とまぎらわしい又は誘導灯をさえぎる灯火、広告物、掲示物等を設けないこと。（ト）

九　電源は、第二十四条第三号の規定の例により設けること。（ト）

十　非常電源は、直交変換装置を有しない蓄電池設備によるものとし、その容量を誘導灯を有効に二十分間（消防庁長官が定める要件に該当する防火対象物の前項第一号イ及びロに掲げる避難口、避難階の同号イに掲げる避難口に通ずる廊下及び通路、乗降場（地階にあるものに限る。）並びにこれに通ずる階段、傾斜路及び通路並びに直通階段に設けるもの（消防庁長官が定めるところにより蓄光式誘導標識が設けられている防火対象物又はその部分にあつては、通路誘導灯を除く。）にあつては、六十分間）作動できる容量（二十分間を超える時間における作動に係る容量にあつては、直交変換装置を有する蓄電池設備、自家発電設備又は燃料電池設備によるものを含む。）以上とするほか、第十二条第一項第四号イ(イ)から(ニ)まで及び(ヘ)、ロ(ロ)から(ニ)まで、ハ(イ)から(ニ)まで、ニ(イ)及び(ロ)並びにホの規定の例により設けること。（ト）（ノ）（ユ）

十一　配線は、電気工作物に係る法令の規定によること。(ト)

十二　第十二条第一項第八号の規定は、誘導灯について準用する。(ラ)

5　誘導標識（前条第一項第三号ハ並びに前項第三号の二及び第十号に基づき設置する蓄光式誘導標識を除く。）の設置及び維持に関する技術上の基準の細目は、次のとおりとする。(ト)(ユ)

一　避難口又は階段に設けるものを除き、各階ごとに、その廊下及び通路の各部分から一の誘導標識までの歩行距離が七・五メートル以下となる箇所及び曲り角に設けること。(ト)

二　多数の者の目に触れやすく、かつ、採光が識別上十分である箇所に設けること。(ト)

三　誘導標識の周囲には、誘導標識とまぎらわしい又は誘導標識をさえぎる広告物、掲示物等を設けないこと。(ト)

6　誘導灯及び誘導標識は、消防庁長官が定める基準に適合するものでなければならない。(ト)

本条…追加〔昭和四四年三月自令三号(を)〕、一・二項…一部改正・三項…追加〔昭和四八年六月自令一三号(た)〕、一・二項…一部改正〔昭和四九年一二月自令四〇号(そ)〕、一項…一部改正〔昭和五〇年一一月自令二二号(つ)・五六年六月一六号(ゐ)・五七年一月二号(お)・平成八年二月二号(ロ)〕、本条…全部改正〔平成一一年三月自令五号(ト)〕、四項…一部改正〔平成一六年五月総令九三号(ラ)・一七年三月三三号(ノ)〕、四・五項…一部改正〔平成二一年九月総令九三号(ユ)〕

参照【誘導灯及び誘導標識の基準】平成一一年三月一七日消防庁告示第二号

第四款　消火活動上必要な施設に関する基準

（排煙設備の設置を要しない防火対象物の部分）

第二九条　令第二十八条第三項の総務省令で定める部分は、次の各号に掲げる部分とする。(チ)(ル)

一　次のイ及びロに定めるところにより直接外気に開放されている部分(チ)

イ　次条第一号イからハまでの規定の例により直接外気に接する開口部（常時開放されているものに限る。ロにおいて同じ。）が設けられていること。(チ)

ロ　直接外気に接する開口部の面積の合計は、次条第六号ロの規定の例によるものであること。(チ)

二　令別表第一に掲げる防火対象物又はその部分（主として当該防火対象物の関係者及び関係者に雇用されている者の使用に供する部分等に限る。）のうち、令第十三条第一項の表の上欄に掲げる部分、室等の用途に応じ、当該下欄に掲げる消火設備（移動式のものを除く。）が設置されている部分(チ)

三　前二号に掲げるもののほか、防火対象物又はその部分の位置、構造及び設備の状況並びに使用状況から判断して、煙の熱及び成分により消防隊の消火活動上支障を生ずるおそれがないものとして消防庁長官が定める部分(チ)

本条…一部改正〔昭和五〇年一一月自令二二号(つ)〕、全部改正〔平成一一年九月自令三四号(チ)〕、一部改正〔平成一二年九月自令四四号(ル)〕

参照【消防庁長官が定める煙の熱及び成分により消防隊の消火活動上支障を生ずるおそれがない部分】未制定

（排煙設備に関する基準の細目）

第三〇条　排煙設備の設置及び維持に関する技術上の基準の細目は、次のとおりとする。(チ)

一　排煙口は、次のイからホまでに定めるところによること。(チ)

イ　間仕切壁、天井面から五十センチメートル（令第二十八条第一項第一号に掲げる防火対象物にあつては、八十センチメートル）以上下方に突出した垂れ壁その他これらと同等以上の煙の流動を妨げる効力のあるもので、不燃材料で造り、又は覆われたもの（以下この条において「防煙壁」という。）によつて、床面積五百平方メートル（令第二十八条第一項第一号に掲げる防火対象物にあつては、三百平方メートル）以下に区画された部分（以下この条において「防煙区画」という。）ごとに、一以上を設けること。ただし、給気口（給気用の風道に接続されているものに限る。）が設けられている防煙区画であつて、当該給気口からの給気により煙を有効に排除することができる場合には、この限りでない。（チ）

ロ　防煙区画の各部分から一の排煙口までの水平距離が三十メートル以下となるように設けること。（チ）

ハ　天井又は壁（防煙壁の下端より上部であつて、床面からの高さが天井の高さの二分の一以上の部分に限る。）に設けること。（チ）

ニ　排煙用の風道に接続され、又は直接外気に接していること。（チ）

ホ　排煙口の構造は、次に定めるところによること。（チ）

(イ)　当該排煙口から排煙している場合において、排煙に伴い生ずる気流により閉鎖するおそれのないものであること。（チ）

(ロ)　排煙用の風道に接続されているものにあつては、当該排煙口から排煙しているとき以外は閉鎖状態にあり、排煙上及び保安上必要な気密性を保持できるものであること。（チ）

二　給気口は、次のイからニまでに定めるところによること。（チ）

イ　特別避難階段の附室、非常用エレベーターの乗降ロビーその他これらに類する場所で消防隊の消火活動の拠点となる防煙区画（以下この条において「消火活動拠点」という。）ごとに、一以上を設けること。（チ）

ロ　床又は壁（床面からの高さが天井の高さの二分の一未満の部分に限る。）に設けること。（チ）

ハ　給気用の風道に接続され、又は直接外気に接していること。（チ）

ニ　給気口の構造は、次に定めるところによること。（チ）

(イ)　当該給気口から給気している場合において、給気に伴い生ずる気流により閉鎖するおそれのないものであること。（チ）

(ロ)　給気用の風道に接続されているものにあつては、当該給気口から給気しているとき以外は閉鎖状態にあり、給気上及び保安上必要な気密性を保持できるものであること。（チ）

三　風道は、次のイからホまでに定めるところによること。（チ）

イ　排煙上又は給気上及び保安上必要な強度、容量及び気密性を有するものであること。（チ）

ロ　排煙機又は給気機に接続されていること。（チ）

ハ　風道内の煙の熱により、周囲への過熱、延焼等が発生するおそれのある場合にあつては、風道の断熱、可燃物との隔離等の措置を講ずること。（チ）

ニ　風道が防煙壁を貫通する場合にあつては、排煙上支障となるすき間を生じないようにすること。（チ）

ホ　耐火構造の壁又は床を貫通する箇所その他延焼の防止上必要な箇所にダンパーを設ける場合にあつては、次に定めるところによること。（チ）

(イ)　外部から容易に開閉することができること。（チ）

(ロ)　防火上有効な構造を有するものであること。（チ）

(ハ)　火災により風道内部の温度が著しく上昇したとき以外は、閉鎖しないこと。この場合において、自動閉鎖装置を設けたダンパーの閉鎖する温度は、二百八十度以上とすること。（チ）

(ニ)　消火活動拠点に設ける排煙口又は給気口に接続する風道には、自動閉鎖装置を設けたダンパーを設置しないこと。（チ）

四　起動装置は、次のイ及びロに定めるところによること。（チ）

イ　手動起動装置は、次に定めるところによること。（チ）

(イ)　一の防煙区画ごとに設けること。（チ）

(ロ)　当該防煙区画内を見とおすことができ、かつ、火災のとき容易に接近することができる箇所に設けること。（チ）

(ハ)　操作部は、壁に設けるものにあつては床面からの高さが

○・八メートル以上一・五メートル以下の箇所、天井からつり下げて設けるものにあつては床面からの高さがおおむね一・八メートルの箇所に設けること。（チ）

(ニ) 操作部の直近の見やすい箇所に排煙設備の起動装置である旨及びその使用方法を表示すること。（チ）

ロ　自動起動装置は、次に定めるところによること。（チ）

(イ) 自動火災報知設備の感知器の作動、閉鎖型スプリンクラーヘッドの開放又は火災感知用ヘッドの作動若しくは開放と連動して起動するものであること。（チ）

(ロ) 防災センター等に自動手動切替え装置を設けること。この場合において、手動起動装置はイの規定に適合するものであること。（チ）

五　排煙機及び給気機は、点検に便利で、かつ、火災等の災害による被害を受けるおそれが少ない箇所に設けること。（チ）

六　排煙設備の性能は、次のイからハまでに定めるところによること。（チ）

イ　排煙機により排煙する防煙区画にあつては、当該排煙機の性能は、次の表の上欄に掲げる防煙区画の区分に応じ、同表の下欄に掲げる性能以上であること。（チ）

防煙区画の区分		性能
消火活動拠点		二百四十立方メートル毎分（特別避難階段の附室と非常用エレベーターの乗降ロビーを兼用するものにあつては、三百六十立方メートル毎分）の空気を排出する性能
消火活動拠点以外の部分	令第二十八条第一項第一号に掲げる防火対象物	三百立方メートル毎分（一の排煙機が二以上の防煙区画に接続されている場合にあつては、六百立方メートル毎分）の空気を排出する性能
	令第二十八条第一項第二号及び第三号に掲げる防火対象物	百二十立方メートル毎分又は当該防煙区画の床面積に一立方メートル毎分（一の排煙機が二以上の防煙区画に接続されている場合にあつては、二立方メートル毎分）を乗じて得た量のうちいずれか大なる量の空気を排出する性能

ロ　直接外気に接する排煙口から排煙する防煙区画にあつては、当該排煙口の面積の合計は、次の表の上欄に掲げる防煙区画の区分に応じ、同表の下欄に掲げる面積以上であること。（チ）

防煙区画の区分	面積
消火活動拠点	二平方メートル（特別避難階段の附室と非常用エレベーターの乗降ロビーを兼用するものにあつては、三平方メートル）
消火活動拠点以外の部分	当該防煙区画の床面積の五十分の一となる面積

ハ　消火活動拠点の給気は、消火活動上必要な量の空気を供給することができる性能の給気機又は面積の合計が一平方メートル（特別避難階段の附室と非常用エレベーターの乗降ロビーを兼用するものにあつては、一・五平方メートル）以上の直接外気に接する給気口により行うこと。（チ）

七　電源は、第二十四条第三号の規定の例により設けること。（チ）

八　非常電源は、第十二条第一項第四号の規定の例により設けること。（チ）

九　操作回路の配線は、第十二条第一項第五号の規定の例により設けること。（チ）

十　第十二条第一項第八号の規定は、排煙設備について準用する。（ラ）

十一　風道、排煙機、給気機及び非常電源には、第十二条第一項第九号に規定する措置を講ずること。（チ）

本条…一部改正〔昭和三九年七月自令一六号(は)・四四年三月三号(を)・六二年一〇月三〇号(さ)・平成八年二月二号(ロ)〕、全部改正〔平成一一年九月三四号(チ)〕、一部改正〔平成一六年五月総令九三号(ラ)〕

（連結散水設備の散水ヘッドを設ける部分）

第三〇条の二　令第二十八条の二第二項第一号の総務省令で定める部分は、次の各号に掲げる部分以外の部分とする。(よ)(ル)

一　主要構造部を耐火構造とした防火対象物のうち、耐火構造の壁若しくは床又は自動閉鎖の防火戸で区画された部分で、当該部分の床面積が五十平方メートル以下のもの(よ)(ヌ)

二　浴室、便所その他これらに類する場所(よ)

三　主要構造部を耐火構造とした防火対象物のうち、耐火構造の壁若しくは床又は自動閉鎖の特定防火設備である防火戸で区画された部分で、エレベーターの機械室、機械換気設備の機械室その他これらに類する室又は通信機器室、電子計算機器室その他これらに類する室の用途に供されるもの(よ)(ヌ)

四　発電機、変圧器その他これらに類する電気設備が設置されている場所(よ)

五　エレベーターの昇降路、リネンシユート、パイプダクトその他これらに類する部分(よ)

本条…追加〔昭和四七年八月自令二〇号(よ)〕、一部改正…〔平成一二年五月自令三六号(ヌ)・九月四四号(ル)〕

（連結散水設備の設置を要しない防火対象物の部分）

第三〇条の二の二　令第二十八条の二第四項の総務省令で定める防火対象物の部分は、次の各号に掲げる部分とする。(ト)(ル)

一　排煙設備を令第二十八条に定める技術上の基準に従い、又は当該技術上の基準の例により設置した部分(ト)

二　第二十九条の規定に適合する部分(ト)

本条…追加〔平成一一年三月自令五号(ト)〕、一部改正〔平成一二年九月自令四四号(ル)〕

（連結散水設備に関する基準の細目）

第三〇条の三　連結散水設備の設置及び維持に関する技術上の基準の細目は、次のとおりとする。(よ)

一　散水ヘッドは、次のイからヘまでに定めるところにより設けること。(よ)(そ)(ハ)

イ　天井の室内に面する部分及び天井裏の部分に設けること。ただし、天井の室内に面する部分の仕上げを難燃材料でした防火対象物若しくはその部分又は天井裏の高さが〇・五メートル未満の防火対象物若しくはその部分にあつては、天井裏の部分に設けないことができる。(よ)(ヌ)

ロ　天井又は天井裏の各部分からそれぞれの部分に設ける一の散水ヘッドまでの水平距離が、開放型散水ヘッド及び閉鎖型散水ヘッドにあつては三・七メートル以下となるように、閉鎖型スプリンクラーヘッドにあつては令第十二条第二項第二号（標準型ヘッドのうち、高感度型ヘッド以外に係る部分に限る。）の規定の例により設けること。ただし、散水ヘッドの取付け面（散水ヘッドを取り付ける天井の室内に面する部分又は上階の床若しくは屋根の下面をいう。以下この条において同じ。）の高さが二・一メートル以下である部分にあつては、散水ヘッドの散水分布に応じた距離とすることができる。(よ)(そ)(ハ)(ラ)

ハ　一の送水区域に接続する散水ヘッドの数は、開放型散水ヘッド及び閉鎖型散水ヘッドにあつては十以下、閉鎖型スプリンクラーヘッドにあつては二十以下となるように設けること。(よ)(ハ)(ラ)

ニ　散水ヘッドを傾斜した天井又は屋根の下面に設ける場合は、当該ヘッドの軸心が当該ヘッドの取付け面に対し直角となるように設けること。(そ)(ハ)

ホ　一の送水区域に接続する散水ヘッドは、開放型散水ヘッド、閉鎖型散水ヘッド又は閉鎖型スプリンクラーヘッドのいずれか一の種類のものとすること。(そ)(ハ)(ラ)

へ　散水ヘッドは、イからホまでに定めるもののほか、消防庁長官が定める基準に適合するものであること。(よ)(そ)(ハ)

二　選択弁を設ける場合には、送水口の付近に設けること。(よ)(ハ)

三　配管は、第十二条第一項第六号イ及びニ(イ)の規定の例によるほか、次のイからトまでに定めるところにより設けること。(そ)(さ)(カ)(フ)

イ　管継手及びバルブ類の材質は、日本産業規格G五一〇一若しくはG五七〇五（黒心可鍛鋳鉄品に限る。）に適合するもの又はこれらと同等以上の強度、耐食性及び耐熱性を有するものとして消防庁長官が定める基準に適合するものであること。(そ)(フ)(ね)

ロ　管は、亜鉛メッキその他の耐食措置を講じたものであること。(そ)(ハ)

ハ　管の接続は、ねじ接続とすること。ただし、差込み溶接式の管継手又は耐熱措置を講じたフランジ継手を使用するものにあつては、この限りでない。(そ)

ニ　開放型散水ヘッド及び閉鎖型散水ヘッドを用いる連結散水設備の管口径は、一の送水区域の散水ヘッドの取付け個数に応じ、次の表に掲げる管の呼び以上のものとすること。(そ)(ハ)(ラ)

散水ヘッドの取付け個数	一	二	三	四又は五	六以上十以下
管の呼び	三十二ミリメートル	四十ミリメートル	五十ミリメートル	六十五ミリメートル	八十ミリメートル

ホ　配管の支持金具は、堅ろうで、かつ、耐熱性を有すること。(そ)

へ　逆止弁を設けること。(そ)(ラ)

ト　配管内の水を有効に排水できる措置を講ずること。(ラ)

四　送水口は、次のイからホまでに定めるところにより設けること。(そ)(ら)(カ)

イ　送水口のホース接続口は、双口形のものとすること。ただし、一の送水区域に取り付ける散水ヘッドの数が四以下のものにあつては、この限りでない。(そ)(ら)(ハ)

ロ　送水口のホース接続口は、地盤面からの高さが〇・五メートル以上一メートル以下の箇所又は地盤面からの深さが〇・三メートル以内の箇所に設けること。(そ)(ら)

ハ　送水口の結合金具は、第十四条第一項第六号ロに規定する送水口の結合金具であること。(ら)

ニ　送水口には、その直近の見やすい箇所に連結散水設備の送水口である旨を表示した標識を設けるとともに、送水区域、選択弁及び送水口を明示した系統図を設けること。(そ)(ら)

ホ　消防庁長官が定める基準に適合するものであること。(カ)

五　第十二条第一項第八号の規定は、連結散水設備について準用する。(ラ)

本条…追加〔昭和四七年八月自令二〇号(よ)〕、一部改正〔昭和四九年一二月自令四〇号(そ)・五四年三月五号(ら)・六二年一〇月三〇号(さ)・平成八年二月二号(ロ)・九年三月一九号(ハ)・一二年三月三六号(ヌ)・一三年三月総令四三号(カ)・一六年五月九三号(ラ)・一八年九月一一六号(フ)・令和元年六月一九号(ね)〕

参照　【開放型散水ヘッド】昭和四八年二月一〇日消防庁告示第七号　【金属製管継手及びバルブ類】平成二〇年一二月二六日消防庁告示第三一号　【送水口】平成一三年六月二九日消防庁告示第三七号

（連結送水管の主管の内径の特例等）

第三〇条の四　令第二十九条第二項第二号ただし書の総務省令で定める場合は、消防長又は消防署長が、その位置、構造及び設備の状況並びに使用状況から判断して、フォグガンその他の霧状に放水することができる放水用器具（次条において「フォグガン等」という。）のうち定格放水量が二百リットル毎分以下のもののみを使用するも

のとして指定する防火対象物において、主管の内径が水力計算により算出された管径以上である場合とする。(ト)(ル)

2　令第二十九条第二項第四号ハただし書の総務省令で定めるものは、非常用エレベーターが設置されており、消火活動上必要な放水用器具を容易に搬送することができるものとして消防長又は消防署長が認める建築物とする。(ト)(ル)

本条…追加〔平成一一年三月自令五号(ト)〕、一・二項…一部改正〔平成一二年九月自令四四号(ル)〕

(連結送水管に関する基準の細目)

第三一条　連結送水管の設置及び維持に関する技術上の基準の細目は、次のとおりとする。

一　送水口のホース接続口は、連結送水管の立管の数以上の数を地盤面からの高さが〇・五メートル以上一メートル以下の位置に設けること。(ら)

二　放水口のホース接続口は、床面からの高さが〇・五メートル以上一メートル以下の位置に設けること。(ら)

三　送水口及び放水口の結合金具は、差込式又はねじ式のものとし、その構造は、差込式のものにあつては消防用ホースに使用する差込式又はねじ式の結合金具及び消防用吸管に使用するねじ式の結合金具の技術上の規格を定める省令に規定する呼称六十五(フォグガン等を使用するものとして消防長又は消防署長が指定する防火対象物にあつては、当該フォグガン等に適合する呼称として消防長又は消防署長が指定する呼称とする。以下この号において同じ。)の差込式受け口及び差込式差し口に、ねじ式のものにあつては同令に規定する呼称六十五のしめ輪のめねじ及びおねじに適合するものであること。(ら)(み)(ロ)(ト)(ろ)

四　送水口及び放水口には、見やすい箇所に標識を設けること。

四の二　送水口及び放水口は、消防庁長官が定める基準に適合するものであること。(カ)

五　配管は、次のイからチまでに定めるところによること。(み)

イ　専用とすること。ただし、連結送水管を使用する場合において、当該連結送水管の性能に支障を生じない場合においては、この限りでない。(み)

ロ　日本産業規格G三四四二、G三四四八、G三四五二、G三四五四若しくはG三四五九に適合する管又はこれらと同等以上の強度、耐食性及び耐熱性を有する管を使用すること。ただし、配管の設計送水圧力(ノズルの先端における放水圧力が〇・六メガパスカル(フォグガン等を使用するものとして消防長又は消防署長が指定する防火対象物にあつては、当該フォグガン等が有効に機能する放水圧力として消防長又は消防署長が指定する放水圧力とする。)以上となるように送水した場合における送水口における圧力をいう。以下この号において同じ。)が一メガパスカルを超える場合には、日本産業規格G三四四八に適合する管、G三四五四に適合する管のうち呼び厚さでスケジュール四十以上のもの若しくはG三四五九に適合する管のうち呼び厚さでスケジュール十以上のものに適合するもの又はこれらと同等以上の強度、耐食性及び耐熱性を有する管を用いなければならない。(み)(ハ)(ト)(フ)(れ)(ね)

ハ　管継手は、次の表の上欄に掲げる種類に従い、それぞれ同表の下欄に定める日本産業規格に適合し、又はこれと同等以上の強度、耐食性及び耐熱性を有するものとして消防庁長官が定める基準に適合するものとすること。ただし、配管の設計送水圧力が一メガパスカルを超える場合に用いる管継手は、次に掲げるものその他これらと同等以上の強度、耐食性及び耐熱性を有する管継手を用いなければならない。(み)(ハ)(ニ)(フ)(ヒ)(れ)(ね)

(イ)　フランジ継手にあつては、日本産業規格B二二三九又はB二二二〇に適合する管継手のうち呼び圧力十六K以上のものに適合するもの(れ)(ね)

(ロ)　フランジ継手以外の継手にあつては、日本産業規格B二三

○九に適合するもの又はB二三一二若しくはB二三一三（G三四六八を材料とするものを除く。）に適合する管継手のうち呼び厚さでスケジュール四十以上（材料にG三四五九を用いるものにあつては呼び厚さでスケジュール十以上）のものに適合するもの㋹㋨

種類		日本産業規格
フランジ継手	ねじ込み式継手	B二二二〇又はB二二三九
	溶接式継手	B二二二〇
フランジ継手以外の継手	ねじ込み式継手	B二三〇一、B二三〇二又はB二三〇八のうち材料にG三二一四（SUS F 三〇四又はSUS F 三一六に限る。）又はG五一二一（SCS一三又はSCS一四に限る。）を用いるもの
	溶接式鋼管用継手	B二三〇九、B二三一一、B二三一二又はB二三一三（G三四六八を材料とするものを除く。）

ニ　バルブ類は、次の(イ)から(ハ)までに定めるところによること。（み）（フ）

(イ)　材質は、日本産業規格G五一〇一、G五五〇一、G五五〇二、G五七〇五（黒心可鍛鋳鉄品に限る。）、H五一二〇若しくはH五一二一に適合するもの又はこれらと同等以上の強度、耐食性及び耐熱性を有するものとして消防庁長官が定める基準に適合するものであること。（み）（ニ）（フ）㋨

(ロ)　開閉弁、止水弁及び逆止弁にあつては、日本産業規格B二〇一一、B二〇三一若しくはB二〇五一に適合するもの又はこれらと同等以上の性能を有するものとして消防庁長官が定める基準に適合するものであること。（フ）㋨

(ハ)　開閉弁又は止水弁にあつてはその開閉方向を、逆止弁にあつてはその流れ方向を表示したものであること。（み）（フ）

ホ　配管の管径は、水力計算により算出された配管の呼び径とすること。（み）

ヘ　加圧送水装置の吐出側直近部分の配管には、逆止弁及び止水弁を設けること。（み）

ト　加圧送水装置の吸水側直近部分の配管には、止水弁を設けること。（み）

チ　配管の耐圧力は、当該配管の設計送水圧力の一・五倍以上の水圧を加えた場合において当該水圧に耐えるものであること。ただし、次号イの規定により加圧送水装置を設けた場合における当該加圧送水装置の吐出側の配管の耐圧力は、加圧送水装置の締切圧力の一・五倍以上の水圧を加えた場合において当該水圧に耐えるものであること。（み）

六　地階を除く階数が十一以上の建築物に設置する連結送水管については、次のイからニまでに定めるところによること。（は）（み）

イ　高さ七十メートルを超える建築物にあつては、連結送水管を湿式とし、かつ、加圧送水装置を第十二条第一項第七号ハ(ハ)から(チ)まで、ニ及びトの規定の例によるほか、次に定めるところにより設けること。（み）（ハ）

(イ)　ポンプの吐出量は、隣接する二の階に設けられる放水口の設置個数を合計した個数のうち最大となる当該設置個数（設置個数が三を超えるときは、三とする。）に八百リットル毎分（前条第一項の指定を受けた防火対象物にあつては、水力計算に用いた量）を乗じて得た量以上の量とすること。ただし、連結送水管の立管ごとに、加圧送水装置を設ける場合におけるポンプの吐出量は、それぞれ千六百リットル毎分（前条第一項の指定を受けた防火対象物にあつては、水力計算に用いた量に二を乗じて得た量）以上の量とすること。（み）（ト）

(ロ)　ポンプの全揚程は、次の式により求めた値以上の値とする

こと。(み)

$H=h_1+h_2+h_3+h_4$

Hは、ポンプの全揚程（単位　メートル）

h_1は、消防用ホースの摩擦損失水頭（単位　メートル）

h_2は、配管の摩擦損失水頭（単位　メートル）

h_3は、落差（単位　メートル）

h_4は、ノズルの先端における放水時の水頭　六十（消防長又は消防署長が指定する場合にあつては、当該指定された水頭とする。）（単位　メートル）

(ハ)　起動装置は、直接操作できるものであり、かつ、送水口の直近又は中央管理室に設けられた操作部から遠隔操作できるものであること。(み)

(ニ)　加圧送水装置は、火災等の災害による被害を受けるおそれが少ない箇所に、送水上支障のないように設けること。(み)

ロ　令第二十九条第二項第四号ハの放水用器具は、長さ二十メートルのホース四本以上及び筒先二本以上とするほか、消防庁長官の定める基準に適合するものであること。(は)(ン)

ハ　ロに規定する放水用器具を格納した箱は、一の直通階段について階数三以内ごとに、一の放水口から歩行距離五メートル以内で消防隊が有効に消火活動を行なうことができる位置に設けること。(は)

ニ　ロに規定する放水用器具を格納した箱には、見やすい箇所に標識を設けること。(は)

七　非常電源は、その容量を連結送水管の加圧送水装置を有効に二時間以上作動できる容量とするほか、第十二条第一項第四号の規定の例により設けること。(み)

八　消防用ホース及び配管の摩擦損失計算は、消防庁長官が定める基準によること。(み)

九　第十二条第一項第八号の規定は、連結送水管について準用する。(ラ)

十　貯水槽等には第十二条第一項第九号に規定する措置を講じること。(み)(ロ)

本条…一部改正〔昭和三九年七月自令一六号(は)・五四年三月五号(ら)・平成二年五月一七号(み)・八年二月二号(ロ)・九年三月一九号(ハ)・一〇年三月九号(ニ)・一一年三月五号(ト)・一三年三月総令四三号(カ)・一六年五月九三号(ラ)・一八年九月一一六号(フ)・二三年六月五五号(ヒ)・二五年三月二一号(ン)・二三号㋺・三〇年六月三四号㋹・令和元年六月一九号㋧〕

参照　【屋内消火栓等】平成二五年三月二七日消防庁告示第二号【送水口】平成一三年六月二九日消防庁告示第三七号【金属製管継手及びバルブ類】平成二〇年一二月二六日消防庁告示第三一号【配管の摩擦損失】平成二〇年一二月二六日消防庁告示第三二号

（非常コンセント設備に関する基準の細目）

第三一条の二　非常コンセント設備の設置及び維持に関する技術上の基準の細目は、次のとおりとする。(は)

一　非常コンセントは、床面又は階段の踏面からの高さが一メートル以上一・五メートル以下の位置に設けること。(は)

二　非常コンセントは、埋込式の保護箱内に設けること。(は)

三　非常コンセントは、日本産業規格C八三〇三の接地形二極コンセントのうち定格が十五アンペア百二十五ボルトのものに適合するものであること。(こ)㋧

四　非常コンセントの**刃受の接地極**には、電気工作物に係る法令の規定による**接地工事**を施すこと。(は)(こ)

五　電源は、第二十四条第三号の規定の例により設けること。(そ)

六　非常コンセントに電気を供給する電源からの回路は、各階において、二以上となるように設けること。ただし、階ごとの非常コンセントの数が一個のときは、一回路とすることができる。(は)(こ)

七　前号の回路に設ける非常コンセントの数は、十以下とすること。(は)

八　非常電源は、第十二条第一項第四号の規定に準じて設けるこ

と。(は)(を)(さ)

九　非常コンセント設備の設置の標示は、次のイからハまでに定めるところによること。(は)(そ)

イ　非常コンセントの保護箱には、その表面に「非常コンセント」と表示すること。(は)

ロ　非常コンセントの保護箱の上部に、赤色の灯火を設けること。(は)

ハ　ロの灯火の回路の配線は、第十二条第一項第五号の規定の例によること。(そ)(さ)

十　第十二条第一項第八号の規定は、非常コンセント設備について準用する。(ラ)

本条…追加〔昭和三九年七月自令一六号(は)〕、一部改正〔昭和四四年三月自令三号(を)・四九年一二月四〇号(そ)・六一年一二月二八号(こ)・六二年一〇月三〇号(さ)・平成八年二月二号(ロ)・一六年五月総令九三号(ラ)・令和元年六月一九号㋤〕

解説【刃受の接地極に係る接地工事】電気設備に関する技術基準を定める省令第一〇条及び第一一条によるD種接地工事

（無線通信補助設備に関する基準の細目）

第三一条の二の二　無線通信補助設備の設置及び維持に関する技術上の基準の細目は、次のとおりとする。(そ)

一　無線通信補助設備は、漏洩同軸ケーブル、漏洩同軸ケーブルとこれに接続する空中線又は同軸ケーブルとこれに接続する空中線（以下「漏洩同軸ケーブル等」という。）によるものとし、当該漏洩同軸ケーブル等は、消防隊相互の無線連絡が容易に行われるものとして消防長又は消防署長が指定する周波数帯における電波の伝送又は輻射に適するものとすること。(そ)(ン)

二　漏洩同軸ケーブル又は同軸ケーブルの公称インピーダンスは、五十オームとし、これらに接続する空中線、分配器その他の装置は、当該インピーダンスに整合するものとすること。(そ)

三　漏洩同軸ケーブル等は、難燃性を有し、かつ、湿気により電気的特性が劣化しないものとすること。(そ)

四　漏洩同軸ケーブル等は、耐熱性を有するように、かつ、金属板等により電波の輻射特性が低下することのないように設置すること。(そ)

五　漏洩同軸ケーブル等は、支持金具等で堅固に固定すること。(そ)

六　分配器、混合器、分波器その他これらに類する器具（以下「分配器等」という。）は、挿入損失の少ないものとし、漏洩同軸ケーブル等及び分配器等の接続部には防水上適切な措置を講じること。(そ)

七　増幅器を設ける場合には、次のイからハまでに定めるところによること。(そ)

イ　電源は、第二十四条第三号の規定の例により設けること。(そ)

ロ　増幅器には非常電源を附置するものとし、当該非常電源は、その容量を無線通信補助設備を有効に三十分間以上作動できる容量とするほか、第二十四条第四号の規定の例により設けること。(そ)(ゆ)

ハ　増幅器は、防火上有効な措置を講じた場所に設けること。(そ)

八　無線機を接続する端子（以下「端子」という。）は、次のイからニまでに定めるところによること。(そ)

イ　端子は、地上で消防隊が有効に活動できる場所及び防災センター等に設けること。(そ)(ハ)

ロ　端子は、日本産業規格C五四一一のC〇一形コネクターに適合するものであること。(そ)(ら)㋤

ハ　端子は、床面又は地盤面からの高さが〇・八メートル以上一・五メートル以下の位置に設けること。(そ)

ニ　端子は、次の(イ)及び(ロ)の規定に適合する保護箱に収容するこ

と。（そ）

(イ) 地上に設ける端子を収容する保護箱は、堅ろうでみだりに開閉できない構造とし、防塵上及び防水上の適切な措置が講じられていること。（そ）

(ロ) 保護箱の表面は、赤色に塗色し、「無線機接続端子」と表示すること。（そ）

九　第十二条第一項第八号の規定は、無線通信補助設備について準用する。（ラ）

十　警察の無線通信その他の用途と共用する場合は、消防隊相互の無線連絡に支障のないような措置を講じること。（そ）（ロ）

本条…追加〔昭和四九年一二月自令四〇号(そ)〕、一部改正〔昭和五四年三月自令五号(ら)・平成元年二月三号(ゆ)・八年二月二号(ロ)・九年三月一九号(ハ)・一六年五月総令九三号(ラ)・二五年三月二一号(ン)・令和元年六月一九号㋧〕

解説　【漏洩同軸ケーブル】内部導体、外部導体からなる同軸ケーブルで外部導体から外部に電波を放射する。

第五款　消防用設備等又は特殊消防用設備等の検査、点検等（ラ）

本款…追加〔昭和四九年七月自令一七号(れ)〕、款名…改正〔平成一六年五月総令九三号(ラ)〕

（性能評価の方法）

第三一条の二の三　法第十七条の二第一項に規定する性能評価は、法第十七条第三項に規定する設備等設置維持計画の記載事項その他特殊消防用設備等の性能を評価するために必要な事項について行う。（ナ）

2　前項の性能評価は、必要に応じて、日本消防検定協会（以下「協会」という。）又は登録検定機関（法第十七条の二第一項の法人であつて総務大臣の登録を受けたものをいう。以下この項において同じ。）が指定した日時に、協会又は登録検定機関が指定した場所において、特殊消防用設備等の性能を検証する試験を行うものとする。（ナ）

本条…追加〔平成一六年三月総令五四号(ナ)〕

（消防用設備等又は特殊消防用設備等の届出及び検査）（ラ）

第三一条の三　法第十七条の三の二の規定による検査を受けようとする防火対象物の関係者は、当該防火対象物における消防用設備等又は特殊消防用設備等の設置に係る工事が完了した場合において、その旨を工事が完了した日から四日以内に消防長又は消防署長に別記様式第一号の二の三の届出書に、次の各号に掲げる区分に応じて、当該各号に定める書類を添えて届け出なければならない。（れ）（ゐ）（く）（ゆ）（ラ）㋼

一　消防用設備等　当該設置に係る消防用設備等に関する図書で次に掲げるもの及び消防用設備等試験結果報告書㋼

イ　平面図

ロ　配管及び配線の系統図

二　特殊消防用設備等　当該設置に係る特殊消防用設備等に関する図書で前号イ及びロに掲げるもの、法第十七条第三項に規定する設備等設置維持計画（以下「設備等設置維持計画」という。）並びに特殊消防用設備等試験結果報告書㋼

2　消防長又は消防署長は、前項の規定による届出があつたときは、遅滞なく、当該防火対象物に設置された消防用設備等又は特殊消防用設備等が法第十七条第一項の政令若しくはこれに基づく命令、同条第二項の規定に基づく条例で定める技術上の基準（以下この条、第三十一条の四並びに第三十一条の五第二項第二号及び同条第三項において「設備等技術基準」という。）又は設備等設置維持計画に適合しているかどうかを検査しなければならない。（れ）（ワ）（ナ）（ラ）㋼

3　前項の検査において、第三十一条の四第一項の認定を受け、同条第二項の規定による表示が付されている消防用設備等又はこれらの部分である機械器具については、当該認定に係る設備等技術基準に

適合するものとみなす。（ワ）（ラ）

4　消防長又は消防署長は、第二項の規定による検査をした場合において、当該消防用設備等又は特殊消防用設備等が設備等技術基準又は設備等設置維持計画に適合していると認めたときは、当該防火対象物の関係者に対して別記様式第一号の二の三の二による検査済証を交付するものとする。（れ）（ゆ）（ワ）（ラ）

5　第一項第一号の規定による消防用設備等試験結果報告書の様式は、消防用設備等ごとに消防庁長官が定める。（れ）（ワ）（ラ）㊙

本条…追加〔昭和四九年七月自令二七号（れ）〕、一項…一部改正〔昭和五六年六月自令一六号（ゐ）・五八年一〇月二六号（く）〕、一・三項…一部改正〔平成元年二月自令三号（ゆ）〕、二項…一部改正・三項…追加・旧三項…一部改正し四項に繰下・旧四項…五項に繰下〔平成一二年一一月自令五一号（ワ）〕、二項…一部改正〔平成一六年三月総令五四号（ナ）〕、見出し…改正・一―五項…一部改正〔平成一六年五月総令九三号（ラ）〕、一・二・五項…一部改正〔令和四年九月総令六二号㊙〕

参照　【消防用設備等試験結果報告書の様式】平成元年一二月一日消防庁告示第四号

（設備等設置維持計画）

第三一条の三の二　法第十七条第三項に定める設備等設置維持計画には、次の各号に掲げる事項について記載するものとする。（ラ）

一　防火対象物の概要に関すること。（ラ）

二　消防用設備等の概要に関すること。（ラ）

三　特殊消防用設備等の性能に関すること。（ラ）

四　特殊消防用設備等の設置方法に関すること。（ラ）

五　特殊消防用設備等の試験の実施に関すること。（ラ）

六　特殊消防用設備等の点検の基準、点検の期間及び点検の結果についての報告の期間に関すること。（ラ）

七　特殊消防用設備等の維持管理に関すること。（ラ）

八　特殊消防用設備等の工事及び整備並びに点検に従事する者に関すること。（ラ）

九　前各号に掲げるもののほか、特殊消防用設備等の設置及び維持に関し必要な事項に関すること。（ラ）

本条…追加〔平成一六年五月総令九三号（ラ）〕

（消防用設備等の認定）

第三一条の四　消防庁長官が次条の規定により登録する法人は、消防用設備等又はこれらの部分である機械器具が当該消防用設備等又はこれらの部分である機械器具に係る設備等技術基準の全部又は一部に適合していることの認定（次項及び次条において「認定」という。）を行うことができる。（ワ）（ヨ）（ナ）（ユ）

2　前項の登録を受けた法人（次条において「登録認定機関」という。）は、消防用設備等又はこれらの部分である機械器具について認定を行つたときは、当該消防用設備等又はこれらの部分である機械器具が当該消防用設備等又はこれらの部分である機械器具に係る設備等技術基準の全部又は一部に適合している旨の表示を当該消防用設備等又はこれらの部分である機械器具に付することができる。（ワ）（ナ）

3　前項の表示の様式は、消防庁長官が定める。（ワ）

本条…追加〔平成一二年一一月自令五一号（ワ）〕、一項…一部改正〔平成一三年四月総令六八号（ヨ）〕、一・二項…一部改正〔平成一二年九月総令五四号（ナ）〕、一項…一部改正〔平成一六年三月総令九三号（ユ）〕

参照　【表示の様式】平成一二年一二月二二日消防庁告示第一九号

（登録認定機関）（ナ）

第三一条の五　前条第一項の規定による消防庁長官の登録（以下この条において単に「登録」という。）は、消防用設備等又はこれらの部分である機械器具についての認定を行おうとする法人の申請により行う。（ワ）（ヨ）（ナ）（ユ）

2　消防庁長官は、前項の規定により登録を申請した法人（以下この項において「登録申請者」という。）が次の要件を満たしているときは、登録をしなければならない。（ナ）（ユ）

一　次のいずれかに該当する者が認定の業務を実施し、その人数が認定の業務を行う事務所ごとに二名以上であること。(ナ)

イ　学校教育法による大学又は高等専門学校において機械工学、電気工学又は工業化学に関する学科又は課程を修めて卒業した者（当該学科又は課程を修めて同法による専門職大学の前期課程を修了した者を含む。）であつて、消防用設備等又はこれらの部分である機械器具の検定又は認定に関する実務に通算して一年以上従事した経験を有するもの(ナ)㋜

ロ　イに掲げる者と同等以上の知識及び経験を有する者(ナ)

二　消防用設備等又はこれらの部分である機械器具が当該消防用設備等又はこれらの部分である機械器具に係る設備等技術基準の全部又は一部に適合していることを検査するために必要な機械器具その他の設備を用いて認定の業務を行うものであること。(ナ)

三　登録申請者が、第三十一条の四第二項の規定により同項の表示を付することができることとされる消防用設備等又はこれらの部分である機械器具を設計し、製造し、加工し、又は販売し、若しくは販売の目的で陳列する事業者（以下この号及び第四項において単に「事業者」という。）に支配されているものとして次のいずれかに該当するものでないこと。(ラ)

イ　登録申請者が株式会社である場合にあつては、事業者がその親法人であること。(ラ)(マ)

ロ　登録申請者の役員（持分会社（会社法第五百七十五条第一項に規定する持分会社をいう。）にあつては、業務を執行する社員）に占める事業者の役員又は職員（過去二年間に当該事業者の役員又は職員であつた者を含む。）の割合が二分の一を超えていること。(ラ)(マ)

ハ　登録申請者の代表権を有する役員が、事業者の役員又は職員（過去二年間に当該事業者の役員又は職員であつた者を含む。）であること。(ラ)

四　認定の業務を適正に行うために必要なものとして、次に掲げる基準に適合するものであること。(ラ)

イ　認定の業務を行う部門に管理者を置くこと。(ラ)

ロ　認定の業務の管理及び精度の確保に関する文書が作成されていること。(ラ)

ハ　ロに掲げる文書に記載されたところに従い認定の業務の管理及び精度の確保を行う部門又は組織を置くこと。(ラ)

ニ　全国の認定を受けることを希望する者に対して、認定の業務を公正に行うことができる体制を有していること。(ラ)

3　登録認定機関は、認定の業務に関する事項で次に掲げるものを記載した帳簿を備え付け、認定を行つた日からこれを五年間保存しなければならない。(ラ)

一　認定の申込みをした者の氏名及び住所（法人にあつては、名称及び主たる事務所の所在地）(ラ)

二　認定の申込みを受けた年月日(ラ)

三　消防用設備等又はこれらの部分である機械器具の形状、構造、材質、成分及び性能の概要(ラ)

四　消防用設備等又はこれらの部分である機械器具を設備等技術基準の全部又は一部に適合していることを検査した日(ラ)

五　前号の検査をした者の氏名(ラ)

六　認定の有無（認定をしない場合にあつては、その理由を含む。）(ラ)

七　認定の有無を通知した日(ラ)

4　第一条の四第二項及び第四項から第七項までの規定は第一項の申請について、第八項から第十五項まで及び第十七項から第二十二項までの規定は登録を受けた法人について準用する。この場合において、これらの規定中「総務大臣」とあるのは「消防庁長官」と、第一条の四第二項中「講師」とあるのは「認定の業務を行う者」と、「講習の科目、時間数、実施日程、実施場所等の実施計画」とあるのは「認定の業務に用いる機械器具その他の設備の概要」と、同項及び第五項中「主たる事務所の所在地」とあるのは「主たる事務所の所在地並びに認定を行おうとする消防用設備等又はこれらの部分である機械器具」と、同条第七項中「第一項から第五項まで」とあるのは「第二項、第四項及び第五項並びに第三十一条の五第一項及び第二項」と、同条第九項中「毎年一回以上」とあるのは「認定を行うことを求められたときは、正当な理由がある場合を除き、遅滞なく、」と、同条第十項中「第二条の三に定める講習に係る基準」とあるのは「設備等技術基準」と、同条第十五項中「講習を受講しようとする者」とあるのは「事業者」と、同条第十七項及び第二十一項第一号中「第三項」とあるのは「第三十一条の五第二項」と、同条第二十一項第三号中「第十六項又は第二十項」とあるのは「第二十項又は第三十一条の五第三項」と読み替えるものとする。(ナ)(ラ)(ユ)

本条…追加〔平成一二年一一月自令五一号(ワ)〕、一・三項…一部改正〔平成一三年四月総令六八号(ヨ)〕、見出し…改正・一項…一部改正・二・三項…全部改正〔平成一六年三月総令五四号(ナ)〕、二項…一部改正・三項…追加・旧三項…一部改正し四項に繰下〔平成一六年五月総令九三号(ラ)〕、二項…一部改正〔平成一八年四月総令七七号(マ)〕、一・二・四項…一部改正〔平成二一年九月総令九三号(ユ)〕、二項…一部改正〔平成三〇年一一月総令六五号㋞〕

（消防用設備等又は特殊消防用設備等の点検及び報告）(ラ)

第三十一条の六　法第十七条の三の三の規定による消防用設備等の点検は、種類及び点検内容に応じて、一年以内で消防庁長官が定める期間ごとに行うものとする。(れ)(ワ)(ラ)

2　法第十七条の三の三の規定による特殊消防用設備等の点検は、第三十一条の三の二第六号の設備等設置維持計画に定める点検の期間ごとに行うものとする。(ラ)

3　防火対象物の関係者は、前二項の規定により点検を行った結果を、維持台帳（第三十一条の三第一項及び第三十三条の十八の届出に係る書類の写し、消防用設備等又は特殊消防用設備等の工事、整備等の経過一覧表その他消防用設備等又は特殊消防用設備等の維持管理に必要な書類を編冊したものをいう。）に記録するとともに、次の各号に掲げる防火対象物の区分に従い、当該各号に定める期間ごとに消防長又は消防署長に報告しなければならない。ただし、特殊消防用設備等にあっては、第三十一条の三の二第六号の設備等設置維持計画に定める点検の結果についての報告の期間ごとに報告するものとする。(れ)(ホ)(ワ)(ラ)㋤㋳

一　令別表第一(一)項から(四)項まで、(五)項イ、(六)項、(九)項イ、(十六)項イ、(十六の二)項及び(十六の三)項に掲げる防火対象物　一年に一回(れ)(ゐ)

二　令別表第一(五)項ロ、(七)項、(八)項、(九)項ロ、(十)項から(十五)項まで、(十六)項ロ、(十七)項及び(十八)項までに掲げる防火対象物　三年に一回(れ)

4　前三項の規定にかかわらず、新型インフルエンザ等その他の消防庁長官が定める事由により、これらの項に規定する期間ごとに法第十七条の三の三の規定による点検を行い、又はその結果を報告することが困難であるときは、消防庁長官が当該事由を勘案して定める期間ごとに当該点検を行い、又はその結果を報告するものとする。㋰

5　法第十七条の三の三の規定による点検の方法及び点検の結果についての報告書の様式は、消防庁長官が定める。(れ)(ラ)㋰

6　法第十七条の三の三の規定により消防設備士免状の交付を受けている者又は総務省令で定める資格を有する者が点検を行うことができる消防用設備等又は特殊消防用設備等の種類は、消防庁長官が定める。(れ)(ル)(ソ)(ラ)㋰

7　法第十七条の三の三に規定する総務省令で定める資格を有する者は、次の各号のいずれかに該当する者で、消防用設備等又は特殊消防用設備等の点検に関し必要な知識及び技能を修得することができる講習であって、消防庁長官の登録を受けた法人（以下この条及び第三十一条の七において「登録講習機関」という。）の行うものの課程を修了し、当該登録講習機関が発行する消防用設備等又は特殊消防用設備等の点検に関し必要な知識及び技能を修得したことを証する書類（次項及び第三十一条の七第二項において「免状」という。）の交付を受けている者（次項及び第三十一条の七第二項において「消防設備点検資格者」という。）とする。(ワ)(ル)(ヨ)(ソ)(ナ)(ラ)(ユ)㋤㋰㋼

一　法第十七条の六に規定する消防設備士(ワ)

二　電気工事士法（昭和三十五年法律第百三十九号）第二条第四項

に規定する電気工事士(ワ)(わ)

三　建設業法（昭和二十四年法律第百号）第二十七条並びに建設業法施行令（昭和三十一年政令第二百七十三号）第二十七条の三及び第二十七条の八に規定する管工事施工管理技士(ワ)

四　水道法（昭和三十二年法律第百七十七号）第十二条及び水道法施行令（昭和三十二年政令第三百三十六号）第四条に規定する水道布設工事監督者の資格を有する者(ワ)(わ)

五　建築基準法第十二条第一項に規定する建築物調査員資格者証の交付を受けている者又は同条第三項に規定する建築設備等検査員資格者証の交付を受けている者(ワ)(ル)(オ)(わ)

六　建築士法第二条第二項に規定する一級建築士又は同条第三項に規定する二級建築士(ワ)(ソ)

七　学校教育法による大学若しくは高等専門学校、旧大学令（大正七年勅令第三百八十八号）による大学又は旧専門学校令（明治三十六年勅令第六十一号）による専門学校において機械、電気、工業化学、土木又は建築に関する学科又は課程を修めて卒業した（当該学科又は課程を修めて同法による専門職大学の前期課程を修了した場合を含む。）後消防用設備等又は特殊消防用設備等の工事又は整備について一年以上の実務の経験を有する者(ワ)(ナ)(ラ)(そ)

八　学校教育法による高等学校若しくは中等教育学校又は旧中等学校令（昭和十八年勅令第三十六号）による中等学校において機械、電気、工業化学、土木又は建築に関する学科を修めて卒業した後消防用設備等又は特殊消防用設備等の工事又は整備について二年以上の実務の経験を有する者(ワ)(ラ)

九　消防用設備等又は特殊消防用設備等の工事又は整備について五年以上の実務の経験を有する者(ワ)(ラ)

十　前各号に掲げる者と同等以上の知識及び技能を有すると消防庁長官が認める者(ワ)

8　消防設備点検資格者は、次の各号のいずれかに該当するときは、その資格を失うものとする。(ワ)(ラ)(む)

一　精神の機能の障害により消防設備点検資格者の業務を適正に行うに当たって必要な認知、判断及び意思疎通を適切に行うことができなくなったことが判明したとき。(ワ)(な)

二　禁錮以上の刑に処せられたとき。(ワ)(な)

三　法に違反し、罰金の刑に処せられたとき。(ワ)

四　消防用設備等又は特殊消防用設備等の点検を適正に行っていないことが判明したとき。(ワ)(ラ)(な)

五　資格、学歴、実務の経験等を偽ったことが判明したとき。(ワ)(な)

六　消防庁長官が定める期間ごとに登録講習機関の講習を修了し、当該登録講習機関が発行する免状の交付を受けなかったとき。(ワ)(ナ)(な)

本条…追加〔昭和四九年七月自令二七号(れ)〕、二項…一部改正〔昭和五六年六月自令一六号(ゐ)・平成一〇年七月三一号(ホ)〕、二項…一部改正・五・六項…追加・旧三一条の四…繰下〔平成一二年一一月自令五一号(ワ)〕、四・五項…一部改正〔平成一二年九月自令四四号(ル)〕、五項…一部改正〔平成一三年四月総令六八号(ヨ)〕、四・五項…一部改正〔平成一四年一〇月総令一〇五号(ソ)〕、五・六項…一部改正〔平成一六年三月総令五四号(ナ)〕、見出し…改正・一項…一部改正・二項…追加・旧二・四—六項…一部改正し三・五—七項に繰下・旧三項…四項に繰下〔平成一六年五月総令九三号(ラ)〕、六項…一部改正〔平成一七年五月総令九六号(オ)・二一年九月九三号(ユ)・二八年五月六〇号(わ)・三〇年一一月六五号(そ)〕、三・六・七項…一部改正〔令和元年一二月総令六三号(な)〕、四項…追加・旧四—七項…五—八項に繰下〔令和二年一二月総令一二三号(む)〕、七項…一部改正〔令和四年九月総令六二号(ゐ)〕、三項…一部改正〔令和六年一月総令五号(や)〕

参照　【点検期間・方法・結果報告書】平成一六年五月三一日消防庁告示第九号　【消防庁長官が定める事由及び期間】令和三年一月二二日消防庁告示第三号　【点検票の様式】昭和五〇年一〇月一六日消防庁告示第一四号　【点検を行うことができる消防用設備等又は特殊消防用設備等の種類】平成一六年五月三一日消防庁告示第一〇号　【知識及び技能を有する者】平成一二年一二月一一日消防庁告示第一一号　【期間】平成一二年一二月二二日消防庁告示第一四号

（消防設備士等による点検が特に必要である防火対象物）

第三一条の六の二　令第三十六条第二項第四号の総務省令で定める防火対象物は、全域放出方式の不活性ガス消火設備（二酸化炭素を放射するものに限る。）が設置されているものとする。㋼

本条…追加〔令和四年九月総令六二号㋼〕

（**登録講習機関**）（ナ）

第三一条の七　第三十一条の六第七項の規定による消防庁長官の登録は、同項の講習を行おうとする法人の申請により行う。（ワ）（ヨ）（ナ）（オ）（ユ）㋼

2　第一条の四第二項から第七項までの規定は前項の申請について、同条第八項から第二十二項までの規定は前項の登録を受けた法人について準用する。この場合において、これらの規定中「総務大臣」とあるのは「消防庁長官」と、第一条の四第三項中「令第四条の二の二第一項第一号に掲げる防火対象物の防火管理者で、五年以上その実務経験を有する者」とあるのは「消防用設備等の研究、設計、製造又は検査の業務について二年以上の実務経験を有する者」と、「別記様式第一号による修了証の交付の方法」とあるのは「免状の交付及び回収の方法」と、同条第十項中「第二条の三に定める講習に係る基準」とあるのは「消防庁長官が定める講習に係る基準」と、同条第十二項中「その他講習の業務の実施に関し必要な事項」とあるのは「消防設備点検資格者がその資格を喪失した場合における必要な措置を行うための手続に関する事項その他講習の業務の実施に関し必要な事項」と、同条第十六項中「講習を行つた日からこれを六年間」とあるのは「免状を交付した日からこれを六年間」と、「別記様式第一号による修了証」とあるのは「免状」と、「前号の修了証」とあるのは「前号の免状」と読み替えるものとする。（ナ）（ラ）（ユ）

本条…追加〔平成一二年一一月自令五一号（ワ）〕、一・三項…一部改正〔平成一三年四月総令六八号（ヨ）〕、見出し…改正・一項…一部改正・二項…全部改正・三項…削除〔平成一六年三月総令五四号（ナ）〕、二項…一部改正〔平成一六年五月総令九三号（ラ）〕、一項…一部改正〔平成一七年五月総令九六号（オ）〕、一・二項…一部改正〔平成二一年九月総令九三号（ユ）〕、一項…一部改正〔令和四年九月総令六二号㋼〕

旧五款…繰下〔昭和四九年七月自令二七号（れ）〕

第六款　雑則（れ）

（**道路の指定**）

第三一条の八　令第十三条第一項の総務省令で定める道路は、次の各号の一に該当するものをいう。（み）（ル）（ワ）

一　道路法（昭和二十七年法律第百八十号）による道路（み）

二　土地区画整理法（昭和二十九年法律第百十九号）、旧住宅地造成事業に関する法律（昭和三十九年法律第百六十号）、都市計画法（昭和四十三年法律第百号）、都市再開発法（昭和四十四年法律第三十八号）、新都市基盤整備法（昭和四十七年法律第八十六号）、大都市地域における住宅及び住宅地の供給の促進に関する特別措置法（昭和五十年法律第六十七号）又は密集市街地における防災街区の整備の促進に関する法律（平成九年法律第四十九号。第六章に限る。）による道路（み）（ラ）㋻

三　港湾法（昭和二十五年法律第二百十八号）又は道路運送法（昭和二十六年法律第百八十三号）による道路（み）

四　前各号に掲げるもののほか、交通の用に供される道路で自動車（道路運送車両法第二条第二項に規定するものをいう。）の通行が可能なもの（み）

本条…追加〔平成二年五月自令一七号（み）〕、一部改正〔平成一二年九月自令四四号（ル）〕、旧三一条の五…繰下〔平成一二年一一月自令五一号（ワ）〕、本条…一部改正〔平成一六年五月総令九三号（ラ）・一八年五月六〇号㋻〕

（**標準放射量**）

第三二条　令第十四条第一号の総務省令で定める水噴霧、泡、不活性ガス消火剤、ハロゲン化物消火剤又は粉末消火剤の放射量又は放出量は、次の表の上欄に掲げる消火設備のヘッド（泡消火設備にあつては、泡放出口。以下この条において同じ。）の区分に応じ、同表の下欄に掲げる量とする。この場合において、不活性ガス消火設備又はハロゲン化物消火設備（ハロン二四〇二又はＦＫ―五―一―一二の消火剤を用いるものを除く。）の噴射ヘッドについての放射量又は放出量は、温度二十度におけるものをいうものとする。（ろ）（よ）（そ）（ら）（ハ）（ル）（カ）（シ）

消火設備のヘッドの区分	放射量又は放出量
	リットル毎分
泡消火設備のフォーム・ウォーター・スプリンクラーヘッド	七十五
水噴霧消火設備、泡消火設備、不活性ガス消火設備、ハロゲン化物消火設備又は粉末消火設備のヘッド（フォーム・ウォーター・スプリンクラーヘッドを除く。）	設置されたそれぞれのヘッドの設計圧力により放射し、又は放出する水噴霧、泡、不活性ガス消火剤、ハロゲン化物消火剤又は粉末消火剤の量

本条…追加〔昭和三八年一二月自令三六号（ろ）〕、旧三二条の二…繰上〔昭和四七年八月自令二〇号（よ）〕、一部改正〔昭和四九年一二月自令四〇号（そ）・五四年三月五号（ら）・平成九年三月一九号（ハ）・一二年九月四四号（ル）・一三年三月総令四三号（カ）・二二年八月八五号（シ）〕

（危険工室に係る基準の特例）

第三二条の二　令第三十一条第一項の総務省令で定める防火対象物は、火薬類取締法施行規則（昭和二十五年通商産業省令第八十八号）第一条第五号に規定する危険工室とする。（ろ）（よ）（み）（ル）㋻

２　前項の危険工室については、令第二章第三節第二款の規定は、適用しない。（と）

旧三二条…繰下〔昭和三八年一二月自令三六号（ろ）〕、二項…一部改正〔昭和四一年四月自令六号（と）〕、旧三二条の三…繰上〔昭和四七年八月自令二〇号（よ）〕、一項…一部改正〔平成二年五月自令一七号（み）・一二年九月四四号（ル）・二八年五月六〇号㋻〕

（畜舎等に係る基準の特例）

第三二条の三　令第三十一条第二項第一号の総務省令で定める防火対象物は、次の各号に掲げる要件を満たす畜舎等（畜舎（家畜の飼養の用に供する施設をいう。以下同じ。）及び次項各号に掲げる畜舎に付随する施設（畜舎の敷地又はこれに隣接し、若しくは近接する土地に建築等をし、当該畜舎と一体的に利用する施設であって、その管理について権原を有する者が当該畜舎の管理について権原を有する者と同一であるものに限る。）をいう。以下同じ。）とする。㋒㋗

一　防火上及び避難上支障がないものとして消防庁長官が定める基準に適合するものであること。㋒

二　周囲の状況から延焼防止上支障がないものとして消防庁長官が定める基準に適合するものであること。㋒

２　畜舎に付随する施設とは、次の各号のいずれかに該当する施設をいう。㋗

一　搾乳施設㋗

二　集乳施設㋗

三　貯水施設及び水質浄化施設㋗

四　保管庫（防火上支障がない物資及び車両として消防庁長官が定めるもの以外のものを保管しないものに限る。以下同じ。）㋗

五　堆肥舎（家畜排せつ物の処理又は保管の用に供する施設。次号及び第七号に掲げるものを除く。）㋗

六　排水処理施設㋗

七　発酵槽㋗

八　前各号（第四号を除く。）に掲げる施設に類する施設（延べ面積が三千平方メートル以下のものに限る。）㋗

３　第一項の畜舎等については、次の各号に掲げる区分に応じ、当該各号に定める規定は、適用しない。㋒㋗

一　第一項の畜舎等のうち、保管庫の用に供する部分の床面積の合計が三千平方メートルを超えるもの　令第十条、令第十一条、令第十三条から令第十九条まで、令第二十一条から令第二十二条まで、令第二十六条（無窓階以外の階にあっては、同条第一項第四号を除く。）及び令第二十七条を除く令第二章第三節第二款から第六款までの規定㋗

二　第一項の畜舎等のうち、畜産経営の用に供する部分（畜産経営に関する執務又は作業（軽微なものに限る。）その他これらに類する目的のための使用に供する部分及び保管庫の用に供する部分をいう。次号において同じ。）の床面積の合計が千平方メートル以上（無窓階にあっては、三百平方メートル以上）のもの（前号に掲げるものを除く。）　令第十条、令第十三条から令第十八条まで、令第二十一条から令第二十二条まで、令第二十六条（無窓階以外の階にあっては、同条第一項第四号を除く。）及び令第二十七条を除く令第二章第三節第二款から第六款までの規定㋒㋗

三　第一項の畜舎等のうち、畜産経営の用に供する部分の収容人員の合計が五十人以上（無窓階にあっては、二十人以上）のもの（前二号に掲げるものを除く。）　令第十条、令第十三条から令第十八条まで、令第二十一条の二、令第二十二条、令第二十四条、令第二十六条（無窓階以外の階にあっては、同条第一項第四号を除く。）及び令第二十七条を除く令第二章第三節第二款から第六款までの規定㋒㋗

四　第一項の畜舎等のうち、前三号に掲げるもの以外のもの　令第十条、令第十三条から令第十八条まで、令第二十一条の二、令第二十二条、令第二十六条（無窓階以外の階にあっては、同条第一項第四号を除く。）及び令第二十七条を除く令第二章第三節第二款から第六款までの規定㋒㋗

4　前項第二号から第四号までの畜舎等に対する令第二十七条第一項第一号及び第二項の規定の適用については、これらの規定中「準耐火建築物」とあるのは「準耐火建築物又は延焼のおそれが少ないものとして消防庁長官が定める構造を有する建築物」とする。㋒㋗

5　第三項各号の畜舎等に対する第六条第六項第一号、第二十四条第五号ニ、第二十五条の二第二項第一号ハ並びに第二十八条の二第一項第三号ロ、第二項第二号ロ及び第三項第三号ロの規定の適用については、これらの規定中「各部分」とあるのは「各部分（消防庁長官が定める部分を除く。）」とする。㋗

6　第三項第二号から第四号までの畜舎等の二以上の部分が渡り廊下その他これに類する部分のみで接続されている場合において、延焼防止上支障がないものとして消防庁長官が定める基準に適合するときは、当該畜舎等の二以上の部分に係る令第二十七条の規定の適用については、それぞれ別の防火対象物とみなすものとする。㋒㋗

本条…追加〔令和四年三月総令二八号㋒〕、一項…一部改正・二・五項…追加・旧二・三・四項…一部改正し三・四・六項に繰下〔令和五年五月総令四八号㋗〕

参照　【畜舎等に係る基準の特例の細目】令和四年三月三一日消防庁告示第二号

（防火対象物の道路の用に供される部分に係る基準の特例）

第三三条　令第三十一条第二項第二号の総務省令で定める防火対象物の道路の用に供される部分は、次の各号に掲げる要件を満たすものとする。（み）（ル）㋒

一　防火対象物の道路の用に供される部分とその他の部分とが、開口部のない耐火構造の床又は壁で区画されていること。（み）

二　防火対象物の道路の用に供される部分の開口部に接する外壁は、耐火構造のひさし、床、そで壁その他これらに類するものにより、延焼防止上有効な措置がとられていること。（み）

2　前項の防火対象物の道路の用に供される部分については、屋上部分にあつては令第二章第三節第二款から第六款までの規定、その他の部分にあつては令第十三条から令第十六条まで、令第十八条、令第二十一条及び令第二十九条を除く令第二章第三節第二款から第六款までの規定は、適用しない。（み）

本条…全部改正〔平成二年五月自令一七号（み）〕、一項…一部改正〔平成一二年九月自令四四号（ル）・令和四年三月総令二八号㋒〕

（適用が除外されない不活性ガス消火設備）

第三三条の二　令第三十四条第二号に規定する総務省令で定める不活性ガス消火剤は、二酸化炭素とする。㋼

2　令第三十四条第二号に規定する不活性ガス消火設備の設置及び維持に関する技術上の基準であって総務省令で定めるものは、第十九条第五項第十九号イ㋩及び㋭並びに第十九条の二の規定とする。㋼

本条…追加〔令和四年九月総令六二号㋼〕

第二章の二　消防設備士（と）

本章…追加〔昭和四一年四月自令六号（と）〕

（消防設備士でなくても行える消防用設備等の整備の範囲）

第三三条の二の二　令第三十六条の二第二項の総務省令で定める軽微な整備は、屋内消火栓設備又は屋外消火栓設備のホース又はノズル、ヒューズ類、ネジ類等部品の交換、消火栓箱、ホース格納箱等の補修その他これらに類するものとする。(れ)(ル)ゐ⃝

本条…追加〔昭和四九年七月自令二七号(れ)〕、一部改正〔平成一二年九月自令四四号(ル)〕、旧三三条の二…繰下〔令和四年九月総令六二号ゐ⃝〕

（免状の種類に応ずる工事又は整備の種類）

第三三条の三　法第十七条の六第二項の規定により、甲種消防設備士が行うことができる工事又は整備の種類のうち、消防用設備等又は特殊消防用設備等の工事又は整備の種類は、次の表の上欄に掲げる指定区分に応じ、同表の下欄に掲げる消防用設備等又は特殊消防用設備等の工事又は整備とする。(と)(ち)(れ)(そ)(ゐ)(ゆ)(カ)(ナ)(ラ)

指定区分	消防用設備等又は特殊消防用設備等の種類
特類	特殊消防用設備等
第一類	屋内消火栓設備、スプリンクラー設備、水噴霧消火設備又は屋外消火栓設備
第二類	泡消火設備
第三類	不活性ガス消火設備、ハロゲン化物消火設備又は粉末消火設備
第四類	自動火災報知設備、ガス漏れ火災警報設備又は消防機関へ通報する火災報知設備
第五類	金属製避難はしご、救助袋又は緩降機

2　法第十七条の六第二項の規定により、甲種消防設備士が行うことができる工事又は整備の種類のうち、必要とされる防火安全性能を有する消防の用に供する設備等の工事又は整備の種類は、消防庁長官が定める。(ラ)

3　法第十七条の六第二項の規定により、乙種消防設備士が行うことができる整備の種類のうち、消防用設備等又は特殊消防用設備等の整備の種類は、次の表の上欄に掲げる指定区分に応じ、同表の下欄に掲げる消防用設備等の整備とする。(と)(ち)(よ)(そ)(ゐ)(ゆ)(カ)(ラ)

指定区分	消防用設備等の種類
第一類	屋内消火栓設備、スプリンクラー設備、水噴霧消火設備又は屋外消火栓設備
第二類	泡消火設備
第三類	不活性ガス消火設備、ハロゲン化物消火設備又は粉末消火設備
第四類	自動火災報知設備、ガス漏れ火災警報設備又は消防機関へ通報する火災報知設備
第五類	金属製避難はしご、救助袋又は緩降機
第六類	消火器
第七類	漏電火災警報器

4　法第十七条の六第二項の規定により、乙種消防設備士が行うことができる整備の種類のうち、必要とされる防火安全性能を有する消防の用に供する設備等の整備の種類は、消防庁長官が定める。(ラ)

本条…追加〔昭和四一年四月自令六号(と)〕、一・二項…一部改正〔昭和四一年一〇月自令二七号(ち)〕、旧三三条の二…繰下〔昭和四七年八月自令二〇号(よ)〕、一・二項…一部改正〔昭和四九年七月自令二七号(れ)〕、一・二項…一部改正〔昭和四九年一二月自令四〇号(そ)・五六年六月一六号(ゐ)・平成元年二月三号(ゆ)・一三年三月総令四三号(カ)〕、一項…一部改正〔平成一六年三月総令五四号(ナ)〕、一項…一部改正・二・四項…追加・旧二項…一部改正し三項に繰下〔平成一六年五月総令九三号(ラ)〕

参照【消防庁長官の定め】消防設備士が行うことができる必要とされる防火安全性能を有する消防の用に供する設備等の工事又は整備の種類を定める件〔平成一六年五月三一日消防庁告示第一五号〕

（免状の交付の申請書の様式等）

第三三条の四　令第三十六条の三に規定する消防設備士免状（以下

「免状」という。）の交付の申請書は、別記様式第一号の二の四によるものとする。（と）（ぬ）（た）（れ）

2　令第三十六条の三の総務省令で定める書類は、次の各号に掲げるものとする。（と）（を）（ル）

一　消防設備士試験に合格したことを証明する書類（を）

二　現に交付を受けている免状（以下この条から第三十三条の五の三までにおいて「既得免状」という。）（他の種類又は指定区分に係る免状の交付を現に受けている者に限る。）（を）（ゆ）（リ）

3　都道府県知事は、免状の交付を現に受けている者が免状の交付の申請の際既得免状を添付しないことについてやむを得ない事情があると認めるときは、前項第二号の規定にかかわらず、既得免状に代えて既得免状の写しを添付させることができる。（リ）

本条…追加〔昭和四一年四月自令六号（と）〕、一項…一部改正〔昭和四三年三月自令七号（ぬ）〕、二項…一部改正・四項…追加〔昭和四四年三月自令三号（を）〕、一項…一部改正〔昭和四八年六月自令一三号（た）〕、旧三三条の三…繰下〔昭和四九年七月自令二七号（れ）〕、四項…全部改正〔昭和五〇年一一月自令二二号（つ）〕、二項…一部改正・三・四項…削除〔平成元年二月自令三号（ゆ）〕、二項…一部改正・三項…追加〔平成一二年三月自令一三号（リ）〕、二項…一部改正〔平成一二年九月自令四四号（ル）〕

（免状の交付）

第三十三条の四の二　都道府県知事は、同一人に対し、日を同じくして二以上の種類の免状を交付するときは、一の種類の免状に他の種類の免状に係る事項を記載して、当該他の種類の免状の交付に代えるものとする。（リ）

2　都道府県知事は、免状の交付を現に受けている者に対し、既得免状の種類と異なる種類の免状を交付するときは、当該異なる種類の免状に既得免状に係る事項を記載して交付するものとする。この場合において、前条第三項の規定により免状の交付の申請の際既得免状の写しを添付した者に対しては、既得免状と引き換えに免状を交付するものとする。（リ）

本条…追加〔平成一二年三月自令一三号（リ）〕

第三十三条の四の三　免状の交付を現に受けている者は、既得免状と同一の種類の免状の交付を重ねて受けることができない。（リ）

本条…追加〔平成一二年三月自令一三号（リ）〕

（免状の様式及び記載事項）（ゆ）

第三十三条の五　免状は、別記様式第一号の三によるものとする。（と）（れ）

2　令第三十六条の四第五号の総務省令で定める免状の記載事項は、過去十年以内に撮影した写真とする。（ゆ）（ル）

本条…追加〔昭和四一年四月自令六号（と）〕、旧三三条の四…繰下〔昭和四九年七月自令二七号（れ）〕、見出し…改正・二項…追加〔平成元年二月自令三号（ゆ）〕、二項…一部改正〔平成一二年九月自令四四号（ル）〕

（免状の返納命令に係る通知）

第三十三条の五の二　都道府県知事は、法第十七条の七第二項において準用する法第十三条の二第五項の規定により、他の都道府県知事から免状の交付を受けている者に対し免状の返納を命じようとするときは、あらかじめ、当該他の都道府県知事にその旨を通知するものとする。（リ）

本条…追加〔平成一二年三月自令一三号（リ）〕

（消防設備士の違反行為に係る通知）

第三十三条の五の三　法第十七条の七第二項において準用する法第十三条の二第六項の通知は、法又は法に基づく命令の規定に違反していると認められる消防設備士の氏名及び当該違反事実の概要を記載した文書に、当該消防設備士の既得免状の写しを添えて行うものとする。（リ）

本条…追加〔平成一二年三月自令一三号（リ）〕

（免状の書換えの申請書の様式等）

第三十三条の六　令第三十六条の五に規定する免状の書換えの申請は、別記様式第一号の四の申請書によって行なわなければならない。（と）（れ）（う）

2　令第三十六条の五の総務省令で定める書類は、次の各号に掲げる書換えの事由に応じ、当該各号に定める書類とする。（ゆ）（ル）

一　第三十三条の五第二項に定める免状の記載事項に変更を生じたとき　写真(ゆ)(リ)

二　前号に掲げるもの以外の免状の記載事項に変更を生じたとき　書換えの事由を証明する書類(ゆ)

3　前項の写真は、申請書提出前六月以内に撮影した正面、無帽（第三十三条の五第二項に定める免状の記載事項の変更に係る免状の書換えの申請を行おうとする者が宗教上又は医療上の理由により顔の輪郭を識別することができる範囲内において頭部を布等で覆う者である場合を除く。）、無背景、上三分身像の縦四・五センチメートル、横三・五センチメートルのもの又は旅券法施行規則（平成元年外務省令第十一号）別表第一に定める要件を満たしたもので、その裏面に撮影年月日、氏名及び年齢を記載したものとする。(ゆ)(リ)(メ)㋒

4　第二項の規定にかかわらず、令第三十六条の四第二号に定める免状の記載事項の変更に係る免状の書換えの申請を行おうとする者は、都道府県知事が住民基本台帳法（昭和四十二年法律第八十一号）第三十条の十一第一項（同項第一号に係る部分に限る。）の規定により、地方公共団体情報システム機構から当該申請を行おうとする者に係る機構保存本人確認情報（同法第三十条の九に規定する機構保存本人確認情報をいう。）のうち同法第七条第八号の二に規定する個人番号（以下この項において「個人番号」という。）以外のものの提供を受けるとき又は同法第三十条の十五第一項（同項第一号に係る部分に限る。）の規定により当該申請を行おうとする者に係る都道府県知事保存本人確認情報（同法第三十条の八に規定する都道府県知事保存本人確認情報をいう。）のうち個人番号以外のものを利用するときは、第二項第二号に掲げる書類を添付することを要しない。(ソ)㋦

本条…追加〔昭和四一年四月自令六号(と)〕、旧三三条の五…繰下〔昭和四九年七月自令二七号(れ)〕、一項…全部改正・三項…追加〔平成元年二月自令三号(ゆ)〕、二・三項…一部改正〔平成一二年三月自令一三号(リ)〕、二項…一部改正〔平成一二年九月自令四四号(ル)〕、四項…追加〔平成一四年一〇月総令一〇五号(ソ)〕、三項…一部改正〔平成二一年一一月総令一〇六号(メ)〕、四項…一部改正〔平成二七年三月総令三五号㋦〕、三項…一部改正〔令和二年一二月総令一二三号㋰〕、一・三項…一部改正〔令和四年三月総令一八号㋒〕

（免状の書換えに係る通知）

第三三条の六の二　都道府県知事は、他の都道府県知事から免状の交付を受けている者について免状の書換え（第三十三条の五第二項に規定する免状の記載事項に係る書換えを除く。）をしたときは、当該他の都道府県知事にその旨を通知するものとする。(リ)

本条…追加〔平成元年二月自令三号(ゆ)〕、全部改正〔平成一二年三月自令一三号(リ)〕

（免状の再交付の申請書の様式等）

第三三条の七　令第三十六条の六に規定する免状の再交付の申請は、別記様式第一号の四による申請書に、免状を汚損し、又は破損した場合にあつては当該免状及び写真を、その他の場合にあつては写真を添えて行わなければならない。(と)(れ)(リ)

2　第三十三条の六第三項の規定は、前項の写真について準用する。(と)(れ)(ゆ)

本条…追加〔昭和四一年四月自令六号(と)〕、二項…一部改正・旧三三条の六…繰下〔昭和四九年七月自令二七号(れ)〕、二項…一部改正〔平成元年二月自令三号(ゆ)〕、一項…一部改正〔平成一二年三月自令一三号(リ)〕

（免状の再交付に係る照会）

第三三条の七の二　都道府県知事は、他の都道府県知事から免状の交付を受けている者について当該免状の再交付をしようとするときは、あらかじめ、当該他の都道府県知事に対し、当該免状の交付を受けている者に対し交付した免状の内容について照会するものとする。(リ)

本条…追加〔平成一二年三月自令一三号(リ)〕

（受験資格）(イ)

第三三条の八　法第十七条の八第四項第三号の総務省令で定める者は、次に掲げる者とする。(と)(れ)(や)(ま)(イ)(ル)

一　旧大学令による大学、旧専門学校令による専門学校又は旧中等学校令による中等学校において機械、電気、工業化学、土木又は

建築に関する学科又は課程を修めて卒業した者(と)(イ)(ワ)

二　学校教育法による大学、高等専門学校、大学院又は専修学校において機械、電気、工業化学、土木又は建築に関する授業科目を履修して、大学（同法による専門職大学及び短期大学を除く。）にあつては大学設置基準（昭和三十一年文部省令第二十八号）、専門職大学にあつては専門職大学設置基準（平成二十九年文部科学省令第三十三号）、短期大学（同法による専門職短期大学を除く。）にあつては短期大学設置基準（昭和五十年文部省令第二十一号）、専門職短期大学にあつては専門職短期大学設置基準（平成二十九年文部科学省令第三十四号）、高等専門学校にあつては高等専門学校設置基準（昭和三十六年文部省令第二十三号）、大学院にあつては大学院設置基準（昭和四十九年文部省令第二十八号）若しくは専門職大学院にあつては専門職大学院設置基準（平成十五年文部科学省令第十六号）による単位又は専修学校にあつては専修学校設置基準（昭和五十一年文部省令第二号）により換算した単位を通算して十五単位以上修得した者(イ)(ワ)(ラ)(そ)

三　学校教育法による各種学校その他消防庁長官が定める学校において機械、電気、工業化学、土木又は建築に関する授業科目を、講義については十五時間、演習については三十時間並びに実験、実習及び実技については四十五時間の授業をもつてそれぞれ一単位として十五単位以上修得した者(イ)

四　技術士法（昭和五十八年法律第二十五号）第四条第一項に規定する第二次試験に合格した者(と)(や)(イ)

五　電気工事士法第二条第四項に規定する電気工事士(と)(ゆ)(イ)(ワ)

六　電気事業法（昭和三十九年法律第百七十号）第四十四条第一項に規定する第一種電気主任技術者免状、第二種電気主任技術者免状又は第三種電気主任技術者免状の交付を受けている者(と)(イ)(ロ)

七　工事整備対象設備等（法第十七条の八第一項に規定する工事整備対象設備等をいう。以下同じ。）の工事の補助者として五年以上の実務経験を有する者(イ)(ナ)(ラ)

八　前各号に掲げる者に準ずるものとして消防庁長官が定める者(イ)

2　甲種特類（第三十三条の三第一項の表の上欄に掲げる特類の指定区分（同条の指定区分をいう。以下この章において同じ。）をいう。以下この章において同じ。）に係る消防設備士試験（以下この章において「試験」という。）を受けることができる者は、同欄に掲げる第一類から第三類までのいずれか、第四類及び第五類の指定区分に係る免状の交付を受けている者とする。(ナ)

本条…追加〔昭和四一年四月自令六号(と)〕、旧三三条の七…繰下〔昭和四九年七月自令二七号(れ)〕、本条…一部改正〔昭和五九年九月自令二四号(や)・一二月三〇号(ま)・平成元年二月三号(ゆ)〕、見出し…改正・本条…一部改正〔平成六年一一月自令四四号(イ)〕、本条…一部改正〔平成八年二月自令二号(ロ)・一二年九月四四号(ル)・一一月五一号(ワ)〕、一項…一部改正・二項…追加〔平成一六年三月総令五四号(ナ)〕、一項…一部改正〔平成一六年五月総令九三号(ラ)・三〇年一一月六五号(そ)〕

参照　【消防庁長官が定める学校・者】甲種消防設備士試験の受験資格に関する事項を定める件（平成六年一一月二八日消防庁告示第一一号）

（試験の方法）

第三三条の九　試験は、次の各号に掲げる試験の指定区分の区分に従い、それぞれ当該各号に定める方法により行うものとする。ただし、実技試験は、当該試験の筆記試験の合格者に限ることができる。(と)(れ)(ま)(ナ)

一　甲種特類　筆記試験(ナ)

二　前号に掲げる指定区分以外の指定区分　筆記試験及び実技試験(ナ)

本条…追加〔昭和四一年四月自令六号(と)〕、旧三三条の八…一部改正し繰下〔昭和四九年七月自令二七号(れ)〕、本条…一部改正〔昭和五九年一二月自令三〇号(ま)・平成一六年三月総令五四号(ナ)〕

（筆記試験の科目）(リ)

第三三条の一〇　前条第一号の筆記試験は、次に掲げる科目について行う。(と)(れ)(さ)(イ)(ナ)

一　工事整備対象設備等の性能に関する火災及び防火に係る知識

(と)(ナ)

二　工事整備対象設備等の構造、機能及び工事又は整備の方法(と)(ナ)

三　消防関係法令(と)

2　前条第二号の筆記試験は、次に掲げる科目について行う。(ナ)

一　機械又は電気に関する基礎的知識(ナ)

二　消防用設備等の構造、機能及び工事又は整備の方法(ナ)

三　消防関係法令(ナ)

本条…追加〔昭和四一年四月自令六号(と)〕、二―四項…一部改正・旧三三条の九…繰下〔昭和四九年七月自令二七号(れ)〕、一・五項…一部改正〔昭和六二年一〇月自令三〇号(さ)〕、一項…一部改正・二項…全部改正・三項…削除・旧四項…一部改正し三項に繰上・四項…追加〔平成六年一一月自令四四号(イ)〕、見出し…改正・二―五項…削除〔平成一二年三月自令一三号(リ)〕、一項…一部改正・二項…追加〔平成一六年三月総令五四号(ナ)〕

（試験の免除）

第三三条の一一　第三十三条の八第四号に該当する者で次の表の上欄に掲げる技術の部門に係るものに対しては、同表の下欄に掲げる指定区分に係る筆記試験について、申請により、前条第二項第一号及び第二号の試験科目を免除する。(リ)(ナ)

技術の部門	指定区分
機械部門	第一類　第二類　第三類　第五類　第六類
電気部門	第四類　第七類
化学部門	第二類　第三類
衛生工学部門	第一類

2　第三十三条の八第五号に該当する者に対しては、申請により、前条第二項第一号及び第二号の試験科目のうち電気に関する部分並びに実技試験のうち電気に関するものを免除する。(リ)(ナ)

3　第三十三条の八第六号に該当する者に対しては、申請により、前条第二項第一号及び第二号の試験科目のうち電気に関する部分を免除する。(リ)(ナ)

4　既に他の種類又は指定区分に係る免状の交付を受けている者に対しては、次の各号により、前条第二項の試験科目の一部を免除する。(リ)(ナ)

一　甲種の免状の交付を受けている者で他の種類又は指定区分に係る筆記試験を受けるもの及び乙種の免状の交付を受けている者で他の指定区分に係る筆記試験を受けるものについては、申請により、前条第二項第三号の試験科目のうちすべての指定区分に共通する内容の部分を免除する。(リ)(ラ)

二　次の表の上欄に掲げる種類に応じ、同表の下欄に掲げる指定区分のうち一の指定区分に係る免状の交付を受けている者で、同欄に掲げる他の指定区分に係る筆記試験を受けるものについては、申請により、前条第二項第一号の試験科目を免除する。(リ)(ラ)

種類	指定区分
甲種	第一類　第二類　第三類
乙種	第一類　第二類　第三類
	第四類　第七類
	第五類　第六類

三　次の表の上欄に掲げる甲種の指定区分に係る免状の交付を受けている者で、当該指定区分に応じ、同表の下欄に掲げる乙種の指定区分に係る筆記試験を受けるものについては、申請により、前条第二項第一号の試験科目を免除する。(リ)(ラ)

甲種の指定区分	乙種の指定区分
第一類	第二類
	第三類
第二類	第一類
	第三類

第三類	第一類 第二類
第四類	第七類
第五類	第六類

5 法第二十一条の三第三項の試験の実施業務に二年以上従事する協会又は登録検定機関（法第二十一条の四十五に規定する登録を受けた法人をいう。以下同じ。）の職員に対しては、申請により、前条第二項第一号及び第二号の試験科目を免除する。（リ）（ナ）（フ）

6 五年以上消防団員として勤務し、かつ、消防組織法（昭和二十二年法律第二百二十六号）第五十一条第四項の消防学校の教育訓練のうち専科教育の機関科を修了した者に対しては、第五類又は第六類の指定区分に係る乙種消防設備士試験について、申請により、前条第二項第一号の試験科目及び実技試験を免除する。（タ）（ナ）（ケ）ⓦ

本条…追加〔昭和四一年四月自令六号(と)〕、二項…一部改正、旧三三条の一〇…繰下〔昭和四九年七月自令二七号(れ)〕、一項…削除・旧二項…一部改正し繰上〔昭和五九年一二月自令三〇号(ま)〕、本条…一部改正〔平成六年一一月自令四四号(イ)〕、全部改正〔平成一二年三月自令一三号(リ)〕、六項…追加〔平成一四年一月総令三号(タ)〕、一―六項…一部改正〔平成一六年三月総令五四号(ナ)〕、四項…一部改正〔平成一六年五月総令九三号(ラ)〕、六項…一部改正〔平成一八年六月総令九六号(ケ)〕、五項…一部改正〔平成一八年九月総令一一六号(フ)〕、六項…一部改正〔平成二八年五月総令六〇号ⓦ〕

（合格基準）

第三三条の一一の二 筆記試験の合格基準は、次の各号に掲げる指定区分の区分に応じ、それぞれ当該各号に定める基準とする。（ナ）

一 甲種特類 第三十三条の十第一項各号に掲げる試験科目ごとの成績がそれぞれ四十パーセント以上で、かつ、当該試験科目全体の成績が六十パーセント以上であること。（ナ）

二 前号に掲げる指定区分以外の指定区分 第三十三条の十第二項各号に掲げる試験科目（前条の規定により試験科目の全部又は一部が免除された者については、当該免除された試験科目の全部又は一部を除く。）ごとの成績がそれぞれ四十パーセント以上で、かつ、当該試験科目全体の成績が六十パーセント以上であること。（ナ）

2 実技試験の合格基準は、当該試験（前条第二項の規定により実技試験のうち電気に関するものを免除された者については、当該免除されたものを除く。）の成績が六十パーセント以上であることとする。（リ）

本条…追加〔平成一二年三月自令一三号(リ)〕、一項…全部改正〔平成一六年三月総令五四号(ナ)〕

（試験の公示）（ま）

第三三条の一二 都道府県知事（法第十七条の九第一項の規定による指定を受けた者（以下この章において「指定試験機関」という。）が試験の実施に関する事務（以下この章において「試験事務」という。）を行う場合にあつては、指定試験機関。次条及び第三十三条の十四第一項において同じ。）は、試験を施行する日時、場所その他試験の施行に関し必要な事項をあらかじめ公示しなければならない。（と）（れ）（ま）

2 指定試験機関が前項の公示を行うときは、法第十七条の九第一項の規定に基づき当該指定試験機関に試験事務を行わせることとした都道府県知事（第三十三条の十六において「委任都道府県知事」という。）を明示し、法第十七条の九第四項において準用する法第十三条の十二第一項の試験事務規程に定める方法により行わなければならない。（ま）

本条…追加〔昭和四一年四月自令六号(と)〕、旧三三条の一一…繰下〔昭和四九年七月自令二七号(れ)〕、見出し…改正・一項…一部改正・二項…追加〔昭和五九年一二月自令三〇号(ま)〕

（受験手続）

第三三条の一三 試験を受けようとする者は、都道府県知事が定めるところにより、別記様式第一号の六の受験願書及び次に掲げる書類（乙種消防設備士試験を受けようとする者については、第一号の書類を除く。）を都道府県知事に提出しなければならない。（と）（れ）

（ま）（メ）

一　法第十七条の八第四項及び第三十三条の八第二項に定める受験資格を有することを証明する書類（と）（ま）（ナ）

二　第三十三条の十一の規定により試験科目若しくは試験科目の一部又は実技試験の免除を受けようとする者は、それぞれ当該免除に係る資格を有することを証明する書類（リ）

三　写真（と）（ち）（そ）（ゆ）（リ）

四　前三号に掲げるもののほか、都道府県知事が特に必要と認める書類（と）（リ）

2　第三十三条の六第三項の規定は、前項の写真について準用する。（ゆ）

本条…追加〔昭和四一年四月自令六号（と）〕、一部改正〔昭和四一年一〇月自令二七号（ち）〕、旧三三条の一二…繰下〔昭和四九年七月自令二七号（れ）〕、本条…一部改正〔昭和四九年一二月自令四〇号（そ）・五九年一二月三〇号（ま）〕、一項…一部改正・二項…追加〔平成元年二月自令三号（ゆ）〕、一項…一部改正〔平成一二年三月自令一三号（リ）・一六年三月総令五四号（ナ）・二一年一一月一〇六号（メ）〕

（合格の通知及び公示）

第三三条の一四　都道府県知事は、試験に合格した者に対し、当該試験に合格したことを通知するとともに、合格した者の受験番号を公示するものとする。（と）（れ）（ま）（リ）

2　指定試験機関が前項の公示を行うときは、第三十三条の十二第二項の規定は公示の方法について準用する。（ま）

本条…追加〔昭和四一年四月自令六号（と）〕、旧三三条の一三…繰下〔昭和四九年七月自令二七号（れ）〕、一項…一部改正・二項…追加〔昭和五九年一二月自令三〇号（ま）〕、一項…一部改正〔平成一二年三月自令一三号（リ）〕

（指定試験機関の指定の申請）

第三三条の一五　法第十七条の九第二項の規定による申請は、次に掲げる事項を記載した申請書によつて行わなければならない。（ま）

一　名称及び主たる事務所の所在地（ま）

二　指定を受けようとする年月日（ま）

2　前項の申請書には、次に掲げる書類を添付しなければならない。（ま）

一　定款及び登記事項証明書（ま）（ヰ）（ユ）

二　申請の日の属する事業年度の前事業年度における財産目録及び貸借対照表（申請の日の属する事業年度に設立された法人にあつては、その設立時における財産目録）（ま）

三　申請の日の属する事業年度及び翌事業年度における事業計画書及び収支予算書（ま）

四　現に行つている業務の概要を記載した書類（ま）

五　組織及び運営に関する事項を記載した書類（ま）

六　役員の氏名、住所及び経歴を記載した書類（ま）

七　指定の申請に関する意思の決定を証する書類（ま）

八　試験事務を取り扱う事務所の名称及び所在地を記載した書類（ま）

九　試験用設備の概要及び整備計画を記載した書類（ま）

十　試験事務の実施の方法の概要を記載した書類（ま）

十一　法第十七条の九第四項において準用する法第十三条の十第一項に規定する試験委員の選任に関する事項を記載した書類（ま）

十二　その他参考となる事項を記載した書類（ま）

本条…追加〔昭和五九年一二月自令三〇号（ま）〕、二項…一部改正〔平成一七年三月総令二〇号（ヰ）・二一年九月九三号（ユ）〕

（危険物の規制に関する規則の規定の準用）

第三三条の一六　危険物の規制に関する規則（昭和三十四年総理府令第五十五号）第五十八条の三、第五十八条の四、第五十八条の六、第五十八条の八、第五十八条の九及び第五十八条の十二の規定は指定試験機関の総務大臣に対する届出又は申請について、同令第五十八条の五の規定は指定試験機関の試験委員の要件について、同令第五十八条の七の規定は指定試験機関の試験事務規程の記載事項について、同令第五十八条の十の規定は指定試験機関の帳簿について、同令第五十八条の十一の規定は指定試験機関の委任都道府県知事に対する報告について、同令第五十八条の十三の規定は指定試験機関と委任都道府県知事との試験事務の引継ぎ等について、準用する。

この場合において、同令第五十八条の三第一項中「法第十三条の七第二項」とあるのは「法第十七条の九第四項において準用する法第十三条の七第二項」と、同条第二項中「法第十三条の八第二項」とあるのは「法第十七条の九第四項において準用する法第十三条の八第二項」と、同令第五十八条の四中「法第十三条の九第一項」とあるのは「法第十七条の九第四項において準用する法第十三条の九第一項」と、同令第五十八条の五中「法第十三条の十第一項」とあるのは「法第十七条の九第四項において準用する法第十三条の十第一項」と、同条第一号中「物理学、化学」とあるのは「機械工学、電気工学、工業化学」と、同条第二号中「危険物の性質、その火災予防若しくは消火の方法又は危険物に関する法令」とあるのは「工事整備対象設備等の構造及び機能、その工事若しくは整備の方法又は消防関係法令」と、同令第五十八条の六第一項中「法第十三条の十第二項」とあるのは「法第十七条の九第四項において準用する法第十三条の十第二項」と、同令第五十八条の七中「法第十三条の十二第一項」とあるのは「法第十七条の九第四項において準用する法第十三条の十二第一項」と、同令第五十八条の八第一項中「法第十三条の十二第一項」とあるのは「法第十七条の九第四項において準用する法第十三条の十二第一項」と、同条第二項中「法第十三条の十二第一項後段」とあるのは「法第十七条の九第四項において準用する法第十三条の十二第一項後段」と、同項第四号中「法第十三条の十二第二項」とあるのは「法第十七条の九第四項において準用する法第十三条の十二第二項」と、同令第五十八条の九第一項中「法第十三条の十三第一項」とあるのは「法第十七条の九第四項において準用する法第十三条の十三第一項」と、同条第二項中「法第十三条の十三第一項後段」とあるのは「法第十七条の九第四項において準用する法第十三条の十三第一項後段」と、同令第五十八条の十第一項中「法第十三条の十四」とあるのは「法第十七条の九第四項において準用する法第十三条の十四」と、同項第二号中「試験の種類」とあるのは「試験の種類及び指定区分」と、同条第二項中「法第十三条の十四」とあるのは「法第十七条の九第四項において準用する法第十三条の十四」と、「及び試験の種類」とあるのは「並びに試験の種類及び指定区分」と、同令第五十八条の十一第一項第一号中「試験の種類」とあるのは「試験の種類及び指定区分」と、同令第五十八条の十二中「法第十三条の十七第一項」とあるのは「法第十七条の九第四項において準用する法第十三条の十七第一項」と、同令第五十八条の十三中「法第十三条の二十一」とあるのは「法第十七条の九第四項において準用する法第十三条の二十一」と読み替えるものとする。(ま)(ル)(ラ)

本条…追加〔昭和五九年一二月自令三〇号(ま)〕、一部改正〔平成一二年九月自令四四号(ル)・一六年五月総令九三号(ラ)〕

（工事整備対象設備等の工事又は整備に関する講習）㋳

第三三条の一七　消防設備士は、免状の交付を受けた日以後における最初の四月一日から二年以内に法第十七条の十に規定する講習（以下この条及び次条において単に「講習」という。）を受けなければならない。(れ)(ま)(イ)(ヒ)㋳

2　前項の消防設備士は、同項の講習を受けた日以後における最初の四月一日から五年以内に講習を受けなければならない。当該講習を受けた日以降においても同様とする。(れ)(ま)(ヒ)㋳

3　前二項に定めるもののほか、講習の科目、講習時間その他講習の実施に関し必要な細目は、消防庁長官が定める。(れ)

本条…追加〔昭和四九年七月自令二七号(れ)〕、旧三三条の一五…一部改正し繰下〔昭和五九年一二月自令三〇号(ま)〕、一項…一部改正〔平成六年一一月自令四四号(イ)〕、一・二項…一部改正〔平成二三年六月総令五五号(ヒ)・令和六年一月五号㋳〕

参照　【講習の実施に関し必要な細目】平成一六年九月二九日消防庁告示第二五号

（工事整備対象設備等の工事又は整備に関する講習に係る指定講習機関）

第三三条の一七の二　法第十七条の十一第一項に規定する指定講習機関（以下この条において単に「指定講習機関」という。）の指定は、講習を行おうとする法人の申請により行う。㋳

2　指定を受けようとする法人は、当該法人の名称及び主たる事務所の所在地並びに指定を受けようとする年月日を記載した申請書に次

に掲げる書類を添付して、総務大臣に提出しなければならない。㋳
一　第三十三条の十五第二項第一号から第七号まで及び第十二号に掲げる書類㋳
二　講習事務を取り扱う事務所の名称及び所在地を記載した書類㋳
三　講習事務の実施の方法の概要を記載した書類㋳
四　第四項各号のいずれにも該当しないことを説明した書類㋳

3　総務大臣は、前項の規定による申請が次の要件を満たしていると認めるときでなければ、法第十七条の十の規定による指定をしてはならない。㋳
一　職員、設備、講習の実施の方法その他の事項についての講習の実施に関する計画が講習の適正かつ確実な実施のために適切なものであること。㋳
二　前号の講習の実施に関する計画の適正かつ確実な実施に必要な経理的及び技術的な基礎を有するものであること。㋳
三　申請者が、講習以外の業務を行っている場合には、その業務を行うことによって当該講習が不公正になるおそれがないこと。㋳
四　全国の講習を受講しようとする者に対して、通信の方法（映像及び音声の送受信により相手の状態を相互に認識しながら講義又は演習をする方法その他これに準ずる方法をいう。）又は当該通信の方法及び対面により講習の業務を行うことができる体制を有していること。㋳

4　総務大臣は、第一項の規定による申請をした法人が、次の各号のいずれかに該当するときは、法第十七条の十の規定による指定をしてはならない。㋳
一　一般社団法人又は一般財団法人以外の者であること。㋳
二　その法人又はその業務を行う役員が法又は法に基づく命令に違反して、刑に処せられ、その執行を終わり、又は執行を受けることがなくなった日から起算して二年を経過しない法人であること。㋳
三　第八項の規定により読み替えて準用する第一条の四第二十一項の規定により指定を取り消され、その取消しの日から起算して二年を経過しない法人であること。㋳
四　第八項の規定により読み替えて準用する第一条の四第二十一項の規定による指定の取消しの日前三十日以内にその取消しに係る法人の業務を行う役員であった者でその取消しの日から二年を経過しないものがその業務を行う役員となっている法人であること。㋳

5　総務大臣は、法第十七条の十の規定による指定をしたときは、当該指定を受けた者の名称及び主たる事務所の所在地並びに当該指定をした日を公示しなければならない。㋳

6　指定講習機関は、その名称又は主たる事務所の所在地を変更しようとするときは、変更しようとする日の二週間前までに、その旨を総務大臣に届け出なければならない。㋳

7　総務大臣は、前項の規定による届出があったときは、その旨を公示しなければならない。㋳

8　第一条の四第九項から第十五項まで、第十六項（第五号を除く。）、第十七項から第二十一項まで及び第二十二項（第一号及び第二号を除く。）の規定は、指定講習機関について準用する。この場合において、第一条の四第十項中「第二条の三に定める」とあるのは「第三十三条の十七第三項の規定に基づき消防庁長官が定める」と、同条第十六項第二号中「実施場所」とあるのは「実施場所又は実施方法」と、同項第四号中「別記様式第一号による修了証の交付の有無」とあるのは「前号の受講者のうち、講習修了証明を受けた者及びその年月日」と、同条第十七項及び第二十一項第一号中「第三項各号」とあるのは「第三十三条の十七の二第三項各号」と、同項第二号中「第四項第一号又は第三号」とあるのは「第三十三条の十七の二第四項第一号、第二号又は第四号」と読み替えるものとする。㋳

本条…追加〔令和六年一月総令五号㋳〕

（工事整備対象設備等着工届）㋶

第三三条の一八　法第十七条の十四の規定による届出は、別記様式第一号の七の工事整備対象設備等着工届出書に、次の各号に掲げる区分に応じて、当該各号に定める書類の写しを添付して行わなければならない。㋣㋹㋮㋶
一　消防用設備等　当該消防用設備等の工事の設計に関する図書で次に掲げるもの㋶㋼

イ　平面図㋸
ロ　配管及び配線の系統図㋸
ハ　計算書㋸
二　特殊消防用設備等　当該特殊消防用設備等の工事の設計に関する前号イからハまでに掲げる図書、設備等設置維持計画、法第十七条の二第三項の評価結果を記載した書面及び法第十七条の二の二第二項の認定を受けた者であることを証する書類(ラ)㋸
本条…追加〔昭和四一年四月自令六号(と)〕、旧三三条の一四…繰下〔昭和四九年七月自令二七号(れ)〕、旧三三条の一六…一部改正し繰下〔昭和五九年一二月自令三〇号(ま)〕、見出し…改正・本条…一部改正〔平成一六年五月総令九三号(ラ)〕、本条…一部改正〔令和四年九月総令六二号㋸〕

第三章　消防信号

（消防信号）
第三四条　法第十八条第二項の命令で定める消防信号は、火災信号、山林火災信号、火災警報信号及び演習招集信号とする。(や)
2　前項の火災信号は、次の各号に掲げるものとする。
一　近火信号
二　出場信号
三　応援信号
四　報知信号
五　鎮火信号
3　第一項の山林火災信号は、出場信号及び応援信号とする。
4　第一項の火災警報信号は、火災警報発令信号及び火災警報解除信号とする。
5　前四項に規定する消防信号の信号方法は、別表第一の三のとおりとする。(た)(や)
6　前各項の規定は、水災を除く他の災害について準用する。
五項…一部改正〔昭和四八年六月自令一三号(た)〕、一・五項…一部改正〔昭和五九年九月自令二四号(や)〕

第三章の二　指定消防水利(へ)

本章…追加〔昭和四〇年九月自令二五号(へ)〕

（指定消防水利の標識）
第三四条の二　消防長又は消防署長は、法第二十一条第一項の規定により指定した消防水利（以下「指定消防水利」という。）には、当該指定消防水利へ消防車が容易に接近できる場所で消火活動上必要とする地点に、別表第一の四に定める標識を掲げなければならない。ただし、当該指定消防水利が道路（道路交通法（昭和三十五年法律第百五号）第二条第一号に規定する道路をいう。）に接していない場合は、この限りでない。(へ)(と)(る)(た)(や)
本条…追加〔昭和四〇年九月自令二五号(へ)〕、一部改正〔昭和四一年四月自令六号(と)・四三年六月一六号(る)・四八年六月一三号(た)・五九年九月二四号(や)〕

第四章　特殊消防用設備等の性能評価等(ラ)

本章…追加〔平成一六年五月総令九三号(ラ)〕

（特殊消防用設備等の性能評価の申請）
第三四条の二の二　法第十七条の二第二項の規定による申請は、別記様式第一号の八（特殊消防用設備等又は設備等設置維持計画を変更する場合に係る申請にあつては、別記様式第一号の九）による申請書正副二通によつてしなければならない。(ラ)
2　法第十七条の二第二項の総務省令で定める書類は、次に掲げるものとする。(ラ)
一　設計図二部(ラ)
二　明細書二部(ラ)

三　性能の検証に関する計算書一部(ラ)

四　試験成績表一部(ラ)

本条…追加〔平成一六年五月総令九三号(ラ)〕

（総務大臣の認定等の申請）

第三四条の二の三　法第十七条の二の二第一項の規定による申請は、別記様式第一号の十の申請書によつてしなければならない。(ラ)

2　法第十七条の二の三第三項において準用する法第十七条の二の二第一項の規定による申請は、別記様式第一号の十一の申請書によつてしなければならない。(ラ)

本条…追加〔平成一六年五月総令九三号(ラ)〕

第四章の二　消防の用に供する機械器具等の検定等(ふ)(ラ)

章名…改正〔昭和六一年一〇月自令二三号(ふ)〕、旧四章…繰下〔平成一六年五月総令九三号(ラ)〕

（検定対象機械器具等の範囲から除かれる泡消火薬剤）(ふ)

第三四条の三　令第三十七条第三号の総務省令で定める泡消火薬剤は、水溶性液体用泡消火薬剤とする。(ね)(ふ)(ル)

本条…追加〔昭和五〇年一二月自令二九号(ね)〕、見出し…改正・本条…一部改正〔昭和六一年一〇月自令二三号(ふ)〕、本条…一部改正〔平成一二年九月自令四四号(ル)〕

（検定対象機械器具等の範囲から除かれるガス漏れ火災警報設備）(ふ)

第三四条の四　令第三十七条第五号の総務省令で定めるガス漏れ火災警報設備は、次に掲げるものとする。(ゐ)(ル)(ン)

一　液化石油ガスを検知対象とするもの(ゐ)

二　発電用火力設備に関する技術基準を定める省令〔平成九年通商産業省令第五十一号〕第三十三条第一項、第四十三条又は第六十三条の規定により設置するもの(ゐ)(ノ)ⓦ

三　冷凍保安規則（昭和四十一年通商産業省令第五十一号）第七条第一項第十五号並びに一般高圧ガス保安規則（昭和四十一年通商産業省令第五十三号）第六条第一項第三十一号、第七条の三第一項第七号及び第五十五条第一項第二十六号に規定するもの(ゐ)(ノ)ⓦ

四　ガス工作物の技術上の基準を定める省令〔平成十二年通商産業省令第百十一号〕第九条第二項に規定するもの(ゐ)(ノ)ⓦ

本条…追加〔昭和五六年六月自令一六号(ゐ)〕、見出し…改正・本条…一部改正〔昭和六一年一〇月自令二三号(ふ)〕、本条…一部改正〔平成一二年九月自令四四号(ル)・一七年三月総令三三号(ノ)・二五年三月二一号(ン)・二八年五月六〇号ⓦ〕

（型式適合検定の方法）

第三四条の五　法第二十一条の二第三項に規定する型式適合検定の方法は、立会い方式による方法とする。ただし、製造工程における検査の信頼性が確保されているものとして消防庁長官が定めるものについては、データ審査方式による方法とすることができる。(ス)

2　型式適合検定は、協会又は登録検定機関の指定した日時に、協会又は登録検定機関の指定した場所において行う。(ス)

本条…追加〔平成二四年一〇月総令九一号(ス)〕

参照　【製造工程における検査の信頼性が確保されているものとして消防庁長官が定めるもの】平成二五年一二月二六日消防庁告示第二〇号

（立会い方式による型式適合検定の方法）

第三四条の六　立会い方式による型式適合検定の方法は、協会又は登録検定機関が、前条第二項の規定により指定した場所において、協会又は登録検定機関の職員の立会いの下に、日本産業規格Z九〇一五—一による抜取検査方式又はこれに準ずる方法として消防庁長官が認める方法（次条において「型式適合検定抜取検査方式」という。）を用いて、検定対象機械器具等のロットごとに、所要の数を抜き取り、当該検定対象機械器具等が法第二十一条の四第二項の規定に基づく型式承認を受けた型式に適合しているかどうかについて検査を行うものとする。(ス)(ね)

本条…追加〔平成二四年一〇月総令九一号(ス)〕、一部改正〔令和元年六月総令一九号(ね)〕

（データ審査方式による型式適合検定の方法）

第三四条の七　データ審査方式による型式適合検定を受けようとする者（以下この条において「データ審査方式申請者」という。）は、別記様式第一号の十二の申請書によりその旨を協会又は登録検定機関に申請しなければならない。(ス)

2　協会又は登録検定機関は、前項に規定する申請に係る型式が次の各号のいずれにも該当すると認める場合には、当該型式について、データ審査方式による型式適合検定を行うものとする。(ス)

一　当該型式が、直近の立会い方式による型式適合検定において、少なくとも十回以上連続して合格していること。(ス)

二　おおむね三ヶ月以内ごとに当該型式に係る検定対象機械器具等の型式適合検定が行われていること。(ス)

三　当該型式に係る検定対象機械器具等を製造する工場、事業所及びこれらに類する施設において、品質を確保する管理体制が確立していること。(ス)

3　協会又は登録検定機関は、前項の規定によりデータ審査方式による型式適合検定を行う場合には、データ審査方式申請者に対し、その旨を通知しなければならない。(ス)

4　データ審査方式による型式適合検定は、次の各号に定める手続により行うものとする。(ス)

一　データ審査方式申請者は、製造工場等において、型式適合検定抜取検査方式を用いて、検定対象機械器具等のロットごとに、所要の数を抜き取り、当該検定対象機械器具等が法第二十一条の四第二項の規定に基づく型式承認を受けた型式に適合しているかどうかについて検査を行う。(ス)

二　データ審査方式申請者は、前号の検査の結果を、速やかに、協会又は登録検定機関に報告する。(ス)

三　協会又は登録検定機関は、前号の規定により報告された検査の結果を確認し、当該検査に係る審査結果を、速やかに、データ審査方式申請者に通知しなければならない。(ス)

本条…追加〔平成二四年一〇月総令九一号(ス)〕

（検定対象機械器具等についての試験に係る申請書並びに見本及び書類）(ふ)

第三五条　法第二十一条の三第二項の規定による検定対象機械器具等についての試験の申請は、別記様式第二号（型式承認を受けている型式と重要でない部分が異なる型式を有する検定対象機械器具等についての試験の申請にあつては、別記様式第三号）による申請書正副二通によつてしなければならない。(ろ)(ふ)

2　外国において本邦に輸出される検定対象機械器具等の製造又は販売の事業を行う者は、前項の申請書に令第四十条第二項の外国検査機関が行つた検査結果を記載した書類を添付することができる。(や)(ふ)(ヌ)

3　法第二十一条の三第二項の総務省令で定める検定対象機械器具等の見本は、次条に規定する第一次試験及び第二次試験の区分に応じ、別表第二に定める種類及び数量（総務大臣がこれらの試験の方法又は用途から判断して同表に定める種類及び数量によることが適当でないと認める場合にあつては、総務大臣が定める種類及び数量）とする。ただし、前項の書類で協会が適当と認めるものを添付した場合における当該検定対象機械器具等の見本は、一の完成品（泡消火薬剤にあつては十リットルの完成品、定温式感知線型感知器にあつては十メートルの完成品）とする。(ろ)(や)(ふ)(あ)(ひ)(ル)(ナ)

4　法第二十一条の三第二項の総務省令で定める書類は、次に掲げるものとする。(ろ)(や)(ふ)(ル)

一　消防の用に供する機械器具については、設計図二部(ろ)

二　明細書（消火器用消火薬剤については、成分明細書）二部(ろ)

三　工場設備概要調書（検定対象機械器具等の製造設備及び検査設

備の概要を記載したもの）一部(ろ)(ふ)

四　社内試験成績表一部(ろ)

五　製造工程概要調書（検定対象機械器具等の製造過程の概要を記載したもの）一部(ス)

六　検定対象機械器具等の技術上の規格に関する社内における検査体制に係る調書一部(ス)

5　前二項の規定にかかわらず、協会又は登録検定機関は、型式承認を受けている型式と重要でない部分が異なる型式を有する検定対象機械器具等についての試験の申請については、前二項に規定する見本又は書類の一部を添えることを要しないものとすることができる。(ろ)(や)(ふ)(あ)(さ)(ナ)

本条…全部改正〔昭和三八年一二月自令三六号(ろ)〕、二項…追加・旧二・四項…一部改正し三・五項に繰下・旧三項…四項に繰下〔昭和五九年九月自令二四号(や)〕、見出し…改正・一―五項…一部改正〔昭和六一年一〇月自令二三号(ふ)〕、三・五項…一部改正〔昭和六二年三月自令七号(あ)〕、五項…一部改正〔昭和六二年一〇月自令三〇号(さ)〕、三項…一部改正〔平成三年五月自令二〇号(ひ)〕、二項…一部改正〔平成一二年五月自令三六号(ヌ)〕、三・四項…一部改正〔平成一二年九月自令四四号(ル)〕、三・五項…一部改正〔平成一六年三月総令五四号(ナ)〕、四項…一部改正〔平成二四年一〇月総令九一号(ス)〕

（検定対象機械器具等についての試験の方法）(ふ)

第三十六条　検定対象機械器具等についての試験は、協会又は登録検定機関の指定した日時に、協会又は登録検定機関の指定した場所において、第一次試験及び第二次試験に分けて行う。(ろ)(ふ)(あ)(ナ)

2　前項の第一次試験は、前条第一項の申請書、同条第三項の検定対象機械器具等の見本のうち第一次試験に係るもの及び同条第四項の書類について行うものとする。(ろ)(や)(ふ)

3　第一項の第二次試験は、第一次試験の結果に基づき、前条第三項の検定対象機械器具等の見本のうち第二次試験に係るものについて行うものとする。(ろ)(や)(ふ)

4　前三項の規定にかかわらず、前条第二項の書類で協会が適当と認めるものの添付があつた場合における検定対象機械器具等についての試験は、協会の指定した日時に、協会の指定した場所において、同条第一項の申請書、同条第二項の書類、同条第三項ただし書の検定対象機械器具等の見本及び同条第四項の書類について行うものとする。(や)(ふ)

本条…全部改正〔昭和三八年一二月自令三六号(ろ)〕、二・三項…一部改正・四項…追加〔昭和五九年九月自令二四号(や)〕、見出し…改正・一―四項…一部改正〔昭和六一年一〇月自令二三号(ふ)〕、一項…一部改正〔昭和六二年三月自令七号(あ)・平成一六年三月総令五四号(ナ)〕

（型式承認の申請書）

第三十七条　法第二十一条の四第一項の規定による型式承認の申請は、別記様式第四号（型式承認を受けている型式と重要でない部分が異なる型式を有する検定対象機械器具等についての型式承認の申請にあつては、別記様式第五号）による申請書によつてしなければならない。(ろ)(ふ)

本条…全部改正〔昭和三八年一二月自令三六号(ろ)〕、一部改正〔昭和六一年一〇月自令二三号(ふ)〕

（氏名等の変更の届出）

第三十八条　型式承認を受けた者が氏名（法人にあつては、名称又は代表者の氏名）又は住所を変更したときは、遅滞なく、別記様式第六号による届出書に事実を証する書面を添えて総務大臣に提出しなければならない。(ろ)(ル)

本条…全部改正〔昭和三八年一二月自令三六号(ろ)〕、一部改正〔平成一二年九月自令四四号(ル)〕

（型式適合検定の申請書）(さ)(ス)

第三十九条　法第二十一条の七の規定による型式適合検定の申請は、別記様式第七号による申請書正副二通によつてしなければならない。ただし、当該申請が電磁的方法（電子情報処理組織を使用する方法その他の情報通信の技術を利用する方法であつて協会又は登録検定機関が定めるものをいう。）により行われる場合にあつては、この限りでない。（ろ）（と）（ス）

本条…全部改正〔昭和三八年一二月自令三六号（ろ）〕、一部改正〔昭和四一年四月自令六号（と）〕、見出し…改正・二項…追加〔昭和六二年一〇月自令三〇号（さ）〕、二項…一部改正〔平成一六年三月総令五四号（ナ）〕、見出し…改正・一項…一部改正・二項…削除〔平成二四年一〇月総令九一号（ス）〕

（検定等を行う場所の特例）

第三九条の二　災害その他やむを得ない事由があること、見本の運搬が困難であること、検査設備の確保が困難であることその他特別の事情により、協会又は登録検定機関の指定した場所において試験又は型式適合検定（以下この条及び第四章の二において「検定等」という。）を行うことが困難な場合において、協会又は登録検定機関が認めるときは、第三十四条の五第二項及び第三十六条第一項の規定にかかわらず、検定等の申請をした者（次項において「申請者」という。）の希望する場所において検定等を行うことができる。（さ）（ナ）（ス）㋩

2　前項の規定に基づき、申請者の希望する場所（本邦の地域内の場所を除く。）において検定等を行う場合における旅費その他必要な経費は、当該申請者の負担とする。（さ）

本条…追加〔昭和六二年一〇月自令三〇号（さ）〕、一項…一部改正〔平成二四年一〇月総令九一号（ス）・二五年三月二八号㋩〕

（合格の表示）

第四〇条　法第二十一条の九第一項の規定により附すべき表示は、別表第三のとおりとする。（ろ）

本条…全部改正〔昭和三八年一二月自令三六号（ろ）〕

（輸出品の承認）

第四一条　令第三十七条の規定による総務大臣の承認を受けようとする者は、別記様式第八号による申請書を総務大臣に提出しなければならない。（ろ）（ル）

2　総務大臣は、前項による申請があつた場合において必要があると認めるときは、その申請をした者に対して、その申請に係る消防の用に供する機械器具等の見本若しくはそれが輸出されるものであることを証明するに足る外国からの注文書若しくはこれに代わるべき書類の提出を求め、又はその業務に関し報告をさせることができる。（ろ）（ル）

3　総務大臣は、第一項の申請書及び前項の注文書若しくは書類又は報告の審査の結果、その申請に係るものが輸出されるものであると認めたときは、すみやかに、輸出されるものであることについての承認をするものとする。（ろ）（ル）

本条…全部改正〔昭和三八年一二月自令三六号（ろ）〕、一―三項…一部改正〔平成一二年九月自令四四号（ル）〕

（国土交通大臣への通知）

第四二条　総務大臣は、自動車用消火器について法第二十一条の四第二項の規定により型式承認をしたときは、当該自動車用消火器に係る法第二十一条の三第三項の試験結果を国土交通大臣に通知するものとする。（ほ）（ル）

本条…全部改正〔昭和四〇年一月自令一号（ほ）〕、見出し…改正・本条…一部改正〔平成一二年九月自令四四号（ル）〕

（外国検査機関の指定）

第四三条　令第四十条第二項の外国検査機関の指定は、その指定を受けようとする者の申請に基づき、令別表第三に定める検定対象機械器具等の種別ごとに行う。（や）（ふ）（ヌ）

2　総務大臣は、令第四十条第二項の外国検査機関の指定を受けようとする者（以下この項において「申請者」という。）が次の要件を

満たしていると認める場合でなければ、同項の指定をしてはならない。(や)(ヌ)(ラ)(ヤ)

一　申請者が、外国に住所を有する者であること。(や)

二　検定対象機械器具等の形状、構造、材質、成分及び性能についての検査業務（次号において「検査業務」という。）を適正かつ確実に実施するために必要な技術的能力及び経理的基礎を有していること。(や)(ふ)

三　申請者が検査業務以外の業務を行つている場合には、その業務を行うことによつて検査業務が不公正になるおそれがないこと。(や)

四　申請者が、次に掲げる者に該当しないこと。(や)

イ　指定を取り消され、その取消しの日から起算して二年を経過しない者(や)

ロ　法人でその役員のうちにイに該当する者があるもの(や)

本条…全部改正〔昭和五九年九月自令二四号(や)〕、一・二項…一部改正〔平成一二年五月自令三六号(ヌ)〕、三項…一部改正〔昭和六一年一〇月自令二三号(ふ)〕、一―三項…一部改正〔平成一二年九月自令四四号(ル)〕、二項…一部改正・三項…削除〔平成一六年五月総令九三号(ラ)〕、二項…一部改正〔平成一八年三月総令六四号(ヤ)〕

（検査の方法等）(ス)

第四四条　法第二十一条の十六の三第一項の規定による検査の方法は、製造又は輸入された自主表示対象機械器具等の形状、構造、材質、成分及び性能（以下この条において「形状等」という。）が法第二十一条の十六の四第一項の規定により届け出られた自主表示対象機械器具等の形状等及び法第二十一条の十六の三第一項の表示を付す位置を記載した設計図書（以下この条において「設計図書」という。）に適合しているかどうかについて、適切な検査設備及び検査方法により確認するものとする。(ス)

2　法第二十一条の十六の三第一項の規定により付すべき表示は、別表第四のとおりとする。(ふ)(ス)

3　法第二十一条の十六の三第三項の規定により、自主表示対象機械器具等の製造又は輸入を業とする者が検査記録に記載すべき事項は、次のとおりとする。(ス)

一　自主表示対象機械器具等の種類及び型式(ス)

二　検査に用いた設計図書(ス)

三　検査の項目、内容及び判定方法(ス)

四　検査を行つた年月日及び場所(ス)

五　検査に使用した設備及び測定機器(ス)

六　検査を実施した者の氏名(ス)

七　検査を行つた自主表示対象機械器具等の数量(ス)

八　検査の結果(ス)

九　第一項の設計図書、検査設備又は検査方法を変更した場合は、その変更履歴(ス)

4　法第二十一条の十六の三第三項の規定により検査記録を保存しなければならない期間は、検査の日から五年とする。(ス)

5　第三項に規定する検査記録は、同項各号に掲げる事項を電磁的方法（電子的方法、磁気的方法その他の人の知覚によつて認識することができない方法をいう。以下、この項において同じ。）により記録することにより作成し、保存することができる。なお、電磁的方法により同項の検査記録を保存する場合には、同項の検査記録が必要に応じ電子計算機その他の機器を用いて直ちに表示されることができるようにしておかなければならない。(ス)

本条…全部改正〔昭和六一年一〇月自令二三号(ふ)〕、見出し…改正・一・三―五項…追加・旧一項…二項に繰下〔平成二四年一〇月総令九一号(ス)〕

（自主表示対象機械器具等の製造業者等の届出）

第四四条の二　法第二十一条の十六の四第一項の規定による届出は、型式ごとに別記様式第九号による届出書により行わなければならない。(ふ)(ス)

2 法第二十一条の十六の四第一項第二号の総務省令で定める事項は、次に掲げるものとする。(ふ)(ル)

一 表示を付そうとする自主表示対象機械器具等の種類及び型式(ふ)

二 表示を付そうとする自主表示対象機械器具等が法第二十一条の十六の三第一項に規定する総務省令で定める当該自主表示対象機械器具等に係る技術上の規格に適合するものであることを確認した試験結果並びに試験に使用した設備及び試験の方法に関する事項のうち消防庁長官が定めるもの(ス)(へ)

三 表示を付そうとする者が自主表示対象機械器具等の輸入を業とする者である場合においては、当該自主表示対象機械器具等の製造を業とする者の氏名又は名称及び住所又は所在地(ふ)(あ)(ス)

3 法第二十一条の十六の四第二項の規定による届出は、同条第一項各号に掲げる事項に変更があつた場合にあつては別記様式第十号、自主表示対象機械器具等の製造又は輸入の事業を廃止した場合にあつては別記様式第十一号による届出書により行わなければならない。(ふ)

本条…追加〔昭和六一年一〇月自令二三号(ふ)〕、二項…一部改正〔昭和六二年三月自令七号(あ)・平成一二年九月四四号(ル)〕、一・二項…一部改正〔平成二四年一〇月総令九一号(ス)〕、二項…一部改正〔平成二六年三月総令一九号(へ)〕

参照【自主表示対象機械器具等に係る技術上の規格に適合するものであることを確認した試験結果に係る様式並びに試験の方法及び試験に使用した設備に関する事項】平成二六年三月三一日消防庁告示第九号

（輸出品の承認）

第四四条の三 令第四十一条の規定による総務大臣の承認を受けようとする者は、別記様式第十二号による申請書を総務大臣に提出しなければならない。(ふ)(リ)(ル)

2 第四十一条第二項及び第三項の規定は、前項の規定による申請があつた場合について準用する。(ふ)

本条…追加〔昭和六一年一〇月自令二三号(ふ)〕、一項…一部改正〔平成一二年三月自令一三号(リ)・九月四四号(ル)〕

第四章の三 登録検定機関(え)(ナ)(ラ)

本章…追加〔昭和六一年一二月自令三一号(え)〕、章名…改正〔平成一六年三月総令五四号(ナ)〕、旧四章の二…繰下〔平成一六年五月総令九三号(ラ)〕

（登録検定機関の登録の申請）(ナ)

第四四条の四 法第二十一条の四十五の規定により同条に規定する登録を受けようとする法人は、申請書を総務大臣に提出しなければならない。(ナ)(ノ)

2 前項の申請書については、第一条の四第二項の規定を準用する。この場合において、同項中「主たる事務所の所在地」とあるのは「主たる事務所の所在地並びに法第二十一条の四十五各号に掲げる業務の区分」と、「講師」とあるのは「法第二十一条の四十五に規定する検定等の業務を行う者」と、「科目、時間数、実施日程、実施場所等の実施計画」とあるのは「業務に用いる機械器具その他の設備の概要」と、「第四項」とあるのは「法第二十一条の四十六第二項」と読み替えるものとする。(ナ)(ラ)(ノ)

本条…追加〔昭和六一年一二月自令三一号(え)〕、一項…一部改正〔昭和六二年一〇月自令三〇号(さ)〕、本条…全部改正〔平成一六年三月総令五四号(ナ)〕、二項…一部改正〔平成一六年五月総令九三号(ラ)〕、一・二項…一部改正〔平成一七年三月総令三三号(ノ)〕

第四四条の五から第四四条の五の三まで 削除(ナ)〔平成一六年三月総令五四号(ナ)〕

（登録検定機関の名称等の変更の届出）(ナ)

第四四条の六 法第二十一条の四十八第二項の規定による法第二十一

条の四十六第三項第二号及び第四号に掲げる事項の変更の届出は、次に掲げる事項を記載した届出書によつて行わなければならない。(え)(ナ)

一　変更後の法第二十一条の四十六第三項第二号及び第四号に掲げる事項(え)(ナ)

二　変更しようとする年月日(え)

三　変更の理由(え)

本条…追加〔昭和六一年一二月自令三一号(え)〕、一部改正〔平成一六年三月総令五四号(ナ)〕

（**検定等の方法**）(ナ)

第四四条の七　法第二十一条の四十九第二項の総務省令で定める技術上の基準は、次の各号に掲げる業務の区分に従い、当該各号に定める方法によるものとする。(ナ)

一　法第二十一条の四十五第一号に掲げる業務　特殊消防用設備等の性能に関する評価を、法第十七条第三項に規定する設備等設置維持計画の記載事項その他特殊消防用設備等の性能を評価するために必要な事項について行うとともに、必要に応じて、協会又は登録検定機関の指定した日時に、協会又は登録検定機関の指定した場所において、特殊消防用設備等の性能を検査する試験を行うこと。(ナ)(ノ)

二　法第二十一条の四十五第二号から第四号までに掲げる業務　これらの規定に掲げる検定対象機械器具等の試験及び型式適合検定を第三十四条の五から第三十四条の七まで及び第三十六条に定める方法により行うこと。(ナ)(ノ)(ス)

本条…追加〔昭和六一年一二月自令三一号(え)〕、一部改正〔平成一二年九月自令四四号(ル)〕、全部改正〔平成一六年三月総令五四号(ナ)〕、一部改正〔平成一七年三月総令三三号(ノ)・二四年一〇月九一号(ス)〕

（**業務規程の記載事項**）

第四四条の八　法第二十一条の五十一第一項の総務省令で定める検定等の業務の実施に関する事項については、第一条の四第十二項の規定を準用する。この場合において、同項第七号中「第十五項第二号及び第四号」とあるのは「法第二十一条の五十二第三項第二号及び第四号」と読み替えるものとする。(え)(ル)(ナ)

本条…追加〔昭和六一年一二月自令三一号(え)〕、一部改正〔平成一二年九月自令四四号(ル)・一六年三月総令五四号(ナ)〕

（**業務規程の認可の申請**）

第四四条の九　法第二十一条の五十一第一項の規定による業務規程の認可を受けようとするときは、その旨を記載した申請書に当該業務規程を添付して、これを総務大臣に提出しなければならない。(え)(ル)

2　法第二十一条の五十一第一項後段の規定による業務規程の変更の認可を受けようとするときは、次に掲げる事項を記載した申請書を総務大臣に提出しなければならない。(え)(ル)

一　変更しようとする事項(え)

二　変更しようとする年月日(え)

三　変更の理由(え)

本条…追加〔昭和六一年一二月自令三一号(え)〕、一・二項…一部改正〔平成一二年九月自令四四号(ル)〕

（**事業計画及び収支予算の認可の申請**）

第四四条の一〇　法第二十一条の五十二第一項の規定による事業計画及び収支予算の認可を受けようとするときは、その旨を記載した申請書に事業計画書及び収支予算書を添付して、これを総務大臣に提出しなければならない。(え)(ル)

2　前条第二項の規定は、法第二十一条の五十二第一項後段の規定による事業計画及び収支予算の変更の認可について準用する。(え)

本条…追加〔昭和六一年一二月自令三一号(え)〕、一項…一部改正〔平成一二年九月自令四四号(ル)〕

（電磁的方法）

第四四条の一〇の二　法第二十一条の五十二第三項第三号の総務省令で定める方法は、同号の電磁的記録に記録された事項を紙面又は出力装置の映像面に表示する方法とする。(ナ)

2　法第二十一条の五十二第三項第四号の総務省令で定める電磁的方法は、次に掲げるものとする。(ナ)

一　送信者の使用に係る電子計算機と受信者の使用に係る電子計算機とを電気通信回線で接続した電子情報処理組織を使用する方法であつて、当該電気通信回線を通じて情報が送信され、受信者の使用に係る電子計算機に備えられたファイルに当該情報が記録されるもの(ナ)

二　磁気ディスクその他これに準ずる方法により一定の情報を確実に記録しておくことができる物をもつて調製するファイルに情報を記録したものを交付する方法(ナ)

3　前項各号に掲げる方法は、受信者がファイルへの記録を出力することによる書面を作成することができるものでなければならない。(ナ)

本条…追加〔平成一六年三月総令五四号(ナ)〕

（帳簿）

第四四条の一一　法第二十一条の五十三の総務省令で定める事項は、次のとおりとする。(え)(ル)

一　検定等を申請した者の氏名又は名称(え)

二　検定等の申請を受けた年月日(え)

三　検定等の申請に係る検定対象機械器具等の種類(え)

四　検定等を行つた検定対象機械器具等の形状、構造、材質、成分及び性能の概要(え)

五　検定等を行つた年月日(え)

六　検定等を実施した者の氏名(え)

七　検定等の成績及び合格又は不合格の別(え)

八　その他登録検定機関の代表者が定める事項(え)(ナ)

2　法第二十一条の五十三に規定する帳簿は、検定等を行つた日から五年間保存しなければならない。(え)

本条…追加〔昭和六一年一二月自令三一号(え)〕、一項…一部改正〔平成一二年九月自令四四号(ル)・一六年三月総令五四号(ナ)〕

（検定等の業務の休止又は廃止の許可の申請）

第四四条の一二　法第二十一条の五十六第一項の規定による検定等の業務の休止又は廃止の許可を受けようとするときは、次に掲げる事項を記載した申請書を総務大臣に提出しなければならない。(え)(ル)

一　休止し、又は廃止しようとする検定等の業務の範囲(え)

二　休止しようとする年月日及びその期間又は廃止しようとする年月日(え)

三　休止又は廃止の理由(え)

本条…追加〔昭和六一年一二月自令三一号(え)〕、一部改正〔平成一二年九月自令四四号(ル)〕

第五章　応急消火義務者等

（火災警戒区域出入者）

第四五条　法第二十三条の二第一項の命令で定める者は、次の各号に掲げる者とする。(る)

一　火災警戒区域内にある消防対象物又は船舶の関係者(る)
二　事故が発生した消防対象物又は船舶の勤務者で、当該事故に係る応急作業に関係があるもの(る)
三　電気、ガス、水道等の業務に従事する者で、当該事故に係る応急作業に関係があるもの(る)
四　医師、看護師等で、救護に従事しようとする者(る)(レ)
五　法令の定めるところにより、消火、救護、応急作業等の業務に従事する者(る)
六　消防長又は消防署長が特に必要と認める者(る)
2　消防長又は消防署長は、現場の状況により必要があると認める場合は、前項第一号から第四号まで及び第六号に掲げる者の全部又は一部に対して、火災警戒区域からの退去を命じ、又はその区域への出入を禁止し、若しくは制限することができる。(る)

本条…追加〔昭和四三年六月自令一六号(る)〕、一項…一部改正〔平成一四年二月総令一九号(レ)〕

（応急消火義務者）

第四六条　法第二十五条第一項の命令で定める者は、傷病、障害その他の事由によつて消火若しくは延焼の防止又は人命の救助を行うことができない者を除き、次に掲げる者で、火災の現場にいるものとする。(る)(く)
一　火災を発生させた者
二　火災の発生に直接関係がある者
三　火災が発生した消防対象物の居住者又は勤務者

旧四七条…一部改正し繰上〔昭和四三年六月自令一六号(る)〕、本条…一部改正〔昭和五八年一〇月自令二六号(く)〕

（情報の提供を求めることができる者）

第四七条　法第二十五条第三項の命令で定める者は、前条各号に掲げる者及び延焼のおそれのある消防対象物の関係者、居住者又は勤務者とする。(る)

本条…追加〔昭和四三年六月自令一六号(る)〕

（消防警戒区域出入者）

第四八条　法第二十八条第一項の命令で定める者は、次の各号に掲げる者とする。
一　消防警戒区域内にある消防対象物又は船舶の関係者、居住者及びその親族でこれらに対して救援をしようとする者(る)
二　消防警戒区域内にある消防対象物又は船舶の勤務者(る)
三　電気、ガス、水道、通信、交通等の業務に従事する者で、消防作業に関係があるもの
四　医師、看護師等で、救護に従事しようとする者(る)(レ)
五　法令の定めるところにより、消火、救護等の業務に従事する者(る)
六　報道に関する業務に従事する者
七　消防長又は消防署長があらかじめ発行する立入許可の証票を有する者(る)
2　消防吏員又は消防団員は、現場の状況により必要がある場合は、前項第一号、第二号、第六号及び第七号に掲げる者の全部又は一部に対して、出入を禁止し、又は制限することができる。
3　消防吏員又は消防団員は、現場の状況が著しく危険であると認める場合は、第一項第一号及び第二号に掲げる者の全部又は一部に対して退去を命ずることができる。

一項…一部改正〔昭和四三年六月自令一六号(る)・平成一四年二月総令一九号(レ)〕

（他の災害についての準用）

第四九条　前三条の規定は、水災を除く他の災害について準用する。(る)

本条…一部改正〔昭和四三年六月自令一六号(る)〕

第六章　救急隊の編成の基準(の)(ウ)

本章…追加〔昭和五六年一二月自令二九号(の)〕、章名…改正〔平成一七年二月総令一五号(ウ)〕

（救急隊の編成の基準の特例）

第五〇条　令第四十四条第一項の総務省令で定める場合は、傷病者を一の医療機関から他の医療機関へ搬送する場合であつて、これらの医療機関に勤務する医師、看護師、准看護師又は救急救命士が救急自動車に同乗している場合とする。(ウ)

本条…追加〔平成一七年二月総令一五号(ウ)〕

（実施計画の記載事項）

第五〇条の二　令第四十四条第二項の総務省令で定める事項は、次の各号に掲げる事項とする。(か)

一　令第四十四条第二項の規定に基づく救急業務を実施する地域（次号において「実施地域」という。）及び時間帯並びに准救急隊員の人数、勤務形態、配置場所その他の実施体制(か)

二　複数の場所における傷病者の発生、多数の傷病者の発生等の場合に、実施地域以外の地域から救急現場に必要に応じて救急隊一隊以上を出動させることができる体制の確保に関する事項(か)

三　医師が救急業務を行う救急隊員及び准救急隊員に対して必要に応じて指導又は助言を行うことができる体制の確保に関する事項(か)

四　前三号に掲げるもののほか、救急業務の適切な実施を図るために必要な事項(か)

本条…追加〔平成二九年二月総令四号(か)〕

（救急業務に関する講習）

第五一条　令第四十四条第五項第一号及び令第四十四条の二第三項第一号の総務省令で定める救急業務に関する講習は、消防庁長官、都道府県知事又は市町村長が行う次の表に掲げる課目及び時間数以上のものとする。(の)(ル)(ナ)(ウ)(か)

課目	分類	内容	時間数
救急業務及び救急医学の基礎	救急業務の総論及び医学概論	救急業務の沿革及び意義、救急隊員及び准救急隊員の責務等並びに医学概論	五十
	解剖・生理	総論、身体各部の名称及び皮膚系、筋骨格系、呼吸系、循環系、泌尿系、消化系、神経系、感覚系、内分泌系、生殖系その他の系	
	社会保障・社会福祉	社会保障の概念、社会保障及び社会福祉の関係法規、社会福祉体制並びに医療保険	
	救急実務及び関係法規	死亡事故の取扱い、救急活動の通信システム及びその運用、救急活動の基礎的事項、救急活動の記録、救急業務の関係機関並びに救急業務の関係法規	
応急処置の総論	観察	総論、バイタルサインの把握、全身・局所所見の把握、受傷機転の把握及び既往症等の聴取	七十三
	検査	一般検査、生理学的検査並びに検査機器の原理・構造及び保守管理	
	応急処置総論	心肺蘇生、止血、被覆、固定、保温、体位管理及び搬送	

応急処置各論		気道確保、異物除去、人工呼吸、胸骨圧迫心臓マッサージ（人工呼吸との併用を含む。）、酸素吸入、直接圧迫及び間接圧迫による止血、被覆、副子固定、在宅療法継続中の傷病者搬送時における処置の維持、保温、体位管理、各種搬送、救出並びに車内看護	
	救急医療・災害医療	救急医療体制、プレホスピタル・ケアを担当する医療関係者、多数傷病者発生事故の対応及びトリアージ	
病態別応急処置	心肺停止 ショック・循環不全 意識障害 出血 一般外傷 頭部・頸椎（頸髄）損傷 熱傷・電撃傷 中毒 溺水 異物（気道・消化管）	原因、病態生理、病態の把握、応急処置及び病態の評価	六十七
特殊病態別応急処置	小児・新生児	小児及び新生児の基礎的事項、症状からみた小児救急疾患の重症度判定、小児の事故並びに心肺蘇生法	二十五
	高齢者	高齢者の基礎的事項及びショック、意識障害、頭痛、胸痛、呼吸困難その他の疾患	
	産婦人科・周産期	産婦人科・周産期の基礎的事項、救急と関連する産婦人科疾患、分娩の介助及び分娩直後の新生児の管理	
	精神障害	精神科救急の基礎的事項、精神科救急への対応、病態の評価及び精神科の治療	
	その他特殊病態	切断四肢の取扱い、多発外傷、鼻出血、眼損傷、口腔損傷、日射病・熱射病、寒冷損傷、爆傷、酸欠、潜函病、急性放射線障害及び動物による咬傷・刺傷	
実習及び行事		救急用資器材の操作法、保管管理及び消毒、シミュレーション実習、医療機関及び現場における実地研修並びに入校式・修了式その他の行事	三十五
合計			二百五十

本条…追加〔昭和五六年一二月自令二九号(の)〕、一部改正〔平成一二年九月自令四四号(ル)・一六年三月総令五四号(ナ)〕、旧五〇条…繰下〔平成一七年二月総令一五号(ウ)〕、本条…一部改正〔平成二九年二月総令四号(か)〕

（救急業務に関する講習の課程を修了した者と同等以上の学識経験を有する者）(ナ)(か)

第五一条の二　令第四十四条第五項第二号及び令第四十四条の二第三

項第二号の総務省令で定める者は、次の各号に掲げる者とする。(ナ)(ウ)㋕

一　医師㋕
二　保健師㋕
三　看護師㋕
四　准看護師㋕
五　救急救命士㋕

本条…追加〔昭和五六年一二月自令二九号(の)〕、一部改正〔平成一二年九月自令四四号(ル)〕、全部改正〔平成一六年三月総令五四号(ナ)〕、旧五一条…繰下〔平成一七年二月総令一五号(ウ)〕、見出し…改正・本条…一部改正〔平成二九年二月総令四号㋕〕

（救急業務に関する基礎的な講習）

第五一条の二の二　令第四十四条第六項第一号の総務省令で定める救急業務に関する基礎的な講習は、消防庁長官、都道府県知事又は市町村長が行う次の表に掲げる課目及び時間数以上のものとする。㋕

課目	分類	内容	時間数
救急業務及び救急医学の基礎	救急業務の総論及び医学概論	救急業務の沿革及び意義、救急隊員及び准救急隊員の責務等並びに医学概論	十五
	解剖・生理	総論、身体各部の名称及び皮膚系、筋骨格系、呼吸系、循環系、泌尿系、消化系、神経系、感覚系、内分泌系、生殖系その他の系	
	救急実務及び関係法規	死亡事故の取扱い、救急活動の通信システム及びその運用、救急活動の記録、救急業務の基礎的事項、救急業務の関係機関並びに救急業務の関係法規	
応急処置の総論	観察	総論、バイタルサインの把握、全身・局所所見の把握、受傷機転の把握及び既往症等の聴取	四十二
	検査	一般検査、生理学的検査及び保守管理	
	応急処置総論	心肺蘇生、止血、被覆、固定、保温、体位管理及び搬送	
	応急処置各論	気道確保、異物除去、人工呼吸、胸骨圧迫心臓マッサージ（人工呼吸との併用を含む。）、酸素吸入、直接圧迫及び間接圧迫による止血、被覆、副子固定、在宅療法継続中の傷病者搬送時における処置の維持、保温、体位管理、各種搬送並びに救出	
病態別応急処置	心肺停止	原因、病態生理、病態の把握、応急処置及び病態の評価	十五
	ショック・循環不全		
	意識障害		
	出血		
	一般外傷		
	頭部・頸椎（頸髄）損傷		
	熱傷・電撃傷		
	中毒		
	溺水		

特殊病態別応急処置	異物（気道・消化管）		
	小児・新生児	小児及び新生児の基礎的事項、症状からみた小児救急疾患の重症度判定、小児の事故並びに心肺蘇生法	
	高齢者	高齢者の基礎的事項及びショック、意識障害、頭痛、胸痛、呼吸困難その他の疾患	
	産婦人科・周産期	産婦人科・周産期の基礎的事項、救急と関連する産婦人科疾患、分娩の介助及び分娩直後の新生児の管理	
	精神障害	精神科救急の基礎的事項、精神科救急への対応、病態の評価及び精神科の治療	
	その他特殊病態	切断四肢の取扱い、多発外傷、鼻出血、眼損傷、口腔損傷、日射病・熱射病、寒冷損傷、爆傷、酸欠、潜函病、急性放射線障害及び動物による咬傷・刺傷	
実習及び行事		救急用資器材の操作法、保管管理及び消毒、シミュレーション実習、医療機関及び現場における実地研修並びに入校式・修了式その他の行事	二十
合　計			九十二

本条…追加〔平成二九年二月総令四号(か)〕

（救急業務に関する基礎的な講習の課程を修了した者と同等以上の学識経験を有する者）

第五一条の二の三　令第四十四条第六項第二号の総務省令で定める者は、次の各号に掲げる者とする。(か)

一　医師(か)
二　保健師(か)
三　看護師(か)
四　准看護師(か)
五　救急救命士(か)
六　第五十一条に規定する講習の課程を修了した者(か)

本条…追加〔平成二九年二月総令四号(か)〕

第七章　雑則（イ）

本章…追加〔平成六年一一月自令四四号（イ）〕

（総務省令で定める原因）

第五一条の三　令第四十五条第二号の総務省令で定める原因は、毒性物質（化学兵器の禁止及び特定物質の規制等に関する法律（平成七年法律第六十五号）第二条第一項に規定する毒性物質をいう。）若しくはこれと同等の毒性を有する物質の発散、生物剤（細菌兵器（生物兵器）及び毒素兵器の開発、生産及び貯蔵の禁止並びに廃棄に関する条約等の実施に関する法律（昭和五十七年法律第六十一号）第二条第一項に規定する生物剤をいう。）若しくは毒素（同条第二項に規定する毒素をいう。）の発散、放射性物質若しくは放射線の異常な水準の放出又はこれらの発散若しくは放出のおそれがある事故とする。（サ）

本条…追加〔平成二〇年九月総令一〇五号（サ）〕

（防災管理に関する講習に係る登録講習機関）

第五一条の四　令第四十七条第一項第一号の規定による総務大臣の登録は、講習を行おうとする法人の申請により行う。（サ）

２　第一条の四第二項から第七項までの規定は、前項の申請について、同条第八項から第二十二項までの規定は前項の登録を受けた法人について準用する。この場合において、同条第三項第一号イ中「令第四条の二の二第一項第一号に掲げる防火対象物の防火管理者」とあるのは「令第四十六条に規定する建築物その他の工作物の防災管理者」と、同号ロ中「火災予防」とあるのは「火災予防に関する業務について二年以上の実務経験及び防災管理」と、同項第三号ロ及び同条第十六項第四号中「別記様式第一号」とあるのは「別記様式第十三号」と、同条第十項中「第二条の三」とあるのは「第五十一条の七」と読み替えるものとする。(サ)

本条…追加〔平成二〇年九月総令一〇五号(サ)〕

（防災管理者として必要な学識経験を有すると認められる者）

第五一条の五　令第四十七条第一項第四号に掲げる防災管理者として必要な学識経験を有すると認められる者は、次の各号のいずれかに該当する者とする。(サ)

一　労働安全衛生法第十一条第一項に規定する安全管理者として選任された者(サ)

一の二　第五十一条の十二第三項に規定する防災管理対象物の点検に関し必要な知識及び技能を修得することができる講習の課程を修了し、免状の交付を受けている者(ヱ)

二　法第十三条第一項の規定により危険物保安監督者として選任された者で、甲種危険物取扱者免状の交付を受けているもの(サ)

三　鉱山保安法第二十二条第三項の規定により保安管理者として選任された者（同項後段の場合にあつては、同条第一項の規定により保安統括者として選任された者）(サ)

四　国若しくは都道府県の消防の事務に従事する職員で、一年以上管理的又は監督的な職にあつた者(サ)

五　警察官又はこれに準ずる警察職員で、三年以上管理的又は監督的な職にあつた者(サ)

六　建築主事又は一級建築士の資格を有する者で、一年以上の防火管理の実務経験及び一年以上の防災管理の実務経験を有するもの(サ)

七　市町村の消防団員で、三年以上管理的又は監督的な職にあつた者(サ)

八　前各号に掲げる者に準ずるものとして消防庁長官が定める者(サ)

本条…追加〔平成二〇年九月総令一〇五号(サ)〕、一部改正〔平成二二年一二月総令一〇九号(ヱ)〕

（防災管理上必要な業務を適切に遂行することができない場合における防災管理者の資格）

第五一条の六　令第四十七条第一項の総務省令で定める防災管理対象物は、第二条の二第一項各号に掲げる防火対象物で、管理的又は監督的な地位にある者のいずれもが遠隔の地に勤務していることその他の事由により防災管理上必要な業務を適切に遂行することができないと消防長又は消防署長が認めるものとする。(サ)

２　第二条の二第二項の規定は、令第四十七条第一項の総務省令で定める要件について準用する。この場合において、第二条の二第二項中「防火管理上」とあるのは「防災管理上」と、「防火対象物」とあるのは「建築物その他の工作物」と読み替えるものとする。(サ)

本条…追加〔平成二〇年九月総令一〇五号(サ)〕

（防災管理に関する講習）

第五一条の七　令第四十七条第一項第一号に規定する防災管理に関する講習は、初めて受ける者に対して行う講習（以下この条において「防災管理新規講習」という。）及び防災管理新規講習後に防災管理者に対して消防庁長官が定めるところにより行う講習（以下この条及び第五十一条の十二において「防災管理再講習」という。）とする。（サ）

2　防災管理新規講習は、次に掲げる事項に係る知識及び技能の修得を目的として行うものとし、その講習時間はおおむね四時間三十分とする。（サ）（ヌ）

一　防災管理の意義及び制度に関すること。（ヌ）

二　防災管理上必要な構造及び設備の維持管理に関すること。（サ）

三　避難の訓練その他防災管理上必要な訓練に関すること。（サ）

四　防災管理上必要な教育に関すること。（サ）

五　消防計画の作成に関すること。（サ）

3　第二条の三第一項に規定する甲種防火管理新規講習及び防災管理新規講習を併せて実施する場合における講習時間は、同条第二項及び前項の規定にかかわらず、おおむね十二時間とする。（サ）（ヌ）

4　防災管理再講習は、次に掲げる事項に係る知識及び技能の修得を目的として行うものとし、その講習時間はおおむね二時間とする。（サ）（ヌ）

一　おおむね過去五年間における防災管理に関する法令の改正の概要に関すること。（サ）（ヌ）

二　災害事例等の研究に関すること。（サ）（ヌ）

5　第二条の三第一項に規定する甲種防火管理再講習及び防災管理再講習を併せて実施する場合における講習時間は、同条第三項及び前項の規定にかかわらず、おおむね三時間とする。（サ）（ヌ）

6　都道府県知事、消防本部及び消防署を置く市町村の消防長又は令第四十七条第一項第一号の規定により総務大臣の登録を受けた法人は、防災管理新規講習又は防災管理再講習の課程を修了した者に対して、別記様式第十三号による修了証を交付するものとする。（サ）

7　前各項に定めるもののほか、防災管理に関する講習の実施に関し必要な事項の細目は、消防庁長官が定める。（サ）

本条…追加〔平成二〇年九月総令一〇五号（サ）〕、二―五項…一部改正〔平成二一年一二月総令一〇九号（ヌ）〕

参照　【防災管理再講習】平成二〇年九月二四日消防庁告示第一七号　【防災管理に関する講習の実施細目】平成二〇年九月二四日消防庁告示第一八号

（防災管理に係る消防計画）

第五一条の八　防災管理者は、令第四十八条第一項の規定により、建築物その他の工作物の位置、構造及び設備の状況並びにその使用状況等に応じ、おおむね次に掲げる事項について、当該建築物その他の工作物の管理について権原を有する者の指示を受けて防災管理に係る消防計画を作成し、別記様式第一号の二の届出書によりその旨を所轄消防長又は消防署長に届け出なければならない。防災管理に係る消防計画を変更するときも、同様とする。（サ）（ス）

一　防災管理に関する基本的な事項として次に掲げる事項（サ）

イ　自衛消防の組織に関すること。（サ）

ロ　避難通路、避難口その他の避難施設の維持管理及びその案内に関すること。（サ）

ハ　定員の遵守その他収容人員の適正化に関すること。（サ）

ニ　防災管理上必要な教育に関すること。（サ）

ホ　避難の訓練その他防災管理上必要な訓練の定期的な実施に関すること。（サ）（ス）

ヘ　防災管理についての関係機関との連絡に関すること。（サ）

ト　ホに掲げる訓練の結果を踏まえた防災管理に係る消防計画の内容の検証及び当該検証の結果に基づく当該消防計画の見直しに関すること。（サ）

チ　イからトまでに掲げるもののほか、建築物その他の工作物に

おける防災管理に関し必要な事項(サ)

二　令第四十五条第一号に掲げる災害（以下この号において「地震」という。）による被害の軽減に関する事項として次に掲げる事項(サ)

イ　地震発生時における建築物その他の工作物及び建築物その他の工作物に存する者等の被害の想定並びに当該想定される被害に対する対策に関すること。(サ)

ロ　建築物その他の工作物についての地震による被害の軽減のための自主検査に関すること。(サ)

ハ　地震による被害の軽減のために必要な設備及び資機材の点検並びに整備に関すること。(サ)

ニ　地震発生時における家具、じゅう器その他の建築物その他の工作物に備え付けられた物品の落下、転倒及び移動の防止のための措置に関すること。(サ)

ホ　地震発生時における通報連絡、避難誘導、救出、救護その他の地震による被害の軽減のための応急措置に関すること。(サ)

ヘ　イからホまでに掲げるもののほか、建築物その他の工作物における地震による被害の軽減に関し必要な事項(サ)

三　令第四十五条第二号に掲げる災害による被害の軽減に関する事項として次に掲げる事項(サ)

イ　令第四十五条第二号に掲げる災害発生時における通報連絡及び避難誘導に関すること。(サ)

ロ　イに掲げるもののほか、建築物その他の工作物における令第四十五条第二号に掲げる災害による被害の軽減に関し必要な事項(サ)

2　第三条第二項から第九項までの規定は、防災管理に係る消防計画の作成又は変更に準用する。この場合において、第三条第二項中「防火管理上」とあるのは「防災管理上」と、「防火対象物」とあるのは「建築物その他の工作物」と、「勤務している者に限る。第四条第一項第二号、第二十八条の三第四項第二号ハ及び第二十九条第二号において同じ。」とあるのは「勤務している者に限る。」と、「防火管理者」とあるのは「防災管理者」と、「業務（法第十七条の三の三の規定による消防用設備等又は特殊消防用設備等についての点検を除く。以下この項において同じ。）」とあるのは「業務」と、「所在地。第四条第一項第二号において同じ。」とあるのは「所在地」と、同条第三項中「防火対象物」とあるのは「建築物その他の工作物」と、「防火管理者」とあるのは「防災管理者」と、同条第四項、第六項及び第八項中「令第一条の二第三項第一号」とあるのは「令第四十六条」と、「防火対象物」とあるのは「建築物その他の工作物」と、「防火管理者」とあるのは「防災管理者」と、同条第五項、第七項及び第九項中「防火管理者」とあるのは「防災管理者」と読み替えるものとする。(サ)(ス)㋩

3　防災管理者は、令第四十八条第二項の避難訓練を年一回以上実施しなければならない。(サ)

4　第三条第十一項の規定は、防災管理者が前項の避難訓練を実施する場合に準用する。(サ)

本条…追加〔平成二〇年九月総令一〇五号(サ)〕、一・二項…一部改正〔平成二四年一〇月総令九一号(ス)〕、二項…一部改正〔平成二五年三月総令二八号㋩〕

（防災管理者の選任又は解任の届出）

第五一条の九　第三条の二の規定は、法第三十六条第一項において準用する法第八条第二項の規定による防災管理者の選任又は解任の届出について準用する。この場合において、第三条の二第二項中「防火管理者」とあるのは、「防災管理者」と読み替えるものとする。(サ)(ス)㋩

本条…追加〔平成二〇年九月総令一〇五号(サ)〕、一部改正〔平成二四年

一〇月総令九一号(ス)・二五年三月二八号(は)〕

（**消防計画において自衛消防組織の業務に関し定める事項**）

第五一条の一〇　防災管理者は、令第四十九条の規定により読み替えて準用する令第四条の二の六の規定により、自衛消防組織の業務に関し、おおむね次の各号に掲げる事項について、防災管理に係る消防計画に定めなければならない。(サ)

一　関係機関への通報、在館者が避難する際の誘導その他の火災以外の災害の被害の軽減のために必要な業務として自衛消防組織が行う業務に係る活動要領に関すること。(サ)

二　自衛消防組織の要員に対する教育及び訓練に関すること。(サ)

三　その他自衛消防組織の業務に関し必要な事項(サ)

2　令第四条の二の五第二項の規定により、令第四条の二の四の防火対象物につき、その管理についての権原を有する者(同条第二号に掲げる防火対象物にあつては、自衛消防組織設置防火対象物の用途に供される部分について権原を有する者に限る。)が共同して自衛消防組織を置く場合にあつては、当該防火対象物に係る防災管理者は、前項に掲げる事項に加えて、おおむね次の各号に掲げる事項について、防災管理に係る消防計画に定めなければならない。(サ)

一　自衛消防組織に関する協議会の設置及び運営に関すること。(サ)

二　自衛消防組織の統括管理者の選任に関すること。(サ)

三　自衛消防組織が業務を行う防火対象物の範囲に関すること。(サ)

四　その他自衛消防組織の運営に関し必要な事項(サ)

本条…追加〔平成二〇年九月総令一〇五号(サ)〕

（**統括防災管理者の資格を有する者であるための要件**）

第五一条の一一　第三条の三の規定は、令第四十八条の二の総務省令で定める要件について準用する。この場合において、第三条の三中「防火対象物」とあるのは「建築物その他の工作物」と、「防火管理上」とあるのは「防災管理上」と読み替えるものとする。(ス)

本条…追加〔平成二四年一〇月総令九一号(ス)〕

（**建築物その他の工作物の全体についての防災管理に係る消防計画**）(ス)

第五一条の一一の二　第四条の規定は、建築物その他の工作物の全体についての防災管理に係る消防計画の作成又は変更について準用する。この場合において、第四条第一項柱書き中「統括防火管理者」とあるのは「統括防災管理者」と、「防火対象物の位置」とあるのは「建築物その他の工作物の位置」と、「防火対象物の管理」とあるのは「建築物その他の工作物の管理」と、同項第一号、第二号、第六号及び第七号中「防火対象物」とあるのは「建築物その他の工作物」と、同項第二号及び第三号中「防火管理上」とあるのは「防災管理上」と、同項第三号中「消火、通報及び避難の訓練その他防火対象物」とあるのは「避難の訓練その他建築物その他の工作物」と、同項第四号中「避難口、安全区画、防煙区画」とあるのは「避難口」と、同項第五号中「火災、地震その他の災害」とあるのは「令第四十五条に掲げる災害」と、「消火活動、通報連絡」とあるのは「通報連絡」と、同項第六号中「火災の際の」とあるのは「令第四十五条に掲げる災害が発生した場合における」と、同項第七号中「防火管理」とあるのは「防災管理」と、同条第二項、第四項及び第六項中「第八条の二第一項に規定する防火対象物」とあるのは「第三十六条第一項に規定する建築物その他の工作物」と、「統括防火管理者」とあるのは「統括防災管理者」と、第三項、第五項及び第七項中「第三条」とあるのは「第五十一条の八第二項において

準用する第三条」と読み替えるものとする。(サ)(ス)

本条…追加〔平成二〇年九月総令一〇五号(サ)〕、見出し…改正・旧五一条の一一…一部改正し繰下〔平成二四年一〇月総令九一号(ス)〕

（統括防災管理者の選任又は解任の届出）

第五一条の一一の三　第四条の二の規定は、法第三十六条第一項において準用する法第八条の二第四項の規定による統括防災管理者の選任又は解任の届出について準用する。(ス)

本条…追加〔平成二四年一〇月総令九一号(ス)〕

（防災管理点検及び報告）

第五一条の一二　法第三十六条第一項の建築物その他の工作物の管理について権原を有する者は、同項において準用する法第八条の二の二第一項の規定により点検を行った結果を防災管理維持台帳（次に掲げるものを編冊したものをいう。）に記録するとともに、これを保存しなければならない。(サ)㋤

一　第五十一条の七第六項の防災管理再講習の修了証の写し(サ)

二　第五十一条の八第一項、第五十一条の九において準用する第三条の二第一項、第五十一条の十一の二において準用する第四条第一項、第五十一条の十一の三において準用する第四条の二第一項及び法第八条の二の五第二項の届出に係る書類の写し(サ)(ス)㋩

三　次項において準用する第四条の二の四第三項の報告書の写し(サ)

四　第五十一条の十六第二項において準用する第四条の二の八第二項の申請書の写し(サ)

五　第五十一条の十六第二項において準用する第四条の二の八第五項又は第六項の通知(サ)

六　防災管理に係る消防計画に基づき実施される次のイからチまでに掲げる状況を記載した書類(サ)

イ　避難施設の維持管理の状況(サ)

ロ　定員の遵守その他収容人員の適正化の状況(サ)

ハ　防災管理上必要な教育の状況(サ)

ニ　避難の訓練その他防災管理上必要な訓練の状況(サ)

ホ　建築物その他の工作物についての地震による被害の軽減のための自主検査の状況(サ)

ヘ　地震による被害の軽減のために必要な設備及び資機材の点検並びに整備の状況(サ)

ト　地震発生時における家具、じゅう器その他の建築物その他の工作物に備え付けられた物品の落下、転倒及び移動の防止のための措置の実施の状況(サ)

チ　大規模な地震に係る防災訓練並びに教育及び広報の状況（強化地域に所在する令第四十六条に規定する建築物その他の工作物のうち、大規模地震対策特別措置法施行令第四条第一号、第二号、第十三号、第十四号及び第二十三号に規定する施設（大規模地震対策特別措置法第六条第一項に規定する者が管理するものを除く。）に限る。）(サ)

七　前各号に掲げるもののほか、防災管理上必要な書類(サ)

2　第四条の二の四第一項及び第三項の規定は、法第三十六条第一項において準用する法第八条の二の二第一項の規定による点検について準用する。(サ)

3　法第三十六条第一項において読み替えて準用する法第八条の二の二第一項に規定する防災管理点検資格者（以下「防災管理点検資格者」という。）は、次の各号のいずれかに該当する者で、防災管理対象物の点検に関し必要な知識及び技能を修得することができる講習であって、法人で総務大臣が登録するもの（以下この条において「登録講習機関」という。）の行うものの課程を修了し、当該登録講習機関が発行する防災管理対象物の点検に関し必要な知識及び技能を修得したことを証する書類（次項第六号において「免状」という。）の交付を受けている者とする。（サ）㊍

一　法第三十六条第一項において読み替えて準用する法第八条第一項に規定する防災管理者で、三年以上その実務の経験を有する者（サ）

二　令第四十七条第一項第一号に規定する防災管理に関する講習の課程を修了した者で、防災管理上必要な業務について五年以上の実務の経験を有するもの（前号に掲げる者を除く。）（サ）

三　市町村の消防職員で、防災管理に関する業務について一年以上の実務の経験を有する者（サ）

四　市町村の消防職員で、五年以上その実務の経験を有する者（前号に掲げる者を除く。）（サ）

五　市町村の消防団員で、八年以上その実務の経験を有する者（サ）

六　防火対象物点検資格者で、防火対象物の点検について三年以上の実務の経験を有する者（サ）

七　前各号に掲げる者と同等以上の知識及び技能を有すると消防庁長官が認める者（サ）

4　防災管理点検資格者は、次の各号のいずれかに該当するときは、その資格を失うものとする。（サ）

一　精神の機能の障害により防災管理点検資格者の業務を適正に行うに当たって必要な認知、判断及び意思疎通を適切に行うことができなくなったことが判明したとき。（サ）㊍

二　禁錮以上の刑に処せられたとき。（サ）㊍

三　法に違反し、罰金の刑に処せられたとき。（サ）

四　建築物その他の工作物の防災管理上必要な事項等の点検を適正に行っていないことが判明したとき。（サ）㊍

五　資格、実務の経験等を偽ったことが判明したとき。（サ）㊍

六　消防庁長官が定める期間ごとに登録講習機関の講習を修了し、当該登録講習機関が発行する免状の交付を受けなかったとき。（サ）㊍

本条…追加〔平成二〇年九月総令一〇五号(サ)〕、一項…一部改正〔平成二四年一〇月総令九一号(ス)・二五年三月二八号㊎〕、一・三・四項…一部改正〔令和元年一二月総令六三号㊍〕

参照　【防災管理の点検の結果についての報告書の様式】平成二〇年九月二四日消防庁告示第一九号
【消防庁長官が定める期間】平成二〇年九月二四日消防庁告示第二〇号

（防災管理点検に関する講習に係る登録講習機関）

第五一条の一三　前条第三項の規定による総務大臣の登録は、同項の講習を行おうとする法人の申請により行う。（サ）

2　第一条の四第二項から第七項までの規定は前項の申請について、同条第八項から第二十二項までの規定は前項の登録を受けた法人について準用する。この場合において、同条第三項第一号イ中「令第四条の二の二第一項第一号に掲げる防火対象物の防火管理者」とあるのは「令第四十六条に規定する建築物その他の工作物の防災管理者」と、同号ロ中「火災予防」とあるのは「防災管理」と、同項第三号ロ中「別記様式第一号による修了証の交付の方法」とあるのは「免状（第五十一条の十二第三項に規定する免状をいう。第十六項において同じ。）の交付及び回収の方法」と、同条第十項中「第二条の三に定める講習に係る基準」とあるのは「消防庁長官が定める講習に係る基準」と、同条第十二項第八号中「その他講習の業務の実施に関し必要な事項」とあるのは「防災管理点検資格者がその資格を喪失した場合における必要な措置を行うための手続に関する事項その他講習の業務の実施に関し必要な事項」と、同条第十六項中「講習を行つた日からこれを六年間」とあるのは「免状を交付した日からこれを六年間」と、同項第四号中「別記様式第一号による修了証」とあるのは「免状」と、同項第五号中「修了証」とあるのは

「免状」と読み替えるものとする。（サ）

本条…追加〔平成二〇年九月総令一〇五号（サ）〕

参照【講習に係る基準】平成二〇年九月二四日消防庁告示第二一号

（防災管理点検の点検基準）

第五一条の一四　法第三十六条第一項において準用する法第八条の二の二第一項の総務省令で定める基準は、次に掲げるものとする。（サ）

一　第五十一条の八第一項の届出及び第五十一条の九において準用する第三条の二第一項の届出がされていること。（サ）（ス）

二　令第四条の二の四の防火対象物（同条第二号に掲げる防火対象物にあつては、自衛消防組織設置防火対象物の用途に供される部分に限る。）にあつては、法第八条の二の五第二項の届出がされていること。（サ）

三　防災管理に係る消防計画に基づき、消防庁長官が定める事項が適切に行われていること。（サ）

四　令第四十六条に規定する建築物その他の工作物でその管理について権原が分かれているものにあつては、消防庁長官が定める事項が適切に行われていること。（サ）

五　法第八条の二の四に規定する避難上必要な施設及び防火戸について、適切に管理されていること。（サ）

本条…追加〔平成二〇年九月総令一〇五号（サ）〕、一部改正〔平成二四年一〇月総令九一号（ス）〕

参照【防災管理対象物の点検基準に係る事項等】平成二〇年九月二四日消防庁告示第二一号

（防災管理点検の表示）

第五一条の一五　第四条の二の七第一項及び第二項の規定は法第三十六条第一項において準用する法第八条の二の二第二項の表示について、第四条の二の七第三項の規定は法第三十六条第一項において準用する法第八条の二の二第二項の総務省令で定める事項について準用する。この場合において、第四条の二の七第一項及び第二項中「防火対象物」とあるのは「建築物その他の工作物」と、同条第一項柱書き中「同条第一項」とあるのは「法第三十六条第一項」と、同項第一号中「第四条の二の四第一項」とあるのは「第五十一条の十二第二項において準用する第四条の二の四第一項」と、同項第二号中「前条第一項に掲げる基準（同条第二項の規定が適用される場合にあつては、同条第一項第一号から第三号までに掲げる基準。次条において同じ。）」とあるのは「第五十一条の十四に掲げる基準」と、同条第二項中「別表第一」とあるのは「別表第五」と、同条第三項第二号中「法第八条の二の二第一項の権原を有する者の氏名」とあるのは「法第三十六条第一項において準用する法第八条の二の二第一項の権原を有する者の氏名」と、同項第三号中「防火対象物点検資格者」とあるのは「防災管理点検資格者」と読み替えるものとする。（サ）（ス）

本条…追加〔平成二〇年九月総令一〇五号（サ）〕、一部改正〔平成二四年一〇月総令九一号（ス）〕

参照【防災管理対象物の点検済表示に記載する事項】平成二〇年九月二四日消防庁告示第二三号

（防災管理点検の特例）

第五一条の一六　法第三十六条第一項において準用する法第八条の二の三第一項第三号の総務省令で定める基準は、法第三十六条第一項において準用する法第八条の二の三第二項に規定する消防長又は消防署長の検査において、第五十一条の十四に規定する基準に適合していることとする。（サ）

２　第四条の二の八第二項の規定は法第三十六条第一項において準用する法第八条の二の三第三項の規定による申請について、第四条の二の八第三項及び第四項の規定は法第三十六条第一項において準用する法第八条の二の三第二項の総務省令で定める事項について、第四条の二の八第五項及び第六項の規定は法第三十六条第一項において準用する法第八条の二の三第三項の規定による通知について、第四条の二の八第七項の規定は法第三十六条第一項において準用する法第八条の二の三第五項の規定による届出について準用する。(サ)(は)(の)

本条…追加〔平成二〇年九月総令一〇五号(サ)〕、二項…一部改正〔平成二五年三月総令二八号(は)・令和四年二月八号(の)〕

（防災管理点検の特例認定の表示）

第五一条の一七　第四条の二の九第一項の規定は法第三十六条第一項において準用する法第八条の二の三第七項の表示について、第四条の二の九第二項の規定は法第三十六条第一項において準用する法第八条の二の三第七項の総務省令で定める事項について準用する。この場合において、第四条の二の九第一項中「別表第一の二」とあるのは「別表第六」と、「防火対象物」とあるのは「建築物その他の工作物」と、同条第二項第一号中「法第八条の二の三第四項第一号」とあるのは「法第三十六条第一項において準用する法第八条の二の三第四項第一号」と、同項第二号中「法第八条の二の三第一項の権原を有する者の氏名」とあるのは「法第三十六条第一項において準用する法第八条の二の三第一項の権原を有する者の氏名」と読み替えるものとする。(サ)(ス)

本条…追加〔平成二〇年九月総令一〇五号(サ)〕、一部改正〔平成二四年一〇月総令九一号(ス)〕

（防火対象物点検及び防災管理点検の表示）

第五一条の一八　法第三十六条第四項の表示は、同条第一項の建築物その他の工作物のうち法第八条の二の二第一項の防火対象物であるものが次に掲げる要件を満たしていない場合は付することができない。(サ)(ス)

一　第四条の二の四第一項の規定に従つて点検を行つていること。(サ)

二　第五十一条の十二第二項において準用する第四条の二の四第一項の規定に従つて点検を行つていること。(サ)

三　第四条の二の六に規定する基準に適合していること。(サ)

四　第五十一条の十四に規定する基準に適合していること。(サ)

２　法第三十六条第四項の表示は、別表第七に定める様式により行うものとし、建築物その他の工作物の見やすい箇所に付するものとする。(サ)(ス)

３　法第三十六条第四項の総務省令で定める事項は、次の各号に掲げるものとする。(サ)(ス)

一　法第八条の二の二第一項の規定による点検を行つた日又は法第三十六条第一項において準用する法第八条の二の二第一項の規定による点検を行つた日のいずれか早い日から起算して一年後の年月日(サ)

二　法第三十六条第一項において準用する法第八条の二の二第一項の権原を有する者の氏名(サ)(ス)

三　点検を行つた防火対象物点検資格者及び防災管理点検資格者の氏名その他消防庁長官が定める事項(サ)

本条…追加〔平成二〇年九月総令一〇五号(サ)〕、一—三項…一部改正〔平成二四年一〇月総令九一号(ス)〕

参照　【防火対象物の点検及び防災管理対象物の点検済表示に記載する事項を定める件】平成二〇年九月二四日消防庁告示第二三号

（防火対象物点検の特例認定及び防災管理点検の特例認定の表示）

第五一条の一九　法第三十六条第五項の表示は、別表第八に定める様式により行うものとし、建築物その他の工作物の見やすい箇所に付するものとする。（サ）（ス）

2　法第三十六条第五項の総務省令で定める事項は、次に掲げるものとする。（サ）（ス）

一　法第八条の二の三第四項第一号（括弧書を除く。）の規定により認定の効力が失われる日又は法第三十六条第一項において準用する法第八条の二の三第四項第一号（括弧書を除く。）の規定により認定の効力が失われる日のいずれか早い日（サ）

二　法第三十六条第一項において準用する法第八条の二の三第一項の権原を有する者の氏名（サ）（ス）

三　認定を行つた消防長又は消防署長の属する消防本部又は消防署の名称（サ）

本条…追加〔平成二〇年九月総令一〇五号（サ）〕、一・二項…一部改正〔平成二四年一〇月総令九一号（ス）〕

（損害補償の対象とならない者等）

第五二条　法第三十六条の三第二項第一号の総務省令で定める者は、次に掲げる者とする。（イ）（ル）

一　火災が発生した専有部分の各部分の所有者、管理者、占有者、居住者及び勤務者（イ）

二　火災を発生させた者（イ）

三　火災の発生に直接関係がある者（イ）

2　法第三十六条の三第二項第二号の住居、店舗、事務所又は倉庫その他建物としての用途に一体として供している場合とは、個人又は一の法人若しくはこれに準ずる団体による、次に掲げる場合とする。（イ）

一　一の住居として占有し、かつ、その用途に供している場合（イ）

二　店舗、事務所又は倉庫として、一の営業又は事務若しくは事業のための用途に供している場合（イ）

三　その他前二号に準じて建物としての用途に一体として供していると認められる場合（イ）

3　法第三十六条の三第二項第二号の総務省令で定める者は、住居、店舗、事務所又は倉庫その他建物としての用途に一体として供されている専有部分の各部分の所有者、管理者、占有者、居住者及び勤務者とする。（イ）（ル）

本条…追加〔平成六年一一月自令四四号（イ）〕、一・三項…一部改正〔平成一二年九月自令四四号（ル）〕

附　則

1　この省令は、消防法の一部を改正する法律（昭和三十五年法律第百十七号。以下「改正法」という。）の施行の日（昭和三十六年四月一日）から施行する。

2　消防信号等に関する規則（昭和二十四年総理庁令第十号）及び消防用機械器具等検定手数料令施行規則（昭和二十七年総理府令第二十七号）は、廃止する。

3　この省令の施行の際現に研究所長に対してしている消防用機械器具等の検定の申請又はこの省令の施行前に研究所長に対してした消防用機械器具等の検定に関する届出は、それぞれこの省令第四章の規定に基づいてしたそれぞれの申請又は届出とみなす。

4　改正法附則第三項の規定による届出は、次の様式による届出書によつてしなければならない。

消防用設備等適用除外届出書

年　月　日

消防長（消防署長）（市町村長）殿

届出者
住所
氏名　㊞

消防法の一部を改正する法律附則第３項の規定により、技術上の基準の適用が除外される消防用設備等について届け出ます。

防火対象物	用途		構造			
	階数	階	階	階	階	合計
	床面積					合計
	収容人員					合計
消防用設備等	種別	消火器又は簡易消火用具	非常警報器具又は非常警報設備	避難器具	誘導灯及び誘導標識	
	設置の現状					
	適用除外届出分					
その他必要な事項						
※受付欄			※経過欄			

備考
1　この用紙の大きさは、日本工業規格Ｂ４とする。
2　防火対象物の用途には、消防法施行令別表第一に掲げる用途を記入すること。
3　その他必要な事項には、防火対象物の既存又は工事中の別その他参考事項を記入すること。
4　※印の欄は、記入しないこと。

附　則（い）〔昭和三七年一二月二一日自治省令第二五号〕

この省令は、公布の日から施行する。

附　則（ろ）〔昭和三八年一二月二八日自治省令第三六号抄〕

（施行期日）

1　この省令は、昭和三十九年一月一日から施行する。

附　則（は）〔昭和三九年七月一日自治省令第一六号〕

この省令は、公布の日から施行する。

附　則（に）〔昭和三九年九月一七日自治省令第二七号抄〕

1　この省令は、公布の日から施行する。

附　則（ほ）〔昭和四〇年一月一二日自治省令第一号〕

この省令は、公布の日から施行する。ただし、別表第二及び別表第三の改正規定は、昭和四十年六月一日から施行する。

附　則（へ）〔昭和四〇年九月二七日自治省令第二五号〕

この省令は、昭和四十年十月一日から施行する。ただし、この省令施行の際、現に存する指定消防水利の標識は、この省令施行の日から起算して二年を経過する日までの間、この省令で定めた標識とみなす。

附　則（と）〔昭和四一年四月二二日自治省令第六号〕

1　この省令は、公布の日から施行する。ただし、第一条第一項の表の改正規定は、昭和四十一年十月一日から施行する。

2　この省令施行の際、現に法令（条例、規則等を含む。）に基づく資格を有する者で消防用設備等の工事又は整備を行なつているものについては、都道府県知事は、この省令施行の日から二年間に限り、この省令による改正後の消防法施行規則第三十三条の八の規定にかかわらず他の試験の方法によることができる。

附　則（ち）〔昭和四一年一〇月二四日自治省令第二七号〕

1　この省令は、昭和四十二年一月一日から施行する。

2　この省令施行の際、現にこの省令による改正前の第三十三条の二の規定に基づく第一類の指定区分に係る消防設備士試験に合格した者又は同条の規定に基づき第一類の指定区分により消防用設備等の工事若しくは整備の種類を指定した消防設備士免状の交付を受けている者は、それぞれこの省令による改正後の第三十三条の二の規定に基づく第一類の指定区分に係る消防設備士試験に合格した者又は同条の規定に基づき第一類の指定区分により消防用設備等の工事若しくは整備の種類を指定した消防設備士免状の交付を受けている者とみなす。

3　この省令施行の際、現に法令（条例、規則等を含む。）に基づく資格を有する者又はこれらに類する者で屋内消火栓設備、スプリンクラー設備、水噴霧消火設備又は屋外消火栓設備の工事又は整備を行なつているものに対する第一類の指定区分に係る消防設備士試験については、都道府県知事は、この省令施行の日から二年間に限り、消防法施行規則第三十三条の八の規定にかかわらず、他の試験の方法によることができる。

附　則(り)〔昭和四二年一一月一四日自治省令第三二号〕

この省令は、公布の日から施行する。ただし、第二十六条の改正規定は、昭和四十四年十月一日から施行する。

附　則(ぬ)〔昭和四三年三月三〇日自治省令第七号〕

この省令は、昭和四十三年四月一日から施行する。

附　則(る)〔昭和四三年六月一二日自治省令第一六号〕

この省令は、公布の日から施行する。

附　則(を)〔昭和四四年三月二八日自治省令第三号〕

1　この省令は、昭和四十四年四月一日から施行する。ただし、第三十三条の三、別記様式第一号の二の二及び別記様式第一号の三の改正規定は同年五月一日から、第二十三条第七項及び第二十八条の三第一項第四号の改正規定は同年十月一日から、第二十三条（イオン化式又は光電式の感知器に係る部分に限る。）、第二十四条第四号及び第五号並びに第二十四条の三第三項第五号の改正規定は昭和四十五年一月一日から施行する。

2　前項の規定にかかわらず、昭和四十四年十二月三十一日までの間は、改正後の消防法施行規則第二十三条第五項中「次の各号に掲げる場所には、煙感知器」とあるのは「第二号及び第五号に掲げる場所には、差動式若しくは補償式の感知器のうち一種若しくは二種又は定温式感知器のうち特種若しくは一種（公称作動温度七十五度以下のものに限る。）」として同条同項の規定を適用する。

3　別記様式第一号の三の改正規定の施行の際消防設備士免状の交付を受けている者の有する消防設備士免状の様式については、改正後の消防法施行規則別記様式第一号の三の様式にかかわらず、なお従前の例による。

4　消防法施行令の一部を改正する政令（昭和四十四年政令第十八号）附則第二項の規定による届出は、昭和四十四年五月三十日までに、次の様式による届出書によつてしなければならない。

消防用設備等適用除外届出書

昭和　年　月　日

消防長（消防署長）（市町村長）殿

届出者
住所
氏名　㊞

消防法施行令の一部を改正する政令附則第2項の規定により技術上の基準の適用が除外される消防用設備等について届け出ます。

防火対象物	名称		用途		所在地		電話（　　）	
	建築面積	㎡	延べ面積	㎡	階数		収容人員	
	構造	1 耐火建築物　2 耐火構造　3 耐火構造以外			契約電流容量			アンペア

届出区分	消防用設備等		適用除外の内容 新設	増設	改修	その他	※適用除外
	非常警報設備	放送設備					
		ベルまたはサイレン					
	誘導灯	避難口誘導灯					
		通路誘導灯					
	自動火災報知設備	感知器					
		非常電源					
	電気火災警報器						
	その他必要な事項						

※受付欄	※経過欄

備考
1 この用紙の大きさは、日本工業規格B4とする。
2 防火対象物の「用途」欄は、消防法施行令別表第一に掲げる用途を記入すること。
3 「契約電流容量」欄は、「電気火災警報器」欄に記入した場合に記入すること。
4 「構造」欄および「届出区分」欄は、該当事項に○印を記入すること。
5 「その他必要事項」欄は、防火対象物の既存又は工事中の別、その他参考事項を記入すること。
6 ※印の欄は、記入しないこと。

附　則（わ）〔昭和四五年三月三一日自治省令第七号抄〕

1　この省令は、昭和四十六年一月一日から施行する。

附　則（か）〔昭和四五年一二月二六日自治省令第二七号〕

1　この省令は、昭和四十六年一月一日から施行する。

2　この省令の施行の際、現に存する防火対象物又は現に新築、増築、改築、移転、修繕若しくは模様替えの工事中の防火対象物に係る自動火災報知設備、電気火災警報器及び非常警報設備のうち、改正後の第二十四条、第二十四条の三第三項及び第二十五条の二第二項の規定に適合しないものに係る技術上の基準の細目については、昭和四十六年十二月三十一日までの間は、なお従前の例による。

附　則（よ）〔昭和四七年八月二九日自治省令第二〇号抄〕

1　この省令は、昭和四十八年一月一日から施行する。ただし、第二条、第六条、第九条、第二十四条の三、第三十三条の二、別表第二、別表第三及び別記様式第一号の三の改正規定並びに附則第三項の規定は、公布の日から施行する。

2　昭和四十八年一月一日において現に存する防火対象物又は現に新築、増築、改築、移転、修繕若しくは模様替えの工事中の防火対象物に係る非常警報設備のうち、改正後の第二十五条の二第三項の規定に適合しないものに係る技術上の基準の細目については、当分の間、なお従前の例による。

附　則（た）〔昭和四八年六月一日自治省令第一三号〕

1　この省令は、公布の日から施行する。ただし、第三条、第四条第一項及び第四条の二の改正規定、第四条の三の次に一条を加える改正規定（第一項第一号及び第三号並びに第六項の規定に係る部分に限る。）、第三十四条第五項及び第三十四条の二の改正規定、別表に関する改正規定並びに別記様式第一号を別記様式第一号の二とし、同様式の前に様式を加える改正規定は昭和四十八年九月一日から、第一条第一項の表の改正規定、第四条の三の次に一条を加える改正規定（第七項に係る部分に限る。）、第十四条第一項第五号の次に一号を加える改正規定、第二十三条第四項から第六項まで、第二十四条、第二十四条の三第三項、第二十五条の二第二項、第二十七条及び第二十八条の三の改正規定は昭和四十九年一月一日から施行する。

2　昭和四十九年一月一日において現に存する防火対象物又は現に新築、増築、改築、移転、修繕若しくは模様替えの工事中の防火対象物に係る自動火災報知設備、漏電火災警報器、非常警報設備、避難器具及び誘導灯のうち、改正後の第二十三条第四項及び第五項、第二十四条、第二十四条の三第三項、第二十五条の二第二項、第二十七条及び第二十八条の三第一項の規定に適合しないものに係る技術上の基準の細目については、昭和四十九年十二月三十一日までの間は、なお従前の例による。

附　則（れ）〔昭和四九年七月一日自治省令第二七号〕

1　この省令は、公布の日から施行する。ただし、第四款の次に次の一款を加える改正規定は、昭和五十年四月一日から施行する。

2　この省令の公布の日前に消防設備士免状の交付を受けた者については、第三十三条の十五第一項の改正規定にかかわらず、同日から三年以内に法第十七条の八の二に規定する講習を受けなければならない。

3　第三十三条の十五第二項の規定は、前項の場合について準用する。

附　則（そ）〔昭和四九年一二月二日自治省令第四〇号〕

1　この省令は、昭和五十年一月一日から施行する。ただし、次の各号に掲げる規定は、当該各号に掲げる日から施行する。

一　第十二条第四号及び第七号の改正規定並びに第十四条第一項第十一号及び第四項第一号の表の改正規定　昭和五十年四月一日

二　別表第二の改正規定（泡（あわ）消火薬剤に係る部分に限る。）　昭和五十一年一月一日

2　昭和五十年一月一日において現に存する防火対象物又は現に新築、増築、改築、移転、修繕若しくは模様替えの工事中の防火対象物（次項において「既存防火対象物等」という。）における自動火災報知設備、非常警報設備及び避難器具に係る技術上の基準については、昭和五十一年五月三十一日までの間、改正後の消防法施行規則（以下「新規則」という。）第二十三条第二項、第二十四条第二号及び第四号、第二十五条の二第二項並びに第二十七条の規定にかかわらず、なお従前の例による。

3　昭和五十年一月一日における既存防火対象物等に係る誘導灯については、当該防火対象物等の関係者が昭和五十年五月三十一日までに別記様式による届出書により消防長（消防本部を置かない市町村においては、市町村長）又は消防署長に届け出た場合に限り、当分の間、新規則第二十八条の三第一項の規定にかかわらず、なお従前の例による。

4　この省令の施行の際現に交付されている消防設備士免状は、新規則別記様式第一号の三の消防設備士免状とみなす。

別記様式

誘導灯適用除外届出書

年　月　日

消防長（消防署長）（市町村長）殿

届出者
住所
氏名　㊞

消防法施行規則の一部を改正する省令附則第3項の規定により、技術上の基準の適用が除外される誘導灯について届け出ます。

既存防火対象物等	名称		用途		所在地	TEL（　）
	建築面積	㎡	延べ面積	㎡	階数	
	構造	1 耐火構造　2 防火構造　3 その他				
誘導灯の区分	設置個数	その他必要な事項				
避難口誘導灯						
通路誘導灯						
※受付欄		※経過欄				

備考
1 この用紙の大きさは、日本工業規格B5とする。
2 「既存防火対象物等の用途」欄は、消防法施行令別表第1に掲げる用途を記入すること。
3 「構造」欄は、該当事項に○印を記入すること。
4 「その他必要な事項」欄は、防火対象物の既存又は工事中の別その他参考事項を記入すること。
5 ※印の欄は、記入しないこと。

附　則（つ）〔昭和五〇年一一月一八日自治省令第二二号〕

この省令は、公布の日から施行する。ただし、第十四条及び第十八条の改正規定、別表第二の改正規定並びに別表第三の改正規定中流水検知装置及び一斉開放弁に係る部分は昭和五十年十二月一日から、同表の改正規定中泡消火薬剤に係る部分は昭和五十一年一月一日から施行する。

附　則（ね）〔昭和五〇年一二月二二日自治省令第二九号〕

この省令は、昭和五十一年一月一日から施行する。

附　則（な）〔昭和五一年六月七日自治省令第一六号〕

この省令は、公布の日から施行する。ただし、別表第二の改正規定中火災報知設備に係る部分は、昭和五十一年九月一日から施行する。

附　則（ら）〔昭和五四年三月二三日自治省令第五号〕

1　この省令中第二十四条第二号及び別表第三の改正規定は昭和五十四年四月一日から、第四条の三、別表第一、別記様式第一号の二の二及び別図第一（その1及びその2を除く。）の改正規定、別図第二の二の次に一図を加える改正規定、別図第三及び別図第六の改正規定、別図第六の次に一図を加える改正規定並びに附則第三項の規定は同年七月一日から、その他の規定は公布の日から施行する。

2　別表第三の改正規定の施行の際現に消防法第二十一条の九第一項の規定により附されている個別検定に合格したものである旨の表示については、改正後の別表第三の表示の様式にかかわらず、なお従前の例による。

3　消防法施行令の一部を改正する政令（昭和五十三年政令第三百六十三号）附則第三項の規定による届出は、別記様式による届出書によつてしなければならない。

別記様式

じゅうたん等使用届出書

年　月　日

消防長（消防署長）（市町村長）殿

届出者
住所
氏名　㊞

消防法施行令の一部を改正する政令附則第２項の規定により、使用中のじゅうたん等について届け出ます。

防火対象物	名　称		用　途	
	所在地		TEL（　）	
	階　数			

じゅうたん等の区分	存　否	その他必要な事項
1　じゅうたん		
2　毛せん		
3　タフテッドカーペット、ニッテッドカーペット、フックドラッグ、接着カーペット、ニードルパンチカーペット		
4　ご　ざ		
5　人工芝		
6　合成樹脂製床シート		
7　その他		

※受　付　欄	※経　過　欄

備考
1　この用紙の大きさは、日本工業規格Ｂ５とすること。
2　「防火対象物の用途」欄は、消防法施行令別表第一に掲げる用途を記入すること。
3　「存否」欄は、存する場合に○印を記入すること。
4　※印の欄は、記入しないこと。

附　則(む)〔昭和五四年九月一三日自治省令第一九号〕

この省令は、公布の日から施行する。

附　則(う)〔昭和五六年五月二八日自治省令第一三号抄〕

（施行期日）

1　この省令は、昭和五十六年七月一日から施行する。

附　則(ゐ)〔昭和五六年六月二〇日自治省令第一六号〕

1　この省令は、昭和五十六年七月一日から施行する。

2　この省令施行の際、現にガス事業法（昭和二十九年法律第五十一号）第三十一条第一項に規定するガス主任技術者免状の交付を受けている者及び特定ガス消費機器の設置工事の監督に関する法律（昭和五十四年法律第三十三号）第四条第一項に規定するガス消費機器設置工事監督者の資格を有する者で、消防法第十七条の八第三項に適合する者に対する第四類の指定区分に係る甲種消防設備士試験については、都道府県知事は、昭和五十八年六月三十日までの間に限り、消防法施行規則第三十三条の九の規定にかかわらず、他の試験方法によることができる。

3　この省令施行の際、現に存する防火対象物又は現に新築、増築、改築、移転、修繕若しくは模様替えの工事中の防火対象物については、改正後の消防法施行規則（以下「新規則」という。）第十二条第四号イ(ト)の規定は、当分の間、適用しない。

4　この省令施行の際、現に存する防火対象物又は現に新築、増築、改築、移転、修繕若しくは模様替えの工事中の防火対象物で、綿花類、木毛若しくはかんなくず、ぼろ若しくは紙くず、糸類、わら類を貯蔵し、又は取り扱う防火対象物又はその部分に設ける二酸化炭素消火剤の貯蔵容器に貯蔵する消火剤の量は、新規則第十九条第三項第一号イ及びハの規定にかかわらず、昭和五十八年十二月三十一日までの間、なお従前の例による。

5　この省令施行の際、現に存する防火対象物又は現に新築、増築、改築、移転、修繕若しくは模様替えの工事中の防火対象物に設ける全域放出方式又は局所放出方式のハロゲン化物消火設備の設置及び維持に関する技術上の基準の細目は、新規則第二十条第四項の規定にかかわらず、昭和五十八年十二月三十一日までの間、なお従前の例による。

6　この省令施行の際、現に存する消防法施行令別表第一(十六の三)項に掲げる防火対象物又は現に新築、増築、改築、移転、修繕若しくは模様替えの工事中の同項に掲げる防火対象物に現に設置されている誘導灯については、当該防火対象物の関係者が昭和五十六年十二月三十一日までに別記様式による届出書により消防長（消防本部を置かない市町村においては、市町村長）又は消防署長に届け出た場合に限り、新規則第二十八条の三第一項の規定は、当分の間、適用しない。

7　この省令施行の際、現に交付されている消防設備士免状は、新規則別記様式第十号の三の消防設備士免状とみなす。

別記様式

誘導灯適用除外届出書

年　月　日

消防長（消防署長）（市町村長）殿

届出者
住所
氏名　㊞

消防法施行規則の一部を改正する省令（昭和56年自治省令第16号）附則第6項の規定により、改正後の消防法施行規則第28条の3第1項の適用が除外される誘導灯について届け出ます。

既存防火対象物等	名称		用途	1　建築物（　） 2　地下道	所在地	TEL（　）
	延べ面積	㎡	(16の3)項部分の面積			㎡
	構造	1　耐火構造　2　防火構造 3　その他				
誘導灯の区分		設置個数		その他必要な事項		
避難口誘導灯						
通路誘導灯						
※受付欄				※経過欄		

備考
1　この用紙の大きさは、日本工業規格B5とする。
2　「既存防火対象物等」とは、現に存する防火対象物又は現に新築、増築、改築、移転、修繕若しくは模様替えの工事中の防火対象物をいう。
3　「既存防火対象物等の用途」欄は、該当事項に○印を記入するほか、建築物にあっては（　）内に消防法施行令別表第1に掲げる用途を記入すること。
4　「構造」欄は、該当事項に○印を記入すること。
5　「その他必要な事項」欄は、防火対象物の既存又は工事中の別その他参考事項を記入すること。
6　※印の欄は、記入しないこと。

附　則（の）〔昭和五六年一二月一日自治省令第二九号〕

この省令は、昭和五十七年四月一日から施行する。

附　則（お）〔昭和五七年一月二〇日自治省令第二号〕

1　この省令は、昭和五十七年六月一日から施行する。ただし、第二十八条の三第一項の改正規定は、昭和五十七年二月一日から施行する。

2　昭和五十七年六月一日において現に存する防火対象物又は現に新築、増築、改築、移転、修繕若しくは模様替えの工事中の防火対象物における二酸化炭素消火設備、ハロゲン化物消火設備及び粉末消火設備に係る技術上の基準の細目については、当分の間、改正後の消防法施行規則（以下「新規則」という。）第十九条第四項第五号及び第七号、第二十条第四項並びに第二十一条第一項並びに第四項第二号及び第七号の規定にかかわらず、なお従前の例による。

3　昭和五十七年二月一日において現に存する防火対象物又は現に新築、増築、改築、移転、修繕若しくは模様替えの工事中の防火対象物における誘導灯に係る技術上の基準の細目については、当分の間、新規則第二十八条の三第一項の規定にかかわらず、なお従前の例による。

附　則（く）〔昭和五八年一〇月一七日自治省令第二六号〕

1　この省令は、昭和五十九年一月一日から施行する。ただし、第四十六条の改正規定は、公布の日から施行する。

2　この省令の施行の際、現にこの省令による改正前の消防法施行規則第三条の規定により届け出られている消防計画は、昭和五十九年九月三十日までの間は、この省令による改正後の消防法施行規則第三条の規定に基づいて届け出られたものとみなす。

附　則（や）〔昭和五九年九月二七日自治省令第二四号〕

1　この省令は、昭和五十九年十月一日から施行する。ただし、第三十五条、第三十六条、第四十三条及び第四十四条の改正規定は、昭和六十年四月一日から施行する。

2　昭和五十九年十月一日において現に存する防火対象物又は現に新築、増築、改築、移転、修繕若しくは模様替えの工事中の防火対象物（以下「既存防火対象物等」という。）については、改正後の消防法施行規則（以下「新規則」という。）第十四条第一項第四号の二の規定は、昭和六十年三月三十一日までの間、適用しない。

3　既存防火対象物等における自動火災報知設備の地区音響装置の設置については、新規則第二十四条第五号の規定にかかわらず、昭和六十年五月三十一日までの間、なお従前の例による。

4　既存防火対象物等については、改正前の消防法施行規則（以下「旧規則」という。）第十四条第一項第十号及び第十一号ハ(イ)、第十六条第三項第二号、第十八条第四項第八号並びに第二十三条第四項第一号ニ及び第六項第一号の規定（旧規則第十四条第一項第十号及び第十一号ハ(イ)の規定については、開放型スプリンクラーヘッドを用いるスプリンクラー設備に適用する場合に限る。）は、新規則第十四条第一項第十号イ及び第十一号ハ(イ)、第十六条第三項第二号の二、第十八条第四項第八号並びに第二十三条第四項第一号ニ(ホ)から(チ)まで及び第六項第一号の規定にかかわらず、当分の間、なおその効力を有する。

附　則（ま）〔昭和五九年一二月一五日自治省令第三〇号〕

この省令は、公布の日から施行する。ただし、〔中略〕第二条中消防法施行規則別記様式第一号の二の四及び別記様式第一号の六の改正規定は、昭和六十年四月一日から施行する。

附　則（け）〔昭和六一年八月五日自治省令第一七号〕

この省令は、公布の日から施行する。

附　則（ふ）〔昭和六一年一〇月一五日自治省令第二三号〕

この省令は、昭和六十一年十二月一日から施行する。

附　則（こ）〔昭和六一年一二月九日自治省令第二八号〕

この省令は、公布の日から施行する。

附　則(え)〔昭和六一年一二月二五日自治省令第三一号〕

この省令は、昭和六十二年一月一日から施行する。

附　則(て)〔昭和六二年一月二三日自治省令第一号〕

この省令は、昭和六十二年四月一日から施行する。

附　則(あ)〔昭和六二年三月一八日自治省令第七号〕

この省令は、公布の日から施行する。

附　則(さ)〔昭和六二年一〇月二三日自治省令第三〇号〕

この省令は、昭和六十三年四月一日から施行する。ただし、第三十三条の十、第三十五条及び第三十九条の改正規定、第三十九条の次に一条を加える改正規定並びに第四十四条の四の改正規定は、公布の日から施行する。

附　則(き)〔昭和六三年一月二〇日自治省令第二号〕

この省令は、公布の日から施行する。

附　則(ゆ)〔平成元年二月二〇日自治省令第三号〕

(施行期日)

1　この省令は、平成二年五月二十三日から施行する。ただし、次の各号に掲げる規定は、当該各号に定める日から施行する。

一　第一条中消防法施行規則第二条第二号の改正規定、同規則第三十一条の二の二第七号の改正規定及び同規則第三十三条の八第三号の改正規定　公布の日

二　第一条中消防法施行規則第三十三条の三から第三十三条の七までの改正規定、同規則第三十三条の十三の改正規定並びに同規則別記様式第一号の三及び第一号の四の改正規定　平成元年四月一日

(経過措置)

2　平成元年四月一日において現に交付されている消防設備士免状は、改正後の消防法施行規則（以下「新規則」という。）別記様式第一号の三の消防設備士免状とみなす。

3　新規則第三十三条の五第二項に定める免状の記載事項は、平成四年三月三十一日までの間は、平成元年三月三十一日において現に交付されている写真とすることを妨げない。

附　則(め)〔平成元年六月五日自治省令第二五号〕

1　この省令は、平成元年九月一日から施行する。

2　この省令の施行の際、現に消防法第八条の三第二項の規定により附されている防炎性能を有する旨の表示については、改正後の別表第一の表示の様式にかかわらず、なお従前の例による。

附　則(み)〔平成二年五月三〇日自治省令第一七号〕

1　この省令は、平成二年六月一日から施行する。ただし、第二十二条（第六号を除く。）及び第三十一条（第七号を除く。）の改正規定は、平成二年十二月一日から施行する。

2　平成二年十二月一日において現に存する防火対象物又は現に新築、増築、改築、移転、修繕若しくは模様替えの工事中の防火対象物における屋外消火栓設備及び連結送水管に係る技術上の基準の細目については、当分の間、改正後の消防法施行規則第二十二条第一号、第三号、第五号、第十号及び第十一号並びに第三十一条第五号、第六号イ(二)を除く。）、第八号及び第九号の規定にかかわらず、なお従前の例による。

附　則(し)〔平成二年七月二七日自治省令第二三号〕

この省令は、平成二年九月一日から施行する。

附　則(ゑ)〔平成二年一〇月三〇日自治省令第二九号〕

1　この省令は、平成三年一月一日から施行する。

2　この省令の施行の際、現に存する老人短期入所施設及び精神薄弱者通勤寮又は現に新築、増築、改築、移転、修繕若しくは模様替えの工事中の老人短期入所施設及び精神薄弱者通勤寮におけるスプリンクラー設備に係る技術上の基準については、改正後の消防法施行

規則第十三条第二項の規定にかかわらず、平成五年十二月三十一日までの間は、なお従前の例による。

附　則(ひ)〔平成三年五月二八日自治省令第二〇号〕

1　この省令は、平成三年六月一日から施行する。

2　この省令の施行の際、現に存する防火対象物又は現に新築、増築、改築、移転、修繕若しくは模様替えの工事中の防火対象物における自動火災報知設備のうち、改正後の消防法施行規則第二十三条第四項第一号ホ、第七号の四及び第七号の五ハ、第五項並びに第六項第一号及び第二号、第二十四条の二第二号イ並びに別表第一の二の規定に適合しないものに係る技術上の基準については、これらの規定にかかわらず、平成五年五月三十一日までの間は、なお従前の例による。

附　則(も)〔平成四年一月二九日自治省令第四号〕

この省令は、平成四年三月一日から施行する。

附　則(せ)〔平成五年一月二九日自治省令第二号〕

この省令は、平成五年二月一日から施行する。ただし、第六条の改正規定は、平成五年三月一日から施行する。

附　則(す)〔平成六年一月六日自治省令第一号〕

1　この省令は、平成六年四月一日から施行する。

2　この省令の施行の際、現に存する防火対象物又は現に新築、増築、改築、移転、修繕若しくは模様替えの工事中の防火対象物における自動火災報知設備及び非常警報設備に係る技術上の細目については、改正後の消防法施行規則第二十五条の二第二項第三号イ、ロ及びホの規定にかかわらず、なお従前の例による。

附　則(ん)〔平成六年一月一九日自治省令第四号抄〕

1　この省令は、平成六年四月一日から施行する。ただし、第三条の規定は、平成七年四月一日から施行する。

3　この省令による改正後の消防法施行規則別記様式第一号から別記様式第一号の二の三の二まで、別記様式第一号の四、別記様式第一号の五及び別記様式第一号の七から別記様式第十二号までに規定する様式は、第一項の規定にかかわらず、平成七年三月三十一日までの間は、なお従前の例によることができる。

附　則(イ)〔平成六年一二月二八日自治省令第四四号〕

1　この省令は、平成七年四月一日から施行する。ただし、目次の改正規定及び第六章の次に一章を加える改正規定は、平成七年一月一日から施行する。

2　この省令の施行前に、この省令による改正前の消防法施行規則第二条第八号の規定に基づいて消防庁長官が認定した者については、改正後の消防法施行規則第二条第八号に掲げる者とみなす。

3　この省令の施行の際、現にこの省令による改正前の消防法施行規則第三条の規定により届け出られている消防計画は、平成八年三月三十一日までの間は、この省令による改正後の消防法施行規則第三条の規定に基づいて届け出られたものとみなす。

附　則(ロ)〔平成八年二月一六日自治省令第二号〕

(施行期日)

第一条　この省令は、公布の日から施行する。ただし、次の各号に掲げる規定は、当該各号に定める日から施行する。

一　第二十五条の改正規定　平成八年四月一日

二　第十三条の改正規定及び附則第四条の規定　平成八年十月一日

三　第十二条の改正規定、第十四条第一項第四号ニ、第八号イ(イ)及び第十二号の改正規定並びに同項第十一号の次に一号を加える改正規定、第十六条第三項の改正規定(同項第四号中「第十四条第一項第二号」を「第十四条第一項第一号」に改める部分を除く。)、第十八条から第二十二条まで、第二十四条、第二十四条の二の三、第二十四条の三及び第二十五条の二の改正規定、第二十七条に一項を加える改正規定並びに第二十八条の三、第三十条、

第三十条の三、第三十一条（第三号を除く。）、第三十一条の二、第三十一条の二の二の改正規定並びに附則第三条第二項、附則第五条及び附則第六条の規定　平成九年四月一日

（スプリンクラー設備の水量等に係る技術上の基準に関する経過措置）

第二条　この省令の施行の際、現に存する防火対象物若しくはその部分又は現に新築、増築、改築、移転、修繕若しくは模様替えの工事中に防火対象物若しくはその部分におけるスプリンクラー設備のうち、改正後の消防法施行規則（以下「新規則」という。）第十三条の六第一項第一号、同条第二項第一号及び第十四条第一項第十一号ハ(イ)の規定に適合しないものに係る技術上の基準については、これらの規定にかかわらず、なお従前の例による。

（スプリンクラーヘッドを高天井部分に設けるスプリンクラー設備の技術上の基準に関する経過措置等）

第三条　第一条の規定にかかわらず、平成九年三月三十一日までの間は、消防法施行令第十二条第二項第二号ロに規定する部分、同条第一項第五号の防火対象物のうち店舗、事務所その他これらに類する施設であつて床面から天井までの高さが六メートルを超える部分及び地下道であつて床面から天井までの高さが十メートルを超える部分並びに同項第五号の二の防火対象物のうち床面から天井までの高さが六メートルを超える部分（次項において「高天井の部分」という。）におけるスプリンクラー設備に係る技術上の基準については、新規則の規定は適用せず、なお従前の例による。

2　平成九年四月一日において現に存する防火対象物若しくはその部分（高天井の部分に限る。以下この項において同じ。）又は現に新築、増築、改築、移転、修繕若しくは模様替えの工事中の防火対象物若しくはその部分におけるスプリンクラー設備のうち、新規則第十三条の四の規定、第十三条の五第三項から第六項までの規定（高天井の部分に適用される規定に限る。）、第十三条の六第一項第五号及び第二項第五号の規定並びに第十四条第二項の規定に適合しないものに係る技術上の基準については、平成十一年三月三十一日までの間は、これらの規定にかかわらず、なお従前の例による。

（スプリンクラー設備を設置することを要しない部分等に関する経過措置）

第四条　平成八年十月一日において現に存する防火対象物（消防法施行令別表第一(五)項ロに掲げる防火対象物又は同表(六)項に掲げる防火対象物のうち同表(五)項ロの防火対象物の用途に供される部分が存するものに限る。以下この条において同じ。）又は現に新築、増築、改築、移転、修繕若しくは模様替えの工事中の防火対象物におけるスプリンクラー設備に係る技術上の基準については、新規則第十三条第一項並びに第三項第十一号及び第十二号の規定にかかわらず、なお従前の例による。

（消防用設備等の操作盤の基準に関する経過措置）

第五条　平成九年四月一日において現に存する防火対象物若しくはその部分又は現に新築、増築、改築、移転、修繕若しくは模様替えの工事中の防火対象物若しくはその部分における屋内消火栓設備、スプリンクラー設備、水噴霧消火設備、泡消火設備、二酸化炭素消火設備、ハロゲン化物消火設備、粉末消火設備、屋外消火栓設備、自動火災報知設備、ガス漏れ火災警報設備、非常警報設備、誘導灯、排煙設備、連結散水設備、連結送水管、非常コンセント設備及び無線通信補助設備のうち、新規則第十二条第一項第八号、第十四条第一項第十二号、第十六条第三項第六号、第十八条第四項第十五号、第十九条第四項第二十三号、第二十条第四項第十七号、第二十一条第四項第十九号、第二十二条第十一号、第二十四条第九号、第二十四条の二の三第一項第十号、第二十五条の二第二項第六号、第二十八条の三第一項第九号、第三十条第三号、第三十条の三第五号、第

三十一条第九号、第三十一条の二第十号及び第三十一条の二の二第九号の規定に適合しないものに係る技術上の基準の細目については、平成十一年三月三十一日までの間は、これらの規定にかかわらず、なお従前の例による。

（避難器具の基準に関する経過措置）

第六条　平成九年四月一日において現に存する防火対象物若しくはその部分又は現に新築、増築、改築、移転、修繕若しくは模様替えの工事中の防火対象物若しくはその部分における避難器具に係る技術上の基準の細目については、新規則第二十七条第二項の規定にかかわらず、なお従前の例による。

附　則（八）〔平成九年三月三一日自治省令第一九号〕

（施行期日）

1　この省令は、平成九年七月一日から施行する。ただし、次の各号に掲げる規定は、当該各号に掲げる日から施行する。

一　第三条第五項の改正規定、第二十四条の二第一号の改正規定中「又は総合操作盤」を削る部分及び同号ホの改正規定、第二十四条の二の四第三号ホの改正規定並びに第二十五条の二第二項第三号への改正規定　平成九年四月一日

二　第四条の三第五項第四号ロの改正規定、第十二条第一項第七号ロ(イ)及びニ並びに第二項第五号の改正規定、第十三条の六第二項第一号から第四号まで及び第三項第二号の改正規定、第十四条第一項第一号ホ並びに第十一号ロ及びニの改正規定、第十五条第四号の改正規定中放水圧力に係る部分、第十六条第三項第三号ロの改正規定、第十八条第四項第九号ロの改正規定、第十九条第一項第二号並びに第四項第七号ハ及びニ、第九号ロ並びに第十三号イの改正規定、第二十条第一項第二号の改正規定中放射圧力に係る部分並びに同条第四項第五号、第八号及び第九号の改正規定、第二十一条第一項第一号並びに第四項第三号ハ、第六号ロ及びハ、第七号ロ並びに第八号の改正規定、第二十二条第十号ロ及びニの改正規定並びに第三十一条第五号ロ及びハの改正規定　平成十一年十月一日

（経過措置）

2　平成九年七月一日において現に存する防火対象物若しくはその部分又は現に新築、増築、改築、移転、修繕若しくは模様替えの工事中の防火対象物若しくはその部分における屋内消火栓設備、スプリンクラー設備、水噴霧消火設備、泡消火設備、二酸化炭素消火設備、屋外消火栓設備、自動火災報知設備、非常警報設備、連結散水設備及び連結送水管に係る技術上の基準の細目については、改正後の消防法施行規則（以下「新規則」という。）第十二条第一項第七号ニ、第十四条第一項第十一号（ロ及びニを除く。）、第十六条第三項第三号（ロ及びホ(イ)を除く。）、第十八条第四項第九号（ロを除く。）、第十九条第四項第十九号の二、第二十二条第十号（ロ及びニを除く。）、第二十四条第一号イ、ホ、ヘ及びチ、第五号ハ及びト並びに第八号の二、第二十五条の二第二項第一号ロ及び第三号ト、第三十条の三第一号ロ並びに第三十一条第六号イの規定にかかわらず、なお従前の例による。

3　平成十一年十月一日において現に防火対象物において使用する消防法施行令第四条の三第五項に規定するじゅうたん等の防炎性能の測定に関する技術上の基準については、当該防火対象物において引き続き使用される場合に限り、新規則第四条の三第五項第四号ロの規定にかかわらず、なお従前の例による。

4　平成十一年十月一日において現に存する防火対象物若しくはその部分又は現に新築、増築、改築、移転、修繕若しくは模様替えの工事中の防火対象物若しくはその部分における屋内消火栓設備、スプリンクラー設備、二酸化炭素消火設備、ハロゲン化物消火設備、粉末消火設備、屋外消火栓設備及び連結送水管に係る技術上の基準の

細目については、新規則第十二条第一項第七号ロ(イ)及び第二項第五号、第十三条の六第二項第一号から第四号まで及び第三項第二号、第十四条第一項第十一号ロ、第十五条第四号、第十九条第一項第二号並びに第四項第七号ハ及びニ、第九号ロ並びに第十三号イ、第二十条第一項第二号及び第四項第五号、第二十一条第一項第一号、第二十二条第十号ロ並びに第三十一条第五号ロの規定にかかわらず、なお従前の例による。

附　則（ニ）〔平成一〇年三月三〇日自治省令第九号〕

1　この省令は、平成十年四月一日から施行する。ただし、第二十五条第三項に次の一号を加える改正規定は、平成十年十月一日から施行する。

2　平成十年十月一日において現に存する防火対象物若しくはその部分又は現に新築、増築、改築、移転、修繕若しくは模様替えの工事中の防火対象物若しくはその部分における火災通報装置の設置及び維持に関する技術上の基準の細目については、改正後の消防法施行規則（以下「新規則」という。）第二十五条第三項第三号の規定にかかわらず、なお従前の例による。

3　平成十年四月一日において現に存する改正前の消防法施行規則別記様式第一号の二の四、別記様式第一号の四、別記様式第一号の五及び別記様式第一号の六による消防設備士免状交付申請書、消防設備士免状書換申請書、消防設備士免状再交付申請書及び消防設備士試験受験願書は、新規則別記様式第一号の二の四、別記様式第一号の四、別記様式第一号の五及び別記様式第一号の六にかかわらず、当分の間、これを使用することができる。この場合においては、押印することを要しない。

附　則（ホ）〔平成一〇年七月二四日自治省令第三一号〕

1　この省令は、公布の日から施行する。ただし、第十三条の二第一項の改正規定、第十三条の五の改正規定、第十三条の六の改正規定及び第十四条の改正規定は、平成十一年四月一日から施行する。

2　この省令の施行の際現に存する改正前の消防法施行規則別記様式第一号の二の三及び別記様式第一号の七による消防用設備等設置届出書及び消防用設備等着工届出書は、改正後の消防法施行規則別記様式第一号の二の三及び別記様式第一号の七にかかわらず、当分の間、これを使用することができる。

附　則（ヘ）〔平成一〇年一二月一八日自治省令第四六号〕

この省令は、平成十一年四月一日から施行する。

附　則（ト）〔平成一一年三月一七日自治省令第五号〕

改正　平成一二年九月総務省令第九三号(ユ)

1　この省令は、平成十一年四月一日から施行する。ただし、第三条第二項、第十三条第二項、第二十八条の二及び第二十八条の三の改正規定については、平成十一年十月一日から施行する。

2　平成十一年十月一日において現に存する有料老人ホーム若しくはその部分又は現に新築、増築、改築、移転、修繕若しくは模様替えの工事中の有料老人ホーム若しくはその部分におけるスプリンクラー設備のうち、改正後の消防法施行規則（以下「新規則」という。）第十三条第二項の規定に適合しないものに係る技術上の基準については、同項の規定にかかわらず、平成十九年九月三十日までの間、なお従前の例による。

3　平成十一年十月一日において現に存する防火対象物若しくはその部分又は現に新築、増築、改築、移転、修繕若しくは模様替えの工事中の防火対象物若しくはその部分における誘導灯のうち、新規則第二十八条の三第一項から第四項までの規定に適合しないものに係る技術上の基準（非常電源に係るものを除く。）については、これらの規定にかかわらず、なお従前の例による。(ユ)

三項…一部改正〔平成一二年九月総令九三号(ユ)〕

附　則（チ）〔平成一一年九月二九日自治省令第三四号〕

1　この省令は、平成十一年十月一日から施行する。
2　平成十一年十月一日において現に存する防火対象物若しくはその部分又は現に新築、増築、改築、移転、修繕若しくは模様替えの工事中の防火対象物若しくはその部分における排煙設備のうち、改正後の消防法施行規則第二十九条及び第三十条の規定に適合しないものに係る技術上の基準については、これらの規定にかかわらず、なお従前の例による。

附　則（リ）〔平成一二年三月二四日自治省令第一三号〕

1　この省令は、平成十二年四月一日から施行する。
2　この省令の施行の際現に交付されている消防設備士免状は、改正後の消防法施行規則（次項において「新規則」という。）別記様式第一号の三の消防設備士免状とみなす。
3　この省令の施行の際現に存する改正前の消防法施行規則別記様式第一号の二の四、別記様式第一号の四、別記様式第一号の五及び別記様式第一号の六による消防設備士免状交付申請書、消防設備士免状書換申請書、消防設備士免状再交付申請書及び消防設備士試験受験願書は、新規則別記様式第一号の二の四、別記様式第一号の四及び別記様式第一号の六にかかわらず、当分の間、これを使用することができる。

附　則（ヌ）〔平成一二年五月三一日自治省令第三六号〕

この省令は、平成十二年六月一日から施行する。

附　則（ル）〔平成一二年九月一四日自治省令第四四号〕

この省令は、内閣法の一部を改正する法律（平成十一年法律第八十八号）の施行の日（平成十三年一月六日）から施行する。

附　則（ヲ）〔平成一二年一一月一七日自治省令第五〇号〕

この省令は、平成十三年四月一日から施行する。

附　則（ワ）〔平成一二年一一月二〇日自治省令第五一号抄〕

（施行期日）

第一条　この省令は、平成十三年一月一日から施行する。

（防炎表示等に関する経過措置）

第二条　この省令の施行の際現に改正前の消防法施行規則（次条において「旧規則」という。）第四条の四第一項第一号の規定により認定を受けている者は、この省令の施行の日（第四条において「施行日」という。）において改正後の消防法施行規則（以下「新規則」という。）第四条の四第一項第一号の規定により登録を受けた者とみなす。

第三条　この省令の施行の際現に防炎物品に付されている旧規則別表第一の防炎表示の様式は、新規則別表第一の防炎表示の様式とみなす。

（消防設備点検資格者に関する経過措置）

第四条　この省令の施行の際現に消防用設備等の点検に関し必要な知識及び技能を修得することができる講習に相当するものとして消防庁長官が認める講習を修了し、当該講習を行う機関が発行する消防用設備等の点検に関し必要な知識及び技能を修得したことを証する書類（以下この条において「免状」という。）の交付を受けている者（免状が失効した者を除く。）は、施行日において新規則第三十一条の六第五項に規定する消防設備点検資格者とみなす。

附　則（カ）〔平成一三年三月二九日総務省令第四三号〕

1　この省令は、平成十三年四月一日から施行する。ただし、第十二条第一項第一号の改正規定、第十三条の六第三項に一号を加える改正規定、第十四条第一項第六号に次のように加える改正規定、第十九条第五項第十九号の二の次に一号を加える改正規定、第二十条第四項第十四号の次に一号を加える改正規定、第三十条の三第四号に次のように加える改正規定及び第三十一条第四号の次に一号を加える改正規定は、平成十三年七月一日から施行する。
2　この省令の施行の際、現に存する防火対象物若しくはその部分又は現に新築、増築、改築、移転、修繕若しくは模様替えの工事中の防火対象物若しくはその部分における屋内消火栓設備、スプリンクラー設備、不活性ガス消火設備、ハロゲン化物消火設備、連結散水設備及び連結送水管に係る技術上の基準の細目については、改正後の消防法施行規則第十二条第一項第一号ロ、第十三条の六第三項第七号、第十四条第一項第六号へ、第十九条第五項第一号の二、第六号の三、第十五号ニ及び第十九号の三並びに第六項第四号、第二十条第四項第十四号の二、第三十条の三第四号ホ並びに第三十一条第四号の二の規定にかかわらず、なお従前の例による。

3　この省令の施行の際、現に改正前の消防法施行規則第三十三条の三の規定に基づく第三類の指定区分に係る消防設備士試験に合格した者又は同条の規定に基づき第三類の指定区分により消防用設備等の工事若しくは整備の種類を指定した消防設備士免状の交付を受けている者は、それぞれ改正後の消防法施行規則第三十三条の三の規定に基づく第三類の指定区分に係る消防設備士試験に合格した者又は同条の規定に基づき第三類の指定区分により消防用設備等の工事若しくは整備の種類を指定した消防設備士免状の交付を受けている者とみなす。

附　則（ヨ）〔平成一三年四月二六日総務省令第六八号〕

この省令は、公布の日から施行する。

附　則（タ）〔平成一四年一月二五日総務省令第三号〕

この省令は、平成十四年七月一日から施行する。ただし、別記様式第一号の六の改正規定は、同年四月一日から施行する。

附　則（レ）〔平成一四年二月二八日総務省令第一九号抄〕

（施行期日）

1　この省令は、保健婦助産婦看護婦法の一部を改正する法律の施行の日（平成十四年三月一日）から施行する。

附　則（ソ）〔平成一四年一〇月七日総務省令第一〇五号〕

（施行期日）

第一条　この省令は、消防法の一部を改正する法律（平成十四年法律第三十号。以下「改正法」という。）の施行の日（平成十四年十月二十五日）から施行する。ただし、次の各号に掲げる規定は、当該各号に定める日から施行する。

一　第三十三条の六第四項の改正規定並びに次条第一項及び第二項の規定　公布の日

二　次条第三項の規定　平成十五年一月一日

三　第三条及び第四条の二の改正規定、同条の次に八条を加える改正規定並びに第四条の四第二項、第五条、第六条、第十二条第四号イ㈡、第二十三条第六項、別表第一、別表第一の二、別記様式第一号の二の二の二及び別記様式第一号の二の二の三の改正規定　改正法附則第一条ただし書に規定する規定の施行の日（平成十五年十月一日）

（経過措置）

第二条　改正後の消防法施行規則（以下「新規則」という。）第四条の二の四第四項の講習を行おうとする法人は、前条第三号に規定する規定の施行の日（以下「施行日」という。）前においても、新規則第四条の二の五第一項から第六項までの規定の例により、総務大臣の登録を受けることができる。

2　総務大臣は、前項の規定による登録をしたとき、又は登録をしないことを決定したときは、それぞれ新規則第四条の二の五第四項又は第六項の規定の例により、その旨を申請者に通知しなければならない。

3　第一項の規定により登録を受けた登録講習機関は、施行日前においても新規則第四条の二の四第四項に規定する講習を行い、同項に規定する免状を交付することができる。この場合において、当該免状の効力は、施行日から生ずるものとする。

附　則(ツ)〔平成一五年六月一三日総務省令第九〇号〕

改正　平成一六年七月総務省令第一二二号(ム)、一七年三月第三三号(ノ)

（施行期日）

第一条　この省令は、消防法の一部を改正する法律（平成十四年法律第三十号。以下「改正法」という。）附則第一条ただし書に規定する規定の施行の日（平成十五年十月一日）から施行する。ただし、次の各号に掲げる規定は、当該各号に定める日から施行する。

一　別記様式第一号の改正規定（「種防火管理講習」を「種防火管理講習」に改める部分を除く。）　公布の日

二　次条の規定　平成十七年四月一日

三　第二条の三の改正規定、第四条の二の四第二項第一号を同項第一号の二とし、同号の前に一号を加える改正規定並びに別記様式第一号の改正規定（「種防火管理講習」を「種防火管理　講習」に改める部分に限る。）及び別記様式第一号の二の二の改正規定　平成十八年四月一日

（経過措置）

第二条　都道府県知事、消防本部及び消防署を置く市町村の消防長又は消防法施行令（昭和三十六年政令第三十七号）第三条第一項第一号イ若しくは第二号イの規定により総務大臣の登録を受けた防火管理に関する講習を行う法人は、前条第三号に規定する規定の施行の日（以下「施行日」という。）前においても改正後の消防法施行規則（以下「新規則」という。）第二条の三第一項に規定する甲種防火管理再講習を行い、同条第五項に規定する修了証を交付することができる。この場合において、当該修了証の効力は、施行日から生ずるものとする。(ム)(ノ)

本条…一部改正〔平成一六年七月総令一二二号(ム)、一七年三月三三号(ノ)〕

第三条　この省令の施行の際、現に存する防火対象物若しくはその部分又は現に新築、増築、改築、移転、修繕若しくは模様替えの工事中の防火対象物若しくはその部分における自動火災報知設備、非常警報設備及び避難器具に係る技術上の基準の細目については、新規則第二十三条第四項第七号へ、第二十四条、第二十五条の二第二項第一号イ並びに第二十七条第一項（第一号を除く。）の規定にかかわらず、平成十七年十月一日までの間は、なお従前の例による。

第四条　この省令の施行の際、現に存する防火対象物若しくはその部分又は現に新築、増築、改築、移転、修繕若しくは模様替えの工事中の防火対象物若しくはその部分における避難器具に係る技術上の基準の細目については、新規則第二十七条第一項第一号の規定にかかわらず、平成十八年十月一日（消防長（消防本部を置かない市町村においては、市町村長）又は消防署長が特に必要があると認めた場合に限り、平成二十年十月一日）までの間は、なお従前の例による。

第五条　この省令の施行の際、現に存する防火対象物若しくはその部分又は現に新築、増築、改築、移転、修繕若しくは模様替えの工事中の防火対象物若しくはその部分における避難器具に係る技術上の基準の細目については、防火対象物又はその階の位置、構造及び設備の状況並びに使用状況から判断して避難上支障がないものとして消防庁長官が定める方法により、平成十八年十月一日までに必要な措置を講じた場合は、新規則第二十七条第一項第一号の規定は適用しない。

附　則(ネ)〔平成一五年七月二四日総務省令第一〇一号抄〕

第一条　この省令は、東南海・南海地震に係る地震防災対策の推進に関する特別措置法の施行の日（平成十五年七月二十五日）から施行する。

附　則(ナ)〔平成一六年三月二六日総務省令第五四号抄〕

（施行期日）

第一条　この省令は、消防組織法及び消防法の一部を改正する法律（平成十五年法律第八十四号）附則第一条第二号に掲げる規定の施行の日（平成十六年六月一日）から施行する。ただし、次の各号に掲げる規定は、当該各号に定める日から施行する。

一　第三十三条の十一第六項の改正規定（「昭和四十五年消防庁告示第一号」を「平成十五年消防庁告示第三号」第三条第四項）に、「別表第五第三項」を「第九条第一項」に改める部分に限る。）、第五十条の改正規定及び第五十一条の改正規定　平成十六年四月一日

二　第一条の二第一項の改正規定、第一条の二を第一条の三とし、第一条の次に一条を加える改正規定、第三条の改正規定（同条第一項第三号中「消防用設備等」の下に「又は法第十七条第三項に規定する特殊消防用設備等（以下「特殊消防用設備等」という。）」を加える部分、同条第二項及び第八項中「消防用設備等」の下に「又は特殊消防用設備等」を加える部分並びに同条第八項中「複数の」を削る部分を除く。）及び第四条の二の四第二項第八号リ中「所在する」の下に「令第一条の二第三項第一号に規定する」を加える改正規定　平成十六年八月一日

（経過措置）

第三条　この省令による改正後の消防法施行規則（以下「新規則」という。）第一条の四第一項、第四条の二の五第一項、第四条の六第一項、第三十一条の五第一項及び第三十一条の七第一項の登録を受けようとする法人は、この省令の施行前においても、その申請を行うことができる。新規則第一条の四第十二項（新規則第四条の二の五第二項、第四条の六第四項、第三十一条の五第三項及び第三十一条の七第二項において準用する場合を含む。）の規定による業務規程の届出についても、同様とする。

2　この省令の施行の際現にこの省令による改正前の消防法施行規則（以下「旧規則」という。）第四条の二の五第一項の登録を受けている法人並びに旧規則第四条の六第一項及び第三十一条の七第一項の指定を受けている法人は、この省令の施行の日から起算して六月を経過する日までの間は、新規則第四条の二の五第一項、第四条の六第一項、第三十一条の五第一項及び第三十一条の七第一項の登録を受けている法人とみなす。当該法人がその期間内にこれらの規定によりこれらの規定の登録の申請をした場合において、その申請に係る処分があるまでの間も、同様とする。

第四条　この省令の施行の際現に存する旧規則別表第一の二の二に定める様式による防炎表示は、新規則別表第一の二の二にかかわらず、当分の間、これを使用することができる。

2　この省令の施行の際現に旧規則第四条の四第一項の規定により防炎物品に付されている旧規則別表第一の二の二に定める様式による防炎表示は、新規則別表第一の二の二に定める様式による防炎表示とみなす。

第五条　この省令の施行の際現に存する旧規則第三十一条の四第二項の表示は、同項の指定認定機関が、新規則第三十一条の四第一項の登録を受けた場合及び附則第三条第二項の規定により新規則第三十一条の五第一項の登録を受けている法人とみなされる場合に限り、新規則第三十一条の四第二項の規定にかかわらず、当分の間、これを使用することができる。

2　この省令の施行の際現に旧規則第三十一条の四第二項の規定により消防用設備等又はこれらの部分である機械器具等に付されている同項の表示は、新規則第三十一条の四第二項の規定により付された同項の表示とみなす。

第六条　この省令の施行の日から平成十七年五月三十一日までの間においては、新規則第三十三条の三第一項の表の上欄に掲げる第一類から第三類までのいずれか、第四類及び第五類の指定区分に係る消

防設備士免状の交付を受けている者は、同項の規定にかかわらず、特殊消防用設備等の設置に係る工事又は整備を行うことができる。

2　新規則第三十三条の三第一項の表の上欄に掲げる特類の指定区分に係る消防設備士試験については、この省令の施行の日から平成十六年十二月三十一日までの間に限り、都道府県知事（法第十七条の十一第三項の指定試験機関を含む。）は、新規則第三十三条の三第一項の規定にかかわらず、当該消防設備士試験を行わないことができる。

3　この省令の施行の際現に交付されている旧規則別記様式第一号の三の消防設備士免状及び次項の規定により当分の間使用することができることとされた消防設備士免状は、新規則別記様式第一号の三の消防設備士免状とみなす。

4　この省令の施行の際現に存する旧規則別記様式第一号の三、別記様式第一号の四及び別記様式第一号の六による消防設備士免状、消防設備士免状書換・再交付申請書及び消防設備士試験受験願書は、新規則別記様式第一号の三、別記様式第一号の四及び別記様式第一号の六にかかわらず、当分の間、これを使用することができる。

第七条　この省令の施行の際現に旧規則第三十三条の十一第六項に規定する専科教育の機関科を修了している者は、新規則第三十三条の十一第六項の適用については、同項に規定する専科教育の機関科を修了した者とみなす。

第八条　この省令の施行前に旧規則の規定によってした処分、手続その他の行為であって、新規則の規定に相当の規定があるものは、この附則に別段の定めがあるものを除き、新規則の相当の規定によってしたものとみなす。

附　則（ラ）〔平成一六年五月三一日総務省令第九三号〕

（施行期日）

1　この省令は、消防組織法及び消防法の一部を改正する法律（平成十五年法律第八十四号）附則第一条第二号に掲げる規定の施行の日（平成十六年六月一日）から施行する。

（経過措置）

2　この省令の施行の際現に存する肢体不自由者更生施設、内部障害者更生施設及び身体障害者授産施設又は現に新築、増築、改築、移転、修繕若しくは模様替えの工事中の肢体不自由者更生施設、内部障害者更生施設及び身体障害者授産施設におけるスプリンクラー設備に係る技術上の基準については、この省令による改正後の消防法施行規則（以下「新規則」という。）第十三条第二項の規定にかかわらず、なお従前の例による。

3　新規則別記様式第一号の二の二、別記様式第一号の二の三、別記様式第一号の二の三の二、別記様式第一号の六及び別記様式第一号の七に規定する様式は、附則第一項の規定にかかわらず、平成十六年十一月三十日までの間は、なお従前の例によることができる。

附　則（ム）〔平成一六年七月三〇日総務省令第一一二号〕

この省令は、公布の日から施行する。ただし、第一条中第一条の三第一項の改正規定及び第三条第八項の改正規定は、平成十六年八月一日から、第一条中第十九条第四項第一号イ(イ)の改正規定は、平成十七年十二月一日から施行する。

附　則（ウ）〔平成一七年二月一八日総務省令第一五号〕

この省令は、平成十七年四月一日から施行する。

附　則（ヰ）〔平成一七年三月七日総務省令第二〇号〕

この省令は、公布の日から施行する。

附　則（ノ）〔平成一七年三月二二日総務省令第三三号抄〕

（施行期日）

第一条　この省令は、平成十七年四月一日から施行する。ただし、第一条中消防法施行規則第十二条、第十九条、第二十四条、第二十四条の二の三及び第二十八条の三の改正規定並びに附則第三条中消防法施行規則第三十一条の四第二項に規定する登録認定機関を登録する省令（平成十六年総務省令第百十六号）本則の表の改正規定は、平成十八年四月一日から施行する。

（経過措置）

第二条　この省令による改正前の消防法施行規則（以下「旧規則」という。）第二条第三号に規定する者については、この省令による改正後の消防法施行規則（以下「新規則」という。）第二条第三号に規定する防火管理者として必要な学識経験を有すると認められる者とみなす。

2　この省令の施行の際現に交付されている旧規則別記様式第一号の三の消防設備士免状及び次項の規定により当分の間使用することができることとされた消防設備士免状は、新規則別記様式第一号の三の消防設備士免状とみなす。

3　この省令の施行の際現に存する旧規則別記様式第一号の三による消防設備士免状は、新規則別記様式第一号の三にかかわらず、当分の間、これを使用することができる。

附　則（オ）〔平成一七年五月三一日総務省令第九六号〕

この省令は、平成十七年六月一日から施行する。

附　則（ク）〔平成一七年八月三一日総務省令第一三六号〕

この省令は、日本海溝・千島海溝周辺海溝型地震に係る地震防災対策の推進に関する特別措置法の施行の日（平成十七年九月一日）から施行する。

附　則（ヤ）〔平成一八年三月三一日総務省令第六四号〕

この省令は、平成十八年四月一日から施行する。

附　則（マ）〔平成一八年四月二七日総務省令第七七号〕

この省令は、会社法の施行の日（平成十八年五月一日）から施行する。

附　則（ケ）〔平成一八年六月一四日総務省令第九六号〕

この省令は、公布の日から施行する。

附　則（フ）〔平成一八年九月二九日総務省令第一一六号〕

改正　平成一九年六月総務省令第六六号（コ）

（施行期日）

第一条　この省令は、平成十八年十月一日から施行する。ただし、第四条の二の四第四項第三号の次に一号を加える改正規定は、平成十九年四月一日から施行する。

（経過措置）

第二条　この省令の施行の日から障害者自立支援法附則第一条第三号に掲げる規定の施行の日（平成二十四年四月一日）の前日までの間は、この省令による改正後の消防法施行規則第十三条第二項中「及び障害者自立支援法（平成十七年法律第百二十三号）第五条第十二項に規定する障害者支援施設（主として障害の程度が重い者を入所させるものに限る。）」とあるのは、「、障害者自立支援法（平成十七年法律第百二十三号）第五条第十二項に規定する障害者支援施設（主として障害の程度が重い者を入所させるものに限る。）、同法附則第四十一条第一項若しくは第五十八条第一項の規定によりなお従前の例により運営をすることができることとされた同法附則第四十一条第一項に規定する身体障害者更生援護施設（同法附則第三十五条の規定による改正前の身体障害者福祉法（昭和二十四年法律第二百八十三号）第二十九条に規定する身体障害者更生施設（肢体不自由者更生施設（主として身体障害の程度が重い者を入所させるものに限る。）、視覚障害者更生施設、聴覚・言語障害者更生施設又は内部障害者更生施設（主として身体障害の程度が重い者を入所させるものに限る。）に限る。）、同法第三十条に規定する身体障害者療護施設及び同法第三十一条に規定する身体障害者授産施設（主として身体障害の程度が重い者を入所させるものに限る。）に限る。）及び障害者自立支援法附則第五十八条第一項に規定する知的障害者援護施設（同法附則第五十二条の規定による改正前の知的障害者福祉法（昭和三十五年法律第三十七号）第二十一条の六に規定する知的障害者更生施設（通所施設を除く。）、同法第二十一条の七に規定する知的障害者授産施設（通所施設を除く。）及び同法第二十一条の八に規定する知的障害者通勤寮に限る。）」とする。（コ）

2　この省令の施行の際現に表示されているこの省令による改正前の消防法施行規則別表第一の二に定める様式による防火優良認定証は、消防法第八条の二の三第四項第一号の規定により認定の効力が失われる日までの間、これを使用することができる。

一項…一部改正〔平成一九年六月一三日総務省令六六号(コ)〕

附　則(コ)〔平成一九年六月一三日総務省令第六六号〕

（施行期日）

第一条　この省令は、平成二十一年四月一日から施行する。ただし、第一条及び第三条の規定は、公布の日から施行する。

（経過措置）

第二条　平成二十一年四月一日において現に存する防火対象物又は現に新築、増築、改築、移転、修繕若しくは模様替えの工事中の防火対象物におけるスプリンクラー設備及び自動火災報知器に係る技術上の基準については、この省令による改正後の消防法施行規則第十二条の二、第十三条、第十三条の二、第十三条の三、第十三条の五、第十三条の六、第十四条、第二十三条及び第二十四条の規定にかかわらず、平成二十四年三月三十一日までの間は、なお従前の例による。

第三条　障害者自立支援法の一部の施行に伴う関係政令の整備に関する政令（平成十八年政令第三百二十号）第十九条の規定により読み替えられた消防法施行令別表第一(六)項ロの主として身体障害の程度が重い者を入所させるものとして総務省令で定めるものは、肢体不自由者更生施設（主として身体障害の程度が重い者を入所させるものに限る。）、視覚障害者更生施設、聴覚・言語障害者更生施設、内部障害者更生施設（主として身体障害の程度が重い者を入所させるものに限る。）、身体障害者療護施設及び身体障害者授産施設（主として身体障害の程度が重い者を入所させるものに限る。）とする。

附　則(エ)〔平成一九年六月一九日総務省令第六八号〕

この省令は、建築物の安全性の確保を図るための建築基準法等の一部を改正する法律及び建築物の安全性の確保を図るための建築基準法等の一部を改正する法律の施行に伴う関係政令の整備に関する政令の施行の日（平成十九年六月二十日）から施行する。

附　則(テ)〔平成二〇年四月三〇日総務省令第五五号〕

この省令は、公布の日から施行する。

附　則(ア)〔平成二〇年七月二日総務省令第七八号〕

（施行期日）

第一条　この省令は、平成二十年十月一日から施行する。

（経過措置）

第二条　この省令の施行の際、現に存する防火対象物若しくはその部分又は現に新築、増築、改築、移転、修繕若しくは模様替えの工事中の防火対象物若しくはその部分における自動火災報知設備、ガス漏れ火災警報設備及び非常警報設備に係る技術上の基準の細目については、平成二十二年三月三十一日までの間は、なお従前の例による。

附　則(サ)〔平成二〇年九月二四日総務省令第一〇五号〕

（施行期日）

第一条　この省令は、消防法の一部を改正する法律（平成十九年法律第九十三号）の施行の日（平成二十一年六月一日。以下「施行日」という。）から施行する。ただし、附則第三条の規定は、公布の日から施行する。

（施行前の準備）

第二条 施行日前にその課程を修了した講習であって、この省令による改正後の消防法施行規則（次条において「新規則」という。）第五十一条の十二第三項に規定する講習に相当するものとして消防庁長官が定めるものは、同項に規定する講習とみなす。

第三条 新規則第四条の二の十二第一項、第五十一条の四第一項又は第五十一条の十三第一項の登録を受けようとする法人は、施行日前においても、その申請を行うことができる。

2 総務大臣は、前項の規定により申請があった場合には、施行日前においても、新規則第四条の二の十二、第五十一条の四又は第五十一条の十三の規定の例により、登録をすることができる。この場合において、新規則第四条の二の十二、第五十一条の四又は第五十一条の十三の規定の例により登録を受けたときは、施行日において、新規則第四条の二の十二第二項において読み替えて準用する新規則第一条の四第二項から第五項までの規定、新規則第五十一条の四第二項において読み替えて準用する新規則第一条の四第二項から第五項までの規定又は新規則第五十一条の十三第二項において読み替えて準用する新規則第一条の四第二項から第五項までの規定により、その登録を受けたものとみなす。

3 新規則第四条の二の十二、第五十一条の四又は第五十一条の十三の規定の例により登録を受けた法人は、新規則第四条の二の十四第一項から第三項まで及び第五項、第五十一条の七第一項から第五項まで及び第七項又は第五十一条の十三第二項において読み替えて準用する第一条の四第十項の規定の例により講習を行った場合には、施行日前においても、新規則別記様式第一号の二の二の三の二若しくは別記様式第十三号の例による修了証又は第五十一条の十二第三項の規定の例による防災管理対象物の点検に関し必要な知識及び技能を習得したことを証する書類を交付することができる。この場合において、当該修了証又は書類は、施行日において、新規則別記様式第一号の二の二の三の二若しくは別記様式第十三号による修了証又は第五十一条の十二第三項に規定する免状とみなす。

附　則（キ）〔平成二〇年一二月二六日総務省令第一五五号抄〕

（施行期日）

第一条 この省令は、公布の日から施行する。ただし、第二条の規定は、平成二十一年四月一日から施行する。

（経過措置）

第二条 平成二十一年四月一日において現に存する防火対象物若しくはその部分又は現に新築、増築、改築、移転、修繕若しくは模様替えの工事中の防火対象物若しくはその部分におけるスプリンクラー設備及び火災通報装置に係る技術上の基準の細目については、平成二十四年三月三十一日までの間は、なお従前の例による。

附　則（ユ）〔平成二一年九月三〇日総務省令第九三号〕

（施行期日）

1 この省令は、公布の日から施行する。ただし、第二条の規定は平成二十一年十二月一日から、第三条及び第四条の規定は平成二十二年九月一日から施行する。

（経過措置）

2 一般社団法人及び一般財団法人に関する法律及び公益社団法人及び公益財団法人の認定等に関する法律の施行に伴う関係法律の整備等に関する法律（平成十八年法律第五十号。次項において「整備法」という。）第四十二条第一項に規定する特例社団法人又は特例財団法人（次項において「特例民法法人」という。）に係るこの省令による改正後の消防法施行規則（以下「新規則」という。）第四条の五、第四条の六、第三十一条の四、第三十一条の五、第三十一条の六及び第三十一条の七の規定の適用については、第四条の五第一項並びに第四条の六第一項及び第二項中「消防庁長官」とあるのは「総務大臣」と、同条第四項中「これらの規定中「総務大臣」とあるのは「消防庁長官」と、第一条の四第二項中」とあるのは「第一条の四第二項中」と、第三十一条の四第一項並びに第三十一条の五第一項及び第二項中「消防庁長官」とあるのは「総務大臣」と、同条第四項中「これらの規定中「総務大臣」とあるのは「第一条の四第二項中」と、第一条の四第二項中」とあるのは「消防庁長官」と、第三十一条の六第六項及び第三十一条の七第一項中「消防庁長官」とあるのは「総務大臣」と、同条第二項中「これらの規定中「総務大臣」とあるのは「第一条の四第三項中」と、第一条の四第三項中」とあるのは「消防庁長官」と読み替えるものとする。

3　この省令による改正前の消防法施行規則第四条の五第一項、第三十一条の四第一項若しくは第三十一条の六第六項又は前項の規定による読替え後の新規則第四条の五第一項、第三十一条の四第一項若しくは第三十一条の六第六項の規定による総務大臣の登録を受けている特例民法法人が、整備法第四十四条の規定により公益社団法人及び公益財団法人の認定等に関する法律（平成十八年法律第四十九号）による公益社団法人又は公益財団法人となった場合又は整備法第四十五条の規定により通常の一般社団法人又は一般財団法人となった場合には、当該総務大臣の登録は、新規則第四条の五第一項、第三十一条の四第一項若しくは第三十一条の六第六項の規定による消防庁長官の登録とみなす。

4　平成二十一年十二月一日において現に存する防火対象物若しくはその部分又は現に新築、増築、改築、移転、修繕若しくは模様替えの工事中の防火対象物若しくはその部分における自動火災報知設備、非常警報設備及び誘導灯のうち、新規則第二十三条第五項、第二十四条第二号ハ、第五号イ(ハ)及び第五号の二イ(ハ)、第二十五条の二第二項第一号イ(ハ)及び第三号イ(ハ)並びに第二十八条の三第四項第三号の二の規定に適合しないものに係る技術上の基準の細目については、平成二十二年十一月三十日までの間は、なお従前の例による。

5　平成二十二年九月一日において現に存する防火対象物若しくはその部分又は現に新築、増築、改築、移転、修繕若しくは模様替えの工事中の防火対象物若しくはその部分における誘導灯のうち、新規則第二十八条の三第四項第十号の規定に適合しないものに係る技術上の基準の細目については、平成二十四年八月三十一日までの間は、なお従前の例による。

附　則(メ)　〔平成二一年一一月六日総務省令第一〇六号〕

この省令は、平成二十二年四月一日から施行する。

附　則(ミ)　〔平成二二年二月五日総務省令第八号〕

この省令は、公布の日から施行する。

附　則(シ)　〔平成二二年八月二六日総務省令第八五号〕

この省令は、公布の日から施行する。

附　則(ヱ)　〔平成二二年一二月一四日総務省令第一〇九号〕

（施行期日）

第一条　この省令は、平成二十三年四月一日から施行する。

（経過措置）

第二条　この省令の施行の際現にこの省令による改正前の消防法施行規則（以下「旧規則」という。）第二条の三第二項に規定する甲種防火管理新規講習の課程を修了している者は、この省令による改正後の消防法施行規則（以下「新規則」という。）第二条の三第二項に規定する甲種防火管理新規講習の課程を修了している者とみなす。

2　この省令の施行の際現に旧規則第二条の三第三項に規定する甲種防火管理再講習の課程を修了している者は、新規則第二条の三第三項に規定する甲種防火管理再講習の課程を修了している者とみなす。

3　この省令の施行の際現に旧規則第二条の三第四項に規定する乙種

防火管理講習の課程を修了している者は、新規則第二条の三第四項に規定する乙種防火管理講習の課程を修了している者とみなす。

4　この省令の施行の際現に旧規則第五十一条の七第二項に規定する防災管理新規講習の課程を修了している者は、新規則第五十一条の七第二項に規定する防災管理新規講習の課程を修了している者とみなす。

5　この省令の施行の際現に旧規則第五十一条の七第三項に規定する甲種防火管理新規講習及び防災管理新規講習を併せて実施する講習の課程を修了している者は、新規則第五十一条の七第三項に規定する甲種防火管理新規講習及び防災管理新規講習の課程を併せて実施する講習の課程を修了している者とみなす。

附　則（ヒ）〔平成二三年六月一七日総務省令第五五号〕

（**施行期日**）

第一条　この省令は、公布の日から施行する。ただし、次の各号に掲げる規定は、当該各号に定める日から施行する。

一　第一条中消防法施行規則第三十三条の十七の改正規定及び第二条の規定　平成二十四年四月一日

二　第一条中消防法施行規則第二十八条の二第二項第四号の改正規定　平成二十四年十二月一日

（**経過措置**）

第二条　前条第一号に掲げる規定の施行の日（次項において「第一号施行日」という。）前までに第一条による改正前の消防法施行規則第三十三条の十七第一項又は第二項に規定する講習を受けなければならない者については、第一条による改正後の消防法施行規則（第三項において「新規則」という。）第三十三条の十七第一項又は第二項の規定にかかわらず、当該講習を受けるまでの間に限り、なお従前の例による。

2　〔略〕

3　前条第二号に掲げる規定の施行の日において現に存する防火対象物若しくはその部分又は現に新築、増築、改築、移転、修繕若しくは模様替えの工事中の防火対象物若しくはその部分における誘導灯のうち、新規則第二十八条の二第二項第四号の規定に適合しないものに係る技術上の基準の細目については、平成二十六年十一月三十日までの間は、なお従前の例による。

附　則（モ）〔平成二三年九月二二日総務省令第一三一号〕

この省令は、平成二十三年十月一日から施行する。

附　則（セ）〔平成二四年三月二七日総務省令第一六号〕

この省令は、平成二十四年四月一日から施行する。

附　則（ス）〔平成二四年一〇月一九日総務省令第九一号〕

改正　平成二五年三月総務省令第二八号（ほ）

この省令は、平成二十五年四月一日から施行する。ただし、次の各号に掲げる規定は、当該各号に定める日から施行する。

一　〔略〕

二　第一条中消防法施行規則第一条、第二条の二及び第三条の改正規定、同令第四条を第三条の二とし、同条の次に一条を加える改正規定、同令第四条の二の改正規定、同条を第四条とし、同条の次に一条を加える改正規定、同令第四条の二の四及び第四条の二の六から第四条の二の九までの改正規定、同令第五十一条の八、第五十一条の九及び第五十一条の十一の改正規定、同条を同令第五十一条の十一の二とする改正規定、同令第五十一条の十の次に一条を加える改正規定、同令第五十一条の十一の二の次に一条を加える改正規定、同令第五十一条の十二、第五十一条の十四から第五十一条の十九まで、別記様式第一号の二及び別記様式第一号の二の二の改正規定、同令別記様式第一号の二の二を別記様式第一号の二の二の三とし、別記様式第一号の二の二の次に二様式を加える改正規定並びに同令別記様式第十四号及び別記様式第十五号を削り、別記様式第十六号を別記様式第十四号とし、別記様式第十七号を別記様式第十五号とする改正規定〔中略〕平成二十六年四月一日[は]

本号…一部改正〔平成二五年三月総令二八号[は]〕

附　則(ン)〔平成二五年三月二七日総務省令第二一号抄〕

（施行期日）

第一条　この省令は、平成二十六年四月一日から施行する。ただし、次の各号に掲げる規定は、当該各号に定める日から施行する。

一　第十一条の次に一条を加える改正規定、第十二条、第十三条の六第三項、第十四条第一項、第十八条第四項、第二十二条及び第三十一条の改正規定並びに附則第二条第一項の規定　平成二十五年十月一日

二　第五条、第六条第一項及び第十条の改正規定　平成二十七年四月一日

（経過措置）

第二条　附則第一条第一号の規定の施行の際現に存する防火対象物若しくはその部分若しくは現に新築、増築、改築、移転、修繕若しくは模様替えの工事中の防火対象物若しくはその部分又は平成二十六年三月三十一日までに新築、増築、改築、移転、修繕若しくは模様替えの工事を開始する防火対象物若しくはその部分における屋内消火栓設備、スプリンクラー設備、泡消火設備、屋外消火栓設備及び連結送水管のうち、改正後の消防法施行規則（以下この条において「新規則」という。）第十一条の二、第十二条、第十三条の六、第十八条、第二十二条及び第三十一条の規定に適合しないものに係る技術上の基準の細目については、これらの規定にかかわらず、なお従前の例による。

2　この省令の施行の際、現に存する防火対象物若しくはその部分又は現に新築、増築、改築、移転、修繕若しくは模様替えの工事中の防火対象物若しくはその部分における漏電火災警報器のうち、新規則第二十四条の三の規定に適合しないものに係る技術上の基準の細目については、この規定にかかわらず、なお従前の例による。

3　この省令の施行の際、現に存する防火対象物若しくはその部分又は現に新築、増築、改築、移転、修繕若しくは模様替えの工事中の防火対象物若しくはその部分における無線通信補助設備のうち、新規則第三十一条の二の二の規定に適合しないものに係る技術上の基準の細目については、平成二十八年五月三十一日又は施行の日から起算して二年二月を超えない範囲内において消防長（消防本部を置かない市町村においては、市町村長）若しくは消防署長が定める日のいずれか早い日までの間は、なお従前の例による。

附　則[い]〔平成二五年三月二七日総務省令第二二号抄〕

（施行期日）

1　この省令は、平成二十六年四月一日から施行する。

附　則[ろ]〔平成二五年三月二七日総務省令第二三号抄〕

（施行期日）

第一条　この省令は、平成二十六年四月一日から施行する。

附　則[は]〔平成二五年三月二七日総務省令第二八号〕

この省令は、平成二十五年四月一日から施行する。ただし、第四条の規定は、公布の日から施行する。

附　則[に]〔平成二五年一二月二七日総務省令第一二六号抄〕

改正　平成二六年一〇月総務省令第八〇号[ち]

1　この省令は、平成二十七年四月一日から施行する。ただし、第十三条の六第三項第六号の改正規定は、公布の日から施行する。

2　この省令の施行の際、現に存する令別表第一(六)項ロ、(十六)項イ、(十六の二)項及び(十六の三)項に掲げる防火対象物（同表(十六)項イ、(十六の二)項及び(十六の三)項に掲げる防火対象物にあっては、同表(六)項ロに掲げる防火対象物の用途に供される部分が存するものに限

る。以下この項において同じ。）並びに現に新築、増築、改築、移転、修繕又は模様替えの工事中の同表(六)項ロ、(十六)項イ、(十六の二)項及び(十六の三)項に掲げる防火対象物における消防機関へ通報する火災報知設備に関する基準については、この省令による改正後の消防法施行規則の規定にかかわらず、平成三十年三月三十一日までの間は、なお従前の例による。(ち)

二項…一部改正〔平成二六年一〇月総令八〇号(ち)〕

附　則(ほ)〔平成二五年一二月二七日総務省令第一二八号抄〕

（施行期日）

第一条　この省令は、東南海・南海地震に係る地震防災対策の推進に関する特別措置法の一部を改正する法律（平成二十五年法律第八十七号）の施行の日（平成二十五年十二月二十七日）から施行する。

（消防法施行規則の一部改正に伴う経過措置）

第三条　この省令の施行前に消防法第八条第一項及び第八条の二第一項（消防法第三十六条第一項において準用する場合を含む。）の規定により作成された消防計画のこの省令による改正前の消防法施行規則第三条第六項各号に掲げる事項について定めた部分は、この省令による改正後の消防法施行規則第三条第六項各号に掲げる事項について定めたものについては、この省令による改正後の消防法施行規則第三条第六項各号に掲げる事項について定めた部分とみなす。

附　則(へ)〔平成二六年三月二六日総務省令第一九号〕

この省令は、平成二十七年四月一日から施行する。ただし、第二十二条第十号ロ及び第四十四条の二第二項第二号の改正規定は、公布の日から施行する。

附　則(と)〔平成二六年三月二七日総務省令第二二号〕

この省令は、地域社会における共生の実現に向けて新たな障害保健福祉施策を講ずるための関係法律の整備に関する法律（平成二十四年法律第五十一号）附則第一条第二号に掲げる規定の施行の日（平成二十六年四月一日）から施行する。ただし、第三条の規定は、公布の日から施行する。

附　則(ち)〔平成二六年一〇月一六日総務省令第八〇号抄〕

改正　平成二八年二月総務省令第一〇号(を)

（施行期日）

第一条　この省令は、平成二十八年四月一日から施行する。ただし、次の各号に掲げる規定は、当該各号に定める日から施行する。

一　附則第四条の規定　公布の日

二　第一条中消防法施行規則第十二条の二第一項第一号中「延べ面積」を「基準面積（令第十二条第二項第三号の二に規定する床面積の合計をいう。以下この項、第十三条第三項、第十三条の五第一項及び第十三条の六第一項において同じ。）」に改める改正規定、同項第二号及び同令第十三条第三項第九号の二中「延べ面積」を「基準面積」に改める改正規定、同令第十三条の五の改正規定、同条の次に一条を加える改正規定並びに同令第十三条の六及び第十四条の改正規定並びに附則第二条第一項及び第三条　平成二十七年三月一日

（経過措置）

第二条　前条第二号に掲げる規定の施行の際、現に存する消防法施行令の一部を改正する政令（平成二十六年政令第三百三十三号）による改正後の消防法施行令（次項及び第三項において「新令」という。）別表第一(六)項ロ、(十六)項イ及び(十六の二)項に掲げる防火対象物（同表(十六)項イ及び(十六の二)項に掲げる防火対象物にあっては、同表(六)項ロに掲げる防火対象物の用途に供される部分に限る。以下この項において同じ。）並びに現に新築、増築、改築、移転、修繕又は模様替えの工事中の同表(六)項ロ、(十六)項イ及び(十六の二)項に掲げる防火対象物における屋内消火栓設備、スプリンクラー設備及び動力消防ポンプ設備に関する技術上の基準については、この省令による改

正後の消防法施行規則（次項及び第三項において「新規則」という。）第十二条の二第一項第一号の規定にかかわらず、平成三十年三月三十一日までの間は、なお従前の例による。(を)

2　この省令の施行の際、現に存する新令別表第一㈥項イ⑴及び⑵、(十六)項イ、十六の二項並びに十六の三項に掲げる防火対象物（同表(十六)項イ、十六の二項及び十六の三項に掲げる防火対象物にあっては、同表㈥項イ⑴又は⑵に掲げる防火対象物の用途に供される部分が存するものに限り、同表㈥項ロに掲げる防火対象物の用途に供される部分が存するものを除く。以下この項において同じ。）並びに現に新築、増築、改築、移転、修繕又は模様替えの工事中の同表㈥項イ⑴及び⑵、(十六)項イ、十六の二項並びに十六の三項に掲げる防火対象物における消防機関へ通報する火災報知設備に関する基準については、新規則第二十五条第一項、第三項及び第四項の規定にかかわらず、平成三十一年三月三十一日までの間は、なお従前の例による。

3　この省令の施行の際、現に診療科名中に医療法施行令の一部を改正する政令（平成二十年政令第三十六号）による改正前の医療法施行令（昭和二十三年政令第三百二十六号）第三条の二に規定する診療科名（小児科、形成外科、美容外科、皮膚泌尿器科、こう門科、産婦人科、眼科、耳鼻いんこう科、歯科、矯正歯科、小児歯科、歯科口腔外科、皮膚科、泌尿器科、産科及び婦人科を除く。）を有する病院又は診療所における当該診療科名については、新令別表第一㈥項イ⑴ⅰの総務省令で定める診療科名とみなす。(を)

一項…一部改正・三項…追加〔平成二八年二月総令一〇号(を)〕

第三条　附則第一条第二号に規定する規定の施行前にした行為に対する罰則の適用については、なお従前の例による。

附　則(り)〔平成二七年二月二七日総務省令第一〇号抄〕

（施行期日）

第一条　この省令は、平成二十七年四月一日から施行する。ただし、次の各号に掲げる規定は、当該各号に定める日から施行する。

一　第一条中消防法施行規則第十四条の改正規定　平成二十七年三月一日

二　第二条〔中略〕の規定　平成二十八年四月一日

附　則(ぬ)〔平成二七年三月三一日総務省令第三五号抄〕

（施行期日）

第一条　この省令は、行政手続における特定の個人を識別するための番号の利用等に関する法律の施行の日〔平成二七年一〇月五日〕から施行する。

附　則(る)〔平成二七年五月二九日総務省令第五三号〕

この省令は、建築基準法の一部を改正する法律の施行の日（平成二十七年六月一日）から施行する。

附　則(を)〔平成二八年二月二四日総務省令第一〇号抄〕

（施行期日）

1　この省令は、平成二十八年四月一日から施行する。ただし、第二十六条の改正規定は建築基準法施行令及び地方自治法施行令の一部を改正する政令の施行の日（平成二十八年六月一日）から、次項の規定は公布の日から施行する。

附　則(わ)〔平成二八年五月二七日総務省令第六〇号〕

この省令は、建築基準法の一部を改正する法律附則第一条第三号に掲げる規定の施行の日（平成二十八年六月一日）から施行する。

附　則(か)〔平成二九年二月八日総務省令第四号〕

（施行期日）

第一条　この省令は、平成二十九年四月一日から施行する。

（救急業務に関する講習を修了した者に関する経過措置）

第二条　この省令の施行の日（次条において「施行日」という。）前にこの省令による改正前の消防法施行規則（次条において「旧令」という。）第五十一条に規定する講習を修了した者については、この省令による改正後の消防法施行規則（次条において「新令」という。）第五十一条の規定にかかわらず、なお従前の例による。

（消防庁長官が救急業務に関する講習の課程を修了した者と同等以上の学識経験を有すると認定した者に関する経過措置）

第三条　施行日前に旧令第五十一条の二第二号の規定に基づき消防庁長官が認定した者については、新令第五十一条の二の規定にかかわらず、なお従前の例による。

附　則㊈〔平成三〇年三月二八日総務省令第一二号〕

この省令は、平成三十一年十月一日から施行する。

附　則㊟〔平成三〇年三月三〇日総務省令第一九号〕

この省令は、障害者の日常生活及び社会生活を総合的に支援するための法律及び児童福祉法の一部を改正する法律の施行の日（平成三十年四月一日）から施行する。

附　則㊋〔平成三〇年六月一日総務省令第三四号〕

この省令は、公布の日から施行する。

附　則㋢〔平成三〇年一一月三〇日総務省令第六五号〕

この省令は、平成三十一年四月一日から施行する。

附　則㋡〔令和元年五月七日総務省令第三号〕

この省令は、公布の日から施行する。

附　則㋧〔令和元年六月二八日総務省令第一九号〕

この省令は、不正競争防止法等の一部を改正する法律の施行の日（令和元年七月一日）から施行する。

附　則㋤〔令和元年一二月一三日総務省令第六三号〕

この省令は、令和元年十二月十四日から施行する。

附　則㋶〔令和二年四月一日総務省令第三五号〕

1　この省令は、公布の日から施行する。

2　消防法施行規則第三条第一項、第四条第一項（同規則第五十一条の十一の二において準用する場合を含む。）及び第五十一条の八第一項に規定する届出書並びに同規則第三十一条の三第四項に規定する検査済証の様式については、この省令による改正後の同規則別記様式第一号の二、別記様式第一号の二の二の二及び別記様式第一号の二の三の二にかかわらず、この省令の施行の日から起算して六月を経過するまでの間は、なお従前の例によることができる。

附　則㋰〔令和二年一二月二五日総務省令第一二三号〕

この省令は、公布の日から施行する。

附　則㋒〔令和四年三月三一日総務省令第二八号〕

この省令は、令和四年四月一日から施行する。ただし、第一条中消防法施行規則第三十三条の六の改正規定〔中略〕は、公布の日から施行する。

附　則㋹〔令和四年九月一四日総務省令第六二号〕

（施行期日）

第一条　この省令は、令和五年四月一日から施行する。

（経過措置）

第二条　この省令の施行の際現に存する防火対象物若しくはその部分又は現に新築、増築、改築、移転、修繕若しくは模様替えの工事中の防火対象物若しくはその部分における不活性ガス消火設備に係る技術上の基準の細目については、この省令による改正後の消防法施行規則（以下「新規則」という。）第十九条第五項第十三号イ、第十四号イ(ロ)、第十六号イ(ロ)及び第十七号ハの規定にかかわらず、なお従前の例による。

2　前項の規定は、不活性ガス消火設備で次の各号のいずれかに該当するものについては、適用しない。

一　工事の着手が新規則の規定の施行又は適用の後である消防法施行令第三十四条の二で定める増築若しくは改築又は同令第三十四条の三で定める大規模の修繕若しくは模様替えに係る防火対象物における不活性ガス消火設備

二　新規則第十九条第五項第十三号イ、第十四号イ(ロ)、第十六号イ(ロ)又は第十七号ハの規定に適合するに至った防火対象物における不活性ガス消火設備

3　この省令の施行の際現に存する防火対象物若しくはその部分又は現に新築、増築、改築、移転、修繕若しくは模様替えの工事中の防火対象物若しくはその部分における不活性ガス消火設備に係る技術上の基準の細目については、新規則第十九条第五項第十九号イ(ハ)の規定にかかわらず、令和六年三月三十一日までの間は、なお従前の例による。

附　則㋨〔令和五年二月二二日総務省令第八号抄〕

（**施行期日**）

第一条　この省令は、令和五年四月一日から施行する。〔以下略〕

（**消防法施行規則の一部改正に伴う経過措置**）

第二条　消防法施行規則第三条第一項、第三条の二第一項（同令第五十一条の九において準用する場合を含む。）、第四条第一項（同令第五十一条の十一の二において準用する場合を含む。）、第四条の二第一項（同令第五十一条の十一の三において準用する場合を含む。）、第四条の二の八第二項及び第七項（同令第五十一条の十六第二項において準用する場合を含む。）、第四条の二の十五第二項、第三十一条の三第一項、第三十三条の十八並びに第五十一条の八第一項に規定する届出書の様式については、この省令による改正後の規定にかかわらず、令和六年三月三十一日までの間は、なお従前の例によることができる。

附　則㋔〔令和五年三月三一日総務省令第二八号〕

この省令は、令和五年四月一日から施行する。

附　則㋗〔令和五年五月三一日総務省令第四八号抄〕

（**施行期日**）

1　この省令は、公布の日から施行する。〔以下略〕

附　則㋳〔令和六年一月二六日総務省令第五号抄〕

（**施行期日**）

1　この省令は、公布の日から施行する。

別表第一（第四条の二の七関係）(ソ)(ツ)ね

防火基準点検済証

SAFETY

管理権原者の氏名

点検を行った日　年　月　日

次回点検予定日　年　月　日

点検を行った者の氏名

備考

一　様式の大きさは、日本産業規格A４とする。

二　数字の単位は、ミリメートルとする。

三　色彩は、地を白色、その他のものにあつては次の表のとおりとする。

	日本産業規格Z八一〇二		
	系統色名	略号	色票基準値
①	あざやかな緑	vv-G	5.0G5.5/10.0
②	明るい緑	lt-G	5.0G7.5/7.5
③	あざやかな黄赤	vv-YR	5.0YR6.0/14.0
④	うすい赤みの黄	pl-rY	10.0YR8.5/5.5

本表…追加〔平成一四年一〇月総令一〇五号(ソ)〕、一部改正〔平成一五年六月総令九〇号(ツ)・令和元年六月一九号ね〕

別表第一の二（第四条の二の九関係）(ソ)(ツ)(フ)ね

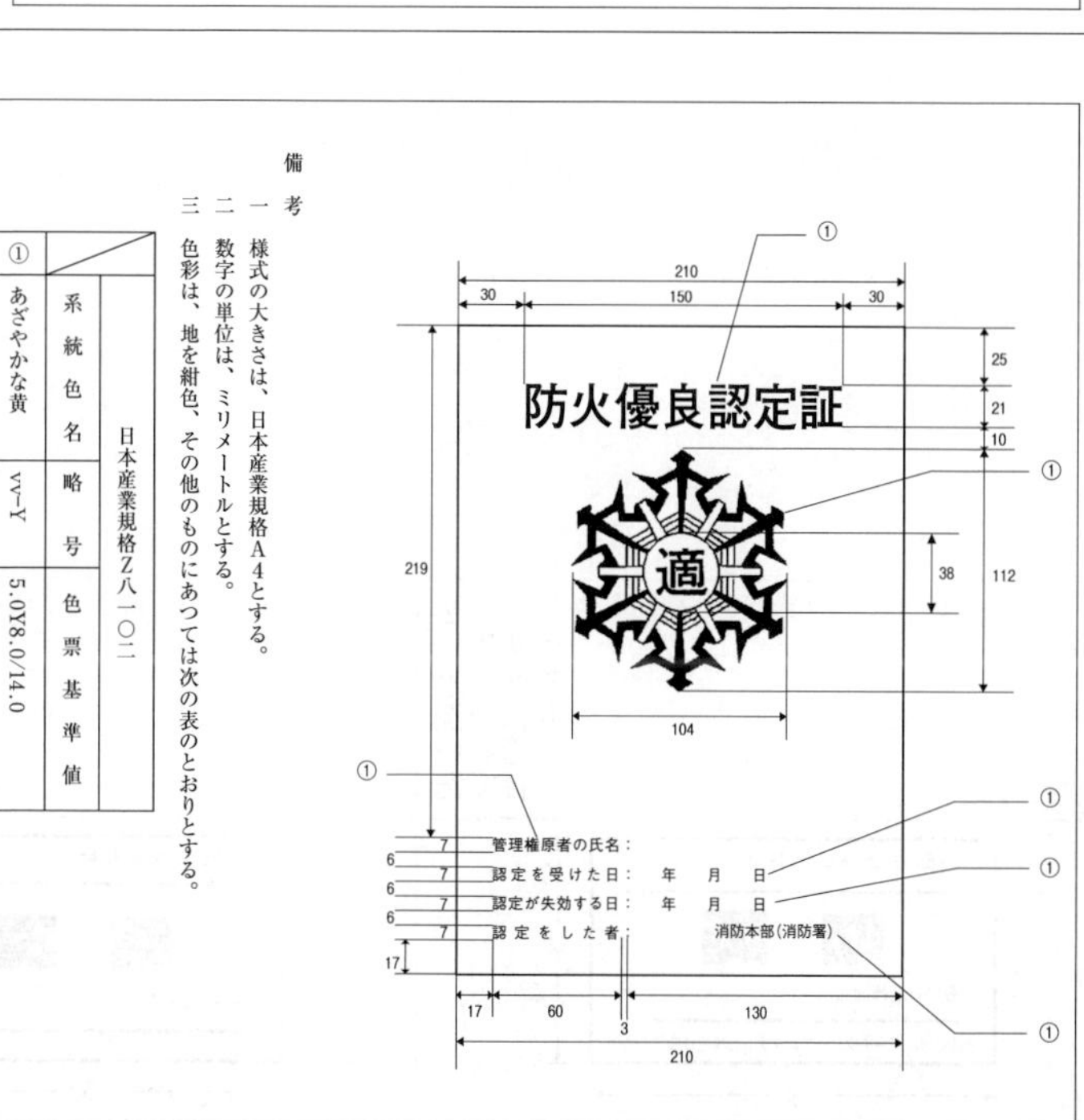

備考

一　様式の大きさは、日本産業規格A４とする。

二　数字の単位は、ミリメートルとする。

三　色彩は、地を紺色、その他のものにあつては次の表のとおりとする。

	日本産業規格Z八一〇二		
	系統色名	略号	色票基準値
①	あざやかな黄	vv-Y	5.0Y8.0/14.0

本表…追加〔平成一四年一〇月総令一〇五号(ソ)〕、一部改正〔平成一五年六月総令九〇号(ツ)〕、全部改正〔平成一八年九月総令一一六号(フ)〕、一部改正〔令和元年六月総令一九号ね〕

別表第一の二の二（第四条の四関係）（め）（ワ）（ソ）（ナ）

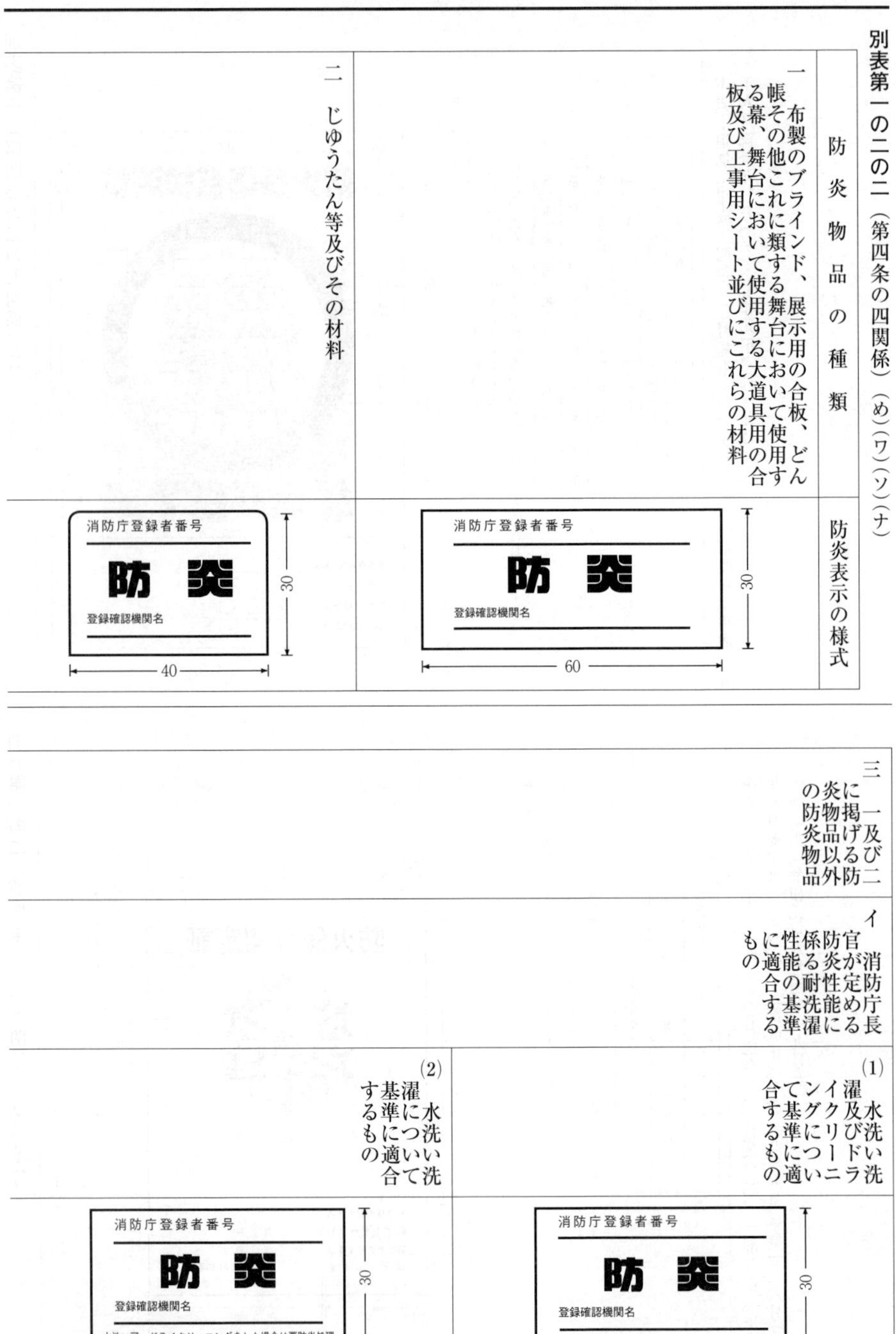

防炎物品の種類			防炎表示の様式
一　布製のブラインド、展示用の合板、どん帳その他これに類する舞台において使用する幕、舞台において使用する大道具用の合板及び工事用シート並びにこれらの材料			消防庁登録者番号 防炎 登録確認機関名 （60×30）
二　じゆうたん等及びその材料			消防庁登録者番号 防炎 登録確認機関名 （40×30）
三　一及び二に掲げる防炎物品以外の防炎物品	イ　消防庁長官が定める防炎性能に係る耐洗濯性能の基準に適合するもの	(1)　水洗い洗濯及びドライクリーニングについて基準に適合するもの	消防庁登録者番号 防炎 登録確認機関名 （50×30）
		(2)　水洗い洗濯について基準に適合するもの	消防庁登録者番号 防炎 登録確認機関名 水洗い可。ドライクリーニングをした場合は要防炎処理 （50×30）

(3) ドライクリーニングについて基準に適合するもの	消防庁登録者番号 防炎 登録確認機関名 ドライクリーニング可。水洗いをした場合は要防炎処理 30 50
ロ イに掲げるもの以外のもの	消防庁登録者番号 防炎 登録確認機関名 洗濯をした場合は要防炎処理 30 50

備考

一　防炎表示の様式の欄の数字の単位は、ミリメートルとする。

二　様式の色彩は、地を白色、文字のうち「防炎」にあつては赤色、「消防庁登録者番号」及び「登録確認機関名」にあつては黒色、その他のものにあつては緑色、横線を黒色とする。

三　登録確認機関の確認を受けていない場合又は登録確認機関の確認を受けたが当該登録確認機関の名称を記載しない場合は、「登録確認機関名」に代えて「防炎性能について自己確認した者の名称」とする。

本表…追加〔昭和四八年六月自令一三号(た)〕、一部改正〔昭和四九年一二月自令四〇号(そ)・五四年三月五号(ら)・六一年八月一七号(け)〕、全部改正〔平成元年六月自令二五号(め)〕、一部改正〔平成一二年一一月自令五一号(ワ)〕、旧別表一…繰下〔平成一四年一〇月総令一〇五号(ソ)〕、本表…一部改正〔平成一六年三月総令五四号(ナ)〕

参照　【防炎性能に係る耐洗たく性能の基準】昭和四八年六月一日消防庁告示第一一号

別表第一の二の三（第二十三条関係）(や)(ひ)(ソ)

感知器の設置場所の区分 ＼ 感知器の種別	差動式スポット型一種又は二種	差動式分布型一種又は二種	定温式特種又は一種	補償式スポット型一種又は二種
第二十三条第四項第一号ニ(ロ)に掲げる場所		○	○	
第二十三条第四項第一号ニ(ハ)に掲げる場所			○	
第二十三条第四項第一号ニ(ニ)に掲げる場所			○	
第二十三条第四項第一号ニ(ヘ)に掲げる場所	○	○	○	○
第二十三条第四項第一号ニ(ト)に掲げる場所		○	○	
第二十三条第四項第一号ホ(ロ)に掲げる場所		○	○	

備考

一　○印は、感知器の設置場所の区分の項に掲げる場所に、当該各欄に掲げる感知器の種別がそれぞれ適応するものであることを示す。

二　第二十三条第四項第一号ニ(ロ)に掲げる場所に設ける定温式感知器は、腐食性ガスの性状に応じ、耐酸型又は耐アルカリ型のものとする。

三　第二十三条第四項第一号ニ(ロ)、(ハ)、(ヘ)及び(ト)に掲げる場所又は同号ホ(ロ)に掲げる場所に設ける定温式感知器は、公称作動温度七十五度以下のものとする。

四　第二十三条第四項第一号ニ(ト)に掲げる場所又は同号ホ(ロ)に掲げる場所に設ける定温式感知器は、防水型のものとする。

五　第二十三条第四項第一号ホ(ロ)に掲げる場所に設ける差動式分布型感知器は、二種のものに限る。

本表…追加〔昭和五九年九月自令二四号(や)〕、一部改正〔平成三年五月自令二〇号(ひ)〕、旧別表一の二…繰下〔平成一四年一〇月総令一〇五号(ソ)〕

別表第一の三（第三十四条関係）(た)(そ)(や)

<table>
<tr><th colspan="2" rowspan="2">信号別＼方法
種別</th><th colspan="3">消防信号</th></tr>
<tr><th>打鐘信号</th><th>余韻防止付きサイレン信号</th><th>その他の信号</th></tr>
<tr><td rowspan="5">火災信号</td><td>近火信号
消防屯所から約八〇〇メートル以内のとき</td><td>●-●-●-●-●
（連点）</td><td>約三秒 ●><●-●-
約二秒（短声連点）</td><td></td></tr>
<tr><td>出場信号
署所団出場区域内</td><td>●-●-●　●-●-●
（三点）</td><td rowspan="2">約五秒 ●><●-●-
約六秒</td><td></td></tr>
<tr><td>応援信号
署所団特命応援出場のとき</td><td>●-●　●-●　●-●
（二点）</td><td></td></tr>
<tr><td>報知信号
出場区域外の火災を認知したとき</td><td>●　●　●　●　●
（一点）</td><td></td><td></td></tr>
<tr><td>鎮火信号</td><td>●　●-●　●　●-●
（一点と二点との斑打）</td><td></td><td></td></tr>
<tr><td rowspan="2">山林火災信号</td><td>出場信号
署所団出場区域内</td><td>●-●-●　●-●
（三点と二点との斑打）</td><td>約十秒 ●><●-
約二秒</td><td></td></tr>
<tr><td>応援信号
署所団特命応援出場のとき</td><td>同右</td><td>同右</td><td></td></tr>
<tr><td rowspan="2">火災警報信号</td><td>火災警報発令信号</td><td>●　●-●-●-●
（一点と四点との斑打）</td><td>約三十秒 ●><●-
約六秒</td><td>掲示板
［火災警報発令中］
赤地に白字
形状及び大きさは、適宜とする。 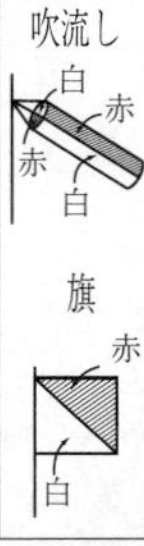
吹流し　白　赤　赤　白
旗　赤　白</td></tr>
<tr><td>火災警報解除信号</td><td>●　●　●-●
（一点二個と二点との斑打）</td><td>約十秒 ●><●> 約一分
約三秒</td><td>口頭伝達、掲示板の撤去、吹流し及び旗の降下</td></tr>
</table>

演習信号	演習招集信号	●　●●●　●　●●●（一点と三点の斑打（はん））	約十五秒 ●—><●— 約六秒	

備考
一　火災警報発令信号及び火災警報解除信号は、それぞれの一種又は二種以上を併用することができる。
二　信号継続時間は、適宜とする。
三　消防職員又は消防団員の非常招集を行うときは、近火信号を用いることができる。

旧別表一…繰下〔昭和四八年六月自令一三号(た)〕、本表…一部改正〔昭和四九年一二月自令四〇号(そ)〕、旧別表一の二…一部改正し繰下〔昭和五九年九月自令二四号(や)〕

別表第一の四（第三十四条の二関係）（へ）（た）（そ）（や）

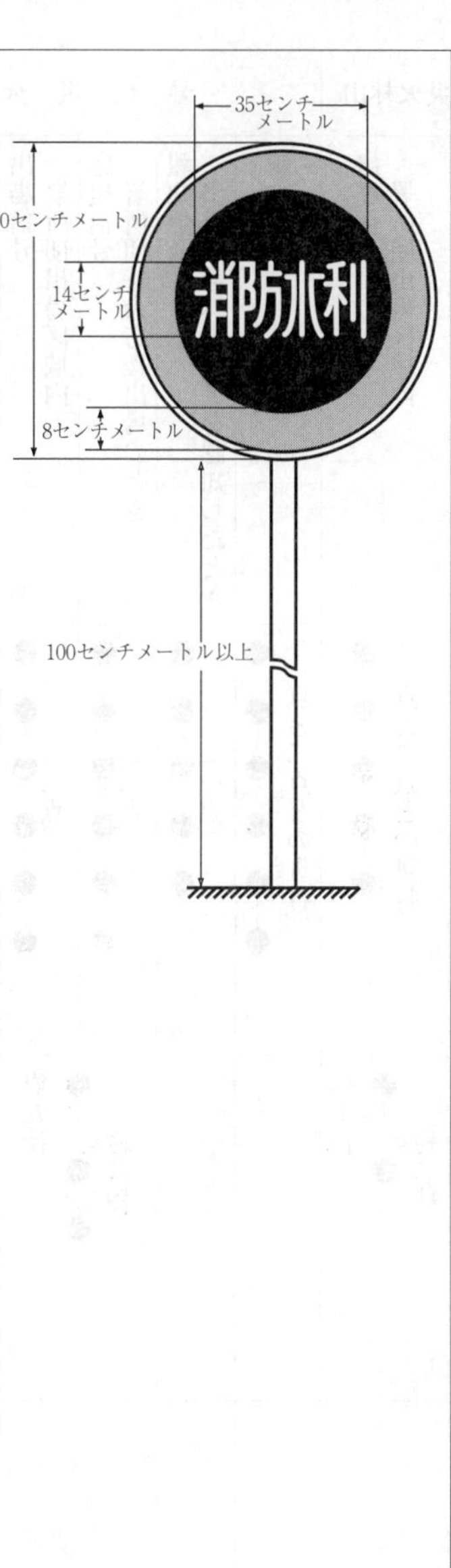

備考
一　色彩は、文字及び縁を白色、枠を赤色、地を青色とし、原則として反射塗料を用いるものとする。
二　標示板を図示の取付け方によって取り付けることが著しく困難又は不適当であるときは、他の方法によることができる。

本表…追加〔昭和四〇年九月自令二五号(へ)〕、旧別表一の二…繰下〔昭和四八年六月自令一三号(た)〕、本表…一部改正〔昭和四九年一二月自令四〇号(そ)〕、旧別表一の三…一部改正し繰下〔昭和五九年九月自令二四号(や)〕

別表第二（第三十五条関係）(ろ)(ほ)(を)(わ)(よ)(つ)(な)(ゐ)(や)(ふ)(ひ)(も)(せ)(ン)

検定対象機械器具等の種別	見本の種類	見本の数量	
		第一次試験用	第二次試験用
消火器	完成品	九個（車載式にあつては三個、消火薬剤を再充てんできないものにあつては三十三個）	二十個（車載式にあつては、十個）
	消火薬剤	二十四個（消火薬剤を再充てんできるものに限る。）（普通火災又は油火災用にあつては、十八個）	車載式にあつては、三個
	加圧用ガスを充てんした加圧用ガス容器	三十二個（消火薬剤を再充てんできるものに限る。）（普通火災又は油火災用にあつては、二十六個）	車載式にあつては、三個
	縦十五センチメートル、横五センチメートルの耐食塗料試験片	厚さ〇・三センチメートルのもの　五枚 その消火器の塗装と同一の厚さのもの　十五枚	
消火器用消火薬剤	完成品	十個	二十個（大型消火器用のものにあつては、十個）
泡消火薬剤	完成品	百リットル（合成界面活性剤にあつては、二百リットル）	千リットル
	完成品	十二個	二十個
差動式スポット型又は熱複合式スポット型	樹脂試験片	縦十五センチメートル、横一・三センチメートル、厚さ〇・三センチメートルのもの　十個	
差動式分布型	完成品	十二個	二十個
	空気管	中央を接続管で接続した全長三十五センチメートルのもの　十個 全長百メートルのもの　一個	
	樹脂試験片	縦十五センチメートル、横一・三センチメートル、厚さ〇・三センチメートルのもの　十個	
定温式感知線型	感知線の接続用端子板三枚を添えた完成品	五十一メートル	百メートル
	樹脂試験片	縦十五センチメートル、横一・三センチメートル、厚さ〇・三センチメートルのもの　十個	
定温式スポット型又は熱アナログ式スポット型	完成品	十二個（非再用型のものにあつては、五十一個）	二十個
	樹脂試験片	縦十五センチメートル、横一・三センチメートル、厚さ〇・三センチメートルのもの　十個	
イオン化式スポット型又はイオン化アナログ式スポット型	完成品	十二個	二十個
	電球	三個	
	樹脂試験片	縦十五センチメートル、横一・三センチメートル、厚さ〇・三センチメートルのもの　十個	
	完成品	十二個（減光式のものにあつては、六個）	二十個（減光式のものにあつては、十個）

火災報知設備	感知器	光電式スポット型又は光電アナログ式スポット型	発光素子	三個	
			受光素子	三個	
			電子管	三個	
			電球	三個	
			樹脂試験片	縦十五センチメートル、横一・三センチメートル、厚さ〇・三センチメートルのもの十個	
		光電式分離型又は光電アナログ式分離型	完成品	六個	十個
			発光素子	三個	
			受光素子	三個	
			電子管	三個	
			電球	三個	
			樹脂試験片	縦十五センチメートル、横一・三センチメートル、厚さ〇・三センチメートルのもの十個	
		煙複合式スポット型又は熱煙複合式スポット型	完成品	十二個（減光式のものにあつては、六個）	二十個（減光式のものにあつては、十個）
			発光素子	三個	
			受光素子	三個	
			電子管	三個	
			電球	三個	
			樹脂試験片	縦十五センチメートル、横一・三センチメートル、厚さ〇・三センチメートルのもの十個	
		紫外線式スポット型	完成品	六個	十個
			発光素子	三個	
			受光素子	三個	
			電子管	三個	
			電球	三個	
			樹脂試験片	縦十五センチメートル、横一・三センチメートル、厚さ〇・三センチメートルのもの十個	
		赤外線式スポット型	完成品	六個	十個
			発光素子	三個	
			受光素子	三個	
			電子管	三個	
			電球	三個	
			樹脂試験片	縦十五センチメートル、横一・三センチメートル、厚さ〇・三センチメートルのもの十個	
		紫外線赤外線併用式スポット型	完成品	六個	十個
			発光素子	三個	
			受光素子	三個	
			電子管	三個	
			電球	三個	
			樹脂試験片	縦十五センチメートル、横一・三センチメートル、厚さ〇・三センチメートルのもの十個	
		炎複合式スポット型	完成品	六個	十個
			発光素子	三個	
			受光素子	三個	
			電子管	三個	
			電球	三個	
			樹脂試験片	縦十五センチメートル、横一・三センチメートル、厚さ〇・三センチメートルのもの十個	

検定対象機械器具等	区分		
発信機	完成品	三個	十個
	終端器	三個	
	スイッチ	三個	
	保護板	三個	
	保安器	三個	
	電球	三個	
	電磁継電器	三個	
	樹脂試験片	縦十五センチメートル、横一・三センチメートル、厚さ〇・三センチメートルのもの　十個	
中継器	完成品	十回線分以上となる個数（三個以上となるときは三個）	十回線分以上となる個数
	終端器	三個	
	電球	三個	
	電磁継電器	三個	
	スイッチ	三個	
	指示電気計器	三個	
	蓄電池	三個	
	電源変圧器	三個	
	樹脂試験片	縦十五センチメートル、横一・三センチメートル、厚さ〇・三センチメートルのもの　十個	
	完成品	一個	一個（P型、G型及びGP型のものにあつては、二十回線分以上となる個数（五個以上となるときは五個））
	終端器	三個	
	電球	三個	

検定対象機械器具等	区分		
受信機	電磁継電器	三個	
	音響装置	三個	
	蓄電池	三個	
	スイッチ	三個	
	指示電気計器	三個	
	電源変圧器	三個	
	樹脂試験片	縦十五センチメートル、横一・三センチメートル、厚さ〇・三センチメートルのもの　十個	
住宅用防災警報器	完成品	七個	二十個
	電源変圧器	三個	
閉鎖型スプリンクラーヘッド	完成品	五十個	二十個
流水検知装置	完成品	二個（内径が二百ミリメートル以上のものにあつては、一個）	五個（内径が百五十ミリメートルを超えるものにあつては一個、内径が百ミリメートル以上百五十ミリメートル以下のものにあつては二個）
一斉開放弁	完成品	二個（内径が二百ミリメートル以上のものにあつては、一個）	五個（内径が百五十ミリメートルを超えるものにあつては一個、内径が百ミリメートル以上百五十ミリメートル以下のものにあつては二個）
金属製避難はしご	完成品	三個	十個
	長さ一メートルの試料	三個	
	フック	三個	
緩降機	完成品	三個	五個
	ロープ	二本	

備考

1　消火器に係る耐食塗料試験片は、本体容器の内面を塗料により耐食加工した消火器の場合のみ提出するものとする。

2　火災報知設備の受信機の自動記録装置のうち、さん孔式又は印字式のものにあつては、記録紙五枚を添えるものとする。

3　火災報知設備の感知器若しくは発信機、中継器、受信機又は住宅用防災警報器については、完成品以外のものは、部分として用いられている場合のみ提出するものとする。

本表…一部改正〔昭和三七年一二月自令二五号(い)〕、全部改正〔昭和三八年一二月自令三六号(ろ)〕、一部改正〔昭和四〇年一月自令一号(ほ)・四四年三月三号(を)・四五年三月七号(わ)・四七年八月二〇号(よ)・四九年一二月四〇号(そ)・五〇年一一月二二号(つ)・五一年六月一六号(な)・五六年六月一六号(ゐ)・五九年九月二四号(や)・六一年一〇月二三号(ふ)・平成三年五月二〇号(ひ)・四年一月四号(も)・五年一月二号(せ)・二五年三月総令二一号(ン)〕

別表第三（第四十条関係）(ろ)(ほ)(わ)(よ)(そ)(つ)(な)(ら)(ゐ)(ふ)(ン)

検定対象機械器具等の種別	表示の様式
消火器 火災報知設備の感知器又は発信機 中継器 受信機 金属製避難はしご	国家検定・検・合格之証 10ミリメートル
緩降機	国家検定・検・合格之印 12ミリメートル
消火器用消火薬剤 泡消火薬剤	国家検定・検・合格之印 15ミリメートル
閉鎖型スプリンクラーヘッド	検 3ミリメートル
流水検知装置 一斉開放弁 住宅用防災警報器	検 8ミリメートル

本表…追加〔昭和三八年一二月自令三六号(ろ)〕、一部改正〔昭和四〇年一月自令一号(ほ)・四五年三月七号(わ)・四七年八月二〇号(よ)・四九年一二月四〇号(そ)・五〇年一一月二二号(つ)・五一年六月一六号(な)・五四年三月五号(ら)・五六年六月一六号(ゐ)・六一年一〇月二三号(ふ)・二五年三月総令二一号(ン)〕

別表第四（第四十四条関係）（ふ）（ン）

自主表示対象機械器具等の種別	表示の様式
動力消防ポンプ	自己認証 消 規格適合 ←12ミリメートル→
消防用ホース	【消】 15ミリメートル ←35ミリメートル→
消防用吸管	自己認証 消 規格適合 ←40ミリメートル→
結合金具	消 5ミリメートル ←10ミリメートル→
エアゾール式簡易消火具 漏電火災警報器の変流器又は受信機	自己認証 消 規格適合 ←10ミリメートル→

本表…追加〔昭和六一年一〇月自令二三号（ふ）〕、一部改正〔平成二五年三月総令二一号（ン）〕

別表第五（第五十一条の十五関係）(サ)ね

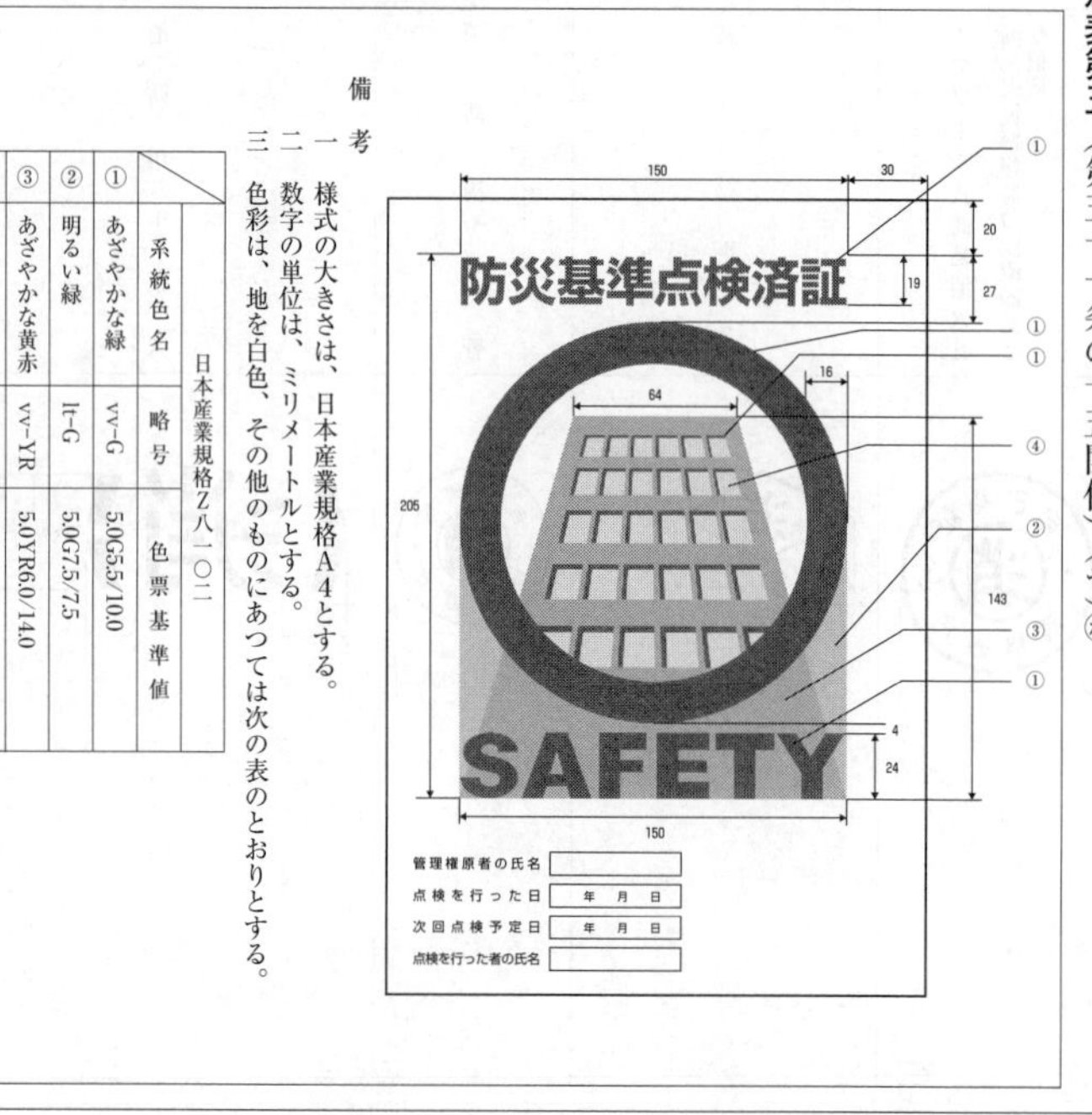

備考

一　様式の大きさは、日本産業規格A4とする。

二　数字の単位は、ミリメートルとする。

三　色彩は、地を白色、その他のものにあつては次の表のとおりとする。

	系統色名	略号	色票基準値
		日本産業規格Z八一〇二	
①	あざやかな緑	vv-G	5.0G5.5/10.0
②	明るい緑	lt-G	5.0G7.5/7.5
③	あざやかな黄赤	vv-YR	5.0YR6.0/14.0
④	うすい赤みの黄	pl-rY	10.0YR8.5/5.5

本表…追加〔平成二〇年九月総令一〇五号(サ)〕、一部改正〔令和元年六月総令一九号ね〕

別表第六（第五十一条の十七関係）(サ)ね

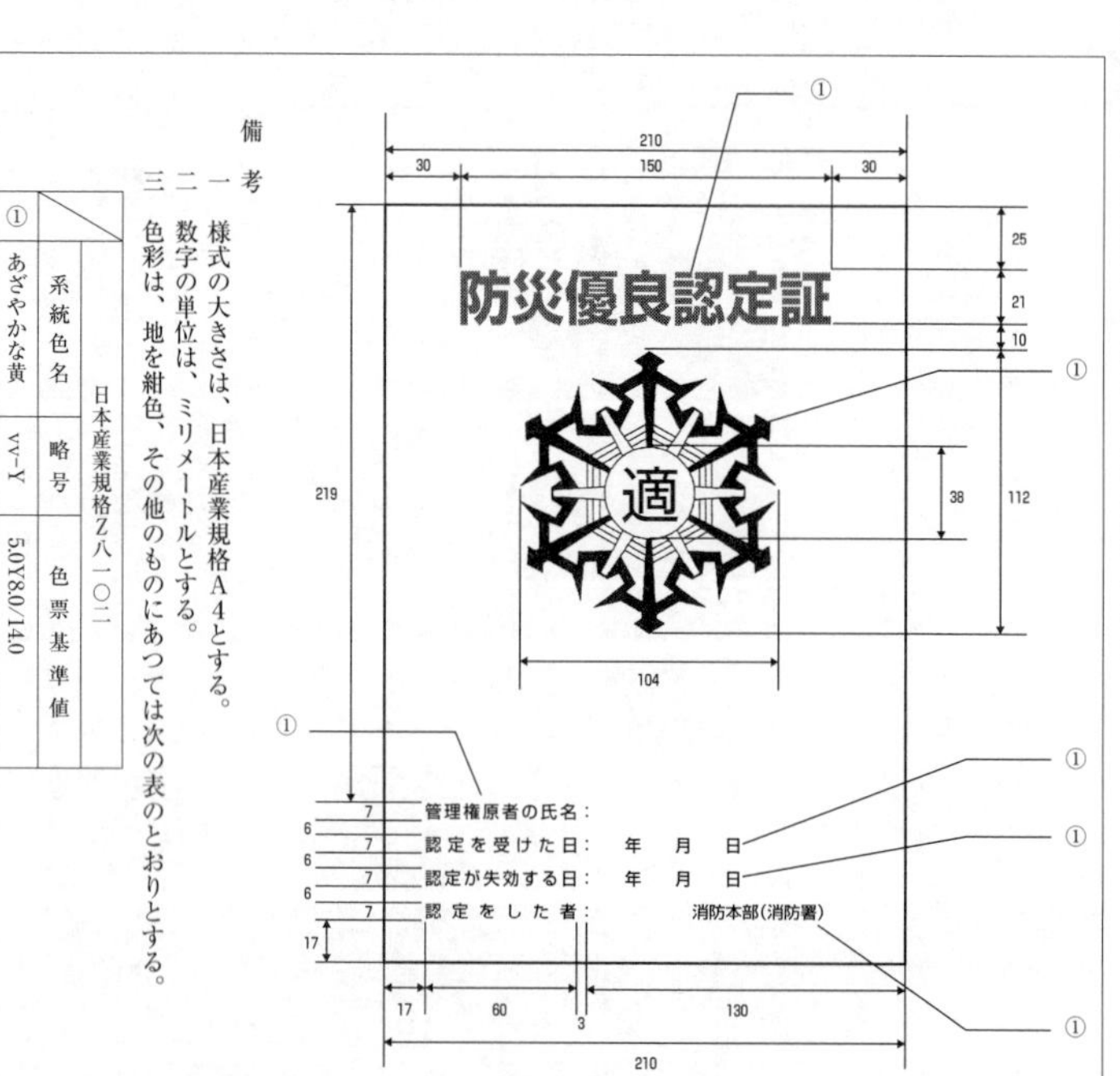

備考

一　様式の大きさは、日本産業規格A4とする。

二　数字の単位は、ミリメートルとする。

三　色彩は、地を紺色、その他のものにあつては次の表のとおりとする。

	系統色名	略号	色票基準値
		日本産業規格Z八一〇二	
①	あざやかな黄	vv-Y	5.0Y8.0/14.0

本表…追加〔平成二〇年九月総令一〇五号(サ)〕、一部改正〔令和元年六月総令一九号ね〕

別表第七（第五十一条の十八関係）（サ）（ね）

備考

一　様式の大きさは、日本産業規格A４とする。

二　数字の単位は、ミリメートルとする。

三　色彩は、地を白色、その他のものにあつては次の表のとおりとする。

	系統色名	略号	色票基準値（日本産業規格Z八一〇二）
①	あざやかな緑	vv-G	5.0G5.5/10.0
②	明るい緑	lt-G	5.0G7.5/7.5
③	あざやかな黄赤	vv-YR	5.0YR6.0/14.0
④	うすい赤みの黄	pl-rY	10.0YR8.5/5.5

本表…追加〔平成二〇年九月総令一〇五号(サ)〕、一部改正〔令和元年六月総令一九号（ね）〕

別表第八（第五十一条の十九関係）（サ）（ね）

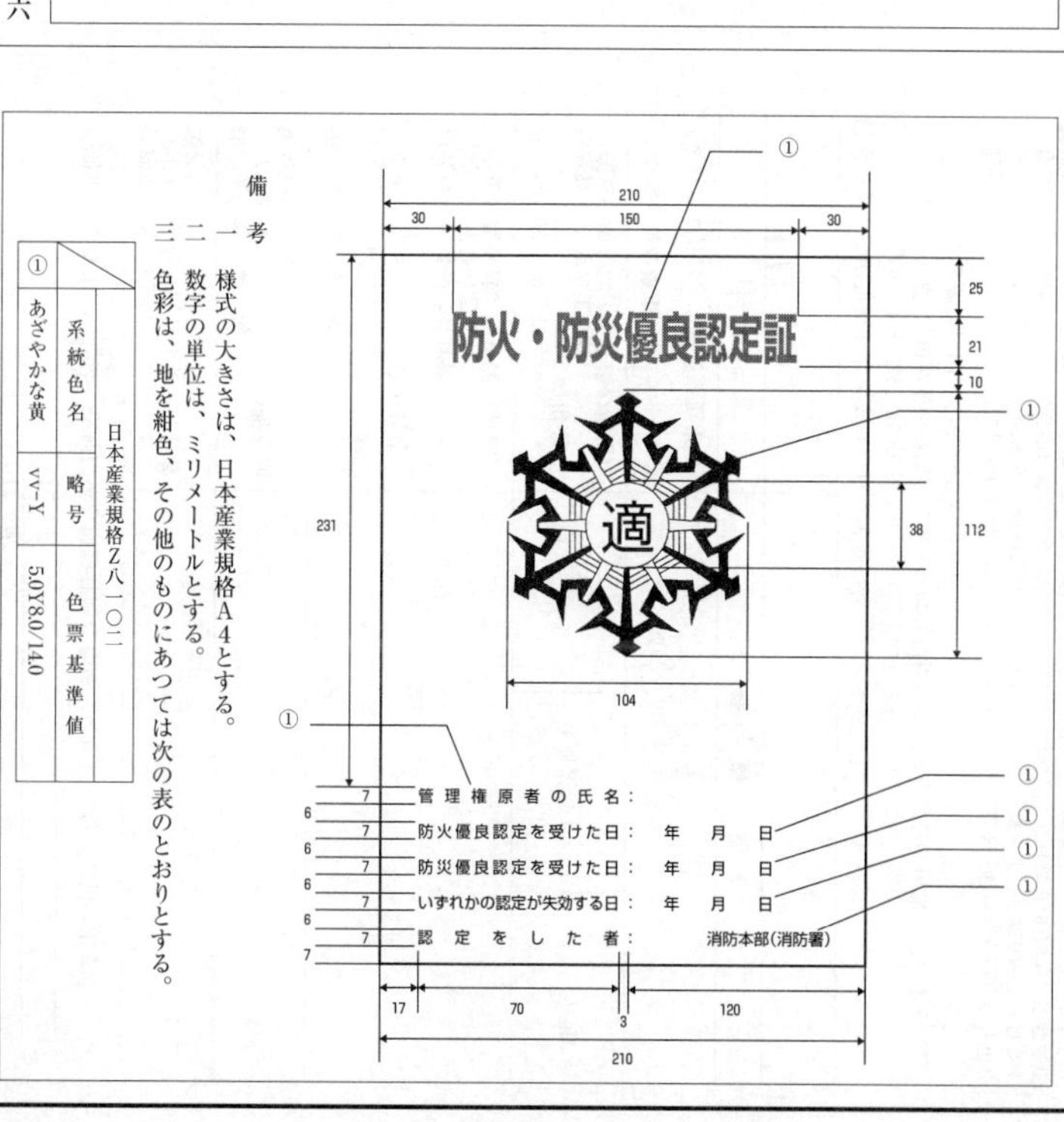

備考

一　様式の大きさは、日本産業規格A４とする。

二　数字の単位は、ミリメートルとする。

三　色彩は、地を紺色、その他のものにあつては次の表のとおりとする。

	系統色名	略号	色票基準値（日本産業規格Z八一〇二）
①	あざやかな黄	vv-Y	5.0Y8.0/14.0

本表…追加〔平成二〇年九月総令一〇五号(サ)〕、一部改正〔令和元年六月総令一九号（ね）〕

別記様式第１号（第２条の３関係）(ん)(ツ)(ナ)(サ)

第　　号

修　　了　　証

氏　名
生年月日

あなたは消防法施行令第３条第１項第　号の規定による
　種防火管理　講習の課程を修了されました。
よつてこれを証します。

年　　月　　日

市町村消防長 印
（都道府県知事 印）

本様式…追加〔昭和48年６月自令13号(た)〕、一部改正〔昭和49年12月自令40号(そ)〕、全部改正〔昭和54年９月自令19号(む)・62年１月１号(て)・平成６年１月４号(ん)〕、一部改正〔平成15年６月総令90号(ツ)・16年３月54号(ナ)・20年９月105号(サ)〕

別記様式第１号の２（第３条、第51条の８関係）㋾

消防計画作成（変更）届出書

年　月　日

消防長（消防署長）（市町村長）殿

□防火
□防災　管理者

住　所
氏　名

別添のとおり、□防火 □防災 管理に係る消防計画を作成（変更）したので届け出ます。

管理権原者の氏名（法人の場合は、名称及び代表者氏名）		
防火対象物又は建築物その他の工作物の所在地		
防火対象物又は建築物その他の工作物の名称（変更の場合は、変更後の名称）		
複数権原の場合に管理権原に属する部分の名称（変更の場合は、変更後の名称）		
防火対象物又は建築物その他の工作物の用途※1（変更の場合は、変更後の用途）	令別表第１※1	（　）項
その他必要な事項（変更の場合は、主要な変更事項）		
受　付　欄※2	経　過　欄※2	

備考　1　この用紙の大きさは、日本産業規格Ａ４とすること。
　　　2　□印のある欄については、該当の□印にレを付けること。
　　　3　※１欄は、複数権原の場合にあっては管理権原に属する部分の情報を記入すること。
　　　4　※２欄は、記入しないこと。

旧別記様式１号…繰下〔昭和48年６月自令13号(た)〕、本様式…一部改正〔昭和49年12月自令40号(そ)・59年９月24号(や)〕、全部改正〔昭和62年１月自令１号(て)〕、一部改正〔平成６年１月自令４号(ん)〕、全部改正〔平成24年10月総令91号(ス)〕、一部改正〔令和元年６月総令19号㋹〕、全部改正〔令和２年４月総令35号㋴〕、一部改正〔令和２年12月総令123号㋰〕、全部改正〔令和５年２月総令８号㋾〕

別記様式第１号の２の２（第３条の２、第51条の９関係）㊐

□防火／□防災 管理者選任（解任）届出書

年　月　日

消防長（消防署長）（市町村長）殿

管理権原者
住　所
氏　名（法人の場合は、名称及び代表者氏名）
電話番号

下記のとおり、□防火／□防災 管理者を選任（解任）したので届け出ます。

記

防火対象物又は建築物その他の工作物	所在地			電話（　　）		
	名称					
	管理権原	□単一権原　□複数権原	複数権原の場合に管理権原に属する部分の名称			
	用途※1	令別表第１※1	（　）項	収容人員※1		
	種別	□甲種　□乙種				
	区分	名称		令別表第１	収容人員	
	令第２条を適用するもの※2			（　）項		
				（　）項		
	令第３条第３項を適用するもの※2			（　）項		
				（　）項		
防火・防災管理者 選任	氏名（フリガナ）					
	住所					
	選任年月日	年　月　日				
	職務上の地位					
	資格 講習 種別	□防火管理（□甲種 □新規講習 □再講習）□乙種）		□防災管理（□新規講習 □再講習）		
	資格 講習 講習機関					
	資格 講習 修了年月日	年　月　日		年　月　日		
	資格 その他	□令第３条第１項第（　）号（　） □規則第２条第（　）号		□令第47条第１項第（　）号 □規則第51条の５第（　）号		
防火・防災管理者 解任	氏名					
	解任年月日	年　月　日				
	解任理由					
その他必要事項						
受付欄※3		経過欄※3				

備考　1　この用紙の大きさは、日本産業規格Ａ４とすること。
2　□印のある欄については、該当の□印にレを付けること。
3　※１欄は、複数権原の場合にあっては管理権原に属する部分の情報を記入すること。
4　※２欄は、消防法施行令第２条を適用するものにあっては同一敷地内にある同令第１条の２の防火対象物ごとに、同令第３条第３項を適用するものにあっては管理権原に属する部分ごとに記入すること。欄が不足する場合は、任意で書類を作成し添付すること。
5　消防法施行令第１条の２第３項第２号及び第３号の防火対象物にあってはその他必要な事項の欄に工事が完了した際の防火対象物の規模を記入すること。
6　消防法施行令第３条第２項又は同令第47条括弧書を適用するものにあってはその他必要な事項の欄に管理的又は監督的な地位にある者のいずれもが防火及び防災管理上必要な業務を適切に遂行することができない理由を記入すること。
7　防火・防災管理者の資格を証する書面を添付すること。
8　※３欄は、記入しないこと。

本様式…追加〔昭和62年１月自令１号(て)〕、一部改正〔平成６年１月自令４号(ん)・15年６月総令90号(ツ)・16年５月93号(ラ)〕、全部改正〔平成24年10月総令91号(ス)〕、一部改正〔令和元年６月総令19号㋹・２年12月123号㋱〕、全部改正〔令和５年２月総令８号㊐〕

別記様式第１号の２の２の２（第４条、第51条の11の２関係）㊐

全体についての消防計画作成（変更）届出書

年　月　日

消防長（消防署長）（市町村長）殿

統括□防火／□防災 管理者
住　所
氏　名

別添のとおり、全体についての□防火／□防災 管理に係る消防計画を作成（変更）したので届け出ます。

管理権原者の氏名（法人の場合は、名称及び代表者氏名）		
防火対象物又は建築物その他の工作物の所在地		
防火対象物又は建築物その他の工作物の名称（変更の場合は、変更後の名称）		
防火対象物又は建築物その他の工作物の用途（変更の場合は、変更後の用途）	令別表第１	（　）項
その他必要な事項（変更の場合は、主要な変更事項）		
受付欄※	経過欄※	

備考　1　この用紙の大きさは、日本産業規格Ａ４とすること。
2　□印のある欄については、該当の□印にレを付けること。
3　※印の欄は、記入しないこと。

本様式…追加〔平成24年10月総令91号(ス)〕、一部改正〔令和元年６月総令19号㋹〕、全部改正〔令和２年４月総令35号㋔〕、一部改正〔令和２年12月総令123号㋱〕、全部改正〔令和５年２月総令８号㊐〕

別記様式第１号の２の２の２の２（第４条の２、第51条の11の３関係）

(の)

統括 □防火 □防災 管理者選任（解任）届出書

年　月　日

消防長（消防署長）（市町村長）殿

管理権原者

住　所

氏　名（法人の場合は、名称及び代表者氏名）

電話番号

下記のとおり、統括 □防火 □防災 管理者を選任（解任）したので届け出ます。

記

防火対象物（建築物その他の工作物又は）			所在地			
			名称	電話（　）		
			用途		令別表第１	（　）項
			種別	□甲種 □乙種	収容人員	
統括防火・防災管理者	選任		氏名（フリガナ）			
			住所			
			選任年月日	年　月　日		
		資格	講習 種別	□防火管理(□甲種 □乙種)	□ 防災管理	
			講習 講習機関			
			講習 修了年月日	年　月　日	年　月　日	
			その他	□令第３条第１項第(　)号(　) □規則第２条第(　)号	□令第47条第１項第(　)号 □規則第51条の５第(　)号	
	解任		氏名			
			解任年月日	年　月　日		
			解任理由			
その他必要事項						

受付欄※	経過欄※

備考

1. この用紙の大きさは、日本産業規格Ａ４とすること。
2. □印のある欄については、該当の□印にレを付けること。
3. 統括防火・防災管理者の資格を証する書面を添付すること。
4. ※印の欄は、記入しないこと。

本様式…追加〔平成24年10月総令91号(ス)〕、一部改正〔令和元年６月総令19号(ね)・２年12月123号(む)〕、全部改正〔令和５年２月総令８号(の)〕

別記様式第１号の２の２の２の３（第４条の２の８、第51条の16関係）

(の)

□防火対象物 □防災管理 点検報告特例認定申請書

年　月　日

消防長（消防署長）（市町村長）殿

管理権原者

住所

氏名（法人の場合は、名称及び代表者氏名）

電話番号

下記のとおり、□防火対象物 □防災管理 点検報告の特例の認定を受けたいので申請します。

記

防火対象物又は防災管理対象物	所在地				
	名称				
	管理権原	□単一権原 □複数権原	複数権原の場合に管理権原に属する部分の名称		
	用途※1		令別表第１※1 （　）項	収容人員※1	
	令第２条を適用するもの※2	名称	令別表第１	収容人員	
			（　）項		
			（　）項		
申請者が管理を開始した年月日		□防火対象物 □防災管理対象物	年　月　日 年　月　日		
前回の特例認定年月日		□防火対象物 □防災管理対象物	年　月　日 年　月　日		
その他必要な事項					

受付欄※3	経過欄※3

備考

1. この用紙の大きさは、日本産業規格Ａ４とすること。
2. □印のある欄については、該当の□印にレを付けること。
3. ※１欄は、複数権原の場合にあっては管理権原に属する部分の情報を記入すること。
4. ※２欄は、消防法施行令第２条を適用するものにあっては同一敷地内にある同令第１条の２の防火対象物ごとに記入すること。欄が不足する場合は、任意で書類を作成し添付すること。
5. 防火対象物又は防災管理対象物の所在地、管理権原者が防火対象物又は防災管理対象物の管理を開始した日その他市町村長が定める事項を記載した書類を添付すること。
6. ※３欄は、記入しないこと。

本様式…追加〔平成14年10月総令105号(ソ)〕、旧別記様式１号の２の２の２…繰下〔平成24年10月総令91号(ス)〕、本様式…一部改正〔令和元年６月総令19号(ね)・２年12月123号(む)〕、全部改正〔令和５年２月総令８号(の)〕

別記様式第１号の２の２の３（第４条の２の８、第51条の16関係）(の)

□防火対象物
□防災管理対象物　管理権原者変更届出書

年　月　日

消防長（消防署長）（市町村長）殿

変更前の管理権原者
住所
氏名（法人の場合は、名称及び代表者氏名）
電話番号

下記のとおり、□防火対象物 □防災管理対象物 の管理権原者を変更したので届け出ます。

記

防火対象物又は防災管理対象物	所在地		
	名称		
	複数権原の場合に管理権原に属する部分の名称		
	用途※1	令別表第１※1	（　）項
変更後の管理権原者	住所		
	氏名（法人の場合は、名称及び代表者氏名）		
	電話番号		
特例認定を受けた年月日		□防火対象物　年　月　日 □防災管理対象物　年　月　日	
変更年月日		年　月　日	
その他必要な事項			
受付欄※2		経過欄※2	

備考　1　この用紙の大きさは、日本産業規格Ａ４とすること。
2　□印のある欄については、該当の□印にレを付けること。
3　※１欄は、複数権原の場合にあっては管理権原に属する部分の情報を記入すること。
4　※２欄は、記入しないこと。

本様式…追加〔平成14年10月総令105号(ソ)〕、一部改正〔令和元年６月総令19号(ね)・２年12月123号(も)〕、全部改正〔令和５年２月総令８号(の)〕

別記様式第１号の２の２の３の２（第４条の２の14関係）(サ)

第　号

修　了　証

氏　名
生年月日

あなたは消防法施行令第４条の２の８第３項第１号の規定による自衛消防業務　　講習の課程を修了されました。

よつてこれを証します。

年　月　日

市町村消防長　印
（都道府県知事　印）
（登録講習機関　印）

本様式…追加〔平成20年９月総令105号(サ)〕

別記様式第１号の２の２の３の３（第４条の２の15関係）(の)

自衛消防組織設置（変更）届出書

年　月　日

消防長（消防署長）（市町村長）殿

管理権原者
住　所
氏　名（法人の場合は、名称及び代表者氏名）

下記のとおり自衛消防組織を設置（変更）したので届け出ます。

記

防火対象物の所在地		
防火対象物の名称（変更の場合は、変更後の名称）		
防火対象物の用途（変更の場合は、主要な変更事項）		
防火対象物の延べ面積及び階数（変更の場合は、主要な変更事項）		
管理について権原が分かれている場合の当該権原の範囲		
自衛消防組織の内部組織の編成		
自衛消防要員の配置		
統括管理者の氏名及び住所	氏　名	
	住　所	
自衛消防組織に備え付けられている資機材		
受　付　欄※	経　過　欄※	

備考　１　この用紙の大きさは、日本産業規格Ａ４とすること。
２　統括管理者の資格を証する書面を添付すること。
３　※印の欄は、記入しないこと。

本様式…追加〔平成20年９月総令105号(サ)〕、一部改正〔令和元年６月総令19号(ね)・２年12月123号(む)〕、全部改正〔令和５年２月総令８号(の)〕

別記様式第１号の２の２の４（第４条の４関係）(ら)(け)(て)(ん)(ワ)(ソ)(ね)(む)

防炎表示者登録申請書

年　月　日

消防庁長官　殿

申請者
住所
氏名（法人の場合は、名称及び代表者氏名）

消防法第８条の３第２項の規定による防炎表示を付する者の登録を受けたいので、下記により申請します。

記

業種	表示を付そうとする防炎物品の種類											
1 製造業	1 カーテン			2 布製のブラインド			3 幕類			4 じゅうたん等		
	5 合板			6 どん帳			7 工事用シート					
2 防炎処理業	1 カーテン	材料	物品	2 布製のブラインド	材料	物品	3 幕類	材料	物品	4 合板	材料	物品
	5 どん帳	材料	物品	6 工事用シート	材料	物品						
3 輸入販売業	1 カーテン	材料	物品	2 布製のブラインド	材料	物品	3 幕類	材料	物品	4 じゅうたん等	材料	物品
	5 合板	材料	物品	6 どん帳	材料	物品	7 工事用シート	材料	物品			
4 裁断・施工・縫製業												

防炎物品の製造、処理、裁断、施工、縫製又は輸入販売を行う工場、事業場又は店舗の名称及び所在地		
	製造業	
	防炎処理業	
	輸入販売業	
	裁断・施工・縫製業	

※　受　付　欄	※　経　過　欄

備考
１　この用紙の大きさは、日本産業規格Ａ４とすること。
２　業種及び表示を付そうとする防炎物品の種類の欄は、該当する事項を○で囲み、さらに、防炎対象物品の場合は「物品」を、防炎対象物品の材料の場合は「材料」を○で囲むこと。
３　※印の欄は、記入しないこと。

本様式…追加〔昭和48年６月自令13号(た)〕、一部改正〔昭和49年12月自令40号(そ)〕、全部改正〔昭和54年３月自令５号(ら)〕、一部改正〔昭和61年８月自令17号(け)〕、旧別記様式１号の２の２…繰下〔昭和62年１月自令１号(て)〕、本様式…一部改正〔平成６年１月自令４号(ん)・12年11月51号(ワ)〕、旧別記様式１号の２の２の２…繰下〔平成14年10月総令105号(ソ)〕、本様式…一部改正〔令和元年６月総令19号(ね)・２年12月123号(む)〕

別記様式第１号の２の３（第31条の３関係）(の)

消防用設備等（特殊消防用設備等）設置届出書

年　月　日

消防長（消防署長）（市町村長）殿

届出者
住所
氏名

下記のとおり、消防用設備等（特殊消防用設備等）を設置したので、消防法第17条の３の２の規定に基づき届け出ます。

記

設置者	住所		電話（　）			
	氏名					
防火対象物	所在地					
	名称					
	用途					
	構造、規模		造地上　階地下　階			
			床面積　㎡　延べ面積　㎡			
消防用設備等（特殊消防用設備等）の種類						
工事	種別		新設、増設、移設、取替え、改造、その他（　）			
	施工者住所氏名	住所	電話（　）			
		氏名				
	消防設備士	住所				
		氏名				
		免状	種類等	交付知事	交付年月日／交付番号	講習受講状況（受講地／受講年月）
			甲・乙種　類	都道府県		都道府県／年　月
完成年月日						

受付欄※	決裁欄※	備考※

備考　１　この用紙の大きさは、日本産業規格Ａ４とすること。
２　消防用設備等設計図書又は特殊消防用設備等設計図書は、消防用設備等又は特殊消防用設備等の種類ごとにそれぞれ添付すること。
３　※欄には、記入しないこと。

本様式…追加〔昭和49年７月自令27号(れ)〕、一部改正〔昭和49年12月自令40号(そ)〕、旧別記様式１号の２の３の２…繰上〔平成元年２月自令３号(ゆ)〕、本様式…全部改正〔平成６年１月自令４号(ん)〕、一部改正〔平成10年７月自令31号(ゑ)・16年５月総令93号(ラ)・令和元年６月19号(ね)・２年12月123号(む)〕、全部改正〔令和５年２月総令８号(の)〕

別記様式第１号の２の３の２（第31条の３関係）(れ)(そ)(ゆ)(ん)(ラ)(ね)(ら)

消防用設備等・特殊消防用設備等検査済証

番　号
年　月　日

消防長（消防署長）（市町村長）印

下記の消防用設備等・特殊消防用設備等は、消防法第17条の技術上の基準又は設備等設置維持計画に適合していることを証明する。

記

申請者	住所	
	氏名	
防火対象物	所在地	
	名称	
	用途	
	構造規模	造地上　階地下　階 床面積　㎡延べ面積　㎡
消防用設備等・特殊消防用設備等の種類		
検査年月日		
検査員職氏名		職名 氏名

備考
１　用紙の大きさは、日本産業規格Ａ４とすること。
２　消防用設備等又は特殊消防用設備等のいずれか一方のみを設置する場合は、設置しないものを消して使用すること。

本様式…追加〔昭和49年７月自令27号(れ)〕、一部改正〔昭和49年12月自令40号(そ)〕、旧別記様式１号の２の３の３…繰上〔平成元年２月自令３号(ゆ)〕、本様式…一部改正〔平成６年１月自令４号(ん)・16年５月総令93号(ラ)・令和元年６月19号(ね)・２年４月35号(ら)〕

別記様式第1号の2の4（第33条の4関係）(リ)

消防設備士免状交付申請書

申請日　　年　　月　　日

知事殿

申請者氏名＿＿＿＿＿＿＿＿

電話番号　勤務先等　―　―　内線（　　）

自宅又は携帯電話　―　―

住所		
フリガナ 氏名		本籍　　都道府県
生年月日	年　月　日生	※　受付欄
試験日	年　月　日	
合格した試験の種類	種類	※　手数料欄
受験番号		
既得免状		※　経過欄
他都道府県知事への申請状況		

備考　1　本籍の欄は、本籍地の属する都道府県名を記入すること。ただし、外国籍の者は「外国籍」と記入すること。

2　消防設備士免状の交付を現に受けている者は、既得免状の欄に当該免状の種類及び指定区分を記入すること。

3　他の都道府県知事に免状の交付申請をしている場合には、他都道府県知事への申請状況の欄に、当該他の都道府県名及び申請している免状の種類を記入すること。

4　※印の欄は、記入しないこと。

本様式…追加〔昭和41年4月自令6号(と)〕、旧別記様式1号の2…繰下〔昭和43年3月自令7号(ぬ)〕、本様式…一部改正〔昭和44年3月自令3号(を)〕、旧別記様式1号の2の2…繰下〔昭和48年6月自令13号(た)〕、本様式…一部改正〔昭和49年12月自令40号(そ)・54年3月5号(ら)・59年12月30号(ま)・平成10年3月9号(ニ)〕、全部改正〔平成12年3月自令13号(リ)〕

別記様式第１号の３（第33条の５関係）（ノ）

表面

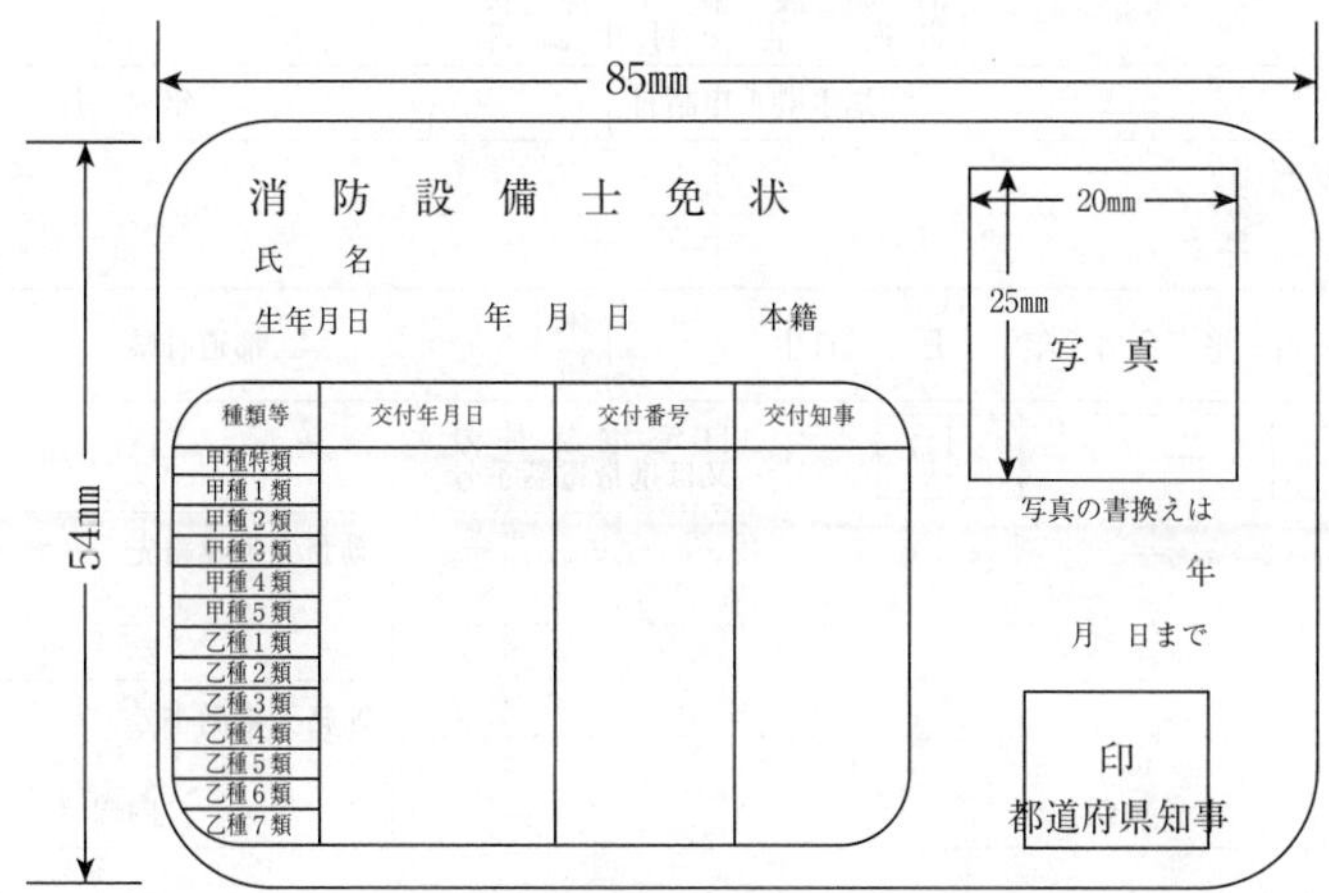

85㎜　54㎜

消防設備士免状

氏　名

生年月日　　年　月　日　　本籍

種類等	交付年月日	交付番号	交付知事
甲種特類			
甲種１類			
甲種２類			
甲種３類			
甲種４類			
甲種５類			
乙種１類			
乙種２類			
乙種３類			
乙種４類			
乙種５類			
乙種６類			
乙種７類			

20㎜　25㎜　写真

写真の書換えは　年　月　日まで

印　都道府県知事

裏面

消防設備士講習の受講状況

講習区分	受講年月日	講習実施機関	証　印

（備　考）

備考　1　種類等の欄の「甲種特類」、「甲種１類」、「甲種２類」、「甲種３類」、「甲種４類」、「甲種５類」、「乙種１類」、「乙種２類」、「乙種３類」、「乙種４類」、「乙種５類」、「乙種６類」又は「乙種７類」とは、それぞれ甲種消防設備士免状又は乙種消防設備士免状であって、指定区分が、特類、第１類、第２類、第３類、第４類、第５類、第６類又は第７類であることを示す。

2　白色のプラスチック板を用い、裏面には免状作成後に記入する文字及び証印が容易に消えない処理を施すこと。

本様式…追加〔昭和41年４月自令６号(と)〕、全部改正〔昭和44年３月自令３号(を)〕、一部改正〔昭和47年８月自令20号(よ)〕、全部改正〔昭和49年12月自令40号(そ)〕、一部改正〔昭和56年６月自令16号(ゐ)〕、全部改正〔平成元年２月自令３号(ゆ)・12年３月13号(リ)〕、一部改正〔平成16年３月総令54号(ナ)〕、全部改正〔平成17年３月総令33号(ノ)〕

別記様式第１号の４（第33条の６、第33条の７）(リ)(ナ)㋡㋧

消防設備士免状
書換・再交付申請書

知事殿	申請日	年　月　日
申請者氏名	フリガナ	
生年月日	大・昭・平・令　年　月　日生	本籍　都道府県
郵便番号	□□□－□□□□	自宅電話番号又は携帯電話番号
住所		勤務先等連絡先
		連絡先電話番号　－　－　内線（　）

○申請区分（書換事項（１～４）・再交付理由（５～８）のうち該当するものの番号を○で囲み、１～３に該当する場合は、旧内容を必ず記入してください。）

書換事項	１　氏　名	旧フリガナ	再交付理由	５　亡失
		旧　氏　名		６　滅失
	２　本　籍	旧　本　籍　　都道府県		７　汚損
	３　生年月日	旧生年月日　大・昭・平・令　年　月　日生		８　破損
	４　写　真			

※　手数料欄
※　経　過　欄

	種類等	交　付　年　月　日	交付番号	交付知事
交付を受けている消防設備士免状	甲特	昭・平・令　年　月　日		
	甲１	昭・平・令　年　月　日		
	甲２	昭・平・令　年　月　日		
	甲３	昭・平・令　年　月　日		
	甲４	昭・平・令　年　月　日		
	甲５	昭・平・令　年　月　日		
	乙１	昭・平・令　年　月　日		
	乙２	昭・平・令　年　月　日		
	乙３	昭・平・令　年　月　日		
	乙４	昭・平・令　年　月　日		
	乙５	昭・平・令　年　月　日		
	乙６	昭・平・令　年　月　日		
	乙７	昭・平・令　年　月　日		

※受付日	※受付番号

備考　１　この用紙の大きさは、日本産業規格Ａ４とすること。
２　本籍の欄は、本籍地の属する都道府県名を記入すること。ただし、外国籍の者は「外国籍」と記入すること。
３　※の欄は、記入しないこと。

本様式…追加〔昭和41年４月自令６号(と)〕、一部改正〔昭和49年12月自令40号(そ)・54年３月５号(ら)〕、全部改正〔平成元年２月自令３号(ゆ)〕、一部改正〔平成６年１月自令４号(ん)・10年３月９号(ニ)〕、全部改正〔平成12年３月自令13号(リ)〕、一部改正〔平成16年３月総令54号(ナ)・令和元年５月３号㋡・６月19号㋧〕

別記様式第１号の５　削除(リ)〔平成12年３月自令13号(リ)〕

別記様式第１号の６（第33条の13関係）(メ)㋡㋤

消防設備士試験受験願書

殿		申請日	年　月　日	
申請者氏名	フリガナ			
生年月日	大・昭・平・令　年　月　日生	本籍	都道府県	
郵便番号	□□□－□□□□	自宅電話番号又は携帯電話番号		
住所			勤務先等連絡先	
			連絡先電話番号 ― ― 内線（　）	

試験日	年　月　日	
試験種類	甲 乙　種 ― 第　類	
受験地		
甲種受験資格	特類	
	特類以外	
試験の免除	技術士等の資格による試験の免除を	受ける
	電気工事士免状による試験の免除を	受ける
	電気主任技術者免状による試験の免除を	受ける
	消防設備士免状による試験の免除を	受ける
	５年以上消防団員として勤務し、かつ、専科教育の機関科を修了したことによる試験の免除を	受ける

※手数料欄	※受付欄

※受験番号

備考
1　この用紙の大きさは、日本産業規格Ａ４とすること。
2　本籍の欄は、本籍地の属する都道府県名を記入すること。ただし、外国籍の者は、「外国籍」と記入すること。
3　※印の欄は、記入しないこと。

本様式…追加〔昭和41年４月自令６号(と)〕、一部改正〔昭和49年12月自令40号(そ)・54年３月５号(ら)〕、全部改正〔昭和59年12月自令30号(ま)〕、一部改正〔平成10年３月自令９号(ニ)〕、全部改正〔平成12年３月自令13号(リ)・14年１月総令３号(タ)〕、一部改正〔平成16年３月総令54号(ナ)・５月93号(ラ)〕、全部改正〔平成21年11月総令106号(メ)〕、一部改正〔令和元年５月総令３号㋡・５月19号㋤〕

別記様式第１号の７（第33条の18関係）㋨

工事整備対象設備等着工届出書

年　月　日

消防長（消防署長）（市町村長）殿

届出者
住所
氏名

工事の場所						
工事を行う防火対象物の名称						
工事整備対象設備等の種類						
工事の整備対象設備等着工施工者	住所	電話（　）				
	氏名〔法人の場合は名称及び代表者氏名〕					
消防設備士	免状の種類及び指定区分	種類等	交付知事	交付年月日	講習受講状況	
				交付番号	受講地	受講年月
		甲・乙 種類	都道府県	年 月 日 第　号	都道府県	年　月
工事の種別	1 新設　2 増設　3 移設　4 取替え 5 改造　6 その他					
着工予定日			完成予定日			
受付欄※			経過欄※			

備考　1　この用紙の大きさは、日本産業規格Ａ４とすること。
2　工事の種別の欄は、該当する事項を○印で囲むこと。
3　※印の欄は、記入しないこと。

本様式…追加〔昭和41年４月自令６号(と)〕、一部改正〔昭和49年12月自令40号(そ)・59年12月30号(ま)〕、全部改正〔平成６年１月自令４号(ん)〕、一部改正〔平成10年７月自令31号(ホ)・16年５月総令93号(ラ)・令和元年６月19号㋤・２年12月123号㋰〕、全部改正〔令和５年２月総令８号㋨〕

別記様式第１号の８（第34条の２の２関係）㊞㊕

特殊消防用設備等性能評価申請書

年　月　日

日本消防検定協会　殿
（登録検定機関）

申請者
住　所
氏　名（法人の場合は、名称及び代表者氏名）

電話番号

下記について、特殊消防用設備等の性能評価を申請します。

記

特殊消防用設備等の種別		
概　要		
設置防火対象物	住　所	
	名　称	
申請する特殊消防用設備等によって代えられる消防用設備等の種類		
備　考		

備考　この用紙の大きさは、日本産業規格Ａ４とすること。

本様式…追加〔平成16年５月総令93号(ラ)〕、一部改正〔令和元年６月総令19号㊞・２年12月123号㊕〕

別記様式第１号の９（第34条の２の２関係）㊞㊕

特殊消防設備等性能評価変更申請書

年　月　日

日本消防検定協会　殿
（登録検定機関）

申請者
住　所
氏　名（法人の場合は、名称及び代表者氏名）

電話番号

下記の特殊消防用設備等について変更があったため、性能評価を申請します。

記

特殊消防用設備等の種別		
変更概要		
設置防火対象物	住　所	
	名　称	
申請する特殊消防用設備等によって代えられる消防用設備等の種類		
変更前に性能評価を行った機関		
変更前の性能評価日		
変更前の評価番号		
備　考		

備考　この用紙の大きさは、日本産業規格Ａ４とすること。

本様式…追加〔平成16年５月総令93号(ラ)〕、一部改正〔令和元年６月総令19号㊞・２年12月123号㊕〕

別記様式第１号の10（第34条の２の３関係）㋧㋨

特殊消防用設備等大臣認定申請書

年　月　日

総務大臣　殿

申請者
住　所
氏　名（法人の場合は、名称及び代表者氏名）

電話番号

下記の特殊消防用設備等について、消防法第17条の２の２第１項の規定に基づき、消防用設備等と同等以上の性能を有していることの認定を申請します。

記

特殊消防用設備等の種別		
概要		
設置防火対象物	住所	
	名称	
申請する特殊消防用設備等によって代えられる消防用設備等の種類		
性能評価を行った機関		
性能評価日		
評価番号		
備考		

備考　この用紙の大きさは、日本産業規格Ａ４とすること。

本様式…追加〔平成16年５月総令93号(ラ)〕、一部改正〔令和元年６月総令19号㋧・２年12月123号㋨〕

別記様式第１号の11（第34条の２の３関係）㋡㋧㋨

特殊消防用設備等変更承認申請書

年　月　日

総務大臣　殿

申請者
住　所
氏　名（法人の場合は、名称及び代表者氏名）

電話番号

下記の特殊消防用設備等について、消防法第17条の２の３第３項において準用する同法第17条の２の２第１項の規定に基づく変更の承認申請を行います。

記

特殊消防用設備等の種別		
変更概要		
設置防火対象物	住所	
	名称	
申請する特殊消防用設備等によって代えられる消防用設備等の種類		
変更に係る性能評価を行った機関		
性能評価日		
評価番号		
備考		

備考　この用紙の大きさは、日本産業規格Ａ４とすること。

本様式…追加〔平成16年５月総令93号(ラ)〕、一部改正〔令和元年５月総令３号㋡・６月19号㋧・２年12月123号㋨〕

別記様式第１号の12（第34条の７関係）（ス）㋩㋧㋰

データ審査方式申請書

年　　月　　日

日本消防検定協会
（登録検定機関）　殿

申請者

住　所

氏　名（法人の場合は、名称及び代表者氏名）

電話番号

下記について、データ審査方式を申請します。

記

種　　別	
型　　式	
型式番号	
検査実施場所	
備　　考	

備考　この用紙の大きさは、日本産業規格Ａ４とすること。

本様式…追加〔平成24年10月総令91号(ス)〕、一部改正〔平成25年３月総令28号㋩・令和元年６月19号㋧・２年12月123号㋰〕

別記様式第２号（第35条関係）（ろ）（そ）（え）（ん）（ナ）㋧㋰

型　式　試　験　申　請　書

年　　月　　日

日本消防検定協会
（登録検定機関）殿

申請者

住　所

氏　名（法人の場合は、名称及び代表者氏名）

電話番号

下記について、消防法第21条の３第１項の試験を申請します。

記

種　別

型　式

備考　この用紙の大きさは、日本産業規格Ａ４とすること。

本様式…全部改正〔昭和38年12月自令36号(ろ)〕、一部改正〔昭和49年12月自令40号(そ)・61年12月31号(え)・平成６年１月４号(ん)・16年３月総令54号(ナ)・令和元年６月19号㋧・２年12月123号㋰〕

別記様式第３号（第35条関係）（ろ）（そ）（え）（ん）（ナ）㊕㊒

型　式　試　験　申　請　書

年　　月　　日

日本消防検定協会（登録検定機関）殿

申請者
住　所
氏　名（法人の場合は、名称及び代表者氏名）
電話番号

下記について、消防法第21条の３第１項の試験を申請します。

記

種　　別		
型　　式		
型式承認を受けているもの	型　　式	
	型式番号	
	型式承認年月日	
相　違　点		

備考　この用紙の大きさは、日本産業規格Ａ４とすること。

本様式…全部改正〔昭和38年12月自令36号(ろ)〕、一部改正〔昭和49年12月自令40号(そ)・61年12月31号(え)・平成６年１月４号(ん)・16年３月総令54号(ナ)・令和元年６月19号㊕・２年12月123号㊒〕

別記様式第４号（第37条関係）（ろ）（そ）（ん）（ル）㊕㊒

型　式　承　認　申　請　書

年　　月　　日

総務大臣　　殿

申請者
住　所
氏　名（法人の場合は、名称及び代表者氏名）
電話番号

下記について、型式承認を申請します。

記

種　別

型　式

備考　この用紙の大きさは、日本産業規格Ａ４とすること。

本様式…全部改正〔昭和38年12月自令36号(ろ)〕、一部改正〔昭和49年12月自令40号(そ)・平成６年１月４号(ん)・12年９月44号(ル)・令和元年６月総令19号㊕・２年12月123号㊒〕

別記様式第５号（第37条関係）（ろ）（そ）（ん）（ル）（ね）（む）

型　式　承　認　申　請　書

年　　月　　日

総務大臣　　殿

申請者

住　所

氏　名（法人の場合は、名称及び代表者氏名）

電話番号

下記について、型式承認を申請します。

記

種　別		
型　式		
型式承認を受けているもの	型　式	
	型式番号	
	型式承認年月日	
相違点		

備考　この用紙の大きさは、日本産業規格Ａ４とすること。

本様式…全部改正〔昭和38年12月自令36号(ろ)〕、一部改正〔昭和49年12月自令40号(そ)・平成６年１月４号(ん)・12年９月44号(ル)・令和元年６月総令19号（ね）・２年12月123号（む）〕

別記様式第６号（第38条関係）（ろ）（そ）（ん）（ル）（ね）（む）

氏名（名称、代表者の氏名、住所）変更届出書

年　　月　　日

総務大臣　　殿

届出者

住　所

氏　名（法人の場合は、名称及び代表者氏名）

電話番号

下記のとおり氏名（名称、代表者の氏名、住所）を変更したので届け出ます。

記

旧

新

備考　この用紙の大きさは、日本産業規格Ａ４とすること。

本様式…全部改正〔昭和38年12月自令36号(ろ)〕、一部改正〔昭和49年12月自令40号(そ)・平成６年１月４号(ん)・12年９月44号(ル)・令和元年６月総令19号（ね）・２年12月123号（む）〕

別記様式第７号（第39条関係）（ス）㊮㊪

型式適合検定申請書

年　月　日

日本消防検定協会（登録検定機関）　殿

申請者
住　所
氏　名（法人の場合は、名称及び代表者氏名）
電話番号

下記について、型式適合検定を申請します。

記

種別		型式		型式番号	
申請数量			受検物製造番号	№　～№	
受検希望年月日					
受検希望場所					
型式適合検定方式					
手数料	単価	円	合計	円	
備考					

備考　この用紙の大きさは、日本産業規格Ａ４とすること。

本様式…全部改正〔昭和38年12月自令36号(ろ)〕、一部改正〔昭和49年12月自令40号(そ)・61年12月31号(え)・平成６年１月４号(ん)・16年３月総令54号(ナ)〕、全部改正〔平成24年10月総令91号(ス)〕、一部改正〔令和元年６月総令19号㊮・２年12月123号㊪〕

別記様式第８号（第41条関係）（ろ）（そ）（ん）（ル）㊮㊪

輸出品承認申請書

年　月　日

総務大臣　殿

申請者
住　所
氏　名（法人の場合は、名称及び代表者氏名）
電話番号

下記について、輸出されるものであることについての承認を申請します。

記

種類		型式	
数量		輸出先	
備考			

備考　この用紙の大きさは、日本産業規格Ａ４とすること。

本様式…追加〔昭和38年12月自令36号(ろ)〕、一部改正〔昭和49年12月自令40号(そ)・平成６年１月４号(ん)・12年９月44号(ル)・令和元年６月総令19号㊮・２年12月123号㊪〕

別記様式第９号（第44条の２関係）（ふ）（ん）（ル）㋬㋧㋰

自主表示対象機械器具等表示届出書

年　　月　　日

総務大臣　　殿

届出者

住　所

氏　名（法人の場合は、名称及び代表者氏名）

電話番号

下記の自主表示対象機械器具等について技術上の規格に適合するものである旨の表示を付すこととしますので届け出ます。

記

自主表示対象機械器具等の種類	
自主表示対象機械器具等の型式	
※　製造業者の氏名又は名称	
※　製造業者の住所又は所在地	
※※　届　出　番　号	
備　　考	

備考　１　この用紙の大きさは、日本産業規格Ａ４とすること。
２　「型式」欄には自主表示対象機械器具等の主要な形状、構造、材質、成分及び性能が明らかになるように記載すること。
３　自主表示対象機械器具等に係る技術上の規格に適合するものであることを確認した試験結果を消防庁長官が定める様式を基準として作成し、添付すること。
４　試験の方法及び試験に使用した設備に関する事項のうち消防庁長官が定めるものについては、別葉で添付すること。ただし、既に届出された自主表示対象機械器具等に係る届出において提出したものと同一のものである場合は、その旨を「備考」欄に記載することで当該事項に係る書類の提出に代えることができること。
５　※印の欄は、自主表示対象機械器具等の輸入業者のみ記載すること。
６　※※印の欄は、記入しないこと。

本様式…追加〔昭和61年10月自令23号(ふ)〕、一部改正〔平成６年１月自令４号(ん)・12年９月44号(ル)〕、全部改正〔平成26年３月総令19号㋬〕、一部改正〔令和元年６月総令19号㋧・２年12月123号㋰〕

別記様式第10号（第44条の２関係）（ふ）（ん）（ル）㋧㋰

届出事項変更届出書

年　　月　　日

総務大臣　　殿

届出者

住　所

氏　名（法人の場合は、名称及び代表者氏名）

電話番号

下記のとおり届出事項に変更がありましたので届け出ます。

記

変　更　事　項		
変　更　内　容	旧	
	新	
変更に係る自主表示対象機械器具等の種類		

備考　この用紙の大きさは、日本産業規格Ａ４とすること。

本様式…追加〔昭和61年10月自令23号(ふ)〕、一部改正〔平成６年１月自令４号(ん)・12年９月44号(ル)・令和元年６月総令19号㋧・２年12月123号㋰〕

別記様式第11号（第44条の２関係）（ふ）（ん）（ル）㊆㊅

製造（輸入）事業廃止届出書

年　　月　　日

総務大臣　　殿

届出者

住　所

氏　名（法人の場合は、名称及び代表者氏名）

電話番号

下記のとおり自主表示対象機械器具等の製造（輸入）の事業を廃止したので届け出ます。

記

自主表示対象機械器具等の種類	
廃止年月日	

備考　この用紙の大きさは、日本産業規格Ａ４とすること。

本様式…追加〔昭和61年10月自令23号（ふ）〕、一部改正〔平成６年１月自令４号（ん）・12年９月44号（ル）・令和元年６月総令19号㊆・２年12月123号㊅〕

別記様式第12号（第44条の３関係）（ふ）（ん）（ル）㊆㊅

輸出品承認申請書

年　　月　　日

総務大臣　　殿

申請者

住　所

氏　名（法人の場合は、名称及び代表者氏名）

電話番号

下記について、輸出されるものであることについての承認を申請します。

記

種　類		型　式	
数　量		輸出先	
備　考			

備考　この用紙の大きさは、日本産業規格Ａ４とすること。

本様式…追加〔昭和61年10月自令23号（ふ）〕、一部改正〔平成６年１月自令４号（ん）・12年９月44号（ル）・令和元年６月総令19号㊆・２年12月123号㊅〕

別記様式第13号（第51条の７関係）(サ)

第　　　　　号

修　　　　了　　　　証

氏　　名

生年月日

あなたは消防法施行令第47条第１項第１号の規定による防災管理　　　　講習の課程を修了されました。

よつてこれを証します。

年　　月　　日

市町村消防長　㊞

（都道府県知事　㊞）

（登録講習機関　㊞）

本様式…追加〔平成20年９月総令105号(サ)〕

別図第１　燃焼試験箱（第４条の３関係）

（その１）（ら）（ま）
（薄手布の場合）
（単位　ミリメートル）

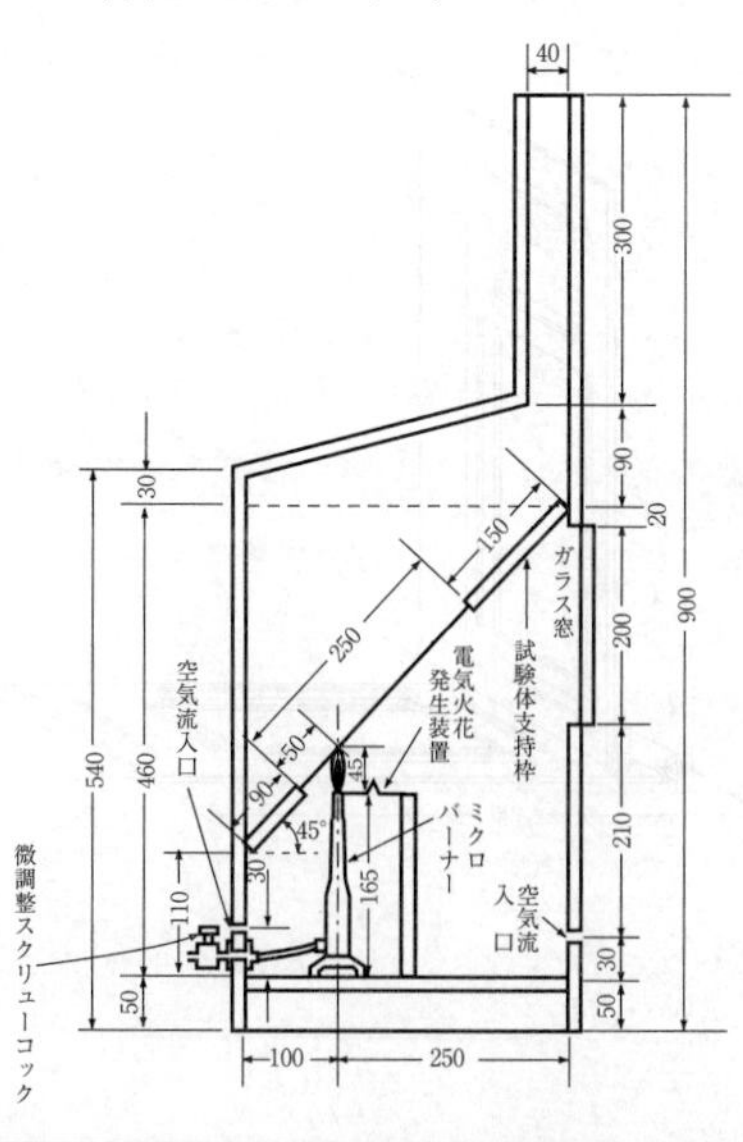

（その２）（ら）（ま）（け）
（厚手布及び合板の場合）
（単位　ミリメートル）

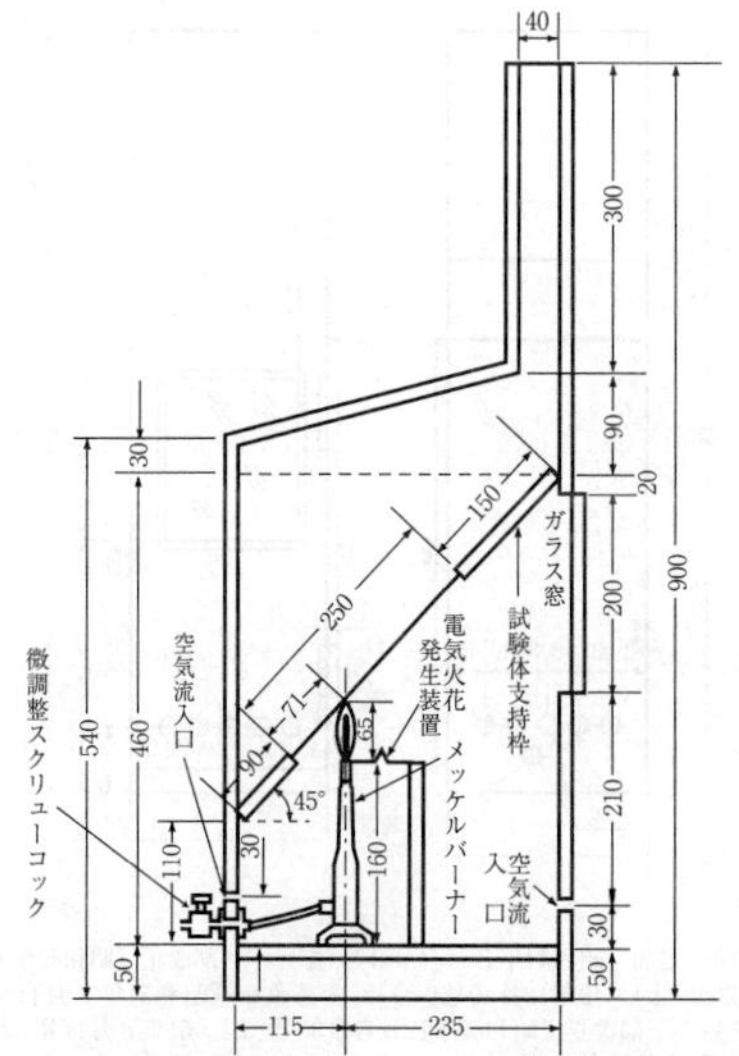

(その4)(ら)

正　面

(単位　ミリメートル)

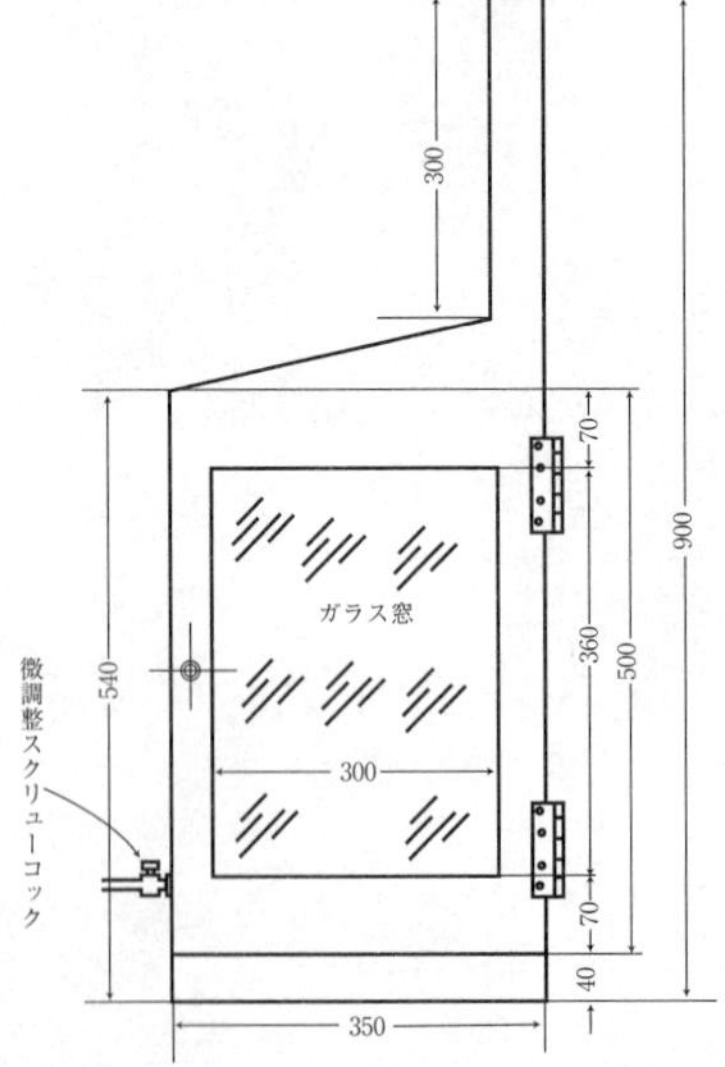

(その3)(ら)(ま)(ク)

(じゅうたん等の場合)

(単位　ミリメートル)

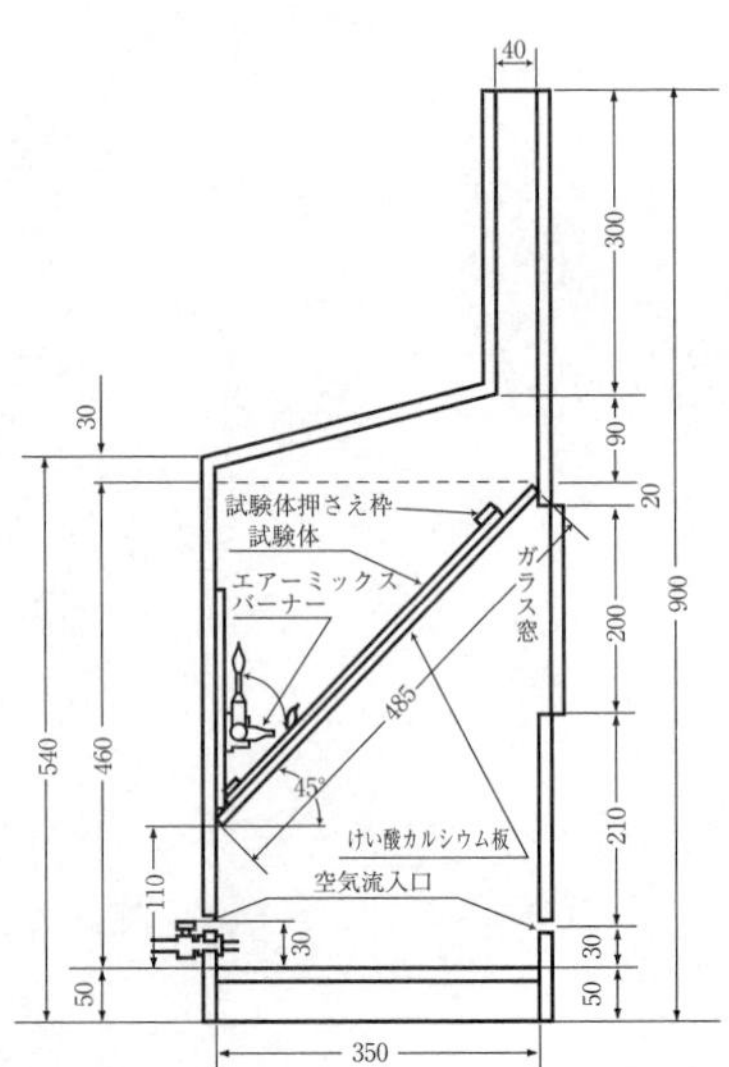

別図第2　試験体支持枠(第4条の3関係)

(その1)(を)(そ)(ま)

(単位　ミリメートル)

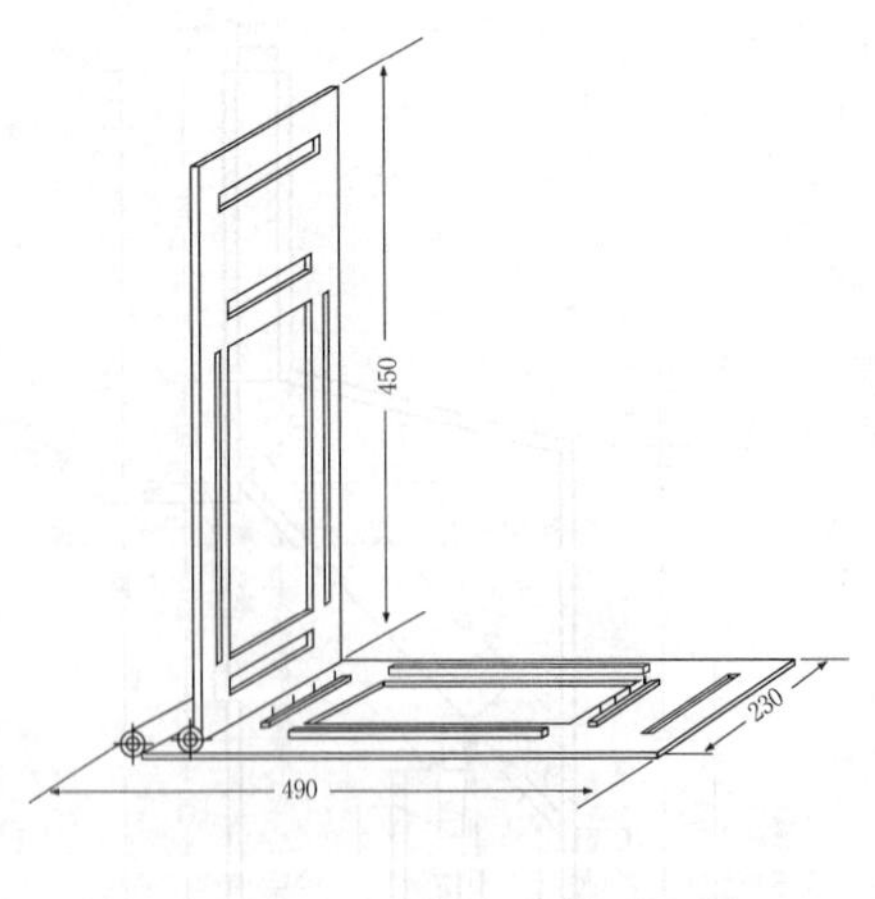

(その5)(ら)

側　面

(単位　ミリメートル)

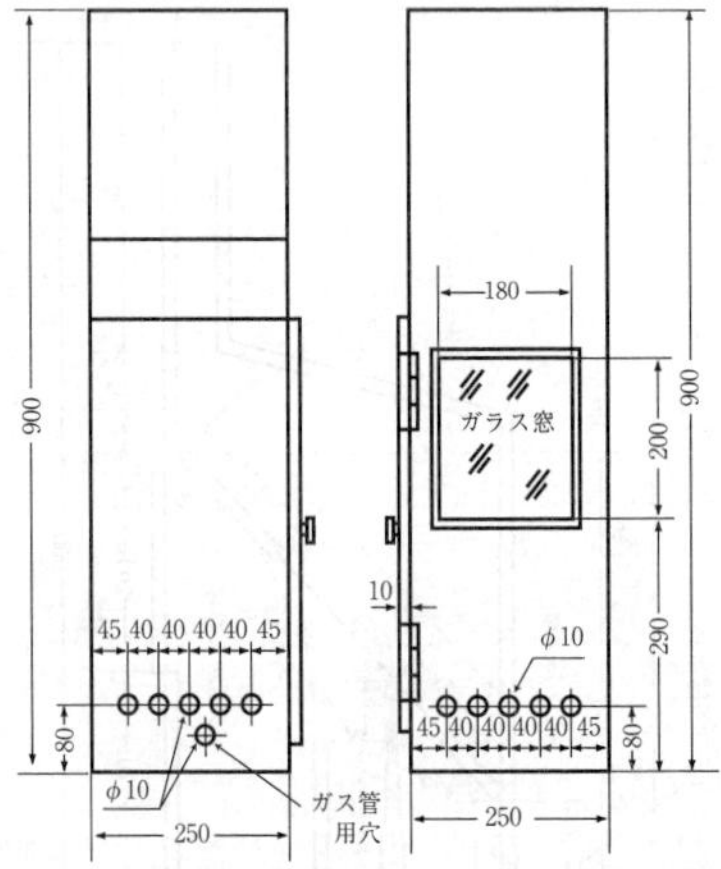

本図…追加〔昭和44年3月自令3号(を)〕、一部改正〔昭和47年8月自令20号(よ)・49年12月40号(そ)〕、全部改正〔昭和54年3月自令5号(ら)〕、一部改正〔昭和59年12月自令30号(ま)・61年8月17号(け)・平成17年8月総令136号(ク)〕

（その３）（を）（よ）（ま）
（単位　ミリメートル）
下　部

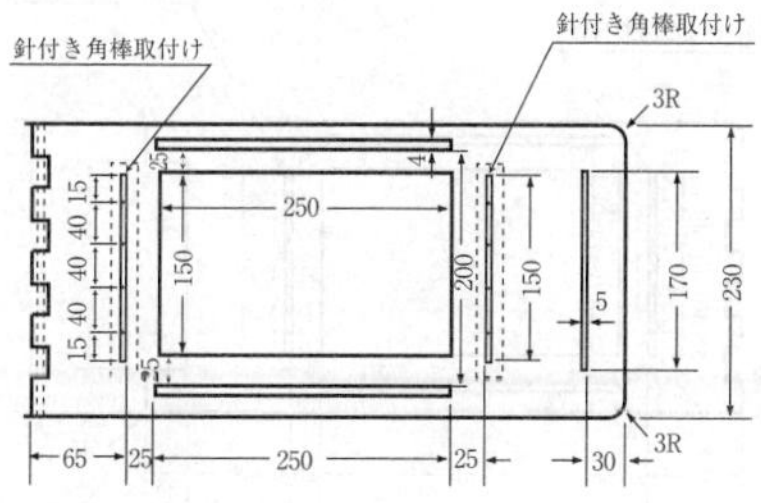

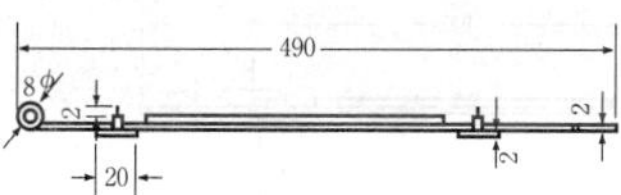

本図…追加〔昭和44年３月自令３号(を)〕、一部改正〔昭和47年８月自令20号(よ)・49年12月40号(そ)・59年12月30号(ま)〕

（その２）（を）
（単位　ミリメートル）
上　部

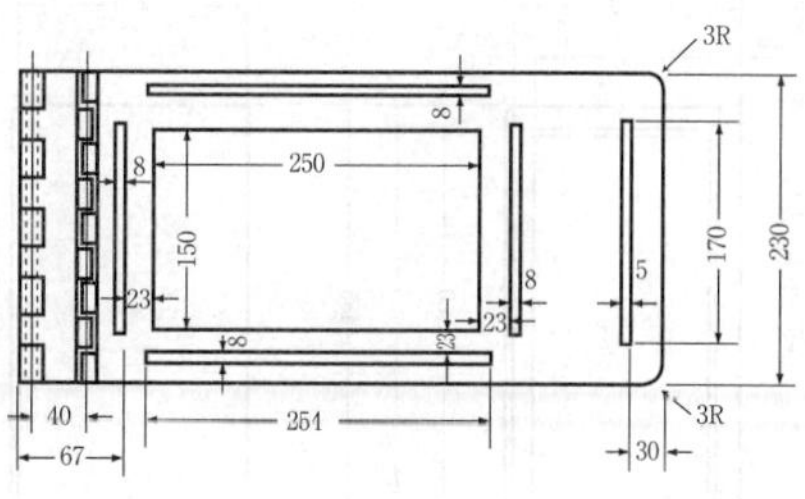

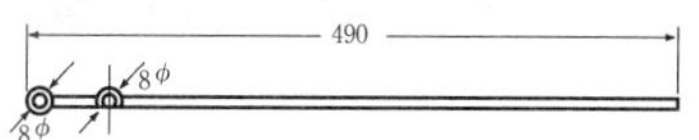

（その２）（よ）　（単位　ミリメートル）
上　部

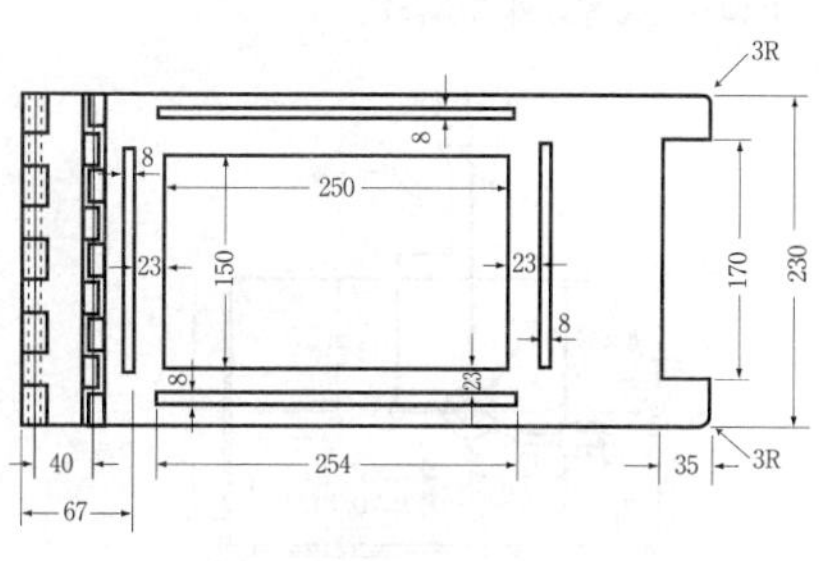

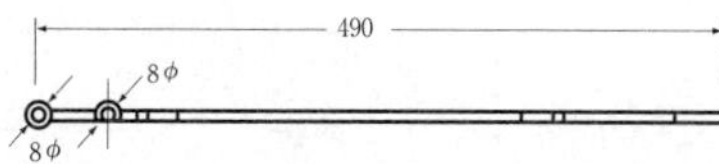

別図第２の２　試験体支持枠（第４条の３関係）
（その１）（よ）(そ)(ま)　（単位　ミリメートル）

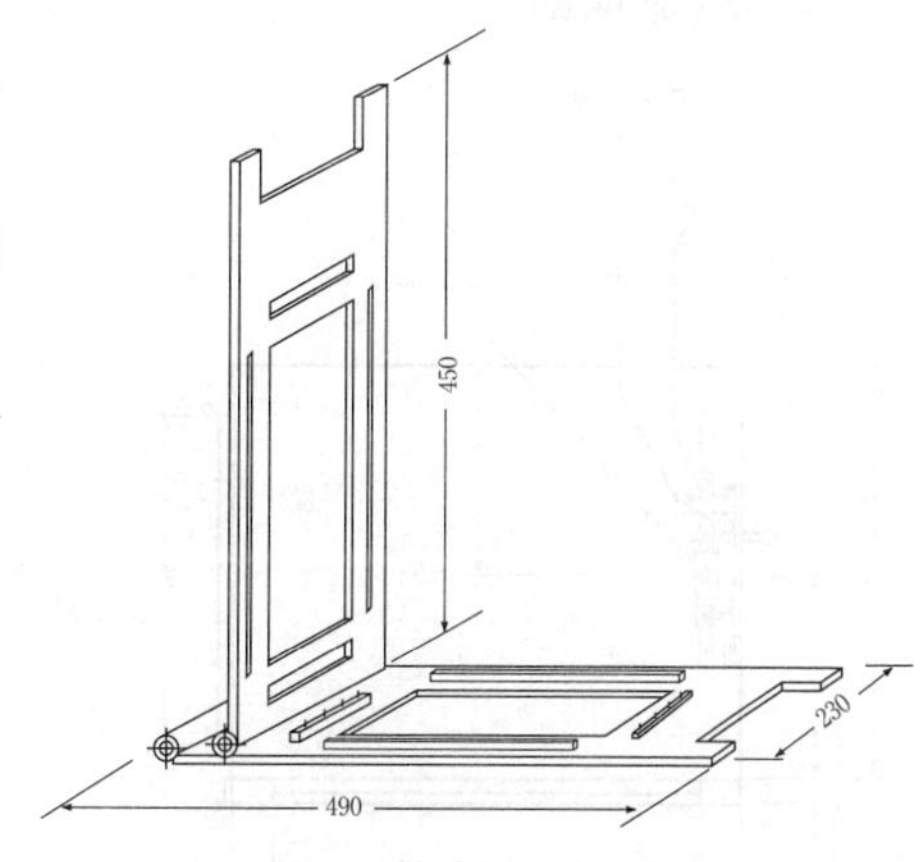

（その３）（よ）（ま）（単位　ミリメートル）

下　部

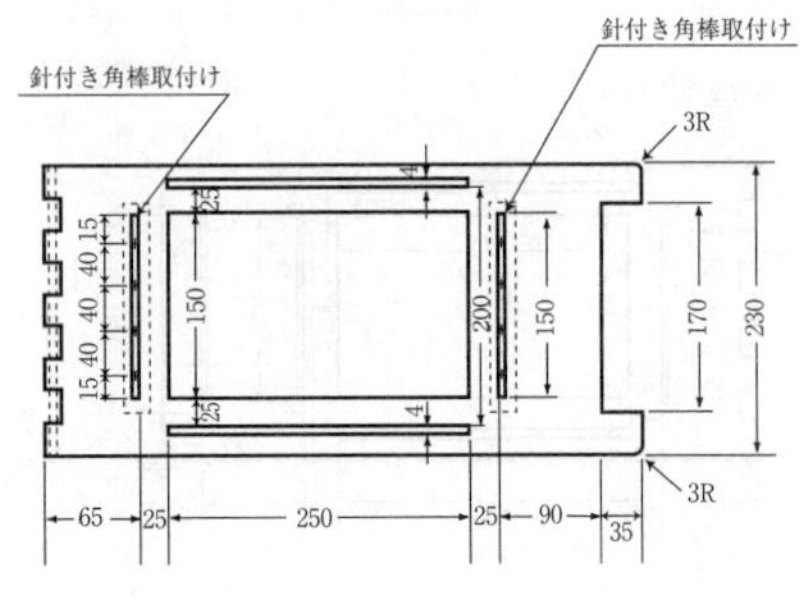

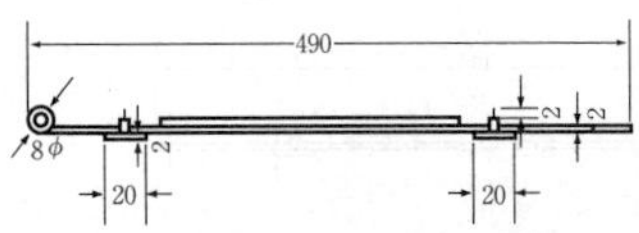

本図…追加〔昭和47年８月自令20号(よ)〕、一部改正〔昭和49年12月自令40号(そ)・59年12月30号(ま)〕

別図第２の３　試験体押さえ枠及びけい酸カルシウム板

（第４条の３関係）（ら）(ま)(ク)

（単位　ミリメートル）

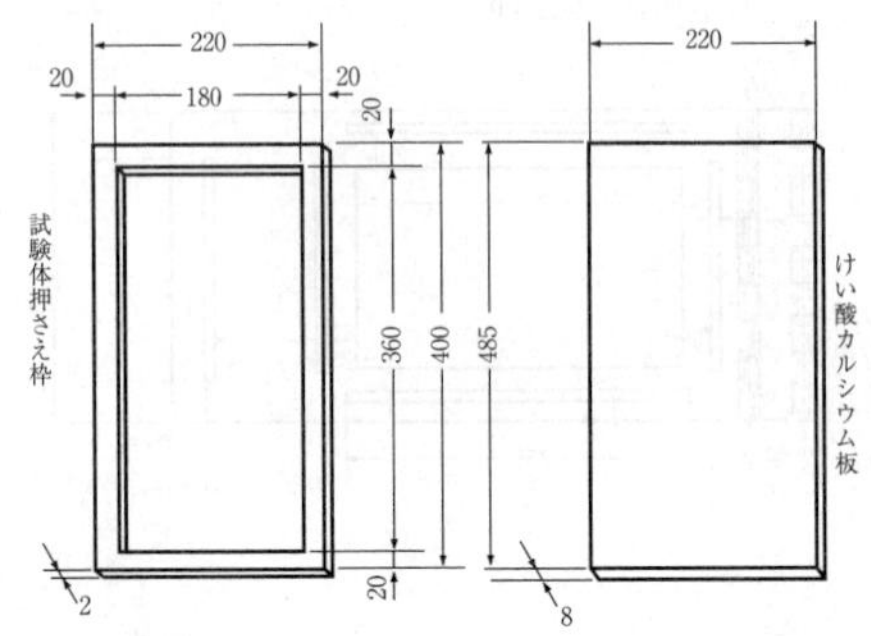

本図…追加〔昭和54年３月自令５号(ら)〕、一部改正〔昭和59年12月自令30号(ま)・平成17年８月総令136号(ク)〕

別図第３　電気火花発生装置（第４条の３関係）

（単位　ミリメートル）

（その１）（ら）

（じゅうたん等以外の場合）

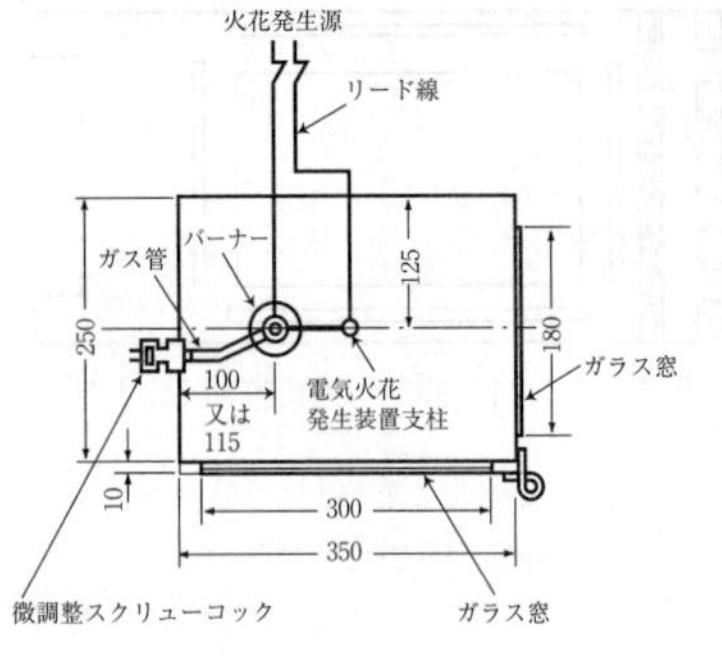

（その２）（ら）

（じゅうたん等の場合）

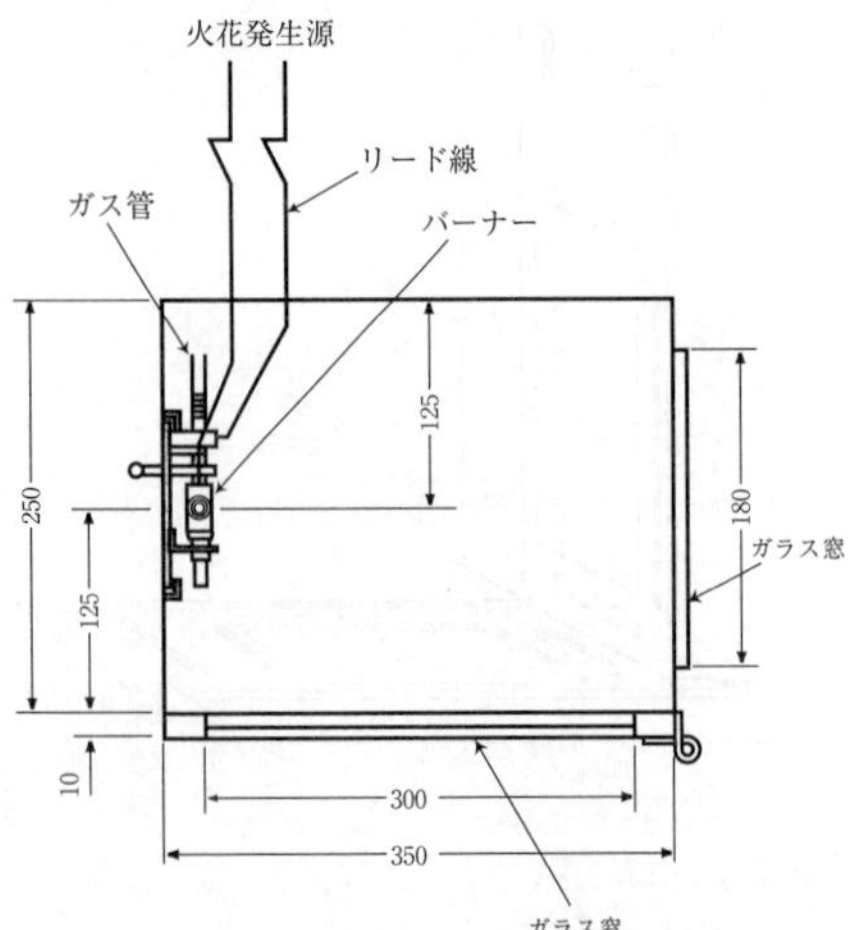

本図…追加〔昭和44年３月自令３号(を)〕、一部改正〔昭和49年12月自令40号(そ)〕、全部改正〔昭和54年３月自令５号(ら)〕

別図第4　ミクロバーナー（第4条の3関係）(を)(そ)
（単位　ミリメートル）

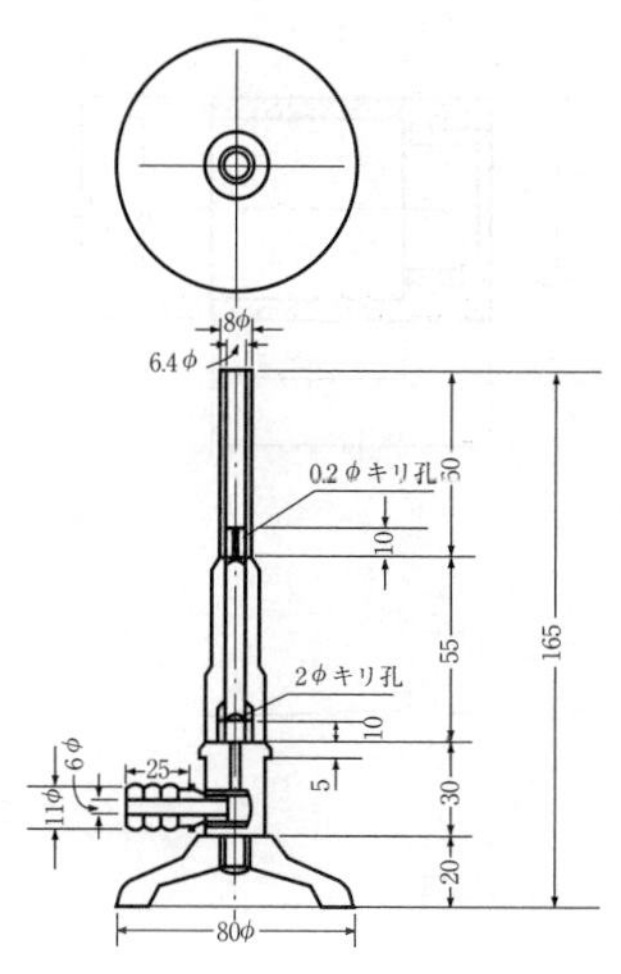

本図…追加〔昭和44年3月自令3号(を)〕、一部改正〔昭和49年12月自令40号(そ)〕

別図第5　メッケルバーナー（第4条の3関係）
(を)(そ)(ま)　（単位　ミリメートル）

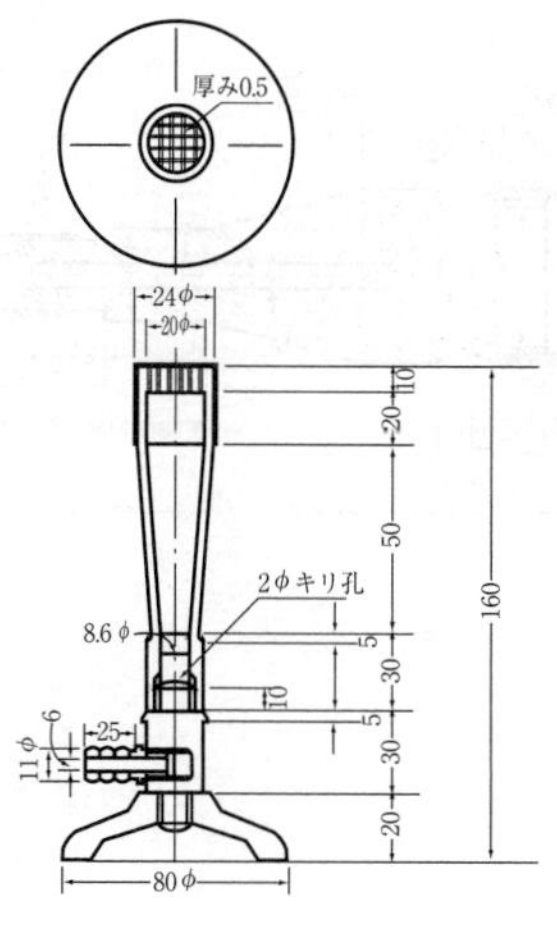

本図…追加〔昭和44年3月自令3号(を)〕、一部改正〔昭和49年12月自令40号(そ)・59年12月30号(ま)〕

別図第6　エアーミックスバーナー（第4条の3関係）
（その1）(ら)(ま)（単位　ミリメートル）

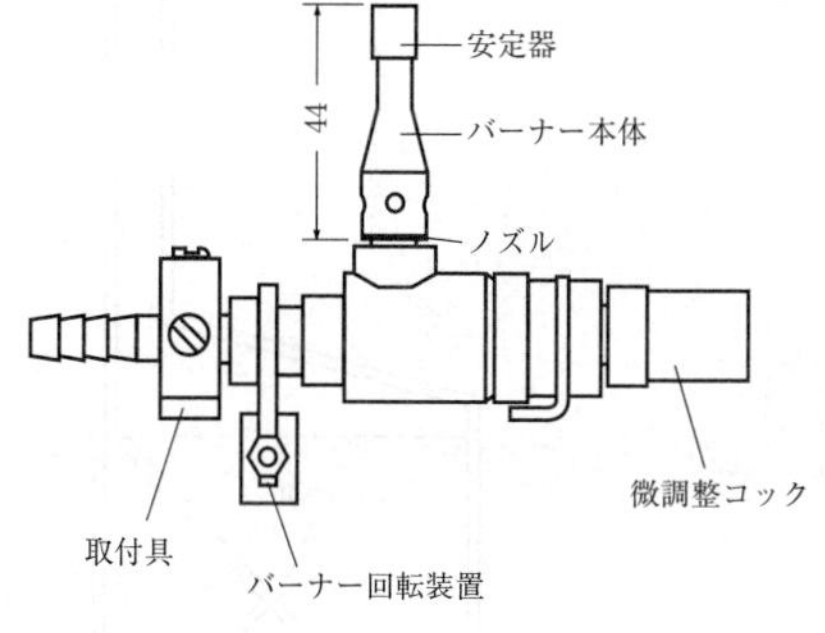

（その2）(ら)（単位　ミリメートル）
ノズル

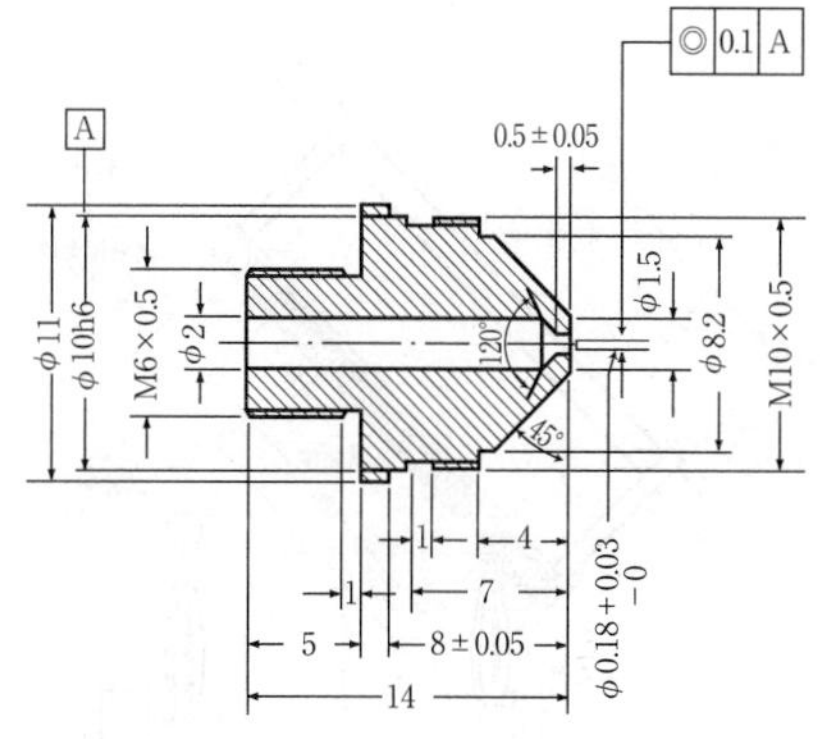

（その３）（ら）（単位　ミリメートル）

バーナー本体

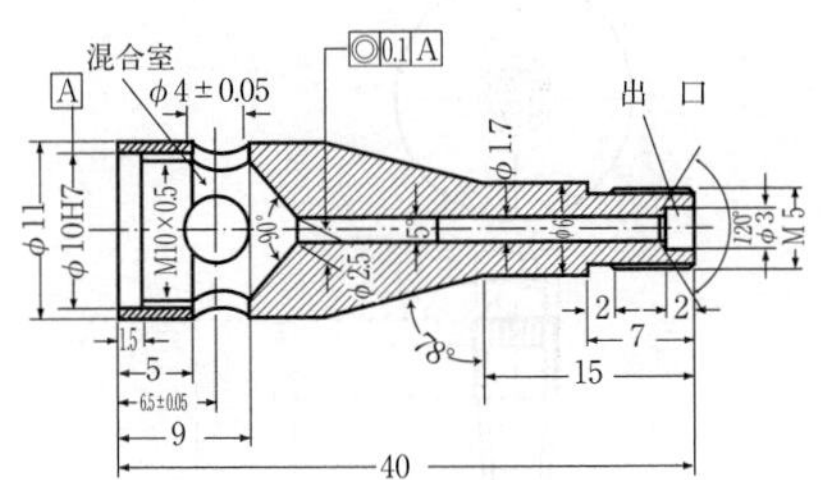

（その４）（ら）（単位　ミリメートル）

安定器

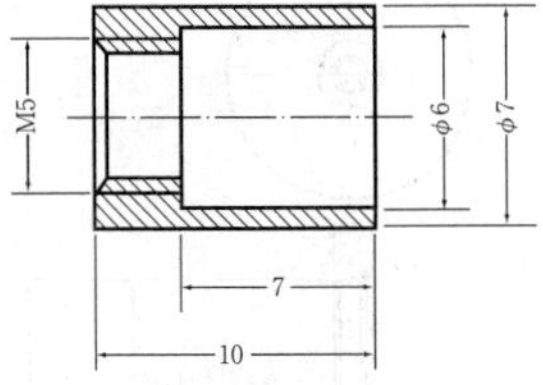

本図…追加〔昭和44年３月自令３号(を)〕、一部改正〔昭和45年３月自令７号(わ)・49年12月40号(そ)〕、全部改正〔昭和54年３月自令５号(ら)〕、一部改正〔昭和59年12月自令30号(ま)〕

別図第７　試験体支持コイル（第４条の３関係）

（その１）（ら）（単位　ミリメートル）

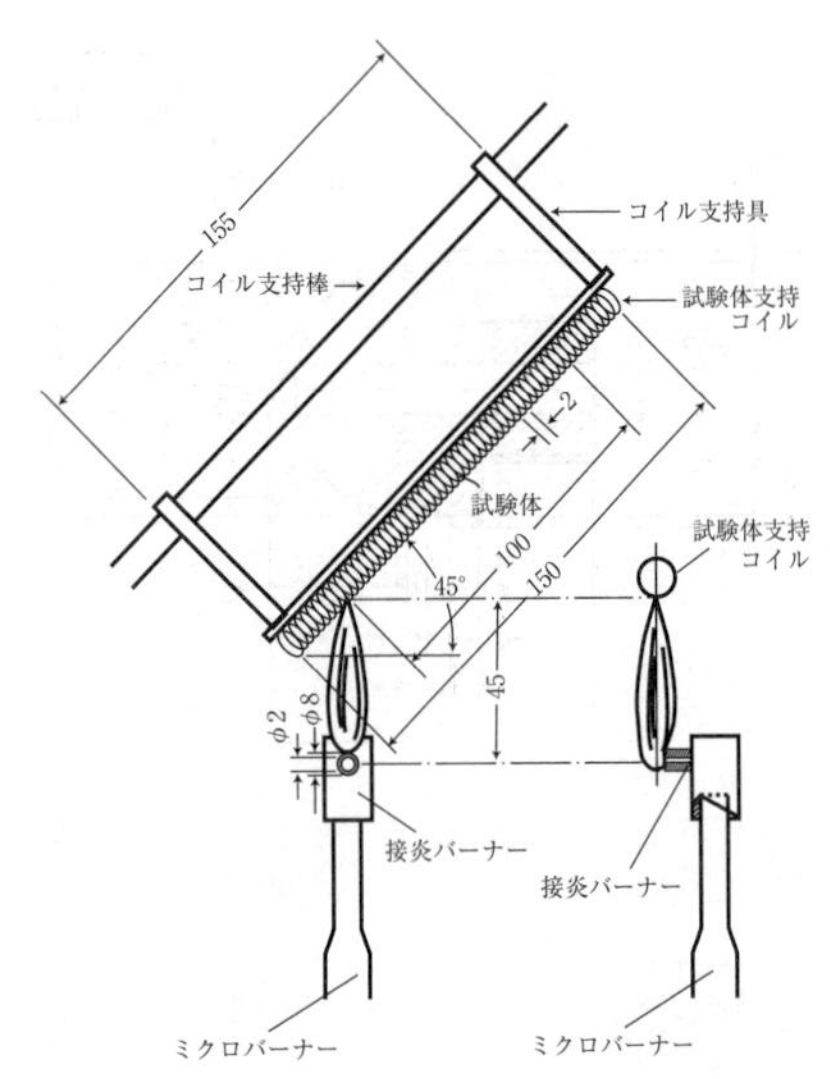

（その２）（ら）（単位　ミリメートル）

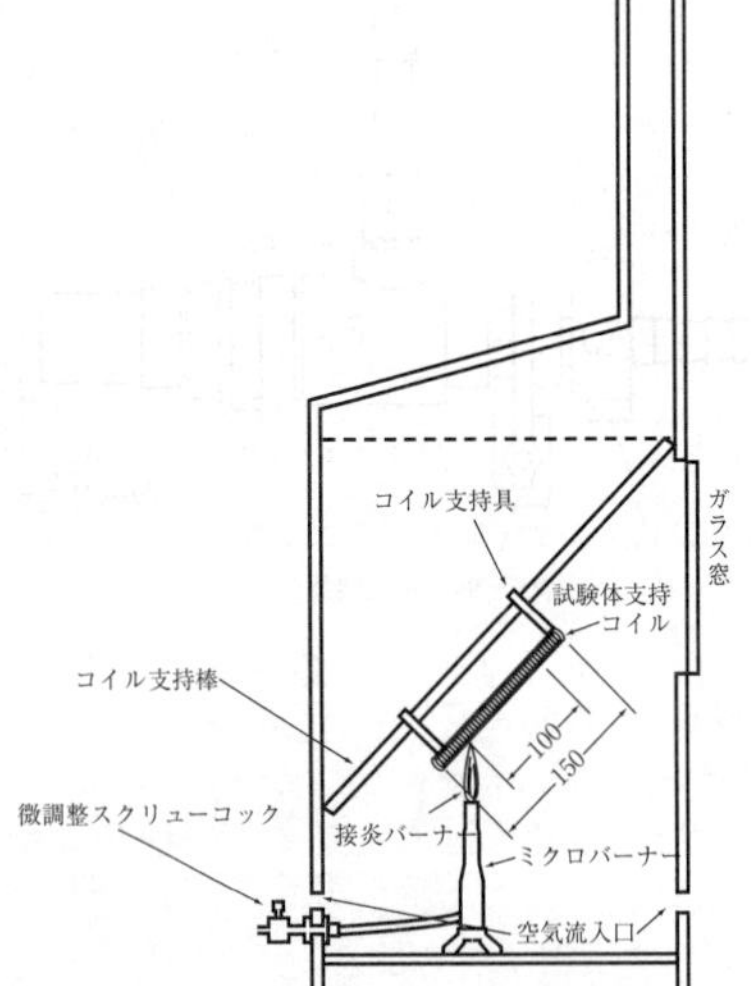

本図…追加〔昭和54年３月自令５号(ら)〕

○対象火気設備等の位置、構造及び管理並びに対象火気器具等の取扱いに関する条例の制定に関する基準を定める省令

（平成十四年三月六日 総務省令第二十四号）

〔改正経過〕
平成一七年　三月二二日　総務省令第　三四号
平成二二年　三月三〇日　総務省令第　二六号
平成二四年　三月二七日　総務省令第　一七号
平成二七年一一月一三日　総務省令第　九三号
令和　二年　八月二七日　総務省令第　七七号
令和　五年　二月二一日　総務省令第　　八号
令和　五年　五月三一日　総務省令第　四八号

消防法施行令（昭和三十六年政令第三十七号）第五条及び第五条の二の規定に基づき、対象火気設備等の位置、構造及び管理並びに対象火気器具等の取扱いに関する条例の制定に関する基準を定める省令を次のように定める。

対象火気設備等の位置、構造及び管理並びに対象火気器具等の取扱いに関する条例の制定に関する基準を定める省令

目次

第一章　総則

（趣旨）

第一条　この省令は、消防法施行令（以下「令」という。）第五条及び第五条の二の規定に基づき、対象火気設備等の位置、構造及び管理並びに対象火気器具等の取扱いに関する条例の制定に関する基準を定めるものとする。

（定義）

第二条　この省令において、次の各号に掲げる用語の意義は、当該各号に定めるところによる。

一　対象火気設備等　消防法（昭和二十三年法律第百八十六号。以下「法」という。）第九条に規定する火を使用する設備又はその使用に際し、火災の発生のおそれのある設備であって、次条に定めるものをいう。

二　対象火気器具等　法第九条に規定する火を使用する器具又はその使用に際し、火災の発生のおそれのある器具であって、第十八条各号に掲げるものをいう。

三　不燃材料　建築基準法（昭和二十五年法律第二百一号）第二条第九号に規定する不燃材料をいう。

四　準不燃材料　建築基準法施行令（昭和二十五年政令第三百三十八号）第一条第五号に規定する準不燃材料をいう。

五　耐火構造　建築基準法第二条第七号に規定する耐火構造をいう。

六　建築物等　令第五条第一項第一号に規定する建築物等をいう。

七　建築設備　建築基準法第二条第三号に規定する建築設備をい

う。

八　配管設備等　建築設備のうち、火を使用する部分及び燃料タンクを除いたものをいう。

九　入力　対象火気設備等の最大の消費熱量をいう。

第二章　対象火気設備等に関する基準

（対象火気設備等の種類）

第三条　令第五条第一項各号列記以外の部分の総務省令で定めるものは、第一号から第十二号までに掲げる設備から配管設備等を除いたもの及び第十三号から第二十号までに掲げる設備とする。

一　炉

二　ふろがま

三　温風暖房機

四　厨房設備

五　ボイラー

六　ストーブ（移動式のものを除く。以下同じ。）

七　乾燥設備

八　サウナ設備（サウナ室に設ける放熱設備をいう。以下同じ。）

九　簡易湯沸設備（入力が十二キロワット以下の湯沸設備をいう。以下同じ。）

十　給湯湯沸設備（簡易湯沸設備以外の湯沸設備をいう。以下同じ。）

十一　燃料電池発電設備（固体高分子型燃料電池、リン酸型燃料電池、溶融炭酸塩型燃料電池又は固体酸化物型燃料電池による発電設備であって火を使用するものに限る。第十六条第四号イを除き、以下同じ。）

十二　ヒートポンプ冷暖房機

十三　火花を生ずる設備（グラビア印刷機、ゴムスプレッダー、起毛機、反毛機その他その操作に際し火花を生じ、かつ、可燃性の蒸気又は微粉を放出する設備をいう。以下同じ。）

十四　放電加工機（加工液として法第二条第七項に規定する危険物を用いるものに限る。以下同じ。）

十五　変電設備（全出力二十キロワット以下のもの及び第二十号に掲げるものを除く。以下同じ。）

十六　内燃機関を原動力とする発電設備

十七　蓄電池設備（蓄電池容量が十キロワット時以下のもの及び蓄電池容量が十キロワット時を超え二十キロワット時以下のものであって出火防止措置が講じられたものとして消防庁長官が定めるものを除く。以下同じ。）

十八　ネオン管灯設備

十九　舞台装置等の電気設備（舞台装置若しくは展示装飾のために使用する電気設備又は工事、農事等のために一時的に使用する電気設備をいう。以下同じ。）

二十　急速充電設備（電気を設備内部で変圧して、電気自動車等（電気を動力源とする自動車、原動機付自転車、船舶、航空機その他これらに類するものをいう。以下同じ。）にコネクター（充電用ケーブルを電気自動車等に接続するためのものをいう。以下同じ。）を用いて充電する設備（全出力二十キロワット以下のものを除く。）をいい、分離型のもの（変圧する機能を有する設備本体及び充電ポスト（コネクター及び充電用ケーブルを収納する設備で、変圧する機能を有しないものをいう。以下同じ。）により構成されるものをいう。以下同じ。）にあっては、充電ポストを含む。以下同じ。）

（火災予防上安全な距離を保つことを要しない場合）

第四条　令第五条第一項第一号の防火上支障がないものとして総務省令で定める場合は、不燃材料で有効に仕上げをした建築物等の部分の構造が耐火構造であって、間柱、下地その他主要な部分を準不燃材料で造ったものである場合又は当該建築物等の部分の構造が耐火構造以外の構造であって、間柱、下地その他主要な部分を不燃材料で造ったもの（有効に遮熱できるものに限る。）である場合とする。

（火災予防上安全な距離）

第五条　令第五条第一項第一号の総務省令で定める火災予防上安全な距離は、次の各号に掲げる距離のうち、消防長（消防本部を置かない市町村においては、市町村長。以下同じ。）又は消防署長が認める距離以上の距離とする。

一　別表第一の左欄に掲げる対象火気設備等の種別に応じ、それぞれ同表の右欄に定める離隔距離

二　電気を熱源とする対象火気設備等のうち、別表第二に掲げるものにあっては、同表の左欄に掲げる対象火気設備等の種別に応じ、それぞれ同表の右欄に定める離隔距離

三　対象火気設備等の種類ごとに、それぞれ消防庁長官が定めるところにより得られる距離

（屋内において総務省令で定める不燃性の床等の上に設けることを要しない場合）

第六条　令第五条第一項第三号の防火上支障がないものとして総務省令で定める場合は、次の各号に掲げる場合とする。

一　対象火気設備等を不燃材料のうち金属で造られた床上又は台上に設ける場合に、当該対象火気設備等の底面の通気を図る等、直接熱が伝わらない措置が講じられた場合

二　対象火気設備等が簡易湯沸設備又は燃料電池発電設備である場合

（不燃性の床等）

第七条　令第五条第一項第三号の総務省令で定める不燃性の床等は、不燃材料のうち金属以外のもので造られた床若しくは台又は土間とする。

（消費熱量）

第八条　令第五条第一項第四号の総務省令で定める消費熱量は、三百五十キロワット（厨房設備にあっては、同一室内に設ける全ての厨房設備の入力の合計が三百五十キロワット）とする。

（延焼防止の措置を要しない場合）

第九条　令第五条第一項第四号の防火上支障がないものとして総務省令で定める場合は、対象火気設備等の周囲に有効な空間を保有する等、外部に熱が伝わらないための措置を講じた場合とする。

（火災の発生のおそれのある部分に係る防火上有効な構造）

第一〇条　令第五条第一項第五号の規定により、対象火気設備等は、次の各号に定めるところにより、その使用に際し、火災の発生のおそれのある部分について、防火上有効な措置が講じられた構造としなければならない。

一　対象火気設備等の使用に際し、火災の発生のおそれのある部分は、不燃材料で造ること。

二　炉（熱風炉に限る。）、ふろがま、温風暖房機、乾燥設備及びサウナ設備にあっては、その風道並びにその被覆及び支枠を不燃材料で造ること。

三　燃料タンク（液体燃料を使用するものに係るものに限る。第十六条を除き、以下同じ。）とたき口（内燃機関を原動力とする発電設備にあっては、内燃機関。以下同じ。）との間には、二メートル以上の水平距離を保つか、又は防火上有効な遮へいを設けること。ただし、油温が著しく上昇するおそれのない燃料タンクにあっては、この限りでない。

四　燃料タンクの架台は、不燃材料で造ること。

五　液体燃料を予熱する方式のものにあっては、その配管（建築設備を除く。）又は燃料タンクを直火で予熱しないものとするとともに、過度の予熱を防止する措置が講じられたものとすること。

六　気体燃料又は液体燃料を使用するものにあっては、多量の未燃ガスが滞留しない措置が講じられたものとすること。

七　電気を熱源とするものにあっては、その電線、接続器具等は、耐熱性を有するものを使用すること。
八　温風暖房機にあっては、その熱交換部分を耐熱性の金属材料等で造ること。
九　固体燃料を使用するストーブにあっては、不燃材料で造ったたき殻受けを付設すること。
十　燃料電池発電設備及び内燃機関を原動力とする発電設備にあっては、その排気筒（配管設備等を除く。）は、防火上有効なものとすること。
十一　ネオン管灯設備にあっては、次によること。
イ　点滅装置には、不燃材料で造った覆いを設けること。ただし、無接点継電器を使用するものにあっては、この限りでない。
ロ　支枠その他ネオン管灯に近接する取付け材は、木材（難燃合板を除く。）又は合成樹脂（不燃性及び難燃性のものを除く。）を用いないこと。
十二　舞台装置又は展示装飾のために使用する電気設備にあっては、次によること。
イ　電灯の充電部は、露出させないこと。
ロ　アークを発生する設備は、不燃材料で造ること。
ハ　一の電線を二以上の分岐回路に使用しないこと。
十三　急速充電設備にあっては、その筐体は不燃性の金属材料で造ること。ただし、分離型のものの充電ポストにあっては、この限りでない。

（周囲に火災が発生するおそれが少ない構造）

第一一条　令第五条第一項第六号の規定により、対象火気設備等は、次の各号に定めるところにより、その周囲において火災が発生するおそれが少ないよう防火上有効な措置が講じられた構造としなければならない。

一　表面の温度が過度に上昇しないものとすること。
二　炉にあっては、溶融物等があふれるおそれのある部分に、あふれた溶融物等を安全に誘導する装置を設けること。
三　炉（熱風炉に限る。）、ふろがま、温風暖房機、乾燥設備及びサウナ設備にあっては、その風道の火を使用する部分に近接する部分に防火ダンパーを設けること。
四　前号の風道にあっては、火を使用する部分から防火ダンパーまで及び防火ダンパーから二メートル以内の部分を厚さ十センチメートル以上の金属以外の不燃材料で被覆すること。ただし、建築物等の可燃性の部分及び可燃性の物品との間に十五センチメートル以上の距離を有する部分にあっては、この限りでない。
五　固体燃料を使用するものにあっては、たき口から火粉等が飛散しないものとするとともに、ふたのある不燃性の取灰入れを不燃材料で造った床上又は台上に設けるか、又は当該対象火気設備等の底面の通気が図られたものとすること。
六　燃料タンクは、使用中に燃料が漏れ、あふれ、又は飛散しないものとすること。
七　厨房設備にあっては、その天蓋には、火炎伝送防止装置（排気ダクトへの火炎の伝送を防止する装置をいう。）として、自動消火装置を設けること。ただし、排気ダクトを用いず天蓋から屋外へ直接排気を行う構造のもの、排気ダクトの長さ若しくは当該厨房設備の入力及び使用状況から判断して火災予防上支障がないと認められるもの又は防火ダンパー等が適切に設けられているものにあっては、この限りでない。
八　前号ただし書の規定にかかわらず、次に掲げる厨房設備には、自動消火装置を設けること。
イ　令別表第一㈠項から㈣項まで、㈤項イ、㈥項、㈨項イ、(十六)項イ、(十六の二)項及び(十六の三)項に掲げる防火対象物の地階に設ける厨房設備にあっては、同一室内に設ける全ての厨房設備の入力

の合計が三百五十キロワット以上のもの

ロ　イに掲げるもののほか、高さ三十一メートルを超える建築物に設ける厨房設備にあっては、同一室内に設ける全ての厨房設備の入力の合計が三百五十キロワット以上のもの

九　乾燥設備にあっては、次によること。

イ　乾燥物品が直接熱源と接触しないものとすること。

ロ　火粉が混入するおそれのある燃焼排気により直接可燃性の物品を乾燥するものにあっては、乾燥室内に火粉を飛散しないものとすること。

（振動又は衝撃に対する構造）

第一二条　令第五条第一項第七号の規定により、対象火気設備等（建築設備を除く。）は、次の各号に定めるところにより、振動又は衝撃により、容易に転倒し、落下し、破損し、又はき裂を生じず、かつ、その配線、配管等の接続部が容易に緩まない構造としなければならない。

一　地震その他の振動又は衝撃により容易に転倒し、落下し、破損し、又はき裂を生じないものとすること。

二　気体燃料又は液体燃料を使用するものの配管の接続は、ねじ接続、フランジ接続、溶接等とすること。ただし、金属管と金属管以外の管を接続する場合にあっては、その接続部分をホースバンド等で締め付ける場合に限り、差し込み接続とすることができる。

三　燃料電池発電設備、変電設備、内燃機関を原動力とする発電設備及び舞台装置等の電気設備にあっては、その変圧器、コンデンサーその他の機器及び配線は、堅固に床、壁、支柱等に固定すること。

四　燃料電池発電設備及び内燃機関を原動力とする発電設備の発電機、燃料タンクその他の機器は、堅固に床、壁、支柱等に固定すること。

五　ヒートポンプ冷暖房機にあっては、その内燃機関は、防振のための措置が講じられたものとすること。

六　放電加工機にあっては、その工具電極は、確実に取り付け、異常な放電を防止すること。

七　内燃機関を原動力とする発電設備にあっては、防振のための措置が講じられた床上又は台上に設けること。

八　蓄電池設備（開放形鉛蓄電池を用いたものに限る。）にあっては、その電槽は、耐酸性の床上又は台上に転倒しないように設けること。

九　舞台装置等の電気設備にあっては、その電灯及び配線は、著しく動揺し、又は脱落しないように取り付けること。

十　急速充電設備にあっては、堅固に床、壁、支柱等に固定すること。

（燃料タンク及び配管の構造）

第一三条　令第五条第一項第八号の規定により、対象火気設備等の配管（建築設備を除く。以下この条において同じ。）及び燃料タンクは、次の各号に定めるところにより、燃料の漏れを防止し、かつ、異物を除去する措置が講じられた構造としなければならない。

一　燃料タンクは、次の表の上欄に掲げる燃料タンクの容量（燃料タンクの内容積の九十パーセントの量をいう。以下この条において同じ。）の区分に応じ、同表の下欄に定める板厚の鋼板又はこれと同等以上の強度を有する金属板で気密に造ること。

燃料タンクの容量	板厚
五リットル以下	〇・六ミリメートル以上
五リットルを超え二〇リットル以下	〇・八ミリメートル以上

二〇リットルを超え四〇リットル以下	一・〇ミリメートル以上
四〇リットルを超え一〇〇リットル以下	一・二ミリメートル以上
一〇〇リットルを超え二五〇リットル以下	一・六ミリメートル以上
二五〇リットルを超え五〇〇リットル以下	二・〇ミリメートル以上
五〇〇リットルを超え一、〇〇〇リットル以下	二・三ミリメートル以上
一、〇〇〇リットルを超え二、〇〇〇リットル以下	二・六ミリメートル以上
二、〇〇〇リットルを超える	三・二ミリメートル以上

二　燃料タンクの配管には、タンク直近の容易に操作できる位置に開閉弁を設けること。ただし、地下に埋設する燃料タンクにあっては、この限りでない。

三　配管又は燃料タンクには、有効なろ過装置を設けること。ただし、ろ過装置が設けられた対象火気設備等の配管又は燃料タンクにあっては、この限りでない。

四　燃料タンクは、水抜きができる構造とすること。

五　燃料タンクの外面には、さび止めのための措置を講ずること。ただし、アルミニウム合金、ステンレス鋼その他さびにくい材質で造られた燃料タンクにあっては、この限りでない。

六　気体燃料又は液体燃料を使用するものにあっては、その配管は、金属管を使用すること。ただし、燃焼装置、燃料タンク等に接続する部分で金属管を使用することが構造上又は使用上適当でない場合においては、当該燃料に侵されない金属管以外の管を使用することができる。

（風道、燃料タンク等の構造）

第一四条　令第五条第一項第九号の規定により、対象火気設備等は、次の各号に定めるところにより、ほこり、雨水その他当該対象火気設備等の機能に支障を及ぼすおそれのあるものが入らないようにするための措置が講じられた構造としなければならない。

一　燃料タンクを屋外に設ける場合にあっては、その通気管又は通気口の先端から雨水が浸入しないものとすること。

二　炉（熱風炉に限る。）、ふろがま、温風暖房機、乾燥設備及びサウナ設備にあっては、その風道の給気口は、じんあいの混入を防止するものとすること。

三　ふろがまにあっては、かま内にすすが付着しにくく、かつ、目詰まりしにくいものとすること。

四　温風暖房機にあっては、加熱された空気に、火粉、煙、ガス等が混入しないものとすること。

五　屋外に設ける蓄電池設備にあっては、その筐体は雨水等の浸入防止の措置が講じられたものとすること。

六　ネオン管灯設備の変圧器を雨のかかる場所に設ける場合にあっては、屋外用のものを選び、導線引き出し部が下向きとなるように設ける等、雨水の浸透を防止するために有効な措置が講じられたものとすること。

七　急速充電設備にあっては、その筐体は雨水等の浸入防止の措置が講じられたものとすること。

（安全を確保する装置等）

第一五条　令第五条第一項第十号の規定により、対象火気設備等には、必要に応じ、次の各号に定めるところにより、その使用に際し異常が生じた場合において安全を確保するために必要な装置を設けなければならない。

一　燃焼装置に過度の圧力がかかるおそれのあるものにあっては、異常燃焼を防止するための装置を設けること。

二　気体燃料又は液体燃料を使用するものにあっては、次に掲げる装置を設けること。

イ　炎が立ち消えした場合等において安全を確保できる装置。ただし、屋外に設けるもので、風雨等により口火及びバーナーの火が消えない措置が講じられたものにあっては、この限りでない。

ロ　未燃ガスが滞留するおそれのあるものにあっては、点火前及び消火後に自動的に未燃ガスを排出できる装置

ハ　内部の温度が過度に上昇するおそれのあるものにあっては、過度に温度が上昇した場合において自動的に燃焼を停止できる装置

ニ　電気を使用して燃焼を制御する構造又は燃料の予熱を行う構造のものにあっては、停電時に自動的に燃焼を停止できる装置

ホ　点火及び燃焼の状態が確認できる装置

三　電気を熱源とするもののうち、内部の温度が過度に上昇するおそれのあるものにあっては、過度に温度が上昇した場合において自動的に電力の供給を停止できる装置を設けること。

四　ふろがま（気体燃料又は液体燃料を使用するものに限る。）にあっては、空だきをした場合に自動的に燃焼を停止できる装置を設けること。

五　ボイラーにあっては、蒸気の圧力が異常に上昇した場合に自動的に作動する安全弁その他の安全装置を設けること。

六　乾燥設備にあっては、室内の温度が過度に上昇したことを示す非常警報装置又は熱源の自動停止装置を設けること。

七　サウナ設備にあっては、その温度が異常に上昇した場合に直ちにその熱源を遮断することができる手動及び自動の装置を設けること。

八　放電加工機にあっては、次に掲げる装置を設けること。

イ　加工槽内の放電加工部分以外における加工液の温度が、設定された温度を超えた場合において、自動的に加工を停止できる装置

ロ　加工液の液面の高さが、放電加工部分から液面までの間に必要最小限の間隔を保つために設定された液面の高さより低下した場合において、自動的に加工を停止できる装置

ハ　工具電極と加工対象物との間の炭化生成物の発生成長等による異常を検出した場合において、自動的に加工を停止できる装置

ニ　加工液に着火した場合において、自動的に消火できる装置

（その他の基準）

第一六条　令第五条第二項の規定により、第四条から前条までに規定するもののほか、対象火気設備等の位置、構造及び管理に関し火災の予防のために必要な事項に係る条例は、次の各号に定めるところにより制定されなければならない。

一　燃料タンク（液体燃料を使用するもの（ストーブを除く。）に係るものに限る。）を屋内に設ける場合にあっては、不燃材料で造られた床上に設けること。

二　電気を熱源とするものにあっては、その電線、接続器具について、短絡を生じない措置を講ずること。

三　厨房設備にあっては、天蓋（屋外へ直接排気を行う構造のものを除く。）及び天蓋と接続する排気ダクト内の清掃を行い、火災予防上支障のないように維持管理をすることとし、特に油脂を含む蒸気を発生させるおそれのある厨房設備の天蓋には、特別な清掃を行う場合を除き、排気中に含まれる油脂等の付着成分を有効に除去することができるグリス除去装置（グリスフィルター、グリスエクストラクター等の装置をいう。以下同じ。）を設けること。この場合のグリス除去装置は、耐食性を有する鋼板又はこれ

と同等以上の耐食性及び強度を有する不燃材料で造られたものとすること。ただし、当該厨房設備の入力及び使用状況から判断して火災予防上支障がないと認められるものにあっては、この限りでない。

四　燃料電池発電設備、変電設備、内燃機関を原動力とする発電設備、蓄電池設備及び急速充電設備（全出力五十キロワット以下のものを除く。以下この号において同じ。）のうち、屋外に設けるものにあっては、建築物から三メートル以上の距離を保つこと。ただし、次に掲げるものにあっては、この限りでない。

イ　気体燃料を使用するピストン式内燃機関を原動力とする発電設備及び燃料電池発電設備（固体高分子型燃料電池又は固体酸化物型燃料電池による発電設備のうち火を使用するものに限る。）のうち、出力十キロワット未満であって、その使用に際し異常が発生した場合において安全を確保するための有効な措置が講じられているもの

ロ　燃料電池発電設備、変電設備及び内燃機関を原動力とする発電設備のうち、消防長又は消防署長が火災予防上支障がないと認める構造を有するキュービクル式（鋼板で造られた外箱に収納されている方式をいう。以下同じ。）のもの等の延焼を防止するための措置が講じられているもの

ハ　蓄電池設備のうち、延焼防止措置が講じられたものとして消防庁長官が定めるもの又は消防長若しくは消防署長が火災予防上支障がないと認める構造を有するキュービクル式のもの等の延焼を防止するための措置が講じられているもの

ニ　急速充電設備のうち、消防長又は消防署長が認める延焼を防止するための措置が講じられているもの

ホ　急速充電設備のうち分離型のものにあっては、充電ポスト

五　燃料電池発電設備、変電設備、内燃機関を原動力とする発電設備及び蓄電池設備（建築設備を除く。）にあっては、水が浸入し、又は浸透するおそれのない位置に設けること。

六　火花を生ずる設備にあっては、静電気による火花を生ずるおそれのある部分に、静電気を有効に除去する措置を講ずること。

七　舞台装置等の電気設備にあっては、その電灯は、可燃物を加熱するおそれのない位置に設けること。

八　工事、農事等のために一時的に使用する電気設備にあっては、その残置灯設備の電路には、専用の開閉器を設け、かつ、ヒューズを設ける等、自動遮断の措置を講ずること。

九　急速充電設備にあっては、次に掲げる措置を講ずること。

イ　充電を開始する前に、急速充電設備と電気自動車等との間で自動的に絶縁状況の確認を行い、絶縁されていない場合には、充電を開始しないこと。

ロ　コネクターと電気自動車等が確実に接続されていない場合には、充電を開始しないこと。

ハ　コネクターが電気自動車等に接続され、電圧が印加されている場合には、当該コネクターが当該電気自動車等から外れないようにすること。

ニ　漏電、地絡及び制御機能の異常を自動的に検知する構造とし、漏電、地絡又は制御機能の異常を検知した場合には、急速充電設備を自動的に停止させること。

ホ　電圧及び電流を自動的に監視する構造とし、電圧又は電流の異常を検知した場合には、急速充電設備を自動的に停止させること。

ヘ　異常な高温とならないこと。また、異常な高温となった場合には、急速充電設備を自動的に停止させること。

ト　急速充電設備を手動で緊急に停止することができる装置を、当該急速充電設備の利用者が異常を認めたときに、速やかに操作することができる箇所に設けること。

チ　急速充電設備と電気自動車等の衝突を防止すること。

リ　コネクターについて、操作に伴う不時の落下を防止すること。ただし、コネクターに十分な強度を有するものにあっては、この限りでない。

ヌ　充電用ケーブルを冷却するため液体を用いるものにあっては、当該液体が漏れた場合に、漏れた液体が内部基板等の機器に影響を与えない構造とすること。また、充電用ケーブルを冷却するために用いる液体の流量及び温度の異常を自動的に検知する構造とし、当該液体の流量又は温度の異常を検知した場合には、急速充電設備を自動的に停止させること。

ル　複数の充電用ケーブルを有し、複数の電気自動車等に同時に充電する機能を有するものにあっては、出力の切替えに係る開閉器の異常を自動的に検知する構造とし、当該開閉器の異常を検知した場合には、急速充電設備を自動的に停止させること。

十　急速充電設備のうち蓄電池を内蔵しているものにあっては、前号に掲げる規定のほか、当該蓄電池（主として保安のために設けるものを除く。）について次に掲げる措置を講ずること。

イ　電圧及び電流を自動的に監視する構造とし、電圧又は電流の異常を検知した場合には、急速充電設備を自動的に停止させること。

ロ　異常な高温とならないこと。

ハ　温度の異常を自動的に検知する構造とし、異常な高温又は低温を検知した場合には、急速充電設備を自動的に停止させること。

ニ　制御機能の異常を自動的に検知する構造とし、制御機能の異常を検知した場合には、急速充電設備を自動的に停止させること。

十一　急速充電設備のうち分離型のものにあっては、充電ポストに蓄電池（主として保安のために設けるものを除く。）を内蔵しないこと。

（基準の特例）

第一七条　令第五条第三項の規定により、次の表の上欄に掲げる対象火気設備等については、それぞれ同表の下欄に掲げる規定は適用しない。

対象火気設備等		適用しない規定
火花を生ずる設備		令第五条第一項第一号から第四号まで及び第十条から第十五条まで
放電加工機		令第五条第一項第一号から第四号まで並びに第十条、第十一条、第十二条第一号から第五号まで及び第七号から第十号まで、第十三条、第十四条並びに第十五条第一号から第七号まで
変電設備		令第五条第一項第一号、第三号及び第四号並びに第十条、第十一条、第十二条第一号、第二号及び第四号から第十号まで並びに第十三条から第十五条まで
内燃機関を原動力とする発電設備	第十六条第四号イに規定するものであって屋外に設けられるもの	令第五条第一項第三号及び第四号並びに第十条第一号、第二号、第六号から第九号まで及び第十一号から第十三号まで、第十一条第一号から第五号まで及び第七号から第九号まで、第十二条第二号、第五号、第六号及び第八号から第十号まで、第十三条第六号、第十四条第二号から第七号まで並びに第十五条第二号から第八号まで
	その他のもの	令第五条第一項第一号、第三号及び第四号並びに第十条第一号、第二号、第六号から第九号まで及び第十一号から第十三号まで、第十一条第一号から第五号まで及び第七号から第九号まで、第十二条第二号、第五号、第六号及び第八号から第十号まで、第十三条第六号、第十四条第二号から第七号まで並びに第十五条第二号から第八号まで

蓄電池設備	令第五条第一項第一号から第四号まで並びに第十条、第十一条、第十二条第一号から第七号まで、第九号及び第十号、第十三条、第十四条第一号から第四号まで、第六号及び第七号並びに第十五条
ネオン管灯設備	令第五条第一項第一号から第四号まで並びに第十条第一号から第十号まで、第十二号及び第十三号、第十一条から第十三条まで、第十四条第一号から第五号まで及び第七号並びに第十五条
舞台装置等の電気設備	令第五条第一項第一号から第四号まで並びに第十条第一号から第十一号まで及び第十三号、第十一条、第十二条第一号、第二号、第四号から第八号まで及び第十号並びに第十三条から第十五条まで
急速充電設備	令第五条第一項第一号、第三号及び第四号並びに第十条第一号から第十二号まで、第十一条、第十二条第一号から第九号まで、第十三条、第十四条第一号から第六号まで並びに第十五条

第三章　対象火気器具等に関する基準

（**対象火気器具等の種類**）

第一八条　令第五条の二第一項の総務省令で定めるものは、次の各号に掲げる器具とする。

一　気体燃料を使用する器具

二　液体燃料を使用する器具

三　固体燃料を使用する器具

四　電気を熱源とする器具

（**火災予防上安全な距離を保つことを要しない場合**）

第一九条　令第五条の二第一項第一号の防火上支障がないものとして総務省令で定める場合は、不燃材料で有効に仕上げをした建築物等の部分の構造が耐火構造であって、間柱、下地その他主要な部分を準不燃材料で造ったものである場合又は当該建築物等の部分の構造が耐火構造以外の構造であって、間柱、下地その他主要な部分を不燃材料で造ったもの（有効に遮熱できるものに限る。）である場合とする。

（**火災予防上安全な距離**）

第二〇条　令第五条の二第一項第一号の総務省令で定める火災予防上安全な距離は、次の各号に掲げる距離のうち、消防長又は消防署長が認める距離以上の距離とする。

一　別表第一の左欄に掲げる対象火気器具等の種別に応じ、それぞれ同表の右欄に定める離隔距離

二　電気を熱源とする対象火気器具等のうち、別表第二に掲げるものにあっては、同表の左欄に掲げる対象火気器具等の種別に応じ、それぞれ同表の右欄に定める離隔距離

三　対象火気器具等の種類ごとに、消防庁長官が定めるところにより得られる距離

（**不燃性の床、台等**）

第二一条　令第五条の二第一項第四号の総務省令で定める不燃性の床、台等は、不燃性の床又は台とする。ただし、対象火気器具等が置きごたつの火入れ容器である場合にあっては、金属以外の不燃材料で造った台とする。

附　則

この省令は、消防法施行令の一部を改正する政令の施行の日（平成十五年一月一日）から施行する。

附　則〔平成一七年三月二二日総務省令第三四号〕

（**施行期日**）

1　この省令は、平成十七年十月一日から施行する。

（**経過措置**）

2　この省令の施行の際現に設置され、又は設置の工事がされている燃料電池発電設備のうち、この省令による改正後の対象火気設備等の位置、構造及び管理並びに対象火気器具等の取扱いに関する条例の制定に関する基準を定める省令第二章の規定に適合しないものについては、当該規定は、適用しない。

附　則〔平成二二年三月三〇日総務省令第二六号〕

（施行期日）

1　この省令は、平成二十二年十二月一日から施行する。〔以下略〕

（経過措置）

2　この省令の施行の際現に設置され、又は設置の工事がされている燃料電池発電設備（固体酸化物型燃料電池による発電設備に限る。）のうち、この省令による改正後の対象火気設備等の位置、構造及び管理並びに対象火気器具等の取扱いに関する条例の制定に関する基準を定める省令第二章の規定に適合しないものについては、当該規定は、適用しない。

附　則〔平成二四年三月二七日総務省令第一七号〕

（施行期日）

1　この省令は、平成二十四年十二月一日から施行する。

（経過措置）

2　この省令の施行の際現に設置され、又は設置の工事がされている急速充電設備のうち、この省令による改正後の対象火気設備等の位置、構造及び管理並びに対象火気器具等の取扱いに関する条例の制定に関する基準を定める省令第二章の規定に適合しないものについては、当該規定は、適用しない。

附　則〔平成二七年一一月一三日総務省令第九三号〕

この省令は、平成二十八年四月一日から施行する。

附　則〔令和二年八月二七日総務省令第七七号〕

（施行期日）

1　この省令は、令和三年四月一日から施行する。

（経過措置）

2　この省令の施行の際現に設置され、又は設置の工事がされているこの省令による改正後の対象火気器具等の取扱いに関する条例の制定に関する基準を定める省令第三条第二十号に規定する急速充電設備に係る位置、構造及び管理に関する基準の適用については、なお従前の例による。

附　則〔令和五年二月二一日総務省令第八号抄〕

（施行期日）

第一条　この省令〔中略〕は、令和五年十月一日から施行する。

（対象火気設備等の位置、構造及び管理並びに対象火気器具等の取扱いに関する条例の制定に関する基準を定める省令の一部改正に伴う経過措置）

第三条　第二条の規定の施行の際現に設置され、又は設置の工事がされているこの省令による改正後の対象火気設備等の位置、構造及び管理並びに対象火気器具等の取扱いに関する条例の制定に関する基準を定める省令第三条第二十号に規定する急速充電設備に係る位置、構造及び管理に関する基準の適用については、なお従前の例による。

附　則〔令和五年五月三一日総務省令第四八号〕

（施行期日）

1　この省令〔中略〕は、令和六年一月一日から施行する。

（経過措置）

2　この省令による改正後の対象火気設備等の位置、構造及び管理並びに対象火気器具等の取扱いに関する条例の制定に関する基準を定める省令（以下「新令」という。）第三条第十七号に規定する蓄電池設備に新たに該当することとなるもののうち、第二条の規定の施行の際現に設置されているもの及び同条の規定の施行の日から起算して二年を経過する日までの間に設置されたもので、新令第二章の規定に適合しないものについては、当該規定は、適用しない。

別表第一（第五条、第二十条関係）

対象火気設備等又は対象火気器具等の種別			入力	離隔距離（cm） 上方	側方	前方	後方	備考
炉	開放炉	使用温度が800℃以上のもの	—	250	200	300	200	
		使用温度が300℃以上800℃未満のもの	—	150	150	200	150	
		使用温度が300℃未満のもの	—	100	100	100	100	
	開放炉以外	使用温度が800℃以上のもの	—	250	200	300	200	
		使用温度が300℃以上800℃未満のもの	—	150	100	200	100	
		使用温度が300℃未満のもの	—	100	50	100	50	
	浴室内設置	外がまでバーナー取り出し口のないもの	21kW以下（ふろ用以外のバーナーをもつものにあっては42kW以下）	—	15 注	15	15	注：浴槽との離隔距離は0cmとするが、合成樹脂浴槽（ポリプロピレン浴槽等）の場合は2cmとする。
		内がま	21kW以下（ふろ用以外のバーナーをもつものにあっては42kW以下）	—	—	60	—	
	半密閉式	外がまでバーナー取り出し口のないもの	21kW以下（ふろ用以外のバーナーをもつものにあっては当該バーナーが70kW以下であって、かつ、ふろ用バーナーが21kW以下）	—	15	15	15	

ふろがま	気体燃料	不燃以外		浴室外設置	外がまでバーナー取り出し口のあるもの	21kW以下	（ふろ用以外のバーナーをもつものにあっては当該バーナーが70kW以下であって、かつ、ふろ用バーナーが21kW以下）	—	15	60	15
					内がま	21kW以下	（ふろ用以外のバーナーをもつものにあっては当該バーナーが70kW以下であって、かつ、ふろ用バーナーが21kW以下）	—	15	60	—
			密閉式			21kW以下	（ふろ用以外のバーナーをもつものにあっては当該バーナーが70kW以下であって、かつ、ふろ用バーナーが21kW以下）	—	2 注	2	2
			屋外用			21kW以下	（ふろ用以外のバーナーをもつものにあっては当該バーナーが70kW以下であって、かつ、ふろ用バーナーが21kW以下）	60	15	15	15
			半密閉式	浴室内設置	外がまでバーナー取り出し口のないもの	21kW以下	（ふろ用以外のバーナーをもつものにあっては42kW以下）	—	4.5 注	—	4.5
					内がま	21kW以下	（ふろ用以外のバーナーをもつものにあっては42kW以下）	—	—	—	—
					外がまでバーナー取り出し口のないもの	21kW以下	（ふろ用以外のバーナーをもつものにあっては当該バーナーが70kW以下であって、かつ、ふろ用バーナーが21kW以下）	—	4.5	—	4.5

		不燃		浴室外設置	外がまでバーナー取り出し口のあるもの	21kW以下（ふろ用以外のバーナーをもつものにあっては当該バーナーが70kW以下であって、かつ、ふろ用バーナーが21kW以下）	—	4.5	—	4.5	
		不燃		浴室外設置	内がま	21kW以下（ふろ用以外のバーナーをもつものにあっては当該バーナーが70kW以下であって、かつ、ふろ用バーナーが21kW以下）	—	—	—	—	
		不燃	密閉式			21kW以下（ふろ用以外のバーナーをもつものにあっては当該バーナーが70kW以下であって、かつ、ふろ用バーナーが21kW以下）	—	2 注	—	2	
		不燃	屋外用			21kW以下（ふろ用以外のバーナーをもつものにあっては当該バーナーが70kW以下であって、かつ、ふろ用バーナーが21kW以下）	30	4.5	—	4.5	
	液体燃料	不燃以外				39kW以下	60	15	15	15	
	液体燃料	不燃				39kW以下	50	5	—	5	
	上記に分類されないもの					—	60	15	60	15	
	気体燃料	不燃以外・不燃	半密閉式・密閉式	バーナーが隠ぺい	強制対流型	19kW以下	4.5	4.5	60	4.5	注1：風道を使用するものにあっては15cmとする。 注2：ダクト接続型以外

温風暖房機	液体燃料	不燃以外	半密閉式	強制対流型	温風を前方向に吹き出すもの	26kW以下	100	15	150	15	の場合にあっては100cmとする。
						26kWを超え70kW以下	100	15	100 注1	15	
					温風を全周方向に吹き出すもの	26kW以下	100	150	150	150	
					強制排気型	26kW以下	60	10	100	10	
			密閉式		強制給排気型	26kW以下	60	10	100	10	
		不燃	半密閉式	強制対流型	温風を前方向に吹き出すもの	70kW以下	80	5	—	5	
					温風を全周方向に吹き出すもの	26kW以下	80	150	—	150	
					強制排気型	26kW以下	50	5	—	5	
			密閉式		強制給排気型	26kW以下	50	5	—	5	
	上記に分類されないもの					—	100	60	60 注2	60	
厨	気体燃料	不燃以外	開放式		組込型こんろ・グリル付こんろ・グリドル付こんろ、キャビネット型こんろ・グリル付こんろ・グリドル付こんろ	14kW以下	100	15 注	15	15 注	注：機器本体上方の側方又は後方の離隔距離を示す。
					据置型レンジ	21kW以下	100	15 注	15	15 注	
					組込型こんろ・グリル付こんろ・グリドル付こんろ、キャビネット	14kW以下	80	0	—	0	

房設備		不燃	開放式	型こんろ・グリル付こんろ・グリドル付こんろ						
				据置型レンジ	21kW以下	80	0	—	0	
	固体燃料	不燃以外	木炭を燃料とするもの	炭火焼き器	—	100	50	50	50	
		不燃	木炭を燃料とするもの	炭火焼き器	—	80	30	—	30	
	上記に分類されないもの			使用温度が800℃以上のもの	—	250	200	300	200	
				使用温度が300℃以上800℃未満のもの	—	150	100	200	100	
				使用温度が300℃未満のもの	—	100	50	100	50	
ボイ	気体燃料	不燃以外	開放式	フードを付けない場合	7kW以下	40	4.5	4.5	4.5	
				フードを付ける場合	7kW以下	15	4.5	4.5	4.5	
			半密閉式		12kWを超え42kW以下	—	15	15	15	
					12kW以下	—	4.5	4.5	4.5	
			密閉式		42kW以下	4.5	4.5	4.5	4.5	
			屋外用	フードを付けない場合	42kW以下	60	15	15	15	
				フードを付ける場合	42kW以下	15	15	15	15	
			開放式	フードを付けない場合	7kW以下	30	4.5	—	4.5	

ラー		不燃			フードを付ける場合	7kW以下	10	4.5	—	4.5	
			半密閉式			42kW以下	—	4.5	—	4.5	
			密閉式			42kW以下	4.5	4.5	—	4.5	
			屋外用		フードを付けない場合	42kW以下	30	4.5	—	4.5	
					フードを付ける場合	42kW以下	10	4.5	—	4.5	
	液体燃料	不燃以外				12kWを超え70kW以下	60	15	15	15	
						12kW以下	40	4.5	15	4.5	
		不燃				12kWを超え70kW以下	50	5	—	5	
						12kW以下	20	1.5	—	1.5	
	上記に分類されないもの					23kWを超える	120	45	150	45	
						23kW以下	120	30	100	30	
ストーブ	気体燃料	不燃以外	開放式	バーナーが露出	壁掛け型、つり下げ型	7kW以下	30	60	100	4.5	注：熱対流方向が一方向に集中する場合にあっては60cmとする。
			半密閉式・密閉式	バーナーが隠ぺい	自然対流型	19kW以下	60	4.5	4.5注	4.5	
		不燃	開放式	バーナーが露出	壁掛け型、つり下げ型	7kW以下	15	15	80	4.5	
			半密閉式・密閉式	バーナーが隠ぺい	自然対流型	19kW以下	60	4.5	4.5注	4.5	
	液体	不燃以外	半密閉式	自然対流型	機器の全周から熱を放散するもの	39kW以下	150	100	100	100	
					機器の上方又は前方に熱を放散するもの	39kW以下	150	15	100	15	

	燃料	不燃	半密閉式	自然対流型	機器の全周から熱を放散するもの	39kW以下	120	100	—	100
					機器の上方又は前方に熱を放散するもの	39kW以下	120	5	—	5
	上記に分類されないもの					—	150	100	150	100
乾燥設備	気体燃料	不燃以外	開放式		衣類乾燥機	5.8kW以下	15	4.5	4.5	4.5
		不燃	開放式		衣類乾燥機	5.8kW以下	15	4.5	—	4.5
	上記に分類されないもの				内部容積が１立方メートル以上のもの	—	100	50	100	50
					内部容積が１立方メートル未満のもの	—	50	30	50	30
簡		不燃以外	開放式	常圧貯蔵型	フードを付けない場合	7kW以下	40	4.5	4.5	4.5
					フードを付ける場合	7kW以下	15	4.5	4.5	4.5
				瞬間型	フードを付けない場合	12kW以下	40	4.5	4.5	4.5
					フードを付ける場合	12kW以下	15	4.5	4.5	4.5
			半密閉式			12kW以下	—	4.5	4.5	4.5
			密閉式	常圧貯蔵型		12kW以下	4.5	4.5	4.5	4.5
				瞬間型	調理台型	12kW以下	—	0	—	0
					壁掛け型、据置型	12kW以下	4.5	4.5	4.5	4.5

易湯沸設備	気体燃料		屋外用		フードを付けない場合	12kW以下	60	15	15	15
					フードを付ける場合	12kW以下	15	15	15	15
		不燃	開放式	常圧貯蔵型	フードを付けない場合	7 kW以下	30	4.5	—	4.5
					フードを付ける場合	7 kW以下	10	4.5	—	4.5
				瞬間型	フードを付けない場合	12kW以下	30	4.5	—	4.5
					フードを付ける場合	12kW以下	10	4.5	—	4.5
			半密閉式			12kW以下	—	4.5	—	4.5
			密閉式	常圧貯蔵型		12kW以下	4.5	4.5	—	4.5
				瞬間型	調理台型	12kW以下	—	0	—	0
					壁掛け型、据置型	12kW以下	4.5	4.5	—	4.5
			屋外用		フードを付けない場合	12kW以下	30	4.5	—	4.5
					フードを付ける場合	12kW以下	10	4.5	—	4.5
	液体燃料	不燃以外				12kW以下	40	4.5	15	4.5
		不燃				12kW以下	20	1.5	—	1.5
			半密閉式	常圧貯蔵型		12kWを超え42kW以下	—	15	15	15
				瞬間型		12kWを超え70kW以下	—	15	15	15

給湯湯沸設備	気体燃料	不燃以外	密閉式	常圧貯蔵型		12kWを超え42kW以下	4.5	4.5	4.5	4.5
				瞬間型	調理台型	12kWを超え70kW以下	—	0	—	0
					壁掛け型、据置型	12kWを超え70kW以下	4.5	4.5	4.5	4.5
			屋外用	常圧貯蔵型	フードを付けない場合	12kWを超え42kW以下	60	15	15	15
					フードを付ける場合	12kWを超え42kW以下	15	15	15	15
				瞬間型	フードを付けない場合	12kWを超え70kW以下	60	15	15	15
					フードを付ける場合	12kWを超え70kW以下	15	15	15	15
		不燃	半密閉式	常圧貯蔵型		12kWを超え42kW以下	—	4.5	—	4.5
				瞬間型		12kWを超え70kW以下	—	4.5	—	4.5
			密閉式	常圧貯蔵型		12kWを超え42kW以下	4.5	4.5	—	4.5
				瞬間型	調理台型	12kWを超え70kW以下	—	0	—	0
					壁掛け型、据置型	12kWを超え70kW以下	4.5	4.5	—	4.5
			屋外用	常圧貯蔵型	フードを付けない場合	12kWを超え42kW以下	30	4.5	—	4.5
					フードを付ける場合	12kWを超え42kW以下	10	4.5	—	4.5
				瞬間型	フードを付けない場合	12kWを超え70kW以下	30	4.5	—	4.5
					フードを付ける場合	12kWを超え70kW以下	10	4.5	—	4.5
	液体	不燃以外				12kWを超え70kW以下	60	15	15	15

	燃料	不燃					12kWを超え70kW以下	50	5	—	5
	上記に分類されないもの						—	60	15	60	15
移動式ストーブ	気体燃料	不燃以外	開放式	バーナーが露出	前方放射型		7 kW以下	100	30	100	4.5
					全周放射型		7 kW以下	100	100	100	100
				バーナーが隠ぺい	自然対流型		7 kW以下	100	4.5	4.5 注1	4.5
					強制対流型		7 kW以下	4.5	4.5	60	4.5
		不燃	開放式	バーナーが露出	前方放射型		7 kW以下	80	15	80	4.5
					全周放射型		7 kW以下	80	80	80	80
				バーナーが隠ぺい	自然対流型		7 kW以下	80	4.5	4.5 注1	4.5
					強制対流型		7 kW以下	4.5	4.5	60	4.5
	液体燃料	不燃以外	開放式		放射型		7 kW以下	100	50	100	20
					自然対流型		7 kWを超え12kW以下	150	100	100	100
							7 kW以下	100	50	50	50
					強制対流型	温風を前方向に吹き出すもの	12kW以下	100	15	100	15
						温風を全周方向に吹き出すもの	7 kWを超え12kW以下	100	150	150	150
							7 kW以下	100	100	100	100
		不燃	開放式		放射型		7 kW以下	80	30	—	5
					自然対流型		7 kWを超え12kW以下	120	100	—	100
							7 kW以下	80	30	—	30
						温風を前方向に吹き出すもの	12kW以下	80	5	—	5

注１：熱対流方向が一方向に集中する場合にあっては60cmとする。
注２：方向性を有するものにあっては100cmとする。

				強制対流型	温風を全周方向に吹き出すもの		7kWを超え12kW以下	80	150	—	150	
							7kW以下	80	100	—	100	
	固体燃料						—	100	50 注2	50 注2	50 注2	
調理用器具	気体燃料	不燃以外	開放式	バーナーが露出		卓上型こんろ（1口）	5.8kW以下	100	15	15	15	注：機器本体上方の側方又は後方の離隔距離を示す。
						卓上型こんろ（2口以上）・グリル付こんろ・グリドル付こんろ	14kW以下	100	15 注	15	15 注	
				バーナーが隠ぺい	加熱部が開放	卓上型グリル	7kW以下	100	15	15	15	
					加熱部が隠ぺい	卓上型オーブン・グリル（フードを付けない場合）	7kW以下	50	4.5	4.5	4.5	
						卓上型オーブン・グリル（フードを付ける場合）	7kW以下	15	4.5	4.5	4.5	
						炊飯器（炊飯容量4リットル以下）	4.7kW以下	30	10	10	10	
						圧力調理器（内容積10リットル以下）	—	30	10	10	10	
				バーナーが露出		卓上型こんろ（1口）	5.8kW以下	80	0	—	0	
						卓上型こんろ（2口以上）・グリル付こ	14kW以下	80	0	—	0	

具	料					んろ・グリドル付こんろ						
		不燃	開放式		加熱部が開放	卓上型グリル	7 kW以下	80	0	—	0	
				バーナーが隠ぺい	加熱部が隠ぺい	卓上型オーブン・グリル（フードを付けない場合）	7 kW以下	30	4.5	—	4.5	
						卓上型オーブン・グリル（フードを付ける場合）	7 kW以下	10	4.5	—	4.5	
						炊飯器（炊飯容量４リットル以下）	4.7kW以下	15	4.5	—	4.5	
						圧力調理器（内容積10リットル以下）	—	15	4.5	—	4.5	
移動式こんろ	液体燃料	不燃以外					6 kW以下	100	15	15	15	
		不燃					6 kW以下	80	0	—	0	
	固体燃料						—	100	30	30	30	

備考１　「気体燃料」、「液体燃料」及び「固体燃料」は、それぞれ、気体燃料を使用するもの、液体燃料を使用するもの及び固体燃料を使用するものをいう。

２　「不燃以外」欄は、対象火気設備等又は対象火気器具等から不燃材料以外の材料による仕上げ若しくはこれに類似する仕上げをした建築物等の部分又は可燃性の物品までの距離をいう。

３　「不燃」欄は、対象火気設備等又は対象火気器具等から不燃材料で有効に仕上げをした建築物等の部分又は防熱板までの距離をいう。

別表第二（第五条、第二十条関係）

対象火気設備等又は対象火気器具等の種別					離隔距離（cm）				
				入力	上方	側方	前方	後方	備考
電気温風機	不燃以外			2kW以下	4.5 注	4.5 注	4.5 注	4.5 注	注：温風の吹き出し方向にあっては60cmとする。
	不燃			2kW以下	0 注	0 注	— 注	0 注	
電気調理用機器	不燃以外	電気こんろ、電気レンジ、電磁誘導加熱式調理器（こんろ形態のものに限る。）	こんろ部分の全部又は一部が電磁誘導加熱式調理器でないもの	4.8kW以下（1口当たり2kWを超え3kW以下）	100	2	2	2	注1：機器本体上方の側方又は後方の離隔距離（こんろ部分が電磁誘導加熱式調理器でない場合における発熱体の外周からの距離）を示す。 注2：機器本体上方の側方又は後方の離隔距離（こんろ部分が電磁誘導加熱式調理器の場合における発熱体の外周からの距離）を示す。
					—	20 注1	—	20 注1	
					—	10 注2	—	10 注2	
				4.8kW以下（1口当たり1kWを超え2kW以下）	100	2	2	2	
					—	15 注1	—	15 注1	
					—	10 注2	—	10 注2	
				4.8kW以下（1口当たり1kW以下）	100	2	2	2	
					—	10 注1 注2	—	10 注1 注2	
			こんろ部分の全部が電磁誘導加熱式調理器のもの	5.8kW以下（1口当たり3.3kW以下）	100	2	2	2	
					—	10 注2	—	10 注2	

	不燃	電気こんろ、電気レンジ、電磁誘導加熱式調理器（こんろ形態のものに限る。）	こんろ部分の全部又は一部が電磁誘導加熱式調理器でないもの	4.8kW以下（1口当たり3 kW以下）	80	0	—	0
					—	0 注1 注2	—	0 注1 注2
			こんろ部分の全部が電磁誘導加熱式調理器のもの	5.8kW以下（1口当たり3.3kW以下）	80	0	—	0
					—	0 注2	—	0 注2
電気天火	不燃以外			2 kW以下	10	4.5 注	4.5 注	4.5 注	注：排気口面にあっては10 cmとする。
	不燃			2 kW以下	10	4.5 注	—	4.5 注	
電子レンジ	不燃以外	電熱装置を有するもの		2 kW以下	10	4.5 注	4.5 注	4.5 注	注：排気口面にあっては10 cmとする。
	不燃	電熱装置を有するもの		2 kW以下	10	4.5 注	—	4.5 注	
電気ストーブ（壁取付式及び天井取付式のものを除く。）	不燃以外	前方放射型		2 kW以下	100	30	100	4.5	
		全周放射型		2 kW以下	100	100	100	100	
		自然対流型		2 kW以下	100	4.5	4.5	4.5	
	不燃	前方放射型		2 kW以下	80	15	—	4.5	
		全周放射型		2 kW以下	80	80	—	80	
		自然対流型		2 kW以下	80	0	—	0	
電気乾燥器	不燃以外	食器乾燥器		1 kW以下	4.5	4.5	4.5	4.5	
	不燃	食器乾燥器		1 kW以下	0	0	—	0	

電気乾燥機	不燃以外	衣類乾燥機、食器乾燥機、食器洗い乾燥機	3 kW以下	4.5	4.5	4.5	4.5	注1：前面に排気口を有する機器にあっては0cmとする。 注2：排気口面にあっては4.5cmとする。
	不燃	衣類乾燥機、食器乾燥機、食器洗い乾燥機	3 kW以下	4.5 注1	0 注2	— 注2	0 注2	
電気温水器	不燃以外	温度過昇防止装置を有するもの	10kW以下	4.5	0	0	0	
	不燃	温度過昇防止装置を有するもの	10kW以下	0	0	—	0	

備考1 「不燃以外」欄は、対象火気設備等又は対象火気器具等から不燃材料以外の材料による仕上げ若しくはこれに類似する仕上げをした建築物等の部分又は可燃性の物品までの距離をいう。

2 「不燃」欄は、対象火気設備等又は対象火気器具等から不燃材料で有効に仕上げをした建築物等の部分又は防熱板までの距離をいう。

○対象火気設備等及び対象火気器具等の離隔距離に関する基準

（平成十四年三月六日消防庁告示第一号）

〔改正経過〕　令和　五年　五月三一日　消防庁告示第　八号

対象火気設備等の位置、構造及び管理並びに対象火気器具等の取扱いに関する条例の制定に関する基準を定める省令（平成十四年総務省令第二十四号）第五条及び第二十条の規定に基づき、対象火気設備等及び対象火気器具等の離隔距離に関する基準を次のとおり定める。

対象火気設備等及び対象火気器具等の離隔距離に関する基準

第一　趣旨

この告示は、対象火気設備等の位置、構造及び管理並びに対象火気器具等の取扱いに関する条例の制定に関する基準を定める省令第五条及び第二十条の規定に基づき、対象火気設備等及び対象火気器具等（以下「対象火気設備、器具等」という。）の離隔距離に関する基準を定めるものとする。

第二　用語の定義

この告示において、次の各号に掲げる用語の意義は、それぞれ当該各号に定めるところによる。

一　離隔距離　対象火気設備、器具等の設置の際に、当該対象火気設備、器具等と建築物その他の土地に定着する工作物及び可燃物との間に保つべき火災予防上安全な距離をいう。

二　安全装置　対象火気設備、器具等に設けられるその安全を確保する装置であって、対象火気設備、器具等が故障等により異常となった際に、自動的に燃焼部への燃料又は発熱部への電力の供給を遮断し、かつ、当該供給を自動的に再開しない装置又はシステムをいう。

三　定常状態　測定する位置における温度上昇が三十分間につき〇・五度以下になった状態をいう。

四　通常燃焼　気体燃料、液体燃料又は固体燃料を使用する対象火気設備、器具等にあっては通常想定される使用における最大の燃焼となる状態を、電気を熱源とする対象火気設備、器具等にあっては通常想定される使用における最大の発熱となる運転をいう。

五　異常燃焼　気体燃料、液体燃料又は固体燃料を使用する対象火気設備、器具等にあっては温度制御装置等が異常となった場合において最大の燃焼となる状態を、電気を熱源とする対象火気設備、器具等にあっては温度制御装置等が異常となった場合において最大の発熱となる運転をいう。

六　試験周囲温度　対象火気設備、器具等の試験を行う場合の当該対象火気設備、器具等の周囲の温度のことをいう。

七　許容最高温度　通常燃焼の場合又は異常燃焼で安全装置を有しない場合にあっては一〇〇度を、異常燃焼で安全装置を有する場合にあっては次の表の上欄に掲げる対象火気設備、器具等の種別に応じそれぞれ同表の下欄に定める温度をいう。

対象火気設備、器具等の種別	温　度
気体燃料を使用するもの	百三十五度
液体燃料を使用するもの	百三十五度
電気を熱源とするもの	百五十度

八　最大投入量　固体燃料を使用する対象火気設備、器具等において、当該対象火気設備、器具等に一度に投入することができる固

体燃料の量のうち、通常燃焼に達するために必要な量をいう。

第三　離隔距離の決定

対象火気設備、器具等の離隔距離は、次の各号に定める距離のうち、いずれか長い距離とする。

一　通常燃焼時において、近接する可燃物の表面の温度上昇が定常状態に達したときに、当該可燃物の表面温度が許容最高温度を超えない距離又は当該可燃物に引火しない距離のうちいずれか長い距離

二　異常燃焼時において、対象火気設備、器具等の安全装置が作動するまで燃焼が継続したときに、近接する可燃物の表面温度が許容最高温度を超えない距離又は当該可燃物に引火しない距離のうちいずれか長い距離。ただし、対象火気設備、器具等が安全装置を有しない場合にあっては、近接する可燃物の表面の温度上昇が定常状態に達したときに、当該可燃物の表面温度が許容最高温度を超えない距離又は当該可燃物に引火しない距離のうちいずれか長い距離

第四　運用上の注意

第三に定める離隔距離の決定に当たっての運用上の注意は、次の各号に定めるものとする。

一　基準周囲温度は、三十五度とする。

二　試験周囲温度が基準周囲温度未満の場合においては、許容最高温度と基準周囲温度の差を試験周囲温度に加えた温度により、試験を行うものとする。

三　異常燃焼時において、複数の温度制御装置等を有する対象火気設備、器具等については、そのうち一の温度制御装置等のみを無効とした状態でそれぞれ試験を行い、それらの場合に判定される距離のうちいずれか長いものにより離隔距離を判定する。

四　異常燃焼時において、複数の安全装置を有する対象火気設備、器具等については、そのうち一の安全装置を有効とした状態でそれぞれ試験を行い、それらの場合に判定される距離のうちいずれか長いものにより離隔距離を判定する。ただし、対象火気設備、器具等が確実に作動する安全装置を有する場合にあっては、当該安全装置を有効とした状態で試験を行う場合に判定される距離により離隔距離を判定することができる。

第五　固体燃料を使用する対象火気設備、器具等の離隔距離の特例

固体燃料を使用する対象火気設備、器具等の離隔距離にあっては、第三に定める距離によるほか、当該対象火気設備、器具等に、最大投入量まで固体燃料を投入して、当該燃料の重量が、最大投入量の重量に二分の一を乗じて得た重量まで減少するまで燃焼させることを一サイクルとして五回繰り返す試験を行い、当該試験において、四以上のサイクルで近接する可燃物の表面温度が許容最高温度を超えない距離又は当該可燃物に引火しない距離のうちいずれか長い距離とすることができる。この場合において、当該試験の運用上の注意は、第四第一号及び第二号によるほか、次の各号に定めるものとする。

一　当該試験の実施前に、三時間を限度として対象火気設備、器具等を予熱することができること。

二　一のサイクルの終了後、次のサイクルを開始するまでの間、燃焼状態を維持すること。

三　最後に実施するサイクルにおいて、近接する可燃物の表面温度が当該試験における最も高い温度を示していないこと。

第六　火災予防上安全性が高い構造の対象火気設備、器具等の離隔距離の特例

通常燃焼時において、対象火気設備、器具等の表面の温度上昇が定常状態に達したとき又は対象火気設備、器具等が連続して運転可能な最大の時間まで運転したときに、当該対象火気設備、器具等の

表面の温度が許容最高温度を超えないものの離隔距離にあっては、第三に定める距離にかかわらず、零とすることができる。この場合における運用上の注意は、第四第一号及び第二号によるものとする。

附　則

この告示は、対象火気設備等の位置、構造及び管理並びに対象火気器具等の取扱いに関する条例の施行に関する基準を定める省令の施行日（平成十五年一月一日）から施行する。

附　則〔令和五年五月三一日消防庁告示第八号〕

この告示は、公布の日から施行する。

○消防法の一部を改正する法律等の施行について

（昭和三十六年五月十日　自消甲予発第二十八号消防庁長官）

各都道府県知事

昭和三五年七月二日に公布された消防法の一部を改正する法律（昭和三五年法律第一一七号。以下「改正法」という。）は、消防法の一部を改正する法律の施行期日を定める政令（昭和三六年政令第三六号）により、消防法施行令（昭和三六年政令第三七号。以下「令」という。）及び消防法施行規則（昭和三六年自治省令第六号。以下「規則」という。）とともに、昭和三六年四月一日から施行された。

今回の改正は、昭和三一年一〇月に提出された消防審議会の答申を基礎とし、火災の防止の徹底を期するため必要な制度の整備を図つたものであつて、その内容とするところは、防火管理者制度の整備、火災危険の著しい物品の規制の徹底、消防用設備等の規制の徹底等に関し所要の改正を行なつたことである。

改正法令の施行については、下記事項に御留意の上、関係事項をすみやかに管下市町村に通知され、消防法（昭和二三年法律第一八六号。以下「法」という。）に基づく火災予防行政の運営に遺漏のないよう、格別の御配意をお願いする。

なお、火災予防に関する市町村条例等は、改正法令に抵触する限りにおいて、その効力を失つたものであるので承知されたい。

記

第一　防火管理者に関する事項（法第八条）

1　従前の防火責任者の名称を防火管理者と改めたこと。これは防火管理者の権限が拡充強化されたことに伴い、防火に関し管理的な地位にある者が選任されるという趣旨に基づくものであるから、防火管理者がこの趣旨に則つて選任されるよう指導し趣旨の徹底に努めること。

2　防火管理者を置く防火対象物

(1)　防火管理者を定めるべき防火対象物を多数の者が出入し、勤務し、又は居住する防火対象物で政令で定めるものとして、防火対象物の範囲の明確化及び徹底を図つたこと。

(2)　政令で定める防火対象物は、令別表第一に掲げる防火対象物（同表㈥項から㈩項までに掲げるものを除く。）で収容人員が五〇人以上のものとし、収容人員の算定方法は、防火対象物の用途ごとに、その実態に応じ自治省令で定めたこと。（令第一条、規則第一条）。

(3)　収容人員の算定に当つては、従業員の数、居住者の数、算定の基礎となる各用途部分の床面積等を毎年一定の時点において把握するよう注意を怠らないこと。なお、従業者数等については、法第四条の規定による資料提出命令及び立入検査、名称統計の活用、関係行政機関への連絡等により、常に把握に努められたいこと。

3　選任義務者

(1)　防火管理者の選任義務者を防火対象物の管理について権原を有する者とすること。

(2)　管理について権原を有する者とは、私法上防火対象物の管理を正当ならしめる原因を有する者はもちろん、公法上防火対象物の管理の権原を有する者は、その範囲において管理の権原を有する者とされること。例えば、小学校については、管理について権原を有する者は当該市町村教育委員会であるが、教育財産の管理を校長に委任したときは校長であること。

4　選任の方法

(1)　防火管理者は、令別表第一に掲げる防火対象物ごとに選任するものであるが防火管理の業務を統一的に行なうため、同一敷地内に管理について権原を有する者が同一の者である収容人員五〇人以上の防火対象物が二以上あるときは、それらの防火対象物は、法第八条の規定の適用については一の防火対象物とみなされるものであること（令第二条）。したがつてこの場合は同一敷地について防火管理者は一人であり、消防計画も当該二以上の防火対象物について統一的に作成するものであること。

(2)　令別表第一㈩項のいわゆる複合用途防火対象物は、その管理の実態が複雑であり、防火管理の業務も困難である場合が多いので、例えば、経営規模の小さい選任義務者が多数存在する場合において一の防火管理者を共同選任する等防火管理者の選任について充分指導すること。

5　資格

(1)　防火責任者の選任に当つて防火管理について学識経験のない者を形式的に選任する従前のへい害を改めるため、防火管理者の資格を政令で定めることとし、防火管理者制度の実効性の確保を図つたこと。

(2)　政令で定める資格を有する者は、次のいずれかに該当するものであること（令第三条）。

ア　消防本部及び消防署を置く市町村の消防長等が行なう防火管理に関する講習会の課程を修了した者

イ　大学等において防災に関する学科又は課程を修めて卒業した者で、一年以上防火管理の実務経験を有するもの

ウ　市町村の消防職員で、管理又は監理的な職に一年以上ある者

エ　ア、イ又はウに準ずる者で、防火管理者として必要な学識経験を有するものとして規則第二条で定めるもの

(3)　消防長が行なう防火管理に関する講習会の実施については、別途通達するが、防火管理者の資格を政令で定めることとした趣旨にかんがみ、講習会の課程を修了した者についても、その資格は全国に通用するものであること。

(4)　防火管理者の資格については、欠格条項の定めはないが、その職務の重要性にかんがみ、禁治産者、目が見えない者、口がきけない者等の精神的及び肉体的障害を有する者その他不適当と認められる者を選任すべきものではないこと。

6　職務

(1)　防火管理の職務を次に掲げるものとしてその拡充強化を図るとともに、誠実にその職務を遂行しなければならない旨を明定したこと（令第四条第一項）。

ア　消防計画の作成

イ　消火、通報及び避難の訓練の実施

ウ　消防用設備等の点検及び整備

エ　火気の使用又は取扱いに関する監督

オ　その他防火管理上必要な業務

(2)　防火管理者が消防計画を作成するについて定めるべき事項は、規則第三条に掲げる事項であるが、特に市町村が作成する消防計画との関連について留意して指導するとともに、法第四条第一項の規定による資料提出命令により消防計画を提出させること。

(3)　訓練の実施にあたつては、消防機関に連絡の上、その協力を得て実施させること。

(4)　消防用設備等の点検整備及び火気の監督に当つては、火元責任者等に必要な指示を与えなければならないこと（令第四条第二項）。

7　防火対象物の管理について権原を有する者が防火管理者を選任し、又は解任したときは、遅滞なく所轄消防長（消防長を置かない市町村においては市町村長をいう。以下同じ。）又は消防署長に届出書を提出しなければならないこと（法第八条第二項、規則第四条第一項）。なお、選任の届出にあつては、講習修了証の写等防火管理者の資格を証する書面を添えなければならないこと（規則第四条第二項）。

8　防火管理者を定めなかつた場合及びその選任又は解任の届出をしなかつた場合に罰則を科することとしたこと（第四三条第一号及び第四四条第三号）。なお、両罰則に留意すること（第四五条）。

9　防火管理者の資格を政令で定めることとしたことに伴い、改正法施行の日から起算して一年間は、政令で定める資格を有しない者のうちから防火管理者を選任できることとしたこと（改正法附則第二項）。なお、資格以外の事項はすべて改正後の法の規定によるものであるから、従来の防火責任者を選任していた場合等においても、改めて防火管理者を選任することが必要であり、資格を有しない防火管理者を選任したときも、遅滞なく届出を要するものであること。

第二　火災危険の著しい物品の規制に関する事項（法第九条の二）

1　火災危険の著しい物品として、次に掲げる物品について規定したこと。

(1)　指定数量未満の危険物（以下「少量危険物」という。）

(2)　政令で定める危険物に準ずる可燃性の物品（以下「準危険物」という。）

(3)　わら製品、木毛その他これらに類する物品で、火災が発生した場合にその拡大がすみやかであり、又は消火の活動が著しく困難となるもの（以下「特殊可燃物」という。）

2　最近の科学及び文明の進歩に伴うこれらの物品による災害を防止するため、これらの物品の貯蔵及び取扱いの技術上の基準を市町村条例で定めることとして、規制の徹底を図つたこと。

3　少量危険物

(1)　貯蔵及び取扱いの技術上の基準は、危険物の規制に関する政令（昭和三四年政令第三〇六号）第四章に定める基準を骨子として作成されたいこと。

(2)　本条の追加及び指定数量未満の危険物に係る消火器具の設置（令第一〇条、規則第六条）の措置によつて少量危険物取扱場に対する処置の明確化を図つたこと。

4　準危険物

(1)　準危険物は、令別表第二の品名欄に掲げる危険物に準ずる二六の品名の物品であり（令第五条）、危険物のそれぞれの類に対応させて、第一類から第六類までに分けたものであること。

(2)　準危険物の類ごとに共通する性質は、次のとおりであること。

ア　第一類の準危険物　第一類の危険物に準ずる酸化性物質

イ　第二類の準危険物　第二類の危険物に準ずる発火又は着火しやすい物質

ウ　第三類の準危険物　第三類の危険物に準ずる禁水性物質

エ　第四類の準危険物　第四類の危険物に準ずる可燃性の固体で引火物

オ　第五類の準危険物　第五類の危険物に準ずる爆発性物質

カ　第六類の準危険物　第六類の危険物に準ずる物質で、水と混和して発熱し、強い酸化力を有する液体

(3)　令別表第二に掲げる建築物その他の工作物で、一定数量以上の準危険物を貯蔵し、又は取り扱うものについては、消防用設備等を設置するものとしたこと（令第一〇条～第一三条、令第

二一条）。

5 特殊可燃物

(1) 特殊可燃物は、おおむね令別表第三の品名欄に掲げる物品について規制を行なうこととされたいこと。

(2) 令別表第一に掲げる建築物その他の工作物で、一定数量以上の令別表第三に掲げる物品を貯蔵し、又は取り扱うものについては、消防用設備等を設置するものとしたこと（令第一〇条～第一三条、第二一条）。

6 法第九条の二の規定に基づく市町村条例には、これに違反した者に対し、五、〇〇〇円以下の罰金に処する旨の規定を設けることができること（法第四六条）。したがつて、条例の制定に当つては、苛酷な基準にならないよう慎重を期すること。なお、貯蔵及び取扱いの技術上の基準に関しては、別途市町村条例の準則を作成し送付する予定である。

7 これらの物品については、法第四条の規定による資料提出命令及び立入検査等を積極的に行なうことによつて、その実態を把握するとともに、災害の防止の指導について万全を期せられたいこと。

第三 消防用設備等の規制に関する事項

1 防火対象物（法第一七条第一項、令第一六条）

(1) 消防用設備等を設置すべき防火対象物を政令で定めることとし、令別表第一に掲げる防火対象物を指定したこと。

(2) 令別表第一に掲げる防火対象物は、特殊の用途に限定し、類似の用途ごとに二〇の項目に分類したこと。

(3) 防火対象物が令別表第一に掲げられるいずれの用途に適合するかは、その実態によつて判断すべきものであること。例えば、寮という名称であつても、常に寄宿舎に該当するものではなく、その実態に応じ、寄宿舎、宿泊所、又は料理店のいずれかとされるものであること。

(4) 「事業場」とは、営利的事業であると非営利的事業であるとを問わず、人の事業活動の行なわれる一定の場所をいうものであるから、(十五)項の前各項に該当しない事業場には、官公署、銀行、その他の事務所、一般小売店、理髪店その他の店舗等個人住宅以外の殆んどの建築物が含まれるものであること。

(5) (十六)項は、いわゆる複合用途防火対象物であるが、主たる用途に従属する部分は、たとえ他の項に掲げる防火対象物の用途に該当する場合においても、独立した用途部分とみるべきものではないこと。例えば、百貨店の食堂、陳列場等は、百貨店としての用途に含まれることとし、複合用途防火対象物とはしないものであること。

(6) 仮設建築物は、それぞれの用途別の項に含まれるものであること。

2 消防用設備等の種類（法第一七条第一項、令第七条）

(1) 消防用設備等は、消防の用に供する設備、消防用水及び消火活動上必要な施設とするとともに、その種類を政令で定めるものとしたこと（法第一七条第一項）。

(2) 政令で定める消防の用に供する設備は、次に掲げるものとされたこと（令第七条第一項～第四項）。

ア 消火設備

消火器及び簡易消火用具、屋内消火栓設備、スプリンクラー設備、水噴霧消火設備、泡（あわ）液設備、不燃性ガス（炭酸ガス）消火設備、蒸発性液体（一塩化一臭化メタン）消火設備、粉末消火設備、屋外消火栓設備、動力消防ポンプ設備

イ 警報設備

自動火災報知設備、電気火災警報器、消防機関へ通報する火災報知設備、非常警報器具及び非常警報設備

ウ　避難設備

避難器具、誘導灯及び誘導標識

(3) 政令で定める消防用水は、防火水槽（そう）又はこれに代わる貯水池その他の用水とされたこと（令第七条第五項）。

(4) 政令で定める消火活動上必要な施設は、排煙設備及び連結送水管とされたこと（令第七条第六項）。

3 設置及び維持の技術上の基準（法第一七条、令第八条～三三条）

(1) 消防用設備等の設置及び維持の技術上の基準を政令で定めることとし、規制の徹底及び統一的な基準の確立を図つたこと（法第一七条第一項）。

(2) 防火対象物に技術上の基準を適用するについて、次に掲げるところにより規制の合理化を図つたこと。

ア 防火対象物が開口部のない耐火構造の床又は壁で区画されているときは、その区画された部分は、それぞれ別の防火対象物とみなすこととしたこと（令第八条）。

イ 令別表第一(十六)項に掲げる防火対象物の部分で、同表各項（(十六)項から(二十)項までを除く。）の防火対象物の用途のいずれかに該当する用途に供されるものは、当該用途に供される一の防火対象物とみなすこととしたこと（令第九条）。

(3) 一方において各消防用設備等についてその性能、火災に応ずる使用時期等を考慮し、他方において令別表第一に掲げる防火対象物又はその部分について、用途の別、構造の別、内装による別、階の別又は内容物（準危険物及び令別表第三に掲げる物品の一定数量以上のものに限る。）による別ごとに、その出火危険、火災拡大危険、延焼危険及び人命危険を考慮して危険度の段階を判定し、しかる後、この両者を対応させて一定の防火対象物又はその部分に一定の消防用設備等を設置する基準を個々に定めたものであること。

(4) 技術上の基準の主たる内容は、個々の消防用設備等を設置する防火対象物の配意、設置個数、設置位置、他の消防用設備等を設けた場合の設置の緩和等であつて、これらは設置の基準であると同時に維持の基準でもあること。

(5) 法第一九条第一項の規定により消防庁が規格を勧告した消防用設備等については、その規格に適合しなければならないものとしたこと（令第三〇条）。なお、規格については、今後早急に整備を図る予定である。

(6) 消防長又は消防署長が、防火対象物の位置、構造及び設備の状況から判断して、火災の発生及び延焼のおそれが著しく少なく、かつ、火災等の災害による被害を最小限度に止めることができると認めるとき、又は予想しない特殊の設備を用いることにより消防用設備等の基準による場合と同等以上の効力があると認めるときにおいては、令第三章第三節の技術上の基準は、消防用設備等について適用しないものであること（令第三二条）。しかしながら、この規定の運用に当つては適正を期せられたく、特に政令で全国に共通する統一基準の確立を図つた趣旨にかんがみ、疑問のあるときは消防庁長官の指示により、又は消防庁へ指示を求めて執行されたいこと。

(7) 市町村は、その地方の気候又は風土の特殊性により、消防用設備等の技術上の基準に関して、附加条例を制定することができることとしたこと（法第一七条第二項）。なお、市町村条例においては基準の緩和は認められず、規定事項の範囲は技術上の基準のみであること。

4 既存の防火対象物についての基準法令の適用除外（法第一七条の二）

(1) 今回の改正による影響の範囲がきわめて広く、技術上の基準に適合させるため改造等をさせるときは、莫大な経済的負担が必要となること等を考慮して、既存の防火対象物について技術上の基準に関する法令の適用除外の規定を設けたものであること。

(2) 消防用設備等の技術上の基準に関する政令若しくは命令又は条例（以下「基準法令」という。）の規定が施行され、又は適用された際に、現に存する防火対象物における消防用設備等又は現に新築、増築、改築、移転、修繕若しくは模様替えの工事中の防火対象物に係る消防用設備等が基準法令の規定に適合しないときはその消防用設備等について基準法令の規定は適用されず、不適合のままでよいものであること（第一項前段）。この場合これらの消防用設備等については、従前の基準法令の規定が適用され、これには適合しなければならないものであること（第一項後段）。

(3) しかしながら防火対象物における消防用設備等が次のいずれかに該当するときは、基準法令が適用されるものであること。

ア　改正後の基準法令の規定に適合しておらず、かつ、従前の相当規定に違反している場合（第二項第一号）

イ　基準法令の規定が施行され、又は適用された後に、防火対象物について新たに政令で定める増築、改築又は大規模の修繕若しくは模様替えの工事が着手された場合（第二項第二号）。なお、政令で定める増築又は改築は、基準時以後に工事に着手された増築及び改築の部分の床面積合計が一、〇〇〇平方メートル以上となるもの、又は基準時以後に工事に着手された増築又は改築の部分の床面積の合計が基準時における防火対象物の延べ面積の二分の一以上となるものである（令第三五条）。また、大規模の修繕又は模様替えは、防火対象物の主要構造部である壁について行なう過半の修繕又は模様替えである。

ウ　基準法令の規定に適合するに至つた場合（第二項第三号）

(4) 基準法令の規定の適用が除外される消防用設備等には、消火器、避難器具、簡易消火用具、非常警報器具及び非常警報設備並びに誘導灯及び誘導標識は除かれていること（令第三四条）。したがつてこれらの消火器等については、常に基準法令の規定が適用され、これに適合していなければならないものであること。

5　用途変更の場合における基準法令の適用除外（法第一七条の三）

(1) 防火対象物の用途が変更された場合における基準法令の適用除外については、4の場合と同様に取り扱われているものであること。

(2) 防火対象物の用途が変更された場合、用途変更後の防火対象物における消防用設備等がこれに係る基準法令の規定に適合しないこととなるときは、その消防用設備等について基準法令の規定は適用されず、不適合のままでよいこと（第一項前段）。ただこの場合用途変更前の防火対象物における消防用設備等に適用されていた基準法令の規定が適用され、これに適合しなければならないものであること（第一項後段）。

(3) しかし、防火対象物における消防用設備等が次のいずれかに該当するときは、用途変更後の基準法令の規定が適用されるものであること。

ア　既に用途変更前の基準法令の規定に違反している場合（第二項第一号）。

イ　用途変更後に政令で定める増築、改築又は大規模の修繕若しくは模様替えの工事が着手された場合（第二項第二号）。なお、政令で定める増築等については4、(3)イと同一であること。

ウ　用途変更後の基準法令の規定に適合するに至つた場合（第二項第三号）。

(4)　4、(4)の消火器等については、常に用途変更後の基準法令の規定が適用されるものであること。

6　消防長又は消防署長は、防火対象物における消防用設備等が技術上の基準に従つて設置され、又は維持されていないと認めるときは、権原を有する関係者に対し、当該技術上の基準に従つて設置すべきこと、又は維持のため必要な措置をなすべきことを命ずることができることとしたこと（法第一七条の四）。なお、消防長又は消防署長は、防火対象物を技術上の基準に適合させるため、法第四条の規定による資料提出命令及び立入検査を積極的に行なうとともに法第七条の規定による建築確認の同意に当つて充分審査されたいこと。

7　6の是正命令に違反した者には罰則が科せられること（法第四二条第一項第八号、法第四四条第五号）。なお、両罰規定に留意されたいこと（法第四五条）。

8　4、(4)の消火器等については、改正法施行の日から起算して二年間は、特殊防火対象物の関係者が消防長又は消防署長に届け出た場合に限り、消火器等に係る基準法令は適用されないこと。ただこの場合消火器等の技術上の基準については、従前の例すなわち市町村の火災予防条例によるものであること（改正法附則第三項）。

第四　その他の事項

1　法の規定の整備に関する事項（法第一〇条第一項等）　危険物の規制に関する政令第二条第六号において、車両に固定したタンクにおいて危険物を貯蔵し、又は取り扱う貯蔵所として移動タンク貯蔵所が掲げられており、いわゆるタンクローリーは危険物貯蔵所として規制されているが、この現状を法律上当然明示したものであること（法第一〇条第一項）。なお、法第八条の改正、法第九条の二及び法第一七条の四の追加に伴い、罰則規定の整備を図つたこと。

2　消防用機械器具等の検定

(1)　消防用機械器具等の検定については、検定を型式承認及び個別検定に区分し、検定の手続の明確化を図るとともに、検定手数料の額を引き上げたものであること（令第四章及び規則第四章）。

(2)　これに伴い消防用機械器具等検定手数料令及び同令施行規則を廃止し、所要の経過措置を講じたこと（令附則第二項及び第三項並びに規則附則第二項及び第三項）。

3　消防信号等

消防信号等に関する規則の内容を消防法施行規則に吸収し、これに伴い同規則を廃止するとともに、所要の経過措置を講じたこと（規則第三章及び第五章並びに規則附則第二項及び第三項）。

○消防水利の基準

（昭和三十九年十二月十日
消防庁告示第七号）

〔改正経過〕
昭和五〇年　七月　八日　消防庁告示第一〇号
平成一二年　一月二〇日　消防庁告示第　二号
平成一七年　六月一三日　消防庁告示第一〇号
平成二六年一〇月三一日　消防庁告示第二九号
令和　五年一二月二五日　消防庁告示第一九号

消防法（昭和二十三年法律第百八十六号）第二十条第一項の規定に基づき、消防水利の基準を次のように定める。

消防水利の基準

第一条　この基準は、市町村の消防に必要な水利について定めるものとする。

本条…一部改正〔平成二六年一〇月消告二九号〕

第二条　この基準において、消防水利とは、消防法（昭和二十三年法律第百八十六号）第二十条第二項に規定する消防に必要な水利施設及び同法第二十一条第一項の規定により消防水利として指定されたものをいう。

2　前項の消防水利を例示すれば、次のとおりである。

一　消火栓
二　私設消火栓
三　防火水そう
四　プール
五　河川、溝等
六　濠、池等
七　海、湖
八　井戸
九　下水道

第三条　消防水利は、常時貯水量が四十立方メートル以上又は取水可能水量が毎分一立方メートル以上で、かつ、連続四十分以上の給水能力を有するものでなければならない。

2　消火栓は、呼称六十五の口径を有するもので、直径百五十ミリメートル以上の管に取り付けられていなければならない。ただし、管網の一辺が百八十メートル以下となるように配管されている場合は、管網の管の直径を七十五ミリメートル以上とすることができる。

3　前項の規定にかかわらず、解析及び実測により、取水可能水量が毎分一立方メートル以上であると認められるときは、管の直径を七十五ミリメートル以上とすることができる。この場合において、消火栓の位置その他の消防水利の状況を勘案し、地域の実情に応じた消火活動に必要な水量の供給に支障のないように留意しなければならない。

4　私設消火栓の水源は、五個の私設消火栓を同時に開弁したとき、第一項に規定する給水能力を有するものでなければならない。

第四条　消防水利は、市街地（消防力の整備指針（平成十二年消防庁告示第一号）第二条第一号に規定する市街地をいう。以下本条において同じ。）又は準市街地（消防力の整備指針第二条第二号に規定する準市街地をいう。以下本条において同じ。）の防火対象物から一の消防水利に至る距離が、別表に掲げる数値以下となるように設けなければならない。

2　市街地又は準市街地以外の地域で、これに準ずる地域の消防水利は、当該地域内の防火対象物から一の消防水利に至る距離が、百四十メートル以下となるように設けなければならない。

3　前二項の規定に基づき配置する消防水利は、消火栓のみに偏することのないように考慮しなければならない。

4　第一項及び第二項の規定に基づき消防水利を配置するに当たっては、大規模な地震が発生した場合の火災に備え、耐震性を有するものを、地域の実情に応じて、計画的に配置するものとする。

一・二項…一部改正〔平成一二年一月消告二号〕、一項…一部改正〔平成一七年六月消告一〇号〕、三項…一部改正・四項…追加〔平成二六年一〇月消告二九号〕

第五条　消防水利が、指定水量（第三条第一項に定める数量をいう。）の十倍以上の能力があり、かつ、取水のため同時に五台以上の消防ポンプ自動車が部署できるときは、当該水利の取水点から百四十メートル以内の部分には、その他の水利を設けないことができる。

第六条　消防水利は、次の各号に適合するものでなければならない。

一　地盤面からの落差が四・五メートル以下であること。

二　取水部分の水深が〇・五メートル以上であること。

三　消防ポンプ自動車が容易に部署できること。

四　吸管投入孔のある場合は、その一辺が〇・六メートル以上又は直径が〇・六メートル以上であること。

第七条　消防水利は、常時使用しうるように管理されていなければならない。

附　則〔平成一二年一月二〇日消防庁告示第二号〕

この告示は、公布の日から施行する。

附　則〔平成一七年六月一三日消防庁告示第一〇号〕

この告示は、公布の日から施行する。

附　則〔平成二六年一〇月三一日消防庁告示第二九号〕

この告示は、公布の日から施行する。

附　則〔令和五年一二月二五日消防庁告示第一九号〕

この告示は、令和六年四月一日から施行する。

別表（第四条関係）

用途地域＼平均風速	年間平均風速が四メートル毎秒未満のもの	年間平均風速が四メートル毎秒以上のもの
近隣商業地域 商業地域 工業地域 工業専用地域 （メートル）	一〇〇	八〇
その他の用途地域及び用途地域の定められていない地域（メートル）	一二〇	一〇〇

備考

用途地域区分は、都市計画法（昭和四十三年法律第百号）第八条第一項第一号に規定するところによる。

本表…全部改正〔昭和五〇年七月消告一〇号〕

○防火管理に関する講習の実施細目

（昭和六十二年一月二十三日）
（消防庁告示第一号）

〔改正経過〕　平成二三年一二月一四日　消防庁告示第一八号
　　　　　　　令和　二年一二月二五日　消防庁告示第二一号

消防法施行規則（昭和三十六年自治省令第六号）第二条の三第四項の規定に基づき、防火管理に関する講習の実施細目を次のとおり定める。

防火管理に関する講習の実施細目

第一　講習事項及び講習時間

防火管理に関する講習は、次の表の上欄に掲げる講習事項について、それぞれ、甲種防火管理新規講習にあつては同表の中欄に、乙種防火管理講習にあつては同表の下欄に掲げる講習時間を基準として行うものとする。

講習事項	講習時間	
防火管理の意義及び制度	二時間	一時間
火気管理	二時間	一時間
施設及び設備の維持管理	二時間	一時間
防火管理に係る訓練及び教育	二時間	一時間
防火管理に係る消防計画	二時間	一時間

第二　講習事項の一部免除

甲種防火管理新規講習については、第一の規定に関わらず、次の表の上欄に掲げる者の区分に応じ、それぞれ同表の下欄に掲げる講習事項を免除することができるものとする。

講習事項の一部を免除することができる者	免除することができる講習事項
消防法施行規則（昭和三十六年自治省令第六号）第三十一条の六第七項に規定する消防用設備等又は特殊消防用設備等の点検に関し必要な知識及び技能を修得することができる講習の課程を修了し、免状の交付を受けている者	防火管理の意義及び制度
消防法施行令（昭和三十六年政令第三十七号）第四条の二の八第三項第一号に規定する自衛消防組織の業務に関する講習の課程を修了している者	

第三　講習の日時、場所等の公示

講習を実施する者は、講習の日時、場所その他講習の実施に関し必要な事項をあらかじめ公示するものとする。

附　則

この告示は、昭和六十二年四月一日から施行する。

附　則〔平成二三年一二月一四日消防庁告示第一八号〕

（**施行期日**）

1　この告示は、平成二十三年四月一日から施行する。

（**経過措置**）

2　この告示の施行の際現にこの告示による改正前の第一に規定する甲種防火管理講習又は乙種防火管理講習の課程を修了している者は、それぞれこの告示による改正後の第一に規定する甲種防火管理新規講習又は乙種防火管理講習の課程を修了している者とみなす。

3　消防法施行規則第四条の二の十三第三号の規定に基づき、同条第一号及び第二号に掲げる者に準ずる者を定める件（平成二十年消防庁告示第十四号）第一第一号に規定する者は、第二の消防法施行令第四条の二の八第三項第一号に規定する自衛消防組織の業務に関する講習の課程を修了している者とみなす。

附　則〔令和二年一二月二五日消防庁告示第二一号〕

この告示は、消防法施行規則の一部を改正する省令（令和二年総務省令第百二十三号）の施行の日（令和二年十二月二十五日）から施行する。

○甲種防火管理再講習について定める件

（平成十六年四月二十七日
消防庁告示第二号）

〔改正経過〕　平成二三年　六月一七日　消防庁告示第　八号

消防法施行規則（昭和三十六年自治省令第六号）第二条の三第一項の規定に基づき、同項に規定する甲種防火管理再講習について次のとおり定める。

消防法施行規則（昭和三十六年自治省令第六号。以下「規則」という。）第二条の三第一項の規定に基づき、同項に規定する甲種防火管理再講習（以下「再講習」という。）について次のとおり定める。

一　消防法施行令（昭和三十六年政令第三十七号）第四条の二の二第一号の防火対象物の防火管理者（規則第二条の二の防火対象物の部分に係る防火管理者を除く。以下「防火管理者」という。）に定められた日の四年前までに講習（規則第二条の三第一項に規定する甲種防火管理新規講習又は再講習をいう。以下同じ。）の課程を修了した防火管理者にあっては防火管理者に定められた日から一年以内に、それ以外の防火管理者にあっては最後に講習の課程を修了した日以後における最初の四月一日から五年以内に再講習の課程（次号において「直近の再講習の課程」という。）を修了しなければならない。

二　前号の防火管理者は、直近の再講習の課程を修了した日以後における最初の四月一日から五年以内に再講習の課程を修了しなければならない。当該再講習の課程を修了した日以降においても同様とする。

附　則

（施行期日）

1　この告示は、消防法施行規則の一部を改正する省令（平成十五年総務省令第九十号。次項において「改正省令」という。）附則第一条第三号に掲げる規定の施行の日（平成十八年四月一日）から施行する。

（経過措置）

2　この告示の施行の日の四年前までに改正省令による改正前の消防法施行規則（次項において「旧規則」という。）第二条の三第一項の甲種防火管理講習の課程を修了した者については、第一号中「防火管理者に定められた日」とあるのは、「この告示の施行の日」と読み替えるものとする。

3　この告示の施行の際現に旧規則第二条の三第一項の甲種防火管理講習の課程を修了している者は、第一号の甲種防火管理新規講習の課程を修了している者とみなす。

附　則〔平成二三年六月一七日消防庁告示第八号抄〕

（施行期日）

1　この告示は、平成二十四年四月一日から施行する。

（経過措置）

2　この告示の施行の日までに、第一条による改正前の甲種防火管理再講習について定める件第一号又は第二号に規定する再講習を受けなければならない者については、同条による改正後の甲種防火管理再講習について定める件第一号又は第二号の規定にかかわらず、当該再講習を受けるまでの間に限り、なお従前の例による。

○消防法施行規則第四条の二の四第一項ただし書及び第三十一条の六第四項の規定に基づき、消防庁長官が定める事由及び期間を定める件

（令和三年一月二十二日　消防庁告示第三号）

消防法施行規則（昭和三十六年自治省令第六号）第四条の二の四第一項ただし書（同令第五十一条の十二第二項において準用する場合を含む。）及び第三十一条の六第四項の規定に基づき、消防庁長官が定める事由及び期間を次のように定める。

第一　事由

消防法施行規則（昭和三十六年自治省令第六号。以下「規則」という。）第四条の二の四第一項ただし書（規則第五十一条の十二第二項において準用する場合を含む。）及び第三十一条の六第四項の規定に基づき消防庁長官が定める事由は、新型インフルエンザ等対策特別措置法（平成二十四年法律第三十一号。以下「特措法」という。）第三十二条第一項の規定に基づく新型コロナウイルス感染症緊急事態宣言に関する公示（令和三年一月七日）（以下「緊急事態宣言」という。）がされたこととする。

第二　期間

消防法施行令（昭和三十六年政令第三十七号。以下「令」という。）第四条の二の二に定める防火対象物及び令第六条に定める防火対象物（令第三十六条に定めるものを除く。）のうち、緊急事態宣言（二）に掲げる緊急事態措置を実施すべき区域（以下「緊急事態区域」という。）又は緊急事態区域であった区域（特措法第三十二条第三項の規定に基づく区域の変更（以下「区域変更」という。）又は同条第五項に規定する新型インフルエンザ等緊急事態解除宣言（以下「緊急事態解除宣言」という。）がされた場合において、区域変更又は緊急事態解除宣言により緊急事態区域でなくなった区域をいう。）内に所在するものであって、次の各号に掲げる期間が緊急事態宣言（一）に掲げる期間の開始の日（以下「開始の日」という。）から緊急事態解除宣言の日（緊急事態解除宣言の日前に、区域変更により緊急事態区域でなくなった区域内に所在するものにあっては、当該区域変更の日。以下「終了の日」という。）から起算して三月を経過する日までの間に終了するものについては、それぞれの規定中「六月」とあるのは「九月に開始の日から終了の日までの日数を加えた期間」と、「一年」とあるのは「一年三月に開始の日から終了の日までの日数を加えた期間」と、「三年」とあるのは「三年三月に開始の日から終了の日までの日数を加えた期間」と、「定める点検の期間」とあるのは「定める点検の期間に三月及び開始の日から終了の日までの日数を加えた期間」と、「報告の期間」とあるのは「報告の期間に三月及び開始の日から終了の日までの日数を加えた期間」とする。

一　規則第四条の二の四第一項（規則第五十一条の十二第二項において準用する場合を含む。）に規定する消防法（昭和二十三年法律第百八十六号。以下「法」という。）第八条の二の二第一項（法第三十六条第一項において読み替えて準用する場合を含む。）の規定による点検を行わなければならない期間

二　規則第三十一条の六第一項及び同項に基づく平成十六年消防庁告示第九号第三に規定する法第十七条の三の三の規定による消防用設備等の点検を行わなければならない期間

三　規則第三十一条の六第二項に規定する法第十七条の三の三の規定による特殊消防用設備等の点検を行わなければならない期間
四　規則第三十一条の六第三項ただし書及び同項各号に規定する法第十七条の三の三の規定による報告を行わなければならない期間

附　則

この告示は、公布の日から施行する。

○消防法施行規則第四条の二の四第三項の規定に基づき、防火対象物の点検の結果についての報告書の様式を定める件

（平成十四年十一月二十八日消防庁告示第八号）

〔改正経過〕
平成一六年　五月三一日　消防庁告示第一一号
平成二〇年　九月二四日　消防庁告示第一一号
平成二四年一〇月一九日　消防庁告示第一二号
令和　元年　六月二八日　消防庁告示第　二号
令和　二年　四月　一日　消防庁告示第　三号
令和　二年一二月二五日　消防庁告示第一八号
令和　五年　二月二一日　消防庁告示第　三号

消防法施行規則（昭和三十六年自治省令第六号）第四条の二の四第三項の規定に基づき、防火対象物の点検の結果についての報告書の様式は次のとおりとする。

消防法施行規則第四条の二の四第三項の規定により、防火対象物の点検の結果の報告は、別記様式第一の防火対象物点検結果報告書に、別記様式第二の点検票を添付して行うものとする。

附　則

この告示は、平成十五年十月一日から施行する。

附　則〔平成一六年五月三一日消防庁告示第一一号〕

この告示は、平成十六年六月一日から施行する。

附　則〔平成二〇年九月二四日消防庁告示第一一号〕

この告示は、消防法施行規則の一部を改正する省令（平成二十年総

務省令第百五号）の施行の日（平成二十一年六月一日）から施行する。

附　則〔平成二四年一〇月一九日消防庁告示第一二号〕

この告示は、平成二十六年四月一日から施行する。

附　則〔令和元年六月二八日消防庁告示第二号〕

この告示は、不正競争防止法等の一部を改正する法律の施行の日（令和元年七月一日）から施行する。

附　則〔令和二年四月一日消防庁告示第三号〕

1　この告示は、公布の日から施行する。

2　消防法施行規則第四条の二の四第三項に規定する報告書の様式については、この告示による改正後の平成十四年消防庁告示第八号別記様式第二にかかわらず、この告示の施行の日から起算して六月を経過するまでの間は、なお従前の例によることができる。

附　則〔令和二年一二月二五日消防庁告示第一八号〕

この告示は、公布の日から施行する。

附　則〔令和五年二月二二日消防庁告示第三号〕

1　この告示は、令和五年四月一日から施行する。

2　消防法施行規則第四条の二の四第三項に規定する報告書の様式については、この告示による改正後の平成十四年消防庁告示第八号別記様式第一にかかわらず、令和六年三月三十一日までの間は、なお従前の例によることができる。

別記様式第１

防火対象物点検結果報告書

年　月　日

消防長（消防署長）（市町村長）　殿

管理権原者
住所
氏名（法人の場合は、名称及び代表者氏名）
電話番号

下記のとおり防火対象物の点検を実施したので、消防法第８条の２の２第１項の規定に基づき報告します。

記

防火対象物	所在地				
	名称				
	複数権原の場合に管理権原に属する部分の名称				
	用途※1			令別表第１※1	（　）項
	構造・規模	造　地上　階　地下　階 床面積　㎡　延べ面積　㎡			
点検実施日		年　月　日			
消防法施行規則第４条の２の６第２項の適用		□第１号　□第２号　□第３号			
点検者	住所			電話番号	
	氏名				
	免状	講習機関名	免状交付年月日	免状交付番号	有効期限
			年　月　日	第　号	年　月　日
受付欄※2		経過欄※2		備考※2	

備考　１　この用紙の大きさは、日本産業規格Ａ４とすること。
２　※１欄は、複数権原の場合にあっては管理権原に属する部分の情報を記入すること。
３　消防法施行規則第４条の２の６第２項の適用の欄は、適用される規定がある場合、該当する規定の□にレ点を記入すること。
４　※２欄は、記入しないこと。

別記様式第2

（その1）

防火対象物点検票

防火管理者					
立会者					
点検年月日	年　月　日～　年　月　日				
防火管理維持台帳	記録の有無□有・□一部有・□無		保存の有無□有・□一部有・□無		
防火対象物の概要（号棟）階別概要	事項／階別	用途	床面積	点検する部分の床面積	備考
	階		㎡	㎡	
	階		㎡	㎡	
	階		㎡	㎡	
	階		㎡	㎡	
	階		㎡	㎡	
	階		㎡	㎡	
	合計		㎡	㎡	
備考					

備考　1　この用紙の大きさは、日本産業規格A4とすること。
　　　2　防火管理維持台帳の欄は、該当する□にレ点を記入すること。

（その2）

	点検項目	点検結果 判定	点検結果 不備内容	状況及び措置内容
届出	防火管理者選任（解任）	□適 □否		
届出	消防計画作成（変更）	□適 □否		
届出	自衛消防組織の設置	□適 □否		
消防計画	自衛消防の組織	□適 □否		
消防計画	火災予防上の自主検査	□適 □否		
消防計画	消防用設備等又は特殊消防用設備等の点検及び整備	□適 □否		
消防計画	避難施設の維持管理及びその案内	□適 □否		
消防計画	防火上の構造の維持管理	□適 □否		
消防計画	収容人員の適正化	□適 □否		
消防計画	防火管理上必要な教育	□適 □否		
消防計画	消火、通報及び避難の訓練その他必要な訓練	□適 □否		
消防計画	消火活動、通報連絡及び避難誘導	□適 □否		
消防計画	消防機関との連絡	□適 □否		

消防計画		工事中の火気使用又は取扱いの監督	□適 □否		
		防火管理に関し必要な事項	□適 □否		
	自衛消防組織	活動要領	□適 □否		
		要員の教育及び訓練	□適 □否		
		業務に関し必要な事項	□適 □否		
	共同自衛消防組織	協議会の設置及び運営	□適 □否		
		統括管理者の選任	□適 □否		
		業務を行う範囲	□適 □否		
		運営に関し必要な事項	□適 □否		
	防火管理業務の一部委託		□適 □否		
	権原の範囲		□適 □否		
	地震防災対策強化地域に所	自衛消防の組織	□適 □否		
		情報等の伝達	□適 □否		
		避難誘導	□適 □否		
		施設及び設備の点検及び整備	□適 □否		

	在する防火対象物	応急対策	□適 □否		
		防災訓練	□適 □否		
		教育及び広報	□適 □否		
	防火管理者	消火訓練の実施回数	□適 □否		
		消火訓練及び避難訓練を実施する場合の消防機関への通報	□適 □否		

備考

1. この用紙の大きさは、日本産業規格Ａ４とすること。
2. 判定の欄は、適正な場合は「適」の□にレ点を記入し、不備のある場合は「否」の□にレ点を記入するとともに、不備内容の欄にその内容を記入すること。
3. 状況及び措置内容の欄には、点検時の点検項目の状況及び点検の際措置した内容を記入すること。
4. 該当のない点検項目については、状況及び措置内容の欄に「該当なし」と記入すること。

（その３）

点検項目		点検結果 判定	点検結果 不備内容	状況及び措置内容
届出	統括防火管理者選任（解任）	□適 □否		
	全体についての消防計画作成（変更）	□適 □否		

点検項目	点検結果 判定	点検結果 不備内容	状況及び措置内容
避難上必要な施設及び防火戸の管理	□適 □否		
防炎物品の表示	□適 □否		
圧縮アセチレンガス等の貯蔵又は取扱いの届出	□適 □否		

備考　１　この用紙の大きさは、日本産業規格Ａ４とすること。

２　判定の欄は、適正な場合は「適」の□にレ点を記入し、不備のある場合は「否」の□にレ点を記入するとともに、不備内容の欄にその内容を記入すること。

３　状況及び措置内容の欄には、点検時の点検項目の状況及び点検の際措置した内容を記入すること。

４　該当のない点検項目については、状況及び措置内容の欄に「該当なし」と記入すること。

（その４）

点検項目		法第17条の２の５第１項の適用	法第17条の３第１項の適用	点検結果 判定	点検結果 不備内容	状況及び措置内容
消防用設備等	消火器・簡易消火用具	—	—	□適 □否		
	屋内消火栓設備	□有 □無	□有 □無	□適 □否		
	スプリンクラー設備	□有 □無	□有 □無	□適 □否		
	水噴霧消火設備等	□有 □無	□有 □無	□適 □否		
	屋外消火栓設備	□有 □無	□有 □無	□適 □否		
	動力消防ポンプ設備	□有 □無	□有 □無	□適 □否		
	自動火災報知設備	□有 □無	□有 □無	□適 □否		
	ガス漏れ火災警報設備	□有 □無	□有 □無	□適 □否		
	漏電火災警報器	—	—	□適 □否		
	消防機関へ通報する火災報知設備	□有 □無	□有 □無	□適 □否		
	非常警報器具・非常警報設備	—	—	□適 □否		
	避難器具	—	—	□適 □否		
	誘導灯・誘導標識	—	—	□適 □否		
	消防用水	□有 □無	□有 □無	□適 □否		
	排煙設備	□有 □無	□有 □無	□適 □否		
	連結散水設備	□有 □無	□有 □無	□適 □否		
	連結送水管	□有 □無	□有 □無	□適 □否		
	非常コンセント設備	□有 □無	□有 □無	□適 □否		
	無線通信補助設備	□有 □無	□有 □無	□適 □否		

備考　1　この用紙の大きさは、日本産業規格A4とすること。
2　法第17条の2の5第1項の適用の欄及び法第17条の3第1項の適用の欄は、規定が適用される場合は「有」の□にレ点を記入し、適用されない場合は「無」の□にレ点を記入すること。
3　判定の欄は、適正な場合は「適」の□にレ点を記入し、不備のある場合は「否」の□にレ点を記入するとともに、不備内容の欄にその内容を記入すること。
4　状況及び措置内容の欄には、点検時の点検項目の状況及び点検の際措置した内容を記入すること。
5　設置義務のない点検項目については、状況及び措置内容の欄に「該当なし」と記入すること。
6　水噴霧消火設備等とは、水噴霧消火設備、泡消火設備、不活性ガス消火設備、ハロゲン化物消火設備又は粉末消火設備をいうこと。

（その5）

点検項目		必要とされる防火安全性能を有する消防の用に供する設備等の概要	点検結果		状況及び措置内容
			判定	不備内容	
消防用設備等	令第29条の4第1項の必要とされる防火安全性能を有する消防の用に供する設備等		□ 適 □ 否		

点検項目		適用される消防用設備等	点検結果		状況及び措置内容
			判定	不備内容	
消防用設備等	令第32条の適用		□ 適 □ 否		

点検項目		特殊消防用設備等の概要	点検結果		状況及び措置内容
			判定	不備内容	
特殊消防用設備等	法第17条第3項の特殊消防用設備等		□ 適 □ 否		

点検項目		適用される消防用設備等又は特殊消防用設備等	点検結果		状況及び措置内容
			判定	不備内容	
消防用設備等又は特殊消防用設備等	設置の届出		□ 適 □ 否		
	消防機関の検査		□ 適 □ 否		

備考　1　この用紙の大きさは、日本産業規格A4とすること。
2　判定の欄は、適正な場合は「適」の□にレ点を記入し、不備のある場合は「否」の□にレ点を記入するとともに、不備内容の欄にその内容を記入すること。
3　状況及び措置内容の欄には、点検時の点検項目の状況及び点検の際措置した内容を記入すること。
4　該当のない点検項目については、状況及び措置内容の欄に「該当なし」と記入すること。

○消防法施行規則第四条の二の四第五項第六号の規定に基づき、同号の期間を定める件

（平成十四年十一月二十八日　消防庁告示第九号）

〔改正経過〕平成二三年　六月一七日　消防庁告示第　八号
令和　二年一〇月　一日　消防庁告示第一三号
令和　三年　二月一七日　消防庁告示第　四号

消防法施行規則（昭和三十六年自治省令第六号）第四条の二の四第五項第六号の規定に基づき、同号の期間を次のように定める。

第一　期間

消防法施行規則第四条の二の四第五項第六号の期間（以下「期間」という。）は、次のとおりとする。

一　期間は、登録講習機関が発行する免状の交付を受けた日以後における最初の四月一日から五年以内とする。ただし、第二の事情により期間内に免状の交付を受けることが困難であると登録講習機関が認めるときは、当該期間を一年間延長するものとする。

二　前号ただし書の規定により期間が延長された場合において、第三の事由により延長後の期間内に免状の交付を受けることが著しく困難であると登録講習機関が認めるときは、当該期間を更に一年間延長するものとする。

第二　交付を受けることが困難であると認められる事情

期間内に免状の交付を受けることが困難であると認められる事情は、次に掲げるとおりとする。

一　海外旅行をしていること。

二　災害による被害を受けていること。

三　病気にかかり、又は負傷していること。

四　法令の規定により身体の自由を拘束されていること。

五　社会の慣習上又は業務の遂行上やむを得ない緊急の用務が生じていること。

六　前各号に掲げるもののほか、登録講習機関がやむを得ないと認める事情があること。

第三　延長後の期間内に交付を受けることが著しく困難であると認められる事由

延長後の期間内に免状の交付を受けることが著しく困難であると認められる事由は、新型インフルエンザ等（新型インフルエンザ等対策特別措置法（平成二十四年法律第三十一号）第二条第一号に規定するものをいう。）及びそのまん延防止のための措置の影響により、登録講習機関の講習が十分に実施されていないこととする。

第四　第二の事情又は第三の事由により期間の延長を必要とする者の申出

第二の事情又は第三の事由により期間の延長を必要とする者は、期間が終了する日までに、登録講習機関にその旨の申出をするものとする。この場合において、第二の事情により期間の延長を必要とする者にあっては、第二の事情を証する書類を添えて申出をするものとする。

第五　第二の事情又は第三の事由による期間の延長を認めた旨を証する書面の交付

第四の申出を受けた登録講習機関は、第二の事情又は第三の事由による期間の延長を認めた場合においては、当該申出をした者に対し、その旨を証する書面を交付するものとする。

附　則

この告示は、平成十五年十月一日から施行する。

附　則〔平成二三年六月一七日消防庁告示第八号抄〕

（施行期日）

1　この告示は、平成二十四年四月一日から施行する。

附　則〔令和二年一〇月一日消防庁告示第一三号〕

この告示は、令和二年十一月一日から施行する。

附　則〔令和三年二月一七日消防庁告示第四号〕

この告示は、公布の日から施行する。

○消防法施行規則第四条の二の五第二項において準用する消防法施行規則第一条の四第十項の規定に基づき、登録講習機関の行う講習に係る基準を定める件

（平成十六年五月三十一日消防庁告示第十七号）

〔改正経過〕　平成二二年一二月一四日　消防庁告示第二〇号
平成二三年　六月一七日　消防庁告示第　八号
平成二八年　五月二七日　消防庁告示第一四号

消防法施行規則（昭和三十六年自治省令第六号）第四条の二の五第二項において準用する消防法施行規則第一条の四第十項の規定に基づき、登録講習機関の行う講習に係る基準を次のとおり定める。

第一　講習の対象

講習は、消防法施行規則（昭和三十六年自治省令第六号。以下「規則」という。）第四条の二の四第四項各号のいずれかに該当する者を対象とする。

第二　講習科目及び講習時間

一　講習は、次の表の上欄に掲げる講習科目について、それぞれ同表の下欄に掲げる講習時間を基準として行うものとする。

講習科目	講習時間
防火管理の意義及び制度	一時間
火気管理	一時間

施設及び設備の維持管理	二時間
防火管理に係る訓練及び教育	二時間
防火管理に係る消防計画	二時間
消防用設備等技術基準	三時間
防火対象物の点検要領	五時間

二　防火対象物点検資格者となるために必要な知識及び技能に関する考査（以下「修了考査」という。）を、講習の修了後二時間行うものとする。

三　前号の講習修了後に行う修了考査のほか、当該修了考査を行った日の翌日以後一年以内に行う同種の講習修了後の修了考査を、一回に限り、受けさせることができるものとする。

第三　講習科目の一部免除

第二第一号の規定に関わらず、次の表の上欄に掲げる者については、それぞれ同表の下欄に定める講習科目を免除することができるものとする。

講習科目の一部を免除することができる者	免除することができる講習科目
規則第四条の二の四第四項第一号及び第二号に規定する者	防火管理の意義及び制度、火気管理及び消防用設備等技術基準
規則第四条の二の四第四項第三号及び第四号に規定する者（甲種防火管理講習の課程を修了した者に限る。）	防火管理の意義及び制度、火気管理、施設及び設備の維持管理、防火管理に係る訓練及び教育及び防火管理に係る消防計画
規則第四条の二の四第四項第三号及び第四号に規定する者（甲種防火管理講習の課程を修了した者を除く。）	防火管理の意義及び制度及び防火管理に係る訓練及び教育
規則第四条の二の四第四項第五号から第十号まで及び第十四号に規定する者	施設及び設備の維持管理
規則第四条の二の四第四項第十一号に規定する者	防火管理の意義及び制度、火気管理、施設及び設備の維持管理、防火管理に係る訓練及び教育、防火管理に係る消防計画及び消防用設備等技術基準
規則第四条の二の四第四項第十二号に規定する者	防火管理の意義及び制度及び火気管理
規則第四条の二の四第四項第十三号に規定する者	防火管理の意義及び制度
規則第四条の二の四第五項第六号の期間ごとに防火対象物点検資格者免状の交付を受けないことにより防火対象物点検資格者の資格を失った者	防火管理の意義及び制度、火気管理、防火管理に係る訓練及び教育、防火管理に係る消防計画及び消防用設備等技術基準

第四　修了考査合格者に対する防火対象物点検資格者免状の交付

修了考査に合格した者に対しては、別記様式の防火対象物点検資格者免状を交付するものとする。

第五　再講習科目及び再講習時間

再講習は、次の表の上欄に掲げる再講習科目について、それぞれ同表の下欄に掲げる再講習時間を基準として行うものとする。

再講習科目	再講習時間
・点検概論 イ　おおむね過去五年間における防火対象物の点検対象事項に関する法令改正の概要 ロ　防火対象物点検資格者の責務 ハ　点検上の一般的留意事項	一時間

・点検実務 イ　防火対象物の点検上の留意事項 ロ　主要な点検箇所と点検方法 ハ　対処方法	四時間

第六　再講習修了者に対する防火対象物点検資格者免状の交付

再講習を修了した者に対しては、現に登録講習機関から交付を受けている防火対象物点検資格者免状と引き換えに防火対象物点検資格者免状を交付するものとする。

附　則

1　この告示は、平成十六年六月一日から施行する。

2　平成十四年消防庁告示第十号に基づき、同告示第二第五号の講習を定める件（平成十四年消防庁告示第十一号）は、廃止する。

附　則〔平成二二年一二月一四日消防庁告示第二〇号〕

（施行期日）

1　この告示は、平成二十三年四月一日から施行する。

（経過措置）

2　この告示の施行の際現にこの告示による改正前の第二第一号に規定する講習の課程を修了し、同第二号に規定する修了考査に合格している者は、この告示による改正後の第二第一号に規定する講習の課程を修了し、同第二号に規定する修了考査に合格している者とみなす。

附　則〔平成二三年六月一七日消防庁告示第八号抄〕

（施行期日）

1　この告示は、平成二十四年四月一日から施行する。

（経過措置）

4　この告示の施行の際現に交付されている防火対象物点検資格者免状は、第八条による改正後の消防法施行規則第四条の二の五第二項において準用する消防法施行規則第一条の四第十項の規定に基づき、登録講習機関の行う講習に係る基準を定める件別記様式の防火対象物点検資格者免状とみなす。

附　則〔平成二八年五月二七日消防庁告示第一四号〕

この告示は、消防法施行規則の一部を改正する省令の施行の日（平成二十八年六月一日）から施行する。

別記様式（第４関係）

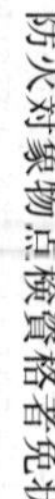

表面

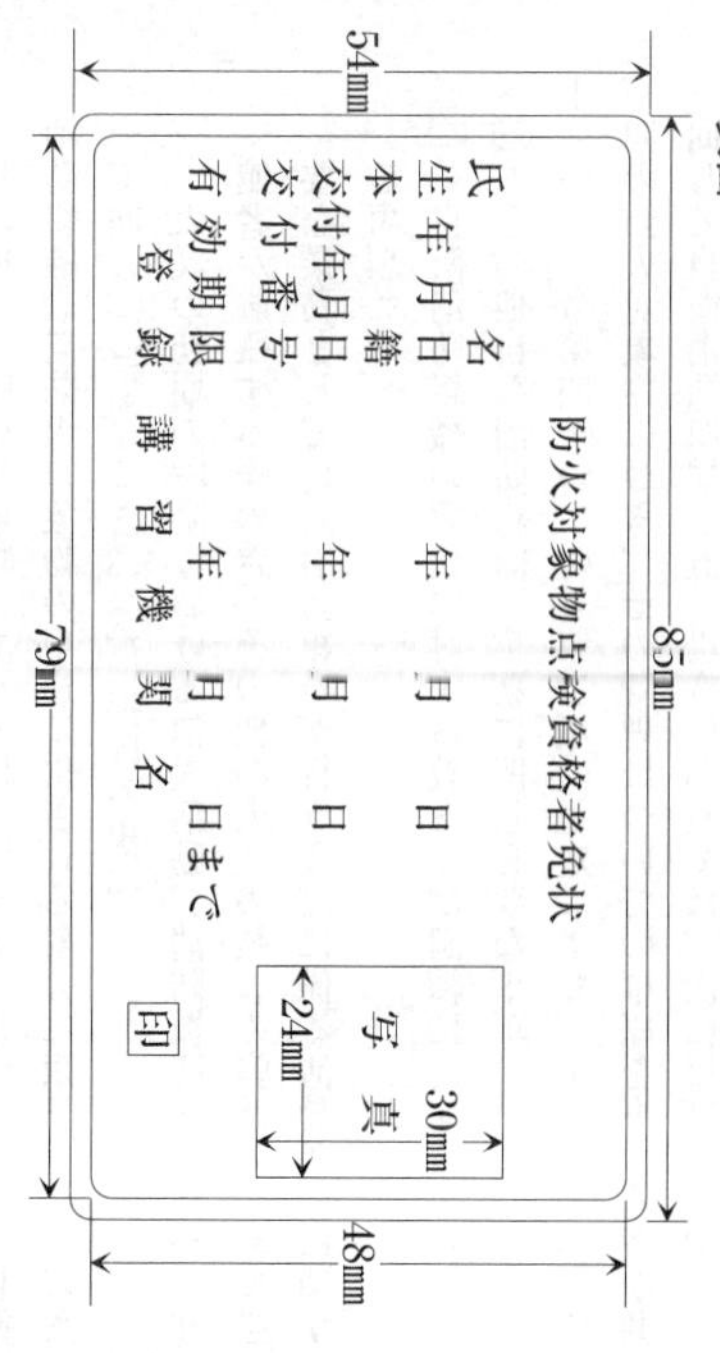
防火対象物点検資格者免状

氏　　名
生年月日　　年　月　日
本　　籍
交付年月日　　年　月　日
交付番号
有効期限　　年　月　日まで
登録講習機関名　印

写真
30mm
24mm

85mm
54mm
79mm
48mm

裏面

防火対象物点検資格者は、免状の交付を受けた日以後における最初の４月１日から原則として５年以内に再講習を修了し、新たな免状の交付を受けなければ資格を喪失する。なお、講習を修了してから免状の交付を受けるまで日数を要する場合があるので、その旨を留意して再講習を受講すること。

備考

備考　１　用紙の表面には、無色透明の薄板を接着させるものとする。
　　　２　写真は、過去５年以内に撮影されたものとする。

○消防法施行規則第四条の二の六第一項第二号、第三号及び第七号の規定に基づき、防火対象物の点検基準に係る事項等を定める件

（平成十四年十一月二十八日）
（消防庁告示第十二号）

〔改正経過〕　平成一六年　五月三一日　消防庁告示第一一号
　　　　　　　平成二〇年　九月二四日　消防庁告示第一二号
　　　　　　　平成二四年一〇月一九日　消防庁告示第一二号

消防法施行規則（昭和三十六年自治省令第六号）第四条の二の六第一項第二号、第三号及び第七号の規定に基づき、防火対象物の点検基準に係る事項等を次のとおり定める。

第一　消防計画に基づき適切に行われていることとされる事項

消防法施行規則（昭和三十六年自治省令第六号。以下「規則」という。）第四条の二の六第一項第二号の事項は、次に掲げる事項とする。

一　自衛消防の組織の編成、任務の分担及び指揮命令系統に関する事項
二　防火対象物についての火災予防上の自主検査及び当該自主検査の結果に基づく措置に関する事項
三　消防用設備等又は特殊消防用設備等の点検及び整備並びに当該点検の結果に基づく措置に関する事項
四　避難施設の点検及び維持管理並びに避難経路図の掲示その他の避難施設の案内に関する事項

五　防火上の構造の点検及び維持管理に関する事項
六　定員の遵守その他収容人員の適正化に関する事項
七　防火管理上必要な教育に関する事項
八　消火、通報及び避難の訓練の実施に関する事項
九　火災、地震その他の災害が発生した場合における消火活動、通報連絡及び避難誘導に関する事項
十　防火管理について消防機関との連絡に関する事項
十一　増築、改築、移転、修繕又は模様替えの工事中の防火対象物における防火管理者又はその補助者の立会いその他火気の使用又は取扱いの監督に関する事項
十二　前各号に掲げるもののほか、防火管理に関し必要な事項
十二の二　消防法施行令（昭和三十六年政令第三十七号。以下「令」という。）第四条の二の四に規定する防火対象物（同条第二号に掲げる防火対象物にあっては、同条第一号に規定する自衛消防組織設置防火対象物の用途に供される部分に限る。次号において同じ。）にあっては、次に掲げる事項
㈠　火災の初期の段階における消火活動、消防機関への通報、在館者が避難する際の誘導その他の火災の被害の軽減のために必要な業務として自衛消防組織が行う業務に係る活動要領に関する事項
㈡　自衛消防組織の要員に対する教育及び訓練に関する事項
㈢　その他自衛消防組織の業務に関し必要な事項
十二の三　令第四条の二の五第二項の規定により、令第四条の二の四の防火対象物につき、その管理についての権原を有する者が共同して自衛消防組織を置く場合にあっては、次に掲げる事項
㈠　自衛消防組織に関する協議会の設置及び運営に関する事項
㈡　自衛消防組織の統括管理者の選任に関する事項
㈢　自衛消防組織が業務を行う防火対象物の範囲に関する事項
㈣　その他自衛消防組織の運営に関し必要な事項
十三　防火管理上必要な業務の一部が防火対象物の関係者（所有者、管理者又は占有者をいう。以下同じ。）及び関係者に雇用されている者（当該防火対象物で勤務している者に限る。）以外の者に委託されている防火対象物にあっては、防火管理上必要な業務の受託者の氏名及び住所（法人にあっては、名称及び主たる事務所の所在地）並びに当該受託者の行う防火管理上必要な業務の範囲及び方法に関する事項
十四　その管理について権原が分かれている防火対象物にあっては、当該防火対象物の当該権原の範囲に関する事項
十五　規則第三条第四項に規定する強化地域（以下「強化地域」という。）に所在する防火対象物にあっては、次に掲げる事項
㈠　大規模地震対策特別措置法（昭和五十三年法律第七十三号）第二条第十三号に規定する警戒宣言（以下「警戒宣言」という。）が発せられた場合における自衛消防の組織の編成、任務の分担及び指揮命令系統に関する事項
㈡　大規模地震対策特別措置法第二条第三号に規定する地震予知情報及び警戒宣言の伝達方法に関する事項
㈢　警戒宣言が発せられた場合における避難誘導に関する事項
㈣　警戒宣言が発せられた場合における施設及び設備の点検及び整備その他地震による被害の発生の防止又は軽減を図るための応急対策に関する事項
㈤　大規模な地震に係る防災訓練の実施に関する事項
㈥　大規模な地震による被害の発生の防止又は軽減を図るために必要な教育及び広報に関する事項
十六　令別表第一㈠項から㈣項まで、㈤項イ、㈥項、㈨項イ、㈩項イ又は十六の二項に掲げる防火対象物にあっては、消火及び避難の訓練の実施回数に関する事項（当該消火及び避難の訓練を実施

する場合におけるその旨の消防機関への通報に関する事項を含む。）

第二　その管理について権原が分かれている防火対象物において適切に行われていることとされる事項

規則第四条の二の六第一項第三号の事項は、規則第四条第一項及び第四条の二第一項の届出とする。

第三　消防用設備等又は特殊消防用設備等の設置に係る事項

規則第四条の二の六第一項第七号の規定により、消防用設備等又は特殊消防用設備等が、次に定めるところにより設置されていなければならないものとする。

一　消火器又は簡易消火用具にあっては、令第十条第一項及び第三項の規定に従って設置されていること。

二　屋内消火栓設備にあっては、令第十一条第一項、第二項及び第四項の規定に従って設置されていること。

三　スプリンクラー設備にあっては、令第十二条第一項、第三項及び第四項の規定に従って設置されていること。

四　水噴霧消火設備、泡消火設備、不活性ガス消火設備、ハロゲン化物消火設備又は粉末消火設備にあっては、令第十三条の規定に従って設置されていること。

五　屋外消火栓設備にあっては、令第十九条第一項、第二項及び第四項の規定に従って設置されていること。

六　動力消防ポンプ設備にあっては、令第二十条第一項、第二項及び第五項の規定に従って設置されていること。

七　自動火災報知設備にあっては、令第二十一条第一項及び第三項の規定に従って設置されていること。

八　ガス漏れ火災警報設備にあっては、令第二十一条の二第一項の規定に従って設置されていること。

九　漏電火災警報器にあっては、令第二十二条第一項の規定に従って設置されていること。

十　消防機関へ通報する火災報知設備にあっては、令第二十三条第一項及び第三項の規定に従って設置されていること。

十一　非常警報器具又は非常警報設備にあっては、令第二十四条第一項から第三項まで及び第五項の規定に従って設置されていること。

十二　避難器具にあっては、令第二十五条第一項及び第二項第一号の規定に従って設置されていること。

十三　誘導灯及び誘導標識にあっては、令第二十六条第一項及び第三項の規定に従って設置されていること。

十四　消防用水にあっては、令第二十七条第一項及び第二項の規定に従って設置されていること。

十五　排煙設備にあっては、令第二十八条第一項及び第三項の規定に従って設置されていること。

十六　連結散水設備にあっては、令第二十八条の二第一項、第三項及び第四項の規定に従って設置されていること。

十七　連結送水管にあっては、令第二十九条第一項の規定に従って設置されていること。

十八　非常コンセント設備にあっては、令第二十九条の二第一項の規定に従って設置されていること。

十九　無線通信補助設備にあっては、令第二十九条の三第一項の規定に従って設置されていること。

二十　前各号の規定にかかわらず、令第二十九条の四第一項に規定する必要とされる防火安全性能を有する消防の用に供する設備等にあっては、引き続き、消防長（消防本部を置かない市町村においては、市町村長。以下同じ。）又は消防署長が、同項に規定する通常用いられる消防用設備等の防火安全性能と同等以上であると認めた状況で設置されていること。

二十一　前各号の規定にかかわらず、現に令第三十二条の規定が適用されている消防用設備等にあっては、引き続き、消防長又は消防署長が、同条の規定の適用を認めた状況で設置されていること。

二十二　前各号の規定にかかわらず、消防法（昭和二十三年法律第百八十六号。以下「法」という。）第十七条第三項に規定する特殊消防用設備等にあっては、同項に規定する設備等設置維持計画に従って設置されていること。

二十三　前各号の規定にかかわらず、法第十七条の二の五第一項の規定が適用される消防用設備等にあっては、当該消防用設備等の設置に係る技術上の基準に関する従前の規定に従って設置されていること。

二十四　前号に掲げるもののほか、法第十七条の三第一項の規定が適用される消防用設備等にあっては、用途が変更される前の防火対象物における消防用設備等の設置に係る技術上の基準に関する規定に従って設置されていること。

附　則

この告示は、平成十五年十月一日から施行する。

附　則（平成一六年五月三一日消防庁告示第一一号）

この告示は、平成十六年六月一日から施行する。

附　則（平成二〇年九月二四日消防庁告示第一二号）

この告示は、消防法施行規則の一部を改正する省令（平成二十年総務省令第百五号）の施行の日（平成二十一年六月一日）から施行する。

附　則（平成二四年一〇月一九日消防庁告示第一二号）

この告示は、平成二十六年四月一日から施行する。

○消防法施行規則第四条の二の七第三項第三号の規定に基づき、防火対象物の点検済表示に記載する事項を定める件

（平成十四年十一月二十八日消防庁告示第十三号）

〔改正経過〕　平成一六年　四月二七日　消防庁告示第　五号
平成一六年　五月三一日　消防庁告示第一一号

消防法施行規則（昭和三十六年自治省令第六号）第四条の二の七第二項〔現行＝第四条の二の七第三項〕第三号の規定に基づき、防火対象物の点検済表示に記載する事項を次のとおり定める。

消防法施行規則第四条の二の七第三項第三号の防火対象物の点検済表示に記載する事項は、消防法施行規則第四条の二の五第二項において準用する消防法施行規則第一条の四第十項の規定に基づき、登録講習機関の行う講習に係る基準を定める件（平成十六年消防庁告示第十七号）第四に規定する防火対象物点検資格者免状の交付番号とする。

附　則

この告示は、平成十五年十月一日から施行する。

附　則（平成一六年五月三一日消防庁告示第一一号）

この告示は、平成十六年六月一日から施行する。

○消防法施行規則第四条の二の十第四項の規定に基づき、自衛消防組織の要員に対する教育に関する事項のうち、統括管理者の直近下位の内部組織で同規則第四条の二の十一各号に掲げる業務を分掌するものを統括する者に対するものを定める件

（平成二十年九月二十四日消防庁告示第十三号）

消防法施行規則（昭和三十六年自治省令第六号）第四条の二の十第四項の規定に基づき、自衛消防組織の要員に対する教育に関する事項のうち、統括管理者の直近下位の内部組織で同規則第四条の二の十一各号に掲げる業務を分掌するものを統括する者に対するものを次のとおり定める。

消防法施行規則（昭和三十六年自治省令第六号。以下「規則」という。）第四条の二の十第四項の規定に基づき、自衛消防組織の要員に対する教育に関する事項のうち、統括管理者の直近下位の内部組織で規則第四条の二の十一各号に掲げる業務を分掌するものを統括する者（以下「班長」という。）に対するものは次のとおりとする。

一　班長（次号に掲げる者を除く。）に対する教育は、消防法施行令（昭和三十六年政令第三十七号）第四条の二の八第三項第一号に規定する自衛消防組織の業務に関する講習を受けさせることにより行うものとする。

二　規則第四条の二の十三各号に掲げる者である班長に対する教育は、防火管理者が防火管理に係る消防計画に定めるところにより、行うものとする。

三　自衛消防組織に消防法（昭和二十三年法律第百八十六号）第三十六条第六項の規定の適用がある場合における前号の適用については、「防火管理者」とあるのは「防災管理者」と、「消防計画」とあるのは「消防計画及び防災管理に係る消防計画」とする。

附　則

この告示は、消防法施行規則の一部を改正する省令（平成二十年総務省令第百五号）の施行の日（平成二十一年六月一日）から施行する。

○消防法施行規則第四条の二の十三第三号の規定に基づき、同条第一号及び第二号に掲げる者に準ずる者を定める件

（平成二十年九月二十四日　消防庁告示第十四号）

消防法施行規則（昭和三十六年自治省令第六号）第四条の二の十三第三号の規定に基づき、同条第一号及び第二号に掲げる者に準ずる者を次のとおり定める。

第一　消防法施行規則第四条の二の十三第三号に規定する同条第一号及び第二号に掲げる者に準ずる者

一　消防法施行規則（昭和三十六年自治省令第六号。以下「規則」という。）第四条の二の十三第三号に規定する同条第一号及び第二号に掲げる者に準ずる者は、この告示による廃止前の平成六年消防庁告示第十号第一第一号に規定する講習の課程を修了した者であって、最後に当該講習を受けた日から五年以内に、都道府県知事、消防本部及び消防署を置く市町村の消防長又は消防法施行令（昭和三十六年政令第三十七号）第四条の二の八第三項第一号の規定による総務大臣の登録を受けた法人が第二に定めるところにより実施する自衛消防組織の業務に関する講習（以下「追加講習」という。）の課程を修了した者とする。

二　追加講習は、本講習及び再講習からなるものとする。

第二　追加講習

一　本講習は、次の表の上欄に掲げる講習科目について、同表の下欄に掲げる講習時間を基準として行うものとする。

講習科目	講習時間
(一)　防災管理に関する一般知識 イ　防災管理の意義・制度改正の概要 ロ　地震に関する一般知識	三十分
(二)　自衛消防組織及びその要員の役割と責任並びに災害時における具体的対応	一時間
(三)　地震災害時における対応及びその訓練の実施方法	一時間三十分

二　前号の講習終了後三十分の効果測定を行うものとする。

三　再講習は、規則第四条の二の十四第一項に規定する自衛消防業務再講習とする。

四　規則第四条の二の十三第三号に規定する同条第一号及び第二号に掲げる者に準ずる者は、本講習を受けた日から五年以内に、再講習を受けなければならない。当該再講習を受けた日以降においても同様とする。

第三　講習修了証

都道府県知事、消防本部及び消防署を置く市町村の消防長又は令第四条の二の八第三項第一号の規定により総務大臣の登録を受けた法人は、追加講習の課程を修了した者に対して、別記様式による修了証を交付するものとする。

附　則

1　この告示は、消防法施行規則の一部を改正する省令（平成二十年総務省令第百五号。以下「改正省令」という。）の施行の日（平成二十一年六月一日。以下「施行日」という。）から施行する。

2　施行日前にその講習の課程を修了した講習であって、消防本部及

び消防署を置く市町村の消防長又は改正省令附則第三条第二項の規定により施行日前に改正省令による改正後の消防法施行規則第四条の二の十二の規定の例による総務大臣の登録を受けた法人が、第二の規定の例により行ったものは、施行日において、第二に規定する講習とみなす。

3　次に掲げる告示は、廃止する。

一　平成六年消防庁告示第九号（消防法施行規則第三条第五項の対象となる防火対象物の要件を定める件）

二　平成六年消防庁告示第十号（消防計画に定める防火上必要な教育に関する事項のうち防災センター要員に対するものを定める件）

別記様式（第３関係）

第　　号

修　了　証

氏　名

生年月日

あなたは消防法施行規則第４条の２の13第３号の規定に基づき、同条第１号及び第２号に掲げる者に準ずる者を定める件（平成20年消防庁告示第14号）第１第１号の規定による追加講習のうち本講習の課程を修了されました。

よってこれを証します。

年　月　日

市町村消防長印

（都道府県知事印）

（登録講習機関印）

○自衛消防業務再講習について定める件

（平成二十年九月二十四日　消防庁告示第十五号）

〔改正経過〕　平成二三年　六月一七日　消防庁告示第　八号

消防法施行規則（昭和三十六年自治省令第六号）第四条の二の十四第一項の規定に基づき、同項に規定する自衛消防業務再講習について次のとおり定める。

消防法施行規則（昭和三十六年自治省令第六号。以下「規則」という。）第四条の二の十四第一項の規定に基づき、同項に規定する自衛消防業務再講習（以下「再講習」という。）について次のとおり定める。

規則第四条の二の十四第一項に規定する自衛消防業務新規講習の課程を修了した者は、当該講習の課程を修了した日以後における最初の四月一日から五年以内に再講習の課程を修了しなければならない。当該再講習の課程を修了した日以降においても同様とする。

附　則

この告示は、消防法施行規則の一部を改正する省令（平成二十年総務省令第百五号）の施行の日（平成二十一年六月一日）から施行する。

附　則〔平成二三年六月一七日消防庁告示第八号抄〕

（施行期日）

1　この告示は、平成二十四年四月一日から施行する。

○自衛消防組織の業務に関する講習の実施細目

（平成二十年九月二十四日　消防庁告示第十六号）

〔改正経過〕　平成二三年二月一四日　消防庁告示第二号

消防法施行規則（昭和三十六年自治省令第六号）第四条の二の十四第五項の規定に基づき、自衛消防組織の業務に関する講習の実施細目を次のとおり定める。

自衛消防組織の業務に関する講習の実施細目

第一　自衛消防業務新規講習

一　自衛消防業務新規講習は、次の表の上欄に掲げる講習科目について、同表の下欄に掲げる講習時間を基準として行うものとする。

講習科目	講習時間
(一)　防火管理及び防災管理の意義及び制度	三時間
(二)　自衛消防組織並びにその統括管理者及びその要員の役割と責任	三時間
(三)　防災設備等に関する知識	一時間
(四)　防災設備等の取扱い並びに自衛消防組織の統括管理者及び要員の災害対応に係る総合訓練	五時間

二　前号の講習終了後一時間の効果測定を行うものとする。

第二　自衛消防業務再講習

一　自衛消防業務再講習は、次の表の上欄に掲げる講習科目について、同表の下欄に掲げる講習時間を基準として行うものとする。

講習科目	講習時間
(一) 防火管理、防災管理及び消防用設備等に関する制度改正の概要	一時間
(二) 災害事例研究	一時間
(三) 自衛消防組織の統括管理者及び要員の災害時における対応に係る総合訓練	二時間

二　前号の講習終了後一時間の効果測定を行うものとする。

第三　講習科目の一部免除

第一第一号の規定に関わらず、次の表の上欄に掲げる者については、それぞれ同表の下欄に定める講習科目を免除することができるものとする。

講習科目の一部を免除することができる者	免除することができる講習科目
消防法施行令（昭和三十六年政令第三十七号。以下「令」という。）第三条第一項第一号イに規定する甲種防火管理講習の課程及び令第四十七条第一項第一号に規定する防災管理に関する講習の課程を修了している者	(一) 防火管理及び防災管理の意義及び制度、(二) 自衛消防組織並びにその統括管理者及びその要員の役割と責任及び(三) 防災設備等に関する知識

附　則

この告示は、消防法施行規則の一部を改正する省令（平成二十年総務省令第百五号）の施行の日（平成二十一年六月一日）から施行する。

附　則〔平成二二年一二月一四日消防庁告示第二一号〕

（施行期日）

1　この告示は、平成二十三年四月一日から施行する。

（経過措置）

2　この告示の施行の際現にこの告示の改正による改正前の第一に規定する自衛消防業務新規講習の課程を修了している者は、この告示の改正による改正後の第一に規定する自衛消防業務新規講習の課程を修了している者とみなす。

○防災管理再講習について定める件

（平成二十年九月二十四日　消防庁告示第十七号）

〔改正経過〕平成二三年　六月一七日　消防庁告示第　八号

消防法施行規則（昭和三十六年自治省令第六号）第五十一条の七第一項の規定に基づき、同項に規定する防災管理再講習について次のとおり定める。

消防法施行規則（昭和三十六年自治省令第六号。以下「規則」という。）第五十一条の七第一項の規定に基づき、同項に規定する防災管理再講習（以下「再講習」という。）について次のとおり定める。

一　防災管理者に定められた日の四年前までに講習（規則第五十一条の七第一項に規定する防災管理新規講習又は再講習をいう。以下同じ。）の課程を修了した防災管理者にあっては防災管理者に定められた日から一年以内に、それ以外の防災管理者にあっては最後に講習の課程を修了した日以後における最初の四月一日から五年以内に再講習の課程（次号において「直近の再講習の課程」という。）を修了しなければならない。

二　前号の防災管理者は、直近の再講習の課程を修了した日以後における最初の四月一日から五年以内に再講習の課程を修了しなければならない。当該再講習の課程を修了した日以降においても同様とする。

附　則

1　この告示は、消防法施行規則の一部を改正する省令（平成二十年総務省令第百五号）の施行の日（平成二十一年六月一日）から施行する。

2　防災管理新規講習の課程を修了した防災管理者である防火管理者が平成十六年消防庁告示第二号（以下「平成十六年告示」という。）第一号又は第二号の規定により甲種防火管理再講習の課程を修了しなければならない日が、当該防災管理者である防火管理者が第一号の規定により最初の防災管理再講習の課程を修了しなければならない日より早い場合における、平成十六年告示第一号の規定の適用については、第一号中「最後に講習」とあるのは「規則第五十一条の七第一項に規定する防災管理新規講習」とする。

附　則〔平成二三年六月一七日消防庁告示第八号抄〕

（施行期日）

1　この告示は、平成二十四年四月一日から施行する。

○防災管理に関する講習の実施細目

（平成二十年九月二十四日　消防庁告示第十八号）

〔改正経過〕　平成二二年一二月一四日　消防庁告示第二二号

消防法施行規則（昭和三十六年自治省令第六号）第五十一条の七第七項の規定に基づき、防災管理に関する講習の実施細目を次のとおり定める。

防災管理に関する講習の実施細目

第一　防災管理新規講習の講習事項及び講習時間

防災管理新規講習（消防法施行規則（昭和三十六年自治省令第六号。以下「規則」という。）第五十一条の七第一項に規定する防災管理新規講習をいう。以下同じ。）は、次の表の上欄に掲げる講習事項について、同表の下欄に掲げる講習時間を基準として行うものとする。

講習事項	講習時間
防災管理の意義及び制度	一時間三十分
施設及び設備の維持管理並びに防災管理に係る消防計画	一時間三十分
防災管理に係る訓練及び教育	一時間三十分

第二　甲種防火管理新規講習及び防災管理新規講習を併せて実施する講習の講習事項及び講習時間

規則第二条の三第一項に規定する甲種防火管理新規講習及び防災管理新規講習を併せて実施する場合における講習は、次の表の上欄に掲げる講習事項について、同表の下欄に掲げる講習時間を基準として行うものとする。

講習事項	講習時間
防火管理及び防災管理の意義及び制度	二時間三十分
火気管理	二時間
施設及び設備の維持管理	二時間三十分
防火管理及び防災管理に係る訓練及び教育	二時間三十分
防火管理及び防災管理に係る消防計画	二時間三十分

第三　講習事項の一部免除

一　防災管理新規講習については、第一の規定に関わらず、次表の上欄に掲げる者の区分に応じ、それぞれ同表の下欄に掲げる講習事項を免除することができるものとする。

講習事項の一部を免除することができる者	免除することができる講習事項
消防法施行令（昭和三十六年政令第三十七号。以下「令」という。）第四条の二の八第三項第一号に規定する自衛消防組織の業務に関する講習の課程を修了している者	防災管理の意義及び制度

二　甲種防火管理新規講習及び防災管理新規講習を併せて実施する講習については、第二の規定に関わらず、次表の上欄に掲げる者の区分に応じ、それぞれ同表の下欄に掲げる講習事項を免除することができるものとする。

講習事項の一部を免除することができる者	免除することができる講習事項
規則第四条の二の四第四項に規定する防火対象物の点検に関し必要な知識及び技能を修得することができる講習の課程を修了し、免状の交付を受けている者	火気管理及び施設及び設備の維持管理
令第四条の二の八第三項第一号に規定する自衛消防組織の業務に関する講習の課程を修了している者	防火管理及び防災管理の意義及び制度
規則第五十一条の十二第三項に規定する防災管理対象物の点検に関し必要な知識及び技能を修得することができる講習の課程を修了し、免状の交付を受けている者	施設及び設備の維持管理

第四　講習の日時、場所等の公示

講習を実施する者は、講習の種類、日時、場所その他講習の実施に関し必要な事項をあらかじめ公示するものとする。

附　則

この告示は、消防法施行規則の一部を改正する省令（平成二十年総務省令第百五号）の施行の日（平成二十一年六月一日）から施行する。

附　則〔平成二二年一二月一四日消防庁告示第二二号〕

（**施行期日**）

1　この告示は、平成二十三年四月一日から施行する。

（**経過措置**）

2　この告示の施行の際現にこの告示による改正前の第一に規定する防災管理新規講習又はこの告示による改正前の第二に規定する甲種防火管理新規講習及び防災管理新規講習を併せて実施する講習の課程を修了している者は、それぞれこの告示による改正後の第一に規定する防災管理新規講習又はこの告示による改正後の第二に規定する甲種防火管理新規講習及び防災管理新規講習を併せて実施する講習の課程を修了している者とみなす。

3　消防法施行規則第四条の二の十三第三号の規定に基づき、同条第一号及び第二号に掲げる者に準ずる者を定める件（平成二十年消防庁告示第十四号）第一第一号に規定する者は、第三の消防法施行令第四条の二の八第三項第一号に規定する自衛消防組織の業務に関する講習の課程を修了している者とみなす

○消防法施行規則第五十一条の十二第二項の規定において準用する同規則第四条の二の四第三項の規定に基づき、防災管理の点検の結果についての報告書の様式を定める件

（平成二十年九月二十四日消防庁告示第十九号）

〔改正経過〕　平成二四年一〇月一九日　消防庁告示第一二号
令和　元年　六月二八日　消防庁告示第　二号
令和　二年　四月　一日　消防庁告示第　四号
令和　二年一二月二五日　消防庁告示第二〇号
令和　五年　二月二一日　消防庁告示第　四号

消防法施行規則（昭和三十六年自治省令第六号）第五十一条の十二第二項の規定において準用する同規則第四条の二の四第三項の規定に基づき、防災管理の点検の結果についての報告書の様式は次のとおりとする。

消防法施行規則第五十一条の十二第二項において準用する同規則第四条の二の四第三項の規定により、防災管理の点検の結果の報告は、別記様式第一の防災管理点検結果報告書に、別記様式第二の点検票を添付して行うものとする。

附　則

この告示は、消防法施行規則の一部を改正する省令（平成二十年総務省令第百五号）の施行の日（平成二十一年六月一日）から施行する。

附　則〔平成二四年一〇月一九日消防庁告示第一二号〕

この告示は、平成二十六年四月一日から施行する。

附　則〔令和元年六月二八日消防庁告示第二号〕

この告示は、不正競争防止法等の一部を改正する法律の施行の日（令和元年七月一日）から施行する。

附　則〔令和二年四月一日消防庁告示第四号〕

1　この告示は、公布の日から施行する。

2　消防法施行規則第五十一条の十二第二項の規定において準用する同規則第四条の二の四第三項に規定する報告書の様式については、この告示による改正後の平成二十年消防庁告示第十九号別記様式第二にかかわらず、この告示の施行の日から起算して六月を経過するまでの間は、なお従前の例によることができる。

附　則〔令和二年一二月二五日消防庁告示第二〇号〕

この告示は、公布の日から施行する。

附　則〔令和五年二月二一日消防庁告示第四号〕

1　この告示は、令和五年四月一日から施行する。

2　消防法施行規則第五十一条の十二第二項の規定において準用する同規則第四条の二の四第三項に規定する報告書の様式については、この告示による改正後の平成二十年消防庁告示第十九号別記様式第一にかかわらず、令和六年三月三十一日までの間は、なお従前の例によることができる。

別記様式第１

防災管理点検結果報告書

年　月　日

消防長（消防署長）（市町村長）　殿

管理権原者
住　所
氏　名（法人の場合は、名称及び代表者氏名）
電話番号

下記のとおり防災管理対象物の防災管理点検を実施したので、消防法第36条第１項において準用する同法第８条の２の２第１項の規定に基づき報告します。

記

防災管理対象物	所在地					
	名称					
	複数権原の場合に管理権原に属する部分の名称					
	用途※1			令別表第１※1	（　）項	
	構造・規模	造　地上　階　地下　階				
		床面積　㎡　延べ面積　㎡				
点検実施日		年　月　日				
点検者	住所		電話番号			
	氏名					
	免状	講習機関名	免状交付年月日	免状交付番号	有効期限	
			年　月　日	第　号	年　月　日	
受付欄※2		経過欄※2		備考※2		

備考　１　この用紙の大きさは、日本産業規格Ａ４とすること。
　　　２　※１欄は、複数権原の場合にあっては管理権原に属する部分の情報を記入すること。
　　　３　※２欄は、記入しないこと。

別記様式第２

（その１）

防災管理点検票

防災管理者					
立会者					
点検年月日	年　月　日～　年　月　日				
防災管理維持台帳	記録の有無□有・□一部有・□無		保存の有無□有・□一部有・□無		
防災管理対象物の概要	階別概要（　号棟）	事項／階別	用途	床面積	点検する部分の床面積	備考
		階		㎡	㎡	
		階		㎡	㎡	
		階		㎡	㎡	
		階		㎡	㎡	
		階		㎡	㎡	
		階		㎡	㎡	
		合計		㎡	㎡	
備考						

備考　１　この用紙の大きさは、日本産業規格Ａ４とすること。
　　　２　防火管理維持台帳の欄は、該当する□に✓点を記入すること。

（その２）

点検項目			点検結果 判定	点検結果 不備内容	状況及び措置内容
届出		防災管理者選任（解任）	□ 適 □ 否		
届出		消防計画作成（変更）	□ 適 □ 否		
届出		自衛消防組織の設置	□ 適 □ 否		
消防計画		自衛消防の組織	□ 適 □ 否		
消防計画		避難施設の維持管理及びその案内	□ 適 □ 否		
消防計画		収容人員の適正化	□ 適 □ 否		
消防計画		防災管理上必要な教育	□ 適 □ 否		
消防計画		避難訓練その他必要な訓練	□ 適 □ 否		
消防計画		関係機関との連絡	□ 適 □ 否		
消防計画		訓練結果の検証及び消防計画の見直し	□ 適 □ 否		
消防計画		防災管理に関し必要な事項	□ 適 □ 否		
消防計画		地震発生時の被害想定及び対策	□ 適 □ 否		
消防計画		地震対策のための自主検査	□ 適 □ 否		
消防計画		地震対策のための設備及び資機材の点検並びに整備	□ 適 □ 否		
消防計画		備品の落下、転倒及び移動の防止措置	□ 適 □ 否		
消防計画		地震発生時の応急措置	□ 適 □ 否		
消防計画		地震対策に関し必要な事項	□ 適 □ 否		
消防計画		特殊な災害の発生時の通報連絡及び避難誘導	□ 適 □ 否		
消防計画		特殊な災害の対策に関し必要な事項	□ 適 □ 否		
消防計画	自衛消防組織	活動要領	□ 適 □ 否		
消防計画	自衛消防組織	要員の教育及び訓練	□ 適 □ 否		
消防計画	自衛消防組織	業務に関し必要な事項	□ 適 □ 否		
消防計画	共同自衛消防組織	協議会の設置及び運営	□ 適 □ 否		
消防計画	共同自衛消防組織	統括管理者の選任	□ 適 □ 否		
消防計画	共同自衛消防組織	業務を行う範囲	□ 適 □ 否		
消防計画	共同自衛消防組織	運営に関し必要な事項	□ 適 □ 否		
消防計画		防災管理業務の一部委託	□ 適 □ 否		

			判定	不備内容	状況及び措置内容
消防計画	権原の範囲		□適 □否		
	地震防災対策強化地域に所在する防災管理対象物	自衛消防の組織	□適 □否		
		情報等の伝達	□適 □否		
		避難誘導	□適 □否		
		施設及び設備の点検及び整備	□適 □否		
		応急対策	□適 □否		
		防災訓練	□適 □否		
		教育及び広報	□適 □否		
	防災管理者	避難訓練の実施回数	□適 □否		
		避難訓練を実施する場合の消防機関への通報	□適 □否		

備考　1　この用紙の大きさは、日本産業規格Ａ４とすること。
2　判定の欄は、適正な場合は「適」の□に✓点を記入し、不備のある場合は「否」の□に✓点を記入するとともに、不備内容の欄にその内容を記入すること。
3　状況及び措置内容の欄には、点検時の点検項目の状況及び点検の際措置した内容を記入すること。
4　該当のない点検項目については、状況及び措置内容の欄に「該当なし」と記入すること。

（その３）

点検項目		点検結果		状況及び措置内容
		判定	不備内容	
届出	統括防災管理者選任（解任）	□適 □否		
	全体についての消防計画作成（変更）	□適 □否		

点検項目	点検結果		状況及び措置内容
	判定	不備内容	
避難上必要な施設及び防火戸の管理	□適 □否		

備考　1　この用紙の大きさは、日本産業規格Ａ４とすること。
2　判定の欄は、適正な場合は「適」の□にレ点を記入し、不備のある場合は「否」の□にレ点を記入するとともに、不備内容の欄にその内容を記入すること。
3　状況及び措置内容の欄には、点検時の点検項目の状況及び点検の際措置した内容を記入すること。
4　該当のない点検項目については、状況及び措置内容の欄に「該当なし」と記入すること。

○消防法施行規則第五十一条の十二第四項第六号の規定に基づき、同号の期間を定める件

（平成二十年九月二十四日）
（消防庁告示第二十号）

〔改正経過〕平成二三年　六月一七日　消防庁告示第　八号
令和　二年一〇月　一日　消防庁告示第一四号
令和　三年　二月一七日　消防庁告示第　四号

消防法施行規則（昭和三十六年自治省令第六号）第五十一条の十二第四項第六号の規定に基づき、同号の期間を次のように定める。

第一　期間

消防法施行規則第五十一条の十二第四項第六号の期間（以下「期間」という。）は、次のとおりとする。

一　期間は、登録講習機関が発行する免状の交付を受けた日以後における最初の四月一日から五年以内とする。ただし、第二の事情により期間内に免状の交付を受けることが困難であると登録講習機関が認めるときは、当該期間を一年間延長するものとする。

二　前号ただし書の規定により期間が延長された場合において、第三の事由により延長後の期間内に免状の交付を受けることが著しく困難であると登録講習機関が認めるときは、当該期間を更に一年間延長するものとする。

第二　交付を受けることが困難であると認められる事情

期間内に免状の交付を受けることが困難であると認められる事情は、次に掲げるとおりとする。

一　海外旅行をしていること。

二　災害による被害を受けていること。

三　病気にかかり、又は負傷していること。

四　法令の規定により身体の自由を拘束されていること。

五　社会の慣習上又は業務の遂行上やむを得ない緊急の用務が生じていること。

六　前各号に掲げるもののほか、登録講習機関がやむを得ないと認める事情があること。

第三　延長後の期間内に交付を受けることが著しく困難であると認められる事由

延長後の期間内に免状の交付を受けることが著しく困難であると認められる事由は、新型インフルエンザ等（新型インフルエンザ等対策特別措置法（平成二十四年法律第三十一号）第二条第一号に規定するものをいう。）及びそのまん延防止のための措置の影響により、登録講習機関の講習が十分に実施されていないこととする。

第四　第二の事情又は第三の事由により期間の延長を必要とする者の申出

第二の事情又は第三の事由により期間の延長を必要とする者は、期間が終了する日までに、登録講習機関にその旨の申出をするものとする。この場合において、第二の事情により期間の延長を必要とする者にあっては、第二の事情を証する書類を添えて申出をするものとする。

第五　第二の事情又は第三の事由による期間の延長を認めた旨を証する書面の交付

第四の申出を受けた登録講習機関は、第二の事情又は第三の事由による期間の延長を認めた場合においては、当該申出をした者に対し、その旨を証する書面を交付するものとする。

附　則

この告示は、消防法施行規則の一部を改正する省令（平成二十年総務省令第百五号）の施行の日（平成二十一年六月一日）から施行す

る。

附　則〔平成二三年六月一七日消防庁告示第八号抄〕

（施行期日）

1　この告示は、平成二十四年四月一日から施行する。

附　則〔令和二年一〇月一日消防庁告示第一四号〕

この告示は、令和二年十一月一日から施行する。

附　則〔令和三年二月一七日消防庁告示第四号〕

この告示は、公布の日から施行する。

○消防法施行規則第五十一条の十三第二項において準用する同規則第一条の四第十項の規定に基づき、登録講習機関の行う講習に係る基準を定める件

（平成二十年九月二十四日　消防庁告示第二十一号）

〔改正経過〕　平成二二年一二月一四日　消防庁告示第二三号
平成二三年　六月一七日　消防庁告示第　八号

消防法施行規則（昭和三十六年自治省令第六号）第五十一条の十三第二項において準用する同規則第一条の四第十項の規定に基づき、登録講習機関の行う講習に係る基準を次のとおり定める。

第一　講習の対象

講習は、消防法施行規則（昭和三十六年自治省令第六号。以下「規則」という。）第五十一条の十二第三項各号のいずれかに該当する者を対象とする。

第二　講習科目及び講習時間

一　講習は、次の表の上欄に掲げる講習科目について、それぞれ同表の下欄に掲げる講習時間を基準として行うものとする。

講習科目	講習時間
防災管理の意義及び制度	一時間三十分
防災管理に係る訓練及び教育	一時間三十分

防災管理に係る消防計画	一時間三十分
防災管理対象物の点検要領	三時間三十分

二　防災管理点検資格者となるために必要な知識及び技能に関する考査（以下「修了考査」という。）を、講習の修了後一時間行うものとする。

三　前号の講習修了後に行う修了考査のほか、当該修了考査を行った日の翌日以後一年以内に行う同種の講習修了後の修了考査を、一回に限り、受けさせることができるものとする。

第三　講習科目の一部免除

第二第一号の規定に関わらず、次の表の上欄に掲げる者については、それぞれ同表の下欄に定める講習科目を免除することができるものとする。

講習科目の一部を免除することができる者	免除することができる講習科目
規則第五十一条の十二第三項第一号から第三号までに規定する者	防災管理の意義及び制度、防災管理に係る訓練及び教育及び防災管理に係る消防計画
規則第五十一条の十二第三項第四号に規定する者	防災管理に係る訓練及び教育及び防災管理に係る消防計画
規則第五十一条の十二第三項第五号に規定する者	防災管理に係る消防計画
規則第五十一条の十二第四項第六号の期間ごとに防災管理点検資格者免状の交付を受けないことにより防災管理点検資格者の資格を失った者	防災管理の意義及び制度、防災管理に係る訓練及び教育及び防災管理に係る消防計画

第四　修了考査合格者に対する防災管理点検資格者免状の交付

修了考査に合格した者に対しては、別記様式の防災管理点検資格者免状を交付するものとする。

第五　再講習科目及び再講習時間

再講習は、次の表の上欄に掲げる再講習科目について、それぞれ同表の下欄に掲げる再講習時間を基準として行うものとする。

再講習科目	再講習時間
・点検概論 イ　おおむね過去五年間における防災管理対象物の点検対象事項に関する法令改正の概要 ロ　防災管理点検資格者の責務 ハ　点検上の一般的留意事項	一時間
・点検実務 イ　防災管理対象物の点検上の留意事項 ロ　主要な点検箇所と点検方法 ハ　対処方法	一時間

第六　再講習修了者に対する防災管理点検資格者免状の交付

再講習を修了した者に対しては、現に登録講習機関から交付を受けている防災管理点検資格者免状と引き換えに防災管理点検資格者免状を交付するものとする。

附　則

この告示は、消防法施行規則の一部を改正する省令（平成二十年総務省令第百五号）の施行の日（平成二十一年六月一日）から施行する。

附　則〔平成二二年一二月一四日消防庁告示第二三号〕

（施行期日）

1　この告示は、平成二十三年四月一日から施行する。

（経過措置）

2　この告示の施行の際現にこの告示による改正前の第二第一号に規定する講習の課程を修了し、同第二号に規定する修了考査に合格している者は、この告示による改正後の第二第一号に規定する講習の課程を修了し、同第二号に規定する修了考査に合格している者とみなす。

附　則〔平成二三年六月一七日消防庁告示第八号抄〕

（施行期日）

1　この告示は、平成二十四年四月一日から施行する。

（経過措置）

5　この告示の施行の際現に交付されている防災管理点検資格者免状は、第九条による改正後の消防法施行規則第五十一条の十三第二項において準用する同規則第一条の四第十項の規定に基づき、登録講習機関の行う講習に係る基準を定める件別記様式の防災管理点検資格者免状とみなす。

別記様式（第４関係）

防災管理点検資格者免状

表面

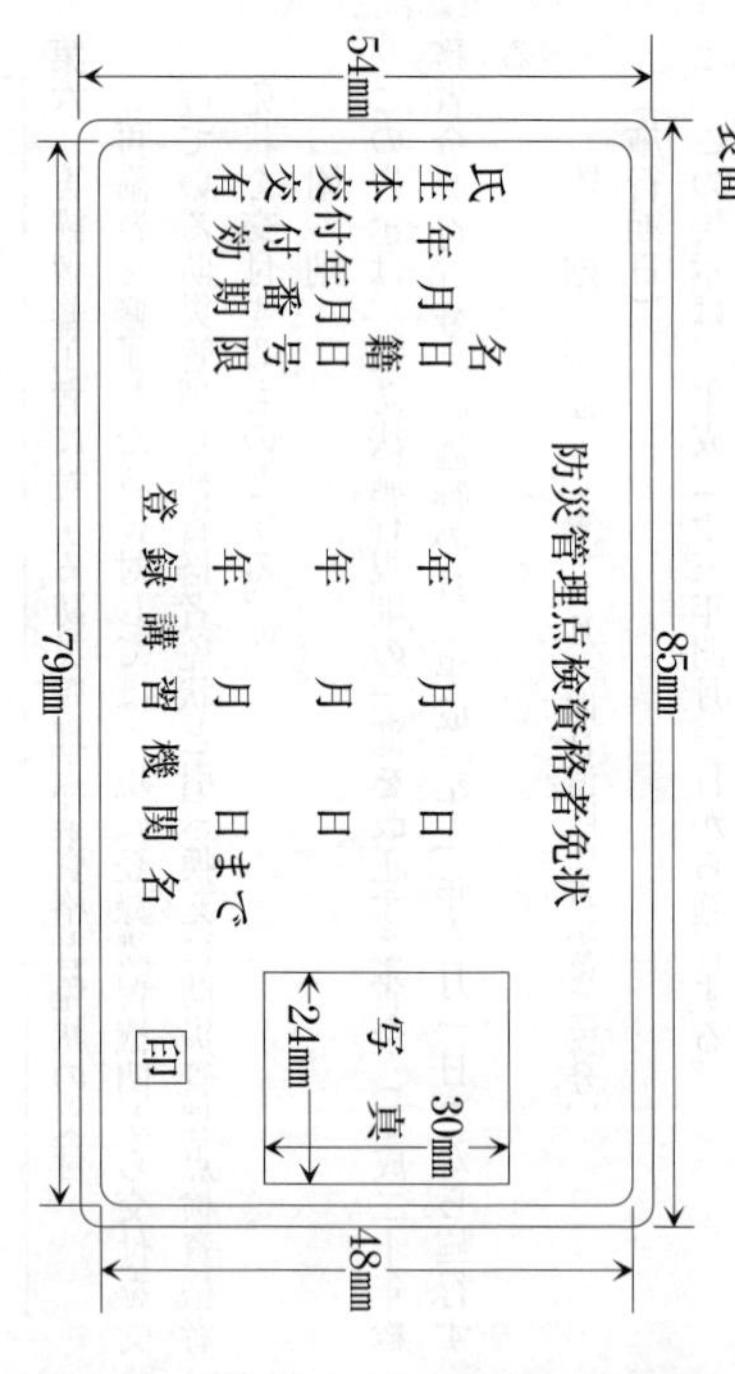

85mm
54mm
防災管理点検資格者免状
氏　　名
生年月日　　年　月　日
本　　籍
交付年月日　　年　月　日
交付番号
有効期限　　年　月　日まで
写　真
30mm
24mm
登録講習機関名
印
79mm
48mm

裏面

防災管理点検資格者は、免状の交付を受けた日以後における最初の４月１日から原則として５年以内に再講習を修了し、新たな免状の交付を受けなければ資格を喪失する。
　なお、講習を修了してから免状の交付を受けるまで日数を要する場合があるので、その旨を留意して再講習を受講すること。

備考

備考　1　用紙の表面には、無色透明の薄板を接着させるものとする。
　　　2　写真は、過去５年以内に撮影されたものとする。

○消防法施行規則第五十一条の十四第三号及び第四号の規定に基づき、防災管理対象物の点検基準に係る事項等を定める件

（平成二十年九月二十四日消防庁告示第二十二号）

〔改正経過〕　平成二四年一〇月一九日　消防庁告示第一二号

消防法施行規則（昭和三十六年自治省令第六号）第五十一条の十四第三号及び第四号の規定に基づき、防災管理対象物の点検基準に係る事項等を次のとおり定める。

第一　消防計画に基づき適切に行われていることとされる事項

消防法施行規則（昭和三十六年自治省令第六号。以下「規則」という。）第五十一条の十四第三号の事項は、次に掲げる事項とする。

一　防災管理に関する基本的な事項として次に掲げる事項

㈠　自衛消防の組織の編成、任務の分担及び指揮命令系統に関する事項

㈡　避難施設の点検及び維持管理並びに避難経路図の掲示その他の避難施設の案内に関する事項

㈢　定員の遵守その他収容人員の適正化に関する事項

㈣　防災管理上必要な教育に関する事項

㈤　避難の訓練その他防災管理上必要な訓練の実施に関する事項

㈥　防災管理について関係機関との連絡に関する事項

㈦　㈤に掲げる訓練の結果を踏まえた防災管理に係る消防計画の内容の検証及び当該検証の結果に基づく当該消防計画の見直しに関する事項

㈧　㈠から㈦までに掲げるもののほか、建築物その他の工作物における防災管理に関し必要な事項

二　消防法施行令（昭和三十六年政令第三十七号。以下「令」という。）第四十五条第一号に掲げる災害（以下この号において「地震」という。）による被害の軽減に関する事項として次に掲げる事項

㈠　地震発生時における建築物その他の工作物及び建築物その他の工作物に存する者等の被害の想定及び当該想定される被害に対する対策に関する事項

㈡　建築物その他の工作物についての地震による被害の軽減のための自主検査及び当該自主検査の結果に基づく措置に関する事項

㈢　地震による被害の軽減のために必要な設備及び資機材の点検並びに整備並びに当該点検の結果に基づく措置に関する事項

㈣　地震発生時における家具、じゅう器その他の建築物その他の工作物に備え付けられた物品の落下、転倒及び移動の防止のための措置に関する事項

㈤　地震発生時における通報連絡、避難誘導、救出、救護その他の地震による被害の軽減のための応急措置に関する事項

㈥　㈠から㈤までに掲げるもののほか、建築物その他の工作物における地震による被害の軽減に関し必要な事項

三　令第四十五条第二号に掲げる災害による被害の軽減に関する事項として次に掲げる事項

㈠　令第四十五条第二号に掲げる災害発生時における通報連絡及び避難誘導に関する事項

㈡　㈠に掲げるもののほか、建築物その他の工作物における令第

四十五条第二号に掲げる災害による被害の軽減に関し必要な事項

四　令第四条の二の四の防火対象物（同条第二号に掲げる防火対象物にあっては、同条第一号に規定する自衛消防組織設置防火対象物の用途に供される部分に限る。次号において同じ。）にあっては、次に掲げる事項

㈠　関係機関への通報、在館者が避難する際の誘導その他の火災以外の災害による被害の軽減のために必要な業務として自衛消防組織が行う業務に係る活動要領に関する事項

㈡　自衛消防組織の要員に対する教育及び訓練に関する事項

㈢　その他自衛消防組織の業務に関し必要な事項

五　令第四条の二の五第二項の規定により、令第四条の二の四の防火対象物につき、その管理についての権原を有する者が共同して自衛消防組織を置く場合にあっては、次に掲げる事項

㈠　自衛消防組織に関する協議会の設置及び運営に関する事項

㈡　自衛消防組織の統括管理者の選任に関する事項

㈢　自衛消防組織が業務を行う防火対象物の範囲に関する事項

㈣　その他自衛消防組織の運営に関し必要な事項

六　防災管理上必要な業務の一部が建築物その他の工作物の関係者（所有者、管理者又は占有者をいう。以下同じ。）及び関係者に雇用されている者（当該建築物その他の工作物で勤務している者に限る。）以外の者に委託されている建築物その他の工作物にあっては、防災管理上必要な業務の受託者の氏名及び住所（法人にあっては、名称及び主たる事務所の所在地）並びに当該受託者の行う防災管理上必要な業務の範囲及び方法に関する事項

七　その管理について権原が分かれている建築物その他の工作物にあっては、当該建築物その他の工作物の当該権原の範囲に関する事項

八　規則第三条第四項に規定する強化地域に所在する防火対象物にあっては、次に掲げる事項

㈠　大規模地震対策特別措置法（昭和五十三年法律第七十三号）第二条第十三号に規定する警戒宣言（以下「警戒宣言」という。）が発せられた場合における自衛消防の組織の編成、任務の分担及び指揮命令系統に関する事項

㈡　大規模地震対策特別措置法第二条第三号に規定する地震予知情報及び警戒宣言の伝達方法に関する事項

㈢　警戒宣言が発せられた場合における避難誘導に関する事項

㈣　警戒宣言が発せられた場合における施設及び設備の点検及び整備その他地震による被害の発生の防止又は軽減を図るための応急対策に関する事項

㈤　大規模な地震に係る防災訓練の実施に関する事項

㈥　大規模な地震による被害の発生の防止又は軽減を図るために必要な教育及び広報に関する事項

九　避難訓練の実施回数に関する事項（当該避難訓練を実施する場合におけるその旨の消防機関への通報に関する事項を含む。）

第二　その管理について権原が分かれている建築物その他の工作物において適切に行われていることとされる事項

規則第五十一条の十四第四号の事項は、規則第五十一条の十一の二において準用する第四条第一項及び第五十一条の十一の三において準用する第四条の二第一項の届出とする。

附　則

この告示は、消防法施行規則の一部を改正する省令（平成二十年総務省令第百五号）の施行の日（平成二十一年六月一日）から施行する。

附　則〔平成二四年一〇月一九日消防庁告示第一二号〕

この告示は、平成二十六年四月一日から施行する。

○消防法施行規則第五十一条の十五において準用する同規則第四条の二の七第三項第三号及び同規則第五十一条の十八第三項第三号の規定に基づき、防災管理対象物の点検済表示に記載する事項並びに防火対象物の点検及び防災管理対象物の点検済表示に記載する事項を定める件

（平成二十年九月二十四日消防庁告示第二十三号）

消防法施行規則（昭和三十六年自治省令第六号）第五十一条の十五において準用する同規則第四条の二の七第三項第三号及び同規則第五十一条の十八第三項第三号の規定に基づき、防災管理対象物の点検済表示に記載する事項並びに防火対象物の点検及び防災管理対象物の点検済表示に記載する事項を次のとおり定める。

一　消防法施行規則（昭和三十六年自治省令第六号。以下「規則」という。）第五十一条の十五において準用する規則第四条の二の七第三項第三号の防災管理対象物の点検済表示に記載する事項は、消防法施行規則第五十一条の十三第一項において準用する同規則第一条の四第十項の規定に基づき、登録講習機関の行う講習に係る基準を定める件（平成二十年消防庁告示第二十一号）第四に規定する防災管理点検資格者免状（次号において「防災管理点検資格者免状」という。）の交付番号とする。

二　規則第五十一条の十八第三項第三号の防火対象物の点検及び防災管理対象物の点検済表示に記載する事項は、消防法施行規則第一条の四第十項の規定に基づき、登録講習機関の行う講習に係る基準を定める件（平成十六年消防庁告示第十七号）第四に規定する防火対象物点検資格者免状の交付番号及び防災管理点検資格者免状の交付番号とする。

附　則

この告示は、消防法施行規則の一部を改正する省令（平成二十年総務省令第百五号）の施行の日（平成二十一年六月一日）から施行する。

○危険物の規制に関する政令

（昭和三十四年九月二十六日政令第三百六号）

〔改正経過〕
昭和三五年六月三〇日政令第一八五号（い）
昭和三八年四月一五日政令第一三二号（ろ）
昭和三八年二月一九日政令第三八〇号（は）
昭和三九年二月二八日政令第三八〇号（に）
昭和四〇年九月二一日政令第三〇八号（ほ）
昭和四四年六月一三日政令第一五八号（へ）
昭和四五年三月二四日政令第二〇号（と）
昭和四六年六月一日政令第一六八号（ち）
昭和四七年四月二八日政令第一一七号（り）
昭和四八年一二月二七日政令第三七八号（ぬ）
昭和四九年六月一日政令第一八八号（る）
昭和五〇年七月八日政令第二一五号（を）
昭和五〇年九月三〇日政令第二九三号（わ）
昭和五一年六月一五日政令第一五三号（か）
昭和五二年二月一日政令第一〇号（よ）
昭和五四年七月一〇日政令第二一一号（た）
昭和五六年一月二三日政令第六号（れ）
昭和五七年一月六日政令第二号（そ）
昭和五八年七月二二日政令第一六七号（つ）
昭和五九年六月八日政令第一八〇号（ね）
昭和五九年九月二一日政令第二七六号（な）
昭和六一年八月五日政令第二七四号（ら）
昭和六二年三月三一日政令第八六号（む）
昭和六三年一二月二七日政令第三五八号（う）
平成元年三月一五日政令第四〇号（ゐ）
平成二年四月六日政令第一〇一号（の）
平成三年三月一三日政令第二四号（お）
平成四年一二月二日政令第三六六号（く）
平成五年七月三〇日政令第二六八号（や）
平成六年三月一一日政令第三七号（ま）
平成六年七月一日政令第二一四号（け）
平成七年二月三日政令第一五号（ふ）
平成九年二月七日政令第一三号（こ）
平成九年二月一九日政令第二〇号（え）
平成一〇年二月二五日政令第三一号（て）
平成一一年一月一三日政令第三号（あ）
平成一一年一〇月一四日政令第三二四号（さ）
平成一二年四月二六白政令第二一一号（き）
平成一二年六月七日政令第三〇四号（ゆ）
平成一二年六月七日政令第三三三号（め）
平成一三年九月一四日政令第三〇〇号（み）
平成一四年一月二五日政令第一二号（し）
平成一四年八月二日政令第二七四号（ゑ）
平成一五年一二月一七日政令第五一七号（ひ）
平成一五年一二月一九日政令第五三三号（も）
平成一六年二月六日政令第一九号（せ）
平成一六年三月二六日政令第七三号（す）
平成一六年七月二日政令第二一八号（ん）
平成一六年七月九日政令第二二五号（イ）
平成一六年一〇月二七日政令第三二五号（ロ）
平成一七年二月一八日政令第二三号（ハ）
平成一八年一月二五日政令第六号（ニ）
平成二一年一〇月一六日政令第二四七号（ホ）
平成二二年二月二六日政令第一六号（ヘ）
平成二三年二月二三日政令第一三号（ト）
平成二三年一二月二一日政令第四〇五号（チ）
平成二四年五月二三日政令第一四六号（リ）
平成二五年三月二七日政令第八八号（ヌ）
平成二九年三月二三日政令第四〇号（ル）
平成二九年九月一日政令第二三二号（ヲ）
令和元年一二月一三日政令第一八三号（ワ）
令和五年九月六日政令第二七六号（カ）
令和五年一二月六日政令第三四八号（ヨ）

危険物の規制に関する政令をここに公布する。

危険物の規制に関する政令

内閣は、消防法（昭和二十三年法律第百八十六号）第三章の規定に基き、及び同法同章の規定を実施するため、この政令を制定する。

目次

第一章　総則

（品名の指定）

第一条　消防法（以下「法」という。）別表第一第一類の項第十号の政令で定めるものは、次のとおりとする。(う)(せ)

一　過よう素酸塩類(う)

二　過よう素酸(う)

三　クロム、鉛又はよう素の酸化物(う)

四　亜硝酸塩類(う)

五　次亜塩素酸塩類(う)

六　塩素化イソシアヌル酸(う)

七　ペルオキソ二硫酸塩類(う)

八　ペルオキソほう酸塩類(う)

九　炭酸ナトリウム過酸化水素付加物(チ)

２　法別表第一第三類の項第十一号の政令で定めるものは、塩素化けい素化合物とする。(う)(せ)

３　法別表第一第五類の項第十号の政令で定めるものは、次のとおり

とする。(う)(み)(せ)
一　金属のアジ化物(う)
二　硝酸グアニジン(う)
三　一―アリルオキシ―二・三―エポキシプロパン(へ)
四　四―メチリデンオキセタン―二―オン(へ)

4　法別表第一第六類の項第四号の政令で定めるものは、ハロゲン間化合物とする。(う)(せ)

二項…一部改正〔昭和四六年六月政令一六八号(ち)〕、本条…全部改正〔昭和六三年一二月政令三五八号(う)〕、三項…一部改正〔平成一三年九月政令三〇〇号(み)〕、一―四項…一部改正〔平成一六年二月政令一九号(せ)〕、三項…一部改正〔平成二二年二月政令一六号(へ)〕、一項…一部改正〔平成二三年一二月政令四〇五号(チ)〕

（危険物の品名）

第一条の二　法別表第一の品名欄に掲げる物品のうち、同表第一類の項第十号の危険物にあつては前条第一項各号ごとに、同表第五類の項第十号の危険物にあつては同条第三項各号ごとに、それぞれ異なる品名の危険物として、法第十一条の四第一項の規定並びに第六条第一項第四号、第十五条第一項第十七号、第二十条第一項、第二十一条の二、第二十三条、第二十四条第一号、第二十六条第一項第三号及び第六号の二並びに第二十九条第二号の規定を適用する。(う)(み)(せ)

2　法別表第一の品名欄に掲げる物品のうち、同表第一類の項第十一号の危険物で当該危険物に含有されている同項第一号から第九号まで及び前条第一項各号の物品が異なるものは、それぞれ異なる品名の危険物として、法第十一条の四第一項の規定並びに第六条第一項第四号、第十五条第一項第十七号、第二十条第一項、第二十一条の二、第二十三条、第二十四条第一号、第二十六条第一項第三号及び第六号の二並びに第二十九条第二号の規定を適用する。同表第二類の項第八号の危険物で当該危険物に含有されている同項第一号から第七号までの物品が異なるもの、同表第三類の項第十二号の危険物で当該危険物に含有されている同項第一号から第十一号までの物品が異なるもの、同表第五類の項第十一号の危険物で当該危険物に含有されている同項第一号から第九号まで及び前条第三項各号の物品が異なるもの並びに同表第六類の項第五号の危険物で当該危険物に含有されている同項第一号から第四号までの物品が異なるものについても、同様とする。(う)(み)(せ)

本条…追加〔昭和六三年一二月政令三五八号(う)〕、一・二項…一部改正〔平成一三年九月政令三〇〇号(み)・一六年二月一九号(せ)〕

参照　【危険物の品名】危則一の二【品名から除外されるもの】危則一の三【複数性状物品の属する品名】危則一の四

（第一類の危険物の試験及び性状）

第一条の三　法別表第一備考第一号の酸化力の潜在的な危険性を判断するための政令で定める試験は、粉粒状の物品にあつては過塩素酸カリウムを標準物質（試験物品（試験の対象である物品をいう。以下同じ。）と比較するための基準とすべき物質をいう。以下同じ。）とする燃焼試験とし、その他の物品にあつては過塩素酸カリウムを標準物質とする大量燃焼試験とする。(う)(せ)

2　前項の燃焼試験とは、燃焼時間の比較をするために行う次に掲げる燃焼時間を測定する試験をいう。(う)
一　標準物質と木粉との混合物三十グラムの燃焼時間（混合物に点火した場合において、着火してから発炎しなくなるまでの時間をいう。以下同じ。）(う)
二　試験物品と木粉との混合物三十グラムの燃焼時間(う)

3　第一項の大量燃焼試験とは、燃焼時間の比較をするために行う次に掲げる燃焼時間を測定する試験をいう。(う)

一　標準物質と木粉との混合物五百グラムの燃焼時間(う)
二　試験物品と木粉との混合物五百グラムの燃焼時間(う)

4　法別表第一備考第一号の酸化力の潜在的な危険性に係る政令で定める性状は、粉粒状の物品にあつては第一項に規定する燃焼試験において第二項第二号の燃焼時間が同項第一号の燃焼時間と等しいか又はこれより短いこととし、その他の物品にあつては第一項に規定する大量燃焼試験において前項第二号の燃焼時間が同項第一号の燃焼時間と等しいか又はこれより短いこととする。(う)(せ)

5　法別表第一備考第一号の衝撃に対する敏感性を判断するための政令で定める試験は、粉粒状の物品にあつては硝酸カリウムを標準物質とする落球式打撃感度試験とし、その他の物品にあつては鉄管試験とする。(う)(せ)

6　前項の落球式打撃感度試験とは、標準物質と赤りんとの混合物に鋼球を落下させた場合に五十パーセントの確率で爆発する高さから鋼球を試験物品と赤りんとの混合物に落下させた場合に当該混合物が爆発する確率を求める試験をいう。(う)

7　第五項の鉄管試験とは、試験物品とセルロース粉との混合物を鉄管に詰めて砂中で起爆し、鉄管の破裂の程度を観察する試験をいう。(う)

8　法別表第一備考第一号の衝撃に対する敏感性に係る政令で定める性状は、粉粒状の物品にあつては第五項に規定する落球式打撃感度試験において試験物品と赤りんとの混合物の爆発する確率が五十パーセント以上であることとし、その他の物品にあつては前項の鉄管試験において鉄管が完全に裂けることとする。(う)(せ)

本条…追加〔昭和六三年一二月政令三五八号(う)〕、一・四・五・八項…一部改正〔平成一六年二月政令一九号(せ)〕

（第二類の危険物の試験及び性状）

第一条の四　法別表第一備考第二号の火炎による着火の危険性を判断するための政令で定める試験は、小ガス炎着火試験とする。(う)(せ)

2　前項の小ガス炎着火試験とは、試験物品に火炎を接触させてから着火するまでの時間を測定し、燃焼の状況を観察する試験をいう。(う)

3　法別表第一備考第二号の政令で定める性状は、前項の小ガス炎着火試験において試験物品が十秒以内に着火し、かつ、燃焼を継続することとする。(う)(せ)

4　法別表第一備考第二号の引火の危険性を判断するための政令で定める試験は、セタ密閉式引火点測定器により引火点を測定する試験とする。(う)(せ)

本条…追加〔昭和六三年一二月政令三五八号(う)〕、一・三・四項…一部改正〔平成一六年二月政令一九号(せ)〕

（第三類の危険物の試験及び性状）

第一条の五　法別表第一備考第八号の空気中での発火の危険性を判断するための政令で定める試験は、自然発火性試験とする。(う)(せ)

2　前項の自然発火性試験とは、固体の試験物品にあつてはろ紙の上で発火するか否かを観察する試験（粉末の試験物品を落下させ、発火するか否かを観察する試験を含む。）をいい、液体の試験物品にあつては磁器の中で発火するか否かを観察する試験（試験物品がろ紙の上で発火するか否か、又はろ紙を焦がすか否かを観察する試験を含む。）をいう。(う)

3　法別表第一備考第八号の空気中での発火の危険性に係る政令で定める性状は、前項の自然発火性試験において試験物品が発火すること又はろ紙を焦がすこととする。(う)(せ)

4　法別表第一備考第八号の水と接触して発火し、又は可燃性ガスを

性試験とする。(う)(せ)

5　前項の水との反応性試験とは、純水に浮かべたろ紙の上で試験物品が純水と反応して発生するガスが発火するか否か、若しくは発生するガスに火炎を近づけた場合に着火するか否かを観察し、又は試験物品に純水を加え、発生するガスの量を測定するとともに発生するガスの成分を分析する試験をいう。(う)

6　法別表第一備考第八号の水と接触して発火し、又は可燃性ガスを発生する危険性に係る政令で定める性状は、前項の水との反応性試験において発生するガスが発火し、若しくは着火すること又は発生するガスの量が試験物品一キログラムにつき一時間当たり二百リットル以上であり、かつ、発生するガスが可燃性の成分を含有することとする。(う)(せ)

本条…追加〔昭和六三年一二月政令三五八号(う)〕、一・三・四・六項…一部改正〔平成一六年二月政令一九号(せ)〕

（第四類の危険物の試験）

第一条の六　法別表第一備考第十号の引火の危険性を判断するための政令で定める試験は、タグ密閉式引火点測定器により引火点を測定する試験（タグ密閉式引火点測定器により引火点を測定する試験において引火点が八十度以下の温度で測定されない場合にあつてはクリーブランド開放式引火点測定器により引火点を測定する試験、タグ密閉式引火点測定器により引火点を測定する試験において引火点が零度以上八十度以下の温度で測定され、かつ、当該引火点における試験物品の動粘度が十センチストークス以上である場合にあつてはセタ密閉式引火点測定器により引火点を測定する試験）とする。(う)(せ)

本条…追加〔昭和六三年一二月政令三五八号(う)〕、一部改正〔平成一六年二月政令一九号(せ)〕

（第五類の危険物の試験及び性状）

第一条の七　法別表第一備考第十八号の爆発の危険性を判断するための政令で定める試験は、二・四―ジニトロトルエン及び過酸化ベンゾイルを標準物質とする熱分析試験とする。(う)(せ)

2　前項の熱分析試験とは、発熱開始温度及び発熱量の比較をするために行う次に掲げる発熱開始温度及び発熱量を示差走査熱量測定装置又は示差熱分析装置により測定する試験をいう。(う)

一　標準物質の発熱開始温度及び発熱量（単位質量当たりの発熱量をいう。以下同じ。）(う)

二　試験物品の発熱開始温度及び発熱量(う)

3　法別表第一備考第十八号の爆発の危険性に係る政令で定める性状は、発熱開始温度から二十五度を減じた温度（以下この項において「補正温度」という。）の値の常用対数を横軸とし、発熱量の値の常用対数を縦軸とする平面直交座標系に第一項に規定する熱分析試験の結果を表示した場合において、試験物品の発熱量の値の常用対数を当該試験物品の補正温度の値の常用対数に対して表示した点が、標準物質の二・四―ジニトロトルエンの発熱量の値に〇・七を乗じて得た値の常用対数及び標準物質の過酸化ベンゾイルの発熱量の値に〇・八を乗じて得た値の常用対数をそれぞれの標準物質に係る補正温度の値の常用対数に対して表示した点を結ぶ直線上又はこれより上にあることとする。この場合において、試験物品の補正温度が一度未満であるときは、当該補正温度を一度とみなす。(う)(せ)

4　法別表第一備考第十八号の加熱分解の激しさを判断するための政令で定める試験は、孔径一ミリメートルのオリフィス板を用いて行う圧力容器試験とする。(う)(せ)

5　前項の圧力容器試験とは、破裂板及びオリフィス板を取り付けた圧力容器の中の試験物品を加熱し、破裂板が破裂するか否かを観察する試験をいう。(う)

6　法別表第一備考第十八号の加熱分解の激しさに係る政令で定める性状は、第四項に規定する圧力容器試験において破裂板が破裂することとする。(う)(せ)

本条…追加〔昭和六三年一二月政令三五八号(う)〕、一・三・四・六項…一部改正〔平成一六年二月政令一九号(せ)〕

（第六類の危険物の試験及び性状）

第一条の八　法別表第一備考第二十号の酸化力の潜在的な危険性を判断するための政令で定める試験は、燃焼時間の比較をするために行う次に掲げる燃焼時間を測定する試験とする。(う)(せ)

一　硝酸の九十パーセント水溶液と木粉との混合物の燃焼時間(う)

二　試験物品と木粉との混合物の燃焼時間(う)

2　法別表第一備考第二十号の政令で定める性状は、前項の試験において同項第二号の燃焼時間が同項第一号の燃焼時間と等しいか又はこれより短いこととする。(う)(せ)

本条…追加〔昭和六三年一二月政令三五八号(う)〕、一・二項…一部改正〔平成一六年二月政令一九号(せ)〕

（試験及び性状に関する事項の委任）

第一条の九　第一条の三から前条までに定めるもののほか、法別表第一備考に定める**試験及び性状**に関しその**細目**その他必要な事項は、総務省令で定める。(う)(ゆ)(せ)

本条…追加〔昭和六三年一二月政令三五八号(う)〕、一部改正〔平成一二年六月政令三〇四号(ゆ)・一六年二月一九号(せ)〕

解説　【**試験及び性状**】危険物の試験及び性状に関する省令〔平成元年二月自治省令第一号〕

（届出を要する物質の指定）

第一条の一〇　法第九条の三第一項（同条第二項において準用する場合を含む。）の政令で定める物質は、次の各号に掲げる物質で当該各号に定める数量以上のものとする。(う)(ロ)

一　圧縮アセチレンガス　四十キログラム(う)

二　無水硫酸　二百キログラム(う)

三　液化石油ガス　三百キログラム(う)

四　生石灰（酸化カルシウム八十パーセント以上を含有するものをいう。）　五百キログラム(う)

五　毒物及び劇物取締法（昭和二十五年法律第三百三号）第二条第一項に規定する毒物のうち別表第一の上欄に掲げる物質　当該物質に応じそれぞれ同表の下欄に定める数量(う)

六　毒物及び劇物取締法第二条第二項に規定する劇物のうち別表第二の上欄に掲げる物質　当該物質に応じそれぞれ同表の下欄に定める数量(う)

2　法第九条の三第一項ただし書（同条第二項において準用する場合を含む。）の政令で定める場合は、高圧ガス保安法（昭和二十六年法律第二百四号）第七十四条第一項、ガス事業法（昭和二十九年法律第五十一号）第百七十六条第一項又は液化石油ガスの保安の確保及び取引の適正化に関する法律（昭和四十二年法律第百四十九号）第八十七条第一項の規定により消防庁長官又は消防長（消防本部を置かない市町村にあつては、市町村長）に通報があつた施設において液化石油ガスを貯蔵し、又は取り扱う場合（法第九条の三第二項において準用する場合にあつては、当該施設において液化石油ガスの貯蔵又は取扱いを廃止する場合）とする。(う)(え)(め)(ロ)(ル)

本条…追加〔昭和六三年一二月政令三五八号(う)〕、二項…一部改正〔平成九年二月政令二〇号(え)・一二年六月三三三号(め)〕、一・二項…一部改正〔平成一六年一〇月政令三二五号(ロ)〕、二項…一部改正〔平成二九年三月政令四〇号(ル)〕

（危険物の指定数量）

第一条の十一　法第九条の四の政令で定める数量（以下「指定数量」という。）は、別表第三の類別欄に掲げる類、同表の品名欄に掲げる品名及び同表の性質欄に掲げる性状に応じ、それぞれ同表の指定数量欄に定める数量とする。（う）（ロ）

本条…追加〔昭和六三年一二月政令三五八号（う）〕、一部改正〔平成一六年一〇月政令三二五号（ロ）〕

参照【指定数量未満の危険物の貯蔵及び取扱いの技術上の基準等】火災予防条例（例）三〇～三二【基準の特例】火災予防条例（例）三四の三【届出等】火災予防条例（例）四六【水張検査等】火災予防条例（例）四七

（指定可燃物）

第一条の十二　法第九条の四の物品で政令で定めるものは、別表第四の品名欄に掲げる物品で、同表の数量欄に定める数量以上のものとする。（う）（ロ）

本条…追加〔昭和六三年一二月政令三五八号（う）〕、一部改正〔平成一六年一〇月政令三二五号（ロ）〕

参照【指定可燃物等の貯蔵及び取扱いの技術上の基準等】火災予防条例（例）三三～三四の二・別表八【基準の特例】火災予防条例（例）三四の三【届出等】火災予防条例（例）四六【水張検査等】火災予防条例（例）四七

（貯蔵所の区分）

第二条　法第十条の貯蔵所は、次のとおり区分する。

一　屋内の場所において危険物を貯蔵し、又は取り扱う貯蔵所（以下「屋内貯蔵所」という。）（う）

二　屋外にあるタンク（第四号から第六号までに掲げるものを除く。）において危険物を貯蔵し、又は取り扱う貯蔵所（以下「屋外タンク貯蔵所」という。）

三　屋内にあるタンク（次号から第六号までに掲げるものを除く。）において危険物を貯蔵し、又は取り扱う貯蔵所（以下「屋内タンク貯蔵所」という。）

四　地盤面下に埋没されているタンク（次号に掲げるものを除く。）において危険物を貯蔵し、又は取り扱う貯蔵所（以下「地下タンク貯蔵所」という。）

五　簡易タンクにおいて危険物を貯蔵し、又は取り扱う貯蔵所（以下「簡易タンク貯蔵所」という。）

六　車両（被牽引自動車にあつては、前車軸を有しないものであつて、当該被牽引自動車の一部が牽引自動車に載せられ、かつ、当該被牽引自動車及びその積載物の重量の相当部分が牽引自動車によつてささえられる構造のものに限る。）に固定されたタンクにおいて危険物を貯蔵し、又は取り扱う貯蔵所（以下「移動タンク貯蔵所」という。）（ち）

七　屋外の場所において第二類の危険物のうち硫黄、硫黄のみを含有するもの若しくは引火性固体（引火点が零度以上のものに限る。）又は第四類の危険物のうち第一石油類（引火点が零度以上のものに限る。）、アルコール類、第二石油類、第三石油類、第四石油類若しくは動植物油類を貯蔵し、又は取り扱う貯蔵所（以下「屋外貯蔵所」という。）（ほ）（ち）（た）（う）（し）

本条…一部改正〔昭和四〇年九月政令三〇八号（ほ）・四六年六月一六八号（ち）・五四年七月二一一号（た）・六三年一二月三五八号（う）・平成一四年一月一二号（し）〕

解説【貯蔵所の区分】すべての貯蔵所は本条に定めたもののいずれかに分類される。すなわちこれ以外の貯蔵所は存在しない。なお、本条の区分の異なるものに変更する場合の手続きは、前施設を廃止し、新たな施設の設置となる。

（取扱所の区分）

第三条　法第十条の取扱所は、次のとおり区分する。

一　専ら給油設備によつて自動車等の燃料タンクに直接給油するため危険物を取り扱う取扱所及び給油設備によつて自動車等の燃料タンクに直接給油するため危険物を取り扱うほか、次に掲げる作業を行う取扱所（以下これらの取扱所を「給油取扱所」という。）(ヨ)

イ　給油設備からガソリンを容器に詰め替え、又は軽油を車両に固定された容量四千リットル以下のタンク（容量二千リットルを超えるタンクにあつては、その内部を二千リットル以下ごとに仕切つたものに限る。ロにおいて同じ。）に注入する作業(ヨ)

ロ　固定した注油設備から灯油若しくは軽油を容器に詰め替え、又は車両に固定された容量四千リットル以下のタンクに注入する作業(ヨ)

二　店舗において容器入りのままで販売するため危険物を取り扱う取扱所で次に掲げるもの(ほ)(ち)

イ　指定数量の倍数（法第十一条の四第一項に規定する指定数量の倍数をいう。以下同じ。）が十五以下のもの（以下「第一種販売取扱所」という。）(ち)(う)

ロ　指定数量の倍数が十五を超え四十以下のもの（以下「第二種販売取扱所」という。）(ち)(う)

三　配管及びポンプ並びにこれらに附属する設備（危険物を運搬する船舶からの陸上への危険物の移送については、配管及びこれに附属する設備）によつて危険物の移送の取扱いを行う取扱所（当該危険物の移送が当該取扱所に係る施設（配管を除く。）の敷地及びこれとともに一団の土地を形成する事業所の用に供する土地内にとどまる構造を有するものを除く。以下「移送取扱所」という。）(ぬ)

四　前三号に掲げる取扱所以外の取扱所（以下「一般取扱所」という。）(ぬ)

本条…一部改正〔昭和四〇年九月政令三〇八号(ほ)・四六年六月一六八号(ち)・四八年一二月三七八号(ぬ)・六二年三月八六号(む)・六三年一二月三五八号(う)・平成二年四月一〇一号(の)・一〇年二月三一号(て)・一八年一月六号(こ)・令和五年一二月三四八号（ヨ）〕

解説【取扱所の区分】　貯蔵所の区分と異なり「一般取扱所」の区分があるため、あらゆる取扱形態に係る取扱所の設置が可能である。

第四条　削除(ほ)〔昭和四〇年九月政令三〇八号(ほ)〕

（タンクの容積の算定方法）

第五条　危険物を貯蔵し、又は取り扱うタンクの内容積及び空間容積は、総務省令で定める計算方法に従つて算出するものとする。(い)(ゆ)

2　前項のタンクの容量は、当該タンクの内容積から空間容積を差し引いた容積とする。

3　前項の規定にかかわらず、製造所又は一般取扱所の危険物を取り扱うタンクのうち、特殊の構造又は設備を用いることにより当該タンク内の危険物の量が当該タンクの内容積から空間容積を差し引いた容積を超えない一定量を超えることのないものの容量は、当該一定量とする。(て)

一項…一部改正〔昭和三五年六月政令一八五号(い)〕、三項…追加〔平成一〇年二月政令三一号(て)〕、一項…一部改正〔平成一二年六月政令三〇四号(ゆ)〕

解説【タンク】　固定的に設置された槽類等をいう。
【空間容積】　消火薬剤等の投入を考慮して定められている。

参照【内容積の計算方法】危則二【空間容積の計算方法】危則三

第二章　製造所等の許可等(る)

章名…改正〔昭和四九年六月政令一八八号(る)〕

（設置の許可の申請）

第六条 法第十一条第一項前段の規定により製造所、貯蔵所又は取扱所（以下「製造所等」という。）の設置の許可を受けようとする者は、次の事項を記載した申請書を、同項各号に掲げる区分に応じ当該各号に定める市町村長、都道府県知事又は総務大臣（以下「市町村長等」という。）に提出しなければならない。（る）（ゆ）

一 氏名又は名称及び住所並びに法人にあつては、その代表者の氏名及び住所

二 **製造所等の別及び貯蔵所又は取扱所にあつては、その区分**

三 製造所等の設置の場所（移動タンク貯蔵所にあつては、その常置する場所）

四 貯蔵し、又は取り扱う危険物の類、品名及び最大数量

五 指定数量の倍数（う）

六 製造所等の位置、構造及び設備（う）

七 危険物の**貯蔵又は取扱いの方法**（る）（う）

八 製造所等の着工及び完成の予定期日（う）

2 前項の申請書には、製造所等の位置、構造及び設備に関する図面その他総務省令で定める書類を添付しなければならない。（い）（ゆ）

二項…一部改正〔昭和三五年六月政令一八五号（い）〕、一項…一部改正〔昭和四九年六月政令一八八号（る）・六三年一二月三五八号（う）〕、一・二項…一部改正〔平成一二年六月政令三〇四号（ゆ）〕

解説 **【製造所等の別】** 製造所、貯蔵所、取扱所の別をいう。
【その区分】 危令第二条又は第三条に示す区分をいう。
【貯蔵又は取扱いの方法】 危険物の貯蔵又は取扱いが公共の安全の維持又は災害の発生の防止に支障を及ぼすおそれがないものかどうかを判断する。

参照 【設置許可申請書】危則四・別記様式二又は三【図面】危則四②【添付書類】危則四③

（変更の許可の申請）

第七条 法第十一条第一項後段の規定により製造所等の位置、構造又は設備の変更の許可を受けようとする者は、次の事項を記載した申請書を市町村長等に提出しなければならない。（る）

一 氏名又は名称及び住所並びに法人にあつては、その代表者の氏名及び住所

二 製造所等の別及び貯蔵所又は取扱所にあつては、その区分

三 製造所等の設置の場所（移動タンク貯蔵所にあつては、その常置する場所）

四 変更の内容

五 変更の理由

2 前項の申請書には、製造所等の位置、構造又は設備の変更の内容に関する図面その他総務省令で定める書類を添付しなければならない。（い）（ゆ）

二項…一部改正〔昭和三五年六月政令一八五号（い）〕、一項…一部改正〔昭和四九年六月政令一八八号（る）〕、二項…一部改正〔平成一二年六月政令三〇四号（ゆ）〕

参照 【変更許可申請書】危則五・別記様式五又は六【図面】危則五②【添付書類】危則五③

（危険物の移送の取扱いを行う取扱所の指定）

第七条の二 法第十一条第一項第一号の政令で定める取扱所は、第三条第三号に掲げる取扱所とする。（る）

本条…追加〔昭和四九年六月政令一八八号（る）〕

（許可等の通報を必要とする製造所等の指定）

第七条の三 法第十一条第七項（法第十一条の四第三項において準用する場合を含む。）の政令で定める製造所、貯蔵所又は取扱所は、次に掲げる製造所等とする。（る）（よ）（う）

一　指定数量の倍数が十以上の製造所(る)(う)
二　指定数量の倍数が百五十以上の屋内貯蔵所(る)(う)
三　指定数量の倍数が二百以上の屋外タンク貯蔵所(る)(う)
四　指定数量の倍数が百以上の屋外貯蔵所(る)(う)
五　移送取扱所(る)
六　指定数量の倍数が十以上の一般取扱所（第三十一条の二第六号ロに規定するものを除く。）(る)(う)

本条…追加〔昭和四九年六月政令一八八号(る)〕、一部改正〔昭和五二年二月政令一〇号(よ)・六三年一二月三五八号(う)〕

（市町村長等の都道府県公安委員会等への許可等の通報）

第七条の四　法第十一条第七項（法第十一条の四第三項において準用する場合を含む。）の規定により、市町村長等は、次の各号に掲げる許可又は届出の受理をしたときは、当該各号に定める者に通報しなければならない。(る)(よ)(う)

一　市町村長又は都道府県知事による法第十一条第一項の規定による許可又は法第十一条の四第一項の規定による届出の受理　当該市町村又は都道府県の区域を管轄する都道府県公安委員会（当該許可又は届出に係る製造所等が海域に係るものである場合には、都道府県公安委員会及び海上保安庁長官）(る)(よ)

二　総務大臣による前号に規定する許可又は届出の受理　国家公安委員会（当該許可又は届出に係る製造所等が海域に係るものである場合には、国家公安委員会及び海上保安庁長官）(る)(ゆ)

本条…追加〔昭和四九年六月政令一八八号(る)〕、一部改正〔昭和五二年二月政令一〇号(よ)・六三年一二月三五八号(う)・平成一二年六月三〇四号(ゆ)〕

解説　**【海域に係るもの】**　製造所等の一部又は全部が海上に設置されているもの

（完成検査の手続）

第八条　法第十一条第五項の規定による完成検査（以下「完成検査」という。）を受けようとする者は、その旨を市町村長等に申請しなければならない。(ち)(る)(よ)

2　市町村長等は、前項の規定による申請があつたときは、遅滞なく、当該製造所等の完成検査を行わなければならない。

3　市町村長等は、完成検査を行つた結果、製造所にあつては第九条及び第二十条から第二十二条まで、貯蔵所にあつては第十条から第十六条まで及び第二十条から第二十二条まで、取扱所にあつては第十七条から第十九条まで及び第二十条から第二十二条までにそれぞれ定める技術上の基準（法第十一条の二第一項の検査（以下「完成検査前検査」という。）に係るものを除く。）に適合していると認めたときは、当該完成検査の申請をした者に完成検査済証を交付するものとする。(よ)

4　前項の完成検査済証の交付を受けている者は、完成検査済証を亡失し、滅失し、汚損し、又は破損した場合は、これを交付した市町村長等にその再交付を申請することができる。(そ)

5　完成検査済証を汚損し、又は破損したことにより前項の申請をする場合は、申請書に当該完成検査済証を添えて提出しなければならない。(そ)

6　第三項の完成検査済証を亡失してその再交付を受けた者は、亡失した完成検査済証を発見した場合は、これを十日以内に完成検査済証の再交付をした市町村長等に提出しなければならない。(そ)

一項…一部改正〔昭和四六年六月政令一六八号(ち)・四九年六月一八八号(る)〕、一・三項…一部改正〔昭和五二年二月政令一〇号(よ)〕、四―六項…追加〔昭和五七年一月政令二号(そ)〕

参照　**【完成検査の申請書の様式】**危則六・別記様式八又は九　**【完成検査済証】**危則六②・別記様式一〇、一一　**【完成検査済証の再交付の申**

請】危則六③・別記様式一二

（完成検査前検査）

第八条の二　法第十一条の二第一項の政令で定める製造所、貯蔵所又は取扱所は、液体の危険物を貯蔵し、又は取り扱うタンク（以下「液体危険物タンク」という。）を有する製造所等（容量が指定数量以上の液体危険物タンクを有しない製造所及び一般取扱所を除く。）とする。（よ）（ふ）

２　法第十一条の二第一項の政令で定める工事は、液体危険物タンク（製造所又は一般取扱所に係る工事にあつては、容量が指定数量以上の液体危険物タンク）の設置又は変更の工事とする。（よ）（ふ）

３　法第十一条の二第一項の政令で定める工事の工程は、次の各号に掲げる工事の工程とし、同項の製造所、貯蔵所又は取扱所に係る構造及び設備に関する事項で政令で定めるものは、当該工事の工程ごとに、当該各号に定めるものとする。（よ）

一　屋外タンク貯蔵所の液体危険物タンク（岩盤内の空間を利用する液体危険物タンク（以下「岩盤タンク」という。）を除く。）で、その容量が千キロリットル以上のものの基礎及び地盤に関する工事（底部が地盤面下にあり、頂部が地盤面以上にある液体危険物タンクその他の特殊な構造を有するものとして総務省令で定める液体危険物タンク（以下この条、第八条の四及び第十一条において「特殊液体危険物タンク」という。）にあつては、基礎及び地盤に関する工事に相当するものとして総務省令で定める工事）の工程　当該液体危険物タンクの構造及び設備に関する事項のうち第十一条第一項第三号の二に定める基準（特殊液体危険物タンクにあつては、当該基準に相当するものとして総務省令で定める基準）に適合すべきこととされる事項（以下「液体危険物タンクの基礎及び地盤に関する事項」という。）（よ）（む）（ゆ）

二　前号の液体危険物タンクに配管その他の附属設備を取り付ける前の当該タンクのタンク本体に関する工事の工程　当該液体危険物タンクの構造及び設備に関する事項のうち第十一条第一項第四号に定める基準（水張試験（水以外の適当な液体を張つて行う試験を含む。以下同じ。）又は水圧試験に関する部分に限るものとし、特殊液体危険物タンクにあつては、当該基準に相当するものとして総務省令で定める基準とする。）に適合すべきこととされる事項（以下「液体危険物タンクの漏れ及び変形に関する事項」という。）並びに当該液体危険物タンクの構造及び設備に関する事項のうち同項第四号の二に定める基準（同号の試験のうち真空試験その他の総務省令で定める試験に関する部分を除くものとし、特殊液体危険物タンクにあつては、当該基準に相当するものとして総務省令で定める基準とする。）に適合すべきこととされる事項（以下「液体危険物タンクの溶接部に関する事項」という。）（よ）（む）（う）（ゆ）

三　屋外タンク貯蔵所の岩盤タンクのタンク本体に関する工事の工程　当該岩盤タンクの構造及び設備に関する事項のうちタンク本体の安定性に係る基準として総務省令で定める基準に適合すべきこととされる事項（以下「岩盤タンクのタンク構造に関する事項」という。）（ゆ）（む）

四　液体危険物タンク（第一号及び前号に掲げるものを除く。）に配管その他の附属設備を取り付ける前の当該タンクのタンク本体に関する工事の工程　当該液体危険物タンクの構造及び設備に関する事項のうち第九条第一項第二十号、第十一条第一項第四号、第十二条第一項第五号、第十三条第一項第六号、第十四条第六号、第十五条第一項第二号、第十七条第一項第八号若しくは第二項第二号又は第十九条第一項に定める基準（水張試験又は水圧試験に関する部分に限るものとし、アルキルアルミニウム、アルキルリチウムその他の総務省令で定める危険物（以下この条において「アルキルアルミニウム等」という。）を貯蔵し、又は取り扱う移動タンク貯蔵所の液体危険物タンクにあつては、第十五条第一項第二号に定める基準に相当するものとして総務省令で定める基準とする。）に適合すべきこととされる事項(よ)(む)(う)(ゆ)(ニ)

4　前項の規定にかかわらず、次の各号に掲げる液体危険物タンクの設置又は変更の工事については、当該各号に定める規定は適用しない。(ね)

一　液体危険物タンクの設置又は変更の工事で、当該液体危険物タンクについて高圧ガス保安法第五十六条の三第一項、第二項若しくは第三項の規定による特定設備検査に合格したもの、同法第五十六条の六の十四第二項（同法第五十六条の六の二十二第二項において準用する場合を含む。）の規定により特定設備基準適合証の交付を受けたもの、労働安全衛生法（昭和四十七年法律第五十七号）第三十八条第一項、第二項若しくは第三項の規定による検査に合格したもの又は同法第四十四条第一項若しくは第二項の規定による検定に合格したもの　前項第二号（液体危険物タンクの漏れ及び変形に関する事項に係る部分に限る。）又は同項第四号の規定(ね)(む)(う)(え)

二　液体危険物タンクの変更の工事のうち、タンクの底部に係る工事（タンクの側板に係る工事を含むものを除く。）で、当該変更の工事の際行われた法第十四条の三第一項又は第二項の規定による保安に関する検査により、当該液体危険物タンクの溶接部に関する事項が、第十一条第一項第四号の二に定める基準に適合していると認められたもの　前項第二号（液体危険物タンクの溶接部に関する事項に係る部分に限る。）の規定(ね)

三　液体危険物タンクの設置又は変更の工事で、当該液体危険物タンクについて国際海事機関が採択した危険物の運送に関する規程に定める基準（水圧試験に関する部分に限る。）に適合している旨の総務省令で定める表示がされているもの　前項第四号の規定(ふ)(ゆ)

5　液体危険物タンクの基礎及び地盤に関する事項についての完成検査前検査を**基礎・地盤検査**と、液体危険物タンクの漏れ及び変形に関する事項並びに第三項第四号に定める事項についての完成検査前検査のうち、第九条第一項第二十号、第十一条第一項第四号、第十二条第一項第五号、第十三条第一項第六号、第十四条第六号、第十五条第一項第二号、第十七条第一項第八号若しくは第二項第二号又は第十九条第一項の水張試験又は水圧試験（アルキルアルミニウム等を貯蔵し、又は取り扱う移動タンク貯蔵所の液体危険物タンクにあつては、第十五条第一項第二号の水圧試験に相当するものとして総務省令で定める試験）に係るものをそれぞれ**水張検査**又は**水圧検査**と、液体危険物タンクの溶接部に関する事項についての完成検査前検査を**溶接部検査**と、岩盤タンクのタンク構造に関する事項についての完成検査前検査を岩盤タンク検査という。(よ)(そ)(む)(う)(ゆ)(ニ)

6　完成検査前検査を受けようとする者は、総務省令で定めるところにより、市町村長等に申請しなければならない。この場合においては、前条第二項の規定を準用する。(よ)(そ)(ゆ)

7　市町村長等は、完成検査前検査を行つた結果、第三項各号に定める事項が、製造所にあつては第九条、貯蔵所にあつては第十一条から第十五条まで、取扱所にあつては第十七条及び第十九条にそれぞれ定める技術上の基準（完成検査前検査に係るものに限る。）に適合すると認めたときは、当該完成検査前検査の申請をした者に通知（水張検査又は水圧検査にあつては、タンク検査済証の交付）をするものとする。(よ)(そ)

本条…追加〔昭和五二年二月政令一〇号(よ)〕、四項…追加・旧四項…一部改正し五項に繰下・旧五・六項…六・七項に繰下〔昭和五七年一月政令二号(そ)〕、四項…一部改正〔昭和五八年七月政令一六七号(つ)〕、全部改正〔昭和五九年六月政令一八〇号(ね)〕、三―五項…一部改正〔昭和六二年三月政令八六号(む)・六三年一二月政令三五八号(う)〕、一・二・四項…一部改正〔平成七年二月政令一五号(ふ)〕、四項…一部改正〔平成九年二月政令二〇号(え)〕、三―六項…一部改正〔平成一二年六月政令三〇四号(ゆ)〕、三・五項…一部改正〔平成一八年一月政令六号(こ)〕

解説 **【基礎・地盤検査】** 危則第六条の三、第二〇条の三、第二二条の三の二・二二条の三の三。なお、昭和五二年二月一五日前に設置許可を受けるか又は設置許可の申請したものについては、平成六年七月一日政令第二一四号により、新基準に適合させる場合に課せられる。
【水張検査】 タンクに水又は水以外の適当な液体を満たし、もれ等の有無を確かめる検査
【水圧検査】 タンクに水を満たし一定の圧力を加えて、もれ等の有無を確かめる検査
【溶接部検査】 タンク本体の側板、底板及びアニュラ板の溶接部を、放射線透過試験、磁粉探傷試験、超音波探傷試験等により行う検査

参照 **【特殊液体危険物タンク】** 危則六の二 **【特殊液体危険物タンクの基礎・地盤検査に係る工事】** 危則六の二の二 **【基準等】** 危則六の二の三・六の二の四・六の二の六～六の二の八 **【表示】** 危則六の二の九 **【溶接部検査から除かれるもの】** 危則六の二の五・二〇の九 **【完成検査前検査の申請書等の様式】** 危則六の四、別記様式一三 **【タンク検査済証】** 危則六の四・別記様式一四 **【完成検査前検査の申請時期】** 危則六の五 **【手数料】** 手数料令二〇

第八条の二の二　水張検査又は水圧検査は、市町村長等以外の他の行政機関も行うことができる。この場合においては、前条第六項及び第七項の規定を準用する。(ち)(よ)(そ)

本条…追加〔昭和四六年六月政令一六八号(ち)〕、旧八条の二…一部改正し繰下〔昭和五二年二月政令一〇号(よ)〕、本条…一部改正〔昭和五七年一月政令二号(そ)〕

解説 **【市町村長等以外の他の行政機関】** 許可行政庁以外の行政機関

（危険物保安技術協会への委託）

第八条の二の三　法第十一条の三第一号の政令で定める屋外タンク貯蔵所は、屋外タンク貯蔵所で、その貯蔵し、又は取り扱う液体の危険物の最大数量が五百キロリットル以上のものとする。(よ)(あ)

2　法第十一条の三第一号の屋外タンク貯蔵所に係る構造及び設備に関する事項で政令で定めるものは、液体危険物タンクのタンク本体に関する事項並びに液体危険物タンクの基礎及び地盤に関する事項とする。(よ)

3　法第十一条の三第二号の政令で定める屋外タンク貯蔵所は、屋外タンク貯蔵所で、その貯蔵し、又は取り扱う液体の危険物の最大数量が千キロリットル以上のもの（以下「特定屋外タンク貯蔵所」という。）とする。(あ)

4　法第十一条の三第二号の屋外タンク貯蔵所に係る特定事項のうち政令で定めるものは、液体危険物タンクの基礎及び地盤に関する事項、液体危険物タンクの溶接部に関する事項並びに岩盤タンクのタンク構造に関する事項とする。(よ)(む)(あ)

本条…追加〔昭和五二年二月政令一〇号(よ)〕、三項…一部改正〔昭和六二年三月政令八六号(む)〕、一項…一部改正・三項…追加・旧三項…四項に繰下〔平成一一年一月政令三号(あ)〕

解説 **【タンク本体に関する事項】** タンク本体の他に本体に密接に関連する設備に関する事項も含まれる。

（市町村長との協議を要する移送取扱所の指定）

第八条の三　法第十二条の五の政令で定める移送取扱所は、危険物を移送するための配管の延長（当該配管の起点又は終点が二以上ある場合には、任意の起点から任意の終点までの当該配管の延長のうち

最大のもの。以下この条において同じ。）が十五キロメートルを超える移送取扱所及び危険物を移送するための配管に係る最大常用圧力が〇・九五メガパスカル以上であつて、かつ、危険物を移送するための配管の延長が七キロメートル以上十五キロメートル以下の移送取扱所とする。(る)(て)

本条…追加〔昭和四九年六月政令一八八号(る)〕、一部改正〔平成一〇年二月政令三一号(て)〕

（保安に関する検査）

第八条の四　法第十四条の三第一項の政令で定める屋外タンク貯蔵所又は移送取扱所は、特定屋外タンク貯蔵所で、その貯蔵し、若しくは取り扱う液体の危険物の最大数量が一万キロリットル以上のもの又は前条に規定する移送取扱所とする。(よ)

2　法第十四条の三第一項の政令で定める時期は、次の各号に掲げる特定屋外タンク貯蔵所又は移送取扱所の区分に応じ、当該各号に定める時期とする。ただし、災害その他の総務省令で定める事由により、当該時期に法第十四条の三第一項の保安に関する検査を行うことが適当でないと認められるときは、当該特定屋外タンク貯蔵所又は移送取扱所の所有者、管理者又は占有者の申請に基づき、市町村長等が別に定める時期とすることができる。(よ)(ゆ)

一　特定屋外タンク貯蔵所（次号及び第三号に掲げるものを除く。以下この号において同じ。）　完成検査（法第十一条第一項前段の規定による設置の許可に係るものに限る。以下この項において同じ。）を受けた日又は直近において行われた法第十四条の三第一項若しくは第二項の規定による保安に関する検査（以下この号において「前回の保安検査」という。）を受けた日の翌日から起算して八年（次のイ又はロに掲げる特定屋外タンク貯蔵所にあつてはそれぞれイ又はロに定める期間とし、次のイ及びロに掲げる特定屋外タンク貯蔵所のいずれにも該当する屋外タンク貯蔵所にあつては当該イ又はロに定める期間のうちいずれか長い期間とする。）を経過する日前一年目に当たる日から、当該経過する日の翌日から起算して一年を経過する日までの間(よ)(け)(ゆ)(ひ)(ト)

イ　総務省令で定める保安のための措置を講じている特定屋外タンク貯蔵所　当該措置に応じ総務省令で定めるところにより市町村長等が定める十年又は十三年のいずれかの期間(ト)

ロ　総務省令で定める特殊の方法を用いて総務省令で定めるところにより測定された前回の保安検査の直近において行われた完成検査又は法第十四条の三第一項若しくは第二項の規定による保安に関する検査から前回の保安検査までの間の液体危険物タンクの底部の板の厚さの一年当たりの腐食による減少量が総務省令で定める基準を満たす特定屋外タンク貯蔵所のうち、総務省令で定める保安のための措置を講じているもの　総務省令で定めるところにより当該測定された液体危険物タンクの底部の板の厚さの一年当たりの腐食による減少量及び前回の保安検査における液体危険物タンクの底部の板の厚さに基づき市町村長等が定める八年以上十五年以内の期間(ト)

二　岩盤タンクに係る特定屋外タンク貯蔵所　完成検査を受けた日又は直近において行われた法第十四条の三第一項若しくは第二項の規定による保安に関する検査を受けた日の翌日から起算して十年を経過する日前一年目に当たる日から、当該経過する日の翌日から起算して一年を経過する日までの間(け)(ゆ)(ひ)

三　特殊液体危険物タンクのうち総務省令で定めるものに係る特定屋外タンク貯蔵所　完成検査を受けた日又は直近において行われた法第十四条の三第一項若しくは第二項の規定による保安に関する検査を受けた日の翌日から起算して十三年を経過する日前一年目に当たる日から、当該経過する日の翌日から起算して一年を経

過する日までの間(ひ)

四　移送取扱所　完成検査を受けた日又は直近において行われた法第十四条の三第一項の規定による保安に関する検査を受けた日の翌日から起算して一年を経過する日前一月目に当たる日から、当該経過する日の翌日から起算して一月を経過する日までの間(よ)(け)(ひ)

3　法第十四条の三第一項の屋外タンク貯蔵所又は移送取扱所に係る構造及び設備に関する事項で政令で定めるものは、次の各号に掲げる特定屋外タンク貯蔵所又は移送取扱所の区分に応じ、当該各号に定める事項とする。(よ)

一　特定屋外タンク貯蔵所（次号に掲げるものを除く。）　液体危険物タンクの底部（特殊液体危険物タンクにあつては、総務省令で定める部分。以下この項、第六項及び第七項において同じ。）の板の厚さに関する事項及び液体危険物タンクの溶接部に関する事項（液体危険物タンクの底部に係るものに限る。第六項及び第七項において同じ。）(よ)(む)(の)(ゆ)

二　岩盤タンクに係る特定屋外タンク貯蔵所　岩盤タンクの構造及び設備に関する事項(む)

三　移送取扱所　移送取扱所の構造及び設備に関する事項(よ)(む)

4　法第十四条の三第二項の政令で定める屋外タンク貯蔵所は、特定屋外タンク貯蔵所とする。(よ)

5　法第十四条の三第二項の不等沈下その他の政令で定める事由は、液体危険物タンクの直径に対する当該液体危険物タンクの不等沈下の数値の割合が百分の一以上であることその他これに相当するものとして総務省令で定める事由とする。(よ)(ゆ)

6　法第十四条の三第二項の屋外タンク貯蔵所に係る構造及び設備に関する事項で政令で定めるものは、次の各号に掲げる特定屋外タンク貯蔵所の区分に応じ、当該各号に定める事項とする。(よ)(む)

一　特定屋外タンク貯蔵所（次号に掲げるものを除く。）　液体危険物タンクの底部の板の厚さに関する事項及び液体危険物タンクの溶接部に関する事項(む)

二　岩盤タンクに係る特定屋外タンク貯蔵所　岩盤タンクの構造及び設備に関する事項(む)

7　法第十四条の三第三項の屋外タンク貯蔵所に係る構造及び設備に関する事項で政令で定めるものは、液体危険物タンクの底部の板の厚さに関する事項、液体危険物タンクの溶接部に関する事項並びに岩盤タンクの構造及び設備に関する事項とする。(よ)(む)(の)

本条…追加〔昭和四九年六月政令一八八号(る)〕、全部改正〔昭和五二年二月政令一〇号(よ)〕、三・六・七項…一部改正〔昭和六二年三月政令八六号(む)〕、三・七項…一部改正〔平成二年四月政令一〇一号(の)〕、二項…一部改正〔平成六年七月政令二一四号(け)〕、二・三・五項…一部改正〔平成一二年六月政令三〇四号(ゆ)〕、二項…一部改正〔平成一五年一二月政令五一七号(ひ)・二三年二月一三号(ト)〕

参照　【災害その他の総務省令で定める事由】危則六二の二【保安のための措置】危則六二の二の二【保安のための措置を講じている場合の市町村長等が定める期間等】危則六二の二の三【特殊の方法】危則六二の二の四【液体危険物タンクの底部の板の厚さの一年当たりの腐食による減少量の算出方法等】危則六二の二の五【総務省令で定める基準】危則六二の二の六【特殊液体危険物タンク】危則六二の二の七【保安に関する検査を受けなければならない特殊液体危険物タンクの部分】危則六二の二の八【総務省令で定める事由】危則六二の二の九

（**定期に点検をしなければならない製造所等の指定**）

第八条の五　法第十四条の三の二の政令で定める製造所、貯蔵所又は取扱所は、第七条の三に規定する製造所等（第八条の三に規定する移送取扱所を除く。）及び次に掲げる製造所等のうち、総務省令で定めるもの以外のものとする。(か)(ゆ)

一　危険物を取り扱うタンクで地下にあるもの（以下この条において「地下タンク」という。）を有する製造所(か)

二　地下タンク貯蔵所(か)

三　移動タンク貯蔵所(か)

四　地下タンクを有する給油取扱所(か)

五　地下タンクを有する一般取扱所(か)

本条…追加〔昭和五一年六月政令一五三号(か)〕、一部改正〔平成一二年六月政令三〇四号(ゆ)〕

参照【総務省令】危則九の二

第三章　製造所等の位置、構造及び設備の基準

第一節　製造所の位置、構造及び設備の基準

（製造所の基準）

第九条　法第十条第四項の製造所の位置、構造及び設備（消火設備、警報設備及び避難設備を除く。以下この章の第一節から第三節までにおいて同じ。）の技術上の基準は、次のとおりとする。(う)

一　製造所の位置は、次に掲げる建築物等から当該製造所の外壁又はこれに相当する工作物の外側までの間に、それぞれ当該建築物等について定める距離を保つこと。ただし、イからハまでに掲げる建築物等について、不燃材料（建築基準法（昭和二十五年法律第二百一号）第二条第九号の不燃材料のうち、総務省令で定めるものをいう。以下同じ。）で造つた防火上有効な塀を設けること等により、市町村長等が安全であると認めた場合は、当該市町村長等が定めた距離を当該距離とすることができる。(い)(う)(ゆ)

イ　ロからニまでに掲げるもの以外の建築物その他の工作物で住居の用に供するもの（製造所の存する敷地と同一の敷地内に存するものを除く。）　十メートル以上

ロ　学校、病院、劇場その他多数の人を収容する施設で総務省令で定めるもの　三十メートル以上(い)(ゆ)

ハ　文化財保護法（昭和二十五年法律第二百十四号）の規定によつて重要文化財、重要有形民俗文化財、史跡若しくは重要な文化財として指定され、又は旧重要美術品等の保存に関する法律（昭和八年法律第四十三号）の規定によつて重要美術品として認定された建造物　五十メートル以上(わ)

ニ　高圧ガスその他災害を発生させるおそれのある物を貯蔵し、又は取り扱う施設で総務省令で定めるもの　総務省令で定める距離(い)(ゆ)

ホ　使用電圧が七千ボルトをこえ三万五千ボルト以下の特別高圧架空電線　水平距離三メートル以上

ヘ　使用電圧が三万五千ボルトをこえる特別高圧架空電線　水平距離五メートル以上

二　危険物を取り扱う建築物その他の工作物（危険物を移送するための配管その他これに準ずる工作物を除く。）の周囲に、次の表に掲げる区分に応じそれぞれ同表に定める幅の空地を保有すること。ただし、総務省令で定めるところにより、防火上有効な隔壁を設けたときは、この限りでない。(い)(う)(ゆ)

区分	空地の幅
指定数量の倍数が十以下の製造所	三メートル以上
指定数量の倍数が十を超える製造所	五メートル以上

三　製造所には、総務省令で定めるところにより、見やすい箇所に

製造所である旨を表示した標識及び防火に関し必要な事項を掲示した掲示板を設けること。(い)(ゆ)

四　危険物を取り扱う建築物は、地階（建築基準法施行令（昭和二十五年政令第三百三十八号）第一条第二号に規定する地階をいう。）を有しないものであること。

五　危険物を取り扱う建築物は、壁、柱、床、はり及び階段を不燃材料で造るとともに、延焼のおそれのある外壁を出入口以外の開口部を有しない耐火構造（建築基準法第二条第七号の耐火構造をいう。以下同じ。）の壁とすること。(ほ)(う)

六　危険物を取り扱う建築物は、屋根を不燃材料で造るとともに、金属板その他の軽量な不燃材料でふくこと。ただし、第二類の危険物（粉状のもの及び引火性固体を除く。）のみを取り扱う建築物にあつては、屋根を耐火構造とすることができる。(ほ)(う)

七　危険物を取り扱う建築物の窓及び出入口には、防火設備（建築基準法第二条第九号の二ロに規定する防火設備のうち、防火戸その他の総務省令で定めるものをいう。以下同じ。）を設けるとともに、延焼のおそれのある外壁に設ける出入口には、随時開けることができる自動閉鎖の特定防火設備（建築基準法施行令第百十二条第一項に規定する特定防火設備のうち、防火戸その他の総務省令で定めるものをいう。以下同じ。）を設けること。(う)(き)(ゆ)

八　危険物を取り扱う建築物の窓又は出入口にガラスを用いる場合は、網入ガラスとすること。(う)

九　液状の危険物を取り扱う建築物の床は、危険物が浸透しない構造とするとともに、適当な傾斜を付け、かつ、漏れた危険物を一時的に貯留する設備（以下「貯留設備」という。）を設けること。(ニ)

十　危険物を取り扱う建築物には、危険物を取り扱うために必要な採光、照明及び換気の設備を設けること。

十一　可燃性の蒸気又は可燃性の微粉が滞留するおそれのある建築物には、その蒸気又は微粉を屋外の高所に排出する設備を設けること。

十二　屋外に設けた液状の危険物を取り扱う設備には、その直下の地盤面の周囲に高さ〇・一五メートル以上の囲いを設け、又は危険物の流出防止にこれと同等以上の効果があると認められる総務省令で定める措置を講ずるとともに、当該地盤面は、コンクリートその他危険物が浸透しない材料で覆い、かつ、適当な傾斜及び貯留設備を設けること。この場合において、第四類の危険物（水に溶けないものに限る。）を取り扱う設備にあつては、当該危険物が直接排水溝に流入しないようにするため、貯留設備に油分離装置を設けなければならない。(ほ)(う)(ゆ)(ニ)

十三　危険物を取り扱う機械器具その他の設備は、危険物のもれ、あふれ又は飛散を防止することができる構造とすること。ただし、当該設備に危険物のもれ、あふれ又は飛散による災害を防止するための附帯設備を設けたときは、この限りでない。

十四　危険物を加熱し、若しくは冷却する設備又は危険物の取扱に伴つて温度の変化が起る設備には、温度測定装置を設けること。

十五　危険物を加熱し、又は乾燥する設備は、直火を用いない構造とすること。ただし、当該設備が防火上安全な場所に設けられているとき、又は当該設備に火災を防止するための附帯設備を設けたときは、この限りでない。

十六　危険物を加圧する設備又はその取り扱う危険物の圧力が上昇するおそれのある設備には、圧力計及び総務省令で定める安全装置を設けること。(い)(ゆ)

十七　電気設備は、電気工作物に係る法令の規定によること。(ほ)

十八　危険物を取り扱うにあたつて静電気が発生するおそれのある

設備には、当該設備に蓄積される静電気を有効に除去する装置を設けること。

十九　指定数量の倍数が十以上の製造所には、総務省令で定める避雷設備を設けること。ただし、周囲の状況によつて安全上支障がない場合においては、この限りでない。(ぬ)(う)(ゆ)

二十　**危険物を取り扱うタンク**（屋外にあるタンク又は屋内にあるタンクであつて、その容量が指定数量の五分の一未満のものを除く。）の位置、構造及び設備は、次によること。(て)

イ　屋外にあるタンクの構造及び設備は、第十一条第一項第四号（特定屋外貯蔵タンク及び準特定屋外貯蔵タンクに係る部分を除く。）、第五号から第十号まで及び第十一号から第十二号までに掲げる屋外タンク貯蔵所の危険物を貯蔵し、又は取り扱うタンクの構造及び設備の例（同条第六項の規定により総務省令で定める特例を含む。）によるほか、液体危険物タンクであるものの周囲には、総務省令で定めるところにより、危険物が漏れた場合にその流出を防止するための総務省令で定める防油堤を設けること。(ほ)(か)(よ)(ね)(う)(さ)(ゆ)(チ)

ロ　屋内にあるタンクの構造及び設備は、第十二条第一項第五号から第九号まで及び第十号から第十一号までに掲げる屋内タンク貯蔵所の危険物を貯蔵し、又は取り扱うタンクの構造及び設備の例によるものであること。(ほ)(ち)(う)

ハ　地下にあるタンクの位置、構造及び設備は、第十三条第一項（第五号、第九号の二及び第十二号を除く。）、同条第二項（同項においてその例によるものとされる同条第一項第五号、第九号の二及び第十二号を除く。）又は同条第三項（同項においてその例によるものとされる同条第一項第五号、第九号の二及び第十二号を除く。）に掲げる地下タンク貯蔵所の危険物を貯蔵し、又は取り扱うタンクの位置、構造及び設備の例によるものであること。(う)(や)

二十一　危険物を取り扱う配管の位置、構造及び設備は、次によること。(ぬ)

イ　配管は、その設置される条件及び使用される状況に照らして十分な強度を有するものとし、かつ、当該配管に係る最大常用圧力の一・五倍以上の圧力で水圧試験（水以外の不燃性の液体又は不燃性の気体を用いて行う試験を含む。）を行つたとき漏えいその他の異常がないものであること。(ぬ)(て)

ロ　配管は、取り扱う危険物により容易に劣化するおそれのないものであること。(て)

ハ　配管は、火災等による熱によつて容易に変形するおそれのないものであること。ただし、当該配管が地下その他の火災等による熱により悪影響を受けるおそれのない場所に設置される場合にあつては、この限りでない。(て)

ニ　配管には、総務省令で定めるところにより、外面の腐食を防止するための措置を講ずること。ただし、当該配管が設置される条件の下で腐食するおそれのないものである場合にあつては、この限りでない。(て)(ゆ)

ホ　配管を地下に設置する場合には、配管の接合部分（溶接その他危険物の漏えいのおそれがないと認められる方法により接合されたものを除く。）について当該接合部分からの危険物の漏えいを点検することができる措置を講ずること。(ぬ)(て)

ヘ　配管に加熱又は保温のための設備を設ける場合には、火災予防上安全な構造とすること。(ぬ)(て)

ト　イからヘまでに掲げるもののほか、総務省令で定める基準に適合するものとすること。(ぬ)(て)(ゆ)

二十二　電動機及び危険物を取り扱う設備のポンプ、弁、接手等は、火災の予防上支障のない位置に取り付けること。

2　引火点が百度以上の第四類の危険物（以下「高引火点危険物」という。）のみを総務省令で定めるところにより取り扱う製造所については、総務省令で、前項に掲げる基準の特例を定めることができる。(う)(ゆ)(み)

3　アルキルアルミニウム、アルキルリチウム、アセトアルデヒド、酸化プロピレンその他の総務省令で定める危険物を取り扱う製造所については、当該危険物の性質に応じ、総務省令で、第一項に掲げる基準を超える特例を定めることができる。(う)(ゆ)

本条…一部改正〔昭和三五年六月政令一八五号(い)・四〇年九月三〇八号(ほ)・四六年六月一六八号(ち)・四八年一二月三七八号(ぬ)・五〇年九月二九三号(わ)・五一年六月一五三号(か)・五二年二月一〇号(よ)・五九年六月一八〇号(ね)〕、一項…一部改正・二・三項…追加〔昭和六三年一二月政令三五八号(う)〕、一項…一部改正〔平成五年七月政令二六八号(や)・一〇年二月三一号(て)・一一年一〇月三二四号(さ)・一二年四月一一一号(き)〕、一―三項…一部改正〔平成一二年六月政令三〇四号(ゆ)〕、二項…一部改正〔平成一三年九月政令三〇〇号(み)〕、一項…一部改正〔平成一八年一月政令六号(ニ)・二三年一二月四〇五号(チ)〕

解説　【保有空地】　相互の延焼防止及び消防活動に使用するための空地である。なお、保有空地は製造所の一部に含まれる。

【地階】　床が地盤面下にある階で床面から地盤面までの高さがその階の天井の高さの三分の一以上のものをいう。

【延焼のおそれのある外壁】　隣接する建築物の用途、構造等により客観的に判断する。

【危険物が浸透しない構造】　コンクリート造程度の非浸透性

【換気の設備】　自然換気又は強制（動力）換気

【危険物を取り扱うタンク】　一般に「二十号タンク」と呼んでおり、混合タンク、静置タンク、計量タンク、サービスタンク等がこれに該当する。

参照　【不燃材料】危則一〇（コンクリート、れんが、鉄鋼、アルミニウム、モルタル、しっくい等）【学校、病院等で総務省令で定めるもの】危則一一【高圧ガスの施設に係る距離】危則一二【空地の幅に関する防火上有効な隔壁】危則一三【標識】危則一七【掲示板】危則一八【防火設備及び特定防火設備】危則一三の二【安全装置】危則一九【避雷設備】危則一三の二の二【二十号防油堤】危則一三の三【配管の防食措置】危則一三の四、危告示三～四【配管の基準】危則一三の五【製造所の特例を定めることができる危険物】危則一三の六・一三の七【基準の特例】危則一三の八～一三の一〇

第二節　貯蔵所の位置、構造及び設備の基準

（屋内貯蔵所の基準）

第一〇条　屋内貯蔵所（次項及び第三項に定めるものを除く。）の位置、構造及び設備の技術上の基準は、次のとおりとする。(う)

一　屋内貯蔵所の位置は、前条第一項第一号に掲げる製造所の位置の例によるものであること。(ち)(う)

二　危険物を貯蔵し、又は取り扱う建築物（以下この条において「貯蔵倉庫」という。）の周囲に、次の表に掲げる区分に応じそれぞれ同表に定める幅の空地を保有すること。ただし、二以上の屋内貯蔵所を隣接して設置するときは、総務省令で定めるところにより、その空地の幅を減ずることができる。(い)(ち)(う)(ゆ)

区分	空地の幅	
	当該建築物の壁、柱及び床が耐火構造である場合	上欄に掲げる場合以外の場合
指定数量の倍数が五以下の屋内貯蔵所		〇・五メートル以上
指定数量の倍数が五を超え十以下の屋内貯蔵所	一メートル以上	一・五メートル以上

指定数量の倍数が十を超え二十以下の屋内貯蔵所	二メートル以上	三メートル以上
指定数量の倍数が二十を超え五十以下の屋内貯蔵所	三メートル以上	五メートル以上
指定数量の倍数が五十を超え二百以下の屋内貯蔵所	五メートル以上	十メートル以上
指定数量の倍数が二百を超える屋内貯蔵所	十メートル以上	十五メートル以上

三　屋内貯蔵所には、総務省令で定めるところにより、見やすい箇所に屋内貯蔵所である旨を表示した標識及び防火に関し必要な事項を掲示した掲示板を設けること。(い)(ゆ)

三の二　貯蔵倉庫は、独立した専用の建築物とすること。(う)

四　貯蔵倉庫は、地盤面から軒までの高さ（以下「軒高」という。）が六メートル未満の平家建とし、かつ、その床を地盤面以上に設けること。ただし、第二類又は第四類の危険物のみの貯蔵倉庫で総務省令で定めるものにあつては、その軒高を二十メートル未満とすることができる。(ほ)(う)(ゆ)

五　一の貯蔵倉庫の床面積は、千平方メートルを超えないこと。(う)

六　貯蔵倉庫は、壁、柱及び床を耐火構造とし、かつ、はりを不燃材料で造るとともに、延焼のおそれのある外壁を出入口以外の開口部を有しない壁とすること。ただし、指定数量の十倍以下の危険物の貯蔵倉庫又は第二類若しくは第四類の危険物（引火性固体及び引火点が七十度未満の第四類の危険物を除く。）のみの貯蔵倉庫にあつては、延焼のおそれのない外壁、柱及び床を不燃材料で造ることができる。(う)

七　貯蔵倉庫は、屋根を不燃材料で造るとともに、金属板その他の軽量な不燃材料でふき、かつ、天井を設けないこと。ただし、第二類の危険物（粉状のもの及び引火性固体を除く。）のみの貯蔵倉庫にあつては屋根を耐火構造とすることができ、第五類の危険物のみの貯蔵倉庫にあつては当該貯蔵倉庫内の温度を適温に保つため、難燃性の材料又は不燃材料で造つた天井を設けることができる。(う)

八　貯蔵倉庫の窓及び出入口には、防火設備を設けるとともに、延焼のおそれのある外壁に設ける出入口には、随時開けることができる自動閉鎖の特定防火設備を設けること。(う)(き)

九　貯蔵倉庫の窓又は出入口にガラスを用いる場合は、網入ガラスとすること。(う)

十　第一類の危険物のうちアルカリ金属の過酸化物若しくはこれを含有するもの、第二類の危険物のうち鉄粉、金属粉若しくはマグネシウム若しくはこれらのいずれかを含有するもの、第三類の危険物のうち第一条の五第五項の水との反応性試験において同条第六項に定める性状を示すもの（カリウム、ナトリウム、アルキルアルミニウム及びアルキルリチウムを含む。以下「禁水性物品」という。）又は第四類の危険物の貯蔵倉庫の床は、床面に水が浸入し、又は浸透しない構造とすること。(ち)(う)

十一　液状の危険物の貯蔵倉庫の床は、危険物が浸透しない構造とするとともに、適当な傾斜を付け、かつ、貯留設備を設けること。(に)

十一の二　貯蔵倉庫に架台を設ける場合には、架台の構造及び設備は、総務省令で定めるところによるものであること。(う)(ゆ)

十二　貯蔵倉庫には、危険物を貯蔵し、又は取り扱うために必要な採光、照明及び換気の設備を設けるとともに、引火点が七十度未満の危険物の貯蔵倉庫にあつては、内部に滞留した可燃性の蒸気を屋根上に排出する設備を設けること。(う)

十三　電気設備は、前条第一項第十七号に掲げる製造所の電気設備

の例によるものであること。(う)
十四　指定数量の十倍以上の危険物の貯蔵倉庫には、総務省令で定める避雷設備を設けること。ただし、周囲の状況によつて安全上支障がない場合においては、この限りでない。(ぬ)(う)(ゆ)
十五　第五類の危険物のうちセルロイドその他温度の上昇により分解し、発火するおそれのあるもので総務省令で定めるものの貯蔵倉庫は、当該貯蔵倉庫内の温度を当該危険物の発火する温度に達しない温度に保つ構造とし、又は通風装置、冷房装置等の設備を設けること。(う)(ゆ)

2　屋内貯蔵所のうち第二類又は第四類の危険物（引火性固体及び引火点が七十度未満の第四類の危険物を除く。）のみを貯蔵し、又は取り扱うもの（貯蔵倉庫が平家建以外の建築物であるものに限る。）の位置、構造及び設備の技術上の基準は、前項第一号から第三号の二まで及び第七号から第十四号までの規定の例によるほか、次のとおりとする。(う)
一　貯蔵倉庫は、各階の床を地盤面以上に設けるとともに、床面から上階の床の下面（上階のない場合には、軒）までの高さ（以下「階高」という。）を六メートル未満とすること。(う)
二　一の貯蔵倉庫の床面積の合計は、千平方メートルを超えないこと。(う)
三　貯蔵倉庫は、壁、柱、床及びはりを耐火構造とし、かつ、階段を不燃材料で造るとともに、延焼のおそれのある外壁を出入口以外の開口部を有しない壁とすること。(う)
四　貯蔵倉庫の二階以上の階の床には、開口部を設けないこと。ただし、耐火構造の壁又は防火設備で区画された階段室については、この限りでない。(う)(き)

3　屋内貯蔵所のうち指定数量の倍数が二十以下のもの（屋内貯蔵所の用に供する部分以外の部分を有する建築物に設けるものに限る。）の位置、構造及び設備の技術上の基準は、第一項第三号及び第十号から第十五号までの規定の例によるほか、次のとおりとする。(う)
一　屋内貯蔵所は、壁、柱、床及びはりが耐火構造である建築物の一階又は二階のいずれか一の階に設置すること。(う)
二　建築物の屋内貯蔵所の用に供する部分は、床を地盤面以上に設けるとともに、その階高を六メートル未満とすること。(う)
三　建築物の屋内貯蔵所の用に供する部分の床面積は、七十五平方メートルを超えないこと。(う)
四　建築物の屋内貯蔵所の用に供する部分は、壁、柱、床、はり及び屋根（上階がある場合には、上階の床）を耐火構造とするとともに、出入口以外の開口部を有しない厚さ七十ミリメートル以上の鉄筋コンクリート造又はこれと同等以上の強度を有する構造の床又は壁で当該建築物の他の部分と区画されたものであること。(う)
五　建築物の屋内貯蔵所の用に供する部分の出入口には、随時開けることができる自動閉鎖の特定防火設備を設けること。(う)(き)
六　建築物の屋内貯蔵所の用に供する部分には、窓を設けないこと。(う)
七　建築物の屋内貯蔵所の用に供する部分の換気及び排出の設備には、防火上有効にダンパー等を設けること。(う)

4　指定数量の倍数が五十以下の屋内貯蔵所については、総務省令で、第一項に掲げる基準の特例を定めることができる。(ほ)(ち)(ぬ)(う)(ゆ)

5　高引火点危険物のみを貯蔵し、又は取り扱う屋内貯蔵所については、総務省令で、第一項、第二項及び前項に掲げる基準の特例を定めることができる。(う)(ゆ)

6　蓄電池により貯蔵される総務省令で定める危険物のみを貯蔵し、又は取り扱う屋内貯蔵所については、総務省令で、前各項に掲げる基準の特例を定めることができる。(ヨ)

7　有機過酸化物及びこれを含有するもののうち総務省令で定める危

険物又はアルキルアルミニウム、アルキルリチウムその他の総務省令で定める危険物を貯蔵し、又は取り扱う屋内貯蔵所については、当該危険物の性質に応じ、総務省令で、第一項から第四項まで及び前項に掲げる基準を超える特例を定めることができる。(う)(ゆ)(ヨ)

本条…一部改正〔昭和三五年六月政令一八五号(い)〕、一項…一部改正・二項…追加〔昭和四〇年九月政令三〇八号(ほ)〕、一・二項…一部改正〔昭和四六年六月政令一六八号(ち)・四八年一二月三七八号(ぬ)〕、一項…一部改正・二・三・五・六項…追加・旧二項…一部改正し四項に繰下〔昭和六三年一二月政令三五八号(う)〕、一―三項…一部改正〔平成一二年四月政令二一一号(き)〕、一・四―六項…一部改正〔平成一二年六月政令三〇四号(ゆ)〕、一項…一部改正〔平成一八年一月政令六号(ニ)〕、六項…追加・旧六項…一部改正し七項に繰下〔令和五年一二月政令三四八号(ヨ)〕

解説　**【換気の設備】**　自然換気又は強制（動力）換気
【排出する設備】　強制（動力）換気

参照　【空地の特例】危則一四【標識】危則一七【掲示板】危則一八【避雷設備】危則一三の二の二【高層倉庫の基準】危則一六の二【屋内貯蔵所の架台の基準】危則一六の二の二【特定屋内貯蔵所の特例】危則一六の二の三【高引火点危険物の平家建の屋内貯蔵所の特例】危則一六の二の四【高引火点危険物の平家建以外の屋内貯蔵所の特例】危則一六の二の五【高引火点危険物の特定屋内貯蔵所の特例】危則一六の二の六【屋内貯蔵所の特例を定めることができる危険物】危則一六の二の七【蓄電池により貯蔵される危険物の屋内貯蔵所の特例】危則一六の二の八【蓄電池により貯蔵される危険物の指定数量の倍数が二十以下の屋内貯蔵所の特例】危則一六の二の九【蓄電池により貯蔵される危険物の特定屋内貯蔵所の特例】危則一六の二の一〇【蓄電池により貯蔵される高引火点危険物の屋内貯蔵所の特例】危則一六の二の一一【指定過酸化物】危則一六の三【指定過酸化物の屋内貯蔵所の特例】危則一六の四【特例を定めることができる危険物】危則一六の五【基準の特例】危則一六の六・一六の七

（屋外タンク貯蔵所の基準）

第一一条　屋外タンク貯蔵所（次項に定めるものを除く。）の位置、構造及び設備の技術上の基準は、次のとおりとする。(う)(チ)

一　屋外タンク貯蔵所の位置は、第九条第一項第一号に掲げる製造所の位置の例によるものであること。(う)

一の二　引火点を有する液体の危険物を貯蔵し、又は取り扱う屋外タンク貯蔵所の位置は、前号によるほか、当該屋外タンク貯蔵所の存する敷地の境界線から危険物を貯蔵し、又は取り扱う屋外タンク（以下この条、第二十六条及び第四十条において「屋外貯蔵タンク」という。）の側板までの間に、次の表の上欄に掲げる屋外貯蔵タンクの区分ごとに、同表の中欄に掲げる当該屋外貯蔵タンクにおいて貯蔵し、又は取り扱う危険物の引火点の区分に応じ、同表の下欄に掲げる距離を保つこと。ただし、不燃材料で造つた防火上有効な塀を設けること、地形上火災が生じた場合においても延焼のおそれが少ないことその他の総務省令で定める事情があることにより、市町村長等が安全であると認めたときは、当該市町村長等が定めた距離を当該距離とすることができる。(か)(よ)(む)(う)(ゆ)(チ)

屋外貯蔵タンクの区分	危険物の引火点	距離
一　石油コンビナート等災害防止法（昭和五十年法律第八十四号）第二条第四号に規定する第一種事業所（第七項において「第一種事業所」という。）又は同条第五号に規定する第二種事業所（第七項において「第二種事業所」という。）に存す	二十一度未満	当該タンクの水平断面の最大直径（横型のものにあつては、横の長さ）の数値（以下「直径等の数値」という。）に一・八を乗じて得た数値（当該数値がタンクの高さの数値より小さい場合には、当該高さの数値）又は五十メートルのうち大きいものに等しい距離以上
	二十一度以上七十度未満	当該タンクの直径等の数値に一・六を乗じて得た

る屋外タンク貯蔵所の屋外貯蔵タンクで、その容量が千キロリットル以上のもの		数値（当該数値がタンクの高さの数値より小さい場合には、当該高さの数値）又は四十メートルのうち大きいものに等しい距離以上
	七十度以上	当該タンクの直径等の数値（当該数値がタンクの高さの数値より小さい場合には、当該高さの数値）又は三十メートルのうち大きいものに等しい距離以上
二　前号に掲げる屋外貯蔵タンク以外の屋外貯蔵タンク	二十一度未満	当該タンクの直径等の数値に一・八を乗じて得た数値（当該数値がタンクの高さの数値より小さい場合には、当該高さの数値）に等しい距離以上
	二十一度以上七十度未満	当該タンクの直径等の数値に一・六を乗じて得た数値（当該数値がタンクの高さの数値より小さい場合には、当該高さの数値）に等しい距離以上
	七十度以上	当該タンクの直径等の数値（当該数値がタンクの高さの数値より小さい場合には、当該高さの数値）に等しい距離以上

二　屋外貯蔵タンク（危険物を移送するための配管その他これに準ずる工作物を除く。）の周囲に、次の表に掲げる区分に応じそれぞれ同表に定める幅の空地を保有すること。ただし、二以上の屋外タンク貯蔵所を隣接して設置するときは、総務省令で定めるところにより、その空地の幅を減ずることができる。（い）（か）（よ）（う）（ゆ）

区　分	空　地　の　幅
指定数量の倍数が五百以下の屋外タンク貯蔵所	三メートル以上
指定数量の倍数が五百を超え千以下の屋外タンク貯蔵所	五メートル以上
指定数量の倍数が千を超え二千以下の屋外タンク貯蔵所	九メートル以上
指定数量の倍数が二千を超え三千以下の屋外タンク貯蔵所	十二メートル以上
指定数量の倍数が三千を超え四千以下の屋外タンク貯蔵所	十五メートル以上
指定数量の倍数が四千を超える屋外タンク貯蔵所	当該タンクの水平断面の最大直径（横型のものは横の長さ）又は高さの数値のうち大きいものに等しい距離以上。ただし、十五メートル未満であつてはならない。

三　屋外タンク貯蔵所には、総務省令で定めるところにより、見やすい箇所に屋外タンク貯蔵所である旨を表示した標識及び防火に関し必要な事項を掲示した掲示板を設けること。（い）（ゆ）

三の二　特定屋外タンク貯蔵所の屋外貯蔵タンク（以下この条において「特定屋外貯蔵タンク」という。）の基礎及び地盤は、総務省令で定める堅固なものとし、総務省令で定めるところにより行う平板載荷試験、圧密度試験等の試験において、総務省令で定める基準に適合するものであること。（よ）（あ）（ゆ）（チ）

三の三　屋外タンク貯蔵所で、その貯蔵し、又は取り扱う液体の危険物の最大数量が五百キロリットル以上千キロリットル未満のもの（以下「準特定屋外タンク貯蔵所」という。）の屋外貯蔵タンク（次号において「準特定屋外貯蔵タンク」という。）の基礎及び地盤は、総務省令で定める堅固なものとすること。（あ）（ゆ）

四　屋外貯蔵タンクは、特定屋外貯蔵タンク及び準特定屋外貯蔵タンク以外の屋外貯蔵タンクにあつては、厚さ三・二ミリメートル以上の鋼板で、特定屋外貯蔵タンク及び準特定屋外貯蔵タンクにあつては、総務省令で定めるところにより、総務省令で定める規格に適合する鋼板その他の材料又はこれらと同等以上の機械的性質及び溶接性を有する鋼板その他の材料で気密に造るとともに、圧力タンクを除くタンクにあつては水張試験において、圧力タンクにあつては最大常用圧力の一・五倍の圧力で十分間行う水圧試験（高圧ガス保安法第二十条第一項若しくは第三項若しくは第三十九条の二十二第一項の規定の適用を受ける高圧ガスの製造のための施設、労働安全衛生法（昭和四十七年法律第五十七号）別表第二第二号若しくは第四号に掲げる機械等又は労働安全衛生法施行令（昭和四十七年政令第三百十八号）第十二条第一項第二号に掲げる機械等である圧力タンクにあつては、総務省令で定めるところにより行う水圧試験）において、それぞれ漏れ、又は変形しないものであること。ただし、固体の危険物の屋外貯蔵タンクにあつては、この限りでない。（か）（よ）（そ）（え）（あ）（ゆ）（も）（カ）

四の二　特定屋外貯蔵タンクの溶接部は、総務省令で定めるところにより行う放射線透過試験、真空試験等の試験において、総務省令で定める基準に適合するものであること。（よ）（ね）（え）（ゆ）

五　屋外貯蔵タンクは、総務省令で定めるところにより、地震及び風圧に耐えることができる構造とするとともに、その支柱は、鉄筋コンクリート造、鉄骨コンクリート造その他これらと同等以上の耐火性能を有するものであること。（い）（ほ）（う）（ゆ）

六　屋外貯蔵タンクは、危険物の爆発等によりタンク内の圧力が異常に上昇した場合に内部のガス又は蒸気を上部に放出することができる構造とすること。

七　屋外貯蔵タンクの外面には、さびどめのための塗装をすること。

七の二　屋外貯蔵タンクのうち、底板を地盤面に接して設けるものにあつては、総務省令で定めるところにより、底板の外面の腐食を防止するための措置を講ずること。（ぬ）（ゆ）

八　屋外貯蔵タンクのうち、圧力タンク以外のタンクにあつては総務省令で定めるところにより通気管を、圧力タンクにあつては総務省令で定める安全装置をそれぞれ設けること。（い）（う）（ゆ）

九　液体の危険物の屋外貯蔵タンクには、危険物の量を自動的に表示する装置を設けること。（う）

十　液体の危険物の屋外貯蔵タンクの注入口は、次によること。（ほ）

イ　火災の予防上支障のない場所に設けること。（ほ）

ロ　注入ホース又は注入管と結合することができ、かつ、危険物が漏れないものであること。（ほ）（う）

ハ　注入口には、弁又はふたを設けること。（ぬ）

ニ　ガソリン、ベンゼンその他静電気による災害が発生するおそれのある液体の危険物の屋外貯蔵タンクの注入口付近には、静電気を有効に除去するための接地電極を設けること。（う）

ホ　引火点が二十一度未満の危険物の屋外貯蔵タンクの注入口には、総務省令で定めるところにより、見やすい箇所に屋外貯蔵タンクの注入口である旨及び防火に関し必要な事項を掲示した掲示板を設けること。ただし、市町村長等が火災の予防上当該掲示板を設ける必要がないと認める場合は、この限りでない。（ほ）（ぬ）（た）（う）（ゆ）

十の二　屋外貯蔵タンクのポンプ設備（ポンプ及びこれに附属する電動機をいい、当該ポンプ及び電動機のための建築物その他の工作物を設ける場合には、当該工作物を含む。以下同じ。）は、次によること。（ほ）

イ　ポンプ設備の周囲に三メートル以上の幅の空地を保有すること。ただし、防火上有効な隔壁を設ける場合その他総務省令で

定める場合は、この限りでない。(ほ)(ゆ)

ロ　ポンプ設備から屋外貯蔵タンクまでの間に、当該屋外貯蔵タンクの空地の幅の三分の一以上の距離を保つこと。(ほ)

ハ　ポンプ設備は、堅固な基礎の上に固定すること。(ぬ)

ニ　ポンプ及びこれに附属する電動機のための建築物その他の工作物（以下「ポンプ室」という。）の壁、柱、床及びはりは、不燃材料で造ること。(ほ)(ぬ)(う)

ホ　ポンプ室は、屋根を不燃材料で造るとともに、金属板その他の軽量な不燃材料でふくこと。(ほ)(ぬ)(う)

へ　ポンプ室の窓及び出入口には、防火設備を設けること。(ほ)(ぬ)(き)

ト　ポンプ室の窓又は出入口にガラスを用いる場合には、網入りガラスとすること。(ぬ)(き)

チ　ポンプ室の床には、その周囲に高さ〇・二メートル以上の囲いを設けるとともに、当該床は、危険物が浸透しない構造とし、かつ、適当な傾斜及び貯留設備を設けること。(ぬ)(ニ)

リ　ポンプ室には、危険物を取り扱うために必要な採光、照明及び換気の設備を設けること。(ぬ)

ヌ　可燃性の蒸気が滞留するおそれのあるポンプ室には、その蒸気を屋外の高所に排出する設備を設けること。(ぬ)

ル　ポンプ室以外の場所に設けるポンプ設備には、その直下の地盤面の周囲に高さ〇・一五メートル以上の囲いを設け、又は危険物の流出防止にこれと同等以上の効果があると認められる総務省令で定める措置を講ずるとともに、当該地盤面は、コンクリートその他危険物が浸透しない材料で覆い、かつ、適当な傾斜及び貯留設備を設けること。この場合において、第四類の危険物（水に溶けないものに限る。）を取り扱うポンプ設備にあつては、当該危険物が直接排水溝に流入しないようにするため、貯留設備に油分離装置を設けなければならない。(ぬ)(う)(ゆ)(ニ)

ヲ　引火点が二十一度未満の危険物を取り扱うポンプ設備には、総務省令で定めるところにより、見やすい箇所に屋外貯蔵タンクのポンプ設備である旨及び防火に関し必要な事項を掲示した掲示板を設けること。ただし、市町村長等が火災の予防上当該掲示板を設ける必要がないと認める場合は、この限りでない。(ほ)(ぬ)(た)(う)(ゆ)

十一　屋外貯蔵タンクの弁は、鋳鋼又はこれと同等以上の機械的性質を有する材料で造り、かつ、危険物が漏れないものであること。(う)

十一の二　屋外貯蔵タンクの水抜管は、タンクの側板に設けること。ただし、総務省令で定めるところによる場合は、タンクの底板に設けることができる。(ほ)(ゆ)

十一の三　浮き屋根を有する屋外貯蔵タンクの側板又は浮き屋根に設ける設備は、地震等によりそれぞれ浮き屋根又は側板に損傷を与えないように設置すること。ただし、当該屋外貯蔵タンクに貯蔵する危険物の保安管理上必要な設備で総務省令で定めるものにあつては、この限りでない。(ね)(ゆ)

十二　屋外貯蔵タンクの配管の位置、構造及び設備は、次号及び第十二号の三に定めるもののほか、第九条第一項第二十一号に掲げる製造所の危険物を取り扱う配管の例によるものであること。(ぬ)(う)(て)

十二の二　液体の危険物を移送するための屋外貯蔵タンクの配管は、地震等により当該配管とタンクとの結合部分に損傷を与えないように設置すること。(ほ)

十二の三　液体の危険物を移送するための屋外貯蔵タンク（容量が一万キロリットル以上のものに限る。）の配管には、当該配管とタンクとの結合部分の直近に、非常の場合に直ちに閉鎖することができる弁であつて総務省令で定めるものを設けること。(て)(ゆ)

十三　電気設備は、第九条第一項第十七号に掲げる製造所の電気設備の例によるものであること。(う)

十四　指定数量の倍数が十以上の屋外タンク貯蔵所には、総務省令で定める避雷設備を設けること。ただし、周囲の状況によつて安全上支障がない場合においては、この限りでない。(ぬ)(う)(ゆ)

十五　液体の危険物の屋外貯蔵タンクの周囲には、総務省令で定めるところにより、危険物が漏れた場合にその流出を防止するための総務省令で定める防油堤を設けること。(い)(か)(ゆ)

十六　固体の禁水性物品の屋外貯蔵タンクには、防水性の不燃材料で造つた被覆設備を設けること。(う)

十七　二硫化炭素の屋外貯蔵タンクは、厚さ〇・二メートル以上の壁及び底を有する水漏れのない鉄筋コンクリートの水槽に入れて水没したものであること。

2　屋外タンク貯蔵所（浮き蓋付きの特定屋外貯蔵タンクに係る特定屋外タンク貯蔵所に限る。）の位置、構造及び設備の技術上の基準は、前項第一号から第三号の二まで、第四号、第四号の二、第六号から第七号の二まで、第九号から第十一号の二まで、第十二号から第十五号まで及び第十七号の規定の例によるほか、次のとおりとする。(チ)

一　浮き蓋は、地震等による振動及び衝撃に耐えることができる総務省令で定める構造とすること。(チ)

二　浮き蓋付きの特定屋外貯蔵タンク（不活性ガスを充塡して危険物を貯蔵し、又は取り扱うものを除く。次号において同じ。）には、可燃性の蒸気を屋外に有効に排出するための設備を設けること。(チ)

三　浮き蓋付きの特定屋外貯蔵タンクには、浮き蓋の状態を点検するための設備を設けること。(チ)

四　浮き蓋付きの特定屋外貯蔵タンクのうち、その配管内に気体が滞留するおそれがあり、かつ、当該気体がタンク内に流入することにより損傷を受けるおそれがある浮き蓋として総務省令で定めるものを備えたものの配管には、当該気体がタンク内に流入することにより浮き蓋に損傷を与えることを防止するための総務省令で定める設備を設けること。(チ)

3　高引火点危険物のみを総務省令で定めるところにより貯蔵し、又は取り扱う屋外タンク貯蔵所については、総務省令で、前二項に掲げる基準の特例を定めることができる。(う)(ゆ)(チ)

4　アルキルアルミニウム、アルキルリチウム、アセトアルデヒド、酸化プロピレンその他の総務省令で定める危険物を貯蔵し、又は取り扱う屋外タンク貯蔵所については、当該危険物の性質に応じ、総務省令で、第一項に掲げる基準を超える特例を定めることができる。(う)(ゆ)(チ)

5　岩盤タンク又は特殊液体危険物タンクに係る屋外タンク貯蔵所で総務省令で定めるものについては、総務省令で、第一項に掲げる基準の特例を定めることができる。(む)(う)(ゆ)(チ)

6　屋外タンク貯蔵所につき、構造又は設備の変更の工事（タンクの側板又は底板の取替え工事以外の工事で総務省令で定めるものに限る。）が行われた場合には、当該変更の工事に係る屋外タンク貯蔵所については、総務省令で、第一項第四号（第二項においてその例による場合を含む。）に掲げる基準（水張試験又は水圧試験に関する部分に限る。）の特例を定めることができる。(ね)(む)(う)(ゆ)(チ)

7　第一種事業所でその所在する地域が石油コンビナート等災害防止法第二条第二号に規定する石油コンビナート等特別防災区域（以下「特別防災区域」という。）となつた際現に第一種事業所であつたも若しくは第一種事業所の新設（同法第五条第一項に規定する新設をいう。）の工事がされていたものに存する屋外タンク貯蔵所（その屋外貯蔵タンクの容量が千キロリットル以上のものに限る。）で、当該地域が特別防災区域となつた際現に法第十一条第一項の規定による許可を受けていたもの又は第二種事業所に存する屋外タンク貯蔵所（その屋外貯蔵タンクの容量が千キロリットル以上のものに限る。）で、当該事業所が第二種事業所として指定された際現に同項の規定による許可を受けていたものに係る第一項第一号の二（第二項においてその例による場合を含む。）の規定の適用については、これらの屋外タンク貯蔵所は、それぞれ当該地域が特別防災区域となつた日又は当該事業所が第二種事業所として指定された日から起算して一年六月を経過する日までの間は、同号の表の第二号に掲げる屋外貯蔵タンクに係る屋外タンク貯蔵所であるものとみなす。（か）（ね）（む）（う）（チ）

本条…一部改正〔昭和三五年六月政令一八五号(い)・四〇年九月三〇八号(ほ)・四六年六月一六八号(ち)・四八年一二月三七八号(ぬ)〕、一項…一部改正・二項…追加〔昭和五一年六月政令一五三号(か)〕、一項…一部改正〔昭和五二年二月政令一〇号(よ)・五四年七月二一一号(た)・五七年一月二号(そ)〕、一項…一部改正・二項…追加・旧二項…三項に繰下〔昭和五九年六月政令一八〇号(ね)〕、一項…一部改正・二項…追加・旧二・三項…一部改正し三・四項に繰下〔昭和六二年三月政令八六号(む)〕、一項…一部改正・二・三項…追加・旧二項…一部改正し四項に繰下・旧三・四項…五・六項に繰下〔昭和六三年一二月政令三五八号(う)〕、一項…一部改正〔平成九年二月政令二〇号(え)・一〇年二月三一号(て)・一一年一月三号(あ)・一二年四月二一一号(き)〕、一—五項…一部改正〔平成一二年六月政令三〇四号(ゆ)〕、一項…一部改正〔平成一五年一二月政令五三三号(も)・一八年一月六号(ニ)〕、一項…一部改正・二項…追加・旧二・五・六項…一部改正し三・六・七項に繰下・旧三・四項…四・五項に繰下〔平成二三年一二月政令四〇五号(チ)〕、一項…一部改正〔令和五年九月政令二七六号(カ)〕

解説【地盤】〃地表面下におけるタンクの支持部分
【基礎】地盤の上に構築されるタンクの支持構造体

参照【保安距離の特例】危則一九の二【空地の特例】危則一五【標識】危則一七【掲示板】危則一八【基礎及び地盤】危則二〇の二〜二〇の三の二【特定・準特定屋外貯蔵タンクの構造】危則二〇の四・二〇の四の二【タンク材料の規格】危則二〇の五【水圧試験の基準】危則二〇の五の二【溶接部の試験等】危則二〇の六【放射線透過試験】危則二〇の七【磁粉探傷試験及び浸透探傷試験】危則二〇の八【漏れ試験】危則二〇の九【水張試験等における測定】危則二〇の一〇【耐震、耐風圧構造】危則二一【底部の外面防食】危則二一の二【通気管】危則二〇【安全装置】危則一九【ポンプ設備の空地の特例】危則二一の三【水抜管】危則二一の四【浮き屋根を有する屋外貯蔵タンクに設ける設備の特例】危則二一の五【容量一万キロリットル以上の屋外貯蔵タンクの配管に設ける弁】危則二一の六【避雷設備】危則一三の二の二【防油堤】危則二二【浮き蓋の構造】危則二二の二【噴き上げ防止措置】危則二二の二の二【基準の特例】危則二二の二の三・二二の二の五〜二二の二の七【特例を定めることができる危険物】危則二二の二の四【特例を定めることができる屋外タンク貯蔵所】危則二二の二の八【タンクに係る特例】危則二二の三〜二二の四

（屋内タンク貯蔵所の基準）

第一二条　屋内タンク貯蔵所（次項に定めるものを除く。）の位置、構造及び設備の技術上の基準は、次のとおりとする。（ち）（う）

一　危険物を貯蔵し、又は取り扱う屋内タンク（以下この条及び第二十六条において「屋内貯蔵タンク」という。）は、平家建の建築物に設けられたタンク専用室に設置すること。（ち）

二　屋内貯蔵タンクとタンク専用室の壁との間及び同一のタンク専用室内に屋内貯蔵タンクを二以上設置する場合におけるそれらのタンクの相互間に、〇・五メートル以上の間隔を保つこと。

三　屋内タンク貯蔵所には、総務省令で定めるところにより、見やすい箇所に屋内タンク貯蔵所である旨を表示した標識及び防火に関し必要な事項を掲示した掲示板を設けること。（い）（ゆ）

四　屋内貯蔵タンクの容量は、指定数量の四十倍（第四石油類及び動植物油類以外の第四類の危険物にあつては、当該数量が二万リットルを超えるときは、二万リットル）以下であること。同一のタンク専用室に屋内貯蔵タンクを二以上設置する場合におけるそれらのタンクの容量の総計についても、同様とする。(ち)(う)

五　屋内貯蔵タンクの構造は、前条第一項第四号に掲げる屋外貯蔵タンクの構造の例（同条第六項の規定により総務省令で定める特例を含む。）によるものであること。(か)(ね)(む)(う)(ゆ)(チ)

六　屋内貯蔵タンクの外面には、さびどめのための塗装をすること。

七　屋内貯蔵タンクのうち、圧力タンク以外のタンクにあつては総務省令で定めるところにより通気管を、圧力タンクにあつては総務省令で定める安全装置をそれぞれ設けること。(い)(う)(ゆ)

八　液体の危険物の屋内貯蔵タンクには、危険物の量を自動的に表示する装置を設けること。(う)

九　液体の危険物の屋内貯蔵タンクの注入口は、前条第一項第十号に掲げる屋外貯蔵タンクの注入口の例によるものであること。(ほ)(か)

九の二　屋内貯蔵タンクのポンプ設備は、タンク専用室の存する建築物以外の場所に設けるポンプ設備にあつては前条第一項第十号の二（イ及びロを除く。）に掲げる屋外貯蔵タンクのポンプ設備の例により、タンク専用室の存する建築物に設けるポンプ設備にあつては総務省令で定めるところにより設けるものであること。(う)(ゆ)

十　屋内貯蔵タンクの弁は、前条第一項第十一号に掲げる屋外貯蔵タンクの弁の例によるものであること。(う)

十の二　屋内貯蔵タンクの水抜管は、前条第一項第十一号の二に掲げる屋外貯蔵タンクの水抜管の例によるものであること。(ほ)(か)

十一　屋内貯蔵タンクの配管の位置、構造及び設備は、次号に定めるもののほか、第九条第一項第二十一号に掲げる製造所の危険物を取り扱う配管の例によるものであること。(ぬ)(う)

十一の二　液体の危険物を移送するための屋内貯蔵タンクの配管は、前条第一項第十二号の二に掲げる屋外貯蔵タンクの配管の例によるものであること。(ほ)(か)

十二　タンク専用室は、壁、柱及び床を耐火構造とし、かつ、はりを不燃材料で造るとともに、延焼のおそれのある外壁を出入口以外の開口部を有しない壁とすること。ただし、引火点が七十度以上の第四類の危険物のみの屋内貯蔵タンクを設置するタンク専用室にあつては、延焼のおそれのない外壁、柱及び床を不燃材料で造ることができる。(う)

十三　タンク専用室は、屋根を不燃材料で造り、かつ、天井を設けないこと。

十四　タンク専用室の窓及び出入口には、防火設備を設けるとともに、延焼のおそれのある外壁に設ける出入口には、随時開けることができる自動閉鎖の特定防火設備を設けること。(う)(き)

十五　タンク専用室の窓又は出入口にガラスを用いる場合は、網入ガラスとすること。(う)

十六　液状の危険物の屋内貯蔵タンクを設置するタンク専用室の床は、危険物が浸透しない構造とするとともに、適当な傾斜を付け、かつ、貯留設備を設けること。(ニ)

十七　タンク専用室の出入口のしきいの高さは、床面から〇・二メートル以上とすること。

十八　タンク専用室の採光、照明、換気及び排出の設備は、第十条第一項第十二号に掲げる屋内貯蔵所の採光、照明、換気及び排出の設備の例によるものであること。(ね)(う)

十九　電気設備は、第九条第一項第十七号に掲げる製造所の電気設備の例によるものであること。(う)

2　屋内タンク貯蔵所のうち引火点が四十度以上の第四類の危険物のみを貯蔵し、又は取り扱うもの（タンク専用室を平家建以外の建築物に設けるものに限る。）の位置、構造及び設備の技術上の基準は、前項第二号から第九号まで、第九号の二（タンク専用室の存する建築物以外の場所に設けるポンプ設備に関する基準に係る部分に限る。）、第十号から第十一号の二まで、第十六号、第十八号及び第十九号の規定の例によるほか、次のとおりとする。(ち)(た)(う)

一　屋内貯蔵タンクは、タンク専用室に設置すること。(ち)

二　屋内貯蔵タンクの注入口付近には、当該屋内貯蔵タンクの危険物の量を表示する装置を設けること。ただし、当該危険物の量を容易に覚知することができる場合は、この限りでない。(ち)(う)

二の二　タンク専用室の存する建築物に設ける屋内貯蔵タンクのポンプ設備は、総務省令で定めるところにより設けるものであること。(う)(ゆ)

三　タンク専用室は、壁、柱、床及びはりを耐火構造とすること。(ち)(う)

四　タンク専用室は、上階がある場合にあつては上階の床を耐火構造とし、上階のない場合にあつては屋根を不燃材料で造り、かつ、天井を設けないこと。(ち)

五　タンク専用室には、窓を設けないこと。(ち)(う)

六　タンク専用室の出入口には、随時開けることができる自動閉鎖の特定防火設備を設けること。(ち)(う)(き)

七　タンク専用室の換気及び排出の設備には、防火上有効にダンパー等を設けること。(ち)(う)

八　タンク専用室は、屋内貯蔵タンクから漏れた危険物がタンク専用室以外の部分に流出しないような構造とすること。(ち)(う)

3　アルキルアルミニウム、アルキルリチウム、アセトアルデヒド、酸化プロピレンその他の総務省令で定める危険物を貯蔵し、又は取り扱う屋内タンク貯蔵所については、当該危険物の性質に応じ、総務省令で、第一項に掲げる基準を超える特例を定めることができる。(う)(ゆ)

本条…一部改正〔昭和三五年六月政令一八五号(い)・四〇年九月三〇八号(ほ)〕、一項…一部改正・二項…追加〔昭和四六年六月政令一六八号(ち)〕、一項…一部改正〔昭和四八年一二月政令三七八号(ぬ)・五一年六月一五三号(か)〕、二項…一部改正〔昭和五四年七月政令二一一号(た)〕、一項…一部改正〔昭和五九年六月政令一八〇号(ね)・六二年三月八六号(む)〕、一・二項…一部改正・三項…追加〔昭和六三年一二月政令三五八号(う)〕、一・二項…一部改正〔平成一二年四月政令二一一号(き)〕、一―三項…一部改正〔平成一二年六月政令三〇四号(ゆ)〕、一項…一部改正〔平成一八年一月政令六号(ニ)・二三年一二月四〇五号(チ)〕

参照　【標識】危則一七　【掲示板】危則一八　【通気管】危則二〇　【安全装置】危則一九　【平家建の建築物内に設ける屋内貯蔵タンクのポンプ設備】危則二二の五　【平家建以外の建築物内に設ける屋内貯蔵タンクのポンプ設備】危則二二の六　【特例を定めることができる危険物】危則二二の七　【基準の特例】危則二二の八～二二の一〇

（地下タンク貯蔵所の基準）

第一三条　地下タンク貯蔵所（次項及び第三項に定めるものを除く。）の位置、構造及び設備の技術上の基準は、次のとおりとする。(う)(や)

一　危険物を貯蔵し、又は取り扱う地下タンク（以下この条、第十七条及び第二十六条において「地下貯蔵タンク」という。）は、地盤面下に設けられたタンク室に設置すること。(む)(お)(や)(ハ)

二　地下貯蔵タンクとタンク室の内側との間は、〇・一メートル以上の間隔を保つものとし、かつ、当該タンクの周囲に乾燥砂をつめること。

三　地下貯蔵タンクの頂部は、〇・六メートル以上地盤面から下にあること。

四　地下貯蔵タンクを二以上隣接して設置する場合は、その相互間に一メートル（当該二以上の地下貯蔵タンクの容量の総和が指定数量の百倍以下であるときは、〇・五メートル）以上の間隔を保つこと。(む)(や)

五　地下タンク貯蔵所には、総務省令で定めるところにより、見やすい箇所に地下タンク貯蔵所である旨を表示した標識及び防火に関し必要な事項を掲示した掲示板を設けること。(い)(ゆ)

六　地下貯蔵タンクは、総務省令で定めるところにより厚さ三・二ミリメートル以上の鋼板又はこれと同等以上の機械的性質を有する材料で気密に造るとともに、圧力タンクを除くタンクにあつては七十キロパスカルの圧力で、圧力タンクにあつては最大常用圧力の一・五倍の圧力で、それぞれ十分間行う水圧試験（高圧ガス保安法第二十条第一項若しくは第三項若しくは第三十九条の二十二第一項の規定の適用を受ける高圧ガスの製造のための施設、労働安全衛生法別表第二第二号若しくは第四号に掲げる機械等又は労働安全衛生法施行令第十二条第一項第二号に掲げる機械等である圧力タンクにあつては、総務省令で定めるところにより行う水圧試験。第十五条第一項第二号において同じ。）において、漏れ、又は変形しないものであること。(そ)(え)(て)(ゆ)(も)(ハ)(カ)

七　地下貯蔵タンクの外面は、総務省令で定めるところにより保護すること。(や)(ふ)(ゆ)

八　地下貯蔵タンクには、総務省令で定めるところにより、通気管又は安全装置を設けること。(い)(う)(ゆ)(ハ)

八の二　液体の危険物の地下貯蔵タンクには、危険物の量を自動的に表示する装置を設けること。(ほ)(む)(う)(ハ)

九　液体の危険物の地下貯蔵タンクの注入口は、屋外に設けることとするほか、第十一条第一項第十号に掲げる屋外貯蔵タンクの注入口の例によるものであること。(ほ)(か)

九の二　地下貯蔵タンクのポンプ設備は、ポンプ及び電動機を地下貯蔵タンク外に設けるポンプ設備にあつては第十一条第一項第十号の二（イ及びロを除く。）に掲げる屋外貯蔵タンクのポンプ設備の例により、ポンプ又は電動機を地下貯蔵タンク内に設けるポンプ設備にあつては総務省令で定めるところにより設けるものであること。(う)(や)(ゆ)

十　地下貯蔵タンクの配管の位置、構造及び設備は、次号に定めるもののほか、第九条第一項第二十一号に掲げる製造所の危険物を取り扱う配管の例によるものであること。(ぬ)(う)

十一　地下貯蔵タンクの配管は、当該タンクの頂部に取り付けること。(ぬ)

十二　電気設備は、第九条第一項第十七号に掲げる製造所の電気設備の例によるものであること。(う)

十三　地下貯蔵タンク又はその周囲には、総務省令で定めるところにより、当該タンクからの液体の危険物の漏れを検知する設備を設けること。(お)(や)(ふ)(ハ)

十四　タンク室は、総務省令で定めるところにより、必要な強度を有し、かつ、防水の措置を講じたものとすること。(ハ)

2　地下タンク貯蔵所（地下貯蔵タンクに、鋼板を間げきを有するように取り付け又は強化プラスチックを間げきを有するように被覆したものを設置する地下タンク貯蔵所に限る。）の位置、構造及び設備の技術上の基準は、前項第二号から第五号まで、第六号（水圧試験に係る部分に限る。）、第八号から第十二号まで及び第十四号の規定の例によるほか、次のとおりとする。この場合において、同項第二号から第四号までの規定中「地下貯蔵タンク」とあるのは、「次項第二号に規定する二重殻タンク」とする。(や)(ふ)(ハ)

一　地下貯蔵タンクは、次のいずれかの措置を講じて設置すること。(や)(ハ)

イ　地下貯蔵タンク（第三号イに掲げる材料で造つたものに限る。）に、総務省令で定めるところにより鋼板を間げきを有するように取り付け、かつ、危険物の漏れを常時検知するための総務省令で定める設備を設けること。（や）（ふ）（ゆ）（ハ）

ロ　地下貯蔵タンクに、総務省令で定めるところにより強化プラスチックを間げきを有するように被覆し、かつ、危険物の漏れを検知するための総務省令で定める設備を設けること。（や）（ゆ）

二　地下貯蔵タンクに前号イ又はロに掲げる措置を講じたもの（以下この号において「二重殻タンク」という。）は、地盤面下に設けられたタンク室に設置すること。ただし、第四類の危険物の二重殻タンクが次のイからハまでのすべてに適合するものであるときは、この限りでない。（ハ）

イ　当該二重殻タンクがその水平投影の縦及び横よりそれぞれ〇・六メートル以上大きく、かつ、厚さ〇・三メートル以上の鉄筋コンクリート造のふたで覆われていること。（ハ）

ロ　ふたにかかる重量が直接当該二重殻タンクにかからない構造であること。（ハ）

ハ　当該二重殻タンクが堅固な基礎の上に固定されていること。（ハ）

三　地下貯蔵タンクは、次のいずれかの材料で気密に造ること。（ふ）（ハ）

イ　厚さ三・二ミリメートル以上の鋼板（ふ）

ロ　貯蔵し、又は取り扱う危険物の種類に応じて総務省令で定める強化プラスチック（ふ）（ゆ）

四　前号ロに掲げる材料で造つた地下貯蔵タンクに第一号ロに掲げる措置を講じたものは、総務省令で定めるところにより、当該措置を講じたものに作用する荷重に対して安全な構造とすること。（ふ）（ゆ）（ハ）

五　第三号イに掲げる材料で造つた地下貯蔵タンクの外面（地下貯蔵タンクに第一号イに掲げる措置を講じたものにあつては、その外面）は、総務省令で定めるところにより保護すること。（や）（ふ）（ゆ）（ハ）

3　地下タンク貯蔵所（地下貯蔵タンクを危険物の漏れを防止することができる総務省令で定める構造により地盤面下に設置するものに限る。）の位置、構造及び設備の技術上の基準は、第一項第三号、第五号、第六号及び第八号から第十三号まで並びに前項第二号イからハまでの規定の例によるほか、地下貯蔵タンクの外面を総務省令で定めるところにより保護することとする。この場合において、同号イからハまでの規定中「当該二重殻タンク」とあるのは、「地下貯蔵タンク」とする。（や）（ふ）（ゆ）（ハ）

4　アルキルアルミニウム、アルキルリチウム、アセトアルデヒド、酸化プロピレンその他の総務省令で定める危険物を貯蔵し、又は取り扱う地下タンク貯蔵所については、当該危険物の性質に応じ、総務省令で、前三項に掲げる基準を超える特例を定めることができる。（う）（や）（ゆ）

本条…一部改正〔昭和三五年六月政令一八五号（い）・四〇年九月三〇八号（ほ）・四八年一二月三七八号（ぬ）・五一年六月一五三号（か）・五七年一月二号（そ）・六二年三月八六号（む）〕、一項…一部改正・二項…追加〔昭和六三年一二月政令三五八号（う）〕、一項…一部改正〔平成三年三月政令二四号（お）〕、一項…一部改正・二・三項…追加・旧二項…一部改正し四項に繰下〔平成五年七月政令二六八号（や）〕、一―三項…一部改正〔平成七年二月政令一五号（ふ）〕、一項…一部改正〔平成九年二月政令二〇号（え）・一〇年二月三一号（て）〕、一―四項…一部改正〔平成一二年六月政令三〇四号（ゆ）〕、一項…一部改正〔平成一五年一二月政令五三三号（も）〕、一―三項…一部改正〔平成一七年二月政令二三号（ハ）〕、一項…一部改正〔令和五年九月政令二七六号（カ）〕

参照　【地下貯蔵タンクの構造】危則二三【標識】危則一七【掲示板】危則一八【水圧試験】危則二〇の五の二【地下貯蔵タンクの外面の保

護】危則一三の二【危険物の漏れを検知する設備】危則一三の三【タンク室の構造】危則一三の四【タンク室の防水の措置】危則二四【通気管】危則二〇【安全装置】危則一九【地下貯蔵タンク内に設けるポンプ設備】危則二四の二【二重殻タンクの構造及び設備】危則二四の二の二【強化プラスチックの材質】危則二四の二の三【強化プラスチック製二重殻タンクの安全な構造】危則二四の二の四【危険物の漏れを防止することのできる構造】危則二四の二の五【地下タンク貯蔵所の特例を定めることができる危険物】危則二四の二の六【基準の特例】危則二四の二の七・二四の二の八

（簡易タンク貯蔵所の基準）

第一四条　簡易タンク貯蔵所の位置、構造及び設備の技術上の基準は、次のとおりとする。（う）

一　危険物を貯蔵し、又は取り扱う簡易タンク（以下この条、第十七条及び第二十六条において「簡易貯蔵タンク」という。）は、屋外に設置すること。ただし、次のイからニまでのすべてに適合する専用室内に設置するときは、この限りでない。（う）

イ　当該専用室の構造が第十二条第一項第十二号及び第十三号に掲げる屋内タンク貯蔵所のタンク専用室の構造の例によるものであること。（ね）

ロ　当該専用室の窓及び出入口が第十二条第一項第十四号及び第十五号に掲げる屋内タンク貯蔵所の窓及び出入口の例によるものであること。（う）

ハ　当該専用室の床が第十二条第一項第十六号に掲げる屋内タンク貯蔵所のタンク専用室の床の構造の例によるものであること。（う）

ニ　当該専用室の採光、照明、換気及び排出の設備が第十条第一項第十二号に掲げる屋内貯蔵所の採光、照明、換気及び排出の設備の例によるものであること。（ね）（う）

二　一の簡易タンク貯蔵所に設置する簡易貯蔵タンクは、その数を三以内とし、かつ、同一品質の危険物の簡易貯蔵タンクを二以上設置しないこと。

三　簡易タンク貯蔵所には、総務省令で定めるところにより、見やすい箇所に簡易タンク貯蔵所である旨を表示した標識及び防火に関し必要な事項を掲示した掲示板を設けること。（い）（ゆ）

四　簡易貯蔵タンクは、容易に移動しないように地盤面、架台等に固定するとともに、屋外に設置する場合にあつては当該タンクの周囲に一メートル以上の幅の空地を保有し、専用室内に設置する場合にあつては当該タンクと専用室の壁との間に〇・五メートル以上の間隔を保つこと。

五　簡易貯蔵タンクの容量は、六百リットル以下であること。

六　簡易貯蔵タンクは、厚さ三・二ミリメートル以上の鋼板で気密に造るとともに、七十キロパスカルの圧力で十分間行う水圧試験において、漏れ、又は変形しないものであること。（て）

七　簡易貯蔵タンクの外面には、さびどめのための塗装をすること。

八　簡易貯蔵タンクには、総務省令で定めるところにより通気管を設けること。（い）（う）（ゆ）

九　簡易貯蔵タンクに給油又は注油のための設備を設ける場合は、当該設備は、第十七条第一項第十号に掲げる給油取扱所の固定給油設備又は固定注油設備の例によるものであること。（う）（て）（二）

本条…一部改正〔昭和三五年六月政令一八五号（い）・五九年六月一八〇号（ね）・六三年一二月三五八号（う）・平成一〇年二月三一号（て）・一二年六月三〇四号（ゆ）・一八年一月六号（二）〕

解説　【同一品質の危険物】　品名は同じでも成分等が異なっていれば同一品質のものとはならない。

【架台等に固定】　コンクリート等での固定は移動が不可能となるので行うことはできない。ここでの固定は車止め等によるものである。

参照　【標識】危則一七【掲示板】危則一八【通気管】危則二〇

（移動タンク貯蔵所の基準）

第一五条　移動タンク貯蔵所の位置、構造及び設備の技術上の基準は、次のとおりとする。（う）

一　移動タンク貯蔵所は、屋外の防火上安全な場所又は壁、床、はり及び屋根を耐火構造とし、若しくは不燃材料で造つた建築物の一階に常置すること。

二　危険物を貯蔵し、又は取り扱う車両（第二条第六号に規定する車両をいう。）に固定されたタンク（以下「移動貯蔵タンク」という。）は、厚さ三・二ミリメートル以上の鋼板又はこれと同等以上の機械的性質を有する材料で気密に造るとともに、圧力タンクを除くタンクにあつては七十キロパスカルの圧力で、圧力タンクにあつては最大常用圧力の一・五倍の圧力で、それぞれ十分間行う水圧試験において、漏れ、又は変形しないものであること。（ほ）（よ）（う）（て）

三　移動貯蔵タンクは、容量を三万リットル以下とし、かつ、その内部に四千リットル以下ごとに完全な間仕切を厚さ三・二ミリメートル以上の鋼板又はこれと同等以上の機械的性質を有する材料で設けること。（ち）（う）（ま）

四　前号の間仕切により仕切られた部分には、それぞれマンホール及び総務省令で定める安全装置を設けるとともに、総務省令で定めるところにより、厚さ一・六ミリメートル以上の鋼板又はこれと同等以上の機械的性質を有する材料で造られた防波板を設けること。（い）（ほ）（ち）（う）（ゆ）

五　移動貯蔵タンクのマンホール及び注入口のふたは、厚さ三・二ミリメートル以上の鋼板又はこれと同等以上の機械的性質を有する材料で造ること。（ち）（う）

六　移動貯蔵タンクに可燃性の蒸気を回収するための設備を設ける場合にあつては、当該設備は可燃性の蒸気が漏れるおそれのない構造とすること。（う）

七　マンホール、注入口、安全装置等（以下「附属装置」という。）がその上部に突出している移動貯蔵タンクには、総務省令で定めるところにより、当該附属装置の損傷を防止するための装置を設けること。（ち）（ゆ）

八　移動貯蔵タンクの外面には、さびどめのための塗装をすること。（ち）

九　移動貯蔵タンクの下部に排出口を設ける場合は、当該タンクの排出口に底弁を設けるとともに、非常の場合に直ちに当該底弁を閉鎖することができる手動閉鎖装置及び自動閉鎖装置を設けること。ただし、引火点が七十度以上の第四類の危険物の移動貯蔵タンクの排出口又は直径が四十ミリメートル以下の排出口に設ける底弁には、自動閉鎖装置を設けないことができる。（ち）（た）（う）

十　前号の手動閉鎖装置には、総務省令で定めるところにより、レバーを設け、かつ、その直近にその旨を表示すること。（ち）（う）（ゆ）

十一　底弁を設ける移動貯蔵タンクには、外部からの衝撃による底弁の損傷を防止するための措置を講ずること。（ち）

十二　移動貯蔵タンクの配管は、先端部に弁等を設けること。（ち）

十三　移動貯蔵タンク及び附属装置の電気設備で、可燃性の蒸気が滞留するおそれのある場所に設けるものは、可燃性の蒸気に引火しない構造とすること。（う）

十四　ガソリン、ベンゼンその他静電気による災害が発生するおそれのある液体の危険物の移動貯蔵タンクには、接地導線を設けること。（ち）（う）

十五　液体の危険物の移動貯蔵タンクには、危険物を貯蔵し、又は取り扱うタンクの注入口と結合できる結合金具を備えた注入ホースを設けること。この場合において、当該結合金具（第六類の危険物の移動貯蔵タンクに係るものを除く。）は、真鍮（ちゆう）その他摩擦等によつて火花を発し難い材料で造らなければならない。（ほ）（ち）（う）

十六　ガソリン、ベンゼンその他静電気による災害が発生するおそれのある液体の危険物の移動貯蔵タンクのうち計量棒によつて当該危険物の量を計量するものには、計量時の静電気による災害を防止するための装置を設けること。（ち）（う）

十七　移動貯蔵タンクには、当該タンクが貯蔵し、又は取り扱う危険物の類、品名及び最大数量を表示する設備を見やすい箇所に設けるとともに、総務省令で定めるところにより標識を掲げること。（ほ）（ち）（う）（ゆ）

2　移動タンク貯蔵所のうち移動貯蔵タンクを車両等に積み替えるための構造を有するもの（第二十六条、第二十七条及び第四十条において「積載式移動タンク貯蔵所」という。）については、総務省令で、前項に掲げる基準の特例を定めることができる。（う）（ゆ）

3　航空機又は船舶の燃料タンクに直接給油するための給油設備を備えた移動タンク貯蔵所については、総務省令で、第一項に掲げる基準の特例を定めることができる。（う）（ゆ）（ニ）

4　アルキルアルミニウム、アルキルリチウム、アセトアルデヒド、酸化プロピレンその他の総務省令で定める危険物を貯蔵し、又は取り扱う移動タンク貯蔵所については、当該危険物の性質に応じ、総務省令で、第一項及び第二項に掲げる基準を超える特例を定めることができる。（ち）（ぬ）（う）（ゆ）

5　国際海事機関が採択した危険物の運送に関する規程に定める基準に適合する移動タンク貯蔵所については、総務省令で、第一項、第二項及び前項に掲げる基準の特例を定めることができる。（ひ）

本条…一部改正〔昭和三五年六月政令一八五号（い）・四〇年九月三〇八号（ほ）〕、一項…一部改正・二項…追加〔昭和四六年六月政令一六八号（ち）〕、二項…一部改正〔昭和四八年一二月政令三七八号（ぬ）〕、一項…一部改正〔昭和五一年六月政令一五三号（か）・五二年二月一〇号（よ）・五四年七月二一一号（た）〕、一項…一部改正・二・三項…追加・旧二項…一部改正し四項に繰下〔昭和六三年一二月政令三五八号（う）〕、一項…一部改正〔平成六年三月政令三七号（ま）・一〇年二月三一号（て）〕、一—四項…一部改正〔平成一二年六月政令三〇四号（ゆ）〕、五項…追加〔平成一五年一二月政令五一七号（ひ）〕、三項…一部改正〔平成一八年一月政令六号（ニ）〕

参照　【安全装置】危則一九【防波板】危則二四の二の九【附属装置の損傷を防止するための装置】側面枠及び防護枠　危則二四の三【手動閉鎖装置のレバー】危則二四の四【標識】危則一七【特例を定めることができる危険物】危則二四の七【基準の特例】危則二四の五・二四の六・二四の八〜二四の九の二・二四の九の三

（屋外貯蔵所の基準）

第一六条　屋外貯蔵所のうち危険物を容器に収納して貯蔵し、又は取り扱うものの位置、構造及び設備の技術上の基準は、次のとおりとする。（う）

一　屋外貯蔵所の位置は、第九条第一項第一号に掲げる製造所の位置の例によるものであること。（う）

二　屋外貯蔵所は、湿潤でなく、かつ、排水のよい場所に設置すること。

三　危険物を貯蔵し、又は取り扱う場所の周囲には、さく等を設けて明確に区画すること。

四　前号のさく等の周囲には、次の表に掲げる区分に応じそれぞれ同表に定める幅の空地を保有すること。ただし、第二類の危険物のうち硫黄又は硫黄のみを含有するもの（以下この条、第二十六条及び第二十九条において「硫黄等」という。）のみを貯蔵し、

又は取り扱うときは、総務省令で定めるところにより、その空地の幅を減ずることができる。(い)(た)(う)(ゆ)

区　分	空地の幅
指定数量の倍数が十以下の屋外貯蔵所	三メートル以上
指定数量の倍数が十を超え二十以下の屋外貯蔵所	六メートル以上
指定数量の倍数が二十を超え五十以下の屋外貯蔵所	十メートル以上
指定数量の倍数が五十を超え二百以下の屋外貯蔵所	二十メートル以上
指定数量の倍数が二百を超える屋外貯蔵所	三十メートル以上

五　屋外貯蔵所には、総務省令で定めるところにより、見やすい箇所に屋外貯蔵所である旨を表示した標識及び防火に関し必要な事項を掲示した掲示板を設けること。(い)(ゆ)

六　屋外貯蔵所に架台を設ける場合には、架台の構造及び設備は、総務省令で定めるところによるものであること。(う)(ゆ)

2　屋外貯蔵所のうち塊状の硫黄等のみを地盤面に設けた囲いの内側で貯蔵し、又は取り扱うもの（前項に定めるものを除く。）の位置、構造及び設備の技術上の基準は、同項各号の規定の例によるほか、次のとおりとする。(た)(う)

一　一の囲いの内部の面積は、百平方メートル以下であること。(た)

二　二以上の囲いを設ける場合にあつては、それぞれの囲いの内部の面積を合算した面積は千平方メートル以下とし、かつ、隣接する囲いと囲いとの間隔を前項第四号の規定により当該屋外貯蔵所が保有しなければならないこととされる空地の幅の三分の一以上とすること。(た)

三　囲いは、不燃材料で造るとともに、硫黄等が漏れない構造とすること。(た)(う)

四　囲いの高さは、一・五メートル以下とすること。(た)

五　囲いには、総務省令で定めるところにより、硫黄等のあふれ又は飛散を防止するためのシートを固着する装置を設けること。(た)(う)(ゆ)

六　硫黄等を貯蔵し、又は取り扱う場所の周囲には、排水溝及び分離槽を設けること。(た)(う)

3　高引火点危険物のみを貯蔵し、又は取り扱う屋外貯蔵所については、総務省令で、第一項に掲げる基準の特例を定めることができる。(う)(ゆ)

4　第二類の危険物のうち引火性固体（引火点が二十一度未満のものに限る。）又は第四類の危険物のうち第一石油類若しくはアルコール類を貯蔵し、又は取り扱う屋外貯蔵所については、当該危険物の性質に応じ、総務省令で、第一項に掲げる基準を超える特例を定めることができる。(し)

本条…一部改正〔昭和三五年六月政令一八五号(い)〕、一項…一部改正・二項…追加〔昭和五四年七月政令二一一号(た)〕、一・二項…一部改正・三項…追加〔昭和六三年一二月政令三五八号(う)〕、一—三項…一部改正〔平成一二年六月政令三〇四号(ゆ)〕、四項…追加〔平成一四年一月政令一二号(し)〕

参照　【空地の特例】危則一六【標識】危則一七【掲示板】危則一八【屋外貯蔵所の架台の基準】危則二四の一〇【基準の特例】危則二四の一二・二四の一三【シートを固着する装置】危則二四の一一

第三節　取扱所の位置、構造及び設備の基準

（給油取扱所の基準）

第一七条　給油取扱所（次項に定めるものを除く。）の位置、構造及び設備の技術上の基準は、次のとおりとする。（う）

一　給油取扱所の給油設備は、ポンプ機器及びホース機器からなる固定された給油設備（以下この条及び第二十七条において「固定給油設備」という。）とすること。（ニ）

二　固定給油設備のうちホース機器の周囲（懸垂式の固定給油設備にあつては、ホース機器の下方）に、自動車等に直接給油し、及び給油を受ける自動車等が出入りするための、間口十メートル以上、奥行六メートル以上の空地で総務省令で定めるもの（以下この条及び第二十七条において「給油空地」という。）を保有すること。（う）（ニ）

三　給油取扱所に灯油若しくは軽油を容器に詰め替え、又は車両に固定された容量四千リットル以下のタンク（容量二千リットルを超えるタンクにあつては、その内部を二千リットル以下ごとに仕切つたものに限る。）に注入するための固定された注油設備（ポンプ機器及びホース機器からなるものをいう。以下この条及び第二十七条において「固定注油設備」という。）を設ける場合は、固定注油設備のうちホース機器の周囲（懸垂式の固定注油設備にあつては、ホース機器の下方）に、灯油若しくは軽油を容器に詰め替え、又は車両に固定されたタンクに注入するための空地で総務省令で定めるもの（以下この条及び第二十七条において「注油空地」という。）を給油空地以外の場所に保有すること。（う）（の）（て）（ニ）

四　給油空地及び注油空地は、漏れた危険物が浸透しないための総務省令で定める舗装をすること。（う）（ニ）

五　給油空地及び注油空地には、漏れた危険物及び可燃性の蒸気が滞留せず、かつ、当該危険物その他の液体が当該給油空地及び注油空地以外の部分に流出しないように総務省令で定める措置を講ずること。（う）（ニ）

六　給油取扱所には、総務省令で定めるところにより、見やすい箇所に給油取扱所である旨を表示した標識及び防火に関し必要な事項を掲示した掲示板を設けること。（い）（ゆ）（ニ）

七　給油取扱所には、固定給油設備若しくは固定注油設備に接続する専用タンク又は容量一万リットル以下の廃油タンクその他の総務省令で定めるタンク（以下この条及び第二十七条において「廃油タンク等」という。）を地盤面下に埋没して設ける場合を除き、危険物を取り扱うタンクを設けないこと。ただし、都市計画法（昭和四十三年法律第百号）第八条第一項第五号の防火地域及び準防火地域以外の地域においては、地盤面上に固定給油設備に接続する容量六百リットル以下の簡易タンクを、その取り扱う同一品質の危険物ごとに一個ずつ三個まで設けることができる。（へ）（む）（う）（て）（ゆ）（み）（ニ）

八　前号の専用タンク、廃油タンク等又は簡易タンクを設ける場合には、当該専用タンク、廃油タンク等又は簡易タンクの位置、構造及び設備は、次によること。（や）（ニ）

イ　専用タンク又は廃油タンク等の位置、構造及び設備は、第十三条第一項（第五号、第九号（掲示板に係る部分に限る。）、第九号の二及び第十二号を除く。）、同条第二項（同項においてその例によるものとされる同条第一項第五号、第九号（掲示板に係る部分に限る。）、第九号の二及び第十二号を除く。）又は同条第三項（同項においてその例によるものとされる同条第一項第五号、第九号（掲示板に係る部分に限る。）、第九号の二及び第十二号を除く。）に掲げる地下タンク貯蔵所の地下貯蔵タンクの位置、構造及び設備の例によるものであること。（や）（み）（ハ）

ロ　簡易タンクの構造及び設備は、第十四条第四号及び第六号か

ら第八号までに掲げる簡易タンク貯蔵所の簡易貯蔵タンクの構造及び設備の例によるものであること。(や)

九　固定給油設備又は固定注油設備に危険物を注入するための配管は、当該固定給油設備又は固定注油設備に接続する第七号の専用タンク又は簡易タンクからの配管のみとすること。(う)(て)(二)

十　固定給油設備及び固定注油設備は、漏れるおそれがない等火災予防上安全な総務省令で定める構造とするとともに、先端に弁を設けた全長五メートル（懸垂式の固定給油設備及び固定注油設備にあつては、総務省令で定める長さ）以下の給油ホース又は注油ホース及びこれらの先端に蓄積される静電気を有効に除去する装置を設けること。(む)(う)(や)(て)(ゆ)(二)

十一　固定給油設備及び固定注油設備には、総務省令で定めるところにより、見やすい箇所に防火に関し必要な事項を表示すること。(む)(て)(ゆ)(二)

十二　固定給油設備は、次に掲げる道路境界線等からそれぞれ当該道路境界線等について定める間隔を保つこと。ただし、総務省令で定めるところによりホース機器と分離して設置されるポンプ機器については、この限りでない。(む)(う)(や)(ゆ)(二)

イ　道路境界線　次の表に掲げる固定給油設備の区分に応じそれぞれ同表に定める間隔(や)

固定給油設備の区分		間隔
懸垂式の固定給油設備		四メートル以上
その他の固定給油設備	固定給油設備に接続される給油ホースのうちその全長が最大であるものの全長（以下このイ及び次号イにおいて「最大給油ホース全長」という。）が三メートル以下のもの	四メートル以上
	最大給油ホース全長が三メートルを超え四メートル以下のもの	五メートル以上
	最大給油ホース全長が四メートルを超え五メートル以下のもの	六メートル以上

ロ　敷地境界線　二メートル以上(や)

ハ　建築物の壁　二メートル（給油取扱所の建築物の壁に開口部がない場合には、一メートル）以上(や)

十三　固定注油設備は、次に掲げる固定給油設備等からそれぞれ当該固定給油設備等について定める間隔を保つこと。ただし、総務省令で定めるところによりホース機器と分離して設置されるポンプ機器については、この限りでない。(む)(う)(や)(て)(ゆ)(二)

イ　固定給油設備（総務省令で定めるところによりホース機器と分離して設置されるポンプ機器を除く。）　次の表に掲げる固定給油設備の区分に応じそれぞれ同表に定める間隔(や)(ゆ)

固定給油設備の区分		間隔
懸垂式の固定給油設備		四メートル以上
その他の固定給油設備	最大給油ホース全長が三メートル以下のもの	四メートル以上
	最大給油ホース全長が三メートルを超え四メートル以下のもの	五メートル以上
	最大給油ホース全長が四メートルを超え五メートル以下のもの	六メートル以上

ロ　道路境界線　次の表に掲げる固定注油設備の区分に応じそれぞれ同表に定める間隔(や)(て)

固定注油設備の区分		間隔
懸垂式の固定注油設備		四メートル以上
その他の固定注油設備	固定注油設備に接続される注油ホースのうちその全長が最大であるものの全長（以下このロにおいて「最大注油ホース全長」という。）が三メートル以下のもの	四メートル以上
	最大注油ホース全長が三メートルを超え四メートル以下のもの	五メートル以上
	最大注油ホース全長が四メートルを超え五メートル以下のもの	六メートル以上

ハ　敷地境界線　一メートル以上(や)

ニ　建築物の壁　二メートル（給油取扱所の建築物の壁に開口部がない場合には、一メートル）以上(や)

十四　懸垂式の固定給油設備及び固定注油設備にあつては、ホース機器の引出口の高さを地盤面から四・五メートル以下とすること。(う)(て)(ニ)

十五　懸垂式の固定給油設備又は固定注油設備を設ける給油取扱所には、当該固定給油設備又は固定注油設備のポンプ機器を停止する等により専用タンクからの危険物の移送を緊急に止めることができる装置を設けること。(う)(て)(ニ)

十六　給油取扱所には、給油その他の業務のための建築物（避難又は防火上支障がないと認められる総務省令で定める用途に供するものに限る。）以外の建築物その他の工作物を設けないこと。この場合において、給油取扱所の係員以外の者が出入する建築物の部分で総務省令で定めるものの床面積の合計は、避難又は防火上支障がないと認められる総務省令で定める面積を超えてはならない。(む)(ゆ)(ニ)(ヨ)

十七　前号の給油取扱所に設ける建築物は、壁、柱、床、はり及び屋根を耐火構造とし、又は不燃材料で造るとともに、窓及び出入口（自動車等の出入口で総務省令で定めるものを除く。）に防火設備を設けること。この場合において、当該建築物の総務省令で定める部分は、開口部のない耐火構造の床又は壁で当該建築物の他の部分と区画され、かつ、防火上必要な総務省令で定める構造としなければならない。(む)(う)(き)(ゆ)(ニ)

十八　前号の建築物のうち、事務所その他火気を使用するもの（総務省令で定める部分を除く。）は、漏れた可燃性の蒸気がその内部に流入しない総務省令で定める構造とすること。(む)(う)(こ)(ゆ)(ニ)

十九　給油取扱所の周囲には、自動車等の出入りする側を除き、火災による被害の拡大を防止するための高さ二メートル以上の塀又は壁であつて、耐火構造のもの又は不燃材料で造られたもので総務省令で定めるものを設けること。(ニ)

二十　ポンプ室その他危険物を取り扱う室（以下この号において「ポンプ室等」という。）を設ける場合にあつては、ポンプ室等は、次によること。(う)(こ)(ニ)

イ　ポンプ室等の床は、危険物が浸透しない構造とするとともに、漏れた危険物及び可燃性の蒸気が滞留しないように適当な傾斜を付け、かつ、貯留設備を設けること。(う)(ニ)

ロ　ポンプ室等には、危険物を取り扱うために必要な採光、照明及び換気の設備を設けること。(う)

ハ　可燃性の蒸気が滞留するおそれのあるポンプ室等には、その蒸気を屋外に排出する設備を設けること。(う)

二十一　電気設備は、第九条第一項第十七号に掲げる製造所の電気設備の例によるものであること。(う)(ニ)

二十二　自動車等の洗浄を行う設備その他給油取扱所の業務を行うについて必要な設備は、総務省令で定めるところにより設けること。(い)(む)(ゆ)(ニ)

二十三　給油取扱所には、給油に支障があると認められる設備を設けないこと。(む)(ニ)

2　給油取扱所のうち建築物内に設置するものその他これに類するもので総務省令で定めるもの（以下「屋内給油取扱所」という。）の位置、構造及び設備の技術上の基準は、前項第一号から第六号まで、第七号本文、第九号から第十六号まで及び第十九号から第二十三号までの規定の例によるほか、次のとおりとする。(う)(こ)(ゆ)(ニ)

一　屋内給油取扱所は、壁、柱、床及びはりが耐火構造で、消防法施行令（昭和三十六年政令第三十七号）別表第一㈥項に掲げる用途に供する部分を有しない建築物（総務省令で定める設備を備えたものに限る。）に設置すること。(う)(ゆ)

二　屋内給油取扱所に専用タンク又は廃油タンク等を設ける場合には、当該専用タンク又は廃油タンク等の位置、構造及び設備は、次号から第四号までに定めるもののほか、第十三条第一項（第五号、第八号、第九号（注入口は屋外に設けることとする部分及び掲示板に係る部分に限る。）、第九号の二及び第十二号を除く。）、同条第二項（同項においてその例によるものとされる同条第一項第五号、第八号、第九号（注入口は屋外に設けることとする部分及び掲示板に係る部分に限る。）、第九号の二及び第十二号を除く。）又は同条第三項（同項においてその例によるものとされる同条第一項第五号、第八号、第九号（注入口は屋外に設けることとする部分及び掲示板に係る部分に限る。）、第九号の二及び第十二号を除く。）に掲げる地下タンク貯蔵所の地下貯蔵タンクの位置、構造及び設備の例によるものであること。(や)(ゑ)(ハ)

三　専用タンク及び廃油タンク等には、総務省令で定めるところにより、通気管又は安全装置を設けること。(う)(ゆ)(ハ)

四　専用タンクには、危険物の過剰な注入を自動的に防止する設備を設けること。(う)

五　建築物の屋内給油取扱所の用に供する部分は、壁、柱、床、はり及び屋根を耐火構造とするとともに、開口部のない耐火構造の床又は壁で当該建築物の他の部分と区画されたものであること。ただし、建築物の屋内給油取扱所の用に供する部分の上部に上階がない場合には、屋根を不燃材料で造ることができる。(う)

六　建築物の屋内給油取扱所の用に供する部分のうち総務省令で定める部分は、開口部のない耐火構造の床又は壁で当該建築物の屋内給油取扱所の用に供する部分の他の部分と区画され、かつ、防火上必要な総務省令で定める構造とすること。(う)(ゆ)

七　建築物の屋内給油取扱所の用に供する部分の窓及び出入口（自動車等の出入口で総務省令で定めるものを除く。）には、防火設備を設けること。(う)(き)(ゆ)

七の二　事務所等の窓又は出入口にガラスを用いる場合は、網入りガラスとすること。(こ)

八　建築物の屋内給油取扱所の用に供する部分のうち、事務所その他火気を使用するもの（総務省令で定める部分を除く。）は、漏れた可燃性の蒸気がその内部に流入しない総務省令で定める構造とすること。(う)(ゆ)

九　建築物の屋内給油取扱所の用に供する部分の一階の二方については、自動車等の出入する側又は通風及び避難のための総務省令で定める空地に面するとともに、壁を設けないこと。ただし、総務省令で定める措置を講じた屋内給油取扱所にあつては、当該建築物の屋内給油取扱所の用に供する部分の一階の一方について、自動車等の出入する側に面するとともに、壁を設けないことをも

つて足りる。(う)(ゆ)

十　建築物の屋内給油取扱所の用に供する部分については、可燃性の蒸気が滞留するおそれのある穴、くぼみ等を設けないこと。(う)

十一　建築物の屋内給油取扱所の用に供する部分は、当該部分の上部に上階がある場合にあつては、危険物の漏えいの拡大及び上階への延焼を防止するための総務省令で定める措置を講ずること。(う)(ゆ)

3　次に掲げる給油取扱所については、総務省令で、前二項に掲げる基準の特例（第五号に掲げるものにあつては、第一項に掲げる基準の特例に限る。）を定めることができる。(ふ)(ゆ)(ハ)

一　飛行場で航空機に給油する給油取扱所(ふ)

二　船舶に給油する給油取扱所(ふ)

三　鉄道又は軌道によつて運行する車両に給油する給油取扱所(ふ)

四　圧縮天然ガスその他の総務省令で定めるガスを内燃機関の燃料として用いる自動車等に当該ガスを充てんするための設備を設ける給油取扱所（第六号に掲げるものを除く。）(ふ)(て)(ゆ)(ハ)

五　電気を動力源とする自動車等に水素を充てんするための設備を設ける給油取扱所（次号に掲げるものを除く。）(ハ)

六　総務省令で定める自家用の給油取扱所(ふ)(ゆ)(ハ)

4　第四類の危険物のうちメタノール若しくはエタノール又はこれらを含有するものを取り扱う給油取扱所については、当該危険物の性質に応じ、総務省令で、前三項に掲げる基準を超える特例を定めることができる。(ま)(ゆ)(チ)

5　顧客に自ら自動車等に給油させ、又は灯油若しくは軽油を容器に詰め替えさせる給油取扱所として総務省令で定めるもの（第二十七条第六項第一号及び第一号の三において「顧客に自ら給油等をさせる給油取扱所」という。）については、総務省令で、前各項に掲げる基準を超える特例を定めることができる。(て)(ゆ)

一・三項…一部改正〔昭和三五年六月政令一八五号(い)〕、一項…一部改正〔昭和四〇年九月政令三〇八号(ほ)・四四年六月一五八号(へ)・六二年三月八六号(む)〕、一・三項…一部改正・二項…全部改正〔昭和六三年一二月政令三五八号(う)〕、一項…一部改正〔平成二年四月政令一〇一号(の)〕、一・二項…一部改正〔平成五年七月政令二六八号(や)〕、四項…追加〔平成六年三月政令三七号(ま)〕、三項…全部改正〔平成七年二月政令一五号(ふ)〕、一・二項…一部改正〔平成九年二月政令一三号(こ)〕、一・三項…一部改正・五項…追加〔平成一〇年二月政令三一号(て)〕、一・二項…一部改正〔平成一二年四月政令二一一号(き)〕、一―五項…一部改正〔平成一二年六月政令三〇四号(ゆ)〕、一項…一部改正〔平成一三年九月政令三〇〇号(み)〕、二項…一部改正〔平成一四年八月政令二七四号(ゑ)〕、一―三項…一部改正〔平成一七年二月政令二三号(ハ)〕、一・二項…一部改正〔平成一八年一月政令六号(ニ)〕、四項…一部改正〔平成二三年一二月政令四〇五号(チ)〕、一項…一部改正〔令和五年一二月政令三四八号(ヨ)〕

参照　【標識】危則一七【掲示板】危則一八【給油空地】危則二四の一四【注油空地】危則二四の一五【給油空地及び注油空地の舗装】危則二四の一六【滞留及び流出を防止する措置】危則二四の一七【タンク】危則二五【固定給油設備及び固定注油設備】危則二五の二【給油ホース等の長さ】危則二五の二の二【表示】危則二五の三【道路境界線等からの間隔を保つことを要しない場合】危則二五の三の二【用途】危則二五の四【給油取扱所の塀又は壁】危則二五の四の二【附随設備】危則二五の五【屋内給油取扱所】危則二五の六【屋内給油取扱所の建築物】危則二五の七【二方が開放されている屋内給油取扱所の空地】危則二五の八【一方のみが開放されている屋内給油取扱所において講ずる措置】危則二五の九【上部に上階を有する屋内給油取扱所において講ずる措置】危則二五の一〇【基準の特例】危則二六～二七・二八【圧縮ガス等充填設備設置給油取扱所】危則二七の二～二七の五【メタノール等及びエタノール等の給油取扱所】危則二八の二～二八の二の三【顧客に自ら給油等をさせる給油取扱所】危則二八の二の四～二八の二の八

（販売取扱所の基準）

第一八条　第一種販売取扱所の位置、構造及び設備の技術上の基準

は、次のとおりとする。（ち）（う）

一　第一種販売取扱所は、建築物の一階に設置すること。（ち）

二　第一種販売取扱所には、総務省令で定めるところにより、見やすい箇所に第一種販売取扱所である旨を表示した標識及び防火に関し必要な事項を掲示した掲示板を設けること。（い）（ち）（ゆ）

三　建築物の第一種販売取扱所の用に供する部分は、壁を準耐火構造（建築基準法第二条第七号の二の準耐火構造をいい、耐火構造以外のものにあつては、不燃材料で造られたものに限る。）とすること。ただし、第一種販売取扱所の用に供する部分とその他の部分との隔壁は、耐火構造としなければならない。（ち）（き）

四　建築物の第一種販売取扱所の用に供する部分は、はりを不燃材料で造るとともに、天井を設ける場合にあつては、これを不燃材料で造ること。（ち）

五　建築物の第一種販売取扱所の用に供する部分は、上階がある場合にあつては上階の床を耐火構造とし、上階のない場合にあつては屋根を耐火構造とし、又は不燃材料で造ること。（ち）

六　建築物の第一種販売取扱所の用に供する部分の窓及び出入口には、防火設備を設けること。（ち）（き）

七　建築物の第一種販売取扱所の用に供する部分の窓又は出入口にガラスを用いる場合は、網入ガラスとすること。（ち）（う）

八　建築物の第一種販売取扱所の用に供する部分の電気設備は、第九条第一項第十七号に掲げる製造所の電気設備の例によるものであること。（ち）（う）

九　危険物を配合する室は、次によること。（ち）

イ　床面積は、六平方メートル以上十平方メートル以下であること。（ち）

ロ　壁で区画すること。（ち）

ハ　床は、危険物が浸透しない構造とするとともに、適当な傾斜を付け、かつ、貯留設備を設けること。（ち）（う）（ニ）

ニ　出入口には、随時開けることができる自動閉鎖の特定防火設備を設けること。（ち）（き）

ホ　出入口のしきいの高さは、床面から〇・一メートル以上とすること。（ち）

ヘ　内部に滞留した可燃性の蒸気又は可燃性の微粉を屋根上に排出する設備を設けること。（ち）（う）

2　第二種販売取扱所の位置、構造及び設備の技術上の基準は、前項第一号、第二号及び第七号から第九号までの規定の例によるほか、次のとおりとする。（ち）

一　建築物の第二種販売取扱所の用に供する部分は、壁、柱、床及びはりを耐火構造とするとともに、天井を設ける場合にあつては、これを不燃材料で造ること。（ち）

二　建築物の第二種販売取扱所の用に供する部分は、上階がある場合にあつては上階の床を耐火構造とするとともに、**上階への延焼を防止するための措置**を講ずることとし、上階のない場合にあつては屋根を耐火構造とすること。（ち）

三　建築物の第二種販売取扱所の用に供する部分には、当該部分のうち延焼のおそれのない部分に限り、窓を設けることができるものとし、当該窓には防火設備を設けること。（ち）（き）

四　建築物の第二種販売取扱所の用に供する部分の出入口には、防火設備を設けること。ただし、当該部分のうち延焼のおそれのある壁又はその部分に設けられる出入口には、随時開けることができる自動閉鎖の特定防火設備を設けなければならない。（ち）（き）

本条…一部改正〔昭和三五年六月政令一八五号（い）〕、一項…一部改正・二項…追加〔昭和四六年六月政令一六八号（ち）〕、一項…一部改正〔昭和六三年一二月政令三五八号（う）〕、一・二項…一部改正〔平成一二年四月政令二一一号（き）〕、一項…一部改正〔平成一二年六月政令三〇四号（ゆ）・平成一八年一月六号（ニ）〕

解説 **【上階への延焼を防止する措置】** 耐火構造のひさしを設ける等の措置

参照 **【標識】** 危則一七 **【掲示板】** 危則一八

（移送取扱所の基準）

第一八条の二 移送取扱所の位置、構造及び設備の技術上の基準は、石油パイプライン事業法（昭和四十七年法律第百五号）第五条第二項第二号に規定する事業用施設に係る同法第十五条第三項第二号の規定に基づく技術上の基準に準じて総務省令で定める。（ぬ）（う）（ゆ）

2 第六類の危険物のうち過酸化水素又はこれを含有するものを取り扱うものであることその他の特別な事情により前項の基準によることが適当でないものとして総務省令で定める移送取扱所については、総務省令で、同項の基準の特例を定めることができる。（ぬ）（う）（ゆ）

本条…追加〔昭和四八年一二月政令三七八号（ぬ）〕、一・二項…一部改正〔昭和六三年一二月政令三五八号（う）・平成一二年六月三〇四号（ゆ）〕

参照 **【移送取扱所の位置、構造、設備の基準】** 危則二八の二の九～二八の五一 **【特例】** 危則二八の五二・二八の五三

（一般取扱所の基準）

第一九条 第九条第一項の規定は、一般取扱所の位置、構造及び設備の技術上の基準について準用する。（ぬ）（う）

2 次に掲げる一般取扱所のうち総務省令で定めるものについては、総務省令で、前項に掲げる基準の特例を定めることができる。（う）（ゆ）

一 専ら吹付塗装作業を行う一般取扱所その他これに類する一般取扱所（う）（リ）

一の二 専ら洗浄の作業を行う一般取扱所その他これに類する一般取扱所（て）（リ）

二 専ら焼入れ作業を行う一般取扱所その他これに類する一般取扱所（う）（リ）

三 危険物を消費するボイラー又はバーナー以外では危険物を取り扱わない一般取扱所その他これに類する一般取扱所（う）（リ）

四 専ら車両に固定されたタンクに危険物を注入する作業を行う一般取扱所その他これに類する一般取扱所（う）（リ）

五 専ら容器に危険物を詰め替える作業を行う一般取扱所（う）（リ）

六 危険物を用いた油圧装置又は潤滑油循環装置以外では危険物を取り扱わない一般取扱所その他これに類する一般取扱所（う）（リ）

七 切削油として危険物を用いた切削装置又は研削装置以外では危険物を取り扱わない一般取扱所その他これに類する一般取扱所（て）（リ）

八 危険物以外の物を加熱するための危険物を用いた熱媒体油循環装置以外では危険物を取り扱わない一般取扱所その他これに類する一般取扱所（て）（リ）

九 危険物を用いた蓄電池設備以外では危険物を取り扱わない一般取扱所（リ）

3 高引火点危険物のみを総務省令で定めるところにより取り扱う一般取扱所については、総務省令で、前二項に掲げる基準の特例を定めることができる。（う）（ゆ）

4 アルキルアルミニウム、アルキルリチウム、アセトアルデヒド、酸化プロピレンその他の総務省令で定める危険物を取り扱う一般取扱所については、当該危険物の性質に応じ、総務省令で、第一項に掲げる基準を超える特例を定めることができる。（う）（ゆ）

本条…一部改正〔昭和四八年一二月政令三七八号（ぬ）〕、一項…一部改正・二―四項…追加〔昭和六三年一二月政令三五八号（う）〕、二項…一部改正〔平成一〇年二月政令三一号（て）〕、二―四項…一部改正〔平成一二

年六月政令三〇四号(ゆ)〕、二項…一部改正〔平成二四年五月政令一四六号(リ)〕

解説【一般取扱所の形態等】①危険物から非危険物を製造する施設 ②炉・ボイラー等による危険物の消費施設等 ③ローリー積場 ④容器詰場 ⑤油圧装置 ⑥印刷所 ⑦塗装所 ⑧焼却所 ⑨発電所 ⑩熱処理工場 ⑪その他

参照【特例を定めることができる一般取扱所】危則二八の五四 【基準の特例】危則二八の五五～二八の六六

第四節　消火設備、警報設備及び避難設備の基準(う)

節名…改正〔昭和六三年一二月政令三五八号(う)〕

（消火設備の基準）

第二〇条　消火設備の技術上の基準は、次のとおりとする。

一　製造所、屋内貯蔵所、屋外タンク貯蔵所、屋内タンク貯蔵所、屋外貯蔵所、給油取扱所及び一般取扱所のうち、その規模、貯蔵し、又は取り扱う危険物の品名及び最大数量等により、火災が発生したとき著しく消火が困難と認められるもので総務省令で定めるもの並びに移送取扱所は、総務省令で定めるところにより、別表第五に掲げる対象物について同表においてその消火に適応するものとされる消火設備のうち、第一種、第二種又は第三種の消火設備並びに第四種及び第五種の消火設備を設置すること。(い)(ほ)(ぬ)(う)(ゆ)

二　製造所、屋内貯蔵所、屋外タンク貯蔵所、屋内タンク貯蔵所、屋外貯蔵所、給油取扱所、第二種販売取扱所及び一般取扱所のうち、その規模、貯蔵し、又は取り扱う危険物の品名及び最大数量等により、火災が発生したとき消火が困難と認められるもので総務省令で定めるものは、総務省令で定めるところにより、別表第五に掲げる対象物について同表においてその消火に適応するものとされる消火設備のうち、第四種及び第五種の消火設備を設置すること。(い)(ち)(う)(ゆ)

三　前二号の総務省令で定める製造所等以外の製造所等にあつては、総務省令で定めるところにより、別表第五に掲げる対象物について同表においてその消火に適応するものとされる消火設備のうち、第五種の消火設備を設置すること。(い)(う)(ゆ)

2　前項に掲げるもののほか、消火設備の技術上の基準については、総務省令で定める。(い)(ゆ)

3　蓄電池により貯蔵される総務省令で定める危険物のみを貯蔵し、又は取り扱う屋内貯蔵所については、総務省令で、前二項に掲げる基準の特例を定めることができる。(ヨ)

一・二項…一部改正〔昭和三五年六月政令一八五号(い)〕、一項…一部改正〔昭和四〇年九月政令三〇八号(ほ)・四六年六月一六八号(ち)・四八年一二月三七八号(ぬ)・六三年一二月三五八号(う)〕、一・二項…一部改正〔平成一二年六月政令三〇四号(ゆ)〕、三項…追加〔令和五年一二月政令三四八号(ヨ)〕

参照【所要単位及び能力単位】危則二九 【所要単位の計算方法】危則三〇 【消火設備の能力単位】危則三一 【消火設備の基準】危則三二～三二の一一 【著しく消火困難な製造所等及びその消火設備】危則三三 【消火困難な製造所等及びその消火設備】危則三四 【その他の製造所等の消火設備】危則三五 【蓄電池により貯蔵される危険物のみを貯蔵し、又は取り扱う屋内貯蔵所の消火設備の特例】危則三五の二 【電気設備の消火設備】危則三六 【技術上の基準の委任】危則三八の三

（警報設備の基準）

第二一条　指定数量の倍数が十以上の製造所等で総務省令で定めるものは、総務省令で定めるところにより、火災が発生した場合自動的に作動する火災報知設備その他の警報設備を設置しなければならない。(い)(う)(ゆ)

本条…一部改正〔昭和三五年六月政令一八五号(い)・六三年一二月三五八号(う)・平成一二年六月三〇四号(ゆ)〕

参照【警報設備を設置しなければならない製造所等】危則三六の二【警報設備】危則三七【製造所等の警報設備の設置基準】危則三八【技術上の基準の委任】危則三八の三

（避難設備の基準）

第二一条の二　製造所等のうち、その規模、貯蔵し、又は取り扱う危険物の品名及び最大数量等により、火災が発生したとき避難が容易でないと認められるもので総務省令で定めるものは、総務省令で定めるところにより、避難設備を設置しなければならない。(う)(ゆ)

本条…追加〔昭和六三年一二月政令三五八号(う)〕、一部改正〔平成一二年六月政令三〇四号(ゆ)〕

参照【避難設備】危則三八の二【技術上の基準の委任】危則三八の三

（消火設備及び警報設備の規格）

第二二条　消火設備若しくは警報設備又はこれらの部分である機械器具（以下この条において「消火設備等」という。）で消防法施行令第三十七条第一号から第六号まで若しくは第八号から第十号まで又は同令第四十一条第一号から第四号までに掲げるものに該当するものは、これらの消火設備等について定められた法第二十一条の二第二項又は法第二十一条の十六の三第一項の技術上の規格に適合するものでなければならない。(は)(に)(と)(を)(よ)(れ)(ら)(う)(み)(ヌ)

2　前項の規定にかかわらず、法第二十一条の二第二項又は法第二十一条の十六の三第一項の規定に基づく技術上の規格に関する総務省令の規定の施行又は適用の際、現に存する製造所等における消火設備等又は現に法第十一条第一項の規定による許可に係る設置若しくは変更の工事中の製造所等に係る消火設備等のうち消防法施行令第三十七条第一号から第六号まで若しくは第八号から第十号まで又は同令第四十一条第一号から第四号までに掲げるものに該当するもので当該技術上の規格に関する総務省令の規定に適合しないものに係る技術上の基準については、総務省令で、一定の期間を限つて、**前項の特例を定めることができる**。当該技術上の規格に関する総務省令の規定の施行又は適用の日から当該規定による技術上の規格に適合する消火設備等を供用することができる日として**総務大臣が定める日**の前日までの間において法第十一条第一項の規定による許可に係る設置又は変更の工事が開始された製造所等に係る消火設備等のうち消防法施行令第三十七条第一号から第六号まで若しくは第八号から第十号まで又は同令第四十一条第一号から第四号までに掲げるものに該当するもので当該技術上の規格に関する総務省令の規定に適合しないものについても、同様とする。(よ)(れ)(ら)(ゆ)(み)(ヌ)

本条…一部改正〔昭和三五年六月政令一八五号(い)〕、全部改正〔昭和三八年一二月政令三八〇号(は)〕、一部改正〔昭和三九年一二月政令三八〇号(に)・四五年三月二〇号(と)・五〇年七月二一五号(を)〕、一項…一部改正・二項…追加〔昭和五二年二月政令一〇号(よ)〕、一・二項…一部改正〔昭和五六年一月政令六号(れ)・六一年八月二七四号(ら)〕、一項…一部改正〔昭和六三年一二月政令三五八号(う)〕、二項…一部改正〔平成一二年六月政令三〇四号(ゆ)〕、一・二項…一部改正〔平成一三年九月政令三〇〇号(み)・二五年三月八八号(ヌ)〕

解説【本条二項に基づく特例を定める省令】①平成二一年一一月二日総務省令第一一二号　②平成二五年三月二七日総務省令第二七号
【総務大臣が定める日】①平成二一年一一月二日総務省告示第四四〇号　②平成二五年三月二七日総務省告示第一三三号

第五節　雑則

（基準の特例）

第二三条　この章の規定は、製造所等について、市町村長等が、危険物の品名及び最大数量、指定数量の倍数、危険物の貯蔵又は取扱いの方法並びに製造所等の周囲の地形その他の状況等から判断して、この章の規定による製造所等の位置、構造及び設備の基準によらなくとも、火災の発生及び延焼のおそれが著しく少なく、かつ、火災等の災害による被害を最少限度に止めることができると認めるとき、又は予想しない特殊の構造若しくは設備を用いることにより、この章の規定による製造所等の位置、構造及び設備の基準による場合と同等以上の効力があると認めるときにおいては、適用しない。(う)

本条…一部改正〔昭和六三年一二月政令三五八号(う)〕

解説【基準の特例】本条で定める特例は製造所、貯蔵所（危令第二条）、取扱所（危令第三条）における、位置、構造、設備に関してのみ適用が可能なものである。

第四章　貯蔵及び取扱の基準

（通則）

第二四条　法第十条第三項の製造所等においてする危険物の貯蔵及び取扱いのすべてに共通する技術上の基準は、次のとおりとする。(う)

一　製造所等において、法第十一条第一項の規定による許可若しくは法第十一条の四第一項の規定による届出に係る品名以外の危険物又はこれらの許可若しくは届出に係る数量若しくは指定数量の倍数を超える危険物を貯蔵し、又は取り扱わないこと。(ほ)(か)(よ)(う)

二　製造所等においては、みだりに火気を使用しないこと。

三　製造所等には、係員以外の者をみだりに出入させないこと。

四　製造所等においては、常に整理及び清掃を行うとともに、みだりに空箱その他の不必要な物件を置かないこと。(る)(う)

四の二　貯留設備又は油分離装置にたまつた危険物は、あふれないように随時くみ上げること。(う)(二)

五　危険物のくず、かす等は、一日に一回以上当該危険物の性質に応じて安全な場所で廃棄その他適当な処置をすること。

六　危険物を貯蔵し、又は取り扱う建築物その他の工作物又は設備は、当該危険物の性質に応じ、遮光又は換気を行うこと。

七　危険物は、温度計、湿度計、圧力計その他の計器を監視して、当該危険物の性質に応じた適正な温度、湿度又は圧力を保つように貯蔵し、又は取り扱うこと。(う)

八　危険物を貯蔵し、又は取り扱う場合においては、当該危険物が漏れ、あふれ、又は飛散しないように必要な措置を講ずること。(う)

九　危険物を貯蔵し、又は取り扱う場合においては、危険物の変質、異物の混入等により、当該危険物の危険性が増大しないように必要な措置を講ずること。(う)

十　危険物が残存し、又は残存しているおそれがある設備、機械器具、容器等を修理する場合は、安全な場所において、危険物を完全に除去した後に行うこと。

十一　危険物を容器に収納して貯蔵し、又は取り扱うときは、その容器は、当該危険物の性質に適応し、かつ、破損、腐食、さけめ等がないものであること。

十二　危険物を収納した容器を貯蔵し、又は取り扱う場合は、みだりに転倒させ、落下させ、衝撃を加え、又は引きずる等粗暴な行為をしないこと。

十三　可燃性の液体、可燃性の蒸気若しくは可燃性のガスがもれ、若しくは滞留するおそれのある場所又は可燃性の微粉が著しく浮遊するおそれのある場所では、電線と電気器具とを完全に接続し、かつ、火花を発する機械器具、工具、履物等を使用しないこと。

十四　危険物を保護液中に保存する場合は、当該危険物が保護液から露出しないようにすること。

本条…一部改正〔昭和四〇年九月政令三〇八号(ほ)・四九年六月一八八号(る)・五一年六月一五三号(か)・五二年二月一〇号(よ)・六三年一二月三五八号(う)・平成一八年一月六号(こ)〕

解説【みだりに火気を使用】製造所等において必要のないにもかかわらず火気を使用する。

【不必要な物件の放置】空箱等は整理がなされていても放置することは認められない。

【廃棄】危令第二七条第五項の廃棄の基準による。

【漏れ、あふれ、飛散】本号の「漏れ等」は比較的小規模のもの。大規模なものは消防第三九条の二・第三九条の三の規定により罰せられる。

第二五条　法第十条第三項の製造所等においてする危険物の貯蔵及び取扱いの危険物の類ごとに共通する技術上の基準は、次のとおりとする。(う)

一　第一類の危険物は、可燃物との接触若しくは混合、分解を促す物品との接近又は過熱、衝撃若しくは摩擦を避けるとともに、アルカリ金属の過酸化物及びこれを含有するものにあつては、水との接触を避けること。(ち)(う)

二　第二類の危険物は、酸化剤との接触若しくは混合、炎、火花若しくは高温体との接近又は過熱を避けるとともに、鉄粉、金属粉及びマグネシウム並びにこれらのいずれかを含有するものにあつては水又は酸との接触を避け、引火性固体にあつてはみだりに蒸気を発生させないこと。(う)

三　自然発火性物品（第三類の危険物のうち第一条の五第二項の自然発火性試験において同条第三項に定める性状を示すもの並びにアルキルアルミニウム、アルキルリチウム及び黄りんをいう。）にあつては炎、火花若しくは高温体との接近、過熱又は空気との接触を避け、禁水性物品にあつては水との接触を避けること。(う)

四　第四類の危険物は、炎、火花若しくは高温体との接近又は過熱を避けるとともに、みだりに蒸気を発生させないこと。(う)

五　第五類の危険物は、炎、火花若しくは高温体との接近、過熱、衝撃又は摩擦を避けること。

六　第六類の危険物は、可燃物との接触若しくは混合、分解を促す物品との接近又は過熱を避けること。(う)

2　前項の基準は、危険物を貯蔵し、又は取り扱うにあたつて、同項の基準によらないことが通常である場合においては、適用しない。この場合において、当該貯蔵又は取扱については、災害の発生を防止するため、十分な措置を講じなければならない。

一項…一部改正〔昭和四六年六月政令一六八号(ち)・六三年一二月三五八号(う)〕

（貯蔵の基準）

第二六条　法第十条第三項の危険物の貯蔵の技術上の基準は、前二条に定めるもののほか、次のとおりとする。(た)

一　貯蔵所においては、危険物以外の物品を貯蔵しないこと。ただし、総務省令で定める場合は、この限りでない。(う)(ゆ)

一の二　法別表第一に掲げる類を異にする危険物は、同一の貯蔵所（耐火構造の隔壁で完全に区分された室が二以上ある貯蔵所においては、同一の室。次号において同じ。）において貯蔵しないこと。ただし、総務省令で定める場合は、この限りでない。(ほ)(う)(ゆ)(せ)

一の三　第三類の危険物のうち黄りんその他水中に貯蔵する物品と禁水性物品とは、同一の貯蔵所において貯蔵しないこと。(う)

二　屋内貯蔵所においては、危険物は、総務省令で定めるところにより容器に収納して貯蔵すること。ただし、総務省令で定める危険物については、この限りでない。(い)(ほ)(ち)(う)(ゆ)

三　屋内貯蔵所において、同一品名の自然発火するおそれのある危険物又は災害が著しく増大するおそれのある危険物を多量貯蔵するときは、指定数量の十倍以下ごとに区分し、かつ、〇・三メートル以上の間隔を置いて貯蔵すること。ただし、総務省令で定める危険物については、この限りでない。(い)(ち)(う)(ゆ)

三の二　屋内貯蔵所で危険物を貯蔵する場合においては、総務省令で定める高さを超えて容器を積み重ねないこと。(う)(ゆ)

三の三　屋内貯蔵所においては、容器に収納して貯蔵する危険物の温度が五十五度を超えないように必要な措置を講ずること。(う)

四　屋外貯蔵タンク、屋内貯蔵タンク、地下貯蔵タンク又は簡易貯蔵タンクの計量口は、計量するとき以外は閉鎖しておくこと。(ち)(た)

五　屋外貯蔵タンク、屋内貯蔵タンク又は地下貯蔵タンクの元弁（液体の危険物を移送するための配管に設けられた弁のうちタンクの直近にあるものをいう。）及び注入口の弁又はふたは、危険物を入れ、又は出すとき以外は、閉鎖しておくこと。(ほ)(ち)(ぬ)

六　屋外貯蔵タンクの周囲に防油堤がある場合は、その水抜口を通常は閉鎖しておくとともに、当該防油堤の内部に滞油し、又は滞水した場合は、遅滞なくこれを排出すること。(ち)

六の二　移動貯蔵タンクには、当該タンクが貯蔵し、又は取り扱う危険物の類、品名及び最大数量を表示すること。(う)

七　移動貯蔵タンク及びその安全装置並びにその他の附属の配管は、さけめ、結合不良、極端な変形、注入ホースの切損等による漏れが起こらないようにするとともに、当該タンクの底弁は、使用時以外は完全に閉鎖しておくこと。(ち)(う)

八　被けん引自動車に固定された移動貯蔵タンクに危険物を貯蔵するときは、当該被けん引自動車にけん引自動車を結合しておくこと。ただし、総務省令で定める場合は、この限りでない。(ち)(お)(ゆ)

八の二　積載式移動タンク貯蔵所以外の移動タンク貯蔵所にあつては、危険物を貯蔵した状態で移動貯蔵タンクの積替えを行わないこと。(う)

九　移動タンク貯蔵所には、第八条第三項の完成検査済証、法第十四条の三の二の規定による点検記録その他総務省令で定める書類を備え付けること。(ち)(う)(ゆ)

十　アルキルアルミニウム、アルキルリチウムその他の総務省令で定める危険物を貯蔵し、又は取り扱う移動タンク貯蔵所には、緊急時における連絡先その他応急措置に関し必要な事項を記載した書類及び総務省令で定める用具を備え付けておくこと。(ち)(う)(ゆ)

十一　屋外貯蔵所においては、第十二号に定める場合を除き、危険物は、総務省令で定めるところにより容器に収納して貯蔵すること。(い)(ち)(た)(う)(ゆ)

十一の二　屋外貯蔵所で危険物を貯蔵する場合においては、総務省令で定める高さを超えて容器を積み重ねないこと。(う)(ゆ)

十一の三　屋外貯蔵所において危険物を収納した容器を架台で貯蔵する場合には、総務省令で定める高さを超えて容器を貯蔵しないこと。(う)(ゆ)

十二　第十六条第二項に規定する屋外貯蔵所においては、硫黄等を囲いの高さ以下に貯蔵するとともに、硫黄等があふれ、又は飛散しないように囲い全体を難燃性又は不燃性のシートで覆い、当該シートを囲いに固着しておくこと。(た)(う)

2　アルキルアルミニウム、アルキルリチウム、アセトアルデヒド、酸化プロピレンその他の総務省令で定める危険物の貯蔵の技術上の基準は、前項に定めるもののほか、当該危険物の性質に応じ、総務省令で定める。(う)(ゆ)

本条…一部改正〔昭和三五年六月政令一八五号(い)〕、一項…一部改正・二項…追加〔昭和四〇年九月政令三〇八号(ほ)〕、一・二項…一部改正〔昭和四六年六月政令一六八号(ち)〕、一項…一部改正〔昭和四八年一二八月政令三七八号(ぬ)〕、一・二項…一部改正〔昭和五四年七月政令二一一号(た)〕、一項…一部改正・二項…全部改正〔昭和六三年一二月政令三五八号(う)〕、一項…一部改正〔平成三年三月政令二四号(お)〕、一・二項…一部改正〔平成一二年六月政令三〇四号(ゆ)〕、一項…一部改正〔平成一六年二月政令一九号(せ)〕

解説【完成検査済証】写しは認められない。

【アセトアルデヒドの沸点】摂氏二〇・二度

【酸化プロピレンの沸点】摂氏三四度

参照【危険物以外の物品の同時貯蔵禁止の例外】危則三八の四【類を異にする危険物の同時貯蔵禁止の例外】危則三九【危険物の区分】危則三九の二【危険物の容器及び収納】危則三九の三【容器に収納しないことができる危険物】危則四〇【容器の積み重ね高さ】危則四〇の二【被けん引自動車における貯蔵の例外】危則四〇の二の二【書類の備付け】危則四〇の二の三【総務省令で定める危険物】危則四〇の二の四（アルキルアルミニウム等）【用具】危則四〇の二の四【架台での貯蔵高さ】危則四〇の二の五【特別の貯蔵基準を必要とする危険物】危則四〇の三【貯蔵の基準】危則四〇の三の二・四〇の三の三

（取扱いの基準）(た)

第二七条　法第十条第三項の危険物の取扱いの技術上の基準は、第二十四条及び第二十五条に定めるもののほか、この条の定めるところによる。(た)

2　危険物の取扱のうち製造の技術上の基準は、次のとおりとする。

一　蒸留工程においては、危険物を取り扱う設備の内部圧力の変動等により、液体、蒸気又はガスが漏れないようにすること。(う)

二　抽出工程においては、抽出罐（かん）の内圧が異常に上昇しないようにすること。

三　乾燥工程においては、危険物の温度が局部的に上昇しない方法で加熱し、又は乾燥すること。

四　粉砕工程においては、危険物の粉末が著しく浮遊し、又は危険物の粉末が著しく機械器具等に附着している状態で当該機械器具等を取り扱わないこと。

3　危険物の取扱のうち詰替の技術上の基準は、次のとおりとする。

一　危険物を容器に詰め替える場合は、総務省令で定めるところにより収納すること。(い)(ゆ)

二　危険物を詰め替える場合は、防火上安全な場所で行うこと。

4　危険物の取扱のうち消費の技術上の基準は、次のとおりとする。

一　吹付塗装作業は、防火上有効な隔壁等で区画された安全な場所で行うこと。

二　焼入れ作業は、危険物が危険な温度に達しないようにして行うこと。

三　染色又は洗浄の作業は、可燃性の蒸気の換気をよくして行うとともに、廃液をみだりに放置しないで安全に処置すること。

四　バーナーを使用する場合においては、バーナーの逆火を防ぎ、かつ、危険物があふれないようにすること。(う)

5　危険物の取扱のうち廃棄の技術上の基準は、次のとおりとする。

一　焼却する場合は、安全な場所で、かつ、燃焼又は爆発によつて他に危害又は損害を及ぼすおそれのない方法で行うとともに、見張人をつけること。

二　埋没する場合は、危険物の性質に応じ、安全な場所で行うこと。

三　危険物は、海中又は水中に流出させ、又は投下しないこと。ただし、他に危害又は損害を及ぼすおそれのないとき、又は災害の発生を防止するための適当な措置を講じたときは、この限りでない。

6　第二項から前項までに定めるもののほか、危険物の取扱いの技術上の基準は、次のとおりとする。(う)

一　給油取扱所（第十七条第三項第一号から第三号までに掲げるもの及び顧客に自ら給油等をさせる給油取扱所を除く。）における

取扱いの基準(む)(う)(ふ)(て)

イ　自動車等に給油するときは、固定給油設備を使用して直接給油すること。

ロ　自動車等に給油するときは、自動車等の原動機を停止させること。

ハ　自動車等の一部又は全部が給油空地からはみ出たままで給油しないこと。(う)

ニ　固定給油設備からガソリンを容器に詰め替え、又は軽油を車両に固定されたタンクに注入するときは、容器又は車両の一部若しくは全部が給油空地からはみ出たままでガソリンを容器に詰め替え、又は軽油を車両に固定されたタンクに注入しないこと。(ヨ)

ホ　固定注油設備から灯油若しくは軽油を容器に詰め替え、又は車両に固定されたタンクに注入するときは、容器又は車両の一部若しくは全部が注油空地からはみ出たままで灯油若しくは軽油を容器に詰め替え、又は車両に固定されたタンクに注入しないこと。(う)(て)(ニ)(ヨ)

ヘ　移動貯蔵タンクから専用タンク又は廃油タンク等に危険物を注入するときは、移動タンク貯蔵所を専用タンク又は廃油タンク等の注入口の付近に停車させること。(う)(ヨ)

ト　給油取扱所に専用タンク又は簡易タンク（以下このト及びチにおいて「専用タンク等」という。）がある場合において、当該専用タンク等に危険物を注入するときは、次に掲げる措置を講ずること。(ヨ)

(1)　当該専用タンク等に接続する固定給油設備又は固定注油設備の使用を中止すること。ただし、専用タンクに危険物を注入する場合において、総務省令で定める措置を講じたときは、この限りでない。(ヨ)

(2)　自動車等を当該専用タンク等の注入口に近づけないこと。(ヨ)

チ　固定給油設備又は固定注油設備には、当該固定給油設備又は固定注油設備に接続する専用タンク等の配管以外のものによつて、危険物を注入しないこと。(う)(て)(ヨ)

リ　自動車等に給油するときその他の総務省令で定めるときは、固定給油設備又は専用タンクの注入口若しくは通気管の周囲で総務省令で定める部分においては、他の自動車等が駐車することを禁止するとともに、自動車等の点検若しくは整備又は洗浄を行わないこと。(む)(う)(ゆ)(ヨ)

ヌ　第十七条第二項第九号の総務省令で定める空地には、自動車等が駐車又は停車することを禁止するとともに、避難上支障となる物件を置かないこと。(う)(ゆ)(ヨ)

ル　第十七条第二項第九号ただし書に該当する屋内給油取扱所において専用タンクに危険物を注入するときは、可燃性の蒸気の放出を防止するため、総務省令で定めるところにより行うこと。(う)(ゆ)(ヨ)

ヲ　自動車等の洗浄を行う場合は、引火点を有する液体の洗剤を使用しないこと。(う)(ヨ)

ワ　物品の販売その他の総務省令で定める業務は、総務省令で定める場合を除き、第十七条第一項第十七号の建築物（屋内給油取扱所にあつては、建築物の屋内給油取扱所の用に供する部分）の一階（総務省令で定める部分を除く。）のみで行うこと。(む)(う)(ゆ)(ニ)(ヨ)

カ　給油の業務が行われていないときは、係員以外の者を出入させないため必要な措置を講ずること。ただし、総務省令で定める措置を講じたときは、この限りでない。(む)(う)(ヨ)

ヨ　顧客に自ら自動車等に給油させ、又はガソリン、灯油若しくは軽油を容器に詰め替えさせ、若しくは灯油若しくは軽油を車両に固定されたタンクに注入させないこと。(て)(ヨ)

一の二　第十七条第三項第二号から第三号までに掲げる給油取扱所における取扱いの基準は、前号（イ、ハ及びチを除く。）の規定の例によるほか、総務省令で定めるところによること。(う)(ふ)(ゆ)(ヨ)

一の三　顧客に自ら給油等をさせる給油取扱所における取扱いの基準は、第一号（ヨを除く。）の規定の例によるほか、総務省令で定めるところによること。(て)(ゆ)(ヨ)

二　第一種販売取扱所及び第二種販売取扱所における取扱いの基準(ち)(ね)

イ　危険物は、次条に規定する容器に収納し、かつ、容器入りのままで販売すること。

ロ　第一種販売取扱所及び第二種販売取扱所においては、塗料類その他の総務省令で定める危険物を第十八条第一項第九号で定める室で配合する場合を除き、危険物の配合又は詰替えを行わないこと。(い)(ち)(ね)(う)(ゆ)

三　移送取扱所における取扱いの基準(ぬ)

イ　危険物の移送は、危険物を移送するための配管及びポンプ並びにこれらに附属する設備（危険物を運搬する船舶からの陸上への危険物の移送の取扱いを行う移送取扱所にあつては、危険物を移送するための配管及びこれに附属する設備。ロにおいて同じ。）の安全を確認した後に開始すること。(ぬ)

ロ　危険物の移送中は、移送する危険物の圧力及び流量を常に監視し、並びに一日に一回以上、危険物を移送するための配管及びポンプ並びにこれらに附属する設備の安全を確認するための巡視を行うこと。(ぬ)(る)

ハ　移送取扱所を設置する地域について、地震を感知し、又は地震の情報を得た場合には、直ちに、総務省令で定めるところにより、災害の発生又は拡大を防止するため必要な措置を講ずること。(ぬ)(ゆ)

四　移動タンク貯蔵所（積載式移動タンク貯蔵所を除く。）における取扱いの基準(ほ)(ぬ)(う)(ま)

イ　移動貯蔵タンクから危険物を貯蔵し、又は取り扱うタンクに液体の危険物を注入するときは、当該タンクの注入口に移動貯蔵タンクの注入ホースを緊結すること。ただし、総務省令で定めるところにより、総務省令で定めるタンクに引火点が四十度以上の第四類の危険物を注入するときは、この限りでない。(ほ)(る)(た)(う)(ゆ)

ロ　移動貯蔵タンクから液体の危険物を容器に詰め替えないこと。ただし、総務省令で定めるところにより、総務省令で定める容器に引火点が四十度以上の第四類の危険物を詰め替えるときは、この限りでない。(う)(ゆ)

ハ　ガソリン、ベンゼンその他静電気による災害が発生するおそれのある液体の危険物を移動貯蔵タンクに入れ、又は移動貯蔵タンクから出すときは、総務省令で定めるところにより当該移動貯蔵タンクを接地すること。(ほ)(う)(ゆ)

ニ　移動貯蔵タンクから危険物を貯蔵し、又は取り扱うタンクに引火点が四十度未満の危険物を注入するときは、移動タンク貯蔵所の原動機を停止させること。(ち)(た)(う)

ホ　ガソリン、ベンゼンその他静電気による災害が発生するおそれのある液体の危険物を移動貯蔵タンクにその上部から注入するときは、注入管を用いるとともに、当該注入管の先端を移動貯蔵タンクの底部に着けること。(ち)(う)

ヘ　ガソリンを貯蔵していた移動貯蔵タンクに灯油若しくは軽油を注入するとき、又は灯油若しくは軽油を貯蔵していた移動貯蔵タンクにガソリンを注入するときは、総務省令で定めるところにより、静電気等による災害を防止するための措置を講ずること。(ち)(う)(ゆ)

五　積載式移動タンク貯蔵所における取扱いの基準は、前号ロから

四へまでの規定の例によるほか、総務省令で定めるところによること。(う)(ゆ)

7　アルキルアルミニウム、アルキルリチウム、アセトアルデヒド、酸化プロピレンその他の総務省令で定める危険物又は第四類の危険物のうちメタノール若しくはエタノール若しくはこれらを含有するものの取扱いの技術上の基準は、前各項に定めるもののほか、当該危険物の性質に応じ、総務省令で定める。(う)(ま)(ゆ)(チ)

三・六項…一部改正〔昭和三五年六月政令一八五号(い)〕、六項…一部改正〔昭和四〇年九月政令三〇八号(ほ)・四六年六月一六八号(ち)・四八年一二月三七八号(ぬ)・四九年六月一八八号(る)〕、見出し…改正・一・六項…一部改正〔昭和五四年七月政令二一一号(た)〕、六項…一部改正〔昭和五九年六月政令一八〇号(ね)・六二年三月八六号(む)〕、二・四・六項…一部改正・七項…追加〔昭和六三年一二月政令三五八号(う)〕、六・七項…一部改正〔平成六年三月政令三七号(ま)〕、六項…一部改正〔平成七年二月政令一五号(ふ)・一〇年二月三一号(て)〕、三・六・七項…一部改正〔平成一二年六月政令三〇四号(ゆ)〕、六項…一部改正〔平成一八年一月政令六号(ニ)〕、七項…一部改正〔平成二三年一二月政令四〇五号(チ)〕、六項…一部改正〔令和五年一二月政令三四八号(ヨ)〕

解説　【静電気による災害が発生するおそれのある液体危険物】特殊引火物、第一石油類、第二石油類等

参照　【容器】危則三九の三【ガソリンを容器に詰め替えるときの確認等】危則三九の三の二【専用タンクに危険物を注入するときの措置】危則四〇の三の三の二【総務省令で定めるとき及び定める部分】危則四〇の三の四【可燃性の蒸気の回収措置】危則四〇の三の五【総務省令で定める業務】危則四〇の三の六【給油の業務が行われていないときの措置】危則四〇の三の六の二【第十七条第三項第一号から第三号までに掲げる給油取扱所における取扱基準】危則四〇の三の七～四〇の三の一〇【配合することができる危険物】危則四〇の三の一一【地震時における災害の防止措置】危則四〇の四【注入ホースを緊結しないことができるタンク等】危則四〇の五【移動貯蔵タンクから詰替えできる容器】危則四〇の五の二【移動貯蔵タンクの接地】危則四〇の六【静電気等による災害の防止措置】危則四〇の七【積載式移動タンク貯蔵所における取扱基準】危則四〇の八【特別の取扱基準を必要とする危険物】危則四〇の九【取扱基準】危則四〇の一〇～危則四〇の一四

第五章　運搬及び移送の基準(ち)

章名…改正〔昭和四六年六月政令一六八号(ち)〕

（運搬容器）

第二八条　法第十六条の規定による危険物を運搬するための容器（以下「運搬容器」という。）の技術上の基準は、次のとおりとする。

一　運搬容器の材質は、鋼板、アルミニウム板、ブリキ板、ガラスその他総務省令で定めるものであること。(い)(う)(ゆ)

二　運搬容器の構造及び最大容積は、総務省令で定めるものであること。(い)(ゆ)

本条…一部改正〔昭和三五年六月政令一八五号(い)・六三年一二月三五八号(う)・平成一二年六月三〇四号(ゆ)〕

参照　【運搬容器の材質】危則四一【運搬容器の構造及び最大容積】危則四二・四三・別表三～別表三の四、危告示六八の三～六八の四

（積載方法）

第二九条　法第十六条の規定による積載方法の技術上の基準は、次のとおりとする。

一　危険物は、前条の運搬容器に総務省令で定めるところにより収納して積載すること。ただし、塊状の硫黄等を運搬するため積載する場合又は危険物を一の製造所等から当該製造所等の存する敷地と同一の敷地内に存する他の製造所等へ運搬するため積載する場合は、この限りでない。(い)(う)(ゆ)

二　危険物は、運搬容器の外部に、総務省令で定めるところにより、危険物の品名、数量等を表示して積載すること。(い)(う)(ゆ)

三　危険物は、当該危険物が転落し、又は危険物を収納した運搬容

器が落下し、転倒し、若しくは破損しないように積載すること。（う）
四　運搬容器は、収納口を上方に向けて積載すること。（う）
五　総務省令で定める危険物は、日光の直射又は雨水の浸透を防ぐため有効に被覆する等当該危険物の性質に応じて総務省令で定める措置を講じて積載すること。（い）（う）（ゆ）
六　危険物は、総務省令で定めるところにより、類を異にするその他の危険物又は災害を発生させるおそれのある物品と混載しないこと。（い）（う）（ゆ）
七　危険物を収納した運搬容器を積み重ねる場合においては、総務省令で定める高さ以下で、総務省令で定めるところにより積載すること。（う）（ゆ）

本条…一部改正〔昭和三五年六月政令一八五号（い）・六三年一二月三五八号（う）・平成一二年六月三〇四号（ゆ）〕

参照【運搬容器への収納】危則四三の三【容器表示】危則四四【危険物の被覆等】危則四五【危険物との混載禁止物品】危則四六【運搬容器の積み重ね高さ】危則四六の二

（運搬方法）
第三〇条　法第十六条の規定による運搬方法の技術上の基準は、次のとおりとする。
一　危険物又は危険物を収納した運搬容器が著しく摩擦又は動揺を起さないように運搬すること。
二　指定数量以上の危険物を車両で運搬する場合には、総務省令で定めるところにより、当該車両に標識を掲げること。（い）（ゆ）
三　指定数量以上の危険物を車両で運搬する場合において、積替、休憩、故障等のため車両を一時停止させるときは、安全な場所を選び、かつ、運搬する危険物の保安に注意すること。
四　指定数量以上の危険物を車両で運搬する場合には、第二十条に規定する消火設備のうち当該危険物に適応するものを備えること。
五　危険物の運搬中危険物が著しくもれる等災害が発生するおそれのある場合は、災害を防止するため応急の措置を講ずるとともに、もよりの消防機関その他の関係機関に通報すること。
2　品名又は指定数量を異にする二以上の危険物を運搬する場合において、当該運搬に係るそれぞれの危険物の数量を当該危険物の指定数量で除し、その商の和が一以上となるときは、指定数量以上の危険物を運搬しているものとみなす。（う）

本条…一部改正〔昭和三五年六月政令一八五号（い）〕、二項…追加〔昭和六三年一二月政令三五八号（う）〕、一項…一部改正〔平成一二年六月政令三〇四号（ゆ）〕

参照【標識】危則四七

（移送の基準）
第三〇条の二　法第十六条の二第二項の移動タンク貯蔵所による危険物の移送に関し政令で定める基準は、次のとおりとする。（ち）
一　危険物の移送をする者は、移送の開始前に、移動貯蔵タンクの底弁その他の弁、マンホール及び注入口のふた、消火器等の点検を十分に行なうこと。（ち）
二　危険物の移送をする者は、当該移送が総務省令で定める長時間にわたるおそれがある移送であるときは、二人以上の運転要員を確保すること。ただし、動植物油類その他総務省令で定める危険物の移送については、この限りでない。（ち）（う）（ゆ）（ひ）
三　危険物の移送をする者は、移動タンク貯蔵所を休憩、故障等のため一時停止させるときは、安全な場所を選ぶこと。（ち）
四　危険物の移送をする者は、移動貯蔵タンクから危険物が著しくもれる等災害が発生するおそれのある場合には、災害を防止する

ため応急措置を講ずるとともに、もよりの消防機関その他の関係機関に通報すること。（ち）

五　危険物の移送をする者は、アルキルアルミニウム、アルキルリチウムその他の総務省令で定める危険物の移送をする場合には、総務省令で定めるところにより、移送の経路その他必要な事項を記載した書面を関係消防機関に送付するとともに、当該書面の写しを携帯し、当該書面に記載された内容に従うこと。ただし、災害その他やむを得ない理由がある場合には、当該記載された内容に従わないことができる。（ち）（う）（ゆ）

本条…追加〔昭和四六年六月政令一六八号（ち）〕、一部改正〔昭和六三年一二月政令三五八号（う）・平成一二年六月三〇四号（ゆ）・一五年一二月五一七号（ひ）〕

参照　【運転要員の確保】危則四七の二　【移送経路等の通知】危則四七の三

第五章の二　危険物保安統括管理者（か）

本章…追加〔昭和五一年六月政令一五三号（か）〕

（危険物保安統括管理者を定めなければならない事業所等）

第三〇条の三　法第十二条の七第一項の政令で定める製造所、貯蔵所又は取扱所は、第四類の危険物を取り扱う製造所、移送取扱所又は一般取扱所のうち、総務省令で定めるもの以外のもの（以下「指定施設」という。）とする。（か）（ゆ）

2　法第十二条の七第一項の政令で定める数量は、指定施設において取り扱う第四類の危険物について、指定数量の三千倍に相当する数量（移送取扱所にあつては、総務省令で定める数量）とする。（か）（ゆ）

3　法第十二条の七第一項の危険物保安統括管理者は、当該事業所においてその事業の実施を統括管理する者をもつて充てなければならない。（か）（う）

本条…追加〔昭和五一年六月政令一五三号（か）〕、三項…一部改正〔昭和六三年一二月政令三五八号（う）〕、一・二項…一部改正〔平成一二年六月政令三〇四号（ゆ）〕

解説　【危険物保安統括管理者の資格】資格そのものに規制はないが「その事業の実施を統括、管理する者をもつて充てる」こととして運用されている。

参照　【危険物保安統括管理者を定めなければならない事業所から除かれるもの】危則四七の四　【移送取扱所における数量（指定数量）】危則四七の五　【選解任届出書】危則四七の六・別記様式一九

第六章　危険物保安監督者、危険物取扱者及び危険物取扱者免状（ち）

章名…改正〔昭和四六年六月政令一六八号（ち）〕

（危険物保安監督者及び危険物取扱者の責務）（ち）

第三一条　法第十三条第一項の危険物保安監督者は、危険物の取扱作業に関して保安の監督をする場合は、誠実にその職務を行わなければならない。（ち）（う）

2　危険物取扱者は、危険物の取扱作業に従事するときは、法第十条第三項の貯蔵又は取扱いの技術上の基準を遵守するとともに、当該危険物の保安の確保について細心の注意を払わなければならない。（ち）

3　甲種危険物取扱者又は乙種危険物取扱者は、危険物の取扱作業の立会をする場合は、取扱作業に従事する者が法第十条第三項の貯蔵又は取扱の技術上の基準を遵守するように監督するとともに、必要に応じてこれらの者に指示を与えなければならない。（ち）

見出し…改正・一項…一部改正・二項…追加・旧二項…一部改正し三項に

繰下〔昭和四六年六月政令一六八号(ち)〕、一項…一部改正〔昭和六三年一二月政令三五八号(う)〕

解説【保安監督者の業務】危則第四八条。本条は委任命令でなく執行命令である。

参照【実務経験】危則四八の二

（危険物保安監督者を定めなければならない製造所等）

第三一条の二　法第十三条第一項の政令で定める製造所、貯蔵所又は取扱所は、製造所等のうち次に掲げるもの以外のものとする。(ち)(る)

一　屋内貯蔵所又は地下タンク貯蔵所で、指定数量の倍数が三十以下のもの（引火点が四十度以上の第四類の危険物のみを貯蔵し、又は取り扱うものに限る。）(う)

二　引火点が四十度以上の第四類の危険物のみを貯蔵し、又は取り扱う屋内タンク貯蔵所又は簡易タンク貯蔵所(ち)(た)(う)

三　移動タンク貯蔵所(ち)

四　指定数量の倍数が三十以下の屋外貯蔵所(ち)(う)

五　引火点が四十度以上の第四類の危険物のみを取り扱う第一種販売取扱所又は第二種販売取扱所(ち)(た)(う)

六　指定数量の倍数が三十以下の一般取扱所（引火点が四十度以上の第四類の危険物のみを取り扱うものに限る。）で次に掲げるもの(ち)(た)(う)

イ　ボイラー、バーナーその他これらに類する装置で危険物を消費するもの(ち)

ロ　危険物を容器に詰め替えるもの(ち)

本条…追加〔昭和四六年六月政令一六八号(ち)〕、一部改正〔昭和四九年六月政令一八八号(る)・五四年七月二一一号(た)・六三年一二月三五八号(う)〕

解説【引火点が四十度以上のもの】引火点がない危険物はこれに当たらない。
【危険物を容器に詰め替えるもの】「小口詰替の一般取扱所」等、容器へ詰め替えることを取扱いの目的とした一般取扱所がこれに該当する。

（免状の交付の申請）

第三二条　法第十三条の二第三項の危険物取扱者免状（以下この章において「免状」という。）の交付を受けようとする者は、申請書に総務省令で定める書類を添えて、当該免状に係る危険物取扱者試験を行つた都道府県知事（法第十三条の七第二項に規定する指定試験機関の行つた危険物取扱者試験を受けた者にあつては、当該危険物取扱者試験の実施に関する事務を当該指定試験機関に行わせることとした都道府県知事）に提出しなければならない。(い)(ち)(な)(ゆ)

本条…一部改正〔昭和三五年六月政令一八五号(い)・四六年六月一六八号(ち)・五九年九月二七六号(な)・平成一二年六月三〇四号(ゆ)〕

解説【本籍地】県名のみで良い。

参照【免状の交付申請書の様式等】危則五〇・別記様式二一

（免状の記載事項）

第三三条　免状には、次に掲げる事項を記載するものとする。

一　免状の交付年月日及び交付番号

二　氏名及び生年月日

三　本籍地の属する都道府県(ち)(な)

四　免状の種類並びに取り扱うことができる危険物及び甲種危険物取扱者又は乙種危険物取扱者がその取扱作業に関して立ち会うことができる危険物の種類(ち)

五　その他総務省令で定める事項(い)(ゆ)

〔本条…一部改正〔昭和三五年六月政令一八五号（い）・四六年六月一六八号（ち）・五九年九月二七六号（な）・平成一二年六月三〇四号（ゆ）〕〕

解説【事務処理手続】　昭和六三年一二月二七日消防危第一二五号（危険物取扱者免状に関する事務処理手続きについて）

参照【免状の様式】危則五一・別記様式二二【その他総務省令で定める事項】危則五一

（免状の書換え）（さ）

第三四条　免状の交付を受けている者は、免状の記載事項に変更を生じたときは、遅滞なく、当該免状に総務省令で定める書類を添えて、当該免状を交付した都道府県知事又は居住地若しくは勤務地を管轄する都道府県知事にその書換えを申請しなければならない。（い）（さ）（ゆ）

本条…一部改正〔昭和三五年六月政令一八五号（い）〕、見出し…改正・本条…一部改正〔平成一一年一〇月政令三二四号（さ）〕、本条…一部改正〔平成一二年六月政令三〇四号（ゆ）〕

参照【免状の書換え申請書の様式等】危則五二・別記様式二三【手数料】手数料令二一

（免状の再交付）

第三五条　免状の交付を受けている者は、免状を亡失し、滅失し、汚損し、又は破損した場合は、当該免状の交付又は書換えをした都道府県知事にその再交付を申請することができる。（ほ）

2　免状の汚損又は破損により前項の申請をする場合は、申請書に当該免状を添えて提出しなければならない。

3　免状を亡失してその交付を受けた者は、亡失した免状を発見した場合は、これを十日以内に免状の再交付を受けた都道府県知事に提出しなければならない。

一項…一部改正〔昭和四〇年九月政令三〇八号（ほ）〕

参照【免状の再交付申請書の様式等】危則五三・別記様式二三【手数料】手数料令二一

（総務省令への委任）（ゆ）

第三五条の二　第三十二条から前条までに定めるもののほか、免状の交付、返納、書換え及び再交付に関し必要な事項は、総務省令で定める。（さ）（ゆ）

本条…追加〔平成一一年一〇月政令三二四号（さ）〕、見出し…改正・本条…一部改正〔平成一二年六月政令三〇四号（ゆ）〕

参照【必要事項】危則五〇の二・五〇の三・五一の二・五一の三・五二の二・五三の二

第七章　危険物施設保安員（ほ）

本章…追加〔昭和四〇年九月政令三〇八号（ほ）〕

（危険物施設保安員を定めなければならない製造所等の指定）

第三六条　法第十四条の政令で定める製造所、貯蔵所又は取扱所は、指定数量の倍数が百以上の製造所若しくは一般取扱所又は移送取扱所のうち、総務省令で定めるもの以外のものとする。（ほ）（ぬ）（う）（ゆ）

本条…全部改正〔昭和四〇年九月政令三〇八号（ほ）〕、一部改正〔昭和四八年一二月政令三七八号（ぬ）・六三年一二月三五八号（う）・平成一二年六月政令三〇四号（ゆ）〕

参照【危険物施設保安員の設置対象から除かれるもの】危則六〇

第八章　予防規程（ほ）

本章…追加〔昭和四〇年九月政令三〇八号(ほ)〕

（予防規程を定めなければならない製造所等の指定）

第三七条　法第十四条の二第一項の政令で定める製造所、貯蔵所又は取扱所は、第七条の三各号に掲げる製造所等又は給油取扱所のうち、総務省令で定めるもの以外のものとする。(ほ)(ぬ)(る)(む)(ゆ)

本条…全部改正〔昭和四〇年九月政令三〇八号(ほ)〕、一部改正〔昭和四八年一二月政令三七八号(ぬ)〕、全部改正〔昭和四九年六月政令一八八号(る)〕、一部改正〔昭和六二年三月政令八六号(む)・平成一二年六月政令三〇四号(ゆ)〕

参照　【予防規程を定めなければならない製造所等から除かれるもの】危則六一

第九章　自衛消防組織（ほ）

本章…追加〔昭和四〇年九月政令三〇八号(ほ)〕

（自衛消防組織を置かなければならない事業所）

第三八条　法第十四条の四の政令で定める製造所、貯蔵所又は取扱所は、指定施設とする。(か)

2　法第十四条の四の政令で定める数量は、第三十条の三第二項に規定する数量とする。(か)

本条…全部改正〔昭和四〇年九月政令三〇八号(ほ)〕、一・二項…一部改正〔昭和四八年一二月政令三七八号(ぬ)・四九年六月一八八号(る)〕、本条…全部改正〔昭和五一年六月政令一五三号(か)〕

参照　【指定施設】危令三〇の三

（自衛消防組織の編成）

第三八条の二　法第十四条の四の規定による自衛消防組織（以下「自衛消防組織」という。）は、次の表の上欄に掲げる事業所の区分に応じそれぞれ同表の中欄及び下欄に掲げる数以上の人員及び化学消防自動車（指定施設である移送取扱所を有する事業所にあつては、総務省令で定める数以上の人員及び化学消防自動車）をもつて編成しなければならない。ただし、火災その他の災害のための相互応援に関する協定を締結している事業所については、総務省令で定めるところにより編成することをもつて足りるものとする。(ほ)(ち)(ぬ)(る)(ゆ)

事業所の区分	人員数	化学消防自動車の台数
指定施設において取り扱う第四類の危険物の最大数量が指定数量の十二万倍未満である事業所	五人	一台
指定施設において取り扱う第四類の危険物の最大数量が指定数量の十二万倍以上二十四万倍未満である事業所	十人	二台
指定施設において取り扱う第四類の危険物の最大数量が指定数量の二十四万倍以上四十八万倍未満である事業所	十五人	三台
指定施設において取り扱う第四類の危険物の最大数量が指定数量の四十八万倍以上である事業所	二十人	四台

2　前項の化学消防自動車は、総務省令で定める消火能力及び設備を有するものでなければならない。(ほ)(ゆ)

3　第一項の化学消防自動車には、消火活動を実施するために必要な消火薬剤及び器具を備えておかなければならない。(ほ)

本条…追加〔昭和四〇年九月政令三〇八号(ほ)〕、一部改正〔昭和四六年六月政令一六八号(ち)〕、一項…一部改正〔昭和四八年一二月政令三七八号(ぬ)・四九年六月一八号(る)〕、一・二項…一部改正〔平成一二年六月政令三〇四号(ゆ)〕

解説 【相互応援に関する協定】二以上の事業所間で一の事業所に火災等の災害が発生した場合、他の事業所の自衛消防組織が直ちに災害現場にかけつけ、消防活動等の応援を行う旨を定めること。

参照 【移送取扱所を有する事業所の自衛消防組織の編成】危則六四【自衛消防組織の編成の特例】危則六四の二【化学消防車の基準】危則六五

第十章　映写室の構造及び設備の基準(ほ)

章名…改正・旧七章…繰下〔昭和四〇年九月政令三〇八号(ほ)〕

（映写室の基準）

第三九条　法第十五条に規定する映写室の構造及び設備の技術上の基準は、次のとおりとする。(ち)

一　映写室には、総務省令で定めるところにより、見やすい箇所に映写室である旨を表示した標識及び防火に関し必要な事項を掲示した掲示板を設けること。(い)(ゆ)

二　映写室の壁、柱、床及び天井は、耐火構造とすること。

三　映写室は、間口を一メートルに映写機一台につき一メートルを加えた長さ以上、奥行を三メートル以上、天井の高さを二・一メートル以上とすること。

四　出入口は、幅を〇・六メートル以上、高さを一・七メートル以上とし、かつ、外開きの自動閉鎖の特定防火設備を設けること。(き)

五　映写窓その他の開口部には、事故又は火災が発生した場合に当該開口部を直ちに閉鎖することができる装置を有する防火板を設けること。

六　映写室には、不燃材料で作つた映写機用排気筒及び室内換気筒を屋外に通ずるように設けること。

七　映写室には、フィルムを収納するための不燃材料で作つた格納庫を設けること。

八　映写室には、映写機の整流器を設けないこと。

九　映写室には、総務省令で定めるところにより、消火設備を設けること。(い)(ゆ)

本条…一部改正〔昭和三五年六月政令一八五号(い)・四六年六月一六八号(ち)・平成一二年四月二一一号(き)・六月三〇四号(ゆ)〕

参照 【標識、掲示板】危則六六【消火設備】危則六七

第十一章　緊急時の指示(さ)

本章…追加〔平成一一年一〇月政令三二四号(さ)〕

（緊急時の指示の手続）

第三九条の二　総務大臣は、法第十六条の八の二の規定により法第十一条の五第二項又は第十六条の三第四項に規定する事務の処理について指示をしたときは、当該指示に係る移動タンク貯蔵所につき法第十一条第一項の規定による許可をした市町村長等に対し、その旨を通知しなければならない。(さ)(ゆ)

本条…追加〔平成一一年一〇月政令三二四号(さ)〕、一部改正〔平成一二年六月政令三〇四号(ゆ)〕

（緊急時の指示の対象となる事務）

第三九条の三　法第十六条の八の二の政令で定める事務は、法第十一条の五第一項及び第二項、第十二条第二項、第十二条の三第一項、第十六条の三第三項及び第四項並びに第十六条の六第一項の規定に

より都道府県知事又は市町村長が行うこととされる事務とする。(さ)(ゑ)

本条…追加〔平成一一年一〇月政令三二四号(さ)〕、一部改正〔平成一四年八月政令二七四号(ゑ)〕

第十二章　雑則(ほ)(さ)

旧八章…繰下〔昭和四〇年九月政令三〇八号(ほ)〕、旧一一章…繰下〔平成一一年一〇月政令三二四号(さ)〕

（手数料）

第四〇条　法第十六条の四第一項の規定により納付すべき手数料の額は、次の表のとおりとする。(ろ)(ほ)(ち)(ぬ)(る)(よ)(そ)(ね)(な)(む)(う)(ゐ)(お)(く)(ま)(こ)(て)(あ)(さ)(す)(ワ)

手数料を納付すべき者	区分	手数料の額
(一) 法第十一条第一項前段の規定による移送取扱所の設置の許可を受けようとする者	危険物を移送するための配管の延長（当該配管の起点又は終点が二以上ある場合には、任意の起点から任意の終点までの当該配管の延長のうち最大のもの。以下同じ。）が十五キロメートル以下の移送取扱所（危険物を移送するための配管に係る最大常用圧力が〇・九五メガパスカル以上のものであつて、かつ、危険物を移送するための配管の延長が七キロメートル以上のものを除く。）	七万六千二百円
	危険物を移送するための配管に係る最大常用圧力が〇・九五メガパスカル以上であつて、かつ、危険物を移送するための配管の延長が七キロメートル以上十五キロメートル以下の移送取扱所	十八万四百円
	危険物を移送するための配管の延長が十五キロメートルを超える移送取扱所	十八万四百円に危険物を移送するための配管の延長が十五キロメートル又は十五キロメートルに満たない端数を増すごとに二万九千四百円を加えた額
(二) 法第十一条第一項後段の規定による移送取扱所の変更の許可を受けようとする者	危険物を移送するための配管の延長が十五キロメートル以下の移送取扱所（危険物を移送するための配管に係る最大常用圧力が〇・九五メガパスカル以上のものであつて、かつ、危険物を移送するための配管の延長が七キロメートル以上のものを除く。）	六万二千二百円
	危険物を移送するための配管に係る最大常用圧力が〇・九五メガパスカル以上であつて、かつ、危険物を移送するための配管の延長が七キロメートル以上十五キロメートル以下の移送取扱所	十万八千三百円
	危険物を移送するための配管の延長が十五キロメートルを超える移送取扱所	十万八千三百円に危険物を移送するための配管の延長が十五キロメートル又は十五キロメートルに満たない端数を増すごとに一万四千七百円を加えた額

(三) 移送取扱所の設置の完成検査を受けようとする者	危険物を移送するための配管の延長が十五キロメートル以下の移送取扱所（危険物を移送するための配管に係る最大常用圧力が〇・九五メガパスカル以上のものであつて、かつ、危険物を移送するための配管の延長が七キロメートル以上のものを除く。）	六万二千円
	危険物を移送するための配管に係る最大常用圧力が〇・九五メガパスカル以上であつて、かつ、危険物を移送するための配管の延長が七キロメートル以上十五キロメートル以下の移送取扱所	十一万九千二百円
	危険物を移送するための配管の延長が十五キロメートルを超える移送取扱所	十一万九千二百円に危険物を移送するための配管の延長が十五キロメートル又は十五キロメートルに満たない端数を増すごとに一万四千四百円を加えた額
(四) 移送取扱所の変更の完成検査を受けようとする者	危険物を移送するための配管の延長が十五キロメートル以下の移送取扱所（危険物を移送するための配管に係る最大常用圧力が〇・九五メガパスカル以上のものであつて、かつ、危険物を移送するための配管の延長が七キロメートル以上のものを除く。）	五万五千四百円
	危険物を移送するための配管に係る最大常用圧力が〇・九五メガパスカル以上であつて、かつ、危険物を移送するための配管の延長が七キロメートル以上十五キロメートル以下の移送取扱所	七万七千九百円

	危険物を移送するための配管の延長が十五キロメートルを超える移送取扱所	七万七千九百円に危険物を移送するための配管の延長が十五キロメートル又は十五キロメートルに満たない端数を増すごとに七千円を加えた額
(五) 法第十一条第五項ただし書の規定による移送取扱所の仮使用の承認を受けようとする者		七千三百円
(六) 法第十四条の三第一項の規定による移送取扱所の保安に関する検査を受けようとする者	危険物を移送するための配管に係る最大常用圧力が〇・九五メガパスカル以上であつて、かつ、危険物を移送するための配管の延長が七キロメートル以上十五キロメートル以下の移送取扱所	十五万五千五百円
	危険物を移送するための配管の延長が十五キロメートルを超える移送取扱所	十五万五千五百円に危険物を移送するための配管の延長が十五キロメートル又は十五キロ

	メートルに満たない端数を増すごとに二万三千円を加えた額

備考　この表の上欄に掲げる者が、情報通信技術を活用した行政の推進等に関する法律（平成十四年法律第百五十一号）第六条第一項の規定により同項に規定する電子情報処理組織を使用して同法第三条第八号に規定する申請等をする場合における手数料の額は、同表の下欄に定める額から百円を減じた額とする。

２　法第十六条の四第二項の規定により納付すべき手数料の額は、四千七百円とする。（さ）

本条…一部改正〔昭和三八年四月政令一三二号(ろ)・四〇年九月三〇八号(ほ)・四六年六月一六八号(ち)・四八年一二月三七八号(ぬ)・四九年六月一八八号(る)・五二年二月一〇号(よ)・五七年一月二号(そ)・五九年六月一八〇号(ね)〕、一項…一部改正・二項…追加〔昭和五九年九月政令二七六号(な)〕、一項…一部改正〔昭和六二年三月政令八六号(む)・六三年一二月三五八号(う)・平成元年三月四〇号(ゐ)・三年三月二四号(お)・四年一二月三六六号(く)・六年三月三七号(ま)・九年二月一三号(こ)・一〇年二月三一号(て)・一一年一月三号(あ)〕、一項…一部改正・二項…全部改正〔平成一一年一〇月政令三二四号(さ)〕、一項…一部改正〔平成一六年三月政令七三号(す)・令和元年一二月一八三号(ワ)〕

解説　手数料の額は徴収すべき額であり、市町村規則等により減免規定を設けることはできない。

【許可申請後の変更】　一般には申請内容の変更として扱い、新たな許可手数料を徴収することはできない。ただし、許可内容の変更によって手数料が増加する場合はその差額を徴収する（減少する場合の差額の返還は行わない。）。

【許可後、完成（前）検査前の変更】　変更許可手数料を徴収する。

参照　【手数料】手数料令（平成一二年一月二一日政令第一六号）

（第一類の危険物等の特例）

第四一条　第一類の危険物、第二類の危険物及び第五類の危険物のうち総務省令で定めるものについては、第九条第一項第二号、第四号から第七号まで、第九号、第二十号及び第二十一号（これらの規定を第十九条第一項において準用する場合を含む。）、第十条第一項第一号、第四号から第七号まで及び第十二号、第二十条第一項第三号並びに第二十七条第五項第三号に定める基準に関して、総務省令で特例を定めることができる。（い）（よ）（ね）（う）（ゆ）

本条…一部改正〔昭和三五年六月政令一八五号(い)・五二年二月一〇号(よ)・五九年六月一八〇号(ね)・六三年一二月三五八号(う)・平成一二年六月三〇四号(ゆ)〕

解説　**【第一類の危険物等の特例】**　危則第七二条。なお本条は火薬類取締法との調整を目的としたものである。

（行政庁の変更に伴う特例）

第四一条の二　法第十六条の七に規定する行政庁に変更があつた場合には、当該変更があつた日前に、当該変更に係る変更前の行政庁（以下この条において「変更前行政庁」という。）にされている法第三章の規定による許可の申請、届出その他の手続又は変更前行政庁がした同章の規定による許可その他の処分は、当該変更に係る変更後の行政庁（以下この条において「変更後行政庁」という。）にされている同章の規定による許可の申請、届出その他の手続又は変更後行政庁がした同章の規定による許可その他の処分とみなす。（よ）

本条…追加〔昭和五二年二月政令一〇号(よ)〕

参照　【行政庁の変更に伴う事務引継】　危則七一

（危険物保安技術協会の検査員の資格）

第四一条の三　法第十六条の三十八第一項の政令で定める資格を有する者は、次の各号のいずれかに該当する者とする。(う)

一　学校教育法（昭和二十二年法律第二十六号）による大学（同法による短期大学を除く。）において機械工学、造船工学、土木工学又は建築工学の学科又は課程を修めて卒業した者であつて、石油タンク、高圧ガスタンク等の鋼構造物の建設、改造又は修理に係る研究、設計、工事の監督又は検査（次号及び第三号において「石油タンク等の研究等」という。）に三年以上の実務の経験を有するもの(う)(ヲ)

二　学校教育法による短期大学（同法による専門職大学の前期課程を含む。）又は高等専門学校において機械工学、造船工学、土木工学又は建築工学の学科又は課程を修めて卒業した者（同法による専門職大学の前期課程にあつては、修了した者）であつて、石油タンク等の研究等に五年以上の実務の経験を有するもの(う)(ヲ)

三　石油タンク等の研究等に七年以上の実務の経験を有する者(う)

四　総務大臣が前三号のいずれかに掲げる者と同等以上の学力及び経験を有すると認定した者(う)(ゆ)

本条…追加〔昭和六三年一二月政令三五八号(う)〕、一部改正〔平成一二年六月政令三〇四号(ゆ)・二九年九月二二二号(ヲ)〕

（総務省令への委任）(い)(ゆ)

第四二条　この政令で定めるもののほか、申請書等の様式及び提出部数は、総務省令で定める。(い)(ゆ)

見出し…改正・本条…一部改正〔昭和三五年六月政令一八五号(い)・平成一二年六月三〇四号(ゆ)〕

附　則

1　この政令は、昭和三十四年九月三十日から施行する。

2　消防法の一部を改正する法律（昭和三十四年法律第八十六号）附則第二項の規定により、法第十一条第一項及び第三項の規定に基く設置若しくは変更の許可又は完成検査を受けて使用しているものとみなされる製造所等については、昭和三十五年三月三十一日までの間は、第九条（第十九条において準用する場合を含む。）第二号、第四号から第六号まで、第十条第二号、第四号から第七号まで及び第十五号、第十一条第二号、第五号及び第十五号、第十二条第一号、第四号、第十二号及び第十三号、第十七条第一項第一号、第二号、第九号、第十号及び第二項第一号から第三号まで、第十八条第三号から第六号まで及び第九号、第二十条第一項第一号並びに第二十一条の規定は、適用しない。この場合において、当該製造所等の位置、構造及び設備のうち、当該各規定に係るものの制限については、なお従前の例による。

3　消防法の一部を改正する法律附則第三項後段の規定により、法第十一条第一項及び第三項の規定による設置の許可及び完成検査を受けて使用しているものとみなされる製造所等については、昭和三十五年三月三十一日までの間は、第九条（第十九条において準用する場合を含む。）第二号、第四号から第六号まで、第十条第二号、第四号から第七号まで及び第十五号、第十一条第二号、第五号及び第十五号、第十二条第一号、第十二号及び第十三号、第十七条第一項第一号、第二号、第四号、第九号、第十号及び第二項第一号から第三号まで、第十八条第三号から第六号まで及び第九号、第二十条第一項第一号並びに第二十一条の規定は、適用しない。

4　沖縄県の区域内の製造所等の位置、構造及び設備の技術上の基準については、沖縄の復帰に伴う特別措置に関する法律（昭和四十六年法律第百二十九号。第六項において「沖縄特別措置法」という。）の施行の日から昭和四十八年三月三十一日までの間は、第三章の規定にかかわらず、同章の規定に相当する沖縄法令の規定の例による。(り)

5　昭和四十八年四月一日において現に消防法第十一条の規定により許可を受けている前項の製造所等のうち、その位置、構造又は設備が第三章の規定に適合しないものに係る技術上の基準については、同章の規定にかかわらず、当分の間、同章の規定に相当する沖縄法令の規定の例による。（り）

6　沖縄県の区域内において行なう危険物の貯蔵、取扱い及び運搬の基準については、沖縄特別措置法の施行の日から昭和四十八年三月三十一日（これらの基準のうち容器に係るものにあつては、昭和五十年三月三十一日）までの間は、第四章及び第五章の規定にかかわらず、これらの規定に相当する沖縄法令の規定の例による。（り）

7　〔略〕（り）

四―六項…追加・旧四項…七項に繰下〔昭和四七年四月政令一一七号(り)〕

附　則(い)〔昭和三五年六月三〇日政令第一八五号〕

この政令は、自治庁設置法の一部を改正する法律の施行の日（昭和三十五年七月一日）から施行する。

附　則(ろ)〔昭和三八年四月一五日政令第一三二号〕

この政令は、公布の日から施行する。

附　則(は)〔昭和三八年一二月一九日政令第三八〇号抄〕

（施行期日）

1　この政令は、昭和三十九年一月一日から施行する。〔以下略〕

附　則(に)〔昭和三九年一二月二八日政令第三八〇号〕

この政令は、昭和四十年〔中略〕七月一日から施行する。

附　則(ほ)〔昭和四〇年九月二一日政令第三〇八号〕

1　この政令は、昭和四十年十月一日から施行する。ただし、第十一条第十号の改正規定、同号の次に一号を加える改正規定及び第十五条第十号の改正規定は、昭和四十一年一月一日から施行する。

2　この政令の施行の際、現に消防法（昭和二十三年法律第百八十六号。以下「法」という。）第十一条第一項の規定による許可を受けている製造所、貯蔵所又は取扱所（以下「許可施設」という。）の構造及び設備のうち、改正後の危険物の規制に関する政令（以下「新令」という。）第十一条第十一号の二又は第十五条第四号の規定に適合しないものに係る技術上の基準については、なお従前の例による。

3　許可施設の構造及び設備のうち新令第九条第二十四号、第十一条第五号、第十二号の二若しくは第十二号の四又は第十五条第二号の二の規定に適合しないものに係る技術上の基準については、昭和四十二年九月三十日までの間は、なお従前の例による。

4　許可施設のうち新令第三十七条に規定する製造所、貯蔵所又は取扱所の所有者、管理者又は占有者は、この政令の施行の日から三月以内に法第十四条の二第一項前段の認可を受けなければならない。

附　則(へ)〔昭和四四年六月一三日政令第一五八号抄〕

（施行期日）

第一条　この政令は、法の施行の日（昭和四十四年六月十四日）から施行する。

附　則(と)〔昭和四五年三月二四日政令第二〇号抄〕

1　この政令は、昭和四十六年一月一日から施行する。

附　則(ち)〔昭和四六年六月一日政令第一六八号〕

（施行期日）

1　この政令は、公布の日から施行する。ただし、第八条の改正規定、同条の次に一条を加える改正規定、第十二条、第十五条、第二十六条第一項及び第二十七条第六項の改正規定並びに第四十条の表の改正規定（同表の㈣の項の次に一項を加える改正部分を除く。）は昭和四十六年十月一日から、第三十条の次に一条を加える改正規定は昭和四十七年十月一日から施行する。

（経過措置）

2　この政令の施行の際現に消防法第十一条の規定により改正前の危険物の規制に関する政令第三条第二号の販売取扱所として許可を受

けている取扱所は、改正後の危険物の規制に関する政令（以下「新令」という。）第三条第三号イの第一種販売取扱所として許可を受けたものとみなし、その位置、構造及び設備が新令第十八条の規定に適合しないものに係る技術上の基準については、同条の規定にかかわらず、なお従前の例による。

3　昭和四十六年十月一日において現に消防法第十一条の規定により許可を受けている屋内タンク貯蔵所及び移動タンク貯蔵所のうち、その位置、構造及び設備が新令第十二条又は第十五条の規定に適合しないものに係る技術上の基準については、これらの規定にかかわらず、なお従前の例による。

附　則（り）〔昭和四七年四月二八日政令第一一七号〕

この政令は、沖縄の復帰に伴う特別措置に関する法律（昭和四十六年法律第百二十九号）の施行の日（昭和四十七年五月十五日）から施行する。

附　則（ぬ）〔昭和四八年一二月二七日政令第三七八号〕

（施行期日）

1　この政令は、昭和四十九年五月一日から施行する。ただし、第三十八条及び第三十八条の二の改正規定は、昭和五十年五月一日から施行する。

（経過措置）

2　この政令の施行の際、現に消防法第十一条の規定により改正前の危険物の規制に関する政令第三条第三号の一般取扱所として許可を受けている取扱所のうち、改正後の危険物の規制に関する政令（以下「新令」という。）第三条第三号の規定に該当することとなるものは、同号の移送取扱所として許可を受けたものとみなす。

3　この政令の施行の際、現に消防法第十一条の規定により許可を受けている製造所、貯蔵所又は取扱所（以下「許可施設」という。）の構造及び設備のうち、新令第九条第二十一号イからニまでに定める技術上の基準（新令第九条第二十号、第十一条第十二号、第十二条第一項第十一号及び第十三条第十号においてその例による場合を含む。）又は新令第十一条第七号の二に定める技術上の基準（新令第九条第二十号イにおいてその例による場合を含む。）に適合しないものに係る技術上の基準については、これらの規定にかかわらず、なお従前の例による。

4　許可施設の構造及び設備のうち、新令第十一条第十号ハに定める技術上の基準（新令第九条第二十号、第十二条第一項第九号及び第二項並びに第十三条第九号においてその例による場合を含む。）に適合しないものに係る技術上の基準については、これらの規定にかかわらず、昭和四十九年十月三十一日までの間は、なお従前の例による。

5　許可施設の構造及び設備のうち、新令第十一条第十号の二ハ又はトからルまでに定める技術上の基準に適合しないものに係る技術上の基準については、これらの規定にかかわらず、昭和五十年四月三十日までの間は、なお従前の例による。

附　則（る）〔昭和四九年六月一日政令第一八八号抄〕

（施行期日）

1　この政令は、公布の日から施行する。

附　則（を）〔昭和五〇年七月八日政令第二一五号抄〕

1　この政令は、昭和五十年十二月一日から施行する。

4　この政令の施行の際、現に消防法第十一条の規定により許可を受けている製造所、貯蔵所又は取扱所における流水検知装置又は一斉開放弁のうち、前項の規定による改正後の危険物の規制に関する政令第二十二条に定める技術上の基準に適合しないものに係る技術上の基準については、同条の規定にかかわらず、なお従前の例による。

附　則（わ）〔昭和五〇年九月三〇日政令第二九三号〕

この政令は、昭和五十年十月一日から施行する。

附　則(か)〔昭和五一年六月一五日政令第一五三号抄〕

1　この政令は、昭和五十一年六月十六日から施行する。

2　この政令の施行の際、現に消防法第十一条第一項の規定による許可を受けている屋外タンク貯蔵所で、その位置が改正後の危険物の規制に関する政令(以下「新令」という。)第十一条第一項第一号の二に定める技術上の基準に適合しないものの位置に係る技術上の基準については、同号の規定にかかわらず、なお従前の例による。

3　前項に規定する屋外タンク貯蔵所の存する事業所が、石油コンビナート等災害防止法第二条第四号に規定する第一種事業所(以下「第一種事業所」という。)に該当することとなり、又は同条第五号に規定する第二種事業所(以下「第二種事業所」という。)として指定されたときは、当該屋外タンク貯蔵所(その屋外貯蔵タンクの容量が千キロリットル以上のものに限る。)の位置に係る技術上の基準については、同項の規定にかかわらず、次の各号に掲げる場合の区分に応じ、当該各号に定める日後においては、新令第十一条第一項第一号の二の規定を適用する。

一　当該事業所が新令第十一条第二項に規定する第一種事業所に該当することとなつた場合　当該事業所の所在する地域が石油コンビナート等災害防止法第二条第二号に規定する石油コンビナート等特別防災区域となつた日から起算して一年六月を経過する日

二　当該事業所が前号に規定する第一種事業所以外の第一種事業所に該当することとなつた場合　当該該当することとなつた日

三　当該事業所が第二種事業所として指定された場合　当該指定された日から起算して一年六月を経過する日

附　則(よ)〔昭和五二年二月一日政令第一〇号〕

改正　平成六年七月政令第二一四号(け)、九年二月第二〇号(え)、一二年六月第三〇四号(ゆ)

1　この政令は、昭和五十二年二月十五日から施行する。ただし、第一条中危険物の規制に関する政令第二十二条の改正規定及び附則第四項の規定は同年三月一日から、第一条中同令第四十条の表の㈥の項から㈩の項までの改正規定は同年四月一日から〔中略〕施行する。

2　この政令の施行の日(以下この項において「施行日」という。)前に、消防法第十一条第五項の規定による完成検査(同条第一項前段の規定による設置の許可に係るものに限る。以下この項において「完成検査」という。)を受けた屋外タンク貯蔵所で、第一条の規定による改正後の危険物の規制に関する政令(以下「新令」という。)第八条の四第一項に規定するものがこの政令の施行後最初に受けるべき同法第十四条の三第一項の規定による保安に関する検査に係る同項に規定する政令で定める時期は、新令第八条の四第二項の規定にかかわらず、当該屋外タンク貯蔵所に係る次の表の上欄に掲げる完成検査を受けた日の属する時期の区分に応じ、同表の下欄に掲げる時期とする。この場合においては、同項ただし書の規定を準用する。

完成検査を受けた日の属する時期	時　期
昭和四十一年十二月三十一日以前	昭和五十八年十二月三十一日まで
昭和四十二年一月一日以降施行日の前日までの間	昭和六十三年二月十四日まで

3　この政令の施行の際、現に消防法第十一条第一項前段の規定による設置に係る許可を受け、又は当該許可の申請がされている新令第八条の二の三第一項に規定する特定屋外タンク貯蔵所で、その構造及び設備が新令第十一条第一項第三号の二及び第四号に定める技術上の基準に適合しないものに係る技術上の基準については、これら

の規定は、当該特定屋外タンク貯蔵所が次に掲げる基準のすべてに適合している場合に限り、適用しない。(け)

一 当該特定屋外タンク貯蔵所の屋外貯蔵タンクの基礎及び地盤は、総務省令で定める堅固なものとし、総務省令で定めるところにより行う標準貫入試験等の試験において、総務省令で定める基準に適合するものであること。(け)(ゆ)

二 当該特定屋外タンク貯蔵所の屋外貯蔵タンクは、総務省令で定めるところにより、厚さ三・二ミリメートル以上の鋼板で気密に造るとともに、圧力タンクを除くタンクにあつては水張試験において、圧力タンクにあつては最大常用圧力の一・五倍の圧力で十分間行う水圧試験(高圧ガス保安法(昭和二十六年法律第二百四号)第二十条第一項若しくは第三項の規定の適用を受ける高圧ガスの製造のための施設、労働安全衛生法施行令(昭和四十七年政令第三百十八号)第十二条第一号に掲げる機械等又は同令第十三条第八号若しくは第二十四号に掲げる機械等である圧力タンクにあつては、総務省令で定めるところにより行う水圧試験)において、それぞれ漏れ、又は変形しないものであること。(け)(え)(ゆ)

4 昭和五十二年三月一日において、現に存する製造所、貯蔵所若しくは取扱所における消火設備等(新令第二十二条第一項の消火設備等をいう。以下この項において同じ。)又は現に消防法第十一条第一項の規定による許可に係る設置若しくは変更の工事中の製造所、貯蔵所若しくは取扱所に係る消火設備等のうち消防法施行令第三十七条第一号から第七号まで又は第九号から第十一号までに掲げるものに該当するもので当該消火設備等について定められた同法第二十一条の二第二項の技術上の規格に適合しないもののうち総務省令で定めるものに係る技術上の基準については、新令第二十二条の規定にかかわらず、総務省令で、一定の期間を限つて、**同条の特例を定めることができる。**(ゆ)

三項…一部改正・五項…削除〔平成六年七月政令二一四号(け)〕、三項…一部改正〔平成九年二月政令二〇号(え)〕、三・四項…一部改正〔平成一二年六月政令三〇四号(ゆ)〕

解説【附則四項に基づく特例を定める省令】昭和五二年二月二八日自治省令第三号

附　則(た)〔昭和五四年七月一〇日政令第二一一号〕

この政令は、昭和五十四年八月一日から施行する。

附　則(れ)〔昭和五六年一月二三日政令第六号抄〕

1 この政令は、昭和五十六年七月一日から施行する。

附　則(そ)〔昭和五七年一月六日政令第二号〕

1 この政令は、昭和五十七年三月一日から施行する。ただし、第四十条の改正規定は、同年四月一日から施行する。

2 この政令の施行の際、現に消防法第十一条第一項の規定により許可を受けている製造所、貯蔵所又は取扱所の構造のうち、改正後の危険物の規制に関する政令(以下「新令」という。)第十一条第一項第四号に定める技術上の基準(新令第九条第二十号イ若しくはロ(新令第十九条においてこれらの規定を準用する場合を含む。)又は新令第十二条第一項第五号においてその例によるものとされる場合を含む。)、新令第十三条第六号に定める技術上の基準(新令第九条第二十号ハ(新令第十九条において準用する場合を含む。)又は新令第十七条第一項第六号においてその例によるものとされる場合を含む。)又は新令第十五条第一項第二号に定める技術上の基準に適合しないものに係る技術上の基準については、これらの規定にかかわらず、なお従前の例による。

附　則(つ)〔昭和五八年七月二二日政令第一六七号〕

この政令は、外国事業者による型式承認等の取得の円滑化のための関係法律の一部を改正する法律の施行の日(昭和五十八年八月一日)

から施行する。

附　則（ね）〔昭和五九年六月八日政令第一八〇号〕

1　この政令は、昭和五十九年八月一日から施行する。

2　この政令の施行の際、現に消防法第十一条第一項の規定により許可を受けている屋外タンク貯蔵所の設備のうち、改正後の危険物の規制に関する政令第十一条第一項第十一号の三に定める技術上の基準に適合しないものに係る技術上の基準については、同号の規定にかかわらず、なお従前の例による。

3　この政令の施行前に実施の公示がされた消防法第十三条の二第三項の危険物取扱者試験又は同法第十三条の五の規定による講習を受けようとする者が納付すべき手数料については、なお従前の例による。

附　則（な）〔昭和五九年九月二一日政令第二七六号〕

この政令は、昭和五十九年十二月一日から施行する。〔以下略〕

附　則（ら）〔昭和六一年八月五日政令第二七四号抄〕

（施行期日）

1　この政令は、許可、認可等民間活動に係る規制の整理及び合理化に関する法律（昭和六十年法律第百二号）第二十六条の規定の施行の日（昭和六十一年十二月一日）から施行する。〔以下略〕

附　則（む）〔昭和六二年三月三一日政令第八六号〕

1　この政令は、昭和六十二年五月一日から施行する。

2　この政令の施行の際、現に消防法第十一条第一項の規定により改正前の危険物の規制に関する政令第三条第一号の給油取扱所として許可を受けている取扱所が同条第四号の一般取扱所として許可を受けている取扱所（灯油を容器に詰め替えるため固定した注油設備によつて危険物を取り扱う取扱所に限る。）に接している場合において、当該給油取扱所及び一般取扱所が改正後の危険物の規制に関する政令（以下「新令」という。）第三条第一号の規定に該当することとなるものは、同号の給油取扱所として許可を受けたものとみなす。この場合において、当該給油取扱所の位置、構造及び設備のうち、新令第十七条第一項第五号、第六号又は第八号の二に定める技術上の基準に適合しないものに係る技術上の基準については、これらの規定にかかわらず、なお従前の例による。

3　この政令の施行の際、現に消防法第十一条第一項の規定により許可を受けている地下タンク貯蔵所の構造及び設備のうち、新令第十三条第八号の二又は第十二号に定める技術上の基準（新令第九条第二十号ハ（新令第十九条において準用する場合を含む。）又は新令第十七条第一項第六号においてその例によるものとされる場合を含む。）に適合しないものに係る技術上の基準については、これらの規定にかかわらず、なお従前の例による。

4　この政令の施行前に実施の公示がされた消防法第十三条の二十三の規定による講習を受けようとする者が納付すべき手数料については、なお従前の例による。

附　則（う）〔昭和六三年一二月二七日政令第三五八号抄〕

改正　平成二年四月政令第一一一号（き）、六月第三〇四号（ゆ）

（施行期日）

第一条　この政令は、消防法の一部を改正する法律（昭和六十三年法律第五十五号。以下「六十三年改正法」という。）附則第一条ただし書に規定する一部施行日（昭和六十五年〔平成二年〕五月二十三日）から施行する。ただし、次の各号に掲げる規定は、当該各号に定める日から施行する。

一　第一条中危険物の規制に関する政令第三十条の三第三項及び第三十一条第一項の改正規定、同令第四十条第一項の表の㈡の項の改正規定（「一万円」を「一万五千円」に、「四万円」を「六万円」に改める部分に限る。）、同表の㈩の項の改正規定〔中略〕並びに附則第十八条及び附則第十九条の規定〔中略〕　公布の日

二　第一条中危険物の規制に関する政令目次の改正規定、同令第三条第一号の改正規定（「詰め替える」を「詰め替え、又は車両に固定された容量二千リットル以下のタンクに注入する」に改める部分に限る。）、同令第八条の二第三項第二号の改正規定、同項第四号の改正規定（「第十七条第一項第六号」の下に「若しくは第二項第二号」を加える部分に限る。）、同条第五項の改正規定（「第十七条第一項第六号」の下に「若しくは第二項第二号」を加える部分に限る。）、同令第九条各号列記以外の部分の改正規定、同令第十四条第九号の改正規定、同令第十七条第一項の改正規定（同項第六号及び第十四号の改正規定を除く。）、同条第二項の改正規定、同令第三章第四節の節名の改正規定、同令第二十条第一項第一号の改正規定（「屋外貯蔵所又は」を「屋外貯蔵所、給油取扱所及び」に改める部分に限る。）、同項第二号の改正規定（「別表」を「別表第五」に改める部分を除く。）、同令第二十一条の次に一条を加える改正規定、同令第二十二条第一項の改正規定、同令第二十四条第四号の次に一号を加える改正規定、同令第二十七条第六項第一号の改正規定（「給油取扱所における」を「給油取扱所（航空機給油取扱所、船舶給油取扱所及び鉄道給油取扱所を除く。）における」に改める部分を除く。）及び同令第四十条第一項の表の㈡の項の改正規定

（「

給油取扱所	三万六千円

」を

「

給油取扱所（屋内給油取扱所を除く。）	三万六千円
屋内給油取扱所	四万五千円

」に

改める部分に限る。）並びに附則第十条の規定　昭和六十四年〔平成元年〕三月十五日

三　第一条中危険物の規制に関する政令第四十条第一項の表の㈦の項から㈨の項までの改正規定〔中略〕　昭和六十四年〔平成元年〕四月一日

（製造所の基準に関する経過措置）

第二条　この政令の施行の際、現に設置されている製造所で、新たに消防法第十一条第一項の規定により製造所として許可を受けなければならないこととなるもの（以下「新規対象の製造所」という。）のうち、第一条の規定による改正後の危険物の規制に関する政令（以下「新令」という。）第九条第一項第一号に定める技術上の基準に適合しないもの（指定数量の倍数が五以下のものに限る。）又は同項第二号に定める技術上の基準に適合しないものの位置に係る技術上の基準については、これらの規定は、当該新規対象の製造所が次に掲げる基準のすべてに適合している場合に限り、適用しない。

一　当該製造所の危険物を取り扱う工作物（建築物及び危険物を移送するための配管その他これに準ずる工作物を除く。）の周囲に、一メートル以上の幅の空地を保有し、又は不燃材料で造つた防火上有効な塀が設けられていること。

二　当該製造所の建築物の危険物を取り扱う室の壁、柱、床及び天井（天井がない場合にあつては、はり及び屋根又は上階の床。以下この号において同じ。）が不燃材料で造られ、又は当該壁、柱、床及び天井の室内に面する部分が不燃材料で覆われていること。

三　前号の室の開口部には、防火設備（建築基準法施行令の一部を改正する政令（平成十二年政令第二百十一号）による改正後の危険物の規制に関する政令第九条第一項第七号に規定する防火設備をいう。以下同じ。）が設けられていること。(き)

四　当該製造所に係る指定数量の倍数が、昭和六十五年〔平成二年〕五月二十三日（以下「施行日」という。）における指定数量

の倍数を超えないこと。

2　新規対象の製造所の構造及び設備で、この政令の施行の際現に存するもののうち、新令第九条第一項第四号から第七号まで又は第二十一号に定める技術上の基準に適合しないものの構造及び設備に係る技術上の基準については、これらの規定は、当該新規対象の製造所が前項各号に掲げる基準のすべてに適合している場合に限り、適用しない。

3　新規対象の製造所の危険物を取り扱うタンクで、この政令の施行の際現に存するもののうち、新令第九条第一項第二十号イにおいてその例によるものとされる新令第十一条第一項第四号（特定屋外貯蔵タンクに係る部分を除く。）、第六号、第七号の二若しくは第十一号から第十二号までに定める技術上の基準に適合しないもの、新令第九条第一項第二十号ロにおいてその例によるものとされる新令第十二条第一項第五号若しくは第十号から第十一号までに定める技術上の基準に適合しないもの又は新令第九条第一項第二十号ハにおいてその例によるものとされる新令第十三条第一項第一号から第四号まで、第六号、第七号、第八号の二後段、第九号（注入口は屋外に設けることとする部分に限る。）、第十号、第十一号若しくは第十四号に定める技術上の基準に適合しないものの構造及び設備に係る技術上の基準については、これらの規定は、当該新規対象の製造所が第一項各号に掲げる基準のすべてに適合し、かつ、当該危険物を取り扱うタンクがそれぞれ附則第四条第一項第二号、第五条第一項第一号又は第六条第一項第一号に掲げる基準に適合している場合に限り、適用しない。

4　この政令の施行の際、現に消防法第十一条第一項の規定により許可を受けて設置されている製造所（以下「既設の製造所」という。）のうち、新令第九条第一項第一号に定める技術上の基準に適合しないもの（指定数量の倍数が五以下のものに限る。）又は同項第二号に定める技術上の基準に適合しないものの位置に係る技術上の基準については、これらの規定にかかわらず、当該既設の製造所が第一項第四号に掲げる基準に適合している場合に限り、なお従前の例による。

5　既設の製造所の構造及び設備で、この政令の施行の際現に存するもののうち、新令第九条第一項第五号から第七号まで又は第二十一号に定める技術上の基準に適合しないものの構造及び設備に係る技術上の基準については、これらの規定にかかわらず、当該既設の製造所が第一項第四号に掲げる基準に適合している場合に限り、なお従前の例による。

6　既設の製造所の危険物を取り扱うタンクで、この政令の施行の際現に存するもののうち、新令第九条第一項第二十号イにおいてその例によるものとされる新令第十一条第一項第四号（特定屋外貯蔵タンクに係る部分を除く。）、第六号、第七号の二若しくは第十一号から第十二号までに定める技術上の基準に適合しないもの、新令第九条第一項第二十号ロにおいてその例によるものとされる新令第十二条第一項第五号若しくは第十号から第十一号までに定める技術上の基準に適合しないもの又は新令第九条第一項第二十号ハにおいてその例によるものとされる新令第十三条第一項第一号から第四号まで、第六号、第七号、第八号の二後段、第九号（注入口は屋外に設けることとする部分に限る。）、第十号、第十一号若しくは第十四号に定める技術上の基準に適合しないものの構造及び設備に係る技術上の基準については、これらの規定にかかわらず、当該既設の製造所が第一項第四号に掲げる基準に適合し、かつ、当該危険物を取り扱うタンクがそれぞれ附則第四条第一項第二号、第五条第一項第一号又は第六条第一項第一号に掲げる基準に適合している場合に限り、なお従前の例による。

7　既設の製造所の構造及び設備で、この政令の施行の際現に存するもののうち、新令第九条第一項第十九号又は同項第二十号イにおいてその例によるものとされる新令第十一条第一項第五号に定める技術上の基準に適合しないものの構造及び設備に係る技術上の基準については、これらの規定にかかわらず、昭和六十六年〔平成三年〕五月二十二日までの間は、なお従前の例による。

8　新規対象の製造所のうち、新令第九条第一項第一号に定める技術上の基準に適合しないもの（指定数量の倍数が五を超えるものに限る。）の位置に係る技術上の基準については、同号の規定は、昭和六十七年〔平成四年〕五月二十二日までの間は、適用しない。

9　既設の製造所のうち、新令第九条第一項第一号に定める技術上の基準に適合しないもの（指定数量の倍数が五を超えるものに限る。）の位置に係る技術上の基準については、同号の規定にかかわらず、昭和六十七年〔平成四年〕五月二十二日までの間は、なお従前の例による。

10　この政令の施行の際、現に消防法第十一条第一項の規定により第一条の規定による改正前の危険物の規制に関する政令（以下「旧令」という。）第三条第四号の一般取扱所として許可を受けている取扱所のうち、新たに同法第十条第一項の製造所に該当することとなるものは、同項の製造所として許可を受けたものとみなす。

11　第四項から第七項まで及び第九項の規定は、前項の製造所の位置、構造及び設備に係る技術上の基準について準用する。

一項…一部改正〔平成一二年四月政令二一一号(き)〕

第三条（**屋内貯蔵所の基準に関する経過措置**）　この政令の施行の際、現に設置されている貯蔵所で、新たに消防法第十一条第一項の規定により新令第二条第一号の屋内貯蔵所として許可を受けなければならないこととなるもの（以下「新規対象の屋内貯蔵所」という。）のうち、新令第十条第一項第一号（同条第二項においてその例によるものとされる場合を含む。以下この条において同じ。）に定める技術上の基準に適合しないもの（指定数量の倍数が五以下のものに限る。）又は新令第十条第一項第二号（同条第二項においてその例によるものとされる場合を含む。以下この条において同じ。）若しくは新令第十条第三項第一号に定める技術上の基準に適合しないものの位置に係る技術上の基準については、これらの規定は、当該新規対象の屋内貯蔵所が次に掲げる基準のすべてに適合している場合に限り、適用しない。

一　当該屋内貯蔵所の貯蔵倉庫又は建築物の当該屋内貯蔵所の用に供する部分（次号において「貯蔵倉庫等」という。）の壁、柱、床及び天井（天井がない場合にあつては、はり及び屋根又は上階の床。以下この号において同じ。）が不燃材料で造られ、又は当該壁、柱、床及び天井の室内に面する部分が不燃材料で覆われていること。

二　貯蔵倉庫等の開口部には、防火設備が設けられていること。(き)

三　当該屋内貯蔵所に係る指定数量の倍数が、施行日における指定数量の倍数を超えないこと。

2　新規対象の屋内貯蔵所の構造で、この政令の施行の際現に存するもののうち、新令第十条第一項第四号（軒高に係る部分に限る。）に定める技術上の基準に適合しないもの（軒高が二十メートル未満のものに限る。）又は同条第二項第一号（階高に係る部分に限る。）若しくは第二号から第四号までに定める技術上の基準に適合しないものの構造に係る技術上の基準については、これらの規定は、当該新規対象の屋内貯蔵所が前項各号に掲げる基準のすべてに適合し、かつ、この政令の施行の際現に貯蔵し、又は取り扱つている危険物に係る品名（六十三年改正法による改正後の消防法別表に掲げる品名をいう。以下同じ。）の危険物のみを貯蔵し、又は取り扱う場合に限り、適用しない。

3　新規対象の屋内貯蔵所の構造で、この政令の施行の際現に存するもののうち、新令第十条第一項第五号、第六号、第七号（同条第二項においてその例によるものとされる場合を含む。以下この条において同じ。）若しくは第八号（新令第十条第二項においてその例によるものとされる場合を含む。以下この条において同じ。）又は新令第十条第三項第二号から第六号までに定める技術上の基準に適合しないものの構造に係る技術上の基準については、これらの規定は、当該新規対象の屋内貯蔵所が第一項各号に掲げる基準のすべてに適合している場合に限り、適用しない。

4　この政令の施行の際、現に消防法第十一条第一項の規定により許可を受けて設置されている屋内貯蔵所（以下「既設の屋内貯蔵所」という。）のうち、新令第十条第一項第一号に定める技術上の基準に適合しないもの（指定数量の倍数が五以下のものに限る。）又は同項第二号に定める技術上の基準に適合しないものの位置に係る技術上の基準については、これらの規定にかかわらず、当該既設の屋内貯蔵所が第一項第三号に掲げる基準に適合している場合に限り、なお従前の例による。

5　既設の屋内貯蔵所の構造で、この政令の施行の際現に存するもののうち、新令第十条第一項第四号（軒高に係る部分に限る。）に定める技術上の基準に適合しないもの（軒高が二十メートル未満のものに限る。）又は同条第二項第一号（階高に係る部分に限る。）若しくは第二号から第四号までに定める技術上の基準に適合しないものの構造に係る技術上の基準については、これらの規定にかかわらず、当該既設の屋内貯蔵所が第一項第三号に掲げる基準に適合し、かつ、この政令の施行の際現に貯蔵し、又は取り扱つている危険物に係る品名の危険物のみを貯蔵し、又は取り扱う場合に限り、なお従前の例による。

6　既設の屋内貯蔵所の構造で、この政令の施行の際現に存するもののうち、新令第十条第一項第六号から第八号までに定める技術上の基準に適合しないものの構造に係る技術上の基準については、これらの規定にかかわらず、当該既設の屋内貯蔵所が第一項第三号に掲げる基準に適合している場合に限り、なお従前の例による。

7　既設の屋内貯蔵所の構造及び設備で、この政令の施行の際現に存するもののうち、新令第十条第一項第十号（同条第二項においてその例によるものとされる場合を含む。）又は第十四号（同条第二項においてその例によるものとされる場合を含む。）に定める技術上の基準に適合しないものの構造及び設備に係る技術上の基準については、これらの規定にかかわらず、昭和六十六年〔平成三年〕五月二十二日までの間は、なお従前の例による。

8　新規対象の屋内貯蔵所のうち、新令第十条第一項第一号に定める技術上の基準に適合しないもの（指定数量の倍数が五を超えるものに限る。）の位置に係る技術上の基準については、同号の規定は、昭和六十七年〔平成四年〕五月二十二日までの間は、適用しない。

9　既設の屋内貯蔵所のうち、新令第十条第一項第一号に定める技術上の基準に適合しないもの（指定数量の倍数が五を超えるものに限る。）の位置に係る技術上の基準については、同号の規定にかかわらず、昭和六十七年〔平成四年〕五月二十二日までの間は、なお従前の例による。

10　新規対象の屋内貯蔵所又は既設の屋内貯蔵所で、貯蔵倉庫が平家建以外の独立した専用の建築物であるもののうち、この政令の施行の際現に第二類又は第四類の危険物（引火性固体及び引火点が七十度未満の第四類の危険物を除く。）以外の危険物を貯蔵し、又は取り扱つているものは、この政令の施行の際現に貯蔵し、又は取り扱つている危険物に係る品名の危険物のみを貯蔵し、又は取り扱う場合に限り、前各項及び新令第十条第二項の規定の適用については、同項の屋内貯蔵所とみなす。

一項…一部改正〔平成一二年四月政令二一一号(き)〕

（屋外タンク貯蔵所の基準に関する経過措置）

第四条　この政令の施行の際、現に設置されている貯蔵所で、新たに消防法第十一条第一項の規定により新令第二条第二号の屋外タンク貯蔵所として許可を受けなければならないこととなるもの（以下「新規対象の屋外タンク貯蔵所」という。）のうち、新令第十一条第一項第一号に定める技術上の基準に適合しないもの（指定数量の倍数が五以下のものに限る。）、同項第一号の二に定める技術上の基準に適合しないもの（同号の表の第二号に掲げる屋外貯蔵タンクに係るものに限る。）又は同項第二号に定める技術上の基準に適合しないものの位置に係る技術上の基準については、これらの規定は、当該新規対象の屋外タンク貯蔵所が次に掲げる基準のすべてに適合している場合に限り、適用しない。

一　当該屋外タンク貯蔵所の屋外貯蔵タンク（危険物を移送するための配管その他これに準ずる工作物を除く。）の周囲に、一メートル以上の幅の空地を保有し、又は不燃材料で造つた防火上有効な塀が設けられていること。

二　当該屋外タンク貯蔵所の屋外貯蔵タンクは、鋼板その他の金属板で造られ、かつ、漏れない構造であること。

三　当該屋外タンク貯蔵所に係る指定数量の倍数が、施行日における指定数量の倍数を超えないこと。

2　新規対象の屋外タンク貯蔵所の構造及び設備で、この政令の施行の際現に存するもののうち、新令第十一条第一項第三号の二、第四号、第六号、第七号の二、第十号の二イ若しくはロ又は第十一号から第十二号までに定める技術上の基準に適合しないものの構造及び設備に係る技術上の基準については、これらの規定は、当該新規対象の屋外タンク貯蔵所が前項各号に掲げる基準のすべてに適合している場合に限り、適用しない。

3　この政令の施行の際、現に消防法第十一条第一項の規定により許可を受けて設置されている屋外タンク貯蔵所（以下「既設の屋外タンク貯蔵所」という。）のうち、新令第十一条第一項第一号に定める技術上の基準に適合しないもの（指定数量の倍数が五以下のものに限る。）又は同項第二号に定める技術上の基準に適合しないものの位置に係る技術上の基準については、これらの規定にかかわらず、当該既設の屋外タンク貯蔵所が第一項第三号に掲げる基準に適合している場合に限り、なお従前の例による。

4　既設の屋外タンク貯蔵所の構造及び設備で、この政令の施行の際現に存するもののうち、新令第十一条第一項第五号、第十号の二ニ若しくはホ又は第十四号に定める技術上の基準に適合しないものの構造及び設備に係る技術上の基準については、これらの規定にかかわらず、昭和六十六年〔平成三年〕五月二十二日までの間は、なお従前の例による。

5　新規対象の屋外タンク貯蔵所のうち、新令第十一条第一項第一号の二に定める技術上の基準に適合しないもの（同号の表の第一号に掲げる屋外貯蔵タンクに係るものに限る。）の位置に係る技術上の基準については、同項第一号の二の規定は、昭和六十六年〔平成三年〕十一月二十二日までの間は、適用しない。

6　新規対象の屋外タンク貯蔵所のうち、新令第十一条第一項第一号に定める技術上の基準に適合しないもの（指定数量の倍数が五を超えるものに限る。）の位置に係る技術上の基準については、同号の規定は、昭和六十七年〔平成四年〕五月二十二日までの間は、適用しない。

7　既設の屋外タンク貯蔵所のうち、新令第十一条第一項第一号に定める技術上の基準に適合しないもの（指定数量の倍数が五を超えるものに限る。）の位置に係る技術上の基準については、同号の規定にかかわらず、昭和六十七年〔平成四年〕五月二十二日までの間は、なお従前の例による。

第五条（屋内タンク貯蔵所の基準に関する経過措置）　この政令の施行の際、現に設置されている貯蔵所で、新たに消防法第十一条第一項の規定により新令第二条第三号の屋内タンク貯蔵所として許可を受けなければならないこととなるもの（以下「新規対象の屋内タンク貯蔵所」という。）の構造及び設備で、この政令の施行の際現に存するもののうち、新令第十二条第一項第二号（同条第二項においてその例によるものとされる場合を含む。）、第四号（同条第二項においてその例によるものとされる場合を含む。以下この条において同じ。）、第五号（新令第十二条第二項においてその例によるものとされる場合を含む。）、第十号から第十一号まで（同条第二項においてその例によるものとされる場合を含む。）又は第十二号から第十四号までに定める技術上の基準に適合しないものの構造及び設備に係る技術上の基準については、これらの規定は、当該新規対象の屋内タンク貯蔵所が次に掲げる基準のすべてに適合している場合に限り、適用しない。

一　当該屋内タンク貯蔵所の屋内貯蔵タンクは、鋼板その他の金属板で造られ、かつ、漏れない構造であること。

二　当該屋内タンク貯蔵所のタンク専用室の壁、柱、床及び天井（天井がない場合にあつては、はり及び屋根又は上階の床。以下この号において同じ。）が不燃材料で造られ、又は当該壁、柱、床及び天井の室内に面する部分が不燃材料で覆われていること。

三　前号のタンク専用室の開口部には、防火設備が設けられていること。(き)

四　当該屋内タンク貯蔵所に係る指定数量の倍数が、施行日における指定数量の倍数を超えないこと。

2　新規対象の屋内タンク貯蔵所の構造及び設備で、この政令の施行の際現に存するもののうち、新令第十二条第二項第三号から第六号までに定める技術上の基準に適合しないものの構造及び設備に係る技術上の基準については、これらの規定は、当該新規対象の屋内タンク貯蔵所が前項各号に掲げる基準のすべてに適合し、かつ、この政令の施行の際現に貯蔵し、又は取り扱つている危険物に係る品名の危険物のみを貯蔵し、又は取り扱う場合に限り、適用しない。

3　この政令の施行の際、現に消防法第十一条第一項の規定により許可を受けて設置されている屋内タンク貯蔵所（以下「既設の屋内タンク貯蔵所」という。）の構造及び設備で、この政令の施行の際現に存するもののうち、新令第十二条第一項第四号、第十二号又は第十四号に定める技術上の基準に適合しないものの構造及び設備に係る技術上の基準については、これらの規定にかかわらず、当該既設の屋内タンク貯蔵所が第一項第四号に掲げる基準に適合している場合に限り、なお従前の例による。

4　既設の屋内タンク貯蔵所の構造及び設備で、この政令の施行の際現に存するもののうち、新令第十二条第二項第三号、第五号又は第六号に定める技術上の基準に適合しないものの構造及び設備に係る技術上の基準については、これらの規定にかかわらず、当該既設の屋内タンク貯蔵所が第一項第四号に掲げる基準に適合し、かつ、この政令の施行の際現に貯蔵し、又は取り扱つている危険物に係る品名の危険物のみを貯蔵し、又は取り扱う場合に限り、なお従前の例による。

5　既設の屋内タンク貯蔵所の設備で、この政令の施行の際現に存するもののうち、新令第十二条第一項第九号の二においてその例によるものとされる新令第十一条第一項第十号の二（新令第十二条第二項においてその例によるものとされる場合を含む。）ニ若しくはホ又は新令第十二条第二項第七号に定める技術上の基準に適合しないものの設備に係る技術上の基準については、これらの規定にかかわらず、昭和六十六年〔平成三年〕五月二十二日までの間は、なお従前の例による。

6 新規対象の屋内タンク貯蔵所又は既設の屋内タンク貯蔵所で、タンク専用室を平家建以外の建築物に設けるもののうち、この政令の施行の際現に引火点が四十度以上の第四類の危険物以外の危険物を貯蔵し、又は取り扱つているものは、この政令の施行の際現に貯蔵し、又は取り扱つている危険物に係る品名の危険物のみを貯蔵し、又は取り扱う場合に限り、前各項及び新令第十二条第二項の規定の適用については、同項の屋内タンク貯蔵所とみなす。

一項…一部改正〔平成一二年四月政令二一一号(き)〕

（地下タンク貯蔵所の基準に関する経過措置）

第六条 この政令の施行の際、現に設置されている貯蔵所で、新たに消防法第十一条第一項の規定により新令第二条第四号の地下タンク貯蔵所として許可を受けなければならないこととなるものの構造及び設備で、この政令の施行の際現に存するもののうち、新令第十三条第一項第一号から第四号まで、第六号、第七号、第八号の二後段、第九号（注入口は屋外に設けることとする部分に限る。）、第十号、第十一号又は第十四号に定める技術上の基準に適合しないものの構造及び設備に係る技術上の基準については、これらの規定は、当該地下タンク貯蔵所が次に掲げる基準のすべてに適合している場合に限り、適用しない。

一 当該地下タンク貯蔵所の地下貯蔵タンクは、漏れない構造であること。

二 当該地下タンク貯蔵所に係る指定数量の倍数が、施行日における指定数量の倍数を超えないこと。

2 この政令の施行の際、現に消防法第十一条第一項の規定により許可を受けて設置されている地下タンク貯蔵所（以下「既設の地下タンク貯蔵所」という。）の構造で、この政令の施行の際現に存するもののうち、新令第十三条第一項第一号又は第四号に定める技術上の基準に適合しないものの構造に係る技術上の基準については、これらの規定にかかわらず、当該既設の地下タンク貯蔵所が前項第二号に掲げる基準に適合している場合に限り、なお従前の例による。

3 既設の地下タンク貯蔵所の設備で、この政令の施行の際現に存するもののうち、新令第十三条第一項第九号の二においてその例によるものとされる新令第十一条第一項第十号の二ニ又はホに定める技術上の基準に適合しないものの設備に係る技術上の基準については、これらの規定にかかわらず、昭和六十六年〔平成三年〕五月二十二日までの間は、なお従前の例による。

（簡易タンク貯蔵所の基準に関する経過措置）

第七条 この政令の施行の際、現に設置されている貯蔵所で、新たに消防法第十一条第一項の規定により新令第二条第五号の簡易タンク貯蔵所として許可を受けなければならないこととなるものの構造で、この政令の施行の際現に存するもののうち、新令第十四条第一項第一号イ又はロに定める技術上の基準に適合しないものの構造に係る技術上の基準については、これらの規定は、当該簡易タンク貯蔵所が次に掲げる基準のすべてに適合している場合に限り、適用しない。

一 当該簡易タンク貯蔵所の簡易貯蔵タンクが屋内に設けられているものにあつては、当該簡易貯蔵タンクの専用室の壁、柱、床及び天井（天井がない場合にあつては、はり及び屋根又は上階の床。以下この号において同じ。）が不燃材料で造られ、又は当該壁、柱、床及び天井の室内に面する部分が不燃材料で覆われていること。

二 前号の専用室の開口部には、防火設備が設けられていること。（き）

三 当該簡易タンク貯蔵所に係る指定数量の倍数が、施行日における指定数量の倍数を超えないこと。

2　この政令の施行の際、現に消防法第十一条第一項の規定により許可を受けて設置されている簡易タンク貯蔵所の構造で、この政令の施行の際現に存するもののうち、新令第十四条第一項第一号イ又はロに定める技術上の基準に適合しないものの構造に係る技術上の基準については、これらの規定にかかわらず、当該簡易タンク貯蔵所が前項第三号に掲げる基準に適合している場合に限り、なお従前の例による。

一項…一部改正〔平成一二年四月政令二一一号(き)〕

（移動タンク貯蔵所の基準に関する経過措置）

第八条　この政令の施行の際、現に消防法第十一条第一項の規定により許可を受けて設置されている移動タンク貯蔵所の設備で、この政令の施行の際現に存するもののうち、新令第十五条第一項第九号ただし書に定める技術上の基準に適合しないものの設備に係る技術上の基準については、同号ただし書の規定にかかわらず、なお従前の例による。

2　この政令の施行の際、現に設置されている貯蔵所で、新たに消防法第十一条第一項の規定により新令第二条第六号の移動タンク貯蔵所として許可を受けなければならないこととなるものの構造及び設備で、この政令の施行の際現に存するもののうち、新令第十五条第一項第三号、第四号、第七号又は第九号から第十一号までに定める技術上の基準に適合しないものの構造及び設備に係る技術上の基準については、これらの規定は、昭和六十七年〔平成四年〕五月二十二日までの間は、適用しない。

（屋外貯蔵所の基準に関する経過措置）

第九条　この政令の施行の際、現に設置されている貯蔵所で、新たに消防法第十一条第一項の規定により新令第二条第七号の屋外貯蔵所として許可を受けなければならないこととなるもの（以下「新規対象の屋外貯蔵所」という。）のうち、新令第十六条第一項第一号（同条第二項においてその例によるものとされる場合を含む。以下この条において同じ。）に定める技術上の基準に適合しないもの（指定数量の倍数が五以下のものに限る。）又は新令第十六条第一項第四号（同条第二項においてその例によるものとされる場合を含む。以下この条において同じ。）に定める技術上の基準に適合しないものの位置に係る技術上の基準については、これらの規定は、当該新規対象の屋外貯蔵所が次に掲げる基準のすべてに適合している場合に限り、適用しない。

一　当該屋外貯蔵所の危険物を貯蔵し、又は取り扱う場所の周囲に、一メートル以上の幅の空地を保有し、又は不燃材料で造った防火上有効な塀が設けられていること。

二　当該屋外貯蔵所に係る指定数量の倍数が、施行日における指定数量の倍数を超えないこと。

2　この政令の施行の際、現に消防法第十一条第一項の規定により許可を受けて設置されている屋外貯蔵所（以下「既設の屋外貯蔵所」という。）のうち、新令第十六条第一項第四号に定める技術上の基準に適合しないものの位置に係る技術上の基準については、同号の規定にかかわらず、当該既設の屋外貯蔵所が前項第二号に掲げる基準に適合している場合に限り、なお従前の例による。

3　新規対象の屋外貯蔵所のうち、新令第十六条第一項第一号に定める技術上の基準に適合しないもの（指定数量の倍数が五を超えるものに限る。）の位置に係る技術上の基準については、同号の規定は、昭和六十七年〔平成四年〕五月二十二日までの間は、適用しない。

4　この政令の施行の際、現に設置されている貯蔵所で、新令第二条第七号中「第二石油類」とあるのを「第一石油類（引火点が零度以上のものに限る。）、第二石油類」と読み替えた場合に新たに消防法第十一条第一項の規定により新令第二条第七号の屋外貯蔵所として許可を受けなければならないこととなるものは、第一石油類（引火点が零度以上のものに限る。）に新たに該当することとなる危険物以外の第一石油類の危険物を貯蔵し、又は取り扱わず、かつ、第一項第二号に掲げる基準に適合するものに限り、同条第七号の屋外貯蔵所とみなす。

5　既設の屋外貯蔵所で、第一石油類（引火点が零度以上のものに限る。）に新たに該当することとなる危険物を貯蔵し、又は取り扱うものは、第一石油類（引火点が零度以上のものに限る。）に新たに該当することとなる危険物以外の第一石油類の危険物を貯蔵し、又は取り扱わず、かつ、第一項第二号に掲げる基準に適合するものに限り、消防法第十一条第一項の規定により許可を受けた新令第二条第七号の屋外貯蔵所とみなす。

6　第四項又は前項の規定に該当する屋外貯蔵所（以下この項において「みなし屋外貯蔵所」という。）に係る消防法第十条第四項の位置、構造及び設備の技術上の基準は、新令第十六条第一項各号及び第二十条から第二十三条までの規定の例によるほか、次のとおりとする。

一　みなし屋外貯蔵所において貯蔵し、又は取り扱う危険物を適温に保つための散水設備等を設けること。

二　危険物を貯蔵し、又は取り扱う場所の周囲には、排水溝及びためますを設けること。この場合において、水に溶けない危険物を貯蔵し、又は取り扱うみなし屋外貯蔵所にあつては、ためますに油分離装置を設けなければならない。

三　指定数量の倍数が百以上のみなし屋外貯蔵所及び指定数量の倍数が十以上百未満のみなし屋外貯蔵所は、総務省令で定めるところにより、新令別表第五に掲げる対象物について同表においてその消火に適応するものとされる消火設備のうち、それぞれ第三種又は第四種の消火設備を設置すること。（ゆ）

六項…一部改正〔平成一二年六月政令三〇四号（ゆ）〕

（給油取扱所の基準に関する経過措置）

第一〇条　昭和六十四年〔平成元年〕三月十五日において現に消防法第十一条第一項の規定により許可を受けて設置されている給油取扱所（以下「既設の給油取扱所」という。）の構造及び設備で、同日において現に存するもののうち、新令第十七条第二項においてその例によるものとされる同条第一項第五号本文又は同条第二項第一号（総務省令で定める設備に係る部分を除く。）に定める技術上の基準に適合しないものの構造及び設備に係る技術上の基準については、これらの規定にかかわらず、なお従前の例による。（ゆ）

2　既設の給油取扱所（旧令第十七条第一項の屋外に設置する給油取扱所に限る。）で、屋内給油取扱所（新令第十七条第二項に規定する屋内給油取扱所をいう。以下同じ。）に新たに該当することとなるものの構造で、昭和六十四年〔平成元年〕三月十五日において現に存するもののうち、新令第十七条第二項第五号に定める技術上の基準に適合しないものの構造に係る技術上の基準については、同号の規定にかかわらず、なお従前の例による。

3　既設の給油取扱所の構造及び設備で、昭和六十四年〔平成元年〕三月十五日において現に存するもののうち、新令第十七条第一項第十三号の二（同条第二項においてその例によるものとされる場合を含む。）又は同条第二項第二号ただし書若しくは第四号に定める技術上の基準に適合しないものの構造及び設備に係る技術上の基準については、これらの規定にかかわらず、昭和六十五年〔平成二年〕三月十四日までの間は、なお従前の例による。

4　既設の給油取扱所の専用タンクで、昭和六十四年〔平成元年〕三月十五日において現に存するものに係る危険物の過剰な注入を防止するための警報装置で、市町村長等が安全であると認めたものは、昭和六十五年〔平成二年〕三月十四日までに設置された場合に限り、新令第十七条第二項第四号の危険物の過剰な注入を自動的に防止する設備とみなす。

5　既設の給油取扱所（旧令第十七条第一項の屋外に設置する給油取扱所に限る。）で、屋内給油取扱所に新たに該当することとなるものの構造で、昭和六十四年〔平成元年〕三月十五日において現に存するもののうち、新令第十七条第二項第九号又は第十号に定める技術上の基準に適合しないものの構造に係る技術上の基準については、これらの規定にかかわらず、昭和六十五年〔平成二年〕三月十四日までの間は、なお従前の例による。

6　昭和六十四年〔平成元年〕三月十五日から昭和六十五年〔平成二年〕五月二十二日までの間に限り、新令第十七条第二項第二号の規定の適用については、同号中「第十三条第一項第五号」とあるのは「第十三条第五号」と、「同項第一号ただし書」とあるのは「同条第一号ただし書」と、「同項に」とあるのは「同条に」とする。

一項…一部改正〔平成一二年六月政令三〇四号(ゆ)〕

（販売取扱所の基準に関する経過措置）

第一一条　この政令の施行の際、現に設置されている取扱所で、新たに消防法第十一条第一項の規定により新令第三条第二号イの第一種販売取扱所として許可を受けなければならないこととなるもの（以下「新規対象の第一種販売取扱所」という。）の構造で、この政令の施行の際現に存するもののうち、新令第十八条第一項第三号から第五号までに定める技術上の基準に適合しないものの構造に係る技術上の基準については、これらの規定は、当該新規対象の第一種販売取扱所が次に掲げる基準のすべてに適合している場合に限り、適用しない。

一　建築物の当該第一種販売取扱所の用に供する部分の壁、柱、床及び天井（天井がない場合にあつては、はり及び屋根又は上階の床。以下この号において同じ。）は、不燃材料で造られ、又は当該壁、柱、床及び天井の室内に面する部分が不燃材料で覆われていること。

二　当該第一種販売取扱所に係る指定数量の倍数が、施行日における指定数量の倍数を超えないこと。

2　新規対象の第一種販売取扱所の構造で、この政令の施行の際現に存するもののうち、新令第十八条第一項第九号ニに定める技術上の基準に適合しないものの構造に係る技術上の基準については、同号ニの規定は、当該新規対象の第一種販売取扱所が前項各号に掲げる基準のすべてに適合し、かつ、危険物を配合する室の出入口に防火設備が設けられている場合に限り、適用しない。(き)

3　この政令の施行の際、現に消防法第十一条第一項の規定により旧令第三条第二号ロの第二種販売取扱所として許可を受けている取扱所のうち、新令第三条第二号イの規定に該当することとなるものは、同号イの第一種販売取扱所として許可を受けたものとみなす。ただし、次項に規定する届出をした場合は、この限りでない。

4　前項の取扱所の所有者、管理者又は占有者で、当該取扱所の位置、構造又は設備を変更しないで、指定数量の十五倍を超える危険物を取り扱おうとするものは、施行日から起算して三月以内にその旨を市町村長等に届け出なければならない。

5　前項の場合において、当該取扱所は、新令第三条第二号ロの第二種販売取扱所として許可を受けたものとみなす。

二項…一部改正〔平成一二年四月政令二一一号(き)〕

（一般取扱所の基準に関する経過措置）

第一二条　附則第二条第一項から第三項まで及び第八項の規定は、この政令の施行の際現に設置されている取扱所で、新たに消防法第十一条第一項の規定により新令第三条第四号の一般取扱所として許可を受けなければならないこととなるものの位置、構造及び設備に係る技術上の基準について準用する。

2　附則第二条第四項から第七項まで及び第九項の規定は、この政令の施行の際現に消防法第十一条第一項の規定により許可を受けて設置されている一般取扱所の位置、構造及び設備に係る技術上の基準について準用する。

3　この政令の施行の際、現に消防法第十一条第一項の規定により許可を受けている製造所のうち、新令第三条第四号の規定に該当することとなるものは、同号の一般取扱所として許可を受けたものとみなす。

4　第二項の規定は、前項の一般取扱所の位置、構造及び設備に係る技術上の基準について準用する。

（消火設備の基準に関する経過措置）

第一三条　この政令の施行の際、現に消防法第十一条第一項の規定により許可を受けて設置されている製造所、貯蔵所又は取扱所（以下「既設の製造所等」という。）の消火設備で、この政令の施行の際現に存するもののうち、新令第二十条第一項第二号又は第三号に定める技術上の基準に適合しないものに係る消火設備の技術上の基準については、自治省令で定める場合を除き、これらの規定にかかわらず、昭和六十六年〔平成三年〕五月二十二日までの間は、なお従前の例による。

2　この政令の施行の際、現に設置されている製造所、貯蔵所又は取扱所で、新たに消防法第十一条第一項の規定により許可を受けなければならないこととなるものの消火設備で、この政令の施行の際現に存するもののうち、新令第二十条第一項第一号に定める技術上の基準に適合しないものに係る消火設備の技術上の基準については、自治省令で定める場合を除き、同号の規定は、昭和六十七年〔平成四年〕五月二十二日までの間は、適用しない。

3　既設の製造所等の消火設備で、この政令の施行の際現に存するもののうち、新令第二十条第一項第一号に定める技術上の基準に適合しないものに係る消火設備の技術上の基準については、自治省令で定める場合を除き、同号の規定にかかわらず、昭和六十七年〔平成四年〕五月二十二日までの間は、なお従前の例による。

4　第一項及び前項の規定は、附則第二条第十項の製造所及び前条第三項の一般取扱所に係る消火設備の技術上の基準について準用する。

（危険物の品名）

第一四条　新令第一条の二の規定は、附則第三条第二項、第五項及び第十項並びに附則第五条第二項、第四項及び第六項の規定を適用する場合について準用する。

（法第九条の二第一項の適用に関する経過措置）

第一五条　この政令の施行の際、現に新令第一条の十第一項に定める物質（第二条の規定による改正前の消防法施行令第四条の五第一項に定める物質を除く。）を貯蔵し、又は取り扱つている者に対する消防法第九条の二第一項の規定の適用については、同項中「あらかじめ」とあるのは、「昭和六十五年〔平成二年〕五月二十三日から起算して三月以内に」とする。

（指定講習の手数料）

第一六条　六十三年改正法附則第七条第二項の指定講習を受けようとする者が納付すべき手数料の額は、三千四百円とする。

2　新令第四十条第二項の規定は、前項の手数料について準用する。

（総務省令への委任）（ゆ）

第一八条　附則第二条から前条までに定めるもののほか、製造所等の位置、構造及び設備に係る技術上の基準その他危険物の貯蔵、取扱い又は運搬に関し必要な経過措置は、総務省令で定める。（ゆ）

見出し…改正・本条…一部改正〔平成一二年六月政令三〇四号（ゆ）〕

（罰則に関する経過措置）

第一九条　この政令の施行前にした行為及びこの政令の附則において

なお従前の例によることとされる場合におけるこの政令の施行後にした行為に対する罰則の適用については、なお従前の例による。

附　則（ゐ）〔平成元年三月一五日政令第四〇号〕

この政令は、平成元年四月一日から施行する。

附　則（の）〔平成二年四月六日政令第一〇一号〕

この政令は、公布の日から施行する。ただし、第三条第一号及び第十七条第一項第一号の二の改正規定は、平成二年五月二十三日から施行する。

附　則（お）〔平成三年三月一三日政令第二四号〕

この政令は、平成三年四月一日から施行する。

附　則（く）〔平成四年二月二日政令第三六号〕

1　この政令は、平成五年七月一日から施行する。

2　この政令の施行前に実施の公示がされた消防法第十三条の二十三の規定による講習を受けようとする者が納付すべき手数料については、なお従前の例による。

附　則（や）〔平成五年七月三〇日政令第二六八号〕

1　この政令は、公布の日から施行する。

2　この政令の施行前にした行為に対する罰則の適用については、なお従前の例による。

附　則（ま）〔平成六年三月一一日政令第三七号〕

1　この政令は、平成六年四月一日から施行する。

2　この政令の施行前にした行為に対する罰則の適用については、なお従前の例による。

附　則（け）〔平成六年七月一日政令第二一四号〕

改正　平成一二年六月政令第三〇四号（ゆ）、一六年七月第二二八号（ん）、二一年一〇月第二四七号（ホ）

（**施行期日**）

1　この政令は、平成七年一月一日から施行する。

（**保安検査の時期に関する経過措置**）

2　危険物の規制に関する政令の一部を改正する政令（昭和五十二年政令第十号。以下「五十二年政令」という。）の施行の際現に消防法第十一条第一項前段の規定による設置に係る許可を受け、又は当該許可の申請がされていた特定屋外タンク貯蔵所（以下「既設の特定屋外タンク貯蔵所」という。）のうち、次に掲げるもので、第一条の規定による改正後の危険物の規制に関する政令（以下「新令」という。）第八条の四第一項に規定するものが受けるべき同法第十四条の三第一項の規定による保安に関する検査（以下「保安検査」という。）に係る同項に規定する政令で定める時期（以下「検査時期」という。）は、新令第八条の四第二項の規定にかかわらず、なお従前の例による。

一　この政令の施行後においてその構造及び設備が第二条の規定による改正後の五十二年政令（以下「新五十二年政令」という。）附則第三項各号に掲げる基準（以下「新基準」という。）に適合しない既設の特定屋外タンク貯蔵所

二　その所有者、管理者又は占有者が、その構造及び設備がこの政令の施行後において新基準のすべてに適合することとなった日（この政令の施行の際現にその構造及び設備が新基準のすべてに適合する既設の特定屋外タンク貯蔵所の所有者、管理者又は占有者にあっては、この政令の施行の日。以下「新基準適合日」という。）以後、市町村長等に総務省令で定めるところによるその構造及び設備が新基準のすべてに適合している旨の届出（以下「新基準適合届出」という。）をしていない既設の特定屋外タンク貯蔵所（ゆ）

3　その所有者、管理者又は占有者が、新基準適合日以後、市町村長等に新基準適合届出をした既設の特定屋外タンク貯蔵所のうち、次に掲げるもの（以下「第二段階基準の特定屋外タンク貯蔵所」とい

う。）で、新令第八条の四第一項に規定するものが受けるべき保安検査に係る検査時期に関する新令第八条の四第二項第一号の規定の適用については、同号中「八年」とあるのは「七年」と、「九年又は十年」とあるのは「八年、九年又は十年」とする。

一　その構造及び設備が新令第十一条第一項第三号の二及び第四号に規定する技術上の基準に準ずるものとして総務省令で定める技術上の基準（以下「第一段階基準」という。）に適合しない既設の特定屋外タンク貯蔵所（ゆ）

二　その所有者、管理者又は占有者が、その構造及び設備がこの政令の施行後において第一段階基準に適合することとなった日（この政令の施行の際現にその構造及び設備が第一段階基準に適合する既設の特定屋外タンク貯蔵所の所有者、管理者又は占有者にあっては、この政令の施行の日。以下「第一段階基準適合日」という。）以後、市町村長等に総務省令で定めるところによるその構造及び設備が第一段階基準に適合している旨の届出（以下「第一段階基準適合届出」という。）をしていない既設の特定屋外タンク貯蔵所（ゆ）

4　五十二年政令の施行後消防法第十一条第一項前段の規定による設置に係る許可の申請がされた特定屋外タンク貯蔵所（新令第八条の四第二項第二号に掲げるものを除く。）のうち、この政令の施行の日前に同法第十一条第五項の規定による完成検査（同条第一項前段の規定による設置に係るものに限る。以下「設置に係る完成検査」という。）を受けたもので、新令第八条の四第一項に規定するものがこの政令の施行後最初に受けるべき保安検査に係る検査時期は、同条第二項本文の規定にかかわらず、設置に係る完成検査を受けた日、直近において行われた同法第十四条の三第一項若しくは第二項の規定による保安に関する検査を受けた日又は同法第十四条の三の二の規定による点検のうち新令第八条の四第三項第一号に定める事項に係るものが行われた日の翌日から起算して八年を経過する日前一年目に当たる日から、当該経過する日の翌日から起算して一年を経過する日までの間とする。この場合において、当該保安検査に係る検査時期が、当該特定屋外タンク貯蔵所に係る設置に係る完成検査又は同法第十四条の三第一項若しくは第二項の規定による保安に関する検査のうち、直近において行われたものを受けた日の翌日から起算して十一年を経過する日後となるときにあっては、当該保安検査に係る検査時期は、当該経過する日前一年目に当たる日から当該経過する日までの間とする。

5　その所有者、管理者又は占有者が、第一段階基準適合日以後、市町村長等に第一段階基準適合届出をした既設の特定屋外タンク貯蔵所（当該第一段階基準適合届出後、現にその構造及び設備が第一段階基準に適合しているものに限る。）のうち、この政令の施行の日前に設置に係る完成検査を受けたもので、新令第八条の四第一項に規定するものが当該第一段階基準適合届出後最初に受けるべき保安検査に係る検査時期については、前項の規定を準用する。

6　第二段階基準の特定屋外タンク貯蔵所のうち、この政令の施行の日前に設置に係る完成検査を受けたもので、新令第八条の四第一項に規定するものが当該第二段階基準の特定屋外タンク貯蔵所に係る新基準適合届出後最初に受けるべき保安検査に係る検査時期については、附則第四項の規定を準用する。この場合において、同項中「同条第二項本文」とあるのは「同条第二項本文及び前項」と、「八年」とあるのは「七年」と読み替えるものとする。

（危険物の規制に関する政令の一部を改正する政令の一部改正に伴う経過措置）

7　既設の特定屋外タンク貯蔵所のうち、五十二年政令施行の際現にその構造及び設備が新令第十一条第一項第三号の二及び第四号に定める技術上の基準に適合していなかったもので、この政令の施行の際現にその構造及び設備が新基準に適合しないもの（以下「旧基準の特定屋外タンク貯蔵所」という。）に係る技術上の基準については、次の各号に掲げる旧基準の特定屋外タンク貯蔵所の区分に応じ、当該各号に定める日（その日前に当該旧基準の特定屋外タンク貯蔵所の構造及び設備が新基準のすべてに適合することとなった場合にあっては、当該適合することとなった日）までの間は、同項第三号の二及び第四号の規定にかかわらず、なお従前の例による。

一　その所有者、管理者又は占有者が、平成七年十二月三十一日までの間に、市町村長等に総務省令で定めるところによる旧基準の特定屋外タンク貯蔵所の構造及び設備の実態についての調査並びに当該構造及び設備を新基準のすべてに適合させるための工事に関する計画の届出（次号において「調査・工事計画届出」という。）をした旧基準の特定屋外タンク貯蔵所で、新令第八条の四第一項に規定するもの　平成二十一年十二月三十一日（当該日までの間に、その所有者、管理者又は占有者が、危険物の貯蔵及び取扱い（総務省令で定めるものを除く。以下同じ。）を休止し、かつ、その旨の確認を総務省令で定めるところにより市町村長等から受けた旧基準の特定屋外タンク貯蔵所であって、当該日の翌日以後において危険物の貯蔵及び取扱いを当該確認を受けた時から引き続き休止しているものにあっては、同日の翌日以後において危険物の貯蔵及び取扱いを再開する日の前日）（ゆ）（ん）（ホ）

二　その所有者、管理者又は占有者が、平成七年十二月三十一日までの間に、市町村長等に調査・工事計画届出をした旧基準の特定屋外タンク貯蔵所で、前号に掲げるもの以外のもの　平成二十五年十二月三十一日（当該日までの間に、その所有者、管理者又は占有者が、危険物の貯蔵及び取扱いを休止し、かつ、その旨の確認を総務省令で定めるところにより市町村長等から受けた旧基準の特定屋外タンク貯蔵所であって、当該日の翌日以後において危険物の貯蔵及び取扱いを当該確認を受けた時から引き続き休止しているものにあっては、同日の翌日以後において危険物の貯蔵及び取扱いを再開する日の前日）（ん）（ホ）

三　前二号に掲げるもの以外の旧基準の特定屋外タンク貯蔵所　平成七年十二月三十一日

8　旧基準の特定屋外タンク貯蔵所について消防法第十一条第一項後段の規定による変更の許可を受けようとする者が納付すべき手数料の区分については、前項各号に掲げる旧基準の特定屋外タンク貯蔵所の区分に応じ、当該各号に定める日（その日前に当該旧基準の特定屋外タンク貯蔵所の構造及び設備が新基準に適合することとなった場合にあっては、当該適合することとなった日）までの間は、なお**従前の例**による。ただし、当該旧基準の特定屋外タンク貯蔵所の構造及び設備を新基準に適合させるため、当該変更の許可を受けようとする者にあっては、この限りでない。

二・三・七項…一部改正〔平成一二年六月政令三〇四号（ゆ）〕、七項…一部改正〔平成一六年七月政令二二八号（ん）・二一年一〇月二四七号（ホ）〕

解説　**【従前の例】**昭和五二年二月一日政令第一〇号附則第五項では、「既設の特定屋外タンク貯蔵所については、当該既設の特定屋外タンク貯蔵所を新令第八条の二の三第一項に規定する特定屋外タンク貯蔵所以外の屋外タンク貯蔵所とみなして、新令第四十条の表の㈢の項の規定を適用する。」とされていた。

附　則（ふ）〔平成七年二月三日政令第一五号〕

1　この政令は、平成七年四月一日から施行する。

2　この政令の施行の際現に消防法第十一条第一項の規定により許可を受けて設置されている製造所、貯蔵所又は取扱所の構造及び設備で、この政令の施行の際現に存するもののうち、改正後の危険物の規制に関する政令（以下「新令」という。）第十三条第二項（新令

第九条第一項第二十号ハ（新令第十九条第一項において準用する場合を含む。）又は新令第十七条第一項第六号イ若しくは第二項第二号においてその例によるものとされる場合を含む。）においてその例によるものとされる新令第十三条第一項第二号から第四号までに定める技術上の基準に適合しないものの構造及び設備に係る技術上の基準については、これらの規定にかかわらず、なお従前の例による。

3　この政令の施行前にした行為に対する罰則の適用については、なお従前の例による。

附　則(こ)〔平成九年二月七日政令第一三号〕

1　この政令は、公布の日から施行する。ただし、第四十条第一項の改正規定は、平成九年四月一日から施行する。

2　この政令の施行前にした行為に対する罰則の適用については、なお従前の例による。

附　則(え)〔平成九年二月一九日政令第二〇号抄〕

（施行期日）

第一条　この政令は、平成九年四月一日から施行する。

附　則(て)〔平成一〇年二月二五日政令第三一号〕

1　この政令は、平成十年三月十六日から施行する。ただし、次の各号に掲げる規定は、当該各号に定める日から施行する。

一　第十一条第一項第十二号の改正規定、同項第十二号の二の次に一号を加える改正規定、第十七条に一項を加える改正規定、第二十七条第六項第一号の改正規定（「掲げるもの」の下に「及び顧客に自ら給油等をさせる給油取扱所」を加える部分及び同号にカを加える部分に限る。）及び同項第一号の二の次に一号を加える改正規定並びに次項の規定　平成十年四月一日

二　第八条の三の改正規定、第十三条第一項第六号の改正規定、第十四条第六号の改正規定（「〇・七重量キログラム毎平方センチメートル」を「七十キロパスカル」に改める部分に限る。）、第十五条第一項第二号の改正規定、第四十条第一項の表の(二)の項及び(十)の項の改正規定並びに別表第四備考第五号ハ及びニの改正規定並びに附則第三項の規定　平成十一年十月一日

2　平成十年四月一日において現に消防法第十一条第一項の規定により許可を受けている屋外タンク貯蔵所で、その設備が改正後の危険物の規制に関する政令（以下「新令」という。）第十一条第一項第十二号の三に定める技術上の基準に適合しないものに係る技術上の基準については、同号の規定にかかわらず、平成二十一年三月三十一日までの間は、なお従前の例による。

3　平成十一年十月一日において現に消防法第十一条第一項の規定により許可を受けている製造所、貯蔵所又は取扱所の構造で、同日において現に存するもののうち、新令第十三条第一項第六号に定める技術上の基準（新令第九条第一項第二十号ハ（新令第十九条第一項において準用する場合を含む。）、新令第十三条第二項若しくは第三項又は新令第十七条第一項第六号イ若しくは第二項第二号においてその例によるものとされる場合を含む。）、新令第十四条第六号に定める技術上の基準（新令第十七条第一項第六号ロにおいてその例によるものとされる場合を含む。）又は新令第十五条第一項第二号に定める技術上の基準に適合しないものの構造に係る技術上の基準については、これらの規定にかかわらず、なお従前の例による。

4　この政令（附則第一項各号に掲げる規定については、当該各規定）の施行前にした行為に対する罰則の適用については、なお従前の例による。

附　則(あ)〔平成一一年一月一三日政令第三号〕

改正　平成一二年六月政令第三〇四号(ゆ)、一六年七月第二一八号(ん)、二一年一〇月第二四七号(ホ)

1　この政令は、平成十一年四月一日から施行する。

2　この政令の施行の際、現に消防法第十一条第一項前段の規定による設置に係る許可を受け、又は当該許可の申請がされているこの政令による改正後の危険物の規制に関する政令（以下「新令」という。）第十一条第一項第三号の三に規定する準特定屋外タンク貯蔵所で、その構造及び設備が同号及び同項第四号に定める技術上の基準（以下「新基準」という。）に適合しないもの（以下「旧基準の準特定屋外タンク貯蔵所」という。）に係る技術上の基準については、次の各号に掲げる旧基準の準特定屋外タンク貯蔵所の区分に応じ、当該各号に定める日（その日前に当該旧基準の準特定屋外タンク貯蔵所の構造及び設備が新基準のすべてに適合することとなった場合にあっては、当該適合することとなった日）までの間は、同項第三号の三及び第四号の規定にかかわらず、なお従前の例による。

一　その所有者、管理者又は占有者が、平成十三年三月三十一日までの間に、市町村長等に総務省令で定めるところによる旧基準の準特定屋外タンク貯蔵所の構造及び設備の実態についての調査並びに当該構造及び設備を新基準のすべてに適合させるための工事に関する計画の届出をした旧基準の準特定屋外タンク貯蔵所　平成二十九年三月三十一日（当該日までの間に、その所有者、管理者又は占有者が、危険物の貯蔵及び取扱い（総務省令で定めるものを除く。以下同じ。）を休止し、かつ、その旨の確認を総務省令で定めるところにより市町村長等から受けた旧基準の準特定屋外タンク貯蔵所であって、当該日の翌日以後において危険物の貯蔵及び取扱いを当該確認を受けた時から引き続き休止しているものにあっては、同日の翌日以後において危険物の貯蔵及び取扱いを再開する日の前日）（ゆ）（ん）（ホ）

二　前号に掲げるもの以外の旧基準の準特定屋外タンク貯蔵所　平成十三年三月三十一日

3　旧基準の準特定屋外タンク貯蔵所について消防法第十一条第一項後段の規定による変更の許可を受けようとする者が納付すべき手数料については、前項各号に掲げる旧基準の準特定屋外タンク貯蔵所の区分に応じ、当該各号に定める日（その日前に当該旧基準の準特定屋外タンク貯蔵所の構造及び設備が新基準に適合することとなった場合にあっては、当該適合することとなった日）までの間は、当該旧基準の準特定屋外タンク貯蔵所を特定屋外タンク貯蔵所及び新令第十一条第一項第三号の三に規定する準特定屋外タンク貯蔵所以外の屋外タンク貯蔵所とみなして、新令第四十条の表の㈢の項の規定を適用する。ただし、当該旧基準の準特定屋外タンク貯蔵所の構造及び設備を新基準に適合させるため、当該変更の許可を受けようとする者にあっては、この限りでない。

二項…一部改正〔平成一二年六月政令三〇四号(ゆ)・一六年七月二一八号(ん)・二一年一〇月二四七号(ホ)〕

附　則(さ)〔平成一一年一〇月一四日政令第三二四号抄〕

（施行期日）

第一条　この政令は、平成十二年四月一日から施行する。〔以下略〕

附　則(き)〔平成一二年四月二六日政令第二一一号抄〕

（施行期日）

第一条　この政令は、建築基準法の一部を改正する法律（平成十年法律第百号）の施行の日（平成十二年六月一日）から施行する。

附　則(ゆ)〔平成一二年六月七日政令第三〇四号抄〕

1　この政令は、内閣法の一部を改正する法律（平成十一年法律第八十八号）の施行の日（平成十三年一月六日）から施行する。〔以下略〕

附　則(め)〔平成一二年六月七日政令第三三三号抄〕

（施行期日）

1　この政令〔中略〕は、平成十三年四月一日から施行する。

附　則(み)〔平成一三年九月一四日政令第三〇〇号〕

（施行期日）

第一条　この政令は、消防法の一部を改正する法律（以下「改正法」という。）の施行の日（平成十三年十二月一日）から施行する。ただし、第九条第二項及び別表第四備考第七号の改正規定並びに附則第十条第一項の規定は、改正法附則第一条第一号に掲げる規定の施行の日（平成十四年六月一日）から施行する。

（製造所の基準に関する経過措置）

第二条　改正法の施行の際、現に設置されている製造所で、改正法による消防法別表第五類の項の規定の改正により新たに同法第十一条第一項の規定により製造所として許可を受けなければならないこととなるもの（以下この条において「新規対象の製造所」という。）のうち、危険物の規制に関する政令（以下「危険物規制令」という。）第九条第一項第二号に定める技術上の基準に適合しないものの位置に係る技術上の基準については、同号の規定は、当該製造所が次に掲げる基準のすべてに適合している場合に限り、適用しない。

一　当該製造所の危険物を取り扱う工作物（建築物及び危険物を移送するための配管その他これに準ずる工作物を除く。）の周囲に、一メートル以上の幅の空地を保有し、又は不燃材料（危険物規制令第九条第一項第一号に規定する不燃材料をいう。以下同じ。）で造った防火上有効な塀が設けられていること。

二　当該製造所の建築物の危険物を取り扱う室の壁、柱、床及び天井（天井がない場合にあっては、はり及び屋根又は上階の床。以下この号において同じ。）が不燃材料で造られ、又は当該壁、柱、床及び天井の室内に面する部分が不燃材料で覆われていること。

三　前号の室の開口部には、防火設備（危険物規制令第九条第一項第七号に規定する防火設備をいう。以下同じ。）が設けられていること。

四　当該製造所の危険物を取り扱う配管は、その設置される条件及び使用される状況に照らして、十分な強度を有し、かつ、漏れない構造であること。

五　当該製造所に係る指定数量の倍数が、改正法の施行の日（以下「施行日」という。）における指定数量の倍数を超えないこと。

2　新規対象の製造所の構造及び設備で、改正法の施行の際現に存するもののうち、危険物規制令第九条第一項第四号から第七号まで又は第二十一号に定める技術上の基準に適合しないものの構造及び設備に係る技術上の基準については、これらの規定は、当該製造所が前項各号に掲げる基準のすべてに適合している場合に限り、適用しない。

3　新規対象の製造所の危険物を取り扱うタンクで、改正法の施行の際現に存するもののうち、危険物規制令第九条第一項第二十号イにおいてその例によるものとされる危険物規制令第十一条第一項第四号、第六号、第七号の二若しくは第十一号から第十二号までに定める技術上の基準に適合しないもの、危険物規制令第九条第一項第二十号ロにおいてその例によるものとされる危険物規制令第十二条第一項第五号若しくは第十号から第十一号までに定める技術上の基準に適合しないもの又は危険物規制令第九条第一項第二十号ハにおいてその例によるものとされる危険物規制令第十三条第一項第一号から第四号まで、第六号、第七号、第八号の二後段、第九号（注入口は屋外に設けることとする部分に限る。）、第十号、第十一号若しくは第十四号に定める技術上の基準に適合しないものの構造及び設備に係る技術上の基準については、これらの規定は、当該製造所が第一項各号に掲げる基準のすべてに適合し、かつ、当該危険物を取り扱うタンクがそれぞれ附則第四条第一項第二号、第五条第一号又は第六条第一号に掲げる基準に適合している場合に限り、適用しない。

4　改正法の施行の際、現に消防法第十一条第一項の規定により許可を受けて設置されている製造所（以下この条において「既設の製造所」という。）のうち、改正法による消防法別表第五類の項の規定の改正により危険物規制令第九条第一項第二号に定める技術上の基準に適合しないこととなるものの位置に係る技術上の基準については、同号の規定にかかわらず、当該製造所が第一項第四号及び第五号に掲げる基準に適合している場合に限り、なお従前の例による。

5　既設の製造所の危険物を取り扱うタンクで、改正法の施行の際現に存するもののうち、改正法による消防法別表第五類の項の規定の改正により、危険物規制令第九条第一項第二十号イにおいてその例によるものとされる危険物規制令第十一条第一項第四号、第六号、第七号の二若しくは第十一号から第十二号までに定める技術上の基準に適合しないこととなるもの、危険物規制令第九条第一項第二十号ロにおいてその例によるものとされる危険物規制令第十二条第一項第五号若しくは第十号から第十一号までに定める技術上の基準に適合しないこととなるもの又は危険物規制令第九条第一項第二十号ハにおいてその例によるものとされる危険物規制令第十三条第一項第一号から第四号まで、第六号、第七号、第八号の二後段、第九号（注入口は屋外に設けることとする部分に限る。）、第十号、第十一号若しくは第十四号に定める技術上の基準に適合しないこととなるものの構造及び設備に係る技術上の基準については、これらの規定にかかわらず、当該製造所が第一項第四号及び第五号に掲げる基準に適合し、かつ、当該危険物を取り扱うタンクがそれぞれ附則第四条第一項第二号、第五条第一号又は第六条第一号に掲げる基準に適合している場合に限り、なお従前の例による。

6　既設の製造所の危険物を取り扱う配管で、改正法の施行の際現に存するもののうち、改正法による消防法別表第五類の項の規定の改正により危険物規制令第九条第一項第二十一号に定める技術上の基準に適合しないこととなるものの構造及び設備に係る技術上の基準については、同号の規定にかかわらず、当該製造所が第一項第四号及び第五号に掲げる基準に適合している場合に限り、なお従前の例による。

7　新規対象の製造所のうち、危険物規制令第九条第一項第一号に定める技術上の基準に適合しないもの（ヒドロキシルアミン若しくはヒドロキシルアミン塩類又はこれらのいずれかを含有する物品（以下「ヒドロキシルアミン等」という。）で、危険物規制令別表第三備考第十一号の第一種自己反応性物質の性状を有するものを貯蔵し、又は取り扱う製造所を除く。）の位置に係る技術上の基準については、同項第一号の規定は、平成十五年五月三十一日までの間は、適用しない。

8　改正法の施行の際、現に消防法第十一条第一項の規定により危険物規制令第三条第四号の一般取扱所として許可を受けている取扱所のうち、改正法による消防法別表第五類の項の規定の改正により新たに同法第十条第一項の製造所に該当することとなるものは、同項の製造所として許可を受けたものとみなす。

9　第四項から第六項までの規定は、前項の製造所の位置、構造及び設備に係る技術上の基準について準用する。

（屋内貯蔵所の基準に関する経過措置）

第三条　改正法の施行の際、現に設置されている貯蔵所で、改正法による消防法別表第五類の項の規定の改正により新たに同法第十一条第一項の規定により危険物規制令第二条第一号の屋内貯蔵所として許可を受けなければならないこととなるもの（以下この条において「新規対象の屋内貯蔵所」という。）のうち、危険物規制令第十条第一項第二号又は第三項第一号に定める技術上の基準に適合しないものの位置に係る技術上の基準については、これらの規定は、当該屋内貯蔵所が次に掲げる基準のすべてに適合している場合に限り、適用しない。

一　当該屋内貯蔵所の貯蔵倉庫又は建築物の当該屋内貯蔵所の用に供する部分（次号において「貯蔵倉庫等」という。）の壁、柱、床及び天井（天井がない場合にあっては、はり及び屋根又は上階の床。以下この号において同じ。）が不燃材料で造られ、又は当該壁、柱、床及び天井の室内に面する部分が不燃材料で覆われていること。

二　貯蔵倉庫等の開口部には、防火設備が設けられていること。

三　当該屋内貯蔵所に係る指定数量の倍数が、施行日における指定数量の倍数を超えないこと。

2　新規対象の屋内貯蔵所の構造で、改正法の施行の際現に存するもののうち、危険物規制令第十条第一項第四号（軒高に係る部分に限る。）に定める技術上の基準に適合しないもの（軒高が二十メートル未満のものに限る。）又は同項第五号から第八号まで若しくは同条第三項第二号から第六号までに定める技術上の基準に適合しないものの構造に係る技術上の基準については、これらの規定は、当該屋内貯蔵所が前項各号に掲げる基準のすべてに適合している場合に限り、適用しない。

3　新規対象の屋内貯蔵所のうち、危険物規制令第十条第一項第一号に定める技術上の基準に適合しないもの（ヒドロキシルアミン等で危険物規制令別表第三備考第十一号の第一種自己反応性物質の性状を有するものを貯蔵し、又は取り扱う屋内貯蔵所を除く。）の位置に係る技術上の基準については、同項第一号の規定は、平成十五年五月三十一日までの間は、適用しない。

（屋外タンク貯蔵所の基準に関する経過措置）

第四条　改正法の施行の際、現に設置されている貯蔵所で、改正法による消防法別表第五類の項の規定の改正により新たに同法第十一条第一項の規定により許可を受けなければならないこととなるもの（以下この条において「新規対象の屋外タンク貯蔵所」という。）のうち、危険物規制令第二条第二号の屋外タンク貯蔵所として許可を受けなければならないこととなるもの（以下この条において「新規対象の屋外タンク貯蔵所」という。）のうち、危険物規制令第十一条第一項第一号の二に定める技術上の基準に適合しないもの（同号の表の第二号に掲げる屋外貯蔵タンクに係るものに限る。）又は同項第二号に定める技術上の基準に適合しないものの位置に係る技術上の基準については、これらの規定は、当該屋外タンク貯蔵所が次に掲げる基準のすべてに適合している場合に限り、適用しない。

一　当該屋外タンク貯蔵所の屋外貯蔵タンク（危険物を移送するための配管その他これに準ずる工作物を除く。）の周囲に、一メートル以上の幅の空地を保有し、又は不燃材料で造った防火上有効な塀が設けられていること。

二　当該屋外タンク貯蔵所の屋外貯蔵タンクは、鋼板その他の金属板で造られ、かつ、漏れない構造であること。

三　当該屋外タンク貯蔵所の危険物を取り扱う配管は、その設置される条件及び使用される状況に照らして、十分な強度を有し、かつ、漏れない構造であること。

四　当該屋外タンク貯蔵所に係る指定数量の倍数が、施行日における指定数量の倍数を超えないこと。

2　新規対象の屋外タンク貯蔵所の構造及び設備で、改正法の施行の際現に存するもののうち、危険物規制令第十一条第一項第四号、第六号、第七号の二、第十号の二イ若しくはロ又は第十一号から第十二号までに定める技術上の基準に適合しないものの構造及び設備に係る技術上の基準については、これらの規定は、当該屋外タンク貯蔵所が前項各号に掲げる基準のすべてに適合している場合に限り、適用しない。

3　新規対象の屋外タンク貯蔵所のうち、危険物規制令第十一条第一項第一号に定める技術上の基準に適合しないもの（ヒドロキシルアミン等で危険物規制令別表第三備考第十一号の第一種自己反応性物質の性状を有するものを貯蔵し、又は取り扱う屋外タンク貯蔵所を除く。）の位置に係る技術上の基準については、同項第一号の規定は、平成十五年五月三十一日までの間は、適用しない。

（屋内タンク貯蔵所の基準に関する経過措置）

第五条　改正法の施行の際、現に設置されている貯蔵所で、改正法による消防法別表第五類の項の規定の改正により新たに同法第十一条第一項の規定により危険物規制令第二条第三号の屋内タンク貯蔵所として許可を受けなければならないこととなるものの構造及び設備で、改正法の施行の際現に存するもののうち、危険物規制令第十二条第一項第二号、第四号、第五号、第十号から第十一号まで又は第十二号から第十四号までに定める技術上の基準に適合しないものの構造及び設備に係る技術上の基準については、これらの規定は、当該屋内タンク貯蔵所が次に掲げる基準のすべてに適合している場合に限り、適用しない。

一　当該屋内タンク貯蔵所の屋内貯蔵タンクは、鋼板その他の金属板で造られ、かつ、漏れない構造であること。

二　当該屋内タンク貯蔵所の危険物を取り扱う配管は、その設置される条件及び使用される状況に照らして、十分な強度を有し、かつ、漏れない構造であること。

三　当該屋内タンク貯蔵所のタンク専用室の壁、柱、床及び天井（天井がない場合にあっては、はり及び屋根又は上階の床。以下この号において同じ。）が不燃材料で造られ、又は当該壁、柱、床及び天井の室内に面する部分が不燃材料で覆われていること。

四　前号のタンク専用室の開口部には、防火設備が設けられていること。

五　当該屋内タンク貯蔵所に係る指定数量の倍数が、施行日における指定数量の倍数を超えないこと。

（地下タンク貯蔵所の基準に関する経過措置）

第六条　改正法の施行の際、現に設置されている貯蔵所で、改正法による消防法別表第五類の項の規定の改正により新たに同法第十一条第一項の規定により危険物規制令第二条第四号の地下タンク貯蔵所として許可を受けなければならないこととなるものの構造及び設備で、改正法の施行の際現に存するもののうち、危険物規制令第十三条第一項第一号から第四号まで、第六号、第七号、第八号の二後段、第九号（注入口は屋外に設けることとする部分に限る。）、第十号、第十一号若しくは第十四号（同条第二項及び第三項においてこれらの規定の例によるものとされる場合を含む。）又は同条第二項第二号から第四号までに定める技術上の基準に適合しないものの構造及び設備に係る技術上の基準については、これらの規定は、当該地下タンク貯蔵所が次に掲げる基準のすべてに適合している場合に限り、適用しない。

一　当該地下タンク貯蔵所の地下貯蔵タンクは、鋼板その他の金属板又は強化プラスチックで造られ、かつ、漏れない構造であること。

二　当該地下タンク貯蔵所の危険物を取り扱う配管は、その設置される条件及び使用される状況に照らして、十分な強度を有し、かつ、漏れない構造であること。

三　当該地下タンク貯蔵所に係る指定数量の倍数が、施行日における指定数量の倍数を超えないこと。

（移動タンク貯蔵所の基準に関する経過措置）

第七条　改正法の施行の際、現に設置されている貯蔵所で、改正法による消防法別表第五類の項の規定の改正により新たに同法第十一条第一項の規定により危険物規制令第二条第六号の移動タンク貯蔵所として許可を受けなければならないこととなるものの構造及び設備で、改正法の施行の際現に存するもののうち、危険物規制令第十五条第一項第三号、第四号、第七号又は第九号から第十一号までに定める技術上の基準に適合しないものの構造及び設備に係る技術上の基準については、これらの規定は、平成十五年五月三十一日までの間は、適用しない。

（一般取扱所の基準に関する経過措置）

第八条　附則第二条第一項から第三項まで及び第七項の規定は、改正法の施行の際現に設置されている取扱所で、改正法による消防法別表第五類の項の規定の改正により新たに同法第十一条第一項の規定により危険物規制令第三条第四号の一般取扱所として許可を受けなければならないこととなるものの位置、構造及び設備に係る技術上の基準について準用する。

2　附則第二条第四項から第六項までの規定は、改正法の施行の際現に消防法第十一条第一項の規定により許可を受けて設置されている危険物規制令第三条第四号の一般取扱所の位置、構造及び設備に係る技術上の基準について準用する。

（消火設備の基準に関する経過措置）

第九条　改正法の施行の際、現に設置されている製造所、貯蔵所又は取扱所で、改正法による消防法別表第五類の項の規定の改正により新たに同法第十一条第一項の規定により許可を受けなければならないこととなるもの（指定数量の倍数が施行日における指定数量の倍数を超えないものに限る。）の消火設備で、改正法の施行の際現に存するもののうち、危険物規制令第二十条第一項第一号に定める技術上の基準に適合しないものに係る消火設備の技術上の基準については、同号の規定は、平成十五年五月三十一日までの間は、適用しない。

2　改正法の施行の際、現に消防法第十一条第一項の規定により許可を受けて設置されている製造所又は危険物規制令第三条第四号の一般取扱所（いずれも指定数量の倍数が施行日における指定数量の倍数を超えないものに限る。）の消火設備で、改正法の施行の際現に存するもののうち、改正法による消防法別表第五類の項の規定の改正により危険物規制令第二十条第一項第一号に定める技術上の基準に適合しないこととなるものに係る消火設備の技術上の基準については、同号の規定にかかわらず、平成十五年五月三十一日までの間は、なお従前の例による。

3　前二項の規定は、附則第二条第八項の製造所に係る消火設備の技術上の基準について準用する。

（消防法施行令に関する経過措置）

第一〇条　改正法附則第一条第一号に掲げる規定の施行の際、現に存する防火対象物若しくはその部分又は現に新築、増築、改築、移転、修繕若しくは模様替えの工事中の防火対象物若しくはその部分のうち、同号に掲げる規定の施行の日の前日において現に消防法第十一条第一項の規定により許可を受けている製造所、貯蔵所又は取扱所で、改正法による消防法別表備考第十六号及び第十七号の規定の改正により新たに同項の規定による許可を受けることを要しないこととなるものに係るものについては、消防法施行令（昭和三十六年政令第三十七号）第十条、第二十二条及び第二十四条から第二十六条までの規定は平成十五年五月三十一日までの間、同令第十一条から第十三条まで、第十九条から第二十一条の二まで、第二十三条及び第二十七条から第二十九条の三までの規定は平成十六年五月三十一日までの間は、適用しない。

2　改正法の施行の際、現に存する防火対象物若しくはその部分又は現に新築、増築、改築、移転、修繕若しくは模様替えの工事中の防火対象物若しくはその部分のうち、改正法による消防法別表第五類の項の規定の改正により消防法施行令第十条第一項第四号の少量危険物を貯蔵し、又は取り扱うこととなるものにおける消火器及び簡易消火用具に係る技術上の基準については、同号の規定にかかわらず、平成十四年十一月三十日までの間は、なお従前の例による。

（罰則に関する経過措置）

第十一条 この政令（附則第一条ただし書に規定する規定については、当該規定）の施行前にした行為及びこの政令の附則の規定によりなお従前の例によることとされる場合におけるこの政令の施行後にした行為に対する罰則の適用については、なお従前の例による。

（総務省令への委任）

第十二条 附則第二条から第九条まで及び前条に定めるもののほか、改正法の施行に伴う製造所等の位置、構造及び設備に係る技術上の基準その他危険物の貯蔵、取扱い又は運搬に関し必要な経過措置は、総務省令で定める。

附　則（し）〔平成一四年一月二五日政令第一二号〕

1　この政令は、平成十四年四月一日から施行する。

2　この政令の施行前にした行為に対する罰則の適用については、なお従前の例による。

附　則（ゑ）〔平成一四年八月二日政令第二七四号抄〕

（施行期日）

第一条 この政令は、消防法の一部を改正する法律（平成十四年法律第三十号。以下「改正法」という。）の施行の日（平成十四年十月二十五日）から施行する。ただし、次の各号に掲げる規定は、当該各号に定める日から施行する。

一　附則第三条の規定（危険物の規制に関する政令（昭和三十四年政令第三百六号）第十七条第二項第二号の改正規定に限る。）公布の日

二・三〔略〕

附　則（ひ）〔平成一五年一二月一七日政令第五一七号〕

（施行期日）

第一条 この政令は、平成十六年四月一日から施行する。

（保安検査の時期に関する経過措置）

第二条 危険物の規制に関する政令及び消防法施行令の一部を改正する政令（昭和五十二年政令第十号。以下「昭和五十二年政令」という。）の施行の際現に消防法第十一条第一項前段の規定による設置に係る許可を受け、又は当該許可の申請がされていたこの政令による改正後の危険物の規制に関する政令（以下「新令」という。）第八条の二の三第三項に規定する特定屋外タンク貯蔵所（以下「既設の特定屋外タンク貯蔵所」という。）のうち、次に掲げるもので、新令第八条の四第一項に規定するものが受けるべき同法第十四条の三第一項の規定による保安に関する検査（以下「保安検査」という。）に係る同項に規定する政令で定める時期（以下「検査時期」という。）は、新令第八条の四第二項の規定にかかわらず、なお従前の例による。

一　その構造及び設備が新基準（危険物の規制に関する政令等の一部を改正する政令（平成六年政令第二百十四号。以下「平成六年政令」という。）附則第二項第一号に規定する新基準をいう。以下同じ。）に適合しない既設の特定屋外タンク貯蔵所

二　その所有者、管理者又は占有者が、新基準適合日（平成六年政令附則第二項第二号に規定する新基準適合日をいう。以下同じ。）以後、市町村長、都道府県知事又は総務大臣（以下「市町村長等」という。）に新基準適合届出（同号に規定する新基準適合届出をいう。以下同じ。）をしていない既設の特定屋外タンク貯蔵所

2　その所有者、管理者又は占有者が、新基準適合日以後、市町村長等に新基準適合届出をした既設の特定屋外タンク貯蔵所のうち、次に掲げるもの（以下「第二段階基準の特定屋外タンク貯蔵所」という。）で、新令第八条の四第一項に規定するものが受けるべき保安

検査に係る検査時期に関する同条第二項第一号の規定の適用については、同号中「八年」とあるのは「七年」と、「十年又は十三年」とあるのは「八年、九年又は十年」とする。

一　その構造及び設備が第一段階基準（平成六年政令附則第三項第一号に規定する第一段階基準をいう。以下同じ。）に適合しない既設の特定屋外タンク貯蔵所

二　その所有者、管理者又は占有者が、第一段階基準適合日（平成六年政令附則第三項第二号に規定する第一段階基準適合日をいう。以下同じ。）以後、市町村長等に第一段階基準適合届出（同号に規定する第一段階基準適合届出をいう。以下同じ。）をしていない既設の特定屋外タンク貯蔵所

3　昭和五十二年政令の施行後消防法第十一条第一項前段の規定による設置に係る許可の申請がされた新令第八条の二の三第三項に規定する特定屋外タンク貯蔵所（新令第八条の四第二項第一号に掲げるものに限る。）のうち、この政令の施行の日前に同法第十一条第五項の規定による完成検査（同条第一項前段の規定による設置に係るものに限る。以下「設置に係る完成検査」という。）を受けたもので、新令第八条の四第二項に規定するものがこの政令の施行後最初に受けるべき保安検査に係る検査時期は、同条第二項本文の規定にかかわらず、なお従前の例による。

4　この政令の施行の日前に設置に係る完成検査を受けた既設の特定屋外タンク貯蔵所のうち、その所有者、管理者又は占有者が、第一段階基準適合日以後、市町村長等に第一段階基準適合届出をしたもの（以下この項において「第一段階基準の特定屋外タンク貯蔵所」という。）で、新令第八条の四第一項に規定するものが当該第一段階基準適合届出をした日（この政令の施行の日前に当該第一段階基準適合届出をした第一段階基準の特定屋外タンク貯蔵所の所有者、管理者又は占有者にあっては、この政令の施行の日）後最初に受けるべき保安検査に係る検査時期に関する同条第二項第一号の規定の適用については、同号中「又は直近において行われた法第十四条の三第一項若しくは第二項の規定による保安に関する検査を受けた日」とあるのは「、直近において行われた法第十四条の三第一項若しくは第二項の規定による保安に関する検査を受けた日又は法第十四条の三の二の規定による点検のうち次項第一号に定める事項に係るものが行われた日」と、「特定屋外タンク貯蔵所にあつては」とあるのは「特定屋外タンク貯蔵所（その所有者、管理者又は占有者が、危険物の規制に関する政令の一部を改正する政令（平成十五年政令第五百十七号）の施行後同令附則第二条第二項第二号に規定する第一段階基準適合届出をした特定屋外タンク貯蔵所で、同条第一項第二号に規定する新基準適合届出をしていないものを除く。）にあつては」と、「十年又は十三年のいずれか」とあるのは「十年」と、「経過する日までの間」とあるのは「経過する日までの間（当該経過する日が、当該完成検査又は法第十四条の三第一項若しくは第二項の規定による保安に関する検査のうち、直近において行われたものを受けた日の翌日から起算して十年を経過する日後となる場合にあつては、当該経過する日から、当該経過する日から起算して一年を経過する日までの間）」とする。

5　この政令の施行の日前に設置に係る完成検査を受けた第二段階基準の特定屋外タンク貯蔵所のうち、その所有者、管理者又は占有者が、この政令の施行後、市町村長等に新基準適合届出をしたもので、新令第八条の四第一項に規定するものが当該新基準適合届出をした日後最初に受けるべき保安検査に係る検査時期に関する同条第二項第一号の規定の適用については、同号中「又は直近において行われた法第十四条の三第一項若しくは第二項の規定による保安に関する検査を受けた日」とあるのは「、直近において行われた法第十四条の三第一項若しくは第二項の規定による保安に関する検査を受

けた日又は法第十四条の三の二の規定による点検のうち次項第一号に定める事項に係るものが行われた日」と、「八年（総務省令で定める保安のための措置を講じている特定屋外タンク貯蔵所にあつては、当該措置に応じ総務省令で定めるところにより市町村長等が定める十年又は十三年のいずれかの期間）」とあるのは「七年」と、「経過する日までの間」とあるのは「経過する日までの間（当該経過する日が、当該完成検査又は法第十四条の三第一項若しくは第二項の規定による保安に関する検査のうち、直近において行われたものを受けた日の翌日から起算して十年を経過する日後となる場合にあつては、当該経過する日から、当該経過する日から起算して一年を経過する日までの間）」とする。

（罰則に関する経過措置）

第三条 この政令の施行前にした行為に対する罰則の適用については、なお従前の例による。

附　則（も）〔平成一五年一二月一九日政令第五三三号抄〕

（施行期日）

第一条 この政令は、公益法人に係る改革を推進するための厚生労働省関係法律の整備に関する法律（以下「法」という。）の施行の日（平成十六年三月三十一日）から施行する。

附　則（せ）〔平成一六年二月六日政令第一九号抄〕

（施行期日）

第一条 この政令は、消防組織法及び消防法の一部を改正する法律（平成十五年法律第八十四号）附則第一条第二号に掲げる規定の施行の日（平成十六年六月一日）から施行する。〔以下略〕

附　則（す）〔平成一六年三月二六日政令第七三号〕

この政令〔中略〕は平成十六年三月二十九日〔中略〕から施行する。

附　則（ん）〔平成一六年七月二日政令第二一八号〕

（施行期日）

1 この政令は、平成十六年十月一日から施行する。

（危険物の規制に関する政令等の一部を改正する政令の一部改正に伴う経過措置）

2 第一条の規定による改正前の危険物の規制に関する政令等の一部を改正する政令（平成六年政令第二百十四号。以下この項において「平成六年政令」という。）附則第七項第一号又は第二号の規定に基づき、これらの規定に規定する調査・工事計画届出をした特定屋外タンク貯蔵所の所有者、管理者又は占有者のうち、同条の規定による改正後の平成六年政令附則第七項第一号又は第二号に定める日の翌日以後に当該特定屋外タンク貯蔵所の構造及び設備を平成六年政令附則第二項第一号に規定する新基準のすべてに適合させることとしている者は、当該調査・工事計画届出に係る計画を変更し、この政令の施行後遅滞なく、総務省令で定めるところにより、その旨を消防法第十一条第二項に規定する市町村長等（次項において「市町村長等」という。）に届け出なければならない。

（危険物の規制に関する政令の一部を改正する政令の一部改正に伴う経過措置）

3 第二条の規定による改正前の危険物の規制に関する政令の一部を改正する政令（平成十一年政令第三号。以下この項において「平成十一年政令」という。）附則第二項第一号の規定に基づき、同号に規定する届出をした準特定屋外タンク貯蔵所の所有者、管理者又は占有者のうち、同条の規定による改正後の平成十一年政令附則第二項第一号に定める日の翌日以後に当該準特定屋外タンク貯蔵所の構造及び設備を同項に規定する新基準のすべてに適合させることとしている者は、当該届出に係る計画を変更し、この政令の施行後遅滞なく、総務省令で定めるところにより、その旨を市町村長等に届け出なければならない。

附　則(イ)〔平成一六年七月九日政令第二二五号抄〕

（施行期日）

第一条　この政令は、平成十七年十二月一日から施行する。

附　則(ロ)〔平成一六年一〇月二七日政令第三二五号〕

この政令は、消防法及び石油コンビナート等災害防止法の一部を改正する法律附則第一条第二号に掲げる規定の施行の日（平成十八年六月一日）から施行する。

附　則(ハ)〔平成一七年二月一八日政令第二三号〕

（施行期日）

第一条　この政令は、平成十七年四月一日から施行する。

（地下タンク貯蔵所等の基準に関する経過措置）

第二条　この政令の施行の際、現に消防法第十一条第一項の規定により許可を受けている製造所、貯蔵所又は取扱所の構造及び設備のうち、この政令による改正後の危険物の規制に関する政令（以下「新令」という。）第十三条第一項第一号、第六号、第八号の二、第十三号及び第十四号に定める技術上の基準（新令第九条第一項第二十号ハ（新令第十九条第一項において準用する場合を含む。）、新令第十三条第二項若しくは第三項又は新令第十七条第一項第六号イ若しくは第二項第二号においてその例によるものとされる場合を含む。）に適合しないものの構造及び設備に係る技術上の基準については、これらの規定にかかわらず、なお従前の例による。

（罰則に関する経過措置）

第三条　この政令の施行前にした行為に対する罰則の適用については、なお従前の例による。

附　則(ニ)〔平成一八年一月二五日政令第六号抄〕

（施行期日）

第一条　この政令は、平成十八年四月一日から施行する。

（給油取扱所の基準に関する経過措置）

第二条　この政令の施行の際現に消防法第十一条第一項の規定により許可を受けている給油取扱所の構造及び設備でこの政令の施行の際現に存するもののうち、この政令による改正後の第十七条第一項第二号から第五号まで又は第十九号に定める技術上の基準（同条第二項においてその例によるものとされる場合を含む。）に適合しないものの構造及び設備に係る技術上の基準については、これらの規定にかかわらず、なお従前の例による。

（罰則に関する経過措置）

第三条　この政令の施行前にした行為に対する罰則の適用については、なお従前の例による。

附　則(ホ)〔平成二一年一〇月一六日政令第二四七号〕

この政令は、平成二十一年十一月一日から施行する。

附　則(ヘ)〔平成二三年二月二六日政令第一六号〕

（施行期日）

第一条　この政令は、平成二十二年九月一日から施行する。

（製造所等の許可等に関する経過措置）

第二条　この政令の施行の際現に設置されている製造所、貯蔵所若しくは取扱所又は現に消防法（以下「法」という。）第十一条第一項の規定により許可を受けて設置されている製造所、貯蔵所若しくは取扱所で、この政令による危険物の規制に関する政令（以下「危険物規制令」という。）第一条第三項の規定の改正により新たに法第十一条第一項の規定による許可を受けなければならないこととなるものについては、この政令の施行の日（以下「施行日」という。）から平成二十三年二月二十八日までの間は、同項の規定による許可を受けることを要しない。

第三条　この政令の施行の際現に法第十一条第一項の規定により許可を受けて設置されている製造所、貯蔵所又は取扱所で、その位置、構造及び設備がこの政令による危険物規制令第一条第三項の規定の改正により法第十条第四項の技術上の基準に適合しないこととなるものに係る同項の技術上の基準については、同項の規定にかかわらず、施行日から平成二十三年二月二十八日までの間において新たに法第十一条第一項の規定による許可を受けるまでの間、なお従前の例による。

第四条　この政令の施行の際現に法第十一条第一項の規定により許可を受けて設置されている製造所、貯蔵所又は取扱所で、この政令による危険物規制令第一条第三項の規定の改正により指定数量の倍数（法第十一条の四第一項に規定する指定数量の倍数をいう。以下同じ。）がこの政令の施行前にされた法第十一条第一項の規定による許可又は法第十一条の四第一項の規定による届出に係る指定数量の倍数を超えることとなるものの所有者、管理者又は占有者は、施行日から平成二十二年十一月三十日までの間にその旨を法第十一条第二項に規定する市町村長等に届け出なければならない。

（製造所の基準に関する経過措置）

第五条　この政令の施行の際現に設置されている製造所で、この政令による危険物規制令第一条第三項の規定の改正により新たに法第十一条第一項の規定により製造所として許可を受けなければならないこととなるもの（以下この条において「新規対象の製造所」という。）のうち、危険物規制令第九条第一項第二号に定める技術上の基準に適合しないものの位置に係る技術上の基準については、同号の規定は、当該製造所が次に掲げる基準のすべてに適合している場合に限り、適用しない。

一　当該製造所の危険物を取り扱う工作物（建築物及び危険物を移送するための配管その他これに準ずる工作物を除く。）の周囲に、一メートル以上の幅の空地を保有し、又は不燃材料（危険物規制令第九条第一項第一号に規定する不燃材料をいう。以下同じ。）で造った防火上有効な塀が設けられていること。

二　当該製造所の建築物の危険物を取り扱う室の壁、柱、床及び天井（天井がない場合にあっては、はり及び屋根又は上階の床。以下この号において同じ。）が不燃材料で造られ、又は当該壁、柱、床及び天井の室内に面する部分が不燃材料で覆われていること。

三　前号の室の開口部に、防火設備（危険物規制令第九条第一項第七号に規定する防火設備をいう。以下同じ。）が設けられていること。

四　当該製造所の危険物を取り扱う配管が、その設置される条件及び使用される状況に照らして、十分な強度を有し、かつ、漏れない構造であること。

五　当該製造所に係る指定数量の倍数が、施行日における指定数量の倍数を超えないこと。

2　新規対象の製造所の構造及び設備で、この政令の施行の際現に存するもののうち、危険物規制令第九条第一項第四号から第七号まで又は第二十一号に定める技術上の基準に適合しないものの構造及び設備に係る技術上の基準については、これらの規定は、当該製造所が前項各号に掲げる基準のすべてに適合している場合に限り、適用しない。

3　新規対象の製造所の危険物を取り扱うタンクで、この政令の施行の際現に存するもののうち、次の各号に掲げる規定に定める技術上の基準に適合しないものの構造及び設備に係る技術上の基準については、当該各号に掲げる規定は、当該各号に掲げる規定の区分に応じ当該各号に定める場合に限り、適用しない。

一　危険物規制令第九条第一項第二十号イにおいてその例によるものとされる危険物規制令第十一条第一項第四号、第六号、第七号の二又は第十一号から第十二号までの規定　当該製造所が第一項各号に掲げる基準のすべてに適合し、かつ、当該タンクが附則第

七条第一項第二号に掲げる基準に適合している場合

二　危険物規制令第九条第一項第二十号ロにおいてその例によるものとされる危険物規制令第十二条第一項第五号又は第十号から第十一号までの規定　当該製造所が第一項各号に掲げる基準のすべてに適合し、かつ、当該タンクが附則第八条第一項第一号に掲げる基準に適合している場合

三　危険物規制令第九条第一項第二十号ハにおいてその例によるものとされる危険物規制令第十三条第一項第一号から第四号まで、第六号、第七号、第九号（注入口は屋外に設けることとする部分に限る。）、第十号、第十一号又は第十四号の規定　当該製造所が第一項各号に掲げる基準のすべてに適合し、かつ、当該タンクが附則第九条第一項第一号に掲げる基準に適合している場合

4　この政令の施行の際現に法第十一条第一項の規定により許可を受けて設置されている製造所（以下この条において「既設の製造所」という。）のうち、この政令による危険物規制令第一条第三項の規定の改正により危険物規制令第九条第一項第二号に定める技術上の基準に適合しないこととなるものの位置に係る技術上の基準については、同号の規定にかかわらず、当該製造所が第一項第五号に掲げる基準に適合している場合に限り、なお従前の例による。

5　既設の製造所の危険物を取り扱うタンクで、この政令の施行の際現に存するもののうち、この政令による危険物規制令第一条第三項の規定の改正により次の各号に掲げる規定に定める技術上の基準に適合しないこととなるものの構造及び設備に係る技術上の基準については、当該各号に掲げる規定にかかわらず、当該各号に掲げる規定の区分に応じ当該各号に定める場合に限り、なお従前の例による。

一　危険物規制令第九条第一項第二十号イにおいてその例によるものとされる危険物規制令第十一条第一項第四号、第六号、第七号の二又は第十一号から第十一号の三までの規定　当該製造所が第一項第五号に掲げる基準に適合し、かつ、当該タンクが附則第七条第一項第二号に掲げる基準に適合している場合

二　危険物規制令第九条第一項第二十号ロにおいてその例によるものとされる危険物規制令第十二条第一項第五号、第十号又は第十号の二の規定　当該製造所が第一項第五号に掲げる基準に適合し、かつ、当該タンクが附則第八条第一項第一号に掲げる基準に適合している場合

三　危険物規制令第九条第一項第二十号ハにおいてその例によるものとされる危険物規制令第十三条第一項第四号の規定　当該製造所が第一項第五号に掲げる基準に適合している場合

6　新規対象の製造所のうち、危険物規制令第九条第一項第一号に定める技術上の基準に適合しないものの位置に係る技術上の基準については、同号の規定は、施行日から平成二十四年二月二十九日までの間は、適用しない。

（屋内貯蔵所の基準に関する経過措置）

第六条　この政令の施行の際現に設置されている貯蔵所で、この政令による危険物規制令第一条第三項の規定の改正により新たに法第十一条第一項の規定により危険物規制令第二条第一号の屋内貯蔵所として許可を受けなければならないこととなるもの（以下この条において「新規対象の屋内貯蔵所」という。）のうち、危険物規制令第十条第一項第二号又は第三項第一号に定める技術上の基準に適合しないものの位置に係る技術上の基準については、これらの規定は、当該屋内貯蔵所が次に掲げる基準のすべてに適合している場合に限り、適用しない。

一　当該屋内貯蔵所の貯蔵倉庫又は建築物の当該屋内貯蔵所の用に供する部分（次号において「貯蔵倉庫等」という。）の壁、柱、床及び天井（天井がない場合にあっては、はり及び屋根又は上階

の床。以下この号において同じ。）が不燃材料で造られ、又は当該壁、柱、床及び天井の室内に面する部分が不燃材料で覆われていること。

二 貯蔵倉庫等の開口部に、防火設備が設けられていること。

三 当該屋内貯蔵所に係る指定数量の倍数が、施行日における指定数量の倍数を超えないこと。

2 新規対象の屋内貯蔵所の構造で、この政令の施行の際現に存するもののうち、危険物規制令第十条第一項第四号（軒高に係る部分に限る。）に定める技術上の基準に適合しないもの（軒高が二十メートル未満のものに限る。）又は同項第五号から第八号まで若しくは同条第三項第二号から第六号までに定める技術上の基準に適合しないものの構造に係る技術上の基準については、これらの規定は、当該屋内貯蔵所が前項各号に掲げる基準のすべてに適合している場合に限り、適用しない。

3 この政令の施行の際現に法第十一条第一項の規定により危険物規制令第二条第一号の屋内貯蔵所として許可を受けて設置されているもの（以下この条において「既設の屋内貯蔵所」という。）のうち、この政令による危険物規制令第一条第三項の規定の改正により危険物規制令第十条第二項第二号（同条第三項においてその例によるものとされる場合を含む。）に定める技術上の基準に適合しないこととなるものの位置に係る技術上の基準については、同号の規定にかかわらず、当該屋内貯蔵所が第一項第三号に掲げる基準に適合している場合に限り、なお従前の例による。

4 既設の屋内貯蔵所の構造で、この政令の施行の際現に存するもののうち、この政令による危険物規制令第一条第三項の規定の改正により危険物規制令第十条第一項第四号（軒高に係る部分に限る。）に定める技術上の基準に適合しないこととなるもの（軒高が二十メートル未満のものに限る。）又は同項第六号、同条第二項第一号（階高に係る部分に限る。）若しくは第三号に定める技術上の基準に適合しないこととなるものの構造に係る技術上の基準については、これらの規定にかかわらず、当該屋内貯蔵所が第一項第三号に掲げる基準に適合している場合に限り、なお従前の例による。

5 既設の屋内貯蔵所のうち、危険物の規制に関する政令等の一部を改正する政令（昭和六十三年政令第三百五十八号）附則第三条第十項の規定により危険物規制令第十条第二項に規定する屋内貯蔵所とみなされていたものは、この政令の施行の際現に貯蔵し、又は取り扱っている危険物に係る品名の危険物のみを貯蔵し、又は取り扱い、かつ、第一項第三号に掲げる基準に適合するものに限り、危険物規制令第十条第二項の屋内貯蔵所とみなして、同項及び前二項の規定を適用する。

6 既設の屋内貯蔵所で、危険物規制令第十条第三項に規定する屋内貯蔵所のうち、この政令による危険物規制令第一条第三項の規定の改正により危険物規制令第十条第三項に規定する屋内貯蔵所に該当しないこととなるものは、この政令の施行の際現に貯蔵し、又は取り扱っている危険物に係る品名の危険物のみを貯蔵し、又は取り扱い、かつ、第一項第三号に掲げる基準に適合するものに限り、危険物規制令第十条第三項の屋内貯蔵所とみなして、同項の規定を適用する。

7 新規対象の屋内貯蔵所のうち、危険物規制令第十条第一項第一号に定める技術上の基準に適合しないものの位置に係る技術上の基準については、同号の規定は、施行日から平成二十四年二月二十九日までの間は、適用しない。

（**屋外タンク貯蔵所の基準に関する経過措置**）

第七条 この政令の施行の際現に設置されている貯蔵所で、この政令による危険物規制令第一条第三項の規定の改正により新たに法第十一条第一項の規定により危険物規制令第二条第二号の屋外タンク貯蔵所として許可を受けなければならないこととなるもの（以下この条において「新規対象の屋外タンク貯蔵所」という。）のうち、危険物規制令第十一条第一項第一号の二又は第二号に定める技術上の基準に適合しないものの位置に係る技術上の基準については、これらの規定は、当該屋外タンク貯蔵所が次に掲げる基準のすべてに適合している場合に限り、適用しない。

一　当該屋外タンク貯蔵所の屋外貯蔵タンク（危険物を移送するための配管その他これに準ずる工作物を除く。）の周囲に、一メートル以上の幅の空地を保有し、又は不燃材料で造った防火上有効な塀が設けられていること。

二　当該屋外タンク貯蔵所の屋外貯蔵タンクが、鋼板その他の金属板で造られ、かつ、漏れない構造であること。

三　当該屋外タンク貯蔵所の危険物を取り扱う配管が、その設置される条件及び使用される状況に照らして、十分な強度を有し、かつ、漏れない構造であること。

四　当該屋外タンク貯蔵所に係る指定数量の倍数が、施行日における指定数量の倍数を超えないこと。

2　新規対象の屋外タンク貯蔵所の構造及び設備で、この政令の施行の際現に存するもののうち、危険物規制令第十一条第一項第四号、第六号、第七号の二、第十号の二イ若しくはロ又は第十一号から第十二号までに定める技術上の基準に適合しないものの構造及び設備に係る技術上の基準については、これらの規定は、当該屋外タンク貯蔵所が前項各号に掲げる基準のすべてに適合している場合に限り、適用しない。

3　この政令の施行の際現に法第十一条第一項の規定により危険物規制令第二条第二号の屋外タンク貯蔵所として許可を受けて設置されているもの（以下この条において「既設の屋外タンク貯蔵所」という。）のうち、この政令による危険物規制令第一条第三項の規定の改正により危険物規制令第十一条第一項第二号に定める技術上の基準に適合しないこととなるものの位置に係る技術上の基準については、同号の規定にかかわらず、当該屋外タンク貯蔵所が第一項第四号に掲げる基準に適合している場合に限り、なお従前の例による。

4　既設の屋外タンク貯蔵所の設備で、この政令の施行の際現に存するもののうち、この政令による危険物規制令第一条第三項の規定の改正により危険物規制令第十一条第一項第十号の二イ又はロに定める技術上の基準に適合しないこととなるものの設備に係る技術上の基準については、これらの規定にかかわらず、当該屋外タンク貯蔵所が第一項第四号に掲げる基準に適合している場合に限り、なお従前の例による。

5　新規対象の屋外タンク貯蔵所のうち、危険物規制令第十一条第一項第一号に定める技術上の基準に適合しないものの位置に係る技術上の基準については、同号の規定は、施行日から平成二十四年二月二十九日までの間は、適用しない。

（屋内タンク貯蔵所の基準に関する経過措置）

第八条　この政令の施行の際現に設置されている貯蔵所で、この政令による危険物規制令第一条第三項の規定の改正により新たに法第十一条第一項の規定により危険物規制令第二条第三号の屋内タンク貯蔵所として許可を受けなければならないこととなるものの構造及び設備で、この政令の施行の際現に存するもののうち、危険物規制令第十二条第一項第一号、第二号、第四号、第五号、第十号から第十一号まで又は第十二号から第十四号までに定める技術上の基準に適合しないものの構造及び設備に係る技術上の基準については、これらの規定は、当該屋内タンク貯蔵所が次に掲げる基準のすべてに適合している場合に限り、適用しない。

一　当該屋内タンク貯蔵所の屋内貯蔵タンクが、鋼板その他の金属板で造られ、かつ、漏れない構造であること。

二　当該屋内タンク貯蔵所の危険物を取り扱う配管が、その設置される条件及び使用される状況に照らして、十分な強度を有し、かつ、漏れない構造であること。

三　当該屋内タンク貯蔵所のタンク専用室の壁、柱、床及び天井（天井がない場合にあっては、はり及び屋根又は上階の床。以下この号において同じ。）が不燃材料で造られ、又は当該壁、柱、床及び天井の室内に面する部分が不燃材料で覆われていること。

四　前号のタンク専用室の開口部に、防火設備が設けられていること。

五　当該屋内タンク貯蔵所に係る指定数量の倍数が、施行日における指定数量の倍数を超えないこと。

2　この政令の施行の際現に法第十一条第一項の規定により危険物規制令第二条第三号の屋内タンク貯蔵所として許可を受けて設置されているもの（以下この条において「既設の屋内タンク貯蔵所」という。）の構造で、この政令の施行の際現に存するもののうち、この政令による危険物規制令第一条第三項の規定の改正により危険物規制令第十二条第一項第四号（同条第二項においてその例によるものとされる場合を含む。）に定める技術上の基準に適合しないこととなるものの構造に係る技術上の基準については、同号の規定にかかわらず、当該屋内タンク貯蔵所が前項第五号に掲げる基準に適合している場合に限り、なお従前の例による。

3　既設の屋内タンク貯蔵所で、危険物規制令第十二条第二項に規定する屋内タンク貯蔵所のうち、この政令による危険物規制令第一条第三項の規定の改正により危険物規制令第十二条第二項に規定する屋内タンク貯蔵所に該当しないこととなるものは、この政令の施行の際現に貯蔵し、又は取り扱っている危険物に係る品名の危険物のみを貯蔵し、又は取り扱い、かつ、第一項第五号に掲げる基準に適合するものに限り、危険物規制令第十二条第二項の屋内タンク貯蔵所とみなして、同項及び前項の規定を適用する。

（地下タンク貯蔵所の基準に関する経過措置）

第九条　この政令の施行の際現に設置されている貯蔵所で、この政令による危険物規制令第一条第三項の規定の改正により新たに法第十一条第一項の規定により危険物規制令第二条第四号の地下タンク貯蔵所として許可を受けなければならないこととなるものの構造及び設備で、この政令の施行の際現に存するもののうち、危険物規制令第十三条第一項第一号から第四号まで、第六号、第七号、第九号（注入口は屋外に設けることとする部分に限る。）、第十号、第十一号若しくは第十四号（同条第二項及び第三項においてこれらの規定の例によるものとされる場合を含む。）又は同条第二項第三号から第五号までに定める技術上の基準に適合しないものの構造及び設備に係る技術上の基準については、これらの規定は、当該地下タンク貯蔵所が次に掲げる基準のすべてに適合している場合に限り、適用しない。

一　当該地下タンク貯蔵所の地下貯蔵タンクが、鋼板その他の金属板又は強化プラスチックで造られ、かつ、漏れない構造であること。

二　当該地下タンク貯蔵所の危険物を取り扱う配管が、その設置される条件及び使用される状況に照らして、十分な強度を有し、かつ、漏れない構造であること。

三　当該地下タンク貯蔵所に係る指定数量の倍数が、施行日における指定数量の倍数を超えないこと。

2　この政令の施行の際現に法第十一条第一項の規定により危険物規制令第二条第四号の地下タンク貯蔵所として許可を受けて設置されているものの構造で、この政令の施行の際現に存するもののうち、この政令による危険物規制令第一条第三項の規定の改正により危険物規制令第十三条第一項第四号（同条第二項においてその例によるものとされる場合を含む。）に定める技術上の基準に適合しないこととなるものの構造に係る技術上の基準については、同号の規定にかかわらず、当該地下タンク貯蔵所が前項第三号に掲げる基準に適合している場合に限り、なお従前の例による。

（移動タンク貯蔵所の基準に関する経過措置）

第一〇条　この政令の施行の際現に設置されている貯蔵所で、この政令による危険物規制令第一条第三項の規定の改正により新たに法第十一条第一項の規定により危険物規制令第二条第六号の移動タンク貯蔵所として許可を受けなければならないこととなるものの設備で、この政令の施行の際現に存するもののうち、危険物規制令第十五条第一項第四号、第七号又は第九号から第十一号までに定める技術上の基準に適合しないものの設備に係る技術上の基準については、これらの規定は、施行日から平成二十四年二月二十九日までの間は、適用しない。

（一般取扱所の基準に関する経過措置）

第一一条　附則第五条第一項から第三項まで及び第六項の規定は、この政令の施行の際現に設置されている取扱所で、この政令による危険物規制令第一条第三項の規定の改正により新たに法第十一条第一項の規定により危険物規制令第三条第四号の一般取扱所として許可を受けなければならないこととなるものの位置、構造及び設備に係る技術上の基準について準用する。

2　附則第五条第四項及び第五項の規定は、この政令の施行の際現に法第十一条第一項の規定により許可を受けて設置されている危険物規制令第三条第四号の一般取扱所の位置、構造及び設備に係る技術上の基準について準用する。

（消火設備の基準に関する経過措置）

第一二条　この政令の施行の際現に設置されている製造所、貯蔵所又は取扱所で、この政令による危険物規制令第一条第三項の規定の改正により新たに法第十一条第一項の規定により許可を受けなければならないこととなるもの（指定数量の倍数が施行日における指定数量の倍数を超えないものに限る。）の消火設備で、この政令の施行の際現に存するもののうち、危険物規制令第二十条第一項第一号（第一種、第二種又は第三種の消火設備に係る部分に限る。以下この条において同じ。）に定める技術上の基準に適合しないものに係る消火設備の技術上の基準については、同号の規定は、施行日から平成二十四年二月二十九日までの間は、適用しない。

2　この政令の施行の際現に法第十一条第一項の規定により許可を受けて設置されている製造所、貯蔵所又は取扱所（指定数量の倍数が施行日における指定数量の倍数を超えないものに限る。）の消火設備で、この政令の施行の際現に存するもののうち、この政令による危険物規制令第一条第三項の規定の改正により危険物規制令第二十条第一項第一号に定める技術上の基準に適合しないこととなるものに係る消火設備の技術上の基準については、同号の規定にかかわらず、施行日から平成二十四年二月二十九日までの間は、なお従前の例による。

（罰則に関する経過措置）

第一三条　この政令の施行前にした行為及びこの政令の附則の規定によりなお従前の例によることとされる場合におけるこの政令の施行後にした行為に対する罰則の適用については、なお従前の例による。

（総務省令への委任）

第一四条　附則第二条から前条までに定めるもののほか、この政令の施行に伴う製造所等の位置、構造及び設備に係る技術上の基準その他危険物の貯蔵、取扱い又は運搬に関し必要な経過措置は、総務省令で定める。

附　則（下）〔平成二三年二月二三日政令第一三号〕

（施行期日）

第一条　この政令は、平成二十三年四月一日から施行する。

（保安検査の時期に関する経過措置）

第二条　危険物の規制に関する政令及び消防法施行令の一部を改正する政令（昭和五十二年政令第十号。以下「昭和五十二年政令」という。）の施行の際現に消防法第十一条第一項前段の規定による設置に係る許可を受け、又は当該許可の申請がされていたこの政令による改正後の危険物の規制に関する政令（以下「新令」という。）第八条の二の三第三項に規定する特定屋外タンク貯蔵所（以下「既設の特定屋外タンク貯蔵所」という。）のうち、次に掲げるもので、新令第八条の四第一項に規定するものが受けるべき同法第十四条の三第一項の規定による保安に関する検査（以下「保安検査」という。）に係る同項に規定する政令で定める時期（以下「検査時期」という。）については、新令第八条の四第二項の規定にかかわらず、なお従前の例による。

一　その構造及び設備が新基準（危険物の規制に関する政令等の一部を改正する政令（平成六年政令第二百十四号。以下「平成六年政令」という。）附則第二項第一号に規定する新基準をいう。）に適合しない既設の特定屋外タンク貯蔵所

二　その所有者、管理者又は占有者が、新基準適合日（平成六年政令附則第二項第二号に規定する新基準適合日をいう。以下同じ。）以後、市町村長、都道府県知事又は総務大臣（以下「市町村長等」という。）に新基準適合届出（同号に規定する新基準適合届出をいう。以下同じ。）をしていない既設の特定屋外タンク貯蔵所

2　その所有者、管理者又は占有者が、新基準適合日以後、市町村長等に新基準適合届出をした既設の特定屋外タンク貯蔵所のうち、次に掲げるもので、新令第八条の四第一項に規定するものが受けるべき保安検査に係る検査時期については、同条第二項の規定にかかわらず、なお従前の例による。

一　その構造及び設備が第一段階基準（平成六年政令附則第三項第一号に規定する第一段階基準をいう。）に適合しない既設の特定屋外タンク貯蔵所

二　その所有者、管理者又は占有者が、第一段階基準適合日（平成六年政令附則第三項第二号に規定する第一段階基準適合日をいう。以下同じ。）以後、市町村長等に第一段階基準適合届出（同号に規定する第一段階基準適合届出をいう。以下同じ。）をしていない既設の特定屋外タンク貯蔵所

3　危険物の規制に関する政令の一部を改正する政令（平成十五年政令第五百十七号。以下「平成十五年政令」という。）の施行の日前に消防法第十一条第五項の規定による完成検査（同条第一項前段の規定による設置に係るものに限る。以下「設置に係る完成検査」という。）を受けた既設の特定屋外タンク貯蔵所のうち、その所有者、管理者又は占有者が、第一段階基準適合日以後、市町村長等に第一段階基準適合届出をしたもの（以下「第一段階基準の特定屋外タンク貯蔵所」という。）のうち、平成十五年政令の施行の日前に当該第一段階基準適合届出をし、かつ、平成十五年政令の施行の日前に保安検査を受けていないもの又は平成十五年政令の施行後に当該第一段階基準適合届出をしたもので、新令第八条の四第一項に規定するものが当該第一段階基準適合届出をした日後最初に受けるべき保安検査に係る検査時期については、同条第二項の規定にかかわらず、なお従前の例による。

4　第一段階基準の特定屋外タンク貯蔵所のうち、平成十五年政令の施行の日前に市町村長等に第一段階基準適合届出をし、かつ、平成十五年政令の施行の日前に保安検査を受けたもので、新令第八条の四第一項に規定するものが平成十五年政令の施行後最初に受けるべ

き保安検査に係る検査時期に関する同条第二項第一号の規定の適用については、同号中「又は直近において行われた法第十四条の三第一項若しくは第二項の規定による保安に関する検査（以下この号において「前回の保安検査」という。）を受けた日」とあるのは「、直近において行われた法第十四条の三第一項若しくは第二項の規定による保安に関する検査（以下この号において「前回の保安検査」という。）を受けた日又は法第十四条の三の二の規定による点検のうち次項第一号に定める事項に係るものが行われた日」と、「経過する日までの間」とあるのは「経過する日までの間（当該経過する日が、当該完成検査又は法第十四条の三第一項若しくは第二項の規定による保安に関する検査のうち、直近において行われたものを受けた日の翌日から起算して十年を経過する日後となる場合にあつては、当該経過する日から、当該経過する日から起算して一年を経過する日までの間）」と、同号イ中「十年又は十三年のいずれか」とあるのは「十年」とする。

5　昭和五十二年政令の施行後消防法第十一条第一項前段の規定による設置に係る許可の申請がされた新令第八条の二の三第三項に規定する特定屋外タンク貯蔵所（新令第八条の四第二項第一号に掲げるものに限る。）のうち、平成十五年政令の施行の日前に設置に係る完成検査を受けたもので、新令第八条の四第一項に規定するものが平成十五年政令の施行後最初に受けるべき保安検査に係る検査時期に関する同条第二項第一号イの規定の適用については、同号イ中「十年又は十三年のいずれか」とあるのは、「十年」とする。

（罰則に関する経過措置）

第三条　この政令の施行前にした行為に対する罰則の適用については、なお従前の例による。

附　則（チ）〔平成二三年一二月二一日政令第四〇五号抄〕

改正　令和元年一二月政令第一八三号（ワ）

（施行期日）

第一条　この政令は、平成二十四年七月一日から施行する。ただし、次の各号に掲げる規定は、当該各号に定める日から施行する。

一　第十七条第四項及び第二十七条第七項の改正規定　平成二十四年一月十一日

二　別表第五第三種の項の改正規定　平成二十四年三月一日

三　第九条第一項第二十号イ、第十一条及び第十二条第一項第五号の改正規定並びに附則第十条及び第十三条の規定　平成二十四年四月一日

（製造所等の許可等に関する経過措置）

第二条　この政令の施行の際現に設置されている製造所、貯蔵所若しくは取扱所又は現に消防法（以下「法」という。）第十一条第一項の規定により許可を受けて設置されている製造所、貯蔵所若しくは取扱所で、この政令による危険物の規制に関する政令（以下「危険物規制令」という。）第一条第一項の規定の改正により新たに法第十一条第一項の規定による許可を受けなければならないこととなるものについては、この政令の施行の日（以下「施行日」という。）から平成二十四年十二月三十一日までの間は、同項の規定による許可を受けることを要しない。

第三条　この政令の施行の際現に法第十一条第一項の規定により許可を受けて設置されている製造所、貯蔵所又は取扱所で、その位置、構造及び設備がこの政令による危険物規制令第一条第一項の規定の改正により法第十条第四項の技術上の基準に適合しないこととなるものに係る同項の技術上の基準については、同項の規定にかかわらず、施行日から平成二十四年十二月三十一日までの間において新たに法第十一条第一項の規定による許可を受けるまでの間、なお従前の例による。

第四条　この政令の施行の際現に法第十一条第一項の規定により許可を受けて設置されている製造所、貯蔵所又は取扱所で、この政令に

よる危険物規制令第一条第一項の規定の改正により指定数量の倍数（法第十一条の四第一項に規定する指定数量の倍数をいう。以下同じ。）がこの政令の施行前にされた法第十一条第一項の規定による許可又は法第十一条の四第一項の規定による届出に係る指定数量の倍数を超えることとなるものの所有者、管理者又は占有者は、施行日から平成二十四年九月三十日までの間にその旨を法第十一条第二項に規定する市町村長等（附則第十条第二項において「市町村長等」という。）に届け出なければならない。

（製造所の基準に関する経過措置）

第五条　この政令の施行の際現に設置されている製造所で、この政令による危険物規制令第一条第一項の規定の改正により新たに法第十一条第一項の規定により製造所として許可を受けなければならないこととなるもの（以下この条において「新規対象の製造所」という。）のうち、この政令による改正後の危険物規制令（以下「新令」という。）第九条第一項第二号に定める技術上の基準に適合しないものの位置に係る技術上の基準については、同号の規定は、当該製造所が次に掲げる基準の全てに適合している場合に限り、適用しない。

一　当該製造所の危険物を取り扱う工作物（建築物及び危険物を移送するための配管その他これに準ずる工作物を除く。）の周囲に、一メートル以上の幅の空地を保有し、又は不燃材料（新令第九条第一項第一号に規定する不燃材料をいう。以下同じ。）で造った防火上有効な塀が設けられていること。

二　当該製造所の建築物の危険物を取り扱う室の壁、柱、床及び天井（天井がない場合にあっては、はり及び屋根又は上階の床。以下この号において同じ。）が不燃材料で造られ、又は当該壁、柱、床及び天井の室内に面する部分が不燃材料で覆われていること。

三　前号の室の開口部に、防火設備（新令第九条第一項第七号に規定する防火設備をいう。以下同じ。）が設けられていること。

四　当該製造所の危険物を取り扱う配管が、その設置される条件及び使用される状況に照らして、十分な強度を有し、かつ、漏れない構造であること。

五　当該製造所に係る指定数量の倍数が、施行日における指定数量の倍数を超えないこと。

2　新規対象の製造所の構造及び設備で、この政令の施行の際現に存するもののうち、新令第九条第一項第四号から第七号まで又は第二十一号に定める技術上の基準に適合しないものの構造及び設備に係る技術上の基準については、これらの規定は、当該製造所が前項各号に掲げる基準の全てに適合している場合に限り、適用しない。

3　新規対象の製造所の危険物を取り扱うタンクで、この政令の施行の際現に存するもののうち、新令第九条第一項第二十号ロにおいてその例によるものとされる新令第十二条第一項第五号又は第十号から第十一号までに定める技術上の基準に適合しないものの構造及び設備に係る技術上の基準については、これらの規定は、次に掲げる全ての要件を満たす場合に限り、適用しない。

一　当該製造所が第一項各号に掲げる基準の全てに適合すること。

二　当該タンクが、鋼板その他の金属板で造られ、かつ、漏れない構造であること。

4　この政令の施行の際現に法第十一条第一項の規定により許可を受けて設置されている製造所（以下この条において「既設の製造所」という。）のうち、この政令による危険物規制令第一条第一項の規定の改正により新令第九条第一項第二号に定める技術上の基準に適合しないこととなるものの位置に係る技術上の基準については、同号の規定にかかわらず、当該製造所が第一項第四号及び第五号に掲げる基準に適合している場合に限り、なお従前の例による。

5　既設の製造所の危険物を取り扱うタンクで、この政令の施行の際現に存するもののうち、この政令による危険物規制令第一条第一項の規定の改正により新令第九条第一項第二十号ロにおいてその例によるものとされる新令第十二条第一項第五号又は第十号から第十一号までの規定に定める技術上の基準に適合しないこととなるものの構造及び設備に係る技術上の基準については、これらの規定にかかわらず、次に掲げる全ての要件を満たす場合に限り、なお従前の例による。

一　当該製造所が第一項第四号及び第五号に掲げる基準に適合すること。

二　当該タンクが、鋼板その他の金属板で造られ、かつ、漏れない構造であること。

6　既設の製造所の危険物を取り扱う配管で、この政令の施行の際現に存するもののうち、この政令による危険物規制令第一条第一項の規定の改正により新令第九条第一項第二十一号に定める技術上の基準に適合しないこととなるものの構造及び設備に係る技術上の基準については、同号の規定にかかわらず、当該製造所が第一項第四号及び第五号に掲げる基準に適合している場合に限り、なお従前の例による。

7　新規対象の製造所のうち、新令第九条第一項第一号に定める技術上の基準に適合しないものの位置に係る技術上の基準については、同号の規定は、施行日から平成二十五年十二月三十一日までの間は、適用しない。

8　この政令の施行の際現に法第十一条第一項の規定により新令第三条第四号の一般取扱所として許可を受けている取扱所のうち、この政令による危険物規制令第一条第一項の規定の改正により新たに法第十条第一項の製造所に該当することとなるものは、同項の製造所として許可を受けたものとみなす。

9　第四項から第六項までの規定は、前項の製造所の位置、構造及び設備に係る技術上の基準について準用する。

第六条（**屋内貯蔵所の基準に関する経過措置**）

第六条　この政令の施行の際現に設置されている貯蔵所で、この政令による危険物規制令第一条第一項の規定の改正により新たに法第十一条第一項の規定により新令第二条第一号の屋内貯蔵所として許可を受けなければならないこととなるもの（以下この条において「新規対象の屋内貯蔵所」という。）のうち、新令第十条第一項第二号又は第三項第一号に定める技術上の基準に適合しないものの位置に係る技術上の基準については、これらの規定は、当該屋内貯蔵所が次に掲げる基準の全てに適合している場合に限り、適用しない。

一　当該屋内貯蔵所の貯蔵倉庫又は建築物の当該屋内貯蔵所の用に供する部分（次号において「貯蔵倉庫等」という。）の壁、柱、床及び天井（天井がない場合にあっては、はり及び屋根又は上階の床。以下この号において同じ。）が不燃材料で造られ、又は当該壁、柱、床及び天井の室内に面する部分が不燃材料で覆われていること。

二　貯蔵倉庫等の開口部に、防火設備が設けられていること。

三　当該屋内貯蔵所に係る指定数量の倍数が、施行日における指定数量の倍数を超えないこと。

2　新規対象の屋内貯蔵所の構造で、この政令の施行の際現に存するもののうち、新令第十条第一項第四号（軒高に係る部分に限る。）に定める技術上の基準に適合しないもの（軒高が二十メートル未満のものに限る。）又は同項第五号から第八号まで若しくは同条第三項第二号から第六号までに定める技術上の基準に適合しないものの構造に係る技術上の基準については、これらの規定は、当該屋内貯蔵所が前項各号に掲げる基準の全てに適合している場合に限り、適用しない。

3　新規対象の屋内貯蔵所のうち、新令第十条第一項第一号に定める技術上の基準に適合しないものの位置に係る技術上の基準については、同号の規定は、施行日から平成二十五年十二月三十一日までの間は、適用しない。

（販売取扱所の基準に関する経過措置）

第七条　この政令の施行の際現に設置されている取扱所で、この政令による危険物規制令第一条第一項の規定の改正により新たに法第十一条第一項の規定により新令第三条第二号イの第一種販売取扱所として許可を受けなければならないこととなるもの（以下この条において「新規対象の第一種販売取扱所」という。）の構造で、この政令の施行の際現に存するもののうち、新令第十八条第一項第三号から第五号までに定める技術上の基準に適合しないものの構造に係る技術上の基準については、これらの規定は、当該新規対象の第一種販売取扱所が次に掲げる基準の全てに適合している場合に限り、適用しない。

一　建築物の当該取扱所の用に供する部分の壁、柱、床及び天井（天井がない場合にあっては、はり及び屋根又は上階の床。以下この号において同じ。）は、不燃材料で造られ、又は当該壁、柱、床及び天井の室内に面する部分が不燃材料で覆われていること。

二　当該取扱所に係る指定数量の倍数が、施行日における指定数量の倍数を超えないこと。

2　新規対象の第一種販売取扱所の構造で、この政令の施行の際現に存するもののうち、新令第十八条第一項第九号ニに定める技術上の基準に適合しないものの構造に係る技術上の基準については、同号ニの規定は、当該新規対象の第一種販売取扱所が前項各号に掲げる基準の全てに適合し、かつ、当該第一種販売取扱所の危険物を配合する室の出入口に防火設備が設けられている場合に限り、適用しない。

3　この政令の施行の際現に設置されている取扱所で、この政令による危険物規制令第一条第一項の規定の改正により新たに法第十一条第一項の規定により新令第三条第二号ロの第二種販売取扱所として許可を受けなければならないこととなるもの（以下この条において「新規対象の第二種販売取扱所」という。）の構造で、この政令の施行の際現に存するもののうち、新令第十八条第二項第一号、第二号又は第四号ただし書に定める技術上の基準に適合しないものの構造に係る技術上の基準については、これらの規定は、当該新規対象の第二種販売取扱所が第一項各号に掲げる基準の全てに適合している場合に限り、適用しない。

4　新規対象の第二種販売取扱所の構造で、この政令の施行の際現に存するもののうち、新令第十八条第二項においてその例によるものとされる同条第一項第九号ニ又は同条第二項第三号に定める技術上の基準に適合しないものの構造に係る技術上の基準については、これらの規定は、当該新規対象の第二種販売取扱所が次に掲げる基準の全てに適合している場合に限り、適用しない。

一　当該第二種販売取扱所が第一項各号に掲げる基準の全てに適合すること。

二　当該第二種販売取扱所の危険物を配合する室の出入口に防火設備が設けられていること。

三　建築物の当該第二種販売取扱所の用に供する部分の窓に防火設備が設けられていること。

5　この政令の施行の際現に法第十一条第一項の規定により新令第三条第二号イの第一種販売取扱所として許可を受けている取扱所のうち、この政令による危険物規制令第一条第一項の規定の改正により同号イに規定する第一種販売取扱所に該当しないこととなるものは、この政令の施行の際現に貯蔵し、又は取り扱っている危険物に係る品名の危険物のみを貯蔵し、又は取り扱い、かつ、第一項第二号に掲げる基準に適合するものに限り、新令第三条第二号イの第一種販売取扱所とみなして、新令第十八条第一項の規定を適用する。

6　この政令の施行の際現に法第十一条第一項の規定により新令第三条第二号ロの第二種販売取扱所として許可を受けている取扱所のうち、この政令による危険物規制令第一条第一項の規定の改正により同号ロに規定する第二種販売取扱所に該当しないこととなるものは、この政令の施行の際現に貯蔵し、又は取り扱っている危険物に係る品名の危険物のみを貯蔵し、又は取り扱い、かつ、第一項第二号に掲げる基準に適合するものに限り、新令第三条第二号ロの第二種販売取扱所とみなして、新令第十八条第二項の規定を適用する。

（一般取扱所の基準に関する経過措置）

第八条　附則第五条第一項から第三項まで及び第七項の規定は、この政令の施行の際現に設置されている取扱所で、この政令による危険物規制令第一条第一項の規定の改正により新たに法第十一条第一項の規定により新令第三条第四号の一般取扱所として許可を受けなければならないこととなるものの位置、構造及び設備に係る技術上の基準について準用する。

2　附則第五条第四項から第六項までの規定は、この政令の施行の際現に法第十一条第一項の規定により許可を受けて設置されている新令第三条第四号の一般取扱所の位置、構造及び設備に係る技術上の基準について準用する。

（消火設備の基準に関する経過措置）

第九条　この政令の施行の際現に設置されている製造所、貯蔵所又は取扱所で、この政令による危険物規制令第一条第一項の規定の改正により新たに法第十一条第一項の規定により許可を受けなければならないこととなるもの（指定数量の倍数が施行日における指定数量の倍数を超えないものに限る。）の消火設備で、この政令の施行の際現に存するもののうち、新令第二十条第一項第一号（第一種、第二種又は第三種の消火設備に係る部分に限る。以下この条において同じ。）に定める技術上の基準に適合しないものに係る消火設備の技術上の基準については、同号の規定は、施行日から平成二十五年十二月三十一日までの間は、適用しない。

2　この政令の施行の際現に法第十一条第一項の規定により許可を受けて設置されている製造所、貯蔵所又は取扱所（指定数量の倍数が施行日における指定数量の倍数を超えないものに限る。）の消火設備で、この政令の施行の際現に存するもののうち、この政令による危険物規制令第一条第一項の規定の改正により新令第二十条第一項第一号に定める技術上の基準に適合しないこととなるものに係る消火設備の技術上の基準については、同号の規定にかかわらず、施行日から平成二十五年十二月三十一日までの間は、なお従前の例による。

（浮き蓋付きの特定屋外貯蔵タンクに係る特定屋外タンク貯蔵所に関する経過措置）

第一〇条　この政令の施行の際現に法第十一条第一項の規定により許可を受けて設置されている新令第十一条第二項に規定する屋外タンク貯蔵所（以下この条において「既設の浮き蓋付特定屋外タンク貯蔵所」という。）の構造及び設備のうち、同項第一号に定める技術上の基準に適合しないものの構造及び設備に係る技術上の基準については、同号の規定は、当該既設の浮き蓋付特定屋外タンク貯蔵所が次に掲げる全ての要件を満たす場合に限り、適用しない。

一　次に掲げる要件のいずれかを満たすこと。

イ　浮き蓋付きの特定屋外貯蔵タンク内に不活性ガスを充塡して危険物を貯蔵し、又は取り扱うこと。

ロ　浮き蓋付きの特定屋外貯蔵タンクで貯蔵し、又は取り扱う液体の危険物の引火点が四十度以上であること。

二　浮き蓋付きの特定屋外貯蔵タンクに、当該タンク内に滞留した可燃性の蒸気を検知するための設備を設けていること。

2　既設の浮き蓋付特定屋外タンク貯蔵所の構造及び設備のうち、新令第十一条第二項第一号（前項の規定の適用を受ける場合を除く。）及び同条第二項第二号から第四号までに定める技術上の基準に適合しないものの構造及び設備に係る技術上の基準については、これらの規定にかかわらず、令和六年三月三十一日（当該日までの間に、その所有者、管理者又は占有者が、危険物の貯蔵及び取扱い（総務省令で定めるものを除く。以下この項において同じ。）を休止し、かつ、その旨の確認を総務省令で定めるところにより市町村長等から受けた既設の浮き蓋付特定屋外タンク貯蔵所であって、当該日の翌日以降において危険物の貯蔵及び取扱いを当該確認を受けた時から引き続き休止しているものにあっては、同日の翌日以降において危険物の貯蔵及び取扱いを再開する日の前日）までの間は、なお従前の例による。（ワ）

二項…一部改正〔令和元年一二月政令一八三号（ワ）〕

（罰則に関する経過措置）

第一一条　この政令の施行前にした行為及びこの政令の附則の規定によりなお従前の例によることとされる場合におけるこの政令の施行後にした行為に対する罰則の適用については、なお従前の例による。

（総務省令への委任）

第一二条　附則第二条から前条までに定めるもののほか、この政令の施行に伴う製造所等の位置、構造及び設備に係る技術上の基準その他危険物の貯蔵、取扱い又は運搬に関し必要な経過措置は、総務省令で定める。

附　則（リ）〔平成二四年五月二三日政令第一四六号〕

この政令は、公布の日から施行する。

附　則（ヌ）〔平成二五年三月二七日政令第八八号抄〕

（施行期日）

第一条　この政令は、平成二十六年四月一日から施行する。〔以下略〕

附　則（ル）〔平成二九年三月二三日政令第四〇号抄〕

（施行期日）

第一条　この政令は、第五号施行日〔電気事業法等の一部を改正する等の法律（平成二十七年法律第四十七号）附則第一条第五号に掲げる規定の施行の日〕（平成二十九年四月一日）から施行する。〔以下略〕

附　則（ヲ）〔平成二九年九月一日政令第二三二号抄〕

（施行期日）

1　この政令は、平成三十一年四月一日から施行する。

附　則（ワ）〔令和元年一二月一三日政令第一八三号抄〕

（施行期日）

第一条　この政令は、情報通信技術の活用による行政手続等に係る関係者の利便性の向上並びに行政運営の簡素化及び効率化を図るための行政手続等における情報通信の技術の利用に関する法律等の一部を改正する法律（次条において「改正法」という。）の施行の日（令和元年十二月十六日）から施行する。

附　則（カ）〔令和五年九月六日政令第二七六号〕

この政令は、高圧ガス保安法等の一部を改正する法律の施行の日（令和五年十二月二十一日）から施行する。

附　則（ヨ）〔令和五年一二月六日政令第三四八号〕

（施行期日）

1　この政令は、令和五年十二月二十七日から施行する。ただし、第十条及び第十七条第一項第十六号の改正規定並びに第二十条に一項を加える改正規定は、公布の日の翌日から施行する。

（罰則に関する経過措置）

2　この政令の施行前にした行為に対する罰則の適用については、なお従前の例による。

別表第一（第一条の十関係）（う）（ゆ）

		総務省令で定める数量
		キログラム
㈠	シアン化水素	三〇
㈡	シアン化ナトリウム	三〇
㈢	水銀	三〇
㈣	セレン	三〇
㈤	ひ素	三〇
㈥	ふつ化水素	三〇
㈦	モノフルオール酢酸	三〇
㈧	前各項に掲げる物質のほか、水又は熱を加えること等により、人体に重大な障害をもたらすガスを発生する等消火活動に重大な支障を生ずる物質で総務省令で定めるもの	

本表…全部改正〔昭和四〇年九月政令三〇八号（ほ）・四六年六月一六八号（ち）・六三年一二月三五八号（う）〕、一部改正〔平成一二年六月政令三〇四号（ゆ）〕

解説 危険物の規制に関する政令別表第一及び同令別表第二の総務省令で定める物質及び数量を指定する省令（平成元年自治省令二号）

別表第二（第一条の十関係）（う）（ゆ）

		キログラム
㈠	アンモニア	二〇〇
㈡	塩化水素	二〇〇
㈢	クロルスルホン酸	二〇〇
㈣	クロルピクリン	二〇〇
㈤	クロルメチル	二〇〇
㈥	クロロホルム	二〇〇
㈦	けいふつ化水素酸	二〇〇
㈧	四塩化炭素	二〇〇

(九)	臭素	二〇〇
(十)	発煙硫酸	二〇〇
(十一)	ブロム水素	二〇〇
(十二)	ブロムメチル	二〇〇
(十三)	ホルムアルデヒド	二〇〇
(十四)	モノクロル酢酸	二〇〇
(十五)	よう素	二〇〇
(十六)	硫酸	二〇〇
(十七)	りん化亜鉛	二〇〇
(十八)	前各項に掲げる物質のほか、水又は熱を加えること等により、人体に重大な障害をもたらすガスを発生する等消火活動に重大な支障を生ずる物質で総務省令で定めるもの	総務省令で定める数量

本表…追加〔昭和六三年一二月政令三五八号(う)〕、一部改正〔平成一二年六月政令三〇四号(ゆ)〕

解説 危険物の規制に関する政令別表第一及び同令別表第二の総務省令で定める物質及び数量を指定する省令（平成元年自治省令二号）

別表第三（第一条の十一関係）(う)

類別	品名	性質	指定数量
第一類		第一種酸化性固体	五〇キログラム
		第二種酸化性固体	三〇〇キログラム
		第三種酸化性固体	一、〇〇〇キログラム
	硫化りん		一〇〇キログラム
	赤りん		一〇〇キログラム
	硫黄		一〇〇キログラム

第二類		第一種可燃性固体	一〇〇
	鉄粉		五〇〇
		第二種可燃性固体	五〇〇
	引火性固体		一、〇〇〇
第三類	カリウム		一〇キログラム
	ナトリウム		一〇
	アルキルアルミニウム		一〇
	アルキルリチウム		一〇
		第一種自然発火性物質及び禁水性物質	一〇
	黄りん		二〇
		第二種自然発火性物質及び禁水性物質	五〇
		第三種自然発火性物質及び禁水性物質	三〇〇
第四類	特殊引火物		五〇リットル
	第一石油類	非水溶性液体	二〇〇
		水溶性液体	四〇〇
	アルコール類		四〇〇
	第二石油類	非水溶性液体	一、〇〇〇
		水溶性液体	二、〇〇〇
	第三石油類	非水溶性液体	二、〇〇〇
		水溶性液体	四、〇〇〇
	第四石油類		六、〇〇〇
	動植物油類		一〇、〇〇〇

第五類	第一種自己反応性物質	一〇キログラム
	第二種自己反応性物質	一〇〇キログラム
第六類		三〇〇キログラム

備考

一　第一種酸化性固体とは、粉粒状の物品にあつては次のイに掲げる性状を示すもの、その他の物品にあつては次のイ及びロに掲げる性状を示すものであることをいう。

イ　臭素酸カリウムを標準物質とする第一条の三第二項の燃焼試験において同項第二号の燃焼時間が同項第一号の燃焼時間と等しいか若しくはこれより短いこと又は塩素酸カリウムを標準物質とする同条第六項の落球式打撃感度試験において試験物品と赤りんとの混合物の爆発する確率が五十パーセント以上であること。

ロ　第一条の三第一項に規定する大量燃焼試験において同条第三項第二号の燃焼時間が同項第一号の燃焼時間と等しいか又はこれより短いこと及び同条第七項の鉄管試験において鉄管が完全に裂けること。

二　第二種酸化性固体とは、粉粒状の物品にあつては次のイに掲げる性状を示すもの、その他の物品にあつては次のイ及びロに掲げる性状を示すもので、第一種酸化性固体以外のものであることをいう。

イ　第一条の三第一項に規定する燃焼試験において同条第二項第二号の燃焼時間が同項第一号の燃焼時間と等しいか又はこれより短いこと及び同条第五項に規定する落球式打撃感度試験において試験物品と赤りんとの混合物の爆発する確率が五十パーセント以上であること。

ロ　前号ロに掲げる性状

三　第三種酸化性固体とは、第一種酸化性固体又は第二種酸化性固体以外のものであることをいう。

四　第一種可燃性固体とは、第一条の四第二項の小ガス炎着火試験において試験物品が三秒以内に着火し、かつ、燃焼を継続するものであることをいう。

五　第二種可燃性固体とは、第一種可燃性固体以外のものであることをいう。

六　第一種自然発火性物質及び禁水性物質とは、第一条の五第二項の自然発火性試験において試験物品が発火するもの又は同条第五項の水との反応性試験において発生するガスが発火するものであることをいう。

七　第二種自然発火性物質及び禁水性物質とは、第一条の五第二項の自然発火性試験において試験物品がろ紙を焦がすもの又は同条第五項の水との反応性試験において発生するガスが着火するもので、第一種自然発火性物質及び禁水性物質以外のものであることをいう。

八　第三種自然発火性物質及び禁水性物質とは、第一種自然発火性物質及び禁水性物質又は第二種自然発火性物質及び禁水性物質以外のものであることをいう。

九　非水溶性液体とは、水溶性液体以外のものであることをいう。

十　水溶性液体とは、一気圧において、温度二〇度で同容量の純水と緩やかにかき混ぜた場合に、流動がおさまつた後も当該混合液が均一な外観を維持するものであることをいう。

十一　第一種自己反応性物質とは、孔径が九ミリメートルのオリフィス板を用いて行う第一条の七第五項の圧力容器試験において破裂板が破裂するものであることをいう。

十二　第二種自己反応性物質とは、第一種自己反応性物質以外のものであることをいう。

本表…追加〔昭和六三年一二月政令三五八号(う)〕

別表第四（第一条の十二関係）(う)(て)(ゆ)(み)(せ)(イ)

品名		数量
綿花類		キログラム 二〇〇
木毛及びかんなくず		四〇〇
ぼろ及び紙くず		一、〇〇〇
糸類		一、〇〇〇
わら類		一、〇〇〇
再生資源燃料		一、〇〇〇
可燃性固体類		三、〇〇〇
石炭・木炭類		一〇、〇〇〇
可燃性液体類		立方メートル 二
木材加工品及び木くず		一〇
合成樹脂類	発泡させたもの	二〇
	その他のもの	キログラム 三、〇〇〇

備考

一　綿花類とは、不燃性又は難燃性でない綿状又はトップ状の繊維及び麻糸原料をいう。

二　ぼろ及び紙くずは、不燃性又は難燃性でないもの（動植物油がしみ込んでいる布又は紙及びこれらの製品を含む。）をいう。

三　糸類とは、不燃性又は難燃性でない糸（糸くずを含む。）及び繭をいう。

四　わら類とは、乾燥わら、乾燥藺及びこれらの製品並びに干し草をいう。

五　再生資源燃料とは、資源の有効な利用の促進に関する法律（平成三年法律第四十八号）第二条第四項に規定する再生資源を原材料とする燃料をいう。

六　可燃性固体類とは、固体で、次のイ、ハ又はニのいずれかに該当するもの（一気圧において、温度二〇度を超え四〇度以下の間において液状となるもので、次のロ、ハ又はニのいずれかに該当するものを含む。）をいう。

イ　引火点が四〇度以上一〇〇度未満のもの

ロ　引火点が七〇度以上一〇〇度未満のもの

ハ　引火点が一〇〇度以上二〇〇度未満で、かつ、燃焼熱量が三四キロジュール毎グラム以上であるもの

ニ　引火点が二〇〇度以上で、かつ、燃焼熱量が三四キロジュール毎グラム以上であるもので、融点が一〇〇度未満のもの

七　石炭・木炭類には、コークス、粉状の石炭が水に懸濁しているもの、豆炭、練炭、石油コークス、活性炭及びこれらに類するものを含む。

八　可燃性液体類とは、法別表第一備考第十四号の総務省令で定める物品で液体であるもの、同表備考第十五号及び第十六号の総務省令で定める物品で一気圧において温度二〇度で液状であるもの、同表備考第十七号の総務省令で定めるところにより貯蔵保管されている動植物油で一気圧において温度二〇度で液状であるもの並びに引火性液体の性状を有する物品（一気圧において、温度二〇度で液状であるものに限る。）で一気圧において引火点が二五〇度以上のものをいう。

九　合成樹脂類とは、不燃性又は難燃性でない固体の合成樹脂製品、合成樹脂半製品、原料合成樹脂及び合成樹脂くず（不燃性又は難燃性でないゴム製品、ゴム半製品、原料ゴム及びゴムくずを含む。）をいい、合成樹脂の繊維、布、紙及び糸並びにこれらのぼろ及びくずを除く。

本表…追加〔昭和六三年一二月政令三五八号(う)〕、一部改正〔平成一〇年二月政令三一号(て)・一二年六月三〇四号(ゆ)・一三年九月三〇〇号(み)・一六年二月一九号(せ)・七月二二五号(イ)〕

別表第五（第二十条関係）（う）（チ）

消火設備の区分		建築物その他の工作物	電気設備	第一類の危険物：アルカリ金属の過酸化物又はこれを含有するもの	第一類の危険物：その他の第一類の危険物	第二類の危険物：鉄粉、金属粉若しくはマグネシウム又はこれらのいずれかを含有するもの	第二類の危険物：引火性固体	第二類の危険物：その他の第二類の危険物	第三類の危険物：禁水性物品	第三類の危険物：その他の第三類の危険物	第四類の危険物	第五類の危険物	第六類の危険物
第一種	屋内消火栓設備又は屋外消火栓設備	○			○		○	○		○		○	○
第二種	スプリンクラー設備	○			○		○	○		○		○	○
第三種	水蒸気消火設備又は水噴霧消火設備	○	○		○		○	○		○	○	○	○
	泡消火設備	○			○		○	○		○	○	○	○
	不活性ガス消火設備		○				○				○		
	ハロゲン化物消火設備		○				○				○		
	粉末消火設備　りん酸塩類等を使用するもの	○	○		○		○	○			○		○
	粉末消火設備　炭酸水素塩類等を使用するもの		○	○		○	○		○		○		
	粉末消火設備　その他のもの			○		○			○				
	棒状の水を放射する消火器	○			○		○	○		○		○	○
	霧状の水を放射する消火器	○	○		○		○	○		○		○	○
	棒状の強化液を放射する消火器	○			○		○	○		○		○	○

第四種又は第五種	霧状の強化液を放射する消火器	○	○		○		○	○		○	○	○	○
	泡を放射する消火器	○			○		○	○		○	○	○	○
	二酸化炭素を放射する消火器		○				○				○		
	ハロゲン化物を放射する消火器		○				○				○		
	消火粉末を放射する消火器　りん酸塩類等を使用するもの	○	○		○		○	○			○		○
	消火粉末を放射する消火器　炭酸水素塩類等を使用するもの		○	○		○	○		○		○		
	消火粉末を放射する消火器　その他のもの			○		○			○				
第五種	水バケツ又は水槽	○			○		○	○		○		○	○
	乾燥砂			○	○	○	○	○	○	○	○	○	○
	膨張ひる石又は膨張真珠岩			○	○	○	○	○	○	○	○	○	○

備考

一　○印は、対象物の区分の欄に掲げる建築物その他の工作物、電気設備及び第一類から第六類までの危険物に、当該各項に掲げる第一種から第五種までの消火設備がそれぞれ適応するものであることを示す。

二　消火器は、第四種の消火設備については大型のものをいい、第五種の消火設備については小型のものをいう。

三　りん酸塩類等とは、りん酸塩類、硫酸塩類その他防炎性を有する薬剤をいう。

四　炭酸水素塩類等とは、炭酸水素塩類及び炭酸水素塩類と尿素との反応生成物をいう。

本表…追加〔昭和六三年一二月政令三五八号(う)〕、一部改正〔平成二三年一二月政令四〇五号(チ)〕

○危険物の規制に関する規則

（昭和三十四年九月二十九日総理府令第五十五号）

〔改正経過〕

昭和三五年七月一日 自治省令第三号（い）
昭和三八年四月一五日 自治省令第一三号（ろ）
昭和四〇年五月二九日 自治省令第一七号（は）
昭和四〇年一〇月一日 自治省令第二八号（に）
昭和四二年一二月二八日 自治省令第三七号（ほ）
昭和四四年一一月二一日 自治省令第三一号（へ）
昭和四六年六月一日 自治省令第一二号（と）
昭和四七年五月一五日 自治省令第一二号（ち）
昭和四九年五月一日 自治省令第一二号（り）
昭和四九年六月一日 自治省令第一七号（ぬ）
昭和五一年三月三一日 自治省令第七号（る）
昭和五一年六月一五日 自治省令第一八号（を）
昭和五二年二月一〇日 自治省令第二号（わ）
昭和五三年二月九日 自治省令第一号（か）
昭和五三年一〇月六日 自治省令第二四号（よ）
昭和五四年七月二一日 自治省令第一六号（た）
昭和五四年九月一三日 自治省令第二〇号（れ）
昭和五六年九月一九日 自治省令第二二号（そ）
昭和五七年一月八日 自治省令第一号（つ）
昭和五八年四月二八日 自治省令第一六号（ね）
昭和五九年三月五日 自治省令第一号（な）
昭和五九年七月一〇日 自治省令第一七号（ら）
昭和五九年一二月一五日 自治省令第三〇号（む）
昭和六一年七月二五日 自治省令第一六号（う）
昭和六一年一二月二五日 自治省令第三二号（ゐ）
昭和六二年四月二〇日 自治省令第一六号（の）
昭和六二年一二月二六日 自治省令第三六号（お）
昭和六三年一月二〇日 自治省令第三号（く）
昭和六三年四月二五日 自治省令第一八号（や）
平成元年二月二三日 自治省令第五号（ま）
平成二年二月五日 自治省令第一号（け）
平成二年五月二二日 自治省令第一六号（ふ）
平成二年一二月二六日 自治省令第三二号（こ）
平成三年三月一三日 自治省令第三号（え）
平成三年五月二八日 自治省令第二〇号（て）
平成五年七月三〇日 自治省令第二二号（あ）
平成六年一月一九日 自治省令第四号（さ）
平成六年三月一一日 自治省令第五号（き）
平成六年九月一日 自治省令第三〇号（ゆ）
平成六年一一月二八日 自治省令第四三号（め）
平成七年二月二四日 自治省令第二号（み）
平成七年六月二八日 自治省令第二二号（し）
平成八年三月八日 自治省令第三号（ゑ）
平成八年九月三〇日 自治省令第三二号（ひ）
平成九年二月七日 自治省令第一号（も）
平成九年三月二六日 自治省令第一二号（せ）
平成一〇年三月四日 自治省令第六号（す）
平成一〇年一二月八日 自治省令第四六号（ん）
平成一一年三月三〇日 自治省令第一〇号（イ）
平成一一年九月二二日 自治省令第三一号（ロ）
平成一二年三月二一日 自治省令第一一号（ハ）
平成一二年三月二四日 自治省令第一二号（ニ）
平成一二年五月三一日 自治省令第三五号（ホ）
平成一二年九月一四日 自治省令第四四号（ヘ）
平成一二年一一月一七日 自治省令第四九号（ト）
平成一三年三月三〇日 総務省令第四五号（チ）
平成一三年一〇月一一日 総務省令第一三六号（リ）
平成一四年一月二五日 総務省令第四号（ヌ）
平成一四年一〇月七日 総務省令第一〇六号（ル）
平成一五年七月二四日 総務省令第一〇一号（ヲ）
平成一五年一二月一七日 総務省令第一四三号（ワ）
平成一七年一月一四日 総務省令第三号（カ）
平成一七年三月七日 総務省令第二〇号（ヨ）
平成一七年三月二四日 総務省令第三七号（タ）
平成一七年八月三一日 総務省令第一三六号（レ）
平成一八年三月一七日 総務省令第三一号（ソ）
平成一八年六月一四日 総務省令第九六号（ツ）

平成一八年 九月二九日 総務省令第一一四号(ネ)
平成一九年 三月二二日 総務省令第 二六号(ナ)
平成一九年 九月二一日 総務省令第一〇六号(ラ)
平成二一年一〇月一六日 総務省令第 九八号(ム)
平成二一年一一月 六日 総務省令第一〇六号(ウ)
平成二二年 二月二六日 総務省令第 一〇号(ヰ)
平成二二年 六月二八日 総務省令第 七一号(ノ)
平成二三年 二月二三日 総務省令第 五号(オ)
平成二三年 六月一七日 総務省令第 五五号(ク)
平成二三年 九月一五日 総務省令第一二九号(ヤ)
平成二三年 九月二二日 総務省令第一三一号(マ)
平成二三年一二月二一日 総務省令第一六五号(ケ)
平成二四年 三月一六日 総務省令第 一二号(フ)
平成二四年 三月三〇日 総務省令第 二四号(コ)
平成二四年 五月二三日 総務省令第 四九号(エ)
平成二四年一二月一八日 総務省令第一〇三号(テ)
平成二五年 四月 一日 総務省令第 四二号(ア)
平成二五年一二月二七日 総務省令第一二八号(サ)
平成二六年 三月二七日 総務省令第 二二号(キ)
平成二六年一〇月 一日 総務省令第 七七号(ユ)
平成二七年 三月三一日 総務省令第 三五号(メ)
平成二七年 六月 五日 総務省令第 五六号(ミ)
平成二七年 九月三〇日 総務省令第 八一号(シ)
平成二八年 三月 一日 総務省令第 一二号(ヱ)
平成二八年 四月 一日 総務省令第 四六号(ヒ)
平成二九年 一月二六日 総務省令第 三号(モ)
平成三〇年 三月三〇日 総務省令第 二一号(セ)
平成三〇年一一月三〇日 総務省令第 六五号(ス)
令和 元年 五月 七日 総務省令第 三号(ン)
令和 元年 六月二八日 総務省令第 一九号(い)
令和 元年 八月二七日 総務省令第 三四号(ろ)
令和 元年一二月二〇日 総務省令第 六七号(は)
令和 二年 四月一五日 総務省令第 四〇号(に)
令和 二年一二月二五日 総務省令第一二四号(ほ)
令和 三年 七月二一日 総務省令第 七一号(へ)
令和 四年 三月三一日 総務省令第 二八号(と)
令和 五年 九月一九日 総務省令第 七〇号(ち)
令和 五年一二月 六日 総務省令第 八三号(り)

消防法第三章及び危険物の規制に関する政令の規定に基き、並びにこれらを実施するため、危険物の規制に関する総理府令を次のように定める。

危険物の規制に関する規則(に)

題名…改正〔昭和四〇年一〇月自令二八号(に)〕

目次

第一章　総則

（定義）

第一条　この規則において、次の各号に掲げる用語の意義は、それぞれ当該各号に定めるところによる。（り）

一　「道路」とは、次のイからニまでの一に該当するものをいう。（り）

イ　道路法（昭和二十七年法律第百八十号）による道路（り）

ロ　土地区画整理法（昭和二十九年法律第百十九号）、旧住宅地造成事業に関する法律（昭和三十九年法律第百六十号）、都市計画法（昭和四十三年法律第百号）、都市再開発法（昭和四十四年法律第三十八号）又は新都市基盤整備法（昭和四十七年法律第八十六号）による道路（り）

ハ　港湾法（昭和二十五年法律第二百十八号）第二条第五項第四号に規定する臨港交通施設である道路（り）

ニ　イからハまでに定めるもののほか、一般交通の用に供する幅員四メートル以上の道で自動車（道路運送車両法（昭和二十六年法律第百八十五号）第二条第二項に規定するものをいう。以下同じ。）の通行が可能なもの（り）

二　「河川」とは、河川法（昭和三十九年法律第百六十七号）第四条第一項に規定する一級河川及び同法第五条第一項に規定する二級河川並びに同法第百条第一項に規定する河川をいう。（り）

三　「水路」とは、次のイからハまでの一に該当するものをいう。（り）

イ　運河法（大正二年法律第十六号）による運河（り）

ロ　下水道法（昭和三十三年法律第七十九号）による排水施設のうち開渠構造のもの（り）

ハ　イ及びロに定めるもののほか、告示で定める重要な水路（り）

四　「線路敷」とは、線路を敷設してある鉄道（新設軌道を含む。以下同じ。）用地又は敷設するための鉄道用地をいう。（り）

五　「市街地」とは、次のイからハまでの一に該当する地域であつて、都市計画法第八条第一項第一号に規定する工業専用地域（以下「工業専用地域」という。）以外の地域をいう。（り）

イ　都市計画法第七条第二項に規定する市街化区域（り）

ロ　都市計画法第八条第一項第一号に規定する用途地域（り）

ハ　五十ヘクタール以下のおおむね整形の土地の区域ごとに算定した場合における人口密度が一ヘクタール当たり四十人以上である土地の区域が連たんしている土地の区域で当該区域内の人口が五千以上であるもの及びこれに接続する土地の区域で五十ヘクタール以下のおおむね整形の土地の区域ごとに算定した場合における建築物の敷地その他これに類するものの面積の合計が当該区域の面積の三分の一以上であるもの（り）

本条…追加〔昭和四九年五月自令一二号（り）〕

参照　【重要な水路】危告示二

（危険物の品名）

第一条の二　消防法（昭和二十三年法律第百八十六号。以下「法」という。）別表第一の品名欄に掲げる物品のうち、同表第一類の項第十号の危険物にあつては危険物の規制に関する政令（昭和三十四年政令第三百六号。以下「令」という。）第一条第一項各号ごとに、同表第五類の項第十号の危険物にあつては同条第三項各号ごとに、それぞれ異なる品名の危険物として、第四条第一項及び第三項第一号、第五条第一項及び第三項第一号、第六条第二項、第七条から第八条まで、第十八条第一項第二号及び第二項第二号、第四十三条第四項、第四十四条第一項第一号、第四十七条の三第二項、第五十五条第一項第二号及び第二項第二号、第六十二条第一項並びに第六十二条の三第一項の規定を適用する。(ま)(リ)(タ)

2　法別表第一の品名欄に掲げる物品のうち、同表第一類の項第十一号の危険物で当該危険物に含有されている同項第一号から第九号まで及び令第一条第一項各号の物品が異なるものは、それぞれ異なる品名の危険物として、第四条第一項及び第三項第一号、第五条第一項及び第三項第一号、第六条第二項、第七条から第八条まで、第十八条第一項第二号及び第二項第二号、第四十三条第四項、第四十四条第一項第一号、第四十七条の三第二項、第五十五条第一項第二号及び第二項第二号、第六十二条第一項並びに第六十二条の三第一項の規定を適用する。同表第二類の項第八号の危険物で当該危険物に含有されている同項第一号から第七号までの物品が異なるもの、同表第三類の項第十二号の危険物で当該危険物に含有されている同項第一号から第十一号までの物品が異なるもの、同表第五類の項第十一号の危険物で当該危険物に含有されている同項第一号から第九号まで及び令第一条第三項各号の物品が異なるもの並びに同表第六類の項第五号の危険物で当該危険物に含有されている同項第一号から第四号までの物品が異なるものについても、同様とする。(ま)(リ)(タ)

旧一条…繰下〔昭和四九年五月自令一二号(り)〕、本条…全部改正〔平成元年二月自令五号(ま)〕、一・二項…一部改正〔平成一三年一〇月総令一三六号(リ)・一七年三月三七号(タ)〕

（品名から除外されるもの）

第一条の三　法別表第一備考第三号の粒度等を勘案して総務省令で定めるものは、目開きが五十三マイクロメートルの網ふるい（日本産業規格（産業標準化法（昭和二十四年法律第百八十五号）第二十条第一項の日本産業規格をいう。以下同じ。）Z八八〇一―一に規定する網ふるいをいう。以下この条において同じ。）を通過するものが五十パーセント未満のものとする。(ま)(へ)(タ)(い)(に)

2　法別表第一備考第五号の粒度等を勘案して総務省令で定めるものは、次のものとする。(ま)(へ)(タ)

一　銅粉(ま)

二　ニッケル粉(ま)

三　目開きが百五十マイクロメートルの網ふるいを通過するものが五十パーセント未満のもの(ま)

3　法別表第一備考第六号の形状等を勘案して総務省令で定めるものは、次のものとする。(ま)(へ)(タ)

一　目開きが二ミリメートルの網ふるいを通過しない塊状のもの(ま)

二　直径が二ミリメートル以上の棒状のもの(ま)

4　法別表第一備考第十三号の組成等を勘案して総務省令で定めるものは、次のものとする。(ま)(へ)(タ)

一　一分子を構成する炭素の原子の数が一個から三個までの飽和一価アルコールの含有量が六十パーセント未満の水溶液(ま)

二　可燃性液体量が六十パーセント未満であつて、引火点がエタノールの六十パーセント水溶液の引火点を超えるもの（燃焼点

（タグ開放式引火点測定器による燃焼点をいう。以下同じ。）がエタノールの六十パーセント水溶液の燃焼点以下のものを除く。）（ま）（ナ）（ケ）に

5　法別表第一備考第十四号の組成等を勘案して総務省令で定めるものは、可燃性液体量が四十パーセント以下であって、引火点が四十度以上のもの（燃焼点が六十度未満のものを除く。）とする。（ま）（す）（へ）（タ）（ナ）に

6　法別表第一備考第十五号及び第十六号の組成を勘案して総務省令で定めるものは、可燃性液体量が四十パーセント以下のものとする。（ま）（へ）（タ）

7　法別表第一備考第十七号の総務省令で定めるところにより貯蔵保管されているものは、次のものとする。（ま）（へ）（タ）

一　令第十一条第一項第三号の二から第九号まで（特定屋外タンク貯蔵所（令第八条の二の三第三項に規定する特定屋外タンク貯蔵所をいう。以下同じ。）であって、昭和五十二年二月十五日前に法第十一条第一項前段の規定による設置の許可を受け、又は当該許可の申請がされていたもののうち、令第十一条第一項第三号の二及び第四号に定める技術上の基準に適合しないものについては、当該各号は、危険物の規制に関する政令等の一部を改正する政令（平成六年政令第二百十四号）第二条の規定による改正後の危険物の規制に関する政令の一部を改正する政令（昭和五十二年政令第十号）附則第三項各号とし、準特定屋外タンク貯蔵所（令第十一条第一項第三号の三に規定する準特定屋外タンク貯蔵所をいう。以下同じ。）であって、平成十一年四月一日前に現に設置され、又は設置の工事中であったもののうち、令第十一条第一項第三号の三及び第四号に定める技術上の基準に適合しないものについては、当該各号は、危険物の規制に関する政令の一部を改正する政令（平成十一年政令第三号）による改正前の令第十一条第一項第四号とする。）、第十一号から第十一号の三まで及び第十五号、同条第二項（同項においてその例によるものとされる同条第一項第一号から第三号まで、第十号、第十号の二、第十二号から第十四号まで及び第十七号を除く。）、令第十二条第一項第一号、第二号、第四号から第八号まで、第十号、第十号の二及び第十二号から第十八号まで、同条第二項（同項においてその例によるものとされる同条第一項第三号、第九号、第九号の二、第十一号、第十一号の二及び第十九号を除く。）、令第十三条第一項（第五号及び第九号から第十二号までを除く。）、同条第二項（同項においてその例によるものとされる同条第一項第五号及び第九号から第十二号までを除く。）又は同条第三項（同項においてその例によるものとされる同条第一項第五号及び第九号から第十二号までを除く。）の基準の例によるタンクに加圧しないで、常温で貯蔵保管されているもの（ま）（あ）（ひ）（リ）（ケ）に

二　第四十二条及び第四十三条に規定する構造及び最大容積の基準の例による容器であって、収納する物品の通称名、数量及び「火気厳禁」又はこれと同一の意味を有する他の表示を容器の外部に施したものに、第四十三条の三に規定する容器への収納の基準に従って収納され、貯蔵保管されているもの（ま）（け）（リ）に

8　法別表第一備考第十九号の総務省令で定めるものは、次のものとする。（ま）（へ）（タ）

一　過酸化ベンゾイルの含有量が三十五・五パーセント未満のもので、でんぷん粉、硫酸カルシウム二水和物又はりん酸一水素カルシウム二水和物との混合物（ま）

二　ビス（四―クロロベンゾイル）パーオキサイドの含有量が三十パーセント未満のもので、不活性の固体との混合物（ま）

三　過酸化ジクミルの含有量が四十パーセント未満のもので、不活性の固体との混合物（ま）

四十一・四—ビス（二—ターシャリブチルパーオキシイソプロピル）ベンゼンの含有量が四十パーセント未満のもので、不活性の固体との混合物(ま)

五　シクロヘキサノンパーオキサイドの含有量が三十パーセント未満のもので、不活性の固体との混合物(ま)

本条…追加〔平成元年二月自令五号(ま)〕、七項…一部改正〔平成二年二月自令一号(け)・五年七月二二号(あ)・八年九月三二号(ひ)〕、五項…一部改正〔平成一〇年三月自令六号(す)〕、一—八項…一部改正〔平成一二年九月自令四四号(へ)〕、七項…一部改正〔平成一三年一〇月総令一三六号(リ)〕、一—八項…一部改正〔平成一七年三月総令三七号(タ)〕、四・五項…一部改正〔平成一九年三月総令二六号(ナ)〕、四・七項…一部改正〔平成二三年一二月総令一六五号(ケ)〕、一項…一部改正〔令和元年六月総令一九号(い)〕、一・四・五・七項…一部改正〔令和二年四月総令四〇号(に)〕

（複数性状物品の属する品名）

第一条の四　法別表第一備考第二十一号の規定により、同表の性質欄に掲げる性状の二以上を有する物品（以下この条において「複数性状物品」という。）の属する品名は、次の各号に掲げる区分に応じ、当該各号に掲げる品名とする。(ま)(タ)

一　複数性状物品が酸化性固体の性状及び可燃性固体の性状を有する場合　法別表第一第二類の項第八号に掲げる品名(ま)(タ)

二　複数性状物品が酸化性固体の性状及び自己反応性物質の性状を有する場合　法別表第一第五類の項第十一号に掲げる品名(ま)(リ)(タ)

三　複数性状物品が可燃性固体の性状並びに自然発火性物質及び禁水性物質の性状を有する場合　法別表第一第三類の項第十二号に掲げる品名(ま)(タ)

四　複数性状物品が自然発火性物質及び禁水性物質の性状並びに引火性液体の性状を有する場合　法別表第一第三類の項第十二号に掲げる品名(ま)(タ)

五　複数性状物品が引火性液体の性状及び自己反応性物質の性状を有する場合　法別表第一第五類の項第十一号に掲げる品名(ま)(リ)(タ)

本条…追加〔平成元年二月自令五号(ま)〕、一部改正〔平成一三年一〇月総令一三六号(リ)・一七年三月三七号(タ)〕

（圧縮アセチレンガス等の貯蔵又は取扱いの届出書）

第一条の五　法第九条の三の規定による貯蔵又は取扱いの届出は、別記様式第一の届出書によつて行わなければならない。(ま)(ソ)

本条…追加〔平成元年二月自令五号(ま)〕、一部改正〔平成一八年三月総令三一号(ソ)〕

（仮貯蔵又は仮取扱いの承認の申請）

第一条の六　法第十条第一項ただし書の危険物の仮貯蔵又は仮取扱いの承認を受けようとする者は、別記様式第一の二の申請書を所轄消防長又は消防署長に提出しなければならない。(へ)

本条…追加〔令和三年七月総令七一号(へ)〕

（タンクの内容積の計算方法）

第二条　令第五条第一項の総務省令で定めるタンクの内容積（屋根を有するタンクにあつては、当該屋根の部分を除いた部分。以下同じ。）の計算方法は、次の各号のとおりとする。(い)(ま)(へ)(チ)

一　容易にその内容積を計算し難いタンク(と)(チ)
　当該タンクの内容積の近似計算によること。

二　前号以外のタンク(チ)
　通常の計算方法によること。

本条…一部改正〔昭和三五年七月自令三号(い)・四六年六月一二号(と)・平成元年二月五号(ま)・一二年九月四四号(へ)・一三年三月総令四五号(チ)〕

（タンクの空間容積の計算方法）

第三条　令第五条第一項の総務省令で定めるタンクの空間容積の計算方法は、当該タンクの内容積に百分の五以上百分の十以下の数値を乗じて算出する方法とする。ただし、令第二十条第一項第一号の規定により第三種の消火設備（消火剤放射口をタンク内の上部に設けるものに限る。）を設ける屋外タンク貯蔵所又は屋内タンク貯蔵所の危険物を貯蔵し、又は取り扱うタンク及び製造所又は一般取扱所の危険物を取り扱うタンクの空間容積は、当該タンクの内容積のうち、当該消火設備の消火剤放射口の下部〇・三メートル以上一メートル未満の面から上部の容積とする。（の）（ま）（へ）

2　前項の規定にかかわらず、次の各号に掲げるタンクの空間容積は、それぞれ当該各号に定める容積とする。（の）

一　特定屋外タンク貯蔵所の屋外貯蔵タンク（以下「特定屋外貯蔵タンク」という。）であつて、海上タンク（海上に浮かび、同一場所に定置するよう措置され、かつ、陸上に設置された諸設備と配管等により接続された液体危険物タンクをいう。以下同じ。）及び次号に掲げるもの以外のもの　前項の規定により算出された容積又は告示で定める容積のいずれか大なる容積（の）（ま）（ひ）

二　岩盤タンク（令第八条の二第三項第一号に規定する岩盤タンクをいう。以下同じ。）　当該タンク内に湧出する七日間の地下水の量に相当する容積又は当該タンクの内容積に百分の一の数値を乗じて算出された容積のいずれか大なる容積（の）

本条…一部改正〔昭和三五年七月自令三号（い）〕、二項…追加〔昭和五八年四月自令一六号（ね）〕、全部改正〔昭和六二年四月自令一六号（の）〕、一・二項…一部改正〔平成元年二月自令五号（ま）〕、二項…一部改正〔平成八年九月自令三二号（ひ）〕、一項…一部改正〔平成一二年九月自令四四号（へ）〕

参照　【空間容積】危告示二の二

第二章　製造所等の許可及び完成検査の申請等

（設置の許可の申請書の様式及び添付書類）

第四条　令第六条第一項の規定による製造所、貯蔵所又は取扱所（以下「製造所等」という。）の設置の許可の申請書は、別記様式第二又は第三によるものとする。（り）（ま）

2　令第六条第二項の製造所等の位置、構造及び設備に関する図面は、次の事項を記載した図面とする。（ゐ）

一　当該製造所等を含む事業所内の主要な建築物その他の工作物の配置（ゐ）

二　当該製造所等の周囲の状況（屋内給油取扱所（令第十七条第二項に規定する屋内給油取扱所をいう。以下同じ。）にあつては、建築物の屋内給油取扱所の用に供する部分以外の部分の構造及び用途を含む。）（ゐ）（ま）

三　当該製造所等を構成する建築物その他の工作物及び機械器具その他の設備の配置（製造所又は一般取扱所にあつては、工程の概要を含む。）（ゐ）

四　当該製造所等において危険物を貯蔵し、又は取り扱う建築物その他の工作物及び機械器具その他の設備（給油取扱所にあつては、第二十五条の四第一項各号及び第二十七条の三第三項各号（第二十七条の五第一項においてその例による場合を含む。）に掲げる用途に供する建築物及び附随設備を含む。）の構造（ゐ）（の）（り）

五　当該製造所等に設ける電気設備、避雷設備並びに消火設備、警報設備及び避難設備の概要（ゐ）（ま）

六　緊急時対策に係る機械器具その他の設備を設ける製造所等にあつては、当該設備の概要（ゐ）

3　令第六条第二項の総務省令で定める添付書類は、同項で定めるもののほか、次のとおりとする。(い)(ゐ)(へ)

一　別記様式第四のイからルまでの当該製造所等に係る構造及び設備明細書(り)(ま)

二　第一種、第二種又は第三種の消火設備を設けるものにあつては、当該消火設備の設計書

三　火災報知設備を設けるものにあつては、当該火災報知設備の設計書

三の二　令第七条の三に掲げる製造所及び一般取扱所にあつては、危険物の取扱いに伴う危険要因に対応して設置する設備等に関する書類(カ)

四　特定屋外タンク貯蔵所（岩盤タンク、地中タンク（底部が地盤面（タンクの周囲に土を盛ることにより造られた人工の地盤（以下「人工地盤」という。）を設ける場合にあつては、人工地盤の上面をいう。以下同じ。）下にあり、頂部が地盤面以上にあつて、タンク内の危険物の最高液面が地盤面下にある縦置きの円筒型の液体危険物タンク（令第八条の二第一項に規定する液体危険物タンクをいう。以下同じ。）をいう。以下同じ。）及び海上タンクに係る屋外タンク貯蔵所を除く。）にあつては、当該特定屋外タンク貯蔵所の屋外貯蔵タンクの基礎及び地盤並びにタンク本体の設計図書、工事計画書及び工事工程表並びに別表第一の上欄に掲げる構造及び設備に応じて同表の下欄に掲げる書類(わ)(ね)(の)(お)(ま)

四の二　準特定屋外タンク貯蔵所（岩盤タンク、地中タンク及び海上タンクに係る屋外タンク貯蔵所を除く。）にあつては、当該準特定屋外タンク貯蔵所の屋外貯蔵タンク（以下「準特定屋外貯蔵タンク」という。）の基礎及び地盤並びにタンク本体の設計図書及び別表第一の上欄に掲げる構造及び設備に応じて同表の下欄に掲げる書類(イ)(リ)

五　岩盤タンクに係る屋外タンク貯蔵所にあつては、当該岩盤タンクのタンク本体及び坑道、配管その他の設備の設計図書、工事計画書及び工事工程表並びに地質・水文調査書(の)

六　地中タンクに係る屋外タンク貯蔵所にあつては、当該地中タンクの地盤及びタンク本体の設計図書、工事計画書及び工事工程表並びに別表第一の上欄に掲げる構造及び設備に応じて同表の下欄に掲げる書類（基礎に関し必要な資料を除く。）(お)(ま)

六の二　海上タンクに係る屋外タンク貯蔵所にあつては、当該海上タンクのタンク本体及び定置設備（海上タンクを同一場所に定置するための設備をいう。以下同じ。）その他の設備の設計図書、工事計画書及び工事工程表(ま)

七　移送取扱所にあつては、工事計画書、工事工程表並びに別表第一の二の上欄に掲げる構造及び設備に応じて同表の下欄に掲げる書類(り)(わ)(の)(お)(ま)

八　前号の工事計画書には申請に係る構造及び設備に応じて別表第一の二の中欄に掲げる事項を記載すること。(り)(わ)(の)(お)(ま)

二項…一部改正〔昭和三五年七月自令三号(い)〕、一・二項…一部改正〔昭和四九年五月自令一二号(り)〕、二項…一部改正〔昭和五一年二月自令二号(わ)・五八年四月一六号(ね)〕、二項…追加・旧二項…三項に繰下〔昭和六一年一二月自令三二号(ゐ)〕、二・三項…一部改正〔昭和六二年四月自令一六号(の)〕、三項…一部改正〔昭和六二年一二月自令三六号(お)〕、一—三項…一部改正〔平成元年二月自令五号(ま)〕、三項…一部改正〔平成一一年三月自令一〇号(イ)・一二年九月四四号(へ)・一三年一〇月総令一三六号(リ)・一七年一月三号(カ)〕、二項…一部改正〔令和五年一二月総令八三号(り)〕

（変更の許可の申請書の様式及び添付書類）

第五条　令第七条第一項の規定による製造所等の位置、構造又は設備の変更の許可の申請書は、別記様式第五又は第六によるものとす

る。(り)(ま)

2　令第七条第二項の製造所等の位置、構造又は設備の変更の内容に関する図面は、次の事項を記載した図面とする。(ゐ)

一　当該製造所等を含む事業所内の主要な建築物その他の工作物の配置(ゐ)

二　当該製造所等の周囲の状況（屋内給油取扱所にあつては、建築物の屋内給油取扱所の用に供する部分以外の部分の構造及び用途を含む。）(ゐ)(ま)

三　当該製造所等を構成する建築物その他の工作物及び機械器具その他の設備の配置（製造所又は一般取扱所にあつては、工程の概要を含む。）(ゐ)

四　当該製造所等において危険物を貯蔵し、又は取り扱う建築物その他の工作物及び機械器具その他の設備（給油取扱所にあつては、第二十五条の四第一項各号及び第二十七条の三第三項各号（第二十七条の五第一項においてその例による場合を含む。）に掲げる用途に供する建築物及び附随設備を含む。）のうち、変更に係るものの構造(ゐ)(の)(り)

五　当該製造所等に設ける電気設備、避雷設備並びに消火設備、警報設備及び避難設備のうち、変更に係るものの概要(ゐ)(ま)

六　緊急時対策に係る機械器具その他の設備を設ける製造所等にあつては、当該設備のうち、変更に係るものの概要(ゐ)

3　令第七条第二項の総務省令で定める添付書類は、同項で定めるもののほか、次のとおりとする。(い)(ゐ)(へ)

一　変更に係る部分を記載した別記様式第四のイからルまでの当該製造所等に係る構造及び設備明細書(り)(ま)

二　第一種、第二種又は第三種の消火設備を変更するものにあつては、当該消火設備の設計書

三　火災報知設備を変更するものにあつては、当該火災報知設備の設計書

三の二　令第七条の三に掲げる製造所及び一般取扱所において危険物の取扱いに伴う危険要因に対応して設置する設備等について変更するものにあつては、当該設備等に関する書類(カ)

四　特定屋外貯蔵タンク（岩盤タンク、地中タンク及び海上タンクを除く。）の基礎若しくは地盤又はタンク本体を変更するものにあつては、当該変更に係る部分を記載した設計図書、工事計画書及び工事工程表並びに別表第一の上欄に掲げる構造及び設備に応じて同表の下欄に掲げる書類(わ)(の)(お)(ま)

四の二　準特定屋外貯蔵タンク（岩盤タンク、地中タンク及び海上タンクを除く。）の基礎若しくは地盤又はタンク本体を変更するものにあつては、当該変更に係る部分を記載した設計図書及び別表第一の上欄に掲げる構造及び設備に応じて同表の下欄に掲げる書類(イ)

五　岩盤タンクのタンク本体又は坑道、配管その他の設備を変更するものにあつては、当該変更に係る部分を記載した設計図書、工事計画書及び工事工程表(の)

六　地中タンクの地盤又はタンク本体を変更するものにあつては、当該変更に係る部分を記載した設計図書、工事計画書及び工事工程表並びに別表第一の上欄に掲げる構造及び設備に応じて同表の下欄に掲げる書類（基礎に関し必要な資料を除く。）(お)(ま)

六の二　海上タンクのタンク本体又は定置設備その他の設備を変更するものにあつては、当該変更に係る部分を記載した設計図書、工事計画書及び工事工程表(ま)

七　移送取扱所にあつては、変更に係る部分を記載した工事計画書、工事工程表並びに別表第一の二の上欄に掲げる構造及び設備に応じて同表の下欄に掲げる書類(り)(わ)(の)(お)(ま)

八　前号の工事計画書には変更申請に係る構造及び設備に応じて別

表第一の二の中欄に掲げる事項を記載すること。この場合においては、変更前と変更後とを対照しやすいように記載しなければならない。(り)(わ)(の)(お)(ま)

二項…一部改正〔昭和三五年七月自令三号(い)〕、一・二項…一部改正〔昭和四九年五月自令一二号(り)〕、二項…一部改正〔昭和五二年二月自令二号(わ)〕、二項…追加・旧二項…三項に繰下〔昭和六一年一二月自令三二号(ゐ)〕、二・三項…一部改正〔昭和六二年四月自令一六号(の)〕、三項…一部改正〔昭和六二年一二月自令三六号(お)〕、一—三項…一部改正〔平成元年二月自令五号(ま)〕、三項…一部改正〔平成一一年三月自令一〇号(イ)・一二年九月四四号(へ)・一七年一月総令三号(カ)〕、二項…一部改正〔令和五年一二月総令八三号(り)〕

（仮使用の承認の申請）

第五条の二　法第十一条第五項ただし書の製造所等の仮使用の承認を受けようとする者は、別記様式第七の申請書に変更の工事に際して講ずる火災予防上の措置について記載した書類を添えて同条第一項各号に掲げる区分に応じ当該各号に定める市町村長、都道府県知事又は総務大臣（以下「市町村長等」という。）に提出しなければならない。(な)(ま)(り)

本条…追加〔昭和五九年三月自令一号(な)〕、一部改正〔平成元年二月自令五号(ま)・令和五年一二月総令八三号(り)〕

（変更の許可及び仮使用の承認の同時申請）

第五条の三　法第十一条第一項後段の規定による製造所等の位置、構造又は設備の変更の許可及び同条第五項ただし書の製造所等の仮使用の承認を同時に申請しようとする者は、第五条第一項及び前条の規定にかかわらず、別記様式第七の二又は第七の三の申請書によつて行うことができる。(ロ)

本条…追加〔平成一一年九月自令三一号(ロ)〕

（完成検査の申請書等の様式）(と)

第六条　令第八条第一項の規定による完成検査の申請は、別記様式第八又は第九の申請書によつて行わなければならない。(り)(わ)(ま)

2　令第八条第三項の完成検査済証は、別記様式第十及び第十一によるものとする。(と)(わ)(ま)

3　令第八条第四項の規定による完成検査済証の再交付の申請は、別記様式第十二の申請書によつて行わなければならない。(つ)(ま)

見出し…改正・二項…追加〔昭和四六年六月自令一二号(と)〕、一項…一部改正〔昭和四九年五月自令一二号(り)〕、一・二項…一部改正〔昭和五二年二月自令二号(わ)〕、三項…追加〔昭和五七年一月自令一号(う)〕、一—三項…一部改正〔平成元年二月自令五号(ま)〕

（特殊液体危険物タンク）

第六条の二　令第八条の二第三項第一号の総務省令で定める液体危険物タンクは、地中タンク及び海上タンクとする。(お)(ま)(へ)

本条…追加〔昭和六二年一二月自令三六号(お)〕、一部改正〔平成元年二月自令五号(ま)・一二年九月四四号(へ)〕

（特殊液体危険物タンクの基礎・地盤検査に係る工事）

第六条の二の二　令第八条の二第三項第一号の総務省令で定める工事は、地中タンクにあつては地盤に関する工事とし、海上タンクにあつては定置設備の地盤に関する工事とする。(お)(ま)(へ)

本条…追加〔昭和六二年一二月自令三六号(お)〕、一部改正〔平成元年二月自令五号(ま)・一二年九月四四号(へ)〕

（特殊液体危険物タンクの基礎・地盤検査に係る基準）

第六条の二の三　令第八条の二第三項第一号の総務省令で定める基準は、地中タンクにあつては第二十二条の三の二第三項第四号に定める基準とし、海上タンクにあつては第二十二条の三の三第三項第四号に定める基準とする。(お)(ま)(へ)

本条…追加〔昭和六二年一二月自令三六号(お)〕、一部改正〔平成元年二月自令五号(ま)・一二年九月四四号(へ)〕

（特殊液体危険物タンクの水張検査又は水圧検査に係る基準）

第六条の二の四　令第八条の二第三項第二号の令第十一条第一項第四号に定める基準に相当するものとして総務省令で定める基準は、地中タンクにあつては同号に定める基準（水張試験（水以外の適当な液体を張つて行う試験を含む。）又は水圧試験に関する部分に限る。）とする。(ま)(へ)

本条…追加〔平成元年二月自令五号(ま)〕、一部改正〔平成一二年九月自令四四号(へ)〕

（完成検査前検査より除かれる試験）

第六条の二の五　令第八条の二第三項第二号の総務省令で定める試験は、第二十条の九に定める試験とする。(わ)(お)(ま)(へ)

本条…追加〔昭和五二年二月自令二号(わ)〕、旧六条の二…繰下〔昭和六二年一二月自令三六号(お)〕、旧六条の二の四…繰下〔平成元年二月自令五号(ま)〕、本条…一部改正〔平成一二年九月自令四四号(へ)〕

（特殊液体危険物タンクの溶接部検査に係る基準）

第六条の二の六　令第八条の二第三項第二号の令第十一条第一項第四号の二に定める基準に相当するものとして総務省令で定める基準は、地中タンクにあつては第二十二条の三の二第三項第五号ニ(4)に定める基準（溶接部に関する部分に限る。）とする。(お)(ま)(へ)

本条…追加〔昭和六二年一二月自令三六号(お)〕、旧六条の二の五…一部改正し繰下〔平成元年二月自令五号(ま)〕、本条…一部改正〔平成一二年九月自令四四号(へ)〕

（岩盤タンク検査に係る基準）

第六条の二の七　令第八条の二第三項第三号の総務省令で定める基準は、第二十二条の三第三項第四号及び第六号に定める基準とする。(の)(お)(ま)(へ)

本条…追加〔昭和六二年四月自令一六号(の)〕、旧六条の二の二…繰下〔昭和六二年一二月自令三六号(お)〕、旧六条の二の六…繰下〔平成元年二月自令五号(ま)〕、本条…一部改正〔平成一二年九月自令四四号(へ)〕

（アルキルアルミニウム等の移動貯蔵タンクに係る基準）

第六条の二の八　令第八条の二第三項第四号の総務省令で定める危険物は、第三類の危険物のうちアルキルアルミニウム若しくはアルキルリチウム又はこれらのいずれかを含有するもの（以下「アルキルアルミニウム等」という。）とする。(ま)(へ)

2　令第八条の二第三項第四号の総務省令で定める基準は、第二十四条の八第一号に定める基準（水圧試験に関する部分に限る。）とする。(ま)(へ)

本条…追加〔平成元年二月自令五号(ま)〕、一・二項…一部改正〔平成一二年九月自令四四号(へ)〕

（タンクコンテナの表示）

第六条の二の九　令第八条の二第四項第三号の総務省令で定める表示は、国際海上危険物規程（ＩＭＤＧコード）に従つて次に掲げる事項が記されたものとする。(み)(へ)

一　最初の試験に関する事項で、次に掲げるもの(み)

イ　水圧試験の実施年月日(み)

ロ　水圧試験の試験圧力(み)

ハ　水圧試験の立会者による証明(み)

二　最近の定期試験に関する事項で、次に掲げるもの（最初の試験を実施した日から五年以上経過しているタンクに限る。）(み)

イ　圧力試験の実施年月(み)

ロ　圧力試験の試験圧力(み)

ハ　圧力試験の実施者の刻印(み)

三　タンクの最大常用圧力(み)

本条…追加〔平成七年二月自令二号(み)〕、一部改正〔平成一二年九月自令四四号(へ)〕

（アルキルアルミニウム等の移動貯蔵タンクの水圧検査に係る試験）

第六条の二の一〇　令第八条の二第五項の総務省令で定める試験は、第二十四条の八第一号に定める試験とする。(ま)(み)(へ)

本条…追加〔平成元年二月自令五号(ま)〕、旧六条の二の九…繰下〔平成七年二月自令二号(み)〕、本条…一部改正〔平成一二年九月自令四四号(へ)〕

（完成検査前検査に係る試験）

第六条の三　令第八条の二第五項の基礎・地盤検査は、第二十条の三に定める試験（地中タンクである特定屋外貯蔵タンクにあつては第二十二条の三の二第三項第四号ロ(2)（第二十条の二第二項第二号ロ(3)に定める試験に限る。）及び(3)に定める試験、海上タンクである特定屋外貯蔵タンクにあつては第二十二条の三の三第三項第四号に定める試験）により行うものとする。(わ)(つ)(お)(ま)(け)

本条…追加〔昭和五二年二月自令二号(わ)〕、一部改正〔昭和五七年一月自令一号(つ)・六二年一二月三六号(お)・平成元年二月五号(ま)・二年二月一号(け)〕

（完成検査前検査の申請書等の様式）

第六条の四　令第八条の二第六項の規定による完成検査前検査の申請は、別記様式第十三の申請書によつて行わなければならない。(わ)(つ)(ま)

２　令第八条の二第七項のタンク検査済証（令第八条の二の二において準用する場合を含む。）は、別記様式第十四によるものとする。(わ)(つ)(ま)

本条…追加〔昭和五二年二月自令二号(わ)〕、一・二項…一部改正〔昭和五七年一月自令一号(つ)・平成元年二月五号(ま)〕

（完成検査前検査の申請時期）

第六条の五　令第八条の二第六項の規定により完成検査前検査を受けようとする者は、次の各号に掲げる検査の区分に応じ、当該各号に定める時期に市町村長等に申請しなければならない。ただし、法第十四条の三の規定による保安に関する検査の申請書を提出している等の場合は、この限りでない。(わ)(つ)(ら)

一　基礎・地盤検査　特定屋外貯蔵タンクの基礎及び地盤に関する工事（地中タンクである特定屋外貯蔵タンクにあつては地盤に関する工事、海上タンクである特定屋外貯蔵タンクにあつては定置設備の地盤に関する工事）の開始前(わ)(お)(ま)(け)

二　溶接部検査　特定屋外貯蔵タンクのタンク本体に関する工事の開始前(わ)

三　水張検査又は水圧検査　液体の危険物を貯蔵し、又は取り扱うタンクに配管その他の附属設備を取り付ける前(わ)

四　岩盤タンク検査　岩盤タンクのタンク本体に関する工事の開始前(の)

本条…追加〔昭和五二年二月自令二号(わ)〕、一部改正〔昭和五七年一月自令一号(つ)・五九年七月一七号(ら)・六二年四月一六号(の)・一二月三六号(お)・平成元年二月五号(ま)・二年二月一号(け)〕

（製造所等の譲渡又は引渡の届出書）

第七条　法第十一条第六項の規定による製造所等の譲渡又は引渡の届出は、別記様式第十五の届出書によつて行わなければならない。(ぬ)(ま)

本条…一部改正〔昭和四九年六月自令一七号(ぬ)・平成元年二月五号(ま)〕

（許可の通報を必要としない軽易な事項）

第七条の二　法第十一条第七項の総務省令で定める軽易な事項は、危険物の品名、数量又は指定数量の倍数の変更を伴わない位置、構造又は設備の変更とする。（ぬ）（ま）（へ）

本条…追加〔昭和四九年六月自令一七号（ぬ）〕、一部改正〔平成元年二月自令五号（ま）・一二年九月四四号（へ）〕

（品名、数量又は指定数量の倍数の変更の届出書）（ま）

第七条の三　法第十一条の四第一項の規定による製造所等において貯蔵し、又は取り扱う危険物の品名、数量又は指定数量の倍数の変更の届出は、別記様式第十六の届出書によつて行わなければならない。（に）（ぬ）（わ）（ま）

本条…追加〔昭和四〇年一〇月自令二八号（に）〕、旧七条の二…一部改正し繰下〔昭和四九年六月自令一七号（ぬ）〕、一部改正〔昭和五二年二月自令二号（わ）〕、見出し…改正・本条…一部改正〔平成元年二月自令五号（ま）〕

（移動タンク貯蔵所につき命令をした市町村長が通知しなければならない事項）

第七条の四　法第十一条の五第三項の規定により、移動タンク貯蔵所につき命令をした市町村長が当該移動タンク貯蔵所につき法第十一条第一項の規定による許可をした市町村長等に対し通知する事項は、次のとおりとする。（ゐ）

一　命令をした市町村長（ゐ）

二　命令を受けた者の氏名又は名称及び住所並びに法人にあつては、その代表者の氏名及び住所（ゐ）

三　命令に係る移動タンク貯蔵所の設置者、常置場所及び設置又は変更の許可番号（ゐ）

四　違反の内容（ゐ）

五　命令の内容及びその履行状況（ゐ）

六　その他命令をした市町村長が必要と認める事項（ゐ）

本条…追加〔昭和六一年一二月自令三二号（ゐ）〕

（公示の方法）

第七条の五　法第十一条の五第四項（法第十二条第三項、法第十二条の二第三項、法第十三条の二第三項、法第十三条の二十四第二項、法第十四条の二第五項、法第十六条の三第六項及び法第十六条の六第二項において準用する場合を含む。）の規定により総務省令で定める方法は、官報又は公報への掲載その他市町村長等が定める方法とする。（ル）

本条…追加〔平成一四年一〇月総令一〇六号（ル）〕

（製造所等の用途廃止の届出書）

第八条　法第十二条の六の規定による製造所等の用途の廃止の届出は、別記様式第十七の届出書によつて行わなければならない。（ぬ）（ま）

本条…一部改正〔昭和四九年六月自令一七号（ぬ）・平成元年二月五号（ま）〕

（申請書等の提出部数）

第九条　第四条第一項及び第五条第一項の許可の申請書、第五条の二の承認の申請書、第六条及び第六条の四の検査の申請書並びに第七条及び第七条の三の届出書の提出部数は、それぞれ二部（特定屋外タンク貯蔵所及び準特定屋外タンク貯蔵所に係る申請書（第四条第一項の許可及び第五条第一項の許可（令第八条の二の三第二項に掲げる事項に係るものに限る。）の申請書並びに第六条の四の検査（水張検査又は水圧検査に係るものを除く。）の申請書に限る。）については三部）とする。（ま）（イ）

本条…一部改正〔昭和四〇年一〇月自令二八号（に）・五一年六月一八号（を）・五二年二月二号（わ）〕、全部改正〔平成元年二月自令五号（ま）〕、一

部改正〔平成一一年三月自令一〇号(イ)〕

（定期点検をしなければならない製造所等から除かれるもの）

第九条の二　令第八条の五の総務省令で定める製造所等は、次のとおりとする。(を)(へ)

一　鉱山保安法（昭和二十四年法律第七十号）第十九条第一項の規定による保安規程を定めている製造所等(を)(タ)

二　火薬類取締法（昭和二十五年法律第百四十九号）第二十八条第一項の規定による危害予防規程を定めている製造所等(を)

本条…追加〔昭和五一年六月自令一八号(を)〕、一部改正〔平成一二年九月自令四四号(へ)・一七年三月総令三七号(タ)〕

第三章　製造所等の位置、構造及び設備の基準

（不燃材料）

第一〇条　令第九条第一項第一号本文ただし書の総務省令で定める不燃材料は、建築基準法（昭和二十五年法律第二百一号）第二条第九号に掲げる不燃材料のうち、ガラス以外のものとする。(い)(ま)(せ)(へ)

本条…一部改正〔昭和三五年七月自令三号(い)・平成元年二月五号(ま)・九年三月一二号(せ)・一二年九月四四号(へ)〕

（学校等の多数の人を収容する施設）

第一一条　令第九条第一項第一号ロ（令第十条第一項第一号（同条第二項においてその例による場合を含む。）、令第十一条第一項第一号及び第一号の二（同条第二項においてその例による場合を含む。）並びに令第十六条第一項第一号（同条第二項においてその例による場合を含む。）においてその例による場合並びに令第十九条第一項において準用する場合を含む。）の総務省令で定める学校、病院、劇場その他多数の人を収容する施設は、それぞれ次のとおりとする。(い)(に)(を)(た)(な)(ま)(へ)(ケ)

一　学校教育法（昭和二十二年法律第二十六号）第一条に規定する学校のうち、幼稚園、小学校、中学校、義務教育学校、高等学校、中等教育学校、特別支援学校及び高等専門学校(へ)(イ)(ネ)(ナ)(ウ)(ヒ)

二　医療法（昭和二十三年法律第二百五号）第一条の五第一項に規定する病院(く)(あ)(ネ)

三　劇場、映画館、演芸場、公会堂その他これらに類する施設で、三百人以上の人員を収容することができるもの

四　次に掲げる施設であつて、二十人以上の人員を収容することができるもの(に)(へ)(な)(く)(ま)(け)(こ)(き)(し)(す)(ん)(ソ)(ネ)

イ　児童福祉法（昭和二十二年法律第百六十四号）第七条第一項に規定する児童福祉施設(ネ)

ロ　身体障害者福祉法（昭和二十四年法律第二百八十三号）第五条第一項に規定する身体障害者社会参加支援施設(ネ)

ハ　生活保護法（昭和二十五年法律第百四十四号）第三十八条第一項に規定する保護施設（授産施設及び宿所提供施設を除く。）(ネ)

ニ　老人福祉法（昭和三十八年法律第百三十三号）第五条の三に規定する老人福祉施設又は同法第二十九条第一項に規定する有料老人ホーム(ネ)

ホ　母子及び父子並びに寡婦福祉法（昭和三十九年法律第百二十九号）第三十九条第一項に規定する母子・父子福祉施設(ネ)(ユ)

ヘ　職業能力開発促進法（昭和四十四年法律第六十四号）第十五条の七第一項第五号に規定する障害者職業能力開発校(ネ)(シ)

ト　地域における医療及び介護の総合的な確保の促進に関する法律（平成元年法律第六十四号）第二条第四項（第四号を除く。）に規定する特定民間施設(ネ)(ア)(シ)

チ　介護保険法（平成九年法律第百二十三号）第八条第二十八項に規定する介護老人保健施設及び同条第二十九項に規定する介護医療院(ネ)(コ)(ヒ)(セ)

リ　障害者の日常生活及び社会生活を総合的に支援するための法律（平成十七年法律第百二十三号）第五条第一項に規定する障害福祉サービス事業（同条第七項に規定する生活介護、同条第十二項に規定する自立訓練、同条第十三項に規定する就労移行支援又は同条第十四項に規定する就労継続支援を行う事業に限る。）の用に供する施設、同条第十一項に規定する障害者支援施設、同条第二十七項に規定する地域活動支援センター又は同条第二十八項に規定する福祉ホーム(ネ)(マ)(コ)(ア)(キ)(セ)

本条…一部改正〔昭和三五年七月自令三号(い)・四〇年一〇月二八号(に)・四四年一一月三一号(へ)・五一年六月一八号(を)・五四年七月一六号(た)・五九年三月一号(な)・六三年一月三号(く)・平成元年二月五号(ま)・二年二月一号(け)・一二月三二号(こ)・五年七月二二号(あ)・六年三月五号(き)・七年六月二二号(し)・一〇年三月六号(す)・一二月四六号(ん)・一一年三月一〇号(イ)・一二年九月四四号(へ)・一八年三月総令三一号(ソ)・九月一一四号(ネ)・一九年三月二六号(ナ)・二一年一一月一〇六号(ウ)・二三年九月一三一号(マ)・一二月一六五号(ケ)・二四年三月二四号(コ)・二五年四月四二号(ア)・二六年三月二二号(キ)・一〇月七七号(ユ)・二七年九月八一号(シ)・二八年四月四六号(ヒ)・三〇年三月二一号(セ)〕

（高圧ガスの施設に係る距離）

第一二条　令第九条第一項第一号ニ（令第十条第一項第一号（同条第二項においてその例による場合を含む。）、令第十一条第一項第一号及び第一号の二（同条第二項においてその例による場合を含む。）並びに令第十六条第一項第一号（同条第二項においてその例による場合を含む。）においてその例による場合並びに令第十九条第一項において準用する場合を含む。）の総務省令で定める施設及び距離は、それぞれ次の各号に定める施設（当該施設の配管のうち製造所の存する敷地と同一の敷地内に存するものを除く。）及び距離とする。(い)(に)(た)(ま)(き)(へ)(ケ)

一　高圧ガス保安法（昭和二十六年法律第二百四号）第五条第一項の規定により、都道府県知事の許可を受けなければならない高圧ガスの製造のための施設（高圧ガスの製造のための設備が移動式製造設備（一般高圧ガス保安規則（昭和四十一年通商産業省令第五十三号）第二条第一項第十二号又は液化石油ガス保安規則（昭和四十一年通商産業省令第五十二号）第二条第一項第九号の移動式製造設備をいう。）である高圧ガスの製造のための施設にあつては、移動式製造設備が常置される施設（貯蔵設備を有しない移動式製造設備に係るものを除く。）をいう。以下この号において同じ。）及び同条第二項第一号の規定により都道府県知事に届け出なければならない高圧ガスの製造のための施設であつて、圧縮、液化その他の方法で処理することができるガスの容積が一日三十立方メートル以上である設備を使用して高圧ガスの製造（容器に充てんすることを含む。）をするもの　二十メートル以上(を)(ひ)(す)

二　高圧ガス保安法第十六条第一項の規定により、都道府県知事の許可を受けなければならない貯蔵所及び同法第十七条の二の規定により都道府県知事に届け出て設置する貯蔵所　二十メートル以上(ひ)

三　高圧ガス保安法第二十四条の二第一項の規定により、都道府県知事に届け出なければならない液化酸素の消費のための施設　二十メートル以上(ひ)(ア)

四　液化石油ガスの保安の確保及び取引の適正化に関する法律（昭

和四十二年法律第百四十九号）第三条第一項の規定により経済産業大臣又は都道府県知事の登録を受けなければならない販売所で三百キログラム以上の貯蔵施設を有するもの

二十メートル以上(り)(ひ)(へ)

本条…一部改正〔昭和三五年七月自令三号(い)・四〇年一〇月二八号(に)・四九年五月二二号(り)・五一年六月一八号(を)・五四年七月一六号(た)・平成元年二月五号(ま)・六年三月五号(き)・八年九月三二号(ひ)・一〇年三月六号(す)・一二年九月四四号(へ)・二三年一二月総令一六五号(ケ)・二五年四月四二号(ア)〕

（空地の幅に関する防火上有効な隔壁）

第一三条　令第九条第一項第二号ただし書（令第十九条第一項において準用する場合を含む。）の規定により同号の表に定める幅の空地を保有しないことができる場合は、製造所又は一般取扱所の作業工程が他の作業工程と連続しているため建築物その他の工作物の周囲に空地の幅をとることにより当該製造所又は一般取扱所の当該作業に著しく支障を生ずるおそれがある場合で、かつ、当該製造所又は一般取扱所と連続する他の作業工程の存する場所との間に小屋裏に達する防火上有効な隔壁を設けた場合とする。(ま)(け)

本条…一部改正〔平成元年二月自令五号(ま)・二年二月一号(け)〕

（防火設備及び特定防火設備）

第一三条の二　令第九条第一項第七号の総務省令で定める防火設備は、建築基準法第二条第九号の二ロに規定する防火設備のうち、防火戸であるものとする。(ホ)(ヘ)

2　令第九条第一項第七号の総務省令で定める特定防火設備は、建築基準法施行令（昭和二十五年政令第三百三十八号）第百十二条第一項に規定する特定防火設備のうち、防火戸であるものとする。(ホ)(ヘ)

本条…追加〔平成一二年五月自令三五号(ホ)〕、一・二項…一部改正〔平成一二年九月自令四四号(ヘ)〕

（避雷設備）

第一三条の二の二　令第九条第一項第十九号（令第十九条第一項において準用する場合を含む。）、令第十条第一項第十四号（同条第二項及び第三項においてその例による場合を含む。）及び令第十一条第一項第十四号（同条第二項においてその例による場合を含む。）の総務省令で定める避雷設備は、日本産業規格A四二〇一「建築物等の雷保護」に適合するものとする。(り)(を)(な)(ま)(ホ)(ヘ)(カ)(ケ)(い)

本条…追加〔昭和四九年五月自令一二号(り)〕、一部改正〔昭和五一年六月自令一八号(を)・五九年三月一号(な)・平成元年二月五号(ま)〕、旧一三条の二…繰下〔平成一二年五月自令三五号(ホ)〕、本条…一部改正〔平成一二年九月自令四四号(ヘ)・一七年一月総令三号(カ)・二三年一二月一六五号(ケ)・令和元年六月一九号(い)〕

（二十号防油堤）

第一三条の三　令第九条第一項第二十号イ（令第十九条第一項において準用する場合を含む。）の規定により、液体の危険物を取り扱うタンクの周囲には、防油堤を設けなければならない。(わ)(ま)

2　前項の防油堤（以下「二十号防油堤」という。）の基準は、次のとおりとする。(わ)

一　一のタンクの周囲に設ける二十号防油堤の容量（告示で定めるところにより算定した容量をいう。以下この項において同じ。）は、当該タンクの容量の五十パーセント以上とし、二以上のタンクの周囲に設ける二十号防油堤の容量は、当該タンクのうち、その容量が最大であるタンクの容量の五十パーセントに他のタンクの容量の合計の十パーセントを加算した量以上の容量とすること。(わ)

二　第二十二条第二項第二号、第九号、第十二号、第十三号及び第十六号の規定は、二十号防油堤の技術上の基準について準用す

る。（わ）

本条…追加〔昭和五二年二月自令二号(わ)〕、一項…一部改正〔平成元年二月自令五号(ま)〕

参照　【防油堤の容量の算定】危告示四の二

（配管の外面の防食措置）(す)

第一三条の四　令第九条第一項第二十一号ニ（令第十一条第一項第十二号（令第九条第一項第二十号イにおいてその例による場合及びこれを令第十九条第一項において準用する場合並びに令第十一条第二項においてその例による場合を含む。）（令第九条第一項第二十号ロにおいてその例による場合及びこれを令第十九条第一項において準用する場合並びに令第十二条第一項第十一号において準用する場合並びに令第十二条第二項においてその例による場合を含む。）及び令第十三条第一項第十号（令第九条第一項第二十号ハにおいてその例による場合及びこれを令第十九条第一項において準用する場合並びに令第十三条第二項（令第九条第一項第二十号ハにおいてその例による場合及びこれを令第十九条第一項において準用する場合並びに令第十七条第一項第八号イ及び同条第二項第二号においてその例による場合を含む。）、令第十三条第三項（令第九条第一項第二十号ハにおいてその例による場合及びこれを令第十九条第一項において準用する場合並びに令第十七条第一項第八号イ及び同条第二項第二号においてその例による場合を含む。）、令第十七条第一項第八号イ及び同条第二項第二号においてその例による場合を含む。）及び令第十九条第一項において準用する場合を含む。）の規定による配管の外面の腐食を防止するための措置は、地上に設置する配管にあつては、地盤面に接しないようにするとともに、外面の腐食を防止するための塗装を行うことにより、地下の電気的腐食のおそれのある場所に設置する配管にあつては、告示で定めるところにより、塗覆装又はコーティング及び電気防食により、地下のその他の配管にあつては、告示で定めるところにより、塗覆装又はコーティングにより行うものとする。（り）（わ）（お）（ま）（あ）（す）（ソ）（ケ）

本条…追加〔昭和四九年五月自令一二号(り)〕、旧一三条の三…繰下〔昭和五二年二月自令二号(わ)〕、本条…一部改正〔昭和六二年一二月自令三六号(お)・平成元年二月五号(ま)・五年七月二二号(あ)〕、見出し…改正・本条…一部改正〔平成一〇年三月自令六号(す)〕、本条…一部改正〔平成一八年三月総令三一号(ソ)・二三年一二月一六五号(ケ)〕

参照　【地下配管の塗覆装】危告示三【地下配管のコーティング】危告示三の二【地下配管の電気防食】危告示四

（配管の基準）

第一三条の五　令第九条第一項第二十一号ト（令第十一条第一項第十二号（令第九条第一項第二十号イにおいてその例による場合及びこれを令第十九条第一項において準用する場合並びに令第十一条第二項においてその例による場合を含む。）、令第十二条第一項第十一号（令第九条第一項第二十号ロにおいてその例による場合及びこれを令第十九条第一項において準用する場合並びに令第十二条第二項においてその例による場合を含む。）及び令第十三条第一項第十号（令第九条第一項第二十号ハにおいてその例による場合及びこれを令第十九条第一項において準用する場合並びに令第十三条第二項（令第九条第一項第二十号ハにおいてその例による場合及びこれを令第十九条第一項において準用する場合並びに令第十七条第一項第八号イ及び同条第二項第二号においてその例による場合を含む。）、令第十三条第三項（令第九条第一項第二十号ハにおいてその例による場合及びこれを令第十九条第一項において準用する場合並びに令第十七条第一項第八号イ及び同条第二項第二号においてその例による場合を含む。）、令第十七条第一項第八号イ及び同条第二項第二号においてその例による場合並びに令第十九条第一項において準用する場合を含む。）の総務省令で定める基準は、次のとおりとする。（ま）（あ）（す）（へ）（ソ）（ケ）

一　配管を地上に設置する場合には、配管は、地震、風圧、地盤沈下、温度変化による伸縮等に対し安全な構造の支持物により支持すること。（ま）

二　前号の支持物は、鉄筋コンクリート造又はこれと同等以上の耐火性を有するものとすること。ただし、火災によつて当該支持物が変形するおそれのない場合は、この限りでない。（ま）

三　配管を地下に設置する場合には、その上部の地盤面にかかる重量が当該配管にかからないように保護すること。（ま）

本条…追加〔平成元年二月自令五号（ま）〕、一部改正〔平成五年七月自令二二号（あ）・一〇年三月六号（す）・一二年九月四四号（へ）・一八年三月総令三一号（ソ）・二三年一二月一六五号（ケ）〕

（高引火点危険物の製造所の特例）

第一三条の六　令第九条第二項の規定により同条第一項に掲げる基準の特例を定めることができる製造所は、引火点が百度以上の第四類の危険物（以下「高引火点危険物」という。）のみを百度未満の温度で取り扱うものとする。（ま）（リ）

2　前項の製造所に係る令第九条第二項の規定による同条第一項に掲げる基準の特例は、次項に定めるところによる。（ま）

3　第一項の製造所のうち、その位置及び構造が次の各号に掲げる基準に適合するものについては、令第九条第一項第一号、第二号、第四号、第六号から第八号まで、第十八号及び第十九号並びに第十三条の三第二項第二号において準用する第二十二条第二項第二号の規定は、適用しない。（ま）（リ）

一　製造所の位置は、次に掲げる建築物等から当該製造所の外壁又はこれに相当する工作物の外側までの間に、それぞれ当該建築物等について定める距離を保つこと。ただし、イからハまでに掲げる建築物等について、不燃材料で造つた防火上有効な塀を設けること等により、市町村長等が安全であると認めた場合は、当該市町村長等が定めた距離を当該距離とすることができる。（ま）

イ　ロからニまでに掲げるもの以外の建築物その他の工作物で住居の用に供するもの（製造所の存する敷地と同一の敷地内に存するものを除く。）　十メートル以上（ま）

ロ　第十一条各号に掲げる学校、病院、劇場その他多数の人を収容する施設　三十メートル以上（ま）

ハ　文化財保護法（昭和二十五年法律第二百十四号）の規定によつて重要文化財、重要有形民俗文化財、史跡若しくは重要な文化財として指定され、又は旧重要美術品等の保存に関する法律（昭和八年法律第四十三号）の規定によつて重要美術品として認定された建造物　五十メートル以上（ま）

ニ　第十二条各号に掲げる高圧ガスその他災害を発生させるおそれのある物を貯蔵し、又は取り扱う施設（不活性ガスのみを貯蔵し、又は取り扱うものを除く。）　二十メートル以上（ま）

二　危険物を取り扱う建築物その他の工作物（危険物を移送するための配管その他これに準ずる工作物を除く。）の周囲に三メートル以上の幅の空地を保有すること。ただし、第十三条に定めるところにより、防火上有効な隔壁を設けた場合は、この限りでない。（ま）

三　危険物を取り扱う建築物は、屋根を不燃材料で造ること。（ま）

四　危険物を取り扱う建築物の窓及び出入口には、防火設備（令第九条第一項第七号の防火設備をいう。第二十七条の三第六項及び第七項並びに第二十七条の五第五項及び第六項を除き、以下同じ。）又は不燃材料若しくはガラスで造られた戸を設けるとともに、延焼のおそれのある外壁に設ける出入口には、随時開けることができる自動閉鎖の特定防火設備（令第九条第一項第七号の特

定防火設備をいう。以下同じ。）を設けること。（リ）（タ）

五　危険物を取り扱う建築物の延焼のおそれのある外壁に設ける出入口にガラスを用いる場合は、網入ガラスとすること。（リ）

本条…追加〔平成元年二月自令五号（ま）〕、一・三項…一部改正〔平成一三年一〇月総令一三六号（リ）〕、三項…一部改正〔平成一七年三月総令三七号（タ）〕

（製造所の特例を定めることができる危険物）

第一三条の七　令第九条第三項の総務省令で定める危険物は、アルキルアルミニウム等、第四類の危険物のうち特殊引火物のアセトアルデヒド若しくは酸化プロピレン又はこれらのいずれかを含有するもの（以下「アセトアルデヒド等」という。）及び第五類の危険物のうちヒドロキシルアミン若しくはヒドロキシルアミン塩類又はこれらのいずれかを含有するもの（以下「ヒドロキシルアミン等」という。）とする。（ま）（へ）（リ）

本条…追加〔平成元年二月自令五号（ま）〕、一部改正〔平成一二年九月自令四四号（へ）・一三年一〇月総令一三六号（リ）〕

（アルキルアルミニウム等の製造所の特例）

第一三条の八　アルキルアルミニウム等を取り扱う製造所に係る令第九条第三項の規定による同条第一項に掲げる基準を超える特例は、次のとおりとする。（ま）

一　アルキルアルミニウム等を取り扱う設備の周囲には、漏えい範囲を局限化するための設備及び漏れたアルキルアルミニウム等を安全な場所に設けられた槽に導入することができる設備を設けること。（ま）

二　アルキルアルミニウム等を取り扱う設備には、不活性の気体を封入する装置を設けること。（ま）

本条…追加〔平成元年二月自令五号（ま）〕

（アセトアルデヒド等の製造所の特例）

第一三条の九　アセトアルデヒド等を取り扱う製造所に係る令第九条第三項の規定による同条第一項に掲げる基準を超える特例は、次のとおりとする。（ま）

一　アセトアルデヒド等を取り扱う設備は、銅、マグネシウム、銀若しくは水銀又はこれらを成分とする合金で造らないこと。（ま）

二　アセトアルデヒド等を取り扱う設備には、燃焼性混合気体の生成による爆発を防止するための不活性の気体又は水蒸気を封入する装置を設けること。（ま）

三　前号の規定にかかわらず、アセトアルデヒド等を取り扱うタンク（屋外にあるタンク又は屋内にあるタンクであつて、その容量が指定数量の五分の一未満のものを除く。）には、冷却装置又は低温を保持するための装置（以下「保冷装置」という。）及び燃焼性混合気体の生成による爆発を防止するための不活性の気体を封入する装置を設けること。ただし、地下にあるタンクがアセトアルデヒド等の温度を適温に保つことができる構造である場合には、冷却装置及び保冷装置を設けないことができる。（ま）（す）

本条…追加〔平成元年二月自令五号（ま）〕、一部改正〔平成三年三月自令三号（え）・五年七月二二号（あ）・一〇年三月六号（す）・一七年三月総令三七号（タ）〕

（ヒドロキシルアミン等の製造所の特例）

第一三条の一〇　ヒドロキシルアミン等を取り扱う製造所に係る令第九条第三項の規定による同条第一項に掲げる基準を超える特例は、次のとおりとする。（リ）

一　令第九条第一項第一号イからハまでの規定にかかわらず、指定数量以上の第一種自己反応性物質（令別表第三備考第十一号の第一種自己反応性物質をいう。以下同じ。）の性状を有するヒドロキシルアミン等を取り扱う製造所の位置は、令第九条第一項第一号イからハまでに掲げる建築物等から当該製造所の外壁又はこれ

に相当する工作物の外側までの間に、次の式により求めた距離以上の距離を保つこと。（リ）

$D=51.1\sqrt[3]{N}$

Dは、距離（単位　メートル）

Nは、当該製造所において取り扱う第一種自己反応性物質の性状を有するヒドロキシルアミン等の指定数量の倍数

二　前号の製造所の周囲には、次に掲げる基準に適合する塀又は土盛りを設けること。（リ）

イ　塀又は土盛りは、当該製造所の外壁又はこれに相当する工作物の外側から二メートル以上離れた場所にできるだけ接近して設けること。（リ）

ロ　塀又は土盛りの高さは、当該製造所におけるヒドロキシルアミン等を取り扱う部分の高さ以上とすること。（リ）

ハ　塀は、厚さ十五センチメートル以上の鉄筋コンクリート造若しくは鉄骨鉄筋コンクリート造又は厚さ二十センチメートル以上の補強コンクリートブロック造とすること。（リ）

ニ　土盛りには、六十度以上の勾配を付けないこと。（リ）（ソ）

三　ヒドロキシルアミン等を取り扱う設備には、ヒドロキシルアミン等の温度及び濃度の上昇による危険な反応を防止するための措置を講ずること。（リ）

四　ヒドロキシルアミン等を取り扱う設備には、鉄イオン等の混入による危険な反応を防止するための措置を講ずること。（リ）

本条…追加〔平成一三年一〇月総令一三六号(リ)〕、一部改正〔平成一八年三月総令三一号(ソ)〕

（屋内貯蔵所の空地の特例）

第一四条　令第十条第一項第二号ただし書の規定により、同号の表に定める空地の幅を減ずることができる範囲は、次のとおりとする。（に）（ま）

一　指定数量の倍数が二十を超える屋内貯蔵所（第七十二条第一項に規定する危険物のみを貯蔵し、又は取り扱うものを除く。）が同一の敷地内に設置されている他の屋内貯蔵所との間に令第十条第一項第二号の表に定める空地の幅の三分の一の幅の空地を保有することができる範囲までであること。ただし、当該屋内貯蔵所の空地の幅は、三メートル未満とすることはできない。（ま）

二　第七十二条第一項に規定する危険物のみを貯蔵し、又は取り扱う二以上の屋内貯蔵所を同一の敷地内に隣接して設置するときは、当該屋内貯蔵所が相互間に〇・五メートルの幅の空地を保有することができる範囲までであること。（に）（ま）

本条…一部改正〔昭和四〇年一〇月自令二八号(に)・四四年一一月三一号(へ)・四六年六月一二号(と)・平成元年二月五号(ま)〕

（屋外タンク貯蔵所の空地の特例）

第一五条　令第十一条第一項第二号ただし書（同条第二項においてその例による場合を含む。）の規定により、同号の表に定める空地の幅を減ずることができる範囲は、引火点が七十度以上の第四類の危険物を貯蔵し、又は取り扱う屋外タンク貯蔵所が同一の敷地内に設置されている他の屋外タンク貯蔵所との間に同号の表に定める空地の幅の三分の二の幅の空地を保有することができる範囲までとする。ただし、当該屋外タンク貯蔵所の空地の幅は、三メートル未満とすることはできない。（に）（を）（ま）（ケ）

本条…全部改正〔昭和四〇年一〇月自令二八号(に)〕、一部改正〔昭和五一年六月自令一八号(を)・平成元年二月五号(ま)・二三年一二月総令一六五号(ケ)〕

（屋外貯蔵所の空地の特例）

第一六条　令第十六条第一項第四号ただし書（同条第二項においてその例による場合を含む。）の規定により、硫黄等（令第十六条第一項第四号に規定する硫黄等をいう。以下同じ。）のみを貯蔵し、又

は取り扱う屋外貯蔵所が減ずることができる空地の幅は、当該屋外貯蔵所が同号の表に定める空地の幅の三分の一を保有することができる範囲までとする。(に)(た)(ま)

本条…一部改正〔昭和四〇年一〇月自令二八号(に)・五四年七月一六号(た)・平成元年二月五号(ま)〕

（高層倉庫の基準）

第一六条の二　令第十条第一項第四号の総務省令で定める貯蔵倉庫は、次に掲げる基準のすべてに適合する貯蔵倉庫（令第十条第一項第二号の貯蔵倉庫をいう。以下同じ。）とする。(ま)(へ)

一　貯蔵倉庫は、壁、柱、はり及び床を耐火構造（建築基準法第二条第七号の耐火構造をいう。以下同じ。）とすること。(ま)(せ)

二　貯蔵倉庫の窓及び出入口には、特定防火設備を設けること。(ま)(ホ)(リ)

三　貯蔵倉庫には、第十三条の二の二に規定する避雷設備を設けること。ただし、周囲の状況によつて安全上支障がない場合においては、この限りでない。(ま)(ヌ)

本条…追加〔平成元年二月自令五号(ま)〕、一部改正〔平成九年三月自令一二号(せ)・一二年五月三五号(ホ)・九月四四号(へ)・一三年一〇月総令一三六号(リ)・一四年一月四号(ヌ)〕

（屋内貯蔵所の架台の基準）

第一六条の二の二　令第十条第一項第十一号の二の規定による架台の構造及び設備は、次のとおりとする。(ま)

一　架台は、不燃材料で造るとともに、堅固な基礎に固定すること。(ま)

二　架台は、当該架台及びその附属設備の自重、貯蔵する危険物の重量、地震の影響等の荷重によつて生ずる応力に対して安全なものであること。(ま)

三　架台には、危険物を収納した容器が容易に落下しない措置を講ずること。(ま)

2　前項に規定するもののほか、架台の構造及び設備に関し必要な事項は、告示で定める。(ま)

本条…追加〔平成元年二月自令五号(ま)〕

参照　【架台の構造及び設備に関し必要な事項】未制定

（特定屋内貯蔵所の特例）(ま)

第一六条の二の三　指定数量の倍数が五十以下の屋内貯蔵所に係る令第十条第四項の規定による同条第一項に掲げる基準の特例は、この条の定めるところによる。(と)(ま)

2　前項の屋内貯蔵所（次項に定めるものを除く。）のうち、その貯蔵倉庫が次の各号に掲げる基準に適合するものについては、令第十条第一項第一号、第二号及び第五号から第八号までの規定は、適用しない。(と)(ま)

一　貯蔵倉庫の周囲に、次の表に掲げる区分に応じそれぞれ同表に定める幅の空地を保有すること。(ま)

区分	空地の幅
指定数量の倍数が五以下の屋内貯蔵所	
指定数量の倍数が五を超え二十以下の屋内貯蔵所	一メートル以上
指定数量の倍数が二十を超え五十以下の屋内貯蔵所	二メートル以上

二　一の貯蔵倉庫の床面積は、百五十平方メートルを超えないこと。(ま)

三　貯蔵倉庫は、壁、柱、床、はり及び屋根を耐火構造とすること。(ま)

四　貯蔵倉庫の出入口には、随時開けることができる自動閉鎖の特定防火設備を設けること。(と)(ま)(ホ)

五　貯蔵倉庫には、窓を設けないこと。（と）（ま）

3　第一項の屋内貯蔵所（貯蔵倉庫の軒高（令第十条第一項第四号に規定する軒高をいう。以下同じ。）が六メートル以上二十メートル未満のものに限る。）のうち、その貯蔵倉庫が前項第二号から第五号までに掲げる基準に適合するものについては、令第十条第一項第一号及び第五号から第八号までの規定は、適用しない。（ま）

本条…追加〔昭和四六年六月自令一二号(と)〕、見出し…改正・一・二項…一部改正・三項…全部改正・旧一六条の二…繰下〔平成元年二月自令五号(ま)〕、二項…一部改正〔平成一一年五月自令三五号(ホ)〕

（高引火点危険物の平家建の屋内貯蔵所の特例）

第一六条の二の四　高引火点危険物のみを貯蔵し、又は取り扱う屋内貯蔵所に係る令第十条第五項の規定による同条第一項に掲げる基準の特例は、この条の定めるところによる。（ま）

2　前項の屋内貯蔵所（次項に定めるものを除く。）のうち、その位置及び構造が次の各号に掲げる基準に適合するものについては、令第十条第一項第一号、第二号、第七号から第九号まで及び第十四号の規定は、適用しない。（ま）（リ）

一　屋内貯蔵所（指定数量の倍数が二十を超えるものに限る。）の位置は、第十三条の六第三項第一号に掲げる高引火点危険物のみを取り扱う製造所の位置の例によるものであること。（ま）

二　貯蔵倉庫の周囲に、次の表に掲げる区分に応じそれぞれ同表に定める幅の空地を保有すること。（ま）

区分	空地の幅	
	当該建築物の壁、柱及び床が耐火構造である場合	上欄に掲げる場合以外の場合
指定数量の倍数が二十以下の屋内貯蔵所	〇・五メートル以上	
指定数量の倍数が二十を超え五十以下の屋内貯蔵所	一メートル以上	一・五メートル以上
指定数量の倍数が五十を超え二百以下の屋内貯蔵所	二メートル以上	三メートル以上
指定数量の倍数が二百を超える屋内貯蔵所	三メートル以上	五メートル以上

三　貯蔵倉庫は、屋根を不燃材料で造ること。（ま）

四　貯蔵倉庫の窓及び出入口には、防火設備又は不燃材料若しくはガラスで造られた戸を設けるとともに、延焼のおそれのある外壁に設ける出入口には、随時開けることができる自動閉鎖の特定防火設備を設けること。（リ）

五　貯蔵倉庫の延焼のおそれのある外壁に設ける出入口にガラスを用いる場合は、網入ガラスとすること。（リ）

3　第一項の屋内貯蔵所（貯蔵倉庫の軒高が六メートル以上二十メートル未満のものに限る。）のうち、その位置が前項第一号に掲げる基準に適合するものについては、令第十条第一項第一号の規定は、適用しない。（ま）

本条…追加〔平成元年二月自令五号(ま)〕、二項…一部改正〔平成一三年一〇月総令一三六号(リ)〕

（高引火点危険物の平家建以外の屋内貯蔵所の特例）

第一六条の二の五　高引火点危険物のみを貯蔵し、又は取り扱う屋内貯蔵所に係る令第十条第五項の規定による同条第二項に掲げる基準の特例は、この条の定めるところによる。（ま）

2　前項の屋内貯蔵所のうち、その位置及び構造が次の各号に掲げる基準に適合するものについては、令第十条第二項においてその例による令第十条第一項第一号、第二号、第七号から第九号まで及び第十四号並びに令第十条第二項第三号の規定は、適用しない。（ま）（リ）

一　前条第二項各号に掲げる基準に適合するものであること。㋮
二　貯蔵倉庫は、壁、柱、床、はり及び階段を不燃材料で造るとともに、延焼のおそれのある外壁は、出入口以外の開口部を有しない耐火構造の壁とすること。㋮

本条…追加〔平成元年二月自令五号㋮〕、二項…一部改正〔平成一三年一〇月総令一三六号㋷〕

（高引火点危険物の特定屋内貯蔵所の特例）

第一六条の二の六　高引火点危険物のみを貯蔵し、又は取り扱う屋内貯蔵所に係る令第十条第五項の規定による同条第四項に掲げる基準の特例は、この条の定めるところによる。㋮

2　前項の屋内貯蔵所（次項に定めるものを除く。）のうち、第十六条の二の三第二項第二号から第五号までに掲げる基準に適合するものについては、令第十条第一項第一号、第二号、第五号から第八号まで及び第十四号の規定は、適用しない。㋮

3　第一項の屋内貯蔵所（軒高が六メートル以上二十メートル未満のものに限る。）のうち、その貯蔵倉庫が第十六条の二の三第二項各号に掲げる基準に適合するものについては、令第十条第一項第一号、第二号及び第五号から第八号までの規定は、適用しない。㋮

本条…追加〔平成元年二月自令五号㋮〕

（屋内貯蔵所の特例を定めることができる危険物）

第一六条の二の七　令第十条第六項の蓄電池により貯蔵される総務省令で定める危険物は、リチウムイオン蓄電池により貯蔵される第二類又は第四類の危険物とする。㋷

本条…追加〔令和五年一二月総令八三号㋷〕

（蓄電池により貯蔵される危険物の屋内貯蔵所の特例）

第一六条の二の八　蓄電池により貯蔵される前条に規定する危険物のみを貯蔵し、又は取り扱う屋内貯蔵所に係る令第十条第六項の規定による同条第一項に掲げる基準の特例は、この条の定めるところによる。㋷

2　前項の屋内貯蔵所のうち、次の各号に掲げる基準に適合するものについては、令第十条第一項第四号から第六号まで、第十一号及び第十二号から第十五号までの規定は、適用しない。㋷

一　貯蔵倉庫は、各階の床を地盤面以上に設けるとともに、床面から上階の床の下面（上階のない場合には、軒）までの高さを十二メートル未満とすること。㋷

二　貯蔵倉庫は、壁、柱、床及びはりを耐火構造とし、かつ、階段を不燃材料で造るとともに、延焼のおそれのある外壁を出入口以外の開口部を有しない壁とすること。㋷

三　貯蔵倉庫の二階以上の階の床には、開口部を設けないこと。ただし、耐火構造の壁又は防火設備で区画された階段室については、この限りでない。㋷

四　前条に規定する危険物を用いた蓄電池（以下次号及び第三十五条の二第三項第一号において単に「蓄電池」という。）の充電率は、六十パーセント以下とすること。㋷

五　蓄電池の貯蔵方法は、水が浸透する素材で包装し、又は梱包するほか、次のいずれかの方法とすること。㋷

イ　次に定める基準により架台を用いて貯蔵する方法㋷

(1)　架台は水平遮へい板（架台の内部を水平方向に遮へいする板をいう。）及び天板を設置しないものとすること。㋷

(2)　架台の段数は、三以下とすること。㋷

(3)　床面から架台の最上段に貯蔵する蓄電池の上端までの高さは、四・五メートル以下とすること。㋷

ロ　次に定める基準により蓄電池を載せたパレットを用いて貯蔵する方法（パレットを二段以上に積み重ねて用いる場合に限る。）（イに該当する場合を除く。）㋷

(1)　パレットを積み重ねる段数は、三以下とすること。㋷

(2)　パレットを積み重ねる高さは、四・五メートル以下とすること。ⓡ

ハ　次に定める基準により蓄電池を載せたパレットを用いて貯蔵する方法（パレットを一段で用いる場合に限る。）（イに該当する場合を除く。）ⓡ

(1)　一のパレットにおける蓄電池の容量の合計は、五十キロワット時以下とすること。ⓡ

(2)　パレットは、床面積二十平方メートル以下ごとに区分するとともに、各区分の間は二・四メートル以上の間隔を保つこと。ⓡ

(3)　床面から貯蔵する蓄電池の上端までの高さは、一・五メートル以下とすること。ⓡ

六　消火設備は、第三十五条の二第三項に定めるところにより設けること。ⓡ

本条…追加〔令和五年一二月総令八三号ⓡ〕

（蓄電池により貯蔵される危険物の指定数量の倍数が二十以下の屋内貯蔵所の特例）

第一六条の二の九　蓄電池により貯蔵される第十六条の二の七に規定する危険物のみを貯蔵し、又は取り扱う屋内貯蔵所に係る令第十条第六項の規定による同条第三項に掲げる基準の特例は、この条の定めるところによる。ⓡ

2　前項の屋内貯蔵所のうち、前条第二項各号に掲げる基準に適合するものについては、令第十条第三項においてその例による同条第一項第十一号及び第十二号から第十五号まで並びに同条第三項第一号から第三号までの規定は、適用しない。ⓡ

本条…追加〔令和五年一二月総令八三号ⓡ〕

（蓄電池により貯蔵される危険物の特定屋内貯蔵所の特例）

第一六条の二の一〇　蓄電池により貯蔵される第十六条の二の七に規定する危険物のみを貯蔵し、又は取り扱う屋内貯蔵所に係る令第十条第六項の規定による同条第四項に掲げる基準の特例は、この条の定めるところによる。ⓡ

2　前項の屋内貯蔵所のうち、第十六条の二の三第二項第一号及び第三号から第五号まで並びに第十六条の二の八第二項各号に掲げる基準に適合するものについては、令第十条第一項第一号、第二号、第四号から第八号まで、第十一号及び第十二号から第十五号までの規定は、適用しない。ⓡ

本条…追加〔令和五年一二月総令八三号ⓡ〕

（蓄電池により貯蔵される高引火点危険物の屋内貯蔵所の特例）

第一六条の二の一一　蓄電池により貯蔵される第十六条の二の七に規定する危険物のみを貯蔵し、又は取り扱う屋内貯蔵所に係る令第十条第六項の規定による同条第五項に掲げる基準の特例は、この条の定めるところによる。ⓡ

2　前項の屋内貯蔵所のうち、第十六条の二の四第二項各号及び第十六条の二の八第二項各号に掲げる基準に適合するものについては、令第十条第一項第一号、第二号、第四号から第九号まで、第十一号及び第十二号から第十五号までの規定は、適用しない。ⓡ

本条…追加〔令和五年一二月総令八三号ⓡ〕

（指定過酸化物）

第一六条の三　令第十条第七項の有機過酸化物及びこれを含有するもののうち総務省令で定める危険物は、第五類の危険物のうち有機過酸化物又はこれを含有するものであつて、第一種自己反応性物質の性状を有するもの（以下「指定過酸化物」という。）とする。（ま）（へ）（リ）ⓡ

本条…追加〔昭和四〇年一〇月自令二八号（に）〕、旧一六条の二…一部改正し繰下〔昭和四六年六月自令一二号（と）〕、本条…一部改正〔昭和四九年五月自令一二号（り）・五二年二月二号（わ）〕、全部改正〔平成元年二月

自令五号(ま)、一部改正〔平成一二年九月自令四四号(へ)・一三年一〇月総令一三六号(リ)・令和五年一二月八三号(り)〕

（指定過酸化物の屋内貯蔵所の特例）

第一六条の四　指定過酸化物を貯蔵し、又は取り扱う屋内貯蔵所に係る令第十条第七項の規定による同条第一項から第四項までに掲げる基準を超える特例は、この条の定めるところによる。(に)(と)(ま)(り)

2　令第十条第一項第一号（同号においてその例によるものとされる令第九条第一項第一号イからハまでに掲げる建築物等に係る部分に限る。）の規定にかかわらず、前項の屋内貯蔵所の位置は、当該屋内貯蔵所の外壁から令第九条第一項第一号イからハまでに掲げる建築物等までの間に、次の表に掲げる区分に応じそれぞれ同表に定める距離以上の距離を保たなければならない。ただし、指定数量の倍数が五以下の屋内貯蔵所で当該屋内貯蔵所の貯蔵倉庫の外壁を第四項ただし書に規定する構造としたものの周囲に同項本文に定める塀又は土盛りを設けるときは、当該屋内貯蔵所の外壁から令第九条第一項第一号イに掲げる建築物その他の工作物までの間の距離を十メートル以上とすることをもつて足りる。(に)(と)(ま)

区分	距離					
	令第九条第一項第一号イに掲げる建築物その他の工作物		令第九条第一項第一号ロに掲げる施設		令第九条第一項第一号ハに掲げる建造物	
	貯蔵倉庫の周囲に第四項に定める塀又は土盛りを設ける場合	上欄に掲げる場合以外の場合	貯蔵倉庫の周囲に第四項に定める塀又は土盛りを設ける場合	上欄に掲げる場合以外の場合	貯蔵倉庫の周囲に第四項に定める塀又は土盛りを設ける場合	上欄に掲げる場合以外の場合
指定数量の倍数が十以下の屋内貯蔵所	二十メートル	四十メートル	三十メートル	五十メートル	五十メートル	六十メートル
指定数量の倍数が十を超え二十以下の屋内貯蔵所	二十二メートル	四十五メートル	三十三メートル	五十五メートル	五十四メートル	六十五メートル
指定数量の倍数が二十を超え四十以下の屋内貯蔵所	二十四メートル	五十メートル	三十六メートル	六十メートル	五十八メートル	七十メートル
指定数量の倍数が四十を超え六十以下の屋内貯蔵所	二十七メートル	五十五メートル	三十九メートル	六十五メートル	六十二メートル	七十五メートル
指定数量の倍数が六十を超え九十以下の屋内貯蔵所	三十二メートル	六十五メートル	四十五メートル	七十五メートル	七十メートル	八十五メートル
指定数量の倍数が九十を超え百五十以下の屋内貯蔵所	三十七メートル	七十五メートル	五十一メートル	八十五メートル	七十九メートル	九十五メートル

指定数量の倍数が百五十を超え三百以下の屋内貯蔵所	四十二メートル	八十五メートル	五十七メートル	九十五メートル	八十七メートル	百五メートル
指定数量の倍数が三百を超える屋内貯蔵所	四十七メートル	九十五メートル	六十六メートル	百十メートル	百メートル	百二十メートル

3　令第十条第一項第二号の規定にかかわらず、第一項の屋内貯蔵所の貯蔵倉庫の周囲に、次の表に掲げる区分に応じそれぞれ同表に定める幅の空地を保有しなければならない。ただし、二以上の第一項の屋内貯蔵所を同一の敷地内に隣接して設置するときは当該屋内貯蔵所の相互間の空地の幅を同表に定める空地の幅の三分の二とし、指定数量の倍数が五以下の第一項の屋内貯蔵所で当該屋内貯蔵所の貯蔵倉庫の外壁を次項ただし書に規定する構造としたものの周囲に同項本文に定める塀又は土盛りを設けるときはその空地の幅を二メートル以上とすることをもつて足りる。(に)(ま)

区分	空地の幅	
	貯蔵倉庫の周囲に次項に定める塀又は土盛りを設ける場合	上欄に掲げる場合以外の場合
指定数量の倍数が五以下の屋内貯蔵所	三メートル以上	十メートル以上
指定数量の倍数が五を超え十以下の屋内貯蔵所	五メートル以上	十五メートル以上
指定数量の倍数が十を超え二十以下の屋内貯蔵所	六・五メートル以上	二十メートル以上
指定数量の倍数が二十を超え四十以下の屋内貯蔵所	八メートル以上	二十五メートル以上
指定数量の倍数が四十を超え六十以下の屋内貯蔵所	十メートル以上	三十メートル以上
指定数量の倍数が六十を超え九十以下の屋内貯蔵所	十一・五メートル以上	三十五メートル以上
指定数量の倍数が九十を超え百五十以下の屋内貯蔵所	十三メートル以上	四十メートル以上
指定数量の倍数が百五十を超え三百以下の屋内貯蔵所	十五メートル以上	四十五メートル以上
指定数量の倍数が三百を超える屋内貯蔵所	十六・五メートル以上	五十メートル以上

4　第二項の表又は前項の表に規定する塀又は土盛りは、次の各号に適合するものでなければならない。ただし、指定数量の倍数が五以下の第一項の屋内貯蔵所については、当該屋内貯蔵所の貯蔵倉庫の外壁を厚さ三十センチメートル以上の鉄筋コンクリート造又は鉄骨鉄筋コンクリート造とすることをもつて第二項の表又は前項の表の塀又は土盛りに代えることができる。(に)(ま)

一　塀又は土盛りは、貯蔵倉庫の外壁から二メートル以上離れた場所に設けること。ただし、塀又は土盛りと当該貯蔵倉庫との間隔は、当該屋内貯蔵所の空地の幅の五分の一を超えることはできない。(に)(ま)

二　塀又は土盛りの高さは、貯蔵倉庫の軒高以上とすること。(に)(ま)

三　塀は、厚さ十五センチメートル以上の鉄筋コンクリート造若しくは鉄骨鉄筋コンクリート造又は厚さ二十センチメートル以上の補強コンクリートブロック造とすること。(に)(ま)

四　土盛りには、六十度以上の勾配を付けないこと。(に)(リ)(ソ)

５　第二項及び第三項に定めるもののほか、第一項の屋内貯蔵所の特例は、次のとおりとする。(に)(ま)

一　貯蔵倉庫は、百五十平方メートル以内ごとに隔壁で完全に区分するとともに、当該隔壁は、厚さ三十センチメートル以上の鉄筋コンクリート造若しくは鉄骨鉄筋コンクリート造又は厚さ四十センチメートル以上の補強コンクリートブロック造とし、かつ、当該貯蔵倉庫の両側に外壁から一メートル以上、上部に屋根から五十センチメートル以上突き出したものであること。(に)(ま)

二　貯蔵倉庫の外壁は、厚さ二十センチメートル以上の鉄筋コンクリート造若しくは鉄骨鉄筋コンクリート造又は厚さ三十センチメートル以上の補強コンクリートブロック造とすること。(に)

三　貯蔵倉庫の屋根は、次のいずれかに適合するものであること。(に)

イ　もや又はたる木の間隔を三十センチメートル以下とすること。(に)

ロ　屋根の下面に一辺の長さ四十五センチメートル以下の丸鋼、軽量型鋼等の鋼製の格子を設けること。(に)

ハ　屋根の下面に金網を張り、当該金網を不燃材料のけた、はり又はたる木に緊結すること。(に)

ニ　厚さ五センチメートル以上、幅三十センチメートル以上の木材で造つた下地を設けること。(に)

四　貯蔵倉庫の出入口には、特定防火設備を設けること。(に)(ホ)

五　貯蔵倉庫の窓は、床面から二メートル以上の高さに設けるとともに、一の面の壁に設ける窓の面積の合計をその面の壁の面積の八十分の一以内とし、かつ、一の窓の面積を〇・四平方メートル以内とすること。(に)

６　第一項の屋内貯蔵所については、令第十条第二項から第四項までの規定は、適用しない。(ま)

本条…追加〔昭和四〇年一〇月自令二八号(に)〕、一・二項…一部改正・旧一六条の三…繰下〔昭和四六年六月自令一二号(と)〕、一—五項…一部改正・六項…追加〔平成元年二月自令五号(ま)〕、五項…一部改正〔平成一二年五月自令三五号(ホ)〕、四項…一部改正〔平成一三年一〇月総令一三六号(リ)・一八年三月三一号(ソ)〕、一項…一部改正〔令和五年一二月総令八三号(り)〕

（屋内貯蔵所の特例を定めることができる危険物）

第一六条の五　令第十条第七項のアルキルアルミニウム、アルキルリチウムその他の総務省令で定める危険物は、アルキルアルミニウム等及びヒドロキシルアミン等とする。(ま)(へ)(リ)(り)

本条…追加〔平成元年二月自令五号(ま)〕、一部改正〔平成一二年九月自令四四号(へ)・一三年一〇月総令一三六号(リ)・令和五年一二月総令八三号(り)〕

（アルキルアルミニウム等の屋内貯蔵所の特例）

第一六条の六　アルキルアルミニウム等を貯蔵し、又は取り扱う屋内貯蔵所に係る令第十条第七項の規定による同条第一項から第四項までに掲げる基準を超える特例は、この条の定めるところによる。(ま)(り)

２　前項の屋内貯蔵所には、漏えい範囲を局限化するための設備及び漏れたアルキルアルミニウム等を安全な場所に設けられた槽に導入することができる設備を設けなければならない。(ま)

３　第一項の屋内貯蔵所については、令第十条第二項から第四項までの規定は、適用しない。(ま)

本条…追加〔平成元年二月自令五号(ま)〕、一項…一部改正〔令和五年一二月総令八三号(り)〕

（ヒドロキシルアミン等の屋内貯蔵所の特例）

第一六条の七　ヒドロキシルアミン等を貯蔵し、又は取り扱う屋内貯蔵所に係る令第十条第七項の規定による同条第一項、第三項及び第四項に掲げる基準を超える特例は、ヒドロキシルアミン等の温度の上昇による危険な反応を防止するための措置を講ずることとする。

（リ）(り)

本条…追加〔平成一三年一〇月総令一三六号(リ)〕、一部改正〔令和五年一二月総令八三号(り)〕

（標識）

第一七条　令第九条第一項第三号（令第十九条第一項において準用する場合を含む。）、令第十条第一項第三号（同条第二項及び第三項においてその例による場合を含む。）、令第十一条第一項第三号（同条第二項においてその例による場合を含む。）、令第十二条第一項第三号（同条第二項においてその例による場合を含む。）、令第十三条第一項第五号（同条第二項及び第三項においてその例による場合を含む。）、令第十四条第三号、令第十六条第一項第五号（同条第二項においてその例による場合を含む。）、令第十七条第一項第六号（同条第二項においてその例による場合を含む。）又は令第十八条第一項第二号（同条第二項においてその例による場合を含む。）の規定による標識は、次のとおりとする。(に)(と)(を)(た)(ま)(あ)(ソ)(ケ)

一　標識は、幅〇・三メートル以上、長さ〇・六メートル以上の板であること。

二　標識の色は、地を白色、文字を黒色とすること。

2　令第十五条第一項第十七号の規定による標識は、〇・三メートル平方以上〇・四メートル平方以下の地が黒色の板に黄色の反射塗料その他反射性を有する材料で「危」と表示したものとし、車両の前後の見やすい箇所に掲げなければならない。(と)(チ)

一項…一部改正・二項…追加〔昭和四〇年一〇月自令二八号(に)〕、一項…一部改正・二項…全部改正〔昭和四六年六月自令一二号(と)〕、一項…一部改正〔昭和五一年六月自令一八号(を)・五四年七月一六号(た)・平成元年二月五号(ま)・五年七月二二号(あ)〕、二項…一部改正〔平成一三年三月総令四五号(チ)〕、一項…一部改正〔平成一八年三月総令三一号(ソ)・二三年一二月一六五号(ケ)〕

（掲示板）

第一八条　令第九条第一項第三号（令第十九条第一項において準用する場合を含む。）、令第十条第一項第三号（同条第二項及び第三項においてその例による場合を含む。）、令第十一条第一項第三号（同条第二項においてその例による場合を含む。）、令第十二条第一項第三号（同条第二項においてその例による場合を含む。）、令第十三条第一項第五号（同条第二項及び第三項においてその例による場合を含む。）、令第十四条第三号、令第十六条第一項第五号（同条第二項においてその例による場合を含む。）、令第十七条第一項第六号（同条第二項においてその例による場合を含む。）又は令第十八条第一項第二号（同条第二項においてその例による場合を含む。）の規定による掲示板は、次のとおりとする。(に)(と)(を)(た)(ま)(あ)(ソ)(ケ)

一　掲示板は、幅〇・三メートル以上、長さ〇・六メートル以上の板であること。

二　掲示板には、貯蔵し、又は取り扱う危険物の類、品名及び貯蔵最大数量又は取扱最大数量、指定数量の倍数並びに令第三十一条の二の製造所等にあつては危険物保安監督者の氏名又は職名を表示すること。(と)(の)(ま)

三　前号の掲示板の色は、地を白色、文字を黒色とすること。

四　第二号の掲示板のほか、貯蔵し、又は取り扱う危険物に応じ、次に掲げる注意事項を表示した掲示板を設けること。(ま)

イ　第一類の危険物のうちアルカリ金属の過酸化物若しくはこれを含有するもの又は禁水性物品（令第十条第一項第十号の禁水性物品をいう。以下同じ。）にあつては「禁水」(ま)

ロ　第二類の危険物（引火性固体を除く。）にあつては「火気注意」(ま)

ハ　第二類の危険物のうち引火性固体、自然発火性物品（令第二十五条第一項第三号の自然発火性物品をいう。以下同じ。）、第

四類の危険物又は第五類の危険物にあつては「火気厳禁」(ま)

五　前号の掲示板の色は、「禁水」を表示するものにあつては地を青色、文字を白色とし、「火気注意」又は「火気厳禁」を表示するものにあつては地を赤色、文字を白色とすること。(ま)

六　第二号及び第四号の掲示板のほか、給油取扱所にあつては地を黄赤色、文字を黒色として「給油中エンジン停止」と表示した掲示板を設けること。(に)

2　令第十一条第一項第十号ホ（令第九条第一項第二十号イにおいてその例による場合及びこれを令第十九条第一項において準用する場合並びに令第十一条第二項、令第十二条第一項第九号（令第九条第一項第二十号ロにおいてその例による場合及びこれを令第十九条第一項において準用する場合並びに令第十二条第二項においてその例による場合を含む。）及び令第十三条第一項第九号（令第九条第一項第二十号ハにおいてその例による場合及びこれを令第十九条第一項において準用する場合並びに令第十三条第二項（令第九条第一項第二十号ハにおいてその例による場合及びこれを令第十九条第一項において準用する場合を含む。）及び令第十三条第三項（令第九条第一項第二十号ハにおいてその例による場合及びこれを令第十九条第一項において準用する場合を含む。）においてその例による場合を含む。）においてその例による場合を含む。）又は令第十一条第一項第十号の二ヲ（同条第二項、令第十二条第一項第九号の二（同条第二項においてその例による場合を含む。）及び令第十三条第一項第九号の二（同条第二項及び第三項においてその例による場合を含む。）においてその例による場合を含む。）の規定による掲示板は、次のとおりとする。(に)(あ)(ケ)

一　掲示板は、幅〇・三メートル以上、長さ〇・六メートル以上の板であること。(に)

二　掲示板には、「屋外貯蔵タンク注入口」、「屋内貯蔵タンク注入口」若しくは「地下貯蔵タンク注入口」又は「屋外貯蔵タンクポンプ設備」、「屋内貯蔵タンクポンプ設備」若しくは「地下貯蔵タンクポンプ設備」と表示するほか、取り扱う危険物の類別、品名及び前項第四号に規定する注意事項を表示すること。(に)(ま)

三　掲示板の色は、地を白色、文字を黒色（前項第四号に規定する注意事項については、赤色）とすること。(に)

一項…一部改正・二項…追加〔昭和四〇年一〇月自令二八号(に)〕、一項…一部改正〔昭和四六年六月自令一二号(と)〕、二項…一部改正〔昭和四九年六月自令一七号(ぬ)〕、一・二項…一部改正〔昭和五一年六月自令一八号(を)〕、一項…一部改正〔昭和五四年七月自令一六号(た)・六二年四月一六号(の)〕、一・二項…一部改正〔平成元年二月自令五号(ま)・五年七月二二号(あ)〕、一項…一部改正〔平成一八年三月総令三一号(ソ)〕、一・二項…一部改正〔平成二三年一二月総令一六五号(ケ)〕

（安全装置）

第一九条　令第九条第一項第十六号（令第十九条第一項において準用する場合を含む。）、令第十一条第一項第八号（令第九条第一項第二十号イにおいてその例による場合及びこれを令第十九条第一項において準用する場合を含む。）、令第十二条第一項第七号（令第九条第一項第二十号ロにおいてその例による場合及びこれを令第十九条第一項において準用する場合並びに令第十二条第二項においてその例による場合を含む。）、令第十三条第一項第八号（令第九条第一項第二十号ハにおいてその例による場合及びこれを令第十九条第一項において準用する場合並びに令第十三条第二項（令第九条第一項第二十号ハにおいてその例による場合及びこれを令第十九条第一項において準用する場合並びに令第十七条第一項第八号イにおいてその例による場合を含む。）、令第十三条第三項（令第九条第一項第二十号ハにおいてその例による場合及びこれを令第十九条第一項において準用する場合並びに令第十七条第一項第八号イにおいてその例による場合を含む。）及び令第十七条第一項第八号イにおいてその例による場合を含む。）及び令第十七条第二項第三号の総務省令で定める安全装置は、次の各号のとおりとする。ただし、第四号に掲げるものは、危険物の性質により安全弁の作動が困難である加圧設備に限つて用いることができる。（い）（と）（を）（ま）（あ）（へ）（タ）（ソ）

一　自動的に圧力の上昇を停止させる装置
二　減圧弁で、その減圧側に安全弁を取り付けたもの
三　警報装置で、安全弁を併用したもの
四　**破壊板**

２　令第十五条第一項第四号の総務省令で定める安全装置は、次の各号のとおりとする。（い）（と）（ま）（へ）

一　常用圧力が二十キロパスカル以下のタンクに係るものにあつては二十キロパスカルを超え二十四キロパスカル以下の範囲の圧力で、常用圧力が二十キロパスカルを超えるタンクに係るものにあつては常用圧力の一・一倍以下の圧力で作動するもの（と）（す）
二　吹き出し部分の有効面積が、容量が二千リットル以下のタンク室（間仕切により仕切られたタンク部分をいう。以下同じ。）に係るものにあつては十五平方センチメートル以上、容量が二千リットルを超えるタンク室に係るものにあつては二十五平方センチメートル以上であるもの（と）（す）

３　前二項に掲げる安全装置の構造は、告示で定める規格に適合するものでなければならない。

一・二項…一部改正〔昭和三五年七月自令三号（い）・四六年六月一二号（と）〕、一項…一部改正〔昭和五一年六月自令一八号（を）〕、一・二項…一部改正〔平成元年二月自令五号（ま）〕、一項…一部改正〔平成五年七月自令二二号（あ）〕、二項…一部改正〔平成一〇年三月自令六号（す）〕、一・二項…一部改正〔平成一二年九月自令四四号（へ）〕、一項…一部改正〔平成一七年三月総令三七号（タ）・一八年三月三一号（ソ）〕

解説【破壊板】一定圧力以上になると板が破壊され、圧力が放出されるもの。危険物の性質により安全弁の作動が困難なものに限って使用できる。安全装置の放出口は、通風が良好で周囲に火源がなく、また災害活動の支障とならない安全な場所に設置する必要がある。

参照【安全装置の構造に係る告示】未制定

（屋外タンク貯蔵所の保安距離の特例）

第一九条の二　令第十一条第一項第一号の二ただし書（同条第二項においてその例による場合を含む。）の総務省令で定める事情は、次に掲げるものとする。（を）（ま）（へ）（ケ）

一　不燃材料で造つた防火上有効なへいを設けること。（を）
二　**地形上火災が生じた場合においても延焼のおそれが少ないこと。**（を）
三　防火上有効な水幕設備を設けること。（を）
四　敷地境界線の外縁に、告示で定める施設が存在すること。（を）

本条…追加〔昭和五一年六月自令一八号（を）〕、旧一九条の三…繰上〔平成元年二月自令五号（ま）〕、本条…一部改正〔平成一二年九月自令四四号（へ）・二三年一二月総令一六五号（ケ）〕

解説【地形上火災が生じた場合においても延焼のおそれが少ない】海、河川等

参照【告示で定める施設】危告示四の二の二（鉄道、軌道、製造業等）

（通気管）

第二〇条　令第十一条第一項第八号（令第九条第一項第二十号イにおいてその例による場合及びこれを令第十九条第一項において準用する場合を含む。）の規定により、第四類の危険物の屋外貯蔵タンクのうち圧力タンク以外のタンクに設ける通気管は、**無弁通気管**又は**大気弁付通気管**とし、その構造は、それぞれ次の各号のとおりとする。（を）（ま）

一　無弁通気管

イ　直径は、三十ミリメートル以上であること。

ロ　先端は、水平より下に四十五度以上曲げ、雨水の浸入を防ぐ構造とすること。

ハ　細目の銅網等による引火防止装置を設けること。ただし、高引火点危険物のみを百度未満の温度で貯蔵し、又は取り扱うタンクに設ける通気管にあつては、この限りでない。（ま）

二　大気弁付通気管

イ　五キロパスカル以下の圧力差で作動できるものであること。（か）（す）

ロ　前号ハの基準に適合するものであること。

2　令第十二条第一項第七号（令第九条第一項第二十号ロにおいてその例による場合及びこれを令第十九条第一項において準用する場合並びに令第十二条第二項においてその例による場合を含む。）の規定により、第四類の危険物の屋内貯蔵タンクのうち圧力タンク以外のタンクに設ける通気管は、無弁通気管とし、その位置及び構造は、次のとおりとする。（と）（の）（ま）

一　先端は、屋外にあつて地上四メートル以上の高さとし、かつ、建築物の窓、出入口等の開口部から一メートル以上離すものとするほか、引火点が四十度未満の危険物のタンクに設ける通気管にあつては敷地境界線から一・五メートル以上離すこと。ただし、高引火点危険物のみを百度未満の温度で貯蔵し、又は取り扱うタンクに設ける通気管にあつては、先端をタンク専用室内とすることができる。（の）（ま）

二　通気管は、滞油するおそれがある屈曲をさせないこと。

三　前項第一号の基準に適合するものであること。

3　令第十三条第一項第八号（令第九条第一項第二十号ハにおいてその例による場合及びこれを令第十九条第一項において準用する場合並びに令第十三条第二項（令第九条第一項第二十号ハにおいてその例による場合及びこれを令第十七条第一項第八号イにおいてその例による場合を含む。）、令第十三条第三項（令第九条第一項第二十号ハにおいてその例による場合及びこれを令第十九条第一項において準用する場合並びに令第十七条第一項第八号イにおいてその例による場合を含む。）及び令第十七条第一項第八号イにおいてその例による場合を含む。）の規定により、第四類の危険物の地下貯蔵タンクに設ける通気管の位置及び構造は、次のとおりとする。（の）（ま）（あ）（タ）（ソ）

一　通気管は、地下貯蔵タンクの頂部に取り付けること。（の）

二　通気管のうち地下の部分については、その上部の地盤面にかかる重量が直接当該部分にかからないように保護するとともに、当該通気管の接合部分（溶接その他危険物の漏えいのおそれがないと認められる方法により接合されたものを除く。）については、当該接合部分の損傷の有無を点検することができる措置を講ずること。（の）（す）

三　可燃性の蒸気を回収するための弁を通気管に設ける場合にあつては、当該通気管の弁は、地下貯蔵タンクに危険物を注入する場合を除き常時開放している構造であるとともに、閉鎖した場合にあつては、十キロパスカル以下の圧力で開放する構造のものであること。（ま）（す）

四　無弁通気管にあつては、前項各号の基準に適合するものであること。（タ）

五　大気弁付通気管にあつては、第一項第二号並びに前項第一号及び第二号の基準に適合するものであること。（タ）

4　令第十四条第八号（令第十七条第一項第八号ロにおいてその例による場合を含む。）の規定により第四類の危険物の簡易貯蔵タンクのうち圧力タンク以外のタンクに設ける通気管は、無弁通気管と

し、その構造は、次のとおりとする。(ま)(あ)(ソ)

一　直径は、二十五ミリメートル以上とすること。

二　先端の高さは、屋外にあつて、地上一・五メートル以上とすること。

三　第一項第一号ロ及びハの基準に適合するものであること。

5　第三項の規定は、令第十七条第二項第三号の規定により専用タンク及び廃油タンク等に設ける通気管の位置及び構造の基準について準用する。この場合において、第二項第一号中「屋外」とあるのは、「屋外又は建築物の屋内給油取扱所の用に供する部分の可燃性の蒸気が滞留するおそれのない場所」と読み替えるものとする。(ま)

二項…一部改正〔昭和四六年六月自令一二号(と)〕、一項…一部改正〔昭和五一年六月自令一八号(を)・五三年二月一号(か)〕、二・三項…一部改正〔昭和六二年四月自令一六号(の)〕、一―四項…一部改正・五項…追加〔平成元年二月自令五号(ま)〕、三・四項…一部改正〔平成五年七月自令二二号(あ)〕、一・三項…一部改正〔平成一〇年三月自令六号(す)〕、三項…一部改正〔平成一七年三月総令三七号(タ)〕、三・四項…一部改正〔平成一八年三月総令三一号(ソ)〕

解説　【無弁通気管】弁等がついていない管であり、タンク内の圧力は大気圧と等しい。

【大気弁付通気管】タンク内の圧力が一定以上になると開放される弁が設けられているもの。主に低沸点のものの貯蔵タンクに設けられる。

（基礎及び地盤）

第二〇条の二　令第十一条第一項第三号の二（同条第二項においてその例による場合を含む。）の総務省令で定める基礎及び地盤は、当該基礎及び地盤上に設置する特定屋外貯蔵タンク及びその附属設備の自重、貯蔵する危険物の重量等の荷重（以下「タンク荷重」という。）によつて生ずる応力に対して安全なものとする。(わ)(ま)(ヘ)(ケ)

2　基礎及び地盤は、次の各号に定める基準に適合するものでなければならない。(わ)

一　地盤は、岩盤の断層、切土及び盛土にまたがるもの等すべりを生ずるおそれのあるものでないこと。(わ)

二　地盤は、次のいずれかに適合するものであること。(わ)

イ　告示で定める範囲内における地盤が標準貫入試験及び平板載荷試験において、それぞれ標準貫入試験値が二十以上及び平板載荷試験値（五ミリメートル沈下時における試験値（K_{30}値）をいう。第四号において同じ。）が百メガニュートン毎立方メートル以上の値を有するものであること。(わ)(す)

ロ　告示で定める範囲内における地盤が次の各号に適合するものであること。(わ)

(1)　タンク荷重に対する支持力の計算における支持力の安全率及び沈下量の計算における計算沈下量が告示で定める値を有するものであること。(わ)

(2)　基礎（告示で定めるものに限る。以下この号において同じ。）の上面から三メートル以内の基礎直下の地盤部分が基礎と同等以上の堅固さを有するもので、かつ、地表面からの深さが十五メートルまでの地質（基礎の上面から三メートル以内の基礎直下の地盤部分を除く。）が告示で定めるもの以外のものであること。(わ)

(3)　粘性土地盤にあつては圧密度試験において、砂質土地盤にあつては標準貫入試験において、それぞれ圧密荷重に対して圧密度が九十パーセント（微少な沈下が長期間継続する場合において、十日間（以下この号において「微少沈下測定期間」という。）継続して測定した沈下量の和の一日当たりの平均沈下量が、沈下の測定を開始した日から微少沈下測定期間の最終日までにおける総沈下量の〇・三パーセント以下となつたときは、当該地盤における圧密度が九十パーセントに なつたものとみなす。）以上又は標準貫入試験値が平均的に十五以上の値を有するものであること。（わ）

ハ　イ又はロと同等以上の堅固さを有するものであること。（わ）

三　地盤が海、河川、湖沼等に面している場合は、すべりに関し、告示で定める安全率を有するものであること。（わ）

四　基礎は、砂質土又はこれと同等以上の締固め性を有するものを用いて告示で定めるところにより造るものであつて、かつ、平板載荷試験において平板載荷試験値が百メガニュートン毎立方メートル以上の値を有するもの（以下「盛り土」という。）又はこれと同等以上の堅固さを有するものとすること。（わ）（す）

五　基礎（盛り土であるものに限る。次号において同じ。）は、その上面が特定屋外貯蔵タンクを設置する場所の地下水位と二メートル以上の間隔が確保できるものであること。（わ）

六　基礎又は基礎の周囲には、告示で定めるところにより当該基礎を補強するための措置を講ずること。（わ）

3　前二項に規定するもののほか、基礎及び地盤に関し必要な事項は、告示で定める。（わ）

本条…追加〔昭和五二年二月自令二号（わ）〕、一項…一部改正〔平成元年二月自令五号（ま）〕、二項…一部改正〔平成一〇年三月自令六号（す）〕、一項…一部改正〔平成一二年九月自令四四号（へ）・一三年一〇月総令一六五号（ケ）〕

参照　【地盤の範囲等】危告示四の三・四の四【支持力の安全率】危告示四の五【計算沈下量】危告示四の六【基礎の指定】危告示四の七【地盤を構成する地質の制限】危告示四の八【すべりの安全率】危告示四の九【盛り土の構造】危告示四の一〇【基礎の補強】危告示四の一一【貯蔵する危険物の比重】危告示四の一二【支持力の計算方法】危告示四の一三【沈下量の計算方法】危告示四の一四【すべりの計算方法】危告示四の一五

（基礎及び地盤に関する試験）

第二〇条の三　令第十一条第一項第三号の二（同条第二項においてその例による場合を含む。以下この条において同じ。）の総務省令で定めるところにより行う試験は、前条第二項第二号イに定める標準貫入試験及び平板載荷試験、同号ロ(3)に定める圧密度試験又は標準貫入試験、同項第四号に定める平板載荷試験並びに告示で定める試験とし、令第十一条第一項第三号の二の総務省令で定める基準は、これらの試験に係る規定に定める基準とする。（わ）（へ）（ケ）（コ）

本条…追加〔昭和五二年二月自令二号（わ）〕、一部改正〔平成一二年九月自令四四号（へ）・一三年一〇月総令一六五号（ケ）・一四年三月二四号（コ）〕

参照　【基礎及び地盤に係る試験】危告示四の一六

（準特定屋外貯蔵タンクの基礎及び地盤）

第二〇条の三の二　令第十一条第一項第三号の三の総務省令で定める基礎及び地盤は、当該基礎及び地盤上に設置する準特定屋外貯蔵タンク及びその附属設備の自重、貯蔵する危険物の重量等の荷重（以下「準特定屋外貯蔵タンク荷重」という。）によつて生ずる応力に対して安全なものとする。（イ）（へ）

2　基礎及び地盤は、次の各号に定める基準に適合するものでなければならない。（イ）

一　地盤は、岩盤の断層、切土及び盛土にまたがるもの等すべりを生ずるおそれのあるものでないこと。（イ）

二　地盤は、次のいずれかに適合するものであること。（イ）

イ　告示で定める範囲内における地盤が岩盤その他堅固なものであること。（イ）

ロ　告示で定める範囲内における地盤が次の各号に適合するものであること。（イ）

(1)　当該地盤上に設置する準特定屋外貯蔵タンク荷重に対する

支持力の計算における支持力の安全率及び沈下量の計算における計算沈下量が告示で定める値を有するものであること。（イ）

(2) 告示で定める地質以外のものであること（基礎が告示に定める構造である場合を除く。）。（イ）

ハ ロと同等以上の堅固さを有するものであること。（イ）

三 地盤が海、河川、湖沼等に面している場合は、すべりに関し、告示で定める安全率を有するものであること。（イ）

四 基礎は、砂質土又はこれと同等以上の締固め性を有するものを用いて告示で定めるところにより造るもの又はこれと同等以上の堅固さを有するものとすること。（イ）

五 基礎（砂質土又はこれと同等以上の締固め性を有するものを用いて告示で定めるところにより造るものに限る。）は、その上面が準特定屋外貯蔵タンクを設置する場所の地下水位と二メートル以上の間隔が確保できるものであること。（イ）

3 前二項に規定するもののほか、基礎及び地盤に関し必要な事項は、告示で定める。（イ）

本条…追加〔平成一一年三月自令一〇号(イ)〕、一項…一部改正〔平成一二年九月自令四四号(ヘ)〕

参照 【地盤の範囲】危告示四の二二の二・四の二二の三【支持力の安全率】危告示四の二二の四【計算沈下量】危告示四の二二の五【地盤を構成する地質の制限】危告示四の二二の六【基礎の補強】危告示四の二二の七【すべりの安全率】危告示四の二二の八【基礎の構造】危告示四の二二の九

（特定屋外貯蔵タンクの構造）

第二〇条の四 特定屋外貯蔵タンクは、当該特定屋外貯蔵タンク及びその附属設備の自重、貯蔵する危険物の重量、当該特定屋外貯蔵タンクに係る内圧、温度変化の影響等の主荷重及び積雪荷重、風荷重、地震の影響等の従荷重によつて生ずる応力及び変形に対して安全なものでなければならない。（わ）

2 特定屋外貯蔵タンクの構造は、次に定める基準に適合するものでなければならない。（わ）（ね）

一 主荷重及び主荷重と従荷重との組合せにより特定屋外貯蔵タンク本体に生ずる応力は、告示で定めるそれぞれの許容応力以下であること。（わ）（ね）

一の二 特定屋外貯蔵タンクの保有水平耐力は、地震の影響による必要保有水平耐力以上であること。この場合において、保有水平耐力及び必要保有水平耐力の計算方法は、告示で定める。（ひ）

二 側板、底板及び屋根の最小厚さ並びにアニュラ板（特定屋外貯蔵タンクの側板の最下段の厚さが十五ミリメートルを超えるものの側板の直下に設けなければならない板をいう。以下同じ。）の側板外面からの最小張出し寸法、側板内面からタンク中心部に向かつての最小張出しの長さ及び最小厚さは、告示で定める基準に適合するものであること。（わ）（ね）

三 特定屋外貯蔵タンクのうち告示で定めるものの浮き屋根は、液面揺動により損傷を生じない構造を有するものであること。（カ）

3 特定屋外貯蔵タンクの溶接（重ね補修及び肉盛り補修に係るものを除く。）の方法は、次の各号に掲げるところによる。この場合において、これらの方法は、告示で定める溶接施工方法確認試験において告示で定める基準に適合するもの又はこれと同等のものであることがあらかじめ確認されていなければならない。（わ）（ら）（せ）

一 側板の溶接は、次によること。（わ）

イ 縦継手及び水平継手は、完全溶込み突合せ溶接とすること。（わ）

ロ 側板の縦継手は、段を異にする側板のそれぞれの縦継手と同一線上に位置しないものであること。この場合において、当該

縦継手と縦継手との間隔は、相接する側板のうち厚い方の側板の厚さの五倍以上とすること。（わ）

二　側板とアニュラ板（アニュラ板を設けないものにあつては、底板）との溶接は、部分溶込みグルーブ溶接又はこれと同等以上の溶接強度を有する溶接方法による溶接とすること。この場合において、溶接ビードは、滑らかな形状を有するものでなければならない。（わ）（ら）

三　アニュラ板とアニュラ板、アニュラ板と底板及び底板と底板との溶接は、裏当て材を用いた突合せ溶接又はこれと同等以上の溶接強度を有する溶接方法による溶接とすること。ただし、底板の厚さが九ミリメートル以下であるものについては、アニュラ板と底板及び底板と底板との溶接をすみ肉溶接とすることができる。この場合において、アニュラ板と底板及び底板と底板とが接する面は、当該アニュラ板と底板及び底板と底板との溶接部の強度に有害な影響を与える間隙（げき）があつてはならない。（わ）

四　すみ肉溶接のサイズ（不等サイズとなる場合にあつては、小さい方のサイズをいう。）の大きさは、次の式により求めた値とすること。（わ）

$t_1 \geqq S \geqq \sqrt{2t_2}$（ただし、$S \geqq 4.5$）

t_1は、薄い方の鋼板の厚さ（単位　ミリメートル）

t_2は、厚い方の鋼板の厚さ（単位　ミリメートル）

Sは、サイズ（単位　ミリメートル）

4　前三項に規定するもののほか、特定屋外貯蔵タンクの構造に関し必要な事項は、告示で定める。（わ）

本条…追加〔昭和五二年二月自令二号(わ)〕、二項…一部改正〔昭和五八年四月自令一六号(ね)〕、三項…一部改正〔昭和五九年七月自令一七号(ら)〕、二項…一部改正〔平成八年九月自令三二号(ひ)〕、三項…一部改正〔平成九年三月自令一二号(せ)〕、二項…一部改正〔平成一七年一月総令三号(カ)〕

参照　【許容応力】危告示四の一六の二【保有水平耐力】危告示七九【最小厚さ等】危告示四の一七【主荷重及び従荷重】危告示四の一八【風荷重】危告示四の一九【地震の影響】危告示四の二〇【側板の厚さの計算】危告示四の二一【溶接施工方法確認試験】危告示四の二一の二【損傷を生じない浮き屋根とする特定屋外貯蔵タンク】危告示四の二一の三【浮き屋根に作用する荷重等】危告示四の二一の四【浮き屋根等の構造】危告示四の二二

（準特定屋外貯蔵タンクの構造）

第二〇条の四の二　準特定屋外貯蔵タンクは、当該準特定屋外貯蔵タンク及びその附属設備の自重、貯蔵する危険物の重量、当該準特定屋外貯蔵タンクに係る内圧、温度変化の影響等の主荷重及び積雪荷重、風荷重、地震の影響等の従荷重によつて生ずる応力及び変形に対して安全なものでなければならない。（イ）

2　準特定屋外貯蔵タンクの構造は、次に定める基準に適合するものでなければならない。（イ）

一　厚さ三・二ミリメートル以上であること。（イ）

二　準特定屋外貯蔵タンクの側板に生ずる常時の円周方向引張応力は、告示で定める許容応力以下であること。（イ）

三　準特定屋外貯蔵タンクの側板に生ずる地震時の軸方向圧縮応力は、告示で定める許容応力以下であること。（イ）

四　準特定屋外貯蔵タンクの保有水平耐力は、地震の影響による必要保有水平耐力以上であること。この場合において、保有水平耐力及び必要保有水平耐力の計算方法は、告示で定める。（イ）

3　前二項に規定するもののほか、準特定屋外貯蔵タンクの構造に関し必要な事項は、告示で定める。（イ）

本条…追加〔平成一一年三月自令一〇号(イ)〕

参照　【主荷重及び従荷重】危告示四の二二の一〇【許容応力】危告示四の二二の一一

（タンク材料の規格）

第二〇条の五　令第十一条第一項第四号（同条第二項においてその例による場合を含む。）の総務省令で定める材料の規格は、次のとおりとする。ただし、アニュラ板の材料は、日本産業規格G三一〇六「溶接構造用圧延鋼材」のうちSM400C又はSM490Cとする。（わ）（な）（こ）（へ）（ケ）[い]

一　鋼板にあつては、日本産業規格G三一〇一「一般構造用圧延鋼材」（SS400に係る規格に限る。）、日本産業規格G三一〇六「溶接構造用圧延鋼材」、日本産業規格G三一一四「溶接構造用耐候性熱間圧延鋼材」又は日本産業規格G三一一五「圧力容器用鋼板」（わ）（な）（こ）[い]

二　構造用形鋼にあつては、日本産業規格G三一〇一「一般構造用圧延鋼材」（SS400に係る規格に限る。）又は日本産業規格G三一〇六「溶接構造用圧延鋼材」（わ）（な）（こ）[い]

三　鋼管にあつては、日本産業規格G三四五二「配管用炭素鋼鋼管」、日本産業規格G三四五四「圧力配管用炭素鋼鋼管」（STPG370に係る規格に限る。）、日本産業規格G三四四四「一般構造用炭素鋼鋼管」（STK400に係る規格に限る。）、日本産業規格G三四五七「配管用アーク溶接炭素鋼鋼管」又は日本産業規格G三四六〇「低温配管用鋼管」（STPL380に係る規格に限る。）（わ）（な）（こ）[い]

四　フランジにあつては、日本産業規格G三一〇一「一般構造用圧延鋼材」（SS400に係る規格に限る。）、日本産業規格G三二〇一「炭素鋼鍛鋼品」（SF390A又はSF440Aに係る規格に限る。）又は日本産業規格G四〇五一「機械構造用炭素鋼鋼材」（S20C又はS25Cに係る規格に限る。）（わ）（な）（ま）（こ）[い]

本条…追加〔昭和五二年二月自令二号（わ）〕、一部改正〔昭和五九年三月自令一号（な）・平成元年二月五号（ま）・二年一二月三二号（こ）・一二年九月四四号（へ）・二三年一二月総令一六五号（ケ）・令和元年六月一九号[い]〕

（水圧試験の基準）

第二〇条の五の二　令第十一条第一項第四号（令第九条第一項第二十号イにおいてその例による場合及びこれを令第十九条第一項において準用する場合並びに令第十二条第二項及び令第十二条第一項第五号（令第九条第一項第二十号ロにおいてその例による場合及びこれを令第十九条第一項において準用する場合並びに令第十二条第二項においてその例による場合を含む。）においてその例による場合を含む。）及び令第十三条第一項第六号（令第九条第一項第二十号ハにおいてその例による場合及びこれを令第十九条第一項において準用する場合並びに令第十三条第二項（令第九条第一項第二十号ハにおいてその例による場合及びこれを令第十九条第一項において準用する場合並びに令第十七条第一項第八号イ及び同条第二項第二号においてその例による場合を含む。）、令第十三条第三項（令第九条第一項第二十号ハにおいてその例による場合及びこれを令第十九条第一項において準用する場合並びに令第十七条第一項第八号イ及び同条第二項第二号においてその例による場合を含む。）、令第十七条第一項第八号イ及び同条第二項第二号においてその例による場合を含む。）の総務省令で定めるところにより行う水圧試験は、次の各号に掲げる区分に応じ、当該各号に定める水圧試験とする。（つ）（ま）（あ）（へ）（ソ）（ケ）

一　高圧ガス保安法第二十条第一項又は第三項の規定の適用を受ける高圧ガスの製造のための施設である圧力タンク（つ）（せ）

イ　一般高圧ガス保安規則又は液化石油ガス保安規則の適用を受けるもの（ロに掲げるものを除く。）

最大常用圧力の一・五倍以上の圧力で行う水圧試験（つ）（す）

ロ　高圧ガス保安法第五十六条の三第一項に定める特定設備に当たるもの（つ）（せ）

(1)　設計圧力が〇・四三メガパスカル以下のもの　(4)に掲げる

ものを除く。）　設計圧力の二倍の圧力で行う水圧試験(つ)(せ)

(2)　設計圧力が○・四三メガパスカルを超え一・五メガパスカル以下のもの（(4)に掲げるものを除く。）　設計圧力の一・三倍に○・三メガパスカルを加えた圧力で行う水圧試験(つ)(せ)

(3)　設計圧力が一・五メガパスカルを超えるもの（(4)に掲げるものを除く。）　設計圧力の一・五倍の圧力で行う水圧試験(つ)(せ)

(4)　高合金鋼を材料とするもの　設計圧力の一・五倍の圧力で行う水圧試験(つ)

二　労働安全衛生法（昭和四十七年法律第五十七号）別表第二第二号又は労働安全衛生法施行令（昭和四十七年政令第三百十八号）第十二条第一項第二号に掲げる機械等である圧力タンク　設計圧力の一・五倍の圧力に温度補正係数（水圧試験を行うときの温度における当該圧力タンクの材料の許容引張応力を使用温度における当該圧力タンクの材料の許容引張応力で除して得た値のうち最小の値）を乗じた圧力で行う水圧試験(け)(カ)

三　労働安全衛生法別表第二第四号に掲げる機械等である圧力タンク(つ)(カ)

イ　設計圧力が○・一メガパスカル以下のもの　○・二メガパスカルの圧力で行う水圧試験(つ)(ニ)

ロ　設計圧力が○・一メガパスカルを超え○・四二メガパスカル以下のもの　設計圧力の二倍の圧力で行う水圧試験(つ)(ニ)

ハ　設計圧力が○・四二メガパスカルを超えるもの　設計圧力の一・三倍に○・三メガパスカルを加えた圧力で行う水圧試験(つ)(ニ)

本条…追加〔昭和五七年一月自令一号(つ)〕、一部改正〔平成元年二月自令五号(ま)・二年二月一号(け)・五年七月二二号(あ)・九年三月一二号(せ)・一〇年三月六号(す)・一二年三月一二号(ニ)・九月四四号(へ)・一七年一月総令三号(カ)・一八年三月三一号(ソ)・二三年一二月一六五号(ケ)〕

（溶接部の試験等）

第二〇条の六　令第十一条第一項第四号の二（同条第二項においてその例による場合を含む。以下この条において同じ。）の総務省令で定めるところにより行う試験は、次条から第二十条の九までに定める試験とし、令第十一条第一項第四号の二の総務省令で定める基準は、これらの試験に係る規定に定める基準とする。(わ)(へ)(ケ)(コ)

本条…追加〔昭和五二年二月自令二号(わ)〕、一部改正〔平成一二年九月自令四四号(へ)・二三年一二月総令一六五号(ケ)・二四年三月二四号(コ)〕

（放射線透過試験）(な)

第二〇条の七　特定屋外貯蔵タンクの側板の縦継手及び水平継手（それぞれ重ね補修に係るもの及び接液部（令第五条第二項に規定する容量の危険物を貯蔵する場合に当該危険物に接する部分の側板をいう。以下同じ。）以外の部分における工事（取替え工事を除く。）に係るものを除く。）は、放射線透過試験を行い、次項に定める基準に適合するものでなければならない。(わ)(な)(ら)(せ)

2　放射線透過試験に関する合格の基準は、次のとおりとする。(わ)(な)

一　割れ、溶け込み不足及び融合不足がないものであること。(わ)

二　アンダーカットは、縦継手にあつては○・四ミリメートル、水平継手にあつては○・八ミリメートル以下のものであること。(わ)(す)

三　ブローホール及びこれに類する丸みを帯びた部分（以下この項において「ブローホール等」という。）は、その長径が母材の厚さの二分の一を超えず、かつ、任意の箇所について一辺が十ミリメートルの正方形（母材の厚さが二十五ミリメートルを超えるものにあつては、一辺が十ミリメートル他の一辺が二十ミリメートルの長方形）の部分（以下この項において「試験部分」という。）において、次の表イに掲げるブローホール等（ブローホール等の長径が、母材の厚さが二十ミリメートル以下のものにあつては〇・五ミリメートル以下、母材の厚さが二十ミリメートルを超えるものにあつては〇・七ミリメートル以下のものを除く。）の長径に応じて定める点数（以下この項において「ブローホール点数」という。）の合計が、次の表ロに掲げる母材の材質及び厚さに応じて定めるブローホール点数の合計以下であること。（な）（リ）

イ（な）

ブローホール等の長径（単位　ミリメートル）	点数
一・〇以下	一
一・〇を超え二・〇以下	二
二・〇を超え三・〇以下	三
三・〇を超え四・〇以下	六
四・〇を超え六・〇以下	十
六・〇を超え八・〇以下	十五
八・〇を超える	二十五

ロ（な）（す）

母材		ブローホール点数の合計	
材質	厚さ（単位　ミリメートル）	縦継手	水平継手
高張力鋼（引張り強さが四百九十ニュートン毎平方ミリメートル以上の強度を有する鋼板をいう。以下この項において同じ。）以外の鋼	十以下	六	六
	十を超え二十五以下	十二	十二
	二十五を超える	十二	二十四
高張力鋼	十以下	三	六
	十を超え二十五以下	六	十二
	二十五を超える	十二	二十四

四　細長いスラグ巻き込み及びこれに類するもの（以下この項において「スラグ巻き込み等」という。）は、その長さ（二以上のスラグ巻き込み等が存する場合で、相互の間隔が相隣接するスラグ巻き込み等のうちその長さが短くないものの長さ以下であるときは、当該スラグ巻き込み等の長さの合計の長さ。以下この項において同じ。）が次の表に掲げる母材の材質及び厚さに応じて定める長さ以下であること。（な）

母材		長さ	
材質	厚さ（単位　ミリメートル）	縦継手	水平継手
高張力鋼以外の鋼	十二以下	六ミリメートル	六ミリメートル
	十二を超え二十五以下	母材の厚さの二分の一	母材の厚さの二分の一
	二十五を超える	母材の厚さの三分の一	母材の厚さの二分の一
高張力鋼	十二以下	四ミリメートル	六ミリメートル

十二を超える	母材の厚さの三分の一	母材の厚さの二分の一

五　ブローホール等及びスラグ巻き込み等が混在する場合は、前二号に掲げるところによるほか、ブローホール点数の合計が最大となる試験部分において、ブローホール点数の合計が次の表イに掲げる母材の材質及び厚さに応じて定めるブローホール点数の合計以下であり、又は、スラグ巻き込み等の長さが次の表ロに掲げる母材の材質及び厚さに応じて定める長さ以下であること。（な）

イ（な）

母材		ブローホール点数の合計	
材質	厚さ（単位　ミリメートル）	縦継手	水平継手
高張力鋼以外の鋼	十以下	三	三
	十を超え二十五以下	六	六
	二十五を超える	四	十二
高張力鋼	十以下	一	三
	十を超え二十五以下	二	六
	二十五を超える	四	十二

ロ（な）

母材		長さ	
材質	厚さ（単位　ミリメートル）	縦継手	水平継手
高張力鋼以外の鋼	十二以下	四ミリメートル	四ミリメートル
	十二を超え二十五以下	母材の厚さの三分の一	母材の厚さの三分の一
	二十五を超える	母材の厚さの四分の一	母材の厚さの三分の一
高張力鋼	十二以下	三ミリメートル	四ミリメートル
	十二を超える	母材の厚さの四分の一	母材の厚さの三分の一

本条…追加〔昭和五二年二月自令二号(わ)〕、二項…一部改正〔昭和五八年四月自令一六号(ね)〕、見出し…改正・一・二項…一部改正・三項…削除〔昭和五九年三月自令一号(な)〕、一項…一部改正〔昭和五九年七月自令一七号(ら)・平成九年三月一二号(せ)〕、二項…一部改正〔平成一〇年三月自令六号(す)・一三年一〇月総令一三六号(リ)〕

（磁粉探傷試験及び浸透探傷試験）

第二〇条の八　特定屋外貯蔵タンクの側板とアニュラ板（アニュラ板を設けないものにあつては、底板）、アニュラ板とアニュラ板、アニュラ板と底板及び底板と底板との溶接継手並びに重ね補修に係る側板と側板との溶接継手（接液部に係るものに限る。）は、磁粉探傷試験を行い、次項に定める基準に適合するものでなければならない。ただし、磁粉探傷試験によることが困難な場合は、浸透探傷試験を行うことができる。この場合においては、第三項に定める基準に適合するものでなければならない。（わ）（ら）（せ）

2　磁粉探傷試験に関する合格の基準は、次のとおりとする。（わ）（な）

一　割れがないものであること。（わ）

二　アンダーカットは、アニュラ板と底板及び底板と底板との溶接継手については、〇・四ミリメートル以下のもの、その他の部分の溶接継手については、ないものであること。（わ）

三　磁粉模様（疑似磁粉模様を除く。以下この項において同じ。）は、その長さ（磁粉模様の長さがその幅の三倍未満のものは浸透探傷試験による指示模様の長さとし、二以上の磁粉模様がほぼ同一線上に二ミリメートル以下の間隔で存する場合（相隣接する磁粉模様のいずれかが長さ二ミリメートル以下のものであつて当該磁粉模様の長さ以上の間隔で存する場合を除く。）は、当該磁粉模様の長さ及び当該間隔の合計の長さとする。次号において同じ。）が四ミリメートル以下であること。（な）

四　磁粉模様が存する任意の箇所について二十五平方センチメートルの長方形（一辺の長さは十五センチメートルを限度とする。）の部分において、長さが一ミリメートルを超える磁粉模様の長さの合計が八ミリメートル以下であること。（な）

3　浸透探傷試験に関する合格の基準は、次のとおりとする。（わ）（な）

一　割れがないものであること。（わ）

二　指示模様（疑似指示模様を除く。以下この項において同じ。）は、その長さ（二以上の指示模様がほぼ同一線上に二ミリメートル以下の間隔で存する場合（相隣接する指示模様のいずれかが長さ二ミリメートル以下のものであつて当該指示模様の長さ以上の間隔で存する場合を除く。）は、当該指示模様の長さ及び当該間隔の合計の長さ。次号において同じ。）が四ミリメートル以下であること。（な）

三　指示模様が存する任意の箇所について二十五平方センチメートルの長方形（一辺の長さは十五センチメートルを限度とする。）の部分において、長さが一ミリメートルを超える指示模様の長さの合計が八ミリメートル以下であること。（な）

本条…追加〔昭和五二年二月自令二号(わ)〕、二・三項…一部改正〔昭和五九年三月自令一号(な)〕、一項…一部改正〔昭和五九年七月自令一七号(ら)・平成九年三月一二号(せ)〕

（漏れ試験）

第二〇条の九　特定屋外貯蔵タンクの溶接部で次の各号に掲げるものは、真空試験、加圧漏れ試験、浸透液漏れ試験等の試験によって漏れがないものでなければならない。（わ）（ら）（せ）㋚

一　構造上の影響を与える有害な変形がないタンクの底部に係る溶接部（ぜい性破壊を起こすおそれのないものであつて、補修工事（タンク本体の変形に対する影響が軽微なものに限る。）に係るものに限る。）㋚

二　接液部以外の側板に係る溶接部（取替え工事に係るものを除く。）（せ）㋚

三　屋根（浮き屋根のものにあつては、その総体とする。）及び浮き蓋の総体に係る溶接部（せ）（ケ）㋚

四　ノズル、マンホール等に係る溶接部（せ）㋚

本条…追加〔昭和五九年七月自令一七号(ら)・平成九年三月一二号(せ)・二三年一二月総令一六五号(ケ)・令和元年八月三四号㋚〕

（水張試験等における測定）

第二〇条の一〇　特定屋外貯蔵タンクにおいて令第十一条第一項第四号（同条第二項においてその例による場合を含む。）に定める水張試験又は水圧試験（以下この条において「水張試験等」という。）を行う場合は、次の各号に掲げる水張試験等の実施の時期の区分に応じ、当該各号に掲げる測定を行うものとする。（わ）（ケ）

一　水張試験等の前及び水張試験等において特定屋外貯蔵タンクに水を満たしたとき　側板最下端（地中タンクである特定屋外貯蔵タンクにあつては、側板最上端）の水平度の測定（わ）（お）

二　水張試験等の直後　特定屋外貯蔵タンクの底部（地中タンクである特定屋外貯蔵タンクにあつては、第二十二条の三の二第三項第五号イに規定する漏液防止板の底部）の凹凸状態の測定（わ）（お）

本条…追加〔昭和五二年二月自令二号(わ)〕、一部改正〔昭和六二年一二月自令三六号(お)・平成二三年一二月総令一六五号(ケ)〕

（屋外貯蔵タンクの耐震又は耐風圧構造）

第二一条　令第十一条第一項第五号の規定による地震又は風圧に耐えることができる構造（特定屋外貯蔵タンク及び準特定屋外貯蔵タンク以外のタンクに限る。）は、地震動による慣性力又は風荷重による応力が屋外貯蔵タンクの側板又は支柱の限られた点に集中しないように当該タンクを堅固な基礎及び地盤の上に固定したものとする。(に)(り)(を)(わ)(イ)

2　前項の地震動による慣性力及び風荷重の計算方法は、告示で定める。(わ)

一項…一部改正〔昭和四〇年一〇月自令二八号(に)〕、一項…一部改正・二項…全部改正〔昭和四九年五月自令一二号(り)〕、一項…一部改正〔昭和五一年六月自令一八号(を)〕、一項…一部改正・二項…全部改正〔昭和五二年二月自令二号(わ)〕、一項…一部改正〔平成一一年三月自令一〇号(イ)〕

参照【地震動による慣性力及び風荷重の計算方法】危告示四の二三

（底部の外面の防食措置）(わ)

第二一条の二　令第十一条第一項第七号の二（同条第二項においてその例による場合を含む。）の規定による屋外貯蔵タンクの底板（アニュラ板を設ける特定屋外貯蔵タンクにあつては、アニュラ板を含む。以下この条において同じ。）の外面の腐食を防止するための措置は、次に掲げるいずれかによるものとする。(り)(を)(わ)(ケ)

一　タンクの底板の下に、タンクの底板の腐食を有効に防止できるようにアスファルトサンド等の防食材料を敷くこと。(り)

二　タンクの底板に電気防食の措置を講ずること。(り)

三　前各号に掲げるものと同等以上の底板の腐食を防止することができる措置を講ずること。(り)

本条…追加〔昭和四九年五月自令一二号(り)〕、一部改正〔昭和五一年六月自令一八号(を)〕、見出し…改正・本条…一部改正〔昭和五二年二月自令二号(わ)〕、本条…一部改正〔平成二三年一二月総令一六五号(ケ)〕

解説【アスファルトサンド等】オイルサンドは不可

（ポンプ設備の空地の特例）

第二一条の三　令第十一条第一項第十号の二イただし書（同条第二項においてその例による場合を含む。）の総務省令で定める場合は、指定数量の十倍以下の危険物の屋外貯蔵タンクのポンプ設備を設ける場合とする。(に)(り)(を)(ま)(へ)(ケ)

本条…追加〔昭和四〇年一〇月自令二八号(に)〕、旧二一条の二…繰下〔昭和四九年五月自令一二号(り)〕、本条…一部改正〔昭和五一年六月自令一八号(を)・平成元年二月五号(ま)・一二年九月四四号(へ)・二三年一二月総令一六五号(ケ)〕

（水抜管）

第二一条の四　令第十一条第一項第十一号の二ただし書（令第九条第一項第二十号イにおいてその例による場合及びこれを令第十九条第一項において準用する場合並びに令第十一条第二項及び令第十二条第一項第十号の二（令第九条第一項第二十号ロにおいてその例による場合及びこれを令第十九条第一項において準用する場合並びに令第十二条第二項においてその例による場合を含む。）においてその例による場合を含む。）の総務省令で定めるところによる場合は、タンクと水抜管との結合部分が地震等により損傷を受けるおそれのない方法により水抜管を設ける場合とする。(に)(り)(を)(ま)(へ)(ケ)

本条…追加〔昭和四〇年一〇月自令二八号(に)〕、旧二一条の三…繰下〔昭和四九年五月自令一二号(り)〕、本条…一部改正〔昭和五一年六月自令一八号(を)・平成元年二月五号(ま)・一二年九月四四号(へ)・二三年一二月総令一六五号(ケ)〕

（浮き屋根を有する屋外貯蔵タンクに設ける設備の特例）

第二十一条の五　令第十一条第一項第十一号の三ただし書の総務省令で定める設備は、可動はしご、回転止め、危険物の液面の高さを測定するための設備、サンプリング設備その他これらに附属する設備とする。（ら）（へ）

本条…追加〔昭和五九年七月自令一七号（ら）〕、一部改正〔平成一二年九月自令四四号（へ）〕

（容量一万キロリットル以上の屋外貯蔵タンクの配管に設ける弁）

第二十一条の六　令第十一条第一項第十二号の三（同条第二項においてその例による場合を含む。）の総務省令で定める弁は、遠隔操作によつて閉鎖する機能を有するとともに、当該操作を行うための予備動力源が確保されたものとする。（す）（へ）（ケ）

本条…追加〔平成一〇年三月自令六号（す）〕、一部改正〔平成一二年九月自令四四号（へ）・二三年一二月総令一六五号（ケ）〕

（防油堤）

第二十二条　令第十一条第一項第十五号（同条第二項においてその例による場合を含む。）の規定により、液体の危険物（二硫化炭素を除く。）の屋外貯蔵タンクの周囲には、防油堤を設けなければならない。（る）（を）（ま）（ケ）

2　前項の防油堤（引火点を有する液体の危険物以外の液体の危険物の屋外貯蔵タンクの周囲に設けるものを除く。）の基準は、次のとおりとする。（を）（ま）

一　一の屋外貯蔵タンクの周囲に設ける防油堤の容量（告示で定めるところにより算定した容量をいう。以下同じ。）は、当該タンクの容量の百十パーセント以上とし、二以上の屋外貯蔵タンクの周囲に設ける防油堤の容量は、当該タンクのうち、その容量が最大であるタンクの容量の百十パーセント以上とすること。（る）

二　防油堤の高さは、〇・五メートル以上であること。（る）

三　防油堤内の面積は、八万平方メートル以下であること。（に）（る）

四　防油堤内に設置する屋外貯蔵タンクの数は、十（防油堤内に設置するすべての屋外貯蔵タンクの容量が二百キロリットル以下で、かつ、当該屋外貯蔵タンクにおいて貯蔵し、又は取り扱う危険物の引火点が七十度以上二百度未満である場合には二十）以下であること。ただし、引火点が二百度以上の危険物を貯蔵し、又は取り扱う屋外貯蔵タンクにあつてはこの限りでない。（る）（た）

五　防油堤内に設置する屋外貯蔵タンクは、次の表の上欄に掲げる屋外貯蔵タンクの容量に応じ同表の下欄に掲げる路面幅員を有する構内道路（屋外タンク貯蔵所の存する敷地内の道路をいう。以下同じ。）に直接面するように設けること。ただし、引火点が二百度以上の危険物を貯蔵し、又は取り扱う屋外貯蔵タンクにあつてはこの限りでない。（る）（た）

<table>
<tr><th rowspan="2">屋外貯蔵タンクの容量</th><th colspan="2">構内道路の路面幅員</th></tr>
<tr><th>引火点が七十度未満の危険物を貯蔵し、又は取り扱う屋外貯蔵タンク</th><th>引火点が七十度以上二百度未満の危険物を貯蔵し、又は取り扱う屋外貯蔵タンク</th></tr>
<tr><td>五千キロリツトル以下</td><td>六メートル以上</td><td rowspan="2">六メートル以上</td></tr>
<tr><td>五千キロリツトルを超え一万キロリツトル以下</td><td>八メートル以上</td></tr>
<tr><td>一万キロリツトルを超え五万キロリツトル以下</td><td>十二メートル以上</td><td rowspan="2">八メートル以上</td></tr>
<tr><td>五万キロリツトルを超える</td><td>十六メートル以上</td></tr>
</table>

六　防油堤内に設置する屋外貯蔵タンクのすべてについて、その容量がいずれも二百キロリットル以下である場合は、前号の規定にかかわらず、消防活動に支障がないと認められる道路又は空地に面していれば足りるものであること。(る)

七　防油堤は、周囲が構内道路に接するように設けなければならないこと。(を)

八　防油堤は、次の表の上欄に掲げる屋外貯蔵タンクの直径に応じ、当該タンクの側板から同表下欄に掲げる距離を保つこと。ただし、引火点が二百度以上の危険物を貯蔵し、又は取り扱う屋外貯蔵タンクにあつてはこの限りでない。(る)(を)(た)

屋外貯蔵タンクの直径	距　　　離
十五メートル未満	タンクの高さの三分の一以上の距離
十五メートル以上	タンクの高さの二分の一以上の距離

九　防油堤は、鉄筋コンクリート又は土で造り、かつ、その中に収納された危険物が当該防油堤の外に流出しない構造であること。(る)(を)

十　容量が一万キロリットル以上の屋外貯蔵タンクの周囲に設ける防油堤には、次に掲げるところにより、当該タンクごとに仕切堤を設けること。(る)(を)

イ　仕切堤の高さは、〇・三メートル（防油堤内に設置される屋外貯蔵タンクの容量の合計が、二十万キロリットルを超える防油堤内に設けるものにあつては、一メートル）以上であり、かつ、防油堤の高さから〇・二メートルを減じた高さ以下であること。(る)

ロ　仕切堤は、土で造ること。(る)

十一　防油堤内には、当該防油堤内に設置する屋外貯蔵タンクのための配管（当該屋外貯蔵タンクの消火設備のための配管を含む。）以外の配管を設けないこと。(る)(を)

十二　防油堤又は仕切堤（以下「防油堤等」という。）には、当該防油堤等を貫通して配管を設けないこと。ただし、防油堤等に損傷を与えないよう必要な措置を講じた場合は、この限りでない。(る)(を)

十三　防油堤には、その内部の滞水を外部に排水するための水抜口を設けるとともに、これを開閉する弁等を防油堤の外部に設けること。(る)(を)

十四　容量が千キロリットル以上の屋外貯蔵タンクにあつては、前号の弁等には、弁等の開閉状況を容易に確認できる装置を設けること。(る)(を)

十五　容量が一万キロリットル以上の屋外貯蔵タンクの周囲に設ける防油堤内には、流出した危険物を容易に確認できる箇所に流出した危険物を自動的に検知し、必要な措置を講ずることができる場所にその事態を直ちに警報することができる装置を設けること。(る)(を)

十六　高さが一メートルを超える防油堤等には、おおむね三十メートルごとに堤内に出入りするための階段を設置し、又は土砂の盛上げ等を行うこと。(る)(を)(ま)

3　前項第一号、第二号、第九号から第十四号まで及び第十六号の規定は、引火点を有する液体の危険物以外の液体の危険物の屋外貯蔵タンクの周囲に設ける防油堤の技術上の基準について準用する。この場合において、同項第一号中「百十パーセント」とあるのは「百パーセント」と読み替えるものとする。(を)(ま)

二項…一部改正〔昭和四〇年一〇月自令二八号(に)〕、一・二項…一部改正〔昭和五一年三月自令七号(る)〕、一・二項…一部改正・三項…追加〔昭和五一年六月自令一八号(を)〕、二項…一部改正〔昭和五四年七月自令一六号(た)〕、一—三項…一部改正〔平成元年二月自令五号(ま)〕、一項…一部改正〔平成二三年一二月総令一六五号(ケ)〕

参照【防油堤の容量】危告示四の二

（浮き蓋の構造）

第二二条の二　令第十一条第二項第一号の総務省令で定める浮き蓋の構造は、次の各号に掲げる当該浮き蓋の区分に応じ、当該各号に定める技術上の基準に適合するものでなければならない。(ケ)

一　一枚板構造の浮き蓋にあつては、次のとおりとする。(ケ)

イ　厚さ三・二ミリメートル以上の鋼板で造ること。(ケ)

ロ　告示で定める浮力を有する構造とすること。(ケ)

ハ　特定屋外貯蔵タンクのうち告示で定めるものの浮き蓋は、告示で定めるところにより液面揺動により損傷を生じない構造とすること。(ケ)

ニ　ハに規定する浮き蓋の浮き部分の溶接及び浮き部分と当該浮き部分以外の部分との溶接は、告示で定める方法によること。(ケ)

ホ　浮き蓋の浮き部分が仕切り板で仕切られた室には告示で定めるマンホールを設けること。(ケ)

ヘ　危険物の出し入れによつて浮き蓋が損傷しないように必要な通気管等を設けること。(ケ)

ト　浮き蓋を常に特定屋外貯蔵タンクの中心位置に保持し、かつ、当該浮き蓋の回転を防止するための設備（リにおいて「回転止め」という。）を設けること。(ケ)

チ　浮き蓋の外周縁は、たわみ性があり、かつ、側板に密着する性質を有する材料により被覆されていること。(ケ)

リ　回転止め及び浮き蓋の外周縁の被覆等の滑動部分に用いる材料又は構造は、発火のおそれのないものとすること。(ケ)

ヌ　浮き蓋に蓄積される静電気を有効に除去する装置を設けること。(ケ)

二　二枚板構造の浮き蓋にあつては、前号イ、ロ及びホからヌまでの規定の例によるものとする。(ケ)

三　簡易フロート型の浮き蓋（ステンレス製のものに限る。）にあつては、第一号へからヌまでの規定の例によるほか、次のとおりとする。(ケ)

イ　簡易フロート型の浮き蓋は、告示で定める浮力を有する構造とすること。(ケ)

ロ　簡易フロート型の浮き蓋の浮き部分相互の接続箇所は回転性を有する構造とすること。(ケ)

四　簡易フロート型の浮き蓋（前号に掲げるものを除く。）にあつては、前号の規定の例によるほか、次のとおりとする。ただし、特定屋外貯蔵タンクのうち告示で定めるものについては、イは適用しない。(ケ)

イ　フロートチューブの長さは六メートル以下であること。(ケ)

ロ　フロートチューブの円周方向に溶接接合がないこと。(ケ)

本条…追加〔平成二三年一二月総令一六五号(ケ)〕

参照【浮き蓋の浮力を有する構造】危告示四の二三の二【損傷を生じない一枚板構造の浮き蓋とする特定屋外貯蔵タンク】危告示四の二三の三【浮き蓋に作用する荷重等】危告示四の二三の四【浮き蓋の溶接方法】危告示四の二三の五【浮き蓋の浮き室に設けるマンホール】危告示四の二三の六【簡易フロート型の浮き蓋の浮力を有する構造】危告示四の二三の七【損傷を生じない構造の簡易フロート型の浮き蓋とする特定屋外貯蔵タンク】危告示四の二三の八

（噴き上げ防止措置）

第二二条の二の二　令第十一条第二項第四号の総務省令で定める浮き蓋は、前条第三号及び第四号に規定するものとし、当該浮き蓋を備

えた特定屋外貯蔵タンクの配管には、次に掲げるいずれかの設備を設けなければならない。(ケ)

一　当該配管内に滞留した気体がタンク内に流入することを防止するための設備(ケ)

二　当該配管内に滞留した気体がタンク内に流入するものとした場合において当該気体を分散させるための設備(ケ)

三　前二号に掲げるもののほか、当該配管内に滞留した気体がタンク内に流入することにより浮き蓋に損傷を与えることを防止するための設備(ケ)

本条…追加〔平成二三年一二月総令一六五号(ケ)〕

（高引火点危険物の屋外タンク貯蔵所の特例）

第二二条の二の三　令第十一条第三項の規定により同条第一項及び第二項に掲げる基準の特例を定めることができる屋外タンク貯蔵所は、高引火点危険物のみを百度未満の温度で貯蔵し、又は取り扱うものとする。(ま)(ケ)

2　前項の屋外タンク貯蔵所に係る令第十一条第一項及び第二項に掲げる基準の特例は、次項に定めるところによる。(ま)(ケ)

3　第一項の屋外タンク貯蔵所のうち、その位置、構造及び設備が次の各号に掲げる基準に適合するものについては、令第十一条第一項第一号から第二号まで（同条第二項においてその例による場合を含む。）並びに同条第一項第五号（支柱に係る部分に限る。）並びに同項第十号の二、第十四号及び第十五号（同条第二項においてその例による場合を含む。）の規定は、適用しない。(ま)(リ)(ケ)

一　屋外タンク貯蔵所の位置は、第十三条の六第三項第一号に掲げる高引火点危険物のみを取り扱う製造所の位置の例によるものであること。(ま)

二　屋外貯蔵タンク（危険物を移送するための配管その他これに準ずる工作物を除く。）の周囲に、次の表に掲げる区分に応じそれぞれ同表に定める幅の空地を保有すること。(ま)

区　分	空　地　の　幅
指定数量の倍数が二千以下の屋外タンク貯蔵所	三メートル以上
指定数量の倍数が二千を超え四千以下の屋外タンク貯蔵所	五メートル以上
指定数量の倍数が四千を超える屋外タンク貯蔵所	当該タンクの水平断面の最大直径（横型のものは横の長さ）又は高さの数値のうち大きいものの三分の一に等しい距離以上。ただし、五メートル未満であつてはならない。

三　屋外貯蔵タンクの支柱は、鉄筋コンクリート造、鉄骨コンクリート造その他これらと同等以上の耐火性能を有するものであること。ただし、一の防油堤内に設置する屋外貯蔵タンクのすべてが、第一項に定める屋外タンク貯蔵所の屋外貯蔵タンクである場合にあつては、支柱を不燃材料で造ることができる。(リ)

四　屋外貯蔵タンクのポンプ設備（令第十一条第一項第十号の二のポンプ設備をいう。以下この条において同じ。）は、同号（イ、ヘ及びトを除く。）に掲げる屋外貯蔵タンクのポンプ設備の例によるほか、次によること。(ま)(リ)

イ　防火上有効な隔壁を設ける場合又は指定数量の十倍以下の危険物の屋外貯蔵タンクのポンプ設備を設ける場合を除き、ポンプ設備の周囲に一メートル以上の幅の空地を保有すること。(リ)

ロ　ポンプ室の窓及び出入口には、防火設備を設けること。ただし、延焼のおそれのない外壁に設ける窓及び出入口には、防火

設備に代えて、不燃材料又はガラスで造られた戸を設けることができる。（リ）

ハ　ポンプ室の延焼のおそれのある外壁に設ける窓及び出入口にガラスを用いる場合は、網入ガラスとすること。（リ）

五　屋外貯蔵タンクの周囲には、危険物が漏れた場合にその流出を防止するための防油堤を設けること。（ま）（リ）

六　第二十二条第二項第一号から第三号まで及び第九号から第十六号までの規定は、前号の防油堤の技術上の基準について準用する。この場合において、同項第一号中「百十パーセント」とあるのは「百パーセント」と読み替えるものとする。（ま）（リ）

本条…追加〔平成元年二月自令五号（ま）〕、三項…一部改正〔平成一三年一〇月総令一三六号（リ）〕、一―三項…一部改正・旧二二条の二…繰下〔平成二三年一二月総令一六五号（ケ）〕

（屋外タンク貯蔵所の特例を定めることができる危険物）

第二十二条の二の四　令第十一条第四項の総務省令で定める危険物は、第十三条の七に規定する危険物とする。（ま）（へ）（ケ）

本条…追加〔平成元年二月自令五号（ま）〕、一部改正〔平成一二年九月自令四四号（へ）〕、旧二二条の二の二…一部改正し繰下〔平成二三年一二月総令一六五号（ケ）〕

（アルキルアルミニウム等の屋外タンク貯蔵所の特例）

第二十二条の二の五　アルキルアルミニウム等を貯蔵し、又は取り扱う屋外タンク貯蔵所に係る令第十一条第四項の規定による同条第一項に掲げる基準を超える特例は、次のとおりとする。（ま）（ケ）

一　屋外貯蔵タンクの周囲には、漏えい範囲を局限化するための設備及び漏れたアルキルアルミニウム等を安全な場所に設けられた槽に導入することができる設備を設けること。（ま）

二　屋外貯蔵タンクには、不活性の気体を封入する装置を設けること。（ま）

本条…追加〔平成元年二月自令五号（ま）〕、旧二二条の二の三…一部改正し繰下〔平成二三年一二月総令一六五号（ケ）〕

（アセトアルデヒド等の屋外タンク貯蔵所の特例）

第二十二条の二の六　アセトアルデヒド等を貯蔵し、又は取り扱う屋外タンク貯蔵所に係る令第十一条第四項の規定による同条第一項に掲げる基準を超える特例は、次のとおりとする。（ま）（ケ）

一　屋外貯蔵タンクの設備は、銅、マグネシウム、銀若しくは水銀又はこれらを成分とする合金で造らないこと。（ま）

二　屋外貯蔵タンクには、冷却装置又は保冷装置及び燃焼性混合気体の生成による爆発を防止するための不活性の気体を封入する装置を設けること。（ま）

本条…追加〔平成元年二月自令五号（ま）〕、旧二二条の二の四…一部改正し繰下〔平成二三年一二月総令一六五号（ケ）〕

（ヒドロキシルアミン等の屋外タンク貯蔵所の特例）

第二十二条の二の七　ヒドロキシルアミン等を貯蔵し、又は取り扱う屋外タンク貯蔵所に係る令第十一条第四項の規定による同条第一項に掲げる基準を超える特例は、次のとおりとする。（リ）（ケ）

一　屋外タンク貯蔵所には、ヒドロキシルアミン等の温度の上昇による危険な反応を防止するための措置を講ずること。（リ）

二　屋外タンク貯蔵所には、鉄イオン等の混入による危険な反応を防止するための措置を講ずること。（リ）

本条…追加〔平成一三年一〇月総令一三六号（リ）〕、旧二二条の二の五…一部改正し繰下〔平成二三年一二月総令一六五号（ケ）〕

（特例を定めることができる屋外タンク貯蔵所）

第二十二条の二の八　令第十一条第五項の総務省令で定める屋外タンク貯蔵所は、次のとおりとする。（の）（お）（ま）（へ）（リ）（ケ）

一　原油、灯油、軽油又は重油を岩盤タンクにおいて貯蔵し、又は

取り扱う屋外タンク貯蔵所のうち、岩盤タンク内の最大常用圧力が五十キロパスカル以下のもの(お)(す)

二　第四類の危険物を地中タンクにおいて貯蔵し、又は取り扱う屋外タンク貯蔵所(お)

三　原油、灯油、軽油又は重油を海上タンクにおいて貯蔵し、又は取り扱う屋外タンク貯蔵所のうち、海上タンクを容量十万キロリットル以下ごとに水で満たした二重の隔壁で完全に区分し、かつ、海上タンクの側部及び底部を水で満たした二重の壁の構造としたもの(ま)

本条…追加〔昭和六二年四月自令一六号(の)〕、一部改正〔昭和六二年一二月自令三六号(お)〕、旧二二条の二…一部改正し繰下〔平成元年二月自令五号(ま)〕、本条…一部改正〔平成一〇年三月自令六号(す)・一二年九月四四号(へ)〕、旧二二条の二の五…繰下〔平成一三年一〇月総令一三六号(リ)〕、旧二二条の二の六…一部改正し繰下〔平成二三年一二月総令一六五号(ケ)〕

（岩盤タンクに係る屋外タンク貯蔵所の特例）

第二二条の三　前条第一号の屋外タンク貯蔵所に係る令第十一条第五項の規定による同条第一項に掲げる基準の特例は、この条の定めるところによる。(の)(お)(ま)(ケ)

2　前条第一号の屋外タンク貯蔵所については、令第十一条第一項第一号から第二号まで、第三号の二から第七号の二まで、第十号の二、第十二号、第十二号の三及び第十五号の規定は、適用しない。(の)(お)(ま)(す)

3　前項に定めるもののほか、前条第一号の屋外タンク貯蔵所の特例は、次のとおりとする。(の)(お)

一　岩盤タンクの位置は、水道法（昭和三十二年法律第百七十七号）第三条第八項に規定する水道施設であつて危険物の流入のおそれのあるもの又は地下トンネル、隣接する岩盤タンクその他の地下工作物から当該タンクの内壁までの間に、安全を確保するために必要と認められる距離を保つこと。(の)

二　坑道の出入口は、防火上支障がないように設けること。(の)

三　岩盤タンクの内壁から岩盤タンクの最大幅の五倍の水平距離を有する範囲の地下水位は、安定したものであること。(の)

四　岩盤タンクは、地下水位から十分な深さとするとともに、その岩盤は、構造に支障を及ぼす断層等のない堅固なものとし、かつ、変位が収束していること。(の)

五　岩盤タンク及び坑道その他の設備は、地震の影響等の想定される荷重によつて生ずる応力及び変形に対して安全なものであること。(の)

六　岩盤タンクのプラグ（岩盤タンクの坑道に接続する部分に設ける遮へい材をいう。）は、鉄筋コンクリート等で気密に造るとともに、その配管が貫通する部分及び岩盤と接触する部分は、危険物又は可燃性の蒸気の漏れがないこと。(の)(ま)

七　岩盤タンクのポンプ設備は、次によること。(の)

イ　危険物中に設けるポンプ設備は、その電動機の内部に冷却水を循環させるとともに、金属製の保護管内に設置すること。(の)

ロ　イ以外のポンプ設備は、令第十一条第一項第十号の二（坑道に設けるものにあつては、イ、ロ、ホ及びルを除く。）に掲げる屋外貯蔵タンクのポンプ設備の例によるものであること。(の)

八　危険物を取り扱う配管、管継手及び弁の構造は、令第十八条の二に掲げる移送取扱所の配管等の例によるものであること。(の)

九　岩盤タンクに係る屋外タンク貯蔵所には、危険物若しくは可燃性の蒸気の漏えい又は危険物の爆発等の災害の発生又は拡大を防止する設備を設けること。(の)(ま)

本条…追加〔昭和六二年四月自令一六号(の)〕、一―三項…一部改正〔昭和六二年一二月自令三六号(お)〕、一・三項…一部改正〔平成元年二月自令五号(ま)〕、二項…一部改正〔平成一〇年三月自令六号(す)〕、一項…一部改正〔平成二三年一二月総令一六五号(ケ)〕

（地中タンクに係る屋外タンク貯蔵所の特例）

第二二条の三の二　第二十二条の二の八第二号の屋外タンク貯蔵所に係る令第十一条第五項の規定による同条第一項に掲げる基準の特例は、この条の定めるところによる。(お)(ま)(リ)(ケ)

2　第二十二条の二の八第二号の屋外タンク貯蔵所については、令第十一条第一項第一号の二、第二号、第三号の二、第三号の三、第四号（水張試験又は水圧試験に関する部分を除く。）、第四号の二、第五号、第七号、第七号の二、第十号の二、第十一号の二、第十二号の三及び第十五号の規定は、適用しない。(お)(ま)(す)(リ)(ケ)

3　前項に定めるもののほか、第二十二条の二の八第二号の屋外タンク貯蔵所の特例は、次のとおりとする。(お)(ま)(リ)(ケ)

一　地中タンクに係る屋外タンク貯蔵所は、次に掲げる場所その他告示で定める場所に設置してはならないものであること。(お)

イ　第二十八条の三第一項第六号及び第七号に掲げる場所(お)

ロ　現に隆起、沈降等の地盤変動の生じている場所又は地中タンクの構造に支障を及ぼす地盤変動の生ずるおそれのある場所(お)

二　地中タンクに係る屋外タンク貯蔵所の位置は、令第十一条第一項第一号によるほか、当該屋外タンク貯蔵所の存する敷地の境界線から地中タンクの地盤面上の側板までの間に、当該地中タンクの水平断面の内径の数値に〇・五を乗じて得た数値（当該数値が地中タンクの底板上面から地盤面までの高さの数値より小さい場合には、当該高さの数値）又は五十メートル（当該地中タンクにおいて貯蔵し、又は取り扱う危険物の引火点が二十一度以上七十度未満の場合にあつては四十メートル、七十度以上の場合にあつては三十メートル）のうち大きいものに等しい距離以上の距離を保つこと。(お)

三　地中タンク（危険物を移送するための配管その他これに準ずる工作物を除く。）の周囲に、当該地中タンクの水平断面の内径の数値に〇・五を乗じて得た数値又は地中タンクの底板上面から地盤面までの高さの数値のうち大きいものに等しい距離以上の幅の空地を保有すること。(お)

四　地中タンクの地盤は次によること。

イ　地盤は、当該地盤上に設置する地中タンク及びその附属設備の自重、貯蔵する危険物の重量等の荷重（以下「地中タンク荷重」という。）によつて生ずる応力に対して安全なものであること。(お)(ま)

ロ　地盤は、次に定める基準に適合するものであること。(お)

(1)　地盤は、第二十条の二第二項第一号に定める基準に適合するものであること。(お)

(2)　告示で定める範囲内における地盤は、地中タンク荷重に対する支持力の計算における支持力の安全率及び沈下量の計算における計算沈下量が告示で定める値を有するものであり、かつ、第二十条の二第二項第二号ロ(3)に定める基準に適合するものであること。(お)

(3)　地中タンク下部の地盤（第五号ハに定める揚水設備を設ける場合にあつては、当該揚水設備の排水層下の地盤）の表面の平板載荷試験において、平板載荷試験値（極限支持力の値とする。）が地中タンク荷重に(2)の安全率を乗じて得た値以上の値を有するものであること。(お)

(4)　告示で定める範囲内における地盤の地質が告示で定めるもの以外のものであること。(お)

(5)　地盤が海、河川、湖沼等に面している場合又は人工地盤を

設ける場合は、すべりに関し、告示で定める安全率を有するものであること。(お)

(6) 人工地盤については、(1)から(5)までに定めるもののほか告示で定める基準に適合するものであること。(お)

五 地中タンクの構造は次によること。(お)

イ 地中タンクは、側板及び底板を鉄筋コンクリート又はプレストレストコンクリートで造り、屋根を鋼板で造るとともに、側板及び底板の内側には漏液防止板を設け、気密に造ること。(お)

ロ 地中タンクの材料は、告示で定める規格に適合するもの又はこれと同等以上の強度等を有するものであること。(お)

ハ 地中タンクは、当該地中タンク及びその附属設備の自重、貯蔵する危険物の重量、土圧、地下水圧、揚圧力、コンクリートの乾燥収縮及びクリープの影響、温度変化の影響、地震の影響等の荷重によつて生ずる応力及び変形に対して安全なものであり、かつ、有害な沈下及び浮き上がりを生じないものであること。ただし、告示で定める基準に適合する揚水設備を設ける場合は、揚圧力を考慮しないことができる。(お)

ニ 地中タンクの構造は、イからハまでに掲げるもののほか、次に定める基準に適合するものであること。(お)

(1) 荷重により地中タンク本体（屋根及び漏液防止板を含む。）に生ずる応力は、告示で定めるそれぞれの許容応力以下であること。(お)

(2) 側板及び底板の最小厚さは、告示で定める基準に適合するものであること。(お)

(3) 屋根は、二枚板構造の浮き屋根とし、その外面にはさび止めのための塗装をするとともに、告示で定める基準に適合するものであること。(お)

(4) 漏液防止板は、告示で定めるところにより鋼板で造るとともに、その溶接部は、告示で定めるところにより行う磁粉探傷試験等の試験において、告示で定める基準に適合するものであること。(お)

六 地中タンクのポンプ設備は、前条第三項第七号に掲げる岩盤タンクのポンプ設備の例によるものであること。(お)

七 地中タンクには、当該地中タンク内の水を適切に排水することができる設備を設けること。(お)

八 地中タンクに係る屋外タンク貯蔵所に坑道を設ける場合にあつては、次によること。(お)

イ 坑道の出入口は、地中タンク内の危険物の最高液面を超える位置に設けること。ただし、最高液面を超える位置を経由する場合にあつては、この限りでない。(お)

ロ 可燃性の蒸気が滞留するおそれのある坑道には、可燃性の蒸気を外部に排出することができる設備を設けること。(お)(ま)

九 地中タンクは、その周囲が告示で定める構内道路に直接面するように設けること。ただし、二以上の地中タンクを隣接して設ける場合にあつては、当該地中タンクのすべてが包囲され、かつ、各タンクの二方以上が構内道路に直接面することをもつて足りる。(お)

十 地中タンクに係る屋外タンク貯蔵所には、告示で定めるところにより、危険物又は可燃性の蒸気の漏えいを自動的に検知する設備及び地下水位の変動を監視する設備を設けること。(お)(ま)

十一 地中タンクに係る屋外タンク貯蔵所には、告示で定めるところにより地中壁を設けること。ただし、周囲の地盤の状況等により漏えいした危険物が拡散するおそれのない場合には、この限りでない。(お)

4 前二項に規定するもののほか、第二十二条の二の八第二号の屋外

タンク貯蔵所に関し必要な事項は、告示で定める。（お）（ま）（リ）（ケ）

本条…追加〔昭和六二年一二月自令三六号（お）〕、一―四項…一部改正〔平成元年二月自令五号（ま）〕、二項…一部改正〔平成一〇年三月自令六号（す）〕、一―四項…一部改正〔平成一三年一〇月総令一三六号（リ）・二三年一二月一六五号（ケ）〕

参照【告示で定める場所】危告示四の二四【地盤の範囲】危告示四の二五・四の二八【支持力の安全率】危告示四の二六【計算沈下量】危告示四の二七【地盤を構成する地質の制限】危告示四の八・四の二九【すべりの安全率】危告示四の三〇【人工地盤】危告示四の三一【材料の規格】危告示四の三二【揚水設備】危告示四の三三【許容応力】危告示四の三四【最小厚さ】危告示四の三五【屋根の構造】危告示四の二二・四の三六【漏液防止板の構造】危告示四の三七【漏液防止板の溶接部の試験】危告示四の三八【漏液防止板の溶接部の試験基準】危告示四の三九【構内道路】危告示四の四〇【漏えい検知装置】危告示四の四一【地下水位監視装置】危告示四の四二【地中壁】危告示四の四三【地盤の沈下差に対する措置】危告示四の四四【地震の影響】危告示四の四五【ポンプ設備の保護管の溶接部の試験及び試験基準】危告示四の四六

（海上タンクに係る屋外タンク貯蔵所の特例）

第二十二条の三の三　第二十二条の二の八第三号の屋外タンク貯蔵所に係る令第十一条第五項の規定による同条第一項に掲げる基準の特例は、この条の定めるところによる。（ま）（リ）（ケ）

2　第二十二条の二の八第三号の屋外タンク貯蔵所については、令第十一条第一項第一号の二、第二号、第三号の二から第八号まで及び第十号の二から第十五号までの規定は、適用しない。（ま）（リ）（ケ）

3　前項に定めるもののほか、第二十二条の二の八第三号の屋外タンク貯蔵所の特例は、次のとおりとする。（ま）（リ）（ケ）

一　海上タンクの位置は、次によること。（ま）

イ　海上タンクは、自然に、又は人工的にほぼ閉鎖された静穏な海域に設置すること。（ま）

ロ　海上タンクの位置は、陸地、海底又は当該海上タンクに係る屋外タンク貯蔵所に係る工作物以外の海洋工作物から当該海上タンクの外面までの間に、安全を確保するために必要と認められる距離を保つこと。（ま）

二　海上タンクの構造は、船舶安全法（昭和八年法律第十一号）の定めるところによること。（ま）

三　海上タンクの定置設備は、次によること。（ま）

イ　定置設備は、海上タンクを安全に保持するように配置すること。（ま）

ロ　定置設備は、当該定置設備に作用する荷重によつて生ずる応力及び変形に対して安全な構造とすること。（ま）

四　定置設備の直下で、海底面から定置設備の自重及び当該定置設備に作用する荷重によつて生ずる応力に対して当該定置設備を安全に支持するのに必要な深さの範囲の地盤は、標準貫入試験において標準貫入試験値が平均的に十五以上の値を有するとともに、当該定置設備の自重及び当該定置設備に作用する荷重によつて生ずる応力に対して安全なものであること。（ま）

五　海上タンクのポンプ設備は、令第十一条第一項第十号の二に掲げる屋外貯蔵タンクのポンプ設備の例によるものであること。（ま）

六　危険物を取り扱う配管は、次によること。（ま）

イ　海上タンクの配管の位置、構造及び設備は、令第十一条第一項第十二号に掲げる屋外貯蔵タンクの配管の例によるものであること。（ま）

ロ　海上タンクに設置する配管とその他の配管との結合部分は、波浪等により当該部分に損傷を与えないように措置すること。（ま）

七　電気設備は、電気工作物に係る法令の規定によるほか、熱及び

腐食に対して耐久性を有するとともに、天候の変化に耐えるものであること。(ま)
八　前三号の規定にかかわらず、海上タンクに設置するポンプ設備、配管及び電気設備（第十号に定める設備に係る電気設備及び令第二十条に規定する消火設備に係る電気設備を除く。）については、船舶安全法の定めるところによること。(ま)
九　海上タンクの周囲には、危険物が漏れた場合にその流出を防止するための防油堤（浮き式のものを含む。）を設けること。(ま)
十　海上タンクに係る屋外タンク貯蔵所には、危険物若しくは可燃性の蒸気の漏えい又は危険物の爆発等の災害の発生又は拡大を防止する設備を設けること。(ま)

本条…追加〔平成元年二月自令五号(ま)〕、一―三項…一部改正〔平成一三年一〇月総令一三六号(リ)・二三年一二月一六五号(ケ)〕

（屋外タンク貯蔵所の水張試験の特例）

第二十二条の四　令第十一条第六項の総務省令で定める屋外タンク貯蔵所の構造又は設備の変更の工事は、タンク本体に関する工事を含む変更の工事で、当該タンク本体に関する工事が次の各号（特定屋外タンク貯蔵所以外の屋外タンク貯蔵所にあっては、第一号、第二号、第三号、第五号、第六号、第八号及び第九号）に掲げるものに限り行われる変更の工事とする。(ら)(の)(ま)(せ)(へ)(ケ)㋤
一　ノズル、マンホール等の取付工事(ら)
二　ノズル、マンホール等に係る溶接部の補修工事(せ)
三　屋根及び浮き蓋に係る工事(ら)(せ)(ケ)
四　側板に係る重ね補修工事(ら)(せ)
五　側板に係る肉盛り補修工事（溶接部に対する熱影響が軽微なものに限る。）(せ)
六　接液部以外の側板に係る溶接部の補修工事(せ)
七　底部に係る重ね補修工事のうち、側板から六百ミリメートルの範囲以外の部分に係るもので、当該重ね補修の部分が底部（張出し部を除く。）の面積の二分の一未満のもの(ら)(せ)
八　底部に係る肉盛り補修工事（溶接部に対する熱影響が軽微なものに限る。）(せ)
九　構造上の影響を与える有害な変形がないタンクの底部に係る溶接部（ぜい性破壊を起こすおそれのないものに限る。）の補修工事のうち、タンク本体の変形に対する影響が軽微なもの㋤

2　前項の変更の工事が行われた場合には、当該変更の工事に係る屋外タンク貯蔵所については、令第十一条第一項第四号（同条第二項においてその例による場合を含む。）の規定（水張試験に関する基準に係る部分に限る。）は、適用しない。(ら)(ケ)

本条…追加〔昭和五九年七月自令一七号(ら)〕、一項…一部改正・旧二二条の二…繰下〔昭和六二年四月自令一六号(の)〕、一項…一部改正〔平成元年二月自令五号(ま)・九年三月一二号(せ)・一二年九月四四号(へ)〕、一・二項…一部改正〔平成二三年一二月総令一六五号(ケ)〕、一項…一部改正〔令和元年八月総令三四号㋤〕

（平家建の建築物内に設ける屋内貯蔵タンクのポンプ設備）

第二十二条の五　令第十二条第一項第九号の二の規定により、ポンプ設備をタンク専用室の存する建築物に設ける場合は、次のとおりとする。(ま)
一　タンク専用室以外の場所に設ける場合は、令第十一条第一項第十号の二ハからヌまで及びヲの規定の例によること。(ま)
二　タンク専用室に設ける場合は、ポンプ設備を堅固な基礎の上に固定するとともに、その周囲にタンク専用室の出入口のしきいの高さ以上の高さの不燃材料で造つた囲いを設けるか、又はポンプ設備の基礎の高さをタンク専用室の出入口のしきいの高さ以上とすること。(ま)

本条…追加〔平成元年二月自令五号(ま)〕

（平家建以外の建築物内に設ける屋内貯蔵タンクのポンプ設備）

第二二条の六　令第十二条第二項第二号の二の規定により、ポンプ設備をタンク専用室の存する建築物に設ける場合は、次のとおりとする。（ま）

一　タンク専用室以外の場所に設ける場合は、次によること。（ま）

イ　ポンプ室は、壁、柱、床及びはりを耐火構造とすること。（ま）

ロ　ポンプ室は、上階がある場合にあつては上階の床を耐火構造とし、上階のない場合にあつては屋根を不燃材料で造り、かつ、天井を設けないこと。（ま）

ハ　ポンプ室には、窓を設けないこと。（ま）

ニ　ポンプ室の出入口には、随時開けることができる自動閉鎖の特定防火設備を設けること。（ま）（ホ）

ホ　ポンプ室の換気及び排出の設備には、防火上有効にダンパー等を設けること。（ま）

ヘ　令第十一条第一項第十号の二ハ、チからヌまで及びヲの規定の例によること。（ま）

二　タンク専用室に設ける場合は、ポンプ設備を堅固な基礎の上に固定するとともに、その周囲に高さ〇・二メートル以上の不燃材料で造つた囲いを設ける等漏れた危険物が流出し、又は流入しないように必要な措置を講ずること。（ま）

本条…追加〔平成元年二月自令五号（ま）〕、一部改正〔平成一二年五月自令三五号（ホ）〕

（屋内タンク貯蔵所の特例を定めることができる危険物）

第二二条の七　令第十二条第三項の総務省令で定める危険物は、第十三条の七に規定する危険物とする。（ま）（へ）

本条…追加〔平成元年二月自令五号（ま）〕、一部改正〔平成一二年九月自令四四号（へ）〕

（アルキルアルミニウム等の屋内タンク貯蔵所の特例）

第二二条の八　アルキルアルミニウム等を貯蔵し、又は取り扱う屋内タンク貯蔵所に係る令第十二条第三項の規定による同条第一項に掲げる基準を超える特例は、第二十二条の二の五に掲げるアルキルアルミニウム等を貯蔵し、又は取り扱う屋外タンク貯蔵所の規定の例によるものとする。（ま）（ケ）

本条…追加〔平成元年二月自令五号（ま）〕、一部改正〔平成一三年一二月総令一六五号（ケ）〕

（アセトアルデヒド等の屋内タンク貯蔵所の特例）

第二二条の九　アセトアルデヒド等を貯蔵し、又は取り扱う屋内タンク貯蔵所に係る令第十二条第三項の規定による同条第一項に掲げる基準を超える特例は、第二十二条の二の六に掲げるアセトアルデヒド等を貯蔵し、又は取り扱う屋外タンク貯蔵所の規定の例によるものとする。（ま）（ケ）

本条…追加〔平成元年二月自令五号（ま）〕、一部改正〔平成一三年一二月総令一六五号（ケ）〕

（ヒドロキシルアミン等の屋内タンク貯蔵所の特例）

第二二条の一〇　ヒドロキシルアミン等を貯蔵し、又は取り扱う屋内タンク貯蔵所に係る令第十二条第三項の規定による同条第一項に掲げる基準を超える特例は、第二十二条の二の七に掲げるヒドロキシルアミン等を貯蔵し、又は取り扱う屋外タンク貯蔵所の規定の例によるものとする。（リ）（ケ）

本条…追加〔平成一三年一〇月総令一三六号（リ）〕、一部改正〔平成一三年一二月総令一六五号（ケ）〕

（地下貯蔵タンクの構造）（タ）

第二三条　令第十三条第一項第六号の規定により、地下貯蔵タンクは、当該地下貯蔵タンク及びその附属設備の自重、貯蔵する危険物の重量、当該地下貯蔵タンクに係る内圧、土圧等の主荷重及び地震の影響等の従荷重によつて生ずる応力及び変形に対して安全に造ら

なければならない。(タ)

2　主荷重及び主荷重と従荷重との組合せにより地下貯蔵タンク本体に生ずる応力は、告示で定めるそれぞれの許容応力以下でなければならない。(タ)

本条…一部改正〔昭和三五年七月自令三号(い)〕、旧二三条…繰下〔昭和六二年四月自令一六号(の)〕、本条…一部改正〔平成元年二月自令五号(ま)〕、旧二三条の二…繰下〔平成三年三月自令三号(え)〕、旧二三条の三…一部改正し繰上〔平成五年七月自令二二号(あ)〕、本条…一部改正〔平成一二年九月自令四四号(へ)〕、全部改正〔平成一七年三月総令三七号(タ)〕

参照【許容応力】危告示四の四七

（地下貯蔵タンクの外面の保護）

第二十三条の二　令第十三条第一項第七号（令第九条第一項第二十号ハにおいてその例による場合及びこれを令第十九条第一項において準用する場合並びに令第十七条第一項第八号イ及び同条第二項第二号においてその例による場合を含む。）の規定により、地下貯蔵タンクの外面は、次の各号に掲げる当該地下貯蔵タンクの区分に応じ、当該地下貯蔵タンクの腐食を防止するための当該各号に定める方法により保護しなければならない。ただし、腐食のおそれが著しく少ないと認められる材料で地下貯蔵タンクを造る場合は、この限りでない。(タ)(ソ)(ノ)

一　内面に告示で定める腐食を防止するためのコーティングを講じた告示で定める腐食のおそれが特に高い地下貯蔵タンク　告示で定める塗覆装(ノ)

二　前号に規定するもの以外の告示で定める腐食のおそれが特に高い地下貯蔵タンク　告示で定める塗覆装及び電気防食(ノ)

三　前二号に規定するもの以外の地下貯蔵タンクで電気的腐食のおそれのある場所に設置されたもの　告示で定める塗覆装及び電気防食(タ)(ノ)

四　前三号に規定するもの以外の地下貯蔵タンク　告示で定める塗覆装(タ)(ノ)

2　令第十三条第二項第五号（令第九条第一項第二十号ハにおいてその例による場合及びこれを令第十九条第一項において準用する場合並びに令第十七条第一項第八号イ及び同条第二項第二号においてその例による場合を含む。）の規定により、令第十三条第二項第三号イに掲げる材料で造つた地下貯蔵タンク又は同号イに掲げる材料で造つた地下貯蔵タンクに同項第一号イに掲げる措置を講じたものの外面は、腐食を防止するため告示で定める方法により保護しなければならない。(タ)(ソ)

3　令第十三条第三項（令第九条第一項第二十号ハにおいてその例による場合及びこれを令第十九条第一項において準用する場合並びに令第十七条第一項第八号イ及び同条第二項第二号においてその例による場合を含む。）の規定により、地下貯蔵タンクの外面は、腐食を防止するため告示で定める方法により保護しなければならない。(タ)(ソ)

本条…追加〔平成一七年三月総令三七号(タ)〕、一―三項…一部改正〔平成一八年三月総令三一号(ソ)〕、一項…一部改正〔平成二二年六月総令七一号(ノ)〕

参照【腐食を防止するためのコーティング】危告示四の四七の二【腐食のおそれが特に高い地下貯蔵タンク】危告示四の四七の三【地下貯蔵タンクの外面の保護】危告示四の四八【地下貯蔵タンクの電気防食】危告示四の四九

（危険物の漏れを検知する設備）

第二十三条の三　令第十三条第一項第十三号の規定により、地下貯蔵タンク又はその周囲には、次の各号に掲げる当該地下貯蔵タンクの区分に応じ、当該各号に定める危険物の漏れを検知する設備を設けな

ければならない。(タ)(ノ)

一　告示で定める腐食のおそれが高い地下貯蔵タンク（当該地下貯蔵タンクの内面に告示で定める腐食を防止するためのコーティングを講じたもの又は電気防食により保護されたものを除く。）地下貯蔵タンクからの危険物の微少な漏れを検知するための告示で定める設備(ノ)

二　前号以外の地下貯蔵タンク　前号に定める設備又は地下貯蔵タンクの周囲に四箇所以上設ける管により液体の危険物の漏れを検知する設備(ノ)

本条…追加〔平成一七年三月総令三七号(タ)〕、一部改正〔平成二二年六月総令七一号(ノ)〕

参照　【危険物の微小な漏れを検知するための設備】危告示四の四九の二　【腐食のおそれが高い地下貯蔵タンク】危告示四の四九の三

（タンク室の構造）

第二三条の四　令第十三条第一項第十四号の規定により、タンク室は、当該タンク室の自重、地下貯蔵タンク及びその附属設備並びに貯蔵する危険物の重量、土圧、地下水圧等の主荷重並びに上載荷重、地震の影響等の従荷重によつて生ずる応力及び変形に対して安全なものでなければならない。(タ)

2　主荷重及び主荷重と従荷重との組合せによりタンク室に生ずる応力は、告示で定めるそれぞれの許容応力以下でなければならない。(タ)

本条…追加〔平成一七年三月総令三七号(タ)〕

参照　【許容応力】危告示四の五〇

（タンク室の防水の措置）(タ)

第二四条　令第十三条第一項第十四号の規定により、タンク室は、次の各号に掲げる防水の措置を講じたものでなければならない。(タ)

一　タンク室は、水密コンクリート又はこれと同等以上の水密性を有する材料で造ること。(タ)

二　鉄筋コンクリート造とする場合の目地等の部分及びふたとの接合部分には、雨水、地下水等がタンク室の内部に浸入しない措置を講ずること。(タ)

本条…一部改正〔昭和三五年七月自令三号(い)・四九年五月一一号(り)・五九年三月一号(な)・六二年四月一六号(の)・平成元年二月五号(ま)〕、全部改正〔平成五年七月自令二二号(あ)〕、一―三項…一部改正〔平成七年二月自令二号(み)〕、二項…一部改正〔平成一〇年三月自令六号(す)〕、全部改正〔平成一七年三月総令三七号(タ)〕

（地下貯蔵タンク内に設けるポンプ設備）

第二四条の二　令第十三条第一項第九号の二（同条第二項及び第三項においてその例による場合を含む。）の規定により、ポンプ又は電動機を地下貯蔵タンク内に設けるポンプ設備（以下この条において「油中ポンプ設備」という。）は、次のとおり設けるものとする。(あ)

一　油中ポンプ設備の電動機の構造は、次のとおりとすること。(あ)

イ　固定子は、危険物に侵されない樹脂が充塡された金属製の容器に収納されていること。(あ)

ロ　運転中に固定子が冷却される構造とすること。(あ)

ハ　電動機の内部に空気が滞留しない構造とすること。(あ)

二　電動機に接続される電線は、危険物に侵されないものとし、かつ、直接危険物に触れないよう保護すること。(あ)

三　油中ポンプ設備は、締切運転による電動機の温度の上昇を防止するための措置が講じられたものであること。(あ)

四　油中ポンプ設備は、次の場合において電動機を停止する措置が講じられたものであること。(あ)

イ　電動機の温度が著しく上昇した場合。(あ)

ロ　ポンプの吸引口が露出した場合。(あ)

五　油中ポンプ設備は、次により設置すること。(あ)

イ　油中ポンプ設備は、地下貯蔵タンクとフランジ接合すること。(あ)

ロ　油中ポンプ設備のうち、地下貯蔵タンク内に設けられる部分は、保護管内に設けること。ただし、当該部分が十分な強度を有する外装により保護されている場合にあつては、この限りでない。(あ)

ハ　油中ポンプ設備のうち、地下貯蔵タンクの上部に設けられる部分は、危険物の漏えいを点検することができる措置が講じられた安全上必要な強度を有するピット内に設けること。(あ)

本条…追加〔平成五年七月自令二二号(あ)〕

（二重殻タンクの構造及び設備）

第二四条の二の二　令第十三条第二項第一号イ（令第九条第一項第二十号ハにおいてその例による場合及びこれを令第十九条第一項において準用する場合並びに令第十七条第一項第八号イ及び同条第二項第二号においてその例による場合を含む。）の規定により、地下貯蔵タンクには、当該タンクの底部から危険物の最高液面を超える部分までの外側に厚さ三・二ミリメートル以上の鋼板を間げきを有するように取り付けなければならない。(あ)(ソ)

2　令第十三条第二項第一号イ（令第九条第一項第二十号ハにおいてその例による場合及びこれを令第十九条第一項において準用する場合並びに令第十七条第一項第八号イ及び同条第二項第二号においてその例による場合を含む。）の総務省令で定める設備は、前項の規定により取り付けられた鋼板と地下貯蔵タンクの間げき内に満たされた鋼板の腐食を防止する措置を講じた液体の漏れを検知することができる設備とする。(あ)(へ)(ソ)

3　令第十三条第二項第一号ロ（令第九条第一項第二十号ハにおいてその例による場合及びこれを令第十九条第一項において準用する場合並びに令第十七条第一項第八号イ及び同条第二項第二号においてその例による場合を含む。）の規定により、地下貯蔵タンクには、次の各号に掲げる地下貯蔵タンクの区分に応じ、当該各号に定めるところにより被覆しなければならない。(あ)(み)(ソ)

一　令第十三条第二項第三号イに掲げる材料で造つた地下貯蔵タンク　当該タンクの底部から危険物の最高液面を超える部分までの外側に厚さ二ミリメートル以上のガラス繊維等を強化材とした強化プラスチックを間げきを有するように被覆すること。(み)(タ)

二　令第十三条第二項第三号ロに掲げる材料で造つた地下貯蔵タンク　当該タンクの外側にイに掲げる樹脂及びロに掲げる強化材で造られた強化プラスチックを間げきを有するように被覆すること。(み)(タ)

イ　日本産業規格K六九一九「繊維強化プラスチック用液状不飽和ポリエステル樹脂」に適合する樹脂又はこれと同等以上の品質を有するビニルエステル樹脂(み)㋑

ロ　日本産業規格R三四一一「ガラスチョップドストランドマット」、日本産業規格R三四一二「ガラスロービング」、日本産業規格R三四一三「ガラス糸」、日本産業規格R三四一五「ガラステープ」、日本産業規格R三四一六「処理ガラスクロス」又は日本産業規格R三四一七「ガラスロービングクロス」に適合するガラス繊維(み)㋑

4　令第十三条第二項第一号ロ（令第九条第一項第二十号ハにおいてその例による場合及びこれを令第十九条第一項において準用する場

合並びに令第十七条第一項第八号イ及び同条第二項第二号においてその例による場合を含む。）の総務省令で定める設備は、前項の規定により被覆された強化プラスチックと地下貯蔵タンクの間げき内に漏れた危険物を検知することができる設備とする。（あ）（へ）（ソ）

本条…追加〔平成五年七月自令二二号（あ）〕、三項…一部改正〔平成七年二月自令二号（み）〕、二・四項…一部改正〔平成一二年九月自令四四号（へ）〕、三項…一部改正〔平成一七年三月総令三七号（タ）〕、一―四項…一部改正〔平成一八年三月総令三一号（ソ）〕、三項…一部改正〔令和元年六月総令一九号[い]〕

（強化プラスチックの材質）

第二四条の二の三　令第十三条第二項第三号ロの総務省令で定める強化プラスチックは、次の各号に掲げる樹脂及び強化材で造られたものとする。この場合において、強化プラスチックは、貯蔵し、又は取り扱う危険物の種類に応じて、告示で定める耐薬品性試験において告示で定める基準に適合することがあらかじめ確認されていなければならない。ただし、自動車ガソリン（日本産業規格K二二〇二「自動車ガソリン」に規定するものをいう。）、灯油、軽油又は重油（日本産業規格K二二〇五「重油」に規定するもののうち一種に限る。）については、当該確認を要しない。（ノ）[い]

一　樹脂は、次のイ及びロに掲げる地下貯蔵タンクに使用される部分に応じ、それぞれイ及びロに定める樹脂とすること。（ノ）

イ　危険物と接する部分　日本産業規格K六九一九「繊維強化プラスチック用液状不飽和ポリエステル樹脂」（UP―CM、UP―CE又はUP―CEEに係る規格に限る。）に適合する樹脂又はこれと同等以上の耐薬品性を有するビニルエステル樹脂（ノ）[い]

ロ　その他の部分　前条第三項第二号イに掲げる樹脂（ノ）

二　強化材は、前条第三項第二号ロに掲げる強化材とすること。（ノ）

本条…追加〔平成七年二月自令二号（み）〕、一部改正〔平成八年三月自令三号（ゑ）・一二年九月四四号（へ）・一七年三月総令三七号（タ）〕、全部改正〔平成二二年六月総令七一号（ノ）〕、一部改正〔令和元年六月総令一九号[い]〕

[参照]　【耐薬品性試験】危告示四の五〇の二

（強化プラスチック製二重殻タンクの安全な構造）

第二四条の二の四　令第十三条第二項第四号の規定により、同項第三号ロに掲げる材料で造つた地下貯蔵タンクに同項第一号ロに掲げる措置を講じたもの（第一号において「強化プラスチック製二重殻タンク」という。）は、次に掲げる荷重が作用した場合において、変形が当該地下貯蔵タンク直径の三パーセント以下であり、かつ、曲げ応力度比（曲げ応力を許容曲げ応力で除したものをいう。）の絶対値と軸方向応力度比（引張応力又は圧縮応力を許容軸方向応力で除したものをいう。）の絶対値の和が一以下である構造としなければならない。この場合において、許容応力を算定する際の安全率は、四以上の値とする。（み）（タ）

一　強化プラスチック製二重殻タンクの頂部が水面から〇・五メートル下にある場合に当該タンクに作用する圧力（み）

二　タンクの種類に応じ、次に掲げる圧力の内水圧（み）

イ　圧力タンク以外のタンク　七十キロパスカル（み）（す）

ロ　圧力タンク　最大常用圧力の一・五倍の圧力（み）

本条…追加〔平成七年二月自令二号（み）〕、一部改正〔平成一〇年三月自令六号（す）・一七年三月総令三七号（タ）〕

（危険物の漏れを防止することのできる構造）

第二四条の二の五　令第十三条第三項（令第九条第一項第二十号ハにおいてその例による場合及びこれを令第十九条第一項において準用する場合並びに令第十七条第一項第八号イ及び同条第二項第二号においてその例による場合を含む。）の総務省令で定める構造は、地下貯蔵タンクを適当な防水の措置を講じた厚さ十五センチメートル

（側方及び下方にあつては、三十センチメートル）以上のコンクリートで被覆する構造とする。（あ）（み）（へ）（ソ）

本条…追加〔平成五年七月自令二二号（あ）〕、旧二四条の二の三…繰下〔平成七年二月自令二号（み）〕、本条…一部改正〔平成一二年九月自令四四号（へ）・一八年三月総令三一号（ソ）〕

（地下タンク貯蔵所の特例を定めることができる危険物）

第二四条の二の六　令第十三条第四項の総務省令で定める危険物は、アセトアルデヒド等及びヒドロキシルアミン等とする。（ま）（あ）（み）（へ）（リ）

本条…追加〔平成元年二月自令五号（ま）〕、旧二四条の二…一部改正し繰下〔平成五年七月自令二二号（あ）〕、旧二四条の二の四…繰下〔平成七年二月自令二号（み）〕、本条…一部改正〔平成一二年九月自令四四号（へ）・一三年一〇月総令一三六号（リ）〕

（アセトアルデヒド等の地下タンク貯蔵所の特例）

第二四条の二の七　アセトアルデヒド等を貯蔵し、又は取り扱う地下タンク貯蔵所に係る令第十三条第四項の規定による同条第一項から第三項までに掲げる基準を超える特例は、第二十二条の二の六に掲げるアセトアルデヒド等を貯蔵し、又は取り扱う屋外タンク貯蔵所の規定の例によるものとする。ただし、地下貯蔵タンクがアセトアルデヒド等の温度を適温に保つことができる構造である場合には、冷却装置又は保冷装置を設けないことができる。（ま）（あ）（み）（タ）（ケ）

本条…追加〔平成元年二月自令五号（ま）〕、一部改正〔平成三年三月自令三号（え）〕、旧二四条の二の二…一部改正し繰下〔平成五年七月自令二二号（あ）〕、旧二四条の二の五…繰下〔平成七年二月自令二号（み）〕、本条…一部改正〔平成一七年三月総令三七号（タ）・二三年一二月一六五号（ケ）〕

（ヒドロキシルアミン等の地下タンク貯蔵所の特例）

第二四条の二の八　ヒドロキシルアミン等を貯蔵し、又は取り扱う地下タンク貯蔵所に係る令第十三条第四項の規定による同条第一項から第三項までに掲げる基準を超える特例は、第二十二条の二の七に掲げるヒドロキシルアミン等を貯蔵し、又は取り扱う屋外タンク貯蔵所の規定の例によるものとする。（リ）（ケ）

本条…追加〔平成一三年一〇月総令一三六号（リ）〕、一部改正〔平成二三年一二月総令一六五号（ケ）〕

（防波板）

第二四条の二の九　令第十五条第一項第四号の規定により、防波板は、次の各号に定めるところにより設けなければならない。（と）（ま）（あ）（み）（リ）

一　容量が二千リットル以上のタンク室に設けること。（と）

二　タンク室内の二箇所に、その移動方向と平行に、高さ又は間仕切からの距離を異にして設けること。（と）

三　一箇所に設ける防波板の面積は、タンク室の移動方向の最大断面積の五十パーセント以上とすること。ただし、タンク室の移動方向に直角の断面の形状が円形又は短径が一メートル以下のだ円形である場合は、四十パーセント以上とすることができる。（と）

四　貯蔵する危険物の動揺により容易に湾曲しないような構造とすること。（と）

本条…追加〔昭和四〇年一〇月自令二八号（に）〕、全部改正〔昭和四六年六月自令一二号（と）〕、旧二四条の二…一部改正し繰下〔平成元年二月自令五号（ま）〕、旧二四条の二の三…繰下〔平成五年七月自令二二号（あ）〕、旧二四条の二の六…繰下〔平成七年二月自令二号（み）〕、旧二四条の二の八…繰下〔平成一三年一〇月総令一三六号（リ）〕

解説　【防波板】　移送中における危険物の動揺を抑えるためにタンク内部に設ける板

（側面枠及び防護枠）（ま）

第二四条の三　令第十五条第一項第七号の規定により、附属装置の損傷を防止するための装置は、次の各号に定めるところにより設けなければならない。(と)(ま)

一　移動貯蔵タンクの両側面の上部に設けるもの（以下「側面枠」という。）(と)(ま)

イ　当該移動タンク貯蔵所の後部立面図において、当該側面枠の最外側と当該移動タンク貯蔵所の最外側とを結ぶ直線（以下「最外側線」という。）と地盤面とのなす角度が七十五度以上で、かつ、貯蔵最大数量の危険物を貯蔵した状態における当該移動タンク貯蔵所の重心点と当該側面枠の最外側とを結ぶ直線と当該重心点から最外側線におろした垂線とのなす角度が三十五度以上となるように設けること。(と)(ま)

ロ　外部からの荷重に耐えるように作ること。(と)

ハ　移動貯蔵タンクの両側面の上部の四隅に、それぞれ当該移動貯蔵タンクの前端又は後端から水平距離で一メートル以内の位置に設けること。ただし、被けん引自動車に固定された移動貯蔵タンクにあつては、当該移動貯蔵タンクの前端又は後端から水平距離で一メートルを超えた位置に設けることができる。(と)(ま)

ニ　取付け箇所には、当該側面枠にかかる荷重によつて移動貯蔵タンクが損傷しないように、当て板をすること。(と)(ま)

二　附属装置の周囲に設けるもの（以下「防護枠」という。）(と)(ま)

イ　厚さ二・三ミリメートル以上の鋼板又はこれと同等以上の機械的性質を有する材料で、通し板補強を行つた底部の幅が百二十ミリメートル以上の山形又はこれと同等以上の強度を有する構造に造ること。(と)(の)

ロ　頂部は、附属装置より五十ミリメートル以上高くすること。ただし、当該高さを確保した場合と同等以上に附属装置を保護することができる措置を講じたときは、この限りでない。(と)

本条…追加〔昭和四六年六月自令一二号(と)〕、一部改正〔昭和六二年四月自令一六号(の)〕、見出し…改正・本条…一部改正〔平成元年二月自令五号(ま)〕

解説　**【側面枠】**　転倒した場合に転覆を防止するための枠
【防護枠】　注入口、安全装置等タンク上部にある附属設備を防護するための枠

（手動閉鎖装置のレバー）

第二四条の四　令第十五条第一項第十号の規定により、手動閉鎖装置のレバーは、次の各号に定めるところにより設けなければならない。(と)

一　手前に引き倒すことにより手動閉鎖装置を作動させるものであること。(と)

二　長さは、十五センチメートル以上であること。(と)

本条…追加〔昭和四六年六月自令一二号(と)〕

（積載式移動タンク貯蔵所の基準の特例）

第二四条の五　積載式移動タンク貯蔵所（令第十五条第二項に規定する積載式移動タンク貯蔵所をいう。以下同じ。）に係る令第十五条第二項の規定による同条第一項に掲げる基準の特例は、この条の定めるところによる。(ま)

2　積載式移動タンク貯蔵所については、令第十五条第一項第十五号の規定は、適用しない。(ま)

3　次の各号に適合する移動貯蔵タンクに係る積載式移動タンク貯蔵所については、令第十五条第一項第三号（間仕切に係る部分に限る。）、第四号及び第七号の規定は、適用しない。(ま)

一　移動貯蔵タンク及び附属装置（底弁等を含む。以下この条にお

いて同じ。）は、鋼製の箱状の枠（以下この条において「箱枠」という。）に収納されていること。（ま）

二　箱枠は、移動貯蔵タンクの移動方向に平行のもの及び垂直のものにあつては当該移動貯蔵タンク、附属装置及び箱枠の自重、貯蔵する危険物の重量等の荷重（以下「移動貯蔵タンク荷重」という。）の二倍以上、移動貯蔵タンクの移動方向に直角のものにあつては移動貯蔵タンク荷重以上の荷重に耐えることができる強度を有する構造とすること。（ま）

三　移動貯蔵タンクは、厚さ六ミリメートル（当該タンクの直径又は長径が一・八メートル以下のものにあつては、五ミリメートル）以上の鋼板又はこれと同等以上の機械的性質を有する材料で造ること。（ま）

四　移動貯蔵タンクに間仕切を設ける場合には、当該タンクの内部に完全な間仕切を厚さ三・二ミリメートル以上の鋼板又はこれと同等以上の機械的性質を有する材料で造ること。（ま）

五　移動貯蔵タンク（タンク室を設ける場合にあつては、当該タンク室。以下この項において同じ。）には、マンホール及び安全装置を設けること。（ま）

六　前号の安全装置は、第十九条第二項の規定の例によるほか、容量が四千リットルを超える移動貯蔵タンクの安全装置にあつては、吹き出し部分の有効面積の総和が二十五平方センチメートルに当該容量を四千リットルで除して得た値を乗じて得た値以上となるように設けること。（ま）

七　移動貯蔵タンクのマンホール及び注入口のふたは、厚さ六ミリメートル（当該タンクの直径又は長径が一・八メートル以下のものにあつては、五ミリメートル）以上の鋼板又はこれと同等以上の機械的性質を有する材料で造ること。（ま）

八　附属装置は、箱枠の最外側との間に五十ミリメートル以上の間隔を保つこと。（ま）

4　前二項に定めるもののほか、積載式移動タンク貯蔵所の特例は、次のとおりとする。（ま）（チ）（ワ）

一　移動貯蔵タンクは、積替え時に移動貯蔵タンク荷重によつて生ずる応力及び変形に対して安全なものであること。（ま）

二　積載式移動タンク貯蔵所には、移動貯蔵タンク荷重の四倍のせん断荷重に耐えることができる緊締金具及びすみ金具を設けること。ただし、容量が六千リットル以下の移動貯蔵タンクを積載する移動タンク貯蔵所にあつては、緊締金具及びすみ金具に代えて当該移動貯蔵タンクを車両のシャーシフレームに緊結できる構造のUボルトとすることができる。（ま）

三　積載式移動タンク貯蔵所に注入ホースを設ける場合には、令第十五条第一項第十五号に掲げる基準の例によること。（ま）

四　移動貯蔵タンクには、当該タンクの見やすい箇所に「消」の文字、積載式移動タンク貯蔵所の許可に係る行政庁名及び設置の許可番号を表示すること。この場合において、表示の大きさは縦〇・一五メートル以上、横〇・四メートル以上とするとともに、表示の色は、地を白色、文字を黒色とすること。（ま）

本条…追加〔平成元年二月自令五号（ま）〕、四項…追加・旧四項…一部改正し五項に繰下〔平成一三年三月総令四五号（チ）〕、四項…削除・旧五項…一部改正し四項に繰上〔平成一五年一二月総令一四三号（ワ）〕

（給油タンク車の基準の特例）

第二四条の六　航空機又は船舶の燃料タンクに直接給油するための給油設備を備えた移動タンク貯蔵所（以下この条、第二十六条、第二十六条の二、第四十条の三の七及び第四十条の三の八において「給油タンク車」という。）に係る令第十五条第三項の規定による同条第一項に掲げる基準の特例は、この条の定めるところによる。（ま）（み）（ソ）

2　給油タンク車については、令第十五条第一項第十五号の規定は、適用しない。(ま)

3　前項に定めるもののほか、給油タンク車の特例は、次のとおりとする。(ま)

一　給油タンク車には、エンジン排気筒の先端部に火炎の噴出を防止する装置を設けること。(ま)

二　給油タンク車には、給油ホース等が適正に格納されないと発進できない装置を設けること。(ま)

三　給油設備は、次に定める構造のものであること。(ま)

イ　配管は、金属製のものとし、かつ、最大常用圧力の一・五倍以上の圧力で十分間水圧試験を行つたとき漏えいその他の異常がないものであること。(ま)

ロ　給油ホースの先端に設ける弁は、危険物の漏れを防止することができる構造とすること。(ま)

ハ　外装は、難燃性を有する材料で造ること。(ま)

四　給油設備には、当該給油設備のポンプ機器を停止する等により移動貯蔵タンクからの危険物の移送を緊急に止めることができる装置を設けること。(ま)

五　給油設備には、開放操作時のみ開放する自動閉鎖の開閉装置を設けるとともに、給油ホースの先端部には航空機又は船舶の燃料タンク給油口に緊結できる結合金具（真ちゆうその他摩擦等によつて火花を発し難い材料で造られたものに限る。）を設けること。ただし、航空機の燃料タンクに直接給油するための給油設備の給油ホースの先端部に手動開閉装置を備えた給油ノズル（手動開閉装置を開放状態で固定する装置を備えたものを除く。第四十条の三の七において同じ。）を設ける場合は、この限りでない。(ま)(ソ)

六　給油設備には、給油ホースの先端に蓄積される静電気を有効に除去する装置を設けること。(ま)

七　給油ホースは、最大常用圧力の二倍以上の圧力で水圧試験を行つたとき漏えいその他の異常がないものであること。(ま)

八　船舶の燃料タンクに直接給油するための給油設備の給油ホースは、著しい引張力が加わつたときに当該給油タンク車（当該給油ホースを除く。）に著しい引張力を加えず、かつ、当該給油ホース等の破断による危険物の漏れを防止する措置が講じられたものであること。(ソ)

本条…追加〔平成元年二月自令五号(ま)〕、一項…一部改正〔平成七年二月自令二号(み)〕、一・三項…一部改正〔平成一八年三月総令三一号(ソ)〕

（移動タンク貯蔵所の特例を定めることができる危険物）

第二四条の七　令第十五条第四項の総務省令で定める危険物は、第十三条の七に規定する危険物とする。(ま)(へ)

本条…追加〔平成元年二月自令五号(ま)〕、一部改正〔平成一二年九月自令四四号(へ)〕

（アルキルアルミニウム等の移動タンク貯蔵所の特例）

第二四条の八　アルキルアルミニウム等を貯蔵し、又は取り扱う移動タンク貯蔵所に係る令第十五条第四項の規定による同条第一項及び第二項に掲げる基準を超える特例は、次のとおりとする。(ま)(チ)(ワ)

一　令第十五条第一項第二号の規定にかかわらず、移動貯蔵タンクは、厚さ十ミリメートル以上の鋼板又はこれと同等以上の機械的性質を有する材料で気密に造るとともに、一メガパスカル以上の圧力で十分間行う水圧試験において、漏れ、又は変形しないものであること。(ま)(す)

二　令第十五条第一項第三号の規定にかかわらず、移動貯蔵タンクの容量は、千九百リットル未満であること。(ま)

三　第十九条第二項第一号の規定にかかわらず、安全装置は、移動貯蔵タンクの水圧試験の圧力の三分の二を超え五分の四以下の範囲の圧力で作動するものであること。（ま）

四　令第十五条第一項第五号の規定にかかわらず、移動貯蔵タンクのマンホール及び注入口のふたは、厚さ十ミリメートル以上の鋼板又はこれと同等以上の機械的性質を有する材料で造ること。（ま）

五　令第十五条第一項第九号の規定にかかわらず、移動貯蔵タンクの配管及び弁等は、当該タンクの頂部に取り付けること。（ま）

六　第二十四条の五第四項第二号の規定にかかわらず、移動タンク貯蔵所には、移動貯蔵タンク荷重の四倍のせん断荷重に耐えることができる緊締金具及びすみ金具を設けること。（ま）（ヌ）（ワ）

七　移動貯蔵タンクは、不活性の気体を封入できる構造とすること。（ま）

八　移動貯蔵タンクは、その外面を赤色で塗装するとともに、文字を白色として胴板の両側面及び鏡板に第十八条第一項第四号に掲げる注意事項を表示すること。（ま）

本条…追加〔平成元年二月自令五号（ま）〕、一部改正〔平成一〇年三月自令六号（す）・一三年三月総令四五号（チ）・一四年一月四号（ヌ）・一五年一二月一四三号（ワ）〕

（アセトアルデヒド等の移動タンク貯蔵所の特例）

第二四条の九　アセトアルデヒド等を貯蔵し、又は取り扱う移動タンク貯蔵所に係る令第十五条第四項の規定による同条第一項及び第二項に掲げる基準を超える特例は、次のとおりとする。（ま）（チ）（ワ）

一　移動貯蔵タンクは、不活性の気体を封入できる構造とすること。（ま）

二　移動貯蔵タンク及びその設備は、銅、マグネシウム、銀若しくは水銀又はこれらを成分とする合金で造らないこと。（ま）

本条…追加〔平成元年二月自令五号（ま）〕、一部改正〔平成一三年三月総令四五号（チ）・一五年一二月一四三号（ワ）〕

（ヒドロキシルアミン等の移動タンク貯蔵所の特例）

第二四条の九の二　ヒドロキシルアミン等を貯蔵し、又は取り扱う移動タンク貯蔵所に係る令第十五条第四項の規定による同条第一項及び第二項に掲げる基準を超える特例は、第二十二条の二の七に掲げるヒドロキシルアミン等を貯蔵し、又は取り扱う屋外タンク貯蔵所の規定の例によるものとする。（リ）（ケ）

本条…追加〔平成一三年一〇月総令一三六号（リ）〕、一部改正〔平成二三年一二月総令一六五号（ケ）〕

（国際海事機関が採択した危険物の運送に関する規程に定める基準に適合する移動タンク貯蔵所の基準の特例）

第二四条の九の三　国際海事機関が採択した危険物の運送に関する規程に定める基準に適合する移動タンク貯蔵所に係る令第十五条第五項の規定による同条第一項、第二項及び第四項に掲げる基準の特例は、この条の定めるところによる。（ワ）

2　前項の移動タンク貯蔵所については、令第十五条第一項第二号から第五号まで及び第七号から第十四号まで、第二十四条の五第四項第一号、第二号（すみ金具に係る部分に限る。）及び第四号、第二十四条の八第一号から第六号（すみ金具に係る部分に限る。）まで、第七号及び第八号（外面の塗装及び文字の色に係る部分に限る。）並びに第二十四条の九第一号の規定は、適用しない。（ワ）

本条…追加〔平成一五年一二月総令一四三号（ワ）〕

（屋外貯蔵所の架台の基準）

第二四条の一〇　令第十六条第一項第六号の規定による架台の構造及び設備は、次のとおりとする。（ま）

一　架台は、不燃材料で造るとともに、堅固な地盤面に固定すること。（ま）
二　架台は、当該架台及びその附属設備の自重、貯蔵する危険物の重量、風荷重、地震の影響等の荷重によつて生ずる応力に対して安全なものであること。（ま）
三　架台の高さは、六メートル未満とすること。（ま）
四　架台には、危険物を収納した容器が容易に落下しない措置を講ずること。（ま）

2　前項に規定するもののほか、架台の構造及び設備に関し必要な事項は、告示で定める。（ま）

本条…追加〔平成元年二月自令五号（ま）〕

参照【架台の構造及び設備に関し必要な事項】未制定

（シートを固着する装置）

第二四条の一一　令第十六条第二項第五号の規定によるシートを固着する装置は、囲いの長さ二メートルごとに一個以上設けなければならない。（た）（ま）

本条…追加〔昭和五四年七月自令一六号（た）〕、旧二四条の五…繰下〔平成元年二月自令五号（ま）〕

（高引火点危険物の屋外貯蔵所の特例）

第二四条の一二　高引火点危険物のみを貯蔵し、又は取り扱う屋外貯蔵所に係る令第十六条第三項の規定による同条第一項に掲げる基準の特例は、この条の定めるところによる。（ま）

2　前項の屋外貯蔵所のうち、その位置が次の各号に掲げる基準に適合するものについては、令第十六条第一項第一号及び第四号の規定は、適用しない。（ま）

一　屋外貯蔵所の位置は、第十三条の六第三項第一号に掲げる高引火点危険物のみを取り扱う製造所の位置の例によるものであること。（ま）

二　令第十六条第一項第三号のさく等の周囲には、次の表に掲げる区分に応じそれぞれ同表に定める幅の空地を保有すること。（ま）

区分	空地の幅
指定数量の倍数が五十以下の屋外貯蔵所	三メートル以上
指定数量の倍数が五十を超え二百以下の屋外貯蔵所	六メートル以上
指定数量の倍数が二百を超える屋外貯蔵所	十メートル以上

本条…追加〔平成元年二月自令五号（ま）〕

（引火性固体、第一石油類又はアルコール類の屋外貯蔵所の特例）

第二四条の一三　第二類の危険物のうち引火性固体（引火点が二十一度未満のものに限る。以下この条において同じ。）又は第四類の危険物のうち第一石油類若しくはアルコール類を貯蔵し、又は取り扱う屋外貯蔵所に係る令第十六条第四項の規定による同条第一項に掲げる基準の特例は、次のとおりとする。（ヌ）

一　引火性固体、第一石油類又はアルコール類を貯蔵し、又は取り扱う場所には、当該危険物を適温に保つための散水設備等を設けること。（ヌ）

二　第一石油類又はアルコール類を貯蔵し、又は取り扱う場所の周囲には、排水溝及び貯留設備（令第九条第一項第九号に規定する貯留設備をいう。以下同じ。）を設けること。この場合において、第一石油類（水に溶けないものに限る。）を貯蔵し、又は取り扱う場所にあつては、貯留設備に油分離装置を設けなければならない。（ヌ）（ソ）

本条…追加〔平成一四年一月総令四号（ヌ）〕、一部改正〔平成一八年三月総令三一号（ソ）〕

（給油空地）

第二四条の一四　令第十七条第一項第二号（同条第二項においてその例による場合を含む。）の総務省令で定める空地は、次に掲げる要件に適合する空地とする。（ソ）

一　自動車等が安全かつ円滑に出入りすることができる幅で道路に面していること。（ソ）

二　自動車等が当該空地からはみ出さずに安全かつ円滑に通行することができる広さを有すること。（ソ）

三　自動車等が当該空地からはみ出さずに安全かつ円滑に給油を受けることができる広さを有すること。（ソ）

本条…追加〔平成一八年三月総令三一号（ソ）〕

（注油空地）

第二四条の一五　令第十七条第一項第三号（同条第二項においてその例による場合を含む。）の総務省令で定める空地は、給油取扱所に設置する固定注油設備（令第十七条第一項第三号の固定注油設備をいう。以下同じ。）に係る次の各号に掲げる区分に応じ、当該各号に定める広さを有する空地とする。（ソ）

一　灯油又は軽油を容器に詰め替えるための固定注油設備　容器を安全に置くことができ、かつ、当該容器に灯油又は軽油を安全かつ円滑に詰め替えることができる広さ（ソ）

二　灯油又は軽油を車両に固定されたタンクに注入するための固定注油設備　タンクを固定した車両が当該空地からはみ出さず、かつ、当該タンクに灯油又は軽油を安全かつ円滑に注入することができる広さ（ソ）

本条…追加〔平成一八年三月総令三一号（ソ）〕

（給油空地及び注油空地の舗装）

第二四条の一六　令第十七条第一項第四号（同条第二項においてその例による場合を含む。）の総務省令で定める舗装は、次に掲げる要件に適合する舗装とする。（ソ）

一　漏れた危険物が浸透し、又は当該危険物によつて劣化し、若しくは変形するおそれがないものであること。（ソ）

二　当該給油取扱所において想定される自動車等の荷重により損傷するおそれがないものであること。（ソ）

三　耐火性を有するものであること。（ソ）

本条…追加〔平成一八年三月総令三一号（ソ）〕

（滞留及び流出を防止する措置）

第二四条の一七　令第十七条第一項第五号（同条第二項においてその例による場合を含む。）の総務省令で定める措置は、次に掲げる要件に適合する措置とする。（ソ）

一　可燃性の蒸気が給油空地（令第十七条第一項第二号の給油空地をいう。以下同じ。）及び注油空地（同項第三号の注油空地をいう。以下同じ。）内に滞留せず、給油取扱所外に速やかに排出される構造とすること。（ソ）

二　当該給油取扱所内の固定給油設備（令第十七条第一項第一号の固定給油設備をいう。以下同じ。）（ホース機器と分離して設置されるポンプ機器を除く。）又は固定注油設備（ホース機器と分離して設置されるポンプ機器を除く。）の一つから告示で定める数量の危険物が漏えいするものとした場合において、当該危険物が給油空地及び注油空地内に滞留せず、火災予防上安全な場所に設置された貯留設備に収容されること。（ソ）

三　貯留設備に収容された危険物が外部に流出しないこと。この場合において、水に溶けない危険物を収容する貯留設備にあつては、当該危険物と雨水等が分離され、雨水等のみが給油取扱所外に排出されること。（ソ）

本条…追加〔平成一八年三月総令三一号（ソ）〕

参照　【漏えいを想定する危険物の数量】危告示四の五一

（給油取扱所のタンク）

第二五条　令第十七条第一項第七号（同条第二項においてその例による場合を含む。）の総務省令で定めるタンクは、次のとおりとする。（の）（ま）（へ）（ソ）

一　廃油タンク（の）

二　ボイラー等に直接接続するタンク（の）

本条…追加〔昭和六二年四月自令一六号（の）〕、一部改正〔平成元年二月自令五号（ま）・一二年九月四四号（へ）・一八年三月総令三一号（ソ）〕

（固定給油設備等の構造）

第二五条の二　令第十七条第一項第十号（令第十四条第九号及び令第十七条第二項においてその例による場合を含む。）の総務省令で定める構造は、次のとおりとする。（の）（ま）（あ）（へ）（ソ）

一　ポンプ機器の構造は、次のとおりとすること。（あ）

イ　固定給油設備のポンプ機器は、当該ポンプ機器に接続される給油ホースの先端における最大吐出量がガソリン、第四類の危険物のうちメタノール若しくはこれを含有するもの（第二十七条の三第八項、第二十八条の二から第二十八条の二の三まで、第二十八条の二の七第四項及び第四十条の十四において「メタノール等」という。）又は第四類の危険物のうちエタノール若しくはこれを含有するもの（第二十七条の三第八項、第二十八条の二から第二十八条の二の三まで、第二十八条の二の七第四項、第二十八条の二の八及び第四十条の十四において「エタノール等」という。）にあつては毎分五十リットル以下、軽油にあつては毎分百八十リットル以下となるものとすること。（あ）（き）（す）（ケ）（モ）

ロ　固定注油設備のポンプ機器は、当該ポンプ機器に接続される注油ホースの先端における最大吐出量が毎分六十リットル以下となるものとすること。ただし、車両に固定されたタンクにその上部から注入する用に供する固定注油設備のポンプ機器にあつては、当該ポンプ機器に接続される注油ホースの先端における最大吐出量が毎分百八十リットル以下となるものとすることができる。（す）

ハ　懸垂式の固定給油設備及び固定注油設備のポンプ機器には、ポンプ吐出側の圧力が最大常用圧力を超えて上昇した場合に、危険物を自動的に専用タンクに戻すことができる装置をポンプ吐出管部に設けること。（あ）（す）

ニ　ポンプ又は電動機を専用タンク内に設けるポンプ機器（以下この条、第二十五条の三の二、第二十五条の五第二項、第二十八条の五十九第二項第八号及び第四十条の三の四第一号において「油中ポンプ機器」という。）は、第二十四条の二に掲げるポンプ設備の例によるものであること。（あ）（す）

ホ　油中ポンプ機器には、当該ポンプ機器に接続されているホース機器が転倒した場合において当該ポンプ機器の運転を停止する措置が講じられていること。（あ）（す）

二　ホース機器の構造は、次のとおりとすること。（あ）

イ　給油ホース又は注油ホース（以下「給油ホース等」という。）は、危険物に侵されないものとするほか、日本産業規格K六三四三「送油用ゴムホース」に定める一種の性能を有するものとすること。（あ）（き）（す）（い）

ロ　給油ホース等の先端に設ける弁及び給油ホース等の継手は、危険物の漏れを防止することができる構造とすること。（あ）

ハ　給油ホース等は、著しい引張力が加わつたときに当該給油ホース等の破断による危険物の漏れを防止する措置が講じられたものであること。（あ）

ニ　ホース機器は、当該ホース機器に接続される給油ホース等が地盤面に接触しない構造とすること。(あ)
ホ　車両に固定されたタンクにその上部から注入する用に供する固定給油設備及び固定注油設備のホース機器には、当該タンクの底部に達する注入管が設けられていること。(あ)(す)ⓡ
ヘ　車両に固定されたタンクにその上部から注入する用に供する固定給油設備及び固定注油設備のホース機器の給油ホース等のうち、その先端における吐出量が毎分六十リットルを超えるものにあつては、危険物の過剰な注入を自動的に防止できる構造のものとするとともに、注油ホースにあつては当該タンクに専用に注入するものとすること。(あ)(き)(す)ⓡ
ト　油中ポンプ機器に接続するホース機器には、当該ホース機器が転倒した場合において当該ホース機器への危険物の供給を停止する装置が設けられていること。(あ)
チ　固定給油設備の給油ノズルで、容器への詰替えの用に供するものは、容器が満量となつたときにガソリンの注入を自動的に停止する構造のものとすること。ⓡ
三　配管は、金属製のものとし、かつ、〇・五メガパスカルの圧力で十分間水圧試験を行つたとき漏えいその他の異常がないものであること。(の)(あ)(す)
四　難燃性を有する材料で造られた外装を設けること。ただし、ポンプ室に設けるポンプ機器又は油中ポンプ機器にあつては、この限りでない。(ま)(あ)
五　火花を発するおそれのある機械器具を設ける部分は、可燃性蒸気が流入しない構造とすること。(チ)

本条…追加〔昭和六二年四月自令一六号(の)〕、一部改正〔平成元年二月自令五号(ま)・五年七月二二号(あ)・六年三月五号(き)・一〇年三月六号(す)・一二年九月四四号(へ)・一三年三月総令四五号(チ)・一八年三月三一号(ソ)・二三年一二月一六五号(ケ)・二九年一月三号(モ)・令和元年六月一九号ⓘ・令和五年一二月八二号ⓡ〕

（懸垂式の固定給油設備等の給油ホース等の長さ）
第二五条の二の二　令第十七条第一項第十号（同条第二項においてその例による場合を含む。）の総務省令で定める長さは、ホース機器の引出口から地盤面上〇・五メートルの水平面に垂線を下ろし、その交点を中心として当該水平面において給油ホース等の先端で円を描いた場合において、半径三メートルを超える円を描くことができない長さとする。(ま)(あ)(へ)(ソ)

本条…追加〔平成元年二月自令五号(ま)〕、一部改正〔平成五年七月自令二二号(あ)・一二年九月四四号(へ)・一八年三月総令三一号(ソ)〕

（固定給油設備等の表示）
第二五条の三　令第十七条第一項第十一号（同条第二項においてその例による場合を含む。）の規定による表示は、次のとおりとする。(の)(ま)(ソ)
一　給油ホース等の直近の位置に表示すること。(の)(ま)(き)
二　取り扱う危険物の品目を表示すること。(の)

本条…追加〔昭和六二年四月自令一六号(の)〕、一部改正〔平成元年二月自令五号(ま)・六年三月五号(き)・一八年三月総令三一号(ソ)〕

（道路境界線等からの間隔を保つことを要しない場合）(あ)
第二五条の三の二　令第十七条第一項第十二号ただし書（同条第二項においてその例による場合を含む。）、同条第一項第十三号ただし書（同条第二項においてその例による場合を含む。）及び同条第一項第十三号イ（同条第二項においてその例による場合を含む。）の規定により、同条第一項第十二号、同条第一項第十三号及び同号イに定める間隔を保つことを要しない場合は、次に掲げる要件に適合するポンプ室にポンプ機器を設ける場合又は油中ポンプ機器を設ける場合とする。(ま)(あ)(ソ)
一　ポンプ室は、壁、柱、床、はり及び屋根（上階がある場合は、

上階の床）を耐火構造とすること。（ま）

二　ポンプ室の出入口は、給油空地に面するとともに、当該出入口には、随時開けることができる自動閉鎖の特定防火設備を設けること。（ま）（ホ）（ソ）

三　ポンプ室には、窓を設けないこと。（ま）

本条…追加〔平成元年二月自令五号（ま）〕、見出し…改正・本条…一部改正〔平成五年七月自令二二号（あ）〕、本条…一部改正〔平成一二年五月自令三五号（ホ）・一八年三月総令三一号（ソ）〕

（給油取扱所の建築物）

第二五条の四　令第十七条第一項第十六号（同条第二項においてその例による場合を含む。）の総務省令で定める用途は、次のとおりとする。（の）（ま）（へ）（ソ）

一　給油又は灯油若しくは軽油の詰替えのための作業場（ま）（す）

二　給油取扱所の業務を行うための事務所（の）（ま）㋷

三　自動車等の点検・整備を行う作業場（の）

四　自動車等の洗浄を行う作業場（の）

五　給油取扱所の所有者、管理者若しくは占有者が居住する住居又はこれらの者に係る他の給油取扱所の業務を行うための事務所（の）

六　消防法施行令（昭和三十六年政令第三十七号）別表第一㈠項、㈢項、㈣項、㈧項、(十一)項から(十三)項イまで、(十四)項及び(十五)項に掲げる防火対象物の用途（前各号に掲げるものを除く。）㋷

2　令第十七条第一項第十六号（同条第二項においてその例による場合を含む。）の総務省令で定める部分は、前項第二号、第三号及び第六号の用途に供する床又は壁で区画された部分（給油取扱所の係員のみが出入りするものを除く。）とし、令第十七条第一項第十六号（同条第二項においてその例による場合を含む。）の総務省令で定める面積は、三百平方メートルとする。（の）（ま）（き）（へ）（ソ）㋷

3　令第十七条第一項第十七号及び同条第二項第七号の総務省令で定める自動車等の出入口は、第一項第一号、第三号及び第四号の用途に供する部分に設ける自動車等の出入口とする。（の）（ま）（へ）（ソ）

4　令第十七条第一項第十七号及び同条第二項第六号の総務省令で定める部分は、第一項第五号の用途に供する部分とし、令第十七条第一項第十七号及び同条第二項第六号の総務省令で定める構造は、給油取扱所の敷地に面する側の壁に出入口がない構造とする。（ま）（へ）（ソ）

5　令第十七条第一項第十八号及び同条第二項第八号の総務省令で定める部分は、第一項第三号及び第四号の用途に供する部分とし、令第十七条第一項第十八号及び同条第二項第八号の総務省令で定める構造は、次のとおりとする。（の）（ま）（も）（へ）（ソ）

一　出入口は、随時開けることができる自動閉鎖のものとすること。（の）

二　犬走り又は出入口の敷居の高さは、十五センチメートル以上であること。（の）

本条…追加〔昭和六二年四月自令一六号（の）〕、一―三項…一部改正・四項…追加・旧四項…一部改正し五項に繰下〔平成元年二月自令五号（ま）〕、二項…一部改正〔平成六年三月自令五号（き）〕、一項…一部改正〔平成九年二月自令一号（も）〕、五項…一部改正〔平成一〇年三月自令六号（す）〕、一―五項…一部改正〔平成一二年九月自令四四号（へ）・一八年三月総令三一号（ソ）〕、一・二項…一部改正〔令和五年一二月総令八三号㋷〕

（給油取扱所の塀又は壁）

第二五条の四の二　令第十七条第一項第十九号（同条第二項においてその例による場合を含む。）の総務省令で定める塀又は壁は、次に掲げる要件に適合する塀又は壁とする。（ソ）

一　開口部（防火設備ではめごろし戸であるもの（ガラスを用いるものである場合には、網入りガラスを用いたものに限る。）が設けられたものを除く。）を有しないものであること。（ソ）

二 給油取扱所において告示で定める火災が発生するものとした場合において、当該火災により当該給油取扱所に隣接する敷地に存する建築物の外壁その他の告示で定める箇所における輻射熱が告示で定める式を満たすこと。(ソ)

本条…追加〔平成一八年三月総令三一号(ソ)〕

参照 【給油取扱所の塀又は壁に考慮すべき火災等】危告示四の五二

(給油取扱所の附随設備)

第二五条の五 令第十七条第一項第二十二号(同条第二項においてその例による場合を含む。)の規定により給油取扱所の業務を行うについて必要な設備は、自動車等の洗浄を行う設備、自動車等の点検・整備を行う設備、混合燃料油調合器、尿素水溶液供給機及び急速充電設備(対象火気設備等の位置、構造及び管理並びに対象火気器具等の取扱いに関する条例の制定に関する基準を定める省令(平成十四年総務省令第二十四号。以下「対象火気省令」という。)第三条第二十号に規定する急速充電設備をいう。以下同じ。)とする。(の)(ま)(ソ)(り)

2 前項の設備の位置、構造又は設備の基準は、それぞれ次の各号のとおりとする。

一 自動車等の洗浄を行う設備(の)

イ 蒸気洗浄機(の)

(1) 位置は、固定給油設備(ポンプ室(第二十五条の三の二各号に適合するポンプ室に限る。以下この項及び第四十条の三の四第一号において同じ。)に設けられたポンプ機器及び油中ポンプ機器を除く。)から(2)に規定する囲いが次の表に掲げる固定給油設備の区分に応じそれぞれ同表に定める距離以上離れた場所であること。(の)(ま)(あ)

固定給油設備の区分		距離
懸垂式の固定給油設備		四メートル
その他の固定給油設備	固定給油設備に接続される給油ホースのうちその全長が最大であるものの全長(以下この(1)、ロ、次号イ及び第四十条の三の四第一号において「最大給油ホース全長」という。)が三メートル以下のもの	四メートル
	最大給油ホース全長が三メートルを超え四メートル以下のもの	五メートル
	最大給油ホース全長が四メートルを超え五メートル以下のもの	六メートル

(2) 周囲には、不燃材料で造つた高さ一メートル以上の囲いを設けるとともに、その囲いの出入口は、固定給油設備に面しないものとすること。(の)

(3) 排気筒には、高さ一メートル以上の煙突を設けること。(の)

ロ 洗車機

位置は、固定給油設備(ポンプ室に設けられたポンプ機器及び油中ポンプ機器を除く。)から次の表に掲げる固定給油設備の区分に応じそれぞれ同表に定める距離以上離れた場所であること。ただし、建築物の第二十五条の四第一項第四号の用途に供する部分で、床又は壁で区画されたものの内部に設ける場合は、この限りでない。(の)(ま)(あ)(チ)

固定給油設備の区分		距離
懸垂式の固定給油設備		四メートル
その他の固定給油設備	最大給油ホース全長が三メートル以下のもの	四メートル
	最大給油ホース全長が三メートルを超え四メートル以下のもの	五メートル
	最大給油ホース全長が四メートルを超え五メートル以下のもの	六メートル

二　自動車等の点検・整備を行う設備(の)

イ　位置は、固定給油設備（ポンプ室に設けられたポンプ機器及び油中ポンプ機器を除く。）から次の表に掲げる固定給油設備の区分に応じそれぞれ同表に定める距離以上、かつ、道路境界線から二メートル以上離れた場所であること。ただし、建築物の第二十五条の四第一項第三号の用途に供する部分で、床又は壁で区画されたものの内部に設ける場合は、この限りでない。(の)(ま)(あ)

固定給油設備の区分		距離
懸垂式の固定給油設備		四メートル
その他の固定給油設備	最大給油ホース全長が三メートル以下のもの	四メートル
	最大給油ホース全長が三メートルを超え四メートル以下のもの	五メートル
	最大給油ホース全長が四メートルを超え五メートル以下のもの	六メートル

ロ　危険物を取り扱う設備は、危険物の漏れ、あふれ又は飛散を防止することができる構造とすること。(の)

三　混合燃料油調合器

イ　位置は、給油に支障がない場所であつて、建築物（第二十五条の四第一項第三号の用途に供する部分を除く。）から一メートル以上、かつ、道路境界線から四メートル以上離れた場所であること。(の)(ま)

ロ　蓄圧圧送式のものは、常用圧力に堪える構造とし、かつ、適当な安全装置を設けること。

四　尿素水溶液供給機(り)

イ　位置は、給油に支障がない場所であること。(り)

ロ　給油空地内に設置する場合は、自動車等の衝突を防止するための措置を講ずるとともに、堅固な基礎の上に固定すること。(り)

五　急速充電設備(り)

イ　位置は、給油に支障がない場所であつて、次に掲げる場所であること。(り)

(1)　可燃性の蒸気が滞留するおそれのない場所であること。(り)

(2)　第二十八条の二の四に規定する給油取扱所にあつては、制御卓から全ての急速充電設備における使用状況を直接視認できる場所であること。ただし、第二十八条の二の五第六号イただし書の規定により制御卓を設けた場合にあつては、この限りでない。(り)

ロ　自動車等の衝突を防止するための措置を講ずること。(り)

ハ　急速充電設備の電気回路を電源から遮断する装置を、危険物の流出その他の事故が発生した場合に容易に操作できる場所に設けること。ただし、危険物の流出その他の事故により発生した可燃性の蒸気が滞留するおそれのない場所に設けた急速充電設備については、当該装置を設けないことができる。(り)

ニ　対象火気省令第十条第十三号、第十二条第十号、第十四条第七号並びに第十六条第九号（チを除く。）及び第十一号の規定の例によること。(り)

3　給油取扱所に設ける附随設備に収納する危険物の数量の総和は、指定数量未満としなければならない。(ま)

一・二項…一部改正・旧二五条…繰下〔昭和六二年四月自令一六号(の)〕、一―三項…一部改正〔平成元年二月自令五号(ま)〕、二項…一部改正〔平成五年七月自令二二号(あ)・一三年三月総令四五号(チ)〕、一項…一部改正〔平成一八年三月総令三一号(ソ)〕、一・二項…一部改正〔令和五年一二月総令八三号(り)〕

（屋内給油取扱所）

第二十五条の六　令第十七条第二項の総務省令で定める給油取扱所（同

項の屋内給油取扱所をいう。）は、建築物の給油取扱所の用に供する部分の水平投影面積から当該部分のうち床又は壁で区画された部分の一階の床面積（以下この条において「区画面積」という。）を減じた面積の、給油取扱所の敷地面積から区画面積を減じた面積に対する割合が三分の一を超えるもの（当該割合が三分の二までのものであって、かつ、火災の予防上安全であると認められるものを除く。）とする。(ま)(き)(へ)㋬

本条…追加〔平成元年二月自令五号(ま)〕、全部改正〔平成六年三月自令五号(き)〕、一部改正〔平成一二年九月自令四四号(へ)・令和三年七月総令七一号㋬〕

（屋内給油取扱所の建築物）

第二五条の七 令第十七条第二項第一号の総務省令で定める設備は、屋内給油取扱所で発生した火災を建築物の屋内給油取扱所の用に供する部分以外の部分に自動的に、かつ、有効に報知できる自動火災報知設備その他の設備とする。(ま)(へ)

本条…追加〔平成元年二月自令五号(ま)〕、一部改正〔平成一二年九月自令四四号(へ)〕

（二方が開放されている屋内給油取扱所の空地）

第二五条の八 令第十七条第二項第九号の総務省令で定める空地は、次のとおりとする。(ま)(へ)

一 当該空地は、給油空地、注油空地並びに第二十五条の四第一項第三号及び第四号の用途に供する部分以外の給油取扱所の敷地内の屋外の場所に保有すること。(ま)(き)(す)(ソ)

二 当該空地は、間口が六メートル以上、奥行が建築物の第二十五条の四第一項第一号の用途に供する部分の奥行以上であり、かつ、避難上及び通風上有効な空地であること。(ま)

三 当該空地は、その範囲を表示するとともに、その地盤面に「駐停車禁止」の文字を表示すること。この場合において、表示の色は黄色とするとともに、文字の表示の大きさは、縦一メートル以上、横五メートル以上とすること。(ま)

本条…追加〔平成元年二月自令五号(ま)〕、一部改正〔平成六年三月自令五号(き)・一〇年三月六号(す)・一二年九月四四号(へ)・一八年三月総令三一号(ソ)〕

（一方のみが開放されている屋内給油取扱所において講ずる措置）

第二五条の九 令第十七条第二項第九号ただし書の総務省令で定める措置は、次のとおりとする。(ま)(へ)

一 給油取扱所の建築物の第二十五条の四第一項第一号の用途に供する部分の各部分から次に掲げるいずれかの場所までの距離が十メートル以内であること。(ま)

イ 給油取扱所の敷地外に直接通ずる避難口（随時開けることができる自動閉鎖の特定防火設備が設けられたものに限る。）が設けられ、かつ、壁等により区画された事務所等（当該事務所等の出入口には、随時開けることができる自動閉鎖の防火設備が設けられ、かつ、窓には、はめごろし戸である防火設備が設けられたものに限る。）の出入口(ま)(ホ)(リ)

ロ 自動車等の出入する側に面する屋外の空地のうち避難上安全な場所(ま)

二 専用タンクの注入口及び第二十五条第二号に掲げるタンクの注入口は、前号イの事務所等の出入口の付近その他避難上支障のある場所に設けないこと。(ま)

三 通気管の先端が建築物の屋内給油取扱所の用に供する部分に設けられる専用タンクで、引火点が四十度未満の危険物を取り扱うものには、移動貯蔵タンクから危険物を注入するときに放出される可燃性の蒸気を回収する設備を設けること。(ま)

四 建築物の第二十五条の四第一項第三号の用途に供する部分で床又は壁で区画されたもの及びポンプ室の内部には、可燃性の蒸気を検知する警報設備を設けること。(ま)

五　固定給油設備及び固定注油設備には、自動車等の衝突を防止するための措置を講ずること。(ま)(す)

本条…追加〔平成元年二月自令五号(ま)〕、一部改正〔平成一〇年三月自令六号(す)・一二年五月三五号(ホ)・九月四四号(へ)・一三年一〇月総令一三六号(リ)〕

（上部に上階を有する屋内給油取扱所において講ずる措置）

第二五条の一〇　令第十七条第二項第十一号の総務省令で定める措置は、次のとおりとする。(ま)(へ)

一　専用タンクの注入口及び第二十五条第二号に掲げるタンクの注入口並びに固定給油設備及び固定注油設備は、上階への延焼防止上安全な建築物の屋内給油取扱所の用に供する部分に設けること。この場合において、当該部分の屋根は上階への延焼防止上有効な幅を有して外壁と接続し、かつ、開口部を有しないものでなければならない。(ま)(す)

二　前号の注入口の周囲には、危険物の漏えい範囲を十五平方メートル以下に局限化するための設備及び漏れた危険物を収容する容量四立方メートル以上の設備を設けるとともに、これらの設備の付近には、可燃性の蒸気を検知する警報設備を設けること。(ま)

三　建築物の第二十五条の四第一項第一号の用途に供する部分の開口部には、当該開口部の上部に上階の外壁から水平距離一・五メートル以上張り出した屋根又は耐火性能を有するひさしを設けること。ただし、当該開口部の上端部から高さ七メートルの範囲内の上階の外壁に開口部がない場合にあつては、この限りでない。(ま)

四　前号の屋根又はひさしの先端は、上階の開口部（次に掲げる開口部を除く。）までの間に、七メートルから当該屋根又はひさしの上階の外壁から張り出した水平距離を減じた長さ以上の距離を保つこと。(ま)

イ　はめごろし戸である防火設備を設けた開口部(ま)(ホ)

ロ　延焼防止上有効な措置を講じた開口部（消防法施行令別表第一㈠項から㈣項まで、㈤項イ、㈥項及び㈨項イに掲げる防火対象物の用途以外の用途に供する部分に設けるものに限る。）(ま)(り)

本条…追加〔平成元年二月自令五号(ま)〕、一部改正〔平成一〇年三月自令六号(す)・一二年五月三五号(ホ)・九月四四号(へ)・令和五年一二月総令八三号(り)〕

（航空機給油取扱所の基準の特例）

第二六条　令第十七条第三項第一号に掲げる給油取扱所（以下この条及び第四十条の三の七において「航空機給油取扱所」という。）に係る令第十七条第三項の規定による同条第一項及び第二項に掲げる基準の特例は、この条の定めるところによる。(ま)(ソ)

2　航空機給油取扱所については、令第十七条第一項第一号、第二号、第四号（給油空地に係る部分に限る。）、第五号（給油空地に係る部分に限る。）、第七号ただし書、第九号、第十号（給油ホースの長さに係る部分に限る。）及び第十九号の規定は、適用しない。(ま)(も)(ソ)

3　前項に定めるもののほか、航空機給油取扱所の特例は、次のとおりとする。(ま)

一　航空機給油取扱所の給油設備は、次のいずれかとすること。(ソ)

イ　固定給油設備(ソ)

ロ　給油配管（燃料を移送するための配管をいう。以下同じ。）及び当該給油配管の先端部に接続するホース機器（以下第二十七条までにおいて「給油配管等」という。）(ソ)

ハ　給油配管及び給油ホース車（給油配管の先端部に接続するホース機器を備えた車両をいう。以下この条及び第四十条の三の七において同じ。）(ソ)

ニ　給油タンク車(ソ)

一の二　航空機給油取扱所には、航空機に直接給油するための空地で次に掲げる要件に適合するものを保有すること。(ま)(ソ)
イ　航空機（給油設備が給油タンク車である航空機給油取扱所にあつては、航空機及び給油タンク車）が当該空地からはみ出さず、かつ、安全かつ円滑に給油を受けることができる広さを有すること。(ソ)
ロ　給油設備が固定給油設備、給油配管等又は給油配管及び給油ホース車である航空機給油取扱所にあつては、固定給油設備又は給油配管の先端部の周囲に設けること。(ソ)
二　前号の空地は、漏れた危険物が浸透しないための第二十四条の十六の例による舗装をすること。(ま)(ソ)
三　第一号の二の空地には、可燃性の蒸気が滞留せず、かつ、漏れた危険物その他の液体が当該空地以外の部分に流出しないように次に掲げる要件に適合する措置を講ずること。(ま)(ソ)
イ　可燃性の蒸気が滞留しない構造とすること。(ソ)
ロ　当該航空機給油取扱所の給油設備の一つから告示で定める数量の危険物が漏えいするものとした場合において、当該危険物が第一号の二の空地以外の部分に流出せず、火災予防上安全な場所に設置された貯留設備に収容されること。ただし、漏れた危険物その他の液体の流出を防止することができるその他の措置が講じられている場合は、この限りでない。(ソ)
ハ　ロの貯留設備に収容された危険物が外部に流出しないこと。この場合において、水に溶けない危険物を収容する貯留設備にあつては、当該危険物と雨水等が分離され、雨水等のみが航空機給油取扱所外に排出されること。(ソ)
四　給油設備が固定給油設備である航空機給油取扱所は、次によること。(ま)(ソ)
イ　地下式（ホース機器が地盤面下の箱に設けられる形式をいう。以下この号において同じ。）の固定給油設備を設ける場合には、ホース機器を設ける箱は適当な防水の措置を講ずること。(ま)
ロ　固定給油設備に危険物を注入するための配管のうち、専用タンクの配管以外のものは、令第九条第一項第二十一号に掲げる製造所の危険物を取り扱う配管の例によるものであること。(ま)
ハ　地下式の固定給油設備（ポンプ機器とホース機器とが分離して設置されるものに限る。）を設ける航空機給油取扱所には、当該固定給油設備のポンプ機器を停止する等により専用タンク又は危険物を貯蔵し、若しくは取り扱うタンクからの危険物の移送を緊急に止めることができる装置を設けること。(ま)
五　給油設備が給油配管等である航空機給油取扱所は、次によること。(ま)(ソ)
イ　給油配管には、先端部に弁を設けること。(ま)
ロ　給油配管は、令第九条第一項第二十一号に掲げる製造所の危険物を取り扱う配管の例によるものであること。(ま)
ハ　給油配管の先端部を地盤面下の箱に設ける場合には、当該箱は、適当な防水の措置を講ずること。(ま)
ニ　給油配管の先端部に接続するホース機器は、漏れるおそれがない等火災予防上安全な構造とすること。(ま)
ホ　給油配管の先端部に接続するホース機器には、給油ホースの先端に蓄積される静電気を有効に除去する装置を設けること。(ま)
ヘ　航空機給油取扱所には、ポンプ機器を停止する等により危険物を貯蔵し、又は取り扱うタンクからの危険物の移送を緊急に止めることができる装置を設けること。(ま)
六　給油設備が給油配管及び給油ホース車である航空機給油取扱所は、前号イからハまで及びヘの規定の例によるほか、次によること。(ま)(ソ)

イ　給油ホース車は、防火上安全な場所に常置すること。（ま）
ロ　給油ホース車には、第二十四条の六第三項第一号及び第二号の装置を設けること。（ま）
ハ　給油ホース車のホース機器は、第二十四条の六第三項第三号、第五号本文及び第七号に掲げる給油タンク車の給油設備の例によるものであること。（ま）
ニ　給油ホース車の電気設備は、令第十五条第一項第十三号に掲げる移動タンク貯蔵所の電気設備の例によるものであること。（ま）
ホ　給油ホース車のホース機器には、航空機と電気的に接続するための導線を設けるとともに、給油ホースの先端に蓄積される静電気を有効に除去する装置を設けること。（ま）（ヱ）

本条…全部改正〔平成元年二月自令五号（ま）〕、二項…一部改正〔平成九年二月自令一号（も）〕、一―三項…一部改正〔平成一八年三月総令三一号（ソ）〕、三項…一部改正〔平成二八年三月総令一二号（ヱ）〕

参照　【漏えいを想定する危険物の数量】危告示四の五一

（船舶給油取扱所の基準の特例）

第二六条の二　令第十七条第三項第二号に掲げる給油取扱所（以下この条及び第四十条の三の八において「船舶給油取扱所」という。）に係る令第十七条第三項の規定による同条第一項及び第二項に掲げる基準の特例は、この条の定めるところによる。（ま）（み）

２　船舶給油取扱所については、令第十七条第一項第一号、第二号、第四号（給油空地に係る部分に限る。）、第五号（給油空地に係る部分に限る。）、第七号ただし書、第九号、第十号（給油ホースの長さに係る部分に限る。）及び第十九号の規定は、適用しない。（ま）（も）（ソ）

３　前項に定めるもののほか、船舶給油取扱所の特例は、次のとおりとする。（ま）

一　船舶給油取扱所の給油設備は、固定給油設備又は給油配管等とすること。ただし、引火点が四十度以上の第四類の危険物のみを取り扱う給油設備は、給油タンク車（第二十四条の六第三項第五号本文及び第八号に定める基準に適合するものに限る。）とすることができる。（ソ）
一の二　船舶給油取扱所には、船舶に直接給油するための空地で次に掲げる要件に適合するものを保有すること。（ま）（ソ）
イ　係留された船舶に安全かつ円滑に給油することができる広さを有すること。（ソ）
ロ　固定給油設備又は給油配管の先端部の周囲に設けること（給油設備が給油タンク車のみである船舶給油取扱所を除く。）。（ソ）
ハ　給油設備が給油タンク車である船舶給油取扱所にあつては、当該給油タンク車が当該空地からはみ出さない広さを有すること。（ソ）
二　前号の空地は、漏れた危険物が浸透しないための第二十四条の十六の例による舗装をすること。（ま）（ソ）
三　第一号の二の空地には、可燃性の蒸気が滞留せず、かつ、漏れた危険物その他の液体が当該空地以外の部分に流出しないように前条第三項第三号の例による措置を講ずること。（ま）（ソ）
三の二　船舶給油取扱所には、危険物が流出した場合の回収等の応急措置を講ずるための設備を設けること。（ソ）
四　給油設備が固定給油設備である船舶給油取扱所は、前条第三項第四号の規定の例によるものであること。（ま）（ソ）
五　給油設備が給油配管等である船舶給油取扱所は、前条第三項第五号の規定の例によるものであること。（ま）（ソ）
六　給油設備が給油タンク車である船舶給油取扱所には、静電気を有効に除去するための接地電極を設けるとともに、給油タンク車が転落しないようにするための措置を講ずること。（ソ）（ヱ）

本条…追加〔平成元年二月自令五号(ま)〕、一項…一部改正〔平成七年二月自令二号(み)〕、二項…一部改正〔平成九年二月自令一号(も)〕、二・三項…一部改正〔平成一八年三月総令三一号(ソ)〕、三項…一部改正〔平成二八年三月総令一二号(ヱ)〕

（**鉄道給油取扱所の基準の特例**）

第二七条　令第十七条第三項第三号に掲げる給油取扱所（以下この条及び第四十条の三の九において「鉄道給油取扱所」という。）に係る令第十七条第三項の規定による同条第一項及び第二項に掲げる基準の特例は、この条の定めるところによる。(ま)(み)

２　鉄道給油取扱所については、令第十七条第一項第一号、第二号、第四号（給油空地に係る部分に限る。）、第五号（給油空地に係る部分に限る。）、第七号ただし書、第九号、第十号（給油ホースの長さに係る部分に限る。）及び第十九号並びに同条第二項第九号及び第十号の規定は、適用しない。(ま)(も)(ソ)

３　前項に定めるもののほか、鉄道給油取扱所の特例は、次のとおりとする。(ま)

一　鉄道給油取扱所の給油設備は、固定給油設備又は給油配管等とすること。(ソ)

一の二　鉄道給油取扱所には、鉄道又は軌道によつて運行する車両に直接給油するための空地で次に掲げる要件に適合するものを保有すること。(ま)(ソ)

イ　当該車両が当該空地からはみ出さず、かつ、安全かつ円滑に給油を受けることができる広さを有すること。(ソ)

ロ　固定給油設備又は給油配管の先端部の周囲に設けること。(ソ)

二　前号の空地のうち危険物が漏れるおそれのある部分は、漏れた危険物が浸透しないための第二十四条の十六の例による舗装をすること。(ま)(ソ)

三　第一号の二の空地には、可燃性の蒸気が滞留せず、かつ、漏れた危険物その他の液体が前号の規定により舗装した部分以外の部分に流出しないように次に掲げる要件に適合する措置を講ずること。(ま)(ソ)

イ　可燃性の蒸気が滞留しない構造とすること。(ソ)

ロ　当該鉄道給油取扱所の給油設備の一つから告示で定める数量の危険物が漏えいするものとした場合において、当該危険物が前号の規定により舗装した部分以外の部分に流出せず、火災予防上安全な場所に設置された貯留設備に収容されること。(ソ)

ハ　ロの貯留設備に収容された危険物が外部に流出しないこと。この場合において、水に溶けない危険物を収容する貯留設備にあつては、当該危険物と雨水等が分離され、雨水等のみが鉄道給油取扱所外に排出されること。(ソ)

四　給油設備が固定給油設備である鉄道給油取扱所は、第二十六条第三項第四号の規定の例によるものであること。(ま)(ソ)

五　給油設備が給油配管等である鉄道給油取扱所は、第二十六条第三項第五号の規定の例によるものであること。(ま)(ソ)

本条…全部改正〔平成元年二月自令五号(ま)〕、一項…一部改正〔平成七年二月自令二号(み)〕、二項…一部改正〔平成九年二月自令一号(も)〕、二・三項…一部改正〔平成一八年三月総令三一号(ソ)〕

参照　【漏えいを想定する危険物の数量】危告示四の五一

（**圧縮天然ガス等充てん設備設置給油取扱所において充てんするガス**）

第二七条の二　令第十七条第三項第四号の圧縮天然ガスその他の総務省令で定めるガスは、圧縮天然ガス又は液化石油ガス（次条及び第二十八条において「圧縮天然ガス等」という。）とする。(す)(へ)

本条…追加〔平成一〇年三月自令六号(す)〕、一部改正〔平成一二年九月自令四四号(へ)〕

（**圧縮天然ガス等充塡設備設置屋外給油取扱所の基準の特例**）(す)

(モ)

第二七条の三　令第十七条第三項第四号に掲げる給油取扱所（以下「圧縮天然ガス等充填設備設置給油取扱所」という。）に係る令第十七条第三項の規定による同条第一項に掲げる基準の特例は、この条の定めるところによる。(み)(す)(エ)(モ)

2　圧縮天然ガス等充填設備設置給油取扱所については、令第十七条第一項第十六号から第十八号まで及び第二十二号の規定は、適用しない。(み)(も)(す)(ソ)(モ)

3　圧縮天然ガス等充填設備設置給油取扱所には、給油又はこれに付帯する業務その他の業務のための避難又は防火上支障がないと認められる次に掲げる用途に供する建築物以外の建築物その他の工作物を設けてはならない。この場合において、第二号、第三号及び第六号の用途に供する床又は壁で区画された部分（給油取扱所の係員のみが出入するものを除く。）の床面積の合計は、三百平方メートルを超えてはならない。(み)(す)(モ)ⓡ

一　給油、灯油若しくは軽油の詰替え又は圧縮天然ガス等の充填のための作業場(み)(す)(モ)

二　給油取扱所の業務を行うための事務所(み)ⓡ

三　自動車等の点検・整備を行う作業場(み)

四　自動車等の洗浄を行う作業場(み)

五　給油取扱所の所有者、管理者若しくは占有者が居住する住居又はこれらの者に係る他の給油取扱所の業務を行うための事務所(み)

六　消防法施行令別表第一㈠項、㈢項、㈣項、㈧項、㈩項から(十三)項イまで、(十四)項及び(十五)項に掲げる防火対象物の用途（前各号に掲げるものを除く。）ⓡ

4　前項の圧縮天然ガス等充填設備設置給油取扱所に設ける建築物は、壁、柱、床、はり及び屋根を耐火構造とし、又は不燃材料で造るとともに、窓及び出入口（自動車等の出入口で前項第一号、第三号及び第四号の用途に供する部分に設けるものを除く。）に防火設備を設けること。この場合において、当該建築物の前項第五号の用途に供する部分は、開口部のない耐火構造の床又は壁で当該建築物の他の部分と区画され、かつ、給油取扱所の敷地内に面する側の壁に出入口がない構造としなければならない。(み)(す)(ホ)(モ)

5　前項の建築物のうち、事務所その他火気を使用するもの（第三項第三号及び第四号の用途に供する部分を除く。）は、漏れた可燃性の蒸気がその内部に流入しない第二十五条の四第五項各号に掲げる構造としなければならない。(み)

6　圧縮天然ガス等充填設備設置給油取扱所の業務を行うについて必要な設備は、第一号に掲げるものとし、当該設備は、第二号から第六号までに定めるところにより設けなければならない。(み)(す)(タ)(モ)

一　自動車等の洗浄を行う設備、自動車等の点検・整備を行う設備、混合燃料油調合器、尿素水溶液供給機及び急速充電設備並びに圧縮天然ガススタンド（一般高圧ガス保安規則第二条第一項第二十三号の圧縮天然ガススタンドをいう。以下この項から第八項まで並びに第二十八条の二の七第四項及び第五項において同じ。）又は液化石油ガススタンド（液化石油ガス保安規則第二条第一項第二十号の液化石油ガススタンドをいう。以下この項及び次項において同じ。）及び防火設備（一般高圧ガス保安規則第六条第一項第三十九号の防消火設備又は液化石油ガス保安規則第六条第一項第三十一号の防消火設備のうち防火設備をいう。以下この項及び次項において同じ。）(す)(モ)ⓡ

二　自動車等の洗浄を行う設備、自動車等の点検・整備を行う設備、混合燃料油調合器、尿素水溶液供給機及び急速充電設備の位置、構造又は設備の基準は、それぞれ次のとおりとすること。(み)ⓡ

イ　自動車等の洗浄を行う設備　第二十五条の五第二項第一号に

定める基準(み)

ロ　自動車等の点検・整備を行う設備　第二十五条の五第二項第二号に定める基準(み)

ハ　混合燃料油調合器　第二十五条の五第二項第三号に定める基準(み)

ニ　尿素水溶液供給機　第二十五条の五第二項第四号に定める基準㋷

ホ　急速充電設備　第二十五条の五第二項第五号に定める基準㋷

三　圧縮天然ガス等充填設備設置給油取扱所に設ける自動車等の洗浄を行う設備、自動車等の点検・整備を行う設備、混合燃料油調合器、尿素水溶液供給機及び急速充電設備に収納する危険物の数量の総和は、指定数量未満とすること。(タ)(モ)㋷

四　圧縮天然ガススタンドの圧縮機、貯蔵設備、ディスペンサー及びガス配管の位置、構造又は設備の基準は、当該設備に係る法令の規定によるほか、それぞれ次のとおりとすること。(み)(す)(タ)

イ　圧縮機(み)

(1)　位置は、給油空地及び注油空地（以下この条及び第二十七条の五において「給油空地等」という。）以外の場所であること。(み)(す)(タ)

(2)　ガスの吐出圧力が最大常用圧力を超えて上昇するおそれのあるものにあっては、吐出圧力が最大常用圧力を超えて上昇した場合に圧縮機の運転を自動的に停止させる装置を設けること。(み)(す)㋺

(3)　吐出側直近部分の配管に逆止弁を設けること。(み)

(4)　自動車等の衝突を防止するための措置を講ずること。(す)

ロ　貯蔵設備(す)

(1)　位置は、イ(1)の圧縮機の位置の例によるほか、(2)に定めるところによること。(す)

(2)　専用タンクの注入口及び第二十五条第二号に掲げるタンクの注入口から八メートル以上の距離を保つこと。ただし、地盤面下に設置される場合又はこれらの注入口の周囲で発生した火災の熱の影響を受けないための措置が講じられている場合にあっては、この限りでない。(す)㋺

ハ　ディスペンサー(み)

(1)　位置は、イ(1)の圧縮機の位置の例によるほか、給油空地等においてガスの充填を行うことができない場所であること。(み)(モ)

(2)　充填ホースは、自動車等のガスの充填口と正常に接続されていない場合にガスが供給されない構造とし、かつ、著しい引張力が加わった場合に当該充填ホースの破断によるガスの漏れを防止する措置が講じられたものであること。(み)(モ)㋺

(3)　自動車等の衝突を防止するための措置を講ずること。(み)

ニ　ガス配管(み)

(1)　位置は、イ(1)の圧縮機の位置の例によるほか、(2)に定めるところによること。(す)

(2)　自動車等が衝突するおそれのない場所に設置すること。ただし、自動車等の衝突を防止するための措置を講じた場合は、この限りでない。(み)(す)

(3)　漏れたガスが滞留するおそれのある場所に設置する場合には、接続部を溶接とすること。ただし、当該接続部の周囲にガスの漏れを検知することができる設備を設けた場合は、この限りでない。(み)㋺

(4)　ガス導管から圧縮機へのガスの供給及び貯蔵設備からディスペンサーへのガスの供給を緊急に停止することができる装置を設けること。この場合において、当該装置の起動装置は、火災その他の災害に際し、速やかに操作することができる箇所に設けること。(み)(す)

五　液化石油ガススタンドの受入設備、圧縮機、貯蔵設備、充填用ポンプ機器、ディスペンサー及びガス配管の位置、構造又は設備の基準は、当該設備に係る法令の規定によるほか、圧縮機、貯蔵設備、ディスペンサー及びガス配管にあってはそれぞれ前号イ(3)を除く。)、ロ、ハ又はニ（(4)中ガス導管から圧縮機へのガスの供給に係る部分を除く。）の規定の例によることとし、受入設備及び充塡用ポンプ機器にあってはそれぞれ次のとおりとすること。(す)(タ)(モ)ろ

イ　受入設備(す)

(1)　位置は、前号イ(1)の圧縮機の位置の例によるほか、給油空地等においてガスの受入れを行うことができない場所であること。(す)

(2)　自動車等の衝突を防止するための措置を講ずること。(す)

ロ　充塡用ポンプ機器(す)

(1)　位置は、前号イ(1)の圧縮機の位置の例によること。(す)

(2)　ガスの吐出圧力が最大常用圧力を超えて上昇することを防止するための措置を講ずること。(す)

(3)　自動車等の衝突を防止するための措置を講ずること。(す)

六　防火設備の位置、構造又は設備の基準は、当該設備に係る法令の規定によるほか、そのポンプ機器にあっては、次のとおりとすること。(す)(タ)ろ

イ　位置は、第四号イ(1)の圧縮機の位置の例によること。(す)(タ)

ロ　起動装置は、火災その他の災害に際し、速やかに操作することができる箇所に設けること。(す)

7　第三項から前項までに定めるもののほか、圧縮天然ガス等充塡設備設置給油取扱所の特例は、この項及び次項のとおりとする。(み)(す)(モ)

一　防火設備から放出された水が、給油空地等、令第十七条第一項第二十号に規定するポンプ室等並びに専用タンクの注入口及び第二十五条第二号に掲げるタンクの注入口付近に達することを防止するための措置を講ずること。(み)(す)(タ)(ソ)

二　簡易タンク又は専用タンクの注入口若しくは第二十五条第二号に掲げるタンクの注入口から漏れた危険物が、前項第四号から第六号までに掲げる設備が設置されている部分（地盤面下の部分を除く。）に達することを防止するための措置を講ずること。(す)(モ)

三　固定給油設備（懸垂式のものを除く。）及び簡易タンクには、自動車等の衝突を防止するための措置を講ずること。(み)(す)

四　簡易タンクを設ける場合には、圧縮天然ガススタンド又は液化石油ガススタンドのガス設備から火災が発生した場合に当該タンクへの延焼を防止するための措置を講ずること。(み)(す)

8　第六項第四号ハ(1)及びニ(1)の規定にかかわらず、次に掲げる措置のすべてを講じた場合又は給油空地が軽油のみを取り扱う固定給油設備のうちホース機器の周囲に保有する空地である場合は、圧縮天然ガススタンドのディスペンサー及びガス配管を給油空地（固定給油設備（懸垂式のものを除く。）のうちホース機器の周囲に保有する空地に限る。以下この項、第二十七条の五第七項並びに第二十八条の二の七第四項及び第五項において同じ。）に設置することができる。(モ)ろ

一　固定給油設備（ホース機器の周囲に保有する給油空地に圧縮天然ガススタンドのディスペンサー及びガス配管を設置するものに限る。以下この項並びに第二十八条の二の七第四項及び第五項において同じ。）の構造及び設備は、次によること。(モ)

イ　給油ホース（ガソリン、メタノール等又はエタノール等を取り扱うものに限る。以下この号及び第二十七条の五第七項第一号において同じ。）の先端部に手動開閉装置を備えた給油ノズルを設けること。(モ)ろ

ロ　手動開閉装置を開放状態で固定する装置を備えた給油ノズル（ガソリン、メタノール等又はエタノール等を取り扱うものに

限る。以下この号及び第二十七条の五第七項第一号において同じ。）を設ける固定給油設備は、次によること。（モ）(ろ)

(1) 給油ノズルは、自動車等の燃料タンク給油口から脱落した場合に給油を自動的に停止する構造のものとすること。（モ）

(2) 第二十五条の二第二号ハの規定にかかわらず、給油ホースは、著しい引張力が加わつたときに安全に分離するとともに、分離した部分からの危険物の漏えいを防止することができる構造のものとすること。（モ）

ハ　給油ノズルは、自動車等の燃料タンクが満量となつたときに給油を自動的に停止する構造のものとすること。（モ）(ろ)

ニ　一回の連続したガソリン、メタノール等又はエタノール等の給油量が一定の数量を超えた場合に給油を自動的に停止する構造のものとすること。（モ）

ホ　固定給油設備には、当該固定給油設備（ホース機器と分離して設置されるポンプ機器を有する固定給油設備にあつては、ホース機器。以下この号及び第二十七条の五第七項第一号において同じ。）が転倒した場合において当該固定給油設備の配管及びこれに接続する配管からのガソリン、メタノール等又はエタノール等の漏えいの拡散を防止するための措置を講ずること。（モ）(ろ)

二　固定給油設備又は給油中の自動車等から漏れたガソリン、メタノール等又はエタノール等が、当該給油空地内の圧縮天然ガスを充填するために自動車等が停車する場所、圧縮天然ガススタンドのディスペンサー及びガス配管が設置されている部分に達することを防止するための措置を講ずること。（モ）

三　火災その他の災害に際し速やかに操作することができる箇所に、給油取扱所内の全ての固定給油設備及び固定注油設備のホース機器への危険物の供給を一斉に停止するための装置を設けること。（モ）(ろ)

本条…追加〔平成七年二月自令二号(み)〕、二項…一部改正〔平成九年二月自令一号(も)〕、見出し…改正・一—四・六・七項…一部改正・旧二七条の二…繰下〔平成一〇年三月自令六号(す)〕、四項…一部改正〔平成一二年五月自令三五号(ホ)〕、六・七項…一部改正〔平成一七年三月総令三七号(タ)〕、二・七項…一部改正〔平成一八年三月総令三一号(ソ)〕、一項…一部改正〔平成二四年五月総令四九号(エ)〕、見出し…改正・一—四・六・七項…一部改正・八項…追加〔平成二九年一月総令三号(モ)〕、六・八項…一部改正〔令和元年八月総令三四号(ろ)〕、三・六項…一部改正〔令和五年一二月総令八三号(り)〕

（圧縮天然ガス等充塡設備設置屋内給油取扱所の基準の特例）(す)(モ)

第二十七条の四　圧縮天然ガス等充塡設備設置給油取扱所に係る令第十七条第三項の規定による同条第二項に掲げる基準の特例は、前条第三項及び第六項から第八項までの規定の例によるほか、この条の定めるところによる。(み)(す)(モ)

2　圧縮天然ガス等充塡設備設置給油取扱所については、令第十七条第二項においてその例によるものとされる同条第一項第十六号及び第二十二号並びに同条第二項第七号及び第九号ただし書の規定は、適用しない。(み)(す)(ソ)(モ)

3　建築物の屋内給油取扱所の用に供する部分の窓及び出入口（自動車等の出入口で前条第三項第一号、第三号及び第四号の用途に供する部分に設けるものを除く。）には、防火設備を設けなければならない。(み)(ホ)

4　令第十七条第二項第一号の建築物は、建築物の屋内給油取扱所の用に供する部分の上部に上階を有しないものでなければならない。(み)

本条…追加〔平成七年二月自令二号(み)〕、見出し…改正・二項…一部改正・旧二七条の三…繰下〔平成一〇年三月自令六号(す)〕、三項…一部改正〔平成一二年五月自令三五号(ホ)〕、二項…一部改正〔平成一八年三月総令三一号(ソ)〕、見出し…改正・一・二項…一部改正〔平成二九年一月総令三号(モ)〕

（圧縮水素充塡設備設置給油取扱所の基準の特例）(ミ)

第二七条の五　令第十七条第三項第五号に掲げる給油取扱所（水素を充塡するための設備は、圧縮水素を充塡するための設備に限る。以下「圧縮水素充塡設備設置給油取扱所」という。）に係る令第十七条第三項の規定による同条第一項に掲げる基準の特例は、第二十七条の三第三項から第五項までの規定の例によるほか、この条の定めるところによる。この場合において、同条第三項及び第四項中「圧縮天然ガス等」とあるのは、「圧縮水素」とする。(タ)(エ)(ミ)

2　圧縮水素充塡設備設置給油取扱所については、令第十七条第一項第七号、第八号、第十六号から第十八号まで及び第二十二号の規定は、適用しない。(タ)(ソ)(ミ)

3　圧縮水素充塡設備設置給油取扱所には、固定給油設備若しくは固定注油設備に接続する専用タンク、危険物から水素を製造するための改質装置に接続する原料タンク又は容量一万リットル以下の第二十五条で定めるタンク（以下この条において「専用タンク等」という。）を地盤面下に埋没して設ける場合を除き、危険物を取り扱うタンクを設けてはならない。ただし、都市計画法第八条第一項第五号の防火地域及び準防火地域以外の地域においては、地盤面上に固定給油設備に接続する容量六百リットル以下の簡易タンクを、その取り扱う同一品質の危険物ごとに一個ずつ三個まで設けることができる。(タ)(ミ)

4　前項の専用タンク等又は簡易タンクを設ける場合には、当該専用タンク等又は簡易タンクの位置、構造及び設備は、次によらなければならない。(タ)

一　専用タンク等の位置、構造及び設備は、令第十三条第一項（第五号、第九号（掲示板に係る部分に限る。）、第九号の二及び第十二号を除く。）、同条第二項（同項においてその例によるものとされる同条第一項第五号、第九号（掲示板に係る部分に限る。）、第九号の二及び第十二号を除く。）又は同条第三項（同項においてその例によるものとされる同条第一項第五号、第九号（掲示板に係る部分に限る。）、第九号の二及び第十二号を除く。）に掲げる地下タンク貯蔵所の地下貯蔵タンクの位置、構造及び設備の例によるものであること。(タ)

二　簡易タンクの構造及び設備は、令第十四条第四号及び第六号から第八号までに掲げる簡易タンク貯蔵所の簡易貯蔵タンクの構造及び設備の例によるものであること。(タ)

5　圧縮水素充塡設備設置給油取扱所の業務を行うについて必要な設備は、第一号に掲げるものとし、当該設備は、第二十七条の三第六項第二号、第三号及び第六号の規定の例によるほか、第二号及び第三号に定めるところにより設けなければならない。この場合において、第二十七条の三第六項第三号中「圧縮天然ガス等」とあるのは「圧縮水素」と、同項第六号中「防火設備」とあるのは「第二十七条の五第五項第一号に規定する防火設備又は温度の上昇を防止するための装置」とする。(タ)(ミ)㋡

一　自動車等の洗浄を行う設備、自動車等の点検・整備を行う設備、混合燃料油調合器、尿素水溶液供給機、急速充電設備及び危険物から水素を製造するための改質装置並びに圧縮水素スタンド（一般高圧ガス保安規則第二条第一項第二十五号の圧縮水素スタンドをいう。以下この項から第七項までにおいて同じ。）及び防火設備（同規則第六条第一項第三十九号の防消火設備のうち防火設備をいう。次項において同じ。）又は温度の上昇を防止するための装置（同規則第七条の三第二項第十五号、第十九号及び第二十号の温度の上昇を防止するための装置をいう。次項において同じ。）(タ)(テ)㋡

二　危険物から水素を製造するための改質装置の位置、構造及び設備の基準は、令第九条第一項第十二号から第十六号まで、第十八号、第二十一号及び第二十二号の規定の例によるほか、次のとおりとすること。(タ)

イ　危険物から水素を製造するための改質装置は、自動車等が衝突するおそれのない屋外に設置すること。(タ)

ロ　改質原料及び水素が漏えいした場合に危険物から水素を製造するための改質装置の運転を自動的に停止させる装置を設けること。(タ)

ハ　ポンプ設備は、改質原料の吐出圧力が最大常用圧力を超えて上昇することを防止するための措置を講ずること。(タ)

ニ　危険物から水素を製造するための改質装置における危険物の取扱量は、指定数量の十倍未満であること。(タ)

三　圧縮水素スタンドの改質装置（前号に掲げる改質装置を除く。以下この号において同じ。）、液化水素の貯槽、液化水素昇圧ポンプ、送ガス蒸発器、圧縮機、蓄圧器、ディスペンサー、液化水素配管及びガス配管並びに液化水素、圧縮水素及び液化石油ガスの受入設備の位置、構造又は設備の基準は、当該設備に係る法令の規定によるほか、それぞれ次のとおりとすること。(タ)(テ)(ミ)(ろ)

イ　改質装置の位置、構造及び設備の基準は、前号イからハまでの規定の例によること。(タ)

ロ　液化水素の貯槽には、自動車等の衝突を防止するための措置を講ずること。(ミ)

ハ　液化水素昇圧ポンプには、自動車等の衝突を防止するための措置を講ずること。(ろ)

ニ　送ガス蒸発器には、自動車等の衝突を防止するための措置を講ずること。(ミ)(ろ)

ホ　圧縮機(タ)(ミ)(ろ)

(1)　ガスの吐出圧力が最大常用圧力を超えて上昇するおそれのあるものにあっては、吐出圧力が最大常用圧力を超えて上昇した場合に圧縮機の運転を自動的に停止させる装置を設けること。(タ)(ろ)

(2)　吐出側直近部分の配管に逆止弁を設けること。(タ)

(3)　自動車等の衝突を防止するための措置を講ずること。(タ)

ヘ　蓄圧器には、自動車等の衝突を防止するための措置を講ずること。(ミ)(ろ)

ト　ディスペンサー(タ)(ミ)(ろ)

(1)　位置は、給油空地等以外の場所であり、かつ、給油空地等において圧縮水素の充塡を行うことができない場所であること。(タ)(ミ)

(2)　充塡ホースは、自動車等のガスの充塡口と正常に接続されていない場合にガスが供給されない構造とし、かつ、著しい引張力が加わった場合に当該充塡ホースの破断によるガスの漏れを防止する措置が講じられたものであること。(タ)(ミ)(ろ)

(3)　自動車等の衝突を防止するための措置を講ずること。(タ)

(4)　自動車等の衝突を検知し、運転を自動的に停止する構造のものとすること。(タ)

チ　液化水素配管及びガス配管(タ)(ミ)(ろ)

(1)　位置は、給油空地等以外の場所とするほか、(2)に定めるところによること。(タ)

(2)　自動車等が衝突するおそれのない場所に設置すること。ただし、自動車等の衝突を防止するための措置を講じた場合は、この限りでない。(タ)

(3)　液化水素配管又はガス配管から火災が発生した場合に給油空地等及び専用タンク等の注入口への延焼を防止するための措置を講ずること。(タ)(ミ)

(4)　漏れたガスが滞留するおそれのある場所に設置する場合には、接続部を溶接とすること。ただし、当該接続部の周囲にガスの漏れを検知することができる設備を設けた場合は、この限りでない。(タ)

(5)　蓄圧器からディスペンサーへのガスの供給を緊急に停止することができる装置を設けること。この場合において、当該

装置の起動装置は、火災その他の災害に際し、速やかに操作することができる箇所に設けること。(タ)

リ　液化水素、圧縮水素及び液化石油ガスの受入設備(タ)(ミ)ろ

(1)　位置は、給油空地等以外の場所であり、かつ、給油空地等において液化水素又はガスの受入れを行うことができない場所であること。(タ)(ミ)

(2)　自動車等の衝突を防止するための措置を講ずること。(タ)

6　第三項から前項までに定めるもののほか、圧縮水素充塡設備設置給油取扱所の特例は、次のとおりとする。(タ)(ミ)

一　改質装置、液化水素の貯槽、液化水素昇圧ポンプ、送ガス蒸発器、圧縮機及び蓄圧器と給油空地等、簡易タンク及び専用タンク等の注入口との間に障壁を設けること。(タ)(ミ)ろ

二　防火設備又は温度の上昇を防止するための装置から放出された水が、給油空地等、令第十七条第一項第二十号に規定するポンプ室等及び専用タンク等の注入口付近に達することを防止するための措置を講ずること。(タ)(ソ)ろ

三　固定給油設備、固定注油設備、簡易タンク又は専用タンク等の注入口から漏れた危険物が、ディスペンサーに達することを防止するための措置を講ずること。(タ)

四　固定給油設備（懸垂式のものを除く。）、固定注油設備（懸垂式のものを除く。）及び簡易タンクには、自動車等の衝突を防止するための措置を講ずること。(タ)

五　簡易タンクを設ける場合には、圧縮水素スタンドの設備から火災が発生した場合に当該タンクへの延焼を防止するための措置を講ずること。(タ)(テ)(ミ)

六　液化水素の貯槽を設ける場合には、固定給油設備又は固定注油設備から火災が発生した場合にその熱が当該貯槽に著しく影響を及ぼすおそれのないようにするための措置を講ずること。(ミ)

7　第五項第三号ト(1)及びチ(1)の規定にかかわらず、次に掲げる措置の全てを講じた場合又は給油空地が軽油のみを取り扱う固定給油設備のうちホース機器の周囲に保有する空地である場合は、圧縮水素スタンドのディスペンサー及びガス配管を給油空地に設置することができる。ろ

一　固定給油設備（ホース機器の周囲に保有する給油空地に圧縮水素スタンドのディスペンサー及びガス配管を設置するものに限る。以下この項において同じ。）の構造及び設備は、次によること。ろ

イ　給油ホースの先端部に手動開閉装置を備えた給油ノズルを設けること。ろ

ロ　手動開閉装置を開放状態で固定する装置を備えた給油ノズルを設ける固定給油設備は、次によること。ろ

(1)　給油ノズルは、自動車等の燃料タンク給油口から脱落した場合に給油を自動的に停止する構造のものとすること。ろ

(2)　第二十五条の二第二号ハの規定にかかわらず、給油ホースは、著しい引張力が加わったときに安全に分離するとともに、分離した部分からの危険物の漏えいを防止することができる構造のものとすること。ろ

ハ　給油ノズルは、自動車等の燃料タンクが満量となったときに給油を自動的に停止する構造のものとすること。ろ

ニ　一回の連続したガソリン、メタノール等又はエタノール等の給油量が一定の数量を超えた場合に給油を自動的に停止する構造のものとすること。ろ

ホ　固定給油設備には、当該固定給油設備が転倒した場合において当該固定給油設備の配管及びこれに接続する配管からのガソリン、メタノール等又はエタノール等の漏えいの拡散を防止するための措置を講ずること。ろ

二　固定給油設備又は給油中の自動車等から漏れたガソリン、メタノール等又はエタノール等が、当該給油空地内の圧縮水素を充塡

するために自動車等が停車する場所、圧縮水素スタンドのディスペンサー及びガス配管が設置されている部分に達することを防止するための措置を講ずること。ろ

三　火災その他の災害に際し速やかに操作することができる箇所に、給油取扱所内の全ての固定給油設備及び固定注油設備のホース機器への危険物の供給を一斉に停止するための装置を設けること。ろ

本条…追加〔平成一七年三月総令三七号(タ)〕、二・六項…一部改正〔平成一八年三月総令三一号(ソ)〕、一項…一部改正〔平成二四年五月総令四九号(エ)〕、五・六項…一部改正〔平成二四年一二月総令一〇三号(テ)〕、見出し…改正・一―三・五・六項…一部改正〔平成二七年六月総令五六(ミ)〕、五・六項…一部改正・七項…追加〔令和元年八月総令三四号ろ〕、五項…一部改正〔令和五年一二月総令八三号り〕

（自家用給油取扱所の基準の特例）

第二八条　令第十七条第三項第六号の総務省令で定める自家用の給油取扱所は、専ら給油設備によつて給油取扱所の所有者、管理者又は占有者が所有し、管理し、又は占有する自動車等（以下この条において「所有者等の自動車等」という。）の燃料タンクに直接給油するため危険物を取り扱う取扱所及び給油設備によつて給油取扱所の所有者等の自動車等に直接給油するため危険物を取り扱うほか、次に掲げる作業を行う取扱所とする。(ま)(み)(へ)(タ)り

一　給油設備からガソリンを当該給油取扱所の所有者、管理者若しくは占有者が所有し、管理し、若しくは占有する容器（次号において「所有者等の容器」という。）に詰め替え、又は軽油を当該給油取扱所の所有者、管理者若しくは占有者が所有し、管理し、若しくは占有する車両に固定された容量四千リットル以下のタンク（容量二千リットルを超えるタンクにあつては、その内部を二千リットル以下ごとに仕切つたものに限る。次号において「所有者等のタンク」という。）に注入する作業り

二　固定した注油設備から灯油若しくは軽油を当該給油取扱所の所有者等の容器に詰め替え、又は当該給油取扱所の所有者等のタンクに注入する作業り

2　前項の給油取扱所に係る令第十七条第三項の規定による同条第一項及び第二項に掲げる基準の特例は、次項から第五項までに定めるところによる。(ま)(み)(タ)

3　第一項の給油取扱所（次項及び第五項に定めるものを除く。）については、令第十七条第一項第二号（間口及び奥行の長さに係る部分に限る。）及び同項第七号ただし書（簡易タンクを設けることができる地域に関する制限に係る部分に限る。）並びに第二十四条の十四第一号の規定は、適用しない。(ま)(み)(タ)(ソ)

4　第一項の給油取扱所（圧縮天然ガス等を充てんするための設備を設けるものに限る。）は、屋内給油取扱所以外の給油取扱所にあつては第二十七条の三、屋内給油取扱所にあつては第二十七条の四の規定に適合しなければならない。(み)(す)(タ)

5　第一項の給油取扱所（電気を動力源とする自動車等に水素を充てんするための設備を設けるものに限る。）は、屋内給油取扱所以外の給油取扱所であつて、かつ、第二十七条の五の規定に適合しなければならない。(タ)

本条…全部改正〔平成元年二月自令五号(ま)〕、一―三項…一部改正・四項…追加〔平成七年二月自令二号(み)〕、四項…一部改正〔平成一〇年三月自令六号(す)〕、一項…一部改正〔平成一二年九月自令四四号(へ)〕、一―四項…一部改正・五項…追加〔平成一七年三月総令三七号(タ)〕、三項…一部改正〔平成一八年三月総令三一号(ソ)〕、一項…一部改正〔令和五年一二月総令八三号り〕

（メタノール等及びエタノール等の屋外給油取扱所の特例）(ケ)

第二八条の二　メタノール等を取り扱う給油取扱所に係る令第十七条第四項の規定による同条第一項に掲げる基準を超える特例は、次のとおりとする。(き)

一　削除(ソ)

二　メタノールを取り扱う専用タンクを設ける場合には、当該専用

タンクの位置、構造及び設備は、次によること。(き)

イ　令第十七条第一項第八号イにおいてその例によるものとされる令第十三条第一項第十三号の規定にかかわらず、専用タンク又はその周囲には、当該専用タンクからのメタノールの漏れを検知することができる装置を設けること。ただし、専用タンクに同条第二項第一号イ又はロに掲げる措置を講じたものにあつては、この限りでない。(き)(タ)(ソ)

ロ　専用タンクの注入口には、弁及び危険物の過剰な注入を自動的に防止する設備を設けること。(き)(タ)

ハ　専用タンクの注入口の周囲には、排水溝、切替弁及び漏れた危険物を収容する容量四立方メートル以上の設備を設けること。(き)(タ)

ニ　令第十七条第一項第八号イにおいてその例によるものとされる令第十三条第三項の規定は、適用しないこと。(き)(タ)(ソ)

三　第四類の危険物のうちメタノールを含有するものを取り扱う専用タンクを設ける場合には、当該専用タンクの位置、構造及び設備は、前号ハ及びニに適合するものであること。(き)(タ)

四　メタノールを取り扱う簡易タンクを設ける場合には、当該簡易タンクの注入口に弁を設けること。(き)

2　エタノールを取り扱う給油取扱所に係る令第十七条第四項の規定による同条第一項に掲げる基準を超える特例は、前項（第三号を除く。）の例による。(ケ)

3　第四類の危険物のうちエタノールを含有するものを取り扱う給油取扱所に係る令第十七条第四項の規定による同条第一項に掲げる基準を超える特例は、次のとおりとする。(ケ)

一　第四類の危険物のうちエタノールを含有するものを取り扱う専用タンクの注入口の周囲には、排水溝、切替弁及び漏れた危険物を収容する容量四立方メートル以上の設備を設けること。ただし、専用タンクの注入口から当該危険物が漏れた場合において危険物が給油空地及び注油空地以外の部分に流出するおそれのない場合にあつては、この限りではない。(ケ)

二　第二十三条の三第二号に規定する設備のうち、専用タンクの周囲に四箇所以上設ける管により液体の危険物の漏れを検知する設備を設けるものにあつては、当該設備により当該専用タンクから漏れた危険物を検知することが困難な場合には、令第十七条第一項第八号イにおいてその例によるものとされる令第十三条第三項の規定は、適用しない。(ケ)

本条…追加〔平成六年三月自令五号(き)〕、一部改正〔平成一七年三月総令三七号(タ)・一八年三月三一号(ソ)〕、見出し…改正・二・三項…追加〔平成二三年一二月総令一六五号(ケ)〕

（メタノール等及びエタノール等の屋内給油取扱所の特例）(ケ)

第二八条の二の二　メタノール等を取り扱う給油取扱所に係る令第十七条第四項の規定による同条第二項に掲げる基準を超える特例は、次のとおりとする。(き)

一　削除(ソ)

二　メタノールを取り扱う専用タンクを設ける場合には、当該専用タンクの位置、構造及び設備は、前条第二号ハの規定の例によるほか、次によること。(き)(タ)

イ　令第十七条第二項第二号においてその例によるものとされる令第十三条第一項第十三号の規定にかかわらず、専用タンク又はその周囲には、当該専用タンクからのメタノールの漏れを検知することができる装置を設けること。ただし、専用タンクに同条第二項第一号イ又はロに掲げる措置を講じたものにあつては、この限りでない。(き)(タ)

ロ　専用タンクの注入口には、弁を設けること。(き)(タ)

ハ　令第十七条第二項第二号においてその例によるものとされる令第十三条第三項の規定は、適用しないこと。(き)(タ)

三　第四類の危険物のうちメタノールを含有するものを取り扱う専

用タンクを設ける場合には、当該専用タンクの位置、構造及び設備は、前条第二号ハ及び前号ハに適合するものであること。（き）（タ）

2　エタノールを取り扱う給油取扱所に係る令第十七条第四項の規定による同条第二項に掲げる基準を超える特例は、前項（第三号を除く。）の例による。（ケ）

3　第四類の危険物のうちエタノールを含有するものを取り扱う給油取扱所に係る令第十七条第四項の規定による同条第二項に掲げる基準を超える特例は、次のとおりとする。（ケ）

一　第四類の危険物のうちエタノールを含有するものを取り扱う専用タンクの注入口の周囲には、排水溝、切替弁及び漏れた危険物を収容する容量四立方メートル以上の設備を設けること。ただし、専用タンクの注入口から当該危険物が漏れた場合において危険物が給油空地及び注油空地以外の部分に流出するおそれのない場合にあつては、この限りではない。（ケ）

二　第二十三条の三第二号に規定する設備のうち、専用タンクの周囲に四箇所以上設ける管により液体の危険物の漏れを検知する設備を設けるものにあつては、当該設備により当該専用タンクから漏れた危険物を検知することが困難な場合には、令第十七条第一項第八号イにおいてその例によるものとされる令第十三条第三項の規定は、適用しない。（ケ）

本条…追加〔平成六年三月自令五号（き）〕、一部改正〔平成一〇年三月自令六号（す）・一七年三月総令三七号（タ）・一八年三月三一号（ソ）〕、見出し…改正・一・二・三項…追加〔平成二三年一二月総令一六五号（ケ）〕

（メタノール等及びエタノール等の圧縮天然ガス等充てん設備設置給油取扱所等の基準の特例）（み）（す）（ケ）（エ）

第二八条の二の三　メタノール等又はエタノール等を取り扱う給油取扱所（圧縮天然ガス等充てん設備設置給油取扱所、圧縮水素充てん設備設置給油取扱所及び第二十八条第一項の自家用の給油取扱所に限る。）に係る令第十七条第四項の規定による同条第三項に掲げる基準を超える特例は、この条の定めるところによる。（き）（み）（す）（ケ）（エ）

2　前項の給油取扱所（次項に定めるものを除く。）のうち、メタノール等を取り扱うものにあつては第二十八条の二第一項の規定に、エタノールを取り扱うものにあつては同条第二項の規定に、第四類の危険物のうちエタノールを含有するものを取り扱うものにあつては同条第三項の規定に、それぞれ適合しなければならない。（き）（ケ）

3　第一項の給油取扱所（屋内給油取扱所に該当するものに限る。）のうち、メタノール等を取り扱うものにあつては前条第一項の規定に、エタノールを取り扱うものにあつては同条第二項の規定に、第四類の危険物のうちエタノールを含有するものを取り扱うものにあつては同条第三項の規定に、それぞれ適合しなければならない。（き）（み）（ケ）

本条…追加〔平成六年三月自令五号（き）〕、見出し…改正・一・三項…一部改正〔平成七年二月自令二号（み）〕、見出し…改正・一項…一部改正〔平成一〇年三月自令六号（す）〕、見出し…改正・二・三項…全部改正〔平成二三年一二月総令一六五号（ケ）〕、見出し…改正・一項…一部改正〔平成二四年五月総令四九号（エ）〕

（顧客に自ら給油等をさせる給油取扱所）

第二八条の二の四　令第十七条第五項の総務省令で定める給油取扱所は、顧客に自ら自動車若しくは原動機付自転車に給油させ、又は灯油若しくは軽油を容器に詰め替えさせることができる給油取扱所とする。（す）（へ）

本条…追加〔平成一〇年三月自令六号（す）〕、一部改正〔平成一二年九月自令四四号（へ）〕

（顧客に自ら給油等をさせる屋外給油取扱所の特例）

第二八条の二の五　前条の給油取扱所に係る令第十七条第五項の規定

による同条第一項に掲げる基準を超える特例は、次のとおりとする。(す)

一　顧客に自ら給油等をさせる給油取扱所には、当該給油取扱所へ進入する際見やすい箇所に顧客が自ら給油等を行うことができる給油取扱所である旨を表示すること。(す)

二　顧客に自ら自動車等に給油させるための固定給油設備（以下「顧客用固定給油設備」という。）の構造及び設備は、次によること。(す)

イ　給油ホースの先端部に手動開閉装置を備えた給油ノズルを設けること。(ラ)

ロ　手動開閉装置を開放状態で固定する装置を備えた給油ノズルを設ける顧客用固定給油設備は、次によること。(ラ)

(1)　給油作業を開始しようとする場合において、給油ノズルの手動開閉装置が開放状態であるときは、当該手動開閉装置を一旦閉鎖しなければ給油を開始することができない構造のものとすること。(ラ)㊇

(2)　給油ノズルが自動車等の燃料タンク給油口から脱落した場合に給油を自動的に停止する構造のものとすること。(ラ)

(3)　引火点が四十度未満の危険物を取り扱うホース機器にあつては、自動車等の燃料タンクに給油するときに放出される可燃性の蒸気を回収する装置を設けること。(ラ)㊇

ハ　引火点が四十度未満の危険物を取り扱う給油ノズルは、給油時に人体に蓄積された静電気を有効に除去することができる構造のものとすること。ただし、ロ(3)に規定する可燃性の蒸気を回収する装置を設けた顧客用固定給油設備については、この限りでない。(ラ)

ニ　給油ノズルは、自動車等の燃料タンクが満量となつたときに給油を自動的に停止する構造のものとするとともに、自動車等の燃料タンク給油口から危険物が噴出した場合において顧客に危険物が飛散しないための措置を講ずること。(す)(ラ)㊇

ホ　第二十五条の二第二号ハの規定にかかわらず、給油ホースは、著しい引張力が加わつたときに安全に分離するとともに、分離した部分からの危険物の漏えいを防止することができる構造のものとすること。(す)(ラ)㊇

ヘ　ガソリン及び軽油相互の誤給油を有効に防止することができる構造のものとすること。(す)(ラ)

ト　一回の連続した給油量及び給油時間の上限をあらかじめ設定できる構造のものとすること。(す)(ラ)

チ　地震時にホース機器への危険物の供給を自動的に停止する構造のものとすること。(す)(ラ)

三　顧客に自ら灯油又は軽油を容器に詰め替えさせるための固定注油設備（以下「顧客用固定注油設備」という。）の構造及び設備は、次によること。(す)

イ　注油ホースの先端部に開放状態で固定できない手動開閉装置を備えた注油ノズルを設けること。(す)

ロ　注油ノズルは、容器が満量となつたときに危険物の注入を自動的に停止する構造のものとすること。(す)㊇

ハ　一回の連続した注油量及び注油時間の上限をあらかじめ設定できる構造のものとすること。(す)

ニ　地震時にホース機器への危険物の供給を自動的に停止する構造のものとすること。(す)

四　固定給油設備及び固定注油設備並びに簡易タンクには、次に定める措置を講ずること。ただし、顧客の運転する自動車等が衝突するおそれのない場所に当該固定給油設備若しくは固定注油設備又は簡易タンクが設置される場合にあつては、この限りでない。(す)㊇

イ　固定給油設備及び固定注油設備並びに簡易タンクには、自動車等の衝突を防止するための措置を講ずること。(す)

ロ　固定給油設備及び固定注油設備には、当該固定給油設備又は固定注油設備（ホース機器と分離して設置されるポンプ機器を有する固定給油設備及び固定注油設備にあっては、ホース機器。以下この号において同じ。）が転倒した場合において当該固定給油設備又は固定注油設備の配管及びこれらに接続する配管からの危険物の漏えいの拡散を防止するための措置を講ずること。（す）[は]

五　固定給油設備及び固定注油設備並びにその周辺には、次に定めるところにより必要な事項を表示すること。（す）

イ　顧客用固定給油設備及び顧客用固定注油設備には、それぞれ顧客が自ら自動車等に給油することができる固定給油設備又は顧客が自ら危険物を容器に詰め替えることができる固定注油設備である旨を見やすい箇所に表示するとともに、その周囲の地盤面等に自動車等の停止位置又は容器の置き場所等を表示すること。（す）

ロ　第二十五条の三の規定にかかわらず、顧客用固定給油設備及び顧客用固定注油設備にあっては、その給油ホース等の直近その他の見やすい箇所に、ホース機器等の使用方法及び危険物の品目を表示すること。この場合において、危険物の品目の表示は、次の表の上欄に掲げる取り扱う危険物の種類に応じそれぞれ同表の中欄に定める文字を表示するとともに、文字及び地並びに給油ホース等その他危険物を取り扱うために顧客が使用する設備に彩色を施す場合には、それぞれ同表の下欄に定める色とすること。（す）（フ）[い][は]

取り扱う危険物の種類	文字	色
自動車ガソリン（日本産業規格K二二〇二「自動車ガソリン」に規定するもののうち一号に限る。）	「ハイオクガソリン」又は「ハイオク」	黄
自動車ガソリン（日本産業規格K二二〇二「自動車ガソリン」に規定するもののうち一号（E）に限る。）	「ハイオクガソリン（E）」又は「ハイオク（E）」	ピンク
自動車ガソリン（日本産業規格K二二〇二「自動車ガソリン」に規定するもののうち二号に限る。）	「レギュラーガソリン」又は「レギュラー」	赤
自動車ガソリン（日本産業規格K二二〇二「自動車ガソリン」に規定するもののうち二号（E）に限る。）	「レギュラーガソリン（E）」又は「レギュラー（E）」	紫
軽油	「軽油」	緑
灯油	「灯油」	青

ハ　顧客用固定給油設備及び顧客用固定注油設備以外の固定給油設備又は固定注油設備を設置する場合にあっては、顧客が自ら用いることができない固定給油設備又は固定注油設備である旨を見やすい箇所に表示すること。（す）[は]

六　顧客自らによる給油作業又は容器への詰替え作業（以下「顧客の給油作業等」という。）を監視し、及び制御し、並びに顧客に対し必要な指示を行うための制御卓その他の設備を次に定めるところにより設けること。（す）[は]

イ　制御卓は、給油取扱所内で、かつ、全ての顧客用固定給油設備及び顧客用固定注油設備における使用状況を直接視認できる位置に設置すること。ただし、給油取扱所内で、かつ、全ての顧客用固定給油設備及び顧客用固定注油設備における使用状況を監視設備により視認できる位置に制御卓を設置する場合にあっては、この限りでない。（す）[は][ち]

ロ　給油中の自動車等により顧客用固定給油設備及び顧客用固定注油設備の使用状況について制御卓からの直接的な視認が妨げ

られるおそれのある部分については、制御卓における視認を常時可能とするための監視設備を設けること。(す)

ハ　制御卓には、それぞれの顧客用固定給油設備及び顧客用固定注油設備のホース機器への危険物の供給を開始し、及び停止するための制御装置を設けること。(す)

ニ　制御卓及び火災その他の災害に際し速やかに操作することができる箇所に、全ての固定給油設備及び固定注油設備のホース機器への危険物の供給を一斉に停止するための制御装置を設けること。(す)(は)

ホ　制御卓には、顧客と容易に会話することができる装置を設けるとともに、給油取扱所内の全ての顧客に対し必要な指示を行うための放送機器を設けること。(す)(は)

七　顧客の給油作業等を制御するための可搬式の制御機器を設ける場合にあっては、次に定めるところによること。(は)

イ　可搬式の制御機器には、前号ハに規定する制御装置を設けること。(は)

ロ　可搬式の制御機器には、前号ニに規定する制御装置を設けること。(は)

本条…追加〔平成一〇年三月自令六号(す)〕、一部改正〔平成一八年三月総令三一号(ソ)・一九年九月一〇六号(ラ)・二四年三月一二号(フ)・令和元年六月一九号(い)・一二月六七号(は)・五年九月七〇号(ち)〕

（顧客に自ら給油等をさせる屋内給油取扱所の特例）

第二八条の二の六　第二十八条の二の四の給油取扱所に係る令第十七条第五項の規定による同条第二項に掲げる基準を超える特例は、前条（第四号中簡易タンクに係る部分を除く。）の規定の例によるものとする。(す)

本条…追加〔平成一〇年三月自令六号(す)〕

（顧客に自ら給油等をさせる圧縮天然ガス等充塡設備設置給油取扱所等の特例）(モ)

第二八条の二の七　第二十八条の二の四の給油取扱所（圧縮天然ガス等充塡設備設置給油取扱所、圧縮水素充塡設備設置給油取扱所及び第二十八条第一項の自家用の給油取扱所に該当するものに限る。）に係る令第十七条第五項の規定による同条第三項に掲げる基準を超える特例は、この条の定めるところによる。(す)(エ)(モ)

2　前項の給油取扱所（次項から第五項までに定めるものを除く。）は、第二十八条の二の五（圧縮天然ガス等充塡設備設置給油取扱所及び圧縮水素充塡設備設置給油取扱所にあつては、第四号イを除く。）の規定に適合しなければならない。(す)(エ)(モ)

3　第一項の給油取扱所（屋内給油取扱所に該当するものに限り、第五項に定めるものを除く。）は、前条（圧縮天然ガス等充塡設備設置給油取扱所にあつては、同条においてその例によるものとされる第二十八条の二の五第四号イを除く。）の規定に適合しなければならない。(す)(モ)

4　第一項の給油取扱所（圧縮天然ガススタンドのディスペンサー及びガス配管を給油空地に設置するもの（次項に定めるものを除く。））は、第二十八条の二の五（同条第四号イのほか、固定給油設備（ガソリン、メタノール等又はエタノール等を取り扱う給油ノズル、給油ホース及び配管に限る。以下この項及び次項において同じ。）にあつては、同条第二号イ、ロ(2)、ニ（顧客に危険物が飛散しないための措置に係る部分を除く。）及びホ（手動開閉装置を開放状態で固定する装置を備えた給油ノズルを設ける固定給油設備を設置する場合に限る。）を除く。）の規定に適合しなければならない。(モ)

5　第一項の給油取扱所（圧縮天然ガススタンドのディスペンサー及びガス配管を給油空地に設置するもの（屋内給油取扱所に該当するものに限る。））は、前条（同条においてその例によるものとされる第二十八条の二の五第四号イのほか、固定給油設備にあつては、前条においてその例によるものとされる第二十八条の二の五第二号イ、ロ⑵、ニ（顧客に危険物が飛散しないための措置に係る部分を除く。）及びホ（手動開閉装置を開放状態で固定する装置を備えた給油ノズルを設ける固定給油設備を設置する場合に限る。）を除く。）の規定に適合しなければならない。（モ）

本条…追加〔平成一〇年三月自令六号(す)〕、一・二項…一部改正〔平成二四年五月総令四九号(エ)〕、見出し…改正・一―三項…一部改正・四・五項…追加〔平成二九年一月総令三号(モ)〕

（顧客に自ら給油等をさせるエタノール等の給油取扱所等の特例）

第二八条の二の八　第二十八条の二の四の給油取扱所（エタノール等を取り扱う給油取扱所に限る。）に係る令第十七条第五項の規定による同条第四項に掲げる基準を超える特例は、この条の定めるところによる。（ケ）

2　前項の給油取扱所（次項及び第四項に定めるものを除く。）は、第二十八条の二の五の規定に適合しなければならない。（ケ）

3　第一項の給油取扱所（屋内給油取扱所に該当するもの（次項に定めるものを除く。）に限る。）は、第二十八条の二の六の規定に適合しなければならない。（ケ）（エ）

4　第一項の給油取扱所（圧縮天然ガス等充てん設備設置給油取扱所、圧縮水素充てん設備設置給油取扱所及び第二十八条第一項の自家用の給油取扱所に該当するものに限る。）は、前条の規定に適合しなければならない。（ケ）（エ）

本条…追加〔平成二三年一二月総令一六五号(ケ)〕、三・四項…一部改正〔平成二四年五月総令四九号(エ)〕

（移送取扱所の基準）

第二八条の二の九　令第十八条の二第一項に規定する移送取扱所の位置、構造及び設備の技術上の基準は、次条から第二十八条の五十一までに定めるとおりとする。（り）（き）（ケ）

本条…追加〔昭和四九年五月自令一二号(り)〕、旧二八条の二…繰下〔平成六年三月自令五号(き)〕、旧二八条の二の四…繰下〔平成一〇年三月自令六号(す)〕、旧二八条の二の八…繰下〔平成二三年一二月総令一六五号(ケ)〕

（移送取扱所の設置場所）

第二八条の三　移送取扱所は、次の各号に掲げる場所に設置してはならない。（り）

一　災害対策基本法（昭和三十六年法律第二百二十三号）第四十条に規定する都道府県地域防災計画又は同法第四十二条に規定する市町村地域防災計画において定められている震災時のための避難空地（り）

二　鉄道及び道路の隧（すい）道内（り）

三　高速自動車国道及び自動車専用道路の車道、路肩及び中央帯並びに狭あいな道路（り）

四　河川区域及び水路敷（り）

五　利水上の水源である湖沼、貯水池等（り）

六　急傾斜地の崩壊による災害の防止に関する法律（昭和四十四年法律第五十七号）第三条第一項の規定により指定された急傾斜地崩壊危険区域（り）

七　地すべり等防止法（昭和三十三年法律第三十号）第三条第一項の規定により指定された地すべり防止区域及び同法第四条第一項の規定により指定されたぼた山崩壊防止区域（り）

八　海岸法（昭和三十一年法律第百一号）第二条に規定する海岸保全施設及びその敷地（り）

2　前項の規定にかかわらず、前項第三号から第八号までに掲げる場所については、地形の状況その他特別の理由によりやむを得ない場合であつて、かつ、保安上適切な措置を講ずる場合は、当該移送取扱所を当該場所に設置することができる。（り）

3　移送取扱所を第一項第三号若しくは第四号に掲げる場所に横断し

て設置する場合又は第八号に掲げる場所に架空横断して設置する場合は、第一項の規定は適用しない。(り)

本条…追加〔昭和四九年五月自令一二号(り)〕

（材料）

第二八条の四　配管、管継手及び弁（以下「配管等」という。）の材料は、告示で定める規格に適合するものでなければならない。ただし、配管の設置場所の状況等からこれによることが困難であると認められる場合は、これと同等以上の機械的性質を有するものとすることができる。(り)

本条…追加〔昭和四九年五月自令一二号(り)〕

参照【配管等の材料の規格】危告示五

（配管等の構造）

第二八条の五　配管等の構造は、移送される危険物の重量、配管等の内圧、配管等及びその附属設備の自重、土圧、水圧、列車荷重、自動車荷重、浮力等の主荷重並びに風荷重、雪荷重、温度変化の影響、振動の影響、地震の影響、投錨による衝撃の影響、波浪及び潮流の影響、設置時における荷重の影響、他工事による影響等の従荷重によつて生ずる応力に対して安全なものでなければならない。(り)

2　配管は、次の各号に定める基準に適合するものでなければならない。(り)

一　主荷重及び主荷重と従荷重との組合せによつて生ずる配管（鋼製のものに限る。以下この項において同じ。）の円周方向応力度及び軸方向応力度が当該配管のそれぞれの許容応力度を超えるものでないこと。(り)

二　配管の内圧によつて生じる当該配管の円周方向応力度が当該配管の規格最小降伏点（配管の材料の規格に最小降伏点の定めがないものにあつては、材料試験成績等により保証される降伏点とする。ただし、当該降伏点が、当該材料の規格に定める引張強さの最小の値に〇・六を乗じた値を超える場合にあつては、当該値とする。以下この条において同じ。）の四十パーセント以下であること。(り)(ひ)

三　主荷重と従荷重の組合せによつて生じる配管の円周方向応力度、軸方向応力度及び管軸に垂直方向のせん断応力度を合成した応力度が当該配管の規格最小降伏点の九十パーセント以下であること。(り)

四　橋に設置する配管は、橋のたわみ、伸縮、振動等に対し安全な構造であること。(り)

五　配管の最小厚さは、告示で定める基準に適合するものであること。ただし、告示で定める方法により破損試験を行つたとき破損しないものは、この限りでない。(り)

3　前項第一号の「許容応力度」とは、許容引張応力度、許容圧縮応力度、許容せん断応力度及び許容支圧応力度をいう。この場合において、「許容引張応力度」及び「許容圧縮応力度」とは配管の規格最小降伏点に告示で定める長手継手の継手効率を乗じた値を二・〇で除した値（主荷重と従荷重との組合せに係る許容引張応力度及び許容圧縮応力度にあつては、当該二・〇で除した値に告示で定める従荷重に係る割増係数を乗じた値）、「許容せん断応力度」とは許容引張応力度に〇・六を乗じた値、「許容支圧応力度」とは許容引張応力度に一・四を乗じた値をそれぞれいうものとする。(り)

4　前三項に規定するもののほか、配管等の構造に関し必要な事項は、告示で定める。(り)

本条…追加〔昭和四九年五月自令一二号(り)〕、二項…一部改正〔平成八年九月自令三二号(ひ)〕

参照【配管の最小厚さ】危告示六【破損試験の方法】危告示七【長手継手の継手効率】危告示八【割増係数】危告示九【配管等の構造に関し

必要な事項】危告示一〇【配管等に係る主荷重等の計算方法】危告示一一【配管に係る応力度の計算方法】危告示一二【地震の影響】危告示一三【配管に係る合成応力度】危告示一四【管継手の設計等】危告示一五【曲り部の設計等】危告示一六【弁の設計等】危告示一七

（伸縮吸収措置）

第二八条の六　配管の有害な伸縮が生じるおそれのある箇所には、告示で定めるところにより当該有害な伸縮を吸収する措置を講じなければならない。（り）

本条…追加〔昭和四九年五月自令一二号(り)〕

参照　【伸縮吸収措置】危告示一八

（配管等の接合）

第二八条の七　配管等の接合は、溶接によつて行わなければならない。ただし、溶接によることが適当でない場合は、安全上必要な強度を有するフランジ接合をもつて代えることができる。（り）

2　前項ただし書の場合においては、当該接合部分の点検を可能とし、かつ、危険物の漏えい拡散を防止するための措置を講じなければならない。（り）

本条…追加〔昭和四九年五月自令一二号(り)〕

（溶接）

第二八条の八　配管等の溶接は、アーク溶接その他の告示で定める溶接方法によつて行わなければならない。（り）

2　配管等の溶接に使用する溶接機器及び溶接材料は、告示で定める規格に適合するもの又はこれと同等以上の性能を有するものでなければならない。（り）

3　前二項に規定するもののほか、溶接の方法その他溶接に関し必要な事項は、告示で定める。（り）

本条…追加〔昭和四九年五月自令一二号(り)〕

参照　【溶接方法】危告示一九（アーク溶接等）【溶接機器及び溶接材料の規格】危告示二〇【溶接方法等】危告示二一

（防食被覆）

第二八条の九　地下又は海底に設置する配管等には、告示で定めるところにより、耐久性があり、かつ、電気絶縁抵抗の大きい塗覆装材により外面腐食を防止するための措置を講じなければならない。（り）

2　地上又は海上に設置する配管等には、外面腐食を防止するための塗装を施さなければならない。（り）

本条…追加〔昭和四九年五月自令一二号(り)〕

参照　【外面腐食を防止するための措置】危告示二二

（電気防食）

第二八条の一〇　地下又は海底に設置する配管等には、告示で定めるところにより電気防食措置を講じなければならない。（り）

2　前項の措置を講ずる場合は、近接する埋設物その他の構造物に対し悪影響を及ぼさないための必要な措置を講じなければならない。（り）

本条…追加〔昭和四九年五月自令一二号(り)〕

参照　【電気防食措置】危告示二三（排流法等）

（加熱及び保温のための設備）

第二八条の一一　配管等に加熱又は保温のための設備を設ける場合は、火災予防上安全で、かつ、他に悪影響を与えないような構造としなければならない。（り）

本条…追加〔昭和四九年五月自令一二号(り)〕

（地下埋設）

第二八条の一二　配管を地下に埋設する場合は、次の各号に掲げるところによらなければならない。（り）

一　配管は、その外面から建築物、地下街、隧(すい)道その他の告示で定める工作物に対し告示で定める水平距離を有すること。（り）

二　配管は、その外面から他の工作物に対し〇・三メートル以上の距離を保たせ、かつ、当該工作物の保全に支障を与えないこと。ただし、配管の外面から他の工作物に対し〇・三メートル以上の距離を保たせることが困難な場合であつて、かつ、当該工作物の保全のための適切な措置を講じる場合は、この限りでない。（り）

三　配管の外面と地表面との距離は、山林原野にあつては〇・九メートル以下、その他の地域にあつては一・二メートル以下としないこと。ただし、当該配管を告示で定める防護構造物の中に設置する場合は、この限りでない。（り）

四　配管は、地盤の凍結によつて損傷を受けることのないよう適切な深さに埋設すること。（り）

五　盛土又は切土の斜面の近傍に配管を埋設する場合は、告示で定める安全率以上のすべり面の外側に埋設すること。（り）

六　配管の立ち上がり部、地盤の急変部等支持条件が急変する箇所については、曲り管のそう入、地盤改良その他必要な措置を講じること。（り）

七　掘さく及び埋めもどしは、告示で定める方法によつて行うこと。（り）

本条…追加〔昭和四九年五月自令一二号(り)〕

参照　【工作物に対する水平距離等】危告示二四【地下埋設の配管に係る防護構造物】危告示二五【斜面のすべりに対する安全率】危告示二六【掘さく及び埋めもどしの方法】危告示二七

（道路下埋設）

第二八条の一三　配管を道路下に埋設する場合は、前条（第二号及び第三号を除く。）の規定の例によるほか、次の各号に掲げるところによらなければならない。（り）

一　配管は、原則として自動車荷重の影響の少ない場所に埋設すること。（り）

二　配管は、その外面から道路の境界に対し一メートル以上の水平距離を有すること。（り）

三　配管（防護工又は防護構造物により配管を防護する場合は、当該防護工又は防護構造物。以下この号、第六号及び第七号において同じ。）は、その外面から他の工作物に対し〇・三メートル以上の距離を保たせ、かつ、当該工作物の保全に支障を与えないこと。ただし、配管の外面から他の工作物に対し〇・三メートル以上の距離を保たせることが困難な場合であつて、かつ、当該工作物の保全のための適切な措置を講ずる場合は、この限りでない。（り）

四　市街地の道路下に埋設する場合は、当該道路に係る工事によつて配管が損傷を受けることのないよう告示で定める防護工を設けること。ただし、配管を告示で定める防護構造物の中に設置する場合は、この限りでない。（り）

五　市街地の道路の路面下に埋設する場合は、配管（告示で定める防護構造物の中に設置するものを除く。）の外面と路面との距離は、一・八メートル以下と、告示で定める防護工又は防護構造物により防護された配管の当該防護工又は防護構造物の外面と路面との距離は、一・五メートル以下としないこと。（り）

六　市街地以外の道路の路面下に埋設する場合は、配管の外面と路面との距離は、一・五メートル以下としないこと。（り）

七　舗装されている車道に埋設する場合は、当該舗装部分の路盤（しや断層がある場合は、当該しや断層。以下同じ。）の下に埋設し、配管の外面と路盤の最下部との距離は、〇・五メートル以

下としないこと。(り)

八　路面下以外の道路下に埋設する場合は、配管の外面と地表面との距離は、一・二メートル（告示で定める防護工又は防護構造物により防護された配管にあつては、〇・六メートル（市街地の道路下に埋設する場合は、〇・九メートル））以下としないこと。(り)

九　電線、水管、下水道管、ガス管その他これらに類するもの（各戸に引き込むためのもの及びこれが取り付けられるものに限る。）が埋設されている道路又は埋設する計画のある道路に埋設する場合は、これらの上部に埋設しないこと。(り)

本条…追加〔昭和四九年五月自令一二号(り)〕

参照【市街地の道路下埋設配管に係る防護工】危告示二八【防護構造物】危告示二九【防護工又は防護構造物】危告示三〇

（線路敷下埋設）

第二八条の一四　配管を線路敷下に埋設する場合については、第二十八条の十二（第三号を除く。）の規定を準用するほか、次の各号に掲げるところによらなければならない。(り)

一　配管は、その外面から軌道中心に対し四メートル以上、当該線路敷の用地境界に対し一メートル以上の水平距離を有すること。ただし、告示で定める場合は、この限りでない。(り)

二　配管の外面と地表面との距離は、一・二メートル以下としないこと。(り)

本条…追加〔昭和四九年五月自令一二号(り)〕

参照【水平距離の特例】危告示三一

（河川保全区域内埋設）

第二八条の一五　配管を河川に沿つて河川保全区域（河川法第五十四条に規定する河川保全区域をいう。）内に埋設する場合については、第二十八条の十二の規定を準用するほか、当該配管は、堤防法尻又は護岸法肩に対し河川管理上必要な距離を有しなければならない。(り)

本条…追加〔昭和四九年五月自令一二号(り)〕

（地上設置）

第二八条の一六　配管を地上に設置する場合は、次の各号に掲げるところによらなければならない。(り)

一　配管は、地表面に接しないようにすること。(り)

二　配管（移送基地（ポンプにより危険物を送り出し、又は受け入れを行う場所をいう。以下同じ。）の構内に設置されるものを除く。）は、住宅、学校、病院、鉄道その他の告示で定める施設に対し告示で定める水平距離を有すること。(り)

三　配管（移送基地の構内に設置されるものを除く。）の両側には、当該配管に係る最大常用圧力に応じ、次の表に掲げる幅（工業専用地域に設置する配管にあつては、その三分の一）の空地を保有すること。ただし、保安上必要な措置を講じた場合はこの限りでない。(り)(す)

配管に係る最大常用圧力	空地の幅
〇・三メガパスカル未満	五メートル以上
〇・三メガパスカル以上一メガパスカル未満	九メートル以上
一メガパスカル以上	十五メートル以上

四　配管は、地震、風圧、地盤沈下、温度変化による伸縮等に対し安全な構造の支持物により支持すること。(り)

五　前号の支持物は、鉄筋コンクリート造又はこれと同等以上の耐火性を有するものとすること。ただし、火災によつて当該支持物

が変形するおそれのない場合は、この限りでない。(り)

六　自動車、船舶等の衝突により配管又は配管の支持物が損傷を受けるおそれのある場合は、告示で定めるところにより防護設備を設置すること。(り)

七　配管は、他の工作物（当該配管の支持物を除く。）に対し当該配管の維持管理上必要な間隔を有すること。(り)

本条…追加〔昭和四九年五月自令一二号(り)〕、一部改正〔平成一〇年三月自令六号(す)〕

参照　【施設に対する水平距離等】危告示三二【配管又はその支持物に係る防護設備】危告示三三

（海底設置）

第二八条の一七　配管を海底に設置する場合は、次の各号に掲げるところによらなければならない。(り)

一　配管は、埋設すること。ただし、投錨（びよう）等により配管が損傷を受けるおそれのない場合その他やむを得ない場合は、この限りでない。(り)

二　配管は、原則として既設の配管と交差しないこと。(り)

三　配管は、原則として既設の配管に対し三十メートル以上の水平距離を有すること。(り)

四　二本以上の配管を同時に設置する場合は、当該配管が相互に接触することのないよう必要な措置を講ずること。(り)

五　配管の立ち上がり部には、告示で定める防護工を設けること。ただし、係船浮標にいたる立ち上がり部の配管に鋼製以外のものを使用する場合は、この限りでない。(り)

六　配管を埋設する場合は、配管の外面と海底面との距離は、投錨（びよう）試験の結果、土質、埋めもどしの材料、船舶交通事情等を勘案して安全な距離とすること。この場合において、当該配管を埋設する海底についてしゆんせつ計画がある場合は、しゆんせつ計画面（当該しゆんせつ計画において計画されているしゆんせつ後の海底面をいう。）下〇・六メートルを海底面とみなすものとする。(り)

七　洗掘のおそれがある場所に埋設する配管には、当該洗掘を防止するための措置を講ずること。(り)

八　掘さく及び埋めもどしは、告示で定める方法によつて行うこと。(り)

九　配管を埋設しないで設置する場合は、配管が連続して支持されるよう当該設置に係る海底面をならすこと。(り)

十　配管が浮揚又は移動するおそれがある場合は、当該配管に当該浮揚又は移動を防止するための措置を講ずること。(り)

本条…追加〔昭和四九年五月自令一二号(り)〕

参照　【防護工】危告示三四【掘さく及び埋めもどしの方法】危告示三五

（海上設置）

第二八条の一八　配管を海上に設置する場合は、次の各号に掲げるところによらなければならない。(り)

一　配管は、地震、風圧、波圧等に対し安全な構造の支持物により支持すること。(り)

二　配管は、船舶の航行により、損傷を受けることのないよう海面との間に必要な空間を確保して設置すること。(り)

三　船舶の衝突等によつて配管又はその支持物が損傷を受けるおそれのある場合は、告示で定める防護設備を設置すること。(り)

四　配管は、他の工作物（当該配管の支持物を除く。）に対し当該配管の維持管理上必要な間隔を有すること。(り)

本条…追加〔昭和四九年五月自令一二号(り)〕

参照　【配管又はその支持物に係る防護設備】危告示三六

（道路横断設置）

第二八条の一九　道路を横断して配管を設置する場合は、道路下に埋設しなければならない。ただし、地形の状況その他特別の理由により道路の上空以外に適当な場所がなく、かつ、保安上適切な措置を講じた場合は、道路上を架空横断して設置することができる。（り）

2　道路を横断して配管を埋設する場合は、配管をさや管その他の告示で定める構造物の中に設置しなければならない。ただし、支持条件の急変に対し適切な措置が講じられ、かつ、当該配管に係る工事の実施によつて交通に著しい支障が生じるおそれのない場合は、この限りでない。（り）

3　道路上を架空横断して配管を設置する場合は、当該配管及び当該配管に係るその他の工作物並びにこれらの附属設備の地表面と接しない部分の最下部と路面との垂直距離は、五メートル以上としなければならない。（り）

4　道路を横断して配管を設置する場合は、前三項の規定によるほか、第二十八条の十三（第一号及び第二号を除く。）及び第二十八条の十六（第一号を除く。）の規定を準用する。（り）

本条…追加〔昭和四九年五月自令一二号(り)〕

参照　【さや管その他の構造物】危告示三七

（線路下横断埋設）

第二八条の二〇　線路敷を横断して配管を埋設する場合は、第二十八条の十四（第一号を除く。）及び前条第二項の規定を準用する。（り）

本条…追加〔昭和四九年五月自令一二号(り)〕

（河川等横断設置）

第二八条の二一　河川を横断して配管を設置する場合は、橋に設置しなければならない。ただし、橋に設置することが適当でない場合は、河川の下を横断して埋設することができる。（り）

2　河川又は水路を横断して配管を埋設する場合は、原則としてさや管その他の告示で定める構造物の中に設置し、かつ、当該構造物の浮揚又は船舶の投錨による損傷を防止するための措置を講じなければならない。（り）

3　第一項ただし書の場合にあつては配管の外面と計画河床高（計画河床高が最深河床高より高いときは、最深河床高。以下この項において同じ。）との距離は原則として四・〇メートル以上、水路を横断して配管を埋設する場合にあつては配管の外面と計画河床高との距離は原則として二・五メートル以上、その他の小水路（第一条第三号に規定する水路以外の小水路で、用水路、側溝又はこれらに類するものを除く。）を横断して配管を埋設する場合にあつては配管の外面と計画河床高との距離は原則として一・二メートル以上とするほか、護岸その他河川管理施設の既設又は計画中の基礎工に支障を与えず、かつ、河床変動、洗掘、投錨等の影響を受けない深さに埋設しなければならない。（り）

4　河川及び水路を横断して配管を設置する場合は、前三項の規定によるほか、第二十八条の十二（第二号、第三号及び第七号を除く。）及び第二十八条の十六（第一号を除く。）の規定を準用する。（り）

本条…追加〔昭和四九年五月自令一二号(り)〕

参照　【さや管その他の構造物】危告示三八

（漏えい拡散防止措置）

第二八条の二二　市街地並びに河川上、隧道上及び道路上その他の告示で定める場所に配管を設置する場合は、告示で定めるところにより漏えいした危険物の拡散を防止するための措置を講じなければならない。（り）

本条…追加〔昭和四九年五月自令一二号(り)〕

参照　【漏えい拡散防止措置等】危告示三九

（可燃性の蒸気の滞留防止措置）（ま）

第二八条の二三　配管を設置するために設ける隧道（人が立ち入る可能性のあるものに限る。）には、可燃性の蒸気が滞留しないよう必要な措置を講じなければならない。（り）（ま）

本条…追加〔昭和四九年五月自令一二号（り）〕、見出し…改正・本条…一部改正〔平成元年二月自令五号（ま）〕

（不等沈下等のおそれのある場所における配管の設置）

第二八条の二四　不等沈下、地すべり等の発生するおそれのある場所に配管を設置する場合は、当該不等沈下、地すべり等により配管が損傷を受けることのないよう必要な措置を講じ、かつ、配管に生じる応力を検知するための装置を設置しなければならない。（り）

本条…追加〔昭和四九年五月自令一二号（り）〕

（配管と橋との取付部）

第二八条の二五　配管を橋に取り付ける場合は、当該配管に過大な応力が生じることのないよう必要な措置を講じなければならない。（り）

本条…追加〔昭和四九年五月自令一二号（り）〕

（掘さくにより周囲が露出することとなつた配管の保護）

第二八条の二六　掘さくにより、周囲が臨時に露出することとなつた配管は、次の各号に適合するものでなければならない。（り）

一　露出している部分の両端は、地くずれの生ずるおそれがない地中に支持されていること。（り）

二　露出している部分に過大な応力を生ずるおそれがある場合は、つり防護、受け防護その他の適切な防護措置を講ずること。（り）

本条…追加〔昭和四九年五月自令一二号（り）〕

（非破壊試験）

第二八条の二七　配管等の溶接部は、放射線透過試験（放射線透過試験を実施することが適当でない場合にあつては、告示で定める配管以外の配管については超音波探傷試験及び磁粉探傷試験又は浸透探傷試験を、告示で定める配管については磁粉探傷試験又は浸透探傷試験）を行い、これに合格するものでなければならない。この場合において、移送基地の構内の地上に設置される配管等の溶接部に限り、全溶接部の二十パーセント以上の溶接部の抜取り試験によることができる。（り）

2　配管等の溶接部のうち振動、衝撃、温度変化等によつて損傷の生じるおそれのあるものは、告示で定める配管以外の配管については放射線透過試験、超音波探傷試験及び磁粉探傷試験又は浸透探傷試験を、告示で定める配管については放射線透過試験及び磁粉探傷試験又は浸透探傷試験を行い、これに合格するものでなければならない。（り）

3　前二項の試験の合格の基準は、告示で定める。（り）

本条…追加〔昭和四九年五月自令一二号（り）〕

参照　【超音波探傷試験を行わない配管】危告示四〇　【非破壊試験の合格基準】危告示四一

（耐圧試験）

第二八条の二八　配管等は、告示で定める方法により当該配管等に係る最大常用圧力の一・五倍以上の圧力で試験を行つたとき漏えいその他の異常がないものでなければならない。ただし、告示で定める場合は、当該配管等について前条第二項に掲げる試験を行い、これに合格することをもつて代えることができる。（り）

本条…追加〔昭和四九年五月自令一二号（り）〕

参照　【耐圧試験の方法】危告示四二　【耐圧試験の特例】危告示四三

（運転状態の監視装置）

第二八条の二九　配管系（配管並びにその配管と一体となつて危険物の移送の用に供されるポンプ、弁及びこれらの附属設備の総合体をいう。以下同じ。）には、ポンプ及び弁の作動状況等当該配管系の運転状態を監視する装置を設けなければならない。(り)

2　配管系には、告示で定めるところにより圧力又は流量の異常な変動等の異常な事態が発生した場合にその旨を警報する装置を設けなければならない。(り)

本条…追加〔昭和四九年五月自令一二号(り)〕

参照　【配管系の警報装置】危告示四四

（安全制御装置）

第二八条の三〇　配管系には、次に掲げる制御機能を有する安全制御装置を設けなければならない。(り)

一　次条に規定する圧力安全装置、第二十八条の三十二に規定する自動的に危険物の漏えいを検知することができる装置、第二十八条の三十三に規定する緊急しや断弁、第二十八条の三十五に規定する感震装置その他の保安のための設備等の制御回路が正常であることが確認されなければポンプが作動しない制御機能(り)

二　保安上異常な事態が発生した場合に災害の発生を防止するため、ポンプ、緊急しや断弁等が自動又は手動により連動して速やかに停止又は閉鎖する制御機能(り)

本条…追加〔昭和四九年五月自令一二号(り)〕

（圧力安全装置）

第二八条の三一　配管系には、配管内の圧力が最大常用圧力を超えず、かつ、油撃作用等によつて生ずる圧力が最大常用圧力の一・一倍を超えないように制御する装置（以下「圧力安全装置」という。）を設けなければならない。(り)

2　圧力安全装置の材質及び強度は、配管等の例による。(り)

3　圧力安全装置は、配管系の圧力変動を十分に吸収することができる容量を有しなければならない。(り)

本条…追加〔昭和四九年五月自令一二号(り)〕

（漏えい検知装置等）

第二八条の三二　配管系には、次の各号に掲げる漏えい検知装置及び漏えい検知口を設けなければならない。(り)

一　可燃性の蒸気を発生する危険物を移送する配管系の点検箱には、可燃性の蒸気を検知することができる装置(り)(ま)

二　配管系内の危険物の流量を測定することによつて自動的に危険物の漏えいを検知することができる装置又はこれと同等以上の性能を有する装置(り)

三　配管系内の圧力を測定することによつて自動的に危険物の漏えいを検知することができる装置又はこれと同等以上の性能を有する装置(り)

四　配管系内の圧力を一定に静止させ、かつ、当該圧力を測定することによつて危険物の漏えいを検知できる装置又はこれと同等以上の性能を有する装置(り)

五　配管を地下に埋設する場合は、告示で定めるところにより設けられる検知口(り)

2　前項に規定するもののほか、漏えい検知装置の設置に関し必要な事項は、告示で定める。(り)

本条…追加〔昭和四九年五月自令一二号(り)〕、一項…一部改正〔平成元年二月自令五号(ま)〕

参照　【漏えい検知口】危告示四五　【設置に関し必要な事項】危告示四六

（緊急しや断弁）

第二八条の三三　配管を第一条第五号ハに規定する地域に設置する場

合にあつては約一キロメートルの間隔で、主要な河川等を横断して設置する場合その他の告示で定める場合にあつては告示で定めるところにより当該配管に緊急しや断弁を設けなければならない。(り)

2 緊急しや断弁は、次の各号に掲げる機能を有するものでなければならない。(り)

一 遠隔操作及び現地操作によつて閉鎖する機能(り)

二 前条に規定する自動的に危険物の漏えいを検知する装置によつて異常が検知された場合、第二十八条の三十五に規定する感震装置又は強震計によつて告示で定める加速度以下に設定した加速度以上の地震動が検知された場合及び緊急遮断弁を閉鎖するための制御が不能となつた場合に自動的に、かつ、速やかに閉鎖する機能(り)(ま)

3 緊急しや断弁は、その開閉状態が当該緊急しや断弁の設置場所において容易に確認されるものでなければならない。(り)

4 緊急しや断弁を地下に設ける場合は、当該緊急しや断弁を点検箱内に設置しなければならない。ただし、緊急しや断弁を道路以外の地下に設ける場合であつて、当該緊急しや断弁の点検を可能とする措置を講ずる場合は、この限りでない。(り)

5 緊急しや断弁は、当該緊急しや断弁の管理を行う者及び当該管理を行う者が指定した者以外の者が手動によつて開閉することができないものでなければならない。(り)

本条…追加〔昭和四九年五月自令一二号(り)〕、二項…一部改正〔平成元年二月自令五号(ま)〕

参照【緊急しや断弁の設置】危告示四七【加速度】危告示四八（八〇ガル）

（**危険物除去措置**）

第二八条の三四 配管には、告示で定めるところにより当該配管内の危険物を除去するための措置を講じなければならない。(り)

本条…追加〔昭和四九年五月自令一二号(り)〕

参照【危険物を除去するための措置】危告示四九

（**感震装置等**）

第二八条の三五 配管の経路には、告示で定めるところにより感震装置及び強震計を設けなければならない。(り)

本条…追加〔昭和四九年五月自令一二号(り)〕

参照【感震装置及び強震計】危告示五〇

（**通報設備**）

第二八条の三六 配管の経路には、次の各号に定める通報設備を設けなければならない。(り)

一 緊急通報設備(り)

二 消防機関に通報する設備(り)

2 緊急通報設備は、発信部を告示で定める場所に、受信部を緊急の通報を受信した場合に直ちに必要な措置を講ずることができる場所にそれぞれ設けなければならない。(り)

3 消防機関に通報する設備は、専用設備とし、かつ、緊急通報設備の受信部を設ける場所に設けなければならない。(り)

本条…追加〔昭和四九年五月自令一二号(り)〕

参照【緊急通報設備の発信部を設ける場所】危告示五一

（**警報設備**）

第二八条の三七 移送取扱所には、告示で定めるところにより警報設備を設けなければならない。(り)

本条…追加〔昭和四九年五月自令一二号(り)〕

参照【警報設備】危告示五二

（巡回監視車等）

第二八条の三八　配管の経路には、告示で定めるところにより巡回監視車及び資機材倉庫等を設けなければならない。（り）

本条…追加〔昭和四九年五月自令一二号（り）〕

参照　【巡回監視車等】危告示五三

（予備動力源）

第二八条の三九　保安のための設備には、告示で定めるところにより予備動力源を設置しなければならない。（り）

本条…追加〔昭和四九年五月自令一二号（り）〕

参照　【予備動力源】危告示五四

（保安用接地等）

第二八条の四〇　配管系には、必要に応じて保安用接地等を設けなければならない。（り）

本条…追加〔昭和四九年五月自令一二号（り）〕

（絶縁）

第二八条の四一　配管系は、保安上必要がある場合には、支持物その他の構造物から絶縁しなければならない。（り）

2　配管系には、保安上必要がある場合は、絶縁用継手をそう入しなければならない。（り）

3　避雷器の接地箇所に近接して配管を設置する場合は、絶縁のための必要な措置を講じなければならない。（り）

本条…追加〔昭和四九年五月自令一二号（り）〕

（避雷設備）

第二八条の四二　移送取扱所（危険物を移送する配管等の部分を除く。）には、第十三条の二の二に定める避雷設備を設けなければならない。ただし、周囲の状況によつて安全上支障がない場合においては、この限りでない。（り）（ヌ）

本条…追加〔昭和四九年五月自令一二号（り）〕、一部改正〔平成一四年一月総令四号（ヌ）〕

（電気設備）

第二八条の四三　電気設備は、電気工作物に係る法令の規定によらなければならない。（り）

本条…追加〔昭和四九年五月自令一二号（り）〕

（標識等）

第二八条の四四　移送取扱所（危険物を移送する配管等の部分を除く。）には、告示で定めるところにより、見やすい箇所に移送取扱所である旨を表示した標識及び防火に関し必要な事項を掲示した掲示板を設けなければならない。（り）

2　配管の経路には、告示で定めるところにより位置標識、注意標示及び注意標識を設けなければならない。（り）

本条…追加〔昭和四九年五月自令一二号（り）〕

参照　【標識等】危告示五五【位置標識等】危告示五六

（保安設備の作動試験）

第二八条の四五　保安のための設備であつて告示で定めるものは、告示で定める方法により試験を行つたとき正常に作動するものでなければならない。（り）

本条…追加〔昭和四九年五月自令一二号（り）〕

参照　【保安設備の作動試験等】危告示五七

（船舶より又は船舶へ移送する場合の配管系の保安設備等）

第二八条の四六　船舶より又は船舶へ移送する場合の配管系の保安設

備等について、第二十八条の二十九から前条までの規定により難いものについては、告示でこれらの規定の特例を定めることができる。（り）

本条…追加〔昭和四九年五月自令一二号（り）〕

（ポンプ等）

第二八条の四七　ポンプ及びその附属設備（以下「ポンプ等」という。）を設置する場合は、次の各号に掲げるところによらなければならない。（り）

一　ポンプは、告示で定める基準に適合するもの又はこれと同等以上の機械的性質を有するものを使用すること。（り）

二　ポンプ等（ポンプをポンプ室内に設置する場合は、当該ポンプ室。次号において同じ。）は、その周囲に告示で定める幅の空地を有すること。（り）

三　ポンプ等は、住宅、学校、病院、鉄道その他の告示で定める施設に対し告示で定める距離を有すること。ただし、保安上必要な措置を講じた場合は、この限りでない。（り）

四　ポンプは、堅固な基礎の上に固定して設置すること。（り）

五　ポンプをポンプ室内に設置する場合は、当該ポンプ室の構造は、告示で定める基準に適合するものであること。（り）

六　ポンプ等を屋外に設置する場合は、告示で定める方法により設置すること。（り）

本条…追加〔昭和四九年五月自令一二号（り）〕

参照　【ポンプの基準】危告示五八　【ポンプ等の空地】危告示五九　【ポンプ等の保安距離等】危告示六〇　【ポンプ室の構造基準】危告示六一　【ポンプ等の屋外設置の方法】危告示六二

（ピグ取扱い装置）

第二八条の四八　ピグ取扱い装置の設置に関し必要な事項は、告示で定める。（り）

本条…追加〔昭和四九年五月自令一二号（り）〕

参照　【ピグ取扱い装置の設置】危告示六三

（切替え弁等）

第二八条の四九　切替え弁、制御弁等は、告示で定めるところにより設けなければならない。（り）

本条…追加〔昭和四九年五月自令一二号（り）〕

参照　【切替え弁等】危告示六四

（危険物の受入れ口及び払出し口）

第二八条の五〇　危険物を受け入れ、又は払い出す口の設置に関し必要な事項は、告示で定める。（り）

本条…追加〔昭和四九年五月自令一二号（り）〕

参照　【危険物の受入口等の設置に必要な事項】危告示六五

（移送基地の保安措置）

第二八条の五一　移送基地には、構内に公衆がみだりに入らないようにさく、へい等を設けなければならない。ただし、周囲の状況により公衆が立入るおそれがない場合は、この限りでない。（り）

2　移送基地には、告示で定めるところにより当該移送基地の構外への危険物の流出を防止するための措置を講じなければならない。ただし、保安上支障がないと認められる場合は、この限りでない。（り）

本条…追加〔昭和四九年五月自令一二号（り）〕

参照　【移送基地の危険物流出防止措置】危告示六六

（移送取扱所の基準の特例を認める移送取扱所の指定）

第二八条の五二　令第十八条の二第二項に規定する総務省令で定める移送取扱所は、危険物を移送するための配管の延長（当該配管の起点又は終点が二以上ある場合には任意の起点から任意の終点までの当該配管の延長のうち最大のもの。以下同じ。）が十五キロメートルを超えるもの又は危険物を移送するための配管に係る最大常用圧力が〇・九五メガパスカル以上であつて、かつ、危険物を移送するための配管の延長が七キロメートル以上のもの（以下「特定移送取扱所」という。）以外の移送取扱所とする。(り)(す)(へ)

本条…追加〔昭和四九年五月自令一二号(り)〕、一部改正〔平成一〇年三月自令六号(す)・一二年九月四四号(へ)〕

（移送取扱所の基準の特例）

第二八条の五三　第二十八条の二十九第一項、第二十八条の三十第一号、第二十八条の三十二第一項第二号及び第三号並びに第二十八条の三十五の規定は、特定移送取扱所以外の移送取扱所には適用しないものとする。(り)

2　第二十八条の三十一第一項の規定は、油撃作用等によつて配管に生ずる応力が主荷重に対する許容応力度を超えない配管系で特定移送取扱所以外の移送取扱所に係るものには適用しないものとする。(り)

3　第二十八条の三十二第一項第五号の規定は、危険物を移送するための配管に係る最大常用圧力が一メガパスカル未満で、かつ、内径が百ミリメートル以下の配管（以下「低圧小口径管」という。）で特定移送取扱所以外の移送取扱所に係るものには適用しないものとする。(り)(す)

4　特定移送取扱所以外の移送取扱所に係る低圧小口径管でその延長が四キロメートル未満のもの及び当該移送取扱所に係る低圧小口径管以外の配管でその延長が一キロメートル未満のものを第一条第五号ハに規定する地域に設置する場合（主要な河川等を横断して設置する場合その他の告示で定める場合を除く。）には第二十八条の三十三第一項の規定にかかわらず、緊急しや断弁を設けることを要しない。(り)

5　特定移送取扱所以外の移送取扱所に係る低圧小口径管でその延長が四キロメートル以上のものを第一条第五号ハに規定する地域に設置する場合にあつては、第二十八条の三十三第一項の規定にかかわらず、約四キロメートルの間隔で当該配管に緊急しや断弁を設けることができる。(り)

6　告示で定める場所に設置する緊急しや断弁で特定移送取扱所以外の移送取扱所に係るものは、第二十八条の三十三第二項第一号の規定にかかわらず、現地操作によつて閉鎖する機能を有するものとすることができる。(り)

7　第二十八条の三十三第二項第二号の規定は、緊急遮断弁を閉鎖するための制御が不能となつた場合に自動的に、かつ、速やかに閉鎖する機能に係る部分を除き、特定移送取扱所以外の移送取扱所に係る緊急遮断弁には適用しないものとする。(り)(ま)

8　消防機関に通報する設備で特定移送取扱所以外の移送取扱所に係るものは、第二十八条の三十六第三項の規定にかかわらず、専用設備にしないことができる。(り)

9　前八項に定めるもののほか、特定移送取扱所以外の移送取扱所の基準の特例に関し必要な事項は、告示で定める。(り)(ま)

本条…追加〔昭和四九年五月自令一二号(り)〕、七・九項…一部改正〔平成元年二月自令五号(ま)〕、三項…一部改正〔平成一〇年三月自令六号(す)〕

参照　【緊急しや断弁の特例】危告示六七　【その他の特例】危告示六八

（特例を定めることができる一般取扱所）

第二八条の五四　令第十九条第二項の総務省令で定める一般取扱所は、次の各号に掲げる一般取扱所の区分に応じ、当該各号に定める

ものとする。(ま)(へ)

一　令第十九条第二項第一号に掲げる一般取扱所　専ら塗装、印刷又は塗布のために危険物（第二類の危険物又は第四類の危険物（特殊引火物を除く。）に限る。）を取り扱う一般取扱所で指定数量の倍数が三十未満のもの（危険物を取り扱う設備を建築物に設けるものに限る。）(ま)(エ)

一の二　令第十九条第二項第一号の二に掲げる一般取扱所　専ら洗浄のために危険物（引火点が四十度以上の第四類の危険物に限る。）を取り扱う一般取扱所で指定数量の倍数が三十未満のもの（危険物を取り扱う設備を建築物に設けるものに限る。）(す)(エ)

二　令第十九条第二項第二号に掲げる一般取扱所　専ら焼入れ又は放電加工のために危険物（引火点が七十度以上の第四類の危険物に限る。）を取り扱う一般取扱所で指定数量の倍数が三十未満のもの（危険物を取り扱う設備を建築物に設けるものに限る。）(ま)(エ)

三　令第十九条第二項第三号に掲げる一般取扱所　危険物（引火点が四十度以上の第四類の危険物に限る。）を消費するボイラー、バーナーその他これらに類する装置以外では危険物を取り扱わない一般取扱所で指定数量の倍数が三十未満のもの（危険物を取り扱う設備を建築物に設けるものに限る。）(ま)(エ)

四　令第十九条第二項第四号に掲げる一般取扱所　専ら車両に固定されたタンクに液体の危険物（アルキルアルミニウム等、アセトアルデヒド等及びヒドロキシルアミン等を除く。この号において同じ。）を注入する一般取扱所（当該取扱所において併せて液体の危険物を容器に詰め替える取扱所を含む。）(ま)(き)(リ)(エ)

五　令第十九条第二項第五号に掲げる一般取扱所　専ら固定した注油設備によつて危険物（引火点が四十度以上の第四類の危険物に限る。）を容器に詰め替え、又は車両に固定された容量四千リットル以下のタンク（容量二千リットルを超えるタンクにあつては、その内部を二千リットル以下ごとに仕切つたものに限る。）に注入する一般取扱所で指定数量の倍数が三十未満のもの(ま)(ふ)(エ)

六　令第十九条第二項第六号に掲げる一般取扱所　危険物を用いた油圧装置又は潤滑油循環装置以外では危険物を取り扱わない一般取扱所（高引火点危険物のみを百度未満の温度で取り扱うものに限る。）で指定数量の倍数が五十未満のもの（危険物を取り扱う設備を建築物に設けるものに限る。）(ま)(エ)

七　令第十九条第二項第七号に掲げる一般取扱所　切削油として危険物を用いた切削装置、研削装置その他これらに類する装置以外では危険物を取り扱わない一般取扱所（高引火点危険物のみを百度未満の温度で取り扱うものに限る。）で指定数量の倍数が三十未満のもの（危険物を取り扱う設備を建築物に設けるものに限る。）(す)(エ)

八　令第十九条第二項第八号に掲げる一般取扱所　危険物以外の物を加熱するための危険物（高引火点危険物に限る。）を用いた熱媒体油循環装置以外では危険物を取り扱わない一般取扱所で指定数量の倍数が三十未満のもの（危険物を取り扱う設備を建築物に設けるものに限る。）(す)(エ)

九　令第十九条第二項第九号に掲げる一般取扱所　危険物（リチウムイオン蓄電池により貯蔵される第二類又は第四類の危険物に限る。）を用いた蓄電池設備以外では危険物を取り扱わない一般取扱所(エ)(ち)

本条…追加〔平成元年二月自令五号(ま)〕、一部改正〔平成二年五月自令一六号(ふ)・六年三月五号(き)・一〇年三月六号(す)・一二年九月四四号(へ)・一三年一〇月総令一三六号(リ)・一四年五月四九号(エ)・令和五年九月七〇号(ち)・一二月八三号(り)〕

（専ら吹付塗装作業等を行う一般取扱所の特例）(エ)

第二八条の五五　前条第一号の一般取扱所に係る令第十九条第二項の

規定による同条第一項に掲げる基準の特例は、この条の定めるところによる。(ま)(け)

2　前条第一号の一般取扱所のうち、その位置、構造及び設備が次の各号に掲げる基準に適合するものについては、令第十九条第一項において準用する令第九条第一項第一号、第二号及び第四号から第十一号までの規定は、適用しない。(ま)

一　建築物の一般取扱所の用に供する部分は、地階を有しないものであること。(ま)

二　建築物の一般取扱所の用に供する部分は、壁、柱、床、はり及び屋根（上階がある場合には、上階の床）を耐火構造とするとともに、出入口以外の開口部を有しない厚さ七十ミリメートル以上の鉄筋コンクリート造又はこれと同等以上の強度を有する構造の床又は壁で当該建築物の他の部分と区画されたものであること。(ま)

三　建築物の一般取扱所の用に供する部分には、窓を設けないこと。(ま)

四　建築物の一般取扱所の用に供する部分の出入口には、特定防火設備を設けるとともに、延焼のおそれのある外壁及び当該部分以外の部分との隔壁に設ける出入口には、随時開けることができる自動閉鎖の特定防火設備を設けること。(ま)(ホ)

五　液状の危険物を取り扱う建築物の一般取扱所の用に供する部分の床は、危険物が浸透しない構造とするとともに、適当な傾斜を付け、かつ、貯留設備を設けること。(ま)(ソ)

六　建築物の一般取扱所の用に供する部分には、危険物を取り扱うために必要な採光、照明及び換気の設備を設けること。(ま)

七　可燃性の蒸気又は可燃性の微粉が滞留するおそれのある建築物の一般取扱所の用に供する部分には、その蒸気又は微粉を屋外の高所に排出する設備を設けること。(ま)

八　換気の設備及び前号の設備には、防火上有効にダンパー等を設けること。(ま)

本条…追加〔平成元年二月自令五号(ま)〕、一項…一部改正〔平成一二年二月自令一号(け)〕、二項…一部改正〔平成一二年五月自令三五号(ホ)・一八年三月総令三一号(ソ)〕、見出し…改正〔平成二四年五月総令四九号(エ)〕

（専ら洗浄作業を行う一般取扱所の特例）(エ)

第二八条の五五の二　第二十八条の五十四第一号の二の一般取扱所に係る令第十九条第二項の規定による同条第一項に掲げる基準の特例は、この条の定めるところによる。(す)

2　第二十八条の五十四第一号の二の一般取扱所のうち、その位置、構造及び設備が次の各号に掲げる基準に適合するものについては、令第十九条第一項において準用する令第九条第一項第一号、第二号及び第四号から第十一号までの規定は、適用しない。(す)

一　危険物を取り扱うタンク（容量が指定数量の五分の一未満のものを除く。）の周囲には、第十三条の三第二項第一号の規定の例による囲いを設けること。(す)

二　危険物を加熱する設備には、危険物の過熱を防止することができる装置を設けること。(す)

三　前条第二項各号に掲げる基準に適合するものであること。(す)

3　第二十八条の五十四第一号の二の一般取扱所（指定数量の倍数が十未満のものに限る。）のうち、その位置、構造及び設備が次の各号に掲げる基準に適合するものについては、令第十九条第一項において準用する令第九条第一項第一号、第二号及び第四号から第十一号までの規定は、適用しない。(す)

一　一般取扱所は、壁、柱、床、はり及び屋根が不燃材料で造られ、かつ、天井を有しない平家建の建築物に設置すること。(す)

二　危険物を取り扱う設備（危険物を移送するための配管を除く。）は、床に固定するとともに、当該設備の周囲に幅三メートル以上の空地を保有すること。ただし、当該設備から三メートル未満となる建築物の壁（出入口（随時開けることができる自動閉鎖の特定防火設備が設けられているものに限る。）以外の開口部を有しないものに限る。）及び柱が耐火構造である場合にあつては、当該設備から当該壁及び柱までの距離の幅の空地を保有することをもつて足りる。(す)(ホ)

三　建築物の一般取扱所の用に供する部分（前号の空地を含む。第六号において同じ。）の床は、危険物が浸透しない構造とするとともに、適当な傾斜を付け、かつ、貯留設備及び当該床の周囲に排水溝を設けること。(す)(ソ)

四　危険物を取り扱う設備は、当該設備の内部で発生した可燃性の蒸気又は可燃性の微粉が当該設備の外部に拡散しない構造とすること。ただし、その蒸気又は微粉を直接屋外の高所に有効に排出することができる設備を設けた場合は、この限りでない。(す)

五　前号ただし書の設備には、防火上有効にダンパー等を設けること。(す)

六　前条第二項第六号から第八号まで並びに前項第一号及び第二号に掲げる基準に適合するものであること。(す)

本条…追加〔平成一〇年三月自令六号(す)〕、三項…一部改正〔平成一二年五月自令三五号(ホ)・一八年三月総令三一号(ソ)〕、見出し…改正〔平成二四年五月総令四九号(エ)〕

（専ら焼入れ作業等を行う一般取扱所の特例）(エ)

第二八条の五六　第二十八条の五十四第二号の一般取扱所に係る令第十九条第二項の規定による同条第一項に掲げる基準の特例は、この条の定めるところによる。(ま)

2　第二十八条の五十四第二号の一般取扱所のうち、その位置、構造及び設備が次の各号に掲げる基準に適合するものについては、令第十九条第一項において準用する令第九条第一項第一号、第二号及び第四号から第十一号までの規定は、適用しない。(ま)

一　建築物の一般取扱所の用に供する部分は、壁、柱、床及びはりを耐火構造とするとともに、出入口以外の開口部を有しない厚さ七十ミリメートル以上の鉄筋コンクリート造又はこれと同等以上の強度を有する構造の床又は壁で当該建築物の他の部分と区画されたものであること。(ま)

二　建築物の一般取扱所の用に供する部分は、上階がある場合にあつては上階の床を耐火構造とし、上階のない場合にあつては屋根を不燃材料で造ること。(ま)

三　建築物の一般取扱所の用に供する部分には、危険物が危険な温度に達するまでに警報することができる装置を設けること。(ま)

四　第二十八条の五十五第二項（第二号を除く。）に掲げる基準に適合するものであること。(ま)(す)

3　第二十八条の五十四第二号の一般取扱所（指定数量の倍数が十未満のものに限る。）のうち、その位置、構造及び設備が次の各号に掲げる基準に適合するものについては、令第十九条第一項において準用する令第九条第一項第一号、第二号及び第四号から第十一号までの規定は、適用しない。(ま)

一　危険物を取り扱う設備（危険物を移送するための配管を除く。）は、床に固定するとともに、当該設備の周囲に幅三メートル以上の空地を保有すること。ただし、当該設備から三メートル未満となる建築物の壁（出入口（随時開けることができる自動閉鎖の特定防火設備が設けられているものに限る。）以外の開口部を有しないものに限る。）及び柱が耐火構造である場合にあつては、当該設備から当該壁及び柱までの距離の幅の空地を保有することをもつて足りる。(ま)(す)(ホ)

二　建築物の一般取扱所の用に供する部分（前号の空地を含む。次号において同じ。）の床は、危険物が浸透しない構造とするとともに、適当な傾斜を付け、かつ、貯留設備及び当該床の周囲に排水溝を設けること。(ま)(す)(ソ)

三　第二十八条の五十五第二項第六号から第八号まで、前条第三項

第一号及び前項第三号に掲げる基準に適合するものであること。（ま）（す）

本条…追加〔平成元年二月自令五号（ま）〕、二・三項…一部改正〔平成一〇年三月自令六号（す）〕、三項…一部改正〔平成一二年五月自令三五号（ホ）・一八年三月総令三一号（ソ）〕、見出し…改正〔平成二四年五月総令四九号（エ）〕

（危険物を消費するボイラー等以外では危険物を取り扱わない一般取扱所の特例）（エ）

第二八条の五七　第二十八条の五十四第三号の一般取扱所に係る令第十九条第二項の規定による同条第一項に掲げる基準の特例は、この条の定めるところによる。（ま）

2　第二十八条の五十四第三号の一般取扱所のうち、その位置、構造及び設備が次の各号に掲げる基準に適合するものについては、令第十九条第一項において準用する令第九条第一項第一号、第二号及び第四号から第十一号までの規定は、適用しない。（ま）

一　第二十八条の五十五第二項第三号から第八号まで並びに前条第二項第一号及び第二号に掲げる基準に適合するものであること。（ま）

二　建築物の一般取扱所の用に供する部分には、地震時及び停電時等の緊急時にボイラー、バーナーその他これらに類する装置（非常用電源に係るものを除く。）への危険物の供給を自動的に遮断する装置を設けること。（ま）（す）

三　危険物を取り扱うタンクは、その容量の総計を指定数量未満とするとともに、当該タンク（容量が指定数量の五分の一未満のものを除く。）の周囲に第十三条の三第二項第一号の規定の例による囲いを設けること。（ま）（す）

3　第二十八条の五十四第三号の一般取扱所（指定数量の倍数が十未満のものに限る。）のうち、その位置、構造及び設備が次の各号に掲げる基準に適合するものについては、令第十九条第一項において準用する令第九条第一項第一号、第二号及び第四号から第十一号までの規定は、適用しない。（ま）

一　危険物を取り扱う設備（危険物を移送するための配管を除く。）は、床に固定するとともに、当該設備の周囲に幅三メートル以上の空地を保有すること。ただし、当該設備から三メートル未満となる建築物の壁（出入口（随時開けることができる自動閉鎖の特定防火設備が設けられているものに限る。）以外の開口部を有しないものに限る。）及び柱が耐火構造である場合にあつては、当該設備から当該壁及び柱までの距離の幅の空地を保有することをもつて足りる。（ま）（ホ）

二　建築物の一般取扱所の用に供する部分（前号の空地を含む。次号において同じ。）の床は、危険物が浸透しない構造とするともに、適当な傾斜を付け、かつ、貯留設備及び当該床の周囲に排水溝を設けること。（ま）（ソ）

三　第二十八条の五十五第二項第六号から第八号まで、第二十八条の五十五の二第三項第一号並びに前項第二号及び第三号に掲げる基準に適合するものであること。（ま）（す）

4　第二十八条の五十四第三号の一般取扱所（指定数量の倍数が十未満のものに限る。）のうち、その位置、構造及び設備が次の各号に掲げる基準に適合するものについては、令第十九条第一項において準用する令第九条第一項第一号、第二号、第四号から第十二号まで及び第二十号イ（防油堤に係る部分に限る。）の規定は、適用しない。（す）

一　一般取扱所は、壁、柱、床、はり及び屋根が耐火構造である建築物の屋上に設置すること。（す）

二　危険物を取り扱う設備（危険物を移送するための配管を除く。）は、屋上に固定すること。（す）

三　危険物を取り扱うタンク及び危険物を移送するための配管を除く。）は、キュービクル式（鋼板で造られた外箱に収納されている方式をいう。以下同じ。）のものとし、当該設備の周囲に高さ〇・一五メートル以上の囲いを設けること。(す)(エ)

四　前号の設備の内部には、危険物を取り扱うために必要な採光、照明及び換気の設備を設けること。(す)

五　危険物を取り扱うタンクは、その容量の総計を指定数量未満とすること。(す)

六　屋外にある危険物を取り扱うタンクの周囲に高さ〇・一五メートル以上の第十三条の三第二項第一号の規定の例による囲いを設けること。(す)

七　第三号及び前号の囲いの周囲に幅三メートル以上の空地を保有すること。ただし、当該囲いから三メートル未満となる建築物の壁（出入口（随時開けることができる自動閉鎖の特定防火設備が設けられているものに限る。）以外の開口部を有しないものに限る。）及び柱が耐火構造である場合にあつては、当該囲いから当該壁及び柱までの距離の幅の空地を保有することをもつて足りる。(す)(ホ)

八　第三号及び第六号の囲いの内部は、危険物が浸透しない構造とするとともに、適当な傾斜及び貯留設備を設けること。この場合において、危険物が直接排水溝に流入しないようにするため、貯留設備に油分離装置を設けなければならない。(す)(ソ)

九　屋内にある危険物を取り扱うタンクは、次に掲げる基準に適合するタンク専用室に設置すること。(す)

イ　令第十二条第一項第十三号から第十六号までの基準の例によること。(す)

ロ　タンク専用室は、床を耐火構造とし、壁、柱及びはりを不燃材料で造ること。(す)

ハ　タンク専用室には、危険物を取り扱うために必要な採光、照明及び換気の設備を設けること。(す)

ニ　可燃性の蒸気又は可燃性の微粉が滞留するおそれのあるタンク専用室には、その蒸気又は微粉を屋外の高所に排出する設備を設けること。(す)

ホ　危険物を取り扱うタンクの周囲には、第十三条の三第二項第一号の規定の例による囲いを設けるか、又はタンク専用室の出入口のしきいを高くすること。(す)

十　換気の設備及び前号ニの設備には、防火上有効にダンパー等を設けること。(す)

十一　第二項第二号に掲げる基準に適合するものであること。(す)

本条…追加〔平成元年二月自令五号(ま)〕、二・三項…一部改正・四項…追加〔平成一〇年三月自令六号(す)〕、三・四項…一部改正〔平成一二年五月自令三五号(ホ)・一八年三月総令三一号(ソ)〕、見出し…改正・四項…一部改正〔平成二四年五月総令四九号(エ)〕

（専ら充塡作業を行う一般取扱所の特例）(エ)

第二八条の五八　第二十八条の五十四第四号の一般取扱所に係る令第十九条第二項の規定による同条第一項に掲げる基準の特例は、この条の定めるところによる。(ま)

2　第二十八条の五十四第四号の一般取扱所のうち、その構造及び設備が次の各号に掲げる基準に適合するものについては、令第十九条第一項において準用する令第九条第一項第五号から第十二号までの規定は、適用しない。(ま)

一　建築物を設ける場合にあつては、当該建築物は、壁、柱、床、はり及び屋根を耐火構造とし、又は不燃材料で造るとともに、窓及び出入口に防火設備を設けること。(ま)(ホ)

二　前号の建築物の窓又は出入口にガラスを設ける場合は、網入ガラスとすること。(ま)

三　第一号の建築物の二方以上は、通風のため壁を設けないこと。(ま)

四　一般取扱所には、危険物を車両に固定されたタンクに注入するための設備（危険物を移送する配管を除く。）の周囲に、タンクを固定した車両が当該空地からはみ出さず、かつ、当該タンクに危険物を安全かつ円滑に注入することができる広さを有する空地を保有すること。(き)(ソ)

五　一般取扱所に危険物を容器に詰め替えるための設備を設ける場合は、当該設備（危険物を移送する配管を除く。）の周囲に、容器を安全に置くことができ、かつ、当該容器に危険物を安全かつ円滑に詰め替えることができる広さを有する空地を前号の空地以外の場所に保有すること。(き)(ソ)

六　前二号の空地は、漏れた危険物が浸透しないための第二十四条の十六の例による舗装をすること。(ま)(き)(ソ)

七　第四号及び第五号の空地には、漏れた危険物及び可燃性の蒸気が滞留せず、かつ、当該危険物その他の液体が当該空地以外の部分に流出しないように第二十四条の十七の例による措置を講ずること。(ま)(き)(ソ)

本条…追加〔平成元年二月自令五号(ま)〕、二項…一部改正〔平成六年三月自令五号(き)・一二年五月三五号(ホ)・一八年三月総令三一号(ソ)〕、見出し…改正〔平成二四年五月総令四九号(エ)〕

（**専ら詰替え作業を行う一般取扱所の特例**）(エ)

第二八条の五九　第二十八条の五十四第五号の一般取扱所に係る令第十九条第二項の規定による同条第一項に掲げる基準の特例は、この条の定めるところによる。(ま)

2　第二十八条の五十四第五号の一般取扱所のうち、その位置、構造及び設備が次の各号に掲げる基準に適合するものについては、令第十九条第一項において準用する令第九条第一項（第三号、第十七号及び第二十一号を除く。）の規定は、適用しない。(ま)

一　一般取扱所には、固定注油設備のうちホース機器の周囲（懸垂式の固定注油設備にあつては、ホース機器の下方）に、容器に詰め替え、又はタンクに注入するための空地であつて、当該一般取扱所に設置する固定注油設備に係る次のイ又はロに掲げる区分に応じそれぞれイ又はロに定める広さを有するものを保有すること。(ま)(す)(ソ)

イ　危険物を容器に詰め替えるための固定注油設備　容器を安全に置くことができ、かつ、当該容器に危険物を安全かつ円滑に詰め替えることができる広さ(ソ)

ロ　危険物を車両に固定されたタンクに注入するための固定注油設備　タンクを固定した車両が当該空地からはみ出さず、かつ、当該タンクに危険物を安全かつ円滑に注入することができる広さ(ソ)

二　前号の空地は、漏れた危険物が浸透しないための第二十四条の十六の例による舗装をすること。(ま)(ソ)

三　第一号の空地には、漏れた危険物及び可燃性の蒸気が滞留せず、かつ、当該危険物その他の液体が当該空地以外の部分に流出しないように第二十四条の十七の例による措置を講ずること。(ま)(ソ)

四　一般取扱所には、固定注油設備に接続する容量三万リットル以下の地下の専用タンク（以下「地下専用タンク」という。）を地盤面下に埋没して設ける場合を除き、危険物を取り扱うタンクを設けないこと。(ま)

五　地下専用タンクの位置、構造及び設備は、令第十三条第一項（第五号、第九号（掲示板に係る部分に限る。）、第九号の二及び第十二号を除く。）、同条第二項（同項においてその例によるものとされる同条第一項第五号、第九号（掲示板に係る部分に限る。）、第九号の二及び第十二号を除く。）又は同条第三項（同項においてその例によるものとされる同条第一項第五号、第九号（掲示板に係る部分に限る。）、第九号の二及び第十二号を除く。）に掲げる地下タンク貯蔵所の地下貯蔵タンクの位置、構造及び設備の例によるものであること。(あ)(タ)

六　固定注油設備に危険物を注入するための配管は、当該固定注油設備に接続する地下専用タンクからの配管のみとすること。(ま)

七　固定注油設備は、令第十七条第一項第十号に定める給油取扱所の固定注油設備の例によるものであること。(ま)(す)(ソ)

八　固定注油設備は、道路境界線から次の表に掲げる固定注油設備の区分に応じそれぞれ同表に定める距離以上、建築物の壁から二メートル（一般取扱所の建築物の壁に開口部がない場合には、当該壁から一メートル）以上、敷地境界線から一メートル以上の間隔を保つこと。ただし、ホース機器と分離して第二十五条の三の二各号に適合するポンプ室に設けられるポンプ機器又は油中ポンプ機器については、この限りでない。(ま)(あ)

固定注油設備の区分		距　離
懸垂式の固定注油設備		四メートル
その他の固定注油設備	固定注油設備に接続される注油ホースのうちその全長が最大であるものの全長（以下この号において「最大注油ホース全長」という。）が三メートル以下のもの	四メートル
	最大注油ホース全長が三メートルを超え四メートル以下のもの	五メートル
	最大注油ホース全長が四メートルを超え五メートル以下のもの	六メートル

九　懸垂式の固定注油設備を設ける一般取扱所には、当該固定注油設備のポンプ機器を停止する等により地下専用タンクからの危険物の移送を緊急に止めることができる装置を設けること。(ま)

十　一般取扱所の周囲には、高さ二メートル以上の塀又は壁であつて、耐火構造のもの又は不燃材料で造られたもので次に掲げる要件に該当するものを設けること。(ま)(ソ)

イ　開口部（防火設備ではめごろし戸であるもの（ガラスを用いるものである場合には、網入りガラスを用いたものに限る。）を除く。）を有しないものであること。(ソ)

ロ　当該一般取扱所において告示で定める火災が発生するものとした場合において、当該火災により当該一般取扱所に隣接する敷地に存する建築物の外壁その他の告示で定める箇所における輻射熱が告示で定める式を満たすこと。(ソ)

十一　一般取扱所の出入口には、防火設備を設けること。(ま)(ホ)

十二　ポンプ室その他危険物を取り扱う室は、令第十七条第一項第二十号に掲げる給油取扱所のポンプ室その他危険物を取り扱う室の例によるものであること。(ま)(も)(ソ)

十三　一般取扱所に屋根、上屋その他の詰替えのために必要な建築物（以下この項において「屋根等」という。）を設ける場合には、屋根等は不燃材料で造ること。(ま)

十四　屋根等の水平投影面積は、一般取扱所の敷地面積の三分の一以下であること。(ま)

本条…追加〔平成元年二月自令五号(ま)〕、二項…一部改正〔平成五年七月自令二二号(あ)・九年二月一号(も)・一〇年三月六号(す)・一二年五月三五号(ホ)・一七年三月総令三七号(タ)・一八年三月三一号(ソ)〕、見出し…改正〔平成二四年五月総令四九号(エ)〕

参照　【専ら詰替え作業を行う一般取扱所の塀又は壁】危告示六八の二

（油圧装置等以外では危険物を取り扱わない一般取扱所の特例）(エ)

第二八条の六〇　第二十八条の五十四第六号の一般取扱所に係る令第十九条第二項の規定による同条第一項に掲げる基準の特例は、この条の定めるところによる。(ま)

2　第二十八条の五十四第六号の一般取扱所のうち、その位置、構造及び設備が次の各号に掲げる基準に適合するものについては、令第十九条第一項において準用する令第九条第一項第一号、第二号、第

四号から第十一号まで、第十八号及び第十九号の規定は、適用しない。(ま)

一　一般取扱所は、壁、柱、床、はり及び屋根が不燃材料で造られた平家建の建築物に設置すること。(ま)

二　建築物の一般取扱所の用に供する部分は、壁、柱、床、はり及び屋根を不燃材料で造るとともに、延焼のおそれのある外壁は、出入口以外の開口部を有しない耐火構造の壁とすること。(ま)

三　建築物の一般取扱所の用に供する部分の窓及び出入口には、防火設備を設けるとともに、延焼のおそれのある外壁に設ける出入口には、随時開けることができる自動閉鎖の特定防火設備を設けること。(ま)(ホ)

四　建築物の一般取扱所の用に供する部分の窓又は出入口にガラスを用いる場合は、網入ガラスとすること。(ま)

五　危険物を取り扱う設備（危険物を移送するための配管を除く。第四項において同じ。）は、建築物の一般取扱所の用に供する部分の床に堅固に固定すること。(ま)

六　危険物を取り扱うタンク（容量が指定数量の五分の一未満のものを除く。）の直下には、第十三条の三第二項第一号の規定の例による囲いを設けるか、又は建築物の一般取扱所の用に供する部分のしきいを高くすること。(ま)(す)

七　第二十八条の五十五第二項第五号から第八号までに掲げる基準に適合するものであること。(ま)

3　第二十八条の五十四第六号の一般取扱所のうち、その位置、構造及び設備が次の各号に掲げる基準に適合するものについては、令第十九条第一項において準用する令第九条第一項第一号、第二号、第四号から第十一号まで、第十八号及び第十九号の規定は、適用しない。(ま)

一　建築物の一般取扱所の用に供する部分は、壁、柱、床及びはりを耐火構造とすること。(ま)

二　第二十八条の五十五第二項第三号から第八号まで、第二十八条の五十六第二項第二号及び前項第六号に掲げる基準に適合するものであること。(ま)(す)

4　第二十八条の五十四第六号の一般取扱所（指定数量の倍数が三十未満のものに限る。）のうち、その位置、構造及び設備が次の各号に掲げる基準に適合するものについては、令第十九条第一項において準用する令第九条第一項第一号、第二号、第四号から第十一号まで、第十八号及び第十九号の規定は、適用しない。(ま)

一　危険物を取り扱う設備は、床に固定するとともに、当該設備の周囲に幅三メートル以上の空地を保有すること。ただし、当該設備から三メートル未満となる建築物の壁（出入口（随時開けることができる自動閉鎖の特定防火設備が設けられているものに限る。）以外の開口部を有しないものに限る。）及び柱が耐火構造である場合にあつては、当該設備から当該壁及び柱までの距離の幅の空地を保有することをもつて足りる。(ま)(ホ)

二　建築物の一般取扱所の用に供する部分（前号の空地を含む。第四号において同じ。）の床は、危険物が浸透しない構造とするとともに、適当な傾斜を付け、かつ、貯留設備及び当該床の周囲に排水溝を設けること。(ま)(ソ)

三　危険物を取り扱うタンク（容量が指定数量の五分の一未満のものを除く。）の直下には、第十三条の三第二項第一号の規定の例による囲いを設けること。(ま)(す)

四　第二十八条の五十五第二項第六号から第八号まで及び第二十八条の五十五の二第三項第一号に掲げる基準に適合するものであること。(ま)(す)

本条…追加〔平成元年二月自令五号(ま)〕、二—四項…一部改正〔平成一〇年三月自令六号(す)〕、二・四項…一部改正〔平成一二年五月自令三五号(ホ)〕、四項…一部改正〔平成一八年三月総令三一号(ソ)〕、見出し…改正〔平成二四年五月総令四九号(エ)〕

（切削装置等以外では危険物を取り扱わない一般取扱所の特例）（エ）

第二八条の六〇の二　第二十八条の五十四第七号の一般取扱所に係る令第十九条第二項の規定による同条第一項に掲げる基準の特例は、この条の定めるところによる。（す）

2　第二十八条の五十四第七号の一般取扱所のうち、その位置、構造及び設備が第二十八条の五十五第二項第一号及び第三号から第八号まで、第二十八条の五十六第二項第二号並びに前条第二項第六号及び第三項第一号に掲げる基準に適合するものについては、令第十九条第一項において準用する令第九条第一項第一号、第二号、第四号から第十一号まで、第十八号及び第十九号の規定は、適用しない。（す）（リ）

3　第二十八条の五十四第七号の一般取扱所（指定数量の倍数が十未満のものに限る。）のうち、その位置、構造及び設備が次の各号に掲げる基準に適合するものについては、令第十九条第一項において準用する令第九条第一項第一号、第二号、第四号から第十一号まで、第十八号及び第十九号の規定は、適用しない。（す）

一　危険物を取り扱う設備（危険物を移送するための配管を除く。）は、床に固定するとともに、当該設備の周囲に幅三メートル以上の空地を保有すること。ただし、当該設備から三メートル未満となる建築物の壁（出入口（随時開けることができる自動閉鎖の特定防火設備が設けられているものに限る。）以外の開口部を有しないものに限る。）及び柱が耐火構造である場合にあつては、当該設備から当該壁及び柱までの距離の幅の空地を保有することをもつて足りる。（す）（ホ）

二　建築物の一般取扱所の用に供する部分（前号の空地を含む。次号において同じ。）の床は、危険物が浸透しない構造とするとともに、適当な傾斜を付け、かつ、貯留設備及び当該床の周囲に排水溝を設けること。（す）（ソ）

三　第二十八条の五十五第二項第六号から第八号まで、第二十八条の五十五の二第三項第一号及び前条第四項第三号に掲げる基準に適合するものであること。（す）

本条…追加〔平成一〇年三月自令六号（す）〕、三項…一部改正〔平成一二年五月自令三五号（ホ）〕、二項…一部改正〔平成一三年一〇月総令一三六号（リ）〕、三項…一部改正〔平成一八年三月総令三一号（ソ）〕、見出し…改正〔平成二四年五月総令四九号（エ）〕

（熱媒体油循環装置以外では危険物を取り扱わない一般取扱所の特例）（エ）

第二八条の六〇の三　第二十八条の五十四第八号の一般取扱所に係る令第十九条第二項の規定による同条第一項に掲げる基準の特例は、この条の定めるところによる。（す）

2　第二十八条の五十四第八号の一般取扱所のうち、その位置、構造及び設備が次の各号に掲げる基準に適合するものについては、令第十九条第一項において準用する令第九条第一項第一号、第二号及び第四号から第十一号までの規定は、適用しない。（す）

一　危険物を取り扱う設備は、危険物の体積膨張による危険物の漏えいを防止することができる構造のものとすること。（す）

二　第二十八条の五十五第二項第一号及び第三号から第八号まで、第二十八条の五十五の二第二項第一号及び第二号並びに第二十八条の五十六第二項第一号及び第二号に掲げる基準に適合するものであること。（す）

本条…追加〔平成一〇年三月自令六号（す）〕、見出し…改正〔平成二四年五月総令四九号（エ）〕

（蓄電池設備以外では危険物を取り扱わない一般取扱所の特例）

第二八条の六〇の四　第二十八条の五十四第九号の一般取扱所に係る令第十九条第二項の規定による同条第一項に掲げる基準の特例は、この条の定めるところによる。（エ）

2　第二十八条の五十四第九号の一般取扱所のうち、危険物を用いた蓄電池設備が告示で定める基準に適合するものについては、令第十九条第一項において準用する令第九条第一項第十二号及び第十七号の規定は、適用しない。㋠

3　第二十八条の五十四第九号の一般取扱所（指定数量の倍数が三十未満のもので、危険物を取り扱う設備を建築物に設けるものに限る。）のうち、その位置、構造及び設備が第二十八条の五十五第二項第三号から第八号まで並びに第二十八条の五十六第二項第一号及び第二号に掲げる基準に適合するものについては、令第十九条第一項において準用する令第九条第一項第一号、第二号及び第四号から第十一号までの規定は、適用しない。（エ）㋠

4　第二十八条の五十四第九号の一般取扱所（指定数量の倍数が十未満のもので、危険物を取り扱う設備を建築物に設けるものに限る。）のうち、その位置、構造及び設備が次の各号に掲げる基準に適合するものについては、令第十九条第一項において準用する令第九条第一項第一号、第二号及び第四号から第十二号までの規定は、適用しない。（エ）㋠

一　一般取扱所は、壁、柱、床、はり及び屋根が耐火構造である建築物の屋上に設置すること。（エ）

二　危険物を取り扱う設備は、屋上に固定すること。（エ）

三　危険物を取り扱う設備は、キュービクル式のものとし、当該設備の周囲に高さ〇・一五メートル以上の囲いを設けること。（エ）

四　前号の囲いの周囲に幅三メートル以上の空地を保有すること。ただし、当該囲いから三メートル未満となる建築物の壁（出入口（随時開けることができる自動閉鎖の特定防火設備が設けられているものに限る。）以外の開口部を有しないものに限る。）及び柱が耐火構造である場合にあつては、当該囲いから当該壁及び柱までの距離の幅の空地を保有することをもつて足りる。（エ）

五　第三号の囲いの内部は、危険物が浸透しない構造とするとともに、適当な傾斜及び貯留設備を設けること。この場合において、危険物が直接排水溝に流入しないようにするため、貯留設備に油分離装置を設けなければならない。（エ）

5　第二十八条の五十四第九号の一般取扱所（危険物を取り扱う設備を屋外に設けるものに限る。）のうち、その位置、構造及び設備が次の各号に掲げる基準に適合するものについては、令第十九条第一項において準用する令第九条第一項第一号、第二号、第十二号及び第十七号の規定は、適用しない。㋠

一　危険物を取り扱う設備の周囲に、幅三メートル以上の空地を保有すること。ただし、危険物を取り扱う設備から三メートル未満となる建築物の壁（出入口（随時開けることができる自動閉鎖の特定防火設備が設けられているものに限る。）以外の開口部を有しないものに限る。）及び柱が耐火構造である場合にあつては、危険物を取り扱う設備から当該壁及び柱までの距離の幅の空地を保有することをもつて足りる。㋠

二　危険物を取り扱う設備は、堅固な基礎の上に固定すること。㋠

三　危険物を取り扱う設備は、キュービクル式とすること。㋠

四　危険物を用いた蓄電池設備は、告示で定める基準に適合するものであること。㋠

五　指定数量の百倍以上の危険物を取り扱うものにあつては、冷却するための散水設備をその放射能力範囲が危険物を取り扱う設備を包含するように設けること。㋠

本条…追加〔平成二四年五月総令四九号(エ)〕、二・五項…追加・旧二・三項…一部改正し三・四項に繰下〔令和五年九月総令七〇号㋠〕

参照　【蓄電池設備の基準】危告示六八の二の二

（高引火点危険物の一般取扱所の特例）

第二十八条の六十一　令第十九条第三項の規定により同条第一項に掲げる基準の特例を定めることができる一般取扱所は、高引火点危険物の

みを百度未満の温度で取り扱うものとする。(ま)

2　前項の一般取扱所に係る令第十九条第三項の規定による同条第一項に掲げる基準の特例は、次項に定めるところによる。(ま)

3　第一項の一般取扱所のうち、その位置及び構造が第十三条の六第三項各号に掲げる基準に適合するものについては、令第十九条第一項において準用する令第九条第一項第一号、第二号、第四号、第六号から第八号まで、第十八号及び第十九号並びに第十三条の三第二項第二号において準用する第二十二条第二項第二号の規定は、適用しない。(ま)(リ)

本条…追加〔平成元年二月自令五号(ま)〕、三項…一部改正〔平成一三年一〇月総令一三六号(リ)〕

第二八条の六二　令第十九条第三項の規定により同条第二項に掲げる基準（第二十八条の五十四第四号に定める一般取扱所に係る基準に限る。次項において同じ。）の特例を定めることができる一般取扱所は、高引火点危険物のみを百度未満の温度で取り扱うものとする。(ま)

2　前項の一般取扱所に係る令第十九条第三項の規定による同条第二項に掲げる基準の特例は、次項に定めるところによる。(ま)

3　第一項の一般取扱所のうち、その位置、構造及び設備が次の各号に掲げる基準に適合するものについては、令第十九条第一項において準用する令第九条第一項第一号、第二号、第四号から第十二号まで、第十八号及び第十九号並びに第十三条の三第二項第二号において準用する第二十二条第二項第二号の規定は、適用しない。(ま)(リ)

一　第十三条の六第三項第一号及び第二号並びに第二十八条の五十八第二項第三号から第七号までに掲げる基準に適合するものであること。(リ)

二　建築物を設ける場合にあつては、当該建築物は、壁、柱、床、はり及び屋根を耐火構造とし、又は不燃材料で造るとともに、窓及び出入口に防火設備又は不燃材料若しくはガラスで造られた戸を設けること。(リ)

本条…追加〔平成元年二月自令五号(ま)〕、三項…一部改正〔平成一三年一〇月総令一三六号(リ)〕

（一般取扱所の特例を定めることができる危険物）

第二八条の六三　令第十九条第四項の総務省令で定める危険物は、第十三条の七に規定する危険物とする。(ま)(へ)

本条…追加〔平成元年二月自令五号(ま)〕、一部改正〔平成一二年九月自令四四号(へ)〕

（アルキルアルミニウム等の一般取扱所の特例）

第二八条の六四　第十三条の八の規定は、アルキルアルミニウム等を取り扱う一般取扱所に係る令第十九条第四項の規定による同条第一項の基準を超える特例について準用する。(ま)

本条…追加〔平成元年二月自令五号(ま)〕

（アセトアルデヒド等の一般取扱所の特例）

第二八条の六五　第十三条の九の規定は、アセトアルデヒド等を取り扱う一般取扱所に係る令第十九条第四項の規定による同条第一項の基準を超える特例について準用する。(ま)

本条…追加〔平成元年二月自令五号(ま)〕

（ヒドロキシルアミン等の一般取扱所の特例）

第二八条の六六　第十三条の十の規定は、ヒドロキシルアミン等を取り扱う一般取扱所に係る令第十九条第四項の規定による同条第一項に掲げる基準を超える特例について準用する。(リ)

本条…追加〔平成一三年一〇月総令一三六号(リ)〕

第四章　消火設備、警報設備及び避難設備の基準（け）

章名…改正〔平成二年二月自令一号（け）〕

（所要単位及び能力単位）

第二九条　所要単位は、消火設備の設置の対象となる建築物その他の工作物の規模又は危険物の量の基準の単位をいう。

２　能力単位は、前項の所要単位に対応する消火設備の消火能力の基準の単位をいう。

（所要単位の計算方法）

第三〇条　建築物その他の工作物又は危険物の所要単位の計算方法は、次の各号のとおりとする。

一　製造所又は取扱所の建築物は、外壁が耐火構造のものにあつては延べ面積（製造所等の用に供する部分以外の部分を有する建築物に設ける製造所等にあつては当該建築物の製造所等の用に供する部分の床面積の合計、その他の製造所等にあつては当該製造所等の建築物の床面積の合計をいう。以下同じ。）百平方メートル、外壁が耐火構造でないものにあつては延べ面積五十平方メートルを一所要単位とすること。（ま）

二　貯蔵所の建築物は、外壁が耐火構造であるものにあつては延べ面積百五十平方メートル、外壁が耐火構造でないものにあつては延べ面積七十五平方メートルを一所要単位とすること。

三　製造所等の屋外にある工作物は、外壁を耐火構造とし、かつ、工作物の水平最大面積を建坪とする建築物とみなして前二号の規定により所要単位を算出すること。

四　危険物は、指定数量の十倍を一所要単位とすること。

本条…一部改正〔平成元年二月自令五号（ま）〕

（消火設備の能力単位）

第三一条　第五種の消火設備の能力単位の数値は、消火器の技術上の規格を定める省令（昭和三十九年自治省令第二十七号）によるほか、別表第二のとおりとする。（と）

本条…一部改正〔昭和四六年六月自令一二号（と）〕

（屋内消火栓設備の基準）

第三二条　第一種の屋内消火栓設備の設置の基準は、次のとおりとする。（ま）

一　屋内消火栓は、製造所等の建築物の階ごとに、その階の各部分から一のホース接続口までの水平距離が二十五メートル以下となるように設けること。この場合において、屋内消火栓は、各階の出入口付近に一個以上設けなければならない。（ま）

二　水源は、その水量が屋内消火栓の設置個数が最も多い階における当該設置個数（当該設置個数が五を超えるときは、五）に七・八立方メートルを乗じて得た量以上の量となるように設けること。（ま）

三　屋内消火栓設備は、いずれの階においても、当該階のすべての屋内消火栓（設置個数が五を超えるときは、五個の屋内消火栓）を同時に使用した場合に、それぞれのノズルの先端において、放水圧力が〇・三五メガパスカル以上で、かつ、放水量が二百六十リットル毎分以上の性能のものとすること。（ま）（す）

四　屋内消火栓設備には、予備動力源を附置すること。（ま）

本条…一部改正〔昭和五二年二月自令二号（わ）〕、全部改正〔平成元年二月自令五号（ま）〕、一部改正〔平成一〇年三月自令六号（す）〕

（屋外消火栓設備の基準）

第三二条の二　第一種の屋外消火栓設備の設置の基準は、次のとおりとする。（ま）

一　屋外消火栓は、防護対象物（当該消火設備によつて消火すべき製造所等の建築物その他の工作物及び危険物をいう。以下同じ。）の各部分（建築物の場合にあつては、当該建築物の一階及び二階の部分に限る。）から一のホース接続口までの水平距離が四十メートル以下となるように設けること。この場合において、その設置個数が一であるときは二としなければならない。（ま）

二　水源は、その水量が屋外消火栓の設置個数（当該設置個数が四を超えるときは、四）に十三・五立方メートルを乗じて得た量以上の量となるように設けること。（ま）

三　屋外消火栓設備は、すべての屋外消火栓（設置個数が四を超えるときは、四個の屋外消火栓）を同時に使用した場合に、それぞれのノズルの先端において、放水圧力が〇・三五メガパスカル以上で、かつ、放水量が四百五十リットル毎分以上の性能のものとすること。（ま）（す）

四　屋外消火栓設備には、予備動力源を附置すること。（ま）

本条…追加〔平成元年二月自令五号（ま）〕、一部改正〔平成一〇年三月自令六号（す）〕

（スプリンクラー設備の基準）

第三十二条の三　第二種のスプリンクラー設備の設置の基準は、次のとおりとする。（ま）

一　スプリンクラーヘッドは、防護対象物の天井又は小屋裏に、当該防護対象物の各部分から一のスプリンクラーヘッドまでの水平距離が一・七メートル以下となるように設けること。（ま）

二　開放型スプリンクラーヘッドを用いるスプリンクラー設備の放射区域（一の一斉開放弁により同時に放射する区域をいう。以下この条、第三十二条の五、第三十五条の二及び第三十八条において同じ。）は、百五十平方メートル以上（防護対象物の床面積が百五十平方メートル未満であるときは、当該床面積）とすること。（ま）(り)

三　水源は、その水量が閉鎖型スプリンクラーヘッドを設けるものにあつては三十（ヘッドの設置個数が三十未満である防護対象物にあつては、当該設置個数）、開放型スプリンクラーヘッドを設けるものにあつてはヘッドの設置個数が最も多い放射区域における当該設置個数に二・四立方メートルを乗じて得た量以上の量となるように設けること。（ま）

四　スプリンクラー設備は、前号に定める個数のスプリンクラーヘッドを同時に使用した場合に、それぞれの先端において、放射圧力が〇・一メガパスカル以上で、かつ、放水量が八十リットル毎分以上の性能のものとすること。（ま）（す）

五　スプリンクラー設備には、予備動力源を附置すること。（ま）

本条…追加〔平成元年二月自令五号（ま）〕、一部改正〔平成一〇年三月自令六号（す）・令和五年一二月総令八三号(り)〕

（水蒸気消火設備の基準）

第三十二条の四　第三種の水蒸気消火設備の設置の基準は、次のとおりとする。（ま）

一　蒸気放出口は、タンクにおいて貯蔵し、又は取り扱う危険物の火災を有効に消火することができるように設けること。（ま）

二　水蒸気発生装置は、次に定めるところによること。（ま）

イ　タンクの内容積に応じ、当該内容積一立方メートルにつき三・五キログラム毎時以上の量の割合で計算した量の水蒸気を一時間以上連続して放射することができるものであること。（ま）（す）

ロ　水蒸気の圧力を〇・七メガパスカル以上に維持することができるものであること。（ま）（す）

三　水蒸気消火設備には、予備動力源を附置すること。（ま）

本条…追加〔平成元年二月自令五号（ま）〕、一部改正〔平成一〇年三月自令六号（す）〕

（水噴霧消火設備の基準）

第三二条の五　第三種の水噴霧消火設備の設置の基準は、次のとおりとする。（ま）

一　噴霧ヘッドの個数及び配置は、次に定めるところによること。（ま）

イ　防護対象物のすべての表面を噴霧ヘッドから放射する水噴霧によつて有効に消火することができる空間内に包含するように設けること。（ま）

ロ　防護対象物の表面積（建築物の場合にあつては、床面積。以下この条において同じ。）一平方メートルにつき第三号で定める量の割合で計算した水量を標準放射量（当該消火設備のヘッドの設計圧力により放射し、又は放出する消火剤の放射量をいう。以下同じ。）で放射することができるように設けること。（ま）

二　水噴霧消火設備の放射区域は、百五十平方メートル以上（防護対象物の表面積が百五十平方メートル未満であるときは、当該表面積）とすること。（ま）

三　水源は、その水量が噴霧ヘッドの設置個数が最も多い放射区域におけるすべての噴霧ヘッドを同時に使用した場合に、当該放射区域の表面積一平方メートルにつき二十リットル毎分の量の割合で計算した量で、三十分間放射することができる量以上の量となるように設けること。（ま）

四　水噴霧消火設備は、前号に定める噴霧ヘッドを同時に使用した場合に、それぞれの先端において、放射圧力が〇・三五メガパスカル以上で、かつ、標準放射量で放射することができる性能のものとすること。（ま）（す）

五　水噴霧消火設備には、予備動力源を附置すること。（ま）

本条…追加〔平成元年二月自令五号（ま）〕、一部改正〔平成一〇年三月自令六号（す）〕

（泡消火設備の基準）

第三二条の六　第三種の泡消火設備の設置の基準は、次のとおりとする。（ま）

一　固定式の泡消火設備の泡放出口等は、防護対象物の形状、構造、性質、数量又は取扱いの方法に応じ、標準放射量で当該防護対象物の火災を有効に消火することができるように、必要な個数を適当な位置に設けること。（ま）

二　移動式の泡消火設備の泡消火栓は、屋内に設けるものにあつては第三十二条第一号、屋外に設けるものにあつては第三十二条の二第一号の規定の例により設けること。（ま）

三　水源の水量及び泡消火薬剤の貯蔵量は、防護対象物の火災を有効に消火することができる量以上の量となるようにすること。（ま）

四　泡消火設備には、予備動力源を附置すること。ただし、第三十三条第一項第六号に規定する顧客に自ら給油等をさせる給油取扱所に同条第二項第一号に規定する基準により設置されるものにあつては、この限りでない。（ま）（す）

本条…追加〔平成元年二月自令五号（ま）〕、一部改正〔平成一〇年三月自令六号（す）〕

（不活性ガス消火設備の基準）（ケ）

第三二条の七　第三種の不活性ガス消火設備の設置の基準は、次のとおりとする。（ま）（ケ）

一　全域放出方式の不活性ガス消火設備の噴射ヘッドは、不燃材料で造つた壁、柱、床、はり又は屋根（天井がある場合にあつては、天井）により区画され、かつ、開口部に自動閉鎖装置（防火設備又は不燃材料で造つた戸で不活性ガス消火剤が放射される直前に開口部を自動的に閉鎖する装置をいう。）が設けられている部分に当該部分の容積及び当該部分にある防護対象物の性質に応じ、標準放射量で当該防護対象物の火災を有効に消火することができるように、必要な個数を適当な位置に設けること。ただし、当該部分から外部に漏れる量以上の量の不活性ガス消火剤を有効に追加して放出することができる設備であるときは、当該開口部の自動閉鎖装置を設けないことができる。（ま）（ホ）（ケ）

二　局所放出方式の不活性ガス消火設備の噴射ヘッドは、防護対象物の形状、構造、性質、数量又は取扱いの方法に応じ、防護対象物に不活性ガス消火剤を直接放射することによつて標準放射量で当該防護対象物の火災を有効に消火することができるように、必要な個数を適当な位置に設けること。（ま）（ケ）

三　移動式の不活性ガス消火設備のホース接続口は、すべての防護対象物について、当該防護対象物の各部分から一のホース接続口までの水平距離が十五メートル以下となるように設けること。（ま）（ケ）

四　不活性ガス消火剤容器に貯蔵する不活性ガス消火剤の量は、防護対象物の火災を有効に消火することができる量以上の量となるようにすること。（ま）（ケ）

五　全域放出方式又は局所放出方式の不活性ガス消火設備には、予備動力源を附置すること。（ま）（ケ）

本条…追加〔平成元年二月自令五号（ま）〕、一部改正〔平成一二年五月自令三五号（ホ）〕、見出し…改正・本条…一部改正〔平成二三年一二月総令一六五号（ケ）〕

（ハロゲン化物消火設備の基準）

第三二条の八　第三種のハロゲン化物消火設備の設置の基準は、前条各号に掲げる不活性ガス消火設備の基準の例による。（ま）（ケ）

本条…追加〔平成元年二月自令五号（ま）〕、一部改正〔平成二三年一二月総令一六五号（ケ）〕

（粉末消火設備の基準）

第三二条の九　第三種の粉末消火設備の設置の基準は、第三十二条の七各号に掲げる不活性ガス消火設備の基準の例による。（ま）（ケ）

本条…追加〔平成元年二月自令五号（ま）〕、一部改正〔平成二三年一二月総令一六五号（ケ）〕

（第四種の消火設備の基準）

第三二条の一〇　第四種の消火設備は、防護対象物の各部分から一の消火設備に至る歩行距離が三十メートル以下となるように設けなければならない。ただし、第一種、第二種又は第三種の消火設備と併置する場合にあつては、この限りでない。（ま）

本条…追加〔平成元年二月自令五号（ま）〕

（第五種の消火設備の基準）

第三二条の一一　第五種の消火設備は、地下タンク貯蔵所、簡易タンク貯蔵所、移動タンク貯蔵所、給油取扱所、第一種販売取扱所又は第二種販売取扱所にあつては有効に消火することができる位置に設け、その他の製造所等にあつては防護対象物の各部分から一の消火設備に至る歩行距離が二十メートル以下となるように設けなければならない。ただし、第一種から第四種までの消火設備と併置する場合にあつては、この限りでない。（ま）

本条…追加〔平成元年二月自令五号（ま）〕

（著しく消火困難な製造所等及びその消火設備）

第三三条　令第二十条第一項第一号の総務省令で定める製造所、屋内貯蔵所、屋外タンク貯蔵所、屋内タンク貯蔵所、屋外貯蔵所、給油取扱所及び一般取扱所は、次の各号のとおりとする。（い）（た）（ま）（へ）

一　製造所及び一般取扱所のうち、高引火点危険物のみを百度未満の温度で取り扱うものにあつては延べ面積が千平方メートル以上のもの、その他のものにあつては指定数量の百倍以上の危険物（第七十二条第一項に規定する危険物を除く。）を取り扱うもの（第二十八条の五十四第九号の一般取扱所（危険物を取り扱う設備を屋外に設けるものに限る。）のうち、第二十八条の六十の四第五項各号に掲げる基準に適合するものを除く。）、延べ面積が千平方メートル以上のもの、地盤面若しくは消火活動上有効な床面からの高さが六メートル以上の部分において危険物を取り扱う設備（高引火点危険物のみを百度未満の温度で取り扱うものを除く。）を有するもの又は一般取扱所の用に供する部分以外の部分を有する建築物に設ける一般取扱所（当該建築物の一般取扱所の用に供する部分以外の部分と開口部のない耐火構造の床又は壁で区画されているものを除く。）（ま）(ち)

二　屋内貯蔵所にあつては、指定数量の百五十倍以上の危険物（第七十二条第一項に規定する危険物を除く。）を貯蔵し、若しくは取り扱うもの（高引火点危険物のみを貯蔵し、又は取り扱うものを除く。）、貯蔵倉庫の延べ面積が百五十平方メートルを超えるもの（当該貯蔵倉庫が百五十平方メートル以内ごとに不燃材料で造られた開口部のない隔壁で完全に区分されているもの及び第二類又は第四類の危険物（引火性固体及び引火点が七十度未満の第四類の危険物を除く。）のみを貯蔵し、又は取り扱うものを除く。）、軒高が六メートル以上の平家建のもの又は令第十条第三項の屋内貯蔵所（建築物の屋内貯蔵所の用に供する部分以外の部分と開口部のない耐火構造の床又は壁で区画されているもの及び第二類又は第四類の危険物（引火性固体及び引火点が七十度未満の第四類の危険物を除く。）のみを貯蔵し、又は取り扱うものを除く。）（ま）

三　屋外タンク貯蔵所のうち、液体の危険物（第六類の危険物を除く。）を貯蔵し、又は取り扱うもの（高引火点危険物のみを百度未満の温度で貯蔵し、又は取り扱うものを除く。）にあつては当該危険物の液表面積が四十平方メートル以上のもの、高さが六メートル以上のもの、地中タンクに係る屋外タンク貯蔵所又は海上タンクに係る屋外タンク貯蔵所、固体の危険物を貯蔵し、又は取り扱うものにあつては指定数量の倍数が百以上のもの（と）（お）（ま）

四　屋内タンク貯蔵所のうち、液体の危険物（第六類の危険物を除く。）を貯蔵し、又は取り扱うもの（高引火点危険物のみを百度未満の温度で貯蔵し、又は取り扱うものを除く。）にあつては当該危険物の液表面積が四十平方メートル以上のもの、高さが六メートル以上のもの又はタンク専用室を平家建以外の建築物に設けるもので引火点が四十度以上七十度未満の危険物に係るもの（当該建築物のタンク専用室以外の部分と開口部のない耐火構造の床又は壁で区画されているものを除く。）（と）（わ）（た）（ま）

五　屋外貯蔵所のうち、塊状の硫黄等のみを地盤面に設けた囲いの内側で貯蔵し、又は取り扱うものにあつては当該囲いの内部の面積（二以上の囲いを設ける場合にあつては、それぞれの囲いの内部の面積を合算した面積をいう。次条第一項第四号において同じ。）が百平方メートル以上のもの、令第十六条第四項の屋外貯蔵所にあつては指定数量の倍数が百以上のもの（た）（ま）（ヌ）

六　給油取扱所にあつては、令第十七条第二項第九号ただし書に該当する屋内給油取扱所のうち上部に上階を有するもの（以下この条において「一方開放型上階付き屋内給油取扱所」という。）又は顧客に自ら給油等をさせる給油取扱所（一方開放型上階付き屋内給油取扱所に該当するものを除く。以下この条において同じ。）（ま）（す）

2　令第二十条第一項第一号の規定により、前項各号に掲げる製造所、屋内貯蔵所、屋外タンク貯蔵所、屋内タンク貯蔵所、屋外貯蔵所、給油取扱所及び一般取扱所並びに移送取扱所の消火設備の設置の基準は、次のとおりとする。（り）（た）（ま）

一　次の表の上欄に掲げる製造所等には、同表の下欄に掲げる消火設備をその放射能力範囲が当該製造所、屋内貯蔵所、屋外タンク貯蔵所（岩盤タンクに係る屋外タンク貯蔵所にあつては、当該屋外タンク貯蔵所のうち岩盤タンクに係る部分を除く。）、屋内タンク貯蔵所、屋外貯蔵所、給油取扱所、移送取扱所（当該移送取扱所のうち移送基地内に存する部分に限る。以下この条において同じ。）又は一般取扱所の建築物その他の工作物及び危険物（給油取扱所にあつては、危険物（顧客に自ら給油等をさせる給油取扱所にあつては、引火点が四十度未満のもので、顧客が自ら取り扱うものに限る。）に限る。）を包含するように設けること。ただし、高引火点危険物のみを百度未満の温度で取り扱う製造所及び一般取扱所にあつては、当該製造所又は一般取扱所の建築物その他の工作物を包含するように設けることをもつて足りる。（ま）（す）（ケ）

製造所等			消火設備
製造所及び一般取扱所			第一種、第二種又は第三種の消火設備（火災のとき煙が充満するおそれのある場所等に設けるものは、第二種の消火設備又は移動式以外の第三種の消火設備に限る。）
屋内貯蔵所	軒高が六メートル以上の平家建のもの又は令第十条第三項の屋内貯蔵所		第二種の消火設備又は移動式以外の第三種の消火設備
	その他のもの		第一種の屋外消火栓設備、第二種の消火設備、第三種の移動式の泡消火設備（泡消火栓を屋外に設けるものに限る。）又は移動式以外の第三種の消火設備
屋外タンク貯蔵所	地中タンク及び海上タンクに係るもの以外のもの	硫黄等のみを貯蔵し、又は取り扱うもの	第三種の水蒸気消火設備又は水噴霧消火設備
		引火点が七十度以上の第四類の危険物のみを貯蔵し、又は取り扱うもの	第三種の水噴霧消火設備又は固定式の泡消火設備
		その他のもの	第三種の固定式の泡消火設備
	地中タンクに係るもの		第三種の固定式の泡消火設備及び移動式以外の不活性ガス消火設備又は移動式以外のハロゲン化物消火設備
	海上タンクに係るもの		第三種の固定式の泡消火設備及び水噴霧消火設備、移動式以外の不活性ガス消火設備又は移動式以外のハロゲン化物消火設備
屋内タンク貯蔵所	硫黄等のみを貯蔵し、又は取り扱うもの		第三種の水蒸気消火設備又は水噴霧消火設備
	引火点が七十度以上の第四類の危険物のみを貯蔵し、又は取り扱うもの		第三種の水噴霧消火設備、固定式の泡消火設備、移動式以外の不活性ガス消火設備、移動式以外のハロゲン化物消火設備又は移動式以外の粉末消火設備
	その他のもの		第三種の固定式の泡消火設備、移動式以外の不活性ガス消火設備、移動式以外のハロゲン化物消火設備又は移動式以外の粉末消火設備
屋外貯蔵所及び移送取扱所			第一種、第二種又は第三種の消火設備（火災のとき煙が充満するおそれのある場所等に設けるものは、第二種の消火設備又は第三種の移動式以外の消火設備に限る。）
給油取扱所			第三種の固定式の泡消火設備

一の二　高引火点危険物のみを百度未満の温度で取り扱う製造所及び一般取扱所にあつては、当該危険物について、第四種及び当該危険物の所要単位の数値に達する能力単位の数値の第五種の消火設備を設けること。ただし、当該製造所及び一般取扱所に第一種、第二種又は第三種の消火設備を設けるときは、当該設備の放射能力範囲内の部分について第四種の消火設備を設けないことができる。（ま）

二　可燃性の蒸気又は可燃性の微粉が滞留するおそれがある建築物又は室においては、第一号の基準によるほか、第四種及び当該危険物の所要単位の数値に達する能力単位の数値の第五種の消火設備を設けること。（ま）

三　第四類の危険物を貯蔵し、又は取り扱う屋外タンク貯蔵所又は屋内タンク貯蔵所にあつては、第五種の消火設備を二個以上設けること。（ま）

三の二　一方開放型上階付き屋内給油取扱所にあつては、第五種の消火設備を、その能力単位の数値が建築物その他の工作物の所要単位の数値に達するように設けること。（ま）（す）

三の三　顧客に自ら給油等をさせる給油取扱所にあつては、第四種の消火設備をその放射能力範囲が建築物その他の工作物及び危険物（第三種の消火設備により包含されるものを除く。）を包含するように設け、並びに第五種の消火設備をその能力単位の数値が危険物の所要単位の数値の五分の一以上になるように設けること。（す）

四　製造所、屋内タンク貯蔵所、移送取扱所又は一般取扱所の作業工程上、消火設備の放射能力範囲に当該製造所等において貯蔵し、又は取り扱う危険物の全部を包含することができないときは、当該危険物について、第四種及び当該危険物の所要単位の数値に達する能力単位の数値の第五種の消火設備を設けること。

（り）

一項…一部改正〔昭和三五年七月自令三号（い）〕、一・二項…一部改正〔昭和四六年六月自令一二号（と）〕、二項…一部改正〔昭和四九年五月自令一二号（り）〕、一項…一部改正〔昭和五二年二月自令二号（わ）〕、一・二項…一部改正〔昭和五四年七月自令一六号（た）〕、二項…一部改正〔昭和五九年一二月自令三〇号（む）・六二年四月一六号（の）〕、一・二項…一部改正〔昭和六二年一二月自令三六号（お）・平成元年二月五号（ま）・一〇年三月六号（す）〕、一項…一部改正〔平成一二年九月自令四四号（へ）・一四年一月総令四号（ヌ）〕、二項…一部改正〔平成二三年一二月総令一六五号（ケ）〕、一項…一部改正〔令和五年九月総令七〇号㋠〕

（消火困難な製造所等及びその消火設備）

第三四条　令第二十条第一項第二号の総務省令で定める製造所、屋内貯蔵所、屋外タンク貯蔵所、屋内タンク貯蔵所、屋外貯蔵所、給油取扱所、第二種販売取扱所及び一般取扱所は、次の各号のとおりとする。（い）（と）（ま）（へ）

一　製造所及び一般取扱所のうち、前条第一項第一号に掲げるもの以外のもので、高引火点危険物のみを百度未満の温度で取り扱うものにあつては延べ面積が六百平方メートル以上のもの、その他のものにあつては指定数量の十倍以上の危険物（第七十二条第一項に規定する危険物を除く。）を取り扱うもの（第二十八条の五十四第九号の一般取扱所（危険物を取り扱う設備を屋外に設けるものに限る。）のうち、第二十八条の六十の四第五項各号に掲げる基準に適合するもので、指定数量の三十倍未満の危険物を取り扱うものを除く。）、延べ面積が六百平方メートル以上のもの又は第二十八条の五十五第二項、第二十八条の五十五の二第二項若しくは第三項、第二十八条の五十六第二項若しくは第三項、第二十八条の五十七第二項、第三項若しくは第四項、第二十八条の六十第二項、第三項若しくは第四項、第二十八条の六十の二第二項若しくは第三項若しくは第二十八条の六十の三第二項の一般取扱所（ま）（す）㋠

二　屋内貯蔵所のうち、前条第一項第二号に掲げるもの以外のもので、令第十条第二項の屋内貯蔵所若しくは第十六条の二の三第二項の屋内貯蔵所にあつては指定数量以上の、その他のものにあつては指定数量の十倍以上の危険物（第七十二条第一項に規定する危険物を除く。）を貯蔵し、若しくは取り扱うもの（高引火点危険物のみを貯蔵し、又は取り扱うものを除く。）、貯蔵倉庫の延べ面積が百五十平方メートルを超えるもの又は令第十条第三項の屋内貯蔵所(ま)

三　屋外タンク貯蔵所及び屋内タンク貯蔵所にあつては、前条第一項第三号及び第四号に掲げるもの以外のもの（高引火点危険物のみを百度未満の温度で貯蔵し、又は取り扱うもの及び第六類の危険物のみを貯蔵し、又は取り扱うものを除く。）(ぬ)(ま)

四　屋外貯蔵所のうち、塊状の硫黄等のみを地盤面に設けた囲いの内側で貯蔵し、又は取り扱うものにあつては当該囲いの内部の面積が五平方メートル以上百平方メートル未満のもの、令第十六条第四項の屋外貯蔵所にあつては指定数量の倍数が十以上百未満のもの、その他のものにあつては指定数量の倍数が百以上のもの（高引火点危険物のみを貯蔵し、又は取り扱うものを除く。）(た)(ま)(ヌ)

四の二　給油取扱所にあつては、屋内給油取扱所のうち前条第一項第六号に掲げるもの以外のもの及びメタノール又はエタノールを取り扱う給油取扱所（令第十七条第二項の屋内給油取扱所に該当するものを除く。）(ま)(き)(ケ)

五　第二種販売取扱所(と)

2　令第二十条第一項第二号の規定により、前項各号に掲げる製造所、屋内貯蔵所、屋外タンク貯蔵所、屋内タンク貯蔵所、屋外貯蔵所、給油取扱所、第二種販売取扱所及び一般取扱所の消火設備の設置の基準は、次のとおりとする。(と)(ま)

一　製造所、屋内貯蔵所、屋外貯蔵所、給油取扱所、第二種販売取扱所及び一般取扱所にあつては、第四種の消火設備をその放射能力範囲が建築物その他の工作物及び危険物を包含するように設け、並びに第五種の消火設備をその能力単位の数値が危険物の所要単位の数値の五分の一以上になるように設けること。(と)(ま)

二　屋外タンク貯蔵所又は屋内タンク貯蔵所にあつては、第四種及び第五種の消火設備をそれぞれ一個以上設けること。

3　第一項各号に掲げる製造所等に第一種、第二種又は第三種の消火設備を設けるときは、前項の規定にかかわらず、当該設備の放射能力範囲内の部分について第四種の消火設備を設けないことができる。(ま)

一項…一部改正〔昭和三五年七月自令三号(い)〕、一・二項…一部改正〔昭和四六年六月自令一二号(と)〕、一項…一部改正〔昭和四九年六月自令一七号(ぬ)・五四年七月一六号(た)〕、一・二項…一部改正・三項…追加〔平成元年二月自令五号(ま)〕、一項…一部改正〔平成六年三月自令五号(き)・一〇年三月六号(す)・一二年九月四四号(へ)・一四年一月総令四号(ヌ)・二三年一二月一六五号(ケ)・令和五年九月七〇号㋠〕

（その他の製造所等の消火設備）

第三五条　令第二十条第一項第三号の規定により、第三十三条第一項及び前条第一項に掲げるもの以外の製造所等の消火設備の設置の基準は、次のとおりとする。(と)

一　地下タンク貯蔵所にあつては、第五種の消火設備を二個以上設けること。(と)

二　移動タンク貯蔵所にあつては、自動車用消火器のうち、霧状の強化液を放射するもので充てん量が八リットル以上のもの、二酸化炭素を放射するもので充てん量が三・二キログラム以上のもの、ブロモクロロジフルオロメタンを放射するもので充てん量が二リットル以上のもの、ブロモトリフルオロメタンを放射するもので充てん量が二リットル以上のもの、ジブロモテトラフルオロエタンを放射するもので充てん量が一リットル以上のもの又は消火粉末を放射するもので充てん量が三・五キログラム以上のものを二個以上、アルキルアルミニウム等を貯蔵し、又は取り扱う移動タンク貯蔵所にあつては、これらのほか、百五十リットル以上の乾燥砂及び六百四十リットル以上の膨張ひる石又は膨張真珠岩を設けること。(と)(た)(ま)

三　前二号に掲げるもの以外の製造所等にあつては、第五種の消火設備を、その能力単位の数値が建築物その他の工作物及び危険物の所要単位の数値に達するように設けること。ただし、当該製造所等に第一種から第四種までの消火設備を設けるときは、当該設備の放射能力範囲内の部分について第五種の消火設備を、その能力単位の数値が当該所要単位の数値の五分の一以上になるように設けることをもつて足りる。(と)(ま)

本条…全部改正〔昭和四六年六月自令一二号(と)〕、一部改正〔昭和五四年七月自令一六号(た)・平成元年二月五号(ま)〕

（蓄電池により貯蔵される危険物のみを貯蔵し、又は取り扱う屋内貯蔵所の消火設備の特例）

第三五条の二　令第二十条第三項の蓄電池により貯蔵される総務省令で定める危険物は、第十六条の二の七に規定する危険物とする。㋷

2　蓄電池により貯蔵される前項に規定する危険物のみを貯蔵し、又は取り扱う屋内貯蔵所に係る令第二十条第三項の規定による同条第一項及び第二項に掲げる基準の特例は、次項に定めるところによる。㋷

3　前項の屋内貯蔵所のうち、次の各号に掲げる消火設備をそれぞれ当該各号に掲げる基準に適合するように設けたものについては、令第二十条第一項各号及び第二項の規定は適用しない。㋷

一　第二種のスプリンクラー設備（開放型スプリンクラーヘッドを用いるものに限る。）　第三十二条の三第一号、第二号及び第五号の規定によるほか、次に掲げる場合の区分に応じ、それぞれ次に定める基準に適合するものであること。㋷

イ　第十六条の二の八第二項第五号イ又はロに規定する方法により、蓄電池を貯蔵する場合　次に掲げる基準㋷

(1)　水源は、その水量がスプリンクラーヘッドの設置個数が最も多い放射区域における当該設置個数に三十三・六立方メートルを乗じて得た量以上の量となるように設けること。㋷

(2)　いずれの放射区域であつても、それぞれの先端において、放水圧力が〇・二四メガパスカル以上で、かつ、放水量が五百六十リットル毎分以上の性能のものとすること。㋷

(3)　放射区域と同一の区域にある自動火災報知設備の感知器の作動又は火災感知用ヘッドの作動若しくは開放による圧力検知装置の作動と連動して加圧送水装置及び一斉開放弁を起動することができるものとすること。㋷

ロ　第十六条の二の八第二項第五号ハに規定する方法により、蓄電池を貯蔵する場合　イ(3)の規定の例によるほか、次に掲げる基準㋷

(1)　水源は、その水量が最も広い放射区域の面積に一・〇五メートルを乗じて得た量以上の量となるように設けること。㋷

(2)　いずれの放射区域であつても、当該放射区域内の放水密度が十七・五ミリメートル毎分以上となる性能のものとすること。㋷

二　第四種の消火設備　第三十二条の十の規定の例によること。㋷

三　第五種の消火設備　第三十二条の十一の規定の例によること。㋷

本条…追加〔令和五年一二月総令八三号㋷〕

（電気設備の消火設備）

第三六条　電気設備に対する消火設備は、電気設備のある場所の面積百平方メートルごとに一個以上設けるものとする。(わ)

本条…一部改正〔昭和五二年二月自令二号(わ)〕

（警報設備を設置しなければならない製造所等）
第三六条の二　令第二十一条の総務省令で定める製造所等は、製造所等のうち移動タンク貯蔵所以外のものとする。（と）（へ）
本条…追加〔昭和四六年六月自令一二号（と）〕、一部改正〔平成一二年九月自令四四号（へ）〕

（製造所等の警報設備）
第三七条　令第二十一条の規定により、警報設備は、次のとおり区分する。
一　自動火災報知設備
二　消防機関に報知ができる電話
三　非常ベル装置
四　拡声装置
五　警鐘

第三八条　令第二十一条の規定により、製造所等の警報設備の設置の基準は、次のとおりとする。
一　次に掲げる製造所等には、自動火災報知設備を設けること。（ま）
イ　製造所又は一般取扱所のうち、高引火点危険物のみを百度未満の温度で取り扱うものにあつては延べ面積が五百平方メートル以上のもの、その他のものにあつては指定数量の倍数が百以上のもので屋内にあるもの、延べ面積が五百平方メートル以上のもの又は一般取扱所の用に供する部分以外の部分を有する建築物に設ける一般取扱所（当該建築物の一般取扱所の用に供する部分以外の部分と開口部のない耐火構造の床又は壁で区画されているものを除く。）（ま）
ロ　屋内貯蔵所にあつては、指定数量の倍数が百以上のもの（高引火点危険物のみを貯蔵し、又は取り扱うものを除く。）、貯蔵倉庫の延べ面積が百五十平方メートルを超えるもの（当該貯蔵倉庫が百五十平方メートル以内ごとに不燃材料で造られた開口部のない隔壁で完全に区分されているもの又は第二類若しくは第四類の危険物（引火性固体及び引火点が七十度未満の第四類の危険物を除く。）のみを貯蔵し、若しくは取り扱うものにあつては、貯蔵倉庫の延べ面積が五百平方メートル以上のものに限る。）、軒高が六メートル以上の平家建のもの又は令第十条第三項の屋内貯蔵所（建築物の屋内貯蔵所の用に供する部分以外の部分と開口部のない耐火構造の床又は壁で区画されているもの及び第二類又は第四類の危険物（引火性固体及び引火点が七十度未満の第四類の危険物を除く。）のみを貯蔵し、又は取り扱うものを除く。）（ま）
ハ　岩盤タンクに係る屋外タンク貯蔵所（ま）
ニ　タンク専用室を平家建以外の建築物に設ける屋内タンク貯蔵所で第三十三条第一項第四号に掲げるもの（ま）
ホ　給油取扱所のうち、令第十七条第二項第九号ただし書に該当する屋内給油取扱所又は上部に上階を有する屋内給油取扱所（ま）
二　前号に掲げるもの以外の製造所等（移送取扱所を除く。）で、指定数量の倍数が十以上のものにあつては、前条第二号から第五号までに掲げる警報設備のうち一種類以上設けること。（か）（ま）
2　自動火災報知設備の設置の基準は、次のとおりとする。（ま）
一　自動火災報知設備の警戒区域（火災の発生した区域を他の区域と区分して識別することができる最小単位の区域をいう。以下この号及び次号において同じ。）は、建築物その他の工作物の二以上の階にわたらないものとすること。ただし、一の警戒区域の面積が五百平方メートル以下であり、かつ、当該警戒区域が二の階にわたる場合又は階段、傾斜路、エレベータの昇降路その他これらに類する場所に煙感知器を設ける場合は、この限りでない。

（ま）（て）

二　一の警戒区域の面積は、六百平方メートル以下とし、その一辺の長さは、五十メートル（光電式分離型感知器を設置する場合にあつては、百メートル）以下とすること。ただし、当該建築物その他の工作物の主要な出入口からその内部を見通すことができる場合にあつては、その面積を千平方メートル以下とすることができる。（ま）

三　自動火災報知設備の感知器は、屋根（上階のある場合にあつては、上階の床）又は壁の屋内に面する部分（天井のある場合にあつては、天井又は壁の屋内に面する部分及び天井裏の部分）に、有効に火災の発生を感知することができるように設けること。（ま）（て）

四　自動火災報知設備には、非常電源を附置すること。（ま）

3　自動信号装置を備えた第二種又は第三種の消火設備は、第一項の基準を適用するにあたつては、自動火災報知設備とみなす。（ま）

一項…一部改正〔昭和五三年二月自令一号（か）・六二年四月一六号（の）〕、一項…一部改正・二項…追加・旧二項…一部改正し三項に繰下〔平成元年二月自令五号（ま）〕、二項…一部改正〔平成三年五月自令二〇号（て）〕

（避難設備を設置しなければならない製造所等及びその避難設備）

第三八条の二　令第二十一条の二の総務省令で定める製造所等は、給油取扱所のうち建築物の二階の部分を第二十五条の四第一項第二号の用途に供するもの及び屋内給油取扱所のうち第二十五条の九第一号イの事務所等を有するものとする。（ま）（へ）

2　令第二十一条の二の規定による前項の製造所等の避難設備の設置の基準は、次のとおりとする。（ま）

一　給油取扱所のうち建築物の二階の部分を第二十五条の四第一項第二号の用途に供するものにあつては、当該建築物の二階から直接給油取扱所の敷地外へ通ずる出入口並びにこれを通ずる通路、階段及び出入口に誘導灯を設けること。（ま）

二　屋内給油取扱所のうち第二十五条の九第一号イの事務所等を有するものにあつては、当該事務所等の出入口、避難口並びに当該避難口に通ずる通路、階段及び出入口に誘導灯を設けること。（ま）

三　誘導灯には、非常電源を附置すること。（ま）

本条…追加〔平成元年二月自令五号（ま）〕、一項…一部改正〔平成一二年九月自令四四号（へ）〕

（技術上の基準の委任）（カ）

第三八条の三　この章に定めるもののほか、消火設備、警報設備及び避難設備の技術上の基準に関し必要な事項は、告示で定める。（ま）（カ）

本条…追加〔平成元年二月自令五号（ま）〕、見出し…改正・本条…一部改正〔平成一七年一月総令三号（カ）〕

参照　【必要な事項】平成一三年一二月二一日総務省告示第五五七～五五九号

第五章　貯蔵及び取扱いの基準（ま）

章名…改正〔平成元年二月自令五号（ま）〕

（危険物以外の物品の貯蔵禁止の例外）

第三八条の四　令第二十六条第一項第一号ただし書の総務省令で定める場合は、次のとおりとする。（け）（へ）

一　屋内貯蔵所又は屋外貯蔵所において次に掲げる危険物と危険物以外の物品とを貯蔵する場合で、それぞれを取りまとめて貯蔵し、かつ、相互に一メートル以上の間隔を置く場合（け）（ナ）

イ　危険物（引火性固体及び第四類の危険物を除く。）と法別表第一の当該危険物が属する類の項の品名欄に掲げる物品（同表第一類の項第十一号、第二類の項第八号、第三類の項第十二号、第五類の項第十一号及び第六類の項第五号に掲げる物品を除く。）を主成分として含有するもので危険物に該当しない物品(け)(リ)(タ)

ロ　第二類の危険物のうち引火性固体と危険物に該当しない固体若しくは液体であつて引火点を有するもの又は合成樹脂類（令別表第四備考第九号の合成樹脂類をいう。）（以下この条において「合成樹脂類等」という。）又はこれらのいずれかを主成分として含有するもので危険物に該当しない物品(け)(す)(ロ)(ナ)

ハ　第四類の危険物と合成樹脂類等又はこれらのいずれか若しくは法別表第一第四類の項の品名欄に掲げる物品を主成分として含有するもので危険物に該当しない物品(け)(す)(ロ)(タ)

ニ　第四類の危険物のうち有機過酸化物又はこれを含有するものと有機過酸化物又は有機過酸化物のみを含有するもので危険物に該当しない物品(け)

ホ　第七十二条第一項に規定する危険物と危険物に該当しない火薬類（火薬類取締法第二条に掲げられた火薬類に該当するものをいう。以下同じ。）(け)

ヘ　危険物と危険物に該当しない不燃性の物品（貯蔵する危険物及び危険物以外の物品と危険な反応を起こさないものに限る。）(す)

ト　第十六条の二の七に規定する危険物（第三十五条の二第三項第一号に掲げる基準により第二種のスプリンクラー設備が設置されている屋内貯蔵所において貯蔵するものに限る。）と危険物に該当しない物品（水又は当該危険物と危険な反応を起こさないものに限る。）ⓡ

二　次に掲げる危険物を貯蔵し、又は取り扱う屋外タンク貯蔵所、屋内タンク貯蔵所、地下タンク貯蔵所又は移動タンク貯蔵所（以下この号において「屋外タンク貯蔵所等」という。）において、それぞれ当該屋外タンク貯蔵所等について定める危険物以外の物品を当該屋外タンク貯蔵所等の構造及び設備に悪影響を与えないよう貯蔵する場合(す)

イ　第四類の危険物を貯蔵し、又は取り扱う屋外タンク貯蔵所等
　合成樹脂類等若しくはこれらのいずれか若しくは法別表第一第四類の項の品名欄に掲げる物品を主成分として含有するもので危険物に該当しない物品又は危険物に該当しない不燃性の物品（貯蔵し、又は取り扱う危険物若しくは危険物以外の物品と危険な反応を起こさないものに限る。）(す)(ロ)(タ)

ロ　第六類の危険物を貯蔵し、又は取り扱う屋外タンク貯蔵所等
　法別表第一第六類の項の品名欄に掲げる物品（同表第六類の項第五号に掲げる物品を除く。）を主成分として含有するもので危険物に該当しない物品又は危険物に該当しない不燃性の物品（貯蔵し、又は取り扱う危険物若しくは危険物以外の物品と危険な反応を起こさないものに限る。）(す)(タ)

本条…追加〔平成元年二月自令五号(ま)〕、全部改正〔平成二年二月自令一号(け)〕、一部改正〔平成一〇年三月自令六号(す)・一一年九月三一号(ロ)・一二年九月四四号(ヘ)・一三年一〇月総令一三六号(リ)・一七年三月三七号(タ)・一九年三月二六号(ナ)・令和五年一二月八三号ⓡ〕

（類を異にする危険物の同時貯蔵禁止の例外）

第三九条　令第二十六条第一項第一号の二ただし書の総務省令で定める場合は、次のとおりとする。(ま)(へ)(ナ)

一　屋内貯蔵所又は屋外貯蔵所において次に掲げる危険物を貯蔵する場合で、危険物の類ごとに取りまとめて貯蔵し、かつ、相互に一メートル以上の間隔を置く場合(ナ)

イ　第一類の危険物（アルカリ金属の過酸化物又はこれを含有するものを除く。）と第五類の危険物(ナ)

ロ　第一類の危険物と第六類の危険物（ナ）
ハ　第二類の危険物と自然発火性物品（黄りん又はこれを含有するものに限る。）（ナ）
ニ　第二類の危険物のうち引火性固体と第四類の危険物（ナ）
ホ　アルキルアルミニウム等と第四類の危険物のうちアルキルアルミニウム又はアルキルリチウムのいずれかを含有するもの（ナ）
ヘ　第四類の危険物のうち有機過酸化物又はこれを含有するものと第五類の危険物のうち有機過酸化物又はこれを含有するもの（ナ）
ト　第四類の危険物と第五類の危険物のうち一―アリルオキシ―二・三―エポキシプロパン若しくは四―メチリデンオキセタン―二―オン又はこれらのいずれかを含有するもの（ヰ）
二　屋内貯蔵所において第四十三条の三第一項第五号ただし書に規定する告示で定めるところにより類を異にする危険物を収納した容器を貯蔵する場合（当該類を異にする危険物を収納した二以上の容器を貯蔵する場合を含み、当該容器に収納された危険物以外の危険物を貯蔵する場合を除く。）（ナ）

本条…追加〔昭和四〇年一〇月自令二八号（に）〕、一部改正〔昭和四六年六月自令一二号（と）〕、全部改正〔平成元年二月自令五号（ま）〕、一部改正〔平成一二年九月自令四四号（ヘ）・一九年三月総令二六号（ナ）・二二年二月一〇号（ヰ）〕

（危険物の区分）

第三九条の二　次条、第四十三条及び第四十四条において危険物は、危険等級Ⅰ、危険等級Ⅱ及び危険等級Ⅲに区分する。（ま）

2　危険等級Ⅰの危険物は、次に掲げるものとする。（ま）

一　第一類の危険物のうち、令別表第三備考第一号の第一種酸化性固体の性状を有するもの（ま）
二　第三類の危険物のうち、カリウム、ナトリウム、アルキルアルミニウム、アルキルリチウム、黄りん並びに令別表第三備考第六号の第一種自然発火性物質及び禁水性物質の性状を有するもの（ま）
三　第四類の危険物のうち、特殊引火物（ま）
四　第五類の危険物のうち、第一種自己反応性物質の性状を有するもの（ま）（リ）
五　第六類の危険物（ま）

3　危険等級Ⅱの危険物は、次に掲げるものとする。（ま）

一　第一類の危険物のうち、令別表第三備考第二号の第二種酸化性固体の性状を有するもの（ま）
二　第二類の危険物のうち、硫化りん、赤りん、硫黄及び令別表第三備考第四号の第一種可燃性固体の性状を有するもの（ま）
三　第三類の危険物のうち、前項第二号に掲げる危険物以外のもの（ま）
四　第四類の危険物のうち、第一石油類及びアルコール類（ま）
五　第五類の危険物のうち、前項第四号に掲げる危険物以外のもの（ま）

4　危険等級Ⅲの危険物は、危険等級Ⅰの危険物及び危険等級Ⅱの危険物以外の危険物とする。（ま）

本条…追加〔平成元年二月自令五号（ま）〕、二項…一部改正〔平成一三年一〇月総令一三六号（リ）〕

（危険物の容器及び収納）

第三九条の三　令第二十六条第一項第二号及び第十一号の規定により危険物を容器に収納するとき、又は令第二十七条第三項第一号の規定により危険物を容器に詰め替えるときは、次の各号に掲げる容器の区分に応じ、当該各号の定めるところによるものとする。ただし、製造所等が存する敷地と同一の敷地内において危険物を貯蔵し、又は取り扱うため、次の各号に定める容器以外の容器に収納し、又は詰め替える場合において、当該容器の貯蔵又は取扱いが火災の予防上安全であると認められるときは、この限りでない。（に）（と）（そ）（ま）（け）（み）

一　次号に掲げる容器以外の容器　固体の危険物にあつては別表第三、液体の危険物にあつては別表第三の二に定める基準に適合する内装容器（内装容器の容器の種類の項が空欄のものにあつては、外装容器）又は総務大臣が貯蔵若しくは取扱いの安全上この基準に適合する容器と同等以上であると認めて告示したもの（以下この条において「内装容器等」という。）であり、かつ、第四十三条の三第一項に定める収納の基準に適合すること。（み）（へ）

二　機械によるつり上げ又は持ち上げを行うためのつり具、フォークリフトポケット等を有する容器（第四十条の二及び第四十三条において「機械により荷役する構造を有する容器」という。）第四十三条第一項第二号に規定する運搬容器であり、かつ、第四十三条の三第二項に定める収納の基準に適合すること。（み）（ヌ）

2　前項第一号の内装容器等（内装容器等を他の容器に収納する場合にあつては、当該容器を含む。以下この条において同じ。）にあつては第四十四条第一項各号に定める表示を、前項第二号の容器にあつては同条第一項各号及び第六項各号に定める表示を、それぞれ見やすい箇所にしたものでなければならない。（ま）（み）

3　前項の規定にかかわらず、第一類、第二類又は第四類の危険物（危険等級Ⅰの危険物を除く。）の内装容器等で、最大容積が五百ミリリットル以下のものについては、第四十四条第一項第一号及び第三号の表示についてそれぞれ危険物の通称名及び同号に掲げる表示と同一の意味を有する他の表示をもつて代えることができる。（ま）

4　前二項の規定にかかわらず、第四類の危険物に該当する化粧品（エアゾールを除く。）の内装容器等で、最大容積が百五十ミリリットル以下のものについては第四十四条第一項第一号及び第三号に掲げる表示をすることを要せず、最大容積が百五十ミリリットルを超え三百ミリリットル以下のものについては同項第一号に掲げる表示をすることを要せず、かつ、同項第三号の注意事項について同号に掲げる表示と同一の意味を有する他の表示をもつて代えることができる。（ま）（け）

5　第二項及び第三項の規定にかかわらず、第四類の危険物に該当するエアゾールの内装容器等で、最大容積が三百ミリリットル以下のものについては、第四十四条第一項第一号に掲げる表示をすることを要せず、かつ、同項第三号の注意事項について同号に掲げる表示と同一の意味を有する他の表示をもつて代えることができる。（ま）

6　第二項及び第三項の規定にかかわらず、第四類の危険物のうち動植物油類の内装容器等で、最大容積が二・二リットル以下のものについては、第四十四条第一項第一号及び第三号の表示についてそれぞれ危険物の通称名及び同号に掲げる表示と同一の意味を有する他の表示をもつて代えることができる。（ま）（け）

旧三九条…一部改正し繰下〔昭和四〇年一〇月自令二八号（に）〕、本条…一部改正〔昭和四六年六月自令一二号（と）・五六年九月二二号（そ）〕、一項…一部改正・二―六項…追加・旧三九条の二…繰下〔平成元年二月自令五号（ま）〕、一・四・六項…一部改正〔平成二年二月自令一号（け）〕、一・二項…一部改正〔平成七年二月自令二号（み）〕、一項…一部改正〔平成一二年九月自令四四号（へ）・一四年一月総令四号（ヌ）〕

参照　【容器の特例】危告示六八の二の三

（ガソリンを容器に詰め替えるときの確認等）

第三九条の三の二　前条に定めるもののほか、令第二十七条第三項第一号の規定によりガソリンを販売するため容器に詰め替えるとき

は、顧客の本人確認、使用目的の確認及び当該販売に関する記録の作成をしなければならない。㋩

本条…追加〔令和元年一二月総令六七号㋩〕

（容器に収納しないこと等ができる危険物）

第四〇条　令第二十六条第一項第二号ただし書の総務省令で定める危険物は、塊状の硫黄等及び第七十二条第一項に規定する危険物とする。（い）（に）（と）（ま）（へ）

２　令第二十六条第一項第三号ただし書の総務省令で定める危険物は、第七十二条第一項に規定する危険物とする。（い）（に）（と）（へ）

一・二項…一部改正〔昭和三五年七月自令三号（い）・四〇年一〇月一八号（に）・四六年六月一二号（と）〕、一項…一部改正〔平成元年二月自令五号（ま）〕、一・二項…一部改正〔平成一二年九月自令四四号（へ）〕

（容器の積み重ね高さ）

第四〇条の二　令第二十六条第一項第三号の二及び第十一号の二の総務省令で定める高さは、第十六条の二の八第二項第五号イ、ロ又はハの規定に基づき蓄電池により貯蔵される危険物を貯蔵する場合を除き、三メートル（第四類の危険物のうち第三石油類、第四石油類及び動植物油類を収納する容器のみを積み重ねる場合（機械により荷役する構造を有する容器のみを積み重ねる場合を除く。）にあつては四メートル、機械により荷役する構造を有する容器のみを積み重ねる場合にあつては六メートル）とする。（ま）（へ）（ヌ）㋷

本条…追加〔平成元年二月自令五号（ま）〕、一部改正〔平成一二年九月自令四四号（へ）・一四年一月総令四号（ヌ）・令和五年一二月八三号㋷〕

（被けん引自動車における貯蔵の例外）

第四〇条の二の二　令第二十六条第一項第八号ただし書の総務省令で定める場合は、次の各号に掲げるところにより、被けん引自動車を車両（鉄道上又は軌道上の車両をいう。以下この条において同じ。）に積み込み、又は車両から取り卸す場合とする。（え）（へ）

一　被けん引自動車の積卸しは火災予防上安全な場所で行うとともに、火災が発生した場合に被害の拡大の防止を図ることができるよう必要な措置を講ずること。（え）

二　被けん引自動車の積卸しの際に、移動貯蔵タンクに変形又は損傷を生じないように必要な措置を講ずること。（え）

三　被けん引自動車の車両への積込みはけん引自動車を切り離した後直ちに行うとともに、被けん引自動車を車両から取り卸したときは直ちに当該被けん引自動車をけん引自動車に結合すること。（え）

本条…追加〔平成三年三月自令三号（え）〕、一部改正〔平成一二年九月自令四四号（へ）〕

（書類の備付け）

第四〇条の二の三　令第二十六条第一項第九号の総務省令で定める書類は、第七条及び第七条の三の届出書とする。（ま）（え）（へ）

本条…追加〔平成元年二月自令五号（ま）〕、旧四〇条の二の二…繰下〔平成三年三月自令三号（え）〕、本条…一部改正〔平成一二年九月自令四四号（へ）〕

（用具の備付け等）（た）（ま）

第四〇条の二の四　令第二十六条第一項第十号の総務省令で定める危険物は、アルキルアルミニウム等とする。（た）（ま）（え）（へ）

２　令第二十六条第一項第十号の総務省令で定める用具は、防護服、ゴム手袋、弁等の締付け工具及び携帯用拡声器とする。（と）（た）（へ）

本条…追加〔昭和四六年六月自令一二号（と）〕、見出し…改正・一項…追加・旧一項…二項に繰下〔昭和五四年七月自令一六号（た）〕、見出し…改正・一項…一部改正・旧四〇条の二の三…繰下〔平成元年二月自令五号（ま）〕、旧四〇条の二の二…繰下〔平成三年三月自令三号（え）〕、一・二項…一部改正〔平成一二年九月自令四四号（へ）〕

（架台での貯蔵高さ）

第四〇条の二の五　令第二十六条第一項第十一号の三の総務省令で定める高さは、六メートルとする。（ま）（え）（へ）

本条…追加〔平成元年二月自令五号（ま）〕、旧四〇条の二の四…繰下〔平成三年三月自令三号（え）〕、本条…一部改正〔平成一二年九月自令四四号（へ）〕

（特別の貯蔵基準を必要とする危険物）

第四〇条の三　令第二十六条第二項の総務省令で定める危険物は、第十三条の七に規定するもの並びに第四類の危険物のうち特殊引火物のジエチルエーテル及びこれを含有するもの（第四十条の三の三において「ジエチルエーテル等」という。）とする。（ま）（へ）

本条…追加〔昭和四〇年一〇月自令二八号（に）〕、旧四〇条の二…一部改正し繰下〔昭和四六年六月自令一二号（と）〕、本条…全部改正〔平成元年二月自令五号（ま）〕、一部改正〔平成一二年九月自令四四号（へ）〕

（アルキルアルミニウム等の貯蔵所における貯蔵の基準）

第四〇条の三の二　令第二十六条第二項の規定によるアルキルアルミニウム等の貯蔵の技術上の基準は、次のとおりとする。（ま）

一　屋外貯蔵タンク、屋内貯蔵タンク又は移動貯蔵タンクに、新たにアルキルアルミニウム等を注入するときは、あらかじめ当該タンク内の空気を不活性の気体と置換しておくこと。（ま）

二　屋外貯蔵タンク又は屋内貯蔵タンクのうち、圧力タンクにあつてはアルキルアルミニウム等の取出しにより当該タンク内の圧力が常用圧力以下に低下しないように、圧力タンク以外のタンクにあつてはアルキルアルミニウム等の取出し又は温度の低下による空気の混入の防止ができるように不活性の気体を封入すること。（ま）

三　移動貯蔵タンクにアルキルアルミニウム等を貯蔵する場合は、二十キロパスカル以下の圧力で不活性の気体を封入しておくこと。（ま）（す）

本条…追加〔平成元年二月自令五号（ま）〕、一部改正〔平成一〇年三月自令六号（す）〕

（アセトアルデヒド等の貯蔵所における貯蔵の基準）

第四〇条の三の三　令第二十六条第二項の規定によるアセトアルデヒド等及びジエチルエーテル等の貯蔵の技術上の基準は、次のとおりとする。（ま）

一　屋外貯蔵タンク、屋内貯蔵タンク、地下貯蔵タンク又は移動貯蔵タンクに新たにアセトアルデヒド等を注入するときは、あらかじめ当該タンク内の空気を不活性の気体と置換しておくこと。（ま）

二　屋外貯蔵タンク、屋内貯蔵タンク又は地下貯蔵タンクのうち、圧力タンクにあつてはアセトアルデヒド等の取出しにより当該タンク内の圧力が常用圧力以下に低下しないように、圧力タンク以外のタンクにあつてはアセトアルデヒド等の取出し又は温度の低下による空気の混入の防止ができるように不活性の気体を封入すること。（ま）

三　移動貯蔵タンクにアセトアルデヒド等を貯蔵する場合は、常時不活性の気体を封入しておくこと。（ま）

四　屋外貯蔵タンク、屋内貯蔵タンク又は地下貯蔵タンクのうち、圧力タンク以外のものに貯蔵するアセトアルデヒド等又はジエチルエーテル等の温度は、アセトアルデヒド又はこれを含有するものにあつては十五度以下に、酸化プロピレン若しくはこれを含有するもの又はジエチルエーテル等にあつては三十度以下に、それぞれ保つこと。（ま）

五　屋外貯蔵タンク、屋内貯蔵タンク又は地下貯蔵タンクのうち、圧力タンクに貯蔵するアセトアルデヒド等又はジエチルエーテル等の温度は、四十度以下に保つこと。（ま）

六　保冷装置を有する移動貯蔵タンクに貯蔵するアセトアルデヒド等又はジエチルエーテル等の温度は、当該危険物の沸点以下の温

度に保つこと。(ま)

七　保冷装置のない移動貯蔵タンクに貯蔵するアセトアルデヒド等又はジエチルエーテル等の温度は、四十度以下に保つこと。(ま)

本条…追加〔平成元年二月自令五号(ま)〕

（専用タンクに危険物を注入するときの措置）

第四〇条の三の三の二　令第二十七条第六項第一号ト(1)の総務省令で定める措置は、次の各号のとおりとする。ⓡ

一　専用タンクに接続する固定給油設備の給油ノズルは、自動車等の燃料タンクが満量となつたときに給油を自動的に停止する構造のものとすること。ⓡ

二　専用タンクに接続する固定注油設備の注油ノズルは、容器が満量となつたときに危険物の注入を自動的に停止する構造のものとすること。ⓡ

三　専用タンク及び専用タンクに危険物を注入する移動タンク貯蔵所は、専用タンクに貯蔵されている危険物と異なる種類の危険物が誤つて注入されることを有効に防止することができる構造のものとすること。ただし、当該専用タンクを設ける給油取扱所及び当該移動タンク貯蔵所において貯蔵し、又は取り扱う危険物がいずれも一種類であつて、かつ、同一である場合その他の保安上支障がないと認められる場合はこの限りでない。ⓡ

本条…追加〔令和五年一二月総令八三号ⓡ〕

（給油するとき等の基準）

第四〇条の三の四　令第二十七条第六項第一号リの総務省令で定めるとき及び同号チの総務省令で定める部分は、次の各号のとおりとする。(の)(ま)(へ)ⓡ

一　自動車等に給油するとき　固定給油設備（ポンプ室に設けられたポンプ機器及び油中ポンプ機器を除く。）から次の表に掲げる固定給油設備の区分に応じそれぞれ同表に定める距離以内の部分（第二十五条の四第一項第三号及び第四号の用途に供する部分で、床又は壁で区画されたものの内部を除く。）(の)(ま)(あ)

固定給油設備の区分		距離
懸垂式の固定給油設備		四メートル
その他の固定給油設備	最大給油ホース全長が三メートル以下のもの	四メートル
	最大給油ホース全長が三メートルを超え四メートル以下のもの	五メートル
	最大給油ホース全長が四メートルを超え五メートル以下のもの	六メートル

二　移動貯蔵タンクから専用タンクに危険物を注入するとき　専用タンクの注入口から三メートル以内の部分及び専用タンクの通気管の先端から水平距離一・五メートル以内の部分(の)

本条…追加〔昭和六二年四月自令一六号(の)〕、旧四〇条の三の二…一部改正し繰下〔平成元年二月自令五号(ま)〕、本条…一部改正〔平成五年七月自令二二号(あ)・一二年九月四四号(へ)・令和五年一二月総令八三号ⓡ〕

（可燃性の蒸気の回収措置）

第四〇条の三の五　令第二十七条第六項第一号ルの規定により、移動貯蔵タンクから専用タンクに引火点が四十度未満の危険物を注入するときは、第二十五条の九第三号の設備を用いて、可燃性の蒸気を有効に回収しなければならない。(ま)ⓡ

本条…追加〔平成元年二月自令五号(ま)〕、一部改正〔令和五年一二月総令八三号ⓡ〕

（物品等の販売等の基準）

第四〇条の三の六　令第二十七条第六項第一号ワの総務省令で定める

業務は、第二十五条の四第一項第六号に掲げる用途に係る業務とする。(の)(ま)(へ)㋷

2　令第二十七条第六項第一号ワの総務省令で定める場合は、次に掲げる場所において前項の業務を行う場合とする。ただし、火災の予防上危険がある場合又は消火、避難その他の消防の活動に支障になる場合を除く。(の)(へ)㋩㋷

一　容易に給油取扱所の敷地外へ避難することができる建築物の二階(の)㋩

二　建築物の周囲の空地（自動車等の通行が妨げられる部分を除く。）(の)(ま)㋩

3　令第二十七条第六項第一号ワの総務省令で定める部分は、開口部に防火設備が設けられた壁等で区画された部分以外の部分とする。(ま)(ホ)(へ)㋷

本条…追加〔昭和六二年四月自令一六号(の)〕、一・二項…一部改正・三項…追加・旧四〇条の三の三…繰下〔平成元年二月自令五号(ま)〕、三項…一部改正〔平成一二年五月自令三五号(ホ)〕、一—三項…一部改正〔平成一二年九月自令四四号(へ)〕、二項…一部改正〔令和元年一二月総令六七号㋩〕、一—三項…一部改正〔令和五年一二月総令八三号㋷〕

（給油の業務が行われていないときの措置）

第四〇条の三の六の二　令第二十七条第六項第一号カの総務省令で定める措置は、次のとおりとする。㋷

一　固定給油設備、固定注油設備、簡易タンク、通気管、専用タンクの注入口、第二十五条第二号に掲げるタンクの注入口その他危険物を取り扱う箇所の周囲には、係員以外の者を近寄らせないための措置を講ずること。㋷

二　固定給油設備、固定注油設備、簡易タンク、ポンプ、制御卓その他危険物を取り扱う設備には、みだりに操作を行わせないための措置を講ずること。㋷

三　前二号に定めるもののほか、係員以外の者の利用を禁止する箇所又は設備には、係員以外の者を近寄らせないための措置を講ずること。㋷

本条…追加〔令和五年一二月総令八三号㋷〕

（航空機給油取扱所における取扱いの基準）

第四〇条の三の七　令第二十七条第六項第一号の二の規定による航空機給油取扱所における取扱いの基準は、次のとおりとする。(ま)

一　航空機以外には給油しないこと。(ソ)

一の二　給油するときは、当該給油取扱所の給油設備を使用して直接給油すること。(ま)(ソ)

二　航空機（給油タンク車を用いて給油する場合にあつては、航空機及び給油タンク車）の一部又は全部が、第二十六条第三項第一号の二の空地からはみ出たままで給油しないこと。(ま)(ソ)

三　固定給油設備には、当該給油設備に接続する専用タンク又は危険物を貯蔵し、若しくは取り扱うタンクの配管以外のものによつて、危険物を注入しないこと。(ま)

四　給油ホース車又は給油タンク車で給油するときは、給油ホースの先端を航空機の燃料タンクの給油口に緊結すること。ただし、給油タンク車で給油ホースの先端部に手動開閉装置を備えた給油ノズルにより給油するときは、この限りでない。(ま)

五　給油ホース車又は給油タンク車で給油するときは、給油ホース車のホース機器又は給油タンク車の給油設備を航空機と電気的に接続することにより接地すること。(ま)(ヱ)

本条…追加〔平成元年二月自令五号(ま)〕、一部改正〔平成一八年三月総令三一号(ソ)・二八年三月一二号(ヱ)〕

（船舶給油取扱所における取扱いの基準）

第四〇条の三の八　令第二十七条第六項第一号の二の規定による船舶

か、次のとおりとする。(ま)

一　係留された船舶以外には給油しないこと。(ソ)

二　給油するときは、当該給油取扱所の給油設備を使用して直接給油すること。(ソ)

三　給油タンク車を用いて給油するときは、次によること。(ソ)

イ　引火点が四十度以上の第四類の危険物以外の危険物を給油しないこと。(ソ)

ロ　当該給油タンク車が移動しないための措置を講ずること。(ソ)

ハ　当該給油タンク車（給油ホースを除く。）の一部又は全部が、第二十六条の二第三項第一号の二の空地からはみ出たままで給油しないこと。(ソ)

ニ　当該給油タンク車の給油ホースの先端を船舶の燃料タンクの給油口に緊結すること。(ソ)

ホ　当該給油タンク車の給油設備を接地すること。ただし、静電気による災害が発生するおそれのない危険物を給油する場合は、この限りでない。(ソ)

本条…追加〔平成元年二月自令五号(ま)〕、一部改正〔平成一八年三月総令三一号(ソ)〕

（鉄道給油取扱所における取扱いの基準）

第四〇条の三の九　令第二十七条第六項第一号の二の規定による鉄道給油取扱所における取扱いの基準は、第四十条の三の七第三号の規定によるほか、次のとおりとする。(ま)

一　鉄道又は軌道によつて運行する車両以外には給油しないこと。(ソ)

二　給油するときは、当該給油取扱所の給油設備を使用して直接給油すること。(ま)(ソ)

三　給油するときは、第二十七条第三項第一号の二の空地のうち舗装された部分で給油すること。(ま)(ソ)

本条…追加〔平成元年二月自令五号(ま)〕、一部改正〔平成一八年三月総令三一号(ソ)〕

（顧客に自ら給油等をさせる給油取扱所における取扱いの基準）

第四〇条の三の一〇　令第二十七条第六項第一号の三の規定による顧客に自ら給油等をさせる給油取扱所における取扱いの基準は、次のとおりとする。(す)

一　顧客用固定給油設備以外の固定給油設備を使用して顧客自らによる給油を行わないこと。(す)㋷

一の二　顧客用固定注油設備以外の固定注油設備を使用して顧客自らによる容器への詰替えを行わないこと。㋷

二　顧客用固定給油設備の一回の給油量及び給油時間の上限並びに顧客用固定注油設備の一回の注油量及び注油時間の上限をそれぞれ顧客の一回当たりの給油量及び給油時間又は注油量及び注油時間を勘案し、適正な数値に設定すること。(す)

三　次に定めるところにより顧客の給油作業等を監視し、及び制御し、並びに顧客に対し必要な指示を行うこと。(す)㋩

イ　顧客の給油作業等を直視等により適切に監視すること。(す)

ロ　顧客の給油作業等が開始されるときには、火気のないことその他安全上支障のないことを確認した上で、第二十八条の二の五第六号ハ又は同条第七号イに規定する制御装置を用いてホース機器への危険物の供給を開始し、顧客の給油作業等が行える状態にすること。(す)㋩

ハ　顧客の給油作業等が終了したとき並びに顧客用固定給油設備及び顧客用固定注油設備のホース機器が使用されていないときには、第二十八条の二の五第六号ハ又は同条第七号イに規定す

る制御装置を用いてホース機器への危険物の供給を停止し、顧客の給油作業等が行えない状態にすること。(す)(は)

ニ　非常時その他安全上支障があると認められる場合には、第二十八条の二の五第六号ニ又は同条第七号ロに規定する制御装置によりホース機器への危険物の供給を一斉に停止し、給油取扱所内の全ての固定給油設備及び固定注油設備における危険物の取扱いが行えない状態にすること。(す)(は)

ホ　第二十八条の二の五第六号ホに規定する装置等により顧客の給油作業等について必要な指示を行うこと。(す)

本条…追加〔平成一〇年三月自令六号(す)〕、一部改正〔令和元年一二月総令六七号(は)・五年一二月八三号(り)〕

（配合することができる危険物）

第四〇条の三の一一　令第二十七条第六項第二号ロの総務省令で定める危険物は、塗料類、第一類の危険物のうち塩素酸塩類若しくは塩素酸塩類のみを含有するもの又は硫黄等とする。(ま)(す)(へ)

本条…追加〔平成元年二月自令五号(ま)〕、旧四〇条の三の一〇…繰下〔平成一〇年三月自令六号(す)〕、本条…一部改正〔平成一二年九月自令四四号(へ)〕

（地震時における災害の防止措置）

第四〇条の四　令第二十七条第六項第三号ハの規定により、地震時における災害を防止するための措置は、次のとおりとする。(り)

一　特定移送取扱所において第二十八条の三十五に規定する感震装置が加速度四十ガルを超えない範囲内で設定した加速度以上の地震動を感知した場合には、速やかにポンプの停止、緊急しや断弁の閉鎖、危険物を移送するための配管及びポンプ並びにこれらに附属する設備の安全を確認するための巡視等緊急時における適切な措置が講じられるよう準備すること。(り)

二　移送取扱所を設置する地域において、震度五弱以上の地震の情報を得た場合には、ポンプの停止及び緊急しや断弁の閉鎖を行うこと。(り)(せ)

三　移送取扱所を設置する地域において、震度四の地震の情報を得た場合には、当該地域についての地震による災害の情報の収集に努めるとともに、その状況に応じて、ポンプの停止及び緊急しや断弁の閉鎖を行うこと。(り)(せ)

四　前二号の規定によつてポンプの停止及び緊急しや断弁の閉鎖を行つた場合又は第二十八条の三十に規定する安全制御装置が地震によつて作動し、ポンプの停止及び緊急しや断弁の閉鎖を行つた場合においては、危険物を移送するための配管及びポンプ並びにこれらに附属する設備の安全を確認するための巡視を速やかに行うこと。(り)

五　配管系が告示で定める加速度以上の地震動を受けたときは、当該配管に係る最大常用圧力の一・二五倍の圧力で二十四時間行う水圧試験（水以外の適当な液体又は気体を用いて行う試験を含む。次号において同じ。）において、異常がないことを確認すること。(り)

六　前号の場合において、最大常用圧力の一・二五倍の圧力で水圧試験を行うことが適当でないときは、当該最大常用圧力の一・二五倍未満の圧力で水圧試験を行うことができること。この場合において、当該水圧試験の結果異常がないと認められたときは、当該試験圧力を一・二五で除した値以下の圧力で移送すること。(り)

本条…追加〔昭和四九年五月自令一二号(り)〕、一部改正〔平成九年三月自令一二号(せ)〕

参照　【特定移送取扱所】危則二八の五二　【告示で定める加速度】未制定

（注入ホースを緊結しないことができるタンク等）(ま)

第四〇条の五　令第二十七条第六項第四号イの規定による注入は、注入ホースの先端部に手動開閉装置を備えた注入ノズル（手動開閉装置を開放の状態で固定する装置を備えたものを除く。）により行わなければならない。（ぬ）（ま）

2　令第二十七条第六項第四号イの総務省令で定めるタンクは、指定数量未満の量の危険物を貯蔵し、又は取り扱うタンクとする。（ぬ）（へ）

本条…追加〔昭和四九年六月自令一七号（ぬ）〕、見出し…改正・一項…一部改正〔平成元年二月自令五号（ま）〕、二項…一部改正〔平成一二年九月自令四四号（へ）〕

（移動貯蔵タンクから詰替えできる容器）

第四〇条の五の二　令第二十七条第六項第四号ロの規定による詰替えは、安全な注油に支障がない範囲の注油速度で前条第一項に定めるノズルにより行わなければならない。（ま）

2　令第二十七条第六項第四号ロの総務省令で定める容器は、令第二十八条に規定する運搬容器とする。（ま）（へ）

本条…追加〔平成元年二月自令五号（ま）〕、二項…一部改正〔平成一二年九月自令四四号（へ）〕

（移動貯蔵タンクの接地）

第四〇条の六　令第二十七条第六項第四号ハの規定による接地は、導線により移動貯蔵タンクと接地電極等との間を緊結して行わなければならない。（に）（と）（り）（ぬ）（ま）

本条…追加〔昭和四〇年一〇月自令二八号（に）〕、旧四〇条の三…繰下〔昭和四六年六月自令一二号（と）〕、旧四〇条の四…一部改正し繰下〔昭和四九年五月自令一二号（り）〕、旧四〇条の五…繰下〔昭和四九年六月自令一七号（ぬ）〕、本条…一部改正〔平成元年二月自令五号（ま）〕

（静電気等による災害の防止措置）

第四〇条の七　令第二十七条第六項第四号への規定により、静電気等による災害を防止するための措置は、次のとおりとする。（と）（り）（ぬ）（ま）

一　移動貯蔵タンクの上部から危険物を注入するときは、その注入速度を、当該危険物の液表面が注入管の先端を超える高さとなるまで、毎秒一メートル以下とすること。（と）（ま）

二　移動貯蔵タンクの底部から危険物を注入するときは、その注入速度を、当該危険物の液表面が底弁の頂部をこえる高さとなるまで、毎秒一メートル以下とすること。（と）

三　前二号に掲げる方法以外の方法による危険物の注入は、移動貯蔵タンクに可燃性の蒸気が残留しないように措置し、安全な状態であることを確認した後にすること。（と）

本条…追加〔昭和四六年六月自令一二号（と）〕、旧四〇条の五…一部改正し繰下〔昭和四九年五月自令一二号（り）〕、旧四〇条の六…繰下〔昭和四九年六月自令一七号（ぬ）〕、本条…一部改正〔平成元年二月自令五号（ま）〕

（積載式移動タンク貯蔵所における取扱いの基準）

第四〇条の八　令第二十七条第六項第五号の規定による積載式移動タンク貯蔵所における取扱いの基準は、次のとおりとする。（ま）

一　移動貯蔵タンクから危険物を貯蔵し、又は取り扱うタンクに液体の危険物を注入するときは、当該タンクの注入口に注入ホースを緊結すること。ただし、第四十条の五第一項に定める注入ノズルにより、同条第二項に規定するタンクに引火点が四十度以上の第四類の危険物を注入するときは、この限りでない。（ま）

二　移動貯蔵タンクを、緊締金具及びすみ金具又はシャーシフレームに緊結できる構造のUボルトを用いて、車両に緊結すること。（ま）

本条…追加〔平成元年二月自令五号（ま）〕

（特別の取扱基準を必要とする危険物）

第四〇条の九　令第二十七条第七項の総務省令で定める危険物は、第十三条の七に規定する危険物とする。（ま）（き）（へ）

本条…追加〔平成元年二月自令五号（ま）〕、旧四〇条の一一…繰上〔平成六年三月自令五号（き）〕、本条…一部改正〔平成一二年九月自令四四号（へ）〕

（アルキルアルミニウム等の製造所又は一般取扱所における取扱いの基準）

第四〇条の一〇　令第二十七条第七項の規定により、製造所又は一般取扱所のアルキルアルミニウム等を取り扱う設備には、不活性の気体を封入しなければならない。（ま）（き）

本条…追加〔平成元年二月自令五号（ま）〕、旧四〇条の一二…繰上〔平成六年三月自令五号（き）〕

（アルキルアルミニウム等の移動タンク貯蔵所における取扱いの基準）

第四〇条の一一　令第二十七条第七項の規定により、移動タンク貯蔵所において、移動貯蔵タンクからアルキルアルミニウム等を取り出すときは、同時に〇・二メガパスカル以下の圧力で不活性の気体を封入しなければならない。（き）（す）

本条…追加〔平成六年三月自令五号（き）〕、一部改正〔平成一〇年三月自令六号（す）〕

（アセトアルデヒド等の製造所又は一般取扱所における取扱いの基準）

第四〇条の一二　令第二十七条第七項の規定により、製造所又は一般取扱所のアセトアルデヒド等を取り扱う設備には、燃焼性混合気体の生成による爆発の危険が生じた場合に、不活性の気体又は水蒸気（アセトアルデヒド等を取り扱うタンク（屋外にあるタンク又は屋内にあるタンクであつて、その容量が指定数量の五分の一未満のものを除く。）にあつては、不活性の気体）を封入しなければならない。（ま）（き）（す）

本条…追加〔平成元年二月自令五号（ま）〕、旧四〇条の一三…繰上〔平成六年三月自令五号（き）〕、本条…一部改正〔平成一〇年三月自令六号（す）〕

（アセトアルデヒド等の移動タンク貯蔵所における取扱いの基準）

第四〇条の一三　令第二十七条第七項の規定により、移動タンク貯蔵所において、移動貯蔵タンクからアセトアルデヒド等を取り出すときは、同時に〇・一メガパスカル以下の圧力で不活性の気体を封入しなければならない。（き）（す）

本条…追加〔平成六年三月自令五号（き）〕、一部改正〔平成一〇年三月自令六号（す）〕

（メタノール等及びエタノール等の給油取扱所における取扱いの基準）（ケ）

第四〇条の一四　令第二十七条第七項の規定により、給油取扱所において、メタノール等又はエタノール等を取り扱うときは、次によらなければならない。（き）（ケ）

一　メタノール等又はエタノール等を自動車等に給油し、又は車両に固定されたタンク及び容器から専用タンク若しくは簡易タンクに注入するときは、排水溝を切替弁により漏れた危険物を収容する設備に接続すること。（き）（ケ）

二　メタノール又はエタノールを取り扱う専用タンク及び簡易タンクの注入口の弁は、当該注入口に車両に固定されたタンクの注入ホース又は容器から注入するためのホースが緊結されているとき以外は、閉鎖しておくこと。（き）（ケ）

本条…追加〔平成六年三月自令五号（き）〕、見出し…改正・本条…一部改正〔平成二三年一二月総令一六五号（ケ）〕

第六章　運搬及び移送の基準（と）

章名…改正〔昭和四六年六月自令一二号（と）〕

（運搬容器の材質）

第四一条　令第二十八条第一号の総務省令で定める運搬容器の材質は、同号で定めるもののほか、金属板、紙、プラスチック、ファイバー板、ゴム類、合成繊維、麻、木又は陶磁器とする。（い）（へ）（よ）（へ）（ナ）

本条…一部改正〔昭和三五年七月自令三号（い）・四四年一一月三一号（へ）・五三年一〇月二四号（よ）・平成一二年九月四四号（へ）・一九年三月二六号（ナ）〕

（運搬容器の構造及び最大容積）（ま）

第四二条　令第二十八条第二号の総務省令で定める運搬容器の構造は、堅固で容易に破損するおそれがなく、かつ、その口から収納された危険物が漏れるおそれがないものでなければならない。（い）（は）（ま）（へ）

本条…一部改正〔昭和三五年七月自令三号（い）・四〇年五月一七号（は）〕、見出し…改正・本条…一部改正〔平成元年二月自令五号（ま）〕、本条…一部改正〔平成一二年九月自令四四号（へ）〕

第四三条　令第二十八条第二号の総務省令で定める運搬容器の構造及び最大容積は、次の各号に掲げる容器の区分に応じ、当該各号に定めるところによるものとする。（ま）（み）（へ）

一　次号に掲げる容器以外の容器　固体の危険物を収納するものにあつては別表第三、液体の危険物を収納するものにあつては別表第三の二に定める基準に適合すること。ただし、総務大臣が運搬の安全上この基準に適合する運搬容器と同等以上であると認めて告示したものについては、この限りでない。（み）（へ）

二　機械により荷役する構造を有する容器　固体の危険物を収納するものにあつては別表第三の三、液体の危険物を収納するものにあつては別表第三の四に定める基準及びイからへまでに定める基準に適合すること。ただし、総務大臣が運搬の安全上これらの基準に適合する運搬容器と同等以上であると認めて告示したものについては、この限りでない。（み）（へ）

イ　運搬容器は、腐食等の劣化に対して適切に保護されたものであること。（み）

ロ　運搬容器は、収納する危険物の内圧及び取扱い時又は運搬時の荷重によつて当該容器に生じる応力に対して安全なものであること。（み）

ハ　運搬容器の附属設備には、収納する危険物が当該附属設備から漏れないように措置が講じられていること。（み）

ニ　容器本体が枠で囲まれた運搬容器は、次の要件に適合すること。（み）

(1)　容器本体は、常に枠内に保たれていること。（み）

(2)　容器本体は、枠との接触により損傷を生ずるおそれがないこと。（み）

(3)　運搬容器は、容器本体又は枠の伸縮等により損傷が生じないものであること。（み）

ホ　下部に排出口を有する運搬容器は、次の要件に適合すること。（み）

(1)　排出口には、閉鎖位置に固定できる弁が設けられていること。（み）

(2)　排出のための配管及び弁には、外部からの衝撃による損傷を防止するための措置が講じられていること。（み）

(3)　閉止板等によつて排出口を二重に密閉することができる構造であること。ただし、固体の危険物を収納する運搬容器に

あつては、この限りでない。(み)

ヘ　イからホまでに規定するもののほか、運搬容器の構造に関し必要な事項は、告示で定める。(み)

2　前項の規定にかかわらず、専ら乗用の用に供する車両（乗用の用に供する車室内に貨物の用に供する部分を有する構造のものを含む。）により引火点が四十度未満の危険物のうち告示で定めるものを運搬する場合の運搬容器の構造及び最大容積の基準は、告示で定める。(ぬ)(た)(ま)

3　第一項の規定にかかわらず、総務大臣が運搬の安全上運搬を制限する必要があると認めて告示した危険物を運搬する場合の運搬容器の構造及び最大容積の基準は、告示で定める。(ま)(へ)

4　前三項の運搬容器は、次の各号に掲げる容器の区分に応じ、当該各号に定める性能を有しなければならない。(ま)(み)

一　次号に掲げる容器以外の容器　告示で定める落下試験、気密試験、内圧試験及び積み重ね試験において告示で定める基準に適合すること。ただし、収納する危険物の品名、数量、性状等に応じて告示で定める容器にあつては、この限りでない。(み)

二　機械により荷役する構造を有する容器　告示で定める落下試験、気密試験、内圧試験、積み重ね試験、底部持ち上げ試験、頂部つり上げ試験、裂け伝播試験、引き落とし試験及び引き起こし試験において告示で定める基準に適合すること。ただし、収納する危険物の品名、数量、性状等に応じて告示で定める容器にあつては、この限りでない。(み)

本条…一部改正〔昭和三五年七月自令三号(い)・四〇年五月一七号(は)〕、二項…追加〔昭和四九年六月自令一七号(ぬ)〕、一部改正〔昭和五四年七月自令一六号(た)〕、一・二項…一部改正・三・四項…追加〔平成元年二月自令五号(ま)〕、一・四項…一部改正〔平成七年二月自令二号(み)〕、一・三項…一部改正〔平成一二年九月自令四四号(へ)〕

参照　【運搬容器の特例】危告示六八の三・六八の三の三【運搬容器の構造】危告示六八の三の二【専ら乗用の用に供する車両による運搬の基準】危告示六八の四（乗用車、ライトバン、ステーションワゴン）【運搬容器の試験】危告示六八の五・六八の六の二【試験基準が適用されない運搬容器】危告示六八の六・六八の六の三

（運搬容器の検査）

第四三条の二　総務大臣又は総務大臣が認定した法人（以下この条において「認定法人」という。）は、申請により、運搬容器についての検査を行うものとする。(け)(へ)

2　総務大臣の行う前項の検査を受けようとする者は、告示で定めるところにより、総務大臣に申請しなければならない。(け)(へ)

3　総務大臣又は認定法人は、第一項の検査において、当該運搬容器が前三条に定める基準に適合し、かつ、危険物の運搬上支障がないと認められるときは、これに別記様式第十七の二の表示を付するものとする。(け)(へ)

4　第一項の規定による認定は、運搬容器についての検査を行おうとする法人の申請により行う。(け)

5　第一項の規定による認定を受けようとする法人は、申請書に次の事項を記載した書類を添付して総務大臣に提出しなければならない。(け)(へ)

一　定款又は寄附行為(け)

二　役員の氏名(け)

三　検査員、手数料等について定めた業務規程(け)

6　認定法人は、前項第三号の業務規程を変更しようとするときは、あらかじめ、その旨を総務大臣に届け出なければならない。(け)(へ)

7　総務大臣は、認定法人の検査業務が適正に行われていないと認めるときは、認定法人に対し、期間を定めて検査業務の停止を命じ、

又は認定を取り消すことができる。（け）（へ）

8　総務大臣は、第一項の規定による認定又は前項の規定による検査業務の停止若しくは認定の取消しをしたときは、その旨を公示する。（け）（へ）

本条…追加〔平成二年二月自令一号（け）〕、一―三・五―八項…一部改正〔平成一二年九月自令四四号（へ）〕

（運搬容器への収納）

第四三条の三　令第二十九条第一号の規定により、第四十三条第一項第一号に定める運搬容器への収納は、次のとおりとする。（ま）（け）（み）

一　危険物は、温度変化等により危険物が漏れないように運搬容器を密封して収納すること。ただし、温度変化等により危険物からのガスの発生によつて運搬容器内の圧力が上昇するおそれがある場合は、発生するガスが毒性又は引火性を有する等の危険性があるときを除き、ガス抜き口（危険物の漏えい及び他の物質の浸透を防止する構造のものに限る。）を設けた運搬容器に収納することができる。（ま）

二　危険物は、収納する危険物と危険な反応を起こさない等当該危険物の性質に適応した材質の運搬容器に収納すること。（ま）

三　固体の危険物は、運搬容器の内容積の九十五パーセント以下の収納率で運搬容器に収納すること。ただし、収納の態様等を勘案して告示で定める場合にあつては、この限りでない。（ま）（ナ）

四　液体の危険物は、運搬容器の内容積の九十八パーセント以下の収納率であつて、かつ、五十五度の温度において漏れないように十分な空間容積を有して運搬容器に収納すること。ただし、収納する危険物の品名、収納の態様等を勘案して告示で定める場合にあつては、この限りでない。（ま）（ナ）

五　一の外装容器には、類を異にする危険物を収納しないこと。ただし、収納する危険物の性状、収納の態様等を勘案して告示で定める場合にあつては、この限りでない。（ま）（ナ）

六　第三類の危険物は、次に定めるところにより運搬容器に収納すること。（ま）

イ　自然発火性物品にあつては、不活性の気体を封入して密封する等空気と接しないようにすること。（ま）

ロ　イに掲げる物品以外の物品にあつては、パラフィン、軽油、灯油等の保護液で満たして密封し、又は不活性の気体を封入し て密封する等水分と接しないようにすること。（ま）

ハ　第四号の規定にかかわらず、イに掲げる物品のうちアルキルアルミニウム等は、運搬容器の内容積の九十パーセント以下の収納率であつて、かつ、五十度の温度において五パーセント以上の空間容積を有して運搬容器に収納すること。（イ）

2　令第二十九条第一号の規定により、第四十三条第一項第二号に定める運搬容器（次条及び第四十五条において「機械により荷役する構造を有する運搬容器」という。）への収納は、前項（第三号を除く。）の規定の例によるほか、次のとおりとする。（み）

一　次に掲げる要件に適合する運搬容器に収納すること。（み）

イ　腐食、損傷等異常がないこと。（み）

ロ　金属製の運搬容器、硬質プラスチック製の運搬容器又はプラスチック内容器付きの運搬容器にあつては、次に掲げる試験及び点検において、漏れ等異常がないこと。ただし、収納する危険物の品名、収納の態様等に応じて告示で定める容器にあつては、この限りでない。（み）（ソ）

⑴　二年六月以内の間に行われた気密試験（液体の危険物又は十キロパスカル以上の圧力を加えて収納し、若しくは排出する固体の危険物を収納する運搬容器に限る。）（み）（す）

(2) 二年六月以内の間に行われた運搬容器の外部の点検及び附属設備の機能点検並びに五年以内の間に行われた運搬容器の内部の点検(み)

二 複数の閉鎖装置が連続して設けられている運搬容器に危険物を収納する場合は、容器本体に近い閉鎖装置を先に閉鎖すること。(み)

三 ガソリン、ベンゼンその他静電気による災害が発生するおそれのある液体の危険物を運搬容器に収納し、又は排出するときは、当該災害の発生を防止するための措置を講ずること。(み)

四 温度変化等により液状になる固体の危険物は、液状となつた当該危険物が漏れない運搬容器に収納すること。(み)

五 液体の危険物を収納する場合には、五十五度の温度における蒸気圧が百三十キロパスカル以下のものを収納すること。(み)(す)

六 硬質プラスチック製の運搬容器又はプラスチック内容器付きの運搬容器に液体の危険物を収納する場合には、当該運搬容器は製造されてから五年以内のものとすること。(み)

七 前各号に規定するもののほか、運搬容器への収納に関し必要な事項は、告示で定める。(み)

本条…追加〔平成元年二月自令五号(ま)〕、旧四三条の二…繰下〔平成二年二月自令一号(け)〕、一項…一部改正・二項…追加〔平成七年二月自令二号(み)〕、二項…一部改正〔平成一〇年三月自令六号(す)〕、一項…一部改正〔平成一一年三月自令一〇号(イ)〕、二項…一部改正〔平成一八年三月総令三一号(ソ)〕、一項…一部改正〔平成一九年三月総令二六号(ナ)〕

参照 【運搬容器への収納の特例】危告示六八の六の四 【運搬容器への収納】危告示六八の六の五

（表示）

第四四条 令第二十九条第二号の規定により、運搬容器の外部に行う表示は、次のとおりとする。(ま)

一 危険物の品名、危険等級及び化学名並びに第四類の危険物のうち水溶性の性状を有するものにあつては「水溶性」(ま)

二 危険物の数量

三 収納する危険物に応じ、次に掲げる注意事項

イ 第一類の危険物のうちアルカリ金属の過酸化物又はこれを含有するものにあつては「火気・衝撃注意」、「可燃物接触注意」及び「禁水」、その他のものにあつては「火気・衝撃注意」及び「可燃物接触注意」(ま)

ロ 第二類の危険物のうち鉄粉、金属粉若しくはマグネシウム又はこれらのいずれかを含有するものにあつては「火気注意」及び「禁水」、引火性固体にあつては「火気厳禁」、その他のものにあつては「火気注意」(ま)

ハ 自然発火性物品にあつては「空気接触厳禁」及び「火気厳禁」、禁水性物品にあつては「禁水」(ま)

ニ 第四類の危険物にあつては「火気厳禁」(は)

ホ 第五類の危険物にあつては「火気厳禁」及び「衝撃注意」(は)(ま)

ヘ 第六類の危険物にあつては「可燃物接触注意」

2 前項の規定にかかわらず、第一類、第二類又は第四類の危険物（危険等級Ⅰの危険物を除く。）の運搬容器で、最大容積が五百ミリリットル以下のものについては、同項第一号及び第三号の表示について、それぞれ危険物の通称名及び同号に掲げる表示と同一の意味を有する他の表示をもつて代えることができる。(ま)

3 前二項の規定にかかわらず、第四類の危険物に該当する化粧品（エアゾールを除く。）の運搬容器で、最大容積が百五十ミリリットル以下のものについては第一項第一号及び第三号に掲げる表示をすることを要せず、最大容積が百五十ミリリットルを超え三百ミリリットル以下のものについては同項第一号に掲げる表示をすること

を要せず、かつ、同項第三号の注意事項について同号に掲げる表示と同一の意味を有する他の表示をもつて代えることができる。（は）（ま）（け）

4　第一項及び第二項の規定にかかわらず、第四類の危険物に該当するエアゾールの運搬容器で最大容積が三百ミリリットル以下のものについては、第一項第一号に掲げる表示をすることを要せず、かつ、同項第三号の注意事項について同号に掲げる表示と同一の意味を有する他の表示をもつて代えることができる。（は）（よ）（ま）（け）

5　第一項及び第二項の規定にかかわらず、第四類の危険物のうち動植物油類の運搬容器で最大容積が二・二リットル以下のものについては、第一項第一号及び第三号の表示についてそれぞれ危険物の通称名及び同号に掲げる表示と同一の意味を有する他の表示をもつて代えることができる。（よ）（ま）

6　機械により荷役する構造を有する運搬容器の外部に行う表示は、第一項各号に掲げるもののほか、次のとおりとする。（み）

一　運搬容器の製造年月及び製造者の名称（み）

二　第四十三条第四項第二号ただし書の告示で定める容器以外の容器にあつては、積み重ね試験荷重（み）（ソ）

三　運搬容器の種類に応じ、次に掲げる重量（み）

イ　フレキシブル以外の運搬容器　最大総重量（最大収容重量の危険物を収納した場合の運搬容器の全重量をいう。）（み）

ロ　フレキシブルの運搬容器　最大収容重量（み）

四　前三号に規定するもののほか、運搬容器の外部に行う表示に関し必要な事項は、告示で定める。（み）

7　運搬容器を他の容器に収納し、又は包装して運搬する場合であつて、その外部に前各項の規定に適合する表示を行うときは、これらの規定にかかわらず、当該運搬容器にこれらの規定による表示を行わないことができる。（ナ）

一項…一部改正・二・三項…追加〔昭和四〇年五月自令一七号（は）〕、一項…一部改正〔昭和四六年六月自令一二号（と）〕、三項…一部改正・四項…追加〔昭和五三年一〇月自令二四号（よ）〕、一項…一部改正・二項…追加・旧二―四項…一部改正し三―五項に繰下〔平成元年二月自令五号（ま）〕、三・四項…一部改正〔平成二年二月自令一号（け）〕、六項…追加〔平成七年二月自令二号（み）〕、一部改正〔平成一八年三月総令三一号（ソ）〕、七項…追加〔平成一九年三月総令二六号（ナ）〕

参照　【運搬容器の表示】危告示六八の六の六

（危険物の被覆等）（ま）

第四五条　令第二十九条第五号の規定により、第一類の危険物、自然発火性物品、第四類の危険物のうち特殊引火物、第五類の危険物又は第六類の危険物は、日光の直射を避けるため遮光性の被覆で覆わなければならない。（と）（ま）

2　令第二十九条第五号の規定により、第一類の危険物のうちアルカリ金属の過酸化物若しくはこれを含有するもの、第二類の危険物のうち鉄粉、金属粉若しくはマグネシウム若しくはこれらのいずれかを含有するもの又は禁水性物品は、雨水の浸透を防ぐため防水性の被覆で覆わなければならない。（と）（ま）

3　令第二十九条第五号の規定により、第五類の危険物のうち五十五度以下の温度で分解するおそれのあるものは、保冷コンテナに収納する等適正な温度管理をしなければならない。（ま）

4　令第二十九条第五号の規定により、液体の危険物又は危険等級Ⅱの固体の危険物を機械により荷役する構造を有する運搬容器に収納して積載する場合には、当該容器に対する衝撃等を防止するための措置を講じなければならない。ただし、危険等級Ⅱの固体の危険物をフレキシブルの運搬容器、ファイバ板製の運搬容器及び木製の運搬容器以外の運搬容器に収納して積載する場合は、この限りでない。（み）

一・二項…一部改正〔昭和四六年六月自令一二号(と)〕、見出し…改正・一・二項…一部改正・三項…追加〔平成元年二月自令五号(ま)〕、四項…追加〔平成七年二月自令二号(み)〕

（危険物と混載を禁止される物品）

第四六条　令第二十九条第六号の規定により、危険物と混載することができない物品は、次のとおりとする。(は)(ま)(け)

一　別表第四において、混載を禁止されている危険物

二　高圧ガス保安法第二条各号に掲げる高圧ガス（告示で定めるものを除く。）(は)(け)(ひ)

2　前項第一号の規定は、第四十三条の三第一項第五号ただし書に規定する告示で定めるところにより類を異にする危険物を収納した容器を積載する場合（当該類を異にする危険物を収納した二以上の容器を積載する場合を含む。）には、適用しない。ただし、当該容器に収納された危険物以外に別表第四において当該危険物のいずれかとの混載を禁止されている危険物を混載する場合は、この限りでない。(ナ)

本条…一部改正〔昭和四〇年五月自令一七号(は)・四六年六月一二号(と)・平成元年二月五号(ま)・二年二月一号(け)・八年九月三二号(ひ)〕、二項…追加〔平成一九年三月総令二六号(ナ)〕

参照　【混載が禁止されない高圧ガス】危告示六八の七

（運搬容器の積み重ね高さ）

第四六条の二　令第二十九条第七号の総務省令で定める高さは、三メートルとする。(ま)(へ)

2　令第二十九条第七号の規定により、危険物を収納した運搬容器を積み重ねる場合は、当該容器の上部にかかる荷重が当該容器の上に当該容器と同種の容器を積み重ねて前項の高さとしたときにかかる荷重以下としなければならない。(ま)

本条…追加〔平成元年二月自令五号(ま)〕、一項…一部改正〔平成一二年九月自令四四号(へ)〕

（標識）

第四七条　令第三十条第一項第二号の規定により、車両に掲げる標識は、〇・三メートル平方の地が黒色の板に黄色の反射塗料その他反射性を有する材料で「危」と表示したものとし、車両の前後の見やすい箇所に掲げなければならない。(と)(ま)

本条…全部改正〔昭和四六年六月自令一二号(と)〕、一部改正〔平成元年二月自令五号(ま)〕

（運転要員の確保）

第四七条の二　令第三十条の二第二号の総務省令で定める長時間にわたるおそれがある移送は、移送の経路、交通事情、自然条件その他の条件から判断して、次の各号のいずれかに該当すると認められる移送とする。(ワ)

一　一の運転要員による連続運転時間（一回がおおむね連続十分以上で、かつ、合計が三十分以上の運転の中断をすることなく連続して運転する時間をいう。）が、四時間を超える移送(ワ)(り)

二　一の運転要員による運転時間が、一日当たり九時間を超える移送(ワ)

2　令第三十条の二第二号ただし書の総務省令で定める危険物は、第二類の危険物、第三類の危険物のうちカルシウム又はアルミニウムの炭化物及びこれのみを含有するもの並びに第四類の危険物のうち第一石油類及び第二石油類（原油分留品、酢酸エステル、ぎ酸エステル及びメチルエチルケトンに限る。）、アルコール類、第三石油類並びに第四石油類とする。(ま)(へ)

本条…追加〔昭和四六年六月自令一二号(と)〕、一項…一部改正・二項…全部改正〔平成元年二月自令五号(ま)〕、二項…一部改正〔平成一二年九

月自令四四号(へ)〕、一項…全部改正〔平成一五年一二月総令一四三号(ワ)〕、一部改正〔令和五年一二月総令八三号㋷〕

（移送の経路等の通知）(た)

第四七条の三　令第三十条の二第五号の総務省令で定める危険物は、アルキルアルミニウム等とする。(た)(ま)(へ)

2　令第三十条の二第五号の規定により、移送の経路その他必要な事項を記載した書面は、別記様式第十八によるものとし、あらかじめ、関係消防機関に送付しなければならない。(と)(た)(ま)

本条…追加〔昭和四六年六月自令一二号(と)〕、見出し…改正・一項…追加・旧一項…二項に繰下〔昭和五四年七月自令一六号(た)〕、一・二項…一部改正〔平成元年二月自令五号(ま)〕、一項…一部改正〔平成一二年九月自令四四号(へ)〕

第六章の二　危険物保安統括管理者(を)

本章…追加〔昭和五一年六月自令一八号(を)〕

（危険物保安統括管理者を定めなければならない事業所から除かれる製造所、移送取扱所又は一般取扱所）

第四七条の四　令第三十条の三第一項の総務省令で定める製造所、移送取扱所又は一般取扱所は、第六十条第一号から第五号までに掲げるもの、特定移送取扱所以外の移送取扱所及び告示で定める特定移送取扱所とする。(を)(へ)

本条…追加〔昭和五一年六月自令一八号(を)〕、一部改正〔平成一二年九月自令四四号(へ)〕

参照　【危険物保安統括管理者を定めなくてもよい特定移送取扱所】危告示六九

（危険物保安統括管理者を定めなければならない移送取扱所に係る危険物の数量）

第四七条の五　令第三十条の三第二項の総務省令で定める数量は、指定数量とする。(を)(へ)

本条…追加〔昭和五一年六月自令一八号(を)〕、一部改正〔平成一二年九月自令四四号(へ)〕

（危険物保安統括管理者の選任又は解任の届出書）

第四七条の六　法第十二条の七第二項の規定による危険物保安統括管理者の選任又は解任の届出は、別記様式第十九の届出書によつて行わなければならない。(を)(な)(ま)

本条…追加〔昭和五一年六月自令一八号(を)〕、一部改正〔昭和五九年三月自令一号(な)・平成元年二月自令五号(ま)〕

第七章　危険物保安監督者及び危険物取扱者(と)

章名…改正〔昭和四六年六月自令一二号(と)〕

（危険物保安監督者の業務）(と)

第四八条　法第十三条第一項の規定により、製造所等の所有者、管理者又は占有者が危険物保安監督者に行わせなければならない業務は、次のとおりとする。(に)(と)(ま)

一　危険物の取扱作業の実施に際し、当該作業が法第十条第三項の技術上の基準及び予防規程等の保安に関する規定に適合するように作業者（当該作業に立ち会う危険物取扱者を含む。次号において同じ。）に対し必要な指示を与えること。(に)(と)

二　火災等の災害が発生した場合は、作業者を指揮して応急の措置を講ずるとともに、直ちに消防機関その他関係のある者に連絡すること。(に)

三　危険物施設保安員を置く製造所等にあつては、危険物施設保安員に必要な指示を行ない、その他の製造所等にあつては、第五十九条各号に掲げる業務を行なうこと。（に）

四　火災等の災害の防止に関し、当該製造所等に隣接する製造所等その他関連する施設の関係者との間に連絡を保つこと。（に）

五　前各号に掲げるもののほか、危険物の取扱作業の保安に関し必要な監督業務（に）

本条…追加〔昭和四〇年一〇月自令二八号(に)〕、見出し…改正・本条…一部改正〔昭和四六年六月自令一二号(と)〕、本条…一部改正〔平成元年二月自令五号(ま)〕

（実務経験）

第四八条の二　法第十三条第一項及び法第十三条の三第四項に規定する実務経験は、製造所等における実務経験に限るものとする。（ま）

本条…追加〔平成元年二月自令五号(ま)〕

（危険物保安監督者の選任又は解任の届出書）（と）

第四八条の三　法第十三条第二項の規定による危険物保安監督者の選任又は解任の届出は、別記様式第二十の届出書によって行わなければならない。この場合において、選任の届出書には、別記様式第二十の二による書類を添付しなければならない。（に）(と)(を)(な)(ま)(け)(へ)

旧四八条…繰下〔昭和四〇年一〇月自令二八号(に)〕、見出し…改正・本条…一部改正〔昭和四六年六月自令一二号(と)〕、本条…一部改正〔昭和五一年六月自令一八号(を)・五九年三月一号(な)〕、旧四八条の二…一部改正し繰下〔平成元年二月自令五号(ま)〕、本条…一部改正〔平成二年二月自令一号(け)・令和三年七月総令七一号(へ)〕

（取扱い等をすることができる危険物の種類）

第四九条　法第十三条の二第二項の規定により、危険物取扱者が取り扱うことができる危険物及び甲種危険物取扱者又は乙種危険物取扱者がその取扱作業に関して立ち会うことができる危険物の種類は、甲種危険物取扱者にあつてはすべての種類の危険物とし、乙種危険物取扱者にあつては当該乙種危険物取扱者免状に指定する種類の危険物とし、丙種危険物取扱者にあつてはガソリン、灯油、軽油、第三石油類（重油、潤滑油及び引火点百三十度以上のものに限る。）、第四石油類及び動植物油類とする。（と）(な)

本条…全部改正〔昭和四六年六月自令一二号(と)〕、一部改正〔昭和五九年三月自令一号(な)〕

（免状の交付の申請書の様式及び添付書類）

第五〇条　令第三十二条に規定する危険物取扱者免状（以下この章において「免状」という。）の交付の申請書は、別記様式第二十一によるものとする。（と）(ま)

2　令第三十二条の総務省令で定める書類は、次のとおりとする。(ニ)(へ)

一　危険物取扱者試験に合格したことを証明する書類(ニ)

二　現に交付を受けている免状（以下この条から第五十条の三まで及び第五十一条の三において「既得免状」という。）（他の種類（乙種危険物取扱者免状については、取り扱うことができる危険物及びその取扱作業に関して立ち会うことができる危険物の種類を含む。以下この条から第五十条の三までにおいて同じ。）の免状の交付を現に受けている者に限る。）(ニ)

3　都道府県知事は、免状の交付を現に受けている者が免状の交付の申請の際既得免状を添付しないことについてやむを得ない事情があると認めるときは、前項第二号の規定にかかわらず、既得免状に代えて既得免状の写しを添付させることができる。(ニ)

二項…一部改正〔昭和三五年七月自令三号(い)〕、一・二項…一部改正

〔昭和四六年六月自令一二号(と)〕、一項…一部改正〔平成元年二月自令五号(ま)〕、二項…全部改正・三項…追加〔平成一二年三月自令一二号(二)〕、二項…一部改正〔平成一二年九月自令四四号(へ)〕

（免状の交付）

第五〇条の二　都道府県知事は、同一人に対し、日を同じくして二以上の種類の免状を交付するときは、一の種類の免状に他の種類の免状に係る事項を記載して、当該他の種類の免状の交付に代えるものとする。(二)

2　都道府県知事は、免状の交付を現に受けている者に対し、既得免状の種類と異なる種類の免状を交付するときは、当該異なる種類の免状に既得免状に係る事項を記載して交付するものとする。この場合において、前条第三項の規定により免状の交付の申請の際既得免状の写しを添付した者に対しては、既得免状と引き換えに免状を交付するものとする。(二)

本条…追加〔平成一二年三月自令一二号(二)〕

第五〇条の三　免状の交付を現に受けている者は、既得免状と同一の種類の免状の交付を重ねて受けることができない。(二)

本条…追加〔平成一二年三月自令一二号(二)〕

（免状の様式及び記載事項）(や)

第五一条　免状は、別記様式第二十二によるものとする。(ま)

2　令第三十三条第五号の総務省令で定める免状の記載事項は、過去十年以内に撮影した写真とする。(や)(へ)

見出し…改正・二項…追加〔昭和六三年四月自令一八号(や)〕、一項…一部改正〔平成元年二月自令五号(ま)〕、二項…一部改正〔平成一二年九月自令四四号(へ)〕

（免状の返納命令に係る通知）

第五一条の二　都道府県知事は、法第十三条の二第五項の規定により、他の都道府県知事から免状の交付を受けている者に対し免状の返納を命じようとするときは、あらかじめ、当該他の都道府県知事にその旨を通知するものとする。(二)

本条…追加〔平成一二年三月自令一二号(二)〕

（危険物取扱者の違反行為に係る通知）

第五一条の三　法第十三条の二第六項の通知は、法又は法に基づく命令の規定に違反していると認められる危険物取扱者の氏名及び当該違反事実の概要を記載した文書に、当該危険物取扱者の既得免状の写しを添えて行うものとする。(二)

本条…追加〔平成一二年三月自令一二号(二)〕

（免状の書換えの申請書の様式）(や)

第五二条　令第三十四条に規定する免状の書換えの申請は、別記様式第二十三の申請書によって行わなければならない。(ま)(と)

2　令第三十四条の総務省令で定める添付書類は、次の各号に掲げる書換えの事由に応じ、当該各号に定める書類とする。(や)(へ)

一　第五十一条第二項に定める免状の記載事項に変更を生じたとき　書換えの申請前六月以内に撮影した写真（正面、無帽（申請者が宗教上又は医療上の理由により顔の輪郭を識別することができる範囲内において頭部を布等で覆う者である場合を除く。）、無背景、上三分身像の縦四・五センチメートル、横三・五センチメートルのもの又は旅券法施行規則（平成元年外務省令第十一号）別表第一に定める要件を満たしたもので、その裏面に撮影年月日、氏名及び年齢を記載したものをいう。第五十三条及び第五十七条において同じ。）(や)(ま)(二)(ウ)(ほ)(と)

二　前号に掲げるもの以外の免状の記載事項に変更を生じたとき　書換えの事由を証明する書類(や)

3　前項の規定にかかわらず、令第三十三条第二号に定める免状の記載事項の変更に係る免状の書換えの申請を行おうとする者は、都道府県知事が住民基本台帳法（昭和四十二年法律第八十一号）第三十条の十一第一項（同項第一号に係る部分に限る。）の規定により地方公共団体情報システム機構から当該申請を行おうとする者に係る機構保存本人確認情報（同法第三十条の九に規定する機構保存本人確認情報をいう。）のうち同法第七条第八号の二に規定する個人番号（以下この項において「個人番号」という。）以外のものの提供を受けるとき又は同法第三十条の十五第一項（同項第一号に係る部分に限る。）の規定により当該申請を行おうとする者に係る都道府県知事保存本人確認情報（同法第三十条の八に規定する都道府県知事保存本人確認情報をいう。）のうち個人番号以外のものを利用するときは、前項第二号に掲げる書類を添付することを要しない。（ル）（メ）

二項…一部改正〔昭和三五年七月自令三号(い)〕、見出し…改正・二項…全部改正〔昭和六三年四月自令一八号(や)〕、一・二項…一部改正〔平成元年二月自令五号(ま)〕、二項…一部改正〔平成一二年三月自令一二号(ニ)・九月四四号(へ)〕、三項…追加〔平成一四年一〇月総令一〇六号(ル)〕、二項…一部改正〔平成二一年一一月総令一〇六号(ウ)〕、三項…一部改正〔平成二七年三月総令三五号(メ)〕、二項…一部改正〔令和二年一二月総令一二四号㋭〕、一・二項…一部改正〔令和四年三月総令二八号㋣〕

（免状の書換えに係る通知）

第五二条の二　都道府県知事は、他の都道府県知事から免状の交付を受けている者について免状の書換え（第五十一条第二項に規定する免状の記載事項に係る書換えを除く。）をしたときは、当該他の都道府県知事にその旨を通知するものとする。（ニ）

本条…追加〔平成一二年三月自令一二号(ニ)〕

（免状の再交付の申請書の様式）

第五三条　令第三十五条第一項に規定する免状の再交付の申請は、別記様式第二十三の申請書によつて行わなければならない。（ま）（ニ）

2　令第三十五条第一項の規定により免状の再交付の申請を行おうとする者は、再交付の申請前六月以内に撮影した写真を提出しなければならない。（や）

二項…追加〔昭和六三年四月自令一八号(や)〕、一項…一部改正〔平成元年二月自令五号(ま)・一二年三月一二号(ニ)〕

（免状の再交付に係る照会）

第五三条の二　都道府県知事は、他の都道府県知事から免状の交付を受けている者について当該免状の再交付をしようとするときは、あらかじめ、当該他の都道府県知事に対し、当該免状の交付を受けている者に対し交付した免状の内容について照会するものとする。（ニ）

本条…追加〔平成一二年三月自令一二号(ニ)〕

（受験資格）

第五三条の三　法第十三条の三第四項第一号の総務省令で定める者は、次のとおりとする。（め）（ニ）（へ）

一　学校教育法による大学、高等専門学校、高等学校若しくは中等教育学校の専攻科（高等学校又は中等教育学校の専攻科にあつては、修業年限二年以上のものに限る。）又は専修学校（同法第百三十二条に規定する専門課程に限る。次号において同じ。）その他消防庁長官が定める学校において化学に関する学科又は課程を修めて卒業した者（当該学科又は課程を修めて同法による専門職大学の前期課程を修了した者を含む。）（め）（ラ）（ウ）（ス）

二　学校教育法による大学、高等専門学校、大学院又は専修学校において化学に関する授業科目（高等専門学校、大学又は専修学校にあつては、専門科目に限る。）を履修して、大学（同法による専門職大学及び短期大学を除く。）にあつては大学設置基準（昭和三十一年文部省令第二十八号）、専門職大学にあつては専門職大学設置基準（平成二十九年文部科学省令第三十三号）、短期大学（同法による専門職短期大学を除く。）にあつては短期大学設置基準（昭和五十年文部省令第二十一号）、専門職短期大学にあつては専門職短期大学設置基準（平成二十九年文部科学省令第三十四号）、高等専門学校にあつては高等専門学校設置基準（昭和三十六年文部省令第二十三号）、大学院にあつては大学院設置基準（昭和四十九年文部省令第二十八号）若しくは専門職大学院にあつては専門職大学院設置基準（平成十五年文部科学省令第十六号）による単位又は専修学校にあつては専修学校設置基準（昭和五十一年文部省令第二号）により換算した単位を通算して十五単位以上修得した者（め）（ラ）（ス）

三　学校教育法による大学又は高等専門学校の専攻科その他消防庁長官が定める学校において化学に関する授業科目を、講義については十五時間、演習については三十時間並びに実験、実習及び実技については四十五時間の授業をもつてそれぞれ一単位として十五単位以上修得した者（め）（ラ）

四　学校教育法第百四条の規定により修士又は博士の学位を授与された者（外国においてこれらに相当する学位を授与された者を含む。）で、化学に関する事項を専攻したもの（め）（ウ）

五　乙種危険物取扱者免状の交付を受けている者で、法第十三条の二第二項の規定により取り扱うことができる危険物及びその取扱作業に関して立ち会うことができる危険物の種類が、第一類又は第六類の危険物、第二類又は第四類の危険物、第三類の危険物及び第五類の危険物であるもの（ラ）

六　前各号に掲げる者に準ずる者として消防庁長官が定める者（ラ）

本条…追加〔平成六年一一月自令四三号（め）〕、旧五三条の二…繰下〔平成一二年三月自令一二号（ニ）〕、本条…一部改正〔平成一二年九月自令四四号（ヘ）・一九年九月総令一〇六号（ラ）・二一年一一月一〇六号（ウ）・三〇年一一月六五号（ス）〕

（試験の方法）

第五四条　危険物取扱者試験（以下この章において「試験」という。）は、筆記によつて行うものとする。（と）

本条…一部改正〔昭和四六年六月自令一二号（と）〕

（試験科目）

第五五条　甲種危険物取扱者試験の試験科目は、次のとおりとする。（と）

一　物理学及び化学（と）

イ　危険物の取扱作業に関する保安に必要な物理学（と）

ロ　危険物の取扱作業に関する保安に必要な化学（と）

ハ　燃焼及び消火に関する理論（と）

二　危険物の性質並びにその火災予防及び消火の方法

イ　すべての種類の危険物の性質に関する概論（と）

ロ　危険物の類ごとに共通する特性

ハ　危険物の類ごとに共通する火災予防及び消火の方法

ニ　品名ごとの危険物の一般性質

ホ　品名ごとの危険物の火災予防及び消火の方法

三　危険物に関する法令

2　乙種危険物取扱者試験の試験科目は、次のとおりとする。（と）

一　基礎的な物理学及び基礎的な化学（と）

イ　危険物の取扱作業に関する保安に必要な基礎的な物理学（と）

ロ　危険物の取扱作業に関する保安に必要な基礎的な化学（と）

ハ　燃焼及び消火に関する基礎的な理論（と）

二　危険物の性質並びにその火災予防及び消火の方法

イ　すべての種類の危険物の性質に関する基礎的な概論(と)
ロ　第一類から第六類までのうち受験に係る類の危険物に共通する特性
ハ　第一類から第六類までのうち受験に係る類の危険物に共通する火災予防及び消火の方法
ニ　受験に係る類の危険物の品名ごとの一般性質
ホ　受験に係る類の危険物の品名ごとの火災予防及び消火の方法
三　危険物に関する法令
3　丙種危険物取扱者試験の試験科目は、次のとおりとする。(と)
一　燃焼及び消火に関する基礎知識
二　危険物の性質並びにその火災予防及び消火の方法
イ　丙種危険物取扱者の取り扱うことができる危険物の性質に関する基礎知識
ロ　丙種危険物取扱者の取り扱うことができる危険物の火災予防及び消火の方法
三　危険物に関する法令
4　同時に二種類以上の乙種危険物取扱者試験を受ける者については、第二項の試験科目のうち一種類の当該試験の第一号及び第三号の試験科目をもつて他の種類の当該試験の当該科目を兼ねることができる。(と)
5　第一類又は第五類の危険物に係る乙種危険物取扱者試験を受ける者であつて、火薬類取締法第三十一条第一項の規定による甲種火薬類製造保安責任者免状、乙種火薬類製造保安責任者免状若しくは丙種火薬類製造保安責任者免状又は同条第二項の規定による甲種火薬類取扱保安責任者免状若しくは乙種火薬類取扱保安責任者免状を有する者については、申請により、第二項第一号イ及びロ並びに第二号ロ及びニの試験科目を免除するものとする。(に)(と)(を)(ニ)
6　一種類以上の乙種危険物取扱者免状の交付を受けている者で、他の種類の乙種危険物取扱者試験を受けるものについては、第二項第一号及び第三号の試験科目を免除するものとする。(に)(と)
7　丙種危険物取扱者試験を受ける者であつて、五年以上消防団員として勤務し、かつ、消防組織法（昭和二十二年法律第二百二十六号）第五十一条第四項の消防学校の教育訓練のうち基礎教育（消防学校の教育訓練の基準（平成十五年消防庁告示第三号）第三条第三項の基礎教育をいう。第五十七条において同じ。）又は専科教育（同基準第三条第四項の専科教育をいう。第五十七条において同じ。）の警防科（同基準第九条第一項の警防科をいう。第五十七条において同じ。）を修了したものについては、第三項第一号の試験科目を免除するものとする。(ヌ)(ワ)(ツ)

四項…一部改正・五項…追加〔昭和四〇年一〇月自令二八号(に)〕、一・二項…一部改正・三項…追加・旧三―五項…一部改正し四―六項に繰下〔昭和四六年六月自令一二号(と)〕、五項…一部改正〔昭和五一年六月自令一八号(を)・平成一二年三月一二号(ニ)〕、七項…追加〔平成一四年一月総令四号(ヌ)〕、一部改正〔平成一五年一二月総令一四三号(ワ)・一八年六月九六号(ツ)〕

（合格基準）
第五五条の二　試験の合格基準は、甲種危険物取扱者試験については前条第一項各号の試験科目ごとの成績が、乙種危険物取扱者試験については同条第二項各号の試験科目（同条第五項又は第六項の規定により試験科目の一部が免除された者については、当該免除された試験科目を除く。）ごとの成績が、丙種危険物取扱者試験については同条第三項各号の試験科目（同条第七項の規定により試験科目の一部が免除された者については、当該免除された試験科目を除く。）ごとの成績が、それぞれ六十パーセント以上であることとする。(ニ)(ヌ)

本条…追加〔平成一二年三月自令一二号(ニ)〕、一部改正〔平成一四年一月総令四号(ヌ)〕

（試験の公示）

第五六条 試験を施行する日時、場所その他試験の施行に関し必要な事項は、都道府県知事（法第十三条の五第一項の規定による指定を受けた者（以下この章において「指定試験機関」という。）が試験の実施に関する事務（以下この章において「試験事務」という。）を行う場合にあつては、指定試験機関。次条及び第五十八条第一項において同じ。）があらかじめ公示する。(と)(む)

2 指定試験機関が前項の公示を行うときは、法第十三条の五第一項の規定に基づき当該指定試験機関に試験事務を行わせることとした都道府県知事（以下この章において「委任都道府県知事」という。）を明示し、法第十三条の十二第一項の試験事務規程に定める方法により行わなければならない。(む)

本条…一部改正〔昭和四六年六月自令一二号(と)〕、一項…一部改正・二項…追加〔昭和五九年一二月自令三〇号(む)〕

（受験手続）

第五七条 試験を受けようとする者は、都道府県知事が定めるところにより、別記様式第二十五の受験願書並びに次の書類及び写真を都道府県知事に提出しなければならない。(ま)(ウ)

一 甲種危険物取扱者試験を受けようとする者は、法第十三条の三第四項に規定する受験資格を有することを証明する書類(ニ)

二 第五十五条第五項又は第六項の規定により試験科目の一部の免除を受けようとする者は、その有する又は交付を受けている当該各項に規定する免状の写し(ニ)

二の二 第五十五条第七項の規定により試験科目の一部の免除を受けようとする者は、次に掲げる書類(ヌ)

イ 五年以上消防団員として勤務したことを証明する書類(ヌ)

ロ 基礎教育又は専科教育の警防科を修了したことを証明する書類(ヌ)(ワ)

三 提出前六月以内に撮影した写真(や)(ニ)(ウ)

本条…一部改正〔昭和四六年六月自令一二号(と)・五一年六月一八号(を)・六三年四月一八号(や)・平成元年二月五号(ま)・一二年三月一二号(ニ)・一四年一月総令四号(ヌ)・一五年一二月一四三号(ワ)・二二年一一月一〇六号(ウ)〕

（合格の通知及び公示）

第五八条 都道府県知事は、試験に合格した者に当該試験に合格したことを通知するとともに、合格した者の受験番号を公示する。(む)(ニ)

2 指定試験機関が前項の公示を行うときは、第五十六条第二項の規定は公示の方法について準用する。(む)

一項…一部改正・二項…追加〔昭和五九年一二月自令三〇号(む)〕、一項…一部改正〔平成一二年三月自令一二号(ニ)〕

（指定試験機関の指定の申請）

第五八条の二 法第十三条の五第二項の規定による申請は、次に掲げる事項を記載した申請書によつて行わなければならない。(む)

一 名称及び主たる事務所の所在地(む)

二 指定を受けようとする年月日(む)

2 前項の申請書には、次に掲げる書類を添付しなければならない。(む)

一 定款又は寄附行為及び登記事項証明書(む)(ヨ)

二 申請の日の属する事業年度の前事業年度における財産目録及び貸借対照表（申請の日の属する事業年度に設立された法人にあつては、その設立時における財産目録）(む)

三 申請の日の属する事業年度及び翌事業年度における事業計画書及び収支予算書(む)

四 現に行つている業務の概要を記載した書類(む)

五 組織及び運営に関する事項を記載した書類(む)

六　役員の氏名、住所及び経歴を記載した書類(む)
七　指定の申請に関する意思の決定を証する書類(む)
八　試験事務を取り扱う事務所の名称及び所在地を記載した書類(む)
九　試験用設備の概要及び整備計画を記載した書類(む)
十　試験事務の実施の方法の概要を記載した書類(む)
十一　法第十三条の十第一項に規定する試験委員の選任に関する事項を記載した書類(む)
十二　その他参考となる事項を記載した書類(む)

本条…追加〔昭和五九年一二月自令三〇号(む)〕、二項…一部改正〔平成一七年二月総令二〇号(ヨ)〕

（指定試験機関の名称等の変更の届出）

第五八条の三　法第十三条の七第二項の規定による指定試験機関の名称又は主たる事務所の所在地の変更の届出は、次に掲げる事項を記載した届出書によつて行わなければならない。(む)

一　変更後の指定試験機関の名称又は主たる事務所の所在地(む)
二　変更しようとする年月日(む)
三　変更の理由(む)

2　前項の規定は、法第十三条の八第二項の規定による指定試験機関の名称、主たる事務所の所在地又は試験事務を取り扱う事務所の所在地の変更の届出について準用する。この場合において、前項第一号中「又は主たる事務所の所在地」とあるのは、「、主たる事務所の所在地又は試験事務を取り扱う事務所の所在地」と読み替えるものとする。(む)

本条…追加〔昭和五九年一二月自令三〇号(む)〕

（役員の選任又は解任の認可の申請）

第五八条の四　法第十三条の九第一項の規定による役員の選任又は解任の認可を受けようとするときは、次に掲げる事項を記載した申請書を総務大臣に提出しなければならない。(む)(へ)

一　役員として選任しようとする者の氏名、住所及び経歴又は解任しようとする役員の氏名(む)
二　選任し、又は解任しようとする年月日(む)
三　選任又は解任の理由(む)

本条…追加〔昭和五九年一二月自令三〇号(む)〕、一部改正〔平成一二年九月自令四四号(へ)〕

（試験委員の要件）

第五八条の五　法第十三条の十第一項の総務省令で定める要件は、次のいずれかに該当する者であることとする。(む)(へ)

一　学校教育法による大学（短期大学を除く。）において物理学、化学又は行政法学に関する科目を担当する教授又は准教授の職にあり、又はあつた者その他これらの者に相当する知識及び経験を有する者(む)(ナ)(ラ)
二　国若しくは地方公共団体の職員若しくは職員であつた者又は行政執行法人（独立行政法人通則法（平成十一年法律第百三号）第二条第四項に規定する法人をいう。）の役員若しくは職員若しくは役員若しくは職員であつた者で、危険物の性質、その火災予防若しくは消火の方法又は危険物に関する法令について専門的な知識を有するもの(む)(ト)(ユ)

本条…追加〔昭和五九年一二月自令三〇号(む)〕、一部改正〔平成一二年九月自令四四号(へ)・一一月四九号(ト)・一九年三月総令二六号(ナ)・九月一〇六号(ラ)・二六年一〇月七七号(ユ)〕

（試験委員の選任又は解任の届出）

第五八条の六　法第十三条の十第二項の規定による試験委員の選任又は解任の届出は、次に掲げる事項を記載した届出書によつて行わなければならない。(む)

一　選任した試験委員の氏名及び経歴又は解任した試験委員の氏名

（む）
二　選任し、又は解任した年月日（む）
三　選任又は解任の理由（む）

2　前項の場合において、選任の届出をしようとするときは、同項の届出書に、当該選任した試験委員が前条に規定する要件を備えていることを証明する書類の写しを添付しなければならない。（む）

本条…追加〔昭和五九年一二月自令三〇号（む）〕

（試験事務規程の記載事項）

第五八条の七　法第十三条の十二第一項の総務省令で定める試験事務の実施に関する事項は、次のとおりとする。（む）（へ）
一　試験事務を取り扱う日及び時間に関する事項（む）
二　試験事務を取り扱う事務所及び当該事務所が担当する試験地に関する事項（む）
三　試験事務の実施の方法に関する事項（む）
四　試験の手数料の収納の方法に関する事項（む）
五　試験委員の人数及び担当科目に関する事項（む）
六　試験委員の選任及び解任に関する事項（む）
七　試験事務に関する秘密の保持に関する事項（む）
八　試験事務に関する帳簿及び書類の管理に関する事項（む）
九　その他試験事務の実施に関し必要な事項（む）

本条…追加〔昭和五九年一二月自令三〇号（む）〕、一部改正〔平成一二年九月自令四四号（へ）〕

（試験事務規程の認可の申請）

第五八条の八　法第十三条の十二第一項の規定による試験事務規程の認可を受けようとするときは、その旨を記載した申請書に当該試験事務規程を添付して、これを総務大臣に提出しなければならない。（む）（へ）

2　法第十三条の十二第一項後段の規定による試験事務規程の変更の認可を受けようとするときは、次に掲げる事項を記載した申請書を総務大臣に提出しなければならない。（む）（へ）
一　変更しようとする事項（む）
二　変更しようとする年月日（む）
三　変更の理由（む）
四　法第十三条の十二第二項の規定による委任都道府県知事の意見の概要（む）

本条…追加〔昭和五九年一二月自令三〇号（む）〕、一・二項…一部改正〔平成一二年九月自令四四号（へ）〕

（事業計画及び収支予算の認可の申請）

第五八条の九　法第十三条の十三第一項の規定による事業計画及び収支予算の認可を受けようとするときは、その旨及び同条第二項の規定による委任都道府県知事の意見の概要を記載した申請書に事業計画書及び収支予算書を添付して、これを総務大臣に提出しなければならない。（む）（へ）

2　前条第二項の規定は、法第十三条の十三第一項後段の規定による事業計画及び収支予算の変更の認可について準用する。この場合において、前条第二項第四号中「第十三条の十二第二項」とあるのは、「第十三条の十三第二項」と読み替えるものとする。（む）

本条…追加〔昭和五九年一二月自令三〇号（む）〕、一項…一部改正〔平成一二年九月自令四四号（へ）〕

（帳簿）

第五八条の一〇　法第十三条の十四の総務省令で定める事項は、次のとおりとする。（む）（へ）
一　委任都道府県知事（む）
二　試験の種類（む）
三　試験を施行した日（む）

四　試験地（む）
五　受験者の受験番号、氏名、住所及び生年月日（む）
六　合否の別（む）
七　合格した者の受験番号を公示した日（次項及び次条において「合格公示日」という。）（む）（二）
2　法第十三条の十四に規定する帳簿は、委任都道府県知事及び試験の種類ごとに備え、合格公示日から五年間保存しなければならない。（む）

本条…追加〔昭和五九年一二月自令三〇号（む）〕、一項…一部改正〔平成一二年三月自令一二号（二）・九月四四号（へ）〕

（試験結果の報告）

第五八条の一二　指定試験機関は、試験を実施したときは、遅滞なく、次に掲げる事項を記載した報告書を委任都道府県知事に提出しなければならない。（む）
一　試験の種類（む）
二　試験を施行した日（む）
三　試験地（む）
四　受験申込者数（む）
五　受験者数（む）
六　合格者数（む）
七　合格公示日（む）
2　前項の報告書には、合格した者の氏名及び生年月日を記載した合格者一覧表を添付しなければならない。（む）

本条…追加〔昭和五九年一二月自令三〇号（む）〕

（試験事務の休止又は廃止の許可の申請）

第五八条の一三　法第十三条の十七第一項の規定による試験事務の休止又は廃止の許可を受けようとするときは、次に掲げる事項を記載した申請書を総務大臣に提出しなければならない。（む）（へ）
一　休止し、又は廃止しようとする試験事務（む）
二　休止しようとする年月日及びその期間又は廃止しようとする年月日（む）
三　休止又は廃止の理由（む）

本条…追加〔昭和五九年一二月自令三〇号（む）〕、一部改正〔平成一二年九月自令四四号（へ）〕

（試験事務の引継ぎ等）

第五八条の一三　法第十三条の二十一の総務省令で定める事項は、次のとおりとする。（む）（へ）
一　試験事務を委任都道府県知事に引き継ぐとともに、当該試験事務に関する帳簿及び書類を委任都道府県知事に引き渡すこと。この場合において、試験を受けようとする者から提出された受験願書及びその添付書類並びに納付された手数料で施行していない試験に係るものがあるときは、指定試験機関はこれらのものをその者に返還しなければならない。（む）
二　その他委任都道府県知事が必要と認める事項を行うこと。（む）

本条…追加〔昭和五九年一二月自令三〇号（む）〕、一部改正〔平成一二年九月自令四四号（へ）〕

（講習）

第五八条の一四　法第十三条の二十三の規定により、製造所等において危険物の取扱作業に従事する危険物取扱者は、当該取扱作業に従事することとなつた日から一年以内に講習を受けなければならない。ただし、当該取扱作業に従事することとなつた日前二年以内に危険物取扱者免状の交付を受けている場合又は講習を受けている場合は、それぞれ当該免状の交付を受けた日又は当該講習を受けた日以後における最初の四月一日から三年以内に講習を受けることをも

つて足りるものとする。（と）（む）（の）（ク）

2　前項の危険物取扱者は、同項の講習を受けた日以後における最初の四月一日から三年以内に講習を受けなければならない。当該講習を受けた日以降においても、同様とする。（と）（の）（ク）

3　前二項に定めるもののほか、講習の科目、講習時間その他講習の実施に関し必要な細目は、消防庁長官が定める。（と）

本条…追加〔昭和四六年六月自令一二号（と）〕、一項…一部改正・旧五八条の二…繰下〔昭和五九年一二月自令三〇号（む）〕、一・二項…一部改正〔昭和六二年四月自令一六号（の）・平成二三年六月総令五五号（ク）〕

解説【講習の実施に関し必要な細目】「危険物の取扱作業の保安に関する講習の実施細目」（昭和六二年一一月二四日消防庁告示第四号）

第八章　危険物施設保安員（に）

本章…追加〔昭和四〇年一〇月自令二八号（に）〕

（危険物施設保安員の業務）

第五九条　法第十四条の規定により、製造所等の所有者、管理者又は占有者が危険物施設保安員に行なわせなければならない業務は、次のとおりとする。（に）

一　製造所等の構造及び設備を法第十条第四項の技術上の基準に適合するように維持するため、定期及び臨時の点検を行なうこと。（に）

二　前号の点検を行なつたときは、点検を行なつた場所の状況及び保安のために行なつた措置を記録し、保存すること。（に）

三　製造所等の構造及び設備に異常を発見した場合は、危険物保安監督者その他関係のある者に連絡するとともに状況を判断して適当な措置を講ずること。（に）（と）（ま）

四　火災が発生したとき又は火災発生の危険性が著しいときは、危険物保安監督者と協力して、応急の措置を講ずること。（に）（と）（ま）

五　製造所等の計測装置、制御装置、安全装置等の機能が適正に保持されるようにこれを保安管理すること。（に）

六　前各号に掲げるもののほか、製造所等の構造及び設備の保安に関し必要な業務（に）

本条…全部改正〔昭和四〇年一〇月自令二八号（に）〕、一部改正〔昭和四六年六月自令一二号（と）・平成元年二月自令五号（ま）〕

（危険物施設保安員等の設置対象から除かれる製造所、移送取扱所又は一般取扱所）（り）

第六〇条　令第三十六条の総務省令で定める製造所、移送取扱所又は一般取扱所は、次のとおりとする。（に）（り）（ま）（へ）

一　ボイラー、バーナーその他これらに類する装置で危険物を消費する一般取扱所（に）

二　車両に固定されたタンクその他これに類するものに危険物を注入する一般取扱所（に）（ま）

三　容器に危険物を詰め替える一般取扱所（に）（ま）

四　油圧装置、潤滑油循環装置その他これらに類する装置で危険物を取り扱う一般取扱所（に）（ま）

五　鉱山保安法の適用を受ける製造所、移送取扱所又は一般取扱所（に）（り）（を）

六　火薬類取締法の適用を受ける製造所又は一般取扱所（に）

本条…全部改正〔昭和四〇年一〇月自令二八号（に）〕、見出し…改正・本条…一部改正〔昭和四九年五月自令一二号（り）〕、本条…一部改正〔昭和五一年六月自令一八号（を）・平成元年二月五号（ま）・一二年九月四四号（へ）〕

第九章　予防規程(に)

本章…追加〔昭和四〇年一〇月自令二八号(に)〕

（予防規程に定めなければならない事項）

第六〇条の二　法第十四条の二第一項に規定する総務省令で定める事項は、次項、第四項又は第六項に定める場合を除き、次のとおりとする。(ぬ)(れ)(へ)(ヲ)(レ)

一　危険物の保安に関する業務を管理する者の職務及び組織に関すること。(ぬ)

二　危険物保安監督者が、旅行、疾病その他の事故によつてその職務を行うことができない場合にその職務を代行する者に関すること。(ぬ)(ま)

三　化学消防自動車の設置その他自衛の消防組織に関すること。(ぬ)

四　危険物の保安に係る作業に従事する者に対する保安教育に関すること。(ぬ)

五　危険物の保安のための巡視、点検及び検査に関すること（第十号に掲げるものを除く。）。(ぬ)

六　危険物施設の運転又は操作に関すること。(ぬ)

七　危険物の取扱い作業の基準に関すること。(ぬ)

八　補修等の方法に関すること。(ぬ)

八の二　施設の工事における火気の使用若しくは取扱いの管理又は危険物等の管理等安全管理に関すること。(カ)

八の三　製造所及び一般取扱所にあつては、危険物の取扱工程又は設備等の変更に伴う危険要因の把握及び当該危険要因に対する対策に関すること。(カ)

八の四　第四十条の三の三の二各号に定める措置を講じた給油取扱所にあつては、専用タンクへの危険物の注入作業が行われているときに給油又は容器への詰替えが行われる場合の当該危険物の取扱作業の立会及び監視その他保安のための措置に関すること。㋷

八の五　第四十条の三の六の二各号に定める措置を講じた給油取扱所にあつては、緊急時の対応に関する表示その他給油の業務が行われていないときの保安のための措置に関すること。㋷

八の六　顧客に自ら給油等をさせる給油取扱所にあつては、顧客に対する監視その他保安のための措置に関すること。(す)(カ)㋷

九　移送取扱所にあつては、配管の工事現場の責任者の条件その他配管の工事現場における保安監督体制に関すること。(ぬ)

十　移送取扱所にあつては、配管の周囲において移送取扱所の施設の工事以外の工事を行う場合における当該配管の保安に関すること。(ぬ)

十一　災害その他の非常の場合に取るべき措置に関すること。(ぬ)

十一の二　地震が発生した場合及び地震に伴う津波が発生し、又は発生するおそれがある場合における施設及び設備に対する点検、応急措置等に関すること。(カ)(エ)

十二　危険物の保安に関する記録に関すること。(ぬ)

十三　製造所等の位置、構造及び設備を明示した書類及び図面の整備に関すること。(ぬ)

十四　前各号に掲げるもののほか、危険物の保安に関し必要な事項(ぬ)(の)

2　大規模地震対策特別措置法（昭和五十三年法律第七十三号）第三条第一項の規定により地震防災対策強化地域として指定された地域（以下「強化地域」という。）に所在する製造所等の所有者、管理者又は占有者（同法第六条第一項に規定する者を除く。次項において同じ。）が定める予防規程に係る法第十四条の二第一項に規定する総務省令で定める事項は、前項各号に掲げる事項のほか、次のとおりとする。(れ)(へ)

一　大規模地震対策特別措置法第二条第三号に規定する地震予知情報及び同条第十三号に規定する警戒宣言（以下「警戒宣言」という。）の伝達に関すること。(れ)
二　警戒宣言が発せられた場合における避難に関すること。(れ)
三　警戒宣言が発せられた場合における自衛の消防組織に関すること。(れ)
四　警戒宣言が発せられた場合における施設及び設備の整備及び点検その他地震による被害の発生の防止又は軽減を図るための応急対策に関すること。(れ)
五　大規模な地震に係る防災訓練に関すること。(れ)
六　大規模な地震による被害の発生の防止又は軽減を図るために必要な教育及び広報に関すること。(れ)

3　強化地域の指定の際現に当該地域に所在する製造所等の所有者、管理者又は占有者は、当該指定があつた日から六月以内に、当該製造所等に係る予防規程に、前項各号に掲げる事項を定めるものとする。(れ)

4　南海トラフ地震に係る地震防災対策の推進に関する特別措置法（平成十四年法律第九十二号）第三条第一項の規定により南海トラフ地震防災対策推進地域として指定された地域（次項において「推進地域」という。）に所在する製造所等の所有者、管理者又は占有者（同法第五条第一項に規定する者を除き、同法第二条第二項に規定する南海トラフ地震（以下「南海トラフ地震」という。）に伴い発生する津波に係る地震防災対策を講ずべき者として同法第四条第一項に規定する南海トラフ地震防災対策推進基本計画で定める者に限る。次項において同じ。）が定める予防規程に係る法第十四条の二第一項に規定する総務省令で定める事項は、第一項各号に掲げる事項のほか、次のとおりとする。(ヲ)(レ)(サ)
一　南海トラフ地震に伴い発生する津波からの円滑な避難の確保に関すること。(ヲ)(サ)
二　南海トラフ地震に係る防災訓練に関すること。(ヲ)(サ)
三　南海トラフ地震による被害の発生の防止又は軽減を図るために必要な教育及び広報に関すること。(ヲ)(サ)

5　推進地域の指定の際現に当該地域に所在する製造所等の所有者、管理者又は占有者は、当該指定があつた日から六月以内に、当該製造所等に係る予防規程に、前項各号に掲げる事項を定めるものとする。(ヲ)

6　日本海溝・千島海溝周辺海溝型地震に係る地震防災対策の推進に関する特別措置法（平成十六年法律第二十七号）第三条第一項の規定により日本海溝・千島海溝周辺海溝型地震防災対策推進地域として指定された地域（次項において「推進地域」という。）に所在する製造所等の所有者、管理者又は占有者（同法第五条第一項に規定する者を除き、同法第二条第一項に規定する日本海溝・千島海溝周辺海溝型地震（以下「日本海溝・千島海溝周辺海溝型地震」という。）に伴い発生する津波に係る地震防災対策を講ずべき者として同法第四条第一項に規定する日本海溝・千島海溝周辺海溝型地震防災対策推進基本計画で定める者に限る。次項において同じ。）が定める予防規程に係る法第十四条の二第一項に規定する総務省令で定める事項は、第一項各号に掲げる事項のほか、次のとおりとする。(レ)㋠
一　日本海溝・千島海溝周辺海溝型地震に伴い発生する津波からの円滑な避難の確保に関すること。(レ)
二　日本海溝・千島海溝周辺海溝型地震に係る防災訓練に関すること。(レ)
三　日本海溝・千島海溝周辺海溝型地震による被害の発生の防止又は軽減を図るために必要な教育及び広報に関すること。(レ)

7　推進地域の指定の際現に当該地域に所在する製造所等の所有者、

管理者又は占有者は、当該指定があつた日から六月以内に、当該製造所等に係る予防規程に、前項各号に掲げる事項を定めるものとする。(レ)

本条…追加〔昭和四九年六月自令一七号(ぬ)〕、一項…一部改正・二・三項…追加〔昭和五四年九月自令二〇号(れ)〕、一項…一部改正〔昭和六二年四月自令一六号(の)・平成元年二月五号(ま)・一〇年三月六号(す)〕、一・二項…一部改正〔平成一二年九月自令四四号(へ)〕、一項…一部改正・四・五項…追加〔平成一五年七月総令一〇一号(ヲ)〕、一項…一部改正〔平成一七年一月総令三号(カ)〕、一・四項…一部改正・六・七項…追加〔平成一七年八月総令一三六号(レ)〕、一項…一部改正〔平成二四年五月総令四九号(エ)〕、四項…一部改正〔平成二五年一二月総令一二八号(サ)〕、六項…一部改正〔令和五年九月総令七〇号㋠〕、一項…一部改正〔令和五年一二月総令八三号㋷〕

（予防規程を定めなければならない製造所等から除かれるもの）

第六一条　令第三十七条の総務省令で定める製造所等は、第九条の二に規定する製造所等及び第二十八条に規定する自家用の給油取扱所のうち屋内給油取扱所以外のものとする。(を)(の)(ま)(え)(へ)

本条…全部改正〔昭和四〇年一〇月自令二八号(に)〕、一部改正〔昭和四六年六月自令一二号(と)・四九年六月一七号(ぬ)〕、全部改正〔昭和五一年六月自令一八号(を)〕、一部改正〔昭和六二年四月自令一六号(の)・平成元年二月五号(ま)・三年三月三号(え)・一二年九月四四号(へ)〕

（予防規程の認可の申請）(ま)

第六二条　法第十四条の二第一項の規定による予防規程の認可を受けようとする者は、別記様式第二十六の申請書に当該認可を受けようとする予防規程を添えて市町村長等に提出しなければならない。(に)(ま)

2　前項の申請書の提出部数は、二部とする。(ぬ)(ま)

本条…全部改正〔昭和四〇年一〇月自令二八号(に)〕、二項…追加〔昭和四九年六月自令一七号(ぬ)〕、見出し…改正・一・二項…一部改正〔平成元年二月自令五号(ま)〕

第九章の二　保安に関する検査等(ぬ)(わ)

本章…追加〔昭和四九年六月自令一七号(ぬ)〕、章名…改正〔昭和五二年二月自令二号(わ)〕

（保安に関する検査を受けなければならない時期の特例事由）

第六二条の二　令第八条の四第二項ただし書の総務省令で定める事由は、次に掲げるものとする。(わ)(へ)

一　災害その他非常事態が生じたこと。(わ)

二　保安上の必要が生じたこと。(わ)

三　危険物の貯蔵及び取扱いが休止されたこと。(ム)

四　前号に掲げるもののほか、使用の状況（計画を含む。）等に変更が生じたこと。(わ)(ム)

2　前項第三号の危険物の貯蔵及び取扱いからは、次に掲げるものを除く。(ム)

一　消火設備又は保安のための設備の動力源の燃料タンクにおける危険物の貯蔵又は取扱い(ム)

二　ポンプその他の潤滑油又は作動油を用いる機器における潤滑油又は作動油の取扱い（一の機器において取り扱う潤滑油又は作動油の数量が指定数量の五分の一未満である場合に限る。）(ム)

三　屋外タンク貯蔵所の配管の他の製造所等との共用部分における危険物の取扱い（当該他の製造所等における危険物の貯蔵又は取扱いに伴うものに限る。）(ム)

本条…追加〔昭和四九年六月自令一七号(ぬ)〕、全部改正〔昭和五二年二月自令二号(わ)〕、一部改正〔平成一二年九月自令四四号(へ)〕、一項…一部改正・二項…追加〔平成二一年一〇月総令九八号(ム)〕

（保安のための措置）

第六二条の二の二　令第八条の四第二項第一号イの総務省令で定める

保安のための措置は、特定屋外貯蔵タンクの腐食等に対する安全性を確保するうえで有効な措置とし、次の各号のいずれかに該当するものとする。(ゆ)(へ)(オ)

一　特定屋外貯蔵タンクの腐食防止等の状況が次のイからトまでの全ての要件に適合するもの(ゆ)(オ)

イ　特定屋外貯蔵タンクの内部の腐食を防止するための告示で定めるコーティング又はこれと同等以上の措置を講じていること。(ゆ)(オ)

ロ　特定屋外貯蔵タンクの底部の外面の腐食を防止する措置を講じていること。(ゆ)

ハ　特定屋外貯蔵タンクの底部の板厚が適正であること。(ゆ)

ニ　特定屋外貯蔵タンクに構造上の影響を与えるおそれのある補修又は変形がないこと。(ゆ)

ホ　著しい不等沈下がないこと。(ゆ)

ヘ　地盤が十分な支持力を有するとともに沈下に対し十分な安全性を有していること。(ゆ)

ト　特定屋外貯蔵タンクの維持管理体制が適切であること。(ゆ)

二　危険物の貯蔵管理等の状況が次のイからヌまでの全ての要件に適合するもの(ゆ)(オ)

イ　腐食の発生に影響する水等の成分を適切に管理していること。(ゆ)

ロ　特定屋外貯蔵タンクに対し著しい腐食性を有する危険物を貯蔵しないこと。(ゆ)

ハ　腐食の発生に著しい影響を及ぼす貯蔵条件の変更を行わないこと。(ゆ)

ニ　特定屋外貯蔵タンクの底部の腐食率（底部の板が腐食により減少した値を板の経過年数で除した値をいう。以下同じ。）が一年当たり〇・〇五ミリメートル以下であること。(ゆ)(ワ)

ホ　特定屋外貯蔵タンクの底部の外面の腐食を防止する措置を講じていること。(ゆ)

ヘ　特定屋外貯蔵タンクの底部の板厚が適正であること。(ゆ)

ト　特定屋外貯蔵タンクに構造上の影響を与えるおそれのある補修又は変形がないこと。(ゆ)

チ　著しい不等沈下がないこと。(ゆ)

リ　地盤が十分な支持力を有するとともに沈下に対し十分な安全性を有していること。(ゆ)

ヌ　特定屋外貯蔵タンクの維持管理体制が適切であること。(ゆ)

三　特定屋外貯蔵タンクの腐食量（底部の板が腐食により減少した値をいう。）に係る管理等の状況が次のイからルまでの全ての要件に適合するもの(ワ)(オ)

イ　特定屋外貯蔵タンク底部の板厚予測値が適正と認められること。(ワ)

ロ　腐食の発生に著しい影響を及ぼす貯蔵条件の変更を行わないこと。(ワ)

ハ　特定屋外貯蔵タンクの底部の腐食率が一年当たり〇・〇五ミリメートル以下であること。(ワ)

ニ　特定屋外貯蔵タンクの内部の腐食を防止するための告示で定めるコーティング又はこれと同等以上の措置を講じていること。(ワ)(オ)

ホ　危険物が加温貯蔵されていないこと。(ワ)

ヘ　特定屋外貯蔵タンクの基礎内部に浸透した水を排除するための措置が講じられていること。(ワ)

ト　特定屋外貯蔵タンクの底部の外面の腐食を防止する措置を講じていること。(ワ)

チ　特定屋外貯蔵タンクに構造上の影響を与えるおそれのある補修又は変形がないこと。(ワ)

リ　著しい不等沈下がないこと。（ワ）
ヌ　地盤が十分な支持力を有するとともに沈下に対し十分な安全性を有していること。（ワ）
ル　特定屋外貯蔵タンクの維持管理体制が適切であること。（ワ）

2　令第八条の四第二項第一号ロの総務省令で定める保安のための措置は、特定屋外貯蔵タンクが次の各号に掲げる要件を全て満たすための措置とする。（オ）

一　特定屋外貯蔵タンクの底部の外面の腐食の発生に影響を及ぼす基礎の変更及び底部の板の取替え等を行つていないこと。（オ）
二　特定屋外貯蔵タンクの内部の腐食を防止するための告示で定めるコーティング又はこれと同等以上の措置を講じていること。コーティングを講じていない特定屋外貯蔵タンクにあつては、屋根（浮き屋根を除く。）を有するものであつて腐食の発生に影響する水等の成分を適切に管理しており、かつ、告示で定める期間を通じて、当該タンクの内部へのコーティングの施工、貯蔵する危険物の変更等当該タンクの内部の腐食の発生に影響を及ぼす貯蔵条件の変更を行つていないこと。（オ）
三　危険物が加温貯蔵されていないこと。（オ）
四　特定屋外貯蔵タンクに構造上の影響を与えるおそれのある補修又は変形がないこと。（オ）
五　著しい不等沈下がないこと。（オ）
六　地盤が十分な支持力を有するとともに沈下に対し十分な安全性を有していること。（オ）
七　特定屋外貯蔵タンクの維持管理体制が適切であること。（オ）

本条…追加〔平成六年九月自令三〇号（ゆ）〕、一部改正〔平成一二年九月自令四四号（へ）・一五年一二月総令一四三号（ワ）〕、一項…一部改正・二項…追加〔平成二三年二月総令五号（オ）〕

参照　【特定屋外貯蔵タンクの内部の腐食を防止するためのコーティング】危告示六九条の二【貯蔵条件の変更を行わない期間】危告示六九条の三

（保安のための措置を講じている場合の市町村長等が定める期間等）

第六二条の二の三　令第八条の四第二項第一号の総務省令で定めるところにより市町村長等が定める期間は、次のとおりとする。なお、当該期間は、令第八条第二項の完成検査（法第十一条第一項前段の規定による設置の許可に係るものに限る。第六十二条の二の五において同じ。）を受けた日又は直近において行われた法第十四条の三第一項若しくは第二項の規定による保安に関する検査を受けた日の翌日から起算して前条に規定する措置が講じられていると認められた後最初に受けるべき法第十四条の三第一項の規定による保安に関する検査の日までとする。（ゆ）（へ）（ワ）（オ）

一　令第八条の四第二項第一号イの総務省令で定めるところにより市町村長等が定める期間は、前条第一項第一号又は第二号に規定する保安のための措置が講じられていると認められるものにあつては、十年と、第三号に規定する保安のための措置が講じられていると認められるものにあつては、十三年とする。（オ）
二　令第八条の四第二項第一号ロの総務省令で定めるところにより市町村長等が定める期間は、直近において行われた法第十四条の三第一項又は第二項の規定による保安に関する検査（以下「前回の保安検査」という。）における液体危険物タンクの底板及びアニュラ板の厚さのそれぞれについてその最小値から告示で定める値を減じたものを第六十二条の二の五第一項で算出した値（当該液体危険物タンクがコーティングを講じていない場合は同項及び同条第二項で算出した値）で除して得た値に相当する年数のうち最小のものとする。この場合において、一年未満の端数があるときはこれを切り捨て、当該年数が八年未満であるときは八年と

し、十五年を超えるときは十五年とする。（オ）

2　前項の規定の適用を受けようとする者は、前条に規定する保安のための措置を講じている旨を記載した別記様式第二十六の二、別記様式第二十六の三、別記様式第二十六の四、別記様式第二十六の五又は別記様式第二十六の六の申請書を市町村長等に提出しなければならない。（ゆ）（ワ）（オ）

本条…追加〔平成六年九月自令三〇号（ゆ）〕、一項…一部改正〔平成一二年九月自令四四号（ヘ）〕、一・二項…一部改正〔平成一五年一二月総令一四三号（ワ）・二三年二月五号（オ）〕

参照　【底板等の厚さから減ずる値】危告示六九条の四

（特殊の方法）

第六二条の二の四　令第八条の四第二項第一号ロの総務省令で定める特殊の方法は、告示で定める測定装置により液体危険物タンクの底部の板の厚さ又は腐食量を三十ミリメートル以下の間隔で全面にわたつて測定すること（次項及び次条において「連続板厚測定方法」という。）とする。（オ）

2　連続板厚測定方法を用いて液体危険物タンクの底部の板の厚さを測定できない箇所においては、別途当該箇所の板の厚さを測定しなければならない。（オ）

本条…追加〔平成二三年二月総令五号（オ）〕

参照　【連続板厚測定方法に用いる装置】危告示六九条の五

（液体危険物タンクの底部の板の厚さの一年当たりの腐食による減少量の算出方法等）

第六二条の二の五　令第八条の四第二項第一号ロに規定する液体危険物タンクの底部の板の厚さの一年当たりの腐食による減少量は、底板及びアニュラ板について、前回の保安検査の直近において行われた法第十四条の三第一項又は第二項の規定による保安に関する検査（以下この条及び次条において「前々回の保安検査」という。）における板の厚さ（前々回の保安検査の前六月以内に連続板厚測定方法を用いて測定され、かつ、当該測定後底部の板の取替えが行われていない場合にあつては当該測定結果、連続板厚測定方法を用いて測定されていない場合又は前回の保安検査が法第十一条第五項の規定による完成検査を受けた日後最初の保安検査である場合にあつては当該板の使用を開始した時の板の厚さ）から前回の保安検査の前六月以内に連続板厚測定方法を用いて測定された板の厚さを減じて得た値を前々回の保安検査の日から前回の保安検査の日までの期間の年数で除して得たもののうち、それぞれ最大のものとする。（オ）（ケ）

2　液体危険物タンクの内部にコーティングが講じられていない場合における令第八条の四第二項第一号ロに規定する液体危険物タンクの底部の板の厚さの一年当たりの腐食による減少量は、底板及びアニュラ板について、前項で算出した値並びに液体危険物タンクの底部の板のうち内面の腐食が生じている箇所及び外面の腐食と内面の腐食がいずれも生じている箇所において当該箇所の前々回の保安検査における板の厚さから前回の保安検査における板の厚さを減じて得た値を前々回の保安検査の日から前回の保安検査の日までの期間の年数で除して得たもののうち、それぞれ最大のものとする。（オ）

本条…追加〔平成二三年二月総令五号（オ）〕、一項…一部改正〔平成二三年一二月総令一六五号（ケ）〕

第六二条の二の六　令第八条の四第二項第一号ロの総務省令で定める基準は、次のとおりとする。（オ）

一　前条第一項で算出される液体危険物タンクの底部の板の厚さの一年当たりの腐食による減少量が〇・二ミリメートル以下であること。（オ）

二　液体危険物タンクの内部にコーティングが講じられていない場合にあつては、前条第二項で算出される液体危険物タンクの底部の板の厚さの一年当たりの腐食による減少量のうち内面の腐食を生じている箇所における減少量及び同項の規定の例により算出される前々回の保安検査の直近において行われた完成検査又は法第十四条の三第一項若しくは第二項の規定による保安に関する検査から前々回の保安検査までの間の当該液体危険物タンクの底部の板の厚さの一年当たりの腐食による減少量のうち内面の腐食を生じている箇所における減少量がいずれも〇・一ミリメートル以下であること。（オ）（ケ）

本条…追加〔平成二三年二月総令五号（オ）〕、一部改正〔平成二三年一二月総令一六五号（ケ）〕

（特殊液体危険物タンク）

第六二条の二の七　令第八条の四第二項第三号の総務省令で定める特殊液体危険物タンクは、地中タンクとする。（ゆ）（へ）（ワ）（オ）

本条…追加〔平成六年九月自令三〇号（ゆ）〕、一部改正〔平成一二年九月自令四四号（へ）・一五年一二月総令一四三号（ワ）〕、旧六二条の二の四…繰下〔平成二三年二月総令五号（オ）〕

（保安に関する検査を受けなければならない特殊液体危険物タンクの部分）

第六二条の二の八　令第八条の四第三項第一号の総務省令で定める部分は、地中タンクの漏液防止板の部分とする。（お）（ゆ）（へ）（オ）

本条…追加〔昭和六二年一二月自令三六号（お）〕、旧六二条の二の二…繰下〔平成六年九月自令三〇号（ゆ）〕、本条…一部改正〔平成一二年九月自令四四号（へ）〕、旧六二条の二の五…繰下〔平成二三年二月総令五号（オ）〕

（保安に関する検査を受けなければならない事由）

第六二条の二の九　令第八条の四第五項の総務省令で定める事由は、次に掲げるものとする。（の）（お）（ゆ）（へ）（オ）

一　岩盤タンクに第二十二条の三第三項第五号の想定される荷重を著しく超える荷重が加えられることその他の危険物又は可燃性の蒸気の漏えいのおそれがあると認められること。（お）（ま）

二　地中タンクに第二十二条の三の二第三項第五号ハの荷重を著しく超える荷重が加えられることその他の危険物又は可燃性の蒸気の漏えいのおそれがあると認められること。（お）（ま）

本条…追加〔昭和六一年四月自令一六号（の）〕、旧六二条の二の二…一部改正し繰下〔昭和六二年一二月自令三六号（お）〕、本条…一部改正〔平成元年二月自令五号（ま）〕、旧六二条の二の三…繰下〔平成六年九月自令三〇号（ゆ）〕、本条…一部改正〔平成一二年九月自令四四号（へ）〕、旧六二条の二の六…繰下〔平成二三年二月総令五号（オ）〕

（保安に関する検査の申請書等の様式）

第六二条の三　法第十四条の三の規定による保安に関する検査を受けようとする者は、屋外タンク貯蔵所又は移送取扱所の区分に応じて別記様式第二十七又は別記様式第二十八の申請書を市町村長等に提出しなければならない。（ぬ）（わ）（な）（ま）

2　令第八条の四第二項ただし書の規定の適用を受けようとする者は、別記様式第二十九の申請書に変更を必要とする理由を記載した書類を添えて市町村長等に提出しなければならない。（ぬ）（わ）（な）（ま）

3　市町村長等は、保安に関する検査を行つた結果、特定屋外タンク貯蔵所（岩盤タンクに係る特定屋外タンク貯蔵所及び地中タンクに係る特定屋外タンク貯蔵所を除く。）にあつては第二十条の四第二項第二号及び第二十条の八に定める技術上の基準、岩盤タンクに係る特定屋外タンク貯蔵所にあつては第二十二条の三（同条第三項第一号を除く。）に定める技術上の基準、地中タンクに係る特定屋外タンク貯蔵所にあつては告示で定める技術上の基準、移送取扱所にあつては第二十八条の三から第二十八条の五十一まで、第三十三条第二項、第三十六条及び第三十八条の三に定める技術上の基準に適合していると認めたときは、別記様式第三十の保安検査済証を交付するものとする。(ぬ)(わ)(な)(お)(ま)

本条…追加〔昭和四九年六月自令一七号(ぬ)〕、一―三項…一部改正〔昭和五二年二月自令二号(わ)・五九年三月一号(な)〕、三項…一部改正〔昭和六二年一二月自令三六号(お)〕、一―三項…一部改正〔平成元年二月自令五号(ま)〕

参照　【地中タンクに係る特定屋外タンク貯蔵所の保安に関する検査の基準】危告示七〇

（定期点検を行わなければならない時期等）

第六二条の四　法第十四条の三の二の規定による定期点検は、一年（告示で定める構造又は設備にあつては告示で定める期間）に一回以上行わなければならない。ただし、第六十二条の二第一項第一号に掲げる事由により、定期点検を行うことが困難であると認められるときは、市町村長等が点検を行うべき期限を別に定めることができる。(を)(ほ)

2　法第十四条の三の二の規定による定期点検は、法第十条第四項の技術上の基準に適合しているかどうかについて行う。(を)

本条…追加〔昭和五一年六月自令一八号(を)〕、一項…一部改正〔令和二年一二月総令一二四号(ほ)〕

参照　【告示で定める構造・設備・期間】未制定

第六二条の五　引火点を有する液体の危険物を貯蔵し、又は取り扱う屋外タンク貯蔵所（岩盤タンクに係る屋外タンク貯蔵所及び海上タンクに係る屋外タンク貯蔵所を除く。）で容量が千キロリットル以上一万キロリットル未満のものに係る定期点検は、前条の規定によるほか、令第八条第三項の完成検査済証（法第十一条第一項前段の規定による設置の許可に係るものに限る。）の交付を受けた日若しくは直近において当該屋外貯蔵タンクの内部を点検（以下「内部点検」という。）した日又は法第十四条の三第二項の保安に関する検査を受けた日から十三年（当該屋外貯蔵タンクに第六十二条の二の二第一項第一号及び第二号に規定する保安のための措置が講じられており、あらかじめ、その旨を市町村長等に届け出た場合には十五年）を超えない日までの間に一回以上当該屋外貯蔵タンクの内部点検を行わなければならない。ただし、当該期間内に内部点検を行うことが困難な場合において、その旨を市町村長等に届け出たときは、二年に限り、当該期間を延長することができる。(を)(む)(の)(ま)(ゆ)(ハ)(オ)

2　前項括弧書に規定する届出は、別記様式第三十三又は別記様式第三十四の届出書によつて行わなければならない。(ハ)

3　第一項の規定にかかわらず、同項に規定する屋外タンク貯蔵所について同項に規定する期間内に第六十二条の二第一項第三号に掲げる事由が生じ、市町村長等が保安上支障がないと認める場合には、当該屋外タンク貯蔵所の所有者、管理者又は占有者の申請に基づき、当該期間を市町村長等が定める期間延長することができる。(ム)

4　前項の申請は、別記様式第三十五の申請書に理由書その他の参考となるべき事項を記載した書類を添えて行わなければならない。(ム)

本条…追加〔昭和五一年六月自令一八号(を)〕、一部改正〔昭和五二年二月自令二号(わ)・五九年一二月三〇号(む)・六二年四月一六号(の)・一二月三六号(お)・平成元年二月五号(ま)・六年九月三〇号(ゆ)〕、一項…一部改正・二項…追加〔平成一二年三月自令一一号(ハ)〕、三・四項…追加〔平成二一年一〇月総令九八号(ム)〕、一項…一部改正〔平成二三年二月総令五号(オ)〕

第六二条の五の二　令第八条の五第一号、第二号、第四号及び第五号に掲げる製造所等に係る定期点検は、第六十二条の四の規定によるほか、告示で定めるところにより、令第十三条第一項第一号に規定する地下貯蔵タンク（令第九条第一項第二十号ハにおいてその例による場合及びこれを令第十九条第一項において準用する場合並びに令第十七条第一項第八号イ及び同条第二項第二号においてその例による場合を含む。以下この条において「地下貯蔵タンク」という。）及び令第十三条第二項に規定する二重殻タンク（令第九条第一項第二十号ハにおいてその例による場合及びこれを令第十九条第一項において準用する場合並びに令第十七条第一項第八号イ及び同条第二項第二号においてその例による場合を含む。以下この条において「二重殻タンク」という。）の強化プラスチック製の外殻の漏れの点検を行わなければならない。ただし、次の各号に掲げる地下貯蔵タンク若しくはその部分又は二重殻タンクの強化プラスチック製の外殻にあっては、この限りでない。(ワ)(ソ)(ろ)

一　地下貯蔵タンク又はその部分のうち、次のイ又はロのいずれかに適合するもの(ワ)

イ　二重殻タンクの内殻(ワ)

ロ　危険物の微少な漏れを検知しその漏えい拡散を防止するための告示で定める措置が講じられているもの(ワ)

二　二重殻タンクの強化プラスチック製の外殻のうち、当該外殻と地下貯蔵タンクとの間げきに危険物の漏れを検知するための液体が満たされているもの(ワ)

2　前項の点検は、地下貯蔵タンク又は二重殻タンクの強化プラスチック製の外殻（以下この項において「地下貯蔵タンク等」という。）を有する製造所等について令第八条第三項の完成検査済証（法第十一条第一項後段の規定による変更の許可（以下この条から第六十二条の五の四までにおいて「変更の許可」という。）に係るものにあっては、当該地下貯蔵タンク等の変更の許可に係るものに限る。）の交付を受けた日又は直近において当該地下貯蔵タンク等について前項の点検を行った日から、次の各号に掲げる区分に応じ、当該各号に定める期間を経過する日の属する月の末日までの間に一回以上行わなければならない。ただし、第六十二条の二第一項第一号に掲げる事由により、前項の点検を行うことが困難であると認められるときは、市町村長等が点検を行うべき期限を別に定めることができる。(ワ)(ノ)(ろ)(ほ)

一　地下貯蔵タンク　一年（完成検査を受けた日から十五年を超えないもの又は危険物の漏れを覚知しその漏えい拡散を防止するための告示で定める措置が講じられているものにあっては三年）(ワ)(ろ)

二　二重殻タンクの強化プラスチック製の外殻　三年(ワ)

3　前項の規定にかかわらず、当該期間内に当該地下貯蔵タンク又は二重殻タンクにおける危険物の貯蔵及び取扱いが休止され、かつ、市町村長等が保安上支障がないと認める場合には、当該地下貯蔵タンク又は二重殻タンクを有する製造所等の所有者、管理者又は占有者の申請に基づき、当該期間を当該市町村長等が定める期間延長することができる。(ほ)

4　前項の申請は、別記様式第四十二の申請書に理由書その他の参考となるべき事項を記載した書類を添えて行わなければならない。(ノ)(ほ)

本条…追加〔平成一二年三月自令一一号(ハ)〕、全部改正〔平成一五年一二月総令一四三号(ワ)〕、一項…一部改正〔平成一八年三月総令三一号(ソ)〕、二項…一部改正・三項…追加〔平成二二年六月総令七一号(ノ)〕、一・二項…一部改正〔令和元年八月総令三四号(ろ)〕、二項…一部改正・三項…追加・旧三項…一部改正し四項に繰下〔令和二年一二月総令一二四号(ほ)〕

参照　【点検の方法】危告示七一

第六二条の五の三　製造所等のうち地盤面下に設置された配管（以下この条において「地下埋設配管」という。）を有するものに係る定期点検は、第六十二条の四の規定によるほか、告示で定めるところにより、当該地下埋設配管の漏れの点検を行わなければならない。ただし、地下埋設配管又はその部分のうち、危険物の微少な漏れを検知しその漏えい拡散を防止するための告示で定める措置が講じられているものにあっては、この限りではない。（ワ）ろ

2　前項の点検は、地下埋設配管を有する製造所等について令第八条第三項の完成検査済証（変更の許可に係るものについては、当該地下埋設配管の変更の許可に係るものに限る。）の交付を受けた日又は直近において前項の点検を行った日から一年（完成検査を受けた日から十五年を超えないもの又は危険物の漏れを覚知しその漏えい拡散を防止するための告示で定める措置が講じられているものにあっては三年）を経過する日の属する月の末日までの間に一回以上行わなければならない。ただし、第六十二条の二第一項第一号に掲げる事由により、前項の点検を行うことが困難であると認められるときは、市町村長等が点検を行うべき期限を別に定めることができる。（ワ）（ノ）ろほ

3　前項の規定にかかわらず、当該期間内に当該地下埋設配管における危険物の取扱いが休止され、かつ、市町村長等が保安上支障がないと認める場合には、当該地下埋設配管を有する製造所等の所有者、管理者又は占有者の申請に基づき、当該期間を当該市町村長等が定める期間延長することができる。ほ

4　前項の申請は、別記様式第四十三の申請書に理由書その他の参考となるべき事項を記載した書類を添えて行わなければならない。（ノ）ほ

本条…追加〔平成一二年三月自令一一号（ハ）〕、全部改正〔平成一五年一二月総令一四三号（ワ）〕、二項…一部改正・三項…追加〔平成二一年六月総令七一号（ノ）〕、一・二項…一部改正〔令和元年八月総令三四号ろ〕、二項…一部改正・三項…追加・旧三項…一部改正し四項に繰下〔令和二年一二月総令一二四号ほ〕

参照　【点検の方法】危告示七一の二

第六二条の五の四　移動タンク貯蔵所に係る定期点検は、第六十二条の四の規定によるほか、告示で定めるところにより、令第八条第三項の完成検査済証（変更の許可に係るものについては、当該移動貯蔵タンクの変更の許可に係るものに限る。）の交付を受けた日又は直近において当該移動貯蔵タンクの漏れの点検を行った日から五年を経過する日の属する月の末日までの間に一回以上当該移動貯蔵タンクの漏れの点検を行わなければならない。ただし、第六十二条の二第一項第一号に掲げる事由により、当該点検を行うことが困難であると認められるときは、市町村長等が点検を行うべき期限を別に定めることができる。（ハ）ろほ

本条…追加〔平成一二年三月自令一一号（ハ）〕、一部改正〔令和元年八月総令三四号ろ・二年一二月一二四号ほ〕

参照　【点検の方法】危告示七一の三

第六二条の五の五　令第二十条第一項第一号の規定により第三種の固定式の泡消火設備を設ける屋外タンク貯蔵所に係る定期点検は、第六十二条の四の規定によるほか、告示で定めるところにより、当該泡消火設備の泡の適正な放出を確認する一体的な点検を行わなければならない。（カ）

本条…追加〔平成一七年一月総令三号（カ）〕

参照　【泡消火設備の点検の方法】危告示七二

第六二条の六　第六十二条の四から前条までの規定による点検は、危険物取扱者又は危険物施設保安員（第六十二条の五の二から第六十

二条の五の四までの規定による点検については、当該各条の告示で定めるところによる点検の方法に関する知識及び技能を有する者、前条の規定による点検については、泡の発泡機構、泡消火薬剤の性状及び性能の確認等に関する知識及び技能を有する者に限る。）が行わなければならない。(を)(ハ)(カ)

2　前項の規定にかかわらず、危険物取扱者の立会を受けた場合は、危険物取扱者以外の者（第六十二条の五の二から第六十二条の五の四までの規定による点検については、当該各条の告示で定めるところによる点検の方法に関する知識及び技能を有する者、前条の規定による点検については、泡の発泡機構、泡消火薬剤の性状及び性能の確認等に関する知識及び技能を有する者に限る。）が点検を行うことができる。(を)(ハ)(カ)

本条…追加〔昭和五一年六月自令一八号(を)〕、一・二項…一部改正〔平成一二年三月自令一一号(ハ)・一七年一月総令三号(カ)〕

第六二条の七　法第十四条の三の二の規定による点検記録には、次の各号に掲げる事項を記載しなければならない。(を)

一　点検をした製造所等の名称(を)
二　点検の方法及び結果(を)
三　点検年月日(を)
四　点検を行つた危険物取扱者若しくは危険物施設保安員又は点検に立会つた危険物取扱者の氏名(を)

本条…追加〔昭和五一年六月自令一八号(を)〕

第六二条の八　前条に規定する点検記録は、次の各号に掲げる区分に応じ、それぞれ当該各号に定める期間これを保存しなければならない。(を)(あ)(ゆ)(ハ)

一　第六十二条の五第一項の規定による屋外貯蔵タンクの内部点検に係る点検記録　二十六年間（同項括弧書の期間の適用を受けた場合にあつては三十年間）。ただし、当該期間内に同条第三項の規定により市町村長等が延長期間を定めた場合にあつては、当該延長期間を加えた期間(ハ)(ム)

二　第六十二条の五の二第一項の規定による地下貯蔵タンク及び二重殻タンクの強化プラスチック製の外殻の漏れの点検に係る点検記録　三年間。ただし、当該期間内に同条第二項ただし書の規定により市町村長等が延長期間を定めた場合にあつては、当該延長期間を加えた期間(ノ)

三　第六十二条の五の三第一項の規定による地下埋設配管の漏れの点検に係る点検記録　三年間。ただし、当該期間内に同条第二項ただし書の規定により市町村長等が延長期間を定めた場合にあつては、当該延長期間を加えた期間(ノ)

四　第六十二条の五の四の規定による移動貯蔵タンクの漏れの点検に係る点検記録　十年間(ハ)(ノ)

五　前各号以外の点検記録　三年間(ハ)(ノ)

本条…追加〔昭和五一年六月自令一八号(を)〕、一部改正〔平成五年七月自令二二号(あ)・六年九月三〇号(ゆ)・一二年三月一一号(ハ)・二二年一〇月総令九八号(ム)・二二年六月七一号(ノ)〕

第十章　自衛消防組織(に)

本章…追加〔昭和四〇年一〇月自令二八号(に)〕

第六三条　削除(わ)〔昭和五二年二月自令二号(わ)〕

(移送取扱所を有する事業所の自衛消防組織の編成)

第六四条　令第三十八条の二第一項に規定する総務省令で定める人員数及び化学消防自動車の台数は、次のとおりとする。(り)(へ)

一　指定施設である移送取扱所を有する事業所のうち移送取扱所以外の指定施設を有する事業所については、別表第五及び第六の人員数及び化学消防自動車の台数を合計した数。ただし、第六十五条第五号に規定する化学消防ポンプ自動車を置く事業所については、人員数五名及び化学消防自動車一台を減じた数とすることができる。（り）（わ）（う）（タ）

二　指定施設である移送取扱所のみを有する事業所については、別表第六の人員数及び化学消防自動車の台数。（り）

本条…追加〔昭和四九年五月自令一二号（り）〕、一部改正〔昭和五二年二月自令二号（わ）・六一年七月一六号（う）・平成一二年九月四四号（へ）・一七年三月総令三七号（タ）〕

参照　【指定施設】危令三〇の三

（自衛消防組織の編成の特例）

第六四条の二　令第三十八条の二第一項ただし書の総務省令で定める編成は、火災その他の災害のための相互応援に関する協定を締結しているすべての事業所を一の事業所と、当該すべての事業所の指定施設において取り扱う第四類の危険物の最大数量を一の事業所の指定施設において取り扱う第四類の危険物の最大数量とみなして同項本文の規定を適用した場合における人員及び化学消防自動車の台数とすることができる。ただし、相互応援に関する協定を締結している各事業所の自衛消防組織は、少くとも当該事業所の指定施設において取り扱う第四類の危険物の最大数量に応じ、令第三十八条の二第一項の表に掲げる化学消防自動車の台数の二分の一以上の台数の化学消防自動車及び化学消防自動車一台につき五人以上の人員をもつて編成しなければならない。（に）（と）（り）（へ）

本条…全部改正〔昭和四〇年一〇月自令二八号（に）〕、一部改正〔昭和四六年六月自令一二号（と）〕、旧六四条…繰下〔昭和四九年五月自令一二号（り）〕、本条…一部改正〔平成一二年九月自令四四号（へ）〕

（化学消防自動車の基準）

第六五条　令第三十八条の二第二項の総務省令で定める化学消防自動車の消火能力及び設備の基準は、次のとおりとする。（に）（へ）

一　泡を放射する化学消防自動車にあつてはその放水能力が毎分二千リットル以上、消火粉末を放射する化学消防自動車にあつてはその放射能力が毎秒三十五キログラム以上であること。（と）（ら）（タ）

二　泡を放射する化学消防自動車にあつては消火薬液槽及び消火薬液混合装置を、消火粉末を放射する化学消防自動車にあつては消火粉末槽及び加圧用ガス設備を車体に固定すること。（と）（ら）

三　泡を放射する化学消防自動車にあつては二十四万リットル以上の泡水溶液を放射することができる量の消火薬液を、消火粉末を放射する化学消防自動車にあつては千四百キログラム以上の量の消火粉末を備えておくこと。（と）（ら）（タ）

四　泡を放射する化学消防自動車の台数は、令第三十八条の二第一項の表に掲げる化学消防自動車の台数の三分の二以上とすること。（と）（ら）

五　指定施設である移送取扱所を有する事業所の自衛消防組織に編成されるべき化学消防自動車のうち、移送取扱所に係るものとして別表第六で算定される化学消防自動車は、第一号から第三号までに定める基準のほか、容量千リットル以上の水槽及び放水銃等を備えていること。（り）（わ）（う）（タ）

本条…全部改正〔昭和四〇年一〇月自令二八号（に）〕、一部改正〔昭和四六年六月自令一二号（と）・四九年五月一二号（り）・五二年二月二号（わ）・五九年七月一七号（ら）・六一年七月一六号（う）・平成一二年九月四四号（へ）・一七年三月総令三七号（タ）〕

第十一章　映写室（に）

章名…改正・旧八章…繰下〔昭和四〇年一〇月自令二八号（に）〕

（映写室の標識及び掲示板）

第六六条　令第三十九条第一号の規定により、映写室に設けなければならない標識及び掲示板は、次のとおりとする。

一　標識は、幅〇・三メートル以上、長さ〇・六メートル以上の板であること。
二　標識の色は、地を白色、文字を黒色とすること。
三　掲示板は、第一号の標識と同一寸法の板とし、かつ、地を赤色、文字を白色として「火気厳禁」と表示すること。

（映写室の消火設備）
第六七条　令第三十九条第九号の規定により、映写室には、第五種の消火設備を二個以上設けるものとする。

第六八条及び第六九条　削除（の）〔昭和六二年四月自令一六号（の）〕

第十二章　雑則（の）

章名…追加〔昭和六二年四月自令一六号（の）〕

（液状の定義）
第六九条の二　法別表第一備考第一号の液状とは、垂直にした試験管（内径三十ミリメートル、高さ百二十ミリメートルの平底円筒型のガラス製のものとする。以下「試験管」という。）に物品を試験管の底からの高さが五十五ミリメートルとなるまで入れ、当該試験管を水平にした場合に、当該物品の移動面の先端が試験管の底からの距離が八十五ミリメートルの部分を通過するまでの時間が九十秒以内であることをいう。（ま）（タ）

本条…追加〔平成元年二月自令五号（ま）〕、一部改正〔平成一七年三月総令三七号（タ）〕

第七〇条　削除（ニ）〔平成一二年三月自令一二号（ニ）〕

（行政庁の変更に伴う事務引継）
第七一条　法第十六条の七の規定による当該行政庁に変更があつた場合においては、変更前の行政庁は、変更の日から十四日以内にその担任する事務を変更後の行政庁に引き継がなければならない。（に）（ぬ）

2　前項の規定による事務引継の場合においては、変更前の行政庁は、書類及び帳簿を調整し、処分未了若しくは未着手の事項又は将来企画すべき事項については、その処理の順序及び方法並びにこれに対する意見を記載しなければならない。

一項…一部改正〔昭和四〇年一〇月自令二八号（に）・四九年六月一七号（ぬ）〕

（塩素酸塩類等の特例）
第七二条　令第四十一条の規定により、総務省令で定める危険物は、第一類の危険物のうち塩素酸塩類、過塩素酸塩類若しくは硝酸塩類又はこれらのいずれかを含有するもの、第二類の危険物のうち硫黄、鉄粉、金属粉若しくはマグネシウム又はこれらのいずれかを含有するもの及び第五類の危険物のうち硝酸エステル類、ニトロ化合物若しくは金属のアジ化物又はこれらのいずれかを含有するもののうち火薬類に該当するものをいう。（い）（ま）（へ）

2　前項の危険物については、令第九条第一項（令第十九条第一項において準用する場合を含む。）第二号、第四号から第七号まで、第九号、第二十号及び第二十一号、令第十条第一項第一号、第四号から第七号まで及び第十二号、令第二十条第一項第三号並びに令第二十七条第五項第三号の規定並びに第三十六条、第三十八条、第三十九条の三、第四十一条及び第四十三条の規定は、当分の間適用しない。（ま）

一項…一部改正〔昭和三五年七月自令三号（い）〕、一・二項…一部改正〔平成元年二月自令五号（ま）〕、一項…一部改正〔平成一二年九月自令四四号（へ）〕

附　則

1　この府令は、昭和三十四年九月三十日から施行する。
2　法附則第三項後段の規定による製造所等の届出は、別記様式第二十二の届出書に別記様式第二のイからリまでの当該製造所等に係る構造及び設備明細書、製造所等の位置、構造及び設備に関する図面、第一種、第二種又は第三種の消火設備を設けるものにあつては当該消火設備の設計書並びに火災報知設備を設けるものにあつては当該火災報知設備の設計書を添付して行わなければならない。
3　法附則第六項ただし書の規定による危険物の取扱作業に関して保安の監督をしている者又は映写室の映写機を操作している者の届出は、別記様式第二十三の届出書又は別記様式第二十四の届出書によつて行わなければならない。
4　前二項の届出書の提出部数は、それぞれ正本一部及び副本一部とする。
5　沖縄の復帰に伴う地方税関係以外の自治省関係法令の適用の特別措置等に関する政令（昭和四十七年政令第百六十号）第二十七条第八項の規定による危険物取扱者免状の交付の申請については、第五十条第二項中「危険物取扱者試験に合格」とあるのは「沖縄の復帰に伴う地方税関係以外の自治省関係法令の適用の特別措置等に関する政令（昭和四十七年政令第百六十号）第二十七条第八項に規定する講習の課程を終了」とし、別記様式第十中「試験施行」とあるのは「講習修了」と、「合格した試験」とあるのは「交付希望免状」とする。（ち）
6　沖縄の復帰に伴う地方税関係以外の自治省関係法令の適用の特別措置等に関する政令第二十七条第七項の規定の適用を受ける者については、第五十八条の二の規定は、昭和四十九年三月三十一日までの間、適用しない。（ち）

五・六項…追加〔昭和四七年五月自令一二号（ち）〕

附　則（い）〔昭和三五年七月一日自治省令第三号〕

この省令は、公布の日から施行する。

附　則（ろ）〔昭和三八年四月一五日自治省令第一三号〕

この省令は、公布の日から施行する。

附　則（は）〔昭和四〇年五月二九日自治省令第一七号〕

1　この省令は、公布の日から施行する。
2　この省令による改正後の危険物の規制に関する総理府令第四十四条第三号イ及びホの規定にかかわらず、第一類及び第五類の危険物の運搬容器及び包装の外部に行なう表示は、この省令の施行の日から起算して三月間は、なお従前の例によることができる。
3　この省令による改正後の危険物の規制に関する総理府令別表第三にかかわらず、危険物の運搬容器、収納及び包装については、この省令の施行の日から起算して六月間は、なお従前の例によることができる。

附　則（に）〔昭和四〇年一〇月一日自治省令第二八号〕

1　この省令は、昭和四十年十月一日から施行する。ただし、第十八条の改正規定（各号列記以外の部分の改正規定を除く。）は、昭和四十一年一月一日から施行する。
2　この省令の施行の際、現に消防法第十一条第一項の規定による許可を受けている貯蔵所（以下「許可貯蔵所」という。）の構造のうち、改正後の危険物の規制に関する規則（以下「規則」という。）第十六条の三第五項第三号及び第五号の規定に適合しないものに係る技術上の基準については、なお従前の例による。
3　許可貯蔵所の位置、構造及び設備のうち規則第十六条の三第二項から第五項まで（第五項第三号及び第五号を除く。）並びに第二十二条第二項第三号及び第五号の規定に適合しないものに係る技術上の基準については、昭和四十二年九月三十日までの間は、なお従前の例による。

附　則（ほ）〔昭和四二年一二月二八日自治省令第三七号〕

この省令は、公布の日から施行する。

附　則（へ）〔昭和四四年一一月二一日自治省令第三一号〕

この省令は、公布の日から施行する。

附　則（と）〔昭和四六年六月一日自治省令第一二号〕

（施行期日）

1　この省令は、公布の日から施行する。ただし、第六条の改正規定、第十七条第一項の改正規定（令第十八条第二号に係る改正部分を除く。）、第十八条の改正規定（令第十二条第三号に係る改正部分に限る。）、第十九条、第十九条の二、第二十条及び第二十四条の二の改正規定、同条の次に二条を加える改正規定、第三十三条、第三十五条、第三十九条の二及び第四十条の改正規定、第四十条の三の前に一条を加える改正規定、第四十条の四の次に一条を加える改正規定、別記様式第二のへ及び第五の改正規定並びに別記様式第五の次に第五の二、第五の三及び第五の四を加える改正規定は昭和四十六年十月一日から、第十七条第二項、第六十四条及び第六十五条の改正規定は昭和四十七年一月一日から、第四十七条の改正規定、同条の次に二条を加える改正規定、第五十三条の次に一条を加える改正規定及び別記様式第七の次に第七の二を加える改正規定は同年十月一日から施行する。

（経過措置）

2　昭和四十六年十月一日において現に危険物の規制に関する政令第八条第三項の規定により交付されている完成検査済証は、改正後の危険物の規制に関する規則（以下「新規則」という。）第六条第二項の規定による完成検査済証とみなす。

3　この省令の施行の際現に交付されている危険物取扱主任者免状は、新規則別記様式第十二の危険物取扱主任者免状とみなし、この省令の施行の際現にある危険物取扱主任者免状の用紙は、当分の間、これを取り繕つて使用することができる。

4　この省令の施行の際現に消防法第十一条第一項の規定による許可を受けている製造所、貯蔵所又は取扱所において危険物の取扱作業に従事している危険物取扱者については、新規則第五十八条の二第一項ただし書の規定は適用せず、その者に対する同項本文の規定の適用については、同項中「当該取扱作業に従事することとなつた日から一年」とあるのは、「昭和四十六年六月一日から五年」とする。

附　則（ち）〔昭和四七年五月一五日自治省令第一二号〕

この省令は、公布の日から施行する。

附　則（り）〔昭和四九年五月一日自治省令第一二号〕

（施行期日）

1　この省令は、公布の日から施行する。ただし、改正後の危険物の規制に関する規則（以下「新規則」という。）第十三条の二、第二十一条及び第二十四条第一号の規定は昭和四十九年八月一日から、新規則第十二条第四号の規定は昭和四十九年十一月一日から施行する。

（経過措置）

2　この省令の施行の際、現に消防法第十一条の規定により許可を受けている製造所、貯蔵所又は取扱所の位置、構造及び設備のうち、新規則第十二条第四号、第二十一条又は第二十四条第一号若しくは第二号に定める技術上の基準に適合しないものに係る技術上の基準については、これらの規定にかかわらず、なお従前の例による。

3　危険物の規制に関する政令の一部を改正する政令（昭和四十八年政令第三百七十八号）附則第二項の規定により移送取扱所として許可を受けたものとみなされる取扱所（以下「みなし移送取扱所」という。）の設備のうち、新規則第二十八条の四十二又は第二十八条の四十四第一項に定める技術上の基準に適合しないものに係る技術上の基準については、当該規定にかかわらず、昭和四十九年七月三十一日までの間は、なお従前の例による。

4　みなし移送取扱所の位置、構造及び設備のうち、新規則第二十八条の三、第二十八条の二十三から第二十八条の二十五まで、第二十八条の二十九から第二十八条の三十一まで、第二十八条の三十二

（漏えい検知口に関する部分を除く。）、第二十八条の三十三から第二十八条の四十一まで、第二十八条の四十四第二項（注意標示に関する部分を除く。）、第二十八条の四十七から第二十八条の五十まで、第二十八条の五十一第一項又は第二十八条の五十三第五項、第六項若しくは第八項に定める技術上の基準に適合しないものに係る技術上の基準については、これらの規定にかかわらず、昭和五十一年四月三十日までの間は、なお従前の例による。

5　みなし移送取扱所の位置、構造及び設備のうち、新規則第二十八条の四から第二十八条の二十二まで、第二十八条の三十二（漏えい検知口に関する部分に限る。）、第二十八条の四十四第二項（注意標示に関する部分に限る。）又は第二十八条の五十一第二項に定める技術上の基準に適合しないものに係る技術上の基準については、これらの規定にかかわらず、なお従前の例による。

附　則（ぬ）〔昭和四九年六月一日自治省令第一七号〕

（施行期日）

1　この省令は、公布の日から施行する。ただし、第四十三条に一項を加える改正規定は、昭和四十九年九月一日から施行する。

2　この省令の施行の際、現に危険物の規制に関する政令第八条第三項の完成検査済証（設置に係るものに限る。この項において同じ。）の交付を受けている移送取扱所については、公布の日から一年を経過した日を完成検査済証の交付を受けた日とみなして、改正後の危険物の規制に関する規則第六十二条の二の規定を適用する。

附　則（る）〔昭和五一年三月三一日自治省令第七号〕

改正　昭和五二年二月自治省令第二号（わ）

1　この省令は、昭和五十一年四月一日から施行する。

2　この省令の施行の際、現に消防法第十一条の規定により許可を受けている屋外タンク貯蔵所（以下「既設の屋外タンク貯蔵所」という。）のうち、改正後の危険物の規制に関する規則（以下「新規則」という。）第二十二条第二項第十三号から第十五号までに定める技術上の基準に適合しないものに係る技術上の基準については、当該規定にかかわらず、昭和五十二年十二月三十一日までの間は、なお従前の例による。（わ）

3　既設の屋外タンク貯蔵所のうち、新規則第二十二条第一項並びに第二項第一号、第二号、第九号、第十号、第十二号及び第十六号に定める技術上の基準に適合しないものに係る技術上の基準については、当該規定にかかわらず、昭和五十五年十二月三十一日までの間は、なお従前の例による。（わ）

4　既設の屋外タンク貯蔵所のうち、新規則第二十二条第二項第三号から第六号まで、第八号及び第十一号に定める技術上の基準に適合しないものに係る技術上の基準については、当該規定にかかわらず、なお従前の例による。（わ）

二―四項…一部改正〔昭和五二年二月自令二号（わ）〕

附　則（を）〔昭和五一年六月一五日自治省令第一八号〕

1　この省令は、昭和五十一年六月十六日から施行する。

2　この省令の施行の際、現に消防法（以下「法」という。）第十一条第一項の規定による許可を受けている屋外タンク貯蔵所（以下「既設の屋外タンク貯蔵所」という。）で容量が一万キロリットル未満のもののうち、その位置が改正後の危険物の規制に関する規則（以下「新規則」という。）第十五条第一号に定める技術上の基準に適合しないものの位置に係る技術上の基準については、同号の規定にかかわらず、なお従前の例による。

3　既設の屋外タンク貯蔵所で容量が一万キロリットル以上のもののうち、その位置が新規則第十五条第一号に定める技術上の基準に適合しないものの位置に係る技術上の基準については、昭和五十六年六月三十日までの間は、同号の規定にかかわらず、なお従前の例による。

4　前項の規定の適用を受ける屋外タンク貯蔵所であつて、昭和五十六年六月三十日までの間において、当該屋外貯蔵タンクに冷却用散水設備を設ける等により、市町村長等が安全であると認めたものに係る新規則第十五条第一号の規定の適用に関しては、その日後においても、なお従前の例による。

5　既設の屋外タンク貯蔵所のうち新規則第六十二条の五第一号又は第二号の規定の適用を受けるものに係る最初の内部点検を行う期間は、これらの規定にかかわらず、次の表の上欄に掲げる屋外タンク貯蔵所の容量の区分ごとに、同表の中欄に掲げる当該屋外タンク貯蔵所に係る危険物の規制に関する政令第八条第三項の完成検査済証の交付を受けた日の区分に応じ、同表の下欄に掲げる期間とする。

容量	完成検査済証の交付年月日	点検を行う期間
千キロリットル以上一万キロリットル未満	昭和四十一年六月三十日以前	昭和五十一年六月十六日から昭和六十年六月三十日まで
	昭和四十一年七月一日以降	昭和五十一年六月十六日から昭和六十二年六月三十日まで
一万キロリットル以上	昭和四十一年六月三十日以前	昭和五十一年六月十六日から昭和五十八年六月三十日まで
	昭和四十一年七月一日以降	昭和五十一年六月十六日から昭和五十九年六月三十日まで

6　既設の屋外タンク貯蔵所のうち、第四類の危険物以外の液体の危険物を貯蔵し、又は取り扱う屋外貯蔵タンクの周囲に設ける防油堤に係る新規則第二十二条第二項又は第三項に定める技術上の基準に適合しないものに係る技術上の基準については、同項の規定にかかわらず、昭和五十六年六月三十日までの間は、なお従前の例による。

7　既設の屋外タンク貯蔵所のうち、新規則第二十二条第二項第七号に定める技術上の基準に適合しないものに係る技術上の基準については、同号の規定にかかわらず、なお従前の例による。

附　則(わ)〔昭和五二年二月一〇日自治省令第二号抄〕

1　この省令は、昭和五十二年二月十五日から施行する。

附　則(か)〔昭和五三年二月九日自治省令第一号〕

この省令は、昭和五十三年三月一日から施行する。

附　則(よ)〔昭和五三年一〇月六日自治省令第二四号〕

この省令は、公布の日から施行する。

附　則(た)〔昭和五四年七月二一日自治省令第一六号〕

この省令は、昭和五十四年八月一日から施行する。ただし、第三十五条第二号の改正規定、第四十条の二及び第四十七条の三に一項を加える改正規定、別表第三の改正規定(アルキルリチウムの追加に係る部分に限る。)並びに同表備考15の改正規定は昭和五十四年十月一日から施行する。

附　則(れ)〔昭和五四年九月一三日自治省令第二〇号〕

この省令は、公布の日から施行する。

附　則(そ)〔昭和五六年九月一九日自治省令第二二号〕

この省令は、公布の日から施行する。

附　則(つ)〔昭和五七年一月八日自治省令第一号〕

1　この省令は、昭和五十七年三月一日から施行する。

2　この省令の施行の際、現に消防法第十一条第一項の規定により許可を受けている製造所、貯蔵所又は取扱所の構造のうち、改正後の危険物の規制に関する規則第二十条の五の二に定める技術上の基準に適合しないものに係る技術上の基準については、同条の規定にかかわらず、なお従前の例による。

附　則(ね)〔昭和五八年四月二八日自治省令第一六号〕

この省令は、昭和五十八年五月九日から施行する。

附　則(な)〔昭和五九年三月五日自治省令第一号〕

この省令は、公布の日から施行する。ただし、第五条の次に一条を加える改正規定、第四十七条の六及び第四十八条の二の改正規定、別記様式第三の二の次に一様式を加える改正規定、別記様式第七の三及び別記様式第七の四を削る改正規定並びに別記様式第八及び別記様式第九の改正規定は昭和五十九年四月一日から、第四十九条の改正規定は昭和五十九年七月一日から施行する。

附　則（ら）〔昭和五九年七月一〇日自治省令第一七号〕

この省令は、昭和五十九年八月一日から施行する。

附　則（む）〔昭和五九年一二月一五日自治省令第三〇号〕

この省令は、公布の日から施行する。ただし、第一条中危険物の規制に関する規則別記様式第十及び別記様式第十四の改正規定〔中略〕は、昭和六十年四月一日から施行する。

附　則（う）〔昭和六一年七月一五日自治省令第一六号〕

この省令は、公布の日から施行する。

附　則（ゐ）〔昭和六一年一二月二五日自治省令第三二号〕

この省令は、昭和六十二年一月一日から施行する。

附　則（の）〔昭和六二年四月二〇日自治省令第一六号〕

（施行期日）

1　この省令は、昭和六十二年五月一日から施行する。

（経過措置）

2　この省令の施行の際、現に消防法（以下「法」という。）第十一条第一項の規定による許可を受けている製造所、貯蔵所又は取扱所の位置、構造及び設備のうち、改正後の危険物の規制に関する規則（以下「新規則」という。）第二十条第二項第一号若しくは第三項、第二十四条の三第二号イ、第二十五条の二、第二十五条の四第四項又は第二十五条の五第二項第一号若しくは第二号イの規定に適合しないものに係る技術上の基準については、これらの規定にかかわらず、なお従前の例による。

3　この省令の施行の際、現に法第十一条第一項の規定により許可を受けている給油取扱所の建築物のうち、新規則第二十五条の四第一項第一号から第三号までに掲げる用途に係る部分が三百平方メートルを超えるものに係る同条第二項の規定の適用については、同項中「三百平方メートル」とあるのは、「昭和六十二年四月三十日における前項第一号から第三号までに掲げる用途に係る部分の面積」とする。

4　昭和六十二年五月一日前に改正前の危険物の規制に関する規則（以下「旧規則」という。）第五十八条の十四第一項又は第二項の規定により講習を受けた者が、講習を受けなければならない日については、新規則第五十八条の十四第一項ただし書及び第二項の規定にかかわらず、なお従前の例による。

5　旧規則第五十八条の十四第一項ただし書の規定による当該取扱作業に従事することとなつた日が、昭和六十二年五月一日前であつて、この日前四年以内に危険物取扱者免状の交付を受けている者が、昭和六十二年五月一日以降初めて講習を受けなければならない日については、新規則第五十八条の十四第一項ただし書の規定にかかわらず、なお従前の例による。

附　則（お）〔昭和六二年一二月二六日自治省令第三六号〕

1　この省令は、公布の日から施行する。

2　この省令の施行の際、現に消防法第十一条第一項の規定により許可を受けている屋外タンク貯蔵所のうち、改正後の危険物の規制に関する規則第二十二条の三の二第三項第三号及び第九号から第十一号までに定める技術上の基準に適合しないものに係る技術上の基準については、当該規定にかかわらず、なお従前の例による。

3　この省令による改正後の危険物の規制に関する規則別表第三にかかわらず、危険物の運搬容器、収納及び包装については、この省令の施行の日から起算して六月間は、なお従前の例によることができる。

附　則（く）〔昭和六三年一月二〇日自治省令第三号〕

この省令は、公布の日から施行する。

附　則（や）〔昭和六三年四月二五日自治省令第一八号〕

（施行期日）

1　この省令は、昭和六十四年〔平成元年〕四月一日から施行する。

（経過措置）

2　この省令の施行の際現に交付されている危険物取扱者免状は、改正後の危険物の規制に関する規則（以下「新規則」という。）別記様式第十一の危険物取扱者免状とみなす。

3　新規則第五十一条第二項に定める免状の記載事項は、昭和六十七年〔平成四年〕三月三十一日までの間は、昭和六十四年〔平成元年〕三月三十一日において現に交付されている危険物取扱者免状に貼付されている写真とすることを妨げない。

附　則（ま）〔平成元年二月二三日自治省令第五号〕

改正　平成二年二月自治省令第一号（け）、五月第一六号（ふ）、一三年一〇月総務省令第一三六号（リ）

（施行期日）

第一条　この省令は、平成二年五月二十三日から施行する。ただし、次の各号に掲げる規定は、当該各号に定める日から施行する。

一　第三条第一項の改正規定、第十一条第四号の改正規定、第十八条第一項第二号の改正規定（「危険物の保安の監督をする者」を「危険物保安監督者」に改める部分に限る。）、第二十条の五の改正規定、第三十四条に一項を加える改正規定、第三十五条第二号の改正規定（「アルキルアルミニウム又はアルキルリチウムに係る」を「アルキルアルミニウム等を貯蔵し、又は取り扱う」に改める部分を除く。）、同条第三号にただし書を加える改正規定、第四十七条の六の改正規定（「危険物の保安に関する業務を統括管理する者」を「危険物保安統括管理者」に改める部分に限る。）、第四十八条の改正規定、第四十八条の二の改正規定（「危険物の保安の監督をする者」を「危険物保安監督者」に改め、同条に後段を加え、これを第四十八条の三とする部分に限る。）、第四十八条の次に一条を加える改正規定、第五十九条の改正規定及び第六十条の二の改正規定

二　目次の改正規定（「第四章　消火設備及び警報設備の基準（第二十九条―第三十八条）」を「第四章　消火設備、警報設備及び避難設備の基準（第二十九条―第三十八条の三）」に改める部分に限る。）、第三条第二項の改正規定、第四条第二項の改正規定、同条第三項第四号の改正規定（「別表第一の二」を「別表第一」に改める部分を除く。）、同項第六号の次に一号を加える改正規定、第五条第二項の改正規定、第五条第三項第四号の改正規定（「別表第一の二」を「別表第二」に改める部分を除く。）、同項第六号の次に一号を加える改正規定、第六条の二の改正規定、第六条の二の二の改正規定、第六条の二の三の改正規定、第六条の二の六を第六条の二の七とする改正規定、第六条の二の五中「第八条の二第三項第二号の」の下に「令第十一条第一項第四号の二に定める基準に相当するものとして」を、「基準は、」の下に「地中タンクにあつては」を加え、同条を第六条の二の六とする改正規定、第六条の二の四を第六条の二の五とする改正規定、第六条の二の三の次に一条を加える改正規定、第六条の三の改正規定、第六条の五の改正規定、第十三条の四の改正規定、第十七条第一項の改正規定（「第十七条第一項第四号」の下に「（同条第二項においてその例による場合を含む。）」を加える部分に限る。）、第十八条第一項の改正規定（「第十七条第一項第四号」の下に「（同条第二項においてその例による場合を含む。）」を加える部分に限る。）、第二十条第三項に一号を加える改正規定、第二十条の五の二の改正規定、同条に一項を加える改正規定、第二十二条の二に一号を加える改正規定、第二十二条の三の二の次に一条を加える改正規定、第二十三条の改正規定、第二十五条の改正規定、第二十五条の二の改正規定、第二十五条の二の次に一条を加える改正規定、第二十五条の三の改正規定、第二十五条の三の次に一条を

加える改正規定、第二十五条の四の改正規定、第二十五条の五の改正規定、第二十五条の五の次に五条を加える改正規定、第三十三条第一項各号列記以外の部分の改正規定、同項第三号の改正規定（「又は地中タンクに係る屋外タンク貯蔵所」を「、地中タンクに係る屋外タンク貯蔵所又は海上タンクに係る屋外タンク貯蔵所」に改める部分に限る。）、同項に一号を加える改正規定、同条第二項各号列記以外の部分の改正規定、同項第一号の改正規定、同項第三号の次に一号を加える改正規定、第三十四条第一項各号列記以外の部分の改正規定、同項第四号の次に一号を加える改正規定、同条第二項の改正規定、第三十八条第一項第一号の改正規定、同条第二項中「前項」を「第一項」に改め、同項を同条第三項とする改正規定、同条第一項の次に一項を加える改正規定、第三十八条の次に二条を加える改正規定、第四十条の三の二中「第二十七条第六項第一号ト」を「第二十七条第六項第一号チ」に、「同号ト」を「同号チ」に改め、同条第一号中「固定給油設備」の下に「（ポンプ室に設けられたポンプ機器を除く。）」を加え、「建築物内の部分」を「第二十五条の四第一項第三号及び第四号の用途に供する部分で、床又は壁で区画されたものの内部」に改め、同条を第四十条の三の四とする改正規定、第四十条の三の三中「第二十七条第六項第一号リ」を「第二十七条第六項第一号ヌ」に改め、同条第二項第二号中「建築物」を「建築物の第二十五条の四第一項第一号の二又は第二号の用途に供する部分」に改め、同条に一項を加え、これを第四十条の三の六とする改正規定、第四十条の五の改正規定、第四十条の三の四の次に一条を加える改正規定、第六十二条の三第三項の改正規定（「又は第三十六条から第三十八条まで」を「、第三十六条及び第三十八条の三」に、「別記様式第二十」を「別記様式第三十」に改める部分を除く。）、第六十二条の五の改正規定（「引火性液体」を「引火点を有する液体」に改める部分を除く。）及び第七十条の改正規定、別記様式第二のチの改正規定（様式を改める部分に限る。）並びに附則第十一条、附則第十六条第一項、附則第十七条第一項及び附則第十八条の規定　平成元年三月十五日

三　第五十二条第二項の改正規定、第五十三条の二を削る改正規定、第五十七条第一号の改正規定及び第七十条の次に一条を加える改正規定　平成元年四月一日

（読替規定）

第二条　平成元年三月十五日から平成二年五月二十二日までの間に限り、改正後の危険物の規制に関する規則（以下「新規則」という。）第十三条の四、第二十条の五の二、第二十二条の三の三及び第二十三条の規定の適用については、新規則第十三条の四中「第九条第一項」とあるのは「第九条」と、「第十三条第一項」とあるのは「第十三条」と、「第十九条第一項」とあるのは「第十九条」とし、新規則第二十条の五の二中「第九条第一項」とあるのは「第九条」と、「第十九条第一項」とあるのは「第十九条」と、「第十三条第一項」とあるのは「第十三条」とし、新規則第二十二条の三の三中「第二十二条の二の五」とあるのは「第二十二条の二」と、「第十一条第四項」とあるのは「第十一条第二項」とし、新規則第二十三条中「第十三条第一項」とあるのは「第十三条」と、「第九条第一項」とあるのは「第九条」と、「第十九条第一項」とあるのは「第十九条」とする。

（適用区分）

第三条　新規則第三十三条第二項第一号の規定は、平成元年三月十五日から平成二年五月二十二日までの間、同条第一項第三号に掲げる海上タンクに係る屋外タンク貯蔵所及び同項第六号に掲げる給油取扱所について適用し、同項各号に掲げる製造所、屋内貯蔵所、屋外タンク貯蔵所（海上タンクに係る屋外タンク貯蔵所を除く。）、屋内

タンク貯蔵所、屋外貯蔵所及び一般取扱所並びに移送取扱所については、なお従前の例による。

2　新規則第三十八条第二項及び第三項の規定は、平成元年三月十五日から平成二年五月二十二日までの間、同条第一項第一号ホに掲げる給油取扱所について適用し、同号に掲げる製造所等（給油取扱所を除く。）については、なお従前の例による。

（製造所の基準に関する経過措置）

第四条　この省令の施行の際、現に設置されている製造所で、新たに消防法第十一条第一項の規定により製造所として許可を受けなければならないこととなるもの（以下「新規対象の製造所」という。）の構造及び設備で、この省令の施行の際現に存するもののうち、新規則第十三条の三第一項に定める技術上の基準に適合しないものの構造及び設備に係る技術上の基準については、同項の規定は、当該新規対象の製造所が次に掲げる基準のすべてに適合している場合に限り、適用しない。

一　当該製造所の危険物を取り扱う工作物（建築物及び危険物を移送するための配管その他これに準ずる工作物を除く。）の周囲に、一メートル以上の幅の空地を保有し、又は不燃材料で造った防火上有効な塀が設けられていること。

二　当該製造所の建築物の危険物を取り扱う室の壁、柱、床及び天井（天井がない場合にあつては、はり及び屋根又は上階の床。以下この号において同じ。）が不燃材料で造られ、又は当該壁、柱、床及び天井の室内に面する部分が不燃材料で覆われていること。

三　前号の室の開口部には、甲種防火戸又は乙種防火戸が設けられていること。

四　当該製造所に係る指定数量の倍数が、平成二年五月二十三日（以下「施行日」という。）における指定数量の倍数を超えないこと。

2　この省令の施行の際、現に消防法第十一条第一項の規定により許可を受けて設置されている製造所（以下「既設の製造所」という。）の構造及び設備で、この省令の施行の際現に存するもののうち、新規則第十三条の三第一項に定める技術上の基準に適合しないものの構造及び設備に係る技術上の基準については、同項の規定にかかわらず、当該既設の製造所が前項第四号に掲げる基準に適合している場合に限り、なお従前の例による。

3　前項の規定は、危険物の規制に関する政令等の一部を改正する政令（昭和六十三年政令第三百五十八号。以下「三五八号改正政令」という。）附則第二条第十項の製造所（以下「みなし製造所」という。）の構造及び設備に係る技術上の基準について準用する。

（屋内貯蔵所の基準に関する経過措置）

第五条　この省令の施行の際、現に設置されている貯蔵所で、新たに消防法第十一条第一項の規定により危険物の規制に関する政令（以下「令」という。）第二条第一号の屋内貯蔵所として許可を受けなければならないこととなるもの（以下「新規対象の屋内貯蔵所」という。）のうち、新規則第十六条の四第二項又は第三項に定める技術上の基準に適合しないものの位置に係る技術上の基準については、これらの規定は、当該新規対象の屋内貯蔵所が次に掲げる基準のすべてに適合している場合に限り、適用しない。

一　当該屋内貯蔵所の貯蔵倉庫は、壁、柱及び床を耐火構造とし、かつ、はりが不燃材料で造られていること。

二　当該貯蔵倉庫の開口部には、甲種防火戸又は乙種防火戸が設けられていること。

三　当該貯蔵倉庫の屋根は、軽量な不燃材料で造られていること。

四　当該屋内貯蔵所に係る指定数量の倍数が、施行日における指定数量の倍数を超えないこと。

2　新規対象の屋内貯蔵所の構造で、この省令の施行の際現に存するもののうち、新規則第十六条の四第五項に定める技術上の基準に適合しないものの構造に係る技術上の基準については、これらの規定は、当該新規対象の屋内貯蔵所が前項各号に掲げる基準のすべてに適合している場合に限り、適用しない。

3　この省令の施行の際、現に消防法第十一条第一項の規定により許可を受けて設置されている屋内貯蔵所（以下「既設の屋内貯蔵所」という。）で、改正前の危険物の規制に関する規則（以下「旧規則」という。）第十六条の二の規定の適用を受けていたもののうち、新規則第十六条の二の三第二項第一号に定める技術上の基準に適合しないものの位置に係る技術上の基準については、同号の規定にかかわらず、当該既設の屋内貯蔵所が第一項第四号に掲げる基準に適合している場合に限り、なお従前の例による。

4　既設の屋内貯蔵所のうち旧規則第十六条の二の規定の適用を受けていたものの構造で、この省令の施行の際現に存するもののうち、新規則第十六条の二の三第二項第二号に定める技術上の基準に適合しないものの構造に係る技術上の基準については、同号の規定にかかわらず、当該既設の屋内貯蔵所が第一項第四号に掲げる基準に適合している場合に限り、なお従前の例による。

5　既設の屋内貯蔵所のうち、新規則第十六条の四第二項又は第三項に定める技術上の基準に適合しないものの位置に係る技術上の基準については、これらの規定にかかわらず、当該既設の屋内貯蔵所が第一項第一号及び第四号に掲げる基準に適合している場合に限り、なお従前の例による。

6　既設の屋内貯蔵所の構造で、この省令の施行の際現に存するもののうち、新規則第十六条の四第五項に定める技術上の基準に適合しないものの構造に係る技術上の基準については、これらの規定にかかわらず、当該既設の屋内貯蔵所が第一項第一号及び第四号に掲げる基準に適合している場合に限り、なお従前の例による。

第六条　**（屋外タンク貯蔵所の基準に関する経過措置）**
この省令の施行の際、現に設置されている貯蔵所で、新たに消防法第十一条第一項の規定により令第二条第二号の屋外タンク貯蔵所として許可を受けなければならないこととなるもの（以下「新規対象の屋外タンク貯蔵所」という。）の構造及び設備で、この省令の施行の際現に存するもののうち、新規則第二十二条第二項第三号から第八号まで又は第十一号（同条第三項において準用する場合を含む。）に定める技術上の基準に適合しないものの構造及び設備に係る技術上の基準については、これらの規定は、当該新規対象の屋外タンク貯蔵所が次に掲げる基準のすべてに適合している場合に限り、適用しない。

一　当該屋外タンク貯蔵所の屋外貯蔵タンク（危険物を移送するための配管その他これに準ずる工作物を除く。）の周囲に、一メートル以上の幅の空地を保有し、又は不燃材料で造つた防火上有効な塀が設けられていること。

二　当該屋外タンク貯蔵所の屋外貯蔵タンクは、鋼板その他の金属板で造られ、かつ、漏れない構造であること。

三　当該屋外タンク貯蔵所に係る指定数量の倍数が、施行日における指定数量の倍数を超えないこと。

2　この省令の施行の際、現に消防法第十一条第一項の規定により許可を受けて設置されている屋外タンク貯蔵所（以下「既設の屋外タンク貯蔵所」という。）の設備で、この省令の施行の際現に存するもののうち、令第十一条第一項第十号の二イに定める技術上の基準に適合しないものの設備に係る技術上の基準については、同号イの規定にかかわらず、当該既設の屋外タンク貯蔵所が前項第三号に掲げる基準に適合している場合に限り、なお従前の例による。

3　新規対象の屋外タンク貯蔵所の構造及び設備で、この省令の施行の際現に存するもののうち、新規則第二十二条第二項第一号、第二号、第九号、第十号、第十二号若しくは第十六号又は同条第三項（同項において準用する同条第二項第十一号、第十三号及び第十四号を除く。）に定める技術上の基準に適合しないものの構造及び設備に係る技術上の基準については、これらの規定は、当該新規対象の屋外タンク貯蔵所が第一項各号に掲げる基準のすべてに適合している場合に限り、平成五年十一月二十二日までの間は、適用しない。

（屋内タンク貯蔵所の基準に関する経過措置）

第七条　この省令の施行の際、現に設置されている貯蔵所で、新たに消防法第十一条第一項の規定により令第二条第三号の屋内タンク貯蔵所として許可を受けなければならないこととなるもの（以下「新規対象の屋内タンク貯蔵所」という。）の構造及び設備で、この省令の施行の際現に存するもののうち、新規則第二十二条の六第一号イからニまでに定める技術上の基準に適合しないものの構造及び設備に係る技術上の基準については、これらの規定は、当該新規対象の屋内タンク貯蔵所が次に掲げる基準のすべてに適合している場合に限り、適用しない。

一　当該屋内タンク貯蔵所の屋内貯蔵タンクは、鋼板その他の金属板で造られ、かつ、漏れない構造であること。

二　当該屋内タンク貯蔵所のタンク専用室及びポンプ室の壁、柱、床及び天井（天井がない場合にあつては、はり及び屋根又は上階の床。以下この条において同じ。）が不燃材料で造られ、又は当該壁、柱、床及び天井の室内に面する部分が不燃材料で覆われていること。

三　前号のタンク専用室及びポンプ室の開口部には、甲種防火戸又は乙種防火戸が設けられていること。

四　当該屋内タンク貯蔵所に係る指定数量の倍数が、施行日における指定数量の倍数を超えないこと。

2　この省令の施行の際、現に消防法第十一条第一項の規定により許可を受けて設置されている屋内タンク貯蔵所（以下「既設の屋内タンク貯蔵所」という。）の構造及び設備で、この省令の施行の際現に存するもののうち、新規則第二十二条の六第一号ハに定める技術上の基準に適合しないものの構造及び設備に係る技術上の基準については、同号ハの規定にかかわらず、当該既設の屋内タンク貯蔵所が前項第四号に掲げる基準に適合している場合に限り、なお従前の例による。

3　既設の屋内タンク貯蔵所の構造及び設備で、この省令の施行の際現に存するもののうち、新規則第二十二条の六第一号イ、ロ又はニに定める技術上の基準に適合しないものの構造及び設備に係る技術上の基準については、これらの規定にかかわらず、当該既設の屋内タンク貯蔵所が第一項第四号に掲げる基準に適合している場合に限り、平成三年五月二十二日までの間は、なお従前の例による。

4　前項の規定の適用を受ける屋内タンク貯蔵所であつて、平成三年五月二十二日までの間において、当該屋内タンク貯蔵所のポンプ室の壁、柱、床及び天井を不燃材料で造り、又は当該壁、柱、床及び天井の室内に面する部分を不燃材料で覆うことにより、市町村長等が安全であると認めたものに係る新規則第二十二条の六第一号イ、ロ及びニの規定の適用に関しては、その日後においても、なお従前の例による。

5　既設の屋内タンク貯蔵所の構造及び設備で、この省令の施行の際現に存するもののうち、新規則第二十二条の五第一号においてその例によるものとされる令第十一条第一項第十号の二ニ又はホに定める技術上の基準に適合しないものの構造及び設備に係る技術上の基準については、これらの規定にかかわらず、平成三年五月二十二日までの間は、なお従前の例による。

（地下タンク貯蔵所の基準に関する経過措置）

第八条　この省令の施行の際、現に消防法第十一条第一項の規定により許可を受けて設置されている地下タンク貯蔵所の構造で、この省令の施行の際現に存するもののうち、新規則第二十四条の二の二第一号に定める技術上の基準に適合しないものの構造に係る技術上の基準については、同号の規定にかかわらず、当該地下タンク貯蔵所に係る指定数量の倍数が、施行日における指定数量の倍数を超えない場合に限り、なお従前の例による。

（移動タンク貯蔵所の基準に関する経過措置）

第九条　この省令の施行の際、現に消防法第十一条第一項の規定により許可を受けて設置されている移動タンク貯蔵所の構造及び設備で、この省令の施行の際現に存するもののうち、新規則第二十四条の三、新規則第二十四条の五第四項第二号又は新規則第二十四条の八第一号、第四号若しくは第六号に定める技術上の基準に適合しないものの構造及び設備に係る技術上の基準については、これらの規定にかかわらず、なお従前の例による。

2　この省令の施行の際、現に設置されている貯蔵所で、新たに消防法第十一条第一項の規定により令第二条第六号の移動タンク貯蔵所として許可を受けなければならないこととなるものの構造及び設備で、この省令の施行の際現に存するもののうち、新規則第二十四条の五第四項第二号に定める技術上の基準に適合しないものの構造及び設備に係る技術上の基準については、同号の規定は、平成四年五月二十二日までの間は、適用しない。

（みなし屋外貯蔵所の基準の特例）

第一〇条　三五八号改正政令附則第九条第六項第三号の規定により、みなし屋外貯蔵所の消火設備の設置の基準は、次のとおりとする。

一　指定数量の倍数が百以上のみなし屋外貯蔵所にあつては、第三種の泡消火設備をその放射能力範囲が当該屋外貯蔵所の工作物及び危険物を包含するように設けること。

二　指定数量の倍数が十以上百未満のみなし屋外貯蔵所にあつては、第四種の消火設備をその放射能力範囲が当該屋外貯蔵所の工作物及び危険物を包含するように設けること。

（給油取扱所の基準に関する経過措置）

第一一条　給油取扱所のうち、平成元年三月十五日において現に消防法第十一条第一項の規定により許可を受けて設置されているもの（以下「既設の給油取扱所」という。）の構造及び設備で、同日において現に存するもののうち、新規則第二十五条の十第一号（専用タンクの注入口及び新規則第二十五条第二号に掲げるタンクの注入口を上階への延焼防止上安全な建築物の屋内給油取扱所の用に供する部分に設けることとする部分に限る。）又は第二号に定める技術上の基準に適合しないものの構造及び設備に係る技術上の基準については、これらの規定にかかわらず、なお従前の例による。

2　既設の給油取扱所の構造で、平成元年三月十五日において現に存するもののうち、新規則第二十五条の四第一項第一号の用途に供する建築物に係る令第十七条第一項第十号（建築物の屋根を耐火構造とし、又は不燃材料で造ることとする部分に限る。）に定める技術上の基準に適合しないものの構造に係る技術上の基準については、同号の規定にかかわらず、平成二年三月十四日までの間は、なお従前の例による。

3　既設の給油取扱所が設置される建築物の設備で、平成元年三月十五日において現に存するもののうち、令第十七条第二項第一号（自治省令で定める設備に係る部分に限る。）に定める技術上の基準に適合しないものの設備に係る技術上の基準については、同号の規定にかかわらず、平成二年三月十四日までの間は、なお従前の例による。

4　既設の給油取扱所の構造及び設備で、平成元年三月十五日において現に存するもののうち、新規則第二十五条の十第一号（固定給油設備及び灯油用固定注油設備を上階への延焼防止上安全な建築物の屋内給油取扱所の用に供する部分に設けることとする部分並びに屋根は上階への延焼防止上有効な幅を有して外壁と接続し、かつ、開口部を有しないものとする部分に限る。）、第三号又は第四号に定める技術上の基準に適合しないものの構造及び設備に係る技術上の基準については、これらの規定にかかわらず、平成三年三月十四日までの間は、なお従前の例による。

5　前項の規定の適用を受ける給油取扱所であつて、平成三年三月十四日までの間において、当該給油取扱所に第三種の泡消火設備を設ける等により、市町村長等が安全であると認めたものに係る新規則第二十五条の十第三号及び第四号の規定の適用に関しては、その日後においても、なお従前の例による。

（**航空機給油取扱所等の基準に関する経過措置**）

第一二条　この省令の施行の際、現に消防法第十一条第一項の規定により許可を受けて設置されている航空機給油取扱所又は鉄道給油取扱所（以下「航空機給油取扱所等」という。）の設備で、この省令の施行の際現に存するもののうち、令第十七条第一項第五号本文に定める技術上の基準に適合しないもの（簡易タンクに限る。）の設備に係る技術上の基準については、同号の規定にかかわらず、当該航空機給油取扱所等が次に掲げる基準のすべてに適合している場合に限り、なお従前の例による。

一　当該航空機給油取扱所等の簡易タンクが、令第十四条第四号から第九号までの基準に適合していること。

二　当該航空機給油取扱所等の簡易タンクの数は、三以内とし、かつ、同一品質の危険物のタンクを二以上設置していないこと。

三　当該航空機給油取扱所等の簡易タンクにおいて、この省令の施行の際現に取り扱つている危険物に係る品名の危険物のみを取り扱うこと。

2　航空機給油取扱所等の構造及び設備で、この省令の施行の際現に存するもののうち、令第十七条第一項第六号若しくは同条第二項第二号又は新規則第二十六条第三項第四号ロ（新規則第二十七条第三項第四号においてその例によるものとされる場合を含む。）若しくは新規則第二十六条第三項第五号ロ（新規則第二十七条第三項第五号においてその例によるものとされる場合を含む。）に定める技術上の基準に適合しないものの構造及び設備に係る技術上の基準については、これらの規定にかかわらず、なお従前の例による。

3　航空機給油取扱所等の構造及び設備で、平成元年三月十五日において現に存するもののうち、令第十七条第一項第六号の二又は同条第二項第二号に定める技術上の基準に適合しないものの構造及び設備に係る技術上の基準については、これらの規定にかかわらず、平成二年五月二十二日までの間は、なお従前の例による。

（**船舶給油取扱所の基準に関する経過措置**）

第一三条　前条第一項の規定は、この省令の施行の際現に消防法第十一条第一項の規定により許可を受けて設置されている船舶給油取扱所（以下「船舶給油取扱所」という。）の設備に係る技術上の基準について準用する。

（**一般取扱所の基準に関する経過措置**）

第一四条　附則第四条第一項の規定は、この省令の施行の際現に設置されている取扱所で、新たに消防法第十一条第一項の規定により令第三条第四号の一般取扱所として許可を受けなければならないこととなるものの構造及び設備に係る技術上の基準について準用する。

2　附則第四条第二項の規定は、この省令の施行の際現に消防法第十一条第一項の規定により許可を受けて設置されている一般取扱所（以下「既設の一般取扱所」という。）の構造及び設備に係る技術上の基準について準用する。

3　前項の規定は、三五八号改正政令附則第十二条第三項の一般取扱所（以下「みなし一般取扱所」という。）の構造及び設備に係る技術上の基準について準用する。

4　この省令の施行の際、現に消防法第十一条第一項の規定により令第二条第二号の屋外タンク貯蔵所、同条第三号の屋内タンク貯蔵所又は同条第四号の地下タンク貯蔵所として許可を受けて設置されている貯蔵所のうち、一気圧において温度二十度で液状である動植物油を一万リットル以上加圧しないで、常温で貯蔵し、又は取り扱っているタンク（新規則第一条の三第七項第一号のタンクに限る。）に附属する注入口及び当該注入口に接続する配管、弁等の設備で指定数量以上の動植物油を取り扱う取扱所は、令第三条第四号の一般取扱所として許可を受けたものとみなす。

5　第二項及び三五八号改正政令附則第十二条第二項の規定は、前項の一般取扱所の位置、構造及び設備に係る技術上の基準について準用する。

（掲示板の基準に関する経過措置）

第一五条　この省令の施行の際、現に消防法第十一条第一項の規定により許可を受けて設置されている製造所、貯蔵所又は取扱所の掲示板の表示については、新規則第十八条第一項第二号及び第四号の規定にかかわらず、平成二年八月二十二日までの間は、なお従前の例によることができる。

（消火設備の基準に関する経過措置）

第一六条　既設の給油取扱所の消火設備で、平成元年三月十五日において現に存するもののうち、新規則第三十四条第二項第一号に定める技術上の基準に適合しないものに係る消火設備の技術上の基準については、同号の規定にかかわらず、平成元年六月十四日までの間は、なお従前の例による。

2　三五八号改正政令附則第十三条第一項及び第三項の規定は、附則第十四条第四項の一般取扱所に係る消火設備の技術上の基準について準用する。

（警報設備の基準に関する経過措置）

第一七条　既設の給油取扱所の警報設備で、平成元年三月十五日において現に存するもののうち、新規則第三十八条第二項各号に定める技術上の基準に適合しないものに係る警報設備の技術上の基準については、これらの規定にかかわらず、平成二年三月十四日までの間は、なお従前の例による。

2　既設の製造所、既設の屋内貯蔵所、既設の屋外タンク貯蔵所、既設の屋内タンク貯蔵所及び既設の一般取扱所の警報設備で、この省令の施行の際現に存するもののうち、新規則第三十八条第二項各号に定める技術上の基準に適合しないものに係る警報設備の技術上の基準については、これらの規定にかかわらず、平成三年五月二十二日までの間は、なお従前の例による。

3　前項の規定は、みなし製造所、みなし一般取扱所及び附則第十四条第四項の一般取扱所に係る警報設備の技術上の基準について準用する。

（避難設備の基準に関する経過措置）

第一八条　既設の給油取扱所の避難設備で、平成元年三月十五日において現に存するもののうち、新規則第三十八条の二第二項各号に定める技術上の基準に適合しないものに係る避難設備の技術上の基準については、これらの規定は、平成元年九月十四日までの間は、適用しない。

（みなし規定）

第一九条　この省令の施行の際、航空機給油取扱所等又は船舶給油取扱所のタンク（容量三万リットル以下の地盤面下に埋没して設けられたもの及び簡易タンクを除く。）において、危険物を貯蔵し、又は取り扱う貯蔵所のうち、令第二条第二号から第四号までの規定に該当することとなるものは、同条第二号から第四号までの区分に応じそれぞれ消防法第十一条第一項の規定により許可を受けた令第二条第二号の屋外タンク貯蔵所、同条第三号の屋内タンク貯蔵所又は同条第四号の地下タンク貯蔵所とみなす。

（みなし屋外タンク貯蔵所等の基準に関する経過措置）

第二〇条　三五八号改正政令附則第四条第一項、第二項、第五項及び第六項並びに三五八号改正政令附則第十三条第二項並びに附則第十五条第一項及び第三項、附則第十五条並びに附則第十七条第二項の規定は、前条の規定に該当する屋外タンク貯蔵所（以下「みなし屋外タンク貯蔵所」という。）の位置、構造及び設備に係る技術上の基準について準用する。（け）

2　みなし屋外タンク貯蔵所で、令第八条の四第一項に規定するものが施行日後最初に受けるべき消防法第十四条の三第一項の規定による保安に関する検査に係る同項に規定する政令で定める時期は、令第八条の四第二項の規定にかかわらず、当該屋外タンク貯蔵所に係る次の表の上欄に掲げる消防法第十一条第五項の規定による完成検査（同条第一項前段の規定による設置の許可に係るものに限る。）を受けた日の属する時期の区分に応じ、同表の下欄に掲げる時期とする。この場合においては、令第八条の四第二項ただし書の規定を準用する。

完成検査を受けた日の属する時期	時期
昭和五十四年十二月三十一日以前	平成八年十二月三十一日まで
昭和五十五年一月一日以降施行日の前日までの間	平成十三年五月二十二日まで

3　みなし屋外タンク貯蔵所のうち、新規則第六十二条の五第一号又は第二号の規定の適用を受けるものに係る最初の内部点検を行う期間は、これらの規定にかかわらず、次の表の上欄に掲げる屋外タンク貯蔵所に係る令第八条第三項の完成検査済証（消防法第十一条第一項前段の規定による設置の許可に係るものに限る。）の交付を受けた日の区分に応じ、同表の下欄に掲げる期間とする。

完成検査済証の交付年月日	点検を行う期間
昭和五十五年五月三十一日以前	平成二年五月二十三日から平成十一年五月三十一日まで
昭和五十五年六月一日以降施行日の前日までの間	平成二年五月二十三日から平成十三年五月三十一日まで

一項…一部改正〔平成二年二月自令一号(け)〕

第二一条　三五八号改正政令附則第五条第一項、第二項及び第六項並びに三五八号改正政令附則第十三条第二項並びに附則第七条第一項、附則第十五条及び附則第十七条第二項の規定は、附則第十九条の規定に該当する屋内タンク貯蔵所の位置、構造及び設備に係る技術上の基準について準用する。

第二二条　三五八号改正政令附則第六条第一項及び附則第十五条の規定は、附則第十九条の規定に該当する地下タンク貯蔵所の位置、構造及び設備に係る技術上の基準について準用する。

（貯蔵の基準に関する経過措置）

第二三条　指定数量の倍数が十以下の新規対象の屋内貯蔵所（第一類の危険物のうち第三種酸化性固体の性状を有するもののみを貯蔵し、又は取り扱うものに限る。）においては、令第二十六条第一項第一号に基づく新規則第三十八条の四の規定にかかわらず、平成七年五月二十二日までの間は、危険物と危険物以外の物品とをそれぞれとりまとめて貯蔵し、かつ、相互に一メートル以上の間隔を置く場合に限り、危険物以外の物品を貯蔵することができる。

（運搬容器の基準等に関する経過措置）

第二四条 第一類の危険物（危険等級Iの危険物に限る。）の運搬容器のうち樹脂クロス袋（防水性のものに限る。）、プラスチックフィルム袋、織布袋（防水性のものに限る。）又は紙袋（多層、かつ、防水性のものに限る。）で、最大収容重量が五十キログラム以下のものについては、新規則別表第二にかかわらず、当分の間、なお従前の例によることができる。

2 第六類の危険物のうち過酸化水素を含有するもの（過酸化水素の含有率が五十五パーセント以下のものに限る。）の運搬容器のうちプラスチック容器で、最大容積が三十リットル以下のものについては、新規則別表第三の二にかかわらず、当分の間、なお従前の例によることができる。（ふ）

3 新規則第四十三条第四項の規定は、前二項の運搬容器について準用する。（ふ）

4 第五類の危険物のうち過酸化ベンゾイルを含有するもの（過酸化ベンゾイルの含有率が七十七パーセント以下のもので、水で湿性としたものに限る。）の内装容器（新規則別表第三に規定する内装容器をいう。）で、プラスチックフィルム袋であるものの最大収容重量については、同表にかかわらず、当分の間、同表のプラスチックフィルム袋又は紙袋の欄中「5kg」とあるのは「10kg」と読み替えることができる。（ふ）

5 新規則第三十九条の三第二項及び第四十四条第一項各号の規定にかかわらず、容器の外部に行う表示は、平成三年五月二十二日までの間は、なお従前の例によることができる。（ふ）

〔二項…追加・旧二項…一部改正し三項に繰下・旧三・四項…四・五項に繰下〔平成二年五月自令一六号(ふ)〕〕

（実務経験に関する経過措置）

第二五条 この省令の施行の際、現に設置されている製造所、貯蔵所又は取扱所で、新たに消防法第十一条第一項の規定により許可を受けなければならないこととなるもの（以下「新規対象の製造所等」という。）のうち、消防法第十三条第一項の規定により危険物保安監督者を定めなければならないこととなるもので従事している甲種危険物取扱者又は乙種危険物取扱者（平成二年五月二十三日前において当該新規対象の製造所等で六月以上従事している者に限る。）は、新規則第四十八条の二の規定にかかわらず、平成三年十一月二十二日までの間に限り、当該新規対象の製造所等の危険物保安監督者となることができる。

（危険物の品名）

第二六条 新規則第一条の二の規定は、附則第十二条第一項の規定を適用する場合について準用する。

（届出の様式等）

第二七条 消防法の一部を改正する法律（昭和六十三年法律第五十五号。以下この条において「六十三年改正法」という。）附則第五条第一項の規定による届出にあつては別記様式第三十一の届出書によつて、同条第二項の規定による届出にあつては別記様式第三十二の届出書によつて、六十三年改正法附則第六条の規定による届出にあつては別記様式第三十三の届出書によつて行わなければならない。

2 三五八号改正政令附則第十一条第四項の規定による届出は、別記様式第三十四の届出書によつて行わなければならない。

3 前二項の届出書の提出部数は、別記様式第三十一の届出書にあつては一部、その他のものにあつては二部とする。

（罰則に関する経過措置）

第二八条 この省令の施行前にした行為及びこの省令の附則においてなお従前の例によることとされる場合におけるこの省令の施行後にした行為に対する罰則の適用については、なお従前の例による。

附 則（け）〔平成二年二月五日自治省令第一号〕

1 この省令は、平成二年五月二十三日から施行する。ただし、第一条中危険物の規制に関する規則第十一条第四号、第二十条の五の二第二号、第四十八条の三及び別記様式第四のリの改正規定は公布の日（以下「一部施行日」という。）から施行する。

2　一部施行日において、現に消防法第十一条第一項の規定により許可を受けて設置されている製造所、貯蔵所又は取扱所の構造及び設備で、一部施行日において現に存するもののうち、第一条の規定による改正後の危険物の規制に関する規則第二十条の五の二第二号に定める技術上の基準に適合しないものの構造及び設備に係る技術上の基準については、同号の規定にかかわらず、なお従前の例による。

附　則（ふ）〔平成二年五月二二日自治省令第一六号〕

この省令は、平成二年五月二十三日から施行する。

附　則（こ）〔平成二年一二月二六日自治省令第三二号〕

この省令は、平成三年一月一日から施行する。

附　則（え）〔平成三年三月一三日自治省令第三号〕

この省令は、平成三年四月一日から施行する。

附　則（て）〔平成三年五月二八日自治省令第二〇号抄〕

1　この省令は、平成三年六月一日から施行する。

附　則（あ）〔平成五年七月三〇日自治省令第二二号〕

1　この省令は、公布の日から施行する。

2　この省令の施行の際、現に消防法第十一条第一項の規定により許可を受けて設置されている貯蔵所又は取扱所の設備で、この省令の施行の際現に存するもののうち、改正後の危険物の規制に関する規則第二十五条の二第一号又は第二号に定める技術上の基準に適合しないものの設備に係る技術上の基準については、これらの規定にかかわらず、なお従前の例による。

附　則（さ）〔平成六年一月一九日自治省令第四号抄〕

改正　平成六年三月自治省令第五号（き）

1　この省令は、平成六年四月一日から施行する。〔以下略〕

2　この省令による改正後の危険物の規制に関する規則別記様式第一から別記様式第四の二まで、別記様式第四のへから別記様式第四のチまで、別記様式第四のヌから別記様式第十七まで、別記様式第十八から別記様式第二十まで、別記様式第二十三、別記様式第二十四及び別記様式第二十六から別記様式第三十までに規定する様式は、前項の規定にかかわらず、平成七年三月三十一日までの間は、なお従前の例によることができる。（き）

二項…一部改正〔平成六年三月一一日自令五号（き）〕

附　則（き）〔平成六年三月一一日自治省令第五号抄〕

1　この省令は、平成六年四月一日から施行する。

2　この省令の施行の際、現に消防法第十一条第一項の規定により許可を受けて設置されている給油取扱所の設備で、この省令の施行の際現に存するもののうち、改正後の危険物の規制に関する規則（以下「新規則」という。）第二十八条の二第三号（同条第二号イに適合するものであることとされる部分に限る。）に定める技術上の基準に適合しないものの設備に係る技術上の基準については、同条第三号の規定にかかわらず、なお従前の例による。

3　この省令の施行の際、現に消防法第十一条第一項の規定により許可を受けて設置されている給油取扱所の設備で、この省令の施行の際現に存するもののうち、新規則第二十八条の二第一号、第二号ハからホまで、第三号（同条第二号ホに適合するものであることとされる部分に限る。）若しくは第四号又は第二十八条の二の三第二項（第二十八条の二第一号又は第四号に適合するものであることとされる部分に限る。）に定める技術上の基準に適合しないものの設備に係る技術上の基準については、これらの規定にかかわらず、平成七年三月三十一日までの間は、なお従前の例による。

附　則（ゆ）〔平成六年九月一日自治省令第三〇号〕

改正　平成一二年九月自治省令第四四号(へ)、二三年二月総務省令第五号(オ)

(施行期日)

第一条　この省令は、平成七年一月一日から施行する。

(第二段階基準の特定屋外タンク貯蔵所の保安のための措置及び市町村長等が定める期間)

第二条　危険物の規制に関する政令等の一部を改正する政令(平成六年政令第二百十四号。以下「二一四号改正政令」という。)附則第三項に定める第二段階基準の特定屋外タンク貯蔵所(次条において「第二段階基準の特定屋外タンク貯蔵所」という。)に係る改正後の危険物の規制に関する規則(以下「新規則」という。)第六十二条の二の二第一項の規定の適用については、同項第一号イ中「告示で定めるコーティング」とあるのは「コーティング(告示で定めるコーティング、エポキシ系塗装又はタールエポキシ系塗装に限る。)」とする。(オ)

本条…一部改正〔平成二三年二月総令五号(オ)〕

第三条　第二段階基準の特定屋外タンク貯蔵所に係る新規則第六十二条の二の三第一項第一号の規定の適用については、新規則第六十二条の二の二第一項第一号に該当する場合は十年(前条の規定によるエポキシ系塗装又はタールエポキシ系塗装によるコーティングの場合は八年)、新規則第六十二条の二の二第一項第二号に該当する場合は九年とする。(オ)

本条…一部改正〔平成二三年二月総令五号(オ)〕

(内部点検の時期に関する経過措置)

第四条　二一四号改正政令附則第二項各号に掲げる特定屋外タンク貯蔵所で、二一四号改正政令第一条の規定による改正後の危険物の規制に関する政令第八条の四第一項に規定するものに係る新規則第六十二条の五及び第六十二条の八の規定の適用については、当該特定屋外タンク貯蔵所が二一四号改正政令第二条の規定による改正後の危険物の規制に関する政令の一部を改正する政令(昭和五十二年政令第十号)(以下「新五十二年政令」という。)附則第三項各号に掲げる基準のすべてに適合し、かつ、その旨を市町村長等に届け出るまでの間は、なお従前の例による。

(新基準の基礎及び地盤)

第五条　新五十二年政令附則第三項第一号の総務省令で定める基礎及び地盤は、当該基礎及び地盤上に設置した特定屋外貯蔵タンク及びその附属設備の自重、貯蔵する危険物の重量等の荷重によって生ずる応力に対して安全なものとする。(へ)

2　基礎及び地盤は、次の各号に定める基準に適合するものでなければならない。

一　告示で定める平面の範囲内において地表面からの深さが二十メートルまでの地盤の地質は、標準貫入試験において告示で定める計算方法により求めた地盤の液状化指数の値が五以下のものであって、かつ、告示で定めるもの以外のもの又はこれと同等以上の堅固さを有するものであること。

二　基礎は、局部的なすべりに関し、告示で定める安全率を有するもの又はこれと同等以上の堅固さを有するものであること。

3　前二項に規定するもののほか、基礎及び地盤に関し必要な事項は、告示で定める。

一項…一部改正〔平成一二年九月自令四四号(へ)〕

参照　【新基準の地盤の範囲】危告示七三【液状化指数の計算方法等】危告示七四【新基準のすべりの安全率】危告示七五

(新基準の地盤に関する試験)

第六条　新五十二年政令附則第三項第一号の総務省令で定めるところにより行う試験は、前条第二項第一号に定める標準貫入試験又は告示で定める試験とし、新五十二年政令附則第三項第一号の総務省令で定める基準は、これらの試験に係る規定に定める基準とする。（へ）

本条…一部改正〔平成一二年九月自令四四号（へ）〕

参照　【新基準の地盤に係る試験】危告示七六

（新基準の特定屋外貯蔵タンクの構造）

第七条　新五十二年政令附則第三項第二号に規定する特定屋外貯蔵タンクは、当該特定屋外貯蔵タンク及びその附属設備の自重、貯蔵する危険物の重量、当該特定屋外貯蔵タンクに係る内圧、温度変化の影響等の主荷重及び積雪荷重、地震の影響等の従荷重によって生ずる応力及び変形に対して安全なものでなければならない。

2　特定屋外貯蔵タンクの構造は、次の各号に定める基準に適合するものでなければならない。

一　特定屋外貯蔵タンクの側板に生ずる円周方向引張応力及び軸方向圧縮応力は、告示で定める許容応力以下であること。

二　特定屋外貯蔵タンクの保有水平耐力は、地震の影響による必要保有水平耐力以上であること。

3　前二項に規定するもののほか、特定屋外貯蔵タンクの構造に関し必要な事項は、告示で定める。

参照　【新基準の主荷重及び従荷重】危告示七七【新基準の許容応力】危告示七八【保有水平耐力等の計算方法】危告示七九

（水圧試験の基準）

第八条　新五十二年政令附則第三項第二号の総務省令で定めるところにより行う水圧試験は、新規則第二十条の五の二各号に定めるものとする。（へ）

本条…一部改正〔平成一二年九月自令四四号（へ）〕

（第一段階基準の構造及び設備）

第九条　二一四号改正政令附則第三項第一号の総務省令で定める技術上の基準は、次のとおりとする。（へ）

一　基礎及び地盤については、新規則第二十条の二第一項並びに第二項第二号ロ⑵、第四号（平板載荷試験に係るもの及び盛り土の構造のうち告示で定めるものを除く。）及び第六号（基礎を補強するための措置のうち告示で定めるものを除く。）に定めるもの又はこれらと同等以上のものとする。

二　特定屋外貯蔵タンクの構造については、新規則第二十条の四第一項、第二項（側板及び屋根の最小厚さに係るものを除く。）及び第三項第二号並びに第二十条の五に定めるもの又はこれらと同等以上のものとする。

本条…一部改正〔平成一二年九月自令四四号（へ）〕

参照　【盛り土の構造から除かれるもの】危告示八〇【基礎を補強するための措置から除かれるもの】危告示八一

（届出の様式）

第一〇条　二一四号改正政令附則第二項第二号の規定による新基準適合届出にあっては別記様式第三十一の届出書によって、二一四号改正政令附則第三項第二号の規定による第一段階基準適合届出にあっては別記様式第三十二の届出書によって行わなければならない。

2　二一四号改正政令附則第七項第一号の規定による調査・工事計画届出にあっては、別記様式第三十三の届出書によって行わなければならない。

附　則（め）〔平成六年一月二八日自治省令第四三号〕

この省令は、平成七年四月一日から施行する。

附　則（み）〔平成七年二月二四日自治省令第二号〕

1　この省令は、平成七年四月一日から施行する。

2　この省令の施行前にした行為に対する罰則の適用については、なお従前の例による。

附　則（し）〔平成七年六月二八日自治省令第二三号〕

この省令は、平成七年七月一日から施行する。

附　則（ゑ）〔平成八年三月八日自治省令第三号〕

この省令は、平成八年四月一日から施行する。

附　則（ひ）〔平成八年九月三〇日自治省令第三二号〕

1　この省令は、平成九年一月一日から施行する。ただし、次の各号に掲げる規定は、当該各号に定める日から施行する。

一　第一条の三第七項第一号の改正規定及び第三条第二項第一号の改正規定　公布の日

二　第十二条各号の改正規定及び第四十六条第二号の改正規定　平成九年四月一日

2　この省令の施行の際、現に消防法第十一条第一項の規定により許可を受けている特定屋外タンク貯蔵所のうち、危険物の規制に関する政令第十一条第一項第三号の二及び第四号の規定の適用を受けるもので、改正後の危険物の規制に関する規則第二十条の四第二項第一号の二に定める技術上の基準に適合しないものに係る技術上の基準については、同号の規定にかかわらず、平成十九年十二月三十一日までの間は、なお従前の例による。

3　第一条の三第七項第一号の改正規定の施行の際現に消防法第十一条第一項の規定により許可を受けている特定屋外タンク貯蔵所のうち一気圧において温度二十度で液状である動植物油を加圧しないで常温で貯蔵し、又は取り扱っているタンクで、第一条の三第七項第一号の改正規定の施行後において、引き続き貯蔵又は取扱いの状態を変更しないものであって、危険物の規制に関する政令等の一部を改正する政令（平成六年政令第二百十四号）第二条の規定による改正後の危険物の規制に関する政令の一部を改正する政令（昭和五十二年政令第十号）附則第三項各号に掲げる基準（以下「新基準」という。）に適合するもの（以下「適合タンク」という。）に附属する注入口及び当該注入口に接続する配管、弁等の設備で指定数量以上の動植物油を取り扱う取扱所は、危険物の規制に関する政令第三条第四号の一般取扱所として許可を受けたものとみなす。ただし、適合タンクを有する特定屋外タンク貯蔵所の所有者、管理者又は占有者で、引き続き指定数量以上の危険物を貯蔵し、又は取り扱おうとするものが、当該適合タンクが新基準に適合することとなった日（第一条の三第七項第一号の改正規定の施行の際現に新基準に適合しているタンクにあっては当該改正規定の施行の日）から起算して六月以内にその旨を市町村長等に届け出た場合にあっては、当該特定屋外タンク貯蔵所の許可については、なお効力を有する。

附　則（も）〔平成九年二月七日自治省令第一号〕

この省令は、公布の日から施行する。

附　則（せ）〔平成九年三月二六日自治省令第一二号〕

1　この省令は、公布の日から施行する。ただし、次の各号に掲げる規定は、当該各号に定める日から施行する。

一　第二十条の五の二第一号の改正規定　平成九年四月一日

二　第二十条の四第三項に後段を加える改正規定　平成九年九月一日

2　この省令による改正後の危険物の規制に関する規則（以下「新規則」という。）第二十条の四第三項後段の規定は、前項第二号に定める日以後に消防法第十一条第一項による設置又は変更の許可の申請があった特定屋外タンク貯蔵所の当該許可に係る工事の溶接の方法について適用する。

3　この省令の施行の際、現に消防法第十一条第一項後段の規定による変更の許可を受け、又は当該許可の申請がされていた屋外タンク貯蔵所のうち、その屋外貯蔵タンクが新規則第二十二条の四第一項第七号の規定により新たに水張試験において漏れ、又は変形しないものであることを要するものについての当該変更の工事に係る危険物の規制に関する政令第十一条第一項第四号（水張試験に関する基準に係る部分に限る。）の規定の適用については、新規則第二十二条の四第一項第七号の規定にかかわらず、なお従前の例による。

附　則（す）〔平成一〇年三月四日自治省令第六号〕

1　この省令は、平成十年三月十六日から施行する。ただし、次の各号に掲げる規定は、当該各号に定める日から施行する。

一　第二十一条の五の次に一条を加える改正規定、第二十二条の三第二項及び第二十二条の三の二第三項の改正規定、第二十七条の二第一項の改正規定（「及び第二十八条の二の三」を「、第二十八条の二の三及び第二十八条の二の七」に改める部分に限る。）、第二十八条の二の四を第二十八条の二の八とし、第二十八条の二の三の次に四条を加える改正規定、第三十二条の六第四号にただし書を加える改正規定、第三十三条第一項第六号、同条第二項第一号及び同項第三号の二の改正規定、同号の次に一号を加える改正規定、第四十条の三の十を第四十条の三の十一とし、第四十条の三の九の次に一条を加える改正規定、第六十条の二第一項第八号の次に一号を加える改正規定並びに別記様式第二十一、別記様式第二十三、別記様式第二十四及び別記様式第二十五の改正規定並びに附則第三項の規定　平成十年四月一日

二　第十一条第四号の改正規定（「第十五条の六第一項第四号」を「第十五条の六第一項第五号」に改める部分に限る。）　平成十一年四月一日

三　第十九条第二項第一号の改正規定（「こえ」を「超え」に改める部分を除く。）、第二十条第一項第二号イ、同条第三項第三号、第二十条の二第二項第二号イ、同項第四号、第二十条の七第二項第三号ロの表、第二十二条の二の五第一号、第二十四条の二の四第二号イ、第二十四条の八第一号、第二十五条の二第三号、第二十八条の五十三第三項、第三十二条第三号、第三十二条の二第三号、第三十二条の三第四号、第三十二条の四第二号ロ、第三十二条の五第四号、第四十条の三の二第三号、第四十条の十一、第四十条の十三、第四十三条の三第二項第一号ロ(1)、同項第五号、別記様式第四のハ、別記様式第四のニ、別記様式第四のホ、別記様式第四のト、別記様式第四のル及び別記様式第十一の改正規定、別記様式第十三の改正規定（「kgf／cm²」を「kPa」に改める部分に限る。）並びに別記様式第十四、別記様式第三十一及び別記様式第三十二の改正規定並びに附則第四項及び附則第五項の規定　平成十一年十月一日

四　第十一条第四号の改正規定（「老人保健法（昭和五十七年法律第八十号）第六条第四項の老人保健施設」を「介護保険法（平成九年法律第百二十三号）第七条第二十二項の介護老人保健施設」に改める部分に限る。）　平成十二年四月一日

2　平成十年三月十六日において現に存するこの省令による改正前の危険物の規制に関する規則（以下「旧規則」という。）別記様式第四のリによる給油取扱所構造設備明細書の用紙は、当分の間、これを取り繕い使用することができる。

3　平成十年四月一日において現に存する旧規則別記様式第二十一、別記様式第二十三、別記様式第二十四及び別記様式第二十五による危険物取扱者免状交付申請書、危険物取扱者免状書換申請書、危険物取扱者免状再交付申請書及び危険物取扱者試験受験願書は、この省令による改正後の危険物の規制に関する規則（以下「新規則」という。）別記様式第二十一、別記様式第二十三、別記様式第二十四及び別記様式第二十五にかかわらず、当分の間、これを使用することができる。この場合においては、押印することを要しない。

4　平成十一年十月一日において現に消防法第十一条第一項の規定に

より許可を受けている製造所、貯蔵所又は取扱所の構造及び設備で、同日において現に存するもののうち、新規則第十九条第二項第一号、第二十条の二第二項第二号イ若しくは第四号、第二十条の七第二項第三号ロ、第二十四条の二の四第二号イ、第二十四条の八第一号又は第二十五条の二第三号に定める技術上の基準に適合しないものの構造及び設備に係る技術上の基準については、これらの規定にかかわらず、なお従前の例による。

5　平成十一年十月一日において現に消防法第十一条第一項の規定により許可を受けている製造所、貯蔵所又は取扱所の消火設備で、同日において現に存するもののうち、新規則第三十二条第三号、第三十二条の二第三号、第三十二条の三第四号、第三十二条の四第二号ロ又は第三十二条の五第四号に定める技術上の基準に適合しないものの消火設備に係る技術上の基準については、これらの規定にかかわらず、なお従前の例による。

附　則(ん)　〔平成一〇年一二月一八日自治省令第四六号〕

この省令は、平成十一年四月一日から施行する。

附　則(イ)　〔平成一一年三月三〇日自治省令第一〇号〕

1　この省令は、平成十一年四月一日から施行する。ただし、第二条の改正規定は、公布の日から施行する。

2　危険物の規制に関する政令の一部を改正する政令（平成十一年政令第三号）附則第二項第一号の規定による調査・工事計画届出にあっては、別記様式によって行わなければならない。

3　この省令の施行の際、現に消防法第十一条第一項の規定により許可を受け、又は当該許可の申請がされている準特定屋外タンク貯蔵所で、第二十条の五又はこの省令による改正後の危険物の規制に関する規則第二十条の三の二第二項第一号、第二号ロ(1)若しくは第三号から第五号までに定める技術上の基準に適合しないものに係る技術上の基準については、これらの規定にかかわらず、なお従前の例による。

別記様式

調査・工事計画届出書		
年　月　日 殿 届出者 住所　　　　（電話　　　） 氏名		
設置者	住　所	電話
	氏　名	
タンクの呼称又は番号		
設置場所		
設置の許可申請年月日		年　月　日
設置の許可年月日及び許可番号		年　月　日　第　号
調査予定年月		タンク本体　年　月 基礎地盤　年　月
新基準に適合させるための工事予定期間		タンク本体　年　月から　年　月まで 基礎地盤　年　月　年　月 〔　　　〕
※受付欄		※備考

備考　1　この用紙の大きさは、日本工業規格A４とすること。
2　法人にあっては、その名称、代表者氏名及び主たる事業所の所在地を記入すること。
3　「新基準に適合させるための工事予定期間」欄について工事予定期間を記入することが困難な場合には、その理由を記入すること。
4　※印の欄は、記入しないこと。

附　則（ロ）〔平成一一年九月二二日自治省令第三一号〕

この省令は、公布の日から施行する。

附　則（ハ）〔平成一二年三月二一日自治省令第一一号〕

改正　平成二三年二月総務省令第五号（オ）、一二月第一六五号（ケ）

1　この省令は、平成十二年十月一日から施行する。ただし、第六十二条の五の改正規定及び第六十二条の八の次に三号を加える改正規定（同条第一号に係る部分に限る。）については、公布の日から施行する。

2　危険物の規制に関する政令及び消防法施行令の一部を改正する政令（昭和五十二年政令第十号。以下「五十二年政令」という。）の施行の際、現に消防法第十一条第一項前段の規定による設置に係る許可を受け、又は当該許可の申請がされていた特定屋外タンク貯蔵所のうち、この省令の施行の際現にその構造及び設備が危険物の規制に関する政令第十一条第一項第三号の二及び第四号に定める技術上の基準に適合しないもの（以下「旧基準の特定屋外タンク貯蔵所」という。）で、五十二年政令附則第三項各号に掲げる基準の全てに適合するもの（以下「新基準の特定屋外タンク貯蔵所」という。）についての、この省令による改正後の危険物の規制に関する規則（以下「新規則」という。）第六十二条の五第一項の規定の適用については、同条中「十三年」とあるのは、「十二年」と、「（当該屋外貯蔵タンクに第六十二条の二の二第一項第一号及び第二号に規定する保安のための措置が講じられており、あらかじめ、その旨を市町村長等に届け出た場合には十五年）」とあるのは、「（当該屋外貯蔵タンクに第六十二条の二の二第一項第一号に規定する保安のための措置が講じられており、あらかじめ、その旨を市町村長等に届け出た場合（以下附則第三項において「一号措置」という。）にあつては十五年、第六十二条の二の二第一項第二号に規定する保安のための措置が講じられており、あらかじめ、その旨を市町村長等に届け出た場合（以下附則第三項において「二号措置」という。）にあつては十四年、第六十二条の二の二第一項第一号（イを除く。）に規定する保安のための措置及び特定屋外貯蔵タンクの内部の腐食を防止するためのコーティング（エポキシ系塗装又はタールエポキシ系塗装に限る。）が講じられており、あらかじめ、その旨を市町村長等に届け出た場合（以下附則第三項において「特例措置」という。）にあつては十三年）」と読み替えるものとする。（オ）（ケ）

3　新基準の特定屋外タンク貯蔵所についての新規則第六十二条の八第一号の規定の適用については、同条第一号中「二十六年間」とあるのは、「二十四年間」と、「（同項括弧書の期間の適用を受けた場合にあつては三十年間）」とあるのは、「（同項括弧書の期間の適用を受けた場合にあつては、一号措置にあつては三十年間、二号措置にあつては二十八年間、特例措置にあつては二十六年間）」と読み替えるものとする。

4　旧基準の特定屋外タンク貯蔵所のうち、五十二年政令附則第三項各号に掲げる基準に適合しないものについての、新規則第六十二条の五及び第六十二条の八第一号の規定の適用については、なお従前の例による。

二項…一部改正〔平成二三年二月総令五号（オ）・一二月一六五号（ケ）〕

附　則（ニ）〔平成一二年三月二四日自治省令第一二号〕

1　この省令は、平成十二年四月一日から施行する。ただし、第二十条の五の二第三号の改正規定は、公布の日から施行する。

2　この省令の施行の際現に交付されている危険物取扱者免状は、この省令による改正後の危険物の規制に関する規則（次項において「新規則」という。）別記様式第二十二の危険物取扱者免状とみなす。

3　この省令の施行の際現に存するこの省令による改正前の危険物の規制に関する規則別記様式第二十一、別記様式第二十三、別記様式第二十四及び別記様式第二十五による危険物取扱者免状交付申請書、危険物取扱者免状書換申請書、危険物取扱者免状再交付申請書及び危険物取扱者試験受験願書は、新規則別記様式第二十一、別記様式第二十三及び別記様式第二十五にかかわらず、当分の間、これを使用することができる。

附　則（ホ）〔平成一二年五月三一日自治省令第三五号〕

この省令は、平成十二年六月一日から施行する。

附　則（ヘ）〔平成一二年九月一四日自治省令第四四号〕

この省令は、内閣法の一部を改正する法律（平成十一年法律第八十八号）の施行の日（平成十三年一月六日）から施行する。

附　則（ト）〔平成一二年一二月一七日自治省令第四九号〕

この省令は、平成十三年一月六日から施行する。

附　則（チ）〔平成一三年三月三〇日総務省令第四五号〕

この省令は、平成十三年五月一日から施行する。

附　則（リ）〔平成一三年一〇月一一日総務省令第一三六号〕

（施行期日）

第一条　この省令は、消防法の一部を改正する法律（以下「改正法」という。）の施行の日（平成十三年十二月一日）から施行する。ただし、第一条中危険物の規制に関する規則（以下「規則」という。）第一条の三第七項の改正規定、規則第四条第三項第四号の二の改正規定、規則第十三条の六第一項及び第三項の改正規定、規則第十六条の二第二号の改正規定、規則第十六条の二の四第二項の改正規定、規則第十六条の二の五第二項の改正規定、規則第二十二条の二第三項の改正規定、規則第二十五条の九第一号イの改正規定、規則第二十八条の六十一第三項の改正規定並びに規則第二十八条の六十二第三項の改正規定並びに第二条中危険物の規制に関する規則の一部を改正する省令附則第三条の二を削る改正規定は、改正法附則第一条第一号に掲げる規定の施行の日（平成十四年六月一日）から施行する。

（屋外タンク貯蔵所の基準に関する経過措置）

第二条　改正法の施行の際、現に設置されている貯蔵所で、改正法による消防法別表第五類の項の規定の改正により新たに同法第十一条第一項の規定により危険物の規制に関する政令第二条第二号の屋外タンク貯蔵所として許可を受けなければならないこととなるもの（以下「新規対象の屋外タンク貯蔵所」という。）の設備で、改正法の施行の際現に存するもののうち、規則第二十二条第三項において準用する同条第二項第十一号に定める技術上の基準に適合しないものの設備に係る技術上の基準については、同号の規定は、当該屋外タンク貯蔵所が次に掲げる基準のすべてに適合している場合に限り、適用しない。

一　当該屋外タンク貯蔵所の屋外貯蔵タンク（危険物を移送するための配管その他これに準ずる工作物を除く。）の周囲に、一メートル以上の幅の空地を保有し、又は不燃材料で造った防火上有効な塀が設けられていること。

二　当該屋外タンク貯蔵所の屋外貯蔵タンクは、鋼板その他の金属板で造られ、かつ、漏れない構造であること。

三　当該屋外タンク貯蔵所の危険物を取り扱う配管は、その設置される条件及び使用される状況に照らして、十分な強度を有し、かつ、漏れない構造であること。

四　当該屋外タンク貯蔵所に係る指定数量の倍数が、改正法の施行の日における指定数量の倍数を超えないこと。

2　新規対象の屋外タンク貯蔵所の設備で、改正法の施行の際現に存するもののうち、規則第二十二条第三項において準用する同条第二項第一号、第二号、第九号、第十二号又は第十六号に定める技術上の基準に適合しないものの設備に係る技術上の基準については、これらの規定は、当該屋外タンク貯蔵所が前項各号に掲げる基準のすべてに適合している場合に限り、平成十四年十一月三十日までの間は、適用しない。

（運搬容器の表示に関する経過措置）

第三条　改正法の施行の際、現に存する運搬容器で、改正法による消防法別表第五類の項の規定の改正により規則第四十四条第一項又は第六項に定める技術上の基準に適合しないこととなるものの積載方法に係る技術上の基準については、これらの規定は、平成十四年十一月三十日までの間は、適用しない。

（実務経験に関する経過措置）

第四条　改正法の施行の際、現に設置されている製造所、貯蔵所又は取扱所（以下この条において「製造所等」という。）で、改正法による消防法別表第五類の項の規定の改正により新たに同法第十一条第一項の規定により許可を受けなければならないこととなるもののうち、同法第十三条第一項の規定により危険物保安監督者を定めなければならないこととなるもので従事している甲種危険物取扱者又は乙種危険物取扱者（当該製造所等で六月以上従事している者に限る。）は、同項及び規則第四十八条の二の規定にかかわらず、平成十四年十一月三十日までの間に限り、当該製造所等の危険物保安監督者となることができる。

（届出の様式等）

第五条　改正法附則第五条第一項の規定による届出にあっては別記様式第一の届出書によって、同条第二項の規定による届出にあっては別記様式第二の届出書によって、改正法附則第六条の規定による届出にあっては別記様式第三の届出書によって行わなければならない。

2　前項の届出書の提出部数は、別記様式第一の届出書にあっては一部、その他のものにあっては二部とする。

（罰則に関する経過措置）

第六条　この省令（附則第一条ただし書に規定する規定については、当該規定）の施行前にした行為に対する罰則の適用については、なお従前の例による。

別記様式第１

製造所
危険物貯蔵所除外届出書
取扱所

年　月　日

殿

届出者
住所　　（電話　　）
氏名　　㊞

設置者	住所	電話		
	氏名			
設置場所				
設置の許可年月日及び許可番号		年　月　日　第　号		
設置の完成検査年月日及び検査番号		年　月　日　第　号		
製造所等の別			貯蔵所又は取扱所の区分	
改正法施行前の危険物の類、品名（指定数量）、最大数量			指定数量の倍数	
改正法施行により製造所、貯蔵所、取扱所でなくなる理由				
その他必要な事項				

※受付欄	※経過欄

備考
1　この用紙の大きさは、日本工業規格Ａ４とすること。
2　法人にあっては、その名称、代表者氏名及び主たる事務所の所在地を記入すること。
3　品名（指定数量）の記載については、当該危険物の指定数量が品名の記載のみでは明確でない場合に（　）内に該当する指定数量を記載すること。
4　※印の欄は、記入しないこと。

別記様式第２

製造所
危険物貯蔵所継続届出書
取扱所

年　月　日

殿

届出者
住所　　（電話　　）
氏名　　㊞

設置者	住所	電話		
	氏名			
設置場所				
設置の許可年月日及び許可番号		年　月　日　第　号		
設置の完成検査年月日及び検査番号		年　月　日　第　号		
製造所等の別			貯蔵所又は取扱所の区分	
改正法施行前の危険物の類、品名（指定数量）、最大数量			指定数量の倍数	
改正法施行により製造所、貯蔵所、取扱所でなくなる理由				
改正法施行後の危険物の類、品名（指定数量）、最大数量			指定数量の倍数	
その他必要な事項				

※受付欄	※経過欄

備考
1　この用紙の大きさは、日本工業規格Ａ４とすること。
2　法人にあっては、その名称、代表者氏名及び主たる事務所の所在地を記入すること。
3　品名（指定数量）の記載については、当該危険物の指定数量が品名の記載のみでは明確でない場合に（　）内に該当する指定数量を記載すること。
4　※印の欄は、記入しないこと。

別記様式第3

製造所
危険物貯蔵所指定数量の倍数変更届出書
取扱所

年　月　日

殿

届出者
住所　　　　（電話　　　）
氏名　　　　　　　　㊞

設置者	住所		電話
	氏名		
設置場所			
設置の許可年月日及び許可番号	年　月　日　第　号		
設置の完成検査年月日及び完成検査番号	年　月　日　第　号		
製造所等の別		貯蔵所又は取扱所の区分	
改正法施行前の危険物の類、品名（指定数量）、最大数量		指定数量の倍数	
改正法施行により指定数量の倍数が増加することとなる理由			
その他必要な事項			
※受付欄		※経過欄	

備考
1 この用紙の大きさは、日本工業規格A4とすること。
2 法人にあっては、その名称、代表者氏名及び主たる事務所の所在地を記入すること。
3 品名（指定数量）の記載については、当該危険物の指定数量が品名の記載のみでは明確でない場合に（　）内に該当する指定数量を記載すること。
4 指定数量の倍数については、上欄に改正法施行前の倍数を、下欄に改正法施行後の倍数を記入すること。
5 ※印の欄は、記入しないこと。

附　則（ヌ）〔平成一四年一月二五日総務省令第四号〕

1 この省令は、平成十四年四月一日から施行する。ただし、第五十五条に一項を加える改正規定、第五十五条の二の改正規定及び第五十七条第二号の次に一号を加える改正規定は、同年七月一日から施行する。

2 この省令の施行前にした行為に対する罰則の適用については、なお従前の例による。

附　則（ル）〔平成一四年一〇月七日総務省令第一〇六号〕

この省令は、公布の日から施行する。ただし、第七条の四の次に一条を加える改正規定は、平成十四年十月二十五日から施行する。

附　則（ヲ）〔平成一五年七月二四日総務省令第一〇一号抄〕

第一条　この省令は、東南海・南海地震に係る地震防災対策の推進に関する特別措置法の施行の日（平成十五年七月二十五日）から施行する。

附　則（ワ）〔平成一五年一二月一七日総務省令第一四三号〕

1 この省令は、平成十六年四月一日から施行する。

2 この省令の施行の際現にこの省令による改正前の危険物の規制に関する規則第五十五条第七項に規定する普通教育又は専科教育の警防科を修了している者は、この省令による改正後の危険物の規制に関する規則（以下「新規則」という。）第五十五条第七項の適用については、同項に規定する基礎教育又は専科教育の警防科を修了した者とみなす。この場合において、丙種危険物取扱者試験の受験願書及びこれに添付する書類については、新規則第五十七条第二号の二ロの規定及び別記様式第二十五の様式にかかわらず、なお従前の例による。

3 この省令の施行の際現に消防法第十一条第一項前段の規定による設置に係る許可を受け、又は当該許可の申請がされていた製造所、貯蔵所又は取扱所（以下「既設の製造所等」という。）に係る、次の各号に掲げる措置は、新規則第六十二条の五の二第二項第一号及び第六十二条の五の三第二項の規定の適用については、これらの規定中「危険物の漏れを覚知しその漏えい拡散を防止するための告示で定める措置」とみなす。

一　既設の製造所等に設けられた漏えい検査管により一週間に一回以上危険物の漏れを確認しているとともに、地下貯蔵タンク及び地下埋設配管に電気防食の措置が講じられており、又は地下貯蔵タンク及び地下埋設配管が設置される条件の下で腐食するおそれのないものであること。

二　既設の製造所等に設けられた漏えい検査管を用いるとともに、危険物の貯蔵又は取扱い数量の百分の一以上の精度で在庫管理を行うことにより、一週間に一回以上危険物の漏れを確認していること。この場合において、当該既設の製造所等の所有者、管理者又は占有者は、危険物の在庫管理に従事する者の職務及び組織に関すること、当該者に対する教育に関すること並びに在庫管理の方法及び危険物の漏れが確認された場合に取るべき措置に関することその他必要な事項について計画を定め、市町村長等に届け出なければならない。

附　則（カ）〔平成一七年一月一四日総務省令第三号〕

改正　平成二一年一〇月総務省令第九八号（ム）

（**施行期日**）

第一条　この省令は、平成十七年四月一日から施行する。ただし、次の各号に掲げる規定は、当該各号に定める日から施行する。

一　第二十条の五の二第二号及び第三号の改正規定並びに第三十八条の三の改正規定　公布の日

二　第六十条の二第一項中第八号の二を第八号の四とし、第八号の次に二号を加える改正規定（第八号の二を加える部分に限る。）及び同項第十一号の次に一号を加える改正規定　平成十七年六月一日

三　第四条第三項第三号の次に一号を加える改正規定、第五条第三項第三号の次に一号を加える改正規定、第六十条の二第一項中第八号の二を第八号の四とし、第八号の次に二号を加える改正規定（第八号の三を加える改正規定に限る。）、第六十二条の五の四の次に一条を加える改正規定並びに第六十二条の六の改正規定　平成十八年四月一日

（**経過措置**）

第二条　この省令の施行の際、現に消防法第十一条第一項の規定により許可を受けて設置されている製造所、貯蔵所又は取扱所の設備で、この省令の施行の際現に存するもののうち、この省令による改正後の危険物の規制に関する規則（以下「新規則」という。）第十三条の二の二に定める技術上の基準に適合しないものの設備に係る技術上の基準については、同条の規定にかかわらず、なお従前の例による。

第三条　この省令の施行の際、現に消防法第十一条第一項の規定により許可を受けている特定屋外タンク貯蔵所で、その構造及び設備が新規則第二十条の四第二項第三号に定める技術上の基準（以下「新基準」という。）に適合しないもの（以下「旧浮き屋根の特定屋外タンク貯蔵所」という。）に係る技術上の基準については、次の各号に掲げる旧浮き屋根の特定屋外タンク貯蔵所の区分に応じ、当該各号に定める日（その日前に当該旧浮き屋根の特定屋外タンク貯蔵所の構造及び設備が新基準のすべてに適合することとなった場合にあっては、当該適合することとなった日）までの間は、同項第三号の規定にかかわらず、なお従前の例による。

一　その所有者、管理者又は占有者が、平成十九年三月三十一日までの間に、市町村長等に旧浮き屋根の特定屋外タンク貯蔵所の構造及び設備の実態についての調査並びに当該構造及び設備を新基

準のすべてに適合させるための工事に関する計画の届出をした旧浮き屋根の特定屋外タンク貯蔵所　平成二十九年三月三十一日（当該日までの間に、その所有者、管理者又は占有者が、危険物の貯蔵及び取扱い（危険物の規制に関する規則第六十二条の二第二項各号に規定するものを除く。以下同じ。）を休止し、かつ、その旨の確認を市町村長等から受けた旧浮き屋根の特定屋外タンク貯蔵所であって、当該日の翌日以後において危険物の貯蔵及び取扱いを当該確認を受けた時から引き続き休止しているものにあっては、同日の翌日以後において危険物の貯蔵及び取扱いを再開する日の前日）（ム）

二　前号に掲げるもの以外の旧浮き屋根の特定屋外タンク貯蔵所　平成十九年三月三十一日

2　前項第一号の届出にあっては別記様式の届出書によって行わなければならない。

一項…一部改正〔平成二一年一〇月総令九八号（ム）〕

別記様式

浮き屋根新基準適合工事計画届出書

平成　　年　　月　　日

殿

届出者
住所　　　　　　　（電話　　　　）
氏名
設置者
住所　　　　　　　（電話　　　　）
氏名

	タンクの呼称又は番号	許可容量	浮き屋根の構造	告示第二条の二に定める空間高さHc	設置場所	設置許可申請年月日	設置許可年月日及び許可番号	新基準に適合させるための工事予定期間
1		kl	1．一枚板構造 2．一枚板構造以外	m		年　月　日	年　月　日 第　　号	年　月から　年　月
2		kl	1．一枚板構造 2．一枚板構造以外	m		年　月　日	年　月　日 第　　号	年　月から　年　月
3		kl	1．一枚板構造 2．一枚板構造以外	m		年　月　日	年　月　日 第　　号	年　月から　年　月
4		kl	1．一枚板構造 2．一枚板構造以外	m		年　月　日	年　月　日 第　　号	年　月から　年　月
5		kl	1．一枚板構造 2．一枚板構造以外	m		年　月　日	年　月　日 第　　号	年　月から　年　月

※　受付欄	※　備考

備考　1　この用紙の大きさは、日本工業規格Ａ４とすること。
2　法人にあっては、その名称、代表者氏名及び主たる事業所の所在地を記入すること。
3　「新基準に適合させるための工事予定期間」欄について工事予定期間を記入することが困難な場合には、その理由を記入すること。
4　※印の欄は、記入しないこと。

附　則(ヨ)〔平成一七年三月七日総務省令第二〇号〕

この省令は、公布の日から施行する。

附　則(タ)〔平成一七年三月二四日総務省令第三七号〕

改正　平成二三年六月総務省令第七一号(ノ)

（施行期日）

第一条　この省令は、平成十七年四月一日から施行する。ただし、第一条の二から第一条の四までの改正規定、第三十八条の四の改正規定、第六十四条の改正規定、第六十五条の改正規定及び第六十九条の二の改正規定は、公布の日から施行する。

（地下タンク貯蔵所等の基準に関する経過措置）

第二条　この省令の施行の際、現に消防法第十一条第一項の規定により許可を受けている製造所、貯蔵所又は取扱所の構造及び設備のうち、この省令による改正後の危険物の規制に関する規則第二十三条の二に定める技術上の基準に適合しないもの（同条第一項第一号及び第二号に規定する腐食のおそれが特に高い地下貯蔵タンクを除く。）又は第二十八条の五十九第二項第五号に定める技術上の基準に適合しないものの構造及び設備に係る技術上の基準については、これらの規定にかかわらず、なお従前の例による。(ノ)

本条…一部改正〔平成二三年六月総令七一号(ノ)〕

附　則(レ)〔平成一七年八月三一日総務省令第一三六号〕

この省令は、日本海溝・千島海溝周辺海溝型地震に係る地震防災対策の推進に関する特別措置法の施行の日（平成十七年九月一日）から施行する。

附　則(ソ)〔平成一八年三月一七日総務省令第三一号〕

（施行期日）

第一条　この省令は、平成十八年四月一日から施行する。ただし、第一条の五の改正規定は、消防法及び石油コンビナート等災害防止法の一部を改正する法律（平成十六年法律第六十五号）附則第一条第二号に掲げる規定の施行の日（平成十八年六月一日）から施行する。

（経過措置）

第二条　この省令の施行の際現に消防法第十一条第一項の規定により許可を受けている取扱所の構造及び設備でこの省令の施行の際現に存するもののうち、この省令による改正後の危険物の規制に関する規則（以下次条までにおいて「新規則」という。）第二十六条第三項第一号の二から第三号までに定める技術上の基準、新規則第二十六条の二第三項第一号の二から第三号までに定める技術上の基準、新規則第二十七条第三項第一号の二から第三号までに定める技術上の基準、新規則第二十八条の五十八第二項第四号から第七号までに定める技術上の基準又は新規則第二十八条の五十九第二項第一号から第三号まで若しくは第十号に定める技術上の基準に適合しないものに係る技術上の基準については、これらの規定にかかわらず、なお従前の例による。

第三条　新規則別記様式第四のイ、別記様式第四のホ、別記様式第四のト及び別記様式第四のリに規定する様式は、第一条の規定にかかわらず、平成十八年九月三十日までの間は、なお従前の例によることができる。

第四条　この省令の施行前にした行為に対する罰則の適用については、なお従前の例による。

附　則(ツ)〔平成一八年六月一四日総務省令第九六号〕

この省令は、公布の日から施行する。

附　則(ネ)〔平成一八年九月二九日総務省令第一三一号(マ)〕

改正　平成二三年九月総務省令第一一四号

（施行期日）

第一条　この省令は、平成十八年十月一日から施行する。

（経過措置）

第二条　この省令の施行の日から障害者自立支援法（平成十七年法律第百二十三号）附則第一条第三号に掲げる規定の施行の日（平成二四年四月一日）の前日までの間は、この省令による改正後の危険物の規制に関する規則第十一条第四号リ中「又は同条第二十三項に規定する福祉ホーム」とあるのは、「、同条第二十三項に規定する福祉ホーム又は同法附則第四十一条第一項、第四十八条若しくは第五十八条第一項の規定によりなお従前の例により運営をすることができることとされた同法附則第四十一条第一項に規定する身体障害者更生援護施設、同法附則第四十八条に規定する精神障害者社会復帰施設若しくは同法附則第五十八条第一項に規定する知的障害者援護施設」とする。（マ）

本条…一部改正〔平成二三年九月総令一三一号（マ）〕

附　則（ナ）〔平成一九年三月二二日総務省令第二六号〕

（施行期日）

第一条　この省令は、平成十九年四月一日から施行する。

（助教授の在職に関する経過措置）

第二条　この省令の規定による改正後の第五十八条の五の規定の適用については、この省令の施行前における助教授としての在職は、准教授としての在職とみなす。

（罰則に関する経過措置）

第三条　この省令の施行前にした行為に対する罰則の適用については、なお従前の例による。

附　則（ラ）〔平成一九年九月二一日総務省令第一〇六号〕

（施行期日）

第一条　この省令中第二十八条の二の五の改正規定は平成十九年十月一日から、第五十三条の三及び第五十八条の五の改正規定は平成二十年四月一日から施行する。

（給油取扱所の技術上の基準に関する経過措置）

第二条　平成十九年十月一日において現に消防法第十一条第一項の規定により許可を受けて設置されている給油取扱所の設備でこの省令の施行の際現に存するもののうち、この省令による改正後の危険物の規制に関する規則第二十八条の二の五第二号に定める技術上の基準に適合しないものの設備に係る技術上の基準については、同号の規定にかかわらず、平成十九年十一月三十日までの間は、なお従前の例による。

附　則（ム）〔平成二一年一〇月一六日総務省令第九八号〕

（施行期日）

第一条　この省令は、平成二十一年十一月一日から施行する。

（屋外タンク貯蔵所の内部点検の時期に関する政令及び消防法施行令の一部を改正する政令の一部を改正する政令の施行に伴う経過措置）

第二条　危険物の規制に関する政令及び消防法施行令の一部を改正する政令（昭和五十二年政令第十号。以下「昭和五十二年政令」という。）の施行の際、現に消防法第十一条第一項前段の規定による設置に係る許可を受け、又は当該許可の申請がされていた特定屋外タンク貯蔵所のうち、この省令の施行の際現にその構造及び設備が危険物の規制に関する政令第十一条第一項第三号の二及び第四号に定める技術上の基準に適合しないもので、昭和五十二年政令附則第三項各号に掲げる基準に適合しないものについての、内部点検の実施及び内部点検に係る記録の保存については、なお従前の例による。ただし、市町村長等が定める期間の延長については、この省令による改正後の危険物の規制に関する規則（以下「新規則」という。）第六十二条の五第三項及び第四項並びに第六十二条の八第一号の規定の定めるところによる。

（確認の手続等）

第三条　危険物の規制に関する政令等の一部を改正する政令等の一部を改正する政令（平成二十一年政令第二百四十七号。以下「平成二十一年改正政令」という。）による改正後の危険物の規制に関する政令等の一部を改正する政令（平成六年政令第二百十四号。以下「新二百十四号改正政令」という。）附則第七項及び平成二十一年改正政令による改正後の危険物の規制に関する政令の一部を改正する政令（平成十一年政令第三号。以下「新平成十一年改正政令」という。）附則第二項の総務省令で定める危険物の貯蔵及び取扱いは、新規則第六十二条の二第二項各号に掲げるものとする。

2　新二百十四号改正政令附則第七項の規定又は新平成十一年改正政令附則第二項の規定による確認を受けようとする者は、別記様式第三十六の申請書に理由書その他の参考となるべき事項を記載した書類を添えて市町村長等に提出しなければならない。

3　市町村長等は、前項の申請があつたときは、当該申請に係る旧基準の特定屋外タンク貯蔵所又は旧基準の準特定屋外タンク貯蔵所が次の各号のいずれにも該当すると認められる場合に限り、新二百十四号改正政令附則第七項又は新平成十一年改正政令附則第二項の確認をするものとする。

一　危険物（第一項の危険物の貯蔵及び取扱いに係るものを除く。次号において同じ。）を除去する措置が講じられていること。

二　誤って危険物が流入するおそれがないようにするための措置が講じられていること。

三　見やすい箇所に、幅〇・三メートル以上、長さ〇・六メートル以上の地が白色の板に赤色の文字で「休止中」と表示した標識が掲示されていること。

4　新二百十四号改正政令附則第七項の確認を受けている旧基準の特定屋外タンク貯蔵所又は新平成十一年改正政令附則第二項の確認を受けている旧基準の準特定屋外タンク貯蔵所の所有者、管理者又は占有者は、当該旧基準の特定屋外タンク貯蔵所又は当該旧基準の準特定屋外タンク貯蔵所における危険物の貯蔵及び取扱いを再開しようとするときは、あらかじめ、その旨を別記様式第三十七の届出書により市町村長等に届け出なければならない。

5　新二百十四号改正政令附則第七項の確認を受けている旧基準の特定屋外タンク貯蔵所又は新平成十一年改正政令附則第二項の確認を受けている旧基準の準特定屋外タンク貯蔵所の所有者、管理者又は占有者は、前項の届出をするまでの間、当該旧基準の特定屋外タンク貯蔵所又は旧基準の準特定屋外タンク貯蔵所について、第二項の申請書又は書類に記載された事項に変更が生じる場合には、あらかじめ、その旨を別記様式第三十八の届出書により市町村長等に届け出なければならない。その届出事項に変更が生じるときも、同様とする。

6　市町村長等は、新二百十四号改正政令附則第七項の確認をした旧基準の特定屋外タンク貯蔵所又は新平成十一年改正政令附則第二項の確認をした旧基準の準特定屋外タンク貯蔵所について、危険物の貯蔵及び取扱いが再開される前に、第三項各号のいずれかに該当しないと認めるに至ったときは、当該確認を取り消すことができる。

7　第二項から前項までの規定は、この省令による改正後の危険物の規制に関する規則の一部を改正する省令（平成十七年総務省令第三号）附則第三条第一項の規定による確認について準用する。この場合において、第二項中「別記様式第三十六」とあるのは「別記様式第三十九」と、第四項中「別記様式第三十七」とあるのは「別記様式第四十」と、第五項中「別記様式第三十八」とあるのは「別記様式第四十一」とする。

附　則(ウ)　〔平成二一年一一月六日総務省令第一〇六号〕

この省令は、平成二十二年四月一日から施行する。

附　則(ヰ)　〔平成二二年二月二六日総務省令第一〇号〕

改正　令和元年六月総務省令第一九号(い)

（施行期日）

第一条　この省令は、平成二十二年九月一日から施行する。

（製造所の基準に関する経過措置）

第二条　この省令の施行の際現に設置されている製造所で、危険物の規制に関する政令の一部を改正する政令（平成二十二年政令第十六号。以下「十六号改正政令」という。）による危険物の規制に関する政令（昭和三十四年政令第三百六号。以下「令」という。）第一条第三項の規定の改正により新たに消防法（以下「法」という。）第十一条第一項の規定により製造所として許可を受けなければならないこととなるものの設備で、この省令の施行の際現に存するもののうち、危険物の規制に関する規則（以下「規則」という。）第十三条の三第一項に定める技術上の基準に適合しないものの設備に係る技術上の基準については、同項の規定は、当該製造所が次に掲げる基準のすべてに適合している場合に限り、適用しない。

一　当該製造所の危険物を取り扱う工作物（建築物及び危険物を移送するための配管その他これに準ずる工作物を除く。）の周囲に、一メートル以上の幅の空地を保有し、又は不燃材料で造った防火上有効な塀が設けられていること。

二　当該製造所の建築物の危険物を取り扱う室の壁、柱、床及び天井（天井がない場合にあっては、はり及び屋根又は上階の床。以下この号において同じ。）が不燃材料で造られ、又は当該壁、柱、床及び天井の室内に面する部分が不燃材料で覆われていること。

三　前号の室の開口部に、規則第十三条の二第一項に規定する防火設備が設けられていること。

四　当該製造所の危険物を取り扱う配管が、その設置される条件及び使用される状況に照らして、十分な強度を有し、かつ、漏れない構造であること。

五　当該製造所の液体の危険物を取り扱うタンク（屋外にあるタンクに限る。）が、鋼板その他の金属板で造られ、かつ、漏れない構造であること。

六　前号のタンクの周囲には、危険物が漏れた場合にその流出を防止するための有効な措置が講じられていること。

七　当該製造所に係る指定数量の倍数が、平成二十二年九月一日（以下「施行日」という。）における指定数量の倍数を超えないこと。

2　この省令の施行の際現に法第十一条第一項の規定により許可を受けて設置されている製造所の設備で、この省令の施行の際現に存するもののうち、十六号改正政令による令第一条第三項の規定の改正により規則第十三条の三第一項に定める技術上の基準に適合しないこととなるものの設備に係る技術上の基準については、同項の規定にかかわらず、当該製造所が前項第五号から第七号までに掲げる基準に適合している場合に限り、なお従前の例による。

（屋外タンク貯蔵所の基準に関する経過措置）

第三条　この省令の施行の際現に設置されている貯蔵所で、十六号改正政令による令第一条第三項の規定の改正により新たに法第十一条第一項の規定により令第二条第二号の屋外タンク貯蔵所として許可を受けなければならないこととなるものの設備で、この省令の施行の際現に存するもののうち、規則第二十二条第一項に定める技術上の基準に適合しないものの設備に係る技術上の基準については、同項の規定は、当該屋外タンク貯蔵所が次に掲げる基準のすべてに適合している場合に限り、適用しない。

一　当該屋外タンク貯蔵所の屋外貯蔵タンク（危険物を移送するための配管その他これに準ずる工作物を除く。）の周囲に、一メートル以上の幅の空地を保有し、又は不燃材料で造った防火上有効な塀が設けられていること。

二　当該屋外タンク貯蔵所の屋外貯蔵タンクが、鋼板その他の金属板で造られ、かつ、漏れない構造であること。

三　当該屋外タンク貯蔵所の危険物を取り扱う配管が、その設置される条件及び使用される状況に照らして、十分な強度を有し、かつ、漏れない構造であること。

四　当該屋外タンク貯蔵所の液体の危険物を貯蔵し、又は取り扱う屋外貯蔵タンクの周囲には、危険物が漏れた場合にその流出を防止するための有効な措置が講じられていること。

五　当該屋外タンク貯蔵所に係る指定数量の倍数が、施行日における指定数量の倍数を超えないこと。

（一般取扱所の基準に関する経過措置）

第四条　附則第二条第一項の規定は、この省令の施行の際現に設置されている取扱所で、十六号改正政令による令第一条第三項の規定の改正により新たに法第十一条第一項の規定により令第三条第四号の一般取扱所として許可を受けなければならないこととなるものの設備に係る技術上の基準について準用する。

2　附則第二条第二項の規定は、この省令の施行の際現に法第十一条第一項の規定により許可を受けて設置されている令第三条第四号の一般取扱所の設備に係る技術上の基準について準用する。

（避雷設備の基準に関する経過措置）

第五条　この省令の施行の際現に設置されている製造所、貯蔵所又は取扱所で、十六号改正政令による令第一条第三項の規定の改正により新たに法第十一条第一項の規定により許可を受けなければならないこととなるもの（指定数量の倍数が施行日における指定数量の倍数を超えないものに限る。）の避雷設備で、この省令の施行の際現に存するもののうち、規則第十三条の二の二に定める技術上の基準に適合しないものに係る同条の規定の適用については、同条中「日本産業規格A四二〇一「建築物等の雷保護」」とあるのは、「日本工業規格A四二〇一（一九九二）「建築物等の避雷設備（避雷針）」」とする。㋑

2　この省令の施行の際現に法第十一条第一項の規定により許可を受けて設置されている製造所、貯蔵所又は取扱所（指定数量の倍数が施行日における指定数量の倍数を超えないものに限る。）の避雷設備で、この省令の施行の際現に存するもののうち、十六号改正政令による令第一条第三項の規定の改正により規則第十三条の二の二に定める技術上の基準に適合しないこととなるものに係る同条の規定の適用については、同条中「日本産業規格A四二〇一「建築物等の雷保護」」とあるのは、「日本工業規格A四二〇一（一九九二）「建築物等の避雷設備（避雷針）」」とする。㋑

一・二項…一部改正〔令和元年六月総令一九号㋑〕

（掲示板の基準に関する経過措置）

第六条　この省令の施行の際現に法第十一条第一項の規定により許可を受けて設置されている製造所、貯蔵所又は取扱所の掲示板で、この省令の施行の際現に存するもののうち、十六号改正政令による令第一条第三項の規定の改正により規則第十八条第一項第二号に定める技術上の基準に適合しないこととなるものに係る掲示板の技術上の基準については、同号の規定にかかわらず、施行日から平成二十二年十一月三十日までの間は、なお従前の例によることができる。

（警報設備の基準に関する経過措置）

第七条　この省令の施行の際現に設置されている製造所、貯蔵所又は取扱所で、十六号改正政令による令第一条第三項の規定の改正により新たに法第十一条第一項の規定により許可を受けなければならないこととなるもの（指定数量の倍数が施行日における指定数量の倍数を超えないものに限る。）の警報設備で、この省令の施行の際現に存するもののうち、規則第三十八条第二項各号に定める警報設備の技術上の基準に適合しないものに係る技術上の基準については、これらの規定は、施行日から平成二十四年二月二十九日までの間は、適用しない。

2　この省令の施行の際現に法第十一条第一項の規定により許可を受けて設置されている製造所、貯蔵所又は取扱所（指定数量の倍数が施行日における指定数量の倍数を超えないものに限る。）の警報設備で、この省令の施行の際現に存するもののうち、十六号改正政令による危険物規制令第一条第三項の規定の改正により規則第三十八条第二項各号に定める技術上の基準に適合しないこととなるものに係る警報設備の技術上の基準については、これらの規定にかかわらず、施行日から平成二十四年二月二十九日までの間は、なお従前の例による。

（危険物の容器の表示に関する経過措置）

第八条　この省令の施行の際現に存する内装容器等（規則第三十九条の三第二項に規定する内装容器等をいう。）で、十六号改正政令による令第一条第三項の規定の改正により規則第三十九条の三第二項に定める技術上の基準に適合しないこととなるものの貯蔵に係る技術上の基準については、同項の規定にかかわらず、施行日から平成二十四年二月二十九日までの間は、なお従前の例によることができる。

（運搬容器の表示に関する経過措置）

第九条　この省令の施行の際現に存する運搬容器で、十六号改正政令による令第一条第三項の規定の改正により規則第四十四条第一項又は第六項に定める技術上の基準に適合しないこととなるものの積載方法に係る技術上の基準については、これらの規定にかかわらず、施行日から平成二十四年二月二十九日までの間は、なお従前の例によることができる。

（実務経験に関する経過措置）

第一〇条　この省令の施行の際現に設置されている製造所、貯蔵所又は取扱所で、十六号改正政令による令第一条第三項の規定の改正により新たに法第十一条第一項の規定により許可を受けなければならないこととなるものの所有者、管理者又は占有者のうち、法第十三条第一項の規定により危険物保安監督者を定めなければならないこととなるものは、同項及び規則第四十八条の二の規定にかかわらず、施行日から平成二十四年二月二十九日までの間に限り、甲種危険物取扱者又は乙種危険物取扱者（施行日前に当該製造所、貯蔵所又は取扱所で六月以上従事している者に限る。）のうちから当該製造所、貯蔵所又は取扱所の危険物保安監督者を定めることができる。

（取扱い等をすることができる危険物の種類に関する経過措置）

第一一条　この省令の施行の際現に法第十三条の二第三項の規定により乙種危険物取扱者免状の交付を受けている者で、規則第四十九条の規定によりその者が取り扱うことができる危険物以外の危険物を施行日の前日において当該乙種危険物取扱者免状に基づき取り扱い、又は当該危険物の取扱作業に関して立ち会っているものは、同条の規定にかかわらず、施行日から平成二十四年二月二十九日までの間に限り、当該危険物を取り扱い、又は当該危険物の取扱作業に関して立ち会うことができる。

（届出の様式等）

第一二条　十六号改正政令附則第四条の規定による届出にあっては別記様式の届出書によって行わなければならない。

2　前項の届出書の提出部数は、二部とする。

（罰則に関する経過措置）

第一三条　この省令の施行前にした行為及びこの省令の附則においてなお従前の例によることとされる場合におけるこの省令の施行後にした行為に対する罰則の適用については、なお従前の例による。

別記様式

製造所
危険物貯蔵所指定数量の倍数変更届出書
取扱所

年　月　日

殿

届出者
住　所　　（電話　　）
氏　名　　㊞

設置者	住　所		電話
	氏　名		
設置場所			
設置の許可年月日及び許可番号	年　月　日　第　号		
設置の完成検査年月日及び完成検査番号	年　月　日　第　号		
製造所等の別		貯蔵所又は取扱所の区分	
16号改正政令施行前の危険物の類、品名（指定数量）、最大数量		指定数量の倍数	
16号改正政令施行後により指定数量の倍数が増加することとなる理由			
その他必要な事項			
※受付欄	※経過欄		

備考1　この用紙の大きさは、日本工業規格Ａ４とすること。
2　法人にあっては、その名称、代表者氏名及び主たる事務所の所在地を記入すること。
3　品名（指定数量）の記載については、当該危険物の指定数量が品名の記載のみでは明確でない場合に（　）内に該当する指定数量を記載すること。
4　指定数量の倍数については、上欄に16号改正政令施行前の倍数を、下欄に16号改正政令施行後の倍数を記入すること。
5　※印の欄は、記入しないこと。

附　則（ノ）〔平成二二年六月二八日総務省令第七一号〕

改正　平成二三年九月総務省令第一二九号(ヤ)

（施行期日）

第一条　この省令は、平成二十三年二月一日から施行する。

（経過措置）

第二条　この省令の施行の際、現に消防法第十一条第一項の規定により許可を受けて設置されている製造所、貯蔵所又は取扱所（以下「既設の製造所等」という。）の構造及び設備で、この省令の施行の際現に存するもののうち、改正後の危険物の規制に関する規則（以下「新規則」という。）第二十三条の二及び第二十三条の三に定める技術上の基準に適合しないものの構造及び設備に係る技術上の基準については、これらの規定にかかわらず、平成二十五年一月三十一日までの間は、なお従前の例による。（ヤ）

2　東日本大震災（平成二十三年三月十一日に発生した東北地方太平洋沖地震及びこれに伴う原子力発電所の事故による災害をいう。以下この項及び次項において同じ。）に際し、災害救助法（昭和二十二年法律第百十八号）が適用された市町村の区域（東京都の区域を除く。）において設置されている既設の製造所等のうち、東日本大震災により損壊したことについて市町村長等が確認したもので、かつ、当該既設の製造所等の危険物の規制に関する政令（以下「令」という。）第十三条第一項第一号に規定する地下貯蔵タンク（令第九条第一項第二十号ハにおいてその例による場合及びこれを令第十九条第一項において準用する場合並びに令第十七条第一項第八号イ、同条第二項第二号、新規則第二十七条の五第四項第一号及び新規則第二十八条の五十九第二項第五号においてその例による場合を含む。以下この条において「地下貯蔵タンク」という。）に第四項に掲げる措置が講じられているものについては、前項の規定を準用する。この場合において、前項中「平成二十五年一月三十一日」と

あるのは、「平成二十八年一月三十一日」と読み替えるものとする。（ヤ）

3　前項の規定の適用を受けようとする者は、次の各号に定める書類を、平成二十五年一月二十一日までに、市町村長等に提出しなければならない。（ヤ）

一　別記様式の申請書（ヤ）

二　東日本大震災により当該既設の製造所等が損壊したことを明らかにすることができる書類（ヤ）

三　次項第二号に該当する地下貯蔵タンクを有する既設の製造所等にあっては、同号ハにより定める計画を記載した書類（ヤ）

4　第二項に規定する既設の製造所等の地下貯蔵タンクに講じる措置は、次の各号に掲げる地下貯蔵タンクの区分に応じ、当該各号に定めるものとする。（ヤ）

一　新規則第二十三条の二第一項第一号及び第二号に規定する腐食のおそれが特に高い地下貯蔵タンク　新規則第二十三条の三第一号に規定する地下貯蔵タンクからの危険物の微少な漏れを検知するための告示で定める設備を設けること。（ヤ）

二　新規則第二十三条の三第一号に規定する腐食のおそれが高い地下貯蔵タンク　次のイからハまでに掲げる措置を講じること。（ヤ）

イ　新規則第六十二条の四第一項及び第六十二条の五の二第二項の規定にかかわらず、消防法第十四条の三の二の規定による定期点検及び新規則第六十二条の五の二第一項の規定による地下貯蔵タンクの漏れの点検を六月に一回以上行うこと。（ヤ）

ロ　危険物の貯蔵又は取扱数量の百分の一以上の精度で一日に一回以上在庫管理を行うとともに、当該既設の製造所等に設けられた漏えい検査管を用いることにより一週間に一回以上危険物の漏れを確認すること。（ヤ）

ハ　当該既設の製造所等における危険物の在庫管理に従事する者の職務及び組織に関すること、当該者に対する教育に関すること、在庫管理の方法及び危険物の漏れが確認された場合に取るべき措置に関することその他必要な事項について計画を定めること。（ヤ）

一項…一部改正・二―四項…追加〔平成二三年九月総令一二九号（ヤ）〕

別記様式（ヤ）

製造所
危険物貯蔵所新規則適合期限延長に係る申請書
取扱所

年　月　日

殿

届出者
住　所　　　　（電話　　　）
氏　名　　　　　　　　　㊞

危険物の規制に関する規則等の一部を改正する省令（平成22年総務省令第71号）附則第２条第３項の規定に基づき、申請します。

設置者	住所	電話	
	氏名		
設置場所			
製造所等の別		貯蔵所又は取扱所の区分	
設置の許可年月日及び許可番号		年　月　日　第　号	
設置の完成検査年月日及び検査番号		年　月　日　第　号	
対象となる地下貯蔵タンク＊			
当該地下貯蔵タンクの設置時の完成検査期日＊			
塗覆装の種類＊			
設計板厚＊		mm	
腐食のおそれが特に高い地下貯蔵タンク又は腐食のおそれが高い地下貯蔵タンクの別＊			
その他参考となる事項			
※受付欄		※備考	

備考　１　この用紙の大きさは、日本工業規格Ａ４とすること。
２　法人にあっては、その名称、代表者氏名及び主たる事業所の所在地を記入すること。
３　＊印の欄は、適合期限延長の対象となる全てのタンクについて記載すること。
４　その他参考となる事項の欄に関しては、必要に応じ図面、資料等を添付すること。
５　※印の欄は記入しないこと。

本様式…追加〔平成23年９月総令129号（ヤ）〕

附　則（オ）〔平成二三年二月二三日総務省令第五号〕

この省令は、平成二十三年四月一日から施行する。

附　則（ク）〔平成二三年六月一七日総務省令第五五号〕

（施行期日）

第一条　この省令は、公布の日から施行する。ただし、次の各号に掲げる規定は、当該各号に定める日から施行する。

一　〔前略〕第二条の規定　平成二十四年四月一日

二　〔略〕

（経過措置）

第二条　１　〔略〕

２　第一号施行日前までに第二条による改正前の危険物の規制に関する規則第五十八条の十四第一項又は第二項に規定する講習を受けなければならない者については、第二条による改正後の危険物の規制に関する規則第五十八条の十四第一項又は第二項の規定にかかわらず、当該講習を受けるまでの間に限り、なお従前の例による。

３　〔略〕

附　則（ヤ）〔平成二三年九月一五日総務省令第一二九号〕

（施行期日）

第一条　この省令は、公布の日から施行する。

（経過措置）

第二条　危険物の規制に関する規則等の一部を改正する省令（平成二十二年総務省令第七十一号。以下この条において「改正規則」という。）の施行の日において現に消防法第十一条第一項の規定により許可を受けて設置されている製造所、貯蔵所又は取扱所の構造及び設備で、同日において現に存するもののうち、平成二十五年二月一日から平成二十八年一月三十一日までの間に危険物の規制に関する規則第二十三条の二及び第二十三条の三に定める技術上の基準に適合しないこととなるものの構造及び設備に係る技術上の基準については、この省令による改正後の改正規則（以下この条において「新改正規則」という。）附則第二条の規定を準用する。この場合において、新改正規則附則第二条第三項中「平成二十五年一月二十一日」とあるのは、「新規則第二十三条の二及び第二十三条の三に定める技術上の基準に適合しないこととなる日の十日前」と読み替えるものとする。

附　則（マ）〔平成二十三年九月二十二日総務省令第一三一号〕

この省令は、平成二十三年十月一日から施行する。

附　則（ケ）〔平成二十三年十二月二十一日総務省令第一六五号〕

改正　令和元年六月総務省令第一九号(い)、二年一二月第一二四号(ほ)

（施行期日）

第一条　この省令は、危険物の規制に関する政令の一部を改正する政令（平成二十三年政令第四百五号。以下「四百五号改正政令」という。）の施行の日（平成二十四年七月一日）から施行する。ただし、次の各号に掲げる規定は、当該各号に定める日から施行する。

一　第一条中危険物の規制に関する規則（以下「規則」という。）第一条の三第四項第二号、第六十二条の二の五第一項及び第六十二条の二の六第二号の改正規定並びに第二条中危険物の規制に関する規則の一部を改正する省令（平成十二年自治省令第十一号）附則第二項の改正規定　公布の日

二　第一条中規則第二十五条の二第一号イの改正規定、規則第二十八条の二の見出し中「メタノール等」の下に「及びエタノール等」を加え、同条に二項を加える改正規定、規則第二十八条の二の二の見出し中「メタノール等」の下に「及びエタノール等」を加え、同条に二項を加える改正規定、規則第二十八条の二の三（見出しを含む。）の改正規定、規則第二十八条の二の八を規則第二十八条の二の九とする改正規定、規則第二十八条の二の七の次に一条を加える改正規定並びに規則第三十四条第一項第四号の二及び第四十条の十四（見出しを含む。）の改正規定　四百五号改正政令附則第一条第一号に掲げる規定の施行の日（平成二十四年一月十一日）

三　第一条中規則第三十二条の七（見出しを含む。）から第三十二条の九まで及び第三十三条第二項第一号の表の改正規定　四百五号改正政令附則第一条第二号に掲げる規定の施行の日（平成二十四年三月一日）

四　第一条中規則第一条の三第七項第一号、第十一条、第十二条、第十三条の二の二、第十三条の四、第十三条の五、第十五条、第十七条第一項、第十八条、第十九条の二、第二十条の二第一項、第二十条の三、第二十条の五、第二十条の五の二、第二十条の六、第二十条の九第二号、第二十条の十、第二十一条の二、第二十一条の三、第二十一条の四、第二十一条の六及び第二十二条第一項の改正規定、規則第二十二条の二の六中「第十一条第四項」を「第十一条第五項」に改め、同条を規則第二十二条の二の八とする改正規定、規則第二十二条の二の五中「第十一条第三項」を「第十一条第四項」に改め、同条を規則第二十二条の二の七とする改正規定、規則第二十二条の二の四中「第十一条第三項」を「第十一条第四項」に改め、同条を規則第二十二条の二の六とする改正規定、規則第二十二条の二の三中「第十一条第三項」を「第十一条第四項」に改め、同条を規則第二十二条の二の五とする改正規定、規則第二十二条の二の二中「第十一条第三項」を「第十一条第四項」に改め、同条を規則第二十二条の二の四とする改正規定、規則第二十二条の二の改正規定、同条を規則第二十二条の二の三とする改正規定、規則第二十二条の次に二条を加える改正規定、規則第二十二条の三第一項、第二十二条の三の二、第二十二条の三の三、第二十二条の四、第二十二条の八、第二十二条の九、第二十二条の十、第二十四条の二の七、第二十四条の二の八及び第二十四条の九の二の改正規定〔中略〕並びに附則第

九条　四百五号改正政令附則第一条第三号に掲げる規定の施行の日（平成二十四年四月一日）

（避雷設備の基準に関する経過措置）

第二条　この省令の施行の際現に設置されている製造所、貯蔵所又は取扱所で、四百五号改正政令による危険物の規制に関する政令（以下「令」という。）第一条第一項の規定の改正により新たに消防法（以下「法」という。）第十一条第一項の規定により許可を受けなければならないこととなるもの（指定数量の倍数が施行日における指定数量の倍数を超えないものに限る。）の避雷設備で、この省令の施行の際現に存するもののうち、この省令による改正後の規則（以下「新規則」という。）第十三条の二の二に定める技術上の基準に適合しないものに係る同条の規定の適用については、同条中「日本産業規格A四二〇一「建築物等の雷保護」」とあるのは、「日本工業規格A四二〇一（一九九二）「建築物等の避雷設備（避雷針）」」とする。[い]

2　この省令の施行の際現に法第十一条第一項の規定により許可を受けて設置されている製造所、貯蔵所又は取扱所（指定数量の倍数が施行日における指定数量の倍数を超えないものに限る。）の避雷設備で、この省令の施行の際現に存するもののうち、四百五号改正政令による令第一条第一項の規定の改正により新規則第十三条の二の二に定める技術上の基準に適合しないこととなるものに係る同条の規定の適用については、同条中「日本産業規格A四二〇一「建築物等の雷保護」」とあるのは、「日本工業規格A四二〇一（一九九二）「建築物等の避雷設備（避雷針）」」とする。[い]

一・二項…一部改正〔令和元年六月総令一九号[い]〕

（掲示板の基準に関する経過措置）

第三条　この省令の施行の際現に法第十一条第一項の規定により許可を受けて設置されている製造所、貯蔵所又は取扱所の掲示板で、この省令の施行の際現に存するもののうち、四百五号改正政令による令第一条第一項の規定の改正により新規則第十八条第一項第二号に定める技術上の基準に適合しないこととなるものに係る掲示板の技術上の基準については、同号の規定にかかわらず、施行日から平成二十四年九月三十日までの間は、なお従前の例によることができる。

（警報設備の基準に関する経過措置）

第四条　この省令の施行の際現に設置されている製造所、貯蔵所又は取扱所で、四百五号改正政令による令第一条第一項の規定の改正により新たに法第十一条第一項の規定により許可を受けなければならないこととなるもの（指定数量の倍数が施行日における指定数量の倍数を超えないものに限る。）の警報設備で、この省令の施行の際現に存するもののうち、新規則第三十八条第二項各号に定める技術上の基準に適合しないものに係る警報設備の技術上の基準については、これらの規定は、施行日から平成二十五年十二月三十一日までの間は、適用しない。

2　この省令の施行の際現に法第十一条第一項の規定により許可を受けて設置されている製造所、貯蔵所又は取扱所（指定数量の倍数が施行日における指定数量の倍数を超えないものに限る。）の警報設備で、この省令の施行の際現に存するもののうち、四百五号改正政令による令第一条第一項の規定の改正により新規則第三十八条第二項各号に定める技術上の基準に適合しないこととなるものに係る警報設備の技術上の基準については、これらの規定にかかわらず、施行日から平成二十五年十二月三十一日までの間は、なお従前の例による。

（危険物の容器の表示に関する経過措置）

第五条　この省令の施行の際現に存する内装容器等（新規則第三十九条の三第二項に規定する内装容器等をいう。）で、四百五号改正政令による令第一条第一項の規定の改正により新規則第三十九条の三第二項に定める技術上の基準に適合しないこととなるものの貯蔵に係る技術上の基準については、同項の規定にかかわらず、施行日から平成二十五年十二月三十一日までの間は、なお従前の例によることができる。

（運搬容器の表示に関する経過措置）

第六条　この省令の施行の際現に存する運搬容器で、四百五号改正政令による令第一条第一項の規定の改正により新規則第四十四条第一項又は第六項に定める技術上の基準に適合しないこととなるものの積載方法に係る技術上の基準については、これらの規定にかかわらず、施行日から平成二十五年十二月三十一日までの間は、なお従前の例によることができる。

（実務経験に関する経過措置）

第七条　この省令の施行の際現に設置されている製造所、貯蔵所又は取扱所で、四百五号改正政令による令第一条第一項の規定の改正により新たに法第十一条第一項の規定により許可を受けなければならないこととなるものの所有者、管理者又は占有者のうち、法第十三条第一項の規定により危険物保安監督者を定めなければならないこととなるものは、同項及び新規則第四十八条の二の規定にかかわらず、施行日から平成二十五年十二月三十一日までの間に限り、甲種危険物取扱者又は乙種危険物取扱者（施行日前に当該製造所、貯蔵所又は取扱所で六月以上従事している者に限る。）のうちから当該製造所、貯蔵所又は取扱所の危険物保安監督者を定めることができる。

（届出の様式等）

第八条　四百五号改正政令附則第四条の規定による届出にあっては別記様式第一の届出書によって行わなければならない。

2　前項の届出書の提出部数は、二部とする。

（確認の手続等）

第九条　四百五号改正政令附則第十条第二項の総務省令で定める危険物の貯蔵及び取扱いは、新規則第六十二条の二第二項各号に掲げるものとする。

2　四百五号改正政令附則第十条第二項の規定による確認を受けようとする者は、別記様式第二の申請書に理由書その他の参考となるべき事項を記載した書類を添えて法第十一条第二項に規定する市町村長等（以下この条において「市町村長等」という。）に提出しなければならない。

3　市町村長等は、前項の申請があったときは、当該申請に係るこの省令の施行の際現に法第十一条第一項の規定により許可を受けて設置されている四百五号改正政令による改正後の令第十一条第二項に規定する屋外タンク貯蔵所（以下この条において「既設の浮き蓋付特定屋外タンク貯蔵所」という。）が次の各号のいずれにも該当すると認められる場合に限り、四百五号改正政令附則第十条第二項の確認をするものとする。

一　危険物（第一項の危険物の貯蔵及び取扱いに係るものを除く。次号において同じ。）を除去する措置が講じられていること。

二　誤って危険物が流入するおそれがないようにするための措置が講じられていること。

三　見やすい箇所に、幅〇・三メートル以上、長さ〇・六メートル以上の地が白色の板に赤色の文字で「休止中」と表示した標識が掲示されていること。

4　四百五号改正政令附則第十条第二項の確認を受けている既設の浮き蓋付特定屋外タンク貯蔵所の所有者、管理者又は占有者は、当該既設の浮き蓋付特定屋外タンク貯蔵所における危険物の貯蔵及び取扱いを再開しようとするときは、あらかじめ、その旨を別記様式第三の届出書により市町村長等に届け出なければならない。

5　四百五号改正政令附則第十条第二項の確認を受けている既設の浮

き蓋付特定屋外タンク貯蔵所の所有者、管理者又は占有者は、前項の届出をするまでの間、当該既設の浮き蓋付特定屋外タンク貯蔵所について、第二項の申請書又は書類に記載された事項に変更が生じる場合には、あらかじめ、その旨を別記様式第四の届出書により市町村長等に届け出なければならない。その届出事項に変更が生じるときも、同様とする。

6　市町村長等は、四百五号改正政令附則第十条第二項の確認をした既設の浮き蓋付特定屋外タンク貯蔵所について、危険物の貯蔵及び取扱いが再開される前に、第三項各号のいずれかに該当しないと認めるに至ったときは、当該確認を取り消すことができる。

（罰則に関する経過措置）

第一〇条　この省令の施行前にした行為及びこの省令の附則においてなお従前の例によることとされる場合におけるこの省令の施行後にした行為に対する罰則の適用については、なお従前の例による。

別記様式第1

製造所
危険物貯蔵所指定数量の倍数変更届出書
取扱所

年　月　日 殿 届出者 住所　　（電話　　） 氏名　　㊞				
設置者	住所	電話		
	氏名			
設置場所				
設置の許可年月日及び許可番号		年　月　日　第　号		
設置の完成検査年月日及び検査番号		年　月　日　第　号		
製造所等の別			貯蔵所又は取扱所の区分	
405号改正政令施行前の危険物の類、品名（指定数量）、最大数量			指定数量の倍数	
405号改正政令施行により指定数量の倍数が増加することとなる理由				
その他必要な事項				
※受付欄		※経過欄		

備考1　この用紙の大きさは、日本工業規格Ａ４とすること。
2　法人にあっては、その名称、代表者氏名及び主たる事務所の所在地を記入すること。
3　品名（指定数量）の記載については、当該危険物の指定数量が品名の記載のみでは明確でない場合に（　）内に該当する指定数量を記載すること。
4　指定数量の倍数については、上欄に405号改正政令施行前の倍数を、下欄に405号改正政令施行後の倍数を記入すること。
5　※印の欄は、記入しないこと。

別記様式第２[い][ほ]

浮き蓋付特定屋外タンク貯蔵所の休止確認申請書

殿		年　月　日 申請者 住所　（電話　） 氏名	
設置者	住所	電話	
	氏名		
設置場所			
タンクの呼称又は番号			
設置の許可年月日及び許可番号		年　月　日　第　号	
貯蔵最大数量		kℓ	
浮き蓋の構造	□一枚板構造 □二枚板構造 □簡易フロート型（ＳＵＳ製、ＳＵＳ製以外） □パン型 □バルクヘッド型 □上記以外	告示第２条の２に定める空間高さ　Hc	m
		タンク内径	m
		告示第４条の20に定める　ν_5	
休止措置の内容＊	危険物の除去		
	危険物の誤流入防止措置		
	休止標識の掲示場所等		
危険物以外の物品の貯蔵又は取扱い＊		□無　□有（物品名：　）	
危険物の貯蔵又は取扱いの再開予定期日			
その他参考となる事項＊			

※受付欄	※経過欄	備考
	休止確認年月日	

備考１　この用紙の大きさは、日本産業規格Ａ４とすること。
２　法人にあっては、その名称、代表者氏名及び主たる事業所の所在地を記入すること。
３　＊印の欄に関しては、必要に応じ図面、資料等を添付すること。
４　※印の欄は記入しないこと。

本様式…一部改正〔令和元年６月総令19号[い]・２年12月124号[ほ]〕

別記様式第３[い][ほ]

休止中の浮き蓋付特定屋外タンク貯蔵所の再開届出書

殿		年　月　日 届出者 住所　（電話　） 氏名	
設置者	住所	電話	
	氏名		
設置場所			
タンクの呼称又は番号			
設置の許可年月日及び許可番号		年　月　日　第　号	
貯蔵最大数量		kℓ	
浮き蓋の構造	□一枚板構造 □二枚板構造 □簡易フロート型（ＳＵＳ製、ＳＵＳ製以外） □パン型 □バルクヘッド型 □上記以外	告示第２条の２に定める空間高さ　Hc	m
		タンク内径	m
		告示第４条の20に定める　ν_5	
休止確認年月日		年　月　日	
危険物の貯蔵又は取扱いを再開する日		年　月　日	
新基準に適合することとなった日又は適合することとなる予定の日		年　月　日	
※受付欄		備考	

備考１　この用紙の大きさは、日本産業規格Ａ４とすること。
２　法人にあっては、その名称、代表者氏名及び主たる事業所の所在地を記入すること。
３　新基準に適合している場合は、新基準の適合確認に用いた計算書、図面等を添付すること。
４　※印の欄は記入しないこと。

本様式…一部改正〔令和元年６月総令19号[い]・２年12月124号[ほ]〕

別記様式第4の[い][ほ]

浮き蓋付特定屋外タンク貯蔵所の休止確認に係る変更届出書

年　月　日

殿

届出者
住　所　　　　（電話　　　）
氏　名

設置者	住所	電話		
	氏名			
設置場所				
タンクの呼称又は番号				
設置の許可年月日及び許可番号		年　月　日　第　号		
休止確認年月日		年　月　日		
貯蔵最大数量		kℓ		
浮き蓋の構造	□一枚板構造 □二枚板構造 □簡易フロート型（SUS製、SUS製以外） □パン型 □バルクヘッド型 □上記以外	告示第2条の2に定める空間高さ Hc	m	
		タンク内径	m	
		告示第4条の20に定める v_5		
変更の内容		変更前	変更後	変更の理由
休止の措置内容 ＊	危険物の除去			
	危険物の誤流入防止措置			
	休止標識の掲示場所等			
危険物以外の物品の貯蔵又は取扱い ＊				
危険物の貯蔵又は取扱いの再開予定期日				
その他の変更の内容 ＊				
変更予定期日				
その他必要な事項 ＊				
※受付欄		備考		

備考1　この用紙の大きさは、日本産業規格A4とすること。
2　法人にあっては、その名称、代表者氏名及び主たる事業所の所在地を記入すること。
3　＊印の欄に関しては、必要に応じ図面、資料等を添付すること。
4　※印の欄は記入しないこと。

本様式…一部改正〔令和元年6月総令19号[い]・2年12月124号[ほ]〕

附　則（フ）〔平成二四年三月一六日総務省令第一二号〕

この省令は、平成二十四年四月一日から施行する。

附　則（コ）〔平成二四年三月三〇日総務省令第二四号〕

この省令は、平成二十四年四月一日から施行する。

附　則（エ）〔平成二四年五月二三日総務省令第四九号〕

この省令は、公布の日から施行する。ただし、第六十条の二第一項第十一号の二の改正規定は、平成二十四年十二月一日から施行する。

附　則（テ）〔平成二四年一二月一八日総務省令第一〇三号〕

この省令は、公布の日から施行する。

附　則（ア）〔平成二五年四月一日総務省令第四二号〕

この省令は、公布の日から施行する。

附　則（サ）〔平成二五年一二月二七日総務省令第一二八号抄〕

（施行期日）

第一条　この省令は、東南海・南海地震に係る地震防災対策の推進に関する特別措置法の一部を改正する法律（平成二十五年法律第八十七号）の施行の日（平成二十五年十二月二十七日）から施行する。

（危険物の規制に関する規則の一部改正に伴う経過措置）

第二条　この省令の施行前に消防法（昭和二十三年法律第百八十六号）第十四条の二第一項の規定により認可を受けた予防規程のこの省令による改正前の危険物規則第六十条の二第四項各号に掲げる事項について定めた部分は、この省令による改正後の危険物規則第六十条の二第四項各号に掲げる事項について定めたものについては、この省令による改正後の危険物規則第六十条の二第四項各号に掲げる事項について定めた部分とみなす。

附　則（キ）〔平成二六年三月二七日総務省令第二二号〕

この省令は、地域社会における共生の実現に向けて新たな障害保健福祉施策を講ずるための関係法律の整備に関する法律（平成二十四年法律第五十一号）附則第一条第二号に掲げる規定の施行の日（平成二

十六年四月一日）から施行する。〔以下略〕

附　則（ユ）〔平成二六年一〇月一日総務省令第七七号〕

（施行期日）

1　この省令は、次代の社会を担う子どもの健全な育成を図るための次世代育成支援対策推進法等の一部を改正する法律（平成二十六年法律第二十八号）附則第一条第二号に掲げる規定の施行の日（平成二十六年十月一日）から施行する。ただし、第五十八条の五第二号の改正規定及び附則第二項の規定は、独立行政法人通則法の一部を改正する法律（平成二十六年法律第六十六号）の施行の日（平成二十七年四月一日）から施行する。

（経過措置）

2　附則第一項ただし書に規定する規定の施行前に独立行政法人通則法の一部を改正する法律（平成二十六年法律第六十六号）による改正前の独立行政法人通則法（平成十一年法律第百三号）第二条第二項に規定する特定独立行政法人を退職した役員若しくは職員に対する危険物の規制に関する規則第五十八条の五第二号（消防法施行規則（昭和三十六年自治省令第六号）第三十三条の十六の規定により読み替えて準用する場合を含む。）の規定の適用については、同号中「行政執行法人（独立行政法人通則法（平成十一年法律第百三号）第二条第四項に規定する法人をいう。）の役員若しくは職員若しくは役員若しくは職員であつた者」とあるのは、「独立行政法人通則法の一部を改正する法律（平成二十六年法律第六十六号）による改正前の独立行政法人通則法（平成十一年法律第百三号）第二条第二項に規定する特定独立行政法人の役員若しくは職員であつた者」とする。

附　則（メ）〔平成二七年三月三一日総務省令第三五号抄〕

（施行期日）

第一条　この省令は、行政手続における特定の個人を識別するための番号の利用等に関する法律の施行の日〔平成二七年一〇月五日〕から施行する。

附　則（ミ）〔平成二七年六月五日総務省令第五六号〕

この省令は、公布の日から施行する。

附　則（シ）〔平成二七年九月三〇日総務省令第八一号〕

この省令は、勤労青少年福祉法等の一部を改正する法律（平成二十七年法律第七十二号）の施行の日（平成二十七年十月一日）から施行する。ただし、第十一条第四号トの改正規定は、公布の日から施行する。

附　則（ヱ）〔平成二八年三月一日総務省令第一二号〕

この省令は、公布の日から施行する。

附　則（ヒ）〔平成二八年四月一日総務省令第四六号〕

この省令は、公布の日から施行する。

附　則（モ）〔平成二九年一月二六日総務省令第三号〕

この省令は、公布の日から施行する。

附　則（セ）〔平成三〇年三月三〇日総務省令第一二号〕

この省令は、平成三十年四月一日から施行する。

附　則（ス）〔平成三〇年一一月三〇日総務省令第六五号〕

この省令は、平成三十一年四月一日から施行する。

附　則（ン）〔令和元年五月七日総務省令第三号〕

この省令は、公布の日から施行する。

附　則[い]〔令和元年六月二八日総務省令第一九号〕

この省令は、不正競争防止法等の一部を改正する法律の施行の日（令和元年七月一日）から施行する。

附　則[ろ]〔令和元年八月二七日総務省令第三四号〕

この省令は、公布の日から施行する。

附　則[は]〔令和元年一二月二〇日総務省令第六七号〕

（施行期日）

1 この省令は、令和二年四月一日から施行する。ただし、第三十九条の三の二の改正規定は、令和二年二月一日から施行する。

（罰則に関する経過措置）

2 この省令の施行前にした行為に対する罰則の適用については、なお従前の例による。

附　則㋥〔令和二年四月一五日総務省令第四〇号〕

この省令は、令和二年五月一日から施行する。

附　則㋭〔令和二年一二月二五日総務省令第一二四号〕

この省令は、公布の日から施行する。

附　則㋬〔令和三年七月二一日総務省令第七一号〕

この省令は、令和四年一月一日から施行する。ただし、第二十五条の六の改正規定は、公布の日から施行する。

附　則㋣〔令和四年三月三一日総務省令第二八号〕

この省令は、令和四年四月一日から施行する。〔以下略〕

附　則㋠〔令和五年九月一九日総務省令第七〇号〕

この省令は、公布の日から施行する。

附　則㋷〔令和五年一二月六日総務省令第八三号〕

（施行期日）

1 この省令は、令和五年十二月二十七日から施行する。ただし、次の各号に掲げる規定は、当該各号に定める日から施行する。

一　第四条第二項第四号、第五条第二項第四号及び第五条の二の改正規定、第十六条の二の六の次に五条を加える改正規定、第十六条の三から第十六条の七まで、第二十五条の四第一項及び第二項、第二十五条の五第一項及び第二項、第二十五条の十第四号ロ、第二十七条の三第三項及び第六項、第二十七条の五第五項、第二十八条の五十四第九号並びに第三十二条の三第二号の改正規定、第三十五条の次に一条を加える改正規定、第三十八条の四第一号への次にトを加える改正規定並びに第四十条の二の改正規定　公布の日の翌日

二　第四十七条の二第一項第一号の改正規定　令和六年四月一日

（給油取扱所の基準に関する経過措置）

2 この省令の施行の際現に消防法第十一条第一項の規定により許可を受けて設置されている給油取扱所の設備で、この省令の施行の際現に存するもののうち、この省令による改正後の危険物の規制に関する規則第二十五条の五第二項第四号又は第二十七条の三第六項第二号ニ（この省令による改正後の危険物の規制に関する規則第二十七条の五第五項においてその例による場合を含む。）に定める技術上の基準に適合しないものの位置、構造又は設備に係る技術上の基準については、これらの規定にかかわらず、なお従前の例による。

別表第１（第４条及び第５条関係）(わ)(ま)

構造及び設備	添付書類
基礎及び地盤に関するもの	地質調査資料、その他基礎及び地盤に関し必要な資料
タンクに関するもの	溶接部に関する説明書、その他タンクに関し必要な資料

本表…追加〔昭和52年２月自令２号(わ)〕、旧別表１の２…繰上〔平成元年２月自令５号(ま)〕

別表第１の２（第４条及び第５条関係）(り)(る)(わ)(ま)(リ)

構造及び設備	記載すべき事項（許可の申請に係る工事の内容に関係のあるものに限る。）	添付書類
１　配管	１　配管の起点、分岐点及び終点の位置（都道府県郡市区町村字番地を記載すること。） ２　延長（道路下、線路敷下、海底下、河川下、地上、海上その他の別に記載すること。） ３　配管内の最大常用圧力 ４　主要寸法及び材料 ５　接合の方法	１　位置図（縮尺は５万分の１以上とし、配管の経路及び移送基地の位置を記載すること。） ２　平面図（縮尺は３千分の１以上とし、配管の中心線から左右各300メートルにわたる区域内の地形、付近に存する道路、河川、鉄道及び建築物その他の施設の位置、配管の中心線、伸縮構造、感震装置、配管系内の圧力を測定することによつて自動的に危険物の漏えいを検知することができる装置の圧力計、防護措置及び弁の位置、第１条第５号に規定する市街地、同号ハに規定する区域、第28条の３各号に規定する場所並びに行政区画の境界を記載するものとし、配管の中心線には200メートルごとに逓(てい)加距離を記載すること。） ３　縦断面図（縮尺は横を２の平面図と同一とし、縦を300分の１以上とし、配管の中心線の地盤の高さ及び配管の頂部の高さを100メートルごとに並びに配管の勾配、主要な工作物の種類及び位置を記載すること。） ４　横断定規図（縮尺は200分の１以上とし、配管を敷設する道路、鉄道等の横断面に配管の中心並びに地上及び地下の工作物の位置を記載すること。） ５　道路、河川、水路及び鉄道の地下を配管が横断する場合であつて、配管をさや管その他の第28条の19第２項（第28条の20において準用する場合を含む。）及び第28条の21第２項の告示で定める構造物の中に設置する場合並びに配管を架空横断させる場合にあつては、当該横断箇所の詳細を示す図面 ６　強度計算書 ７　接合部の構造図 ８　溶接に関する説明書 ９　その他配管についての設備等に関する説明図書

2　緊急しや断弁及びしや断弁	弁の種類、型式及び材料	1　構造説明書（アクチユレーター等附帯設備を含む。） 2　機能説明書 3　強度に関する説明書 4　制御系統図
3　漏えい検知装置		
(1)　配管系内の危険物の流量を測定することによつて自動的に危険物の漏えいを検知することができる装置又はこれと同等以上の性能を有する装置	1　漏えい検知能 2　流量計の種類、型式、精度及び測定範囲 3　演算処理装置の種類及び型式	1　漏えい検知能に関する説明書 2　漏えい検知に関するフローチヤート 3　演算処理装置の処理機能に関する説明書
(2)　配管系内の圧力を測定することによつて自動的に危険物の漏えいを検知することができる装置又はこれと同等以上の性能を有する装置	1　漏えい検知能 2　圧力計の種類、型式、精度及び測定範囲	1　漏えい検知能に関する説明書 2　漏えい検知に関するフローチヤート 3　受信部の構造に関する説明書
(3)　配管系内の圧力を一定に静止させ、かつ、当該圧力を測定することによつて危険物の漏えいを検知することができる装置又はこれと同等以上の性能を有する装置	1　漏えい検知能 2　圧力計の種類、型式、精度及び測定範囲	漏えい検知能に関する説明書
4　圧力安全装置		構造説明図又は圧力制御方式に関する説明書
5　感震装置及び強震計	種類及び型式	1　構造説明図 2　地震検知に関するフローチヤート
6　ポンプ	1　種類、型式、容量、揚程、回転数並びに常用及び予備の別 2　ケーシング又はシリンダーの主要寸法及び材料 3　原動機の種類及び出力 4　高圧パネルの容量 5　変圧器容量	1　構造説明図 2　強度に関する説明書 3　容積式ポンプの圧力上昇防止装置に関する説明書 4　高圧パネル、変圧器等電気設備の系統図（原動機を動かすための電気設備に限る。）
7　ピグ取扱い装置		構造説明図
8　電気防食設備、加熱及び保温のための設備、支持物、漏えい拡散防止のための設備、運転状態監視装置、安全制御装置、警報設備、予備動力源、危険物の受入れ口及び払出し口、防護工、防護構	設備の種類、型式、材料、強度その他設備の機能、性能等に関し必要な事項	設備の設置に関し必要な説明書及び図面

造物、衝突防護工、伸縮吸収装置、危険物除去のための設備、通報設備、可燃性蒸気滞留防止のための設備、不等沈下測定設備、資機材倉庫、点検箱、標識その他移送取扱所に係る設備		

本表…追加〔昭和49年5月自令12号(り)〕、一部改正〔昭和51年3月自令7号(る)〕、旧別表1の2…一部改正し繰下〔昭和52年2月自令2号(わ)〕、旧別表1の3…繰上〔平成元年2月自令5号(ま)〕、本表…一部改正〔平成13年10月総令136号(リ)〕

別表第2（第31条関係）(と)(る)(ま)

消火設備	種別	容量	対象物に対する能力単位	
			第一類から第六類までの危険物に対するもの	電気設備及び第四類の危険物を除く対象物に対するもの
水バケツ又は水槽	消火専用バケツ	8*l*		3個にて 1.0
	水槽（消火専用バケツ3個付）	80*l*		1.5
	水槽（消火専用バケツ6個付）	190*l*		2.5
乾燥砂	乾燥砂（スコップ付）	50*l*	0.5	
膨張ひる石又は膨張真珠岩	膨張ひる石又は膨張真珠岩（スコップ付）	160*l*	1.0	

本表…一部改正〔昭和46年6月自令12号(と)・51年3月7号(る)・平成元年2月5号(ま)〕

別表第３（第39条の３及び第43条関係）（ま）

運搬容器（固体用のもの）				危険物の類別及び危険等級の別								
内装容器		外装容器		第一類			第二類		第三類		第五類	
容器の種類	最大容積又は最大収容重量	容器の種類	最大容積又は最大収容重量	Ⅰ	Ⅱ	Ⅲ	Ⅱ	Ⅲ	Ⅰ	Ⅱ	Ⅰ	Ⅱ
ガラス容器又はプラスチック容器	10*l*	木箱又はプラスチック箱（必要に応じ、不活性の緩衝材を詰める。）	125kg	○	○	○	○	○	○	○	○	○
			225kg		○	○		○		○		○
		ファイバ板箱（必要に応じ、不活性の緩衝材を詰める。）	40kg	○	○	○	○	○	○	○	○	○
			55kg		○	○		○		○		○
金属製容器	30*l*	木箱又はプラスチック箱	125kg	○	○	○	○	○	○	○	○	○
			225kg		○	○		○		○		○
		ファイバ板箱	40kg	○	○	○	○	○	○	○	○	○
			55kg		○	○		○		○		○
プラスチックフィルム袋又は紙袋	5kg	木箱又はプラスチック箱	50kg	○	○	○	○	○		○	○	○
	50kg		50kg	○	○	○	○	○				○
	125kg		125kg		○	○	○	○				
	225kg		225kg			○		○				
	5kg	ファイバ板箱	40kg	○	○	○	○	○		○	○	○
	40kg		40kg	○	○	○	○	○				○
	55kg		55kg			○		○				
		金属製容器（金属製ドラムを除く。）	60*l*	○	○	○	○	○	○	○	○	○
		プラスチック容器（プラスチックドラムを除く。）	10*l*		○	○	○	○		○		○
			30*l*			○		○				○
		金属製ドラム	250*l*	○	○	○	○	○	○	○	○	○
		プラスチックドラム又はファイバドラム（防水性のもの）	60*l*	○	○	○	○	○	○	○	○	○
			250*l*		○	○		○		○		○
		樹脂クロス袋（防水性のもの）、プラスチックフィルム袋、織布袋（防水性のもの）又は紙袋（多層、かつ、防水性のもの）	50kg		○	○	○	○		○		○

備考

1　○印は、危険物の類別及び危険等級の別の項に掲げる危険物には、当該各欄に掲げる運搬容器がそれぞれ適応するものであることを示す。

2　内装容器とは、外装容器に収納される容器であつて危険物を直接収納するためのものをいう。

3　内装容器の容器の種類の項が空欄のものは、外装容器に危険物を直接収納することができ、又はガラス容器、プラスチック容器、金属製容器、プラスチックフィルム袋若しくは紙袋の内装容器を収納する外装容器とすることができることを示す。

本表…全部改正〔昭和40年５月自令17号(は)〕、一部改正〔昭和42年12月自令37号(ほ)・44年11月31号(へ)・46年6月12号(と)・51年３月７号(る)・53年２月１号(か)・10月24号(よ)・54年７月16号(た)・56年９月22号(そ)・59年３月１号(な)・12月30号(む)・61年７月16号(う)・12月32号(ゐ)・62年12月36号(お)〕、全部改正〔平成元年２月自令５号(ま)〕

別表第３の２（第39条の３及び第43条関係）（ま）

運搬容器（液体用のもの）				危険物の類別及び危険等級の別							
内装容器		外装容器		第三類		第四類			第五類		第六類
容器の種類	最大容積又は最大収容重量	容器の種類	最大容積又は最大収容重量	Ⅰ	Ⅱ	Ⅰ	Ⅱ	Ⅲ	Ⅰ	Ⅱ	Ⅰ
ガラス容器	5*l*	木箱又はプラスチック箱（不活性の緩衝材を詰める。）	75kg	○	○	○	○	○	○	○	○
	10*l*		125kg		○		○	○		○	
			225kg					○			
	5*l*	ファイバ板箱（不活性の緩衝材を詰める。）	40kg	○	○	○	○	○	○	○	○
	10*l*		55kg					○			
プラスチック容器	10*l*	木箱又はプラスチック箱（必要に応じ、不活性の緩衝材を詰める。）	75kg	○	○	○	○	○	○	○	○
			125kg		○		○	○		○	
			225kg					○			
		ファイバ板箱（必要に応じ、不活性の緩衝材を詰める。）	40kg	○	○	○	○	○	○	○	○
			55kg					○			
金属製容器	30*l*	木箱又はプラスチック箱	125kg	○	○	○	○	○	○	○	○
			225kg					○			
		ファイバ板箱	40kg	○	○	○	○	○	○	○	○
			55kg		○		○	○		○	
		金属製容器（金属製ドラムを除く。）	60*l*		○		○	○		○	
		プラスチック容器（プラスチックドラムを除く。）	10*l*		○		○	○		○	
			30*l*					○		○	
		金属製ドラム（天板固定式のもの）	250*l*	○	○	○	○	○	○	○	○
		金属製ドラム（天板取外し式のもの）	250*l*				○	○			
		プラスチックドラム又はファイバドラム（プラスチック内容器付きのもの）	250*l*		○			○		○	

備考

1　○印は、危険物の類別及び危険等級の別の項に掲げる危険物には、当該各欄に掲げる運搬容器がそれぞれ適応するものであることを示す。

2　内装容器とは、外装容器に収納される容器であつて危険物を直接収納するためのものをいう。

3　内装容器の容器の種類の項が空欄のものは、外装容器に危険物を直接収納することができ、又はガラス容器、プラスチック容器若しくは金属製容器の内装容器を収納する外装容器とすることができることを示す。

本表…追加〔平成元年２月自令５号(ま)〕

別表第３の３（第43条関係）(み)

運搬容器（固体用のもの）			危険物の類別及び危険等級の別								
種類		最大容積	第一類			第二類		第三類		第五類	
			Ⅰ	Ⅱ	Ⅲ	Ⅱ	Ⅲ	Ⅰ	Ⅱ	Ⅰ	Ⅱ
金属製		3,000*l*	○	○	○	○	○	○	○		○
フレキシブル	樹脂クロス製	3,000*l*		○	○	○	○		○		○
	プラスチックフィルム製	3,000*l*		○	○	○	○		○		○
	織布製	3,000*l*		○	○	○	○		○		○
	紙製（多層のもの）	3,000*l*		○	○	○	○		○		○
硬質プラスチック製		1,500*l*	○	○	○	○	○		○		○
		3,000*l*		○	○	○	○		○		○
プラスチック内容器付き		1,500*l*	○	○	○	○	○		○		○
		3,000*l*		○	○	○	○		○		○
ファイバ板製		3,000*l*		○	○	○	○		○		○
木製（ライナー付き）		3,000*l*		○	○	○	○		○		○

備考

1　○印は、危険物の類別及び危険等級の別の項に掲げる危険物には、当該各欄に掲げる運搬容器がそれぞれ適応するものであることを示す。

2　フレキシブル、ファイバ板製及び木製の運搬容器にあつては、収納及び排出方法が重力によるものに限る。

本表…追加〔平成７年２月自令２号(み)〕

別表第３の４（第43条関係）(み)

運搬容器（液体用のもの）		危険物の類別及び危険等級の別							
種類	最大容積	第三類		第四類			第五類		第六類
		Ⅰ	Ⅱ	Ⅰ	Ⅱ	Ⅲ	Ⅰ	Ⅱ	Ⅰ
金属製	3,000*l*		○		○	○		○	
硬質プラスチック製	3,000*l*		○		○	○		○	
プラスチック内容器付き	3,000*l*		○		○	○		○	

備考　○印は、危険物の類別及び危険等級の別の項に掲げる危険物には、当該各欄に掲げる運搬容器がそれぞれ適応するものであることを示す。

本表…追加〔平成７年２月自令２号(み)〕

別表第４（第46条関係）（ま）

	第一類	第二類	第三類	第四類	第五類	第六類
第一類		×	×	×	×	○
第二類	×		×	○	○	×
第三類	×	×		○	×	×
第四類	×	○	○		○	×
第五類	×	○	×	○		×
第六類	○	×	×	×	×	

備考

1　×印は、混載することを禁止する印である。

2　○印は、混載にさしつかえない印である。

3　この表は、指定数量の$\frac{1}{10}$以下の危険物については、適用しない。

本表…一部改正〔昭和51年３月自令７号(る)〕、全部改正〔平成元年２月自令５号(ま)〕

別表第５（第64条関係）(り)(る)

事業所の区分	人員数	化学消防自動車の台数
指定施設（移送取扱所を除く。以下この表において同じ。）において取り扱う第四類の危険物の最大数量が指定数量の12万倍未満である事業所	５人	１台
指定施設において取り扱う第四類の危険物の最大数量が指定数量の12万倍以上24万倍未満である事業所	10人	２台
指定施設において取り扱う第四類の危険物の最大数量が指定数量の24万倍以上48万倍未満である事業所	15人	３台
指定施設において取り扱う第四類の危険物の最大数量が指定数量の48万倍以上である事業所	20人	４台

本表…追加〔昭和49年５月自令12号(り)〕、一部改正〔昭和51年３月自令７号(る)〕

別表第６（第64条関係）(り)(る)

事業所の区分	人員数	化学消防自動車の台数
危険物を移送するための配管の延長が15キロメートル以下である移送取扱所を有する事業所	５人	１台
危険物を移送するための配管の延長が15キロメートルを超え、かつ、当該配管の経路が移送基地を中心として半径50キロメートルの円の範囲内にとどまる移送取扱所を有する事業所	10人	２台
危険物を移送するための配管の延長が15キロメートルを超え、かつ、当該配管の経路が移送基地を中心として半径50キロメートルの円の範囲外に及ぶ移送取扱所を有する事業所	10人に左欄の半径50キロメートルの円の範囲外の配管経路について当該配管経路を半径50キロメートルの円の範囲内に包含する場所１箇所につき５人を加えた数	２台に左欄の半径50キロメートルの円の範囲外の配管経路について当該配管経路を半径50キロメートルの円の範囲内に包含する場所１箇所につき１台を加えた数

本表…追加〔昭和49年５月自令12号(り)〕、一部改正〔昭和51年３月自令７号(る)〕

様式第１（第１条の５関係）(ま)(さ)[い][ほ]

圧縮アセチレンガス等の貯蔵又は取扱いの開始（廃止）届出書

<table>
<tr><td colspan="6">年　　月　　日
殿
届　出　者
住　所　　　　　　（電話　　　）
氏　名</td></tr>
<tr><td rowspan="2">事業所の所在地及び名称</td><td>所在地</td><td colspan="4"></td></tr>
<tr><td>名　称</td><td colspan="4"></td></tr>
<tr><td>貯蔵し、又は取り扱う倉庫、施設等の名称</td><td>貯蔵し、又は取り扱う倉庫、施設等の構造等の概要</td><td>貯蔵し、又は取り扱う物質の名称</td><td>最大貯蔵数量又は最大取扱数量（kg）</td><td colspan="2">消火設備の概要</td></tr>
<tr><td></td><td></td><td></td><td></td><td colspan="2"></td></tr>
<tr><td rowspan="2">物質に対する処理剤の種類及び保有量</td><td colspan="2">種　　類</td><td colspan="2">保　有　量</td><td>対　象　物　質</td></tr>
<tr><td colspan="2"></td><td colspan="2"></td><td></td></tr>
<tr><td>貯蔵又は取扱開始（廃止）予定年月日</td><td colspan="5"></td></tr>
<tr><td rowspan="2">緊急時の連絡先</td><td>昼　間</td><td colspan="4">（電話　　　）</td></tr>
<tr><td>夜間・休日</td><td colspan="4">（電話　　　）</td></tr>
<tr><td>その他必要な事項</td><td colspan="5"></td></tr>
<tr><td>※　受　付　欄</td><td colspan="5">※　経　過　欄</td></tr>
<tr><td></td><td colspan="5"></td></tr>
</table>

備考　１　この用紙の大きさは、日本産業規格Ａ４とすること。

２　法人にあつては、その名称、代表者氏名及び主たる事務所の所在地を記入すること。

３　「処理剤」とは、消石灰等の化学処理剤及び乾燥砂等の吸着剤をいう。

４　※印の欄は、記入しないこと。

５　貯蔵又は取扱いを開始しようとするときは、倉庫、施設等の位置及び倉庫、施設等内における物質の貯蔵又は取扱場所を示す見取図を添付すること。

本様式…追加〔平成元年２月自令５号(ま)〕、一部改正〔平成６年１月自令４号(さ)・令和元年６月総令19号[い]・２年12月124号[ほ]〕

様式第１の２（第１条の６関係）㊅

危険物仮貯蔵・仮取扱い承認申請書

年　月　日

殿

申　請　者
住　所　　　　　　（電話　　　）
氏　名

危険物の所有者、管理者又は占有者	住　所	電話（　　）
	氏　名	
仮貯蔵・仮取扱いの場所	所在地・名称	
危険物の類、品名及び最大数量		指定数量の倍数 / 倍
仮貯蔵・仮取扱いの方法		
仮貯蔵・仮取扱いの期間	年　月　日から　年　月　日まで　日間	
管理の状況（消火設備の設置状況を含む）		
現場管理責任者	住　所	緊急連絡先　（　　）
	氏　名	【危険物取扱者免状：有（種類：　　　）・無】
仮貯蔵・仮取扱いの理由及び期間経過後の処理		
その他必要事項		

※　受　付　欄	※　経　過　欄	※　手　数　料　欄
	承認年月日 承認番号	

備考　1　この用紙の大きさは、日本産業規格Ａ４とすること。
2　法人にあっては、その名称、代表者氏名及び主たる事務所の所在地を記入すること。
3　案内図、配置図、平面図、構造図その他関係書類を添付すること。
4　※印の欄は、記入しないこと。

本様式…追加〔令和３年７月総令71号㊅〕

様式第２（第４条関係）(ま)(さ)[い][ほ]

製造所
危険物貯蔵所設置許可申請書
取扱所

<table>
<tr><td colspan="6">年　月　日

殿

申請者
住所　（電話　）
氏名</td></tr>
<tr><td rowspan="2">設置者</td><td>住所</td><td colspan="4">電話</td></tr>
<tr><td>氏名</td><td colspan="4"></td></tr>
<tr><td colspan="2">設置場所</td><td colspan="4"></td></tr>
<tr><td colspan="2" rowspan="2">設置場所の地域別</td><td colspan="2">防火地域別</td><td colspan="2">用途地域別</td></tr>
<tr><td colspan="2"></td><td colspan="2"></td></tr>
<tr><td colspan="2">製造所等の別</td><td></td><td>貯蔵所又は取扱所の区分</td><td colspan="2"></td></tr>
<tr><td colspan="2">危険物の類、品名（指定数量）、最大数量</td><td colspan="2"></td><td>指定数量の倍数</td><td></td></tr>
<tr><td colspan="2">位置、構造及び設備の基準に係る区分</td><td colspan="4">令第　条　第　項
（規則第　条　第　項）</td></tr>
<tr><td colspan="2">位置、構造、設備の概要</td><td colspan="4"></td></tr>
<tr><td colspan="2">危険物の貯蔵又は取扱方法の概要</td><td colspan="4"></td></tr>
<tr><td colspan="2">着工予定期日</td><td></td><td>完成予定期日</td><td colspan="2"></td></tr>
<tr><td colspan="2">その他必要な事項</td><td colspan="4"></td></tr>
<tr><td colspan="2">※受付欄</td><td colspan="2">※経過欄</td><td colspan="2">※手数料欄</td></tr>
<tr><td colspan="2"></td><td colspan="2">許可年月日
許可番号</td><td colspan="2"></td></tr>
</table>

備考　1　この用紙の大きさは、日本産業規格Ａ４とすること。
2　この設置許可申請書は、移送取扱所以外の製造所等に用いるものであること。
3　法人にあつては、その名称、代表者氏名及び主たる事務所の所在地を記入すること。
4　品名（指定数量）の記載については、当該危険物の指定数量が品名の記載のみでは明確でない場合に（　）内に該当する指定数量を記載すること。
5　位置、構造及び設備の基準に係る区分の欄には、適用を受けようとする危険物の規制に関する政令の条文を記入すること。危険物の規制に関する規則の適用条文の記載がさらに必要な場合は（　）内に記載すること。
6　※印の欄は、記入しないこと。

本様式…一部改正〔昭和49年５月自令12号(り)・51年３月７号(る)〕、旧様式第１…全部改正し繰下〔平成元年２月自令５号(ま)〕、本様式…一部改正〔平成６年１月自令４号(さ)・令和元年６月総令19号[い]・２年12月124号[ほ]〕

様式第３（第４条関係）（ま）（さ）（へ）[い][ほ]

移送取扱所設置許可申請書

年　月　日 殿 申　請　者 住　所　（電話　） 氏　名				
設置者	住所	電話		
	氏名			
設置場所	起点			
	終点			
	経過地			
配管	延長	km		
	外径	mm		
	条数	条		
危険物の類、品名（指定数量）及び化学名又は通称名			指定数量の倍数	
危険物の移送量		kℓ/日		
ポンプの種類等	種類・型式			
	全揚程	m		
	吐出量	kℓ/時		
	基数	基		
危険物の取扱方法の概要				
着工予定期日				
完成予定期日				
その他必要な事項				
※受付欄		※経過欄	※手数料欄	
		許可年月日 許可番号		

備考　1　この用紙の大きさは、日本産業規格Ａ４とすること。

2　この設置許可申請書は、移送取扱所に用いるものであること。

3　法人にあつては、その名称、代表者氏名及び主たる事務所の所在地を記入すること。

4　設置場所の欄中、起点及び終点の欄には、起点又は終点の事業所名を併記し、経過地の欄には、配管系が設置される市町村名を記入すること。

5　品名（指定数量）の記載については、当該危険物の指定数量が品名の記載のみでは明確でない場合に（　）内に該当する指定数量を記載すること。

6　※印の欄は、記入しないこと。

7　総務大臣に申請する場合は、収入印紙（消印をしないこと。）をはり付けること。

本様式…追加〔昭和49年５月自令12号(り)〕、一部改正〔昭和49年６月自令17号(ぬ)・51年３月７号(る)〕、旧様式第１の２…全部改正し繰下〔平成元年２月自令５号(ま)〕、本様式…一部改正〔平成６年１月自令４号(さ)・12年９月44号(へ)・令和元年６月総令19号[い]・２年12月124号[ほ]〕

様式第４のイ（第４条、第５条関係）(ま)(さ)(ソ)[い]

製造所
一般取扱所 構造設備明細書

<table>
<tr><td colspan="3">事業の概要</td><td colspan="8"></td></tr>
<tr><td colspan="3">危険物の取扱作業の内容</td><td colspan="8"></td></tr>
<tr><td colspan="3">製造所（一般取扱所）の敷地面積</td><td colspan="8">㎡</td></tr>
<tr><td rowspan="4">建築物の構造</td><td colspan="2">階数</td><td colspan="2"></td><td>建築面積</td><td colspan="2">㎡</td><td>延べ面積</td><td colspan="2">㎡</td></tr>
<tr><td rowspan="2">壁</td><td>延焼のおそれのある外壁</td><td colspan="2"></td><td>柱</td><td colspan="2"></td><td>床</td><td colspan="2"></td></tr>
<tr><td>その他の壁</td><td colspan="2"></td><td>はり</td><td colspan="2"></td><td>屋根</td><td colspan="2"></td></tr>
<tr><td colspan="2">窓</td><td colspan="2"></td><td>出入口</td><td colspan="2"></td><td>階段</td><td colspan="2"></td></tr>
<tr><td colspan="3" rowspan="2">建築物の一部に製造所（一般取扱所）を設ける場合の建築物の構造</td><td>階数</td><td></td><td>建築面積</td><td colspan="2">㎡</td><td>延べ面積</td><td colspan="2">㎡</td></tr>
<tr><td colspan="2">建築物の構造概要</td><td colspan="6"></td></tr>
<tr><td colspan="3">設備の概要
製造（取扱）</td><td colspan="8"></td></tr>
<tr><td colspan="3">タンクの概要
項第二十号
令第九条第一</td><td colspan="8"></td></tr>
<tr><td colspan="3">配管</td><td colspan="3"></td><td colspan="2">加圧設備</td><td colspan="3"></td></tr>
<tr><td colspan="3">加熱設備</td><td colspan="3"></td><td colspan="2">乾燥設備</td><td colspan="3"></td></tr>
<tr><td colspan="3">貯留設備</td><td colspan="3"></td><td colspan="2">電気設備</td><td colspan="3"></td></tr>
<tr><td colspan="3">換気、排出の設備</td><td colspan="3"></td><td colspan="2">静電気除去設備</td><td colspan="3"></td></tr>
<tr><td colspan="3">避雷設備</td><td colspan="3"></td><td colspan="2">警報設備</td><td colspan="3"></td></tr>
<tr><td colspan="3">消火設備</td><td colspan="8"></td></tr>
<tr><td colspan="3">工事請負者住所氏名</td><td colspan="8">電話</td></tr>
</table>

備考　１　この用紙の大きさは、日本産業規格Ａ４とすること。
　　　２　建築物の一部に製造所（一般取扱所）を設ける場合の建築物の構造の欄は、該当する場合のみ記入すること。
　　　３　令第９条第１項第20号のタンクにあつては、構造設備明細書（様式第４のハ、様式第４のニ又は様式第４のホ）を添付すること。

本様式…一部改正〔昭和51年３月自令７号(る)〕、旧様式第２のイ…全部改正し繰下〔平成元年２月自令５号(ま)〕、本様式…一部改正〔平成６年１月自令４号(さ)・18年３月総令31号(ソ)・令和元年６月19号[い]〕

様式第４の口（第４条、第５条関係）（ま）（さ）[い]

屋内貯蔵所構造設備明細書

<table>
<tr><td colspan="2">事業の概要</td><td colspan="8"></td></tr>
<tr><td rowspan="4">建築物の構造</td><td colspan="2">階数</td><td></td><td>建築面積</td><td colspan="2">㎡</td><td>延べ面積</td><td colspan="2">㎡</td></tr>
<tr><td rowspan="2">壁</td><td>延焼のおそれのある外壁</td><td></td><td>柱</td><td colspan="2"></td><td>床</td><td colspan="2"></td></tr>
<tr><td>その他の壁</td><td></td><td>はり</td><td colspan="2"></td><td>屋根又は上階の床</td><td colspan="2"></td></tr>
<tr><td>窓</td><td></td><td>出入口</td><td></td><td>階段</td><td></td><td>軒高
階高</td><td colspan="2">m</td></tr>
<tr><td colspan="2" rowspan="2">建築物の一部に貯蔵所を設ける場合の建築物の構造</td><td>階数</td><td></td><td>建築面積</td><td>㎡</td><td>延べ面積</td><td colspan="3">㎡</td></tr>
<tr><td colspan="2">建築物の構造概要</td><td colspan="6"></td></tr>
<tr><td colspan="2">架台の構造</td><td colspan="8"></td></tr>
<tr><td colspan="2">採光、照明設備</td><td colspan="8"></td></tr>
<tr><td colspan="2">換気、排出の設備</td><td colspan="8"></td></tr>
<tr><td colspan="2">電気設備</td><td colspan="8"></td></tr>
<tr><td colspan="2">避雷設備</td><td colspan="8"></td></tr>
<tr><td colspan="2">通風、冷房装置等の設備</td><td colspan="8"></td></tr>
<tr><td colspan="2">消火設備</td><td colspan="8"></td></tr>
<tr><td colspan="2">警報設備</td><td colspan="8"></td></tr>
<tr><td colspan="2">工事請負者住所氏名</td><td colspan="8">電話</td></tr>
</table>

備考　１　この用紙の大きさは、日本産業規格Ａ４とすること。
　　　２　建築物の一部に貯蔵所を設ける場合の建築物の構造の欄は、該当する場合のみ記入すること。

本様式…一部改正〔昭和51年３月自令７号(る)〕、旧様式第２の口…全部改正し繰下〔平成元年２月自令５号(ま)〕、本様式…一部改正〔平成６年１月自令４号(さ)・令和元年６月総令19号[い]〕

様式第４のハ（第４条、第５条関係）（ま）（さ）（す）[い]

屋外タンク貯蔵所構造設備明細書

<table>
<tr><td colspan="2">事業の概要</td><td colspan="4"></td></tr>
<tr><td colspan="2">貯蔵する危険物の概要</td><td>引火点</td><td>℃</td><td>貯蔵温度</td><td>℃</td></tr>
<tr><td colspan="2">基礎、据付方法の概要</td><td colspan="4"></td></tr>
<tr><td rowspan="11">タンクの構造、設備</td><td>形状</td><td colspan="2"></td><td>常圧・加圧</td><td>(kPa)</td></tr>
<tr><td>寸法</td><td colspan="2"></td><td>容量</td><td></td></tr>
<tr><td>材質、板厚</td><td colspan="4"></td></tr>
<tr><td rowspan="2">通気管</td><td>種別</td><td>数</td><td colspan="2">内径又は作動圧</td></tr>
<tr><td></td><td></td><td colspan="2">mm
kPa</td></tr>
<tr><td rowspan="2">安全装置</td><td>種別</td><td>数</td><td colspan="2">作動圧</td></tr>
<tr><td></td><td></td><td colspan="2">kPa</td></tr>
<tr><td>液量表示装置</td><td></td><td>引火防止装置</td><td colspan="2">有・無</td></tr>
<tr><td>不活性気体の封入設備</td><td></td><td>タンク保温材の概要</td><td colspan="2"></td></tr>
<tr><td colspan="2">注入口の位置</td><td></td><td>注入口付近の接地電極</td><td colspan="2">有・無</td></tr>
<tr><td rowspan="2">防油堤</td><td colspan="2">構造</td><td>容量</td><td colspan="2">排水設備</td></tr>
<tr><td colspan="2"></td><td></td><td colspan="2"></td></tr>
<tr><td colspan="2">ポンプ設備の概要</td><td colspan="4"></td></tr>
<tr><td colspan="2">避雷設備</td><td colspan="4"></td></tr>
<tr><td colspan="2">配管</td><td colspan="4"></td></tr>
<tr><td colspan="2">消火設備</td><td></td><td>タンクの加熱設備</td><td colspan="2"></td></tr>
<tr><td colspan="2">工事請負者住所氏名</td><td colspan="4">電話</td></tr>
</table>

備考　この用紙の大きさは、日本産業規格Ａ４とすること。

本様式…一部改正〔昭和51年３月自令７号(る)〕、旧様式第２のハ…全部改正し繰下〔平成元年２月自令５号(ま)〕、本様式…一部改正〔平成６年１月自令４号(さ)・10年３月６号(す)・令和元年６月総令19号[い]〕

様式第４の二（第４条、第５条関係）(ま)(さ)(す)[い]

屋内タンク貯蔵所構造設備明細書

<table>
<tr><td colspan="3">事業の概要</td><td colspan="4"></td></tr>
<tr><td rowspan="3">タンク専用室の構造</td><td rowspan="2">壁</td><td>延焼のおそれのある外壁</td><td></td><td>床</td><td colspan="2"></td></tr>
<tr><td>その他の壁</td><td></td><td>出入口</td><td colspan="2">（しきい高さ　　cm）</td></tr>
<tr><td colspan="2">屋根</td><td></td><td>その他</td><td colspan="2"></td></tr>
<tr><td rowspan="2">建築物の一部にタンク専用室を設ける場合の建築物の構造</td><td>階数</td><td></td><td>設置階</td><td></td><td>建築面積</td><td>㎡</td></tr>
<tr><td colspan="2">建築物の構造概要</td><td colspan="4"></td></tr>
<tr><td rowspan="9">タンクの構造、設備</td><td>形状</td><td></td><td colspan="4">常圧・加圧（　　kPa）</td></tr>
<tr><td>寸法</td><td></td><td>容量</td><td colspan="3"></td></tr>
<tr><td>材質、板厚</td><td colspan="5"></td></tr>
<tr><td rowspan="2">通気管</td><td>種別</td><td>数</td><td colspan="3">内径又は作動圧</td></tr>
<tr><td></td><td></td><td colspan="3">㎜
kPa</td></tr>
<tr><td rowspan="2">安全装置</td><td>種別</td><td>数</td><td colspan="3">作動圧</td></tr>
<tr><td></td><td></td><td colspan="3">kPa</td></tr>
<tr><td>液量表示装置</td><td></td><td>引火防止装置</td><td colspan="3">有・無</td></tr>
<tr><td colspan="2">注入口の位置</td><td></td><td>注入口付近の接地電極</td><td colspan="3">有・無</td></tr>
<tr><td colspan="2">ポンプ設備の概要</td><td colspan="5"></td></tr>
<tr><td colspan="2">採光、照明設備</td><td></td><td>換気、排出の設備</td><td colspan="3"></td></tr>
<tr><td colspan="2">配管</td><td colspan="5"></td></tr>
<tr><td colspan="2">消火設備</td><td></td><td>警報設備</td><td colspan="3"></td></tr>
<tr><td colspan="2">工事請負者住所氏名</td><td colspan="5">電話</td></tr>
</table>

備考　１　この用紙の大きさは、日本産業規格Ａ４とすること。

２　建築物の一部にタンク専用室を設ける場合の建築物の構造の欄は、該当する場合のみ記入すること。

本様式…追加〔平成元年２月自令５号(ま)〕、一部改正〔平成６年１月自令４号(さ)・10年３月６号(す)・令和元年６月総令19号[い]〕

様式第４のホ（第４条、第５条関係）（き）（み）（す）（ソ）[い]

地下タンク貯蔵所構造設備明細書

<table>
<tr><td colspan="2">事業の概要</td><td colspan="4"></td></tr>
<tr><td colspan="2">タンクの設置方法</td><td colspan="4">タンク室　・　直埋設　・　漏れ防止</td></tr>
<tr><td colspan="2">タンクの種類</td><td colspan="4">鋼製タンク・強化プラスチック製二重殻タンク・鋼製二重殻タンク・鋼製強化プラスチック製二重殻タンク</td></tr>
<tr><td rowspan="11">タンクの構造、設備</td><td>形状</td><td></td><td colspan="3">常圧・加圧（　　kPa）</td></tr>
<tr><td>寸法</td><td></td><td colspan="2">容量</td><td></td></tr>
<tr><td>材質、板厚</td><td colspan="4"></td></tr>
<tr><td>外面の保護</td><td colspan="4"></td></tr>
<tr><td>危険物の漏れ検知設備又は漏れ防止構造の概要</td><td colspan="4"></td></tr>
<tr><td rowspan="2">通気管</td><td>種別</td><td>数</td><td colspan="2">内径又は作動圧</td></tr>
<tr><td></td><td></td><td colspan="2">㎜
kPa</td></tr>
<tr><td rowspan="2">安全装置</td><td>種別</td><td>数</td><td colspan="2">作動圧</td></tr>
<tr><td></td><td></td><td colspan="2">kPa</td></tr>
<tr><td>可燃性蒸気回収設備</td><td colspan="4">有（　　　　）・無</td></tr>
<tr><td>液量表示装置</td><td></td><td colspan="2">引火防止装置</td><td>有・無</td></tr>
<tr><td colspan="2">タンク室又はタンク室以外の基礎、固定方法の概要</td><td colspan="4"></td></tr>
<tr><td colspan="2">注入口の位置</td><td></td><td colspan="2">注入口付近の接地電極</td><td>有・無</td></tr>
<tr><td colspan="2">ポンプ設備の概要</td><td colspan="4"></td></tr>
<tr><td colspan="2">配管</td><td colspan="4"></td></tr>
<tr><td colspan="2">電気設備</td><td colspan="4"></td></tr>
<tr><td colspan="2">消火設備</td><td colspan="4"></td></tr>
<tr><td colspan="2">工事請負者住所氏名</td><td colspan="4">電話</td></tr>
</table>

備考　１　この用紙の大きさは、日本産業規格Ａ４とすること。

２　「直埋設」とは、二重殻タンクをタンク室以外の場所に設置する方法（地下貯蔵タンクを危険物の漏れを防止することができる構造により地盤面下に設置する方法を除く。）をいう。

３　「鋼製強化プラスチック製二重殻タンク」とは、令第13条第２項第２号イに掲げる材料で造つた地下貯蔵タンクに同項第１号ロに掲げる措置を講じたものをいう。

本様式…一部改正〔昭和51年３月自令７号(る)〕、旧様式第２のニ…全部改正し繰下〔平成元年２月自令５号(ま)〕、本様式…一部改正〔平成２年２月自令１号(け)・６年１月４号(さ)〕、全部改正〔平成６年３月自令５号(き)〕、一部改正〔平成７年２月自令２号(み)・10年３月６号(す)・18年３月総令31号(ソ)・令和元年６月19号[い]〕

様式第４のへ（第４条、第５条関係）（ま）（さ）[い]

簡易タンク貯蔵所構造設備明細書

<table>
<tr><td colspan="3">事業の概要</td><td colspan="3"></td></tr>
<tr><td rowspan="3">専用室の構造</td><td rowspan="2">壁</td><td>延焼のおそれのある外壁</td><td></td><td>床</td><td></td></tr>
<tr><td>その他の壁</td><td></td><td>屋根</td><td></td></tr>
<tr><td colspan="2">出入口</td><td>（しきい高さ　　cm）</td><td>その他</td><td></td></tr>
<tr><td rowspan="3">タンクの構造、設備</td><td colspan="2">形状</td><td></td><td>寸法</td><td></td></tr>
<tr><td colspan="2">容量</td><td></td><td>材質、板厚</td><td></td></tr>
<tr><td colspan="2">通気管</td><td></td><td>給油、注油設備</td><td></td></tr>
<tr><td colspan="3">タンクの固定方法</td><td colspan="3"></td></tr>
<tr><td colspan="3">採光、照明設備</td><td colspan="3"></td></tr>
<tr><td colspan="3">換気、排気の設備</td><td colspan="3"></td></tr>
<tr><td colspan="3">消火設備</td><td colspan="3"></td></tr>
<tr><td colspan="3">工事請負者住所氏名</td><td colspan="3">電話</td></tr>
</table>

備考　この用紙の大きさは、日本産業規格Ａ４とすること。

本様式…一部改正〔昭和51年３月自令７号(る)〕、旧様式第２のホ…全部改正し繰下〔平成元年２月自令５号(ま)〕、本様式…一部改正〔平成６年１月自令４号(さ)・令和元年６月総令19号[い]〕

様式第４のト（第４条、第５条関係）（ま）（さ）（す）（ソ）㋑

移動タンク貯蔵所構造設備明細書

車名及び型式			
製造事業所名			
危険物	類別		
	品名		
	化学名		
	比重		
タンク諸元	断面形状		
	内測寸法	長さ	mm
		幅	mm
		高さ	mm
	最大容量		ℓ
	タンク室の容量		ℓ
	材料	材質記号	
		引張り強さ	N/mm²
	板厚	胴板	mm
		鏡板	mm
		間仕切板	mm
防波板	材料	材質記号	
		引張り強さ	N/mm²
	板厚		mm
	面積比 防波板面積／タンク断面積×100		%
タンクの最大常用圧力			kPa
安全装置	作動圧力		kPa
	有効吹き出し面積		cm²
側面枠	材料	材質記号	
		引張り強さ	N/mm²
	板厚		mm
	取付角度		
	接地角度		

側面枠	当て板	材料	材質記号	
			引張り強さ	N/mm²
		板厚		mm
防護枠	材料	材質記号		
		引張り強さ		N/mm²
	板厚			mm
閉鎖装置	自動閉鎖装置			有・無
	手動閉鎖装置			有・無
吐出口の位置				左右後
レバーの位置				左右後
底弁損傷防止方法				
接地導線				有（長さ　m）・無
緊結装置	緊締金具（すみ金具）			有・無
	Uボルト	材質記号		
		引張り強さ		N/mm²
		直径、本数		mm・本
箱枠	材料	材質記号		
		引張り強さ		N/mm²
消火器	薬剤の種類			
	薬剤量		kg	kg
	個数		個	個
可燃性蒸気回収設備				有・無
給油設備				有（航空機・船舶）・無
備考				

備考　この用紙の大きさは、日本産業規格Ａ４とすること。

本様式…全部改正〔昭和46年６月自令12号(と)〕、一部改正〔昭和51年３月自令７号(る)・54年７月16号(た)〕、旧様式第２のへ…全部改正し繰下〔平成元年２月自令５号(ま)〕、本様式…一部改正〔平成６年１月自令４号(さ)・10年３月６号(す)・18年３月総令31号(ソ)・令和元年６月19号㋑〕

様式第４のトの２（第４条、第５条関係）(チ)ⓘ

積載式移動タンク貯蔵所（移動貯蔵タンクが国際海事機関が採択した危険物の運送に関する規程に定める基準に適合するもの）構造設備明細書

<table>
<tr><td colspan="3">車名及び型式</td><td colspan="2"></td></tr>
<tr><td colspan="3">製造事業所名</td><td colspan="2"></td></tr>
<tr><td rowspan="4">危険物</td><td colspan="2">類別</td><td colspan="2"></td></tr>
<tr><td colspan="2">品名</td><td colspan="2"></td></tr>
<tr><td colspan="2">化学名</td><td colspan="2"></td></tr>
<tr><td colspan="2">比重</td><td colspan="2"></td></tr>
<tr><td colspan="3">移動貯蔵タンクが国際海事機関が採択した危険物の運送に関する規程に定める基準に適合していることを承認した国名（機関名）及び承認番号</td><td colspan="2">国名（機関名）
承認番号</td></tr>
<tr><td rowspan="4">緊結装置</td><td colspan="2">緊締金具</td><td colspan="2">有　・　無</td></tr>
<tr><td rowspan="3">Uボルト</td><td>材質記号</td><td colspan="2"></td></tr>
<tr><td>引張り強さ</td><td colspan="2">N/mm²</td></tr>
<tr><td>直径、本数</td><td colspan="2">mm・　　本</td></tr>
<tr><td rowspan="3">消火器</td><td colspan="2">薬剤の種類</td><td></td><td></td></tr>
<tr><td colspan="2">薬剤量</td><td>kg</td><td>kg</td></tr>
<tr><td colspan="2">個数</td><td>個</td><td>個</td></tr>
<tr><td>備考</td><td colspan="4"></td></tr>
</table>

備考　この用紙の大きさは、日本産業規格Ａ４とすること。

本様式…追加〔平成13年３月総令45号(チ)〕、一部改正〔令和元年６月総令19号ⓘ〕

様式第４のチ（第４条、第５条関係）(ま)(さ)[い]

屋外貯蔵所構造設備明細書

事業の概要	
区画内面積	
さく等の構造	
地盤面の状況	
架台の構造	
消火設備	
工事請負者 住所氏名	電話

備考　この用紙の大きさは、日本産業規格Ａ４とすること。

本様式…一部改正〔昭和51年３月自令７号 (る)〕、旧様式第２のト…全部改正し繰下〔平成元年２月自令５号 (ま)〕、本様式…一部改正〔平成６年１月自令４号 (さ)・令和元年６月総令19号[い]〕

様式第４のリ（第４条、第５条関係）(ソ)Ⓘ

（表）

給油取扱所構造設備明細書

<table>
<tr><td colspan="2">事業の概要</td><td colspan="7"></td></tr>
<tr><td colspan="2">敷地面積</td><td colspan="7">㎡</td></tr>
<tr><td colspan="2">給油空地</td><td colspan="7">間口　　m　奥行　　m</td></tr>
<tr><td colspan="2">注油空地</td><td colspan="7">有（容器詰替・移動貯蔵タンクに注入）・無</td></tr>
<tr><td colspan="2">空地の舗装</td><td colspan="7">コンクリート・その他（　　）</td></tr>
<tr><td colspan="2" rowspan="4">建築物の給油取扱所の用に供する部分の構造</td><td colspan="2">階数</td><td colspan="2">建築面積</td><td colspan="3">水平投影面積</td></tr>
<tr><td colspan="2">階</td><td colspan="2">㎡</td><td colspan="3">㎡</td></tr>
<tr><td>壁</td><td>柱</td><td>床</td><td>はり</td><td>屋根</td><td>窓</td><td>出入口</td></tr>
<tr><td></td><td></td><td></td><td></td><td></td><td></td><td></td></tr>
<tr><td colspan="2" rowspan="2">建築物の一部に給油取扱所を設ける場合の建築物の構造</td><td>階数</td><td>延べ面積</td><td>建築面積</td><td>壁</td><td>柱</td><td>床</td><td>はり</td></tr>
<tr><td></td><td>㎡</td><td>㎡</td><td></td><td></td><td></td><td></td></tr>
<tr><td colspan="2">上階の有無
（給油取扱所以外）</td><td colspan="7">有（用途　　）・　無
（有の場合、屋根又はひさしの有無　有（　　m）・　無）</td></tr>
<tr><td rowspan="8">建築物の用途別面積</td><td>項目
用途</td><td colspan="3">床又は壁で区画された部分の１階の床面積</td><td colspan="4">床又は壁で区画された部分（係員のみが出入りするものを除く。）の床面積（２階以上を含む。）</td></tr>
<tr><td>第１号</td><td colspan="3">㎡</td><td colspan="4"></td></tr>
<tr><td>第１号の２</td><td colspan="3">㎡</td><td colspan="4">㎡</td></tr>
<tr><td>第２号</td><td colspan="3">㎡</td><td colspan="4">㎡</td></tr>
<tr><td>第３号</td><td colspan="3">㎡</td><td colspan="4">㎡</td></tr>
<tr><td>第４号</td><td colspan="3">㎡</td><td colspan="4"></td></tr>
<tr><td>第５号</td><td colspan="3">㎡</td><td colspan="4"></td></tr>
<tr><td>計</td><td colspan="3">㎡</td><td colspan="4">㎡</td></tr>
<tr><td colspan="2" rowspan="2">周囲の塀又は壁</td><td>構造等</td><td colspan="2"></td><td>高さ</td><td colspan="3">m</td></tr>
<tr><td colspan="7">はめごろし戸の有無　　有（網入りガラス・その他（　　））・無</td></tr>
</table>

（裏）

<table>
<tr><td rowspan="3">固定給油設備等</td><td>設備＼項目</td><td>型式</td><td>数</td><td>道路境界線からの間隔</td><td>敷地境界線からの間隔</td></tr>
<tr><td>固定給油設備</td><td></td><td></td><td>m</td><td>m</td></tr>
<tr><td>固定注油設備</td><td></td><td></td><td>m</td><td>m</td></tr>
<tr><td colspan="2">固定給油設備以外の給油設備</td><td colspan="4">給油配管及び（ホース機器・給油ホース車（　台））・給油タンク車</td></tr>
<tr><td colspan="2">附随設備の概要</td><td colspan="4"></td></tr>
<tr><td colspan="2">電気設備</td><td colspan="4"></td></tr>
<tr><td colspan="2">消火設備</td><td colspan="4"></td></tr>
<tr><td colspan="2">警報設備</td><td colspan="4"></td></tr>
<tr><td colspan="2">避難設備</td><td colspan="4"></td></tr>
<tr><td colspan="2">事務所等その他火気使用設備</td><td colspan="4"></td></tr>
<tr><td colspan="2">滞留防止措置</td><td colspan="4">地盤面を高くし傾斜を設ける措置
その他（　　　　　　　　　　）</td></tr>
<tr><td colspan="2">流出防止措置</td><td colspan="4">排水溝及び油分離装置を設ける措置
その他（　　　　　　　　　　）</td></tr>
<tr><td colspan="2" rowspan="2">タンク設備</td><td>専用タンク</td><td></td><td>可燃性蒸気回収設備</td><td>有・無</td></tr>
<tr><td>廃油タンク等</td><td></td><td>簡易タンク</td><td></td></tr>
<tr><td colspan="2">工事請負者住所氏名</td><td colspan="4">電話</td></tr>
</table>

備考　1　この様式の大きさは、日本産業規格Ａ４とすること。

2　建築物の一部に給油取扱所を設ける場合の建築物の構造の欄は、該当する場合のみ記入すること。

3　建築物の用途別面積の欄中「用途」とは、第25条の４第１項各号又は第27条の３第３項各号に定める用途をいう。

4　専用タンク、廃油タンク等又は簡易タンクにあつては、構造設備明細書（様式第４のホ又は様式第４のへ）を添付すること。

本様式…一部改正〔昭和51年３月自令７号(る)〕、全部改正〔昭和62年４月自令16号(の)〕、旧様式第２のチ…全部改正し繰下〔平成元年２月自令５号(ま)〕、本様式…一部改正〔平成２年２月自令１号(け)・６年１月４号(さ)〕、全部改正〔平成６年３月自令５号(き)〕、一部改正〔平成10年３月自令６号(す)〕、全部改正〔平成18年３月総令31号(ソ)〕、一部改正〔令和元年６月総令19号ⓘ〕

様式第４のヌ（第４条、第５条関係）(ま)(さ)[い]

第一種販売取扱所
第二種販売取扱所　構造設備明細書

<table>
<tr><td colspan="2">事業の概要</td><td colspan="6"></td></tr>
<tr><td rowspan="2">建築物の構造</td><td>階数</td><td></td><td>建築面積</td><td colspan="2">㎡</td><td>延べ面積</td><td>㎡</td></tr>
<tr><td>構造概要</td><td colspan="6"></td></tr>
<tr><td rowspan="5">店舗部分の構造</td><td>面積</td><td colspan="2">㎡</td><td rowspan="2">壁</td><td>延焼のおそれのある外壁</td><td colspan="2"></td></tr>
<tr><td>床</td><td colspan="2"></td><td>その他の壁</td><td colspan="2"></td></tr>
<tr><td>柱</td><td colspan="2"></td><td colspan="2">屋根又は上階の床</td><td colspan="2"></td></tr>
<tr><td>天井</td><td colspan="2"></td><td colspan="2">はり</td><td colspan="2"></td></tr>
<tr><td>窓</td><td colspan="2"></td><td colspan="2">出入口</td><td colspan="2"></td></tr>
<tr><td rowspan="2">配合室</td><td>面積</td><td colspan="6">㎡</td></tr>
<tr><td>排出の設備</td><td colspan="6"></td></tr>
<tr><td colspan="2">電気設備</td><td colspan="6"></td></tr>
<tr><td colspan="2">消火設備</td><td colspan="6"></td></tr>
<tr><td colspan="2">工事請負者住所氏名</td><td colspan="6">電話</td></tr>
</table>

備考　１　この用紙の大きさは、日本産業規格Ａ４とすること。

２　建築物欄は、第一種販売取扱所
第二種販売取扱所を設置する建築物について記入すること。

本様式…一部改正〔昭和46年６月自令12号(と)・51年３月７号(る)〕、旧様式第２のリ…全部改正し繰下〔平成元年２月自令５号(ま)〕、本様式…一部改正〔平成６年１月自令４号(さ)・令和元年６月総令19号[い]〕

様式第４のル（第４条、第５条関係）(す)[い]

（表）

移送取扱所構造設備明細書

事業の概要							
配管の設置	地上設置		有・無	配管の諸元	溶接	方法	
	地下設置		有・無			機器	
	道路下設置		有・無			材料	
	線路下設置		有・無		伸縮吸収措置の方法		
	河川保全区域内設置		有・無		防食被覆	塗覆装材　塗装材料	
	海上設置		有・無			塗覆装材　覆装材料	
	海底設置		有・無			防食被覆の方法	
	道路横断設置		有・無		電気防食	対地電位平均値	
	線路下横断設置		有・無			電位測定端子間隔	km
	河川等横断設置		有・無			防食の種類	
	専用隧道内設置		有・無		加熱又は加温設備		有・無
	不等沈下等のおそれのある場所への設置		有・無		漏えい拡散防止措置の方法		
	橋への取付け設置		有・無	保安設備	運転状態の監視装置		要・不要(有無)
配管の諸元	配管	延長	km		配管系の警報装置		要・不要(有無)
		外径	mm		安全制御装置		要・不要(有無)
		厚さ	mm		圧力安全装置		要・不要(有無)
		材料			圧力安全装置の材料		
		条数	条		漏えい検知装置		要・不要(有無)
	最大常用圧力		kPa		漏えい検知装置	流量測定	秒
	弁の材料					圧力測定器設置間隔	km
	管継手	溶接管継手材料			漏えい検知口設置間隔		m
		フランジ式継手材料			緊急遮断弁		要・不要(有無)
		絶縁用継手材料			緊急遮断弁設置間隔		km

備考　この用紙の大きさは、日本産業規格Ａ４とすること。

（裏）

移送取扱所構造設備明細書

<table>
<tr><td rowspan="19">保安設備</td><td colspan="3">危険物除去装置</td><td>要・不要(有無)</td><td rowspan="15">ポンプ等</td><td rowspan="4">ポンプ</td><td>種類・型式</td><td></td></tr>
<tr><td colspan="3">感震装置等</td><td>要・不要(有無)</td><td>全揚程</td><td>m</td></tr>
<tr><td rowspan="3">感震装置等</td><td colspan="2">感震装置設置間隔</td><td>km</td><td>吐出量</td><td>kℓ/時</td></tr>
<tr><td rowspan="2">強震計</td><td>設置間隔</td><td>km</td><td>基数</td><td>基</td></tr>
<tr><td>性能</td><td></td><td rowspan="10">ポンプ室の構造</td><td>壁</td><td></td></tr>
<tr><td colspan="3">通報設備</td><td>要・不要(有無)</td><td>床</td><td></td></tr>
<tr><td colspan="3">警報装置の種類</td><td></td><td>柱</td><td></td></tr>
<tr><td colspan="3">化学消防自動車</td><td>要・不要(有無)</td><td>はり</td><td></td></tr>
<tr><td rowspan="6">化学消防自動車等</td><td rowspan="2">化学消防自動車</td><td>台数</td><td>台</td><td>屋根</td><td></td></tr>
<tr><td>設置場所</td><td></td><td>窓</td><td></td></tr>
<tr><td rowspan="2">巡回監視車</td><td>台数</td><td>台</td><td>出入口</td><td></td></tr>
<tr><td>設置場所</td><td></td><td>階数</td><td></td></tr>
<tr><td colspan="2">資機材倉庫設置場所</td><td></td><td>建築面積</td><td>㎡</td></tr>
<tr><td colspan="2">資機材置場設置間隔</td><td>km</td><td>延べ面積</td><td>㎡</td></tr>
<tr><td colspan="3">予備動力源の容量</td><td></td><td colspan="2">ピグ取扱い装置</td><td>有・無</td></tr>
<tr><td colspan="3">保安用接地</td><td>有・無</td><td rowspan="4">消火設備</td><td rowspan="4" colspan="3"></td></tr>
<tr><td rowspan="3">標識等</td><td colspan="2">位置標識設置間隔</td><td>m</td></tr>
<tr><td colspan="2">注意標示設置間隔</td><td>m</td></tr>
<tr><td colspan="2">注意標識設置場所</td><td></td></tr>
<tr><td>その他必要な事項</td><td colspan="8"></td></tr>
</table>

本様式…追加〔昭和49年５月自令12号(り)〕、一部改正〔昭和51年３月自令７号(る)〕、旧様式第２のヌ…全部改正し繰下〔平成元年２月自令５号(ま)〕、本様式…全部改正〔平成６年１月自令４号(さ)・10年３月６号(す)〕、一部改正〔令和元年６月総令19号(い)〕

様式第５（第５条関係）(ま)(さ)[い][ほ]

製造所
危険物貯蔵所変更許可申請書
取扱所

年　月　日

殿

申請者
住所　　　　（電話　　）
氏名

設置者	住所		電話		
	氏名				
設置場所					
設置場所の地域別	防火地域別		用途地域別		
設置の許可年月日及び許可番号	年　月　日　第　号				
製造所等の別		貯蔵所又は取扱所の区分			
危険物の類、品名（指定数量）、最大数量		指定数量の倍数			
位置、構造及び設備の基準に係る区分	令第　条第　項（規則第　条第　項）				
変更の内容					
変更の理由					
着工予定期日		完成予定期日			
その他必要な事項					

※受付欄	※経過欄	※手数料欄
	許可年月日 許可番号	

備考
1　この用紙の大きさは、日本産業規格Ａ４とすること。
2　この変更許可申請書は、移送取扱所以外の製造所等に用いるものであること。
3　法人にあつては、その名称、代表者氏名及び主たる事務所の所在地を記入すること。
4　品名（指定数量）の記載については、当該危険物の指定数量が品名の記載のみでは明確でない場合に（　）内に該当する指定数量を記載すること。
5　位置、構造及び設備の基準に係る区分の欄には、適用を受けようとする危険物の規制に関する政令の条文を記入すること。危険物の規制に関する規則の適用条文の記載がさらに必要な場合は（　）内に記載すること。
6　※印の欄は、記入しないこと。

本様式…一部改正〔昭和49年５月自令12号(り)・51年３月７号(る)〕、旧様式第３…全部改正し繰下〔平成元年２月自令５号(ま)〕、本様式…一部改正〔平成６年１月自令４号(さ)・令和元年６月総令19号[い]・２年12月124号[ほ]〕

様式第６（第５条関係）（ま）（さ）（へ）[い][ほ]

移送取扱所変更許可申請書

年　月　日

殿

申請者

住所　　　　（電話　　）

氏名

設置者	住所	電話		
	氏名			
変更の内容		変更前	変更後	変更の理由
設置場所	起点			
	終点			
	経過地			
配管	延長	km	km	
	外径	mm	mm	
	条数	条	条	
設置の許可年月日及び許可番号		年　月　日		第　号
危険物の類、品名（指定数量）及び化学名又は通称名				
指定数量の倍数				
危険物の移送量		kℓ／日	kℓ／日	
ポンプの種類等	種類・型式			
	全揚程	m	m	
	吐出量	kℓ／時	kℓ／時	
	基数	基	基	
その他の位置、構造及び設備				
着工予定期日				
完成予定期日				
その他必要な事項				

※受付欄	※経過欄	※手数料欄
	許可年月日 許可番号	

備考　１　この用紙の大きさは、日本産業規格Ａ４とすること。
２　この変更許可申請書は、移送取扱所に用いるものであること。
３　法人にあつては、その名称、代表者氏名及び主たる事務所の所在地を記入すること。
４　設置場所の欄中、起点及び終点の欄には、起点又は終点の事業所名を併記し、経過地の欄には、配管系が設置される市町村名を記入すること。
５　品名（指定数量）の記載については、当該危険物の指定数量が品名の記載のみでは明確でない場合に（　）内に該当する指定数量を記載すること。
６　※印の欄は、記入しないこと。
７　総務大臣に申請する場合は、収入印紙（消印をしないこと。）をはり付けること。

本様式…一部改正〔昭和51年３月自令７号(る)〕、全部改正〔平成元年２月自令５号(ま)〕、一部改正〔平成６年１月自令４号(さ)・12年９月44号(へ)・令和元年６月総令19号[い]・２年12月124号[ほ]〕

様式第７（第５条の２関係）（ま）（さ）[い][ほ]

製造所
危険物貯蔵所仮使用承認申請書
取扱所

年　月　日 殿 申 請 者 住 所　　　　　（電話　　） 氏 名			
設　置　場　所			
製造所等の別		貯蔵所又は取扱所の区分	
変更許可申請年月日	年　月　日		
変更の許可年月日 及び許可番号	年　月　日 第　　号		
仮使用の承認を申請する部分	別添図面のとおり		

※　受　付　欄	※　経　過　欄	※　手 数 料 欄
	承認年月日 承 認 番 号	

備考　1　この用紙の大きさは、日本産業規格Ａ４とすること。
2　法人にあつては、その名称、代表者氏名及び主たる事務所の所在地を記入すること。
3　変更の許可前にこの申請を行おうとする場合にあつては変更許可申請年月日の欄に、変更の許可後にこれを行おうとする場合にあつては変更の許可年月日及び許可番号の欄にそれぞれ記入し、いずれか記入しない欄には斜線を入れること。
4　※印の欄は、記入しないこと。

本様式…追加〔昭和59年３月自令１号(な)〕、旧様式第３の３…全部改正し繰下〔平成元年２月自令５号(ま)〕、本様式…一部改正〔平成６年１月自令４号(さ)・令和元年６月総令19号[い]・２年12月124号[ほ]〕

様式第７の２（第５条の３関係）(ロ)(い)(ほ)

製造所
危険物貯蔵所変更許可及び仮使用承認申請書
取扱所

年　月　日

殿

申　請　者
住　所　　　　　（電話　　　）
氏　名

設置者	住　所		電話	
	氏　名			
設置場所				
設置場所の地域別		防火地域別		用途地域別
設置の許可年月日及び許可番号		年　月　日　第　号		
製造所等の別			貯蔵所又は取扱所の区分	
危険物の類、品名（指定数量）、最大数量			指定数量の倍数	
位置、構造及び設備の基準に係る区分		令第　条第　項 （規則第　条第　項）		
変更の内容				
変更の理由				
着工予定期日			完成予定期日	
その他必要な事項				

※受付欄	※経過欄	※手数料欄
	許可年月日 許可番号	

仮使用の承認を申請する部分	別添図面のとおり	
※受付欄	※経過欄	※手数料欄
	承認年月日 承認番号	

備考　1　この用紙の大きさは、日本産業規格Ａ４とすること。
2　この申請書は、移送取扱所以外の製造所等について、変更許可申請と仮使用承認申請を同時に行う場合に用いるものであること。
3　法人にあつては、その名称、代表者氏名及び主たる事務所の所在地を記入すること。
4　品名（指定数量）の記載については、当該危険物の指定数量が品名の記載のみでは明確でない場合に（　）内に該当する指定数量を記載すること。
5　位置、構造及び設備の基準に係る区分の欄には、適用を受けようとする危険物の規制に関する政令の条文を記入すること。危険物の規制に関する規則の適用条文の記載がさらに必要な場合は（　）内に記載すること。
6　※印の欄は、記入しないこと。

本様式…追加〔平成11年９月自令31号(ロ)〕、一部改正〔令和元年６月総令19号(い)・２年12月124号(ほ)〕

様式第7の3（第5条の3関係）(ロ)(ヘ)[い][ほ]

移送取扱所変更許可及び仮使用承認申請書

年　月　日

殿

申請者
住所　（電話　）
氏名

設置者	住所	電話		
	氏名			
変更の内容		変更前	変更後	変更の理由
設置場所	起点			
	終点			
	経過地			
配管	延長	km	km	
	外径	mm	mm	
	条数	条	条	
設置の許可年月日及び許可番号		年　月　日　第　号		
危険物の類、品名（指定数量）及び化学名又は通称名				
指定数量の倍数				
危険物の移送量		kℓ／日	kℓ／日	
ポンプの種類等	種類・型式			
	全揚程	m	m	
	吐出量	kℓ／時	kℓ／時	
	基数	基	基	
その他の位置、構造及び設備				
着工予定期日				
完成予定期日				
その他必要な事項				

※受付欄	※経過欄	※手数料欄
	許可年月日 許可番号	

仮使用の承認を申請する部分	別添図面のとおり	
※受付欄	※経過欄	※手数料欄
	承認年月日 承認番号	

備考　1　この用紙の大きさは、日本産業規格Ａ４とすること。
2　この申請書は、移送取扱所について、変更許可申請と仮使用承認申請を同時に行う場合に用いるものであること。
3　法人にあつては、その名称、代表者氏名及び主たる事務所の所在地を記入すること。
4　設置場所の欄中、起点及び終点の欄には、起点又は終点の事業所名を併記し、経過地の欄には、配管系が設置される市町村名を記入すること。
5　品名（指定数量）の記載については、当該危険物の指定数量が品名の記載のみでは明確でない場合に（　）内に該当する指定数量を記載すること。
6　※印の欄は、記入しないこと。
7　総務大臣に申請する場合は、収入印紙（消印をしないこと。）をはり付けること。

本様式…追加〔平成11年９月自令31号(ロ)〕、一部改正〔平成12年９月自令44号(ヘ)・令和元年６月総令19号[い]・２年12月124号[ほ]〕

様式第８（第６条関係）（ま）（さ）[い][ほ]

製造所
危険物貯蔵所完成検査申請書
取扱所

年　　月　　日

殿

申請者
住　所　　　　　　　（電話　　　）
氏　名

設置者	住所	電話		
	氏名			
設置場所				
製造所等の別			貯蔵所又は取扱所の区分	
設置又は変更の許可年月日及び許可番号		年　月　日　第　号		
製造所等の完成期日				
使用開始予定期日				

※　受付欄	※　経過欄	※　手数料欄
	検査年月日 検査番号	

備考　１　この用紙の大きさは、日本産業規格Ａ４とすること。
２　この完成検査申請書は、移送取扱所以外の製造所等に用いるものであること。
３　法人にあつては、その名称、代表者氏名及び主たる事務所の所在地を記入すること。
４　※印の欄は、記入しないこと。

本様式…一部改正〔昭和49年５月自令12号(り)・51年３月７号(る)・52年２月２号(わ)〕、旧様式第４…全部改正し繰下〔平成元年２月自令５号(ま)〕、本様式…一部改正〔平成６年１月自令４号(さ)・令和元年６月総令19号[い]・２年12月124号[ほ]〕

様式第９（第６条関係）(ま)(さ)(へ)[い][ほ]

移送取扱所完成検査申請書

<table>
<tr><td colspan="4">年　月　日

殿

申請者
住所　　　（電話　　）
氏名</td></tr>
<tr><td rowspan="2">設置者</td><td>住所</td><td colspan="2">電話</td></tr>
<tr><td>氏名</td><td colspan="2"></td></tr>
<tr><td rowspan="3">設置場所</td><td>起点</td><td colspan="2"></td></tr>
<tr><td>終点</td><td colspan="2"></td></tr>
<tr><td>経過地</td><td colspan="2"></td></tr>
<tr><td colspan="2">設置又は変更の許可年月日及び許可番号</td><td colspan="2">年　月　日　第　号</td></tr>
<tr><td colspan="2">完成期日</td><td colspan="2"></td></tr>
<tr><td colspan="2">使用開始予定期日</td><td colspan="2"></td></tr>
<tr><td colspan="2">※　受付欄</td><td>※　経過欄</td><td>※　手数料欄</td></tr>
<tr><td colspan="2"></td><td>検査年月日
検査番号</td><td></td></tr>
</table>

備考　1　この用紙の大きさは、日本産業規格Ａ４とすること。

2　この完成検査申請書は、移送取扱所に用いるものであること。

3　法人にあつては、その名称、代表者氏名及び主たる事務所の所在地を記入すること。

4　設置場所の欄中、起点及び終点の欄には、起点又は終点の事業所名を併記し、経過地の欄には、配管系が設置される市町村名を記入すること。

5　※印の欄は記入しないこと。

6　総務大臣に申請する場合は、収入印紙（消印をしないこと。）をはり付けること。

本様式…追加〔昭和49年５月自令12号(り)〕、一部改正〔昭和49年６月自令17号(ぬ)・51年３月７号(る)〕、旧様式第４の２…全部改正し繰下〔平成元年２月自令５号(ま)〕、本様式…一部改正〔平成６年１月自令４号(さ)・12年９月44号(へ)・令和元年６月総令19号[い]・２年12月124号[ほ]〕

様式第10（第６条関係）（ま）（さ）[い]

完　成　検　査　済　証

製造所等の別			貯蔵所又は取扱所の区分	
設置者	住所		
	氏名		
設置場所			
設置又は変更の許可年月日及び許可番号		年　月　日　第　号	
備考			

設置又は変更の完成検査番号　第　　　号

年　　月　　日

市町村長等　[印]

備考　１　この用紙の大きさは、日本産業規格Ａ４とすること。
２　この完成検査済証は、移動タンク貯蔵所以外の製造所等に用いるものであること。
３　法人にあつては、その名称、代表者氏名及び主たる事務所の所在地を記入すること。

本様式…追加〔昭和46年６月自令12号(と)〕、一部改正〔昭和51年３月自令７号(る)〕、旧様式第５の２…全部改正し繰下〔平成元年２月自令５号(ま)〕、本様式…一部改正〔平成６年１月自令４号(さ)・令和元年６月総令19号[い]〕

様式第11（第6条関係）（す）[い]

（表）

完　成　検　査　済　証

<table>
<tr><td colspan="2">単一車又は被けん引車</td><td></td><td>積載式又は積載式以外</td><td></td></tr>
<tr><td rowspan="2">設　置　者</td><td>住　　所</td><td colspan="3"></td></tr>
<tr><td>氏　　名</td><td colspan="3"></td></tr>
<tr><td colspan="2">常　置　場　所</td><td colspan="3"></td></tr>
<tr><td colspan="2">設置又は変更の許可年月日及び許可番号</td><td colspan="3">年　　月　　日　　第　　号</td></tr>
<tr><td colspan="2">タンク検査年月日及び検査番号</td><td colspan="3"></td></tr>
<tr><td colspan="2">備　　考</td><td colspan="3"></td></tr>
<tr><td colspan="5">設置又は変更の完成検査番号　第　　　号
年　　月　　日
市町村長等　　　　[印]</td></tr>
</table>

備考　1　この用紙の大きさは、日本産業規格A4とすること。

2　この完成検査済証は、移動タンク貯蔵所に用いるものであること。

3　法人にあつては、その名称、代表者氏名及び主たる事務所の所在地を記入すること。

4　変更の完成検査にあつては、設置の許可に係る行政庁名、許可年月日及び許可番号を備考欄に記載すること。

（裏）

車名及び型式			
危険物	類別		
	品名		
	化学名		
	比重		
タンク	最大容量	ℓ	
	タンク室の容量	ℓ	
タンクの最大常用圧力		kPa	
安全装置の作動圧		kPa	
可燃性蒸気回収設備		有　・　無	
閉鎖装置	自動閉鎖装置	有　・　無	
	手動閉鎖装置	有　・　無	
接地導線		有　・　無	
消火器	薬剤の種類		
	薬剤量	kg	kg
	個数	個	個
備考			

本様式…追加〔昭和46年６月自令12号(と)〕、一部改正〔昭和51年３月自令７号(る)〕、旧様式第５の３…全部改正し繰下〔平成元年２月自令５号(ま)〕、本様式…一部改正〔平成６年１月自令４号(さ)〕、全部改正〔平成10年３月自令６号(す)〕、一部改正〔令和元年６月総令19号[い]〕

様式第12（第６条関係）(ま)(さ)[い][ほ]

完成検査済証再交付申請書

年　月　日 殿 申請者 住所　　　（電話　　） 氏名				
設置者	住所	電話		
	氏名			
設置場所				
製造所等の別			貯蔵所又は取扱所の区分	
設置又は変更の許可年月日及び許可番号		年　月　日　第　号		
設置又は変更の完成検査年月日及び検査番号		年　月　日　第　号		
タンク検査年月日及び検査番号		年　月　日　第　号		
理由				
※　受付欄		※　経過欄		
		再交付年月日		

備考　１　この用紙の大きさは、日本産業規格Ａ４とすること。

２　法人にあつては、その名称、代表者氏名及び主たる事務所の所在地を記入すること。

３　※印の欄は、記入しないこと。

本様式…追加〔昭和57年１月自令１号(つ)〕、旧様式第４の３…全部改正し繰下〔平成元年２月自令５号(ま)〕、本様式…一部改正〔平成６年１月自令４号(さ)・令和元年６月総令19号[い]・２年12月124号[ほ]〕

様式第13（第６条の４関係）（ま）（さ）（す）㋑㋭

製造所
危険物貯蔵所完成検査前検査申請書
取扱所

<table>
<tr><td colspan="6">年　月　日
殿
申　請　者
住　所　　　　（電話　　）
氏　名</td></tr>
<tr><td rowspan="2">設置者</td><td>住　所</td><td colspan="4">電話</td></tr>
<tr><td>氏　名</td><td colspan="4"></td></tr>
<tr><td colspan="2">設置場所</td><td colspan="4"></td></tr>
<tr><td colspan="2">製造所等の別</td><td></td><td>貯蔵所又は取扱所の区分</td><td colspan="2"></td></tr>
<tr><td colspan="2">設置又は変更の許可年月日及び許可番号</td><td colspan="4">年　月　日　第　号</td></tr>
<tr><td rowspan="3">タンク構造</td><td>形　状</td><td colspan="4"></td></tr>
<tr><td>寸　法</td><td>㎜</td><td>容　量</td><td colspan="2">ℓ</td></tr>
<tr><td>材質記号及び板厚</td><td colspan="4"></td></tr>
<tr><td colspan="2">タンクの最大常用圧力</td><td colspan="4">kPa</td></tr>
<tr><td colspan="2">検査の種類及び検査希望年月日</td><td colspan="4"></td></tr>
<tr><td colspan="2">タンクの製造者及び製造年月日</td><td colspan="4"></td></tr>
<tr><td colspan="2">製造所等の完成予定期日</td><td colspan="4"></td></tr>
<tr><td colspan="2" rowspan="2">他法令の適用の有無</td><td colspan="2">高圧ガス保安法</td><td colspan="2">労働安全衛生法</td></tr>
<tr><td colspan="2"></td><td colspan="2"></td></tr>
<tr><td colspan="2">その他必要な事項</td><td colspan="4"></td></tr>
<tr><td colspan="2">※　受付欄</td><td colspan="2">※　経過欄</td><td colspan="2">※　手数料欄</td></tr>
<tr><td colspan="2"></td><td colspan="2">検査年月日
検査番号</td><td colspan="2"></td></tr>
</table>

備考　1　この用紙の大きさは、日本産業規格Ａ４とすること。
2　法人にあつては、その名称、代表者氏名及び主たる事務所の所在地を記入すること。
3　設置又は変更の許可年月日及び許可番号の欄は、完成検査前検査の申請が設置の許可に係るものにあつては設置許可の年月日及び許可番号を、変更許可に係るものにあつては変更の許可年月日及び許可番号を記入すること。
4　水張検査又は水圧検査以外の検査の申請をするときは、タンクの製造者及び製造年月日の欄は記入を必要としないこと。
5　製造所等を管轄する市町村長等以外の行政機関に水張検査又は水圧検査の申請をするときは、設置者の欄、設置場所の欄、設置又は変更の許可年月日及び許可番号の欄は記入を必要としないこと。
6　上記５の申請をするときは、タンクの構造明細図書を２部添付すること。
7　※印の欄は、記入しないこと。

本様式…全部改正〔昭和46年６月自令12号（と）〕、一部改正〔昭和49年５月自令12号（り）・51年３月７号（る）〕、全部改正〔昭和52年２月自令２号（わ）〕、一部改正〔昭和57年１月自令１号（つ）・62年４月16号（の）〕、旧様式第５…全部改正し繰下〔平成元年２月自令５号（ま）〕、本様式…一部改正〔平成６年１月自令４号（さ）・10年３月６号（す）・令和元年６月総令19号㋑・２年12月124号㋭〕

様式第14（第６条の４関係）（す）[い]

正　　　　　　　　タ　ン　ク　検　査　済　証

水張又は水圧検査の別				
検　査　圧　力		kPa		
タンクの構造	形　　状		容　量	ℓ
	寸　　法	mm		
	材質記号及び板厚			
製造者及び製造年月日				
タンク検査番号　　第　　号 年　月　日 検査行政庁　[印]				

備考　この用紙の大きさは、日本産業規格Ａ４とすること。

副

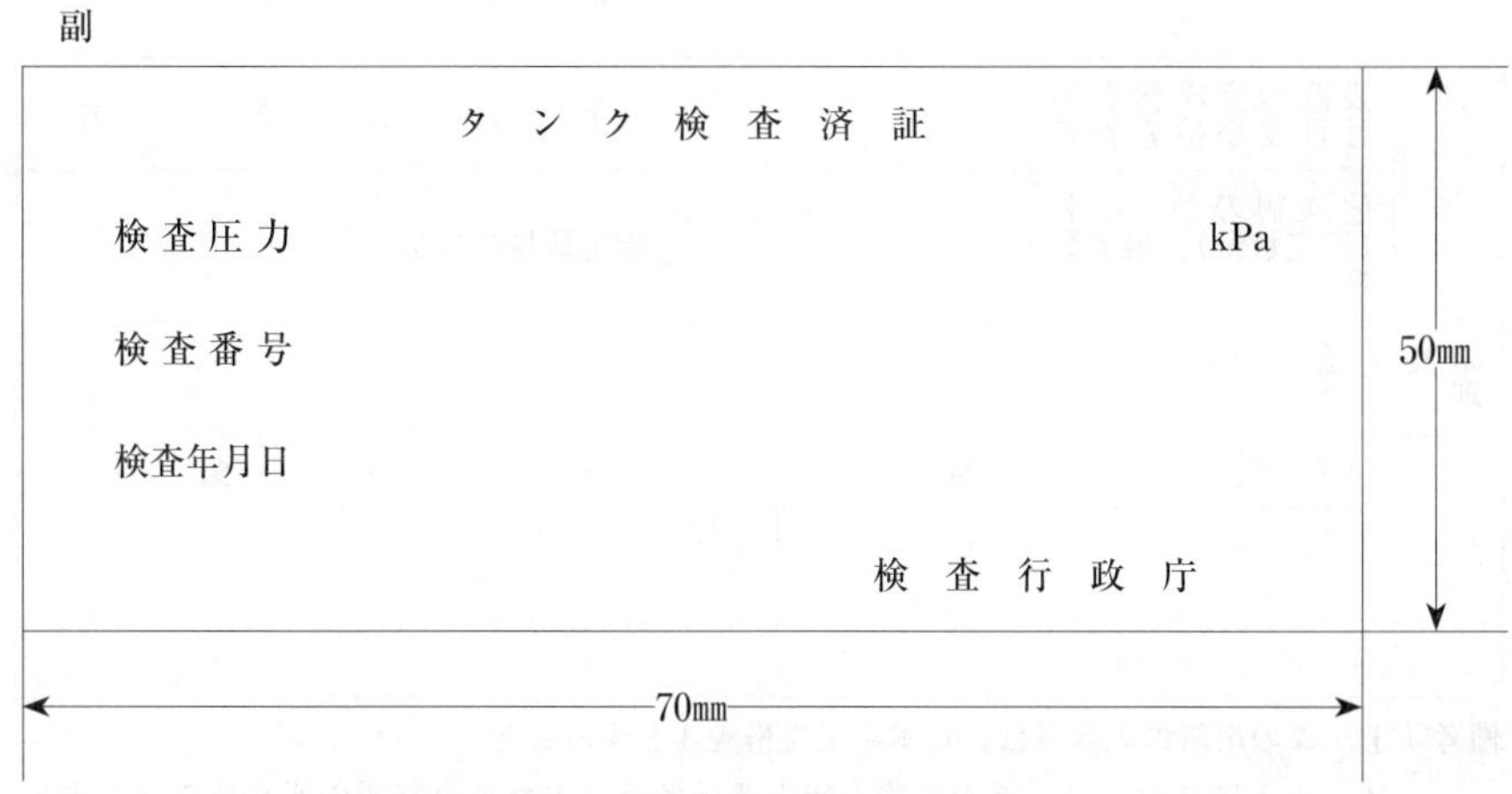

タ　ン　ク　検　査　済　証

検査圧力　　　　　　　　kPa

検査番号

検査年月日

検　査　行　政　庁

50mm

70mm

備考　１　このタンク検査済証は、金属板とすること。

２　このタンク検査済証は、タンクの見やすい箇所に取り付けること。

本様式…追加〔昭和46年６月自令12号(と)〕、一部改正〔昭和51年３月自令７号(る)・52年２月２号(わ)〕、旧様式第５の４…全部改正し繰下〔平成元年２月自令５号(ま)〕、本様式…一部改正〔平成６年１月自令４号(さ)〕、全部改正〔平成10年３月自令６号(す)〕、一部改正〔令和元年６月総令19号[い]〕

様式第15（第７条関係）（ま）（さ）[い][ほ]

製造所
危険物貯蔵所譲渡引渡届出書
取扱所

<table>
<tr><td colspan="6">年　月　日

殿

届　出　者
住　所　　　　　（電話　　）
氏　名</td></tr>
<tr><td colspan="2" rowspan="2">譲渡又は引渡を受けた者</td><td>住　所</td><td colspan="3">電話</td></tr>
<tr><td>氏　名</td><td colspan="3"></td></tr>
<tr><td colspan="2" rowspan="2">譲渡又は引渡をした者</td><td>住　所</td><td colspan="3">電話</td></tr>
<tr><td>氏　名</td><td colspan="3"></td></tr>
<tr><td rowspan="5">製造所等</td><td colspan="2">設　置　場　所</td><td colspan="3"></td></tr>
<tr><td colspan="2">製造所等の別</td><td></td><td>貯蔵所又は取扱所の区分</td><td></td></tr>
<tr><td colspan="2">設置の許可年月日及び許可番号</td><td colspan="3">年　月　日　第　号</td></tr>
<tr><td colspan="2">設置の完成検査年月日及び検査番号</td><td colspan="3">年　月　日　第　号</td></tr>
<tr><td colspan="2">危険物の類、品名（指定数量）、最大数量</td><td></td><td>指定数量の倍数</td><td></td></tr>
<tr><td colspan="3">譲渡又は引渡のあつた理由</td><td colspan="3"></td></tr>
<tr><td colspan="3">※　受　付　欄</td><td colspan="3">※　経　過　欄</td></tr>
<tr><td colspan="3"></td><td colspan="3"></td></tr>
</table>

備考　1　この用紙の大きさは、日本産業規格Ａ４とすること。
2　法人にあつては、その名称、代表者氏名及び主たる事務所の所在地を記入すること。
3　品名（指定数量）の記載については、当該危険物の指定数量が品名の記載のみでは明確でない場合に（　）内に該当する指定数量を記載すること。
4　※印欄は、記入しないこと。
5　譲渡引渡を証明する書類を添付すること。

本様式…全部改正〔平成元年２月自令５号（ま）〕、一部改正〔平成６年１月自令４号（さ）・令和元年６月総令19号[い]・２年12月124号[ほ]〕

様式第16（第７条の３関係）（ま）（さ）[い][ほ]

製造所
危険物貯蔵所品名、数量又は指定数量の倍数変更届出書
取扱所

<table>
<tr><td colspan="6">年　　月　　日

殿
届　出　者
住　所　　　　　　（電話　　　）
氏　名</td></tr>
<tr><td rowspan="2">設　置　者</td><td>住　　所</td><td colspan="4">電話</td></tr>
<tr><td>氏　　名</td><td colspan="4"></td></tr>
<tr><td colspan="2">設　置　場　所</td><td colspan="4"></td></tr>
<tr><td colspan="2">設置の許可年月日
及び許可番号</td><td colspan="4">年　　月　　日　第　　　号</td></tr>
<tr><td colspan="2">製造所等の別</td><td></td><td>貯蔵所又は取扱所の区分</td><td colspan="2"></td></tr>
<tr><td rowspan="2">危険物の類、品名（指定数量）、最大数量</td><td>変　更　前</td><td colspan="2"></td><td rowspan="2">指定数量の倍数</td><td></td></tr>
<tr><td>変　更　後</td><td colspan="2"></td><td></td></tr>
<tr><td colspan="2">変　更　予　定　期　日</td><td colspan="4"></td></tr>
<tr><td colspan="2">※　受　付　欄</td><td colspan="4">※　経　過　欄</td></tr>
<tr><td colspan="2"></td><td colspan="4"></td></tr>
</table>

備考　1　この用紙の大きさは、日本産業規格Ａ４とすること。

2　法人にあつては、その名称、代表者氏名及び主たる事務所の所在地を記入すること。

3　品名（指定数量）の記載については、当該危険物の指定数量が品名の記載のみでは明確でない場合に（　）内に該当する指定数量を記載すること。

4　※印の欄は、記入しないこと。

本様式…全部改正〔平成元年２月自令５号（ま）〕、一部改正〔平成６年１月自令４号（さ）・令和元年６月総令19号[い]・２年12月124号[ほ]〕

様式第17（第８条関係）（カ）[い][ほ]

製造所
危険物貯蔵所廃止届出書
取扱所

年　月　日 殿 届出者 住所　　　（電話　　） 氏名				
設置者	住所	電話		
	氏名			
設置場所				
設置の許可年月日及び許可番号		年　月　日　第　号		
設置の完成検査年月日及び検査番号		年　月　日　第　号		
製造所等の別			貯蔵所又は取扱所の区分	
危険物の類、品名（指定数量）、最大数量			指定数量の倍数	
廃止年月日				
廃止の理由				
残存危険物の処理				
※受付欄		※経過欄		

備考　１　この用紙の大きさは、日本産業規格Ａ４とすること。
２　法人にあつては、その名称、代表者氏名及び主たる事務所の所在地を記入すること。
３　品名（指定数量）の記載については、当該危険物の指定数量が品名の記載のみでは明確でない場合に（　）内に該当する指定数量を記載すること。
４　※印の欄は、記入しないこと。

本様式…一部改正〔昭和51年３月自令７号(る)〕、旧様式第７…全部改正し繰下〔平成元年２月自令５号(ま)〕、本様式…一部改正〔平成６年１月自令４号(さ)〕、全部改正〔平成17年１月総令３号(カ)〕、一部改正〔令和元年６月総令19号[い]・２年12月124号[ほ]〕

様式第17の２（第43条の２関係）（け）

ℓは、２センチメートル以上とする。

本様式…追加〔平成２年２月自令１号(け)〕

様式第18（第47条の３関係）（ま）（さ）[い][ほ]

移 送 の 経 路 等 に 関 す る 書 面

年　月　日 殿 移送者 住所　　（電話　） 氏名		
危険物製造者	住所	電話
	氏名	
危険物	類、品名及び化学名	
	最大数量	kg
移送予定回数		回
移送の経路		別添移送経路のとおり
備考		
※受付欄		※経過欄

備考　１　この用紙の大きさは、日本産業規格Ａ４とすること。

２　法人にあつては、その名称、代表者氏名及び主たる事務所の所在地を記入すること。

３　移送予定回数欄は、１ケ月の平均予定回数を記入すること。

４　※印の欄は、記入しないこと。

本様式…追加〔昭和46年６月自令12号(と)〕、一部改正〔昭和51年３月自令７号(る)〕、旧様式第７の２…全部改正し繰下〔平成元年２月自令５号(ま)〕、本様式…一部改正〔平成６年１月自令４号(さ)・令和元年６月総令19号[い]・２年12月124号[ほ]〕

様式第19（第47条の６関係）（ま）（さ）[い][ほ]

危険物保安統括管理者選任・解任届出書

<table>
<tr><td colspan="4">年　月　日
殿
届出者
住所　　　　（電話　　）
氏名</td></tr>
<tr><td colspan="2">事業所の設置場所及び名称</td><td colspan="2"></td></tr>
<tr><td colspan="2">区分</td><td>選任</td><td>解任</td></tr>
<tr><td rowspan="3">危険物保安統括管理者</td><td>氏名</td><td></td><td></td></tr>
<tr><td>選任・解任年月日</td><td>年　月　日</td><td>年　月　日</td></tr>
<tr><td>職務上の地位</td><td></td><td></td></tr>
<tr><td colspan="2">※受付欄</td><td colspan="2">※備考</td></tr>
<tr><td colspan="2"></td><td colspan="2"></td></tr>
</table>

備考　1　この用紙の大きさは、日本産業規格Ａ４とすること。

2　法人にあつては、その名称、代表者氏名及び主たる事務所の所在地を記入すること。

3　※印の欄は、記入しないこと。

本様式…一部改正〔昭和46年６月自令12号（と）・51年３月７号（る）・53年10月24号（は）〕、全部改正〔昭和59年３月自令１号（な）〕、旧様式第８…全部改正し繰下〔平成元年２月自令５号（ま）〕、本様式…一部改正〔平成６年１月自令４号（さ）・令和元年６月総令19号[い]・２年12月124号[ほ]〕

様式第20（第48条の３関係）(ま)(さ)[い][ほ]

危険物保安監督者選任・解任届出書

<table>
<tr><td colspan="5">年　月　日
殿
届出者
住　所　　　　（電話　　）
氏　名</td></tr>
<tr><td rowspan="2">設置者</td><td>住所</td><td colspan="3">電話</td></tr>
<tr><td>氏名</td><td colspan="3"></td></tr>
<tr><td colspan="2">製造所等の別</td><td></td><td>貯蔵所又は取扱所の区分</td><td></td></tr>
<tr><td colspan="2">設置の許可年月日
及び許可番号</td><td colspan="3">年　月　日　第　号</td></tr>
<tr><td colspan="2">設置場所</td><td colspan="3"></td></tr>
<tr><td colspan="2">区分</td><td>選任</td><td colspan="2">解任</td></tr>
<tr><td rowspan="3">危険物保安監督者</td><td>氏名</td><td></td><td colspan="2"></td></tr>
<tr><td>危険物取扱者免状の種類</td><td></td><td colspan="2"></td></tr>
<tr><td>選任・解任年月日</td><td>年　月　日</td><td colspan="2">年　月　日</td></tr>
<tr><td colspan="2">※受付欄</td><td colspan="3">※備考</td></tr>
<tr><td colspan="2"></td><td colspan="3"></td></tr>
</table>

備考　1　この用紙の大きさは、日本産業規格Ａ４とすること。

2　法人にあつては、その名称、代表者氏名及び主たる事務所の所在地を記入すること。

3　※印の欄は、記入しないこと。

本様式…一部改正〔昭和46年６月自令12号(と)・51年３月７号(る)・53年10月24号(よ)〕、全部改正〔昭和59年３月自令１号(な)〕、旧様式第９…全部改正し繰下〔平成元年２月自令５号(ま)〕、本様式…一部改正〔平成６年１月自令４号(さ)・令和元年６月総令19号[い]・２年12月124号[ほ]〕

様式第20の２（第48条の３関係）㊉

実務経験証明書

<table>
<tr><td>氏　　名</td><td colspan="5">（　　　年　　月　　日生）</td></tr>
<tr><td>取り扱った危険物</td><td>類　別</td><td>第　　類</td><td>品　名</td><td colspan="2"></td></tr>
<tr><td>取り扱った期間</td><td colspan="5">年　　月　　日から　　　年　　月　　日まで
（　　　年　　月）</td></tr>
<tr><td>製造所等の別
(該当するものを○で囲むこと)</td><td colspan="5">製造所・貯蔵所・取扱所</td></tr>
<tr><td colspan="6">上記のとおり相違ないことを証明します。
証明年月日　　　　年　　月　　日
事業所名
所在地
証明者　　職　名
氏　名
電話番号　（　　　）</td></tr>
</table>

備考　この用紙の大きさは、日本産業規格Ａ４とすること。

本様式…追加〔令和３年７月総令71号㊉〕

様式第21（第50条関係）（ニ）

危険物取扱者免状交付申請書

<table>
<tr><td colspan="3">申請日　　　年　　月　　日
知事殿
申請者氏名＿＿＿＿＿＿＿＿
電話番号　勤務先等　　―　　―
内線（　　）
自宅又は携帯電話　　―　　―</td></tr>
<tr><td>住　　　所</td><td colspan="2"></td></tr>
<tr><td>フ　リ　ガ　ナ
氏　　　名</td><td></td><td>本籍　　都道府県</td></tr>
<tr><td>生　年　月　日</td><td>年　　月　　日生</td><td rowspan="2">※　受付欄</td></tr>
<tr><td>試　験　日</td><td>年　　月　　日</td></tr>
<tr><td>合格した試験の種類</td><td>種　　　類</td><td rowspan="2">※　手数料欄</td></tr>
<tr><td>受　験　番　号</td><td></td></tr>
<tr><td>既　得　免　状</td><td></td><td>※　経過欄</td></tr>
<tr><td>他都道府県知事への申請状況</td><td colspan="2"></td></tr>
</table>

備考　1　本籍の欄は、本籍地の属する都道府県名を記入すること。ただし、外国籍の者は「外国籍」と記入すること。

2　危険物取扱者免状の交付を現に受けている者は、既得免状の欄に当該免状の種類を記入すること。

3　他の都道府県知事に免状の交付申請をしている場合には、他都道府県知事への申請状況の欄に、当該他の都道府県名及び申請している免状の種類を記入すること。

4　※印の欄は、記入しないこと。

本様式…一部改正〔昭和46年６月自令12号(と)・51年３月７号(る)・53年10月24号(よ)・59年12月30号(む)〕、旧様式第10…繰下〔平成元年２月自令５号(ま)〕、本様式…一部改正〔平成10年３月自令６号(す)〕、全部改正〔平成12年３月自令12号(ニ)〕

様式第22（第51条関係）(ニ)

表面

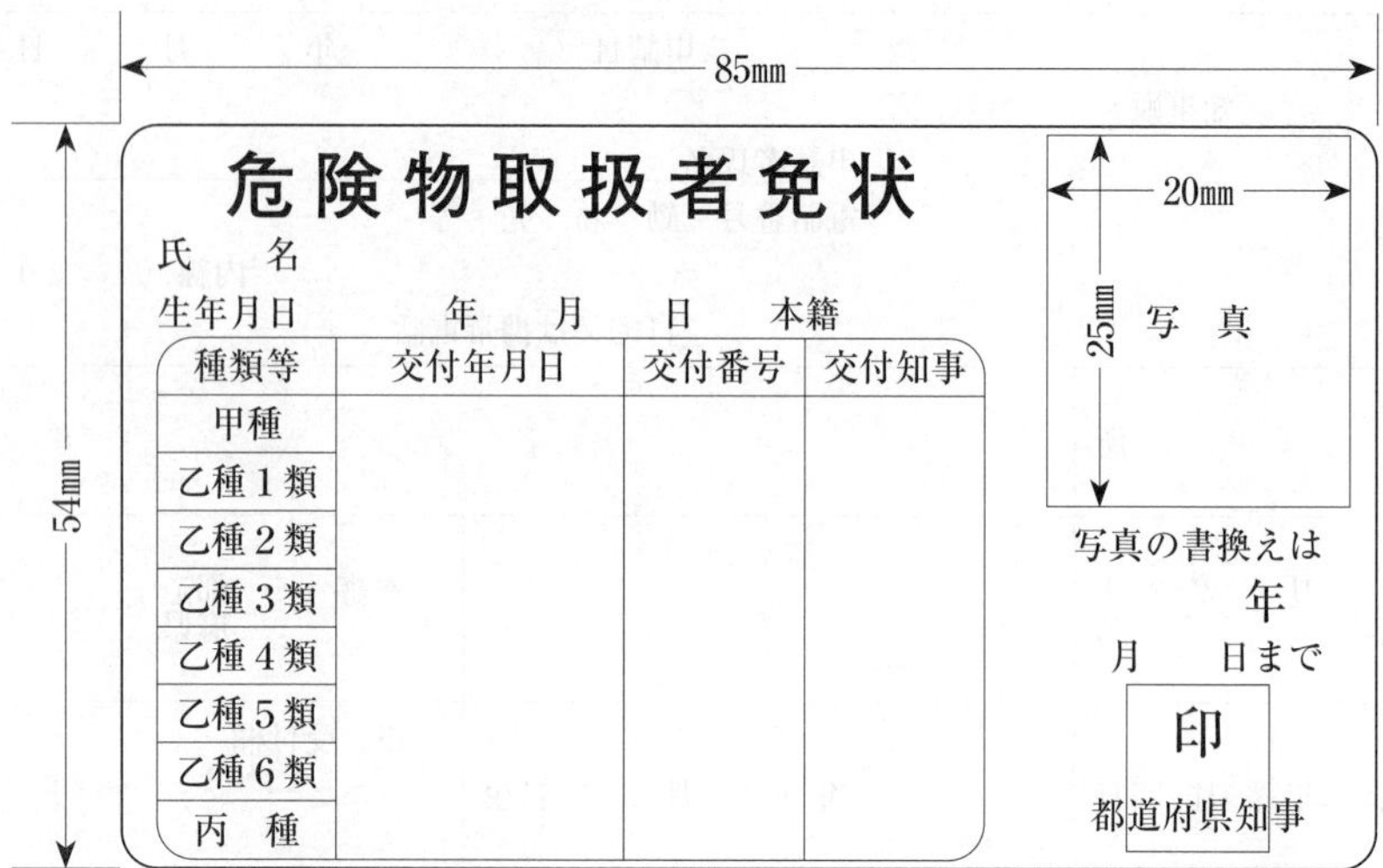

危険物取扱者免状

氏　名

生年月日　年　月　日　本籍

種類等	交付年月日	交付番号	交付知事
甲種			
乙種１類			
乙種２類			
乙種３類			
乙種４類			
乙種５類			
乙種６類			
丙　種			

裏面

危険物取扱者講習の状況

修了年月日	講習実施機関	証　印

（備　考）

備考　1　種類等の欄の「乙種１類」、「乙種２類」、「乙種３類」、「乙種４類」、「乙種５類」又は「乙種６類」とは、乙種危険物取扱者免状であって、取り扱うことができる危険物及びその取扱作業に関して立ち会うことができる危険物の種類が、それぞれ第１類、第２類、第３類、第４類、第５類又は第６類の危険物であることを示す。

2　白色のプラスチック板を用い、裏面には免状作成後に記入する文字及び証印が容易に消えない処理を施すこと。

本様式…全部改正〔昭和46年６月自令12号(と)〕、一部改正〔昭和51年３月自令７号(る)〕、全部改正〔昭和63年４月自令18号(や)〕、旧様式第11…繰下〔平成元年２月自令５号(ま)〕、本様式…全部改正〔平成12年３月自令12号(ニ)〕

様式第23（第52条、第53条関係）（ニ）（ン）[い]

危険物取扱者免状
書換・再交付申請書

知事殿		申請日	年　月　日	
申請者氏名	フリガナ			
生年月日	大・昭・平・令　年　月　日生	本籍	都道府県	
郵便番号	□□□－□□□□	自宅電話番号又は携帯電話番号		
住所		勤務先等連絡先		
		連絡先電話番号　—　—　内線（　）		

○申請区分（書換事項（1～4）・再交付理由（5～8）のうち該当するものの番号を○で囲み、1～3に該当する場合は、旧内容を必ず記入してください。）

書換事項	1　氏　名	旧フリガナ 旧　氏　名	再交付理由	5　亡失
	2　本　籍	旧　本　籍　　都道府県		6　滅失
	3　生年月日	旧生年月日　大・昭・平・令　年　月　日生		7　汚損
	4　写　真			8　破損

※　手数料欄
※　経過欄

交付を受けている危険物取扱者免状	種類等	交付年月日	交付番号	交付知事
	甲	昭・平・令　年　月　日		
	乙1	昭・平・令　年　月　日		
	乙2	昭・平・令　年　月　日		
	乙3	昭・平・令　年　月　日		
	乙4	昭・平・令　年　月　日		
	乙5	昭・平・令　年　月　日		
	乙6	昭・平・令　年　月　日		
	丙	昭・平・令　年　月　日		

※受付日	※受付番号

備考　1　この用紙の大きさは、日本産業規格Ａ４とすること。

2　本籍の欄は、本籍地の属する都道府県名を記入すること。ただし、外国籍の者は「外国籍」と記入すること。

3　※印の欄は、記入しないこと。

本様式…一部改正〔昭和46年６月自令12号（と）・51年３月７号（る）・53年10月24号（よ）〕、旧様式第12…全部改正し繰下〔平成元年２月自令５号（ま）〕、本様式…一部改正〔平成６年１月自令４号（さ）・10年３月６号（す）〕、全部改正〔平成12年３月自令12号（ニ）〕、一部改正〔令和元年５月総令３号（ン）・６月19号[い]〕

様式第24　削除(ニ)〔平成12年３月自令12号(ニ)〕

様式第25（第57条関係）(ウ)(ン)[い]

危険物取扱者試験受験願書

殿		申請日	年　月　日
申請者氏名	フリガナ		
生年月日	大・昭・平・令　年　月　日生	本籍	都道府県
郵便番号	□□□－□□□□	自宅電話番号又は携帯電話番号	
住所		勤務先等連絡先	
		連絡先電話番号	―　―　内線(　)

試験日	年　月　日	
試験種類	甲　乙　丙　種　―　第　類	
受験地		
甲種受験資格		
科目免除	火薬類製造保安責任者免状又は火薬類取扱保安責任者免状による試験科目免除を	受ける
	乙種危険物取扱者免状の交付を	受けている
	５年以上消防団員として勤務し、かつ、基礎教育又は専科教育の警防科を修了した者に	該当する

※手数料欄
※受付欄
※受験番号

備考

1　この用紙の大きさは、日本産業規格Ａ４とすること。

2　本籍の欄は、本籍地の属する都道府県名を記入すること。ただし、外国籍の者は、「外国籍」と記入すること。

3　※印の欄は、記入しないこと。

本様式…一部改正〔昭和46年６月自令12号(と)・51年３月７号(る)・53年10月24号(よ)〕、全部改正〔昭和59年12月自令30号(む)〕、旧様式第14…繰下〔平成元年２月自令５号(ま)〕、本様式…一部改正〔平成10年３月自令６号(す)〕、全部改正〔平成12年３月自令12号(ニ)・14年１月総令４号(ヌ)〕、一部改正〔平成15年12月総令143号(ワ)〕、全部改正〔平成21年11月総令106号(ウ)〕、一部改正〔令和元年５月総令３号(ン)・６月19号[い]〕

様式第26（第62条関係）（ま）（さ）[い][ほ]

予防規程 制定
変更 認可申請書

<table>
<tr><td colspan="5">年　月　日

殿

申請者
住所　　　　（電話　　）
氏名</td></tr>
<tr><td rowspan="2">設置者</td><td>住所</td><td colspan="3">電話</td></tr>
<tr><td>氏名</td><td colspan="3"></td></tr>
<tr><td colspan="2">設置場所</td><td colspan="3"></td></tr>
<tr><td colspan="2">製造所等の別</td><td></td><td>貯蔵所又は取扱所の区分</td><td></td></tr>
<tr><td colspan="2">設置の許可年月日
及び許可番号</td><td colspan="3">年　月　日　第　号</td></tr>
<tr><td colspan="2">危険物の類、品名（指定数量）、最大数量</td><td></td><td>指定数量の倍数</td><td></td></tr>
<tr><td colspan="2">予防規程 作成
変更 年月日</td><td colspan="3">年　月　日</td></tr>
<tr><td colspan="2">※受付欄</td><td colspan="3">※備考</td></tr>
<tr><td colspan="2"></td><td colspan="3"></td></tr>
</table>

備考　1　この用紙の大きさは、日本産業規格Ａ４とすること。

2　法人にあつては、その名称、代表者氏名及び主たる事務所の所在地を記入すること。

3　品名（指定数量）の記載については、当該危険物の指定数量が品名の記載のみでは明確でない場合に（　）内に該当する指定数量を記載すること。

4　※印の欄は、記入しないこと。

本様式…全部改正〔昭和40年10月自令28号（に）・46年６月17号(ぬ)〕、一部改正〔昭和51年３月自令７号(る)〕、旧様式第17…全部改正し繰下〔平成元年２月自令５号(ま)〕、本様式…一部改正〔平成６年１月自令４号(さ)・令和元年６月総令19号[い]・２年12月124号[ほ]〕

様式第26の２（第62条の２の２第１項関係）（オ）[い][ほ]

特定屋外タンク貯蔵所の保安検査時期延長申請書（タンクの腐食防止等の状況）

<table>
<tr><td colspan="6">年　月　日
殿
申　請　者
住　所　　　　　（電話　　　）
氏　名</td></tr>
<tr><td rowspan="2">設置者</td><td>住　所</td><td colspan="4">電話</td></tr>
<tr><td>氏　名</td><td colspan="4"></td></tr>
<tr><td colspan="2">設置場所</td><td colspan="4"></td></tr>
<tr><td colspan="2">タンクの呼称又は番号</td><td colspan="4"></td></tr>
<tr><td colspan="2">設置の許可申請年月日</td><td colspan="4">年　月　日</td></tr>
<tr><td colspan="2">設置の許可年月日及び許可番号</td><td colspan="4">年　月　日　第　号</td></tr>
<tr><td colspan="2">基準適合届出</td><td colspan="4">新基準適合届出（　年　月　日）・第一段階基準適合届出（　年　月　日）</td></tr>
<tr><td colspan="2">貯蔵最大数量</td><td colspan="4">kl</td></tr>
<tr><td rowspan="2">＊
コーティング</td><td>種類</td><td colspan="4">1　ガラスフレークコーティング
2　エポキシ系塗装　3　タールエポキシ系塗装
4　その他（　　）</td></tr>
<tr><td>施工の区分</td><td colspan="4">新規　・　中途　・　塗り替え
（コーティング施工年月日　年　月　日）</td></tr>
<tr><td rowspan="2">タンク底部外面の腐食防止措置＊</td><td>外面防食措置</td><td colspan="4">アスファルトサンド・電気防食・その他（　　）</td></tr>
<tr><td>雨水浸入防止措置</td><td colspan="4">適　・　否</td></tr>
<tr><td rowspan="3">板　厚＊</td><td rowspan="3">アニュラ板厚</td><td>設計板厚</td><td>㎜</td><td rowspan="3">底板板厚</td><td>設計板厚　㎜</td></tr>
<tr><td>最小測定板厚平均値</td><td>㎜</td><td>最小測定板厚平均値　㎜</td></tr>
<tr><td>測定板厚最小値</td><td>㎜</td><td>測定板厚最小値　㎜</td></tr>
<tr><td rowspan="2">補修・変形＊</td><td>補修の適否</td><td colspan="4">適　・　否</td></tr>
<tr><td>有害な変形の有無</td><td colspan="4">有　・　無</td></tr>
<tr><td colspan="2">不等沈下＊</td><td colspan="4">最大値のタンク直径に対する割合</td></tr>
<tr><td colspan="2">支持力・沈下＊</td><td colspan="4">平均沈下量　㎜／年</td></tr>
<tr><td rowspan="5">維持管理体制</td><td colspan="4">過去３年間の特定屋外貯蔵タンクの維持管理に起因する事故の発生</td><td>有・無</td></tr>
<tr><td colspan="4">過去３年間の消防法第12条第２項に基づく措置命令</td><td>有・無</td></tr>
<tr><td colspan="4">消防法第14条の２、第14条の３及び第14条の３の２の規定に関する違反</td><td>有・無</td></tr>
<tr><td colspan="4">保安作業従事者に対する適切な教育訓練＊</td><td>適・否</td></tr>
<tr><td colspan="4">保安のための適切な巡視、点検＊</td><td>適・否</td></tr>
<tr><td colspan="2">※　受付欄</td><td colspan="4">備　　考</td></tr>
<tr><td colspan="2"></td><td colspan="4"></td></tr>
</table>

備考　1　この用紙の大きさは、日本産業規格Ａ４とすること。
2　法人にあつては、その名称、代表者氏名及び主たる事業所の所在地を記入すること。
3　＊印の欄に関しては、必要に応じ図面、資料等を添付すること。
4　※印の欄は、記入しないこと。

本様式…追加〔平成６年９月自令30号(ゆ)〕、全部改正〔平成23年２月総令５号(オ)〕、一部改正〔令和元年６月総令19号[い]・２年12月124号[ほ]〕

様式第26の３（第62条の２の２第１項関係）(ゆ)(オ)[い][ほ]

特定屋外タンク貯蔵所の保安検査時期延長申請書（危険物の貯蔵管理等の状況）

年　月　日
殿
申請者
住所　　　　　　　（電話　　　）
氏名

設置者	住所		電話
	氏名		
設置場所			
タンクの呼称又は番号			
設置の許可申請年月日	年　月　日		
設置の許可年月日及び許可番号	年　月　日	第　号	
基準適合届出	新基準適合届出（　年　月　日）・第一段階基準適合届出（　年　月　日）		
貯蔵危険物の類、品名、化学名	第　類		
貯蔵最大数量	kℓ		
水等の管理	屋根形式（固定屋根・固定屋根以外）・水等成分管理の実施＊（有・無）		
貯蔵危険物の腐食性	有・無		
貯蔵条件	油種、管理温度、不活性ガス封入等腐食の発生に著しい影響を及ぼす貯蔵条件の変更の予定	有・無	

タンクの腐食率＊	アニュラ板	設計板厚	mm	底板	設計板厚	mm
		検査時最小板厚	mm		検査時最小板厚	mm
		最小板厚	mm		最小板厚	mm
		腐食率が最大となる板の経過年数	年		腐食率が最大となる板の経過年数	年
		腐食率	mm／年		腐食率	mm／年

タンク底部外面の腐食防止措置＊	外面防食措置	アスファルトサンド・電気防食・その他（　）		
	雨水浸入防止措置	適・否		
次期開放時期板厚推定値	次期開放予定時期	年　月		
	アニュラ板の板厚推定値	mm	底板の板厚推定値	mm
補修・変形＊	補修の適否	適・否		
	有害な変形の有無	有・無		
不等沈下＊	最大値のタンク直径に対する割合			
支持力・沈下＊	平均沈下量　mm／年			

維持管理体制	過去３年間の特定屋外貯蔵タンクの維持管理に起因する事故の発生	有・無
	過去３年間の消防法第12条第２項に基づく措置命令	有・無
	消防法第14条の２、第14条の３及び第14条の３の２の規定に関する違反	有・無
	保安作業従事者に対する適切な教育訓練＊	適・否
	保安のための適切な巡視、点検＊	適・否

※受付欄	備考

備考　１　この用紙の大きさは、日本産業規格Ａ４とすること。
２　法人にあつては、その名称、代表者氏名及び主たる事業所の所在地を記入すること。
３　＊印の欄に関しては、必要に応じ図面、資料等を添付すること。
４　※印の欄は、記入しないこと。

本様式…追加〔平成６年９月自令30号(ゆ)〕、一部改正〔平成23年２月総令５号(オ)・令和元年６月19号[い]・２年12月124号[ほ]〕

様式第26の４（第62条の２の２第１項関係）(オ)[い][ほ]

特定屋外タンク貯蔵所の保安検査時期延長申請書（タンクの腐食量に係る管理等の状況）

年　月　日

殿

申請者
住所　（電話　）
氏名

設置者	住所			電話		
	氏名					
設置場所						
タンクの呼称又は番号						
設置の許可申請年月日		年　月　日				
設置の許可年月日及び許可番号		年　月　日　第　号				
基準適合届出		新基準適合届出(　年　月　日)・第一段階基準適合届出(　年　月　日)				
貯蔵危険物の類、品名、化学名		第　類				
貯蔵最大数量		kl				
水等の管理		屋根形式(固定屋根・固定屋根以外)・水等成分管理の実施＊(有・無)				
貯蔵危険物の腐食性		有・無				
次期開放時期板厚推定値		次期開放予定時期	年　月			
		アニュラ板の板厚推定値	mm	底板の板厚推定値	mm	
貯蔵条件		油種、管理温度、不活性ガス封入等腐食の発生に著しい影響を及ぼす貯蔵条件の変更の予定			有・無	
タンクの腐食率	アニュラ板	設計板厚	mm	底板	設計板厚	mm
		検査時最小板厚	mm		検査時最小板厚	mm
		最小板厚	mm		最小板厚	mm
		腐食率が最大となる板の経過年数	年		腐食率が最大となる板の経過年数	年
		腐食率	mm／年		腐食率	mm／年
板厚予測値		mm				
コーティング＊	種類	1　ガラスフレークコーティング 2　その他（　）				
	施工の区分	新規・中途・塗り替え (コーティング施工年月日　年　月　日)				
加温貯蔵の有無		有・無				
基礎内部の排水措置の状況						
タンク底部外面の腐食防止措置＊	外面防食措置	アスファルトサンド・電気防食・その他(　)				
	雨水浸入防止措置	適・否				
補修・変形＊	補修の適否	適・否				
	有害な変形の有無	有・無				
不等沈下＊		最大値のタンク直径に対する割合				
支持力・沈下＊		平均沈下量　mm／年				
維持管理体制	過去３年間の特定屋外貯蔵タンクの維持管理に起因する事故の発生				有・無	
	過去３年間の消防法第12条第２項に基づく措置命令				有・無	
	消防法第14条の２、第14条の３及び第14条の３の２の規定に関する違反				有・無	
	保安作業従事者に対する適切な教育訓練＊				適・否	
	保安のための適切な巡視、点検＊				適・否	
※受付欄		備考				

備考　1　この用紙の大きさは、日本産業規格Ａ４とすること。
　　　2　法人にあつては、その名称、代表者氏名及び主たる事業所の所在地を記入すること。
　　　3　＊印の欄に関しては、必要に応じ図面、資料等を添付すること。
　　　4　※印の欄は、記入しないこと。

本様式…追加〔平成15年12月総令143号(ワ)〕、全部改正〔平成23年２月総令５号(オ)〕、一部改正〔令和元年６月総令19号[い]・２年12月124号[ほ]〕

様式第26の５（第62条の２の２第２項関係）（オ）[い][ほ]

特定屋外タンク貯蔵所の保安検査時期延長申請書（コーティング有）

年　月　日

殿

申 請 者

住 所　　　　　（電話　　）

氏 名

設置者	住所				電話	
	氏名					
設置場所						
タンクの呼称又は番号						
設置の許可申請年月日	年　月　日					
設置の許可年月日及び許可番号	年　月　日　第　号					
基準適合届出	新基準適合届出(　年　月　日)・第一段階基準適合届出(　年　月　日)					
貯蔵危険物の類、品名、化学名	第　類					
貯蔵最大数量	kl					
底部外面の腐食の発生に影響を及ぼす変更の予定	基礎				有・無	
	構造（底部の板の張り替え等）				有・無	
コーティング＊	種類	1 ガラスフレークコーティング 2 その他（　）				
	施工の区分	新規・中途・塗り替え （コーティング施工年月日　年　月　日）				
タンクの腐食量＊	前々回保安検査日	年　月　日	連続板厚測定	有・無	連続板厚測定日	年　月　日
	前回保安検査日	年　月　日		有・無		年　月　日
	アニュラ板	１年当たりの板厚減少量	㎜／年	底板	１年当たりの板厚減少量	㎜／年
		前回保安検査時最小板厚	㎜		前回保安検査時最小板厚	㎜
上記からの算出期間	年					
算出期間又は15年のうち短い方	年					
加温貯蔵の有無	有・無					
タンク底部外面の腐食防止措置＊	外面防食措置	アスファルトサンド・電気防食・その他（　）				
	雨水浸入防止措置	有（適・否）・無				
補修・変形＊	補修の適否	適・否				
	有害な変形の有無	有・無				
不等沈下＊	最大値のタンク直径に対する割合					
支持力・沈下＊	平均沈下量　㎜／年					
維持管理体制	過去３年間の特定屋外貯蔵タンクの維持管理に起因する事故の発生				有・無	
	過去３年間の消防法第12条第２項に基づく措置命令				有・無	
	消防法第14条の２、第14条の３及び第14条の３の２の規定に関する違反				有・無	
	保安作業従事者に対する適切な教育訓練＊				適・否	
	保安のための適切な巡視、点検＊				適・否	

※ 受付欄	備考

備考　1　この用紙の大きさは、日本産業規格Ａ４とすること。
　　　2　法人にあつては、その名称、代表者氏名及び主たる事業所の所在地を記入すること。
　　　3　＊印の欄に関しては、必要に応じ図面、資料等を添付すること。
　　　4　※印の欄は、記入しないこと。

本様式…追加〔平成23年２月総令５号(オ)〕、一部改正〔令和元年６月総令19号[い]・２年12月124号[ほ]〕

様式第26の６（第62条の２の２第２項関係）（オ）(い)(ほ)

特定屋外タンク貯蔵所の保安検査時期延長申請書（コーティング無）

年　月　日

殿

申 請 者
住 所　　（電話　　）
氏 名

設置者	住所				電話	
	氏名					
設置場所						
タンクの呼称又は番号						
設置の許可申請年月日	年　月　日					
設置の許可年月日及び許可番号	年　月　日　第　号					
基準適合届出	新基準適合届出(　年　月　日)・第一段階基準適合届出(　年　月　日)					
貯蔵危険物の類、品名、化学名	第　類					
貯蔵最大数量	kl					
貯蔵条件	油種、管理温度、不活性ガス封入等腐食の発生に著しい影響を及ぼす貯蔵条件の変更の有無					有・無
	過去におけるコーティングの有無＊					有・無
底部外面の腐食の発生に影響を及ぼす変更の有無	基礎					有・無
	構造（底部の板の張り替え等）					有・無
水等の管理	屋根形式(固定屋根・固定屋根以外)・水等成分管理の実施＊(有・無)					
タンクの腐食量＊	前々回保安検査日	年　月　日	連続板厚測定	有・無	連続板厚測定日	年　月　日
	前回保安検査日	年　月　日		有・無		年　月　日
	アニュラ板	１年当たりの板厚減少量（内面については直近過去２回）	内面（前々回）　mm／年	底板	１年当たりの板厚減少量（内面については直近過去２回）	内面（前々回）　mm／年
			内面（前回）　mm／年			内面（前回）　mm／年
			外面（前回）　mm／年			外面（前回）　mm／年
			内外面同箇所(前回)　mm／年			内外面同箇所(前回)　mm／年
		前回保安検査時最小板厚	mm		前回保安検査時最小板厚	mm
上記からの算出期間	年					
算出期間又は15年のうち短い期間	年					
加温貯蔵の有無	有・無					
タンク底部外面の腐食防止措置＊	外面防食措置	アスファルトサンド・電気防食・その他（　）				
	雨水浸入防止措置	有（適・否）・無				
補修・変形＊	補修の適否	適・否				
	有害な変形の有無	有・無				
不等沈下＊	最大値のタンク直径に対する割合					
支持力・沈下＊	平均沈下量　mm／年					
維持管理体制	過去３年間の特定屋外貯蔵タンクの維持管理に起因する事故の発生					有・無
	過去３年間の消防法第12条第２項に基づく措置命令					有・無
	消防法第14条の２、第14条の３及び第14条の３の２の規定に関する違反					有・無
	保安作業従事者に対する適切な教育訓練＊					適・否
	保安のための適切な巡視、点検＊					適・否
※受付欄	備考					

備考
1　この用紙の大きさは、日本産業規格Ａ４とすること。
2　法人にあつては、その名称、代表者氏名及び主たる事業所の所在地を記入すること。
3　＊印の欄に関しては、必要に応じ図面、資料等を添付すること。
4　※印の欄は、記入しないこと。

本様式…追加〔平成23年２月総令５号(オ)〕、一部改正〔令和元年６月総令19号(い)・２年12月124号(ほ)〕

様式第27（第62条の３関係）（ま）（さ）[い][ほ]

屋外タンク貯蔵所保安検査申請書

<table>
<tr><td colspan="4">年　　月　　日
殿
申 請 者
住 所　　　　　　　　（電話　　　）
氏 名</td></tr>
<tr><td rowspan="2">設 置 者</td><td>住　　所</td><td colspan="2">電話</td></tr>
<tr><td>氏　　名</td><td colspan="2"></td></tr>
<tr><td colspan="2">設 置 場 所</td><td>呼称又は
番　　号</td><td></td></tr>
<tr><td colspan="2">設置の許可年月日
及び許可番号</td><td colspan="2">年　　月　　日 第　　号</td></tr>
<tr><td colspan="2">貯蔵最大数量</td><td colspan="2">kℓ</td></tr>
<tr><td colspan="2">定期保安検査又は
臨時保安検査の別</td><td colspan="2">定期保安検査・臨時保安検査</td></tr>
<tr><td colspan="2">設置に係る完成検査又は
直近の保安検査を受けた
年月日及び検査番号</td><td colspan="2">年　　月　　日
第　　号</td></tr>
<tr><td colspan="2">検査希望年月日</td><td colspan="2">年　　月　　日</td></tr>
<tr><td colspan="2">変更工事予定の有無</td><td colspan="2">有（完成予定期日　　年　　月　　日）・無</td></tr>
<tr><td colspan="2">※ 受 付 欄</td><td>※ 備　　考</td><td>※ 手 数 料 欄</td></tr>
<tr><td colspan="2"></td><td></td><td></td></tr>
</table>

備考　1　この用紙の大きさは、日本産業規格Ａ４とすること。

2　法人にあつては、その名称、代表者氏名及び主たる事務所の所在地を記入すること。

3　※印の欄は、記入しないこと。

本様式…追加〔昭和52年２月自令２号(わ)〕、全部改正〔昭和59年７月自令17号(ら)〕、旧様式第18…全部改正し繰下〔平成元年２月自令５号(ま)〕、本様式…一部改正〔平成６年１月自令４号(さ)・令和元年６月総令19号[い]・２年12月124号[ほ]〕

様式第28（第62条の３関係）(ま)(さ)(へ)㋑㋭

移送取扱所保安検査申請書

年　月　日 殿 申請者 住所　（電話　） 氏名		
設置者	住所	電話
	氏名	
設置場所	起点	
	終点	
	経過地	
配管	延長	km
	外径	mm
	条数	条
危険物の類、品名（指定数量）及び化学名又は通称名		
危険物の移送量		kℓ／日
ポンプの種類等	種類・型式	
	全揚程	m
	吐出量	kℓ／時
	基数	基
設置又は変更の許可年月日及び許可番号		年　月　日　第　号
設置又は変更の完成検査年月日及び検査番号		年　月　日　第　号
前回保安検査年月日及び検査番号		年　月　日　第　号
検査希望年月日		年　月　日

※受付欄	※経過欄	※手数料欄
	検査年月日　年　月　日 検査番号　第　号	

備考　1　この用紙の大きさは、日本産業規格Ａ４とすること。

2　法人にあつては、その名称、代表者氏名及び主たる事務所の所在地を記入すること。

3　設置場所の欄中、起点及び終点の欄には、起点又は終点の事業所名を併記し、経過地の欄には、配管系が設置される市町村名を記入すること。

4　※印の欄は、記入しないこと。

5　総務大臣に申請する場合は、収入印紙（消印をしないこと。）をはり付けること。

本様式…追加〔昭和49年６月自令17号(ぬ)〕、一部改正〔昭和51年３月自令７号(る)〕、旧様式第18…一部改正し繰下〔昭和52年２月自令２号(わ)〕、旧様式第18の２…全部改正し繰下〔平成元年２月自令５号(ま)〕、本様式…一部改正〔平成６年１月自令４号(さ)・12年９月44号(へ)・令和元年６月総令19号㋑・２年12月124号㋭〕

様式第29（第62条の３関係）（ま）（さ）[い][ほ]

保安検査時期変更承認申請書

年　月　日 殿 申請者 住所　　（電話　） 氏名			
設置者 住所	電話		
設置者 氏名			
製造所等の別		貯蔵所又は取扱所の区分	
設置場所		呼称又は番号	
設置の許可年月日及び許可番号	年　月　日　第　号		
設置に係る完成検査又は直近の保安検査を受けた年月日及び検査番号	年　月　日 第　号		
検査希望年月日	年　月　日		
変更の事由			
※受付欄	備考		

備考　１　この用紙の大きさは、日本産業規格Ａ４とすること。
２　法人にあつては、その名称、代表者氏名及び主たる事務所の所在地を記入すること。
３　設置場所の欄は、移送取扱所については配管の起点、終点及び経過地を記入すること。
４　※印の欄は、記入しないこと。
５　既に保安検査申請書を提出している場合は、保安検査申請書受付年月日及び受付番号を備考欄に記入すること。

本様式…追加〔昭和49年６月自令17号(ぬ)〕、一部改正〔昭和51年３月自令７号(る)・52年２月２号(わ)〕、全部改正〔昭和59年７月自令17号(ら)〕、旧様式第19…全部改正し繰下〔平成元年２月自令５号(ま)〕、本様式…一部改正〔平成６年１月自令４号(さ)・令和元年６月総令19号[い]・２年12月124号[ほ]〕

様式第30（第62条の３関係）（ま）（さ）[い]

保安検査済証

設置者	住所		
	氏名		
設置場所			
製造所等の別		貯蔵所又は取扱所の区分	
設置の許可年月日及び許可番号	年　月　日　第　号		
備考			

保安検査番号　第　　号

年　月　日

市町村長等　[印]

備考　１　この用紙の大きさは、日本産業規格Ａ４とすること。

２　法人にあつては、その名称、代表者氏名及び主たる事務所の所在地を記入すること。

本様式…追加〔昭和49年６月自令17号(ぬ)〕、一部改正〔昭和51年３月自令７号(る)・52年２月２号(わ)〕、旧様式第20…全部改正し繰下〔平成元年２月自令５号(ま)〕、本様式…一部改正〔平成６年１月自令４号(さ)・令和元年６月総令19号[い]〕

様式第31（附則第10条関係）（ゆ）（す）ⓘⓗ

新　基　準　適　合　届　出　書

<table>
<tr><td colspan="6">年　月　日
殿
届出者
住所　　（電話　　）
氏名</td></tr>
<tr><td rowspan="2">設置者</td><td colspan="2">住　　所</td><td colspan="3">電話</td></tr>
<tr><td colspan="2">氏　　名</td><td colspan="3"></td></tr>
<tr><td colspan="3">設　置　場　所</td><td colspan="3"></td></tr>
<tr><td colspan="3">タンクの呼称又は番号</td><td colspan="3"></td></tr>
<tr><td colspan="3">設置の許可申請年月日</td><td colspan="3">年　月　日</td></tr>
<tr><td colspan="3">設置の許可年月日及び許可番号</td><td colspan="3">年　月　日　第　号</td></tr>
<tr><td colspan="3">設置の完成検査年月日及び検査番号</td><td colspan="3">年　月　日　第　号</td></tr>
<tr><td colspan="3">第一段階基準適合届出の有無</td><td colspan="3">有　・　無</td></tr>
<tr><td rowspan="5">タンク本体</td><td rowspan="3">側　板</td><td>主荷重によつて生ずる応力</td><td>円周方向引張応力　N/㎟</td><td colspan="2">円周方向引張許容応力　N/㎟</td></tr>
<tr><td rowspan="2">主荷重及び従荷重によつて生ずる応力</td><td>円周方向引張応力　N/㎟</td><td colspan="2">円周方向引張許容応力　N/㎟</td></tr>
<tr><td>軸方向圧縮応力　N/㎟</td><td colspan="2">軸方向圧縮許容応力　N/㎟</td></tr>
<tr><td rowspan="2">保有水平耐力</td><td colspan="2">保有水平耐力</td><td colspan="2">必要保有水平耐力</td></tr>
<tr><td colspan="2">N</td><td colspan="2">N</td></tr>
<tr><td colspan="2" rowspan="2">基礎・地盤</td><td colspan="2">地盤の液状化指数(P_L)</td><td colspan="2"></td></tr>
<tr><td colspan="2">基礎のすべりの安全率</td><td colspan="2"></td></tr>
<tr><td colspan="3">※　受　付　欄</td><td colspan="3">備　　考</td></tr>
<tr><td colspan="3"></td><td colspan="3"></td></tr>
</table>

備考　1　この用紙の大きさは、日本産業規格Ａ４とすること。

2　法人にあつては、その名称、代表者氏名及び主たる事業所の所在地を記入すること。

3　「円周方向引張応力」及び「軸方向圧縮応力」に関しては、側板各段のうち許容応力との比が最も大きな段についてその値を記入すること。

4　※印の欄は、記入しないこと。

5　新基準の適合確認に用いた計算書、図面等を添付すること。

本様式…追加〔平成６年９月自令30号(ゆ)〕、一部改正〔平成10年３月自令６号(す)・令和元年６月総令19号ⓘ・２年12月124号ⓗ〕

様式第32（附則第10条関係）(ゆ)(す)(い)(ほ)

第一段階基準適合届出書

<table>
<tr><td colspan="7">年　月　日
殿
届出者
住所　　（電話　　）
氏名</td></tr>
<tr><td rowspan="2">設置者</td><td colspan="2">住所</td><td colspan="4">電話</td></tr>
<tr><td colspan="2">氏名</td><td colspan="4"></td></tr>
<tr><td colspan="3">設置場所</td><td colspan="4"></td></tr>
<tr><td colspan="3">タンクの呼称又は番号</td><td colspan="4"></td></tr>
<tr><td colspan="3">設置の許可申請年月日</td><td colspan="4">年　月　日</td></tr>
<tr><td colspan="3">設置の許可年月日及び許可番号</td><td colspan="4">年　月　日　第　号</td></tr>
<tr><td colspan="3">設置の完成検査年月日及び検査番号</td><td colspan="4">年　月　日　第　号</td></tr>
<tr><td colspan="3">新基準適合届出の有無</td><td colspan="4">有　・　無</td></tr>
<tr><td rowspan="9">タンク本体</td><td colspan="2">側板とアニュラ板（底板）との溶接方法・形状</td><td colspan="2">溶接方法</td><td colspan="2">形状　適　・　否</td></tr>
<tr><td rowspan="6">側板</td><td rowspan="2">主荷重によつて生ずる応力</td><td>円周方向引張応力</td><td>N/㎟</td><td>円周方向引張許容応力</td><td>N/㎟</td></tr>
<tr><td>軸方向圧縮応力</td><td>N/㎟</td><td>軸方向圧縮許容応力</td><td>N/㎟</td></tr>
<tr><td rowspan="2">主荷重及び従荷重によつて生ずる応力</td><td>円周方向引張応力</td><td>N/㎟</td><td>円周方向引張許容応力</td><td>N/㎟</td></tr>
<tr><td>軸方向圧縮応力</td><td>N/㎟</td><td>軸方向圧縮許容応力</td><td>N/㎟</td></tr>
<tr><td colspan="2">風荷重に対する安全性</td><td colspan="3">適　・　否</td></tr>
<tr><td colspan="2">側板の厚さ</td><td colspan="3">適　・　否</td></tr>
<tr><td>アニュラ板</td><td colspan="2">アニュラ板の厚さ等</td><td colspan="3">適　・　否</td></tr>
<tr><td>底板</td><td colspan="2">底板の厚さ</td><td colspan="3">適　・　否</td></tr>
<tr><td colspan="2" rowspan="2">基礎・地盤</td><td colspan="2">地盤の液状化対策</td><td colspan="3">適　・　否</td></tr>
<tr><td colspan="2">盛り土の構造・補強措置</td><td colspan="3">適　・　否</td></tr>
<tr><td colspan="3">※受付欄</td><td colspan="4">備考</td></tr>
<tr><td colspan="3"></td><td colspan="4"></td></tr>
</table>

備考
1　この用紙の大きさは、日本産業規格Ａ４とすること。
2　法人にあつては、その名称、代表者氏名及び主たる事業所の所在地を記入すること。
3　「円周方向引張応力」及び「軸方向圧縮応力」に関しては、側板各段のうち許容応力との比が最も大きな段についてその値を記入すること。
4　※印の欄は、記入しないこと。
5　第一段階基準の適合確認に用いた計算書、図面等を添付すること。

本様式…追加〔平成６年９月自令30号(ゆ)〕、一部改正〔平成10年３月自令６号(す)・令和元年６月総令19号(い)・２年12月124号(ほ)〕

様式第33（第62条の５関係）（オ）(い)(ほ)

特定屋外タンク貯蔵所の内部点検時期延長届出書（タンクの腐食防止等の状況）

年　月　日

殿

届出者
住　所　　　　（電話　　）
氏　名

設置者	住所			電話	
	氏名				
設置場所					
タンクの呼称又は番号					
設置の許可申請年月日		年　月　日			
設置の許可年月日及び許可番号		年　月　日　第　号			
新基準適合年月日		年　月　日			
貯蔵最大数量		kl			
＊コーティング	種類	1　ガラスフレークコーティング 2　エポキシ系塗装　3　タールエポキシ系塗装 4　その他（　）			
タンク底部外面の腐食防止措置＊	外面防食措置	アスファルトサンド・電気防食・その他（　）			
	雨水浸入防止措置	適・否			
板厚＊	側板直下底板	設計板厚	mm	底板板厚　設計板厚	mm
		最小測定板厚平均値	mm	最小測定板厚平均値	mm
		測定板厚最小値	mm	測定板厚最小値	mm
補修・変形＊	補修の適否	適・否			
	有害な変形の有無	有・無			
不等沈下＊		最大値のタンク直径に対する割合			
支持力・沈下＊		平均沈下量　mm／年			
維持管理体制	過去３年間の特定屋外貯蔵タンクの維持管理に起因する事故の発生			有・無	
	過去３年間の消防法第12条第２項に基づく措置命令			有・無	
	消防法第14条の２、第14条の３及び第14条の３の２の規定に関する違反			有・無	
	保安作業従事者に対する適切な教育訓練＊			適・否	
	保安のための適切な巡視、点検＊			適・否	
※受付欄	備考				

備考　1　この用紙の大きさは、日本産業規格Ａ４とすること。

2　法人にあつては、その名称、代表者氏名及び主たる事業所の所在地を記入すること。

3　＊印の欄に関しては、必要に応じ図面、資料等を添付すること。

4　※印の欄は、記入しないこと。

本様式…追加〔平成12年３月自令11号(ハ)〕、一部改正〔平成13年10月総令136号(リ)〕、全部改正〔平成23年２月総令５号(オ)〕、一部改正〔令和元年６月総令19号(い)・２年12月124号(ほ)〕

様式第34（第62条の５関係）(ハ)(リ)[い][ほ]

特定屋外タンク貯蔵所の内部点検時期延長届出書（危険物の貯蔵管理等の状況）

<table>
<tr><td colspan="6">年　月　日
殿
届出者
住　所　　　　　　（電話　　　　）
氏　名</td></tr>
<tr><td rowspan="2">設置者</td><td>住　所</td><td colspan="4">電話</td></tr>
<tr><td>氏　名</td><td colspan="4"></td></tr>
<tr><td colspan="2">設置場所</td><td colspan="4"></td></tr>
<tr><td colspan="2">タンクの呼称又は番号</td><td colspan="4"></td></tr>
<tr><td colspan="2">設置の許可申請年月日</td><td colspan="4">年　月　日</td></tr>
<tr><td colspan="2">設置の許可年月日及び許可番号</td><td colspan="4">年　月　日第　号</td></tr>
<tr><td colspan="2">新基準適合年月日</td><td colspan="4">年　月　日</td></tr>
<tr><td colspan="3">貯蔵危険物の類、品名、化学名</td><td colspan="3">第　類</td></tr>
<tr><td colspan="3">貯蔵最大数量</td><td colspan="3">kl</td></tr>
<tr><td colspan="2">水等の管理</td><td colspan="4">屋根形式(固定屋根・固定屋根以外)・水等成分管理の実施＊(有・無)</td></tr>
<tr><td colspan="2">貯蔵危険物の腐食性</td><td colspan="4">有　・　無</td></tr>
<tr><td colspan="2">貯蔵条件</td><td colspan="3">油種、管理温度、不活性ガス封入等腐食の発生に著しい影響を及ぼす貯蔵条件の変更の予定</td><td>有　・　無</td></tr>
<tr><td rowspan="5">タンクの腐食率＊</td><td rowspan="5">側板直下底板</td><td>設計板厚</td><td>mm</td><td rowspan="5">底板</td><td>設計板厚　mm</td></tr>
<tr><td>検査時最小板厚</td><td>mm</td><td>検査時最小板厚　mm</td></tr>
<tr><td>最小板厚</td><td>mm</td><td>最小板厚　mm</td></tr>
<tr><td>腐食率が最大となる板の経過年数</td><td>年</td><td>腐食率が最大となる板の経過年数　年</td></tr>
<tr><td>腐食率</td><td>mm／年</td><td>腐食率　mm／年</td></tr>
<tr><td colspan="2" rowspan="2">タンク底部外面の腐食防止措置＊</td><td>外面防食措置</td><td colspan="3">アスファルトサンド・電気防食・その他（　）</td></tr>
<tr><td>雨水浸入防止措置</td><td colspan="3">適　・　否</td></tr>
<tr><td colspan="2" rowspan="2">次期開放時期板厚推定値</td><td>次期開放予定時期</td><td colspan="3">年　月</td></tr>
<tr><td>側板直下底板の板厚推定値</td><td>mm</td><td>底板の板厚推定値</td><td>mm</td></tr>
<tr><td colspan="2" rowspan="2">補修・変形＊</td><td>補修の適否</td><td colspan="3">適　・　否</td></tr>
<tr><td>有害な変形の有無</td><td colspan="3">有　・　無</td></tr>
<tr><td colspan="3">不等沈下＊</td><td colspan="3">最大値のタンク直径に対する割合</td></tr>
<tr><td colspan="3">支持力・沈下＊</td><td colspan="3">平均沈下量　mm／年</td></tr>
<tr><td rowspan="5">維持管理体制</td><td colspan="4">過去３年間の特定屋外貯蔵タンクの維持管理に起因する事故の発生</td><td>有・無</td></tr>
<tr><td colspan="4">過去３年間の消防法第12条第２項に基づく措置命令</td><td>有・無</td></tr>
<tr><td colspan="4">消防法第14条の２、第14条の３及び第14条の３の２の規定に関する違反</td><td>有・無</td></tr>
<tr><td colspan="4">保安作業従事者に対する適切な教育訓練＊</td><td>適・否</td></tr>
<tr><td colspan="4">保安のための適切な巡視、点検＊</td><td>適・否</td></tr>
<tr><td colspan="2">※受付欄</td><td colspan="4">備考</td></tr>
<tr><td colspan="2"></td><td colspan="4"></td></tr>
</table>

備考　1　この用紙の大きさは、日本産業規格Ａ４とすること。

2　法人にあつては、その名称、代表者氏名及び主たる事業所の所在地を記入すること。

3　＊印の欄に関しては、必要に応じ図面、資料等を添付すること。

4　※印の欄は、記入しないこと。

本様式…追加〔平成12年３月自令11号(ハ)〕、一部改正〔平成13年10月総令136号(リ)・令和元年６月19号[い]・２年12月124号[ほ]〕

様式第35（第62条の５関係）（ム）[い][ほ]

休止中の特定屋外タンク貯蔵所の内部点検期間延長申請書

<table>
<tr><td colspan="3">年　月　日
殿
申　請　者
住　　所　　（電話　　）
氏　　名</td></tr>
<tr><td rowspan="2">設置者</td><td>住所</td><td>電話</td></tr>
<tr><td>氏名</td><td></td></tr>
<tr><td colspan="2">設置場所</td><td></td></tr>
<tr><td colspan="2">タンクの呼称又は番号</td><td></td></tr>
<tr><td colspan="2">設置の許可年月日及び許可番号</td><td>年　月　日　第　号</td></tr>
<tr><td colspan="2">設置の完成検査年月日及び検査番号</td><td>年　月　日　第　号</td></tr>
<tr><td colspan="2">直近の保安検査を受けた日又は内部点検を行つた日</td><td>年　月　日（□保安検査　□内部点検）</td></tr>
<tr><td colspan="2">貯蔵最大数量</td><td>kℓ</td></tr>
<tr><td colspan="2">危険物以外の物品の貯蔵又は取扱い＊</td><td>□無　□有（物品：　）</td></tr>
<tr><td colspan="2">期間延長後の内部点検予定期日</td><td></td></tr>
<tr><td colspan="2">その他参考となる事項＊</td><td></td></tr>
<tr><td colspan="2">※受付欄</td><td>備考</td></tr>
<tr><td colspan="2"></td><td></td></tr>
</table>

備考　1　この用紙の大きさは、日本産業規格Ａ４とすること。
2　法人にあつては、その名称、代表者氏名及び主たる事業所の所在地を記入すること。
3　＊印の欄に関しては、必要に応じ図面、資料等を添付すること。
4　※印の欄は記入しないこと。

本様式…追加〔平成21年10月総令98号(ム)〕、一部改正〔令和元年６月総令19号[い]・２年12月124号[ほ]〕

様式第36（附則第３条関係）（ム）ⓘⓗ

特　定
準特定　屋外タンク貯蔵所の休止確認申請書（新基準適合期限延長）

<table>
<tr><td colspan="4">年　月　日

殿

申 請 者
住　所　　　（電話　　）
氏　名</td></tr>
<tr><td rowspan="2">設置者</td><td>住所</td><td colspan="2">電話</td></tr>
<tr><td>氏名</td><td colspan="2"></td></tr>
<tr><td colspan="2">設置場所</td><td colspan="2"></td></tr>
<tr><td colspan="2">タンクの呼称又は番号</td><td colspan="2"></td></tr>
<tr><td colspan="2">設置の許可年月日及び許可番号</td><td colspan="2">年　月　日　第　号</td></tr>
<tr><td colspan="2">貯蔵最大数量</td><td colspan="2">kℓ</td></tr>
<tr><td rowspan="3">休止措置の内容＊</td><td>危険物の除去</td><td colspan="2"></td></tr>
<tr><td>危険物の誤流入防止措置</td><td colspan="2"></td></tr>
<tr><td>休止標識の掲示場所等</td><td colspan="2"></td></tr>
<tr><td colspan="2">危険物以外の物品の貯蔵又は取扱い　＊</td><td colspan="2">□無　□有（物品名：　）</td></tr>
<tr><td colspan="2">危険物の貯蔵又は取扱いの再開予定期日</td><td colspan="2"></td></tr>
<tr><td colspan="2">その他参考となる事項＊</td><td colspan="2"></td></tr>
<tr><td colspan="2">※受付欄</td><td>※経過欄</td><td>備考</td></tr>
<tr><td colspan="2"></td><td>休止確認年月日</td><td></td></tr>
</table>

備考　1　この用紙の大きさは、日本産業規格Ａ４とすること。
2　法人にあつては、その名称、代表者氏名及び主たる事業所の所在地を記入すること。
3　＊印の欄に関しては、必要に応じ図面、資料等を添付すること。
4　※印の欄は記入しないこと。

本様式…追加〔平成21年10月総令98号(ム)〕、一部改正〔令和元年６月総令19号ⓘ・２年12月124号ⓗ〕

様式第37（附則第３条関係）（ム）(い)(ほ)

休止中の特定／準特定屋外タンク貯蔵所の再開届出書（新基準適合期限延長）

<table>
<tr><td colspan="3">年　月　日
殿
届出者
住　所　　　　（電話　　　）
氏　名</td></tr>
<tr><td rowspan="2">設置者</td><td>住所</td><td>電話</td></tr>
<tr><td>氏名</td><td></td></tr>
<tr><td colspan="2">設置場所</td><td></td></tr>
<tr><td colspan="2">タンクの呼称又は番号</td><td></td></tr>
<tr><td colspan="2">設置の許可年月日
及び許可番号</td><td>年　月　日　第　号</td></tr>
<tr><td colspan="2">貯蔵最大数量</td><td>kℓ</td></tr>
<tr><td colspan="2">休止確認年月日</td><td>年　月　日</td></tr>
<tr><td colspan="2">危険物の貯蔵又は取扱いを
再開する日</td><td>年　月　日</td></tr>
<tr><td colspan="2">新基準に適合することと
なつた日又は適合すること
となる予定の日</td><td>年　月　日</td></tr>
<tr><td colspan="2">※受付欄</td><td>備考</td></tr>
<tr><td colspan="2"></td><td></td></tr>
</table>

備考　1　この用紙の大きさは、日本産業規格Ａ４とすること。

2　法人にあつては、その名称、代表者氏名及び主たる事業所の所在地を記入すること。

3　新基準に適合している場合は、新基準の適合確認に用いた計算書、図面等を添付すること。

4　※印の欄は記入しないこと。

本様式…追加〔平成21年10月総令98号(ム)〕、一部改正〔令和元年６月総令19号(い)・２年12月124号(ほ)〕

様式第38（附則第３条関係）（ム）(い)(ほ)

特　定
準特定　屋外タンク貯蔵所の休止確認に係る変更届出書（新基準適合期限延長）

<table>
<tr><td colspan="6">年　月　日

殿

届出者
住　所　　　　（電話　　　）
氏　名</td></tr>
<tr><td colspan="2" rowspan="2">設置者</td><td>住所</td><td colspan="3">電話</td></tr>
<tr><td>氏名</td><td colspan="3"></td></tr>
<tr><td colspan="3">設置場所</td><td colspan="3"></td></tr>
<tr><td colspan="3">タンクの呼称又は番号</td><td colspan="3"></td></tr>
<tr><td colspan="3">設置の許可年月日
及び許可番号</td><td colspan="3">年　月　日　第　号</td></tr>
<tr><td colspan="3">貯蔵最大数量</td><td colspan="3">kℓ</td></tr>
<tr><td colspan="3">休止確認年月日</td><td colspan="3">年　月　日</td></tr>
<tr><td colspan="3">変更の内容</td><td>変更前</td><td>変更後</td><td>変更の理由</td></tr>
<tr><td rowspan="3">休止措置の内容＊</td><td colspan="2">危険物の除去</td><td></td><td></td><td></td></tr>
<tr><td colspan="2">危険物の誤流入防止措置</td><td></td><td></td><td></td></tr>
<tr><td colspan="2">休止標識の掲示場所等</td><td></td><td></td><td></td></tr>
<tr><td colspan="3">危険物以外の物品の貯蔵又は取扱い＊</td><td></td><td></td><td></td></tr>
<tr><td colspan="3">危険物の貯蔵又は取扱いの再開予定期日</td><td></td><td></td><td></td></tr>
<tr><td colspan="3">その他の変更の内容＊</td><td colspan="3"></td></tr>
<tr><td colspan="3">変更予定期日</td><td colspan="3"></td></tr>
<tr><td colspan="3">その他必要な事項＊</td><td colspan="3"></td></tr>
<tr><td colspan="3">※受付欄</td><td colspan="3">備考</td></tr>
<tr><td colspan="3"></td><td colspan="3"></td></tr>
</table>

備考　1　この用紙の大きさは、日本産業規格Ａ４とすること。
　　　2　法人にあつては、その名称、代表者氏名及び主たる事業所の所在地を記入すること。
　　　3　＊印の欄に関しては、必要に応じ図面、資料等を添付すること。
　　　4　※印の欄は記入しないこと。

本様式…追加〔平成21年10月総令98号(ム)〕、一部改正〔令和元年６月総令19号(い)・２年12月124号(ほ)〕

様式第39（附則第３条関係）（ム）[い][ほ]

特定屋外タンク貯蔵所の休止確認申請書（浮き屋根新基準適合期限延長）

年　月　日 殿 申請者 住　所　　　　（電話　　） 氏　名				
設置者	住所	電話		
	氏名			
設置場所				
タンクの呼称又は番号				
設置の許可年月日及び許可番号		年　月　日　第　号		
貯蔵最大数量		kℓ		
浮き屋根の構造		□一枚板構造 □一枚板構造以外	告示第２条の２に定める空間高さ　Hc	m
休止措置の内容＊	危険物の除去			
	危険物の誤流入防止措置			
	休止標識の掲示場所等			
危険物以外の物品の貯蔵又は取扱い　＊		□無　□有（物品名：　）		
危険物の貯蔵又は取扱いの再開予定期日				
その他参考となる事項＊				

※受付欄	※経過欄	備考
	休止確認年月日	

備考　1　この用紙の大きさは、日本産業規格Ａ４とすること。

2　法人にあつては、その名称、代表者氏名及び主たる事業所の所在地を記入すること。

3　＊印の欄に関しては、必要に応じ図面、資料等を添付すること。

4　※印の欄は記入しないこと。

本様式…追加〔平成21年10月総令98号(ム)〕、一部改正〔令和元年６月総令19号[い]・２年12月124号[ほ]〕

様式第40（附則第３条関係）（ム）ⓘⓗ

休止中の特定屋外タンク貯蔵所の再開届出書（浮き屋根新基準適合期限延長）

<table>
<tr><td colspan="5">年　月　日
殿
届出者
住　所　　　（電話　　）
氏　名</td></tr>
<tr><td rowspan="2">設置者</td><td>住所</td><td colspan="3">電話</td></tr>
<tr><td>氏名</td><td colspan="3"></td></tr>
<tr><td colspan="2">設置場所</td><td colspan="3"></td></tr>
<tr><td colspan="2">タンクの呼称又は番号</td><td colspan="3"></td></tr>
<tr><td colspan="2">設置の許可年月日
及び許可番号</td><td colspan="3">年　月　日　第　号</td></tr>
<tr><td colspan="2">貯蔵最大数量</td><td colspan="3">kℓ</td></tr>
<tr><td colspan="2">浮き屋根の構造</td><td>□一枚板構造
□一枚板構造以外</td><td>告示第２条の２に定める空間高さ　Hc</td><td>m</td></tr>
<tr><td colspan="2">休止確認年月日</td><td colspan="3">年　月　日</td></tr>
<tr><td colspan="2">危険物の貯蔵又は取扱いを再開する日</td><td colspan="3">年　月　日</td></tr>
<tr><td colspan="2">新基準に適合することとなつた日又は適合することとなる予定の日</td><td colspan="3">年　月　日</td></tr>
<tr><td colspan="2">※受付欄</td><td colspan="3">備考</td></tr>
<tr><td colspan="2"></td><td colspan="3"></td></tr>
</table>

備考　1　この用紙の大きさは、日本産業規格Ａ４とすること。

2　法人にあつては、その名称、代表者氏名及び主たる事業所の所在地を記入すること。

3　新基準に適合している場合は、新基準の適合確認に用いた計算書、図面等を添付すること。

4　※印の欄は記入しないこと。

本様式…追加〔平成21年10月総令98号（ム）〕、一部改正〔令和元年６月総令19号ⓘ・２年12月124号ⓗ〕

様式第41（附則第３条関係）（ム）ⓘⓗ

特定屋外タンク貯蔵所の休止確認に係る変更届出書（浮き屋根新基準適合期限延長）

<table>
<tr><td colspan="6">年　月　日
殿
届出者
住　所　　（電話　　）
氏　名</td></tr>
<tr><td colspan="2" rowspan="2">設　置　者</td><td>住　所</td><td colspan="3">電話</td></tr>
<tr><td>氏　名</td><td colspan="3"></td></tr>
<tr><td colspan="3">設　置　場　所</td><td colspan="3"></td></tr>
<tr><td colspan="3">タンクの呼称又は番号</td><td colspan="3"></td></tr>
<tr><td colspan="3">設置の許可年月日
及び許可番号</td><td colspan="3">年　月　日　第　号</td></tr>
<tr><td colspan="3">休止確認年月日</td><td colspan="3">年　月　日</td></tr>
<tr><td colspan="3">貯蔵最大数量</td><td colspan="3">kℓ</td></tr>
<tr><td colspan="3">浮き屋根の構造</td><td>□一枚板構造
□一枚板構造以外</td><td>告示第２条の２に定める空間高さ　Hc</td><td>m</td></tr>
<tr><td colspan="3">変　更　の　内　容</td><td>変　更　前</td><td>変　更　後</td><td>変更の理由</td></tr>
<tr><td rowspan="3">休止措置の内容＊</td><td colspan="2">危険物の除去</td><td></td><td></td><td></td></tr>
<tr><td colspan="2">危険物の誤流入
防止措置</td><td></td><td></td><td></td></tr>
<tr><td colspan="2">休止標識の
掲示場所等</td><td></td><td></td><td></td></tr>
<tr><td colspan="3">危険物以外の物品
の貯蔵又は取扱い　＊</td><td></td><td></td><td></td></tr>
<tr><td colspan="3">危険物の貯蔵又は取扱いの
再開予定期日</td><td></td><td></td><td></td></tr>
<tr><td colspan="3">その他の変更の内容＊</td><td colspan="3"></td></tr>
<tr><td colspan="3">変更予定期日</td><td colspan="3"></td></tr>
<tr><td colspan="3">その他必要な事項＊</td><td colspan="3"></td></tr>
<tr><td colspan="3">※受　付　欄</td><td colspan="3">備　　考</td></tr>
<tr><td colspan="3"></td><td colspan="3"></td></tr>
</table>

備考　１　この用紙の大きさは、日本産業規格Ａ４とすること。
２　法人にあつては、その名称、代表者氏名及び主たる事業所の所在地を記入すること。
３　＊印の欄に関しては、必要に応じ図面、資料等を添付すること。
４　※印の欄は記入しないこと。

本様式…追加〔平成21年10月総令98号(ム)〕、一部改正〔令和元年６月総令19号ⓘ・２年12月124号ⓗ〕

様式第42（第62条の５の２関係）（ノ）[い][ほ]

休止中の地下貯蔵タンク又は二重殻タンクの漏れの点検期間延長申請書

年　月　日

殿

申請者
住　所　　　（電話　　）
氏　名

設置者	住所	電話		
	氏名			
設置場所				
製造所等の別			貯蔵所又は取扱所の区分	
設置の許可年月日及び許可番号		年　月　日　第　号		
設置の完成検査年月日及び検査番号		年　月　日　第　号		
タンクの種類			対象となる地下貯蔵タンク又は二重殻タンク	
当該地下貯蔵タンク又は二重殻タンクの設置時の完成検査期日				
危険物の漏れを覚知しその漏えい拡散を防止するための措置の有無		告示第71条第４項第１号イ又はロに掲げる措置（有・無） 告示第71条第４項第２号に掲げる措置（有・無） 平成15年総務省令第143号附則第３項に掲げる措置（有・無）		
直近の漏れの点検を行つた年月日				
期間延長後の漏れの点検予定期日				
その他参考となる事項				
※受付欄		備考		

備考１　この用紙の大きさは、日本産業規格Ａ４とすること。

２　法人にあつては、その名称、代表者氏名及び主たる事業所の所在地を記入すること。

３　告示は、危険物の規制に関する技術上の基準の細目を定める告示（昭和49年自治省告示第99号）とすること。

４　※印の欄は記入しないこと。

本様式…追加〔平成22年６月総令71号(ノ)〕、一部改正〔令和元年６月総令19号[い]・２年12月124号[ほ]〕

様式第43（第62条の５の３関係）（ノ）[い][ほ]

休止中の地下埋設配管の漏れの点検期間延長申請書

年　月　日 殿 申請者 住所　　（電話　　） 氏名				
設置者	住所	電話		
	氏名			
設置場所				
製造所等の別			貯蔵所又は取扱所の区分	
設置の許可年月日及び許可番号		年　月　日　第　号		
設置の完成検査年月日及び検査番号		年　月　日　第　号		
対象となる地下埋設配管				
当該地下埋設配管の設置時の完成検査期日				
危険物の漏れを覚知しその漏えい拡散を防止するための措置の有無		告示第71条の２第３項第１号イ又はロに掲げる措置　（有・無） 告示第71条の２第３項第２号に掲げる措置　（有・無） 平成15年総務省令第143号附則第３項に掲げる措置　（有・無）		
直近の漏れの点検を行つた年月日				
期間延長後の漏れの点検予定期日				
その他参考となる事項				
※受付欄		備考		

備考１　この用紙の大きさは、日本産業規格Ａ４とすること。

２　法人にあつては、その名称、代表者氏名及び主たる事業所の所在地を記入すること。

３　告示は、危険物の規制に関する技術上の基準の細目を定める告示（昭和49年自治省告示第99号）とすること。

４　※印の欄は記入しないこと。

本様式…追加〔平成22年６月総令71号(ノ)〕、一部改正〔令和元年６月総令19号[い]・２年12月124号[ほ]〕

○危険物の規制に関する技術上の基準の細目を定める告示

（昭和四十九年五月一日自治省告示第九十九号）

〔改正経過〕

昭和五一年　三月三一日　自治省告示第　五二号
昭和五一年　六月一五日　自治省告示第一〇三号
昭和五二年　二月一〇日　自治省告示第　二二号
昭和五四年一〇月　九日　自治省告示第一八三号
昭和五八年　四月二八日　自治省告示第　一九号
昭和五九年　三月　五日　自治省告示第　二四号
昭和六二年一二月二六日　自治省告示第二〇〇号
昭和六三年　一月二〇日　自治省告示第　　四号
昭和六三年　四月　一日　自治省告示第　六六号
平成　元年　三月　一日　自治省告示第　三七号
平成　二年　二月　五日　自治省告示第　　五号
平成　二年一二月二六日　自治省告示第二〇四号
平成　五年　七月三〇日　自治省告示第　九〇号
平成　六年　三月一一日　自治省告示第　六一号
平成　六年　九月　一日　自治省告示第一二九号
平成　七年　二月二四日　自治省告示第　二八号
平成　七年　六月二八日　自治省告示第一一九号
平成　八年　九月三〇日　自治省告示第二一七号
平成　九年　三月二六日　自治省告示第　六五号
平成一〇年　三月　四日　自治省告示第　七二号
平成一一年　三月三〇日　自治省告示第　八〇号
平成一一年　九月二二日　自治省告示第二〇三号
平成一二年　三月二一日　自治省告示第　三八号
平成一二年　五月三一日　自治省告示第一二九号
平成一二年一二月二六日　自治省告示第二七七号
平成一五年一二月一七日　総務省告示第七三三号
平成一七年　一月一四日　総務省告示第　三〇号
平成一七年　三月二四日　総務省告示第三四九号
平成一八年　三月一七日　総務省告示第一四八号
平成一八年　九月二九日　総務省告示第五一五号
平成一八年一一月一〇日　総務省告示第五八四号
平成一九年　三月一二日　総務省告示第一三六号
平成一九年　九月二一日　総務省告示第五三二号
平成二二年　六月二八日　総務省告示第二四六号
平成二三年　二月二三日　総務省告示第　四八号
平成二三年　九月二二日　総務省告示第四二〇号
平成二三年一二月二一日　総務省告示第五五六号
平成二四年　三月三〇日　総務省告示第一二九号
平成二五年　四月　一日　総務省告示第一六六号
平成二六年　三月二七日　総務省告示第一一六号
平成二六年一〇月　一日　総務省告示第三五六号
平成二七年　九月三〇日　総務省告示第三三四号
平成二八年　四月　一日　総務省告示第一四六号
平成三〇年　三月三〇日　総務省告示第一四一号
平成三〇年　八月三一日　総務省告示第三〇六号
令和　元年　六月二八日　総務省告示第　七八号
令和　二年　九月　九日　総務省告示第二六五号
令和　五年　三月　三日　総務省告示第　五二号
令和　五年　九月一九日　総務省告示第三二一号
令和　五年一〇月二七日　総務省告示第三六〇号
令和　五年一二月　六日　総務省告示第四〇六号

危険物の規制に関する規則（昭和三十四年総理府令第五十五号）の規定に基づき、製造所及び取扱所の位置、構造及び設備の技術上の基準の細目を定める告示を次のとおり定める。

　危険物の規制に関する技術上の基準の細目を定める告示

　題名…改正〔昭和五一年三月自告五二号〕

（定義）

第一条　この告示において使用する用語は、危険物の規制に関する規則（以下「規則」という。）において使用する用語の例による。

（重要な水路）

第二条　規則第一条第三号ハに規定する重要な水路は、同条第二号に規定する河川以外の河川（公共の水流及び水面をいう。）であつて、移送取扱所が設置される地点からの流域面積が二平方キロメートル以上のものとする。

（特定屋外貯蔵タンクの空間容積）

第二条の二　規則第三条第二項の告示で定める容積は、次の式により求めた側板の最上端までの空間高さに応じた容積以上の容積とする。

$$Hc = 0.45D \cdot Kh_2$$

Hcは、側板の最上端までの空間高さ（単位　m）

Dは、特定屋外貯蔵タンクの内径（単位　m）

Kh_2は、第四条の二十第二項第三号に規定する液面揺動の設計水平震度

本条…追加〔昭和五八年四月自告一一九号〕

（地下配管の塗覆装）

第三条　規則第十三条の四の規定により地下配管に塗覆装を行う場合においては、次に掲げるところにより行わなければならない。

一　塗覆装材は、次に掲げるもの又はこれと同等以上の防食効果を有するものを用いること。

イ　塗装材にあつては、アスファルトエナメル又はブローンアスファルトであつて、配管に塗装した場合において、十分な強度を有し、かつ、配管と塗覆装との間に間げきが生じないための配管との付着性能を有するもの

ロ　覆装材にあつては、日本産業規格（産業標準化法（昭和二十四年法律第百八十五号）第二十条第一項の日本産業規格をいう。以下同じ。）L三四〇五「ヘッシャンクロス」に適合するもの又は耐熱用ビニロンクロス、ガラスクロス若しくはガラスマットであつて、イの塗装材による塗装を保護又は補強するための十分な強度を有するもの

二　塗覆装の方法は、次に掲げる方法又はこれと同等以上の防食効果を有する方法とすること。

イ　配管の外面にプライマーを塗装し、その表面に前号イの塗装材を塗装した後、当該塗装材を含浸した前号ロの覆装材を巻き付けること。

ロ　塗覆装の厚さは、配管の外面から厚さ三・〇ミリメートル以上とすること。

本条…一部改正〔昭和五二年二月自告二二号・五九年三月二四号・六二年一二月二〇〇号・平成一八年三月総告一四八号・二三年一二月五五六号・令和元年六月七八号〕

（地下配管のコーティング）

第三条の二　規則第十三条の四の規定により地下配管にコーティングを行う場合においては、次に掲げるところにより行わなければならない。

一　コーティング材料は、日本産業規格G三四七七―一「ポリエチレン被覆鋼管―第一部：外面三層ポリエチレン押出被覆鋼管」、日本産業規格G三四七七―二「ポリエチレン被覆鋼管―第二部：外面ポリエチレン押出被覆鋼管」若しくは日本産業規格G三四七七―三「ポリエチレン被覆鋼管―第三部：外面ポリエチレン粉体被覆鋼管」に定めるポリエチレン又はこれらと同等以上の防食効果を有するものを用いること。

二　コーティングの方法は、日本産業規格G三四七七―一「ポリエチレン被覆鋼管―第一部：外面三層ポリエチレン押出被覆鋼管」、日本産業規格G三四七七―二「ポリエチレン被覆鋼管―第二部：外面ポリエチレン押出被覆鋼管」若しくは日本産業規格G三四七七―三「ポリエチレン被覆鋼管―第三部：外面ポリエチレン粉体被覆鋼管」に定める方法又はこれらと同等以上の防食効果を有する方法とすること。

本条…追加〔昭和六二年一二月自告二〇〇号〕、一部改正〔令和元年六月総告七八号・五年三月五二号〕

（地下配管の電気防食）

第四条　規則第十三条の四の規定により、地下配管に電気防食を行う場合においては、次の各号に掲げるところにより行わなければならない。

一　配管の対地電位平均値は、飽和硫酸銅電極基準による場合にあつてはマイナス〇・八五ボルト、飽和カロメル電極基準による場合にあつてはマイナス〇・七七ボルトより負の電位であつて、かつ、過防食による悪影響を生じない範囲内とすること。

二　配管には、適切な間隔で電位測定端子を設けること。

三　電気鉄道の線路敷下等漏えい電流の影響を受けるおそれのある箇所に設置する配管には、排流法等による措置を講じること。

本条…一部改正〔昭和五二年二月自告二二号〕

（防油堤等の容量の算定の方法）

第四条の二　規則第十三条の三第二項に規定する二十号防油堤及び規則第二十二条第二項に規定する防油堤（以下この条において「防油堤等」という。）の容量は、当該防油堤等の内容積から容量が最大であるタンク以外のタンクの防油堤等の高さ以下の部分の容積、当該防油堤等内にあるすべてのタンクの基礎の体積、仕切堤の体積及び当該防油堤等内に設置する配管の体積を差し引いたものとする。

本条…追加〔昭和五一年三月自告五二号〕、見出し…改正・本条…一部改正〔昭和五二年二月自告二二号〕

（敷地境界線の外縁に存する施設）

第四条の二の二　規則第十九条の二第四号の告示で定める施設は、次に掲げるものとする。

一　専ら貨物の輸送の用に供する鉄道又は軌道

二　製造業（物品の加工修理業を含む。）、電気供給業、ガス供給業、熱供給業及び倉庫業に係る事業所並びに油槽所の敷地であって、当該敷地内に危険物の規制に関する政令（昭和三十四年政令第三百六号。以下「令」という。）第九条第一号イからハに掲げる建築物等の存しないもののうち、現に当該事業の用に供されているもの

三　都市計画法（昭和四十三年法律第百号）第八条第一項第一号の工業専用地域内に存する道路で前号に掲げる事業所（油槽所を含む。以下この号において同じ。）の敷地相互間に存するもので、かつ、専ら当該事業所の交通の用に供するもの

本条…追加〔平成一八年三月総告一四八号〕

（地盤の範囲）

第四条の三　規則第二十条の二第二項第二号イの告示で定める範囲は、地表面からの深さが十五メートルで、かつ、基礎の外縁が地表面と接する線で囲まれた範囲とする。

本条…追加〔昭和五二年二月自告二二号〕

第四条の四　規則第二十条の二第二項第二号ロの告示で定める範囲は、次項に定める地表面からの深さで、かつ、第三項に定める平面の範囲とする。

２　地表面からの深さは、次の各号に掲げる特定屋外貯蔵タンクの設置場所の地層の区分に応じ、当該各号に掲げる深さとする。

一　タンク荷重を支える地層が水平層状（標準貫入試験における標準貫入試験値が二十以上の相当な厚さの水平地層が存するとともに、当該地層と地表面との間にくさび状の地層が存しない状態をいう。第四条の六において同じ。）であるもの　地表面からの深さ十五メートル

二　前号の地層以外のもの　規則第二十条の二第二項第二号ロ(1)に定めるタンク荷重に対する支持力の安全率及び計算沈下量を確保するのに必要な深さ

３　平面の範囲は、次の式により求めた水平距離（当該距離が五メートル未満であるときは五メートル、十メートルを超えるときは十メートル）に特定屋外貯蔵タンクの半径を加えた距離を半径とし、当該特定屋外貯蔵タンクの設置位置の中心を中心とした円の範囲とする。

$$L = \frac{2}{3} l$$

Lは、水平距離（単位　m）

lは、前項の規定により求めた地表面からの深さ（単位　m）

本条…追加〔昭和五二年二月自告二二号〕

（支持力の安全率）

第四条の五　規則第二十条の二第二項第二号ロ(1)の告示で定める安全率の値は、一・五以上とする。

本条…追加〔昭和五二年二月自告二二号〕

（計算沈下量）

第四条の六　規則第二十条の二第二項第二号ロ(1)の告示で定める計算沈下量の値は、次の各号に掲げる特定屋外貯蔵タンクの直径の区分に応じ、当該各号に掲げる沈下量（タンク荷重を支える地層が水平層状である場合は、当該沈下量の三倍の値とする。）以下とする。

一　直径が十五メートル未満のもの　当該タンクの不等沈下が〇・〇五メートル

二　直径が十五メートル以上のもの　当該タンクの直径に対するタンクの不等沈下の数値の割合が三百分の一

本条…追加〔昭和五二年二月自告二二号〕、一部改正〔平成一一年九月自告二〇三号〕

（基礎の指定）

第四条の七　規則第二十条の二第二項第二号ロ(2)の告示で定める基礎は、同項第四号で定める盛り土であるものとする。

本条…追加〔昭和五二年二月自告二二号〕

（地盤を構成する地質の制限）

第四条の八　規則第二十条の二第二項第二号ロ(2)の告示で定める地質は、砂質土であつて、次の各号に該当するものとする。

一　地下水によつて飽和されているものであること。

二　粒径加積曲線による通過重量百分率の五十パーセントに相当する粒径（D_{50}）が、二・〇ミリメートル以下のものであること。

三　次の表の上欄に掲げる細粒分含有率（篩い目の開き〇・〇七五ミリメートルを通過する土粒子の含有率をいう。第七十四条において同じ。）の区分に応じ、それぞれ同表の下欄に掲げる標準貫入試験値以下のものであること。

細粒分含有率	標準貫入試験値	
	A	B
五パーセント未満	十二	十五
五パーセント以上十パーセント以下	八	十二
十パーセントを超え三十五パーセント未満	六	七

備考

一　Aは、タンクの設置位置の中心を中心とし当該タンクの半径から五メートルを減じた値を半径とする円の範囲内の砂質土に係る値をいう。

二　Bは、第四条の四第三項に規定する平面の範囲（備考一の範囲を除く。）内の砂質土に係る値をいう。

本条…追加〔昭和五二年二月自告二二号〕、一部改正〔平成六年九月自告一二九号・一一年九月二〇三号〕

（すべりの安全率）

第四条の九　規則第二十条の二第二項第三号の告示で定める安全率は、一・二以上の値とする。

本条…追加〔昭和五二年二月自告二二号〕

（盛り土の構造）

第四条の一〇　規則第二十条の二第二項第四号の告示で定めるところにより造る盛り土は、次のとおりとする。

一　締固めのまき出し厚さは、〇・三メートル以下とし、均一に締め固めること。

二　犬走りの最小幅は、特定屋外貯蔵タンクの直径が二十メートル未満のものにあつては一メートル以上、二十メートル以上のものにあつては一・五メートル以上とすること。

三　犬走り及び法面の勾配は、それぞれ二十分の一以下及び二分の一以下とすること。

四　犬走り及び法面は、雨水等が浸透しないようアスファルト等で保護すること。

五　締固めが完了した後において盛り土を掘削しないこと。ただし、規則第二十条の二第二項第六号の規定により基礎を補強するための措置を講ずる場合等の必要があるときは、この限りでない。この場合において、当該盛り土の埋戻し部分は、粒調砕石又はソイルセメント等により盛り土が部分的に沈下しないよう締固めを行うこと、当該埋戻し部分の特定屋外貯蔵タンクの沈下を防止するための板を設けること等の措置を講ずること。

六　盛り土の表面の仕上げは、次によること。

イ　側板の外部の近傍の表面は、当該近傍の円周上の十メートル以下の等間隔の点（当該点の和が八点未満となるときは、八点とする。）相互における高低差の最高値が二十五ミリメートル以下で、かつ、隣接する当該各点における高低差が十ミリメートル以下であること。

ロ　イによるほか盛り土の表面は、特定屋外貯蔵タンクの設置位置の中心を中心として半径約十メートルを増すごとの同心円（特定屋外貯蔵タンクの直径が四十メートル以下のものにあつては当該特定屋外貯蔵タンクの半径の二分の一を半径とする円とし、直径が四十メートルを超えるものにあつてはイによる円との間隔が十メートル未満となる円は除くものとする。）を描き、それぞれの円周上の十メートル以下の等間隔の点相互における高低差の最高値が二十五ミリメートル以下で、かつ、隣接する当該各点における高低差が十ミリメートル以下であること。

本条…追加〔昭和五二年二月自告二二号〕

（基礎の補強）

第四条の一一　規則第二十条の二第二項第六号の告示で定めるところにより当該基礎を補強するための措置は、特定屋外貯蔵タンクの側板の直下又は側板の外傍について鉄筋コンクリートリングにより行うものとする。ただし、側板の直下については、砕石リングにより行うことができる。

2　前項の措置を鉄筋コンクリートリングにより行う場合は、次によるものとする。

一　鉄筋コンクリートリングの高さは、一メートル以上とすること。

二　鉄筋コンクリートリングの天端の幅は、一メートル（側板の外傍に設けるものにあつては、〇・三メートル）以上とすること。

三　コンクリートの設計基準強度は、二十一ニュートン毎平方ミリメートル以上のものであること。

四　コンクリートの許容圧縮応力度は、七ニュートン毎平方ミリメートル以上のものであること。

五　コンクリートの許容曲げ引張り応力度は、〇・三ニュートン毎平方ミリメートル以上のものであること。

六　鉄筋の許容応力度は、日本産業規格G三一一二「鉄筋コンクリート用棒鋼」（SR235、SD295A又はSD295Bに係る規格に限る。）のうちSR235を用いる場合にあつては百四十ニュートン毎平方ミリメートル、SD295A又はSD295Bを用いる場合にあつては百八十ニュートン毎平方ミリメートルとすること。

七　側板の直下に設ける鉄筋コンクリートリングには、当該鉄筋コンクリートリングの内部に浸透した水を排除するための排水口を設けるとともに、当該鉄筋コンクリートリングの天端と特定屋外貯蔵タンクの底部との間に緩衝材を設けること。

3　第一項の措置を砕石リングにより行う場合は、次によるものとする。

一　砕石リングの高さ及び天端の幅は、一メートル以上とすること。

二　砕石リングに用いる砕石は、最大粒径が五十ミリメートル以下のもので、かつ、十分締め固めることができるよう当該粒度が調整されているものであること。

三　砕石リングは、平板載荷試験における平板載荷試験値（五ミリメートル沈下時における試験値（K_{30}値）とする。）が二百メガニュートン毎立方メートル以上の値を有するものであること。

本条…追加〔昭和五二年二月自告二二号〕、一項…一部改正〔昭和五九年三月自告二四号・平成二年一二月二〇四号〕、二・三項…一部改正〔平成一一年九月自告二〇三号〕、二項…一部改正〔令和元年六月総告七八号〕

（貯蔵する危険物の比重）

第四条の一二　特定屋外貯蔵タンクに貯蔵する危険物の重量については、当該貯蔵する危険物の比重が一・〇に満たないときは、当該比重を一・〇として計算するものとする。

本条…追加〔昭和五二年二月自告二二号〕

（支持力の計算方法）

第四条の一三　特定屋外貯蔵タンクの地盤の支持力の計算方法は、次のイの式及びロの式によるものとする。ただし、第四条の十一第二項及び第三項に規定する特定屋外貯蔵タンクの側板の直下に設ける鉄筋コンクリートリング又は砕石リング（砕石リングの天端が当該タンクの側板の内側に二メートル以上張り出しているものに限る。）を設けるものにあつては、イの式によるものとする。

イ　$qd_1 = 1.3C \cdot N_c + 0.3\gamma_1 \cdot B \cdot N\gamma + \gamma_2 \cdot D_f \cdot N_q$

ロ　$qd_2 = 1.0C \cdot N_c + 0.75\gamma_1 \cdot N\gamma + \gamma_2 \cdot D_f \cdot N_q$

qd_1は、地盤の極限支持力（単位　kN／㎡）

qd_2は、局部的地盤の極限支持力（単位　kN／㎡）

Cは、粘着力（単位　kN／㎡）

N_c、N_q及び$N\gamma$は、支持力係数（次の図により土の内部摩擦角からそれぞれ求める値）

γ_1及びγ_2は、それぞれ根入の下方及び上方の土の有効単位体積重量（単位　kN／㎥）

Bは、特定屋外貯蔵タンクの直径（単位　m）

D_fは、地表面からの根入深さ（単位　m）

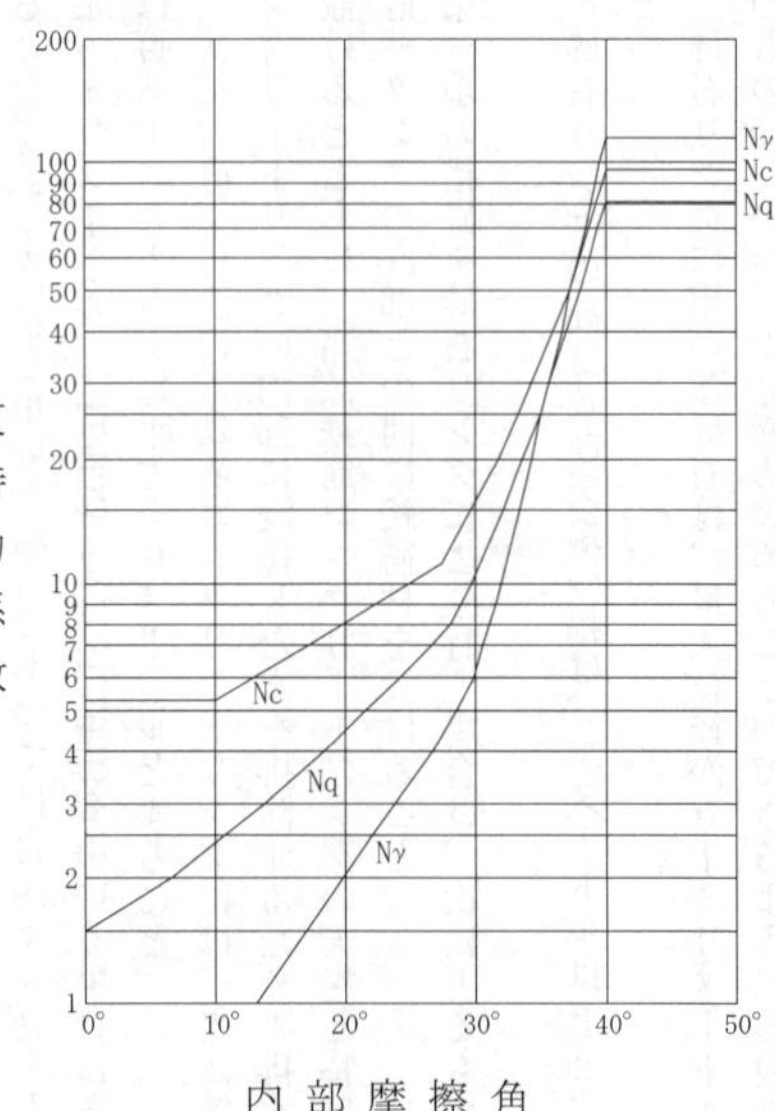

本条…追加〔昭和五二年二月自告二二号〕、一部改正〔平成一一年九月自告二〇三号〕

（沈下量の計算方法）

第四条の一四　特定屋外貯蔵タンクの地盤の沈下量の計算方法は、粘性土層にあつては次のイの式により、砂質土層にあつては次のロの式によるものとする。

イ　$S = \int \frac{C_c}{1+e_0} \log \frac{P_1+\varDelta P}{P_0} dZ$

ロ　$S = 4.00 \times 10^{-3} \int \frac{P_1}{N} \log \frac{P_1+\varDelta P}{P_1} dZ$

Sは、沈下量（単位　m）

C_cは、標準圧密試験により求めた圧縮指数

e_0は、標準圧密試験により求めた初期間げき比

P_1は、有効土被り荷重（単位　kN／㎡）

ΔPは、タンク荷重による増加地中荷重（単位　kN／㎡）

P_0は、圧密降伏荷重（単位　kN／㎡）

Zは、地表面からの深さ（単位　m）

Nは、標準貫入試験値

本条…追加〔昭和五二年二月自告二二号〕、一部改正〔平成一一年九月自告二〇三号・二二年六月総告二四六号〕

（すべりの計算方法）

第四条の一五　特定屋外貯蔵タンクの地盤のすべりの計算方法は、次の式によるものとする。

$$F=\frac{\Sigma(1.3C\cdot l+W\cdot\cos\theta\cdot\tan\phi)}{\Sigma W_0\cdot\sin\theta}$$

Fは、安全率

Cは、粘着力（単位　kN／㎡）

lは、分割片におけるすべり面の長さ（単位　m）

Wは、分割片における幅一メートル当たりの有効重量（単位　kN／m）

θは、分割片でのすべり面と水平面のなす角（単位　度）

ϕは、内部摩擦角（単位　度）

W_0は、分割片における幅一メートル当たりの全重量（単位　kN／m）

本条…追加〔昭和五二年二月自告二二号〕、一部改正〔平成一一年九月自告二〇三号〕

（基礎及び地盤に係る試験）

第四条の一六　規則第二十条の三の告示で定める試験は、次の各号に掲げるものとする。

一　規則第二十条の二第二項第二号ハの地盤の堅固さを確認するための試験

二　規則第二十条の二第二項第四号の基礎の堅固さを確認するための試験

三　第四条の十一第三項第三号の平板載荷試験

本条…追加〔昭和五二年二月自告二二号〕

（許容応力）

第四条の一六の二　規則第二十条の四第二項第一号の告示で定める許容応力は、次の各号に掲げる応力の区分に応じ、当該各号に定める許容応力とする。

一　主荷重によつて生ずる応力　次の表の上欄に掲げる応力の種類ごとに、同表の下欄に掲げる値

応力の種類	許容応力
引張応力	S
圧縮応力	S又はS′のいずれか小なる値

備考

一　Sは、材料の規格最小降伏点又は〇・二パーセント耐力の六十パーセントの値（単位　N／㎟）

二　S′は、次の式により求めた値

$$S'=\frac{0.4E\cdot t}{\gamma\cdot D}$$

Eは、205,939.7（単位　N／㎟）

tは、座屈を求める段の側板の厚さ（単位　㎜）

γは、2.25

Dは、特定屋外貯蔵タンクの内径（単位　㎜）

二　主荷重と風荷重又は地震の影響との組合せによつて生ずる応力　前号の表の上欄に掲げる応力の種類ごとに、同表の下欄に掲げる値に一・五を乗じた値

本条…追加〔昭和五八年四月自告一一九号〕、一部改正〔平成一一年九月自告二〇三号〕

（最小厚さ等）

第四条の一七　規則第二十条の四第二項第二号の告示で定める基準は、次のとおりとする。

一　側板の最小厚さは、次の表の上欄に掲げる特定屋外貯蔵タンクの内径の区分に応じ、同表の下欄に掲げる厚さとすること。

内　　径（単位　m）	厚さ（単位　mm）
十六以下のもの	四・五
十六を超え三十五以下のもの	六
三十五を超え六十以下のもの	八
六十を超えるもの	十

二　底板の最小厚さは、特定屋外貯蔵タンクの容量が千キロリットル以上一万キロリットル未満のものにあつては九ミリメートル、一万キロリットル以上のものにあつては十二ミリメートルとすること。ただし、貯蔵する危険物の性状等から底板が腐食するおそれがないと認められる場合は、当該底板の厚さを減ずることができる。

三　屋根の最小厚さは、四・五ミリメートルとすること。

四　アニュラ板の側板外面からの最小張出し寸法、側板内面からタンク中心部に向かつての最小張出しの長さ及びアニュラ板の最小厚さは、次の表の上欄に掲げる特定屋外貯蔵タンクの側板の最下段の厚さの区分に応じ、同表の下欄に掲げる寸法等とする。

側板の最下段の厚さ（単位　mm）	アニュラ板の各寸法等（単位　mm）		
	側板外面からの張出し寸法	側板内面からタンク中心部に向かつての張出しの長さ	最小厚さ
十五を超え二十以下のもの	七十五	千	十二
二十を超え二十五以下のもの	百	千五百	十五
二十五を超え三十以下のもの	百	千五百	十八
三十を超えるもの	百	千五百	二十一

本条…追加〔昭和五二年二月自告二二号〕、一部改正〔昭和五八年四月自告一一九号〕

（主荷重及び従荷重）

第四条の一八　特定屋外貯蔵タンクに係る主荷重及び従荷重（次条及び第四条の二十に定めるものを除く。）の計算方法は、次の各号に掲げるとおりとする。

一　特定屋外貯蔵タンクの自重は、当該特定屋外貯蔵タンクの鋼材の比重を七・八五として計算すること。

二　貯蔵する危険物の重量については、当該貯蔵する危険物の比重が一・〇に満たないときは、当該比重を一・〇として計算すること。

三　温度変化の影響は、貯蔵する危険物の最高液温と当該特定屋外貯蔵タンクを設置する地域における年間平均気温との差とし、特定屋外貯蔵タンクの鋼材の線膨張係数を12×10^{-6}として計算すること。

四　積雪荷重は、積雪量が一平方メートル当たり一センチメートルにつき十九・六ニュートン以上として計算すること。

本条…追加〔昭和五二年二月自告二二号〕、一部改正〔平成一一年九月自告二〇三号〕

（風荷重等）

第四条の一九　特定屋外貯蔵タンクに係る風荷重の計算方法等は、次に掲げるとおりとする。

一　一平方メートル当たりの風荷重は、次の式によること。

$q = 0.588k\sqrt{h}$

qは、風荷重（単位　kN／㎡）

kは、風力係数（円筒形タンクの場合は〇・七、円筒形タンク以外のタンクの場合は一・〇）

hは、地盤面からの高さ（単位　m）

二　前号の規定にかかわらず、海岸、河岸、山上等強風を受けるおそれのある場所に設置するタンク又は円筒形タンクで地盤面からの高さが二十五メートル以上のものに係る風荷重の値は、一平方メートルにつき二・〇五キロニュートン、円筒形タンク以外のタンクで地盤面からの高さが二十五メートル以上のものに係る風荷重の値は、一平方メートルにつき二・九四キロニュートンとすること。

2　特定屋外貯蔵タンクにウインドガーダーを設ける場合における断面係数等の計算方法は、次に掲げるところによるものとする。

一　ウインドガーダーの必要断面係数は、特定屋外貯蔵タンクの側板の最上部に設けるもの（以下「上部ウインドガーダー」という。）にあつては次のイの式により、上部ウインドガーダー以外のウインドガーダー（以下「中間ウインドガーダー」という。）にあつては次のロの式により求めた値から設計に係る上部ウインドガーダー又は中間ウインドガーダーの形状を考慮して次号により求めた断面係数の値を減じた値を超える値とすること。

イ　$Z = 0.042D^2 \cdot H \cdot \left(\frac{V}{45}\right)^2$

Zは、断面係数（単位　cm³）

Dは、特定屋外貯蔵タンクの内径（単位　m）

Hは、特定屋外貯蔵タンクの底部から上部ウインドガーダーを取り付ける位置までの高さ（単位　m）

Vは、$62\left(\frac{h}{15}\right)^{\frac{1}{4}}$（単位　m／s）

hは、地盤面から上部ウインドガーダーを取り付ける位置までの高さ（単位　m）

ロ　$Z = 0.042D^2 \cdot H \cdot \left(\frac{V}{45}\right)^2$

Zは、断面係数（単位　㎤）

Dは、特定屋外貯蔵タンクの内径（単位　m）

Hは、上部ウインドガーダーと中間ウインドガーダー又は中間ウインドガーダー相互の取付け間隔（単位　m）

Vは、$62\left(\frac{h}{15}\right)^{\frac{1}{4}}$（単位　m／s）

hは、地盤面から中間ウインドガーダーを取り付ける位置までの高さ（単位　m）

二　前号の規定により減ずる断面係数の値は、ウインドガーダーの設置位置に応じ、次に掲げるものとすること。

イ　上部ウインドガーダーにあつては、当該上部ウインドガーダーの取付け幅に当該上部ウインドガーダーを取り付ける位置の上方及び下方にそれぞれ側板の厚さの十六倍に相当する値を加えた値（上部ウインドガーダーの取付け位置から側板の最上端までの間隔が当該側板の厚さの十六倍未満である場合は、当該取付け幅に当該間隔と当該上部ウインドガーダーを取り付ける位置の下方に側板の厚さの十六倍に相当する値とを加えた値）を幅とする側板の板厚方向の断面係数の値

ロ　中間ウインドガーダーにあつては、当該中間ウインドガーダーの取付け幅に当該中間ウインドガーダーを取り付ける位置の上方及び下方に次の式により求めた値を加えた値を幅とする側板の板厚方向の断面係数の値

$L = 1.34\sqrt{D \cdot t}$

Lは、求める値（単位　cm）
Dは、特定屋外貯蔵タンクの内径（単位　m）
tは、中間ウインドガーダーを取り付ける側板の厚さ（くされ代を除く。）（単位　mm）

三　中間ウインドガーダーの設置位置は、次の式によること。

$$H = 9.46t\sqrt{\left(\frac{t}{D}\right)^{3}\left(\frac{45}{V}\right)^{2}}$$

Hは、上部ウインドガーダーと中間ウインドガーダー又は中間ウインドガーダー相互の間隔（単位　m）
tは、上部ウインドガーダーと中間ウインドガーダー又は中間ウインドガーダーと中間ウインドガーダーとを取り付ける位置の範囲内に存する側板の厚さ（くされ代を除く。）から求めた加重平均板厚（単位　mm）
Dは、特定屋外貯蔵タンクの内径（単位　m）
Vは、$62\left(\frac{h}{15}\right)^{\frac{1}{4}}$（単位　m／s）
hは、地盤面から中間ウインドガーダーを取り付ける位置までの高さ（単位　m）

本条…追加〔昭和五二年二月自告二二号〕、一部改正〔平成一一年九月自告二〇三号〕

（地震の影響）

第四条の二〇　特定屋外貯蔵タンクに係る地震の影響は、次に掲げる地震動による慣性力等によつて生ずる影響をいうものとする。

一　水平方向及び鉛直方向地震動によるタンク本体慣性力
二　水平方向及び鉛直方向地震動による側板部に作用する動液圧
三　水平方向地震動による底部水平力
四　水平方向地震動による側板部のモーメント
五　水平方向地震動による底板部のモーメント
六　液面揺動による側板部に作用する動液圧
七　液面揺動による底部水平力
八　液面揺動による側板部のモーメント
九　液面揺動による底板部のモーメント

2　地震の影響に関する特定屋外貯蔵タンクの設計震度の計算方法は、次に定めるとおりとする。

一　設計水平震度は、次の式によること。

$$Kh_1 = 0.15\,\nu_1 \cdot \nu_2 \cdot \nu_3$$

Kh_1は、設計水平震度
ν_1は、地域別補正係数（次の表イの中欄に掲げる地域区分に応じ、同表の下欄に掲げる値とする。第三号、第四条の二十三第一号、第四条の四十五第二項第一号及び第二号、第十三条第二項第一号並びに第七十九条第二号において同じ。）
ν_2は、地盤別補正係数（次の表ロの上欄に掲げる特定屋外貯蔵タンクが設置される地盤の区分に応じ、同表の下欄に掲げる値とする。第四条の二十三第一号、第四条の四十五第二項第二号及び第七十九条第二号において同じ。）
ν_3は、特定屋外貯蔵タンクの固有周期を考慮した応答倍率（次の図ハに掲げる地盤の区分に応じて特定屋外貯蔵タンクの固有周期より求めた値とする。第七十九条第二号において同じ。）

イ

	地域区分	地域別補正係数
㈠	㈡又は㈢に掲げる地域以外の地域	一・〇〇
	北海道のうち 札幌市　函館市　小樽市　室蘭市　北見市 夕張市　岩見沢市　網走市　苫小牧市 美唄市　芦別市　江別市　赤平市　三笠市	

㈡	千歳市　滝川市　砂川市　歌志内市　深川市　富良野市　登別市　恵庭市　伊達市　北広島市　石狩市　北斗市　石狩郡　松前郡　上磯郡　亀田郡　茅部郡　二海郡　山越郡　檜山郡　爾志郡　久遠郡　奥尻郡　瀬棚郡　島牧郡　寿都郡　磯谷郡　虻田郡　岩内郡　古宇郡　積丹郡　古平郡　余市郡　空知郡　夕張郡　樺戸郡　雨竜郡　上川郡（東神楽町、上川町、東川町及び美瑛町に限る。）　勇払郡　網走郡　斜里郡　常呂郡　有珠郡　白老郡 青森県のうち 青森市　弘前市　黒石市　五所川原市　むつ市　つがる市　平川市　東津軽郡　西津軽郡　中津軽郡　南津軽郡　北津軽郡　下北郡 秋田県 山形県 福島県のうち 会津若松市　郡山市　白河市　須賀川市　喜多方市　岩瀬郡　南会津郡　耶麻郡　河沼郡　大沼郡　西白河郡 新潟県 富山県のうち 魚津市　滑川市　黒部市　下新川郡 石川県のうち 輪島市　珠洲市　鳳至郡 鳥取県のうち 米子市　倉吉市　境港市　東伯郡　西伯郡　日野郡 島根県 岡山県 広島県 徳島県のうち	○・八五
	美馬市　三好市　美馬郡　三好郡 香川県のうち 高松市（旧木田郡庵治町及び牟礼町の区域を除く。）　丸亀市　坂出市　善通寺市　観音寺市　三豊市　小豆郡　香川郡　綾歌郡　仲多度郡 愛媛県 高知県 熊本県（㈢に掲げる市及び郡を除く。） 大分県（㈢に掲げる市及び郡を除く。） 宮崎県	
㈢	北海道のうち 旭川市　留萌市　稚内市　紋別市　士別市　名寄市　上川郡（鷹栖町、当麻町、比布町、愛別町、和寒町、剣淵町及び下川町に限る。）　中川郡（美深町、音威子府村及び中川町に限る。）　増毛郡　留萌郡　苫前郡　天塩郡　宗谷郡　枝幸郡　礼文郡　利尻郡　紋別郡 山口県 福岡県 佐賀県 長崎県 熊本県のうち 八代市（旧八代郡坂本村、千丁町、鏡町、東陽村及び泉村の区域を除く。）　荒尾市　水俣市　玉名市　山鹿市　宇土市　上天草市　宇城市（旧下益城郡松橋町、小川町及び豊野町の区域を除く。）　天草市　玉名郡　鹿本郡　葦北郡　天草郡 大分県のうち 中津市　日田市（旧日田郡前津江村、中津江村、上津江村、大山町及び天瀬町の区域を除く。）　豊後高田市　杵築市　宇佐市	○・七○

	国東市　東国東郡　速見郡
鹿児島県	（奄美市及び大島郡を除く。）
沖縄県	

備考　この表に掲げる区域は、平成十八年四月一日における行政区画によつて表示されたものとする。

ロ

地盤の区分	地盤別補正係数
第三紀以前の地盤（以下この表において「岩盤」という。）又は岩盤までの洪積層の厚さが十メートル未満の地盤（以下「一種地盤」という。）	一・五〇
岩盤までの洪積層の厚さが十メートル以上の地盤又は岩盤までの沖積層の厚さが十メートル未満の地盤（以下「二種地盤」という。）	一・六七
岩盤までの沖積層の厚さが十メートル以上二十五メートル未満であつて、かつ、耐震設計上支持力を無視する必要があると認められる土層の厚さが五メートル未満の地盤（以下「三種地盤」という。）	一・八三
その他の地盤（以下「四種地盤」という。）	二・〇〇

ハ

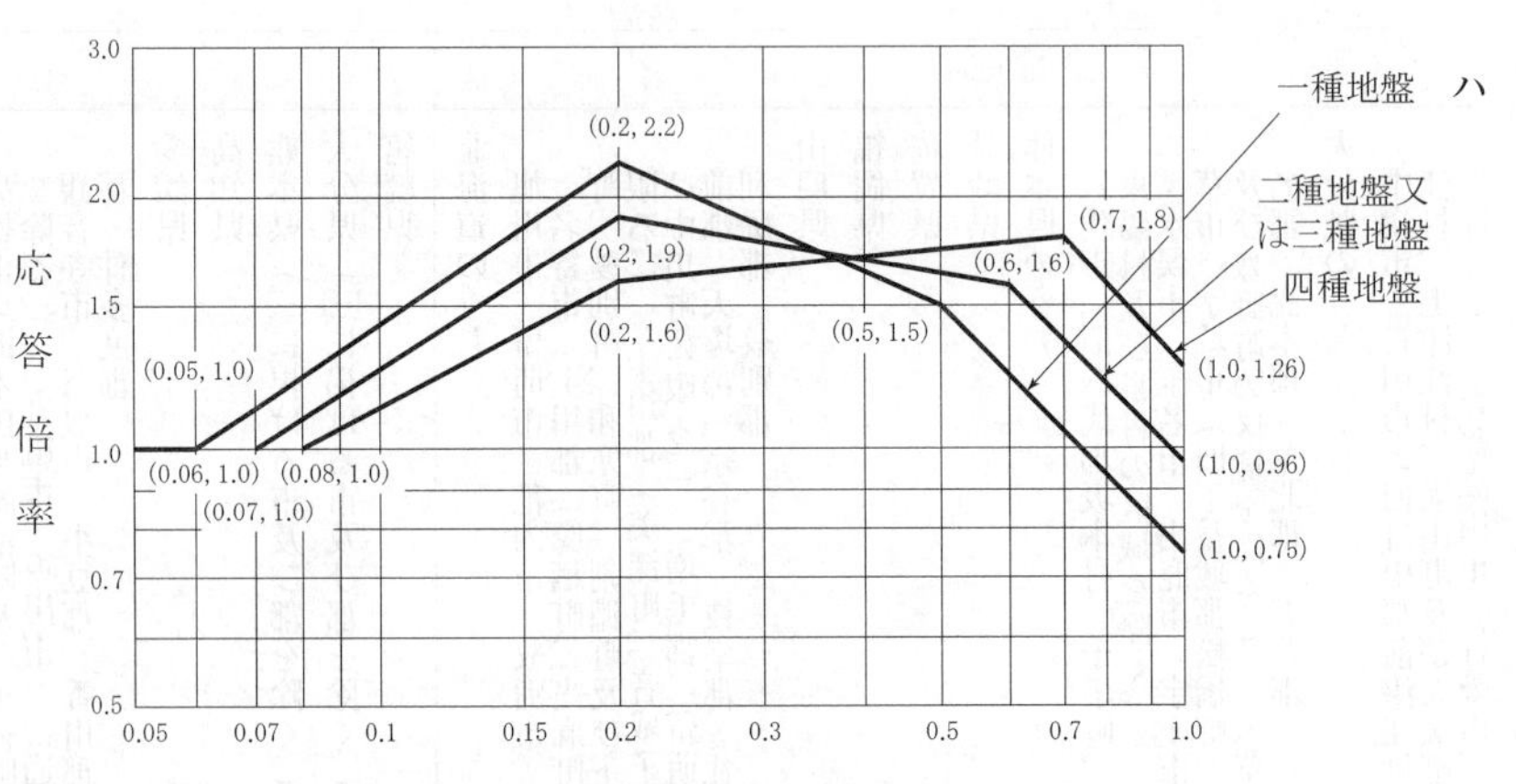

特定屋外貯蔵タンクの固有周期

備考

特定屋外貯蔵タンクの固有周期の計算方法は、次の式によること。

$$T_b=\frac{2}{\lambda}\cdot\sqrt{\frac{W}{\pi\cdot g\cdot E\cdot t_{1/3}}}\cdot j$$

T_bは、特定屋外貯蔵タンクの固有周期（単位　s）

λは、次の式により求めた値

$$\lambda=0.067\ (H/D)^2-0.30\ (H/D)\ +0.46$$

Hは、最高液面高さ（単位　m）

Dは、特定屋外貯蔵タンクの内径（単位　m）

Wは、危険物の貯蔵重量（単位　kN）

gは、重力加速度（単位　m／s^2）

Eは、205,939.7（単位　N／㎟）

$t_{1/3}$は、タンク底部から最高液面高さの三分の一の高さにおける側板の板厚（くされ代を除く。）（単位　㎜）

jは、基礎及び地盤とタンク本体との連成の影響に基づく補正係数で、四種地盤上に設置された直接基礎型式の特定屋外貯蔵タンクにあつては一・一、それ以外の特定屋外貯蔵タンクにあつては一・〇とする。

二　設計鉛直震度は、設計水平震度の二分の一とすること。

三　液面揺動の設計水平震度は次の式によること。

$$Kh_2=0.15\nu_1\cdot\nu_4\cdot\nu_5$$

Kh_2は、液面揺動の設計水平震度

ν_1は、地域別補正係数

ν_4は、液面揺動の一次固有周期を考慮した応答倍率であつて、次の式により求めた値

$$\nu_4=\frac{4.5}{Ts_1}$$

Ts_1は、液面揺動の一次固有周期であつて、次の式により求めた値

$$Ts_1=2\pi\sqrt{\frac{D}{3.68g}\cdot\coth\left(\frac{3.68H}{D}\right)}$$

Ts_1は、液面揺動の一次固有周期（単位　s）

Dは、特定屋外貯蔵タンクの内径（単位　m）

gは、重力加速度（単位　m／s^2）

Hは、最高液面高さ（単位　m）

ν_5は、長周期地震動に係る地域特性に応じた補正係数（次のイからハまでに規定する区域に設置される特定屋外貯蔵タンクにあつては当該特定屋外貯蔵タンクの存する敷地又はその周辺で得られた強震計地震動記録等に基づき、地域特性を考慮して予想された速度応答スペクトルから、当該特定屋外貯蔵タンクの液面揺動の一次固有周期に応じた速度を100㎝／sで除した値（当該値が次のイからハまでにそれぞれ掲げる図から当該特定屋外貯蔵タンクの液面揺動の一次固有周期に応じて求めた値を下回る場合にあつては、当該図から求めた値とする。ただし、適切な強震計地震動記録等が得られていない場合にあつては、当該図から求めた値とすることができる。）とし、その他の特定屋外貯蔵タンクにあつては一・〇とする。）

イ　石油コンビナート等特別防災区域を指定する政令（昭和五十一年政令第百九十二号。以下この号において「区域令」という。）別表第二号、第十二号、第二十二号及び第二十三号に掲げる地区ごとの区域

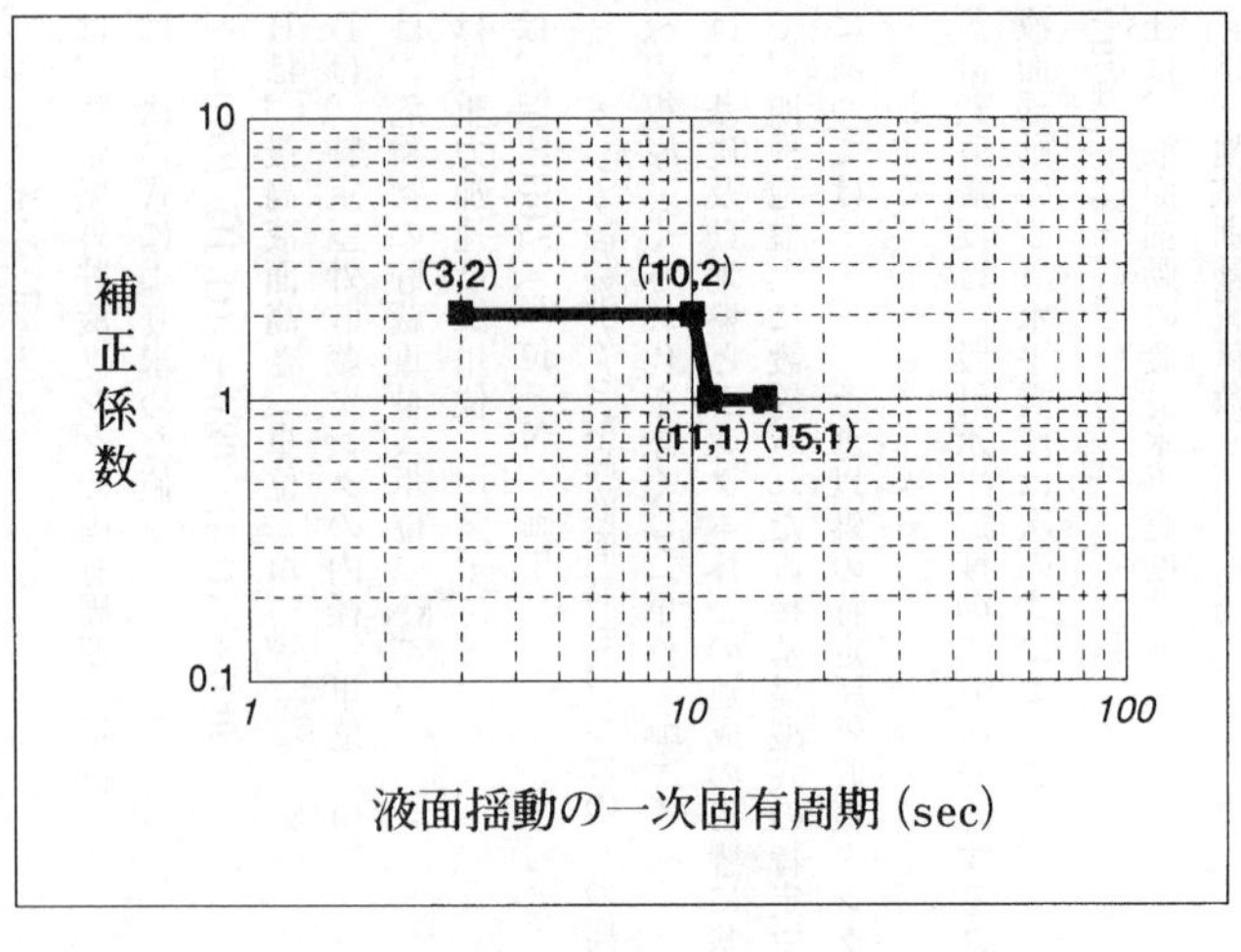

ロ　区域令別表第十六号から第二十一号までに掲げる地区ごとの区域

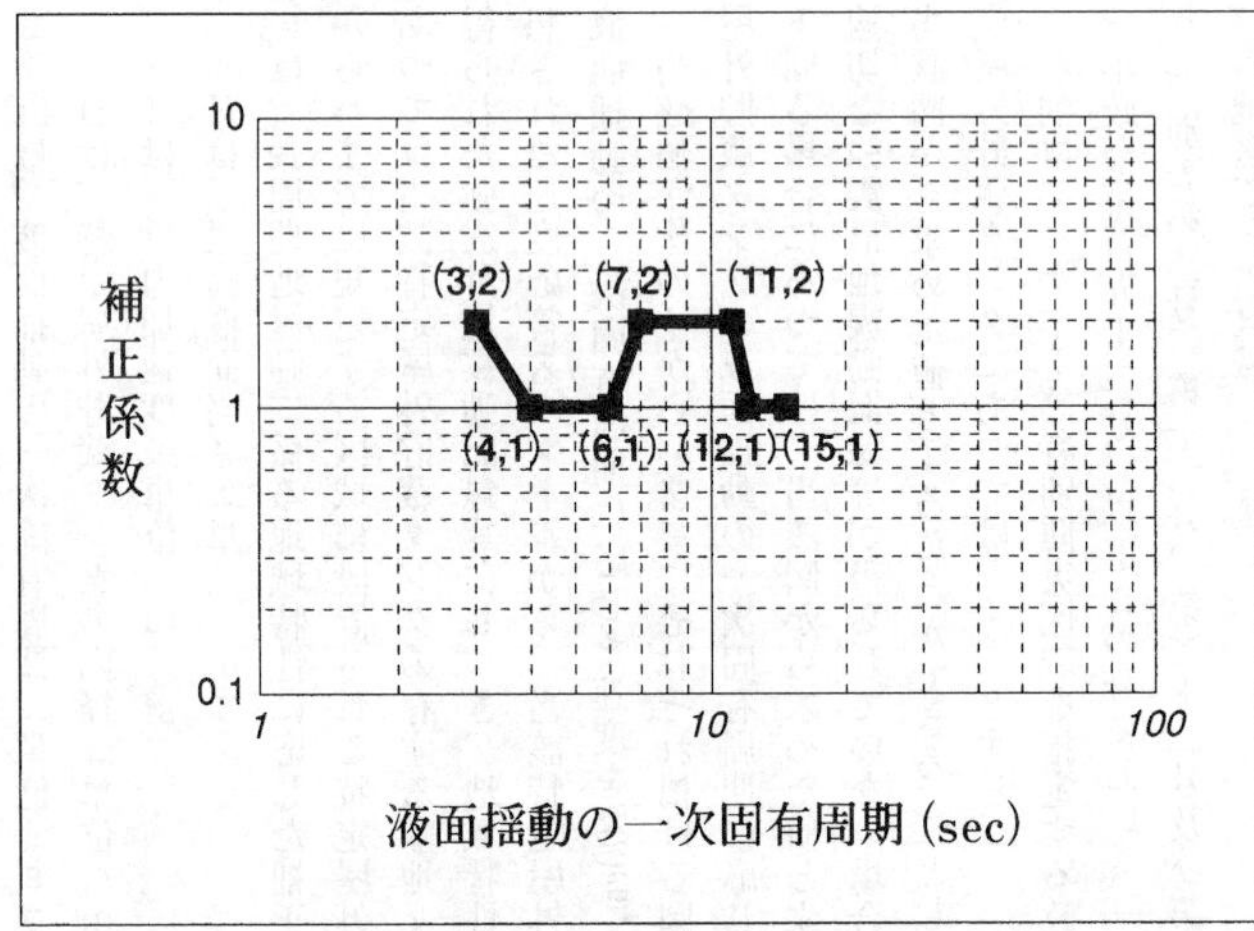

ハ　区域令別表第二号の二、第四号、第十一号、第三十二号及び第三十四号から第三十九号までに掲げる地区ごとの区域

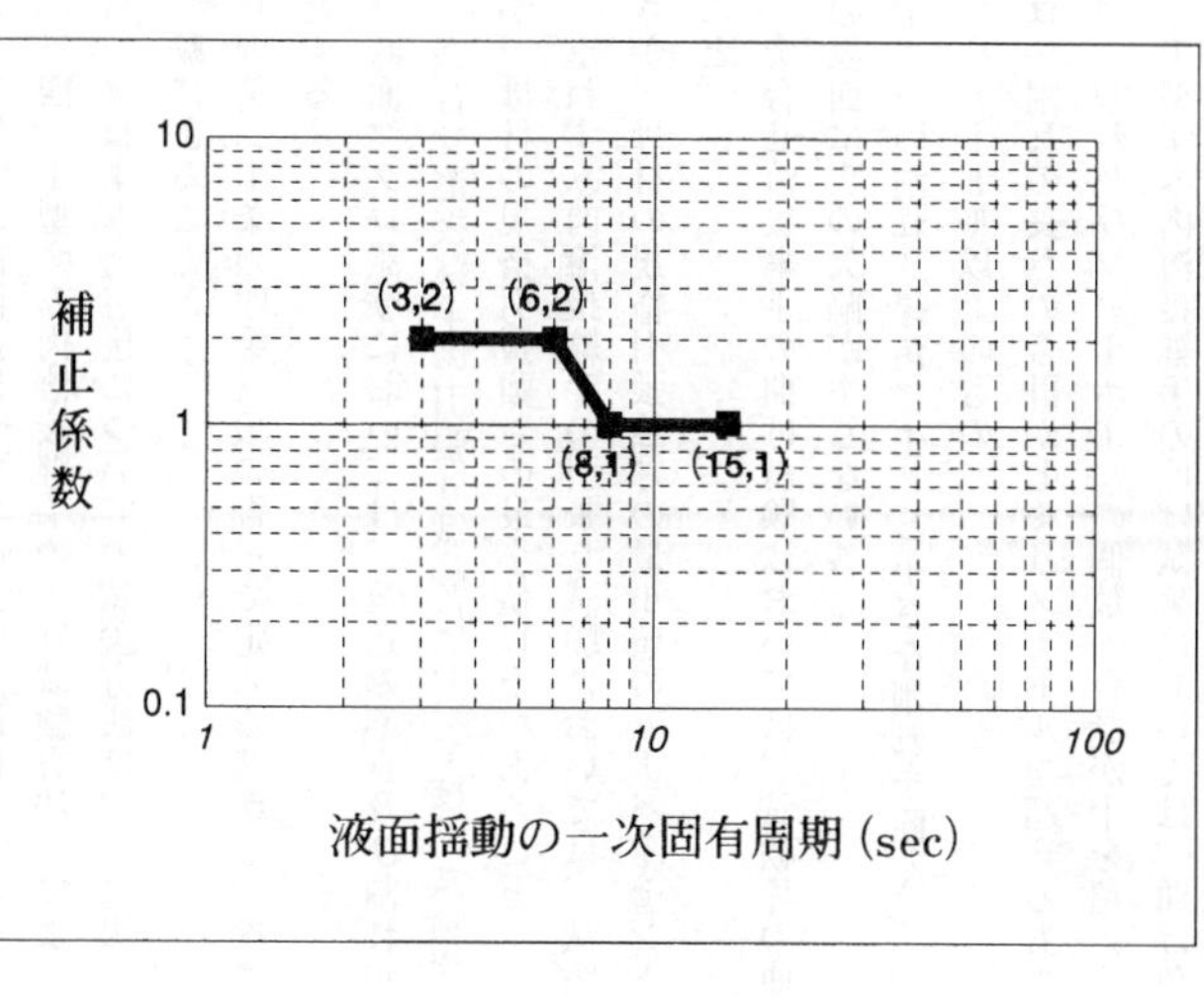

本条…追加〔昭和五二年二月自告二二号〕、全部改正〔昭和五八年四月自告一一九号〕、二項…一部改正〔昭和六二年一二月自告二〇〇号・平成六年九月一二九号・八年九月二二七号・一一年九月二〇三号・一七年一月総告三〇号・一八年三月一四八号・一一月五八四号・二八年四月一四六号・三〇年八月三〇六号・令和二年九月二六五号・五年一〇月三六〇号〕

（側板の厚さの計算方法）

第四条の二一　特定屋外貯蔵タンクの側板の厚さは、次の式により求めた値（側板最下段にあつては、当該値に一・一八を乗じた値）にくされ代を加えた値とする。

$$t=\frac{D\ (H-0.3)\ \rho}{0.204S}$$

tは、最小必要厚さ（単位　㎜）

Dは、特定屋外貯蔵タンクの内径（単位　m）

Hは、側板の厚さを求める段の下端から貯蔵する危険物の最高液面までの高さ（単位　m）

ρは、貯蔵する危険物の比重

Sは、材料の規格最小降伏点又は〇・二パーセント耐力の六十パーセントの値（単位　N／㎟）

本条…追加〔昭和五二年二月自告二二号〕、全部改正〔昭和五八年四月自告一一九号〕、一部改正〔平成一一年九月自告二〇三号〕

（溶接施工方法確認試験の方法等）

第四条の二一の二　規則第二十条の四第三項の告示で定める溶接施工方法確認試験の方法等は、次に掲げるとおりとする。

一　溶接施工方法確認試験は、特定屋外貯蔵タンクに用いる鋼板、当該タンクの工事に用いる溶接材料、溶接方法等の組合せが同一となる溶接条件又はこれに準ずるものによつて行うこと。

二　溶接施工方法確認試験は、突合せ溶接又はすみ肉溶接により溶接をした材料から試験片を作成し、当該試験片について断面マクロ試験及び次に掲げる機械試験を行うこと。

イ　突合せ溶接についての試験方法は、次に掲げるとおりとすること。

(1)　引張り試験は、日本産業規格Z三一二一「突合せ溶接継手の引張試験方法」によること。

(2)　曲げ試験は、日本産業規格Ｚ三一二二「突合せ溶接継手の曲げ試験方法」によること。

(3)　衝撃試験（母材に衝撃値の規格がある継手に限る。）は、日本産業規格Ｚ二二四二「金属材料のシャルピー衝撃試験方法」によること。

ロ　Ｔ型すみ肉溶接についての試験方法は、日本産業規格Ｚ三一三四「Ｔ型すみ肉溶接継手の曲げ試験方法」によること。

ハ　重ねすみ肉溶接についての試験方法は、イに掲げる引張り試験によること。

２　規則第二十条の四第三項の告示で定める基準は、次に掲げるとおりとする。

一　断面マクロ試験においては、溶込み不良及び割れがないこと。

二　突合せ溶接継手の引張り試験においては、試験片の引張強さが、母材の規格引張強さの最小値以上であること。

三　重ねすみ肉溶接継手の引張り試験においては、試験片の引張強さが、母材の規格引張強さの最小値の五十パーセント以上であること。

四　突合せ溶接継手の曲げ試験においては、試験片の曲がりの外側の表面に次の欠陥が生じないこと。

イ　一の割れ（縁角に生じる小さな割れを除く。）の長さが三ミリメートル以上のもの

ロ　割れの長さの合計が七ミリメートルを超えるもの

ハ　割れ及びブローホールの個数の合計が十を超えるもの

五　Ｔ型すみ肉溶接継手の曲げ試験においては、曲げ角度がそれぞれ十五度になるまで試験片に割れが生じないこと。

六　衝撃試験においては、吸収エネルギーが次の表に掲げる母材の規格に応じて定める値以上であること。

母材の規格	試験温度	吸収エネルギー（単位　ジュール）	
		三個の平均	一個の最低
日本産業規格Ｇ三一〇六「溶接構造用圧延鋼材」のうち、SM400B、SM490B、SM490YB若しくはSM520B又は日本産業規格Ｇ三一一四「溶接構造用耐候性熱間圧延鋼材」のうち、SMA400B若しくはSMA490B	〇	二十一	十四
日本産業規格Ｇ三一〇六「溶接構造用圧延鋼材」のうち、SM400C、SM490C若しくはSM520C、日本産業規格Ｇ三一一四「溶接構造用耐候性熱間圧延鋼材」のうち、SMA400C若しくはSMA490C又は日本産業規格Ｇ三一一五「圧力容器用鋼板」のうち、SPV235、SPV315若しくはSPV355	〇	三十五	二十八
日本産業規格Ｇ三一〇六「溶接構造用圧延鋼材」のうち、SM570又は日本産業規格Ｇ三一一四「溶接構造用耐候性熱間圧延鋼材」のうち、SMA570	零下五	四十	二十八
日本産業規格Ｇ三一一五「圧力容器用鋼板」のうち、SPV450又はSPV490	零下十	四十	二十八

本条…追加〔平成九年三月自告六五号〕、一項…一部改正〔平成一八年三月総告一四八号〕、一・二項…一部改正〔令和元年六月総告七八号〕

（損傷を生じない浮き屋根とする特定屋外貯蔵タンク）

第四条の二十一の三　規則第二十条の四第二項第三号の告示で定める特定屋外貯蔵タンクは、一枚板構造の浮き屋根を有するもののうち次

のものとする。
一　容量二万キロリットル以上のもの
二　容量二万キロリットル未満であつて、かつ、第二条の二に規定するHcが二・〇メートル以上となるもの

本条…追加〔平成一七年一月総告三〇号〕

（浮き屋根に作用する荷重等）

第四条の二十一の四　前条に規定する特定屋外貯蔵タンクの浮き屋根は、一次及び二次のモードを考慮した液面揺動の影響によつて浮き屋根に作用する次の荷重により、外周浮き部分に生じる応力が材料の規格最小降伏点又は〇・二パーセント耐力の九十パーセントの値以下であること。
一　円周方向面外曲げモーメント
二　水平面内曲げモーメント
三　円周方向圧縮力

本条…追加〔平成一七年一月総告三〇号〕

（浮き屋根等の構造）

第四条の二十二　第四条の十八から前条までに規定するもののほか、特定屋外貯蔵タンクの浮き屋根及び底部の構造は、次の各号に掲げるところによるものとする。
一　浮き屋根の構造は、次に掲げるところによること。
イ　浮き屋根は、当該浮き屋根の浮き部分が仕切り板により完全に仕切られたもので、かつ、当該仕切り板で仕切られた室（以下この号において「室」という。）が、一枚板構造の浮き屋根にあつては相隣接する二の室（第四条の二十一の三に規定する特定屋外貯蔵タンクにあつては、連続する三の室に加えて回転止め、検尺管等が貫通している室）及び当該浮き屋根の浮き部分以外の部分が破損した場合において、二枚板構造の浮き屋根にあつては相隣接する二の室が破損した場合において沈下しないものであること。
ロ　浮き屋根の浮力計算において貯蔵する危険物の比重が〇・七以上であるときは、当該比重を〇・七として計算するものとすること。
ハ　第四条の二十一の三に規定する特定屋外貯蔵タンクの浮き屋根の浮き部分の溶接及び浮き部分と当該浮き部分以外の部分との溶接は、完全溶込み溶接又はこれと同等以上の溶接強度を有する溶接方法による溶接とすること。
ニ　浮き屋根は、当該浮き屋根上に少なくとも二百五十ミリメートルに相当する水が滞留した場合において沈下しないものであること。
ホ　室には、マンホールを設けるものとし、当該マンホールは、イに規定する浮き屋根の破損による当該浮き屋根の傾斜又はニに規定する水の滞留がある場合においても当該マンホールから室内に危険物又は水が浸入しない構造とするとともに、当該マンホールのふたは、風、地震動等によつて離脱しないものであること。
ヘ　浮き屋根には、当該特定屋外貯蔵タンクを設置する地域の降雨量に応じて必要な排水能力を有する排水設備（貯蔵する危険物が浮き屋根上に流出することが防止できる装置を設けたものに限る。）を設けるほか、当該排水設備が正常に機能しない場合又は当該排水設備の排水能力を超える降雨があつた場合において排水できる非常排水設備（貯蔵する危険物が浮き屋根上に流出することが防止できる装置を設けたものに限る。）を設けること。この場合において、特定屋外貯蔵タンクの直径が四十メートル以下のものにあつては口径が八十ミリメートル以上の排水管を、直径が四十メートルを超えるものにあつては口径が百ミリメートル以上の排水管をそれぞれ一以上設けること。

ト　へに規定する排水設備及び非常排水設備のうち第四条の二十一の三に規定する特定屋外貯蔵タンクの浮き屋根に設けるものにあつては、当該排水設備又は非常排水設備から危険物が当該特定屋外貯蔵タンク外部に流出するおそれが生じた場合に速やかに流出を防止できる機能を有すること。

チ　浮き屋根には、浮き屋根が支柱で支えられている場合において、危険物の出し入れによつて、屋根が破損しないよう必要な通気管等を設けること。

リ　浮き屋根には、当該浮き屋根を常に特定屋外貯蔵タンクの中心位置に保持し、かつ、当該浮き屋根の回転を防止するための機構が設けられていること。

ヌ　浮き屋根の外周縁は、たわみ性があり、かつ、側板に密着する性能を有する材料により被覆すること。

ル　浮き屋根の上に設けられている可動はしご、回転止め、検尺管、浮き屋根の外周縁の被覆等の滑動部分に用いる材料又は構造は、発火のおそれのないものであること。

二　特定屋外貯蔵タンクの底部には、地震等により当該タンクの底部を損傷するおそれのある貯留設備等を設けないこと。

本条…追加〔昭和五二年二月自告二二号〕、一部改正〔平成一七年一月総告三〇号・一八年三月一四八号〕

（準特定屋外貯蔵タンクの地盤の範囲）

第四条の二二の二　規則第二十条の三の二第二項第二号イの告示で定める範囲は、基礎の外縁が地表面と接する線で囲まれた範囲とする。

本条…追加〔平成一一年三月自告八〇号〕

第四条の二二の三　規則第二十条の三の二第二項第二号ロの告示で定める範囲は、五メートルに準特定屋外貯蔵タンクの半径を加えた距離を半径とし、当該準特定屋外貯蔵タンクの設置位置の中心を中心とした円の範囲とする。

本条…追加〔平成一一年三月自告八〇号〕

（準特定屋外貯蔵タンクの支持力の安全率）

第四条の二二の四　規則第二十条の三の二第二項第二号ロ(1)の告示で定める支持力の計算方法は、第四条の十三で定めるイの式によるものとし、その安全率の値は三以上とする。

本条…追加〔平成一一年三月自告八〇号〕

（準特定屋外貯蔵タンクの計算沈下量）

第四条の二二の五　規則第二十条の三の二第二項第二号ロ(1)の告示で定める沈下量の計算方法は、第四条の十四に定める式によるものとし、その計算沈下量は〇・一五メートル以下とする。ただし、最高液面高さのタンク内径に対する比が一・〇を超える場合の計算沈下量は、次の式によるものとする。

$S=0.15\times D/H$

Hは、準特定屋外貯蔵タンクの最高液面高さ（単位　m）

Dは、準特定屋外貯蔵タンクの内径（単位　m）

Sは、計算沈下量（単位　m）

本条…追加〔平成一一年三月自告八〇号〕

（準特定屋外貯蔵タンクの地盤を構成する地質の制限）

第四条の二二の六　規則第二十条の三の二第二項第二号ロ(2)の告示で定める地質は、砂質土であつて、次の各号のいずれかに該当するものとする。

一　地表面からの深さが三メートル以内の地質が、次に掲げるものであること。

イ　地下水によつて飽和されているものであること。

ロ　粒径加積曲線による通過重量百分率の五十パーセントに相当する粒径（D_{50}）が、二・〇ミリメートル以下のものであること。

ハ　次のいずれかに該当するものであること。

(1)　次の表の上欄に掲げる細粒分含有率（篩い目の開き〇・〇七五ミリメートルを通過する土粒子の含有率をいう。）の区分に応じ、それぞれ同表の下欄に掲げる標準貫入試験値以下のものであること。

細粒分含有率	標準貫入試験値
五パーセント未満	十五
五パーセント以上十パーセント以下	十二
十パーセントを超え三十五パーセント未満	七

(2)　第七十四条に定める計算式により計算されるF_Lの値が一以下であること。

二　地表面からの深さが二十メートル以内の地質が、次に掲げるものであること。

イ　第七十四条に定める計算式により計算される地質の液状化指数が五を超えるものであること。

ロ　前号イ及びロに該当するものであること。

本条…追加〔平成一一年三月自告八〇号〕、一部改正〔平成一一年九月自告二〇三号〕

（準特定屋外貯蔵タンクの基礎の補強）

第四条の二二の七　規則第二十条の三の二第二項第二号ロ(2)の告示で定める基礎の構造は、次の各号のいずれかとする。

一　局部的な沈下を防止できる鉄筋コンクリートスラブを有するものであること。

二　局部的な沈下を防止できる一体構造の鉄筋コンクリートリングを側板の直下に有するものであること。

三　局部的なすべりを防止できる一体構造の鉄筋コンクリートリングを側板の外傍に有するものであること。

本条…追加〔平成一一年三月自告八〇号〕

（準特定屋外貯蔵タンクのすべりの安全率）

第四条の二二の八　規則第二十条の三の二第二項第三号の告示で定める安全率は、一・二以上の値とする。この場合において、安全率は、第四条の十五に定める計算方法によるものとする。

本条…追加〔平成一一年三月自告八〇号〕

（準特定屋外貯蔵タンクの基礎の構造）

第四条の二二の九　規則第二十条の三の二第二項第四号及び第五号の告示で定めるところにより造る基礎は、次のとおりとする。

一　締固めのまき出し厚さは、〇・三メートル以下とし、均一に締め固めること。

二　犬走り及び法面の勾配は、それぞれ二十分の一以下及び二分の一以下とすること。

三　犬走り及び法面は、雨水等が浸透しないようアスファルト等で保護すること。

本条…追加〔平成一一年三月自告八〇号〕

（準特定屋外貯蔵タンクの主荷重及び従荷重）

第四条の二二の一〇　規則第二十条の四の二第一項の主荷重及び積雪荷重、風荷重、地震の影響等の従荷重の計算方法は、第四条の十八第一号、第三号及び第四号、第四条の十九第一項並びに第四条の二十第一項第一号から第五号まで並びに第二項第一号及び第二号の規定を準用するほか、貯蔵する危険物の重量については、当該貯蔵する危険物の実比重に基づき計算することができることとする。

本条…追加〔平成一一年三月自告八〇号〕

（準特定屋外貯蔵タンクの許容応力）

第四条の二二の一一　規則第二十条の四の二第二項第二号及び第三号の告示で定める許容応力は、次の表の上欄に掲げる応力の種類ごとに、同表の下欄に掲げる値とする。

応力の種類	許容応力	
	常時	地震時
引張応力	S	／
圧縮応力	／	S′

備考

一　Sは、次の式により求めた値

$S = 2\sigma_y / 3$

σ_yは、使用材料の実降伏強度（単位　N／mm²）

二　S′は、次の式により求めた値

$S' = \dfrac{0.4E \cdot t}{\gamma \cdot D}$

Eは、使用材料のヤング率（単位　N／mm²）

tは、座屈を求める段の側板の実板厚（単位　mm）

γは、1.1

Dは、準特定屋外貯蔵タンクの内径（単位　mm）

本条…追加〔平成一一年三月自告八〇号〕、一部改正〔平成一一年九月自告二〇三号〕

（地震動による慣性力及び風荷重の計算方法）

第四条の二三　規則第二十一条第二項の告示で定める計算方法は、次の各号に掲げるとおりとする。

一　地震動による慣性力は、タンクの自重と当該タンクに貯蔵する危険物の重量との和に設計水平震度を乗じて求めること。この場合において、設計水平震度は、次の式によるものとする。

$Kh' = 0.15\nu_1 \cdot \nu_2$

Kh'は、設計水平震度

ν_1は、地域別補正係数

ν_2は、地盤別補正係数

二　風荷重は、第四条の十九第一項に定めるところによること。

本条…追加〔昭和五二年二月自告二二号〕、一部改正〔昭和五八年四月自告一一九号〕

（浮き蓋の浮力を有する構造）

第四条の二三の二　規則第二十二条の二第一号ロの告示で定める浮力を有する構造は、第四条の二十二第一号イ及びロの規定の例によるものとする。この場合において、同号イ及びロ中「浮き屋根」とあるのは「浮き蓋」とする。

本条…追加〔平成二三年一二月総告五五六号〕

（損傷を生じない一枚板構造の浮き蓋とする特定屋外貯蔵タンク）

第四条の二三の三　規則第二十二条の二第一号ハの告示で定める特定屋外貯蔵タンクは、第四条の二十一の三に規定するものとする。この場合において、同条中「浮き屋根」とあるのは「浮き蓋」とする。

本条…追加〔平成二三年一二月総告五五六号〕

（浮き蓋に作用する荷重等）

第四条の二三の四　規則第二十二条の二第一号ハの告示で定める液面揺動により損傷を生じない構造は、第四条の二十一の四の規定の例によるものとする。この場合において、同条中「浮き屋根」とあるのは「浮き蓋」とする。

本条…追加〔平成二三年一二月総告五五六号〕

（浮き蓋の溶接方法）

第四条の二三の五　規則第二十二条の二第一号ニの告示で定める溶接方法は、第四条の二十二第一号ハの規定の例によるものとする。この場合において、同号ハ中「浮き屋根」とあるのは「浮き蓋」とする。

本条…追加〔平成二三年一二月総告五五六号〕

（浮き蓋の浮き室に設けるマンホール）

第四条の二十三の六　規則第二十二条の二第一号ホの告示で定めるマンホールは、第四条の二十二第一号ホ（水の滞留がある場合に係る部分を除く。）の規定の例によるものとする。この場合において、同号ホ中「浮き屋根」とあるのは「浮き蓋」とする。

本条…追加〔平成二三年一二月総告五五六号〕

（簡易フロート型の浮き蓋の浮力を有する構造）

第四条の二十三の七　規則第二十二条の二第三号イの告示で定める浮力を有する構造は、次の各号に掲げるところによるものとする。

一　浮き蓋の浮き部分が有する浮力は、浮き蓋の重量の二倍以上であること。

二　浮き蓋の浮き部分のうち二つが破損した場合における浮力が、浮き蓋の重量以上であること。

三　前二号の浮き蓋の浮力計算において貯蔵する危険物の比重が〇・七以上であるときは、当該比重を〇・七として計算するものとすること。

本条…追加〔平成二三年一二月総告五五六号〕

（損傷を生じない構造の簡易フロート型の浮き蓋とする特定屋外貯蔵タンク）

第四条の二十三の八　規則第二十二条の二第四号ただし書の告示で定める特定屋外貯蔵タンクは、次の各号に掲げるものとする。

一　第四条の二十第二項第三号に規定するν_5が一・〇となるもの。

二　タンクの内径が三十メートル以上となるもの。

本条…追加〔平成二三年一二月総告五五六号〕

（地中タンクに係る屋外タンク貯蔵所の設置場所の制限）

第四条の二十四　規則第二十二条の三の二第三項第一号の告示で定める場所は、次に掲げる場所とする。

一　水道法（昭和三十二年法律第百七十七号）第三条第八項に規定する水道施設であつて危険物の流入のおそれのあるものから水平距離三百メートルの範囲内の場所

二　地下鉄、地下トンネル又は地下街その他の地下工作物（当該地中タンクに係る坑道等の地下工作物を除く。）から水平距離が地中タンクの水平断面の内径の数値に〇・五を乗じて得た数値又は地中タンク底板上面から地盤面までのタンク高さの数値のうち大きいものに等しい距離の範囲内の場所

本条…追加〔昭和六二年一二月自告二〇〇号〕

（地盤の範囲）

第四条の二五　第四条の四の規定は、規則第二十二条の三の二第三項第四号ロ(2)の告示で定める範囲について準用する。この場合において、同条中「規則第二十条の二第二項第二号ロの告示で定める範囲」とあるのは「規則第二十二条の三の二第三項第四号ロ(2)の告示で定める範囲」と、「地表面」とあるのは「タンク底部（第四条の三十三第三号に定める排水層を設ける場合にあつては、排水層下面）」と、「特定屋外貯蔵タンク」とあるのは「地中タンク」と、「タンク荷重」とあるのは「地中タンク荷重」と、「規則第二十条の二第二項第二号ロ(1)」とあるのは「規則第二十二条の三の二第三項第四号ロ(2)」と読み替えるものとする。

本条…追加〔昭和六二年一二月自告二〇〇号〕

（支持力の安全率）

第四条の二六　規則第二十二条の三の二第三項第四号ロ(2)の告示で定める安全率の値は、三以上とする。

本条…追加〔昭和六二年一二月自告二〇〇号〕

（計算沈下量）

第四条の二七　規則第二十二条の三の二第三項第四号ロ(2)の告示で定める計算沈下量の値は、当該タンクの直径に対する沈下差（タンク底板の中心部の沈下量と側板下端の沈下量との差の最大値をいう。）

の数値の割合が六百分の一以下とする。

本条…追加〔昭和六二年一二月自告二〇〇号〕

（地盤の範囲）

第四条の二八　規則第二十二条の三の二第三項第四号ロ(4)の告示で定める範囲は、地盤面から、タンク底部からの深さが十五メートルの深さまでの範囲で、かつ、当該タンクの設置位置の中心を中心として当該タンクの半径に十メートルを加えた距離を半径とする円の範囲とする。

本条…追加〔昭和六二年一二月自告二〇〇号〕

（地盤を構成する地質の制限）

第四条の二九　第四条の八の規定は、規則第二十二条の三の二第三項第四号ロ(4)の告示で定める地質について準用する。この場合において、同条第三号の表備考二中「第四条の四第三項に規定する平面の範囲（備考一の範囲を除く。）内」とあるのは「第四条の二十八に規定する平面の範囲（備考一の範囲を除く。）内」と読み替えるものとする。

本条…追加〔昭和六二年一二月自告二〇〇号〕

（すべりの安全率）

第四条の三〇　規則第二十二条の三の二第三項第四号ロ(5)の告示で定める安全率は一・三以上の値とする。

本条…追加〔昭和六二年一二月自告二〇〇号〕

（人工地盤）

第四条の三一　規則第二十二条の三の二第三項第四号ロ(6)の告示で定める基準は次のとおりとする。

一　人工地盤は、砂質土又はこれと同等以上の締固め性を有するものを用いて、十分に締め固めること。

二　人工地盤の高さは、周辺の在来地盤面（地中タンクを設置する以前の地盤面をいう。以下同じ。）から十メートル以下であること。

三　人工地盤の法面の勾配は、九分の五以下であること。

四　人工地盤の天端の幅は、十メートル又は周辺の在来地盤面から地中タンクの人工地盤面までの高さの二倍のうちの大きいものに等しい値以上の値であること。

五　人工地盤の法面には、高さ七メートル以内ごとに幅員一メートル以上の小段を設けること。

本条…追加〔昭和六二年一二月自告二〇〇号〕

（材料の規格）

第四条の三二　規則第二十二条の三の二第三項第五号ロの告示で定める規格は、次のとおりとする。

一　セメントにあつては、日本産業規格R五二一〇「ポルトランドセメント」、日本産業規格R五二一一「高炉セメント」、日本産業規格R五二一二「シリカセメント」又は日本産業規格R五二一三「フライアッシュセメント」

二　鉄筋コンクリート又はプレストレストコンクリートの鉄筋にあつては、日本産業規格G三一一二「鉄筋コンクリート用棒鋼」（SD490に係る規格を除く。）

三　プレストレストコンクリートのＰＣ鋼材にあつては、日本産業規格G三五三六「ＰＣ鋼線及びＰＣ鋼より線」又は日本産業規格G三一〇九「ＰＣ鋼棒」

四　鋼材（前二号に掲げるものを除く。）にあつては、規則第二十条の五各号に掲げる規格、日本産業規格G四〇五一「機械構造用炭素鋼鋼材」（S20C及びS25Cに係る規格に限る。）、日本産業規格G四〇五三「機械構造用合金鋼鋼材」（SCM435に係る規格に限る。）、日本産業規格A五五二五「鋼管ぐい」、日本産業規格A五五二六「H形鋼ぐい」又は日本産業規格A五五二八「熱間圧延鋼矢板」

五　骨材にあつては、清浄、堅硬かつ耐久的であり、適当な粒度を有するもの。ただし、コンクリートに用いる骨材にあつては、コンクリート部材の寸法及び鉄筋等の配置に適合した最大寸法並びに適当な粒度を有し、清浄、堅硬かつ耐久的であつて、コンクリートの品質に悪影響を与える有害物を含んでいないものとする。

本条…追加〔昭和六二年一二月自告二〇〇号〕、一部改正〔平成二年一二月自告二〇四号・一八年三月総告一四八号・令和元年六月七八号〕

（揚水設備）

第四条の三三　規則第二十二条の三の二第三項第五号ハの告示で定める基準は次のとおりとする。

一　揚水設備は、有孔管、集水槽等の集水装置及び排水層並びにポンプ、電動機、配管等の揚水装置により構成され、底板に揚圧力を生じさせない機能を有するものであること。

二　揚水設備の集水装置は次によること。

イ　有孔管は、次号に定める排水層内に、当該排水層の表面のいずれの箇所からも十メートル以内に存するように配置すること。

ロ　集水槽は、地中タンクの周囲に四箇所以上均等に設けること。

三　地中タンクの底板全面の下部には次の各号に定める基準に適合する排水層を設けること。

イ　排水層は、粒度分布が適切な砕石を良好に締め固めた適切な透水性能を有するものであること。

ロ　排水層の表面は、平板載荷試験において、平板載荷試験値（五ミリメートル沈下時における試験値（K_{30}値）とする。）が百メガニュートン毎立方メートル以上の値を有するものであること。

ハ　排水層の厚さは、設計湧水量の七十二時間分に相当する水量を確保できる層の厚さに、五十センチメートル又は設計湧水量の三十六時間分に相当する水量を確保できる層の厚さのうちの大きいものに等しい層の厚さを加えた厚さ以上の厚さとすること。

ニ　排水層には、地中タンクの底板中央部の水位を測定するための装置を設けること。

四　揚水設備の揚水装置は次によること。

イ　揚水装置は、集水槽ごとに設けること。

ロ　各揚水装置の揚水能力の和は、設計湧水量の三倍以上の揚水能力を有するものであること。

五　揚水設備には、揚水装置が故障した場合において継続して揚水することができる十分な能力を有する予備の揚水装置及び非常用動力源を設置すること。

本条…追加〔昭和六二年一二月自告二〇〇号〕、一部改正〔平成一一年九月自告二〇三号〕

（許容応力）

第四条の三四　規則第二十二条の三の二第三項第五号ニ(1)の告示で定める許容応力は、次の各号に掲げる応力の区分に応じ、当該各号に定める許容応力とする。

一　コンクリート（次号に掲げるものを除く。）の許容曲げ圧縮応力　設計基準強度（二十一ニュートン毎平方ミリメートル以上であること。）を三で除して得られる値

二　プレストレストコンクリート部材として用いるコンクリートの許容曲げ圧縮応力及び許容曲げ引張応力　次の表の上欄に掲げるコンクリートの設計基準強度（三十ニュートン毎平方ミリメートル以上であること。）に応じ、同表の下欄に掲げる値

設計基準強度（単位　N／mm²）	応力の種類（単位　N／mm²）			
	許容曲げ圧縮応力		許容曲げ引張応力	
三十	十二	十五	○	一・二
四十	十五	十九	○	一・五
五十	十七	二十一	○	一・八
六十以上	十九	二十三	○	二・一
備考		プレストレッシング直後		プレストレッシング直後

三　鋼材（第五号及び第六号に掲げるものを除く。次号において同じ。）の許容引張応力　材料の規格最小降伏点又は○・二パーセント耐力の六十パーセントの値

四　鋼材の許容圧縮応力　許容引張応力をもとにし、かつ、座屈を考慮した値

五　プレストレストコンクリート部材におけるPC鋼材の許容引張応力　PC鋼材の引張強さの六十パーセントの値又はPC鋼材の規格最小降伏点若しくは○・二パーセント耐力の七十五パーセントの値のいずれか小さい値。ただし、プレストレッシング中にあつてはPC鋼材の引張強さの八十パーセントの値又はPC鋼材の規格最小降伏点若しくは○・二パーセント耐力の九十パーセントの値、プレストレッシング直後にあつてはPC鋼材の引張強さの七十パーセントの値又はPC鋼材の規格最小降伏点若しくは○・二パーセント耐力の八十五パーセントの値のいずれか小さい値とすることができる。

六　鉄筋コンクリート部材又はプレストレストコンクリート部材における鉄筋の許容引張応力　日本産業規格G三一一二「鉄筋コンクリート用棒鋼」（SD490に係る規格を除く。）のうちSR235を用いる場合にあつては百四十ニュートン毎平方ミリメートル、SD295A又はSD295Bを用いる場合にあつては百八十ニュートン毎平方ミリメートル、SD345を用いる場合にあつては二百ニュートン毎平方ミリメートル、SD390を用いる場合にあつては二百十ニュートン毎平方ミリメートル

2　前項第一号、第三号、第四号及び第六号の許容応力については、次の各号に掲げる場合にあつては、前項に定める許容応力の値にそれぞれ当該各号に掲げる割増係数を乗じて得られる値とすることができる。

一　地中タンクに作用する次に掲げる荷重を同時に考慮する場合　一・一五（ただし、屋根に対しては一・○とする。）

イ　地中タンク及びその附属設備の自重

ロ　貯蔵する危険物の重量

ハ　貯蔵する危険物の液圧

ニ　土圧、地下水圧及び揚圧力

ホ　積雪荷重

ヘ　コンクリートの乾燥収縮及びクリープの影響

ト　温度変化の影響

二　前号イからホまでに掲げる荷重及び地震の影響を同時に考慮する場合　一・五○

三　第一号イからトまでに掲げる荷重及び地震の影響を同時に考慮する場合　一・六五（ただし、屋根に対しては一・五○とする。）

本条…追加〔昭和六二年一二月自告二○○号〕、一項…一部改正〔平成二年一二月自告二○四号・一一年九月二○三号・令和元年六月総告七八号〕

（**最小厚さ**）

第四条の三五　規則第二十二条の三の二第三項第五号ニ(2)の告示で定める基準は、側板及び底板の厚さが五十センチメートル以上である

こととする。

本条…追加〔昭和六二年一二月自告二〇〇号〕

（屋根の構造）

第四条の三六　第四条の二十二第一号の規定（一枚板構造の浮き屋根に関する部分を除く。）は、規則第二十二条の三の二第三項第五号ニ(3)の告示で定める基準について準用する。この場合において、同条同号ハ中「二百五十ミリメートル」とあるのは「三百ミリメートル」と読み替えるものとする。

2　前項に定めるもののほか、規則第二十二条の三の二第三項第五号ニ(3)の告示で定める基準は、次のとおりとする。

一　屋根の最小厚さは、容量が千キロリットル未満の地中タンクにあつては三・二ミリメートル以上、容量が千キロリットル以上の地中タンクにあつては四・五ミリメートル以上とすること。

二　屋根は、三時間以上の耐火性能を有するものであること。

三　屋根に係る溶接部は、規則第二十条の九に定める試験において同条に定める基準に適合するものであること。

本条…追加〔昭和六二年一二月自告二〇〇号〕

（漏液防止板の構造）

第四条の三七　規則第二十二条の三の二第三項第五号ニ(4)の告示で定める漏液防止板は、次のとおりとする。

一　漏液防止板は、厚さ四・五ミリメートル以上の鋼板であること。

二　漏液防止板の溶接は、次によること。

イ　漏液防止板の溶接は、突合せ溶接とすること。ただし、底板の内側に設ける漏液防止板の厚さが九ミリメートル以下であるものについては、底板の内側に設ける漏液防止板の溶接をすみ肉溶接とすることができる。この場合において、漏液防止板と漏液防止板とが接する面は、当該漏液防止板と漏液防止板との溶接部の強度に有害な影響を与える間げきがあつてはならない。

ロ　すみ肉溶接のサイズ（不等サイズとなる場合にあつては、小さい方のサイズをいう。）の大きさは、次の式により求めた値とすること。

$t_1 \geqq S \geqq \sqrt{2t_2}$（ただし、$S \geqq 4.5$）

t_1は、薄い方の鋼板の厚さ（単位　ミリメートル）

t_2は、厚い方の鋼板の厚さ（単位　ミリメートル）

Ｓは、サイズ（単位　ミリメートル）

三　漏液防止板は、沈下等による地中タンク本体の変位の影響を吸収できるものであること。

四　漏液防止板は、日射等による熱影響、コンクリートの乾燥収縮等によつて生ずる応力に対して安全なものであること。

五　側板に設ける漏液防止板は、側板と一体化した構造とするとともに、側板と接する部分には腐食を防止するための措置を講ずること。

六　底板に設ける漏液防止板には、その下に厚さ五十ミリメートル以上のアスファルトサンド等を敷設すること。

本条…追加〔昭和六二年一二月自告二〇〇号〕、一部改正〔平成二二年六月総告二四六号〕

（漏液防止板の溶接部の試験）

第四条の三八　規則第二十二条の三の二第三項第五号ニ(4)の告示で定めるところにより行う試験は、磁粉探傷試験とする。ただし、磁粉探傷試験によることが困難な場合は、浸透探傷試験とすることができる。

本条…追加〔昭和六二年一二月自告二〇〇号〕

（漏液防止板の溶接部の試験基準）

第四条の三九　規則第二十条の八第二項及び第三項の規定は、規則第二十二条の三の二第三項第五号ニ(4)の告示で定める基準について準用する。この場合において、同条第二項第二号中「アニュラ板と底板及び底板と底板と」とあるのは「底板の内側に設ける漏液防止板と漏液防止板と」と読み替えるものとする。

本条…追加〔昭和六二年一二月自告二〇〇号〕

（**構内道路**）

第四条の四〇　規則第二十二条の三の二第三項第九号の告示で定める構内道路は次のとおりとする。

一　構内道路は、次の表の上欄に掲げる地中タンクの容量に応じ同表の下欄に掲げる路面幅員を有するものであること。

地中タンクの容量	構内道路の路面幅員	
	引火点が七十度未満の危険物を貯蔵し、又は取り扱う地中タンク	引火点が七十度以上の危険物を貯蔵し、又は取り扱う地中タンク
五千キロリットル以下	六メートル以上	六メートル以上
五千キロリットルを超え一万キロリットル以下	八メートル以上	
一万キロリットルを超え五万キロリットル以下	十二メートル以上	八メートル以上
五万キロリットルを超える	十六メートル以上	

二　構内道路の高さは、周囲の地盤から〇・三メートル以上であること。

本条…追加〔昭和六二年一二月自告二〇〇号〕

（**漏えい検知装置**）

第四条の四一　規則第二十二条の三の二第三項第十号の告示で定めるところにより設ける漏えい検知装置は次のとおりとする。

一　漏えい検知装置は、次の箇所その他保安上必要な箇所に設けること。

イ　側板の外周に沿っておおむね百メートルごとの箇所。ただし、当該箇所が四未満となるときは、四以上の箇所とする。

ロ　地中タンクの周囲に設けられた集水槽内（ただし、当該箇所はイの箇所を兼ねることができる。）

ハ　坑道及び地盤面下に設けられたポンプ室

二　漏えい検知装置は、漏えいした危険物又は可燃性蒸気を自動的に検知し、その事態を直ちに警報できるものであること。

本条…追加〔昭和六二年一二月自告二〇〇号〕

（**地下水位監視装置**）

第四条の四二　規則第二十二条の三の二第三項第十号の告示で定めるところにより設ける地下水位監視装置は次のとおりとする。

一　地下水位監視装置は、地中タンクの周囲に設置すること。ただし、第四条の三十三に規定する揚水設備を設ける場合にあつては、集水槽内にも設置すること。

二　集水槽内に設ける地下水位監視装置は、地中タンクの底板の下の地下水位を監視できる機能を有するとともに、当該地中タンクの構造に影響を与えるおそれのある地下水位の変動を覚知した場合に、その事態を直ちに警報することができる警報装置を備えたものであること。

本条…追加〔昭和六二年一二月自告二〇〇号〕

（**地中壁**）

第四条の四三　規則第二十二条の三の二第三項第十一号の告示で定めるところにより設ける地中壁は次のとおりとする。

一　地中壁は、地中タンクの地盤面下に、当該地中タンクを包囲するように設けること。この場合において、地中壁の上端部は地中タンク内の危険物の最高液面以上の位置とし、地中壁の下端部は地盤の難透水層内とすること。

二　地中壁は、配管、坑道等が貫通する部分においても水密性が確保されるよう措置されたものであること。

三　二以上の地中タンクを隣接して設置する場合にあつては、地中壁は二以上の地中タンクを包囲するように設けることができるものであること。

本条…追加〔昭和六二年一二月自告二〇〇号〕

（地盤の沈下差に対する措置）

第四条の四四　地中タンクの底板が側板の近傍において側板部分と不連続な構造である場合は、その不連続な部分は底板下部の地盤と側板下部の地盤との沈下差によつて有害な段差を生ずることなく、かつ、水密性を有するよう措置すること。

本条…追加〔昭和六二年一二月自告二〇〇号〕

（地震の影響）

第四条の四五　地中タンクに係る地震の影響は、次に掲げる地震動による慣性力等によつて生ずる影響をいうものとする。

一　地中タンク本体（屋根を含む。）の慣性力

二　地中タンク本体に作用する土圧

三　貯蔵する危険物による動液圧

2　地震の影響に関する地中タンクの設計震度の計算方法は、次に定めるとおりとする。

一　基盤面（せん断弾性波速度が三百メートル毎秒以上又は標準貫入試験値が五十以上の堅さが下方に続く地盤の上面をいう。以下この号及び第三号において同じ。）における設計水平震度は、次の式によること。

$$Kh_1=0.15\nu_1$$

Kh_1は、基盤面における設計水平震度（第三号において同じ。）

ν_1は、地域別補正係数

二　在来地盤面及び人工地盤における設計水平震度は、次の式によること。

$$Kh_2=0.15\nu_1\cdot\nu_2$$

Kh_2は、在来地盤面及び人工地盤における設計水平震度（第三号において同じ。）

ν_1は、地域別補正係数

ν_2は、地盤別補正係数

三　基盤面と在来地盤面との間の地盤における設計水平震度は、地盤の地層構成に応じ、基盤面から在来地盤面にかけて順次変化するKh_1の値以上Kh_2の値以下の値とすること。

四　設計鉛直震度は、設計水平震度の二分の一とすること。

五　液面揺動の設計水平震度は、第四条の二十第二項第三号の定めるところによること。

本条…追加〔昭和六二年一二月自告二〇〇号〕

（ポンプ設備の保護管の溶接部の試験及び試験基準）

第四条の四六　地中タンクのポンプ設備の保護管の溶接部は、規則第二十条の九に定める試験において同条に定める基準に適合するものでなければならない。

本条…追加〔昭和六二年一二月自告二〇〇号〕

（許容応力）

第四条の四七　規則第二十三条第二項の告示で定める許容応力は、次の各号に掲げる応力の区分に応じ、当該各号に定める許容応力とする。

一　主荷重によつて生ずる応力　地下貯蔵タンクが鋼板を用いた横置円筒型である場合にあつては、次の表の上欄に掲げる応力の種類ごとに、同表の下欄に掲げる値

応力の種類		許容応力
引張応力		S
圧縮応力	胴部	S又はS′のいずれか小なる値
	鏡部	0.6S又はS″のいずれか小なる値

備考

一　Sは、材料の規格最小降伏点又は〇・二パーセント耐力の六十パーセントの値（単位　N／㎟）

二　S′は、次の式により求めた値

(1)　胴部の長さLが、Lc未満の場合

$$S' = \frac{1.3E\left(\frac{t'}{D}\right)^{1.5}}{F'\left\{\frac{L}{D} - 0.45\sqrt{\frac{t'}{D}}\right\}}$$

(2)　胴部の長さLが、Lc以上の場合

$$S' = \frac{E}{F'(1-\mu^2)} \cdot \left(\frac{t'}{D}\right)^2$$

Lcは、次の式により求めた値

$$Lc = 1.11D\sqrt{\frac{D}{t'}}$$

Eは、205,939.7（単位　N／㎟）
t′は、胴部の厚さ（単位　㎜）
Dは、地下貯蔵タンクの外径（単位　㎜）
F′は、3
μは、0.3

三　S″は、次の式により求めた値

$$S'' = 0.154\frac{E \cdot t'' \cdot a}{R \cdot F''}$$

Eは、205,939.7（単位　N／㎟）
t″は、鏡部の厚さ（単位　㎜）
aは、0.8
Rは、鏡部中央での曲率半径（単位　㎜）
F″は、4

二　主荷重と従荷重との組合せによつて生ずる応力　前号の表の上欄に掲げる応力の種類ごとに、同表の下欄に掲げる値に一・五を乗じた値

本条…追加〔平成一七年三月総告三四九号〕

（腐食を防止するためのコーティング）

第四条の四七の二　規則第二十三条の二第一項第一号及び規則第二十三条の三第一号の告示で定める腐食を防止するためのコーティングは、次のとおりとする。

一　ガラス繊維強化プラスチックライニングでコーティングすること。

二　ガラス繊維強化プラスチックライニングに用いる樹脂及び強化材は、地下貯蔵タンクにおいて貯蔵し、又は取り扱う危険物に対して劣化のおそれがないものとすること。

三　ガラス繊維強化プラスチックライニングの厚さは二・〇ミリメートル以上とすること。

本条…追加〔平成二二年六月総告二四六号〕

（腐食のおそれが特に高い地下貯蔵タンク）

第四条の四七の三　規則第二十三条の二第一項第一号及び第二号の告示で定める腐食のおそれが特に高い地下貯蔵タンクは、地盤面下に直接埋没されたもの（令第十三条第二項に規定するものを除く。）のうち、次の各号に該当するものとする。

一　次条第一項第一号で定める塗覆装で外面を保護した地下貯蔵タンクのうち設置年数が五十年以上で、設計板厚が八・〇ミリメー

トル未満のもの

二　次条第二号で定める塗覆装で外面を保護した地下貯蔵タンクのうち、設置年数が五十年以上のもの又は設置年数が四十年以上五十年未満で、設計板厚が四・五ミリメートル未満のもの

三　次条第一項第三号で定める塗覆装で外面を保護した地下貯蔵タンクのうち設置年数が五十年以上で、設計板厚が六・〇ミリメートル未満のもの

四　次条第一項第四号で定める塗覆装で外面を保護した地下貯蔵タンクのうち設置年数が五十年以上で、設計板厚が四・五ミリメートル未満のもの

本条…追加〔平成二二年六月総告二四六号〕

（地下貯蔵タンクの外面の保護）

第四条の四八　規則第二十三条の二第一項第一号及び第二号で定める塗覆装は、次の各号に掲げるいずれかの方法とする。

一　タンクの外面にさびどめ及びアスファルトプライマーの順に塗装を行つた後、アスファルトルーフィング及びワイヤラスの順にタンクを被覆し、その表面に厚さ二・〇センチメートル以上に達するまでモルタルを塗装すること。この場合においては、次に掲げる基準に適合したものでなければならない。

イ　アスファルトルーフィングは、日本産業規格Ａ六〇〇五「アスファルトルーフィングフェルト」に適合するものであること。

ロ　ワイヤラスは、日本産業規格Ａ五五〇四「ワイヤラス」の十八番以上の太さのものであること。

ハ　モルタルには、防水剤を混和すること。ただし、モルタルを塗装した表面を防水剤で塗装する場合は、この限りでない。

二　タンクの外面にさびどめ塗装を行い、その表面にアスファルト及びアスファルトルーフィングによる被覆を厚さ一・〇センチメートルに達するまで交互に行うこと。この場合において、アスファルトルーフィングは、前号イの基準に適合しなければならない。

三　タンクの外面にプライマーを塗装し、その表面に覆装材を巻きつけた後、エポキシ樹脂又はタールエポキシ樹脂による被覆をタンクの外面から厚さ二・〇ミリメートル以上に達するまで行うこと。この場合において、覆装材は、ビニロンクロス又はヘッシャンクロスに適合しなければならない。

四　タンクの外面にプライマーを塗装し、その表面にガラス繊維等を強化材とした強化プラスチックによる被覆を厚さ二・〇ミリメートル以上に達するまで行うこと。

２　規則第二十三条の二第一項第三号及び第四号の告示で定める塗覆装は、第三項第二号に掲げる方法又は次の各号に掲げる性能が第三項第二号に掲げる方法と同等以上の性能を有する方法とする。

一　浸透した水が地下貯蔵タンクの外表面に接触することを防ぐための水蒸気透過防止性能

二　地下貯蔵タンクと塗覆装との間に間げきが生じないための地下貯蔵タンクとの付着性能

三　地下貯蔵タンクに衝撃が加わつた場合において、塗覆装が損傷しないための耐衝撃性能

四　貯蔵する危険物との接触による劣化、溶解等が生じないための耐薬品性能

３　規則第二十三条の二第二項の告示で定める方法は、次のとおりとする。

一　令第十三条第二項第三号イに掲げる材料で造つた地下貯蔵タンクに同項第一号ロに掲げる措置を講じたものの地下貯蔵タンクの外面　規則第二十四条の二の二第三項第一号の規定により強化プラスチックを被覆した部分にあつてはさびどめ塗装、それ以外の

部分にあつてはタンクの外面にプライマーを塗装し、その表面にガラス繊維等を強化材とした強化プラスチックによる被覆を厚さ二・〇ミリメートル以上に達するまで行うこと。

二　令第十三条第二項第三号イに掲げる材料で造つた地下貯蔵タンクに同項第一号イに掲げる措置を講じたものの外面　次に掲げるいずれかの方法

イ　タンクの外面にプライマーを塗装し、その表面に覆装材を巻き付けた後、エポキシ樹脂又はウレタンエラストマー樹脂による被覆をタンクの外面から厚さ二・〇ミリメートル以上に達するまで行うこと。この場合において、覆装材は、耐熱用ビニロンクロスであつて当該被覆を保護若しくは補強するための十分な強度を有するもの又は日本産業規格L三四〇五「ヘッシャンクロス」に適合するものとしなければならない。

ロ　第一項第四号に規定する方法

4　規則第二十三条の二第三項の告示で定める方法は、前項第二号に掲げるいずれかの方法により保護すること。

本条…追加〔平成一七年三月総告三四九号〕、二項…一部改正〔平成一八年三月総告一四八号〕、一項…追加・旧一・二項…一部改正し二・三項に繰下・旧三項…四項に繰下〔平成二二年六月総告二四六号〕、三項…一部改正〔平成二三年一二月総告五五六号〕、一・三項…一部改正〔令和元年六月総告七八号〕

（地下貯蔵タンクの電気防食）

第四条の四九　規則第二十三条の二第一項第二号及び第三号の告示で定める電気防食は、第四条各号の規定の例による。

本条…追加〔平成一七年三月総告三四九号〕、一部改正〔平成二二年六月総告二四六号〕

（危険物の微小な漏れを検知するための設備）

第四条の四九の二　規則第二十三条の三第一号の告示で定める設備は、直径〇・三ミリメートル以下の開口部からの危険物の漏れを常時検知することができる設備とする。

本条…追加〔平成二二年六月総告二四六号〕

（腐食のおそれが高い地下貯蔵タンク）

第四条の四九の三　規則第二十三条の三第一号の告示で定める腐食のおそれが高い地下貯蔵タンクは、地盤面下に直接埋没されたもの（令第十三条第二項に規定するものを除く。）のうち、次の各号に該当するものとする。

一　第四条の四十八第一項第一号で定める塗覆装で外面を保護した地下貯蔵タンクのうち、設置年数が五十年以上で、設計板厚が八・〇ミリメートル以上のもの、設置年数が四十年以上五十年未満で、設計板厚が六・〇ミリメートル未満のもの又は設置年数が三十年以上四十年未満で、設計板厚が四・五ミリメートル未満のもの

二　第四条の四十八第一項第二号で定める塗覆装で外面を保護した地下貯蔵タンクのうち、設置年数が四十年以上五十年未満で、設計板厚が四・五ミリメートル以上のもの、設置年数が三十年以上四十年未満で、設計板厚が六・〇ミリメートル未満のもの又は設置年数が二十年以上三十年未満で、設計板厚が四・五ミリメートル未満のもの

三　第四条の四十八第一項第三号で定める塗覆装で外面を保護した地下貯蔵タンクのうち、設置年数が五十年以上で、設計板厚が六・〇ミリメートル以上のもの又は設置年数が四十年以上五十年未満で、設計板厚が四・五ミリメートル未満のもの

四　第四条の四十八第一項第四号で定める塗覆装で外面を保護した地下貯蔵タンクのうち、設置年数が五十年以上で、設計板厚が四・五ミリメートル以上十二ミリメートル未満のもの又は設置年数が四十年以上五十年未満で、設計板厚が四・五ミリメートル未満のもの

本条…追加〔平成二三年六月総告二四六号〕

（許容応力）

第四条の五〇　規則第二十三条の四第二項の告示で定める許容応力は、鉄筋コンクリート造とする場合にあつては次の各号に掲げる応力の区分に応じ、当該各号に定める許容応力とする。

一　主荷重によつて生ずる応力　次に掲げる値

イ　鋼材の許容引張応力　材料の規格最小降伏点又は〇・二パーセント耐力の六十パーセントの値

ロ　コンクリートの許容曲げ圧縮応力　設計基準強度（二十一ニュートン毎平方ミリメートル以上であること。）を三で除して得られる値

二　主荷重と従荷重との組合せによつて生ずる応力　前号に定める許容応力の種類ごとに、その値に一・五を乗じた値

本条…追加〔平成一七年三月総告三四九号〕

（耐薬品性試験）

第四条の五〇の二　規則第二十四条の二の三の告示で定める耐薬品性試験は、日本産業規格K七〇七〇「繊維強化プラスチックの耐薬品性試験方法」とする。この場合において、試験液は、貯蔵し、又は取り扱う危険物とする。

２　規則第二十四条の二の三の告示で定める基準は、日本産業規格K七〇一二「ガラス繊維強化プラスチック製耐食貯槽」五・四に規定する基準とする。

本条…追加〔平成二三年六月総告二四六号〕、二項…一部改正〔平成二六年三月総告一一六号〕、一・二項…一部改正〔令和元年六月総告七八号〕

（漏えいを想定する危険物の数量）

第四条の五一　規則第二十四条の十七第二号、第二十六条第三項第三号ロ（規則第二十六条の二第三項第三号においてその例による場合を含む。）及び第二十七条第三項第三号ロの告示で定める危険物の数量は、五百リットル（軽油を車両に固定されたタンクに注入する用に供する固定給油設備及び灯油又は軽油を車両に固定されたタンクに注入するための固定注油設備にあつては九百リットル、船舶給油取扱所の給油設備にあつては五十リットル）とする。

本条…追加〔平成一八年三月総告一四八号〕、一部改正〔令和五年一二月総告四〇六号〕

（給油取扱所の塀又は壁に考慮すべき火災等）

第四条の五二　規則第二十五条の四の二第二号の告示で定める火災は、次に掲げる火災とする。

一　固定給油設備（ホース機器と分離して設置されるポンプ機器を除く。）から自動車等の燃料タンクに給油中又は容器若しくは車両に固定されたタンクに注油中に漏えいした危険物が燃焼する火災

二　固定注油設備（ホース機器と分離して設置されるポンプ機器を除く。）から容器又は車両に固定されたタンクに注油中に漏えいした危険物が燃焼する火災

三　専用タンク（令第十七条第一項第七号の専用タンクをいう。）に危険物を注入中に漏えいした危険物が燃焼する火災

２　規則第二十五条の四の二第二号の告示で定める箇所は、次の各号に掲げる箇所とする。

一　給油取扱所に隣接し、又は近接して存する建築物の外壁及び軒裏（耐火構造、準耐火構造又は防火構造のものを除く。第六十八条の二第二項において同じ。）で当該給油取扱所に面する部分の表面

二　給油取扱所の塀又は壁に設けられた防火設備（令第九条第一項第七号の防火設備をいい、ガラスを用いたものに限る。第六十八条の二第二項において同じ。）の給油取扱所に面しない側の表面

３　規則第二十五条の四の二第二号の告示で定める式は、次のとおりとする。

$$\int_0^{t_e} q^2 dt \leq 2{,}000$$

t_eは、燃焼時間（単位　分）

　qは、輻射熱（単位　kW／㎡）

　tは、燃焼開始からの経過時間（単位　分）

本条…追加〔平成一八年三月総告一四八号〕、一項…一部改正〔令和五年一二月総告四〇六号〕

（配管等の材料の規格）

第五条　規則第二十八条の四に規定する配管等の材料の規格は、次のとおりとする。

一　配管にあつては、日本産業規格G三四五四「圧力配管用炭素鋼鋼管」、日本産業規格G三四五五「高圧配管用炭素鋼鋼管」、日本産業規格G三四五六「高温配管用炭素鋼鋼管」又は日本産業規格G三四五九「配管用ステンレス鋼鋼管」

二　溶接式管継手にあつては、日本産業規格B二三一二「配管用鋼製突合せ溶接式管継手」

三　フランジ式管継手にあつては、日本産業規格B二二二〇「鋼製管フランジ」（遊合形フランジ及びねじ込み式フランジに係る規格を除く。）

四　弁にあつては、日本産業規格B二〇七一「鋼製弁」（鋳鋼フランジ形弁に係る規格に限る。）

本条…一部改正〔昭和五九年三月自告二四号・平成元年三月三七号・八年九月二七号・一八年三月総告一四八号・九月五一五号・令和元年六月七八号〕

（配管の最小厚さ）

第六条　規則第二十八条の五第二項第五号本文に規定する配管の最小厚さの基準は、次の表の上欄に掲げる配管の外径に応じて、それぞれ同表の下欄に掲げる値とする。

配管の外径（単位　㎜）	配管の最小厚さ（単位　㎜）
一一四・三未満	四・五
一一四・三以上一三九・八未満	四・九
一三九・八以上一六五・二未満	五・一
一六五・二以上二一六・三未満	五・五
二一六・三以上三五五・六未満	六・四
三五五・六以上五〇八・〇未満	七・九
五〇八・〇以上	九・五

（破損試験の方法）

第七条　規則第二十八条の五第二項第五号ただし書に規定する破損試験の方法は、次の各号に掲げる方法又はこれと同等以上の衝撃力を配管に与える方法とする。

一　配管の頂部と地表面との距離が一・五メートルとなる掘さく溝（こう）の中に配管を設置し、配管の上部は露出しておくこと。

二　配管は、次号の衝撃力を加えた場合に位置が移動しないように固定しておくこと。

三　バケット容量が〇・六立方メートルの機械ロープ式バックホー型掘さく機のバケットを配管に最大の衝撃力を与える位置から落下させること。

（長手継手の継手効率）

第八条　規則第二十八条の五第三項に規定する長手継手の継手効率は、次の各号に掲げる鋼管に係る長手継手の非破壊検査に応じて、それぞれ当該各号に掲げる値とする。

一　全数非破壊検査を行つたもの　一・〇

二　長手継手の両端については全数、その他の部分については抜取りによる非破壊検査を行つたもの　〇・九

三　前二号の非破壊検査を行つていないもの　〇・七

（割増係数）

第九条　規則第二十八条の五第三項に規定する従荷重に係る割増係数は、次表の上欄に掲げる従荷重の区分に応じ、それぞれ同表の下欄

に掲げる数値とする。

従荷重	割増係数
風荷重	一・二五
雪荷重	一・二五
温度変化の影響	一・二五
波浪及び潮流の影響	一・二五
他工事の影響	一・五〇
地震の影響	一・七〇
設置時における荷重の影響	一・八〇

（配管等の構造に関し必要な事項）

第一〇条 規則第二十八条の五第四項に規定する配管等の構造に関し必要な事項は、次条から第十七条までに定めるとおりとする。

（配管に係る主荷重等の計算方法）

第一一条 配管に係る主荷重等の計算方法は、次の各号に掲げるとおりとする。

一 内圧は、配管内の最大常用圧力とすること。

二 地表からの掘さくにより埋設する配管の頂部に作用する土圧は、鉛直方向の等分布荷重とし、第十三条第二項第七号に規定する場合を除き、次の式イにより求めること。ただし、くい等で支持されている配管の頂部に作用する土圧は、次の式ロにより求めるものとする。

イ $W_s = \gamma_s \cdot h \cdot D$

ロ $W_s = \frac{1}{K}\left(e^{K \cdot \frac{h}{D}} - 1\right) \cdot \gamma_s \cdot D^2$

W_sは、土圧（単位 N／㎜）

γ_sは、土の湿潤単位体積重量（単位 N／㎣）

hは、配管の埋設の深さ、ただし、道路下に埋設する場合は、配管の頂部と路面との距離（単位 ㎜）

Dは、配管の外径（単位 ㎜）

eは、自然対数の底

Kは、配管の周辺の地盤が砂質土の場合は〇・四、粘性土の場合は〇・八

三 水圧は、静水圧とすること。

四 列車荷重は、次の式により求めること。この場合において、二線以上の列車荷重を同時に受けるときは、各線の列車荷重を加算するものとする。

$$W_t = \frac{P_t \cdot D}{B_t \cdot (B_s + 2h \cdot \tan\theta)} \cdot (1 + i)$$

W_tは、列車荷重（単位 N／㎜）

P_tは、軸重（単位 N）

Dは、配管の外径（単位 ㎜）

B_tは、軸距（単位 ㎜）

B_sは、枕木長（単位 ㎜）

hは、配管の頂部と施工基面との距離（単位 ㎜）

θは、軸重の分布角（単位 度）

iは、次の表の上欄に掲げる配管の頂部と施工基面との距離に応じたそれぞれ同表の下欄に掲げる衝撃係数

配管の頂部と施工基面との距離（単位 ㎜）	衝撃係数
h＜1,500	0.75
1,500≦h≦9,000	0.9－0.0001h
9,000＜h	0

五　自動車荷重は、次の式により求めること。

$$W_m = \frac{29.1D}{100 + h \cdot \tan\theta} \cdot (1 + i)$$

W_mは、自動車荷重（単位　N／mm）

Dは、配管の外径（単位　mm）

hは、配管の頂部と路面との距離（単位　mm）

θは、自動車の後輪荷重の分布角（単位　度）

iは、次の表の上欄に掲げる配管の頂部と路面との距離に応じたそれぞれ同表の下欄に掲げる衝撃係数

配管の頂部と路面との距離（単位　mm）	衝撃係数
h＜1,500	0.5
1,500≦h≦6,500	0.65－0.0001h
6,500＜h	0

六　風荷重は、配管に対し水平方向に作用し、かつ、配管の垂直投射面に対し一平方メートルにつき千五百ニュートンの等分布荷重とすること。

七　温度変化の影響の計算における温度差は、平均温度と予想される最高又は最低の温度との差とすること。

八　道路下に埋設する配管に係る他工事の影響は、配管の頂部と路面との距離を〇・五メートルとして計算した自動車荷重と等しいものとすること。

本条…一部改正〔平成一一年九月自告二〇三号〕

（配管に係る応力度の計算方法）

第一二条　配管に係る応力度は、次の各号に掲げるところを基礎として計算するものとする。

一　内圧によつて配管に生じる円周方向応力度は、次の式により求めること。

$$\sigma_{ci} = \frac{Pi \cdot (D - t + C)}{2(t - C)}$$

σ_{ci}は、内圧によつて配管に生じる円周方向応力度（単位　N／mm²）

P_iは、最大常用圧力（単位　MPa）

Dは、配管の外径（単位　mm）

tは、配管の実際の厚さ（単位　mm）

Cは、内面くされ代（単位　mm）

二　土圧又は列車荷重若しくは自動車荷重によつて配管に生じる円周方向応力度は、次の式により求めること。

$$\sigma_{co} = \frac{D_1 \cdot K_B \cdot W \cdot R \cdot E \cdot I_t + \alpha \cdot W \cdot K_H \cdot R^5 + 2\beta \cdot D_1 \cdot K_X \cdot W \cdot P_i \cdot R^4}{E \cdot I_t + 0.061 K_H \cdot R^4 + 2P_i \cdot D_1 \cdot R^3 \cdot K_X} \cdot \frac{1}{Z_t}$$

σ_{co}は、土圧又は列車荷重若しくは自動車荷重によつて配管に生じる円周方向応力度（単位　N／mm²）

D_1は、たわみ時間係数（十分締め固まつた砂若しくは砂質土の地盤に埋設する場合又は配管の側面が配管の半径以上の幅にわたり砂若しくは砂質土で置換されて十分締め固めてある場合は一・〇、その他の場合は一・五とする。）

K_Bは、次の表の上欄に掲げる基床の状況に応じたそれぞれ同表の中欄に掲げる値

Wは、土圧又は列車荷重若しくは自動車荷重（単位　N／mm）

Rは、配管の半径（単位　mm）

Eは、配管のヤング係数（単位　N／mm²）

I_tは、配管の管壁の断面二次モーメント（単位　mm⁴／mm）

αは、次の式により求めること。

$\alpha = 0.061 \cdot D_T \cdot K_B - 0.082 \cdot K_X$

K_Hは、水平方向地盤反力係数（単位 N／㎜³）

βは、次の式により求めること。

$\beta = D_T \cdot K_B - 0.125$

P_iは、最大常用圧力（単位 MPa）

K_Xは、次の表の上欄に掲げる基床の状況に応じたそれぞれ同表の下欄に掲げる値

Z_tは、配管の管壁の断面係数（単位 ㎜³／㎜）

基床の状況	K_B	K_X
締め固めが十分な基床	〇・一二五	〇・〇八三
普通の基床	〇・一三八	〇・〇八九

三 内圧によつて配管に生じる軸方向応力度は、軸方向の変位が拘束されない配管にあつては次の式イ、軸方向の変位が拘束される配管にあつては次の式ロにより求めること。

イ $\sigma_{li} = \dfrac{Pi \cdot (D - t + C)}{4(t - C)}$

ロ $\sigma_{li} = \nu \cdot \dfrac{Pi \cdot (D - t + C)}{2(t - C)}$

σ_{li}は、内圧によつて配管に生じる軸方向応力度（単位 N／㎜²）

P_iは、最大常用圧力（単位 MPa）

Dは、配管の外径（単位 ㎜）

tは、配管の実際の厚さ（単位 ㎜）

Cは、内面くされ代（単位 ㎜）

νは、配管のポアソン比

四 列車荷重又は自動車荷重によつて配管に生じる軸方向応力度は、次の式により求めること。

$$\sigma_{lo} = \frac{0.322W}{Zp} \cdot \sqrt{\frac{E \cdot Ip}{Kv \cdot D}}$$

σ_{lo}は、列車荷重又は自動車荷重によつて配管に生じる軸方向応力度（単位 N／㎜²）

Wは、列車荷重又は自動車荷重（単位 N／㎜）

Z_pは、配管の断面係数（単位 ㎜³）

Eは、配管のヤング係数（単位 N／㎜²）

I_pは、配管の断面二次モーメント（単位 ㎜⁴）

K_Vは、鉛直方向地盤反力係数（単位 N／㎜³）

Dは、配管の外径（単位 ㎜）

五 温度変化の影響によつて配管に生じる軸方向応力度は、管体が全面的に拘束されている配管にあつては次の式により、その他の配管にあつては配管の伸縮吸収部分に生ずる応力度及び伸縮吸収部分の反力によつて直管部分に生ずる応力度を考慮して求めること。

$\sigma_{lt} = E \cdot \alpha \cdot \Delta t$

σ_{lt}は、温度変化の影響によつて配管に生じる軸方向応力度（単位 N／㎜²）

Eは、配管のヤング係数（単位 N／㎜²）

αは、配管の線膨張係数（単位 1／℃）

Δtは、温度変化（単位 ℃）

本条…一部改正〔平成一一年九月自告二〇三号〕

（地震の影響）

第一三条 規則第二十八条の五第一項に規定する地震の影響は、地震動による慣性力、土圧、動水圧、浮力、地盤の変位等によつて生じる影響をいうものとする。

2 地震の影響に関する配管に係る応力度等の計算方法は、前二条に規定するもののほか、次の各号に掲げるとおりとする。ただし、地

盤の性状等を特に考慮して行う場合は、これによらないことができる。

一　設計基盤面における水平震度は次の式により求め、設計基盤面における鉛直震度はその二分の一とすること。

$$k_{oh}=0.15\nu_1\cdot\nu_2$$

kohは、設計基盤面における水平震度

ν_1は、地域別補正係数

ν_2は、土地利用区分別補正係数（次の表の上欄に掲げる土地利用区分に応じたそれぞれ同表の下欄に掲げる値とする。）

土地利用区分	土地利用区分別補正係数
山林原野	○・八○
山林原野以外の区域	一・○○

二　設計水平震度は次の式により求め、設計鉛直震度はその二分の一とすること。

$$k_h=\nu_3\cdot k_{oh}$$

khは、設計水平震度

ν_3は、地盤別補正係数（次の表の上欄に掲げる配管が設置される地盤の種別に応じたそれぞれ同表の下欄に掲げる値とする。）

kohは、設計基盤面における水平震度

地盤の種別	地盤別補正係数
一種地盤	一・二○
二種地盤	一・三三
三種地盤	一・四七
四種地盤	一・六○

三　表層地盤面より上方に配管を設置するときは、次号及び第五号に掲げるところにより計算すること。

四　地震動による慣性力は、配管等及び危険物の自重に設計水平震度又は設計鉛直震度を乗じて求めること。この場合において、慣性力の作用位置は、当該自重の重心位置とし、その作用方向は、水平二方向及び鉛直方向とする。

五　地震動による動水圧等は、次の式イ及び式ロにより求めること。

イ　$P_{w1}=0.785k_h\cdot\gamma_w\cdot D^2$

ロ　$P_{w2}=0.785k_v\cdot\gamma_w\cdot D^2$

P_{w1}は、地震動による水平方向の動水圧等（単位　N／m）

P_{w2}は、地震動による鉛直方向の動水圧等（単位　N／m）

khは、設計水平震度

kvは、設計鉛直震度

γ_wは、水の単位体積重量又は土の湿潤単位体積重量（単位　N／m³）

Dは、配管の外径（単位　m）

六　表層地盤面より下方に配管を設置するときは、次号から第十号までに掲げるところにより計算すること。

七　地震時の土圧は、次の式イにより求めること。ただし、くい等で支持されている配管に作用する地震時の土圧は、次の式ロにより求めるものとする。

イ　$W_s=\gamma_s\cdot h\cdot D\cdot(1+k_v)$

ロ　$W_s=\frac{1}{K}\left(e^{K\cdot\frac{h}{D}}-1\right)\cdot\gamma_s\cdot D^2\cdot(1+k_v)$

W_s、γ_s、h、D、e及びKは、それぞれ第十一条第二号のW_s、γ_s、h、D、e及びKと同じ。

kvは、設計鉛直震度

八　表層地盤の固有周期は、次の式により求めること。

$$T = C \cdot \frac{H}{Vs}$$

Tは、表層地盤の固有周期（単位　s）

Cは、表層地盤が粘性土の場合は四・〇、砂質土の場合は五・二

Hは、表層地盤の厚さ（単位　m）

Vsは、表層地盤のせん断弾性波速度（単位　m／s）

九　表層地盤面の水平変位振幅は、次の式により求めること。

$$Uh = 0.203T \cdot Sv \cdot koh$$

Uhは、表層地盤面の水平変位振幅（単位　mm）

Tは、表層地盤の固有周期（単位　s）

Svは、応答速度の基準値（Tが〇・五秒以上の地盤の場合は一秒につき八百ミリメートルとし、Tが〇・五秒未満の地盤の場合はTに応じて減らすことができる。）

kohは、設計基盤面における水平震度

十　地盤の変位によつて配管に生じる軸方向応力度は、次の式により求めること。

$$\sigma_{le} = \sqrt{3.12\sigma L^2 + \sigma B^2}$$

σ_{le}は、地盤の変位によつて配管に生じる軸方向応力度（単位　N／mm²）

σLは、次の式イにより求めた値（単位　N／mm²）

σBは、次の式ロにより求めた値（単位　N／mm²）

イ　$$\sigma L = \frac{3.14Uh \cdot E}{L} \cdot \frac{1}{1 + \left(\frac{4.44}{\lambda_1 \cdot L}\right)^2}$$

ロ　$$\sigma B = \frac{19.72D \cdot Uh \cdot E}{L^2} \cdot \frac{1}{1 + \left(\frac{6.28}{\lambda_2 \cdot L}\right)^4}$$

Uhは、表層地盤面の水平変位振幅（単位　mm）

Eは、配管のヤング係数（単位　N／mm²）

Lは、表層地盤の地表面近傍における地震動の波長（単位　mm）

Dは、配管の外径（単位　mm）

λ_1は、次の式(1)により求めた値（単位　1／mm）

λ_2は、次の式(2)により求めた値（単位　1／mm）

(1)　$$\lambda_1 = \sqrt{\frac{K_1}{E \cdot Ap}}$$

(2)　$$\lambda_2 = \sqrt[4]{\frac{K_2}{E \cdot Ip}}$$

K_1及びK_2は、それぞれ軸方向及び軸直角方向の変位に関する地盤の剛性係数（単位　N／mm²）

Apは、配管の断面積（単位　mm²）

Ipは、配管の断面二次モーメント（単位　mm⁴）

二項…一部改正〔昭和五二年二月自告二二号・平成一一年九月二〇三号〕

（配管に係る合成応力度）

第一四条　規則第二十八条の五第二項第三号に規定する円周方向応力度、軸方向応力度及び管軸に垂直方向のせん断応力度を合成した応力度は、次の式により求めなければならない。

$$\sigma_e = \sqrt{\sigma_{cs}^2 + \sigma_{ls}^2 - \sigma_{cs} \cdot \sigma_{ls} + 3\tau^2}$$

σ_eは、合成応力度（単位　N／mm²）

σ_{cs}は、円周方向応力度（単位　N／mm²）

σ_{ls}は、軸方向応力度（単位　N／mm²）

τは、管軸に垂直方向のせん断応力度（単位　N／mm²）

本条…一部改正〔平成一一年九月自告二〇三号〕

（管継手の設計等）

第一五条　配管に使用する管継手は、次の各号に掲げるところにより設けなければならない。
一　管継手の設計は、配管の設計に準じて行うほか、管継手のたわみ性及び応力集中を考慮して行うこと。
二　配管を分岐させる場合は、あらかじめ製作された分岐用管継手又は分岐構造物を用いること。この場合において、分岐構造物には、原則として補強板を取り付けるものとする。
三　分岐用管継手、分岐構造物及びレジューサは、原則として移送基地又は専用敷地内に設けること。

（曲り部の設計等）

第一六条　配管の曲り部は、次の各号に掲げるところにより設けなければならない。ただし、現場における施工条件その他の特別の理由によりやむを得ない場合であつて、三度を超えない角度で配管の切り合わせを行うときは、第二号及び第三号の規定は、適用しない。
一　曲り部の設計は、配管の設計に準じて行うほか、曲り部のたわみ性及び応力集中を考慮して行うこと。
二　曲り部には、次号に定める場合を除き、あらかじめ製作された曲り管（マイターベンド管は、内圧によつて生じる円周方向応力度が配管の規格最小降伏点（配管の材料の規格に最小降伏点の定めがないものにあつては、材料試験成績等により保証される降伏点とする。ただし、当該降伏点が、当該材料の規格に定める引つ張り強さの最小の値の〇・六倍を超える場合にあつては、当該値とする。）の二十パーセント以下の場合に限る。）を用いること。
三　現場において冷間曲げを行う場合は、最小曲率半径は、次の表の上欄に掲げる配管の外径に応じたそれぞれ同表の下欄に掲げる値とすること。この場合において、配管の内径は、配管の外径の二・五パーセント以上減少してはならないものとする。

配管の外径（単位　㎜）	最小曲率半径（単位　㎜）
D≦318.5	18D
318.5＜D≦355.6	21D
355.6＜D≦406.4	24D
406.4＜D＜508.0	27D
508.0≦D	30D

Dは、配管の外径（単位　㎜）

（弁の設計等）

第一七条　配管に取り付ける弁は、次の各号に掲げるところにより設けなければならない。
一　弁は、配管の強度と同等以上の強度を有すること。
二　弁（移送基地内の配管に取り付けられるものを除く。）は、ピグの通過に支障のない構造のものとすること。
三　弁（移送基地又は専用敷地内の配管に取り付けられるものを除く。）と配管との接続は、原則として突き合わせ溶接によること。
四　弁を溶接により配管に接続する場合は、接続部の肉厚が急変しないように施工すること。
五　弁は、当該弁の自重等により配管に異常な応力を発生せしめないように取り付けること。
六　弁は、配管の膨張及び収縮、地震力等による異常な力が直接弁に作用しないよう考慮して取り付けること。
七　弁の開閉速度は、油撃作用等を考慮した速度とすること。
八　フランジ付き弁のフランジ、ボルト及びガスケットの材料の規格は、第五条第三号の規定に準じること。

（伸縮吸収措置）

第一八条　規則第二十八条の六の規定により、配管には、次の各号に掲げるところにより有害な伸縮を吸収するための措置を講じなければならない。

一　原則として曲り管を用いること。

二　曲り管等の種類、配置及び固定の方法は、配管に異常な応力を発生せしめないよう考慮したものとすること。

（溶接方法）

第一九条　規則第二十八条の八第一項に規定する溶接方法は、アーク溶接又はこれと同等以上の溶接効果を有する方法とする。

（溶接機器及び溶接材料の規格）

第二〇条　規則第二十八条の八第二項に規定する溶接機器及び溶接材料の規格は、次のとおりとする。

一　溶接機器にあつては、日本産業規格C九三〇〇―一「アーク溶接装置―第一部：アーク溶接電源」（交流アーク溶接機及び垂下特性形整流器式直流アーク溶接機に係る規格に限る。）、日本産業規格C九三〇〇―十一「アーク溶接装置―第十一部：溶接棒ホルダ」又は日本産業規格C三四〇四「溶接用ケーブル」

二　溶接材料にあつては、日本産業規格Z三二一一「軟鋼、高張力鋼及び低温用鋼用被覆アーク溶接棒」、日本産業規格Z三二二一「ステンレス鋼被覆アーク溶接棒」、日本産業規格K一一〇五「アルゴン」又は日本産業規格K一一〇六「液化二酸化炭素（液化炭酸ガス）」

本条…一部改正〔昭和五九年三月自告二四号・平成九年三月六五号・一八年三月総告一四八号・二三年一二月五五六号・令和元年六月七八号〕

（溶接の方法その他溶接に関し必要な事項）

第二一条　規則第二十八条の八第三項に規定する溶接の方法その他溶接に関し必要な事項は、次の各号に掲げるとおりとする。

一　溶接継手の位置は、次に掲げるところによること。

イ　配管を突き合わせて溶接する場合の平行な突き合わせ溶接の間隔は、原則として管径以上とすること。

ロ　配管相互の長手方向の継手は、原則として五十ミリメートル以上離すこと。

二　配管の溶接にあたつては、位置合わせ治具を用い、しん出しを正確に行うこと。

三　管厚の異なる配管の突き合わせ継手においては、管厚を徐々に変化させるとともに長手方向の傾斜を三分の一以下とすること。

（外面腐食を防止するための措置）

第二二条　規則第二十八条の九第一項の規定により、配管等には、次に掲げるところにより外面腐食を防止するための措置を講じなければならない。

一　塗覆装材は、次に掲げるもの又はこれと同等以上の防食効果を有するものを用いること。

イ　塗装材にあつては、アスファルトエナメル又はブローンアスファルトであつて、配管に塗装した場合において、十分な強度を有し、かつ、配管と塗覆装との間に間げきが生じないための配管との付着性能を有するもの

ロ　覆装材にあつては、日本産業規格L三四〇五「ヘッシャンクロス」に適合するもの又は耐熱用ビニロンクロス、ガラスクロス若しくはガラスマットであつて、イの塗装材による塗装を保護又は補強するための十分な強度を有するもの

二　防食被覆の方法は、次に掲げるもの又はこれと同等以上の防食効果を有する被覆を作るものとすること。

イ　配管の外面にプライマーを塗装し、その表面に前号イの塗装材を塗装した後、当該塗装材を含浸した前号ロの覆装材を巻き付けること。

ロ　塗覆装の厚さは、配管の外面から厚さ三・〇ミリメートル以上とすること。

本条…一部改正〔昭和五九年三月自告二四号・平成一八年三月総告一四八号・二三年一二月五五六号・令和元年六月七八号〕

（電気防食措置）

第二三条　規則第二十八条の十第一項の規定により、配管等には、次の各号に掲げるところにより電気防食措置を講じなければならない。

一　地下又は海底に設置する配管等の対地電位平均値は、飽和硫酸銅電極基準による場合にあつてはマイナス〇・八五ボルト、飽和カロメル電極基準による場合にあつてはマイナス〇・七七ボルトより負の電位であつて、かつ、過防食による悪影響を生じない範囲内とすること。

二　地下に設置する配管等には、適切な間隔で電位測定端子を設けること。

三　電気鉄道の線路敷下等漏えい電流の影響を受けるおそれのある箇所に設置する配管等には、排流法等による措置を講じること。

（工作物に対する水平距離等）

第二四条　規則第二十八条の十二第一号（規則第二十八条の十四（規則第二十八条の二十において準用する場合を含む。）、第二十八条の十五及び第二十八条の二十一第四項において準用する場合を含む。）の規定により、配管は、次の各号に掲げる工作物に対し、当該各号に掲げる水平距離を有しなければならない。ただし、第二号又は第三号に掲げる工作物については、保安上適切な漏えい拡散防止措置を講ずる場合は、当該各号に掲げる水平距離を短縮することができる。

一　建築物（地下街内の建築物を除く。）　一・五メートル以上

二　地下街及び隧道　十メートル以上

三　水道法第三条第八項に規定する水道施設であつて危険物の流入のおそれのあるもの　三百メートル以上

本条…一部改正〔昭和六二年一二月自告二〇〇号〕

（地下埋設の配管に係る防護構造物）

第二五条　規則第二十八条の十二第三号ただし書（第二十八条の十五において準用する場合を含む。）に規定する防護構造物は、同号本文に規定する配管の外面と地表面との距離により確保されるのと同等以上の安全性が確保されるよう、堅固で耐久力を有し、かつ、配管の構造に対し支障を与えない構造のものとする。

（斜面のすべりに対する安全率）

第二六条　規則第二十八条の十二第五号（規則第二十八条の十四（規則第二十八条の二十において準用する場合を含む。）、第二十八条の十五及び第二十八条の二十一第四項において準用する場合を含む。）に規定する安全率は、一・三とする。

（地下埋設の配管に係る掘さく及び埋めもどしの方法）

第二七条　規則第二十八条の十二第七号（規則第二十八条の十四（規則第二十八条の二十において準用する場合を含む。）及び第二十八条の十五において準用する場合を含む。）に規定する掘さく及び埋めもどしの方法は、次の各号に掲げるとおりとする。

一　配管をできるだけ均一かつ連続に支持するように施工すること。

二　道路その他の工作物の構造に対し支障を与えないように施工すること。

三　配管の外面から掘さく溝の側壁に対し十五センチメートル以上の距離を保たせるように施工すること。

四　掘さく溝の底面は、配管等に損傷を与えるおそれのある岩石等を取り除き、砂若しくは砂質土を二十センチメートル（列車荷重又は自動車荷重を受けるおそれのない場合は、十センチメートル）以上の厚さに敷きならし、又は砂袋を十センチメートル以上の厚さに敷きつめ、平坦に仕上げること。

五　道路の車道に埋設する場合は配管の底部から路盤の下までの間を、その他の場合は配管の底部から配管の頂部の上方三十センチメートル（列車荷重又は自動車荷重を受けるおそれのない場合は、二十センチメートル）までの間を、砂又は砂質土を用いて十分締め固めること。

六　配管等又は当該配管等に係る塗覆装に損傷を与えるおそれのある大型締め固め機を用いないこと。

（市街地の道路下埋設の配管に係る防護工）

第二八条　規則第二十八条の十三第四号及び第五号（規則第二十八条の十九第四項において準用する場合を含む。）に規定する防護工は、配管の外径に十センチメートル以上を加えた幅の堅固で耐久力を有する板であつて、配管の頂部から三十センチメートル以上離して当該配管の直上に設置されたものとする。

（市街地の道路下埋設の配管に係る防護構造物）

第二九条　規則第二十八条の十三第四号及び第五号（規則第二十八条の十九第四項において準用する場合を含む。）に規定する防護構造物は、堅固で耐久力を有し、かつ、道路及び配管の構造に対し支障を与えない構造のものとする。この場合において、保安上必要がある場合には両端を閉そくしたものとする。

（路面下以外の道路下埋設の配管に係る防護工又は防護構造物）

第三〇条　規則第二十八条の十三第八号（規則第二十八条の十九第四項において準用する場合を含む。）に規定する防護工又は防護構造物は、同号に規定する配管の外面と地表面との距離を一・二メートルとした場合に確保されるのと同等以上の安全性が確保されるよう、堅固で耐久力を有し、かつ、道路及び配管の構造に対し支障を与えない構造のものとする。この場合において、保安上必要がある場合には両端を閉そくしたものとする。

（線路敷下埋設の配管に係る水平距離の特例）

第三一条　規則第二十八条の十四第一号ただし書に規定する告示で定める場合は、軌道中心に対する水平距離にあつては第一号から第三号までの一に該当する場合とし、線路敷の用地境界に対する水平距離にあつては第四号に掲げる場合とする。

一　配管が列車荷重の影響を受けない位置に埋設されている場合

二　配管が列車荷重の影響を受けないよう適切な防護構造物で防護されている場合

三　配管の構造が列車荷重を考慮したものである場合

四　線路敷が道路と隣接する場合

（施設に対する水平距離等）

第三二条　規則第二十八条の十六第二号（規則第二十八条の十九第四項及び第二十八条の二十一第四項において準用する場合を含む。）の規定により、配管は、次の各号に掲げる施設に対し、当該各号に定める水平距離を有しなければならない。

一　鉄道又は道路（第十三号に掲げる避難道路を除く。）　二十五メートル以上

二　高圧ガス保安法（昭和二十六年法律第二百四号）第五条第一項の規定により都道府県知事の許可を受けなければならない高圧ガスの製造のための施設（高圧ガスの製造のための設備が移動式製造設備（一般高圧ガス保安規則（昭和四十一年通商産業省令第五十三号）第二条第一項第十二号又は液化石油ガス保安規則（昭和四十一年通商産業省令第五十二号）第二条第一項第九号の移動式製造設備をいう。）である高圧ガスの製造のための施設にあつては、移動式製造設備が常置される施設（貯蔵設備を有しない移動式製造設備に係るものを除く。）をいう。以下この号において同じ。）及び同条第二項第一号の規定により都道府県知事に届け出なければならない高圧ガスの製造のための施設であつて、圧縮、液化その他の方法で処理することができるガスの容積が一日三十

立方メートル以上である設備を使用して高圧ガスの製造（容器に充てんすることを含む。）をするもの、同法第十六条第一項の規定により都道府県知事の許可を受けなければならない貯蔵所及び同法第十七条の二の規定により都道府県知事に届け出て設置する貯蔵所又は同法第二十四条の二第一項の規定により都道府県知事に届け出なければならない液化酸素の消費のための施設（これらの施設の配管のうち移送取扱所の存する敷地と同一の敷地内に存するものを除く。）

三　液化石油ガスの保安の確保及び取引の適正化に関する法律（昭和四十二年法律第百四十九号）第三条第一項の規定により経済産業大臣又は都道府県知事の登録を受けなければならない販売所であつて三百キログラム以上の貯蔵施設を有するもの（当該施設の配管のうち移送取扱所の存する敷地と同一の敷地内に存するものを除く。）　三十五メートル以上

四　学校教育法（昭和二十二年法律第二十六号）第一条に規定する幼稚園、小学校、中学校、義務教育学校、高等学校、中等教育学校、特別支援学校又は高等専門学校　四十五メートル以上

五　次に掲げる施設であつて、二十人以上の人員を収容することができるもの　四十五メートル以上

イ　児童福祉法（昭和二十二年法律第百六十四号）第七条第一項に規定する児童福祉施設

ロ　身体障害者福祉法（昭和二十四年法律第二百八十三号）第五条第一項に規定する身体障害者社会参加支援施設

ハ　生活保護法（昭和二十五年法律第百四十四号）第三十八条第一項に規定する保護施設（授産施設及び宿所提供施設を除く。）

ニ　老人福祉法（昭和三十八年法律第百三十三号）第五条の三に規定する老人福祉施設又は同法第二十九条第一項に規定する有料老人ホーム

ホ　母子及び父子並びに寡婦福祉法（昭和三十九年法律第百二十九号）第三十九条第一項に規定する母子・父子福祉施設

ヘ　職業能力開発促進法（昭和四十四年法律第六十四号）第十五条の七第一項第五号に規定する障害者職業能力開発校

ト　地域における医療及び介護の総合的な確保の促進に関する法律（平成元年法律第六十四号）第二条第四項（第四号を除く。）に規定する特定民間施設

チ　介護保険法（平成九年法律第百二十三号）第八条第二十八項に規定する介護老人保健施設及び同条第二十九項に規定する介護医療院

リ　障害者の日常生活及び社会生活を総合的に支援するための法律（平成十七年法律第百二十三号）第五条第一項に規定する障害福祉サービス事業（同条第七項に規定する生活介護、同条第十二項に規定する自立訓練、同条第十三項に規定する就労移行支援又は同条第十四項に規定する就労継続支援を行う事業に限る。）の用に供する施設、同条第十一項に規定する障害者支援施設、同条第二十七項に規定する地域活動支援センター又は同条第二十八項に規定する福祉ホーム

六　医療法（昭和二十三年法律第二百五号）第一条の五第一項に規定する病院　四十五メートル以上

七　都市計画法第十一条第一項第二号に規定する公共空地（同法第四条第六項に規定する都市計画施設に限る。）又は都市公園法（昭和三十一年法律第七十九号）第二条第一項に規定する都市公園（第十三号に掲げる避難空地を除く。）　四十五メートル以上

八　劇場、映画館、演芸場、公会堂その他これらに類する施設であつて三百人以上の人員を収容することができるもの　四十五メートル以上

九　百貨店、マーケット、公衆浴場、ホテル、旅館その他不特定多数の者を収容することを目的とする建築物（仮設建築物を除く。）であつて、その用途に供する部分の床面積の合計が千平方メートル以上のもの　四十五メートル以上

十　一日に平均二万人以上の者が乗降する駅の母屋及びプラットホーム　四十五メートル以上

十一　文化財保護法（昭和二十五年法律第二百十四号）の規定により、重要文化財、重要有形民俗文化財、史跡若しくは重要な文化財として指定され、又は旧重要美術品等の保存に関する法律（昭和八年法律第四十三号）の規定により、重要美術品として認定された建造物　六十五メートル以上

十二　水道法第三条第八項に規定する水道施設であつて危険物の流入のおそれのあるもの　三百メートル以上

十三　災害対策基本法（昭和三十六年法律第二百二十三号）第四十条に規定する都道府県地域防災計画又は同法第四十二条に規定する市町村地域防災計画において定められている震災時のための避難空地又は避難道路　三百メートル以上

十四　住宅（前各号に掲げるもの又は仮設建築物を除く。）又は前各号に掲げる施設に類する施設であつて多数の者が出入りし、若しくは勤務しているもの　二十五メートル以上

本条…一部改正〔昭和六二年一一月自告二〇〇号・六三年一月四号・四月六六号・平成二年二月五号・一一月二〇四号・五年七月九〇号・六年三月六一号・七年六月一一九号・八年九月二一七号・一〇年三月七二号・一一年三月八〇号・一二年一二月二七七号・一八年三月総告一四八号・九月五一五号・一九年三月一三六号・二三年九月四二〇号・二四年三月一二九号・二五年四月一六六号・二六年三月一一六号・一〇月三五六号・二七年九月三三四号・二八年四月一四六号・三〇年三月一四一号〕

（地上設置の配管又はその支持物に係る防護設備）

第三三条　規則第二十八条の十六第六号（規則第二十八条の十九第四項及び第二十八条の二十一第四項において準用する場合を含む。）の規定により、配管又は配管の支持物が損傷を受けるおそれのある場合は、自動車、船舶等の衝突に対し配管又は配管の支持物の安全が確保されるよう、堅固で耐久力を有し、かつ、配管又は配管の支持物の構造に対し支障を与えない構造の防護設備を適切な位置に設置しなければならない。

（海底設置の配管に係る防護工）

第三四条　規則第二十八条の十七第五号に規定する防護工は、次の各号に適合するものとする。

一　船舶、波浪及び木材等の浮遊物による外力に対し配管の安全が確保されるよう、堅固で耐久力を有し、かつ、配管の構造に対し支障を与えない構造であること。

二　船舶及び木材等の浮遊物の衝突による防護工の損傷を防ぐため必要な箇所に衝突予防措置が講じてあること。

（海底設置の配管に係る掘さく及び埋めもどしの方法）

第三五条　規則第二十八条の十七第八号に規定する掘さく及び埋めもどしの方法は、次の各号に掲げるとおりとする。

一　配管をできるだけ均一かつ連続に支持するよう、土質、水深、海象条件等を考慮して施工すること。

二　埋めもどしは、配管及び当該配管に係る塗覆装に損傷を与えないように施工すること。

（海上設置の配管又はその支持物に係る防護設備）

第三六条　規則第二十八条の十八第三号に規定する防護設備は、次の各号に適合するものとする。

一　船舶、波浪及び木材等の浮遊物による外力に対し配管及び配管の支持物の安全が確保されるよう、堅固で耐久力を有し、かつ、配管及び配管の支持物の構造に対し支障を与えない構造であること。

二　船舶及び木材等の浮遊物の衝突による防護設備の損傷を防ぐた

め必要な箇所に衝突予防措置が講じてあること。

（道路横断設置の場合のさや管その他の構造物）

第三七条 規則第二十八条の二十におい て準用する場合を含む。）に規定するさや管その他の構造物は、堅固で耐久力を有し、かつ、道路及び配管の構造に対し支障を与えない構造のものとする。この場合において、保安上必要がある場合には両端を閉そくしたものとする。

（河川等横断設置の場合のさや管その他の構造物）

第三八条 規則第二十八条の二十一第二項に規定するさや管その他の構造物は、堅固で耐久力を有し、かつ、河川又は水路及び配管の構造に対し支障を与えない構造のものとする。この場合において、保安上必要がある場合には両端を閉そくしたものとする。

2 前項のさや管その他の構造物が隧道形式である場合には、その内部を点検できる構造のものとする。

（漏えい拡散防止措置等）

第三九条 規則第二十八条の二十二に規定する告示で定める場所は、次の各号に掲げる場所とし、同条の規定によりそれらの場所に配管を設置する場合には、それぞれ当該各号に定める措置を講じなければならない。

一 市街地 堅固で耐久力を有し、かつ、配管の構造に対し支障を与えない構造物の中に配管を設置すること。この場合において、当該構造物には、保安上必要な箇所に隔壁を設けるものとする。

二 河川上又は水路上 堅固で耐久力を有し、かつ、橋及び配管の構造に対し支障を与えない構造のさや管又はこれに類する構造物の中に配管を設置すること。この場合において、保安上必要がある場合には両端を閉そくしたものとする。

三 隧道（海底にあるものを除く。）上 第二十九条に規定する防護構造物（水密構造のものに限る。）の中に配管を設置すること。

四 道路上又は線路敷上 堅固で耐久力を有し、かつ、道路又は線路及び配管の構造に対し支障を与えない構造物（水密構造のものに限る。）の中に配管を設置すること。この場合において、保安上必要がある場合には両端を閉そくしたものとする。

五 砂質土等の透水性地盤（海底を除く。）中 堅固で耐久力を有し、かつ、配管の構造に対し支障を与えない構造物（地下水位下に設ける場合は、水密構造のものに限る。）の中に配管を設置すること。この場合において、保安上必要がある場合には両端を閉そくしたものとする。

（超音波探傷試験を行わない配管）

第四〇条 規則第二十八条の二十七第一項及び第二項に規定する告示で定める配管は、配管の厚さが六ミリメートル未満のものとする。

本条…一部改正〔昭和五四年一〇月自告一八三号〕

（非破壊試験の合格基準）

第四一条 規則第二十八条の二十七第一項の試験の合格の基準は、次のとおりとする。

一 放射線透過試験にあつては、次に掲げるところに適合すること。

イ 割れがないものであること。

ロ 溶け込み不足がある場合には、一の溶け込み不足の長さが二十ミリメートル以下であつて、かつ、一の溶接部における溶け込み不足の長さの合計が溶接部の長さ三十センチメートル当たり二十五ミリメートル以下であること。ただし、目違いによるルート片側の溶け込み不足にあつては、一の溶け込み不足の長さが四十ミリメートル以下であつて、かつ、一の溶接部における溶け込み不足の長さの合計が三十センチメートル当たり七十ミリメートル以下でなければならない。

ハ 融合不足がある場合には、一の融合不足の長さが二十ミリメートル以下であつて、かつ、一の溶接部における融合不足の長さの合計が溶接部の長さ三十センチメートル当たり二十五ミリメートル以下であること。ただし、一の溶接部における溶接層間の融合不足の長さの合計は、溶接部の長さ三十センチメートル当たり三十ミリメートル以下でなければならない。

ニ　溶け落ちがある場合には、一の溶け落ちの長さが六ミリメートル（溶接する母材の厚さが六ミリメートル未満の場合は、当該母材の厚さ）以下であつて、かつ、一の溶接部における溶け落ちの長さの合計が溶接部の長さ三十センチメートル当たり十二ミリメートル以下であること。

ホ　スラグ巻き込みがある場合には、次に掲げるところによること。

(1)　細長いスラグ巻き込みは、一の長さ及び幅がそれぞれ二十ミリメートル以下及び一・五ミリメートル以下であつて、かつ、一の溶接部における細長いスラグ巻き込みの長さの合計が溶接部の長さ三十センチメートル当たり三十ミリメートル以下であること。

(2)　孤立したスラグ巻き込みは、一の幅が三ミリメートル以下であつて、かつ、一の溶接部における孤立したスラグ巻き込みの長さの合計及び孤立したスラグ巻き込みの個数がそれぞれ溶接部の長さ三十センチメートル当たり十二ミリメートル以下及び四個以下であること。

ヘ　ブローホール及びこれに類する丸みを帯びた部分（以下この条において「ブローホール等」という。）は、その長径が母材の厚さの二分の一を超えず、かつ、任意の箇所について一辺が十ミリメートルの正方形（母材の厚さが二十五ミリメートルを超えるものにあつては、一辺が十ミリメートル他の一辺が二十ミリメートルの長方形）の部分（以下この条において「試験部分」という。）において、次の表(1)に掲げるブローホール等（ブローホール等の長径が、母材の厚さが二十五ミリメートル以下のものにあつては〇・五ミリメートル以下、母材の厚さが二十五ミリメートルを超えるものにあつては〇・七ミリメートル以下のものを除く。）の長径に応じて定める点数（以下この条において「ブローホール点数」という。）の合計が、次の表(2)に掲げる母材の厚さに応じて定めるブローホール点数の合計以下であること。

(1)

ブローホール等の長径（単位　ミリメートル）	点数
一・〇以下	一
一・〇を超え二・〇以下	二
二・〇を超え三・〇以下	三
三・〇を超え四・〇以下	六
四・〇を超え六・〇以下	十
六・〇を超え八・〇以下	十五
八・〇を超える	二十五

(2)

母材の厚さ（単位　ミリメートル）	ブローホール点数の合計
十以下	六
十を超え二十五以下	十二
二十五を超える	二十四

ト　虫状気孔がある場合には、一の虫状気孔の長さが三ミリメー

トル（溶接する母材の厚さが十二ミリメートル未満である場合は、当該母材の厚さの四分の一）以下であつて、かつ、二以上の虫状気孔が存する場合で、相互の間隔が相隣接する虫状気孔のうちその長さが短くないものの長さ以下であるときは、当該虫状気孔の長さの合計の長さが六ミリメートル（母材の厚さが十二ミリメートルを超えるものにあつては、母材の厚さの二分の一）以下であること。

チ　中空ビードがある場合には、一の中空ビードの長さが十ミリメートル以下であつて、かつ、一の溶接部における中空ビードの長さの合計が溶接部の長さ三十センチメートル当たり五十ミリメートル以下であること。ただし、長さが六ミリメートルを超える二の中空ビードの間隔は、五十ミリメートル以上でなければならない。

リ　一の溶接部におけるロからチまでに掲げる欠陥の長さの合計は、当該溶接部の長さの八パーセント以下であつて、かつ、溶接部の長さ三十センチメートル当たり五十ミリメートル（ロのただし書に定める欠陥の長さを除く。）以下であること。

ヌ　ロからチまでに適合するものであつても、欠陥部分の透過写真の濃度が、溶接する母材部分の写真濃度に対し著しく高くないこと。

ル　アンダーカットがある場合には、次に掲げるところによること。

(1)　外面のアンダーカットは、その断面がV字形をしていないものであつて、一のアンダーカットの長さ及び深さがそれぞれ三十ミリメートル以下及び〇・五ミリメートル以下で、かつ、一の溶接部におけるアンダーカットの長さの合計が溶接部の長さの十五パーセント以下であること。

(2)　内面のアンダーカットは、一のアンダーカットの長さが五十ミリメートル以下であつて、かつ、一の溶接部におけるアンダーカットの長さの合計が溶接部の長さの十五パーセント以下であること。

ヲ　内面ビードの透過写真の濃度が、溶接する母材部分の写真濃度に対し高くなく、かつ、著しく低くないこと。

二　超音波探傷試験にあつては、次に掲げるところに適合すること。

イ　割れがないものであること。

ロ　次の表の上欄に掲げる最大エコー高さの領域の区分（感度調整基準線より六デシベル低いエコー高さ区分線を超え感度調整基準線以下の領域をⅢとし、感度調整基準線を超える領域をⅣとする。以下この条において同じ。）に応じて同表の下欄に掲げる溶接する母材の厚さの区分に応じた応答箇所の指示長さ（二以上の方向から探傷した場合であつて、同一の応答箇所の指示長さが異なるときは最も長いものの指示長さとし、二以上の応答箇所がほぼ同一の深さに存する場合で、相互の間隔が相隣接する応答箇所のうちその指示長さが短くないものの指示長さ以下であるときは、当該応答箇所の指示長さ及び当該間隔の合計の長さとする。以下この条において同じ。）ごとに定められた数値を応答箇所の評価点とした場合において、一の応答箇所の評価点が同表に定められており、かつ、応答箇所の最も密である溶接部の長さ三十センチメートル当たり応答箇所の評価点の合計が五以下であること。

最大エコー高さの領域の区分	応答箇所の指示長さ					
	溶接する母材の厚さ（母材の厚さが異なる場合は、薄い方の母材の厚さとする。以下この表及び次項第二号ロの表において同じ。）が六ミリメートル以上十八ミリメートル以下のもの			溶接する母材の厚さが十八ミリメートルを超えるもの		
	六ミリメートル以下	六ミリメートルを超え九ミリメートル以下	九ミリメートルを超え十八ミリメートル以下	母材の厚さの三分の一以下	母材の厚さの三分の一を超え二分の一以下	母材の厚さの二分の一を超え母材の厚さ以下
Ⅲ	一	二	三	一	二	三
Ⅳ	二	三		二	三	

三　磁粉探傷試験にあつては、次に掲げるところに適合すること。

イ　表面に割れがないものであること。

ロ　磁粉模様（疑似磁粉模様を除く。以下この条において同じ。）は、その長さ（磁粉模様の長さがその幅の三倍未満のものは浸透探傷試験による指示模様の長さとし、二以上の磁粉模様がほぼ同一線上に二ミリメートル以下の間隔で存する場合（相隣接する磁粉模様のいずれかが長さ二ミリメートル以下のものであつて当該磁粉模様の長さ以上の間隔で存する場合を除く。）は、当該磁粉模様の長さ及び当該間隔の合計の長さとする。以下この条において同じ。）が四ミリメートル以下であること。

ハ　磁粉模様が存する任意の箇所について二十五平方センチメートルの長方形（一辺の長さは十五センチメートルを限度とする。）の部分において、長さが一ミリメートルを超える磁粉模様の長さの合計が八ミリメートル以下であること。

四　浸透探傷試験にあつては、次に掲げるところに適合すること。

イ　表面に割れがないものであること。

ロ　指示模様（疑似指示模様を除く。以下この条において同じ。）は、その長さ（二以上の指示模様がほぼ同一線上に二ミリメートル以下の間隔で存する場合（相隣接する指示模様のいずれかが長さ二ミリメートル以下のものであつて当該指示模様の長さ以上の間隔で存する場合を除く。）は、当該指示模様の長さ及び当該間隔の合計の長さ。以下この条において同じ。）が四ミリメートル以下であること。

ハ　指示模様が存する任意の箇所について二十五平方センチメートルの長方形（一辺の長さは十五センチメートルを限度とする。）の部分において、長さが一ミリメートルを超える指示模様の長さの合計が八ミリメートル以下であること。

2　規則第二十八条の二十七第二項の試験の合格の基準は、次のとおりとする。

一　放射線透過試験にあつては、次に掲げるところに適合すること。

イ　ブローホール等及びスラグ巻き込み等は、次に掲げるところによること。

(1)　ブローホール等は、その長径が母材の厚さの二分の一を超えず、かつ、任意の箇所について試験部分において、ブローホール点数の合計が、次の表に掲げる母材の厚さに応じて定めるブローホール点数の合計以下であること。

母材の厚さ（単位　ミリメートル）	ブローホール点数の合計
十以下	三
十を超え二十五以下	六
二十五を超える	十二

(2)　細長いスラグ巻き込み及びこれに類するもの（以下この号において「スラグ巻き込み等」という。）は、その長さ（二以上のスラグ巻き込み等が存する場合で、相互の間隔が相隣接するスラグ巻き込み等のうちその長さが短くないものの長さ以下であるときは、当該スラグ巻き込み等の長さの合計の長さ。以下この号において同じ。）が、次の表に掲げる母材の厚さに応じて定める長さ以下であること。

母材の厚さ（単位　ミリメートル）	長さ
十二以下	四ミリメートル
十二を超える	母材の厚さの三分の一

(3)　ブローホール等及びスラグ巻き込み等が混在する場合は、(1)及び(2)に掲げるところによるほか、ブローホール点数の合計が最大となる試験部分において、次の表(i)に掲げる母材の厚さに応じて定めるブローホール点数の合計以下であり、又は、スラグ巻き込み等の長さが次の表(ii)に掲げる母材の厚さに応じて定める長さ以下であること。

(i)

母材の厚さ（単位　ミリメートル）	ブローホール点数の合計
十以下	一
十を超え二十五以下	二
二十五を超える	四

(ii)

母材の厚さ（単位　ミリメートル）	長さ
十二以下	三ミリメートル
十二を超える	母材の厚さの四分の一

ロ　イに適合するものであつても、欠陥部分の透過写真の濃度が、溶接する母材部分の写真濃度に対し著しく高くないこと。

ハ　内面ビードの透過写真の濃度が、溶接する母材部分の写真濃度に対し高くなく、かつ、著しく低くないこと。この場合において、透過写真の濃度は、不連続でないこと。

ニ　余盛りは、その高さが三ミリメートル以下であつて、かつ、その止端部において、角度が百五十度以上又は曲率半径が三ミリメートル以上であること。

ホ　アンダーカットがある場合には、次に掲げるところによること。

(1)　外面のアンダーカットは、その断面がV字形をしていないものであつて、一のアンダーカットの長さ及び深さがそれぞれ二十ミリメートル以下及び〇・五ミリメートル（溶接する母材の厚さの十パーセントが〇・五ミリメートル未満である場合は、当該母材の厚さの十パーセント）以下で、かつ、一の溶接部におけるアンダーカットの長さの合計が溶接部の長さの十パーセント以下であること。

(2) 内面のアンダーカットは、一のアンダーカットの長さが二十ミリメートル以下であつて、かつ、一の溶接部におけるアンダーカットの長さの合計が溶接部の長さの十パーセント以下であること。

二 超音波探傷試験にあつては、次に掲げるところに適合すること。

イ 割れがないものであること。

ロ 次の表の上欄に掲げる最大エコー高さの領域の区分に応じて、同表の下欄に掲げる溶接する母材の厚さの区分に応じた応答箇所の指示長さごとに定められた数値を応答箇所の評価点とした場合において、一の応答箇所の評価点が同表に定められており、かつ、応答箇所の最も密である溶接部の長さ三十センチメートル当たり応答箇所の評価点の合計が四以下であること。

最大エコー高さの領域の区分	応答箇所の指示長さ			
	溶接する母材の厚さが六ミリメートル以上十八ミリメートル以下のもの		溶接する母材の厚さが十八ミリメートルを超えるもの	
	六ミリメートル以下	六ミリメートルを超え九ミリメートル以下	母材の厚さの三分の一以下	母材の厚さの三分の一を超え二分の一以下
Ⅲ	一	二	一	二
Ⅳ	二		二	

三 磁粉探傷試験にあつては、次に掲げるところに適合すること。

イ 表面に割れがないものであること。

ロ 磁粉模様は、任意の箇所について二十五平方センチメートルの長方形（一辺の長さは十五センチメートルを限度とする。）の部分において、長さが一ミリメートルを超える磁粉模様の長さの合計が四ミリメートル以下であること。

四 浸透探傷試験にあつては、次に掲げるところに適合すること。

イ 表面に割れがないものであること。

ロ 指示模様は、任意の箇所について二十五平方センチメートルの長方形（一辺の長さは十五センチメートルを限度とする。）の部分において、長さが一ミリメートルを超える指示模様の長さの合計が四ミリメートル以下であること。

一項…一部改正〔昭和五二年二月自告二二号〕、一・二項…一部改正〔昭和五四年一〇月自告一八三号・五九年三月二四号〕

（耐圧試験の方法）

第四二条 規則第二十八条の二十八本文に規定する耐圧試験の方法は、次の各号に掲げるとおりとする。

一 水を用いて行うこと。この場合において、試験中水が凍結するおそれがある場合には、凍結を防止する措置を講じなければならない。

二　配管等の内部の空気を排除して行うこと。この場合において、やむを得ない事由により配管に空気抜き口を設けるときは、試験によつて当該部分が損傷を受けない構造のものとし、かつ、試験を行つた後当該部分の強度を減じないように空気抜き口を閉鎖し、補強しなければならない。

三　配管等内の第一号に定める液の温度と配管等の周囲の温度とがおおむね平衡状態となつてから開始し、試験時間は、二十四時間以上とすること。

四　試験中は、配管等の試験区間の両端において、配管等内の圧力及び温度を記録すること。この場合において、圧力を測定する装置は、試験を行う前及び行つた後に重量平衡式圧力検定器を用いて検定しなければならない。

（耐圧試験の特例）

第四三条　規則第二十八条の二十八ただし書に規定する告示で定める場合は、耐圧試験を行う配管等の試験区間相互を接続する箇所又は空気抜き口の閉鎖箇所を溶接する場合とする。

（配管系の警報装置）

第四四条　規則第二十八条の二十九第二項の規定により、配管系には、次の各号に掲げるところにより異常な事態が発生した場合にその旨を警報する装置（以下この条において「警報装置」という。）を設けなければならない。

一　警報装置の警報受信部は、当該警報装置が警報を発した場合に直ちに必要な措置を講じることができる場所に設けること。

二　警報装置は、次に掲げる機能を有すること。

イ　配管内の圧力が最大常用圧力の一・〇五倍（最大常用圧力の一・〇五倍が最大常用圧力に〇・二メガパスカルを加えた値以上となる場合は、最大常用圧力に〇・二メガパスカルを加えた圧力とする。）を超えたとき警報を発すること。

ロ　規則第二十八条の三十二第一項第二号に規定する装置が三十秒につき八十リットル以上の量を検知したとき警報を発すること。

ハ　規則第二十八条の三十二第一項第三号に規定する装置がその圧力測定箇所（正常な運転時における圧力値が最大常用圧力の五分の一以下となる圧力測定箇所を除く。）において正常な運転時における圧力値より十五パーセント以上の圧力降下を検知したとき警報を発すること。

ニ　規則第二十八条の三十三に規定する緊急しや断弁を閉鎖するための制御が不能となつたとき警報を発すること。

ホ　規則第二十八条の三十五に規定する感震装置又は強震計が四十ガル以上の加速度の地震動を検知したとき警報を発すること。

本条…一部改正〔平成一一年九月自告二〇三号〕

（漏えい検知口）

第四五条　規則第二十八条の三十二第一項第五号の規定により、地下に埋設する配管には、次の各号に掲げるところにより漏えい検知口を設けなければならない。

一　検知口は、河川下等に設置する配管であつてさや管その他の構造物の中に設置するもの及び山林原野に設置するものにあつては保安上必要な箇所に、その他の配管にあつては配管の経路の約百メートルごとの箇所及び保安上必要な箇所に設けること。

二　検知口は、配管に沿つて設けられる漏えい検知用の管に接続されているものであること。ただし、配管に沿つて危険物の漏えいを検知することができる装置（危険物の漏えいを検知した場合に、直ちに必要な措置を講じることができる場所にその旨を警報することができるものに限る。）が設けられ、かつ、当該装置の検知測定部が検知口に設けられる場合は、この限りでない。
三　検知口は、危険物の漏えいを容易に検知することができる構造のものであること。

（漏えい検知装置の設置に関し必要な事項）
第四六条　規則第二十八条の三十二第二項に規定する漏えい検知装置の設置に関し必要な事項は、次の各号に掲げるとおりとする。
一　配管系内の危険物の流量を測定することによつて自動的に危険物の漏えいを検知することができる装置は、三十秒以下の時間ごとに流量差を測定することができるものであること。
二　配管系内の圧力を測定することによつて自動的に危険物の漏えいを検知することができる装置は、常時圧力の変動を測定することができるものとし、当該装置の圧力測定器は、十キロメートル以内の距離ごとの箇所に設置すること。
三　配管系内の圧力を一定に静止させ、かつ、当該圧力を測定することによつて危険物の漏えいを検知できる装置は、緊急しや断弁の前後の圧力差の変動を測定することができるものであること。

（緊急しや断弁の設置）
第四七条　規則第二十八条の三十三第一項及び第二十八条の五十三第四項に規定する告示で定める場合は、次の各号に掲げる場合とする。
一　一級河川（河川法（昭和三十九年法律第百六十七号）第九条第二項に規定する指定区間内の一級河川を除く。以下この条において同じ。）、河川の流水の状況を改善するため二以上の河川を連絡する河川工事の対象となる河川、下流近傍に利水上の重要な取水施設のある河川又は計画河幅が五十メートル以上の河川であつて危険物の流入するおそれのある河川を横断して配管を設置する場合
二　海峡、湖沼等を横断して配管を設置する場合
三　山等の勾配のある地域に配管を設置する場合
四　鉄道又は道路の切り通し部を横断して配管を設置する場合
五　前各号に掲げる地域以外の地域（規則第一条第五号ハに規定する地域を除く。）に配管を設置する場合

2　規則第二十八条の三十三第一項の規定により、配管には、次の各号に掲げるところにより緊急しや断弁を設けなければならない。ただし、地形その他の状況により、当該各号に掲げるところによる必要がないと認められる場合は、これによらないことができる。
一　前項第一号及び第二号に掲げる場合にあつては、当該各号に掲げる地域を横断する箇所の危険物の流れの上流側及び下流側の箇所に設けること。ただし、計画河幅が五十メートル以上の河川（一級河川、河川の流水の状況を改善するため二以上の河川を連絡する河川工事の対象となる河川及び下流近傍に利水上の重要な取水施設のある河川を除く。）を横断して配管を設置する場合であつて危険物の流れの下流側の箇所から上流側の箇所に危険物が逆流するおそれがないときは、当該河川を横断する箇所の危険物の流れの下流側の箇所には、緊急しや断弁を設けることを要しない。
二　前項第三号及び第四号に掲げる場合にあつては、保安上必要な箇所に設けること。
三　前項第五号に掲げる場合のうち、市街地に配管を設置する場合にあつては約四キロメートル、市街地以外の地域に配管を設置する場合にあつては約十キロメートルごとの箇所に設けること。

（加速度）
第四八条　規則第二十八条の三十三第二項第二号に規定する加速度は、八十ガルとする。

（危険物を除去するための措置）

第四九条　規則第二十八条の三十四の規定により、配管には、相隣接した二の緊急しや断弁の区間の危険物を安全に水又は不燃性の気体に置換することができる措置を講じなければならない。

（感震装置及び強震計）

第五〇条　規則第二十八条の三十五の規定により、配管の経路には、次の各号に掲げるところにより感震装置及び強震計を設けなければならない。

一　感震装置及び強震計は、配管の経路の二十五キロメートル以内の距離ごとの箇所及び保安上必要な箇所に設けること。

二　強震計は、十ガルから千ガルまでの加速度を検知することができる性能を有すること。

（緊急通報設備の発信部を設ける場所）

第五一条　規則第二十八条の三十六第二項に規定する告示で定める場所は、山林原野以外の地域にあつては配管の経路の約二キロメートルごとの箇所、山林原野にあつては配管の経路の保安上必要な箇所とする。

（警報設備）

第五二条　規則第二十八条の三十七の規定により、移送取扱所には、次の各号に掲げるところにより警報設備を設けなければならない。

一　移送基地には非常ベル装置及び拡声装置を設けること。

二　可燃性蒸気を発生する危険物の送り出しの用に供されるポンプ等のポンプ室には可燃性蒸気警報設備を、その他のポンプ等のポンプ室には自動火災報知設備（自動信号装置を備えた消火設備を含む。）を設けること。

（巡回監視車等）

第五三条　規則第二十八条の三十八の規定により、配管の経路には、次の各号に掲げるところにより巡回監視車、資機材倉庫及び資機材置場を設けなければならない。

一　巡回監視車は、次に掲げるところによること。

イ　配管系の保安の確保上必要な箇所に設けること。

ロ　平面図、縦横断面図その他の配管等の設置の状況を示す図面、ガス検知器、専用通信機、携行照明器具、応急漏えい防止器具、拡声器、耐熱服、消火器、警戒ロープ、シャベル、ツルハシ、ポール、巻尺その他点検整備に必要な機材を備えること。

二　資機材倉庫は、次に掲げるところによること。

イ　資機材倉庫は、移送基地及び配管の経路の五十キロメートル以内ごとの防災上有効な箇所並びに主要な河川上、湖沼、海上及び海底を横断する箇所の近傍に設けること。

ロ　資機材倉庫には、次に掲げる資機材を備えること。

(1)　三パーセントに希しやくして使用する泡消火薬剤四百リットル以上、耐熱服五着以上、シャベル及びツルハシ各五丁以上その他消火活動に必要な資機材

(2)　流出した危険物を処理するための資機材

(3)　緊急対策のための資機材

三　資機材置場は、次に掲げるところによること。

イ　資機材置場は、防災上有効な場所で、かつ、当該場所を中心として半径五キロメートルの円の範囲内に配管の経路を包含する場所に設けること。ただし、資機材倉庫が設置されている場所から五キロメートル以内には、設置することを要しない。

ロ　資機材置場には、前号ロ(1)に掲げる資機材（耐熱服を除く。）を備えること。

（予備動力源）

第五四条　規則第二十八条の三十九の規定により、保安のための設備には、次の各号に掲げるところにより予備動力源を設置しなければならない。

一　常用電力源が故障した場合に自動的に予備動力源に切り替えられるよう設置すること。
二　予備動力源の容量は、保安設備を有効に作動させることができるものであること。

（標識等）
第五五条　規則第二十八条の四十四第一項の規定により、移送取扱所（危険物を移送する配管等の部分を除く。）には、次の各号に掲げるところにより標識及び掲示板を設けなければならない。
一　標識は次によること。
イ　幅〇・三メートル以上、長さ〇・六メートル以上の板であること。
ロ　色は、地を白色、文字を黒色とすること。
二　掲示板は次によること。
イ　幅〇・三メートル以上、長さ〇・六メートル以上の板であること。
ロ　取り扱う危険物の類、品名及び取扱最大数量、指定数量の倍数並びに危険物保安監督者の氏名又は職名を表示すること。
ハ　ロの掲示板の色は、地を白色、文字を黒色とすること。
ニ　ロの掲示板のほか、取り扱う危険物に応じ、次に掲げる注意事項を表示した掲示板を設けること。
(1)　第一類の危険物のうちアルカリ金属の過酸化物若しくはこれを含有するもの又は令第十条第一項第十号の禁水性物品にあつては「禁水」
(2)　第二類の危険物（引火性固体を除く。）にあつては「火気注意」
(3)　第二類の危険物のうち引火性固体、令第二十五条第一項第三号の自然発火性物品、第四類の危険物又は第五類の危険物にあつては「火気厳禁」
ホ　ニの掲示板の色は、「禁水」を表示するものにあつては地を青色、文字を白色とし、「火気注意」又は「火気厳禁」を表示するものにあつては地を赤色、文字を白色とすること。

本条…一部改正〔平成元年三月自告三七号・一八年三月総告一四八号〕

（位置標識等）
第五六条　規則第二十八条の四十四第二項の規定により、配管の経路には、次の各号に掲げるところにより位置標識、注意標示及び注意標識を設けなければならない。
一　位置標識は、次に掲げるところにより地下埋設の配管の経路に設けること。
イ　配管の経路の約百メートルごとの箇所及び水平曲管部その他保安上必要な箇所に設けること。
ロ　危険物を移送する配管が埋設されている旨並びに起点からの距離、埋設位置、埋設位置における配管の軸方向、移送者名及び埋設の年を表示すること。
二　注意標示は、次に掲げるところにより地下埋設の配管の経路に設けること。ただし、防護工、防護構造物又はさや管その他の構造物により防護された配管にあつては、この限りでない。
イ　配管の直上に埋設すること。
ロ　注意標示と配管の頂部との距離は、〇・三メートル以下としないこと。
ハ　材質は、耐久性を有する合成樹脂とすること。
ニ　幅は、配管の外径以上であること。
ホ　色は、黄色であること。
ヘ　危険物を移送する配管が埋設されている旨を表示すること。
三　注意標識は、次に掲げるところにより地上設置の配管の経路に設けること。
イ　公衆が近づきやすい場所その他の配管の保安上必要な場所

で、かつ、当該配管の直近に設けること。

ロ　様式は、次のとおりとすること。

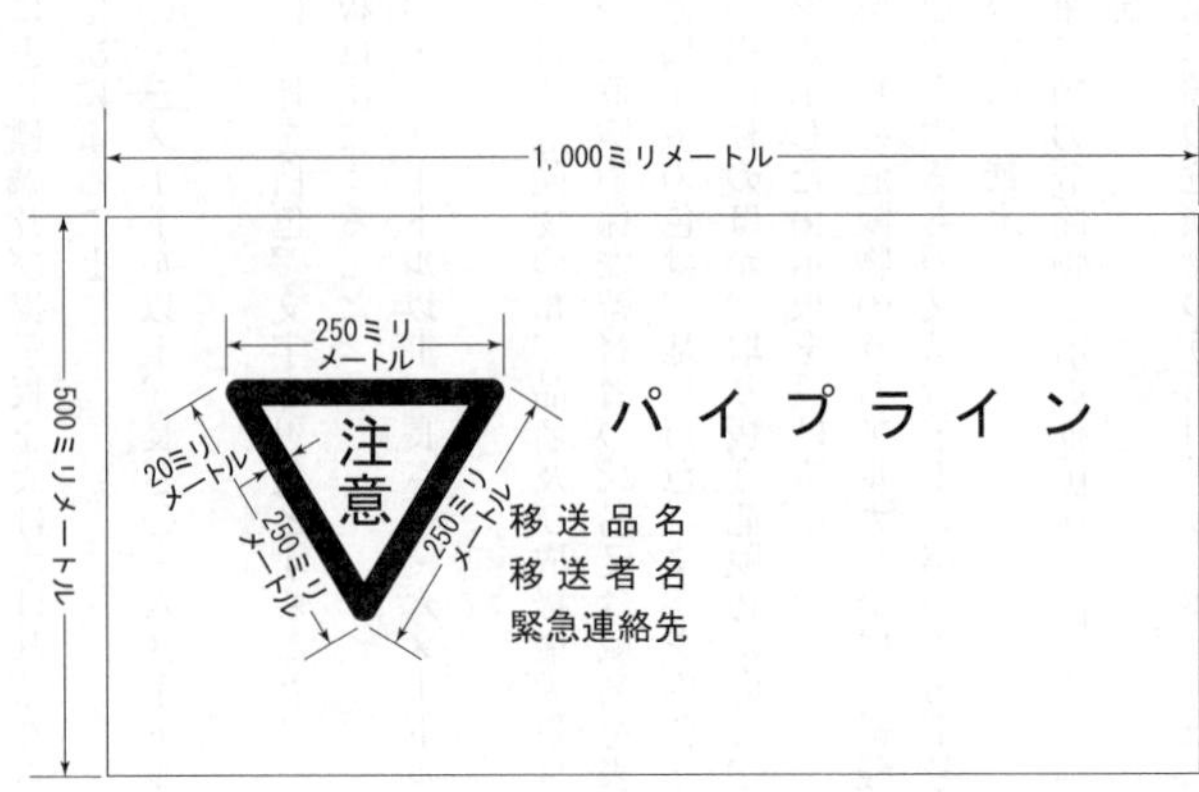

備考

一　金属製の板とすること。

二　地を白色（逆正三角形内は、黄色）、文字及び逆正三角形のわくを黒色とすること。

三　地の色の材料は、反射塗料その他反射性を有するものとすること。

四　逆正三角形の頂点の丸み半径は、十ミリメートルとすること。

五　様式中、移送品名には、危険物の化学名又は通称名を記載すること。

（保安設備の作動試験等）

第五七条　規則第二十八条の四十五に規定する保安のための設備は、次の各号に掲げるものとする。

一　第四十四条に規定する警報装置

二　規則第二十八条の三十第一号に規定する制御機能を有する安全制御装置

三　規則第二十八条の三十第二号に規定する制御機能を有する安全制御装置

四　配管内の圧力が最大常用圧力を超えないように制御する装置

五　油撃作用等によつて生ずる圧力が最大常用圧力の一・一倍を超えないように制御する装置

六　規則第二十八条の三十二に規定する漏えい検知装置であつて、自動的に危険物の漏えいを検知することができるもの

七　第五十四条に規定する予備動力源であつて、常用電力源が故障した場合に自動的に予備動力源に切り替えられるもの

2　規則第二十八条の四十五に規定する保安のための設備の試験の方法は、次の各号に掲げるとおりとする。

一　前項第一号に掲げる装置にあつては、当該装置に規則第二十八条の二十九第二項に規定する異常な事態に相当する模擬信号を与えることにより行うこと。

二　前項第二号に掲げる装置にあつては、規則第二十八条の三十第一号に規定する保安のための設備等の制御回路をしや断した状態においてポンプの起動操作をすることにより行うこと。

三　前項第三号に掲げる装置にあつては、規則第二十八条の三十二に規定する自動的に危険物の漏えいを検知することができる装置

に危険物の漏えいに相当する模ぎ信号を与え、緊急しや断弁を閉鎖するための制御回路をしや断し、及び感震装置又は強震計に規則第二十八条の三十三第二項第二号に規定する地震動に相当する模ぎ信号を与えることにより行うこと。

四　前項第四号に掲げる装置にあつては、移送状態において当該装置に係る圧力制御弁の下流側の弁を徐々に閉鎖することにより行うこと。

五　前項第五号に掲げる装置（以下「油撃圧力安全装置」という。）にあつては、あらかじめ、規則第二十八条の三十一第一項に規定する配管内の圧力が最大常用圧力を超えないように制御する装置の作動圧力を最大常用圧力の一・一倍を超える圧力に調整し、移送状態において油撃圧力安全装置に係る圧力逃し弁の下流側の弁を徐々に閉鎖することにより行うこと。ただし、ポンプの出し得る最高圧力が最大常用圧力の一・一倍より低い圧力で運転する配管に設ける油撃圧力安全装置にあつては、静圧により行うものとする。

六　前項第六号に規定する装置にあつては、移送により行うか、又は移送に相当する模ぎ信号を与えることにより行うこと。

七　前項第七号に規定する装置にあつては、常用電力源をしや断することにより行うこと。

（ポンプの基準）

第五八条　規則第二十八条の四十七第一号に規定するポンプの基準は、次のとおりとする。

一　日本産業規格B八三二二「両吸込渦巻ポンプ」に定めるもの又はこれと同等以上の機械的性質を有する渦巻ポンプ、歯車ポンプ若しくはねじポンプであつて危険物の移送の用に供するためのものであること。

二　ポンプのケーシングは、鋼製とすること。

三　ポンプの軸封部には、メカニカルシールを使用すること。

四　五十キロワットを超えるポンプにあつては、軸封部の危険物の漏えい、軸受けの温度過昇、ケーシングの温度過昇、過大な振動等の異常な状態を検知し、かつ、速やかに必要な措置を講じることができる安全装置を有すること。

五　日本産業規格B八三〇六「油用遠心ポンプ―油を用いる試験方法」又は日本産業規格B八三一二「歯車ポンプ及びねじポンプ―試験方法」に定める試験に合格するものであること。

本条…一部改正〔昭和五九年三月自告二四号・平成八年九月二一七号・一八年三月総告一四八号・令和元年六月七八号〕

（ポンプ等の空地）

第五九条　規則第二十八条の四十七第二号に規定するポンプ等（ポンプをポンプ室内に設置する場合は、当該ポンプ室。次号において同じ。）の周囲に設ける空地の幅は、次の表の上欄に掲げるポンプ等に係る最大常用圧力に応じて、それぞれ同表の下欄に掲げる値とする。ただし、ポンプをポンプ室（第六十一条に規定する基準に適合するものであつて、壁、柱及びはりを耐火構造（建築基準法（昭和二十五年法律第二百一号）第二条第七号に規定する耐火構造をいう。以下同じ。）とし、かつ、屋根を軽量な不燃材料（建築基準法第二条第九号に規定する不燃材料をいう。以下同じ。）でふいたものに限る。）内に設置する場合は、次の表に掲げる空地の幅を三分の一まで減ずることができる。

ポンプ等に係る最大常用圧力（単位　MPa）	空地の幅（単位　m）
一未満	三以上
一以上三未満	五以上
三以上	十五以上

本条…一部改正〔平成一一年九月自告二〇三号・一八年三月総告一四八号〕

（ポンプ等の保安距離等）

第六〇条　規則第二十八条の四十七第三号に規定する施設及び当該施設に対し移送用ポンプ等が有しなければならない距離については、第三十二条の規定を準用する。

（ポンプ室の構造の基準）

第六一条　規則第二十八条の四十七第五号に規定するポンプ室の構造の基準は、次の各号に掲げるとおりとする。

一　不燃材料で造ること。この場合において、屋根は軽量な不燃材料を用いるものとする。

二　窓又は出入口を設ける場合には、防火設備（令第九条第一項第七号に規定する防火設備をいう。）とすること。

三　窓又は出入口にガラスを用いる場合は、網入ガラスとすること。

四　床は、危険物が浸透しない構造とし、かつ、その周囲に高さ〇・二メートル以上の囲いを設けること。

五　漏れた危険物が外部に流出しないように床に適当な傾斜を付け、かつ、貯留設備を設けること。

六　可燃性の蒸気が滞留するおそれのあるポンプ室には、その蒸気を屋外の高所に排出する設備を設けること。

七　ポンプ室には、危険物を取り扱うために必要な採光、照明及び換気の設備を設けること。

本条…一部改正〔平成一二年五月自告一二九号・一八年三月総告一四八号〕

（ポンプ等の屋外設置の方法）

第六二条　規則第二十八条の四十七第六号に規定するポンプ等の設置の方法は、次の各号に掲げるとおりとする。

一　ポンプ等の直下の地盤面は、危険物が浸透しない構造とし、かつ、その周囲に高さ〇・一五メートル以上の囲いを設けること。

二　漏れた危険物が外部に流出しないように排水溝（こう）及び貯留設備を設けること。

本条…一部改正〔平成一八年三月総告一四八号〕

（ピグ取扱い装置の設置）

第六三条　規則第二十八条の四十八に規定するピグ取扱い装置は、次の各号に掲げるところにより設けなければならない。

一　ピグ取扱い装置は、配管の強度と同等以上の強度を有すること。

二　ピグ取扱い装置は、当該装置の内部圧力を安全に放出でき、かつ、内部圧力が放出された後でなければ、ピグの挿入又は取出しができないよう措置すること。

三　ピグ取扱い装置は、配管に異常な応力を発生させないように取り付けること。

四　ピグ取扱い装置を設置する床は、危険物が浸透しない構造とし、かつ、漏れた危険物が外部に流出しないように排水溝（こう）及び貯留設備を設けること。

五　ピグ取扱い装置の周囲には、三メートル以上の幅の空地を保有すること。ただし、ピグ取扱い装置を第五十九条ただし書に規定するポンプ室内に設ける場合は、この限りでない。

本条…一部改正〔平成一八年三月総告一四八号〕

（切替え弁等）

第六四条　規則第二十八条の四十九の規定により、切替え弁、制御弁等（以下この条において「弁」という。）は、第十七条第四号から第八号までの規定を準用するほか、次の各号に掲げるところにより設けなければならない。

一　弁は、原則として移送基地又は専用敷地内に設けること。

二　弁は、その開閉状態が当該弁の設置場所において容易に確認できるものであること。
三　弁を地下に設ける場合は、当該弁を点検箱内に設けること。
四　弁は、当該弁の管理を行う者又は当該弁の管理を行う者が指定した者以外の者が手動で開閉できないものであること。

（危険物の受入れ口及び払出し口の設置に関し必要な事項）
第六五条　規則第二十八条の五十に規定する危険物の受入れ口及び払出口（以下「受入れ口等」という。）は、次の各号に掲げるところにより設けなければならない。
一　危険物の受入れ口等は、火災の予防上支障のない場所に設けること。
二　危険物の受入れ口等は、危険物を受け入れ、又は払い出すホース又は管と結合することができ、かつ、危険物が漏れないものであること。
三　危険物の受入れ口又は払出し口には、危険物の受入れ口又は払出口である旨及び防火に関し必要な事項を掲示した掲示板を設けること。
四　危険物の受入れ口等には、当該受入れ口等を閉鎖できる弁を設けること。

（移送基地の危険物流出防止措置）
第六六条　規則第二十八条の五十一第二項の規定により、移送基地には、次の各号に掲げるところにより危険物の流出を防止するための措置を講じなければならない。
一　危険物を取り扱う施設（地下に設置するものを除く。）は、移送基地の敷地の境界線から当該配管に係る最大常用圧力に応じて、次の表に掲げる距離（工業専用地域に設置するものにあつては、当該距離の三分の一の距離）以上離すこと。

配管に係る最大常用圧力（単位　MPa）	距離（単位　m）
○・三未満	五
○・三以上一未満	九
一以上	十五

二　第四類の危険物（水に溶けないものに限る。）を取り扱う施設から漏れた危険物が移送基地の構外へ流出しないように油分離装置を設けること。
三　移送基地の敷地の境界部分を土盛り等の方法により○・五メートル以上高くすること。

本条…一部改正〔平成六年三月自告六一号・一一年九月二〇三号・一八年三月総告一四八号〕

（緊急しや断弁の特例）
第六七条　規則第二十八条の五十三第六項に規定する告示で定める場所は、第四十七条第一項第一号から第四号までに掲げる場所以外の場所とする。

（移送取扱所の基準の特例）
第六八条　特定移送取扱所以外の移送取扱所に係る配管の材料の規格は、第五条第一号に掲げるもののほか、日本産業規格Ｇ三四五二「配管用炭素鋼鋼管」（水圧試験を行つた配管で、かつ、配管に係る最大常用圧力が一メガパスカル未満の圧力の配管に使用する場合に限る。）及び日本産業規格Ｇ三四五七「配管用アーク溶接炭素鋼鋼管」（配管に係る最大常用圧力が一メガパスカル未満の圧力の配管に使用する場合に限る。）とする。
２　特定移送取扱所以外の移送取扱所に係る配管でその材料が日本産業規格Ｇ三四五二「配管用炭素鋼鋼管」であるものの最小厚さの基準は、第六条の規定にかかわらず、第七条に定める方法による破損試験を行ったときにおいて破損しないものに足る値とする。

3　特定移送取扱所以外の移送取扱所の配管で最大常用圧力が一メガパスカル未満のものから他の施設に対する水平距離は、第三十二条の規定にかかわらず、同条各号に掲げる施設に対し、当該各号に定める水平距離からそれぞれ十五メートルを減じた距離とすることができる。

4　第四十四条第二号ロ、ハ及びホの規定は、特定移送取扱所以外の移送取扱所には適用しないものとする。

5　第四十七条第一項第五号及び第二項第三号の規定は、市街地に設ける配管で延長が四キロメートル未満のもの（特定移送取扱所以外の移送取扱所に係るものに限る。）及び市街地以外の地域に設ける配管で延長が十キロメートル未満のもの（特定移送取扱所以外の移送取扱所に係るものに限る。）には適用しない。

6　第五十一条の規定のうち山林原野以外の地域に係る部分は、特定移送取扱所以外の移送取扱所に係る配管で配管の延長が二キロメートル未満のものには適用しない。

7　特定移送取扱所以外の移送取扱所に係る配管の経路には、第五十三条の規定にかかわらず、巡回監視車を設けないことができる。

8　特定移送取扱所以外の移送取扱所に係る資機材倉庫のうち移送基地に設けるものは、第五十三条第二号イの規定にかかわらず、移送基地のうち危険物の受入れをする部分又は危険物の払出しをする部分のいずれかに設けることができる。

9　特定移送取扱所以外の移送取扱所に係る配管の経路が半径五キロメートルの円の範囲内にとどまるものには、第五十三条及び前項の規定にかかわらず、資機材倉庫を設置することを要しない。

一・二項…一部改正〔昭和五九年三月自告二四号〕、一・三項…一部改正〔平成一一年九月自告二〇三号〕、一・二項…一部改正〔令和元年六月総告七八号〕

（詰替えの一般取扱所の塀又は壁）

第六八条の二　規則第二十八条の五十九第二項第十号ロの告示で定める火災は、次に掲げる火災とする。

一　固定注油設備から容器又は車両に固定されたタンクに注油中に漏えいした危険物が燃焼する火災

二　規則第二十八条の五十九第二項第四号の地下専用タンクに危険物を注入中に漏えいした危険物が燃焼する火災

2　規則第二十八条の五十九第二項第十号ロの告示で定める箇所は、次の各号に掲げる箇所とする。

一　一般取扱所に隣接し、又は近接して存する建築物の外壁及び軒裏で当該一般取扱所に面する部分の表面

二　一般取扱所の塀又は壁に設けられた防火設備の当該一般取扱所に面しない側の表面

3　規則第二十八条の五十九第二項第十号ロの告示で定める式は、次のとおりとする。

$$\int_0^{t_e} q^2 dt \leqq 2{,}000$$

t_eは、燃焼時間（単位　分）

qは、輻射熱（単位　kW／㎡）

tは、燃焼開始からの経過時間（単位　分）

本条…追加〔昭和五一年六月自告一〇三号〕、一部改正〔平成二年二月自告五号〕、全部改正〔平成一八年三月総告一四八号〕

（蓄電池設備の基準）

第六八条の二の二　規則第二十八条の六十の四第二項及び規則第二十八条の六十の四第五項第四号の告示で定める基準は、日本産業規格C八七一五—二「産業用リチウム二次電池の単電池及び電池システム—第二部：安全性要求事項」若しくは日本産業規格C四四四一「電気エネルギー貯蔵システム—電力システムに接続される電気エネルギー貯蔵システムの安全要求事項—電気化学的システム」に適合するもの又はこれらと同等以上の出火若しくは類焼に対する安全

性を有するものであることとする。

本条…追加〔令和五年九月総告三二一号〕

（容器の特例）

第六八条の二の三　規則第三十九条の三第一項第一号の規定に基づき、次の各号に掲げる容器は、規則別表第三又は別表第三の二の基準に適合する容器と安全上同等以上であると認める。

一　第二類の危険物のうち合成樹脂類に可燃性の液体を浸潤させた引火性固体（引火点が二十一度以上のものに限る。）であつて巻状としたものを収納する最大収容重量千キログラム以下の容器で、プラスチックフィルム（可燃性の蒸気を透さないものに限る。）で三回以上巻き、その端部を可燃性の蒸気が漏れないように処理したもの

二　第三類の危険物のうちアルキルアルミニウム若しくはアルキルリチウム又はこれらのいずれかを含有するものを収納する最大容積四百五十リットル以下の鋼製又はステンレス鋼製の容器で一メガパスカルの水圧を加えた場合に漏れの生じない性能を有するもの

二の二　第四類の危険物のうちアルコール類を収納する最大容積一リットル以下のプラスチックフィルム袋

三　第四類の危険物のうち第三石油類、第四石油類又は動植物油類を収納する最大容積五リットル以下の耐油性の容器

四　第四類の危険物のうち第三石油類（引火点が百三十度以上のものに限る。）、第四石油類又は動植物油類を収納するゴムその他の合成樹脂製の容器で、腐食、摩耗等により容易に劣化せず、かつ、収納する危険物の内圧及び取扱い時の荷重によつて当該容器に生ずる応力に対して安全なもの（鋼製のコンテナに収納されているものに限る。）

五　第四類の危険物のうち動植物油類を収納する最大容積三十リットル以下のファイバ板箱（プラスチック内容器付きのものに限る。）

六　第五類の危険物のうちセルロイド類を収納する容器で、次に掲げるもの

イ　最大収容重量が二百二十五キログラム以下の木箱又はプラスチック箱

ロ　最大収容重量がセルロイド板（巻状、管状又は棒状のものを含む。）を収納するものにあつては百二十五キログラム、その他のセルロイド類を収納するものにあつては四十キログラム以下のファイバ板箱

七　第五類の固体の危険物のうちニトロセルロース（二十五パーセント以上の水で湿性としたもの、窒素量が十二・六パーセント以下であつてアルコールの含有率が二十五パーセント以上のもの又は窒素量が十二・六パーセント以下のもの（可塑剤及び顔料との混合物を含む。）に限る。）を収納する最大収容重量が二百二十五キログラム以下のファイバドラム（プラスチック内容器付きのもの又は防水性のものに限る。）

本条…追加〔昭和六二年一二月自告二〇〇号〕、全部改正〔平成元年三月自告三七号〕、一部改正〔平成二年二月自告五号・五年七月九〇号〕、見出し…改正・本条…一部改正〔平成七年二月自告二八号〕、本条…一部改正〔平成一一年三月自告八〇号・一二年三月三八号・一九年九月総告五三二号〕、旧六八条の二の二…一部改正し繰下〔令和五年九月総告三二一号〕

（運搬容器の特例）

第六八条の三　規則第四十三条第一項第一号ただし書の規定に基づき、次の各号に掲げる運搬容器は、規則別表第三又は別表第三の二の基準に適合する運搬容器と安全上同等以上であると認める。

一　前条第一号、第二号及び第五号から第七号までに掲げる容器

一の二　前条第二号の二に掲げる容器を内装容器としてファイバ板箱（不活性の緩衝材を詰めたものに限る。）の外装容器に収納し

たもので、第六十八条の五第二項及び第五項に定める基準に適合するもの

二　前条第三号に掲げる容器を内装容器として木箱、プラスチック箱又はファイバ板箱の外装容器に収納したもの

三　前条第四号に掲げる容器（運搬時の荷重によつて当該容器に生ずる応力に対して安全なものに限る。）

本条…追加〔昭和五一年三月自告五二号〕、旧六八条の二…繰下〔昭和五一年六月自告一〇三号〕、本条…全部改正〔平成元年二月自告三七号〕、一部改正〔平成二年二月自告五号・五年七月九〇号・七年二月二八号・一一年三月八〇号・一二年三月三八号・一九年九月総告五三二号・令和五年九月三二一号〕

（機械により荷役する構造を有する運搬容器の構造）

第六十八条の三の二　規則第四十三条第一項第二号ヘに規定する運搬容器の構造に関し必要な事項は、次に定めるとおりとする。

一　金属製の運搬容器の構造は、次に定めるところによること。

イ　使用する材料の破断時の伸びは、次によること。

(1)　鋼　次の式により求めた値

$$A \geqq \frac{10000}{Rm}$$（ただし、$A \geqq 20$）

Aは、破断時の伸び（パーセント）

Rmは、規格引張強さ（単位　N／mm²）

(2)　アルミニウム　次の式により求めた値

$$A \geqq \frac{10000}{6Rm}$$（ただし、$A \geqq 8$）

Aは、破断時の伸び（パーセント）

Rmは、規格引張強さ（単位　N／mm²）

ロ　使用する材料の最小厚さは、次によること。

(1)　基準鋼（規格最小伸びと規格引張強さとの積が一万であるものをいう。このロにおいて同じ。）　次の表の上欄に掲げる運搬容器の容積に応じ、それぞれ同表の下欄に掲げる値

容積（単位　m³）	最小厚さ（単位　mm）			
	固体の危険物を重力で収納し、又は排出する運搬容器		液体の危険物を収納する運搬容器又は固体の危険物を圧力を加えて収納し、若しくは排出する運搬容器	
	容器本体が保護されていないもの	容器本体が保護されているもの	容器本体が保護されていないもの	容器本体が保護されているもの
〇・二五を超え一・〇以下	二・〇	一・五	二・五	二・〇
一・〇を超え二・〇以下	二・五	二・〇	三・〇	二・五
二・〇を超え三・〇以下	三・〇	二・五	四・〇	三・〇

(2)　基準鋼以外の金属　次の式により求めた値

$$t_1 = \frac{21.4 \cdot t_0}{(Rm_1 \cdot A_1)^{\frac{1}{3}}}$$（ただし、$t_1 \geqq 1.5$）

t_1は、当該材料における最小厚さ（単位　mm）

t_0は、基準鋼を使用した場合の最小厚さ（単位　mm）

Rm_1は、当該材料の規格引張強さ（単位　N／mm²）

A_1は、当該材料の規格最小伸び（パーセント）

ハ　液体の危険物を収納するものにあつては、五十五度の温度における運搬容器内の圧力を超え六十五キロパスカル以下の圧力で作動し、火災時に本体の破損が生じないように十分な量の蒸気を放出することができる安全装置を設けること。

二　フレキシブルの運搬容器の構造は、次に掲げるところによるこ

と。

イ　紙袋は、二十四時間以上水に完全に浸せきした後においても、相対湿度六十七パーセント以下の平衡状態におかれた場合の引張強さの八十五パーセント以上の強度を有するものであること。

ロ　収納時の高さの幅に対する割合は、二以下であること。

三　硬質プラスチック製の運搬容器のうち液体の危険物を収納するものにあつては、内圧試験における試験圧力を超える内圧が生じる場合に本体の破損が生じないように十分な量の蒸気を放出することができる安全装置を設けること。

四　プラスチック内容器付きの運搬容器の構造は、次に掲げるところによること。

イ　液体の危険物を収納するものにあつては、内圧試験における試験圧力を超える内圧が生じる場合に内容器の破損が生じないように十分な量の蒸気を放出することができる安全装置を設けること。

ロ　ファイバ板製の外装（プラスチック内容器、附属設備等を囲む構造の剛性を持つ補強枠を構成する外部構造物をいう。第六十八条の六の二において同じ。）の外表面の耐水性にあつては、日本産業規格P八一四〇「紙及び板紙―吸水度試験方法―コッブ法」に規定するコッブ法により水と三十分以上接触させた場合において質量の増加が一平方メートル当たり百五十五グラムを超えないものであること。

五　ファイバ板製の運搬容器の構造は、次に掲げるところによること。

イ　頂部つり上げ装置を有しないこと。

ロ　外表面の耐水性にあつては、日本産業規格P八一四〇「紙及び板紙―吸水度試験方法―コッブ法」に規定するコッブ法により水と三十分以上接触させた場合において質量の増加が一平方メートル当たり百五十五グラムを超えないものであること。

ハ　外表面の衝撃あな開け強さにあつては、日本産業規格P八一三四「板紙―衝撃あな開け強さ試験方法」に規定する衝撃あな開け強さ試験において、最小衝撃あな開け強さが十五ジュール以上であること。

六　木製の運搬容器の構造は、次に掲げるところによること。

イ　頂部つり上げ装置を有しないこと。

ロ　容器本体に使用する合板にあつては、三層以上のものであること。

本条…追加〔平成七年二月自告二八号〕、一部改正〔平成一一年九月自告二〇三号・一八年三月総告一四八号・令和元年六月七八号〕

（機械により荷役する構造を有する運搬容器の特例）

第六八条の三の三　規則第四十三条第一項第二号ただし書の規定に基づき、第四類の危険物のうち第三石油類（引火点が百三十度以上のものに限る。）、第四石油類又は動植物油類を収納する最大容積千リットル以下の液体フレキシブルコンテナ（内袋をポリエチレン系の積層フィルム、外袋をポリプロピレン繊維で造られた箱枠付き構造の容器をいう。以下この条において同じ。）で、次に掲げる性能を有するものは、規則別表第三の四の基準及び同号イからへまでの基準に適合する運搬容器と安全上同等以上であると認める。

一　内容物を内容積の九十八パーセント以上満たした最大収容重量の荷重状態において、〇・八メートルの高さから、硬く、弾力性のない平滑な水平面に落下させた場合に内容物の漏えいがないこと。

二　二十キロパスカルの空気圧力を加えた場合に空気の漏えいがないこと。

三　百キロパスカルの水圧力を十分間加えた場合に漏えいがないこ

と。

四　運搬の際に積み重ねられる同種の容器（最大収容重量の内容物を収納したもの）の全重量の一・八倍の重量の荷重を液体用フレキシブルコンテナの上部に均一に加えた状態で二十四時間存置した場合に容器の損傷又は箱枠の変形を生じないこと。

五　最大収容重量の一・二五倍の荷重状態において、底部から二回持ち上げた場合に箱枠の変形を生じないこと。

六　同号イからへまでに定める基準に適合すること。

2　前項に掲げるもののほか、規則第四十三条第一項第二号ただし書の規定に基づき、第四類の危険物のうち第三石油類（引火点が百三十度以上のものに限る。）又は第四石油類を収納する変圧器、リアクトル、コンデンサーその他これらに類する電気機械器具（同号イからホまでに定める基準に適合する金属製、陶磁器製又は繊維強化プラスチック製（変圧器に限る。）のものに限る。）は、規則別表第三の四の基準及び同号イからへまでの基準に適合する運搬容器と安全上同等以上であると認める。

本条…追加〔平成七年二月自告二八号〕、一部改正〔平成一一年九月自告二〇三号〕、一項…一部改正・二項…追加〔平成一八年三月総告一四八号〕、二項…一部改正〔平成二九年三月総告一三六号・令和五年九月三二一号〕

（専ら乗用の用に供する車両による運搬の基準）

第六八条の四　規則第四十三条第二項に規定する危険物のうち告示で定めるものは、ガソリン（自動車の燃料の用に供するものに限る。）とする。

2　規則第四十三条第二項に規定する運搬容器の構造及び最大容積の基準は、次の表のとおりとする。

運搬容器の構造	最大容積（単位ℓ）
金属製ドラム（天板固定式のもの）	二十二
金属製容器	二十二
プラスチック容器（プラスチックドラムを除く）	十

備考　「プラスチック容器」は、国際海事機関が採択した危険物の運送に関する規程に適合していることが認められていることを示す表示（UN）及び容器記号三H一が付されているものに限る。

本条…追加〔昭和五一年三月自告五二号〕、旧六八条の三…繰下〔昭和五一年六月自告一〇三号〕、二項…一部改正〔昭和五九年三月自告二四号・平成元年三月三七号・令和五年九月三二一号〕

（運搬容器の試験）

第六八条の五　規則第四十三条第四項第一号の告示で定める落下試験、気密試験、内圧試験及び積み重ね試験並びに告示で定める基準は、この条の定めるところによる。

2　落下試験及び落下試験における基準は、次のとおりとする。

一　落下試験は、次に定めるところによること。

イ　落下試験は、すべての種類の運搬容器について実施すること。

ロ　運搬容器には、固体の危険物を収納するものにあつては内容積の九十五パーセント以上、液体の危険物を収納するものにあつては内容積の九十八パーセント以上の内容物を満たして、試験を実施すること。

ハ　運搬容器のうち、外装容器がプラスチック容器であるもの、プラスチック内容器付きのもの、内装容器がプラスチック容器であるもの又はプラスチックフィルム袋（第六十八条の三第一項第一号の二に掲げるプラスチックフィルム袋に限る。）であるものにあつては、運搬容器及び内容物をマイナス十八度以下に冷却した状態において試験を実施すること。

ニ　運搬容器は、次の表の上欄に掲げる収納する危険物の危険等級に応じ、同表下欄に掲げる高さから、硬く、弾力性のない平滑な水平面に落下させて試験を行うこと。

危険等級	落下高さ（単位　m）
Ⅰ	一・八
Ⅱ	一・二
Ⅲ	〇・八

二　落下試験における基準は、次に定めるところによること。

イ　外装容器からの漏えい（内装容器又はプラスチック内容器付きのものにあつては内容器からの漏えいを含む。）がないこと。

ロ　外装容器には、運搬中の安全性に影響を与えるような損傷がないこと。

3　気密試験及び気密試験における基準は、次のとおりとする。

一　気密試験は、次に定めるところによること。

イ　気密試験は、液体の危険物を収納するすべての種類の運搬容器の外装容器（内装容器がある場合には、外装容器又はすべての内装容器。以下この項及び次項において同じ。）について実施すること。

ロ　運搬容器は、次の表の上欄に掲げる収納する危険物の危険等級に応じ、同表下欄に掲げる空気圧力を加えて試験を行うこと。

危険等級	空気圧力（kPa）
Ⅰ	三十
Ⅱ及びⅢ	二十

二　気密試験における基準は、外装容器からの漏えいがないこと。

4　内圧試験及び内圧試験における基準は、次のとおりとする。

一　内圧試験は、次に定めるところによること。

イ　内圧試験は、液体の危険物を収納するすべての種類の運搬容器の外装容器について実施すること。

ロ　運搬容器は、次に掲げる水圧力のうちいずれかの圧力（危険等級Ⅰの危険物を収納するものにあつては、次のいずれかの圧力と二百五十キロパスカルの圧力のうちいずれか高い方の圧力）を五分間（プラスチック製のものにあつては、三十分間）加えて試験を行うこと。

⑴　収納する危険物の五十五度におけるゲージ圧力の一・五倍の圧力

⑵　収納する危険物の五十五度における蒸気圧の一・五倍の圧力から百キロパスカルを減じた圧力又は百キロパスカルの圧力のうちいずれか高い方の圧力

⑶　収納する危険物の五十度における蒸気圧の一・七五倍の圧力から百キロパスカルを減じた圧力又は百キロパスカルの圧力のうちいずれか高い方の圧力

二　内圧試験における基準は、外装容器からの漏えいがないこと。

5　積み重ね試験及び積み重ね試験における基準は、次のとおりとする。

一　積み重ね試験は、次に定めるところによること。

イ　積み重ね試験は、樹脂クロス袋、プラスチックフィルム袋、織布袋及び紙袋以外のすべての種類の運搬容器について実施すること。

ロ　運搬の際に積み重ねられる同種の容器（最大収容重量の内容物を収納したもの。以下この項において同じ。）の全重量と同じ荷重（運搬の際の積み重ね高さが三メートル未満のものにあつては、当該高さを三メートル以上とした場合に積み重ねられる同種の容器の全重量と同じ荷重）を容器の上部に加えた状態で二十四時間（液体の危険物を収納する運搬容器で外装容器がプラスチック容器であるものにあつては、四十度以上の温度で二十八日間）存置して試験を行うこと。

二　積み重ね試験における基準は、外装容器からの漏えい（内装容器又はプラスチック内容器付きのものにあつては内容器からの漏えいを含む。）がなく、かつ、運搬容器に変形がないこと。

本条…追加〔平成元年三月自告三七号〕、一項…一部改正〔平成七年二月自告二八号〕、三・四項…一部改正〔平成一一年九月自告二〇三号〕、二・四項…一部改正〔令和五年九月総告三二一号〕

（試験基準が適用されない運搬容器）

第六八条の六　規則第四十三条第四項第一号ただし書の告示で定める運搬容器は、次の各号に掲げるものとする。

一　第四類の危険物のうち第二石油類（引火点が六十度以上のものに限る。）、第三石油類、第四石油類又は動植物油類を収納する運搬容器

二　第一類、第二類又は第四類の危険物のうち危険等級Ⅰの危険物以外のものを収納する最大容積五百ミリリットル以下の内装容器（紙袋及びプラスチックフィルム袋を除く。）を最大収容重量三十キログラム以下の外装容器に収納する運搬容器

本条…追加〔平成元年三月自告三七号〕、一部改正〔平成七年二月自告二八号・一三年一二月総告五五六号〕

（機械により荷役する構造を有する運搬容器の試験）

第六八条の六の二　規則第四十三条第四項第二号の告示で定める落下試験、気密試験、内圧試験、積み重ね試験、底部持ち上げ試験、頂部つり上げ試験、裂け伝播試験、引き落とし試験及び引き起こし試験並びに告示で定める基準は、この条の定めるところによる。

2　落下試験及び落下試験における基準は、次のとおりとする。

一　落下試験は、次に定めるところによること。

イ　落下試験は、すべての種類の運搬容器について実施すること。

ロ　運搬容器は、固体の危険物を収納するものにあつては内容積の九十五パーセント以上の内容物を満たした状態（フレキシブルの運搬容器にあつては、内容積の九十五パーセント以上の内容物を満たした最大収容重量の荷重状態）において、液体の危険物を収納するものにあつては内容積の九十八パーセント以上の内容物を満たした状態において、試験を実施すること。

ハ　運搬容器のうち、硬質プラスチック製のもの又はプラスチック内容器付きのものにあつては、運搬容器及び内容物をマイナス十八度以下に冷却した状態において試験を実施すること。

ニ　運搬容器は、次の表の上欄に掲げる危険物の危険等級に応じ、同表の下欄に掲げる高さから、硬く、弾力性のない平滑な水平面に落下させて試験を行うこと。

危険等級	落下高さ（単位　m）
Ⅰ	一・八
Ⅱ	一・二
Ⅲ	〇・八

二　落下試験における基準は、運搬容器からの漏えいがないこと。

3　気密試験及び気密試験における基準は、次のとおりとする。

一　気密試験は、次に定めるところによること。

イ　気密試験は、液体の危険物又は十キロパスカル以上の圧力を加えて収納し、若しくは排出する固体の危険物を収納するすべての種類の運搬容器について実施すること。

ロ　運搬容器は、二十キロパスカルの空気圧力を十分間加えて試験を行うこと。

二　気密試験における基準は、運搬容器からの漏えいがないこと。

4 内圧試験及び内圧試験における基準は、次のとおりとする。

一 内圧試験は、次に定めるところによること。

イ 内圧試験は、液体の危険物又は十キロパスカル以上の圧力を加えて収納し、若しくは排出する固体の危険物を収納するすべての種類の運搬容器について実施すること。

ロ 運搬容器は、次の表の上欄に掲げる運搬容器の種類及び同表の中欄に掲げる収納する危険物の危険等級等に応じ、同表の下欄に掲げる圧力の水圧力を十分間加えて試験を行うこと。

運搬容器の種類	収納する危険物の危険等級等	圧力（単位 kPa）
金属製の運搬容器	危険等級Ⅰの固体の危険物	二百五十
	危険等級Ⅱ又はⅢの固体の危険物	二百
	液体の危険物	六十五及び二百
硬質プラスチック製の運搬容器又はプラスチック内容器付きの運搬容器	固体の危険物	七十五
	液体の危険物	次に掲げる圧力のうちいずれか高い方の圧力 (1) 五十五度の温度における運搬容器内のゲージ圧力の一・五倍の圧力 (2) 百

二 内圧試験における基準は、次に定めるところによること。

イ 運搬容器からの漏えいがないこと。

ロ 運搬容器（液体の危険物を収納する金属製の運搬容器にあつては、六十五キロパスカルの水圧力を加えたものに限る。）には、運搬中の安全性に影響を与えるような変形がないこと。

5 積み重ね試験及び積み重ね試験における基準は、次のとおりとする。

一 積み重ね試験は、次に定めるところによること。

イ 積み重ね試験は、フレキシブルの運搬容器又はフレキシブルの運搬容器以外の運搬容器であつて、積み重ねられるように設計されたすべての種類の運搬容器について実施すること。

ロ 運搬容器は、最大総重量（最大収容重量の危険物を収納した場合の運搬容器の全重量をいう。以下この条において同じ。）の荷重状態（フレキシブルの運搬容器にあつては、内容積の九十五パーセント以上の内容物を満たした最大収容重量の荷重状態）において試験を実施すること。

ハ 運搬の際に積み重ねられる同種の運搬容器（最大収容重量の内容物を収納したもの。以下この項において同じ。）の全重量の一・八倍の荷重を容器の上部に加えた状態において、次の表の上欄に掲げる運搬容器の種類に応じ、同表の下欄に掲げる期間存置して試験を行うこと。

運搬容器の種類	期間
金属製	五分
フレキシブル	二十四時間
硬質プラスチック製（自立型以外のもの）	
硬質のプラスチック内容器付き	
ファイバ板製	
木製	
硬質プラスチック製（自立型のもの）	四十度以上の温度で二十八日間
軟質のプラスチック内容器付き	

二　積み重ね試験における基準は、次に定めるところによること。
イ　運搬容器からの漏えいがないこと。
ロ　運搬容器には、運搬中の安全性に影響を与えるような変形（フレキシブルの運搬容器にあつては、劣化）がないこと。
6　底部持ち上げ試験及び底部持ち上げ試験における基準は、次のとおりとする。
一　底部持ち上げ試験は、次に定めるところによること。
イ　底部持ち上げ試験は、フレキシブルの運搬容器以外の運搬容器であつて、底部から持ち上げられるように設計されたすべての種類の運搬容器について実施すること。
ロ　運搬容器は、最大総重量の一・二五倍の荷重状態において底部から二回持ち上げて試験を行うこと。
二　底部持ち上げ試験における基準は、次に定めるところによること。
イ　運搬容器からの漏えいがないこと。
ロ　運搬容器には、運搬中の安全性に影響を与えるような変形がないこと。
7　頂部つり上げ試験及び頂部つり上げ試験における基準は、次のとおりとする。
一　頂部つり上げ試験は、次に定めるところによること。
イ　頂部つり上げ試験は、ファイバ板製の運搬容器又は木製の運搬容器以外の運搬容器であつて、頂部（フレキシブルの運搬容器にあつては、頂部又は側部）からつり上げられるように設計されたすべての種類の運搬容器について実施すること。
ロ　運搬容器は、最大総重量の二倍（フレキシブルの運搬容器にあつては、最大収容重量の六倍）の荷重状態においてつり上げ、五分間保持して試験を行うこと。
二　頂部つり上げ試験における基準は、次に定めるところによること。
イ　運搬容器からの漏えいがないこと。
ロ　運搬容器には、運搬中の安全性に影響を与えるような変形（フレキシブルの運搬容器にあつては、損傷）がないこと。
8　裂け伝播試験及び裂け伝播試験における基準は、次のとおりとする。
一　裂け伝播試験は、次に定めるところによること。
イ　裂け伝播試験は、フレキシブルの運搬容器について実施すること。
ロ　運搬容器は、内容積の九十五パーセント以上の内容物を満たした最大収容重量の荷重状態において試験を実施すること。
ハ　地面に置いた運搬容器の底面と内容物の頂部との中間位置に完全に側面材を貫き通す長さ十センチメートルの切傷を付け、次に運搬容器に最大収容重量の二倍の重量の荷重を均一に加え五分間保持した後、付加荷重を取り除いてからつり上げ、五分間保持して試験を行うこと。
二　裂け伝播試験における基準は、裂け目の伝播が二・五センチメートル以下であること。
9　引き落とし試験及び引き落とし試験における基準は、次のとおりとする。
一　引き落とし試験は、次に定めるところによること。
イ　引き落とし試験は、フレキシブルの運搬容器について実施すること。
ロ　運搬容器は、内容積の九十五パーセント以上の内容物を満たした最大収容重量の荷重状態において、次の表の上欄に掲げる収納する危険物の危険等級に応じ、同表の下欄に掲げる高さから、硬く、弾力性のない平滑な水平面に引き落として試験を行うこと。

危険等級	引き落とし高さ（単位　m）
Ⅰ	一・八
Ⅱ	一・二
Ⅲ	○・八

二　引き落とし試験における基準は、運搬容器からの漏えいがないこと。

10　引き起こし試験及び引き起こし試験における基準は、次のとおりとする。

一　引き起こし試験は、次に定めるところによること。

イ　引き起こし試験は、頂部又は側部からつり上げられるように設計されたフレキシブルの運搬容器について実施すること。

ロ　運搬容器は、内容積の九十五パーセント以上の内容物を満たした最大収容重量の荷重状態において横倒しにし、一のつり具（つり具の数が四以上である場合は二のつり具）により○・一メートル毎秒以上の速度で鉛直方向に床から離れるまで引き上げて試験を行うこと。

二　引き起こし試験の基準は、運搬容器に運搬中の安全性に影響を与えるような損傷がないこと。

本条…追加〔平成七年二月自告二八号〕、三・四項…一部改正〔平成一一年九月自告二〇三号〕、八項…一部改正〔平成一八年三月総告一四八号〕

（試験基準が適用されない機械により荷役する構造を有する運搬容器）

第六八条の六の三　規則第四十三条第四項第二号ただし書の告示で定める運搬容器は、第四類の危険物のうち第二石油類（引火点が六十度以上のものに限る。）、第三石油類、第四石油類又は動植物油類を収納するものとする。

本条…追加〔平成七年二月自告二八号〕、一部改正〔平成二三年一二月総告五五六号〕

（運搬容器への収納の特例）

第六八条の六の四　規則第四十三条の三第一項第三号ただし書の告示で定める場合は、次のとおりとする。

一　電池の構成材料として危険物を収納する場合（当該収納に係る収納率以上の内容物を満たした状態で実施した第六十八条の五第二項第一号に規定する落下試験において同項第二号の基準に適合する容器に収納する場合に限る。次項第一号において同じ。）

二　第三項第二号に該当する場合

2　規則第四十三条の三第一項第四号ただし書の告示で定める場合は、次のとおりとする。

一　電池の構成材料として危険物を収納する場合

二　変圧器、リアクトル、コンデンサーその他これらに類する電気機械器具に第四類の危険物のうち第三石油類（引火点が百三十度以上のものに限る。）又は第四石油類を収納する場合

3　規則第四十三条の三第一項第五号ただし書の告示で定める場合は、次のとおりとする。

一　電池の構成材料として類を異にする危険物を収納する場合

二　第三類の危険物とその保護液の用に供するため第四類の危険物を収納する場合

本条…追加〔平成一九年三月総告一三六号〕

（機械により荷役する構造を有する運搬容器への収納）

第六八条の六の五　規則第四十三条の三第二項第一号ロただし書の告示で定める容器は、第六十八条の三の三第二項に定める容器とする。

2　規則第四十三条の三第二項第七号に規定する運搬容器への収納に関し必要な事項は、次に定めるとおりとする。

一　金属製の運搬容器には、危険等級Iの固体の自然発火性物質を収納しないこと。
二　織布で造られたフレキシブルの運搬容器（内部にコーティング又はライナーが施されたものを除く。）には、第一類の危険物を収納しないこと。
三　硬質プラスチック製の運搬容器又はプラスチック内容器付きの運搬容器には、五十五度の温度における運搬容器内のゲージ圧力が内圧試験における試験圧力に三分の二を乗じた値を超える液体の危険物又は第四類の危険物（引火点が〇度未満のものに限る。）を収納しないこと。
四　軟質のプラスチック内容器付きの運搬容器には、液体の危険物（第四類の危険物のうち第二石油類（引火点が六十度以上のものに限る。）、第三石油類、第四石油類及び動植物油類を除く。）又は危険等級Iの固体の危険物を収納しないこと。
五　プラスチック内容器付きの運搬容器（内容器が硬質プラスチック製で、外装が鋼製のものを除く。）又は木製の運搬容器には、有機過酸化物を収納しないこと。

本条…追加〔平成七年二月自告二八号〕、一項…追加・旧一項…二項に繰下〔平成一八年三月総告一四八号〕、旧六八条の六の四…繰下〔平成一九年三月総告一三六号〕、二項…一部改正〔平成二三年一二月総告五五六号〕

（機械により荷役する構造を有する運搬容器の表示）

第六八条の六の六　規則第四十四条第六項第四号に規定する運搬容器の外部に行う表示に関し必要な事項は、次の各号に掲げる運搬容器の種類に応じ、当該各号に定めるとおりとする。
一　金属製の運搬容器、硬質プラスチック製の運搬容器又はプラスチック内容器付きの運搬容器
イ　二十度の温度における内容積（単位　ℓ）
ロ　運搬容器の自重（単位　kg）
ハ　液体の危険物又は十キロパスカル以上の圧力を加えて収納し、若しくは排出する固体の危険物を収納する容器（第六十八条の六の三に定める容器を除く。）にあつては、直近の気密試験実施年月
ニ　第六十八条の三の三第二項に定める容器以外の容器にあつては、直近の点検実施年月
ホ　危険物を圧力を加えて収納し、又は排出する容器にあつては、最大収納及び最大排出圧力（単位　kPa又はbar）
ヘ　金属製の運搬容器（第六十八条の三の三第二項に定める容器を除く。）にあつては、本体の材料及び最小厚さ（単位　mm）
ト　硬質プラスチック製の運搬容器又はプラスチック内容器付きの運搬容器（液体の危険物又は十キロパスカル以上の圧力を加えて収納し、若しくは排出する固体の危険物を収納するもの（第六十八条の六の三に定める容器を除く。）に限る。）にあつては、内圧試験における試験圧力（単位　kPa又はbar）
二　フレキシブルの運搬容器　つり上げ方法
三　ファイバ板製の運搬容器又は木製の運搬容器　運搬容器の自重（単位　kg）

本条…追加〔平成七年二月自告二八号〕、一部改正〔平成一八年三月総告一四八号〕、旧六八条の六の五…繰下〔平成一九年三月総告一三六号〕

（危険物と混載が禁止されない高圧ガス）

第六八条の七　規則第四十六条第二号の告示で定める高圧ガスは次のとおりとする。
一　内容積が百二十リットル未満の容器に充てんされた不活性ガス
二　内容積が百二十リットル未満の容器に充てんされた液化石油ガス又は圧縮天然ガス（第四類の危険物と混載する場合に限る。）
三　内容積が百二十リットル未満の容器に充てんされたアセチレンガス又は酸素ガス（第四類第三石油類又は第四石油類の危険物と

混載する場合に限る。）

本条…追加〔平成二年二月自告五号〕、一部改正〔平成一一年三月自告八〇号〕

（危険物保安統括管理者を定めなくてもよい特定移送取扱所）

第六九条　規則第四十七条の四に規定する告示で定める特定移送取扱所は、当該移送取扱所に係る配管の延長のうち海域に設置される部分以外の部分に係る延長が七キロメートル未満のものとする。

見出し…改正・本条…一部改正〔昭和五一年六月自告一〇三号〕

（特定屋外貯蔵タンクの内部の腐食を防止するためのコーティング）

第六九条の二　規則第六十二条の二の二第一項第一号イ及び第三号ニ並びに同条第二項第二号の告示で定めるコーティング（次項から第六項までにおいて単に「コーティング」という。）は、ビニルエステル樹脂を用いたガラスフレークコーティングであつて、一定の品質を有するものとする。

2　コーティングは、特定屋外貯蔵タンクにおいて貯蔵し、又は取り扱う危険物に対して耐久性を有するものとする。

3　危険物を加温貯蔵する特定屋外貯蔵タンクにあつては、ノボラック系ビニルエステル樹脂を用いたコーティングを講じることとする。

4　コーティングの厚さは、次の各号に掲げる区分に応じ、当該各号に定める厚さ以上とするものとする。

一　危険物を加温貯蔵する場合　五百マイクロメートル

二　危険物を加温貯蔵しない場合　四百マイクロメートル

5　コーティングは、特定屋外貯蔵タンクの底板及びアニュラ板の内面並びに側板の内面のうち腐食するおそれが高い箇所に講じることとする。

6　コーティングは、適切に施工及び維持管理されなければならない。

本条…追加〔平成二三年二月総告四八号〕

（貯蔵条件の変更を行わない期間）

第六九条の三　規則第六十二条の二の二第二項第二号の告示で定める期間は、直近において行われた消防法（昭和二十三年法律第百八十六号。以下「法」という。）第十四条の三第一項又は第二項の規定による保安に関する検査（以下「前回の保安検査」という。）の直近において行われた同条第一項又は第二項の規定による保安に関する検査（以下「前々回の保安検査」という。）を受けた日から前回の保安検査を受けた日までの間及び前々回の保安検査の直近において行われた法第十一条第五項の規定による完成検査（同条第一項前段の規定による設置の許可に係るものに限る。）又は法第十四条の三第一項若しくは第二項の規定による保安に関する検査を受けた日から前々回の保安検査を受けた日までの間とする。

本条…追加〔平成二三年二月総告四八号〕

（底板等の厚さから減ずる値）

第六九条の四　規則第六十二条の二の三第一項第二号の告示で定める値は、第四条の十七第二号及び第四号に規定する最小厚さから三ミリメートルを減じた値とする。

本条…追加〔平成二三年二月総告四八号〕

（連続板厚測定方法に用いる装置）

第六九条の五　規則第六十二条の二の四第一項の告示で定める測定装置は、次に掲げる方法を用いた連続板厚測定装置とする。

一　超音波探傷法

二　渦流探傷法

三　漏えい磁束探傷法

本条…追加〔平成二三年二月総告四八号〕

（地中タンクに係る特定屋外タンク貯蔵所の保安に関する検査の基

準）

第七〇条　規則第六十二条の三第三項の告示で定める技術上の基準は、第四条の三十七第一号及び第四条の三十九に定める基準とする。

本条…追加〔昭和六二年一二月自告二〇〇号〕

（地下貯蔵タンク及び外殻の漏れの点検の方法）

第七一条　規則第六十二条の五の二第一項の規定による地下貯蔵タンクの漏れの点検は、次の各号のいずれかの方法により、当該地下貯蔵タンクの危険物に接するすべての部分について行わなければならない。

一　ガス加圧法

イ　点検範囲　点検により加圧されている部分

ロ　実施方法　地下貯蔵タンクに窒素ガスを封入し、二十キロパスカル（地下水が存する場合にあつては、地下水圧を加えた値）の圧力となるように加圧し、加圧終了後十五分間静置した後、十五分間（容量十キロリットルを超える地下貯蔵タンクにあつては、当該容量を十キロリットルで除した値を十五分間に乗じた時間）の圧力の降下が二パーセント以下であること。

二　液体加圧法

イ　点検範囲　点検により加圧されている部分

ロ　実施方法　地下貯蔵タンクに液体を封入し、二十キロパスカルの圧力となるように加圧し、加圧終了後十五分間静置した後、十五分間（容量十キロリットルを超える地下貯蔵タンクにあつては、当該容量を十キロリットルで除した値を十五分間に乗じた時間）の圧力の降下が二パーセント以下であること。

三　微加圧法

イ　点検範囲　点検により加圧されている部分（点検時において液相部となつている部分及び地下水位より下部となつている部分を除く。）

ロ　実施方法　地下貯蔵タンクの気相部に窒素ガスを封入し、二キロパスカルの圧力となるように加圧し、加圧終了後十五分間静置した後、十五分間（容量十キロリットルを超える地下貯蔵タンクにあつては、当該容量を十キロリットルで除した値を十五分間に乗じた時間）の圧力の降下が二パーセント以下であること。

四　微減圧法

イ　点検範囲　点検により減圧されている部分（点検時において液相部となつている部分及び地下水位より下部となつている部分を除く。）

ロ　実施方法　地下貯蔵タンクの気相部を二キロパスカル以上十キロパスカル以下の範囲で減圧し、減圧終了後十五分間静置した後、十五分間（容量十キロリットルを超える地下貯蔵タンクにあつては、当該容量を十キロリットルで除した値を十五分間に乗じた時間）の圧力の上昇が二パーセント（常温で蒸気圧の高い危険物の場合にあつては、当該蒸気圧に応じて補正を加えた値）以下であること。

五　その他の方法

イ　点検範囲　当該方法により必要な精度を確保することができると認められる部分

ロ　実施方法　直径〇・三ミリメートル以下の開口部又は当該開口部からの危険物の漏れを検知することができる精度で点検を行い、異常がないこと。

2　規則第六十二条の五の二第一項の規定による二重殻タンクの強化プラスチック製の外殻の漏れの点検は、次の各号のいずれかの方法により、当該外殻の規則第二十四条の二の二第三項の規定により地下貯蔵タンクを被覆したすべての部分について行わなければならない。

一　ガス加圧法

イ　令第十三条第三項第三号イに掲げる材料で造つた地下貯蔵タンクに同項第一号ロに掲げる措置を講じたもの（以下この項において「鋼製強化プラスチック製二重殻タンク」という。）の外殻

(1)　点検範囲　点検により加圧されている部分

(2)　実施方法　地下貯蔵タンクと外殻との間げきに窒素ガスを封入し、二十キロパスカルの圧力となるように加圧し、加圧終了後十五分間静置した後、十五分間の圧力の降下が十パーセント以下であること。

ロ　令第十三条第二項第三号ロに掲げる材料で造つた地下貯蔵タンクに同項第一号ロに掲げる措置を講じたもの（以下この項において「強化プラスチック製二重殻タンク」という。）の外殻

(1)　点検範囲　点検により加圧されている部分

(2)　実施方法　地下貯蔵タンクと外殻との間げきに窒素ガスを封入し、二十キロパスカルの圧力となるように加圧し、加圧終了後十五分間静置した後、三十五分間（容量五十キロリットルを超える地下貯蔵タンクにあつては、当該容量を五十キロリットルで除した値（その値に小数点以下一位未満の端数があるときは、これを切り上げる。）から一を減じた値を、十五分間に乗じた値に、三十五分間を加えた時間）の圧力の降下が十パーセント以下であること。

二　減圧法

イ　鋼製強化プラスチック製二重殻タンクの外殻

(1)　点検範囲　点検により減圧されている部分

(2)　実施方法　地下貯蔵タンクと外殻との間げきを二十キロパスカルで減圧し、減圧終了後十五分間静置した後、三十分間（容量五十キロリットルを超える地下貯蔵タンクにあつては、当該容量を五十キロリットルで除した値（その値に小数点以下一位未満の端数があるときは、これを切り上げる。）に一を加えた値を、十五分間に乗じた時間）の圧力の上昇が十パーセント以下であること。

ロ　強化プラスチック製二重殻タンクの外殻

(1)　点検範囲　点検により減圧されている部分

(2)　実施方法　地下貯蔵タンクと外殻との間げきを二十キロパスカルで減圧し、減圧終了後十五分間静置した後、百五分間（容量五十キロリットルを超える地下貯蔵タンクにあつては、当該容量を五十キロリットルで除した値（その値に小数点以下一位未満の端数があるときは、これを切り上げる。）から一を減じた値を、七十五分間に乗じた時間に、百五分を加えた時間）の圧力の上昇が十パーセント以下であること。

三　その他の方法　直径〇・三ミリメートル以下の開口部又は当該開口部からの危険物の漏れを検知することができる精度で点検を行い、異常が確認されないこと。

3　規則第六十二条の五の二第一項第一号ロの危険物の微少な漏れを検知しその漏えい拡散を防止するための告示で定める措置は、次のとおりとする。

一　直径〇・三ミリメートル以下の開口部からの危険物の漏れを検知することができる設備により常時監視していること。

二　タンク室その他漏れた危険物の流出を防止するための区画が地下貯蔵タンクの周囲に設けられていること。ただし、第四条の四十七の二に定める腐食を防止するためのコーティングを講じた地下貯蔵タンクにあつては、この限りでない。

4　規則第六十二条の五の二第二項第一号の危険物の漏れを覚知しその漏えい拡散を防止するための告示で定める措置は、次のとおりと

する。

一　危険物の漏れを次のイ又はロに定めるところにより確認すること。

イ　次号に掲げる区画内に設けられた漏えい検査管（令第十三条第一項第十三号に規定する危険物の漏れを検査するための管をいう。次条第三項第一号イにおいて同じ。）により、一週間に一回以上危険物の漏れを確認していること。

ロ　危険物の貯蔵又は取扱い数量の百分の一以上の精度で在庫管理を行い、一週間に一回以上危険物の漏れを確認していること。

二　前項第二号に掲げる措置

本条…追加〔平成元年三月自告三七号〕、全部改正〔平成一二年三月自告三八号・一五年一二月総告七三三号〕、一項…一部改正〔平成一九年三月総告一三六号〕、二—四項…一部改正〔平成二二年六月総告二四六号〕

（地下埋設配管の漏れの点検の方法）

第七一条の二　規則第六十二条の五の三第一項の規定による地下埋設配管の漏れの点検は、次の各号のいずれかの方法により、当該地下埋設配管の危険物に接するすべての部分について行わなければならない。

一　ガス加圧法

イ　点検範囲　点検により加圧されている部分

ロ　実施方法　地下埋設配管に窒素ガスを封入し、二十キロパスカル（地下水が存する場合にあつては、地下水圧を加えた値）の圧力となるように加圧し、加圧終了後十五分間静置した後、十五分間（容量十キロリットルを超える地下埋設配管にあつては、当該容量を十キロリットルで除した値を十五分間に乗じた時間）の圧力の降下が二パーセント以下であること。

二　液体加圧法

イ　点検範囲　点検により加圧されている部分

ロ　実施方法　地下埋設配管に液体を封入し、二十キロパスカルの圧力となるように加圧し、加圧終了後十五分間静置した後、十五分間（容量十キロリットルを超える地下埋設配管にあつては、当該容量を十キロリットルで除した値を十五分間に乗じた時間）の圧力の降下が二パーセント以下であること。

三　微加圧法

イ　点検範囲　点検により加圧されている部分（点検時において液相部となつている部分及び地下水位より下部となつている部分を除く。）

ロ　実施方法　地下埋設配管の気相部に窒素ガスを封入し、二キロパスカルの圧力となるように加圧し、加圧終了後十五分間静置した後、十五分間（容量十キロリットルを超える地下埋設配管にあつては、当該容量を十キロリットルで除した値を十五分間に乗じた時間）の圧力の降下が二パーセント以下であること。

四　微減圧法

イ　点検範囲　点検により減圧されている部分（点検時において液相部となつている部分及び地下水位より下部となつている部分を除く。）

ロ　実施方法　地下埋設配管の気相部を二キロパスカル以上十キロパスカル以下の範囲で減圧し、減圧終了後十五分間静置した後、十五分間（容量十キロリットルを超える地下埋設配管にあつては、当該容量を十キロリットルで除した値を十五分間に乗じた時間）の圧力の上昇が二パーセント（常温で蒸気圧の高い危険物の場合にあつては、当該蒸気圧に応じて補正を加えた値）以下であること。

五　その他の方法

イ　点検範囲　当該方法により必要な精度を確保することができると認められる範囲

ロ　実施方法　直径〇・三ミリメートル以下の開口部又は当該開口部からの危険物の漏れを検知することができる精度で点検を行い、異常がないこと。

2　規則第六十二条の五の三第一項ただし書の危険物の微少な漏れを検知しその漏えい拡散を防止するための告示で定める措置は、次のとおりとする。

一　直径〇・三ミリメートル以下の開口部からの危険物の漏れを検知することができる設備により常時監視していること。

二　さや管その他漏れた危険物の流出を防止するための区画が地下埋設配管の周囲に設けられていること。ただし、当該配管に電気防食の措置が講じられている場合又は当該配管が設置される条件の下で腐食するおそれのないものである場合にあつては、この限りでない。

3　規則第六十二条の五の三第二項の危険物の漏れを覚知しその漏えい拡散を防止するための告示で定める措置は、次のとおりとする。

一　危険物の漏れを次のイ又はロに定めるところにより確認すること。

イ　次号に掲げる区画内に設けられた漏えい検査管により、一週間に一回以上危険物の漏れを確認していること。

ロ　危険物の貯蔵又は取扱い数量の百分の一以上の精度で在庫管理を行い、一週間に一回以上危険物の漏れを確認していること。

二　前項第二号に掲げる措置

本条…追加〔平成一二年三月自告三八号〕、全部改正〔平成一五年一二月総告七三三号〕、一・三項…一部改正〔平成二二年六月総告二四六号〕

（移動貯蔵タンクの漏れの点検の方法）

第七一条の三　規則第六十二条の五の四の規定による移動貯蔵タンクの漏れの点検は、次の各号に掲げる移動貯蔵タンクの区分に応じ、それぞれ当該各号のいずれかの方法又はこれと同等の方法により行わなければならない。

一　アルキルアルミニウム等を貯蔵し、又は取り扱う移動タンク貯蔵所の移動貯蔵タンク

イ　ガス加圧法　移動貯蔵タンクのタンク室に窒素ガスを封入し、一メガパスカルの圧力となるように加圧し、加圧終了後十分間圧力が降下しないこと。

ロ　液体加圧法　移動貯蔵タンクのタンク室に液体を封入し、一メガパスカルの圧力となるように加圧し、加圧終了後十分間圧力が降下しないこと。

二　前号に掲げる移動貯蔵タンク以外の移動貯蔵タンク

イ　ガス加圧法　移動貯蔵タンクのタンク室に窒素ガスを封入し、二十キロパスカルの圧力となるように加圧し、加圧終了後二十分間静置した後、圧力及び温度の変化を測定し、次の式により求めた温度補正圧力降下が〇・二キロパスカル以下であること。

$$\Delta P_{40} = P_{20} - P_{60} \cdot T_{20} / T_{60}$$

ΔP_{40}は、四十分間の温度補正圧力降下（単位　Pa）

P_{20}は、加圧終了後二十分後の絶対圧力（単位　Pa）

P_{60}は、加圧終了後六十分後の絶対圧力（単位　Pa）

T_{20}は、加圧終了後二十分後の温度（単位　K）

T_{60}は、加圧終了後六十分後の温度（単位　K）

ロ　液体加圧法　移動貯蔵タンクのタンク室に液体を封入し、二十キロパスカルの圧力となるように加圧し、加圧終了後十分間静置した後、圧力の変化を測定し、次の式により求めた圧力の変動率が〇・〇五以下であること。

$R=(P_{10}-P_{60})/P_{10}$

Rは、圧力の変動率

P_{10}は、加圧終了後十分後の圧力（単位　Pa）

P_{60}は、加圧終了後六十分後の圧力（単位　Pa）

本条…追加〔平成一二年三月自告三八号〕

（泡消火設備の点検の方法）

第七二条　規則第六十二条の五の五の規定による泡消火設備の一体的な点検は、次の各号のいずれかによつて行わなければならない。この場合において、複数の屋外タンク貯蔵所が同一の加圧送水装置、泡消火薬剤混合装置等を用いているときは、いずれか一の屋外タンク貯蔵所について点検を行うこととすることができる。

一　泡放出口からの泡放出により、発泡倍率、放射圧力、混合率等が適正であることを確認すること。

二　泡放出口又はその直近に設けた試験口等からの泡水溶液又は水の放出により送液機能が適正であること並びに試験により泡消火薬剤の性状及び性能が適正であることを確認すること。

本条…全部改正〔平成一七年一月総告三〇号〕

（新基準の地盤の範囲）

第七三条　危険物の規制に関する規則の一部を改正する省令（平成六年自治省令第三十号。以下「三〇号改正規則」という。）附則第五条第二項第一号の告示で定める平面の範囲は、十メートルに特定屋外貯蔵タンクの半径を加えた距離を半径とし、当該特定屋外貯蔵タンクの設置位置の中心を中心とした円の範囲とする。

本条…追加〔平成六年九月自告一二九号〕

（液状化指数の計算方法等）

第七四条　三〇号改正規則附則第五条第二項第一号の告示で定める液状化指数を求めるための計算方法は、次に定めるとおりとする。

$$P_L=\int_0^{20}F\cdot\omega(x)\,dx$$

P_Lは、地盤の液状化指数

Fは、$F_L<1.0$のとき$1-F_L$、$F_L\geqq1.0$のとき0

$F_L=R/L$

F_Lは、液状化に対する抵抗率

Rは、動的せん断強度比であつて、次の式により求めた値

$R=R_1+R_2+R_3$

$$R_1=0.0882\sqrt{\frac{100N}{\sigma'_v+70}}$$

$$R_2=\begin{cases}0.19 & (0.02㎜\leqq D_{50}\leqq0.05㎜)\\ 0.225\log_{10}(0.35/D_{50}) & (0.05㎜<D_{50}\leqq0.6㎜)\\ -0.05 & (0.6㎜<D_{50}\leqq2.0㎜)\end{cases}$$

$$R_3=\begin{cases}0.0 & (0\%\leqq F_c\leqq40\%)\\ 0.004F_c-0.16 & (40\%<F_c\leqq100\%)\end{cases}$$

σ'_vは、有効上載圧（単位　kN／㎡）

Nは、標準貫入試験値

D_{50}は、粒径加積曲線による通過重量百分率の五十パーセントに相当する粒径（単位　㎜）

F_cは、細粒分含有率

Lは、地震時せん断応力比

$\omega(x)=10-0.5x$

xは、地表面からの深さ（単位　m）

2　三〇号改正規則附則第五条第二項第一号の告示で定めるものは、砂質土であつて、第四条の八第一号及び第二号に該当するものとする。

本条…追加〔平成六年九月自告一二九号〕、一項…一部改正〔平成一一年九月自告二〇三号〕

（新基準のすべりの安全率）

第七五条　三〇号改正規則附則第五条第二項第二号の告示で定める安全率は、一・一以上の値とする。この場合において、安全率は、第四条の十五に定める計算方法によるものとする。

本条…追加〔平成六年九月自告一二九号〕

（新基準の地盤に係る試験）

第七六条　三〇号改正規則附則第六条の告示で定める試験は、三〇号改正規則附則第五条第二項第一号の地盤の堅固さを確認するための試験とする。

本条…追加〔平成六年九月自告一二九号〕

（新基準の主荷重及び従荷重）

第七七条　三〇号改正規則附則第七条第一項の主荷重及び従荷重の計算方法は、第四条の十八第一号、第三号及び第四号並びに第四条の二十によるほか、貯蔵する危険物の重量については、当該貯蔵する危険物の実比重に基づき計算することができることとする。

本条…追加〔平成六年九月自告一二九号〕

（新基準の許容応力）

第七八条　三〇号改正規則附則第七条第二項第一号の告示で定める許容応力は、次の表の上欄に掲げる応力の種類ごとに、同表の下欄に掲げる値とする。

応力の種類	許容応力	
	常時	地震時
引張応力	S	一・五S
圧縮応力	／	S'

備考

一　Sは、次の式により求めた値

$S = 2\sigma_y / 3$

σ_yは、使用材料の実降伏強度（単位　N／㎟）

二　S'は、次の式により求めた値

$$S' = \frac{0.4E \cdot t}{\gamma \cdot D}$$

Eは、使用材料のヤング率（単位　N／㎟）

tは、座屈を求める段の側板の実板厚（単位　㎜）

γは、1.1

Dは、特定屋外貯蔵タンクの内径（単位　㎜）

本条…追加〔平成六年九月自告一二九号〕、一部改正〔平成一一年九月自告二〇三号〕

（保有水平耐力等の計算方法）

第七九条　規則第二十条の四第二項第一号の二、規則第二十条の四の二第二項第四号及び三〇号改正規則附則第七条第二項第二号の保有水平耐力及び地震の影響による必要保有水平耐力の計算方法は、次の各号に掲げるものとする。

一　保有水平耐力は、次の式によるものとする。

$Q_y = 2\pi R^2 q_y / 0.44H$

Q_yは、保有水平耐力（単位　N）

Rは、タンク半径（単位　㎜）

q_yは、底部の板の単位幅当たりの浮き上がり抵抗力であつて、次

の式により求めた値（単位　N／㎜）

$$q_y = \frac{2t_b\sqrt{1.5p\sigma_y}}{3}$$

t_bは、アニュラ板実板厚（単位　㎜）

pは、静液圧（単位　MPa）

σ_yは、アニュラ板実降伏強度（単位　N／㎟）

Hは、最高液面高さ（単位　㎜）

二　必要保有水平耐力は、次の式によるものとする。

$$Q_{dw} = 0.15\nu_1 \cdot \nu_2 \cdot \nu_3 \cdot \nu_p \cdot D_s \cdot W_0$$

Q_{dw}は、必要保有水平耐力（単位　N）

ν_1は、地域別補正係数

ν_2は、地盤別補正係数

ν_3は、屋外貯蔵タンクの固有周期を考慮した応答倍率

ν_pは、塑性設計係数　1.5

D_sは、構造特性係数

W_0は、有効液重量（単位　N）

本条…追加〔平成六年九月自告一二九号〕、一部改正〔平成八年九月自告二一七号・二一年三月八〇号・九月二〇三号〕

（盛り土の構造から除かれるもの）

第八〇条　三〇号改正規則附則第九条第一号の盛り土の構造のうち告示で定めるものは、第四条の十第一号及び第六号に定めるものとする。

本条…追加〔平成六年九月自告一二九号〕

（基礎を補強するための措置から除かれるもの）

第八一条　三〇号改正規則附則第九条第一号の基礎を補強するための措置のうち告示で定めるものは、第四条の十一第三項第三号に定めるものとする。

本条…追加〔平成六年九月自告一二九号〕

前　文〔抄〕〔昭和五一年三月三一日自治省告示第五二号〕

昭和五十一年四月一日から施行する。

前　文〔抄〕〔昭和五一年六月一五日自治省告示第一〇三号〕

昭和五十一年六月十六日から施行する。

前　文〔抄〕〔昭和五二年二月一〇日自治省告示第二二号〕

昭和五十二年二月十五日から施行する。

前　文〔抄〕〔昭和五四年一〇月九日自治省告示第一八三号〕

昭和五十四年十月九日から施行する。

前　文〔抄〕〔昭和五八年四月二八日自治省告示第一一九号〕

昭和五十八年五月九日から施行する。ただし、この告示の施行の際、現に消防法（昭和二十三年法律第百八十六号）第十一条第一項の規定による許可を受けている屋外タンク貯蔵所のうち、改正後の危険物の規制に関する技術上の基準の細目を定める告示第四条の二十及び第四条の二十三第一号に定める技術上の基準に適合しないものに係る技術上の基準については、これらの規定にかかわらず、なお従前の例による。

前　文〔抄〕〔昭和六二年一二月二六日自治省告示第二〇〇号〕

昭和六十二年十二月二十六日から施行する。

附　則〔平成元年三月一日自治省告示第三七号〕

改正　平成二年五月自治省告示第八一号、二三年一二月総務省告示第五五六号

（施行期日）

第一条　この告示は、平成二年五月二十三日から施行する。ただし、第五条の改正規定及び第五十五条第二号ロの改正規定（「危険物の保安の監督をする者の氏名」を「危険物保安監督者の氏名又は職名」に改める部分に限る。）にあつては公布の日から、第七十一条の改正規定にあつては平成五年五月二十三日から施行する。

（経過措置）

第二条　第一類の危険物（危険等級Ⅰの危険物に限る。）の運搬容器のうち第六十八条の二の二第一号イからホまでに掲げる性能を有するフレキシブルコンテナで、最大収容重量が千キログラム以下のものについては、危険物の規制に関する規則別表第三にかかわらず、当分の間、なお従前の例によることができる。

2　運搬容器のうち内装容器がガラス容器であるものについては、平成三年五月二十二日までの間は、第六十八条の五第二項の規定は、適用しない。

3　運搬容器のうち金属製ドラムで、日本工業規格Z一六二〇「ペール缶」に適合するもの（天板取外し式のものに限る。）については、平成三年五月二十二日までの間は、第六十八条の五第三項第一号ロの規定の適用については、同号中「次の表の上欄に掲げる収納する危険物の危険等級に応じ、同表下欄に掲げる空気圧力」とあるのは「〇・一重量キログラム毎平方センチメートルの空気圧力」とする。

4　第四類の危険物（引火点が零度以上のものに限る。）の運搬容器のうち、内装容器を有するものについては、当分の間、第六十八条の五第三項の規定は、適用しない。

5　第四類の危険物（危険等級Ⅱ又は危険等級Ⅲの危険物に限る。）の運搬容器のうち、内装容器を有するものについては、当分の間、第六十八条の五第四項の規定は、適用しない。

6　引火点が六十度未満の第四類の危険物（当該引火点における動粘度が十センチストークス以上であるものに限る。）の運搬容器のうち、金属製ドラムで天板取外し式のものについては、当分の間、第六十八条の五第四項の規定は、適用しない。

附　則〔平成二年二月五日自治省告示第五号〕

この告示は、平成二年五月二十三日から施行する。ただし、第三十二条第五号の改正規定は、公布の日から施行する。

附　則〔平成二年五月二二日自治省告示第八一号〕

この告示は、平成二年五月二十三日から施行する。

附　則〔平成二年一二月二六日自治省告示第二〇四号〕

この告示は、平成三年一月一日から施行する。

附　則〔平成五年七月三〇日自治省告示第九〇号〕

この告示は、公布の日から施行する。

附　則〔平成六年三月一一日自治省告示第六一号〕

この告示は、平成六年四月一日から施行する。

附　則〔平成六年九月一日自治省告示第一二九号〕

この告示は、平成七年一月一日から施行する。

附　則〔平成七年二月一四日自治省告示第二八号〕

この告示は、平成七年四月一日から施行する。

附　則〔平成七年六月一八日自治省告示第一一九号〕

この告示は、平成七年七月一日から施行する。

附　則〔平成八年九月三〇日自治省告示第二一七号〕

この告示は、平成九年一月一日から施行する。ただし、第三十二条第二号及び第三号の改正規定は平成九年四月一日から施行する。

附　則〔平成九年三月二六日自治省告示第六五号〕

この告示は、平成九年九月一日から施行する。ただし、第二十条第二号の改正規定については、公布の日から施行する。

附　則〔平成一〇年三月四日自治省告示第七二号〕

この告示は、平成十年三月十六日から施行する。ただし、第三十二条第五号の改正規定中「第十五条の六第一項第四号」を「第十五条の六第一項第五号」に改める部分は平成十一年四月一日から、「老人保健法（昭和五十七年法律第八十号）第六条第四項に規定する老人保健施設又は」を削る部分及び「特定民間施設」の下に「又は介護保険法（平成九年法律第百二十三号）第七条第二十二項に規定する介護老人保健施設」を加える部分は平成十二年四月一日から施行する。

附　則〔平成一一年三月三〇日自治省告示第八〇号〕

この告示は、平成十一年四月一日から施行する。

附　則〔平成一一年九月二二日自治省告示第二〇三号〕

1　この告示は、平成十一年十月一日から施行する。

2　この告示の施行の際現に消防法第十一条第一項の規定により許可を受けて設置されている製造所、貯蔵所又は取扱所の構造及び設備で、この告示の施行の際現に存するもののうち、この告示による改正後の危険物の規制に関する技術上の基準の細目を定める告示（以下「新告示」という。）第四条の八第三号、第四条の十一第二項第三号から第六号まで若しくは第三項第三号、第四条の十三、第四条の十四、第四条の十五、第四条の十六の二第一号、第四条の十八第四号、第四条の十九第一項又は第二項第一号若しくは第三号、第四条の二十第二項第一号、第四条の二十一、第四条の二十二の六第一号ハ(1)、第四条の二十二の十一、第四条の三十三第三号ロ、第四条の三十四第一項第一号、第二号若しくは第六号、第十一条第二号若しくは第四号から第六号まで、第十二条、第十三条第二項第五号若しくは第十号、第十四条、第四十四条第二号イ、第五十九条、第六十六条第一号、第六十八条第一項若しくは第三項、第七十四条第一項、第七十八条又は第七十九条に定める技術上の基準に適合しないものの構造及び設備に係る技術上の基準については、これらの規定にかかわらず、なお従前の例による。

3　この告示の施行の際、現に存する運搬容器のうち、新告示第六十八条の三の二第一号ハ若しくは第五号ハ、第六十八条の三の三第二号若しくは第三号、第六十八条の五第三項第一号ロ若しくは第四項第一号ロ又は第六十八条の六の二第三項第一号若しくは第二号ロに定める技術上の基準に適合しないものの技術上の基準については、これらの規定にかかわらず、なお従前の例による。

附　則〔平成一二年三月二一日自治省告示第三八号〕

この告示は、平成十二年十月一日から施行する。ただし、第六十八条の二の二及び第六十八条の三の改正規定については、公布の日から施行する。

附　則〔平成一二年五月三一日自治省告示第一二九号〕

この告示は、平成十二年六月一日から施行する。

附　則〔平成一二年一二月二六日自治省告示第二七七号〕

この告示は、平成十三年一月六日から施行する。

附　則〔平成一五年一二月一七日総務省告示第七三三号〕

この告示は、平成十六年四月一日から施行する。

附　則〔平成一七年一月一四日総務省告示第三〇号〕

（施行期日）

第一条　この告示は、平成十七年四月一日から施行する。ただし、第七十二条の改正規定については、平成十八年四月一日から施行する。

（経過措置）

第二条　この告示の施行の際、現に消防法第十一条第一項の規定により許可を受けて設置されている特定屋外タンク貯蔵所のうち、第四条の二十第二項第三号の規定の改正により、第二条の二の規定により算出された空間容積が改正前の空間容積より大きくなるものについては、平成十九年三月三十一日までの間は、同号の規定の改正にかかわらず、なお従前の例による。

第三条　この告示の施行の際、現に消防法第十一条第一項の規定により許可を受けている特定屋外タンク貯蔵所の構造及び設備のうち、この告示による改正後の危険物の規制に関する技術上の基準の細目を定める告示（以下「新告示」という。）第四条の二十二第一号に定める技術上の基準に適合しないものの構造及び設備に係る技術上の基準については、危険物の規制に関する規則の一部を改正する省令（平成十七年総務省令第三号）附則第三条各号に掲げる区分に応じ、当該各号に定める日までの間は、新告示第四条の二十二第一号の規定にかかわらず、なお従前の例による。

附　則（平成一七年三月二四日総務省告示第三四九号）

この告示は、平成十七年四月一日から施行する。

附　則（平成一八年三月一七日総務省告示第一四八号）

この告示は、平成十八年四月一日から施行する。

附　則（平成一八年九月二九日総務省告示第五一五号）

改正　平成二三年九月総務省告示第四二〇号

（施行期日）

第一条　この告示は、平成十八年十月一日から施行する。

（経過措置）

第二条　この告示の施行の日から障害者自立支援法（平成十七年法律第百二十三号）附則第一条第三号に掲げる規定の施行の日（平成二十四年四月一日）の前日までの間は、この告示による改正後の危険物の規制に関する技術上の基準の細目を定める告示第三十二条第五号リ中「又は同条第二十三項に規定する福祉ホーム」とあるのは、「、同条第二十三項に規定する福祉ホーム又は同法附則第四十一条第一項、第四十八条若しくは第五十八条第一項の規定によりなお従前の例により運営をすることができることとされた同法附則第四十一条第一項に規定する身体障害者更生援護施設、同法附則第四十八条に規定する精神障害者社会復帰施設若しくは同法附則第五十八条第一項に規定する知的障害者援護施設」とする。

附　則（平成一八年一一月一〇日総務省告示第五八四号）

（施行期日）

第一条　この告示は、公布の日から施行する。

（経過措置）

第二条　この告示の施行の際、現に消防法（昭和二十三年法律第百八十六号）第十一条第一項の規定により許可を受けて設置されている特定屋外タンク貯蔵所（石油コンビナート等特別防災区域を指定する政令（昭和五十一年政令第百九十二号）別表第二号の二に掲げる地区の区域に設置されているものに限る。）の屋外貯蔵タンクの空間容積については、第二条の二の規定にかかわらず、平成十九年十一月九日までの間は、なお従前の例による。

附　則（平成一九年三月一二日総務省告示第一三六号）

この告示は、平成十九年四月一日から施行する。

附　則（平成一九年九月二一日総務省告示第五三二号）

この告示は、平成十九年十月一日から施行する。

附　則（平成二二年六月二八日総務省告示第二四六号）

この告示は、平成二十三年二月一日から施行する。

附　則（平成二三年二月二三日総務省告示第四八号）

この告示は、平成二十三年四月一日から施行する。

附　則（平成二三年九月二二日総務省告示第四二〇号）

この告示は、平成二十三年十月一日から施行する。

附　則（平成二三年一二月二一日総務省告示第五五六号）

この告示は、公布の日から施行する。ただし、第一条中危険物の規制に関する技術上の基準の細目を定める告示第四条の二十三の次に七条を加える改正規定は、危険物の規制に関する規則等の一部を改正する省令（平成二十三年総務省令第百六十五号）附則第一条第四号に掲げる規定の施行の日（平成二十四年四月一日）から施行する。

附　則（平成二四年三月三〇日総務省告示第一二九号）

この告示は、平成二十四年四月一日から施行する。

附　則（平成二五年四月一日総務省告示第一六六号）

この告示は、公布の日から施行する。

附　則（平成二六年三月二七日総務省告示第一一六号）

この告示は、地域社会における共生の実現に向けて新たな障害保健福祉施策を講ずるための関係法律の整備に関する法律（平成二十四年法律第五十一号）附則第一条第二号に掲げる規定の施行の日（平成二十六年四月一日）から施行する。ただし、第四条の五十の二第二項の改正規定は、公布の日から施行する。

附　則〔平成二六年一〇月一日総務省告示第三五六号〕

この告示は、次代の社会を担う子どもの健全な育成を図るための次世代育成支援対策推進法等の一部を改正する法律（平成二十六年法律第二十八号）附則第一条第二号に掲げる規定の施行の日（平成二十六年十月一日）から施行する。

附　則〔平成二七年九月三〇日総務省告示第三三四号〕

この告示は、勤労青少年福祉法等の一部を改正する法律（平成二十七年法律第七十二号）の施行の日（平成二十七年十月一日）から施行する。ただし、第三十二条第五号トの改正規定は、公布の日から施行する。

附　則〔平成二八年四月一日総務省告示第一四六号〕

この告示は、公布の日から施行する。

附　則〔平成三〇年三月三〇日総務省告示第一四一号〕

この告示は、平成三十年四月一日から施行する。

前　文〔平成三〇年八月三一日総務省告示第三〇六号抄〕

公布の日から施行する。

前　文〔令和元年六月二八日総務省告示第七八号抄〕

（令和元年七月一日）から施行する。

前　文〔令和二年九月九日総務省告示第二六五号抄〕

公布の日から施行する。

附　則〔令和五年三月三日総務省告示第五二号〕

（施行期日）

1　この告示は、公布の日から施行する。

（経過措置）

2　この告示の施行の際、現に消防法（昭和二十三年法律第百八十六号）第十一条第一項の規定により許可を受けて設置されている製造所、貯蔵所又は取扱所の設備で、この告示の施行の際現に存するもののうち、この告示による改正後の危険物の規制に関する技術上の基準の細目を定める告示第三条の二に定める技術上の基準に適合しないものの設備に係る技術上の基準については、これらの規定にかかわらず、なお従前の例による。

附　則〔令和五年九月一九日総務省告示第三三一号〕

この告示は、公布の日から施行する。ただし、第六十八条の四の改正規定は、令和六年三月一日から施行する。

前　文〔令和五年一〇月二七日総務省告示第三六〇号抄〕

公布の日の翌日から施行する。

附　則〔令和五年一二月六日総務省告示第四〇六号〕

この告示は、令和五年十二月二十七日から施行する。

○危険物の試験及び性状に関する省令

（平成元年二月十七日 自治省令第一号）

〔改正経過〕
平成　二年　二月　五日　自治省令第　一号
平成一一年　九月二二日　自治省令第　三二号
平成一三年一〇月一一日　総務省令第一三六号
令和　元年　六月二八日　総務省令第　一九号
令和　二年　四月一五日　総務省令第　四〇号

危険物の規制に関する政令（昭和三十四年政令第三百六号）第一条の九の規定に基づき、及び同令を実施するため、危険物の試験及び性状に関する省令を次のように定める。

危険物の試験及び性状に関する省令

（第一類の危険物の試験及び性状）

第一条　粉粒状の物品は、目開きが二ミリメートルの網ふるい（日本産業規格（産業標準化法（昭和二十四年法律第百八十五号）第二十条第一項の日本産業規格をいう。以下同じ。）Z八八〇一―一に規定する網ふるいをいう。以下同じ。）を回転させながら毎分百六十回の打振を与えてふるった場合に、当該網ふるいを三十分間で通過するものが十パーセント以上のものとする。

2　危険物の規制に関する政令（昭和三十四年政令第三百六号。以下「令」という。）第一条の三第二項の燃焼試験の細目その他必要な事項は、別表第一に定めるところによる。

3　令第一条の三第三項の大量燃焼試験の細目その他必要な事項は、別表第二に定めるところによる。

4　令第一条の三第六項の落球式打撃感度試験の細目その他必要な事項は、別表第三に定めるところによる。

5　令第一条の三第七項の鉄管試験の細目その他必要な事項は、別表第四に定めるところによる。

6　令第一条の三第八項の鉄管が完全に裂けることとは、鉄管が上端から下端まで連続して裂けることをいう。

二項…一部改正〔平成二年二月自令一号〕、一項…一部改正〔令和元年六月総令一九号・二年四月四〇号〕

（第二類の危険物の試験）

第二条　令第一条の四第二項の小ガス炎着火試験の細目その他必要な事項は、別表第五に定めるところによる。

2　令第一条の四第四項のセタ密閉式引火点測定器により引火点を測定する試験の細目その他必要な事項は、別表第六に定めるところによる。

（第三類の危険物の試験）

第三条　令第一条の五第二項の自然発火性試験の細目その他必要な事項は、別表第七に定めるところによる。

2　令第一条の五第五項の水との反応性試験の細目その他必要な事項は、別表第八に定めるところによる。

（第四類の危険物の試験）

第四条　令第一条の六のタグ密閉式引火点測定器により引火点を測定する試験の細目その他必要な事項は、別表第九に定めるところによる。

2　令第一条の六のクリーブランド開放式引火点測定器により引火点を測定する試験の細目その他必要な事項は、別表第十に定めるところによる。

3　令第一条の六のセタ密閉式引火点測定器により引火点を測定する試験の細目その他必要な事項は、別表第十一に定めるところによる。

（第五類の危険物の試験）

第五条　令第一条の七第二項の熱分析試験の細目その他必要な事項は、別表第十二に定めるところによる。

2　令第一条の七第五項の圧力容器試験の細目その他必要な事項は、別表第十三に定めるところによる。

（第六類の危険物の試験）

第六条　令第一条の八第一項の燃焼時間を測定する試験の細目その他必要な事項は、別表第十四に定めるところによる。

附　則

1　この省令は、平成二年五月二十三日から施行する。

2　消防法（昭和二十三年法律第百八十六号）別表第一類の項の品名欄の第十一号に掲げる物品のうち塩素酸塩類、過塩素酸塩類又は硝酸塩類のいずれかを含有するもの、同表第二類の項の品名欄の第八号に掲げる物品のうち硫黄、鉄粉、金属粉又はマグネシウムのいずれかを含有するもの及び同表第五類の項の品名欄の第十一号に掲げる物品のうち硝酸エステル類、ニトロ化合物又は金属のアジ化物のいずれかを含有するもののうち、火薬類取締法（昭和二十五年法律第百四十九号）第二条に掲げられた火薬類に該当するものについては、当分の間、第一類、第二類及び第五類の危険物の試験は、適用しない。

一項…一部改正・二項…追加〔平成二年二月自令一号〕、二項…一部改正〔平成一三年一〇月総令一三六号〕

附　則〔平成二年二月五日自治省令第一号抄〕

1　この省令は、平成二年五月二十三日から施行する。〔以下略〕

附　則〔平成一一年九月二二日自治省令第三二号〕

この省令は、平成十一年十月一日から施行する。

附　則〔平成一三年一〇月一一日総務省令第一三六号抄〕

（施行期日）

第一条　この省令は、消防法の一部を改正する法律（以下「改正法」という。）の施行の日（平成十三年十二月一日）から施行する。〔以下略〕

附　則〔令和元年六月二八日総務省令第一九号〕

この省令は、不正競争防止法等の一部を改正する法律の施行の日（令和元年七月一日）から施行する。

附　則〔令和二年四月一五日総務省令第四〇号〕

この省令は、令和二年五月一日から施行する。

別表第一（第一条関係）

第一　過塩素酸カリウムを標準物質とする燃焼試験

過塩素酸カリウムを標準物質とする燃焼試験は、三に規定する試験場所において、四に規定する試験の実施手順で、一に規定する標準物質と二に規定する木粉との混合物及び試験物品と二に規定する木粉との混合物をそれぞれ燃焼させた場合の燃焼時間を測定するものとする。

一　標準物質
標準物質は、目開きが三百マイクロメートルの網ふるいを通過し、百五十マイクロメートルの網ふるいを通過しないものとする。
二　木粉
イ　木粉の材質は、日本杉の辺材とする。
ロ　木粉は、目開きが五百マイクロメートルの網ふるいを通過し、二百五十マイクロメートルの網ふるいを通過しないものとする。
三　試験場所
試験場所は、温度二十度、湿度五十パーセント、気圧一気圧の無風の場所とする。
四　試験の実施手順
イ　標準物質に係る実施手順
(1)　標準物質（乾燥用シリカゲルを入れたデシケータ中に温度二十度で二十四時間以上保存されているもの）と木粉（温度百五度で四時間乾燥し、乾燥用シリカゲルを入れたデシケータ中に温度二十度で二十四時間以上保存されているもの。ロ(1)において同じ。）とを重量比一対一で合計が三十グラムになるようにとり、均一に混合する。
(2)　厚さが十ミリメートル以上の無機質の断熱板（温度零度における熱伝導率が〇・一ワット毎メートル毎度以下のものとする。以下同じ。）の上に、(1)の混合物を高さと底面の直径の比が一対一・七五となるように円錐形にたい積させ、これを一時間放置する。
(3)　点火源（円輪状にした直径が二ミリメートルのニクロム線で温度千度に加熱されているもの）を上方から(2)の円錐形のたい積の基部に、当該基部の全周が着火するまで接触させる。この場合において、点火源の当該基部への接触時間は十秒までとする。
(4)　燃焼時間（混合物に点火した場合において、(2)の円錐形のたい積の基部の全周が着火してから発炎しなくなるまでの時間をいい、間欠的に発炎する場合には、最後の発炎が終了するまでの時間とする。以下この表において同じ。）を測定する。
ロ　試験物品に係る実施手順
(1)　試験物品（目開きが一・一八ミリメートルの網ふるいを通過する成分であって、乾燥用シリカゲルを入れたデシケータ中に温度二十度で二十四時間以上保存されているもの）と木粉とを重量比一対一及び四対一でそれぞれ合計が三十グラムになるようにとり、均一に混合する。この場合において、目開きが一・一八ミリメートルの網ふるいを通過する成分を有しない試験物品にあっては、粉砕して当該網ふるいを通過するものを用いるものとする。
(2)　重量比一対一及び四対一の混合物についてそれぞれイ(2)から(4)までと同様の手順により実施する。
(3)　試験物品と木粉との混合物の燃焼時間は、(2)で測定した燃焼時間のうち時間の短い方の燃焼時間とする。
第二　臭素酸カリウムを標準物質とする燃焼試験
第一の一から四までは、臭素酸カリウムを標準物質とする燃焼試験について準用する。
本表…一部改正〔平成一一年九月自令三一号〕
別表第二（第一条関係）
過塩素酸カリウムを標準物質とする大量燃焼試験は、三に規定する試験場所において、四に規定する試験の実施手順で、一に規定する標準物質と二に規定する木粉との混合物及び試験物品と二に規定する木粉との混合物を燃焼させた場合の燃焼時間を測定するものとする。
一　標準物質
標準物質は、目開きが三百マイクロメートルの網ふるいを通過し、百五十マイクロメートルの網ふるいを通過しないものとする。
二　木粉
イ　木粉の材質は、日本杉の辺材とする。
ロ　木粉は、目開きが五百マイクロメートルの網ふるいを通過し、二百五十マイクロメートルの網ふるいを通過しないものとする。
三　試験場所
試験場所は、温度二十度、湿度五十パーセント、気圧一気圧の無風の場所とする。
四　試験の実施手順
イ　標準物質に係る実施手順
(1)　標準物質（乾燥用シリカゲルを入れたデシケータ中に温度二十度で二十四時間以上保存されているもの）と木粉（温度百五十度で四時間乾燥し、乾燥用シリカゲルを入れたデシケータ中に温度二十度で二十四時間以上保存されているもの。ロ(1)において同じ。）とを重量比二対三で合計が五百グラムになるようにとり、均一に混合する。
(2)　厚さが十ミリメートル以上の無機質の断熱板の上に、(1)の混合物を高さと底面の直径の比が一対二となるように円錐形にたい積させる。
(3)　点火源（筒の直径が二十ミリメートルの発炎筒の火炎で、火炎が安定した後の長さが八十ミリメートル、温度が千度のもの）を(2)の円錐形のたい積の基部に三十秒間接触させる。
(4)　燃焼時間（混合物に点火した場合において、(2)の円錐形のたい積の基部の点火源の接触箇所が着火してから当該混合物が発炎しなくなるまでの時間をいい、間欠的に発炎する場合には、最後の発炎が終了するまでの時間とする。）を測定する。
ロ　試験物品に係る実施手順
(1)　試験物品（乾燥用シリカゲルを入れたデシケータ中に温度二十度で二十四時間以上保存されているもの）と木粉とを体積比一対一で合計が五百グラムになるようにとり、均一に混合する。この場合において、試験に供するのに不適当な形状の試験物品にあっては、適当な大きさに分割したものを用いるものとする。
(2)　イ(2)から(4)までと同様の手順により実施する。

別表第三（第一条関係）

第一　硝酸カリウムを標準物質とする落球式打撃感度試験
硝酸カリウムを標準物質とする落球式打撃感度試験は、三に規定する試験場所において、四に規定する試験の実施手順で、一に規定する標準物質と二に規定する赤りんとの混合物に鋼球を落下させた場合に五十パーセントの確率で爆発する高さから、鋼球を試験物品と二に規定する赤りんとの混合物に落下させた場合に爆発する確率を求めるものとする。
一　標準物質
標準物質は、目開きが三百マイクロメートルの網ふるいを通過し、百五十マイクロメートルの網ふるいを通過しないものとする。
二　赤りん
赤りんは、目開きが百八十マイクロメートルの網ふるいを通過するものとする。
三　試験場所
試験場所は、温度二十度、湿度五十パーセント、気圧一気圧の無風の場所とする。
四　試験の実施手順
イ　標準物質に係る実施手順
(1)　鋼製の円柱（材質が日本産業規格G四八〇五に規定するもので、直径及び高さがいずれも十二ミリメートルの円柱。以下同じ。）の上に赤りん（乾燥用シリカゲルを入れたデシケータ中に温度二十度で二十四時間以上保存されているもの）五ミリグラムを載せ、その上に標準物質（乾燥用シリカゲルを入れたデシケータ中に温度二十度で二十四時間以上保存されているもの）五ミリグラムを載せる。

(2)　鋼球（材質が日本産業規格G四八〇五に規定するもので、直径が四十ミリメートルの球）を混合物の上に直接落下させて、爆発するか否かを観察する。

(3)　爆発した場合には、落高（鋼製の円柱の上面から鋼球の下端までの高さ。以下この号において同じ。）を爆発した落高の値の常用対数と比較して、常用対数の差が〇・一となる高さに下げ、爆発しなかった場合には、落高を爆発しなかった落高の値の常用対数と比較して、常用対数の差が〇・一となる高さに上げる方法で(1)及び(2)と同様の手順により繰り返し、実施する。

(4)　(3)の結果に基づき標準物質と赤りんとの混合物が五十パーセントの確率で爆発する落高（以下この号において「五十パーセント爆点」という。）を求める。

ロ　試験物品に係る実施手順

(1)　イ(1)及び(2)と同様の手順により繰り返し、実施する。この場合において、落高はイ(4)で求めた五十パーセント爆点とし、試験物品は、目開きが一・一八ミリメートルの網ふるいを通過する成分（目開きが一・一八ミリメートルの網ふるいを通過する成分を有しない物品にあっては、粉砕して当該網ふるいを通過するもの）であって、乾燥用シリカゲルを入れたデシケータ中に温度二十度で二十四時間以上保存されているものとする。

(2)　(1)の結果に基づき試験物品と赤りんとの混合物が爆発する確率を求める。

第二　塩素酸カリウムを標準物質とする落球式打撃感度試験

塩素酸カリウムを標準物質とする落球式打撃感度試験は、三に規定する試験場所において、四に規定する試験の実施手順で、一に規定する標準物質と二に規定する赤りんとの混合物に鋼球を落下させた場合に五十パーセントの確率で爆発する高さから、鋼球を試験物品と二に規定する赤りんとの混合物に落下させた場合に爆発する確率を求めるものとする。

一　標準物質

標準物質は、目開きが三百マイクロメートルの網ふるいを通過し、百五十マイクロメートルの網ふるいを通過しないものとする。

二　赤りん

赤りんは、目開きが百八十マイクロメートルの網ふるいを通過するものとする。

三　試験場所

試験場所は、温度二十度、湿度五十パーセント、気圧一気圧の無風の場所とする。

四　試験の実施手順

イ　標準物質に係る実施手順

(1)　鋼製の円柱の上に赤りん（乾燥用シリカゲルを入れたデシケータ中に温度二十度で二十四時間以上保存されているもの）二ミリグラムを載せ、その上に標準物質（乾燥用シリカゲルを入れたデシケータ中に温度二十度で二十四時間以上保存されているもの）二ミリグラムを載せ、これらの上に鋼製の円柱を載せる。

(2)　鋼球（材質が日本産業規格G四八〇五に規定するもので、直径が七ミリメートルの球）を混合物の上部の鋼製の円柱の上に落下させて、爆発するか否かを観察する。

(3)　爆発した場合には、落高（上部の鋼製の円柱の上面から鋼球の下端までの高さ。以下この号において同じ。）を爆発した落高の値の常用対数と比較して、常用対数の差が〇・一となる高さに下げ、爆発しなかった場合には、落高を爆発しなかった落高の値の常用対数と比較して、常用対数の差が〇・一となる高さに上げる方法で(1)及び(2)と同様の手順により繰り返し、実施する。

(4) (3)の結果に基づき標準物質と赤りんとの混合物が五十パーセントの確率で爆発する落高（以下この号において「五十パーセント爆点」という。）を求める。

ロ 試験物品に係る実施手順

(1) イ(1)及び(2)と同様の手順により繰り返し、実施する。この場合において、落高は、イ(4)で求めた五十パーセント爆点とし、試験物品は、目開きが一・一八ミリメートルの網ふるいを通過する成分（目開きが一・一八ミリメートルの網ふるいを通過する成分を有しない物品にあっては、粉砕して当該網ふるいを通過するもの）であって、乾燥用シリカゲルを入れたデシケータ中に温度二十度で二十四時間以上保存されているものとする。

(2) (1)の結果に基づき試験物品と赤りんとの混合物が爆発する確率を求める。

本表…一部改正〔令和元年六月総令一九号・二年四月四〇号〕

別表第四（第一条関係）

鉄管試験は、二に規定する試験の実施手順で、試験物品と一に規定するセルロース粉との混合物を鉄管に詰め、電気雷管で起爆した場合の鉄管の破裂の程度を観察するものとする。

一 セルロース粉

セルロース粉は、目開きが五十三マイクロメートルの網ふるいを通過するものとする。

二 試験の実施手順

イ 鉄管は、下ふた（材質が日本産業規格G三四五四に規定するもので、外径六十ミリメートル、高さ三十八ミリメートル、底の厚さ六ミリメートルのもの）を溶接して取り付けた鋼管（材質が日本産業規格G三四五四に規定するもので、外径六十ミリメートル、厚さ五ミリメートル、長さ五百ミリメートルの継目無鋼管）とし、これにプラスチック製の袋を入れる。

ロ 試験物品（乾燥用シリカゲルを入れたデシケータ中に温度二十度で二十四時間以上保存されているもの）とセルロース粉（乾燥用シリカゲルを入れたデシケータ中に温度二十度で二十四時間以上保存されているもの）とを重量比で三対一に混合し、イの袋に均一になるように充てんし、五十グラムの伝爆薬（トリメチレントリニトロアミンとワックスとを重量比十九対一に混合したものを百五十メガパスカルの圧力で、直径三十ミリメートル、高さ四十五ミリメートルの円柱状（中央に電気雷管（日本産業規格K四八〇六に規定する電気雷管。以下同じ。）を挿入する穴が開いているもの）に圧縮成型したもの）を挿入する。この場合において、試験に供するのに不適当な形状の試験物品にあっては、適当な大きさに分割したものを用いるものとする。

ハ 中央に電気雷管を装着するための孔が開いているねじ止めの上ふた（材質が日本産業規格G五七〇五に規定するFCMB275—5で、外径七十五ミリメートル、高さ三十五ミリメートル、上部の厚さ七ミリメートルのもの）を鉄管に取り付ける。

ニ 上ふたの孔から伝爆薬の穴に電気雷管を挿入する。

ホ 鉄管を砂中に埋めて起爆する。

ヘ 鉄管の破裂の程度を観察する。

本表…一部改正〔平成一一年九月自令三二号・令和元年六月総令一九号・二年四月四〇号〕

別表第五（第二条関係）

小ガス炎着火試験は、一に規定する試験場所において、二に規定する試験の実施手順で、試験物品に火炎を接触させてから着火するまでの時間を測定し、燃焼の状況を観察するものとする。

一　試験場所
　試験場所は、温度二十度、湿度五十パーセント、気圧一気圧の無風の場所とする。
二　試験の実施手順
イ　厚さが十ミリメートル以上の無機質の断熱板の上に試験物品（乾燥用シリカゲルを入れたデシケータ中に温度二十度で二十四時間以上保存されているもの）三立方センチメートルを置く。この場合において、試験物品が粉状又は粒状のものにあっては、無機質の断熱板の上に半球状に置くものとする。
ロ　液化石油ガスの火炎（先端が棒状の着火器具の拡散炎とし、火炎の長さが当該着火器具の口を上に向けた状態で七十ミリメートルとなるように調節したもの）を試験物品に十秒間接触（火炎と試験物品の接触面積は二平方センチメートルとし、接触角度は三十度とする。）させる。
ハ　火炎を試験物品に接触させてから試験物品が着火するまでの時間を測定し、試験物品が燃焼（炎を上げずに燃焼する状態を含む。）を継続するか否かを観察する。この場合において、火炎を試験物品に接触させている間に当該試験物品のすべてが燃焼した場合、火炎を離した後十秒経過するまでの間に試験物品のすべてが燃焼した場合又は火炎を離した後十秒以上継続して試験物品が燃焼した場合には、燃焼を継続したものとする。

別表第六（第二条関係）
　セタ密閉式引火点測定器による引火点測定試験は、一に規定する装置を用い、二に規定する試験場所で、三に規定する試験の実施手順により試験物品の引火点を測定するものとする。
一　装置
　装置は、セタ密閉式引火点測定器（日本産業規格K二二六五―二に規定する迅速平衡密閉法引火点試験器をいう。以下同じ。）とする。
二　試験場所
　試験場所は、気圧一気圧の無風の場所とする。
三　試験の実施手順
イ　試料カップを設定温度（試験物品が引火するか否かを確認する温度。以下同じ。）まで加熱又は冷却し、試料カップの温度を設定温度にし、試験物品（設定温度が常温より低い温度の場合には、設定温度まで冷却したもの）二グラムを試料カップに入れ、直ちにふた及び開閉器を閉じる。
ロ　試料カップの温度を五分間設定温度に保持する。
ハ　試験炎を点火し、直径四ミリメートルとなるように調整する。
ニ　五分経過後、開閉器を作動して試験炎を試料カップにのぞかせ元に戻すことを二・五秒間で行う。この場合において、試験炎を急激に上下させてはならない。
ホ　ニで引火した場合には引火しなくなるまで設定温度を下げ、引火しなかった場合には引火するまで設定温度を上げ、イからニまでの操作を繰り返し、引火点を測定する。
本表…一部改正〔令和二年四月総令四〇号〕
別表第七（第三条関係）
　自然発火性試験は、一に規定する試験場所において、二に規定する試験の実施手順で試験物品が空気と接触して発火するか否か又はろ紙を焦がすか否かを観察するものとする。
一　試験場所
　試験場所は、温度二十度、湿度五十パーセント、気圧一気圧の無風の場所とする。
二　試験の実施手順
イ　固体の試験物品に係る実施手順
(1)　試験物品（粉末（三百マイクロメートルの網ふるいを通過す

るものが十パーセント以上存するもの）の試験物品にあっては、当該網ふるいを通過するもの（(2)において「粉末の試験物品」という。）一立方センチメートルを、直ちに直径七十ミリメートルの磁器カッセロールの上に置いた直径九十ミリメートルのろ紙（日本産業規格P三八〇一に規定する定量分析用のろ紙で、乾燥用シリカゲルを入れたデシケータ中に温度二十度で二十四時間以上保存されているもの。以下同じ。）の中央に置き、十分以内に自然発火するか否かを観察する。

(2)　粉末の試験物品が(1)で自然発火しない場合には、試験物品二立方センチメートルを無機質の断熱板上に一メートルの高さから落下させ、落下中又は落下後十分以内に自然発火するか否かを観察する。

ロ　液体の試験物品に係る実施手順

(1)　試験物品〇・五立方センチメートルを直径七十ミリメートルの磁器の底の上二十ミリメートルの高さから全量を三十秒間均一な速度で注射器を用いて滴下し、十分以内に自然発火するか否かを観察する。

(2)　(1)で自然発火しない場合には、試験物品〇・五立方センチメートルを、直径七十ミリメートルの磁器の上に直径九十ミリメートルのろ紙を置き、ろ紙の上二十ミリメートルの高さから全量を三十秒間均一な速度で注射器を用いて滴下し、十分以内に自然発火するか否か、又はろ紙を焦がすか否かを観察する。

本表…一部改正〔令和元年六月総令一九号・二年四月四〇号〕

別表第八（第三条関係）

水との反応性試験は、一に規定する試験場所において、二に規定する試験の実施手順で試験物品が純水と反応して発生するガスが発火するか否か、若しくは発生するガスに火炎を近づけた場合に着火するか否かを観察し、又は試験物品に純水を加え、発生するガスの量を測定するとともに発生するガスの成分を分析するものとする。

一　試験場所

試験場所は、温度二十度、湿度五十パーセント、気圧一気圧の無風の場所とする。

二　試験の実施手順

イ　容量五百立方センチメートルのビーカーの底にろ紙が沈下しないようにするための台を置き、当該台の上に直径七十ミリメートルのろ紙を載せ、ろ紙が水面に浮いた状態になるように温度二十度の純水を入れた後、試験物品五十立方ミリメートルをろ紙の中央に置き（液体の試験物品にあっては、ろ紙の中央に注ぎ）、発生するガスが自然発火するか否かを観察する。

ロ　イで発生するガスが自然発火しない場合には、当該ガスに火炎を近づけて着火するか否かを観察する。

ハ　イで発生するガスが自然発火しない場合若しくはガスの発生が認められない場合又はロで発生するガスが着火しない場合には、試験物品二グラムを容量百立方センチメートルの丸底のフラスコに入れ、これを温度四十度に保った水槽につけ、温度四十度の純水五十立方センチメートルを速やかに加える。直径十二ミリメートルの球形のかくはん子及び磁気かくはん機を用いてフラスコ内をかくはんしながら、一時間当たりのガスの発生量を測定する。

ニ　試験物品一キログラムにつき一時間当たりのガスの発生量が最大となるものを当該物品のガスの発生量とする。

ホ　発生するガスに可燃性の成分が含まれているか否かを分析する。

別表第九（第四条関係）

タグ密閉式引火点測定器による引火点測定試験は、一に規定する装置を用い、二に規定する試験場所で、三に規定する試験の実施手順により試験物品の引火点を測定するものとする。

一　装置

装置は、日本産業規格K二二六五―一に規定するタグ密閉法引火点試験器とする。

二　試験場所

試験場所は、気圧一気圧の無風の場所とする。

三　試験の実施手順

イ　試験物品五十立方センチメートルを試料カップに入れ、ふたをする。

ロ　試験炎を点火し、火炎の大きさを直径が四ミリメートルとなるように調整する。

ハ　試験物品の温度が六十秒間に一度の割合で上昇するように液浴の加熱を調節し、試験物品の温度が設定温度の五度下の温度に達したならば、開閉器を作動して試験炎を試料カップにのぞかせ元に戻すことを一秒間で行う。この場合において、試験炎を急激に上下させてはならない。

ニ　ハで引火しなかった場合には、試験物品の温度が〇・五度上昇するごとに開閉器を作動して試験炎を試料カップにのぞかせ元に戻すことを一秒間で行う操作を引火するまで繰り返す。

ホ　ニで引火した温度が六十度未満の温度であり、かつ、設定温度との差が二度を超えない場合には、これを引火点とする。

ヘ　ハで引火した場合及びニで引火した温度と設定温度との差が二度を超えた場合には、イからニまでと同様の手順により繰り返し、実施する。

ト　ニ及びヘで引火した温度が六十度未満の温度でない場合にあっては、以下の手順により実施する。

チ　イ及びロと同様の手順により実施する。

リ　試験物品の温度が六十秒間に三度の割合で上昇するように液浴の加熱を調節し、試験物品の温度が設定温度の五度下の温度に達したならば、開閉器を作動して試験炎を試料カップにのぞかせ元に戻すことを一秒間で行う。この場合において、試験炎を急激に上下させてはならない。

ヌ　リで引火しなかった場合には、試験物品の温度が一度上昇するごとに開閉器を作動して試験炎を試料カップにのぞかせ元に戻すことを一秒間で行う操作を引火するまで繰り返す。

ル　ヌで引火した温度と設定温度との差が二度を超えない場合には、ヌで引火した温度を引火点とする。

ヲ　リで引火した場合及びヌで引火した温度と設定温度との差が二度を超えた場合には、チからヌまでと同様の手順により繰り返し、実施する。

本表…一部改正〔令和元年六月総令一九号・二年四月四〇号〕

別表第一〇（第四条関係）

クリーブランド開放式引火点測定器による引火点測定試験は、一に規定する装置を用い、二に規定する試験場所で、三に規定する試験の実施手順により試験物品の引火点を測定するものとする。

一　装置

装置は、日本産業規格K二二六五―四に規定するクリーブランド開放法引火点試験器とする。

二　試験場所

試験場所は、気圧一気圧の無風の場所とする。

三　試験の実施手順

イ　試験物品を試料カップの標線まで満たす。

ロ　試験炎を点火し、火炎の大きさを直径が四ミリメートルとなるように調整する。

ハ　試験物品の温度が六十秒間に十四度の割合で上昇するように加熱し、設定温度の五十五度下の温度に達したならば加熱を調節して、設定温度の二十八度下の温度から六十秒間に五・五度の割合で温度が上昇するようにする。
ニ　試験物品の温度が設定温度の二十八度下の温度に達したならば、試験炎を試料カップの中心を横切り一直線に一秒間で通過させる。試験炎を通過させる場合において、試験炎の中心を試料カップ上縁の上方二ミリメートル以下で水平に動かさなければならない。
ホ　ニで引火しなかった場合には、試験物品の温度が二度上昇するごとに試験炎を試料カップの中心を横切り一直線に一秒間で通過させる操作を引火するまで繰り返す。
ヘ　ホで引火した温度と設定温度との差が四度を超えない場合には、ホで引火した温度を引火点とする。
ト　ニで引火した場合及びホで引火した温度と設定温度との差が四度を超えた場合には、イからホまでと同様の手順により繰り返し、実施する。

本表…一部改正〔令和元年六月総令一九号・二年四月四〇号〕

別表第一一（第四条関係）

セタ密閉式引火点測定器による引火点測定試験は、一に規定する装置を用い、二に規定する試験場所で、三に規定する試験の実施手順により試験物品の引火点を測定するものとする。
一　装置
装置は、セタ密閉式引火点測定器とする。
二　試験場所
試験場所は、気圧一気圧の無風の場所とする。
三　試験の実施手順
イ　試料カップを設定温度まで加熱又は冷却し、試料カップの温度を設定温度にし、試験物品（設定温度が常温より低い温度の場合には、設定温度まで冷却したもの）二ミリリットルを試料カップに入れ、直ちにふた及び開閉器を閉じる。
ロ　試料カップの温度を一分間設定温度に保持する。
ハ　試験炎を点火し、直径四ミリメートルとなるように調整する。
ニ　一分経過後、開閉器を作動して試験炎を試料カップにのぞかせ元に戻すことを二・五秒間で行う。この場合において、試験炎を急激に上下させてはならない。
ホ　ニで引火した場合には引火しなくなるまで設定温度を下げ、引火しなかった場合には引火するまで設定温度を上げ、イからニまでの操作を繰り返し、引火点を測定する。

本表…一部改正〔令和二年四月総令四〇号〕

別表第一二（第五条関係）

二・四―ジニトロトルエン及び過酸化ベンゾイルを標準物質とする熱分析試験は、一に規定する装置を用い、二に規定する試験の実施手順により標準物質及び試験物品を加熱した場合における発熱開始温度及び発熱量を測定するものとする。
一　装置
装置は、基準物質として酸化アルミニウム（α）を用いた示差走査熱量測定装置又は示差熱分析装置とする。
二　試験の実施手順
イ　二・四―ジニトロトルエンに係る実施手順
(1)　二・四―ジニトロトルエン及び基準物質それぞれ一ミリグラムをそれぞれ破裂圧力が五メガパスカル以上のステンレス鋼製の耐圧性のセルに密封したものを装置に装てんし、二・四―ジニトロトルエン及び基準物質の温度が六十秒間に十度の割合で上昇するように加熱する。
(2)　発熱開始温度及び発熱量を測定する。
ロ　過酸化ベンゾイルに係る実施手順

イ(1)及び(2)と同様の手順により実施する。ただし、過酸化ベンゾイル及び基準物質の量はそれぞれ二ミリグラムとする。

ハ　試験物品に係る実施手順

イ(1)及び(2)と同様の手順により実施する。ただし、試験物品及び基準物質の量はそれぞれ二ミリグラムとする。

本表…一部改正〔平成一一年九月自令三二号〕

別表第一三（第五条関係）

第一　孔径が一ミリメートルのオリフィス板を用いる圧力容器試験孔径が一ミリメートルのオリフィス板を用いる圧力容器試験は、一に規定する装置を用い、二に規定する試験の実施手順により試験物品を圧力容器内で加熱した場合に破裂板が破裂するか否かを観察するものとする。

一　装置

イ　圧力容器は、図に示すものとする。

ロ　圧力容器は、その上部及び側面にそれぞれ破裂板及びオリフィス板を取り付けることができ、かつ、その内部に試料容器を入れることができる内容量二百立方センチメートルのステンレス鋼製のものとする。

ハ　試料容器は、内径三十ミリメートル、高さ五十ミリメートル、厚さ〇・四ミリメートルのもので、かつ、底が平面で、上部が開放されたアルミニウム製の円筒形のものとする。

ニ　孔径が一ミリメートルのオリフィス板は、厚さが二ミリメートルのステンレス鋼製のものとする。

ホ　破裂板は、その破裂圧力が〇・六メガパスカルの金属製のものとする。

ヘ　加熱器は、出力七百ワット以上の電気炉とする。

二　試験の実施手順

イ　圧力容器の底にシリコン油五グラムを入れた試料容器を置き、当該圧力容器を加熱器により加熱した場合に、当該シリコン油の温度が百度から二百度までの間において六十秒間に四十度の割合で上昇するように加熱器の電圧及び電流を設定する。

ロ　加熱器を三十分以上かけて加熱し続ける。

ハ　圧力容器の側面に孔径が一ミリメートルのオリフィス板を取り付け、圧力容器の底に試験物品五グラムを入れた試料容器を置き、圧力容器の上部に破裂板を取り付ける。

ニ　破裂板の上部に水を張る。

ホ　圧力容器を加熱器に入れて試料容器を加熱し、破裂板が破裂するか否かを観察する。

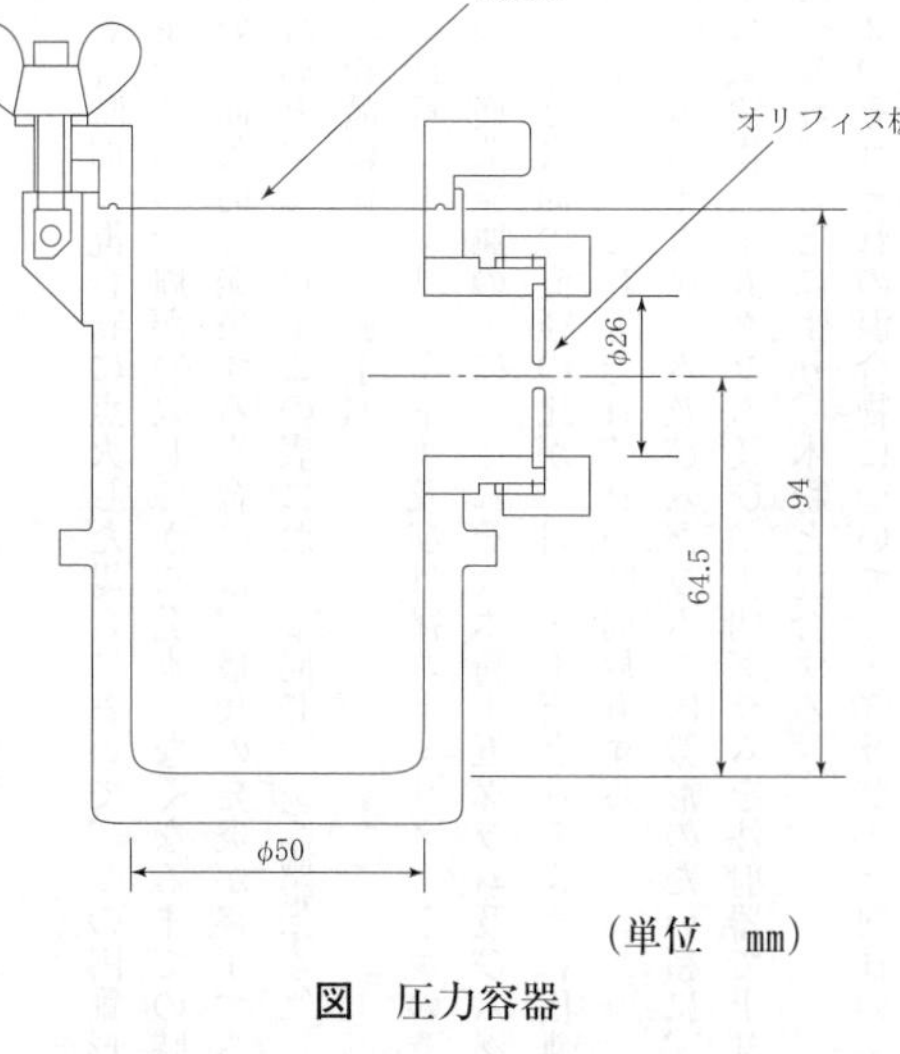

（単位　mm）

図　圧力容器

第二　孔径が九ミリメートルのオリフィス板を用いる圧力容器試験

第一の一及び二は、孔径が九ミリメートルのオリフィス板を用いる圧力容器試験について準用する。この場合において、第一中「孔径が一ミリメートル」とあるのは「孔径が九ミリメートル」と読み替えるものとする。

本表…一部改正〔平成一一年九月自令三二号〕

別表第一四（第六条関係）

第六類の危険物の試験は、二に規定する試験場所において、三に規定する試験の実施手順で、硝酸の九十パーセント水溶液と一に規定する木粉との混合物及び試験物品と一に規定する木粉との混合物をそれぞれ燃焼させた場合の燃焼時間を測定するものとする。

一　木粉

イ　木粉の材質は、日本杉の辺材とする。

ロ　木粉は、目開きが五百マイクロメートルの網ふるいを通過し、二百五十マイクロメートルの網ふるいを通過しないものとする。

二　試験場所

試験場所は、温度二十度、湿度五十パーセント、気圧一気圧の無風の場所とする。

三　試験の実施手順

イ　硝酸の九十パーセント水溶液に係る実施手順

⑴　外径百二十ミリメートルの平底蒸発皿（日本産業規格Ｒ一三〇二に規定するもの）の上に、木粉（温度百五度で四時間乾燥し、乾燥用シリカゲルを入れたデシケータ中に温度二十度で二十四時間以上保存されているもの。ロ⑴において同じ。）十五グラムを高さと底面の直径の比が一対一・七五となるように円錐形にたい積させ、これを一時間放置する。

⑵　⑴の円錐形のたい積に硝酸の九十パーセント水溶液十五グラムを注射器で上部から均一に注ぐことにより、木粉と混合する。

⑶　点火源（円輪状にした直径が二ミリメートルのニクロム線で温度千度に加熱されているもの）を上方から⑵の円錐形のたい積の基部に、当該基部の全周が着火するまで接触させる。この場合において、点火源の当該基部への接触時間は十秒までとする。

⑷　燃焼時間（混合物に点火した場合において、⑵の円錐形のたい積の基部の全周が着火してから発炎しなくなるまでの時間をいい、間欠的に発炎する場合には、最後の発炎が終了するまでの時間とする。以下この表において同じ。）を測定する。

ロ　試験物品に係る実施手順

⑴　外径百二十ミリメートル及び外径八十ミリメートルのそれぞれの平底蒸発皿の上に、それぞれ木粉十五グラム及び六グラムを高さと底面の直径の比が一対一・七五となるように円錐形にたい積させ、これをそれぞれ一時間放置する。

⑵　⑴の木粉十五グラム及び六グラムの円錐形のたい積に、それぞれ試験物品十五グラム及び二十四グラムを注射器で上部から均一に注ぐことにより、木粉と混合する。

⑶　⑵のそれぞれの混合物について、イ⑶及び⑷と同様の手順により実施する。

⑷　試験物品と木粉との混合物の燃焼時間は、⑶で測定した燃焼時間のうち時間の短い方の燃焼時間とする。

本表…一部改正〔令和元年六月総令一九号・二年四月四〇号〕

○危険物の規制に関する政令別表第一及び同令別表第二の総務省令で定める物質及び数量を指定する省令

（平成元年二月十七日自治省令第二号）

〔改正経過〕
平成　八年　三月　八日　自治省令第　四号
平成　九年　三月二六日　自治省令第　一三号
平成一二年　九月一四日　自治省令第　四四号
平成二三年一二月二一日　総務省令第一六六号
平成二五年　七月　四日　総務省令第　七一号
平成二七年　七月一七日　総務省令第　六三号
平成二八年　八月　八日　総務省令第　八〇号
平成二九年　六月二七日　総務省令第　四三号
令和　二年　五月二九日　総務省令第　五七号
令和　四年　八月　一日　総務省令第　五三号

危険物の規制に関する政令（昭和三十四年政令第三百六号）別表第一及び同令別表第二の規定に基づき、危険物の規制に関する政令別表第一及び同令別表第二の自治省令で定める物質及び数量を指定する省令を次のように定める。

危険物の規制に関する政令別表第一及び同令別表第二の総務省令で定める物質及び数量を指定する省令

題名…改正〔平成一二年九月自令四四号〕

（危険物の規制に関する政令別表第一の総務省令で定める物質及び数量）

第一条　危険物の規制に関する政令別表第一の上欄に掲げる総務省令で定める物質は、次の表の上欄に掲げる物質とし、同令別表第一の下欄に定める総務省令で定める数量は、次の表の下欄に定める数量とする。

(一)　塩化ホスホリル及びこれを含有する製剤 (二)　五塩化りん及びこれを含有する製剤 (三)　三塩化ほう素及びこれを含有する製剤 (四)　三塩化りん及びこれを含有する製剤 (五)　三ふっ化ほう素及びこれを含有する製剤 (六)　シアン化水素を含有する製剤 (七)　シアン化ナトリウムを含有する製剤 (八)　シアン化亜鉛及びこれを含有する製剤 (九)　シアン化カリウム及びこれを含有する製剤 (十)　シアン化銀及びこれを含有する製剤 (十一)　シアン化第一金カリウム及びこれを含有する製剤 (十二)　シアン化第一銅及びこれを含有する製剤 (十三)　シアン化第二水銀及びこれを含有する製剤 (十四)　シアン化銅酸カリウム及びこれを含有する製剤	三〇キログラム

（十五）シアン化銅酸ナトリウム及びこれを含有する製剤	
（十六）二・三―ジシアノ―一・四―ジチアアントラキノン（別名ジチアノン）及びこれを含有する製剤（二・三―ジシアノ―一・四―ジチアアントラキノン五〇％以下を含有するものを除く。）	
（十七）塩化第二水銀及びこれを含有する製剤	
（十八）酸化第二水銀及びこれを含有する製剤（酸化第二水銀五％以下を含有するものを除く。）	
（十九）硫セレン化カドミウム及びこれを含有する製剤	
（二十）亜ひ酸及びこれを含有する製剤	
（二十一）三塩化ひ素及びこれを含有する製剤	
（二十二）ひ化水素及びこれを含有する製剤	
（二十三）ひ酸及びこれを含有する製剤	
（二十四）ふっ化水素を含有する製剤	
（二十五）ヘキサキス（β・β―ジメチルフエネチル）ジスタンノキサン（別名酸化フエンブタスズ）及びこれを含有する製剤	
（二十六）ホスゲン及びこれを含有する製剤	
（二十七）メチルメルカプタン及びこれを含有する製剤	
（二十八）モノフルオール酢酸ナトリウム及びこれを含有する製剤	
（二十九）りん化アルミニウムとその分解促進剤とを含有する製剤	
（三十）りん化水素及びこれを含有する製剤	

本条…一部改正〔平成八年三月自令四号・九年三月一三号〕、見出し…改正・本条…一部改正〔平成一二年九月自令四四号〕、本条…一部改正〔平成二五年七月総令七一号〕

（危険物の規制に関する政令別表第二の総務省令で定める物質及び数量）

第二条　危険物の規制に関する政令別表第二の上欄に掲げる総務省令で定める物質は、次の表の上欄に掲げる物質とし、同令別表第二の下欄に定める総務省令で定める数量は、次の表の下欄に定める数量とする。

（一）塩化亜鉛	二〇〇キログラム
（二）酢酸亜鉛	
（三）硫酸亜鉛	
（四）りん酸亜鉛	
（五）アクリルアミド及びこれを含有する製剤	
（六）五塩化アンチモン及びこれを含有する製剤	
（七）三酸化アンチモン	
（八）酒石酸アンチモニルカリウム及びこれを含有する製剤	
（九）アンモニアを含有する製剤（アンモニア三〇％以下を含有するものを除く。）	
（十）一水素二ふっ化アンモニウム及びこれを含有する製剤	
（十一）エチレンオキシド及びこれを含有する製剤	
（十二）塩化水素を含有する製剤（塩化水素三六％以下を含有するものを除く。）	
（十三）塩素	
（十四）オキシ三塩化バナジウム及びこれを含有する製剤	

（十五）　酸化カドミウム
（十六）　硝酸カドミウム
（十七）　硫化カドミウム
（十八）　クロム酸亜鉛カリウム及びこれを含有する製剤
（十九）　クロム酸ストロンチウム及びこれを含有する製剤
（二十）　クロム酸鉛及びこれを含有する製剤（クロム酸鉛七〇％以下を含有するものを除く。）
（二十一）　四塩基性クロム酸亜鉛及びこれを含有する製剤
（二十二）　クロルピクリンを含有する製剤
（二十三）　クロルメチルを含有する製剤（容量三〇〇ミリリットル以下の容器に収められた殺虫剤であって、クロルメチル五〇％以下を含有するものを除く。）
（二十四）　クロロアセチルクロライド及びこれを含有する製剤
（二十五）　二―クロロニトロベンゼン及びこれを含有する製剤
（二十六）　けいふっ化水素酸を含有する製剤
（二十七）　けいふっ化カリウム及びこれを含有する製剤
（二十八）　けいふっ化ナトリウム及びこれを含有する製剤
（二十九）　けいふっ化マグネシウム及びこれを含有する製剤
（三十）　五酸化バナジウム（溶融した五酸化バナジウムを固形化したものを除く。）及びこれを含有する製剤（五酸化バナジウム（溶融した五酸化バナジウムを固形化したものを除く。）一〇％以下を含有するものを除く。）

（三十一）　三塩化アルミニウム及びこれを含有する製剤
（三十二）　シアナミド及びこれを含有する製剤（シアナミド一〇％以下を含有するものを除く。）
（三十三）　二・三―ジシアノ―一・四―ジチアアントラキノン（別名ジチアノン）五〇％以下を含有する製剤
（三十四）　四塩化炭素を含有する製剤
（三十五）　ジメチルアミン及びこれを含有する製剤（ジメチルアミン五〇％以下を含有するものを除く。）
（三十六）　塩化第一すず
（三十七）　塩化第二すず
（三十八）　硫酸第一すず
（三十九）　塩化第一銅
（四十）　塩化第二銅
（四十一）　硫酸銅
（四十二）　一酸化鉛
（四十三）　塩基性けい酸鉛
（四十四）　けい酸鉛
（四十五）　酢酸鉛
（四十六）　三塩基性硫酸鉛
（四十七）　シアナミド鉛
（四十八）　ステアリン酸鉛
（四十九）　鉛酸カルシウム
（五十）　二塩基性亜硫酸鉛

(五十一)　二塩基性亜りん酸鉛

(五十二)　二塩基性ステアリン酸鉛

(五十三)　二酸化鉛

(五十四)　塩化バリウム

(五十五)　カルボン酸のバリウム塩

(五十六)　水酸化バリウム

(五十七)　炭酸バリウム

(五十八)　チタン酸バリウム

(五十九)　ふっ化バリウム

(六十)　メタホウ酸バリウム

(六十一)　ピロカテコール及びこれを含有する製剤

(六十二)　オルトフェニレンジアミン

(六十三)　メタフェニレンジアミン

(六十四)　ブロム水素を含有する製剤

(六十五)　ブロムメチルを含有する製剤

(六十六)　一―ブロモ―三―クロロプロパン及びこれを含有する製剤

(六十七)　ほうふっ化水素酸

(六十八)　ほうふっ化カリウム

(六十九)　ホルムアルデヒドを含有する製剤（ホルムアルデヒド一％以下を含有するものを除く。）

(七十)　メタバナジン酸アンモニウム及びこれを含有する製剤（メタバナジン酸アンモニウム〇・〇一％以下を含有するものを除く。）

(七十一)　二―メチリデンブタン二酸（別名メチレンコハク酸）及びこれを含有する製剤

(七十二)　メチルアミン及びこれを含有する製剤（メチルアミン四〇％以下を含有するものを除く。）

(七十三)　四―メチルベンゼンスルホン酸及びこれを含有する製剤（四―メチルベンゼンスルホン酸五％以下を含有するものを除く。）

(七十四)　硫酸を含有する製剤（硫酸六〇％以下を含有するものを除く。）

(七十五)　りん化亜鉛を含有する製剤（りん化亜鉛一％以下を含有するものを除く。）

本条…一部改正〔平成八年三月自令四号・九年三月一三号〕、見出し…改正・本条…一部改正〔平成一二年九月自令四四号〕、本条…一部改正〔平成二三年一二月総令一六六号・二五年七月七一号・二七年七月六三号・二八年八月八〇号・二九年六月四三号・令和二年五月五七号・四年八月五三号〕

附　則

1　この省令は、平成二年五月二十三日から施行する。

2　消防法施行令別表第一の二及び同令別表第一の三の自治省令で定める物及び数量を指定する省令（昭和五十六年自治省令第十三号）は、廃止する。

附　則〔平成八年三月八日自治省令第四号〕

この省令は、平成八年九月一日から施行する。

附　則〔平成九年三月二六日自治省令第一三号〕

この省令は、平成九年九月一日から施行する。

附　則〔平成一二年九月一四日自治省令第四四号〕

この省令は、内閣法の一部を改正する法律（平成十一年法律第八十八号）の施行の日（平成十三年一月六日）から施行する。

附　則〔平成二三年一二月二一日総務省令第一六六号〕

この省令は、平成二十四年七月一日から施行する。

附　則〔平成二五年七月四日総務省令第七一号〕

この省令は、平成二十六年二月一日から施行する。

附　則〔平成二七年七月一七日総務省令第六三号〕

この省令は、平成二十八年二月一日から施行する。

附　則〔平成二八年八月八日総務省令第八〇号〕

この省令は、平成二十九年三月一日から施行する。

附　則〔平成二九年六月二七日総務省令第四三号〕

この省令は、公布の日から施行する。

附　則〔令和二年五月二九日総務省令第五七号〕

この省令は、令和二年十二月一日から施行する。

附　則〔令和四年八月一日総務省令第五三号〕

この省令は、令和五年二月一日から施行する。

○地方公共団体の手数料の標準に関する政令〔抄〕

（平成十二年一月二十一日　政令第十六号）

〔最終改正〕令和五年一二月六日　政令第三四七号

地方自治法第二百二十八条第一項の手数料について全国的に統一して定めることが特に必要と認められるものとして政令で定める事務（以下「標準事務」という。）は、次の表の上欄に掲げる事務とし、同項の当該標準事務に係る事務のうち政令で定めるもの（以下「手数料を徴収する事務」という。）は、同表の上欄に掲げる標準事務についてそれぞれ同表の中欄に掲げる事務とし、同項の政令で定める金額は、同表の中欄に掲げる手数料を徴収する事務についてそれぞれ同表の下欄に掲げる金額とする。

標準事務	手数料を徴収する事務	金額
十五　消防法（昭和二十三年法律第百八十六号）第十条第一項ただし書の規定に基づく指定数量以上の危険物を仮に貯蔵し、又は取り扱う場合の承認に関する事務	消防法第十条第一項ただし書の規定に基づく指定数量以上の危険物を仮に貯蔵し、又は取り扱う場合の承認の申請に対する審査	五千四百円
十六　消防法第十一条第一項前段の規定に基づく危険物の製造所、貯蔵所又は取扱所の設置の許可に関する事務	1　消防法第十一条第一項前段の規定に基づく製造所の設置の許可の申請に対する審査	イ　指定数量の倍数が十以下の製造所の設置の許可の申請に係る審査　三万九千円 ロ　指定数量の倍数が十を超え五十以下の製造所の設置の許可の申請に係る審査　五万二千円 ハ　指定数量の倍数が五十を超え百以下の製造所の設置の許可の申請に係る審査　六万六千円 ニ　指定数量の倍数が百を超え二百以下の製造所の設置の許可の申請に係る審査　七万七千円 ホ　指定数量の倍数が二百を超える製造所の設置の許可の申請に係る審査　九万二千円
	2　消防法第十一条第一項前段の規定に基づく貯蔵所の設置の許可の申請に対する審査	イ　屋内貯蔵所の設置の許可の申請に係る審査　次に掲げる屋内貯蔵所の区分に応じ、それぞれ次に定める金額 (1)　指定数量の倍数が十以下の屋内貯蔵所　二万円 (2)　指定数量の倍数が十を超え五十以下の屋内貯蔵所　二万六千円 (3)　指定数量の倍数が五十を超え百以下の屋内貯蔵所　三万九千円 (4)　指定数量の倍数が百を超え二百以下の屋内貯蔵所　五万二千円 (5)　指定数量の倍数が二百

を超える屋内貯蔵所　六万六千円

ロ　屋外タンク貯蔵所（特定屋外タンク貯蔵所、準特定屋外タンク貯蔵所及び岩盤タンクに係る屋外タンク貯蔵所を除く。）の設置の許可の申請に係る審査　次に掲げる屋外タンク貯蔵所の区分に応じ、それぞれ次に定める金額

(1) 指定数量の倍数が百以下の屋外タンク貯蔵所　二万円

(2) 指定数量の倍数が百を超え一万以下の屋外タンク貯蔵所　二万六千円

(3) 指定数量の倍数が一万を超える屋外タンク貯蔵所　三万九千円

ハ　準特定屋外タンク貯蔵所（岩盤タンクに係る屋外タンク貯蔵所を除く。）の設置の許可の申請に係る審査　五十七万円

ニ　特定屋外タンク貯蔵所（浮き屋根を有する特定屋外貯蔵タンクのうち総務省令で定めるものに係る特定屋外タンク貯蔵所（ホにおいて「浮き屋根式特定屋外タンク貯蔵所」という。）、浮き蓋付きの特定屋外貯蔵タンクのうち総務省令で定めるものに係る特定屋外タンク貯蔵所（ホにおいて「浮き蓋付特定屋外タンク貯蔵所」という。）及び岩盤タンクに係る屋外タンク貯蔵所を除く。）の設置の許可の申請に係る審査　次に掲げる特定屋外タンク貯蔵所の区分に応じ、それぞれ次に定める金額

(1) 危険物の貯蔵最大数量が千キロリットル以上五千キロリットル未満の特定屋外タンク貯蔵所　八十八万円

(2) 危険物の貯蔵最大数量が五千キロリットル以上一万キロリットル未満の特定屋外タンク貯蔵所　百七万円

(3) 危険物の貯蔵最大数量が一万キロリットル以上五万キロリットル未満の特定屋外タンク貯蔵所　百二十万円

(4) 危険物の貯蔵最大数量が五万キロリットル以上十万キロリットル未満の特定屋外タンク貯蔵所　百五十二万円

(5) 危険物の貯蔵最大数量が十万キロリットル以上二十万キロリットル未満の特定屋外タンク貯蔵所　百七十八万円

(6) 危険物の貯蔵最大数量が二十万キロリットル以上三十万キロリットル未満の特定屋外タンク貯蔵所　四百七万円

(7) 危険物の貯蔵最大数量が三十万キロリットル以上四十万キロリットル未満の特定屋外タンク貯蔵所　五百三十四万円

(8) 危険物の貯蔵最大数量が四十万キロリットル以上の特定屋外タンク貯蔵所　六百四十九万円

ホ 浮き屋根式特定屋外タンク貯蔵所及び浮き蓋付特定屋外タンク貯蔵所の設置の許可の申請に係る審査　次に掲げる浮き屋根式特定屋外タンク貯蔵所及び浮き蓋付特定屋外タンク貯蔵所の区分に応じ、それぞれ次に定める金額

(1) 危険物の貯蔵最大数量が千キロリットル以上五千キロリットル未満の浮き屋根式特定屋外タンク貯蔵所及び浮き蓋付特定屋外タンク貯蔵所　百四十五万円

(2) 危険物の貯蔵最大数量が五千キロリットル以上一万キロリットル未満の浮き屋根式特定屋外タンク貯蔵所及び浮き蓋付特定屋外タンク貯蔵所　百七十二万円

(3) 危険物の貯蔵最大数量が一万キロリットル以上五万キロリットル未満の浮き屋根式特定屋外タンク貯蔵所及び浮き蓋付特定屋外タンク貯蔵所　百九十二万円

(4) 危険物の貯蔵最大数量が五万キロリットル以上十万キロリットル未満の浮き屋根式特定屋外タンク貯蔵所及び浮き蓋付特定屋外タンク貯蔵所　二百三十六万円

(5) 危険物の貯蔵最大数量が十万キロリットル以上二十万キロリットル未満の浮き屋根式特定屋外タンク貯蔵所及び浮き蓋付特定屋外タンク貯蔵所　二百七十四万円

(6) 危険物の貯蔵最大数量が二十万キロリットル以上三十万キロリットル未満の浮き屋根式特定屋外タンク貯蔵所及び浮き蓋付特定屋外タンク貯蔵所　五百六十四万円

(7) 危険物の貯蔵最大数量が三十万キロリットル以上四十万キロリットル未満の浮き屋根式特定屋外タンク貯蔵所及び浮き蓋付特定屋外タンク貯蔵所　七百二十四万円

(8) 危険物の貯蔵最大数量が四十万キロリットル以上の浮き屋根式特定屋外タンク貯蔵所及び浮き蓋付特定屋外タンク貯蔵所　八百七十九万円

へ 岩盤タンクに係る屋外タンク貯蔵所の設置の許可の申請に係る審査　次に掲げる屋外タンク貯蔵所の区分に応じ、それぞれ次に定める金額

(1) 危険物の貯蔵最大数量が四十万キロリットル未満の屋外タンク貯蔵所　五百九十三万円

(2) 危険物の貯蔵最大数量が四十万キロリットル以上五十万キロリットル未

満の屋外タンク貯蔵所　七百四十七万円

(3) 危険物の貯蔵最大数量が五十万キロリットル以上の屋外タンク貯蔵所　千九十万円

ト　屋内タンク貯蔵所の設置の許可の申請に係る審査　二万六千円

チ　地下タンク貯蔵所の設置の許可の申請に係る審査　次に掲げる地下タンク貯蔵所の区分に応じ、それぞれ次に定める金額

(1) 指定数量の倍数が百以下の地下タンク貯蔵所　二万六千円

(2) 指定数量の倍数が百を超える地下タンク貯蔵所　三万九千円

リ　簡易タンク貯蔵所の設置の許可の申請に係る審査　一万三千円

ヌ　移動タンク貯蔵所（ルに規定する移動タンク貯蔵所を除く。）の設置の許可の申請に係る審査　二万六千円

ル　積載式移動タンク貯蔵所又は航空機若しくは船舶の燃料タンクに直接給油するための給油設備を備えた移動タンク貯蔵所の設置の許可の申請に係る審査　三万九千円

ヲ　屋外貯蔵所の設置の許可の申請に係る審査　一万三千円

3　消防法第十一条第一項前段の規定に基づく取扱所の設置の許可の申請に対する審査

イ　給油取扱所（屋内給油取扱所を除く。）の設置の許可の申請に係る審査　五万二千円

ロ　屋内給油取扱所の設置の許可の申請に係る審査　六万六千円

ハ　第一種販売取扱所の設置の許可の申請に係る審査　二万六千円

ニ　第二種販売取扱所の設置の許可の申請に係る審査　三万三千円

ホ　移送取扱所の設置の許可の申請に係る審査　次に掲げる移送取扱所の区分に応じ、それぞれ次に定める金額

(1) 危険物を移送するための配管の延長（当該配管の起点又は終点が二以上ある場合には、任意の起点から任意の終点までの当該配管の延長のうち最大のもの。以下この項から十八の項まで及び二十二の項において同じ。）が十五キロメートル以下の移送取扱所（危険物を移送するための配管に係る最大常用圧力が〇・九五メガパスカル以上であって、かつ、危険物を移送するための配管の延長が七キロメートル以上のものを除く。）　二万千円

(2) 危険物を移送するための配管に係る最大常用圧力が〇・九五メガパスカ

		ル以上であって、かつ、危険物を移送するための配管の延長が七キロメートル以上十五キロメートル以下の移送取扱所　八万七千円 (3) 危険物を移送するための配管の延長が十五キロメートルを超える移送取扱所　八万七千円に危険物を移送するための配管の延長が十五キロメートル又は十五キロメートルに満たない端数を増すごとに二万二千円を加えた金額 へ 一般取扱所の設置の許可の申請に係る審査　次に掲げる一般取扱所の区分に応じ、それぞれ次に定める金額 (1) 指定数量の倍数が十以下の一般取扱所　三万九千円 (2) 指定数量の倍数が十を超え五十以下の一般取扱所　五万二千円 (3) 指定数量の倍数が五十を超え百以下の一般取扱所　六万六千円 (4) 指定数量の倍数が百を超え二百以下の一般取扱所　七万七千円 (5) 指定数量の倍数が二百を超える一般取扱所　九万二千円
十七 消防法第十一条第一項後段の規定に基づく危険物の製造所、貯蔵所又は取扱所の位置、構造又は設備の変更の許可に関する事務	1 消防法第十一条第一項後段の規定に基づく製造所の位置、構造又は設備の変更の許可の申請に対する審査	十六の項の1の下欄に掲げる製造所の区分に応じ、それぞれ当該手数料の金額の二分の一に相当する金額
	2 消防法第十一条第一項後段の規定に基づく貯蔵所の位置、構造又は設備の変更の許可の申請に対する審査	十六の項の2の下欄に掲げる貯蔵所の区分（特定屋外タンク貯蔵所、準特定屋外タンク貯蔵所又は岩盤タンクに係る屋外タンク貯蔵所にあっては、総務省令で定める場合には、十六の項の2のロに掲げる屋外タンク貯蔵所の区分）に応じ、それぞれ当該手数料の金額の二分の一に相当する金額
	3 消防法第十一条第一項後段の規定に基づく取扱所の位置、構造又は設備の変更の許可の申請に対する審査	十六の項の3の下欄に掲げる取扱所の区分に応じ、それぞれ当該手数料の金額の二分の一に相当する金額
十八 消防法第十一条第五項及び危険物の規制に関する政令（昭和三十四年政令第三百六号）第八条第三項の規定に基づく危険物の製造所、貯蔵所又は取扱所の完成検査に関する事務	1 消防法第十一条第五項の規定に基づく製造所の設置の許可に係る完成検査	十六の項の1の下欄に掲げる製造所の区分に応じ、それぞれ当該手数料の金額の二分の一に相当する金額
	2 消防法第十一条第五項の規定に基づく貯蔵所の設置の許可に係る完成検査	イ 屋外タンク貯蔵所にあっては、十六の項の2のロに掲げる屋外タンク貯蔵所の区分に応じ、それぞれ当該手数料の金額の二分の一に相当する金額 ロ その他の貯蔵所にあっては、十六の項の2の下欄に

事務		
		掲げる貯蔵所の区分に応じ、それぞれ当該手数料の金額の二分の一に相当する金額
	3 消防法第十一条第五項の規定に基づく取扱所の設置の許可に係る完成検査	十六の項の3の下欄に掲げる取扱所の区分に応じ、それぞれ当該手数料の金額の二分の一に相当する金額
	4 消防法第十一条第五項の規定に基づく製造所の位置、構造又は設備の変更の許可に係る完成検査	十六の項の1の下欄に掲げる製造所の区分に応じ、それぞれ当該手数料の金額の四分の一に相当する金額
	5 消防法第十一条第五項の規定に基づく貯蔵所の位置、構造又は設備の変更の許可に係る完成検査	イ 屋外タンク貯蔵所にあっては、十六の項の2のロに掲げる屋外タンク貯蔵所の区分に応じ、それぞれ当該手数料の金額の四分の一に相当する金額 ロ その他の貯蔵所にあっては、十六の項の2の下欄に掲げる貯蔵所の区分に応じ、それぞれ当該手数料の金額の四分の一に相当する金額
	6 消防法第十一条第五項の規定に基づく取扱所の位置、構造又は設備の変更の許可に係る完成検査	十六の項の3の下欄に掲げる取扱所の区分に応じ、それぞれ当該手数料の金額の四分の一に相当する金額

十九 消防法第十一条第五項ただし書の規定に基づく危険物の製造所、貯蔵所又は取扱所の仮使用の承認に関する事務	消防法第十一条第五項ただし書の規定に基づく製造所、貯蔵所又は取扱所の仮使用の承認の申請に対する審査	五千四百円
二十 消防法第十一条の二第一項及び危険物の規制に関する政令第八条の二第七項の規定に基づく危険物の製造所、貯蔵所又は取扱所の完成検査前検査に関する事務	1 消防法第十一条の二第一項の規定に基づく製造所、貯蔵所又は取扱所の設置の許可に係る完成検査前検査	イ 水張検査 次に掲げるタンクの区分に応じ、それぞれ次に定める金額 (1) 容量一万リットル以下のタンク 六千円 (2) 容量一万リットルを超え百万リットル以下のタンク 一万千円 (3) 容量百万リットルを超え二百万リットル以下のタンク 一万五千円 (4) 容量二百万リットルを超えるタンク 一万五千円に百万リットル又は百万リットルに満たない端数を増すごとに四千四百円を加えた金額 ロ 水圧検査 次に掲げるタンクの区分に応じ、それぞれ次に定める金額 (1) 容量六百リットル以下のタンク 六千円 (2) 容量六百リットルを超え一万リットル以下のタンク 一万千円 (3) 容量一万リットルを超え二万リットル以下のタンク 一万五千円

(4) 容量二万リットルを超えるタンク　一万五千円に一万リットル又は一万リットルに満たない端数を増すごとに四千四百円を加えた金額

ハ　基礎・地盤検査　次に掲げる特定屋外タンク貯蔵所の区分に応じ、それぞれ次に定める金額

(1) 危険物の貯蔵最大数量が千キロリットル以上五千キロリットル未満の特定屋外タンク貯蔵所　四十二万円

(2) 危険物の貯蔵最大数量が五千キロリットル以上一万キロリットル未満の特定屋外タンク貯蔵所　五十六万円

(3) 危険物の貯蔵最大数量が一万キロリットル以上五万キロリットル未満の特定屋外タンク貯蔵所　七十三万円

(4) 危険物の貯蔵最大数量が五万キロリットル以上十万キロリットル未満の特定屋外タンク貯蔵所　九十六万円

(5) 危険物の貯蔵最大数量が十万キロリットル以上二十万キロリットル未満の特定屋外タンク貯蔵所　百九万円

(6) 危険物の貯蔵最大数量が二十万キロリットル以上三十万キロリットル未満の特定屋外タンク貯蔵所　百六十六万円

(7) 危険物の貯蔵最大数量が三十万キロリットル以上四十万キロリットル未満の特定屋外タンク貯蔵所　百九十万円

(8) 危険物の貯蔵最大数量が四十万キロリットル以上の特定屋外タンク貯蔵所　二百十二万円

ニ　溶接部検査　次に掲げる特定屋外タンク貯蔵所の区分に応じ、それぞれ次に定める金額

(1) 危険物の貯蔵最大数量が千キロリットル以上五千キロリットル未満の特定屋外タンク貯蔵所　五十三万円

(2) 危険物の貯蔵最大数量が五千キロリットル以上一万キロリットル未満の特定屋外タンク貯蔵所　六十八万円

(3) 危険物の貯蔵最大数量が一万キロリットル以上五万キロリットル未満の特定屋外タンク貯蔵所　百三万円

(4) 危険物の貯蔵最大数量が五万キロリットル以上十万キロリットル未満の特定屋外タンク貯蔵所　百四十一万円

(5) 危険物の貯蔵最大数量が十万キロリットル以上二十万キロリットル未満の特定屋外タンク貯蔵所　百七十八万円

(6) 危険物の貯蔵最大数量

2　消防法第十一条の二第一項の規定に基づく製造所、貯蔵所又は取扱所の位置、構造又は設備の変更の許可に係る完成検

が二十万キロリットル以上三十万キロリットル未満の特定屋外タンク貯蔵所　三百四十三万円

(7)　危険物の貯蔵最大数量が三十万キロリットル以上四十万キロリットル未満の特定屋外タンク貯蔵所　四百十九万円

(8)　危険物の貯蔵最大数量が四十万キロリットル以上の特定屋外タンク貯蔵所　四百八十万円

ホ　岩盤タンク検査　次に掲げる屋外タンク貯蔵所の区分に応じ、それぞれ次に定める金額

(1)　危険物の貯蔵最大数量が四十万キロリットル未満の屋外タンク貯蔵所　九百三十二万円

(2)　危険物の貯蔵最大数量が四十万キロリットル以上五十万キロリットル未満の屋外タンク貯蔵所　千二百六十万円

(3)　危険物の貯蔵最大数量が五十万キロリットル以上の屋外タンク貯蔵所　千七百三十万円

イ　水張検査　この項の1のイに掲げるタンクの区分に応じ、それぞれ当該手数料の金額と同一の金額

ロ　水圧検査　この項の1のロに掲げるタンクの区分に応じ、それぞれ当該手数料の金額と同一の金額

査前検査

ハ　基礎・地盤検査　この項の1のハに掲げる特定屋外タンク貯蔵所の区分に応じ、それぞれ当該手数料の金額の二分の一に相当する金額

ニ　溶接部検査　この項の1のニに掲げる特定屋外タンク貯蔵所の区分に応じ、それぞれ当該手数料の金額の二分の一に相当する金額

ホ　岩盤タンク検査　この項の1のホに掲げる屋外タンク貯蔵所の区分に応じ、それぞれ当該手数料の金額の二分の一に相当する金額

二十一　消防法第十三条の二第三項、第十三条の三第三項及び第十三条の二十三並びに危険物の規制に関する政令第三十四条及び第三十五条第一項の規定に基づく危険物取扱者に関する事務

1　消防法第十三条の二第三項の規定に基づく危険物取扱者免状の交付　二千九百円

2　危険物の規制に関する政令第三十四条の規定に基づく危険物取扱者免状の書換え　七百円（危険物の規制に関する政令第三十三条第五号に掲げる事項に係る書換えにあっては、総務省令で定める金額）

3　危険物の規制に関する政令第三十五条第一項の規定に基づく危険物取扱者免状の再交付　千九百円

4　消防法第十三条の三第三

イ　甲種危険物取扱者試験　七千二百円

	項の規定に基づく危険物取扱者試験の実施	ロ　乙種危険物取扱者試験　五千三百円 ハ　丙種危険物取扱者試験　四千二百円
	5　消防法第十三条の二十三の規定に基づく危険物の取扱作業の保安に関する講習	五千三百円
二十二　消防法第十四条の三第一項及び第二項の規定に基づく特定屋外タンク貯蔵所又は移送取扱所の保安に関する検査に関する事務	消防法第十四条の三第一項又は第二項の規定に基づく特定屋外タンク貯蔵所又は移送取扱所の保安に関する検査	イ　特定屋外タンク貯蔵所（岩盤タンクに係る屋外タンク貯蔵所を除く。）の保安に関する検査　次に掲げる特定屋外タンク貯蔵所の区分に応じ、それぞれ次に定める金額 (1)　危険物の貯蔵最大数量が千キロリットル以上五千キロリットル未満の特定屋外タンク貯蔵所　三十二万円 (2)　危険物の貯蔵最大数量が五千キロリットル以上一万キロリットル未満の特定屋外タンク貯蔵所　四十六万円 (3)　危険物の貯蔵最大数量が一万キロリットル以上五万キロリットル未満の特定屋外タンク貯蔵所　七十五万円 (4)　危険物の貯蔵最大数量が五万キロリットル以上十万キロリットル未満の特定屋外タンク貯蔵所　百二万円 (5)　危険物の貯蔵最大数量が十万キロリットル以上二十万キロリットル未満の特定屋外タンク貯蔵所　百三十万円 (6)　危険物の貯蔵最大数量が二十万キロリットル以上三十万キロリットル未満の特定屋外タンク貯蔵所　三百十五万円 (7)　危険物の貯蔵最大数量が三十万キロリットル以上四十万キロリットル未満の特定屋外タンク貯蔵所　三百八十七万円 (8)　危険物の貯蔵最大数量が四十万キロリットル以上の特定屋外タンク貯蔵所　四百四十六万円 ロ　岩盤タンクに係る特定屋外タンク貯蔵所の保安に関する検査　次に掲げる特定屋外タンク貯蔵所の区分に応じ、それぞれ次に定める金額 (1)　危険物の貯蔵最大数量が千キロリットル以上四十万キロリットル未満の特定屋外タンク貯蔵所　二百六十九万円 (2)　危険物の貯蔵最大数量が四十万キロリットル以上五十万キロリットル未満の特定屋外タンク貯蔵所　三百二十三万円 (3)　危険物の貯蔵最大数量が五十万キロリットル以上の特定屋外タンク貯蔵所　四百八十三万円 ハ　移送取扱所の保安に関す

		る検査 次に掲げる移送取扱所の区分に応じ、それぞれ次に定める金額 (1) 危険物を移送するための配管に係る最大常用圧力が〇・九五メガパスカル以上であって、かつ、危険物を移送するための配管の延長が七キロメートル以上十五キロメートル以下の移送取扱所　七万円 (2) 危険物を移送するための配管の延長が十五キロメートルを超える移送取扱所　七万円に危険物を移送するための配管の延長が十五キロメートル又は十五キロメートルに満たない端数を増すごとに一万七千円を加えた金額
二十三　消防法第十七条の七第一項、第十七条の八第三項及び第十七条の十並びに消防法施行令（昭和三十六年政令第三十七号）第三十六条の五及び第三十六条の六第一項の規定に基づく消防設備士に関する事務	1　消防法第十七条の七第一項の規定に基づく消防設備士免状の交付	二千九百円
	2　消防法施行令第三十六条の五の規定に基づく消防設備士免状の書換え	七百円（消防法施行令第三十六条の四第五号に掲げる事項に係る書換えにあっては、総務省令で定める金額）
	3　消防法施行令第三十六条の六第一項の規定に基づく消防設備士免状の再交付	千九百円
	4　消防法第十七条の八第三項の規定に基づく消防設備士試験の実施	イ　甲種消防設備士試験　六千六百円 ロ　乙種消防設備士試験　四千四百円
	5　消防法第十七条の十の規定に基づく工事整備対象設備等の工事又は整備に関する講習	七千円

備考

一　この表中の用語の意義及び字句の意味は、それぞれ上欄に規定する法律（これに基づく政令を含む。）又は政令における用語の意義及び字句の意味によるものとする。

二　この表の下欄に掲げる金額は、当該下欄に特別の計算単位の定めのあるものについてはその計算単位についての金額とし、その他のものについては一件についての金額とする。

附　則

1　この政令は、平成十二年四月一日から施行する。

2　地方公共団体手数料令（昭和三十年政令第三百三十号）は、廃止する。

○地方公共団体の手数料の標準に関する政令に規定する総務省令で定める金額等を定める省令〔抄〕

（平成十二年二月四日　自治省令第五号）

〔最終改正〕令和五年一二月六日　総務省令第八二号

地方公共団体の手数料の標準に関する政令（平成十二年政令第十六号）の規定に基づき、地方公共団体の手数料の標準に関する政令に規定する自治省令で定める金額等を定める省令を次のように定める。

地方公共団体の手数料の標準に関する政令に規定する総務省令で定める金額等を定める省令

第一条　この省令において使用する用語は、地方公共団体の手数料の標準に関する政令（以下「令」という。）において使用する用語の例による。

第一条の三　令本則の表十六の項の2の下欄の浮き屋根を有する特定屋外貯蔵タンクのうち総務省令で定めるものは、危険物の規制に関する規則（昭和三十四年総理府令第五十五号。以下次条及び第二条において「規則」という。）第二十条の四第二項第三号に定める構造を有しなければならない特定屋外貯蔵タンクとする。

第一条の四　令本則の表十六の項の2の下欄の浮き蓋付きの特定屋外貯蔵タンクのうち総務省令で定めるものは、規則第二十二条の二第一号ハに定める構造を有しなければならない特定屋外貯蔵タンクとする。

第二条　令本則の表十七の項の2の下欄の総務省令で定める場合は、次の各号に掲げる屋外タンク貯蔵所の区分に応じ、当該各号に定める場合とする。

一　特定屋外タンク貯蔵所及び準特定屋外タンク貯蔵所（次号に掲げるものを除く。）　屋外貯蔵タンクのタンク本体並びに基礎及び地盤（地中タンク（規則第四条第三項第四号に規定する地中タンクをいう。）に係る特定屋外タンク貯蔵所及び準特定屋外タンク貯蔵所にあってはタンク本体及び地盤、海上タンク（規則第三条第二項第一号に規定する海上タンクをいう。）に係る特定屋外タンク貯蔵所及び準特定屋外タンク貯蔵所にあってはタンク本体及び定置設備（規則第四条第三項第六号の二に規定する定置設備をいう。）（定置設備の地盤を含む。））の変更以外の変更に係る消防法（昭和二十三年法律第百八十六号）第十一条第一項後段の規定に基づく変更の許可の申請（以下この条において「変更許可申請」という。）に係る審査の場合

二　岩盤タンクに係る屋外タンク貯蔵所　岩盤タンクのタンク本体の変更以外の変更に係る変更許可申請に係る審査の場合

三　危険物の規制に関する政令等の一部を改正する政令（平成六年政令第二百十四号。以下この号及び次号において「六年政令」という。）附則第七項に規定する旧基準の特定屋外タンク貯蔵所（同項第一号に掲げるものに限る。）　平成二十一年十二月三十一日（同項第一号括弧書に掲げる旧基準の特定屋外タンク貯蔵所にあっては、当該旧基準の特定屋外タンク貯蔵所における危険物の貯蔵及び取扱いを再開する日の前日。これらの日前に当該旧基準の特定屋外タンク貯蔵所の構造及び設備が六年政令附則第二項第一号に規定する新基準（以下この号及び次号において「六年新基準」という。）に適合することとなった場合にあっては、当該適合することとなった日）までに行われた変更許可申請（当該旧基準の特定屋外タンク貯蔵所の構造及び設備を六年新基準に適合

させるためのもの、第一条の二に規定する特定屋外貯蔵タンクに係る特定屋外タンク貯蔵所の浮き屋根に係るもの並びに前条に規定する特定屋外貯蔵タンクに係る特定屋外タンク貯蔵所の浮き蓋に係るものを除く。）に係る審査の場合

四　六年政令附則第七項に規定する旧基準の特定屋外タンク貯蔵所（同項第二号に掲げるものに限る。）　平成二十五年十二月三十一日（同項第二号括弧書に掲げる旧基準の特定屋外タンク貯蔵所にあっては、当該旧基準の特定屋外タンク貯蔵所における危険物の貯蔵及び取扱いを再開する日の前日。これらの日前に当該旧基準の特定屋外タンク貯蔵所の構造及び設備が六年新基準に適合することとなった場合にあっては、当該適合することとなった日）までに行われた変更許可申請（当該旧基準の特定屋外タンク貯蔵所の構造及び設備を六年新基準に適合させるためのもの、第一条の二に規定する特定屋外貯蔵タンクに係る特定屋外タンク貯蔵所の浮き屋根に係るもの並びに前条に規定する特定屋外貯蔵タンクに係る特定屋外タンク貯蔵所の浮き蓋に係るものを除く。）に係る審査の場合

五　危険物の規制に関する政令の一部を改正する政令（平成十一年政令第三号。以下この号において「十一年政令」という。）附則第二項に規定する旧基準の準特定屋外タンク貯蔵所（同項第一号に掲げるものに限る。）　平成二十九年三月三十一日（同項第一号括弧書に掲げる旧基準の準特定屋外タンク貯蔵所にあっては、当該旧基準の準特定屋外タンク貯蔵所における危険物の貯蔵及び取扱いを再開する日の前日。これらの日前に当該旧基準の準特定屋外タンク貯蔵所の構造及び設備が十一年政令附則第二項に規定する新基準（以下この号において「十一年新基準」という。）に適合することとなった場合にあっては、当該適合することとなった日）までに行われた変更許可申請（当該旧基準の準特定屋外タンク貯蔵所の構造及び設備を十一年新基準に適合させるためのものを除く。）に係る審査の場合

第三条　令本則の表二十一の項の2の下欄の総務省令で定める額は、千六百円とする。

第四条　令本則の表二十三の項の2の下欄の総務省令で定める額は、千六百円とする。

附　則

この省令は、平成十二年四月一日から施行する。

○災害対策基本法

（昭和三十六年十一月十五日法律第二百二十三号）

〔改正経過〕

昭和三七年　四月　四日　法律第　六八号
昭和三七年　四月　五日　法律第　七三号
昭和三七年　五月　八日　法律第一〇九号
昭和四三年　五月一七日　法律第　五一号
昭和四四年　六月　三日　法律第　三八号
昭和四八年　七月二四日　法律第　六一号
昭和四九年　六月　一日　法律第　七一号
昭和五一年　六月　一日　法律第　四七号
昭和五三年　四月二六日　法律第　二九号
昭和五三年　六月一五日　法律第　七三号
昭和五五年　五月二八日　法律第　六三号
昭和五七年　七月一六日　法律第　六六号
昭和五八年一二月　二日　法律第　七八号
昭和五八年一二月　二日　法律第　八〇号
昭和五九年　八月一〇日　法律第　七一号
昭和五九年一二月二五日　法律第　八七号
昭和六一年一二月　四日　法律第　九三号
昭和六一年一二月二六日　法律第一〇九号
平成　元年　六月二八日　法律第　五五号
平成　二年　六月二七日　法律第　五〇号
平成　七年　六月一六日　法律第一一〇号
平成　七年一二月　八日　法律第一三二号
平成　九年　六月二〇日　法律第　九八号
平成一一年　五月二八日　法律第　五四号
平成一一年　七月一六日　法律第　八七号
平成一一年　七月一六日　法律第一〇二号
平成一一年一二月二二日　法律第一六〇号
平成一一年一二月二二日　法律第二二〇号
平成一二年　五月三一日　法律第　九八号
平成一二年　五月三一日　法律第　九九号
平成一四年　七月一九日　法律第　九〇号
平成一四年　七月三一日　法律第　九八号
平成一五年　三月三一日　法律第　二一号
平成一五年　五月三〇日　法律第　五三号
平成一五年　六月一八日　法律第　九二号
平成一五年　七月一六日　法律第一一九号
平成一六年　四月二一日　法律第　三六号
平成一七年　三月三〇日　法律第　　七号
平成一七年　五月　二日　法律第　三七号
平成一七年　七月二九日　法律第　八九号
平成一七年一〇月二一日　法律第一〇二号
平成一八年　六月　七日　法律第　五三号
平成一八年　六月一四日　法律第　六八号
平成一八年一二月二二日　法律第一一八号
平成一九年　三月三一日　法律第　二一号
平成二二年一二月　三日　法律第　六五号
平成二三年　五月　二日　法律第　三七号
平成二三年　八月三〇日　法律第一〇五号
平成二三年一二月一四日　法律第一二四号
平成二四年　六月二七日　法律第　四一号
平成二五年　六月一二日　法律第　三五号
平成二五年　六月一四日　法律第　四四号
平成二五年　六月二一日　法律第　五四号
平成二六年　六月一三日　法律第　六七号
平成二六年一一月二一日　法律第一一四号
平成二七年　五月二〇日　法律第　二二号
平成二七年　七月　八日　法律第　五二号
平成二七年　七月一七日　法律第　五八号
平成二七年　九月一一日　法律第　六六号
平成二八年　五月二〇日　法律第　四七号
平成三〇年　六月二七日　法律第　六六号
令和　三年　五月一〇日　法律第　三〇号
令和　三年　五月一九日　法律第　三六号
令和　四年　六月一七日　法律第　六八号
令和　五年　五月二六日　法律第　三四号
令和　五年　六月一六日　法律第　五八号

注　令和四年六月一七日法律第六八号による罰則の改正は、令和七年六月一日から施行のため、附則の次に（参考）として改正文を掲載いたしました。

災害対策基本法をここに公布する。

災害対策基本法

目次

第一章　総則

（目的）

第一条　この法律は、国土並びに国民の生命、身体及び財産を災害から保護するため、防災に関し、基本理念を定め、国、地方公共団体及びその他の公共機関を通じて必要な体制を確立し、責任の所在を明確にするとともに、防災計画の作成、災害予防、災害応急対策、災害復旧及び防災に関する財政金融措置その他必要な災害対策の基本を定めることにより、総合的かつ計画的な防災行政の整備及び推進を図り、もつて社会の秩序の維持と公共の福祉の確保に資することを目的とする。

（定義）

第二条 この法律において、次の各号に掲げる用語の意義は、それぞれ当該各号に定めるところによる。

一　災害　暴風、竜巻、豪雨、豪雪、洪水、崖崩れ、土石流、高潮、地震、津波、噴火、地滑りその他の異常な自然現象又は大規模な火事若しくは爆発その他その及ぼす被害の程度においてこれらに類する政令で定める原因により生ずる被害をいう。

二　防災　災害を未然に防止し、災害が発生した場合における被害の拡大を防ぎ、及び災害の復旧を図ることをいう。

三　指定行政機関　次に掲げる機関で内閣総理大臣が指定するものをいう。

イ　内閣府、宮内庁並びに内閣府設置法（平成十一年法律第八十九号）第四十九条第一項及び第二項に規定する機関、デジタル庁並びに国家行政組織法（昭和二十三年法律第百二十号）第三条第二項に規定する機関

ロ　内閣府設置法第三十七条及び第五十四条並びに宮内庁法（昭和二十二年法律第七十号）第十六条第一項並びに国家行政組織法第八条に規定する機関

ハ　内閣府設置法第三十九条及び第五十五条並びに宮内庁法第十六条第二項並びに国家行政組織法第八条の二に規定する機関

ニ　内閣府設置法第四十条及び第五十六条並びに国家行政組織法第八条の三に規定する機関

四　指定地方行政機関　指定行政機関の地方支分部局（内閣府設置法第四十三条及び第五十七条（宮内庁法第十八条第一項において準用する場合を含む。）並びに宮内庁法第十七条第一項並びに国家行政組織法第九条の地方支分部局をいう。）その他の国の地方行政機関で、内閣総理大臣が指定するものをいう。

五　指定公共機関　独立行政法人（独立行政法人通則法（平成十一年法律第百三号）第二条第一項に規定する独立行政法人をいう。）、日本銀行、日本赤十字社、日本放送協会その他の公共的機関及び電気、ガス、輸送、通信その他の公益的事業を営む法人で、内閣総理大臣が指定するものをいう。

六　指定地方公共機関　地方独立行政法人（地方独立行政法人法（平成十五年法律第百十八号）第二条第一項に規定する地方独立行政法人をいう。）及び港湾法（昭和二十五年法律第二百十八号）第四条第一項の港務局（第八十二条第一項において「港務局」という。）、土地改良法（昭和二十四年法律第百九十五号）第五条第一項の土地改良区その他の公共的施設の管理者並びに都道府県の地域において電気、ガス、輸送、通信その他の公益的事業を営む法人で、当該都道府県の知事が指定するものをいう。

七　防災計画　防災基本計画及び防災業務計画並びに地域防災計画をいう。

八　防災基本計画　中央防災会議が作成する防災に関する基本的な計画をいう。

九　防災業務計画　指定行政機関の長（当該指定行政機関が内閣府設置法第四十九条第一項若しくは第二項若しくは国家行政組織法第三条第二項の委員会若しくは第三号ロに掲げる機関又は同号ニに掲げる機関のうち合議制のものである場合にあつては、当該指定行政機関。第十二条第八項、第二十五条第六項第二号、第二十八条第二項、第二十八条の三第六項第三号及び第二十八条の六第二項を除き、以下同じ。）又は指定公共機関（指定行政機関の長又は指定公共機関から委任された事務又は業務については、当該委任を受けた指定地方行政機関の長又は指定地方公共機関）が防災基本計画に基づきその所掌事務又は業務について作成する防災に関する計画をいう。

十　地域防災計画　一定地域に係る防災に関する計画で、次に掲げるものをいう。

イ　都道府県地域防災計画　都道府県の地域につき、当該都道府県の都道府県防災会議が作成するもの
ロ　市町村地域防災計画　市町村の地域につき、当該市町村の市町村防災会議又は市町村長が作成するもの
ハ　都道府県相互間地域防災計画　二以上の都道府県の区域の全部又は一部にわたる地域につき、都道府県防災会議の協議会が作成するもの
ニ　市町村相互間地域防災計画　二以上の市町村の区域の全部又は一部にわたる地域につき、市町村防災会議の協議会が作成するもの

（基本理念）
第二条の二　災害対策は、次に掲げる事項を基本理念として行われるものとする。
一　我が国の自然的特性に鑑み、人口、産業その他の社会経済情勢の変化を踏まえ、災害の発生を常に想定するとともに、災害が発生した場合における被害の最小化及びその迅速な回復を図ること。
二　国、地方公共団体及びその他の公共機関の適切な役割分担及び相互の連携協力を確保するとともに、これと併せて、住民一人一人が自ら行う防災活動及び自主防災組織（住民の隣保協同の精神に基づく自発的な防災組織をいう。以下同じ。）その他の地域における多様な主体が自発的に行う防災活動を促進すること。
三　災害に備えるための措置を適切に組み合わせて一体的に講ずること並びに科学的知見及び過去の災害から得られた教訓を踏まえて絶えず改善を図ること。
四　災害の発生直後その他必要な情報を収集することが困難なときであつても、できる限り的確に災害の状況を把握し、これに基づき人材、物資その他の必要な資源を適切に配分することにより、人の生命及び身体を最も優先して保護すること。
五　被災者による主体的な取組を阻害することのないよう配慮しつつ、被災者の年齢、性別、障害の有無その他の被災者の事情を踏まえ、その時期に応じて適切に被災者を援護すること。
六　災害が発生したときは、速やかに、施設の復旧及び被災者の援護を図り、災害からの復興を図ること。

（国の責務）
第三条　国は、前条の基本理念（以下「基本理念」という。）にのつとり、国土並びに国民の生命、身体及び財産を災害から保護する使命を有することに鑑み、組織及び機能の全てを挙げて防災に関し万全の措置を講ずる責務を有する。
2　国は、前項の責務を遂行するため、災害予防、災害応急対策及び災害復旧の基本となるべき計画を作成し、及び法令に基づきこれを実施するとともに、地方公共団体、指定公共機関、指定地方公共機関等が処理する防災に関する事務又は業務の実施の推進とその総合調整を行ない、及び災害に係る経費負担の適正化を図らなければならない。
3　指定行政機関及び指定地方行政機関は、その所掌事務を遂行するにあたつては、第一項に規定する国の責務が十分に果たされることとなるように、相互に協力しなければならない。
4　指定行政機関の長及び指定地方行政機関の長は、この法律の規定による都道府県及び市町村の地域防災計画の作成及び実施が円滑に行なわれるように、その所掌事務について、当該都道府県又は市町村に対し、勧告し、指導し、助言し、その他適切な措置をとらなければならない。

（都道府県の責務）
第四条　都道府県は、基本理念にのつとり、当該都道府県の地域並びに当該都道府県の住民の生命、身体及び財産を災害から保護するた

め、関係機関及び他の地方公共団体の協力を得て、当該都道府県の地域に係る防災に関する計画を作成し、及び法令に基づきこれを実施するとともに、その区域内の市町村及び指定地方公共機関が処理する防災に関する事務又は業務の実施を助け、かつ、その総合調整を行う責務を有する。

２　都道府県の機関は、その所掌事務を遂行するにあたつては、前項に規定する都道府県の責務が十分に果たされることとなるように、相互に協力しなければならない。

（市町村の責務）

第五条　市町村は、基本理念にのつとり、基礎的な地方公共団体として、当該市町村の地域並びに当該市町村の住民の生命、身体及び財産を災害から保護するため、関係機関及び他の地方公共団体の協力を得て、当該市町村の地域に係る防災に関する計画を作成し、及び法令に基づきこれを実施する責務を有する。

２　市町村長は、前項の責務を遂行するため、消防機関、水防団その他の組織の整備並びに当該市町村の区域内の公共的団体その他の防災に関する組織及び自主防災組織の充実を図るほか、住民の自発的な防災活動の促進を図り、市町村の有する全ての機能を十分に発揮するように努めなければならない。

３　消防機関、水防団その他市町村の機関は、その所掌事務を遂行するにあたつては、第一項に規定する市町村の責務が十分に果たされることとなるように、相互に協力しなければならない。

（地方公共団体相互の協力）

第五条の二　地方公共団体は、第四条第一項及び前条第一項に規定する責務を十分に果たすため必要があるときは、相互に協力するように努めなければならない。

（国及び地方公共団体とボランティアとの連携）

第五条の三　国及び地方公共団体は、ボランティアによる防災活動が災害時において果たす役割の重要性に鑑み、その自主性を尊重しつつ、ボランティアとの連携に努めなければならない。

（指定公共機関及び指定地方公共機関の責務）

第六条　指定公共機関及び指定地方公共機関は、基本理念にのつとり、その業務に係る防災に関する計画を作成し、及び法令に基づきこれを実施するとともに、この法律の規定による国、都道府県及び市町村の防災計画の作成及び実施が円滑に行われるように、その業務について、当該都道府県又は市町村に対し、協力する責務を有する。

２　指定公共機関及び指定地方公共機関は、その業務の公共性又は公益性にかんがみ、それぞれその業務を通じて防災に寄与しなければならない。

（住民等の責務）

第七条　地方公共団体の区域内の公共的団体、防災上重要な施設の管理者その他法令の規定による防災に関する責務を有する者は、基本理念にのつとり、法令又は地域防災計画の定めるところにより、誠実にその責務を果たさなければならない。

２　災害応急対策又は災害復旧に必要な物資若しくは資材又は役務の供給又は提供を業とする者は、基本理念にのつとり、災害時においてもこれらの事業活動を継続的に実施するとともに、当該事業活動に関し、国又は地方公共団体が実施する防災に関する施策に協力するように努めなければならない。

３　前二項に規定するもののほか、地方公共団体の住民は、基本理念にのつとり、食品、飲料水その他の生活必需物資の備蓄その他の自ら災害に備えるための手段を講ずるとともに、防災訓練その他の自発的な防災活動への参加、過去の災害から得られた教訓の伝承その他の取組により防災に寄与するように努めなければならない。

（施策における防災上の配慮等）

第八条　国及び地方公共団体は、その施策が、直接的なものであると間接的なものであるとを問わず、一体として国土並びに国民の生命、身体及び財産の災害をなくすることに寄与することとなるように意を用いなければならない。

２　国及び地方公共団体は、災害の発生を予防し、又は災害の拡大を防止するため、特に次に掲げる事項の実施に努めなければならない。

一　災害及び災害の防止に関する科学的研究とその成果の実現に関する事項
二　治山、治水その他の国土の保全に関する事項
三　建物の不燃堅牢化その他都市の防災構造の改善に関する事項
四　交通、情報通信等の都市機能の集積に対応する防災対策に関する事項
五　防災上必要な気象、地象及び水象の観測、予報、情報その他の業務に関する施設及び組織並びに防災上必要な通信に関する施設及び組織の整備に関する事項
六　災害の予報及び警報の改善に関する事項
七　地震予知情報（大規模地震対策特別措置法（昭和五十三年法律第七十三号）第二条第三号の地震予知情報をいう。）を周知させるための方法の改善に関する事項
八　気象観測網の充実についての国際的協力に関する事項
九　台風に対する人為的調節その他防災上必要な研究、観測及び情報交換についての国際的協力に関する事項
十　火山現象等による長期的災害に対する対策に関する事項
十一　水防、消防、救助その他災害応急措置に関する施設及び組織の整備に関する事項
十二　地方公共団体の相互応援、第六十一条の四第三項に規定する広域避難及び第八十六条の八第一項に規定する広域一時滞在に関する協定並びに民間の団体の協力の確保に関する協定の締結に関する事項
十三　自主防災組織の育成、ボランティアによる防災活動の環境の整備、過去の災害から得られた教訓を伝承する活動の支援その他国民の自発的な防災活動の促進に関する事項
十四　被災者の心身の健康の確保、居住の場所の確保その他被災者の保護に関する事項
十五　高齢者、障害者、乳幼児その他の特に配慮を要する者（以下「要配慮者」という。）に対する防災上必要な措置に関する事項
十六　海外からの防災に関する支援の受入れに関する事項
十七　被災者に対する的確な情報提供及び被災者からの相談に関する事項
十八　防災上必要な教育及び訓練に関する事項
十九　防災思想の普及に関する事項

（政府の措置及び国会に対する報告）

第九条　政府は、この法律の目的を達成するため必要な法制上、財政上及び金融上の措置を講じなければならない。

２　政府は、毎年、政令で定めるところにより、防災に関する計画及び防災に関してとつた措置の概況を国会に報告しなければならない。

（他の法律との関係）

第一〇条　防災に関する事務の処理については、他の法律に特別の定めがある場合を除くほか、この法律の定めるところによる。

第二章　防災に関する組織

第一節　中央防災会議

（中央防災会議の設置及び所掌事務）
第一一条　内閣府に、中央防災会議を置く。
2　中央防災会議は、次に掲げる事務をつかさどる。
一　防災基本計画を作成し、及びその実施を推進すること。
二　内閣総理大臣又は内閣府設置法第九条の二に規定する特命担当大臣（以下「防災担当大臣」という。）の諮問に応じて防災に関する重要事項を審議すること。
三　前号に規定する重要事項に関し、内閣総理大臣又は防災担当大臣に意見を述べること。
四　前三号に掲げるもののほか、法令の規定によりその権限に属する事務
3　内閣総理大臣は、次に掲げる事項については、中央防災会議に諮問しなければならない。
一　防災の基本方針
二　防災に関する施策の総合調整で重要なもの
三　非常災害又は第二十三条の三第一項に規定する特定災害に際し一時的に必要とする緊急措置の大綱
四　災害緊急事態の布告
五　その他内閣総理大臣が必要と認める防災に関する重要事項

（中央防災会議の組織）
第一二条　中央防災会議は、会長及び委員をもつて組織する。
2　会長は、内閣総理大臣をもつて充てる。
3　会長は、会務を総理する。
4　会長に事故があるときは、あらかじめその指名する委員がその職務を代理する。
5　委員は、次に掲げる者をもつて充てる。
一　防災担当大臣
二　防災担当大臣以外の国務大臣、内閣危機管理監、指定公共機関の代表者及び学識経験のある者のうちから、内閣総理大臣が任命する者
6　中央防災会議に、専門の事項を調査させるため、専門委員を置くことができる。
7　専門委員は、関係行政機関及び指定公共機関の職員並びに学識経験のある者のうちから、内閣総理大臣が任命する。
8　中央防災会議に、幹事を置き、内閣官房の職員又は指定行政機関の長（国務大臣を除く。）若しくはその職員のうちから、内閣総理大臣が任命する。
9　幹事は、中央防災会議の所掌事務について、会長及び委員を助ける。
10　前各項に定めるもののほか、中央防災会議の組織及び運営に関し必要な事項は、政令で定める。

（関係行政機関等に対する協力要求等）
第一三条　中央防災会議は、その所掌事務に関し、関係行政機関の長及び関係地方行政機関の長、地方公共団体の長その他の執行機関、指定公共機関及び指定地方公共機関並びにその他の関係者に対し、資料の提出、意見の表明その他必要な協力を求めることができる。
2　中央防災会議は、その所掌事務の遂行について、地方防災会議（都道府県防災会議又は市町村防災会議をいう。以下同じ。）又は地方防災会議の協議会（都道府県防災会議の協議会又は市町村防災会議の協議会をいう。以下同じ。）に対し、必要な勧告をすること

ができる。

第二節　地方防災会議

（都道府県防災会議の設置及び所掌事務）

第一四条　都道府県に、都道府県防災会議を置く。

2　都道府県防災会議は、次に掲げる事務をつかさどる。

一　都道府県地域防災計画を作成し、及びその実施を推進すること。

二　都道府県知事の諮問に応じて当該都道府県の地域に係る防災に関する重要事項を審議すること。

三　前号に規定する重要事項に関し、都道府県知事に意見を述べること。

四　当該都道府県の地域に係る災害が発生した場合において、当該災害に係る災害復旧に関し、当該都道府県並びに関係指定地方行政機関、関係市町村、関係指定公共機関及び関係指定地方公共機関相互間の連絡調整を図ること。

五　前各号に掲げるもののほか、法律又はこれに基づく政令によりその権限に属する事務

（都道府県防災会議の組織）

第一五条　都道府県防災会議は、会長及び委員をもつて組織する。

2　会長は、当該都道府県の知事をもつて充てる。

3　会長は、会務を総理する。

4　会長に事故があるときは、あらかじめその指名する委員がその職務を代理する。

5　委員は、次に掲げる者をもつて充てる。

一　当該都道府県の区域の全部又は一部を管轄する指定地方行政機関の長又はその指名する職員

二　当該都道府県を警備区域とする陸上自衛隊の方面総監又はその指名する部隊若しくは機関の長

三　当該都道府県の教育委員会の教育長

四　警視総監又は当該道府県の道府県警察本部長

五　当該都道府県の知事がその部内の職員のうちから指名する者

六　当該都道府県の区域内の市町村の市町村長及び消防機関の長のうちから当該都道府県の知事が任命する者

七　当該都道府県の地域において業務を行う指定公共機関又は指定地方公共機関の役員又は職員のうちから当該都道府県の知事が任命する者

八　自主防災組織を構成する者又は学識経験のある者のうちから当該都道府県の知事が任命する者

6　都道府県防災会議に、専門の事項を調査させるため、専門委員を置くことができる。

7　専門委員は、関係地方行政機関の職員、当該都道府県の職員、当該都道府県の区域内の市町村の職員、関係指定公共機関の職員、関係指定地方公共機関の職員及び学識経験のある者のうちから、当該都道府県の知事が任命する。

8　前各項に定めるもののほか、都道府県防災会議の組織及び運営に関し必要な事項は、政令で定める基準に従い、当該都道府県の条例で定める。

（市町村防災会議）

第一六条　市町村に、当該市町村の地域に係る地域防災計画を作成し、及びその実施を推進するほか、市町村長の諮問に応じて当該市町村の地域に係る防災に関する重要事項を審議するため、市町村防災会議を置く。

2　前項に規定するもののほか、市町村は、協議により規約を定め、

共同して市町村防災会議を設置することができる。

3　市町村は、前項の規定により市町村防災会議を共同して設置したときその他市町村防災会議を設置することが不適当又は困難であるときは、第一項の規定にかかわらず、市町村防災会議を設置しないことができる。

4　市町村は、前項の規定により市町村防災会議を設置しないこととしたとき（第二項の規定により市町村防災会議を共同して設置したときを除く。）は、速やかにその旨を都道府県知事に報告しなければならない。

5　都道府県知事は、前項の規定による報告を受けたときは、都道府県防災会議の意見を聴くものとし、必要があると認めるときは、当該市町村に対し、必要な助言又は勧告をすることができる。

6　市町村防災会議の組織及び所掌事務は、都道府県防災会議の組織及び所掌事務の例に準じて、当該市町村の条例（第二項の規定により設置された市町村防災会議にあつては、規約）で定める。

（**地方防災会議の協議会**）

第一七条　都道府県相互の間又は市町村相互の間において、当該都道府県又は市町村の区域の全部又は一部にわたり都道府県相互間地域防災計画又は市町村相互間地域防災計画を作成することが必要かつ効果的であると認めるときは、当該都道府県又は市町村は、協議により規約を定め、都道府県防災会議の協議会又は市町村防災会議の協議会を設置することができる。

2　前項の規定により協議会を設置したときは、都道府県防災会議の協議会にあつては内閣総理大臣に、市町村防災会議の協議会にあつては都道府県知事にそれぞれ届け出なければならない。

第一八条及び第一九条　削除

（**政令への委任**）

第二〇条　第十七条に規定するもののほか、地方防災会議の協議会に関し必要な事項は、政令で定める。

（**関係行政機関等に対する協力要求**）

第二一条　都道府県防災会議及び市町村防災会議（地方防災会議の協議会を含む。以下次条において「地方防災会議等」という。）は、その所掌事務を遂行するため必要があると認めるときは、関係行政機関の長及び関係地方行政機関の長、地方公共団体の長その他の執行機関、指定公共機関及び指定地方公共機関並びにその他の関係者に対し、資料又は情報の提供、意見の表明その他必要な協力を求めることができる。

（**地方防災会議等相互の関係**）

第二二条　地方防災会議等は、それぞれその所掌事務の遂行について相互に協力しなければならない。

2　都道府県防災会議は、その所掌事務の遂行について、市町村防災会議に対し、必要な勧告をすることができる。

（**都道府県災害対策本部**）

第二三条　都道府県の地域について災害が発生し、又は災害が発生するおそれがある場合において、防災の推進を図るため必要があると認めるときは、都道府県知事は、都道府県地域防災計画の定めるところにより、都道府県災害対策本部を設置することができる。

2　都道府県災害対策本部の長は、都道府県災害対策本部長とし、都道府県知事をもつて充てる。

3　都道府県災害対策本部に、都道府県災害対策副本部長、都道府県災害対策本部員その他の職員を置き、当該都道府県の職員のうちから、当該都道府県の知事が任命する。

4　都道府県災害対策本部は、都道府県地域防災計画の定めるところにより、次に掲げる事務を行う。

一　当該都道府県の地域に係る災害に関する情報を収集すること。

二　当該都道府県の地域に係る災害予防及び災害応急対策を的確か

つ迅速に実施するための方針を作成し、並びに当該方針に沿つて災害予防及び災害応急対策を実施すること。

三　当該都道府県の地域に係る災害予防及び災害応急対策に関し、当該都道府県並びに関係指定地方行政機関、関係地方公共団体、関係指定公共機関及び関係指定地方公共機関相互間の連絡調整を図ること。

5　都道府県知事は、都道府県地域防災計画の定めるところにより、都道府県災害対策本部に、災害地にあつて当該都道府県災害対策本部の事務の一部を行う組織として、都道府県現地災害対策本部を置くことができる。

6　都道府県災害対策本部長は、当該都道府県警察又は当該都道府県の教育委員会に対し、当該都道府県の地域に係る災害予防又は災害応急対策を実施するため必要な限度において、必要な指示をすることができる。

7　都道府県災害対策本部長は、当該都道府県の地域に係る災害予防又は災害応急対策を的確かつ迅速に実施するため必要があると認めるときは、関係行政機関の長及び関係地方行政機関の長、地方公共団体の長その他の執行機関、指定公共機関及び指定地方公共機関並びにその他の関係者に対し、資料又は情報の提供、意見の表明その他必要な協力を求めることができる。

8　前各項に規定するもののほか、都道府県災害対策本部に関し必要な事項は、都道府県の条例で定める。

（市町村災害対策本部）

第二三条の二　市町村の地域について災害が発生し、又は災害が発生するおそれがある場合において、防災の推進を図るため必要があると認めるときは、市町村長は、市町村地域防災計画の定めるところにより、市町村災害対策本部を設置することができる。

2　市町村災害対策本部の長は、市町村災害対策本部長とし、市町村長をもつて充てる。

3　市町村災害対策本部に、市町村災害対策副本部長、市町村災害対策本部員その他の職員を置き、当該市町村の職員又は当該市町村の区域を管轄する消防長若しくはその指名する消防吏員のうちから、当該市町村の市町村長が任命する。

4　市町村災害対策本部は、市町村地域防災計画の定めるところにより、次に掲げる事務を行う。この場合において、市町村災害対策本部は、必要に応じ、関係指定地方行政機関、関係地方公共団体、関係指定公共機関及び関係指定地方公共機関との連携の確保に努めなければならない。

一　当該市町村の地域に係る災害に関する情報を収集すること。

二　当該市町村の地域に係る災害予防及び災害応急対策を的確かつ迅速に実施するための方針を作成し、並びに当該方針に沿つて災害予防及び災害応急対策を実施すること。

5　市町村長は、市町村地域防災計画の定めるところにより、市町村災害対策本部に、災害地にあつて当該市町村災害対策本部の事務の一部を行う組織として、市町村現地災害対策本部を置くことができる。

6　市町村災害対策本部長は、当該市町村の教育委員会に対し、当該市町村の地域に係る災害予防又は災害応急対策を実施するため必要な限度において、必要な指示をすることができる。

7　前条第七項の規定は、市町村災害対策本部長について準用する。この場合において、同項中「当該都道府県の」とあるのは、「当該市町村の」と読み替えるものとする。

8　前各項に規定するもののほか、市町村災害対策本部に関し必要な事項は、市町村の条例で定める。

第三節　特定災害対策本部、非常災害対策本部及び緊急災害対策本部

（特定災害対策本部の設置）

第二十三条の三　災害（その規模が非常災害に該当するに至らないと認められるものに限る。以下この項において同じ。）が発生し、又は発生するおそれがある場合において、当該災害が、人の生命又は身体に急迫した危険を生じさせ、かつ、当該災害に係る地域の状況その他の事情を勘案して当該災害に係る災害応急対策を推進するため特別の必要があると認めるもの（以下「特定災害」という。）であるときは、内閣総理大臣は、内閣府設置法第四十条第二項の規定にかかわらず、臨時に内閣府に特定災害対策本部を設置することができる。

2　内閣総理大臣は、特定災害対策本部を置いたときは当該本部の名称、所管区域並びに設置の場所及び期間を、当該本部を廃止したときはその旨を、直ちに、告示しなければならない。

（特定災害対策本部の組織）

第二十三条の四　特定災害対策本部の長は、特定災害対策本部長とし、防災担当大臣その他の国務大臣をもつて充てる。

2　特定災害対策本部長は、特定災害対策本部の事務を総括し、所部の職員を指揮監督する。

3　特定災害対策本部に、特定災害対策副本部長、特定災害対策本部員その他の職員を置く。

4　特定災害対策副本部長は、特定災害対策本部長を助け、特定災害対策本部長に事故があるときは、その職務を代理する。特定災害対策副本部長が二人以上置かれている場合にあつては、あらかじめ特定災害対策本部長が定めた順序で、その職務を代理する。

5　特定災害対策副本部長、特定災害対策本部員その他の職員は、内閣官房若しくは内閣府その他の指定行政機関の職員又は指定地方行政機関の長若しくはその職員のうちから、内閣総理大臣が任命する。

6　特定災害対策本部に、当該特定災害対策本部の所管区域にあつて当該特定災害対策本部長の定めるところにより当該特定災害対策本部の事務の一部を行う組織として、特定災害現地対策本部を置くことができる。この場合においては、地方自治法（昭和二十二年法律第六十七号）第百五十六条第四項の規定は、適用しない。

7　内閣総理大臣は、前項の規定により特定災害現地対策本部を置いたときは、これを国会に報告しなければならない。

8　前条第二項の規定は、特定災害現地対策本部について準用する。

9　特定災害現地対策本部に、特定災害現地対策本部長及び特定災害現地対策本部員その他の職員を置く。

10　特定災害現地対策本部長は、特定災害対策本部長の命を受け、特定災害現地対策本部の事務を掌理する。

11　特定災害現地対策本部長及び特定災害現地対策本部員その他の職員は、特定災害対策副本部長、特定災害対策本部員その他の職員のうちから、特定災害対策本部長が指名する者をもつて充てる。

（特定災害対策本部の所掌事務）

第二十三条の五　特定災害対策本部は、次に掲げる事務をつかさどる。

一　災害応急対策を的確かつ迅速に実施するための方針の作成に関すること。

二　所管区域において指定行政機関の長、指定地方行政機関の長、地方公共団体の長その他の執行機関、指定公共機関及び指定地方公共機関が防災計画に基づいて実施する災害応急対策の総合調整に関すること。

三　特定災害に際し必要な緊急の措置の実施に関すること。
四　第二十三条の七の規定により特定災害対策本部長の権限に属する事務
五　前各号に掲げるもののほか、法令の規定によりその権限に属する事務

（指定行政機関の長の権限の委任）
第二三条の六　指定行政機関の長は、特定災害対策本部が設置されたときは、災害応急対策に必要な権限の全部又は一部を当該特定災害対策本部員である当該指定行政機関の職員又は当該指定地方行政機関の長若しくはその職員に委任することができる。
2　指定行政機関の長は、前項の規定による委任をしたときは、直ちに、その旨を告示しなければならない。

（特定災害対策本部長の権限）
第二三条の七　特定災害対策本部長は、前条の規定により権限を委任された職員の当該特定災害対策本部の所管区域における権限の行使について調整をすることができる。
2　特定災害対策本部長は、当該特定災害対策本部の所管区域における災害応急対策を的確かつ迅速に実施するため特に必要があると認めるときは、その必要な限度において、関係指定地方行政機関の長、地方公共団体の長その他の執行機関並びに指定公共機関及び指定地方公共機関に対し、必要な指示をすることができる。
3　特定災害対策本部長は、当該特定災害対策本部の所管区域における災害応急対策を的確かつ迅速に実施するため必要があると認めるときは、関係行政機関の長及び関係地方行政機関の長、地方公共団体の長その他の執行機関、指定公共機関及び指定地方公共機関並びにその他の関係者に対し、資料又は情報の提供、意見の表明その他必要な協力を求めることができる。
4　特定災害対策本部長は、特定災害現地対策本部が置かれたときは、前三項の規定による権限の一部を特定災害現地対策本部長に委任することができる。
5　特定災害対策本部長は、前項の規定による委任をしたときは、直ちに、その旨を告示しなければならない。

（非常災害対策本部の設置）
第二四条　非常災害が発生し、又は発生するおそれがある場合において、当該災害の規模その他の状況により当該災害に係る災害応急対策を推進するため特別の必要があると認めるときは、内閣総理大臣は、内閣府設置法第四十条第二項の規定にかかわらず、臨時に内閣府に非常災害対策本部を設置することができる。
2　第二十三条の三第二項の規定は、非常災害対策本部について準用する。
3　第一項の規定により非常災害対策本部が設置された場合において、当該災害に係る特定災害対策本部が既に設置されているときは、当該特定災害対策本部は廃止されるものとし、非常災害対策本部が当該特定災害対策本部の所掌事務を承継するものとする。

（非常災害対策本部の組織）
第二五条　非常災害対策本部の長は、非常災害対策本部長とし、内閣総理大臣（内閣総理大臣に事故があるときは、そのあらかじめ指名する国務大臣）をもつて充てる。
2　非常災害対策本部長は、非常災害対策本部の事務を総括し、所部の職員を指揮監督する。
3　非常災害対策本部に、非常災害対策副本部長、非常災害対策本部員その他の職員を置く。
4　非常災害対策副本部長は、内閣官房長官、防災担当大臣その他の国務大臣をもつて充てる。
5　非常災害対策副本部長は、非常災害対策本部長を助け、非常災害対策本部長に事故があるときは、その職務を代理する。非常災害対

策副本部長が二人以上置かれている場合にあつては、あらかじめ非常災害対策本部長が定めた順序で、その職務を代理する。

6 非常災害対策本部員は、次に掲げる者をもつて充てる。

一 非常災害対策本部長及び非常災害対策副本部長以外の国務大臣のうちから、内閣総理大臣が任命する者

二 副大臣、内閣危機管理監又は国務大臣以外の指定行政機関の長のうちから、内閣総理大臣が任命する者

7 非常災害対策副本部長及び非常災害対策本部員以外の非常災害対策本部の職員は、内閣官房若しくは内閣府その他の指定行政機関の職員又は指定地方行政機関の長若しくはその職員のうちから、内閣総理大臣が任命する。

8 非常災害対策本部に、当該非常災害対策本部の所管区域にあつて当該非常災害対策本部長の定めるところにより当該非常災害対策本部の事務の一部を行う組織として、非常災害現地対策本部を置くことができる。

9 第二十三条の四第六項後段、第七項及び第八項の規定は、非常災害現地対策本部について準用する。

10 非常災害現地対策本部に、非常災害現地対策本部長及び非常災害現地対策本部員その他の職員を置く。

11 非常災害現地対策本部長は、非常災害対策本部長の命を受け、非常災害現地対策本部の事務を掌理する。

12 非常災害現地対策本部長及び非常災害現地対策本部員その他の職員は、非常災害対策副本部長、非常災害対策本部員その他の職員のうちから、非常災害対策本部長が指名する者をもつて充てる。

（**非常災害対策本部の所掌事務**）

第二十六条 非常災害対策本部は、次に掲げる事務をつかさどる。

一 災害応急対策を的確かつ迅速に実施するための方針の作成に関すること。

二 所管区域において指定行政機関の長、指定地方行政機関の長、地方公共団体の長その他の執行機関、指定公共機関及び指定地方公共機関が防災計画に基づいて実施する災害応急対策の総合調整に関すること。

三 非常災害に際し必要な緊急の措置の実施に関すること。

四 第二十八条の規定により非常災害対策本部長の権限に属する事務

五 前各号に掲げるもののほか、法令の規定によりその権限に属する事務

（**指定行政機関の長の権限の委任**）

第二十七条 指定行政機関の長は、非常災害対策本部が設置されたときは、災害応急対策に必要な権限の全部又は一部を当該非常災害対策本部の職員である当該指定行政機関の職員又は当該指定地方行政機関の長若しくはその職員に委任することができる。

2 指定行政機関の長は、前項の規定による委任をしたときは、直ちに、その旨を告示しなければならない。

（**非常災害対策本部長の権限**）

第二十八条 非常災害対策本部長は、前条の規定により権限を委任された職員の当該非常災害対策本部の所管区域における権限の行使について調整をすることができる。

2 非常災害対策本部長は、当該非常災害対策本部の所管区域における災害応急対策を的確かつ迅速に実施するため特に必要があると認めるときは、その必要な限度において、関係指定行政機関の長及び関係指定地方行政機関の長並びに前条の規定により権限を委任された当該指定行政機関の職員及び当該指定地方行政機関の職員、地方公共団体の長その他の執行機関並びに指定公共機関及び指定地方公共機関に対し、必要な指示をすることができる。

3 非常災害対策本部長は、当該非常災害対策本部の所管区域におけ

る災害応急対策を的確かつ迅速に実施するため必要があると認めるときは、関係行政機関の長及び関係地方行政機関の長、地方公共団体の長その他の執行機関、指定公共機関及び指定地方公共機関並びにその他の関係者に対し、資料又は情報の提供、意見の表明その他必要な協力を求めることができる。

4　非常災害対策本部長は、前三項の規定による権限の全部又は一部を非常災害対策副本部長に委任することができる。

5　非常災害対策本部長は、非常災害現地対策本部が置かれたときは、第一項から第三項までの規定による権限（第二項の規定による関係指定行政機関の長に対する指示を除く。）の一部を非常災害現地対策本部長に委任することができる。

6　非常災害対策本部長は、前二項の規定による委任をしたときは、直ちに、その旨を告示しなければならない。

（緊急災害対策本部の設置）

第二八条の二　著しく異常かつ激甚な非常災害が発生し、又は発生するおそれがある場合において、当該災害に係る災害応急対策を推進するため特別の必要があると認めるときは、内閣総理大臣は、内閣府設置法第四十条第二項の規定にかかわらず、閣議にかけて、臨時に内閣府に緊急災害対策本部を設置することができる。

2　第二十三条の三第二項の規定は、緊急災害対策本部について準用する。

3　第一項の規定により緊急災害対策本部が設置された場合において、当該災害に係る特定災害対策本部又は非常災害対策本部が既に設置されているときは、当該特定災害対策本部又は非常災害対策本部は廃止されるものとし、緊急災害対策本部が当該特定災害対策本部又は非常災害対策本部の所掌事務を承継するものとする。

（緊急災害対策本部の組織）

第二八条の三　緊急災害対策本部の長は、緊急災害対策本部長とし、内閣総理大臣（内閣総理大臣に事故があるときは、そのあらかじめ指名する国務大臣）をもつて充てる。

2　緊急災害対策本部長は、緊急災害対策本部の事務を総括し、所部の職員を指揮監督する。

3　緊急災害対策本部に、緊急災害対策副本部長、緊急災害対策本部員その他の職員を置く。

4　緊急災害対策副本部長は、内閣官房長官、防災担当大臣その他の国務大臣をもつて充てる。

5　緊急災害対策副本部長は、緊急災害対策本部長を助け、緊急災害対策本部長に事故があるときは、その職務を代理する。緊急災害対策副本部長が二人以上置かれている場合にあつては、あらかじめ緊急災害対策本部長が定めた順序で、その職務を代理する。

6　緊急災害対策本部員は、次に掲げる者をもつて充てる。

一　緊急災害対策本部長及び緊急災害対策副本部長以外のすべての国務大臣

二　内閣危機管理監

三　副大臣又は国務大臣以外の指定行政機関の長のうちから、内閣総理大臣が任命する者

7　緊急災害対策副本部長及び緊急災害対策本部員以外の緊急災害対策本部の職員は、内閣官房若しくは内閣府その他の指定行政機関の職員又は指定地方行政機関の長若しくはその職員のうちから、内閣総理大臣が任命する。

8　緊急災害対策本部に、当該緊急災害対策本部の所管区域にあつて当該緊急災害対策本部長の定めるところにより当該緊急災害対策本部の事務の一部を行う組織として、閣議にかけて、緊急災害現地対策本部を置くことができる。

9　第二十三条の四第六項後段、第七項及び第八項の規定は、緊急災害現地対策本部について準用する。

10　緊急災害現地対策本部に、緊急災害現地対策本部長及び緊急災害現地対策本部員その他の職員を置く。
11　緊急災害現地対策本部長は、緊急災害対策本部長の命を受け、緊急災害現地対策本部の事務を掌理する。
12　緊急災害現地対策本部長及び緊急災害現地対策本部員その他の職員は、緊急災害対策副本部長、緊急災害対策本部員その他の職員のうちから、緊急災害対策本部長が指名する者をもつて充てる。

（緊急災害対策本部の所掌事務）
第二八条の四　緊急災害対策本部は、次に掲げる事務をつかさどる。
一　災害応急対策を的確かつ迅速に実施するための方針の作成に関すること。
二　所管区域において指定行政機関の長、指定地方行政機関の長、地方公共団体の長その他の執行機関、指定公共機関及び指定地方公共機関が防災計画に基づいて実施する災害応急対策の総合調整に関すること。
三　非常災害に際し必要な緊急の措置の実施に関すること。
四　第二十八条の六の規定により緊急災害対策本部長の権限に属する事務
五　前各号に掲げるもののほか、法令の規定によりその権限に属する事務

（指定行政機関の長の権限の委任）
第二八条の五　指定行政機関の長は、緊急災害対策本部が設置されたときは、災害応急対策に必要な権限の全部又は一部を当該緊急災害対策本部の職員である当該指定行政機関の職員又は当該指定地方行政機関の長若しくはその職員に委任することができる。
2　指定行政機関の長は、前項の規定による委任をしたときは、直ちに、その旨を告示しなければならない。

（緊急災害対策本部長の権限）
第二八条の六　緊急災害対策本部長は、前条の規定により権限を委任された職員の当該緊急災害対策本部の所管区域における権限の行使について調整をすることができる。
2　緊急災害対策本部長は、当該緊急災害対策本部の所管区域における災害応急対策を的確かつ迅速に実施するため特に必要があると認めるときは、その必要な限度において、関係指定行政機関の長及び関係指定地方行政機関の長並びに前条の規定により権限を委任された当該指定行政機関の職員及び当該指定地方行政機関の職員、地方公共団体の長その他の執行機関並びに指定公共機関及び指定地方公共機関に対し、必要な指示をすることができる。
3　緊急災害対策本部長は、当該緊急災害対策本部の所管区域における災害応急対策を的確かつ迅速に実施するため必要があると認めるときは、関係行政機関の長及び関係地方行政機関の長、地方公共団体の長その他の執行機関、指定公共機関及び指定地方公共機関並びにその他の関係者に対し、資料又は情報の提供、意見の表明その他必要な協力を求めることができる。
4　緊急災害対策本部長は、前三項の規定による権限の全部又は一部を緊急災害対策副本部長に委任することができる。
5　緊急災害対策本部長は、緊急災害現地対策本部が置かれたときは、第一項から第三項までの規定による権限（第二項の規定による関係指定行政機関の長に対する指示を除く。）の一部を緊急災害現地対策本部長に委任することができる。
6　緊急災害対策本部長は、前二項の規定による委任をしたときは、直ちに、その旨を告示しなければならない。

第四節　災害時における職員の派遣

（職員の派遣の要請）

第二九条　都道府県知事又は都道府県の委員会若しくは委員（以下「都道府県知事等」という。）は、災害応急対策又は災害復旧のため必要があるときは、政令で定めるところにより、指定行政機関の長、指定地方行政機関の長又は指定公共機関（独立行政法人通則法第二条第四項に規定する行政執行法人に限る。以下この節において同じ。）に対し、当該指定行政機関、指定地方行政機関又は指定公共機関の職員の派遣を要請することができる。

2　市町村長又は市町村の委員会若しくは委員（以下「市町村長等」という。）は、災害応急対策又は災害復旧のため必要があるときは、政令で定めるところにより、指定地方行政機関の長又は指定公共機関（その業務の内容その他の事情を勘案して市町村の地域に係る災害応急対策又は災害復旧に特に寄与するものとしてそれぞれ地域を限つて内閣総理大臣が指定するものに限る。次条において「特定公共機関」という。）に対し、当該指定地方行政機関又は指定公共機関の職員の派遣を要請することができる。

3　都道府県又は市町村の委員会又は委員は、前二項の規定により職員の派遣を要請しようとするときは、あらかじめ、当該都道府県の知事又は当該市町村の市町村長に協議しなければならない。

（職員の派遣のあつせん）

第三〇条　都道府県知事等又は市町村長等は、災害応急対策又は災害復旧のため必要があるときは、政令で定めるところにより、内閣総理大臣又は都道府県知事に対し、それぞれ、指定行政機関、指定地方行政機関若しくは指定公共機関又は指定地方行政機関若しくは特定公共機関の職員の派遣についてあつせんを求めることができる。

2　都道府県知事等又は市町村長等は、災害応急対策又は災害復旧のため必要があるときは、政令で定めるところにより、内閣総理大臣又は都道府県知事に対し、それぞれ、地方自治法第二百五十二条の十七の規定による職員の派遣若しくは地方独立行政法人法第百二十四条第一項の規定による職員（指定地方公共機関である同法第二条第二項に規定する特定地方独立行政法人（次条において「特定地方公共機関」という。）の職員に限る。）の派遣について、又は同条の規定による職員の派遣についてあつせんを求めることができる。

3　前条第三項の規定は、前二項の規定によりあつせんを求めようとする場合について準用する。

（職員の派遣義務）

第三一条　指定行政機関の長及び指定地方行政機関の長、都道府県知事等及び市町村長等並びに指定公共機関及び特定地方公共機関は、前二条の規定による要請又はあつせんがあつたときは、その所掌事務又は業務の遂行に著しい支障のない限り、適任と認める職員を派遣しなければならない。

（派遣職員の身分取扱い）

第三二条　都道府県又は市町村は、前条又は他の法律の規定により災害応急対策又は災害復旧のため派遣された職員に対し、政令で定めるところにより、災害派遣手当を支給することができる。

2　前項に規定するもののほか、前条の規定により指定行政機関、指定地方行政機関又は指定公共機関から派遣された職員の身分取扱いに関し必要な事項は、政令で定める。

（派遣職員に関する資料の提出等）

第三三条　指定行政機関の長若しくは指定地方行政機関の長、都道府県知事又は指定公共機関は、内閣総理大臣に対し、第三十一条の規定による職員の派遣が円滑に行われるよう、定期的に、災害応急対策又は災害復旧に必要な技術、知識又は経験を有する職員の職種別現員数及びこれらの者の技術、知識又は経験の程度を記載した資料を提出するとともに、当該資料を相互に交換しなければならない。

第三章　防災計画

（防災基本計画の作成及び公表等）

第三四条　中央防災会議は、防災基本計画を作成するとともに、災害及び災害の防止に関する科学的研究の成果並びに発生した災害の状況及びこれに対して行なわれた災害応急対策の効果を勘案して毎年防災基本計画に検討を加え、必要があると認めるときは、これを修正しなければならない。

2　中央防災会議は、前項の規定により防災基本計画を作成し、又は修正したときは、すみやかにこれを内閣総理大臣に報告し、並びに指定行政機関の長、都道府県知事及び指定公共機関に通知するとともに、その要旨を公表しなければならない。

第三五条　防災基本計画は、次の各号に掲げる事項について定めるものとする。

一　防災に関する総合的かつ長期的な計画

二　防災業務計画及び地域防災計画において重点をおくべき事項

三　前各号に掲げるもののほか、防災業務計画及び地域防災計画の作成の基準となるべき事項で、中央防災会議が必要と認めるもの

2　防災基本計画には、次に掲げる事項に関する資料を添付しなければならない。

一　国土の現況及び気象の概況

二　防災上必要な施設及び設備の整備の概況

三　防災業務に従事する人員の状況

四　防災上必要な物資の需給の状況

五　防災上必要な運輸又は通信の状況

六　前各号に掲げるもののほか、防災に関し中央防災会議が必要と認める事項

（指定行政機関の防災業務計画）

第三六条　指定行政機関の長は、防災基本計画に基づき、その所掌事務に関し、防災業務計画を作成し、及び毎年防災業務計画に検討を加え、必要があると認めるときは、これを修正しなければならない。

2　指定行政機関の長は、前項の規定により防災業務計画を作成し、又は修正したときは、すみやかにこれを内閣総理大臣に報告し、並びに都道府県知事及び関係指定公共機関に通知するとともに、その要旨を公表しなければならない。

3　第二十一条の規定は、指定行政機関の長が第一項の規定により防災業務計画を作成し、又は修正する場合について準用する。

第三七条　防災業務計画は、次に掲げる事項について定めるものとする。

一　所掌事務について、防災に関しとるべき措置

二　前号に掲げるもののほか、所掌事務に関し地域防災計画の作成の基準となるべき事項

2　指定行政機関の長は、防災業務計画の作成及び実施にあたつては、他の指定行政機関の長が作成する防災業務計画との間に調整を図り、防災業務計画が一体的かつ有機的に作成され、及び実施されるように努めなければならない。

（他の法令に基づく計画との関係）

第三八条　指定行政機関の長が他の法令の規定に基づいて作成する次に掲げる防災に関連する計画の防災に関する部分は、防災基本計画及び防災業務計画と矛盾し、又は抵触するものであつてはならな

い。

一　国土形成計画法（昭和二十五年法律第二百五号）第二条第一項に規定する国土形成計画

二　森林法（昭和二十六年法律第二百四十九号）第四条第一項に規定する全国森林計画及び同条第五項に規定する森林整備保全事業計画

三　特殊土壌地帯災害防除及び振興臨時措置法（昭和二十七年法律第九十六号）第三条第一項に規定する災害防除に関する事業計画

四　保安林整備臨時措置法（昭和二十九年法律第八十四号）第二条第一項に規定する保安林整備計画

五　首都圏整備法（昭和三十一年法律第八十三号）第二条第二項に規定する首都圏整備計画

六　特定多目的ダム法（昭和三十二年法律第三十五号）第四条第一項に規定する多目的ダムの建設に関する基本計画

七　台風常襲地帯における災害の防除に関する特別措置法（昭和三十三年法律第七十二号）第二条第二項に規定する災害防除事業五箇年計画

八　豪雪地帯対策特別措置法（昭和三十七年法律第七十三号）第三条第一項に規定する豪雪地帯対策基本計画

九　近畿圏整備法（昭和三十八年法律第百二十九号）第二条第二項に規定する近畿圏整備計画

十　中部圏開発整備法（昭和四十一年法律第百二号）第二条第二項に規定する中部圏開発整備計画

十一　海洋汚染等及び海上災害の防止に関する法律（昭和四十五年法律第百三十六号）第四十三条の五第一項に規定する排出油等の防除に関する計画

十二　社会資本整備重点計画法（平成十五年法律第二十号）第二条第一項に規定する社会資本整備重点計画

十三　前各号に掲げるもののほか、政令で定める計画

（指定公共機関の防災業務計画）

第三九条　指定公共機関は、防災基本計画に基づき、その業務に関し、防災業務計画を作成し、及び毎年防災業務計画に検討を加え、必要があると認めるときは、これを修正しなければならない。

2　指定公共機関は、前項の規定により防災業務計画を作成し、又は修正したときは、速やかに当該指定公共機関を所管する大臣を経由して内閣総理大臣に報告し、及び関係都道府県知事に通知するとともに、その要旨を公表しなければならない。

3　第二十一条の規定は、指定公共機関が第一項の規定により防災業務計画を作成し、又は修正する場合について準用する。

（都道府県地域防災計画）

第四〇条　都道府県防災会議は、防災基本計画に基づき、当該都道府県の地域に係る都道府県地域防災計画を作成し、及び毎年都道府県地域防災計画に検討を加え、必要があると認めるときは、これを修正しなければならない。この場合において、当該都道府県地域防災計画は、防災業務計画に抵触するものであつてはならない。

2　都道府県地域防災計画は、おおむね次に掲げる事項について定めるものとする。

一　当該都道府県の地域に係る防災に関し、当該都道府県の区域の全部又は一部を管轄する指定地方行政機関、当該都道府県、当該都道府県の区域内の市町村、指定公共機関、指定地方公共機関及び当該都道府県の区域内の公共的団体その他防災上重要な施設の管理者（次項において「管轄指定地方行政機関等」という。）の処理すべき事務又は業務の大綱

二　当該都道府県の地域に係る防災施設の新設又は改良、防災のための調査研究、教育及び訓練その他の災害予防、情報の収集及び伝達、災害に関する予報又は警報の発令及び伝達、避難、消火、

水防、救難、救助、衛生その他の災害応急対策並びに災害復旧に関する事項別の計画

三　当該都道府県の地域に係る災害に関する前号に掲げる措置に要する労務、施設、設備、物資、資金等の整備、備蓄、調達、配分、輸送、通信等に関する計画

3　都道府県防災会議は、都道府県地域防災計画を定めるに当たつては、災害が発生し、又は発生するおそれがある場合において管轄指定地方行政機関等が円滑に他の者の応援を受け、又は他の者を応援することができるよう配慮するものとする。

4　都道府県防災会議は、第一項の規定により都道府県地域防災計画を作成し、又は修正したときは、速やかにこれを内閣総理大臣に報告するとともに、その要旨を公表しなければならない。

5　内閣総理大臣は、前項の規定により都道府県地域防災計画について報告を受けたときは、中央防災会議の意見を聴くものとし、必要があると認めるときは、当該都道府県防災会議に対し、必要な助言又は勧告をすることができる。

第四一条　都道府県地域防災計画は、防災基本計画、防災業務計画又は他の法令の規定に基づいて作成し、又は協議する次に掲げる防災に関する計画又は防災に関連する計画の防災に関する部分は、防災基本計画、防災業務計画又は都道府県地域防災計画と矛盾し、又は抵触するものであつてはならない。

一　水防法（昭和二十四年法律第百九十三号）第七条第一項及び第六項に規定する都道府県の水防計画並びに同法第三十三条第一項に規定する指定管理団体の水防計画

二　離島振興法（昭和二十八年法律第七十二号）第四条第一項に規定する離島振興計画

三　海岸法（昭和三十一年法律第百一号）第二条の三第一項の海岸保全基本計画

四　地すべり等防止法（昭和三十三年法律第三十号）第九条に規定する地すべり防止工事に関する基本計画

五　活動火山対策特別措置法（昭和四十八年法律第六十一号）第十四条第一項に規定する避難施設緊急整備計画並びに同法第十九条第一項に規定する防災営農施設整備計画、同条第二項に規定する防災林業経営施設整備計画及び同条第三項に規定する防災漁業経営施設整備計画

六　地震防災対策強化地域における地震対策緊急整備事業に係る国の財政上の特別措置に関する法律（昭和五十五年法律第六十三号）第二条第一項に規定する地震対策緊急整備事業計画

七　半島振興法（昭和六十年法律第六十三号）第三条第一項に規定する半島振興計画

八　前各号に掲げるもののほか、政令で定める計画

（市町村地域防災計画）

第四二条　市町村防災会議（市町村防災会議を設置しない市町村にあつては、当該市町村の市町村長。以下この条において同じ。）は、防災基本計画に基づき、当該市町村の地域に係る市町村地域防災計画を作成し、及び毎年市町村地域防災計画に検討を加え、必要があると認めるときは、これを修正しなければならない。この場合において、当該市町村地域防災計画は、防災業務計画又は当該市町村を包括する都道府県の都道府県地域防災計画に抵触するものであつてはならない。

2　市町村地域防災計画は、おおむね次に掲げる事項について定めるものとする。

一　当該市町村の地域に係る防災に関し、当該市町村及び当該市町村の区域内の公共的団体その他防災上重要な施設の管理者（第四項において「当該市町村等」という。）の処理すべき事務又は業務の大綱

二　当該市町村の地域に係る防災施設の新設又は改良、防災のため

の調査研究、教育及び訓練その他の災害予防、情報の収集及び伝達、災害に関する予報又は警報の発令及び伝達、避難、消火、水防、救難、救助、衛生その他の災害応急対策並びに災害復旧に関する事項別の計画

三　当該市町村の地域に係る災害に関する前号に掲げる措置に要する労務、施設、設備、物資、資金等の整備、備蓄、調達、配分、輸送、通信等に関する計画

3　市町村地域防災計画は、前項各号に掲げるもののほか、市町村内の一定の地区内の居住者及び当該地区に事業所を有する事業者（以下この項及び次条において「地区居住者等」という。）が共同して行う防災訓練、地区居住者等による防災活動に必要な物資及び資材の備蓄、災害が発生した場合における地区居住者等の相互の支援その他の当該地区における防災活動に関する計画（同条において「地区防災計画」という。）について定めることができる。

4　市町村防災会議は、市町村地域防災計画を定めるに当たつては、災害が発生し、又は発生するおそれがある場合において当該市町村等が円滑に他の者の応援を受け、又は他の者を応援することができるよう配慮するものとする。

5　市町村防災会議は、第一項の規定により市町村地域防災計画を作成し、又は修正したときは、速やかにこれを都道府県知事に報告するとともに、その要旨を公表しなければならない。

6　都道府県知事は、前項の規定により市町村地域防災計画について報告を受けたときは、都道府県防災会議の意見を聴くものとし、必要があると認めるときは、当該市町村防災会議に対し、必要な助言又は勧告をすることができる。

7　第二十一条の規定は、市町村長が第一項の規定により市町村地域防災計画を作成し、又は修正する場合について準用する。

第四二条の二　地区居住者等は、共同して、市町村防災会議に対し、市町村地域防災計画に地区防災計画を定めることを提案することができる。この場合においては、当該提案に係る地区防災計画の素案を添えなければならない。

2　前項の規定による提案（以下この条において「計画提案」という。）は、当該計画提案に係る地区防災計画の素案の内容が、市町村地域防災計画に抵触するものでない場合に、内閣府令で定めるところにより行うものとする。

3　市町村防災会議は、計画提案が行われたときは、遅滞なく、当該計画提案を踏まえて市町村地域防災計画に地区防災計画を定める必要があるかどうかを判断し、その必要があると認めるときは、市町村地域防災計画に地区防災計画を定めなければならない。

4　市町村防災会議は、前項の規定により同項の判断をした結果、計画提案を踏まえて市町村地域防災計画に地区防災計画を定める必要がないと決定したときは、遅滞なく、その旨及びその理由を、当該計画提案をした地区居住者等に通知しなければならない。

5　市町村地域防災計画に地区防災計画が定められた場合においては、当該地区防災計画に係る地区居住者等は、当該地区防災計画に従い、防災活動を実施するように努めなければならない。

（都道府県相互間地域防災計画）

第四三条　都道府県防災会議の協議会は、防災基本計画に基づき、当該地域に係る都道府県相互間地域防災計画を作成し、及び毎年都道府県相互間地域防災計画に検討を加え、必要があると認めるときは、これを修正しなければならない。この場合において、当該都道府県相互間地域防災計画は、防災業務計画に抵触するものであつてはならない。

2　都道府県相互間地域防災計画は、第四十条第二項各号に掲げる事項の全部又は一部について定めるものとする。

3　第四十条第三項から第五項までの規定は、都道府県相互間地域防

災計画について準用する。この場合において、これらの規定中「都道府県防災会議」とあるのは、「都道府県防災会議の協議会」と読み替えるものとする。

（市町村相互間地域防災計画）

第四四条　市町村防災会議の協議会は、防災基本計画に基づき、当該地域に係る市町村相互間地域防災計画を作成し、及び毎年市町村相互間地域防災計画に検討を加え、必要があると認めるときは、これを修正しなければならない。この場合において、当該市町村相互間地域防災計画は、防災業務計画又は当該市町村を包括する都道府県の都道府県地域防災計画に抵触するものであつてはならない。

2　市町村相互間地域防災計画は、第四十二条第二項各号に掲げる事項の全部又は一部について定めるものとする。

3　第四十二条第四項から第六項までの規定は、市町村相互間地域防災計画について準用する。この場合において、これらの規定中「市町村防災会議」とあるのは、「市町村防災会議の協議会」と読み替えるものとする。

（地域防災計画の実施の推進のための要請等）

第四五条　地方防災会議の会長又は地方防災会議の協議会の代表者は、地域防災計画の的確かつ円滑な実施を推進するため必要があると認めるときは、都道府県防災会議又はその協議会にあつては当該都道府県の区域の全部又は一部を管轄する指定地方行政機関の長、当該都道府県及びその区域内の市町村の長その他の執行機関、指定地方公共機関、公共的団体並びに防災上重要な施設の管理者その他の関係者に対し、市町村防災会議又はその協議会にあつては当該市町村の長その他の執行機関及び当該市町村の区域内の公共的団体並びに防災上重要な施設の管理者その他の関係者に対し、これらの者が当該防災計画に基づき処理すべき事務又は業務について、それぞれ、必要な要請、勧告又は指示をすることができる。

2　地方防災会議の会長又は地方防災会議の協議会の代表者は、都道府県防災会議又はその協議会にあつては当該都道府県の区域の全部又は一部を管轄する指定地方行政機関の長、当該都道府県及びその区域内の市町村の長その他の執行機関、指定地方公共機関、公共的団体並びに防災上重要な施設の管理者その他の関係者に対し、市町村防災会議又はその協議会にあつては当該市町村の長その他の執行機関及び当該市町村の区域内の公共的団体並びに防災上重要な施設の管理者その他の関係者に対し、それぞれ、地域防災計画の実施状況について、報告又は資料の提出を求めることができる。

第四章　災害予防

第一節　通則

（災害予防及びその実施責任）

第四六条　災害予防は、次に掲げる事項について、災害の発生又は拡大を未然に防止するために行うものとする。

一　防災に関する組織の整備に関する事項

二　防災に関する教育及び訓練に関する事項

三　防災に関する物資及び資材の備蓄、整備及び点検に関する事項

四　防災に関する施設及び設備の整備及び点検に関する事項

五　災害が発生し、又は発生するおそれがある場合における相互応援の円滑な実施及び民間の団体の協力の確保のためにあらかじめ講ずべき措置に関する事項

六　要配慮者の生命又は身体を災害から保護するためにあらかじめ講ずべき措置に関する事項

七　前各号に掲げるもののほか、災害が発生した場合における災害

応急対策の実施の支障となるべき状態等の改善に関する事項

2　指定行政機関の長及び指定地方行政機関の長、地方公共団体の長その他の執行機関、指定公共機関及び指定地方公共機関その他法令の規定により災害予防の実施について責任を有する者は、法令又は防災計画の定めるところにより、災害予防を実施しなければならない。

（防災に関する組織の整備義務）

第四七条　指定行政機関の長及び指定地方行政機関の長、地方公共団体の長その他の執行機関、指定公共機関及び指定地方公共機関、公共的団体並びに防災上重要な施設の管理者（以下この章において「災害予防責任者」という。）は、法令又は防災計画の定めるところにより、それぞれ、その所掌事務又は業務について、災害を予測し、予報し、又は災害に関する情報を迅速に伝達するため必要な組織を整備するとともに、絶えずその改善に努めなければならない。

2　前項に規定するもののほか、災害予防責任者は、法令又は防災計画の定めるところにより、それぞれ、防災業務計画又は地域防災計画を的確かつ円滑に実施するため、防災に関する組織を整備するとともに、防災に関する事務又は業務に従事する職員の配置及び服務の基準を定めなければならない。

（防災教育の実施）

第四七条の二　災害予防責任者は、法令又は防災計画の定めるところにより、それぞれ又は他の災害予防責任者と共同して、その所掌事務又は業務について、防災教育の実施に努めなければならない。

2　災害予防責任者は、前項の防災教育を行おうとするときは、教育機関その他の関係のある公私の団体に協力を求めることができる。

（防災訓練義務）

第四八条　災害予防責任者は、法令又は防災計画の定めるところにより、それぞれ又は他の災害予防責任者と共同して、防災訓練を行なわなければならない。

2　都道府県公安委員会は、前項の防災訓練の効果的な実施を図るため特に必要があると認めるときは、政令で定めるところにより、当該防災訓練の実施に必要な限度で、区域又は道路の区間を指定して、歩行者又は車両の道路における通行を禁止し、又は制限することができる。

3　災害予防責任者の属する機関の職員その他の従業員又は災害予防責任者の使用人その他の従業者は、防災計画及び災害予防責任者の定めるところにより、第一項の防災訓練に参加しなければならない。

4　災害予防責任者は、第一項の防災訓練を行おうとするときは、住民その他関係のある公私の団体に協力を求めることができる。

（防災に必要な物資及び資材の備蓄等の義務）

第四九条　災害予防責任者は、法令又は防災計画の定めるところにより、その所掌事務又は業務に係る災害応急対策又は災害復旧に必要な物資及び資材を備蓄し、整備し、若しくは点検し、又はその管理に属する防災に関する施設及び設備を整備し、若しくは点検しなければならない。

（円滑な相互応援の実施のために必要な措置）

第四九条の二　災害予防責任者は、法令又は防災計画の定めるところにより、その所掌事務又は業務について、災害応急対策又は災害復旧の実施に際し他の者の応援を受け、又は他の者を応援することを必要とする事態に備え、相互応援に関する協定の締結、共同防災訓練の実施その他円滑に他の者の応援を受け、又は他の者を応援するために必要な措置を講ずるよう努めなければならない。

（物資供給事業者等の協力を得るために必要な措置）

第四九条の三　災害予防責任者は、法令又は防災計画の定めるところにより、その所掌事務又は業務について、災害応急対策又は災害復旧の実施に際し物資供給事業者等（災害応急対策又は災害復旧に必要な物資若しくは資材又は役務の供給又は提供を業とする者その他災害応急対策又は災害復旧に関する活動を行う民間の団体をいう。以下この条において同じ。）の協力を得ることを必要とする事態に備え、協定の締結その他円滑に物資供給事業者等の協力を得るために必要な措置を講ずるよう努めなければならない。

第二節　指定緊急避難場所及び指定避難所の指定等

（**指定緊急避難場所の指定**）

第四九条の四　市町村長は、防災施設の整備の状況、地形、地質その他の状況を総合的に勘案し、必要があると認めるときは、災害が発生し、又は発生するおそれがある場合における円滑かつ迅速な避難のための立退きの確保を図るため、政令で定める基準に適合する施設又は場所を、洪水、津波その他の政令で定める異常な現象の種類ごとに、指定緊急避難場所として指定しなければならない。

2　市町村長は、前項の規定により指定緊急避難場所を指定しようとするときは、当該指定緊急避難場所の管理者（当該市町村を除く。次条において同じ。）の同意を得なければならない。

3　市町村長は、第一項の規定による指定をしたときは、その旨を、都道府県知事に通知するとともに、公示しなければならない。

（**指定緊急避難場所に関する届出**）

第四九条の五　指定緊急避難場所の管理者は、当該指定緊急避難場所を廃止し、又は改築その他の事由により当該指定緊急避難場所の現状に政令で定める重要な変更を加えようとするときは、内閣府令で定めるところにより市町村長に届け出なければならない。

（**指定の取消し**）

第四九条の六　市町村長は、当該指定緊急避難場所が廃止され、又は第四十九条の四第一項の政令で定める基準に適合しなくなつたと認めるときは、同項の規定による指定を取り消すものとする。

2　市町村長は、前項の規定により第四十九条の四第一項の規定による指定を取り消したときは、その旨を、都道府県知事に通知するとともに、公示しなければならない。

（**指定避難所の指定**）

第四九条の七　市町村長は、想定される災害の状況、人口の状況その他の状況を勘案し、災害が発生した場合における適切な避難所（避難のための立退きを行つた居住者、滞在者その他の者（以下「居住者等」という。）を避難のために必要な間滞在させ、又は自ら居住の場所を確保することが困難な被災した住民（以下「被災住民」という。）その他の被災者を一時的に滞在させるための施設をいう。以下同じ。）の確保を図るため、政令で定める基準に適合する公共施設その他の施設を指定避難所として指定しなければならない。

2　第四十九条の四第二項及び第三項並びに前二条の規定は、指定避難所について準用する。この場合において、第四十九条の四第二項中「前項」とあり、及び同条第三項中「第一項」とあるのは「第四十九条の七第一項」と、前条中「第四十九条の四第一項」とあるのは「次条第一項」と読み替えるものとする。

3　都道府県知事は、前項において準用する第四十九条の四第三項又は前条第二項の規定による通知を受けたときは、その旨を内閣総理大臣に報告しなければならない。

（**指定緊急避難場所と指定避難所との関係**）

第四九条の八　指定緊急避難場所と指定避難所とは、相互に兼ねることができる。

（**居住者等に対する周知のための措置**）

第四九条の九　市町村長は、居住者等の円滑な避難のための立退きに資するよう、内閣府令で定めるところにより、災害に関する情報の伝達方法、指定緊急避難場所及び避難路その他の避難経路に関する事項その他円滑な避難のための立退きを確保する上で必要な事項を居住者等に周知させるため、これらの事項を記載した印刷物の配布その他の必要な措置を講ずるよう努めなければならない。

第三節　避難行動要支援者名簿及び個別避難計画の作成等

（**避難行動要支援者名簿の作成**）

第四九条の一〇　市町村長は、当該市町村に居住する要配慮者のうち、災害が発生し、又は災害が発生するおそれがある場合に自ら避難することが困難な者であつて、その円滑かつ迅速な避難の確保を図るため特に支援を要するもの（以下「避難行動要支援者」という。）の把握に努めるとともに、地域防災計画の定めるところにより、避難行動要支援者について避難の支援、安否の確認その他の避難行動要支援者の生命又は身体を災害から保護するために必要な措置（以下「避難支援等」という。）を実施するための基礎とする名簿（以下この条及び次条第一項において「避難行動要支援者名簿」という。）を作成しておかなければならない。

2　避難行動要支援者名簿には、避難行動要支援者に関する次に掲げる事項を記載し、又は記録するものとする。

一　氏名

二　生年月日

三　性別

四　住所又は居所

五　電話番号その他の連絡先

六　避難支援等を必要とする事由

七　前各号に掲げるもののほか、避難支援等の実施に関し市町村長が必要と認める事項

3　市町村長は、第一項の規定による避難行動要支援者名簿の作成に必要な限度で、その保有する要配慮者の氏名その他の要配慮者に関する情報を、その保有に当たつて特定された利用の目的以外の目的のために内部で利用することができる。

4　市町村長は、第一項の規定による避難行動要支援者名簿の作成のため必要があると認めるときは、関係都道府県知事その他の者に対して、要配慮者に関する情報の提供を求めることができる。

（**名簿情報の利用及び提供**）

第四九条の一一　市町村長は、避難支援等の実施に必要な限度で、前条第一項の規定により作成した避難行動要支援者名簿に記載し、又は記録された情報（以下「名簿情報」という。）を、その保有に当たつて特定された利用の目的以外の目的のために内部で利用することができる。

2　市町村長は、災害の発生に備え、避難支援等の実施に必要な限度で、地域防災計画の定めるところにより、消防機関、都道府県警察、民生委員法（昭和二十三年法律第百九十八号）に定める民生委員、社会福祉法（昭和二十六年法律第四十五号）第百九条第一項に規定する市町村社会福祉協議会、自主防災組織その他の避難支援等の実施に携わる関係者（次項、第四十九条の十四第三項第一号及び第四十九条の十五において「避難支援等関係者」という。）に対し、名簿情報を提供するものとする。ただし、当該市町村の条例に特別の定めがある場合を除き、名簿情報を提供することについて本人（当該名簿情報によつて識別される特定の個人をいう。次項において同じ。）の同意が得られない場合は、この限りでない。

3　市町村長は、災害が発生し、又は発生するおそれがある場合において、避難行動要支援者の生命又は身体を災害から保護するために特に必要があると認めるときは、避難支援等の実施に必要な限度で、避難支援等関係者その他の者に対し、名簿情報を提供することができる。この場合においては、名簿情報を提供することについて本人の同意を得ることを要しない。

（名簿情報を提供する場合における配慮）

第四九条の一二　市町村長は、前条第二項又は第三項の規定により名簿情報を提供するときは、地域防災計画の定めるところにより、名簿情報の提供を受ける者に対して名簿情報の漏えいの防止のために必要な措置を講ずるよう求めることその他の当該名簿情報に係る避難行動要支援者及び第三者の権利利益を保護するために必要な措置を講ずるよう努めなければならない。

（秘密保持義務）

第四九条の一三　第四十九条の十一第二項若しくは第三項の規定により名簿情報の提供を受けた者（その者が法人である場合にあつては、その役員）若しくはその職員その他の当該名簿情報を利用して避難支援等の実施に携わる者又はこれらの者であつた者は、正当な理由がなく、当該名簿情報に係る避難行動要支援者に関して知り得た秘密を漏らしてはならない。

（個別避難計画の作成）

第四九条の一四　市町村長は、地域防災計画の定めるところにより、名簿情報に係る避難行動要支援者ごとに、当該避難行動要支援者について避難支援等を実施するための計画（以下「個別避難計画」という。）を作成するよう努めなければならない。ただし、個別避難計画を作成することについて当該避難行動要支援者の同意が得られない場合は、この限りでない。

2　市町村長は、前項ただし書に規定する同意を得ようとするときは、当該同意に係る避難行動要支援者に対し次条第二項又は第三項の規定による同条第一項に規定する個別避難計画情報の提供に係る事項について説明しなければならない。

3　個別避難計画には、第四十九条の十第二項第一号から第六号までに掲げる事項のほか、避難行動要支援者に関する次に掲げる事項を記載し、又は記録するものとする。

一　避難支援等実施者（避難支援等関係者のうち当該個別避難計画に係る避難行動要支援者について避難支援等を実施する者をいう。次条第二項において同じ。）の氏名又は名称、住所又は居所及び電話番号その他の連絡先

二　避難施設その他の避難場所及び避難路その他の避難経路に関する事項

三　前二号に掲げるもののほか、避難支援等の実施に関し市町村長が必要と認める事項

4　市町村長は、第一項の規定による個別避難計画の作成に必要な限度で、その保有する避難行動要支援者の氏名その他の避難行動要支援者に関する情報を、その保有に当たつて特定された利用の目的以外の目的のために内部で利用することができる。

5　市町村長は、第一項の規定による個別避難計画の作成のため必要があると認めるときは、関係都道府県知事その他の者に対して、避難行動要支援者に関する情報の提供を求めることができる。

（個別避難計画情報の利用及び提供）

第四九条の一五　市町村長は、避難支援等の実施に必要な限度で、前条第一項の規定により作成した個別避難計画に記載し、又は記録された情報（以下「個別避難計画情報」という。）を、その保有に当たつて特定された利用の目的以外の目的のために内部で利用することができる。

2　市町村長は、災害の発生に備え、避難支援等の実施に必要な限度

で、地域防災計画の定めるところにより、避難支援等関係者に対し、個別避難計画情報を提供するものとする。ただし、当該市町村の条例に特別の定めがある場合を除き、個別避難計画情報を提供することについて当該個別避難計画情報に係る避難行動要支援者及び避難支援等実施者（次項、次条及び第四十九条の十七において「避難行動要支援者等」という。）の同意が得られない場合は、この限りでない。

3　市町村長は、災害が発生し、又は発生するおそれがある場合において、避難行動要支援者の生命又は身体を災害から保護するために特に必要があると認めるときは、避難支援等の実施に必要な限度で、避難支援等関係者その他の者に対し、個別避難計画情報を提供することができる。この場合においては、個別避難計画情報を提供することについて当該個別避難計画情報に係る避難行動要支援者等の同意を得ることを要しない。

4　前二項に定めるもののほか、市町村長は、個別避難計画情報に係る避難行動要支援者以外の避難行動要支援者について避難支援等が円滑かつ迅速に実施されるよう、避難支援等関係者に対する必要な情報の提供その他の必要な配慮をするものとする。

（個別避難計画情報を提供する場合における配慮）

第四九条の一六　市町村長は、前条第二項又は第三項の規定により個別避難計画情報を提供するときは、地域防災計画の定めるところにより、個別避難計画情報の提供を受ける者に対して個別避難計画情報の漏えいの防止のために必要な措置を講ずるよう求めることその他の当該個別避難計画情報に係る避難行動要支援者等及び第三者の権利利益を保護するために必要な措置を講ずるよう努めなければならない。

（秘密保持義務）

第四九条の一七　第四十九条の十五第二項若しくは第三項の規定により個別避難計画情報の提供を受けた者（その者が法人である場合にあつては、その役員）若しくはその職員その他の当該個別避難計画情報を利用して避難支援等の実施に携わる者又はこれらの者であつた者は、正当な理由がなく、当該個別避難計画情報に係る避難行動要支援者等に関して知り得た秘密を漏らしてはならない。

第五章　災害応急対策

第一節　通則

（災害応急対策及びその実施責任）

第五〇条　災害応急対策は、次に掲げる事項について、災害が発生し、又は発生するおそれがある場合に災害の発生を防御し、又は応急的救助を行う等災害の拡大を防止するために行うものとする。

一　警報の発令及び伝達並びに避難の勧告又は指示に関する事項
二　消防、水防その他の応急措置に関する事項
三　被災者の救難、救助その他保護に関する事項
四　災害を受けた児童及び生徒の応急の教育に関する事項
五　施設及び設備の応急の復旧に関する事項
六　廃棄物の処理及び清掃、防疫その他の生活環境の保全及び公衆衛生に関する事項
七　犯罪の予防、交通の規制その他災害地における社会秩序の維持に関する事項
八　緊急輸送の確保に関する事項
九　前各号に掲げるもののほか、災害の発生の防御又は拡大の防止のための措置に関する事項

2　指定行政機関の長及び指定地方行政機関の長、地方公共団体の長

その他の執行機関、指定公共機関及び指定地方公共機関その他法令の規定により災害応急対策の実施の責任を有する者は、法令又は防災計画の定めるところにより、災害応急対策に従事する者の安全の確保に十分に配慮して、災害応急対策を実施しなければならない。

（情報の収集及び伝達等）

第五十一条　指定行政機関の長及び指定地方行政機関の長、地方公共団体の長その他の執行機関、指定公共機関及び指定地方公共機関、公共的団体並びに防災上重要な施設の管理者（以下「災害応急対策責任者」という。）は、法令又は防災計画の定めるところにより、災害に関する情報の収集及び伝達に努めなければならない。

2　災害応急対策責任者は、前項の災害に関する情報の収集及び伝達に当たつては、地理空間情報（地理空間情報活用推進基本法（平成十九年法律第六十三号）第二条第一項に規定する地理空間情報をいう。）の活用に努めなければならない。

3　災害応急対策責任者は、災害に関する情報を共有し、相互に連携して災害応急対策の実施に努めなければならない。

（国民に対する周知）

第五十一条の二　内閣総理大臣は、非常災害又は特定災害が発生し、又は発生するおそれがある場合において、避難のため緊急の必要があると認めるときは、法令又は防災計画の定めるところにより、予想される災害の事態及びこれに対してとるべき措置について、国民に対し周知させる措置をとらなければならない。

（防災信号）

第五十二条　市町村長が災害に関する警報の発令及び伝達、警告並びに避難の指示のため使用する防災に関する信号の種類、内容及び様式又は方法については、他の法令に特別の定めがある場合を除くほか、内閣府令で定める。

2　何人も、みだりに前項の信号又はこれに類似する信号を使用してはならない。

（被害状況等の報告）

第五十三条　市町村は、当該市町村の区域内に災害が発生したときは、政令で定めるところにより、速やかに、当該災害の状況及びこれに対して執られた措置の概要を都道府県（都道府県に報告ができない場合にあつては、内閣総理大臣）に報告しなければならない。

2　都道府県は、当該都道府県の区域内に災害が発生したときは、政令で定めるところにより、速やかに、当該災害の状況及びこれに対して執られた措置の概要を内閣総理大臣に報告しなければならない。

3　指定公共機関の代表者は、その業務に係る災害が発生したときは、政令で定めるところにより、すみやかに、当該災害の状況及びこれに対してとられた措置の概要を内閣総理大臣に報告しなければならない。

4　指定行政機関の長は、その所掌事務に係る災害が発生したときは、政令で定めるところにより、すみやかに、当該災害の状況及びこれに対してとられた措置の概要を内閣総理大臣に報告しなければならない。

5　第一項から前項までの規定による報告に係る災害が非常災害又は特定災害であると認められるときは、市町村、都道府県、指定公共機関の代表者又は指定行政機関の長は、当該災害の規模の把握のため必要な情報の収集に特に意を用いなければならない。

6　市町村の区域内に災害が発生した場合において、当該災害の発生により当該市町村が第一項の規定による報告を行うことができなくなつたときは、都道府県は、当該災害に関する情報の収集に特に意を用いなければならない。

7　都道府県の区域内に災害が発生した場合において、当該災害の発生により当該都道府県が第二項の規定による報告を行うことができなくなつたときは、指定行政機関の長は、その所掌事務に係る災害に関する情報の収集に特に意を用いなければならない。

8　内閣総理大臣は、第一項から第四項までの規定による報告を受けたときは、当該報告に係る事項を中央防災会議に通報するものとする。

第二節　警報の伝達等

（発見者の通報義務等）

第五四条　災害が発生するおそれがある異常な現象を発見した者は、遅滞なく、その旨を市町村長又は警察官若しくは海上保安官に通報しなければならない。

2　何人も、前項の通報が最も迅速に到達するように協力しなければならない。

3　第一項の通報を受けた警察官又は海上保安官は、その旨をすみやかに市町村長に通報しなければならない。

4　第一項又は前項の通報を受けた市町村長は、地域防災計画の定めるところにより、その旨を気象庁その他の関係機関に通報しなければならない。

（都道府県知事の通知等）

第五五条　都道府県知事は、法令の規定により、気象庁その他の国の機関から災害に関する予報若しくは警報の通知を受けたとき、又は自ら災害に関する警報をしたときは、法令又は地域防災計画の定めるところにより、予想される災害の事態及びこれに対してとるべき措置について、関係指定地方行政機関の長、指定地方公共機関、市町村長その他の関係者に対し、必要な通知又は要請をするものとする。

（市町村長の警報の伝達及び警告）

第五六条　市町村長は、法令の規定により災害に関する予報若しくは警報の通知を受けたとき、自ら災害に関する予報若しくは警報を知つたとき、法令の規定により自ら災害に関する警報をしたとき、又は前条の通知を受けたときは、地域防災計画の定めるところにより、当該予報若しくは警報又は通知に係る事項を関係機関及び住民その他関係のある公私の団体に伝達しなければならない。この場合において、必要があると認めるときは、市町村長は、住民その他関係のある公私の団体に対し、予想される災害の事態及びこれに対してとるべき避難のための立退きの準備その他の措置について、必要な通知又は警告をすることができる。

2　市町村長は、前項の規定により必要な通知又は警告をするに当たつては、要配慮者に対して、その円滑かつ迅速な避難の確保が図られるよう必要な情報の提供その他の必要な配慮をするものとする。

（警報の伝達等のための通信設備の優先利用等）

第五七条　前二条の規定による通知、要請、伝達又は警告が緊急を要するものである場合において、その通信のため特別の必要があるときは、都道府県知事又は市町村長は、他の法律に特別の定めがある場合を除くほか、政令で定めるところにより、電気通信事業法（昭和五十九年法律第八十六号）第二条第五号に規定する電気通信事業者がその事業の用に供する電気通信設備を優先的に利用し、若しくは有線電気通信法（昭和二十八年法律第九十六号）第三条第四項第四号に掲げる者が設置する有線電気通信設備若しくは無線設備を使用し、又は放送法（昭和二十五年法律第百三十二号）第二条第二十三号に規定する基幹放送事業者に放送を行うことを求め、若しくはインターネットを利用した情報の提供に関する事業活動であつて政令で定めるものを行う者にインターネットを利用した情報の提供を行うことを求めることができる。

第三節　事前措置及び避難

（市町村長の出動命令等）

第五八条　市町村長は、災害が発生するおそれがあるときは、法令又は市町村地域防災計画の定めるところにより、消防機関若しくは水防団に出動の準備をさせ、若しくは出動を命じ、又は消防吏員（当該市町村の職員である者を除く。）、警察官若しくは海上保安官の出動を求める等災害応急対策責任者に対し、応急措置の実施に必要な準備をすることを要請し、若しくは求めなければならない。

（市町村長の事前措置等）

第五九条　市町村長は、災害が発生するおそれがあるときは、災害が発生した場合においてその災害を拡大させるおそれがあると認められる設備又は物件の占有者、所有者又は管理者に対し、災害の拡大を防止するため必要な限度において、当該設備又は物件の除去、保安その他必要な措置をとることを指示することができる。

2　警察署長又は政令で定める管区海上保安本部の事務所の長（以下この項、第六十四条及び第六十六条において「警察署長等」という。）は、市町村長から要求があつたときは、前項に規定する指示を行なうことができる。この場合において、同項に規定する指示を行なつたときは、警察署長等は、直ちに、その旨を市町村長に通知しなければならない。

（市町村長の避難の指示等）

第六〇条　災害が発生し、又は発生するおそれがある場合において、人の生命又は身体を災害から保護し、その他災害の拡大を防止するため特に必要があると認めるときは、市町村長は、必要と認める地域の必要と認める居住者等に対し、避難のための立退きを指示することができる。

2　前項の規定により避難のための立退きを指示する場合において、必要があると認めるときは、市町村長は、その立退き先として指定緊急避難場所その他の避難場所を指示することができる。

3　災害が発生し、又はまさに発生しようとしている場合において、避難のための立退きを行うことによりかえつて人の生命又は身体に危険が及ぶおそれがあり、かつ、事態に照らし緊急を要すると認めるときは、市町村長は、必要と認める地域の必要と認める居住者等に対し、高所への移動、近傍の堅固な建物への退避、屋内の屋外に面する開口部から離れた場所での待避その他の緊急に安全を確保するための措置（以下「緊急安全確保措置」という。）を指示することができる。

4　市町村長は、第一項の規定により避難のための立退きを指示し、若しくは立退き先を指示し、又は前項の規定により緊急安全確保措置を指示したときは、速やかに、その旨を都道府県知事に報告しなければならない。

5　市町村長は、避難の必要がなくなつたときは、直ちに、その旨を公示しなければならない。前項の規定は、この場合について準用する。

6　都道府県知事は、当該都道府県の地域に係る災害が発生した場合において、当該災害の発生により市町村がその全部又は大部分の事務を行うことができなくなつたときは、当該市町村の市町村長が第一項から第三項まで及び前項前段の規定により実施すべき措置の全部又は一部を当該市町村長に代わつて実施しなければならない。

7　都道府県知事は、前項の規定により市町村長の事務の代行を開始し、又は終了したときは、その旨を公示しなければならない。

8　第六項の規定による都道府県知事の代行に関し必要な事項は、政令で定める。

（警察官等の避難の指示）

第六十一条　前条第一項又は第三項の場合において、市町村長が同条第一項に規定する避難のための立退き若しくは緊急安全確保措置を指示することができないと認めるとき、又は市町村長から要求があつたときは、警察官又は海上保安官は、必要と認める地域の必要と認める居住者等に対し、避難のための立退き又は緊急安全確保措置を指示することができる。

2　前条第二項の規定は、警察官又は海上保安官が前項の規定により避難のための立退きを指示する場合について準用する。

3　警察官又は海上保安官は、第一項の規定により避難のための立退き又は緊急安全確保措置を指示したときは、直ちに、その旨を市町村長に通知しなければならない。

4　前条第四項及び第五項の規定は、前項の通知を受けた市町村長について準用する。

（指定行政機関の長等による助言）

第六十一条の二　市町村長は、第六十条第一項の規定により避難のための立退きを指示し、又は同条第三項の規定により緊急安全確保措置を指示しようとする場合において、必要があると認めるときは、指定行政機関の長若しくは指定地方行政機関の長又は都道府県知事に対し、当該指示に関する事項について、助言を求めることができる。この場合において、助言を求められた指定行政機関の長若しくは指定地方行政機関の長又は都道府県知事は、その所掌事務に関し、必要な助言をするものとする。

（避難の指示のための通信設備の優先利用等）

第六十一条の三　第五十七条の規定は、市町村長が第六十条第一項の規定により避難のための立退きを指示し、又は同条第三項の規定により緊急安全確保措置を指示する場合（同条第六項の規定により都道府県知事が市町村長の事務を代行する場合を含む。）について準用する。

（広域避難の協議等）

第六十一条の四　市町村長は、当該市町村の地域に係る災害が発生するおそれがある場合において、予想される災害の事態に照らし、第六十条第一項に規定する避難のための立退きを指示した場合におけるその立退き先を当該市町村内の指定緊急避難場所その他の避難場所とすることが困難であり、かつ、居住者等の生命又は身体を災害から保護するため当該居住者等を一定期間他の市町村の区域に滞在させる必要があると認めるときは、当該居住者等の受入れについて、同一都道府県内の他の市町村の市町村長に協議することができる。

2　市町村長は、前項の規定による協議をするときは、あらかじめ、その旨を都道府県知事に報告しなければならない。ただし、あらかじめ報告することが困難なときは、協議の開始の後、遅滞なく、報告することをもつて足りる。

3　第一項の場合において、協議を受けた市町村長（以下この条において「協議先市町村長」という。）は、同項の居住者等（以下「要避難者」という。）を受け入れないことについて正当な理由がある場合を除き、要避難者を受け入れるものとする。この場合において、協議先市町村長は、同項の規定による滞在（以下「広域避難」という。）の用に供するため、受け入れた要避難者に対し指定緊急避難場所その他の避難場所を提供しなければならない。

4　前項の場合において、協議先市町村長は、当該市町村の区域において要避難者を受け入れるべき避難場所を決定し、直ちに、その内容を当該避難場所を管理する者その他の内閣府令で定める者に通知しなければならない。

5　協議先市町村長は、前項の規定による決定をしたときは、速やかに、その内容を第一項の規定により協議した市町村長（以下この条において「協議元市町村長」という。）に通知しなければならない。

6　協議元市町村長は、前項の規定による通知を受けたときは、速やかに、その内容を公示し、及び内閣府令で定める者に通知するとともに、都道府県知事に報告しなければならない。

7　協議元市町村長は、広域避難の必要がなくなつたと認めるときは、速やかに、その旨を協議先市町村長及び前項の内閣府令で定める者に通知し、並びに公示するとともに、都道府県知事に報告しなければならない。

8　協議先市町村長は、前項の規定による通知を受けたときは、速やかに、その旨を第四項の内閣府令で定める者に通知しなければならない。

（都道府県外広域避難の協議等）

第六一条の五　前条第一項に規定する場合において、市町村長は、要避難者を一定期間他の都道府県内の市町村の区域に滞在させる必要があると認めるときは、都道府県知事に対し、当該他の都道府県の知事と当該要避難者の受入れについて協議することを求めることができる。

2　前項の規定による要求があつたときは、都道府県知事は、要避難者の受入れについて、当該他の都道府県の知事に協議しなければならない。

3　都道府県知事は、前項の規定による協議をするときは、あらかじめ、その旨を内閣総理大臣に報告しなければならない。ただし、あらかじめ報告することが困難なときは、協議の開始の後、遅滞なく、報告することをもつて足りる。

4　第二項の場合において、協議を受けた都道府県知事（以下この条において「協議先都道府県知事」という。）は、要避難者の受入れについて、関係市町村長と協議しなければならない。

5　前項の場合において、協議を受けた市町村長（以下この条において「都道府県外協議先市町村長」という。）は、要避難者を受け入れないことについて正当な理由がある場合を除き、要避難者を受け入れるものとする。この場合において、都道府県外協議先市町村長は、第一項の規定による滞在（以下「都道府県外広域避難」という。）の用に供するため、受け入れた要避難者に対し指定緊急避難場所その他の避難場所を提供しなければならない。

6　前項の場合において、都道府県外協議先市町村長は、当該市町村の区域において要避難者を受け入れるべき避難場所を決定し、直ちに、その内容を当該避難場所を管理する者その他の内閣府令で定める者に通知しなければならない。

7　都道府県外協議先市町村長は、前項の規定による決定をしたときは、速やかに、その内容を協議先都道府県知事に報告しなければならない。

8　協議先都道府県知事は、前項の規定による報告を受けたときは、速やかに、その内容を第二項の規定により協議した都道府県知事（以下この条において「協議元都道府県知事」という。）に通知しなければならない。

9　協議元都道府県知事は、前項の規定による通知を受けたときは、速やかに、その内容を第一項の規定により協議することを求めた市町村長（以下この条において「協議元市町村長」という。）に通知するとともに、内閣総理大臣に報告しなければならない。

10　協議元市町村長は、前項の規定による通知を受けたときは、速やかに、その内容を公示するとともに、内閣府令で定める者に通知しなければならない。

11　協議元市町村長は、都道府県外広域避難の必要がなくなつたと認めるときは、速やかに、その旨を協議元都道府県知事に報告し、及び公示するとともに、前項の内閣府令で定める者に通知しなければならない。

12　協議元都道府県知事は、前項の規定による報告を受けたときは、速やかに、その旨を協議先都道府県知事に通知するとともに、内閣総理大臣に報告しなければならない。

13　協議先都道府県知事は、前項の規定による通知を受けたときは、速やかに、その旨を都道府県外協議先市町村長に通知しなければならない。

14　都道府県外協議先市町村長は、前項の規定による通知を受けたときは、速やかに、その旨を第六項の内閣府令で定める者に通知しなければならない。

（市町村長による都道府県外広域避難の協議等）

第六十一条の六　前条第一項に規定する場合において、市町村長は、事態に照らし緊急を要すると認めるときは、要避難者の受入れについて、他の都道府県内の市町村の市町村長に協議することができる。

2　市町村長は、前項の規定による協議をするときは、あらかじめ、その旨を都道府県知事に報告しなければならない。ただし、あらかじめ報告することが困難なときは、協議の開始の後、遅滞なく、報告することをもつて足りる。

3　前項の規定による報告を受けた都道府県知事は、速やかに、その内容を内閣総理大臣に報告しなければならない。

4　第一項の場合において、協議を受けた市町村長（以下この条において「都道府県外協議先市町村長」という。）は、同項の要避難者を受け入れないことについて正当な理由がある場合を除き、要避難者を受け入れるものとする。この場合において、都道府県外協議先市町村長は、都道府県外広域避難の用に供するため、受け入れた要避難者に対し指定緊急避難場所その他の避難場所を提供しなければならない。

5　前項の場合において、都道府県外協議先市町村長は、当該市町村の区域において要避難者を受け入れるべき避難場所を決定し、直ちに、その内容を当該避難場所を管理する者その他の内閣府令で定める者に通知しなければならない。

6　都道府県外協議先市町村長は、前項の規定による決定をしたときは、速やかに、その内容を第一項の規定により協議した市町村長（以下この条において「協議元市町村長」という。）に通知するとともに、都道府県知事に報告しなければならない。

7　協議元市町村長は、前項の規定による通知を受けたときは、速やかに、その内容を公示し、及び内閣府令で定める者に通知するとともに、都道府県知事に報告しなければならない。

8　前項の規定による報告を受けた都道府県知事は、速やかに、その内容を内閣総理大臣に報告しなければならない。

9　協議元市町村長は、都道府県外広域避難の必要がなくなつたと認めるときは、速やかに、その旨を都道府県外協議先市町村長及び第七項の内閣府令で定める者に通知し、並びに公示するとともに、都道府県知事に報告しなければならない。

10　都道府県外協議先市町村長は、前項の規定による通知を受けたときは、速やかに、その旨を第五項の内閣府令で定める者に通知するとともに、都道府県知事に報告しなければならない。

11　第九項の規定による報告を受けた都道府県知事は、速やかに、その内容を内閣総理大臣に報告しなければならない。

（都道府県知事及び内閣総理大臣による助言）

第六十一条の七　都道府県知事は、市町村長から求められたときは、第六十一条の四第一項の規定による協議の相手方その他広域避難に関する事項について助言をしなければならない。

2　内閣総理大臣は、都道府県知事から求められたときは、第六十一条の五第二項の規定による協議の相手方その他都道府県外広域避難に関する事項又は広域避難に関する事項について助言をしなければならない。

（居住者等の運送）

第六一条の八　都道府県知事は、都道府県の地域に係る災害が発生するおそれがある場合であつて、居住者等の生命又は身体を当該災害から保護するため緊急の必要があると認めるときは、運送事業者である指定公共機関又は指定地方公共機関に対し、運送すべき人並びに運送すべき場所及び期日を示して、居住者等の運送を要請することができる。

２　指定公共機関又は指定地方公共機関が正当な理由がないのに前項の規定による要請に応じないときは、都道府県知事は、居住者等の生命又は身体を災害から保護するため特に必要があると認めるときに限り、当該指定公共機関又は指定地方公共機関に対し、居住者等の運送を行うべきことを指示することができる。この場合においては、運送すべき人並びに運送すべき場所及び期日を書面で示さなければならない。

第四節　応急措置等

（市町村の応急措置）

第六二条　市町村長は、当該市町村の地域に係る災害が発生し、又はまさに発生しようとしているときは、法令又は地域防災計画の定めるところにより、消防、水防、救助その他災害の発生を防禦（ぎょ）し、又は災害の拡大を防止するために必要な応急措置（以下「応急措置」という。）をすみやかに実施しなければならない。

２　市町村の委員会又は委員、市町村の区域内の公共的団体及び防災上重要な施設の管理者その他法令の規定により応急措置の実施の責任を有する者は、当該市町村の地域に係る災害が発生し、又はまさに発生しようとしているときは、地域防災計画の定めるところにより、市町村長の所轄の下にその所掌事務若しくは所掌業務に係る応急措置を実施し、又は市町村長の実施する応急措置に協力しなければならない。

（市町村長の警戒区域設定権等）

第六三条　災害が発生し、又はまさに発生しようとしている場合において、人の生命又は身体に対する危険を防止するため特に必要があると認めるときは、市町村長は、警戒区域を設定し、災害応急対策に従事する者以外の者に対して当該区域への立入りを制限し、若しくは禁止し、又は当該区域からの退去を命ずることができる。

２　前項の場合において、市町村長若しくはその委任を受けて同項に規定する市町村長の職権を行なう市町村の職員が現場にいないとき、又はこれらの者から要求があつたときは、警察官又は海上保安官は、同項に規定する市町村長の職権を行なうことができる。この場合において、同項に規定する市町村長の職権を行なつたときは、警察官又は海上保安官は、直ちに、その旨を市町村長に通知しなければならない。

３　第一項の規定は、市町村長その他同項に規定する市町村長の職権を行うことができる者がその場にいない場合に限り、自衛隊法（昭和二十九年法律第百六十五号）第八十三条第二項の規定により派遣を命ぜられた同法第八条に規定する部隊等の自衛官（以下「災害派遣を命ぜられた部隊等の自衛官」という。）の職務の執行について準用する。この場合において、第一項に規定する措置をとつたときは、当該災害派遣を命ぜられた部隊等の自衛官は、直ちに、その旨を市町村長に通知しなければならない。

４　第六十一条の二の規定は、第一項の規定により警戒区域を設定しようとする場合について準用する。

（応急公用負担等）

第六四条　市町村長は、当該市町村の地域に係る災害が発生し、又はまさに発生しようとしている場合において、応急措置を実施するため緊急の必要があると認めるときは、政令で定めるところにより、当該市町村の区域内の他人の土地、建物その他の工作物を一時使用し、又は土石、竹木その他の物件を使用し、若しくは収用することができる。

2　市町村長は、当該市町村の地域に係る災害が発生し、又はまさに発生しようとしている場合において、応急措置を実施するため緊急の必要があると認めるときは、現場の災害を受けた工作物又は物件で当該応急措置の実施の支障となるもの（以下この条において「工作物等」という。）の除去その他必要な措置をとることができる。この場合において、工作物等を除去したときは、市町村長は、当該工作物等を保管しなければならない。

3　市町村長は、前項後段の規定により工作物等を保管したときは、当該工作物等の占有者、所有者その他当該工作物等について権原を有する者（以下この条において「占有者等」という。）に対し当該工作物等を返還するため、政令で定めるところにより、政令で定める事項を公示しなければならない。

4　市町村長は、第二項後段の規定により保管した工作物等が滅失し、若しくは破損するおそれがあるとき、又はその保管に不相当な費用若しくは手数を要するときは、政令で定めるところにより、当該工作物等を売却し、その売却した代金を保管することができる。

5　前三項に規定する工作物等の保管、売却、公示等に要した費用は、当該工作物等の返還を受けるべき占有者等の負担とし、その費用の徴収については、行政代執行法（昭和二十三年法律第四十三号）第五条及び第六条の規定を準用する。

6　第三項に規定する公示の日から起算して六月を経過してもなお第二項後段の規定により保管した工作物等（第四項の規定により売却した代金を含む。以下この項において同じ。）を返還することができないときは、当該工作物等の所有権は、当該市町村長の統轄する市町村に帰属する。

7　前条第二項の規定は、第一項及び第二項前段の場合について準用する。

8　第一項及び第二項前段の規定は、市町村長その他第一項又は第二項前段に規定する市町村長の職権を行うことができる者がその場にいない場合に限り、災害派遣を命ぜられた部隊等の自衛官の職務執行について準用する。この場合において、第一項又は第二項前段に規定する措置をとつたときは、当該災害派遣を命ぜられた部隊等の自衛官は、直ちに、その旨を市町村長に通知しなければならない。

9　警察官、海上保安官又は災害派遣を命ぜられた部隊等の自衛官は、第七項において準用する前条第二項又は前項において準用する第二項前段の規定により工作物等を除去したときは、当該工作物等を当該工作物等が設置されていた場所を管轄する警察署長等又は内閣府令で定める自衛隊法第八条に規定する部隊等の長（以下この条において「自衛隊の部隊等の長」という。）に差し出さなければならない。この場合において、警察署長等又は自衛隊の部隊等の長は、当該工作物等を保管しなければならない。

10　前項の規定により警察署長等又は自衛隊の部隊等の長が行う工作物等の保管については、第三項から第六項までの規定の例によるものとする。ただし、第三項の規定の例により公示した日から起算して六月を経過してもなお返還することができない工作物等の所有権は、警察署長が保管する工作物等にあつては当該警察署の属する都道府県に、政令で定める管区海上保安本部の事務所の長又は自衛隊の部隊等の長が保管する工作物等にあつては国に、それぞれ帰属するものとする。

第六五条　市町村長は、当該市町村の地域に係る災害が発生し、又はまさに発生しようとしている場合において、応急措置を実施するため緊急の必要があると認めるときは、当該市町村の区域内の住民又は当該応急措置を実施すべき現場にある者を当該応急措置の業務に従事させることができる。

2　第六十三条第二項の規定は、前項の場合について準用する。

3　第一項の規定は、市町村長その他同項に規定する市町村長の職権を行うことができる者がその場にいない場合に限り、災害派遣を命ぜられた部隊等の自衛官の職務の執行について準用する。この場合において、同項に規定する措置をとつたときは、当該災害派遣を命ぜられた部隊等の自衛官は、直ちに、その旨を市町村長に通知しなければならない。

（災害時における漂流物等の処理の特例）

第六六条　災害が発生した場合において、水難救護法（明治三十二年法律第九十五号）第二十九条第一項に規定する漂流物又は沈没品を取り除いたときは、警察署長等は、同項の規定にかかわらず、当該物件を保管することができる。

2　水難救護法第二章の規定は、警察署長等が前項の規定により漂流物又は沈没品を保管した場合について準用する。

（他の市町村長等に対する応援の要求）

第六七条　市町村長等は、当該市町村の地域に係る災害が発生し、又は発生するおそれがある場合において、災害応急対策を実施するため必要があると認めるときは、他の市町村の市町村長等に対し、応援を求めることができる。この場合において、応急措置を実施するための応援を求められた市町村長等は、正当な理由がない限り、応援を拒んではならない。

2　前項の応援に従事する者は、災害応急対策の実施については、当該応援を求めた市町村長等の指揮の下に行動するものとする。

（都道府県知事等に対する応援の要求等）

第六八条　市町村長等は、当該市町村の地域に係る災害が発生し、又は発生するおそれがある場合において、災害応急対策を実施するため必要があると認めるときは、都道府県知事等に対し、応援を求め、又は災害応急対策の実施を要請することができる。この場合において、応援を求められ、又は災害応急対策の実施を要請された都道府県知事等は、正当な理由がない限り、応援又は災害応急対策の実施を拒んではならない。

（災害派遣の要請の要求等）

第六八条の二　市町村長は、当該市町村の地域に係る災害が発生し、又はまさに発生しようとしている場合において、応急措置を実施するため必要があると認めるときは、都道府県知事に対し、自衛隊法第八十三条第一項の規定による要請（次項において「要請」という。）をするよう求めることができる。この場合において、市町村長は、その旨及び当該市町村の地域に係る災害の状況を防衛大臣又はその指定する者に通知することができる。

2　市町村長は、前項の要求ができない場合には、その旨及び当該市町村の地域に係る災害の状況を防衛大臣又はその指定する者に通知することができる。この場合において、当該通知を受けた防衛大臣又はその指定する者は、その事態に照らし特に緊急を要し、要請を待ついとまがないと認められるときは、人命又は財産の保護のため、要請を待たないで、自衛隊法第八条に規定する部隊等を派遣することができる。

3　市町村長は、前二項の通知をしたときは、速やかに、その旨を都道府県知事に通知しなければならない。

（災害時における事務の委託の手続の特例）

第六九条　市町村は、当該市町村の地域に係る災害が発生した場合において、応急措置を実施するため必要があると認めるときは、地方自治法第二百五十二条の十四及び第二百五十二条の十五の規定にかかわらず、政令で定めるところにより、その事務又は市町村長等の権限に属する事務の一部を他の地方公共団体に委託して、当該地方公共団体の長その他の執行機関にこれを管理し、及び執行させることができる。

（都道府県の応急措置）

第七〇条　都道府県知事は、当該都道府県の地域に係る災害が発生し、又はまさに発生しようとしているときは、法令又は地域防災計画の定めるところにより、その所掌事務に係る応急措置をすみやかに実施しなければならない。この場合において、都道府県知事は、その区域内の市町村の実施する応急措置が的確かつ円滑に行なわれることとなるように努めなければならない。

2　都道府県の委員会又は委員は、当該都道府県の地域に係る災害が発生し、又はまさに発生しようとしているときは、法令又は地域防災計画の定めるところにより、都道府県知事の所轄の下にその所掌事務に係る応急措置を実施しなければならない。

3　第一項の場合において、応急措置を実施するため、又はその区域内の市町村の実施する応急措置が的確かつ円滑に行われるようにするため必要があると認めるときは、都道府県知事は、指定行政機関の長若しくは指定地方行政機関の長又は当該都道府県の他の執行機関、指定公共機関若しくは指定地方公共機関に対し、応急措置の実施を要請し、又は求めることができる。この場合において、応急措置の実施を要請された指定行政機関の長又は指定地方行政機関の長は、正当な理由がない限り、応急措置の実施を拒んではならない。

（都道府県知事の従事命令等）

第七一条　都道府県知事は、当該都道府県の地域に係る災害が発生した場合において、第五十条第一項第四号から第九号までに掲げる事項について応急措置を実施するため特に必要があると認めるときは、災害救助法（昭和二十二年法律第百十八号）第七条から第十条までの規定の例により、従事命令、協力命令若しくは保管命令を発し、施設、土地、家屋若しくは物資を管理し、使用し、若しくは収用し、又はその職員に施設、土地、家屋若しくは物資の所在する場所若しくは物資を保管させる場所に立ち入り検査をさせ、若しくは物資を保管させた者から必要な報告を取ることができる。

2　前項の規定による都道府県知事の権限に属する事務は、政令で定めるところにより、その一部を市町村長が行うこととすることができる。

（都道府県知事の指示等）

第七二条　都道府県知事は、当該都道府県の区域内の市町村の実施する応急措置が的確かつ円滑に行なわれるようにするため特に必要があると認めるときは、市町村長に対し、応急措置の実施について必要な指示をし、又は他の市町村長を応援すべきことを指示することができる。

2　都道府県知事は、当該都道府県の区域内の市町村の実施する災害応急対策（応急措置を除く。以下この項において同じ。）が的確かつ円滑に行われるようにするため特に必要があると認めるときは、市町村長に対し、災害応急対策の実施を求め、又は他の市町村長を応援することを求めることができる。

3　前二項の規定による都道府県知事の指示又は要求に係る応援に従事する者は、災害応急対策の実施については、当該応援を受ける市町村長の指揮の下に行動するものとする。

（都道府県知事による応急措置の代行）

第七三条　都道府県知事は、当該都道府県の地域に係る災害が発生した場合において、当該災害の発生により市町村がその全部又は大部分の事務を行なうことができなくなつたときは、当該市町村の市町村長が第六十三条第一項、第六十四条第一項及び第二項並びに第六十五条第一項の規定により実施すべき応急措置の全部又は一部を当該市町村長に代わつて実施しなければならない。

2　都道府県知事は、前項の規定により市町村長の事務の代行を開始し、又は終了したときは、その旨を公示しなければならない。

3　第一項の規定による都道府県知事の代行に関し必要な事項は、政令で定める。

（都道府県知事等に対する応援の要求）

第七四条　都道府県知事等は、当該都道府県の地域に係る災害が発生し、又は発生するおそれがある場合において、災害応急対策を実施するため必要があると認めるときは、他の都道府県の都道府県知事等に対し、応援を求めることができる。この場合において、応急措置を実施するための応援を求められた都道府県知事等は、正当な理由がない限り、応援を拒んではならない。

2　前項の応援に従事する者は、災害応急対策の実施については、当該応援を求めた都道府県知事等の指揮の下に行動するものとする。この場合において、警察官にあつては、当該応援を求めた都道府県の公安委員会の管理の下にその職権を行うものとする。

（都道府県知事による応援の要求）

第七四条の二　都道府県知事は、当該都道府県の地域に係る災害が発生し、又は発生するおそれがある場合において、第七十二条第一項の規定による指示又は同条第二項の規定による要求のみによつては当該都道府県の区域内の市町村の実施する災害応急対策に係る応援が円滑に実施されないと認めるときは、他の都道府県知事に対し、当該災害が発生し又は発生するおそれがある市町村の市町村長（次項及び次条において「災害発生市町村長」という。）を応援することを求めることができる。

2　前項の規定による要求を受けた都道府県知事は、当該要求に応じ応援をする場合において、災害発生市町村長の実施する災害応急対策が的確かつ円滑に行われるようにするため特に必要があると認めるときは、当該都道府県の区域内の市町村の市町村長に対し、当該災害発生市町村長を応援することを求めることができる。

3　前二項の規定による都道府県知事の要求に係る応援に従事する者は、災害応急対策の実施については、当該応援を受ける市町村長の指揮の下に行動するものとする。

（内閣総理大臣による応援の要求等）

第七四条の三　都道府県知事は、当該都道府県の地域に係る災害が発生し、又は発生するおそれがある場合において、第七十二条第一項の規定による指示又は同条第二項、第七十四条第一項若しくは前条第一項の規定による要求のみによつては災害応急対策に係る応援が円滑に実施されないと認めるときは、内閣総理大臣に対し、他の都道府県の知事に対し当該災害が発生し又は発生するおそれがある都道府県の知事（以下この条において「災害発生都道府県知事」という。）又は災害発生市町村長を応援することを求めるよう求めることができる。

2　内閣総理大臣は、前項の規定による要求があつた場合において、災害発生都道府県知事及び災害発生市町村長の実施する災害応急対策が的確かつ円滑に行われるようにするため特に必要があると認めるときは、当該災害発生都道府県知事以外の都道府県知事に対し、当該災害発生都道府県知事又は当該災害発生市町村長を応援することを求めることができる。

3　内閣総理大臣は、災害が発生し、又は発生するおそれがある場合であつて、災害発生都道府県知事及び災害発生市町村長の実施する災害応急対策が的確かつ円滑に行われるようにするため特に必要があると認める場合において、その事態に照らし特に緊急を要し、第一項の規定による要求を待ついとまがないと認められるときは、当該要求を待たないで、当該災害発生都道府県知事以外の都道府県知事に対し、当該災害発生都道府県知事又は当該災害発生市町村長を応援することを求めることができる。この場合において、内閣総理大臣は、当該災害発生都道府県知事に対し、速やかにその旨を通知するものとする。

4　災害発生都道府県知事以外の都道府県知事は、前二項の規定による内閣総理大臣の要求に応じ応援をする場合において、災害発生市町村長の実施する災害応急対策が的確かつ円滑に行われるようにするため特に必要があると認めるときは、当該都道府県の区域内の市町村の市町村長に対し、当該災害発生市町村長を応援することを求めることができる。

5　第二項又は第三項の規定による内閣総理大臣の要求に係る応援に従事する者は、災害応急対策の実施については、当該応援を受ける都道府県知事の指揮の下に行動するものとする。

6　第四項の規定による都道府県知事の要求に係る応援に従事する者は、災害応急対策の実施については、当該応援を受ける市町村長の指揮の下に行動するものとする。

（指定行政機関の長等に対する応援の要求等）

第七十四条の四　第七十条第三項に規定するもののほか、都道府県知事は、当該都道府県の地域に係る災害が発生し、又は発生するおそれがある場合において、災害応急対策を実施するため必要があると認めるときは、指定行政機関の長又は指定地方行政機関の長に対し、応援を求め、又は災害応急対策の実施を要請することができる。この場合において、応援を求められ、又は災害応急対策の実施を要請された指定行政機関の長又は指定地方行政機関の長は、正当な理由がない限り、応援又は災害応急対策の実施を拒んではならない。

（災害時における事務の委託の手続の特例）

第七五条　都道府県は、当該都道府県の地域に係る災害が発生した場合において、応急措置を実施するため必要があると認めるときは、地方自治法第二百五十二条の十四及び第二百五十二条の十五の規定にかかわらず、政令で定めるところにより、その事務又は都道府県知事等の権限に属する事務の一部を他の都道府県に委託して、当該都道府県の都道府県知事等にこれを管理し、及び執行させることができる。

（災害時における交通の規制等）

第七六条　都道府県公安委員会は、当該都道府県又はこれに隣接し若しくは近接する都道府県の地域に係る災害が発生し、又はまさに発生しようとしている場合において、災害応急対策が的確かつ円滑に行われるようにするため緊急の必要があると認めるときは、政令で定めるところにより、道路の区間（災害が発生し、又はまさに発生しようとしている場所及びこれらの周辺の地域にあつては、区域又は道路の区間）を指定して、緊急通行車両（道路交通法（昭和三十五年法律第百五号）第三十九条第一項の緊急自動車その他の車両で災害応急対策の的確かつ円滑な実施のためその通行を確保することが特に必要なものとして政令で定めるものをいう。以下同じ。）以外の車両の道路における通行を禁止し、又は制限することができる。

2　前項の規定による通行の禁止又は制限（以下「通行禁止等」という。）が行われたときは、当該通行禁止等を行つた都道府県公安委員会及び当該都道府県公安委員会と管轄区域が隣接し又は近接する都道府県公安委員会は、直ちに、それぞれの都道府県の区域内に在る者に対し、通行禁止等に係る区域又は道路の区間（次条第四項及び第七十六条の三第一項において「通行禁止区域等」という。）その他必要な事項を周知させる措置をとらなければならない。

第七十六条の二　道路の区間に係る通行禁止等が行われたときは、当該道路の区間に在る通行禁止等の対象とされる車両の運転者は、速やかに、当該車両を当該道路の区間以外の場所へ移動しなければならない。この場合において、当該車両を速やかに当該道路の区間以外の場所へ移動することが困難なときは、当該車両をできる限り道路の左側端に沿つて駐車する等緊急通行車両の通行の妨害とならない方法により駐車しなければならない。

2　区域に係る通行禁止等が行われたときは、当該区域に在る通行禁止等の対象とされる車両の運転者は、速やかに、当該車両を道路外の場所へ移動しなければならない。この場合において、当該車両を速やかに道路外の場所へ移動することが困難なときは、当該車両をできる限り道路の左側端に沿つて駐車する等緊急通行車両の通行の妨害とならない方法により駐車しなければならない。

3　前二項の規定による駐車については、道路交通法第三章第九節及び第七十五条の八の規定は、適用しない。

4　第一項及び第二項の規定にかかわらず、通行禁止区域等に在る車両の運転者は、警察官の指示を受けたときは、その指示に従つて車両を移動し、又は駐車しなければならない。

5　第一項、第二項又は前項の規定による車両の移動又は駐車については、前条第一項の規定による車両の通行の禁止及び制限は、適用しない。

第七十六条の三　警察官は、通行禁止区域等において、車両その他の物件が緊急通行車両の通行の妨害となることにより災害応急対策の実施に著しい支障が生じるおそれがあると認めるときは、当該車両その他の物件の占有者、所有者又は管理者に対し、当該車両その他の物件を付近の道路外の場所へ移動することその他当該通行禁止区域等における緊急通行車両の円滑な通行を確保するため必要な措置をとることを命ずることができる。

2　前項の場合において、同項の規定による措置をとることを命ぜられた者が当該措置をとらないとき又はその命令の相手方が現場にいないために当該措置をとることを命ずることができないときは、警察官は、自ら当該措置をとることができる。この場合において、警察官は、当該措置をとるためやむを得ない限度において、当該措置に係る車両その他の物件を破損することができる。

3　前二項の規定は、警察官がその場にいない場合に限り、災害派遣を命ぜられた部隊等の自衛官の職務の執行について準用する。この場合において、第一項中「緊急通行車両の通行」とあるのは「自衛隊用緊急通行車両（自衛隊の使用する緊急通行車両で災害応急対策の実施のため運転中のものをいう。以下この項において同じ。）の通行」と、「緊急通行車両の円滑な通行」とあるのは「自衛隊用緊急通行車両の円滑な通行」と読み替えるものとする。

4　第一項及び第二項の規定は、警察官がその場にいない場合に限り、消防吏員の職務の執行について準用する。この場合において、第一項中「緊急通行車両の通行」とあるのは「消防用緊急通行車両（消防機関の使用する緊急通行車両で災害応急対策の実施のため運転中のものをいう。以下この項において同じ。）の通行」と、「緊急通行車両の円滑な通行」とあるのは「消防用緊急通行車両の円滑な通行」と読み替えるものとする。

5　第一項（前二項において準用する場合を含む。）の規定による命令に従つて行う措置及び第二項（前二項において準用する場合を含む。）の規定により行う措置については、第七十六条第一項の規定による車両の通行の禁止及び制限並びに前条第一項、第二項及び第四項の規定は、適用しない。

6　災害派遣を命ぜられた部隊等の自衛官又は消防吏員は、第三項若しくは第四項において準用する第一項の規定による命令をし、又は第三項若しくは第四項において準用する第二項の規定による措置をとつたときは、直ちに、その旨を、当該命令をし、又は措置をとつた場所を管轄する警察署長に通知しなければならない。

第七十六条の四　都道府県公安委員会は、通行禁止等を行うため必要があると認めるときは、道路管理者等に対し、当該通行禁止等を行おうとする道路の区間において、第七十六条の六第一項の規定による指定若しくは命令をし、又は同条第三項若しくは第四項の規定による措置をとるべきことを要請することができる。

2　前項の「道路管理者等」とは、道路管理者（高速自動車国道法（昭和三十二年法律第七十九号）第四条第一項に規定する高速自動車国道にあつては国土交通大臣、その他の道路にあつては道路法（昭和二十七年法律第百八十号）第十八条第一項に規定する道路管理者をいう。以下同じ。）、港湾管理者（港湾法第二条第一項に規定する港湾管理者をいい、同条第五項第四号の道路（同条第六項の規定により同号の道路とみなされたものを含む。）を管理している者に限る。第七十六条の七第二項において同じ。）又は漁港管理者（漁港及び漁場の整備等に関する法律（昭和二十五年法律第百三十七号）第二十五条の規定により決定された地方公共団体をいい、同法第三条第二号イの道路（同法第六十六条第一項又は第三項の規定により同号イの道路とみなされたものを含む。）を管理している者に限る。第七十六条の七第三項において同じ。）をいう。

3　会社管理高速道路（道路整備特別措置法（昭和三十一年法律第七号）第二条第四項に規定する会社（第七十六条の六第六項及び第七項において「会社」という。）が同法第四条の規定により維持、修繕及び災害復旧を行う高速道路（高速道路株式会社法（平成十六年法律第九十九号）第二条第二項に規定する高速道路をいう。）をいう。第七十六条の六において同じ。）の区間について第一項の規定による要請をする場合における同項の規定の適用については、同項中「道路管理者等」とあるのは「独立行政法人日本高速道路保有・債務返済機構（以下この項において「機構」という。）」と、「第七十六条の六第一項」とあるのは「第七十六条の六第五項の規定により会社管理高速道路の道路管理者に代わつて機構が行う同条第一項」とする。

4　公社管理道路（地方道路公社法（昭和四十五年法律第八十二号）第一条の地方道路公社をいう。以下同じ。）が道路整備特別措置法第十四条の規定により維持、修繕及び災害復旧を行い、又は同法第十五条第一項の許可を受けて維持、修繕及び災害復旧を行う道路をいう。第七十六条の六第八項及び第九項において同じ。）の区間について第一項の規定による要請をする場合における同項の規定の適用については、同項中「道路管理者等」とあるのは「地方道路公社（第四項に規定する地方道路公社をいう。以下この項において同じ。）」と、「第七十六条の六第一項」とあるのは「第七十六条の六第八項の規定により公社管理道路の道路管理者に代わつて地方道路公社が行う同条第一項」とする。

第七十六条の五　国家公安委員会は、災害応急対策が的確かつ円滑に行われるようにするため特に必要があると認めるときは、政令で定めるところにより、関係都道府県公安委員会に対し、通行禁止等に関する事項について指示することができる。

（災害時における車両の移動等）

第七十六条の六　第七十六条の四第二項に規定する道路管理者等（以下この条において「道路管理者等」という。）は、その管理する道路の存する都道府県又はこれに隣接し若しくは近接する都道府県の地域に係る災害が発生した場合において、道路における車両の通行が停止し、又は著しく停滞し、車両その他の物件が緊急通行車両の通行の妨害となることにより災害応急対策の実施に著しい支障が生じるおそれがあり、かつ、緊急通行車両の通行を確保するため緊急の必要があると認めるときは、政令で定めるところにより、その管理する道路についてその区間を指定して、当該車両その他の物件の占有者、所有者又は管理者（第三項第三号において「車両等の占有者等」という。）に対し、当該車両その他の物件を付近の道路外の場所へ移動することその他当該指定をした道路の区間における緊急通行車両の通行を確保するため必要な措置をとることを命ずることができる。

2　道路管理者等は、前項の規定による指定をしたときは、直ちに、当該指定をした道路の区間（以下この項において「指定道路区間」という。）内に在る者に対し、当該指定道路区間を周知させる措置をとらなければならない。

3　次に掲げる場合においては、道路管理者等は、自ら第一項の規定による措置をとることができる。この場合において、道路管理者等は、当該措置をとるためやむを得ない限度において、当該措置に係る車両その他の物件を破損することができる。

一　第一項の規定による措置をとることを命ぜられた者が、当該措置をとらない場合

二　道路管理者等が、第一項の規定による命令の相手方が現場にいないために同項の規定による措置をとることを命ずることができない場合

三　道路管理者等が、道路の状況その他の事情により車両等の占有者等に第一項の規定による措置をとらせることができないと認めて同項の規定による命令をしないこととした場合

4　道路管理者等は、第一項又は前項の規定による措置をとるためやむを得ない必要があるときは、その必要な限度において、他人の土地を一時使用し、又は竹木その他の障害物を処分することができる。

5　独立行政法人日本高速道路保有・債務返済機構（以下「機構」という。）は、会社管理高速道路の道路管理者に代わつて、第一項から前項までの規定による権限を行うものとする。

6　機構は、前項の規定により会社管理高速道路の道路管理者に代わつてその権限を行つた場合においては、遅滞なく、その旨を会社に通知しなければならない。

7　機構は、第五項の規定により会社管理高速道路の道路管理者に代わつて行う権限に係る事務の一部を会社に委託しようとするときは、その委託する事務の円滑かつ効率的な実施を確保するため、あらかじめ、会社と協議し、当該委託する事務の内容及びこれに要する費用の負担の方法を定めておかなければならない。

8　地方道路公社は、公社管理道路の道路管理者に代わつて、第一項から第四項までの規定による権限を行うものとする。

9　第五項の規定により機構が会社管理高速道路の道路管理者に代わつて行う権限は、道路整備特別措置法第二十五条第一項の規定により公告する料金の徴収期間の満了の日までに限り行うことができるものとする。前項の規定により地方道路公社が公社管理道路の道路管理者に代わつて行う権限についても、同様とする。

第七六条の七　国土交通大臣は道路法第十三条第一項に規定する指定区間外の国道（同法第三条第二号に掲げる一般国道をいう。）、都道府県道（同法第三条第三号に掲げる都道府県道をいう。）及び市町村道（同法第三条第四号に掲げる市町村道をいう。以下この項において同じ。）に関し、都道府県知事は地方自治法第二百五十二条の十九第一項に規定する指定都市の市道以外の市町村道に関し、緊急通行車両の通行を確保し、災害応急対策が的確かつ円滑に行われるようにするため特に必要があると認めるときは、政令で定めるところにより、それぞれ当該道路の道路管理者に対し、前条第一項の規定による指定若しくは命令をし、又は同条第三項若しくは第四項の規定による措置をとるべきことを指示することができる。

2　国土交通大臣は、港湾管理者が管理する道路に関し、緊急通行車両の通行を確保し、災害応急対策が的確かつ円滑に行われるようにするため特に必要があると認めるときは、政令で定めるところにより、当該港湾管理者に対し、前条第一項の規定による指定若しくは命令をし、又は同条第三項若しくは第四項の規定による措置をとるべきことを指示することができる。

3　農林水産大臣は、漁港管理者が管理する道路に関し、緊急通行車両の通行を確保し、災害応急対策が的確かつ円滑に行われるように

するため特に必要があると認めるときは、政令で定めるところにより、当該漁港管理者に対し、前条第一項の規定による指定若しくは命令をし、又は同条第三項若しくは第四項の規定による措置をとるべきことを指示することができる。

第七六条の八　第七十六条の六に規定する道路管理者である国土交通大臣の権限並びに前条第一項及び第二項に規定する国土交通大臣の権限は、政令で定めるところにより、その全部又は一部を地方整備局長又は北海道開発局長に委任することができる。

（**指定行政機関の長等の応急措置**）

第七七条　指定行政機関の長及び指定地方行政機関の長は、災害が発生し、又はまさに発生しようとしているときは、法令又は防災計画の定めるところにより、その所掌事務に係る応急措置をすみやかに実施するとともに、都道府県及び市町村の実施する応急措置が的確かつ円滑に行なわれるようにするため、必要な施策を講じなければならない。

2　前項の場合において、応急措置を実施するため必要があると認めるときは、指定行政機関の長及び指定地方行政機関の長は、都道府県知事、市町村長又は指定公共機関若しくは指定地方公共機関に対し、応急措置の実施を要請し、又は指示することができる。

（**指定行政機関の長等の収用等**）

第七八条　災害が発生した場合において、第五十条第一項第四号から第九号までに掲げる事項について応急措置を実施するため特に必要があると認めるときは、指定行政機関の長及び指定地方行政機関の長は、防災業務計画の定めるところにより、当該応急措置の実施に必要な物資の生産、集荷、販売、配給、保管若しくは輸送を業とする者に対し、その取り扱う物資の保管を命じ、又は当該応急措置の実施に必要な物資を収用することができる。

2　指定行政機関の長及び指定地方行政機関の長は、前項の規定により物資の保管を命じ、又は物資を収用するため必要があると認めるときは、その職員に物資を保管させる場所又は物資の所在する場所に立ち入り検査をさせることができる。

3　指定行政機関の長及び指定地方行政機関の長は、第一項の規定により物資を保管させた者から、必要な報告を取り、又はその職員に当該物資を保管させてある場所に立ち入り検査をさせることができる。

（**指定行政機関の長等による応急措置の代行**）

第七八条の二　指定行政機関の長又は指定地方行政機関の長は、災害の発生により市町村及び当該市町村を包括する都道府県がその全部又は大部分の事務を行うことができなくなつたときは、法令又は防災計画の定めるところにより、当該市町村の市町村長が第六十四条第一項及び第二項並びに第六十五条第一項の規定により実施すべき応急措置の全部又は一部を当該市町村長に代わつて実施しなければならない。

2　指定行政機関の長又は指定地方行政機関の長は、前項の規定により市町村長の事務の代行を開始し、又は終了したときは、その旨を公示しなければならない。

3　第一項の規定による指定行政機関の長又は指定地方行政機関の長の代行に関し必要な事項は、政令で定める。

（**通信設備の優先使用権**）

第七九条　災害が発生した場合において、その応急措置の実施に必要な通信のため緊急かつ特別の必要があるときは、指定行政機関の長若しくは指定地方行政機関の長又は都道府県知事若しくは市町村長は、他の法律に特別の定めがある場合を除くほか、電気通信事業法第二条第五号に規定する電気通信事業者がその事業の用に供する電気通信設備を優先的に利用し、又は有線電気通信法第三条第四項第四号に掲げる者が設置する有線電気通信設備若しくは無線設備を使用することができる。

（**指定公共機関等の応急措置**）

第八〇条　指定公共機関及び指定地方公共機関は、災害が発生し、又はまさに発生しようとしているときは、法令又は防災計画の定めるところにより、その所掌業務に係る応急措置をすみやかに実施するとともに、指定地方行政機関の長、都道府県知事等及び市町村長等の実施する応急措置が的確かつ円滑に行なわれるようにするため、必要な措置を講じなければならない。

2　指定公共機関及び指定地方公共機関は、その所掌業務に係る応急措置を実施するため特に必要があると認めるときは、法令又は防災計画の定めるところにより、指定行政機関の長若しくは指定地方行政機関の長又は都道府県知事若しくは市町村長に対し、労務、施設、設備又は物資の確保について応援を求めることができる。この場合において、応援を求められた指定行政機関の長若しくは指定地方行政機関の長又は都道府県知事若しくは市町村長は、正当な理由がない限り応援を拒んではならない。

（**公用令書の交付**）

第八一条　第七十一条又は第七十八条第一項の規定による処分については、都道府県知事若しくは市町村長又は指定行政機関の長若しくは指定地方行政機関の長は、それぞれ公用令書を交付して行なわなければならない。

2　前項の公用令書には、次の各号に掲げる事項を記載しなければならない。

一　公用令書の交付を受ける者の氏名及び住所（法人にあつては、その名称及び主たる事務所の所在地）

二　当該処分の根拠となつた法律の規定

三　従事命令にあつては従事すべき業務、場所及び期間、保管命令にあつては保管すべき物資の種類、数量、保管場所及び期間、施設等の管理、使用又は収用にあつては管理、使用又は収用する施設等の所在する場所及び当該処分に係る期間又は期日

3　前二項に規定するもののほか、公用令書の様式その他公用令書について必要な事項は、政令で定める。

（**損失補償等**）

第八二条　国又は地方公共団体（港務局を含む。）は、第六十四条第一項（同条第八項において準用する場合を含む。）、同条第七項において同条第一項の場合について準用する第六十三条第二項、第七十一条、第七十六条の三第二項後段（同条第三項及び第四項において準用する場合を含む。）、第七十六条の六第三項後段又は第四項又は第七十八条第一項の規定による処分が行われたときは、それぞれ、当該処分により通常生ずべき損失を補償しなければならない。

2　機構又は地方道路公社は、第七十六条の六第五項又は第八項の規定により同条第三項後段又は第四項の規定による処分が行われたときは、前項の規定にかかわらず、それぞれ、当該処分により通常生ずべき損失を補償しなければならない。

3　都道府県は、第七十一条の規定による従事命令により応急措置の業務に従事した者に対して、政令で定める基準に従い、その実費を弁償しなければならない。

（**立入りの要件**）

第八三条　第七十一条の規定により都道府県若しくは市町村の職員が立ち入る場合又は第七十八条第二項若しくは第三項の規定により指定行政機関若しくは指定地方行政機関の職員が立ち入る場合においては、当該職員は、あらかじめ、その旨をその場所の管理者に通知しなければならない。

2　前項の場合においては、その職員は、その身分を示す証票を携帯し、かつ、関係人の請求があるときは、これを提示しなければならない。

（**応急措置の業務に従事した者に対する損害補償**）

第八四条　市町村長又は警察官、海上保安官若しくは災害派遣を命ぜられた部隊等の自衛官が、第六十五条第一項（同条第三項において準用する場合を含む。）の規定又は同条第二項において準用する第

六十三条第二項の規定により、当該市町村の区域内の住民又は応急措置を実施すべき現場にある者を応急措置の業務に従事させた場合において、当該業務に従事した者がそのため死亡し、負傷し、若しくは疾病にかかり、又は障害の状態となつたときは、当該市町村は、政令で定める基準に従い、条例で定めるところにより、その者又はその者の遺族若しくは被扶養者がこれらの原因によつて受ける損害を補償しなければならない。

２　都道府県は、第七十一条の規定による従事命令により応急措置の業務に従事した者がそのため死亡し、負傷し、若しくは疾病にかかり、又は障害の状態となつたときは、政令で定める基準に従い、条例で定めるところにより、その者又はその者の遺族若しくは被扶養者がこれらの原因によつて受ける損害を補償しなければならない。

（被災者の公的徴収金の減免等）

第八五条　国は、別に法律で定めるところにより、被災者の国税その他国の徴収金について、軽減若しくは免除又は徴収猶予その他必要な措置をとることができる。

２　地方公共団体は、別に法律で定めるところにより、又は当該地方公共団体の条例で定めるところにより、被災者の地方税その他地方公共団体の徴収金について、軽減若しくは免除又は徴収猶予その他必要な措置をとることができる。

（国有財産等の貸付け等の特例）

第八六条　国は、災害が発生した場合における応急措置を実施するため必要があると認める場合において、国有財産又は国有の物品を貸し付け、又は使用させるときは、別に法律で定めるところにより、その貸付け又は使用の対価を無償とし、若しくは時価より低く定めることができる。

２　地方公共団体は、災害が発生した場合における応急措置を実施するため必要があると認める場合において、その所有に属する財産又は物品を貸し付け、又は使用させるときは、別に法律で定めるところにより、その貸付け又は使用の対価を無償とし、若しくは時価より低く定めることができる。

（避難所等に関する特例）

第八六条の二　著しく異常かつ激甚な非常災害であつて、当該災害に係る避難所又は応急仮設住宅（以下この条において「避難所等」という。）が著しく不足し、被災者に対して住居を迅速に提供することが特に必要と認められるものが発生した場合には、当該災害を政令で指定するものとする。

２　前項の規定による指定があつたときは、政令で定める区域及び期間において地方公共団体の長が設置する避難所等については、消防法（昭和二十三年法律第百八十六号）第十七条の規定は、適用しない。

３　地方公共団体の長は、前項の規定にかかわらず、消防法に準拠して、同項に規定する避難所等についての消防の用に供する設備、消防用水及び消火活動上必要な施設の設置及び維持に関する基準を定め、その他当該避難所等における災害を防止し、及び公共の安全を確保するため必要な措置を講じなければならない。

（臨時の医療施設に関する特例）

第八六条の三　著しく異常かつ激甚な非常災害であつて、当該災害に係る臨時の医療施設（被災者に対する医療の提供を行うための臨時の施設をいう。以下この条において同じ。）が著しく不足し、被災者に対して医療を迅速に提供することが特に必要と認められるものが発生した場合には、当該災害を政令で指定するものとする。

２　前項の規定による指定があつたときは、政令で定める区域及び期間において地方公共団体の長が開設する臨時の医療施設については、医療法（昭和二十三年法律第二百五号）第四章の規定は、適用しない。

3　前条第二項及び第三項の規定は、第一項の規定による指定があつた場合において、前項に規定する臨時の医療施設について準用する。

（埋葬及び火葬の特例）

第八六条の四　著しく異常かつ激甚な非常災害であつて、当該災害により埋葬又は火葬を円滑に行うことが困難となつたため、公衆衛生上の危害の発生を防止するため緊急の必要があると認められるものが発生した場合には、当該災害を政令で指定するものとする。

2　厚生労働大臣は、前項の規定による指定があつたときは、政令で定めるところにより、厚生労働大臣の定める期間に限り、墓地、埋葬等に関する法律（昭和二十三年法律第四十八号）第五条及び第十四条に規定する手続の特例を定めることができる。

（廃棄物処理の特例）

第八六条の五　著しく異常かつ激甚な非常災害であつて、当該災害による生活環境の悪化を防止することが特に必要と認められるものが発生した場合には、当該災害を政令で指定するものとする。

2　環境大臣は、前項の規定による指定があつたときは、その指定を受けた災害により生じた廃棄物（廃棄物の処理及び清掃に関する法律（昭和四十五年法律第百三十七号。以下この条において「廃棄物処理法」という。）第二条第一項に規定する廃棄物をいう。以下この条において同じ。）（以下この条において「指定災害廃棄物」という。）の円滑かつ迅速な処理を図るため、廃棄物処理法第五条の二第一項に規定する基本方針にのつとり、指定災害廃棄物の処理に関する基本的な指針（以下この条において「処理指針」という。）を定め、これを公表するものとする。

3　処理指針には、次に掲げる事項を定めるものとする。

一　指定災害廃棄物の処理の基本的な方向

二　指定災害廃棄物の処理についての国、地方公共団体、事業者その他の関係者の適切な役割分担及び相互の連携協力の確保に関する事項

三　前二号に掲げるもののほか、指定災害廃棄物の円滑かつ迅速な処理の確保に関し必要な事項

4　環境大臣は、第一項の規定による指定があつたときは、期間を限り、廃棄物の処理を迅速に行わなければならない地域を廃棄物処理特例地域として指定することができる。

5　環境大臣は、前項の規定により廃棄物処理特例地域を指定したときは、廃棄物処理特例地域において適用する廃棄物の収集、運搬及び処分（再生を含む。以下この条において同じ。）に関する基準並びに廃棄物の収集、運搬又は処分を市町村以外の者に委託する場合の基準を定めるものとする。この場合において、これらの基準（以下この条において「廃棄物処理特例基準」という。）は、廃棄物処理法第六条の二第二項及び第三項、第十二条第一項並びに第十二条の二第一項に規定する基準とみなす。

6　廃棄物処理特例地域において地方公共団体の委託を受けて廃棄物の収集、運搬又は処分を業として行う者は、廃棄物処理法第七条第一項若しくは第六項、第十四条第一項若しくは第六項又は第十四条の四第一項若しくは第六項の規定にかかわらず、これらの規定による許可を受けないで、当該委託に係る廃棄物の収集、運搬又は処分を業として行うことができる。

7　前項の場合において、地方公共団体の長は、同項の規定により廃棄物の収集、運搬又は処分を業として行う者により廃棄物処理特例基準に適合しない廃棄物の収集、運搬又は処分が行われたときは、その者に対し、期限を定めて、当該廃棄物の収集、運搬又は処分の方法の変更その他必要な措置を講ずべきことを指示することができる。

8　環境大臣は、第四項の規定により廃棄物処理特例地域を指定し、

又は第五項の規定により廃棄物処理特例基準を定めたときは、その旨を公示しなければならない。

9　環境大臣は、廃棄物処理特例地域内の市町村の長から要請があり、かつ、次に掲げる事項を勘案して指定災害廃棄物を円滑かつ迅速に処理するため必要があると認めるときは、その事務の遂行に支障のない範囲内で、処理指針に基づき、当該市町村に代わつて自ら当該市町村の指定災害廃棄物の収集、運搬及び処分を行うことができる。

一　当該市町村における指定災害廃棄物の処理の実施体制

二　当該指定災害廃棄物の処理に関する専門的な知識及び技術の必要性

三　当該指定災害廃棄物の広域的な処理の重要性

10　第六項及び第七項の規定は、前項の規定により指定災害廃棄物の収集、運搬又は処分を行う環境大臣が当該収集、運搬又は処分を他の者に委託する場合について準用する。この場合において、第六項中「若しくは第六項、第十四条第一項若しくは第六項又は第十四条の四第一項若しくは」とあるのは、「又は」と読み替えるものとする。

11　第九項の規定により指定災害廃棄物の収集、運搬又は処分を行つた環境大臣については、廃棄物処理法第十九条の四第一項の規定は、適用しない。

12　第九項の規定により環境大臣が行う指定災害廃棄物の収集、運搬及び処分に要する費用は、国の負担とする。この場合において、同項の市町村は、当該費用の額から、自ら当該指定災害廃棄物の収集、運搬及び処分を行うこととした場合に国が当該市町村に交付すべき補助金の額に相当する額を控除した額を負担する。

13　国は、前項後段の規定により市町村が負担する費用について、必要な財政上の措置を講ずるよう努めるものとする。

第五節　被災者の保護

第一款　生活環境の整備

（避難所における生活環境の整備等）

第八六条の六　災害応急対策責任者は、災害が発生したときは、法令又は防災計画の定めるところにより、遅滞なく、避難所を供与するとともに、当該避難所に係る必要な安全性及び良好な居住性の確保、当該避難所における食糧、衣料、医薬品その他の生活関連物資の配布及び保健医療サービスの提供その他避難所に滞在する被災者の生活環境の整備に必要な措置を講ずるよう努めなければならない。

（避難所以外の場所に滞在する被災者についての配慮）

第八六条の七　災害応急対策責任者は、やむを得ない理由により避難所に滞在することができない被災者に対しても、必要な生活関連物資の配布、保健医療サービスの提供、情報の提供その他これらの者の生活環境の整備に必要な措置を講ずるよう努めなければならない。

第二款　広域一時滞在

（広域一時滞在の協議等）

第八六条の八　市町村長は、当該市町村の地域に係る災害が発生し、被災住民の生命若しくは身体を災害から保護し、又は居住の場所を確保することが困難な場合において、当該被災住民について同一都道府県内の他の市町村の区域における一時的な滞在（以下「広域一時滞在」という。）の必要があると認めるときは、当該被災住民の受入れについて、当該他の市町村の市町村長に協議することができる。

2　市町村長は、前項の規定により協議しようとするときは、あらかじめ、その旨を都道府県知事に報告しなければならない。ただし、あらかじめ報告することが困難なときは、協議の開始の後、遅滞なく、報告することをもつて足りる。

3　第一項の場合において、協議を受けた市町村長（以下この条において「協議先市町村長」という。）は、被災住民を受け入れないことについて正当な理由がある場合を除き、被災住民を受け入れるものとする。この場合において、協議先市町村長は、広域一時滞在の用に供するため、受け入れた被災住民に対し避難所を提供しなければならない。

4　第一項の場合において、協議先市町村長は、当該市町村の区域において被災住民を受け入れるべき避難所を決定し、直ちに、その内容を当該避難所を管理する者その他の内閣府令で定める者に通知しなければならない。

5　協議先市町村長は、前項の規定による決定をしたときは、速やかに、その内容を第一項の規定により協議した市町村長（以下この条において「協議元市町村長」という。）に通知しなければならない。

6　協議元市町村長は、前項の規定による通知を受けたときは、速やかに、その内容を公示し、及び内閣府令で定める者に通知するとともに、都道府県知事に報告しなければならない。

7　第一項の場合において、協議元市町村長は、広域一時滞在の必要がなくなつたと認めるときは、速やかに、その旨を協議先市町村長及び前項の内閣府令で定める者に通知し、並びに公示するとともに、都道府県知事に報告しなければならない。

8　協議先市町村長は、前項の規定による通知を受けたときは、速やかに、その旨を第四項の内閣府令で定める者に通知しなければならない。

（都道府県外広域一時滞在の協議等）

第八六条の九　前条第一項に規定する場合において、市町村長は、都道府県知事と協議を行い、被災住民について他の都道府県の区域における一時的な滞在（以下「都道府県外広域一時滞在」という。）の必要があると認めるときは、都道府県知事に対し、当該他の都道府県の知事と当該被災住民の受入れについて協議することを求めることができる。

2　都道府県知事は、前項の規定による要求があつたときは、被災住民の受入れについて、当該他の都道府県の知事に協議しなければならない。

3　都道府県知事は、前項の規定により協議しようとするときは、あらかじめ、その旨を内閣総理大臣に報告しなければならない。ただし、あらかじめ報告することが困難なときは、協議の開始の後、遅滞なく、報告することをもつて足りる。

4　第二項の場合において、協議を受けた都道府県知事（以下この条において「協議先都道府県知事」という。）は、被災住民の受入れについて、関係市町村長と協議しなければならない。

5　前項の場合において、協議を受けた市町村長（以下この条において「都道府県外協議先市町村長」という。）は、被災住民を受け入れないことについて正当な理由がある場合を除き、被災住民を受け入れるものとする。この場合において、都道府県外協議先市町村長は、都道府県外広域一時滞在の用に供するため、受け入れた被災住民に対し避難所を提供しなければならない。

6　第四項の場合において、都道府県外協議先市町村長は、当該市町村の区域において被災住民を受け入れるべき避難所を決定し、直ちに、その内容を当該避難所を管理する者その他の内閣府令で定める者に通知しなければならない。

7　都道府県外協議先市町村長は、前項の規定による決定をしたときは、速やかに、その内容を協議先都道府県知事に報告しなければならない。

8　協議先都道府県知事は、前項の規定による報告を受けたときは、速やかに、その内容を第二項の規定により協議した都道府県知事（以下この条において「協議元都道府県知事」という。）に通知しなければならない。

9　協議元都道府県知事は、前項の規定による通知を受けたときは、速やかに、その内容を第一項の規定により協議することを求めた市町村長（以下この条において「都道府県外協議元市町村長」という。）に通知するとともに、内閣総理大臣に報告しなければならない。

10　都道府県外協議元市町村長は、前項の規定による通知を受けたときは、速やかに、その内容を公示するとともに、内閣府令で定める者に通知しなければならない。

11　第一項の場合において、都道府県外協議元市町村長は、都道府県外広域一時滞在の必要がなくなつたと認めるときは、速やかに、その旨を協議元都道府県知事に報告し、及び公示するとともに、前項の内閣府令で定める者に通知しなければならない。

12　協議元都道府県知事は、前項の規定による報告を受けたときは、速やかに、その旨を協議先都道府県知事に通知するとともに、内閣総理大臣に報告しなければならない。

13　協議先都道府県知事は、前項の規定による通知を受けたときは、速やかに、その旨を都道府県外協議先市町村長に通知しなければならない。

14　都道府県外協議先市町村長は、前項の規定による通知を受けたときは、速やかに、その旨を第六項の内閣府令で定める者に通知しなければならない。

（都道府県知事による広域一時滞在の協議等の代行）

第八六条の一〇　都道府県知事は、当該都道府県の地域に係る災害が発生し、当該災害の発生により市町村がその全部又は大部分の事務を行うことができなくなつた場合であつて、被災住民の生命若しくは身体を災害から保護し、又は居住の場所を確保することが困難な場合において、当該被災住民について広域一時滞在の必要があると認めるときは、当該市町村の市町村長が第八十六条の八第一項及び第五項から第七項までの規定により実施すべき措置（同条第六項及び第七項の規定による報告を除く。）の全部又は一部を当該市町村長に代わつて実施しなければならない。

2　都道府県知事は、前項の規定により市町村長の事務の代行を開始し、又は終了したときは、その旨を公示しなければならない。

3　第一項の規定による都道府県知事の代行に関し必要な事項は、政令で定める。

（都道府県外広域一時滞在の協議等の特例）

第八六条の一一　都道府県知事は、当該都道府県の地域に係る災害が発生し、当該災害の発生により市町村がその全部又は大部分の事務を行うことができなくなつた場合であつて、被災住民の生命若しくは身体を災害から保護し、又は居住の場所を確保することが困難な場合において、当該被災住民について都道府県外広域一時滞在の必要があると認めるときは、第八十六条の九第一項の規定による要求がない場合であつても、同条第二項の規定による協議をすることができる。この場合において、同条第九項中「第一項の規定により協議することを求めた市町村長（以下この条において「都道府県外協議元市町村長」という。）」とあるのは「公示し、及び内閣府令で定める者」と、同条第十一項中「第一項」とあるのは「第八十六条の十一前段」と、「都道府県外協議元市町村長」とあるのは「協議元都道府県知事」と、「協議元都道府県知事に報告し、及び」とあるのは「協議先都道府県知事及び同条後段の規定により読み替えて適用する第九項の内閣府令で定める者に通知し、並びに」と、「前項の内閣府令で定める者に通知しなければ」とあるのは「内閣総理大臣に報告しなければ」と、同条第十三項中「前項」とあるのは「第八十六条の十一後段の規定により読み替えて適用する第十一項」とし、同条第十項及び第十二項の規定は、適用しない。

（都道府県知事及び内閣総理大臣による助言）

第八六条の一二 都道府県知事は、市町村長から求められたときは、第八十六条の八第一項の規定による協議の相手方その他広域一時滞在に関する事項について助言をしなければならない。

2 内閣総理大臣は、都道府県知事から求められたときは、第八十六条の九第二項の規定による協議の相手方その他都道府県外広域一時滞在に関する事項又は広域一時滞在に関する事項について助言をしなければならない。

（内閣総理大臣による広域一時滞在の協議等の代行）

第八六条の一三 内閣総理大臣は、災害の発生により市町村及び当該市町村を包括する都道府県がその全部又は大部分の事務を行うことができなくなつた場合であつて、被災住民の生命若しくは身体を災害から保護し、又は居住の場所を確保することが困難な場合において、当該被災住民について広域一時滞在又は都道府県外広域一時滞在の必要があると認めるときは、当該市町村の市町村長が第八十六条の八第一項及び第五項から第七項までの規定により実施すべき措置の全部若しくは一部を当該市町村長に代わつて実施し、又は当該都道府県の知事が第八十六条の十一前段並びに第八十六条の九第八項並びに第八十六条の九第九項及び第十一項の規定により実施すべき措置（第八十六条の十一後段の規定により読み替えて適用する第八十六条の九第九項及び第十一項の規定による報告を除く。）の全部若しくは一部を当該都道府県知事に代わつて実施しなければならない。

2 内閣総理大臣は、前項の規定により市町村長又は都道府県知事の事務の代行を開始し、又は終了したときは、その旨を告示しなければならない。

3 第一項の規定による内閣総理大臣の代行に関し必要な事項は、政令で定める。

第三款　被災者の運送

第八六条の一四 都道府県知事は、被災者の保護の実施のため緊急の必要があると認めるときは、運送事業者である指定公共機関又は指定地方公共機関に対し、運送すべき人並びに運送すべき場所及び期日を示して、被災者の運送を要請することができる。

2 指定公共機関又は指定地方公共機関が正当な理由がないのに前項の規定による要請に応じないときは、都道府県知事は、被災者の保護の実施のため特に必要があると認めるときに限り、当該指定公共機関又は指定地方公共機関に対し、被災者の運送を行うべきことを指示することができる。この場合においては、同項の事項を書面で示さなければならない。

第四款　安否情報の提供等

第八六条の一五 都道府県知事又は市町村長は、当該都道府県又は市町村の地域に係る災害が発生した場合において、内閣府令で定めるところにより、当該災害の被災者の安否に関する情報（次項において「安否情報」という。）について照会があつたときは、回答することができる。

2　都道府県知事又は市町村長は、前項の規定により安否情報を回答するときは、当該安否情報に係る被災者又は第三者の権利利益を不当に侵害することのないよう配慮するものとする。

3　都道府県知事又は市町村長は、第一項の規定による回答を適切に行い、又は当該回答の適切な実施に備えるために必要な限度で、その保有する被災者の氏名その他の被災者に関する情報を、その保有に当たつて特定された利用の目的以外の目的のために内部で利用することができる。

4　都道府県知事又は市町村長は、第一項の規定による回答を適切に行い、又は当該回答の適切な実施に備えるため必要があると認めるときは、関係地方公共団体の長、消防機関、都道府県警察その他の者に対して、被災者に関する情報の提供を求めることができる。

第六節　物資等の供給及び運送

（物資又は資材の供給の要請等）

第八六条の一六　都道府県知事又は市町村長は、当該都道府県又は市町村の地域に係る災害が発生し、又は災害が発生するおそれがある場合において、災害応急対策の実施に当たつて、その備蓄する物資又は資材が不足し、当該災害応急対策を的確かつ迅速に実施することが困難であると認めるときは、都道府県知事にあつては指定行政機関の長又は指定地方行政機関の長に対し、市町村長にあつては都道府県知事に対し、それぞれ必要な物資又は資材の供給について必要な措置を講ずるよう要請し、又は求めることができる。

2　指定行政機関の長若しくは指定地方行政機関の長又は都道府県知事は、都道府県又は市町村の地域に係る災害が発生し、又は災害が発生するおそれがある場合であつて、当該都道府県の知事又は当該市町村の市町村長が災害応急対策を実施するに当たつて、その備蓄する物資又は資材が不足し、当該災害応急対策を的確かつ迅速に実施することが困難であると認める場合において、その事態に照らし緊急を要し、前項の規定による要請又は要求を待ついとまがないと認められるときは、当該要請又は要求を待たないで、必要な物資又は資材の供給について必要な措置を講ずることができる。

（備蓄物資等の供給に関する相互協力）

第八六条の一七　指定行政機関の長及び指定地方行政機関の長、地方公共団体の長その他の執行機関、指定公共機関及び指定地方公共機関、公共的団体並びに防災上重要な施設の管理者は、災害が発生し、又は災害が発生するおそれがある場合において、その備蓄する物資又は資材の供給に関し、相互に協力するよう努めなければならない。

（災害応急対策必要物資の運送）

第八六条の一八　指定行政機関の長若しくは指定地方行政機関の長又は都道府県知事は、災害応急対策の実施のため緊急の必要があると認めるときは、指定行政機関の長及び指定地方行政機関の長にあつては運送事業者である指定公共機関に対し、都道府県知事にあつては運送事業者である指定公共機関又は指定地方公共機関に対し、運送すべき物資又は資材並びに運送すべき場所及び期日を示して、当該災害応急対策の実施に必要な物資又は資材（次項において「災害応急対策必要物資」という。）の運送を要請することができる。

2　指定公共機関又は指定地方公共機関が正当な理由がないのに前項の規定による要請に応じないときは、指定行政機関の長若しくは指定地方行政機関の長又は都道府県知事は、災害応急対策の実施のため特に必要があると認めるときに限り、当該指定公共機関又は指定地方公共機関に対し、災害応急対策必要物資の運送を行うべきことを指示することができる。この場合においては、同項の事項を書面で示さなければならない。

第六章　災害復旧

（災害復旧の実施責任）

第八七条　指定行政機関の長及び指定地方行政機関の長、地方公共団体の長その他の執行機関、指定公共機関及び指定地方公共機関その他法令の規定により災害復旧の実施について責任を有する者は、法令又は防災計画の定めるところにより、災害復旧を実施しなければならない。

（災害復旧事業費の決定）

第八八条　国がその費用の全部又は一部を負担し、又は補助する災害復旧事業について当該事業に関する主務大臣が行う災害復旧事業費の決定は、都道府県知事の報告その他地方公共団体が提出する資料及び実地調査の結果等に基づき、適正かつ速やかにしなければならない。

2　前項の規定による災害復旧事業費を決定するに当たつては、当該事業に関する主務大臣は、再度災害の防止のため災害復旧事業と併せて施行することを必要とする施設の新設又は改良に関する事業が円滑に実施されるように十分の配慮をしなければならない。

（防災会議への報告）

第八九条　災害復旧事業に関する主務大臣は、災害復旧事業費の決定を行つたとき、又は災害復旧事業の実施に関する基準を定めたときは、政令で定めるところにより、それらの概要を中央防災会議に報告しなければならない。

（国の負担金又は補助金の早期交付等）

第九〇条　国は、地方公共団体又はその機関が実施する災害復旧事業の円滑な施行を図るため必要があると認めるときは、地方交付税の早期交付を行なうほか、政令で定めるところにより、当該災害復旧事業に係る国の負担金若しくは補助金を早期に交付し、又は所要の資金を融通し、若しくは融通のあつせんをするものとする。

第七章　被災者の援護を図るための措置

（罹災証明書の交付）

第九〇条の二　市町村長は、当該市町村の地域に係る災害が発生した場合において、当該災害の被災者から申請があつたときは、遅滞なく、住家の被害その他当該市町村長が定める種類の被害の状況を調査し、当該災害による被害の程度を証明する書面（第四項において「罹災証明書」という。）を交付しなければならない。

2　市町村長は、前項の規定による調査に必要な限度で、その保有する被災者の住家に関する情報を、その保有に当たつて特定された利用の目的以外の目的のために内部で利用することができる。

3　特別区の区長は、第一項の規定による調査のため必要があると認めるときは、都知事に対して、被災者の住家に関する情報の提供を求めることができる。

4　市町村長は、災害の発生に備え、罹災証明書の交付に必要な業務の実施体制の確保を図るため、第一項の規定による調査について専門的な知識及び経験を有する職員の育成、当該市町村と他の地方公共団体又は民間の団体との連携の確保その他必要な措置を講ずるよう努めなければならない。

（被災者台帳の作成）

第九〇条の三　市町村長は、当該市町村の地域に係る災害が発生した場合において、当該災害の被災者の援護を総合的かつ効率的に実施するため必要があると認めるときは、被災者の援護を実施するための基礎とする台帳（以下この条及び次条第一項において「被災者台帳」という。）を作成することができる。
２　被災者台帳には、被災者に関する次に掲げる事項を記載し、又は記録するものとする。
一　氏名
二　生年月日
三　性別
四　住所又は居所
五　住家の被害その他市町村長が定める種類の被害の状況
六　援護の実施の状況
七　要配慮者であるときは、その旨及び要配慮者に該当する事由
八　前各号に掲げるもののほか、内閣府令で定める事項
３　市町村長は、第一項の規定による被災者台帳の作成に必要な限度で、その保有する被災者の氏名その他の被災者に関する情報を、その保有に当たつて特定された利用の目的以外の目的のために内部で利用することができる。
４　市町村長は、第一項の規定による被災者台帳の作成のため必要があると認めるときは、関係地方公共団体の長その他の者に対して、被災者に関する情報の提供を求めることができる。

（台帳情報の利用及び提供）
第九〇条の四　市町村長は、次の各号のいずれかに該当すると認めるときは、前条第一項の規定により作成した被災者台帳に記載し、又は記録された情報（以下この条において「台帳情報」という。）を、その保有に当たつて特定された利用の目的以外の目的のために自ら利用し、又は提供することができる。
一　本人（台帳情報によつて識別される特定の個人をいう。以下この号において同じ。）の同意があるとき、又は本人に提供するとき。
二　市町村が被災者に対する援護の実施に必要な限度で台帳情報を内部で利用するとき。
三　他の地方公共団体に台帳情報を提供する場合において、台帳情報の提供を受ける者が、被災者に対する援護の実施に必要な限度で提供に係る台帳情報を利用するとき。
２　前項（第一号又は第三号に係る部分に限る。）の規定による台帳情報の提供に関し必要な事項は、内閣府令で定める。

第八章　財政金融措置

（災害予防等に要する費用の負担）
第九一条　法令に特別の定めがある場合又は予算の範囲内において特別の措置を講じている場合を除くほか、災害予防及び災害応急対策に要する費用その他この法律の施行に要する費用は、その実施の責めに任ずる者が負担するものとする。

（指定行政機関の長等又は他の地方公共団体の長等の応援を受けた場合の災害応急対策に要する費用の負担）
第九二条　第六十七条第一項、第六十八条、第七十四条第一項又は第七十四条の四の規定により指定行政機関の長若しくは指定地方行政機関の長又は他の地方公共団体の長若しくは委員会若しくは委員（以下この条において「地方公共団体の長等」という。）の応援を受けた地方公共団体の長等の属する地方公共団体は、当該応援に要した費用を負担しなければならない。
２　前項の場合において、当該応援を受けた地方公共団体の長等の属する地方公共団体が当該費用を支弁するいとまがないときは、当該地方公共団体は、国又は当該応援をする他の地方公共団体の長等の属する地方公共団体に対し、当該費用の一時繰替え支弁を求めることができる。

（市町村が実施する応急措置に要する経費の都道府県の負担）

第九三条　第七十二条第一項の規定による都道府県知事の指示に基づいて市町村長が実施した応急措置のために要した費用及び応援のために要した費用のうち、当該指示又は応援を受けた市町村長の統轄する市町村に負担させることが困難又は不適当なもので政令で定めるものについては、次条の規定により国がその一部を負担する費用を除き、政令で定めるところにより、当該都道府県知事の統轄する都道府県がその全部又は一部を負担する。

2　前項の場合においては、都道府県は、当該市町村に対し、前項の費用を一時繰替え支弁させることができる。

（**災害応急対策に要する費用に対する国の負担又は補助**）

第九四条　災害応急対策に要する費用は、別に法令で定めるところにより、又は予算の範囲内において、国がその全部又は一部を負担し、又は補助することができる。

第九五条　前条に定めるもののほか、第二十三条の七第二項の規定による特定災害対策本部長の指示、第二十八条第二項の規定による非常災害対策本部長の指示又は第二十八条の六第二項の規定による緊急災害対策本部長の指示に基づいて、地方公共団体の長が実施した応急措置のために要した費用のうち、当該地方公共団体に負担させることが困難又は不適当なもので政令で定めるものについては、政令で定めるところにより、国は、その全部又は一部を補助することができる。

（**災害復旧事業費等に対する国の負担及び補助**）

第九六条　災害復旧事業その他災害に関連して行なわれる事業に要する費用は、別に法令で定めるところにより、又は予算の範囲内において、国がその全部又は一部を負担し、又は補助することができる。

（**激甚災害の応急措置及び災害復旧に関する経費の負担区分等**）

第九七条　政府は、著しく激甚である災害（以下「激甚災害」という。）が発生したときは、別に法律で定めるところにより、応急措置及び災害復旧が迅速かつ適切に行なわれるよう措置するとともに、激甚災害を受けた地方公共団体等の経費の負担の適正を図るため、又は被災者の災害復興の意欲を振作するため、必要な施策を講ずるものとする。

第九八条　前条に規定する法律は、できる限り激甚災害の発生のつどこれを制定することを避け、また、災害に伴う国の負担に係る制度の合理化を図り、激甚災害に対する前条の施策が円滑に講ぜられるようなものでなければならない。

第九九条　第九十七条に規定する法律は、次の各号に掲げる事項について規定するものとする。

一　激甚災害のための施策として、特別の財政援助及び助成措置を必要とする場合の基準

二　激甚災害の復旧事業その他当該災害に関連して行なわれる事業が適切に実施されるための地方公共団体に対する国の特別の財政援助

三　激甚災害の発生に伴う被災者に対する特別の助成

（**災害に対処するための国の財政上の措置**）

第一〇〇条　政府は、災害が発生した場合において、国の円滑な財政運営をそこなうことなく災害に対処するため、必要な財政上の措置を講ずるように努めなければならない。

2　政府は、前項の目的を達成するため、予備費又は国庫債務負担行為（財政法（昭和二十二年法律第三十四号）第十五条第二項に規定する国庫債務負担行為をいう。）の計上等の措置について、十分な配慮をするものとする。

（**地方公共団体の災害対策基金**）

第一〇一条　地方公共団体は、別に法令で定めるところにより、災害対策に要する臨時的経費に充てるため、災害対策基金を積み立てなければならない。

（起債の特例）

第一〇二条　次の各号に掲げる場合においては、政令で定める地方公共団体は、政令で定める災害の発生した日の属する年度及びその翌年度以降の年度で政令で定める年度に限り、地方財政法（昭和二十三年法律第百九号）第五条の規定にかかわらず、地方債をもつてその財源とすることができる。

一　地方税、使用料、手数料その他の徴収金で総務省令で定めるものの当該災害のための減免で、その程度及び範囲が被害の状況に照らし相当と認められるものによつて生ずる財政収入の不足を補う場合

二　災害予防、災害応急対策又は災害復旧で総務省令で定めるものに通常要する費用で、当該地方公共団体の負担に属するものの財源とする場合

2　前項の地方債は、国が、その資金事情の許す限り、財政融資資金をもつて引き受けるものとする。

3　第一項の規定による地方債を財政融資資金で引き受けた場合における当該地方債の利息の定率、償還の方法その他地方債に関し必要な事項は、政令で定める。

（国の補助を伴わない災害復旧事業に対する措置）

第一〇三条　国及び地方公共団体は、激甚災害の復旧事業費のうち、国の補助を伴わないものについての当該地方公共団体等の負担が著しく過重であると認めるときは、別に法律で定めるところにより、当該復旧事業費の財源に充てるため特別の措置を講ずることができる。

（災害融資）

第一〇四条　政府関係金融機関その他これに準ずる政令で定める金融機関は、政令で定める災害が発生したときは、災害に関する特別な金融を行ない、償還期限又はすえ置き期間の延長、旧債の借換え、必要がある場合における利率の低減等実情に応じ適切な措置をとるように努めるものとする。

第九章　災害緊急事態

（災害緊急事態の布告）

第一〇五条　非常災害が発生し、かつ、当該災害が国の経済及び公共の福祉に重大な影響を及ぼすべき異常かつ激甚なものである場合において、当該災害に係る災害応急対策を推進し、国の経済の秩序を維持し、その他当該災害に係る重要な課題に対応するため特別の必要があると認めるときは、内閣総理大臣は、閣議にかけて、関係地域の全部又は一部について災害緊急事態の布告を発することができる。

2　前項の布告には、その区域、布告を必要とする事態の概要及び布告の効力を発する日時を明示しなければならない。

（国会の承認及び布告の廃止）

第一〇六条　内閣総理大臣は、前条の規定により災害緊急事態の布告を発したときは、これを発した日から二十日以内に国会に付議して、その布告を発したことについて承認を求めなければならない。ただし、国会が閉会中の場合又は衆議院が解散されている場合は、その後最初に召集される国会において、すみやかに、その承認を求めなければならない。

2　内閣総理大臣は、前項の場合において不承認の議決があつたとき、国会が災害緊急事態の布告の廃止を議決したとき、又は当該布告の必要がなくなつたときは、すみやかに、当該布告を廃止しなければならない。

（災害緊急事態における緊急災害対策本部の設置）

第一〇七条　内閣総理大臣は、第百五条の規定による災害緊急事態の布告があつたときは、当該災害に係る緊急災害対策本部が既に設置されている場合を除き、第二十八条の二の規定により、緊急災害対策本部を設置するものとする。

（対処基本方針）

第一〇八条　政府は、第百五条の規定による災害緊急事態の布告があつたときは、災害緊急事態への対処に関する基本的な方針（以下この条において「対処基本方針」という。）を定めるものとする。

2　対処基本方針に定める事項は、次のとおりとする。

一　災害緊急事態への対処に関する全般的な方針

二　災害応急対策に関する重要事項

三　国の経済の秩序の維持に関する重要事項

四　前二号に掲げる事項のほか、当該災害に係る重要な課題への対応に関する重要事項

五　前三号に掲げる事項に係る事務を的確に遂行するための政府の体制に関する重要事項

3　内閣総理大臣は、対処基本方針の案を作成し、閣議の決定を求めなければならない。

4　内閣総理大臣は、前項の閣議の決定があつたときは、直ちに、対処基本方針を告示しなければならない。

5　内閣総理大臣は、災害緊急事態への対処に当たり、対処基本方針に基づいて、内閣を代表して行政各部を指揮監督する。

6　第三項及び第四項の規定は、対処基本方針の変更について準用する。

7　対処基本方針は、第百六条第二項の規定により災害緊急事態の布告が廃止された時に、その効力を失う。

8　内閣総理大臣は、前項の規定により対処基本方針がその効力を失つたときは、直ちに、その旨を告示しなければならない。

（情報の公表）

第一〇八条の二　内閣総理大臣は、第百五条の規定による災害緊急事態の布告に係る災害について、当該災害の状況、これに対してとられた措置の概要その他の当該災害に関する情報を新聞、放送、インターネットその他適切な方法により公表しなければならない。

（国民への協力の要求）

第一〇八条の三　内閣総理大臣は、第百五条の規定による災害緊急事態の布告があつたときは、国民に対し、必要な範囲において、国民生活との関連性が高い物資又は国民経済上重要な物資をみだりに購入しないことその他の必要な協力を求めることができる。

2　国民は、前項の規定により協力を求められたときは、これに応ずるよう努めなければならない。

（災害緊急事態の布告に伴う特例）

第一〇八条の四　第百五条の規定による災害緊急事態の布告があつたときは、第八十六条の二第一項、第八十六条の三第一項、第八十六条の四第一項及び第八十六条の五第一項の規定により当該災害を指定する政令が定められたものとみなして、第八十六条の二第二項及び第三項、第八十六条の三第二項及び第三項、第八十六条の四第二項並びに第八十六条の五第二項から第十三項までの規定を適用する。この場合において、第八十六条の二第二項及び第八十六条の三第二項中「政令で定める区域及び期間」とあるのは、「当該災害に係る緊急災害対策本部の所管区域及び当該災害に係る災害緊急事態の布告が発せられた時から当該緊急災害対策本部が定める日までの間」とする。

2　第百五条の規定による災害緊急事態の布告が発せられる前に第八十六条の二第一項、第八十六条の三第一項、第八十六条の四第一項又は第八十六条の五第一項のいずれかの規定により当該災害を指定する政令が定められたときは、前項（当該政令に係る部分に限る。）

の規定は、適用しない。

第一〇八条の五　第百五条の規定による災害緊急事態の布告があったときは、特定非常災害の被害者の権利利益の保全等を図るための特別措置に関する法律（平成八年法律第八十五号。以下この条において「特定非常災害法」という。）第二条の規定により、当該災害を特定非常災害として指定し、当該災害が発生した日を特定非常災害発生日として定め、及び当該特定非常災害に対し適用すべき措置として特定非常災害法第三条から第六条までに規定する措置を指定する政令が定められたものとみなして、特定非常災害法第三条から第六条まで（特定非常災害法第四条第一項を除く。）の規定を適用する。この場合において、次の表の上欄に掲げる特定非常災害法の規定中同表の中欄に掲げる字句は、それぞれ同表の下欄に掲げる字句とする。

第三条第一項	超えない範囲内において政令で定める	経過する
第三条第四項	延長期日が定められた	災害対策基本法（昭和三十六年法律第二百二十三号）第百五条の規定による災害緊急事態の布告があった
第四条第二項	免責期限が定められた	災害対策基本法第百五条の規定による災害緊急事態の布告があった
	免責期限が到来する	特定非常災害発生日から起算して四月を経過する
	到来する特定義務	到来する特定義務（特定非常災害発生日以後に法令に規定されている履行期限が到来する義務をいう。以下同じ。）
	責任	その不履行に係る行政上及び刑事上の責任（過料に係るものを含む。）
第四条第三項	免責期限が定められた	災害対策基本法第百五条の規定による災害緊急事態の布告があった
	前二項	前項
	免責期限が到来する	特定非常災害発生日から起算して四月を経過する
	前項	同項
第四条第四項	前三項	前二項
第五条第一項	第二条第一項又は第二項の政令でこの条に定める措置を指定するものの施行の	災害対策基本法第百五条の規定による災害緊急事態の布告があった
	超えない範囲内において政令で定める	経過する
第五条第五項	同項に規定する政令で定める	同日後二年を経過する
第六条	政令で定めるもの	法務大臣が告示するもの
	超えない範囲内において政令で定める	経過する
	当該政令で定める	特定非常災害発生日から起算して一年を経過する

2　第百五条の規定による災害緊急事態の布告が発せられる前に特定非常災害法第二条第一項の規定により当該災害を特定非常災害として指定する政令が定められたときは、前項の規定は、適用しない。

（緊急措置）

第一〇九条　災害緊急事態に際し国の経済の秩序を維持し、及び公共の福祉を確保するため緊急の必要がある場合において、国会が閉会中又は衆議院が解散中であり、かつ、臨時会の召集を決定し、又は参議院の緊急集会を求めてその措置をまついとまがないときは、内閣は、次の各号に掲げる事項について必要な措置をとるため、政令を制定することができる。

一　その供給が特に不足している生活必需物資の配給又は譲渡若しくは引渡しの制限若しくは禁止

二　災害応急対策若しくは災害復旧又は国民生活の安定のため必要な物の価格又は役務その他の給付の対価の最高額の決定

三　金銭債務の支払（賃金、災害補償の給付金その他の労働関係に基づく金銭債務の支払及びその支払のためにする銀行その他の金融機関の預金等の支払を除く。）の延期及び権利の保存期間の延長

2　前項の規定により制定される政令には、その政令の規定に違反した者に対して二年以下の懲役若しくは禁錮、十万円以下の罰金、拘留、科料若しくは没収の刑を科し、又はこれを併科する旨の規定、法人の代表者又は法人若しくは人の代理人、使用人その他の従業者がその法人又は人の業務に関してその政令の違反行為をした場合に、その行為者を罰するほか、その法人又は人に対して各本条の罰金、科料又は没収の刑を科する旨の規定及び没収すべき物件の全部又は一部を没収することができない場合にその価額を追徴する旨の規定を設けることができる。

3　内閣は、第一項の規定により政令を制定した場合において、その必要がなくなつたときは、直ちに、これを廃止しなければならない。

4　内閣は、第一項の規定により政令を制定したときは、直ちに、国会の臨時会の召集を決定し、又は参議院の緊急集会を求め、かつ、そのとつた措置をなお継続すべき場合には、その政令に代わる法律が制定される措置をとり、その他の場合には、その政令を制定したことについて承認を求めなければならない。

5　第一項の規定により制定された政令は、既に廃止され、又はその有効期間が終了したものを除き、前項の国会の臨時会又は参議院の緊急集会においてその政令に代わる法律が制定されたときは、その法律の施行と同時に、その臨時会又は緊急集会においてその法律が制定されないこととなつたときは、制定されないこととなつた時に、その効力を失う。

6　前項の場合を除くほか、第一項の規定により制定された政令は、既に廃止され、又はその有効期間が終了したものを除き、第四項の国会の臨時会が開かれた日から起算して二十日を経過した時若しくはその臨時会の会期が終了した時のいずれか早い時に、又は同項の参議院の緊急集会が開かれた日から起算して十日を経過した時若しくはその緊急集会が終了した時のいずれか早い時にその効力を失う。

7　内閣は、前二項の規定により政令がその効力を失つたときは、直ちに、その旨を告示しなければならない。

8　第一項の規定により制定された政令に罰則が設けられたときは、その政令が効力を有する間に行なわれた行為に対する罰則の適用については、その政令が廃止され、若しくはその有効期間が終了し、又は第五項若しくは第六項の規定によりその効力を失つた後においても、なお従前の例による。

第一〇九条の二　災害緊急事態に際し法律の規定によつては被災者の救助に係る海外からの支援を緊急かつ円滑に受け入れることができない場合において、国会が閉会中又は衆議院が解散中であり、かつ、臨時会の召集を決定し、又は参議院の緊急集会を求めてその措

置を待ついとまがないときは、内閣は、当該受入れについて必要な措置をとるため、政令を制定することができる。

2　前条第三項から第七項までの規定は、前項の場合について準用する。

第十章　雑則

（特別区についてのこの法律の適用）

第一一〇条　この法律の適用については、特別区は、市とみなす。

（防災功労者表彰）

第一一一条　内閣総理大臣及び各省大臣は、防災に従事した者で、防災に関し著しい功労があると認められるものに対し、それぞれ内閣府令、デジタル庁令又は省令で定めるところにより、表彰を行うことができる。

（政令への委任）

第一一二条　この法律に特別の定めがあるものを除くほか、この法律の実施のための手続その他この法律の施行に関し必要な事項は、政令で定める。

第十一章　罰則

（罰則）

第一一三条　次の各号のいずれかに該当する場合には、当該違反行為をした者は、六月以下の懲役又は三十万円以下の罰金に処する。

一　第七十一条第一項の規定による都道府県知事（同条第二項の規定により権限に属する事務の一部を行う市町村長を含む。）の従事命令、協力命令又は保管命令に従わなかつたとき。

二　第七十八条第一項の規定による指定行政機関の長又は指定地方行政機関の長（第二十三条の六第一項、第二十七条第一項又は第二十八条の五第一項の規定により権限の委任を受けた職員を含む。）の保管命令に従わなかつたとき。

第一一四条　第七十六条第一項の規定による都道府県公安委員会の禁止又は制限に従わなかつた車両の運転者は、三月以下の懲役又は二十万円以下の罰金に処する。

第一一五条　次の各号のいずれかに該当する場合には、当該違反行為をした者は、二十万円以下の罰金に処する。

一　第七十一条第一項（同条第二項の規定により権限に属する事務の一部を行う場合を含む。以下この条において同じ。）、第七十八条第二項（第二十三条の六第一項、第二十七条第一項又は第二十八条の五第一項の規定により権限に属する事務の一部を行う場合を含む。）又は第七十八条第三項（第二十三条の六第一項、第二十七条第一項又は第二十八条の五第一項の規定により権限に属する事務の一部を行う場合を含む。以下この条において同じ。）の規定による立入検査を拒み、妨げ、又は忌避したとき。

二　第七十一条第一項又は第七十八条第三項の規定による報告をせず、又は虚偽の報告をしたとき。

第一一六条　次の各号のいずれかに該当する者は、十万円以下の罰金又は拘留に処する。

一　第五十二条第一項の規定に基づく内閣府令によつて定められた防災に関する信号をみだりに使用し、又はこれと類似する信号を使用した者

二　第六十三条第一項の規定による市町村長（第七十三条第一項の規定により市町村長の事務を代行する都道府県知事を含む。）の、第六十三条第二項の規定による警察官若しくは海上保安官の又は同条第三項において準用する同条第一項の規定による災害派遣を命ぜられた部隊等の自衛官の禁止若しくは制限又は退去命令

に従わなかつた者

第一一七条　法人の代表者又は法人若しくは人の代理人、使用人その他の従業者が、その法人又は人の業務に関し、第百十三条又は第百十五条の違反行為をしたときは、行為者を罰するほか、その法人又は人に対しても、各本条の罰金刑を科する。

附　則

この法律は、公布の日から起算して一年をこえない範囲内において政令で定める日から施行する。

〔昭和三七年七月政令二八七号により、昭和三七・七・一〇から施行〕

附　則〔昭和三七年四月四日法律第六八号抄〕

（施行期日）

第一条　この法律は、公布の日から起算して九十日をこえない範囲内で政令で定める日から施行する。

〔昭和三七年六月政令二二七号により、昭和三七・七・二から施行〕

附　則〔昭和三七年四月五日法律第七三号抄〕

改正　平成一八年三月法律第一八号

この法律は、公布の日から施行する。

附　則〔昭和三七年五月八日法律第一〇九号〕

1　この法律は、災害対策基本法の施行の日〔昭和三七年七月一〇日〕から施行する。〔以下略〕

2　この法律の施行前にした行為に対する罰則の適用については、なお従前の例による。

附　則〔昭和四三年五月一七日法律第五一号抄〕

（施行期日）

第一条　この法律は、公布の日から起算して三月をこえない範囲内において政令で定める日から施行する。

〔昭和四三年六月政令二一八号により、昭和四三・七・一から施行〕

（罰則に関する経過規定）

第七条　この法律の施行前にした行為に対する罰則の適用については、なお従前の例による。

附　則〔昭和四四年六月三日法律第三八号抄〕

（施行期日）

第一条　この法律は、都市計画法の施行の日〔昭和四四年六月一四日〕から施行する。〔以下略〕

（市街地改造事業等に関する経過措置）

第四条　この法律の施行の際、現に市街地改造事業に関する都市計画において施行区域として定められている土地の区域について施行される市街地改造事業については、旧公共施設の整備に関連する市街地の改造に関する法律は、この法律の施行後も、なおその効力を有する。

2　この法律の施行の際、現に存する防災建築街区造成組合、現に施行されている旧防災建築街区造成法第五十四条に規定する防災建築街区造成事業及び現に同法第五十六条の規定による補助金の交付の決定があつた防災建築物に関しては、同法は、この法律の施行後も、なおその効力を有する。

（地方自治法等の一部改正に伴う経過措置）

第二二条　附則第四条第一項に規定する市街地改造事業並びに同条第二項に規定する防災建築街区造成組合、防災建築街区造成事業及び防災建築物に関しては、この法律の附則の規定による改正後の次の各号に掲げる法律の規定にかかわらず、なお従前の例による。

一　地方自治法
二　建設省設置法
三　住宅金融公庫法
四　地方税法
五　租税特別措置法
六　首都高速道路公団法

七　災害対策基本法
八　阪神高速道路公団法
九　登録免許税法

（罰則に関する経過措置）
第二三条　この法律の施行前にした行為に対する罰則の適用については、なお従前の例による。

附　則〔昭和四八年七月二四日法律第六一号抄〕

（施行期日）
1　この法律は、公布の日から施行する。

附　則〔昭和四九年六月一日法律第七一号抄〕

（施行期日）
第一条　この法律は、〔中略〕昭和五十年四月一日から施行する。

附　則〔昭和五一年六月一日法律第四七号抄〕

（施行期日）
第一条　この法律は、公布の日から起算して六月を超えない範囲内において政令で定める日から施行する。〔以下略〕
〔昭和五一年八月政令二一七号により、昭和五一・九・一から施行〕

附　則〔昭和五三年四月二六日法律第二九号抄〕

（施行期日等）
1　この法律は、公布の日から施行する。

附　則〔昭和五三年六月一五日法律第七三号抄〕

（施行期日）
第一条　この法律は、公布の日から起算して六月を超えない範囲内において政令で定める日から施行する。
〔昭和五三年一二月政令三八四号により、昭和五三・一二・一四から施行〕

附　則〔昭和五五年五月二八日法律第六三号抄〕

（施行期日等）
第一条　この法律は、公布の日から施行する。

附　則〔昭和五七年七月一六日法律第六六号〕

この法律は、昭和五十七年十月一日から施行する。

附　則〔昭和五八年一二月二日法律第七八号〕

1　この法律（中略）は、昭和五十九年七月一日から施行する。
2　この法律の施行の日の前日において法律の規定により置かれている機関等で、この法律の施行の日以後は国家行政組織法又はこの法律による改正後の関係法律の規定に基づく政令（以下「関係政令」という。）の規定により置かれることとなるものに関し必要となる経過措置その他この法律の施行に伴う関係政令の制定又は改廃に関し必要となる経過措置は、政令で定めることができる。

附　則〔昭和五八年一二月二日法律第八〇号抄〕

（施行期日）
1　この法律は、総務庁設置法（昭和五十八年法律第七十九号）の施行の日〔昭和五九年七月一日〕から施行する。

（職員の引継ぎ）
2　この法律の施行の際、現に総理府本府の部局若しくは機関で政令で定めるものの職員又は行政管理庁の職員である者は、別に辞令を発せられない限り、同一の勤務条件をもつて、総務庁の職員となるものとする。

附　則〔昭和五九年八月一〇日法律第七一号抄〕

（施行期日）
第一条　この法律は、昭和六十年四月一日から施行する。〔以下略〕

附　則〔昭和五九年一二月二五日法律第八七号抄〕

（施行期日）
第一条　この法律は、昭和六十年四月一日から施行する。〔以下略〕

（政令への委任）
第二八条　附則第二条から前条までに定めるもののほか、この法律の施行に関し必要な事項は、政令で定める。

附　則〔昭和六一年一二月四日法律第九三号抄〕

（施行期日）

第一条　この法律は、昭和六十二年四月一日から施行する。〔以下略〕

（罰則の適用に関する経過措置）

第四一条　この法律の施行前にした行為及びこの法律の規定によりなお従前の例によることとされる事項に係るこの法律の施行後にした行為に対する罰則の適用については、なお従前の例による。

（政令への委任）

第四二条　附則第二条から前条までに定めるもののほか、この法律の施行に関し必要な事項は、政令で定める。

附　則〔昭和六一年一二月二六日法律第一〇九号抄〕

（施行期日）

第一条　この法律は、公布の日から施行する。〔以下略〕

附　則〔平成元年六月二八日法律第五五号抄〕

（施行期日等）

1　この法律は、平成元年十月一日から施行する。〔以下略〕

附　則〔平成二年六月二七日法律第五〇号抄〕

（施行期日）

第一条　この法律は、平成三年四月一日から施行する。

附　則〔平成七年六月一六日法律第一一〇号抄〕

（施行期日）

第一条　この法律は、公布の日から起算して三月を超えない範囲内において政令で定める日から施行する。

〔平成七年八月政令三二八号により、平成七・九・一から施行〕

附　則〔平成七年一二月八日法律第一三二号抄〕

（施行期日）

第一条　この法律は、公布の日から施行する。ただし、第一条中災害対策基本法第四十八条、第五十三条、第六十条、第六十三条から第六十五条まで、第七十六条の三、第八十二条及び第八十四条の改正規定、同法第百十三条の改正規定（「五万円」を「三十万円」に改める部分に限る。）、同法第百十四条の改正規定、同法第百十五条の改正規定（「三万円」を「二十万円」に改める部分に限る。）並びに同法第百十六条の改正規定〔中略〕は、公布の日から三月を超えない範囲内において政令で定める日から施行する。

〔平成八年一月政令九号により、平成八・一・二五から施行〕

附　則〔平成九年六月二〇日法律第九八号抄〕

（施行期日）

第一条　この法律は、公布の日から起算して二年六月を超えない範囲内において政令で定める日から施行する。〔以下略〕

〔平成一一年五月政令一六四号により、平成一一・七・一から施行〕

附　則〔平成一一年五月二八日法律第五四号抄〕

（施行期日）

第一条　この法律は、公布の日から起算して一年を超えない範囲内において政令で定める日から施行する。〔以下略〕

〔平成一二年三月政令一二四号により、平成一二・四・一から施行〕

附　則〔平成一一年七月一六日法律第八七号抄〕

（施行期日）

第一条　この法律は、平成十二年四月一日から施行する。〔以下略〕

（災害対策基本法の一部改正に伴う経過措置）

第三一条　施行日前に第六十六条の規定による改正前の災害対策基本法（以下この条において「旧災害対策基本法」という。）第十六条第三項の規定によりされた承認又はこの法律の施行の際現に同項の規定によりされている承認の申請は、それぞれ第六十六条の規定による改正後の災害対策基本法（以下この条において「新災害対策基本法」という。）第十六条第四項の規定により市町村防災会議を設置しないことについてされた協議又は当該協議の申出とみなす。

2　施行日前に旧災害対策基本法第四十三条第一項の規定により作成された指定地域都道府県防災計画若しくは旧災害対策基本法第四十四条第一項の規定により作成された指定地域市町村防災計画又はこの法律の施行の際現に旧災害対策基本法第四十三条第三項において準用する旧災害対策基本法第四十条第三項若しくは旧災害対策基本法第四十四条第三項において準用する旧災害対策基本法第四十二条第三項の規定によりされている協議の申出は、それぞれ新災害対策基本法第四十三条第一項の規定により作成された都道府県相互間地域防災計画若しくは新災害対策基本法第四十四条第一項の規定により作成された市町村相互間地域防災計画又は新災害対策基本法第四十三条第三項において準用する新災害対策基本法第四十条第三項若しくは新災害対策基本法第四十四条第三項において準用する新災害対策基本法第四十二条第三項の規定によりされた協議の申出とみなす。

3　この法律の施行の際現に旧災害対策基本法第七十一条第二項の規定により都道府県知事の権限の一部を委任されて市町村長が行っている事務は、新災害対策基本法第七十一条第二項の規定により市町村長が行うこととされた事務とみなす。

〔経過措置等は、「消防法」の附則を参照してください。〕

附　則〔平成一一年七月一六日法律第一〇二号抄〕

（施行期日）

第一条　この法律は、内閣法の一部を改正する法律（平成十一年法律第八十八号）の施行の日（平成一三年一月六日）から施行する。ただし、次の各号に掲げる規定は、当該各号に定める日から施行する。

一　〔略〕

二　附則〔中略〕第三十条の規定　公布の日

附　則〔平成一一年一二月二二日法律第一六〇号抄〕

（施行期日）

第一条　この法律〔中略〕は、平成十三年一月六日から施行する。〔以下略〕

〔経過措置等は、「消防法」の附則を参照してください。〕

附　則〔平成一一年一二月二二日法律第二二〇号抄〕

（施行期日）

第一条　この法律〔中略〕は、平成十三年一月六日から施行する。〔以下略〕

附　則〔平成一二年五月三一日法律第九八号〕

（施行期日）

第一条　この法律は、平成十三年四月一日から施行する。〔以下略〕

附　則〔平成一二年五月三一日法律第九九号抄〕

（施行期日）

第一条　この法律は、平成十三年四月一日から施行する。〔以下略〕

附　則〔平成一四年七月一九日法律第九〇号抄〕

（施行期日）

第一条　この法律は、平成十五年四月一日から施行する。〔以下略〕

附　則〔平成一四年七月三一日法律第九八号抄〕

（施行期日）

第一条　この法律は、公社法の施行の日〔平成一五年四月一日〕から施行する。〔以下略〕

附　則〔平成一五年三月三一日法律第二一号抄〕

（施行期日）

第一条　この法律は、平成十五年四月一日から施行する。

附　則〔平成一五年五月三〇日法律第五三号抄〕

（施行期日）

第一条　この法律〔中略〕は、平成十六年四月一日から施行する。

附　則〔平成一五年六月一八日法律第九二号抄〕

（施行期日）

第一条　この法律は、公布の日から施行する。ただし、次の各号に掲げる規定は、当該各号に定める日から施行する。

一　〔略〕

二　〔前略〕附則〔中略〕第四十八条〔中略〕の規定　公布の日から起算して六月を超えない範囲内において政令で定める日〔平成一五年九月政令四四二号により、平成一五・一〇・二から施行〕

三　〔略〕

附　則〔平成一五年七月一六日法律第一一九号抄〕

（施行期日）

第一条　この法律は、地方独立行政法人法（平成十五年法律第百十八号）の施行の日〔平成一六年四月一日〕から施行する。〔以下略〕

附　則〔平成一六年四月二一日法律第三六号抄〕

（施行期日）

第一条　この法律は、千九百七十三年の船舶による汚染の防止のための国際条約に関する千九百七十八年の議定書によって修正された同条約を改正する千九百九十七年の議定書（以下「第二議定書」という。）が日本国について効力を生ずる日〔平成一七年五月一九日〕（以下「施行日」という。）から施行する。〔以下略〕

附　則〔平成一七年三月三〇日法律第七号抄〕

（施行期日）

第一条　この法律は、平成十七年四月一日から施行する。〔以下略〕

附　則〔平成一七年五月二日法律第三七号抄〕

（施行期日）

第一条　この法律は、公布の日から起算して三月を超えない範囲内において政令で定める日から施行する。〔以下略〕

〔平成一七年六月政令一九四号により、平成一七・七・一から施行〕

附　則〔平成一七年七月二九日法律第八九号抄〕

（施行期日等）

第一条　この法律は、公布の日から起算して六月を超えない範囲内において政令で定める日（以下「施行日」という。）から施行する。〔以下略〕

〔平成一七年一二月政令三七四号により、平成一七・一二・二二から施行〕

附　則〔平成一七年一〇月二一日法律第一〇二号抄〕

（施行期日）

第一条　この法律は、郵政民営化法の施行の日〔平成一九年一〇月一日〕から施行する。〔以下略〕

附　則〔平成一八年三月三一日法律第一八号抄〕

（施行期日）

第一条　この法律は、平成十八年四月一日から施行する。

附　則〔平成一八年六月七日法律第五三号抄〕

（施行期日）

第一条　この法律は、平成十九年四月一日から施行する。〔以下略〕

附　則〔平成一八年六月一四日法律第六八号抄〕

（施行期日）

第一条　この法律は、平成十九年四月一日（以下「施行日」という。）から施行する。〔以下略〕

附　則〔平成一八年一二月二二日法律第一一八号抄〕

（施行期日）

第一条　この法律は、公布の日から起算して三月を超えない範囲内において政令で定める日から施行する。〔以下略〕

〔平成一九年一月政令一号により、平成一九・一・九から施行〕

附　則〔平成一九年三月三一日法律第二一号抄〕

（施行期日）

第一条　この法律は、公布の日から施行する。

附　則〔平成二二年一二月三日法律第六五号抄〕

（施行期日）

第一条　この法律は、公布の日から起算して九月を超えない範囲内において政令で定める日（以下「施行日」という。）から施行する。〔以下略〕

〔平成二三年六月政令一八〇号により、平成二三・六・三〇から施行〕

附　則〔平成二三年五月二日法律第三七号抄〕

（施行期日）

第一条　この法律は、公布の日から施行する。〔以下略〕

（災害対策基本法の一部改正に伴う経過措置）

第二条　この法律の施行の際現に第一条の規定による改正前の災害対策基本法第四十条第三項（同法第四十三条第三項において準用する場合を含む。）の規定によりされている協議の申出は、第一条の規定による改正後の災害対策基本法第四十条第三項（同法第四十三条第三項において準用する場合を含む。）の規定によりされた報告とみなす。

附　則〔平成二三年八月三〇日法律第一〇五号抄〕

（施行期日）

第一条　この法律は、公布の日から施行する。〔以下略〕

（災害対策基本法の一部改正に伴う経過措置）

第二一条　この法律の施行の際現に第一条の規定による改正前の災害対策基本法（次項において「旧災害対策基本法」という。）第十六条第四項の規定によりされている協議の申出は、第一条の規定による改正後の災害対策基本法（次項において「新災害対策基本法」という。）第十六条第四項の規定によりされた報告とみなす。

2　この法律の施行の際現に旧災害対策基本法第四十二条第三項（旧災害対策基本法第四十四条第三項において準用する場合を含む。）の規定によりされている協議の申出は、新災害対策基本法第四十二条第三項（新災害対策基本法第四十四条第三項において準用する場合を含む。）の規定によりされた報告とみなす。

附　則〔平成二三年一二月一四日法律第一二四号抄〕

（施行期日）

1　この法律は、津波防災地域づくりに関する法律（平成二十三年法律第百二十三号）の施行の日〔平成二三年一二月二七日〕から施行する。〔以下略〕

附　則〔平成二四年六月二七日法律第四一号抄〕

（施行期日）

第一条　この法律は、公布の日から施行する。〔以下略〕

（検討）

第二条　政府は、東日本大震災（平成二十三年三月十一日に発生した東北地方太平洋沖地震及びこれに伴う原子力発電所の事故による災害をいう。以下この条において同じ。）から得られた教訓を今後に生かすため、東日本大震災に対してとられた措置の実施の状況を引き続き検証し、防災上の配慮を要する者に係る個人情報の取扱いの在り方、災害からの復興の枠組み等を含め、防災に関する制度の在り方について所要の法改正を含む全般的な検討を加え、その結果に基づいて、速やかに必要な措置を講ずるものとする。

附　則〔平成二五年六月二一日法律第五五号抄〕

（施行期日）

第一条　この法律は、公布の日から起算して一月を超えない範囲内において政令で定める日から施行する〔以下略〕

〔平成二五年七月政令二一三号により、平成二五・七・一一から施行〕

附　則〔平成二五年六月一四日法律第四四号抄〕

（施行期日）

第一条　この法律〔中略〕は、当該各号に定める日〔平成二六年四月一日〕から施行する。

附　則〔平成二五年六月二一日法律第五四号抄〕

（施行期日）

第一条　この法律は、公布の日から施行する。ただし、次の各号に掲げる規定は、当該各号に定める日から施行する。

一　第二条（災害対策基本法目次の改正規定（「第三款　被災者の運送（第八十六条の十四）」を「第三款　被災者の運送（第八十六条の十四）
第四款　安否情報の提供等（第八十六条の十五）」に、「第八十六条の十五―第八十六条の十七」を「第八十六条の十六―第八十六条の十八」に改め、「第九十条の二」の下に「―第九十条の四」を加える部分に限る。）、同法第七十一条第一項の改正規定、同法第五章第六節中第八十六条の十七を第八十六条の十八とし、第八十六条の十六を第八十六条の十七とし、第八十六条の十五を第八十六条の十六とする改正規定、同法第五章第五節に一款を加える改正規定及び同法第七章中第九十条の二の次に二条を加える改正規定に限る。）〔中略〕の規定　公布の日から起算して六月を超えない範囲内において政令で定める日

〔平成二五年九月政令二八四号により、平成二五・一〇・一から施行〕

二　第二条（前号に掲げる改正規定を除く。）〔中略〕の規定　公布の日から起算して一年を超えない範囲内において政令で定める日

〔平成二五年九月政令二八四号により、平成二六・四・一から施行〕

三〜五〔略〕

（検討）

第二条　政府は、この法律の施行後適当な時期において、第一条及び第二条の規定による改正後の規定の施行の状況について検討を加え、必要があると認めるときは、その結果に基づいて必要な措置を講ずるものとする。

（災害対策基本法の一部改正に伴う経過措置）

第三条　第一条の規定による改正後の災害対策基本法（附則第五条において「新災害対策基本法」という。）第百二条の規定は、平成二十五年四月一日以後に発生した同条第一項に規定する災害について適用する。

（政令への委任）

第二二条　この附則に定めるもののほか、この法律の施行に関し必要な経過措置は、政令で定める。

附　則〔平成二六年六月一三日法律第六七号抄〕

（施行期日）

第一条　この法律は、独立行政法人通則法の一部を改正する法律（平成二十六年法律第六十六号。以下「通則法改正法」という。）の施行の日〔平成二七年四月一日〕から施行する。ただし、次の各号に掲げる規定は、当該各号に定める日から施行する。

一　附則〔中略〕第三十条の規定　公布の日

二〔略〕

（処分等の効力）

第二八条　この法律の施行前にこの法律による改正前のそれぞれの法律（これに基づく命令を含む。）の規定によってした又はすべき処分、手続その他の行為であってこの法律による改正後のそれぞれの法律（これに基づく命令を含む。以下この条において「新法令」という。）に相当の規定があるものは、法律（これに基づく政令を含む。）に別段の定めのあるものを除き、新法令の相当の規定によってした又はすべき処分、手続その他の行為とみなす。

（罰則に関する経過措置）

第二九条　この法律の施行前にした行為及びこの附則の規定によりなおその効力を有することとされる場合におけるこの法律の施行後にした行為に対する罰則の適用については、なお従前の例による。

（その他の経過措置の政令等への委任）

第三〇条 附則第三条から前条までに定めるもののほか、この法律の施行に関し必要な経過措置（罰則に関する経過措置を含む。）は、政令（人事院の所掌する事項については、人事院規則）で定める。

附　則〔平成二六年一一月二一日法律第一一四号抄〕

（施行期日）

第一条 この法律は、公布の日から施行する。

（検討）

第二条 政府は、この法律の施行後適当な時期において、この法律による改正後の規定の施行の状況について検討を加え、必要があると認めるときは、その結果に基づいて必要な措置を講ずるものとする。

附　則〔平成二七年五月二〇日法律第二二号抄〕

（施行期日）

第一条 この法律は、公布の日から起算して二月を超えない範囲内において政令で定める日から施行する。〔以下略〕

〔平成二七年七月政令二七二号により、平成二七・七・一九から施行〕

附　則〔平成二七年七月八日法律第五二号抄〕

（施行期日）

第一条 この法律は、公布の日から起算して六月を超えない範囲内において政令で定める日から施行する。

〔平成二七年一二月政令四〇八号により、平成二七・一二・一〇から施行〕

附　則〔平成二七年七月一七日法律第五八号〕

（施行期日）

1　この法律は、公布の日から起算して二十日を経過した日から施行する。

（検討）

2　政府は、この法律の施行後適当な時期において、この法律の規定による改正後の規定の施行の状況について検討を加え、必要があると認めるときは、その結果に基づいて必要な措置を講ずるものとする。

附　則〔平成二七年九月一一日法律第六六号抄〕

（施行期日）

第一条 この法律は、平成二十八年四月一日から施行する。〔以下略〕

附　則〔平成二八年五月二〇日法律第四七号抄〕

（施行期日）

第一条 この法律〔中略〕は、当該各号に定める日〔公布の日〕から施行する。

（処分、申請等に関する経過措置）

第七条 この法律（附則第一条各号に掲げる規定については、当該各規定。以下この条及び次条において同じ。）の施行の日前にこの法律による改正前のそれぞれの法律の規定によりされた承認等の処分その他の行為（以下この項において「処分等の行為」という。）又はこの法律の施行の際現にこの法律による改正前のそれぞれの法律の規定によりされている承認等の申請その他の行為（以下この項において「申請等の行為」という。）で、この法律の施行の日においてこれらの行為に係る行政事務を行うべき者が異なることとなるものは、この附則又は附則第九条の規定に基づく政令に定めるものを除き、この法律の施行の日以後におけるこの法律による改正後のそれぞれの法律の適用については、この法律による改正後のそれぞれの法律の相当規定によりされた処分等の行為又は申請等の行為とみなす。

2　この法律の施行の日前にこの法律による改正前のそれぞれの法律の規定により国又は地方公共団体の機関に対し、届出その他の手続をしなければならない事項で、この法律の施行の日前にその手続がされていないものについては、この附則又は附則第九条の規定に基づく政令に定めるもののほか、これを、この法律による改正後のそれぞれの法律の相当規定により国又は地方公共団体の相当の機関に対して届出その他の手続をしなければならない事項についてその手続がされていないものとみなして、この法律による改正後のそれぞれの法律の規定を適用する。

（罰則に関する経過措置）

第八条　この法律の施行前にした行為及びこの附則の規定によりなお従前の例によることとされる場合におけるこの法律の施行後にした行為に対する罰則の適用については、なお従前の例による。

（政令への委任）

第九条　この附則に定めるもののほか、この法律の施行に関し必要な経過措置（罰則に関する経過措置を含む。）は、政令で定める。

（検討）

第一〇条　政府は、附則第一条第一号に掲げる規定の施行後適当な時期において、第一条の規定による改正後の災害対策基本法の規定の施行の状況について検討を加え、必要があると認めるときは、その結果に基づいて必要な措置を講ずるものとする。

附　則〔平成三〇年六月二七日法律第六六号抄〕

（施行期日）

第一条　この法律〔中略〕は、当該各号に定める日から施行する。

一　第一条〔中略〕の規定並びに附則第十一条から第十三条まで、第十六条及び第十七条の規定　公布の日

二～五　〔略〕

（処分、申請等に関する経過措置）

第一一条　この法律（附則第一条各号に掲げる規定については、当該各規定。以下この条及び次条において同じ。）の施行の日前にこの法律による改正前のそれぞれの法律の規定によりされた認定等の処分その他の行為（以下この項において「処分等の行為」という。）又はこの法律の施行の際現にこの法律による改正前のそれぞれの法律の規定によりされている認定等の申請その他の行為（以下この項において「申請等の行為」という。）で、この法律の施行の日においてこれらの行為に係る行政事務を行うべき者が異なることとなるものは、附則第二条から前条までの規定又は附則第十三条の規定に基づく政令に定めるものを除き、この法律の施行の日以後におけるこの法律による改正後のそれぞれの法律の適用については、この法律による改正後のそれぞれの法律の相当規定によりされた処分等の行為又は申請等の行為とみなす。

2　この法律の施行の日前にこの法律による改正前のそれぞれの法律の規定により国又は地方公共団体の機関に対し、報告、届出その他の手続をしなければならない事項で、この法律の施行の日前にその手続がされていないものについては、附則第二条から前条までの規定又は附則第十三条の規定に基づく政令に定めるもののほか、これを、この法律による改正後のそれぞれの法律の相当規定により国又は地方公共団体の相当の機関に対して報告、届出その他の手続をしなければならない事項についてその手続がされていないものとみなして、この法律による改正後のそれぞれの法律の規定を適用する。

（罰則に関する経過措置）

第一二条　この法律の施行前にした行為に対する罰則の適用については、なお従前の例による。

（政令への委任）

第一三条　附則第二条から前条までに規定するもののほか、この法律の施行に関し必要な経過措置（罰則に関する経過措置を含む。）は、政令で定める。

附　則〔令和三年五月一〇日法律第三〇号抄〕

（施行期日）

第一条　この法律は、公布の日から起算して一月を超えない範囲内において政令で定める日から施行する。ただし、次の各号に掲げる規

定は、当該各号に定める日から施行する。〔令和三年五月政令一五二号により、令和三・五・二〇から施行〕

一 附則第三条の規定 公布の日

二 〔略〕

（災害対策基本法の一部改正に伴う経過措置）

第二条 この法律の施行の際現に第一条の規定による改正前の災害対策基本法（次項並びに附則第八条及び第十五条において「旧災害対策基本法」という。）第二十四条第一項の規定により設置されている非常災害対策本部に関する組織、指定行政機関の長の権限の委任及び非常災害対策本部長の権限については、なお従前の例による。

2 この法律の施行の際現に旧災害対策基本法第六十条第一項、第三項若しくは第六項又は第六十一条第一項の規定によりされている避難のための立退きの勧告若しくは指示又は屋内での待避等の安全確保措置の指示については、なお従前の例による。

（政令への委任）

第三条 この附則に定めるもののほか、この法律の施行に関し必要な経過措置（罰則に関する経過措置を含む。）は、政令で定める。

（検討）

第四条 政府は、この法律の施行後適当な時期において、この法律による改正後のそれぞれの法律の規定について、その施行の状況等を勘案して検討を加え、必要があると認めるときは、その結果に基づいて必要な措置を講ずるものとする。

附 則〔令和三年五月一九日法律第三六号抄〕

（施行期日）

第一条 この法律は、令和三年九月一日から施行する。ただし、附則第六十条の規定は、公布の日から施行する。

（処分等に関する経過措置）

第五七条 この法律の施行前にこの法律による改正前のそれぞれの法律（これに基づく命令を含む。以下この条及び次条において「旧法令」という。）の規定により従前の国の機関がした認定等の処分その他の行為は、法令に別段の定めがあるもののほか、この法律の施行後は、この法律による改正後のそれぞれの法律（これに基づく命令を含む。以下この条及び次条において「新法令」という。）の相当規定により相当の国の機関がした認定等の処分その他の行為とみなす。

2 この法律の施行の際現に旧法令の規定により従前の国の機関に対してされている申請、届出その他の行為は、法令に別段の定めがあるもののほか、この法律の施行後は、新法令の相当規定により相当の国の機関に対してされた申請、届出その他の行為とみなす。

3 この法律の施行前に旧法令の規定により従前の国の機関に対して申請、届出その他の手続をしなければならない事項で、この法律の施行の日前に従前の国の機関に対してその手続がされていないものについては、法令に別段の定めがあるもののほか、この法律の施行後は、これを、新法令の相当規定により相当の国の機関に対してその手続がされていないものとみなして、新法令の規定を適用する。

（罰則の適用に関する経過措置）

第五九条 この法律の施行前にした行為に対する罰則の適用については、なお従前の例による。

（政令への委任）

第六〇条 附則第十五条、第十六条、第五十一条及び前三条に定めるもののほか、この法律の施行に関し必要な経過措置（罰則に関する経過措置を含む。）は、政令で定める。

（検討）

第六一条 政府は、この法律の施行後十年を経過した場合において、この法律の施行の状況及びデジタル社会の形成の状況を勘案し、デジタル庁の在り方について検討を加え、必要があると認めるときは、その結果に基づいて必要な措置を講ずるものとする。

附　則〔令和四年六月一七日法律第六八号抄〕

（施行期日）

1　この法律は、刑法等一部改正法〔令和四年法律第六十七号〕施行日〔令和七年六月一日〕から施行する。ただし、次の各号に掲げる規定は、当該各号に定める日から施行する。

一　第五百九条の規定　公布の日

二　〔略〕

〔経過措置は消防法の改正附則を参照〕

附　則〔令和五年五月二六日法律第三四号抄〕

（施行期日）

第一条　この法律は、公布の日から起算して一年を超えない範囲内において政令で定める日から施行する。〔以下略〕

〔令和五年一〇月政令三〇三号により、令和六・四・一から施行〕

附　則〔令和五年六月一六日法律第五八号抄〕

（施行期日）

第一条　この法律は、公布の日から施行する。〔以下略〕

（政令への委任）

第五条　前三条に規定するもののほか、この法律の施行に関し必要な経過措置は、政令で定める。

（参考）

○刑法等の一部を改正する法律の施行に伴う関係法律の整理等に関する法律〔抄〕

（令和四年六月十七日法律第六十八号）

（災害対策基本法の一部改正）

第八一条　災害対策基本法（昭和三十六年法律第二百二十三号）の一部を次のように改正する。

第百九条第二項中「懲役若しくは禁錮」を「拘禁刑」に改める。

第百十三条及び第百十四条中「懲役」を「拘禁刑」に改める。

○地震防災対策特別措置法

（平成七年六月十六日
法律第百十一号）

〔改正経過〕
平成　九年　六月一一日　法律第　七四号
平成一〇年　六月一二日　法律第一〇一号
平成一〇年　九月二八日　法律第一一〇号
平成一一年　七月一六日　法律第　八七号
平成一一年　七月一六日　法律第一〇二号
平成一一年一二月二二日　法律第一六〇号
平成一二年　三月三一日　法律第　三三号
平成一三年　三月三一日　法律第　二〇号
平成一三年　六月二九日　法律第　九二号
平成一七年　四月　一日　法律第　二五号
平成一七年一一月　七日　法律第一二三号
平成一八年　三月三一日　法律第　一六号
平成一八年　六月二一日　法律第　八〇号
平成二〇年　六月一八日　法律第　七二号
平成二二年一二月一〇日　法律第　七一号
平成二三年　三月二二日　法律第　　一号
平成二三年　八月三〇日　法律第一〇五号
平成二四年　六月二七日　法律第　五一号
平成二七年　六月二四日　法律第　四六号
平成二八年　三月三一日　法律第　二〇号
平成二八年　六月　三日　法律第　六三号
令和　三年　三月三一日　法律第　一〇号
令和　五年　五月二六日　法律第　三四号

地震防災対策特別措置法をここに公布する。

地震防災対策特別措置法

（目的）

第一条　この法律は、地震による災害から国民の生命、身体及び財産を保護するため、地震防災対策の実施に関する目標の設定並びに地震防災緊急事業五箇年計画の作成及びこれに基づく事業に係る国の財政上の特別措置について定めるとともに、地震に関する調査研究の推進のための体制の整備等について定めることにより、地震防災対策の強化を図り、もって社会の秩序の維持と公共の福祉の確保に資することを目的とする。

（地震防災対策の実施に関する目標の設定）

第一条の二　災害対策基本法（昭和三十六年法律第二百二十三号）第十四条第一項に規定する都道府県防災会議及び同法第十七条第一項に規定する都道府県防災会議の協議会（地震災害（地震動により直接に生ずる被害及びこれに伴い発生する津波、火事、爆発その他の異常な現象により生ずる被害をいう。以下同じ。）の軽減を図るため設置されているものに限る。）は、同法第四十条に規定する都道府県地域防災計画及び同法第四十三条に規定する都道府県相互間地域防災計画（第三条第二項において「都道府県地域防災計画等」という。）において、想定される地震災害を明らかにして、当該地震災害の軽減を図るための地震防災対策の実施に関する目標（第三条第二項において「実施目標」という。）を定めるよう努めるものとする。

（地震防災緊急事業五箇年計画の作成等）

第二条　都道府県知事は、人口及び産業の集積等の社会的条件、地勢等の自然的条件等を総合的に勘案して、著しい地震災害が生ずるおそれがあると認められる地区について、災害対策基本法第四十条に規定する都道府県地域防災計画に定められた事項のうち、地震防災上緊急に整備すべき施設等に関するものについて平成八年度以降の年度を初年度とする五箇年間の計画（以下「地震防災緊急事業五箇年計画」という。）を作成することができる。

2　都道府県知事は、地震防災緊急事業五箇年計画を作成しようとするときは、あらかじめ、関係市町村長の意見を聴かなければならない。

3　都道府県知事は、地震防災緊急事業五箇年計画を作成しようとするときは、あらかじめ、内閣総理大臣に協議し、その同意を得なければならない。この場合において、内閣総理大臣は、同意をしようとするときは、関係行政機関の長の意見を聴かなければならない。

4　前三項の規定は、地震防災緊急事業五箇年計画を変更する場合について準用する。

（地震防災緊急事業五箇年計画の内容）

第三条　地震防災緊急事業五箇年計画は、次に掲げる施設等の整備等であって、当該施設等に関する主務大臣の定める基準に適合するものに関する事項について定めるものとする。

一　避難地

二　避難路

三　消防用施設

四　消防活動が困難である区域の解消に資する道路

五　緊急輸送を確保するため必要な道路、交通管制施設、ヘリポート、港湾施設（港湾法（昭和二十五年法律第二百十八号）第二条第五項第二号の外郭施設、同項第三号の係留施設及び同項第四号の臨港交通施設に限る。）又は漁港施設（漁港及び漁場の整備等に関する法律（昭和二十五年法律第百三十七号）第三条第一号イの外郭施設、同号ロの係留施設及び同条第二号イの輸送施設に限る。）

六　共同溝、電線共同溝等の電線、水管等の公益物件を収容するための施設

七　医療法（昭和二十三年法律第二百五号）第三十一条に規定する公的医療機関その他政令で定める医療機関のうち、地震防災上改築又は補強を要するもの

八　社会福祉施設のうち、地震防災上改築又は補強を要するもの

八の二　公立の幼稚園のうち、地震防災上改築又は補強を要するもの

九　公立の小学校、中学校若しくは義務教育学校又は中等教育学校の前期課程のうち、地震防災上改築又は補強を要するもの

十　公立の特別支援学校のうち、地震防災上改築又は補強を要するもの

十一　第七号から前号までに掲げるもののほか、不特定かつ多数の者が利用する公的建造物のうち、地震防災上補強を要するもの

十二　津波により生ずる被害の発生を防止し、又は軽減することにより円滑な避難を確保するため必要な海岸法（昭和三十一年法律第百一号）第二条第一項に規定する海岸保全施設又は河川法（昭和三十九年法律第百六十七号）第三条第二項に規定する河川管理施設

十三　砂防法（明治三十年法律第二十九号）第一条に規定する砂防設備、森林法（昭和二十六年法律第二百四十九号）第四十一条に規定する保安施設事業に係る保安施設、地すべり等防止法（昭和三十三年法律第三十号）第二条第三項に規定する地すべり防止施設、急傾斜地の崩壊による災害の防止に関する法律（昭和四十四年法律第五十七号）第二条第二項に規定する急傾斜地崩壊防止施設又は土地改良法（昭和二十四年法律第百九十五号）第二条第二項第一号に規定する農業用用排水施設であるため池で、家屋の密集している地域の地震防災上必要なもの

十四　地震災害が発生した時（以下「地震災害時」という。）において災害応急対策の拠点として機能する地域防災拠点施設

十五　地震災害時において迅速かつ的確な被害状況の把握及び住民に対する災害情報の伝達を行うために必要な防災行政無線設備その他の施設又は設備

十六　地震災害時における飲料水、電源等の確保等により被災者の安全を確保するために必要な井戸、貯水槽、水泳プール、自家発電設備その他の施設又は設備

十七　地震災害時において必要となる非常用食糧、救助用資機材等

の物資の備蓄倉庫

十八　負傷者を一時的に収容及び保護するための救護設備等地震災害時における応急的な措置に必要な設備又は資機材

十九　老朽住宅密集市街地に係る地震防災対策

2　地震防災緊急事業五箇年計画は、都道府県地域防災計画等に実施目標が定められているときは、当該実施目標に即したものでなければならない。

3　地震防災緊急事業五箇年計画に定める事業のうち、市町村が実施する事業については、災害対策基本法第四十二条に規定する市町村地域防災計画に定められたものでなければならない。

（地震防災緊急事業に係る国の負担又は補助の特例等）

第四条　地震防災緊急事業五箇年計画に基づいて実施される事業のうち、別表第一に掲げるもの（当該事業に関する主務大臣の定める基準に適合するものに限る。第三項において同じ。）に要する経費に対する国の負担又は補助の割合（以下「国の負担割合」という。）は、当該事業に関する法令の規定にかかわらず、同表のとおりとする。この場合において、これらの事業のうち、別表第二に掲げるもの（都道府県が実施するものを除き、当該事業に関する主務大臣の定める基準に適合するものに限る。）に要する経費に係る都道府県の負担又は補助の割合（以下「都道府県の負担割合」という。）は、同表に掲げる割合とする。

2　前項に規定する事業に係る経費に対する他の法令による国の負担割合が、同項の規定による国の負担割合を超えるときは、当該事業に係る経費に対する国の負担割合又は都道府県の負担割合については、同項の規定にかかわらず、当該他の法令の定める割合による。

3　国は、地震防災緊急事業五箇年計画に基づいて実施される事業のうち、別表第一に掲げるものに要する経費に充てるため政令で定める交付金を交付する場合においては、政令で定めるところにより、当該経費について前二項の規定を適用したとするならば国が負担し、又は補助することとなる割合を参酌して、当該交付金の額を算定するものとする。

（地方債についての配慮）

第五条　地方公共団体が地震防災緊急事業五箇年計画に基づいて実施する事業に要する経費に充てるため起こす地方債については、法令の範囲内において、資金事情及び当該地方公共団体の財政状況が許す限り、特別の配慮をするものとする。

（財政上の配慮等）

第六条　国は、この法律に特別の定めのあるもののほか、地震防災対策の強化のため必要な財政上及び金融上の配慮をするものとする。

（公立の小中学校等についての耐震診断の実施等）

第六条の二　地方公共団体は、その設置する幼稚園、小学校、中学校、義務教育学校、中等教育学校の前期課程並びに特別支援学校の幼稚部、小学部及び中学部の校舎、屋内運動場及び寄宿舎のうち、地震に対する安全性に係る建築基準法（昭和二十五年法律第二百一号）又はこれに基づく命令若しくは条例の規定に適合しない建築物で同法第三条第二項の規定の適用を受けているものについて、耐震診断（文部科学大臣の定める方法により地震に対する安全性を評価することをいう。以下この条において同じ。）を行わなければならない。ただし、耐震診断を行う必要がないものとして文部科学大臣の定めるものについては、この限りでない。

2　地方公共団体は、前項の耐震診断を行った建築物ごとに、同項の耐震診断の結果を公表しなければならない。

（私立の小中学校等についての配慮）

第六条の三　国及び地方公共団体は、私立の幼稚園、小学校、中学校、義務教育学校、中等教育学校の前期課程並びに特別支援学校の幼稚部、小学部及び中学部の校舎、屋内運動場及び寄宿舎について、地震防災上必要な整備のため財政上及び金融上の配慮をするものとする。

（地震調査研究推進本部の設置及び所掌事務）

第七条 文部科学省に、地震調査研究推進本部（以下「本部」という。）を置く。

2 本部は、次に掲げる事務をつかさどる。

一 地震に関する観測、測量、調査及び研究の推進について総合的かつ基本的な施策を立案すること。

二 関係行政機関の地震に関する調査研究予算等の事務の調整を行うこと。

三 地震に関する総合的な調査観測計画を策定すること。

四 地震に関する観測、測量、調査又は研究を行う関係行政機関、大学等の調査結果等を収集し、整理し、及び分析し、並びにこれに基づき総合的な評価を行うこと。

五 前号の規定による評価に基づき、広報を行うこと。

六 前各号に掲げるもののほか、法令の規定により本部に属させられた事務

3 本部は、前項第一号に掲げる事務を行うに当たっては、中央防災会議の意見を聴かなければならない。

4 本部の事務を行うに当たっては、気象業務法（昭和二十七年法律第百六十五号）に基づく業務が円滑に実施されるよう配慮しなければならない。

（本部の組織）

第八条 本部の長は、地震調査研究推進本部長（以下「本部長」という。）とし、文部科学大臣をもって充てる。

2 本部長は、本部の事務を総括する。

3 本部に、地震調査研究推進本部員を置き、関係行政機関の職員のうちから文部科学大臣が任命する。

4 本部の庶務は、文部科学省において総括し、及び処理する。ただし、政令で定めるものについては、文部科学省及び政令で定める行政機関において共同して処理する。

5 前各項に定めるもののほか、本部の組織及び運営に関し必要な事項は、政令で定める。

（政策委員会）

第九条 本部に、第七条第二項第一号から第三号まで、第五号及び第六号に掲げる事務について調査審議させるため、政策委員会を置く。

2 政策委員会の委員は、関係行政機関の職員及び学識経験のある者のうちから、文部科学大臣が任命する。

（地震調査委員会）

第一〇条 本部に、第七条第二項第四号に掲げる事務を行わせるため、地震調査委員会を置く。

2 地震調査委員会は、前項の事務に関し必要があると認めるときは、本部長に報告するものとする。

3 地震調査委員会の委員は、関係行政機関の職員及び学識経験のある者のうちから、文部科学大臣が任命する。

（地域に係る地震に関する情報の収集等）

第一一条 本部長は、気象庁長官に対し、第七条第二項第四号に掲げる事務のうち、地域に係る地震に関する観測、測量、調査又は研究を行う関係行政機関、大学等の調査結果等の収集を行うことを要請することができる。

2 気象庁長官は、前項の規定による要請を受けて収集を行ったときは、その成果を本部長に報告するものとする。

3 気象庁及び管区気象台（沖縄気象台を含む。）は、第一項の事務を行うに当たっては、地域地震情報センターという名称を用いるものとする。

（関係行政機関等の協力）

第一二条　本部長は、その所掌事務に関し、関係行政機関の長その他の関係者に対し、資料の提供、意見の開陳その他の必要な協力を求めることができる。

（調査研究の推進等）

第一三条　国は、地震に関する観測、測量、調査及び研究のための体制の整備に努めるとともに、地震防災に関する科学技術の振興を図るため必要な研究開発を推進し、その成果の普及に努めなければならない。

2　国は、地震に関する観測、測量、調査及び研究を推進するために必要な予算等の確保に努めなければならない。

3　国は、地方公共団体が地震に関する観測、測量、調査若しくは研究を行い、又は研究者等を養成する場合には、必要な技術上及び財政上の援助に努めなければならない。

（想定される地震災害等の周知）

第一四条　都道府県は、当該都道府県において想定される地震災害の軽減を図るため、当該地域における地震動の大きさ、津波により浸水する範囲及びその水深並びに地震災害の程度に関する事項について、これらを記載した印刷物の配布その他の必要な措置を講ずることにより、住民に周知させるように努めなければならない。

2　市町村は、当該市町村において想定される地震災害の軽減を図るため、当該地域における地震動の大きさ、津波により浸水する範囲及びその水深並びに地震災害の程度に関する事項並びに地震災害に関する情報、予報及び警報の伝達方法、避難場所その他の地震が発生した時の円滑な避難を確保するために必要な事項について、これらを記載した印刷物の配布その他の必要な措置を講ずることにより、住民に周知させるように努めなければならない。

附　則

（施行期日）

1　この法律は、公布の日から起算して二月を超えない範囲内において政令で定める日から施行する。

〔平成七年七月政令二九四号により、平成七・七・一八から施行〕

（地震防災緊急事業に係る国の負担又は補助の特例等に関する規定の失効）

2　第四条（別表第一及び別表第二を含む。以下同じ。）の規定は、令和八年三月三十一日限り、その効力を失う。ただし、地震防災緊急事業五箇年計画に基づいて実施される事業に係る国の負担金、補助金又は交付金のうち令和八年度以降に繰り越されるものについては、第四条の規定は、同日後においても、なおその効力を有する。

3～5　〔略〕

附　則〔平成九年六月一一日法律第七四号抄〕

（施行期日）

1　この法律は、平成十年四月一日から施行する。

附　則〔平成一〇年六月一二日法律第一〇一号抄〕

（施行期日）

第一条　この法律は、平成十一年四月一日から施行する。〔以下略〕

附　則〔平成一〇年九月二八日法律第一一〇号〕

この法律は、平成十一年四月一日から施行する。

附　則〔平成一一年七月一六日法律第八七号抄〕

（施行期日）

第一条　この法律は、平成十二年四月一日から施行する。〔以下略〕

〔経過措置等は、「消防法」の附則を参照してください。〕

附　則〔平成一一年七月一六日法律第一〇二号抄〕

（施行期日）

第一条　この法律は、内閣法の一部を改正する法律（平成十一年法律第八十八号）の施行の日〔平成十三年一月六日〕から施行する。ただし、次の各号に掲げる規定は、当該各号に定める日から施行する。

一　〔略〕

二　附則〔中略〕第三十条の規定　公布の日

（別に定める経過措置）

第三〇条　第二条から前条までに規定するもののほか、この法律の施行に伴い必要となる経過措置は、別に法律で定める。

附　則〔平成一一年一二月二二日法律第一六〇号抄〕

（施行期日）

第一条　この法律〔中略〕は、平成十三年一月六日から施行する。〔以下略〕

附　則〔平成一二年三月三一日法律第三三号抄〕

〔経過措置等は、「消防法」の附則を参照してください。〕

（施行期日）

第一条　この法律は、平成十二年四月一日から施行する。〔以下略〕

附　則〔平成一三年三月三一日法律第二〇号〕

この法律は、公布の日から施行する。

附　則〔平成一三年六月二九日法律第九一号抄〕

（施行期日）

第一条　この法律は、平成十四年四月一日から施行する。〔以下略〕

附　則〔平成一七年四月一日法律第二五号抄〕

（施行期日）

第一条　この法律は、平成十七年四月一日から施行する。

附　則〔平成一七年一一月七日法律第一二三号抄〕

（施行期日）

第一条　この法律は、平成十八年四月一日から施行する。ただし、次の各号に掲げる規定は、当該各号に定める日から施行する。

一　附則〔中略〕第百二十二条の規定　公布の日

二　〔前略〕附則〔中略〕第八十五条から第九十条まで〔中略〕の規定　平成十八年十月一日

三　〔略〕

（地震防災対策特別措置法の一部改正に伴う経過措置）

第八九条　附則第四十一条第一項又は第五十八条第一項の規定によりなお従前の例により運営をすることができることとされた附則第四十一条第一項に規定する身体障害者更生援護施設（附則第三十五条の規定による改正前の身体障害者福祉法第二十九条に規定する身体障害者更生施設で、重度の肢体不自由者を入所させるもの又は同法第三十条に規定する身体障害者療護施設に限る。）又は附則第五十八条第一項に規定する知的障害者援護施設（附則第五十二条の規定による改正前の知的障害者福祉法第二十一条の六に規定する知的障害者更生施設（通所施設を除く。）に限る。）は、障害者支援施設とみなして、前条の規定による改正後の地震防災対策特別措置法第四条の規定を適用する。

附　則〔平成一八年三月三一日法律第一六号〕

（施行期日）

第一条　この法律は、公布の日から施行する。ただし、別表第一の改正規定は、平成十八年四月一日から施行する。

（経過措置）

第二条　この法律による改正後の地震防災対策特別措置法別表第一（公立の小学校若しくは中学校又は中等教育学校の前期課程の木造以外の屋内運動場の補強に係る部分に限る。）の規定は、平成十八年度以降の年度の予算に係る国の補助（平成十七年度以前の年度の国庫債務負担行為に基づき平成十八年度以降の年度に支出すべきものとされた国の補助を除く。）又は交付金の交付について適用し、平成十七年度以前の年度の国庫債務負担行為に基づき平成十八年度以降の年度に支出すべきものとされた国の補助及び平成十七年度以前の年度の歳出予算に係る国の補助で平成十八年度以降の年度に繰り越されたものについては、なお従前の例による。

附　則〔平成一八年六月二一日法律第八〇号抄〕

（施行期日）

第一条　この法律は、平成十九年四月一日から施行する。

附　則〔平成二〇年六月一八日法律第七二号〕

（施行期日）

第一条　この法律は、公布の日から施行する。

（経過措置）

第二条　この法律による改正後の地震防災対策特別措置法別表第一（公立の幼稚園、小学校、中学校、中等教育学校の前期課程又は特別支援学校の幼稚部、小学部若しくは中学部の校舎、屋内運動場又は寄宿舎で地震による倒壊の危険性が高いものの改築及び補強に係る部分に限る。）の規定は、平成二十年度以降の年度の予算に係る国の補助又は交付金の交付について適用し、平成十九年度以前の年度の歳出予算に係る国の補助又は交付金の交付で平成二十年度以降の年度に繰り越されたものについては、なお従前の例による。

第三条　地方公共団体が設置する幼稚園、小学校、中学校、中等教育学校の前期課程並びに特別支援学校の幼稚部、小学部及び中学部の校舎、屋内運動場及び寄宿舎のうち、この法律の施行の際現に地震に対する安全性に係る建築基準法（昭和二十五年法律第二百一号）又はこれに基づく命令若しくは条例の規定に適合しない建築物で同法第三条第二項の規定の適用を受けているものについて、この法律の施行前に行われた耐震診断（文部科学大臣の定める方法により地震に対する安全性を評価することをいう。）については、この法律による改正後の地震防災対策特別措置法第六条の二第一項の規定により行われた耐震診断とみなして、同条第二項の規定を適用する。

附　則〔平成二二年一二月一〇日法律第七一号抄〕

（施行期日）

第一条　この法律は、平成二十四年四月一日から施行する。ただし、次の各号に掲げる規定は、当該各号に定める日から施行する。

一・二　〔略〕

三　〔前略〕附則〔中略〕第六十二条〔中略〕の規定　平成二十四年四月一日までの間において政令で定める日

〔平成二三年九月政令二九五号により、平成二三・一〇・一から施行〕

附　則〔平成二三年三月二二日法律第一号〕

この法律は、公布の日から施行する。

附　則〔平成二三年八月三〇日法律第一〇五号抄〕

（施行期日）

第一条　この法律は、公布の日から施行する。〔以下略〕

附　則〔平成二四年六月二七日法律第五一号抄〕

（施行期日）

第一条　この法律は、平成二十五年四月一日から施行する。ただし、次の各号に掲げる規定は、当該各号に定める日から施行する。

一　〔略〕

二　〔前略〕附則〔中略〕第十八条から第二十六条までの規定　平成二十六年四月一日

附　則〔平成二七年六月二四日法律第四六号抄〕

（施行期日）

第一条　この法律は、平成二十八年四月一日から施行する。〔以下略〕

附　則〔平成二八年三月三一日法律第二〇号〕

この法律は、公布の日から施行する。

附　則〔平成二八年六月三日法律第六三号抄〕

（施行期日）

第一条　この法律は、平成二十九年四月一日から施行する。〔以下略〕

附　則〔令和三年三月三一日法律第一〇号〕

この法律は、公布の日から施行する。

附　則〔令和五年五月二六日法律第三四号抄〕

（施行期日）

第一条　この法律は、公布の日から起算して一年を超えない範囲内において政令で定める日から施行する。〔以下略〕

〔令和五年一〇月政令三〇三号により、令和六・四・一から施行〕

別表第一（第四条関係）

事業の区分	国の負担割合
耐震性貯水槽、可搬式小型動力ポンプその他の政令で定める消防用施設の整備で地方公共団体が実施するもの	二分の一
へき地における公立の診療所であって政令で定めるものの改築	二分の一
児童福祉法（昭和二十二年法律第百六十四号）第七条第一項に規定する乳児院、障害児入所施設若しくは児童心理治療施設、生活保護法（昭和二十五年法律第百四十四号）第三十八条第一項に規定する救護施設、老人福祉法（昭和三十八年法律第百三十三号）第五条の三に規定する養護老人ホーム若しくは特別養護老人ホーム又は障害者の日常生活及び社会生活を総合的に支援するための法律（平成十七年法律第百二十三号）第五条第十一項に規定する障害者支援施設（同条第七項に規定する生活介護又は同条第十二項に規定する自立訓練を行うものに限る。）のうち、木造の施設の改築	三分の二
公立の幼稚園、小学校、中学校、義務教育学校、中等教育学校の前期課程又は特別支援学校の幼稚部、小学部若しくは中学部の校舎、屋内運動場又は寄宿舎で、地震による倒壊の危険性が高いもののうち、やむを得ない理由により補強が困難なものの改築	二分の一
公立の小学校、中学校若しくは義務教育学校又は中等教育学校の前期課程の校舎又は屋内運動場で、木造以外のものの補強（次項に掲げるものを除く。）	二分の一
公立の幼稚園、小学校、中学校、義務教育学校、中等教育学校の前期課程又は特別支援学校の幼稚部、小学部若しくは中学部の校舎、屋内運動場又は寄宿舎で、地震による倒壊の危険性が高いものの補強	三分の二
地震災害時において迅速かつ的確な被害状況の把握及び住民に対する災害情報の伝達を行うために必要な防災行政無線設備その他の政令で定める施設又は設備の整備で地方公共団体が実施するもの	二分の一
地震災害時における飲料水、電源等の確保等により被災者の安全を確保するために必要な井戸、貯水槽、水泳プール、自家発電設備その他の政令で定める施設又は設備の整備で地方公共団体が実施するもの	二分の一
地震災害時において必要となる非常用食糧、救助用資機材等の物資の備蓄倉庫の施設の整備で地方公共団体が実施するもの	二分の一
負傷者を一時的に収容及び保護するための救護設備等地震災害時における応急的な措置に必要な政令で定める設備又は資機材の整備で地方公共団体が実施するもの	二分の一

別表第二（第四条関係）

事業の区分	都道府県の負担割合
児童福祉法第七条第一項に規定する乳児院、障害児入所施設若しくは児童心理治療施設、生活保護法第三十八条第一項に規定する救護施設、老人福祉法第五条の三に規定する養護老人ホーム若しくは特別養護老人ホーム又は障害者の日常生活及び社会生活を総合的に支援するための法律第五条第十一項に規定する障害者支援施設（同条第七項に規定する生活介護又は同条第十二項に規定する自立訓練を行うものに限る。）のうち、木造の施設の改築	六分の一

○地震防災対策特別措置法施行令

（平成七年七月十四日
政令第二百九十五号）

〔改正経過〕
平成一四年一二月一八日　政令第三八五号
平成一五年一二月　三日　政令第四八三号
平成一五年一二月一二日　政令第五一六号
平成一五年一二月二五日　政令第五五六号
平成一七年　四月　一日　政令第一二八号
平成一八年　三月三一日　政令第一五一号
平成一八年　三月三一日　政令第一五五号
平成一九年　八月　三日　政令第二三五号
平成二二年　三月二五日　政令第　四一号
平成二六年　六月二五日　政令第二二五号
平成二七年　三月一八日　政令第　七四号
平成二八年　三月二五日　政令第　七八号

地震防災対策特別措置法施行令をここに公布する。

地震防災対策特別措置法施行令

内閣は、地震防災対策特別措置法（平成七年法律第百十一号）第三条第一項第七号及び別表第一の規定に基づき、この政令を制定する。

（地震防災緊急事業に係る政令で定める医療機関）

第一条　地震防災対策特別措置法（以下「法」という。）第三条第一項第七号の政令で定める医療機関は、国及び地方公共団体の救急医療の確保に関する施策に協力して、休日診療若しくは夜間診療を行っている病院又は救急医療に係る高度の医療を提供している病院（これらの病院のうち、国、独立行政法人労働者健康安全機構、独立行政法人国立病院機構、国立研究開発法人国立がん研究センター、国立研究開発法人国立循環器病研究センター、国立研究開発法人国立精神・神経医療研究センター、国立研究開発法人国立国際医療研究センター、国立研究開発法人国立成育医療研究センター、国立研究開発法人国立長寿医療研究センター、国立大学法人法（平成十五年法律第百十二号）第二条第一項に規定する国立大学法人及び医療法（昭和二十三年法律第二百五号）第七条の二第一項各号に掲げる者の開設するものを除く。）とする。

（国の負担又は補助の特例等に係る地震防災緊急事業に係る交付金等）

第二条　法第四条第三項の政令で定める交付金は、次に掲げる交付金とする。

一　次世代育成支援対策推進法（平成十五年法律第百二十号）第十一条第一項に規定する交付金

二　義務教育諸学校等の施設費の国庫負担等に関する法律（昭和三十三年法律第八十一号）第十二条第一項に規定する交付金

2　法第四条第三項の規定により算定する交付金の額は、同項の事業に要する経費に対する通常の国の交付金の額に、当該経費について同条第一項又は第二項の規定を適用したとするならば国が負担し、又は補助することとなる割合を参酌して内閣府令で定めるところにより算定した額を加算する方法により算定するものとする。

（国の負担又は補助の特例の対象となる地震防災緊急事業に係る消防用施設等）

第三条　法別表第一の政令で定める消防用施設は、次に掲げるものとする。

一　耐震性貯水槽

二　可搬式小型動力ポンプ

三　小型動力ポンプ付積載車

四　海水等利用型消防水利システム（長距離送水を行うため必要な

大型消防ポンプ自動車、消防用ホース延長車及び消防用ホースにより構成されるものをいう。）

五　救助工作車、救急自動車その他の消防用施設で、人命の救助等のため特に必要なものとして総務大臣が定めるもの

2　法別表第一の政令で定める公立の診療所は、当該公立の診療所の存する地域の医療機関の設置状況、人口及び交通条件を勘案して厚生労働大臣が定めるものとする。

3　法別表第一の防災行政無線設備その他の政令で定める施設又は設備は、防災行政無線施設又は防災行政無線設備とする。

4　法別表第一の井戸、貯水槽、水泳プール、自家発電設備その他の政令で定める施設又は設備は、貯水槽、水泳プール、給水車又は電源車とする。

5　法別表第一の政令で定める地震災害時における応急的な措置に必要な設備又は資機材は、テント、担架その他の総務大臣が定めるものとする。

附　則

（施行期日）

第一条　この政令は、法の施行の日（平成七年七月十八日）から施行する。

第二条　〔略〕

附　則〔平成一二年六月七日政令第三〇三号抄〕

（施行期日）

第一条　この政令は、内閣法の一部を改正する法律の施行の日（平成十三年一月六日）から施行する。〔以下略〕

附　則〔平成一四年一二月一八日政令第三八五号抄〕

（施行期日）

第一条　この政令は、平成十五年四月一日から施行する。

附　則〔平成一五年一二月三日政令第四八三号抄〕

（施行期日）

第一条　この政令は、平成十六年四月一日から施行する。

附　則〔平成一五年一二月一二日政令第五一六号抄〕

（施行期日）

第一条　この政令は、〔中略〕法附則第一条ただし書に規定する規定の施行の日（平成十六年四月一日）から施行する。

附　則〔平成一五年一二月二五日政令第五五六号抄〕

（施行期日）

第一条　この政令は、〔中略〕平成十六年四月一日から施行する。

附　則〔平成一七年四月一日政令第一二八号〕

この政令は、公布の日から施行する。

附　則〔平成一八年三月三一日政令第一五一号〕

（施行期日）

1　この政令は、平成十八年四月一日から施行する。

（首都圏、近畿圏及び中部圏の近郊整備地帯等の整備のための国の財政上の特別措置に関する法律施行令等の一部改正に伴う経過措置）

2　第十九条及び第二十二条から第二十五条までの規定による改正後の次に掲げる政令の規定は、平成十八年度以降の年度の予算に係る国の負担若しくは補助（平成十七年度以前の年度における事務又は事業の実施により平成十八年度以降の年度に支出される国の負担又は補助及び平成十七年度以前の年度の国庫債務負担行為に基づき平成十八年度以降の年度に支出すべきものとされた国の負担又は補助を除く。）又は交付金の交付について適用し、平成十七年度以前の年度における事務又は事業の実施により平成十八年度以降の年度に支出される国の負担又は補助、平成十七年度以前の年度の国庫債務負担行為に基づき平成十八年度以降の年度に支出すべきものとされた国の負担又は補助及び平成十七年度以前の年度の歳出予算に係る

国の負担又は補助で平成十八年度以降の年度に繰り越されたものについては、なお従前の例による。

一～四 〔略〕

五 地震防災対策特別措置法施行令

附 則〔平成一八年三月三一日政令第一五五号抄〕

（施行期日）

第一条 この政令は、国の補助金等の整理及び合理化等に伴う児童手当法等の一部を改正する法律〔中略〕の施行の日（平成十八年四月一日）から施行する。

附 則〔平成一九年八月三日政令第二三五号抄〕

（施行期日）

第一条 この政令は、平成十九年十月一日から施行する。〔以下略〕

附 則〔平成二二年三月二五日政令第四一号抄〕

（施行期日）

第一条 この政令は、平成二十二年四月一日から施行する。〔以下略〕

附 則〔平成二六年六月二五日政令第二二五号抄〕

（施行期日）

1 この政令は、公布の日から施行する。

附 則〔平成二七年三月一八日政令第七四号〕

この政令は、平成二十七年四月一日から施行する。〔以下略〕

附 則〔平成二八年三月二五日政令第七八号抄〕

（施行期日）

第一条 この政令は、平成二十八年四月一日から施行する。〔以下略〕

○大規模地震対策特別措置法

（昭和五十三年六月十五日
法律第七十三号）

〔改正経過〕
昭和五八年一二月　二日　法律第　七八号
昭和六一年一二月　四日　法律第　九三号
平成　六年　六月二四日　法律第　四二号
平成　七年　四月二一日　法律第　七五号
平成　七年一二月　八日　法律第一三二号
平成　八年　三月三一日　法律第　一四号
平成一一年　七月一六日　法律第　八七号
平成一一年　七月一六日　法律第一〇二号
平成一一年一二月二二日　法律第一六〇号
平成一五年　六月一八日　法律第　九二号
平成一八年一二月二二日　法律第一一八号
平成一九年　六月二二日　法律第　九三号
平成二三年　八月三〇日　法律第一〇五号
平成二四年　六月二七日　法律第　四一号
平成二五年　六月二一日　法律第　五四号
平成二七年　六月二四日　法律第　四七号
平成三〇年　六月二七日　法律第　六六号
令和　三年　五月一〇日　法律第　三〇号
令和　四年　六月一七日　法律第　六八号

注　令和四年六月一七日法律第六八号による罰則の改正は、令和四年六月一七日から起算して三年を超えない範囲内において政令で定める日から施行のため、附則の次に（参考）として改正文を掲載いたしました。

大規模地震対策特別措置法をここに公布する。

大規模地震対策特別措置法

（目的）

第一条　この法律は、大規模な地震による災害から国民の生命、身体及び財産を保護するため、地震防災対策強化地域の指定、地震観測体制の整備その他地震防災体制の整備に関する事項及び地震防災応急対策その他地震防災に関する事項について特別の措置を定めることにより、地震防災対策の強化を図り、もつて社会の秩序の維持と公共の福祉の確保に資することを目的とする。

（定義）

第二条　この法律において、次の各号に掲げる用語の意義は、それぞれ当該各号に定めるところによる。

一　地震災害　地震動により直接に生ずる被害及びこれに伴い発生する津波、火事、爆発その他の異常な現象により生ずる被害をいう。

二　地震防災　地震災害の発生の防止又は地震災害が発生した場合における被害の軽減をあらかじめ図ることをいう。

三　地震予知情報　気象業務法（昭和二十七年法律第百六十五号）第十一条の二第一項に規定する地震に関する情報及び同条第二項に規定する新たな事情に関する情報をいう。

四　地震防災対策強化地域　次条第一項の規定により指定された地域をいう。

五　指定行政機関　災害対策基本法（昭和三十六年法律第二百二十三号）第二条第三号に規定する指定行政機関をいう。

六　指定地方行政機関　災害対策基本法第二条第四号に規定する指定地方行政機関をいう。

七　指定公共機関　災害対策基本法第二条第五号に規定する指定公共機関をいう。

八　指定地方公共機関　災害対策基本法第二条第六号に規定する指定地方公共機関をいう。

九　地震防災計画　地震防災基本計画、地震防災強化計画及び地震防災応急計画をいう。

十　地震防災基本計画　中央防災会議が地震防災対策強化地域について地震防災に関し作成する基本的な計画をいう。

十一　地震防災強化計画　災害対策基本法第二条第九号に規定する

防災業務計画、同条第十号に規定する地域防災計画又は石油コンビナート等災害防止法（昭和五十年法律第八十四号）第三十一条第一項に規定する石油コンビナート等防災計画のうち、第六条第一項各号に掲げる事項について定めた部分をいう。

十二　地震防災応急計画　第七条第一項又は第二項に規定する者が地震防災応急対策に関し作成する計画をいう。

十三　警戒宣言　第九条第一項の規定により内閣総理大臣が発する地震災害に関する警戒宣言をいう。

十四　地震防災応急対策　警戒宣言が発せられた時から当該警戒宣言に係る大規模な地震が発生するまで又は発生するおそれがなくなるまでの間において当該大規模な地震に関し地震防災上実施すべき応急の対策をいう。

（地震防災対策強化地域の指定等）

第三条　内閣総理大臣は、大規模な地震が発生するおそれが特に大きいと認められる地殻内において大規模な地震が発生した場合に著しい地震災害が生ずるおそれがあるため、地震防災に関する対策を強化する必要がある地域を地震防災対策強化地域（以下「強化地域」という。）として指定するものとする。

2　内閣総理大臣は、前項の規定による強化地域の指定をしようとするときは、あらかじめ中央防災会議に諮問しなければならない。

3　内閣総理大臣は、第一項の規定による強化地域の指定をしようとするときは、あらかじめ関係都道府県知事の意見を聴かなければならない。この場合において、関係都道府県知事が意見を述べようとするときは、あらかじめ関係市町村長の意見を聴かなければならない。

4　内閣総理大臣は、第一項の規定による強化地域の指定をしたときは、その旨を公示しなければならない。

5　前三項の規定は、内閣総理大臣が第一項の規定による強化地域の指定の解除をする場合に準用する。

（強化地域に係る地震に関する観測及び測量の実施の強化）

第四条　国は、強化地域に係る大規模な地震の発生を予知し、もつて地震災害の発生を防止し、又は軽減するため、計画的に、地象、水象等の常時観測を実施し、地震に関する土地及び水域の測量（以下この条及び第三十三条において「測量」という。）の密度を高める等観測及び測量の実施の強化を図らなければならない。

（地震防災基本計画）

第五条　中央防災会議は、第三条第一項の規定による強化地域の指定があつたときは、当該強化地域に係る地震防災基本計画を作成し、及びその実施を推進しなければならない。

2　地震防災基本計画は、警戒宣言が発せられた場合における国の地震防災に関する基本的方針、地震防災強化計画及び地震防災応急計画の基本となるべき事項その他政令で定める事項について定めるものとする。

3　災害対策基本法第三十四条第二項の規定は、第一項の地震防災基本計画を作成し、又は修正した場合に準用する。

（地震防災強化計画）

第六条　第三条第一項の規定による強化地域の指定があつたときは、指定行政機関の長（指定行政機関が内閣府設置法（平成十一年法律第八十九号）第四十九条第一項若しくは第二項若しくは国家行政組織法（昭和二十三年法律第百二十号）第三条第二項の委員会若しくは災害対策基本法第二条第三号ロに掲げる機関又は同号ニに掲げる機関のうち合議制のものである場合にあつては第十一条第六項第三号及び第十三条第一項を除き当該指定行政機関をいい、指定行政機関の長から事務の委任があつた場合にあつては当該事務については当該委任を受けた指定地方行政機関の長をいう。以下同じ。）及び指定公共機関（指定公共機関から委任された業務については、当該委任を受けた指定地方公共機関。以下同じ。）は災害対策基本法第二条第九号に規定する防災業務計画において、次に掲げる事項を定めなければならない。
一　地震防災応急対策に係る措置に関する事項
二　避難地、避難路、消防用施設その他当該大規模な地震に関し地震防災上緊急に整備すべき施設等で政令で定めるものの整備に関する事項
三　当該大規模な地震に係る防災訓練に関する事項その他当該大規模な地震に係る地震防災上重要な対策に関する事項で政令で定めるもの

2　前項に規定する指定があつたときは、災害対策基本法第二十一条に規定する地方防災会議等（市町村防災会議を設置しない市町村にあつては、当該市町村の市町村長）は同法第二条第十号に規定する地域防災計画において、石油コンビナート等災害防止法第二十七条第一項に規定する石油コンビナート等防災本部（第二十八条第二項において「石油コンビナート等防災本部」という。）及び同法第三十条第一項に規定する防災本部の協議会は同法第三十一条第一項に規定する石油コンビナート等防災計画において、前項第一号に掲げる事項を定めるものとするほか、同項第二号及び第三号に掲げる事項を定めるよう努めなければならない。

3　地震防災強化計画は、地震防災基本計画を基本とするものとする。

（地震防災応急計画）
第七条　強化地域内において次に掲げる施設又は事業で政令で定めるものを管理し、又は運営することとなる者（前条第一項に規定する者を除く。）は、あらかじめ、当該施設又は事業ごとに、地震防災応急計画を作成しなければならない。
一　病院、劇場、百貨店、旅館その他不特定かつ多数の者が出入する施設
二　石油類、火薬類、高圧ガスその他政令で定めるものの製造、貯蔵、処理又は取扱いを行う施設
三　鉄道事業その他一般旅客運送に関する事業
四　前三号に掲げるもののほか、地震防災上の措置を講ずる必要があると認められる重要な施設又は事業

2　第三条第一項の規定による強化地域の指定の際、当該強化地域内において前項の政令で定める施設又は事業を現に管理し、又は運営している者（前条第一項に規定する者を除く。）は、当該指定があつた日から六月以内に、地震防災応急計画を作成しなければならない。

3　地震防災応急計画を作成した者は、当該施設の拡大、当該事業の内容の変更等により、地震防災応急計画を変更する必要が生じたときは、遅滞なく当該計画を変更しなければならない。

4　地震防災応急計画は、当該施設又は事業についての地震防災応急対策に係る措置に関する事項その他政令で定める事項について定めるものとする。

5　地震防災応急計画は、地震防災強化計画と矛盾し、又は抵触するものであつてはならない。

6　第一項又は第二項に規定する者は、地震防災応急計画を作成したときは、政令で定めるところにより、遅滞なく当該地震防災応急計画を都道府県知事に届け出るとともに、その写しを市町村長に送付しなければならない。これを変更したときも、同様とする。

7　第一項又は第二項に規定する者が前項の届出をしない場合には、都道府県知事は、その者に対し、相当の期間を定めて届出をすべきことを勧告することができる。

8　都道府県知事は、前項の勧告を受けた者が同項の期間内に届出をしないときは、その旨を公表することができる。

（地震防災応急計画の特例）
第八条　前条第一項又は第二項に規定する者が、次に掲げる計画又は

規程において、法令の規定に基づき、同条第一項の政令で定める施設又は事業に関し同条第四項に規定する事項について定めたときは、当該事項について定めた部分（次項において「地震防災規程」という。）は、当該施設又は事業に係る地震防災応急計画とみなしてこの法律を適用する。

一　消防法（昭和二十三年法律第百八十六号）第八条第一項若しくは第八条の二第一項（これらの規定を同法第三十六条第一項において準用する場合を含む。）に規定する消防計画又は同法第十四条の二第一項に規定する予防規程

二　火薬類取締法（昭和二十五年法律第百四十九号）第二十八条第一項に規定する危害予防規程

三　高圧ガス保安法（昭和二十六年法律第二百四号）第二十六条第一項に規定する危害予防規程

四　ガス事業法（昭和二十九年法律第五十一号）第二十四条第一項、第六十四条第一項（同法第八十四条において準用する場合を含む。）及び第九十七条第一項に規定する保安規程

五　電気事業法（昭和三十九年法律第百七十号）第四十二条第一項に規定する保安規程

六　石油パイプライン事業法（昭和四十七年法律第百五号）第二十七条第一項に規定する保安規程

七　石油コンビナート等災害防止法第十八条第一項に規定する防災規程

八　前各号に掲げる計画又は規程に準ずるものとして内閣府令で定めるもの

2　地震防災規程を作成した者は、前条第六項の規定にかかわらず、政令で定めるところにより、その地震防災規程の写しを市町村長に送付しなければならない。地震防災規程を変更したときも、同様とする。

（警戒宣言等）

第九条　内閣総理大臣は、気象庁長官から地震予知情報の報告を受けた場合において、地震防災応急対策を実施する緊急の必要があると認めるときは、閣議にかけて、地震災害に関する警戒宣言を発するとともに、次に掲げる措置を執らなければならない。

一　強化地域内の居住者、滞在者その他の者及び公私の団体（以下「居住者等」という。）に対して、警戒態勢を執るべき旨を公示すること。

二　強化地域に係る指定公共機関及び都道府県知事に対して、法令又は地震防災強化計画の定めるところにより、地震防災応急対策に係る措置を執るべき旨を通知すること。

2　内閣総理大臣は、警戒宣言を発したときは、直ちに、当該地震予知情報の内容について国民に対し周知させる措置を執らなければならない。この場合において、内閣総理大臣は、気象庁長官をして当該地震予知情報に係る技術的事項について説明を行わせるものとする。

3　内閣総理大臣は、警戒宣言を発した後気象庁長官から地震予知情報の報告を受けた場合において、当該地震の発生のおそれがなくなったと認めるときは、閣議にかけて、地震災害に関する警戒解除宣言を発するとともに、第一項第一号に規定する者に対し警戒態勢を解くべき旨を公示し、及び同項第二号に規定する者に対し同号に掲げる措置を中止すべき旨を通知するものとする。

（地震災害警戒本部の設置）

第一〇条　内閣総理大臣は、警戒宣言を発したときは、内閣府設置法第四十条第二項の規定にかかわらず、臨時に内閣府に地震災害警戒本部（以下「警戒本部」という。）を設置するものとする。

2　警戒本部の名称、所管区域並びに設置の場所及び期間は、内閣総理大臣が閣議にかけて決定する。

（警戒本部の組織）

第一一条　警戒本部の長は、地震災害警戒本部長（以下第十三条までにおいて「本部長」という。）とし、内閣総理大臣（内閣総理大臣に事故があるときは、そのあらかじめ指名する国務大臣）をもつて充てる。

2　本部長は、警戒本部の事務を総括し、所部の職員を指揮監督する。

3　警戒本部に、地震災害警戒副本部長、地震災害警戒本部員その他の職員を置く。

4　地震災害警戒副本部長は、国務大臣をもつて充てる。

5　地震災害警戒副本部長は、本部長を助け、本部長に事故があるときは、その職務を代理する。地震災害警戒副本部長が二人以上置かれている場合にあつては、あらかじめ本部長が定めた順序で、その職務を代理する。

6　地震災害警戒本部員は、次に掲げる者をもつて充てる。

一　本部長及び地震災害警戒副本部長以外のすべての国務大臣

二　内閣危機管理監

三　内閣府副大臣又は国務大臣以外の指定行政機関の長のうちから、内閣総理大臣が任命する者

7　地震災害警戒副本部長及び地震災害警戒本部員以外の地震災害警戒本部の職員は、内閣官房若しくは指定行政機関の職員又は指定地方行政機関の長若しくはその職員のうちから、内閣総理大臣が任命する。

（警戒本部の所掌事務）

第一二条　警戒本部は、次に掲げる事務をつかさどる。

一　所管区域において指定行政機関の長、指定地方行政機関の長、地方公共団体の長その他の執行機関、指定公共機関及び指定地方公共機関が実施する地震防災応急対策又は災害対策基本法第五十条第一項に規定する災害応急対策（以下「地震防災応急対策等」という。）の総合調整に関すること。

二　次条の規定及び第十五条において準用する災害対策基本法第二十八条の六第一項の規定により本部長の権限に属する事務

三　前二号に掲げるもののほか、法令の規定によりその権限に属する事務

（本部長の権限）

第一三条　本部長は、地震防災応急対策等を的確かつ迅速に実施するため特に必要があると認めるときは、その必要な限度において、関係指定行政機関の長及び関係指定地方行政機関の長（第十五条において準用する災害対策基本法第二十八条の五の規定により権限を委任された当該指定行政機関の職員及び当該指定地方行政機関の職員を含む。）、関係地方公共団体の長その他の執行機関、関係指定公共機関並びに関係指定地方公共機関に対し、必要な指示を行うことができる。

2　本部長は、地震防災応急対策を的確かつ迅速に実施するため、自衛隊の支援を求める必要があると認めるときは、防衛大臣に対し、自衛隊法（昭和二十九年法律第百六十五号）第八条に規定する部隊等の派遣を要請することができる。

（警戒本部の廃止）

第一四条　警戒本部は、当該地震予知情報に係る地震災害に関し災害対策基本法第二十三条の三第一項に規定する特定災害対策本部、同法第二十四条第一項に規定する非常災害対策本部若しくは同法第二十八条の二第一項に規定する緊急災害対策本部が設置された時又は警戒本部の設置期間が満了した時に、廃止されるものとする。

（警戒本部に関する災害対策基本法の準用）

第一五条　災害対策基本法第二十三条の三第二項、第二十八条の五及び第二十八条の六第一項の規定は、警戒本部が設置された場合に準

用する。この場合において、同法第二十八条の五第一項中「災害応急対策」とあるのは、「災害応急対策又は大規模地震対策特別措置法第二条第十四号の地震防災応急対策」と読み替えるものとする。

（都道府県地震災害警戒本部及び市町村地震災害警戒本部の設置）

第一六条　警戒宣言が発せられたときは、強化地域に係る都道府県知事又は市町村長は、都道府県地震災害警戒本部（以下「都道府県警戒本部」という。）又は市町村地震災害警戒本部（以下「市町村警戒本部」という。）を設置するものとする。

（都道府県警戒本部の組織及び所掌事務等）

第一七条　都道府県警戒本部の長は、都道府県地震災害警戒本部長とし、都道府県知事をもつて充てる。

2　都道府県警戒本部に、都道府県地震災害警戒副本部長、都道府県地震災害警戒本部員その他の職員を置く。

3　都道府県地震災害警戒副本部長は、都道府県地震災害警戒本部員のうちから当該都道府県の知事が任命する。

4　都道府県地震災害警戒副本部長は、都道府県地震災害警戒本部長を助け、都道府県地震災害警戒本部長に事故があるときは、その職務を代理する。

5　都道府県地震災害警戒本部員は、次に掲げる者をもつて充てる。

一　当該都道府県の区域の全部又は一部を管轄する指定地方行政機関の長又はその指名する職員

二　当該都道府県を警備区域とする陸上自衛隊の方面総監又はその指名する部隊若しくは機関の長

三　当該都道府県の教育委員会の教育長

四　警視総監又は当該道府県の道府県警察本部長（第二十三条第五項において「警察本部長」という。）

五　当該都道府県の知事がその部内の職員のうちから指名する者

六　当該都道府県の区域内の市町村及び消防機関の職員のうちから当該都道府県の知事が任命する者

七　当該都道府県の地域において業務を行う指定公共機関又は指定地方公共機関の役員又は職員のうちから当該都道府県の知事が任命する者

6　都道府県地震災害警戒副本部長及び都道府県地震災害警戒本部員以外の都道府県警戒本部の職員は、当該都道府県の職員のうちから、当該都道府県の知事が任命する。

7　都道府県警戒本部は、次に掲げる事務をつかさどる。

一　当該都道府県の地域において指定地方行政機関の長、市町村の長その他の執行機関、指定公共機関及び指定地方公共機関が実施する地震防災応急対策等の連絡調整に関すること。

二　当該都道府県の地域に係る地震防災応急対策等の実施及び実施の推進に関すること。

三　次項の規定により都道府県地震災害警戒本部長の権限に属する事務

四　前三号に掲げるもののほか、法律又はこれに基づく政令によりその権限に属する事務

8　都道府県地震災害警戒本部長は、当該都道府県警察又は当該都道府県の教育委員会に対し、当該都道府県の地域に係る地震防災応急対策等を実施するため必要な限度において、必要な指示をすることができる。

9　前各項に規定するもののほか、都道府県警戒本部に関し必要な事項は、当該都道府県の条例で定める。

10　都道府県警戒本部が設置されている場合においては、災害対策基本法第十四条第一項に規定する都道府県防災会議は、同条第二項の規定にかかわらず、同項第一号に掲げる事務で当該地震予知情報に係る地震災害に関するものを行わないものとする。

（市町村警戒本部の組織及び所掌事務等）

第一八条　市町村警戒本部の長は、市町村地震災害警戒本部長とし、市町村長をもつて充てる。

2　市町村警戒本部は、次に掲げる事務をつかさどる。

一　当該市町村の地域に係る地震防災応急対策等の実施及び実施の推進に関すること。

二　次項の規定により市町村地震災害警戒本部長の権限に属する事務

三　前二号に掲げるもののほか、法律又はこれに基づく政令によりその権限に属する事務

3　市町村地震災害警戒本部長は、当該市町村の教育委員会に対し、当該市町村の地域に係る地震防災応急対策等を実施するため必要な限度において、必要な指示をすることができる。

4　前三項に規定するもののほか、市町村警戒本部の組織その他必要な事項は、当該市町村の条例で定める。

（都道府県警戒本部又は市町村警戒本部の廃止）

第一九条　都道府県警戒本部又は市町村警戒本部は、当該都道府県又は市町村に当該地震予知情報に係る地震災害に関し災害対策基本法第二十三条第一項に規定する都道府県災害対策本部又は同法第二十三条の二第一項に規定する市町村災害対策本部が設置された時に、廃止されるものとする。

2　都道府県警戒本部又は市町村警戒本部は、第九条第三項の警戒解除宣言があつたときは、速やかに廃止するものとする。

（地震予知情報の伝達等に関する災害対策基本法の準用）

第二〇条　災害対策基本法第五十一条第一項の規定は地震予知情報の伝達について、同法第五十二条の規定は警戒宣言が発せられた場合における防災に関する信号について、同法第五十五条から第五十七条までの規定は都道府県知事又は市町村長が警戒宣言が発せられたことを知つた場合について準用する。この場合において、同法第五十一条第一項中「、公共的団体並びに防災上重要な施設の管理者（以下「災害応急対策責任者」という。）」とあるのは、「その他大規模地震対策特別措置法第二条第十四号の地震防災応急対策の実施の責任を有する者」と読み替えるものとする。

（地震防災応急対策及びその実施責任）

第二一条　地震防災応急対策は、次の事項について行うものとする。

一　地震予知情報の伝達及び避難の勧告又は指示に関する事項

二　消防、水防その他の応急措置に関する事項

三　応急の救護を要すると認められる者の救護その他保護に関する事項

四　施設及び設備の整備及び点検に関する事項

五　犯罪の予防、交通の規制その他当該大規模な地震により地震災害を受けるおそれのある地域における社会秩序の維持に関する事項

六　緊急輸送の確保に関する事項

七　地震災害が発生した場合における食糧、医薬品その他の物資の確保、清掃、防疫その他の保健衛生に関する措置その他応急措置を実施するため必要な体制の整備に関する事項

八　前各号に掲げるもののほか、地震災害の発生の防止又は軽減を図るための措置に関する事項

2　警戒宣言が発せられたときは、指定行政機関の長、指定地方行政機関の長、地方公共団体の長その他の執行機関、指定公共機関、地震防災応急計画を作成した者その他法令の規定により地震防災応急対策の実施の責任を有する者は、法令又は地震防災計画の定めるところにより、地震防災応急対策を実施しなければならない。

3　前項に規定する者は、地震防災応急対策を的確かつ円滑に実施するため相互に協力しなければならない。

（住民等の責務）

第二二条 警戒宣言が発せられたときは、強化地域内の居住者等は、火気の使用、自動車の運行、危険な作業等の自主的制限、消火の準備その他当該地震に係る地震災害の発生の防止又は軽減を図るため必要な措置を執るとともに、市町村長、警察官、海上保安官その他の者が実施する地震防災応急対策に係る措置に協力しなければならない。

（市町村長の指示等）

第二三条 市町村長は、警戒宣言が発せられた場合において、第七条第六項又は第八条第二項の規定による送付をした者（政令で定める者を除く。）が第二十一条第二項の規定による地震防災応急対策の実施をしていないことが明らかであると認めるときは、その者に対し、直ちにその実施をすべきことを指示することができる。

2 市町村長は、警戒宣言が発せられた場合において、第七条第一項又は第二項に規定する者で同条第六項又は第八条第二項の規定による送付をしていないもの（政令で定める者を除く。）が管理し、又は運営する施設又は事業に関し、当該地震の発生により危険な事態が生ずるおそれがあると認めるときは、当該危険な事態の発生を防止するため、その者に対し、執るべき措置を明示してこれを直ちに実施すべきことを指示することができる。

3 市町村長は、警戒宣言が発せられたときは、当該地震の発生により危険な事態を生ずるおそれがあると認められる物件の占有者、所有者又は管理者（第六条第一項又は第七条第一項若しくは第二項に規定する者を除く。）に対し、地震災害の発生の防止又は軽減を図るため必要な限度において、直ちに当該物件の除去、保安その他必要な措置を執るべきことを指示することができる。

4 前三項に規定するもののほか、市町村長は、警戒宣言が発せられた場合において、当該地震に係る地震災害の発生の防止又は軽減を図るため必要があると認めるときは、前三項に規定する者に対し、必要な措置を執るべきことを要請し、又は勧告することができる。

5 都道府県知事、警察本部長又は政令で定める管区海上保安本部の事務所の長は、市町村長から要求があつたときは、前各項に規定する指示、要請又は勧告をすることができる。

（交通の禁止又は制限）

第二四条 強化地域に係る都道府県又はこれに隣接する都道府県の都道府県公安委員会は、警戒宣言が発せられた場合において、当該強化地域内の居住者、滞在者その他の者の避難の円滑な実施を図るため必要があると認めるとき、又は地震防災応急対策に従事する者若しくは地震防災応急対策に必要な物資の緊急輸送その他地震防災応急対策に係る措置を実施するための緊急輸送を確保するため必要があると認めるときは、政令で定めるところにより、必要な限度において、歩行者又は車両の通行を禁止し、又は制限することができる。

（避難の際における警察官の警告、指示等）

第二五条 警察官は、警戒宣言が発せられた場合において、避難に伴う混雑等において危険な事態が発生するおそれがあると認めるときは、当該危険な事態の発生を防止するため、危険を生じさせ、又は危害を受けるおそれのある者その他関係者に対し、必要な警告又は指示をすることができる。この場合において、警察官は、特に必要があると認めるときは、危険な場所への立入りを禁止し、若しくはその場所から退去させ、又は当該危険を生ずるおそれのある道路上の車両その他の物件の除去その他必要な措置を執ることができる。

（地震防災応急対策に係る措置に関する災害対策基本法の準用）

第二六条 災害対策基本法第五十八条、第六十条、第六十一条、第六十一条の二（同法第六十三条第四項において準用する場合を含む。）、第六十三条第一項及び第二項、第六十七条、第六十八条、第七十四条、第七十四条の四並びに第七十九条の規定は、警戒宣言が発せられた場合について準用する。この場合において、同法第五十八条中「災害応急対策責任者」とあるのは「大規模地震対策特別措置法第二条第十四号の地震防災応急対策の実施の責任を有する者」と、同法第六十条第四項中「報告しなければ」とあるのは「報告し、及び管轄警察署長に通知しなければ」と読み替えるものとする。

2　災害対策基本法第七十二条第一項及び第三項の規定は、警戒宣言が発せられた場合に都道府県知事が市町村長に対して行う指示について準用する。

3　災害対策基本法第八十六条の規定は、地震防災応急対策に係る措置を実施するため必要な国有財産等の貸付け又は使用について準用する。

（応急公用負担の特例）

第二十七条　市町村長は、地震防災応急対策に係る措置を実施するため緊急の必要があると認めるときは、政令で定めるところにより、当該市町村の区域内の他人の土地、建物その他の工作物を一時使用し、又は土石、竹木その他の物件を使用することができる。

2　災害対策基本法第六十三条第二項の規定は、前項の場合に準用する。

3　都道府県知事は、第二十一条第一項第四号から第八号までに掲げる事項について地震防災応急対策に係る措置を実施するため特に必要があると認めるときは、災害救助法（昭和二十二年法律第百十八号）第八条から第十条までの規定の例により、協力命令若しくは保管命令を発し、土地、家屋若しくは物資を使用し、若しくは物資を収用し、又はその職員に物資の所在する場所若しくは物資を保管させる場所に立入検査をさせ、若しくは物資を保管させた者から必要な報告を徴することができる。

4　前項の規定による都道府県知事の権限に属する事務は、政令で定めるところにより、その一部を市町村長が行うこととすることができる。

5　指定行政機関の長及び指定地方行政機関の長は、第二十一条第一項第四号から第八号までに掲げる事項について地震防災応急対策に係る措置を実施するため特に必要があると認めるときは、地震防災強化計画の定めるところにより、当該措置の実施に必要な物資の生産、集荷、販売、配給、保管若しくは輸送を業とする者に対し、その取り扱う物資の保管を命じ、又はその職員に物資の所在する場所若しくは物資を保管させる場所に立入検査をさせ、若しくは物資を保管させた者から必要な報告を徴することができる。

6　国又は地方公共団体は、第一項、第三項又は前項の規定による処分が行われたときは、それぞれ、当該処分により通常生ずべき損失を補償しなければならない。

7　第三項又は第五項の規定による処分については、都道府県知事若しくは市町村長又は指定行政機関の長若しくは指定地方行政機関の長は、政令で定めるところにより、それぞれ公用令書を交付して行わなければならない。

8　前項の公用令書には、政令で定めるところにより、次の事項を記載しなければならない。

一　公用令書の交付を受ける者の氏名及び住所（法人にあつては、その名称及び主たる事務所の所在地）

二　当該処分の根拠となつた法律の規定

三　保管命令にあつては保管すべき物資の種類、数量、保管場所及び期間、土地又は家屋の使用にあつては使用する土地又は家屋の所在する場所及び当該使用に係る期間、物資の使用又は収用にあつては使用又は収用する物資の種類及び数量、物資の所在する場所並びに当該使用又は収用に係る期間又は期日

9　災害対策基本法第八十三条の規定は、第三項の規定により都道府県の職員が立ち入る場合及び第五項の規定により指定行政機関又は

指定地方行政機関の職員が立ち入る場合に準用する。

（避難状況等の報告）

第二八条　市町村長は、警戒宣言が発せられたときは、政令で定めるところにより、当該市町村の居住者等の避難の状況等を都道府県警戒本部に報告しなければならない。この場合において、都道府県地震災害警戒本部長は、当該報告の概要を警戒本部に通知しなければならない。

2　市町村長は都道府県警戒本部に対し、指定行政機関の長、指定公共機関の代表者、都道府県地震災害警戒本部長又は石油コンビナート等防災本部の本部長は警戒本部に対し、それぞれ、政令で定めるところにより、地震防災応急対策に係る措置の実施状況を報告しなければならない。

（補助等）

第二九条　国は、地震防災強化計画に基づき緊急に整備すべき施設等の整備に関する事業が円滑に実施されるようにするため、予算の範囲内において、当該事業の実施に要する経費の一部を補助し、その他必要と認める措置を講ずることができる。

（地震防災応急対策に要する費用の負担）

第三〇条　法令に特別の定めがある場合又は予算の範囲内において特別の措置を講じている場合を除くほか、地震防災応急対策に要する費用その他この法律の施行に要する費用は、その実施の責めに任ずる者が負担するものとする。

（財政措置に関する災害対策基本法の準用）

第三一条　災害対策基本法第九十二条の規定は第二十六条第一項において準用する同法第六十七条第一項、第六十八条、第七十四条第一項又は第七十四条の四の規定による応援に要した費用について、同法第九十三条の規定は第二十六条第二項において準用する同法第七十二条第一項の規定による都道府県知事の指示に基づいて市町村長が実施した地震防災応急対策に係る措置に要した費用及び応援のために要した費用について、同法第九十四条の規定は地震防災応急対策に要する費用について、同法第九十五条の規定は第十三条第一項の規定による地震災害警戒本部長の指示に基づいて地方公共団体の長が実施した地震防災応急対策等に係る措置に要した費用について、それぞれ準用する。

（強化地域に係る地震防災訓練の実施）

第三二条　第三条第一項の規定による強化地域の指定があつたときは、当該地域に係る指定行政機関の長、指定地方行政機関の長、地方公共団体の長その他の執行機関、指定公共機関、地震防災応急計画を作成した者その他法令の規定により地震防災応急対策の実施の責任を有する者は、法令又は地震防災計画の定めるところにより、それぞれ又は共同して地震に係る防災訓練を行わなければならない。

2　都道府県公安委員会は、前項の地震に係る防災訓練の効果的な実施を図るため特に必要があると認めるときは、政令で定めるところにより、当該訓練の実施に必要な限度で、道路の区間を指定して、歩行者又は車両の通行を禁止し、又は制限することができる。

3　第一項に規定する者は、同項の防災訓練を行おうとするときは、住民その他関係のある公私の団体に協力を求めることができる。

（科学技術の振興等）

第三三条　国は、地震の発生を予知するため、地震に関する観測及び測量のための施設及び設備の整備に努めるとともに、地震の発生の予知に資する科学技術の振興を図るため、研究体制の整備、研究の推進及びその成果の普及に努めなければならない。

（特別区についてのこの法律の適用）

第三四条　この法律の適用については、特別区は、市とみなす。

（政令への委任）

第三五条　この法律に特別の定めがあるもののほか、この法律の実施のための手続その他この法律の施行に関し必要な事項は、政令で定める。

（罰則）

第三六条　次の各号のいずれかに該当する者は、六月以下の懲役又は三十万円以下の罰金に処する。

一　第二十七条第三項の規定による都道府県知事（同条第四項の規定により権限に属する事務の一部を行う市町村長を含む。）の協力命令又は保管命令に従わなかつた者

二　第二十七条第五項の規定による指定行政機関の長又は指定地方行政機関の長（第十五条において準用する災害対策基本法第二十八条の五第一項の規定により権限の委任を受けた職員を含む。）の保管命令に従わなかつた者

第三七条　第二十四条の規定による都道府県公安委員会の禁止又は制限に従わなかつた車両の運転者は、三月以下の懲役又は二十万円以下の罰金に処する。

第三八条　次の各号のいずれかに該当する者は、二十万円以下の罰金に処する。

一　第二十七条第三項（同条第四項の規定により権限に属する事務の一部を行う場合を含む。以下この条において同じ。）又は第五項（第十五条において準用する災害対策基本法第二十八条の五第一項の規定による権限に属する事務の一部を行う場合を含む。以下この条において同じ。）の規定による立入検査を拒み、妨げ、又は忌避した者

二　第二十七条第三項又は第五項の規定による報告をせず、又は虚偽の報告をした者

第三九条　次の各号のいずれかに該当する者は、十万円以下の罰金又は拘留に処する。

一　第二十条において準用する災害対策基本法第五十二条第一項の規定に基づく内閣府令によつて定められた防災に関する信号をみだりに使用し、又はこれと類似する信号を使用した者

二　第二十六条第一項において準用する災害対策基本法第六十三条第一項の規定による市町村長又は同条第二項の規定による警察官若しくは海上保安官の禁止若しくは制限又は退去命令に従わなかつた者

第四〇条　法人の代表者又は法人若しくは人の代理人、使用人その他の従業者が、その法人又は人の業務に関し、第三十六条又は第三十八条の違反行為をしたときは、行為者を罰するほか、その法人又は人に対しても、各本条の罰金刑を科する。

附　則

（施行期日）

第一条　この法律は、公布の日から起算して六月を超えない範囲内において政令で定める日から施行する。

〔昭和五三年一二月政令三八四号により、昭和五三・一二・一四から施行〕

第二条―第一一条　〔略〕

附　則〔昭和五八年一二月二日法律第七八号〕

1　この法律〔中略〕は、昭和五十九年七月一日から施行する。

2　この法律の施行の日の前日において法律の規定により置かれている機関等で、この法律の施行の日以後は国家行政組織法又はこの法律による改正後の関係法律の規定に基づく政令（以下「関係政令」という。）の規定により置かれることとなるものに関し必要となる経過措置その他この法律の施行に伴う関係政令の制定又は改廃に関し必要となる経過措置は、政令で定めることができる。

附　則〔昭和六一年一二月四日法律第九三号抄〕

（施行期日）

第一条　この法律は、昭和六十二年四月一日から施行する。〔以下略〕

附　則〔平成六年六月二四日法律第四二号抄〕

（施行期日）

第一条　この法律は、公布の日から起算して九月を超えない範囲内において政令で定める日から施行する。

〔平成六年一二月政令四一〇号により、平成七・三・一から施行〕

附　則〔平成七年四月二一日法律第七五号抄〕

（施行期日）

第一条　この法律は、公布の日から起算して九月を超えない範囲内において政令で定める日から施行する。

〔平成七年一〇月政令三五八号により、平成七・一二・一から施行〕

附　則〔平成七年一二月八日法律第一三二号抄〕

（施行期日）

第一条　この法律は、公布の日から施行する。ただし、〔中略〕第二条中大規模地震対策特別措置法第二十六条の改正規定、同法第三十六条の改正規定（「二十万円」を「三十万円」に改める部分に限る。）、同法第三十七条の改正規定、同法第三十八条の改正規定（「十万円」を「二十万円」に改める部分に限る。）及び同法第三十九条の改正規定並びに次条の規定は、公布の日から三月を超えない範囲内において政令で定める日から施行する。

〔平成八年一月政令九号により、平成八・一・二五から施行〕

附　則〔平成八年三月三一日法律第一四号抄〕

（施行期日）

第一条　この法律は、平成九年四月一日から施行する。〔以下略〕

附　則〔平成一一年七月一六日法律第八七号抄〕

（施行期日）

第一条　この法律は、平成十二年四月一日から施行する。〔以下略〕

（大規模地震対策特別措置法の一部改正に伴う経過措置）

第四四条　この法律の施行の際現に第八十五条の規定による改正前の大規模地震対策特別措置法第二十七条第四項の規定により都道府県知事の権限の一部を委任されて市町村長が行っている事務は、第八十五条の規定による改正後の同法第二十七条第四項の規定により市町村長が行うこととされた事務とみなす。

〔経過措置等は、「消防法」の附則を参照してください。〕

附　則〔平成一一年七月一六日法律第一〇二号抄〕

（施行期日）

第一条　この法律は、内閣法の一部を改正する法律（平成十一年法律第八十八号）の施行の日〔平成一三年一月六日〕から施行する。〔以下略〕

附　則〔平成一一年一二月二二日法律第一六〇号抄〕

（施行期日）

第一条　この法律〔中略〕は、平成十三年一月六日から施行する。〔以下略〕

〔経過措置等は、「消防法」の附則を参照してください。〕

附　則〔平成一五年六月一八日法律第九二号抄〕

（施行期日）

第一条　この法律〔中略〕は、当該各号に定める日〔平成一六年四月一日〕から施行する。

附　則〔平成一八年一二月二二日法律第一一八号抄〕

（施行期日）

第一条　この法律は、公布の日から起算して三月を超えない範囲内において政令で定める日から施行する。〔以下略〕

〔平成一九年一月政令一号により、平成一九・一・九から施行〕

附　則〔平成一九年六月二二日法律第九三号抄〕

（施行期日）

第一条　この法律は、公布の日から起算して二年を超えない範囲内ににおいて政令で定める日から施行する。
〔平成二〇年九月政令三〇〇号により、平成二一・六・一から施行〕

附　則〔平成二三年八月三〇日法律第一〇五号抄〕

（施行期日）
第一条　この法律は、公布の日から施行する。〔以下略〕

附　則〔平成二四年六月二七日法律第四一号抄〕

（施行期日）
第一条　この法律は、公布の日から施行する。〔以下略〕

附　則〔平成二五年六月二一日法律第五四号抄〕

（施行期日）
第一条　この法律は、公布の日から施行する。ただし、次の各号に掲げる規定は、当該各号に定める日から施行する。
一　〔前略〕附則〔中略〕第十一条（大規模地震対策特別措置法（昭和五十三年法律第七十三号）第二十七条第三項の改正規定に限る。）〔中略〕の規定　公布の日から起算して六月を超えない範囲内において政令で定める日
〔平成二五年九月政令二八四号により、平成二五・一〇・一から施行〕

（政令への委任）
第二二条　この附則に定めるもののほか、この法律の施行に関し必要な経過措置は、政令で定める。

附　則〔平成二七年六月二四日法律第四七号抄〕

（施行期日）
第一条　この法律〔中略〕は、当該各号に定める日から施行する。
一～四　〔略〕
五　〔前略〕附則第九十条から第九十五条まで〔中略〕の規定　公布の日から起算して二年六月を超えない範囲内において政令で定める日
〔平成二八年五月政令二二九号により、平成二九・四・一から施行〕

六～八　〔略〕

附　則〔平成三〇年六月二七日法律第六六号抄〕

（施行期日）
第一条　この法律〔中略〕は、当該各号に定める日から施行する。
一　〔前略〕附則第十一条から第十三条まで、第十六条及び第十七条の規定　公布の日
二～五　〔略〕

附　則〔令和三年五月一〇日法律第三〇号抄〕

（施行期日）
第一条　この法律は、公布の日から起算して一月を超えない範囲内において政令で定める日から施行する。〔以下略〕
〔令和三年五月政令一五二号により、令和三・五・二〇から施行〕

附　則〔令和四年六月一七日法律第六八号抄〕

（施行期日）
1　この法律は、刑法等一部改正法〔令和四年法律第六十七号〕施行日〔令和四年六月一七日から起算して三年を超えない範囲内において政令で定める日〕から施行する。ただし、次の各号に掲げる規定は、当該各号に定める日から施行する。
一　第五百九条の規定　公布の日
二　〔略〕
〔経過措置は消防法の改正附則を参照〕

（参考）
○刑法等の一部を改正する法律の施行に伴う関係法律の整理等に関する法律〔抄〕
〔令和四年六月十七日法律第六十八号〕

（災害救助法等の一部改正）

第八〇条　次に掲げる法律の規定中「懲役」を「拘禁刑」に改める。
一・二　〔略〕
三　大規模地震対策特別措置法（昭和五十三年法律第七十三号）第三十六条及び第三十七条
四～十六　〔略〕

○大規模地震対策特別措置法施行令

（昭和五十三年十二月十二日政令第三百八十五号）

〔改正経過〕

昭和五四年一二月二八日　政令第三一〇号
昭和五五年五月二八日　政令第一四一号
昭和五六年一月二三日　政令第六号
昭和五九年二月二一日　政令第一五号
昭和六二年三月二〇日　政令第五四号
昭和六三年一月四日　政令第二号
昭和六三年四月八日　政令第八九号
昭和六三年一二月二七日　政令第三五八号
平成元年九月二九日　政令第二九一号
平成二年七月一〇日　政令第二一一号
平成二年七月一〇日　政令第二一四号
平成二年一二月七日　政令第三四七号
平成六年六月二四日　政令第一八一号
平成六年一二月二六日　政令第四一一号
平成七年六月三〇日　政令第二七八号
平成七年一〇月一八日　政令第三五九号
平成九年二月一九日　政令第二〇号
平成一〇年一〇月三〇日　政令第三五一号
平成一〇年一一月二六日　政令第三七二号
平成一一年九月三日　政令第二六二号
平成一一年一〇月二九日　政令第三四六号
平成一一年一二月一〇日　政令第三九八号
平成一一年一二月二七日　政令第四三一号
平成一二年三月三一日　政令第一九三号
平成一二年六月七日　政令第三〇三号
平成一二年六月七日　政令第三三四号
平成一四年三月二五日　政令第六〇号
平成一五年一二月三日　政令第四七六号
平成一六年二月六日　政令第一九号
平成一七年一一月二日　政令第三三三号
平成一八年三月三一日　政令第一五四号
平成一八年八月一八日　政令第二七六号
平成一八年九月二六日　政令第三二〇号
平成一九年六月一三日　政令第一七九号
平成一九年一二月一二日　政令第三六三号
平成二三年六月二四日　政令第一八一号
平成二三年九月二二日　政令第二九六号
平成二三年一二月二日　政令第三七六号
平成二四年二月三日　政令第二六号
平成二四年九月一四日　政令第二三五号
平成二五年一月一八日　政令第五号
平成二五年六月二六日　政令第一九一号
平成二五年一一月二七日　政令第三一九号
平成二七年一二月一六日　政令第四二一号
平成二八年二月一七日　政令第四三号
平成二八年二月一九日　政令第四五号
平成二九年三月二三日　政令第四〇号
平成三〇年三月二二日　政令第五四号
平成三〇年三月二二日　政令第五五号
令和元年一一月七日　政令第一五五号
令和五年四月七日　政令第一六三号
令和五年五月一七日　政令第一八〇号
令和五年一〇月一八日　政令第三〇四号

大規模地震対策特別措置法施行令をここに公布する。

大規模地震対策特別措置法施行令

内閣は、大規模地震対策特別措置法（昭和五十三年法律第七十三号）の規定に基づき、この政令を制定する。

（地震防災基本計画で定めるべき事項）

第一条　大規模地震対策特別措置法（以下「法」という。）第五条第二項の政令で定める事項は、地震防災対策強化地域に係る大規模な地震に関し、指定行政機関の長、地方公共団体の長その他の執行機関、指定公共機関等が共同して行う総合的な防災訓練に関する事項とする。

（地震防災上緊急に整備すべき施設等）

第二条　法第六条第一項第二号の政令で定める施設等は、次のとおりとする。

一　次に掲げる施設で当該施設に関する主務大臣が定める基準に適合するもの

イ　避難地

ロ　避難路
ハ　消防用施設
ニ　緊急輸送を確保するため必要な道路、港湾施設（港湾法（昭和二十五年法律第二百十八号）第二条第五項第三号の係留施設及び同項第四号の臨港交通施設に限る。）又は漁港施設（漁港及び漁場の整備等に関する法律（昭和二十五年法律第百三十七号）第三条第一号イの外郭施設及び同号ロの係留施設に限る。）
ホ　津波により生ずる被害の発生を防止し、又は軽減することにより円滑な避難を確保するため必要な海岸法（昭和三十一年法律第百一号）第二条第一項に規定する海岸保全施設又は河川法（昭和三十九年法律第百六十七号）第三条第二項に規定する河川管理施設
ヘ　砂防法（明治三十年法律第二十九号）第一条に規定する砂防設備、森林法（昭和二十六年法律第二百四十九号）第四十一条第三項に規定する保安施設事業に係る保安施設、地すべり等防止法（昭和三十三年法律第三十号）第二条第三項に規定する地すべり防止施設又は急傾斜地の崩壊による災害の防止に関する法律（昭和四十四年法律第五十七号）第二条第二項に規定する急傾斜地崩壊防止施設で、避難路、緊急輸送を確保するため必要な道路又は人家の地震防災上必要なもの
ト　医療法（昭和二十三年法律第二百五号）第三十一条に規定する公的医療機関の建物のうち、地震防災上改築を要するもの
チ　公立の小学校、中学校若しくは義務教育学校又は中等教育学校の前期課程の建物のうち、地震防災上改築又は補強を要するもの
リ　社会福祉施設の建物のうち、地震防災上改築又は補強を要するもの
ヌ　土地改良法（昭和二十四年法律第百九十五号）第二条第二項第一号の農業用用排水施設であるため池で、避難路、緊急輸送を確保するため必要な道路又は人家の地震防災上改修その他の整備を要するもの

二　地震防災応急対策を実施するため必要な通信施設
三　石油コンビナート等災害防止法（昭和五十年法律第八十四号）第二条第二号に規定する石油コンビナート等特別防災区域に係る緩衝地帯として設置する緑地、広場その他の公共空地

（地震防災強化計画で定めるべき事項）

第三条　法第六条第一項第三号の政令で定める事項は、地震防災上必要な教育及び広報に関する事項とする。

（地震防災応急計画を作成すべき施設又は事業）

第四条　法第七条第一項の規定に基づき地震防災応急計画を作成しなければならない施設又は事業は、次に掲げるものとする。

一　消防法施行令（昭和三十六年政令第三十七号）第一条の二第三項第一号に掲げる防火対象物（同令別表第一(五)項ロ、(六)項ロ、ハ及びニ、(七)項、(十二)項、(十三)項ロ、(十四)項並びに(十六)項に掲げるものを除く。）及び同表(十六の三)項に掲げる防火対象物で不特定かつ多数の者が出入りするもの
二　消防法（昭和二十三年法律第百八十六号）第八条第一項に規定する複合用途防火対象物のうち、その一部が消防法施行令別表第一(一)項から(四)項まで、(五)項イ、(六)項イ、(八)項から(十一)項まで、(十三)項イ又は(十五)項に掲げる防火対象物（不特定かつ多数の者が出入りするものに限る。）の用途に供されているもので、当該用途に供されている部分の収容人員（同令第一条の二第三項第一号イに規定する収容人員をいう。）の合計が三十人以上のもの（その一部が同表(五)項ロに掲げる防火対象物の用途に供されている複合用途防火対象物にあつては、当該用途に供されている部分を除く。）
三　危険物の規制に関する政令（昭和三十四年政令第三百六号）第三十七条に規定する製造所、貯蔵所又は取扱所
四　火薬類取締法（昭和二十五年法律第百四十九号）第三条の許可

に係る製造所

五　高圧ガス保安法（昭和二十六年法律第二百四号）第五条第一項の許可に係る事業所（不活性ガスのみの製造に係る事業所を除く。）

六　毒物及び劇物取締法（昭和二十五年法律第三百三号）第二条第一項に規定する毒物又は同条第二項に規定する劇物（液体又は気体のものに限る。）を製造し、貯蔵し、又は取り扱う施設（当該施設において通常貯蔵し、又は一日に通常製造し、若しくは取り扱う毒物又は劇物の総トン数が、毒物にあつては二十トン以上、劇物にあつては二百トン以上のものに限る。）

七　核原料物質、核燃料物質及び原子炉の規制に関する法律（昭和三十二年法律第百六十六号）第三条第二項第二号の製錬施設、同法第十三条第二項第二号の加工施設、同法第二十三条第二項第五号の試験研究用等原子炉施設、同法第四十三条の三の五第二項第五号の発電用原子炉施設、同法第四十三条の四第二項第二号の使用済燃料貯蔵施設、同法第四十四条第二項第二号の再処理施設又は同法第五十二条第二項第十号の使用施設等（核原料物質、核燃料物質及び原子炉の規制に関する法律施行令（昭和三十二年政令第三百二十四号）第四十一条に規定する核燃料物質の使用施設等に限る。）

八　石油コンビナート等災害防止法第二条第六号に規定する特定事業所

九　鉄道事業法（昭和六十一年法律第九十二号）第二条第一項に規定する鉄道事業又は同条第五項に規定する索道事業（索道事業にあつては、旅客の運送を行うものに限る。）

十　軌道法（大正十年法律第七十六号）第三条の特許に係る運輸事業

十一　海上運送法（昭和二十四年法律第百八十七号）第二条第五項に規定する一般旅客定期航路事業又は同法第二十一条第一項の旅客不定期航路事業

十二　道路運送法（昭和二十六年法律第百八十三号）第三条第一号イの一般乗合旅客自動車運送事業（路線を定めて定期に運行する自動車により乗合旅客の運送を行うものに限る。）

十三　学校教育法（昭和二十二年法律第二十六号）第一条に規定する学校、同法第百二十四条に規定する専修学校、同法第百三十四条第一項に規定する各種学校その他これらに類する施設

十四　児童福祉法（昭和二十二年法律第百六十四号）第七条第一項に規定する児童福祉施設（児童遊園を除く。）、身体障害者福祉法（昭和二十四年法律第二百八十三号）第五条第一項に規定する身体障害者社会参加支援施設、生活保護法（昭和二十五年法律第百四十四号）第三十八条第一項に規定する保護施設、社会福祉法（昭和二十六年法律第四十五号）第二条第二項第七号の授産施設、老人福祉法（昭和三十八年法律第百三十三号）第五条の三に規定する老人福祉施設若しくは同法第二十九条第一項に規定する有料老人ホーム、介護保険法（平成九年法律第百二十三号）第八条第二十八項に規定する介護老人保健施設若しくは同条第二十九項に規定する介護医療院、障害者の日常生活及び社会生活を総合的に支援するための法律（平成十七年法律第百二十三号）第五条第一項に規定する障害福祉サービス事業（生活介護、自立訓練、就労移行支援又は就労継続支援を行う事業に限る。）の用に供する施設、同条第十一項に規定する障害者支援施設、同条第二十七項に規定する地域活動支援センター若しくは同条第二十八項に規定する福祉ホーム又は困難な問題を抱える女性への支援に関する法律（令和四年法律第五十二号）第十二条第一項に規定する女性自立支援施設

十五　鉱山保安法（昭和二十四年法律第七十号）第二条第二項に規定する鉱山

十六　港湾法第二条第五項第八号の貯木場

十六の二　人の生命、身体又は財産に害を加えるおそれのある動物で内閣府令で定めるものを常設の施設を設けて公衆の観覧に供する事業（当該事業の用に供する敷地の規模が一万平方メートル以上のものに限る。）
十七　道路法（昭和二十七年法律第百八十号）第二条第一項に規定する道路で地方道路公社が管理するもの又は道路運送法第二条第八項に規定する一般自動車道
十八　放送法（昭和二十五年法律第百三十二号）第二条第二号に規定する基幹放送の業務を行う事業又は同法第百十八条第一項に規定する放送局設備供給役務を提供する事業
十九　ガス事業法（昭和二十九年法律第五十一号）第二条第十一項に規定するガス事業
二十　水道法（昭和三十二年法律第百七十七号）第三条第二項に規定する水道事業、同条第四項に規定する水道用水供給事業又は同条第六項に規定する専用水道
二十一　電気事業法（昭和三十九年法律第百七十号）第二条第一項第十六号に規定する電気事業
二十二　石油パイプライン事業法（昭和四十七年法律第百五号）第二条第三項に規定する石油パイプライン事業
二十三　前各号に掲げる施設又は事業に係る工場、作業場又は事業場（以下この号において「工場等」という。）以外の工場等で、当該工場等に勤務する者の数が千人以上のもの

（危険物等の範囲）
第五条　法第七条第一項第二号の政令で定めるものは、次のとおりとする。
一　消防法第二条第七項に規定する危険物又は前条第六号に規定する毒物若しくは劇物（石油類、火薬類又は高圧ガス以外のものに限る。）
二　原子力基本法（昭和三十年法律第百八十六号）第三条第二号に規定する核燃料物質
三　危険物の規制に関する政令別表第四の品名欄に掲げる物品のうち可燃性固体類及び可燃性液体類
四　石油コンビナート等災害防止法施行令（昭和五十一年政令第百二十九号）第三条第一項第五号に規定する高圧ガス以外の可燃性のガス

（地震防災応急計画で定めるべき事項）
第六条　法第七条第四項の政令で定める事項は、当該施設又は事業についての大規模な地震に係る防災訓練並びに地震防災上必要な教育及び広報に関する事項とする。

（地震防災応急計画の届出等の手続）
第七条　法第七条第六項の規定による地震防災応急計画の届出及びその写しの送付並びに法第八条第二項の規定による地震防災規程の写しの送付は、内閣府令で定めるところにより、図面その他の必要な書類を添付して行うものとする。
2　法第七条第六項の規定による地震防災応急計画の写しの送付又は法第八条第二項の規定による地震防災規程の写しの送付を受けた市町村長は、法第二十三条第五項の規定による要求に係る指示、要請又は勧告に資するため、内閣府令で定めるところにより、あらかじめ、必要な限度において、その写しを都道府県知事、警視総監又は道府県警察本部長及び管区海上保安本部の事務所で内閣府令で定めるものの長に送付するものとする。

（地震防災派遣の要請手続）
第八条　法第十三条第二項の規定により地震災害警戒本部長が自衛隊法（昭和二十九年法律第百六十五号）第八条に規定する部隊等の派遣を要請しようとする場合には、次の事項を明らかにするものとする。
一　派遣を要請する事由
二　派遣を必要とする期間

三　派遣を希望する区域
四　その他参考となるべき事項

２　前項の派遣の要請は、文書により行うものとする。ただし、事態が急迫して文書によることができない場合には、口頭又は電信若しくは電話によることができる。

３　前項ただし書の場合においては、事後において速やかに文書を提出するものとする。

（市町村長の指示の適用除外）

第九条　法第二十三条第一項及び第二項の政令で定める者は、指定地方公共機関とする。

（政令で定める管区海上保安本部の事務所）

第一〇条　法第二十三条第五項の政令で定める管区海上保安本部の事務所は、その管轄区域及び所掌事務を勘案して内閣府令で定める事務所とする。

（法第二十四条の規定による交通の禁止又は制限の手続）

第一一条　都道府県公安委員会（以下「公安委員会」という。）は、法第二十四条の規定により歩行者又は車両の通行を禁止し、又は制限するときは、その禁止又は制限の対象、区間及び期間（期間を定めないときは、禁止又は制限の始期とする。以下この条において同じ。）を記載した内閣府令で定める様式の標示を内閣府令で定める場所に設置してこれを行わなければならない。ただし、緊急を要するため標示を設置するいとまがないとき、又は標示を設置して行うことが困難であると認めるときは、公安委員会の管理に属する都道府県警察の警察官の現場における指示により、これを行うことができる。

２　公安委員会は、法第二十四条の規定により歩行者又は車両の通行を禁止し、又は制限しようとするときは、あらかじめ当該道路の管理者に禁止又は制限の対象、区間、期間及び理由を通知しなければならない。緊急を要するため当該道路の管理者に通知するいとまがなかつたときは、事後において、速やかにこれらの事項を通知しなければならない。

３　公安委員会は、法第二十四条の規定により歩行者又は車両の通行を禁止し、又は制限したときは、速やかに関係都道府県の公安委員会に禁止又は制限の対象、区間、期間及び理由を通知しなければならない。

（緊急輸送車両であることの確認）

第一二条　都道府県知事又は公安委員会は、車両の使用者の申出により、当該車両が法第二十四条に規定する緊急輸送を行う車両であることの確認を行うものとする。

２　前項の規定にかかわらず、法第二十一条第二項の規定により地震防災応急対策を実施しなければならない者の車両に係る前項の確認については、当該車両の使用者の申出により、警戒宣言が発せられる時より前においても行うことができる。

３　第一項の確認をしたときは、都道府県知事又は公安委員会は、当該車両の使用者に対し、内閣府令で定める様式の標章及び証明書を交付するものとする。

４　前項の標章は当該車両の前面の見やすい箇所に掲示するものとし、同項の証明書は当該車両に備え付けるものとする。

（応急公用負担の手続）

第一三条　市町村長又は警察官若しくは海上保安官は、法第二十七条第一項又は同条第二項において準用する災害対策基本法（昭和三十六年法律第二百二十三号）第六十三条第二項の規定により、他人の土地、建物その他の工作物を一時使用し、又は土石、竹木その他の物件を使用したときは、速やかに、当該土地、建物その他の工作物又は土石、竹木その他の物件（以下この条において「土地建物等」という。）の占有者、所有者その他当該土地建物等について権原を有する者（以下この条において「占有者等」という。）に対し、当該土地建物等の名称又は種類、形状、数量、所在した場所、当該処分に係る期間その他必要な事項（以下この条において「名称又は種類等」という。）を通知しなければならない。この場合において、当該土地建物等の占有者等の氏名及び住所を知ることができないときは、当該土地建物等の名称又は種類等を当該市町村の事務所又は当該土地建物等の所在した場所を管轄する警察署若しくは管区海上保安本部の事務所で内閣府令で定めるものに掲示しなければならない。

（市町村長が事務を行うこととする必要がある場合の措置等）

第一四条　都道府県知事は、法第二十七条第四項の規定によりその権限に属する事務の一部を市町村長が行うこととする必要があると認めるときは、当該事務及び当該事務を行うこととする期間を市町村長に通知するものとする。この場合においては、当該市町村長は、当該期間において当該事務を行わなければならない。

2　都道府県知事は、前項前段の規定による通知をしたときは、直ちにその旨を公示しなければならない。

（公用令書の交付等）

第一五条　法第二十七条第三項の規定による協力命令に係る公用令書は、当該協力命令に係る救助に関する業務について協力を求める者に対して交付するものとする。

2　法第二十七条第三項又は第五項の規定による保管命令に係る公用令書は、当該保管命令に係る物資の生産、集荷、販売、配給、保管又は輸送を業とする者に対して交付するものとする。

3　法第二十七条第三項の規定による使用又は収用に係る公用令書は、当該使用又は収用に係る土地、家屋又は物資の所有者に対して交付するものとする。ただし、所有者に交付することが困難な場合においては、当該土地、家屋又は物資の占有者に対して交付すれば足りる。

4　前項本文の規定により公用令書を交付する場合において、所有者が占有者でないときは、占有者に対しても公用令書を交付しなければならない。

5　都道府県知事若しくは市町村長又は指定行政機関の長若しくは指定地方行政機関の長は、法第二十七条第七項の規定により公用令書を交付した後当該公用令書に係る処分を変更し、又は取り消したときは、速やかに公用変更令書又は公用取消令書を交付しなければならない。

6　公用令書、公用変更令書及び公用取消令書の様式は、内閣府令で定める。

（避難状況等の報告）

第一六条　法第二十八条第一項の規定による報告は、次の各号に掲げる区分に応じ、当該各号に掲げる事項について行うものとする。

一　避難の経過に関する報告　避難に伴い危険な事態その他異常な事態が発生した場合における当該事態の状況、これに対して応急に執られた措置その他当該事態に対処するため必要と認める措置に関する事項

二　避難の完了に関する報告　避難場所、避難した者及び救護を要すると認められる者の数並びにこれらの者の救護その他保護のため必要と認める措置に関する事項

2　前項第一号の報告は当該危険な事態その他異常な事態が発生した後直ちに、同項第二号の報告は地震防災強化計画に基づく避難に係る措置が完了した後速やかに、行うものとする。

（地震防災応急対策に係る措置の実施状況の報告）

第一七条　法第二十八条第二項の規定による報告は、同項に規定する者が法令又は地震防災強化計画に基づき実施した地震防災応急対策に係る措置について、内閣府令で定めるところにより、法第二十一条第一項各号に掲げる事項ごとに行うものとする。

（法第三十二条第二項の規定による交通の禁止又は制限の手続）

第一八条　公安委員会は、法第三十二条第二項の規定により歩行者又は車両の通行を禁止し、又は制限するときは、その禁止又は制限の対象、区間及び期間を記載した内閣府令で定める様式の標示を内閣府令で定める場所に設置してこれを行わなければならない。ただし、標示を設置して行うことが困難であると認めるときは、公安委員会の管理に属する都道府県警察の警察官の現場における指示により、これを行うことができる。

2　前項の規定による交通の禁止又は制限を行う場合において、必要があると認めるときは、公安委員会は、適当な回り道を明示して一般の交通に支障のないようにしなければならない。

3　公安委員会は、法第三十二条第二項の規定により歩行者又は車両の通行を禁止し、又は制限するときは、あらかじめ当該道路の管理者の意見を聴かなければならない。

4　公安委員会は、法第三十二条第二項の規定により歩行者又は車両の通行を禁止し、又は制限するときは、あらかじめ関係都道府県の公安委員会に禁止又は制限の対象、区間及び期間を通知しなければならない。

（地震防災訓練の広報等）

第一九条　法第三十二条第一項に規定する者は、地震防災訓練を実施しようとする場合において、必要があると認めるときは、あらかじめ当該地震防災訓練に関する広報を行わなければならない。

2　公安委員会は、法第三十二条第二項の規定により歩行者又は車両の通行を禁止し、又は制限しようとする場合において、必要があると認めるときは、あらかじめその禁止又は制限に関する広報を行わなければならない。

附　則

（施行期日）

第一条　この政令は、法の施行の日（昭和五十三年十二月十四日）から施行する。

第二条―第九条　〔略〕

附　則〔昭和五四年一二月二八日政令第三一〇号〕

この政令は、公布の日から施行する。

附　則〔昭和五五年五月二八日政令第一四一号〕

この政令は、公布の日から施行する。

附　則〔昭和五六年一月二三日政令第六号抄〕

1　この政令は、昭和五十六年七月一日から施行する。

附　則〔昭和五九年二月二一日政令第一五号抄〕

1　この政令は、昭和五十九年四月一日から施行する。

附　則〔昭和六二年三月二〇日政令第五四号抄〕

（施行期日）

第一条　この政令は、昭和六十二年四月一日から施行する。

附　則〔昭和六三年一月四日政令第二号〕

この政令は、昭和六十三年一月二十日から施行する。

附　則〔昭和六三年四月八日政令第八九号抄〕

（施行期日）

1　この政令は、精神衛生法等の一部を改正する法律の施行の日（昭和六十三年七月一日）から施行する。

附　則〔昭和六三年一二月二七日政令第三五八号抄〕

（施行期日）

第一条　この政令は、消防法の一部を改正する法律（昭和六十三年法律第五十五号。以下「六十三年改正法」という。）附則第一条ただし書に規定する一部施行日（昭和六十五年五月二十三日）から施行する。〔以下略〕

附　則〔平成元年九月二九日政令第二九一号〕

この政令は、放送法及び電波法の一部を改正する法律の施行の日（平成元年十月一日）から施行する。

附　則〔平成二年七月一〇日政令第二一一号〕

この政令は、貨物運送取扱事業法の施行の日（平成二年十二月一日）から施行する。

附　則〔平成二年七月一〇日政令第二一四号〕

この政令は、貨物自動車運送事業法の施行の日（平成二年十二月一日）から施行する。

附　則〔平成二年一二月七日政令第三四七号〕

この政令は、平成三年一月一日から施行する。〔以下略〕

附　則〔平成六年六月二四日政令第一八一号〕

この政令は、公布の日から施行する。

附　則〔平成六年一二月二八日政令第四一一号抄〕

（施行期日）

第一条　この政令は、ガス事業法の一部を改正する法律（平成六年法律第四十二号）の施行の日（平成七年三月一日）から施行する。

附　則〔平成七年六月三〇日政令第二七八号抄〕

（施行期日）

第一条　この政令は、平成七年七月一日から施行する。

附　則〔平成七年一〇月一八日政令第三五九号抄〕

（施行期日）

第一条　この政令は、電気事業法の一部を改正する法律（以下「改正法」という。）の施行の日（平成七年十二月一日）から施行する。

附　則〔平成九年二月一九日政令第二〇号抄〕

（施行期日）

第一条　この政令は、平成九年四月一日から施行する。

附　則〔平成一〇年一〇月三〇日政令第三五一号抄〕

（施行期日）

1　この政令は、平成十一年四月一日から施行する。

附　則〔平成一〇年一一月二六日政令第三七二号〕

この政令は、平成十一年四月一日から施行する。

附　則〔平成一一年九月三日政令第二六二号〕

この政令は、平成十二年四月一日から施行する。

附　則〔平成一一年一〇月二九日政令第三四六号抄〕

（施行期日）

1　この政令は、平成十二年四月一日から施行する。

（大規模地震対策特別措置法施行令の一部改正に伴う経過措置）

4　施行日前に第十九条の規定による改正前の大規模地震対策特別措置法施行令第十四条第二項の規定により都道府県知事がした公示は、第十九条の規定による改正後の大規模地震対策特別措置法施行令第十四条第二項の規定により都道府県知事がした公示とみなす。

附　則〔平成一一年一二月一〇日政令第三九八号〕

この政令は、核原料物質、核燃料物質及び原子炉の規制に関する法律の一部を改正する法律〔中略〕附則第一条第一号に掲げる規定の施行の日（平成十二年六月十六日）から施行する。

附　則〔平成一一年一二月二七日政令第四三一号抄〕

（施行期日）

第一条　この政令は、平成十二年三月二十一日から施行する。

附　則〔平成一二年三月三一日政令第一九三号抄〕

（施行期日）

第一条　この政令は、平成十二年四月一日から施行する。

附　則〔平成一二年六月七日政令第三〇三号抄〕

（施行期日）

第一条　この政令は、内閣法の一部を改正する法律の施行の日（平成十三年一月六日）から施行する。〔以下略〕

附　則〔平成一二年六月七日政令第三三四号〕

この政令は、公布の日から施行する。

附　則〔平成一四年三月二五日政令第六〇号抄〕

（施行期日）

第一条　この政令は、平成十四年四月一日から施行する。

附　則（平成一五年一二月三日政令第四七六号）

この政令は、平成十六年四月一日から施行する。〔以下略〕

附　則（平成一六年一二月六日政令第一九号抄）

（施行期日）

第一条　この政令〔中略〕は、当該各号に定める日〔平成一六年八月一日〕から施行する。

附　則（平成一七年一一月二日政令第三三三号抄）

（施行期日）

第一条　この政令は、核原料物質、核燃料物質及び原子炉の規制に関する法律の一部を改正する法律の施行の日（平成十七年十二月一日）から施行する。

附　則（平成一八年三月三一日政令第一五四号抄）

（施行期日）

第一条　この政令は、平成十八年四月一日から施行する。〔以下略〕

附　則（平成一八年八月一八日政令第二七六号）

この政令は、道路運送法等の一部を改正する法律の施行の日（平成十八年十月一日）から施行する。

附　則（平成一八年九月二六日政令第三二〇号）

この政令は、障害者自立支援法の一部の施行の日（平成十八年十月一日）から施行する。

障害者自立支援法の一部の施行に伴う関係政令の整備に関する政令〔抄〕（平成十八年九月二十六日政令第三百二十号）

（大規模地震対策特別措置法施行令の一部改正に伴う経過措置）

第三六条　施行日から障害者自立支援法附則第一条第三号に掲げる規定の施行の日〔平成二四年四月一日〕の前日までの間は、前条の規定による改正後の大規模地震対策特別措置法施行令第四条第十四号中「若しくは同条第二十二項」とあるのは「、同条第二十二項」と、「福祉ホーム」とあるのは「福祉ホーム若しくは同法附則第四十一条第一項、第四十八条若しくは第五十八条第一項の規定によりなお従前の例により運営をすることができることとされた同法附則第四十一条第一項に規定する身体障害者更生援護施設、同法附則第四十八条に規定する精神障害者社会復帰施設若しくは同法附則第五十八条第一項に規定する知的障害者援護施設」とする。

附　則（平成一九年六月一三日政令第一七九号抄）

（施行期日）

第一条　この政令は、平成二十一年四月一日から施行する。

附　則（平成一九年一二月一二日政令第三六三号）

この政令は、学校教育法等の一部を改正する法律の施行の日（平成十九年十二月二十六日）から施行する。〔以下略〕

附　則（平成二三年六月二四日政令第一八一号抄）

（施行期日）

第一条　この政令は、放送法等の一部を改正する法律（平成二十二年法律第六十五号。以下「放送法等改正法」という。）の施行の日（平成二十三年六月三十日。以下「施行日」という。）から施行する。

附　則（平成二三年九月二二日政令第二九六号）

この政令は、平成二十三年十月一日から施行する。

附　則（平成二三年一二月二日政令第三七六号抄）

（施行期日）

第一条　この政令は、平成二十四年四月一日から施行する。〔以下略〕

附　則（平成二四年二月三日政令第二六号抄）

（施行期日）

第一条　この政令は、平成二十四年四月一日から施行する。〔以下略〕

附　則〔平成二四年九月一四日政令第二三五号抄〕

（施行期日）

第一条　この政令は、原子力規制委員会設置法の施行の日（平成二十四年九月十九日）から施行する。

附　則〔平成二五年一月一八日政令第五号〕

この政令は、平成二十五年四月一日から施行する。

附　則〔平成二五年六月二六日政令第一九二号抄〕

（施行期日）

1　この政令は、設置法（原子力規制委員会設置法）附則第一条第四号に掲げる規定の施行の日（平成二十五年七月八日）から施行する。

附　則〔平成二五年一一月二七日政令第三一九号抄〕

（施行期日）

1　この政令は、平成二十六年四月一日から施行する。

附　則〔平成二七年一二月一六日政令第四二一号〕

この政令は、平成二十八年四月一日から施行する。

附　則〔平成二八年一月二七日政令第四三号抄〕

（施行期日）

第一条　この政令は、改正法施行日（平成二十八年四月一日）から施行する。〔以下略〕

附　則〔平成二八年二月一九日政令第四五号〕

この政令は、地域における医療及び介護の総合的な確保を推進するための関係法律の整備等に関する法律附則第一条第六号に掲げる規定の施行の日（平成二十八年四月一日）から施行する。〔以下略〕

附　則〔平成二九年三月二三日政令第四〇号抄〕

（施行期日）

第一条　この政令は、第五号施行日〔電気事業法等の一部を改正する等の法律（平成二十七年法律第四十七号）附則第一条第五号に掲げる規定の施行の日〕（平成二十九年四月一日）から施行する。〔以下略〕

附　則〔平成三〇年三月二二日政令第五四号〕

この政令は、平成三十年四月一日から施行する。

附　則〔平成三〇年三月二二日政令第五五号抄〕

（施行期日）

第一条　この政令は、平成三十年四月一日から施行する。〔以下略〕

附　則〔令和元年一一月七日政令第一五五号〕

この政令は、原子力利用における安全対策の強化のための核原料物質、核燃料物質及び原子炉の規制に関する法律等の一部を改正する法律第三条の規定の施行の日（令和二年四月一日）から施行する。ただし、第三条中大規模地震対策特別措置法施行令第四条第七号の改正規定（「第四十二条」を「第四十一条」に改める部分に限る。）は、公布の日から施行する。

附　則〔令和五年四月七日政令第一六三号抄〕

（施行期日）

第一条　この政令は、令和六年四月一日から施行する。

（罰則に関する経過措置）

第五条　この政令の施行前にした行為に対する罰則の適用については、なお従前の例による。

附　則〔令和五年五月一七日政令第一八〇号〕

この政令は、令和五年九月一日から施行する。

附　則〔令和五年一〇月一八日政令第三〇四号〕

この政令は、漁港漁場整備法及び水産業協同組合法の一部を改正する法律の施行の日（令和六年四月一日）から施行する。

○大規模地震対策特別措置法施行規則

（昭和五十四年八月六日
総理府令第三十八号）

〔改正経過〕
昭和五五年　一月一六日　総理府令第　一号
昭和六二年　四月　一日　総理府令第　一七号
平成　八年　一月二四日　総理府令第　二号
平成一二年　八月一四日　総理府令第一〇三号
平成一四年　三月二九日　内閣府令第　二〇号
平成一六年　七月一四日　内閣府令第　六四号
平成一七年　八月三一日　内閣府令第　九二号
平成二五年　七月一二日　内閣府令第　四七号
令和　元年　六月二七日　内閣府令第　一五号
令和　二年　六月　一日　内閣府令第　四三号
令和　三年　二月　一日　内閣府令第　三号
令和　五年　五月一七日　内閣府令第　四七号

大規模地震対策特別措置法（昭和五十三年法律第七十三号）第八条第一項第八号並びに同法第二十条において準用する災害対策基本法（昭和三十六年法律第二百二十三号）第五十二条第一項の規定並びに大規模地震対策特別措置法施行令（昭和五十三年政令第三百八十五号）第七条第一項及び第二項、第十一条第一項、第十二条第二項、第十五条第六項、第十七条並びに第十八条第一項の規定に基づき、並びに大規模地震対策特別措置法第二十七条第九項において準用する災害対策基本法第八十三条第二項の規定を実施するため、大規模地震対策特別措置法施行規則を次のように定める。

大規模地震対策特別措置法施行規則

（危険動物の範囲）

第一条　大規模地震対策特別措置法施行令（以下「令」という。）第四条第十六号の二の内閣府令で定める動物は、動物の愛護及び管理に関する法律施行令（昭和五十年政令第百七号）第三条に規定する動物とする。

（地震防災応急計画の届出等）

第一条の二　令第七条第一項に規定する地震防災応急計画の届出は、地震防災応急計画一部及びその写し一部を別記様式第一の届出書とともに提出して行うものとする。

２　令第七条第一項に規定する地震防災応急計画の写しの送付は、地震防災応急計画の写し二部（次の各号に掲げる施設又は事業に係る地震防災応急計画の写しの送付にあつては、それぞれ当該各号に掲げる部数）を別記様式第二の送付書とともに提出して行うものとする。

一　令第四条第一号に掲げる施設でその収容人員（同条第二号に規定する収容人員をいう。以下この号において同じ。）が三百人未満のもの又は同条第二号に掲げる施設で当該施設のうち不特定かつ多数の者が出入する部分の収容人員の合計が三百人未満のもの　一部

二　令第四条第三号から第八号まで、第十五号又は第十六号に掲げる施設のうち、海域に隣接する地域に設置されるもので海域における地震防災上重要なもの又は海域に設置されるもの　三部

三　令第四条第十一号、第十九号、第二十一号又は第二十二号に掲げる事業のうち、海域に隣接する地域において運営されるもので海域における地震防災上重要なもの又は海域において運営されるもの　三部

３　令第七条第一項に規定する地震防災規程の写しの送付は、地震防災規程の写し三部（次の各号に掲げる施設又は事業に係る地震防災規程の写しの送付にあつては、それぞれ当該各号に掲げる部数）を別記様式第三の送付書とともに提出して行うものとする。

一　前項第一号に掲げる施設　二部

二　前項第二号に掲げる施設又は同項第三号に掲げる事業　四部

4　前三項の届出書又は送付書には、令第七条第一項の規定により、次の書類を添付しなければならない。

一　当該届出書又は送付書が令第四条第一号から第八号まで、第十三号から第十六号まで、第十七号、第二十号又は第二十三号に掲げる施設に係るものである場合にあつては、当該施設の位置を明らかにした図面

二　当該届出書又は送付書が令第四条第九号から第十二号まで、第十六号の二又は第十八号から第二十二号までに掲げる事業に係るものである場合にあつては、当該事業を運営するための主要な施設の位置を明らかにした図面（同条第十一号又は第十二号に掲げる事業に係るものである場合にあつては、航路図又は運行系統図を含む。）及び地震防災応急計画の写し又は地震防災規程の写しの送付に係る市町村の名称を明らかにした書面

5　前項の添付すべき書類（次条において「添付書類」という。）の部数は、大規模地震対策特別措置法（以下「法」という。）第七条第六項の規定による地震防災応急計画の届出の場合にあつては二部、同項の規定による地震防災応急計画の写しの送付又は法第八条第二項の規定による地震防災規程の写しの送付の場合にあつてはそれぞれ第二項又は第三項に定める部数と同数とする。

（令第七条第二項の規定による送付）

第二条　令第七条第二項の規定による送付は、法第七条第六項の規定に基づく地震防災応急計画の写しの送付又は法第八条第二項の規定に基づく地震防災規程の写しの送付に係る送付書の写し及び添付書類を添えて行うものとする。

2　令第七条第二項の規定による送付のうち警視総監又は道府県警察本部長に対するものは、当該市町村の事務所の所在する場所を管轄する警察署長を経由して行うものとする。

（令第七条第二項の内閣府令で定める管区海上保安本部の事務所）

第二条の二　令第七条第二項の内閣府令で定める管区海上保安本部の事務所は、海上保安監部、海上保安部又は海上保安航空基地とする。

（法第八条第一項第八号の内閣府令で定めるもの）

第三条　法第八条第一項第八号の計画又は規程に準ずるものとして内閣府令で定めるものは、次に掲げるものとする。

一　鉄道に関する技術上の基準を定める省令（平成十三年国土交通省令第百五十一号）第三条第一項の実施基準

二　索道施設に関する技術上の基準を定める省令（昭和六十二年運輸省令第十六号）第三条第一項の細則

三　軌道運転規則（昭和二十九年運輸省令第二十二号）第四条第一項の施設及び車両の整備並びに運転取扱に関して定められた細則

四　海上運送法施行規則（昭和二十四年運輸省令第四十九号）第七条の二（同令第二十三条の四において準用する場合を含む。）及び第二十一条の十九の安全管理規程

五　旅客自動車運送事業運輸規則（昭和三十一年運輸省令第四十四号）第四十八条の二第一項の運航管理規程

（地震防災信号）

第四条　法第二十条において準用する災害対策基本法第五十二条第一項の規定に基づく防災に関する信号で警戒宣言が発せられた旨の伝達のためのものの方法は、別表のとおりとする。

（令第十条の内閣府令で定める管区海上保安本部の事務所）

第四条の二　令第十条の内閣府令で定める管区海上保安本部の事務所は、海上保安監部、海上保安部及び海上保安航空基地とする。

（交通の禁止又は制限についての標示の様式等）

第五条　令第十一条第一項及び令第十八条第一項の内閣府令で定める標示の様式は、それぞれ別記様式第四及び別記様式第五のとおりと

する。

２　令第十一条第一項及び令第十八条第一項の内閣府令で定める場所は、歩行者又は車両の通行を禁止し、又は制限しようとする道路の区間の前面及びその区間内の必要な地点における道路の中央又は路端（歩道と車道の区別のある道路にあつては、歩道の車道側）とする。

（緊急輸送車両についての確認に係る申出の手続）

第六条　令第十二条第一項又は第二項の申出は、別記様式第六の申出書を提出して行うものとする。

２　前項の申出書には、次に掲げる書類を添付しなければならない。ただし、やむを得ない事由があるときは、この限りでない。

一　申出に係る車両の自動車検査証（道路運送車両法（昭和二十六年法律第百八十五号）第六十条第一項の自動車検査証をいう。）又は軽自動車届出済証（同法第三条の軽自動車の使用者が同法第九十七条の三第一項の規定により届け出たことを証する書類をいう。）の写し

二　申出に係る車両が、法第二十四条に規定する緊急輸送を行うものであることを確かめるに足りる書類

三　令第十二条第二項の申出である場合にあつては、申出に係る車両が、法第二十一条第二項の規定により地震防災応急対策を実施しなければならない者の車両であることを確かめるに足りる書類

（緊急輸送車両の標章及び証明書の様式）

第六条の二　令第十二条第三項の標章（次条において「標章」という。）の様式は、別記様式第七のとおりとする。

２　令第十二条第三項の証明書（次条において「証明書」という。）の様式は、別記様式第八のとおりとする。

（標章等の記載事項の変更の届出）

第六条の三　標章及び証明書（以下この条、次条及び第六条の五において「標章等」という。）の交付を受けた車両の使用者は、当該標章等の記載事項に変更を生じたときは、速やかにその旨を交付を受けた都道府県知事又は都道府県公安委員会（以下「公安委員会」という。）に届け出て、標章等の書換え交付を受けなければならない。

２　前項の規定による届出は、別記様式第九の届出書及び変更した事項を確かめるに足りる書類を提出して行うものとする。

（標章等の再交付の申出）

第六条の四　標章等の交付を受けた車両の使用者は、当該標章等を亡失し、滅失し、汚損し、又は破損したときは、速やかにその旨を交付を受けた都道府県知事又は公安委員会に申し出て、標章等の再交付を受けなければならない。

２　前項の規定による申出は、別記様式第十の申出書を提出して行うものとする。

（標章等の返納）

第六条の五　標章等の交付を受けた車両の使用者は、次の各号のいずれかに該当することとなつたときは、速やかに、当該標章等（第三号の場合にあつては、発見し、又は回復した標章等）を交付を受けた都道府県知事又は公安委員会に返納しなければならない。

一　当該車両が緊急輸送を行うものでなくなつたとき。

二　標章等の有効期限が到来したとき。

三　標章等の再交付を受けた場合において、亡失した標章等を発見し、又は回復したとき。

（令第十三条の二の内閣府令で定める管区海上保安本部の事務所）

第六条の六　令第十三条の内閣府令で定める管区海上保安本部の事務所は、海上保安監部、海上保安部、海上保安航空基地又は海上保安署とする。

（公用令書等の様式）

第七条　令第十五条第六項の公用令書、公用変更令書及び公用取消令

書の様式は、それぞれ別記様式第十一から別記様式第十三まで、別記様式第十四及び別記様式第十五のとおりとする。

（身分を示す証票）

第八条　法第二十七条第九項において準用する災害対策基本法第八十三条第二項に規定する身分を示す証票は、その職員の所属する都道府県又は指定行政機関若しくは指定地方行政機関において発行する身分証明書とする。

（地震防災応急対策に係る措置の実施状況の報告時期）

第九条　令第十七条に規定する報告は、地震防災応急対策に係る措置を実施するため必要な体制を整備したときその他警戒宣言が発せられた後の経過に応じて逐次行うものとする。

附　則

この府令は、公布の日から施行する。

附　則〔昭和五五年一月一六日総理府令第一号〕

この府令は、公布の日から施行する。

附　則〔昭和六二年四月一日総理府令第一七号〕

この府令は、公布の日から施行する。

附　則〔平成八年一月二四日総理府令第二号〕

この府令は、平成八年一月二十五日から施行する。

附　則〔平成一二年八月一四日総理府令第一〇三号〕

この府令は、内閣法の一部を改正する法律（平成十一年法律第八十八号）の施行の日（平成十三年一月六日）から施行する。

附　則〔平成一四年三月二九日内閣府令第二〇号〕

この府令は、平成十四年三月三十一日から施行する。

附　則〔平成一六年七月一四日内閣府令第六四号〕

この府令は、平成十六年十月一日から施行する。

附　則〔平成一七年八月三一日内閣府令第九二号抄〕

（施行期日）

1　この府令は、法の施行の日（平成十七年九月一日）から施行する。

附　則〔平成二五年七月一二日内閣府令第四七号〕

この府令は、公布の日から施行する。

附　則〔令和元年六月二七日内閣府令第一五号〕

この府令は、不正競争防止法等の一部を改正する法律の施行の日（令和元年七月一日）から施行する。

附　則〔令和二年六月一日内閣府令第四三号〕

この府令は、公布の日から施行する。

附　則〔令和三年二月一日内閣府令第三号〕

（施行期日）

1　この府令は、公布の日から施行する。

（経過措置）

2　この府令の施行の際現にあるこの府令による改正前の様式（次項において「旧様式」という。）により使用されている書類は、この府令による改正後の様式によるものとみなす。

3　この府令の施行の際現にある旧様式による用紙については、当分の間、これを取り繕って使用することができる。

附　則〔令和五年五月一七日内閣府令第四七号〕

（施行期日）

1　この府令は、災害対策基本法施行令等の一部を改正する政令（令和五年政令第百八十号）の施行の日（令和五年九月一日）から施行する。

（経過措置）

2　この府令の施行の際現にあるこの府令による改正前の様式により使用されている書類は、この府令による改正後の様式によるものとみなす。

別表（第4条関係）

警鐘	サイレン
（5点） ●-●-●-●-●　●-●-●-●-●	（約45秒） ●―――●――― （約15秒）
備考　1　警鐘又はサイレンは、適宜の時間継続すること。 2　必要があれば警鐘及びサイレンを併用すること。	

別記様式第1（第1条の2関係）

<table>
<tr><td colspan="5">地震防災応急計画届出書
年　月　日
殿
住所（法人にあつては、主たる事務所の所在地）
氏名（法人にあつては、その名称及び代表者の氏名）
地震防災応急計画を作成／変更したので、大規模地震対策特別措置法第7条第6項の規定により届け出ます。</td></tr>
<tr><td>施設又は事業の名称</td><td colspan="4">（大規模地震対策特別措置法施行令第4条第　号該当）</td></tr>
<tr><td>施設の場合にあつては当該施設の所在地</td><td colspan="4"></td></tr>
<tr><td>施設又は事業の概要</td><td colspan="4"></td></tr>
<tr><td rowspan="2">連絡先</td><td>住所</td><td colspan="3"></td></tr>
<tr><td>担当の名称</td><td></td><td>電話番号</td><td></td></tr>
</table>

備考　用紙は、日本産業規格A4とする。

別記様式第２（第１条の２関係）

地震防災応急計画送付書

年　　月　　日

殿

住所（法人にあつては、主たる事務所の所在地）

氏名（法人にあつては、その名称及び代表者の氏名）

地震防災応急計画を作成/変更したので、大規模地震対策特別措置法第７条第６項の規定により送付します。

施設又は事業の名称	（大規模地震対策特別措置法施行令第４条第　号該当）		
施設の場合にあつては当該施設の所在地			
施設又は事業の概要			
連　絡　先	住　所		
	担当の名称	電話番号	

備考　用紙は、日本産業規格Ａ４とする。

別記様式第３（第１条の２関係）

地震防災規程送付書

年　　月　　日

殿

住所（法人にあつては、主たる事務所の所在地）

氏名（法人にあつては、その名称及び代表者の氏名）

地震防災規程を作成/変更したので、大規模地震対策特別措置法第８条第２項の規定により送付します。

施設又は事業の名称	（大規模地震対策特別措置法第８条第１項第　号該当）		
施設の場合にあつては当該施設の所在地			
施設又は事業の概要			
連　絡　先	住　所		
	担当の名称	電話番号	

備考　用紙は、日本産業規格Ａ４とする。

別記様式第４（第５条関係）

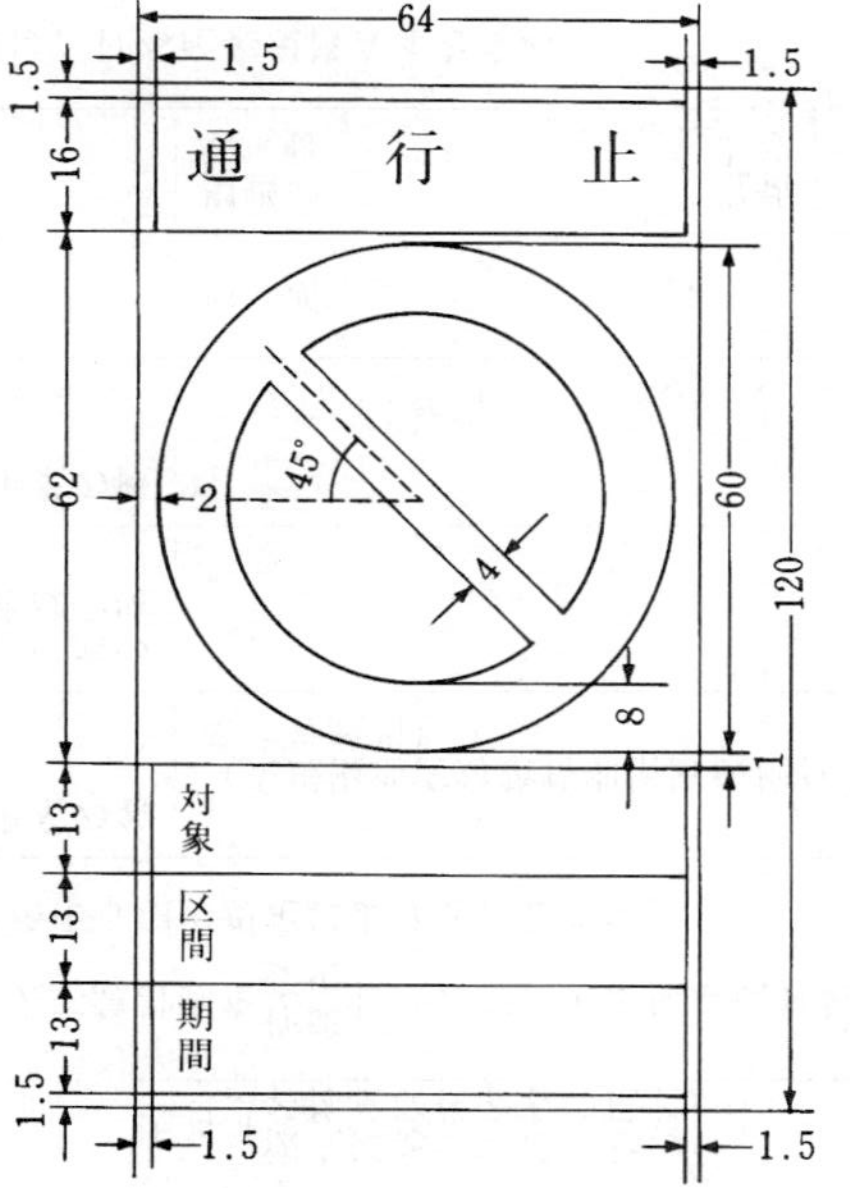

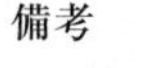

備考　１　色彩は、文字、縁線及び区分線を青色、斜めの帯及びわくを赤色、地を白色とする。
２　縁線及び区分線の太さは、１センチメートルとする。
３　図示の長さの単位は、センチメートルとする。

別記様式第５（第５条関係）

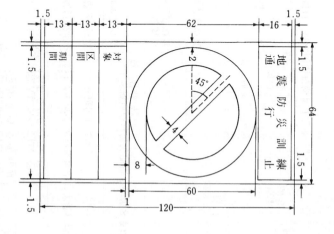

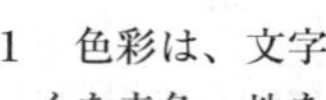

備考　１　色彩は、文字、縁線及び区分線を青色、斜めの帯及びわくを赤色、地を白色とする。
２　縁線及び区分線の太さは、１センチメートルとする。
３　図示の長さの単位は、センチメートルとする。

別記様式第６（第６条関係）

年　月　日

知事・公安委員会　殿

緊急輸送車両確認申出書

申出者　住　所

氏　名

番号標に表示されている番号		
輸送人員又は品名		
活動地域		
車両の使用者	住所	（　）　局　番
	氏名又は名称	
緊急連絡先	住所	（　）　局　番
	氏名	
備考		

備考　用紙は、日本産業規格Ａ４とする。

別記様式第７（第６条の２関係）

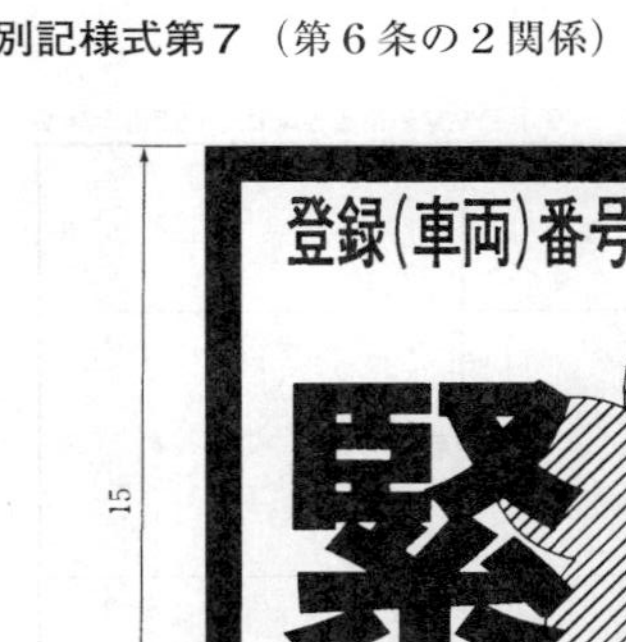

登録(車両)番号
緊急
有効期限　年　月　日
15
21

備考

1　色彩は、記号を黄色、縁及び「緊急」の文字を赤色、「登録（車両）番号」、「有効期限」、「年」、「月」及び「日」の文字を黒色、登録（車両）番号並びに年、月及び日を表示する部分を白色、地を銀色とする。

2　記号の部分に、表面の画像が光の反射角度に応じて変化する措置を施すものとする。

3　図示の長さの単位は、センチメートルとする。

別記様式第８（第６条の２関係）

第　　号

年　　月　　日

緊急輸送車両確認証明書

知　　事　印

公安委員会　印

番号標に表示されている番号		
輸送人員又は品名		
活動地域		
車両の使用者	住所	（　　）局　　番
	氏名又は名称	
有効期限		
備考		

備考　用紙は、日本産業規格Ａ４とする。

別記様式第９（第６条の３関係）

年　月　日

知事・公安委員会　殿

緊急輸送車両確認標章・証明書記載事項変更届出書

申出者　住　所
　　　　氏　名

番号標に表示されている番号	
標章・証明書番号	
交付年月日	
変更の内容	
変更の理由	
備考	

備考　用紙は、日本産業規格Ａ４とする。

別記様式第10（第６条の４関係）

年　月　日

知事・公安委員会　殿

緊急輸送車両確認標章・証明書再交付申出書

申出者　住　所
　　　　氏　名

番号標に表示されている番号	
標章・証明書番号	
交付年月日	
再交付申出の理由	
備考	

備考　用紙は、日本産業規格Ａ４とする。

別記様式第11（第７条関係）

協力第　　号

公　用　令　書

住所（法人にあつては、主たる事務所の所在地）

氏名（法人にあつては、その名称）

大規模地震対策特別措置法第27条第３項の規定に基づき、次のとおり協力を命ずる。

年　月　日

処分権者氏名　印

従事すべき業務	
従事すべき場所	
従事すべき期間	
出頭すべき日時	
出頭すべき場所	
備考	

備考　用紙は、日本産業規格Ａ５とする。

別記様式第12（第７条関係）

保管第　　　号

公　用　令　書

住所（法人にあつては、主たる事務所の所在地）

氏名（法人にあつては、その名称）

大規模地震対策特別措置法第27条第３項／第５項の規定に基づき、次のとおり物資の保管を命ずる。

年　　月　　日

処分権者氏名　　　　印

保管すべき物資の種類	数量	保管すべき場所	保管すべき期間	備考

備考　用紙は、日本産業規格Ａ５とする。

別記様式第13（第７条関係）

使用収用第　　　号

公　用　令　書

住所（法人にあつては、主たる事務所の所在地）

氏名（法人にあつては、その名称）

大規模地震対策特別措置法第27条第３項の規定に基づき、次のとおり土地／家屋／物資を使用／収用する。

年　　月　　日

処分権者氏名　　　　印

名称又は種類	範囲又は数量	所在場所	期間	引渡月日	引渡場所	備考

備考　用紙は、日本産業規格Ａ５とする。

別記様式第14（第7条関係）

変更第　　号

公　用　変　更　令　書

住所（法人にあつては、主たる事務所の所在地）

氏名（法人にあつては、その名称）

大規模地震対策特別措置法第27条第3項/第5項の規定に基づく公用令書（　　年　　月　　日　協力/保管/使用/収用　第　　号）に係る処分を次のとおり変更したので、大規模地震対策特別措置法施行令第15条第5項の規定により、これを交付する。

年　　月　　日

処分権者氏名　㊞

変更した処分の内容

備考　用紙は、日本産業規格A5とする。

別記様式第15（第7条関係）

取消第　　号

公　用　取　消　令　書

住所（法人にあつては、主たる事務所の所在地）

氏名（法人にあつては、その名称）

大規模地震対策特別措置法第27条第3項/第5項の規定に基づく公用令書（　　年　　月　　日　協力/保管/使用/収用　第　　号）に係る処分を次のとおり取り消したので、大規模地震対策特別措置法施行令第15条第5項の規定により、これを交付する。

年　　月　　日

処分権者氏名　㊞

備考　用紙は、日本産業規格A5とする。

○南海トラフ地震に係る地震防災対策の推進に関する特別措置法

（平成十四年七月二十六日法律第九十二号）

〔改正経過〕
平成一五年　六月一八日　法律第　九二号
平成一九年　六月二二日　法律第　九三号
平成二三年　八月三〇日　法律第一〇五号
平成二五年一一月二九日　法律第　八七号
平成二七年　六月二四日　法律第　四七号
平成二七年　六月二六日　法律第　五〇号
平成二七年　九月　四日　法律第　六三号
平成三〇年　五月一八日　法律第　二三号
令和　三年　五月一〇日　法律第　三一号

東南海・南海地震に係る地震防災対策の推進に関する特別措置法をここに公布する。

南海トラフ地震に係る地震防災対策の推進に関する特別措置法

（目的）

第一条　この法律は、南海トラフ地震による災害が甚大で、かつ、その被災地域が広範にわたるおそれがあることに鑑み、南海トラフ地震による災害から国民の生命、身体及び財産を保護するため、南海トラフ地震防災対策推進地域の指定、南海トラフ地震防災対策推進基本計画等の作成、南海トラフ地震津波避難対策特別強化地域の指定、津波避難対策緊急事業計画の作成及びこれに基づく事業に係る財政上の特別の措置について定めるとともに、地震観測施設等の整備等について定めることにより、災害対策基本法（昭和三十六年法律第二百二十三号）、地震防災対策特別措置法（平成七年法律第百十一号）その他の地震防災対策に関する法律と相まって、南海トラフ地震に係る地震防災対策の推進を図ることを目的とする。

（定義）

第二条　この法律において「南海トラフ」とは、駿河湾から遠州灘、熊野灘、紀伊半島の南側の海域及び土佐湾を経て日向灘沖までのフィリピン海プレート及びユーラシアプレートが接する海底の溝状の地形を形成する区域をいう。

２　この法律において「南海トラフ地震」とは、南海トラフ及びその周辺の地域における地殻の境界を震源とする大規模な地震をいう。

３　この法律において「地震災害」とは、地震動により直接に生ずる被害及びこれに伴い発生する津波、火事、爆発その他の異常な現象により生ずる被害をいう。

４　この法律において「地震防災」とは、地震災害の発生の防止又は地震災害が発生した場合における被害の軽減をあらかじめ図ることをいう。

（南海トラフ地震防災対策推進地域の指定等）

第三条　内閣総理大臣は、南海トラフ地震が発生した場合に著しい地震災害が生ずるおそれがあるため、地震防災対策を推進する必要がある地域を、南海トラフ地震防災対策推進地域（以下「推進地域」という。）として指定するものとする。

２　内閣総理大臣は、前項の規定により推進地域を指定するに当たっては、南海トラフ地震として科学的に想定し得る最大規模のものを想定して行うものとする。

３　内閣総理大臣は、第一項の規定による推進地域の指定をしようとするときは、あらかじめ中央防災会議に諮問しなければならない。

４　内閣総理大臣は、第一項の規定による推進地域の指定をしようとするときは、あらかじめ関係都府県の意見を聴かなければならない。この場合において、関係都府県が意見を述べようとするときは、あらかじめ関係市町村の意見を聴かなければならない。

5　内閣総理大臣は、第一項の規定による推進地域の指定をしたときは、その旨を公示しなければならない。

6　前三項の規定は、内閣総理大臣が第一項の規定による推進地域の指定の解除をする場合に準用する。

（基本計画）

第四条　中央防災会議は、前条第一項の規定による推進地域の指定があったときは、南海トラフ地震防災対策推進基本計画（以下「基本計画」という。）を作成し、及びその実施を推進しなければならない。

2　基本計画は、南海トラフ地震に係る地震防災対策の円滑かつ迅速な推進の意義に関する事項、国の南海トラフ地震に係る地震防災対策の推進に関する基本的方針及び基本的な施策に関する事項、南海トラフ地震が発生した場合の災害応急対策の実施に関する基本的方針、南海トラフ地震防災対策推進計画（災害対策基本法第二条第九号に規定する防災業務計画、同条第十号に規定する地域防災計画又は石油コンビナート等災害防止法（昭和五十年法律第八十四号）第三十一条第一項に規定する石油コンビナート等防災計画のうち、次条第一項各号に掲げる事項について定めた部分をいい、以下「推進計画」という。）及び南海トラフ地震防災対策計画（第七条第一項又は第二項に規定する者が南海トラフ地震に伴い発生する津波からの円滑な避難の確保に関し作成する計画をいい、以下「対策計画」という。）の基本となるべき事項その他推進地域における地震防災対策の推進に関する重要事項について定めるものとする。

3　前項の国の南海トラフ地震に係る地震防災対策の推進に関する基本的な施策に関する事項については、原則として、当該施策の具体的な目標及びその達成の期間を定めるものとする。

4　中央防災会議は、基本計画の作成及びその実施の推進に当たっては、南海トラフ地震の発生の形態並びに南海トラフ地震に伴い発生する地震動及び津波の規模に応じて予想される災害の事態が異なることに鑑み、あらゆる災害の事態に対応することができるよう適切に配慮するものとする。

5　基本計画は、大規模地震対策特別措置法（昭和五十三年法律第七十三号）第二条第十号に規定する地震防災基本計画と整合性のとれたものでなければならない。

6　災害対策基本法第三十四条第二項の規定は、基本計画を作成し、又は変更した場合に準用する。

（推進計画）

第五条　第三条第一項の規定による推進地域の指定があったときは、災害対策基本法第二条第三号に規定する指定行政機関（以下「指定行政機関」という。）の長（指定行政機関が内閣府設置法（平成十一年法律第八十九号）第四十九条第一項若しくは第二項若しくは国家行政組織法（昭和二十三年法律第百二十号）第三条第二項の委員会又は災害対策基本法第二条第三号ロに掲げる機関若しくは同号ニに掲げる機関のうち合議制のものである場合にあっては当該指定行政機関をいい、指定行政機関の長から事務の委任があった場合にあっては当該事務については当該委任を受けた同条第四号に規定する指定地方行政機関（以下「指定地方行政機関」という。）の長をいう。）及び同条第五号に規定する指定公共機関（以下「指定公共機関」という。）（指定公共機関から委任された業務については、当該委任を受けた同条第六号に規定する指定地方公共機関（以下「指定地方公共機関」という。））は同条第九号に規定する防災業務計画において、次に掲げる事項を定めなければならない。

一　避難施設その他の避難場所、避難路その他の避難経路、避難誘導及び救助活動のための拠点施設その他の消防用施設その他南海トラフ地震に関し地震防災上緊急に整備すべき施設等で政令で定めるものの整備に関する事項

二　南海トラフ地震に伴い発生する津波からの防護、円滑な避難の確保及び迅速な救助に関する事項
三　南海トラフ地震に係る防災訓練に関する事項
四　関係指定行政機関、関係指定地方行政機関、関係地方公共団体、関係指定公共機関、関係指定地方公共機関その他の関係者との連携協力の確保に関する事項
五　前各号に掲げるもののほか、南海トラフ地震に係る地震防災上重要な対策に関する事項で政令で定めるもの

2　前項に規定する指定があったときは、災害対策基本法第二十一条に規定する地方防災会議等（市町村防災会議を設置しない市町村にあっては、当該市町村の市町村長）は同法第二条第十号に規定する地域防災計画において、石油コンビナート等災害防止法第二十七条第一項に規定する石油コンビナート等防災本部及び同法第三十条第一項に規定する防災本部の協議会は同法第三十一条第一項に規定する石油コンビナート等防災計画において、前項各号に掲げる事項を定めるよう努めなければならない。この場合において、市町村防災会議（市町村防災会議を設置しない市町村にあっては、当該市町村の市町村長。以下同じ。）は、第十二条第一項に規定する津波避難対策緊急事業計画の基本となるべき事項を定めることができる。

3　第一項第一号に掲げる事項については、原則として、その具体的な目標及びその達成の期間を定めるものとする。

4　推進計画は、基本計画を基本とするものとする。

（推進計画の特例）

第六条　前条第一項又は第二項に規定する者が、大規模地震対策特別措置法第六条第一項又は第二項の規定に基づき、前条第一項各号に掲げる事項を定めたときは、当該事項を定めた部分は、推進計画とみなしてこの法律を適用する。

（対策計画）

第七条　推進地域内において次に掲げる施設又は事業で政令で定めるものを管理し、又は運営することとなる者（第五条第一項に規定する者を除き、南海トラフ地震に伴い発生する津波に係る地震防災対策を講ずべき者として基本計画で定める者に限る。）は、あらかじめ、当該施設又は事業ごとに、対策計画を作成しなければならない。

一　病院、劇場、百貨店、旅館その他不特定かつ多数の者が出入りする施設
二　石油類、火薬類、高圧ガスその他政令で定めるものの製造、貯蔵、処理又は取扱いを行う施設
三　鉄道事業その他一般旅客運送に関する事業
四　前三号に掲げるもののほか、地震防災上の措置を講ずる必要があると認められる重要な施設又は事業

2　第三条第一項の規定による推進地域の指定の際、当該推進地域内において前項の政令で定める施設又は事業を現に管理し、又は運営している者（第五条第一項に規定する者を除き、南海トラフ地震に伴い発生する津波に係る地震防災対策を講ずべき者として基本計画で定める者に限る。）は、当該指定があった日から六月以内に、対策計画を作成しなければならない。

3　対策計画を作成した者は、当該施設の拡大、当該事業の内容の変更等により、対策計画を変更する必要が生じたときは、遅滞なく当該対策計画を変更しなければならない。

4　対策計画は、当該施設又は事業についての南海トラフ地震に伴い発生する津波からの円滑な避難の確保に関する事項その他政令で定める事項について定めるものとする。

5　対策計画は、推進計画と矛盾し、又は抵触するものであってはならない。

6　第一項又は第二項に規定する者は、対策計画を作成したときは、

政令で定めるところにより、遅滞なく当該対策計画を都府県知事に届け出るとともに、その写しを市町村長に送付しなければならない。これを変更したときも、同様とする。

7　第一項又は第二項に規定する者が前項の届出をしない場合には、都府県知事は、その者に対し、相当の期間を定めて届出をすべきことを勧告することができる。

8　都府県知事は、前項の勧告を受けた者が同項の期間内に届出をしないときは、その旨を公表することができる。

（対策計画の特例）

第八条　前条第一項又は第二項に規定する者が、次に掲げる計画又は規程において、法令の規定に基づき、同条第一項の政令で定める施設又は事業に関し同条第四項に規定する事項について定めたときは、当該事項について定めた部分（次項において「南海トラフ地震防災規程」という。）は、当該施設又は事業に係る対策計画とみなしてこの法律を適用する。

一　大規模地震対策特別措置法第二条第十二号に規定する地震防災応急計画（同法第八条第一項の規定により同号に規定する地震防災応急計画とみなされるものを含む。）

二　消防法（昭和二十三年法律第百八十六号）第八条第一項若しくは第八条の二第一項（これらの規定を同法第三十六条第一項において準用する場合を含む。）に規定する消防計画又は同法第十四条の二第一項に規定する予防規程

三　火薬類取締法（昭和二十五年法律第百四十九号）第二十八条第一項に規定する危害予防規程

四　高圧ガス保安法（昭和二十六年法律第二百四号）第二十六条第一項に規定する危害予防規程

五　ガス事業法（昭和二十九年法律第五十一号）第二十四条第一項、第六十四条第一項（同法第八十四条において準用する場合を含む。）及び第九十七条第一項に規定する保安規程

六　電気事業法（昭和三十九年法律第百七十号）第四十二条第一項に規定する保安規程

七　石油パイプライン事業法（昭和四十七年法律第百五号）第二十七条第一項に規定する保安規程

八　石油コンビナート等災害防止法第十八条第一項に規定する防災規程

九　前各号に掲げる計画又は規程に準ずるものとして内閣府令で定めるもの

2　南海トラフ地震防災規程（前項第一号に係るものを除く。以下この項において同じ。）を作成した者は、前条第六項の規定にかかわらず、政令で定めるところにより、その南海トラフ地震防災規程の写しを市町村長に送付しなければならない。南海トラフ地震防災規程を変更したときも、同様とする。

（南海トラフ地震防災対策推進協議会）

第九条　関係指定行政機関の長及び関係指定地方行政機関の長、関係地方公共団体の長並びに関係指定公共機関及び関係指定地方公共機関は、共同で、南海トラフ地震が発生した場合における災害応急対策及び当該災害応急対策に係る防災訓練の実施に係る連絡調整その他の南海トラフ地震に係る地震防災対策を相互に連携協力して推進するために必要な協議を行うための協議会（以下この条において単に「協議会」という。）を組織することができる。

2　前項の規定により協議会を組織する関係指定行政機関の長及び関係指定地方行政機関の長、関係地方公共団体の長並びに関係指定公共機関及び関係指定地方公共機関は、必要と認めるときは、協議して、協議会に、南海トラフ地震に係る地震防災対策を実施すると見込まれる者その他の協議会が必要と認める者を加えることができる。

3　第一項の協議を行うための会議（以下この条において単に「会議」という。）は、同項の規定により協議会を組織する関係指定行政機関の長及び関係指定地方行政機関の長、関係地方公共団体の長並びに関係指定公共機関及び関係指定地方公共機関並びに前項の規定により加わった協議会が必要と認める者をもって構成する。

4　協議会は、会議において協議を行うため必要があると認めるときは、指定行政機関の長及び指定地方行政機関の長、地方公共団体の長並びに指定公共機関及び指定地方公共機関その他の関係者に対して、資料の提供、意見の表明、説明その他必要な協力を求めることができる。

5　会議において協議が調った事項については、協議会の構成員は、その協議の結果を尊重しなければならない。

6　協議会の庶務は、内閣府において処理する。

7　前各項に定めるもののほか、協議会の運営に関し必要な事項は、協議会が定める。

（南海トラフ地震津波避難対策特別強化地域の指定等）

第一〇条　内閣総理大臣は、推進地域のうち、南海トラフ地震に伴い津波が発生した場合に特に著しい津波災害が生ずるおそれがあるため、津波避難対策を特別に強化すべき地域を、南海トラフ地震津波避難対策特別強化地域（以下「特別強化地域」という。）として指定するものとする。

2　内閣総理大臣は、前項の規定により特別強化地域を指定するに当たっては、南海トラフ地震として科学的に想定し得る最大規模のものを想定して行うものとする。

3　内閣総理大臣は、第一項の規定による特別強化地域の指定をしようとするときは、あらかじめ中央防災会議に諮問しなければならない。

4　内閣総理大臣は、第一項の規定による特別強化地域の指定をしようとするときは、あらかじめ関係都府県の意見を聴かなければならない。この場合において、関係都府県が意見を述べようとするときは、あらかじめ関係市町村の意見を聴かなければならない。

5　内閣総理大臣は、第一項の規定による特別強化地域の指定をしたときは、その旨を公示しなければならない。

6　前三項の規定は、内閣総理大臣が第一項の規定による特別強化地域の指定の解除をする場合に準用する。

（津波からの円滑な避難のための居住者等に対する周知のための措置）

第一一条　前条第一項の規定による特別強化地域の指定があったときは、関係市町村長は、居住者、滞在者その他の者の南海トラフ地震に伴い発生する津波からの円滑な避難に資するよう、内閣府令で定めるところにより、当該津波に関する情報の伝達方法、避難施設その他の避難場所及び避難路その他の避難経路に関する事項その他特別強化地域における円滑な避難を確保する上で必要な事項を居住者、滞在者その他の者に周知させるため、これらの事項を記載した印刷物の配布その他の必要な措置を講じなければならない。ただし、当該特別強化地域において、津波防災地域づくりに関する法律（平成二十三年法律第百二十三号）第五十五条に規定する措置が講じられているときは、この限りでない。

（津波避難対策緊急事業計画）

第一二条　第十条第一項の規定による特別強化地域の指定があったときは、関係市町村長は、当該特別強化地域について、市町村防災会議が定める推進計画に基づき、南海トラフ地震に伴い発生する津波から避難するため必要な緊急に実施すべき次に掲げる事業に関する計画（以下「津波避難対策緊急事業計画」という。）を作成することができる。

一　南海トラフ地震に伴い発生する津波からの避難の用に供する避

難施設その他の避難場所の整備に関する事業

二　前号の避難場所までの避難の用に供する避難路その他の避難経路の整備に関する事業

三　集団移転促進事業（防災のための集団移転促進事業に係る国の財政上の特別措置等に関する法律（昭和四十七年法律第百三十二号。以下「集団移転促進法」という。）第二条第二項に規定する集団移転促進事業をいい、第十六条の規定による特別の措置の適用を受けようとするものを含む。以下同じ。）

四　集団移転促進事業に関連して移転が必要と認められる施設であって、高齢者、障害者、乳幼児、児童、生徒その他の迅速な避難の確保を図るため特に配慮を要する者が利用する施設で政令で定めるものの整備に関する事業

2　前項各号に掲げる事項については、原則として、その具体的な目標及びその達成の期間を定めるものとする。

3　第一項各号に掲げる事項には、関係市町村が実施する事業に係る事項を記載するほか、必要に応じ、関係市町村以外の者が実施する事業に係るものを記載することができる。

4　関係市町村長は、津波避難対策緊急事業計画に関係市町村以外の者が実施する事業に係る事項を記載しようとするときは、当該事項について、あらかじめ、その者の同意を得なければならない。

5　関係市町村長は、津波避難対策緊急事業計画を作成しようとするときは、あらかじめ、内閣総理大臣に協議し、その同意を得なければならない。

6　関係市町村長は、前項の協議をしようとするときは、あらかじめ、都府県知事の意見を聴き、津波避難対策緊急事業計画にその意見を添えて、内閣総理大臣に提出しなければならない。

7　内閣総理大臣は、第五項の同意をしようとするときは、あらかじめ、関係行政機関の長と協議しなければならない。

8　第二項から前項までの規定は、津波避難対策緊急事業計画の変更について準用する。ただし、内閣府令で定める軽微な変更については、この限りでない。

9　関係市町村長は、前項ただし書の軽微な変更については、内閣総理大臣に届け出なければならない。

（津波避難対策緊急事業に係る国の負担又は補助の特例等）

第一三条　津波避難対策緊急事業計画に基づいて実施される事業（以下この条において「津波避難対策緊急事業」という。）のうち、別表に掲げるもの（当該津波避難対策緊急事業に関する主務大臣の定める基準に適合するものに限る。第三項において同じ。）に要する経費に対する国の負担又は補助の割合（以下「国の負担割合」という。）は、当該津波避難対策緊急事業に関する法令の規定にかかわらず、同表のとおりとする。

2　津波避難対策緊急事業に係る経費に対する他の法令による国の負担割合が、前項の規定による国の負担割合を超えるときは、当該津波避難対策緊急事業に係る経費に対する国の負担割合については、同項の規定にかかわらず、当該他の法令の定める割合による。

3　国は、津波避難対策緊急事業のうち、別表に掲げるものに要する経費に充てるため政令で定める交付金を交付する場合においては、政令で定めるところにより、当該経費について前二項の規定を適用したとするならば国が負担し、又は補助することとなる割合を参酌して、当該交付金の額を算定するものとする。

（移転が必要と認められる施設の整備に係る財政上の配慮等）

第一四条　国は、第十二条第一項第四号に規定する政令で定める施設の整備に関し、必要な財政上及び金融上の配慮をするものとする。

（集団移転促進事業に係る農地法の特例）

第一五条　市町村（農地法（昭和二十七年法律第二百二十九号）第四条第一項に規定する指定市町村を除く。）が津波避難対策緊急事業

計画に基づき集団移転促進事業を実施するため、農地（耕作（同法第四十三条第一項の規定により耕作に該当するものとみなされる農作物の栽培を含む。以下この条において同じ。）の目的に供される土地をいう。以下この条において同じ。）を農地以外のものにし、又は農地若しくは採草放牧地（農地以外の土地で、主として耕作又は養畜の事業のための採草又は家畜の放牧の目的に供されるものをいう。以下この条において同じ。）を農地若しくは採草放牧地以外のものにするためこれらの土地について所有権若しくは使用及び収益を目的とする権利を取得する場合において、都府県知事は、当該集団移転促進事業が次に掲げる要件に該当するものであると認めるときは、同法第四条第六項（第一号に係る部分に限る。）又は第五条第二項（第一号に係る部分に限る。）の規定にかかわらず、同法第四条第一項又は第五条第一項の許可をすることができる。

一　関係市町村における南海トラフ地震に係る地震防災対策の円滑かつ迅速な推進のため必要かつ適当であると認められること。

二　関係市町村の農業の健全な発展に支障を及ぼすおそれがないと認められること。

（集団移転促進法の特例）

第一六条　津波避難対策緊急事業計画に基づく集団移転促進事業を実施する場合における集団移転促進法第八条第一号の規定の適用については、同号中「場合を除く」とあるのは、「場合であつて、当該譲渡に係る対価の額が当該経費の額以上となる場合を除く」とする。

（集団移転促進事業に係る国土利用計画法等による協議等についての配慮）

第一七条　国の行政機関の長又は都府県知事は、津波避難対策緊急事業計画に基づく集団移転促進事業の実施のため国土利用計画法（昭和四十九年法律第九十二号）その他の土地利用に関する法律、補助金等に係る予算の執行の適正化に関する法律（昭和三十年法律第百七十九号）その他の法律の規定による協議その他の行為又は許可その他の処分を求められたときは、当該集団移転促進事業に係る施設の整備が円滑に行われるよう適切な配慮をするものとする。

（地方債の特例）

第一八条　地方公共団体が第十二条第一項第四号に規定する政令で定める施設その他津波避難対策緊急事業計画に基づく集団移転促進事業に関連して移転する公共施設又は公用施設の除却を行うために要する経費（公共的団体又は国若しくは地方公共団体が出資している法人で政令で定めるものが設置する同号に規定する政令で定める施設その他当該集団移転促進事業に関連して移転する公共施設の除却に係る負担又は助成に要する経費を含む。）については、地方財政法（昭和二十三年法律第百九号）第五条の規定にかかわらず、地方債をもってその財源とすることができる。

（地震観測施設等の整備）

第一九条　国は、南海トラフ地震に関する観測及び測量のための施設等の整備に努めなければならない。

（地震防災上緊急に整備すべき施設等の整備等）

第二〇条　国及び地方公共団体は、推進地域において、避難施設その他の避難場所、避難路その他の避難経路、避難誘導及び救助活動のための拠点施設その他の消防用施設その他南海トラフ地震に関し地震防災上緊急に整備すべき施設等の整備等に努めなければならない。

（財政上の配慮等）

第二一条　国は、この法律に特別の定めのあるもののほか、南海トラフ地震に係る地震防災対策の推進のため必要な財政上及び金融上の配慮をするものとする。

（政令への委任）

第二二条　この法律に特別の定めがあるもののほか、この法律の実施のための手続その他この法律の施行に関し必要な事項は、政令で定める。

附　則

（施行期日）

第一条　この法律は、公布の日から起算して一年を超えない範囲内において政令で定める日から施行する。

〔平成一五年七月政令三二三号により、平成一五・七・二五から施行〕

第二条・第三条　〔略〕

附　則〔平成一五年六月一八日法律第九二号抄〕

（施行期日）

第一条　この法律〔中略〕は、当該各号に定める日から施行する。

一・二　〔略〕

三　〔前略〕附則〔中略〕第五十三条の規定　平成十六年四月一日

附　則〔平成一九年六月二二日法律第九三号抄〕

（施行期日）

第一条　この法律は、公布の日から起算して二年を超えない範囲内において政令で定める日から施行する。

〔平成二〇年九月政令三〇〇号により、平成二一・六・一から施行〕

附　則〔平成二三年八月三〇日法律第一〇五号抄〕

（施行期日）

第一条　この法律は、公布の日から施行する。〔以下略〕

附　則〔平成二五年一一月二九日法律第八七号抄〕

（施行期日）

第一条　この法律は、公布の日から起算して一年を超えない範囲内において政令で定める日から施行する。

〔平成二五年一二月政令三五九号により、平成二五・一二・二七から施行〕

（経過措置）

第二条　この法律の施行前にこの法律による改正前の東南海・南海地震に係る地震防災対策の推進に関する特別措置法（以下この条において「旧法」という。）第六条第一項又は第二項の規定により定められた推進計画及び旧法第七条第一項又は第二項の規定により作成された対策計画（旧法第八条第一項の規定により対策計画とみなされるものを含む。）は、この法律による改正後の南海トラフ地震に係る地震防災対策の推進に関する特別措置法（以下この条において「新法」という。）第五条第一項各号に掲げる事項及び新法第七条第四項に規定する事項について定めた部分については、新法第五条第一項又は第二項の規定により定められた推進計画及び新法第七条第一項又は第二項の規定により作成された対策計画（新法第八条第一項の規定により対策計画とみなされるものを含む。）とみなす。

（調整規定）

第四条　この法律の施行の日が平成二十六年四月一日前となる場合における地方税法（昭和二十五年法律第二百二十六号）附則第十五条第六項の規定の適用については、同項中「東南海・南海地震に係る地震防災対策の推進に関する特別措置法」とあるのは、「東南海・南海地震に係る地震防災対策の推進に関する特別措置法の一部を改正する法律（平成二十五年法律第八十七号）による改正前の東南海・南海地震に係る地震防災対策の推進に関する特別措置法」とする。

附　則〔平成二七年六月二四日法律第四七号抄〕

（施行期日）

第一条　この法律〔中略〕は、当該各号に定める日から施行する。

一～四　〔略〕

五　〔前略〕附則第九十条から第九十五条まで〔中略〕の規定　公布の日から起算して二年六月を超えない範囲内において政令で定

める日

〔平成二八年五月政令二二九号により、平成二九・四・一から施行〕

六～八　〔略〕

附　則〔平成二七年六月二六日法律第五〇号抄〕

（施行期日）

第一条　この法律は、平成二十八年四月一日から施行する。〔以下略〕

附　則〔平成二七年九月四日法律第六三号抄〕

（施行期日）

第一条　この法律は、平成二十八年四月一日から施行する。ただし、次の各号に掲げる規定は、当該各号に定める日から施行する。

一　附則〔中略〕第百十五条の規定　公布の日（以下「公布日」という。）

二・三　〔略〕

（罰則に関する経過措置）

第一一四条　この法律の施行前にした行為並びにこの附則の規定によりなお従前の例によることとされる場合及びこの附則の規定によりなおその効力を有することとされる場合におけるこの法律の施行後にした行為に対する罰則の適用については、なお従前の例による。

（政令への委任）

第一一五条　この附則に定めるもののほか、この法律の施行に関し必要な経過措置（罰則に関する経過措置を含む。）は、政令で定める。

附　則〔平成三〇年五月一八日法律第二三号抄〕

（施行期日）

第一条　この法律は、公布の日から起算して六月を超えない範囲内において政令で定める日から施行する。〔以下略〕

〔平成三〇年一一月政令三一〇号により、平成三〇・一一・一六から施行〕

附　則〔令和三年五月一〇日法律第三一号抄〕

（施行期日）

第一条　この法律〔中略〕は、当該各号に定める日から施行する。

一　〔略〕

二　〔前略〕附則〔中略〕第九条から第十二条まで〔中略〕の規定　公布の日から起算して三月を超えない範囲内において政令で定める日

〔令和三年七月政令二〇四号により、令和三・七・一五から施行〕

別表（第十三条関係）

事業の区分	国の負担割合
南海トラフ地震に伴い発生する津波からの避難の用に供する避難施設その他の避難場所の整備で地方公共団体その他の政令で定める者が実施するもの	三分の二
南海トラフ地震に伴い発生する津波からの避難場所までの避難の用に供する避難路その他の避難経路の整備で地方公共団体その他の政令で定める者が実施するもの	三分の二

○南海トラフ地震に係る地震防災対策の推進に関する特別措置法施行令

（平成十五年七月二十四日政令第三百二十四号）

〔改正経過〕
平成一五年一二月　三日　政令第四七六号
平成一六年　二月　六日　政令第　一九号
平成一六年　七月　九日　政令第二二五号
平成一七年一一月　二日　政令第三三三号
平成一八年　三月三一日　政令第一五四号
平成一八年　八月一八日　政令第二七六号
平成一八年　九月二六日　政令第三二〇号
平成一九年　三月二二日　政令第　五五号
平成一九年　六月一三日　政令第一七九号
平成一九年一二月一二日　政令第三六三号
平成二二年　六月二四日　政令第一八一号
平成二二年　九月二二日　政令第二九六号
平成二三年一二月　二日　政令第三七六号
平成二四年　二月　三日　政令第　二六号
平成二四年　九月一四日　政令第二三五号
平成二五年　一月一八日　政令第　　五号
平成二五年　六月二六日　政令第一九一号
平成二五年一一月二七日　政令第三一九号
平成二五年一二月二六日　政令第三六〇号
平成二七年一二月一六日　政令第四二一号
平成二八年　二月一七日　政令第　四三号
平成二八年　二月一九日　政令第　四五号
平成二八年　四月二〇日　政令第二〇三号
平成二九年　三月二三日　政令第　四〇号
平成三〇年　三月二二日　政令第　五四号
平成三〇年　三月二二日　政令第　五五号
令和　元年一一月　七日　政令第一五五号
令和　三年　七月一四日　政令第二〇五号
令和　四年　三月三一日　政令第一六七号
令和　五年　四月　七日　政令第一六三号
令和　五年一〇月一八日　政令第三〇四号

東南海・南海地震に係る地震防災対策の推進に関する特別措置法施行令をここに公布する。

南海トラフ地震に係る地震防災対策の推進に関する特別措置法施行令

内閣は、東南海・南海地震に係る地震防災対策の推進に関する特別措置法（平成十四年法律第九十二号）第六条第一項各号、第七条第一項、第四項及び第六項並びに第八条第二項の規定に基づき、この政令を制定する。

（地震防災上緊急に整備すべき施設等）

第一条　南海トラフ地震に係る地震防災対策の推進に関する特別措置法（平成十四年法律第九十二号。以下「法」という。）第五条第一項第一号の政令で定める施設等は、次のとおりとする。

一　次に掲げる施設等で当該施設等に関する主務大臣が定める基準に適合するもの

イ　避難場所

ロ　避難経路

ハ　消防団による避難誘導のための拠点施設、消防組織法（昭和二十二年法律第二百二十六号）第四十五条第一項に規定する緊急消防援助隊による救助活動のための拠点施設その他消防用施設で総務大臣が定めるもの

ニ　消防活動が困難である区域の解消に資する道路

ホ　老朽住宅密集市街地における延焼防止上必要な道路若しくは公園、緑地、広場その他の公共空地又は建築物

ヘ　緊急輸送を確保するため必要な道路、交通管制施設、ヘリポート、港湾施設（港湾法（昭和二十五年法律第二百十八号）

第二条第五項第二号の外郭施設、同項第三号の係留施設及び同項第四号の臨港交通施設に限る。）又は漁港施設（漁港及び漁場の整備等に関する法律（昭和二十五年法律第百三十七号）第三条第一号イの外郭施設、同号ロの係留施設及び同条第二号イの輸送施設に限る。）

ト　共同溝の整備等に関する特別措置法（昭和三十八年法律第八十一号）第二条第五項に規定する共同溝、電線共同溝の整備等に関する特別措置法（平成七年法律第三十九号）第二条第三項に規定する電線共同溝その他電線、水管等の公益物件を地下に収容するための施設

チ　津波により生ずる被害の発生を防止し、又は軽減することにより円滑な避難を確保するため必要な海岸法（昭和三十一年法律第百一号）第二条第一項に規定する海岸保全施設、河川法（昭和三十九年法律第百六十七号）第三条第二項に規定する河川管理施設又は津波防災地域づくりに関する法律（平成二十三年法律第百二十三号）第二条第十項に規定する津波防護施設

リ　砂防法（明治三十年法律第二十九号）第一条に規定する砂防設備、森林法（昭和二十六年法律第二百四十九号）第四十一条第三項に規定する保安施設事業に係る保安施設、地すべり等防止法（昭和三十三年法律第三十号）第二条第三項に規定する地すべり防止施設又は急傾斜地の崩壊による災害の防止に関する法律（昭和四十四年法律第五十七号）第二条第二項に規定する急傾斜地崩壊防止施設で、避難経路、緊急輸送を確保するため必要な道路又は人家の地震防災上必要なもの

ヌ　次に掲げる施設のうち、地震防災上改築又は補強を要するもの

(1)　医療法（昭和二十三年法律第二百五号）第三十一条に規定する公的医療機関

(2)　国及び地方公共団体の救急医療の確保に関する施策に協力して、休日診療若しくは夜間診療を行っている病院又は救急医療に係る高度の医療を提供している病院（これらの病院のうち、医療法第七条の二第一項各号に掲げる者が開設するものを除く。）

(3)　社会福祉施設（社会福祉法（昭和二十六年法律第四十五号）第二条第一項に規定する社会福祉事業の経営に係る施設をいう。第七条第一号において同じ。）

(4)　公立の小学校、中学校、義務教育学校、中等教育学校（前期課程に係るものに限る。）又は特別支援学校

(5)　(1)及び(2)に掲げるもののほか、不特定かつ多数の者が利用する公的建造物

ル　農業用用排水施設であるため池で、避難経路、緊急輸送を確保するため必要な道路又は人家の地震防災上改修その他の整備を要するもの

ヲ　地震災害時において災害応急対策の拠点として機能する地域防災拠点施設

ワ　地震災害時において迅速かつ的確な被害状況の把握及び住民に対する災害情報の伝達を行うため必要な防災行政無線設備その他の施設又は設備

カ　地震災害時において飲料水、食糧、電源その他被災者の生活に不可欠なものを確保するため必要な井戸、貯水槽、水泳プール、非常用食糧の備蓄倉庫、自家発電設備その他の施設又は設備

ヨ　地震災害時における応急的な措置に必要な救助用資機材その他の物資の備蓄倉庫

タ　地震災害時において負傷者を一時的に収容し、及び保護するための救護設備その他の地震災害時における応急的な措置に必

要な設備又は資機材

二　石油コンビナート等災害防止法（昭和五十年法律第八十四号）第二条第二号に規定する石油コンビナート等特別防災区域に係る緩衝地帯として設置する緑地、広場その他の公共空地

（地震防災上重要な対策に関する事項）

第二条　法第五条第一項第五号の政令で定める事項は、地震防災上必要な教育及び広報に関する事項とする。

（対策計画を作成すべき施設又は事業）

第三条　法第七条第一項の規定に基づき対策計画を作成しなければならない施設又は事業は、次に掲げるもの（第三号から第八号までに掲げる施設にあっては、石油類、火薬類、高圧ガスその他次条に規定するものの製造、貯蔵、処理又は取扱いを行うものに限る。）とする。

一　消防法施行令（昭和三十六年政令第三十七号）第一条の二第三項第一号に掲げる防火対象物（同令別表第一㈤項ロ、㈥項ロ、ハ及びニ、㈦項、⑿項、⒀項ロ、⒁項並びに⒃項に掲げるものを除く。）及び同表⒃の㈢項に掲げる防火対象物で不特定かつ多数の者が出入りするもの

二　消防法（昭和二十三年法律第百八十六号）第八条第一項に規定する複合用途防火対象物のうち、その一部が消防法施行令別表第一㈠項から㈣項まで、㈤項イ、㈥項イ、㈧項から⑾項まで、⒀項イ又は⒂項に掲げる防火対象物（不特定かつ多数の者が出入りするものに限る。）の用途に供されているもので、当該用途に供されている部分の収容人員（同令第一条の二第三項第一号イに規定する収容人員をいう。）の合計が三十人以上のもの（その一部が同表㈤項ロに掲げる防火対象物の用途に供されている複合用途防火対象物にあっては、当該用途に供されている部分を除く。）

三　消防法第十四条の二第一項に規定する製造所、貯蔵所又は取扱所

四　火薬類取締法（昭和二十五年法律第百四十九号）第三条の許可に係る製造所

五　高圧ガス保安法（昭和二十六年法律第二百四号）第五条第一項の許可に係る事業所（不活性ガスのみの製造に係る事業所を除く。）

六　毒物又は劇物（液体又は気体のものに限る。以下この号において同じ。）を製造し、貯蔵し、又は取り扱う施設（当該施設において通常貯蔵し、又は一日に通常製造し、若しくは取り扱う毒物又は劇物の総トン数が、毒物にあっては二十トン以上、劇物にあっては二百トン以上のものに限る。）

七　核原料物質、核燃料物質及び原子炉の規制に関する法律（昭和三十二年法律第百六十六号）第三条第二項第二号の製錬施設、同法第十三条第二項第二号の加工施設、同法第二十三条第二項第五号の試験研究用等原子炉施設、同法第四十三条の三の五第二項第五号の発電用原子炉施設、同法第四十三条の四第二項第二号の使用済燃料貯蔵施設、同法第四十四条第二項第二号の再処理施設又は核原料物質、核燃料物質及び原子炉の規制に関する法律施行令（昭和三十二年政令第三百二十四号）第三条に規定する防護対象特定核燃料物質を取り扱う同法第五十二条第二項第十号の使用施設等

八　石油コンビナート等災害防止法第二条第六号に規定する特定事業所

九　鉄道事業法（昭和六十一年法律第九十二号）第二条第一項に規定する鉄道事業又は旅客の運送を行う同条第五項に規定する索道事業

十　軌道法（大正十年法律第七十六号）第三条の特許に係る運輸事

業

十一　海上運送法（昭和二十四年法律第百八十七号）第二条第五項に規定する一般旅客定期航路事業又は同法第二十一条第一項に規定する旅客不定期航路事業

十二　道路運送法（昭和二十六年法律第百八十三号）第三条第一号イの一般乗合旅客自動車運送事業（路線を定めて定期に運行する自動車により乗合旅客の運送を行うものに限る。）

十三　学校教育法（昭和二十二年法律第二十六号）第一条に規定する学校、同法第百二十四条に規定する専修学校、同法第百三十四条第一項に規定する各種学校その他これらに類する施設

十四　授産施設、児童福祉法（昭和二十二年法律第百六十四号）第七条第一項に規定する児童福祉施設（児童遊園を除く。）、身体障害者福祉法（昭和二十四年法律第二百八十三号）第五条第一項に規定する身体障害者社会参加支援施設、生活保護法（昭和二十五年法律第百四十四号）第三十八条第一項に規定する保護施設、老人福祉法（昭和三十八年法律第百三十三号）第五条の三に規定する老人福祉施設若しくは同法第二十九条第一項に規定する有料老人ホーム、介護保険法（平成九年法律第百二十三号）第八条第二十八項に規定する介護老人保健施設若しくは同条第二十九項に規定する介護医療院、障害者の日常生活及び社会生活を総合的に支援するための法律（平成十七年法律第百二十三号）第五条第一項に規定する障害福祉サービス事業（生活介護、自立訓練、就労移行支援又は就労継続支援を行う事業に限る。）の用に供する施設、同条第十一項に規定する障害者支援施設、同条第二十七項に規定する地域活動支援センター若しくは同条第二十八項に規定する福祉ホーム又は困難な問題を抱える女性への支援に関する法律（令和四年法律第五十二号）第十二条第一項に規定する女性自立支援施設

十五　鉱山保安法（昭和二十四年法律第七十号）第二条第二項に規定する鉱山

十六　貯木場（港湾法第二条第五項第八号の保管施設であるものに限る。）

十七　人の生命、身体又は財産に害を加えるおそれのある動物で内閣府令で定めるものを常設の施設を設けて公衆の観覧に供する事業（当該事業の用に供する敷地の規模が一万平方メートル以上のものに限る。）

十八　道路法（昭和二十七年法律第百八十号）第二条第一項に規定する道路で地方道路公社が管理するもの又は道路運送法第二条第八項に規定する一般自動車道

十九　放送法（昭和二十五年法律第百三十二号）第二条第二号に規定する基幹放送の業務を行う事業又は同法第百十八条第一項に規定する放送局設備供給役務を提供する事業

二十　ガス事業法（昭和二十九年法律第五十一号）第二条第十一項に規定するガス事業

二十一　水道法（昭和三十二年法律第百七十七号）第三条第二項に規定する水道事業、同条第四項に規定する水道用水供給事業又は同条第六項に規定する専用水道

二十二　電気事業法（昭和三十九年法律第百七十号）第二条第一項第十六号に規定する電気事業

二十三　石油パイプライン事業法（昭和四十七年法律第百五号）第二条第三項に規定する石油パイプライン事業

二十四　前各号に掲げる施設又は事業に係る工場等（工場、作業場又は事業場をいう。以下この号において同じ。）以外の工場等で当該工場等に勤務する者の数が千人以上のもの

（危険物等の範囲）

第四条　法第七条第一項第二号の政令で定めるものは、次に掲げるも

の（石油類、火薬類及び高圧ガス以外のものに限る。）とする。

一　消防法第二条第七項に規定する危険物

二　毒物及び劇物取締法（昭和二十五年法律第三百三号）第二条第一項に規定する毒物又は同条第二項に規定する劇物

三　原子力基本法（昭和三十年法律第百八十六号）第三条第二号に規定する核燃料物質

四　危険物の規制に関する政令（昭和三十四年政令第三百六号）別表第四備考第六号に規定する可燃性固体類及び同表備考第八号に規定する可燃性液体類

五　石油コンビナート等災害防止法施行令（昭和五十一年政令第百二十九号）第三条第一項第五号に規定する高圧ガス以外の可燃性のガス

（対策計画に定めるべき事項）

第五条　法第七条第四項の政令で定める事項は、当該施設又は事業についての南海トラフ地震に係る防災訓練並びに地震防災上必要な教育及び広報に関する事項とする。

（対策計画の届出等の手続）

第六条　法第七条第六項の規定による対策計画の届出及びその写しの送付並びに法第八条第三項の規定による南海トラフ地震防災規程の写しの送付は、内閣府令で定めるところにより、図面その他の必要な書類を添付して行うものとする。

（迅速な避難の確保を図るため特に配慮を要する者が利用する施設）

第七条　法第十二条第一項第四号の政令で定める施設は、次に掲げるものとする。

一　高齢者、障害者、乳幼児又は児童が通所、入所又は入居をする社会福祉施設その他これに類する施設

二　幼稚園、小学校、中学校、義務教育学校、中等教育学校（前期課程に係るものに限る。）又は特別支援学校

三　病院、診療所又は助産所

（津波避難対策緊急事業に係る交付金等）

第八条　法第十三条第三項の政令で定める交付金は、次に掲げるものとする。

一　沖縄振興特別措置法（平成十四年法律第十四号）第九十六条第二項に規定する交付金

二　地域再生法（平成十七年法律第二十四号）第十三条第一項に規定する交付金（同法第五条第四項第一号ロに掲げる事業に要する経費に充てるためのものに限る。）

三　前二号に掲げるもののほか、法第十三条第三項に規定する事業に要する経費に充てるための交付金で内閣総理大臣が定めるもの

2　法第十三条第三項の規定により算定する交付金の額は、同項に規定する事業に要する経費に対する通常の国の交付金の額に、当該経費について同条第一項又は第二項の規定を適用したとするならば国が負担し、又は補助することとなる割合を参酌して内閣府令で定めるところにより算定した額を加算する方法により算定するものとする。

（集団移転促進事業に係る特例）

第九条　津波避難対策緊急事業計画に基づく集団移転促進事業を実施する場合における防災のための集団移転促進事業に係る国の財政上の特別措置等に関する法律施行令（昭和四十七年政令第四百三十二号）第三条の規定の適用については、同条中「法第八条各号」とあるのは、「南海トラフ地震に係る地震防災対策の推進に関する特別措置法（平成十四年法律第九十二号）第十六条の規定により読み替えて適用する法第八条各号」とする。

（国又は地方公共団体が出資している法人）

第一〇条　法第十八条の政令で定める法人は、国、地方公共団体又は

国若しくは地方公共団体の全額出資に係る法人が資本金、基本金その他これらに準ずるもの（以下この条において「資本金等」という。）の二分の一以上を出資している法人（国又は地方公共団体が資本金等の三分の一以上を出資しているものに限る。）とする。

（避難場所等の整備を実施する者）

第一一条　法別表の避難場所の整備を実施する政令で定める者及び避難経路の整備を実施する政令で定める者は、次に掲げる者とする。

一　地方公共団体（港湾法（昭和二十五年法律第二百十八号）第四条第一項の規定による港務局を含む。次号において同じ。）

二　地方公共団体から補助を受けて法別表の避難場所又は避難経路の整備を実施する者

附　則

（施行期日）

第一条　この政令は、法の施行の日（平成十五年七月二十五日）から施行する。

第二条・第三条　（略）

附　則〔平成一五年一二月三日政令第四七六号〕

この政令は、平成十六年四月一日から施行する。〔以下略〕

附　則〔平成一六年二月六日政令第一九号抄〕

（施行期日）

第一条　この政令は、（中略）は、当該各号に定める日から施行する。

一　（略）

二　（前略）附則（中略）第八条の規定　平成十六年八月一日

三　（略）

附　則〔平成一六年七月九日政令第二二五号抄〕

（施行期日）

第一条　この政令は、平成十七年十二月一日から施行する。

附　則〔平成一七年一一月二日政令第三三三号抄〕

（施行期日）

第一条　この政令は、核原料物質、核燃料物質及び原子炉の規制に関する法律の一部を改正する法律の施行の日（平成十七年十二月一日）から施行する。

附　則〔平成一八年三月二三日政令第一五四号抄〕

（施行期日）

第一条　この政令は、平成十八年四月一日から施行する。〔以下略〕

附　則〔平成一八年八月一八日政令第二七六号〕

この政令は、道路運送法等の一部を改正する法律の施行の日（平成十八年十月一日）から施行する。

附　則〔平成一八年九月二六日政令第三二〇号〕

この政令は、障害者自立支援法の一部の施行の日（平成十八年十月一日）から施行する。

障害者自立支援法の一部の施行に伴う関係政令の整備に関する政令〔抄〕

（平成十八年九月二十六日政令第三百二十号）

（東南海・南海地震に係る地震防災対策の推進に関する特別措置法施行令及び日本海溝・千島海溝周辺海溝型地震に係る地震防災対策の推進に関する特別措置法施行令の一部改正に伴う経過措置）

第四五条　施行日から障害者自立支援法附則第一条第三号に掲げる規定の施行の日（平成二四年四月一日）の前日までの間は、前条の規定による改正後の東南海・南海地震に係る地震防災対策の推進に関する特別措置法施行令第三条第十四号及び日本海溝・千島海溝周辺海溝型地震に係る地震防災対策の推進に関する特別措置法施行令第三条第十四号中「若しくは同条第二十二項」とあるのは「、同条第二十二項」と、「福祉ホーム」とあるのは「福祉ホーム若しくは同法附則第四十一条第一項、第四十八条若しくは第五十八条第一項の規定によりなお従前の例により運営をすることができることとされた同法附則第四十一条第一項に規定する身体障害者更生援護施設、同法附則第四十八条に規定する精神障害者社会復帰施設若しくは同法附則第五十八条第一項に規定する知的障害者援護施設」とする。

附　則〔平成一九年三月二二日政令第五五号抄〕

（施行期日）

第一条　この政令は、平成十九年四月一日から施行する。

附　則〔平成一九年六月一三日政令第一七九号抄〕

（施行期日）

第一条　この政令は、平成二十一年四月二日から施行する。

附　則〔平成一九年一二月一二日政令第三六三号〕

この政令は、学校教育法等の一部を改正する法律の施行の日（平成十九年十二月二十六日）から施行する。〔以下略〕

附　則〔平成二三年六月二四日政令第一八一号抄〕

（施行期日）

第一条　この政令は、放送法等の一部を改正する法律（平成二十二年法律第六十五号。以下「放送法等改正法」という。）の施行の日（平成二十三年六月三十日。以下「施行日」という。）から施行する。

附　則〔平成二三年九月二二日政令第二九六号〕

この政令は、平成二十三年十月一日から施行する。

附　則〔平成二三年一二月二日政令第三七六号抄〕

（施行期日）

第一条　この政令は、平成二十四年四月一日から施行する。〔以下略〕

附　則〔平成二四年二月三日政令第二六号抄〕

（施行期日）

第一条　この政令は、平成二十四年四月一日から施行する。〔以下略〕

附　則〔平成二四年九月一四日政令第二三五号抄〕

（施行期日）

第一条　この政令は、原子力規制委員会設置法の施行の日（平成二十四年九月十九日）から施行する。

附　則〔平成二五年一月一八日政令第五号〕

この政令は、平成二十五年四月一日から施行する。

附　則〔平成二五年六月二六日政令第一九一号抄〕

（施行期日）

1　この政令は、設置法（原子力規制委員会設置法）附則第一条第四号に掲げる規定の施行の日（平成二十五年七月八日）から施行する。

附　則〔平成二五年一一月二七日政令第三一九号抄〕

（施行期日）

1　この政令は、平成二十六年四月一日から施行する。

附　則〔平成二五年一二月二六日政令第三六〇号抄〕

（施行期日）

1　この政令は、東南海・南海地震に係る地震防災対策の推進に関する特別措置法の一部を改正する法律の施行の日（平成二十五年十二月二十七日）から施行する。

附　則〔平成二七年一二月一六日政令第四二一号〕

この政令は、平成二十八年四月一日から施行する。

附　則〔平成二八年二月一七日政令第四三号抄〕

（施行期日）

第一条　この政令は、改正法施行日（平成二十八年四月一日）から施行する。〔以下略〕

附　則〔平成二八年二月一九日政令第四五号〕

この政令は、地域における医療及び介護の総合的な確保を推進するための関係法律の整備等に関する法律附則第一条第六号に掲げる規定

の施行の日（平成二十八年四月一日）から施行する。〔以下略〕

附　則〔平成二八年四月二〇日政令第二〇三号抄〕

（施行期日）

1　この政令は、公布の日から施行する。

附　則〔平成二九年三月二三日政令第四〇号抄〕

（施行期日）

第一条　この政令は、第五号施行日（電気事業法等の一部を改正する等の法律（平成二十七年法律第四十七号）附則第一条第五号に掲げる規定の施行の日）（平成二十九年四月一日）から施行する。〔以下略〕

附　則〔平成三〇年三月二二日政令第五四号〕

この政令は、平成三十年四月一日から施行する。

附　則〔平成三〇年三月二二日政令第五五号抄〕

（施行期日）

第一条　この政令は、平成三十年四月一日から施行する。〔以下略〕

附　則〔令和元年一一月七日政令第一五五号〕

この政令は、原子力利用における安全対策の強化のための核原料物質、核燃料物質及び原子炉の規制に関する法律等の一部を改正する法律第三条の規定の施行の日（令和二年四月一日）から施行する。〔以下略〕

附　則〔令和三年七月一四日政令第二〇五号〕

この政令は、特定都市河川浸水被害対策法等の一部を改正する法律附則第一条第二号に掲げる規定の施行の日（令和三年七月十五日）から施行する。

附　則〔令和四年三月三一日政令第一六七号抄〕

（施行期日）

1　この政令は、令和四年四月一日から施行する。〔以下略〕

附　則〔令和五年四月七日政令第一六三号抄〕

（施行期日）

第一条　この政令は、令和六年四月一日から施行する。

附　則〔令和五年一〇月一八日政令第三〇四号〕

この政令は、漁港漁場整備法及び水産業協同組合法の一部を改正する法律の施行の日（令和六年四月一日）から施行する。

○南海トラフ地震に係る地震防災対策の推進に関する特別措置法施行規則

（平成十五年七月二十四日　内閣府令第七十六号）

〔改正経過〕
平成一七年　八月三一日　内閣府令第　九二号
平成二五年　七月一二日　内閣府令第　四七号
平成二五年一二月二六日　内閣府令第　七四号
令和　二年　六月　一日　内閣府令第　四三号
令和　三年　二月　一日　内閣府令第　　三号

東南海・南海地震に係る地震防災対策の推進に関する特別措置法（平成十四年法律第九十二号）第八条第一項第八号並びに東南海・南海地震に係る地震防災対策の推進に関する特別措置法施行令（平成十五年政令第三百二十四号）第三条第十七号及び第六条の規定に基づき、東南海・南海地震に係る地震防災対策の推進に関する特別措置法施行規則を次のように定める。

南海トラフ地震に係る地震防災対策の推進に関する特別措置法施行規則

（危険動物の範囲）

第一条　南海トラフ地震に係る地震防災対策の推進に関する特別措置法施行令（平成十五年政令第三百二十四号。以下「令」という。）第三条第十七号の内閣府令で定める動物は、動物の愛護及び管理に関する法律施行令（昭和五十年政令第百七号）第三条に規定する動物とする。

（対策計画の届出等）

第二条　令第六条に規定する対策計画の届出は、対策計画一部を別記様式第一の届出書とともに提出して行うものとする。

2　令第六条に規定する対策計画の写しの送付は、対策計画の写し一部を別記様式第二の送付書とともに提出して行うものとする。

3　令第六条に規定する南海トラフ地震防災規程の写しの送付は、南海トラフ地震防災規程の写し一部を別記様式第三の送付書とともに提出して行うものとする。

4　前三項の届出書又は送付書には、令第六条の規定により、次の書類一部を添付しなければならない。

一　当該届出書又は送付書が令第三条第一号から第八号まで、第十三号から第十六号まで、第十八号、第二十一号又は第二十四号に掲げる施設に係るものである場合にあっては、当該施設の位置を明らかにした図面

二　当該届出書又は送付書が令第三条第九号から第十二号まで、第十七号又は第十九号から第二十三号までに掲げる事業に係るものである場合にあっては、当該事業を運営するための主要な施設の位置を明らかにした図面（同条第十一号又は第十二号に掲げる事業に係るものである場合にあっては、航路図又は運行系統図を含む。）及び対策計画又は南海トラフ地震防災規程の写しの送付に係る市町村の名称を明らかにした書面

（法第八条第一項第九号の内閣府令で定めるもの）

第三条　南海トラフ地震に係る地震防災対策の推進に関する特別措置法（平成十四年法律第九十二号。以下「法」という。）第八条第一項第九号の計画又は規程に準ずるものとして内閣府令で定めるものは、次に掲げるものとする。

一　鉄道に関する技術上の基準を定める省令（平成十三年国土交通省令第百五十一号）第三条第一項の実施基準

二　索道施設に関する技術上の基準を定める省令（昭和六十二年運輸省令第十六号）第三条の細則

三　軌道運転規則（昭和二十九年運輸省令第二十二号）第四条第一項の施設及び車両の整備並びに運転取扱に関して定められた細則
四　海上運送法施行規則（昭和二十四年運輸省令第四十九号）第七条の二第一項（同令第二十三条の四において準用する場合を含む。）及び第二十一条の十九第二項の運航管理規程
五　旅客自動車運送事業運輸規則（昭和三十一年運輸省令第四十四号）第四十八条の二第一項の運行管理規程

（津波に関する情報の伝達方法等を居住者、滞在者その他の者に周知させるための必要な措置）
第四条　法第十一条の居住者、滞在者その他の者に周知させるための必要な措置は、次に掲げるものとする。
一　特別強化地域及び当該特別強化地域において想定される津波の水位を表示した図面に法第十一条に規定する事項を記載したもの（電気的方式、磁気的方式その他人の知覚によっては認識することができない方式で作られる記録を含む。）を、印刷物の配布その他の適切な方法により、各世帯に配布すること。
二　前号の図面に示した事項及び記載した事項に係る情報を、インターネットの利用その他の適切な方法により、居住者、滞在者その他の者がその提供を受けることができる状態に置くこと。

（法第十二条第八項の内閣府令で定める軽微な変更）
第五条　法第十二条第八項の内閣府令で定める軽微な変更は、次に掲げるものとする。
一　地域の名称の変更又は地番の変更に伴う範囲の変更
二　津波避難対策緊急事業計画に基づいて実施される事業の達成の期間に影響を与えない場合における津波避難対策緊急事業計画の期間の六月以内の変更
三　前二号に掲げるもののほか、津波避難対策緊急事業計画の趣旨の変更を伴わない変更

（通常の国の交付金の額に加算する額の算定）
第六条　令第八条第二項の規定により加算する額は、法第十三条第三項の事業に要する経費に対する通常の国の交付金の額に、当該事業につき法別表に掲げる割合を当該事業に要する経費に対する通常の国の負担若しくは補助の割合又はこれに相当するもので除して得た数から一を控除して得た数を乗じて算定するものとする。

附　則

この府令は、法の施行の日（平成十五年七月二十五日）から施行する。

附　則〔平成一七年八月三一日内閣府令第九二号抄〕

（施行期日）
1　この府令は、法の施行の日（平成十七年九月一日）から施行する。

附　則〔平成二五年七月一二日内閣府令第四七号〕

この府令は、公布の日から施行する。

附　則〔平成二五年一二月二六日内閣府令第七四号〕

この府令は、東南海・南海地震に係る地震防災対策の推進に関する特別措置法の一部を改正する法律の施行の日（平成二十五年十二月二十七日）から施行する。

附　則〔令和二年六月一日内閣府令第四三号〕

この府令は、公布の日から施行する。

附　則〔令和三年二月一日内閣府令第三号〕

（施行期日）
1　この府令は、公布の日から施行する。

（経過措置）
2　この府令の施行の際現にあるこの府令による改正前の様式（次項において「旧様式」という。）により使用されている書類は、この府令による改正後の様式によるものとみなす。
3　この府令の施行の際現にある旧様式による用紙については、当分の間、これを取り繕って使用することができる。

別記様式第一（第２条第１項関係）

南海トラフ地震防災対策計画届出書

年　月　日

殿

住所（法人にあっては、主たる事務所の所在地）

氏名（法人にあっては、その名称及び代表者の氏名）

南海トラフ地震防災対策計画を作成
変更したので、南海トラフ地震に係る地震防災対策の推進に関する特別措置法第７条第６項の規定により届け出ます。

施設又は事業の名称	（南海トラフ地震に係る地震防災対策の推進に関する特別措置法施行令第３条第　号該当）			
施設の場合にあっては当該施設の所在地				
施設又は事業の概要				
連絡先	住所			
	担当の名称		電話番号	

備考　用紙は、日本産業規格Ａ４とする。

別記様式第二（第２条第２項関係）

南海トラフ地震防災対策計画送付書

年　月　日

殿

住所（法人にあっては、主たる事務所の所在地）

氏名（法人にあっては、その名称及び代表者の氏名）

南海トラフ地震防災対策計画を作成
変更したので、南海トラフ地震に係る地震防災対策の推進に関する特別措置法第７条第６項の規定により届け出ます。

施設又は事業の名称	（南海トラフ地震に係る地震防災対策の推進に関する特別措置法施行令第３条第　号該当）			
施設の場合にあっては当該施設の所在地				
施設又は事業の概要				
連絡先	住所			
	担当の名称		電話番号	

備考　用紙は、日本産業規格Ａ４とする。

別記様式第三（第２条第３項関係）

南海トラフ地震防災規程送付書

年　月　日

殿

住所（法人にあっては、主たる事務所の所在地）

氏名（法人にあっては、その名称及び代表者の氏名）

南海トラフ地震防災規程を作成／変更したので、南海トラフ地震に係る地震防災対策の推進に関する特別措置法第８条第２項の規定により届け出ます。

施設又は事業の名称	（南海トラフ地震に係る地震防災対策の推進に関する特別措置法第８条第１項第　号該当）			
施設の場合にあっては当該施設の所在地				
施設又は事業の概要				
連絡先	住所			
	担当の名称		電話番号	

備考　用紙は、日本産業規格Ａ４とする。

○日本海溝・千島海溝周辺海溝型地震に係る地震防災対策の推進に関する特別措置法

（平成十六年四月二日　法律第二十七号）

〔改正経過〕
平成一九年　六月二二日　法律第　九三号
平成二三年　八月三〇日　法律第一〇五号
平成二七年　六月二四日　法律第　四七号
令和　四年　五月二〇日　法律第　四五号

日本海溝・千島海溝周辺海溝型地震に係る地震防災対策の推進に関する特別措置法をここに公布する。

日本海溝・千島海溝周辺海溝型地震に係る地震防災対策の推進に関する特別措置法

（目的）

第一条　この法律は、日本海溝・千島海溝周辺海溝型地震による災害が甚大で、かつ、その被災地域が広範にわたるおそれがあることに鑑み、日本海溝・千島海溝周辺海溝型地震による災害から国民の生命、身体及び財産を保護するため、日本海溝・千島海溝周辺海溝型地震防災対策推進地域の指定、日本海溝・千島海溝周辺海溝型地震防災対策推進基本計画等の作成、日本海溝・千島海溝周辺海溝型地震津波避難対策特別強化地域の指定、津波避難対策緊急事業計画の作成及びこれに基づく事業に係る財政上の特別の措置について定めるとともに、地震観測施設等の整備等について定めることにより、災害対策基本法（昭和三十六年法律第二百二十三号）、地震防災対策特別措置法（平成七年法律第百十一号）その他の地震防災対策に関する法律と相まって、日本海溝・千島海溝周辺海溝型地震に係る地震防災対策の推進を図ることを目的とする。

（定義）

第二条　この法律において「日本海溝・千島海溝周辺海溝型地震」とは、房総半島の東方沖から三陸海岸の東方沖を経て択捉島の東方沖までの日本海溝及び千島海溝並びにその周辺の地域における地殻の境界又はその内部を震源とする大規模な地震をいう。

２　この法律において「地震災害」とは、地震動により直接に生ずる被害及びこれに伴い発生する津波、火事、爆発その他の異常な現象により生ずる被害をいう。

３　この法律において「地震防災」とは、地震災害の発生の防止又は地震災害が発生した場合における被害の軽減をあらかじめ図ることをいう。

（日本海溝・千島海溝周辺海溝型地震防災対策推進地域の指定等）

第三条　内閣総理大臣は、日本海溝・千島海溝周辺海溝型地震が発生した場合に著しい地震災害が生ずるおそれがあるため、地震防災対策を推進する必要がある地域を、日本海溝・千島海溝周辺海溝型地震防災対策推進地域（以下「推進地域」という。）として指定するものとする。

２　内閣総理大臣は、前項の規定による推進地域の指定をするに当たっては、日本海溝・千島海溝周辺海溝型地震として科学的に想定し得る最大規模のものを想定して行うものとする。

３　内閣総理大臣は、第一項の規定による推進地域の指定をしようとするときは、あらかじめ中央防災会議に諮問しなければならない。

４　内閣総理大臣は、第一項の規定による推進地域の指定をしようとするときは、あらかじめ関係都道府県の意見を聴かなければならない。この場合において、関係都道府県が意見を述べようとするときは、あらかじめ関係市町村の意見を聴かなければならない。

5　内閣総理大臣は、第一項の規定による推進地域の指定をしたときは、その旨を公示しなければならない。

6　前三項の規定は、内閣総理大臣が第一項の規定による推進地域の指定の解除をする場合に準用する。

（基本計画）

第四条　中央防災会議は、前条第一項の規定による推進地域の指定があったときは、日本海溝・千島海溝周辺海溝型地震防災対策推進基本計画（以下「基本計画」という。）を作成し、及びその実施を推進しなければならない。

2　基本計画は、次に掲げる事項について定めるものとする。

一　日本海溝・千島海溝周辺海溝型地震に係る地震防災対策の円滑かつ迅速な推進の意義に関する事項

二　日本海溝・千島海溝周辺海溝型地震に係る地震防災対策の推進に関する基本的方針に関する事項

三　日本海溝・千島海溝周辺海溝型地震に係る地震防災対策の推進に関する基本的な施策に関する事項

四　日本海溝・千島海溝周辺海溝型地震が発生した場合の災害応急対策の実施に関する基本的方針に関する事項

五　日本海溝・千島海溝周辺海溝型地震防災対策推進計画（災害対策基本法第二条第九号の防災業務計画、同条第十号の地域防災計画又は石油コンビナート等災害防止法（昭和五十年法律第八十四号）第三十一条第一項に規定する石油コンビナート等防災計画のうち、次条第一項各号に掲げる事項について定めた部分をいい、以下「推進計画」という。）の基本となるべき事項

六　日本海溝・千島海溝周辺海溝型地震防災対策計画（第六条第一項又は第二項に規定する者が日本海溝・千島海溝周辺海溝型地震に伴い発生する津波からの円滑な避難の確保に関し作成する計画をいい、同条及び第七条第一項において「対策計画」という。）の基本となるべき事項

七　前各号に掲げるもののほか、推進地域における地震防災対策の推進に関する重要事項

3　前項第三号に掲げる事項については、原則として、その具体的な目標及びその達成の期間を定めるものとする。

4　中央防災会議は、基本計画の作成及びその実施の推進に当たっては、次に掲げる事項について、適切に配慮するものとする。

一　日本海溝・千島海溝周辺海溝型地震の発生の形態並びに日本海溝・千島海溝周辺海溝型地震に伴い発生する地震動及び津波の規模に応じて予想される災害の事態が異なることに鑑み、あらゆる災害の事態に対応することができるようにすること。

二　日本海溝・千島海溝周辺海溝型地震による災害が甚大で、かつ、その被災地域が広範にわたるおそれがあることに鑑み、日本海溝・千島海溝周辺海溝型地震に関する調査研究の成果その他の地震防災に関する最新の科学的知見及び情報通信技術その他の先端的な技術の活用を通じて、日本海溝・千島海溝周辺海溝型地震に係る地震防災対策をより効果的に行うことができるようにすること。

5　災害対策基本法第三十四条第二項の規定は、基本計画を作成し、又は変更した場合に準用する。

（推進計画）

第五条　第三条第一項の規定による推進地域の指定があったときは、災害対策基本法第二条第三号の指定行政機関（以下この項及び第八条において単に「指定行政機関」という。）の長（指定行政機関が内閣府設置法（平成十一年法律第八十九号）第四十九条第一項若しくは第二項若しくは国家行政組織法（昭和二十三年法律第百二十号）第三条第二項の委員会又は災害対策基本法第二条第三号ロに掲げる機関若しくは同号ニに掲げる機関のうち合議制のものである場

合にあっては当該指定行政機関をいい、指定行政機関の長から事務の委任があった場合にあっては当該事務については当該委任を受けた同条第四号の指定地方行政機関（第四号及び第八条において単に「指定地方行政機関」という。）の長をいう。）及び同法第二条第五号の指定公共機関（以下この項及び第八条において単に「指定公共機関」という。）（指定公共機関から委任された業務については、当該委任を受けた同法第二条第六号の指定地方公共機関（第四号及び第八条において単に「指定地方公共機関」という。）は、同法第二条第九号の防災業務計画において、次に掲げる事項を定めなければならない。

一　避難施設その他の避難場所、避難路その他の避難経路、避難誘導及び救助活動のための拠点施設その他の消防用施設その他の日本海溝・千島海溝周辺海溝型地震に関し地震防災上緊急に整備すべき施設等で政令で定めるものの整備に関する事項

二　日本海溝・千島海溝周辺海溝型地震に伴い発生する津波からの防護、円滑な避難の確保及び迅速な救助に関する事項

三　日本海溝・千島海溝周辺海溝型地震に係る防災訓練に関する事項

四　関係指定行政機関、関係指定地方行政機関、関係地方公共団体、関係指定公共機関、関係指定地方公共機関その他の関係者との連携協力の確保に関する事項

五　前各号に掲げるもののほか、日本海溝・千島海溝周辺海溝型地震に係る地震防災上重要な対策に関する事項で政令で定めるもの

2　第三条第一項の規定による推進地域の指定があったときは、災害対策基本法第二十一条に規定する地方防災会議等（市町村防災会議を設置しない市町村にあっては、当該市町村の市町村長）は同法第二条第十号の地域防災計画において、石油コンビナート等災害防止法第二十七条第一項に規定する石油コンビナート等防災本部及び同法第三十条第一項に規定する防災本部の協議会は同法第三十一条第一項に規定する石油コンビナート等防災計画において、前項各号に掲げる事項を定めるよう努めなければならない。この場合において、市町村防災会議（市町村防災会議を設置しない市町村にあっては、当該市町村の市町村長。第十一条第一項において同じ。）は、第十一条第一項に規定する津波避難対策緊急事業計画の基本となるべき事項を定めることができる。

3　第一項第一号に掲げる事項については、原則として、その具体的な目標及びその達成の期間を定めるものとする。

4　推進計画は、基本計画を基本とするものとする。

（対策計画）

第六条　推進地域内において次に掲げる施設又は事業で政令で定めるものを管理し、又は運営することとなる者（前条第一項に規定する者を除き、日本海溝・千島海溝周辺海溝型地震に伴い発生する津波に係る地震防災対策を講ずべき者として基本計画で定める者に限る。）は、あらかじめ、当該施設又は事業ごとに、対策計画を作成しなければならない。

一　病院、劇場、百貨店、旅館その他不特定かつ多数の者が出入りする施設

二　石油類、火薬類、高圧ガスその他政令で定めるものの製造、貯蔵、処理又は取扱いを行う施設

三　鉄道事業その他一般旅客運送に関する事業

四　前三号に掲げるもののほか、地震防災上の措置を講ずる必要があると認められる重要な施設又は事業

2　第三条第一項の規定による推進地域の指定の際、当該推進地域内において前項の政令で定める施設又は事業を現に管理し、又は運営している者（前条第一項に規定する者を除き、日本海溝・千島海溝周辺海溝型地震に伴い発生する津波に係る地震防災対策を講ずべき

者として基本計画で定める者に限る。）は、当該指定があった日から六月以内に、対策計画を作成しなければならない。

3　対策計画を作成した者は、当該施設の拡大、当該事業の内容の変更等により、対策計画を変更する必要が生じたときは、遅滞なく当該対策計画を変更しなければならない。

4　対策計画は、当該施設又は事業についての日本海溝・千島海溝周辺海溝型地震に伴い発生する津波からの円滑な避難の確保に関する事項その他政令で定める事項について定めるものとする。

5　対策計画は、推進計画と矛盾し、又は抵触するものであってはならない。

6　第一項又は第二項に規定する者は、対策計画を作成したときは、政令で定めるところにより、遅滞なく当該対策計画を都道県知事に届け出るとともに、その写しを市町村長に送付しなければならない。これを変更したときも、同様とする。

7　第一項又は第二項に規定する者が前項の届出をしない場合には、都道県知事は、その者に対し、相当の期間を定めて届出をすべきことを勧告することができる。

8　都道県知事は、前項の勧告を受けた者が同項の期間内に届出をしないときは、その旨を公表することができる。

（対策計画の特例）

第七条　前条第一項又は第二項に規定する者が、次に掲げる計画又は規程において、法令の規定に基づき、同条第一項の政令で定める施設又は事業に関し同条第四項に規定する事項について定めたときは、当該事項について定めた部分（次項において「日本海溝・千島海溝周辺海溝型地震防災規程」という。）は、当該施設又は事業に係る対策計画とみなしてこの法律を適用する。

一　消防法（昭和二十三年法律第百八十六号）第八条第一項若しくは第八条の二第一項（これらの規定を同法第三十六条第一項において準用する場合を含む。）に規定する消防計画又は同法第十四条の二第一項に規定する予防規程

二　火薬類取締法（昭和二十五年法律第百四十九号）第二十八条第一項に規定する危害予防規程

三　高圧ガス保安法（昭和二十六年法律第二百四号）第二十六条第一項に規定する危害予防規程

四　ガス事業法（昭和二十九年法律第五十一号）第二十四条第一項、第六十四条第一項（同法第八十四条において準用する場合を含む。）及び第九十七条第一項に規定する保安規程

五　電気事業法（昭和三十九年法律第百七十号）第四十二条第一項に規定する保安規程

六　石油パイプライン事業法（昭和四十七年法律第百五号）第二十七条第一項に規定する保安規程

七　石油コンビナート等災害防止法第十八条第一項に規定する防災規程

八　前各号に掲げる計画又は規程に準ずるものとして内閣府令で定めるもの

2　日本海溝・千島海溝周辺海溝型地震防災規程を作成した者は、前条第六項の規定にかかわらず、政令で定めるところにより、その日本海溝・千島海溝周辺海溝型地震防災規程の写しを市町村長に送付しなければならない。日本海溝・千島海溝周辺海溝型地震防災規程を変更したときも、同様とする。

（日本海溝・千島海溝周辺海溝型地震防災対策推進協議会）

第八条　関係指定行政機関の長及び関係指定地方行政機関の長、関係地方公共団体の長並びに関係指定公共機関及び関係指定地方公共機関は、共同で、日本海溝・千島海溝周辺海溝型地震が発生した場合における災害応急対策及び当該災害応急対策に係る防災訓練の実施に係る連絡調整その他の日本海溝・千島海溝周辺海溝型地震に係る

地震防災対策を相互に連携協力して推進するために必要な協議を行うための協議会（以下この条において単に「協議会」という。）を組織することができる。

２　前項の規定により協議会を組織する関係指定行政機関の長及び関係指定地方行政機関の長、関係地方公共団体の長並びに関係指定公共機関及び関係指定地方公共機関は、必要と認めるときは、協議して、協議会に、日本海溝・千島海溝周辺海溝型地震に係る地震防災対策を実施すると見込まれる者その他の協議会が必要と認める者を加えることができる。

３　第一項の協議を行うための会議（次項及び第五項において単に「会議」という。）は、第一項の規定により協議会を組織する関係指定行政機関の長及び関係指定地方行政機関の長、関係地方公共団体の長並びに関係指定公共機関及び関係指定地方公共機関並びに前項の規定により加わった協議会が必要と認める者をもって構成する。

４　協議会は、会議において協議を行うため必要があると認めるときは、指定行政機関の長及び指定地方行政機関の長、地方公共団体の長並びに指定公共機関及び指定地方公共機関その他の関係者に対して、資料の提供、意見の表明、説明その他必要な協力を求めることができる。

５　会議において協議が調った事項については、協議会の構成員は、その協議の結果を尊重しなければならない。

６　協議会の庶務は、内閣府において処理する。

７　前各項に定めるもののほか、協議会の運営に関し必要な事項は、協議会が定める。

（日本海溝・千島海溝周辺海溝型地震津波避難対策特別強化地域の指定等）

第九条　内閣総理大臣は、推進地域のうち、日本海溝・千島海溝周辺海溝型地震に伴い津波が発生した場合に特に著しい津波災害が生ずるおそれがあるため津波避難対策を特別に強化すべき地域を、日本海溝・千島海溝周辺海溝型地震津波避難対策特別強化地域（以下「特別強化地域」という。）として指定するものとする。

２　内閣総理大臣は、前項の規定による特別強化地域の指定をするに当たっては、日本海溝・千島海溝周辺海溝型地震として科学的に想定し得る最大規模のものを想定して行うものとする。

３　内閣総理大臣は、第一項の規定による特別強化地域の指定をしようとするときは、あらかじめ中央防災会議に諮問しなければならない。

４　内閣総理大臣は、第一項の規定による特別強化地域の指定をしようとするときは、あらかじめ関係都道府県の意見を聴かなければならない。この場合において、関係都道府県が意見を述べようとするときは、あらかじめ関係市町村の意見を聴かなければならない。

５　内閣総理大臣は、第一項の規定による特別強化地域の指定をしたときは、その旨を公示しなければならない。

６　前三項の規定は、内閣総理大臣が第一項の規定による特別強化地域の指定の解除をする場合に準用する。

（津波からの円滑な避難のための居住者等に対する周知のための措置）

第一〇条　前条第一項の規定による特別強化地域の指定があったときは、関係市町村長は、居住者、滞在者その他の者の日本海溝・千島海溝周辺海溝型地震に伴い発生する津波からの円滑な避難に資するよう、内閣府令で定めるところにより、当該津波に関する情報の伝達方法、避難施設その他の避難場所及び避難路その他の避難経路に関する事項その他特別強化地域における円滑な避難を確保する上で必要な事項を居住者、滞在者その他の者に周知させるため、これらの事項を記載した印刷物の配布その他の必要な措置を講じなければならない。ただし、当該特別強化地域において、津波防災地域づくりに関する法律（平成二十三年法律第百二十三号）第五十五条に規定する措置が講じられているときは、この限りでない。

（津波避難対策緊急事業計画）

第一一条 第九条第一項の規定による特別強化地域の指定があったときは、関係市町村長は、当該特別強化地域について、市町村防災会議が定める推進計画に基づき、日本海溝・千島海溝周辺海溝型地震に伴い発生する津波から避難するため必要な緊急に実施すべき次に掲げる事業に関する計画（以下「津波避難対策緊急事業計画」という。）を作成することができる。

一 日本海溝・千島海溝周辺海溝型地震に伴い発生する津波からの避難の用に供する避難施設その他の避難場所の整備に関する事業

二 前号の避難場所までの避難の用に供する避難路その他の避難経路の整備に関する事業

三 集団移転促進事業（防災のための集団移転促進事業に係る国の財政上の特別措置等に関する法律（昭和四十七年法律第百三十二号。第十五条において「集団移転促進法」という。）第二条第二項に規定する集団移転促進事業をいい、第十五条の規定による特別の措置の適用を受けようとするものを含む。以下同じ。）

四 集団移転促進事業に関連して移転が必要と認められる施設であって、高齢者、障害者、乳幼児、児童、生徒その他の迅速な避難の確保を図るため特に配慮を要する者が利用する施設で政令で定めるものの整備に関する事業

2 前項各号に掲げる事業については、原則として、その具体的な目標及びその達成の期間を定めるものとする。

3 第一項各号に掲げる事業には、関係市町村が実施する事業に係る事項を記載するほか、必要に応じ、関係市町村以外の者が実施する事業に係るものを記載することができる。

4 関係市町村長は、津波避難対策緊急事業計画に関係市町村以外の者が実施する事業に係る事項を記載しようとするときは、当該事項について、あらかじめ、その者の同意を得なければならない。

5 関係市町村長は、津波避難対策緊急事業計画を作成しようとするときは、あらかじめ、内閣総理大臣に協議し、その同意を得なければならない。

6 関係市町村長は、前項の協議をしようとするときは、あらかじめ、都道府県知事の意見を聴き、津波避難対策緊急事業計画にその意見を添えて、内閣総理大臣に提出しなければならない。

7 内閣総理大臣は、第五項の同意をしようとするときは、あらかじめ、関係行政機関の長と協議しなければならない。

8 第二項から前項までの規定は、津波避難対策緊急事業計画の変更について準用する。ただし、内閣府令で定める軽微な変更については、この限りでない。

9 関係市町村長は、前項ただし書の軽微な変更については、内閣総理大臣に届け出なければならない。

（津波避難対策緊急事業に係る国の負担又は補助の特例等）

第一二条 津波避難対策緊急事業計画に基づいて実施される事業（以下この条において「津波避難対策緊急事業」という。）のうち、別表上欄に掲げるもの（当該津波避難対策緊急事業に関する主務大臣の定める基準に適合するものに限る。第三項において同じ。）に要する経費に対する国の負担又は補助の割合（次項及び同表において「国の負担割合」という。）は、当該津波避難対策緊急事業に関する法令の規定にかかわらず、同表下欄のとおりとする。

2 津波避難対策緊急事業に係る経費に対する他の法令による国の負担割合が、前項の規定による国の負担割合を超えるときは、当該津波避難対策緊急事業に係る経費に対する国の負担割合については、同項の規定にかかわらず、当該他の法令の定める割合による。

3　国は、津波避難対策緊急事業のうち、別表上欄に掲げるものに要する経費に充てるため政令で定める交付金を交付する場合において は、政令で定めるところにより、当該経費について前二項の規定を適用したとするならば国が負担し、又は補助することとなる割合を参酌して、当該交付金の額を算定するものとする。

（移転が必要と認められる施設の整備に係る財政上の配慮等）

第一三条　国は、第十一条第一項第四号の政令で定める施設の整備に関し、必要な財政上及び金融上の配慮をするものとする。

（集団移転促進事業に係る農地法の特例）

第一四条　市町村（農地法（昭和二十七年法律第二百二十九号）第四条第一項に規定する指定市町村を除く。）が津波避難対策緊急事業計画に基づき集団移転促進事業を実施するため、農地（耕作（同法第四十三条第一項の規定により耕作に該当するものとみなされる農作物の栽培を含む。以下この条において同じ。）の目的に供される土地をいう。以下この条において同じ。）を農地以外のものにし、又は農地若しくは採草放牧地（農地以外の土地で、主として耕作又は養畜の事業のための採草又は家畜の放牧の目的に供されるものをいう。以下この条において同じ。）を農地若しくは採草放牧地以外のものにするためこれらの土地について所有権若しくは使用及び収益を目的とする権利を取得する場合において、都道府県知事は、当該集団移転促進事業が次に掲げる要件に該当するものであると認めるときは、同法第四条第六項（第一号に係る部分に限る。）又は第五条第二項（第一号に係る部分に限る。）の規定にかかわらず、同法第四条第一項又は第五条第一項の許可をすることができる。

一　関係市町村における日本海溝・千島海溝周辺海溝型地震に係る地震防災対策の円滑かつ迅速な推進のため必要かつ適当であると認められること。

二　関係市町村の農業の健全な発展に支障を及ぼすおそれがないと認められること。

（集団移転促進法の特例）

第一五条　津波避難対策緊急事業計画に基づく集団移転促進事業を実施する場合における集団移転促進法第八条（第一号に係る部分に限る。）の規定の適用については、同号中「場合を除く」とあるのは、「場合であつて、当該譲渡に係る対価の額が当該経費の額以上となる場合を除く」とする。

（集団移転促進事業に係る国土利用計画法等による協議等についての配慮）

第一六条　国の行政機関の長又は都道府県知事は、津波避難対策緊急事業計画に基づく集団移転促進事業の実施のため国土利用計画法（昭和四十九年法律第九十二号）その他の土地利用に関する法律、補助金等に係る予算の執行の適正化に関する法律（昭和三十年法律第百七十九号）その他の法律の規定による協議その他の行為又は許可その他の処分を求められたときは、当該集団移転促進事業に係る施設の整備が円滑に行われるよう適切な配慮をするものとする。

（地方債の特例）

第一七条　地方公共団体が第十一条第一項第四号の政令で定める施設その他津波避難対策緊急事業計画に基づく集団移転促進事業に関連して移転する公共施設又は公用施設の除却を行うために要する経費（公共的団体又は国若しくは地方公共団体が出資している法人で政令で定めるものが設置する同号の政令で定める施設その他当該集団移転促進事業に関連して移転する公共施設の除却に係る負担又は助成に要する経費を含む。）については、地方財政法（昭和二十三年法律第百九号）第五条の規定にかかわらず、地方債をもってその財源とすることができる。

（地震観測施設等の整備）

第一八条　国は、日本海溝・千島海溝周辺海溝型地震に関する観測及び測量のための施設等の整備に努めなければならない。

（地震防災上緊急に整備すべき施設等の整備等）

第一九条 国及び地方公共団体は、推進地域において、避難施設その他の避難場所、避難路その他の避難経路、避難誘導及び救助活動のための拠点施設その他の消防用施設その他の日本海溝・千島海溝周辺海溝型地震に関し地震防災上緊急に整備すべき施設等の整備等に努めなければならない。

2 積雪寒冷地域において前項の地震防災上緊急に整備すべき施設等の整備等を行うに当たっては、交通、通信その他積雪寒冷地域における地震防災上必要な機能が確保されるよう配慮されなければならない。

（津波避難対策上緊急に整備すべき施設等の整備等についての配慮）

第二〇条 国及び地方公共団体は、特別強化地域において、積雪寒冷地域における津波からの円滑な避難を確保するために必要な避難施設その他の避難場所、避難路その他の避難経路その他の津波避難対策上緊急に整備すべき施設等の整備等を行うに当たっては、当該施設等について、交通、通信その他積雪寒冷地域における津波避難対策上必要な機能が確保されるよう特に配慮しなければならない。

（財政上の配慮等）

第二一条 国は、この法律に特別の定めのあるもののほか、日本海溝・千島海溝周辺海溝型地震に係る地震防災対策の推進のため必要な財政上及び金融上の配慮をするものとする。

（政令への委任）

第二二条 この法律に特別の定めがあるもののほか、この法律の実施のための手続その他この法律の施行に関し必要な事項は、政令で定める。

附　則

（施行期日）

第一条 この法律は、公布の日から起算して一年六月を超えない範囲内において政令で定める日から施行する。

〔平成一七年八月政令二八一号により、平成一七・九・一から施行〕

第二条・第三条 〔略〕

附　則〔平成一九年六月一三日法律第九三号抄〕

（施行期日）

第一条 この法律は、公布の日から起算して二年を超えない範囲内において政令で定める日から施行する。

〔平成二〇年九月政令三〇〇号により、平成二一・六・一から施行〕

附　則〔平成二三年八月三〇日法律第一〇五号抄〕

（施行期日）

第一条 この法律は、公布の日から施行する。〔以下略〕

附　則〔平成二七年六月二四日法律第四七号抄〕

（施行期日）

第一条 この法律〔中略〕は、当該各号に定める日から施行する。

一～四 〔略〕

五 〔前略〕附則第九十条から第九十五条まで〔中略〕の規定 公布の日から起算して二年六月を超えない範囲内において政令で定める日

〔平成二八年五月政令二二九号により、平成二九・四・一から施行〕

六～八 〔略〕

附　則〔令和四年五月二〇日法律第四五号〕

この法律は、公布の日から起算して一年を超えない範囲内において政令で定める日から施行する。

〔令和四年六月政令二二四号により、令和四・六・一七から施行〕

別表（第十二条関係）

事業の区分	国の負担割合
日本海溝・千島海溝周辺海溝型地震に伴い発生する津波からの避難の用に供する避難施設その他の避難場所の整備で地方公共団体その他の政令で定める者が実施するもの	三分の二
日本海溝・千島海溝周辺海溝型地震に伴い発生する津波からの避難場所までの避難の用に供する避難路その他の避難経路の整備で地方公共団体その他の政令で定める者が実施するもの	三分の二

○日本海溝・千島海溝周辺海溝型地震に係る地震防災対策の推進に関する特別措置法施行令

（平成十七年八月十五日政令第二百八十二号）

〔改正経過〕
平成一六年　七月　九日　政令第二二五号
平成一七年一一月　二日　政令第三三三号
平成一八年　三月三一日　政令第一五四号
平成一八年　八月一八日　政令第二七六号
平成一八年　九月二六日　政令第三二〇号
平成一九年　三月二二日　政令第　五五号
平成一九年　六月一三日　政令第一七九号
平成一九年一二月一二日　政令第三六三号
平成二三年　六月二四日　政令第一八一号
平成二三年　九月二二日　政令第二九六号
平成二三年一二月　二日　政令第三七六号
平成二四年　二月　三日　政令第　二六号
平成二四年　九月一四日　政令第二三五号
平成二五年　一月一八日　政令第　　五号
平成二五年　六月二六日　政令第一九一号
平成二五年一一月二七日　政令第三一九号
平成二七年一二月一六日　政令第四二一号
平成二八年　二月一七日　政令第　四三号
平成二八年　二月一九日　政令第　四五号
平成二九年　三月二三日　政令第　四〇号
平成三〇年　三月二二日　政令第　五四号
平成三〇年　三月二二日　政令第　五五号
令和　元年一一月　七日　政令第一五五号
令和　四年　六月一五日　政令第二一五号
令和　五年　四月　七日　政令第一六三号
令和　五年一〇月一八日　政令第三〇四号

日本海溝・千島海溝周辺海溝型地震に係る地震防災対策の推進に関する特別措置法施行令をここに公布する。

日本海溝・千島海溝周辺海溝型地震に係る地震防災対策の推進に関する特別措置法施行令

内閣は、日本海溝・千島海溝周辺海溝型地震に係る地震防災対策の推進に関する特別措置法（平成十六年法律第二十七号）第六条第一項第一号及び第二号、第七条第一項、第四項及び第六項並びに第八条第二項の規定に基づき、この政令を制定する。

（地震防災上緊急に整備すべき施設等）

第一条　日本海溝・千島海溝周辺海溝型地震に係る地震防災対策の推進に関する特別措置法（以下「法」という。）第五条第一項第一号の政令で定める施設等は、次に掲げるもの（第一号から第十六号までに掲げる施設、設備又は資機材にあっては、当該施設、設備又は資機材に関する主務大臣が定める基準に適合するものに限る。）とする。

一　避難場所

二　避難経路

三　消防団による避難誘導のための拠点施設、消防組織法（昭和二十二年法律第二百二十六号）第四十五条第一項に規定する緊急消防援助隊による救助活動のための拠点施設その他消防用施設で総務大臣が定めるもの

四　消防活動を行うことが困難である区域の解消に資する道路

五　次に掲げる施設で、老朽化した住宅が密集している市街地における延焼防止上必要なもの

イ　道路

ロ　公園、緑地、広場その他の公共空地

ハ　建築物

六　次に掲げる施設で、緊急輸送を確保するため必要なもの

イ　道路
ロ　交通管制施設
ハ　ヘリポート
ニ　漁港及び漁場の整備等に関する法律（昭和二十五年法律第百三十七号）第三条に規定する漁港施設（同条第一号イに掲げる外郭施設、同号ロに掲げる係留施設及び同条第二号イに掲げる輸送施設（道路及びヘリポートを除く。）に限る。）
ホ　港湾法（昭和二十五年法律第二百十八号）第二条第五項に規定する港湾施設（同項第二号に掲げる外郭施設、同項第三号に掲げる係留施設及び同項第四号に掲げる臨港交通施設（道路及びヘリポートを除く。）に限る。）
七　共同溝の整備等に関する特別措置法（昭和三十八年法律第八十一号）第二条第五項に規定する共同溝、電線共同溝の整備等に関する特別措置法（平成七年法律第三十九号）第二条第三項に規定する電線共同溝その他公益事業の用に供する電線、水管その他の物件を地下に収容するための施設
八　次に掲げる施設で、津波からの円滑な避難を確保するため必要なもの
イ　海岸法（昭和三十一年法律第百一号）第二条第一項に規定する海岸保全施設
ロ　河川法（昭和三十九年法律第百六十七号）第三条第二項に規定する河川管理施設
ハ　津波防災地域づくりに関する法律（平成二十三年法律第百二十三号）第二条第十項に規定する津波防護施設
九　次に掲げる施設で、避難経路若しくは緊急輸送を確保するため必要な道路又は人家の地震防災上必要なもの
イ　砂防法（明治三十年法律第二十九号）第一条に規定する砂防設備
ロ　森林法（昭和二十六年法律第二百四十九号）第四十一条第三項に規定する保安施設事業に係る施設
ハ　地すべり等防止法（昭和三十三年法律第三十号）第二条第三項に規定する地すべり防止施設
ニ　急傾斜地の崩壊による災害の防止に関する法律（昭和四十四年法律第五十七号）第二条第二項に規定する急傾斜地崩壊防止施設
十　次に掲げる施設のうち、地震防災上改築又は補強を要するもの
イ　医療法（昭和二十三年法律第二百五号）第三十一条に規定する公的医療機関
ロ　国又は地方公共団体の救急医療の確保に関する施策に協力して、休日診療若しくは夜間診療を行っている病院又は救急医療に係る高度の医療を提供している病院（これらの病院のうち、医療法第七条の二第一項各号に掲げる者が開設するものを除く。）
ハ　社会福祉施設（社会福祉法（昭和二十六年法律第四十五号）第二条第一項に規定する社会福祉事業の用に供する施設をいう。第七条第一号において同じ。）
ニ　公立の小学校、中学校、義務教育学校、中等教育学校（前期課程に係るものに限る。）又は特別支援学校
ホ　イ及びロに掲げるもののほか、不特定かつ多数の者が出入りする公的建造物
十一　農業用用排水施設であるため池のうち、避難経路若しくは緊急輸送を確保するため必要な道路又は人家の地震防災上改修その他の整備を要するもの
十二　地震災害時において地域における災害応急対策の拠点として機能する施設
十三　地震災害時において迅速かつ的確な被害状況の把握及び住民

に対する地震災害に関する情報の伝達を行うため必要な防災行政無線設備その他の施設又は設備

十四　地震災害時において飲料水、食糧、電力その他被災者の生活に不可欠なものを確保するため必要な井戸、貯水槽、水泳プール（浄水施設を備えたものに限る。）、備蓄倉庫、自家発電設備その他の施設又は設備

十五　地震災害時において応急的な措置を実施するため必要な救助用資機材その他の物資の備蓄倉庫

十六　地震災害時において応急的な措置を実施するため必要な負傷者の一時的な収容及び保護のための救護設備その他の設備又は資機材

十七　石油コンビナート等災害防止法（昭和五十年法律第八十四号）第二条第二号に規定する石油コンビナート等特別防災区域に係る緩衝地帯として設置する同法第三十三条第一項に規定する緑地等

（地震防災上重要な対策に関する事項）

第二条　法第五条第一項第五号の政令で定める事項は、地震防災上必要な教育及び広報に関する事項とする。

（対策計画を作成すべき施設又は事業）

第三条　法第六条第一項の政令で定める施設又は事業は、次に掲げるもの（第三号から第八号までに掲げる施設にあっては、石油類、火薬類、高圧ガス又は次条に規定するものの製造、貯蔵、処理又は取扱いを行うものに限る。）とする。

一　消防法施行令（昭和三十六年政令第三十七号）第一条の二第三項第一号に掲げる防火対象物（同令別表第一㈠項から㈣項まで、㈤項イ、㈥項イ、㈧項から(十一)項まで、(十三)項イ、(十五)項、(十六の二)項又は(十七)項に掲げるものに限る。）又は同表(十六の三)項に掲げる防火対象物（同表㈠項から㈣項まで、㈤項イ、㈥項イ又は㈨項イに掲げる防火対象物の用途に供される部分が存するものに限る。）で不特定かつ多数の者が出入りするもの

二　消防法（昭和二十三年法律第百八十六号）第八条第一項に規定する複合用途防火対象物のうち、その一部が前号に掲げる防火対象物（消防法施行令別表第一(十六の二)項から(十七)項までに掲げるものを除く。）の用途に供されているもので、当該用途に供されている部分の収容人員（同令第一条の二第三項第一号イに規定する収容人員をいう。）の合計が三十人以上のもの（その一部が同表㈤項ロに掲げる防火対象物の用途に供されているものにあっては、当該用途に供されている部分を除く。）

三　消防法第十四条の二第一項に規定する製造所、貯蔵所又は取扱所

四　火薬類取締法（昭和二十五年法律第百四十九号）第三条の許可に係る製造所

五　高圧ガス保安法（昭和二十六年法律第二百四号）第五条第一項の許可に係る事業所（不活性ガスのみの製造を行う事業所を除く。）

六　毒物又は劇物（液体又は気体のものに限る。以下この号において同じ。）の製造、貯蔵又は取扱いを行う施設（当該施設において通常貯蔵を行い、又は一日に通常製造若しくは取扱いを行う毒物又は劇物の総トン数が、毒物にあっては二十トン以上、劇物にあっては二百トン以上のものに限る。）

七　核原料物質、核燃料物質及び原子炉の規制に関する法律（昭和三十二年法律第百六十六号）第三条第二項第二号に規定する製錬施設、同法第十三条第二項第二号に規定する加工施設、同法第二十三条第二項第五号に規定する試験研究用等原子炉施設、同法第四十三条の三の五第二項第五号に規定する発電用原子炉施設、同法第四十三条の四第二項第二号に規定する使用済燃料貯蔵施設、

同法第四十四条第二項第二号に規定する再処理施設又は核原料物質、核燃料物質及び原子炉の規制に関する法律施行令（昭和三十二年政令第三百二十四号）第三条に規定する防護対象特定核燃料物質の取扱いを行う同法第五十二条第二項第十号に規定する使用施設等

八　石油コンビナート等災害防止法第二条第六号に規定する特定事業所

九　鉄道事業法（昭和六十一年法律第九十二号）第二条第一項に規定する鉄道事業又は旅客の運送を行う同条第五項に規定する索道事業

十　軌道法（大正十年法律第七十六号）第三条の特許に係る運輸事業

十一　海上運送法（昭和二十四年法律第百八十七号）第二条第五項に規定する一般旅客定期航路事業又は同法第二十一条第一項に規定する旅客不定期航路事業

十二　道路運送法（昭和二十六年法律第百八十三号）第三条第一号イに規定する一般乗合旅客自動車運送事業（路線を定めて定期に運行する自動車により乗合旅客の運送を行うものに限る。）

十三　学校教育法（昭和二十二年法律第二十六号）第一条に規定する学校、同法第百二十四条に規定する専修学校、同法第百三十四条第一項に規定する各種学校その他これらに類する施設

十四　授産施設、児童福祉法（昭和二十二年法律第百六十四号）第七条第一項に規定する児童福祉施設（児童遊園を除く。）、身体障害者福祉法（昭和二十四年法律第二百八十三号）第五条第一項に規定する身体障害者社会参加支援施設、生活保護法（昭和二十五年法律第百四十四号）第三十八条第一項に規定する保護施設、老人福祉法（昭和三十八年法律第百三十三号）第五条の三に規定する老人福祉施設若しくは同法第二十九条第一項に規定する有料老人ホーム、介護保険法（平成九年法律第百二十三号）第八条第二十八項に規定する介護老人保健施設若しくは同条第二十九項に規定する介護医療院、障害者の日常生活及び社会生活を総合的に支援するための法律（平成十七年法律第百二十三号）第五条第一項に規定する障害福祉サービス事業（生活介護、自立訓練、就労移行支援又は就労継続支援を行う事業に限る。）の用に供する施設、同条第十一項に規定する障害者支援施設、同条第二十七項に規定する地域活動支援センター若しくは同条第二十八項に規定する福祉ホーム又は困難な問題を抱える女性への支援に関する法律（令和四年法律第五十二号）第十二条第一項に規定する女性自立支援施設

十五　鉱山保安法（昭和二十四年法律第七十号）第二条第二項に規定する鉱山

十六　港湾法第二条第五項第八号に掲げる保管施設である貯木場

十七　人の生命、身体又は財産に害を加えるおそれがある動物で内閣府令で定めるものを常設の施設を設けて公衆の観覧に供する事業（当該事業の用に供する敷地の規模が一万平方メートル以上のものに限る。）

十八　道路法（昭和二十七年法律第百八十号）第二条第一項に規定する道路で地方道路公社が管理するもの又は道路運送法第二条第八項に規定する一般自動車道

十九　放送法（昭和二十五年法律第百三十二号）第二条第二号に規定する基幹放送の業務を行う事業又は同法第百十八条第一項に規定する放送局設備供給役務を提供する事業

二十　ガス事業法（昭和二十九年法律第五十一号）第二条第十一項に規定するガス事業

二十一　水道法（昭和三十二年法律第百七十七号）第三条第二項に規定する水道事業、同条第四項に規定する水道用水供給事業又は

同条第六項に規定する専用水道
二十二　電気事業法（昭和三十九年法律第百七十号）第二条第一項第十六号に規定する電気事業
二十三　石油パイプライン事業法（昭和四十七年法律第百五号）第二条第三項に規定する石油パイプライン事業
二十四　前各号に掲げる施設又は事業に係る工場、作業場又は事業場（以下この号において「工場等」という。）以外の工場等で、当該工場等に勤務する者の数が千人以上のもの

（危険物等の範囲）

第四条　法第六条第一項第二号の政令で定めるものは、次に掲げるもの（石油類、火薬類及び高圧ガス以外のものに限る。）とする。
一　消防法第二条第七項に規定する危険物
二　毒物及び劇物取締法（昭和二十五年法律第三百三号）第二条第一項に規定する毒物又は同条第二項に規定する劇物
三　原子力基本法（昭和三十年法律第百八十六号）第三条第二号に規定する核燃料物質
四　危険物の規制に関する政令（昭和三十四年政令第三百六号）別表第四備考第六号に規定する可燃性固体類又は同表備考第八号に規定する可燃性液体類
五　石油コンビナート等災害防止法施行令（昭和五十一年政令第百二十九号）第三条第一項第五号に規定する高圧ガス以外の可燃性のガス

（対策計画に定めるべき事項）

第五条　法第六条第四項の政令で定める事項は、第三条に規定する施設又は事業についての日本海溝・千島海溝周辺海溝型地震に係る防災訓練並びに地震防災上必要な教育及び広報に関する事項とする。

（対策計画の届出等の手続）

第六条　法第六条第六項の規定による対策計画の届出及びその写しの送付並びに法第七条第二項の規定による日本海溝・千島海溝周辺海溝型地震防災規程の写しの送付は、内閣府令で定めるところにより、図面その他の必要な書類を添付して行うものとする。

（迅速な避難の確保を図るため特に配慮を要する者が利用する施設）

第七条　法第十一条第一項第四号の政令で定める施設は、次に掲げるものとする。
一　高齢者、障害者、乳幼児又は児童が通所、入所又は入居をする社会福祉施設その他これに類する施設
二　幼稚園、小学校、中学校、義務教育学校、中等教育学校（前期課程に係るものに限る。）又は特別支援学校
三　病院、診療所又は助産所

（津波避難対策緊急事業の特例の対象となる交付金及びその額）

第八条　法第十二条第三項の政令で定める交付金は、次に掲げるものとする。
一　地域再生法（平成十七年法律第二十四号）第十三条第一項に規定する交付金（同法第五条第四項第一号ロに掲げる事業に要する経費に充てるためのものに限る。）
二　前号に掲げるもののほか、法第十二条第三項に規定する事業に要する経費に充てるための交付金で内閣総理大臣が指定するもの

2　法第十二条第三項の規定により算定する交付金の額は、同項に規定する事業に要する経費に対する通常の国の交付金の額に、当該額と当該経費について同条第一項又は第二項の規定を適用したとするならば国が負担し、又は補助することとなる割合を参酌して内閣府令で定めるところにより算定した額との差額を加算する方法により算定するものとする。

（集団移転促進事業に係る防災のための集団移転促進事業に係る国の財政上の特別措置等に関する法律施行令の特例）

第九条　津波避難対策緊急事業計画に基づく集団移転促進事業を実施する場合における防災のための集団移転促進事業に係る国の財政上の特別措置等に関する法律施行令（昭和四十七年政令第四百三十二号）第三条の規定の適用については、同条中「法第八条各号」とあるのは、「日本海溝・千島海溝周辺海溝型地震に係る地震防災対策の推進に関する特別措置法（平成十六年法律第二十七号）第十五条の規定により読み替えて適用する法第八条各号」とする。

（**国又は地方公共団体が出資している法人**）

第一〇条　法第十七条に規定する国又は地方公共団体が出資している法人で政令で定めるものは、国、地方公共団体又は国若しくは地方公共団体の全額出資に係る法人が資本金、基本金その他これらに準ずるもの（以下この条において「資本金等」という。）の二分の一以上を出資し、かつ、国又は地方公共団体が資本金等の三分の一以上を出資している法人とする。

（**避難場所等の整備を実施する者**）

第一一条　法別表に規定する避難場所の整備を実施する同表の政令で定める者は、次に掲げる者とする。

一　地方公共団体（港湾法第四条第一項の規定による港務局を含む。次号において同じ。）

二　地方公共団体から補助を受けて法別表に規定する避難場所の整備を実施する者

三　国（漁港及び漁場の整備等に関する法律の規定により同法第十七条第一項に規定する特定漁港漁場整備事業のうち同法第四条第一項第一号に掲げる事業を施行する場合に限る。）

２　前項の規定は、法別表に規定する避難経路の整備を実施する同表の政令で定める者について準用する。この場合において、同項第二号中「避難場所」とあるのは、「避難経路」と読み替えるものとする。

附　則

（**施行期日**）

第一条　この政令は、法の施行の日（平成十七年九月一日）から施行する。

第二条〜第四条　〔略〕

附　則〔平成一六年七月九日政令第二二五号抄〕

（**施行期日**）

第一条　この政令は、平成十七年十二月一日から施行する。

附　則〔平成一七年一一月二日政令第三三三号抄〕

（**施行期日**）

第一条　この政令は、核原料物質、核燃料物質及び原子炉の規制に関する法律の一部を改正する法律の施行の日（平成十七年十二月一日）から施行する。

附　則〔平成一八年三月三一日政令第一五四号抄〕

（**施行期日**）

第一条　この政令は、平成十八年四月一日から施行する。〔以下略〕

附　則〔平成一八年八月一八日政令第二七六号〕

この政令は、道路運送法等の一部を改正する法律の施行の日（平成十八年十月一日）から施行する。

附　則〔平成一八年九月二六日政令第三二〇号〕

この政令は、障害者自立支援法の一部の施行の日（平成十八年十月一日）から施行する。

障害者自立支援法の一部の施行に伴う関係政令の整備に関する政令〔抄〕

（平成十八年九月二十六日政令第三百二十号）

（東南海・南海地震に係る地震防災対策の推進に関する特別措置法施行令及び日本海溝・千島海溝周辺海溝型地震に係る地震防災対策

（日本海溝・千島海溝周辺海溝型地震に係る地震防災対策の推進に関する特別措置法施行令の一部改正に伴う経過措置）
第四五条　施行日から障害者自立支援法附則第一条第三号に掲げる規定の施行の日（平成二四年四月一日）の前日までの間は、前条の規定による改正後の東南海・南海地震に係る地震防災対策の推進に関する特別措置法施行令第三条第十四号及び日本海溝・千島海溝周辺海溝型地震に係る地震防災対策の推進に関する特別措置法施行令第三条第十四号中「若しくは同条第二十二項」とあるのは「、同条第二十二項」と、「福祉ホーム」とあるのは「福祉ホーム若しくは同法附則第四十一条第一項、第四十八条若しくは第五十八条第一項の規定によりなお従前の例により運営をすることができることとされた同法附則第四十一条第一項に規定する身体障害者更生援護施設、同法附則第四十八条に規定する精神障害者社会復帰施設若しくは同法附則第五十八条第一項に規定する知的障害者援護施設」とする。

附　則〔平成一九年三月二二日政令第五五号抄〕
（施行期日）
第一条　この政令は、平成十九年四月一日から施行する。

附　則〔平成一九年六月一三日政令第一七九号抄〕
（施行期日）
第一条　この政令は、平成二十一年四月一日から施行する。

附　則〔平成一九年一二月一二日政令第三六三号〕
この政令は、学校教育法等の一部を改正する法律の施行の日（平成十九年十二月二十六日）から施行する。〔以下略〕

附　則〔平成二三年六月二四日政令第一八一号抄〕
（施行期日）
第一条　この政令は、放送法等の一部を改正する法律（平成二十二年法律第六十五号。以下「放送法等改正法」という。）の施行の日（平成二十三年六月三十日。以下「施行日」という。）から施行する。

附　則〔平成二三年九月二二日政令第二九六号〕
この政令は、平成二十三年十月一日から施行する。

附　則〔平成二三年一二月二日政令第三七六号抄〕
（施行期日）
第一条　この政令は、平成二十四年四月一日から施行する。〔以下略〕

附　則〔平成二四年一月三日政令第二六号抄〕
（施行期日）
第一条　この政令は、平成二十四年四月一日から施行する。〔以下略〕

附　則〔平成二四年九月一四日政令第二三五号抄〕
（施行期日）
第一条　この政令は、原子力規制委員会設置法の施行の日（平成二十四年九月十九日）から施行する。

附　則〔平成二五年一月一八日政令第五号〕
この政令は、平成二十五年四月一日から施行する。

附　則〔平成二五年六月二六日政令第一九一号抄〕
（施行期日）
1　この政令は、設置法（原子力規制委員会設置法）附則第一条第四号に掲げる規定の施行の日（平成二十五年七月八日）から施行する。

附　則〔平成二五年一一月二七日政令第三一九号抄〕
（施行期日）
1　この政令は、平成二十六年四月一日から施行する。

附　則〔平成二七年一二月一六日政令第四二一号〕
この政令は、平成二十八年四月一日から施行する。

附　則〔平成二八年二月一七日政令第四三号抄〕
（施行期日）
第一条　この政令は、改正法施行日（平成二十八年四月一日）から施行する。〔以下略〕

附　則〔平成二八年二月一九日政令第四五号〕

この政令は、地域における医療及び介護の総合的な確保を推進するための関係法律の整備等に関する法律附則第一条第六号に掲げる規定の施行の日（平成二十八年四月一日）から施行する。〔以下略〕

附　則〔平成二九年三月二三日政令第四〇号抄〕

（施行期日）

第一条　この政令は、第五号施行日〔電気事業法等の一部を改正する等の法律（平成二十七年法律第四十七号）附則第一条第五号に掲げる規定の施行の日〕（平成二十九年四月一日）から施行する。〔以下略〕

附　則〔平成三〇年三月二二日政令第五四号〕

この政令は、平成三十年四月一日から施行する。

附　則〔平成三〇年三月二二日政令第五五号抄〕

（施行期日）

第一条　この政令は、平成三十年四月一日から施行する。〔以下略〕

附　則〔令和元年一一月七日政令第一五五号〕

この政令は、原子力利用における安全対策の強化のための核原料物質、核燃料物質及び原子炉の規制に関する法律等の一部を改正する法律第三条の規定の施行の日（令和二年四月一日）から施行する。〔以下略〕

附　則〔令和四年六月一五日政令第二二五号〕

この政令は、日本海溝・千島海溝周辺海溝型地震に係る地震防災対策の推進に関する特別措置法の一部を改正する法律の施行の日（令和四年六月十七日）から施行する。

附　則〔令和五年四月七日政令第一六三号抄〕

（施行期日）

第一条　この政令は、令和六年四月一日から施行する。

附　則〔令和五年一〇月一八日政令第三〇四号〕

この政令は、漁港漁場整備法及び水産業協同組合法の一部を改正する法律の施行の日（令和六年四月一日）から施行する。

○日本海溝・千島海溝周辺海溝型地震に係る地震防災対策の推進に関する特別措置法施行規則

（平成十七年八月三十一日内閣府令第九十二号）

〔改正経過〕
平成二五年　七月二二日　内閣府令第　四七号
令和　元年　六月二七日　内閣府令第　一五号
令和　二年　六月　一日　内閣府令第　四三号
令和　三年　二月　一日　内閣府令第　　三号
令和　四年　六月一五日　内閣府令第　三九号

日本海溝・千島海溝周辺海溝型地震に係る地震防災対策の推進に関する特別措置法（平成十六年法律第二十七号）第八条第一項第八号並びに日本海溝・千島海溝周辺海溝型地震に係る地震防災対策の推進に関する特別措置法施行令（平成十七年政令第二百八十二号）第三条第十七号及び第六条の規定に基づき、日本海溝・千島海溝周辺海溝型地震に係る地震防災対策の推進に関する特別措置法施行規則を次のように定める。

日本海溝・千島海溝周辺海溝型地震に係る地震防災対策の推進に関する特別措置法施行規則

（危険動物の範囲）
第一条　日本海溝・千島海溝周辺海溝型地震に係る地震防災対策の推進に関する特別措置法施行令（以下「令」という。）第三条第十七号の内閣府令で定める動物は、動物の愛護及び管理に関する法律施行令（昭和五十年政令第百七号）第三条に規定する動物とする。

（対策計画の届出等）
第二条　令第六条に規定する対策計画の届出は、対策計画一部を別記様式第一の届出書とともに提出して行うものとする。

2　令第六条に規定する対策計画の写しの送付は、対策計画の写し一部を別記様式第二の送付書とともに提出して行うものとする。

3　令第六条に規定する日本海溝・千島海溝周辺海溝型地震防災規程の写しの送付は、日本海溝・千島海溝周辺海溝型地震防災規程の写し一部を別記様式第三の送付書とともに提出して行うものとする。

4　前三項の届出書又は送付書には、令第六条の規定により、次の書類一部を添付しなければならない。

一　当該届出書又は送付書が令第三条第一号から第八号まで、第十三号から第十六号まで、第十八号、第二十一号又は第二十四号に掲げる施設に係るものである場合にあっては、当該施設の位置を明らかにした図面

二　当該届出書又は送付書が令第三条第九号から第十二号まで、第十七号又は第十九号から第二十三号までに掲げる事業に係るものである場合にあっては、当該事業を運営するための主要な施設の位置を明らかにした図面（同条第十一号又は第十二号に掲げる事業に係るものである場合にあっては、航路図又は運行系統図を含む。）及び対策計画又は日本海溝・千島海溝周辺海溝型地震防災規程の写しの送付に係る市町村の名称を明らかにした書面

（対策計画の特例）
第三条　日本海溝・千島海溝周辺海溝型地震に係る地震防災対策の推進に関する特別措置法（以下「法」という。）第七条第一項第八号の計画又は規程に準ずるものとして内閣府令で定めるものは、次に掲げるものとする。

一　鉄道に関する技術上の基準を定める省令（平成十三年国土交通省令第百五十一号）第三条第一項の実施基準

二　索道施設に関する技術上の基準を定める省令（昭和六十二年運輸省令第十六号）第三条第一項の細則

三　軌道運転規則（昭和二十九年運輸省令第二十二号）第四条第一項の施設及び車両の整備並びに運転取扱に関して定められた細則
四　海上運送法施行規則（昭和二十四年運輸省令第四十九号）第七条の二（同令第二十三条の四において準用する場合を含む。）及び第二十一条の十九の安全管理規程
五　旅客自動車運送事業運輸規則（昭和三十一年運輸省令第四十四号）第四十八条の二第一項の運行管理規程

（津波に関する情報の伝達方法等を居住者、滞在者その他の者に周知させるための必要な措置）
第四条　法第十条の居住者、滞在者その他の者に周知させるための必要な措置は、次に掲げるものとする。
一　特別強化地域及び当該特別強化地域において想定される津波の水位を表示した図面に法第十条に規定する事項を記載したもの（電気的方式、磁気的方式その他人の知覚によっては認識することができない方式で作られる記録を含む。）を、印刷物の配布その他の適切な方法により、各世帯に配布すること。
二　前号の図面に示した事項及び記載した事項に係る情報を、インターネットの利用その他の適切な方法により、居住者、滞在者その他の者がその提供を受けることができる状態に置くこと。

（法第十一条第八項の内閣府令で定める軽微な変更）
第五条　法第十一条第八項の内閣府令で定める軽微な変更は、次に掲げるものとする。
一　地域の名称の変更又は地番の変更に伴う範囲の変更
二　津波避難対策緊急事業計画に基づいて実施される事業の達成の期間に影響を与えない場合における津波避難対策緊急事業計画の期間の六月以内の変更
三　前二号に掲げるもののほか、津波避難対策緊急事業計画の趣旨の変更を伴わない変更

（令第八条第二項に規定する内閣府令で定める額の算定）
第六条　令第八条第二項の規定により算定する額は、法第十二条第三項の事業に要する経費に対する通常の国の交付金の額に、当該事業につき法別表に掲げる割合を当該事業に要する経費に対する通常の国の負担若しくは補助の割合又はこれに相当するもので除して得た数を乗じて算定するものとする。

附　則

（施行期日）
1　この府令は、法の施行の日（平成十七年九月一日）から施行する。

（大規模地震対策特別措置法施行規則の一部改正）
2　大規模地震対策特別措置法施行規則（昭和五十四年総理府令第三十八号）の一部を次のように改正する。
〔次のよう略〕

（東南海・南海地震に係る地震防災対策の推進に関する特別措置法施行規則の一部改正）
3　東南海・南海地震に係る地震防災対策の推進に関する特別措置法施行規則（平成十五年内閣府令第七十六号）の一部を次のように改正する。
〔次のよう略〕

附　則〔平成二五年七月一二日内閣府令第四七号〕
この府令は、公布の日から施行する。

附　則〔令和元年六月二七日内閣府令第一五号〕
この府令は、不正競争防止法等の一部を改正する法律の施行の日（令和元年七月一日）から施行する。

附　則〔令和二年六月一日内閣府令第四三号〕
この府令は、公布の日から施行する。

附　則〔令和三年二月一日内閣府令第三号〕

（施行期日）
1　この府令は、公布の日から施行する。
（経過措置）
2　この府令の施行の際現にあるこの府令による改正前の様式（次項において「旧様式」という。）により使用されている書類は、この府令による改正後の様式によるものとみなす。
3　この府令の施行の際現にある旧様式による用紙については、当分の間、これを取り繕って使用することができる。

附　則〔令和四年六月一五日内閣府令第三九号〕

この府令は、日本海溝・千島海溝周辺海溝型地震に係る地震防災対策の推進に関する特別措置法の一部を改正する法律の施行の日（令和四年六月十七日）から施行する。

別記様式第１（第２条第１項関係）

日本海溝・千島海溝周辺海溝型地震防災対策計画届出書

年　月　日

殿

住所（法人にあっては、主たる事務所の所在地）

氏名（法人にあっては、その名称及び代表者の氏名）

日本海溝・千島海溝周辺海溝型地震防災対策計画を作成／変更したので、日本海溝・千島海溝周辺海溝型地震に係る地震防災対策の推進に関する特別措置法第６条第６項の規定により届け出ます。

施設又は事業の名称	（日本海溝・千島海溝周辺海溝型地震に係る地震防災対策の推進に関する特別措置法施行令第３条第　号該当）			
施設の場合にあっては当該施設の所在地				
施設又は事業の概要				
連絡先	住所			
	担当の名称		電話番号	

備考　用紙は、日本産業規格Ａ４とする。

別記様式第２（第２条第２項関係）

日本海溝・千島海溝周辺海溝型地震防災対策計画送付書

年　月　日

殿

住所（法人にあっては、主たる事務所の所在地）

氏名（法人にあっては、その名称及び代表者の氏名）

日本海溝・千島海溝周辺海溝型地震防災対策計画を作成／変更したので、日本海溝・千島海溝周辺海溝型地震に係る地震防災対策の推進に関する特別措置法第６条第６項の規定により送付します。

施設又は事業の名称	（日本海溝・千島海溝周辺海溝型地震に係る地震防災対策の推進に関する特別措置法施行令第３条第　号該当）			
施設の場合にあっては当該施設の所在地				
施設又は事業の概要				
連絡先	住所			
	担当の名称		電話番号	

備考　用紙は、日本産業規格Ａ４とする。

別記様式第３（第２条第３項関係）

日本海溝・千島海溝周辺海溝型地震防災規程送付書

年　月　日

殿

住所（法人にあっては、主たる事務所の所在地）

氏名（法人にあっては、その名称及び代表者の氏名）

日本海溝・千島海溝周辺海溝型地震防災規程を作成/変更したので、日本海溝・千島海溝周辺海溝型地震に係る地震防災対策の推進に関する特別措置法第７条第２項の規定により送付します。

施設又は事業の名称	（日本海溝・千島海溝周辺海溝型地震に係る地震防災対策の推進に関する特別措置法第７条第１項第　　号該当）		
施設の場合にあっては当該施設の所在地			
施設又は事業の概要			
連絡先	住所		
	担当の名称	電話番号	

備考　用紙は、日本産業規格Ａ４とする。

○災害救助法

（昭和二十二年十月十八日
法律第百十八号）

〔改正経過〕
昭和二三年　六月一四日　法律第　五四号
昭和二四年　五月三一日　法律第一五七号
昭和二五年　五月三一日　法律第一六八号
昭和二五年　七月三一日　法律第二二九号
昭和二六年　三月三一日　法律第一〇二号
昭和二八年　八月　三日　法律第一六六号
昭和二九年　五月一五日　法律第一〇一号
昭和三七年　五月　八日　法律第一〇九号
昭和五五年一一月一九日　法律第　八五号
昭和五九年　五月　八日　法律第　二五号
昭和五九年一二月二五日　法律第　八七号
平成一一年　七月一六日　法律第　八七号
平成一一年一二月二二日　法律第一六〇号
平成一二年　五月三一日　法律第　九九号
平成一四年　五月三一日　法律第　五四号
平成一八年　六月　七日　法律第　五三号
平成二二年一二月　三日　法律第　六五号
平成二五年　六月二一日　法律第　五四号
平成二六年　五月三〇日　法律第　四二号
平成三〇年　六月一五日　法律第　五二号
令和　三年　五月一〇日　法律第　三〇号
令和　四年　六月一七日　法律第　六八号

注　令和四年六月一七日法律第六八号による罰則の改正は、令和七年六月一日から施行のため、附則の次に（参考）として改正文を掲載いたしました。

災害救助法をここに公布する。

　　災害救助法

目次

第一章　総則

（目的）

第一条　この法律は、災害が発生し、又は発生するおそれがある場合において、国が地方公共団体、日本赤十字社その他の団体及び国民の協力の下に、応急的に、必要な救助を行い、災害により被害を受け又は被害を受けるおそれのある者の保護と社会の秩序の保全を図ることを目的とする。

（救助の対象）

第二条　この法律による救助（以下「救助」という。）は、この法律に別段の定めがある場合を除き、都道府県知事が、政令で定める程度の災害が発生した市（特別区を含む。以下同じ。）町村（第三項及び第十一条において「災害発生市町村」という。）の区域（地方自治法（昭和二十二年法律第六十七号）第二百五十二条の十九第一項の指定都市（次条第二項において「指定都市」という。）にあっては、当該市の区域又は当該市の区若しくは総合区の区域とする。以下この条並びに次条第一項及び第二項において同じ。）内において当該災害により被害を受け、現に救助を必要とする者に対して、これを行う。

2　災害が発生するおそれがある場合において、災害対策基本法（昭和三十六年法律第二百二十三号）第二十三条の三第一項に規定する特定災害対策本部、同法第二十四条第一項に規定する非常災害対策本部又は同法第二十八条の二第一項に規定する緊急災害対策本部が設置され、同法第二十三条の三第二項（同法第二十四条第二項又は第二十八条の二第二項において準用する場合を含む。以下この項において同じ。）の規定により当該本部の所管区域が告示されたときは、都道府県知事は、当該所管区域内の市町村（次項及び第十一条において「本部所管区域市町村」という。）の区域内において当該災害により被害を受けるおそれがあり、現に救助を必要とする者に対しても、救助を行うことができる。ただし、前項の規定の適用がある場合又は同法第二十三条の三第二項の規定により当該本部の廃止が告示された場合は、この限りではない。

3　都道府県知事は、前二項の規定による救助を行うときは、その旨及び当該救助を行う災害発生市町村又は本部所管区域市町村の区域を公示しなければならない。当該救助を終了するときも、同様とする。

（救助実施市の長による救助の実施）

第二条の二　救助実施市（その防災体制、財政状況その他の事情を勘案し、災害に際し円滑かつ迅速に救助を行うことができるものとして内閣総理大臣が指定する市をいう。以下同じ。）の区域内において、前条第一項に規定する災害により被害を受け又は同条第二項に規定する災害により被害を受けるおそれがあり、現に救助を必要とする者に対する救助は、同条第一項及び第二項の規定にかかわらず、当該救助実施市の長が行う。

2　救助実施市の長は、前項の規定による救助を行うときは、その旨（指定都市の長にあっては、その旨及び当該救助を行う区域）を公示しなければならない。当該救助を終了するときも、同様とする。

3　第一項の規定による指定（以下この条において「指定」という。）は、内閣府令で定めるところにより、同項の救助を行おうとする市の申請により行う。

4　内閣総理大臣は、指定をしようとするときは、あらかじめ、当該指定をしようとする市を包括する都道府県の知事の意見を聴かなければならない。

5　内閣総理大臣は、指定をしたときは、直ちにその旨を公示しなければならない。

6　第一項及び前三項に定めるもののほか、指定及びその取消しに関し必要な事項は、内閣府令で定める。

（都道府県知事による連絡調整）

第二条の三　都道府県知事は、救助実施市の区域及び当該救助実施市以外の市町村の区域にわたり、第二条第一項に規定する災害が発生し又は同条第二項に規定する災害が発生するおそれがある場合においては、当該都道府県知事及び当該救助実施市の長が行う救助において必要となる物資の供給又は役務の提供が適正かつ円滑に行われるよう、当該救助実施市の長及び物資の生産等（生産、集荷、販売、配給、保管又は輸送をいう。以下同じ。）を業とする者その他の関係者との連絡調整を行うものとする。

第二章　救助

（都道府県知事等の努力義務）

第三条　都道府県知事又は救助実施市の長（以下「都道府県知事等」という。）は、救助の万全を期するため、常に、必要な計画の樹立、強力な救助組織の確立並びに労務、施設、設備、物資及び資金の整備に努めなければならない。

（救助の種類等）

第四条　第二条第一項の規定による救助の種類は、次のとおりとする。

一　避難所及び応急仮設住宅の供与

二　炊き出しその他による食品の給与及び飲料水の供給

三　被服、寝具その他生活必需品の給与又は貸与
四　医療及び助産
五　被災者の救出
六　被災した住宅の応急修理
七　生業に必要な資金、器具又は資料の給与又は貸与
八　学用品の給与
九　埋葬
十　前各号に規定するもののほか、政令で定めるもの
2　第二条第二項の規定による救助の種類は、避難所の供与とする。
3　救助は、都道府県知事等が必要があると認めた場合においては、前二項の規定にかかわらず、救助を要する者（埋葬については埋葬を行う者）に対し、金銭を支給してこれを行うことができる。
4　救助の程度、方法及び期間に関し必要な事項は、政令で定める。

（指定行政機関の長等の収用等）

第五条　指定行政機関の長（災害対策基本法第二条第三号に規定する指定行政機関の長をいい、当該指定行政機関が内閣府設置法（平成十一年法律第八十九号）第四十九条第一項若しくは第二項若しくは国家行政組織法（昭和二十三年法律第百二十号）第三条第二項の委員会若しくは災害対策基本法第二条第三号ロに掲げる機関又は同号ニに掲げる機関のうち合議制のものである場合にあっては、当該指定行政機関とする。次条において同じ。）及び指定地方行政機関の長（同法第二条第四号に規定する指定地方行政機関の長をいう。次条において同じ。）は、防災業務計画（同法第二条第九号に規定する防災業務計画をいう。）の定めるところにより、救助を行うため特に必要があると認めるときは、救助に必要な物資の生産等を業とする者に対して、その取り扱う物資の保管を命じ、又は救助に必要な物資を収用することができる。
2　前項の場合においては、公用令書を交付しなければならない。
3　第一項の処分を行う場合においては、その処分により通常生ずべき損失を補償しなければならない。

（指定行政機関の長等の立入検査等）

第六条　前条第一項の規定により物資の保管を命じ、又は物資を収用するため、必要があるときは、指定行政機関の長及び指定地方行政機関の長は、当該職員に物資を保管させる場所又は物資の所在する場所に立ち入り検査をさせることができる。
2　指定行政機関の長及び指定地方行政機関の長は、前条第一項の規定により物資を保管させた者に対し、必要な報告を求め、又は当該職員に当該物資を保管させてある場所に立ち入り検査をさせることができる。
3　前二項の規定により立ち入る場合においては、あらかじめその旨をその場所の管理者に通知しなければならない。
4　当該職員が第一項又は第二項の規定により立ち入る場合は、その身分を示す証票を携帯しなければならない。
5　第一項及び第二項の規定による権限は、犯罪捜査のために認められたものと解釈してはならない。

（従事命令）

第七条　都道府県知事等は、救助を行うため、特に必要があると認めるときは、医療、土木建築工事又は輸送関係者を、第十四条の規定に基づく内閣総理大臣の指示を実施するため、必要があると認めるときは、医療又は土木建築工事関係者を、救助に関する業務に従事させることができる。
2　地方運輸局長（運輸監理部長を含む。）は、都道府県知事等が第十四条の規定に基づく内閣総理大臣の指示を実施するため、必要があると認めて要求したときは、輸送関係者を救助に関する業務に従事させることができる。
3　前二項に規定する医療、土木建築工事及び輸送関係者の範囲は、

政令で定める。

４　第五条第二項の規定は、第一項及び第二項の場合に準用する。

５　第一項又は第二項の規定により救助に従事させる場合においては、その実費を弁償しなければならない。

（**協力命令**）

第八条　都道府県知事等は、救助を要する者及びその近隣の者を救助に関する業務に協力させることができる。

（**都道府県知事等の収用等**）

第九条　都道府県知事等は、救助を行うため、特に必要があると認めるとき、又は第十四条の規定に基づく内閣総理大臣の指示を実施するため、必要があると認めるときは、病院、診療所、旅館その他政令で定める施設を管理し、土地、家屋若しくは物資を使用し、物資の生産等を業とする者に対して、その取り扱う物資の保管を命じ、又は物資を収用することができる。

２　第五条第二項及び第三項の規定は、前項の場合に準用する。

（**都道府県知事等の立入検査等**）

第一〇条　前条第一項の規定により施設を管理し、土地、家屋若しくは物資を使用し、物資の保管を命じ、又は物資を収用するため必要があるときは、都道府県知事等は、当該職員に施設、土地、家屋、物資の所在する場所又は物資を保管させる場所に立ち入り検査をさせることができる。

２　都道府県知事等は、前条第一項の規定により物資を保管させた者に対し、必要な報告を求め、又は当該職員に当該物資を保管させてある場所に立ち入り検査をさせることができる。

３　第六条第三項から第五項までの規定は、前二項の場合に準用する。

（**通信設備の優先使用権**）

第一一条　内閣総理大臣、都道府県知事等、第十三条第一項の規定により救助の実施に関する都道府県知事の権限に属する事務の一部を行う災害発生市町村若しくは本部所管区域市町村（いずれも救助実施市を除く。以下「災害発生市町村等」という。）の長又はこれらの者の命を受けた者は、非常災害が発生し、又は発生するおそれがある場合において、現に応急的な救助を行う必要があるときは、その業務に関し緊急を要する通信のため、電気通信事業法（昭和五十九年法律第八十六号）第二条第五号に規定する電気通信事業者がその事業の用に供する電気通信設備を優先的に利用し、又は有線電気通信法（昭和二十八年法律第九十六号）第三条第四項第四号に掲げる者が設置する有線電気通信設備若しくは無線設備を使用することができる。

（**扶助金の支給**）

第一二条　第七条又は第八条の規定により、救助に関する業務に従事し、又は協力する者が、そのために負傷し、疾病にかかり、又は死亡した場合においては、政令の定めるところにより扶助金を支給する。

（**事務処理の特例**）

第一三条　都道府県知事は、救助を迅速に行うため必要があると認めるときは、政令で定めるところにより、その権限に属する救助の実施に関する事務の一部を災害発生市町村等の長が行うこととすることができる。

２　前項の規定により災害発生市町村等の長が行う事務を除くほか、災害発生市町村等の長は、都道府県知事が行う救助を補助するものとする。

（**内閣総理大臣の指示**）

第一四条　内閣総理大臣は、都道府県知事等が行う救助について、他の都道府県知事等に対し、その応援をすべきことを指示することができる。

（日本赤十字社の協力義務等）
第一五条　日本赤十字社は、その使命に鑑み、救助に協力しなければならない。
2　政府は、日本赤十字社に、政府の指揮監督の下に、救助に関し地方公共団体以外の団体又は個人がする協力（第八条の規定による協力を除く。）についての連絡調整を行わせることができる。

（日本赤十字社への委託）
第一六条　都道府県知事等は、救助又はその応援の実施に関して必要な事項を日本赤十字社に委託することができる。

（事務の区分）
第一七条　この法律の規定により地方公共団体が処理することとされている事務のうち次に掲げるものは、地方自治法第二条第九項第一号に規定する第一号法定受託事務とする。
一　第四条第三項、第七条第一項及び第二項、同条第四項において準用する第五条第二項、第七条第五項、第八条、第九条第一項、同条第二項において準用する第五条第二項及び第三項、第十条第一項及び第二項、同条第三項において準用する第六条第三項、第十一条、第十二条並びに第十四条の規定により都道府県又は救助実施市（以下「都道府県等」という。）が処理することとされている事務
二　第二条及び第十三条第一項の規定により都道府県が処理することとされている事務
三　第二条の二第一項及び第二項の規定により救助実施市が処理することとされている事務
四　第十三条第二項の規定により災害発生市町村等が処理することとされている事務

第三章　費用

（費用の支弁区分）
第一八条　第四条の規定による救助に要する費用（救助の事務を行うのに必要な費用を含む。）は、救助を行った都道府県知事等の統括する都道府県等が、これを支弁する。
2　第七条第五項の規定による実費弁償及び第十二条の規定による扶助金の支給で、第七条第一項の規定による従事命令又は第八条の規定による協力命令によって救助に関する業務に従事し、又は協力した者に係るものに要する費用は、その従事命令又は協力命令を発した都道府県知事等の統括する都道府県等が、第七条第二項の規定による従事命令によって救助に関する業務に従事した者に係るものに要する費用は、同項の規定による要求をした都道府県知事等の統括する都道府県等が、これを支弁する。
3　第九条第二項の規定により準用する第五条第三項の規定による損失補償に要する費用は、管理、使用若しくは収用を行い、又は保管を命じた都道府県知事等の統括する都道府県等が、これを支弁する。

（委託費用の補償）
第一九条　都道府県等は、その都道府県知事等が第十六条の規定により委託した事項を実施するため、日本赤十字社が支弁した費用に対し、その費用のための寄附金その他の収入を控除した額を補償する。

（都道府県等が応援のため支弁した費用）
第二〇条　都道府県等は、他の都道府県等の都道府県知事等により行われた救助につき行った応援のため支弁した費用について、当該他の都道府県等に対して、求償することができる。

2　著しく異常かつ激甚な非常災害が発生した場合において、前項の規定により求償の請求を受けた都道府県等（以下「被請求都道府県等」という。）は、内閣府令で定めるところにより、国に対して、国が当該被請求都道府県等に代わって同項に規定する費用について同項の規定により求償の請求を行った都道府県等（以下「請求都道府県等」という。）に対して弁済するよう要請することができる。

3　国は、前項の規定による被請求都道府県等の要請があった場合において、当該被請求都道府県等の区域内における被害の状況その他の事情を勘案して必要があると認めるときは、内閣府令で定めるところにより、第一項の規定による求償の請求に係る費用（以下「請求費用」という。）を、当該被請求都道府県等に代わって請求都道府県等に対して弁済することができる。

4　国は、前項の規定により請求費用を弁済したときは、被請求都道府県等に対して、当該弁済した費用を求償するものとする。

（国庫負担）

第二十一条　国庫は、都道府県等が第十八条の規定により支弁した費用及び第十九条の規定による補償に要した費用（前条第一項の規定により求償することができるものを除く。）並びに同項の規定による求償に対する支払に要した費用（前条第四項の規定による求償に対する支払に要した費用を含む。）の合計額が政令で定める額以上となる場合において、当該合計額が、地方税法（昭和二十五年法律第二百二十六号）に定める当該都道府県等の普通税（法定外普通税を除く。第二十三条において同じ。）について同法第一条第一項第五号にいう標準税率（標準税率の定めのない地方税については、同法に定める税率とする。）をもって算定した当該年度の収入見込額（以下この項において「収入見込額」という。）の百分の二以下であるときにあっては当該合計額についてその百分の五十を負担するものとし、収入見込額の百分の二を超えるときにあっては次の区分に従って負担するものとする。この場合において、収入見込額の算定方法については、地方交付税法（昭和二十五年法律第二百十一号）第十四条の定めるところによるものとする。

一　収入見込額の百分の二以下の部分については、その額の百分の五十

二　収入見込額の百分の二を超え、百分の四以下の部分については、その額の百分の八十

三　収入見込額の百分の四を超える部分については、その額の百分の九十

2　国は、前条第二項の規定による被請求都道府県等の要請があった場合において、次の各号のいずれにも該当すると認めるときは、内閣府令で定めるところにより、前項の規定による国庫の負担額の全部又は一部を、同条第三項の規定による弁済に代えて、請求都道府県等に対して支払うことができる。

一　前条第二項の規定により被請求都道府県等から弁済するよう要請された費用の額が前項の規定による国庫の負担額を上回らないこと。

二　被請求都道府県等の区域内における被害の状況その他の事情を勘案して請求費用を当該被請求都道府県等に代わって請求都道府県等に対して弁済する必要があること。

3　前項の規定により国が請求費用を支払う場合における第一項の規定の適用については、同項中「前条第四項の規定による求償に対する支払に要した」とあるのは、「前条第二項の規定による要請に係る」とする。

（災害救助基金）

第二十二条　都道府県等は、前条第一項に規定する費用の支弁の財源に充てるため、災害救助基金を積み立てておかなければならない。

第二十三条　災害救助基金の各年度における最少額は次の各号に掲げる

都道府県等の区分に応じ当該各号に定める額とし、災害救助基金がその最少額に達していない場合は、都道府県等は、政令で定める金額を、当該年度において、積み立てなければならない。

一　都道府県（次号に掲げる都道府県を除く。）　当該都道府県の当該年度の前年度の前三年間における地方税法に定める普通税の収入額の決算額の平均年額の千分の五に相当する額

二　救助実施市を包括する都道府県　当該都道府県の当該年度の前年度の前三年間における地方税法に定める普通税の収入額の決算額の平均年額の千分の五に相当する額から、当該額に救助実施市人口割合（救助実施市を包括する都道府県の人口（官報で公示された最近の国勢調査又はこれに準ずる人口調査の結果による人口をいう。以下この号において同じ。）に占める救助実施市ごとの人口の割合をいう。次号において同じ。）の合計を乗じて得た額を減じた額

三　救助実施市　当該救助実施市を包括する都道府県の当該年度の前年度の前三年間における地方税法に定める普通税の収入額の決算額の平均年額の千分の五に相当する額に、当該救助実施市に係る救助実施市人口割合を乗じて得た額

第二四条　災害救助基金から生ずる収入は、全て災害救助基金に繰り入れなければならない。

第二五条　第二十一条第一項（同条第三項の規定により読み替えて適用する場合を含む。以下この条において同じ。）の規定による国庫の負担額が、第二十一条第一項に規定する費用を支弁するために災害救助基金以外の財源から支出された額を超過するときは、その超過額は、これを災害救助基金に繰り入れなければならない。

第二六条　災害救助基金の運用は、次の方法によらなければならない。

一　財政融資資金への預託又は確実な銀行への預金

二　国債証券、地方債証券その他確実な債券の応募又は買入れ

三　第四条第一項に規定する給与品の事前購入

第二七条　災害救助基金の管理に要する費用は、災害救助基金から支出することができる。

第二八条　災害救助基金が第二十三条の規定による最少額を超えて積み立てられている都道府県は、区域内の市町村が災害救助の資金を貯蓄しているときは、当該最少額を超える部分の金額の範囲内において、災害救助基金から補助することができる。

第二九条　災害救助基金が第二十三条の規定による最少額を超えて積み立てられている都道府県等は、当該最少額を超える部分の金額の範囲内において、災害救助基金を取り崩すことができる。

（**繰替支弁**）

第三〇条　都道府県知事は、第十三条第一項の規定により救助の実施に関するその権限に属する事務の一部を災害発生市町村等の長が行うこととした場合又は都道府県が救助に要する費用を支弁するいとまがない場合においては、当該救助に係る災害発生市町村等に、救助の実施に要する費用を一時繰替支弁させることができる。

第四章　雑則

第三一条　都道府県知事は、救助を行った者について、災害対策基本法第九十条の三第四項の規定により情報の提供の求めがあったときは、当該提供の求めに係る者についての同条第二項第一号から第四号までに掲げる情報であって自らが保有するものを提供するものとする。

第五章　罰則

第三二条　次の各号のいずれかに該当する者は、六月以下の懲役又は三十万円以下の罰金に処する。
一　第七条第一項又は第二項の規定による従事命令に従わなかった者
二　第五条第一項又は第九条第一項の規定による保管命令に従わなかった者

第三三条　偽りその他不正の手段により救助を受け、又は受けさせた者は、六月以下の懲役又は三十万円以下の罰金に処する。ただし、刑法（明治四十年法律第四十五号）に正条があるものは、同法による。

第三四条　第六条第一項若しくは第二項若しくは第十条第一項若しくは第二項の規定による当該職員の立入検査を拒み、妨げ、若しくは忌避し、又は第六条第二項若しくは第十条第二項の規定による報告をせず、若しくは虚偽の報告をした者は、二十万円以下の罰金に処する。

第三五条　法人の代表者又は法人若しくは人の代理人、使用人その他の従業者がその法人又は人の業務に関し第三十二条又は前条の違反行為をしたときは、行為者を罰するほか、その法人又は人に対し、各本条の罰金刑を科する。

附　則

① この法律は、昭和二十二年十月二十日から、これを施行する。
② 罹災救助基金法は、これを廃止する。
③ この法律施行の際、現に存する旧法による罹災救助基金は、この法律による災害救助基金とする。
④・⑤〔略〕

附　則〔昭和二三年六月一四日法律第五四号〕

この法律は、公布の日から、これを施行する。

附　則〔昭和二四年五月三一日法律第一五七号抄〕

（施行期日）
1　この法律は、昭和二十四年六月一日から施行する。〔以下略〕

附　則〔昭和二四年五月三一日法律第一六八号抄〕

この法律は、公布の日から施行する。〔以下略〕

附　則〔昭和二五年七月三一日法律第二二九号〕

この法律は、公布の日から施行し、昭和二十五年度から適用する。

附　則〔昭和二六年三月三一日法律第一〇二号〕

この法律は、資金運用部資金法（昭和二十六年法律第百号）施行の日〔昭和二六年四月一日〕から施行する。

附　則〔昭和二八年八月三日法律第一六六号抄〕

1　この法律は、公布の日から施行する。但し、第三十三条及び第三十六条の改正規定は、昭和二十八年四月一日から適用する。

附　則〔昭和二九年五月一五日法律第一〇一号抄〕

1　この法律は、公布の日から施行し、昭和二十九年度分の地方交付税から適用する。

附　則〔昭和三七年五月八日法律第一〇九号〕

1　この法律は、災害対策基本法の施行の日〔昭和三七年七月一〇日〕から施行する。ただし、第三条中災害救助法第三十六条の改正規定は、公布の日から施行し、昭和三十七年度分の国庫負担金から適用する。
2　この法律の施行前にした行為に対する罰則の適用については、なお従前の例による。

附　則〔昭和五五年一一月一九日法律第八五号抄〕

（施行期日）
第一条　この法律は、昭和五十六年四月一日から施行する。

（経過措置）
第二〇条　この法律の施行前にしたこの法律による改正に係る国の機

関の法律若しくはこれに基づく命令の規定による許可、認可その他の処分又は契約その他の行為（以下この条において「処分等」という。）は、政令で定めるところにより、この法律による改正後のそれぞれの法律若しくはこれに基づく命令の規定により又はこれらの規定に基づく所掌事務の区分に応じ、相当の国の機関のした処分等とみなす。

第二一条 この法律の施行前にこの法律による改正に係る国の機関に対してした申請、届出その他の行為（以下この条において「申請等」という。）は、政令で定めるところにより、この法律による改正後のそれぞれの法律若しくはこれに基づく命令の規定により又はこれらの規定に基づく所掌事務の区分に応じ、相当の国の機関に対してした申請等とみなす。

附 則〔昭和五九年五月八日法律第二五号抄〕

（施行期日）

第一条 この法律は、昭和五十九年七月一日から施行する。

附 則〔昭和五九年一二月二五日法律第八七号抄〕

（施行期日）

第一条 この法律は、昭和六十年四月一日から施行する。〔以下略〕

（政令への委任）

第二八条 附則第二条から前条までに定めるもののほか、この法律の施行に関し必要な事項は、政令で定める。

附 則〔平成一一年七月一六日法律第八七号抄〕

（施行期日）

第一条 この法律は、平成十二年四月一日から施行する。〔以下略〕

（災害救助法の一部改正に伴う経過措置）

第六三条 この法律の施行の際現に第百四十八条の規定による改正前の災害救助法第三十条の規定により都道府県知事の職権の一部を委任されて市町村長が行っている救助は、第百四十八条の規定による改正後の同法第三十条第一項の規定により市町村長が行うこととされた救助とみなす。

第六四条 施行日前に第百四十八条の規定による改正前の災害救助法第三十一条の規定によってなされた命令は、第百四十八条の規定による改正後の同法第三十一条の規定によってなされた指示とみなす。

〔経過措置等は、「消防法」の附則を参照してください。〕

附 則〔平成一一年一二月二二日法律第一六〇号抄〕

（施行期日）

第一条 この法律〔中略〕は、平成十三年一月六日から施行する。〔以下略〕

〔経過措置等は、「消防法」の附則を参照してください。〕

附 則〔平成一二年五月三一日法律第九九号抄〕

（施行期日）

第一条 この法律は、平成十三年四月一日から施行する。〔以下略〕

附 則〔平成一四年五月三一日法律第五四号抄〕

（施行期日）

第一条 この法律は、平成十四年七月一日から施行する。

（経過措置）

第二八条 この法律の施行前にこの法律による改正前のそれぞれの法律若しくはこれに基づく命令（以下「旧法令」という。）の規定により海運監理部長、陸運支局長、海運支局長又は陸運支局の事務所の長（以下「海運監理部長等」という。）がした許可、認可その他の処分又は契約その他の行為（以下「処分等」という。）は、国土交通省令で定めるところにより、この法律による改正後のそれぞれの法律若しくはこれに基づく命令（以下「新法令」という。）の規定により相当の運輸監理部長、運輸支局長又は地方運輸局、運輸監理部若しくは運輸支局の事務所の長（以下「運輸監理部長等」という。）がした処分等とみなす。

第二九条 この法律の施行前に旧法令の規定により海運監理部長等に

対してした申請、届出その他の行為（以下「申請等」という。）は、国土交通省令で定めるところにより、新法令の規定により相当の運輸監理部長等に対してした申請等とみなす。

第三〇条　この法律の施行前にした行為に対する罰則の適用については、なお従前の例による。

附　則〔平成一八年六月七日法律第五三号抄〕

（施行期日）

第一条　この法律は、平成十九年四月一日から施行する。〔以下略〕

附　則〔平成二二年一二月三日法律第六五号抄〕

（施行期日）

第一条　この法律は、公布の日から起算して九月を超えない範囲内において政令で定める日（以下「施行日」という。）から施行する。〔以下略〕

〔平成二三年六月政令一八〇号により、平成二三・六・三〇から施行〕

附　則〔平成二五年六月二一日法律第五四号抄〕

（施行期日）

第一条　この法律は、公布の日から施行する。ただし、次の各号に掲げる規定は、当該各号に定める日から施行する。

一　〔前略〕第三条〔中略〕並びに附則第四条〔中略〕の規定　公布の日から起算して六月を超えない範囲内において政令で定める日

〔平成二五年九月政令二八四号により、平成二五・一〇・一から施行〕

二～五　〔略〕

（災害救助法の一部改正に伴う経過措置）

第四条　第三条の規定の施行前に同条の規定による改正前の災害救助法第三十一条の規定により厚生労働大臣がした指示は、第三条の規定の施行後は、同条の規定による改正後の災害救助法第十四条の規定により内閣総理大臣がした指示とみなす。

2　第三条の規定の施行前にした行為に対する罰則の適用については、なお従前の例による。

（政令への委任）

第二二条　この附則に定めるもののほか、この法律の施行に関し必要な経過措置は、政令で定める。

附　則〔平成二六年五月三〇日法律第四二号抄〕

（施行期日）

第一条　この法律は、公布の日から起算して二年を超えない範囲内において政令で定める日から施行する。〔以下略〕

〔平成二七年一月政令二九号により、平成二八・四・一から施行〕

附　則〔平成三〇年六月一五日法律第五二号抄〕

（施行期日）

第一条　この法律は、平成三十一年四月一日から施行する。〔以下略〕

附　則〔令和三年五月一〇日法律第三〇号抄〕

（施行期日）

第一条　この法律は、公布の日から起算して一月を超えない範囲内において政令で定める日から施行する。ただし、次の各号に掲げる規定は、当該各号に定める日から施行する。

〔令和三年五月政令一五二号により、令和三・五・二〇から施行〕

一　附則第三条の規定　公布の日

二　〔略〕

（政令への委任）

第三条　この附則に定めるもののほか、この法律の施行に関し必要な経過措置（罰則に関する経過措置を含む。）は、政令で定める。

（検討）

第四条　政府は、この法律の施行後適当な時期において、この法律による改正後のそれぞれの法律の規定について、その施行の状況等を勘案して検討を加え、必要があると認めるときは、その結果に基づいて必要な措置を講ずるものとする。

附　則〔令和四年六月一七日法律第六八号抄〕

（施行期日）

1　この法律は、刑法等一部改正法〔令和四年法律第六十七号〕施行日〔令和七年六月一日〕から施行する。ただし、次の各号に掲げる規定は、当該各号に定める日から施行する。

一　第五百九条の規定　公布の日

二　〔略〕

〔経過措置は消防法の改正附則を参照〕

（参考）

○刑法等の一部を改正する法律の施行に伴う関係法律の整理等に関する法律〔抄〕（令和四年六月十七日法律第六十八号）

（災害救助法等の一部改正）

第八〇条　次に掲げる法律の規定中「懲役」を「拘禁刑」に改める。

一　災害救助法（昭和二十二年法律第百十八号）第三十二条及び第三十三条

二〜十六　〔略〕

○武力攻撃事態等における国民の保護のための措置に関する法律〔抄〕

（平成十六年六月十八日
法律第百十二号）

〔最終改正〕令和五年五月二六日　法律第三六号

第一章　総則

第一節　通則

（目的）

第一条　この法律は、武力攻撃事態等において武力攻撃から国民の生命、身体及び財産を保護し、並びに武力攻撃の国民生活及び国民経済に及ぼす影響が最小となるようにすることの重要性に鑑み、これらの事項に関し、国、地方公共団体等の責務、国民の協力、住民の避難に関する措置、避難住民等の救援に関する措置、武力攻撃災害への対処に関する措置その他の必要な事項を定めることにより、武力攻撃事態等及び存立危機事態における我が国の平和と独立並びに国及び国民の安全の確保に関する法律（平成十五年法律第七十九号。以下「事態対処法」という。）と相まって、国全体として万全の態勢を整備し、もって武力攻撃事態等における国民の保護のための措置を的確かつ迅速に実施することを目的とする。

（定義）

第二条　この法律において「武力攻撃事態等」、「武力攻撃」、「武力攻撃事態」、「対処基本方針」、「指定行政機関」、「指定地方行政機関」、「指定公共機関」、「対策本部」及び「対策本部長」の意義は、それぞれ事態対処法第一条、第二条第一号から第七号まで（第三号及び第四号を除く。）、第九条第一項、第十条第一項及び第十一条第一項に規定する当該用語の意義による。

2　この法律において「指定地方公共機関」とは、都道府県の区域において電気、ガス、輸送、通信、医療その他の公益的事業を営む法人、地方道路公社（地方道路公社法（昭和四十五年法律第八十二号）第一条の地方道路公社をいう。）その他の公共的施設を管理する法人及び地方独立行政法人（地方独立行政法人法（平成十五年法律第百十八号）第二条第一項の地方独立行政法人をいう。）で、あらかじめ当該法人の意見を聴いて当該都道府県の知事が指定するものをいう。

3　この法律において「国民の保護のための措置」とは、対処基本方針が定められてから廃止されるまでの間に、指定行政機関、地方公共団体又は指定公共機関若しくは指定地方公共機関が法律の規定に基づいて実施する次に掲げる措置その他の武力攻撃から国民の生命、身体及び財産を保護するため、又は武力攻撃が国民生活及び国民経済に影響を及ぼす場合において当該影響が最小となるようにするための措置（第六号に掲げる措置にあっては、対処基本方針が廃止された後これらの者が法律の規定に基づいて実施するものを含む。）をいう。

一　警報の発令、避難の指示、避難住民等の救援、消防等に関する措置

二　施設及び設備の応急の復旧に関する措置

三　保健衛生の確保及び社会秩序の維持に関する措置

四　運送及び通信に関する措置

五　国民の生活の安定に関する措置
六　被害の復旧に関する措置
4　この法律において「武力攻撃災害」とは、武力攻撃により直接又は間接に生ずる人の死亡又は負傷、火事、爆発、放射性物質の放出その他の人的又は物的災害をいう。

（国、地方公共団体等の責務）
第三条　国は、国民の安全を確保するため、武力攻撃事態等に備えて、あらかじめ、国民の保護のための措置の実施に関する基本的な方針を定めるとともに、武力攻撃事態等においては、その組織及び機能のすべてを挙げて自ら国民の保護のための措置を的確かつ迅速に実施し、又は地方公共団体及び指定公共機関が実施する国民の保護のための措置を的確かつ迅速に支援し、並びに国民の保護のための措置に関し国費による適切な措置を講ずること等により、国全体として万全の態勢を整備する責務を有する。
2　地方公共団体は、国があらかじめ定める国民の保護のための措置の実施に関する基本的な方針に基づき、武力攻撃事態等においては、自ら国民の保護のための措置を的確かつ迅速に実施し、及び当該地方公共団体の区域において関係機関が実施する国民の保護のための措置を総合的に推進する責務を有する。
3　指定公共機関及び指定地方公共機関は、武力攻撃事態等においては、この法律で定めるところにより、その業務について、国民の保護のための措置を実施する責務を有する。
4　国、地方公共団体並びに指定公共機関及び指定地方公共機関は、国民の保護のための措置を実施するに当たっては、相互に連携協力し、その的確かつ迅速な実施に万全を期さなければならない。

第二節　国民の保護のための措置の実施

（都道府県の実施する国民の保護のための措置）
第一一条　都道府県知事は、対処基本方針が定められたときは、この法律その他法令の規定に基づき、第三十四条第一項の規定による都道府県の国民の保護に関する計画で定めるところにより、当該都道府県の区域に係る次に掲げる国民の保護のための措置を実施しなければならない。
一　住民に対する避難の指示、避難住民の誘導に関する措置、都道府県の区域を越える住民の避難に関する措置その他の住民の避難に関する措置
二　救援の実施、安否情報の収集及び提供その他の避難住民等の救援に関する措置
三　武力攻撃災害の防除及び軽減、緊急通報の発令、退避の指示、警戒区域の設定、保健衛生の確保、被災情報の収集その他の武力攻撃災害への対処に関する措置
四　生活関連物資等の価格の安定等のための措置その他の国民生活の安定に関する措置
五　武力攻撃災害の復旧に関する措置
2　都道府県の委員会及び委員は、対処基本方針が定められたときは、この法律その他法令の規定に基づき、前項の都道府県の国民の保護に関する計画で定めるところにより、都道府県知事の所轄の下にその所掌事務に係る国民の保護のための措置を実施しなければならない。
3　都道府県の区域内の公共的団体は、対処基本方針が定められたときは、都道府県の知事その他の執行機関（以下「都道府県知事等」という。）が実施する国民の保護のための措置に協力するよう努め

るものとする。

4　第一項及び第二項の場合において、都道府県知事等は、当該都道府県の区域に係る国民の保護のための措置を的確かつ迅速に実施するため必要があると認めるときは、指定行政機関の長又は指定地方行政機関の長に対し、その所掌事務に係る国民の保護のための措置の実施に関し必要な要請をすることができる。

（市町村の実施する国民の保護のための措置）

第一六条　市町村長は、対処基本方針が定められたときは、この法律その他法令の規定に基づき、第三十五条第一項の規定による市町村の国民の保護に関する計画で定めるところにより、当該市町村の区域に係る次に掲げる国民の保護のための措置を実施しなければならない。

一　警報の伝達、避難実施要領の策定、関係機関の調整その他の住民の避難に関する措置

二　救援の実施、安否情報の収集及び提供その他の避難住民等の救援に関する措置

三　退避の指示、警戒区域の設定、消防、廃棄物の処理、被災情報の収集その他の武力攻撃災害への対処に関する措置

四　水の安定的な供給その他の国民生活の安定に関する措置

五　武力攻撃災害の復旧に関する措置

2　市町村の委員会及び委員は、対処基本方針が定められたときは、この法律その他法令の規定に基づき、前項の市町村の国民の保護に関する計画で定めるところにより、市町村長の所轄の下にその所掌事務に係る国民の保護のための措置を実施しなければならない。

3　市町村の区域内の公共的団体は、対処基本方針が定められたときは、市町村の長その他の執行機関（以下「市町村長等」という。）が実施する国民の保護のための措置に協力するよう努めるものとする。

4　第一項及び第二項の場合において、市町村長等は、当該市町村の区域に係る国民の保護のための措置を的確かつ迅速に実施するため必要があると認めるときは、都道府県知事等に対し、その所掌事務に係る国民の保護のための措置の実施に関し必要な要請をすることができる。

5　第一項及び第二項の場合において、市町村長等は、当該市町村の区域に係る国民の保護のための措置を的確かつ迅速に実施するため特に必要があると認めるときは、都道府県知事等に対し、第十一条第四項の規定による要請を行うよう求めることができる。

○救急救命士法

（平成三年四月二十三日法律第三十六号）

〔改正経過〕

平成　五年一一月一二日　法律第　八九号
平成　七年　五月一二日　法律第　九一号
平成一一年一二月二二日　法律第一六〇号
平成一三年　六月二九日　法律第　八七号
平成一三年　七月一一日　法律第一〇五号
平成一三年一二月一二日　法律第一五三号
平成一八年　六月　二日　法律第　五〇号
平成一九年　六月二七日　法律第　九六号
平成二六年　六月　四日　法律第　五一号
平成二六年　六月一三日　法律第　六九号
令和　三年　五月二八日　法律第　四九号
令和　四年　六月一七日　法律第　六八号

注　令和四年六月一七日法律第六八号による罰則の改正は、令和七年六月一日から施行のため、附則の次に（参考）として改正文を掲載いたしました。

救急救命士法をここに公布する。

救急救命士法

目次

第一章　総則

（目的）

第一条　この法律は、救急救命士の資格を定めるとともに、その業務が適正に運用されるように規律し、もって医療の普及及び向上に寄与することを目的とする。

（定義）

第二条　この法律で「救急救命処置」とは、その症状が著しく悪化するおそれがあり、若しくはその生命が危険な状態にある傷病者（以下この項並びに第四十四条第二項及び第三項において「重度傷病者」という。）が病院若しくは診療所に搬送されるまでの間又は重度傷病者が病院若しくは診療所に到着し当該病院若しくは診療所に入院するまでの間（当該重度傷病者が入院しない場合は、病院又は診療所に到着し当該病院又は診療所に滞在している間。同条第二項及び第三項において同じ。）に、当該重度傷病者に対して行われる気道の確保、心拍の回復その他の処置であって、当該重度傷病者の症状の著しい悪化を防止し、又はその生命の危険を回避するために緊急に必要なものをいう。

2　この法律で「救急救命士」とは、厚生労働大臣の免許を受けて、救急救命士の名称を用いて、医師の指示の下に、救急救命処置を行うことを業とする者をいう。

第二章　免許

（免許）

第三条　救急救命士になろうとする者は、救急救命士国家試験（以下「試験」という。）に合格し、厚生労働大臣の免許（第三十四条第五号を除き、以下「免許」という。）を受けなければならない。

（欠格事由）

第四条　次の各号のいずれかに該当する者には、免許を与えないことがある。

一　罰金以上の刑に処せられた者

二　前号に該当する者を除くほか、救急救命士の業務に関し犯罪又は不正の行為があつた者

三　心身の障害により救急救命士の業務を適正に行うことができない者として厚生労働省令で定めるもの

四　麻薬、大麻又はあへんの中毒者

（救急救命士名簿）

第五条　厚生労働省に救急救命士名簿を備え、免許に関する事項を登録する。

（登録及び免許証の交付）

第六条　免許は、試験に合格した者の申請により、救急救命士名簿に登録することによって行う。

2　厚生労働大臣は、免許を与えたときは、救急救命士免許証を交付する。

（意見の聴取）

第七条　厚生労働大臣は、免許を申請した者について、第四条第三号に掲げる者に該当すると認め、同条の規定により免許を与えないこととするときは、あらかじめ、当該申請者にその旨を通知し、その求めがあつたときは、厚生労働大臣の指定する職員にその意見を聴取させなければならない。

（救急救命士名簿の訂正）

第八条　救急救命士は、救急救命士名簿に登録された免許に関する事項に変更があつたときは、三十日以内に、当該事項の変更を厚生労働大臣に申請しなければならない。

（免許の取消し等）

第九条　救急救命士が第四条各号のいずれかに該当するに至ったときは、厚生労働大臣は、その免許を取り消し、又は期間を定めて救急救命士の名称の使用の停止を命ずることができる。

2　前項の規定により免許を取り消された者であっても、その者がその取消しの理由となった事項に該当しなくなったとき、その他その後の事情により再び免許を与えるのが適当であると認められるに至ったときは、再免許を与えることができる。この場合においては、第六条の規定を準用する。

（登録の消除）

第一〇条　厚生労働大臣は、免許がその効力を失ったときは、救急救命士名簿に登録されたその免許に関する事項を消除しなければならない。

（免許証の再交付手数料）

第一一条　救急救命士免許証の再交付を受けようとする者は、実費を勘案して政令で定める額の手数料を国に納付しなければならない。

（指定登録機関の指定）

第一二条　厚生労働大臣は、厚生労働省令で定めるところにより、その指定する者（以下「指定登録機関」という。）に、救急救命士名簿の登録の実施に関する事務（以下「登録事務」という。）を行わせることができる。

2　指定登録機関の指定は、厚生労働省令で定めるところにより、登録事務を行おうとする者の申請により行う。

3　厚生労働大臣は、他に第一項の規定による指定を受けた者がなく、かつ、前項の申請が次の要件を満たしていると認めるときでなければ、指定登録機関の指定をしてはならない。

一　職員、設備、登録事務の実施の方法その他の事項についての登録事務の実施に関する計画が、登録事務の適正かつ確実な実施の

ために適切なものであること。

二　前号の登録事務の実施に関する計画の適正かつ確実な実施に必要な経理的及び技術的な基礎を有するものであること。

4　厚生労働大臣は、第二項の申請が次のいずれかに該当するときは、指定登録機関の指定をしてはならない。

一　申請者が、一般社団法人又は一般財団法人以外の者であること。

二　申請者が、その行う登録事務以外の業務により登録事務を公正に実施することができないおそれがあること。

三　申請者が、第二十三条の規定により指定を取り消され、その取消しの日から起算して二年を経過しない者であること。

四　申請者の役員のうちに、次のいずれかに該当する者があること。

イ　この法律に違反して、刑に処せられ、その執行を終わり、又は執行を受けることがなくなった日から起算して二年を経過しない者

ロ　次条第二項の規定による命令により解任され、その解任の日から起算して二年を経過しない者

（**指定登録機関の役員の選任及び解任**）

第一三条　指定登録機関の役員の選任及び解任は、厚生労働大臣の認可を受けなければ、その効力を生じない。

2　厚生労働大臣は、指定登録機関の役員が、この法律（この法律に基づく命令又は処分を含む。）若しくは第十五条第一項に規定する登録事務規程に違反する行為をしたとき、又は登録事務に関し著しく不適当な行為をしたときは、指定登録機関に対し、当該役員の解任を命ずることができる。

（**事業計画の認可等**）

第一四条　指定登録機関は、毎事業年度、事業計画及び収支予算を作成し、当該事業年度の開始前に（第十二条第一項の規定による指定を受けた日の属する事業年度にあっては、その指定を受けた後遅滞なく）、厚生労働大臣の認可を受けなければならない。これを変更しようとするときも、同様とする。

2　指定登録機関は、毎事業年度の経過後三月以内に、その事業年度の事業報告書及び収支決算書を作成し、厚生労働大臣に提出しなければならない。

（**登録事務規程**）

第一五条　指定登録機関は、登録事務の開始前に、登録事務の実施に関する規程（以下「登録事務規程」という。）を定め、厚生労働大臣の認可を受けなければならない。これを変更しようとするときも、同様とする。

2　登録事務規程で定めるべき事項は、厚生労働省令で定める。

3　厚生労働大臣は、第一項の認可をした登録事務規程が登録事務の適正かつ確実な実施上不適当となったと認めるときは、指定登録機関に対し、これを変更すべきことを命ずることができる。

（**規定の適用等**）

第一六条　指定登録機関が登録事務を行う場合における第五条、第六条第二項（第九条第二項において準用する場合を含む。）、第八条、第十条及び第十一条の規定の適用については、第五条中「厚生労働省」とあるのは「指定登録機関」と、第六条第二項中「厚生労働大臣」とあるのは「指定登録機関」と、「免許を与えたときは、救急救命士免許証」とあるのは「前項の規定による登録をしたときは、当該登録に係る者に救急救命士免許証明書」と、第八条及び第十条中「厚生労働大臣」とあるのは「指定登録機関」と、第十一条中「国」とあるのは「指定登録機関」と、「救急救命士免許証」とあるのは「救急救命士免許証明書」とする。

2　指定登録機関が登録事務を行う場合において、救急救命士名簿に

免許に関する事項の登録を受けようとする者又は救急救命士免許証明書の書換え交付を受けようとする者は、実費を勘案して政令で定める額の手数料を指定登録機関に納付しなければならない。

3　第一項の規定により読み替えて適用する第十一条及び前項の規定により指定登録機関に納められた手数料は、指定登録機関の収入とする。

（**秘密保持義務等**）

第一七条　指定登録機関の役員若しくは職員又はこれらの職にあった者は、登録事務に関して知り得た秘密を漏らしてはならない。

2　登録事務に従事する指定登録機関の役員又は職員は、刑法（明治四十年法律第四十五号）その他の罰則の適用については、法令により公務に従事する職員とみなす。

（**帳簿の備付け等**）

第一八条　指定登録機関は、厚生労働省令で定めるところにより、帳簿を備え付け、これに登録事務に関する事項で厚生労働省令で定めるものを記載し、及びこれを保存しなければならない。

（**監督命令**）

第一九条　厚生労働大臣は、この法律を施行するため必要があると認めるときは、指定登録機関に対し、登録事務に関し監督上必要な命令をすることができる。

（**報告**）

第二〇条　厚生労働大臣は、この法律を施行するため必要があると認めるときは、その必要な限度で、厚生労働省令で定めるところにより、指定登録機関に対し、報告をさせることができる。

（**立入検査**）

第二一条　厚生労働大臣は、この法律を施行するため必要があると認めるときは、その必要な限度で、その職員に、指定登録機関の事務所に立ち入り、指定登録機関の帳簿、書類その他必要な物件を検査させ、又は関係者に質問させることができる。

2　前項の規定により立入検査を行う職員は、その身分を示す証明書を携帯し、かつ、関係者の請求があるときは、これを提示しなければならない。

3　第一項に規定する権限は、犯罪捜査のために認められたものと解釈してはならない。

（**登録事務の休廃止**）

第二二条　指定登録機関は、厚生労働大臣の許可を受けなければ、登録事務の全部又は一部を休止し、又は廃止してはならない。

（**指定の取消し等**）

第二三条　厚生労働大臣は、指定登録機関が第十二条第四項各号（第三号を除く。）のいずれかに該当するに至ったときは、その指定を取り消さなければならない。

2　厚生労働大臣は、指定登録機関が次の各号のいずれかに該当するに至ったときは、その指定を取り消し、又は期間を定めて登録事務の全部若しくは一部の停止を命ずることができる。

一　第十二条第三項各号の要件を満たさなくなったと認められるとき。

二　第十三条第二項、第十五条第三項又は第十九条の規定による命令に違反したとき。

三　第十四条又は前条の規定に違反したとき。

四　第十五条第一項の認可を受けた登録事務規程によらないで登録事務を行ったとき。

五　次条第一項の条件に違反したとき。

（**指定等の条件**）

第二四条　第十二条第一項、第十三条第一項、第十四条第一項、第十五条第一項又は第二十二条の規定による指定、認可又は許可には、条件を付し、及びこれを変更することができる。

2　前項の条件は、当該指定、認可又は許可に係る事項の確実な実施を図るため必要な最小限度のものに限り、かつ、当該指定、認可又は許可を受ける者に不当な義務を課することとなるものであってはならない。

第二五条　削除

（指定登録機関がした処分等に係る審査請求）

第二六条　指定登録機関が行う登録事務に係る処分又はその不作為について不服がある者は、厚生労働大臣に対し、審査請求をすることができる。この場合において、厚生労働大臣は、行政不服審査法（平成二十六年法律第六十八号）第二十五条第二項及び第三項、第四十六条第一項及び第二項、第四十七条並びに第四十九条第三項の規定の適用については、指定登録機関の上級行政庁とみなす。

（厚生労働大臣による登録事務の実施等）

第二七条　厚生労働大臣は、指定登録機関の指定をしたときは、登録事務を行わないものとする。

2　厚生労働大臣は、指定登録機関が第二十二条の規定による許可を受けて登録事務の全部若しくは一部を休止したとき、第二十三条第二項の規定により指定登録機関に対し登録事務の全部若しくは一部の停止を命じたとき、又は指定登録機関が天災その他の事由により登録事務の全部若しくは一部を実施することが困難となった場合において必要があると認めるときは、登録事務の全部又は一部を自ら行うものとする。

（公示）

第二八条　厚生労働大臣は、次の場合には、その旨を官報に公示しなければならない。

一　第十二条第一項の規定による指定をしたとき。

二　第二十二条の規定による許可をしたとき。

三　第二十三条の規定により指定を取り消し、又は登録事務の全部若しくは一部の停止を命じたとき。

四　前条第二項の規定により登録事務の全部若しくは一部を自ら行うこととするとき、又は自ら行っていた登録事務の全部若しくは一部を行わないこととするとき。

（厚生労働省令への委任）

第二九条　この章に規定するもののほか、免許の申請、救急救命士名簿の登録、訂正及び消除、救急救命士免許証又は救急救命士免許証明書の交付、書換え交付及び再交付、第二十七条第二項の規定により厚生労働大臣が登録事務の全部又は一部を行う場合における登録事務の引継ぎその他免許及び指定登録機関に関し必要な事項は、厚生労働省令で定める。

第三章　試験

（試験）

第三〇条　試験は、救急救命士として必要な知識及び技能について行う。

（試験の実施）

第三一条　試験は、毎年一回以上、厚生労働大臣が行う。

（救急救命士試験委員）

第三二条　試験の問題の作成及び採点を行わせるため、厚生労働省に救急救命士試験委員（次項及び次条において「試験委員」という。）を置く。

2　試験委員に関し必要な事項は、政令で定める。

（不正行為の禁止）

第三三条　試験委員は、試験の問題の作成及び採点について、厳正を保持し不正の行為のないようにしなければならない。

（受験資格）

第三四条　試験は、次の各号のいずれかに該当する者でなければ、受けることができない。

一　学校教育法（昭和二十二年法律第二十六号）第九十条第一項の規定により大学に入学することができる者（この号の規定により文部科学大臣の指定した学校が大学である場合において、当該大学が同条第二項の規定により当該大学に入学させた者を含む。）で、文部科学大臣が指定した学校又は都道府県知事が指定した救急救命士養成所において、二年以上救急救命士として必要な知識及び技能を修得したもの

二　学校教育法に基づく大学若しくは高等専門学校、旧大学令（大正七年勅令第三百八十八号）に基づく大学又は厚生労働省令で定める学校、文教研修施設若しくは養成所において一年（高等専門学校にあっては、四年）以上修業し、かつ、厚生労働大臣の指定する科目を修めた者で、文部科学大臣が指定した学校又は都道府県知事が指定した救急救命士養成所において、一年以上救急救命士として必要な知識及び技能を修得したもの

三　学校教育法に基づく大学（短期大学を除く。）又は旧大学令に基づく大学において厚生労働大臣の指定する科目を修めて卒業した者

四　消防法（昭和二十三年法律第百八十六号）第二条第九項に規定する救急業務（以下この号において「救急業務」という。）に関する講習で厚生労働省令で定めるものの課程を修了し、及び厚生労働省令で定める期間以上救急業務に従事した者（学校教育法第九十条第一項の規定により大学に入学することができるもの（この号の規定により文部科学大臣の指定した学校が大学である場合において、当該大学が同条第二項の規定により当該大学に入学させた者を含む。）に限る。）であって、文部科学大臣が指定した学校又は都道府県知事が指定した救急救命士養成所において、一年（当該学校又は救急救命士養成所のうち厚生労働省令で定めるものにあっては、六月）以上救急救命士として必要な知識及び技能を修得したもの

五　外国の救急救命処置に関する学校若しくは養成所を卒業し、又は外国で救急救命士に係る厚生労働大臣の免許に相当する免許を受けた者で、厚生労働大臣が前各号に掲げる者と同等以上の知識及び技能を有すると認定したもの

（試験の無効等）

第三五条　厚生労働大臣は、試験に関して不正の行為があった場合には、その不正行為に関係のある者に対しては、その受験を停止させ、又はその試験を無効とすることができる。

2　厚生労働大臣は、前項の規定による処分を受けた者に対し、期間を定めて試験を受けることができないものとすることができる。

（受験手数料）

第三六条　試験を受けようとする者は、実費を勘案して政令で定める額の受験手数料を国に納付しなければならない。

2　前項の受験手数料は、これを納付した者が試験を受けない場合においても、返還しない。

（指定試験機関の指定）

第三七条　厚生労働大臣は、厚生労働省令で定めるところにより、その指定する者（以下「指定試験機関」という。）に、試験の実施に関する事務（以下「試験事務」という。）を行わせることができる。

2　指定試験機関の指定は、厚生労働省令で定めるところにより、試験事務を行おうとする者の申請により行う。

（指定試験機関の救急救命士試験委員）

第三八条　指定試験機関は、試験の問題の作成及び採点を救急救命士試験委員（次項及び第三項並びに次条並びに第四十一条において読み替えて準用する第十三条第二項及び第十七条において「試験委

員」という。）に行わせなければならない。

2　指定試験機関は、試験委員を選任しようとするときは、厚生労働省令で定める要件を備える者のうちから選任しなければならない。

3　指定試験機関は、試験委員を選任したときは、厚生労働省令で定めるところにより、厚生労働大臣にその旨を届け出なければならない。試験委員に変更があったときも、同様とする。

第三九条　試験委員は、試験の問題の作成及び採点について、厳正を保持し不正の行為のないようにしなければならない。

（受験の停止等）

第四〇条　指定試験機関が試験事務を行う場合において、指定試験機関は、試験に関して不正の行為があったときは、その不正行為に関係のある者に対しては、その受験を停止させることができる。

2　前項に定めるもののほか、指定試験機関が試験事務を行う場合における第三十五条及び第三十六条第一項の規定の適用については、第三十五条第一項中「その受験を停止させ、又はその試験」とあるのは「その試験」と、同条第二項中「前項」とあるのは「前項又は第四十条第一項」と、第三十六条第一項中「国」とあるのは「指定試験機関」とする。

3　前項の規定により読み替えて適用する第三十六条第一項の規定により指定試験機関に納められた受験手数料は、指定試験機関の収入とする。

（準用）

第四一条　第十二条第三項及び第四項、第十三条から第十五条まで、第十七条から第二十四条まで並びに第二十六条から第二十八条までの規定は、指定試験機関について準用する。この場合において、これらの規定中「登録事務」とあるのは「試験事務」と、「登録事務規程」とあるのは「試験事務規程」と、第十二条第三項中「第一項」とあるのは「第三十七条第一項」と、「前項」とあるのは「第三十七条第二項」と、同条第四項各号列記以外の部分中「第二項」とあるのは「第三十七条第二項」と、第十三条第二項中「役員」とあるのは「役員（試験委員を含む。）」と、第十四条第一項中「第十二条第一項」とあるのは「第三十七条第一項」と、第十七条中「役員」とあるのは「役員（試験委員を含む。）」と、第二十三条第二項第三号中「又は前条」とあるのは「、前条又は第三十八条」と、第二十四条第一項及び第二十八条第一号中「第十二条第一項」とあるのは「第三十七条第一項」と読み替えるほか、これらの規定に関し必要な技術的読替えは、政令で定める。

（試験の細目等）

第四二条　この章に規定するもののほか、試験科目、受験手続、試験事務の引継ぎその他試験及び指定試験機関に関し必要な事項は厚生労働省令で、第三十四条第一号、第二号及び第四号の規定による学校又は救急救命士養成所の指定に関し必要な事項は文部科学省令、厚生労働省令で定める。

第四章　業務等

（業務）

第四三条　救急救命士は、保健師助産師看護師法（昭和二十三年法律第二百三号）第三十一条第一項及び第三十二条の規定にかかわらず、診療の補助として救急救命処置を行うことを業とすることができる。

2　前項の規定は、第九条第一項の規定により救急救命士の名称の使用の停止を命ぜられている者については、適用しない。

（特定行為等の制限）

第四四条　救急救命士は、医師の具体的な指示を受けなければ、厚生労働省令で定める救急救命処置を行ってはならない。

2　救急救命士は、救急用自動車その他の重度傷病者を搬送するためのものであって厚生労働省令で定めるもの（以下この項及び第五十三条第二号において「救急用自動車等」という。）以外の場所においてその業務を行ってはならない。ただし、病院若しくは診療所への搬送のため重度傷病者を救急用自動車等に乗せるまでの間又は重度傷病者が病院若しくは診療所に到着し当該病院若しくは診療所に入院するまでの間において救急救命処置を行うことが必要と認められる場合は、この限りでない。

3　病院又は診療所に勤務する救急救命士は、重度傷病者が当該病院又は診療所に到着し当該病院又は診療所に入院するまでの間において救急救命処置を行おうとするときは、あらかじめ、厚生労働省令で定めるところにより、当該病院又は診療所の管理者が実施する医師その他の医療従事者との緊密な連携の促進に関する事項その他の重度傷病者が当該病院又は診療所に到着し当該病院又は診療所に入院するまでの間において救急救命士が救急救命処置を行うために必要な事項として厚生労働省令で定める事項に関する研修を受けなければならない。

（他の医療関係者との連携）

第四五条　救急救命士は、その業務を行うに当たっては、医師その他の医療関係者との緊密な連携を図り、適正な医療の確保に努めなければならない。

（救急救命処置録）

第四六条　救急救命士は、救急救命処置を行ったときは、遅滞なく厚生労働省令で定める事項を救急救命処置録に記載しなければならない。

2　前項の救急救命処置録であって、厚生労働省令で定める機関に勤務する救急救命士のした救急救命処置に関するものはその機関につき厚生労働大臣が指定する者において、その他の救急救命処置に関するものはその救急救命士において、その記載の日から五年間、これを保存しなければならない。

（秘密を守る義務）

第四七条　救急救命士は、正当な理由がなく、その業務上知り得た人の秘密を漏らしてはならない。救急救命士でなくなった後においても、同様とする。

（名称の使用制限）

第四八条　救急救命士でない者は、救急救命士又はこれに紛らわしい名称を使用してはならない。

（権限の委任）

第四八条の二　この法律に規定する厚生労働大臣の権限は、厚生労働省令で定めるところにより、地方厚生局長に委任することができる。

2　前項の規定により地方厚生局長に委任された権限は、厚生労働省令で定めるところにより、地方厚生支局長に委任することができる。

（経過措置）

第四九条　この法律の規定に基づき命令を制定し、又は改廃する場合においては、その命令で、その制定又は改廃に伴い合理的に必要と判断される範囲内において、所要の経過措置（罰則に関する経過措置を含む。）を定めることができる。

第五章　罰則

第五〇条　第十七条第一項（第四十一条において準用する場合を含む。）の規定に違反して、登録事務又は試験事務に関して知り得た秘密を漏らした者は、一年以下の懲役又は五十万円以下の罰金に処する。

第五一条　第二十三条第二項（第四十一条において準用する場合を含む。）の規定による登録事務又は試験事務の停止の命令に違反したときは、その違反行為をした指定登録機関又は指定試験機関の役員又は職員は、一年以下の懲役又は五十万円以下の罰金に処する。

第五二条　第三十三条又は第三十九条の規定に違反して、不正の採点をした者は、一年以下の懲役又は五十万円以下の罰金に処する。

第五三条　次の各号のいずれかに該当する者は、六月以下の懲役若しくは三十万円以下の罰金に処し、又はこれを併科する。

一　第四十四条第一項の規定に違反して、同項の規定に基づく厚生労働省令の規定で定める救急救命処置を行った者

二　第四十四条第二項の規定に違反して、救急用自動車等以外の場所で業務を行った者

第五四条　第四十七条の規定に違反して、業務上知り得た人の秘密を漏らした者は、五十万円以下の罰金に処する。

2　前項の罪は、告訴がなければ公訴を提起することができない。

第五五条　次の各号のいずれかに該当する者は、三十万円以下の罰金に処する。

一　第九条第一項の規定により救急救命士の名称の使用の停止を命ぜられた者で、当該停止を命ぜられた期間中に、救急救命士の名称を使用したもの

二　第四十六条第一項の規定に違反して、救急救命処置録に記載せず、又は救急救命処置録に虚偽の記載をした者

三　第四十六条第二項の規定に違反して、救急救命処置録を保存しなかった者

四　第四十八条の規定に違反して、救急救命士又はこれに紛らわしい名称を使用した者

第五六条　次の各号のいずれかに該当するときは、その違反行為をした指定登録機関又は指定試験機関の役員又は職員は、三十万円以下の罰金に処する。

一　第十八条（第四十一条において準用する場合を含む。）の規定に違反して、帳簿を備え付けず、帳簿に記載せず、若しくは帳簿に虚偽の記載をし、又は帳簿に保存しなかったとき。

二　第二十条（第四十一条において準用する場合を含む。）の規定による報告をせず、又は虚偽の報告をしたとき。

三　第二十一条第一項（第四十一条において準用する場合を含む。以下この号において同じ。）の規定による立入り若しくは検査を拒み、妨げ、若しくは忌避し、又は同項の規定による質問に対して陳述をせず、若しくは虚偽の陳述をしたとき。

四　第二十二条（第四十一条において準用する場合を含む。）の許可を受けないで登録事務又は試験事務の全部を廃止したとき。

附　則

（**施行期日**）

第一条　この法律は、公布の日から起算して六月を超えない範囲内において政令で定める日から施行する。

〔平成三年八月政令二六五号により、平成三・八・一五から施行〕

（**受験資格の特例**）

第二条　この法律の施行の際現に救急救命士として必要な知識及び技能の修得を終えている者又はこの法律の施行の際現に救急救命士として必要な知識及び技能を修得中であり、その修得をこの法律の施行後に終えた者で、厚生労働大臣が第三十四条各号に掲げる者と同等以上の知識及び技能を有すると認定したものは、同条の規定にかかわらず、試験を受けることができる。

第三条　旧中等学校令（昭和十八年勅令第三十六号）による中等学校を卒業した者又は厚生労働省令で定めるところによりこれと同等以

上の学力があると認められる者は、第三十四条第一号の規定の適用については、学校教育法第九十条第一項の規定により大学に入学することができる者とみなす。

（名称の使用制限に関する経過措置）

第四条 この法律の施行の際現に救急救命士又はこれに紛らわしい名称を使用している者については、第四十八条の規定は、この法律の施行後六月間は、適用しない。

第五条・第六条 〔略〕

附　則〔平成五年一一月一二日法律第八九号抄〕

（施行期日）

第一条 この法律は、行政手続法（平成五年法律第八十八号）の施行の日〔平成六年一〇月一日〕から施行する。

（諮問等がされた不利益処分に関する経過措置）

第二条 この法律の施行前に法令に基づき審議会その他の合議制の機関に対し行政手続法第十三条に規定する聴聞又は弁明の機会の付与の手続その他の意見陳述のための手続に相当する手続を執るべきことの諮問その他の求めがされた場合においては、当該諮問その他の求めに係る不利益処分の手続に関しては、この法律による改正後の関係法律の規定にかかわらず、なお従前の例による。

（罰則に関する経過措置）

第一三条 この法律の施行前にした行為に対する罰則の適用については、なお従前の例による。

（聴聞に関する規定の整理に伴う経過措置）

第一四条 この法律の施行前に法律の規定により行われた聴聞、聴問若しくは聴聞会（不利益処分に係るものを除く。）又はこれらのための手続は、この法律による改正後の関係法律の相当規定により行われたものとみなす。

（政令への委任）

第一五条 附則第二条から前条までに定めるもののほか、この法律の施行に関して必要な経過措置は、政令で定める。

附　則〔平成七年五月一二日法律第九一号抄〕

（施行期日）

第一条 この法律は、公布の日から起算して二十日を経過した日から施行する。

附　則〔平成一一年一二月二二日法律第一六〇号抄〕

（施行期日）

第一条 この法律〔中略〕は、平成十三年一月六日から施行する。〔以下略〕

〔経過措置等は、「消防法」の附則を参照してください。〕

附　則〔平成一三年六月二九日法律第八七号抄〕

（施行期日）

第一条 この法律は、公布の日から起算して一月を超えない範囲内において政令で定める日から施行する。

〔平成一三年七月政令二三五号により、平成一三・七・一六から施行〕

（検討）

第二条 政府は、この法律の施行後五年を目途として、この法律による改正後のそれぞれの法律における障害者に係る欠格事由の在り方について、当該欠格事由に関する規定の施行の状況を勘案して検討を加え、その結果に基づいて必要な措置を講ずるものとする。

（再免許に係る経過措置）

第三条 この法律による改正前のそれぞれの法律に規定する免許の取消事由により免許を取り消された者に係る当該取消事由がこの法律による改正後のそれぞれの法律により再免許を与えることができる取消事由（以下この条において「再免許が与えられる免許の取消事由」という。）に相当するものであるときは、その者を再免許が与えられる免許の取消事由により免許が取り消された者とみなして、この法律による改正後のそれぞれの法律の再免許に関する規定を適用する。

（罰則に係る経過措置）

第四条　この法律の施行前にした行為に対する罰則の適用については、なお従前の例による。

附　則〔平成一三年七月一一日法律第一〇五号抄〕

（施行期日）

第一条　この法律は、公布の日から施行する。ただし、次の各号に掲げる規定は、当該各号に定める日から施行する。

一　〔略〕

二　〔前略〕附則第五条から第十六条までの規定　平成十四年四月一日

附　則〔平成一三年一二月一二日法律第一五三号抄〕

（施行期日）

第一条　この法律は、公布の日から起算して六月を超えない範囲内において政令で定める日から施行する。

〔平成一四年一月政令三号により、平成一四・三・一から施行〕

（処分、手続等に関する経過措置）

第四二条　この法律の施行前に改正前のそれぞれの法律（これに基づく命令を含む。以下この条において同じ。）の規定によってした処分、手続その他の行為であって、改正後のそれぞれの法律の規定に相当の規定があるものは、この附則に別段の定めがあるものを除き、改正後のそれぞれの法律の相当の規定によってしたものとみなす。

（罰則に関する経過措置）

第四三条　この法律の施行前にした行為及びこの附則の規定によりなお従前の例によることとされる場合におけるこの法律の施行後にした行為に対する罰則の適用については、なお従前の例による。

（経過措置の政令への委任）

第四四条　この附則に規定するもののほか、この法律の施行に関し必要な経過措置は、政令で定める。

附　則〔平成一八年六月二日法律第五〇号〕

改正　平成二三年六月法律第七四号

この法律は、一般社団・財団法人法の施行の日〔平成二〇年一二月一日〕から施行する。〔以下略〕

〔経過措置等は、「消防法」の附則を参照してください。〕

附　則〔平成一九年六月二七日法律第九六号抄〕

（施行期日）

第一条　この法律は、公布の日から起算して六月を超えない範囲内において政令で定める日から施行する。〔以下略〕

〔平成一九年一二月政令三六二号により、平成一九・一二・二六から施行〕

附　則〔平成二三年六月二四日法律第七四号抄〕

（施行期日）

第一条　この法律は、公布の日から起算して二十日を経過した日から施行する。〔以下略〕

附　則〔平成二六年六月四日法律第五一号抄〕

（施行期日）

第一条　この法律は、平成二十七年四月一日から施行する。〔以下略〕

（処分、申請等に関する経過措置）

第七条　この法律（附則第一条各号に掲げる規定については、当該各規定。以下この条及び次条において同じ。）の施行前にこの法律による改正前のそれぞれの法律の規定によりされた許可等の処分その他の行為（以下この項において「処分等の行為」という。）又はこの法律の施行の際現にこの法律による改正前のそれぞれの法律の規定によりされている許可等の申請その他の行為（以下この項において「申請等の行為」という。)で、この法律の施行の日においてこれらの行為に係る行政事務を行うべき者が異なることとなるものは、附則第二条から前条までの規定又はこの法律による改正後のそれぞれの法律(これに基づく命令を含む。)の経過措置に関する規定に定めるものを除き、この法律の施行の日以後におけるこの法律による改正後のそれぞれの法律の適用については、この法律による改正後のそれぞれの法律の相当規定によりされた処分等の行為又は申請等の行為とみなす。

2　この法律の施行前にこの法律による改正前のそれぞれの法律の規定により国又は地方公共団体の機関に対し報告、届出、提出その他の手続をしなければならない事項で、この法律の施行の日前にその手続がされていないものについては、この法律及びこれに基づく政令に別段の定めがあるもののほか、これを、この法律による改正後のそれぞれの法律の相当規定により国又は地方公共団体の相当の機関に対して報告、届出、提出その他の手続をしなければならない事項についてその手続がされていないものとみなして、この法律による改正後のそれぞれの法律の規定を適用する。

(罰則に関する経過措置)

第八条　この法律の施行前にした行為に対する罰則の適用については、なお従前の例による。

(政令への委任)

第九条　附則第二条から前条までに規定するもののほか、この法律の施行に関し必要な経過措置(罰則に関する経過措置を含む。)は、政令で定める。

附　則〔平成二六年六月一三日法律第六九号抄〕

(施行期日)

第一条　この法律は、行政不服審査法(平成二十六年法律第六十八号)の施行の日〔平成二八年四月一日〕から施行する。

(経過措置の原則)

第五条　行政庁の処分その他の行為又は不作為についての不服申立てであってこの法律の施行前にされた行政庁の処分その他の行為又はこの法律の施行前にされた申請に係る行政庁の不作為に係るものについては、この附則に特別の定めがある場合を除き、なお従前の例による。

(訴訟に関する経過措置)

第六条　この法律による改正前の法律の規定により不服申立てに対する行政庁の裁決、決定その他の行為を経た後でなければ訴えを提起できないこととされる事項であって、当該不服申立てを提起しないでこの法律の施行前にこれを提起すべき期間を経過したもの(当該不服申立てが他の不服申立てに対する行政庁の裁決、決定その他の行為を経た後でなければ提起できないとされる場合にあっては、当該他の不服申立てを提起しないでこの法律の施行前にこれを提起すべき期間を経過したものを含む。)の訴えの提起については、なお従前の例による。

2　この法律の規定による改正前の法律の規定(前条の規定によりなお従前の例によることとされる場合を含む。)により異議申立てが提起された処分その他の行為であって、この法律の規定による改正後の法律の規定により審査請求に対する裁決を経た後でなければ取消しの訴えを提起することができないこととされるものの取消しの訴えの提起については、なお従前の例による。

3　不服申立てに対する行政庁の裁決、決定その他の行為の取消しの訴えであって、この法律の施行前に提起されたものについては、なお従前の例による。

(罰則に関する経過措置)

第九条　この法律の施行前にした行為並びに附則第五条及び前二条の規定によりなお従前の例によることとされる場合におけるこの法律

の施行後にした行為に対する罰則の適用については、なお従前の例による。

（その他の経過措置の政令への委任）

第一〇条 附則第五条から前条までに定めるもののほか、この法律の施行に関し必要な経過措置（罰則に関する経過措置を含む。）は、政令で定める。

附　則〔令和三年五月二八日法律第四九号抄〕

（施行期日）

第一条 この法律〔中略〕は、当該各号に定める日から施行する。

一　〔前略〕次条並びに附則〔中略〕第十八条の規定　公布の日

二　〔略〕

三　第九条から第十二条までの規定並びに附則〔中略〕第十六条、第十七条〔中略〕の規定　令和三年十月一日

四～八　〔略〕

（検討）

第二条 政府は、この法律の施行後五年を目途として、この法律による改正後のそれぞれの法律（以下この条において「改正後の各法律」という。）の施行の状況等を勘案し、必要があると認めるときは、改正後の各法律の規定について検討を加え、その結果に基づいて所要の措置を講ずるものとする。

（救急救命士法の一部改正に伴う経過措置）

第一六条 病院又は診療所の管理者は、施行日までの間に、当該病院又は診療所に勤務する救急救命士に対し、第十二条の規定による改正後の救急救命士法第四十四条第三項に規定する研修の受講の機会を与えるように努めなければならない。

（罰則に関する経過措置）

第一七条 この法律（附則第一条各号に掲げる規定については、当該各規定）の施行前にした行為に対する罰則の適用については、なお従前の例による。

（政令への委任）

第一八条 この附則に定めるもののほか、この法律の施行に伴い必要な経過措置（罰則に関する経過措置を含む。）は、政令で定める。

附　則〔令和四年六月一七日法律第六八号抄〕

（施行期日）

1　この法律は、刑法等一部改正法〔令和四年法律第六十七号〕施行日〔令和七年六月一日〕から施行する。ただし、次の各号に掲げる規定は、当該各号に定める日から施行する。

一　第五百九条の規定　公布の日

二　〔略〕

〔経過措置は消防法の改正附則を参照〕

（参考）

○刑法等の一部を改正する法律の施行に伴う関係法律の整理等に関する法律〔抄〕

（令和四年六月十七日法律第六十八号）

（船員保険法等の一部改正）

第二二一条 次に掲げる法律の規定中「懲役」を「拘禁刑」に改める。

一～五十　〔略〕

五十一　救急救命士法（平成三年法律第三十六号）第五十条から第五十三条まで

五十二～八十九　〔略〕

○救急救命士法施行令

（平成三年八月十四日
政令第二百六十六号）

〔改正経過〕 平成　六年　九月一九日　政令第三〇三号
平成　九年　三月二四日　政令第　五七号
平成一二年　三月一七日　政令第　六五号
平成一二年　六月　七日　政令第三〇九号
平成二一年　三月　四日　政令第　二八号

救急救命士法施行令をここに公布する。

救急救命士法施行令

内閣は、救急救命士法（平成三年法律第三十六号）第十一条、第十六条第二項、第三十二条第二項、第三十六条第一項及び第四十一条の規定に基づき、この政令を制定する。

（免許証の再交付手数料）

第一条　救急救命士法（以下「法」という。）第十一条の政令で定める手数料の額は、五千円とする。

（免許に関する事項の登録等の手数料）

第二条　法第十六条第二項の政令で定める手数料の額は、次の各号に掲げる者の区分に応じ、それぞれ当該各号に定める額とする。

一　救急救命士名簿に免許に関する事項の登録を受けようとする者　六千八百円

二　救急救命士免許証明書の書換え交付を受けようとする者　四千三百円

（救急救命士試験委員）

第三条　法第三十二条第一項の救急救命士試験委員（以下「委員」という。）は、救急救命士国家試験を行うについて必要な学識経験のある者のうちから、厚生労働大臣が任命する。

2　委員の数は、五十人以内とする。

3　委員の任期は、二年とする。ただし、補欠の委員の任期は、前任者の残任期間とする。

4　委員は、非常勤とする。

（受験手数料）

第四条　法第三十六条第一項の政令で定める受験手数料の額は、三万三百円とする。

（指定試験機関に関する読替え）

第五条　法第四十一条の規定による技術的読替えは、次の表のとおりとする。

法の規定中読み替える規定	読み替えられる字句	読み替える字句
第十二条第四項	第二十三条	第四十一条において準用する第二十三条
	次条第二項	第四十一条において準用する次条第二項
第十三条第二項	第十五条第一項	第四十一条において準用する第十五条第一項
第十五条第三項	第一項	第四十一条において準用する第一項
第二十一条第二項	前項	第四十一条において準用する前項
第二十一条第三項	第一項	第四十一条において準用する第一項
第二十三条第一項	第十二条第四項各号（第三号を除く。）	第四十一条において準用する第十二条第四項各号（第三号を

		除く。）
第二十三条第二項	第十二条第三項各号	第四十一条において準用する第十二条第三項各号
	第十三条第二項、第十五条第三項又は第十九条	第四十一条において準用する第十三条第二項、第十五条第三項又は第十九条
	第十五条第一項	第四十一条において準用する第十五条第一項
	次条第一項	第四十一条において準用する次条第一項
第二十四条第一項	、第十三条第一項、第十四条第一項、第十五条第一項又は第二十二条	又は第四十一条において準用する第十三条第一項、第十四条第一項、第十五条第一項若しくは第二十二条
第二十四条第二項	前項	第四十一条において準用する前項
第二十七条第二項	第二十二条	第四十一条において準用する第二十二条
	第二十三条第二項	第四十一条において準用する第二十三条第二項
第二十八条	第二十二条	第四十一条において準用する第二十二条
	第二十三条	第四十一条において準用する第二十三条
	前条第二項	第四十一条において準用する前条第二項

第四十一条において読み替えられた第二十三条第二項	第十四条、前条	第四十一条において準用する第十四条若しくは前条

附　則

（施行期日）

1　この政令は、法の施行の日（平成三年八月十五日）から施行する。

2　〔略〕

附　則〔平成六年九月一九日政令第三〇三号抄〕

（施行期日）

第一条　この政令は、行政手続法の施行の日（平成六年十月一日）から施行する。

附　則〔平成九年三月二四日政令第五七号抄〕

（施行期日）

1　この政令は、平成九年四月一日から施行する。

附　則〔平成一二年三月一七日政令第六五号〕

この政令は、平成十二年四月一日から施行する。

附　則〔平成一二年六月七日政令第三〇九号抄〕

（施行期日）

1　この政令は、内閣法の一部を改正する法律（平成十一年法律第八十八号）の施行の日（平成十三年一月六日）から施行する。〔以下略〕

附　則〔平成二一年三月四日政令第二八号〕

この政令は、平成二十一年四月一日から施行する。

○救急救命士法施行規則

（平成三年八月十四日厚生省令第四十四号）

〔改正経過〕
平成　六年　二月二八日　厚生省令第　六号
平成　六年　三月三〇日　厚生省令第　一九号
平成　九年　三月二七日　厚生省令第　二五号
平成一一年　一月一一日　厚生省令第　二号
平成一二年　三月三〇日　厚生省令第　五五号
平成一二年一〇月二〇日　厚生省令第一二七号
平成一三年　七月一三日　厚生労働省令第一六二号
平成一四年　二月二二日　厚生労働省令第　一四号
平成一五年　三月二六日　厚生労働省令第　五〇号
平成一七年　三月一〇日　厚生労働省令第　二六号
平成一九年　一月　九日　厚生労働省令第　二号
平成一九年一二月二五日　厚生労働省令第一五二号
平成二二年　四月　一日　厚生労働省令第　五七号
平成二四年　四月　六日　厚生労働省令第　七四号
平成二四年　六月二九日　厚生労働省令第　九七号
平成二六年　一月三一日　厚生労働省令第　七号
平成二九年　三月二三日　厚生労働省令第　二二号
平成三〇年一一月　九日　厚生労働省令第一三一号
平成三〇年一一月三〇日　厚生労働省令第一三九号
令和　元年　五月　七日　厚生労働省令第　一号
令和　二年一二月二五日　厚生労働省令第二〇八号
令和　三年　九月　一日　厚生労働省令第一四九号
令和　四年　七月二八日　厚生労働省令第一〇七号

救急救命士法（平成三年法律第三十六号）第二十九条、第三十四条第二号及び第四号、第四十二条、第四十四条、第四十六条並びに附則第三条の規定に基づき、救急救命士法施行規則を次のように定める。

救急救命士法施行規則

目次

第一章　免許

（法第四条第三号の厚生労働省令で定める者）

第一条　救急救命士法（平成三年法律第三十六号。以下「法」という。）第四条第三号の厚生労働省令で定める者は、視覚、聴覚、音声機能若しくは言語機能又は精神の機能の障害により救急救命士の業務を適正に行うに当たって必要な認知、判断及び意思疎通を適切に行うことができない者とする。

（障害を補う手段等の考慮）

第一条の二　厚生労働大臣は、救急救命士の免許（以下「免許」という。）の申請を行った者が前条に規定する者に該当すると認める場合において、当該者に免許を与えるかどうかを決定するときは、当該者が現に利用している障害を補う手段又は当該者が現に受けている治療等により障害が補われ、又は障害の程度が軽減している状況を考慮しなければならない。

（免許の申請）

第一条の三　免許を受けようとする者は、様式第一号による申請書を厚生労働大臣に提出しなければならない。

2　前項の申請書には、次に掲げる書類を添えなければならない。

一　戸籍の謄本若しくは抄本又は住民票の写し（住民基本台帳法（昭和四十二年法律第八十一号）第七条第五号に掲げる事項（出入国管理及び難民認定法（昭和二十六年政令第三百十九号）第十九条の三に規定する中長期在留者（第三条第二項において「中長

期在留者」という。）及び日本国との平和条約に基づき日本の国籍を離脱した者等の出入国管理に関する特例法（平成三年法律第七十一号）に定める特別永住者（同項において「特別永住者」という。）については住民基本台帳法第三十条の四十五に規定する国籍等）を記載したものに限る。）（出入国管理及び難民認定法第十九条の三各号に掲げる者については旅券その他の身分を証する書類の写し。）

二　視覚、聴覚、音声機能若しくは言語機能若しくは精神の機能の障害又は麻薬、大麻若しくはあへんの中毒者であるかないかに関する医師の診断書

（名簿の登録事項）

第二条　救急救命士名簿（以下「名簿」という。）には、次に掲げる事項を登録する。

一　登録番号及び登録年月日

二　本籍地都道府県名（日本の国籍を有しない者については、その国籍）、氏名、生年月日及び性別

三　救急救命士国家試験（以下「試験」という。）合格の年月

四　免許の取消し又は名称の使用の停止の処分に関する事項

五　再免許の場合には、その旨

六　救急救命士免許証（以下「免許証」という。）若しくは救急救命士免許証明書（以下「免許証明書」という。）を書換え交付し、又は再交付した場合には、その旨並びにその理由及び年月日

七　登録の消除をした場合には、その旨並びにその理由及び年月日

（名簿の訂正）

第三条　救急救命士は、前条第二号の登録事項に変更を生じたときは、三十日以内に、名簿の訂正を申請しなければならない。

2　前項の申請をするには、様式第二号による申請書に戸籍の謄本又は抄本（中長期在留者及び特別永住者については住民票の写し（住民基本台帳法第三十条の四十五に規定する国籍等を記載したものに限る。）及び同項の申請の事由を証する書類とし、出入国管理及び難民認定法第十九条の三各号に掲げる者については旅券その他の身分を証する書類の写し及び同項の申請の事由を証する書類とする。）を添え、これを厚生労働大臣に提出しなければならない。

（登録の消除）

第四条　名簿の登録の消除を申請するには、様式第三号による申請書を厚生労働大臣に提出しなければならない。

2　救急救命士が死亡し、又は失踪（しっそう）の宣告を受けたときは、戸籍法（昭和二十二年法律第二百二十四号）による死亡又は失踪（しっそう）の届出義務者は、三十日以内に、名簿の登録の消除を申請しなければならない。

（免許証の書換え交付申請）

第五条　救急救命士は、免許証又は免許証明書の記載事項に変更を生じたときは、免許証の書換え交付を申請することができる。

2　前項の申請をするには、様式第二号による申請書に免許証又は免許証明書を添え、これを厚生労働大臣に提出しなければならない。

（免許証の再交付申請）

第六条　救急救命士は、免許証又は免許証明書を破り、汚し、又は失ったときは、免許証の再交付を申請することができる。

2　前項の申請をするには、様式第四号による申請書を厚生労働大臣に提出しなければならない。

3　免許証又は免許証明書を破り、又は汚した救急救命士が第一項の申請をする場合には、申請書にその免許証又は免許証明書を添えなければならない。

4　救急救命士は、免許証の再交付を受けた後、失った免許証又は免許証明書を発見したときは、五日以内に、これを厚生労働大臣に返納しなければならない。

（免許証又は免許証明書の返納）

第七条　救急救命士は、名簿の登録の消除を申請するときは、免許証又は免許証明書を厚生労働大臣に返納しなければならない。第四条第二項の規定により名簿の登録の消除を申請する者についても、同様とする。

2　救急救命士は、免許を取り消されたときは、五日以内に、免許証又は免許証明書を厚生労働大臣に返納しなければならない。

（登録免許税及び手数料の納付）

第八条　第一条の三第一項又は第三条第二項の申請書には、登録免許税の領収証書又は登録免許税の額に相当する収入印紙をはらなければならない。

2　第六条第二項の申請書には、手数料の額に相当する収入印紙をはらなければならない。

（規定の適用等）

第九条　法第十二条第一項に規定する指定登録機関（以下「指定登録機関」という。）が救急救命士の登録の実施に関する事務を行う場合における第一条の三第一項、第三条第二項、第四条第一項、第五条（見出しを含む。）、第六条の見出し、同条第一項、第二項及び第四項並びに第七条の規定の適用については、これらの規定（第五条の見出し、同条第一項、第六条の見出し及び同条第一項を除く。）中「厚生労働大臣」とあるのは「指定登録機関」と、第五条の見出し及び同条第一項中「免許証の書換え交付」とあるのは「免許証明書の書換え交付」と、第六条の見出し並びに同条第一項及び第四項中「免許証の再交付」とあるのは「免許証明書の再交付」とする。

2　第一項に規定する場合においては、第八条第二項の規定は適用しない。

第二章　試験

（試験科目）

第一〇条　試験の科目は、次のとおりとする。

一　基礎医学（社会保障・社会福祉、患者搬送を含む。）

二　臨床救急医学総論

三　臨床救急医学各論（一）（臓器器官別臨床医学をいう。）

四　臨床救急医学各論（二）（病態別臨床医学をいう。）

五　臨床救急医学各論（三）（特殊病態別臨床医学をいう。）

（試験施行期日等の公告）

第一一条　試験を施行する期日及び場所並びに受験願書の提出期限は、あらかじめ、官報で公告する。

（受験の手続）

第一二条　試験を受けようとする者は、様式第五号による受験願書を厚生労働大臣に提出しなければならない。

2　前項の受験願書には、次に掲げる書類を添えなければならない。

一　法第三十四条第一号又は第二号に該当する者であるときは、修業証明書又は卒業証明書

二　法第三十四条第三号に該当する者であるときは、卒業証明書及び同号に規定する厚生労働大臣が指定する科目を修めた旨を証する書類

三　法第三十四条第四号に該当する者であるときは、修業証明書又は卒業証明書及び第十四条で定める講習の課程を修了し、第十五条で定める期間以上消防法（昭和二十三年法律第百八十六号）第二条第九項に規定する救急業務（以下「救急業務」という。）に従事した者である旨を証する書類

四　法第三十四条第五号に該当する者であるときは、同号に規定す

る厚生労働大臣の認定を受けたことを証する書類

五　写真（出願前六月以内に脱帽して正面から撮影した縦六センチメートル横四センチメートルのもので、その裏面には撮影年月日及び氏名を記載したもの。）

（法第三十四条第二号の厚生労働省令で定める学校、文教研修施設又は養成所）

第一三条　法第三十四条第二号の厚生労働省令で定める学校、文教研修施設又は養成所は、次のとおりとする。

一　保健師助産師看護師法（昭和二十三年法律第二百三号）第二十一条第一号、第二号又は第三号の規定により指定されている大学、学校又は看護師養成所

二　自衛隊法（昭和二十九年法律第百六十五号）第二十四条第一項の規定により置かれている病院に附設され、保健師助産師看護師法第二十二条第二号の規定により指定されている准看護師養成所

三　学校教育法（昭和二十二年法律第二十六号）第五十八条第一項に規定する高等学校の専攻科

四　防衛省設置法（昭和二十九年法律第百六十四号）第十四条に規定する防衛医科大学校

（法第三十四条第四号の厚生労働省令で定める救急業務に関する講習）

第一四条　法第三十四条第四号の厚生労働省令で定める救急業務に関する講習は、別表に掲げる科目及び時間数以上のものとする。

（法第三十四条第四号の厚生労働省令で定める期間）

第一五条　法第三十四条第四号の厚生労働省令で定める期間は、五年（救急隊員（消防法施行令（昭和三十六年政令第三十七号）第四十四条第五項又は第四十四条の二第三項に該当する者をいう。以下同じ。）として救急業務に従事した期間に限る。）とする。ただし、救急隊員として救急活動を行った時間が二千時間に至った場合においては、それまでの間に救急業務に従事した期間とする。

（法第三十四条第四号の厚生労働省令で定める学校又は救急救命士養成所）

第一六条　法第三十四条第四号の厚生労働省令で定める学校又は救急救命士養成所は、現に救急業務に従事している者を対象とするものであって、救急救命士学校養成所指定規則（平成三年文部省厚生省令第二号）第四条第四項の指定基準を満たすものとする。

（合格証書の交付）

第一七条　厚生労働大臣は、試験に合格した者に合格証書を交付するものとする。

（合格証明書の交付及び手数料）

第一八条　試験に合格した者は、厚生労働大臣に合格証明書の交付を申請することができる。

2　前項の申請をする場合には、手数料として二千九百五十円を国に納めなければならない。

（手数料の納入方法）

第一九条　第十二条第一項又は前条第一項の出願又は申請をする場合には、手数料の額に相当する収入印紙を受験願書又は申請書にはらなければならない。

（規定の適用等）

第二〇条　法第三十七条第一項に規定する指定試験機関（以下「指定試験機関」という。）が試験の実施に関する事務を行う場合における第十二条第一項、第十七条及び第十八条の規定の適用については、これらの規定中「厚生労働大臣」とあり、及び「国」とあるのは、「指定試験機関」とする。

2　前項の規定により読み替えて適用する第十八条第二項の規定により指定試験機関に納められた手数料は、指定試験機関の収入とする。

3　第一項に規定する場合においては、第十九条の規定は適用しない。

第三章　業務

（法第四十四条第一項の厚生労働省令で定める救急救命処置）

第二一条　法第四十四条第一項の厚生労働省令で定める救急救命処置は、重度傷病者（その症状が著しく悪化するおそれがあり、又はその生命が危険な状態にある傷病者をいう。次条及び第二十三条において同じ。）のうち、心肺機能停止状態の患者に対するものにあっては第一号（静脈路確保のためのものに限る。）から第三号までに掲げるものとし、心肺機能停止状態でない患者に対するものにあっては第一号及び第三号に掲げるものとする。

一　厚生労働大臣の指定する薬剤を用いた輸液

二　厚生労働大臣の指定する器具による気道確保

三　厚生労働大臣の指定する薬剤の投与

（法第四十四条第二項の厚生労働省令で定める救急用自動車等）

第二二条　法第四十四条第二項の厚生労働省令で定めるものは、重度傷病者の搬送のために使用する救急用自動車、船舶及び航空機であって、法第二条第一項の医師の指示を受けるために必要な通信設備その他の救急救命処置を適正に行うために必要な構造設備を有するものとする。

（研修の実施）

第二三条　救急救命士が勤務する病院又は診療所の管理者は、法第四十四条第三項に規定する研修を実施し、当該救急救命士に重度傷病者が当該病院又は診療所に到着し当該病院又は診療所に入院するまでの間（当該重度傷病者が入院しない場合は、当該病院又は診療所に到着し当該病院又は診療所に滞在している間）において救急救命処置を行わせようとするときは、あらかじめ、救急救命士による救急救命処置の実施に関する委員会を当該病院又は診療所内に設置するとともに、当該研修の内容に関する当該委員会における協議の結果に基づき、当該研修を実施しなければならない。

（法第四十四条第三項の厚生労働省令で定める事項）

第二四条　法第四十四条第三項の厚生労働省令で定める事項は、次のとおりとする。

一　医師その他の医療従事者との緊密な連携の促進に関する事項

二　傷病者に係る安全管理に関する事項、医薬品及び医療資機材に係る安全管理に関する事項その他の医療に係る安全管理に関する事項

三　院内感染対策に関する事項

（法第四十六条第一項の厚生労働省令で定める救急救命処置録の記載事項）

第二五条　法第四十六条第一項の厚生労働省令で定める救急救命処置録の記載事項は、次のとおりとする。

一　救急救命処置を受けた者の住所、氏名、性別及び年齢

二　救急救命処置を行った者の氏名

三　救急救命処置を行った年月日

四　救急救命処置を受けた者の状況

五　救急救命処置の内容

六　指示を受けた医師の氏名及びその指示内容

（法第四十六条第二項の厚生労働省令で定める機関）

第二六条　法第四十六条第二項の厚生労働省令で定める機関は、病院、診療所及び消防機関とする。

附　則

（施行期日）

1　この省令は、法の施行の日（平成三年八月十五日）から施行す

る。

（受験手続の特例）

2　法附則第二条の規定により試験を受けようとする者が、受験願書に添えなければならない書類は、第十二条第二項の規定にかかわらず、次のとおりとする。

一　法附則第二条に該当する者であることを証する書類

二　写真（出願前六月以内に脱帽して正面から撮影した縦六センチメートル横四センチメートルのもので、その裏面には撮影年月日及び氏名を記載すること。）

（中等学校を卒業した者と同等以上の学力があると認められる者）

3　法附則第三条の中等学校を卒業した者と同等以上の学力があると認められる者は、次のとおりとする。

一　旧国民学校令（昭和十六年勅令第百四十八号）による国民学校初等科修了を入学資格とする修業年限四年の旧中等学校令（昭和十八年勅令第三十六号）による高等女学校卒業を入学資格とする同令による高等女学校の高等科又は専攻科の第一学年を修了した者

二　国民学校初等科修了を入学資格とする修業年限四年の旧中等学校令による実業学校卒業を入学資格とする同令による実業学校専攻科の第一学年を修了した者

三　旧師範教育令（昭和十八年勅令第百九号）による師範学校予科の第三学年を修了した者

四　旧師範教育令による附属中学校又は附属高等女学校を卒業した者

五　旧師範教育令（明治二十年勅令第三百四十六号）による師範学校本科第一部の第三学年を修了した者

六　内地以外の地域における学校の生徒、児童、卒業者等の他の学校へ入学及び転学に関する規程（昭和十八年文部省令第六十三号）第二条若しくは第五条の規定により中等学校を卒業した者又は前各号に掲げる者と同一の取扱いを受ける者

七　旧青年学校令（昭和十年勅令第四十一号）（昭和十四年勅令第二百五十四号）による青年学校本科（修業年限二年のものを除く。）を卒業した者

八　旧専門学校令（明治三十六年勅令第六十一号）に基づく旧専門学校入学者検定規程（大正十三年文部省令第二十二号）による試験検定に合格した者又は同規程により文部大臣において専門学校入学に関し中学校若しくは高等女学校卒業者と同等以上の学力を有するものと指定した者

九　旧実業学校卒業程度検定規程（大正十四年文部省令第三十号）による検定に合格した者

十　旧高等試験令（昭和四年勅令第十五号）第七条の規定により文部大臣が中学校卒業程度において行う試験に合格した者

十一　教育職員免許法施行法（昭和二十四年法律第百四十八号）第一条第一項の表の第二号、第三号、第六号若しくは第九号の上欄に掲げる教員免許状を有する者又は同法第二条第一項の表の第九号、第十八号から第二十号の四まで、第二十一号若しくは第二十三号の上欄に掲げる資格を有する者

十二　前各号に掲げる者のほか、厚生労働大臣において、試験の受験に関し中等学校の卒業者と同等以上の学力を有するものと指定した者

4　厚生労働大臣が指定する市町村（東京都並びに市町村の消防の一部事務組合及び広域連合を含む。）の消防機関の職員である者が行う法第四十四条第一項の厚生労働省令で定める救急救命処置は、平成二十五年三月三十一日までの間（当該期間内に開始された処置にあっては、当該処置が終了するまでの間）、第二十一条第一項各号に規定するもののほか、心肺機能停止状態でない重度傷病者に対する次の各号に掲げる処置とする。

一　厚生労働大臣の指定する器具による血糖値の測定

二 厚生労働大臣の指定する薬剤を用いた輸液
三 厚生労働大臣の指定する薬剤の投与

附 則〔平成六年二月二八日厚生省令第六号〕

1 この省令は、平成六年四月一日から施行する。
2 この省令の施行の際現にあるこの省令による改正前の様式による用紙については、当分の間、これを使用することができる。

附 則〔平成六年三月三〇日厚生省令第一九号〕

この省令は、平成六年四月一日から施行する。

附 則〔平成九年三月二七日厚生省令第二五号〕

この省令は、平成九年四月一日から施行する。

附 則〔平成一一年一月一一日厚生省令第二号〕

1 この省令は、公布の日から施行する。
2 この省令の施行の際現にあるこの省令による改正前の様式による用紙については、当分の間、これを取り繕って使用することができる。

附 則〔平成一二年三月三〇日厚生省令第五五号〕

この省令は、平成十二年四月一日から施行する。

附 則〔平成一二年一〇月二〇日厚生省令第一二七号抄〕

（施行期日）
1 この省令は、内閣法の一部を改正する法律（平成十一年法律第八十八号）の施行の日（平成十三年一月六日）から施行する。

附 則〔平成一三年七月一三日厚生労働省令第一六二号〕

この省令は、障害者等に係る欠格事由の適正化等を図るための医師法等の一部を改正する法律の施行の日（平成十三年七月十六日）から施行する。

附 則〔平成一四年二月二二日厚生労働省令第一四号〕

1 この省令は、保健婦助産婦看護婦法の一部を改正する法律の施行の日（平成十四年三月一日）から施行する。
2 この省令の施行の際現にあるこの省令による改正前の様式による用紙については、当分の間、これを取り繕って使用することができる。

附 則〔平成一五年三月二六日厚生労働省令第五〇号〕

この省令は、平成十五年四月一日から施行する。

附 則〔平成一七年三月一〇日厚生労働省令第二六号〕

この省令は、平成十八年四月一日から施行する。

附 則〔平成一九年一月九日厚生労働省令第二号〕

この省令は、防衛庁設置法等の一部を改正する法律の施行の日（平成十九年一月九日）から施行する。

附 則〔平成一九年一二月二五日厚生労働省令第一五二号〕

この省令は、平成十九年十二月二十六日から施行する。

附 則〔平成二二年四月一日厚生労働省令第五七号〕

この省令は、公布の日から施行する。

附 則〔平成二四年四月六日厚生労働省令第七四号〕

この省令は、公布の日から施行する。

附 則〔平成二四年六月二九日厚生労働省令第九七号抄〕

（施行期日）
第一条 この省令は、平成二十四年七月九日から施行する。

附 則〔平成二六年一月三一日厚生労働省令第七号〕

この省令は、平成二十六年四月一日から施行する。

附 則〔平成二九年三月二三日厚生労働省令第二二号〕

この省令は、平成二十九年四月一日から施行する。

附 則〔平成三〇年一一月九日厚生労働省令第一三一号〕

（施行期日）
1 この省令は、平成三十一年一月一日から施行する。

（経過措置）
2 この省令の施行の際現にあるこの省令による改正前の様式（次項において「旧様式」という。）により使用されている書類は、この省令による改正後の様式によるものとみなす。

3　この省令の施行の際現にある旧様式による用紙については、当分の間、これを取り繕って使用することができる。

附　則〔平成三〇年一二月三〇日厚生労働省令第一三九号抄〕

（施行期日）

第一条　この省令は、平成三十一年一月一日から施行する。

附　則〔令和元年五月七日厚生労働省令第一号抄〕

（施行期日）

第一条　この省令は、公布の日から施行する。

（経過措置）

第二条　この省令による改正前のそれぞれの省令で定める様式（次項において「旧様式」という。）により使用されている書類は、この省令による改正後のそれぞれの省令で定める様式によるものとみなす。

2　旧様式による用紙については、合理的に必要と認められる範囲内で、当分の間、これを取り繕って使用することができる。

附　則〔令和二年一二月二五日厚生労働省令第二〇八号抄〕

（施行期日）

第一条　この省令は、公布の日から施行する。

（経過措置）

第二条　この省令の施行の際現にあるこの省令による改正前の様式（次項において「旧様式」という。）により使用されている書類は、この省令による改正後の様式によるものとみなす。

2　この省令の施行の際現にある旧様式による用紙については、当分の間、これを取り繕って使用することができる。

附　則〔令和三年九月一日厚生労働省令第一四九号〕

この省令は、良質かつ適切な医療を効率的に提供する体制の確保を推進するための医療法等の一部を改正する法律（令和三年法律第四十九号）附則第一条第三号に掲げる規定の施行の日（令和三年十月一日）から施行する。

別表（第十四条関係）

科		目	時間数
基礎医学		医学概論	五
		解剖・生理学	三〇
		社会保障・社会福祉	五
		患者搬送	一五
臨床救急医学総論		観察	三〇
		検査	一〇
		処置総論	一〇
		処置各論	二五
		救急医療	一〇
		災害医療	一三
臨床救急医学各論	病態別	心肺停止	二〇
		ショック・循環不全	五
		意識障害	五
		出血	五
		一般外傷	三〇
		頭部・頸椎損傷	五
		熱傷・電撃傷	三
		中毒	三
		溺水	三
		気道異物・消化管異物	三
	特殊病態別	小児・新生児疾患	五
		高齢者疾患	五
		産婦人科疾患・周産期疾患	五
		精神障害	五
		創傷等	五
総計			二五〇

様式第一号〜第五号〔略〕

〇火災予防条例（例）

（昭和三十六年十一月二十二日
自消甲予発第七十三号消防庁長官）

〔改正経過〕

昭和四八年 一月二〇日 消防予第 一六号
昭和五四年一〇月 一日 消防予第一八二号
昭和五八年一二月二三日 消防予第二四一号
昭和六〇年 九月一〇日 消防予第一〇〇号
平成 元年 九月一九日 消防予第一〇四号
消防危第 八六号
平成 三年 九月三〇日 消防予第一九八号
平成 三年一二月一六日 消防予第二四七号
平成 六年 七月一四日 消防危第 六四号
平成一〇年 一月一二日 消防予第 四号
平成一〇年 五月一八日 消防予第 七七号
消防危第 五三号
平成一一年 一月 七日 消防予第 一号
平成一一年一一月一七日 消防予第三一〇号
平成一二年 七月二六日 消防予第一七〇号
消防危第 八七号
平成一二年一一月二二日 消防予第二五七号
平成一三年一〇月二五日 消防危第一一七号
平成一四年 三月 六日 消防予第 七七号
平成一四年 五月 七日 消防予第一二四号
消防安第 一〇号
平成一四年 八月 二日 消防予第二二八号
消防安第 三六号
平成一五年一二月一八日 消防予第三一九号
消防安第二三七号
平成一六年一〇月二九日 消防危第一二〇号
平成一六年一二月一五日 消防安第二二七号
平成一七年 三月二二日 消防安第 五〇号
消防危第 五三号
平成一七年 八月 二日 消防安第一六八号
消防危第一六二号
平成二二年 三月三〇日 消防予第一四三号
平成二二年 八月二六日 消防予第三六八号
平成二三年一二月二一日 消防危第二九四号
平成二四年 三月二七日 消防予第一二五号
平成二五年 三月二七日 消防予第一二二号
平成二六年 一月三一日 消防予第 二〇号
平成二七年一一月一三日 消防予第四五六号
平成三一年 二月二八日 消防予第 六三号
令和 二年 八月二七日 消防予第二二六号
令和 五年 二月二一日 消防予第 五九号
令和 五年 五月三一日 消防予第三〇六号

目次

第一章　総則

（目的）

第一条　この条例は、消防法（昭和二十三年法律第百八十六号。以下「法」という。）第九条の規定に基づき火を使用する設備の位置、構造及び管理の基準等について、法第九条の二の規定に基づき住宅用防災機器の設置及び維持に関する基準等について、法第九条の四の規定に基づき指定数量未満の危険物等の貯蔵及び取扱いの基準等について並びに法第二十二条第四項の規定に基づき火災に関する警報の発令中における火の使用の制限について定めるとともに、○○市（町・村）における火災予防上必要な事項を定めることを目的とする。

第二章　削除

第二条　削除

第三章　火を使用する設備の位置、構造及び管理の基準等

第一節　火を使用する設備及びその使用に際し、火災の発生のおそれのある設備の位置、構造及び管理の基準

（炉）

第三条　炉の位置及び構造は、次に掲げる基準によらなければならない。

一　火災予防上安全な距離を保つことを要しない場合（不燃材料（建築基準法（昭和二十五年法律第二百一号）第二条第九号に規定する不燃材料をいう。以下同じ。）で有効に仕上げをした建築物等（消防法施行令（昭和三十六年政令第三十七号。以下「令」という。）第五条第一項第一号に規定する建築物等をいう。以下同じ。）の部分の構造が耐火構造（建築基準法第二条第七号に規定する耐火構造をいう。以下同じ。）であつて、間柱、下地その他主要な部分を準不燃材料（建築基準法施行令（昭和二十五年政令第三百三十八号）第一条第五号に規定する準不燃材料をいう。以下同じ。）で造つたものである場合又は当該建築物等の部分の構造が耐火構造以外の構造であつて、間柱、下地その他主要な部分を不燃材料で造つたもの（有効に遮熱できるものに限る。）である場合をいう。以下同じ。）を除き、建築物等及び可燃性の物品から次の各号に掲げる距離のうち、火災予防上安全な距離として消防長（消防署長）が認める距離以上の距離を保つこと。

イ　別表第三の炉の項に掲げる距離

ロ　対象火気設備等及び対象火気器具等の離隔距離に関する基準（平成十四年消防庁告示第一号）により得られる距離

二　可燃物が落下し、又は接触するおそれのない位置に設けること。

三　可燃性のガス又は蒸気が発生し、又は滞留するおそれのない位置に設けること。

四　階段、避難口等の附近で避難の支障となる位置に設けないこと。

五　燃焼に必要な空気を取り入れることができ、かつ、有効な換気を行うことができる位置に設けること。

六　屋内に設ける場合にあつては、土間又は不燃材料のうち金属以外のもので造つた床上に設けること。ただし、金属で造つた床上又は台上に設ける場合において防火上有効な措置を講じたときは、この限りでない。

七　使用に際し火災の発生のおそれのある部分を不燃材料で造ること。

八　地震その他の振動又は衝撃（以下「地震等」という。）により容易に転倒し、亀裂し、又は破損しない構造とすること。

九　表面温度が過度に上昇しない構造とすること。

十　屋外に設ける場合にあつては、風雨等により口火及びバーナーの火が消えないような措置を講ずること。ただし、第十八号の二イに掲げる装置を設けたものにあつては、この限りでない。

十一　開放炉又は常時油類その他これらに類する可燃物を煮沸する炉にあつては、その上部に不燃性の天蓋及び排気筒を屋外に通ずるように設けるとともに、火粉の飛散又は火炎の伸長により火災の発生のおそれのあるものにあつては、防火上有効な遮へいを設けること。

十二　溶融物があふれるおそれのある構造の炉にあつては、あふれた溶融物を安全に誘導する装置を設けること。

十三　削除

十四　熱風炉に附属する風道については、次によること。

イ　風道並びにその被覆及び支わくは、不燃材料で造るとともに、風道の炉に近接する部分に防火ダンパーを設けること。

ロ　炉からイの防火ダンパーまでの部分及び当該防火ダンパーから二メートル以内の部分は、建築物等の可燃性の部分及び可燃性の物品との間に十五センチメートル以上の距離を保つこと。ただし、厚さ十センチメートル以上の金属以外の不燃材料で被覆する部分については、この限りでない。

ハ　給気口は、じんあいの混入を防止する構造とすること。

十五　薪、石炭その他の固体燃料を使用する炉にあつては、たき口から火粉等が飛散しない構造とするとともに、ふたのある不燃性の取灰入れを設けること。この場合において、不燃材料以外の材料で造つた床上に取灰入れを設けるときは、不燃材料で造つた台上に設けるか、又は防火上有効な底面通気をはかること。

十六　削除

十七　灯油、重油その他の液体燃料を使用する炉の附属設備は、次によること。

イ　燃料タンクは、使用中燃料が漏れ、あふれ、又は飛散しない構造とすること。

ロ　燃料タンクは、地震等により容易に転倒又は落下しないように設けること。

ハ　燃料タンクとたき口との間には、二メートル以上の水平距離を保つか、又は防火上有効な遮へいを設けること。ただし、油温が著しく上昇するおそれのない燃料タンクにあつては、この限りでない。

ニ　燃料タンクは、その容量（タンクの内容積の九十パーセントの量をいう。以下同じ。）に応じ、次の表に掲げる厚さの鋼板又はこれと同等以上の強度を有する金属板で気密に造ること。

タンクの容量	板厚
五リットル以下	〇・六ミリメートル以上
五リットルを超え二十リットル以下	〇・八ミリメートル以上
二十リットルを超え四十リットル以下	一・〇ミリメートル以上
四十リットルを超え百リットル以下	一・二ミリメートル以上
百リットルを超え二百五十リットル以下	一・六ミリメートル以上
二百五十リットルを超え五百リットル以下	二・〇ミリメートル以上
五百リットルを超え千リットル以下	二・三ミリメートル以上
千リットルを超え二千リットル以下	二・六ミリメートル以上
二千リットルを超えるもの	三・二ミリメートル以上

ホ　燃料タンクを屋内に設ける場合にあつては、不燃材料で造つた床上に設けること。

ヘ　燃料タンクの架台は、不燃材料で造ること。

ト　燃料タンクの配管には、タンク直近の容易に操作できる位置に開閉弁を設けること。ただし、地下に埋設する燃料タンクにあつては、この限りでない。

チ　燃料タンク又は配管には、有効なろ過装置を設けること。ただし、ろ過装置が設けられた炉の燃料タンク又は配管にあつては、この限りでない。

リ　燃料タンクには、見やすい位置に燃料の量を自動的に覚知することができる装置を設けること。この場合において、当該装置がガラス管で作られているときは、金属管等で安全に保護すること。

ヌ　燃料タンクは、水抜きができる構造とすること。

ル　燃料タンクには、通気管又は通気口を設けること。この場合において、当該燃料タンクを屋外に設けるときは、当該通気管又は通気口の先端から雨水が浸入しない構造とすること。

ヲ　燃料タンクの外面には、さび止めのための措置を講ずること。ただし、アルミニウム合金、ステンレス鋼その他さびにくい材質で作られた燃料タンクにあつては、この限りでない。

ワ　燃焼装置に過度の圧力がかかるおそれのある炉にあつては、異常燃焼を防止するための減圧装置を設けること。

カ　燃料を予熱する方式の炉にあつては、燃料タンク又は配管を直火で予熱しない構造とするとともに、過度の予熱を防止する措置を講ずること。

十八　液体燃料又はプロパンガス、石炭ガスその他の気体燃料を使用する炉にあつては、多量の未燃ガスが滞留せず、かつ、点火及び燃焼の状態が確認できる構造とするとともに、その配管については、次によること。

イ　金属管を使用すること。ただし、燃焼装置、燃料タンク等に接続する部分で金属管を使用することが構造上又は使用上適当でない場合は、当該燃料に侵されない金属管以外の管を使用することができる。

ロ　接続は、ねじ接続、フランジ接続、溶接等とすること。ただし、金属管と金属管以外の管を接続する場合にあつては、さし込み接続とすることができる。

ハ　ロのさし込み接続による場合は、その接続部分をホースバンド等で締めつけること。

十八の二　液体燃料又は気体燃料を使用する炉にあつては、必要に応じ次の安全装置を設けること。
イ　炎が立ち消えた場合等において安全を確保できる装置
ロ　未燃ガスが滞留するおそれのあるものにあつては、点火前及び消火後に自動的に未燃ガスを排出できる装置
ハ　炉内の温度が過度に上昇するおそれのあるものにあつては、温度が過度に上昇した場合において自動的に燃焼を停止できる装置
ニ　電気を使用して燃焼を制御する構造又は燃料の予熱を行う構造のものにあつては、停電時において自動的に燃焼を停止できる装置
十八の三　気体燃料を使用する炉の配管、計量器等の附属設備は、電線、電気開閉器その他の電気設備が設けられているパイプシャフト、ピットその他の漏れた燃料が滞留するおそれのある場所には設けないこと。ただし、電気設備に防爆工事等の安全措置を講じた場合においては、この限りでない。
十九　電気を熱源とする炉にあつては、次によること。
イ　電線、接続器具等は、耐熱性を有するものを使用するとともに、短絡を生じないように措置すること。
ロ　炉内の温度が過度に上昇するおそれのあるものにあつては、必要に応じ温度が過度に上昇した場合において自動的に熱源を停止できる装置を設けること。
2　炉の管理は、次に掲げる基準によらなければならない。
一　炉の周囲は、常に、整理及び清掃に努めるとともに、燃料その他の可燃物をみだりに放置しないこと。
二　炉及びその附属設備は、必要な点検及び整備を行い、火災予防上有効に保持すること。
三　液体燃料を使用する炉及び電気を熱源とする炉にあつては、前号の点検及び整備を必要な知識及び技能を有する者として消防長が指定するものに行わせること。
四　本来の使用燃料以外の燃料を使用しないこと。
五　燃料の性質等により異常燃焼を生ずるおそれのある炉にあつては、使用中監視人を置くこと。ただし、異常燃焼を防止するために必要な措置を講じたときは、この限りでない。
六　燃料タンクは、燃料の性質等に応じ、遮光し又は転倒若しくは衝撃を防止するために必要な措置を講ずること。
3　入力三百五十キロワット以上の炉にあつては、不燃材料で造つた壁、柱、床及び天井（天井のない場合にあつては、はり又は屋根）で区画され、かつ、窓及び出入口等に防火戸（建築基準法第二条第九号の二ロに規定する防火設備であるものに限る。以下同じ。）を設けた室内に設けること。ただし、炉の周囲に有効な空間を保有する等防火上支障のない措置を講じた場合においては、この限りでない。
4　前三項に規定するもののほか、液体燃料を使用する炉の位置、構造及び管理の基準については、第三十条及び第三十一条の二から第三十一条の五まで（第三十一条の四第二項第一号から第三号まで及び第八号を除く。）の規定を準用する。

（ふろがま）
第三条の二　ふろがまの構造は、次に掲げる基準によらなければならない。
一　かま内にすすが付着しにくく、かつ、目詰まりしにくい構造とすること。
二　気体燃料又は液体燃料を使用するふろがまには、空だきをした場合に自動的に燃焼を停止できる装置を設けること。
2　前項に規定するもののほか、ふろがまの位置、構造及び管理の基準については、前条（第一項第十一号及び第十二号を除く。）の規定を準用する。

けれぱならない。

（温風暖房機）

第三条の三　温風暖房機の位置及び構造は、次に掲げる基準によらなければならない。

一　加熱された空気に、火粉、煙、ガス等が混入しない構造とし、熱交換部分を耐熱性の金属材料等で造ること。

二　温風暖房機に附属する風道にあつては、不燃材料以外の材料による仕上げ又はこれに類似する仕上げをした建築物等の部分及び可燃性の物品との間に次の表に掲げる式によつて算定した数値（入力七十キロワット以上のものに附属する風道にあつては、算定した数値が十五以下の場合は、十五とする。）以上の距離を保つこと。ただし、厚さ二センチメートル以上（入力七十キロワット以上のものに附属する風道にあつては、十センチメートル以上）の金属以外の不燃材料で被覆する部分については、この限りでない。

風道からの方向	距離（単位　センチメートル）
上　方	L×〇・七〇
側　方	L×〇・五五
下　方	L×〇・四五

この表においてLは、風道の断面が円形の場合は直径、矩形の場合は長辺の長さとする。

2　前項に規定するもののほか、温風暖房機の位置、構造及び管理の基準については、第三条（第一項第十一号及び第十二号を除く。）の規定を準用する。

（厨房設備）

第三条の四　調理を目的として使用するレンジ、フライヤー、かまど等の設備（以下「厨房設備」という。）の位置、構造及び管理は、次に掲げる基準によらなければならない。

一　厨房設備に附属する排気ダクト及び天蓋（以下「排気ダクト等」という。）は、次によること。

イ　排気ダクト等は、耐食性を有する鋼板又はこれと同等以上の耐食性及び強度を有する不燃材料で造ること。ただし、当該厨房設備の入力及び使用状況から判断して火災予防上支障がないと認められるものにあつては、この限りでない。

ロ　排気ダクト等の接続は、フランジ接続、溶接等とし、気密性のある接続とすること。

ハ　排気ダクト等は、建築物等の可燃性の部分及び可燃性の物品との間に十センチメートル以上の距離を保つこと。ただし、金属以外の不燃材料で有効に被覆する部分については、この限りでない。

ニ　排気ダクトは、十分に排気を行うことができるものとすること。

ホ　排気ダクトは、直接屋外に通ずるものとし、他の用途のダクト等と接続しないこと。

ヘ　排気ダクトは、曲り及び立下りの箇所を極力少なくし、内面を滑らかに仕上げること。

二　油脂を含む蒸気を発生させるおそれのある厨房設備の天蓋は、次によること。

イ　排気中に含まれる油脂等の付着成分を有効に除去することができるグリスフィルター、グリスエクストラクター等の装置（以下「グリス除去装置」という。）を設けること。ただし、排気ダクトを用いず天蓋から屋外へ直接排気を行う構造のものにあつては、この限りでない。

ロ　グリス除去装置は、耐食性を有する鋼板又はこれと同等以上の耐食性及び強度を有する不燃材料で造られたものとすること。ただし、当該厨房設備の入力及び使用状況から判断して火災予防上支障がないと認められるものにあつては、この限りでない。

ハ　排気ダクトへの火炎の伝送を防止する装置（以下「火炎伝送防止装置」という。）を設けること。ただし、排気ダクトを用いず天蓋から屋外へ直接排気を行う構造のもの又は排気ダクトの長さ若しくは当該厨房設備の入力及び使用状況から判断して火災予防上支障がないと認められるものにあつては、この限りでない。

ニ　次に掲げる厨房設備に設ける火炎伝送防止装置は、自動消火装置とすること。

(イ)　令別表第一(一)項から(四)項まで、(五)項イ、(六)項、(九)項イ、(十六)項イ、(十六の二)項及び(十六の三)項に掲げる防火対象物の地階に設ける厨房設備で当該厨房設備の入力と同一厨房室内に設ける他の厨房設備の入力の合計が三百五十キロワット以上のもの

(ロ)　(イ)に掲げるもののほか、高さ三十一メートルを超える建築物に設ける厨房設備で当該厨房設備の入力と同一厨房室内に設ける他の厨房設備の入力の合計が三百五十キロワット以上のもの

三　天蓋、グリス除去装置及び火炎伝送防止装置は、容易に清掃ができる構造とすること。

四　天蓋及び天蓋と接続する排気ダクト内の油脂等の清掃を行い、火災予防上支障のないように維持管理すること。

2　前項に規定するもののほか、厨房設備の位置、構造及び管理の基準については、第三条（第一項第十一号から第十四号までを除く。）の規定を準用する。この場合において第三条第三項の規定中「入力」とあるのは、「当該厨房設備の入力と同一厨房室内に設ける他の厨房設備の入力の合計が」と読み替えるものとする。

（ボイラー）

第四条　ボイラーの構造は、次に掲げる基準によらなければならない。

一　蒸気管は、可燃性の壁、床、天井等を貫通する部分及びこれらに接触する部分を、けいそう土その他の遮熱材料で有効に被覆すること。

二　蒸気の圧力が異常に上昇した場合に自動的に作動する安全弁その他の安全装置を設けること。

2　前項に規定するもののほか、ボイラーの位置、構造及び管理の基準については、第三条（第一項第十一号及び第十二号を除く。）の規定を準用する。

（ストーブ）

第五条　ストーブ（移動式のものを除く。以下この条において同じ。）のうち、固体燃料を使用するものにあつては、不燃材料で造つたたき殻受けを付設しなければならない。

2　前項に規定するもののほか、ストーブの位置、構造及び管理の基準については、第三条（第一項第十一号から第十四号まで及び第十七号ホを除く。）の規定を準用する。

（壁付暖炉）

第六条　壁付暖炉の位置及び構造は、次に掲げる基準によらなければならない。

一　背面及び側面と壁等との間に十センチメートル以上の距離を保つこと。ただし、壁等が耐火構造であつて、間柱、下地その他主要な部分を準不燃材料で造つたものの場合にあつては、この限りでない。

二　厚さ二十センチメートル以上の鉄筋コンクリート造、無筋コンクリート造、れんが造、石造又はコンクリートブロック造とし、かつ、背面の状況を点検することができる構造とすること。

2　前項に規定するもののほか、壁付暖炉の位置、構造及び管理の基準については、第三条（第一項第一号、第七号及び第九号から第十二号までを除く。）の規定を準用する。

（乾燥設備）

第七条　乾燥設備の構造は、次に掲げる基準によらなければならない。

い。

一　乾燥物品が直接熱源と接触しない構造とすること。

二　室内の温度が過度に上昇するおそれのある乾燥設備にあつては、非常警報装置又は熱源の自動停止装置を設けること。

三　火粉が混入するおそれのある燃焼排気により直接可燃性の物品を乾燥するものにあつては、乾燥室内に火粉を飛散しない構造とすること。

2　前項に規定するもののほか、乾燥設備の位置、構造及び管理の基準については、第三条（第一項第十一号及び第十二号を除く。）の規定を準用する。

（サウナ設備）

第七条の二　サウナ室に設ける放熱設備（以下「サウナ設備」という。）の位置及び構造は、次に掲げる基準によらなければならない。

一　火災予防上安全な距離を保つことを要しない場合を除き、建築物等及び可燃性の物品から火災予防上安全な距離として対象火気設備等及び対象火気器具等の離隔距離に関する基準により得られる距離以上の距離を保つこと。

二　サウナ設備の温度が異常に上昇した場合に直ちにその熱源を遮断することができる手動及び自動の装置を設けること。

2　前項に規定するもののほか、サウナ設備の位置、構造及び管理の基準については、第三条（第一項第一号及び第十号から第十二号までを除く。）の規定を準用する。

（簡易湯沸設備）

第八条　簡易湯沸設備の位置、構造及び管理の基準については、第三条（第一項第六号及び第十号から第十五号まで、第二項第五号並びに第三項を除く。）の規定を準用する。

（給湯湯沸設備）

第八条の二　給湯湯沸設備の位置、構造及び管理の基準については、第三条（第一項第十一号から第十四号までを除く。）の規定を準用する。

（燃料電池発電設備）

第八条の三　屋内に設ける燃料電池発電設備（固体高分子型燃料電池、リン酸型燃料電池、溶融炭酸塩型燃料電池又は固体酸化物型燃料電池による発電設備であつて火を使用するものに限る。第三項及び第五項、第十七条の二並びに第四十四条第十一号において同じ。）の位置、構造及び管理の基準については、第三条第一項第一号（イを除く。）、第二号、第四号、第五号、第七号、第九号、第十七号（ハ、ワ及びカを除く。）、第十八号及び第十八号の三並びに第二項第一号、第十一条第一項（第七号を除く。）並びに第十二条第一項（第二号を除く。）の規定を準用する。

2　前項の規定にかかわらず、屋内に設ける燃料電池発電設備（固体高分子型燃料電池又は固体酸化物型燃料電池による発電設備であつて火を使用するものに限る。以下この項及び第四項において同じ。）であつて出力十キロワット未満のもののうち、改質器の温度が過度に上昇した場合若しくは過度に低下した場合又は外箱の換気装置に異常が生じた場合に自動的に燃料電池発電設備を停止できる装置を設けたものの位置、構造及び管理の基準については、第三条第一項第一号（イを除く。）、第二号、第四号、第五号、第七号、第九号、第十七号（ハ、ワ及びカを除く。）、第十八号及び第十八号の三並びに第二項第一号及び第四号、第十一条第一項第一号、第二号、第四号、第八号及び第十号並びに第十二条第一項第三号及び第四号の規定を準用する。

3　屋外に設ける燃料電池発電設備の位置、構造及び管理の基準については、第三条第一項第一号（イを除く。）、第二号、第四号、第五号、第七号、第九号、第十号、第十七号（ハ、ワ及びカを除く。）、第十八号及び第十八号の三並びに第二項第一号並びに第十一条第一項第三号の二及び第五号から第十号まで（第七号を除く。）並びに第二項並びに第十二条第一項第一号、第三号及び第四号の規定を準用する。

4　前項の規定にかかわらず、屋外に設ける燃料電池発電設備であって出力十キロワット未満のもののうち、改質器の温度が過度に上昇した場合若しくは過度に低下した場合又は外箱の換気装置に異常が生じた場合に自動的に燃料電池発電設備を停止できる装置を設けたものの位置、構造及び管理の基準については、第三条第一項第一号（イを除く。）、第二号、第四号、第五号、第七号、第九号、第十号、第十七号（ハ、ワ及びカを除く。）、第十八号及び第十八号の三並びに第二項第一号及び第四号、第十一条第一項第八号及び第十号並びに第十二条第一項第三号及び第四号の規定を準用する。

5　前各項に規定するもののほか、燃料電池発電設備の構造の基準については、発電用火力設備に関する技術基準を定める省令（平成九年通商産業省令第五十一号）第三十条及び第三十四条の規定並びに電気設備に関する技術基準を定める省令（平成九年通商産業省令第五十二号）第四十四条の規定の例による。

（掘ごたつ及びいろり）

第九条　掘ごたつの火床又はいろりの内面は、不燃材料で造り、又は被覆しなければならない。

2　掘ごたつ及びいろりの管理の基準については、第三条第二項第一号及び第四号の規定を準用する。

（ヒートポンプ冷暖房機）

第九条の二　ヒートポンプ冷暖房機の内燃機関の位置及び構造は、次に掲げる基準によらなければならない。

一　容易に点検することができる位置に設けること。

二　防振のための措置を講ずること。

三　排気筒を設ける場合は、防火上有効な構造とすること。

2　前項に規定するもののほか、ヒートポンプ冷暖房機の内燃機関の位置、構造及び管理の基準については、第三条（第一項第十号から第十五号まで、第十八号、第十八号の二及び第十九号、第二項第五号並びに第三項を除く。）の規定を準用する。

（火花を生ずる設備）

第一〇条　グラビヤ印刷機、ゴムスプレッダー、起毛機、反毛機その他その操作に際し、火花を生じ、かつ、可燃性の蒸気又は微粉を放出する設備（以下「火花を生ずる設備」という。）の位置、構造及び管理は、次に掲げる基準によらなければならない。

一　壁、天井（天井のない場合においては、屋根）及び床の火花を生ずる設備に面する部分の仕上げを準不燃材料でした室内に設けること。

二　静電気による火花を生ずるおそれのある部分に、静電気を有効に除去する措置を講ずること。

三　可燃性の蒸気又は微粉を有効に除去する換気装置を設けること。

四　火花を生ずる設備のある室内においては、常に、整理及び清掃に努めるとともに、みだりに火気を使用しないこと。

（放電加工機）

第一〇条の二　放電加工機（加工液として法第二条第七項に規定する危険物を用いるものに限る。以下同じ。）の構造は、次に掲げる基準によらなければならない。

一　加工槽内の放電加工部分以外における加工液の温度が、設定された温度を超えた場合において、自動的に加工を停止できる装置を設けること。

二　加工液の液面の高さが、放電加工部分から液面までの間に必要最小限の間隔を保つために設定された液面の高さより低下した場合において、自動的に加工を停止できる装置を設けること。

三　工具電極と加工対象物との間の炭化生成物の発生成長等による異常を検出した場合において、自動的に加工を停止できる装置を設けること。

四　加工液に着火した場合において、自動的に消火できる装置を設けること。

2　放電加工機の管理は、次に掲げる基準によらなければならない。

一　引火点七十度未満の加工液を使用しないこと。

二　吹きかけ加工その他火災の発生のおそれのある方法による加工

一を行わないこと。
三　工具電極を確実に取り付け、異常な放電を防止すること。
四　必要な点検及び整備を行い、火災予防上有効に保持すること。
3　前二項に規定するもののほか、放電加工機の位置、構造及び管理の基準については、前条（第二号を除く。）の規定を準用する。

（変電設備）
第一一条　屋内に設ける変電設備（全出力二十キロワット以下のもの及び次条に掲げるものを除く。以下同じ。）の位置、構造及び管理は、次に掲げる基準によらなければならない。
一　水が浸入し、又は浸透するおそれのない位置に設けること。
二　可燃性又は腐食性の蒸気又はガスが発生し、又は滞留するおそれのない位置に設けること。
三　変電設備（消防長（消防署長）が火災予防上支障がないと認める構造を有するキュービクル式のものを除く。）は、不燃材料で造つた壁、柱、床及び天井（天井のない場合にあつては、はり又は屋根。以下同じ。）で区画され、かつ、窓及び出入口に防火戸を設ける室内に設けること。ただし、変電設備の周囲に有効な空間を保有する等防火上支障のない措置を講じた場合においては、この限りでない。
三の二　建築物等の部分との間に換気、点検及び整備に支障のない距離を保つこと。
三の三　第三号の壁等をダクト、ケーブル等が貫通する部分には、すき間を不燃材料で埋める等火災予防上有効な措置を講ずること。
四　屋外に通ずる有効な換気設備を設けること。
五　見やすい箇所に変電設備である旨を表示した標識を設けること。
六　変電設備のある室内には、係員以外の者をみだりに出入させないこと。
七　変電設備のある室内は、常に、整理及び清掃に努めるとともに、油ぼろその他の可燃物をみだりに放置しないこと。
八　定格電流の範囲内で使用すること。
九　必要な知識及び技能を有する者として消防長が指定するものに必要に応じ設備の各部分の点検及び絶縁抵抗等の測定試験を行わせ、不良箇所を発見したときは、直ちに補修させるとともに、その結果を記録し、かつ、保存すること。
十　変圧器、コンデンサーその他の機器及び配線は、堅固に床、壁、支柱等に固定すること。
2　屋外に設ける変電設備（柱上及び道路上に設ける電気事業者用のもの並びに消防長（消防署長）が火災予防上支障がないと認める構造を有するキュービクル式のものを除く。）にあつては、建築物から三メートル以上の距離を保たなければならない。ただし、不燃材料で造り、又はおおわれた外壁で開口部のないものに面するときは、この限りでない。
3　前項に規定するもののほか、屋外に設ける変電設備（柱上及び道路上に設ける電気事業者用のものを除く。）の位置、構造及び管理の基準については、第一項第三号の二及び第五号から第十号までの規定を準用する。

（急速充電設備）
第一一条の二　急速充電設備（電気を設備内部で変圧して、電気自動車等（電気を動力源とする自動車、原動機付自転車、船舶、航空機その他これらに類するものをいう。以下同じ。）にコネクター（充電用ケーブルを電気自動車等に接続するためのものをいう。以下同じ。）を用いて充電する設備（全出力二十キロワット以下のものを除く。）をいい、分離型のもの（変圧する機能を有する設備本体及び充電ポスト（コネクター及び充電用ケーブルを収納する設備で、変圧する機能を有しないものをいう。以下同じ。）により構成されるものをいう。以下同じ。）にあつては、充電ポストを含む。以下同じ。）の位置、構造及び管理は、次に掲げる基準によらなければならない。

一　急速充電設備（全出力五十キロワット以下のもの及び消防長（消防署長）が認める延焼を防止するための措置が講じられているものを除く。）を屋外に設ける場合にあっては、建築物から三メートル以上の距離を保つこと。ただし、次に掲げるものにあっては、この限りでない。
イ　不燃材料で造り、又は覆われた外壁で開口部のないものに面するもの
ロ　分離型のものにあっては、充電ポスト
二　その筐体は不燃性の金属材料で造ること。ただし、分離型のものの充電ポストにあっては、この限りでない。
三　堅固に床、壁、支柱等に固定すること。
四　その筐体は雨水等の浸入防止の措置を講ずること。
五　充電を開始する前に、急速充電設備と電気自動車等との間で自動的に絶縁状況の確認を行い、絶縁されていない場合には、充電を開始しない措置を講ずること。
六　コネクターと電気自動車等が確実に接続されていない場合には、充電を開始しない措置を講ずること。
七　コネクターが電気自動車等に接続され、電圧が印加されている場合には、当該コネクターが当該電気自動車等から外れないようにする措置を講ずること。
八　漏電、地絡及び制御機能の異常を自動的に検知する構造とし、漏電、地絡又は制御機能の異常を検知した場合には、急速充電設備を自動的に停止させる措置を講ずること。
九　電圧及び電流を自動的に監視する構造とし、電圧又は電流の異常を検知した場合には、急速充電設備を自動的に停止させる措置を講ずること。
十　異常な高温とならないこと。また、異常な高温となった場合には、急速充電設備を自動的に停止させる措置を講ずること。
十一　急速充電設備を手動で緊急に停止することができる装置を、当該急速充電設備の利用者が異常を認めたときに、速やかに操作することができる箇所に設けること。
十二　急速充電設備と電気自動車等の衝突を防止する措置を講ずること。
十三　コネクターについて、操作に伴う不時の落下を防止する措置を講ずること。ただし、コネクターに十分な強度を有するものにあっては、この限りでない。
十四　充電用ケーブルを冷却するため液体を用いるものにあっては、当該液体が漏れた場合に、漏れた液体が内部基板等の機器に影響を与えない構造とすること。また、充電用ケーブルを冷却するために用いる液体の流量及び温度の異常を自動的に検知する構造とし、当該液体の流量又は温度の異常を検知した場合には、急速充電設備を自動的に停止させる措置を講ずること。
十五　複数の充電用ケーブルを有し、複数の電気自動車等に同時に充電する機能を有するものにあっては、出力の切替えに係る開閉器の異常を自動的に検知する構造とし、当該開閉器の異常を検知した場合には、急速充電設備を自動的に停止させる措置を講ずること。
十六　急速充電設備のうち蓄電池を内蔵しているものにあっては、当該蓄電池（主として保安のために設けるものを除く。）について次に掲げる措置を講ずること。
イ　電圧及び電流を自動的に監視する構造とし、電圧又は電流の異常を検知した場合には、急速充電設備を自動的に停止させること。
ロ　異常な高温とならないこと。
ハ　温度の異常を自動的に検知する構造とし、異常な高温又は低温を検知した場合には、急速充電設備を自動的に停止させること。
ニ　制御機能の異常を自動的に検知する構造とし、制御機能の異常を検知した場合には、急速充電設備を自動的に停止させること。
十七　急速充電設備のうち分離型のものにあっては、充電ポストに蓄電池（主として保安のために設けるものを除く。）を内蔵しな

いこと。

十八　急速充電設備の周囲は、換気、点検及び整備に支障のないようにすること。

十九　急速充電設備の周囲は、常に、整理及び清掃に努めるとともに、油ぼろその他の可燃物をみだりに放置しないこと。

2　前項に規定するもののほか、急速充電設備の位置、構造及び管理の基準については、前条第一項第二号、第五号、第八号及び第九号の規定を準用する。

（内燃機関を原動力とする発電設備）

第一二条　屋内に設ける内燃機関を原動力とする発電設備の位置及び構造は、次に掲げる基準によらなければならない。

一　容易に点検することができる位置に設けること。

二　防振のための措置を講じた床上又は台上に設けること。

三　排気筒は、防火上有効な構造とすること。

四　発電機、燃料タンクその他の機器は、堅固に床、壁、支柱等に固定すること。

2　前項に規定するもののほか、屋内に設ける内燃機関を原動力とする発電設備の位置、構造及び管理の基準については、第三条第一項第十七号及び第十八号の三並びに第十一条第一項の規定を準用する。この場合において、第三条第一項第十七号ハ中「たき口」とあるのは、「内燃機関」と読み替えるものとする。

3　屋外に設ける内燃機関を原動力とする発電設備の位置、構造及び管理の基準については、第三条第一項第十七号及び第十八号の三、第十一条第一項第三号の二及び第五号から第十号まで並びに第二項並びに本条第一項の規定を準用する。この場合において、第三条第一項第十七号ハ中「たき口」とあるのは、「内燃機関」と読み替えるものとする。

4　前項の規定にかかわらず、屋外に設ける気体燃料を使用するピストン式内燃機関を原動力とする発電設備であつて出力十キロワット未満のもののうち、次の各号に掲げる基準に適合する鋼板（板厚が〇・八ミリメートル以上のものに限る。）製の外箱に収納されているものの位置、構造及び管理の基準については、第三条第一項第一号（イを除く。）及び第十八号の三、第十一条第一項第七号、第八号及び第十号並びに本条第一項第二号から第四号までの規定を準用する。

一　断熱材又は防音材を使用する場合は、難燃性のものを使用すること。

二　換気口は、外箱の内部の温度が過度に上昇しないように有効な換気を行うことができるものとし、かつ、雨水等の浸入防止の措置が講じられているものであること。

5　前各項に規定するもののほか、内燃機関を原動力とする発電設備の構造の基準については、発電用火力設備に関する技術基準を定める省令第二十七条の規定の例による。

（蓄電池設備）

第一三条　蓄電池設備（蓄電池容量が十キロワット時以下のもの及び蓄電池容量が十キロワット時を超え二十キロワット時以下のものであって蓄電池設備の出火防止措置及び延焼防止措置に関する基準（令和五年消防庁告示第七号）第二に定めるものを除く。以下同じ。）は、地震等により容易に転倒し、亀裂し、又は破損しない構造とすること。この場合において、開放形鉛蓄電池を用いたものにあっては、その電槽は、耐酸性の床上又は台上に設けなければならない。

2　前項に規定するもののほか、屋内に設ける蓄電池設備の位置、構造及び管理の基準については、第十条第四号並びに第十一条第一項第一号、第三号から第六号まで及び第九号の規定を準用する。

3　第一項に規定するもののほか、屋外に設ける蓄電池設備（柱上及び道路上に設ける電気事業者用のもの、蓄電池設備の出火防止措置及び延焼防止措置に関する基準第三に定めるもの並びに消防長（消防署長）が火災予防上支障がないと認める構造を有するキュービクル式のものを除く。）にあっては、建築物から三メートル以上の距離を保たなければならない。ただし、不燃材料で造り、又は覆われた外壁で開口部のないものに面するときは、この限りでない。

4　前項に規定するもののほか、屋外に設ける蓄電池設備の位置、構造及び管理の基準については、第十条第四号、第十一条第一項第三号の二、第五号、第六号及び第九号並びに第十一条の二第一項第四号の規定を準用する。

（ネオン管灯設備）

第一四条　ネオン管灯設備の位置及び構造は、次に掲げる基準によらなければならない。

一　点滅装置は、低圧側の容易に点検できる位置に設けるとともに、不燃材料で造つた覆いを設けること。ただし、無接点継電器を使用するものにあつては、この限りでない。

二　変圧器を雨のかかる場所に設ける場合にあつては、屋外用のものを選び、導線引き出し部が下向きとなるように設けること。ただし、雨水の浸透を防止するために有効な措置を講じたときは、この限りでない。

三　支枠その他ネオン管灯に近接する取付け材には、木材（難燃合板を除く。）又は合成樹脂（不燃性及び難燃性のものを除く。）を用いないこと。

四　壁等を貫通する部分の碍（がい）管は、壁等に固定すること。

五　電源の開閉器は、容易に操作しやすい位置に設けること。

2　ネオン管灯設備の管理の基準については、第十一条第一項第九号の規定を準用する。

（舞台装置等の電気設備）

第一五条　舞台装置若しくは展示装飾のために使用する電気設備又は工事、農事等のために一時的に使用する電気設備（以下「舞台装置等の電気設備」という。）の位置及び構造は、次に掲げる基準によらなければならない。

一　舞台装置又は展示装飾のために使用する電気設備は、次によること。

イ　電灯は、可燃物を過熱するおそれのない位置に設けること。

ロ　電灯の充電部分は、露出させないこと。

ハ　電灯又は配線は、著しく動揺し、又は脱落しないように取り付けること。

ニ　アークを発生する設備は、不燃材料で造ること。

ホ　一の電線を二以上の分岐回路に使用しないこと。

二　工事、農事等のために一時的に使用する電気設備は、次によること。

イ　分電盤、電動機等は、雨雪、土砂等により障害を受けるおそれのない位置に設けること。

ロ　残置灯設備の電路には、専用の開閉器を設け、かつ、ヒューズを設ける等自動遮（しや）断の措置を講ずること。

2　舞台装置等の電気設備の管理の基準については、第十一条第一項第七号から第十号までの規定を準用する。

（避雷設備）

第一六条　避雷設備の位置及び構造は、消防長が指定する日本産業規格（産業標準化法（昭和二十四年法律第百八十五号）第二十条第一項の日本産業規格をいう。以下同じ。）に適合するものとしなければならない。

2　避雷設備の管理については、第十一条第一項第九号の規定を準用する。

（水素ガスを充てんする気球）

第一七条　水素ガスを充てんする気球の位置、構造及び管理は、次に掲げる基準によらなければならない。

一　煙突その他火気を使用する施設の付近において掲揚し、又はけい留しないこと。

二　建築物の屋上で掲揚しないこと。ただし、屋根が不燃材料で造つた陸（ろく）屋根で、その最少幅員が気球の直径の二倍以上である場合においては、この限りでない。

三　掲揚に際しては、掲揚綱と周囲の建築物又は工作物との間に水平距離十メートル以上の空間を保有するとともに、掲揚綱の固定箇所にさく等を設け、かつ、立入を禁止する旨を標示すること。ただし、前号ただし書の規定により建築物の屋上で掲揚する場合においては、この限りでない。

四　気球の容積は、十五立方メートル以下とすること。ただし、観測又は実験のために使用する気球については、この限りでない。
五　風圧又は摩擦に対し十分な強度を有する材料で造ること。
六　気球に付設する電飾は、気球から三メートル以上離れた位置に取り付け、かつ、充電部分が露出しない構造とすること。ただし、過熱又は火花が生じないように必要な措置を講じたときは、気球から一メートル以上離れた位置に取り付けることができる。
七　前号の電飾に使用する電線は、断面積が〇・七五平方ミリメートル以上（文字網の部分に使用するものにあつては、〇・五平方ミリメートル以上）のものを用い、長さ一メートル以下（文字網の部分に使用するものにあつては、〇・六メートル以下）ごと及び分岐点の付近において支持すること。
八　気球の地表面に対する傾斜角度が四十五度以下となるような強風時においては、掲揚しないこと。
九　水素ガスの充てん又は放出については、次によること。
イ　屋外の通風のよい場所で行なうこと。
ロ　操作者以外の者が近接しないように適当な措置を講ずること。
ハ　電飾を付設するものにあつては、電源を遮断して行なうこと。
ニ　摩擦又は衝撃を加える等粗暴な行為をしないこと。
ホ　水素ガスの充てんに際しては、気球内に水素ガス又は空気が残存していないことを確かめた後減圧器を使用して行なうこと。
十　水素ガスが九十容量パーセント以下となつた場合においては、詰替えを行なうこと。
十一　掲揚中又はけい留中においては、看視人を置くこと。ただし、建築物の屋上その他公衆の立ち入るおそれのない場所で掲揚し、又はけい留する場合にあつては、この限りでない。
十二　多数の者が集合している場所において運搬その他の取扱いを行なわないこと。

（火を使用する設備に附属する煙突）
第一七条の二　火を使用する設備（燃料電池発電設備を除く。）に附属する煙突は、次に掲げる基準によらなければならない。
一　構造又は材質に応じ、支わく、支線、腕金具等で固定すること。
二　可燃性の壁、床、天井等を貫通する部分、小屋裏、天井裏、床裏等において接続する場合は、容易に離脱せず、かつ、燃焼排気が漏れない構造とすること。
三　容易に清掃ができる構造とすること。
四　火粉を飛散するおそれのある設備に附属するものにあつては、火粉の飛散を防止するための有効な装置を設けること。
五　前各号に規定するもののほか、煙突の基準については、建築基準法施行令第百十五条第一項第一号から第三号まで及び第二項の規定を準用する。

（基準の特例）
第一七条の三　この節の規定は、この節に掲げる設備について、消防長（消防署長）が、当該設備の位置、構造及び管理並びに周囲の状況から判断して、この節の規定による基準によらなくとも、火災予防上支障がないと認めるとき又は予想しない特殊の設備を用いることにより、この節の規定による基準による場合と同等以上の効力があると認めるときにおいては、適用しない。

第二節　火を使用する器具及びその使用に際し、火災の発生のおそれのある器具の取扱いの基準

（液体燃料を使用する器具）
第一八条　液体燃料を使用する器具の取扱いは、次に掲げる基準によ

らなければならない。

一　火災予防上安全な距離を保つことを要しない場合を除き、建築物等及び可燃性の物品から次の各号に掲げる距離のうち、火災予防上安全な距離として消防長（消防署長）が認める距離以上の距離を保つこと。

イ　別表第三の左欄に掲げる種類等に応じ、それぞれ同表の右欄に掲げる距離

ロ　対象火気設備等及び対象火気器具等の離隔距離に関する基準により得られる距離

二　可燃性のガス又は蒸気が滞留するおそれのない場所で使用すること。

三　地震等により容易に可燃物が落下するおそれのない場所で使用すること。

四　地震等により容易に転倒又は落下するおそれのないような状態で使用すること。

五　不燃性の床上又は台上で使用すること。

六　故障し、又は破損したものを使用しないこと。

七　本来の使用目的以外に使用する等不適当な使用をしないこと。

八　本来の使用燃料以外の燃料を使用しないこと。

九　器具の周囲は、常に、整理及び清掃に努めるとともに、燃料その他の可燃物をみだりに放置しないこと。

九の二　祭礼、縁日、花火大会、展示会その他の多数の者の集合する催しに際して使用する場合にあつては、消火器の準備をした上で使用すること。

十　燃料漏れがないことを確認してから点火すること。

十一　使用中は、器具を移動させ、又は燃料を補給しないこと。

十二　漏れ、又はあふれた燃料を受けるための皿を設けること。

十三　必要な知識及び技能を有する者として消防長が指定するものに必要な点検及び整備を行わせ、火災予防上有効に保持すること。

2　液体燃料を使用する移動式ストーブにあつては、前項に規定するもののほか、地震等により自動的に消火する装置又は自動的に燃料の供給を停止する装置を設けたものを使用しなければならない。

（固体燃料を使用する器具）

第一九条　固体燃料を使用する器具の取扱いは、次に掲げる基準によらなければならない。

一　火鉢にあつては、底部に、遮熱のための空間を設け、又は砂等を入れて使用すること。

二　置ごたつにあつては、火入容器を金属以外の不燃材料で造つた台上に置いて使用すること。

2　前項に規定するもののほか、固体燃料を使用する器具の取扱いの基準については、前条第一項第一号から第九号の二までの規定を準用する。

（気体燃料を使用する器具）

第二〇条　気体燃料を使用する器具に接続する金属管以外の管は、その器具に応じた適当な長さとしなければならない。

2　前項に規定するもののほか、気体燃料を使用する器具の取扱いの基準については、第十八条第一項第一号から第十号までの規定を準用する。

（電気を熱源とする器具）

第二一条　電気を熱源とする器具の取扱いは、次に掲げる基準によらなければならない。

一　通電した状態でみだりに放置しないこと。

二　安全装置は、みだりに取りはずし、又はその器具に不適合なものと取り替えないこと。

2　前項に規定するもののほか、電気を熱源とする器具の取扱いの基準については、第十八条第一項第一号から第七号まで、第九号及び第九号の二の規定（器具の表面に可燃物が触れた場合に当該可燃物が発火するおそれのない器具にあつては、同項第二号及び第五号から第七号までの規定に限る。）を準用する。

（使用に際し火災の発生のおそれのある器具）

第二二条 火消つぼその他使用に際し火災の発生のおそれのある器具の取扱いの基準については、第十八条第一項第一号から第七号まで、第九号及び第九号の二の規定を準用する。

（基準の特例）

第二二条の二 この節の規定は、この節に掲げる器具について、消防長（消防署長）が、当該器具の取扱い及び周囲の状況から判断して、この節の規定による基準によらなくとも、火災予防上支障がないと認めたとき又は予想しない特殊の器具を用いることにより、この節の規定による基準による場合と同等以上の効力があると認めたときにおいては、適用しない。

第三節　火の使用に関する制限等

（喫煙等）

第二三条 次に掲げる場所で、消防長（消防署長）が指定する場所においては、喫煙し、若しくは裸火を使用し、又は当該場所に火災予防上危険な物品を持ち込んではならない。ただし、特に必要な場合において消防長（消防署長）が火災予防上支障がないと認めたときは、この限りでない。

一　劇場、映画館、演芸場、観覧場、公会堂若しくは集会場（以下「劇場等」という。）の舞台又は客席

二　百貨店、マーケットその他の物品販売業を営む店舗又は展示場（以下「百貨店等」という。）の売場又は展示部分

三　文化財保護法（昭和二十五年法律第二百十四号）の規定によって重要文化財、重要有形民俗文化財、史跡若しくは重要な文化財として指定され、又は旧重要美術品等の保存に関する法律（昭和八年法律第四十三号）の規定によって重要美術品として認定された建造物の内部又は周囲

四　第一号及び第二号に掲げるもののほか、火災が発生した場合に人命に危険を生ずるおそれのある場所

2　前項の消防長（消防署長）が指定する場所には、客席の前面その他の見やすい箇所に「禁煙」、「火気厳禁」又は「危険物品持込み厳禁」と表示した標識を設けなければならない。この場合において、標識の色は、地を赤色、文字を白色とするものとする。

3　第一項の消防長（消防署長）が指定する場所（同項第三号に掲げる場所を除く。）を有する防火対象物の関係者は、次の各号に掲げる場合の区分に応じ、それぞれ次の各号に定める措置を講じなければならない。

一　当該防火対象物内において全面的に喫煙が禁止されている場合　当該防火対象物内において全面的に喫煙が禁止されている旨の標識の設置その他の当該防火対象物内における全面的な喫煙の禁止を確保するために消防長（消防署長）が火災予防上必要と認める措置

二　前号に掲げる場合以外の場合　適当な数の吸殻容器を設けた喫煙所の設置及び当該喫煙所における「喫煙所」と表示した標識の設置（健康増進法（平成十四年法律第百三号）第三十三条第二項に規定する喫煙専用室標識を設ける場合においてはこの限りでない。）

4　第二項又は前項第二号に規定する標識と併せて図記号による標識を設けるときは、「禁煙」又は「火気厳禁」と表示した標識と併せて設ける図記号にあっては、国際標準化機構が定めた規格第七〇一〇号又は日本産業規格Z八二一〇に適合するものとし、「喫煙所」と表示した標識と併せて設ける図記号にあっては、国際標準化機構が定めた規格第七〇〇一号又は日本産業規格Z八二一〇に適合するものとしなければならない。

5　第三項第二号に掲げる場合において、劇場等の喫煙所は、階ごとに客席及び廊下（通行の用に供しない部分を除く。）以外の場所に設けなければならない。ただし、劇場等の一部の階において全面的に喫煙が禁止されている旨の標識の設置その他の当該階における全

面的な喫煙の禁止を確保するために消防長（消防署長）が火災予防上必要と認める措置を講じた場合は、当該階において喫煙所を設けないことができる。

6　前項の喫煙所の床面積の合計は、客席の床面積の合計の三十分の一以上としなければならない。ただし、消防長（消防署長）が、当該場所の利用状況等から判断して、火災予防上支障がないと認めるときは、この限りでない。

7　第一項の消防長（消防署長）の指定する場所の関係者は、当該場所で喫煙し、若しくは裸火を使用し、又は当該場所に火災予防上危険な物品を持ち込もうとしている者があるときは、これを制止しなければならない。

（空地及び空家の管理）

第二四条　空地の所有者、管理者又は占有者は、当該空地の枯草等の燃焼のおそれのある物件の除去その他火災予防上必要な措置を講じなければならない。

2　空家の所有者又は管理者は、当該空家への侵入の防止、周囲の燃焼のおそれのある物件の除去その他火災予防上必要な措置を講じなければならない。

（たき火）

第二五条　可燃性の物品その他の可燃物の近くにおいては、たき火をしてはならない。

2　たき火をする場合においては、消火準備その他火災予防上必要な措置を講じなければならない。

（がん具用煙火）

第二六条　がん具用煙火は、火災予防上支障のある場所で消費してはならない。

2　がん具用煙火を貯蔵し、又は取り扱う場合においては、炎、火花又は高温体との接近を避けなければならない。

3　火薬類取締法施行規則（昭和二十五年通商産業省令第八十八号）第九十一条第二号で定める数量の五分の一以上同号で定める数量以下のがん具用煙火を貯蔵し、又は取り扱う場合においては、ふたのある不燃性の容器に入れるか、又は防炎処理を施したおおいをしなければならない。

（化学実験室等）

第二七条　化学実験室、薬局等において危険物その他これに類する物品を貯蔵し、又は取り扱う場合においては、第三十条、第三十一条の二第一項第二号から第十六号まで及び第二項第一号並びに第三十一条の四第一項の規定に準じて貯蔵し、又は取り扱うほか、火災予防上必要な措置を講じなければならない。

（作業中の防火管理）

第二八条　ガス若しくは電気による溶接作業、自動車の解体等の溶断作業、グラインダー等による火花を発する作業、トーチランプ等による加熱作業、アスファルト等の溶解作業又は鋲（びょう）打作業（以下「溶接作業等」という。）は、可燃性の物品の附近においてこれをしてはならない。

2　自動車の解体作業においては、溶断作業を行う前に燃料等の可燃性物品の除去及び消火用具の準備を行い、かつ、除去した燃料等の適切な管理を行わなければならない。

3　溶接作業等を行う場合は、火花の飛散、接炎等による火災の発生を防止するため、湿砂の散布、散水、不燃材料による遮（しゃ）熱又は可燃性物品の除去及び作業後の点検その他火災予防上必要な措置を講じなければならない。

4　令別表第一に掲げる防火対象物（同表㈥項から㈩項までに掲げるものを除く。以下第四十条及び第四十一条において同じ。）及びこれらの防火対象物の用途に供するため工事中の建築物その他の工作物において、可燃性の蒸気若しくはガスを著しく発生する物品を使用する作業又は爆発性若しくは可燃性の粉じんを著しく発生する作業を行う場合は、換気又は除じん、火気の制限、消火用具の準備、作業後の点検その他火災予防上必要な措置を講じなければならない。

５　作業現場においては、火災予防上安全な場所に吸殻容器を設け、当該場所以外の場所では喫煙してはならない。

第四節　火災に関する警報の発令中における火の使用の制限

（火災に関する警報の発令中における火の使用の制限）
第二九条　火災に関する警報が発せられた場合における火の使用については、次の各号に定めるところによらなければならない。
一　山林、原野等において火入れをしないこと。
二　煙火を消費しないこと。
三　屋外において火遊び又はたき火をしないこと。
四　屋外においては、引火性又は爆発性の物品その他の可燃物の附近で喫煙をしないこと。
五　山林、原野等の場所で、火災が発生するおそれが大であると認めて市（町・村）長が指定した区域内において喫煙をしないこと。
六　残火（たばこの吸殻を含む。）、取灰又は火粉を始末すること。
七　屋内において裸火を使用するときは、窓、出入口等を閉じて行なうこと。

第三章の二　住宅用防災機器の設置及び維持に関する基準等

（住宅用防災機器）
第二九条の二　住宅（法第九条の二第一項に規定する住宅をいう。以下この章において同じ。）の関係者（住宅の所有者、管理者又は占有者をいう。）は、次条及び第二十九条の四に定める基準に従って、次の各号のいずれかの住宅用防災機器を設置し、及び維持しなければならない。
一　住宅用防災警報器（令第五条の六第一号に規定する住宅用防災警報器をいう。以下この章において同じ。）
二　住宅用防災報知設備（令第五条の六第二号に規定する住宅用防災報知設備をいう。以下この章において同じ。）

（住宅用防災警報器の設置及び維持に関する基準）
第二九条の三　住宅用防災警報器は、次に掲げる住宅の部分（第二号から第五号までに掲げる住宅の部分にあっては、令別表第一㈤項ロに掲げる防火対象物又は㈥項に掲げる防火対象物の住宅の用途に供される部分のうち、もっぱら居住の用に供されるべき住宅の部分以外の部分であって、廊下、階段、エレベーター、エレベーターホール、機械室、管理事務所その他入居者の共同の福祉のために必要な共用部分を除く。）に設けること。
一　就寝の用に供する居室（建築基準法第二条第四号に規定する居室をいう。第四号及び第五号において同じ。）
二　前号に掲げる住宅の部分が存する階（避難階（建築基準法施行令第十三条第一号に規定する避難階をいう。以下この条において同じ。）を除く。）から直下階に通ずる階段（屋外に設けられたものを除く。以下この条において同じ。）の上端
三　前二号に掲げるもののほか、第一号に掲げる住宅の部分が存する階（避難階から上方に数えた階数が二以上である階に限る。）から下方に数えた階数が二である階に直上階から通ずる階段の下端（当該階段の上端に住宅用防災警報器が設置されている場合を除く。）
四　第一号及び第二号に掲げるもののほか、第一号に掲げる住宅の部分が避難階のみに存する場合であって、居室が存する最上階（避難階から上方に数えた階数が二以上である階に限る。）から直下階に通ずる階段の上端

五　前四号の規定により住宅用防災警報器が設置される階以外の階のうち、床面積が七平方メートル以上である居室が五以上存する階（この号において「当該階」という。）の次に掲げるいずれかの住宅の部分

イ　廊下

ロ　廊下が存しない場合にあつては、当該階から直下階に通ずる階段の上端

ハ　廊下及び直下階が存しない場合にあつては、当該階の直上階から当該階に通ずる階段の下端

2　住宅用防災警報器は、天井又は壁の屋内に面する部分（天井のない場合にあつては、屋根又は壁の屋内に面する部分。この項において同じ。）の次のいずれかの位置に設けること。

一　壁又ははりから〇・六メートル以上離れた天井の屋内に面する部分

二　天井から下方〇・一五メートル以上〇・五メートル以内の位置にある壁の屋内に面する部分

3　住宅用防災警報器は、換気口等の空気吹出し口から、一・五メートル以上離れた位置に設けること。

4　住宅用防災警報器は、次の表の上欄に掲げる住宅の部分の区分に応じ、同表の下欄に掲げる種別のものを設けること。

住宅の部分	住宅用防災警報器の種別
第一項第一号から第四号まで並びに第五号ロ及びハに掲げる住宅の部分	光電式住宅用防災警報器（住宅用防災警報器及び住宅用防災報知設備に係る技術上の規格を定める省令（平成十七年総務省令第十一号。以下この章において「住宅用防災警報器等規格省令」という。）第二条第四号に掲げるものをいう。この表において同じ。）
第一項第五号イに掲げる住宅の部分	イオン化式住宅用防災警報器（住宅用防災警報器等規格省令第二条第三号に掲げるものをいう。）又は光電式住宅用防災警報器

5　住宅用防災警報器は、住宅用防災警報器等規格省令に定める技術上の規格に適合するものでなければならない。

6　住宅用防災警報器は、前五項に定めるもののほか、次に掲げる基準により設置し、及び維持しなければならない。

一　電源に電池を用いる住宅用防災警報器にあつては、当該住宅用防災警報器を有効に作動できる電圧の下限値となつた旨が表示され、又は音響により伝達された場合は、適切に電池を交換すること。

二　電源に電池以外から供給される電力を用いる住宅用防災警報器にあつては、正常に電力が供給されていること。

三　電源に電池以外から供給される電力を用いる住宅用防災警報器の電源は、分電盤との間に開閉器が設けられていない配線からとること。

四　電源に用いる配線は、電気工作物に係る法令の規定によること。

五　自動試験機能（住宅用防災警報器等規格省令第二条第五号に規定するものをいう。次号において同じ。）を有しない住宅用防災警報器にあつては、交換期限が経過しないよう、適切に住宅用防災警報器を交換すること。

六　自動試験機能を有する住宅用防災警報器にあつては、機能の異常が表示され、又は音響により伝達された場合は、適切に住宅用防災警報器を交換すること。

（住宅用防災報知設備の設置及び維持に関する基準）

第二九条の四　住宅用防災報知設備の感知器（火災報知設備の感知器及び発信機に係る技術上の規格を定める省令（昭和五十六年自治省令第十七号。以下この章において「感知器等規格省令」という。）第二条第一号に規定するものをいう。以下この章において「感知器」という。）は、前条第一項各号に掲げる住宅の部分に設けること。

2　感知器は、前条第二項及び第三項に定める位置に設けること。

3　感知器は、次の表の上欄に掲げる住宅の部分の区分に応じ、同表の下欄に掲げる種別のものを設けること。

住宅の部分	感知器の種別
前条第一項第一号から第四号まで並びに第五号ロ及びハに掲げる住宅の部分	光電式スポット型感知器（感知器等規格省令第二条第九号に掲げるもののうち、感知器等規格省令第十七条第二項で定める一種又は二種の試験に合格するものに限る。この表において同じ。）
前条第一項第五号イに掲げる住宅の部分	イオン化式スポット型感知器（感知器等規格省令第二条第八号に掲げるもののうち、感知器等規格省令第十六条第二項で定める一種又は二種の試験に合格するものに限る。）又は光電式スポット型感知器

4　住宅用防災報知設備は、その部分である法第二十一条の二第一項の検定対象機械器具等で令第三十七条第四号から第六号までに掲げるものに該当するものについてはこれらの検定対象機械器具等について定められた法第二十一条の二第二項の技術上の規格に、その部分である補助警報装置については住宅用防災警報器等規格省令に定める技術上の規格に、それぞれ適合するものでなければならない。

5　住宅用防災報知設備は、前四項に定めるもののほか、次に掲げる基準により設置し、及び維持しなければならない。

一　受信機（受信機に係る技術上の規格を定める省令（昭和五十六年自治省令第十九号）第二条第七号に規定するものをいう。この項において同じ。）は、操作に支障が生じず、かつ、住宅の内部にいる者に対し、有効に火災の発生を報知できる場所に設けること。

二　前条第一項各号に掲げる住宅の部分が存する階に受信機が設置されていない場合にあつては、住宅の内部にいる者に対し、有効に火災の発生を報知できるように、当該階に補助警報装置を設けること。

三　感知器と受信機との間の信号を配線により送信し、又は受信する住宅用防災報知設備にあつては、当該配線の信号回路について容易に導通試験をすることができるように措置されていること。ただし、配線が感知器からはずれた場合又は配線に断線があつた場合に受信機が自動的に警報を発するものにあつては、この限りでない。

四　感知器と受信機との間の信号を無線により送信し、又は受信する住宅用防災報知設備にあつては、次によること。

イ　感知器と受信機との間において確実に信号を送信し、又は受信することができる位置に感知器及び受信機を設けること。

ロ　受信機において信号を受信できることを確認するための措置を講じていること。

五　住宅用防災報知設備は、受信機その他の見やすい箇所に容易に消えないよう感知器の交換期限を明示すること。

六　前条第六項第一号、第五号及び第六号の規定は感知器について、同条同項第二号から第四号までの規定は住宅用防災報知設備について準用する。

（**設置の免除**）

第二九条の五　前三条の規定にかかわらず、次の各号に掲げるときは、次の各号に定める設備の有効範囲内の住宅の部分について住宅用防災警報器又は住宅用防災報知設備（以下この章において「住宅用防災警報器等」という。）を設置しないことができる。

一　第二十九条の三第一項各号又は前条第一項に掲げる住宅の部分にスプリンクラー設備（標示温度が七十五度以下で種別が一種の閉鎖型スプリンクラーヘッドを備えているものに限る。）を令第十二条に定める技術上の基準に従い、又は当該技術上の基準の例により設置したとき

二　第二十九条の三第一項各号又は前条第一項に掲げる住宅の部分に自動火災報知設備を令第二十一条に定める技術上の基準に従い、又は当該技術上の基準の例により設置したとき

三　第二十九条の三第一項各号又は前条第一項に掲げる住宅の部分に共同住宅用スプリンクラー設備を特定共同住宅等における必要とされる防火安全性能を有する消防の用に供する設備等に関する省令（平成十七年総務省令第四十号。以下「特定共同住宅等省令」という。）第三条第三項第二号に定める技術上の基準に従い、又は当該技術上の基準の例により設置したとき

四　第二十九条の三第一項各号又は前条第一項に掲げる住宅の部分に共同住宅用自動火災報知設備を特定共同住宅等省令第三条第三項第三号に定める技術上の基準に従い、又は当該技術上の基準の例により設置したとき。

五　第二十九条の三第一項各号又は前条第一項に掲げる住宅の部分に住戸用自動火災報知設備を特定共同住宅等省令第三条第三項第四号に定める技術上の基準に従い、又は当該技術上の基準の例により設置したとき。

六　第二十九条の三第一項各号又は前条第一項に掲げる住宅の部分に特定小規模施設用自動火災報知設備を特定小規模施設における必要とされる防火安全性能を有する消防の用に供する設備等に関する省令（平成二十年総務省令第百五十六号）第三条第二項及び第三項に定める技術上の基準に従い、又は当該技術上の基準の例により設置したとき

七　第二十九条の三第一項各号又は前条第一項に掲げる住宅の部分に複合型居住施設用自動火災報知設備を複合型居住施設における必要とされる防火安全性能を有する消防の用に供する設備等に関する省令（平成二十二年総務省令第七号）第三条第二項に定める技術上の基準に従い、又は当該技術上の基準の例により設置したとき

（基準の特例）

第二九条の六　第二十九条の二から第二十九条の四までの規定は、住宅用防災警報器等について、消防長（消防署長）が、住宅の位置、構造又は設備の状況から判断して、これらの規定による住宅用防災警報器等の設置及び維持に関する基準によらなくとも、住宅における火災の発生又は延焼のおそれが著しく少なく、かつ、住宅における火災による被害を最少限度に止めることができると認めるときにおいては、適用しない。

（住宅における火災の予防の推進）

第二九条の七　○○市（町・村）は、住宅における火災の予防を推進するため、次に掲げる施策の実施に努めるものとする。

一　住宅における出火防止、火災の早期発見、初期消火、延焼防止、通報、避難等に資する住宅用防災機器その他の物品、機械器具及び設備の普及の促進

二　住民の自主的な防災組織が行う住宅における火災の予防に資する活動の促進

2　○○市（町・村）民は、住宅における火災の予防を推進するため、第二十九条の三第一項に定める住宅の部分のほか、台所その他の火災発生のおそれが大であると認められる住宅の部分における住宅用防災警報器等の設置に努めるものとする。

第四章　指定数量未満の危険物及び指定可燃物の貯蔵及び取扱いの技術上の基準等

第一節　指定数量未満の危険物の貯蔵及び取扱いの技術上の基準等

（指定数量未満の危険物の貯蔵及び取扱いの基準）

第三〇条　法第九条の四の規定に基づき危険物の規制に関する政令（昭和三十四年政令第三百六号）で定める数量（以下「指定数量」という。）未満の危険物の貯蔵及び取扱いは、次の各号に掲げる技術上の基準によらなければならない。

一　危険物を貯蔵し、又は取り扱う場所においては、みだりに火気を使用しないこと。

二　危険物を貯蔵し、又は取り扱う場所においては、常に整理及び清掃を行うとともに、みだりに空箱その他の不必要な物件を置かないこと。

三　危険物を貯蔵し、又は取り扱う場合においては、当該危険物が漏れ、あふれ、又は飛散しないように必要な措置を講ずること。

四　危険物を容器に収納して貯蔵し、又は取り扱うときは、その容器は、当該危険物の性質に適応し、かつ、破損、腐食、さけめ等がないものであること。

五　危険物を収納した容器を貯蔵し、又は取り扱う場合においては、みだりに転倒させ、落下させ、衝撃を加え、又は引きずる等粗暴な行為をしないこと。

六　危険物を収納した容器を貯蔵し、又は取り扱う場合においては、地震等により、容易に容器が転落し、若しくは転倒し、又は他の落下物により損傷を受けないよう必要な措置を講ずること。

（指定数量の五分の一以上指定数量未満の危険物の貯蔵及び取扱いの技術上の基準等）

第三一条　指定数量の五分の一以上指定数量未満の危険物の貯蔵及び取扱い並びに貯蔵し、又は取り扱う場所の位置、構造及び設備は、前条に定めるもののほか、次条から第三十一条の八までに定める技術上の基準によらなければならない。

第三一条の二　指定数量の五分の一以上指定数量未満の危険物の貯蔵及び取扱いのすべてに共通する技術上の基準は、次のとおりとする。

一　ためます又は油分離装置にたまつた危険物は、あふれないように随時くみ上げること。

二　危険物又は危険物のくず、かす等を廃棄する場合には、それらの性質に応じ、安全な場所において、他に危害又は損害を及ぼすおそれのない方法により行うこと。

三　危険物を貯蔵し、又は取り扱う場所では、当該危険物の性質に応じ、遮光又は換気を行うこと。

四　危険物は、温度計、湿度計、圧力計その他の計器を監視して、当該危険物の性質に応じた適正な温度、湿度又は圧力を保つように貯蔵し、又は取り扱うこと。

五　危険物を貯蔵し、又は取り扱う場合においては、危険物の変質、異物の混入等により、当該危険物の危険性が増大しないように必要な措置を講ずること。

六　危険物が残存し、又は残存しているおそれがある設備、機械器具、容器等を修理する場合は、安全な場所において、危険物を完全に除去した後に行うこと。

七　可燃性の液体、可燃性の蒸気若しくは可燃性のガスが漏れ、若しくは滞留するおそれのある場所又は可燃性の微粉が著しく浮遊するおそれのある場所では、電線と電気器具とを完全に接続し、かつ、火花を発する機械器具、工具、履物等を使用しないこと。
八　危険物を保護液中に保存する場合は、当該危険物が保護液から露出しないようにすること。
九　接触又は混合により発火するおそれのある危険物と危険物その他の物品は、相互に近接して置かないこと。ただし、接触又は混合しないような措置を講じた場合は、この限りでない。
十　危険物を加熱し、又は乾燥する場合は、危険物の温度が局部的に上昇しない方法で行うこと。
十一　危険物を詰め替える場合は、防火上安全な場所で行うこと。
十二　吹付塗装作業は、防火上有効な隔壁で区画された場所等安全な場所で行うこと。
十三　焼入れ作業は、危険物が危険な温度に達しないようにして行うこと。
十四　染色又は洗浄の作業は、可燃性の蒸気の換気をよくして行うとともに、廃液をみだりに放置しないで安全に処置すること。
十五　バーナーを使用する場合においては、バーナーの逆火を防ぎ、かつ、危険物があふれないようにすること。
十六　危険物を容器に収納し、又は詰め替える場合は、次によること。
イ　固体の危険物にあつては危険物の規制に関する規則（昭和三十四年総理府令第五十五号。以下「危険物規則」という。）別表第三、液体の危険物にあつては危険物規則別表第三の二の危険物の類別及び危険等級の別の項に掲げる危険物について、これらの表において適応するものとされる内装容器（内装容器の容器の種類の項が空欄のものにあつては、外装容器）又はこれと同等以上であると認められる容器（以下この号において「内装容器等」という。）に適合する容器に収納し、又は詰め替えるとともに、温度変化等により危険物が漏れないように容器を密封して収納すること。
ロ　イの内装容器等には、見やすい箇所に危険物規則第三十九条の三第二項から第六項までの規定の例による表示をすること。
十七　危険物を収納した容器を積み重ねて貯蔵する場合には、高さ三メートル（第四類の危険物のうち第三石油類及び第四石油類を収納した容器のみを積み重ねる場合にあつては、四メートル）を超えて積み重ねないこと。

2　指定数量の五分の一以上指定数量未満の危険物を貯蔵し、又は取り扱う場所の位置、構造及び設備のすべてに共通する技術上の基準は、次のとおりとする。
一　危険物を貯蔵し、又は取り扱う場所には、見やすい箇所に危険物を貯蔵し、又は取り扱つている旨を表示した標識（危険物を貯蔵し、又は取り扱うタンクのうち車両に固定されたタンク（以下「移動タンク」という。）にあつては、〇・三メートル平方の地が黒色の板に黄色の反射塗料その他反射性を有する材料で「危」と表示した標識）並びに危険物の類、品名、最大数量及び移動タンク以外の場所にあつては防火に関し必要な事項を掲示した掲示板を設けること。
二　危険物を取り扱う機械器具その他の設備は、危険物の漏れ、あふれ又は飛散を防止することができる構造とすること。ただし、当該設備に危険物の漏れ、あふれ又は飛散による災害を防止するための附帯設備を設けたときは、この限りでない。
三　危険物を加熱し、若しくは冷却する設備又は危険物の取扱いに伴つて温度の変化が起こる設備には、温度測定装置を設けること。
四　危険物を加熱し、又は乾燥する設備は、直火を用いない構造とすること。ただし、当該設備が防火上安全な場所に設けられているとき、又は当該設備に火災を防止するための附帯設備を設けたときは、この限りでない。

五　危険物を加圧する設備又はその取り扱う危険物の圧力が上昇するおそれのある設備には、圧力計及び有効な安全装置を設けること。

六　引火性の熱媒体を使用する設備にあつては、その各部分を熱媒体又はその蒸気が漏れない構造とするとともに、当該設備に設ける安全装置は、熱媒体又はその蒸気を火災予防上安全な場所に導く構造とすること。

七　電気設備は、電気工作物に係る法令の規定の例によること。

八　危険物を取り扱うにあたつて静電気が発生するおそれのある設備には、当該設備に蓄積される静電気を有効に除去する装置を設けること。

九　危険物を取り扱う配管は、次によること。

イ　配管は、その設置される条件及び使用される状況に照らして十分な強度を有するものとし、かつ、当該配管に係る最大常用圧力の一・五倍以上の圧力で水圧試験（水以外の不燃性の液体又は不燃性の気体を用いて行う試験を含む。）を行つたとき漏えいその他の異常がないものであること。

ロ　配管は、取り扱う危険物により容易に劣化するおそれのないものであること。

ハ　配管は、火災等による熱によつて容易に変形するおそれのないものであること。ただし、当該配管が地下その他の火災等による熱により悪影響を受けるおそれのない場所に設置される場合にあつては、この限りでない。

ニ　配管には、外面の腐食を防止するための措置を講ずること。ただし、当該配管が設置される条件の下で腐食するおそれのないものである場合にあつては、この限りでない。

ホ　配管を地下に設置する場合には、配管の接合部分（溶接その他危険物の漏えいのおそれがないと認められる方法により接合されたものを除く。）について当該接合部分からの危険物の漏えいを点検することができる措置を講ずること。

ヘ　配管を地下に設置する場合には、その上部の地盤面にかかる重量が当該配管にかからないように保護すること。

第三一条の三　指定数量の五分の一以上指定数量未満の危険物を屋外において架台で貯蔵する場合には、高さ六メートルを超えて危険物を収納した容器を貯蔵してはならない。

2　指定数量の五分の一以上指定数量未満の危険物を屋外において貯蔵し、又は取り扱う場所の位置、構造及び設備の技術上の基準は、次のとおりとする。

一　危険物を貯蔵し、又は取り扱う屋外の場所（移動タンクを除く。）の周囲には、容器等の種類及び貯蔵し、又は取り扱う数量に応じ、次の表に掲げる幅の空地を保有するか、又は防火上有効な塀を設けること。ただし、開口部のない防火構造（建築基準法第二条第八号に規定する防火構造をいう。以下同じ。）の壁又は不燃材料で造つた壁に面するときは、この限りではない。

容器等の種類	貯蔵し、又は取り扱う数量	空地の幅
タンク又は金属製容器	指定数量の二分の一以上指定数量未満	一メートル以上
その他の場合	指定数量の五分の一以上二分の一未満	一メートル以上
	指定数量の二分の一以上指定数量未満	二メートル以上

二　液状の危険物を取り扱う設備（タンクを除く。）には、その直

下の地盤面の周囲に囲いを設け、又は危険物の流出防止にこれと同等以上の効果があると認められる措置を講ずるとともに、当該地盤面は、コンクリートその他危険物が浸透しない材料で覆い、かつ、適当な傾斜及びためます又は油分離装置を設けること。

三　危険物を収納した容器を架台で貯蔵する場合には、架台は不燃材料で堅固に造ること。

第三一条の三の二　指定数量の五分の一以上指定数量未満の危険物を屋内において貯蔵し、又は取り扱う場所の位置、構造及び設備の技術上の基準は、次のとおりとする。

一　壁、柱、床及び天井は、不燃材料で造られ、又は覆われたものであること。

二　窓及び出入口には、防火戸を設けること。

三　液状の危険物を貯蔵し、又は取り扱う床は、危険物が浸透しない構造とするとともに、適当な傾斜をつけ、かつ、ためますを設けること。

四　架台を設ける場合は、架台は不燃材料で堅固に造ること。

五　危険物を貯蔵し、又は取り扱うために必要な採光、照明及び換気の設備を設けること。

六　可燃性の蒸気又は可燃性の微粉が滞留するおそれのある場合は、その蒸気又は微粉を屋外の高所に排出する設備を設けること。

第三一条の四　指定数量の五分の一以上指定数量未満の危険物を貯蔵し、又は取り扱うタンク（地盤面下に埋没されているタンク（以下「地下タンク」という。）及び移動タンクを除く。以下この条において同じ。）に危険物を収納する場合は、当該タンクの容量を超えてはならない。

2　指定数量の五分の一以上指定数量未満の危険物を貯蔵し、又は取り扱うタンクの位置、構造及び設備の技術上の基準は、次のとおりとする。

一　その容量に応じ、次の表に掲げる厚さの鋼板又はこれと同等以上の機械的性質を有する材料で気密に造るとともに、圧力タンクを除くタンクにあつては水張試験において、圧力タンクにあつては最大常用圧力の一・五倍の圧力で十分間行う水圧試験において、それぞれ漏れ、又は変形しないものであること。ただし、固体の危険物を貯蔵し、又は取り扱うタンクにあつては、この限りでない。

タンクの容量	板厚
四十リットル以下	一・〇ミリメートル以上
四十リットルを超え百リットル以下	一・二ミリメートル以上
百リットルを超え二百五十リットル以下	一・六ミリメートル以上
二百五十リットルを超え五百リットル以下	二・〇ミリメートル以上
五百リットルを超え千リットル以下	二・三ミリメートル以上
千リットルを超え二千リットル以下	二・六ミリメートル以上
二千リットルを超えるもの	三・二ミリメートル以上

二　地震等により容易に転倒又は落下しないように設けること。

三　外面には、さび止めのための措置を講ずること。ただし、アルミニウム合金、ステンレス鋼その他さびにくい材質で造られたタンクにあつては、この限りでない。

四　圧力タンクにあつては有効な安全装置を、圧力タンク以外のタンクにあつては有効な通気管又は通気口を設けること。

五　引火点が四十度未満の危険物を貯蔵し、又は取り扱う圧力タンク以外のタンクにあつては、通気管又は通気口に引火を防止するための措置を講ずること。

六　見やすい位置に危険物の量を自動的に表示する装置（ガラス管等を用いるものを除く。）を設けること。

七　注入口は、火災予防上支障のない場所に設けるとともに、当該注入口には弁又はふたを設けること。

八　タンクの配管には、タンク直近の容易に操作できる位置に開閉弁を設けること。

九　タンクの配管は、地震等により当該配管とタンクとの結合部分に損傷を与えないように設置すること。

十　液体の危険物のタンクの周囲には、危険物が漏れた場合にその流出を防止するための有効な措置を講ずること。

十一　屋外に設置するもので、タンクの底板を地盤面に接して設けるものにあつては、底板の外面の腐食を防止するための措置を講ずること。

第三一条の五　指定数量の五分の一以上指定数量未満の危険物を貯蔵し、又は取り扱う地下タンクに危険物を収納する場合は、当該タンクの容量を超えてはならない。

2　指定数量の五分の一以上指定数量未満の危険物を貯蔵し、又は取り扱う地下タンクの位置、構造及び設備の技術上の基準は、前条第二項第三号から第五号まで及び第七号の規定の例によるほか、次のとおりとする。

一　地盤面下に設けられたコンクリート造等のタンク室に設置し、又は危険物の漏れを防止することができる構造により地盤面下に設置すること。ただし、第四類の危険物のタンクで、その外面がエポキシ樹脂、ウレタンエラストマー樹脂、強化プラスチック又はこれらと同等以上の防食性を有する材料により有効に保護されている場合又は腐食し難い材質で造られている場合にあつては、この限りでない。

二　自動車等による上部からの荷重を受けるおそれのあるタンクにあつては、当該タンクに直接荷重がかからないようにふたを設けること。

三　タンクは、堅固な基礎の上に固定されていること。

四　タンクは、厚さ三・二ミリメートル以上の鋼板又はこれと同等以上の強度を有する金属板若しくはこれと同等以上の性能を有するガラス繊維強化プラスチックで気密に造るとともに、圧力タンクを除くタンクにあつては七十キロパスカルの圧力で、圧力タンクにあつては最大常用圧力の一・五倍の圧力で、それぞれ十分間行う水圧試験において、漏れ、又は変形しないものであること。

五　危険物の量を自動的に表示する装置又は計量口を設けること。この場合において、計量口を設けるタンクについては、計量口の直下のタンクの底板にその損傷を防止するための措置を講ずること。

六　タンクの配管は、当該タンクの頂部に取り付けること。

七　タンクの周囲に二箇所以上の管を設けること等により当該タンクからの液体の危険物の漏れを検知する設備を設けること。

第三一条の六　指定数量の五分の一以上指定数量未満の危険物を貯蔵し、又は取り扱う移動タンクの技術上の基準は、第三十一条の四第一項の規定の例によるほか、次のとおりとする。

一　タンクから危険物を貯蔵し、又は取り扱う他のタンクに液体の危険物を注入するときは、当該他のタンクの注入口にタンクの注入ホースを緊結するか、又は注入ホースの先端部に手動開閉装置を備えた注入ノズル（手動開閉装置を開放の状態で固定する装置を備えたものを除く。）により注入すること。

二　タンクから液体の危険物を容器に詰め替えないこと。ただし、安全な注油に支障がない範囲の注油速度で前号に定める注入ノズルにより引火点が四十度以上の第四類の危険物を容器に詰め替える場合は、この限りでない。

三　静電気による災害が発生するおそれのある液体の危険物をタンクに入れ、又はタンクから出すときは、当該タンクを有効に接地すること。

四　静電気による災害が発生するおそれのある液体の危険物をタンクにその上部から注入するときは、注入管を用いるとともに、当該注入管の先端をタンクの底部に着けること。

2　指定数量の五分の一以上指定数量未満の危険物を貯蔵し、又は取り扱う移動タンクの位置、構造及び設備の技術上の基準は、第三十一条の四第二項第三号の規定の例によるほか、次のとおりとする。

一　火災予防上安全な場所に常置すること。

二　タンクは、厚さ三・二ミリメートル以上の鋼板又はこれと同等以上の機械的性質を有する材料で気密に造るとともに、圧力タンクを除くタンクにあつては七十キロパスカルの圧力で、圧力タンクにあつては最大常用圧力の一・五倍の圧力で、それぞれ十分間行う水圧試験において、漏れ、又は変形しないものであること。

三　タンクは、Uボルト等で車両のシャーシフレーム又はこれに相当する部分に強固に固定すること。

四　常用圧力が二十キロパスカル以下のタンクにあつては二十キロパスカルを超え二十四キロパスカル以下の範囲の圧力で、常用圧力が二十キロパスカルを超えるタンクにあつては常用圧力の一・一倍以下の圧力で作動する安全装置を設けること。

五　タンクは、その内部に四千リットル以下ごとに完全な間仕切を厚さ三・二ミリメートル以上の鋼板又はこれと同等以上の機械的性質を有する材料で設けること。

六　前号の間仕切により仕切られた部分には、それぞれマンホール及び第四号に規定する安全装置を設けるとともに、当該間仕切により仕切られた部分の容量が二千リットル以上のものにあつては、厚さ一・六ミリメートル以上の鋼板又はこれと同等以上の機械的性質を有する材料で造られた防波板を設けること。

七　マンホール及び注入口のふたは、厚さ三・二ミリメートル以上の鋼板又はこれと同等以上の機械的性質を有する材料で造ること。

八　マンホール、注入口、安全装置等の附属装置がその上部に突出しているタンクには、当該タンクの転倒等による当該附属装置の損傷を防止するための防護枠を設けること。

九　タンクの下部に排出口を設ける場合は、当該タンクの排出口に、非常の場合に直ちに閉鎖することができる弁等を設けるとともに、その直近にその旨を表示し、かつ、外部からの衝撃による当該弁等の損傷を防止するための措置を講ずること。

十　タンクの配管は、先端部に弁等を設けること。

十一　タンク及び附属装置の電気設備で、可燃性の蒸気が滞留するおそれのある場所に設けるものは、可燃性の蒸気に引火しない構造とすること。

第三十一条の七　指定数量の五分の一以上指定数量未満の危険物の貯蔵及び取扱いの危険物の類ごとに共通する技術上の基準は、次のとおりとする。

一　第一類の危険物は、可燃物との接触若しくは混合、分解を促す物品との接近又は過熱、衝撃若しくは摩擦を避けるとともに、アルカリ金属の過酸化物及びこれを含有するものにあつては、水との接触を避けること。

二　第二類の危険物は、酸化剤との接触若しくは混合、炎、火花若しくは高温体との接近又は過熱を避けるとともに、鉄粉、金属粉及びマグネシウム並びにこれらのいずれかを含有するものにあつては水又は酸との接触を避け、引火性固体にあつてはみだりに蒸気を発生させないこと。

三　自然発火性物品（第三類の危険物のうち危険物の規制に関する政令第一条の五第二項の自然発火性試験において同条第三項に定める性状を示すもの並びにアルキルアルミニウム、アルキルリチウム及び黄りんをいう。）にあつては炎、火花若しくは高温体との接近、過熱又は空気との接触を避け、禁水性物品（第三類の危険物のうち同令第一条の五第五項の水との反応性試験において同条第六項に定める性状を示すもの（カリウム、ナトリウム、アルキルアルミニウム及びアルキルリチウムを含む。）をいう。）にあつては水との接触を避けること。

四　第四類の危険物は、炎、火花若しくは高温体との接近又は過熱を避けるとともに、みだりに蒸気を発生させないこと。

五　第五類の危険物は、炎、火花若しくは高温体との接近、過熱、衝撃又は摩擦を避けること。

六　第六類の危険物は、可燃物との接触若しくは混合、分解を促す物品との接近又は過熱を避けること。

2　前項の基準は、危険物を貯蔵し、又は取り扱うにあたつて、同項の基準によらないことが通常である場合においては、適用しない。この場合において、当該貯蔵又は取扱いについては、災害の発生を防止するため十分な措置を講じなければならない。

第三十一条の八　指定数量の五分の一以上指定数量未満の危険物を貯蔵し、又は取り扱うタンク、配管その他の設備は、第三十一条の二から第三十一条の六までの位置、構造及び設備の技術上の基準に適合するよう適正に維持管理されたものでなければならない。

第三十一条の九　第三十条から前条までの規定にかかわらず、指定数量未満の第四類の危険物のうち動植物油類を貯蔵し、又は取り扱う場合にあつては、当該各条の規定は、適用しない。

（**品名又は指定数量を異にする危険物**）

第三十二条　品名又は指定数量を異にする二以上の危険物を同一の場所で貯蔵し、又は取り扱う場合において、当該貯蔵又は取扱いに係る危険物の数量を当該危険物の指定数量の五分の一の数量で除し、その商の和が一以上となるときは、当該場所は指定数量の五分の一以上指定数量未満の危険物を貯蔵し、又は取り扱つているものとみなす。

第二節　指定可燃物等の貯蔵及び取扱いの技術上の基準等

（**可燃性液体類等の貯蔵及び取扱いの技術上の基準等**）

第三十三条　別表第八の品名欄に掲げる物品で同表の数量欄に定める数量以上のもの（以下「指定可燃物」という。）のうち可燃性固体類（同表備考第六号に規定する可燃性固体類をいう。以下同じ。）及び可燃性液体類（同表備考第八号に規定する可燃性液体類をいう。以下同じ。）並びに指定数量の五分の一以上指定数量未満の第四類の危険物のうち動植物油類（以下「可燃性液体類等」という。）の貯蔵及び取扱いは、次の各号に掲げる技術上の基準によらなければならない。

一　可燃性液体類等を容器に収納し、又は詰め替える場合は、次によること。

イ　可燃性固体類（別表第八備考第六号ニに該当するものを除く。）にあつては危険物規則別表第三の危険物の類別及び危険等級の別の第二類のⅢの項において、可燃性液体類及び指定数量の五分の一以上指定数量未満の第四類の危険物のうち動植物油類にあつては危険物規則別表第三の二の危険物の類別及び危険等級の別の第四類のⅢの項において、それぞれ適応するものとされる内装容器（内装容器の容器の種類の項が空欄のものにあつては、外装容器）又はこれと同等以上であると認められる容器（以下この号において「内装容器等」という。）に適合する容器に収納し、又は詰め替えるとともに、温度変化等により可燃性液体類等が漏れないように容器を密封して収納すること。

ロ　イの内装容器等には、見やすい箇所に可燃性液体類等の化学名又は通称名及び数量の表示並びに「火気厳禁」その他これと同一の意味を有する他の表示をすること。ただし、化粧品の内装容器等で最大容量が三百ミリリットル以下のものについては、この限りでない。

二　可燃性液体類等（別表第八備考第六号ニに該当するものを除く。）を収納した容器を積み重ねて貯蔵する場合には、高さ四メートルを超えて積み重ねないこと。

三　可燃性液体類等は、炎、火花若しくは高温体との接近又は過熱を避けるとともに、みだりに蒸気を発生させないこと。

四　前号の基準は、可燃性液体類等を貯蔵し、又は取り扱うにあたって、同号の基準によらないことが通常である場合においては、適用しない。この場合において、当該貯蔵又は取扱いについては、災害の発生を防止するため十分な措置を講ずること。

2　可燃性液体類等を貯蔵し、又は取り扱う場所の位置、構造及び設備は、次の各号に掲げる技術上の基準によらなければならない。

一　可燃性液体類等を貯蔵し、又は取り扱う屋外の場所の周囲には、可燃性固体類及び可燃性液体類（以下「可燃性固体類等」という。）にあつては容器等の種類及び可燃性固体類等の数量の倍数（貯蔵し、又は取り扱う可燃性固体類等の数量を別表第八に定める当該可燃性固体類等の数量で除して得た値をいう。以下この条において同じ。）に応じ次の表に掲げる幅の空地を、指定数量の五分の一以上指定数量未満の第四類の危険物のうち動植物油類にあつては一メートル以上の幅の空地をそれぞれ保有するか、又は防火上有効な塀を設けること。

容器等の種類	可燃性固体類等の数量の倍数	空地の幅
タンク又は金属製容器	一以上二十未満	一メートル以上
	二十以上二百未満	二メートル以上
	二百以上	三メートル以上
その他の場合	一以上二十未満	一メートル以上
	二十以上二百未満	三メートル以上
	二百以上	五メートル以上

二　別表第八で定める数量の二十倍以上の可燃性固体類等を屋内において貯蔵し、又は取り扱う場合は、壁、柱、床及び天井を不燃材料で造つた室内において行うこと。ただし、その周囲に幅一メートル（別表第八で定める数量の二百倍以上の可燃性固体類等を貯蔵し、又は取り扱う場合は、三メートル）以上の空地を保有するか、又は防火上有効な隔壁を設けた建築物その他の工作物内にあつては、壁、柱、床及び天井を不燃材料で覆つた室内において、貯蔵し、又は取り扱うことができる。

3　前二項に規定するもののほか、可燃性液体類等の貯蔵及び取扱い並びに貯蔵し、又は取り扱う場所の位置、構造及び設備の技術上の基準については、第三十条から第三十一条の八まで（第三十一条の二第一項第十六号及び第十七号、第三十一条の三第二項第一号並びに第三十一条の七を除く。）の規定を準用する。

（**綿花類等の貯蔵及び取扱いの技術上の基準等**）

第三四条　指定可燃物のうち可燃性固体類等以外の指定可燃物（以下「綿花類等」という。）の貯蔵及び取扱いは、次の各号に掲げる技術上の基準によらなければならない。

一　綿花類等を貯蔵し、又は取り扱う場所においては、みだりに火気を使用しないこと。

二　綿花類等を貯蔵し、又は取り扱う場所においては、係員以外の者をみだりに出入りさせないこと。

三　綿花類等を貯蔵し、又は取り扱う場所においては、常に整理及び清掃を行うこと。この場合において、危険物と区分して整理するとともに、綿花類等の性状等に応じ、地震等により容易に荷くずれ、落下、転倒又は飛散しないような措置を講ずること。

四　綿花類等のくず、かす等は、当該綿花類等の性質に応じ、一日一回以上安全な場所において廃棄し、その他適当な措置を講ずること。

五　再生資源燃料（別表第八備考第五号に規定する再生資源燃料をいう。以下同じ。）のうち、廃棄物固形化燃料その他の水分によつて発熱又は可燃性ガスの発生のおそれがあるもの（以下「廃棄物固形化燃料等」という。）を貯蔵し、又は取り扱う場合は、次によること。

イ　廃棄物固形化燃料等を貯蔵し、又は取り扱う場合は、適切な水分管理を行うこと。

ロ　廃棄物固形化燃料等を貯蔵する場合は、適切な温度に保持された廃棄物固形化燃料等に限り受け入れること。

ハ　三日を超えて集積する場合においては、発火の危険性を減じ、発火時においても速やかな拡大防止の措置を講じることができるよう五メートル以下の適切な集積高さとすること。

ニ　廃棄物固形化燃料等を貯蔵する場合は、温度、可燃性ガス濃度の監視により廃棄物固形化燃料等の発熱の状況を常に監視すること。

2　綿花類等を貯蔵し、又は取り扱う場所の位置、構造及び設備は、次の各号に掲げる技術上の基準によらなければならない。

一　綿花類等を貯蔵し、又は取り扱つている旨を表示した標識並びに綿花類等の品名、最大数量及び防火に関し必要な事項を掲示した掲示板を設けること。

二　綿花類等のうち廃棄物固形化燃料等及び合成樹脂類（別表第八備考第九号に規定する合成樹脂類をいう。以下同じ。）以外のものを集積する場合には、一集積単位の面積が二百平方メートル以下になるように区分するとともに、集積単位相互間に次の表に掲げる距離を保つこと。ただし、廃棄物固形化燃料等以外の再生資源燃料及び石炭・木炭類（同表備考第七号に規定する石炭・木炭類をいう。）にあつては、温度計等により温度を監視するとともに、廃棄物固形化燃料等以外の再生資源燃料又は石炭・木炭類を適温に保つための散水設備等を設置した場合は、この限りでない。

区　分	距　離
(一)　面積が五十平方メートル以下の集積単位相互間	一メートル以上
(二)　面積が五十平方メートルを超え二百平方メートル以下の集積単位相互間	二メートル以上

三　綿花類等のうち合成樹脂類を貯蔵し、又は取り扱う場合は、次によること。

イ　集積する場合においては、一集積単位の面積が五百平方メートル以下になるように区分するとともに、集積単位相互間に次の表に掲げる距離を保つこと。ただし、火災の拡大又は延焼を防止するため散水設備を設置する等必要な措置を講じた場合は、この限りでない。

区分	距離
(一) 面積が百平方メートル以下の集積単位相互間	一メートル以上
(二) 面積が百平方メートルを超え三百平方メートル以下の集積単位相互間	二メートル以上
(三) 面積が三百平方メートルを超え五百平方メートル以下の集積単位相互間	三メートル以上

ロ　合成樹脂類を貯蔵し、又は取り扱う屋外の場所の周囲には、一メートル（別表第八で定める数量の二十倍以上の合成樹脂類を貯蔵し、又は取り扱う場合は、三メートル）以上の空地を保有するか、又は防火上有効な塀を設けること。ただし、開口部のない防火構造の壁又は不燃材料で造つた壁に面するとき又は火災の延焼を防止するため水幕設備を設置する等必要な措置を講じた場合は、この限りでない。

ハ　屋内において貯蔵し、又は取り扱う場合は、貯蔵する場所と取り扱う場所の間及び異なる取扱いを行う場合の取り扱う場所相互の間を不燃性の材料を用いて区画すること。ただし、火災の延焼を防止するため水幕設備を設置する等必要な措置を講じた場合は、この限りでない。

ニ　別表第八に定める数量の百倍以上を屋内において貯蔵し、又は取り扱う場合は、壁及び天井を難燃材料（建築基準法施行令第一条第六号に規定する難燃材料をいう。）で仕上げた室内において行うこと。

四　廃棄物固形化燃料等を貯蔵し、又は取り扱う場所の位置、構造及び設備は、前号イ及びニの規定の例によるほか、次に掲げる技術上の基準によること。

イ　廃棄物固形化燃料等の発熱の状況を監視するための温度測定装置を設けること。

ロ　別表第八で定める数量の百倍以上の廃棄物固形化燃料等をタンクにおいて貯蔵する場合は、当該タンクは廃棄物固形化燃料等に発熱が生じた場合に廃棄物固形化燃料等を迅速に排出できる構造とすること。ただし、当該タンクに廃棄物固形化燃料等の発熱の拡大を防止するための散水設備又は不活性ガス封入設備を設置した場合はこの限りでない。

第三四条の二　別表第八で定める数量の百倍以上の再生資源燃料（廃棄物固形化燃料等に限る。）、可燃性固体類、可燃性液体類又は合成樹脂類を貯蔵し、又は取り扱う場合は、当該貯蔵し、又は取り扱う場所における火災の危険要因を把握するとともに、前二条に定めるもののほか当該危険要因に応じた火災予防上有効な措置を講じなければならない。

第三節　基準の特例

（基準の特例）

第三四条の三　この章（第三十条、第三十一条の七及び第三十二条を除く。以下同じ。）の規定は、指定数量未満の危険物及び指定可燃物の貯蔵及び取扱いについて、消防長（消防署長）が、その品名及び数量、貯蔵及び取扱いの方法並びに周囲の地形その他の状況等から判断して、この章の規定による貯蔵及び取扱い並びに貯蔵し、又は取り扱う場所の位置、構造及び設備の技術上の基準によらなくても、火災の発生及び延焼のおそれが著しく少なく、かつ、火災等の災害による被害を最少限度に止めることができると認めるとき、又は予想しない特殊の構造若しくは設備を用いることによりこの章の規定による貯蔵及び取扱い並びに貯蔵し、又は取り扱う場所の位置、構造及び設備の技術上の基準による場合と同等以上の効力があると認めるときにおいては、適用しない。

第五章　避難管理

（劇場等の客席）

第三五条　劇場等の屋内の客席は、次の各号に定めるところによらなければならない。

一　いすは、床に固定すること。

二　いす背（いす背のない場合にあつては、いす背に相当するいすの部分。以下この条及び次条において同じ。）の間隔は、八十センチメートル以上とし、いす席の間隔（前席の最後部と後席の最前部の間の水平距離をいう。以下この条において同じ。）は、三十五センチメートル以上とし、座席の幅は、四十センチメートル以上とすること。

三　立見席の位置は、客席の後方とし、その奥行は、二・四メートル以下とすること。

四　客席（最下階にあるものを除く。）の最前部及び立見席を設ける部分とその他の部分との間には、高さ七十五センチメートル以上の手すりを設けること。

五　客席の避難通路は、次によること。

イ　いす席を設ける客席の部分には、横に並んだいす席の基準席数（八席にいす席の間隔が三十五センチメートルを超える一センチメートルごとに一席を加えた席数（二十席を超える場合にあつては、二十席とする。）をいう。以下この条において同じ。）以下ごとに、その両側に縦通路を保有すること。ただし、基準席数に二分の一を乗じて得た席数（一席未満の端数がある場合は、その端数は切り捨てる。）以下ごとに縦通路を保有する場合にあつては、片側のみとすることができる。

ロ　イの縦通路の幅は、当該通路のうち避難の際に通過すると想定される人数が最大となる地点での当該通過人数に〇・六センチメートルを乗じて得た幅員（以下「算定幅員」という。）以上とすること。ただし、当該通路の幅は、八十センチメートル（片側のみがいす席に接する縦通路にあつては、六十センチメートル）未満としてはならない。

ハ　いす席を設ける客席の部分には、縦に並んだいす席二十席以下ごと及び当該客席の部分の最前部に算定幅員以上の幅員を有する横通路を保有すること。ただし、当該通路の幅は、一メートル未満としてはならない。

ニ　ます席を設ける客席の部分には、横に並んだます席二ます以下ごとに幅四十センチメートル以上の縦通路を保有すること。

ホ　イからニまでの通路は、いずれも客席の避難口（出入口を含む。以下同じ。）に直通させること。

第三六条　劇場等の屋外の客席は、次の各号に定めるところによらなければならない。

一　いすは、床に固定すること。

二　いす背の間隔は、七十五センチメートル以上とし、座席の幅は、四十センチメートル以上とすること。ただし、いす背がなく、かつ、いす座が固定している場合にあつては、いす背の間隔を七十センチメートル以上とすることができる。

三　立見席には、奥行三メートル以下ごとに、高さ一・一メートル以上の手すりを設けること。

四　客席の避難通路は、次によること。

イ　いす席を設ける客席の部分には、横に並んだいす席十席（いす背がなく、かつ、いす座が固定している場合にあつては、二十席）以下ごとに、その両側に幅八十センチメートル以上の通路を保有すること。ただし、五席（いす背がなく、かつ、いす座が固定している場合にあつては、十席）以下ごとに通路を保有する場合にあつては、片側のみとすることができる。

ロ　いす席を設ける客席の部分には、幅一メートル以上の通路を、各座席から歩行距離十五メートル以下でその一に達し、かつ、歩行距離四十メートル以下で避難口に達するように保有すること。

ハ　ます席を設ける客席の部分には、幅五十センチメートル以上の通路を、各ますがその一に接するように保有すること。

ニ　ます席を設ける客席の部分には、幅一メートル以上の通路を、各ますから歩行距離十メートル以内でその一に達するように保有すること。

（基準の特例）

第三六条の二　前二条の規定の全部又は一部は、消防長（消防署長）が劇場等の位置、収容人員、使用形態、避難口その他の避難施設の配置等により入場者の避難上支障がないと認めるときにおいては、適用しない。

（キャバレー等の避難通路）

第三七条　キャバレー、カフエー、ナイトクラブその他これらに類するもの（以下「キャバレー等」という。）及び飲食店の階のうち当該階における客席の床面積が百五十平方メートル以上の階の客席には、有効幅員一・六メートル（飲食店にあつては、一・二メートル）以上の避難通路を、客席の各部分からいす席、テーブル席又はボックス席七個以上を通過しないで、その一に達するように保有しなければならない。

（ディスコ等の避難管理）

第三七条の二　ディスコ、ライブハウスその他これらに類するもの（以下「ディスコ等」という。）の関係者は、非常時において、すみやかに特殊照明及び音響を停止するとともに、避難上有効な明るさを保たなければならない。

（百貨店等の避難通路等）

第三八条　百貨店等の階のうち当該階における売場又は展示場の床面積が百五十平方メートル以上の階の売場又は展示場には、屋外へ通ずる避難口又は階段に直通する幅一・二メートル（売場又は展示場の床面積が三百平方メートル以上のものにあつては一・六メートル）以上の主要避難通路を一以上保有しなければならない。

2　百貨店等の階のうち当該階における売場又は展示場の床面積が六百平方メートル以上の売場又は展示場には、前項の主要避難通路のほか、有効幅員一・二メートル以上の補助避難通路を保有しなければならない。

3　百貨店等に避難の用に供することができる屋上広場を設けた場合は、当該広場を避難上有効に維持しなければならない。

（劇場等の定員）

第三九条　劇場等の関係者は、次の各号に定めるところにより、収容人員の適正化に努めなければならない。

一　客席の部分ごとに、次のイからハまでによつて算定した数の合計数（以下「定員」という。）をこえて客を入場させないこと。

イ　固定式のいす席を設ける部分については、当該部分にあるいす席の数に対応する数。この場合において、長いす式のいす席にあつては、当該いす席の正面幅を四十センチメートルで除して得た数（一未満のはしたの数は、切り捨てるものとする。）とする。

ロ　立見席を設ける部分については、当該部分の床面積を〇・二平方メートルで除して得た数

ハ　その他の部分については、当該部分の床面積を〇・五平方メートルで除して得た数

二　客席内の避難通路に客を収容しないこと。

三　一のます席には、屋内の客席にあつては七人以上、屋外の客席にあつては十人以上の客を収容しないこと。
四　出入口その他公衆の見やすい場所には、当該劇場等の定員を記載した表示板を設けるとともに、入場した客の数が定員に達したときは、直ちに満員札を掲げること。

（避難施設の管理）
第四〇条　令別表第一に掲げる防火対象物の避難口、廊下、階段、避難通路その他避難のために使用する施設は、次に定めるところにより、避難上有効に管理しなければならない。
一　避難のために使用する施設の床面は、避難に際し、つまづき、すべり等を生じないように常に維持すること。
二　避難口に設ける戸は、外開きとし、開放した場合において廊下、階段等の有効幅員を狭めないような構造とすること。ただし、劇場等以外の令別表第一に掲げる防火対象物について避難上支障がないと認められる場合においては、内開き以外の戸とすることができる。
三　前号の戸には、施錠装置を設けてはならない。ただし、非常時に自動的に解錠できる機能を有するもの又は屋内からかぎ等を用いることなく容易に解錠できる構造であるものにあつては、この限りでない。

（防火設備の管理）
第四一条　令別表第一に掲げる防火対象物の防火設備は、防火区画の防火設備に近接して延焼の媒介となる可燃物が存置されないよう防火上有効に管理しなければならない。

（準用）
第四二条　第三十五条から第三十六条の二まで及び第三十七条の二から前条までの規定は、体育館、講堂その他の防火対象物を一時的に劇場等、展示場又はディスコ等の用途に供する場合について準用する。

第五章の二　屋外催しに係る防火管理

（指定催しの指定）
第四二条の二　消防長（消防署長）は、祭礼、縁日、花火大会その他の多数の者の集合する屋外での催しのうち、大規模なものとして消防長が別に定める要件に該当するもので、対象火気器具等（令第五条の二第一項に規定する対象火気器具等をいう。以下同じ。）の周囲において火災が発生した場合に人命又は財産に特に重大な被害を与えるおそれがあると認めるものを、指定催しとして指定しなければならない。
2　消防長（消防署長）は、前項の規定により指定催しを指定しようとするときは、あらかじめ、当該催しを主催する者の意見を聴かなければならない。ただし、当該催しを主催する者から指定の求めがあつたときは、この限りでない。
3　消防長（消防署長）は、第一項の規定により指定催しを指定したときは、遅滞なくその旨を当該指定催しを主催する者に通知するとともに、公示しなければならない。

（屋外催しに係る防火管理）
第四二条の三　前条第一項の指定催しを主催する者は、同項の指定を受けたときは、速やかに防火担当者を定め、当該指定催しを開催する日の十四日前までに（当該指定催しを開催する日の十四日前の日以後に同項の指定を受けた場合にあつては、防火担当者を定めた後遅滞なく）次の各号に掲げる火災予防上必要な業務に関する計画を作成させるとともに、当該計画に基づく業務を行わせなければならない。
一　防火担当者その他火災予防に関する業務の実施体制の確保に関

すること。
二　対象火気器具等の使用及び危険物の取扱いの把握に関すること。
三　対象火気器具等を使用し、又は危険物を取り扱う露店、屋台その他これらに類するもの（第四十五条において「露店等」という。）及び客席の火災予防上安全な配置に関すること。
四　対象火気器具等に対する消火準備に関すること。
五　火災が発生した場合における消火活動、通報連絡及び避難誘導に関すること。
六　前各号に掲げるもののほか、火災予防上必要な業務に関すること。

2　前条第一項の指定催しを主催する者は、当該指定催しを開催する日の十四日前までに（当該指定催しを開催する日の十四日前の日以後に前条第一項の指定を受けた場合にあつては、消防長（消防署長）が定める日までに）、前項の規定による計画を消防長（消防署長）に提出しなければならない。

第六章　雑則

（**防火対象物の使用開始の届出等**）

第四三条　令別表第一に掲げる防火対象物（同表（十九）項及び（二十）項に掲げるものを除く。）をそれぞれの用途に使用しようとする者は、使用開始の日の七日前までに、その旨を消防長（消防署長）に届け出なければならない。

（**火を使用する設備等の設置の届出**）

第四四条　火を使用する設備又はその使用に際し、火災の発生のおそれのある設備のうち、次の各号に掲げるものを設置しようとする者は、あらかじめ、その旨を消防長（消防署長）に届け出なければならない。
一　熱風炉
二　多量の可燃性ガス又は蒸気を発生する炉
三　前号に掲げるもののほか、据付面積二平方メートル以上の炉（個人の住居に設けるものを除く。）
三の二　当該厨房設備の入力と同一厨房室内に設ける他の厨房設備の入力の合計が三百五十キロワット以上の厨房設備
四　入力七十キロワット以上の温風暖房機（風道を使用しないものにあつては、劇場等及びキャバレー等に設けるものに限る。）
五　ボイラー又は入力七十キロワット以上の給湯湯沸設備（個人の住居に設けるもの又は労働安全衛生法施行令（昭和四十七年政令第三百十八号）第一条第三号に定めるものを除く。）
六　乾燥設備（個人の住居に設けるものを除く。）
七　サウナ設備（個人の住居に設けるものを除く。）
七の二　入力七十キロワット以上の内燃機関によるヒートポンプ冷暖房機
八　火花を生ずる設備
八の二　放電加工機
九　高圧又は特別高圧の変電設備（全出力五十キロワット以下のものを除く。）
十　急速充電設備（全出力五十キロワット以下のものを除く。）
十一　燃料電池発電設備（第八条の三第二項又は第四項に定めるものを除く。）
十二　内燃機関を原動力とする発電設備のうち、固定して用いるもの（第十二条第四項に定めるものを除く。）
十三　蓄電池設備（蓄電池容量が二十キロワット時以下のものを除く。）
十四　設備容量二キロボルトアンペア以上のネオン管灯設備
十五　水素ガスを充填する気球

（火災とまぎらわしい煙等を発するおそれのある行為等の届出）

第四五条　次の各号に掲げる行為をしようとする者は、あらかじめ、その旨を消防長（消防署長）に届け出なければならない。

一　火災とまぎらわしい煙又は火炎を発するおそれのある行為

二　煙火（がん具用煙火を除く。）の打上げ又は仕掛け

三　劇場等以外の建築物その他の工作物における演劇、映画その他の催物の開催

四　水道の断水又は減水

五　消防隊の通行その他消火活動に支障を及ぼすおそれのある道路工事

六　祭礼、縁日、花火大会、展示会その他の多数の者の集合する催しに際して行う露店等の開設（対象火気器具等を使用する場合に限る。）

（指定洞道等の届出）

第四五条の二　通信ケーブル又は電力ケーブル（以下「通信ケーブル等」という。）の敷設を目的として設置された洞道、共同溝その他これらに類する地下の工作物（通信ケーブル等の維持管理等のため必要に応じ人が出入りする隧道に限る。）で、火災が発生した場合に消火活動に重大な支障を生ずるおそれのあるものとして消防長（消防署長）が指定したもの（以下「指定洞道等」という。）に通信ケーブル等を敷設する者は、次に掲げる事項を消防長（消防署長）に届け出なければならない。

一　指定洞道等の経路及び出入口、換気口等の位置

二　指定洞道等の内部に敷設されている主要な物件

三　指定洞道等の内部における火災に対する安全管理対策

2　前項の規定は、同項各号に掲げる事項について重要な変更を行う場合について準用する。

（指定数量未満の危険物等の貯蔵及び取扱いの届出等）

第四六条　指定数量の五分の一以上（個人の住居で貯蔵し、又は取り扱う場合にあつては、指定数量の二分の一以上）指定数量未満の危険物及び別表第八で定める数量の五倍以上（再生資源燃料、可燃性固体類等及び合成樹脂類にあつては、同表で定める数量以上）の指定可燃物を貯蔵し、又は取り扱おうとする者は、あらかじめ、その旨を消防長（消防署長）に届け出なければならない。

2　前項の規定は、同項の貯蔵及び取扱いを廃止する場合について準用する。

（タンクの水張検査等）

第四七条　消防長（消防署長）は、前条第一項の届出に係る指定数量未満の危険物又は指定可燃物を貯蔵し、又は取り扱うタンクを製造し、又は設置しようとする者の申出により、当該タンクの水張検査又は水圧検査を行うことができる。

（委任）

第四八条　この条例の実施のための手続きその他その施行について必要な事項は、市（町・村）長が定める。

第七章　罰則

（罰則）

第四九条　次の各号の一に該当する者は、三十万円以下の罰金に処する。

一　第三十条の規定に違反して指定数量の五分の一以上指定数量未満の危険物を貯蔵し、又は取り扱つた者

二　第三十一条の規定に違反した者

三　第三十三条又は第三十四条の規定に違反した者

四　第四十二条の三第二項の規定に違反して、同条第一項に規定す

る火災予防上必要な業務に関する計画を提出しなかつた者

第五〇条　法人（法人でない団体で代表者又は管理人の定めのあるものを含む。以下この項において同じ。）の代表者若しくは管理人又は法人若しくは人の代理人、使用人その他の従業者が、その法人又は人の業務に関して前条の違反行為をしたときは、行為者を罰するほか、その法人又は人に対しても、同条の刑を科する。

2　法人でない団体について前項の規定の適用がある場合には、その代表者又は管理人が、その訴訟行為につき法人でない団体を代表するほか、法人を被告人又は被疑者とする場合の刑事訴訟に関する法律の規定を準用する。

附　則

1　この条例は、昭和　年　月　日から施行する。

2　○○市（町・村）火災予防条例（昭和　年○○市（町・村）条例第　号）は、廃止する。

3　危険物の規制に関する政令の一部を改正する政令（平成二十三年政令第四百五号。第六項において「改正政令」という。）による危険物の規制に関する政令第一条第一項の規定の改正により、新たに指定数量の五分の一以上指定数量未満の危険物を貯蔵し、又は取り扱う場所となるもの（以下この項から第五項までにおいて「新規対象」という。）のうち、第三十一条の二第二項第九号に定める基準に適合しないものの位置、構造及び設備に係る技術上の基準については、同号の規定は、当該新規対象が次に掲げる基準の全てに適合している場合に限り、適用しない。

一　当該新規対象の危険物を取り扱う配管は、その設置される条件及び使用される状況に照らして、十分な強度を有し、かつ、漏れない構造であること。

二　当該新規対象に係る危険物の数量を当該危険物の指定数量でそれぞれ除した商の和が、平成二十四年七月一日において現に貯蔵し、又は取り扱つている危険物の数量を当該危険物の指定数量でそれぞれ除した商の和を超えないこと。

4　新規対象のうち、第三十一条の二第一項第十六号ロに定める基準に適合しないものの貯蔵及び取扱いに係る技術上の基準については、同号の規定は、平成二十五年十二月三十一日までの間は、適用しない。

5　新規対象のうち、第三十一条の二第二項第一号から第八号まで、第三十一条の三の二（第三号を除く。）又は第三十一条の四第二項（第一号、第十号及び第十一号を除く。）に定める基準に適合しないものの位置、構造及び設備に係る技術上の基準については、これらの規定は、当該新規対象が第三項第二号に掲げる基準に適合している場合に限り、平成二十五年六月三十日までの間は、適用しない。

6　改正政令による危険物の規制に関する政令第一条第一項の規定の改正により新たに指定数量の五分の一以上（個人の住居で貯蔵し、又は取り扱う場合にあつては、指定数量の二分の一以上）指定数量未満の危険物を貯蔵し、又は取り扱うこととなる者は、平成二十四年十二月三十一日までにその旨を消防長（消防署長）に届け出なければならない。

附　則

（施行期日）

1　この条例は、昭和　年　月　日から施行する。ただし、第四十九条の改正規定（同条第二項の規定に係る改正部分に限る。）は公布の日から、第三条第一項の改正規定（同項第十七号リからワまでの規定に係る改正部分に限る。）、第四条第一項第二号の改正規定、第七条第一項に一号を加える改正規定、第七条の次に一条を加える改正規定、第三十条の次に一条を加える改正規定（第三十一条第二十一号イ、ト、リ及びヌ、第二十二号ロ、ニ及びホ並びに第二十三号の規定として加える部分に限る。）は昭和　年　月　日から、第八条の次に一条を加える改正規定（第八条の二第一項第三号の規定として加える部分に限る。）及び第三十条の次に一条を加える改正規定（第三十一条第二号の規定として加える部分に限る。）は昭和　年　月　日から施行する。

（経過措置）

2　昭和　年　月　日において現に使用されている燃料タンク及び危険物を貯蔵し、又は取り扱うタンクに係る基準については、改正後の○○市（町・村）火災予防条例（以下「新条例」という。）第三条第一項第十七号及び第三十一条第二十一号から第二十三号までの規定にかかわらず、なお従前の例による。

3　昭和　年　月　日において現に使用されている液体燃料を使用する移動式のストーブについては、新条例第十八条第二項の規定は、昭和　年　月　日までの間、適用しない。

4　この条例の施行前にした行為に対する罰則の適用については、なお従前の例による。

附　則

1　この条例は、昭和　年　月　日から施行する。

2　この条例施行の際、現に存する建築物のうち、現にその屋内において合成樹脂類（改正後の○○市（町・村）火災予防条例（以下「新条例」という。）別表第四の備考五に規定する合成樹脂類をいう。以下同じ。）を貯蔵し、又は取り扱つているものについては、新条例第三十四条第五号ハの規定は、この条例施行の日から起算して二年を経過するまでの間は、適用しない。

3　この条例施行の際、現に合成樹脂類を貯蔵し、又は取り扱つている者に対する新条例第四十六条の規定の適用については、同条中「あらかじめ」とあるのは、「昭和○年○月○日から三十日以内に」とする。

4　この条例の施行前にした行為に対する罰則の適用については、なお従前の例による。

附　則

1　この条例は、昭和　年　月　日から施行する。

2　改正後の○○市（町・村）火災予防条例（以下「新条例」という。）第三条の二第一項第一号ハの規定は、この条例の施行後に設置される別表第三から別表第六までに掲げる気体燃料又は液体燃料を使用するふろがまについて適用し、この条例の施行前に設置されている当該ふろがまについては、なお従前の例による。

3　この条例施行の際、現に常圧下において可燃性ガスを大気中に滲（しん）出する性質を有する合成樹脂類を屋内において貯蔵し、又は取り扱つているものについては、新条例第三十四条第六号の規定は、この条例施行の日から起算して二年を経過するまでの間は、適用しない。

4　この条例の施行前にした行為に対する罰則の適用については、なお従前の例による。

附　則

この条例は、昭和　年　月　日から施行する。

附　則

（施行期日）

第一条　この条例は、平成二年五月二十三日（以下「施行日」という。）から施行する。

（液体燃料を使用する炉及びかまどの附属設備に関する経過措置）

第二条　この条例の施行の際、現に使用されている燃料タンクのうち、改正後の○○市（町・村）火災予防条例（以下「新条例」という。）第三条第一項第十七号ニに定める基準に適合しないものの構造に係る技術上の基準については、同号ニの規定にかかわらず、なお従前の例による。

（指定数量の五分の一以上指定数量未満の危険物の貯蔵及び取扱いの技術上の基準に関する経過措置）

第三条　この条例の施行の際、現に危険物又は危険物以外の物品を貯蔵し、又は取り扱つているもので、新たに指定数量の五分の一以上指定数量未満の危険物を貯蔵し、又は取り扱うこととなるもの（以下「新規対象」という。）及び現に指定数量の五分の一以上指定数量未満の危険物を貯蔵し、又は取り扱つているもので、引き続き指定数量の五分の一以上指定数量未満の危険物を貯蔵し、又は取り扱うこととなるもの（以下「既存対象」という。）のうち、消防法の一部を改正する法律（昭和六十三年法律第五十五号）の施行に伴い新条例第四章第一節に定める基準に適合しないこととなるものの貯蔵及び取扱いに係る技術上の基準については、次項から第十二項までに定めるものを除き、施行日から起算して一年間は、同節の規定によることを要しない。

2　新規対象のうち、新条例第三十一条の四第二号若しくは第十二号又は第三十一条の五第一号から第四号まで若しくは第五号（計量口の直下のタンクの底板にその損傷を防止するための措置を講ずることとする部分に限る。）に定める基準に適合しないものの貯蔵及び取扱いに係る技術上の基準については、これらの規定は、当該新規対象が次に掲げる基準のすべてに適合し、かつ、タンクが鋼板その他の金属板（地下タンクにあつては、タンクが鋼板その他の金属板又はガラス繊維強化プラスチック）で造られている場合に限り、適用しない。

一　タンクは、漏れない構造であること。

二　当該新規対象に係る危険物の数量を当該危険物の指定数量でそれぞれ除した商の和が、施行日において現に貯蔵し、又は取り扱つている危険物の数量を当該危険物の指定数量でそれぞれ除した商の和を超えないこと。

3　新規対象のうち、新条例第三十一条の二第九号又は第三十一条の三第一項第一号若しくは第二項第三号（適当な傾斜をつけ、かつ、ためますを設ける部分に限る。）に定める基準に適合しないものの貯蔵及び取扱いに係る技術上の基準については、これらの規定は、当該新規対象が前項第二号に掲げる基準に適合している場合に限り、適用しない。

4　新規対象のうち、新条例第三十一条の四第十号に定める基準に適合しないものの貯蔵及び取扱いに係る技術上の基準については、同号の規定は、当該新規対象が第二項第二号に掲げる基準に適合している場合に限り、平成五年十一月二十二日までの間は、適用しない。

5　新規対象のうち、新条例第三十一条の三第一項第二号又は第二項第一号、第二号若しくは第三号（床は危険物が浸透しない構造とする部分に限る。）に定める基準に適合しないものの貯蔵及び取扱いに係る技術上の基準については、これらの規定は、当該新規対象が第二項第二号に掲げる基準に適合している場合に限り、平成四年五月二十二日までの間は、適用しない。

6　新規対象のうち、新条例第三十一条の三第二項第四号、第三十一条の五第七号又は第三十一条の六第二号、第四号から第九号まで若しくは第十二号に定める基準に適合しないものの貯蔵及び取扱いに係る技術上の基準については、これらの規定は、平成四年五月二十二日までの間は、適用しない。

7　既存対象のうち、新条例第三十一条の二第九号、第三十一条の三第一項第一号若しくは第二項第三号（適当な傾斜をつけ、かつ、ためますを設ける部分に限る。）、第三十一条の四第一号若しくは第十二号又は第三十一条の五第一号若しくは第五号に定める基準に適合しないものの貯蔵及び取扱いに係る技術上の基準については、これらの規定にかかわらず、当該既存対象が当該既存対象に係る危険物の数量を当該危険物の指定数量でそれぞれ除した商の和が、施行日において現に貯蔵し、又は取り扱つている危険物の数量を当該危険物の指定数量でそれぞれ除した商の和を超えない場合に限り、なお従前の例による。

8　既存対象のうち、新条例第三十一条の四第十号に定める基準に適合しないものの貯蔵及び取扱いに係る技術上の基準については、同号の規定にかかわらず、当該既存対象が当該既存対象に係る危険物の数量を当該危険物の指定数量でそれぞれ除した商の和が、施行日において現に貯蔵し、又は取り扱つている危険物の数量を当該危険物の指定数量でそれぞれ除した商の和を超えない場合に限り、平成五年十一月二十二日までの間は、なお従前の例による。

9　既存対象のうち、新条例第三十一条の三第一項第二号又は第二項第一号若しくは第三号（床は危険物が浸透しない構造とする部分に限る。）に定める基準に適合しないものの貯蔵及び取扱いに係る技術上の基準については、これらの規定にかかわらず、当該既存対象が当該既存対象に係る危険物の数量を当該危険物の指定数量でそれぞれ除した商の和が、施行日において現に貯蔵し、又は取り扱つている危険物の数量を当該危険物の指定数量でそれぞれ除した商の和を超えない場合に限り、平成四年五月二十二日までの間は、なお従前の例による。

10　既存対象のうち、新条例第三十一条の三第二項第四号、第三十一条の五第七号又は第三十一条の六第九号若しくは第十二号に定める基準に適合しないものの貯蔵及び取扱いに係る技術上の基準については、これらの規定にかかわらず、平成四年五月二十二日までの間は、なお従前の例による。

11　既存対象のうち、新条例第三十一条の二第三号、第七号若しくは第八号又は第三十一条の三第二項第五号に定める基準に適合しないものの貯蔵及び取扱いに係る技術上の基準については、これらの規定にかかわらず、平成三年五月二十二日までの間は、なお従前の例による。

12　既存対象のうち、新条例第三十一条の二第一号に定める基準に適合しないものの貯蔵及び取扱いに係る技術上の基準については、同号の規定にかかわらず、平成二年十一月二十二日までの間は、なお従前の例による。

13　新条例第三十一条の二第十九号ロの規定による表示は、平成三年五月二十二日までの間は、同号の規定によらないことができる。

（指定可燃物等の貯蔵及び取扱いの技術上の基準に関する経過措置）

第四条　この条例の施行の際、現に新条例別表第七に定める数量以上の可燃性固体類及び可燃性液体類を貯蔵し、又は取り扱つているもの並びに現に動植物油類を貯蔵し、又は取り扱つているもので新たに指定数量の五分の一以上指定数量未満の動植物油類を貯蔵し、又は取り扱うこととなるもののうち、新条例第三十三条第一項第一号又は第二号に定める基準に適合しないものの貯蔵及び取扱いに係る技術上の基準については、これらの規定は、可燃性固体類及び可燃性液体類にあつては可燃性固体類及び可燃性液体類の数量が、施行日において現に貯蔵し、又は取り扱つている可燃性固体類及び可燃性液体類の数量を超えず、動植物油類にあつては動植物油類の数量が、施行日において現に貯蔵し、又は取り扱つている動植物油類の数量を超えない場合に限り、適用しない。

2　新条例第三十三条第一項第三号ロの規定による表示は、平成三年五月二十二日までの間は、同号の規定によらないことができる。

3　この条例の施行の際、現に新条例別表第七に定める数量以上の綿花類等を貯蔵し、又は取り扱つているものについては、平成二年十一月二十二日までの間は、新条例第三十四条第五号の規定によることを要しない。

4　この条例の施行の際、現に新条例別表第七に定める数量以上の石炭・木炭類を貯蔵し、又は取り扱つているもののうち、新条例第三十四条第六号に定める基準に適合しないものの貯蔵及び取扱いに係る技術上の基準については、同号の規定は、平成三年五月二十二日までの間は、適用しない。

5　この条例の施行の際、現に新条例別表第七に定める数量以上の合成樹脂類を貯蔵し、又は取り扱つているもののうち、新条例第三十四条第七号ロ又はハに定める基準に適合しないものの貯蔵及び取扱いに係る技術上の基準については、これらの規定は、当該合成樹脂類の数量が施行日において現に貯蔵し、又は取り扱つている合成樹脂類の数量を超えない場合に限り、平成四年五月二十二日までの間は、適用しない。

（指定数量未満の危険物等の貯蔵及び取扱いの届出に関する経過措置）

第五条　この条例の施行の際、現に危険物又は危険物以外の物品を貯蔵し、又は取り扱つている者で、新たに指定数量の五分の一以上（個人の住居で貯蔵し、又は取り扱う場合にあつては、指定数量の二分の一以上）指定数量未満の危険物を貯蔵し、又は取り扱うこととなるものに対する新条例第四十六条第一項の規定の適用については、同項中「あらかじめ」とあるのは、「平成二年十一月二十二日（施行日の前日において消防法（昭和二十三年法律第百八十六号）第十一条第一項の規定により許可を受けていたものにあつては、平成二年八月二十二日）までに」とする。

2　施行日前に行つた改正前の○○市（町・村）火災予防条例（以下「旧条例」という。）第四十六条の規定による特殊可燃物を貯蔵し、又は取り扱う旨の届出は、新条例第四十六条第一項の規定による指定可燃物を貯蔵し、又は取り扱う旨の届出とみなす。

3　前項に定めるもののほか、この条例の施行の際、現に新条例別表第七に定める数量の五倍以上（可燃性固体類、可燃性液体類及び合成樹脂類にあつては、同表に定める数量以上）の指定可燃物を貯蔵し、又は取り扱つている者に対する新条例第四十六条第一項の規定の適用については、同項中「あらかじめ」とあるのは、「平成二年十一月二十二日（施行日の前日において消防法第十一条第一項の規定により許可を受けていたものにあつては、平成二年八月二十二日）までに」とする。

4　施行日前に旧条例第四十六条の規定による届出を行つていた者で、施行日以降新条例第四十六条第一項の規定による届出を要しないこととなるものについては、施行日から起算して三月以内にその旨を消防長（消防署長）に届け出なければならない。

（罰則に関する経過措置）

第六条　この条例の施行前にした行為に対する罰則の適用については、なお従前の例による。

附　則

（施行期日）

1　この条例は、平成　年　月　日から施行する。

（経過措置）

2　この条例の施行の際、現に設置されている炉、ふろがま、温風暖房機、厨房設備、ボイラー、ストーブ、壁付暖炉、乾燥設備、サウナ設備、簡易湯沸設備、給湯湯沸設備、ヒートポンプ冷暖房機、放電加工機、発電設備、蓄電池設備及び避雷設備（以下「炉等」という。）又は現に設置の工事中である炉等のうち、改正後の○○市（町・村）火災予防条例（以下「新条例」という。）第三条第一項第十七号（新条例第九条の二第二項及び第十二条第三項において準用する場合に限る。）、第十八号の二（新条例第三条の二第二項、第三条の三第二項、第三条の四第二項、第四条第二項、第五条第二項、第六条第二項、第七条第二項、第七条の二第二項、第八条第二項及び第八条の二第二項において準用する場合を含む。）、第十八号の三（新条例第三条の二第二項、第三条の三第二項、第三条の四第二項、第四条第二項、第五条第二項、第六条第二項、第七条第二項、第七条の二第二項、第八条第二項、第八条の二第二項、第九条の二第二項並びに第十二条第二項及び第三項において準用する場合を含む。）及び第十九号（新条例第三条の二第二項、第三条の三第二項、第三条の四第二項、第四条第二項、第五条第二項、第六条第二項、第七条第二項、第七条の二第二項、第八条第二項及び第八条の二第二項において準用する場合を含む。）並びに第三項（新条例第三条の二第二項、第三条の三第二項、第三条の四第二項、第四条第二項、第五条第二項、第六条第二項、第七条第二項、第七条の二第二項及び第八条の二第二項において準用する場合を含む。）、第三条の四第一項第二号ホ、第十条第一号（新条例第十条の二第三項において準用する場合に限る。）、第十条の二第一項、第十一条第二項（新条例第十二条第三項及び第十三条第四項において準用する場合に限る。）並びに第十六条第一項の規定に適合しないものに係る位置及び構造の基準については、これらの規定にかかわらず、なお従前の例による。

3　この条例の施行の際、現に設置されている厨房設備又は現に設置の工事中である厨房設備のうち、新条例第三条の四第一項第三号及び第四号の規定に適合しないものに係る構造の基準については、これらの規定にかかわらず、平成　年　月　日までの間、なお従前の例による。

4　この条例の施行の際、現に設置されている図記号による標識については、当分の間、新条例第二十三条第三項及び第四項後段の規定によらないことができる。

5　この条例の施行の際、現に消防法施行令（昭和三十六年政令第三十七号）別表第一に掲げる防火対象物に設けられている避難口のうち、新条例第四十条第四号（新条例第四十二条において準用する場合を含む。）に適合しないものに係る管理の基準については、同号の規定にかかわらず、平成　年　月　日までの間、なお従前の例による。

6　この条例の施行の際、現に新条例第四十四条第三号の二、第七号の二、第八号の二及び第十一号（屋外に設けるものに限る。）に掲げる設備を設置している者に対する同条の規定の適用については、同条中「設置しようとする者は、あらかじめ」とあるのは、「設置している者は、平成　年　月　日までに」とする。

附　則

1　この条例は、公布の日から施行する。

2　この条例の施行の際、現に存する劇場等又は現に新築、増築、改築、移転、修繕若しくは模様替えの工事中の劇場等のうち、改正後の○○市（町・村）火災予防条例第三十五条第二号及び第五号の規定に適合しないものに係る客席の基準については、これらの規定にかかわらず、なお従前の例によることができる。

附　則

1　この条例は、平成○年○月○日から施行する。

2　この条例の施行前にした行為に対する罰則の適用については、なお従前の例による。

附　則

この条例は、平成十年四月一日から施行する。

附　則

（施行期日）

1　この条例は、平成十一年十月一日から施行する。ただし、第三十一条の二第九号の改正規定は、公布の日から施行する。

（経過措置）

2　この条例の施行の際、現に存する指定数量の五分の一以上指定数量未満の危険物を貯蔵し、又は取り扱う地下タンクの構造のうち、改正後の○○市（町・村）火災予防条例（以下「新条例」という。）第三十一条の五第四号（新条例第三条第四項（新条例第三条の二第二項、第三条の三第二項、第三条の四第二項、第四条第二項、第五条第二項、第六条第二項、第七条第二項、第七条の二第二項、第八条第二項、第八条の二第二項及び第九条の二第二項において準用する場合を含む。）及び第三十三条第二項において準用する場合を含む。）に定める基準に適合しないものの構造に係る技術上の基準については、これらの規定にかかわらず、なお従前の例による。

3　この条例の施行の際、現に存する指定数量の五分の一以上指定数量未満の危険物を貯蔵し、又は取り扱う移動タンクの構造のうち、新条例第三十一条の六第二号（新条例第三十三条第二項において準用する場合を含む。）及び第三十一条の六第四号（新条例第三十三条第二項において準用する場合を含む。）に定める基準に適合しないものの構造に係る技術上の基準については、これらの規定にかかわらず、なお従前の例による。

4　この条例の施行の際、現に存する別表第三及び別表第四中の乾燥設備及び調理用器具（バーナーが露出している卓上型こんろ（一口）並びに別表第五及び別表第六中の移動式ストーブ（強制対流型で温風を前方向に吹き出すものは除く。）については、新条例別表第三から別表第六までの規定にかかわらず、なお従前の例による。

5　この条例の施行前にした行為に対する罰則の適用については、なお従前の例による。

附　則

この条例は、平成十一年四月一日から施行する。

附　則

この条例は、平成十二年四月一日から施行する。

附　則

この条例は、公布の日から施行する。

附　則

この条例は、平成十三年一月六日から施行する。

附　則

（施行期日）

第一条　この条例は、平成十四年六月一日から施行する。ただし、附則第二条及び第三条第一項の規定は、公布の日から施行し、平成十三年十二月一日から適用する。

（指定数量の五分の一以上指定数量未満の危険物の貯蔵及び取扱いの技術上の基準に関する経過措置）

第二条　消防法の一部を改正する法律（平成十三年法律第九十八号。以下「改正法」という。）による消防法（昭和二十三年法律第百八十六号）別表第五類の項の規定の改正により新たに指定数量の五分の一以上指定数量未満の危険物を貯蔵し、又は取り扱うこととなるもの（以下「新規対象」という。）のうち、○○市（町・村）火災予防条例（以下「火災予防条例」という。）第三十一条の二第九号に定める基準に適合しないものの貯蔵及び取扱いに係る技術上の基準については、同号の規定は、当該新規対象が次に掲げる基準のすべてに適合している場合に限り、適用しない。

一　当該新規対象の危険物を取り扱う配管は、その設置される条件及び使用される状況に照らして、十分な強度を有し、かつ、漏れない構造であること。

二　当該新規対象に係る危険物の数量を当該危険物の指定数量でそれぞれ除した商の和が、平成十三年十二月一日において現に貯蔵し、又は取り扱っている危険物の数量を当該危険物の指定数量でそれぞれ除した商の和を超えないこと。

2　新規対象のうち、火災予防条例第三十一条の四第一号又は第十二号に定める基準に適合しないものの貯蔵及び取扱いに係る技術上の基準については、これらの規定は、当該新規対象が、前項第二号に掲げる基準に適合するとともに、当該新規対象のタンクが、鋼板その他の金属板で造られ、かつ、漏れない構造である場合に限り、適用しない。

3　新規対象のうち、火災予防条例第三十一条の二第十九号ロに定める基準に適合しないものの貯蔵及び取扱いに係る技術上の基準については、同号の規定は、平成十四年十一月三十日までの間は、適用しない。

4　新規対象のうち、火災予防条例第三十一条の二第一号から第八号まで、第三十一条の三又は第三十一条の四（第一号、第十一号及び第十二号を除く。）に定める基準に適合しないものの貯蔵及び取扱いに係る技術上の基準については、これらの規定は、当該新規対象が第一項第二号に掲げる基準に適合している場合に限り、平成十四年五月三十一日までの間は、適用しない。

（指定数量未満の危険物等の貯蔵及び取扱いの届出に関する経過措置）

第三条　改正法による消防法別表第五類の項の規定の改正により新たに指定数量の五分の一以上（個人の住居で貯蔵し、又は取り扱う場合にあっては、指定数量の二分の一以上。以下この条において同じ。）指定数量未満の危険物を貯蔵し、又は取り扱うこととなる者は、平成十四年五月三十一日までにその旨を消防長（消防署長）に届け出なければならない。

2　指定数量の五分の一以上指定数量未満の危険物を貯蔵し、又は取り扱っていた者で、危険物の規制に関する政令の一部を改正する政令（平成十三年政令第三百号）による危険物の規制に関する政令（昭和三十四年政令第三百六号）別表第四備考第七号の規定の改正により新たに改正後の火災予防条例別表第八に定める数量以上の可燃性液体類を貯蔵し、又は取り扱うこととなる者は、平成十四年八月三十一日までにその旨を消防長（消防署長）に届け出なければならない。

3　指定数量の五分の一以上指定数量未満の危険物を貯蔵し、又は取り扱っていた者で、改正法による消防法別表備考第十六号及び第十七号の規定の改正により新たに火災予防条例第四十六条第一項の規定による届出をすることを要しないこととなる者は、平成十四年八月三十一日までにその旨を消防長（消防署長）に届け出なければならない。

附　則

（施行期日）

1　この条例は、平成十五年一月一日から施行する。

（経過措置）

2　この条例の施行の際、現に設置されている炉、ふろがま、温風暖房機、厨房設備、ボイラー、ストーブ（移動式のものを除く。）、乾燥設備、サウナ設備、簡易湯沸設備、給湯湯沸設備及びヒートポンプ冷暖房機（以下この項において「炉等」という。）又は現に設置の工事中である炉等のうち、改正後の○○市（町・村）火災予防条例第三条第一項第一号（改正後の○○市（町・村）火災予防条例第三条の二第二項、第三条の三第二項、第三条の四第二項、第四条第二項、第五条第二項、第七条第二項、第八条、第八条の二及び第九条の二第二項において準用する場合を含む。）又は第七条の二第一項第一号の規定に適合しないものに係る位置の基準については、これらの規定にかかわらず、なお従前の例による。

附　則

（施行期日）

この条例は、平成十四年十月二十五日から施行する。

附　則

（施行期日）

この条例は、平成十四年十月二十五日から施行する。

附　則

この条例は、平成十五年十二月十八日から施行する。

附　則

（施行期日）

第一条　この条例は、平成十七年十二月一日から施行する。

（経過措置）

第二条　この条例の施行の際、現に存する廃棄物固形化燃料等を貯蔵し、又は取り扱う施設については、当該施設が次の各号のすべてに適合する場合に限り、当分の間、改正後の○○市（町・村）火災予防条例（以下「新条例」という。）第三十四条第一項第五号ハの規定は、適用しない。

一　五メートル以下の適切な高さを超えることとなるのは、施設の保安確保のために必要な最少限度の回数に止めることとし、かつ、それぞれ連続するおおむね二箇月以内の期間であること。

二　前号の期間においては、適切な発熱・発火防止対策及び発火時の適切な拡大防止対策が講じられていること。

第三条　この条例の施行の際、現に新条例別表第八に定める数量以上の合成樹脂類を貯蔵し、又は取り扱つている屋外の場所のうち、新条例第三十四条第二項第三号ロに定める基準に適合しない場所の位置、構造及び設備に係る基準については、同号ロの規定は、平成十九年十一月三十日までの間は、これを適用しない。

2　この条例の施行の際、現に新条例別表第八に定める数量以上の合成樹脂類を貯蔵し、又は取り扱つている屋内の場所のうち、新条例第三十四条第二項第三号ハ（異なる取扱いを行う場合の取り扱う場所の相互の間を区画する部分に限る。）に定める基準に適合しない場所の位置、構造及び設備に係る基準については、同号ハの規定にかかわらず、なお従前の例による。

第四条　この条例の施行の際、現に新条例別表第八に定める数量以上の再生資源燃料（廃棄物固形化燃料等に限る。）を貯蔵し、又は取り扱つている場所のうち、新条例第三十四条第二項第四号に定める基準に適合しない場所の位置、構造及び設備に係る基準については、平成十九年十一月三十日までの間は、これを適用しない。

2　この条例の施行の際、現に新条例別表第八に定める数量以上の再生資源燃料を貯蔵し、又は取り扱うこととなる者に対する新条例第四十六条の規定の適用については、同条第一項中「あらかじめ」とあるのは、「平成十七年十二月三十一日まで」とする。

（検討）

第五条　新条例第三十四条第一項第五号ハに規定する集積高さについては、科学的知見に基づき検討が加えられ、その結果に基づき、その見直しについて検討を行うものとする。

附　則

（施行期日）

1　この条例は、平成十八年六月一日から施行する。

（経過措置）

2　この条例の施行の際、現に存する住宅（改正後の○○市（町・村）火災予防条例（以下この項において「新条例」という。）第二十九条の二に規定する住宅をいう。以下この項において同じ。）における同条各号に掲げる住宅用防災警報器若しくは住宅用防災報知設備（以下この項において「住宅用防災警報器等」という。）又は現に新築、増築、改築、移転、修繕若しくは模様替えの工事中の住宅に係る住宅用防災警報器等が新条例第二十九条の二から第二十九条の五までの規定による住宅用防災警報器等の設置及び維持に関する基準に適合しないときは、当該住宅用防災警報器等については、平成○年○月○日までの間、これらの規定は、適用しない。

附　則

（施行期日）

第一条　この条例は、平成十七年十月一日から施行する。ただし、次の各号に掲げる規定は、当該各号に掲げる日から施行する。

一　第三十一条の五、第四十九条及び別表第八備考第七号の改正規

定並びに附則第五条　公布の日
二　第一条、第三条第四項及び第二十七条の改正規定並びに附則第六条　平成十七年十二月一日
三　第二十九条の五に三号を加える改正規定　平成十九年四月一日

（経過措置）
第二条　この条例の施行の際現に設置され、又は設置の工事がされている燃料電池発電設備のうち、改正後の○○市（町・村）火災予防条例（以下「新条例」という。）第八条の三の規定に適合しないものについては、当該規定は、適用しない。

第三条　この条例の施行の際現に設置され、又は設置の工事がされている内燃機関を原動力とする発電設備のうち、新条例第十二条の規定に適合しないものについては、この規定にかかわらず、なお従前の例による。

第四条　この条例の施行の際現に設置され、又は設置の工事がされている火を使用する設備に付属する煙突のうち、新条例第十七条の二の規定に適合しないものについては、この規定にかかわらず、なお従前の例による。

第五条　この条例の公布の際現に存する指定数量の五分の一以上指定数量未満の危険物を貯蔵し、又は取り扱う地下タンクの構造のうち、新条例第三十一条の五第一号（新条例第三条第四項（新条例第三条の二第二項、第三条の三第二項、第三条の四第二項、第四条第二項、第五条第二項、第六条第二項、第七条第四項、第七条の二第二項、第八条、第八条の二及び第九条の二第二項において準用する場合を含む。）及び第三十三条第二項において準用する場合を含む。）に定める基準に適合しないものの構造に係る技術上の基準については、これらの規定にかかわらず、なお従前の例による。

（○○市（町・村）火災予防条例の一部を改正する条例（例）の一部改正）

第六条　○○市（町・村）火災予防条例の一部を改正する条例（例）（平成十六年十月二十九日消防危第百二十号）の一部を次のように改正する。

〔次のよう略〕

附　則

この条例は、公布の日から施行する。ただし、第四章の章名の改正規定は、平成十七年十二月一日から施行する。

附　則

（施行期日）
1　この条例は、平成二十二年十二月一日から施行する。ただし、第二十九条の五の改正規定は、公布の日から施行する。

（経過措置）
2　この条例の施行の際現に設置され、又は設置の工事がされている燃料電池発電設備（固体酸化物型燃料電池による発電設備に限る。）のうち、改正後の○○市（町・村）火災予防条例第八条の三の規定に適合しないものについては、当該規定は、適用しない。

附　則

この条例は、平成二十二年十二月一日から施行する。

附　則

この条例は、平成二十四年七月一日から施行する。

附　則

（施行期日）
1　この条例は、平成二十四年十二月一日から施行する。

（経過措置）
2　この条例の施行の際現に設置され、又は設置の工事がされている急速充電設備のうち、改正後の○○市（町・村）火災予防条例第十一条の二の規定に適合しないものについては、当該規定は、適用しない。

附　則

この条例は、平成二十六年四月一日から施行する。

附　則

この条例は、平成○年○月○日から施行する。ただし、この条例の施行の日から起算して十四日を経過する日までに終了する催しについては、この条例による改正後の○○市（町・村）火災予防条例第四十二条の二及び第四十二条の三の規定は適用しない。

附　則

この条例は、平成二十八年四月一日から施行する。

附　則

この条例は、公布の日から施行する。ただし、第十六条第一項の改正規定は、平成三十一年七月一日から施行する。

附　則

（施行期日）

1　この条例は、令和三年四月一日から施行する。

（経過措置）

2　この条例の施行の際現に設置され、又は設置の工事がされているこの条例による改正後の○○市（町・村）火災予防条例第十一条の二第一項に規定する急速充電設備に係る位置、構造及び管理に関する基準の適用については、なお従前の例による。

附　則

（施行期日）

1　この条例は、公布の日から施行する。ただし、第十一条の二第一項の改正規定及び次項の規定は、令和五年十月一日から施行する。

（経過措置）

2　第十一条の二第一項の改正規定の施行の際現に設置され、又は設置の工事がされているこの条例による改正後の○○市（町・村）火災予防条例（以下「新条例」という。）第十一条の二第一項に規定する急速充電設備に係る位置、構造及び管理に関する基準の適用については、なお従前の例による。

3　新条例第二十三条第三項第二号の規定の適用については、当分の間、同号中「喫煙専用室標識」とあるのは、「喫煙専用室標識又は健康増進法の一部を改正する法律（平成三十年法律第七十八号）附則第三条第一項の規定により読み替えて適用される健康増進法第三十三条第二項に規定する指定たばこ専用喫煙室標識」と読み替えるものとする。

4　この条例の施行の際現に設置され、又は設置の工事がされている新条例第二十三条第二項又は第三項第二号に規定する標識と併せて設ける図記号のうち、新条例第二十三条第四項の規定に適合しないものについては、当該規定にかかわらず、なお従前の例による。

附　則

（施行期日）

1　この条例は、令和六年一月一日から施行する。

（経過措置）

2　この条例の施行の際現に設置されている燃料電池発電設備、変電設備、内燃機関を原動力とする発電設備及びこの条例による改正後の○○市（町・村）火災予防条例（以下「新条例」という。）第十三条第一項に規定する蓄電池設備（附則第四項に掲げるものを除く。）（以下この項において「燃料電池発電設備等」という。）又は現に設置の工事中である燃料電池発電設備等のうち、新条例第十一条第一項第三号の二（新条例第八条の三第一項及び第三項、第十一条第三項、第十二条第二項及び第三項並びに第十三条第二項及び第四項において準用する場合を含む。）の規定に適合しないものについては、この規定にかかわらず、なお従前の例による。

3　この条例の施行の際現に設置され、又は設置の工事がされている新条例第十三条第一項に規定する蓄電池設備（次項に掲げるものを除く。）のうち、新条例第十三条第一項の規定に適合しないものについては、この規定にかかわらず、なお従前の例による。

4　新条例第十三条第一項に規定する蓄電池設備に新たに該当することとなるもののうち、この条例の施行の際現に設置されているもの及びこの条例の施行の日から起算して二年を経過する日までの間に設置されたもので、同条の規定に適合しないものについては、当該規定は、適用しない。

別表第１　削除

別表第２　削除

別表第３

種類						入力	離隔距離（cm）上方	側方	前方	後方	備考
炉	開放炉				使用温度が800℃以上のもの	—	250	200	300	200	
					使用温度が300℃以上800℃未満のもの	—	150	150	200	150	
					使用温度が300℃未満のもの	—	100	100	100	100	
	開放炉以外				使用温度が800℃以上のもの	—	250	200	300	200	
					使用温度が300℃以上800℃未満のもの	—	150	100	200	100	
					使用温度が300℃未満のもの	—	100	50	100	50	
		不燃以外	半密閉式	浴室内設置	外がまでバーナー取り出し口のないもの	21kW以下（ふろ用以外のバーナーをもつものにあっては42kW以下）	—	15 注	15	15	注：浴槽との離隔距離は０cmとするが、合成樹脂浴槽（ポリプロピレン浴槽等）の場合は２cmとする。
					内がま	21kW以下（ふろ用以外のバーナーをもつものにあっては42kW以下）	—	—	60	—	
				浴室外設置	外がまでバーナー取り出し口のないもの	21kW以下（ふろ用以外のバーナーをもつものにあっては当該バーナーが70kW以下であって、かつ、ふろ用バーナーが21kW以下）	—	15	15	15	
					外がまでバーナー取り出し口のあるもの	21kW以下（ふろ用以外のバーナーをもつものにあっては当該バーナーが70kW以下であって、かつ、ふろ用バーナーが21kW以下）	—	15	60	15	
					内がま	21kW以下（ふろ用以外のバーナーをもつものにあっては当該バーナーが70kW以下であって、かつ、ふろ用バーナーが21kW以下）	—	15	60	—	

種類						入力					
ふろがま	気体燃料		密閉式			21kW以下	（ふろ用以外のバーナーをもつものにあっては当該バーナーが70kW以下であって、かつ、ふろ用バーナーが21kW以下）	—	2 注	2	2
			屋外用			21kW以下	（ふろ用以外のバーナーをもつものにあっては当該バーナーが70kW以下であって、かつ、ふろ用バーナーが21kW以下）	60	15	15	15
		不燃	半密閉式	浴室内設置	外がまでバーナー取り出し口のないもの	21kW以下	（ふろ用以外のバーナーをもつものにあっては42kW以下）	—	4.5 注	—	4.5
					内がま	21kW以下	（ふろ用以外のバーナーをもつものにあっては42kW以下）	—	—	—	—
				浴室外設置	外がまでバーナー取り出し口のないもの	21kW以下	（ふろ用以外のバーナーをもつものにあっては当該バーナーが70kW以下であって、かつ、ふろ用バーナーが21kW以下）	—	4.5	—	4.5
					外がまでバーナー取り出し口のあるもの	21kW以下	（ふろ用以外のバーナーをもつものにあっては当該バーナーが70kW以下であって、かつ、ふろ用バーナーが21kW以下）	—	4.5	—	4.5
					内がま	21kW以下	（ふろ用以外のバーナーをもつものにあっては当該バーナーが70kW以下であって、かつ、ふろ用バーナーが21kW以下）	—	—	—	—
			密閉式			21kW以下	（ふろ用以外のバーナーをもつものにあっては当該バーナーが70kW以下であって、かつ、ふろ用バーナーが21kW以下）	—	2 注	—	2
			屋外用			21kW以下	（ふろ用以外のバーナーをもつものにあっては当該バーナーが70kW以下であって、かつ、ふろ用バーナーが21kW以下）	30	4.5	—	4.5
	液体燃料	不燃以外				39kW以下		60	15	15	15
		不燃				39kW以下		50	5	—	5

	上記に分類されないもの					—	60	15	60	15	
温風暖房機	気体燃料	不燃以外・不燃	半密閉式・密閉式	バーナーが隠ぺい	強制対流型	19kW以下	4.5	4.5	60	4.5	注1：風道を使用するものにあっては15cmとする。 注2：ダクト接続型以外の場合にあっては100cmとする。
	液体燃料	不燃以外	半密閉式	強制対流型	温風を前方向に吹き出すもの	26kW以下	100	15	150	15	
						26kWを超え70kW以下	100	15	100 注1	15	
					温風を全周方向に吹き出すもの	26kW以下	100	150	150	150	
					強制排気型	26kW以下	60	10	100	10	
			密閉式		強制給排気型	26kW以下	60	10	100	10	
		不燃	半密閉式	強制対流型	温風を前方向に吹き出すもの	70kW以下	80	5	—	5	
					温風を全周方向に吹き出すもの	26kW以下	80	150	—	150	
					強制排気型	26kW以下	50	5	—	5	
			密閉式		強制給排気型	26kW以下	50	5	—	5	
	上記に分類されないもの					—	100	60	60 注2	60	
厨	気体	不燃以外	開放式		組込型こんろ・グリル付こんろ・グリドル付こんろ、キャビネット型こんろ・グリル付こんろ・グリドル付こんろ	14kW以下	100	15 注	15	15 注	注：機器本体上方の側方又は後方の離隔距離を示す。
					据置型レンジ	21kW以下	100	15 注	15	15 注	

房設備	燃料	不燃	開放式	組込型こんろ・グリル付こんろ・グリドル付こんろ、キャビネット型こんろ・グリル付こんろ・グリドル付こんろ	14kW以下	80	0	—	0
				据置型レンジ	21kW以下	80	0	—	0
	固体燃料	不燃以外	木炭を燃料とするもの	炭火焼き器	—	100	50	50	50
		不燃	木炭を燃料とするもの	炭火焼き器	—	80	30	—	30
	上記に分類されないもの			使用温度が800℃以上のもの	—	250	200	300	200
				使用温度が300℃以上800℃未満のもの	—	150	100	200	100
				使用温度が300℃未満のもの	—	100	50	100	50
ボイ	気体燃料	不燃以外	開放式	フードを付けない場合	7kW以下	40	4.5	4.5	4.5
				フードを付ける場合	7kW以下	15	4.5	4.5	4.5
			半密閉式		12kWを超え42kW以下	—	15	15	15
					12kW以下	—	4.5	4.5	4.5
			密閉式		42kW以下	4.5	4.5	4.5	4.5
			屋外用	フードを付けない場合	42kW以下	60	15	15	15
				フードを付ける場合	42kW以下	15	15	15	15
			開放式	フードを付けない場合	7kW以下	30	4.5	—	4.5
				フードを付ける場合	7kW以下	10	4.5	—	4.5

ラー	不燃	半密閉式				42kW以下	—	4.5	—	4.5
		密閉式				42kW以下	4.5	4.5	—	4.5
		屋外用			フードを付けない場合	42kW以下	30	4.5	—	4.5
					フードを付ける場合	42kW以下	10	4.5	—	4.5
	液体燃料	不燃以外				12kWを超え70kW以下	60	15	15	15
						12kW以下	40	4.5	15	4.5
		不燃				12kWを超え70kW以下	50	5	—	5
						12kW以下	20	1.5	—	1.5
	上記に分類されないもの					23kWを超える	120	45	150	45
						23kW以下	120	30	100	30
ストーブ	気体燃料	不燃以外	開放式	バーナーが露出	壁掛け型、つり下げ型	7kW以下	30	60	100	4.5
			半密閉式・密閉式	バーナーが隠ぺい	自然対流型	19kW以下	60	4.5	4.5 注	4.5
		不燃	開放式	バーナーが露出	壁掛け型、つり下げ型	7kW以下	15	15	80	4.5
			半密閉式・密閉式	バーナーが隠ぺい	自然対流型	19kW以下	60	4.5	4.5 注	4.5
	液体燃料	不燃以外	半密閉式	自然対流型	機器の全周から熱を放散するもの	39kW以下	150	100	100	100
					機器の上方又は前方に熱を放散するもの	39kW以下	150	15	100	15
		不燃	半密閉式	自然対流型	機器の全周から熱を放散するもの	39kW以下	120	100	—	100
					機器の上方又は前方に熱を放散するもの	39kW以下	120	5	—	5
	上記に分類されないもの					—	150	100	150	100

注：熱対流方向が一方向に集中する場合にあっては60cmとする。

乾燥設備	気体燃料	不燃以外	開放式	衣類乾燥機	5.8kW以下	15	4.5	4.5	4.5	
		不燃	開放式	衣類乾燥機	5.8kW以下	15	4.5	—	4.5	
	上記に分類されないもの			内部容積が１立方メートル以上のもの	—	100	50	100	50	
				内部容積が１立方メートル未満のもの	—	50	30	50	30	
簡易湯沸	気体燃料	不燃以外	開放式 常圧貯蔵型	フードを付けない場合	7 kW以下	40	4.5	4.5	4.5	
				フードを付ける場合	7 kW以下	15	4.5	4.5	4.5	
			開放式 瞬間型	フードを付けない場合	12kW以下	40	4.5	4.5	4.5	
				フードを付ける場合	12kW以下	15	4.5	4.5	4.5	
			半密閉式		12kW以下	—	4.5	4.5	4.5	
			密閉式 常圧貯蔵型		12kW以下	4.5	4.5	4.5	4.5	
			密閉式 瞬間型	調理台型	12kW以下	—	0	—	0	
				壁掛け型、据置型	12kW以下	4.5	4.5	4.5	4.5	
			屋外用	フードを付けない場合	12kW以下	60	15	15	15	
				フードを付ける場合	12kW以下	15	15	15	15	
		不	開放式 常圧貯蔵型	フードを付けない場合	7 kW以下	30	4.5	—	4.5	
				フードを付ける場合	7 kW以下	10	4.5	—	4.5	
			開放式 瞬間型	フードを付けない場合	12kW以下	30	4.5	—	4.5	
				フードを付ける場合	12kW以下	10	4.5	—	4.5	

設備		燃	半密閉式			12kW以下	—	4.5	—	4.5
			密閉式	常圧貯蔵型		12kW以下	4.5	4.5	—	4.5
				瞬間型	調理台型	12kW以下	—	0	—	0
					壁掛け型、据置型	12kW以下	4.5	4.5	—	4.5
			屋外用		フードを付けない場合	12kW以下	30	4.5	—	4.5
					フードを付ける場合	12kW以下	10	4.5	—	4.5
	液体燃料	不燃以外				12kW以下	40	4.5	15	4.5
		不燃				12kW以下	20	1.5	—	1.5
給湯湯沸設備	気体燃料	不燃以外	半密閉式	常圧貯蔵型		12kWを超え42kW以下	—	15	15	15
				瞬間型		12kWを超え70kW以下	—	15	15	15
			密閉式	常圧貯蔵型		12kWを超え42kW以下	4.5	4.5	4.5	4.5
				瞬間型	調理台型	12kWを超え70kW以下	—	0	—	0
					壁掛け型、据置型	12kWを超え70kW以下	4.5	4.5	4.5	4.5
			屋外用	常圧貯蔵型	フードを付けない場合	12kWを超え42kW以下	60	15	15	15
					フードを付ける場合	12kWを超え42kW以下	15	15	15	15
				瞬間型	フードを付けない場合	12kWを超え70kW以下	60	15	15	15
					フードを付ける場合	12kWを超え70kW以下	15	15	15	15
		不	半密閉式	常圧貯蔵型		12kWを超え42kW以下	—	4.5	—	4.5
				瞬間型		12kWを超え70kW以下	—	4.5	—	4.5
			密閉式	常圧貯蔵型		12kWを超え42kW以下	4.5	4.5	—	4.5
				瞬間型	調理台型	12kWを超え70kW以下	—	0	—	0
					壁掛け型、据置型	12kWを超え70kW以下	4.5	4.5	—	4.5

設備	燃		屋外用	常圧貯蔵型	フードを付けない場合		12kWを超え42kW以下	30	4.5	—	4.5	
					フードを付ける場合		12kWを超え42kW以下	10	4.5	—	4.5	
				瞬間型	フードを付けない場合		12kWを超え70kW以下	30	4.5	—	4.5	
					フードを付ける場合		12kWを超え70kW以下	10	4.5	—	4.5	
	液体燃料	不燃以外					12kWを超え70kW以下	60	15	15	15	
		不燃					12kWを超え70kW以下	50	5	—	5	
	上記に分類されないもの						—	60	15	60	15	
移動式ストーブ	気体燃料	不燃以外	開放式	バーナーが露出	前方放射型		7kW以下	100	30	100	4.5	注1：熱対流方向が一方向に集中する場合にあっては60cmとする。 注2：方向性を有するものにあっては100cmとする。
					全周放射型		7kW以下	100	100	100	100	
				バーナーが隠ぺい	自然対流型		7kW以下	100	4.5	4.5 注1	4.5	
					強制対流型		7kW以下	4.5	4.5	60	4.5	
		不燃	開放式	バーナーが露出	前方放射型		7kW以下	80	15	80	4.5	
					全周放射型		7kW以下	80	80	80	80	
				バーナーが隠ぺい	自然対流型		7kW以下	80	4.5	4.5 注1	4.5	
					強制対流型		7kW以下	4.5	4.5	60	4.5	
	液体燃	不燃以外	開放式		放射型		7kW以下	100	50	100	20	
					自然対流型		7kWを超え12kW以下	150	100	100	100	
							7kW以下	100	50	50	50	
					強制対流型	温風を前方向に吹き出すもの	12kW以下	100	15	100	15	
						温風を全周方向に吹き出すもの	7kWを超え12kW以下	100	150	150	150	
							7kW以下	100	100	100	100	
					放射型		7kW以下	80	30	—	5	

ブ	料	不燃	開放式	自然対流型		7kWを超え12kW以下	120	100	—	100	
						7kW以下	80	30	—	30	
				強制対流型	温風を前方向に吹き出すもの	12kW以下	80	5	—	5	
					温風を全周方向に吹き出すもの	7kWを超え12kW以下	80	150	—	150	
						7kW以下	80	100	—	100	
	固体燃料					—	100	50 注2	50 注2	50 注2	
調理用	気体燃料	不燃以外	開放式	バーナーが露出		卓上型こんろ（1口） 5.8kW以下	100	15	15	15	注：機器本体上方の側方又は後方の離隔距離を示す。
						卓上型こんろ（2口以上）・グリル付こんろ・グリドル付こんろ 14kW以下	100	15 注	15	15 注	
				バーナーが隠ぺい	加熱部が開放	卓上型グリル 7kW以下	100	15	15	15	
					加熱部が隠ぺい	卓上型オーブン・グリル（フードを付けない場合） 7kW以下	50	4.5	4.5	4.5	
						卓上型オーブン・グリル（フードを付ける場合） 7kW以下	15	4.5	4.5	4.5	
						炊飯器（炊飯容量4リットル以下） 4.7kW以下	30	10	10	10	
						圧力調理器（内容積10リットル以下） —	30	10	10	10	
						卓上型こんろ（1口） 5.8kW以下	80	0	—	0	

器具	料	不燃	開放式	バーナーが露出		卓上型こんろ（2口以上）・グリル付こんろ・グリドル付こんろ	14kW以下	80	0	—	0	
				バーナーが隠ぺい	加熱部が開放	卓上型グリル	7kW以下	80	0	—	0	
					加熱部が隠ぺい	卓上型オーブン・グリル（フードを付けない場合）	7kW以下	30	4.5	—	4.5	
						卓上型オーブン・グリル（フードを付ける場合）	7kW以下	10	4.5	—	4.5	
						炊飯器（炊飯容量4リットル以下）	4.7kW以下	15	4.5	—	4.5	
						圧力調理器（内容積10リットル以下）	—	15	4.5	—	4.5	
移動式こんろ	液体燃料	不燃以外					6kW以下	100	15	15	15	
		不燃					6kW以下	80	0	—	0	
	固体燃料						—	100	30	30	30	
電気温風機	電気	不燃以外					2kW以下	4.5 注	4.5 注	4.5 注	4.5 注	注：温風の吹き出し方向にあっては60cmとする。
		不燃					2kW以下	0 注	0 注	— 注	0 注	
							4.8kW以下（1口当たり2kWを超え3kW以下）	100	2	2	2	注1：機器本体上方の側方又は後方の離隔距離（こんろ部分が電磁誘導加熱式調理器でない場合
								—	20 注1	—	20 注1	
								—	10 注2	—	10 注2	

電気調理用機器	電気	不燃以外	電気こんろ、電気レンジ、電磁誘導加熱式調理器（こんろ形態のものに限る。）	こんろ部分の全部又は一部が電磁誘導加熱式調理器でないもの	4.8kW以下（1口当たり1kWを超え2kW以下）	100	2	2	2	における発熱体の外周からの距離）を示す。 注2：機器本体上方の側方又は後方の離隔距離（こんろ部分が電磁誘導加熱式調理器の場合における発熱体の外周からの距離）を示す。
						—	15 注1	—	15 注1	
						—	10 注2	—	10 注2	
					4.8kW以下（1口当たり1kW以下）	100	2	2	2	
						—	10 注1 注2	—	10 注1 注2	
				こんろ部分の全部が電磁誘導加熱式調理器のもの	5.8kW以下（1口当たり3.3kW以下）	100	2	2	2	
						—	10 注2	—	10 注2	
		不燃	電気こんろ、電気レンジ、電磁誘導加熱式調理器（こんろ形態のものに限る。）	こんろ部分の全部又は一部が電磁誘導加熱式調理器でないもの	4.8kW以下（1口当たり3kW以下）	80	0	—	0	
						—	0 注1 注2	—	0 注1 注2	
				こんろ部分の全部が電磁誘導加熱式調理器のもの	5.8kW以下（1口当たり3.3kW以下）	80	0	—	0	
						—	0 注2	—	0 注2	
電気天火	電気	不燃以外			2kW以下	10	4.5 注	4.5 注	4.5 注	注：排気口面にあっては10cmとする。
		不燃			2kW以下	10	4.5 注	—	4.5 注	
電子レンジ	電気	不燃以外	電熱装置を有するもの		2kW以下	10	4.5 注	4.5 注	4.5 注	注：排気口面にあっては10cmとする。
		不燃	電熱装置を有するもの		2kW以下	10	4.5 注	—	4.5 注	
電		不燃以外	前方放射型（壁取付式及び天井取付式のものを除く。）		2kW以下	100	30	100	4.5	
			全周放射型（壁取付式及び天井取付式のものを除く。）		2kW以下	100	100	100	100	

気ストーブ	電気		自然対流型（壁取付式及び天井取付式のものを除く。）	2 kW以下	100	4.5	4.5	4.5	
		不燃	前方放射型（壁取付式及び天井取付式のものを除く。）	2 kW以下	80	15	—	4.5	
			全周放射型（壁取付式及び天井取付式のものを除く。）	2 kW以下	80	80	—	80	
			自然対流型（壁取付式及び天井取付式のものを除く。）	2 kW以下	80	0	—	0	
電気乾燥器	電気	不燃以外	食器乾燥器	1 kW以下	4.5	4.5	4.5	4.5	
		不燃	食器乾燥器	1 kW以下	0	0	—	0	
電気乾燥機	電気	不燃以外	衣類乾燥機、食器乾燥機、食器洗い乾燥機	3 kW以下	4.5	4.5	4.5	4.5	注1：前面に排気口を有する機器にあっては0 cmとする。 注2：排気口面にあっては4.5cmとする。
		不燃	衣類乾燥機、食器乾燥機、食器洗い乾燥機	3 kW以下	4.5 注1	0 注2	— 注2	0 注2	
電気温水器	電気	不燃以外	温度過昇防止装置を有するもの	10kW以下	4.5	0	0	0	
		不燃	温度過昇防止装置を有するもの	10kW以下	0	0	—	0	

備考1　「気体燃料」、「液体燃料」、「固体燃料」及び「電気」は、それぞれ、気体燃料を使用するもの、液体燃料を使用するもの、固体燃料を使用するもの及び電気を熱源とするものをいう。

2　「不燃以外」欄は、対象火気設備等又は対象火気器具等から不燃材料以外の材料による仕上げ若しくはこれに類似する仕上げをした建築物等の部分又は可燃性の物品までの距離をいう。

3　「不燃」欄は、対象火気設備等又は対象火気器具等から不燃材料で有効に仕上げをした建築物等の部分又は防熱板までの距離をいう。

別表第４　削除
別表第５　削除
別表第６　削除
別表第７　削除

別表第八（第三十三条、第三十四条、第三十四条の二、第四十六条関係）

品名		数量
綿花類		キログラム 二〇〇
木毛及びかんなくず		四〇〇
ぼろ及び紙くず		一、〇〇〇
糸類		一、〇〇〇
わら類		一、〇〇〇
再生資源燃料		一、〇〇〇
可燃性固体類		三、〇〇〇
石炭・木炭類		一〇、〇〇〇
可燃性液体類		立方メートル 二
木材加工品及び木くず		一〇
合成樹脂類	発泡させたもの	二〇
	その他のもの	キログラム 三、〇〇〇

備考

一　綿花類とは、不燃性又は難燃性でない綿状又はトップ状の繊維及び麻糸原料をいう。

二　ぼろ及び紙くずは、不燃性又は難燃性でないもの（動植物油がしみ込んでいる布又は紙及びこれらの製品を含む。）をいう。

三　糸類とは、不燃性又は難燃性でない糸（糸くずを含む。）及び繭をいう。

四　わら類とは、乾燥わら、乾燥藺（い）及びこれらの製品並びに干し草をいう。
五　再生資源燃料とは、資源の有効な利用の促進に関する法律（平成三年法律第四十八号）第二条第四項に規定する再生資源を原材料とする燃料をいう。
六　可燃性固体類とは、固体で、次のイ、ハ又はニのいずれかに該当するもの（一気圧において、温度二〇度を超え四〇度以下の間において液状となるもので、次のロ、ハ又はニのいずれかに該当するものを含む。）をいう。
イ　引火点が四〇度以上一〇〇度未満のもの
ロ　引火点が七〇度以上一〇〇度未満のもの
ハ　引火点が一〇〇度以上二〇〇度未満で、かつ、燃焼熱量が三十四キロジュール毎グラム以上であるもの
ニ　引火点が二〇〇度以上で、かつ、燃焼熱量が三十四キロジュール毎グラム以上であるもので、融点が一〇〇度未満のもの
七　石炭・木炭類には、コークス、粉状の石炭が水に懸濁しているもの、豆炭、練炭、石油コークス、活性炭及びこれらに類するものを含む。
八　可燃性液体類とは、法別表第一備考第十四号の総務省令で定める物品で液体であるもの、同表備考第十五号及び第十六号の総務省令で定める物品で一気圧において温度二〇度で液状であるもの、同表備考第十七号の総務省令で定めるところにより貯蔵保管されている動植物油で一気圧において温度二〇度で液状であるもの並びに引火性液体の性状を有する物品（一気圧において、温度二〇度で液状であるものに限る。）で一気圧において引火点が二五〇度以上のものをいう。
九　合成樹脂類とは、不燃性又は難燃性でない固体の合成樹脂製品、合成樹脂半製品、原料合成樹脂及び合成樹脂くず（不燃性又は難燃性でないゴム製品、ゴム半製品、原料ゴム及びゴムくずを含む。）をいい、合成樹脂の繊維、布、紙及び糸並びにこれらのぼろ及びくずを除く。

○民法〔抄〕

（明治二十九年四月二十七日法律第八十九号）

〔最終改正〕令和　五年　六月一四日　法律第　五三号

第三編　債権

第一章　総則

（債務不履行による損害賠償）

第四一五条　債務者がその債務の本旨に従った履行をしないとき又は債務の履行が不能であるときは、債権者は、これによって生じた損害の賠償を請求することができる。ただし、その債務の不履行が契約その他の債務の発生原因及び取引上の社会通念に照らして債務者の責めに帰することができない事由によるものであるときは、この限りでない。

2　前項の規定により損害賠償の請求をすることができる場合において、債権者は、次に掲げるときは、債務の履行に代わる損害賠償の請求をすることができる。

一　債務の履行が不能であるとき。

二　債務者がその債務の履行を拒絶する意思を明確に表示したとき。

三　債務が契約によって生じたものである場合において、その契約が解除され、又は債務の不履行による契約の解除権が発生したとき。

第五章　不法行為

（不法行為による損害賠償）

第七〇九条　故意又は過失によって他人の権利又は法律上保護される利益を侵害した者は、これによって生じた損害を賠償する責任を負う。

（使用者等の責任）

第七一五条　ある事業のために他人を使用する者は、被用者がその事業の執行について第三者に加えた損害を賠償する責任を負う。ただし、使用者が被用者の選任及びその事業の監督について相当の注意をしたとき、又は相当の注意をしても損害が生ずべきであったときは、この限りでない。

2　使用者に代わって事業を監督する者も、前項の責任を負う。

3　前二項の規定は、使用者又は監督者から被用者に対する求償権の行使を妨げない。

（土地の工作物等の占有者及び所有者の責任）

第七一七条　土地の工作物の設置又は保存に瑕疵があることによって他人に損害を生じたときは、その工作物の占有者は、被害者に対してその損害を賠償する責任を負う。ただし、占有者が損害の発生を防止するのに必要な注意をしたときは、所有者がその損害を賠償しなければならない。

2　前項の規定は、竹木の栽植又は支持に瑕疵がある場合について準用する。

3　前二項の場合において、損害の原因について他にその責任を負う者があるときは、占有者又は所有者は、その者に対して求償権を行使することができる。

○失火ノ責任ニ関スル法律

（明治三十二年三月八日法律第四十号）

民法第七百九条ノ規定ハ失火ノ場合ニハ之ヲ適用セス但シ失火者ニ重大ナル過失アリタルトキハ此ノ限ニ在ラス

○保険法〔抄〕

（平成二十年六月六日法律第五十六号）

〔最終改正〕平成二九年　六月　二日　法律第　四五号

第二章　損害保険

第三節　保険給付

（火災保険契約による損害てん補の特則）

第一六条　火災を保険事故とする損害保険契約の保険者は、保険事故が発生していないときであっても、消火、避難その他の消防の活動のために必要な処置によって保険の目的物に生じた損害をてん補しなければならない。

（保険者の免責）

第一七条　保険者は、保険契約者又は被保険者の故意又は重大な過失によって生じた損害をてん補する責任を負わない。戦争その他の変乱によって生じた損害についても、同様とする。

2　責任保険契約（損害保険契約のうち、被保険者が損害賠償の責任を負うことによって生ずることのある損害をてん補するものをいう。以下同じ。）に関する前項の規定の適用については、同項中「故意又は重大な過失」とあるのは、「故意」とする。

○刑法〔抄〕

（明治四十年四月二十四日法律第四十五号）

〔最終改正〕令和　五年　六月二三日　法律第　六六号

注　令和四年六月一七日法律第六七号による罰則の改正は、令和七年六月一日から施行のため、末尾に（参考）として改正文を掲載いたしました。

第二編　罪

第九章　放火及び失火の罪

（現住建造物等放火）

第一〇八条　放火して、現に人が住居に使用し又は現に人がいる建造物、汽車、電車、艦船又は鉱坑を焼損した者は、死刑又は無期若しくは五年以上の懲役に処する。

（非現住建造物等放火）

第一〇九条　放火して、現に人が住居に使用せず、かつ、現に人がいない建造物、艦船又は鉱坑を焼損した者は、二年以上の有期懲役に処する。

2　前項の物が自己の所有に係るときは、六月以上七年以下の懲役に処する。ただし、公共の危険を生じなかつたときは、罰しない。

（建造物等以外放火）

第一一〇条　放火して、前二条に規定する物以外の物を焼損し、よって公共の危険を生じさせた者は、一年以上十年以下の懲役に処する。

2　前項の物が自己の所有に係るときは、一年以下の懲役又は十万円以下の罰金に処する。

（延焼）

第一一一条　第百九条第二項又は前条第二項の罪を犯し、よって第百八条又は第百九条第一項に規定する物に延焼させたときは、三月以上十年以下の懲役に処する。

2　前条第二項の罪を犯し、よって同条第一項に規定する物に延焼させたときは、三年以下の懲役に処する。

（未遂罪）

第一一二条　第百八条及び第百九条第一項の罪の未遂は、罰する。

（予備）

第一一三条　第百八条又は第百九条第一項の罪を犯す目的で、その予備をした者は、二年以下の懲役に処する。ただし、情状により、その刑を免除することができる。

（消火妨害）

第一一四条　火災の際に、消火用の物を隠匿し、若しくは損壊し、又はその他の方法により、消火を妨害をした者は、一年以上十年以下の懲役に処する。

（差押え等に係る自己の物に関する特例）

第一一五条　第百九条第一項及び第百十条第一項に規定する物が自己の所有に係るものであっても、差押えを受け、物権を負担し、賃貸し、配偶者居住権が設定され、又は保険に付したものである場合において、これを焼損したときは、他人の物を焼損した者の例による。

（失火）

第一一六条　失火により、第百八条に規定する物又は他人の所有に係る第百九条に規定する物を焼損した者は、五十万円以下の罰金に処する。

2　失火により、第百九条に規定する物であって自己の所有に係るもの又は第百十条に規定する物を焼損し、よって公共の危険を生じさせた者も、前項と同様とする。

（激発物破裂）

第一一七条　火薬、ボイラーその他の激発すべき物を破裂させて、第百八条に規定する物又は他人の所有に係る第百九条に規定する物を損壊した者は、放火の例による。第百九条に規定する物であって自己の所有に係るもの又は第百十条に規定する物を損壊し、よって公共の危険を生じさせた者も、同様とする。

2　前項の行為が過失によるときは、失火の例による。

（業務上失火等）

第一一七条の二　第百十六条又は前条第一項の行為が業務上必要な注意を怠ったことによるとき、又は重大な過失によるときは、三年以下の禁錮又は百五十万円以下の罰金に処する。

（ガス漏出等及び同致死傷）

第一一八条　ガス、電気又は蒸気を漏出させ、流出させ、又は遮断し、よって人の生命、身体又は財産に危険を生じさせた者は、三年以下の懲役又は十万円以下の罰金に処する。

2　ガス、電気又は蒸気を漏出させ、流出させ、又は遮断し、よって人を死傷させた者は、傷害の罪と比較して、重い刑により処断する。

（参考）

○刑法等の一部を改正する法律〔抄〕

（令和四年六月十七日法律第六十七号）

〔刑法の一部改正〕

第二条　刑法の一部を次のように改正する。

第百八条中「懲役」を「拘禁刑」に改める。

第百九条第一項中「有期懲役」を「有期拘禁刑」に改め、同条第二項中「懲役」を「拘禁刑」に改める。

第百十条、第百十一条、第百十三条及び第百十四条中「懲役」を「拘禁刑」に改める。

第百十七条の二中「禁錮」を「拘禁刑」に改める。

第百十八条第一項中「懲役」を「拘禁刑」に改める。

附　則

（施行期日）

1　この法律は、公布の日から起算して三年を超えない範囲内において政令で定める日から施行する。〔以下略〕

〔令和五年一一月一〇日政令三一八号により、令和七・六・一から施行〕

○消防施設強化促進法

（昭和二十八年七月二十七日法律第八十七号）

〔改正経過〕
昭和三五年　六月三〇日　法律第一一三号
昭和四九年　五月二六日　法律第　四六号
昭和五〇年一二月一七日　法律第　八四号
昭和五四年一二月一八日　法律第　六二号
昭和五九年　四月　六日　法律第　一二号
平成　元年　三月三一日　法律第　　九号
平成　六年　三月三一日　法律第　一七号
平成一一年　三月三一日　法律第　二二号
平成一一年一二月二二日　法律第一六〇号
平成一四年　二月　八日　法律第　　一号

消防施設強化促進法をここに公布する。

消防施設強化促進法

（目的）

第一条　この法律は、市町村の消防の用に供する施設の強化を促進し、もつて社会公共の福祉を増進することに寄与することを目的とする。

（国の補助）

第二条　国は、消防の用に供する施設（以下「消防施設」という。）を購入し、又は設置しようとする市町村に対し、その費用の一部を補助することができる。

（補助の対象）

第三条　この法律の規定により国が補助を行うことができる消防施設は、消防の用に供する機械器具及び設備で政令で定めるものとする。

（基準額及び補助率）

第四条　前条の規定により国が行う補助は、予算の範囲内で、基準額の三分の一以内とする。

２　前項の基準額は、消防施設の種類及び規格ごとに、総務大臣が定める。

（補助の申請）

第五条　市町村長は、当該市町村が購入し、又は設置しようとする消防施設に要する費用について国の補助を受けようとする場合においては、総務省令で定めるところにより、当該市町村を包括する都道府県の知事を経由して、総務大臣に補助金の交付申請書を提出しなければならない。この場合において、当該都道府県知事は、必要な意見を附することができる。

（補助金の交付の取消、停止等）

第六条　総務大臣は、市町村に対して補助金を交付する場合において、左の各号の一に該当する事由があるときは、当該市町村に対して、補助金の全部若しくは一部の交付を取り消し、その交付を停止し、又は交付した補助金の全部若しくは一部の返還を命ずることができる。

一　正当な理由がなくて、消防施設の購入又は設置の全部又は一部を行わないこととなつたとき。

二　補助金を補助の目的以外に使用したとき。

２　前項の規定により総務大臣が補助金の交付の取消若しくは停止又は交付した補助金の返還を命じようとする場合においては、あらかじめ、当該市町村長に対し、釈明のため意見を述べ、及び当該市町村のため有利な証拠を提出する機会を与えなければならない。

（監督）

第七条　総務大臣は、補助金の交付の目的を最もよく達成するため、必要があると認めるときは、その目的を達成するのに必要な限度において、補助金の交付を受ける市町村の長に対して、報告書の提出を命じ、又は部下の職員をして当該補助に係る消防施設を実地検査させることができる。

附　則

（施行期日）

１　この法律は、公布の日から施行する。

（国の補助の割合の特例）

２　平成元年度から平成十五年度までの各年度に限り、人口が急増している地域として政令で定めるところにより総務大臣が指定する地域内に設置され又は配置される消防施設で政令で定めるもの（次項の規定の適用があるものを除く。）に係る第四条第一項の規定の適用については、同項中「三分の一」とあるのは、「二分の一（政令で定める市町村に対するものにあつては、十分の四）」とする。

３　当分の間、石油コンビナート等災害防止法（昭和五十年法律第八十四号）第二条第二号に規定する石油コンビナート等特別防災区域（以下「特別防災区域」という。）の所在する市町村のうち政令で定める市町村が、当該特別防災区域の指定のあつた日の属する年度からその日から三年を経過する日の属する年度までの各年度に当該特別防災区域に係る災害の防止のために配置する消防施設で政令で定めるものに係る第四条第一項の規定の適用については、同項中「三分の一」とあるのは、「二分の一」とする。

（国の無利子貸付け等）

４　国は、当分の間、市町村に対し、第二条の規定により国がその費用について補助することができる第三条に規定する消防の用に供する機械器具及び設備の購入又は設置で日本電信電話株式会社の株式の売払収入の活用による社会資本の整備の促進に関する特別措置法（昭和六十二年法律第八十六号）第二条第一項第二号に該当するものに要する費用に充てる資金について、予算の範囲内において、第二条から第四条までの規定（これらの規定による国の補助の割合について、これらの規定と異なる定めをした法令の規定がある場合には、当該異なる定めをした法令の規定を含む。附則第八項において同じ。）により国が補助することができる金額に相当する金額を無利子で貸し付けることができる。

５　国は、当分の間、市町村に対し、前項の規定による場合のほか、消防施設の購入又は設置で日本電信電話株式会社の株式の売払収入の活用による社会資本の整備の促進に関する特別措置法第二条第一項第二号に該当するものに要する費用に充てる資金の一部を、予算の範囲内において、無利子で貸し付けることができる。

６　前二項の国の貸付金の償還期間は、五年（二年以内の据置期間を含む。）以内で政令で定める期間とする。

７　前項に定めるもののほか、附則第四項及び第五項の規定による貸付金の償還方法、償還期限の繰上げその他償還に関し必要な事項は、政令で定める。

８　国は、附則第四項の規定により市町村に対し貸付けを行つた場合には、当該貸付けの対象である事業について、第二条から第四条までの規定による当該貸付金に相当する金額の補助を行うものとし、当該補助については、当該貸付金の償還時において、当該貸付金の償還金に相当する金額を交付することにより行うものとする。この場合における第五条の規定の適用については、同条中「設置しようとする」とあるのは、「設置した」とする。

９　国は、附則第五項の規定により市町村に対し貸付けを行つた場合には、第三条の規定にかかわらず、当該貸付けの対象である事業について、当該貸付金に相当する金額の補助を行うものとし、当該補助については、当該貸付金の償還時において、当該貸付金の償還金に相当する金額を交付することにより行うものとする。

10 市町村が、附則第四項又は第五項の規定による貸付けを受けた無利子貸付金について、附則第六項及び第七項の規定に基づき定められる償還期限を繰り上げて償還を行つた場合（政令で定める場合を除く。）における前二項の規定の適用については、当該償還は、当該償還期限の到来時に行われたものとみなす。

11 第五条から第七条までの規定は、国が附則第四項又は第五項の規定により、無利子で貸付けを行う場合における当該無利子の貸付金について準用する。この場合において、第五条中「補助を」とあるのは「貸付けを」と、「交付申請書」とあるのは「貸付申請書」と、第六条第一項中「交付する」とあるのは「貸し付ける」と、「交付を」とあるのは「貸付けを」と、「交付した」とあるのは「貸し付けた」と、「補助の」とあるのは「貸付けの」と、同条第二項中「交付の」とあるのは「貸付けの」と、「交付した」とあるのは「貸し付けた」と、第七条中「交付」とあるのは「貸付け」と、「補助に」とあるのは「貸付けに」と読み替えるものとする。

12 第五条から第七条までの規定は、国が附則第九項の規定により補助を行う場合について準用する。この場合において、第五条中「設置しようとする」とあるのは、「設置した」と読み替えるものとする。

附　則〔昭和三五年六月三〇日法律第一一三号抄〕

（施行期日）

第一条 この法律は、昭和三十五年七月一日から施行する。

第三条 この法律の施行の際現にこの法律による改正前のそれぞれの法律の規定により内閣総理大臣若しくは自治庁長官がし、又は国家消防本部においてした許可、認可その他これらに準ずる処分は、この法律による改正後のそれぞれの法律の相当規定に基づいて、自治大臣がし、又は消防庁においてした許可、認可その他これらに準ずる処分とみなす。

2 この法律の施行の際現にこの法律による改正前のそれぞれの法律の規定により内閣総理大臣若しくは自治庁長官又は国家消防本部に対してした許可、認可その他これらに準ずる処分の申請届出その他の行為は、この法律による改正後のそれぞれの法律の相当規定に基づいて、自治大臣又は消防庁に対してした許可、認可その他これらに準ずる処分の申請、届出その他の行為とみなす。

附　則〔昭和四九年五月一六日法律第四六号抄〕

1 この法律は、公布の日から施行する。

12 前項の規定による改正後の消防施設強化促進法附則第二項の規定は、昭和四十九年度の予算に係る国の補助金から適用する。

附　則〔昭和五〇年一二月一七日法律第八四号抄〕

（施行期日等）

1 この法律は、公布の日から起算して六月を超えない範囲内において政令で定める日から施行する。

〔昭和五一年五月政令一二八号により、昭和五一・六・一から施行〕

7 前項の規定による改正後の消防施設強化促進法附則第二項及び第三項の規定は、昭和五十一年度分の予算に係る国の補助金から適用する。

附　則〔昭和五四年一二月一八日法律第六二号〕

1 この法律は、公布の日から施行する。

2 改正後の附則第二項の規定は、昭和五十四年度分の予算に係る国の補助金から適用する。

附　則〔昭和五九年四月六日法律第一二号〕

1 この法律は、公布の日から施行する。

2 改正後の附則第二項の規定は、昭和五十九年度分の予算に係る国の補助金から適用し、昭和五十八年度以前の年度分の予算に係る国の補助金については、なお従前の例による。

附　則〔平成元年三月三一日法律第九号〕

1　この法律は、公布の日から施行する。

2　改正後の附則第二項の規定は、平成元年度分の予算に係る国の補助金から適用し、昭和六十三年度以前の年度分の予算に係る国の補助金については、なお従前の例による。

附　則〔平成六年三月三一日法律第一七号〕

この法律は、公布の日から施行する。

附　則〔平成一一年三月三一日法律第二二号〕

この法律は、公布の日から施行する。

附　則〔平成一一年一二月二二日法律第一六〇号抄〕

（施行期日）

第一条　この法律（中略）は、平成十三年一月六日から施行する。

（以下略）

〔経過措置等は、「消防法」の附則を参照してください。〕

附　則〔平成一四年二月八日法律第一号抄〕

（施行期日）

第一条　この法律は、公布の日から施行する。

○サリン等による人身被害の防止に関する法律

（平成七年四月二十一日法律第七十八号）

〔改正経過〕
平成　九年　五月二三日　法律第　五九号
平成一三年一一月一六日　法律第一二一号
平成二九年　六月二一日　法律第　六七号
令和　四年　六月一七日　法律第　六八号

注　令和四年六月一七日法律第六八号による罰則の改正は、令和四年六月一七日から起算して三年を超えない範囲内において政令で定める日から施行のため、附則の次に（参考）として改正文を掲載いたしました。

サリン等による人身被害の防止に関する法律をここに公布する。

サリン等による人身被害の防止に関する法律

（**目的**）

第一条　この法律は、サリン等の製造、所持等を禁止するとともに、これを発散させる行為についての罰則及びその発散による被害が発生した場合の措置等を定め、もってサリン等による人の生命及び身体の被害の防止並びに公共の安全の確保を図ることを目的とする。

（**定義**）

第二条　この法律において「サリン等」とは、サリン（メチルホスホノフルオリド酸イソプロピルをいう。以下同じ。）及び次の各号のいずれにも該当する物質で政令で定めるものをいう。

一　サリン以上の又はサリンに準ずる強い毒性を有すること。

二　その原材料、製法、発散させる方法、発散したときの性状その他その物質の特性を勘案して人を殺傷する目的に供されるおそれ並びに発散した場合の人の生命及び身体に対する危害の程度が大きいと認められること。

三　犯罪に係る社会状況その他の事情を勘案して人の生命及び身体の保護並びに公共の安全の確保を図るためにその物質についてこの法律の規定により規制等を行う必要性が高いと認められること。

（**製造等の禁止**）

第三条　何人も、次の各号のいずれかに該当する場合を除いては、サリン等を製造し、輸入し、所持し、譲り渡し、又は譲り受けてはならない。

一　国又は地方公共団体の職員で政令で定めるものが試験又は研究のため製造し、輸入し、所持し、譲り渡し、又は譲り受けるとき。

二　化学兵器の禁止及び特定物質の規制等に関する法律（平成七年法律第六十五号。以下「化学兵器禁止法」という。）又は外国為替及び外国貿易法（昭和二十四年法律第二百二十八号）の規定により化学兵器禁止法第二条第三項に規定する特定物質の製造、所持、譲渡し若しくは譲受け又は輸入をすることができる場合に該当して、製造し、所持し、譲り渡し、若しくは譲り受け、又は輸入するとき。

（**被害発生時の措置等**）

第四条　警察官、海上保安官又は消防吏員（以下「警察官等」という。）は、サリン等又はサリン等である疑いがある物質の発散により人の生命又は身体の被害が生じており、又は生じるおそれがあると認めるときは、警察法（昭和二十九年法律第百六十二号）、警察官職務執行法（昭和二十三年法律第百三十六号）、道路交通法（昭和三十五年法律第百五号）、海上保安庁法（昭和二十三年法律第二十八号）、消防法（昭和二十三年法律第百八十六号）その他の法令の定めるところにより、直ちに、その被害に係る建物、車両、船舶その他の場所への立入りを禁止し、又はこれらの場所にいる者を退去させ、サリン等を含む物品その他のその被害に係る物品を回収し、又は廃棄し、その他その被害を防止するために必要な措置をとらなければならない。この場合において、警察官等は、相互に緊密な連携を保たなければならない。

2　警視総監若しくは道府県警察本部長又は管区海上保安本部長は前項の規定による措置又はこの法律に規定する犯罪の捜査に関し、消防長又は消防署長は同項の規定による措置に関し、それぞれ、関係行政機関又は関係のある公私の団体に対し、技術的知識の提供、装備資機材の貸与その他必要な協力を求めることができる。

3　国民は、サリン等若しくはサリン等である疑いがある物質若しくはこれらの物質を含む物品を発見し又はこれらが所在する場所を知ったときは速やかに警察官等にその旨を通報するとともに、第一項の規定による警察官等の措置の円滑な実施に協力するよう努めなければならない。

（罰則）

第五条　サリン等を発散させて公共の危険を生じさせた者は、無期又は二年以上の懲役に処する。

2　前項の未遂罪は、罰する。

3　第一項の罪を犯す目的でその予備をした者は、五年以下の懲役に処する。ただし、同項の罪の実行の着手前に自首した者は、その刑を減軽し、又は免除する。

第六条　第三条の規定に違反した者は、七年以下の懲役に処する。

2　前条第一項の犯罪の用に供する目的で前項の罪を犯した者は、十年以下の懲役に処する。ただし、同条第一項の罪の実行の着手前に自首した者は、その刑を減軽し、又は免除する。

3　前二項の未遂罪は、罰する。

4　製造又は輸入に係る第一項又は第二項の罪を犯す目的でその予備をした者は、三年以下の懲役に処する。

第七条　情を知って、第五条第一項の罪又は製造若しくは輸入に係る前条第一項若しくは第二項の罪に当たる行為に要する資金、土地、建物、艦船、航空機、車両、設備、機械、器具又は原材料を提供した者は、三年以下の懲役に処する。

第八条　第五条の罪は、刑法（明治四十年法律第四十五号）第四条の二の例に従う。

附　則

（施行期日）

第一条　この法律は、公布の日から施行する。ただし、次の各号に掲げる規定は、それぞれ当該各号に定める日から施行する。

一　第三条第二号及び附則第四条の規定　化学兵器禁止法の施行の日〔平成七年五月五日〕

二　第五条から第七条までの規定　この法律の公布の日から起算して十日を経過した日

（経過措置）

第二条　前条第一号に掲げる規定が施行されるまでの間における第三条の規定の適用については、同条第一号中「国又は地方公共団体の職員で政令で定めるものが」とあるのは、「国の職員が又は国から試験若しくは研究の委託を受けた者で国家公安委員会が指定したものが」とする。

第三条　この法律の施行の際現にサリン等を所持する者（前条の規定により読み替えて適用する第三条第一号に規定する者を除く。次条において同じ。）又はこの法律の施行の日以後その日から起算して十日を経過する日までの間に第三条の規定に違反してサリン等を所持するに至った者は、同日までの間に、その所持するサリン等の種類、数量及び所在する場所を当該場所を管轄する警察署長に届け出なければならない。

2　前項の規定による届出をした者は、警察署長が指示する日時において、その指示する方法により、その届出に係るサリン等を廃棄しなければならない。

3　前項の規定により廃棄するまでの間における当該廃棄のためのサリン等の所持については、第三条及び化学兵器禁止法第十六条第一項の規定は、適用しない。

第四条　この法律の施行の際現にサリン等を所持する者の当該所持するサリン等及び第三条の規定に違反して所持されるサリン等については、化学兵器禁止法附則第二条の規定は、適用しない。この場合における第三条の規定の適用については、同条第二号中「化学兵器の禁止及び特定物質の規制等に関する法律（平成七年法律第六十五号。以下「化学兵器禁止法」という。）」とあるのは、「化学兵器の禁止及び特定物質の規制等に関する法律（平成七年法律第六十五号。以下「化学兵器禁止法」という。）（附則第二条を除く。）」とする。

（罰則）

第五条　附則第三条第二項の規定に違反した者は、一年以下の懲役又は五十万円以下の罰金に処する。

2　附則第三条第一項の規定による届出をせず、又は虚偽の届出をした者は、三十万円以下の罰金に処する。

3　法人の代表者又は法人若しくは人の代理人、使用人その他の従業者が、その法人又は人の業務に関し、前二項の違反行為をしたときは、行為者を罰するほか、その法人又は人に対して当該各項の罰金刑を科する。

附　則〔平成九年五月二三日法律第五九号抄〕

（施行期日）

第一条　この法律は、平成十年四月一日から施行する。

附　則〔平成一三年一一月一六日法律第一二二号抄〕

改正　平成一九年五月法律第三八号

（施行期日）

第一条　この法律は、テロリストによる爆弾使用の防止に関する国際条約が日本国について効力を生ずる日〔平成一三年一二月一六日〕から施行する。

（経過措置）

第二条　改正後の〔中略〕サリン等による人身被害の防止に関する法律第八条の規定は、この法律の施行の日以後に日本国について効力を生ずる条約により日本国外において犯したときであっても罰すべきものとされる罪に限り適用する。

附　則〔平成二九年六月二一日法律第六七号抄〕

（施行期日）

第一条　この法律〔中略〕は、当該各号に定める日から施行する。

一　〔前略〕第四条から第七条までの規定並びに附則第四条及び第六条の規定　国際的な組織犯罪の防止に関する国際連合条約〔平成二九年七月条約第二一号〕が日本国について効力を生ずる日〔平成二九年八月一〇日〕

二　〔略〕

第四条　〔前略〕第七条の規定による改正後のサリン等による人身被害の防止に関する法律第八条（同法第五条第三項に係る部分に限る。）の規定は、附則第一条第一号に掲げる規定の施行の日以後に日本国について効力を生ずる条約により日本国外において犯したときであっても罰すべきものとされている罪に限り、適用する。

附　則〔令和四年六月一七日法律第六八号抄〕

（施行期日）

1　この法律は、刑法等一部改正法〔令和四年法律第六十七号〕施行日〔令和四年六月一七日から起算して三年を超えない範囲内において政令で定める日〕から施行する。ただし、次の各号に掲げる規定は、当該各号に定める日から施行する。

一　第五百九条の規定　公布の日

二　〔略〕

〔経過措置は消防法の改正附則を参照〕

（参考）

○刑法等の一部を改正する法律の施行に伴う関係法律の整理等に関する法律〔抄〕

（令和四年六月十七日法律第六十八号）

（自動車の保管場所の確保等に関する法律等の一部改正）

第一〇三条　次に掲げる法律の規定中「懲役」を「拘禁刑」に改める。

一～三　〔略〕

四　サリン等による人身被害の防止に関する法律（平成七年法律第七十八号）第五条第一項及び第三項、第六条第一項、第二項及び第四項並びに第七条

五～十二　〔略〕

○建築基準法〔抄〕

（昭和二十五年五月二十四日法律第二百一号）

〔最終改正〕　令和　五年　六月一六日　法律第　六三号

第一章　総則

（用語の定義）

第二条　この法律において次の各号に掲げる用語の意義は、当該各号に定めるところによる。

一　建築物　土地に定着する工作物のうち、屋根及び柱若しくは壁を有するもの（これに類する構造のものを含む。）、これに附属する門若しくは塀、観覧のための工作物又は地下若しくは高架の工作物内に設ける事務所、店舗、興行場、倉庫その他これらに類する施設（鉄道及び軌道の線路敷地内の運転保安に関する施設並びに跨線橋、プラットホームの上家、貯蔵槽その他これらに類する施設を除く。）をいい、建築設備を含むものとする。

二　特殊建築物　学校（専修学校及び各種学校を含む。以下同様とする。）、体育館、病院、劇場、観覧場、集会場、展示場、百貨店、市場、ダンスホール、遊技場、公衆浴場、旅館、共同住宅、寄宿舎、下宿、工場、倉庫、自動車車庫、危険物の貯蔵場、と畜場、火葬場、汚物処理場その他これらに類する用途に供する建築物をいう。

三　建築設備　建築物に設ける電気、ガス、給水、排水、換気、暖房、冷房、消火、排煙若しくは汚物処理の設備又は煙突、昇降機若しくは避雷針をいう。

四　居室　居住、執務、作業、集会、娯楽その他これらに類する目的のために継続的に使用する室をいう。

五　主要構造部　壁、柱、床、はり、屋根又は階段をいい、建築物の構造上重要でない間仕切壁、間柱、付け柱、揚げ床、最下階の床、回り舞台の床、小ばり、ひさし、局部的な小階段、屋外階段その他これらに類する建築物の部分を除くものとする。

六　延焼のおそれのある部分　隣地境界線、道路中心線又は同一敷地内の二以上の建築物（延べ面積の合計が五百平方メートル以内の建築物は、一の建築物とみなす。）相互の外壁間の中心線（ロにおいて「隣地境界線等」という。）から、一階にあつては三メートル以下、二階以上にあつては五メートル以下の距離にある建築物の部分をいう。ただし、次のイ又はロのいずれかに該当する部分を除く。

イ　防火上有効な公園、広場、川その他の空地又は水面、耐火構造の壁その他これらに類するものに面する部分

ロ　建築物の外壁面と隣地境界線等との角度に応じて、当該建築物の周囲において発生する通常の火災時における火熱により燃焼するおそれのないものとして国土交通大臣が定める部分

七　耐火構造　壁、柱、床その他の建築物の部分の構造のうち、耐火性能（通常の火災が終了するまでの間当該火災による建築物の倒壊及び延焼を防止するために当該建築物の部分に必要とされる性能をいう。）に関して政令で定める技術的基準に適合する鉄筋コンクリート造、れんが造その他の構造で、国土交通大臣が定めた構造方法を用いるもの又は国土交通大臣の認定を受けたものをいう。

七の二　準耐火構造　壁、柱、床その他の建築物の部分の構造のうち、準耐火性能（通常の火災による延焼を抑制するために当該建築物の部分に必要とされる性能をいう。第九号の三ロ及び第二十六条第二項第二号において同じ。）に関して政令で定める技術的基準に適合するもので、国土交通大臣が定めた構造方法を用いるもの又は国土交通大臣の認定を受けたものをいう。

八　防火構造　建築物の外壁又は軒裏の構造のうち、防火性能（建

築物の周囲において発生する通常の火災による延焼を抑制するために当該外壁又は軒裏に必要とされる性能をいう。）に関して政令で定める技術的基準に適合する鉄網モルタル塗、しつくい塗その他の構造で、国土交通大臣が定めた構造方法を用いるもの又は国土交通大臣の認定を受けたものをいう。

九　不燃材料　建築材料のうち、不燃性能（通常の火災時における火熱により燃焼しないことその他の政令で定める性能をいう。）に関して政令で定める技術的基準に適合するもので、国土交通大臣が定めたもの又は国土交通大臣の認定を受けたものをいう。

九の二　耐火建築物　次に掲げる基準に適合する建築物をいう。

イ　その主要構造部のうち、防火上及び避難上支障がないものとして政令で定める部分以外の部分（以下「特定主要構造部」という。）が、(1)又は(2)のいずれかに該当すること。

(1)　耐火構造であること。

(2)　次に掲げる性能（外壁以外の特定主要構造部にあつては、(i)に掲げる性能に限る。）に関して政令で定める技術的基準に適合するものであること。

(i)　当該建築物の構造、建築設備及び用途に応じて屋内において発生が予測される火災による火熱に当該火災が終了するまで耐えること。

(ii)　当該建築物の周囲において発生する通常の火災による火熱に当該火災が終了するまで耐えること。

ロ　その外壁の開口部で延焼のおそれのある部分に、防火戸その他の政令で定める防火設備（その構造が遮炎性能（通常の火災時における火炎を有効に遮るために防火設備に必要とされる性能をいう。第二十七条第一項において同じ。）に関して政令で定める技術的基準に適合するもので、国土交通大臣が定めた構造方法を用いるもの又は国土交通大臣の認定を受けたものに限る。）を有すること。

九の三　準耐火建築物　耐火建築物以外の建築物で、イ又はロのいずれかに該当し、外壁の開口部で延焼のおそれのある部分に前号ロに規定する防火設備を有するものをいう。

イ　主要構造部を準耐火構造としたもの

ロ　イに掲げる建築物以外の建築物であつて、イに掲げるものと同等の準耐火性能を有するものとして主要構造部の防火の措置その他の事項について政令で定める技術的基準に適合するもの

十　設計　建築士法（昭和二十五年法律第二百二号）第二条第六項に規定する設計をいう。

十一　工事監理者　建築士法第二条第八項に規定する工事監理をする者をいう。

十二　設計図書　建築物、その敷地又は第八十八条第一項から第三項までに規定する工作物に関する工事用の図面（現寸図その他これに類するものを除く。）及び仕様書をいう。

十三　建築　建築物を新築し、増築し、改築し、又は移転することをいう。

十四　大規模の修繕　建築物の主要構造部の一種以上について行う過半の修繕をいう。

十五　大規模の模様替　建築物の主要構造部の一種以上について行う過半の模様替をいう。

十六　建築主　建築物に関する工事の請負契約の注文者又は請負契約によらないで自らその工事をする者をいう。

十七　設計者　その者の責任において、設計図書を作成した者をいい、建築士法第二十条の二第三項又は第二十条の三第三項の規定により建築物が構造関係規定（同法第二十条の二第二項に規定する構造関係規定をいう。以下同じ。）又は設備関係規定（同法第二十条の三第二項に規定する設備関係規定をいう。第五条の六第

三項及び第六条第三項第三号において同じ。）に適合することを確認した構造設計一級建築士（同法第十条の三第四項に規定する構造設計一級建築士をいう。以下同じ。）又は設備設計一級建築士（同法第十条の三第四項に規定する設備設計一級建築士をいう。第五条の六第三項及び同号において同じ。）を含むものとする。

十八　工事施工者　建築物、その敷地若しくは第八十八条第一項から第三項までに規定する工作物に関する工事の請負人又は請負契約によらないで自らこれらの工事をする者をいう。

十九　都市計画　都市計画法（昭和四十三年法律第百号）第四条第一項に規定する都市計画をいう。

二十　都市計画区域又は準都市計画区域　それぞれ、都市計画法第四条第二項に規定する都市計画区域又は準都市計画区域をいう。

二十一　第一種低層住居専用地域、第二種低層住居専用地域、第一種中高層住居専用地域、第二種中高層住居専用地域、第一種住居地域、第二種住居地域、準住居地域、田園住居地域、近隣商業地域、商業地域、準工業地域、工業地域、工業専用地域、特別用途地区、特定用途制限地域、特例容積率適用地区、高層住居誘導地区、高度地区、高度利用地区、特定街区、都市再生特別地区、居住環境向上用途誘導地区、特定用途誘導地区、防火地域、準防火地域、特定防災街区整備地区又は景観地区　それぞれ、都市計画法第八条第一項第一号から第六号までに掲げる第一種低層住居専用地域、第二種低層住居専用地域、第一種中高層住居専用地域、第二種中高層住居専用地域、第一種住居地域、第二種住居地域、準住居地域、田園住居地域、近隣商業地域、商業地域、準工業地域、工業地域、工業専用地域、特別用途地区、特定用途制限地域、特例容積率適用地区、高層住居誘導地区、高度地区、高度利用地区、特定街区、都市再生特別地区、居住環境向上用途誘導地区、特定用途誘導地区、防火地域、準防火地域、特定防災街区整備地区又は景観地区をいう。

二十二　地区計画　都市計画法第十二条の四第一項第一号に掲げる地区計画をいう。

二十三　地区整備計画　都市計画法第十二条の五第二項第一号に掲げる地区整備計画をいう。

二十四　防災街区整備地区計画　都市計画法第十二条の四第一項第二号に掲げる防災街区整備地区計画をいう。

二十五　特定建築物地区整備計画　密集市街地における防災街区の整備の促進に関する法律（平成九年法律第四十九号。以下「密集市街地整備法」という。）第三十二条第二項第一号に規定する特定建築物地区整備計画をいう。

二十六　防災街区整備地区整備計画　密集市街地整備法第三十二条第二項第二号に規定する防災街区整備地区整備計画をいう。

二十七　歴史的風致維持向上地区計画　都市計画法第十二条の四第一項第三号に掲げる歴史的風致維持向上地区計画をいう。

二十八　歴史的風致維持向上地区整備計画　地域における歴史的風致の維持及び向上に関する法律（平成二十年法律第四十号。以下「地域歴史的風致法」という。）第三十一条第二項第一号に規定する歴史的風致維持向上地区整備計画をいう。

二十九　沿道地区計画　都市計画法第十二条の四第一項第四号に掲げる沿道地区計画をいう。

三十　沿道地区整備計画　幹線道路の沿道の整備に関する法律（昭和五十五年法律第三十四号。以下「沿道整備法」という。）第九条第二項第一号に掲げる沿道地区整備計画をいう。

三十一　集落地区計画　都市計画法第十二条の四第一項第五号に掲げる集落地区計画をいう。

三十二　集落地区整備計画　集落地域整備法（昭和六十二年法律第

六十三号）第五条第三項に規定する集落地区整備計画をいう。

三十三　地区計画等　都市計画法第四条第九項に規定する地区計画等をいう。

三十四　プログラム　電子計算機に対する指令であつて、一の結果を得ることができるように組み合わされたものをいう。

三十五　特定行政庁　この法律の規定により建築主事又は建築副主事を置く市町村の区域については当該市町村の長をいい、その他の市町村の区域については都道府県知事をいう。ただし、第九十七条の二第一項若しくは第二項又は第九十七条の三第一項若しくは第二項の規定により建築主事又は建築副主事を置く市町村の区域内の政令で定める建築物については、都道府県知事とする。

（建築物の建築等に関する申請及び確認）

第六条　建築主は、第一号若しくは第二号に掲げる建築物を建築しようとする場合（増築しようとする場合においては、建築物が増築後において第一号又は第二号に規定する規模のものとなる場合を含む。）、これらの建築物の大規模の修繕若しくは大規模の模様替をしようとする場合又は第三号に掲げる建築物を建築しようとする場合においては、当該工事に着手する前に、その計画が建築基準関係規定（この法律並びにこれに基づく命令及び条例の規定（以下「建築基準法令の規定」という。）その他建築物の敷地、構造又は建築設備に関する法律並びにこれに基づく命令及び条例の規定で政令で定めるものをいう。以下同じ。）に適合するものであることについて、確認の申請書を提出して建築主事又は建築副主事（以下「建築主事等」という。）の確認（建築副主事の確認にあつては、大規模建築物以外の建築物に係るものに限る。以下この項において同じ。）を受け、確認済証の交付を受けなければならない。当該確認を受けた建築物の計画の変更（国土交通省令で定める軽微な変更を除く。）をして、第一号若しくは第二号に掲げる建築物を建築しようとする場合（増築しようとする場合においては、建築物が増築後において第一号又は第二号に規定する規模のものとなる場合を含む。）、これらの建築物の大規模の修繕若しくは大規模の模様替をしようとする場合又は第三号に掲げる建築物を建築しようとする場合も、同様とする。

一　別表第一(い)欄に掲げる用途に供する特殊建築物で、その用途に供する部分の床面積の合計が二百平方メートルを超えるもの

二　前号に掲げる建築物を除くほか、二以上の階数を有し、又は延べ面積が二百平方メートルを超える建築物

三　前二号に掲げる建築物を除くほか、都市計画区域若しくは準都市計画区域（いずれも都道府県知事が都道府県都市計画審議会の意見を聴いて指定する区域を除く。）若しくは景観法（平成十六年法律第百十号）第七十四条第一項の準景観地区（市町村長が指定する区域を除く。）内又は都道府県知事が関係市町村の意見を聴いてその区域の全部若しくは一部について指定する区域内における建築物

2　前項の規定は、防火地域及び準防火地域外において建築物を増築し、改築し、又は移転しようとする場合で、その増築、改築又は移転に係る部分の床面積の合計が十平方メートル以内であるときについては、適用しない。

3　建築主事等は、第一項の申請書が提出された場合において、その計画が次の各号のいずれかに該当するときは、当該申請書を受理することができない。

一　建築士法第三条第一項、第三条の二第一項、第三条の三第一項、第二十条の二第一項若しくは第二十条の三第一項の規定又は同法第三条の二第三項の規定に基づく条例の規定に違反するとき。

二　構造設計一級建築士以外の一級建築士が建築士法第二十条の二

第一項の建築物の構造設計を行つた場合において、当該建築物が構造関係規定に適合することを構造設計一級建築士が確認した構造設計によるものでないとき。

三　設備設計一級建築士以外の一級建築士が建築士法第二十条の三第一項の建築物の設備設計を行つた場合において、当該建築物が設備関係規定に適合することを設備設計一級建築士が確認した設備設計によるものでないとき。

4　建築主事等は、第一項の申請書を受理した場合においては、同項第一号又は第二号に係るものにあつてはその受理した日から三十五日以内に、同項第三号に係るものにあつてはその受理した日から七日以内に、申請に係る建築物の計画が建築基準関係規定に適合するかどうかを審査し、審査の結果に基づいて建築基準関係規定に適合することを確認したときは、当該申請者に確認済証を交付しなければならない。

5　建築主事等は、前項の場合において、申請に係る建築物の計画が第六条の三第一項の構造計算適合性判定を要するものであるときは、建築主から同条第七項の適合判定通知書又はその写しの提出を受けた場合に限り、第一項の規定による確認をすることができる。

6　建築主事等は、第四項の場合（申請に係る建築物の計画が第六条の三第一項本文に規定する特定構造計算基準（第二十条第一項第二号イの政令で定める基準に従つた構造計算で同号イに規定する方法によるものによつて確かめられる安全性を有することに係る部分に限る。）に適合するかどうかを審査する場合その他国土交通省令で定める場合に限る。）において、第四項の期間内に当該申請者に第一項の確認済証を交付することができない合理的な理由があるときは、三十五日の範囲内において、第四項の期間を延長することができる。この場合においては、その旨及びその延長する期間並びにその期間を延長する理由を記載した通知書を同項の期間内に当該申請者に交付しなければならない。

7　建築主事等は、第四項の場合において、申請に係る建築物の計画が建築基準関係規定に適合しないことを認めたとき、又は建築基準関係規定に適合するかどうかを決定することができない正当な理由があるときは、その旨及びその理由を記載した通知書を同項の期間（前項の規定により第四項の期間を延長した場合にあつては、当該延長後の期間）内に当該申請者に交付しなければならない。

8　第一項の確認済証の交付を受けた後でなければ、同項の建築物の建築、大規模の修繕又は大規模の模様替の工事は、することができない。

9　第一項の規定による確認の申請書、同項の確認済証並びに第六項及び第七項の通知書の様式は、国土交通省令で定める。

（国土交通大臣等の指定を受けた者による確認）

第六条の二　前条第一項各号に掲げる建築物の計画（前条第三項各号のいずれかに該当するものを除く。）が建築基準関係規定に適合するものであることについて、第七十七条の十八から第七十七条の二十一までの規定の定めるところにより国土交通大臣又は都道府県知事が指定した者の確認を受け、国土交通省令で定めるところにより確認済証の交付を受けたときは、当該確認は前条第一項の規定による確認と、当該確認済証は同項の確認済証とみなす。

2　前項の規定による指定は、二以上の都道府県の区域において同項の規定による確認の業務を行おうとする者を指定する場合にあつては国土交通大臣が、一の都道府県の区域において同項の規定による確認の業務を行おうとする者を指定する場合にあつては都道府県知事がするものとする。

3　第一項の規定による指定を受けた者は、同項の規定による確認の申請を受けた場合において、申請に係る建築物の計画が次条第一項の構造計算適合性判定を要するものであるときは、建築主から同条第七項の適合判定通知書又はその写しの提出を受けた場合に限り、第一項の規定による確認をすることができる。

4　第一項の規定による指定を受けた者は、同項の規定による確認の申請を受けた場合において、申請に係る建築物の計画が建築基準関係規定に適合しないことを認めたとき、又は建築基準関係規定に適合するかどうかを決定することができない正当な理由があるときは、国土交通省令で定めるところにより、その旨及びその理由を記載した通知書を当該申請者に交付しなければならない。

5　第一項の規定による指定を受けた者は、同項の確認済証又は前項の通知書の交付をしたときは、国土交通省令で定める期間内に、国土交通省令で定めるところにより、確認審査報告書を作成し、当該確認済証又は当該通知書の交付に係る建築物の計画に関する国土交通省令で定める書類を添えて、これを特定行政庁に提出しなければならない。

6　特定行政庁は、前項の規定による確認審査報告書の提出を受けた場合において、第一項の確認済証の交付を受けた建築物の計画が建築基準関係規定に適合しないと認めるときは、当該建築物の建築主及び当該確認済証を交付した同項の規定による指定を受けた者にその旨を通知しなければならない。この場合において、当該確認済証は、その効力を失う。

7　前項の場合において、特定行政庁は、必要に応じ、第九条第一項又は第十項の命令その他の措置を講ずるものとする。

（構造計算適合性判定）

第六条の三　建築主は、第六条第一項の場合において、申請に係る建築物の計画が第二十条第一項第二号若しくは第三号に定める基準（同項第二号イ又は第三号イの政令で定める基準に従つた構造計算で、同項第二号イに規定する方法若しくはプログラムによるもの又は同項第三号イに規定するプログラムによるものによつて確かめられる安全性を有することに係る部分に限る。以下「特定構造計算基準」という。）又は第三条第二項（第八十六条の九第一項において準用する場合を含む。）の規定により第二十条の規定の適用を受けない建築物について第八十六条の七第一項の政令で定める範囲内において増築若しくは改築をする場合における同項の政令で定める基準（特定構造計算基準に相当する基準として政令で定めるものに限る。以下「特定増改築構造計算基準」という。）に適合するかどうかの確認審査（第六条第四項に規定する審査又は前条第一項の規定による確認のための審査をいう。以下この項において同じ。）を要するものであるときは、構造計算適合性判定（当該建築物の計画が特定構造計算基準又は特定増改築構造計算基準に適合するかどうかの判定をいう。以下同じ。）の申請書を提出して都道府県知事の構造計算適合性判定を受けなければならない。ただし、当該建築物の計画に係る確認審査が次の各号に掲げる確認審査である場合において、当該確認審査を構造計算に関する高度の専門的知識及び技術を有する者として当該各号に掲げる確認審査の区分に応じて国土交通省令で定める要件を備える者である建築主事等がするとき又は前条第一項の規定による指定を受けた者が当該要件を備える者である第七十七条の二十四第一項の確認検査員若しくは副確認検査員にさせるときは、この限りでない。

一　当該建築物の計画が特定構造計算基準のうち第二十条第一項第二号イの政令で定める基準に従つた構造計算で同号イに規定する方法によるものによつて確かめられる安全性を有することに係る部分であつて確認審査が比較的容易にできるものとして政令で定めるもの又は特定増改築構造計算基準のうち確認審査が比較的容易にできるものとして政令で定めるものに適合するかどうかの確認審査

二　当該建築物の計画（第二十条第一項第四号に掲げる建築物に係

るもののうち、構造設計一級建築士の構造設計に基づくもの又は当該建築物が構造関係規定に適合することを構造設計一級建築士が確認した構造設計に基づくものに限る。）が特定構造計算基準又は特定増改築構造計算基準に適合するかどうかの確認審査（前号に掲げる確認審査に該当するものを除く。）

2 都道府県知事は、前項の申請書を受理した場合において、申請に係る建築物の計画が建築基準関係規定に適合するものであることについて当該都道府県に置かれた建築主事等が第六条第一項の規定による確認をするときは、当該建築主事等を当該申請に係る構造計算適合性判定に関する事務に従事させてはならない。

3 都道府県知事は、特別な構造方法の建築物の計画について第一項の構造計算適合性判定を行うに当たつて必要があると認めるときは、当該構造方法に係る構造計算に関して専門的な識見を有する者の意見を聴くものとする。

4 都道府県知事は、第一項の申請書を受理した場合においては、その受理した日から十四日以内に、当該申請に係る構造計算適合性判定の結果を記載した通知書を当該申請者に交付しなければならない。

5 都道府県知事は、前項の場合（申請に係る建築物の計画が特定構造計算基準（第二十条第一項第二号イの政令で定める基準に従つた構造計算で同号イに規定する方法によるものによつて確かめられる安全性を有することに係る部分に限る。）に適合するかどうかの判定の申請を受けた場合その他国土交通省令で定める場合に限る。）において、前項の期間内に当該申請者に同項の通知書を交付することができない合理的な理由があるときは、三十五日の範囲内において、同項の期間を延長することができる。この場合においては、その旨及びその延長する期間並びにその期間を延長する理由を記載した通知書を同項の期間内に当該申請者に交付しなければならない。

6 都道府県知事は、第四項の場合において、申請書の記載によつては当該建築物の計画が特定構造計算基準又は特定増改築構造計算基準に適合するかどうかを決定することができない正当な理由があるときは、その旨及びその理由を記載した通知書を同項の期間（前項の規定により第四項の期間を延長した場合にあつては、当該延長後の期間）内に当該申請者に交付しなければならない。

7 建築主は、第四項の規定により同項の通知書の交付を受けた場合において、当該通知書が適合判定通知書（当該建築物の計画が特定構造計算基準又は特定増改築構造計算基準に適合するものであると判定された旨が記載された通知書をいう。以下同じ。）であるときは、第六条第一項又は前条第一項の規定による確認をする建築主事等又は同項の規定による指定を受けた者に、当該適合判定通知書又はその写しを提出しなければならない。ただし、当該建築物の計画に係る第六条第七項又は前条第四項の通知書の交付を受けた場合は、この限りでない。

8 建築主は、前項の場合において、建築物の計画が第六条第一項の規定による建築主事等の確認に係るものであるときは、同条第四項の期間（同条第六項の規定により同条第四項の期間が延長された場合にあつては、当該延長後の期間）の末日の三日前までに、前項の適合判定通知書又はその写しを当該建築主事等に提出しなければならない。

9 第一項の規定による構造計算適合性判定の申請書及び第四項から第六項までの通知書の様式は、国土交通省令で定める。

（建築物の建築に関する確認の特例）

第六条の四 第一号若しくは第二号に掲げる建築物の建築、大規模の修繕若しくは大規模の模様替又は第三号に掲げる建築物の建築に対する第六条及び第六条の二の規定の適用については、第六条第一項中「政令で定めるものをいう。以下同じ」とあるのは、「政令で定めるものをいい、建築基準法令の規定のうち政令で定める規定を除く。以下この条及び次条において同じ」とする。

一　第六十八条の十第一項の認定を受けた型式（次号において「認定型式」という。）に適合する建築材料を用いる建築物
二　認定型式に適合する建築物の部分を有する建築物
三　第六条第一項第三号に掲げる建築物で建築士の設計に係るもの

2　前項の規定により読み替えて適用される第六条第一項に規定する政令のうち建築基準法令の規定を定めるものにおいては、建築士の技術水準、建築物の敷地、構造及び用途その他の事情を勘案して、建築士及び建築物の区分に応じ、建築主事等の審査を要しないこととしても建築物の安全上、防火上及び衛生上支障がないと認められる規定を定めるものとする。

（建築物に関する完了検査）

第七条　建築主は、第六条第一項の規定による工事を完了したときは、国土交通省令で定めるところにより、建築主事等の検査（建築副主事の検査にあつては、大規模建築物以外の建築物に係るものに限る。第七条の三第一項において同じ。）を申請しなければならない。

2　前項の規定による申請は、第六条第一項の規定による工事が完了した日から四日以内に建築主事等に到達するように、しなければならない。ただし、申請をしなかつたことについて国土交通省令で定めるやむを得ない理由があるときは、この限りでない。

3　前項ただし書の場合における検査の申請は、その理由がやんだ日から四日以内に建築主事等に到達するように、しなければならない。

4　建築主事等が第一項の規定による申請を受理した場合においては、建築主事等又はその委任を受けた当該市町村若しくは都道府県の職員（以下この章において「検査実施者」という。）は、その申請を受理した日から七日以内に、当該工事に係る建築物及びその敷地が建築基準関係規定に適合しているかどうかを検査しなければならない。

5　検査実施者は、前項の規定による検査をした場合において、当該建築物及びその敷地が建築基準関係規定に適合していることを認めたときは、国土交通省令で定めるところにより、当該建築物の建築主に対して検査済証を交付しなければならない。

（国土交通大臣等の指定を受けた者による完了検査）

第七条の二　第七十七条の十八から第七十七条の二十一までの規定の定めるところにより国土交通大臣又は都道府県知事が指定した者が、第六条第一項の規定による工事の完了の日から四日が経過する日までに、当該工事に係る建築物及びその敷地が建築基準関係規定に適合しているかどうかの検査を引き受けた場合において、当該検査の引受けに係る工事が完了したときについては、前条第一項から第三項までの規定は、適用しない。

2　前項の規定による指定は、二以上の都道府県の区域において同項の検査の業務を行おうとする者を指定する場合にあつては国土交通大臣が、一の都道府県の区域において同項の検査の業務を行おうとする者を指定する場合にあつては都道府県知事がするものとする。

3　第一項の規定による指定を受けた者は、同項の規定による検査の引受けを行つたときは、国土交通省令で定めるところにより、その旨を証する書面を建築主に交付するとともに、その旨を建築主事等（当該検査の引受けが大規模建築物に係るものである場合にあつては、建築主事。第七条の四第二項において同じ。）に通知しなければならない。

4　第一項の規定による指定を受けた者は、同項の規定による検査の引受けを行つたときは、当該検査の引受けを行つた第六条第一項の規定による工事が完了した日又は当該検査の引受けを行つた日のいずれか遅い日から七日以内に、第一項の検査をしなければならない。

5　第一項の規定による指定を受けた者は、同項の検査をした建築物及びその敷地が建築基準関係規定に適合していることを認めたとき

は、国土交通省令で定めるところにより、当該建築物の建築主に対して検査済証を交付しなければならない。この場合において、当該検査済証は、前条第五項の検査済証とみなす。

6　第一項の規定による指定を受けた者は、同項の検査をしたときは、国土交通省令で定める期間内に、国土交通省令で定めるところにより、完了検査報告書を作成し、同項の検査をした建築物及びその敷地に関する国土交通省令で定める書類を添えて、これを特定行政庁に提出しなければならない。

7　特定行政庁は、前項の規定による完了検査報告書の提出を受けた場合において、第一項の検査をした建築物及びその敷地が建築基準関係規定に適合しないと認めるときは、遅滞なく、第九条第一項又は第七項の規定による命令その他必要な措置を講ずるものとする。

（建築物に関する中間検査）

第七条の三　建築主は、第六条第一項の規定による工事が次の各号のいずれかに該当する工程（以下「特定工程」という。）を含む場合において、当該特定工程に係る工事を終えたときは、その都度、国土交通省令で定めるところにより、建築主事等の検査を申請しなければならない。

一　階数が三以上である共同住宅の床及びはりに鉄筋を配置する工事の工程のうち政令で定める工程

二　前号に掲げるもののほか、特定行政庁が、その地方の建築物の建築の動向又は工事に関する状況その他の事情を勘案して、区域、期間又は建築物の構造、用途若しくは規模を限つて指定する工程

2　前項の規定による申請は、特定工程に係る工事を終えた日から四日以内に建築主事等に到達するように、しなければならない。ただし、申請をしなかつたことについて国土交通省令で定めるやむを得ない理由があるときは、この限りでない。

3　前項ただし書の場合における検査の申請は、その理由がやんだ日から四日以内に建築主事等に到達するように、しなければならない。

4　建築主事等が第一項の規定による申請を受理した場合においては、検査実施者は、その申請を受理した日から四日以内に、当該申請に係る工事中の建築物等（建築、大規模の修繕又は大規模の模様替の工事中の建築物及びその敷地をいう。以下この章において同じ。）について、検査前に施工された工事に係る建築物の部分及びその敷地が建築基準関係規定に適合するかどうかを検査しなければならない。

5　検査実施者は、前項の規定による検査をした場合において、工事中の建築物等が建築基準関係規定に適合することを認めたときは、国土交通省令で定めるところにより、当該建築主に対して当該特定工程に係る中間検査合格証を交付しなければならない。

6　第一項第一号の政令で定める特定工程ごとに政令で定める当該特定工程後の工程及び特定行政庁が同項第二号の指定と併せて指定する特定工程後の工程（第十八条第二十二項において「特定工程後の工程」と総称する。）に係る工事は、前項の規定による当該特定工程に係る中間検査合格証の交付を受けた後でなければ、これを施工してはならない。

7　検査実施者又は前条第一項の規定による指定を受けた者は、第四項の規定による検査において建築基準関係規定に適合することを認められた工事中の建築物等について、第七条第四項、前条第一項、第四項又は次条第一項の規定による検査をするときは、第四項の規定による検査において建築基準関係規定に適合することを認められた建築物の部分及びその敷地については、これらの規定による検査をすることを要しない。

8　第一項第二号の規定による指定に関して公示その他の必要な事項は、国土交通省令で定める。

（国土交通大臣等の指定を受けた者による中間検査）

第七条の四　第六条第一項の規定による工事が特定工程を含む場合において、第七条の二第一項の規定による指定を受けた者が当該特定工程に係る工事を終えた後の工事中の建築物等について、検査前に施工された工事に係る建築物の部分及びその敷地が建築基準関係規定に適合するかどうかの検査を当該工事を終えた日から四日が経過する日までに引き受けたときについては、前条第一項から第三項までの規定は、適用しない。

2　第七条の二第一項の規定による指定を受けた者は、前項の規定による検査の引受けを行つたときは、国土交通省令で定めるところにより、その旨を証する書面を建築主に交付するとともに、その旨を建築主事等に通知しなければならない。

3　第七条の二第一項の規定による指定を受けた者は、第一項の検査をした場合において、特定工程に係る工事中の建築物等が建築基準関係規定に適合することを認めたときは、国土交通省令で定めるところにより、当該建築主に対して当該特定工程に係る中間検査合格証を交付しなければならない。

4　前項の規定により交付された特定工程に係る中間検査合格証は、それぞれ、当該特定工程に係る前条第五項の中間検査合格証とみなす。

5　前条第七項の規定の適用については、第三項の規定により特定工程に係る中間検査合格証が交付された第一項の検査は、それぞれ、同条第五項の規定により当該特定工程に係る中間検査合格証が交付された同条第四項の規定による検査とみなす。

6　第七条の二第一項の規定による指定を受けた者は、第一項の検査をしたときは、国土交通省令で定める期間内に、国土交通省令で定めるところにより、中間検査報告書を作成し、同項の検査をした工事中の建築物等に関する国土交通省令で定める書類を添えて、これを特定行政庁に提出しなければならない。

7　特定行政庁は、前項の規定による中間検査報告書の提出を受けた場合において、第一項の検査をした工事中の建築物等が建築基準関係規定に適合しないと認めるときは、遅滞なく、第九条第一項又は第十項の規定による命令その他必要な措置を講ずるものとする。

（建築物に関する検査の特例）

第七条の五　第六条の四第一項第一号若しくは第二号に掲げる建築物の建築、大規模の修繕若しくは大規模の模様替又は同項第三号に掲げる建築物の建築の工事（同号に掲げる建築物の建築の工事にあつては、国土交通省令で定めるところにより建築士である工事監理者によつて設計図書のとおりに実施されたことが確認されたものに限る。）に対する第七条から前条までの規定の適用については、第七条第四項及び第五項中「建築基準関係規定」とあるのは「前条第一項の規定により読み替えて適用される第六条第一項に規定する建築基準関係規定」と、第七条の二第一項、第五項及び第七項、第七条の三第四項、第五項及び第七項並びに前条第一項、第三項及び第七項中「建築基準関係規定」とあるのは「第六条の四第一項の規定により読み替えて適用される第六条第一項に規定する建築基準関係規定」とする。

（検査済証の交付を受けるまでの建築物の使用制限）

第七条の六　第六条第一項第一号若しくは第二号に掲げる建築物を新築する場合又はこれらの建築物（共同住宅以外の住宅及び居室を有しない建築物を除く。）の増築、改築、移転、大規模の修繕若しくは大規模の模様替の工事で、廊下、階段、出入口その他の避難施設、消火栓、スプリンクラーその他の消火設備、排煙設備、非常用の照明装置、非常用の昇降機若しくは防火区画で政令で定めるものに関する工事（政令で定める軽易な工事を除く。以下この項、第十八条第二十四項及び第九十条の三において「避難施設等に関する工事」という。）を含むものをする場合においては、当該建築物の建築主は、第七条第五項の検査済証の交付を受けた後でなければ、当該新築に係る建築物又は当該避難施設等に関する工事に係る建築物若しくは建築物の部分を使用し、又は使用させてはならない。ただし、次の各号のいずれかに該当する場合には、検査済証の交付を受ける前においても、仮に、当該建築物又は建築物の部分を使用し、又は使用させることができる。

一　特定行政庁が、安全上、防火上及び避難上支障がないと認めたとき。

二　建築主事等（当該建築物又は建築物の部分が大規模建築物又はその部分に該当する場合にあつては、建築主事）又は第七条の二第一項の規定による指定を受けた者が、安全上、防火上及び避難上支障がないものとして国土交通大臣が定める基準に適合していることを認めたとき。

三　第七条第一項の規定による申請が受理された日（第七条の二第一項の規定による指定を受けた者が同項の規定による検査の引受けを行つた場合にあつては、当該検査の引受けに係る工事が完了した日又は当該検査の引受けを行つた日のいずれか遅い日）から七日を経過したとき。

2　前項第一号及び第二号の規定による認定の申請の手続に関し必要な事項は、国土交通省令で定める。

3　第七条の二第一項の規定による指定を受けた者は、第一項第二号の規定による認定をしたときは、国土交通省令で定める期間内に、国土交通省令で定めるところにより、仮使用認定報告書を作成し、同号の規定による認定をした建築物に関する国土交通省令で定める書類を添えて、これを特定行政庁に提出しなければならない。

4　特定行政庁は、前項の規定による仮使用認定報告書の提出を受けた場合において、第一項第二号の規定による認定を受けた建築物が同号の国土交通大臣が定める基準に適合しないと認めるときは、当該建築物の建築主及び当該認定を行つた第七条の二第一項の規定による指定を受けた者にその旨を通知しなければならない。この場合において、当該認定は、その効力を失う。

（違反建築物に対する措置）

第九条　特定行政庁は、建築基準法令の規定又はこの法律の規定に基づく許可に付した条件に違反した建築物又は建築物の敷地については、当該建築物の建築主、当該建築物に関する工事の請負人（請負工事の下請人を含む。）若しくは現場管理者又は当該建築物若しくは建築物の敷地の所有者、管理者若しくは占有者に対して、当該工事の施工の停止を命じ、又は、相当の猶予期限を付けて、当該建築物の除却、移転、改築、増築、修繕、模様替、使用禁止、使用制限その他これらの規定又は条件に対する違反を是正するために必要な措置をとることを命ずることができる。

2　特定行政庁は、前項の措置を命じようとする場合においては、あらかじめ、その措置を命じようとする者に対して、その命じようとする措置及びその事由並びに意見書の提出先及び提出期限を記載した通知書を交付して、その措置を命じようとする者又はその代理人に意見書及び自己に有利な証拠を提出する機会を与えなければならない。

3　前項の通知書の交付を受けた者は、その交付を受けた日から三日以内に、特定行政庁に対して、意見書の提出に代えて公開による意見の聴取を行うことを請求することができる。

4　特定行政庁は、前項の規定による意見の聴取の請求があつた場合においては、第一項の措置を命じようとする者又はその代理人の出頭を求めて、公開による意見の聴取を行わなければならない。

5　特定行政庁は、前項の規定による意見の聴取を行う場合においては、第一項の規定によつて命じようとする措置並びに意見の聴取の期日及び場所を、期日の二日前までに、前項に規定する者に通知するとともに、これを公告しなければならない。

6　第四項に規定する者は、意見の聴取に際して、証人を出席させ、かつ、自己に有利な証拠を提出することができる。

7　特定行政庁は、緊急の必要がある場合においては、前五項の規定にかかわらず、これらに定める手続によらないで、仮に、使用禁止又は使用制限の命令をすることができる。

8　前項の命令を受けた者は、その命令を受けた日から三日以内に、特定行政庁に対して公開による意見の聴取を行うことを請求することができる。この場合においては、第四項から第六項までの規定を準用する。ただし、意見の聴取は、その請求があつた日から五日以内に行わなければならない。

9　特定行政庁は、前項の意見の聴取の結果に基づいて、第七項の規定によつて仮にした命令が不当でないと認めた場合においては、第一項の命令をすることができる。意見の聴取の結果、第七項の規定によつて仮にした命令が不当であると認めた場合においては、直ちに、その命令を取り消さなければならない。

10　特定行政庁は、建築基準法令の規定又はこの法律の規定に基づく許可に付した条件に違反することが明らかな建築、修繕又は模様替の工事中の建築物については、緊急の必要があつて第二項から第六項までに定める手続によることができない場合に限り、これらの手続によらないで、当該建築物の建築主又は当該工事の請負人（請負工事の下請人を含む。）若しくは現場管理者に対して、当該工事の施工の停止を命ずることができる。この場合において、これらの者が当該工事の現場にいないときは、当該工事に従事する者に対して、当該工事に係る作業の停止を命ずることができる。

11　第一項の規定により必要な措置を命じようとする場合において、過失がなくてその措置を命ぜられるべき者を確知することができず、かつ、その違反を放置することが著しく公益に反すると認められるときは、特定行政庁は、その者の負担において、その措置を自ら行い、又はその命じた者若しくは委任した者に行わせることができる。この場合においては、相当の期限を定めて、その措置を行うべき旨及びその期限までにその措置を行わないときは、特定行政庁又はその命じた者若しくは委任した者がその措置を行うべき旨をあらかじめ公告しなければならない。

12　特定行政庁は、第一項の規定により必要な措置を命じた場合において、その措置を命ぜられた者がその措置を履行しないとき、履行しても十分でないとき、又は履行しても同項の期限までに完了する見込みがないときは、行政代執行法（昭和二十三年法律第四十三号）の定めるところに従い、みずから義務者のなすべき行為をし、又は第三者をしてこれをさせることができる。

13　特定行政庁は、第一項又は第十項の規定による命令をした場合（建築監視員が第十項の規定による命令をした場合を含む。）においては、標識の設置その他国土交通省令で定める方法により、その旨を公示しなければならない。

14　前項の標識は、第一項又は第十項の規定による命令に係る建築物又は建築物の敷地内に設置することができる。この場合においては、第一項又は第十項の規定による命令に係る建築物又は建築物の敷地の所有者、管理者又は占有者は、当該標識の設置を拒み、又は妨げてはならない。

15　第一項、第七項又は第十項の規定による命令については、行政手続法（平成五年法律第八十八号）第三章（第十二条及び第十四条を除く。）の規定は、適用しない。

（建築監視員）

第九条の二　特定行政庁は、政令で定めるところにより、当該市町村又は都道府県の職員のうちから建築監視員を命じ、前条第七項及び第十項に規定する特定行政庁の権限を行なわせることができる。

（違反建築物の設計者等に対する措置）

第九条の三　特定行政庁は、第九条第一項又は第十項の規定による命令をした場合（建築監視員が同条第十項の規定による命令をした場合を含む。）においては、国土交通省令で定めるところにより、当該命令に係る建築物の設計者、工事監理者若しくは工事の請負人（請負工事の下請人を含む。次項において同じ。）若しくは当該建築物について宅地建物取引業に係る取引をした宅地建物取引業者又は当該命令に係る浄化槽の製造業者の氏名又は名称及び住所その他国土交通省令で定める事項を、建築士法、建設業法（昭和二十四年法律第百号）、浄化槽法（昭和五十八年法律第四十三号）又は宅地建物取引業法（昭和二十七年法律第百七十六号）の定めるところによりこれらの者を監督する国土交通大臣又は都道府県知事に通知しなければならない。

2　国土交通大臣又は都道府県知事は、前項の規定による通知を受けた場合においては、遅滞なく、当該通知に係る者について、建築士法、建設業法、浄化槽法又は宅地建物取引業法による免許又は許可の取消し、業務の停止の処分その他必要な措置を講ずるものとし、その結果を同項の規定による通知をした特定行政庁に通知しなければならない。

（保安上危険な建築物等の所有者等に対する指導及び助言）

第九条の四　特定行政庁は、建築物の敷地、構造又は建築設備（いずれも第三条第二項の規定により次章の規定又はこれに基づく命令若しくは条例の規定の適用を受けないものに限る。）について、損傷、腐食その他の劣化が生じ、そのまま放置すれば保安上危険となり、又は衛生上有害となるおそれがあると認める場合においては、当該建築物又はその敷地の所有者、管理者又は占有者に対して、修繕、防腐措置その他当該建築物又はその敷地の維持保全に関し必要な指導及び助言をすることができる。

（著しく保安上危険な建築物等の所有者等に対する勧告及び命令）

第一〇条　特定行政庁は、第六条第一項第一号に掲げる建築物その他政令で定める建築物の敷地、構造又は建築設備（いずれも第三条第二項の規定により次章の規定又はこれに基づく命令若しくは条例の規定の適用を受けないものに限る。）について、損傷、腐食その他の劣化が進み、そのまま放置すれば著しく保安上危険となり、又は著しく衛生上有害となるおそれがあると認める場合においては、当該建築物又はその敷地の所有者、管理者又は占有者に対して、相当の猶予期限を付けて、当該建築物の除却、移転、改築、増築、修繕、模様替、使用中止、使用制限その他保安上又は衛生上必要な措置をとることを勧告することができる。

2　特定行政庁は、前項の勧告を受けた者が正当な理由がなくてその勧告に係る措置をとらなかつた場合において、特に必要があると認めるときは、その者に対し、相当の猶予期限を付けて、その勧告に係る措置をとることを命ずることができる。

3　前項の規定による場合のほか、特定行政庁は、建築物の敷地、構造又は建築設備（いずれも第三条第二項の規定により次章の規定又はこれに基づく命令若しくは条例の規定の適用を受けないものに限る。）が著しく保安上危険であり、又は著しく衛生上有害であると認める場合においては、当該建築物又はその敷地の所有者、管理者又は占有者に対して、相当の猶予期限を付けて、当該建築物の除却、移転、改築、増築、修繕、模様替、使用禁止、使用制限その他保安上又は衛生上必要な措置をとることを命ずることができる。

4　第九条第二項から第九項まで及び第十一項から第十五項までの規定は、前二項の場合に準用する。

（第三章の規定に適合しない建築物に対する措置）

第一一条　特定行政庁は、建築物の敷地、構造、建築設備又は用途（いずれも第三条第二項（第八十六条の九第一項において準用する場合を含む。）の規定により第三章の規定又はこれに基づく命令若しくは条例の規定の適用を受けないものに限る。）が公益上著しく支障があると認める場合においては、当該建築物の所在地の市町村の議会の同意を得た場合に限り、当該建築物の所有者、管理者又は占有者に対して、相当の猶予期限を付けて、当該建築物の除却、移転、修繕、模様替、使用禁止又は使用制限を命ずることができる。この場合においては、当該建築物の所在地の市町村は、当該命令に基づく措置によつて通常生ずべき損害を時価によつて補償しなければならない。

2　前項の規定によつて補償を受けることができる者は、その補償金額に不服がある場合においては、政令の定める手続によつて、その決定の通知を受けた日から一月以内に土地収用法（昭和二十六年法律第二百十九号）第九十四条第二項の規定による収用委員会の裁決を求めることができる。

（報告、検査等）

第一二条　第六条第一項第一号に掲げる建築物で安全上、防火上又は衛生上特に重要であるものとして政令で定めるもの（国、都道府県及び建築主事を置く市町村が所有し、又は管理する建築物（以下この項及び第三項において「国等の建築物」という。）を除く。）及び当該政令で定めるもの以外の特定建築物（同号に掲げる建築物その他政令で定める建築物をいう。以下この条において同じ。）で特定行政庁が指定するもの（国等の建築物を除く。）の所有者（所有者と管理者が異なる場合においては、管理者。第三項において同じ。）は、これらの建築物の敷地、構造及び建築設備について、国土交通省令で定めるところにより、定期に、一級建築士若しくは二級建築士又は建築物調査員資格者証の交付を受けている者（次項及び次条第三項において「建築物調査員」という。）にその状況の調査（これらの建築物の敷地及び構造についての損傷、腐食その他の劣化の状況の点検を含み、これらの建築物の建築設備及び防火戸その他の政令で定める防火設備（以下「建築設備等」という。）についての第三項の検査を除く。）をさせて、その結果を特定行政庁に報告しなければならない。

2　国、都道府県又は建築主事を置く市町村が所有し、又は管理する特定建築物の管理者である国、都道府県若しくは市町村の機関の長又はその委任を受けた者（以下この章において「国の機関の長等」という。）は、当該特定建築物の敷地及び構造について、国土交通省令で定めるところにより、定期に、一級建築士若しくは二級建築士又は建築物調査員に、損傷、腐食その他の劣化の状況の点検（当該特定建築物の防火戸その他の前項の政令で定める防火設備についての第四項の点検を除く。）をさせなければならない。ただし、当該特定建築物（第六条第一項第一号に掲げる建築物で安全上、防火上又は衛生上特に重要であるものとして前項の政令で定めるもの及び同項の規定により特定行政庁が指定するものを除く。）のうち特定行政庁が安全上、防火上及び衛生上支障がないと認めて建築審査会の同意を得て指定したものについては、この限りでない。

3　特定建築設備等（昇降機及び特定建築物の昇降機以外の建築設備等をいう。以下この項及び次項において同じ。）で安全上、防火上又は衛生上特に重要であるものとして政令で定めるもの（国等の建築物に設けるものを除く。）及び当該政令で定めるもの以外の特定建築設備等で特定行政庁が指定するもの（国等の建築物に設けるものを除く。）の所有者は、これらの特定建築設備等について、国土交通省令で定めるところにより、定期に、一級建築士若しくは二級建築士又は建築設備等検査員資格者証の交付を受けている者（次項及び第十二条の三第二項において「建築設備等検査員」という。）に検査（これらの特定建築設備等についての損傷、腐食その他の劣化の状況の点検を含む。）をさせて、その結果を特定行政庁に報告しなければならない。

4　国の機関の長等は、国、都道府県又は建築主事を置く市町村が所有し、又は管理する建築物の特定建築設備等について、国土交通省令で定めるところにより、定期に、一級建築士若しくは二級建築士又は建築設備等検査員に、損傷、腐食その他の劣化の状況の点検をさせなければならない。ただし、当該特定建築設備等（前項の政令で定めるもの及び同項の規定により特定行政庁が指定するものを除く。）のうち特定行政庁が安全上、防火上及び衛生上支障がないと認めて建築審査会の同意を得て指定したものについては、この限りでない。

5　特定行政庁、建築主事等又は建築監視員は、次に掲げる者に対して、建築物の敷地、構造、建築設備若しくは用途、建築材料若しくは建築設備その他の建築物の部分（以下「建築材料等」という。）の受取若しくは引渡しの状況、建築物に関する工事の計画若しくは施工の状況又は建築物の敷地、構造若しくは建築設備に関する調査（以下「建築物に関する調査」という。）の状況に関する報告を求めることができる。

一　建築物若しくは建築物の敷地の所有者、管理者若しくは占有者、建築主、設計者、建築材料等を製造した者、工事監理者、工事施工者又は建築物に関する調査をした者

二　第七十七条の二十一第一項の指定確認検査機関

三　第七十七条の三十五の五第一項の指定構造計算適合性判定機関

6　特定行政庁又は建築主事等にあつては第六条第四項、第六条の二第六項、第七条第四項、第七条の三第四項、第九条第一項、第十項若しくは第十三項、第十条第一項から第三項まで、前条第一項又は第九十条の二第一項の規定の施行に必要な限度において、建築監視員にあつては第九条第十項の規定の施行に必要な限度において、当該建築物若しくは建築物の敷地の所有者、管理者若しくは占有者、建築主、設計者、建築材料等を製造した者、工事監理者、工事施工者又は建築物に関する調査をした者に対し、帳簿、書類その他の物件の提出を求めることができる。

7　建築主事等又は特定行政庁の命令若しくは建築主事等の委任を受けた当該市町村若しくは都道府県の職員にあつては第六条第四項、第六条の二第六項、第七条第四項、第七条の三第四項、第九条第一項、第十項若しくは第十三項、第十条第一項から第三項まで、前条第一項又は第九十条の二第一項の規定の施行に必要な限度において、建築監視員にあつては第九条第十項の規定の施行に必要な限度において、当該建築物、建築物の敷地、建築材料等を製造した者の工場、営業所、事務所、倉庫その他の事業場、建築工事場又は建築物に関する調査をした者の営業所、事務所その他の事業場に立ち入り、建築物、建築物の敷地、建築設備、建築材料、建築材料等の製造に関係がある物件、設計図書その他建築物に関する工事に関係がある物件若しくは建築物に関する調査に関係がある物件を検査し、若しくは試験し、又は建築物若しくは建築物の敷地の所有者、管理者若しくは占有者、建築主、設計者、建築材料等を製造した者、工事監理者、工事施工者若しくは建築物に関する調査をした者に対し必要な事項について質問することができる。ただし、住居に立ち入る場合においては、あらかじめ、その居住者の承諾を得なければならない。

8　特定行政庁は、確認その他の建築基準法令の規定による処分並びに第一項及び第三項の規定による報告に係る建築物の敷地、構造、建築設備又は用途に関する台帳を整備し、かつ、当該台帳（当該処分及び当該報告に関する書類で国土交通省令で定めるものを含む。）を保存しなければならない。

9　前項の台帳の記載事項その他その整備に関し必要な事項及び当該台帳（同項の国土交通省令で定める書類を含む。）の保存期間その他その保存に関し必要な事項は、国土交通省令で定める。

（国、都道府県又は建築主事を置く市町村の建築物に対する確認、検査又は是正措置に関する手続の特例）

第一八条　国、都道府県又は建築主事を置く市町村の建築物及び建築物の敷地については、第六条から第七条の六まで、第九条から第九条の三まで、第十条及び第九十条の二の規定は、適用しない。この場合においては、次項から第二十五項までの規定に定めるところによる。

2　第六条第一項の規定によつて建築し、又は大規模の修繕若しくは大規模の模様替をしようとする建築物の建築主が国、都道府県又は建築主事を置く市町村である場合においては、当該国の機関の長等は、当該工事に着手する前に、その計画を建築主事等（当該計画が

大規模建築物に係るものである場合にあつては、建築主事）に通知しなければならない。ただし、防火地域及び準防火地域外において建築物を増築し、改築し、又は移転しようとする場合（当該増築、改築又は移転に係る部分の床面積の合計が十平方メートル以内である場合に限る。）においては、この限りでない。

3　建築主事等は、前項の通知を受けた場合においては、第六条第四項に定める期間内に、当該通知に係る建築物の計画が建築基準関係規定（第六条の四第一項第一号若しくは第二号に掲げる建築物の建築、大規模の修繕若しくは大規模の模様替又は同項第三号に掲げる建築物の建築について通知を受けた場合にあつては、同項の規定により読み替えて適用される第六条第一項に規定する建築基準関係規定。以下この項及び第十四項において同じ。）に適合するかどうかを審査し、審査の結果に基づいて、建築基準関係規定に適合することを認めたときは、当該通知をした国の機関の長等に対して確認済証を交付しなければならない。

4　国の機関の長等は、第二項の場合において、同項の通知に係る建築物の計画が特定構造計算基準又は特定増改築構造計算基準に適合するかどうかの前項に規定する審査（以下この項及び次項において「審査」という。）を要するものであるときは、当該建築物の計画を都道府県知事に通知し、構造計算適合性判定を求めなければならない。ただし、当該建築物の計画に係る審査が次の各号に掲げる審査である場合において、当該審査を構造計算に関する高度の専門的知識及び技術を有する者として当該各号に掲げる審査の区分に応じて国土交通省令で定める要件を備える者である建築主事等がするときは、この限りでない。

一　当該建築物の計画が特定構造計算基準のうち第二十条第一項第二号イの政令で定める基準に従つた構造計算で同号イに規定する方法によるものによつて確かめられる安全性を有することに係る部分であつて審査が比較的容易にできるものとして政令で定めるもの又は特定増改築構造計算基準のうち審査が比較的容易にできるものとして政令で定めるものに適合するかどうかの審査

二　当該建築物の計画（第二十条第一項第四号に掲げる建築物に係るもののうち、構造設計一級建築士の構造設計に基づくもの又は当該建築物が構造関係規定に適合することを構造設計一級建築士が確認した構造設計に基づくものに限る。）が特定構造計算基準又は特定増改築構造計算基準に適合するかどうかの審査（前号に掲げる審査に該当するものを除く。）

5　都道府県知事は、前項の通知を受けた場合において、当該通知に係る建築物の計画が建築基準関係規定に適合するものであることについて当該都道府県に置かれた建築主事等が審査をするときは、当該建築主事等を当該通知に係る構造計算適合性判定に関する事務に従事させてはならない。

6　都道府県知事は、特別な構造方法の建築物の計画について第四項の構造計算適合性判定を行うに当たつて必要があると認めるときは、当該構造方法に係る構造計算に関して専門的な識見を有する者の意見を聴くものとする。

7　都道府県知事は、第四項の通知を受けた場合においては、その通知を受けた日から十四日以内に、当該通知に係る構造計算適合性判定の結果を記載した通知書を当該通知をした国の機関の長等に交付しなければならない。

8　都道府県知事は、前項の場合（第四項の通知に係る建築物の計画が特定構造計算基準（第二十条第一項第二号イの政令で定める基準に従つた構造計算で同号イに規定する方法によるものによつて確かめられる安全性を有することに係る部分に限る。）に適合するかどうかの判定を求められた場合その他国土交通省令で定める場合に限る。）において、前項の期間内に当該通知をした国の機関の長等に同項の通知書を交付することができない合理的な理由があるときは、三十五日の範囲内において、同項の期間を延長することができる。この場合においては、その旨及びその延長する期間並びにその期間を延長する理由を記載した通知書を同項の期間内に当該通知をした国の機関の長等に交付しなければならない。

9 都道府県知事は、第七項の場合において、第四項の通知の記載によつては当該建築物の計画が特定構造計算基準又は特定増改築構造計算基準に適合するかどうかを決定することができない正当な理由があるときは、その旨及びその理由を記載した通知書を第七項の期間（前項の規定により第七項の期間を延長した場合にあつては、当該延長後の期間）内に当該通知をした国の機関の長等に交付しなければならない。

10 国の機関の長等は、第七項の規定により同項の通知書の交付を受けた場合において、当該通知書が適合判定通知書であるときは、第三項の規定による審査をする建築主事等に、当該適合判定通知書又はその写しを提出しなければならない。ただし、当該建築物の計画に係る第十四項の通知書の交付を受けた場合は、この限りでない。

11 国の機関の長等は、前項の場合において、第三項の期間（第十三項の規定により第三項の期間が延長された場合にあつては、当該延長後の期間）の末日の三日前までに、前項の適合判定通知書又はその写しを当該建築主事等に提出しなければならない。

12 建築主事等は、第三項の場合において、第二項の通知に係る建築物の計画が第四項の構造計算適合性判定を要するものであるときは、当該通知をした国の機関の長等から第十項の適合判定通知書又はその写しの提出を受けた場合に限り、第三項の確認済証を交付することができる。

13 建築主事等は、第三項の場合（第二項の通知に係る建築物の計画が特定構造計算基準（第二十条第一項第二号イの政令で定める基準に従つた構造計算で同号イに規定する方法によるものによつて確かめられる安全性を有することに係る部分に限る。）に適合するかどうかを審査する場合その他国土交通省令で定める場合に限る。）において、第三項の期間内に当該通知をした国の機関の長等に同項の確認済証を交付することができない合理的な理由があるときは、三十五日の範囲内において、同項の期間を延長することができる。この場合においては、その旨及びその延長する期間並びにその期間を延長する理由を記載した通知書を同項の期間内に当該通知をした国の機関の長等に交付しなければならない。

14 建築主事等は、第三項の場合において、第二項の通知に係る建築物の計画が建築基準関係規定に適合しないことを認めたとき、又は建築基準関係規定に適合するかどうかを決定することができない正当な理由があるときは、その旨及びその理由を記載した通知書を第三項の期間（前項の規定により第三項の期間を延長した場合にあつては、当該延長後の期間）内に当該通知をした国の機関の長等に交付しなければならない。

15 第二項の通知に係る建築物の建築、大規模の修繕又は大規模の模様替の工事は、第三項の確認済証の交付を受けた後でなければすることができない。

16 国の機関の長等は、当該工事を完了した場合においては、その旨を、工事が完了した日から四日以内に到達するように、建築主事等（当該工事が大規模建築物に係るものである場合にあつては、建築主事。第十九項において同じ。）に通知しなければならない。

17 建築主事等が前項の規定による通知を受けた場合においては、検査実施者は、その通知を受けた日から七日以内に、その通知に係る建築物及びその敷地が建築基準関係規定（第七条の五に規定する建築物の建築、大規模の修繕又は大規模の模様替の工事について通知を受けた場合にあつては、第六条の四第一項の規定により読み替えて適用される第六条第一項に規定する建築基準関係規定。以下この条において同じ。）に適合しているかどうかを検査しなければならない。

18 検査実施者は、前項の規定による検査をした場合において、当該建築物及びその敷地が建築基準関係規定に適合していることを認めたときは、国の機関の長等に対して検査済証を交付しなければならない。

19 国の機関の長等は、当該工事が特定工程を含む場合において、当該特定工程に係る工事を終えたときは、その都度、その旨を、その日から四日以内に到達するように、建築主事等に通知しなければならない。

20 建築主事等が前項の規定による通知を受けた場合においては、検査実施者は、その通知を受けた日から四日以内に、当該通知に係る工事中の建築物等について、検査前に施工された工事に係る建築物の部分及びその敷地が建築基準関係規定に適合するかどうかを検査しなければならない。

21 検査実施者は、前項の規定による検査をした場合において、工事中の建築物等が建築基準関係規定に適合することを認めたときは、国土交通省令で定めるところにより、国の機関の長等に対して当該特定工程に係る中間検査合格証を交付しなければならない。

22 特定工程後の工程に係る工事は、前項の規定による当該特定工程に係る中間検査合格証の交付を受けた後でなければ、これを施工してはならない。

23 検査実施者は、第二十項の規定による検査において建築基準関係規定に適合することを認められた工事中の建築物等について、第十七項又は第二十項の規定による検査をするときは、同項の規定による検査において建築基準関係規定に適合することを認められた建築物の部分及びその敷地については、これらの規定による検査をすることを要しない。

24 第六条第一項第一号若しくは第二号に掲げる建築物を新築する場合又はこれらの建築物（共同住宅以外の住宅及び居室を有しない建築物を除く。）の増築、改築、移転、大規模の修繕若しくは大規模の模様替の工事で避難施設等に関する工事を含むものをする場合においては、第十八項の検査済証の交付を受けた後でなければ、当該新築に係る建築物又は当該避難施設等に関する工事に係る建築物若しくは建築物の部分を使用し、又は使用させてはならない。ただし、次の各号のいずれかに該当する場合には、検査済証の交付を受ける前においても、仮に、当該建築物又は建築物の部分を使用し、又は使用させることができる。

一 特定行政庁が、安全上、防火上又は避難上支障がないと認めたとき。

二 建築主事等（当該建築物又は建築物の部分が大規模建築物又はその部分に該当する場合にあつては、建築主事）が、安全上、防火上及び避難上支障がないものとして国土交通大臣が定める基準に適合していることを認めたとき。

三 第十六項の規定による通知をした日から七日を経過したとき。

25 特定行政庁は、国、都道府県又は建築主事を置く市町村の建築物又は建築物の敷地が第九条第一項、第十条第一項若しくは第三項又は第九十条の二第一項の規定に該当すると認める場合においては、直ちに、その旨を当該建築物又は建築物の敷地を管理する国の機関の長等に通知し、これらの規定に掲げる必要な措置をとるべきことを要請しなければならない。

第二章　建築物の敷地、構造及び建築設備

（**大規模の建築物の主要構造部等**）

第二十一条 次の各号のいずれかに該当する建築物（その主要構造部（床、屋根及び階段を除く。）の政令で定める部分の全部又は一部に木材、プラスチックその他の可燃材料を用いたものに限る。）は、その特定主要構造部を通常火災終了時間（建築物の構造、建築

設備及び用途に応じて通常の火災が消火の措置により終了するまでに通常要する時間をいう。）が経過するまでの間当該火災による建築物の倒壊及び延焼を防止するために特定主要構造部に必要とされる性能に関して政令で定める技術的基準に適合するもので、国土交通大臣が定めた構造方法を用いるもの又は国土交通大臣の認定を受けたものとしなければならない。ただし、その周囲に延焼防止上有効な空地で政令で定める技術的基準に適合するものを有する建築物については、この限りでない。

一　地階を除く階数が四以上である建築物

二　高さが十六メートルを超える建築物

三　別表第一(い)欄(五)項又は(六)項に掲げる用途に供する特殊建築物で、高さが十三メートルを超えるもの

2　延べ面積が三千平方メートルを超える建築物（その主要構造部（床、屋根及び階段を除く。）の前項の政令で定める部分の全部又は一部に木材、プラスチックその他の可燃材料を用いたものに限る。）は、その壁、柱、床その他の建築物の部分又は防火戸その他の政令で定める防火設備を通常の火災時における火熱が当該建築物の周囲に防火上有害な影響を及ぼすことを防止するためにこれらに必要とされる性能に関して政令で定める技術的基準に適合するもので、国土交通大臣が定めた構造方法を用いるもの又は国土交通大臣の認定を受けたものとしなければならない。

3　前二項に規定する基準の適用上一の建築物であつても別の建築物とみなすことができる部分として政令で定める部分が二以上ある建築物の当該建築物の部分は、これらの規定の適用については、それぞれ別の建築物とみなす。

（屋根）

第二二条　特定行政庁が防火地域及び準防火地域以外の市街地について指定する区域内にある建築物の屋根の構造は、通常の火災を想定した火の粉による建築物の火災の発生を防止するために屋根に必要とされる性能に関して建築物の構造及び用途の区分に応じて政令で定める技術的基準に適合するもので、国土交通大臣が定めた構造方法を用いるもの又は国土交通大臣の認定を受けたものとしなければならない。ただし、茶室、あずまやその他これらに類する建築物又は延べ面積が十平方メートル以内の物置、納屋その他これらに類する建築物の屋根の延焼のおそれのある部分以外の部分については、この限りでない。

2　特定行政庁は、前項の規定による指定をする場合においては、あらかじめ、都市計画区域内にある区域については都道府県都市計画審議会（市町村都市計画審議会が置かれている市町村の長たる特定行政庁が行う場合にあつては、当該市町村都市計画審議会。第五十一条を除き、以下同じ。）の意見を聴き、その他の区域については関係市町村の同意を得なければならない。

（外壁）

第二三条　前条第一項の市街地の区域内にある建築物（その主要構造部の第二十一条第一項の政令で定める部分が木材、プラスチックその他の可燃材料で造られたもの（第二十五条及び第六十一条第一項において「木造建築物等」という。）に限る。）は、その外壁で延焼のおそれのある部分の構造を、準防火性能（建築物の周囲において発生する通常の火災による延焼の抑制に一定の効果を発揮するために外壁に必要とされる性能をいう。）に関して政令で定める技術的基準に適合する土塗壁その他の構造で、国土交通大臣が定めた構造方法を用いるもの又は国土交通大臣の認定を受けたものとしなければならない。

（建築物が第二十二条第一項の市街地の区域の内外にわたる場合の措置）

第二四条　建築物が第二十二条第一項の市街地の区域の内外にわたる

場合においては、その全部について同項の市街地の区域内の建築物に関する規定を適用する。

（大規模の木造建築物等の外壁等）

第二五条　延べ面積（同一敷地内に二以上の木造建築物等がある場合においては、その延べ面積の合計）が千平方メートルを超える木造建築物等は、その外壁及び軒裏で延焼のおそれのある部分を防火構造とし、その屋根の構造を第二十二条第一項に規定する構造としなければならない。

（防火壁等）

第二六条　延べ面積が千平方メートルを超える建築物は、防火上有効な構造の防火壁又は防火床によつて有効に区画し、かつ、各区画における床面積の合計をそれぞれ千平方メートル以内としなければならない。ただし、次の各号のいずれかに該当する建築物については、この限りでない。

一　耐火建築物又は準耐火建築物

二　卸売市場の上家、機械製作工場その他これらと同等以上に火災の発生のおそれが少ない用途に供する建築物で、次のイ又はロのいずれかに該当するもの

イ　主要構造部が不燃材料で造られたものその他これに類する構造のもの

ロ　構造方法、主要構造部の防火の措置その他の事項について防火上必要な政令で定める技術的基準に適合するもの

三　畜舎その他の政令で定める用途に供する建築物で、その周辺地域が農業上の利用に供され、又はこれと同様の状況にあつて、その構造及び用途並びに周囲の状況に関し避難上及び延焼防止上支障がないものとして国土交通大臣が定める基準に適合するもの

2　防火上有効な構造の防火壁又は防火床によつて他の部分と有効に区画されている部分（以下この項において「特定部分」という。）を有する建築物であつて、当該建築物の特定部分が次の各号のいずれかに該当し、かつ、当該特定部分の外壁の開口部で延焼のおそれのある部分に第二条第九号の二ロに規定する防火設備を有するものに係る前項の規定の適用については、当該建築物の特定部分及び他の部分をそれぞれ別の建築物とみなし、かつ、当該特定部分を同項第一号に該当する建築物とみなす。

一　当該特定部分の特定主要構造部が耐火構造であるもの又は第二条第九号の二イ⑵に規定する性能と同等の性能を有するものとして国土交通大臣が定める基準に適合するもの

二　当該特定部分の主要構造部が準耐火構造であるもの又はこれと同等の準耐火性能を有するものとして国土交通大臣が定める基準に適合するもの（前号に該当するものを除く。）

（耐火建築物等としなければならない特殊建築物）

第二七条　次の各号のいずれかに該当する特殊建築物は、その特定主要構造部を当該特殊建築物に存する者の全てが当該特殊建築物から地上までの避難を終了するまでの間通常の火災による建築物の倒壊及び延焼を防止するために特定主要構造部に必要とされる性能に関して政令で定める技術的基準に適合するもので、国土交通大臣が定めた構造方法を用いるもの又は国土交通大臣の認定を受けたものとし、かつ、その外壁の開口部であつて建築物の他の部分から当該開口部へ延焼するおそれがあるものとして政令で定めるものに、防火戸その他の政令で定める防火設備（その構造が遮炎性能に関して政令で定める技術的基準に適合するもので、国土交通大臣が定めた構造方法を用いるもの又は国土交通大臣の認定を受けたものに限る。）を設けなければならない。

一　別表第一（ろ）欄に掲げる階を同表（い）欄㈠項から㈣項までに掲げる用途に供するもの（階数が三で延べ面積が二百平方メートル未満のもの（同表（ろ）欄に掲げる階を同表（い）欄㈡項に掲げる用途で政令で定めるものに供するものにあつては、政令で定める技術的基準に従つて警報設備を設けたものに限る。）を除く。）

二　別表第一(い)欄(一)項から(四)項までに掲げる用途に供するもので、その用途に供する部分（同表(一)項の場合にあつては客席、同表(二)項及び(四)項の場合にあつては二階の部分に限り、かつ、病院及び診療所についてはその部分に患者の収容施設がある場合に限る。）の床面積の合計が同表(は)欄の当該各項に該当するもの
三　別表第一(い)欄(四)項に掲げる用途に供するもので、その用途に供する部分の床面積の合計が三千平方メートル以上のもの
四　劇場、映画館又は演芸場の用途に供するもので、主階が一階にないもの（階数が三以下で延べ面積が二百平方メートル未満のものを除く。）
2　次の各号のいずれかに該当する特殊建築物は、耐火建築物としなければならない。
一　別表第一(い)欄(五)項に掲げる用途に供するもので、その用途に供する三階以上の部分の床面積の合計が同表(は)欄(五)項に該当するもの
二　別表第一(ろ)欄(六)項に掲げる階を同表(い)欄(六)項に掲げる用途に供するもの
3　次の各号のいずれかに該当する特殊建築物は、耐火建築物又は準耐火建築物（別表第一(い)欄(六)項に掲げる用途に供するものにあつては、第二条第九号の三ロに該当する準耐火建築物のうち政令で定めるものを除く。）としなければならない。
一　別表第一(い)欄(五)項又は(六)項に掲げる用途に供するもので、その用途に供する部分の床面積の合計が同表(に)欄の当該各項に該当するもの
二　別表第二(と)項第四号に規定する危険物（安全上及び防火上支障がないものとして政令で定めるものを除く。以下この号において同じ。）の貯蔵場又は処理場の用途に供するもの（貯蔵又は処理に係る危険物の数量が政令で定める限度を超えないものを除く。）
4　前三項に規定する基準の適用上一の建築物であつても別の建築物とみなすことができる部分として政令で定める部分が二以上ある建築物の当該建築物の部分は、これらの規定の適用については、それぞれ別の建築物とみなす。

（地階における住宅等の居室）
第二九条　住宅の居室、学校の教室、病院の病室又は寄宿舎の寝室で地階に設けるものは、壁及び床の防湿の措置その他の事項について衛生上必要な政令で定める技術的基準に適合するものとしなければならない。

（長屋又は共同住宅の各戸の界壁）
第三〇条　長屋又は共同住宅の各戸の界壁は、次に掲げる基準に適合するものとしなければならない。
一　その構造が、隣接する住戸からの日常生活に伴い生ずる音を衛生上支障がないように低減するために界壁に必要とされる性能に関して政令で定める技術的基準に適合するもので、国土交通大臣が定めた構造方法を用いるもの又は国土交通大臣の認定を受けたものであること。
二　小屋裏又は天井裏に達するものであること。
2　前項第二号の規定は、長屋又は共同住宅の天井の構造が、隣接する住戸からの日常生活に伴い生ずる音を衛生上支障がないように低減するために天井に必要とされる性能に関して政令で定める技術的基準に適合するもので、国土交通大臣が定めた構造方法を用いるもの又は国土交通大臣の認定を受けたものである場合においては、適用しない。

（電気設備）
第三二条　建築物の電気設備は、法律又はこれに基く命令の規定で電気工作物に係る建築物の安全及び防火に関するものの定める工法によつて設けなければならない。

（避雷設備）
第三三条　高さ二十メートルをこえる建築物には、有効に避雷設備を

設けなければならない。ただし、周囲の状況によつて安全上支障がない場合においては、この限りでない。

（昇降機）

第三四条 建築物に設ける昇降機は、安全な構造で、かつ、その昇降路の周壁及び開口部は、防火上支障がない構造でなければならない。

2 高さ三十一メートルをこえる建築物（政令で定めるものを除く。）には、非常用の昇降機を設けなければならない。

（特殊建築物等の避難及び消火に関する技術的基準）

第三五条 別表第一(い)欄(一)項から(四)項までに掲げる用途に供する特殊建築物、階数が三以上である建築物、政令で定める窓その他の開口部を有しない居室を有する建築物又は延べ面積（同一敷地内に二以上の建築物がある場合においては、その延べ面積の合計）が千平方メートルをこえる建築物については、廊下、階段、出入口その他の避難施設、消火栓、スプリンクラー、貯水槽その他の消火設備、排煙設備、非常用の照明装置及び進入口並びに敷地内の避難上及び消火上必要な通路は、政令で定める技術的基準に従つて、避難上及び消火上支障がないようにしなければならない。

（特殊建築物等の内装）

第三五条の二 別表第一(い)欄に掲げる用途に供する特殊建築物、階数が三以上である建築物、政令で定める窓その他の開口部を有しない居室を有する建築物、延べ面積が千平方メートルをこえる建築物又は建築物の調理室、浴室その他の室でかまど、こんろその他火を使用する設備若しくは器具を設けたものは、政令で定めるものを除き、政令で定める技術的基準に従つて、その壁及び天井（天井のない場合においては、屋根）の室内に面する部分の仕上げを防火上支障がないようにしなければならない。

（無窓の居室等の主要構造部）

第三五条の三 政令で定める窓その他の開口部を有しない居室は、その居室を区画する主要構造部を耐火構造とし、又は不燃材料で造らなければならない。ただし、別表第一(い)欄(一)項に掲げる用途に供するものについては、この限りでない。

（この章の規定を実施し、又は補足するため必要な技術的基準）

第三六条 居室の採光面積、天井及び床の高さ、床の防湿方法、階段の構造、便所、防火壁、防火床、防火区画、消火設備、避雷設備及び給水、排水その他の配管設備の設置及び構造並びに浄化槽、煙突及び昇降機の構造に関して、この章の規定を実施し、又は補足するために安全上、防火上及び衛生上必要な技術的基準は、政令で定める。

（建築材料の品質）

第三七条 建築物の基礎、主要構造部その他安全上、防火上又は衛生上重要である政令で定める部分に使用する木材、鋼材、コンクリートその他の建築材料として国土交通大臣が定めるもの（以下この条において「指定建築材料」という。）は、次の各号のいずれかに該当するものでなければならない。

一 その品質が、指定建築材料ごとに国土交通大臣の指定する日本産業規格又は日本農林規格に適合するもの

二 前号に掲げるもののほか、指定建築材料ごとに国土交通大臣が定める安全上、防火上又は衛生上必要な品質に関する技術的基準に適合するものであることについて国土交通大臣の認定を受けたもの

（特殊の構造方法又は建築材料）

第三八条 この章の規定及びこれに基づく命令の規定は、その予想しない特殊の構造方法又は建築材料を用いる建築物については、国土交通大臣がその構造方法又は建築材料がこれらの規定に適合するものと同等以上の効力があると認める場合においては、適用しない。

（災害危険区域）

第三九条 地方公共団体は、条例で、津波、高潮、出水等による危険

の著しい区域を災害危険区域として指定することができる。

2　災害危険区域内における住居の用に供する建築物の建築の禁止その他建築物の建築に関する制限で災害防止上必要なものは、前項の条例で定める。

（地方公共団体の条例による制限の附加）

第四〇条　地方公共団体は、その地方の気候若しくは風土の特殊性又は特殊建築物の用途若しくは規模に因り、この章の規定又はこれに基く命令の規定のみによつては建築物の安全、防火又は衛生の目的を充分に達し難いと認める場合においては、条例で、建築物の敷地、構造又は建築設備に関して安全上、防火上又は衛生上必要な制限を附加することができる。

第三章　都市計画区域等における建築物の敷地、構造、建築設備及び用途

第一節　総則

（適用区域）

第四一条の二　この章（第八節を除く。）の規定は、都市計画区域及び準都市計画区域内に限り、適用する。

第五節　防火地域及び準防火地域

（防火地域及び準防火地域内の建築物）

第六一条　防火地域又は準防火地域内にある建築物は、その外壁の開口部で延焼のおそれのある部分に防火戸その他の政令で定める防火設備を設け、かつ、壁、柱、床その他の建築物の部分及び当該防火設備を通常の火災による周囲への延焼を防止するためにこれらに必要とされる性能に関して防火地域及び準防火地域の別並びに建築物の規模に応じて政令で定める技術的基準に適合するもので、国土交通大臣が定めた構造方法を用いるもの又は国土交通大臣の認定を受けたものとしなければならない。ただし、門又は塀で、高さ二メートル以下のもの又は準防火地域内にある建築物（木造建築物等を除く。）に附属するものについては、この限りでない。

2　前項に規定する基準の適用上一の建築物であつても別の建築物とみなすことができる部分として政令で定める部分が二以上ある建築物の当該建築物の部分は、同項の規定の適用については、それぞれ別の建築物とみなす。

（屋根）

第六二条　防火地域又は準防火地域内の建築物の屋根の構造は、市街地における火災を想定した火の粉による建築物の火災の発生を防止するために屋根に必要とされる性能に関して建築物の構造及び用途の区分に応じて政令で定める技術的基準に適合するもので、国土交通大臣が定めた構造方法を用いるもの又は国土交通大臣の認定を受けたものとしなければならない。

（隣地境界線に接する外壁）

第六三条　防火地域又は準防火地域内にある建築物で、外壁が耐火構造のものについては、その外壁を隣地境界線に接して設けることができる。

（看板等の防火措置）

第六四条　防火地域内にある看板、広告塔、装飾塔その他これらに類する工作物で、建築物の屋上に設けるもの又は高さ三メートルを超えるものは、その主要な部分を不燃材料で造り、又は覆わなければならない。

（建築物が防火地域又は準防火地域の内外にわたる場合の措置）

第六五条　建築物が防火地域又は準防火地域とこれらの地域として指定されていない区域にわたる場合においては、その全部についてそれぞれ防火地域又は準防火地域内の建築物に関する規定を適用する。ただし、その建築物が防火地域又は準防火地域外において防火壁で区画されている場合においては、その防火壁外の部分については、この限りでない。

2　建築物が防火地域及び準防火地域にわたる場合においては、その全部について防火地域内の建築物に関する規定を適用する。ただし、建築物が防火地域外において防火壁で区画されている場合においては、その防火壁外の部分については、準防火地域内の建築物に関する規定を適用する。

（第三十八条の準用）

第六六条　第三十八条の規定は、その予想しない特殊の構造方法又は建築材料を用いる建築物に対するこの節の規定及びこれに基づく命令の規定の適用について準用する。

第五節の二　特定防災街区整備地区

（特定防災街区整備地区）

第六七条　特定防災街区整備地区内にある建築物は、耐火建築物等又は準耐火建築物等としなければならない。ただし、次の各号のいずれかに該当する建築物については、この限りでない。

一　延べ面積が五十平方メートル以内の平家建ての附属建築物で、外壁及び軒裏が防火構造のもの

二　卸売市場の上家、機械製作工場その他これらと同等以上に火災の発生のおそれが少ない用途に供する建築物で、主要構造部が不燃材料で造られたものその他これに類する構造のもの

三　高さ二メートルを超える門又は塀で、不燃材料で造られ、又は覆われたもの

四　高さ二メートル以下の門又は塀

2　建築物が特定防災街区整備地区と特定防災街区整備地区として指定されていない区域にわたる場合においては、その全部について、前項の規定を適用する。ただし、その建築物が特定防災街区整備地区外において防火壁で区画されている場合においては、その防火壁外の部分については、この限りでない。

3　特定防災街区整備地区内においては、建築物の敷地面積は、特定防災街区整備地区に関する都市計画において定められた建築物の敷地面積の最低限度以上でなければならない。ただし、次の各号のいずれかに該当する建築物の敷地については、この限りでない。

一　公衆便所、巡査派出所その他これらに類する建築物で公益上必要なもの

二　特定行政庁が用途上又は構造上やむを得ないと認めて許可したもの

4　第五十三条の二第三項の規定は、前項の都市計画において建築物の敷地面積の最低限度が定められ、又は変更された場合に準用する。この場合において、同条第三項中「第一項」とあるのは、「第六十七条第三項」と読み替えるものとする。

5　特定防災街区整備地区内においては、建築物の壁又はこれに代わる柱は、特定防災街区整備地区に関する都市計画において壁面の位置の制限が定められたときは、建築物の地盤面下の部分を除き、当該壁面の位置の制限に反して建築してはならない。ただし、次の各号のいずれかに該当する建築物については、この限りでない。

一　第三項第一号に掲げる建築物

二　学校、駅舎、卸売市場その他これらに類する公益上必要な建築物で、特定行政庁が用途上又は構造上やむを得ないと認めて許可したもの

6　特定防災街区整備地区内においては、その敷地が防災都市計画施設（密集市街地整備法第三十一条第二項に規定する防災都市計画施設をいう。以下この条において同じ。）に接する建築物の防災都市計画施設に係る間口率（防災都市計画施設に面する部分の長さの敷地の当該防災都市計画施設に接する部分の長さに対する割合をいう。以下この条において同じ。）及び高さは、特定防災街区整備地区に関する都市計画において建築物の防災都市計画施設に係る間口率の最低限度及び建築物の高さの最低限度が定められたときは、それぞれ、これらの最低限度以上でなければならない。

7　前項の場合においては、同項に規定する建築物の高さの最低限度より低い高さの建築物の部分（同項に規定する建築物の防災都市計画施設に係る間口率の最低限度を超える部分を除く。）は、空隙のない壁が設けられる等防火上有効な構造としなければならない。

8　前二項の建築物の防災都市計画施設に係る間口率及び高さの算定に関し必要な事項は、政令で定める。

9　前三項の規定は、次の各号のいずれかに該当する建築物については、適用しない。

一　第三項第一号に掲げる建築物

二　学校、駅舎、卸売市場その他これらに類する公益上必要な建築物で、特定行政庁が用途上又は構造上やむを得ないと認めて許可したもの

10　第四十四条第二項の規定は、第三項第二号、第五項第二号又は前項第二号の規定による許可をする場合に準用する。

（第三十八条の準用）

第六七条の二　第三十八条の規定は、その予想しない特殊の構造方法又は建築材料を用いる建築物に対する前条第一項及び第二項の規定の適用について準用する。

第六章　雑則

（簡易な構造の建築物に対する制限の緩和）

第八四条の二　壁を有しない自動車車庫、屋根を帆布としたスポーツの練習場その他の政令で指定する簡易な構造の建築物又は建築物の部分で、政令で定める基準に適合するものについては、第二十二条から第二十六条まで、第二十七条第一項及び第三項、第三十五条の二、第六十一条、第六十二条並びに第六十七条第一項の規定は、適用しない。

（仮設建築物に対する制限の緩和）

第八五条　非常災害があつた場合において、非常災害区域等（非常災害が発生した区域又はこれに隣接する区域で特定行政庁が指定するものをいう。第八十七条の三第一項において同じ。）内においては、災害により破損した建築物の応急の修繕又は次の各号のいずれかに該当する応急仮設建築物の建築でその災害が発生した日から一月以内にその工事に着手するものについては、建築基準法令の規定は、適用しない。ただし、防火地域内に建築する場合については、この限りでない。

一　国、地方公共団体又は日本赤十字社が災害救助のために建築するもの

二　被災者が自ら使用するために建築するもので延べ面積が三十平方メートル以内のもの

2　災害があつた場合において建築する停車場、官公署その他これらに類する公益上必要な用途に供する応急仮設建築物又は工事を施工するために現場に設ける事務所、下小屋、材料置場その他これらに類する仮設建築物については、第六条から第七条の六まで、第十二条第一項から第四項まで、第十五条、第十八条（第二十五項を除く。）、第十九条、第二十一条から第二十三条まで、第二十六条、第

三十一条、第三十三条、第三十四条第二項、第三十五条、第三十六条（第十九条、第二十一条、第二十六条、第三十一条、第三十三条、第三十四条第二項及び第三十五条に係る部分に限る。）、第三十七条、第三十九条及び第四十条の規定並びに第三章の規定は、適用しない。ただし、防火地域又は準防火地域内にある延べ面積が五十平方メートルを超えるものについては、第六十二条の規定の適用があるものとする。

3　前二項の応急仮設建築物を建築した者は、その建築工事を完了した後三月を超えて当該建築物を存続させようとする場合においては、その超えることとなる日前に、特定行政庁の許可を受けなければならない。ただし、当該許可の申請をした場合において、その超えることとなる日前に当該申請に対する処分がされないときは、当該処分がされるまでの間は、なお当該建築物を存続させることができる。

4　特定行政庁は、前項の許可の申請があつた場合において、安全上、防火上及び衛生上支障がないと認めるときは、二年以内の期間を限つて、その許可をすることができる。

5　特定行政庁は、被災者の需要に応ずるに足りる適当な建築物が不足することその他の理由により前項に規定する期間を超えて使用する特別の必要がある応急仮設建築物について、安全上、防火上及び衛生上支障がなく、かつ、公益上やむを得ないと認める場合においては、同項の規定にかかわらず、更に一年を超えない範囲内において同項の規定による許可の期間を延長することができる。被災者の需要に応ずるに足りる適当な建築物が不足することその他の理由により当該延長に係る期間を超えて使用する特別の必要がある応急仮設建築物についても、同様とする。

6　特定行政庁は、仮設興行場、博覧会建築物、仮設店舗その他これらに類する仮設建築物（次項及び第百一条第一項第十号において「仮設興行場等」という。）について安全上、防火上及び衛生上支障がないと認める場合においては、一年以内の期間（建築物の工事を施工するためその工事期間中当該従前の建築物に代えて必要となる仮設店舗その他の仮設建築物については、特定行政庁が当該工事の施工上必要と認める期間）を定めてその建築を許可することができる。この場合においては、第十二条第一項から第四項まで、第二十一条から第二十七条まで、第三十一条、第三十四条第二項、第三十五条の二、第三十五条の三及び第三十七条の規定並びに第三章の規定は、適用しない。

7　特定行政庁は、国際的な規模の会議又は競技会の用に供することその他の理由により一年を超えて使用する特別の必要がある仮設興行場等について、安全上、防火上及び衛生上支障がなく、かつ、公益上やむを得ないと認める場合においては、前項の規定にかかわらず、当該仮設興行場等の使用上必要と認める期間を定めてその建築を許可することができる。この場合においては、同項後段の規定を準用する。

8　特定行政庁は、第五項の規定により許可の期間を延長する場合又は前項の規定による許可をする場合においては、あらかじめ、建築審査会の同意を得なければならない。ただし、官公署、病院、学校その他の公益上特に必要なものとして国土交通省令で定める用途に供する応急仮設建築物について第五項の規定により許可の期間を延長する場合は、この限りでない。

（景観重要建造物である建築物に対する制限の緩和）

第八五条の二　景観法第十九条第一項の規定により景観重要建造物として指定された建築物のうち、良好な景観の保全のためその位置又は構造をその状態において保存すべきものについては、市町村は、同法第二十二条及び第二十五条の規定の施行のため必要と認める場合においては、国土交通大臣の承認を得て、条例で、第二十一条から第二十五条まで、第二十八条、第四十三条、第四十四条、第四十七条、第五十二条、第五十三条、第五十四条から第五十六条の二まで、第五十八条、第六十一条、第六十二条、第六十七条第一項及び第五項から第七項まで並びに第六十八条第一項及び第二項の規定の全部若しくは一部を適用せず、又はこれらの規定による制限を緩和することができる。

（伝統的建造物群保存地区内の制限の緩和）

第八五条の三 文化財保護法第百四十三条第一項又は第二項の伝統的建造物群保存地区内においては、市町村は、同条第一項後段（同条第二項後段において準用する場合を含む。）の条例において定められた現状変更の規制及び保存のための措置を確保するため必要と認める場合においては、国土交通大臣の承認を得て、条例で、第二十一条から第二十五条まで、第二十八条、第四十三条、第四十四条、第五十二条、第五十三条、第五十五条、第五十六条、第六十一条、第六十二条及び第六十七条第一項の規定の全部若しくは一部を適用せず、又はこれらの規定による制限を緩和することができる。

（既存の建築物に対する制限の緩和）

第八六条の七 第三条第二項（第八十六条の九第一項において準用する場合を含む。以下この条、次条、第八十七条及び第八十七条の二において同じ。）の規定により第二十条、第二十一条、第二十二条第一項、第二十三条、第二十五条から第二十七条まで、第二十八条の二（同条第一号及び第二号に掲げる基準に係る部分に限る。）、第三十条、第三十四条第二項、第三十五条（同条の階段、出入口その他の避難施設及び排煙設備に関する技術的基準のうち政令で定めるもの（次項及び第八十七条第四項において「階段等に関する技術的基準」という。）並びに第三十五条の敷地内の避難上及び消火上必要な通路に関する技術的基準のうち政令で定めるものに係る部分に限る。）、第三十六条（同条の防火壁及び防火区画の設置及び構造に関する技術的基準のうち政令で定めるもの（次項において「防火壁等に関する技術的基準」という。）に係る部分に限る。）、第四十三条第一項、第四十四条第一項、第四十七条、第四十八条第一項から第十四項まで、第五十一条、第五十二条第一項、第二項若しくは第七項、第五十三条第一項若しくは第二項、第五十四条第一項、第五十五条第一項、第五十六条第一項、第五十六条の二第一項、第五十七条の四第一項、第五十七条の五第一項、第五十八条第一項、第五十九条第一項若しくは第二項、第六十条第一項若しくは第二項、第六十条の二第一項若しくは第二項、第六十条の二の二第一項から第三項まで、第六十条の三第一項若しくは第二項、第六十一条、第六十二条、第六十七条第一項若しくは第五項から第七項まで又は第六十八条第一項若しくは第二項の規定の適用を受けない建築物について政令で定める範囲内において増築、改築、大規模の修繕又は大規模の模様替（以下この条及び次条において「増築等」という。）をする場合（第三条第二項の規定により第二十条の規定の適用を受けない建築物について当該政令で定める範囲内において増築又は改築をする場合にあつては、当該増築又は改築後の建築物の構造方法が政令で定める基準に適合する場合に限る。）においては、第三条第三項（第三号及び第四号に係る部分に限る。以下この条において同じ。）の規定にかかわらず、これらの規定は、適用しない。

2 第三条第二項の規定により第二十条、第二十一条、第二十三条、第二十六条、第二十七条、第三十五条（階段等に関する技術的基準に係る部分に限る。）、第三十六条（防火壁等に関する技術的基準（政令で定める防火区画に係る部分を除く。）に係る部分に限る。）又は第六十一条の規定の適用を受けない建築物であつて、これらの規定に規定する基準の適用上一の建築物であつても別の建築物とみなすことができる部分として政令で定める部分（以下この項において「独立部分」という。）が二以上あるものについて増築等をする場合においては、第三条第三項の規定にかかわらず、当該増築等をする独立部分以外の独立部分に対しては、これらの規定は、適用しない。

3 第三条第二項の規定により第二十八条、第二十八条の二（同条第三号に掲げる基準のうち政令で定めるものに係る部分に限る。）、第二十九条から第三十二条まで、第三十四条第一項、第三十五条（同条の廊下並びに非常用の照明装置及び進入口に関する技術的基準のうち政令で定めるもの（第八十七条第四項において「廊下等に関する技術的基準」という。）に係る部分に限る。）、第三十五条の二、第三十五条の三、第三十六条（防火壁、防火床、防火区画、消火設備及び避雷設備の設置及び構造に係る部分を除く。）又は第三十七条の規定の適用を受けない建築物について増築等をする場合においては、第三条第三項の規定にかかわらず、当該増築等をする部分以外の部分に対しては、これらの規定は、適用しない。

4　第三条第二項の規定により建築基準法令の規定の適用を受けない建築物について政令で定める範囲内において移転をする場合においては、同条第三項の規定にかかわらず、建築基準法令の規定は、適用しない。

（工事中の特殊建築物等に対する措置）

第九〇条の二　特定行政庁は、第九条又は第十条の規定による場合のほか、建築、修繕若しくは模様替又は除却の工事の施工中に使用されている第六条第一項第一号又は第二号に掲げる建築物が、安全上、防火上又は避難上著しく支障があると認める場合においては、当該建築物の建築主又は所有者、管理者若しくは占有者に対して、相当の猶予期限を付けて、当該建築物の使用禁止、使用制限その他安全上、防火上又は避難上必要な措置を採ることを命ずることができる。

2　第九条第二項から第九項まで及び第十一項から第十五項までの規定は、前項の場合に準用する。

（工事中における安全上の措置等に関する計画の届出）

第九〇条の三　別表第一(い)欄の(一)項、(二)項及び(四)項に掲げる用途に供する建築物並びに地下の工作物内に設ける建築物で政令で定めるものの新築の工事又はこれらの建築物に係る避難施設等に関する工事の施工中において当該建築物を使用し、又は使用させる場合においては、当該建築主は、国土交通省令で定めるところにより、あらかじめ、当該工事の施工中における当該建築物の安全上、防火上又は避難上の措置に関する計画を作成して特定行政庁に届け出なければならない。

（建築物の敷地が区域、地域又は地区の内外にわたる場合の措置）

第九一条　建築物の敷地がこの法律の規定（第五十二条、第五十三条、第五十四条から第五十六条の二まで、第五十七条の二、第五十七条の三、第六十七条第一項及び第二項並びに別表第三の規定を除く。以下この条において同じ。）による建築物の敷地、構造、建築設備又は用途に関する禁止又は制限を受ける区域（第二十二条第一項の市街地の区域を除く。以下この条において同じ。）、地域（防火地域及び準防火地域を除く。以下この条において同じ。）又は地区（高度地区を除く。以下この条において同じ。）の内外にわたる場合においては、その建築物又はその敷地の全部について敷地の過半の属する区域、地域又は地区内の建築物に関するこの法律の規定又はこの法律に基づく命令の規定を適用する。

（面積、高さ及び階数の算定）

第九二条　建築物の敷地面積、建築面積、延べ面積、床面積及び高さ、建築物の軒、天井及び床の高さ、建築物の階数並びに工作物の築造面積の算定方法は、政令で定める。

（許可の条件）

第九二条の二　この法律の規定による許可には、建築物又は建築物の敷地を交通上、安全上、防火上又は衛生上支障がないものとするための条件その他必要な条件を付することができる。この場合において、その条件は、当該許可を受けた者に不当な義務を課するものであってはならない。

（許可又は確認に関する消防長等の同意等）

第九三条　特定行政庁、建築主事等又は指定確認検査機関は、この法律の規定による許可又は確認をする場合においては、当該許可又は確認に係る建築物の工事施工地又は所在地を管轄する消防長（消防本部を置かない市町村にあつては、市町村長。以下同じ。）又は消防署長の同意を得なければ、当該許可又は確認をすることができない。ただし、確認に係る建築物が防火地域及び準防火地域以外の区域内における住宅（長屋、共同住宅その他政令で定める住宅を除く。）である場合又は建築主事等若しくは指定確認検査機関が第八十七条の四において準用する第六条第一項若しくは第六条の二第一項の規定による確認をする場合においては、この限りでない。

2 消防長又は消防署長は、前項の規定によつて同意を求められた場合においては、当該建築物の計画が法律又はこれに基づく命令若しくは条例の規定（建築主事等又は指定確認検査機関が第六条の四第一項第一号若しくは第二号に掲げる建築物の建築、大規模の修繕、大規模の模様替若しくは用途の変更又は同項第三号に掲げる建築物の建築について確認する場合において同意を求められたときは、同項の規定により読み替えて適用される第六条第一項の政令で定める建築基準法令の規定を除く。）で建築物の防火に関するものに違反しないものであるときは、第六条第一項第三号に係る場合にあつては、同意を求められた日から三日以内に、その他の場合にあつては、同意を求められた日から七日以内に同意を与えてその旨を当該特定行政庁、建築主事等又は指定確認検査機関に通知しなければならない。この場合において、消防長又は消防署長は、同意することができない事由があると認めるときは、これらの期限内に、その事由を当該特定行政庁、建築主事等又は指定確認検査機関に通知しなければならない。

3 第六十八条の二十第一項（第六十八条の二十二第二項において準用する場合を含む。）の規定は、消防長又は消防署長が第一項の規定によつて同意を求められた場合に行う審査について準用する。

4 建築主事等又は指定確認検査機関は、第一項ただし書の場合において第六条第一項（第八十七条の四において準用する場合を含む。）の規定による確認申請書を受理したとき若しくは第六条の二第一項（第八十七条の四において準用する場合を含む。）の規定による確認の申請を受けたとき又は第十八条第二項（第八十七条第一項又は第八十七条の四において準用する場合を含む。）の規定による通知を受けた場合においては、遅滞なく、これを当該申請又は通知に係る建築物の工事施工地又は所在地を管轄する消防長又は消防署長に通知しなければならない。

5 建築主事等又は指定確認検査機関は、第三十一条第二項に規定する屎尿浄化槽又は建築物における衛生的環境の確保に関する法律（昭和四十五年法律第二十号）第二条第一項に規定する特定建築物に該当する建築物に関して、第六条第一項（第八十七条第一項において準用する場合を含む。）の規定による確認の申請書を受理した場合、第六条の二第一項（第八十七条第一項において準用する場合を含む。）の規定による確認の申請を受けた場合又は第十八条第二項（第八十七条第一項において準用する場合を含む。）の規定による通知を受けた場合においては、遅滞なく、これを当該申請又は通知に係る建築物の工事施工地又は所在地を管轄する保健所長に通知しなければならない。

6 保健所長は、必要があると認める場合においては、この法律の規定による許可又は確認について、特定行政庁、建築主事等又は指定確認検査機関に対して意見を述べることができる。

別表第一　耐火建築物等としなければならない特殊建築物（第六条、第二十七条、第二十八条、第三十五条―第三十五条の三、第九十条の三関係）

	（い）	（ろ）	（は）	（に）
	用途	（い）欄の用途に供する階	（い）欄の用途に供する部分（（一）項の場合にあつては客席、（二）項及び（四）項の場合にあつては二階、（五）項の場合にあつては三階以上の部分に限り、かつ、病院及び診療所についてはその部分に患者の収容施設がある場合に限る。）の床面積の合計	（い）欄の用途に供する部分の床面積の合計
（一）	劇場、映画館、演芸場、観覧場、公会堂、集会場その他これらに類するもので政令で定めるもの	三階以上の階	二百平方メートル（屋外観覧席にあつては、千平方メートル）以上	
（二）	病院、診療所（患者の収容施設があるものに限る。）、ホテル、旅館、下宿、共同住宅、寄宿舎その他これらに類するもので政令で定めるもの	三階以上の階	三百平方メートル以上	
（三）	学校、体育館その他これらに類するもので政令で定めるもの	三階以上の階	二千平方メートル以上	
（四）	百貨店、マーケット、展示場、キャバレー、カフェー、ナイトクラブ、バー、ダンスホール、遊技場その他これらに類するもので政令で定めるもの	三階以上の階	五百平方メートル以上	
（五）	倉庫その他これらに類するもので政令で定めるもの		二百平方メートル以上	千五百平方メートル以上
（六）	自動車車庫、自動車修理工場その他これらに類するもので政令で定めるもの	三階以上の階		百五十平方メートル以上

○建築基準法施行令〔抄〕

（昭和二十五年十一月十六日政令第三百三十八号）

〔最終改正〕令和　六年　一月　四日　政令第　一号

第一章　総則

第一節　用語の定義等

（用語の定義）

第一条　この政令において次の各号に掲げる用語の意義は、それぞれ当該各号に定めるところによる。

一　敷地　一の建築物又は用途上不可分の関係にある二以上の建築物のある一団の土地をいう。

二　地階　床が地盤面下にある階で、床面から地盤面までの高さがその階の天井の高さの三分の一以上のものをいう。

三　構造耐力上主要な部分　基礎、基礎ぐい、壁、柱、小屋組、土台、斜材（筋かい、方づえ、火打材その他これらに類するものをいう。）、床版、屋根版又は横架材（はり、けたその他これらに類するものをいう。）で、建築物の自重若しくは積載荷重、積雪荷重、風圧、土圧若しくは水圧又は地震その他の震動若しくは衝撃を支えるものをいう。

四　耐水材料　れんが、石、人造石、コンクリート、アスファルト、陶磁器、ガラスその他これらに類する耐水性の建築材料をいう。

五　準不燃材料　建築材料のうち、通常の火災による火熱が加えられた場合に、加熱開始後十分間第百八条の二各号（建築物の外部の仕上げに用いるものにあつては、同条第一号及び第二号）に掲げる要件を満たしているものとして、国土交通大臣が定めたもの又は国土交通大臣の認定を受けたものをいう。

六　難燃材料　建築材料のうち、通常の火災による火熱が加えられた場合に、加熱開始後五分間第百八条の二各号（建築物の外部の仕上げに用いるものにあつては、同条第一号及び第二号）に掲げる要件を満たしているものとして、国土交通大臣が定めたもの又は国土交通大臣の認定を受けたものをいう。

（面積、高さ等の算定方法）

第二条　次の各号に掲げる面積、高さ及び階数の算定方法は、当該各号に定めるところによる。

一　敷地面積　敷地の水平投影面積による。ただし、建築基準法（以下「法」という。）第四十二条第二項、第三項又は第五項の規定によつて道路の境界線とみなされる線と道との間の部分の敷地は、算入しない。

二　建築面積　建築物（地階で地盤面上一メートル以下にある部分を除く。以下この号において同じ。）の外壁又はこれに代わる柱の中心線（軒、ひさし、はね出し縁その他これらに類するもの（以下この号において「軒等」という。）で当該中心線から水平距離一メートル以上突き出たもの（建築物の建蔽率の算定の基礎となる建築面積を算定する場合に限り、工場又は倉庫の用途に供する建築物において専ら貨物の積卸しその他これに類する業務のために設ける軒等でその端と敷地境界線との間の敷地の部分に有効な空地が確保されていることその他の理由により安全上、防火上及び衛生上支障がないものとして国土交通大臣が定める軒等（以下この号において「特例軒等」という。）のうち当該中心線から突き出た距離が水平距離一メートル以上五メートル未満のものであるものを除く。）がある場合においては、その端から水平距離一メートル後退した線（建築物の建蔽率の算定の基礎となる建築面積を算定する場合に限り、特例軒等のうち当該中心線から水平距離五メートル以上突き出たものにあつては、その端から水平距離五メートル以内で当該特例軒等の構造に応じて国土交通大臣が定める距離後退した線）で囲まれた部分の水平投影面積による。ただし、国土交通大臣が高い開放性を有すると認めて指定する構造の建築物又はその部分については、当該建築物又はその部分の端から水平距離一メートル以内の部分の水平投影面積は、当該建築物の建築面積に算入しない。

三　床面積　建築物の各階又はその一部で壁その他の区画の中心線で囲まれた部分の水平投影面積による。

四　延べ面積　建築物の各階の床面積の合計による。ただし、法第五十二条第一項に規定する延べ面積（建築物の容積率の最低限度に関する規制に係る当該容積率の算定の基礎となる延べ面積を除く。）には、次に掲げる建築物の部分の床面積を算入しない。

イ　自動車車庫その他の専ら自動車又は自転車の停留又は駐車のための施設（誘導車路、操車場所及び乗降場を含む。）の用途に供する部分（第三項第一号及び第百三十七条の八において「自動車車庫等部分」という。）

ロ　専ら防災のために設ける備蓄倉庫の用途に供する部分（第三項第二号及び第百三十七条の八において「備蓄倉庫部分」という。）

ハ　蓄電池（床に据え付けるものに限る。）を設ける部分（第三項第三号及び第百三十七条の八において「蓄電池設置部分」という。）

ニ　自家発電設備を設ける部分（第三項第四号及び第百三十七条の八において「自家発電設備設置部分」という。）

ホ　貯水槽を設ける部分（第三項第五号及び第百三十七条の八において「貯水槽設置部分」という。）

ヘ　宅配ボックス（配達された物品（荷受人が不在その他の事由により受け取ることができないものに限る。）の一時保管のための荷受箱をいう。）を設ける部分（第三項第六号及び第百三十七条の八において「宅配ボックス設置部分」という。）

五　築造面積　工作物の水平投影面積による。ただし、国土交通大臣が別に算定方法を定めた工作物については、その算定方法による。

六　建築物の高さ　地盤面からの高さによる。ただし、次のイ、ロ又はハのいずれかに該当する場合においては、それぞれイ、ロ又はハに定めるところによる。

イ　法第五十六条第一項第一号の規定並びに第百三十条の十二及び第百三十五条の十九の規定による高さの算定については、前面道路の路面の中心からの高さによる。

ロ　法第三十三条及び法第五十六条第一項第三号に規定する高さ並びに法第五十七条の四第一項、法第五十八条第一項及び第二項、法第六十条の二の二第三項並びに法第六十条の三第二項に規定する高さ（北側の前面道路又は隣地との関係についての建築物の各部分の高さの最高限度が定められている場合におけるその高さに限る。）を算定する場合を除き、階段室、昇降機塔、装飾塔、物見塔、屋窓その他これらに類する建築物の屋上部分の水平投影面積の合計が当該建築物の建築面積の八分の一以内の場合においては、その部分の高さは、十二メートル（法第五十五条第一項から第三項まで、法第五十六条の二第四項、法第五十九条の二第一項（法第五十五条第一項に係る部分に限る。）並びに法別表第四(ろ)欄二の項、三の項及び四の項ロの場合には、五メートル）までは、当該建築物の高さに算入しない。

八　棟飾、防火壁の屋上突出部その他これらに類する屋上突出物は、当該建築物の高さに算入しない。
七　軒の高さ　地盤面（第百三十条の十二第一号イの場合には、前面道路の路面の中心）から建築物の小屋組又はこれに代わる横架材を支持する壁、敷桁又は柱の上端までの高さによる。
八　階数　昇降機塔、装飾塔、物見塔その他これらに類する建築物の屋上部分又は地階の倉庫、機械室その他これらに類する建築物の部分で、水平投影面積の合計がそれぞれ当該建築物の建築面積の八分の一以下のものは、当該建築物の階数に算入しない。また、建築物の一部が吹抜きとなつている場合、建築物の敷地が斜面又は段地である場合その他建築物の部分によつて階数を異にする場合においては、これらの階数のうち最大なものによる。

2　前項第二号、第六号又は第七号の「地盤面」とは、建築物が周囲の地面と接する位置の平均の高さにおける水平面をいい、その接する位置の高低差が三メートルを超える場合においては、その高低差三メートル以内ごとの平均の高さにおける水平面をいう。

3　第一項第四号ただし書の規定は、次の各号に掲げる建築物の部分の区分に応じ、当該敷地内の建築物の各階の床面積の合計（同一敷地内に二以上の建築物がある場合においては、それらの建築物の各階の床面積の合計の和）に当該各号に定める割合を乗じて得た面積を限度として適用するものとする。
一　自動車車庫等部分　五分の一
二　備蓄倉庫部分　五十分の一
三　蓄電池設置部分　五十分の一
四　自家発電設備設置部分　百分の一
五　貯水槽設置部分　百分の一
六　宅配ボックス設置部分　百分の一

4　第一項第六号ロ又は第八号の場合における水平投影面積の算定方法は、同項第二号の建築面積の算定方法によるものとする。

第三節の三　検査済証の交付を受けるまでの建築物の使用制限

（避難施設等の範囲）

第一三条　法第七条の六第一項の政令で定める避難施設、消火設備、排煙設備、非常用の照明装置、非常用の昇降機又は防火区画（以下この条及び次条において「避難施設等」という。）は、次に掲げるもの（当該工事に係る避難施設等がないものとした場合に第百十二条、第五章第二節から第四節まで、第百二十八条の三、第百二十九条の十三の三又は消防法施行令（昭和三十六年政令第三十七号）第十二条から第十五条までの規定による技術的基準に適合している建築物に係る当該避難施設等を除く。）とする。
一　避難階（直接地上へ通ずる出入口のある階をいう。以下同じ。）以外の階にあつては居室から第百二十条又は第百二十一条の直通階段に、避難階にあつては階段又は居室から屋外への出口に通ずる出入口及び廊下その他の通路
二　第百十八条の客席からの出口の戸、第百二十条又は第百二十一条の直通階段、同条第三項ただし書の避難上有効なバルコニー、屋外通路その他これらに類するもの、第百二十五条の屋外への出口及び第百二十六条第二項の屋上広場
三　第百二十八条の三第一項の地下街の各構えが接する地下道及び同条第四項の地下道への出入口
四　スプリンクラー設備、水噴霧消火設備又は泡消火設備で自動式のもの
五　第百二十六条の二第一項の排煙設備
六　第百二十六条の四第一項の非常用の照明装置

七　第百二十九条の十三の三の非常用の昇降機

八　第百十二条（第百二十八条の三第五項において準用する場合を含む。）又は第百二十八条の三第二項若しくは第三項の防火区画

（避難施設等に関する工事に含まれない軽易な工事）

第一三条の二　法第七条の六第一項の政令で定める軽易な工事は、バルコニーの手すりの塗装の工事、出入口又は屋外への出口の戸に用いるガラスの取替えの工事、非常用の照明装置に用いる照明カバーの取替えの工事その他当該避難施設等の機能の確保に支障を及ぼさないことが明らかな工事とする。

第四章　耐火構造、準耐火構造、防火区画等

（耐火性能に関する技術的基準）

第一〇七条　法第二条第七号の政令で定める技術的基準は、次に掲げるものとする。

一　次の表の上欄に掲げる建築物の部分にあつては、当該各部分に通常の火災による火熱が同表の下欄に掲げる当該部分の存する階の区分に応じそれぞれ同欄に掲げる時間加えられた場合に、構造耐力上支障のある変形、溶融、破壊その他の損傷を生じないものであること。

建築物の部分		時間				
		最上階及び最上階から数えた階数が二以上で四以内の階	最上階から数えた階数が五以上で九以内の階	最上階から数えた階数が十以上で十四以内の階	最上階から数えた階数が十五以上で十九以内の階	最上階から数えた階数が二十以上の階
壁	間仕切壁（耐力壁に限る。）	一時間	一・五時間	二時間	二時間	二時間
	外壁（耐力壁に限る。）	一時間	一・五時間	二時間	二時間	二時間
柱		一時間	一・五時間	二時間	二・五時間	三時間
床		一時間	一・五時間	二時間	二時間	二時間
はり		一時間	一・五時間	二時間	二・五時間	三時間
屋根		三十分間				
階段		三十分間				

備考

一　第二条第一項第八号の規定により階数に算入されない屋上部分がある建築物の当該屋上部分は、この表の適用については、建築物の最上階に含まれるものとする。

二　この表における階数の算定については、第二条第一項第八号の規定にかかわらず、地階の部分の階数は、全て算入するものとする。

二　前号に掲げるもののほか、壁及び床にあつては、これらに通常の火災による火熱が一時間（非耐力壁である外壁の延焼のおそれのある部分以外の部分にあつては、三十分間）加えられた場合に、当該加熱面以外の面（屋内に面するものに限る。）の温度が当該面に接する可燃物が燃焼するおそれのある温度として国土交通大臣が定める温度（以下「可燃物燃焼温度」という。）以上に上昇しないものであること。

三　前二号に掲げるもののほか、外壁及び屋根にあつては、これらに屋内において発生する通常の火災による火熱が一時間（非耐力壁である外壁の延焼のおそれのある部分以外の部分及び屋根にあつては、三十分間）加えられた場合に、屋外に火炎を出す原因となる亀裂その他の損傷を生じないものであること。

（**準耐火性能に関する技術的基準**）

第一〇七条の二　法第二条第七号の二の政令で定める技術的基準は、次に掲げるものとする。

一　次の表の上欄に掲げる建築物の部分にあつては、当該部分に通常の火災による火熱が加えられた場合に、加熱開始後それぞれ同表の下欄に掲げる時間において構造耐力上支障のある変形、溶融、破壊その他の損傷を生じないものであること。

壁	間仕切壁（耐力壁に限る。）	四十五分間
	外壁（耐力壁に限る。）	四十五分間
柱		四十五分間
床		四十五分間
はり		四十五分間
屋根（軒裏を除く。）		三十分間
階段		三十分間

二　壁、床及び軒裏（外壁によつて小屋裏又は天井裏と防火上有効に遮られているものを除く。以下この号において同じ。）にあつては、これらに通常の火災による火熱が加えられた場合に、加熱開始後四十五分間（非耐力壁である外壁及び軒裏（いずれも延焼のおそれのある部分以外の部分に限る。）にあつては、三十分間）当該加熱面以外の面（屋内に面するものに限る。）の温度が可燃物燃焼温度以上に上昇しないものであること。

三　外壁及び屋根にあつては、これらに屋内において発生する通常の火災による火熱が加えられた場合に、加熱開始後四十五分間（非耐力壁である外壁（延焼のおそれのある部分以外の部分に限る。）及び屋根にあつては、三十分間）屋外に火炎を出す原因となる亀裂その他の損傷を生じないものであること。

（**防火性能に関する技術的基準**）

第一〇八条　法第二条第八号の政令で定める技術的基準は、次に掲げるものとする。

一　耐力壁である外壁にあつては、これに建築物の周囲において発生する通常の火災による火熱が加えられた場合に、加熱開始後三十分間構造耐力上支障のある変形、溶融、破壊その他の損傷を生じないものであること。

二　外壁及び軒裏にあつては、これらに建築物の周囲において発生する通常の火災による火熱が加えられた場合に、加熱開始後三十分間当該加熱面以外の面（屋内に面するものに限る。）の温度が可燃物燃焼温度以上に上昇しないものであること。

（**不燃性能及びその技術的基準**）

第一〇八条の二　法第二条第九号の政令で定める性能及びその技術的基準は、建築材料に、通常の火災による火熱が加えられた場合に、加熱開始後二十分間次の各号（建築物の外部の仕上げに用いるものにあつては、第一号及び第二号）に掲げる要件を満たしていることとする。
一　燃焼しないものであること。
二　防火上有害な変形、溶融、き裂その他の損傷を生じないものであること。
三　避難上有害な煙又はガスを発生しないものであること。

（主要構造部のうち防火上及び避難上支障がない部分）

第一〇八条の三　法第二条第九号の二イの政令で定める部分は、主要構造部のうち、次の各号のいずれにも該当する部分とする。
一　当該部分が、床、壁又は第百九条に規定する防火設備（当該部分において通常の火災が発生した場合に建築物の他の部分又は周囲への延焼を有効に防止できるものとして、国土交通大臣が定めた構造方法を用いるもの又は国土交通大臣の認定を受けたものに限る。）で区画されたものであること。
二　当該部分が避難の用に供する廊下その他の通路の一部となっている場合にあっては、通常の火災時において、建築物に存する者の全てが当該通路を経由しないで地上までの避難を終了することができるものであること。

（耐火建築物の特定主要構造部に関する技術的基準）

第一〇八条の四　法第二条第九号の二イ(2)の政令で定める技術的基準は、特定主要構造部が、次の各号のいずれかに該当することとする。
一　特定主要構造部が、次のイ及びロ（外壁以外の特定主要構造部にあっては、イ）に掲げる基準に適合するものであることについて耐火性能検証法により確かめられたものであること。
イ　特定主要構造部ごとに当該建築物の屋内において発生が予測される火災による火熱が加えられた場合に、当該特定主要構造部が次に掲げる要件を満たしていること。
(1)　耐力壁である壁、柱、床、はり、屋根及び階段にあっては、当該建築物の自重及び積載荷重（第八十六条第二項ただし書の規定によって特定行政庁が指定する多雪区域における建築物の特定主要構造部にあっては、自重、積載荷重及び積雪荷重。以下この条において同じ。）により、構造耐力上支障のある変形、溶融、破壊その他の損傷を生じないものであること。
(2)　壁及び床にあっては、当該壁及び床の加熱面以外の面（屋内に面するものに限る。）の温度が可燃物燃焼温度（当該面が面する室において、国土交通大臣が定める基準に従い、内装の仕上げを不燃材料ですることその他これに準ずる措置が講じられている場合にあっては、国土交通大臣が別に定める温度）以上に上昇しないものであること。
(3)　外壁及び屋根にあっては、屋外に火炎を出す原因となる亀裂その他の損傷を生じないものであること。
ロ　外壁が、当該建築物の周囲において発生する通常の火災による火熱が一時間（延焼のおそれのある部分以外の部分にあっては、三十分間）加えられた場合に、次に掲げる要件を満たしていること。
(1)　耐力壁である外壁にあっては、当該外壁に当該建築物の自重及び積載荷重により、構造耐力上支障のある変形、溶融、破壊その他の損傷を生じないものであること。
(2)　外壁の当該加熱面以外の面（屋内に面するものに限る。）の温度が可燃物燃焼温度（当該面が面する室において、国土交通大臣が定める基準に従い、内装の仕上げを不燃材料ですることその他これに準ずる措置が講じられている場合にあっては、国土交通大臣が別に定める温度）以上に上昇しないものであること。
二　前号イ及びロ（外壁以外の特定主要構造部にあっては、同号イ）に掲げる基準に適合するものとして国土交通大臣の認定を受けたものであること。

2　前項の「耐火性能検証法」とは、次に定めるところにより、当該建築物の特定主要構造部の耐火に関する性能を検証する方法をいう。

一　当該建築物の屋内において発生が予測される火災の継続時間を当該建築物の室ごとに次の式により計算すること。

$$t_f = \frac{Qr}{60q_b}$$

（この式において、t_f、Qr及びq_bは、それぞれ次の数値を表すものとする。

t_f　当該室における火災の継続時間（単位　分）

Qr　当該室の用途及び床面積並びに当該室の壁、床及び天井（天井のない場合においては、屋根）の室内に面する部分の表面積及び当該部分に使用する建築材料の種類に応じて国土交通大臣が定める方法により算出した当該室内の可燃物の発熱量（単位　メガジュール）

q_b　当該室の用途及び床面積の合計並びに当該室の開口部の面積及び高さに応じて国土交通大臣が定める方法により算出した当該室内の可燃物の一秒間当たりの発熱量（単位　メガワット））

二　特定主要構造部ごとに、当該特定主要構造部が、当該建築物の屋内において発生が予測される火災による火熱が加えられた場合に、前項第一号イに掲げる要件に該当して耐えることができる加熱時間（以下この項において「屋内火災保有耐火時間」という。）を、当該特定主要構造部の構造方法、当該建築物の自重及び積載荷重並びに当該火熱による特定主要構造部の表面の温度の推移に応じて国土交通大臣が定める方法により求めること。

三　当該外壁が、当該建築物の周囲において発生する通常の火災時の火熱が加えられた場合に、前項第一号ロに掲げる要件に該当して耐えることができる加熱時間（以下この項において「屋外火災保有耐火時間」という。）を、当該外壁の構造方法並びに当該建築物の自重及び積載荷重に応じて国土交通大臣が定める方法により求めること。

四　特定主要構造部ごとに、次のイ及びロ（外壁以外の特定主要構造部にあつては、イ）に該当するものであることを確かめること。

イ　各特定主要構造部の屋内火災保有耐火時間が、当該特定主要構造部が面する室について第一号に掲げる式によつて計算した火災の継続時間以上であること。

ロ　各外壁の屋外火災保有耐火時間が、一時間（延焼のおそれのある部分以外の部分にあつては、三十分間）以上であること。

3　特定主要構造部が第一項第一号又は第二号に該当する建築物（次項に規定する建築物を除く。）に対する第百十二条第一項、第三項、第七項から第十一項まで及び第十六項から第二十一項まで、第百十四条第一項及び第二項、第百十七条第二項、第百二十条第一項、第二項及び第四項、第百二十一条第二項、第百二十二条第一項、第百二十三条第一項及び第三項、第百二十三条の二、第百二十六条の二、第百二十八条の四第一項及び第四項、第百二十八条の五第一項及び第四項、第百二十八条の七第一項、第百二十九条第一項、第百二十九条の二の四第一項、第百二十九条の十三の二、第百二十九条の十三の三第三項及び第四項、第百三十七条の十四並びに第百四十五条第一項第一号及び第二項の規定（次項において「耐火性能関係規定」という。）の適用については、当該建築物の部分で特定主要構造部であるものの構造は、耐火構造とみなす。

4　特定主要構造部が第一項第一号に該当する建築物（当該建築物の

特定主要構造部である床又は壁（外壁を除く。）の開口部に設けられた防火設備が、当該防火設備に当該建築物の屋内において発生が予測される火災による火熱が加えられた場合に、当該加熱面以外の面に火炎を出さないものであることについて防火区画検証法により確かめられたものであるものに限る。）及び特定主要構造部が同項第二号に該当する建築物（当該建築物の特定主要構造部である床又は壁（外壁を除く。）の開口部に設けられた防火設備が、当該防火設備に当該建築物の屋内において発生が予測される火災による火熱が加えられた場合に、当該加熱面以外の面に火炎を出さないものとして国土交通大臣の認定を受けたものであるものに限る。）に対する第百十二条第一項、第七項から第十一項まで、第十六項、第十八項、第十九項及び第二十一項、第百二十二条第一項、第百二十三条第一項及び第三項、第百二十六条の二、第百二十八条の五第一項及び第四項、第百二十八条の七第一項、第百二十九条の二の四第一項、第百二十九条の十三の二、第百二十九条の十三の三第三項並びに第百三十七条の十四の規定（以下この項において「防火区画等関係規定」という。）の適用については、これらの建築物の部分で特定主要構造部であるものの構造は耐火構造と、これらの防火設備の構造は第百十二条第一項に規定する特定防火設備とみなし、これらの建築物に対する防火区画等関係規定以外の耐火性能関係規定の適用については、これらの建築物の部分で特定主要構造部であるものの構造は耐火構造とみなす。

5　前項の「防火区画検証法」とは、次に定めるところにより、開口部に設けられる防火設備（以下この項において「開口部設備」という。）の火災時における遮炎に関する性能を検証する方法をいう。

一　開口部設備が設けられる開口部が面する室において発生が予測される火災の継続時間を第二項第一号に掲げる式により計算すること。

二　開口部設備ごとに、当該開口部設備が、当該建築物の屋内において発生が予測される火災による火熱が加えられた場合に、当該加熱面以外の面に火炎を出すことなく耐えることができる加熱時間（以下この項において「保有遮炎時間」という。）を、当該開口部設備の構造方法及び当該火熱による開口部設備の表面の温度の推移に応じて国土交通大臣が定める方法により求めること。

三　開口部設備ごとに、保有遮炎時間が第一号の規定によつて計算した火災の継続時間以上であることを確かめること。

（防火戸その他の防火設備）

第一〇九条　法第二条第九号の二ロ、法第十二条第一項、法第二十一条第二項、法第二十七条第一項（法第八十七条第三項において準用する場合を含む。第百十条から第百十条の五までにおいて同じ。）、法第五十三条第三項第一号イ及び法第六十一条第一項の政令で定める防火設備は、防火戸、ドレンチャーその他火炎を遮る設備とする。

2　隣地境界線、道路中心線又は同一敷地内の二以上の建築物（延べ面積の合計が五百平方メートル以内の建築物は、一の建築物とみなす。）相互の外壁間の中心線のあらゆる部分で、開口部から一階にあつては三メートル以下、二階以上にあつては五メートル以下の距離にあるものと当該開口部とを遮る外壁、袖壁、塀その他これらに類するものは、前項の防火設備とみなす。

（遮炎性能に関する技術的基準）

第一〇九条の二　法第二条第九号の二ロの政令で定める技術的基準は、防火設備に通常の火災による火熱が加えられた場合に、加熱開始後二十分間当該加熱面以外の面に火炎を出さないものであることとする。

（主要構造部を準耐火構造とした建築物等の層間変形角）

第一〇九条の二の二　主要構造部を準耐火構造とした建築物（特定主

要構造部を耐火構造とした建築物を含む。）及び第百三十六条の二第一号ロ又は第二号ロに掲げる基準に適合する建築物の地上部分の層間変形角は、百五十分の一以内でなければならない。ただし、主要構造部が防火上有害な変形、亀裂その他の損傷を生じないことが計算又は実験によつて確かめられた場合においては、この限りでない。

2　建築物が第百九条の八に規定する火熱遮断壁等で区画されている場合における当該火熱遮断壁等により分離された部分は、前項の規定の適用については、それぞれ別の建築物とみなす。

3　法第二十六条第二項に規定する特定部分（以下この項において「特定部分」という。）を有する建築物であつて、当該建築物の特定部分が同条第二項第一号（同号に規定する基準に係る部分を除く。）又は第二号に該当するものに係る第一項の規定の適用については、当該建築物の特定部分及び他の部分をそれぞれ別の建築物とみなす。

（主要構造部を準耐火構造とした建築物と同等の耐火性能を有する建築物の技術的基準）

第一〇九条の三　法第二条第九号の三ロの政令で定める技術的基準は、次の各号のいずれかに掲げるものとする。

一　外壁が耐火構造であり、かつ、屋根の構造が法第二十二条第一項に規定する構造であるほか、法第八十六条の四の場合を除き、屋根の延焼のおそれのある部分の構造が、当該部分に屋内において発生する通常の火災による火熱が加えられた場合に、加熱開始後二十分間屋外に火炎を出す原因となるき裂その他の損傷を生じないものとして、国土交通大臣が定めた構造方法を用いるもの又は国土交通大臣の認定を受けたものであること。

二　主要構造部である柱及びはりが不燃材料で、その他の主要構造部が準不燃材料で造られ、外壁の延焼のおそれのある部分、屋根及び床が次に掲げる構造であること。

イ　外壁の延焼のおそれのある部分にあつては、防火構造としたもの

ロ　屋根にあつては、法第二十二条第一項に規定する構造としたもの

ハ　床にあつては、準不燃材料で造るほか、三階以上の階における床又はその直下の天井の構造を、これらに屋内において発生する通常の火災による火熱が加えられた場合に、加熱開始後三十分間構造耐力上支障のある変形、溶融、き裂その他の損傷を生じず、かつ、当該加熱面以外の面（屋内に面するものに限る。）の温度が可燃物燃焼温度以上に上昇しないものとして、国土交通大臣が定めた構造方法を用いるもの又は国土交通大臣の認定を受けたものとしたもの

（法第二十一条第一項の政令で定める部分）

第一〇九条の四　法第二十一条第一項の政令で定める部分は、主要構造部のうち自重又は積載荷重（第八十六条第二項ただし書の規定によつて特定行政庁が指定する多雪区域における建築物の主要構造部にあつては、自重、積載荷重又は積雪荷重）を支える部分とする。

（大規模の建築物の特定主要構造部の性能に関する技術的基準）

第一〇九条の五　法第二十一条第一項本文の政令で定める技術的基準は、次の各号のいずれかに掲げるものとする。

一　次に掲げる基準

イ　次の表の上欄に掲げる建築物の部分にあつては、当該部分に通常の火災による火熱が加えられた場合に、加熱開始後それぞれ同表の下欄に掲げる時間において構造耐力上支障のある変形、溶融、破壊その他の損傷を生じないものであること。

間仕切壁（耐力壁に限る。）	通常火災終了時間（通常火災終了時間が四十五分間未満である場合

壁		にあつては、四十五分間。以下この号において同じ。）
	外壁（耐力壁に限る。）	通常火災終了時間
柱		通常火災終了時間
床		通常火災終了時間
はり		通常火災終了時間
屋根（軒裏を除く。）		三十分間
階段		三十分間

ロ　壁、床及び屋根の軒裏（外壁によつて小屋裏又は天井裏と防火上有効に遮られているものを除く。以下このロにおいて同じ。）にあつては、これらに通常の火災による火熱が加えられた場合に、加熱開始後通常火災終了時間（非耐力壁である外壁及び屋根の軒裏（いずれも延焼のおそれのある部分以外の部分に限る。）にあつては、三十分間）当該加熱面以外の面（屋内に面するものに限る。）の温度が可燃物燃焼温度以上に上昇しないものであること。

ハ　外壁及び屋根にあつては、これらに屋内において発生する通常の火災による火熱が加えられた場合に、加熱開始後通常火災終了時間（非耐力壁である外壁（延焼のおそれのある部分以外の部分に限る。）及び屋根にあつては、三十分間）屋外に火炎を出す原因となる亀裂その他の損傷を生じないものであること。

二　第百七条各号又は第百八条の四第一項第一号イ及びロに掲げる基準

（延焼防止上有効な空地の技術的基準）

第一〇九条の六　法第二十一条第一項ただし書の政令で定める技術的基準は、当該建築物の各部分から当該空地の反対側の境界線までの水平距離が、当該各部分の高さに相当する距離以上であることとする。

（大規模の建築物の壁、柱、床その他の部分又は防火設備の性能に関する技術的基準）

第一〇九条の七　法第二十一条第二項の政令で定める技術的基準は、次の各号のいずれかに掲げるものとする。

一　主要構造部の部分及び袖壁、塀その他これらに類する建築物の部分並びに防火設備の構造が、当該建築物の周辺高火熱面積の規模を避難上及び消火上必要な機能の確保に支障を及ぼさないものとして国土交通大臣が定める規模以下とすることができるものであること。

二　特定主要構造部が第百九条の五各号のいずれかに掲げる基準に適合するものであること。

2　前項第一号の「周辺高火熱面積」とは、建築物の屋内において発生する通常の火災による熱量により、当該建築物の用途及び規模並びに消火設備の設置の状況及び構造に応じて国土交通大臣が定める方法により算出した当該建築物の周囲の土地における熱量が、人の生命又は身体に危険を及ぼすおそれがあるものとして国土交通大臣が定める熱量を超えることとなる場合における当該土地の面積をいう。

（別の建築物とみなすことができる部分）

第一〇九条の八　法第二十一条第三項、法第二十七条第四項（法第八十七条第三項において準用する場合を含む。）及び法第六十一条第二項の政令で定める部分は、建築物が火熱遮断壁等（壁、柱、床その他の建築物の部分又は第百九条に規定する防火設備（以下この条において「壁等」という。）のうち、次に掲げる技術的基準に適合するもので、国土交通大臣が定めた構造方法を用いるもの又は国土交通大臣の認定を受けたものをいう。以下同じ。）で区画されている場合における当該火熱遮断壁等により分離された部分とする。

一　当該壁等に通常の火災による火熱が火災継続予測時間（建築物の構造、建築設備及び用途に応じて火災が継続することが予測される時間をいう。以下この条において同じ。）加えられた場合に、当該壁等が構造耐力上支障のある変形、溶融、破壊その他の損傷を生じないものであること。

二　当該壁等に通常の火災による火熱が火災継続予測時間加えられた場合に、当該加熱面以外の面（屋内に面するものに限る。）のうち防火上支障がないものとして国土交通大臣が定めるもの以外のもの（ロにおいて「特定非加熱面」という。）の温度が、次のイ又はロに掲げる場合の区分に応じ、それぞれ当該イ又はロに定める温度以上に上昇しないものであること。

イ　ロに掲げる場合以外の場合　可燃物燃焼温度

ロ　当該壁等が第百九条に規定する防火設備である場合において、特定非加熱面が面する室について、国土交通大臣が定める基準に従い、内装の仕上げを不燃材料でし、かつ、その下地を不燃材料で造ることその他これに準ずる措置が講じられているとき　可燃物燃焼温度を超える温度であつて当該措置によつて当該室における延焼を防止することができる温度として国土交通大臣が定める温度

三　当該壁等に屋内において発生する通常の火災による火熱が火災継続予測時間加えられた場合に、当該壁等が屋外に火炎を出す原因となる亀裂その他の損傷を生じないものであること。

四　当該壁等に通常の火災による当該壁等以外の建築物の部分の倒壊によつて生ずる応力が伝えられた場合に、当該壁等の一部が損傷してもなおその自立する構造が保持されることその他国土交通大臣が定める機能が確保されることにより、当該建築物の他の部分に防火上有害な変形、亀裂その他の損傷を生じさせないものであること。

五　当該壁等が、通常の火災時において、当該壁等以外の建築物の部分から屋外に出た火炎による当該建築物の他の部分への延焼を有効に防止できるものであること。

（法第二十二条第一項の市街地の区域内にある建築物の屋根の性能に関する技術的基準）

第一〇九条の九　法第二十二条第一項の政令で定める技術的基準は、次に掲げるもの（不燃性の物品を保管する倉庫その他これに類するものとして国土交通大臣が定める用途に供する建築物又は建築物の部分で、通常の火災による火の粉が屋内に到達した場合に建築物の火災が発生するおそれのないものとして国土交通大臣が定めた構造方法を用いるものの屋根にあつては、第一号に掲げるもの）とする。

一　屋根が、通常の火災による火の粉により、防火上有害な発炎をしないものであること。

二　屋根が、通常の火災による火の粉により、屋内に達する防火上有害な溶融、亀裂その他の損傷を生じないものであること。

（準防火性能に関する技術的基準）

第一〇九条の一〇　法第二十三条の政令で定める技術的基準は、次に掲げるものとする。

一　耐力壁である外壁にあつては、これに建築物の周囲において発生する通常の火災による火熱が加えられた場合に、加熱開始後二十分間構造耐力上支障のある変形、溶融、破壊その他の損傷を生じないものであること。

二　外壁にあつては、これに建築物の周囲において発生する通常の火災による火熱が加えられた場合に、加熱開始後二十分間当該加熱面以外の面（屋内に面するものに限る。）の温度が可燃物燃焼温度以上に上昇しないものであること。

（法第二十七条第一項に規定する特殊建築物の特定主要構造部の性能に関する技術的基準）

第一一〇条　特定主要構造部の性能に関する法第二十七条第一項の政令で定める技術的基準は、次の各号のいずれかに掲げるものとする。

一　次に掲げる基準

イ　次の表の上欄に掲げる建築物の部分にあつては、当該部分に通常の火災による火熱が加えられた場合に、加熱開始後それぞれ同表の下欄に掲げる時間において構造耐力上支障のある変形、溶融、破壊その他の損傷を生じないものであること。

建築物の部分		時間
壁	間仕切壁（耐力壁に限る。）	特定避難時間（特殊建築物の構造、建築設備及び用途に応じて当該特殊建築物に存する者の全てが当該特殊建築物から地上までの避難を終了するまでに要する時間をいう。以下同じ。）（特定避難時間が四十五分間未満である場合にあつては、四十五分間。以下この号において同じ。）
	外壁（耐力壁に限る。）	特定避難時間
柱		特定避難時間
床		特定避難時間
はり		特定避難時間
屋根（軒裏を除く。）		三十分間
階段		三十分間

ロ　壁、床及び屋根の軒裏（外壁によつて小屋裏又は天井裏と防火上有効に遮られているものを除く。以下このロにおいて同じ。）にあつては、これらに通常の火災による火熱が加えられた場合に、加熱開始後特定避難時間（非耐力壁である外壁及び屋根の軒裏（いずれも延焼のおそれのある部分以外の部分に限る。）にあつては、三十分間）当該加熱面以外の面（屋内に面するものに限る。）の温度が可燃物燃焼温度以上に上昇しないものであること。

ハ　外壁及び屋根にあつては、これらに屋内において発生する通常の火災による火熱が加えられた場合に、加熱開始後特定避難時間（非耐力壁である外壁（延焼のおそれのある部分以外の部分に限る。）及び屋根にあつては、三十分間）屋外に火炎を出す原因となる亀裂その他の損傷を生じないものであること。

二　第百九条の五各号のいずれかに掲げる基準

（延焼するおそれがある外壁の開口部）

第一一〇条の二　法第二十七条第一項の政令で定める外壁の開口部は、次に掲げるものとする。

一　延焼のおそれのある部分であるもの（法第八十六条の四各号のいずれかに該当する建築物の外壁の開口部を除く。）

二　他の外壁の開口部から通常の火災時における火炎が到達するおそれがあるものとして国土交通大臣が定めるもの（前号に掲げるものを除く。）

（法第二十七条第一項に規定する特殊建築物の防火設備の遮炎性能に関する技術的基準）

第一一〇条の三　防火設備の遮炎性能に関する法第二十七条第一項の政令で定める技術的基準は、防火設備に通常の火災による火熱が加えられた場合に、加熱開始後二十分間当該加熱面以外の面（屋内に面するものに限る。）に火炎を出さないものであることとする。

（警報設備を設けた場合に耐火建築物等とすることを要しないこととなる用途）

第一一〇条の四　法第二十七条第一項第一号の政令で定める用途は、病院、診療所（患者の収容施設があるものに限る。）、ホテル、旅館、下宿、共同住宅、寄宿舎及び児童福祉施設等（入所する者の寝室があるものに限る。）とする。

（警報設備の技術的基準）

第一一〇条の五　法第二十七条第一項第一号の政令で定める技術的基準は、当該建築物のいずれの室（火災の発生のおそれの少ないものとして国土交通大臣が定める室を除く。）で火災が発生した場合においても、有効かつ速やかに、当該火災の発生を感知し、当該建築物の各階に報知することができるよう、国土交通大臣が定めた構造方法を用いる警報設備が、国土交通大臣が定めるところにより適当な位置に設けられていることとする。

（窓その他の開口部を有しない居室等）

第一一一条　法第三十五条の三（法第八十七条第三項において準用する場合を含む。）の規定により政令で定める窓その他の開口部を有しない居室は、次の各号のいずれかに該当する窓その他の開口部を有しない居室（避難階又は避難階の直上階若しくは直下階の居室その他の居室であつて、当該居室の床面積、当該居室からの避難の用に供する廊下その他の通路の構造並びに消火設備、排煙設備、非常用の照明装置及び警報設備の設置の状況及び構造に関し避難上支障がないものとして国土交通大臣が定める基準に適合するものを除く。）とする。

一　面積（第二十条の規定により計算した採光に有効な部分の面積に限る。）の合計が、当該居室の床面積の二十分の一以上のもの

二　直接外気に接する避難上有効な構造のもので、かつ、その大きさが直径一メートル以上の円が内接することができるもの又はその幅及び高さが、それぞれ、七十五センチメートル以上及び一・二メートル以上のもの

2　ふすま、障子その他随時開放することができるもので仕切られた二室は、前項の規定の適用については、一室とみなす。

（防火区画）

第一一二条　法第二条第九号の三イ若しくはロのいずれかに該当する建築物（特定主要構造部を耐火構造とした建築物を含む。）又は第百三十六条の二第一号ロ若しくは第二号ロに掲げる基準に適合する建築物で、延べ面積（スプリンクラー設備、水噴霧消火設備、泡消火設備その他これらに類するもので自動式のものを設けた部分の床面積の二分の一に相当する床面積を除く。以下この条において同じ。）が千五百平方メートルを超えるものは、床面積の合計（スプリンクラー設備、水噴霧消火設備、泡消火設備その他これらに類するもので自動式のものを設けた部分の床面積の二分の一に相当する床面積を除く。以下この条において同じ。）千五百平方メートル以内ごとに一時間準耐火基準に適合する準耐火構造の床若しくは壁又は特定防火設備（第百九条に規定する防火設備であつて、これに通常の火災による火熱が加えられた場合に、加熱開始後一時間当該加熱面以外の面に火炎を出さないものとして、国土交通大臣が定めた構造方法を用いるもの又は国土交通大臣の認定を受けたものをいう。以下同じ。）で区画しなければならない。ただし、次の各号のいずれかに該当する建築物の部分でその用途上やむを得ないものにおいては、この限りでない。

一　劇場、映画館、演芸場、観覧場、公会堂又は集会場の客席、体育館、工場その他これらに類する用途に供する建築物の部分

二　階段室の部分等（階段室の部分又は昇降機の昇降路の部分（当該昇降機の乗降のための乗降ロビーの部分を含む。）をいう。第十四項において同じ。）で一時間準耐火基準に適合する準耐火構造の床若しくは壁又は特定防火設備で区画されたもの

2　前項の「一時間準耐火基準」とは、主要構造部である壁、柱、床、はり及び屋根の軒裏の構造が、次に掲げる基準に適合するものとして、国土交通大臣が定めた構造方法を用いるもの又は国土交通

大臣の認定を受けたものであることとする。

一　次の表の上欄に掲げる建築物の部分にあつては、当該部分に通常の火災による火熱が加えられた場合に、加熱開始後それぞれ同表の下欄に掲げる時間において構造耐力上支障のある変形、溶融、破壊その他の損傷を生じないものであること。

壁	間仕切壁（耐力壁に限る。）	一時間
	外壁（耐力壁に限る。）	一時間
柱		一時間
床		一時間
はり		一時間

二　壁（非耐力壁である外壁の延焼のおそれのある部分以外の部分を除く。）、床及び屋根の軒裏（外壁によつて小屋裏又は天井裏と防火上有効に遮られているものを除き、延焼のおそれのある部分に限る。）にあつては、これらに通常の火災による火熱が加えられた場合に、加熱開始後一時間当該加熱面以外の面（屋内に面するものに限る。）の温度が可燃物燃焼温度以上に上昇しないものであること。

三　外壁（非耐力壁である外壁の延焼のおそれのある部分以外の部分を除く。）にあつては、これに屋内において発生する通常の火災による火熱が加えられた場合に、加熱開始後一時間屋外に火炎を出す原因となる亀裂その他の損傷を生じないものであること。

3　特定主要構造部を耐火構造とした建築物の二以上の部分が当該建築物の吹抜きとなつている部分その他の一定の規模以上の空間が確保されている部分（以下この項において「空間部分」という。）に接する場合において、当該二以上の部分の構造が通常の火災時において相互に火熱による防火上有害な影響を及ぼさないものとして、国土交通大臣が定めた構造方法を用いるもの又は国土交通大臣の認定を受けたものであるときは、当該二以上の部分と当該空間部分が特定防火設備で区画されているものとみなして、第一項の規定を適用する。この場合において、同項ただし書中「ものに」とあるのは、「もの又は第三項の規定が適用される建築物の同項に規定する空間部分に」とする。

4　法第二十一条第一項若しくは第二項（これらの規定を同条第三項の規定によりみなして適用する場合を含む。次項において同じ。）若しくは法第二十七条第一項（同条第四項の規定によりみなして適用する場合を含む。以下この項及び次項において同じ。）の規定により第百九条の五第一号に掲げる基準に適合する建築物（通常火災終了時間が一時間以上であるものを除く。）とした建築物、法第二十七条第一項の規定により第百十条第一号に掲げる基準に適合する特殊建築物（特定避難時間が一時間以上であるものを除く。）とした建築物、法第二十七条第三項（同条第四項の規定によりみなして適用する場合を含む。次項において同じ。）の規定により準耐火建築物（第百九条の三第二号に掲げる基準又は一時間準耐火基準（第二項に規定する一時間準耐火基準をいう。以下同じ。）に適合するものを除く。）とした建築物、法第六十一条第一項（同条第二項の規定によりみなして適用する場合を含む。次項において同じ。）の規定により第百三十六条の二第二号に定める基準に適合する建築物（準防火地域内にあるものに限り、第百九条の三第二号に掲げる基準又は一時間準耐火基準に適合するものを除く。）とした建築物又は法第六十七条第一項の規定により準耐火建築物等（第百九条の三第二号に掲げる基準又は一時間準耐火基準に適合するものを除く。）とした建築物で、延べ面積が五百平方メートルを超えるものについては、第一項の規定にかかわらず、床面積の合計五百平方メートル以内ごとに一時間準耐火基準に適合する準耐火構造の床若しくは壁又は特定防火設備で区画し、かつ、防火上主要な間仕切壁（自動スプリンクラー設備等設置部分（床面積が二百平方メートル以下の階又は床面積二百平方メートル以内ごとに準耐火構造の壁若しくは法第二条第九号の二ロに規定する防火設備で区画されている部分で、スプリンクラー設備、水噴霧消火設備、泡消火設備その他これらに類するもので自動式のものを設けたものをいう。第百十四条第一項及び第二項において同じ。）その他防火上支障がないものとして国土交通大臣が定める部分の間仕切壁を除く。）を準耐火構造とし、次の各号のいずれかに該当する部分を除き、小屋裏又は天井裏に達せしめなければならない。

一　天井の全部が強化天井（天井のうち、その下方からの通常の火災時の加熱に対してその上方への延焼を有効に防止することができるものとして、国土交通大臣が定めた構造方法を用いるもの又は国土交通大臣の認定を受けたものをいう。次号及び第百十四条第三項において同じ。）である階

二　準耐火構造の壁又は法第二条第九号の二ロに規定する防火設備で区画されている部分で、当該部分の天井が強化天井であるもの

5　法第二十一条第一項若しくは第二項若しくは法第二十七条第一項の規定により第百九条の五第一号に掲げる基準に適合する建築物（通常火災終了時間が一時間以上であるものに限る。）とした建築物、同項の規定により第百十条第一号に掲げる基準に適合する特殊建築物（特定避難時間が一時間以上であるものに限る。）とした建築物、法第二十七条第三項の規定により準耐火建築物（第百九条の三第二号に掲げる基準又は一時間準耐火基準に適合するものに限る。）とした建築物、法第六十一条第一項の規定により第百三十六条の二第二号に定める基準に適合する建築物（準防火地域内にあり、かつ、第百九条の三第二号に掲げる基準又は一時間準耐火基準に適合するものに限る。）とした建築物又は法第六十七条第一項の規定により準耐火建築物等（第百九条の三第二号に掲げる基準又は一時間準耐火基準に適合するものに限る。）とした建築物で、延べ面積が千平方メートルを超えるものについては、第一項の規定にかかわらず、床面積の合計千平方メートル以内ごとに一時間準耐火基準に適合する準耐火構造の床若しくは壁又は特定防火設備で区画しなければならない。

6　前二項の規定は、次の各号のいずれかに該当する建築物の部分で、天井（天井のない場合においては、屋根。以下この条において同じ。）及び壁の室内に面する部分の仕上げを準不燃材料でしたものについては、適用しない。

一　体育館、工場その他これらに類する用途に供する建築物の部分

二　第一項第二号に掲げる建築物の部分

7　建築物の十一階以上の部分で、各階の床面積の合計が百平方メートルを超えるものは、第一項の規定にかかわらず、床面積の合計百平方メートル以内ごとに耐火構造の床若しくは壁又は法第二条第九号の二ロに規定する防火設備で区画しなければならない。

8　前項の建築物の部分で、当該部分の壁（床面からの高さが一・二メートル以下の部分を除く。次項及び第十四項第一号において同じ。）及び天井の室内に面する部分（回り縁、窓台その他これらに類する部分を除く。以下この条において同じ。）の仕上げを準不燃材料でし、かつ、その下地を準不燃材料で造ったものは、特定防火設備以外の法第二条第九号の二ロに規定する防火設備で区画する場合を除き、前項の規定にかかわらず、床面積の合計二百平方メートル以内ごとに区画すれば足りる。

9　第七項の建築物の部分で、当該部分の壁及び天井の室内に面する部分の仕上げを不燃材料でし、かつ、その下地を不燃材料で造ったものは、特定防火設備以外の法第二条第九号の二ロに規定する防火

設備で区画する場合を除き、同項の規定にかかわらず、床面積の合計五百平方メートル以内ごとに区画すれば足りる。

10　前三項の規定は、階段室の部分若しくは昇降機の昇降路の部分（当該昇降機の乗降のための乗降ロビーの部分を含む。）、廊下その他避難の用に供する部分又は床面積の合計が二百平方メートル以内の共同住宅の住戸で、耐火構造の床若しくは壁又は特定防火設備（第七項の規定により区画すべき建築物にあつては、法第二条第九号の二ロに規定する防火設備）で区画されたものについては、適用しない。

11　主要構造部を準耐火構造とした建築物（特定主要構造部を耐火構造とした建築物を含む。）又は第百三十六条の二第一号ロ若しくは第二号ロに掲げる基準に適合する建築物であつて、地階又は三階以上の階に居室を有するものの竪穴部分（長屋又は共同住宅の住戸でその階数が二以上であるもの、吹抜きとなつている部分、階段の部分（当該部分からのみ人が出入りすることのできる便所、公衆電話所その他これらに類するものを含む。）、昇降機の昇降路の部分、ダクトスペースの部分その他これらに類する部分をいう。以下この条において同じ。）については、当該竪穴部分以外の部分（直接外気に開放されている廊下、バルコニーその他これらに類する部分を除く。次項及び第十三項において同じ。）と準耐火構造の床若しくは壁又は法第二条第九号の二ロに規定する防火設備で区画しなければならない。ただし、次の各号のいずれかに該当する竪穴部分については、この限りでない。

一　避難階からその直上階又は直下階のみに通ずる吹抜きとなつている部分、階段の部分その他これらに類する部分でその壁及び天井の室内に面する部分の仕上げを不燃材料でし、かつ、その下地を不燃材料で造つたもの

二　階数が三以下で延べ面積が二百平方メートル以内の一戸建ての住宅又は長屋若しくは共同住宅の住戸のうちその階数が三以下で、かつ、床面積の合計が二百平方メートル以内であるものにおける吹抜きとなつている部分、階段の部分、昇降機の昇降路の部分その他これらに類する部分

12　三階を病院、診療所（患者の収容施設があるものに限る。次項において同じ。）又は児童福祉施設等（入所する者の寝室があるものに限る。同項において同じ。）の用途に供する建築物のうち階数が三で延べ面積が二百平方メートル未満のもの（前項に規定する建築物を除く。）の竪穴部分については、当該竪穴部分以外の部分と間仕切壁又は法第二条第九号の二ロに規定する防火設備で区画しなければならない。ただし、居室、倉庫その他これらに類する部分にスプリンクラー設備その他これに類するものを設けた建築物の竪穴部分については、当該防火設備に代えて、十分間防火設備（第百九条に規定する防火設備であつて、これに通常の火災による火熱が加えられた場合に、加熱開始後十分間当該加熱面以外の面に火炎を出さないものとして、国土交通大臣が定めた構造方法を用いるもの又は国土交通大臣の認定を受けたものをいう。第十九項及び第百二十一条第四項第一号において同じ。）で区画することができる。

13　三階を法別表第一(い)欄(二)項に掲げる用途（病院、診療所又は児童福祉施設等を除く。）に供する建築物のうち階数が三で延べ面積が二百平方メートル未満のもの（第十一項に規定する建築物を除く。）の竪穴部分については、当該竪穴部分以外の部分と間仕切壁又は戸（ふすま、障子その他これらに類するものを除く。）で区画しなければならない。

14　竪穴部分及びこれに接する他の竪穴部分（いずれも第一項第一号に該当する建築物の部分又は階段室の部分等であるものに限る。）が次に掲げる基準に適合する場合においては、これらの竪穴部分を一の竪穴部分とみなして、前三項の規定を適用する。

一　当該竪穴部分及び他の竪穴部分の壁及び天井の室内に面する部分の仕上げが準不燃材料でされ、かつ、その下地が準不燃材料で造られたものであること。

二　当該竪穴部分と当該他の竪穴部分とが用途上区画することができないものであること。

15　第十二項及び第十三項の規定は、火災が発生した場合に避難上支障のある高さまで煙又はガスの降下が生じない建築物として、壁及び天井の仕上げに用いる材料の種類並びに消火設備及び排煙設備の設置の状況及び構造を考慮して国土交通大臣が定めるものの竪穴部分については、適用しない。

16　第一項若しくは第四項から第六項までの規定による一時間準耐火基準に適合する準耐火構造の床若しくは壁（第四項に規定する防火上主要な間仕切壁を除く。）若しくは特定防火設備、第七項の規定による耐火構造の床若しくは壁若しくは法第二条第九号の二ロに規定する防火設備又は第十一項の規定による準耐火構造の床若しくは壁若しくは同号ロに規定する防火設備に接する外壁については、当該外壁のうちこれらに接する部分を含み幅九十センチメートル以上の部分を準耐火構造としなければならない。ただし、外壁面から五十センチメートル以上突出した準耐火構造のひさし、床、袖壁その他これらに類するもので防火上有効に遮られている場合においては、この限りでない。

17　前項の規定によつて準耐火構造としなければならない部分に開口部がある場合においては、その開口部に法第二条第九号の二ロに規定する防火設備を設けなければならない。

18　建築物の一部が法第二十七条第一項各号、第二項各号又は第三項各号のいずれかに該当する場合においては、その部分とその他の部分とを一時間準耐火基準に適合する準耐火構造とした床若しくは壁又は特定防火設備で区画しなければならない。ただし、国土交通大臣が定める基準に従い、警報設備を設けることその他これに準ずる措置が講じられている場合においては、この限りでない。

19　第一項、第四項、第五項、第十項又は前項の規定による区画に用いる特定防火設備、第七項、第十項、第十一項又は第十二項本文の規定による区画に用いる法第二条第九号の二ロに規定する防火設備、同項ただし書の規定による区画に用いる十分間防火設備及び第十三項の規定による区画に用いる戸は、次の各号に掲げる区分に応じ、当該各号に定める構造のものとしなければならない。

一　第一項本文、第四項若しくは第五項の規定による区画に用いる特定防火設備又は第七項の規定による区画に用いる法第二条第九号の二ロに規定する防火設備　次に掲げる要件を満たすものとして、国土交通大臣が定めた構造方法を用いるもの又は国土交通大臣の認定を受けたもの

イ　常時閉鎖若しくは作動をした状態にあるか、又は随時閉鎖若しくは作動をできるものであること。

ロ　閉鎖又は作動をするに際して、当該特定防火設備又は防火設備の周囲の人の安全を確保することができるものであること。

ハ　居室から地上に通ずる主たる廊下、階段その他の通路の通行の用に供する部分に設けるものにあつては、閉鎖又は作動をした状態において避難上支障がないものであること。

ニ　常時閉鎖又は作動をした状態にあるもの以外のものにあつては、火災により煙が発生した場合又は火災により温度が急激に上昇した場合のいずれかの場合に、自動的に閉鎖又は作動をするものであること。

二　第一項第二号、第十項若しくは前項の規定による区画に用いる特定防火設備、第十項、第十一項若しくは第十二項本文の規定による区画に用いる法第二条第九号の二ロに規定する防火設備、同項ただし書の規定による区画に用いる十分間防火設備又は第十三

項の規定による区画に用いる戸　次に掲げる要件を満たすものとして、国土交通大臣が定めた構造方法を用いるもの又は国土交通大臣の認定を受けたもの

イ　前号イからハまでに掲げる要件を満たしているものであること。

ロ　避難上及び防火上支障のない遮煙性能を有し、かつ、常時閉鎖又は作動をした状態にあるもの以外のものにあつては、火災により煙が発生した場合に自動的に閉鎖又は作動をするものであること。

20　給水管、配電管その他の管が第一項、第四項から第六項まで若しくは第十八項の規定による一時間準耐火基準に適合する準耐火構造の床若しくは壁、第七項若しくは第十項の規定による耐火構造の床若しくは壁、第十一項本文若しくは第十六項本文の規定による準耐火構造の床若しくは壁又は同項ただし書の場合における同項ただし書のひさし、床、袖壁その他これらに類するもの（以下この条において「準耐火構造の防火区画」という。）を貫通する場合においては、当該管と準耐火構造の防火区画との隙間をモルタルその他の不燃材料で埋めなければならない。

21　換気、暖房又は冷房の設備の風道が準耐火構造の防火区画を貫通する場合（国土交通大臣が防火上支障がないと認めて指定する場合を除く。）においては、当該風道の準耐火構造の防火区画を貫通する部分又はこれに近接する部分に、特定防火設備（法第二条第九号の二ロに規定する防火設備によつて区画すべき準耐火構造の防火区画を貫通する場合にあつては、同号ロに規定する防火設備）であつて、次に掲げる要件を満たすものとして、国土交通大臣が定めた構造方法を用いるもの又は国土交通大臣の認定を受けたものを国土交通大臣が定める方法により設けなければならない。

一　火災により煙が発生した場合又は火災により温度が急激に上昇した場合に自動的に閉鎖するものであること。

二　閉鎖した場合に防火上支障のない遮煙性能を有するものであること。

22　建築物が火熱遮断壁等で区画されている場合における当該火熱遮断壁等により分離された部分は、第一項又は第十一項から第十三項までの規定の適用については、それぞれ別の建築物とみなす。

23　第百九条の二の二第三項に規定する建築物に係る第一項又は第十一項の規定の適用については、当該建築物の同条第三項に規定する特定部分及び他の部分をそれぞれ別の建築物とみなす。

（木造等の建築物の防火壁及び防火床）

第一一三条　防火壁及び防火床は、次に掲げる構造としなければならない。

一　耐火構造とすること。

二　通常の火災による当該防火壁又は防火床以外の建築物の部分の倒壊によつて生ずる応力が伝えられた場合に倒壊しないものとして国土交通大臣が定めた構造方法を用いるものとすること。

三　通常の火災時において、当該防火壁又は防火床で区画された部分（当該防火壁又は防火床の部分を除く。）から屋外に出た火炎による当該防火壁又は防火床で区画された他の部分（当該防火壁又は防火床の部分を除く。）への延焼を有効に防止できるものとして国土交通大臣が定めた構造方法を用いるものとすること。

四　防火壁に設ける開口部の幅及び高さ又は防火床に設ける開口部の幅及び長さは、それぞれ二・五メートル以下とし、かつ、これに特定防火設備で前条第十九項第一号に規定する構造であるものを設けること。

2　前条第二十項の規定は給水管、配電管その他の管が防火壁又は防火床を貫通する場合に、同条第二十一項の規定は換気、暖房又は冷房の設備の風道が防火壁を貫通する場合について準用する。

3　防火壁又は防火床で火熱遮断壁等に該当するものについては、第一項の規定は、適用しない。

（建築物の界壁、間仕切壁及び隔壁）

第一一四条　長屋又は共同住宅の各戸の界壁（自動スプリンクラー設備等設置部分その他防火上支障がないものとして国土交通大臣が定める部分の界壁を除く。）は、準耐火構造とし、第百十二条第四項各号のいずれかに該当する部分を除き、小屋裏又は天井裏に達せしめなければならない。

2　学校、病院、診療所（患者の収容施設を有しないものを除く。）、児童福祉施設等、ホテル、旅館、下宿、寄宿舎又はマーケットの用途に供する建築物の当該用途に供する部分については、その防火上主要な間仕切壁（自動スプリンクラー設備等設置部分その他防火上支障がないものとして国土交通大臣が定める部分の間仕切壁を除く。）を準耐火構造とし、第百十二条第四項各号のいずれかに該当する部分を除き、小屋裏又は天井裏に達せしめなければならない。

3　建築面積が三百平方メートルを超える建築物の小屋組が木造である場合においては、小屋裏の直下の天井の全部を強化天井とするか、又は桁行間隔十二メートル以内ごとに小屋裏（準耐火構造の隔壁で区画されている小屋裏の部分で、当該部分の直下の天井が強化天井であるものを除く。）に準耐火構造の隔壁を設けなければならない。ただし、次の各号のいずれかに該当する建築物については、この限りでない。

一　法第二条第九号の二イに掲げる基準に適合する建築物

二　第百十五条の二第一項第七号の基準に適合するもの

三　その周辺地域が農業上の利用に供され、又はこれと同様の状況にあつて、その構造及び用途並びに周囲の状況に関し避難上及び延焼防止上支障がないものとして国土交通大臣が定める基準に適合する畜舎、堆肥舎並びに水産物の増殖場及び養殖場の上家

4　延べ面積がそれぞれ二百平方メートルを超える建築物で耐火建築物以外のもの相互を連絡する渡り廊下で、その小屋組が木造であり、かつ、けた行が四メートルを超えるものは、小屋裏に準耐火構造の隔壁を設けなければならない。

5　第百十二条第二十項の規定は給水管、配電管その他の管が第一項の界壁、第二項の間仕切壁又は前二項の隔壁を貫通する場合に、同条第二十一項の規定は換気、暖房又は冷房の設備の風道がこれらの界壁、間仕切壁又は隔壁を貫通する場合について準用する。この場合において、同項中「特定防火設備」とあるのは、「第百九条に規定する防火設備であつて、これに通常の火災による火熱が加えられた場合に、加熱開始後四十五分間当該加熱面以外の面に火炎を出さないものとして、国土交通大臣が定めた構造方法を用いるもの又は国土交通大臣の認定を受けたもの」と読み替えるものとする。

6　建築物が火熱遮断壁等で区画されている場合における当該火熱遮断壁等により分離された部分は、第三項又は第四項の規定の適用については、それぞれ別の建築物とみなす。

（建築物に設ける煙突）

第一一五条　建築物に設ける煙突は、次に定める構造としなければならない。

一　煙突の屋上突出部は、屋根面からの垂直距離を六十センチメートル以上とすること。

二　煙突の高さは、その先端からの水平距離一メートル以内に建築物がある場合で、その建築物に軒がある場合においては、その建築物の軒から六十センチメートル以上高くすること。

三　煙突は、次のイ又はロのいずれかに適合するものとすること。

イ　次に掲げる基準に適合するものであること。

(1)　煙突の小屋裏、天井裏、床裏等にある部分は、煙突の上又は周囲にたまるほこりを煙突内の廃ガスその他の生成物の熱

により燃焼させないものとして国土交通大臣が定めた構造方法を用いるものとすること。

(2) 煙突は、建築物の部分である木材その他の可燃材料から十五センチメートル以上離して設けること。ただし、厚さが十センチメートル以上の金属以外の不燃材料で造り、又は覆う部分その他当該可燃材料を煙突内の廃ガスその他の生成物の熱により燃焼させないものとして国土交通大臣が定めた構造方法を用いる部分は、この限りでない。

ロ　その周囲にある建築物の部分（小屋裏、天井裏、床裏等にある部分にあつては、煙突の上又は周囲にたまるほこりを含む。）を煙突内の廃ガスその他の生成物の熱により燃焼させないものとして、国土交通大臣の認定を受けたものであること。

四　壁付暖炉のれんが造、石造又はコンクリートブロック造の煙突（屋内にある部分に限る。）には、その内部に陶管の煙道を差し込み、又はセメントモルタルを塗ること。

五　壁付暖炉の煙突における煙道の屈曲が百二十度以内の場合においては、その屈曲部に掃除口を設けること。

六　煙突の廃ガスその他の生成物により、腐食又は腐朽のおそれのある部分には、腐食若しくは腐朽しにくい材料を用いるか、又は有効なさび止め若しくは防腐のための措置を講ずること。

七　ボイラーの煙突は、前各号に定めるもののほか、煙道接続口の中心から頂部までの高さがボイラーの燃料消費量（国土交通大臣が経済産業大臣の意見を聴いて定めるものとする。）に応じて国土交通大臣が定める基準に適合し、かつ、防火上必要があるものとして国土交通大臣が定めた構造方法を用いるものであること。

2　前項第一号から第三号までの規定は、廃ガスその他の生成物の温度が低いことその他の理由により防火上支障がないものとして国土交通大臣が定める基準に適合する場合においては、適用しない。

（防火壁又は防火床の設置を要しない建築物に関する技術的基準等）

第一一五条の二　法第二十六条第一項第二号ロの政令で定める技術的基準は、次のとおりとする。

一　第四十六条第二項第一号イ及びロに掲げる基準に適合していること。

二　地階を除く階数が二以下であること。

三　二階の床面積（吹抜きとなつている部分に面する二階の通路その他の部分の床で壁の室内に面する部分から内側に二メートル以内の間に設けられたもの（次号において「通路等の床」という。）の床面積を除く。）が一階の床面積の八分の一以下であること。

四　外壁及び軒裏が防火構造であり、かつ、一階の床（直下に地階がある部分に限る。）及び二階の床（通路等の床を除く。）の構造が、これに屋内において発生する通常の火災による火熱が加えられた場合に、加熱開始後三十分間構造耐力上支障のある変形、溶融、亀裂その他の損傷を生じず、かつ、当該加熱面以外の面（屋内に面するものに限る。）の温度が可燃物燃焼温度以上に上昇しないものとして、国土交通大臣が定めた構造方法を用いるもの又は国土交通大臣の認定を受けたものであること。ただし、特定行政庁がその周囲の状況により延焼防止上支障がないと認める建築物の外壁及び軒裏については、この限りでない。

五　地階については、その特定主要構造部が耐火構造であるか、又はその主要構造部が不燃材料で造られていること。

六　調理室、浴室その他の室でかまど、こんろその他火を使用する設備又は器具を設けたものの部分が、その他の部分と耐火構造の床若しくは壁（これらの床又は壁を貫通する給水管、配電管その他の管の部分及びその周囲の部分の構造が国土交通大臣が定めた構造方法を用いるものに限る。）又は特定防火設備で第百十二条第十九項第一号に規定する構造であるもので区画されていること。

七　建築物の各室及び各通路について、壁（床面からの高さが一・二メートル以下の部分を除く。）及び天井（天井のない場合においては、屋根）の室内に面する部分（回り縁、窓台その他これらに類する部分を除く。）の仕上げが難燃材料でされ、又はスプリンクラー設備、水噴霧消火設備、泡消火設備その他これらに類するもので自動式のもの及び第百二十六条の三の規定に適合する排煙設備が設けられていること。

八　主要構造部である柱又ははりを接合する継手又は仕口の構造が、通常の火災時の加熱に対して耐力の低下を有効に防止することができるものとして国土交通大臣が定めた構造方法を用いるものであること。

九　国土交通大臣が定める基準に従つた構造計算によつて、通常の火災により建築物全体が容易に倒壊するおそれのないことが確かめられた構造であること。

2　法第二十六条第一項第三号の政令で定める用途は、畜舎、堆肥舎並びに水産物の増殖場及び養殖場の上家とする。

（耐火建築物等としなければならない特殊建築物）

第百十五条の三　法別表第一(い)欄の㈡項から㈣項まで及び㈥項（法第八十七条第三項において法第二十七条の規定を準用する場合を含む。）に掲げる用途に類するもので政令で定めるものは、それぞれ次の各号に掲げるものとする。

一　㈡項の用途に類するもの　児童福祉施設等（幼保連携型認定こども園を含む。以下同じ。）

二　㈢項の用途に類するもの　博物館、美術館、図書館、ボーリング場、スキー場、スケート場、水泳場又はスポーツの練習場

三　㈣項の用途に類するもの　公衆浴場、待合、料理店、飲食店又は物品販売業を営む店舗（床面積が十平方メートル以内のものを除く。）

四　㈥項の用途に類するもの　映画スタジオ又はテレビスタジオ

（自動車車庫等の用途に供してはならない準耐火建築物）

第百十五条の四　法第二十七条第三項（法第八十七条第三項において準用する場合を含む。次条第一項において同じ。）の規定により政令で定める準耐火建築物は、第百九条の三第一号に掲げる技術的基準に適合するもの（同条第二号に掲げる技術的基準に適合するものを除く。）とする。

（危険物の数量）

第百十六条　法第二十七条第三項第二号の規定により政令で定める危険物の数量の限度は、次の表に定めるところによるものとする。

危険物品の種類		数量	
		常時貯蔵する場合	製造所又は他の事業を営む工場において処理する場合
火薬類（玩具煙火を除く。）	火薬	二十トン	十トン
	爆薬	二十トン	五トン
	工業雷管及び電気雷管	三百万個	五十万個
	銃用雷管	千万個	五百万個
	信号雷管	三百万個	五十万個
	実包	千万個	五万個
	空包	千万個	五万個
	信管及び火管	十万個	五万個

	導爆線	五百キロメートル	五百キロメートル
	導火線	二千五百キロメートル	五百キロメートル
	電気導火線	七万個	五万個
	信号炎管及び信号火箭（せん）	二トン	二トン
	煙火	二トン	二トン
	その他の火薬又は爆薬を使用した火工品	当該火工品の原料をなす火薬又は爆薬の数量に応じて、火薬又は爆薬の数量のそれぞれの限度による。	
消防法第二条第七項に規定する危険物		危険物の規制に関する政令（昭和三十四年政令第三百六号）別表第三の類別欄に掲げる類、同表の品名欄に掲げる品名及び同表の性質欄に掲げる性状に応じ、それぞれ同表の指定数量欄に定める数量の十倍の数量	危険物の規制に関する政令別表第三の類別欄に掲げる類、同表の品名欄に掲げる品名及び同表の性質欄に掲げる性状に応じ、それぞれ同表の指定数量欄に定める数量の十倍の数量
マッチ		三百マッチトン	三百マッチトン
可燃性ガス		七百立方メートル	二万立方メートル
圧縮ガス		七千立方メートル	二十万立方メートル
液化ガス		七十トン	二千トン

この表において、可燃性ガス及び圧縮ガスの容積の数値は、温度が零度で圧力が一気圧の状態に換算した数値とする。

2　土木工事又はその他の事業に一時的に使用するためにその事業中臨時に貯蔵する危険物の数量の限度及び支燃性又は不燃性の圧縮ガス又は液化ガスの数量の限度は、無制限とする。

3　第一項の表に掲げる危険物の二種類以上を同一の建築物に貯蔵しようとする場合においては、第一項に規定する危険物の数量の限度は、それぞれ当該各欄の危険物の数量の限度の数値で貯蔵しようとする危険物の数値を除し、それらの商を加えた数値が一である場合とする。

第五章　避難施設等

第一節　総則

（窓その他の開口部を有しない居室等）

第一一六条の二　法第三十五条（法第八十七条第三項において準用する場合を含む。第百二十七条において同じ。）の規定により政令で定める窓その他の開口部を有しない居室は、次の各号に該当する窓その他の開口部を有しない居室とする。

一　面積（第二十条の規定より計算した採光に有効な部分の面積に限る。）の合計が、当該居室の床面積の二十分の一以上のもの

二　開放できる部分（天井又は天井から下方八十センチメートル以内の距離にある部分に限る。）の面積の合計が、当該居室の床面積の五十分の一以上のもの

2　ふすま、障子その他随時開放することができるもので仕切られた

二室は、前項の規定の適用については、一室とみなす。

第二節　廊下、避難階段及び出入口

（適用の範囲）

第一一七条　この節の規定は、法別表第一(い)欄(一)項から(四)項までに掲げる用途に供する特殊建築物、階数が三以上である建築物、前条第一項第一号に該当する窓その他の開口部を有しない居室を有する階又は延べ面積が千平方メートルをこえる建築物に限り適用する。

2　次に掲げる建築物の部分は、この節の規定の適用については、それぞれ別の建築物とみなす。

一　建築物が開口部のない耐火構造の床又は壁で区画されている場合における当該床又は壁により分離された部分

二　建築物の二以上の部分の構造が通常の火災時において相互に火熱又は煙若しくはガスによる防火上有害な影響を及ぼさないものとして国土交通大臣が定めた構造方法を用いるものである場合における当該部分

（客席からの出口の戸）

第一一八条　劇場、映画館、演芸場、観覧場、公会堂又は集会場における客席からの出口の戸は、内開きとしてはならない。

（廊下の幅）

第一一九条　廊下の幅は、それぞれ次の表に掲げる数値以上としなければならない。

廊下の配置／廊下の用途	両側に居室がある廊下における場合（単位　メートル）	その他の廊下における場合（単位　メートル）
小学校、中学校、義務教育学校、高等学校又は中等教育学校における児童用又は生徒用のもの	二・三	一・八
病院における患者用のもの、共同住宅の住戸若しくは住室の床面積の合計が百平方メートルを超える階における共用のもの又は三室以下の専用のものを除き居室の床面積の合計が二百平方メートル（地階にあつては、百平方メートル）を超える階におけるもの	一・六	一・二

（直通階段の設置）

第一二〇条　建築物の避難階以外の階（地下街におけるものを除く。次条第一項において同じ。）においては、避難階又は地上に通ずる直通階段（傾斜路を含む。以下同じ。）を次の表の上欄に掲げる居室の種類の区分に応じ当該各居室からその一に至る歩行距離が同表の中欄又は下欄に掲げる場合の区分に応じそれぞれ同表の中欄又は下欄に掲げる数値以下となるように設けなければならない。

構造／居室の種類	主要構造部が準耐火構造である場合（特定主要構造部が耐火構造である場合を含む。）又は主要構造部が不燃材料で造られている場合（単位　メートル）	その他の場合（単位　メートル）
第百十六条の二第一項第一号に該当する窓その他の開口部を有しない居室（当該居室の床面積、当該		

(一)	居室からの避難の用に供する廊下その他の通路の構造並びに消火設備、排煙設備、非常用の照明装置及び警報設備の設置の状況及び構造に関し避難上支障がないものとして国土交通大臣が定める基準に適合するものを除く。）又は法別表第一(い)欄(四)項に掲げる用途に供する特殊建築物の主たる用途に供する居室	三〇	三〇
(二)	法別表第一(い)欄(二)項に掲げる用途に供する特殊建築物の主たる用途に供する居室	五〇	三〇
(三)	(一)の項又は(二)の項に掲げる居室以外の居室	五〇	四〇

2　主要構造部が準耐火構造である建築物（特定主要構造部が耐火構造である建築物を含む。次条第二項及び第百二十二条第一項において同じ。）又は主要構造部が不燃材料で造られている建築物の居室で、当該居室及びこれから地上に通ずる主たる廊下、階段その他の通路の壁（床面からの高さが一・二メートル以下の部分を除く。）及び天井（天井のない場合においては、屋根）の室内に面する部分（回り縁、窓台その他これらに類する部分を除く。）の仕上げを準不燃材料でしたものについては、前項の表の数値に十を加えた数値を同項の表の数値とする。ただし、十五階以上の階の居室については、この限りでない。

3　十五階以上の階の居室については、前項本文の規定に該当するものを除き、第一項の表の数値から十を減じた数値を同項の表の数値とする。

4　第一項の規定は、主要構造部を準耐火構造とした共同住宅（特定主要構造部を耐火構造とした共同住宅を含む。第百二十三条の二において同じ。）の住戸でその階数が二又は三であり、かつ、出入口が一の階のみにあるものの当該出入口のある階以外の階については、その居室の各部分から避難階又は地上に通ずる直通階段の一に至る歩行距離が四十メートル以下である場合においては、適用しない。

（二以上の直通階段を設ける場合）

第百二十一条　建築物の避難階以外の階が次の各号のいずれかに該当する場合においては、その階から避難階又は地上に通ずる二以上の直通階段を設けなければならない。

一　劇場、映画館、演芸場、観覧場、公会堂又は集会場の用途に供する階でその階に客席、集会室その他これらに類するものを有するもの

二　物品販売業を営む店舗（床面積の合計が千五百平方メートルを超えるものに限る。第百二十二条第二項、第百二十四条第一項及び第百二十五条第三項において同じ。）の用途に供する階でその階に売場を有するもの

三　次に掲げる用途に供する階でその階に客席、客室その他これらに類するものを有するもの（五階以下の階で、その階の居室の床面積の合計が百平方メートルを超えず、かつ、その階に避難上有効なバルコニー、屋外通路その他これらに類するもの及びその階から避難階又は地上に通ずる直通階段で第百二十三条第二項又は

第三項の規定に適合するものが設けられているもの並びに避難階の直上階又は直下階である五階以下の階でその階の居室の床面積の合計が百平方メートルを超えないものを除く。）

イ　キャバレー、カフェー、ナイトクラブ又はバー

ロ　個室付浴場業その他客の性的好奇心に応じてその客に接触する役務を提供する営業を営む施設

ハ　ヌードスタジオその他これに類する興行場（劇場、映画館又は演芸場に該当するものを除く。）

ニ　専ら異性を同伴する客の休憩の用に供する施設

ホ　店舗型電話異性紹介営業その他これに類する営業を営む店舗

四　病院若しくは診療所の用途に供する階でその階における病室の床面積の合計又は児童福祉施設等の用途に供する階でその階における児童福祉施設等の主たる用途に供する居室の床面積の合計が、それぞれ五十平方メートルを超えるもの

五　ホテル、旅館若しくは下宿の用途に供する階でその階における宿泊室の床面積の合計、共同住宅の用途に供する階でその階における居室の床面積の合計又は寄宿舎の用途に供する階でその階における寝室の床面積の合計が、それぞれ百平方メートルを超えるもの

六　前各号に掲げる階以外の階で次のイ又はロに該当するもの

イ　六階以上の階でその階に居室を有するもの（第一号から第四号までに掲げる用途に供する階以外の階で、その階の居室の床面積の合計が百平方メートルを超えず、かつ、その階に避難上有効なバルコニー、屋外通路その他これらに類するもの及びその階から避難階又は地上に通ずる直通階段で第百二十三条第二項又は第三項の規定に適合するものが設けられているものを除く。）

ロ　五階以下の階でその階における居室の床面積の合計が避難階の直上階にあつては二百平方メートルを、その他の階にあつては百平方メートルを超えるもの

2　主要構造部が準耐火構造である建築物又は主要構造部が不燃材料で造られている建築物について前項の規定を適用する場合には、同項中「五十平方メートル」とあるのは「百平方メートル」と、「百平方メートル」とあるのは「二百平方メートル」と、「二百平方メートル」とあるのは「四百平方メートル」とする。

3　第一項の規定により避難階又は地上に通ずる二以上の直通階段を設ける場合において、居室の各部分から各直通階段に至る通常の歩行経路の全てに共通の重複区間があるときにおける当該重複区間の長さは、前条に規定する歩行距離の数値の二分の一をこえてはならない。ただし、居室の各部分から、当該重複区間を経由しないで、避難上有効なバルコニー、屋外通路その他これらに類するものに避難することができる場合は、この限りでない。

4　第一項（第四号及び第五号（第二項の規定が適用される場合にあつては、第四号）に係る部分に限る。）の規定は、階数が三以下で延べ面積が二百平方メートル未満の建築物の避難階以外の階（以下この項において「特定階」という。）（階段の部分（当該部分からのみ人が出入りすることのできる便所、公衆電話所その他これらに類するものを含む。）と当該階段の部分以外の部分（直接外気に開放されている廊下、バルコニーその他これらに類する部分を除く。）とが間仕切壁若しくは次の各号に掲げる場合の区分に応じ当該各号に定める防火設備で第百十二条第十九項第二号に規定する構造であるもので区画されている建築物又は同条第十五項の国土交通大臣が定める建築物の特定階に限る。）については、適用しない。

一　特定階を第一項第四号に規定する用途（児童福祉施設等については入所する者の寝室があるものに限る。）に供する場合　法第二十七条第九号の二ロに規定する防火設備（当該特定階がある建築物

の居室、倉庫その他これらに類する部分にスプリンクラー設備その他これに類するものを設けた場合にあつては、十分間防火設備）

二　特定階を児童福祉施設等（入所する者の寝室があるものを除く。）の用途又は第一項第五号に規定する用途に供する場合　戸（ふすま、障子その他これらに類するものを除く。）

（屋外階段の構造）

第百二十一条の二　前二条の規定による直通階段で屋外に設けるものは、木造（準耐火構造のうち有効な防腐措置を講じたものを除く。）としてはならない。

（避難階段の設置）

第百二十二条　建築物の五階以上の階（主要構造部が準耐火構造である建築物又は主要構造部が不燃材料で造られている建築物で五階以上の階の床面積の合計が百平方メートル以下である場合を除く。）又は地下二階以下の階（主要構造部が準耐火構造である建築物又は主要構造部が不燃材料で造られている建築物で地下二階以下の階の床面積の合計が百平方メートル以下である場合を除く。）に通ずる直通階段は次条の規定による避難階段又は特別避難階段とし、建築物の十五階以上の階又は地下三階以下の階に通ずる直通階段は同条第三項の規定による特別避難階段としなければならない。ただし、特定主要構造部が耐火構造である建築物（階段室の部分、昇降機の昇降路の部分（当該昇降機の乗降のための乗降ロビーの部分を含む。）及び廊下その他の避難の用に供する部分で耐火構造の床若しくは壁又は特定防火設備で区画されたものを除く。）で床面積の合計百平方メートル（共同住宅の住戸にあつては、二百平方メートル）以内ごとに耐火構造の床若しくは壁又は特定防火設備（直接外気に開放されている階段室に面する換気のための窓で開口面積が〇・二平方メートル以下のものに設けられる法第二条第九号の二ロに規定する防火設備を含む。）で区画されている場合においては、この限りでない。

2　三階以上の階を物品販売業を営む店舗の用途に供する建築物にあつては、各階の売場及び屋上広場に通ずる二以上の直通階段を設け、これを次条の規定による避難階段又は特別避難階段としなければならない。

3　前項の直通階段で、五階以上の売場に通ずるものはその一以上を、十五階以上の売場に通ずるものはその全てを次条第三項の規定による特別避難階段としなければならない。

（避難階段及び特別避難階段の構造）

第百二十三条　屋内に設ける避難階段は、次に定める構造としなければならない。

一　階段室は、第四号の開口部、第五号の窓又は第六号の出入口の部分を除き、耐火構造の壁で囲むこと。

二　階段室の天井（天井のない場合にあつては、屋根。第三項第四号において同じ。）及び壁の室内に面する部分は、仕上げを不燃材料でし、かつ、その下地を不燃材料で造ること。

三　階段室には、窓その他の採光上有効な開口部又は予備電源を有する照明設備を設けること。

四　階段室の屋外に面する壁に設ける開口部（開口面積が各々一平方メートル以内で、法第二条第九号の二ロに規定する防火設備ではめごろし戸であるものが設けられたものを除く。）は、階段室以外の当該建築物の部分に設けた開口部並びに階段室以外の当該建築物の壁及び屋根（耐火構造の壁及び屋根を除く。）から九十センチメートル以上の距離に設けること。ただし、第百十二条第十六項ただし書に規定する場合は、この限りでない。

五　階段室の屋内に面する壁に窓を設ける場合においては、その面積は、各々一平方メートル以内とし、かつ、法第二条第九号の二口に規定する防火設備ではめごろし戸であるものを設けること。

六　階段に通ずる出入口には、法第二条第九号の二ロに規定する防火設備で第百十二条第十九項第二号に規定する構造であるものを設けること。この場合において、直接手で開くことができ、かつ、自動的に閉鎖する戸又は戸の部分は、避難の方向に開くことができるものとすること。

七　階段は、耐火構造とし、避難階まで直通すること。

2　屋外に設ける避難階段は、次に定める構造としなければならない。

一　階段は、その階段に通ずる出入口以外の開口部（開口面積が各々一平方メートル以内で、法第二条第九号の二ロに規定する防火設備ではめごろし戸であるものが設けられたものを除く。）から二メートル以上の距離に設けること。

二　屋内から階段に通ずる出入口には、前項第六号の防火設備を設けること。

三　階段は、耐火構造とし、地上まで直通すること。

3　特別避難階段は、次に定める構造としなければならない。

一　屋内と階段室とは、バルコニー又は付室を通じて連絡すること。

二　屋内と階段室とが付室を通じて連絡する場合においては、階段室又は付室の構造が、通常の火災時に生ずる煙が付室を通じて階段室に流入することを有効に防止できるものとして、国土交通大臣が定めた構造方法を用いるもの又は国土交通大臣の認定を受けたものであること。

三　階段室、バルコニー及び付室は、第六号の開口部、第八号の窓又は第十号の出入口の部分（第百二十九条の十三の三第三項に規定する非常用エレベーターの乗降ロビーの用に供するバルコニー又は付室にあつては、当該エレベーターの昇降路の出入口の部分を含む。）を除き、耐火構造の壁で囲むこと。

四　階段室及び付室の天井及び壁の室内に面する部分は、仕上げを不燃材料でし、かつ、その下地を不燃材料で造ること。

五　階段室には、付室に面する窓その他の採光上有効な開口部又は予備電源を有する照明設備を設けること。

六　階段室、バルコニー又は付室の屋外に面する壁に設ける開口部（開口面積が各々一平方メートル以内で、法第二条第九号の二ロに規定する防火設備ではめごろし戸であるものが設けられたものを除く。）は、階段室、バルコニー又は付室以外の当該建築物の部分に設けた開口部並びに階段室、バルコニー又は付室以外の当該建築物の部分の壁及び屋根（耐火構造の壁及び屋根を除く。）から九十センチメートル以上の距離にある部分で、延焼のおそれのある部分以外の部分に設けること。ただし、第百十二条第十六項ただし書に規定する場合は、この限りでない。

七　階段室には、バルコニー及び付室に面する部分以外に屋内に面して開口部を設けないこと。

八　階段室のバルコニー又は付室に面する部分に窓を設ける場合においては、はめごろし戸を設けること。

九　バルコニー及び付室には、階段室以外の屋内に面する壁に出入口以外の開口部を設けないこと。

十　屋内からバルコニー又は付室に通ずる出入口には第一項第六号の特定防火設備を、バルコニー又は付室から階段室に通ずる出入口には同号の防火設備を設けること。

十一　階段は、耐火構造とし、避難階まで直通すること。

十二　建築物の十五階以上の階又は地下三階以下の階に通ずる特別避難階段の十五階以上の各階又は地下三階以下の各階における階段室及びこれと屋内とを連絡するバルコニー又は付室の床面積（バルコニーで床面積がないものにあつては、床部分の面積）の合計は、当該階に設ける各居室の床面積に、法別表第一(い)欄(一)項又は(四)項に掲げる用途に供する居室にあつては百分の八、その他の居室にあつては百分の三を乗じたものの合計以上とすること。

（共同住宅の住戸の床面積の算定等）

第一二三条の二　主要構造部を準耐火構造とした共同住宅の住戸でその階数が二又は三であり、かつ、出入口が一の階のみにあるものの当該出入口のある階以外の階は、その居室の各部分から避難階又は地上に通ずる直通階段の一に至る歩行距離が四十メートル以下である場合においては、第百十九条、第百二十一条第一項第五号及び第六号イ（これらの規定を同条第二項の規定により読み替える場合を含む。）、第百二十二条第一項並びに前条第三項第十二号の規定の適用については、当該出入口のある階にあるものとみなす。

（物品販売業を営む店舗における避難階段等の幅）

第一二四条　物品販売業を営む店舗の用途に供する建築物における避難階段、特別避難階段及びこれらに通ずる出入口の幅は、次の各号に定めるところによらなければならない。

一　各階における避難階段及び特別避難階段の幅の合計は、その直上階以上の階（地階にあつては、当該階以下の階）のうち床面積が最大の階における床面積百平方メートルにつき六十センチメートルの割合で計算した数値以上とすること。

二　各階における避難階段及び特別避難階段に通ずる出入口の幅の合計は、各階ごとにその階の床面積百平方メートルにつき、地上階にあつては二十七センチメートル、地階にあつては三十六センチメートルの割合で計算した数値以上とすること。

2　前項に規定する所要幅の計算に関しては、もつぱら一若しくは二の地上階から避難階若しくは地上に通ずる避難階段及び特別避難階段又はこれらに通ずる出入口については、その幅が一・五倍あるものとみなすことができる。

3　前二項の規定の適用に関しては、屋上広場は、階とみなす。

（屋外への出口）

第一二五条　避難階においては、階段から屋外への出口の一に至る歩行距離は第百二十条に規定する数値以下と、居室（避難上有効な開口部を有するものを除く。）の各部分から屋外への出口の一に至る歩行距離は同条に規定する数値の二倍以下としなければならない。

2　劇場、映画館、演芸場、観覧場、公会堂又は集会場の客用に供する屋外への出口の戸は、内開きとしてはならない。

3　物品販売業を営む店舗の避難階に設ける屋外への出口の幅の合計は、床面積が最大の階における床面積百平方メートルにつき六十センチメートルの割合で計算した数値以上としなければならない。

4　前条第三項の規定は、前項の場合に準用する。

（屋外への出口等の施錠装置の構造等）

第一二五条の二　次の各号に掲げる出口に設ける戸の施錠装置は、当該建築物が法令の規定により人を拘禁する目的に供せられるものである場合を除き、屋内からかぎを用いることなく解錠できるものとし、かつ、当該戸の近くの見やすい場所にその解錠方法を表示しなければならない。

一　屋外に設ける避難階段に屋内から通ずる出口

二　避難階段から屋外に通ずる出口

三　前二号に掲げる出口以外の出口のうち、維持管理上常時鎖錠状態にある出口で、火災その他の非常の場合に避難の用に供すべきもの

2　前項に規定するもののほか、同項の施錠装置の構造及び解錠方法の表示の基準は、国土交通大臣が定める。

（屋上広場等）

第一二六条　屋上広場又は二階以上の階にあるバルコニーその他これに類するものの周囲には、安全上必要な高さが一・一メートル以上

の手すり壁、さく又は金網を設けなければならない。

2　建築物の五階以上の階を百貨店の売場の用途に供する場合においては、避難の用に供することができる屋上広場を設けなければならない。

第三節　排煙設備

（設置）

第一二六条の二　法別表第一(い)欄㈠項から㈣項までに掲げる用途に供する特殊建築物で延べ面積が五百平方メートルを超えるもの、階数が三以上で延べ面積が五百平方メートルを超える建築物（建築物の高さが三十一メートル以下の部分にある居室で、床面積百平方メートル以内ごとに、間仕切壁、天井面から五十センチメートル以上下方に突出した垂れ壁その他これらと同等以上に煙の流動を妨げる効力のあるもので不燃材料で造り、又は覆われたもの（以下「防煙壁」という。）によつて区画されたものを除く。）、第百十六条の二第一項第二号に該当する窓その他の開口部を有しない居室又は延べ面積が千平方メートルを超える建築物の居室で、その床面積が二百平方メートルを超えるもの（建築物の高さが三十一メートル以下の部分にある居室で、床面積百平方メートル以内ごとに防煙壁で区画されたものを除く。）には、排煙設備を設けなければならない。ただし、次の各号のいずれかに該当する建築物又は建築物の部分については、この限りでない。

一　法別表第一(い)欄㈡項に掲げる用途に供する特殊建築物のうち、準耐火構造の床若しくは壁又は法第二条第九号の二ロに規定する防火設備で区画された部分で、その床面積が百平方メートル（共同住宅の住戸にあつては、二百平方メートル）以内のもの

二　学校（幼保連携型認定こども園を除く。）、体育館、ボーリング場、スキー場、スケート場、水泳場又はスポーツの練習場（以下「学校等」という。）

三　階段の部分、昇降機の昇降路の部分（当該昇降機の乗降のための乗降ロビーの部分を含む。）その他これらに類する建築物の部分

四　機械製作工場、不燃性の物品を保管する倉庫その他これらに類する用途に供する建築物で主要構造部が不燃材料で造られたものその他これらと同等以上に火災の発生のおそれの少ない構造のもの

五　火災が発生した場合に避難上支障のある高さまで煙又はガスの降下が生じない建築物の部分として、天井の高さ、壁及び天井の仕上げに用いる材料の種類等を考慮して国土交通大臣が定めるもの

2　次に掲げる建築物の部分は、この節の規定の適用については、それぞれ別の建築物とみなす。

一　建築物が開口部のない準耐火構造の床若しくは壁又は法第二条第九号の二ロに規定する防火設備でその構造が第百十二条第十九項第一号イ及びロ並びに第二号ロに掲げる要件を満たすものとして、国土交通大臣が定めた構造方法を用いるもの若しくは国土交通大臣の認定を受けたもので区画されている場合における当該床若しくは壁又は防火設備により分離された部分

二　建築物の二以上の部分の構造が通常の火災時において相互に煙又はガスによる避難上有害な影響を及ぼさないものとして国土交通大臣が定めた構造方法を用いるものである場合における当該部分

（構造）

第一二六条の三　前条第一項の排煙設備は、次に定める構造としなければならない。

一　建築物をその床面積五百平方メートル以内ごとに、防煙壁で区画すること。
二　排煙設備の排煙口、風道その他煙に接する部分は、不燃材料で造ること。
三　排煙口は、第一号の規定により区画された部分（以下「防煙区画部分」という。）のそれぞれについて、当該防煙区画部分の各部分から排煙口の一に至る水平距離が三十メートル以下となるように、天井又は壁の上部（天井から八十センチメートル（たけの最も短い防煙壁のたけが八十センチメートルに満たないときは、その値）以内の距離にある部分をいう。）に設け、直接外気に接する場合を除き、排煙風道に直結すること。
四　排煙口には、手動開放装置を設けること。
五　前号の手動開放装置のうち手で操作する部分は、壁に設ける場合においては床面から八十センチメートル以上一・五メートル以下の高さの位置に、天井から吊り下げて設ける場合においては床面からおおむね一・八メートルの高さの位置に設け、かつ、見やすい方法でその使用方法を表示すること。
六　排煙口には、第四号の手動開放装置若しくは煙感知器と連動する自動開放装置又は遠隔操作方式による開放装置により開放された場合を除き閉鎖状態を保持し、かつ、開放時に排煙に伴い生ずる気流により閉鎖されるおそれのない構造の戸その他これに類するものを設けること。
七　排煙風道は、第百十五条第一項第三号に定める構造とし、かつ、防煙壁を貫通する場合においては、当該風道と防煙壁とのすき間をモルタルその他の不燃材料で埋めること。
八　排煙口が防煙区画部分の床面積の五十分の一以上の開口面積を有し、かつ、直接外気に接する場合を除き、排煙機を設けること。
九　前号の排煙機は、一の排煙口の開放に伴い自動的に作動し、かつ、一分間に、百二十立方メートル以上で、かつ、防煙区画部分の床面積一平方メートルにつき一立方メートル（二以上の防煙区画部分に係る排煙機にあつては、当該防煙区画部分のうち床面積の最大のものの床面積一平方メートルにつき二立方メートル）以上の空気を排出する能力を有するものとすること。
十　電源を必要とする排煙設備には、予備電源を設けること。
十一　法第三十四条第二項に規定する建築物又は各構えの床面積の合計が千平方メートルを超える地下街における排煙設備の制御及び作動状態の監視は、中央管理室において行うことができるものとすること。
十二　前各号に定めるもののほか、火災時に生ずる煙を有効に排出することができるものとして国土交通大臣が定めた構造方法を用いるものとすること。

2　前項の規定は、送風機を設けた排煙設備その他の特殊な構造の排煙設備で、通常の火災時に生ずる煙を有効に排出することができるものとして国土交通大臣が定めた構造方法を用いるものについては、適用しない。

第四節　非常用の照明装置

（設置）

第百二十六条の四　法別表第一(い)欄(一)項から(四)項までに掲げる用途に供する特殊建築物の居室、階数が三以上で延べ面積が五百平方メートルを超える建築物の居室、第百十六条の二第一項第一号に該当する窓その他の開口部を有しない居室又は延べ面積が千平方メートルを超える建築物の居室及びこれらの居室から地上に通ずる廊下、階段その他の通路（採光上有効に直接外気に開放された通路を除く。）

並びにこれらに類する建築物の部分で照明装置の設置を通常要する部分には、非常用の照明装置を設けなければならない。ただし、次の各号のいずれかに該当する建築物又は建築物の部分については、この限りでない。

一 一戸建の住宅又は長屋若しくは共同住宅の住戸

二 病院の病室、下宿の宿泊室又は寄宿舎の寝室その他これらに類する居室

三 学校等

四 避難階又は避難階の直上階若しくは直下階の居室で避難上支障がないものその他これらに類するものとして国土交通大臣が定めるもの

2 第百十七条第二項各号に掲げる建築物の部分は、この節の規定の適用については、それぞれ別の建築物とみなす。

(構造)

第百二十六条の五 前条第一項の非常用の照明装置は、次の各号のいずれかに定める構造としなければならない。

一 次に定める構造とすること。

イ 照明は、直接照明とし、床面において一ルクス以上の照度を確保することができるものとすること。

ロ 照明器具の構造は、火災時において温度が上昇した場合であつても著しく光度が低下しないものとして国土交通大臣が定めた構造方法を用いるものとすること。

ハ 予備電源を設けること。

ニ イからハまでに定めるもののほか、非常の場合の照明を確保するために必要があるものとして国土交通大臣が定めた構造方法を用いるものとすること。

二 火災時において、停電した場合に自動的に点灯し、かつ、避難するまでの間に、当該建築物の室内の温度が上昇した場合にあつても床面において一ルクス以上の照度を確保することができるものとして、国土交通大臣の認定を受けたものとすること。

第五節 非常用の進入口

(設置)

第百二十六条の六 建築物の高さ三十一メートル以下の部分にある三階以上の階(不燃性の物品の保管その他これと同等以上に火災の発生のおそれの少ない用途に供する階又は国土交通大臣が定める特別の理由により屋外からの進入を防止する必要がある階で、その直上階又は直下階から進入することができるものを除く。)には、非常用の進入口を設けなければならない。ただし、次の各号のいずれかに該当する場合においては、この限りでない。

一 第百二十九条の十三の三の規定に適合するエレベーターを設置している場合

二 道又は道に通ずる幅員四メートル以上の通路その他の空地に面する各階の外壁面に窓その他の開口部(直径一メートル以上の円が内接することができるもの又はその幅及び高さが、それぞれ、七十五センチメートル以上及び一・二メートル以上のもので、格子その他の屋外からの進入を妨げる構造を有しないものに限る。)を当該壁面の長さ十メートル以内ごとに設けている場合

三 吹抜きとなつている部分その他の一定の規模以上の空間で国土交通大臣が定めるものを確保し、当該空間から容易に各階に進入することができるよう、通路その他の部分であつて、当該空間との間に壁を有しないことその他の高い開放性を有するものとして国土交通大臣が定めた構造方法を用いるもの又は国土交通大臣の認定を受けたものを設けている場合

(構造)

第一二六条の七 前条の非常用の進入口は、次の各号に定める構造としなければならない。

一 進入口は、道又は道に通ずる幅員四メートル以上の通路その他の空地に面する各階の外壁面に設けること。

二 進入口の間隔は、四十メートル以下であること。

三 進入口の幅、高さ及び下端の床面からの高さが、それぞれ、七十五センチメートル以上、一・二メートル以上及び八十センチメートル以下であること。

四 進入口は、外部から開放し、又は破壊して室内に進入できる構造とすること。

五 進入口には、奥行き一メートル以上、長さ四メートル以上のバルコニーを設けること。

六 進入口又はその近くに、外部から見やすい方法で赤色灯の標識を掲示し、及び非常用の進入口である旨を赤色で表示すること。

七 前各号に定めるもののほか、国土交通大臣が非常用の進入口としての機能を確保するために必要があると認めて定める基準に適合する構造とすること。

第六節 敷地内の避難上及び消火上必要な通路等

（適用の範囲）

第一二七条 この節の規定は、法第三十五条に掲げる建築物に適用する。

（敷地内の通路）

第一二八条 敷地内には、第百二十三条第二項の屋外に設ける避難階段及び第百二十五条第一項の出口から道又は公園、広場その他の空地に通ずる幅員が一・五メートル（階数が三以下で延べ面積が二百平方メートル未満の建築物の敷地内にあつては、九十センチメートル）以上の通路を設けなければならない。

（大規模な木造等の建築物の敷地内における通路）

第一二八条の二 主要構造部の全部が木造の建築物（法第二条第九号の二イに掲げる基準に適合する建築物を除く。）でその延べ面積が千平方メートルを超える場合又は主要構造部の一部が木造の建築物でその延べ面積（主要構造部が耐火構造の部分を含む場合で、その部分とその他の部分とが耐火構造とした壁又は特定防火設備で区画されているときは、その部分の床面積を除く。以下この条において同じ。）が千平方メートルを超える場合においては、その周囲（道に接する部分を除く。）に幅員が三メートル以上の通路を設けなければならない。ただし、延べ面積が三千平方メートル以下の場合における隣地境界線に接する部分の通路は、その幅員を一・五メートル以上とすることができる。

2 同一敷地内に二以上の建築物（耐火建築物、準耐火建築物及び延べ面積が千平方メートルを超えるものを除く。）がある場合で、その延べ面積の合計が千平方メートルを超えるときは、延べ面積の合計千平方メートル以内ごとの建築物に区画し、その周囲（道又は隣地境界線に接する部分を除く。）に幅員が三メートル以上の通路を設けなければならない。

3 耐火建築物又は準耐火建築物が延べ面積の合計千平方メートル以内ごとに区画された建築物を相互に防火上有効に遮つている場合においては、これらの建築物については、前項の規定は、適用しない。ただし、これらの建築物の延べ面積の合計が三千平方メートルを超える場合においては、その延べ面積の合計三千平方メートル以内ごとに、その周囲（道又は隣地境界線に接する部分を除く。）に幅員が三メートル以上の通路を設けなければならない。

4 前各項の規定にかかわらず、通路は、次の各号の規定に該当する渡り廊下を横切ることができる。ただし、通路が横切る部分における渡り廊下の開口の幅は二・五メートル以上、高さは三メートル以上としなければならない。

一 幅が三メートル以下であること。

二 通行又は運搬以外の用途に供しないこと。

5 前各項の規定による通路は、敷地の接する道まで達しなければならない。

（地下街）

第一二八条の三 地下街の各構えは、次の各号に該当する地下道に二メートル以上接しなければならない。ただし、公衆便所、公衆電話所その他これらに類するものにあつては、その接する長さを二メートル未満とすることができる。

一 壁、柱、床、はり及び床版は、国土交通大臣が定める耐火に関する性能を有すること。

二 幅員五メートル以上、天井までの高さ三メートル以上で、かつ、段及び八分の一をこえる勾配の傾斜路を有しないこと。

三 天井及び壁の内面の仕上げを不燃材料でし、かつ、その下地を不燃材料で造つていること。

四 長さが六十メートルをこえる地下道にあつては、避難上安全な地上に通ずる直通階段で第二十三条第一項の表の㈡に適合するものを各構えの接する部分からその一に至る歩行距離が三十メートル以下となるように設けていること。

五 末端は、当該地下道の幅員以上の幅員の出入口で道に通ずること。ただし、その末端の出入口が二以上ある場合においては、それぞれの出入口の幅員の合計が当該地下道の幅員以上であること。

六 非常用の照明設備、排煙設備及び排水設備で国土交通大臣が定めた構造方法を用いるものを設けていること。

2 地下街の各構えが当該地下街の他の各構えに接する場合においては、当該各構えと当該他の各構えとを耐火構造の床若しくは壁又は特定防火設備で第百十二条第十九項第二号に規定する構造であるもので区画しなければならない。

3 地下街の各構えは、地下道と耐火構造の床若しくは壁又は特定防火設備で第百十二条第十九項第二号に規定する構造であるもので区画しなければならない。

4 地下街の各構えの居室の各部分から地下道（当該居室の各部分から直接地上へ通ずる通路を含む。）への出入口の一に至る歩行距離は、三十メートル以下でなければならない。

5 第百十二条第七項から第十一項まで、第十四項、第十六項、第十七項及び第十九項から第二十一項まで並びに第百二十九条の二の四第一項第七号（第百十二条第二十項に関する部分に限る。）の規定は、地下街の各構えについて準用する。この場合において、第百十二条第七項中「建築物の十一階以上の部分で、各階の」とあるのは「地下街の各構えの部分で」と、同条第八項から第十項までの規定中「建築物」とあるのは「地下街の各構え」と、同条第十一項中「主要構造部を準耐火構造とした建築物（特定主要構造部を耐火構造とした建築物を含む。）又は第百三十六条の二第一号ロ若しくは第二号ロに掲げる基準に適合する建築物であつて、地階又は三階以上の階に居室を有するもの」とあるのは「地下街の各構え」と、「準耐火構造」とあるのは「耐火構造」と、同条第十四項中「該当する建築物」とあるのは「規定する用途に供する地下街の各構え」と、同条第十六項中「準耐火構造」とあるのは「耐火構造」と、同号中「一時間準耐火基準に適合する準耐火構造」とあるのは「耐火構造」と、「建築物」とあるのは「地下街の各構え」と読み替えるものとする。

6 地方公共団体は、他の工作物との関係その他周囲の状況により必要と認める場合においては、条例で、前各項に定める事項につき、これらの規定と異なる定めをすることができる。

第五章の二　特殊建築物等の内装

（制限を受ける窓その他の開口部を有しない居室）

第百二十八条の三の二　法第三十五条の二（法第八十七条第三項において準用する場合を含む。次条において同じ。）の規定により政令で定める窓その他の開口部を有しない居室は、次の各号のいずれかに該当するもの（天井の高さが六メートルを超えるものを除く。）とする。

一　床面積が五十平方メートルを超える居室で窓その他の開口部の開放できる部分（天井又は天井から下方八十センチメートル以内の距離にある部分に限る。）の面積の合計が、当該居室の床面積の五十分の一未満のもの

二　法第二十八条第一項ただし書に規定する温湿度調整を必要とする作業を行う作業室その他用途上やむを得ない居室で同項本文の規定に適合しないもの

（制限を受けない特殊建築物等）

第百二十八条の四　法第三十五条の二の規定により政令で定める特殊建築物は、次に掲げるもの以外のものとする。

一　次の表に掲げる特殊建築物

	用途＼構造	法第二条第九号の三イに該当する建築物（特定主要構造部を耐火構造とした建築物を含む。）であつて一時間準耐火基準に適合するもの	法第二条第九号の三イ又はロのいずれかに該当する建築物であつて一時間準耐火基準に適合しないもの	その他の建築物
㈠	法別表第一（い）欄㈠項に掲げる用途	客席の床面積の合計が四百平方メートル以上のもの	客席の床面積の合計が百平方メートル以上のもの	客席の床面積の合計が百平方メートル以上のもの
㈡	法別表第一（い）欄㈡項に掲げる用途	当該用途に供する三階以上の部分の床面積の合計が三百平方メートル以上のもの	当該用途に供する二階の部分（病院又は診療所については、その部分に患者の収容施設がある場合に限る。）の床面積の合計が三百平方メートル以上のもの	当該用途に供する部分の床面積の合計が二百平方メートル以上のもの
㈢	法別表第一（い）欄㈣項に掲げる用途	当該用途に供する三階以上の部分の床面積の合計が千平方メートル以上のもの	当該用途に供する二階の部分の床面積の合計が五百平方メートル以上のもの	当該用途に供する部分の床面積の合計が二百平方メートル以上のもの

二　自動車車庫又は自動車修理工場の用途に供する特殊建築物

三　地階又は地下工作物内に設ける居室その他これらに類する居室で法別表第一（い）欄㈠項、㈡項又は㈣項に掲げる用途に供するものを有する特殊建築物

2　法第三十五条の二の規定により政令で定める階数が三以上である建築物は、延べ面積が五百平方メートルを超えるもの（学校等の用途に供するものを除く。）以外のものとする。

3　法第三十五条の二の規定により政令で定める延べ面積が千平方メートルを超える建築物は、階数が二で延べ面積が千平方メートルを超えるもの又は階数が一で延べ面積が三千平方メートルを超えるもの（学校等の用途に供するものを除く。）以外のものとする。

4　法第三十五条の二の規定により政令で定める建築物の調理室、浴室その他の室でかまど、こんろその他火を使用する設備又は器具を

設けたものは、階数が二以上の住宅（住宅で事務所、店舗その他これらに類する用途を兼ねるものを含む。以下この項において同じ。）の用途に供する建築物（特定主要構造部を耐火構造としたものを除く。）の最上階以外の階又は住宅の用途に供する建築物以外の建築物（特定主要構造部を耐火構造としたものを除く。）に存する調理室、浴室、乾燥室、ボイラー室、作業室その他の室でかまど、こんろ、ストーブ、炉、ボイラー、内燃機関その他火を使用する設備又は器具を設けたもの（次条第六項において「内装の制限を受ける調理室等」という。）以外のものとする。

（特殊建築物等の内装）

第一二八条の五　前条第一項第一号に掲げる特殊建築物は、当該各用途に供する居室（法別表第一(い)欄(二)項に掲げる用途に供する特殊建築物が主要構造部を準耐火構造とした建築物（特定主要構造部を耐火構造とした建築物を含む。第四項において同じ。）である場合にあつては、当該用途に供する特殊建築物の部分で床面積の合計百平方メートル（共同住宅の住戸にあつては、二百平方メートル）以内ごとに準耐火構造の床若しくは壁又は法第二条第九号の二ロに規定する防火設備で区画されている部分の居室を除く。）の壁（床面からの高さが一・二メートル以下の部分を除く。第四項において同じ。）及び天井（天井のない場合においては、屋根。以下この条において同じ。）の室内に面する部分（回り縁、窓台その他これらに類する部分を除く。以下この条において同じ。）の仕上げを第一号に掲げる仕上げと、当該各用途に供する居室から地上に通ずる主たる廊下、階段その他の通路の壁及び天井の室内に面する部分の仕上げを第二号に掲げる仕上げとしなければならない。

一　次のイ又はロに掲げる仕上げ

イ　難燃材料（三階以上の階に居室を有する建築物の当該各用途に供する居室の天井の室内に面する部分にあつては、準不燃材料）でしたもの

ロ　イに掲げる仕上げに準ずるものとして国土交通大臣が定める方法により国土交通大臣が定める材料の組合せによつてしたもの

二　次のイ又はロに掲げる仕上げ

イ　準不燃材料でしたもの

ロ　イに掲げる仕上げに準ずるものとして国土交通大臣が定める方法により国土交通大臣が定める材料の組合せによつてしたもの

2　前条第一項第二号に掲げる特殊建築物は、当該各用途に供する部分及びこれから地上に通ずる主たる通路の壁及び天井の室内に面する部分の仕上げを前項第二号に掲げる仕上げとしなければならない。

3　前条第一項第三号に掲げる特殊建築物は、同号に規定する居室及びこれから地上に通ずる主たる廊下、階段その他の通路の壁及び天井の室内に面する部分の仕上げを第一項第二号に掲げる仕上げとしなければならない。

4　階数が三以上で延べ面積が五百平方メートルを超える建築物、階数が二で延べ面積が千平方メートルを超える建築物又は階数が一で延べ面積が三千平方メートルを超える建築物（学校等の用途に供するものを除く。）は、居室（床面積の合計百平方メートル以内ごとに準耐火構造の床若しくは壁又は法第二条第九号の二ロに規定する防火設備で第百十二条第十九項第二号に規定する構造であるもので区画され、かつ、法別表第一(い)欄に掲げる用途に供しない部分の居室で、主要構造部を準耐火構造とした建築物の高さが三十一メートル以下の部分にあるものを除く。）の壁及び天井の室内に面する部分の仕上げを次の各号のいずれかに掲げる仕上げと、居室から地上に通ずる主たる廊下、階段その他の通路の壁及び天井の室内に面す

る部分の仕上げを第一項第二号に掲げる仕上げとしなければならない。ただし、同表(い)欄(二)項に掲げる用途に供する特殊建築物の高さ三十一メートル以下の部分については、この限りでない。

一 難燃材料でしたもの

二 前号に掲げる仕上げに準ずるものとして国土交通大臣が定める方法により国土交通大臣が定める材料の組合せでしたもの

5 第百二十八条の三の二に規定する居室を有する建築物は、当該居室及びこれから地上に通ずる主たる廊下、階段その他の通路の壁及び天井の室内に面する部分の仕上げを第一項第二号に掲げる仕上げとしなければならない。

6 内装の制限を受ける調理室等は、その壁及び天井の室内に面する部分の仕上げを第一項第二号に掲げる仕上げとしなければならない。

7 前各項の規定は、火災が発生した場合に避難上支障のある高さまで煙又はガスの降下が生じない建築物の部分として、床面積、天井の高さ並びに消火設備及び排煙設備の設置の状況及び構造を考慮して国土交通大臣が定めるものについては、適用しない。

（別の建築物とみなすことができる部分）

第一二八条の六 第百十七条第二項各号に掲げる建築物の部分は、この章の規定の適用については、それぞれ別の建築物とみなす。

第五章の四 建築設備等

第二節 昇降機

（非常用の昇降機の設置を要しない建築物）

第一二九条の一三の二 法第三十四条第二項の規定により政令で定める建築物は、次の各号のいずれかに該当するものとする。

一 高さ三十一メートルを超える部分を階段室、昇降機その他の建築設備の機械室、装飾塔、物見塔、屋窓その他これらに類する用途に供する建築物

二 高さ三十一メートルを超える部分の各階の床面積の合計が五百平方メートル以下の建築物

三 高さ三十一メートルを超える部分の階数が四以下の特定主要構造部を耐火構造とした建築物で、当該部分が床面積の合計百平方メートル以内ごとに耐火構造の床若しくは壁又は特定防火設備でその構造が第百十二条第十九項第一号イ、ロ及びニに掲げる要件を満たすものとして、国土交通大臣が定めた構造方法を用いるもの又は国土交通大臣の認定を受けたもの（廊下に面する窓で開口面積が一平方メートル以内のものに設けられる法第二条第九号の二ロに規定する防火設備を含む。）で区画されているもの

四 高さ三十一メートルを超える部分を機械製作工場、不燃性の物品を保管する倉庫その他これらに類する用途に供する建築物で主要構造部が不燃材料で造られたものその他これと同等以上に火災の発生のおそれの少ない構造のもの

（非常用の昇降機の設置及び構造）

第一二九条の一三の三 法第三十四条第二項の規定による非常用の昇降機は、エレベーターとし、その設置及び構造は、第百二十九条の四から第百二十九条の十までの規定によるほか、この条に定めるところによらなければならない。

2 前項の非常用の昇降機であるエレベーター（以下「非常用エレベーター」という。）の数は、高さ三十一メートルを超える部分の床面積が最大の階における床面積に応じて、次の表に定める数以上とし、二以上の非常用エレベーターを設置する場合には、避難上及び消火上有効な間隔を保つて配置しなければならない。

高さ三十一メートルを超える部分の床面積が最大の階の床面積	非常用エレベーターの数
(一) 千五百平方メートル以下の場合	一
(二) 千五百平方メートルを超える場合	三千平方メートル以内を増すごとに(一)の数に一を加えた数

3 乗降ロビーは、次に定める構造としなければならない。

一 各階（屋内と連絡する乗降ロビーを設けることが構造上著しく困難である階で次のイからホまでのいずれかに該当するもの及び避難階を除く。）において屋内と連絡すること。

イ 当該階及びその直上階（当該階が、地階である場合にあつては当該階及びその直下階、最上階又は地階の最下階である場合にあつては当該階）が次の(1)又は(2)のいずれかに該当し、かつ、当該階の直下階（当該階が地階である場合にあつては、その直上階）において乗降ロビーが設けられている階

(1) 階段室、昇降機その他の建築設備の機械室その他これらに類する用途に供する階

(2) その主要構造部が不燃材料で造られた建築物その他これと同等以上に火災の発生のおそれの少ない構造の建築物の階で、機械製作工場、不燃性の物品を保管する倉庫その他これらに類する用途に供するもの

ロ 当該階以上の階の床面積の合計が五百平方メートル以下の階

ハ 避難階の直上階又は直下階

ニ その主要構造部が不燃材料で造られた建築物の地階（他の非常用エレベーターの乗降ロビーが設けられているものに限る。）で居室を有しないもの

ホ 当該階の床面積に応じ、次の表に定める数の他の非常用エレベーターの乗降ロビーが屋内と連絡している階

当該階の床面積	当該階で乗降ロビーが屋内と連絡している他の非常用エレベーターの数
(一) 千五百平方メートル以下の場合	一
(二) 千五百平方メートルを超える場合	三千平方メートル以内を増すごとに(一)の数に一を加えた数

二 バルコニーを設けること。

三 出入口（特別避難階段の階段室に通ずる出入口及び昇降路の出入口を除く。）には、第百二十三条第一項第六号に規定する構造の特定防火設備を設けること。

四 窓若しくは排煙設備又は出入口を除き、耐火構造の床及び壁で囲むこと。

五 天井及び壁の室内に面する部分は、仕上げを不燃材料でし、かつ、その下地を不燃材料で造ること。

六 予備電源を有する照明設備を設けること。

七 床面積は、非常用エレベーター一基について十平方メートル以上とすること。

八 屋内消火栓、連結送水管の放水口、非常コンセント設備等の消火設備を設置できるものとすること。

九 乗降ロビーには、見やすい方法で、積載量及び最大定員のほか、非常用エレベーターである旨、避難階における避難経路その他避難上必要な事項を明示した標識を掲示し、かつ、非常の用に供している場合においてその旨を明示することができる表示灯その他これに類するものを設けること。

4 非常用エレベーターの昇降路は、非常用エレベーター二基以内ごとに、乗降ロビーに通ずる出入口及び機械室に通ずる主索、電線そ

の他のものの周囲を除き、耐火構造の床及び壁で囲まなければならない。

5　避難階においては、非常用エレベーターの昇降路の出入口（第三項に規定する構造の乗降ロビーを設けた場合には、その出入口）から屋外への出口（道又は道に通ずる幅員四メートル以上の通路、空地その他これらに類するものに接している部分に限る。）の一に至る歩行距離は、三十メートル以下としなければならない。

6　非常用エレベーターの籠及びその出入口の寸法並びに籠の積載量は、国土交通大臣の指定する日本産業規格に定める数値以上としなければならない。

7　非常用エレベーターには、籠を呼び戻す装置（各階の乗降ロビー及び非常用エレベーターの籠内に設けられた通常の制御装置の機能を停止させ、籠を避難階又はその直上階若しくは直下階に呼び戻す装置をいう。）を設け、かつ、当該装置の作動は、避難階又はその直上階若しくは直下階の乗降ロビー及び中央管理室において行うことができるものとしなければならない。

8　非常用エレベーターには、籠内と中央管理室とを連絡する電話装置を設けなければならない。

9　非常用エレベーターには、第百二十九条の八第二項第二号及び第百二十九条の十第三項第二号に掲げる装置の機能を停止させ、籠の戸を開いたまま籠を昇降させることができる装置を設けなければならない。

10　非常用エレベーターには、予備電源を設けなければならない。

11　非常用エレベーターの籠の定格速度は、六十メートル以上としなければならない。

12　第二項から前項までの規定によるほか、非常用エレベーターの構造は、その機能を確保するために必要があるものとして国土交通大臣が定めた構造方法を用いるものとしなければならない。

13　第三項第二号の規定は、非常用エレベーターの昇降路又は乗降ロビーの構造が、通常の火災時に生ずる煙が乗降ロビーを通じて昇降路に流入することを有効に防止できるものとして、国土交通大臣が定めた構造方法を用いるもの又は国土交通大臣の認定を受けたものである場合においては、適用しない。

第七章の二　防火地域又は準防火地域内の建築物

（防火地域又は準防火地域内の建築物の壁、柱、床その他の部分及び防火設備の性能に関する技術的基準）

第一三六条の二　法第六十一条第一項の政令で定める技術的基準は、次の各号に掲げる建築物の区分に応じ、当該各号に定めるものとする。

一　防火地域内にある建築物で階数が三以上のもの若しくは延べ面積が百平方メートルを超えるもの又は準防火地域内にある建築物で地階を除く階数が四以上のもの若しくは延べ面積が千五百平方メートルを超えるもの　次のイ又はロのいずれかに掲げる基準

イ　特定主要構造部が第百七条各号又は第百八条の四第一項第一号イ及びロに掲げる基準に適合し、かつ、外壁開口部設備（外壁の開口部で延焼のおそれのある部分に設ける防火設備をいう。以下この条において同じ。）が第百九条の二に規定する基準に適合するものであること。ただし、準防火地域内にある建築物で法第八十六条の四各号のいずれかに該当するものの外壁開口部設備については、この限りでない。

ロ　当該建築物の特定主要構造部、防火設備及び消火設備の構造に応じて算出した延焼防止時間（建築物が通常の火災による周囲への延焼を防止することができる時間をいう。以下この条において同じ。）が、当該建築物の特定主要構造部及び外壁開口部設備がイに掲げる基準に適合すると仮定した場合における当該特定主要構造部及び外壁開口部設備の構造に応じて算出した延焼防止時間以上であること。

二　防火地域内にある建築物のうち階数が二以下で延べ面積が百平方メートル以下のもの又は準防火地域内にある建築物のうち地階を除く階数が三で延べ面積が千五百平方メートル以下のもの若しくは地階を除く階数が二以下で延べ面積が五百平方メートルを超え千五百平方メートル以下のもの　次のイ又はロのいずれかに掲げる基準

イ　主要構造部が第百七条の二各号又は第百九条の三第一号若しくは第二号に掲げる基準に適合し、かつ、外壁開口部設備が前号イに掲げる基準（外壁開口部設備に係る部分に限る。）に適合するものであること。

ロ　当該建築物の主要構造部、防火設備及び消火設備の構造に応じて算出した延焼防止時間が、イに掲げる基準に適合する建築物の主要構造部及び外壁開口部設備がイに掲げる基準に適合すると仮定した場合における当該主要構造部及び外壁開口部設備の構造に応じて算出した延焼防止時間以上であること。

三　準防火地域内にある建築物のうち地階を除く階数が二以下で延べ面積が五百平方メートル以下のもの（木造建築物等に限る。）　次のイ又はロのいずれかに掲げる基準

イ　外壁及び軒裏で延焼のおそれのある部分が第百八条各号に掲げる基準に適合し、かつ、外壁開口部設備に建築物の周囲において発生する通常の火災による火熱が加えられた場合に、当該外壁開口部設備が加熱開始後二十分間当該加熱面以外の面（屋内に面するものに限る。）に火炎を出さないものであること。ただし、法第八十六条の四各号のいずれかに該当する建築物の外壁開口部設備については、この限りでない。

ロ　当該建築物の主要構造部、防火設備及び消火設備の構造に応じて算出した延焼防止時間が、当該建築物の外壁及び軒裏で延焼のおそれのある部分並びに外壁開口部設備（以下このロにおいて「特定外壁部分等」という。）がイに掲げる基準に適合すると仮定した場合における当該特定外壁部分等の構造に応じて算出した延焼防止時間以上であること。

四　準防火地域内にある建築物のうち地階を除く階数が二以下で延べ面積が五百平方メートル以下のもの（木造建築物等を除く。）　次のイ又はロのいずれかに掲げる基準

イ　外壁開口部設備が前号イに掲げる基準（外壁開口部設備に係る部分に限る。）に適合するものであること。

ロ　当該建築物の主要構造部、防火設備及び消火設備の構造に応じて算出した延焼防止時間が、当該建築物の外壁開口部設備がイに掲げる基準に適合すると仮定した場合における当該外壁開口部設備の構造に応じて算出した延焼防止時間以上であること。

五　高さ二メートルを超える門又は塀で、防火地域内にある建築物に附属するもの又は準防火地域内にある木造建築物等に附属するもの　延焼防止上支障のない構造であること。

（防火地域又は準防火地域内の建築物の屋根の性能に関する技術的基準）

第一三六条の二の二　法第六十二条の政令で定める技術的基準は、次に掲げるもの（不燃性の物品を保管する倉庫その他これに類するものとして国土交通大臣が定める用途に供する建築物又は建築物の部分で、市街地における通常の火災による火の粉が屋内に到達した場合に建築物の火災が発生するおそれのないものとして国土交通大臣が定めた構造方法を用いるものの屋根にあつては、第一号に掲げる

もの）とする。

一　屋根が、市街地における通常の火災による火の粉により、防火上有害な発炎をしないものであること。

二　屋根が、市街地における通常の火災による火の粉により、屋内に達する防火上有害な溶融、亀裂その他の損傷を生じないものであること。

第七章の二の二　特定防災街区整備地区内の建築物

（建築物の防災都市計画施設に係る間口率及び高さの算定）

第一三六条の二の四　法第六十七条第六項に規定する建築物の防災都市計画施設に係る間口率の算定の基礎となる次の各号に掲げる長さの算定方法は、当該各号に定めるところによる。

一　防災都市計画施設に面する部分の長さ　建築物の周囲の地面に接する外壁又はこれに代わる柱の面で囲まれた部分の水平投影の防災都市計画施設に面する長さによる。

二　敷地の防災都市計画施設に接する部分の長さ　敷地の防災都市計画施設に接する部分の水平投影の長さによる。

2　法第六十七条第六項に規定する建築物の高さの算定については、建築物の防災都市計画施設に面する方向の鉛直投影の各部分（同項に規定する建築物の防災都市計画施設に係る間口率の最低限度を超える部分を除く。）の防災都市計画施設と敷地との境界線からの高さによる。

第七章の八　工事現場の危害の防止

（火災の防止）

第一三六条の八　建築工事等において火気を使用する場合においては、その場所に不燃材料の囲いを設ける等防火上必要な措置を講じなければならない。

第七章の九　簡易な構造の建築物に対する制限の緩和

（簡易な構造の建築物の指定）

第一三六条の九　法第八十四条の二の規定により政令で指定する簡易な構造の建築物又は建築物の部分は、次に掲げるもの（建築物の部分にあつては、準耐火構造の壁（これらの壁を貫通する給水管、配電管その他の管の部分及びその周囲の部分の構造が国土交通大臣が定めた構造方法を用いるものに限る。）又は第百十二条第二十六条の二第二項第一号に規定する防火設備で区画された部分に限る。）とする。

一　壁を有しない建築物その他の国土交通大臣が高い開放性を有すると認めて指定する構造の建築物又は建築物の部分（間仕切壁を有しないものに限る。）であつて、次のイからニまでのいずれかに該当し、かつ、階数が一で床面積が三千平方メートル以内であるもの（次条において「開放的簡易建築物」という。）

イ　自動車車庫の用途に供するもの

ロ　スケート場、水泳場、スポーツの練習場その他これらに類する運動施設

ハ　不燃性の物品の保管その他これと同等以上に火災の発生のおそれの少ない用途に供するもの

ニ　畜舎、堆肥舎並びに水産物の増殖場及び養殖場

二　屋根及び外壁が帆布その他これに類する材料で造られている建築物又は建築物の部分（間仕切壁を有しないものに限る。）で、前号ロからニまでのいずれかに該当し、かつ、階数が一で床面積

が三千平方メートル以内であるもの

（簡易な構造の建築物の基準）

第一三六条の一〇 法第八十四条の二の規定により政令で定める基準は、次に掲げるものとする。

一 主要構造部である柱及びはりが次に掲げる基準に適合していること。

イ 防火地域又は準防火地域内にある建築物又は建築物の部分（準防火地域（特定防災街区整備地区を除く。）内にあるものにあつては、床面積が五百平方メートルを超えるものに限る。）にあつては、準耐火構造であるか、又は不燃材料で造られていること。

ロ 準防火地域（特定防災街区整備地区を除く。）内にある建築物若しくは建築物の部分で床面積が五百平方メートル以内のもの、法第二十二条第一項の市街地の区域内にある建築物若しくは建築物の部分又は防火地域、準防火地域及び同項の市街地の区域以外の区域内にある建築物若しくは建築物の部分で床面積が千平方メートルを超えるものにあつては、延焼のおそれのある部分が準耐火構造であるか、又は不燃材料で造られていること。

二 前号イ又はロに規定する建築物又は建築物の部分にあつては、外壁（同号ロに規定する建築物又は建築物の部分にあつては、延焼のおそれのある部分に限る。）及び屋根が、準耐火構造であるか、不燃材料で造られているか、又は国土交通大臣が定める防火上支障のない構造であること。

三 前条第一号イに該当する開放的簡易建築物にあつては、前二号の規定にかかわらず、次に掲げる基準に適合していること。ただし、防火地域、準防火地域及び法第二十二条第一項の市街地の区域以外の区域内にあるもので床面積が百五十平方メートル未満のものにあつては、この限りでない。

イ 主要構造部である柱及びはり（準防火地域（特定防災街区整備地区を除く。）又は法第二十二条第一項の市街地の区域内にある開放的簡易建築物で床面積が百五十平方メートル未満のものにあつては、延焼のおそれのある部分に限る。）が準耐火構造であるか、又は不燃材料で造られており、かつ、外壁（準防火地域（特定防災街区整備地区を除く。）又は同項の市街地の区域内にある開放的簡易建築物で床面積が百五十平方メートル未満のものにあつては、延焼のおそれのある部分に限る。）及び屋根が準耐火構造であるか、不燃材料で造られているか、又は国土交通大臣が定める防火上支障のない構造であること。

ロ 隣地境界線又は当該開放的簡易建築物と同一敷地内の他の建築物（同一敷地内の建築物の延べ面積の合計が五百平方メートル以内である場合における当該他の建築物を除く。）との外壁間の中心線（以下ロにおいて「隣地境界線等」という。）に面する外壁の開口部（防火上有効な公園、広場、川等の空地若しくは水面又は耐火構造の壁その他これらに類するものに面するものを除く。以下ロにおいて同じ。）及び屋上（自動車車庫の用途に供する部分に限る。以下ロにおいて同じ。）の周囲で当該隣地境界線等からの水平距離がそれぞれ一メートル以下の部分について、当該外壁の開口部と隣地境界線等との間及び当該屋上の周囲に、塀その他これに類するもので国土交通大臣が通常の火災時における炎及び火熱を遮る上で有効と認めて定める基準に適合するものが設けられていること。

ハ 屋上を自動車車庫の用途に供し、かつ、床面積が千平方メートルを超える場合にあつては、屋根が、国土交通大臣がその屋内側からの通常の火災時における炎及び火熱を遮る上で有効と認めて定める基準に適合しているとともに、屋上から地上に通ずる二以上の直通階段（誘導車路を含む。）が設けられていること。

（防火区画等に関する規定の適用の除外）

第一三六条の一一　第百三十六条の九に規定する建築物又は建築物の部分で前条に規定する基準に適合するものについては、第百十二条、第百十四条及び第五章の二の規定は、適用しない。

第八章　既存の建築物に対する制限の緩和等

（大規模の建築物の主要構造部等関係）

第一三七条の二の二　法第三条第二項の規定により法第二十一条第一項の規定の適用を受けない建築物についての法第八十六条の七第一項の政令で定める範囲は、増築及び改築については、次の各号のいずれかに該当する増築又は改築に係る部分とする。

一　次のイ及びロに該当するものであること。

イ　増築又は改築に係る部分が火熱遮断壁等で区画されるものであること。

ロ　増築又は改築に係る部分の特定主要構造部（法第二十一条第一項に規定する性能と同等の性能を有すべきものとして国土交通大臣が定める部分に限る。）が、第百九条の五各号のいずれかに掲げる基準に適合するもので、国土交通大臣が定めた構造方法を用いるもの又は国土交通大臣の認定を受けたものであること。

二　増築又は改築に係る部分の対象床面積（当該部分の床面積から階段室、機械室その他の火災の発生のおそれの少ないものとして国土交通大臣が定める用途に供する部分の床面積を減じた面積をいう。以下この章において同じ。）の合計が基準時における延べ面積の二十分の一（五十平方メートルを超える場合にあつては、五十平方メートル。以下この章において同じ。）を超えず、かつ、当該増築又は改築が当該増築又は改築に係る部分以外の部分における倒壊及び延焼の危険性を増大させないものであること。

2　法第三条第二項の規定により法第二十一条第二項の規定の適用を受けない建築物についての法第八十六条の七第一項の政令で定める範囲は、増築及び改築については、次の各号のいずれかに該当する増築又は改築に係る部分とする。

一　次のイ及びロに該当するものであること。

イ　増築又は改築に係る部分が火熱遮断壁等で区画されるものであること。

ロ　増築又は改築に係る部分（法第二十一条第二項に規定する性能と同等の性能を有すべきものとして国土交通大臣が定める部分に限る。）が、第百九条の七第一項各号のいずれかに掲げる基準に適合するもので、国土交通大臣が定めた構造方法を用いるもの又は国土交通大臣の認定を受けたものであること。

二　工事の着手が基準時以後である増築又は改築に係る部分の対象床面積の合計が五十平方メートルを超えないものであること。

（屋根関係）

第一三七条の二の三　法第三条第二項の規定により法第二十二条第一項の規定の適用を受けない建築物についての法第八十六条の七第一項の政令で定める範囲は、増築及び改築については、増築又は改築に係る部分の対象床面積の合計が基準時における延べ面積の二十分の一を超えず、かつ、当該増築又は改築が当該増築又は改築に係る部分以外の部分の屋根における延焼の危険性を増大させないものである増築又は改築に係る部分とする。

（外壁関係）

第一三七条の二の四　法第三条第二項の規定により法第二十三条の規

定の適用を受けない木造建築物等についての法第八十六条の七第一項の政令で定める範囲は、増築及び改築については、次の各号のいずれかに該当する増築又は改築に係る部分とする。

一 次のイ及びロに該当するものであること。

イ 増築又は改築に係る部分が火熱遮断壁等で区画されるものであること。

ロ 増築又は改築に係る部分の外壁（法第二十三条に規定する準防火性能を有すべきものとして国土交通大臣が定める外壁に限る。）が、第百九条の九に掲げる基準に適合するもので、国土交通大臣が定めた構造方法を用いるもの又は国土交通大臣の認定を受けたものであること。

二 増築又は改築に係る部分の対象床面積の合計が基準時における延べ面積の二十分の一を超えず、かつ、当該増築又は改築が当該増築又は改築に係る部分以外の部分の外壁における延焼の危険性を増大させないものであること。

（大規模の木造建築物等の外壁等関係）

第一三七条の二の五 法第三条第二項の規定により法第二十五条の規定の適用を受けない木造建築物等についての法第八十六条の七第一項の政令で定める範囲は、増築及び改築については、増築又は改築に係る部分の対象床面積の合計が基準時における延べ面積の二十分の一を超えず、かつ、当該増築又は改築が当該増築又は改築に係る部分以外の部分の外壁及び軒裏並びに屋根における延焼の危険性を増大させないものである増築又は改築に係る部分とする。

（防火壁及び防火床関係）

第一三七条の三 法第三条第二項の規定により法第二十六条の規定の適用を受けない建築物についての法第八十六条の七第一項の政令で定める範囲は、増築及び改築については、次の各号のいずれかに該当する増築又は改築に係る部分とする。

一 次のイ及びロに該当するものであること。

イ 増築又は改築に係る部分が火熱遮断壁等で区画されるものであること。

ロ 増築又は改築に係る部分が、法第二十六条第一項に規定する基準に相当する建築物の部分に関する基準として国土交通大臣が定めるものに従い、防火上有効な構造の防火壁又は防火床によつて有効に区画されるものであること。

二 工事の着手が基準時以後である増築又は改築に係る部分の対象床面積の合計が五十平方メートルを超えないものであること。

（耐火建築物等としなければならない特殊建築物関係）

第一三七条の四 法第三条第二項の規定により法第二十七条の規定の適用を受けない特殊建築物についての法第八十六条の七第一項の政令で定める範囲は、増築及び改築については、次の各号のいずれか（劇場の客席、病院の病室、学校の教室その他の当該特殊建築物の主たる用途に供する部分に係る増築にあつては、第一号）に該当する増築又は改築に係る部分とする。

一 次のイ及びロに該当するものであること。

イ 増築又は改築に係る部分が火熱遮断壁等で区画されるものであること。

ロ 増築又は改築に係る部分が、法第二十七条第一項から第三項までに規定する基準に相当する建築物の部分に関する基準として国土交通大臣が定めるものに適合するもので、国土交通大臣の定めた構造方法を用いるもの又は国土交通大臣の認定を受けたものであること。

二 工事の着手が基準時以後である増築又は改築に係る部分の対象床面積の合計が五十平方メートルを超えないものであること。

（非常用の昇降機関係）

第一三七条の六 法第三条第二項の規定により法第三十四条第二項の

規定の適用を受けない高さ三十一メートルを超える建築物について法第八十六条の七第一項の規定により政令で定める範囲は、増築及び改築については、次に定めるところによる。

一　増築に係る部分の建築物の高さが三十一メートルを超えず、かつ、増築に係る部分の床面積の合計が基準時における延べ面積の二分の一を超えないこと。

二　改築に係る部分の床面積の合計が基準時における延べ面積の五分の一を超えず、かつ、改築に係る部分の建築物の高さが基準時における当該部分の高さを超えないこと。

（階段等関係）

第一三七条の六の二　法第八十六条の七第一項の政令で定める階段、出入口その他の避難施設及び排煙設備に関する技術的基準は、第五章第二節（第百十九条を除く。）及び第三節に規定する技術的基準とする。

2　法第三条第二項の規定により法第三十五条（前項に規定する技術的基準に係る部分に限る。）の規定の適用を受けない建築物についての法第八十六条の七第一項の政令で定める範囲は、増築及び改築については、次の各号のいずれか（居室の部分に係る増築にあつては、第一号）に該当する増築又は改築に係る部分とする。

一　次のイ及びロに該当するものであること。

イ　増築又は改築に係る部分及びその他の部分が、増築又は改築後において、それぞれ第百十七条第二項各号（法第三十五条（第五章第三節に規定する技術的基準に係る部分に限る。）の規定の適用を受けない建築物について増築又は改築を行う場合にあつては、第百二十六条の二第二項各号）のいずれかに掲げる建築物の部分となるものであること。

ロ　増築又は改築に係る部分が、前項に規定する技術的基準に相当する建築物の部分に関する基準として国土交通大臣が定めるものに適合するものであること。

二　増築又は改築に係る部分の対象床面積の合計が基準時における延べ面積の二十分の一を超えず、かつ、当該増築又は改築が当該増築又は改築に係る部分以外の部分における避難の安全上支障とならないものであること。

（敷地内の避難上及び消火上必要な通路関係）

第一三七条の六の三　法第八十六条の七第一項の政令で定める敷地内の避難上及び消火上必要な通路に関する技術的基準は、第五章第六節（第百二十八条の三を除く。）に規定する技術的基準とする。

2　法第三条第二項の規定により法第三十五条（前項に規定する技術的基準に係る部分に限る。）の規定の適用を受けない建築物についての法第八十六条の七第一項の政令で定める範囲は、増築（居室の部分に係るものを除く。以下この項において同じ。）及び改築については、増築又は改築に係る部分の対象床面積の合計が基準時における延べ面積の二十分の一を超えず、かつ、当該増築又は改築が当該増築又は改築に係る部分以外の部分における避難及び消火の安全上支障とならないものである増築又は改築に係る部分とする。

（防火壁及び防火区画関係）

第一三七条の六の四　法第八十六条の七第一項の政令で定める防火壁及び防火区画の設置及び構造に関する技術的基準は、第百十二条及び第百十四条に規定する技術的基準（第百十二条第十一項から第十三項までに規定する竪穴部分の技術的基準のうち、当該竪穴部分が第百二十条又は第百二十一条の規定による直通階段に該当する場合に適用されることとなるもの（次項第二号において「特定竪穴基準」という。）を除く。）とする。

2　法第三条第二項の規定により法第三十六条（前項に規定する技術的基準に係る部分に限る。）の規定の適用を受けない建築物についての法第八十六条の七第一項の政令で定める範囲は、増築及び改築については、次の各号に掲げる建築物の区分に応じ、当該各号に定める要件に該当する増築又は改築に係る部分とする。
一　次号に掲げる建築物以外の建築物　次のイ又はロのいずれかに該当するものであること。
イ　次の(1)及び(2)に該当するものであること。
(1)　増築又は改築に係る部分が火熱遮断壁等で区画されるものであること。
(2)　増築又は改築に係る部分が、前項に規定する技術的基準に相当する建築物の部分に関する基準として国土交通大臣が定めるものに適合するものであること。
ロ　増築又は改築に係る部分の対象床面積の合計が基準時における延べ面積の二十分の一を超えず、かつ、当該増築又は改築が当該増築又は改築に係る部分以外の部分における延焼の危険性を増大させないものであること。
二　第百十二条第十一項から第十三項までに規定する竪穴部分の技術的基準（特定竪穴基準を除く。）に適合しない建築物　前号ロに該当するものであること。

第一三七条の一〇（**防火地域関係**）法第三条第二項の規定により法第六十一条（防火地域内にある建築物に係る部分に限る。）の規定の適用を受けない建築物についての法第八十六条の七第一項の政令で定める範囲は、増築及び改築については、次の各号に掲げる建築物の区分に応じ、当該各号に定める要件に該当する増築又は改築に係る部分とする。
一　次号に掲げる建築物以外の建築物　次のイ又はロのいずれかに該当するものであること。
イ　次の(1)及び(2)に該当するものであること。
(1)　増築又は改築に係る部分が火熱遮断壁等で区画されるものであること。
(2)　増築又は改築に係る部分が、第百三十六条の二各号に定める基準（防火地域内にある建築物に係るものに限る。）に相当する建築物の部分に関する基準として国土交通大臣が定めるものに適合するもので、国土交通大臣の定めた構造方法を用いるもの又は国土交通大臣の認定を受けたものであること。
ロ　次の(1)から(5)までに該当するものであること。
(1)　工事の着手が基準時以後である増築及び改築に係る部分の対象床面積の合計（当該増築又は改築に係る建築物が同一敷地内に二以上ある場合においては、これらの増築又は改築に係る部分の床面積の合計）は、五十平方メートルを超えず、かつ、基準時における当該建築物の延べ面積の合計を超えないこと。
(2)　増築又は改築後における建築物の階数が二以下で、かつ、延べ面積が五百平方メートルを超えないこと。
(3)　増築又は改築に係る部分の外壁及び軒裏は、防火構造であること。
(4)　増築又は改築に係る部分の外壁の開口部（法第八十六条の四各号のいずれかに該当する建築物の外壁の開口部を除く。(5)及び第百三十七条の十二第九項において同じ。）で延焼のおそれのある部分に、二十分間防火設備（第百九条に規定する防火設備であつて、これに建築物の周囲において発生する通常の火災による火熱が加えられた場合に、加熱開始後二十分間当該加熱面以外の面（屋内に面するものに限る。）に火炎を出さないものとして、国土交通大臣が定めた構造方法を用いるもの又は国土交通大臣の認定を受けたものをいう。(5)及び同項において同じ。）を設けること。
(5)　増築又は改築に係る部分以外の部分の外壁の開口部で延焼

のおそれのある部分に、二十分間防火設備が設けられていること。

二　木造の建築物のうち、外壁及び軒裏が防火構造のもの以外のもの　前号イに該当するものであること。

（準防火地域関係）

第一三七条の一一　法第三条第二項の規定により法第六十一条（準防火地域内にある建築物に係る部分に限る。）の規定の適用を受けない建築物についての法第八十六条の七第一項の政令で定める範囲は、増築及び改築については、次の各号に掲げる建築物の区分に応じ、当該各号に定める要件に該当する増築又は改築に係る部分とする。

一　次号に掲げる建築物以外の建築物　次のイ又はロのいずれかに該当するものであること。

イ　次の(1)及び(2)に該当するものであること。

(1)　増築又は改築に係る部分が火熱遮断壁等で区画されるものであること。

(2)　増築又は改築に係る部分が、第百三十六条の二各号に定める基準（準防火地域内にある建築物に係るものに限る。）に相当する建築物の部分に関する基準として国土交通大臣の定めるものに適合するもので、国土交通大臣が定めた構造方法を用いるもの又は国土交通大臣の認定を受けたものであること。

ロ　次の(1)及び(2)並びに前条第一号ロ(3)から(5)までに該当するものであること。

(1)　工事の着手が基準時以後である増築及び改築に係る部分の対象床面積の合計（当該増築又は改築に係る建築物が同一敷地内に二以上ある場合においては、これらの増築又は改築に係る部分の床面積の合計）は、五十平方メートルを超えないこと。

(2)　増築又は改築後における建築物の階数が二以下であること。

二　木造の建築物のうち、外壁及び軒裏が防火構造のもの以外のもの　前号イに該当するものであること。

（防火地域及び準防火地域内の建築物の屋根関係）

第一三七条の一一の二　法第三条第二項の規定により法第六十二条の規定の適用を受けない建築物（木造の建築物にあつては、外壁及び軒裏が防火構造のものに限る。）についての法第八十六条の七第一項の政令で定める範囲は、増築及び改築については、次の各号のいずれにも該当する増築又は改築に係る部分とする。

一　工事の着手が基準時以後である増築及び改築に係る部分の対象床面積の合計（当該増築又は改築に係る建築物が同一敷地内に二以上ある場合においては、これらの増築又は改築に係る部分の床面積の合計）は、五十平方メートルを超えず、かつ、基準時における当該建築物の延べ面積の合計を超えないものであること。

二　増築又は改築が当該増築又は改築に係る部分以外の部分の屋根における延焼の危険性を増大させないものであること。

（特定防災街区整備地区関係）

第一三七条の一一の三　法第三条第二項の規定により法第六十七条第一項の規定の適用を受けない建築物（木造の建築物にあつては、外壁及び軒裏が防火構造のものに限る。）についての法第八十六条の七第一項の政令で定める範囲は、増築及び改築については、第百三十七条の十第一号ロに該当する増築又は改築に係る部分とする。

（大規模の修繕又は大規模の模様替）

第一三七条の一二　法第三条第二項の規定により法第二十条の規定の適用を受けない建築物についての法第八十六条の七第一項の政令で定める範囲は、大規模の修繕又は大規模の模様替については、当該建築物における当該建築物の構造耐力上の危険性を増大させない全ての大規模の修繕又は大規模の模様替とする。

2　法第三条第二項の規定により法第二十六条、法第二十七条、法第三十条、法第三十四条第二項、法第四十七条、法第五十一条、法第五十二条第一項、第二項若しくは第七項、法第五十三条第一項若しくは第二項、法第五十四条第一項、法第五十五条第一項、法第五十六条第一項、法第五十六条の二第一項、法第五十七条の四第一項、法第五十七条の五第一項、法第五十八条第一項、法第五十九条第一項若しくは第二項、法第六十条第一項若しくは第二項、法第六十条の二第一項若しくは第二項、法第六十条の二の二第一項から第三項まで、法第六十条の三第一項若しくは第二項、法第六十七条第一項若しくは第五項から第七項まで又は法第六十八条第一項若しくは第二項の規定の適用を受けない建築物についての法第八十六条の七第一項の政令で定める範囲は、大規模の修繕又は大規模の模様替については、当該建築物における全ての大規模の修繕又は大規模の模様替とする。

3　法第三条第二項の規定により法第二十八条の二（同条第一号及び第二号に掲げる基準に係る部分に限る。）の規定の適用を受けない建築物についての法第八十六条の七第一項の政令で定める範囲は、大規模の修繕及び大規模の模様替については、当該建築物における次の各号のいずれにも該当する大規模の修繕及び大規模の模様替とする。

一　大規模の修繕又は大規模の模様替に係る部分が法第二十八条の二第一号及び第二号に掲げる基準に適合するものであること。

二　大規模の修繕又は大規模の模様替に係る部分以外の部分が第百三十七条の四の二第三号の国土交通大臣が定める基準に適合するものであること。

4　法第三条第二項の規定により法第三十五条（第百三十七条の六の二第一項又は第百三十七条の六の三第一項に規定する技術的基準に係る部分に限る。）の規定の適用を受けない建築物についての法第八十六条の七第一項の政令で定める範囲は、大規模の修繕又は大規模の模様替については、当該建築物における屋根又は外壁に係る大規模の修繕又は大規模の模様替であつて、当該建築物の避難の安全上支障とならないものとする。

5　法第三条第二項の規定により法第三十六条（第百三十七条の六の四第一項に規定する技術的基準に係る部分に限る。）の規定の適用を受けない建築物についての法第八十六条の七第一項の政令で定める範囲は、大規模の修繕又は大規模の模様替については、当該建築物における屋根又は外壁に係る全ての大規模の修繕又は大規模の模様替とする。

6　法第三条第二項の規定により法第四十三条第一項の規定の適用を受けない建築物についての法第八十六条の七第一項の政令で定める範囲は、大規模の修繕又は大規模の模様替については、当該建築物における当該建築物の用途の変更（当該変更後に当該建築物の利用者の増加が見込まれないものを除く。）を伴わない大規模の修繕又は大規模の模様替であつて、特定行政庁が交通上、安全上、防火上及び衛生上支障がないと認めるものとする。

7　法第三条第二項の規定により法第四十四条第一項の規定の適用を受けない建築物についての法第八十六条の七第一項の政令で定める範囲は、大規模の修繕又は大規模の模様替については、当該建築物における当該建築物の形態の変更（他の建築物の利便その他周囲の環境の維持又は向上のため必要なものを除く。）を伴わない大規模の修繕又は大規模の模様替であつて、特定行政庁が通行上、安全上、防火上及び衛生上支障がないと認めるものとする。

8　法第三条第二項の規定により法第四十八条第一項から第十四項までの規定の適用を受けない建築物についての法第八十六条の七第一

項の政令で定める範囲は、大規模の修繕又は大規模の模様替については、当該建築物における当該建築物の用途の変更（第百三十七条の十九第二項に規定する範囲内のものを除く。）を伴わない全ての大規模の修繕又は大規模の模様替とする。

9　法第三条第二項の規定により法第六十一条の規定の適用を受けない建築物についての法第八十六条の七第一項の政令で定める範囲は、大規模の修繕及び大規模の模様替については、当該建築物における次の各号のいずれにも該当する大規模の修繕及び大規模の模様替とする。

一　大規模の修繕又は大規模の模様替に係る部分の外壁の開口部で延焼のおそれのある部分に、二十分間防火設備を設けるものであること。

二　大規模の修繕又は大規模の模様替に係る部分以外の部分の外壁の開口部で延焼のおそれのある部分に、二十分間防火設備が設けられているものであること。

（技術的基準から除かれる防火区画）

第一三七条の一三　法第八十六条の七第二項の政令で定める防火区画は、第百十二条第十一項から第十三項までの規定による竪穴部分の防火区画（当該竪穴部分が第百二十条又は第百二十一条の規定による直通階段に該当する場合のものを除く。）とする。

第十章　雑則

（安全上、防火上又は衛生上重要である建築物の部分）

第一四四条の三　法第三十七条の規定により政令で定める安全上、防火上又は衛生上重要である建築物の部分は、次に掲げるものとする。

一　構造耐力上主要な部分で基礎及び主要構造部以外のもの

二　耐火構造、準耐火構造又は防火構造の構造部分で主要構造部以外のもの

三　第百九条に定める防火設備又はこれらの部分

四　建築物の内装又は外装の部分で安全上又は防火上重要であるものとして国土交通大臣が定めるもの

五　主要構造部以外の間仕切壁、揚げ床、最下階の床、小ばり、ひさし、局部的な小階段、屋外階段、バルコニーその他これらに類する部分で防火上重要であるものとして国土交通大臣が定めるもの

六　建築設備又はその部分（消防法第二十一条の二第一項に規定する検定対象機械器具等及び同法第二十一条の十六の二に規定する自主表示対象機械器具等、ガス事業法第二条第十三項に規定するガス工作物及び同法第百三十七条第一項に規定するガス用品、電気用品安全法（昭和三十六年法律第二百三十四号）第二条第一項に規定する電気用品、液化石油ガスの保安の確保及び取引の適正化に関する法律第二条第七項に規定する液化石油ガス器具等並びに安全上、防火上又は衛生上支障がないものとして国土交通大臣が定めるものを除く。）

（工事中における安全上の措置等に関する計画の届出を要する建築物）

第一四七条の二　法第九十条の三（法第八十七条の四において準用する場合を含む。）の政令で定める建築物は、次に掲げるものとする。

一　百貨店、マーケットその他の物品販売業を営む店舗（床面積が十平方メートル以内のものを除く。）又は展示場の用途に供する建築物で三階以上の階又は地階におけるその用途に供する部分の床面積の合計が千五百平方メートルを超えるもの

二　病院、診療所（患者の収容施設があるものに限る。）又は児童福祉施設等の用途に供する建築物で五階以上の階におけるその用

途に供する部分の床面積の合計が千五百平方メートルを超えるもの

三　劇場、映画館、演芸場、観覧場、公会堂、集会場、ホテル、旅館、キャバレー、カフェー、ナイトクラブ、バー、ダンスホール、遊技場、公衆浴場、待合、料理店若しくは飲食店の用途又は前二号に掲げる用途に供する建築物で五階以上の階又は地階におけるその用途に供する部分の床面積の合計が二千平方メートルを超えるもの

四　地下の工作物内に設ける建築物で居室の床面積の合計が千五百平方メートルを超えるもの

（消防長等の同意を要する住宅）

第一四七条の三　法第九十三条第一項ただし書の政令で定める住宅は、一戸建ての住宅で住宅の用途以外の用途に供する部分の床面積の合計が延べ面積の二分の一以上であるもの又は五十平方メートルを超えるものとする。

附　則〔昭和三四・一二・四政令三四四抄〕

改正　昭和三六・一二政三九六

（施行期日）

1　この政令は、昭和三十四年十二月二十三日から施行する。

（乙種防火戸の特例）

2　法第六十四条に規定する建築物の外壁の開口部で延焼のおそれのある部分のうち、隣地境界線、道路中心線又は同一敷地内の二以上の建築物（延べ面積の合計が五百平方メートル以内の建築物は、一の建築物とみなす。）相互の外壁間の中心線から、一階にあつては一メートル以上、二階以上にあつては三メートル以上の距離にある部分に設ける戸で、次の各号の一に該当するものは、当分の間、この政令による改正後の建築基準法施行令（以下「改正後の施行令」という。）第百十条第二項の乙種防火戸とみなす。

一　防火塗料を塗布した木材及び網入ガラスで造られたもの

二　屋外面に石綿板、石膏板、難燃合板その他これらに類するものを張つたもの

消防基本六法　検索用条文見出し一覧

条文の検索を容易にするため、本書に登載されている主要な法令の条文見出し・章名・節名等を一覧にしましたので、ご活用ください。

編集要領

・「消防法」の原文には条文見出しがありませんので、編集者が付した条文見出しを一覧にしました。
・消防法以外で、条文見出しがない法令については、省略しました。
・附則は、省略しました。

○消防法

第三章の二　危険物保安技術協会

第一節　総則

第一六条の一〇　危険物保安技術協会の目的
第一六条の一一　協会の組織
第一六条の一二　設立の制限
第一六条の一三　名称の使用義務及び使用制限
第一六条の一四　登記
第一六条の一五　一般社団・財団法人法の規定の準用

第二節　設立

第一六条の一六　設立の要件
第一六条の一七　設立の認可申請
第一六条の一八　設立の認可
第一六条の一九　削除
第一六条の二〇　事務の引継
第一六条の二一　設立登記

第三節　管理

第一六条の二二　定款
第一六条の二三　役員
第一六条の二四　役員の職務
第一六条の二五　役員の選任及び解任の効力
第一六条の二六　役員の欠格事項
第一六条の二七　役員の解任
第一六条の二八　役員の解任命令
第一六条の二九　営利団体からの隔離等
第一六条の三〇　理事長の代表権の制限
第一六条の三〇の二　評議員会
第一六条の三一　職員の任命
第一六条の三二　役職員の守秘義務等
第一六条の三三　罰則が適用される役職員の身分

第四節　業務

第一六条の三四　業務
第一六条の三五　業務方法書
第一六条の三六　審査委託の契約
第一六条の三七　審査事務規程
第一六条の三八　検査員
第一六条の三九　協会の業務に対する人的・技術的援助

第五節　財務及び会計

第一六条の四〇　事業年度
第一六条の四一　予算、事業計画の作成・変更の認可
第一六条の四二　財務諸表の提出等
第一六条の四三〜第一六条の四五　削除
第一六条の四六　総務省令への委任

第六節　監督

第一六条の四七　業務監督命令
第一六条の四八　報告の徴収、立入検査

第七節　解散

第一六条の四九　協会の解散

第四章　消防の設備等

第一七条　消防用設備等の設置・維持と特殊消防用設備等の適用除外
第一七条の二　性能評価
第一七条の二の二　特殊消防用設備等の認定の申請
第一七条の二の三　認定の失効
第一七条の二の四　総務大臣の性能評価
第一七条の二の五　適用除外
第一七条の三　用途変更の場合の特例
第一七条の三の二　消防用設備等又は特殊消防用設備等の検査
第一七条の三の三　消防用設備等又は特殊消防用設備等の点検及び報告
第一七条の四　消防用設備等又は特殊消防用設備等の設置維持命令
第一七条の五　消防設備士
第一七条の六　消防設備士の免状の種類
第一七条の七　消防設備士の免状の交付資格
第一七条の八　消防設備士試験
第一七条の九　消防設備士試験事務の委任
第一七条の一〇　消防設備士講習
第一七条の一一　手数料
第一七条の一二　消防設備士の責務
第一七条の一三　消防設備士の免状の携帯義務
第一七条の一四　工事着手の届出
第一八条　消防用施設の濫用禁止等
第一九条　削除
第二〇条　消防水利の基準及び水利施設の設置等の義務
第二一条　指定消防水利

第四章の二　消防の用に供する機械器具等の検定

第一節　検定対象機械器具等の検定

第二一条の二　検定
第二一条の三　型式承認
第二一条の四　型式承認の申請
第二一条の五　技術上の規格の変更に係る型式承認の失効
第二一条の六　不正手段等による型式承認の失効
第二一条の七　型式適合検定の申請手続
第二一条の八　型式適合検定の合格等
第二一条の九　合格の表示等
第二一条の一〇　型式承認の失効の効果
第二一条の一一　総務大臣の検定
第二一条の一二　表示の除去又は消印
第二一条の一三　検定不合格消防用機械器具等流通時の回収等命令
第二一条の一四　報告の徴収、検査、質問
第二一条の一五　手数料
第二一条の一六　審査請求

第二節　自主表示対象機械器具等の表示等

第二一条の一六の二　自主表示対象機械器具等の制限
第二一条の一六の三　技術上の規格に適合する旨の表示等
第二一条の一六の四　総務大臣への届出の義務
第二一条の一六の五　表示の除去等
第二一条の一六の六　規格不適合自主表示対象機械器具等流通時の回収等命令
第二一条の一六の七　報告の徴収、立入検査、質問

第四章の三　日本消防検定協会等

第一節　日本消防検定協会

第一款　総則

第二一条の一七　日本消防検定協会の目的
第二一条の一八　協会の組織
第二一条の一九　事務所
第二一条の二〇　定款
第二一条の二一　登記
第二一条の二二　名称の独占
第二一条の二三　一般社団・財団法人法の規定の準用

第二款　役員等

第二一条の二四　役員
第二一条の二五　役員の業務
第二一条の二六　役員の選任及び解任の効力
第二一条の二七　役員の欠格事項
第二一条の二八　役員の解任
第二一条の二九　役員の解任命令
第二一条の三〇　営利団体からの隔離等
第二一条の三一　理事長の代表権の制限
第二一条の三二　代理人の選任
第二一条の三二の二　評議員会
第二一条の三三　職員の任命
第二一条の三四　守秘義務等
第二一条の三五　罰則が適用される役職員の身分

第三款　業務

第二一条の三六　業務
第二一条の三七　業務方法書

第四款　財務及び会計

第二一条の三八　事業年度
第二一条の三九　予算、事業計画の作成・変更の認可
第二一条の四〇　財務諸表の提出等
第二一条の四一　総務省令への委任

第五款　監督

第二一条の四二　総務大臣の業務監督命令
第二一条の四三　報告の徴収、立入検査

第六款　雑則

第二一条の四四　協会の解散

第二節　登録検定機関

第二一条の四五　登録
第二一条の四六　登録の基準
第二一条の四七　登録の更新
第二一条の四八　公示
第二一条の四九　検定
第二一条の五〇　役職員の守秘義務等
第二一条の五一　業務規程
第二一条の五二　事業計画、収支予算の作成・変更の認可
第二一条の五三　帳簿の備付・保存
第二一条の五四　措置命令
第二一条の五五　報告の徴収、立入検査
第二一条の五六　業務の休止又は廃止
第二一条の五七　登録の取消し、業務の停止

第五章　火災の警戒

第二二条　気象状況の通報及び警報の発令
第二三条　たき火、喫煙の制限
第二三条の二　火災警戒区域の設定

第六章　消火の活動

第二四条　火災発見の通報
第二五条　応急消火義務等
第二六条　消防車の優先通行等
第二七条　消防隊の緊急通行権
第二八条　消防警戒区域の設定等
第二九条　消火活動中の緊急措置等
第三〇条　緊急水利
第三〇条の二　準用及び読み替え規定

第七章　火災の調査

第三一条　火災の原因等の調査
第三二条　関係のある者に対する質問等、官公署に対する通報の要求
第三三条　火災による被害財産の調査
第三四条　資料提出命令、報告の徴収及び消防職員の立入検査
第三五条　放火又は失火の疑いある場合の火災原因の調査及び犯罪捜査協力
第三五条の二　被疑者に対する質問、証拠物の調査
第三五条の三　都道府県知事の火災原因の調査
第三五条の三の二　消防庁長官の火災原因の調査
第三五条の四　犯罪捜査等との関係及び消防と警察との相互の協力

第七章の二　救急業務

第三五条の五　救急搬送に関する実施基準
第三五条の六　国の責務
第三五条の七　実施基準の遵守等
第三五条の八　協議会の設置
第三五条の九　都道府県の救急業務等
第三五条の一〇　協力要請等
第三五条の一一　準用
第三五条の一二　政令への委任

第八章　雑則

第三五条の一三　関係官公署への照会等
第三六条　防災管理者等
第三六条の二　救助隊の配置
第三六条の二の二　準用規定
第三六条の三　災害補償
第三六条の四　経過措置
第三七条　特別区の特例

第九章　罰則

第三八条～第四四条　罰則
第四五条　両罰規定
第四六条　条例の罰則規定の設定
第四六条の二～第四六条の五　罰則

第三六条の三　免状の交付の申請
第三六条の四　免状の記載事項
第三六条の五　免状の書換え
第三六条の六　免状の再交付
第三六条の七　総務省令への委任
第三六条の八　指定講習機関による工事整備対象設備等の工事又は整備に関する講習の手数料

第四章　消防の用に供する機械器具等の検定等

第三七条　検定対象機械器具等の範囲
第三八条・第三九条　削除
第四〇条　検定対象機械器具等についての試験及び型式適合検定の手数料
第四一条　自主表示対象機械器具等の範囲

第四章の二　登録検定機関

第四一条の二　登録検定機関の登録の更新の手数料
第四一条の三　登録検定機関の登録の有効期間

第五章　救急業務

第四二条　災害による事故等に準ずる事故その他の事由の範囲等
第四三条　削除
第四四条・第四四条の二　救急隊の編成及び装備の基準

第六章　雑則

第四五条　防災管理を要する災害
第四六条　防災管理を要する建築物その他の工作物
第四七条　防災管理者の資格
第四八条　防災管理者の責務
第四八条の二　統括防災管理者の資格
第四八条の三　統括防災管理者の責務
第四九条　火災以外の災害時における自衛消防組織の業務等
第五〇条　災害対策基本法施行令の準用

第一章　措置命令等を発した場合における公示の方法

第一条　措置命令等を発した場合における公示の方法

第一章の二　防火管理者等

第一条の二　工事中の防火対象物における防火管理
第一条の三　収容人員の算定方法
第一条の四　防火管理に関する講習に係る登録講習機関
第二条　防火管理者として必要な学識経験を有すると認められる者
第二条の二　防火管理上必要な業務を適切に遂行することができない場合における防火管理者の資格
第二条の二の二　乙種防火管理講習の課程を修了した者を防火管理者とすることができる防火対象物の部分
第二条の三　防火管理に関する講習
第三条　防火管理に係る消防計画
第三条の二　防火管理者の選任又は解任の届出
第三条の三　統括防火管理者の資格を有する者であるための要件
第四条　防火対象物の全体についての防火管理に係る消防計画
第四条の二　統括防火管理者の選任又は解任の届出
第四条の二の二　避難上有効な開口部
第四条の二の三　避難上有効な構造を有する場合
第四条の二の四　防火対象物の点検及び報告
第四条の二の五　防火対象物の点検に関する講習に係る登録講習機関
第四条の二の六　防火対象物の点検基準
第四条の二の七　防火対象物点検の表示
第四条の二の八　防火対象物点検の特例
第四条の二の九　防火対象物点検の特例認定の表示

第四条の二の一〇　消防計画において自衛消防組織の業務に関し定める事項
第四条の二の一一　自衛消防組織の要員の員数等
第四条の二の一二　自衛消防組織の業務に関する講習に係る登録講習機関
第四条の二の一三　統括管理者の資格を有する者
第四条の二の一四　自衛消防組織の業務に関する講習
第四条の二の一五　自衛消防組織設置の届出
第四条の三　防炎性能の基準の数値等
第四条の四　防炎表示等
第四条の五　防炎性能の確認
第四条の六　登録確認機関

第二章　消防用設備等又は特殊消防用設備等

第一節　防火対象物の用途の指定

第五条　防火対象物の用途の指定

第二節　設置及び維持の技術上の基準

第一款　消火設備に関する基準

第五条の二　防火上有効な措置
第五条の三　避難上又は消火活動上有効な開口部を有しない階
第六条　大型消火器以外の消火器具の設置
第七条　大型消火器の設置
第八条　消火器具の設置個数の減少
第九条　消火器具に関する基準の細目
第一〇条　車両に係る消火器具に関する基準
第一一条　地下街等に設置することができるハロゲン化物消火器等
第一一条の二　一人で操作することができる屋内消火栓設備の基準
第一二条　屋内消火栓設備に関する基準の細目
第一二条の二　スプリンクラー設備を設置することを要しない構造
第一二条の三　介助がなければ避難できない者
第一三条　スプリンクラー設備を設置することを要しない階の部分等
第一三条の二　標準型ヘッド等
第一三条の三　小区画型ヘッド等
第一三条の四　高天井の部分に設けるスプリンクラーヘッド等
第一三条の五　ラック式倉庫等に設けるスプリンクラーヘッド等
第一三条の五の二　防火上有効な措置が講じられた構造を有する部分
第一三条の六　スプリンクラー設備の水源の水量等
第一四条　スプリンクラー設備に関する基準の細目
第一五条　開口部に設置する防火設備
第一六条・第一七条　水噴霧消火設備に関する基準
第一八条　泡消火設備に関する基準
第一九条・第一九条の二　不活性ガス消火設備に関する基準
第二〇条　ハロゲン化物消火設備に関する基準
第二一条　粉末消火設備に関する基準
第二二条　屋外消火栓設備に関する基準の細目

第二款　警報設備に関する基準

第二三条　自動火災報知設備の感知器等
第二四条・第二四条の二　自動火災報知設備に関する基準の細目
第二四条の二の二　ガス漏れ火災警報設備の設置を要しない防火対象物等
第二四条の二の三・第二四条の二の四　ガス漏れ火災警報設備に関する基準の細目
第二四条の三　漏電火災警報器に関する基準の細目
第二五条　消防機関へ通報する火災報知設備に関する基準
第二五条の二　非常警報設備に関する基準

第三款　避難設備に関する基準

第二六条　避難器具の設置個数の減免
第二七条　避難器具に関する基準の細目
第二八条　客席誘導灯の照度の測定方法
第二八条の二　誘導灯及び誘導標識を設置することを要しない防火対象物又はその部分
第二八条の三　誘導灯及び誘導標識に関する基準の細目

第四款　消火活動上必要な施設に関する基準

第二九条　排煙設備の設置を要しない防火対象物の部分
第三〇条　排煙設備に関する基準の細目
第三〇条の二　連結散水設備の散水ヘッドを設ける部分
第三〇条の二の二　連結散水設備の設置を要しない防火対象物の部分
第三〇条の三　連結散水設備に関する基準の細目
第三〇条の四　連結送水管の主管の内径の特例等
第三一条　連結送水管に関する基準の細目
第三一条の二　非常コンセント設備に関する基準の細目
第三一条の二の二　無線通信補助設備に関する基準の細目

第五款　消防用設備等又は特殊消防用設備等の検査、点検等

第三一条の二の三　性能評価の方法
第三一条の三　消防用設備等又は特殊消防用設備等の届出及び検査
第三一条の三の二　設備等設置維持計画
第三一条の四　消防用設備等の認定
第三一条の五　登録認定機関
第三一条の六　消防用設備等又は特殊消防用設備等の点検及び報告
第三一条の六の二　消防設備士等による点検が特に必要である防火対象物
第三一条の七　登録講習機関

第六款　雑則

第三一条の八　道路の指定
第三二条　標準放射量
第三二条の二　危険工室に係る基準の特例
第三二条の三　畜舎等に係る基準の特例
第三三条　防火対象物の道路の用に供される部分に係る基準の特例

第三三条の二　適用が除外されない不活性ガス消火設備

第二章の二　消防設備士

第三三条の二の二　消防設備士でなくても行える消防用設備等の整備の範囲
第三三条の三　免状の種類に応ずる工事又は整備の種類
第三三条の四　免状の交付の申請書の様式等
第三三条の四の二・第三三条の四の三　免状の交付
第三三条の五　免状の様式及び記載事項
第三三条の五の二　免状の返納命令に係る通知
第三三条の五の三　消防設備士の違反行為に係る通知
第三三条の六　免状の書換えの申請書の様式等
第三三条の六の二　免状の書換えに係る通知
第三三条の七　免状の再交付の申請書の様式等
第三三条の七の二　免状の再交付に係る照会
第三三条の八　受験資格
第三三条の九　試験の方法
第三三条の一〇　筆記試験の科目
第三三条の一一　試験の免除
第三三条の一一の二　合格基準
第三三条の一二　試験の公示
第三三条の一三　受験手続
第三三条の一四　合格の通知及び公示
第三三条の一五　指定試験機関の指定の申請
第三三条の一六　危険物の規制に関する規則の規定の準用
第三三条の一七　工事整備対象設備等の工事又は整備に関する講習
第三三条の一七の二　工事整備対象設備等の工事又は整備に関する講習に係る指定講習機関
第三三条の一八　工事整備対象設備等着工届

第三章　消防信号

第三四条　消防信号

第三章の二　指定消防水利

第三四条の二　指定消防水利の標識

第四章　特殊消防用設備等の性能評価等

第三四条の二の二　特殊消防用設備等の性能評価の申請
第三四条の二の三　総務大臣の認定等の申請

第四章の二　消防の用に供する機械器具等の検定等

第三四条の三　検定対象機械器具等の範囲から除かれる泡消火薬剤
第三四条の四　検定対象機械器具等の範囲から除かれるガス漏れ火災警報設備
第三四条の五　型式適合検定の方法
第三四条の六　立会い方式による型式適合検定の方法
第三四条の七　データ審査方式による型式適合検定の方法
第三五条　検定対象機械器具等についての試験に係る申請書並びに見本及び書類
第三六条　検定対象機械器具等についての試験の方法
第三七条　型式承認の申請書
第三八条　氏名等の変更の届出
第三九条　型式適合検定の申請書
第三九条の二　検定等を行う場所の特例
第四〇条　合格の表示
第四一条　輸出品の承認
第四二条　国土交通大臣への通知
第四三条　外国検査機関の指定
第四四条　検査の方法等
第四四条の二　自主表示対象機械器具等の製造業者等の届出
第四四条の三　輸出品の承認

第四章の三　登録検定機関

第四四条の四　登録検定機関の登録の申請
第四四条の五〜第四四条の五の三　削除
第四四条の六　登録検定機関の名称等の変更の届出
第四四条の七　検定等の方法
第四四条の八　業務規程の記載事項
第四四条の九　業務規程の認可の申請
第四四条の一〇　事業計画及び収支予算の認可の申請
第四四条の一〇の二　電磁的方法
第四四条の一一　帳簿
第四四条の一二　検定等の業務の休止又は廃止の許可の申請

第五章　応急消火義務者等

第四五条　火災警戒区域出入者
第四六条　応急消火義務者
第四七条　情報の提供を求めることができる者
第四八条　消防警戒区域出入者
第四九条　他の災害についての準用

第六章　救急隊の編成の基準

第五〇条　救急隊の編成の基準の特例
第五〇条の二　実施計画の記載事項
第五一条　救急業務に関する講習
第五一条の二　救急業務に関する講習の課程を修了した者と同等以上の学識経験を有する者
第五一条の二の二　救急業務に関する基礎的な講習
第五一条の二の三　救急業務に関する基礎的な講習の課程を修了した者と同等以上の学識経験を有する者

第七章　雑則

第五一条の三　総務省令で定める原因
第五一条の四　防災管理に関する講習に係る登録講習機関
第五一条の五　防災管理者として必要な学識経験を有すると認められる者
第五一条の六　防災管理上必要な業務を適切に遂行することができない場合における防災管理者の資格
第五一条の七　防災管理に関する講習
第五一条の八　防災管理に係る消防計画

○危険物の規制に関する規則……九〇一

第二〇条の三の二　準特定屋外貯蔵タンクの基礎及び地盤
第二〇条の四　特定屋外貯蔵タンクの構造
第二〇条の四の二　準特定屋外貯蔵タンクの構造
第二〇条の五　タンク材料の規格
第二〇条の五の二　水圧試験の基準
第二〇条の六　溶接部の試験等
第二〇条の七　放射線透過試験
第二〇条の八　磁粉探傷試験及び浸透探傷試験
第二〇条の九　漏れ試験
第二〇条の一〇　水張試験等における測定
第二一条　屋外貯蔵タンクの耐震又は耐風圧構造
第二一条の二　底部の外面の防食措置
第二一条の三　ポンプ設備の空地の特例
第二一条の四　水抜管
第二一条の五　浮き屋根を有する屋外貯蔵タンクに設ける設備の特例
第二一条の六　容量一万キロリットル以上の屋外貯蔵タンクの配管に設ける弁
第二二条　防油堤
第二二条の二　浮き蓋の構造
第二二条の二の二　噴き上げ防止措置
第二二条の二の三　高引火点危険物の屋外タンク貯蔵所の特例
第二二条の二の四　屋外タンク貯蔵所の特例を定めることができる危険物
第二二条の二の五　アルキルアルミニウム等の屋外タンク貯蔵所の特例
第二二条の二の六　アセトアルデヒド等の屋外タンク貯蔵所の特例
第二二条の二の七　ヒドロキシルアミン等の屋外タンク貯蔵所の特例
第二二条の二の八　特例を定めることができる屋外タンク貯蔵所
第二二条の三　岩盤タンクに係る屋外タンク貯蔵所の特例
第二二条の三の二　地中タンクに係る屋外タンク貯蔵所の特例
第二二条の三の三　海上タンクに係る屋外タンク貯蔵所の特例
第二二条の四　屋外タンク貯蔵所の水張試験の特例
第二二条の五　平家建の建築物内に設ける屋内貯蔵タンクのポンプ設備
第二二条の六　平家建以外の建築物内に設ける屋内貯蔵タンクのポンプ設備
第二二条の七　屋内タンク貯蔵所の特例を定めることができる危険物
第二二条の八　アルキルアルミニウム等の屋内タンク貯蔵所の特例
第二二条の九　アセトアルデヒド等の屋内タンク貯蔵所の特例
第二二条の一〇　ヒドロキシルアミン等の屋内タンク貯蔵所の特例
第二三条　地下貯蔵タンクの構造
第二三条の二　地下貯蔵タンクの外面の保護
第二三条の三　危険物の漏れを検知する設備
第二三条の四　タンク室の構造
第二四条　タンク室の防水の措置
第二四条の二　地下貯蔵タンク内に設けるポンプ設備
第二四条の二の二　二重殻タンクの構造及び設備
第二四条の二の三　強化プラスチックの材質
第二四条の二の四　強化プラスチック製二重殻タンクの安全な構造
第二四条の二の五　危険物の漏れを防止することのできる構造
第二四条の二の六　地下タンク貯蔵所の特例を定めることができる危険物
第二四条の二の七　アセトアルデヒド等の地下タンク貯蔵所の特例
第二四条の二の八　ヒドロキシルアミン等の地下タンク貯蔵所の特例
第二四条の二の九　防波板
第二四条の三　側面枠及び防護枠
第二四条の四　手動閉鎖装置のレバー
第二四条の五　積載式移動タンク貯蔵所の基準の特例
第二四条の六　給油タンク車の基準の特例
第二四条の七　移動タンク貯蔵所の特例を定めることができる危険物
第二四条の八　アルキルアルミニウム等の移動タンク貯蔵所の特例
第二四条の九　アセトアルデヒド等の移動タンク貯蔵所の特例
第二四条の九の二　ヒドロキシルアミン等の移動タンク貯蔵所の特例
第二四条の九の三　国際海事機関が採択した危険物の運送に関する規程に定める基準に適合する移動タンク貯蔵所の基準の特例
第二四条の一〇　屋外貯蔵所の架台の基準
第二四条の一一　シートを固着する装置
第二四条の一二　高引火点危険物の屋外貯蔵所の特例
第二四条の一三　引火性固体、第一石油類又はアルコール類の屋外貯蔵所の特例
第二四条の一四　給油空地
第二四条の一五　注油空地
第二四条の一六　給油空地及び注油空地の舗装
第二四条の一七　滞留及び流出を防止する措置
第二五条　給油取扱所のタンク
第二五条の二　固定給油設備等の構造
第二五条の二の二　懸垂式の固定給油設備等の給油ホース等の長さ
第二五条の三　固定給油設備等の表示
第二五条の三の二　道路境界線等からの間隔を保つことを要しない場合
第二五条の四　給油取扱所の建築物

第二五条の四の二　給油取扱所の塀又は壁
第二五条の五　給油取扱所の附随設備
第二五条の六　屋内給油取扱所
第二五条の七　屋内給油取扱所の建築物
第二五条の八　二方が開放されている屋内給油取扱所の空地
第二五条の九　一方のみが開放されている屋内給油取扱所において講ずる措置
第二五条の一〇　上部に上階を有する屋内給油取扱所において講ずる措置
第二六条　航空機給油取扱所の基準の特例
第二六条の二　船舶給油取扱所の基準の特例
第二七条　鉄道給油取扱所の基準の特例
第二七条の二　圧縮天然ガス等充てん設備設置給油取扱所において充てんするガス
第二七条の三　圧縮天然ガス等充填設備設置屋外給油取扱所の基準の特例
第二七条の四　圧縮天然ガス等充填設備設置屋内給油取扱所の基準の特例
第二七条の五　圧縮水素充填設備設置給油取扱所の基準の特例
第二八条　自家用給油取扱所の基準の特例
第二八条の二　メタノール等及びエタノール等の屋外給油取扱所の特例
第二八条の二の二　メタノール等及びエタノール等の屋内給油取扱所の特例
第二八条の二の三　メタノール等及びエタノール等の圧縮天然ガス等充てん設備設置給油取扱所等の基準の特例
第二八条の二の四　顧客に自ら給油等をさせる給油取扱所の特例
第二八条の二の五　顧客に自ら給油等をさせる屋外給油取扱所の特例
第二八条の二の六　顧客に自ら給油等をさせる屋内給油取扱所の特例
第二八条の二の七　顧客に自ら給油等をさせる圧縮天然ガス等充填設備設置給油取扱所等の特例
第二八条の二の八　顧客に自ら給油等をさせるエタノール等の給油取扱所等の特例
第二八条の二の九　移送取扱所の基準
第二八条の三　移送取扱所の設置場所
第二八条の四　材料
第二八条の五　配管等の構造
第二八条の六　伸縮吸収措置
第二八条の七　配管等の接合
第二八条の八　溶接
第二八条の九　防食被覆
第二八条の一〇　電気防食
第二八条の一一　加熱及び保温のための設備
第二八条の一二　地下埋設
第二八条の一三　道路下埋設
第二八条の一四　線路敷下埋設
第二八条の一五　河川保全区域内埋設
第二八条の一六　地上設置
第二八条の一七　海底設置
第二八条の一八　海上設置
第二八条の一九　道路横断設置
第二八条の二〇　線路下横断埋設
第二八条の二一　河川等横断設置
第二八条の二二　漏えい拡散防止措置
第二八条の二三　可燃性の蒸気の滞留防止措置
第二八条の二四　不等沈下等のおそれのある場所における配管の設置
第二八条の二五　配管と橋との取付部
第二八条の二六　掘さくにより周囲が露出することとなった配管の保護
第二八条の二七　非破壊試験
第二八条の二八　耐圧試験
第二八条の二九　運転状態の監視装置
第二八条の三〇　安全制御装置
第二八条の三一　圧力安全装置
第二八条の三二　漏えい検知装置等
第二八条の三三　緊急しや断弁
第二八条の三四　危険物除去措置
第二八条の三五　感震装置等
第二八条の三六　通報設備
第二八条の三七　警報設備
第二八条の三八　巡回監視車等
第二八条の三九　予備動力源
第二八条の四〇　保安用接地等
第二八条の四一　絶縁
第二八条の四二　避雷設備
第二八条の四三　電気設備
第二八条の四四　標識等
第二八条の四五　保安設備の作動試験
第二八条の四六　船舶より又は船舶へ移送する場合の配管系の保安設備等
第二八条の四七　ポンプ等
第二八条の四八　ピグ取扱い装置
第二八条の四九　切替え弁等
第二八条の五〇　危険物の受入れ口及び払出し口
第二八条の五一　移送基地の保安措置
第二八条の五二　移送取扱所の基準の特例を認める移送取扱所の指定
第二八条の五三　移送取扱所の基準の特例
第二八条の五四　特例を定めることができる一般取扱所
第二八条の五五　専ら吹付塗装作業等を行う一般取扱所の特例
第二八条の五五の二　専ら洗浄作業を行う一般取扱所の特例
第二八条の五六　専ら焼入れ作業等を行う一般取扱所の特例
第二八条の五七　危険物を消費するボイラー等以外では危険物を取り扱わない一般取扱所の特例

第二八条の五八　専ら充塡作業を行う一般取扱所の特例
第二八条の五九　専ら詰替え作業を行う一般取扱所の特例
第二八条の六〇　油圧装置等以外では危険物を取り扱わない一般取扱所の特例
第二八条の六〇の二　切削装置等以外では危険物を取り扱わない一般取扱所の特例
第二八条の六〇の三　熱媒体油循環装置以外では危険物を取り扱わない一般取扱所の特例
第二八条の六〇の四　蓄電池設備以外では危険物を取り扱わない一般取扱所の特例
第二八条の六一・第二八条の六二　高引火点危険物の一般取扱所の特例
第二八条の六三　一般取扱所の特例を定めることができる危険物
第二八条の六四　アルキルアルミニウム等の一般取扱所の特例
第二八条の六五　アセトアルデヒド等の一般取扱所の特例
第二八条の六六　ヒドロキシルアミン等の一般取扱所の特例

第四章　消火設備、警報設備及び避難設備の基準

第二九条　所要単位及び能力単位
第三〇条　所要単位の計算方法
第三一条　消火設備の能力単位
第三二条　屋内消火栓設備の基準
第三二条の二　屋外消火栓設備の基準
第三二条の三　スプリンクラー設備の基準
第三二条の四　水蒸気消火設備の基準
第三二条の五　水噴霧消火設備の基準
第三二条の六　泡消火設備の基準
第三二条の七　不活性ガス消火設備の基準
第三二条の八　ハロゲン化物消火設備の基準
第三二条の九　粉末消火設備の基準
第三二条の一〇　第四種の消火設備の基準
第三二条の一一　第五種の消火設備の基準
第三三条　著しく消火困難な製造所等及びその消火設備
第三四条　消火困難な製造所等及びその消火設備
第三五条　その他の製造所等の消火設備
第三五条の二　蓄電池により貯蔵される危険物のみを貯蔵し、又は取り扱う屋内貯蔵所の消火設備の特例
第三六条　電気設備の消火設備
第三六条の二　警報設備を設置しなければならない製造所等
第三七条・第三八条　製造所等の警報設備
第三八条の二　避難設備を設置しなければならない製造所等及びその避難設備
第三八条の三　技術上の基準の委任

第五章　貯蔵及び取扱いの基準

第三八条の四　危険物以外の物品の貯蔵禁止の例外
第三九条　類を異にする危険物の同時貯蔵禁止の例外
第三九条の二　危険物の区分
第三九条の三　危険物の容器及び収納
第三九条の三の二　ガソリンを容器に詰め替えるときの確認等
第四〇条　容器に収納しないこと等ができる危険物
第四〇条の二　容器の積み重ね高さ
第四〇条の二の二　被けん引自動車における貯蔵の例外
第四〇条の二の三　書類の備付け
第四〇条の二の四　用具の備付け等
第四〇条の二の五　架台での貯蔵高さ
第四〇条の三　特別の貯蔵基準を必要とする危険物
第四〇条の三の二　アルキルアルミニウム等の貯蔵所における貯蔵の基準
第四〇条の三の三　アセトアルデヒド等の貯蔵所における貯蔵の基準
第四〇条の三の三の二　専用タンクに危険物を注入するときの措置
第四〇条の三の四　給油するとき等の基準
第四〇条の三の五　可燃性の蒸気の回収措置
第四〇条の三の六　物品等の販売等の基準
第四〇条の三の六の二　給油の業務が行われていないときの措置
第四〇条の三の七　航空機給油取扱所における取扱いの基準
第四〇条の三の八　船舶給油取扱所における取扱いの基準
第四〇条の三の九　鉄道給油取扱所における取扱いの基準
第四〇条の三の一〇　顧客に自ら給油等をさせる給油取扱所における取扱いの基準
第四〇条の三の一一　配合することができる危険物
第四〇条の四　地震時における災害の防止措置
第四〇条の五　注入ホースを緊結しないことができるタンク等
第四〇条の五の二　移動貯蔵タンクから詰替えできる容器
第四〇条の六　移動貯蔵タンクの接地
第四〇条の七　静電気等による災害の防止措置
第四〇条の八　積載式移動タンク貯蔵所における取扱いの基準
第四〇条の九　特別の取扱基準を必要とする危険物
第四〇条の一〇　アルキルアルミニウム等の製造所又は一般取扱所における取扱いの基準
第四〇条の一一　アルキルアルミニウム等の移動タンク貯蔵所における取扱いの基準
第四〇条の一二　アセトアルデヒド等の製造所又は一般取扱所における取扱いの基準
第四〇条の一三　アセトアルデヒド等の移動タンク貯蔵所における取扱いの基準
第四〇条の一四　メタノール等及びエタノール等の給油取扱所における取扱いの基準

第六章　運搬及び移送の基準

第四一条　運搬容器の材質

第四二条・第四三条　運搬容器の構造及び最大容積
第四三条の二　運搬容器の検査
第四三条の三　運搬容器への収納
第四四条　表示
第四五条　危険物の被覆等
第四六条　危険物と混載を禁止される物品
第四六条の二　運搬容器の積み重ね高さ
第四七条　標識
第四七条の二　運転要員の確保
第四七条の三　移送の経路等の通知

第六章の二　危険物保安統括管理者

第四七条の四　危険物保安統括管理者を定めなければならない事業所から除かれる製造所、移送取扱所又は一般取扱所
第四七条の五　危険物保安統括管理者を定めなければならない移送取扱所に係る危険物の数量
第四七条の六　危険物保安統括管理者の選任又は解任の届出書

第七章　危険物保安監督者及び危険物取扱者

第四八条　危険物保安監督者の業務
第四八条の二　実務経験
第四八条の三　危険物保安監督者の選任又は解任の届出書
第四九条　取扱い等をすることができる危険物の種類
第五〇条　免状の交付の申請書の様式及び添付書類
第五〇条の二・第五〇条の三　免状の交付
第五一条　免状の様式及び記載事項
第五一条の二　免状の返納命令に係る通知
第五一条の三　危険物取扱者の違反行為に係る通知
第五二条　免状の書換えの申請書の様式
第五二条の二　免状の書換えに係る通知
第五三条　免状の再交付の申請書の様式
第五三条の二　免状の再交付に係る照会
第五三条の三　受験資格
第五四条　試験の方法
第五五条　試験科目
第五五条の二　合格基準
第五六条　試験の公示
第五七条　受験手続
第五八条　合格の通知及び公示
第五八条の二　指定試験機関の指定の申請
第五八条の三　指定試験機関の名称等の変更の届出
第五八条の四　役員の選任又は解任の認可の申請
第五八条の五　試験委員の要件
第五八条の六　試験委員の選任又は解任の届出
第五八条の七　試験事務規程の記載事項
第五八条の八　試験事務規程の認可の申請
第五八条の九　事業計画及び収支予算の認可の申請
第五八条の一〇　帳簿
第五八条の一一　試験結果の報告
第五八条の一二　試験事務の休止又は廃止の許可の申請
第五八条の一三　試験事務の引継ぎ等
第五八条の一四　講習

第八章　危険物施設保安員

第五九条　危険物施設保安員の業務
第六〇条　危険物施設保安員等の設置対象から除かれる製造所、移送取扱所又は一般取扱所

第九章　予防規程

第六〇条の二　予防規程に定めなければならない事項
第六一条　予防規程を定めなければならない製造所等から除かれるもの
第六二条　予防規程の認可の申請

第九章の二　保安に関する検査等

第六二条の二　保安に関する検査を受けなければならない時期の特例事由
第六二条の二の二　保安のための措置
第六二条の二の三　保安のための措置を講じている場合の市町村長等が定める期間等
第六二条の二の四　特殊の方法
第六二条の二の五・第六二条の二の六　液体危険物タンクの底部の板の厚さの一年当たりの腐食による減少量の算出方法等
第六二条の二の七　特殊液体危険物タンク
第六二条の二の八　保安に関する検査を受けなければならない特殊液体危険物タンクの部分
第六二条の二の九　保安に関する検査を受けなければならない事由
第六二条の三　保安に関する検査の申請書等の様式
第六二条の四～第六二条の八　定期点検を行わなければならない時期等

第十章　自衛消防組織

第六三条　削除
第六四条　移送取扱所を有する事業所の自衛消防組織の編成
第六四条の二　自衛消防組織の編成の特例
第六五条　化学消防自動車の基準

第十一章　映写室

第六六条　映写室の標識及び掲示板
第六七条　映写室の消火設備
第六八条及び第六九条　削除

第十二章　雑則

第六九条の二　液状の定義
第七〇条　削除
第七一条　行政庁の変更に伴う事務引継
第七二条　塩素酸塩類等の特例

第八条　長手継手の継手効率
第九条　割増係数
第一〇条　配管等の構造に関し必要な事項
第一一条　配管に係る主荷重等の計算方法
第一二条　配管に係る応力度の計算方法
第一三条　地震の影響
第一四条　配管に係る合成応力度
第一五条　管継手の設計等
第一六条　曲り部の設計等
第一七条　弁の設計等
第一八条　伸縮吸収措置
第一九条　溶接方法
第二〇条　溶接機器及び溶接材料の規格
第二一条　溶接の方法その他溶接に関し必要な事項
第二二条　外面腐食を防止するための措置
第二三条　電気防食措置
第二四条　工作物に対する水平距離等
第二五条　地下埋設の配管に係る防護構造物
第二六条　斜面のすべりに対する安全率
第二七条　地下埋設の配管に係る掘さく及び埋めもどしの方法
第二八条　市街地の道路下埋設の配管に係る防護工
第二九条　市街地の道路下埋設の配管に係る防護構造物
第三〇条　路面下以外の道路下埋設の配管に係る防護工又は防護構造物
第三一条　線路敷下埋設の配管に係る水平距離の特例
第三二条　施設に対する水平距離等
第三三条　地上設置の配管又はその支持物に係る防護設備
第三四条　海底設置の配管に係る防護工
第三五条　海底設置の配管に係る掘さく及び埋めもどしの方法
第三六条　海上設置の配管又はその支持物に係る防護設備
第三七条　道路横断設置の場合のさや管その他の構造物
第三八条　河川等横断設置の場合のさや管その他の構造物
第三九条　漏えい拡散防止措置等
第四〇条　超音波探傷試験を行わない配管
第四一条　非破壊試験の合格基準
第四二条　耐圧試験の方法
第四三条　耐圧試験の特例
第四四条　配管系の警報装置
第四五条　漏えい検知口
第四六条　漏えい検知装置の設置に関し必要な事項
第四七条　緊急しや断弁の設置
第四八条　加速度
第四九条　危険物を除去するための措置
第五〇条　感震装置及び強震計
第五一条　緊急通報設備の発信部を設ける場所
第五二条　警報設備
第五三条　巡回監視車等
第五四条　予備動力源
第五五条　標識等
第五六条　位置標識等
第五七条　保安設備の作動試験等
第五八条　ポンプの基準
第五九条　ポンプ等の空地
第六〇条　ポンプ等の保安距離等
第六一条　ポンプ室の構造の基準
第六二条　ポンプ等の屋外設置の方法
第六三条　ピグ取扱い装置の設置
第六四条　切替え弁等
第六五条　危険物の受入れ口及び払出し口の設置に関し必要な事項
第六六条　移送基地の危険物流出防止措置
第六七条　緊急しや断弁の特例
第六八条　移送取扱所の基準の特例
第六八条の二　詰替えの一般取扱所の塀又は壁
第六八条の二の二　蓄電池設備の基準
第六八条の二の三　容器の特例
第六八条の三　運搬容器の特例
第六八条の三の二　機械により荷役する構造を有する運搬容器の構造
第六八条の三の三　機械により荷役する構造を有する運搬容器の特例
第六八条の四　専ら乗用の用に供する車両による運搬の基準
第六八条の五　運搬容器の試験
第六八条の六　試験基準が適用されない運搬容器
第六八条の六の二　機械により荷役する構造を有する運搬容器の試験
第六八条の六の三　試験基準が適用されない機械により荷役する構造を有する運搬容器
第六八条の六の四　運搬容器への収納の特例
第六八条の六の五　機械により荷役する構造を有する運搬容器への収納
第六八条の六の六　機械により荷役する構造を有する運搬容器の表示
第六八条の七　危険物と混載が禁止されない高圧ガス
第六九条　危険物保安統括管理者を定めなくてもよい特定移送取扱所
第六九条の二　特定屋外貯蔵タンクの内部の腐食を防止するためのコーティング
第六九条の三　貯蔵条件の変更を行わない期間
第六九条の四　底板等の厚さから減ずる値
第六九条の五　連続板厚測定方法に用いる装置
第七〇条　地中タンクに係る特定屋外タンク貯蔵所の保安に関する検査の基準
第七一条　地下貯蔵タンク及び外殻の漏れの点検の方法
第七一条の二　地下埋設配管の漏れの点検の方法
第七一条の三　移動貯蔵タンクの漏れの点検の方法
第七二条　泡消火設備の点検の方法
第七三条　新基準の地盤の範囲
第七四条　液状化指数の計算方法等

第四五条　地域防災計画の実施の推進のための要請等

第四章　災害予防

第一節　通則

第四六条　災害予防及びその実施責任
第四七条　防災に関する組織の整備義務
第四七条の二　防災教育の実施
第四八条　防災訓練義務
第四九条　防災に必要な物資及び資材の備蓄等の義務
第四九条の二　円滑な相互応援の実施のために必要な措置
第四九条の三　物資供給事業者等の協力を得るために必要な措置

第二節　指定緊急避難場所及び指定避難所の指定等

第四九条の四　指定緊急避難場所の指定
第四九条の五　指定緊急避難場所に関する届出
第四九条の六　指定の取消し
第四九条の七　指定避難所の指定
第四九条の八　指定緊急避難場所と指定避難所との関係
第四九条の九　居住者等に対する周知のための措置

第三節　避難行動要支援者名簿及び個別避難計画の作成等

第四九条の一〇　避難行動要支援者名簿の作成
第四九条の一一　名簿情報の利用及び提供
第四九条の一二　名簿情報を提供する場合における配慮
第四九条の一三　秘密保持義務
第四九条の一四　個別避難計画の作成
第四九条の一五　個別避難計画情報の利用及び提供
第四九条の一六　個別避難計画情報を提供する場合における配慮
第四九条の一七　秘密保持義務

第五章　災害応急対策

第一節　通則

第五〇条　災害応急対策及びその実施責任
第五一条　情報の収集及び伝達等
第五一条の二　国民に対する周知
第五二条　防災信号
第五三条　被害状況等の報告

第二節　警報の伝達等

第五四条　発見者の通報義務等
第五五条　都道府県知事の通知等
第五六条　市町村長の警報の伝達及び警告
第五七条　警報の伝達等のための通信設備の優先利用等

第三節　事前措置及び避難

第五八条　市町村長の出動命令等
第五九条　市町村長の事前措置等
第六〇条　市町村長の避難の指示等
第六一条　警察官等の避難の指示
第六一条の二　指定行政機関の長等による助言
第六一条の三　避難の指示のための通信設備の優先利用等
第六一条の四　広域避難の協議等
第六一条の五　都道府県外広域避難の協議等
第六一条の六　市町村長による都道府県外広域避難の協議等
第六一条の七　都道府県知事及び内閣総理大臣による助言
第六一条の八　居住者等の運送

第四節　応急措置等

第六二条　市町村の応急措置
第六三条　市町村長の警戒区域設定権等
第六四条・第六五条　応急公用負担等
第六六条　災害時における漂流物等の処理の特例
第六七条　他の市町村長等に対する応援の要求
第六八条　都道府県知事等に対する応援の要求等
第六八条の二　災害派遣の要請の要求等
第六九条　災害時における事務の委託の手続の特例
第七〇条　都道府県の応急措置
第七一条　都道府県知事の従事命令等
第七二条　都道府県知事の指示等
第七三条　都道府県知事による応急措置の代行
第七四条　都道府県知事等に対する応援の要求
第七四条の二　都道府県知事による応援の要求
第七四条の三　内閣総理大臣による応援の要求等
第七四条の四　指定行政機関の長等に対する応援の要求等
第七五条　災害時における事務の委託の手続の特例
第七六条～第七六条の五　災害時における交通の規制等
第七六条の六～第七六条の八　災害時における車両の移動等
第七七条　指定行政機関の長等の応急措置
第七八条　指定行政機関の長等の収用等
第七八条の二　指定行政機関の長等による応急措置の代行
第七九条　通信設備の優先使用権
第八〇条　指定公共機関等の応急措置
第八一条　公用令書の交付
第八二条　損失補償等
第八三条　立入りの要件
第八四条　応急措置の業務に従事した者に対する損害補償
第八五条　被災者の公的徴収金の減免等
第八六条　国有財産等の貸付け等の特例
第八六条の二　避難所等に関する特例
第八六条の三　臨時の医療施設に関する特例
第八六条の四　埋葬及び火葬の特例
第八六条の五　廃棄物処理の特例

第五節　被災者の保護

第一款　生活環境の整備

第八六条の六　避難所における生活環境の整備等
第八六条の七　避難所以外の場所に滞在する被災者についての配慮

第二款　広域一時滞在

第八六条の八　広域一時滞在の協議等
第八六条の九　都道府県外広域一時滞在の協議等
第八六条の一〇　都道府県知事による広域一時滞在の協議等の代行

○大規模地震対策特別措置法……一四五二

第一条　目的
第二条　定義
第三条　地震防災対策強化地域の指定等
第四条　強化地域に係る地震に関する観測及び測量の実施の強化
第五条　地震防災基本計画
第六条　地震防災強化計画
第七条　地震防災応急計画
第八条　地震防災応急計画の特例
第九条　警戒宣言等
第一〇条　地震災害警戒本部の設置
第一一条　警戒本部の組織
第一二条　警戒本部の所掌事務
第一三条　本部長の権限
第一四条　警戒本部の廃止
第一五条　警戒本部に関する災害対策基本法の準用
第一六条　都道府県地震災害警戒本部及び市町村地震災害警戒本部の設置
第一七条　都道府県警戒本部の組織及び所掌事務等
第一八条　市町村警戒本部の組織及び所掌事務等
第一九条　都道府県警戒本部又は市町村警戒本部の廃止
第二〇条　地震予知情報の伝達等に関する災害対策基本法の準用
第二一条　地震防災応急対策及びその実施責任
第二二条　住民等の責務
第二三条　市町村長の指示等
第二四条　交通の禁止又は制限
第二五条　避難の際における警察官の警告、指示等
第二六条　地震防災応急対策に係る措置に関する災害対策基本法の準用
第二七条　応急公用負担の特例
第二八条　避難状況等の報告
第二九条　補助等
第三〇条　地震防災応急対策に要する費用の負担
第三一条　財政措置に関する災害対策基本法の準用
第三二条　強化地域に係る地震防災訓練の実施
第三三条　科学技術の振興等
第三四条　特別区についてのこの法律の適用
第三五条　政令への委任
第三六条～第四〇条　罰則

○大規模地震対策特別措置法施行令……一四六六

第一条　地震防災基本計画で定めるべき事項
第二条　地震防災上緊急に整備すべき施設等
第三条　地震防災強化計画で定めるべき事項
第四条　地震防災応急計画を作成すべき施設又は事業
第五条　危険物等の範囲
第六条　地震防災応急計画で定めるべき事項
第七条　地震防災応急計画の届出等の手続
第八条　地震防災派遣の要請手続
第九条　市町村長の指示の適用除外
第一〇条　政令で定める管区海上保安本部の事務所
第一一条　法第二十四条の規定による交通の禁止又は制限の手続
第一二条　緊急輸送車両であることの確認
第一三条　応急公用負担の手続
第一四条　市町村長が事務を行うこととする必要がある場合の措置等
第一五条　公用令書の交付等
第一六条　避難状況等の報告
第一七条　地震防災応急対策に係る措置の実施状況の報告
第一八条　法第三十二条第二項の規定による交通の禁止又は制限の手続
第一九条　地震防災訓練の広報等

○大規模地震対策特別措置法施行規則……一四七六

第一条　危険動物の範囲
第一条の二　地震防災応急計画の届出等
第二条　令第七条第二項の規定による送付
第二条の二　令第七条第二項の内閣府令で定める管区海上保安本部の事務所
第三条　法第八条第一項第八号の内閣府令で定めるもの
第四条　地震防災信号
第四条の二　令第十条の内閣府令で定める管区海上保安本部の事務所
第五条　交通の禁止又は制限についての標示の様式等
第六条　緊急輸送車両についての確認に係る申出の手続
第六条の二　緊急輸送車両の標章及び証明書の様式
第六条の三　標章等の記載事項の変更の届出
第六条の四　標章等の再交付の申出
第六条の五　標章等の返納
第六条の六　令第十三条の内閣府令で定める管区海上保安本部の事務所
第七条　公用令書等の様式
第八条　身分を示す証票
第九条　地震防災応急対策に係る措置の実施状況の報告時期

第二八条　公示
第二九条　厚生労働省令への委任

第三章　試験

第三〇条　試験
第三一条　試験の実施
第三二条　救急救命士試験委員
第三三条　不正行為の禁止
第三四条　受験資格
第三五条　試験の無効等
第三六条　受験手数料
第三七条　指定試験機関の指定
第三八条・第三九条　指定試験機関の救急救命士試験委員
第四〇条　受験の停止等
第四一条　準用
第四二条　試験の細目等

第四章　業務等

第四三条　業務
第四四条　特定行為等の制限
第四五条　他の医療関係者との連携
第四六条　救急救命処置録
第四七条　秘密を守る義務
第四八条　名称の使用制限
第四八条の二　権限の委任
第四九条　経過措置

第五章　罰則

第五〇条～第五六条

○救急救命士法施行令……一五五九

第一条　免許証の再交付手数料
第二条　免許に関する事項の登録等の手数料
第三条　救急救命士試験委員
第四条　受験手数料
第五条　指定試験機関に関する読替え

○救急救命士法施行規則……一五六一

第一章　免許

第一条　法第四条第三号の厚生労働省令で定める者
第一条の二　障害を補う手段等の考慮
第一条の三　免許の申請
第二条　名簿の登録事項
第三条　名簿の訂正
第四条　登録の消除
第五条　免許証の書換え交付申請
第六条　免許証の再交付申請
第七条　免許証又は免許証明書の返納
第八条　登録免許税及び手数料の納付
第九条　規定の適用等

第二章　試験

第一〇条　試験科目
第一一条　試験施行期日等の公告
第一二条　受験の手続
第一三条　法第三十四条第二号の厚生労働省令で定める学校、文教研修施設又は養成所
第一四条　法第三十四条第四号の厚生労働省令で定める救急業務に関する講習
第一五条　法第三十四条第四号の厚生労働省令で定める期間
第一六条　法第三十四条第四号の厚生労働省令で定める学校又は救急救命士養成所
第一七条　合格証書の交付
第一八条　合格証明書の交付及び手数料
第一九条　手数料の納入方法
第二〇条　規定の適用等

第三章　業務

第二一条　法第四十四条第一項の厚生労働省令で定める救急救命処置
第二二条　法第四十四条第二項の厚生労働省令で定める救急用自動車等
第二三条　研修の実施
第二四条　法第四十四条第三項の厚生労働省令で定める事項
第二五条　法第四十六条第一項の厚生労働省令で定める救急救命処置録の記載事項
第二六条　法第四十六条第二項の厚生労働省令で定める機関

第六章　雑則

第四三条　防火対象物の使用開始の届出等

第四四条　火を使用する設備等の設置の届出

第四五条　火災とまぎらわしい煙等を発するおそれのある行為等の届出

第四五条の二　指定洞道等の届出

第四六条　指定数量未満の危険物等の貯蔵及び取扱いの届出等

第四七条　タンクの水張検査等

第四八条　委任

第七章　罰則

第四九条・第五〇条　罰則

○民法〔抄〕

第三編　債権

第一章　総則

第四一五条　債務不履行による損害賠償

第五章　不法行為

第七〇九条　不法行為による損害賠償

第七一五条　使用者等の責任

第七一七条　土地の工作物等の占有者及び所有者の責任

○保険法〔抄〕

第二章　損害保険

第三節　保険給付

第一六条　火災保険契約による損害てん補の特則

第一七条　保険者の免責

○刑法〔抄〕

第二編　罪

第九章　放火及び失火の罪

第一〇八条　現住建造物等放火

第一〇九条　非現住建造物等放火

第一一〇条　建造物等以外放火

第一一一条　延焼

第一一二条　未遂罪

第一一三条　予備

第一一四条　消火妨害

第一一五条　差押え等に係る自己の物に関する特例

第一一六条　失火

第一一七条　激発物破裂

第一一七条の二　業務上失火等

第一一八条　ガス漏出等及び同致死傷

○消防施設強化促進法

第一条　目的

第二条　国の補助

第三条　補助の対象

第四条　基準額及び補助率

第五条　補助の申請

第六条　補助金の交付の取消、停止等

第七条　監督

○サリン等による人身被害の防止に関する法律……一六四九

第一条　目的
第二条　定義
第三条　製造等の禁止
第四条　被害発生時の措置等
第五条～第八条　罰則

○建築基準法〔抄〕……一六五三

第一章　総則

第二条　用語の定義
第六条　建築物の建築等に関する申請及び確認
第六条の二　国土交通大臣等の指定を受けた者による確認
第六条の三　構造計算適合性判定
第六条の四　建築物の建築に関する確認の特例
第七条　建築物に関する完了検査
第七条の二　国土交通大臣等の指定を受けた者による完了検査
第七条の三　建築物に関する中間検査
第七条の四　国土交通大臣等の指定を受けた者による中間検査
第七条の五　建築物に関する検査の特例
第七条の六　検査済証の交付を受けるまでの建築物の使用制限
第九条　違反建築物に対する措置
第九条の二　建築監視員
第九条の三　違反建築物の設計者等に対する措置
第九条の四　保安上危険な建築物等の所有者等に対する指導及び助言
第一〇条　著しく保安上危険な建築物等の所有者等に対する勧告及び命令
第一一条　第三章の規定に適合しない建築物に対する措置
第一二条　報告、検査等
第一八条　国、都道府県又は建築主事を置く市町村の建築物に対する確認、検査又は是正措置に関する手続の特例

第二章　建築物の敷地、構造及び建築設備

第二一条　大規模の建築物の主要構造部等
第二二条　屋根
第二三条　外壁
第二四条　建築物が第二十二条第一項の市街地の区域の内外にわたる場合の措置
第二五条　大規模の木造建築物等の外壁等
第二六条　防火壁等
第二七条　耐火建築物等としなければならない特殊建築物
第二九条　地階における住宅等の居室
第三〇条　長屋又は共同住宅の各戸の界壁
第三二条　電気設備
第三三条　避雷設備
第三四条　昇降機
第三五条　特殊建築物等の避難及び消火に関する技術的基準
第三五条の二　特殊建築物等の内装
第三五条の三　無窓の居室等の主要構造部
第三六条　この章の規定を実施し、又は補足するため必要な技術的基準
第三七条　建築材料の品質
第三八条　特殊の構造方法又は建築材料
第三九条　災害危険区域
第四〇条　地方公共団体の条例による制限の附加

第三章　都市計画区域等における建築物の敷地、構造、建築設備及び用途

第一節　総則
第四一条の二　適用区域
第五節　防火地域及び準防火地域
第六一条　防火地域及び準防火地域内の建築物
第六二条　屋根
第六三条　隣地境界線に接する外壁
第六四条　看板等の防火措置
第六五条　建築物が防火地域又は準防火地域の内外にわたる場合の措置
第六六条　第三十八条の準用
第五節の二　特定防災街区整備地区
第六七条　特定防災街区整備地区
第六七条の二　第三十八条の準用

第六章　雑則

第八四条の二　簡易な構造の建築物に対する制限の緩和
第八五条　仮設建築物に対する制限の緩和
第八五条の二　景観重要建造物である建築物に対する制限の緩和
第八五条の三　伝統的建造物群保存地区内の制限の緩和
第八六条の七　既存の建築物に対する制限の緩和
第九〇条の二　工事中の特殊建築物等に対する措置
第九〇条の三　工事中における安全上の措置等に関する計画の届出
第九一条　建築物の敷地が区域、地域又は地区の内外にわたる場合の措置
第九二条　面積、高さ及び階数の算定
第九二条の二　許可の条件
第九三条　許可又は確認に関する消防長等の同意等

第五章の四　建築設備等

第二節　昇降機

第一二九条の一三の二　非常用の昇降機の設置を要しない建築物

第一二九条の一三の三　非常用の昇降機の設置及び構造

第七章の二　防火地域又は準防火地域内の建築物

第一三六条の二　防火地域又は準防火地域内の建築物の壁、柱、床その他の部分及び防火設備の性能に関する技術的基準

第一三六条の二の二　防火地域又は準防火地域内の建築物の屋根の性能に関する技術的基準

第七章の二の二　特定防災街区整備地区内の建築物

第一三六条の二の四　建築物の防災都市計画施設に係る間口率及び高さの算定

第七章の八　工事現場の危害の防止

第一三六条の八　火災の防止

第七章の九　簡易な構造の建築物に対する制限の緩和

第一三六条の九　簡易な構造の建築物の指定

第一三六条の一〇　簡易な構造の建築物の基準

第一三六条の一一　防火区画等に関する規定の適用の除外

第八章　既存の建築物に対する制限の緩和等

第一三七条の二の二　大規模の建築物の主要構造部等関係

第一三七条の二の三　屋根関係

第一三七条の二の四　外壁関係

第一三七条の二の五　大規模の木造建築物等の外壁等関係

第一三七条の三　防火壁及び防火床関係

第一三七条の四　耐火建築物等としなければならない特殊建築物関係

第一三七条の六　非常用の昇降機関係

第一三七条の六の二　階段等関係

第一三七条の六の三　敷地内の避難上及び消火上必要な通路関係

第一三七条の六の四　防火壁及び防火区画関係

第一三七条の一〇　防火地域関係

第一三七条の一一　準防火地域関係

第一三七条の一一の二　防火地域及び準防火地域内の建築物の屋根関係

第一三七条の一一の三　特定防災街区整備地区関係

第一三七条の一二　大規模の修繕又は大規模の模様替

第一三七条の一三　技術的基準から除かれる防火区画

第十章　雑則

第一四四条の三　安全上、防火上又は衛生上重要である建築物の部分

第一四七条の二　工事中における安全上の措置等に関する計画の届出を要する建築物

第一四七条の三　消防長等の同意を要する住宅

消 防 基 本 六 法（令和６年新版）

令和６年４月１日　初 版 発 行（令和６年２月21日現在）

編　集　消防法規研究会
発行者　星　沢　卓　也
発行所　東京法令出版株式会社

112-0002　東京都文京区小石川５丁目17番３号　03(5803)3304
534-0024　大阪市都島区東野田町１丁目17番12号　06(6355)5226
062-0902　札幌市豊平区豊平２条５丁目１番27号　011(822)8811
980-0012　仙台市青葉区錦町１丁目１番10号　022(216)5871
460-0003　名古屋市中区錦１丁目６番34号　052(218)5552
730-0005　広島市中区西白島町11番９号　082(212)0888
810-0011　福岡市中央区高砂２丁目13番22号　092(533)1588
380-8688　長野市南千歳町1005番地
〔営業〕TEL 026(224)5411　FAX 026(224)5419
〔編集〕TEL 026(224)5412　FAX 026(224)5439
https://www.tokyo-horei.co.jp/

ISBN978-4-8090-2546-4